WISSEN FÜR DIE PRAXIS

Ihr Online-Aktivierungscode
für den Online-Dienst
unter www.WALHALLA.de

Näheres dazu im Vorwort

WALHALLA

Walhalla Fachredaktion

Deutsches Beamten-Jahrbuch Bundesrecht

Vorschriftensammlung zum Beamtenrecht

Bibliographische Information der Deutschen Nationalbibliothek
Die Deutsche Nationalbibliothek verzeichnet diese Publikation in der Deutschen Nationalbibliografie, detaillierte bibliografische Daten sind im Internet über www.dnb.de abrufbar.

Zitiervorschlag:
Deutsches Beamten-Jahrbuch Bundesrecht
in der Reihe WALHALLA – Textausgabe
Walhalla Fachverlag, Regensburg 2026

Walhalla Mediengruppe

WALHALLA – eine Marke der Walhalla Mediengruppe

Rechtsstand: 1. Februar 2026

Kontakt bei Fragen zur Produktsicherheit:
Walhalla u. Praetoria Verlag GmbH & Co. KG, Haus an der Eisernen Brücke, 93042 Regensburg, E-Mail: produktsicherheit@walhalla.de, Telefon: 0941 5684-0

Produktion: Walhalla Mediengruppe, Regensburg
Umschlaggestaltung: grubergrafik, Augsburg
Printed in Germany
ISBN 978-3-8029-1199-6

Zur Walhalla Mediengruppe gehören die Marken WALHALLA, Deichmann+Fuchs, metropolitan und Annual Multimedia Award.

3WP-CPI-0326-10195-0

Das aktuelle Beamtenrecht 2026

Verwaltungsgerichtsordnung – VwGO

Die Verwaltungsgerichtsordnung ist durch verschiedene Gesetze geändert worden. Durch das Gesetz zur Entwicklung und Erprobung eines Online-Verfahrens in der Zivilgerichtsbarkeit vom 22. Dezember 2025 (BGBl. I Nr. 349) wurde der Postfach- und Versanddienst über ein De-Mail-Konto aufgehoben.

Nach dem bisherigen § 55a Absatz 4 Satz 1 Nummer 1 war der Postfach- und Versanddienst eines De-Mail-Kontos ein sicherer Übermittlungsweg für die Einreichung elektronischer Dokumente bei Gericht, wenn der Absender bei Versand der Nachricht sicher im Sinne des § 4 Absatz 1 Satz 2 des De-Mail-Gesetzes angemeldet ist und er sich die sichere Anmeldung gemäß § 5 Absatz 5 des De-Mail-Gesetzes bestätigen lässt. Angesichts des bundesweit überaus geringen Anteils der De-Mail-Nachrichten am gesamten elektronischen Rechtsverkehr sowie des administrativen und kostenintensiven Aufwands zum Erhalt der De-Mail als sicherer Übermittlungsweg sieht Absatz 4 Satz 1 mit der Aufhebung der bisherigen Nummer 1 den Postfach- und Versanddienst eines De-Mail-Kontos nicht mehr als sicheren Übermittlungsweg für die elektronische Kommunikation mit den Gerichten vor. Hierfür stehen im Übrigen mit dem stetigen Ausbau der EGVP-Infrastruktur als sichere Übermittlungswege die bereits etablierten besonderen elektronischen Behördenpostfächer (beBPo) beziehungsweise für Bürgerinnen und Bürger die besonderen elektronischen Bürger- und Organisationspostfächer (eBO) sowie das kostenlose „Mein Justizpostfach" (MJP) zur Verfügung.

Bundesbeamtengesetz – BBG

Das Bundesbeamtengesetz wurde durch das Gesetz zur Modernisierung des Sicherheitsüberprüfungsgesetzes und zur Änderung beamtenrechtlicher Vorschriften vom 11. Januar 2026 (BGBl. I Nr. 6) geändert. Da das Belegvolumen in der Beihilfebearbeitung massiv angestiegen ist, waren zur Stabilisierung der Beihilfeabrechnung in den Festsetzungsstellen des Bundes im Bundesbeamtengesetz gesetzliche Regelungen zu einer befristeten Fiktion mit einem Rahmen für die Höchstdauer der Bearbeitungsdauer notwendig. Es wurde daher ein § 80a (Beihilferechtliche Verfahrenserleichterungen) neu in das BBG eingefügt. Absatz 1 Satz 1 bestimmt: „Hat die für die Gewährung der Beihilfe zuständige Stelle nicht innerhalb von vier Wochen nach Eingang des Beihilfeantrags über den Antrag entschieden, so gilt die beantragte Aufwendung mit Ablauf dieser Frist als erstattungsfähig." In Absatz 1 Satz 2 sind Ausnahmen von dieser Regelung festgelegt.

Bei Beamtinnen und Beamten des Bundes mit einem Beihilfeanspruch und einer ergänzenden Absicherung in der Regel bei einer privaten Krankenversicherung ist es durch Abschluss privater Behandlungsverträge üblich, in Vorleistung bei Rechnungen zu treten. Wird eine Bearbeitungszeit durch die Festsetzungsstellen innerhalb der gesetzlichen Frist von 30 Tagen nach Fälligkeit der Geldforderung sichergestellt, ist dies in der Regel unproblematisch. Kann indes eine Bearbeitung innerhalb der schon bei Eingang des Beihilfeantrags laufenden Fristen nicht sichergestellt werden, besteht die Gefahr insbesondere bei beihilfeberechtigten Personen mit kleineren und mittleren Einkommen, dass ein Verzug droht. Dies führt zu unzumutbaren Situationen wie der Aufnahme von privaten Krediten oder Pfändungsmaßnahmen der Leistungserbringerinnen und Leistungserbringer, was auch zur Nichtbehandlung führen kann. Dies soll durch die neue Regelung verhindert werden.

Wir wünschen Ihnen Freude und Erfolg mit diesem Nachschlagewerk!

Ihr WALHALLA Fachverlag

JETZT MIT TESTZUGANG ZUM ONLINE-DIENST

Erstmals erhalten Sie parallel zum Druckwerk auch einen digitalen Zugriff auf die Inhalte. Der Online-Dienst ist orts- und zeitunabhängig über die Homepage des Verlages aufrufbar.

Ihr Zugangscode ist ab Einlösedatum 3 Monate gültig. Die Laufzeit endet automatisch. Sie gehen keine weiteren Verpflichtungen ein.

Aktivierungscode: KIL-VJY-FLU

So lösen Sie den Code ein:
Melden Sie sich auf www.walhalla.de an. Sollten Sie noch kein Kundenkonto, besitzen, können Sie sich einmalig unter „Mein Konto" registrieren.

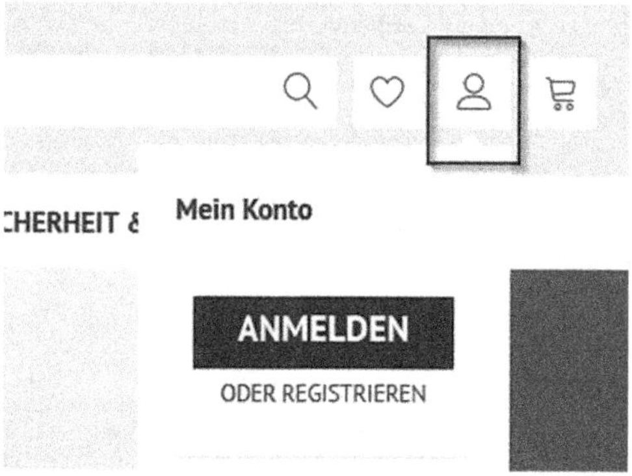

Lösen Sie anschließend Ihren Code in der oberen Navigationsleiste unter „Aktivierungscodes" ein.
Der Online-Dienst steht Ihnen nun in der Online-Bibliothek Ihres Accounts (oben rechts unter Mein Konto → Online-Bibliothek) zur Verfügung.

Schnellübersicht

I Statusrecht

Allgemeines Beamtenrecht

Arbeitszeit

Mutterschutz/Elternzeit/Urlaub

Disziplinarrecht

Auswärtiger Dienst

II Laufbahn/Ausbildung

Laufbahn

III Besoldung

III

IV Versorgung

IV

V Personalvertretung

V

VI Reise- und Umzugskosten/Trennungsgeld

VII Beihilfe/Fürsorge

Beihilfe

Fürsorge

VII

VIII Soziale Schutzvorschriften/ Familienförderung/Vermögensbildung

Gleichberechtigung/Gleichstellung

Familienförderung

Vermögensbildung

IX Verfassung

Verfassung

X Allgemeine Schutzvorschriften

X

I Statusrecht

Allgemeines Beamtenrecht

Arbeitszeit

Mutterschutz/Elternzeit/Urlaub

Disziplinarrecht

Auswärtiger Dienst

Gesetz zur Regelung des Statusrechts der Beamtinnen und Beamten in den Ländern (Beamtenstatusgesetz – BeamtStG)

Vom 17. Juni 2008 (BGBl. I S. 1010)

Zuletzt geändert durch
Gesetz zur Beschleunigung von Disziplinarverfahren in der Bundesverwaltung und zur Änderung weiterer dienstrechtlicher Vorschriften
vom 20. Dezember 2023 (BGBl. I Nr. 389)

Inhaltsübersicht

Der Bundestag hat mit Zustimmung des Bundesrates das folgende Gesetz beschlossen:

Abschnitt 1 Allgemeine Vorschriften

§ 1 Geltungsbereich

Dieses Gesetz regelt das Statusrecht der Beamtinnen und Beamten der Länder, Gemeinden und Gemeindeverbände sowie der sonstigen der Aufsicht eines Landes unterstehenden Körperschaften, Anstalten und Stiftungen des öffentlichen Rechts.

§ 2 Dienstherrnfähigkeit

Das Recht, Beamtinnen und Beamte zu haben, besitzen

1. Länder, Gemeinden und Gemeindeverbände,
2. sonstige Körperschaften, Anstalten und Stiftungen des öffentlichen Rechts, die dieses Recht im Zeitpunkt des Inkrafttretens dieses Gesetzes besitzen oder denen es durch ein Landesgesetz oder aufgrund eines Landesgesetzes verliehen wird.

Abschnitt 2 Beamtenverhältnis

§ 3 Beamtenverhältnis

(1) Beamtinnen und Beamte stehen zu ihrem Dienstherrn in einem öffentlich-rechtlichen Dienst- und Treueverhältnis (Beamtenverhältnis).

(2) Die Berufung in das Beamtenverhältnis ist nur zulässig zur Wahrnehmung

1. hoheitsrechtlicher Aufgaben oder
2. solcher Aufgaben, die aus Gründen der Sicherung des Staates oder des öffentlichen Lebens nicht ausschließlich Personen übertragen werden dürfen, die in einem privatrechtlichen Arbeitsverhältnis stehen.

§ 4 Arten des Beamtenverhältnisses

(1) Das Beamtenverhältnis auf Lebenszeit dient der dauernden Wahrnehmung von Aufgaben nach § 3 Abs. 2. Es bildet die Regel.

(2) Das Beamtenverhältnis auf Zeit dient

a) der befristeten Wahrnehmung von Aufgaben nach § 3 Abs. 2 oder
b) der zunächst befristeten Übertragung eines Amtes mit leitender Funktion.

(3) Das Beamtenverhältnis auf Probe dient der Ableistung einer Probezeit

a) zur späteren Verwendung auf Lebenszeit oder
b) zur Übertragung eines Amtes mit leitender Funktion.

(4) Das Beamtenverhältnis auf Widerruf dient

a) der Ableistung eines Vorbereitungsdienstes oder
b) der nur vorübergehenden Wahrnehmung von Aufgaben nach § 3 Abs. 2.

§ 5 Ehrenbeamtinnen und Ehrenbeamte

(1) Als Ehrenbeamtin oder Ehrenbeamter kann berufen werden, wer Aufgaben im Sinne des § 3 Abs. 2 unentgeltlich wahrnehmen soll.

(2) Die Rechtsverhältnisse der Ehrenbeamtinnen und Ehrenbeamten können durch Landesrecht abweichend von den für Beamtinnen und Beamte allgemein geltenden Vorschriften geregelt werden, soweit es deren besondere Rechtsstellung erfordert.

(3) Ein Ehrenbeamtenverhältnis kann nicht in ein Beamtenverhältnis anderer Art, ein solches Beamtenverhältnis nicht in ein Ehrenbeamtenverhältnis umgewandelt werden.

§ 6 Beamtenverhältnis auf Zeit

Für die Rechtsverhältnisse der Beamtinnen auf Zeit und Beamten auf Zeit gelten die Vorschriften für Beamtinnen auf Lebenszeit und Beamte auf Lebenszeit entsprechend, soweit durch Landesrecht nichts anderes bestimmt ist.

§ 7 Voraussetzungen des Beamtenverhältnisses

(1) In das Beamtenverhältnis darf nur berufen werden, wer

1. Deutsche oder Deutscher im Sinne des Artikels 116 Absatz 1 des Grundgesetzes ist oder die Staatsangehörigkeit
   a) eines anderen Mitgliedstaates der Europäischen Union oder

b) eines anderen Vertragsstaates des Abkommens über den Europäischen Wirtschaftsraum oder

c) eines Drittstaates, dem die Bundesrepublik Deutschland und die Europäische Union vertraglich einen entsprechenden Anspruch auf Anerkennung von Berufsqualifikationen eingeräumt haben,

besitzt,

2. die Gewähr dafür bietet, jederzeit für die freiheitliche demokratische Grundordnung im Sinne des Grundgesetzes einzutreten, und
3. die nach Landesrecht vorgeschriebene Befähigung besitzt.

In das Beamtenverhältnis darf nicht berufen werden, wer unveränderliche Merkmale des Erscheinungsbilds aufweist, die mit der Erfüllung der Pflichten nach § 34 Absatz 2 nicht vereinbar sind.

(2) Wenn die Aufgaben es erfordern, darf nur eine Deutsche oder ein Deutscher im Sinne des Artikels 116 Absatz 1 des Grundgesetzes in ein Beamtenverhältnis berufen werden.

(3) Ausnahmen von Absatz 1 Nr. 1 und Absatz 2 können nur zugelassen werden, wenn

1. für die Gewinnung der Beamtin oder des Beamten ein dringendes dienstliches Interesse besteht oder
2. bei der Berufung von Hochschullehrerinnen und Hochschullehrern und anderen Mitarbeiterinnen und Mitarbeitern des wissenschaftlichen und künstlerischen Personals in das Beamtenverhältnis andere wichtige Gründe vorliegen.

§ 8 Ernennung

(1) Einer Ernennung bedarf es zur

1. Begründung des Beamtenverhältnisses,
2. Umwandlung des Beamtenverhältnisses in ein solches anderer Art (§ 4),
3. Verleihung eines anderen Amtes mit anderem Grundgehalt oder
4. Verleihung eines anderen Amtes mit anderer Amtsbezeichnung, soweit das Landesrecht dies bestimmt.

(2) Die Ernennung erfolgt durch Aushändigung einer Ernennungsurkunde. In der Urkunde müssen enthalten sein

1. bei der Begründung des Beamtenverhältnisses die Worte „unter Berufung in das Beamtenverhältnis" mit dem die Art des Beamtenverhältnisses bestimmenden Zusatz „auf Lebenszeit", „auf Probe", „auf Widerruf", „als Ehrenbeamtin" oder „als Ehrenbeamter" oder „auf Zeit" mit der Angabe der Zeitdauer der Berufung,
2. bei der Umwandlung des Beamtenverhältnisses in ein solches anderer Art die diese Art bestimmenden Worte nach Nummer 1 und
3. bei der Verleihung eines Amts die Amtsbezeichnung.

(3) Mit der Begründung eines Beamtenverhältnisses auf Probe, auf Lebenszeit und auf Zeit wird gleichzeitig ein Amt verliehen.

(4) Eine Ernennung auf einen zurückliegenden Zeitpunkt ist unzulässig und insoweit unwirksam.

§ 9 Kriterien der Ernennung

Ernennungen sind nach Eignung, Befähigung und fachlicher Leistung ohne Rücksicht auf Geschlecht, Abstammung, Rasse oder ethnische Herkunft, Behinderung, Religion oder Weltanschauung, politische Anschauungen, Herkunft, Beziehungen oder sexuelle Identität vorzunehmen.

§ 10 Voraussetzung der Ernennung auf Lebenszeit

Die Ernennung zur Beamtin auf Lebenszeit oder zum Beamten auf Lebenszeit ist nur zulässig, wenn die Beamtin oder der Beamte sich in einer Probezeit von mindestens sechs Monaten und höchstens fünf Jahren bewährt hat. Von der Mindestprobezeit können durch Landesrecht Ausnahmen bestimmt werden.

§ 11 Nichtigkeit der Ernennung

(1) Die Ernennung ist nichtig, wenn

1. sie nicht der in § 8 Abs. 2 vorgeschriebenen Form entspricht,
2. sie von einer sachlich unzuständigen Behörde ausgesprochen wurde oder

3. zum Zeitpunkt der Ernennung
   a) nach § 7 Absatz 1 Satz 1 Nummer 1 keine Ernennung erfolgen durfte und keine Ausnahme nach § 7 Abs. 3 zugelassen war,
   b) nicht die Fähigkeit zur Bekleidung öffentlicher Ämter vorlag oder
   c) eine ihr zu Grunde liegende Wahl unwirksam ist.

(2) Die Ernennung ist von Anfang an als wirksam anzusehen, wenn

1. im Fall des Absatzes 1 Nr. 1 aus der Urkunde oder aus dem Akteninhalt eindeutig hervorgeht, dass die für die Ernennung zuständige Stelle ein bestimmtes Beamtenverhältnis begründen oder ein bestehendes Beamtenverhältnis in ein solches anderer Art umwandeln wollte, für das die sonstigen Voraussetzungen vorliegen, und die für die Ernennung zuständige Stelle die Wirksamkeit schriftlich bestätigt; das Gleiche gilt, wenn die Angabe der Zeitdauer fehlt, durch Landesrecht aber die Zeitdauer bestimmt ist,
2. im Fall des Absatzes 1 Nr. 2 die sachlich zuständige Behörde die Ernennung bestätigt oder
3. im Fall des Absatzes 1 Nr. 3 Buchstabe a eine Ausnahme nach § 7 Abs. 3 nachträglich zugelassen wird.

§ 12 Rücknahme der Ernennung

(1) Die Ernennung ist mit Wirkung für die Vergangenheit zurückzunehmen, wenn

1. sie durch Zwang, arglistige Täuschung oder Bestechung herbeigeführt wurde,
2. dem Dienstherrn zum Zeitpunkt der Ernennung nicht bekannt war, dass die ernannte Person vor ihrer Ernennung ein Verbrechen oder Vergehen begangen hat, aufgrund dessen sie vor oder nach ihrer Ernennung rechtskräftig zu einer Strafe verurteilt worden ist und das sie für die Berufung in das Beamtenverhältnis als unwürdig erscheinen lässt,
3. die Ernennung nach § 7 Abs. 2 nicht erfolgen durfte und eine Ausnahme nach § 7 Abs. 3 nicht zugelassen war und die Ausnahme nicht nachträglich erteilt wird oder
4. eine durch Landesrecht vorgeschriebene Mitwirkung einer unabhängigen Stelle oder einer Aufsichtsbehörde unterblieben ist und nicht nachgeholt wurde.

(2) Die Ernennung soll zurückgenommen werden, wenn nicht bekannt war, dass gegen die ernannte Person in einem Disziplinarverfahren auf Entfernung aus dem Beamtenverhältnis oder auf Aberkennung des Ruhegehalts erkannt worden war. Dies gilt auch, wenn die Entscheidung gegen eine Beamtin oder einen Beamten der Europäischen Union oder eines Staates nach § 7 Absatz 1 Satz 1 Nummer 1 ergangen ist.

Abschnitt 3
Länderübergreifender Wechsel und Wechsel in die Bundesverwaltung

§ 13 Grundsatz

Die Vorschriften dieses Abschnitts gelten nur bei landesübergreifender Abordnung, Versetzung und Umbildung von Körperschaften sowie bei einer Abordnung oder Versetzung aus einem Land in die Bundesverwaltung.

§ 14 Abordnung

(1) Beamtinnen und Beamte können aus dienstlichen Gründen vorübergehend ganz oder teilweise zu einer dem übertragenen Amt entsprechenden Tätigkeit in den Bereich eines Dienstherrn eines anderen Landes oder des Bundes abgeordnet werden.

(2) Aus dienstlichen Gründen ist eine Abordnung vorübergehend ganz oder teilweise auch zu einer nicht dem Amt entsprechenden Tätigkeit zulässig, wenn der Beamtin oder dem Beamten die Wahrnehmung der neuen Tätigkeit aufgrund der Vorbildung oder Berufsausbildung zuzumuten ist. Dabei ist auch die Abordnung zu einer Tätigkeit, die nicht einem Amt mit demselben Grundgehalt entspricht, zulässig.

(3) Die Abordnung bedarf der Zustimmung der Beamtin oder des Beamten. Abweichend von Satz 1 ist die Abordnung auch ohne Zustimmung zulässig, wenn die neue Tätigkeit

zuzumuten ist und einem Amt mit demselben Grundgehalt entspricht und die Abordnung die Dauer von fünf Jahren nicht übersteigt.

(4) Die Abordnung wird von dem abgebenden im Einverständnis mit dem aufnehmenden Dienstherrn verfügt. Soweit zwischen den Dienstherren nichts anderes vereinbart ist, sind die für den Bereich des aufnehmenden Dienstherrn geltenden Vorschriften über die Pflichten und Rechte der Beamtinnen und Beamten mit Ausnahme der Regelungen über Diensteid, Amtsbezeichnung, Zahlung von Bezügen, Krankenfürsorgeleistungen und Versorgung entsprechend anzuwenden. Die Verpflichtung zur Bezahlung hat auch der Dienstherr, zu dem die Abordnung erfolgt ist.

§ 15 Versetzung

(1) Beamtinnen und Beamte können auf Antrag oder aus dienstlichen Gründen in den Bereich eines Dienstherrn eines anderen Landes oder des Bundes in ein Amt einer Laufbahn versetzt werden, für die sie die Befähigung besitzen.

(2) Eine Versetzung bedarf der Zustimmung der Beamtin oder des Beamten. Abweichend von Satz 1 ist die Versetzung auch ohne Zustimmung zulässig, wenn das neue Amt mit mindestens demselben Grundgehalt verbunden ist wie das bisherige Amt. Stellenzulagen gelten hierbei nicht als Bestandteile des Grundgehalts.

(3) Die Versetzung wird von dem abgebenden im Einverständnis mit dem aufnehmenden Dienstherrn verfügt. Das Beamtenverhältnis wird mit dem neuen Dienstherrn fortgesetzt.

§ 16 Umbildung einer Körperschaft

(1) Beamtinnen und Beamte einer juristischen Person des öffentlichen Rechts mit Dienstherrnfähigkeit (Körperschaft), die vollständig in eine andere Körperschaft eingegliedert wird, treten mit der Umbildung kraft Gesetzes in den Dienst der aufnehmenden Körperschaft über.

(2) Die Beamtinnen und Beamten einer Körperschaft, die vollständig in mehrere andere Körperschaften eingegliedert wird, sind anteilig in den Dienst der aufnehmenden Körperschaften zu übernehmen. Die beteiligten Körperschaften haben innerhalb einer Frist von sechs Monaten nach der Umbildung im Einvernehmen miteinander zu bestimmen, von welchen Körperschaften die einzelnen Beamtinnen und Beamten zu übernehmen sind. Solange eine Beamtin oder ein Beamter nicht übernommen ist, haften alle aufnehmenden Körperschaften für die ihr oder ihm zustehenden Bezüge als Gesamtschuldner.

(3) Die Beamtinnen und Beamten einer Körperschaft, die teilweise in eine oder mehrere andere Körperschaften eingegliedert wird, sind zu einem verhältnismäßigen Teil, bei mehreren Körperschaften anteilig, in den Dienst der aufnehmenden Körperschaften zu übernehmen. Absatz 2 Satz 2 ist entsprechend anzuwenden.

(4) Die Absätze 1 bis 3 gelten entsprechend, wenn eine Körperschaft mit einer oder mehreren anderen Körperschaften zu einer neuen Körperschaft zusammengeschlossen wird, wenn ein oder mehrere Teile verschiedener Körperschaften zu einem oder mehreren neuen Teilen einer Körperschaft zusammengeschlossen werden, wenn aus einer Körperschaft oder aus Teilen einer Körperschaft eine oder mehrere neue Körperschaften gebildet werden, oder wenn Aufgaben einer Körperschaft vollständig oder teilweise auf eine oder mehrere andere Körperschaften übergehen.

§ 17 Rechtsfolgen der Umbildung

(1) Tritt eine Beamtin oder ein Beamter aufgrund des § 16 Abs. 1 kraft Gesetzes in den Dienst einer anderen Körperschaft über oder wird sie oder er aufgrund des § 16 Abs. 2 oder 3 von einer anderen Körperschaft übernommen, wird das Beamtenverhältnis mit dem neuen Dienstherrn fortgesetzt.

(2) Im Fall des § 16 Abs. 1 ist der Beamtin oder dem Beamten von der aufnehmenden oder neuen Körperschaft die Fortsetzung des Beamtenverhältnisses schriftlich zu bestätigen.

(3) In den Fällen des § 16 Abs. 2 und 3 wird die Übernahme von der Körperschaft verfügt, in deren Dienst die Beamtin oder der Beamte treten soll. Die Verfügung wird mit der Zustellung an die Beamtin oder den Beamten wirksam. Die Beamtin oder der Beamte ist verpflichtet, der Übernahmeverfügung Folge

zu leisten. Kommt die Beamtin oder der Beamte der Verpflichtung nicht nach, ist sie oder er zu entlassen.

(4) Die Absätze 1 bis 3 gelten entsprechend in den Fällen des § 16 Abs. 4.

§ 18 Rechtsstellung der Beamtinnen und Beamten

(1) Beamtinnen und Beamten, die nach § 16 in den Dienst einer anderen Körperschaft kraft Gesetzes übertreten oder übernommen werden, soll ein gleich zu bewertendes Amt übertragen werden, das ihrem bisherigen Amt nach Bedeutung und Inhalt ohne Rücksicht auf Dienststellung und Dienstalter entspricht. Wenn eine dem bisherigen Amt entsprechende Verwendung nicht möglich ist, kann ihnen auch ein anderes Amt mit geringerem Grundgehalt übertragen werden. Das Grundgehalt muss mindestens dem des Amtes entsprechen, das die Beamtinnen und Beamten vor dem bisherigen Amt innehatten. In diesem Fall dürfen sie neben der neuen Amtsbezeichnung die des früheren Amtes mit dem Zusatz „außer Dienst" („a. D.") führen.

(2) Die aufnehmende oder neue Körperschaft kann, wenn die Zahl der bei ihr nach der Umbildung vorhandenen Beamtinnen und Beamten den tatsächlichen Bedarf übersteigt, innerhalb einer Frist, deren Bestimmung dem Landesrecht vorbehalten bleibt, Beamtinnen und Beamte im Beamtenverhältnis auf Lebenszeit oder auf Zeit in den einstweiligen Ruhestand versetzen, wenn deren Aufgabengebiet von der Umbildung berührt wurde. Bei Beamtinnen auf Zeit und Beamten auf Zeit, die nach Satz 1 in den einstweiligen Ruhestand versetzt sind, endet der einstweilige Ruhestand mit Ablauf der Amtszeit; sie gelten in diesem Zeitpunkt als dauernd in den Ruhestand versetzt, wenn sie bei Verbleiben im Amt mit Ablauf der Amtszeit in den Ruhestand getreten wären.

§ 19 Rechtsstellung der Versorgungsempfängerinnen und Versorgungsempfänger

(1) Die Vorschriften des § 16 Abs. 1 und 2 und des § 17 gelten entsprechend für die im Zeitpunkt der Umbildung bei der abgebenden Körperschaft vorhandenen Versorgungsempfängerinnen und Versorgungsempfänger.

(2) In den Fällen des § 16 Abs. 3 bleiben die Ansprüche der im Zeitpunkt der Umbildung vorhandenen Versorgungsempfängerinnen und Versorgungsempfänger gegenüber der abgebenden Körperschaft bestehen.

(3) Die Absätze 1 und 2 gelten entsprechend in den Fällen des § 16 Abs. 4.

Abschnitt 4
Zuweisung einer Tätigkeit bei anderen Einrichtungen

§ 20 Zuweisung

(1) Beamtinnen und Beamten kann mit ihrer Zustimmung vorübergehend ganz oder teilweise eine ihrem Amt entsprechende Tätigkeit zugewiesen werden

1. bei einer öffentlichen Einrichtung ohne Dienstherrneigenschaft oder bei einer öffentlich-rechtlichen Religionsgemeinschaft im dienstlichen oder öffentlichen Interesse oder
2. bei einer anderen Einrichtung, wenn öffentliche Interessen es erfordern.

(2) Beamtinnen und Beamten einer Dienststelle, die ganz oder teilweise in eine öffentlich-rechtlich organisierte Einrichtung ohne Dienstherrneigenschaft oder eine privatrechtlich organisierte Einrichtung der öffentlichen Hand umgewandelt wird, kann auch ohne ihre Zustimmung ganz oder teilweise eine ihrem Amt entsprechende Tätigkeit bei dieser Einrichtung zugewiesen werden, wenn öffentliche Interessen es erfordern.

(3) Die Rechtsstellung der Beamtinnen und Beamten bleibt unberührt.

Abschnitt 5
Beendigung des Beamtenverhältnisses

§ 21 Beendigungsgründe

Das Beamtenverhältnis endet durch

1. Entlassung,
2. Verlust der Beamtenrechte,

3. Entfernung aus dem Beamtenverhältnis nach den Disziplinargesetzen oder
4. Eintritt oder Versetzung in den Ruhestand.

§ 22 Entlassung kraft Gesetzes

(1) Beamtinnen und Beamte sind entlassen, wenn

1. die Voraussetzungen des § 7 Absatz 1 Satz 1 Nummer 1 nicht mehr vorliegen und eine Ausnahme nach § 7 Absatz 3 auch nachträglich nicht zugelassen wird oder
2. sie die Altersgrenze erreichen und das Beamtenverhältnis nicht durch Eintritt in den Ruhestand endet.

(2) Die Beamtin oder der Beamte ist entlassen, wenn ein öffentlich-rechtliches Dienst- oder Amtsverhältnis zu einem anderen Dienstherrn oder zu einer Einrichtung ohne Dienstherrneigenschaft begründet wird, sofern nicht im Einvernehmen mit dem neuen Dienstherrn oder der Einrichtung die Fortdauer des Beamtenverhältnisses neben dem neuen Dienst- oder Amtsverhältnis angeordnet oder durch Landesrecht etwas anderes bestimmt wird. Dies gilt nicht für den Eintritt in ein Beamtenverhältnis auf Widerruf oder als Ehrenbeamtin oder Ehrenbeamter.

(3) Die Beamtin oder der Beamte ist mit der Berufung in ein Beamtenverhältnis auf Zeit aus einem anderen Beamtenverhältnis bei demselben Dienstherrn entlassen, soweit das Landesrecht keine abweichenden Regelungen trifft.

(4) Das Beamtenverhältnis auf Widerruf endet mit Ablauf des Tages der Ablegung oder dem endgültigen Nichtbestehen der für die Laufbahn vorgeschriebenen Prüfung, sofern durch Landesrecht nichts anderes bestimmt ist.

(5) Das Beamtenverhältnis auf Probe in einem Amt mit leitender Funktion endet mit Ablauf der Probezeit oder mit Versetzung zu einem anderen Dienstherrn.

§ 23 Entlassung durch Verwaltungsakt

(1) Beamtinnen und Beamte sind zu entlassen, wenn sie

1. den Diensteid oder ein an dessen Stelle vorgeschriebenes Gelöbnis verweigern,
2. nicht in den Ruhestand oder einstweiligen Ruhestand versetzt werden können, weil eine versorgungsrechtliche Wartezeit nicht erfüllt ist,
3. dauernd dienstunfähig sind und das Beamtenverhältnis nicht durch Versetzung in den Ruhestand endet,
4. die Entlassung in schriftlicher Form verlangen oder
5. nach Erreichen der Altersgrenze berufen worden sind.

Im Fall des Satzes 1 Nr. 3 ist § 26 Abs. 2 entsprechend anzuwenden.

(2) Beamtinnen und Beamte können entlassen werden, wenn sie in Fällen des § 7 Abs. 2 die Eigenschaft als Deutsche oder Deutscher im Sinne des Artikels 116 Absatz 1 des Grundgesetzes verlieren.

(3) Beamtinnen auf Probe und Beamte auf Probe können entlassen werden,

1. wenn sie eine Handlung begehen, die im Beamtenverhältnis auf Lebenszeit mindestens eine Kürzung der Dienstbezüge zur Folge hätte,
2. wenn sie sich in der Probezeit nicht bewährt haben oder
3. wenn ihr Aufgabengebiet bei einer Behörde von der Auflösung dieser Behörde oder einer auf landesrechtlicher Vorschrift beruhenden wesentlichen Änderung des Aufbaus oder Verschmelzung dieser Behörde mit einer anderen oder von der Umbildung einer Körperschaft berührt wird und eine andere Verwendung nicht möglich ist.

Im Fall des Satzes 1 Nr. 2 ist § 26 Abs. 2 bei allein mangelnder gesundheitlicher Eignung entsprechend anzuwenden.

(4) Beamtinnen auf Widerruf und Beamte auf Widerruf können jederzeit entlassen werden. Die Gelegenheit zur Beendigung des Vorbereitungsdienstes und zur Ablegung der Prüfung soll gegeben werden.

§ 24 Verlust der Beamtenrechte

(1) Wenn eine Beamtin oder ein Beamter im ordentlichen Strafverfahren durch das Urteil eines deutschen Gerichts

1. wegen einer vorsätzlichen Tat zu einer Freiheitsstrafe von mindestens einem Jahr oder
2. wegen einer vorsätzlichen Tat, die nach den Vorschriften über Friedensverrat, Hochverrat und Gefährdung des demokratischen Rechtsstaates, Landesverrat und Gefährdung der äußeren Sicherheit, Volksverhetzung oder, soweit sich die Tat auf eine Diensthandlung im Hauptamt bezieht, Bestechlichkeit, strafbar ist, zu einer Freiheitsstrafe von mindestens sechs Monaten

verurteilt wird, endet das Beamtenverhältnis mit der Rechtskraft des Urteils. Entsprechendes gilt, wenn die Fähigkeit zur Bekleidung öffentlicher Ämter aberkannt wird oder wenn die Beamtin oder der Beamte aufgrund einer Entscheidung des Bundesverfassungsgerichts nach Artikel 18 des Grundgesetzes ein Grundrecht verwirkt hat.

(2) Wird eine Entscheidung, die den Verlust der Beamtenrechte zur Folge hat, in einem Wiederaufnahmeverfahren aufgehoben, gilt das Beamtenverhältnis als nicht unterbrochen.

§ 25 Ruhestand wegen Erreichens der Altersgrenze

Beamtinnen auf Lebenszeit und Beamte auf Lebenszeit treten nach Erreichen der Altersgrenze in den Ruhestand.

§ 26 Dienstunfähigkeit

(1) Beamtinnen auf Lebenszeit und Beamte auf Lebenszeit sind in den Ruhestand zu versetzen, wenn sie wegen ihres körperlichen Zustandes oder aus gesundheitlichen Gründen zur Erfüllung ihrer Dienstpflichten dauernd unfähig (dienstunfähig) sind. Als dienstunfähig kann auch angesehen werden, wer infolge Erkrankung innerhalb eines Zeitraums von sechs Monaten mehr als drei Monate keinen Dienst getan hat und keine Aussicht besteht, dass innerhalb einer Frist, deren Bestimmung dem Landesrecht vorbehalten bleibt, die Dienstfähigkeit wieder voll hergestellt ist. In den Ruhestand wird nicht versetzt, wer anderweitig verwendbar ist. Für Gruppen von Beamtinnen und Beamten können besondere Voraussetzungen für die Dienstunfähigkeit durch Landesrecht geregelt werden.

(2) Eine anderweitige Verwendung ist möglich, wenn der Beamtin oder dem Beamten ein anderes Amt derselben oder einer anderen Laufbahn übertragen werden kann. In den Fällen des Satzes 1 ist die Übertragung eines anderen Amtes ohne Zustimmung zulässig, wenn das neue Amt zum Bereich desselben Dienstherrn gehört, es mit mindestens demselben Grundgehalt verbunden ist wie das bisherige Amt und wenn zu erwarten ist, dass die gesundheitlichen Anforderungen des neuen Amtes erfüllt werden. Beamtinnen und Beamte, die nicht die Befähigung für die andere Laufbahn besitzen, haben an Qualifizierungsmaßnahmen für den Erwerb der neuen Befähigung teilzunehmen.

(3) Zur Vermeidung der Versetzung in den Ruhestand kann der Beamtin oder dem Beamten unter Beibehaltung des übertragenen Amtes ohne Zustimmung auch eine geringerwertige Tätigkeit im Bereich desselben Dienstherrn übertragen werden, wenn eine anderweitige Verwendung nicht möglich ist und die Wahrnehmung der neuen Aufgabe unter Berücksichtigung der bisherigen Tätigkeit zumutbar ist.

§ 27 Begrenzte Dienstfähigkeit

(1) Von der Versetzung in den Ruhestand wegen Dienstunfähigkeit ist abzusehen, wenn die Beamtin oder der Beamte unter Beibehaltung des übertragenen Amtes die Dienstpflichten noch während mindestens der Hälfte der regelmäßigen Arbeitszeit erfüllen kann (begrenzte Dienstfähigkeit).

(2) Die Arbeitszeit ist entsprechend der begrenzten Dienstfähigkeit herabzusetzen. Mit Zustimmung der Beamtin oder des Beamten ist auch eine Verwendung in einer nicht dem Amt entsprechenden Tätigkeit möglich.

§ 28 Ruhestand bei Beamtenverhältnis auf Probe

(1) Beamtinnen auf Probe und Beamte auf Probe sind in den Ruhestand zu versetzen, wenn sie infolge Krankheit, Verwundung

oder sonstiger Beschädigung, die sie sich ohne grobes Verschulden bei Ausübung oder aus Veranlassung des Dienstes zugezogen haben, dienstunfähig geworden sind.

(2) Beamtinnen auf Probe und Beamte auf Probe können in den Ruhestand versetzt werden, wenn sie aus anderen Gründen dienstunfähig geworden sind.

(3) § 26 Abs. 1 Satz 3, Abs. 2 und 3 sowie § 27 sind entsprechend anzuwenden.

§ 29 Wiederherstellung der Dienstfähigkeit

(1) Wird nach der Versetzung in den Ruhestand wegen Dienstunfähigkeit die Dienstfähigkeit wiederhergestellt und beantragt die Ruhestandsbeamtin oder der Ruhestandsbeamte vor Ablauf einer Frist, deren Bestimmung dem Landesrecht vorbehalten bleibt, spätestens zehn Jahre nach der Versetzung in den Ruhestand, eine erneute Berufung in das Beamtenverhältnis, ist diesem Antrag zu entsprechen, falls nicht zwingende dienstliche Gründe entgegenstehen.

(2) Beamtinnen und Beamte, die wegen Dienstunfähigkeit in den Ruhestand versetzt worden sind, können erneut in das Beamtenverhältnis berufen werden, wenn im Dienstbereich des früheren Dienstherrn ein Amt mit mindestens demselben Grundgehalt übertragen werden soll und wenn zu erwarten ist, dass die gesundheitlichen Anforderungen des neuen Amtes erfüllt werden. Beamtinnen und Beamte, die nicht die Befähigung für die andere Laufbahn besitzen, haben an Qualifizierungsmaßnahmen für den Erwerb der neuen Befähigung teilzunehmen. Den wegen Dienstunfähigkeit in den Ruhestand versetzten Beamtinnen und Beamten kann unter Übertragung eines Amtes ihrer früheren Laufbahn nach Satz 1 auch eine geringerwertige Tätigkeit im Bereich desselben Dienstherrn übertragen werden, wenn eine anderweitige Verwendung nicht möglich ist und die Wahrnehmung der neuen Aufgabe unter Berücksichtigung ihrer früheren Tätigkeit zumutbar ist.

(3) Die erneute Berufung in ein Beamtenverhältnis ist auch in den Fällen der begrenzten Dienstfähigkeit möglich.

(4) Beamtinnen und Beamte, die wegen Dienstunfähigkeit in den Ruhestand versetzt worden sind, sind verpflichtet, sich geeigneten und zumutbaren Maßnahmen zur Wiederherstellung ihrer Dienstfähigkeit zu unterziehen; die zuständige Behörde kann ihnen entsprechende Weisungen erteilen.

(5) Die Dienstfähigkeit der Ruhestandsbeamtin oder des Ruhestandsbeamten kann nach Maßgabe des Landesrechts untersucht werden; sie oder er ist verpflichtet, sich nach Weisung der zuständigen Behörde ärztlich untersuchen zu lassen. Die Ruhestandsbeamtin oder der Ruhestandsbeamte kann eine solche Untersuchung verlangen, wenn sie oder er einen Antrag nach Absatz 1 zu stellen beabsichtigt.

(6) Bei einer erneuten Berufung gilt das frühere Beamtenverhältnis als fortgesetzt.

§ 30 Einstweiliger Ruhestand

(1) Beamtinnen auf Lebenszeit und Beamte auf Lebenszeit können jederzeit in den einstweiligen Ruhestand versetzt werden, wenn sie ein Amt bekleiden, bei dessen Ausübung sie in fortdauernder Übereinstimmung mit den grundsätzlichen politischen Ansichten und Zielen der Regierung stehen müssen. Die Bestimmung der Ämter nach Satz 1 ist dem Landesrecht vorbehalten.

(2) Beamtinnen und Beamte, die auf Probe ernannt sind und ein Amt im Sinne des Absatzes 1 bekleiden, können jederzeit entlassen werden.

(3) Für den einstweiligen Ruhestand gelten die Vorschriften über den Ruhestand. § 29 Abs. 2 und 6 gilt entsprechend. Der einstweilige Ruhestand endet bei erneuter Berufung in das Beamtenverhältnis auf Lebenszeit auch bei einem anderen Dienstherrn, wenn den Beamtinnen oder Beamten ein Amt verliehen wird, das derselben oder einer gleichwertigen Laufbahn angehört wie das frühere Amt und mit mindestens demselben Grundgehalt verbunden ist.

(4) Erreichen Beamtinnen und Beamte, die in den einstweiligen Ruhestand versetzt sind, die gesetzliche Altersgrenze, gelten sie mit diesem Zeitpunkt als dauernd in den Ruhestand versetzt.

§ 31 Einstweiliger Ruhestand bei Umbildung und Auflösung von Behörden

(1) Bei der Auflösung einer Behörde oder bei einer auf landesrechtlicher Vorschrift beruhenden wesentlichen Änderung des Aufbaus oder bei Verschmelzung einer Behörde mit einer oder mehreren anderen kann eine Beamtin auf Lebenszeit oder ein Beamter auf Lebenszeit in den einstweiligen Ruhestand versetzt werden, wenn das übertragene Aufgabengebiet von der Auflösung oder Umbildung berührt wird und eine Versetzung nach Landesrecht nicht möglich ist. Zusätzliche Voraussetzungen können geregelt werden.

(2) Die erneute Berufung der in den einstweiligen Ruhestand versetzten Beamtin oder des in den einstweiligen Ruhestand versetzten Beamten in ein Beamtenverhältnis ist vorzusehen, wenn ein der bisherigen Tätigkeit entsprechendes Amt zu besetzen ist, für das sie oder er geeignet ist. Für erneute Berufungen nach Satz 1, die weniger als fünf Jahre vor Erreichen der Altersgrenze (§ 25) wirksam werden, können durch Landesrecht abweichende Regelungen getroffen werden.

(3) § 29 Abs. 6 gilt entsprechend.

§ 32 Wartezeit

Die Versetzung in den Ruhestand setzt die Erfüllung einer versorgungsrechtlichen Wartezeit voraus.

Abschnitt 6 Rechtliche Stellung im Beamtenverhältnis

§ 33 Grundpflichten

(1) Beamtinnen und Beamte dienen dem ganzen Volk, nicht einer Partei. Sie haben ihre Aufgaben unparteiisch und gerecht zu erfüllen und ihr Amt zum Wohl der Allgemeinheit zu führen. Beamtinnen und Beamte müssen sich durch ihr gesamtes Verhalten zu der freiheitlichen demokratischen Grundordnung im Sinne des Grundgesetzes bekennen und für deren Erhaltung eintreten.

(2) Beamtinnen und Beamte haben bei politischer Betätigung diejenige Mäßigung und Zurückhaltung zu wahren, die sich aus ihrer Stellung gegenüber der Allgemeinheit und aus der Rücksicht auf die Pflichten ihres Amtes ergibt.

§ 34 Wahrnehmung der Aufgaben, Verhalten und Erscheinungsbild

(1) Beamtinnen und Beamte haben sich mit vollem persönlichem Einsatz ihrem Beruf zu widmen. Sie haben die übertragenen Aufgaben uneigennützig nach bestem Gewissen wahrzunehmen. Ihr Verhalten innerhalb und außerhalb des Dienstes muss der Achtung und dem Vertrauen gerecht werden, die ihr Beruf erfordern.

(2) Beamtinnen und Beamte haben bei der Ausübung des Dienstes oder bei einer Tätigkeit mit unmittelbarem Dienstbezug auch hinsichtlich ihres Erscheinungsbilds Rücksicht auf das ihrem Amt entgegengebrachte Vertrauen zu nehmen. Insbesondere das Tragen von bestimmten Kleidungsstücken, Schmuck, Symbolen und Tätowierungen im sichtbaren Bereich sowie die Art der Haar- und Barttracht können eingeschränkt oder untersagt werden, soweit die Funktionsfähigkeit der Verwaltung oder die Pflicht zum achtungs- und vertrauenswürdigen Verhalten dies erfordert. Das ist insbesondere dann der Fall, wenn Merkmale des Erscheinungsbilds nach Satz 2 durch ihre über das übliche Maß hinausgehende besonders individualisierende Art geeignet sind, die amtliche Funktion der Beamtin oder des Beamten in den Hintergrund zu drängen. Religiös oder weltanschaulich konnotierte Merkmale des Erscheinungsbilds nach Satz 2 können nur dann eingeschränkt oder untersagt werden, wenn sie objektiv geeignet sind, das Vertrauen in die neutrale Amtsführung der Beamtin oder des Beamten zu beeinträchtigen. Die Einzelheiten nach den Sätzen 2 bis 4 können durch Landesrecht bestimmt werden. Die Verhüllung des Gesichts bei der Ausübung des Dienstes oder bei einer Tätigkeit mit unmittelbarem Dienstbezug ist stets unzulässig, es sei denn, dienstliche oder gesundheitliche Gründe erfordern dies.

§ 35 Folgepflicht

(1) Beamtinnen und Beamte haben ihre Vorgesetzten zu beraten und zu unterstützen. Sie sind verpflichtet, deren dienstliche Anordnungen auszuführen und deren allgemeine Richtlinien zu befolgen. Dies gilt nicht, soweit die Beamtinnen und Beamten nach besonderen gesetzlichen Vorschriften an Weisungen nicht gebunden und nur dem Gesetz unterworfen sind.

(2) Beamtinnen und Beamte haben bei organisatorischen Veränderungen dem Dienstherrn Folge zu leisten.

§ 36 Verantwortung für die Rechtmäßigkeit

(1) Beamtinnen und Beamte tragen für die Rechtmäßigkeit ihrer dienstlichen Handlungen die volle persönliche Verantwortung.

(2) Bedenken gegen die Rechtmäßigkeit dienstlicher Anordnungen haben Beamtinnen und Beamte unverzüglich auf dem Dienstweg geltend zu machen. Wird die Anordnung aufrechterhalten, haben sie sich, wenn die Bedenken fortbestehen, an die nächst höhere Vorgesetzte oder den nächst höheren Vorgesetzten zu wenden. Wird die Anordnung bestätigt, müssen die Beamtinnen und Beamten sie ausführen und sind von der eigenen Verantwortung befreit. Dies gilt nicht, wenn das aufgetragene Verhalten die Würde des Menschen verletzt oder strafbar oder ordnungswidrig ist und die Strafbarkeit oder Ordnungswidrigkeit für die Beamtinnen oder Beamten erkennbar ist. Die Bestätigung hat auf Verlangen schriftlich zu erfolgen.

(3) Wird von den Beamtinnen oder Beamten die sofortige Ausführung der Anordnung verlangt, weil Gefahr im Verzug besteht und die Entscheidung der oder des höheren Vorgesetzten nicht rechtzeitig herbeigeführt werden kann, gilt Absatz 2 Satz 3 und 4 entsprechend. Die Anordnung ist durch die anordnende oder den anordnenden Vorgesetzten schriftlich zu bestätigen, wenn die Beamtin oder der Beamte dies unverzüglich nach Ausführung der Anordnung verlangt.

§ 37 Verschwiegenheitspflicht

(1) Beamtinnen und Beamte haben über die ihnen bei oder bei Gelegenheit ihrer amtlichen Tätigkeit bekannt gewordenen dienstlichen Angelegenheiten Verschwiegenheit zu bewahren. Dies gilt auch über den Bereich eines Dienstherrn hinaus sowie nach Beendigung des Beamtenverhältnisses.

(2) Absatz 1 gilt nicht, soweit

1. Mitteilungen im dienstlichen Verkehr geboten sind,
2. Tatsachen mitgeteilt werden, die offenkundig sind oder ihrer Bedeutung nach keiner Geheimhaltung bedürfen,
3. gegenüber der zuständigen obersten Dienstbehörde, einer Strafverfolgungsbehörde oder einer durch Landesrecht bestimmten weiteren Behörde oder außerdienstlichen Stelle ein durch Tatsachen begründeter Verdacht einer Korruptionsstraftat nach den §§ 331 bis 337 des Strafgesetzbuches angezeigt wird oder
4. Informationen unter den Voraussetzungen des Hinweisgeberschutzgesetzes an eine zuständige Meldestelle weitergegeben oder offengelegt werden.

Im Übrigen bleiben die gesetzlich begründeten Pflichten, geplante Straftaten anzuzeigen und für die Erhaltung der freiheitlichen demokratischen Grundordnung einzutreten, von Absatz 1 unberührt.

(3) Beamtinnen und Beamte dürfen ohne Genehmigung über Angelegenheiten, für die Absatz 1 gilt, weder vor Gericht noch außergerichtlich aussagen oder Erklärungen abgeben. Die Genehmigung erteilt der Dienstherr oder, wenn das Beamtenverhältnis beendet ist, der letzte Dienstherr. Hat sich der Vorgang, der den Gegenstand der Äußerung bildet, bei einem früheren Dienstherrn ereignet, darf die Genehmigung nur mit dessen Zustimmung erteilt werden. Durch Landesrecht kann bestimmt werden, dass an die Stelle des in den Sätzen 2 und 3 genannten jeweiligen Dienstherrn eine andere Stelle tritt.

(4) Die Genehmigung, als Zeugin oder Zeuge auszusagen, darf nur versagt werden, wenn die Aussage dem Wohl des Bundes oder eines deutschen Landes erhebliche Nachteile bereiten oder die Erfüllung öffentlicher Aufgaben ernstlich gefährden oder erheblich erschweren

würde. Durch Landesrecht kann bestimmt werden, dass die Verweigerung der Genehmigung zur Aussage vor Untersuchungsausschüssen des Deutschen Bundestages oder der Volksvertretung eines Landes einer Nachprüfung unterzogen werden kann. Die Genehmigung, ein Gutachten zu erstatten, kann versagt werden, wenn die Erstattung den dienstlichen Interessen Nachteile bereiten würde.

(5) Sind Beamtinnen oder Beamte Partei oder Beschuldigte in einem gerichtlichen Verfahren oder soll ihr Vorbringen der Wahrnehmung ihrer berechtigten Interessen dienen, darf die Genehmigung auch dann, wenn die Voraussetzungen des Absatzes 4 Satz 1 erfüllt sind, nur versagt werden, wenn die dienstlichen Rücksichten dies unabweisbar erfordern. Wird sie versagt, ist Beamtinnen oder Beamten der Schutz zu gewähren, den die dienstlichen Rücksichten zulassen.

(6) Beamtinnen und Beamte haben, auch nach Beendigung des Beamtenverhältnisses, auf Verlangen des Dienstherrn oder des letzten Dienstherrn amtliche Schriftstücke, Zeichnungen, bildliche Darstellungen sowie Aufzeichnungen jeder Art über dienstliche Vorgänge, auch soweit es sich um Wiedergaben handelt, herauszugeben. Die gleiche Verpflichtung trifft ihre Hinterbliebenen und Erben.

§ 38 Diensteid

(1) Beamtinnen und Beamte haben einen Diensteid zu leisten. Der Diensteid hat eine Verpflichtung auf das Grundgesetz zu enthalten.

(2) In den Fällen, in denen Beamtinnen und Beamte erklären, dass sie aus Glaubens- oder Gewissensgründen den Eid nicht leisten wollen, kann für diese an Stelle des Eides ein Gelöbnis zugelassen werden.

(3) In den Fällen, in denen nach § 7 Abs. 3 eine Ausnahme von § 7 Absatz 1 Satz 1 Nummer 1 zugelassen worden ist, kann an Stelle des Eides ein Gelöbnis vorgeschrieben werden.

§ 39 Verbot der Führung der Dienstgeschäfte

Beamtinnen und Beamten kann aus zwingenden dienstlichen Gründen die Führung der Dienstgeschäfte verboten werden. Das Verbot erlischt, wenn nicht bis zum Ablauf von drei Monaten gegen die Beamtin oder den Beamten ein Disziplinarverfahren oder ein sonstiges auf Rücknahme der Ernennung oder auf Beendigung des Beamtenverhältnisses gerichtetes Verfahren eingeleitet worden ist.

§ 40 Nebentätigkeit

Eine Nebentätigkeit ist grundsätzlich anzeigepflichtig. Sie ist unter Erlaubnis- oder Verbotsvorbehalt zu stellen, soweit sie geeignet ist, dienstliche Interessen zu beeinträchtigen.

§ 41 Tätigkeit nach Beendigung des Beamtenverhältnisses

(1) Ruhestandsbeamtinnen und Ruhestandsbeamte sowie frühere Beamtinnen mit Versorgungsbezügen und frühere Beamte mit Versorgungsbezügen haben die Ausübung einer Erwerbstätigkeit oder sonstigen Beschäftigung außerhalb des öffentlichen Dienstes, die mit der dienstlichen Tätigkeit innerhalb eines Zeitraums, dessen Bestimmung dem Landesrecht vorbehalten bleibt, im Zusammenhang steht und durch die dienstliche Interessen beeinträchtigt werden können, anzuzeigen. Die Erwerbstätigkeit oder sonstige Beschäftigung ist zu untersagen, wenn zu besorgen ist, dass durch sie dienstliche Interessen beeinträchtigt werden. Das Verbot endet spätestens mit Ablauf von sieben Jahren nach Beendigung des Beamtenverhältnisses.

(2) Durch Landesrecht können für bestimmte Gruppen der in Absatz 1 Satz 1 genannten Beamtinnen und Beamten abweichende Voraussetzungen für eine Anzeige oder Regelungen für eine Genehmigung von Tätigkeiten nach Beendigung des Beamtenverhältnisses bestimmt werden.

§ 42 Verbot der Annahme von Belohnungen, Geschenken und sonstigen Vorteilen

(1) Beamtinnen und Beamte dürfen, auch nach Beendigung des Beamtenverhältnisses, keine Belohnungen, Geschenke oder sonstigen Vorteile für sich oder eine dritte Person in

Bezug auf ihr Amt fordern, sich versprechen lassen oder annehmen. Ausnahmen bedürfen der Zustimmung ihres gegenwärtigen oder letzten Dienstherrn.

(2) Wer gegen das in Absatz 1 genannte Verbot verstößt, hat das aufgrund des pflichtwidrigen Verhaltens Erlangte auf Verlangen dem Dienstherrn herauszugeben, soweit nicht die Einziehung von Taterträgen angeordnet worden oder es auf andere Weise auf den Staat übergegangen ist.

§ 43 Teilzeitbeschäftigung

Teilzeitbeschäftigung ist zu ermöglichen.

§ 44 Erholungsurlaub

Beamtinnen und Beamten steht jährlicher Erholungsurlaub unter Fortgewährung der Bezüge zu.

§ 45 Fürsorge

Der Dienstherr hat im Rahmen des Dienst- und Treueverhältnisses für das Wohl der Beamtinnen und Beamten und ihrer Familien, auch für die Zeit nach Beendigung des Beamtenverhältnisses, zu sorgen. Er schützt die Beamtinnen und Beamten bei ihrer amtlichen Tätigkeit und in ihrer Stellung.

§ 46 Mutterschutz und Elternzeit

Effektiver Mutterschutz und Elternzeit sind zu gewährleisten.

§ 47 Nichterfüllung von Pflichten

(1) Beamtinnen und Beamte begehen ein Dienstvergehen, wenn sie schuldhaft die ihnen obliegenden Pflichten verletzen. Ein Verhalten außerhalb des Dienstes ist nur dann ein Dienstvergehen, wenn es nach den Umständen des Einzelfalls in besonderem Maße geeignet ist, das Vertrauen in einer für ihr Amt bedeutsamen Weise zu beeinträchtigen.

(2) Bei Ruhestandsbeamtinnen und Ruhestandsbeamten oder früheren Beamtinnen mit Versorgungsbezügen und früheren Beamten mit Versorgungsbezügen gilt als Dienstvergehen, wenn sie sich gegen die freiheitliche demokratische Grundordnung im Sinne des Grundgesetzes betätigen oder an Bestrebungen teilnehmen, die darauf abzielen, den Bestand oder die Sicherheit der Bundesrepublik Deutschland zu beeinträchtigen, oder wenn sie schuldhaft gegen die in den §§ 37, 41 und 42 bestimmten Pflichten verstoßen. Bei sonstigen früheren Beamtinnen und früheren Beamten gilt es als Dienstvergehen, wenn sie schuldhaft gegen die in den §§ 37, 41 und 42 bestimmten Pflichten verstoßen. Für Beamtinnen und Beamte nach den Sätzen 1 und 2 können durch Landesrecht weitere Handlungen festgelegt werden, die als Dienstvergehen gelten.

(3) Das Nähere über die Verfolgung von Dienstvergehen regeln die Disziplinargesetze.

§ 48 Pflicht zum Schadensersatz

Beamtinnen und Beamte, die vorsätzlich oder grob fahrlässig die ihnen obliegenden Pflichten verletzen, haben dem Dienstherrn, dessen Aufgaben sie wahrgenommen haben, den daraus entstehenden Schaden zu ersetzen. Haben mehrere Beamtinnen oder Beamte gemeinsam den Schaden verursacht, haften sie als Gesamtschuldner.

§ 49 Übermittlungen bei Strafverfahren

(1) Das Gericht, die Strafverfolgungs- oder die Strafvollstreckungsbehörde hat in Strafverfahren gegen Beamtinnen und Beamte zur Sicherstellung der erforderlichen dienstrechtlichen Maßnahmen im Fall der Erhebung der öffentlichen Klage

1. die Anklageschrift oder eine an ihre Stelle tretende Antragsschrift,
2. den Antrag auf Erlass eines Strafbefehls und
3. die einen Rechtszug abschließende Entscheidung mit Begründung

zu übermitteln. Ist gegen die Entscheidung ein Rechtsmittel eingelegt worden, ist die Entscheidung unter Hinweis auf das eingelegte Rechtsmittel zu übermitteln. Der Erlass und der Vollzug eines Haftbefehls oder eines Unterbringungsbefehls sind mitzuteilen.

(2) In Verfahren wegen fahrlässig begangener Straftaten werden die in Absatz 1 Satz 1 bestimmten Übermittlungen nur vorgenommen, wenn

1. es sich um schwere Verstöße handelt, namentlich Vergehen der Trunkenheit im Straßenverkehr oder der fahrlässigen Tötung, oder
2. in sonstigen Fällen die Kenntnis der Daten aufgrund der Umstände des Einzelfalls erforderlich ist, um zu prüfen, ob dienstrechtliche Maßnahmen zu ergreifen sind.

(3) Entscheidungen über Verfahrenseinstellungen, die nicht bereits nach Absatz 1 oder 2 zu übermitteln sind, sollen übermittelt werden, wenn die in Absatz 2 Nr. 2 genannten Voraussetzungen erfüllt sind. Dabei ist zu berücksichtigen, wie gesichert die zu übermittelnden Erkenntnisse sind.

(4) Sonstige Tatsachen, die in einem Strafverfahren bekannt werden, dürfen mitgeteilt werden, wenn ihre Kenntnis aufgrund besonderer Umstände des Einzelfalls für dienstrechtliche Maßnahmen gegen eine Beamtin oder einen Beamten erforderlich ist und soweit nicht für die übermittelnde Stelle erkennbar ist, dass schutzwürdige Interessen der Beamtin oder des Beamten an dem Ausschluss der Übermittlung überwiegen. Erforderlich ist die Kenntnis der Daten auch dann, wenn diese Anlass zur Prüfung bieten, ob dienstrechtliche Maßnahmen zu ergreifen sind. Absatz 3 Satz 2 ist entsprechend anzuwenden.

(5) Nach den Absätzen 1 bis 4 übermittelte Daten dürfen auch für die Wahrnehmung der Aufgaben nach dem Sicherheitsüberprüfungsgesetz oder einem entsprechenden Landesgesetz verwendet werden.

(6) Übermittlungen nach den Absätzen 1 bis 3 sind auch zulässig, soweit sie Daten betreffen, die dem Steuergeheimnis (§ 30 der Abgabenordnung) unterliegen. Übermittlungen nach Absatz 4 sind unter den Voraussetzungen des § 30 Abs. 4 Nr. 5 der Abgabenordnung zulässig.

§ 50 Personalakte

Für jede Beamtin und jeden Beamten ist eine Personalakte zu führen. Zur Personalakte gehören alle Unterlagen, die die Beamtin oder den Beamten betreffen, soweit sie mit dem Dienstverhältnis in einem unmittelbaren inneren Zusammenhang stehen (Personalaktendaten). Die Personalakte ist vertraulich zu behandeln. Personalaktendaten dürfen ohne Einwilligung der Beamtin oder des Beamten nur für Zwecke der Personalverwaltung oder Personalwirtschaft verarbeitet werden. Für Ausnahmefälle kann landesrechtlich eine von Satz 4 abweichende Verarbeitung vorgesehen werden.

§ 51 Personalvertretung

Die Bildung von Personalvertretungen zum Zweck der vertrauensvollen Zusammenarbeit zwischen der Behördenleitung und dem Personal ist unter Einbeziehung der Beamtinnen und Beamten zu gewährleisten.

§ 52 Mitgliedschaft in Gewerkschaften und Berufsverbänden

Beamtinnen und Beamte haben das Recht, sich in Gewerkschaften oder Berufsverbänden zusammenzuschließen. Sie dürfen wegen Betätigung für ihre Gewerkschaft oder ihren Berufsverband nicht dienstlich gemaßregelt oder benachteiligt werden.

§ 53 Beteiligung der Spitzenorganisationen

Bei der Vorbereitung gesetzlicher Regelungen der beamtenrechtlichen Verhältnisse durch die obersten Landesbehörden sind die Spitzenorganisationen der zuständigen Gewerkschaften und Berufsverbände zu beteiligen. Das Beteiligungsverfahren kann auch durch Vereinbarung ausgestaltet werden.

Abschnitt 7
Rechtsweg

§ 54 Verwaltungsrechtsweg

(1) Für alle Klagen der Beamtinnen, Beamten, Ruhestandsbeamtinnen, Ruhestandsbeamten, früheren Beamtinnen, früheren Beamten und der Hinterbliebenen aus dem Beamtenverhältnis sowie für Klagen des Dienstherrn ist der Verwaltungsrechtsweg gegeben.

(2) Vor allen Klagen ist ein Vorverfahren nach den Vorschriften des 8. Abschnitts der Verwaltungsgerichtsordnung durchzuführen. Dies gilt auch dann, wenn die Maßnahme von der

obersten Dienstbehörde getroffen worden ist. Ein Vorverfahren ist nicht erforderlich, wenn ein Landesgesetz dieses ausdrücklich bestimmt.

(3) Den Widerspruchsbescheid erlässt die oberste Dienstbehörde. Sie kann die Entscheidung für Fälle, in denen sie die Maßnahme nicht selbst getroffen hat, durch allgemeine Anordnung auf andere Behörden übertragen. Die Anordnung ist zu veröffentlichen.

(4) Widerspruch und Anfechtungsklage gegen Abordnung oder Versetzung haben keine aufschiebende Wirkung.

Abschnitt 8 Spannungs- und Verteidigungsfall

§ 55 Anwendungsbereich

Beschränkungen, Anordnungen und Verpflichtungen nach den §§ 56 bis 59 sind nur nach Maßgabe des Artikels 80a des Grundgesetzes zulässig. Sie sind auf Personen im Sinne des § 5 Abs. 1 des Arbeitssicherstellungsgesetzes nicht anzuwenden.

§ 56 Dienstleistung im Verteidigungsfall

(1) Beamtinnen und Beamte können für Zwecke der Verteidigung auch ohne ihre Zustimmung zu einem anderen Dienstherrn abgeordnet oder zur Dienstleistung bei über- oder zwischenstaatlichen zivilen Dienststellen verpflichtet werden.

(2) Beamtinnen und Beamten können für Zwecke der Verteidigung auch Aufgaben übertragen werden, die nicht ihrem Amt oder ihrer Laufbahnbefähigung entsprechen, sofern ihnen die Übernahme nach ihrer Vor- und Ausbildung und im Hinblick auf die Ausnahmesituation zumutbar ist. Aufgaben einer Laufbahn mit geringeren Zugangsvoraussetzungen dürfen ihnen nur übertragen werden, wenn dies aus dienstlichen Gründen unabweisbar ist.

(3) Beamtinnen und Beamte haben bei der Erfüllung der ihnen für Zwecke der Verteidigung übertragenen Aufgaben Gefahren und Erschwernisse auf sich zu nehmen, soweit diese ihnen nach den Umständen und den persönlichen Verhältnissen zugemutet werden können.

(4) Beamtinnen und Beamte sind bei einer Verlegung der Behörde oder Dienststelle auch in das Ausland zur Dienstleistung am neuen Dienstort verpflichtet.

§ 57 Aufschub der Entlassung und des Ruhestands

Die Entlassung der Beamtinnen und Beamten auf ihren Antrag kann für Zwecke der Verteidigung hinausgeschoben werden, wenn dies im öffentlichen Interesse erforderlich ist und der Personalbedarf der öffentlichen Verwaltung im Bereich ihres Dienstherrn auf freiwilliger Grundlage nicht gedeckt werden kann. Satz 1 gilt entsprechend für den Ablauf der Amtszeit bei Beamtenverhältnissen auf Zeit. Der Eintritt der Beamtinnen und Beamten in den Ruhestand nach Erreichen der Altersgrenze und die vorzeitige Versetzung in den Ruhestand auf Antrag ohne Nachweis der Dienstunfähigkeit können unter den Voraussetzungen des Satzes 1 bis zum Ende des Monats hinausgeschoben werden, in dem die für Bundesbeamtinnen und Bundesbeamte geltende Regelaltersgrenze erreicht wird.

§ 58 Erneute Berufung von Ruhestandsbeamtinnen und Ruhestandsbeamten

Ruhestandsbeamtinnen und Ruhestandsbeamte, die die für Bundesbeamtinnen und Bundesbeamte geltende Regelaltersgrenze noch nicht erreicht haben, können für Zwecke der Verteidigung erneut in ein Beamtenverhältnis berufen werden, wenn dies im öffentlichen Interesse erforderlich ist und der Personalbedarf der öffentlichen Verwaltung im Bereich ihres bisherigen Dienstherrn auf freiwilliger Grundlage nicht gedeckt werden kann. Das Beamtenverhältnis endet, wenn es nicht vorher beendet wird, mit dem Ende des Monats, in dem die für Bundesbeamtinnen und Bundesbeamte geltende Regelaltersgrenze erreicht wird.

§ 59 Verpflichtung zur Gemeinschaftsunterkunft und Mehrarbeit

(1) Wenn dienstliche Gründe es erfordern, können Beamtinnen und Beamte für Zwecke der Verteidigung verpflichtet werden, vorübergehend in einer Gemeinschaftsunter-

kunft zu wohnen und an einer Gemeinschaftsverpflegung teilzunehmen.

(2) Beamtinnen und Beamte sind verpflichtet, für Zwecke der Verteidigung über die regelmäßige Arbeitszeit hinaus ohne besondere Vergütung Dienst zu tun. Für die Mehrbeanspruchung wird ein Freizeitausgleich nur gewährt, soweit es die dienstlichen Erfordernisse gestatten.

Abschnitt 9 Sonderregelungen für Verwendungen im Ausland

§ 60 Verwendungen im Ausland

(1) Beamtinnen und Beamte, die zur Wahrnehmung des ihnen übertragenen Amtes im Ausland oder außerhalb des Deutschen Hoheitsgebiets auf Schiffen oder in Luftfahrzeugen verwendet werden und dabei wegen vom Inland wesentlich abweichender Verhältnisse erhöhten Gefahren ausgesetzt sind, können aus dienstlichen Gründen verpflichtet werden,

1. vorübergehend in einer Gemeinschaftsunterkunft zu wohnen und an einer Gemeinschaftsverpflegung teilzunehmen,
2. Schutzkleidung zu tragen,
3. Dienstkleidung zu tragen und
4. über die regelmäßige Arbeitszeit hinaus ohne besondere Vergütung Dienst zu tun.

In den Fällen des Satzes 1 Nr. 4 wird für die Mehrbeanspruchung ein Freizeitausgleich nur gewährt, soweit es die dienstlichen Erfordernisse gestatten.

(2) Sind nach Absatz 1 verwendete Beamtinnen und Beamte zum Zeitpunkt des vorgesehenen Eintritts in den Ruhestand nach den §§ 25 und 26 oder des vorgesehenen Ablaufs ihrer Amtszeit wegen Verschleppung, Gefangenschaft oder aus sonstigen mit dem Dienst zusammenhängenden Gründen, die sie nicht zu vertreten haben, dem Einflussbereich des Dienstherrn entzogen, verlängert sich das Dienstverhältnis bis zum Ablauf des auf die Beendigung dieses Zustands folgenden Monats.

Abschnitt 10 Sonderregelungen für wissenschaftliches Hochschulpersonal

§ 61 Hochschullehrerinnen und Hochschullehrer

Abweichend von den §§ 14 und 15 können Hochschullehrerinnen und Hochschullehrer nur mit ihrer Zustimmung in den Bereich eines Dienstherrn eines anderen Landes oder des Bundes abgeordnet oder versetzt werden. Abordnung oder Versetzung im Sinne von Satz 1 sind auch ohne Zustimmung der Hochschullehrerinnen oder Hochschullehrer zulässig, wenn die Hochschule oder die Hochschuleinrichtung, an der sie tätig sind, aufgelöst oder mit einer anderen Hochschule zusammengeschlossen wird oder wenn die Studien- oder Fachrichtung, in der sie tätig sind, ganz oder teilweise aufgehoben oder an eine andere Hochschule verlegt wird. In diesen Fällen beschränkt sich eine Mitwirkung der aufnehmenden Hochschule oder Hochschuleinrichtung bei der Einstellung auf eine Anhörung. Die Vorschriften über den einstweiligen Ruhestand sind auf Hochschullehrerinnen und Hochschullehrer nicht anzuwenden.

Abschnitt 11 Schlussvorschriften

§ 62 Folgeänderungen

(hier nicht aufgenommen)

§ 63 Inkrafttreten, Außerkrafttreten

(1) Die §§ 25 und 50 treten am Tag nach der Verkündung in Kraft. Gleichzeitig treten die §§ 25 und 26 Abs. 3 sowie die §§ 56 bis 56f des Beamtenrechtsrahmengesetzes in der Fassung der Bekanntmachung vom 31. März 1999 (BGBl. I S. 654), das zuletzt durch Artikel 2 Abs. 1 des Gesetzes vom 5. Dezember 2006 (BGBl. I S. 2748), geändert worden ist, außer Kraft.

(2) § 62 Abs. 13 und 14 tritt für Bundesbeamtinnen und Bundesbeamte am 12. Februar 2009 in Kraft.

(3) Im Übrigen tritt das Gesetz am 1. April 2009 in Kraft. Gleichzeitig tritt das Beamtenrechtsrahmengesetz mit Ausnahme von Kapitel II und § 135 außer Kraft.

(4) Die Länder können für die Zeit bis zum Inkrafttreten des § 11 Landesregelungen im Sinne dieser Vorschrift in Kraft setzen. In den Ländern, die davon Gebrauch machen, ist § 8 des Beamtenrechtsrahmengesetzes nicht anzuwenden.

Bundesbeamtengesetz (BBG)

Vom 5. Februar 2009 (BGBl. I S. 160)

Zuletzt geändert durch
Gesetz zur Modernisierung des Sicherheitsüberprüfungsgesetzes und zur Änderung beamtenrechtlicher Vorschriften
vom 11. Januar 2026 (BGBl. I Nr. 6)

Inhaltsübersicht

Abschnitt 1
Allgemeine Vorschriften

§ 1 Geltungsbereich

Dieses Gesetz gilt für die Beamtinnen und Beamten des Bundes, soweit nicht gesetzlich etwas anderes bestimmt ist.

§ 2 Dienstherrnfähigkeit

Das Recht, Beamtinnen und Beamte zu haben, besitzen der Bund sowie bundesunmittelbare Körperschaften, Anstalten und Stiftungen des öffentlichen Rechts, die dieses Recht zum Zeitpunkt des Inkrafttretens dieses Gesetzes besitzen oder denen es danach durch Gesetz oder aufgrund eines Gesetzes verliehen wird.

§ 3 Begriffsbestimmungen

(1) Oberste Dienstbehörde der Beamtin oder des Beamten ist die oberste Behörde eines Dienstherrn, in deren Geschäftsbereich die Beamtin oder der Beamte ein Amt wahrnimmt.

(2) Dienstvorgesetzte oder Dienstvorgesetzter ist, wer für beamtenrechtliche Entscheidungen über die persönlichen Angelegenheiten der ihr oder ihm nachgeordneten Beamtinnen und Beamten zuständig ist.

(3) Vorgesetzte oder Vorgesetzter ist, wer dienstliche Anordnungen erteilen darf.

(4) Die Dienstvorgesetzten- und Vorgesetzteneigenschaft bestimmt sich nach dem Aufbau der Verwaltung.

Abschnitt 2
Beamtenverhältnis

§ 4 Beamtenverhältnis

Beamtinnen und Beamte stehen zu ihrem Dienstherrn in einem öffentlich-rechtlichen Dienst- und Treueverhältnis (Beamtenverhältnis).

§ 5 Zulässigkeit des Beamtenverhältnisses

Die Berufung in das Beamtenverhältnis ist nur zulässig zur Wahrnehmung

1. hoheitsrechtlicher Aufgaben oder
2. von Aufgaben, die zur Sicherung des Staates oder des öffentlichen Lebens nicht ausschließlich Personen übertragen werden dürfen, die in einem privatrechtlichen Arbeitsverhältnis stehen.

§ 6 Arten des Beamtenverhältnisses

(1) Das Beamtenverhältnis auf Lebenszeit dient der dauernden Wahrnehmung von Aufgaben nach § 5. Es bildet die Regel.

(2) Das Beamtenverhältnis auf Zeit ist in gesetzlich besonders bestimmten Fällen zulässig und dient der befristeten Wahrnehmung von Aufgaben nach § 5. Für das Beamtenverhältnis auf Zeit gelten die Vorschriften über das Beamtenverhältnis auf Lebenszeit entsprechend, soweit nicht gesetzlich etwas anderes bestimmt ist.

(3) Das Beamtenverhältnis auf Probe dient der Ableistung einer Probezeit

1. zur späteren Verwendung auf Lebenszeit oder
2. zur Übertragung eines Amtes mit leitender Funktion.

(4) Das Beamtenverhältnis auf Widerruf dient

1. der Ableistung eines Vorbereitungsdienstes oder
2. der vorübergehenden Wahrnehmung von Aufgaben nach § 5.

(5) Das Ehrenbeamtenverhältnis dient der unentgeltlichen Wahrnehmung von Aufgaben nach § 5. Es kann nicht in ein Beamtenverhältnis anderer Art und ein solches kann nicht in ein Ehrenbeamtenverhältnis umgewandelt werden.

§ 7 Voraussetzungen des Beamtenverhältnisses

(1) In das Beamtenverhältnis darf berufen werden, wer

1. Deutsche oder Deutscher im Sinne des Artikels 116 Absatz 1 des Grundgesetzes ist oder die Staatsangehörigkeit
   a) eines anderen Mitgliedstaates der Europäischen Union oder
   b) eines anderen Vertragsstaates des Abkommens über den Europäischen Wirtschaftsraum oder
   c) eines Drittstaates, dem die Bundesrepublik Deutschland und die Europäische

Union vertraglich einen entsprechenden Anspruch auf Anerkennung der Berufsqualifikationen eingeräumt haben,

besitzt,

2. die Gewähr dafür bietet, jederzeit für die freiheitliche demokratische Grundordnung im Sinne des Grundgesetzes einzutreten, und
3. a) die für die entsprechende Laufbahn vorgeschriebene Vorbildung besitzt oder
   b) die erforderliche Befähigung durch Lebens- und Berufserfahrung erworben hat.

In das Beamtenverhältnis darf nicht berufen werden, wer unveränderliche Merkmale des Erscheinungsbilds aufweist, die mit der Erfüllung der Pflichten nach § 61 Absatz 2 nicht vereinbar sind.

(2) Wenn die Aufgaben es erfordern, darf nur eine Deutsche oder ein Deutscher im Sinne des Artikels 116 Absatz 1 des Grundgesetzes in ein Beamtenverhältnis berufen werden.

(3) Das Bundesministerium des Innern und für Heimat kann Ausnahmen von Absatz 1 Nr. 1 und Absatz 2 zulassen, wenn für die Berufung der Beamtin oder des Beamten ein dringendes dienstliches Bedürfnis besteht.

§ 8 Stellenausschreibung

(1) Zu besetzende Stellen sind auszuschreiben. Bei der Einstellung von Bewerberinnen und Bewerbern muss die Ausschreibung öffentlich sein. Ausnahmen von den Sätzen 1 und 2 kann die Bundesregierung durch Rechtsverordnung regeln.

(2) Die Art der Ausschreibung regelt die oberste Dienstbehörde nach Maßgabe des § 6 des Bundesgleichstellungsgesetzes. Sie kann diese Befugnis auf unmittelbar nachgeordnete Behörden übertragen.

§ 9 Auswahlkriterien

Die Auswahl der Bewerberinnen und Bewerber richtet sich nach Eignung, Befähigung und fachlicher Leistung ohne Rücksicht auf Geschlecht, Abstammung, Rasse oder ethnische Herkunft, Behinderung, Religion oder Weltanschauung, politische Anschauungen, Herkunft, Beziehungen oder sexuelle Identität. Dem stehen gesetzliche Maßnahmen zur Durchsetzung der tatsächlichen Gleichstellung im Erwerbsleben, insbesondere Quotenregelungen mit Einzelfallprüfung sowie zur Förderung schwerbehinderter Menschen nicht entgegen.

§ 10 Ernennung

(1) Einer Ernennung bedarf es zur

1. Begründung des Beamtenverhältnisses,
2. Umwandlung des Beamtenverhältnisses in ein solches anderer Art,
3. Verleihung eines anderen Amtes mit anderem Endgrundgehalt und anderer Amtsbezeichnung oder
4. Verleihung eines anderen Amtes mit anderer Amtsbezeichnung beim Wechsel der Laufbahngruppe.

(2) Die Ernennung erfolgt durch Aushändigung einer Ernennungsurkunde. In der Urkunde müssen enthalten sein

1. bei der Begründung des Beamtenverhältnisses die Wörter „unter Berufung in das Beamtenverhältnis" mit dem die Art des Beamtenverhältnisses bestimmenden Zusatz „auf Lebenszeit", „auf Probe", „auf Widerruf" oder „als Ehrenbeamtin" oder „als Ehrenbeamter" oder „auf Zeit" mit der Angabe der Zeitdauer der Berufung,
2. bei der Umwandlung des Beamtenverhältnisses in ein solches anderer Art die diese Art bestimmenden Wörter nach Nummer 1 und
3. bei der Verleihung eines Amtes die Amtsbezeichnung.

(3) Mit der Begründung eines Beamtenverhältnisses auf Probe, auf Lebenszeit und auf Zeit wird gleichzeitig ein Amt verliehen.

§ 11 Voraussetzungen der Ernennung auf Lebenszeit; Verordnungsermächtigung

(1) Zur Beamtin auf Lebenszeit oder zum Beamten auf Lebenszeit darf nur ernannt werden, wer

1. die in § 7 bezeichneten Voraussetzungen erfüllt und

2. sich in einer Probezeit in vollem Umfang bewährt hat.

Für die Feststellung der Bewährung gilt ein strenger Maßstab. Die Probezeit dauert mindestens drei Jahre. Die Anrechnung einer gleichwertigen Tätigkeit kann bis zu einer Mindestprobezeit von einem Jahr vorgesehen werden. Die Bundesregierung regelt durch Rechtsverordnung die Einzelheiten, insbesondere regelt sie

1. die Kriterien und das Verfahren der Bewährungsfeststellung,
2. die Mindestprobezeit sowie Ausnahmen von der Mindestprobezeit,
3. die Verlängerung der Probezeit und die Anrechnung von Zeiten gleichwertiger Tätigkeiten auf die Probezeit.

(2) Ein Beamtenverhältnis auf Probe ist spätestens nach fünf Jahren in ein solches auf Lebenszeit umzuwandeln, wenn die beamtenrechtlichen Voraussetzungen hierfür erfüllt sind. Die Frist verlängert sich um die Zeit, um die sich die Probezeit wegen Elternzeit oder einer Beurlaubung unter Wegfall der Besoldung verlängert.

§ 11a Ableisten eines Vorbereitungsdienstes durch Beamtinnen auf Lebenszeit und Beamte auf Lebenszeit

(1) Eine Beamtin auf Lebenszeit oder ein Beamter auf Lebenszeit kann zur Ableistung eines fachspezifischen Vorbereitungsdienstes des Bundes zur Erlangung der Befähigung für eine höhere Laufbahn oder für eine andere Laufbahn derselben oder einer höheren Laufbahngruppe zur Beamtin auf Widerruf oder zum Beamten auf Widerruf ernannt werden, wenn die Dienstbehörde die Fortdauer des Beamtenverhältnisses auf Lebenszeit neben dem Beamtenverhältnis auf Widerruf anordnet.

(2) Hat eine Beamtin auf Lebenszeit oder ein Beamter auf Lebenszeit den Vorbereitungsdienst nach Absatz 1 abgeschlossen, kann sie oder er zur Ableistung einer Probezeit für die neue Laufbahn zur Beamtin auf Probe oder zum Beamten auf Probe ernannt werden, wenn die bisherige Dienstbehörde im Einvernehmen mit der neuen Dienstbehörde die Fortdauer des Beamtenverhältnisses auf Lebenszeit neben dem Beamtenverhältnis auf Probe anordnet.

(3) Für die Dauer des Vorbereitungsdienstes und der Probezeit ruhen die Rechte und Pflichten aus dem im Beamtenverhältnis auf Lebenszeit übertragenen Amt.

(4) Vorschriften über den Wechsel in eine andere Laufbahn derselben Laufbahngruppe bleiben unberührt.

§ 12 Zuständigkeit und Wirksamwerden der Ernennung

(1) Die Bundespräsidentin oder der Bundespräsident oder eine von ihr oder ihm bestimmte Stelle ernennt die Beamtinnen und Beamten, soweit gesetzlich nichts anderes bestimmt ist.

(2) Die Ernennung wird mit dem Tag der Aushändigung der Ernennungsurkunde wirksam, wenn nicht in der Urkunde ausdrücklich ein späterer Zeitpunkt bestimmt ist. Eine Ernennung auf einen zurückliegenden Zeitpunkt ist unzulässig und insoweit unwirksam.

(3) Mit der Ernennung erlischt ein privatrechtliches Arbeitsverhältnis zum Dienstherrn.

§ 13 Nichtigkeit der Ernennung

(1) Die Ernennung ist nichtig, wenn

1. sie nicht der in § 10 Abs. 2 vorgeschriebenen Form entspricht,
2. sie von einer sachlich unzuständigen Behörde ausgesprochen wurde oder
3. zum Zeitpunkt der Ernennung
   a) nach § 7 Absatz 1 Satz 1 Nummer 1 keine Ernennung erfolgen durfte und keine Ausnahme nach § 7 Abs. 3 zugelassen war oder
   b) die Fähigkeit zur Wahrnehmung öffentlicher Ämter nicht vorlag.

(2) Die Ernennung ist von Anfang an als wirksam anzusehen, wenn

1. im Fall des Absatzes 1 Nummer 1 aus der Urkunde oder aus dem Akteninhalt eindeutig hervorgeht, dass die für die Ernennung zuständige Stelle ein bestimmtes Beamtenverhältnis begründen oder ein bestehendes Beamtenverhältnis in ein solches

anderer Art umwandeln wollte, für das die sonstigen Voraussetzungen vorliegen, und die oder der Dienstvorgesetzte dies schriftlich festgestellt hat; das Gleiche gilt, wenn die Angabe der Dauer fehlt, die Dauer aber durch Rechtsvorschrift bestimmt ist,
2. im Fall des Absatzes 1 Nr. 2 die sachlich zuständige Behörde die Ernennung bestätigt oder
3. im Fall des Absatzes 1 Nr. 3 Buchstabe a eine Ausnahme nach § 7 Abs. 3 nachträglich zugelassen wird.

§ 14 Rücknahme der Ernennung

(1) Die Ernennung ist mit Wirkung auch für die Vergangenheit zurückzunehmen, wenn

1. sie durch Zwang, arglistige Täuschung oder Bestechung herbeigeführt wurde,
2. dem Dienstherrn zum Zeitpunkt der Ernennung nicht bekannt war, dass die ernannte Person vor ihrer Ernennung ein Verbrechen oder ein Vergehen begangen hat, aufgrund dessen sie vor oder nach ihrer Ernennung rechtskräftig zu einer Strafe verurteilt worden ist und das sie für die Berufung in das Beamtenverhältnis als unwürdig erscheinen lässt, oder
3. die Ernennung nach § 7 Abs. 2 nicht erfolgen durfte und eine Ausnahme nach § 7 Abs. 3 nicht zugelassen war und eine Ausnahme nicht nachträglich zugelassen wird.

(2) Die Ernennung soll zurückgenommen werden, wenn dem Dienstherrn nicht bekannt war, dass gegen die ernannte Person in einem Disziplinarverfahren auf Entfernung aus dem Beamtenverhältnis oder auf Aberkennung des Ruhegehalts erkannt worden war. Dies gilt auch, wenn die Entscheidung gegen eine Beamtin oder einen Beamten der Europäischen Union oder eines Staates nach § 7 Absatz 1 Satz 1 Nummer 1 ergangen ist.

(3) Die oberste Dienstbehörde nimmt die Ernennung innerhalb von sechs Monaten zurück, nachdem sie von ihr und dem Grund der Rücknahme Kenntnis erlangt hat. Der Rücknahmebescheid wird der Beamtin oder dem Beamten zugestellt. Die oberste Dienstbehörde kann die Aufgaben nach den Sätzen 1 und 2 auf unmittelbar nachgeordnete Behörden übertragen.

§ 15 Rechtsfolgen nichtiger oder zurückgenommener Ernennungen

Ist die erstmalige Ernennung nichtig oder zurückgenommen worden, hat die oder der Dienstvorgesetzte jede weitere Wahrnehmung der Dienstgeschäfte zu verbieten. Bei Nichtigkeit ist das Verbot erst dann auszusprechen, wenn die sachlich zuständige Behörde es abgelehnt hat, die Ernennung zu bestätigen, oder die Ausnahme nach § 7 Abs. 3 nicht nachträglich zugelassen wird. Die bis zu dem Verbot oder bis zur Zustellung der Erklärung der Rücknahme vorgenommenen Amtshandlungen sind in gleicher Weise gültig, wie wenn eine Beamtin oder ein Beamter sie ausgeführt hätte. Die gezahlte Besoldung kann belassen werden.

Abschnitt 3
Laufbahnen

§ 16 Laufbahn

(1) Eine Laufbahn umfasst alle Ämter, die verwandte und gleichwertige Vor- und Ausbildungen voraussetzen.

(2) Die Befähigung für die Laufbahn, in die eingestellt, gewechselt oder von einem anderen Dienstherrn versetzt werden soll, ist festzustellen und der Beamtin oder dem Beamten schriftlich mitzuteilen. Gleiches gilt, wenn die Beamtin oder der Beamte infolge der Umbildung einer Körperschaft übernommen wird oder kraft Gesetzes in den Dienst der aufnehmenden Körperschaft übertritt.

§ 17 Zulassung zu den Laufbahnen

(1) Für die Zulassung zu den Laufbahnen werden die Bildungsgänge und ihre Abschlüsse den Laufbahnen unter Berücksichtigung der mit der Laufbahn verbundenen Anforderungen zugeordnet.

(2) Für die Zulassung zu den Laufbahnen des einfachen Dienstes sind mindestens zu fordern

1. als Bildungsvoraussetzung
   a) der erfolgreiche Besuch einer Hauptschule oder

b) ein als gleichwertig anerkannter Bildungsstand und

2. als sonstige Voraussetzung
   a) ein Vorbereitungsdienst oder
   b) eine abgeschlossene Berufsausbildung.

(3) Für die Zulassung zu den Laufbahnen des mittleren Dienstes sind mindestens zu fordern

1. als Bildungsvoraussetzung
   a) der Abschluss einer Realschule oder
   b) der erfolgreiche Besuch einer Hauptschule und eine abgeschlossene Berufsausbildung oder
   c) der erfolgreiche Besuch einer Hauptschule und eine Ausbildung in einem öffentlich-rechtlichen Ausbildungsverhältnis oder
   d) ein als gleichwertig anerkannter Bildungsstand und

2. als sonstige Voraussetzung
   a) ein mit einer Laufbahnprüfung abgeschlossener Vorbereitungsdienst oder
   b) eine inhaltliche dessen Anforderungen entsprechende abgeschlossene Berufsausbildung oder
   c) eine abgeschlossene Berufsausbildung und eine hauptberufliche Tätigkeit.

(4) Für die Zulassung zu den Laufbahnen des gehobenen Dienstes sind mindestens zu fordern

1. als Bildungsvoraussetzung
   a) eine zu einem Hochschulstudium berechtigende Schulbildung oder
   b) ein als gleichwertig anerkannter Bildungsstand und

2. als sonstige Voraussetzung
   a) ein mit einer Laufbahnprüfung abgeschlossener Vorbereitungsdienst oder
   b) ein inhaltlich dessen Anforderungen entsprechendes mit einem Bachelor abgeschlossenes Hochschulstudium oder ein gleichwertiger Abschluss oder
   c) ein mit einem Bachelor abgeschlossenes Hochschulstudium oder ein gleichwertiger Abschluss und eine hauptberufliche Tätigkeit.

(5) Für die Zulassung zu den Laufbahnen des höheren Dienstes sind mindestens zu fordern

1. als Bildungsvoraussetzung
   a) ein mit einem Master abgeschlossenes Hochschulstudium oder
   b) ein gleichwertiger Abschluss und

2. als sonstige Voraussetzung
   a) ein mit einer Laufbahnprüfung abgeschlossener Vorbereitungsdienst oder
   b) eine inhaltlich dem Vorbereitungsdienst entsprechende Ausbildung und eine inhaltlich der Laufbahnprüfung entsprechende Prüfung oder
   c) eine hauptberufliche Tätigkeit.

(6) Vor- und Ausbildung, Prüfung sowie sonstige Voraussetzungen müssen geeignet sein, die Befähigung für die Laufbahn zu vermitteln.

(7) Die Bundesregierung kann durch Rechtsverordnung Ausnahmen von den Absätzen 2 bis 5 zulassen.

§ 18 Anerkennung der Laufbahnbefähigung aufgrund der Richtlinie 2005/36/EG und aufgrund in Drittstaaten erworbener Berufsqualifikationen

(1) Die Laufbahnbefähigung kann auch aufgrund

1. der Richtlinie 2005/36/EG des Europäischen Parlaments und des Rates vom 7. September 2005 über die Anerkennung von Berufsqualifikationen (ABl. L 255 vom 30. 9. 2005, S. 22, L 271 vom 16. 10. 2007, S. 18, L 93 vom 4. 4. 2008, S. 28, L 33 vom 3. 2. 2009, S. 49), die zuletzt durch die Richtlinie 2013/55/EU (ABl. L 354 vom 28. 12. 2013, S. 132) geändert worden ist,

2. eines mit einem Drittstaat geschlossenen Vertrages, in dem die Bundesrepublik Deutschland und die Europäische Union einen entsprechenden Anspruch auf Anerkennung der Berufsqualifikationen eingeräumt haben, oder

3. einer auf eine Tätigkeit in einer öffentlichen Verwaltung vorbereitenden Berufsqualifikation, die in einem von § 7 Ab-

satz 1 Satz 1 Nummer 1 Buchstabe c nicht erfassten Drittstaat erworben worden ist,

anerkannt werden.

(2) Die deutsche Sprache muss in dem für die Wahrnehmung der Aufgaben der Laufbahn erforderlichen Maß beherrscht werden.

(3) Das Bundesministerium des Innern und für Heimat wird ermächtigt, durch Rechtsverordnung die Voraussetzungen und das Verfahren der Anerkennung zu bestimmen.

(4) Das Berufsqualifikationsfeststellungsgesetz findet mit Ausnahme des § 12 Absatz 5 Satz 2 und des § 17 keine Anwendung.

§ 19 Andere Bewerberinnen und andere Bewerber

Der Bundespersonalausschuss oder ein von ihm bestimmter unabhängiger Ausschuss stellt fest, wer die Befähigung für eine Laufbahn ohne die vorgeschriebene Vorbildung durch Lebens- und Berufserfahrung erworben hat.

§ 20 Einstellung

Die Einstellung in ein höheres Amt als das Eingangsamt der Laufbahn ist zulässig bei entsprechenden beruflichen Erfahrungen oder sonstigen Qualifikationen, die zusätzlich zu den Abschlüssen und beruflichen Erfahrungen, die für die Anerkennung der Laufbahnbefähigung erforderlich sind, erworben wurden. Das Nähere regelt die Bundesregierung durch Rechtsverordnung.

§ 21 Dienstliche Beurteilung; Verordnungsermächtigung

(1) Eignung, Befähigung und fachliche Leistung der Beamtinnen und Beamten sind regelmäßig, mindestens jedoch alle drei Jahre, zu beurteilen. Sie sind zusätzlich zu beurteilen, wenn es die dienstlichen oder persönlichen Verhältnisse erfordern.

(2) In der dienstlichen Beurteilung sind die fachliche Leistung der Beamtin oder des Beamten nachvollziehbar darzustellen sowie Eignung und Befähigung einzuschätzen. Am Schluss der dienstlichen Beurteilung ist ein zusammenfassendes Gesamturteil abzugeben.

(3) Die Bundesregierung wird ermächtigt, durch Rechtsverordnung Grundsätze für dienstliche Beurteilungen sowie für das Beurteilungsverfahren zu regeln, insbesondere über

1. den weiteren Inhalt der Beurteilung, beispielsweise die Festlegung von zu beurteilenden Merkmalen von Eignung, Befähigung und fachlicher Leistung,
2. ein Bewertungssystem für die Beurteilung,
3. die Ausgestaltung des Beurteilungsmaßstabs, beispielsweise die konkrete Festlegung von Richtwerten oder die Möglichkeit, von den Richtwerten aus Gründen der Einzelfallgerechtigkeit abzuweichen,
4. die Festlegung von Mindestanforderungen an die an der Beurteilung mitwirkenden Personen,
5. die Bekanntgabe des Ergebnisses eines Beurteilungsdurchgangs,
6. die Voraussetzungen und das Verfahren einer fiktiven Fortschreibung von Beurteilungen und
7. Ausnahmen von der Beurteilungspflicht.

§ 22 Beförderungen

(1) Für Beförderungen gelten die Grundsätze des § 9. Erfolgt die Auswahlentscheidung auf der Grundlage dienstlicher Beurteilungen, darf das Ende des letzten Beurteilungszeitraums zum Zeitpunkt der Auswahlentscheidung höchstens drei Jahre zurückliegen.

(2) Beförderungen, die mit einer höherwertigen Funktion verbunden sind, setzen eine mindestens sechsmonatige Erprobungszeit voraus.

(3) Ämter, die nach der Gestaltung der Laufbahn regelmäßig zu durchlaufen sind, dürfen nicht übersprungen werden.

(4) Eine Beförderung ist unzulässig vor Ablauf eines Jahres

1. seit der Einstellung in das Beamtenverhältnis auf Probe oder
2. a) seit der Einstellung in das Beamtenverhältnis auf Lebenszeit oder
   b) seit der letzten Beförderung,

   es sei denn, das bisherige Amt musste nicht regelmäßig durchlaufen werden.

(5) Der Bundespersonalausschuss kann Ausnahmen von den Absätzen 2 bis 4 zulassen,

wenn sie die Bundesregierung nicht durch Rechtsverordnung regelt.

§ 22a Aufstieg; Verordnungsermächtigung

(1) Vor dem Wechsel in ein Amt einer höheren Laufbahngruppe (Aufstieg) ist die erforderliche Qualifikation durch eine Prüfung nachzuweisen.

(2) Die Bundesregierung regelt durch Rechtsverordnung die Einzelheiten zu den Voraussetzungen und zum Verfahren des Aufstiegs, insbesondere

1. legt sie Aufstiegsverfahren für die verschiedenen Laufbahngruppen fest,
2. gestaltet sie die Auswahlverfahren für den Aufstieg aus,
3. legt sie Altersgrenzen für die Zulassung zum Auswahlverfahren fest,
4. gestaltet sie die Aufstiegsverfahren aus,
5. legt sie die Voraussetzungen für die Übertragung des Amtes der neuen Laufbahn fest und
6. legt sie die Voraussetzungen für die Erstattung von Kosten einer Aufstiegsausbildung im Fall einer Entlassung fest.

§ 23 Beförderungssperre zwischen zwei Mandaten

Legen Beamtinnen oder Beamte, deren Rechte und Pflichten aus dem Beamtenverhältnis ruhen oder die ohne Besoldung beurlaubt sind, ihr Mandat im Europäischen Parlament, im Deutschen Bundestag oder in der gesetzgebenden Körperschaft eines Landes nieder und bewerben sie sich zu diesem Zeitpunkt erneut um ein Mandat, ist die Übertragung eines anderen Amtes mit höherem Endgrundgehalt und die Übertragung eines anderen Amtes beim Wechsel der Laufbahngruppe nicht zulässig. Satz 1 gilt entsprechend für die Zeit zwischen zwei Wahlperioden.

§ 24 Führungsämter auf Probe

(1) Ein Amt mit leitender Funktion wird zunächst im Beamtenverhältnis auf Probe übertragen. Die regelmäßige Probezeit beträgt zwei Jahre. Die oberste Dienstbehörde kann eine Verkürzung zulassen, wenn vor Ablauf der Probezeit eine höherwertige Funktion übertragen wird oder die Funktion als ständige Vertretung der Amtsinhaberin oder des Amtsinhabers mindestens sechs Monate tatsächlich wahrgenommen wurde. Die Mindestprobezeit beträgt ein Jahr. Angerechnet werden können Zeiten, in denen die leitende Funktion oder eine gleichwertige Funktion als Beamtin oder Beamter der Bundesbesoldungsordnungen B, W oder R oder der früheren Bundesbesoldungsordnung C oder entsprechender Landesbesoldungsordnungen oder als Richterin oder Richter bereits übertragen war. Eine Verlängerung der Probezeit ist nicht zulässig, es sei denn, wegen Elternzeit konnte die Mindestprobezeit nicht geleistet werden. Bei Beurlaubungen im dienstlichen Interesse kann von der Probezeit abgesehen werden. § 22 Abs. 2 und 4 Nr. 1 ist nicht anzuwenden.

(2) In ein Amt mit leitender Funktion darf berufen werden, wer

1. sich in einem Beamtenverhältnis auf Lebenszeit befindet und
2. in dieses Amt auch als Beamtin auf Lebenszeit oder Beamter auf Lebenszeit berufen werden könnte.

Mit der Ernennung ruhen für die Dauer der Probezeit die Rechte und Pflichten aus dem zuletzt im Beamtenverhältnis auf Lebenszeit übertragenen Amt mit Ausnahme der Pflicht zur Verschwiegenheit und des Verbotes der Annahme von Belohnungen, Geschenken und sonstigen Vorteilen. Das Beamtenverhältnis auf Lebenszeit besteht fort. Dienstvergehen, die mit Bezug auf das Beamtenverhältnis auf Lebenszeit oder das Beamtenverhältnis auf Probe begangen worden sind, werden so verfolgt, als stünde die Beamtin oder der Beamte nur im Beamtenverhältnis auf Lebenszeit.

(3) Der Bundespersonalausschuss kann Ausnahmen von Absatz 2 Satz 1 zulassen, wenn sie die Bundesregierung nicht durch Rechtsverordnung regelt. Besteht nur ein Beamtenverhältnis auf Probe nach Absatz 1, beträgt die regelmäßige Probezeit drei Jahre und die Mindestprobezeit zwei Jahre. Die für die Beamtinnen auf Probe und Beamten auf Probe geltenden Vorschriften des Bundesdisziplinargesetzes bleiben unberührt.

(4) Mit erfolgreichem Abschluss der Probezeit soll das Amt nach Absatz 1 auf Dauer im Beamtenverhältnis auf Lebenszeit übertragen werden. Eine erneute Berufung in ein Beamtenverhältnis auf Probe zur Übertragung dieses Amtes innerhalb eines Jahres ist nicht zulässig. Wird das Amt nicht auf Dauer übertragen, erlischt der Anspruch auf Besoldung aus diesem Amt. Weiter gehende Ansprüche bestehen nicht.

(5) Ämter im Sinne des Absatzes 1 sind Ämter der Besoldungsgruppen B 6 bis B 9 in obersten Bundesbehörden sowie die der Besoldungsordnung B angehörenden Ämter der Leiterinnen und Leiter der übrigen Bundesbehörden sowie der bundesunmittelbaren Körperschaften, Anstalten und Stiftungen des öffentlichen Rechts, wenn sie keine richterliche Unabhängigkeit besitzen. Ausgenommen sind das Amt der Direktorin und des Direktors beim Bundesverfassungsgericht sowie die den Funktionen der stellvertretenden Direktorin und des stellvertretenden Direktors des Bundesrates zugeordneten Ämter.

(6) Beamtinnen und Beamte führen während ihrer Amtszeit im Dienst nur die Amtsbezeichnung des ihnen nach Absatz 1 übertragenen Amtes. Sie dürfen nur diese auch außerhalb des Dienstes führen. Wird ihnen das Amt nach Absatz 1 nicht auf Dauer übertragen, dürfen sie die Amtsbezeichnung nach Satz 1 nach dem Ausscheiden aus dem Beamtenverhältnis auf Probe nicht weiterführen.

§ 25 Benachteiligungsverbote

Schwangerschaft, Mutterschutz und Elternzeit dürfen sich bei der Einstellung und dem beruflichen Fortkommen nicht nachteilig auswirken. Dies gilt auch für Teilzeit, Telearbeit und familienbedingte Beurlaubung, wenn nicht zwingende sachliche Gründe vorliegen.

§ 26 Ermächtigung zum Erlass von Laufbahn- und Vorbereitungsdienstverordnungen

(1) Die Bundesregierung wird ermächtigt, durch Rechtsverordnung nach Maßgabe der §§ 16 bis 25 allgemeine Vorschriften für die Laufbahnen und die Vorbereitungsdienste zu erlassen, insbesondere Vorschriften über

1. die Gestaltung der Laufbahnen, einschließlich der regelmäßig zu durchlaufenden Ämter,
2. den Erwerb und die Anerkennung der Laufbahnbefähigung, einschließlich der Festlegung gleichwertiger Abschlüsse,
3. die Rahmenregelungen für Auswahlverfahren für die Einstellung in einen Vorbereitungsdienst, insbesondere den Einsatz von Informationstechnologie und von Videokonferenztechnik,
4. die Anrechnung von Zeiten auf den Vorbereitungsdienst und die Voraussetzungen für eine Verkürzung des Vorbereitungsdienstes,
5. die Einstellungsvoraussetzungen für andere Bewerberinnen und andere Bewerber,
6. die Festlegung von Altersgrenzen,
7. die Voraussetzungen für den Laufbahnwechsel und
8. die Voraussetzungen für Beförderungen.

(2) Die Bundesregierung wird ermächtigt, durch Rechtsverordnung nach Maßgabe der §§ 16 bis 25 besondere Vorschriften für die einzelnen Laufbahnen und Vorbereitungsdienste zu erlassen, insbesondere Vorschriften über

1. das Auswahlverfahren für die Einstellung in den Vorbereitungsdienst,
2. den Ablauf des Vorbereitungsdienstes, insbesondere über dessen Inhalte und Dauer,
3. die Prüfung und das Prüfungsverfahren, einschließlich der Prüfungsnoten, sowie
4. die Folgen der Nichtteilnahme an Prüfungen und die Folgen von Ordnungsverstößen.

Die Bundesregierung kann die Befugnis nach Satz 1 durch Rechtsverordnung obersten Dienstbehörden übertragen.

Abschnitt 4
Abordnung, Versetzung und Zuweisung

§ 27 Abordnung; Verordnungsermächtigungen

(1) Eine Abordnung ist die vorübergehende Übertragung einer dem Amt der Beamtin

oder des Beamten entsprechenden Tätigkeit bei einer anderen Dienststelle desselben oder eines anderen Dienstherrn unter Beibehaltung der Zugehörigkeit zur bisherigen Dienststelle. Die Abordnung kann ganz oder teilweise erfolgen.

(2) Eine Abordnung ist ganz oder teilweise aus dienstlichen Gründen auch zu einer nicht dem bisherigen Amt entsprechenden Tätigkeit möglich, wenn die Wahrnehmung der neuen Tätigkeit aufgrund der Vorbildung oder Berufsausbildung zumutbar ist. Dabei ist auch die Abordnung zu einer Tätigkeit zulässig, die nicht einem Amt mit demselben Endgrundgehalt entspricht.

(3) Die Abordnung bedarf der Zustimmung der Beamtin oder des Beamten, wenn sie

1. im Fall des Absatzes 2 länger als zwei Jahre dauert oder
2. zu einem anderen Dienstherrn erfolgt.

Die Abordnung zu einem anderen Dienstherrn ist ohne Zustimmung zulässig, wenn die Tätigkeit einem Amt mit demselben Endgrundgehalt auch einer anderen Laufbahn entspricht und nicht länger als fünf Jahre dauert.

(4) Die Abordnung zu einem anderen Dienstherrn wird von dem abgebenden im Einverständnis mit dem aufnehmenden Dienstherrn verfügt. Das Einverständnis ist schriftlich oder elektronisch zu erklären.

(5) Werden Beamtinnen und Beamte des Bundes zu einem Land, einer Gemeinde, einem Gemeindeverband oder einer sonstigen nicht der Bundesaufsicht unterstehenden Körperschaft, Anstalt oder Stiftung des öffentlichen Rechts zur vorübergehenden Beschäftigung abgeordnet, sind, soweit zwischen den Dienstherren nichts anderes vereinbart ist, die für den Bereich des aufnehmenden Dienstherrn geltenden Vorschriften über die Pflichten und Rechte der Beamtinnen und Beamten entsprechend anzuwenden mit Ausnahme der Regelungen über Diensteid, Amtsbezeichnung, Zahlung von Bezügen, Krankenfürsorgeleistungen und Versorgung.

(6) Die Verpflichtung zur Zahlung der Besoldung hat auch der Dienstherr, zu dem die Abordnung erfolgt ist.

(7) Die Bundesministerien werden ermächtigt, durch Rechtsverordnung ohne Zustimmung des Bundesrates für ihren jeweiligen Geschäftsbereich zu regeln, dass der Bedarf an befristet von Dritten überlassenem Personal insgesamt oder für bestimmte Bereiche ausschließlich gedeckt wird durch Abordnungen von

1. Beamten,
2. Richtern und
3. sonstigen Personen, die in einem öffentlich-rechtlichen Dienstverhältnis stehen.

Die Bundesregierung wird ermächtigt, durch Rechtsverordnung ohne Zustimmung des Bundesrates die Bedarfe weiterer oberster Bundesbehörden nach Satz 1 zu regeln, wenn diese jeweils ein entsprechendes Bedürfnis dargetan haben. Die Bundesregierung kann die in Satz 2 genannte Ermächtigung durch Rechtsverordnung auf oberste Bundesbehörden für eine Regelung hinsichtlich ihres jeweils eigenen Bedarfs übertragen.

§ 28 Versetzung

(1) Eine Versetzung ist die auf Dauer angelegte Übertragung eines anderen Amtes bei einer anderen Dienststelle bei demselben oder einem anderen Dienstherrn.

(2) Eine Versetzung ist auf Antrag der Beamtin oder des Beamten oder aus dienstlichen Gründen ohne ihre oder seine Zustimmung zulässig, wenn das Amt mit mindestens demselben Endgrundgehalt verbunden ist wie das bisherige Amt, und die Tätigkeit aufgrund der Vorbildung oder Berufsausbildung zumutbar ist.

(3) Bei der Auflösung oder einer wesentlichen Änderung des Aufbaus oder der Aufgaben einer Behörde oder der Verschmelzung von Behörden können Beamtinnen und Beamte, deren Aufgabengebiet davon berührt wird, ohne ihre Zustimmung in ein anderes Amt derselben oder einer anderen Laufbahn mit geringerem Endgrundgehalt im Bereich desselben Dienstherrn versetzt werden, wenn eine dem bisherigen Amt entsprechende Verwendung nicht möglich ist. Das Endgrundgehalt muss mindestens dem des Amtes entsprechen, das die Beamtin oder der Beamte vor dem bisherigen Amt wahrgenommen hat. Beamtinnen und

Beamte sind verpflichtet, an Qualifizierungsmaßnahmen zum Erwerb der Befähigung für eine andere Laufbahn teilzunehmen.

(4) Im Übrigen bedarf die Versetzung der Zustimmung der Beamtin oder des Beamten.

(5) Die Versetzung zu einem anderen Dienstherrn wird von dem abgebenden im Einverständnis mit dem aufnehmenden Dienstherrn verfügt. Das Einverständnis ist schriftlich oder elektronisch zu erklären.

§ 29 Zuweisung

(1) Beamtinnen und Beamten kann mit ihrer Zustimmung vorübergehend ganz oder teilweise eine ihrem Amt entsprechende Tätigkeit

1. bei einer öffentlichen Einrichtung ohne Dienstherrnfähigkeit im dienstlichen oder öffentlichen Interesse oder
2. bei einer anderen Einrichtung, wenn ein öffentliches Interesse es erfordert,

zugewiesen werden. Die Entscheidung trifft die oberste Dienstbehörde oder eine von ihr bestimmte Stelle.

(2) Beamtinnen und Beamten einer Dienststelle, die ganz oder teilweise in eine öffentlich-rechtlich organisierte Einrichtung ohne Dienstherrnfähigkeit oder eine privatrechtlich organisierte Einrichtung der öffentlichen Hand umgewandelt wird, kann auch ohne ihre Zustimmung eine ihrem Amt entsprechende Tätigkeit bei dieser Einrichtung zugewiesen werden, wenn öffentliche Interessen es erfordern.

(3) Die Rechtsstellung der Beamtinnen und Beamten bleibt unberührt.

Abschnitt 5
Beendigung des Beamtenverhältnisses

Unterabschnitt 1
Entlassung

§ 30 Beendigungsgründe

Das Beamtenverhältnis endet durch

1. Entlassung,
2. Verlust der Beamtenrechte,
3. Entfernung aus dem Beamtenverhältnis nach dem Bundesdisziplinargesetz oder
4. Eintritt oder Versetzung in den Ruhestand.

§ 31 Entlassung kraft Gesetzes

(1) Beamtinnen und Beamte sind entlassen, wenn

1. die Voraussetzungen des § 7 Absatz 1 Satz 1 Nummer 1 nicht mehr vorliegen und eine Ausnahme nach § 7 Abs. 3 auch nachträglich nicht zugelassen wird,
2. sie in ein öffentlich-rechtliches Dienst- oder Amtsverhältnis zu einem anderen Dienstherrn oder zu einer Einrichtung ohne Dienstherrnfähigkeit nach deutschem Recht treten oder zur Berufssoldatin, zum Berufssoldaten, zur Soldatin auf Zeit oder zum Soldaten auf Zeit ernannt werden, sofern gesetzlich nichts anderes bestimmt ist oder
3. sie in den Fällen des § 11a Absatz 2 eine Probezeit für die neue Laufbahn abgeleistet haben und in der neuen Laufbahn zu Beamtinnen auf Lebenszeit oder zu Beamten auf Lebenszeit ernannt sind.

Satz 1 Nummer 2 gilt nicht, wenn

1. die Beamtin oder der Beamte in ein Beamtenverhältnis auf Widerruf oder in ein Ehrenbeamtenverhältnis eintritt oder
2. die oberste Dienstbehörde nach ihrem Ermessen die Fortdauer des Beamtenverhältnisses angeordnet hat, bevor die Beamtin oder der Beamte in das Dienst- oder Amtsverhältnis zu dem anderen Dienstherrn oder der Einrichtung eingetreten ist; bei Dienstherren im Sinne des Beamtenstatusgesetzes kann die Fortdauer nur mit deren Einvernehmen angeordnet werden.

(2) Die oberste Dienstbehörde entscheidet darüber, ob die Voraussetzungen des Absatzes 1 Satz 1 vorliegen, und stellt den Tag der Beendigung des Beamtenverhältnisses fest. Die oberste Dienstbehörde kann diese Aufgaben auf unmittelbar nachgeordnete Behörden übertragen.

§ 32 Entlassung aus zwingenden Gründen

(1) Beamtinnen und Beamte sind zu entlassen, wenn sie

1. den Diensteid oder ein an dessen Stelle vorgeschriebenes Gelöbnis verweigern,
2. nicht in den Ruhestand oder einstweiligen Ruhestand versetzt werden können, weil eine versorgungsrechtliche Wartezeit nicht erfüllt ist, oder
3. zur Zeit der Ernennung Inhaberin oder Inhaber eines Amtes, das kraft Gesetzes mit dem Mandat unvereinbar ist, Mitglied des Deutschen Bundestages oder des Europäischen Parlaments waren und nicht innerhalb der von der obersten Dienstbehörde gesetzten angemessenen Frist ihr Mandat niederlegen.

(2) Beamtinnen und Beamte können entlassen werden, wenn sie in den Fällen des § 7 Abs. 2 die Eigenschaft als Deutsche oder Deutscher im Sinne des Artikels 116 Absatz 1 des Grundgesetzes verlieren.

§ 33 Entlassung auf Verlangen

(1) Beamtinnen und Beamte sind zu entlassen, wenn sie gegenüber der zuständigen Behörde schriftlich ihre Entlassung verlangen. Die Erklärung kann, solange die Entlassungsverfügung noch nicht zugegangen ist, innerhalb von zwei Wochen nach Zugang bei der zuständigen Behörde zurückgenommen werden, mit Zustimmung der zuständigen Behörde auch nach Ablauf dieser Frist.

(2) Die Entlassung kann jederzeit verlangt werden. Sie ist für den beantragten Zeitpunkt auszusprechen. Sie kann jedoch so lange hinausgeschoben werden, bis die Beamtin oder der Beamte die ihr oder ihm übertragenen Aufgaben ordnungsgemäß erledigt hat, längstens drei Monate.

§ 34 Entlassung von Beamtinnen auf Probe und Beamten auf Probe

(1) Beamtinnen auf Probe und Beamte auf Probe im Sinne des § 6 Absatz 3 Nummer 1 können außerdem entlassen werden, wenn einer der folgenden Entlassungsgründe vorliegt:

1. ein Verhalten, das im Beamtenverhältnis auf Lebenszeit mindestens eine Kürzung der Dienstbezüge zur Folge hätte,
2. fehlende Bewährung im Sinne des § 11 Abs. 1 Satz 1 Nr. 2,
3. Dienstunfähigkeit, ohne dass eine Versetzung in den Ruhestand erfolgt ist, oder
4. Auflösung oder wesentliche Änderung des Aufbaus oder der Aufgaben der Beschäftigungsbehörde oder deren Verschmelzung mit einer anderen Behörde, wenn das übertragene Aufgabengebiet davon berührt wird und eine anderweitige Verwendung nicht möglich ist.

Im Fall des Satzes 1 Nr. 2 ist bei allein mangelnder gesundheitlicher Eignung und im Fall der Nummer 3 eine anderweitige Verwendung entsprechend zu prüfen.

(2) Die Frist für die Entlassung beträgt bei einer Beschäftigungszeit

1. bis zum Ablauf von drei Monaten zwei Wochen zum Monatsschluss und
2. von mehr als drei Monaten sechs Wochen zum Schluss eines Kalendervierteljahres.

Als Beschäftigungszeit gilt die Zeit ununterbrochener Tätigkeit im Beamtenverhältnis auf Probe im Bereich derselben obersten Dienstbehörde.

(3) Im Fall des Absatzes 1 Nr. 1 ist eine Entlassung ohne Einhaltung einer Frist möglich. Die §§ 21 bis 29 des Bundesdisziplinargesetzes sind entsprechend anzuwenden.

(4) Beamtinnen auf Probe und Beamte auf Probe sind mit dem Ende des Monats entlassen, in dem sie die im Beamtenverhältnis auf Lebenszeit geltende Altersgrenze erreichen.

§ 35 Entlassung von Beamtinnen und Beamten in Führungsämtern auf Probe

Beamtinnen und Beamte in Ämtern mit leitender Funktion sind

1. mit Ablauf der Probezeit nach § 24 Abs. 1,
2. mit Beendigung des Beamtenverhältnisses auf Lebenszeit,
3. mit Versetzung zu einem anderen Dienstherrn,
4. mit Festsetzung mindestens einer Kürzung der Dienstbezüge als Disziplinarmaßnahme oder

5. in den Fällen, in denen nur ein Beamtenverhältnis auf Probe besteht, mit Ende des Monats, in dem sie die im Beamtenverhältnis auf Lebenszeit geltende Altersgrenze erreichen,

aus dem Beamtenverhältnis auf Probe nach § 24 Abs. 1 entlassen. Die §§ 31 bis 33 bleiben unberührt. § 34 Abs. 1 gilt entsprechend.

§ 36 Entlassung von politischen Beamtinnen auf Probe und politischen Beamten auf Probe

Politische Beamtinnen und politische Beamte, die sich in einem Beamtenverhältnis auf Probe befinden, können jederzeit aus diesem entlassen werden.

§ 37 Entlassung von Beamtinnen auf Widerruf und Beamten auf Widerruf

(1) Beamtinnen auf Widerruf und Beamte auf Widerruf können jederzeit entlassen werden. Die Entlassung ist ohne Einhaltung einer Frist möglich. § 34 Abs. 4 gilt entsprechend.

(2) Beamtinnen auf Widerruf und Beamten auf Widerruf im Vorbereitungsdienst soll Gelegenheit gegeben werden, den Vorbereitungsdienst abzuleisten und die Prüfung abzulegen. Sie sind mit Ablauf des Tages aus dem Beamtenverhältnis entlassen, an dem ihnen

1. das Bestehen oder endgültige Nichtbestehen der Prüfung oder
2. das endgültige Nichtbestehen einer vorgeschriebenen Zwischenprüfung

bekannt gegeben wird.

§ 38 Verfahren der Entlassung

Soweit gesetzlich nichts anderes bestimmt ist, wird die Entlassung von der Stelle schriftlich verfügt, die für die Ernennung zuständig wäre. Die Entlassung wird im Fall des § 32 Abs. 1 Nr. 1 mit der Zustellung, im Übrigen mit dem Ablauf des Monats wirksam, der auf den Monat folgt, in dem der Beamtin oder dem Beamten die Entlassungsverfügung zugestellt wird.

§ 39 Folgen der Entlassung

Nach der Entlassung besteht kein Anspruch auf Besoldung und Versorgung, soweit gesetzlich nichts anderes bestimmt ist. Die oberste Dienstbehörde kann die Erlaubnis erteilen, die Amtsbezeichnung mit dem Zusatz „außer Dienst" oder „a. D." sowie die im Zusammenhang mit dem Amt verliehenen Titel zu führen. Die Erlaubnis kann zurückgenommen werden, wenn die frühere Beamtin oder der frühere Beamte sich ihrer als nicht würdig erweist. Die oberste Dienstbehörde kann die Befugnis nach den Sätzen 2 und 3 auf nachgeordnete Behörden übertragen.

§ 40 Ausscheiden bei Wahlen oder Übernahme politischer Ämter

(1) Beamtinnen und Beamte müssen aus ihrem Amt ausscheiden, wenn sie die Wahl zum Europäischen Parlament oder zum Deutschen Bundestag annehmen. Das Nähere bestimmt ein Gesetz. Für Beamtinnen und Beamte, die in die gesetzgebende Körperschaft eines Landes gewählt worden sind und deren Amt kraft Gesetzes mit dem Mandat unvereinbar ist, gelten die für in den Deutschen Bundestag gewählte Beamtinnen und Beamte maßgebenden Vorschriften der §§ 5 bis 7, 8 Abs. 2, der §§ 9, 23 Abs. 5 und des § 36 Abs. 1 des Abgeordnetengesetzes entsprechend.

(2) Werden Beamtinnen oder Beamte zum Mitglied der Regierung eines Landes ernannt, gilt § 18 Abs. 1 und 2 des Bundesministergesetzes entsprechend. Dies gilt auch für den Eintritt in ein Amtsverhältnis, das dem Parlamentarischer Staatssekretärinnen oder Parlamentarischer Staatssekretäre im Sinne des Gesetzes über die Rechtsverhältnisse der Parlamentarischen Staatssekretäre entspricht.

(3) Bei Eintritt in ein kommunales Wahlbeamtenverhältnis auf Zeit ist § 31 Abs. 1 Satz 1 Nr. 2 nicht anzuwenden. Die Rechte und Pflichten aus dem zuletzt im Beamtenverhältnis wahrgenommenen Amt ruhen für die Dauer des Wahlbeamtenverhältnisses mit Ausnahme der Pflicht zur Verschwiegenheit und des Verbotes der Annahme von Belohnungen, Geschenken und sonstigen Vorteilen. Beamtinnen und Beamte kehren nach Beendigung ihrer Amtszeit unter Übertragung ihres letzten Amtes in ihr Dienstverhältnis zurück, sofern sie zu diesem Zeitpunkt noch nicht die für sie

geltende Altersgrenze erreicht haben. Die Beamtinnen und Beamten erhalten nach Beendigung des Wahlbeamtenverhältnisses die Besoldung aus dem zuletzt im Beamtenverhältnis des Bundes wahrgenommenen Amt. Wird die Rückkehr nach Beendigung des Wahlbeamtenverhältnisses abgelehnt oder ihr nicht gefolgt, sind sie zu entlassen. Die Entlassung wird von der Stelle schriftlich verfügt, die für die Ernennung zuständig wäre. Die Entlassung tritt mit dem Ablauf des Monats ein, der auf den Monat folgt, in dem die Entlassungsverfügung zugestellt wird.

§ 41 Verlust der Beamtenrechte

(1) Werden Beamtinnen oder Beamte im ordentlichen Strafverfahren durch das Urteil eines deutschen Gerichts

1. wegen einer vorsätzlichen Tat zu einer Freiheitsstrafe von mindestens einem Jahr oder
2. wegen einer vorsätzlichen Tat, die nach den Vorschriften über Friedensverrat, Hochverrat, Gefährdung des demokratischen Rechtsstaates oder Landesverrat und Gefährdung der äußeren Sicherheit, Volksverhetzung oder, soweit sich die Tat auf eine Diensthandlung im Hauptamt bezieht, Bestechlichkeit strafbar ist, zu einer Freiheitsstrafe von mindestens sechs Monaten

verurteilt, endet das Beamtenverhältnis mit der Rechtskraft des Urteils. Entsprechendes gilt, wenn die Fähigkeit zur Wahrnehmung öffentlicher Ämter aberkannt wird oder wenn Beamtinnen oder Beamte aufgrund einer Entscheidung des Bundesverfassungsgerichts nach Artikel 18 des Grundgesetzes ein Grundrecht verwirkt haben.

(2) Nach Beendigung des Beamtenverhältnisses nach Absatz 1 besteht kein Anspruch auf Besoldung und Versorgung, soweit gesetzlich nichts anderes bestimmt ist. Die Amtsbezeichnung und die im Zusammenhang mit dem Amt verliehenen Titel dürfen nicht weiter geführt werden.

§ 42 Wirkung eines Wiederaufnahmeverfahrens

(1) Wird eine Entscheidung, die den Verlust der Beamtenrechte bewirkt hat, im Wiederaufnahmeverfahren durch eine Entscheidung ersetzt, die diese Wirkung nicht hat, gilt das Beamtenverhältnis als nicht unterbrochen. Beamtinnen und Beamte haben, sofern sie die Altersgrenze noch nicht erreicht haben und dienstfähig sind, Anspruch auf Übertragung eines Amtes derselben oder einer mindestens gleichwertigen Laufbahn wie ihr bisheriges Amt und mit mindestens demselben Endgrundgehalt. Bis zur Übertragung des neuen Amtes erhalten sie die Besoldung, die ihnen aus ihrem bisherigen Amt zugestanden hätte.

(2) Ist aufgrund des im Wiederaufnahmeverfahren festgestellten Sachverhalts oder aufgrund eines rechtskräftigen Strafurteils, das nach der früheren Entscheidung ergangen ist, ein Disziplinarverfahren mit dem Ziel der Entfernung aus dem Beamtenverhältnis eingeleitet worden, verliert die Beamtin oder der Beamte die ihr oder ihm nach Absatz 1 zustehenden Ansprüche, wenn auf Entfernung aus dem Beamtenverhältnis erkannt wird. Bis zur Rechtskraft der Entscheidung können die Ansprüche nicht geltend gemacht werden.

(3) Absatz 2 gilt entsprechend in Fällen der Entlassung von Beamtinnen auf Probe und Beamten auf Probe oder von Beamtinnen auf Widerruf und Beamten auf Widerruf wegen eines Verhaltens im Sinne des § 34 Abs. 1 Nr. 1.

(4) Auf die Besoldung nach Absatz 1 Satz 3 wird ein anderes Arbeitseinkommen oder ein Unterhaltsbeitrag angerechnet. Die Beamtinnen und Beamten sind hierüber zur Auskunft verpflichtet.

§ 43 Gnadenrecht

Der Bundespräsidentin oder dem Bundespräsidenten oder der von ihr oder ihm bestimmten Stelle steht hinsichtlich des Verlustes der Beamtenrechte das Gnadenrecht zu. Wird im Gnadenweg der Verlust der Beamtenrechte in vollem Umfang beseitigt, gilt ab diesem Zeitpunkt § 42 entsprechend.

Unterabschnitt 2
Dienstunfähigkeit

§ 44 Dienstunfähigkeit

(1) Die Beamtin auf Lebenszeit oder der Beamte auf Lebenszeit ist in den Ruhestand zu

versetzen, wenn sie oder er wegen des körperlichen Zustandes oder aus gesundheitlichen Gründen zur Erfüllung der Dienstpflichten dauernd unfähig (dienstunfähig) ist. Als dienstunfähig kann auch angesehen werden, wer infolge Erkrankung innerhalb von sechs Monaten mehr als drei Monate keinen Dienst getan hat, wenn keine Aussicht besteht, dass innerhalb weiterer sechs Monate die Dienstfähigkeit wieder voll hergestellt ist. In den Ruhestand wird nicht versetzt, wer anderweitig verwendbar ist.

(2) Eine anderweitige Verwendung ist möglich, wenn ein anderes Amt, auch einer anderen Laufbahn, übertragen werden kann. Die Übertragung eines anderen Amtes ohne Zustimmung ist zulässig, wenn das neue Amt zum Bereich desselben Dienstherrn gehört, es mit mindestens demselben Endgrundgehalt verbunden ist wie das bisherige Amt und zu erwarten ist, dass die Beamtin oder der Beamte den gesundheitlichen Anforderungen des neuen Amtes genügt.

(3) Zur Vermeidung der Versetzung in den Ruhestand kann einer Beamtin oder einem Beamten unter Beibehaltung des übertragenen Amtes ohne Zustimmung auch eine geringerwertige Tätigkeit übertragen werden, wenn eine anderweitige Verwendung nicht möglich und die Wahrnehmung der neuen Aufgabe unter Berücksichtigung der bisherigen Tätigkeit zumutbar ist.

(4) Zur Vermeidung einer Versetzung in den Ruhestand kann die Beamtin oder der Beamte nach dem Erwerb der Befähigung für eine neue Laufbahn auch ohne Zustimmung in ein Amt dieser Laufbahn mit geringerem Endgrundgehalt versetzt werden, wenn eine dem bisherigen Amt entsprechende Verwendung nicht möglich und die Wahrnehmung der neuen Aufgabe unter Berücksichtigung der bisherigen Tätigkeit zumutbar ist. Das neue Amt muss derselben Laufbahngruppe zugeordnet sein wie das derzeitige Amt. Für die Übertragung bedarf es keiner Ernennung.

(5) Die Beamtin oder der Beamte, die oder der nicht die Befähigung für eine andere Laufbahn besitzt, ist verpflichtet, an Qualifizierungsmaßnahmen für den Erwerb der neuen Befähigung teilzunehmen.

(6) Bestehen Zweifel über die Dienstunfähigkeit, besteht die Verpflichtung, sich nach Weisung der Behörde ärztlich untersuchen und, falls dies aus amtsärztlicher Sicht für erforderlich gehalten wird, auch beobachten zu lassen.

(7) Gesetzliche Vorschriften, die für einzelne Gruppen von Beamtinnen und Beamten andere Voraussetzungen für die Beurteilung der Dienstunfähigkeit bestimmen, bleiben unberührt.

§ 45 Begrenzte Dienstfähigkeit

(1) Von der Versetzung in den Ruhestand wegen Dienstunfähigkeit ist abzusehen, wenn die Beamtin oder der Beamte unter Beibehaltung des übertragenen Amtes die Dienstpflichten noch während mindestens der Hälfte der regelmäßigen Arbeitszeit erfüllen kann (begrenzte Dienstfähigkeit). Von der begrenzten Dienstfähigkeit soll abgesehen werden, wenn der Beamtin oder dem Beamten nach § 44 Abs. 2 oder 3 ein anderes Amt oder eine geringerwertige Tätigkeit übertragen werden kann.

(2) Die Arbeitszeit ist entsprechend der begrenzten Dienstfähigkeit zu verkürzen. Mit Zustimmung der Beamtin oder des Beamten ist auch eine Verwendung in einer nicht dem Amt entsprechenden Tätigkeit möglich.

(3) Die für die Ernennung zuständige Behörde entscheidet über die Feststellung der begrenzten Dienstfähigkeit. Für das Verfahren gelten die Vorschriften über die Dienstunfähigkeit entsprechend.

§ 46 Wiederherstellung der Dienstfähigkeit

(1) Beamtinnen und Beamte, die wegen Dienstunfähigkeit in den Ruhestand versetzt wurden, sind verpflichtet, einer erneuten Berufung in das Beamtenverhältnis Folge zu leisten, wenn ihnen im Dienstbereich ihres früheren Dienstherrn ein Amt ihrer früheren oder einer anderen Laufbahn mit mindestens demselben Endgrundgehalt übertragen werden soll und zu erwarten ist, dass sie den gesundheitlichen Anforderungen des neuen

Amtes genügen. Der Dienstherr ist verpflichtet, in regelmäßigen Abständen das Vorliegen der Voraussetzungen für die Dienstunfähigkeit zu überprüfen, es sei denn, nach den Umständen des Einzelfalls kommt eine erneute Berufung in das Beamtenverhältnis nicht in Betracht.

(2) Beamtinnen und Beamten, die wegen Dienstunfähigkeit in den Ruhestand versetzt wurden, kann ferner unter Übertragung eines Amtes ihrer früheren Laufbahn nach Absatz 1 auch eine geringerwertige Tätigkeit übertragen werden, wenn eine anderweitige Verwendung nicht möglich ist und ihnen die Wahrnehmung der neuen Aufgabe unter Berücksichtigung ihrer früheren Tätigkeit zumutbar ist.

(3) Beamtinnen und Beamte, die nicht die Befähigung für die andere Laufbahn besitzen, haben an Qualifizierungsmaßnahmen für den Erwerb der neuen Befähigung teilzunehmen.

(4) Beamtinnen und Beamte sind verpflichtet, zur Wiederherstellung ihrer Dienstfähigkeit an geeigneten und zumutbaren gesundheitlichen und beruflichen Rehabilitationsmaßnahmen teilzunehmen. Diese Verpflichtung gilt auch zur Vermeidung einer drohenden Dienstunfähigkeit. Vor der Versetzung in den Ruhestand sind sie auf diese Pflicht hinzuweisen, es sei denn, nach den Umständen des Einzelfalls kommt eine erneute Berufung in das Beamtenverhältnis nicht in Betracht. Der Dienstherr hat, sofern keine anderen Ansprüche bestehen, die Kosten für diese gesundheitlichen und beruflichen Rehabilitationsmaßnahmen zu tragen.

(5) Beantragen Beamtinnen oder Beamte nach Wiederherstellung ihrer Dienstfähigkeit die erneute Berufung in das Beamtenverhältnis, ist diesem Antrag zu entsprechen, falls nicht zwingende dienstliche Gründe entgegenstehen.

(6) Die erneute Berufung in ein Beamtenverhältnis ist auch in den Fällen der begrenzten Dienstfähigkeit möglich.

(7) Zur Prüfung ihrer Dienstfähigkeit sind Beamtinnen und Beamte verpflichtet, sich nach Weisung der Behörde ärztlich untersuchen zu lassen. Sie können eine solche Untersuchung verlangen, wenn sie einen Antrag auf erneute Berufung in das Beamtenverhältnis stellen.

(8) Bei einer erneuten Berufung gilt das frühere Beamtenverhältnis als fortgesetzt.

§ 47 Verfahren bei Dienstunfähigkeit

(1) Hält die oder der Dienstvorgesetzte die Beamtin oder den Beamten aufgrund eines ärztlichen Gutachtens über den Gesundheitszustand für dienstunfähig und ist eine anderweitige Verwendung nicht möglich oder liegen die Voraussetzungen für die begrenzte Dienstfähigkeit nicht vor, teilt sie oder er der Beamtin oder dem Beamten mit, dass die Versetzung in den Ruhestand beabsichtigt ist. Dabei sind die Gründe für die Versetzung in den Ruhestand anzugeben.

(2) Die Beamtin oder der Beamte kann innerhalb eines Monats Einwendungen erheben. Danach entscheidet die für die Ernennung zuständige Behörde über die Versetzung in den Ruhestand mit Zustimmung der obersten Dienstbehörde oder der von ihr bestimmten Stelle, soweit gesetzlich nichts anderes bestimmt ist. Die oberste Dienstbehörde kann bestimmen, dass ihre Zustimmung nicht erforderlich ist.

(3) Die Versetzungsverfügung ist der Beamtin oder dem Beamten schriftlich zuzustellen. Sie kann bis zum Beginn des Ruhestands zurückgenommen werden.

(4) Der Ruhestand beginnt mit dem Ende des Monats, in dem die Versetzung in den Ruhestand der Beamtin oder dem Beamten bekannt gegeben worden ist. Zu diesem Zeitpunkt wird die Besoldung einbehalten, die das Ruhegehalt übersteigt.

§ 48 Ärztliche Untersuchung

(1) In den Fällen der §§ 44 bis 47 kann die zuständige Behörde die ärztliche Untersuchung nur einer Amtsärztin oder einem Amtsarzt übertragen oder einer Ärztin oder einem Arzt, die oder der als Gutachterin oder Gutachter nach Satz 2 zugelassen ist. Die oberste Dienstbehörde bestimmt, welche Ärztin oder welcher Arzt mit der Fertigung von Gutachten beauftragt werden kann. Sie

kann diese Befugnis auf nachgeordnete Behörden übertragen.

(2) Die Ärztin oder der Arzt teilt der Behörde auf Anforderung im Einzelfall die tragenden Gründe des Gutachtens mit, soweit deren Kenntnis für die Behörde unter Beachtung des Grundsatzes der Verhältnismäßigkeit für die von ihr zu treffende Entscheidung erforderlich ist. Diese Mitteilung ist in einem gesonderten und versiegelten Umschlag zu übersenden und versiegelt zur Personalakte zu nehmen. Sie darf nur für die Entscheidung der in Absatz 1 genannten Fälle verwendet werden.

(3) Zu Beginn der Untersuchung ist die Beamtin oder der Beamte auf deren Zweck und die Mitteilungspflicht nach Absatz 2 hinzuweisen. Die Ärztin oder der Arzt übermittelt der Beamtin oder dem Beamten oder, soweit dem ärztliche Gründe entgegenstehen, einer oder einem Bevollmächtigten ein Doppel der Mitteilung nach Absatz 2.

§ 49 Ruhestand beim Beamtenverhältnis auf Probe wegen Dienstunfähigkeit

(1) Beamtinnen auf Probe und Beamte auf Probe sind in den Ruhestand zu versetzen, wenn sie infolge Krankheit, Verwundung oder sonstiger Beschädigung, die sie sich ohne grobes Verschulden bei Ausübung oder aus Veranlassung des Dienstes zugezogen haben, dienstunfähig geworden sind.

(2) Beamtinnen auf Probe und Beamte auf Probe können in den Ruhestand versetzt werden, wenn sie aus anderen Gründen dienstunfähig geworden sind. Die Entscheidung trifft die oberste Dienstbehörde. Die Befugnis kann auf andere Behörden übertragen werden.

(3) Die §§ 44 bis 48 mit Ausnahme des § 44 Abs. 4 sind entsprechend anzuwenden.

Unterabschnitt 3
Ruhestand

§ 50 Wartezeit

Der Eintritt in den Ruhestand setzt eine versorgungsrechtliche Wartezeit voraus, soweit gesetzlich nichts anderes bestimmt ist.

§ 51 Ruhestand wegen Erreichens der Altersgrenze

(1) Beamtinnen auf Lebenszeit und Beamte auf Lebenszeit treten mit dem Ende des Monats in den Ruhestand, in dem sie die für sie jeweils geltende Altersgrenze erreichen. Die Altersgrenze wird in der Regel mit Vollendung des 67. Lebensjahres erreicht (Regelaltersgrenze), soweit nicht gesetzlich eine andere Altersgrenze (besondere Altersgrenze) bestimmt ist.

(2) Beamtinnen auf Lebenszeit und Beamte auf Lebenszeit, die vor dem 1. Januar 1947 geboren sind, erreichen die Regelaltersgrenze mit Vollendung des 65. Lebensjahres. Für Beamtinnen auf Lebenszeit und Beamte auf Lebenszeit, die nach dem 31. Dezember 1946 geboren sind, wird die Regelaltersgrenze wie folgt angehoben:

Geburtsjahr	Anhebung um Monate	Altersgrenze	
		Jahr	Monat
1947	1	65	1
1948	2	65	2
1949	3	65	3
1950	4	65	4
1951	5	65	5
1952	6	65	6
1953	7	65	7
1954	8	65	8
1955	9	65	9
1956	10	65	10
1957	11	65	11
1958	12	66	0
1959	14	66	2
1960	16	66	4
1961	18	66	6
1962	20	66	8
1963	22	66	10

(3) Beamtinnen auf Lebenszeit und Beamte auf Lebenszeit im Feuerwehrdienst der Bundeswehr treten mit dem Ende des Monats in den Ruhestand, in dem sie das 62. Lebensjahr vollenden. Dies gilt auch für Beamtinnen auf Lebenszeit und Beamte auf Lebenszeit in den Laufbahnen des feuerwehrtechnischen Diens-

tes, die 22 Jahre im Feuerwehrdienst beschäftigt waren. Beamtinnen und Beamte im Sinne der Sätze 1 und 2 treten mit dem Ende des Monats in den Ruhestand, in dem sie das 60. Lebensjahr vollenden, wenn sie vor dem 1. Januar 1952 geboren sind. Für Beamtinnen und Beamte im Sinne der Sätze 1 und 2, die nach dem 31. Dezember 1951 geboren sind, wird die Altersgrenze wie folgt angehoben:

Geburtsjahr Geburtsmonat	Anhebung um Monate	Altersgrenze	
		Jahr	Monat
1952			
Januar	1	60	1
Februar	2	60	2
März	3	60	3
April	4	60	4
Mai	5	60	5
Juni–Dezember	6	60	6
1953	7	60	7
1954	8	60	8
1955	9	60	9
1956	10	60	10
1957	11	60	11
1958	12	61	0
1959	14	61	2
1960	16	61	4
1961	18	61	6
1962	20	61	8
1963	22	61	10

(4) Wer die Regelaltersgrenze oder eine gesetzlich bestimmte besondere Altersgrenze erreicht hat, darf nicht zur Beamtin oder zum Beamten ernannt werden. Wer trotzdem ernannt worden ist, ist zu entlassen.

§ 52 Ruhestand auf Antrag

(1) Beamtinnen auf Lebenszeit und Beamte auf Lebenszeit können auf ihren Antrag in den Ruhestand versetzt werden, wenn

1. sie das 62. Lebensjahr vollendet haben und
2. schwerbehindert im Sinne des § 2 Abs. 2 des Neunten Buches Sozialgesetzbuch sind.

(2) Beamtinnen auf Lebenszeit und Beamte auf Lebenszeit, die schwerbehindert im Sinne des § 2 Abs. 2 des Neunten Buches Sozialgesetzbuch sind und vor dem 1. Januar 1952 geboren sind, können auf ihren Antrag in den Ruhestand versetzt werden, wenn sie das 60. Lebensjahr vollendet haben. Für Beamtinnen auf Lebenszeit und Beamte auf Lebenszeit, die schwerbehindert im Sinne des § 2 Abs. 2 des Neunten Buches Sozialgesetzbuch sind und nach dem 31. Dezember 1951 geboren sind, wird die Altersgrenze wie folgt angehoben:

Geburtsjahr Geburtsmonat	Anhebung um Monate	Altersgrenze	
		Jahr	Monat
1952			
Januar	1	60	1
Februar	2	60	2
März	3	60	3
April	4	60	4
Mai	5	60	5
Juni–Dezember	6	60	6
1953	7	60	7
1954	8	60	8
1955	9	60	9
1956	10	60	10
1957	11	60	11
1958	12	61	0
1959	14	61	2
1960	16	61	4
1961	18	61	6
1962	20	61	8
1963	22	61	10

(3) Beamtinnen auf Lebenszeit und Beamte auf Lebenszeit können auf ihren Antrag in den Ruhestand versetzt werden, wenn sie das 63. Lebensjahr vollendet haben.

§ 53 Hinausschieben des Eintritts in den Ruhestand

(1) Auf Antrag der Beamtin oder des Beamten kann der Eintritt in den Ruhestand bis zu drei Jahre hinausgeschoben werden, wenn

1. dies im dienstlichen Interesse liegt und
2. die Arbeitszeit mindestens die Hälfte der regelmäßigen wöchentlichen Arbeitszeit beträgt.

Der Antrag ist spätestens sechs Monate vor dem Eintritt in den Ruhestand zu stellen. Unter den gleichen Voraussetzungen kann der Eintritt in den Ruhestand bei einer besonderen Altersgrenze um bis zu drei Jahre hinausgeschoben werden.

(1a) Dem Antrag nach Absatz 1 ist zu entsprechen, wenn

1. die Beamtin oder der Beamte familienbedingt
   a) teilzeitbeschäftigt oder beurlaubt nach § 92 gewesen ist,
   b) Familienpflegezeit nach § 92a in Anspruch genommen hat oder
   c) Pflegezeit nach § 92b in Anspruch genommen hat,
2. das Ruhegehalt, das sie oder er bei Eintritt in den Ruhestand wegen Erreichens der Altersgrenze erhalten würde, nicht die Höchstgrenze erreicht,
3. die Arbeitszeit mindestens die Hälfte der regelmäßigen wöchentlichen Arbeitszeit beträgt und
4. dienstliche Belange einem Hinausschieben nicht entgegenstehen.

Den familienbedingten Abwesenheitszeiten nach Satz 1 Nummer 1 stehen entsprechende Zeiten im Beamten- oder Richterverhältnis oder als Tarifbeschäftigte beim Bund oder bei einem anderen Dienstherrn oder bei einem öffentlichen Arbeitgeber gleich. Der Eintritt in den Ruhestand kann höchstens um die Dauer der familienbedingten Teilzeitbeschäftigung oder Beurlaubung oder Familienpflegezeit hinausgeschoben werden.

(1b) Dienstliche Belange stehen einem Hinausschieben des Eintritts in den Ruhestand insbesondere dann entgegen, wenn

1. die bisher wahrgenommenen Aufgaben wegfallen,
2. Planstellen eingespart werden sollen,
3. die Beamtin oder der Beamte in einem Planstellenabbaubereich beschäftigt ist,
4. die Aufgabe, die die Beamtin oder der Beamte wahrnimmt, einem festen Rotationsprinzip unterliegt,
5. andere personalwirtschaftliche Gründe gegen eine Weiterbeschäftigung sprechen oder
6. zu erwarten ist, dass sie oder er den Anforderungen des Dienstes nicht mehr gewachsen ist.

(2) Der Eintritt in den Ruhestand kann im Einzelfall mit Zustimmung der Beamtin oder des Beamten um höchstens drei Jahre hinausgeschoben werden, wenn

1. die Dienstgeschäfte nur durch diese Beamtin oder diesen Beamten fortgeführt werden können und
2. die Arbeitszeit der Beamtin oder des Beamten mindestens die Hälfte der regelmäßigen Arbeitszeit beträgt.

Das Gleiche gilt bei einer besonderen Altersgrenze.

(3) Die Absätze 1 und 2 gelten im Beamtenverhältnis auf Probe nach § 24 entsprechend.

(4) Auf Antrag der Beamtin oder des Beamten kann der Eintritt in den Ruhestand bei Vorliegen eines dienstlichen Interesses um höchstens zwei Jahre hinausgeschoben werden. Das gilt nur, wenn für einen Zeitraum von höchstens zwei Jahren vor Beginn des Monats, in dem die jeweils geltende Regelaltersgrenze oder die besondere Altersgrenze erreicht wird, und höchstens zwei Jahre danach Teilzeitbeschäftigung mit der Hälfte der regelmäßigen Arbeitszeit bewilligt wird. Die Zeiträume vor und nach der jeweils geltenden Regelaltersgrenze oder der besonderen Altersgrenze müssen gleich lang sein. Sie muss vor dem 1. Januar 2023 beginnen. Eine Bewilligung nach § 9 Absatz 2 der Arbeitszeitverordnung ist nicht möglich. Der Antrag ist spätestens sechs Monate vor dem Zeitpunkt zu stellen, zu dem die Teilzeitbeschäftigung beginnen soll.

(5) Dem Antrag nach Absatz 4 darf nur entsprochen werden, wenn die Beamtin oder der Beamte sich verpflichtet, während des Bewilligungszeitraumes berufliche Verpflichtungen außerhalb des Beamtenverhältnisses nur in dem Umfang einzugehen, in dem Vollzeitbeschäftigten die Ausübung von Nebentätigkeiten gestattet ist. Ausnahmen hiervon sind nur zulässig, soweit dies mit dem Beamtenverhältnis vereinbar ist. Dabei ist von der regelmäßigen wöchentlichen Arbeitszeit für Vollzeitbeschäftigte auszugehen. Wird der

Verpflichtung nach Satz 1 schuldhaft nicht nachgekommen, soll die Bewilligung mit Wirkung für die Zukunft widerrufen werden.

(6) Die Bewilligung nach Absatz 4 darf außer in den Fällen des Absatzes 5 Satz 4 mit Wirkung für die Zukunft nur widerrufen werden, wenn der Beamtin oder dem Beamten die Teilzeitbeschäftigung nicht mehr zugemutet werden kann. Wird die Bewilligung widerrufen, nach dem die Regelaltersgrenze oder die besondere Altersgrenze erreicht worden ist, tritt die Beamtin oder der Beamte mit dem Ende des Monats in den Ruhestand, in dem der Widerruf bekannt gegeben worden ist. Die Vorschriften über die Beendigung des Beamtenverhältnisses wegen Dienstunfähigkeit und die Feststellung der begrenzten Dienstfähigkeit bleiben unberührt.

§ 54 Einstweiliger Ruhestand

(1) Die Bundespräsidentin oder der Bundespräsident kann jederzeit die nachfolgend genannten politischen Beamtinnen und politischen Beamten in den einstweiligen Ruhestand versetzen, wenn sie Beamtinnen auf Lebenszeit oder Beamte auf Lebenszeit sind:

1. Staatssekretärinnen und Staatssekretäre sowie Ministerialdirektorinnen und Ministerialdirektoren,
2. sonstige Beamtinnen und Beamte des höheren Dienstes im auswärtigen Dienst von der Besoldungsgruppe B 3 an aufwärts sowie Botschafterinnen und Botschafter in der Besoldungsgruppe A 16,
3. Beamtinnen und Beamte des höheren Dienstes des Militärischen Abschirmdienstes, des Bundesamtes für Verfassungsschutz und des Bundesnachrichtendienstes von der Besoldungsgruppe B 6 an aufwärts,
4. die Chefin oder den Chef des Presse- und Informationsamtes der Bundesregierung, deren oder dessen Stellvertretung und die Stellvertretende Sprecherin oder den Stellvertretenden Sprecher der Bundesregierung,
5. die Generalbundesanwältin oder den Generalbundesanwalt beim Bundesgerichtshof,
6. (weggefallen)
7. die Präsidentin oder den Präsidenten des Bundeskriminalamtes,
8. die Präsidentin oder den Präsidenten des Bundespolizeipräsidiums,
9. die Präsidentin oder den Präsidenten des Bundesamtes für das Personalmanagement der Bundeswehr,
10. die Präsidentin oder den Präsidenten des Bundesamtes für Ausrüstung, Informationstechnik und Nutzung der Bundeswehr,
11. die Präsidentin oder den Präsidenten des Bundesamtes für Infrastruktur, Umweltschutz und Dienstleistungen der Bundeswehr,
12. die Präsidentin oder den Präsidenten der Generalzolldirektion,
13. die Präsidentin oder den Präsidenten des Bundesamtes für Migration und Flüchtlinge und
14. die Präsidentin oder den Präsidenten des Bundesamtes für Sicherheit in der Informationstechnik.

Satz 1 gilt nur für Beamtinnen und Beamte, deren Ernennung zu einem Zeitpunkt erfolgte, in dem das ihnen übertragene Amt in Satz 1 aufgenommen war, oder sich ein Gesetzentwurf zur Aufnahme einer entsprechenden Regelung im Gesetzgebungsverfahren befand.

(2) Gesetzliche Vorschriften, nach denen andere politische Beamtinnen und politische Beamte in den einstweiligen Ruhestand versetzt werden können, bleiben unberührt.

§ 55 Einstweiliger Ruhestand bei organisatorischen Veränderungen

Im Fall der Auflösung oder einer wesentlichen Änderung des Aufbaus oder der Aufgaben einer Behörde oder der Verschmelzung von Behörden können Beamtinnen auf Lebenszeit und Beamte auf Lebenszeit, deren Aufgabengebiet davon betroffen ist und die ein Amt der Bundesbesoldungsordnung B wahrnehmen, in den einstweiligen Ruhestand versetzt werden, wenn durch die organisatorische Änderung eine ihrem Amt entsprechende Planstelle eingespart wird und eine Versetzung nicht möglich ist. Frei werdende Planstellen sollen den in den einstweiligen Ruhestand versetzten Beamtinnen und Beamten, die dafür geeignet sind, vorbehalten werden.

§ 56 Beginn des einstweiligen Ruhestands; Bekenntnis zu der freiheitlichen demokratischen Grundordnung

Wenn nicht im Einzelfall ausdrücklich ein späterer Zeitpunkt festgesetzt wird, beginnt der einstweilige Ruhestand mit dem Zeitpunkt, zu dem die Versetzung in den einstweiligen Ruhestand der Beamtin oder dem Beamten bekannt gegeben wird, spätestens jedoch mit dem Ende des dritten Monats, der auf den Monat der Bekanntgabe folgt. Die Verfügung kann bis zum Beginn des Ruhestands zurückgenommen werden. Politische Beamtinnen und politische Beamte müssen sich auch während des einstweiligen Ruhestands durch ihr gesamtes Verhalten zu der freiheitlichen demokratischen Grundordnung im Sinne des Grundgesetzes bekennen.

§ 57 Erneute Berufung

Die in den einstweiligen Ruhestand versetzten Beamtinnen und Beamten sind verpflichtet, einer erneuten Berufung in das Beamtenverhältnis auf Lebenszeit Folge zu leisten, wenn ihnen im Dienstbereich ihres früheren Dienstherrn ein Amt mit mindestens demselben Endgrundgehalt verliehen werden soll.

§ 58 Ende des einstweiligen Ruhestands

(1) Der einstweilige Ruhestand endet bei erneuter Berufung in das Beamtenverhältnis auf Lebenszeit.

(2) Die in den einstweiligen Ruhestand versetzten Beamtinnen und Beamten gelten mit Erreichen der Regelaltersgrenze als dauernd in den Ruhestand versetzt.

§ 59 Zuständigkeit bei Versetzung in den Ruhestand

Die Versetzung in den Ruhestand wird von der für die Ernennung zuständigen Stelle verfügt, soweit gesetzlich nichts anderes bestimmt ist. Die Versetzungsverfügung ist der Beamtin oder dem Beamten schriftlich zuzustellen. Sie kann bis zum Beginn des Ruhestands zurückgenommen werden.

Abschnitt 6 Rechtliche Stellung im Beamtenverhältnis

Unterabschnitt 1 Allgemeine Pflichten und Rechte

§ 60 Grundpflichten

(1) Beamtinnen und Beamte dienen dem ganzen Volk, nicht einer Partei. Sie haben ihre Aufgaben unparteiisch und gerecht zu erfüllen und ihr Amt zum Wohl der Allgemeinheit zu führen. Beamtinnen und Beamte müssen sich durch ihr gesamtes Verhalten zu der freiheitlichen demokratischen Grundordnung im Sinne des Grundgesetzes bekennen und für deren Erhaltung eintreten.

(2) Beamtinnen und Beamte haben bei politischer Betätigung diejenige Mäßigung und Zurückhaltung zu wahren, die sich aus ihrer Stellung gegenüber der Allgemeinheit und aus der Rücksicht auf die Pflichten ihres Amtes ergeben.

§ 61 Wahrnehmung der Aufgaben, Verhalten und Erscheinungsbild

(1) Beamtinnen und Beamte haben sich mit vollem persönlichem Einsatz ihrem Beruf zu widmen. Sie haben das ihnen übertragene Amt uneigennützig nach bestem Gewissen wahrzunehmen. Ihr Verhalten innerhalb und außerhalb des Dienstes muss der Achtung und dem Vertrauen gerecht werden, die ihr Beruf erfordert.

(2) Beamtinnen und Beamte haben bei Ausübung des Dienstes oder bei einer Tätigkeit mit unmittelbarem Dienstbezug auch hinsichtlich ihres Erscheinungsbilds Rücksicht auf das ihrem Amt entgegengebrachte Vertrauen zu nehmen. Insbesondere das Tragen von bestimmten Kleidungsstücken, Schmuck, Symbolen und Tätowierungen im sichtbaren Bereich sowie die Art der Haar- und Barttracht können von der obersten Dienstbehörde eingeschränkt oder untersagt werden, soweit die Funktionsfähigkeit der Verwaltung oder die Pflicht zum achtungs- und vertrauenswürdigen Verhalten dies erfordert. Das ist insbesondere dann der Fall, wenn Merkmale des Erscheinungsbilds nach Satz 2 durch ihre über das übliche Maß hinausgehende beson-

ders individualisierende Art geeignet sind, die amtliche Funktion der Beamtin oder des Beamten in den Hintergrund zu drängen. Religiös oder weltanschaulich konnotierte Merkmale des Erscheinungsbilds nach Satz 2 können nur dann eingeschränkt oder untersagt werden, wenn sie objektiv geeignet sind, das Vertrauen in die neutrale Amtsführung der Beamtin oder des Beamten zu beeinträchtigen. Das Bundesministerium des Innern und für Heimat, das Bundesministerium der Finanzen sowie das Bundesministerium der Justiz und für Verbraucherschutz werden ermächtigt, jeweils für ihren Geschäftsbereich die Einzelheiten zu den Sätzen 2 bis 4 durch Rechtsverordnung zu regeln. Die Verhüllung des Gesichts bei der Ausübung des Dienstes oder bei einer Tätigkeit mit unmittelbarem Dienstbezug ist stets unzulässig, es sei denn, dienstliche oder gesundheitliche Gründe erfordern dies.

(3) Beamtinnen und Beamte sind verpflichtet, an Maßnahmen der dienstlichen Qualifizierung zur Erhaltung oder Fortentwicklung ihrer Kenntnisse und Fähigkeiten teilzunehmen.

§ 62 Folgepflicht

(1) Beamtinnen und Beamte haben ihre Vorgesetzten zu beraten und zu unterstützen. Sie sind verpflichtet, deren dienstliche Anordnungen auszuführen und deren allgemeine Richtlinien zu befolgen. Dies gilt nicht, soweit die Beamtinnen und Beamten nach besonderen gesetzlichen Vorschriften an Weisungen nicht gebunden und nur dem Gesetz unterworfen sind.

(2) Beamtinnen und Beamte haben bei organisatorischen Veränderungen dem Dienstherrn Folge zu leisten.

§ 63 Verantwortung für die Rechtmäßigkeit

(1) Beamtinnen und Beamte tragen für die Rechtmäßigkeit ihrer dienstlichen Handlungen die volle persönliche Verantwortung.

(2) Bedenken gegen die Rechtmäßigkeit dienstlicher Anordnungen haben Beamtinnen und Beamte unverzüglich bei der oder dem unmittelbaren Vorgesetzten geltend zu machen. Wird die Anordnung aufrechterhalten, haben sie sich, wenn ihre Bedenken gegen deren Rechtmäßigkeit fortbestehen, an die nächsthöhere Vorgesetzte oder den nächsthöheren Vorgesetzten zu wenden. Wird die Anordnung bestätigt, müssen die Beamtinnen und Beamten sie ausführen und sind von der eigenen Verantwortung befreit. Dies gilt nicht, wenn das aufgetragene Verhalten die Würde des Menschen verletzt oder strafbar oder ordnungswidrig ist und die Strafbarkeit oder Ordnungswidrigkeit für die Beamtinnen und Beamten erkennbar ist. Die Bestätigung hat auf Verlangen schriftlich zu erfolgen.

(3) Verlangt eine Vorgesetzte oder ein Vorgesetzter die sofortige Ausführung der Anordnung, weil Gefahr im Verzug ist und die Entscheidung der oder des höheren Vorgesetzten nicht rechtzeitig herbeigeführt werden kann, gilt Absatz 2 Satz 3 und 4 entsprechend. Die Anordnung ist durch die anordnende oder den anordnenden Vorgesetzten schriftlich zu bestätigen, wenn die Beamtin oder der Beamte dies unverzüglich nach Ausführung der Anordnung verlangt.

§ 64 Eidespflicht, Eidesformel

(1) Beamtinnen und Beamte haben folgenden Diensteid zu leisten: „Ich schwöre, das Grundgesetz und alle in der Bundesrepublik Deutschland geltenden Gesetze zu wahren und meine Amtspflichten gewissenhaft zu erfüllen, so wahr mir Gott helfe."

(2) Der Eid kann auch ohne die Worte „so wahr mir Gott helfe" geleistet werden.

(3) Lehnt eine Beamtin oder ein Beamter aus Glaubens- oder Gewissensgründen die Ablegung des vorgeschriebenen Eides ab, können an Stelle der Worte „Ich schwöre" die Worte „Ich gelobe" oder eine andere Beteuerungsformel gesprochen werden.

(4) In den Fällen, in denen nach § 7 Abs. 3 eine Ausnahme von § 7 Absatz 1 Satz 1 Nummer 1 zugelassen worden ist, kann von einer Eidesleistung abgesehen werden. Sofern gesetzlich nichts anderes bestimmt ist, hat die Beamtin oder der Beamte in diesen Fällen zu geloben, ihre oder seine Amtspflichten gewissenhaft zu erfüllen.

§ 65 Befreiung von Amtshandlungen

(1) Beamtinnen und Beamte sind von Amtshandlungen zu befreien, die sich gegen sie selbst oder Angehörige richten würden, zu deren Gunsten ihnen wegen familienrechtlicher Beziehungen im Strafverfahren das Zeugnisverweigerungsrecht zusteht.

(2) Gesetzliche Vorschriften, nach denen Beamtinnen oder Beamte von einzelnen Amtshandlungen ausgeschlossen sind, bleiben unberührt.

§ 66 Verbot der Führung der Dienstgeschäfte

Die oberste Dienstbehörde oder die von ihr bestimmte Behörde kann einer Beamtin oder einem Beamten aus zwingenden dienstlichen Gründen die Führung der Dienstgeschäfte verbieten. Das Verbot erlischt, wenn nicht bis zum Ablauf von drei Monaten gegen die Beamtin oder den Beamten ein Disziplinarverfahren oder ein sonstiges auf Rücknahme der Ernennung oder auf Beendigung des Beamtenverhältnisses gerichtetes Verfahren eingeleitet worden ist.

§ 67 Verschwiegenheitspflicht

(1) Beamtinnen und Beamte haben über die ihnen bei oder bei Gelegenheit ihrer amtlichen Tätigkeit bekannt gewordenen dienstlichen Angelegenheiten Verschwiegenheit zu bewahren. Dies gilt auch über den Bereich eines Dienstherrn hinaus sowie nach Beendigung des Beamtenverhältnisses.

(2) Absatz 1 gilt nicht, soweit

1. Mitteilungen im dienstlichen Verkehr geboten sind,
2. Tatsachen mitgeteilt werden, die offenkundig sind oder ihrer Bedeutung nach keiner Geheimhaltung bedürfen,
3. gegenüber der zuständigen obersten Dienstbehörde, einer Strafverfolgungsbehörde oder einer von der obersten Dienstbehörde bestimmten weiteren Behörde oder außerdienstlichen Stelle ein durch Tatsachen begründeter Verdacht einer Korruptionsstraftat nach den §§ 331 bis 337 des Strafgesetzbuches angezeigt wird oder
4. Informationen unter den Voraussetzungen des Hinweisgeberschutzgesetzes an eine zuständige Meldestelle weitergegeben oder offengelegt werden.

Im Übrigen bleiben die gesetzlich begründeten Pflichten, geplante Straftaten anzuzeigen und für die Erhaltung der freiheitlichen demokratischen Grundordnung einzutreten, von Absatz 1 unberührt.

(3) Beamtinnen und Beamte dürfen ohne Genehmigung über Angelegenheiten nach Absatz 1 weder vor Gericht noch außergerichtlich aussagen oder Erklärungen abgeben. Die Genehmigung erteilt die oder der Dienstvorgesetzte oder, wenn das Beamtenverhältnis beendet ist, die oder der letzte Dienstvorgesetzte. Hat sich der Vorgang, der den Gegenstand der Äußerung bildet, bei einem früheren Dienstherrn ereignet, darf die Genehmigung nur mit dessen Zustimmung erteilt werden.

(4) Beamtinnen und Beamte haben, auch nach Beendigung des Beamtenverhältnisses, auf Verlangen der oder des Dienstvorgesetzten oder der oder des letzten Dienstvorgesetzten amtliche Schriftstücke, Zeichnungen, bildliche Darstellungen sowie Aufzeichnungen jeder Art über dienstliche Vorgänge, auch soweit es sich um Wiedergaben handelt, herauszugeben. Entsprechendes gilt für ihre Hinterbliebenen und Erben.

§ 68 Versagung der Aussagegenehmigung

(1) Die Genehmigung, als Zeugin oder Zeuge auszusagen, darf nur versagt werden, wenn die Aussage dem Wohle des Bundes oder eines deutschen Landes Nachteile bereiten oder die Erfüllung öffentlicher Aufgaben ernstlich gefährden oder erheblich erschweren würde.

(2) Sind Beamtinnen oder Beamte Partei oder Beschuldigte in einem gerichtlichen Verfahren oder soll ihr Vorbringen der Wahrnehmung ihrer berechtigten Interessen dienen, darf die Genehmigung auch dann, wenn die Voraussetzungen des Absatzes 1 erfüllt sind, nur versagt werden, wenn die dienstlichen Rücksichten dies unabweisbar erfordern. Wird die Genehmigung versagt, haben die

oder der Dienstvorgesetzte der Beamtin oder dem Beamten den Schutz zu gewähren, den die dienstlichen Rücksichten zulassen.

(3) Über die Versagung der Genehmigung entscheidet die oberste Dienstbehörde. Sie kann diese Befugnis auf andere Behörden übertragen.

§ 69 Gutachtenerstattung

Die Genehmigung, ein Gutachten zu erstatten, kann versagt werden, wenn die Erstattung den dienstlichen Interessen Nachteile bereiten würde. § 68 Abs. 3 gilt entsprechend.

§ 70 Auskünfte an die Medien

Die Leitung der Behörde entscheidet, wer den Medien Auskünfte erteilt.

§ 71 Verbot der Annahme von Belohnungen, Geschenken und sonstigen Vorteilen

(1) Beamtinnen und Beamte dürfen, auch nach Beendigung des Beamtenverhältnisses, keine Belohnungen, Geschenke oder sonstigen Vorteile für sich oder einen Dritten in Bezug auf ihr Amt fordern, sich versprechen lassen oder annehmen. Ausnahmen bedürfen der Zustimmung der obersten oder der letzten obersten Dienstbehörde. Die Befugnis zur Zustimmung kann auf andere Behörden übertragen werden.

(2) Wer gegen das in Absatz 1 genannte Verbot verstößt, hat auf Verlangen das aufgrund des pflichtwidrigen Verhaltens Erlangte dem Dienstherrn herauszugeben, soweit nicht im Strafverfahren die Einziehung von Taterträgen angeordnet worden oder es auf andere Weise auf den Staat übergegangen ist. Für den Umfang des Herausgabeanspruchs gelten die Vorschriften des Bürgerlichen Gesetzbuches über die Herausgabe einer ungerechtfertigten Bereicherung entsprechend. Die Herausgabepflicht nach Satz 1 umfasst auch die Pflicht, dem Dienstherrn Auskunft über Art, Umfang und Verbleib des Erlangten zu geben.

§ 72 Wahl der Wohnung

(1) Beamtinnen und Beamte haben ihre Wohnung so zu nehmen, dass die ordnungsmäßige Wahrnehmung ihrer Dienstgeschäfte nicht beeinträchtigt wird.

(2) Die oder der Dienstvorgesetzte kann, wenn die dienstlichen Verhältnisse es erfordern, anweisen, dass die Wohnung innerhalb einer bestimmten Entfernung von der Dienststelle zu nehmen oder eine Dienstwohnung zu beziehen ist.

§ 73 Aufenthaltspflicht

Wenn besondere dienstliche Verhältnisse es dringend erfordern, kann die Beamtin oder der Beamte angewiesen werden, sich während der dienstfreien Zeit in erreichbarer Nähe des Dienstortes aufzuhalten.

§ 74 Dienstkleidung

Die Bundespräsidentin oder der Bundespräsident oder die von ihr oder ihm bestimmte Stelle erlässt die Bestimmungen über Dienstkleidung, die bei Wahrnehmung des Amtes üblich oder erforderlich ist.

§ 75 Pflicht zum Schadensersatz

(1) Beamtinnen und Beamte, die vorsätzlich oder grob fahrlässig die ihnen obliegenden Pflichten verletzt haben, haben dem Dienstherrn, dessen Aufgaben sie wahrgenommen haben, den daraus entstehenden Schaden zu ersetzen. Haben zwei oder mehr Beamtinnen und Beamte gemeinsam den Schaden verursacht, haften sie gesamtschuldnerisch.

(2) Hat der Dienstherr Dritten Schadensersatz geleistet, gilt als Zeitpunkt, zu dem der Dienstherr Kenntnis im Sinne der Verjährungsvorschriften des Bürgerlichen Gesetzbuches erlangt, der Zeitpunkt, zu dem der Ersatzanspruch gegenüber Dritten vom Dienstherrn anerkannt oder dem Dienstherrn gegenüber rechtskräftig festgestellt wird.

(3) Leistet die Beamtin oder der Beamte dem Dienstherrn Ersatz und hat dieser einen Ersatzanspruch gegen Dritte, geht der Ersatzanspruch au sie oder ihn über.

§ 76 Übergang eines Schadensersatzanspruchs gegen Dritte

Werden Beamtinnen, Beamte, Versorgungsberechtigte oder ihre Angehörigen körperlich verletzt oder getötet, geht ein gesetzlicher

Schadensersatzanspruch, der diesen Personen infolge der Körperverletzung oder der Tötung gegen Dritte zusteht, insoweit auf den Dienstherrn über, als dieser während einer auf der Körperverletzung beruhenden Aufhebung der Dienstfähigkeit oder infolge der Körperverletzung oder der Tötung zur Gewährung von Leistungen verpflichtet ist. Ist eine Versorgungskasse zur Gewährung der Versorgung verpflichtet, geht der Anspruch auf sie über. Der Übergang des Anspruchs kann nicht zum Nachteil der Verletzten oder der Hinterbliebenen geltend gemacht werden.

§ 77 Nichterfüllung von Pflichten

(1) Beamtinnen und Beamte begehen ein Dienstvergehen, wenn sie schuldhaft die ihnen obliegenden Pflichten verletzen. Außerhalb des Dienstes ist dieses nur dann ein Dienstvergehen, wenn die Pflichtverletzung nach den Umständen des Einzelfalls in besonderem Maße geeignet ist, das Vertrauen in einer für ihr Amt oder das Ansehen des Beamtentums bedeutsamen Weise zu beeinträchtigen.

(2) Bei Ruhestandsbeamtinnen und Ruhestandsbeamten sowie früheren Beamtinnen mit Versorgungsbezügen und früheren Beamten mit Versorgungsbezügen gilt es als Dienstvergehen, wenn sie

1. sich gegen die freiheitliche demokratische Grundordnung im Sinne des Grundgesetzes betätigen,
2. an Bestrebungen teilnehmen, die darauf abzielen, den Bestand oder die Sicherheit der Bundesrepublik Deutschland zu beeinträchtigen,
3. gegen die Verschwiegenheitspflicht, gegen die Anzeigepflicht oder das Verbot einer Tätigkeit nach Beendigung des Beamtenverhältnisses oder gegen das Verbot der Annahme von Belohnungen, Geschenken und sonstigen Vorteilen verstoßen oder
4. einer Verpflichtung nach § 46 Absatz 1, 2, 4 oder 7 oder § 57 schuldhaft nicht nachkommen.

Satz 1 Nummer 1 bis 3 gilt auch für frühere Beamtinnen mit Anspruch auf Altersgeld und frühere Beamte mit Anspruch auf Altersgeld. Für politische Beamtinnen und politische Beamte gilt ein Verstoß gegen § 56 Satz 3 als Dienstvergehen.

(3) Die Verfolgung von Dienstvergehen richtet sich nach dem Bundesdisziplinargesetz.

§ 78 Fürsorgepflicht des Dienstherrn

Der Dienstherr hat im Rahmen des Dienst- und Treueverhältnisses für das Wohl der Beamtinnen und Beamten und ihrer Familien, auch für die Zeit nach Beendigung des Beamtenverhältnisses, zu sorgen. Er schützt die Beamtinnen und Beamten bei ihrer amtlichen Tätigkeit und in ihrer Stellung.

§ 78a Zahlung durch den Dienstherrn bei Schmerzensgeldansprüchen

(1) Hat eine Beamtin oder ein Beamter wegen einer vorsätzlichen Verletzung des Körpers, der Gesundheit, der Freiheit oder der sexuellen Selbstbestimmung, die ihr oder ihm wegen ihrer oder seiner Eigenschaft als Amtsträgerin oder Amtsträger zugefügt worden ist, einen durch ein rechtskräftiges Endurteil eines deutschen Gerichts festgestellten Anspruch auf Schmerzensgeld gegen einen Dritten, so soll der Dienstherr auf Antrag die Zahlung auf diesen Anspruch bis zur Höhe des zuerkannten Schmerzensgeldanspruchs übernehmen, sofern dies zur Vermeidung einer unbilligen Härte notwendig ist. Der rechtskräftigen Feststellung steht ein nicht oder nicht mehr widerruflicher Vergleich nach § 794 Absatz 1 Nummer 1 der Zivilprozessordnung gleich, wenn er der Höhe nach angemessen ist.

(2) Eine unbillige Härte liegt insbesondere vor, wenn ein Versuch der Vollstreckung in das Vermögen nicht zu einer vollständigen Befriedigung der Beamtin oder des Beamten geführt hat, sofern der Betrag, hinsichtlich dessen die Beamtin oder der Beamte nicht befriedigt wurde, mindestens 250 Euro erreicht.

(3) Der Dienstherr kann die Zahlung nach Absatz 1 ablehnen, wenn aufgrund desselben

Sachverhalts eine einmalige Unfallentschädigung (§ 43 des Beamtenversorgungsgesetzes) oder ein Unfallausgleich (§ 35 des Beamtenversorgungsgesetzes) gezahlt wird.

(4) Der Antrag nach Absatz 1 kann innerhalb einer Ausschlussfrist von zwei Jahren nach Eintritt der Rechtskraft des Urteils nach Absatz 1 Satz 1 oder nach Eintritt der Unwiderruflichkeit des Vergleichs nach Absatz 1 Satz 2 schriftlich oder elektronisch gestellt werden. Dem Antrag ist ein Nachweis des Vollstreckungsversuches beizufügen. Die Entscheidung trifft die oberste Dienstbehörde oder die von ihr bestimmte Behörde. Für Versorgungsempfängerinnen und Versorgungsempfänger ist die für die Zahlung der Versorgungsbezüge verantwortliche Behörde zuständig. Soweit der Dienstherr die Zahlung übernommen hat, gehen Ansprüche gegen Dritte auf ihn über. Der Übergang der Ansprüche kann nicht zum Nachteil der oder des Geschädigten geltend gemacht werden.

(5) Absatz 1 ist nicht anzuwenden auf Schmerzensgeldansprüche, die im Wege des Urkundenprozesses nach den §§ 592 bis 600 der Zivilprozessordnung festgestellt worden sind.

§ 79 Mutterschutz, Elternzeit und Jugendarbeitsschutz

(1) Die Bundesregierung regelt durch Rechtsverordnung die der Eigenart des öffentlichen Dienstes entsprechende Anwendung der Vorschriften des Mutterschutzgesetzes auf Beamtinnen. Diese Rechtsverordnung stellt für Beamtinnen hinsichtlich Inhalt, Art und Umfang den Schutz sicher, der Frauen nach dem Mutterschutzgesetz gewährleistet wird. Für die Kontrolle und Überwachung der Einhaltung der dem Gesundheitsschutz dienenden mutterschutzrechtlichen Vorschriften gilt § 29 des Mutterschutzgesetzes entsprechend.

(2) Die Bundesregierung regelt durch Rechtsverordnung die der Eigenart des öffentlichen Dienstes entsprechende Anwendung der Vorschriften des Bundeselterngeld- und Elternzeitgesetzes über die Elternzeit auf Beamtinnen und Beamte. Das Bundesministerium des Innern und für Heimat kann in den Fällen des Artikels 91 Absatz 2 Satz 1 und des Artikels 115f Absatz 1 Nummer 1 des Grundgesetzes den Anspruch auf Elternzeit für Polizeivollzugsbeamtinnen und Polizeivollzugsbeamte in der Bundespolizei aus zwingenden Gründen der inneren Sicherheit ausschließen oder einschränken.

(3) Das Jugendarbeitsschutzgesetz gilt für jugendliche Beamtinnen und jugendliche Beamte entsprechend. Die Bundesregierung kann durch Rechtsverordnung Ausnahmen von den Vorschriften des Jugendarbeitsschutzgesetzes für jugendliche Polizeivollzugsbeamtinnen und jugendliche Polizeivollzugsbeamte bestimmen, soweit diese aufgrund der Eigenart des Polizeivollzugsdienstes oder aus Gründen der inneren Sicherheit erforderlich sind.

§ 80 Beihilfe in Krankheits-, Pflege- und Geburtsfällen

(1) Beihilfe erhalten

1. Beamtinnen und Beamte, die Anspruch auf Besoldung haben oder die Elternzeit in Anspruch nehmen,
2. Versorgungsempfängerinnen und Versorgungsempfänger, die Anspruch auf Versorgungsbezüge haben,
3. frühere Beamtinnen und frühere Beamte für den Zeitraum, in dem sie einen Unterhaltsbeitrag oder Übergangsgeld nach dem Beamtenversorgungsgesetz beziehen,
4. frühere Beamtinnen auf Zeit und frühere Beamte auf Zeit für den Zeitraum, in dem sie Übergangsgeld nach dem Beamtenversorgungsgesetz beziehen.

Satz 1 gilt auch, wenn Bezüge aufgrund der Anwendung von Ruhens- oder Anrechnungsvorschriften nicht gezahlt werden.

(2) Beihilfe wird auch gewährt für Aufwendungen

1. der Ehegattin oder des Ehegatten, der Lebenspartnerin oder des Lebenspartners, die oder der kein zur wirtschaftlichen Selbständigkeit führendes Einkommen hat, und
2. der Kinder, die beim Familienzuschlag nach dem Bundesbesoldungsgesetz berücksichtigungsfähig sind.

Satz 1 Nummer 2 gilt nicht für Kinder, die Waisengeld nach § 23 des Beamtenversorgungsgesetzes erhalten.

(3) Beihilfefähig sind grundsätzlich nur notwendige und wirtschaftlich angemessene Aufwendungen

1. in Krankheits- und Pflegefällen,
2. für die Behandlung von Behinderungen,
3. für die Früherkennung von Krankheiten und für Schutzimpfungen,
4. in Geburtsfällen, für eine künstliche Befruchtung, für Maßnahmen zur Empfängnisregelung und -verhütung sowie in Ausnahmefällen bei Sterilisation und Schwangerschaftsabbruch sowie
5. bei Organspenden.

(4) Beihilfe kann nur gewährt werden

1. als mindestens 50-prozentige Erstattung der beihilfefähigen Aufwendungen,
2. in Pflegefällen auch in Form einer Pauschale, deren Höhe sich am tatsächlichen Versorgungsaufwand orientiert, oder
3. im Wege der Beteiligung an den Kosten individueller Leistungen von Leistungserbringerinnen oder Leistungserbringern.

Beihilfe darf nur gewährt werden, soweit sie zusammen mit anderen aus demselben Anlass zu gewährenden Leistungen die dem Grunde nach beihilfefähigen Aufwendungen nicht überschreitet. Nicht beihilfefähig sind Aufwendungen beihilfeberechtigter Polizeivollzugsbeamtinnen und Polizeivollzugsbeamter der Bundespolizei, denen Leistungen nach § 70 Absatz 2 des Bundesbesoldungsgesetzes zustehen.

(5) Steht einer beihilfeberechtigten oder berücksichtigungsfähigen Person gegen eine Leistungserbringerin oder einen Leistungserbringer wegen einer unrichtigen Abrechnung ein Anspruch auf Erstattung oder Schadensersatz zu, kann der Dienstherr durch schriftliche oder elektronische Anzeige gegenüber der Leistungserbringerin oder dem Leistungserbringer bewirken, dass der Anspruch insoweit auf ihn übergeht, als er aufgrund der unrichtigen Abrechnung zu hohe Beihilfeleistungen erbracht hat. Satz 1 gilt für den Anspruch gegen eine Abrechnungsstelle der Leistungserbringerin oder des Leistungserbringers entsprechend.

(6) Das Bundesministerium des Innern und für Heimat regelt im Einvernehmen mit dem Auswärtigen Amt, dem Bundesministerium der Finanzen, dem Bundesministerium der Verteidigung und dem Bundesministerium für Gesundheit durch Rechtsverordnung ohne Zustimmung des Bundesrates die näheren Einzelheiten, insbesondere zu den beihilfeberechtigten und berücksichtigungsfähigen Personen sowie zu Inhalt und Umfang der Beihilfen. In der Rechtsverordnung können unter anderem vorgesehen werden:

1. Höchstbeträge,
2. in Anlehnung an das Fünfte Buch Sozialgesetzbuch
   a) der Ausschluss der Beihilfefähigkeit von Aufwendungen für Untersuchungen, Behandlungen, Arznei-, Heil- und Hilfsmittel, deren diagnostischer oder therapeutischer Nutzen nicht nach dem allgemein anerkannten Stand der medizinischen Erkenntnisse nachgewiesen ist,
   b) der Ausschluss der Beihilfefähigkeit von Aufwendungen für Arznei-, Heil- und Hilfsmittel, die zur Behandlung geringfügiger Erkrankungen bestimmt sind und deren Kosten geringfügig oder der allgemeinen Lebenshaltung zuzurechnen sind,
   c) die Beschränkung der Beihilfefähigkeit von Aufwendungen für Untersuchungen und Behandlungen, Arznei-, Heil- und Hilfsmittel, Geräte zur Selbstbehandlung und Körperersatzstücke, Krankenhausleistungen, häusliche Krankenpflege, Familien- und Haushaltshilfen, Fahrt- und Unterkunftskosten, Anschlussheil- und Suchtbehandlungen sowie für Rehabilitationsmaßnahmen auf bestimmte Personengruppen, Umstände oder Indikationen,
3. Eigenbehalte,
4. Belastungsgrenzen und
5. die Beihilfefähigkeit von Aufwendungen für Präventionsmaßnahmen zur Verhinderung und Verminderung von Krankheitsrisiken.

§ 80a Beihilferechtliche Verfahrenserleichterungen

(1) Hat die für die Gewährung der Beihilfe zuständige Stelle nicht innerhalb von vier Wochen nach Eingang des Beihilfeantrags über den Antrag entschieden, so gilt die beantragte Aufwendung mit Ablauf dieser Frist als erstattungsfähig. Die beantragte Aufwendung gilt nicht als erstattungsfähig,

1. wenn grundsätzlich eine vorherige Anerkennung der Aufwendung erforderlich ist und die Anerkennung zum Zeitpunkt des Eingangs des Beihilfeantrags nicht erfolgt ist, oder
2. wenn und soweit kein Anspruch auf Erstattung der beantragten Aufwendung bestanden hätte und die beihilfeberechtigte Person dies wusste oder infolge grober Außerachtlassung der gebotenen Sorgfalt nicht wusste.

Soweit beantragte Aufwendungen als erstattungsfähig gelten, soll die zuständige Stelle den Festsetzungsbescheid innerhalb von zwei Jahren ab Bekanntgabe überprüfen. Bei Überzahlungen widerruft sie den Bescheid mit Wirkung für die Vergangenheit. Die Festsetzungsstelle hat auf die Rückzahlungspflicht als Folge eines Widerrufs im Festsetzungsbescheid hinzuweisen.

(2) Die Festsetzungsstelle kann bei der elektronischen Datenverarbeitung für Zwecke einer unverzüglichen und gleichmäßigen Belegprüfung und Festsetzung automationsgestützte Systeme (Risikomanagementsysteme) einsetzen, dabei ist der Grundsatz der Wirtschaftlichkeit und Sparsamkeit zu beachten. Das Risikomanagementsystem muss mindestens

1. sicherstellen, dass gegenüber einer vollständig manuellen Prüfung keine Entscheidung zu Lasten der beihilfeberechtigten Person erfolgt,
2. durch Zufallsauswahl eine hinreichende Anzahl von Fällen zur umfassenden Prüfung durch beihilfebearbeitende Personen bereitstellen,
3. die Prüfung der bereitgestellten Fälle auf die rechtmäßige Festsetzung der geltend gemachten Aufwendungen durch eine beihilfebearbeitende Person sicherstellen,
4. die Möglichkeit bieten, dass beihilfebearbeitende Personen Fälle für eine umfassende Prüfung auswählen können und
5. die regelmäßige Überprüfung des Risikomanagementsystems auf seine Zielerfüllung durch die Festsetzungsstelle ermöglichen.

Einzelheiten des Risikomanagementsystems dürfen nicht veröffentlicht werden.

§ 81 Reisekosten

(1) Beamtinnen und Beamte erhalten die notwendigen Kosten einer dienstlich veranlassten Reise (Dienstreise) vergütet. Die Reisekostenvergütung umfasst die Fahrt- und Flugkosten, eine Wegstreckenentschädigung, Tage- und Übernachtungsgelder, Reisebeihilfen für Familienheimfahrten sowie sonstige Kosten, die durch die Reise veranlasst sind.

(2) Die Einzelheiten zu Art und Umfang der Reisekostenvergütung sowie die Grundsätze des Abrechnungsverfahrens regelt die Bundesregierung durch Rechtsverordnung. Bei der Bemessung der Reisekostenvergütung können Höchstgrenzen oder Pauschalen für eine Erstattung festgesetzt und abweichende Regelungen für besondere Fälle getroffen werden.

(3) Für Reisen nach Absatz 1 im oder in das Ausland sowie vom Ausland in das Inland (Auslandsdienstreisen) kann das Bundesministerium des Innern und für Heimat im Einvernehmen mit dem Auswärtigen Amt, dem Bundesministerium der Verteidigung und dem Bundesministerium der Finanzen durch Rechtsverordnung abweichende Vorschriften erlassen. Dazu gehören die Anordnung und Genehmigung von Dienstreisen sowie der Umfang der Reisekostenvergütung einschließlich zusätzlich zu erstattender notwendiger Kosten, die der Erreichung des Zwecks von Auslandsdienstreisen dienen und die die besonderen Verhältnisse im Ausland berücksichtigen.

§ 82 Umzugskosten

(1) Beamtinnen und Beamte sowie ihre Hinterbliebenen erhalten die notwendigen Kosten für einen Umzug vergütet (Umzugskos-

tenvergütung), wenn die Übernahme der Umzugskosten zugesagt worden ist. Die Umzugskostenzusage kann bei einem dienstlich veranlassten Umzug oder in besonderen Fällen gegeben werden. Die Umzugskostenvergütung umfasst

1. Beförderungsauslagen,
2. Reisekosten,
3. Trennungsgeld,
4. Mietentschädigung und
5. sonstige Auslagen.

(2) Die Einzelheiten zu Art und Umfang der Umzugskostenvergütung sowie die Grundsätze des Abrechnungsverfahrens regelt die Bundesregierung durch Rechtsverordnung. Bei der Bemessung der Umzugskostenvergütung können Höchstgrenzen oder Pauschalen für eine Erstattung festgesetzt und abweichende Regelungen für besondere Fälle getroffen werden.

(3) Für Umzüge nach Absatz 1 im oder in das Ausland sowie aus dem Ausland in das Inland (Auslandsumzüge) kann das Auswärtige Amt im Einvernehmen mit dem Bundesministerium des Innern und für Heimat, dem Bundesministerium der Verteidigung und dem Bundesministerium der Finanzen durch Rechtsverordnung abweichende Vorschriften zur Umzugskostenvergütung erlassen, soweit die besonderen Bedürfnisse des Auslandsdienstes und die besonderen Verhältnisse im Ausland es erfordern.

§ 83 Trennungsgeld

(1) Beamtinnen und Beamte, die an einen Ort außerhalb des Dienst- oder Wohnortes abgeordnet, versetzt, zugewiesen oder aufgrund einer anderen personellen Maßnahme an einem Ort außerhalb ihres bisherigen Dienst- oder Wohnortes beschäftigt werden, erhalten die notwendigen Kosten erstattet, die durch die häusliche Trennung oder in besonderen Fällen entstehen (Trennungsgeld). Dabei sind die häuslichen Ersparnisse zu berücksichtigen.

(2) Werden Beamtinnen auf Widerruf und Beamte auf Widerruf im Vorbereitungsdienst zum Zweck ihrer Ausbildung einer Ausbildungsstelle an einen anderen Ort als dem bisherigen Dienst- oder Wohnort zugewiesen, können ihnen die dadurch entstehenden notwendigen Mehrausgaben ganz oder teilweise erstattet werden.

(3) Die Einzelheiten zu Art und Umfang des Trennungsgeldes und der Gewährung von Reisebeihilfen für Familienheimfahrten sowie die Grundsätze des Abrechnungsverfahrens regelt die Bundesregierung durch Rechtsverordnung. Bei der Bemessung des Trennungsgeldes und der Reisebeihilfen für Familienheimfahrten können Höchstgrenzen und Pauschalen für eine Erstattung festgesetzt und abweichende Regelungen für besondere Fälle getroffen werden.

(4) Für Maßnahmen nach Absatz 1 im oder in das Ausland sowie vom Ausland in das Inland kann das Auswärtige Amt im Einvernehmen mit dem Bundesministerium des Innern und für Heimat, dem Bundesministerium der Verteidigung und dem Bundesministerium der Finanzen durch Rechtsverordnung abweichende Vorschriften zu Trennungsgeld und Reisebeihilfen für Familienheimfahrten erlassen, soweit die besonderen Bedürfnisse des Auslandsdienstes und die besonderen Verhältnisse im Ausland es erfordern.

§ 84 Jubiläumszuwendung

Beamtinnen und Beamten wird bei Dienstjubiläen eine Zuwendung gewährt. Das Nähere regelt die Bundesregierung durch Rechtsverordnung.

§ 84a Rückforderung zu viel gezahlter Geldleistungen

Die Rückforderung zu viel gezahlter Geldleistungen, die der Dienstherr auf Grund beamtenrechtlicher Vorschriften geleistet hat, richtet sich nach den Vorschriften des Bürgerlichen Gesetzbuchs über die Herausgabe einer ungerechtfertigten Bereicherung. Der Kenntnis des Mangels des rechtlichen Grundes der Zahlung steht es gleich, wenn der Mangel so offensichtlich war, dass die Empfängerin oder der Empfänger ihn hätte erkennen müssen. Von der Rückforderung kann aus Billigkeitsgründen mit Zustimmung der obersten Dienstbehörde oder der von ihr bestimmten Stelle ganz oder teilweise abgesehen werden.

§ 85 Dienstzeugnis

Beamtinnen und Beamten wird auf Antrag ein Dienstzeugnis über Art und Dauer der von ihnen wahrgenommenen Ämter erteilt, wenn sie daran ein berechtigtes Interesse haben oder das Beamtenverhältnis beendet ist. Das Dienstzeugnis muss auf Verlangen auch über die ausgeübte Tätigkeit und die erbrachten Leistungen Auskunft geben.

§ 86 Amtsbezeichnungen

(1) Die Bundespräsidentin oder der Bundespräsident oder eine von ihr oder ihm bestimmte Stelle setzt die Amtsbezeichnungen fest, soweit gesetzlich nichts anderes bestimmt ist.

(2) Beamtinnen und Beamte führen im Dienst die Amtsbezeichnung des ihnen übertragenen Amtes. Sie dürfen sie auch außerhalb des Dienstes führen. Nach dem Wechsel in ein anderes Amt dürfen sie die bisherige Amtsbezeichnung nicht mehr führen. Ist das neue Amt mit einem niedrigeren Endgrundgehalt verbunden, darf neben der neuen Amtsbezeichnung die des früheren Amtes mit dem Zusatz „außer Dienst" oder „a. D." geführt werden.

(3) Ruhestandsbeamtinnen und Ruhestandsbeamte dürfen die ihnen bei der Versetzung in den Ruhestand zustehende Amtsbezeichnung mit dem Zusatz „außer Dienst" oder „a. D." und die im Zusammenhang mit dem Amt verliehenen Titel weiter führen. Ändert sich die Bezeichnung des früheren Amtes, darf die geänderte Amtsbezeichnung geführt werden.

Unterabschnitt 2
Arbeitszeit

§ 87 Arbeitszeit

(1) Die regelmäßige Arbeitszeit darf wöchentlich im Durchschnitt 44 Stunden nicht überschreiten.

(2) Soweit Bereitschaftsdienst besteht, kann die Arbeitszeit entsprechend den dienstlichen Bedürfnissen verlängert werden.

(3) Das Nähere zur Regelung der Arbeitszeit, insbesondere zur Dauer, zu Möglichkeiten ihrer flexiblen Ausgestaltung und zur Kontrolle ihrer Einhaltung, regelt die Bundesregierung durch Rechtsverordnung. Eine Kontrolle der Einhaltung der Arbeitszeit mittels automatisierter Datenverarbeitungssysteme ist zulässig, soweit diese Systeme eine Mitwirkung der Beamtinnen und Beamten erfordern. Die erhobenen Daten dürfen nur für Zwecke der Arbeitszeitkontrolle, der Wahrung arbeitsschutzrechtlicher Bestimmungen und des gezielten Personaleinsatzes verwendet werden, soweit dies zur Aufgabenwahrnehmung der jeweils zuständigen Stelle erforderlich ist. In der Rechtsverordnung sind Löschfristen für die erhobenen Daten vorzusehen.

§ 88 Mehrarbeit

Beamtinnen und Beamte sind verpflichtet, ohne Vergütung über die regelmäßige wöchentliche Arbeitszeit hinaus Dienst zu tun, wenn zwingende dienstliche Verhältnisse dies erfordern und sich die Mehrarbeit auf Ausnahmefälle beschränkt. Werden sie durch eine dienstlich angeordnete oder genehmigte Mehrarbeit mehr als fünf Stunden im Monat über die regelmäßige Arbeitszeit hinaus beansprucht, ist ihnen innerhalb einer Ausschlussfrist von einem Jahr für die Mehrarbeit, die sie über die regelmäßige Arbeitszeit hinaus leisten, entsprechende Dienstbefreiung zu gewähren. Bei Teilzeitbeschäftigung sind die fünf Stunden anteilig zu kürzen. Der Dienstherr kann die Dienstbefreiung einseitig anordnen. Ist die Dienstbefreiung aus zwingenden dienstlichen Gründen nicht möglich, können Beamtinnen und Beamte in Besoldungsgruppen mit aufsteigenden Gehältern eine Vergütung erhalten.

§ 89 Erholungsurlaub

Beamtinnen und Beamten steht jährlich ein Erholungsurlaub unter Fortgewährung der Besoldung zu. Die Bewilligung, die Dauer und die Abgeltung des Erholungsurlaubs regelt die Bundesregierung durch Rechtsverordnung. Die Dauer des zusätzlichen Urlaubs für in das Ausland entsandte Beamtinnen und Beamte des Auswärtigen Dienstes regelt das Gesetz über den Auswärtigen Dienst.

§ 90 Urlaub aus anderen Anlässen, Mandatsträgerinnen und Mandatsträger

(1) Die Bundesregierung regelt durch Rechtsverordnung die Bewilligung von Urlaub aus anderen Anlässen und bestimmt, inwieweit die Besoldung während eines solchen Urlaubs fortbesteht.

(2) Stimmen Beamtinnen und Beamte ihrer Aufstellung als Bewerberinnen oder Bewerber für die Wahl zum Europäischen Parlament oder zum Deutschen Bundestag oder zu der gesetzgebenden Körperschaft eines Landes zu, ist ihnen auf Antrag innerhalb der letzten zwei Monate vor dem Wahltag der zur Vorbereitung ihrer Wahl erforderliche Urlaub unter Wegfall der Besoldung zu gewähren.

(3) Beamtinnen und Beamten, die in die gesetzgebende Körperschaft eines Landes gewählt worden sind und deren Rechte und Pflichten aus dem Beamtenverhältnis nicht nach § 40 Abs. 1 ruhen, ist zur Ausübung des Mandats auf Antrag

1. Teilzeitbeschäftigung im Umfang von mindestens 30 Prozent der regelmäßigen Arbeitszeit zu bewilligen oder
2. ein Urlaub unter Wegfall der Besoldung zu gewähren.

Der Antrag soll jeweils für den Zeitraum von mindestens sechs Monaten gestellt werden. § 23 Abs. 5 des Abgeordnetengesetzes ist entsprechend anzuwenden. Auf Beamtinnen und Beamte, denen nach Satz 1 Nr. 2 Urlaub unter Wegfall der Besoldung gewährt wird, ist § 7 Abs. 1, 3 und 4 des Abgeordnetengesetzes entsprechend anzuwenden.

(4) Für die Tätigkeit als Mitglied einer kommunalen Vertretung, eines nach Kommunalverfassungsrecht gebildeten Ausschusses oder vergleichbarer Einrichtungen in Gemeindebezirken ist Beamtinnen und Beamten der erforderliche Urlaub unter Fortzahlung der Besoldung zu gewähren. Satz 1 gilt auch für die von einer kommunalen Vertretung gewählten ehrenamtlichen Mitglieder von Ausschüssen, die aufgrund eines Gesetzes gebildet worden sind.

§ 91 Teilzeit

(1) Beamtinnen und Beamten, die Anspruch auf Besoldung haben, kann auf Antrag Teilzeitbeschäftigung bis zur Hälfte der regelmäßigen Arbeitszeit und bis zur jeweils beantragten Dauer bewilligt werden, soweit dienstliche Belange dem nicht entgegenstehen.

(2) Dem Antrag nach Absatz 1 darf nur entsprochen werden, wenn die Beamtinnen und Beamten sich verpflichten, während des Bewilligungszeitraumes außerhalb des Beamtenverhältnisses berufliche Verpflichtungen nur in dem Umfang einzugehen, der den Vollzeitbeschäftigten für die Ausübung von Nebentätigkeiten gestattet ist. Ausnahmen hiervon sind nur zulässig, soweit dies mit dem Beamtenverhältnis vereinbar ist. Dabei ist von der regelmäßigen wöchentlichen Arbeitszeit ohne Rücksicht auf die Bewilligung von Teilzeitbeschäftigung auszugehen. Wird die Verpflichtung nach Satz 1 schuldhaft verletzt, soll die Bewilligung widerrufen werden.

(3) Die zuständige Dienstbehörde kann nachträglich die Dauer der Teilzeitbeschäftigung beschränken oder den Umfang der zu leistenden Arbeitszeit erhöhen, soweit zwingende dienstliche Belange dies erfordern. Sie soll eine Änderung des Umfangs der Teilzeitbeschäftigung oder den Übergang zur Vollzeitbeschäftigung zulassen, wenn der Beamtin oder dem Beamten die Teilzeitbeschäftigung im bisherigen Umfang nicht mehr zugemutet werden kann und dienstliche Belange dem nicht entgegenstehen.

§ 92 Familienbedingte Teilzeit, familienbedingte Beurlaubung

(1) Beamtinnen und Beamten, die Anspruch auf Besoldung haben, wird auf Antrag Teilzeitbeschäftigung oder Urlaub ohne Besoldung bewilligt, wenn

1. sie
   a) mindestens ein Kind, das das 18. Lebensjahr noch nicht vollendet hat, tatsächlich betreuen oder pflegen oder
   b) eine sonstige Angehörige oder einen sonstigen Angehörigen tatsächlich betreuen oder pflegen, die oder der pflegebedürftig ist nach einer Bescheini-

gung der Pflegekasse oder des Medizinischen Dienstes der Krankenversicherung, nach einer entsprechenden Bescheinigung einer privaten Pflegeversicherung oder nach einem ärztlichen Gutachten oder an einer Erkrankung nach § 3 Absatz 6 Satz 1 des Pflegezeitgesetzes leidet, und

2. keine zwingenden dienstlichen Belange entgegenstehen.

§ 91 Absatz 3 Satz 1 gilt entsprechend. Teilzeitbeschäftigung, Familienpflegezeiten und Pflegezeiten mit weniger als der Hälfte der regelmäßigen wöchentlichen Arbeitszeit oder Urlaub ohne Besoldung dürfen zusammen nicht länger als 15 Jahre dauern. Ausnahmen hiervon sind in besonders begründeten Fällen zulässig.

(2) Die Dienststelle muss die Ablehnung von Anträgen im Einzelnen begründen. Bei Beamtinnen und Beamten im Schul- und Hochschuldienst kann der Bewilligungszeitraum bis zum Ende des laufenden Schulhalbjahres oder Semesters ausgedehnt werden. Der Antrag auf Verlängerung einer Beurlaubung ist spätestens sechs Monate vor Ablauf der genehmigten Beurlaubung zu stellen.

(3) Während einer Freistellung vom Dienst nach Absatz 1 dürfen nur solche Nebentätigkeiten genehmigt werden, die dem Zweck der Freistellung nicht zuwiderlaufen.

(4) Die zuständige Dienststelle kann eine Rückkehr aus dem Urlaub zulassen, wenn die Fortsetzung des Urlaubs nicht zumutbar ist und dienstliche Belange dem nicht entgegenstehen. Teilzeitbeschäftigte mit Familienpflichten, die eine Vollzeitbeschäftigung beantragen, und Beurlaubte mit Familienpflichten, die eine vorzeitige Rückkehr aus der Beurlaubung beantragen, müssen bei der Besetzung von Vollzeitstellen unter Beachtung des Leistungsprinzips und der Regelungen des Bundesgleichstellungsgesetzes vorrangig berücksichtigt werden.

(5) Während der Zeit der Beurlaubung nach Absatz 1 besteht ein Anspruch auf Leistungen der Krankheitsfürsorge in entsprechender Anwendung der Beihilferegelungen für Beamtinnen mit Anspruch auf Besoldung und Beamte mit Anspruch auf Besoldung. Dies gilt nicht, wenn die Beamtin oder der Beamte berücksichtigungsfähige Angehörige oder berücksichtigungsfähiger Angehöriger einer oder eines Beihilfeberechtigten wird oder in der gesetzlichen Krankenversicherung nach § 10 Abs. 1 des Fünften Buches Sozialgesetzbuch versichert ist. Beamtinnen und Beamte, die die Voraussetzungen des § 3 Abs. 1 des Pflegezeitgesetzes erfüllen, erhalten für die Dauer der Pflegezeit nach § 4 des Pflegezeitgesetzes Leistungen entsprechend § 44a Abs. 1 des Elften Buches Sozialgesetzbuch.

(6) Die Dienststelle hat durch geeignete Maßnahmen den aus familiären Gründen Beurlaubten die Verbindung zum Beruf und den beruflichen Wiedereinstieg zu erleichtern. Dazu gehören das Angebot von Urlaubs- und Krankheitsvertretungen, ihre rechtzeitige Unterrichtung über das Fortbildungsprogramm und das Angebot der Teilnahme an der Fortbildung während oder nach der Beurlaubung. Die Teilnahme an einer Fortbildungsveranstaltung während der Beurlaubung begründet einen Anspruch auf bezahlte Dienstbefreiung nach Ende der Beurlaubung. Die Dauer der bezahlten Dienstbefreiung richtet sich nach der Dauer der Fortbildung. Mit den Beurlaubten sind rechtzeitig vor Ablauf einer Beurlaubung Beratungsgespräche zu führen, in denen sie über die Möglichkeiten ihrer Beschäftigung nach der Beurlaubung informiert werden.

§ 92a Familienpflegezeit mit Vorschuss

(1) Beamtinnen und Beamten, die Anspruch auf Besoldung haben, wird auf Antrag für längstens 24 Monate Teilzeitbeschäftigung mit einer regelmäßigen wöchentlichen Arbeitszeit von mindestens 15 Stunden als Familienpflegezeit bewilligt, wenn

1. sie eine nahe Angehörige oder einen nahen Angehörigen nach § 7 Absatz 3 des Pflegezeitgesetzes tatsächlich betreuen oder pflegen, die oder der pflegebedürftig ist nach einer Bescheinigung der Pflegekasse oder des Medizinischen Dienstes der Krankenversicherung, einer entsprechenden Be-

scheinigung einer privaten Pflegeversicherung oder einem ärztlichen Gutachten oder an einer Erkrankung nach § 3 Absatz 6 Satz 1 des Pflegezeitgesetzes leidet, und

2. keine dringenden dienstlichen Belange entgegenstehen.

(2) Ist die Familienpflegezeit für weniger als 24 Monate bewilligt worden, kann sie nachträglich bis zur Dauer von 24 Monaten verlängert werden.

(3) Familienpflegezeit und Pflegezeit dürfen zusammen nicht länger als 24 Monate je pflegebedürftigen nahen Angehörigen dauern.

(4) Die Beamtin oder der Beamte hat jede Änderung der Tatsachen mitzuteilen, die für die Bewilligung maßgeblich sind.

(5) Liegen die Voraussetzungen für die Bewilligung der Familienpflegezeit nicht mehr vor, so ist die Bewilligung zu widerrufen, und zwar mit Ablauf des zweiten Monats, der auf den Wegfall der Voraussetzungen folgt.

(6) Ist der Beamtin oder dem Beamten die Teilzeitbeschäftigung im bisherigen Umfang nicht mehr zumutbar, ist die Bewilligung zu widerrufen, wenn keine dringenden dienstlichen Belange entgegenstehen.

§ 92b Pflegezeit mit Vorschuss

(1) Unter den Voraussetzungen des § 92a Absatz 1 wird auf Antrag für längstens sechs Monate Teilzeitbeschäftigung mit einer regelmäßigen wöchentlichen Arbeitszeit von weniger als 15 Stunden oder Urlaub ohne Besoldung als Pflegezeit bewilligt.

(2) Ist die Pflegezeit für weniger als sechs Monate bewilligt worden, kann sie nachträglich bis zur Dauer von sechs Monaten verlängert werden.

(3) § 92 Absatz 5 und § 92a Absatz 3 bis 6 gelten entsprechend.

§ 93 Altersteilzeit

(1) Beamtinnen und Beamten, die Anspruch auf Besoldung haben, kann auf Antrag, der sich auf die Zeit bis zum Beginn des Ruhestands erstrecken muss, Teilzeitbeschäftigung als Altersteilzeit mit der Hälfte der bisherigen Arbeitszeit, höchstens der Hälfte der in den letzten zwei Jahren vor Beginn der Altersteilzeit durchschnittlich zu leistenden Arbeitszeit, bewilligt werden, wenn

1. a) sie das 60. Lebensjahr vollendet haben,
   b) das 55. Lebensjahr vollendet haben und zum Zeitpunkt der Antragstellung schwerbehindert im Sinne des § 2 Abs. 2 des Neunten Buches Sozialgesetzbuch sind oder
   c) das 55. Lebensjahr vollendet haben und in einem besonders festgelegten Stellenabbaubereich beschäftigt sind

und

2. sie in den letzten fünf Jahren vor Beginn der Altersteilzeit drei Jahre mindestens teilzeitbeschäftigt waren,
3. die Altersteilzeit vor dem 1. Januar 2010 beginnt und
4. dringende dienstliche Belange dem nicht entgegenstehen.

(2) Beamtinnen und Beamten kann Altersteilzeit in Form der Blockbildung im Sinne des § 9 der Arbeitszeitverordnung nach Maßgabe des Absatzes 1 bewilligt werden, wenn sie

1. das 60. Lebensjahr vollendet haben und bei vorheriger Teilzeitbeschäftigung die Zeiten der Freistellung von der Arbeit in der Weise zusammengefasst werden, dass zuvor mit mindestens der Hälfte der regelmäßigen Arbeitszeit, im Fall des § 92 Abs. 1, der §§ 92a, 92b oder bei Teilzeitbeschäftigung während der Elternzeit mindestens im Umfang der bisherigen Teilzeitbeschäftigung Dienst geleistet wird, wobei geringfügige Unterschreitungen des notwendigen Umfangs der Arbeitszeit unberücksichtigt bleiben, oder
2. die Voraussetzungen des Absatzes 1 Nr. 1 Buchstabe c vorliegen.

Beamtinnen auf Lebenszeit und Beamte auf Lebenszeit, denen vor dem 1. Januar 2010 Altersteilzeitbeschäftigung in Form der Blockbildung im Sinne des § 9 der Arbeitszeitverordnung bewilligt worden ist, erreichen die Altersgrenze mit Vollendung des 65. Lebensjahres. Beim Ruhestand auf Antrag nach § 52 bleibt es bei der Altersgrenze nach § 42 Abs. 4

des Bundesbeamtengesetzes in der bis zum 11. Februar 2009 geltenden Fassung.

(3) Beamtinnen und Beamten, die Anspruch auf Besoldung haben, kann auf Antrag, Teilzeitbeschäftigung als Altersteilzeit mit der Hälfte der bisherigen Arbeitszeit, höchstens der Hälfte der in den letzten zwei Jahren vor Beginn der Altersteilzeit durchschnittlich zu leistenden Arbeitszeit bewilligt werden, wenn

1. sie bei Beginn der Altersteilzeit das 60. Lebensjahr vollendet haben,
2. sie in den letzten fünf Jahren vor Beginn der Altersteilzeit drei Jahre mindestens teilzeitbeschäftigt waren,
3. die Altersteilzeit vor dem 1. Januar 2023 beginnt,
4. sie in einem festgelegten Restrukturierungs- oder Stellenabbaubereich beschäftigt sind und
5. dienstliche Belange dem nicht entgegenstehen.

Der Antrag muss sich auf die gesamte Zeit bis zum Eintritt in den Ruhestand erstrecken. Altersteilzeit nach Satz 1 kann auch im Blockmodell nach § 9 Absatz 2 der Arbeitszeitverordnung bewilligt werden.

(4) Beamtinnen und Beamten ist unter den Voraussetzungen des Absatzes 3 Satz 1 mit Ausnahme des Satzes 1 Nummer 4 und 5 Altersteilzeit im Rahmen einer Quote von 2,5 Prozent der Beamtinnen und Beamten der obersten Dienstbehörden einschließlich ihrer Geschäftsbereiche zu bewilligen. Die Bewilligung von Altersteilzeit ist ausgeschlossen, wenn diese Quote durch die Altersteilzeitverhältnisse nach Satz 1 und den Absätzen 1 bis 3 ausgeschöpft ist oder der Bewilligung dienstliche Belange entgegenstehen.

(5) Das Bundesministerium des Innern und für Heimat regelt im Einvernehmen mit dem Bundesministerium der Finanzen durch Rechtsverordnung die Einzelheiten der Altersteilzeitbewilligung, insbesondere die Festlegung der Restrukturierungs- und Stellenabbaubereiche nach Absatz 3 Satz 1 Nummer 4 und die Verteilung der Quote nach Absatz 4.

(6) Änderungen der regelmäßigen wöchentlichen Arbeitszeit nach den Arbeitszeitregelungen gelten für die zu leistende Arbeitszeit entsprechend.

(7) § 91 Abs. 2 gilt entsprechend.

§ 94 Hinweispflicht

Wird eine Verkürzung der Arbeitszeit oder eine langfristige Beurlaubung beantragt, sind die Beamtinnen und Beamten auf die Folgen verkürzter Arbeitszeit oder langfristiger Beurlaubungen hinzuweisen, insbesondere auf die Folgen für Ansprüche aufgrund beamtenrechtlicher Regelungen sowie auf die Möglichkeit einer Befristung mit Verlängerung und deren Folgen.

§ 95 Beurlaubung ohne Besoldung

(1) Beamtinnen und Beamten, die Anspruch auf Besoldung haben, kann in Bereichen, in denen wegen der Arbeitsmarktsituation ein außergewöhnlicher Überhang an Bewerberinnen und Bewerbern besteht und deshalb ein dringendes öffentliches Interesse daran besteht, verstärkt Bewerberinnen und Bewerber im öffentlichen Dienst zu beschäftigen, auf Antrag Urlaub ohne Besoldung

1. bis zur Dauer von insgesamt sechs Jahren oder
2. für einen Zeitraum, der sich bis zum Beginn des Ruhestands erstrecken muss

bewilligt werden, wenn dienstliche Belange dem nicht entgegenstehen.

(2) Beamtinnen und Beamten, die Anspruch auf Besoldung haben, kann in Bereichen, in denen ein Stellenüberhang abgebaut werden soll, auf Antrag Urlaub ohne Besoldung bewilligt werden, wenn dienstliche Belange dem nicht entgegenstehen.

(3) Dem Antrag nach den Absätzen 1 und 2 darf nur entsprochen werden, wenn die Beamtinnen und Beamten erklären, während der Dauer des Bewilligungszeitraums auf die Ausübung genehmigungspflichtiger Nebentätigkeiten zu verzichten und nicht genehmigungspflichtige Nebentätigkeiten nur in dem Umfang auszuüben, wie sie bei Vollzeitbeschäftigung ohne Verletzung dienstlicher Pflichten ausgeübt werden könnten. Wird diese Verpflichtung schuldhaft verletzt, soll die Bewilligung widerrufen werden. Die zuständige

Dienstbehörde darf trotz der Erklärung der Beamtinnen oder Beamten nach Satz 1 Nebentätigkeiten genehmigen, soweit sie dem Zweck der Bewilligung des Urlaubs nicht zuwiderlaufen. Sie kann eine Rückkehr aus dem Urlaub zulassen, wenn der Beamtin oder dem Beamten die Fortsetzung des Urlaubs nicht zugemutet werden kann und dienstliche Belange dem nicht entgegenstehen.

(4) Urlaub nach den Absätzen 1 und 2 darf, auch im Zusammenhang mit Urlaub oder Teilzeitbeschäftigung mit weniger als der Hälfte der regelmäßigen Arbeitszeit nach § 92 Abs. 1, die Dauer von 15 Jahren nicht überschreiten. Bei Beamtinnen im Schul- und Hochschuldienst und Beamten im Schul- und Hochschuldienst kann der Bewilligungszeitraum bis zum Ende des laufenden Schulhalbjahres oder Semesters ausgedehnt werden. In den Fällen des Absatzes 1 Nr. 2 ist Satz 1 nicht anzuwenden, wenn es den Beamtinnen und Beamten nicht mehr zuzumuten ist, zur Voll- oder Teilzeitbeschäftigung zurückzukehren.

(5) In den Fällen, in denen nach § 72e Abs. 1 Nr. 2 und Abs. 4 des Bundesbeamtengesetzes in der bis zum 11. Februar 2009 geltenden Fassung Urlaub ohne Dienstbezüge bis zum Beginn des Ruhestands bewilligt worden ist, gilt § 93 Abs. 2 Satz 2 entsprechend.

§ 96 Fernbleiben vom Dienst

(1) Beamtinnen und Beamte dürfen dem Dienst nicht ohne Genehmigung ihrer Dienstvorgesetzten fernbleiben. Dienstunfähigkeit infolge von Krankheit ist auf Verlangen nachzuweisen.

(2) Verliert die Beamtin oder der Beamte wegen unentschuldigten Fernbleibens vom Dienst nach dem Bundesbesoldungsgesetz den Anspruch auf Besoldung, wird dadurch die Durchführung eines Disziplinarverfahrens nicht ausgeschlossen.

Unterabschnitt 3 Nebentätigkeit

§ 97 Begriffsbestimmungen

(1) Nebentätigkeit ist die Wahrnehmung eines Nebenamtes oder die Ausübung einer Nebenbeschäftigung.

(2) Nebenamt ist ein nicht zu einem Hauptamt gehörender Kreis von Aufgaben, der aufgrund eines öffentlich-rechtlichen Dienst- oder Amtsverhältnisses wahrgenommen wird.

(3) Nebenbeschäftigung ist jede sonstige, nicht zu einem Hauptamt gehörende Tätigkeit innerhalb oder außerhalb des öffentlichen Dienstes.

(4) Als Nebentätigkeit gilt nicht die Wahrnehmung öffentlicher Ehrenämter sowie einer unentgeltlichen Vormundschaft, Betreuung oder Pflegschaft.

§ 98 Nebentätigkeit im öffentlichen Dienst

Beamtinnen und Beamte sind verpflichtet, auf Verlangen ihrer Dienstbehörde eine Nebentätigkeit im öffentlichen Dienst auszuüben, sofern diese Tätigkeit ihrer Vorbildung oder Berufsausbildung entspricht und sie nicht über Gebühr in Anspruch nimmt.

§ 99 Genehmigungspflichtige Nebentätigkeiten

(1) Beamtinnen und Beamte bedürfen zur Ausübung jeder entgeltlichen Nebentätigkeit, mit Ausnahme der in § 100 Abs. 1 abschließend aufgeführten, der vorherigen Genehmigung, soweit sie nicht nach § 98 zu ihrer Ausübung verpflichtet sind. Gleiches gilt für folgende unentgeltliche Nebentätigkeiten:

1. Wahrnehmung eines Nebenamtes,
2. gewerbliche oder freiberufliche Tätigkeiten oder die Mitarbeit bei einer dieser Tätigkeiten und
3. Eintritt in ein Organ eines Unternehmens mit Ausnahme einer Genossenschaft.

(2) Die Genehmigung ist zu versagen, wenn zu besorgen ist, dass durch die Nebentätigkeit dienstliche Interessen beeinträchtigt werden. Ein solcher Versagungsgrund liegt insbesondere vor, wenn die Nebentätigkeit

1. nach Art und Umfang die Arbeitskraft so stark in Anspruch nimmt, dass die ordnungsgemäße Erfüllung der dienstlichen Pflichten behindert werden kann,

2. die Beamtin oder den Beamten in einen Widerstreit mit den dienstlichen Pflichten bringen kann,
3. in einer Angelegenheit ausgeübt wird, in der die Behörde, der die Beamtin oder der Beamte angehört, tätig wird oder tätig werden kann,
4. die Unparteilichkeit oder Unbefangenheit der Beamtin oder des Beamten beeinflussen kann,
5. zu einer wesentlichen Einschränkung der künftigen dienstlichen Verwendbarkeit der Beamtin oder des Beamten führen kann oder
6. dem Ansehen der öffentlichen Verwaltung abträglich sein kann.

Ein solcher Versagungsgrund liegt in der Regel auch vor, wenn sich die Nebentätigkeit wegen gewerbsmäßiger Dienst- oder Arbeitsleistung oder sonst nach Art, Umfang, Dauer oder Häufigkeit als Ausübung eines Zweitberufs darstellt.

(3) Die Voraussetzung des Absatzes 2 Satz 2 Nr. 1 gilt in der Regel als erfüllt, wenn die zeitliche Beanspruchung durch eine oder mehrere Nebentätigkeiten in der Woche ein Fünftel der regelmäßigen wöchentlichen Arbeitszeit überschreitet. Bei begrenzter Dienstfähigkeit ist ein Fünftel der nach § 45 Abs. 2 Satz 1 verkürzten Arbeitszeit zugrunde zu legen. Soweit der Gesamtbetrag der Vergütung für eine oder mehrere Nebentätigkeiten 40 Prozent des jährlichen Endgrundgehalts des Amtes der Beamtin oder des Beamten übersteigt, liegt ein Versagungsgrund vor. Die Dienstbehörde kann Ausnahmen zulassen, wenn die Beamtin oder der Beamte durch Angabe bestimmter Tatsachen nachweist, dass die zeitliche Beanspruchung ein Fünftel der regelmäßigen wöchentlichen Arbeitszeit nicht übersteigt oder die Versagung unter Berücksichtigung der Umstände des Einzelfalls nicht angemessen wäre. Bei Anwendung der Sätze 1 bis 4 sind genehmigungs- und anzeigepflichtige Nebentätigkeiten zusammen zu berücksichtigen.

(4) Die Genehmigung ist auf längstens fünf Jahre zu befristen. Sie kann mit Auflagen und Bedingungen versehen werden. Ergibt sich eine Beeinträchtigung dienstlicher Interessen nach Erteilung der Genehmigung, ist diese zu widerrufen.

(5) Die Genehmigung erteilt die oberste Dienstbehörde. Sie kann diese Zuständigkeit auf nachgeordnete Behörden übertragen. Anträge auf Erteilung einer Genehmigung sowie Entscheidungen über diese Anträge bedürfen der Schriftform. Die Beamtin oder der Beamte hat dabei die für die Entscheidung erforderlichen Nachweise zu führen, insbesondere über Art und Umfang der Nebentätigkeit sowie die Entgelte und geldwerten Vorteile hieraus. Jede Änderung ist unverzüglich schriftlich oder elektronisch anzuzeigen.

§ 100 Nicht genehmigungspflichtige Nebentätigkeiten

(1) Nicht genehmigungspflichtig sind
1. die Verwaltung eigenen oder der Nutznießung der Beamtin oder des Beamten unterliegenden Vermögens,
2. schriftstellerische, wissenschaftliche, künstlerische oder Vortragstätigkeiten,
3. mit Lehr- oder Forschungsaufgaben zusammenhängende selbstständige Gutachtertätigkeiten von Lehrerinnen und Lehrern an öffentlichen Hochschulen und an Hochschulen der Bundeswehr sowie von Beamtinnen und Beamten an wissenschaftlichen Instituten und Anstalten und
4. Tätigkeiten zur Wahrung von Berufsinteressen in Gewerkschaften oder Berufsverbänden oder in Selbsthilfeeinrichtungen der Beamtinnen und Beamten.

(2) Tätigkeiten nach Absatz 1 Nr. 2 und 3 sowie eine Tätigkeit in Selbsthilfeeinrichtungen nach Absatz 1 Nr. 4 sind der Dienstbehörde schriftlich oder elektronisch vor ihrer Aufnahme anzuzeigen, wenn für sie ein Entgelt oder ein geldwerter Vorteil geleistet wird. Hierbei sind insbesondere Art und Umfang der Nebentätigkeit sowie die voraussichtliche Höhe der Entgelte und geldwerten Vorteile anzugeben. Jede Änderung ist unverzüglich schriftlich oder elektronisch mitzuteilen.

(3) Die Dienstbehörde kann aus begründetem Anlass verlangen, dass über eine ausgeübte

nicht genehmigungspflichtige Nebentätigkeit schriftlich oder elektronisch Auskunft erteilt wird, insbesondere über deren Art und Umfang.

(4) Eine nicht genehmigungspflichtige Nebentätigkeit ist ganz oder teilweise zu untersagen, wenn die Beamtin oder der Beamte bei ihrer Ausübung dienstliche Pflichten verletzt.

§ 101 Ausübung von Nebentätigkeiten

(1) Nebentätigkeiten dürfen nur außerhalb der Arbeitszeit ausgeübt werden, es sei denn, sie werden auf Verlangen der oder des Dienstvorgesetzten ausgeübt oder es besteht ein dienstliches Interesse an der Ausübung der Nebentätigkeit. Das dienstliche Interesse ist aktenkundig zu machen. Ausnahmen dürfen nur in besonders begründeten Fällen, insbesondere im öffentlichen Interesse, auf schriftlichen oder elektronischen Antrag zugelassen werden, wenn dienstliche Gründe dem nicht entgegenstehen und die versäumte Arbeitszeit nachgeleistet wird.

(2) Bei der Ausübung von Nebentätigkeiten dürfen Einrichtungen, Personal oder Material des Dienstherrn nur bei Vorliegen eines öffentlichen oder wissenschaftlichen Interesses mit dessen Genehmigung und gegen Entrichtung eines angemessenen Entgelts in Anspruch genommen werden. Das Entgelt ist nach den dem Dienstherrn entstehenden Kosten zu bemessen und muss den besonderen Vorteil berücksichtigen, der der Beamtin oder dem Beamten durch die Inanspruchnahme entsteht.

§ 102 Regressanspruch für die Haftung aus angeordneter Nebentätigkeit

Beamtinnen und Beamte, die aus einer auf Verlangen, Vorschlag oder Veranlassung der oder des Dienstvorgesetzten ausgeübten Tätigkeit im Vorstand, Aufsichtsrat, Verwaltungsrat oder in einem sonstigen Organ einer Gesellschaft, Genossenschaft oder eines in einer anderen Rechtsform betriebenen Unternehmens haftbar gemacht werden, haben gegen den Dienstherrn Anspruch auf Ersatz des ihnen entstandenen Schadens. Ist der Schaden vorsätzlich oder grob fahrlässig herbeigeführt, ist der Dienstherr nur dann ersatzpflichtig, wenn die Beamtin oder der Beamte auf Verlangen der oder des Vorgesetzten gehandelt hat.

§ 103 Erlöschen der mit dem Hauptamt verbundenen Nebentätigkeit

Endet das Beamtenverhältnis, enden, wenn im Einzelfall nichts anderes bestimmt wird, auch die Nebenämter und Nebenbeschäftigungen, die im Zusammenhang mit dem Hauptamt übertragen sind oder die auf Verlangen, Vorschlag oder Veranlassung der oder des Dienstvorgesetzten ausgeübt worden sind.

§ 104 Erlass ausführender Rechtsverordnungen

Die zur Ausführung der §§ 97 bis 103 notwendigen weiteren Vorschriften zu Nebentätigkeiten von Beamtinnen und Beamten erlässt die Bundesregierung durch Rechtsverordnung. In ihr kann bestimmt werden,

1. welche Tätigkeiten als öffentlicher Dienst im Sinne dieser Vorschriften anzusehen sind oder ihm gleichstehen,
2. ob und inwieweit eine im öffentlichen Dienst ausgeübte oder auf Verlangen, Vorschlag oder Veranlassung der oder des Dienstvorgesetzten ausgeübte Nebentätigkeit vergütet wird oder eine Vergütung abzuführen ist,
3. unter welchen Voraussetzungen die Beamtin oder der Beamte zur Ausübung von Nebentätigkeiten Einrichtungen, Personal oder Material des Dienstherrn in Anspruch nehmen darf und in welcher Höhe hierfür ein Entgelt an den Dienstherrn zu entrichten ist; das Entgelt kann pauschaliert in einem Prozentsatz des aus der Nebentätigkeit erzielten Bruttoeinkommens festgelegt werden und bei unentgeltlich ausgeübter Nebentätigkeit entfallen,
4. dass die Beamtin oder der Beamte verpflichtet werden kann, nach Ablauf eines jeden Kalenderjahres der oder dem Dienstvorgesetzten die ihr oder ihm zugeflossenen Entgelte und geldwerten Vorteile aus Nebentätigkeiten anzugeben.

§ 105 Anzeige- und Genehmigungspflicht nach Beendigung des Beamtenverhältnisses

(1) Ruhestandsbeamtinnen und Ruhestandsbeamte sind verpflichtet, eine Erwerbstätigkeit oder sonstige Beschäftigung außerhalb des öffentlichen Dienstes, die mit ihrer dienstlichen Tätigkeit in den letzten fünf Jahren vor Beendigung des Beamtenverhältnisses im Zusammenhang steht und durch die dienstliche Interessen beeinträchtigt werden können, vor Aufnahme dieser Tätigkeit oder dieser Beschäftigung schriftlich oder elektronisch der zuständigen Behörde anzuzeigen. Die Anzeigepflicht endet

1. drei Jahre nach Beendigung des Beamtenverhältnisses, wenn die Beamtin oder der Beamte mit Erreichen der Regelaltersgrenze in den Ruhestand tritt, und
2. in den übrigen Fällen fünf Jahre nach Beendigung des Beamtenverhältnisses.

(2) Zur Anzeige jeder Erwerbstätigkeit oder sonstigen Beschäftigung außerhalb des öffentlichen Dienstes verpflichtet ist eine Ruhestandsbeamtin oder ein Ruhestandsbeamter, wenn sie oder er

1. vor Eintritt in den Ruhestand politische Beamtin oder politischer Beamter nach § 54 Absatz 1 war oder
2. in den letzten fünf Jahren vor Beendigung des Beamtenverhältnisses betraut gewesen ist mit mindestens einer sicherheitsempfindlichen Tätigkeit im Sinne des § 1 Absatz 2 des Sicherheitsüberprüfungsgesetzes.

(3) Die Anzeigepflicht nach Absatz 2 endet

1. fünf Jahre nach Beendigung des Beamtenverhältnisses, wenn die Beamtin oder der Beamte mit Erreichen der Regelaltersgrenze in den Ruhestand tritt, und
2. in den übrigen Fällen sieben Jahre nach Beendigung des Beamtenverhältnisses.

(4) Die Anzeige nach den Absätzen 1 und 2 soll mindestens einen Monat vor Aufnahme der Tätigkeit oder Beschäftigung erfolgen. Wird die Frist nicht eingehalten, so kann die zuständige Behörde die Aufnahme der Tätigkeit oder Beschäftigung bis zur Dauer von höchstens einem Monat vorläufig untersagen.

(5) Ruhestandsbeamtinnen oder Ruhestandsbeamte, die in den letzten fünf Jahren vor Beendigung des Beamtenverhältnisses betraut gewesen sind mit mindestens einer sicherheitsempfindlichen Tätigkeit, die eine erweiterte Sicherheitsüberprüfung mit Sicherheitsermittlungen nach § 10 des Sicherheitsüberprüfungsgesetzes erfordert, bedürfen für die Aufnahme einer Erwerbstätigkeit oder sonstigen Beschäftigung für eine fremde Macht oder einen ihrer Mittelsmänner der vorherigen Genehmigung, sofern die beabsichtigte Erwerbstätigkeit oder sonstige Beschäftigung einen Bezug zu sicherheitsempfindlichen Belangen aufweist. Die Pflicht zur Einholung einer Genehmigung endet

1. fünf Jahre nach Beendigung des Beamtenverhältnisses, wenn die Beamtin oder der Beamte mit Erreichen der Regelaltersgrenze in den Ruhestand tritt, und
2. in den übrigen Fällen sieben Jahre nach Beendigung des Beamtenverhältnisses.

(6) Die Erwerbstätigkeit oder sonstige Beschäftigung ist zu untersagen, soweit zu besorgen ist, dass durch sie dienstliche Interessen beeinträchtigt werden. Auch, wenn die zuständige Behörde auf anderem Weg als durch die Anzeige Kenntnis von der Erwerbstätigkeit oder sonstigen Beschäftigung erlangt, ist sie verpflichtet, diese Tätigkeit oder Beschäftigung zu untersagen, soweit zu besorgen ist, dass durch sie dienstliche Interessen beeinträchtigt werden. Die Untersagung ist für den Zeitraum bis zum Ende der Anzeigepflicht auszusprechen. Liegen die Voraussetzungen für eine Untersagung nur für einen kürzeren Zeitraum vor, so ist die Untersagung nur bis zum Ende dieses Zeitraums auszusprechen. Entsprechendes gilt für die Versagung der Genehmigung in den Fällen des Absatzes 5.

(7) Die Absätze 1 bis 6 gelten für frühere Beamtinnen mit Versorgungsbezügen und frühere Beamte mit Versorgungsbezügen sowie für frühere Beamtinnen mit Anspruch auf Altersgeld und frühere Beamte mit Anspruch auf Altersgeld entsprechend.

(8) Zuständige Behörde ist die letzte oberste Dienstbehörde. Sie kann ihre Zuständigkeit auf nachgeordnete Behörden übertragen.

Unterabschnitt 4
Personalaktenrecht

§ 106 Personalakte

(1) Für jede Beamtin und jeden Beamten ist eine Personalakte zu führen. Sie ist vertraulich zu behandeln und durch technische und organisatorische Maßnahmen nach den Artikeln 24, 25 und 32 der Verordnung (EU) 2016/679 des Europäischen Parlaments und des Rates vom 27. April 2016 zum Schutz natürlicher Personen bei der Verarbeitung personenbezogener Daten, zum freien Datenverkehr und zur Aufhebung der Richtlinie 95/46/EG (Datenschutz-Grundverordnung) (ABl. L 119 vom 4. 5. 2016, S. 1; L 314 vom 22. 11. 2016, S. 72; L 127 vom 23. 5. 2018, S. 2) in der jeweils geltenden Fassung vor unbefugter Einsichtnahme zu schützen. Die Akte kann in Teilen oder vollständig automatisiert geführt werden. Zur Personalakte gehören alle Unterlagen, die die Beamtin oder den Beamten betreffen, soweit sie mit ihrem oder seinem Dienstverhältnis in einem unmittelbaren inneren Zusammenhang stehen (Personalaktendaten). Andere Unterlagen dürfen in die Personalakte nicht aufgenommen werden. Nicht Bestandteil der Personalakte sind Unterlagen, die besonderen, von der Person und dem Dienstverhältnis sachlich zu trennenden Zwecken dienen, insbesondere Prüfungs-, Sicherheits- und Kindergeldakten. Kindergeldakten können mit Besoldungs- und Versorgungsakten verbunden geführt werden, wenn diese von der übrigen Personalakte getrennt sind und von einer von der Personalverwaltung getrennten Organisationseinheit bearbeitet werden.

(2) Die Personalakte kann nach sachlichen Gesichtspunkten in Grundakte und Teilakten gegliedert werden. Teilakten können bei der für den betreffenden Aufgabenbereich zuständigen Behörde geführt werden. Nebenakten (Unterlagen, die sich auch in der Grundakte oder in Teilakten befinden) dürfen nur geführt werden, wenn die personalverwaltende Behörde nicht zugleich Beschäftigungsbehörde ist oder wenn mehrere personalverwaltende Behörden für die Beamtin oder den Beamten zuständig sind; sie dürfen nur solche Unterlagen enthalten, deren Kenntnis zur rechtmäßigen Aufgabenerledigung der betreffenden Behörde erforderlich ist. In die Grundakte ist ein vollständiges Verzeichnis aller Teil- und Nebenakten aufzunehmen. Wird die Personalakte weder vollständig in Schriftform noch vollständig elektronisch geführt, so muss sich aus dem Verzeichnis nach Satz 4 ergeben, welche Teile der Personalakte in welcher Form geführt werden.

(3) Personalaktendaten dürfen ohne Einwilligung der Beamtin oder des Beamten nur für Zwecke der Personalverwaltung oder der Personalwirtschaft verarbeitet werden.

(4) Der Dienstherr darf personenbezogene Daten über Bewerberinnen, Bewerber, Beamtinnen und Beamte sowie über ehemalige Beamtinnen und ehemalige Beamte nur erheben, soweit dies zur Begründung, Durchführung, Beendigung oder Abwicklung des Dienstverhältnisses oder zur Durchführung organisatorischer, personeller oder sozialer Maßnahmen, insbesondere zu Zwecken der Personalplanung oder des Personaleinsatzes, erforderlich ist oder eine Rechtsvorschrift dies erlaubt.

§ 107 Zugang zur Personalakte

(1) Zugang zur Personalakte dürfen nur Beschäftigte haben, die im Rahmen der Personalverwaltung mit der Bearbeitung von Personalangelegenheiten beauftragt sind, und nur soweit dies zu Zwecken der Personalverwaltung oder der Personalwirtschaft erforderlich ist. Zugang zu Personalaktendaten darf auch Beschäftigten, die Aufgaben des ärztlichen Dienstes wahrnehmen, gewährt werden, soweit die Kenntnis der Daten zur Erfüllung ihrer Aufgaben erforderlich ist. Zugang zu entscheidungsrelevanten Teilen der Personalakte haben auch Gleichstellungsbeauftragte, soweit dies zur Wahrnehmung ihrer Aufgaben erforderlich ist.

(2) Den mit Angelegenheiten der Innenrevision beauftragten Beschäftigten ist Einsicht

in die Personalakte zu gewähren, soweit sie die zur Erfüllung ihrer Aufgaben erforderlichen Erkenntnisse nicht durch eine in sonstiger Weise erteilte Auskunft aus der Personalakte gewinnen können. Jede Einsichtnahme nach Satz 1 ist zu dokumentieren.

§ 108 Beihilfeakte

(1) Unterlagen über Beihilfen sind als Teilakte zu führen. Diese ist von der übrigen Personalakte getrennt aufzubewahren. Sie soll in einer von der übrigen Personalverwaltung getrennten Organisationseinheit bearbeitet werden. Zugang sollen nur Beschäftigte dieser Organisationseinheit haben.

(2) Personenbezogene Daten dürfen ohne Einwilligung für Beihilfezwecke verarbeitet werden, soweit die Daten für diese Zwecke erforderlich sind; Näheres regelt die Rechtsverordnung nach § 80 Absatz 6. Für andere Zwecke dürfen personenbezogene Daten aus der Beihilfeakte verarbeitet werden, wenn sie erforderlich sind

1. für die Einleitung oder Durchführung eines behördlichen oder gerichtlichen Verfahrens, das im Zusammenhang mit einem Beihilfeantrag steht, oder
2. zur Abwehr erheblicher Nachteile für das Gemeinwohl, zur Abwehr einer sonst unmittelbar drohenden Gefahr für die öffentliche Sicherheit oder zur Abwehr einer schwerwiegenden Beeinträchtigung der Rechte einer anderen Person.

(3) Die Absätze 1 und 2 gelten entsprechend für Unterlagen über Heilfürsorge und Heilverfahren.

(4) Personenbezogene Daten aus der Beihilfeakte dürfen ohne Einwilligung genutzt oder an eine andere Behörde übermittelt werden, soweit sie für die Festsetzung und Berechnung der Besoldung oder Versorgung oder für die Prüfung der Kindergeldberechtigung erforderlich sind. Dies gilt auch für Daten aus der Besoldungsakte und der Versorgungsakte, soweit sie für die Festsetzung und Berechnung der Beihilfe erforderlich sind.

(5) Die Beihilfebearbeitung sowie die Führung der Beihilfeakte können mit Zustimmung der obersten Dienstbehörde auf eine andere Stelle des Bundes übertragen werden. Dieser Stelle dürfen personenbezogene Daten, einschließlich Gesundheitsangaben, übermittelt werden, soweit deren Kenntnis für die Beihilfebearbeitung erforderlich ist. Die Absätze 1 bis 3 sind für diese Stelle anzuwenden.

§ 109 Anhörung

Beamtinnen und Beamte sind zu Beschwerden, Behauptungen und Bewertungen, die für sie ungünstig sind oder ihnen nachteilig werden können, vor deren Aufnahme in die Personalakte zu hören, soweit die Anhörung nicht nach anderen Rechtsvorschriften erfolgt. Ihre Äußerungen sind zur Personalakte zu nehmen.

§ 110 Auskunft

(1) Das Recht der Beamtin oder des Beamten auf Auskunft gemäß Artikel 15 der Verordnung (EU) 2016/679 umfasst auch das Recht auf Einsicht in die vollständige Personalakte. Dies gilt auch nach Beendigung des Beamtenverhältnisses. Soweit keine dienstlichen Gründe entgegenstehen, werden Kopien oder Ausdrucke aus der Personalakte angefertigt. Der Beamtin oder dem Beamten ist auf Verlangen ein Ausdruck der Personalaktendaten zu überlassen, die zu ihrer oder seiner Person automatisiert gespeichert sind.

(2) Die Beamtin oder der Beamte hat ein Recht auf Auskunft auch über personenbezogene Daten über sie oder ihn, die in anderen Akten enthalten sind und für ihr oder sein Dienstverhältnis verarbeitet werden, soweit gesetzlich nichts anderes bestimmt ist. Das Recht auf Auskunft umfasst auch das Recht auf Einsicht in die Akten. Keine Einsicht wird gewährt, soweit die anderen Akten personenbezogene Daten Dritter oder geheimhaltungsbedürftige nicht personenbezogene Daten enthalten, die mit den Daten der Beamtin oder des Beamten derart verbunden sind, dass eine Trennung nicht oder nur mit unverhältnismäßig großem Aufwand möglich ist. Nicht der Auskunft unterliegen Sicherheitsakten.

(3) Bevollmächtigten der Beamtin oder des Beamten ist Auskunft aus der Personalakte zu erteilen, soweit dienstliche Gründe nicht entgegenstehen. Das Recht auf Auskunft um-

fasst auch das Recht auf Einsicht in die vollständige Personalakte. Entsprechendes gilt für Hinterbliebene der Beamtin oder des Beamten und für Bevollmächtigte der Hinterbliebenen, wenn ein berechtigtes Interesse glaubhaft gemacht wird.

(4) Für Fälle der Einsichtnahme bestimmt die aktenführende Behörde, wo die Einsicht gewährt wird.

§ 111 Übermittlung von Personalaktendaten und Auskünfte an Dritte

(1) Ohne Einwilligung der Beamtin oder des Beamten ist es zulässig, die Personalakte der obersten Dienstbehörde oder einer im Rahmen der Dienstaufsicht weisungsbefugten Behörde zu übermitteln, soweit dies für Zwecke der Personalverwaltung oder Personalwirtschaft erforderlich ist. Das Gleiche gilt für Behörden desselben Geschäftsbereichs, soweit die Übermittlung zur Vorbereitung oder Durchführung einer Personalentscheidung notwendig ist, sowie für Behörden eines anderen Geschäftsbereichs desselben Dienstherrn, soweit diese an einer Personalentscheidung mitzuwirken haben. Einer Ärztin oder einem Arzt, die oder der im Auftrag der personalverwaltenden Behörde ein medizinisches Gutachten erstellt, darf die Personalakte ebenfalls ohne Einwilligung übermittelt werden. Für Auskünfte aus der Personalakte gelten die Sätze 1 bis 3 entsprechend. Soweit eine Auskunft ausreicht, ist von einer Übermittlung abzusehen.

(2) Auskünfte an Dritte dürfen ohne Einwilligung der Beamtin oder des Beamten erteilt werden, wenn dies zwingend erforderlich ist

1. für die Abwehr einer erheblichen Beeinträchtigung des Gemeinwohls oder
2. für den Schutz berechtigter, höherrangiger Interessen der oder des Dritten.

In diesen Fällen wird keine Akteneinsicht gewährt. Inhalt und Empfängerin oder Empfänger der Auskunft sind der Beamtin oder dem Beamten schriftlich mitzuteilen.

§ 111a Verarbeitung von Personalaktendaten im Auftrag

(1) Die Erteilung eines Auftrags zur Verarbeitung von Personalaktendaten einschließlich der Inanspruchnahme einer weiteren Auftragsverarbeiterin oder eines weiteren Auftragsverarbeiters im Sinne des Artikels 28 der Verordnung (EU) 2016/679 ist nur zulässig, wenn

1. die dort genannten Voraussetzungen vorliegen und
2. die oberste Dienstbehörde der Auftragserteilung zugestimmt hat.

Die personalverwaltende Behörde hat die Einhaltung der beamten- und datenschutzrechtlichen Vorschriften durch die Auftragsverarbeiterin oder den Auftragsverarbeiter regelmäßig zu kontrollieren.

(2) Eine nichtöffentliche Stelle darf nur beauftragt werden, wenn

1. bei der personalverwaltenden Behörde sonst Störungen im Geschäftsablauf auftreten können oder die Auftragsverarbeiterin oder der Auftragsverarbeiter die übertragenen Aufgaben erheblich kostengünstiger erledigen kann und
2. die bei der Auftragsverarbeiterin oder dem Auftragsverarbeiter zur Verarbeitung der Personalaktendaten befugten Personen besonders auf den Schutz der Personalaktendaten verpflichtet sind.

§ 111b Aufgabenübertragung

(1) Soweit gesetzlich nichts anderes bestimmt ist, darf die personalverwaltende Behörde mit Zustimmung der obersten Bundesbehörde Aufgaben, die ihr gegenüber Bewerberinnen und Bewerbern, Beamtinnen und Beamten sowie gegenüber ehemaligen Beamtinnen und Beamten obliegen, auf eine andere öffentliche Stelle im Sinne des § 2 Absatz 1 und 3 des Bundesdatenschutzgesetzes übertragen. Die oberste Bundesbehörde kann die Zuständigkeit für die Entscheidung über die Zustimmung auf die oberste Dienstbehörde übertragen.

(2) Soweit es zur Erfüllung der übertragenen Aufgaben erforderlich ist, darf die personalverwaltende Stelle der Stelle, der sie Aufgaben übertragen hat,

1. personenbezogene Daten von Bewerberinnen und Bewerbern sowie Personalak-

tendaten von Beamtinnen und Beamten und ehemaligen Beamtinnen und Beamten übermitteln und

2. die Führung der Personalakte übertragen.

(3) Auf Vereinigungen des privaten Rechts von öffentlichen Stellen des Bundes dürfen Aufgaben nur mit Zustimmung der obersten Dienstbehörde und nur dann übertragen werden, wenn die Vereinigungen die Voraussetzungen des § 2 Absatz 3 Satz 1 des Bundesdatenschutzgesetzes erfüllen. § 2 Absatz 5 des Bundesdatenschutzgesetzes gilt insoweit nicht.

§ 112 Entfernung von Unterlagen

(1) Unterlagen über Beschwerden, Behauptungen und Bewertungen, auf die § 16 Abs. 3 und 4 Satz 1 des Bundesdisziplinargesetzes nicht anzuwenden ist, sind,

1. falls sie sich als unbegründet oder falsch erwiesen haben, mit Zustimmung der Beamtin oder des Beamten unverzüglich aus der Personalakte zu entfernen und zu vernichten, oder
2. falls sie für die Beamtin oder den Beamten ungünstig sind oder ihr oder ihm nachteilig werden können, auf Antrag nach zwei Jahren zu entfernen und zu vernichten; dies gilt nicht für dienstliche Beurteilungen.

Die Frist nach Satz 1 Nr. 2 wird durch erneute Sachverhalte im Sinne dieser Vorschrift oder durch die Einleitung eines Straf- oder Disziplinarverfahrens unterbrochen. Stellt sich der erneute Vorwurf als unbegründet oder falsch heraus, gilt die Frist als nicht unterbrochen.

(2) Mitteilungen in Strafsachen, soweit sie nicht Bestandteil einer Disziplinarakte sind, sowie Auskünfte aus dem Bundeszentralregister sind mit Zustimmung der Beamtin oder des Beamten nach zwei Jahren zu entfernen und zu vernichten. Absatz 1 Satz 2 und 3 gilt entsprechend.

§ 113 Aufbewahrungsfrist

(1) Personalakten sind nach ihrem Abschluss von der personalaktenführenden Behörde fünf Jahre aufzubewahren. Personalakten sind abgeschlossen,

1. wenn die Beamtin oder der Beamte ohne Versorgungsansprüche aus dem öffentlichen Dienst ausgeschieden ist, mit Ablauf des Jahres des Erreichens der Regelaltersgrenze, in den Fällen des § 41 oder des § 10 des Bundesdisziplinargesetzes jedoch erst, wenn mögliche Versorgungsempfängerinnen und Versorgungsempfänger nicht mehr vorhanden sind,
2. wenn die Beamtin oder der Beamte ohne versorgungsberechtigte oder altersgeldberechtigte Hinterbliebene verstorben ist, mit Ablauf des Todesjahres, oder
3. wenn nach dem Tod der Beamtin oder des Beamten versorgungsberechtigte oder altersgeldberechtigte Hinterbliebene vorhanden sind, mit Ablauf des Jahres, in dem die letzte Versorgungsverpflichtung entfallen ist.

Kann der nach Satz 2 Nr. 2 und 3 maßgebliche Zeitpunkt nicht festgestellt werden, ist § 11 Absatz 2 Satz 2 und 3 des Bundesarchivgesetzes entsprechend anzuwenden.

(2) Unterlagen über Beihilfen, Heilfürsorge, Heilverfahren, Unterstützungen, Erkrankungen, Umzugs- und Reisekosten sind fünf Jahre, Unterlagen über Erholungsurlaub sind drei Jahre nach Ablauf des Jahres aufzubewahren, in dem die Bearbeitung des einzelnen Vorgangs abgeschlossen wurde. Für zahlungsbegründende Unterlagen nach Satz 1 beträgt die Aufbewahrungsfrist sechs Jahre. Unterlagen, aus denen die Art einer Erkrankung ersichtlich ist, sind unverzüglich zurückzugeben oder zu vernichten, wenn sie für den Zweck, zu dem sie vorgelegt worden sind, nicht mehr benötigt werden. Als Zweck, zu dem die Unterlagen vorgelegt worden sind, gelten auch Verfahren, mit denen Rabatte oder Erstattungen geltend gemacht werden.

(3) Versorgungsakten und Altersgeldakten sind zehn Jahre nach Ablauf des Jahres aufzubewahren, in dem die letzte Versorgungszahlung oder Altersgeld- oder Hinterbliebenenaltersgeldzahlung geleistet worden ist. Besteht die Möglichkeit eines Wiederauflebens des Anspruchs, sind die Akten 30 Jahre aufzubewahren.

(4) Die Personalakten sind nach Ablauf der Aufbewahrungsfrist zu vernichten, sofern sie nicht nach den §§ 5 bis 7 des Bundesarchivgesetzes vom Bundesarchiv oder einem Landesarchiv übernommen werden.

§ 114 Automatisierte Verarbeitung von Personalaktendaten

(1) Personalaktendaten dürfen nur für Zwecke der Personalverwaltung oder der Personalwirtschaft automatisiert verarbeitet werden. Ihre Übermittlung ist nur nach Maßgabe des § 111 zulässig. Ein automatisierter Datenabruf durch andere Behörden ist unzulässig, soweit durch besondere Rechtsvorschrift nichts anderes bestimmt ist.

(2) Personalaktendaten im Sinne des § 108 dürfen nur im Rahmen ihrer Zweckbestimmung und nur von den übrigen Personaldateien technisch und organisatorisch getrennt automatisiert verarbeitet werden.

(3) Von den Unterlagen über medizinische oder psychologische Untersuchungen und Tests dürfen im Rahmen der Personalverwaltung nur die Ergebnisse automatisiert verarbeitet werden, soweit sie die Eignung betreffen und ihre Verwendung dem Schutz der Beamtin oder des Beamten dient.

(4) Beamtenrechtliche Entscheidungen dürfen nicht ausschließlich auf eine automatisierte Verarbeitung personenbezogener Daten gestützt werden, die der Bewertung einzelner Persönlichkeitsmerkmale dienen.

(5) Bei erstmaliger Speicherung ist der Beamtin oder dem Beamten die Art der zu ihrer oder seiner Person nach Absatz 1 gespeicherten Daten mitzuteilen, bei wesentlichen Änderungen sind sie zu benachrichtigen. Ferner sind die Verarbeitungs- und Nutzungsformen automatisierter Personalverwaltungsverfahren zu dokumentieren und einschließlich des jeweiligen Verwendungszweckes sowie der regelmäßigen Empfänger und des Inhalts automatisierter Datenübermittlung allgemein bekannt zu geben.

§ 115 Übermittlungen in Strafverfahren

(1) Das Gericht, die Strafverfolgungs- oder die Strafvollstreckungsbehörde hat in Strafverfahren gegen Beamtinnen und Beamte zur Sicherstellung der erforderlichen dienstrechtlichen Maßnahmen im Fall der Erhebung der öffentlichen Klage

1. die Anklageschrift oder eine an ihre Stelle tretende Antragsschrift,
2. den Antrag auf Erlass eines Strafbefehls und
3. die einen Rechtszug abschließende Entscheidung mit Begründung

zu übermitteln. Ist gegen die Entscheidung ein Rechtsmittel eingelegt worden, ist die Entscheidung unter Hinweis auf das eingelegte Rechtsmittel zu übermitteln. Der Erlass und der Vollzug eines Haftbefehls oder eines Unterbringungsbefehls sind mitzuteilen.

(2) In Verfahren wegen fahrlässig begangener Straftaten werden die in Absatz 1 Satz 1 bestimmten Übermittlungen nur vorgenommen, wenn

1. es sich um schwere Verstöße handelt, namentlich Vergehen der Trunkenheit im Straßenverkehr oder der fahrlässigen Tötung, oder
2. in sonstigen Fällen die Kenntnis der Daten aufgrund der Umstände des Einzelfalls erforderlich ist, um zu prüfen, ob dienstrechtliche Maßnahmen zu ergreifen sind.

(3) Entscheidungen über Verfahrenseinstellungen, die nicht bereits nach Absatz 1 oder 2 zu übermitteln sind, sollen übermittelt werden, wenn die in Absatz 2 Nr. 2 genannten Voraussetzungen erfüllt sind. Dabei ist zu berücksichtigen, wie gesichert die Erkenntnisse sind, die der zu übermittelnden Entscheidung zugrunde liegen.

(4) Sonstige Tatsachen, die in einem Strafverfahren bekannt werden, dürfen mitgeteilt werden, wenn ihre Kenntnis aufgrund besonderer Umstände des Einzelfalls für dienstrechtliche Maßnahmen gegen eine Beamtin oder einen Beamten erforderlich ist und soweit nicht für die übermittelnde Stelle erkennbar ist, dass schutzwürdige Interessen der Beamtin oder des Beamten an dem Ausschluss der Übermittlung überwiegen. Erforderlich ist die Kenntnis der Daten auch dann, wenn diese Anlass zur Prüfung bieten, ob

dienstrechtliche Maßnahmen zu ergreifen sind. Absatz 3 Satz 2 ist entsprechend anzuwenden.

(5) Nach den Absätzen 1 bis 4 übermittelte Daten dürfen auch für die Wahrnehmung der Aufgaben nach dem Sicherheitsüberprüfungsgesetz oder einem entsprechenden Gesetz verwendet werden.

(6) Übermittlungen nach den Absätzen 1 bis 3 sind auch zulässig, soweit sie Daten betreffen, die dem Steuergeheimnis (§ 30 der Abgabenordnung) unterliegen. Übermittlungen nach Absatz 4 sind unter den Voraussetzungen des § 30 Abs. 4 Nr. 5 der Abgabenordnung zulässig.

(7) Mitteilungen sind an die zuständigen Dienstvorgesetzten oder deren Vertretung im Amt zu richten und als „Vertrauliche Personalsache" zu kennzeichnen.

Abschnitt 7
Beamtenvertretung

§ 116 Mitgliedschaft in Gewerkschaften und Berufsverbänden

(1) Beamtinnen und Beamte haben das Recht, sich in Gewerkschaften oder Berufsverbänden zusammenzuschließen. Sie können die für sie zuständigen Gewerkschaften oder Berufsverbände mit ihrer Vertretung beauftragen, soweit gesetzlich nichts anderes bestimmt ist.

(2) Keine Beamtin und kein Beamter darf wegen Betätigung für eine Gewerkschaft oder einen Berufsverband dienstlich gemaßregelt oder benachteiligt werden.

§ 117 Personalvertretung

Die Personalvertretung der Beamtinnen und Beamten ist zu gewährleisten. Das Nähere wird durch Gesetz geregelt.

§ 118 Beteiligung der Spitzenorganisationen

Die Spitzenorganisationen der zuständigen Gewerkschaften sind bei der Vorbereitung allgemeiner Regelungen der beamtenrechtlichen Verhältnisse zu beteiligen.

Abschnitt 8
Bundespersonalausschuss

§ 119 Aufgaben; Verordnungsermächtigung

(1) Der Bundespersonalausschuss dient der einheitlichen Handhabung beamtenrechtlicher Ausnahmevorschriften. Weitere als die in diesem Gesetz vorgesehenen Aufgaben kann die Bundesregierung dem Bundespersonalausschuss durch Rechtsverordnung übertragen, insbesondere

1. die Feststellung des erfolgreichen Abschlusses von Aufstiegsverfahren,
2. der Erlass von Regelungen über die Feststellungsverfahren nach Nummer 1 und § 19.

(2) Der Bundespersonalausschuss übt seine Tätigkeit unabhängig und in eigener Verantwortung aus.

§ 120 Mitglieder

(1) Der Bundespersonalausschuss besteht aus acht ordentlichen und acht stellvertretenden Mitgliedern.

(2) Ständige ordentliche Mitglieder sind die Präsidentin des Bundesrechnungshofes oder der Präsident des Bundesrechnungshofes als Vorsitzende oder Vorsitzender und die Leiterin der Dienstrechtsabteilung oder der Leiter der Dienstrechtsabteilung des Bundesministeriums des Innern und für Heimat. Nichtständige ordentliche Mitglieder sind die Leiterinnen der Zentralabteilungen und Leiter der Zentralabteilungen von zwei anderen obersten Bundesbehörden und vier weitere Beamtinnen und Beamte des Bundes. Stellvertretende Mitglieder sind je eine Beamtin oder ein Beamter des Bundes der in Satz 1 genannten Behörden, die Leiterinnen der Zentralabteilungen und Leiter der Zentralabteilungen von zwei weiteren obersten Bundesbehörden sowie vier weitere Beamtinnen oder Beamte des Bundes.

(3) Die nichtständigen ordentlichen Mitglieder sowie die stellvertretenden Mitglieder werden von der Bundespräsidentin oder vom Bundespräsidenten auf Vorschlag der Bundesministerin des Innern und für Heimat oder

des Bundesministers des Innern und für Heimat für die Dauer von vier Jahren bestellt, davon vier ordentliche und vier stellvertretende Mitglieder aufgrund einer Benennung durch die Spitzenorganisationen der zuständigen Gewerkschaften.

(4) Der Bundespersonalausschuss wird zur Durchführung seiner Aufgaben durch eine Geschäftsstelle im Bundesministerium des Innern und für Heimat unterstützt.

§ 121 Rechtsstellung der Mitglieder

Die Dienstaufsicht über die Mitglieder des Bundespersonalausschusses führt im Auftrag der Bundesregierung die Bundesministerin des Innern und für Heimat oder der Bundesminister des Innern und für Heimat mit folgenden Maßgaben:

1. Die Mitglieder des Bundespersonalausschusses sind unabhängig und nur dem Gesetz unterworfen. Sie dürfen wegen ihrer Tätigkeit weder dienstlich gemaßregelt noch benachteiligt werden.
2. Sie scheiden aus ihrem Amt als Mitglied des Bundespersonalausschusses aus
   a) durch Zeitablauf,
   b) durch Ausscheiden aus dem Hauptamt oder aus der Behörde, die für ihre Mitgliedschaft maßgeblich sind,
   c) durch Beendigung des Beamtenverhältnisses oder
   d) unter den gleichen Voraussetzungen, unter denen Mitglieder einer Kammer oder eines Senats für Disziplinarsachen wegen einer rechtskräftigen Entscheidung in einem Straf- oder Disziplinarverfahren ihr Amt verlieren; § 66 ist nicht anzuwenden.

§ 122 Geschäftsordnung

Der Bundespersonalausschuss gibt sich eine Geschäftsordnung.

§ 123 Sitzungen und Beschlüsse

(1) Die Sitzungen des Bundespersonalausschusses sind nicht öffentlich. Der Bundespersonalausschuss kann von den Verwaltungen beauftragten Personen sowie Dritten die Anwesenheit bei der Verhandlung gestatten.

(2) Die oder der Vorsitzende des Bundespersonalausschusses oder die oder der stellvertretende Vorsitzende des Bundespersonalausschusses leitet die Sitzungen. Sind beide verhindert, tritt an ihre Stelle das dienstälteste Mitglied.

(3) Die von den Verwaltungen beauftragten Personen sind auf Verlangen zu hören.

(4) Beschlüsse werden mit Stimmenmehrheit gefasst. Zur Beschlussfähigkeit ist die Anwesenheit von mindestens sechs Mitgliedern erforderlich. Bei Stimmengleichheit entscheidet die Stimme der oder des Vorsitzenden.

(5) Beschlüsse des Bundespersonalausschusses sind bekannt zu machen, soweit sie allgemeine Bedeutung haben. Art und Umfang regelt die Geschäftsordnung.

(6) Soweit dem Bundespersonalausschuss eine Entscheidungsbefugnis eingeräumt ist, binden seine Beschlüsse die beteiligten Verwaltungen.

§ 124 Beweiserhebung, Auskünfte und Amtshilfe

(1) Der Bundespersonalausschuss kann zur Durchführung seiner Aufgaben in entsprechender Anwendung der Vorschriften der Verwaltungsgerichtsordnung Beweise erheben.

(2) Die beteiligten Verwaltungen haben dem Bundespersonalausschuss auf Verlangen Auskünfte zu erteilen und Akten vorzulegen, soweit dies zur Durchführung seiner Aufgaben erforderlich ist. Alle Dienststellen haben dem Bundespersonalausschuss unentgeltlich Amtshilfe zu leisten.

Abschnitt 9
Beschwerdeweg und Rechtsschutz

§ 125 Dienstweg bei Anträgen und Beschwerden

(1) Beamtinnen und Beamte können Anträge und Beschwerden vorbringen. Hierbei ist der Dienstweg einzuhalten. Der Beschwerdeweg bis zur obersten Dienstbehörde steht offen.

(2) Richtet sich die Beschwerde gegen die unmittelbare Vorgesetzte oder den unmittel-

baren Vorgesetzten, kann sie bei der oder dem nächsthöheren Vorgesetzten unmittelbar eingereicht werden.

(3) Beamtinnen und Beamte, die eine Meldung oder Offenlegung nach dem Hinweisgeberschutzgesetz vornehmen, sind von der Einhaltung des Dienstwegs befreit.

§ 126 Verwaltungsrechtsweg

(1) Für alle Klagen der Beamtinnen, Beamten, Ruhestandsbeamtinnen, Ruhestandsbeamten, früheren Beamtinnen, früheren Beamten und der Hinterbliebenen aus dem Beamtenverhältnis sowie für Klagen des Dienstherrn ist der Verwaltungsrechtsweg gegeben.

(2) Vor allen Klagen ist ein Vorverfahren nach den Vorschriften des 8. Abschnitts der Verwaltungsgerichtsordnung durchzuführen. Dies gilt auch dann, wenn die Maßnahme von der obersten Dienstbehörde getroffen worden ist.

(3) Den Widerspruchsbescheid erlässt die oberste Dienstbehörde. Sie kann die Entscheidung für Fälle, in denen sie die Maßnahme nicht selbst getroffen hat, durch allgemeine Anordnung anderen Behörden übertragen. Die Anordnung ist zu veröffentlichen.

(4) Widerspruch und Anfechtungsklage gegen die Abordnung oder die Versetzung haben keine aufschiebende Wirkung.

§ 127 Vertretung des Dienstherrn

(1) Bei Klagen aus dem Beamtenverhältnis wird der Dienstherr durch die oberste Dienstbehörde vertreten, der die Beamtin oder der Beamte untersteht oder bei der Beendigung des Beamtenverhältnisses unterstanden hat. Bei Ansprüchen nach den §§ 53 bis 61 des Beamtenversorgungsgesetzes wird der Dienstherr durch die oberste Dienstbehörde vertreten, deren sachlicher Weisung die Regelungsbehörde untersteht.

(2) Besteht die oberste Dienstbehörde nicht mehr und ist eine andere Dienstbehörde nicht bestimmt, tritt an ihre Stelle das Bundesministerium des Innern und für Heimat.

(3) Die oberste Dienstbehörde kann die Vertretung durch eine allgemeine Anordnung anderen Behörden übertragen. Die Anordnung ist im Bundesgesetzblatt zu veröffentlichen.

§ 128 Zustellung von Verfügungen und Entscheidungen

Verfügungen und Entscheidungen, die Beamtinnen und Beamten oder Versorgungsberechtigten nach den Vorschriften dieses Gesetzes bekannt zu geben sind, sind zuzustellen, wenn durch sie eine Frist in Lauf gesetzt wird oder Rechte der Beamtin oder des Beamten oder der Versorgungsberechtigten durch sie berührt werden. Soweit gesetzlich nichts anderes bestimmt ist, richtet sich die Zustellung nach den Vorschriften des Verwaltungszustellungsgesetzes.

Abschnitt 10
Besondere Rechtsverhältnisse

§ 129 Beamtinnen und Beamte oberster Bundesorgane

Die Beamtinnen und Beamten des Bundestages, des Bundesrates und des Bundesverfassungsgerichtes sind Beamtinnen und Beamte des Bundes. Die Ernennung, Entlassung und Versetzung in den Ruhestand werden durch die Präsidentin oder den Präsidenten des Bundestages, die Präsidentin oder den Präsidenten des Bundesrates oder durch die Präsidentin oder den Präsidenten des Bundesverfassungsgerichtes vorgenommen. Diese sind jeweils die oberste Dienstbehörde.

§ 130 Wissenschaftliches und leitendes Personal der Hochschulen des Bundes

(1) Die beamteten Leiterinnen und beamteten Leiter, die beamteten hauptberuflichen Mitglieder von Leitungsgremien sowie die zum wissenschaftlichen Personal zählenden Beamtinnen und Beamten einer Hochschule des Bundes, die nach Landesrecht die Eigenschaft einer staatlich anerkannten Hochschule erhalten hat und deren Personal im Dienst des Bundes steht, stehen in einem Beamtenverhältnis zum Bund.

(2) Das wissenschaftliche Personal dieser Hochschulen besteht insbesondere aus den Hochschullehrerinnen und Hochschullehrern (Professorinnen und Professoren, Juniorprofessorinnen und Juniorprofessoren), den wis-

senschaftlichen Mitarbeiterinnen und wissenschaftlichen Mitarbeitern sowie den Lehrkräften für besondere Aufgaben.

(3) Die Hochschullehrerinnen und Hochschullehrer nehmen die ihrer Hochschule jeweils obliegenden Aufgaben in Wissenschaft, Forschung, Lehre und Weiterbildung in ihren Fächern nach näherer Ausgestaltung ihres Dienstverhältnisses selbstständig wahr.

(4) Professuren und Juniorprofessuren sind öffentlich auszuschreiben. Von einer Ausschreibung kann abgesehen werden, wenn

1. ein bereits bestehendes Beamtenverhältnis auf Zeit auf derselben Professur in ein Beamtenverhältnis auf Lebenszeit umgewandelt oder
2. eine Juniorprofessorin oder ein Juniorprofessor der eigenen Hochschule berufen

werden soll.

(5) Wissenschaftliche Mitarbeiterinnen und wissenschaftliche Mitarbeiter sind die Beamtinnen und Beamten, denen wissenschaftliche Dienstleistungen obliegen. In begründeten Fällen kann ihnen auch die selbstständige Wahrnehmung von Aufgaben in Forschung und Lehre übertragen werden.

(6) Lehrkräfte für besondere Aufgaben sind, soweit sie nicht in einem privatrechtlichen Dienstverhältnis stehen, Beamtinnen und Beamte, die auch ohne Erfüllung der Einstellungsvoraussetzungen für Hochschullehrerinnen und Hochschullehrer beschäftigt werden können, sofern überwiegend die Vermittlung praktischer Fähigkeiten und Kenntnisse erforderlich ist.

§ 131 Einstellungsvoraussetzungen für Hochschullehrerinnen und Hochschullehrer sowie wissenschaftliche Mitarbeiterinnen und wissenschaftliche Mitarbeiter

(1) Einstellungsvoraussetzungen für Professorinnen und Professoren sind neben den allgemeinen dienstrechtlichen Voraussetzungen

1. ein abgeschlossenes Hochschulstudium,
2. die pädagogische Eignung,
3. eine besondere Befähigung zu wissenschaftlicher Arbeit, die in der Regel durch die Qualität einer Promotion nachgewiesen wird, und
4. je nach den Anforderungen der Stelle
   a) zusätzliche wissenschaftliche Leistungen oder
   b) besondere Leistungen bei der Anwendung oder Entwicklung wissenschaftlicher Erkenntnisse und Methoden in einer mehrjährigen beruflichen Praxis.

(2) Einstellungsvoraussetzungen für Juniorprofessorinnen und Juniorprofessoren sind neben den allgemeinen dienstrechtlichen Voraussetzungen

1. ein abgeschlossenes Hochschulstudium,
2. die pädagogische Eignung und
3. eine besondere Befähigung zu wissenschaftlicher Arbeit, die in der Regel durch die herausragende Qualität einer Promotion nachgewiesen wird.

Sofern vor oder nach der Promotion ein Beschäftigungsverhältnis als wissenschaftliche Mitarbeiterin oder wissenschaftlicher Mitarbeiter bestand, sollen Promotions- und Beschäftigungsphase zusammen nicht mehr als sechs Jahre betragen haben. Verlängerungen aufgrund von Zeiten eines mutterschutzrechtlichen Beschäftigungsverbots, Inanspruchnahme von Elternzeit, Beurlaubung oder Herabsetzung der Arbeitszeit wegen Betreuung oder Pflege eines Kindes unter 18 Jahren oder einer oder eines pflegebedürftigen sonstigen Angehörigen sowie einer Freistellung bleiben hierbei unberücksichtigt. Auf die Zeiten nach Satz 2 sind alle befristeten Arbeitsverhältnisse mit mehr als einem Viertel der regelmäßigen Arbeitszeit, die mit einer deutschen Hochschule oder einer Forschungseinrichtung abgeschlossen wurden, sowie entsprechende Beamtenverhältnisse auf Zeit und privatrechtliche Dienstverhältnisse anzurechnen.

(3) Einstellungsvoraussetzung für wissenschaftliche Mitarbeiterinnen und wissenschaftliche Mitarbeiter ist neben den allgemeinen dienstrechtlichen Voraussetzungen ein abgeschlossenes Hochschulstudium.

§ 132 Dienstrechtliche Stellung des hauptberuflichen wissenschaftlichen und leitenden Personals der Hochschulen

(1) Professorinnen und Professoren werden, soweit kein privatrechtliches Dienstverhältnis begründet wird, bei erstmaliger Berufung in das Professorenverhältnis für sechs Jahre zu Beamtinnen auf Zeit und Beamten auf Zeit ernannt. Abweichend hiervon ist die sofortige Begründung eines Beamtenverhältnisses auf Lebenszeit möglich, wenn

1. Bewerberinnen und Bewerber für ein Professorenamt sonst nicht gewonnen werden können oder
2. eine Juniorprofessorin oder ein Juniorprofessor der eigenen Hochschule berufen wird.

Werden Professorinnen oder Professoren aus einem Beamtenverhältnis auf Lebenszeit berufen, ruht dieses Rechtsverhältnis mit allen Rechten und Pflichten für die Dauer des Beamtenverhältnisses auf Zeit. Davon ausgenommen sind die Pflicht zur Verschwiegenheit und das Verbot, Belohnungen, Geschenke und sonstige Vorteile anzunehmen. Nach frühestens drei Jahren kann das Beamtenverhältnis auf Zeit in ein solches auf Lebenszeit umgewandelt werden, wenn die Hochschule zuvor ein Bewertungsverfahren mit positivem Ergebnis durchgeführt hat. Erfolgt keine Umwandlung in ein Beamtenverhältnis auf Lebenszeit, sind die Professorinnen und Professoren mit Ablauf ihrer Amtszeit oder Erreichen der Altersgrenze aus dem Beamtenverhältnis auf Zeit entlassen. Eine einmalige erneute Berufung in ein Beamtenverhältnis auf Zeit auf derselben Professur ist zulässig.

(2) Juniorprofessorinnen und Juniorprofessoren werden, soweit kein privatrechtliches Dienstverhältnis begründet wird, für drei Jahre zu Beamtinnen auf Zeit oder Beamten auf Zeit ernannt. Das Beamtenverhältnis soll im Laufe des dritten Jahres um weitere drei Jahre verlängert werden, wenn die Juniorprofessorin oder der Juniorprofessor sich als Hochschullehrerin oder Hochschullehrer bewährt hat. Anderenfalls kann es um bis zu einem Jahr verlängert werden. Eine weitere Verlängerung ist, abgesehen von den Fällen des Absatzes 5, nicht zulässig. Dies gilt auch für eine erneute Einstellung als Juniorprofessorin oder Juniorprofessor.

(3) Wissenschaftliche Mitarbeiterinnen und wissenschaftliche Mitarbeiter, deren Stelle eine befristete Beschäftigung vorsieht, werden, soweit kein privatrechtliches Dienstverhältnis begründet wird, für die Dauer von drei Jahren zu Beamtinnen auf Zeit und Beamten auf Zeit ernannt. Eine einmalige Verlängerung des Beamtenverhältnisses auf Zeit um weitere drei Jahre ist zulässig.

(4) Für beamtete Hochschuldozentinnen und beamtete Hochschuldozenten gelten die §§ 42 und 48d, für beamtete Oberassistentinnen, beamtete Oberassistenten, beamtete Oberingenieurinnen und beamtete Oberingenieure die §§ 42 und 48b und für beamtete wissenschaftliche und künstlerische Assistentinnen und Assistenten die §§ 42 und 48 des Hochschulrahmengesetzes in der bis zum 30. Dezember 2004 geltenden Fassung entsprechend.

(5) Soweit Hochschullehrerinnen und Hochschullehrer oder wissenschaftliche Mitarbeiterinnen und wissenschaftliche Mitarbeiter Beamtinnen auf Zeit und Beamte auf Zeit sind, ist das Dienstverhältnis, sofern dienstliche Gründe dem nicht entgegenstehen, auf Antrag der Beamtin oder des Beamten um Zeiten eines mutterschutzrechtlichen Beschäftigungsverbots und der Inanspruchnahme von Elternzeit sowie, von bis zu drei Jahren, um Zeiten einer familienbedingten Teilzeit oder Beurlaubung nach § 92 und um Zeiten einer Familienpflegezeit nach § 92a oder um Zeiten einer Pflegezeit nach § 92b zu verlängern.

(6) Der Eintritt einer Professorin oder eines Professors in den Ruhestand wegen Erreichens der Altersgrenze wird zum Ende des Semesters oder Trimesters wirksam, in dem die Regelaltersgrenze erreicht wird. Eine Versetzung in den Ruhestand auf Antrag soll zum Ende des Semesters oder Trimesters ausgesprochen werden, es sei denn, dass gesundheitliche Gründe dem entgegenstehen. Eine Entlassung aus dem Beamtenverhältnis auf Antrag kann bis zum Ende des Semesters oder Trimesters hinausgeschoben werden, wenn dienstliche Belange dies erfordern.

(7) Auf Antrag der Professorin oder des Professors kann der Eintritt in den Ruhestand insgesamt bis zum Ende des Monats, in dem das 75. Lebensjahr vollendet wird, hinausgeschoben werden, wenn dies wegen der besonderen wissenschaftlichen Leistungen im Einzelfall im dienstlichen Interesse liegt. § 53 Abs. 1 Satz 2 gilt entsprechend.

(8) Beamtete Leiterinnen und beamtete Leiter und beamtete hauptberufliche Mitglieder von Leitungsgremien werden für sechs Jahre in ein Beamtenverhältnis auf Zeit berufen. Sie sind mit Ablauf ihrer Amtszeit oder Erreichen der Regelaltersgrenze aus diesem Beamtenverhältnis entlassen. Abweichend von Satz 2 treten sie mit Ablauf ihrer Amtszeit oder mit Erreichen der Regelaltersgrenze in den Ruhestand, wenn sie

1. eine Dienstzeit von insgesamt mindestens zehn Jahren in Beamtenverhältnissen oder in einem Dienstverhältnis als Berufssoldatin oder Berufssoldat mit Anspruch auf Besoldung zurückgelegt haben oder
2. aus einem Beamtenverhältnis auf Lebenszeit oder aus einem Dienstverhältnis als Berufssoldatin oder Berufssoldat in ein Beamtenverhältnis auf Zeit berufen worden waren.

Handelt es sich in den Fällen des Satzes 3 Nummer 2 um ein Beamtenverhältnis auf Lebenszeit zum Bund, so gilt Absatz 1 Satz 3 und 4 entsprechend.

(9) Die Vorschriften über die Laufbahnen und über den einstweiligen Ruhestand sowie die §§ 87 und 88 sind auf Hochschullehrerinnen und Hochschullehrer nicht anzuwenden. Erfordert der Aufgabenbereich einer Hochschuleinrichtung eine regelmäßige oder planmäßige Anwesenheit, kann die oberste Dienstbehörde die §§ 87 und 88 für bestimmte Gruppen von Beamtinnen und Beamten für anwendbar erklären.

(10) Hochschullehrerinnen und Hochschullehrer können nur mit ihrer Zustimmung abgeordnet oder versetzt werden. Bei der Auflösung, der Verschmelzung oder einer wesentlichen Änderung des Aufbaues oder der Aufgaben von staatlich anerkannten Hochschulen des Bundes, deren Ausbildungsgänge ausschließlich auf den öffentlichen Dienst ausgerichtet sind, gilt § 28 Abs. 3 für beamtete Professorinnen, Professoren, Juniorprofessorinnen, Juniorprofessoren sowie Hochschuldozentinnen und Hochschuldozenten entsprechend.

§ 132a Ermächtigungen zum Erlass von Verordnungen zur Lehrverpflichtung des hauptberuflichen wissenschaftlichen Personals der Hochschulen

(1) Das Bundesministerium der Verteidigung wird ermächtigt, zur Lehrverpflichtung des hauptberuflichen wissenschaftlichen Personals der Universitäten der Bundeswehr eine Rechtsverordnung zu erlassen, die der Zustimmung des Bundesrates nicht bedarf, und in der es insbesondere Regelungen trifft

1. zum Umfang der Lehrverpflichtung,
2. zu den Anrechnungs- und Ermäßigungstatbeständen und
3. zu den Nebenpflichten, die mit der Lehrverpflichtung verbunden sind.

(2) Das Bundesministerium des Innern und für Heimat erlässt durch Rechtsverordnung, die der Zustimmung des Bundesrates nicht bedarf, allgemeine Vorschriften zur Lehrverpflichtung des hauptberuflichen wissenschaftlichen Personals der Hochschule des Bundes für öffentliche Verwaltung (allgemeine Lehrverpflichtungsverordnung), insbesondere

1. zum Umfang der Lehrverpflichtung,
2. zu den Anrechnungs- und Ermäßigungstatbeständen und
3. zu den Nebenpflichten, die mit der Lehrverpflichtung verbunden sind.

Soweit das Bundeskanzleramt und die Bundesministerien für einen Fachbereich oder den Zentralen Lehrbereich zuständig sind, sind sie ins Benehmen zu setzen.

(3) Für jeden Fachbereich und für den Zentralen Lehrbereich der Hochschule des Bundes für öffentliche Verwaltung sind durch Rechtsverordnung, die der Zustimmung des Bundesrats nicht bedarf, besondere Vorschriften zur Lehrverpflichtung des jeweiligen haupt-

beruflichen wissenschaftlichen Personals zu erlassen (besondere Lehrverpflichtungsverordnungen), insbesondere

1. zu den konkreten Dienstaufgaben,
2. zur Anrechnung laufbahnrechtlicher Prüfungsleistungen,
3. zur Gewährung von Ermäßigungen auf die Lehrverpflichtung sowie
4. zum Verfahren bei Über- und Unterschreitung der Lehrverpflichtung.

Eine Abweichung von den Regelungen der allgemeinen Lehrverpflichtungsverordnung oder eine nähere Ausgestaltung dieser Regelungen in besonderen Lehrverpflichtungsverordnungen ist nur zulässig, soweit die allgemeine Lehrverpflichtungsverordnung dies ausdrücklich vorsieht.

(4) Zuständig für den Erlass einer besonderen Lehrverpflichtungsverordnung sind die Bundesministerien und das Bundeskanzleramt jeweils einzeln oder zu mehreren gemeinsam, soweit sie für den jeweiligen Fachbereich oder Zentralen Lehrbereich zuständig sind, im Benehmen mit dem Bundesministerium des Innern und für Heimat.

(5) Das Bundesministerium für Arbeit und Soziales kann seine Befugnisse zum Erlass einer besonderen Lehrverpflichtungsverordnung durch Rechtsverordnung, die der Zustimmung des Bundesrates nicht bedarf, jeweils auf den Vorstand der Deutschen Rentenversicherung Bund, den Vorstand der Deutschen Rentenversicherung Knappschaft-Bahn-See oder den Vorstand der Sozialversicherung für Landwirtschaft, Forsten und Gartenbau übertragen. Die Rechtsverordnungen der Vorstände bedürfen des Einvernehmens mit dem Bundesministerium für Arbeit und Soziales und des Benehmens mit dem Bundesministerium des Innern und für Heimat.

§ 133 Ehrenbeamtinnen und Ehrenbeamte

(1) Für Ehrenbeamtinnen und Ehrenbeamte nach § 6 Abs. 5 gelten die Vorschriften dieses Gesetzes mit folgenden Maßgaben:

1. Nach Erreichen der Regelaltersgrenze können Ehrenbeamtinnen und Ehrenbeamte verabschiedet werden. Sie sind zu verabschieden, wenn die sonstigen Voraussetzungen für die Versetzung einer Beamtin oder eines Beamten in den Ruhestand gegeben sind.
2. Nicht anzuwenden sind die §§ 28, 53 Abs. 2, §§ 72, 76, 87, 88, 97 bis 101 und 104, auf Honorarkonsularbeamtinnen und Honorarkonsularbeamte, außerdem § 7 Absatz 1 Satz 1 Nummer 1.

(2) Die Unfallfürsorge für Ehrenbeamtinnen und Ehrenbeamte und ihre Hinterbliebenen richtet sich nach § 68 des Beamtenversorgungsgesetzes.

(3) Im Übrigen regeln sich die Rechtsverhältnisse nach den besonderen für die einzelnen Gruppen der Ehrenbeamtinnen und Ehrenbeamten geltenden Vorschriften.

Abschnitt 11
Umbildung von Körperschaften

§ 134 Umbildung einer Körperschaft

(1) Beamtinnen und Beamte einer juristischen Person des öffentlichen Rechts mit Dienstherrnfähigkeit (Körperschaft), die vollständig in eine andere Körperschaft eingegliedert wird, treten mit der Umbildung kraft Gesetzes in den Dienst der aufnehmenden Körperschaft über.

(2) Beamtinnen und Beamte einer Körperschaft, die vollständig in mehrere andere Körperschaften eingegliedert wird, sind anteilig in den Dienst der aufnehmenden Körperschaften zu übernehmen. Die beteiligten Körperschaften haben innerhalb einer Frist von sechs Monaten nach dem Zeitpunkt, in dem die Umbildung vollzogen ist, im Einvernehmen miteinander zu bestimmen, von welchen Körperschaften die einzelnen Beamtinnen und Beamten zu übernehmen sind. Solange die Übernahme nicht erfolgt ist, haften alle beteiligten Körperschaften für die zustehenden Bezüge als Gesamtschuldner.

(3) Beamtinnen und Beamte einer Körperschaft, die teilweise in eine oder mehrere andere Körperschaften eingegliedert wird, sind zu einem verhältnismäßigen Teil, bei

mehreren Körperschaften anteilig, in den Dienst der aufnehmenden Körperschaften zu übernehmen. Absatz 2 Satz 2 findet Anwendung.

(4) Die Absätze 1 bis 3 gelten entsprechend, wenn eine Körperschaft mit einer oder mehreren anderen Körperschaften zu einer neuen Körperschaft zusammengeschlossen wird, wenn aus einer Körperschaft oder aus Teilen einer Körperschaft eine oder mehrere neue Körperschaften gebildet werden oder wenn Aufgaben einer Körperschaft vollständig oder teilweise auf eine oder mehrere andere Körperschaften übergehen.

§ 135 Rechtsfolgen der Umbildung

(1) Tritt eine Beamtin oder ein Beamter aufgrund des § 134 Abs. 1 kraft Gesetzes in den Dienst einer anderen Körperschaft über oder wird sie oder er aufgrund des § 134 Abs. 2 oder 3 von einer anderen Körperschaft übernommen, wird das Beamtenverhältnis mit dem neuen Dienstherrn fortgesetzt.

(2) Im Fall des § 134 Abs. 1 ist der Beamtin oder dem Beamten von der aufnehmenden oder neuen Körperschaft die Fortsetzung des Beamtenverhältnisses schriftlich zu bestätigen.

(3) In den Fällen des § 134 Abs. 2 und 3 wird die Übernahme von der Körperschaft verfügt, in deren Dienst die Beamtin oder der Beamte treten soll. Die Verfügung wird mit der Zustellung an die Beamtin oder den Beamten wirksam. Die Beamtin oder der Beamte ist verpflichtet, der Verfügung Folge zu leisten. Kommt sie oder er der Verpflichtung nicht nach, wird sie oder er entlassen.

(4) Die Absätze 1 bis 3 gelten entsprechend in den Fällen des § 134 Abs. 4.

§ 136 Rechtsstellung der Beamtinnen und Beamten

(1) Den nach § 134 in den Dienst einer anderen Körperschaft übergetretenen oder von ihr übernommenen Beamtinnen und Beamten soll ein dem bisherigen Amt nach Bedeutung und Inhalt gleich zu bewertendes Amt übertragen werden. Wenn eine dem bisherigen Amt entsprechende Verwendung nicht möglich ist, sind § 28 Abs. 3 und § 34 Abs. 1 Satz 1 Nr. 4 entsprechend anzuwenden. Bei Anwendung des § 28 Abs. 3 darf die Beamtin oder der Beamte neben der neuen Amtsbezeichnung die des früheren Amtes mit dem Zusatz „außer Dienst" oder „a. D." führen.

(2) Die aufnehmende oder neue Körperschaft kann, wenn die Zahl der bei ihr nach der Umbildung vorhandenen Beamtinnen und Beamten den tatsächlichen Bedarf übersteigt, innerhalb einer Frist von sechs Monaten die entbehrlichen Beamtinnen auf Lebenszeit oder auf Zeit oder die Beamten auf Lebenszeit oder auf Zeit, deren Aufgabengebiet von der Umbildung berührt wurde, in den einstweiligen Ruhestand versetzen. Die Frist des Satzes 1 beginnt im Fall des § 134 Abs. 1 mit dem Übertritt, in den Fällen des § 134 Abs. 2 und 3 mit der Bestimmung derjenigen Beamtinnen und Beamten, zu deren Übernahme die Körperschaft verpflichtet ist. Entsprechendes gilt in den Fällen des § 134 Abs. 4. § 55 Satz 2 ist anzuwenden. Bei Beamtinnen auf Zeit und Beamten auf Zeit, die nach Satz 1 in den einstweiligen Ruhestand versetzt sind, endet der einstweilige Ruhestand mit Ablauf der Amtszeit. Sie gelten zu diesem Zeitpunkt als dauernd in den Ruhestand versetzt, wenn sie bei Verbleiben im Amt mit Ablauf der Amtszeit in den Ruhestand getreten wären.

§ 137 Rechtsstellung der Versorgungsempfängerinnen und Versorgungsempfänger

(1) Die Vorschriften des § 134 Abs. 1 und 2 und des § 135 gelten entsprechend für die zum Zeitpunkt der Umbildung bei der abgebenden Körperschaft vorhandenen Versorgungsempfängerinnen und Versorgungsempfänger.

(2) In den Fällen des § 134 Abs. 3 bleiben die Ansprüche der zum Zeitpunkt der Umbildung vorhandenen Versorgungsempfängerinnen und Versorgungsempfänger gegenüber der abgebenden Körperschaft bestehen.

(3) Die Absätze 1 und 2 gelten entsprechend in den Fällen des § 134 Abs. 4.

I

Abschnitt 12
Spannungs- und Verteidigungsfall, Verwendungen im Ausland

§ 138 Anwendungsbereich

Beschränkungen, Anordnungen und Verpflichtungen nach den §§ 139 bis 142 sind nur nach Maßgabe des Artikels 80a des Grundgesetzes zulässig. Sie sind auf Personen im Sinne des § 5 Abs. 1 des Arbeitssicherstellungsgesetzes nicht anzuwenden.

§ 139 Dienstleistung im Verteidigungsfall

(1) Beamtinnen und Beamte können für Zwecke der Verteidigung auch ohne ihre Zustimmung zu einem anderen Dienstherrn abgeordnet oder zur Dienstleistung bei über- oder zwischenstaatlichen zivilen Dienststellen verpflichtet werden.

(2) Beamtinnen und Beamten können für Zwecke der Verteidigung auch Aufgaben übertragen werden, die nicht ihrem Amt oder ihrer Laufbahnbefähigung entsprechen, sofern ihnen die Übernahme nach ihrer Vor- und Ausbildung und im Hinblick auf die Ausnahmesituation zumutbar ist. Aufgaben einer Laufbahn mit geringeren Zugangsvoraussetzungen dürfen ihnen nur übertragen werden, wenn dies aus dienstlichen Gründen unabweisbar ist.

(3) Beamtinnen und Beamte haben bei der Erfüllung der ihnen für Zwecke der Verteidigung übertragenen Aufgaben Gefahren und Erschwernisse auf sich zu nehmen, soweit diese ihnen nach den Umständen und den persönlichen Verhältnissen zugemutet werden können.

(4) Beamtinnen und Beamte sind bei einer Verlegung ihrer Behörde oder Dienststelle auch in das Ausland zur Dienstleistung am neuen Dienstort verpflichtet.

§ 140 Aufschub der Entlassung und des Ruhestands

Die Entlassung der Beamtinnen und Beamten auf ihren Antrag kann für Zwecke der Verteidigung hinausgeschoben werden, wenn dies im öffentlichen Interesse erforderlich ist und der Personalbedarf der öffentlichen Verwaltung im Bereich ihres Dienstherrn auf freiwilliger Grundlage nicht gedeckt werden kann. Satz 1 gilt entsprechend für den Ablauf der Amtszeit bei Beamtenverhältnissen auf Zeit. Der Eintritt in den Ruhestand nach Erreichen der Altersgrenze und die vorzeitige Versetzung in den Ruhestand auf Antrag ohne Nachweis der Dienstunfähigkeit können unter den Voraussetzungen des Satzes 1 bis zum Ende des Monats hinausgeschoben werden, in dem die Regelaltersgrenze erreicht wird.

§ 141 Erneute Berufung von Ruhestandsbeamtinnen und Ruhestandsbeamten

Ruhestandsbeamtinnen und Ruhestandsbeamte, die die Regelaltersgrenze noch nicht erreicht haben, können für Zwecke der Verteidigung erneut in ein Beamtenverhältnis berufen werden, wenn dies im öffentlichen Interesse erforderlich ist und der Personalbedarf der öffentlichen Verwaltung im Bereich ihres bisherigen Dienstherrn auf freiwilliger Grundlage nicht gedeckt werden kann. Das Beamtenverhältnis endet, wenn es nicht vorher beendet wird, mit dem Ende des Monats, in dem die Regelaltersgrenze erreicht wird.

§ 142 Verpflichtung zur Gemeinschaftsunterkunft und Mehrarbeit

(1) Wenn dienstliche Gründe es erfordern, können Beamtinnen und Beamte für Zwecke der Verteidigung verpflichtet werden, vorübergehend in einer Gemeinschaftsunterkunft zu wohnen und an einer Gemeinschaftsverpflegung teilzunehmen.

(2) Beamtinnen und Beamte sind verpflichtet, für Zwecke der Verteidigung über die regelmäßige Arbeitszeit hinaus ohne besondere Vergütung Dienst zu tun. Für die Mehrbeanspruchung wird ein Freizeitausgleich nur gewährt, soweit es die dienstlichen Erfordernisse gestatten.

§ 143 Verwendungen im Ausland

(1) Beamtinnen und Beamte, die zur Wahrnehmung des ihnen übertragenen Amts im Ausland oder außerhalb des deutschen Hoheitsgebiets auf Schiffen oder in Luftfahrzeugen verwendet werden und dabei wegen vom Inland wesentlich abweichender Verhältnisse erhöhten Gefahren ausgesetzt sind, können aus dienstlichen Gründen verpflichtet werden,

1. vorübergehend in einer Gemeinschaftsunterkunft zu wohnen und an einer Gemeinschaftsverpflegung teilzunehmen,
2. Schutzkleidung zu tragen,
3. Dienstkleidung zu tragen und
4. über die regelmäßige Arbeitszeit hinaus ohne besondere Vergütung Dienst zu tun.

In den Fällen des Satzes 1 Nr. 4 wird für die Mehrbeanspruchung ein Freizeitausgleich nur gewährt, soweit es die dienstlichen Erfordernisse gestatten.

(2) Sind nach Absatz 1 verwendete Beamtinnen und Beamte zum Zeitpunkt des vorgesehenen Eintritts in den Ruhestand nach den §§ 44, 51 und 53 oder des vorgesehenen Ablaufs ihrer Amtszeit wegen Verschleppung, Gefangenschaft oder aus sonstigen mit dem Dienst zusammenhängenden Gründen, die sie nicht zu vertreten haben, dem Einflussbereich des Dienstherrn entzogen, verlängert sich das Beamtenverhältnis bis zum Ablauf des auf die Beendigung dieses Zustands folgenden Monats.

Abschnitt 13 Übergangs- und Schlussvorschriften

§ 144 Entscheidungsrecht oberster Bundesbehörden

(1) Ist eine bundesunmittelbare Körperschaft, Anstalt oder Stiftung des öffentlichen Rechts Dienstherr einer Beamtin oder eines Beamten, kann die für die Aufsicht zuständige oberste Bundesbehörde in den Fällen, in denen nach diesem Gesetz oder dem Beamtenversorgungsgesetz die oberste Dienstbehörde die Entscheidung hat, sich diese Entscheidung vorbehalten oder die Entscheidung von ihrer vorherigen Zustimmung abhängig machen. Sie kann auch verbindliche Grundsätze für die Entscheidung aufstellen.

(2) Für bundesunmittelbare Körperschaften, Anstalten und Stiftungen des öffentlichen Rechts, die Behörden nicht besitzen, tritt an deren Stelle für die in diesem Gesetz oder dem Beamtenversorgungsgesetz einer Behörde übertragenen oder zu übertragenden Zuständigkeiten die zuständige Verwaltungsstelle.

§ 145 Rechtsverordnungen, Durchführungsvorschriften

(1) Rechtsverordnungen nach diesem Gesetz bedürfen nicht der Zustimmung des Bundesrates.

(2) Die zur Durchführung dieses Gesetzes und der auf Grund dieses Gesetzes erlassenen Rechtsverordnungen erforderlichen allgemeinen Verwaltungsvorschriften erlässt das Bundesministerium des Innern und für Heimat, soweit dieses Gesetz nichts anderes bestimmt.

§ 146 Öffentlich-rechtliche Religionsgesellschaften

Dieses Gesetz gilt nicht für die öffentlich-rechtlichen Religionsgesellschaften und ihre Verbände. Diesen bleibt es überlassen, die Rechtsverhältnisse ihrer Beamtinnen und Beamten und Seelsorgerinnen und Seelsorger diesem Gesetz entsprechend zu regeln oder Vorschriften dieses Gesetzes für anwendbar zu erklären.

§ 147 Übergangsregelungen

(1) Für Beamtinnen und Beamte, die vor Inkrafttreten dieses Gesetzes in ein Beamtenverhältnis auf Probe berufen worden sind, sind anstelle des § 10 Abs. 1 und 3 und des § 11 der § 6 Abs. 1 und der § 9 des Bundesbeamtengesetzes in der Fassung der Bekanntmachung vom 31. März 1999 (BGBl. I S. 675) in der bis zum 11. Februar 2009 geltenden Fassung anzuwenden. Abweichend von Satz 1 werden Beamtinnen und Beamte, die vor dem 12. Februar 2009 in ein Beamtenverhältnis auf Probe berufen worden sind, auf Antrag in ein Beamtenverhältnis auf Lebenszeit berufen, wenn

1. sie sich in der Probezeit in vollem Umfang bewährt haben und
2. seit der Berufung in das Beamtenverhältnis auf Probe mindestens drei Jahre vergangen sind.

(2) Die Bundesregierung überprüft die Anhebung der Altersgrenzen nach den §§ 51 und 52 unter Beachtung des Berichts nach § 154 Abs. 4 des Sechsten Buches Sozialgesetzbuch.

Bundespolizeibeamtengesetz (BPolBG)

in der Fassung der Bekanntmachung vom 3. Juni 1976 (BGBl. I S. 1357)

Zuletzt geändert durch
Gesetz zur Regelung des Erscheinungsbilds von Beamtinnen und Beamten sowie zur Änderung weiterer dienstrechtlicher Vorschriften
vom 28. Juni 2021 (BGBl. I S. 2250)

Abschnitt I Gemeinsame Vorschriften

§ 1 Anwendungsbereich

(1) Dieses Gesetz gilt für die Polizeivollzugsbeamten in der Bundespolizei, im kriminalpolizeilichen Vollzugsdienst des Bundes und für den Inspekteur der Bereitschaftspolizeien der Länder. Polizeivollzugsbeamte im Sinne des Satzes 1 sind die mit polizeilichen Aufgaben betrauten und zur Anwendung unmittelbaren Zwanges befugten Beamten; welche dieser Beamtengruppen im einzelnen dazu gehören, bestimmt das Bundesministerium des Innern, für Bau und Heimat durch Rechtsverordnung.

(2) Dieses Gesetz gilt auch für die Polizeivollzugsbeamten beim Deutschen Bundestag.

§ 2 Anwendung beamtenrechtlicher Vorschriften

Auf die Polizeivollzugsbeamten finden die für Bundesbeamte allgemein geltenden Vorschriften Anwendung, soweit in diesem Gesetz nichts anderes bestimmt ist.

§ 3 Laufbahnen; Verordnungsermächtigung

(1) Für die in § 1 bezeichneten Polizeivollzugsbeamten bestehen folgende Laufbahnen:

1. in der Bundespolizei:
   a) die Laufbahn des mittleren Polizeivollzugsdienstes,
   b) die Laufbahn des gehobenen Polizeivollzugsdienstes,
   c) die Laufbahn des höheren Polizeivollzugsdienstes;
2. im kriminalpolizeilichen Vollzugsdienst des Bundes:
   a) die Laufbahn des gehobenen Kriminaldienstes,
   b) die Laufbahn des höheren Kriminaldienstes;
3. beim Deutschen Bundestag:
   a) die Laufbahn des mittleren Polizeivollzugsdienstes,
   b) die Laufbahn des gehobenen Polizeivollzugsdienstes,
   c) die Laufbahn des höheren Polizeivollzugsdienstes.

(2) Die Bundesregierung wird ermächtigt, durch Rechtsverordnung ohne Zustimmung des Bundesrates allgemeine Vorschriften für die Laufbahnen zu erlassen, insbesondere Vorschriften über

1. die Gestaltung der Laufbahnen, einschließlich der regelmäßig zu durchlaufenden Ämter,
2. die Festlegung von Altersgrenzen,
3. den Erwerb der Laufbahnbefähigung,
4. die Grundsätze der Fortbildung,
5. die Voraussetzungen und das Verfahren für den Aufstieg und
6. die Voraussetzungen für den Laufbahnwechsel.

(3) Das Bundesministerium des Innern, für Bau und Heimat wird ermächtigt, durch Rechtsverordnung ohne Zustimmung des Bundesrates besondere Vorschriften für die einzelnen Laufbahnen und Vorbereitungsdienste zu erlassen, insbesondere Vorschriften über

1. das Auswahlverfahren für die Einstellung in den Vorbereitungsdienst,

2. den Ablauf des Vorbereitungsdienstes, insbesondere über dessen Inhalte und Dauer,
3. die Prüfung und das Prüfungsverfahren, einschließlich der Prüfungsnoten, sowie
4. die Folgen der Nichtteilnahme an Prüfungen und die Folgen von Ordnungsverstößen.

§ 4 Polizeidienstunfähigkeit

(1) Der Polizeivollzugsbeamte ist dienstunfähig, wenn er den besonderen gesundheitlichen Anforderungen für den Polizeivollzugsdienst nicht mehr genügt und nicht zu erwarten ist, daß er seine volle Verwendungsfähigkeit innerhalb zweier Jahre wiedererlangt (Polizeidienstunfähigkeit), es sei denn, die auszuübende Funktion erfordert bei Beamten auf Lebenszeit diese besonderen gesundheitlichen Anforderungen auf Dauer nicht mehr uneingeschränkt.

(2) Die Polizeidienstunfähigkeit wird durch den Dienstvorgesetzten auf Grund des Gutachtens eines Amtsarztes oder eines beamteten Arztes, in der Bundespolizei eines beamteten Bundespolizeiarztes, festgestellt.

(3) Die Bundesregierung kann jährlich bestimmen, in welchem Umfang für die nach § 44 Abs. 2 bis 5 des Bundesbeamtengesetzes anderweitig zu verwendenden Polizeivollzugsbeamten freie, frei werdende und neu geschaffene Planstellen für Beamte des mittleren, des gehobenen und des höheren Dienstes beim Bund und bei den bundesunmittelbaren Körperschaften, Anstalten und Stiftungen des öffentlichen Rechts vorbehalten werden.

§ 5 Ruhestand wegen Erreichens der Altersgrenze

(1) Polizeivollzugsbeamte auf Lebenszeit treten mit dem Ende des Monats in den Ruhestand, in dem sie das 62. Lebensjahr vollenden.

(2) Polizeivollzugsbeamte auf Lebenszeit, die vor dem 1. Januar 1952 geboren sind, treten mit dem Ende des Monats in den Ruhestand, in dem sie das 60. Lebensjahr vollenden. Für Polizeivollzugsbeamte, die nach dem 31. Dezember 1951 geboren sind, wird die Altersgrenze wie folgt angehoben:

Geburtsjahr Geburtsmonat	Anhebung um Monate	Altersgrenze	
		Jahr	Monat
1952			
Januar	1	60	1
Februar	2	60	2
März	3	60	3
April	4	60	4
Mai	5	60	5
Juni – Dezember	6	60	6
1953	7	60	7
1954	8	60	8
1955	9	60	9
1956	10	60	10
1957	11	60	11
1958	12	61	0
1959	14	61	2
1960	16	61	4
1961	18	61	6
1962	20	61	8
1963	22	61	10

(3) § 147 Absatz 2 des Bundesbeamtengesetzes gilt entsprechend.

§ 6 (weggefallen)

Abschnitt II
Polizeivollzugsbeamte in der Bundespolizei

§ 7 Ausbildung

Die Polizeivollzugsbeamten erhalten eine Ausbildung, die sie für eine Verwendung im Polizeivollzugsdienst in der Bundespolizei und in den entsprechenden Laufbahnen des Polizeivollzugsdienstes der Länder befähigen soll.

§ 8 Versetzung

(1) Die Versetzung eines Beamten, der noch nicht zehn Dienstjahre seit seiner Einstellung in der Bundespolizei vollendet hat, in den Polizeivollzugsdienst eines Landes bedarf nicht der Zustimmung des Beamten, wenn ein dienstliches Bedürfnis an der Versetzung besteht und das neue Amt einer gleichwertigen

Laufbahn angehört wie das bisherige Amt und mit mindestens demselben Endgrundgehalt verbunden ist; zum Endgrundgehalt gehören auch Amtszulagen und ruhegehaltfähige Stellenzulagen.

(2) Der Polizeivollzugsbeamte kann auch in ein Amt einer Laufbahn außerhalb des Polizeivollzugsdienstes im öffentlichen Dienst des Bundes oder einer bundesunmittelbaren Körperschaft, Anstalt oder Stiftung des öffentlichen Rechts versetzt werden, wenn er es beantragt oder ein dienstliches Bedürfnis besteht und wenn er die Befähigung für diese Laufbahn besitzt. Besitzt er die Befähigung nicht, hat er die ihm gebotene Gelegenheit wahrzunehmen, während seiner Zugehörigkeit zur Bundespolizei die ergänzenden Kenntnisse und Fähigkeiten zu erwerben und die Befähigung durch erfolgreiche Unterweisung in den Aufgaben der neuen Laufbahn nachzuweisen. Die für die Gestaltung der neuen Laufbahn zuständige oberste Dienstbehörde trifft im Einvernehmen mit dem Bundesministerium des Innern, für Bau und Heimat Regelungen für die Unterweisung und für die Feststellung ihres erfolgreichen Abschlusses. § 28 Abs. 3 Satz 3 des Bundesbeamtengesetzes bleibt unberührt.

(3) Der Beamte ist vor einer Versetzung nach Absatz 1 oder 2 zu hören.

§ 9 Stellenvorbehalt

Die Bundesregierung kann jährlich bestimmen, in welchem Umfange Beamten der Laufbahn des mittleren Polizeivollzugsdienstes in der Regel bis zur Besoldungsgruppe A 7 der Bundesbesoldungsordnung freie, frei werdende und neu geschaffene Planstellen für Beamte des mittleren Dienstes beim Bund und bei den bundesunmittelbaren Körperschaften, Anstalten und Stiftungen des öffentlichen Rechts vorbehalten werden.

§ 10 Wohnen in Gemeinschaftsunterkunft und Teilnahme an der Gemeinschaftsverpflegung

(1) Die Polizeivollzugsbeamten, die noch nicht fünf Dienstjahre abgeleistet oder noch nicht das fünfundzwanzigste Lebensjahr vollendet haben, sind auf Anordnung des Dienstvorgesetzten verpflichtet, in einer Gemeinschaftsunterkunft zu wohnen und an einer Gemeinschaftsverpflegung teilzunehmen.

(2) Andere als in Absatz 1 bezeichnete Polizeivollzugsbeamte können aus Anlaß besonderer Einsätze sowie bei der Teilnahme an Lehrgängen und Übungen zum Wohnen in einer Gemeinschaftsunterkunft und zur Teilnahme an einer Gemeinschaftsverpflegung vorübergehend verpflichtet werden.

§ 11 Freizeitausgleich bei Einsätzen und Übungen

Bei Einsätzen und bei Übungen von Verbänden, Einheiten oder Teileinheiten der Bundespolizei von einer Dauer von mehr als einem Tag wird anstelle einer Dienstbefreiung nach den §§ 87 und 88 des Bundesbeamtengesetzes ein einheitlicher Freizeitausgleich festgesetzt, der die Dauer des Einsatzes oder der Übung und die damit verbundene dienstliche Beanspruchung angemessen berücksichtigen muß. Die Entscheidung trifft das Bundesministerium des Innern, für Bau und Heimat oder die von ihm bestimmte Dienststelle. Der Freizeitausgleich soll gewährt werden, sobald die dienstlichen Verhältnisse es zulassen, möglichst innerhalb von drei Monaten.

§ 12 Erstattung der Kosten eines Studiums

Hat ein Polizeivollzugsbeamter, der sich zum Eintritt in die Bundespolizei verpflichtet hat, auf Grund dieser Verpflichtung vor oder nach seiner Einstellung einen Studienplatz an einer Hochschule erlangt, so muß er die vom Dienstherrn getragenen Kosten des Studiums erstatten, wenn er entlassen wird, bevor er eine Dienstzeit von der dreifachen Dauer des Studiums abgeleistet hat; dies gilt nicht, wenn er wegen Polizeidienstunfähigkeit entlassen wird, die nicht auf eigenes grobes Verschulden zurückzuführen ist. Auf die Erstattung kann ganz oder teilweise verzichtet werden, wenn sie für den Beamten eine besondere Härte bedeuten würde.

§ 12a Erstattung der Kosten einer Fortbildung

(1) Endet das Beamtenverhältnis innerhalb von vier Jahren nach Abschluss einer Fortbildungsmaßnahme, so hat die ehemalige Beamtin oder der ehemalige Beamte die Kosten einer Fortbildung nach Maßgabe der folgenden Absätze zu erstatten, wenn die Fortbildungsmaßnahme insgesamt vier Wochen überschritten hat, die Kosten je Fortbildungstag 500 Euro überstiegen haben und das durch die Fortbildung erworbene Fachwissen außerhalb des bisherigen Tätigkeitsbereichs einsetzbar ist.

(2) Zu erstatten sind die für die Fortbildungsmaßnahme angefallenen Kosten mit Ausnahme der Reisekosten und des Trennungsgeldes. Der Erstattungsbetrag mindert sich für jedes volle Jahr, das die ehemalige Beamtin oder der ehemalige Beamte seit Abschluss der Fortbildungsmaßnahme bei ihrem oder seinem bisherigen Dienstherrn Dienst geleistet hat, um ein Viertel. Der Erstattungsbetrag wird vom bisherigen Dienstherrn durch schriftlichen Bescheid zur Erstattung festgesetzt und einen Monat nach Bekanntgabe des Bescheids fällig.

(3) Auf die Erstattung kann ganz oder teilweise verzichtet werden, wenn sie eine besondere Härte für die ehemalige Beamtin oder den ehemaligen Beamten bedeuten würde. Dies ist insbesondere anzunehmen bei einer Beendigung des Beamtenverhältnisses wegen Dienstunfähigkeit der ehemaligen Beamtin oder des ehemaligen Beamten, die nicht auf eigenes grobes Verschulden zurückzuführen ist.

(4) Die Entscheidung trifft die oberste Dienstbehörde der ehemaligen Beamtin oder des ehemaligen Beamten.

Abschnitt III
Übergangs- und Schlußvorschriften

§ 13 (weggefallen)

§ 14 Verweisungen und Bezeichnungen in anderen Vorschriften

Wird in anderen Vorschriften auf Vorschriften und Bezeichnungen verwiesen, die durch dieses Gesetz geändert worden oder weggefallen sind, treten an ihre Stelle die Vorschriften und Bezeichnungen nach den geänderten Vorschriften.

§ 15 Verwaltungsvorschriften

Das Bundesministerium des Innern, für Bau und Heimat erläßt die zur Durchführung dieses Gesetzes erforderlichen allgemeinen Verwaltungsvorschriften.

Anwendungshinweise des Bundesministeriums des Innern und für Heimat zum Verfahren der Dienstunfähigkeit sowie zur Feststellung der begrenzten Dienstfähigkeit (§§ 44 bis 49 Bundesbeamtengesetz)

Vom 14. März 2022 (GMBl. S. 322)

Inhaltsübersicht

1. Grundsatz „Rehabilitation vor Versorgung"

Vorrangig vor Einleitung eines DU-Verfahrens soll die Dienststelle folgende Maßnahmen seitens der Dienststelle ergreifen:

- Führen eines Mitarbeitergesprächs zur Abklärung von dienstlichen Ursachen und dienstlichen Abhilfemöglichkeiten bei gesundheitlichen Beeinträchtigungen *(siehe auch Nummer 1.1)*;
- Anpassung der Arbeitsplatzausstattung an gesundheitliche Beeinträchtigungen;
- evtl. Änderungen des Arbeitsgebietes oder Aufgabenzuschnittes;
- Einbeziehung der Betriebsärztin oder des Betriebsarztes, ggf. auch schon bei den Anstrichen 1–3 *(siehe auch Nummer 1.2)*;
- Vorlage eines privatärztlichen Attests nach drei Monaten *(siehe auch Nummer 1.3)*;
- Durchführung eines Betrieblichen Eingliederungsmanagements (BEM) *(siehe auch Nummer 1.4)*;
- stufenweise Eingliederung nach längerer Krankheit entsprechend dem sog. Hamburger Modell *(siehe auch Nummer 1.5)*;
- Durchführung medizinisch notwendiger Kur- oder Rehabilitationsmaßnahmen *(siehe auch Nummer 3)*;

Ferner ist vor einer Versetzung in den Ruhestand wegen Dienstunfähigkeit vorrangig eine anderweitige Verwendung *(siehe auch Nummer 4.2)* bzw. eine Weiterverwendung im Rahmen begrenzter Dienstfähigkeit *(siehe auch Nummer 5)* zu prüfen.

Der Grundsatz gilt auch nach der Versetzung in den Ruhestand wegen Dienstunfähigkeit weiter. Wenn sich der Gesundheitszustand verbessert und damit die Dienstunfähigkeit entfällt, ist eine erneute Berufung in das aktive Dienstverhältnis (Reaktivierung) vorzunehmen *(siehe auch Nummer 7)*.

Die Dienststelle ist in allen Phasen „Herrin des Verfahrens". Dies erfordert ein enges Zusammenwirken zwischen dem unmittelbaren Vorgesetzten (§ 3 Absatz 3 BBG) und dem zuständigen Personalreferat. Das Verfahren zur Feststellung der Dienst(un)fähigkeit ist stets konsequent und zügig zu betreiben. Sowohl die Dienststelle als auch die Gutachterin oder der Gutachter[1]) müssen dazu – unter Berücksichtigung der Umstände des jeweiligen Einzelfalles – die erforderlichen Maßnahmen ohne zeitliche Verzögerung einleiten. Die Beamtin oder der Beamte muss ihren bzw. seinen beamtenrechtlich vorgesehenen Mitwirkungspflichten nachkommen. Aufgrund der ihr oder ihm obliegenden Gesunderhaltungspflicht (§ 61 Absatz 1 Satz 1 BBG) hat sie oder er alle zumutbaren Anstrengungen zu unternehmen, die der Wiederherstellung der Dienstfähigkeit dienen.

1.1 Führen eines Mitarbeitergesprächs

Im Idealfall ermöglicht ein bestehendes Vertrauensverhältnis zwischen der oder dem direkten Vorgesetzten, dass in Mitarbeitergesprächen auch Gesundheitsfragen erörtert werden. Die Beamtin oder der Beamte ist jedoch nicht verpflichtet, im Rahmen eines Mitarbeitergesprächs gegenüber der Dienststelle bzw. der oder dem Dienstvorgesetzten Angaben zu ihrem bzw. seinem Gesundheitszustand zu machen. Die Thematisierung von Gesundheitsfragen in Mitarbeitergesprächen erfordert daher eine besondere Sensibilität seitens der oder des Dienstvorgesetzten. Längere oder häufigere krankheitsbedingte Abwesenheiten sollten dabei als gemeinsames Problem von Dienststelle und der Beamtin oder dem Beamten angesehen werden, um dieses einer konstruktiven, gesundheitsfördernden Lösung zuführen zu können. Ggf. ist das Betriebliche Eingliederungsmanagement (BEM) gemäß § 167 Absatz 2 Sozialgesetzbuch (SGB) IX hierfür zu nutzen *(siehe auch Nummer 1.4)*.

---

[1]) Hier und im Folgenden sind mit den Begriffen „Gutachterin/Gutachter" gemeint: Ärztinnen oder Ärzte, die berechtigt sind, Untersuchungen gemäß § 48 Absatz 1 Sätze 1 und 2 BBG durchzuführen.

1.2 Einbeziehung der Betriebsärztin oder des Betriebsarztes

Bei längeren Erkrankungen und im Vorfeld einer drohenden Dienstunfähigkeit kann die Betriebsärztin oder der Betriebsarzt in das Verfahren einbezogen werden. Das kann auf Initiative der betroffenen Beamtin oder des betroffenen Beamten erfolgen oder mit deren Einwilligung durch die Dienststelle. Ohne Einwilligung der Beamtin oder des Beamten kann sich die Dienststelle durch die Betriebsärztin oder den Betriebsarzt nur zum jeweiligen Einzelfall beraten lassen, wenn sie diesen den datenschutzrechtlichen Bestimmungen entsprechend anonymisiert.

Die Aufgabe der Betriebsärztin oder des Betriebsarztes liegt in der Beratung der Dienststellenleitungen und der Beschäftigten zu Beanspruchungen durch die Arbeit, aber auch zu Integration und Rehabilitation. Dazu gehören Beratungen:

- zur Überprüfung der Eignung für bestimmte Tätigkeiten,
- nach Rückkehr aus einer längeren Krankheit und im BEM-Verfahren,
- zur Integration am Arbeitsplatz (u. a. leidensgerechte Ausstattung, Hamburger Modell, Umsetzung, Prognose).

Voraussetzung dafür ist, dass die Betriebsärztin oder der Betriebsarzt Kenntnisse über die einzelnen Arbeitsplätze hat. Die Inanspruchnahme der Beratung durch die Dienststelle ohne Einwilligung der Beamtin oder des Beamten hat in anonymisierter Form zu erfolgen.

Nicht in den Aufgabenbereich der Betriebsärztin oder des Betriebsarztes fallen ärztliche Untersuchungen[2]) zur Überprüfung von Krankmeldungen oder die Beurteilung der Dienstfähigkeit.[3])

1.3 Vorlage eines privatärztlichen Attests nach drei Monaten

Um unterstützende Maßnahmen anzubieten, können Beamtinnen und Beamte spätestens nach drei Monaten ununterbrochener Erkrankung gebeten werden, ein Attest der behandelnden Ärztin oder des behandelnden Arztes mit einer Prognose vorzulegen, bis wann die Dienstfähigkeit voraussichtlich wiederhergestellt sein wird. Dies ist nur dann erforderlich, wenn für die Dienststelle nicht anderweitig erkennbar ist, wann mit einer Rückkehr in den Dienst zu rechnen ist. Der Grund der Erkrankung ist nicht Gegenstand des Attestes und darf nicht daraus hervorgehen. Die Kosten des Attestes trägt die Dienststelle.

1.4 Betriebliches Eingliederungsmanagement (BEM)

Das BEM (§ 167 Absatz 2 SGB IX) legt Arbeitgebern die gesetzliche Verpflichtung auf, sich um Beschäftigte zu kümmern, die innerhalb eines Jahres ununterbrochen oder in der Summe einzelner Fehlzeiten insgesamt mehr als sechs Wochen krank waren oder sind. Dem BEM liegen somit der Rehabilitations- und Präventionsgedanke im Rahmen der Fürsorgepflicht zugrunde. Die Beschäftigten sollen durch individuell auf ihre Bedürfnisse abgestimmte Maßnahmen dabei unterstützt werden, ihre Tätigkeit wiederaufzunehmen und ohne gesundheitliche Beeinträchtigungen ggf. unter geänderten Rahmenbedingungen weiter fortführen zu können. Wegen dieser Zielstellung ist das BEM auch auf Beamtinnen und Beamte anzuwenden. Die Entscheidung über die Teilnahme am Verfahren obliegt der Beamtin oder dem Beamten und ist freiwillig.

Das BEM ist auch kein zwingender Bestandteil des Verfahrens zur Dienstunfähigkeit. Somit ist die Durchführung eines BEM keine Rechtmäßigkeitsvoraussetzung für die vor-

---

[2]) Hier und im Folgenden sind mit dem Begriff „ärztliche Untersuchung" gemeint: Untersuchungen im Sinne des § 48 Absatz 1 BBG.

[3]) § 4 Absatz 3 Allgemeine Verwaltungsvorschrift für die betriebsärztliche und sicherheitstechnische Betreuung in den Behörden und Betrieben des Bundes (BsiB-AVwV).

zeitige Versetzung in den Ruhestand wegen Dienstunfähigkeit. Es besteht jedoch die Option, dass der Dienststelle bei einem ordnungsgemäß erfolglos durchgeführtem BEM-Verfahren im Anschluss hinreichende Anhaltspunkte für die Einleitung eines DU-Verfahrens vorliegen.[4])

1.5 Durchführung der stufenweisen Wiedereingliederung (Hamburger Modell)

Die Wiedereingliederung – auch Hamburger Modell – hat das Ziel, erkrankte Beschäftigte anhand eines von der Ärztin bzw. vom Arzt individuell erarbeiteten Stufenplans wieder an ihrem alten Arbeitsplatz zu integrieren. Sie kann auch am Ende eines BEM stehen. Anders als das BEM, zu dessen Angebot der Arbeitgeber gegenüber seinen Beschäftigten verpflichtet ist, beruht das Hamburger Modell auf der Initiative bzw. dem Antrag der bzw. des Beschäftigten an den Arbeitgeber und wird oftmals durch die behandelnde Ärztin oder den behandelnden Arzt angeregt. Geregelt ist das Hamburger Modell in § 74 SGB V und gleichlautend für den Fall behinderter oder konkret von Behinderung bedrohter Menschen in § 44 SGB IX. Im Beamtenrecht gibt es für das Hamburger Modell zwar keine vergleichbare gesetzliche Grundlage. In der Praxis hat es sich jedoch auch für Beamtinnen und Beamte bewährt. Einzelheiten zum Hamburger Modell sowie Hinweise für die Praxis können dem Merkblatt zum Hamburger Modell **(Anlage 1)** entnommen werden.

1.6 Verfahren zur Erfassung von Fehlzeiten

Für Langzeiterkrankungen wird angeregt ein Verfahren einzurichten, welches gewährleistet, dass die für das DU- und das BEM-Verfahren Verantwortlichen zeitnah die o. g. Maßnahmen einschließlich des BEM durchführen und damit unnötige Fehlzeiten vermieden werden. Aus Gründen der Organisationshoheit und in Abhängigkeit der vorhandenen technischen Voraussetzungen entscheidet jedes Ressort in eigener Verantwortung, ggf. unter Beteiligung der zuständigen Gremien, über die konkrete Ausgestaltung des Verfahrens. Praktikabel erscheint z. B. eine viertel- oder halbjährliche Meldung aller Erkrankungen ab drei Monate an die jeweils zuständige Organisationseinheit. Die gesetzlichen Mitbestimmungsrechte bleiben unberührt.

2. Einleitung eines DU-Verfahrens

Werden der Dienststelle Umstände bekannt, die die ernsthafte Besorgnis begründen, eine Beamtin oder ein Beamter könne die Dienstpflichten ihres oder seines entsprechenden Amtes (konkret funktionelles Amt) innerhalb einer bestimmten Behörde nicht mehr erfüllen, ist zu prüfen, ob Dienstunfähigkeit vorliegt. Folgende Verfahrensschritte sind dabei zu beachten:

- Anordnung einer ärztlichen Untersuchung *(siehe auch Nummer 2.1)*
- Erteilung des Gutachtenauftrags *(siehe auch Nummer 2.2)*
- Ärztliche Begutachtung *(siehe auch Nummer 2.3)*

2.1 Anordnung einer ärztlichen Untersuchung

Das eigentliche Verfahren zur vorzeitigen Versetzung in den Ruhestand beginnt mit der Weisung der Dienststelle an die Beamtin oder den Beamten, sich zum Zweck der Prüfung einer möglichen Dienstunfähigkeit ärztlich untersuchen zu lassen. Diese Untersuchungsanordnung ist nach § 44 Absatz 6 BBG für die Beamtin oder den Beamten verpflichtend. Die Dienststelle hat die Ärztin oder den Arzt für die Untersuchung zu bestimmen.

2.1.1 Zweifel an der Dienst(un)fähigkeit

Die Dienststelle hat in der Regel eine ärztliche Untersuchung zu veranlassen, wenn Zweifel an der Dienstunfähigkeit bzw. Dienstfähigkeit bestehen. Das kann auch der Fall sein, wenn die Beamtin oder der Beamte von sich aus um

[4]) BVerwG, Urteil vom 5. Juni 2014 (2 C 22.13), 2. Leitsatz.

Überprüfung der Dienstunfähigkeit bzw. Dienstfähigkeit bittet.

Abhängig vom Einzelfall können sich Zweifel an der Dienstfähigkeit insbesondere dann ergeben, wenn die Beamtin oder der Beamte länger erkrankt ist oder wiederholt erkrankt. Bei der Frage, wann von einer längeren bzw. wiederholten Erkrankung auszugehen ist, ist die Regelung des § 44 Absatz 1 Satz 2 BBG *(siehe auch Nummer 4.1.2)* zu berücksichtigen. Danach ist eine ärztliche Untersuchung nach drei Monaten durchgehender Erkrankung oder bei mehr als dreimonatiger Krankheit innerhalb eines Zeitraumes von sechs Monaten in der Regel zu erwägen, es sei denn, es besteht aufgrund der Umstände kein Anlass für Zweifel an der dauerhaften Dienstfähigkeit. Zweifel an der Dienstfähigkeit können sich – unabhängig von Fehlzeiten – aber auch aus Auffälligkeiten bei der Dienstausübung ergeben (z. B. bei Verdacht auf Demenz oder Persönlichkeitsstörungen).

2.1.2 Inhalt der Untersuchungsanordnung

Die Formulierung der Untersuchungsanordnung erfordert besondere Sorgfalt, weil eine Nachbesserung grundsätzlich nicht möglich ist. Das Bundesverwaltungsgericht differenziert in seiner neueren Rechtsprechung[5]) deutlich zwischen den Anforderungen an eine Untersuchungsanordnung nach **§ 44 Absatz 1 Satz 1 BBG** und denen einer Untersuchungsanordnung nach **§ 44 Absatz 1 Satz 2 BBG**. In der Untersuchungsanordnung sollte daher klargestellt werden, auf welcher gesetzlichen Grundlage die ärztliche Begutachtung und – abhängig von deren Ergebnis – eine evtl. folgende Zurruhesetzung erfolgen soll. Die Beamtin oder der Beamte ist zudem auf ihre oder seine Mitwirkungspflichten hinzuweisen *(siehe auch Nummer 2.3.1)*. Darüber hinaus kann zur Vermeidung von evtl. Doppeluntersuchungen – auch im Interesse der Beamtin oder des Beamten – die Vorlage von Befundberichten behandelnder Ärztinnen oder Ärzte bzw. deren Entbindung von der Schweigepflicht *(siehe auch Nummer 2.3.3)* erbeten werden, soweit die entsprechenden Befunde für die ärztliche Begutachtung erforderlich sind.

Ein Muster für eine Untersuchungsanordnung kann der **Anlage 2** entnommen werden.

2.1.2.1 Untersuchungsanordnung nach § 44 Absatz 1 Satz 1 BBG (körperlicher Zustand, gesundheitliche Gründe)

Nach § 44 Absatz 1 Satz 1 BBG sind Beamtinnen und Beamte in den Ruhestand zu versetzen, wenn sie wegen ihres körperlichen Zustands oder aus gesundheitlichen Gründen zur Erfüllung ihrer Dienstpflichten dauernd unfähig (dienstunfähig) sind. Der Anordnung müssen demnach tatsächliche Feststellungen zugrunde gelegt werden, die die Dienstunfähigkeit der Beamtin oder des Beamten als naheliegend erscheinen lassen.[6]) Davon ist auszugehen, wenn Umstände vorliegen, die bei vernünftiger, lebensnaher Einschätzung die ernsthafte Besorgnis begründen, die betroffene Beamtin oder der betroffene Beamte sei wegen ihres oder seines körperlichen Zustandes oder aus gesundheitlichen Gründen nicht in der Lage die Dienstpflichten ihres oder seines abstrakt-funktionellen Amtes zu erfüllen. Die Dienststelle muss dazu im Einzelnen darlegen, welcher Vorfall bzw. welche Umstände inwiefern zu Zweifeln an der Dienstfähigkeit geführt haben *(siehe auch Nummer 2.2.2)*. Für die Beamtin oder den Beamten muss aus der Untersuchungsanordnung nachvollziehbar sein, ob die aufgeführten Umstände die behördlichen Zweifel an ihrer oder seiner Dienstfähigkeit rechtfertigen. Ein schlichter Hinweis auf die Dauer der Fehlzeiten genügen dem Begründungserfordernis einer Untersuchungsanordnung ge-

[5]) BVerwG, Beschluss vom 14. März 2019 (2 VR 5.18), Rn. 47 ff.

[6]) BVerwG, Urteil vom 30. Mai 2013 (2 C 68.11), Rn. 19.

mäß § 44 Absatz 1 Satz 1 BBG in der Regel nicht.[7])

Die Dienststelle hat, sofern ihr nähere Informationen zu der Erkrankung fehlen, der Beamtin oder dem Beamten vorab Gelegenheit zur Beibringung ergänzender Informationen zum Hintergrund der Fehlzeiten zu geben, um auf dieser Grundlage eine ärztliche Untersuchung anordnen zu können. Dies kann auch in der Form eines Orientierungsgesprächs mit der Gutachterin oder dem Gutachter erfolgen. Ebenso muss die Untersuchungsanordnung auch Angaben zu Art und Umfang der ärztlichen Untersuchung enthalten, insbesondere im Falle einer fachpsychiatrischen Untersuchung, wobei diese ohnehin in der Regel nur zusätzlich erfolgt *(siehe auch Nummer 2.3.2)*. Auf der Grundlage der bei der Dienststelle vorhandenen, für das Zurruhesetzungsverfahren verwertbaren Erkenntnisse ist dementsprechend von der Dienststelle zu konkretisieren, welche Untersuchungen vorgenommen werden sollen. Die Dienststelle soll dazu bereits im Vorfeld des Erlasses der Untersuchungsanordnung ohne Benennung des konkreten Einzelfalls sachkundige ärztliche Beratung in Anspruch nehmen (beispielsweise durch die Betriebsärztin oder den Betriebsarzt), wenn diese zur Konkretisierung der Untersuchungsanordnung beitragen kann.

2.1.2.2 Untersuchungsanordnung nach § 44 Absatz 1 Satz 2 BBG (Fehlzeiten)

Bei einer auf die gesetzliche Vermutungsregel nach § 44 Absatz 1 Satz 2 BBG gestützten Untersuchungsanordnung kann als dienstunfähig auch angesehen werden, wer infolge Erkrankung innerhalb von sechs Monaten mehr als drei Monate keinen Dienst getan hat und keine Aussicht besteht, dass innerhalb weiterer sechs Monate die Dienstfähigkeit wieder voll hergestellt ist. Anlass für die Untersuchungsanordnung sind die krankheitsbedingten Fehlzeiten des gesetzlich geregelten Umfangs. Für diese Fallgestaltung langdauernder Ausfallzeiten, bei denen aufseiten des Dienstherrn keine weiteren Erkenntnisse über die zugrundeliegende Erkrankung vorliegen, gelten die zu Fällen der Untersuchungsanordnung nach § 44 Absatz 1 Satz 1 BBG entwickelten Anforderungen nicht. Die Untersuchungsanordnung kann daher allein auf die Angabe der krankheitsbedingten Fehlzeiten gestützt werden. Der Dienstherr muss insbesondere in der Untersuchungsanordnung nicht darlegen, dass und warum die zugrundeliegenden Erkrankungen Zweifel an der Dienstfähigkeit der Beamtin oder des Beamten begründen, da die Arbeitsunfähigkeitsbescheinigungen Angaben zu Gründen der Dienstunfähigkeit nicht enthalten. Stützt der Dienstherr sich auf die wegen erheblicher Fehlzeiten vermutete Dienstunfähigkeit nach § 44 Absatz 1 Satz 2 BBG, weiß der Adressat, warum die Untersuchungsanordnung ergeht. Die ärztliche Untersuchung dient dann dem Zweck festzustellen, ob Aussicht besteht, dass innerhalb der gesetzlich bestimmten Frist von sechs Monaten die Dienstfähigkeit wieder voll hergestellt ist. Es ist der Dienststelle auch nicht möglich, Art und Umfang der ärztlichen Untersuchung näher festzulegen. Aus diesem Grund darf die Dienststelle die Untersuchungsanordnung auch auf ggf. erforderliche Zusatzbegutachtungen (einschließlich psychiatrischer Untersuchungen) erweitern. Der mit einer psychiatrischen Begutachtung verbundene Eingriff in das Persönlichkeitsrecht der Beamtin oder des Beamten erfordert keine Beschränkungen solcher Untersuchungsanordnungen auf die Fälle nach § 44 Absatz 1 Satz 1 BBG.[8]) Denn ärztliche Untersuchungen, die im Rahmen von § 44 Absatz 1 Satz 1 BBG angeordnet werden können, können auch im Rahmen des § 44 Absatz 1 Satz 2 ergehen.[9]) Der Gutach-

[7]) OVG Münster, Beschluss vom 12. Dezember 2017 (1 B 1470/17), juris Rn. 21 ff.

[8]) BVerwG, Beschluss vom 14. März 2019 (2 VR 5.18), Rn. 51.

[9]) BVerwG, a. a. O.

tenauftrag zu einer Untersuchungsanordnung zur Prüfung der Dienstunfähigkeit nach § 44 Absatz 1 Satz 2 BBG kann daher wegen fehlender Kenntnisse der Dienststelle zum Krankheitsbild der Beamtin oder des Beamten allgemein formuliert sein *(siehe auch Nummer 2.2)*.

2.1.3 Form der Untersuchungsanordnung

Die Anordnung, sich zur Klärung seiner Dienstfähigkeit ärztlich untersuchen oder beobachten zu lassen, stellt nach bisheriger ständiger Rechtsprechung des Bundesverwaltungsgerichtes keinen Verwaltungsakt dar.[10]) Die Untersuchungsanordnung kann dementsprechend als „einfaches Schreiben" ergehen und muss nicht mit einer Rechtsbehelfsbelehrung versehen werden. In einer aktuellen Entscheidung[11]) hat das Bundesverfassungsgericht klargestellt, dass es sich bei der Untersuchungsanordnung um eine Verfahrenshandlung i. S. v. § 44a Satz 2 Verwaltungsgerichtsordnung (VwGO) handelt, gegen die entgegen bisheriger bundesverwaltungsgerichtlicher und teilweise oberverwaltungsgerichtlicher Rechtsprechung ein Antrag auf Gewährung einstweiligen Rechtsschutzes zulässig ist. Dazu ist nach Auffassung des Gerichtes § 44a VwGO verfassungskonform auszulegen. Denn die angeordnete ärztliche Untersuchung könnte zu Verletzungen materieller Rechtspositionen führen, die nicht mit den durch die abschließende Sachentscheidung berührten materiellen Rechtspositionen identisch sind und somit im Rechtsschutzverfahren gegen eine Zurruhesetzungsverfügung nicht vollständig beseitigt würden. Weiterhin muss die Dienststelle sicherstellen, dass die Untersuchungsanordnung die Beamtin oder den Beamten tatsächlich erreicht.

2.2 Erteilung des Gutachtenauftrages

Die Entscheidung der Dienststelle über die Dienstunfähigkeit erfolgt maßgeblich auf der Grundlage eines ärztlichen Gutachtens.[12]) Die Untersuchungsanordnung an die Beamtin oder den Beamten und die Beauftragung einer Ärztin oder eines Arztes mit dieser Untersuchung bzw. Prüfung sollten einheitlich und im Zusammenhang erfolgen. Die Qualität und Verwertbarkeit des ärztlichen Gutachtens bzw. die Gerichtsfestigkeit der darauf fußenden behördlichen Entscheidung zur Dienstfähigkeit, begrenzten Dienstfähigkeit oder Dienstunfähigkeit wird maßgeblich durch den Gutachtenauftrag, insbesondere durch den Fragenkatalog, bestimmt. Wenn der Gesundheitszustand dazu Anlass gibt, können mehrere Gutachten eingeholt werden.

2.2.1 Bestimmung der Ärztin oder des Arztes durch die Dienststelle

Die Auswahl einer Ärztin oder eines Arztes, die oder der mit der Begutachtung beauftragt wird, steht grundsätzlich im Ermessen der Dienststelle.

Es kann jedoch zur Rechtswidrigkeit der Untersuchungsanordnung führen, wenn die Dienststelle die Interessen der Beamtin oder des Beamten nicht berücksichtigt, z. B. zuvor dargelegte Gründe für die Ablehnung der bestimmten Ärztin oder des bestimmten Arztes, und ohne Sachaufklärung an der Untersuchung durch die zunächst bestimmte Ärztin oder den bestimmten Arzt festhält.[13])

Die ärztliche Untersuchung nach §§ 44 bis 47 BBG ist in der Regel einer Amtsärztin oder einem Amtsarzt zu übertragen (§ 48 Absatz 1 Satz 1 BBG). Daneben kann auch eine Ärztin oder ein Arzt damit beauftragt werden, wenn sie oder er von der obersten Dienstbehörde als Gutachterin oder Gutachter zugelassen

[10]) BVerwG, a. a. O.

[11]) BVerfG, Beschluss vom 14. Januar 2022 (2 BvR 1528/21).

[12]) Hier und im Folgenden sind mit dem Begriff „ärztliches Gutachten" gemeint: Gutachten von gemäß § 48 Absatz 1 Sätze 1 und 2 BBG zugelassenen Gutachterinnen oder Gutachtern.

[13]) BVerwG, Urteil vom 26. Januar 2012 (2 C 7.11), Rn. 25.

worden ist (§ 48 Absatz 1 Satz 1 und 2 BBG). Die oberste Dienstbehörde kann diese Befugnis auf nachgeordnete Behörden übertragen, § 48 Absatz 1 Satz 3 BBG. Die Zulassung ist aktenkundig zu machen.

Für den Bereich der Bundesverwaltung besteht weiterhin die Möglichkeit, sich an den Sozialmedizinischen Dienst der Deutschen Rentenversicherung Knappschaft-Bahn-See[14]) zu wenden. Bei einer Inanspruchnahme sind die Ärztinnen und Ärzte der Deutschen Rentenversicherung Knappschaft-Bahn-See nach § 48 Absatz 1 Sätze 2 und 3 BBG durch die oberste Dienstbehörde als Gutachter bzw. Gutachterinnen zuzulassen.

Seit dem 1. Juni 2016 können daneben ärztliche Gutachten auch von den Medizinischen Diensten der Krankenversicherung (MDK) erstellt werden. Hierzu haben BMI und Medizinischer Dienst des Spitzenverbandes Bund der Krankenkassen e. V. (MDS) gem. § 275 Absatz 4a SGB V eine Vereinbarung geschlossen. Die Unterstützung erfolgt nur, wenn die Erfüllung der sonstigen dem Medizinischen Dienst obliegenden Aufgaben dadurch nicht beeinträchtigt wird. Anschriften und Näheres zum Verfahren können der **Anlage 3** entnommen werden.

Darüber hinaus kann die oberste Dienstbehörde Gutachterinnen und Gutachter nach § 48 Absatz 1 Satz 2 BBG durch Bekanntgabe in ihrem Geschäftsbereich zulassen. Bei der Auswahl der Gutachterinnen und Gutachter ist zu beachten, dass die Ärztin oder der Arzt über die Fachgebietsbezeichnung „öffentliches Gesundheitswesen" oder die Zusatzbezeichnung „Sozialmedizin" verfügt. Bei anderen Gebietsbezeichnungen, auch der für „Arbeitsmedizin", ist der Erwerb von grundlegenden sozialmedizinischen Kenntnissen nicht im Ausbildungsgang enthalten und kann daher grundsätzlich nicht vorausgesetzt werden. Andere Ärztinnen oder Ärzte dürfen daher nur ausnahmsweise beauftragt werden, wenn sie nach ihren Erfahrungen für diese Aufgabe geeignet sind. Dies kann unter anderem der Fall sein, wenn bereits gutachterliche Tätigkeiten im Rahmen sozialmedizinischer Fragestellungen für andere Stellen wahrgenommen wurden und/oder entsprechende Kenntnisse vorhanden sind und nachgewiesen werden können.

Die oberste Dienstbehörde kann die Befugnis nach § 48 Absatz 1 Satz 2 BBG auf nachgeordnete Behörden übertragen, § 48 Absatz 1 Satz 3 BBG. Die Zulassung ist aktenkundig zu machen. Bei der Auswahl der Gutachterin oder des Gutachters ist auch zu berücksichtigen, dass eine ärztliche Untersuchung möglichst in Wohnortnähe erfolgen kann. Wenn der Gesundheitszustand dazu Anlass gibt, können mehrere Gutachten eingeholt werden. Wird hiervon Gebrauch gemacht, sollen diese in einer Beurteilung zusammenfasst werden.

Befindet sich die Beamtin oder der Beamte im Ausland, ist eine ärztliche Untersuchung vor Ort nur dann möglich, wenn die Ärztin oder Arzt bzw. die Gutachterin oder der Gutachter eine den deutschen Standards entsprechende ärztliche Untersuchung durchführen kann. Ansonsten ist eine ärztliche Untersuchung bei einer Gutachterin oder einem Gutachter in Deutschland angezeigt.

Bei Vorliegen abweichender medizinischer Atteste der behandelnden Ärztin oder des behandelnden Arztes geht das Gutachten der Amtsärztin oder des Amtsarztes zum selben Krankheitsbild zum selben Zeitpunkt vor. Für andere Ärzte gilt dies nicht. Grund ist die Neutralität der Amtsärztin oder des Amtsarztes, die Beamtinnen oder Beamten und der Dienststelle gleichermaßen fernstehen.[15]) Sollten sich im Einzelfall medizinisches Attest des behandelnden Arztes und Gutachten eines von der Dienststelle beauftragten Gut-

[14]) Deutsche Rentenversicherung Knappschaft-Bahn-See, Dezernat V.3 (Sozialmedizinischer Dienst), Wasserstraße 215, 44799 Bochum.

[15]) BVerwG, Urteil vom 5. Juni 2014 (2 C 22.13), Rn. 20, zuletzt BVerwG, Urteil vom 16. November 2017 (2 A 5.16), Rn. 24.

achters widersprechen, empfiehlt es sich, vor der Entscheidung über die Dienstunfähigkeit aus Gründen der Rechtssicherheit ein amtsärztliches Gutachten einzuholen.

Um Wartezeiten zu vermeiden, sollte die Dienststelle vorab bei der begutachtenden Stelle nachfragen, innerhalb welcher Zeit mit dem ärztlichen Gutachten zu rechnen ist. Die Frist sollte sechs Wochen nicht überschreiten. Ist die Gutachtenerstellung innerhalb dieser Frist nicht möglich, kann der Gutachtenauftrag anderweitig vergeben werden.

Die Gutachtenkosten werden, sofern nichts anderes vereinbart ist, nach der Gebührenordnung für Ärzte abgerechnet. Unter Umständen kann die Dienststelle nach landesrechtlichen Vorschriften von den Kosten einer Begutachtung durch Amtsärztinnen oder Amtsärzte befreit sein.[16])

2.2.2 Sachverhaltsschilderung

Bei der Anforderung eines ärztlichen Gutachtens stellt die Dienststelle den Sachverhalt der Ärztin oder dem Arzt umfassend dar **(Anlage 4 – Teil I)** und teilt sämtliche ihr bekannten und für die medizinische Beurteilung der Dienstunfähigkeit relevanten Umstände mit, um ein aussagekräftiges Gutachten zu erhalten.

Die Umstände, die Anlass für die Untersuchungsanordnung gegenüber der Beamtin oder dem Beamten sind, sind auch gegenüber der Ärztin oder dem Arzt ausführlich darzulegen. Dazu gehören u. a. Angaben, auf welche Rechtsgrundlage (§ 44 Absatz 1 Satz 1 oder § 44 Absatz 1 Satz 2 BBG) die Dienststelle die evtl. Zurruhesetzung stützt, der bisherige Krankheitsverlauf, eine Fehlzeitenentwicklung, sonstige zur Erhaltung der Dienstfähigkeit durchgeführte Maßnahmen und ihre Wirkungen sowie Aussagen zu bereits erfolgten Prüfungen einer anderweiten Verwendungsmöglichkeit.

2.2.3 Fragenkatalog

Dem Gutachtenauftrag sollte ein Fragenkatalog beigefügt werden, um möglichst konkrete Aussagen zur Dienstfähigkeit zu erhalten. Hierzu wird auf **Anlage 4 – Teil II** verwiesen. Bei diesem Vordruck handelt es sich um kein gesetzliches Formblatt. Auch ist es nicht durch Verwaltungsvorschrift verpflichtend vorgeschrieben. Es kann und sollte daher, im Rahmen des am Einzelfall orientierten Untersuchungsauftrags, angepasst werden. Diese Anlage ist an die Ärztin oder den Arzt zu senden und von dieser oder diesem ausgefüllt wieder zurückzuschicken.

Zugleich ist dem Auftrag ein Merkblatt für die Erstellung des Gutachtens beizulegen (siehe **Anlage 5**).

2.3 Ärztliche Begutachtung und ärztliches Gutachten

Die von der Dienststelle beauftragte Gutachterin oder der von der Dienststelle beauftragte Gutachter entscheidet nicht selbst über Umfang und Art der ärztlichen Untersuchung, sie oder er wird nur im Rahmen des von der Dienststelle angeforderten Gutachtenauftrags tätig. Der ärztliche Gutachter ist lediglich „Gehilfe" der Verwaltungsbehörde. Er vermittelt der Behörde nur die für die Beurteilung der dauernden Dienstunfähigkeit der betroffenen Beamtin oder des betroffenen Beamten erforderliche medizinische Sachkunde. Dies bedeutet auch, dass die Dienststelle ggf. vom Gutachtenauftrag nicht erfasste erforderliche Zusatzbegutachtungen von der Dienststelle gegenüber der Beamtin oder dem Beamten zusätzlich begründet und angeordnet werden müssen *(siehe Nummer 2.3.2)*. Es obliegt nicht der Gutachterin oder dem Gutachter, eine solche anzuweisen.[17])

Es empfiehlt sich, dass die Dienststelle den Termin für die Begutachtung mit der Gutachterin oder dem Gutachter abstimmt und die Beamtin oder den Beamten einlädt, da die

---

[16]) Z. B. nach § 8 des Hessischen Verwaltungskostengesetzes.

[17]) VG Freiburg, Beschluss vom 16. August 2016 (3 K 1931/16).

ärztliche Untersuchung auf Weisung der Dienststelle erfolgt (§ 44 Absatz 6 BBG). Die Dienststelle gibt das Gutachten in Auftrag, trägt die Kosten hierfür und sollte deshalb auch darüber informiert werden, wann der Auftrag ausgeführt wird.

Zu Beginn der ärztlichen Untersuchung ist die Beamtin oder der Beamte auf den Zweck der Untersuchung und auf die ärztliche Befugnis zur Übermittlung des Ergebnisses an die Dienststelle hinzuweisen (§ 48 Absatz 3 BBG). Ausnahmsweise kann die Beamtin oder der Beamte die ärztliche Untersuchung verweigern, wenn Umstände, wie beispielsweise Befangenheit (z. B. Verwandter) oder ein unzulässiges bzw. unangemessenes Verhalten (z. B. sexuelle Belästigung) der Gutachterin oder des Gutachters dies begründen. Die ärztliche Untersuchung muss der Beamtin oder dem Beamten in jedem Fall unzumutbar gewesen sein. Die fachliche Qualifikation der Gutachterin oder des Gutachters kann von der Beamtin oder dem Beamten in der Regel nicht beurteilt werden. Eine „angeblich“ mangelnde Qualifikation berechtigt nicht zur Verweigerung der Untersuchung.

Die untersuchende Ärztin oder der untersuchende Arzt kann die Teilnahme einer Begleit-/Vertrauensperson (etwa eines Angehörigen) der Beamtin oder des Beamten an der eigentlichen ärztlichen Untersuchung ablehnen, da diese durch die Anwesenheit einer dritten Person beeinträchtigt werden könnte.[18)]

2.3.1 Mitwirkungspflichten

Beamtinnen und Beamte haben die Pflicht, sich nach Weisung der Behörde ärztlich untersuchen oder beobachten zu lassen, wenn Zweifel darüber bestehen, ob sie dauernd dienstunfähig sind (§ 44 Absatz 6 BBG).

Entzieht sich die Beamtin oder der Beamte ohne ärztlich nachgewiesenen Verhinderungsgrund einer rechtmäßigen Untersuchungsanordnung, ist der Dienststelle der Weg für ein Zurruhesetzungsverfahren eröffnet. Sie kann in diesem Rahmen – aufgrund des Rechtsgedankens des § 444 ZPO – von der Dienstunfähigkeit der Beamtin oder des Beamten ausgehen[19)] und die Zurruhesetzung verfügen.[20)] Die Beamtin oder der Beamte hätte es sonst in der Hand, das Verfahren in die Länge zu ziehen und weiter die vollen Dienstbezüge zu erhalten.[21)] Die Verweigerung stellt zudem ein Dienstvergehen (§ 77 BBG) dar, das disziplinarrechtlich geahndet werden kann. Auf diese Folgen sollte bereits in der Untersuchungsanordnung hingewiesen werden.

Die Beamtin oder der Beamte hat die Dienststelle umgehend zu informieren, sofern sie oder er den Untersuchungstermin krankheitsbedingt nicht wahrnehmen kann. Die Dienststelle wird daraufhin die nächsten Verfahrensschritte einleiten. So hat sie die Beamtin oder den Beamten aufzufordern, die Gründe der Verhinderung nachzuweisen. Vorgelegte Atteste der behandelnden Ärztin oder des behandelnden Arztes für Erkrankungen am Untersuchungstermin können von der Dienststelle abgelehnt und die Vorlage eines amtsärztlichen Attests eingefordert werden. Sofern das amtsärztliche Attest vom Attest des behandelnden Arztes abweicht, besteht für die Beamtin oder den Beamten die Pflicht, den Untersuchungstermin wahrzunehmen. Kommt die Beamtin oder der Beamte dem nicht nach, verletzt sie oder er seine Mitwirkungspflichten und der Dienststelle ist das Zurruhesetzungsverfahren eröffnet (s. o.). Im Falle des Verhinderungsgrundes Reise- und/oder Transportfähigkeit kann, mit Einverständnis der Beamtin oder des Beamten und ggf. unter Einbeziehung der Gutachterin oder des Gutachters, ein ärztlicher Hausbesuch veranlasst werden.

---

18) Vgl. z. B. LSG Baden-Württemberg, Urteil vom 22. September 2016 (L 7 R 2329/15), Rn. 50.

19) stRspr; BVerwG, Urteil vom 26. April 2012 (2 C 17.10), Rn. 12.

20) BVerwG, Beschluss vom 14. März 2019 (2 VR 5.18), Rn. 28.

21) BVerwG, Urteil vom 26. April 2012 (2 C 17.10), Rn. 12.

Ferner besteht die Mitwirkungspflicht der Beamtin oder des Beamten darin, zum Untersuchungstermin zu erscheinen und aktiv an der ärztlichen Untersuchung mitzuwirken. Dazu zählen u. a. die wahrheitsgemäße Beantwortung ärztlicher Fragen sowie die Duldung einfacher körperlicher Eingriffe (z. B. Blutabnahme).

2.3.2 Weitere (fach-)ärztliche Untersuchungen

Ist zur Erfüllung des Gutachtenauftrages eine weitere (fach-)ärztliche Untersuchung erforderlich, so hat die Gutachterin oder der Gutachter dies unter Darlegung der Gründe mitzuteilen. Die Prüfung, ob eine weitere Untersuchungsanordnung für die Zusatzuntersuchung erforderlich ist, obliegt der Dienststelle.[22]) Entscheidend ist hierbei der Umfang der (ersten) Untersuchungsanordnung. Erstreckt sich diese bereits auf weitere durch die Amtsärztin oder den Amtsarzt für erforderlich erachtete fachärztliche Zusatzbegutachtungen, ist eine weitere Untersuchungsanordnung entbehrlich.[23]) Andernfalls müsste eine erneute begründete Untersuchungsanordnung ergehen *(siehe hierzu Nummer 2.1.2)*.

2.3.3 Schweigepflichtentbindungserklärung

Ärztinnen oder Ärzte, die die Beamtin oder den Beamten (ambulant oder stationär) behandeln oder behandelt haben, unterliegen der ärztlichen Schweigepflicht. Der Anforderung von Befundberichten (durch die Gutachterin oder den Gutachter) ist daher eine Einverständniserklärung bzw. Schweigepflichtentbindung der Beamtin oder des Beamten beizufügen. Die Notwendigkeit der Befundanforderung ist der Beamtin oder dem Beamten im Rahmen der ärztlichen Untersuchung durch die Gutachterin oder den Gutachter zu erläutern.

Lehnt die Beamtin oder der Beamte die Unterzeichnung der entsprechenden Erklärung ab, ist dies der Dienststelle mitzuteilen, damit diese die weiteren Schritte einleiten kann. Wenn die notwendige Einbeziehung ärztlicher Befunde Dritter letztlich nicht möglich ist, da etwa die Schweigepflichtentbindung nicht erteilt wurde oder Befunde trotz wiederholter Aufforderung nicht übermittelt wurden, ist dies im ärztlichen Gutachten darzulegen (einschließlich der Auswirkungen auf die ärztlichen Feststellungen). Dies kann sich für die Beamtin oder den Beamten im Rahmen der Prüfung der Dienstunfähigkeit durch die Dienststelle im Ergebnis nachteilig auswirken.[24]) Insofern dürfen die fehlenden privatärztlichen Vorbefunde bzw. die fehlende Schweigepflichtentbindung nicht als Hindernis für eine ärztliche Untersuchung geltend gemacht werden.

Auch die Gutachterin oder der Gutachter unterliegt zwar der ärztlichen Schweigepflicht, d. h. ihr oder ihm ist es unter Androhung von Strafe verboten, unbefugt ein fremdes Geheimnis, namentlich ein zum persönlichen Lebensbereich gehörendes Geheimnis, das ihr bzw. ihm als Ärztin bzw. Arzt anvertraut oder sonst bekanntgeworden ist, zu offenbaren (§ 203 Absatz 1 Nr. 1 Strafgesetzbuch – StGB). Für ärztliche Mitteilungen, die im Rahmen des § 48 Absatz 2 BBG erfolgen, besteht jedoch eine **gesetzliche Mitteilungspflicht** und dementsprechend eine **Offenbarungsbefugnis** der Ärztin oder des Arztes. Das ärztliche Gutachten darf sich nicht darauf beschränken, nur ein Untersuchungsergebnis mitzuteilen. Es muss auch die das Ergebnis tragenden Feststellungen und Gründe enthalten, soweit deren Kenntnis für die Behörde unter Beachtung des Grundsatzes der Verhältnismäßigkeit für die Entscheidung über die Zurruhesetzung erforderlich ist.[25])

[22]) VG Freiburg, Beschluss vom 16. August 2016 (3 K 1931/16).

[23]) BVerwG, Beschluss vom 14. März 2019 (2 VR 5.18), Rn. 58.

[24]) Vgl. den Rechtsgedanken aus §§ 427, 444 und 446 ZPO.

[25]) BVerwG, Urteil vom 19. März 2015 (2 C 37.13), Rn. 12.

Hier bedarf es daher **keiner** Entbindung von der ärztlichen Schweigepflicht durch die Beamtin oder den Beamten, da die Behörde im Bedarfsfall auf die Kenntnis von medizinischen Einzelheiten für die Entscheidungsfindung angewiesen sein kann. Die ärztliche Untersuchung erfolgt mit dem Ziel, die Dienstfähigkeit festzustellen. Der Gesetzgeber räumt den begutachtenden Ärztinnen oder Ärzten insoweit kein Ermessen ein, sondern legt unmissverständlich fest, dass eine Mitteilung zu erfolgen hat.[26])

Im Verhältnis zum Dienstherrn treten in solchen Fällen die schutzwürdigen Belange der Beamtin oder des Beamten auf informationelle Selbstbestimmung hinter das Interesse des Dienstherrn an der Feststellung der Dienstfähigkeit zurück. Derartige ärztliche Untersuchungen haben ihre Grundlage nicht im Recht des Patienten auf Wahrung des privaten Bereichs, sondern gehören zu den beamtenrechtlichen Pflichten (§ 46 Absatz 7 Satz 1 BBG).

Hinweise für Beamtinnen und Beamte zur ärztlichen Untersuchung sowie zur ärztlichen Schweigepflicht enthält die **Anlage 6**.

Wenn der von der Dienststelle bestimmten Gutachterin oder dem von der Dienststelle bestimmten Gutachter alle für die Erfüllung des Gutachtenauftrages erforderlichen Untersuchungsergebnisse und Befunde vorliegen, übermittelt die Gutachterin oder der Gutachter der Dienststelle (und gemäß § 48 Absatz 3 Satz 2 BBG auch der Beamtin oder dem Beamten) das abschließende Ergebnis in Form eines ärztlichen Gutachtens in einem gesonderten und versiegelten Umschlag. Zur Aufbewahrung wird auf die Richtlinien zur Personalaktenführung des Bundes verwiesen.

2.3.4 Kosten

Die Kosten der ärztlichen Untersuchung (einschließlich evtl. Zusatzuntersuchungen und Befundanforderungen) trägt die Dienststelle als Auftraggeberin. Dazu zählen ggf. auch Reisekosten. Wenn eine Ruhestandsbeamtin oder ein Ruhestandsbeamter nicht mehr am letzten Dienstort wohnhaft ist und zum Zwecke einer evtl. Reaktivierung nachuntersucht werden soll, dürfte es im Interesse der Beteiligten liegen, die ärztliche Nachuntersuchung durch eine von der Dienststelle zu bestimmende Gutachterin oder einen von der Dienststelle zu bestimmenden Gutachter am Wohnort – im Wege der Amtshilfe – durchführen zu lassen. Dadurch können der Aufwand für die Beamtin oder den Beamten und die Kosten für die Dienststelle so gering wie möglich gehalten werden.

3. Therapie- und Rehabilitationsmaßnahmen

Die Personaldienststellen können nach § 46 Absatz 4 Satz 2 BBG Beamte anweisen, an geeigneten und zumutbaren Rehabilitierungsmaßnahmen im Rahmen ihrer Gesunderhaltungspflicht (§ 61 BBG) teilzunehmen. Gleichzeitig besteht für den Dienstherrn im Rahmen des § 46 Absatz 4 Satz 4 BBG eine Kostentragungspflicht gegenüber der Beamtin oder dem Beamten, die oder der solche Maßnahmen wahrnimmt. Hierauf wird in den folgenden Kapiteln näher eingegangen:

- Verpflichtung zur Teilnahme an Therapie- und Rehabilitationsmaßnahmen *(siehe auch Nummer 3.1)*
- Kostentragungspflicht des Dienstherrn *(siehe auch Nummer 3.2)*

3.1 Mitwirkungspflichten

Neben der Verpflichtung, sich erforderlichenfalls ärztlich untersuchen und beobachten zu lassen, sind Beamtinnen und Beamte zur Erhaltung, Verbesserung oder Wiederherstellung der Gesundheit bzw. der Dienstfähigkeit verpflichtet, an geeigneten und zumutbaren Heilbehandlungen teilzunehmen (§ 46 Absatz 4 Sätze 1 und 2 BBG). Diese Pflicht resultiert aus der Gesunderhaltungspflicht (vgl.

[26]) In diesem Sinne wird § 48 Absatz 2 Satz 1 BBG als eine Befugnisnorm zur Offenbarung im Sinne des § 203 StGB angesehen.

§ 61 Absatz 1 BBG). Die Dienststelle hat nach § 46 Absatz 4 Sätze 2 und 3 BBG auf diese Pflicht hinzuweisen. Voraussetzung für den Hinweis ist, dass nach der ärztlichen Untersuchung Aussicht auf eine Wiederherstellung der vollen oder zumindest begrenzten Dienstfähigkeit besteht. Dieser Hinweis ist erst auf der Grundlage des ärztlichen Gutachtens sinnvoll.

Im Gutachtenauftrag (*siehe auch Nummer 2.2* sowie **Anlage 4 – Teil II**) nach § 48 BBG ist ausdrücklich nach geeigneten Rehabilitationsmaßnahmen zu fragen, die helfen können die drohende Dienstunfähigkeit zu vermeiden. Dies umfasst, soweit bekannt, auch von der Beamtin oder dem Beamten eigeninitiativ geplante Rehabilitationsmaßnahmen. Soweit im ärztlichen Gutachten gesundheitliche Rehabilitationsmaßnahmen empfohlen werden, ist die Dienststelle nicht gehindert, nachzufragen, wenn sich Art, Umfang und Geeignetheit der Maßnahme nicht sofort erschließen.

Geeignet sind Maßnahmen, die nach ärztlicher Einschätzung im Einzelfall für die Behandlung der Krankheit erfolgversprechend sind. Zumutbar sind Maßnahmen, deren Durchführung unter Berücksichtigung aller relevanten Umstände des Einzelfalles, etwa der Gefährlichkeit der Maßnahme, der zu erwartenden Schmerzen oder Nebenwirkungen und der Aussicht auf Heilungserfolg von der Beamtin oder dem Beamten verlangt werden kann. Unzumutbarkeit kann anzunehmen sein, wenn die Dienstfähigkeit auch ohne die entsprechende Maßnahme in angemessener Zeit wiedererlangt werden kann. Aus dem ärztlichen Gutachten muss sich ggf. ergeben, ob eine unzureichende Therapiebereitschaft bzw. fehlende Motivation krankheitsbedingt oder voluntativ gesteuert ist.

Sind mehrere Behandlungsmethoden gleichermaßen geeignet und zumutbar, steht grundsätzlich der Beamtin oder dem Beamten die Wahl zu. Weiterhin kann die Beamtin oder der Beamte nicht verpflichtet werden, die Maßnahme von einer bestimmten Ärztin oder einem bestimmten Arzt oder in einer bestimmten Einrichtung durchführen zu lassen. Ebenso wenig wie die ärztliche Untersuchung kann die Durchführung der Therapiemaßnahme erzwungen werden. Die Weigerung, eine rechtmäßig angeordnete, also insbesondere eine geeignete und zumutbare Maßnahme durchzuführen, stellt jedoch ein Dienstvergehen dar, das disziplinarrechtlich geahndet werden kann.

Beabsichtigte Rehabilitationsmaßnahmen müssen mit der Beamtin oder dem Beamten so früh wie möglich erörtert werden. Die Beamtin oder der Beamte soll eine Kopie des ärztlichen Gutachtens zur Kenntnis erhalten.

3.2 Kostentragungspflicht des Dienstherrn

Nach § 46 Absatz 4 Satz 4 BBG hat der Dienstherr, sofern keine anderen Ansprüche (z. B. Beihilfe, Krankenversicherung, Integrationsamt) bestehen, die Kosten für die erforderlichen gesundheitlichen und beruflichen Rehabilitationsmaßnahmen zu tragen. Der Bund als Dienstherr ist jedoch kein Rehabilitationsträger, da § 46 Absatz 4 Satz 4 BBG dem Dienstherrn nicht die Eigenschaft als Rehabilitationsträger im Sinne des § 6 SGB IX zuweist. Der Dienstherr hat nach den Gesetzesmotiven lediglich die Aufgaben eines Rehabilitationsträgers entsprechend dem SGB IX. Diese Aufgaben nimmt der Dienstherr nur innerhalb der durch § 46 Absatz 4 Satz 4 BBG gesteckten Grenzen wahr. Dadurch werden die Leistungen für die Rehabilitationsmaßnahmen systemkonform in das Beamtenrecht aufgenommen.

Nur wenn sich aus dem ärztlichen Gutachten schlüssig ergibt, dass bestimmte, konkretisierte Rehabilitationsmaßnahmen zur Wiederherstellung der Dienstfähigkeit Erfolg versprechen, kommt die Prüfung einer Kostenerstattung auf der Grundlage von § 46 Absatz 4 Satz 4 BBG in Betracht. Maßstab für die Prüfung, ob ein anderer Anspruch dem Grunde nach besteht, kann nicht die Gesamtmaßnahme, sondern nur die jeweilige Einzelleistung sein. Bei einer lediglich an der Gesamtmaßnahme und deren Ersatzfähigkeit orientierten Prüfung, ob Beihilfeleistungen in Betracht kommen und damit eine Kostenübernahme des Dienstherrn ausscheidet, dürfte § 46 Absatz 4 Satz 4 BBG nahezu ohne Anwendungsbereich bleiben, da für Teilleistungen aus der Maßnahme in der Regel ein Beihilfeanspruch bestehen wird.[27])

Eine Teilnahme an stationären Rehabilitationsmaßnahmen im Ausland ist grundsätzlich möglich. Die Kostentragung kann unter der Voraussetzung des § 35 Absatz 1 Satz 1 Nummer 1 der Verordnung über Beihilfe in Krankheits-, Pflege- und Geburtsfällen (Bundesbeihilfeverordnung – BBhV) erfolgen oder im Falle einer ambulanten Rehabilitationsmaßnahme, wenn diese in einem anerkannten Heilbad oder Kurort durchgeführt ist, der auf der Liste des Bundesministeriums des Innern, für Bau und Heimat nach § 35 Absatz 1 Satz 2 BBhV bekannt gegeben wurde.

Die Kostentragungspflicht gemäß § 46 Absatz 4 Satz 4 BBG ist lediglich eine Auffangvorschrift, Leistungsansprüche werden dabei nicht auf den Dienstherrn verlagert. Daher muss im Rahmen der Antragsprüfung zur Bewilligung der Rehabilitationsmaßnahme eine Aussage zur Kostenübernahme durch die Dienststelle getroffen werden.

Weitere Hinweise zur Übernahme von Kosten bei gesundheitlichen sowie beruflichen Rehabilitationsmaßnahmen enthält die **Anlage 7**.

4. Prüfung der Dienstunfähigkeit durch die Dienststelle

Nach Erhalt des ärztlichen Gutachtens (in Ausnahmefällen auch ohne ärztliche Begutachtung) entscheidet die Dienststelle über die Frage der Dienstunfähigkeit auf der Grundlage des ärztlichen Gutachtens. Hinsichtlich des Ergebnisses entscheidet sie unabhängig und in eigener Zuständigkeit unter Beachtung folgender Verfahrensschritte:

- Dauerhafte Unfähigkeit zur Erfüllung der Dienstpflichten aus gesundheitlichen Gründen *(siehe auch Nummer 4.1)*
- Vorrang einer anderweitigen Verwendung *(siehe auch Nummer 4.2)*

Dienstunfähigkeit ist kein medizinischer, sondern ein beamtenstatusrechtlicher Begriff. Dienstunfähig ist, wer wegen eines körperlichen Zustandes oder aus gesundheitlichen Gründen dauernd zur Erfüllung der Dienstpflichten aus dem Amt im abstrakt-funktionellen Sinne unfähig ist (§ 44 Absatz 1 Satz 1 BBG). Dienstfähig ist umgekehrt, wer – trotz evtl. aktueller Dienst-/Arbeitsunfähigkeit infolge akuter Erkrankung – im Hinblick auf seinen körperlichen Zustand und seine Gesundheit dauerhaft zur Erfüllung der Dienstpflichten fähig ist. Es handelt sich mithin um einen unbestimmten Rechtsbegriff, der der vollen gerichtlichen Überprüfung unterliegt.

Die Dienststelle trifft die Entscheidung hinsichtlich der Frage der Dienstunfähigkeit und darf sich nicht lediglich einer Entscheidung der Ärztin oder des Arztes ohne Begründung anschließen. Denn Ärztin oder Arzt sind lediglich Sachverständige, auf deren medizinische Sachkunde die Dienststelle angewiesen ist, um die notwendigen Feststellungen treffen zu können.

4.1 Dauerhafte Unfähigkeit zur Erfüllung der Dienstpflichten aus gesundheitlichen Gründen

Gemäß § 44 Absatz 1 Satz 1 BBG ist dienstunfähig, wer wegen seines körperlichen Zustandes oder aus gesundheitlichen Gründen dauernd zur Erfüllung der Dienstpflichten unfähig ist. Die Dienststelle hat zwei verschiedene Möglichkeiten, um zu der Einschätzung zu gelangen, dass Dienstunfähigkeit vorliegt:

1. Positive Prüfung der Dienstunfähigkeit *(siehe Nummer 4.1.1)* oder
2. Annahme der Dienstunfähigkeit *(siehe Nummer 4.1.2)* – in wiederum zwei verschiedenen Fällen.

4.1.1 Positive Prüfung der Dienstunfähigkeit

Dienstunfähigkeit nach § 44 Absatz 1 Satz 1 normiert einen Dienstunfähigkeitsbegriff, der

[27]) BayVGH, vom 14. November 2014 (14 C 12.2695), Rn. 15.

sich aus mehreren Komponenten zusammensetzt. Dieser hat folgende Voraussetzungen:

a) **Nichterfüllung der Dienstpflichten im abstrakt-funktionellen Amt (Dienstbezogene Komponente)**

Dienstbezogener Maßstab für die Dienstunfähigkeit ist, ob die Beamtin oder der Beamte die Dienstpflichten aus dem Amt im abstrakt-funktionellen Sinne noch erfüllen kann.[28]) Dienstunfähigkeit liegt nicht bereits dann vor, wenn sie oder er den aktuellen Dienstposten (das Amt im konkret-funktionellen Sinne) aus gesundheitlichen Gründen nicht mehr wahrnehmen kann. Zum Amt im abstrakt-funktionellen Sinne gehören alle bei der Beschäftigungsbehörde eingerichteten Dienstposten, auf denen die Beamtin oder der Beamte amtsangemessen, d. h. seinem statusrechtlichen Amt entsprechend, beschäftigt werden kann (zur Möglichkeit des Laufbahnwechsels *siehe auch Nummer 4.2.2*). Dienstunfähig ist die Beamtin oder der Beamte, wenn bei der Dienststelle kein solcher Dienstposten zur Verfügung steht, der dem statusrechtlichen Amt der Beamtin oder des Beamten zugeordnet und gesundheitlich für sie oder ihn geeignet ist. Sind die bei der Dienststelle in Frage kommenden Dienstposten besetzt, so kommt es darauf an, ob es der Dienststelle im Hinblick auf einen sachgemäßen Dienstbetrieb zumutbar ist, einen geeigneten Dienstposten freizumachen oder durch organisatorische Änderungen einzurichten.[29])

b) **Gesundheitliche Gründe oder körperlicher Zustand (Kausale Komponente)**

Die Unfähigkeit zur Erfüllung der Dienstpflichten muss durch den körperlichen Zustand oder durch gesundheitliche Gründe bedingt sein. Darunter können, bei aller Schwierigkeit diese Begriffe zu bestimmen und voneinander abzugrenzen, leistungshindernde oder -mindernde körperliche oder geistig-seelische Beeinträchtigungen verstanden werden, welche unmittelbar in der Person der Beamtin oder des Beamten angelegt sind und über die Schwankungsbreite des in körperlicher, geistiger oder seelischer Hinsicht Normalen und Gesunden hinausgehen. Es muss sich nicht im medizinischen Sinne um eine Krankheit handeln. Andere Ursachen für eine unzureichende Pflichterfüllung, z. B. mangelnde fachliche Qualifikation, mangelnde Bewährung, nicht krankheitsbedingte Minderleistungen, Konflikte am Arbeitsplatz, fehlende Motivation oder dienstliches Fehlverhalten, sind kein Anlass für eine Versetzung in den Ruhestand wegen Dienstunfähigkeit.

c) **Dauerhaftigkeit der Dienstunfähigkeit (Zeitliche Komponente)**

Dauernde Dienstunfähigkeit kann trotz aktueller Arbeits- bzw. Dienstfähigkeit vorliegen, etwa wenn abzusehen ist, dass häufig wiederkehrende Ausfälle den Dienstbetrieb empfindlich stören werden. Nicht erforderlich ist, dass die Dienstunfähigkeit bis zum Erreichen der Altersgrenze bestehen muss. Es genügt, wenn mit einer Besserung des Zustandes in absehbarer Zeit nicht zu rechnen ist. Hinsichtlich der Frage, welcher Zeitraum als absehbar anzusehen ist, kann auf die in § 44 Absatz 1 Satz 2 BBG normierte Sechsmonatsfrist zurückgegriffen werden. Für den Fall einer Verbesserung des Gesundheitszustandes nach der Versetzung in den Ruhestand besteht die Möglichkeit der Reaktivierung *(siehe auch Nummer 7)*.

4.1.2 Möglichkeiten der gesetzlich normierten Annahme der Dienstunfähigkeit

In zwei gesetzlich vorgesehenen Fällen bedarf es keiner positiven Prüfung von Dienstunfähigkeit.

[28]) BVerwG, Urteil vom 5. Juni 2014 (2 C 22.13), Rn. 14.

[29]) BVerwG, Urteil vom 26. März 2009 (2 C 73.08), Rn. 15, fortgesetzt in BVerwG, Urteil vom 16. November 2017 (2 A 5.16), Rn. 21 sowie 31 ff.

a) Annahme von Dienstunfähigkeit bei längerer Erkrankung (§ 44 Absatz 1 Satz 2 BBG)

Als dienstunfähig kann auch angesehen werden, wer infolge Erkrankung innerhalb von sechs Monaten mehr als drei Monate keinen Dienst getan hat und wenn keine Aussicht besteht, dass innerhalb weiterer sechs Monate die Dienstfähigkeit wieder voll hergestellt ist.

Nicht vorausgesetzt wird eine ununterbrochene krankheitsbedingte Abwesenheit von sechs Monaten. Die Voraussetzung ist auch dann erfüllt, wenn sich mehrere krankheitsbedingte Abwesenheiten innerhalb eines Zeitraumes von sechs Monaten insgesamt auf mehr als drei Monate summieren.

Die weitere Tatbestandsvoraussetzung, nach der in den nächsten sechs Monaten „keine Aussicht besteht, dass ... die Dienstfähigkeit wieder voll hergestellt ist", verlangt eine entsprechende Prognose. Diese Prognoseentscheidung ist von der Dienststelle in der Regel aufgrund eines ärztlichen Gutachtens zu treffen, da sie mit der gebotenen Sicherheit sachlich gerechtfertigt sein muss.[30]) Die Dienstfähigkeit muss wieder „voll hergestellt" sein; die Aussicht auf eine begrenzte Dienstfähigkeit innerhalb von sechs Monaten genügt **nicht**.

Die „Vermutungsregel" des § 44 Absatz 1 Satz 2 BBG soll eine Erleichterung des Nachweises der Dienstunfähigkeit bewirken. Die Nutzung dieser Fiktion liegt im Ermessen der Dienststelle. Bereits bei der Formulierung der Untersuchungsanordnung und des ärztlichen Gutachtenauftrages sollte klargestellt werden, dass die beabsichtigte Zurruhesetzung aufgrund von § 44 Absatz 1 Satz 2 BBG erfolgen soll *(siehe auch Nummer 2.1.2)*.

b) Annahme von Dienstunfähigkeit bei Verweigerung einer ärztlichen Untersuchung

Entzieht sich die Beamtin oder der Beamte trotz wiederholter schriftlicher Aufforderung ohne hinreichenden Grund der Verpflichtung, sich nach Weisung der Dienststelle untersuchen oder beobachten zu lassen, kann sie oder er so behandelt werden, als sei sie oder er dienstunfähig.[31])

Die Verweigerung einer ärztlichen Untersuchung kann außerdem ein disziplinarrechtlich zu verfolgendes Dienstvergehen darstellen.

4.2 Vorrang einer anderweitigen Verwendung

Von der Versetzung in den Ruhestand soll abgesehen werden, wenn eine anderweitige Verwendung möglich ist (§ 44 Absatz 1 Satz 3 BBG). Im Hinblick auf den Grundsatz „Weiterverwendung vor Versorgung" kommt der Prüfung einer anderweitigen Verwendung zentrale Bedeutung zu.

4.2.1 Kriterien bei der Suchpflicht nach einer anderweitigen Verwendung

Zeichnet sich nach einer ärztlichen Untersuchung *(siehe auch Nummer 2.3)* eine Dienstunfähigkeit ab, sind zunächst von Amts wegen umfassend die Möglichkeiten einer anderweitigen Verwendung zu prüfen. Erst wenn feststeht, dass die Beamtin oder der Beamte auch nicht anderweitig von seinem Dienstherrn eingesetzt werden kann, ist sie oder er wegen Dienstunfähigkeit vorzeitig in den Ruhestand zu versetzen. Dabei kommt es bei der Beurteilung der Dienstunfähigkeit nicht auf das zuletzt wahrgenommene Amt im konkret-funktionellen Sinn (Dienstposten) an, sondern auf das Amt im abstrakt-funktionellen Sinn.[32])

Das BVerwG legt hinsichtlich der Suchpflicht der Behörde folgende Grundsätze fest:[33])

---

[30]) VGH München, Beschluss vom 13. August 2014 (6 ZB 14.50), BeckRS Rn. 8.

[31]) BVerwG, Beschluss vom 14. März 2019 (2 VR 5.18), Rn. 28.

[32]) BayVGH, Beschluss vom 13. August 2014 (6 ZB 14.50), juris Rn. 7.

[33]) BVerwG, Urteil vom 19. März 2015 (2 C 37.13).

- Die Suchpflicht entfällt, wenn feststeht, dass die Beamtin oder der Beamte krankheitsbedingt voraussichtlich keinerlei Dienst mehr leisten kann oder erhebliche Fehlzeiten zu erwarten sind.[34])
- Die Suche nach einer anderweitigen Verwendung ist regelmäßig auf den gesamten Bereich des Dienstherrn (unmittelbare Bundesverwaltung) zu erstrecken.
- Beamtinnen und Beamte können zur Vermeidung einer Frühpensionierung auch verpflichtet werden, eine andere Laufbahnbefähigung zu erwerben und in die neue Laufbahn zu wechseln (z. B. vom Polizeivollzugsdienst in den nichttechnischen Verwaltungsdienst).
- Die Suche muss sich auf Dienstposten erstrecken, die frei sind oder in absehbarer Zeit voraussichtlich neu zu besetzen sind. Für die vorausschauende Suche wird ein Zeitraum von sechs Monaten für angemessen gehalten.
- Die Suchanfrage muss eine die noch vorhandene Leistungsfähigkeit der dienstunfähigen Beamtin oder des dienstunfähigen Beamten charakterisierende und sachliche Kurzbeschreibung enthalten. Sie darf keine Mitteilung persönlicher Daten der Beamtin oder des Beamten enthalten (Datenschutz). Es genügt, die konkreten Leistungseinschränkungen (beispielweise siehe hier **Anlage 4 – Teil II**, Frage 2 ff.) mitzuteilen. Eine Offenbarung der Diagnose oder detaillierte Krankheitsbefunde sind für eine Suchanfrage nicht zulässig.
- Das Setzen einer Verschweigensfrist, der zufolge die suchende Behörde von einer Fehlanzeige ausgeht, wenn nicht innerhalb einer bestimmten Frist Rückmeldungen vorliegen, ist nicht zulässig. Eine Verschweigensfrist setzt nach Auffassung des BVerwG[35]) nicht den erforderlichen Impuls für die angefragten Behörden, hinreichend ernsthaft und nachdrücklich nach einer anderweitigen Verwendung zu suchen.
- Es bleibt der Organisationsgewalt überlassen, in welcher Form die Verwaltung der Suchpflicht nachkommt, z. B. schriftlich oder durch E-Mail-Abfrage. Es bedarf nur dann einer Nachfrage, wenn die Suchanfrage von einer angefragten Behörde unbeantwortet bleibt.
- Dabei ist zu beachten, dass der Dienstherr nicht zu personellen oder organisatorischen Änderungen verpflichtet ist. Eine anderweitige Verwendung scheidet daher aus, wenn erst ein entsprechender Dienstposten geschaffen werden müsste.

Die Prüfpflicht gilt grundsätzlich auch im Beamtenverhältnis auf Probe (§ 49 Absatz 3 BBG) sowie bei Entlassungen von Beamtinnen auf Probe und Beamten auf Probe allein aus gesundheitlichen Gründen (§ 34 Absatz 1 Satz 2 BBG). Nur § 44 Absatz 4 BBG ist im Beamtenverhältnis auf Probe nicht anzuwenden.

4.2.2 Vorrang anderweitige Verwendung nach § 44 Absatz 2 BBG vor Verwendung nach § 44 Absatz 3 oder 4 BBG

Die Möglichkeit, die Beamtin oder den Beamten auf einem anderen Dienstposten zu verwenden, hängt in der Regel nicht von ihrer bzw. seiner Zustimmung ab. Vorrangig ist eine Verwendung auf einem gleichwertigen Dienstposten zu prüfen (§ 44 Absatz 2 BBG).

Scheidet eine Weiterbeschäftigung auf einem gleichwertigen Dienstposten in demselben oder einem anderen Amt derselben oder einer anderen Laufbahn aus, sind Verwendungen nach § 44 Absatz 3 oder 4 BBG zu prüfen.

Da in diesen Fällen das Recht auf amtsangemessene Beschäftigung aus dem Beamtenverhältnis beeinträchtigt wird, ist die Weiterbeschäftigung von weiteren Voraussetzungen abhängig und steht im Ermessen der Dienststelle. Neben der Unmöglichkeit der anderweitigen Verwendung nach § 44 Absatz 2 BBG muss die Wahrnehmung der neu-

---

[34]) BVerwG, Beschluss vom 6. November 2014 (2 B 97.13), 2. Leitsatz.

[35]) BVerwG, Urteil vom 19. März 2015 (2 C 37/13), Rn. 21.

en Aufgabe unter Berücksichtigung der bisherigen Tätigkeit zumutbar sein. An die Zumutbarkeit sind zum Schutz der Beamtinnen und Beamten hohe Anforderungen zu stellen. Die Dienststelle hat daher die Kriterien für die Suche nach einer anderweitigen Verwendung in eigener Verantwortung festzulegen und dementsprechend einen weiten Gestaltungsspielraum, da die Regelung dem jeweiligen Einzelfall Rechnung tragen soll. Bei der Feststellung der Zumutbarkeit sollten z. B. Bildungsabschlüsse, Kenntnisse, Vorlieben und Wünsche der Beamtin oder des Beamten Berücksichtigung finden. Ob eine anderweitige Verwendung im Einzelfall in Betracht kommt, lässt sich in der Regel aber nicht abstrakt bei der Zumutbarkeit beantworten. Dies gilt insbesondere, wenn die neue Tätigkeit z. B. besoldungsrechtlich nicht nur etwas geringer, sondern erheblich geringwertiger ist, als die eine amtsangemessene Tätigkeit.

Bei der Ermessenserwägung sind daher die persönlichen Interessen der Beamtin oder des Beamten (z. B. Wunsch, auch mit einer erheblich geringerwertigen Tätigkeit im Dienst zu bleiben) gegen die dienstlichen Gründe der Dienststelle (z. B. sachgemäße und reibungslose Aufgabenerfüllung) gegeneinander abzuwägen, da erst durch Abwägung beider Interessenlagen eine einzelfallbezogene Entscheidung herbeigeführt werden kann.

Weiterhin muss die Beamtin oder der Beamte voraussichtlich den gesundheitlichen Anforderungen des neuen Amtes genügen. Ist eine anderweitige Verwendung in einer anderen Laufbahn möglich und liegt keine Befähigung für diese vor, besteht die Pflicht, an Qualifizierungsmaßnahmen zum Erwerb der neuen Befähigung teilzunehmen (§ 44 Absatz 5 BBG). Bis zur Übertragung eines anderen statusrechtlichen Amtes bleibt es bei der bisherigen Rechtsstellung.

Nach dem Erwerb der Befähigung für eine neue Laufbahn ist die Verleihung eines höheren Amtes als dem des Eingangsamts zu prüfen (abhängig von der Planstellensituation). Das neue Amt muss derselben Laufbahngruppe (einfacher, mittlerer, gehobener und höherer Dienst) zugeordnet sein, der auch das bisherige Amt zugeordnet war.

Nach Übertragung eines anderen statusrechtlichen Amtes können Ausgleichsansprüche wegen der Verringerung der Dienstbezüge (Grundgehalt, Amts- oder Stellenzulagen) entstehen. Diese richten sich nach den Vorschriften des Bundesbesoldungsgesetzes (BBesG).

Bei Verleihung eines besoldungsrechtlich geringer bewerteten Amtes werden nach § 19a BBesG Grundgehalt und Amtszulagen entsprechend dem bisherigen Amt gewährt. Der Wegfall einer Stellenzulage wird unter den Voraussetzungen des § 13 BBesG durch eine – sich über fünf Jahre abbauende – Zulage ausgeglichen.

Eventuelle Nachteile in der Versorgung können ggf. durch § 5 BeamtVG vermieden werden. So wird etwa das Ruhegehalt einer Beamtin oder eines Beamten, die oder der früher ein mit höheren Dienstbezügen verbundenes Amt bekleidet und diese Bezüge mindestens zwei Jahre erhalten hat, auf der Grundlage der höheren ruhegehaltfähigen Dienstbezüge des früheren Amtes ermittelt, sofern die Beamtin oder der Beamte in ein mit geringeren Dienstbezügen verbundenes Amt nicht lediglich auf ihren oder seinen im eigenen Interesse gestellten Antrag übergetreten ist. Ein Antrag ist dabei regelmäßig nicht lediglich im eigenen Interesse gestellt, wenn der Übertritt in ein niedrigeres Amt auch zur Vermeidung einer Versetzung in den Ruhestand wegen (drohender) Dienstunfähigkeit erfolgt.

Mit Zustimmung der Beamtin oder des Beamten kommt z. B. auch eine Verwendung bei einem anderen Dienstherrn in Betracht. Zur Beteiligung der Interessenvertretungen bei den oben genannten Maßnahmen (Prüfung nach § 44 Absätze 2 bis 4 BBG) wird auf *Nummer 6.2* verwiesen.

Die anderweitige Verwendung hat Vorrang vor der begrenzten Dienstfähigkeit. Erst wenn eine Verwendung auf einem anderen Dienstposten nicht in Betracht kommt, erfolgt die Prüfung einer eingeschränkten Verwendung in demselben Amt wegen begrenzter

Dienstfähigkeit. Ist nur eine Verwendung nach § 44 Absatz 4 BBG möglich, besteht kein Vorrang der anderweitigen vor der eingeschränkten Verwendung in begrenzter Dienstfähigkeit (§ 45 Absatz 1 Satz 2 BBG).

5. Begrenzte Dienstfähigkeit (§ 45 BBG)

Kommt eine Verwendung auf einem anderen Dienstposten nach § 44 Absatz 2 oder 3 BBG nicht in Betracht, ist eine eingeschränkte Verwendung in demselben Amt wegen begrenzter Dienstfähigkeit nach § 45 BBG zu prüfen.

Von der Versetzung in den Ruhestand wegen Dienstunfähigkeit soll abgesehen werden, wenn die Beamtin oder der Beamte unter Beibehaltung des übertragenen Amtes die Dienstpflichten noch während mindestens der Hälfte der regelmäßigen Arbeitszeit erfüllen kann (begrenzte Dienstfähigkeit). Der Dienstherr hat, da § 45 Absatz 1 Satz 1 BBG als eine Ist-Vorschrift ausgestaltet ist, kein Ermessen. In diesen Fällen ist von der Dienststelle statt der Dienstunfähigkeit die begrenzte Dienstfähigkeit unter Angabe der noch möglichen Dienstleistung im Verhältnis zur Vollzeitbeschäftigung (mindestens 50 Prozent) festzustellen. Die Arbeitszeit ist nach § 45 Absatz 2 Satz 1 BBG entsprechend der begrenzten Dienstfähigkeit herabzusetzen *(siehe auch Nummer 5.1)*.

Die Beamtin oder der Beamte verbleibt bei der begrenzten Dienstfähigkeit in ihrem/seinem statusrechtlichen Amt und wird grundsätzlich in der bisherigen Tätigkeit statusgemäß weiterverwendet. Im Rahmen der begrenzten Dienstfähigkeit ist die Übertragung einer geringerwertigen Tätigkeit, die nicht dem bisherigen Amt entspricht, im Hinblick auf das Recht auf eine dem Amt entsprechende bisherige Tätigkeit nur mit Zustimmung der Beamtin oder des Beamten möglich (§ 45 Absatz 2 Satz 2 BBG).

Das Instrument der begrenzten Dienstfähigkeit ist stärker zu nutzen. Die eingeschränkte Verwendung ist Teil des verfassungsrechtlichen Anspruchs der Beamtin und des Beamten auf eine dem Gleichheitsgrundsatz entsprechende, amtsangemessene, ihrer oder seiner Eignung, Befähigung und fachlichen Leistung entsprechenden Beschäftigung. Gleichwohl dient sie einer amtsangemessenen Fürsorge und Alimentation durch den Dienstherrn nach Art. 33 Absatz 5 GG. Ebenso ist die begrenzte Dienstfähigkeit Ausdruck des hergebrachten Grundsatzes des Berufsbeamtentums, dass Beamtinnen oder Beamte ihre volle Arbeitskraft, soweit vorhanden, zur Verfügung zu stellen haben.[36])

5.1 Verfahren zur Feststellung der begrenzten Dienstfähigkeit

Für das Verfahren gelten die Vorschriften über die Dienstunfähigkeit entsprechend (§ 45 Absatz 3 Satz 2 BBG). Hinsichtlich der Mitteilung des ärztlichen Gutachtens gilt § 48 Absatz 2 und 3 BBG.

Soweit aus ärztlicher Sicht eine begrenzte Dienstfähigkeit gegeben *(siehe auch Nummer 5)* und keine anderweitige Verwendung *(siehe auch Nummer 4.2)* mit der bisherigen Arbeitszeit möglich ist, ist die Feststellung der begrenzten Dienstfähigkeit zugleich die Feststellung einer Teildienstfähigkeit. Die Verwendung mit verkürzter Arbeitszeit wegen begrenzter Dienstfähigkeit ist jedoch keine Teilzeitbeschäftigung. Es wird ein Teilzeitstatus eigener Art begründet. Eine Vollzeitbeschäftigung ist damit zugleich ausgeschlossen.[37]) Die Beamtin oder der Beamte erbringt die im Rahmen ihres oder seines gesundheitlichen Leistungsvermögens volle Dienstleistung.

Zuständig für die Entscheidung über die begrenzte Dienstfähigkeit ist die Stelle, die nach § 12 Absatz 1 BBG für die Ernennung zuständig wäre (§ 45 Absatz 3 Satz 1 BBG). Vor der Entscheidung hat der Dienstherr der Beamtin oder dem Beamten mitzuteilen, aus welchen Gründen beabsichtigt ist, die be-

[36]) VG Magdeburg, Urteil vom 5. März 2013 (5 A 16/12), juris Rn. 27.

[37]) BVerwG, Urteil vom 30. August 2012 (2 C 82.10), Rn. 11.

grenzte Dienstfähigkeit festzustellen. Erhebt die Beamtin oder der Beamte innerhalb eines Monats keine Einwendungen, ist die begrenzte Dienstfähigkeit festzustellen (§ 45 Absatz 3 Satz 2 i. V. m. § 47 Absatz 2 BBG).

Erhebt die Beamtin oder der Beamte gegen die beabsichtigte Feststellung Einwendungen, entscheidet in einem förmlichen Verfahren nach § 47 Absatz 2 Satz 2 BBG die zuständige Behörde im Einvernehmen mit der obersten Dienstbehörde abschließend. Die Entscheidung ist der Beamtin oder dem Beamten mitzuteilen *(siehe auch Nummer 6)*.

Mit dem Ende des Monats, in dem die begrenzte Dienstfähigkeit mitgeteilt worden ist, wird die Beamtin oder der Beamte nach § 45 Absatz 3 Satz 2 i. V. m. § 47 Absatz 4 Satz 1 BBG im Rahmen der begrenzten Dienstfähigkeit verwendet. Mit Beginn der begrenzten Dienstfähigkeit wird die Arbeitszeit entsprechend herabgesetzt, jedoch nicht unter die Hälfte der regelmäßigen Arbeitszeit. Aus einer begrenzten Dienstfähigkeit von beispielsweise 70 Prozent folgt eine Verwendung mit 70 Prozent der regelmäßigen Arbeitszeit.

5.2 Beteiligung der Interessenvertretungen und Beauftragten

Nach § 84 Absatz 1 Nr. 6 in Verbindung mit Absatz 2 Bundespersonalvertretungsgesetz (BPersVG) wirkt der Personalrat bei der Feststellung der begrenzten Dienstfähigkeit mit. Voraussetzung für die Beteiligung des **Personalrats** ist ein entsprechender Antrag der oder des Betroffenen. Die oder der Betroffene ist von der beabsichtigten Maßnahme rechtzeitig vorher in Kenntnis zu setzen (§ 84 Absatz 2 Satz 2 BPersVG) und im Rahmen der Fürsorgepflicht auf die Möglichkeit hinzuweisen, die Beteiligung der Personalvertretung zu beantragen.

Neben dem Personalrat hat gemäß § 27 Absatz 1 Nr. 1 e) Bundesgleichstellungsgesetz (BGleiG) auch die **Gleichstellungsbeauftragte** an der Entscheidung über die vorzeitige Versetzung in den Ruhestand mitzuwirken und ist frühzeitig zu beteiligen. Ihre Mitwirkung ist obligatorisch und hat unabhängig davon zu erfolgen, ob die oder der Betroffene eine Beteiligung der Gleichstellungsbeauftragten beantragt oder nicht.

Sind schwerbehinderte oder gleichgestellte Beamtinnen und Beamte betroffen, ist die **Schwerbehindertenvertretung** unverzüglich und umfassend zu unterrichten und vor einer Entscheidung anzuhören; der Dienstherr hat ihr die getroffene Entscheidung unverzüglich mitzuteilen (§ 178 Absatz 2 Satz 1 SGB IX).

5.3 Besoldungsrechtliche Aspekte

Mit dem Ende des Monats, in dem die begrenzte Dienstfähigkeit mitgeteilt worden ist, werden die Dienstbezüge entsprechend § 47 Absatz 4 Satz 2 BBG gekürzt. Seit Inkrafttreten des Besoldungsstrukturenmodernisierungsgesetzes (BesStMG) am 1. Januar 2020 richtet sich die Besoldung bei begrenzter Dienstfähigkeit nach § 6a BBesG. Beamtinnen und Beamte erhalten zusätzlich zu den nach § 6 BBesG, aufgrund ihres verringerten Beschäftigungsumfangs, gekürzten Dienstbezügen einen Zuschlag in Höhe der Hälfte des Unterschiedsbetrages zwischen den wegen der begrenzten Dienstfähigkeit gekürzten Bezügen und den Bezügen, die bei einer Vollzeitbeschäftigung zustünden. Weitere Hinweise sowie Rechenbeispiele enthält Nr. 3 des Rundschreibens „Erläuterungen und Durchführungshinweise zum besoldungsrechtlichen Teil des BesStMG" vom 23. Januar 2020 (Az.: D3-30200/176#12).

5.4 Versorgungsrechtliche Aspekte

Wegen der Aussicht auf eine kurz bevorstehende begrenzte Dienstfähigkeit sollte die Beamtin oder der Beamte durch die personalbearbeitende Dienststelle darauf hingewiesen werden, dass sie oder er einen Antrag auf Versorgungsauskunft stellen kann. Die personalbearbeitende Dienststelle sollte den Vorgang eng begleiten, so dass Unsicherheiten auf Seiten der Beamtin oder des Beamten hinsichtlich der versorgungsrechtlichen Auswirkungen beseitigt werden.

5.5 Nebentätigkeiten

Die für voll Dienstfähige geltenden Regelungen zum zulässigen zeitlichen Umfang von

Nebentätigkeiten stellen auf die allgemeine regelmäßige wöchentliche Arbeitszeit ab. Sie setzen dabei eine zeitlich nicht eingeschränkte Fähigkeit zur Dienstleistung voraus. Um im dienstlichen Interesse eine übermäßige Beanspruchung der (eingeschränkten) Arbeitskraft zu vermeiden, ist bei begrenzt dienstfähigen Beamtinnen und Beamten von der an die persönliche begrenzte Dienstfähigkeit angepassten regelmäßigen Arbeitszeit auszugehen.

Für die Ausübung von Nebentätigkeiten durch Beamtinnen und Beamte, die begrenzt dienstfähig sind, gilt nach § 45 Absatz 2 Satz 1 i. V. m. § 99 Absatz 3 Satz 2 BBG die verkürzte persönliche Arbeitszeit als Maßstab. Eine Genehmigung von Nebentätigkeiten ist deshalb in der Regel wegen übermäßiger Beanspruchung der Arbeitskraft zu versagen, wenn diese ein Fünftel der reduzierten persönlichen wöchentlichen Arbeitszeit überschreitet.

Beispiel:

Bei einer verbleibenden Dienstleistung über 75 Prozent der regelmäßigen Arbeitszeit (= 30,00 Stunden) wäre in der Regel eine Nebentätigkeit zu versagen, die 6,00 Stunden in der Woche überschreitet.

5.6 Haushalterische Aspekte

Begrenzt Dienstfähige werden bei herabgesetzter Arbeitszeit nach § 45 Absatz 2 BBG in dem Umfang der verbleibenden Arbeitszeit auf einer dem Amt entsprechenden Planstelle geführt.

Freiwerdende Planstellenanteile auf Grund der begrenzten Dienstfähigkeit können anderweitig besetzt werden.

Begrenzt Dienstfähige, denen nach § 45 Absatz 1 Satz 2 i. V. m. § 44 Absatz 2 oder 3 BBG ein anderes Amt übertragen worden ist, sind auf einer diesem Amt entsprechenden Planstelle zu führen.

Die Bezüge sind aus den einschlägigen Titeln der Gruppe 422 zu leisten. Sollten die dort eingestellten Mittel nicht ausreichen, sind sie entsprechend der allgemeinen Regelungen aus dem jeweiligen Kapitel zu erwirtschaften.

6. Versetzung in den Ruhestand

Zusammengefasst ergeben sich nach dem Ergebnis der Überprüfung der Dienstunfähigkeit bzw. Dienstfähigkeit durch die Dienststelle somit folgende Möglichkeiten:

- Die Beamtin oder der Beamte ist (voll) dienstfähig und weiter (ggf. anderweitig) zu verwenden oder
- die Beamtin oder der Beamte ist begrenzt dienstfähig und mit entsprechend herabgesetzter Arbeitszeit weiter zu verwenden oder
- die Beamtin oder der Beamte ist dienstunfähig und in den Ruhestand zu versetzen.

Ist keine anderweitige Verwendung möglich und liegen auch die Voraussetzungen der begrenzten Dienstfähigkeit nicht vor, gilt Folgendes:

6.1 Anhörung der Beamtin oder des Beamten

Bei Dienstunfähigkeit teilt die Dienststelle der Beamtin oder dem Beamten (ggf. der Vertreterin oder dem Vertreter) mit, dass die Versetzung in den Ruhestand beabsichtigt ist und welche Gründe dafür vorliegen (§ 47 Absatz 1 Satz 2 BBG).

Danach besteht für die Beamtin oder den Beamten eine Äußerungsfrist von einem Monat (§ 47 Absatz 2 Satz 1 BBG). In diesem Rahmen können auch Einwände gegen die Untersuchungsanordnung und das ärztliche Gutachten vorgetragen werden.

Erhebt die Beamtin oder der Beamte gegen die beabsichtigte Versetzung in den Ruhestand Einwendungen, entscheidet hierüber in einem förmlichen Verfahren nach § 47 Absatz 2 Satz 2 BBG die zuständige Behörde in der Regel im Einvernehmen mit der obersten Dienstbehörde abschließend.

6.2 Beteiligung der Interessenvertretungen und Beauftragten

Die Interessenvertretungen (Personalrat, Gleichstellungsbeauftragte, Schwerbehindertenvertretung) sind im Rahmen der vertrauensvollen Zusammenarbeit und im Rahmen ihrer gesetzlichen Beteiligungsrechte einzubinden, um an der Verwirklichung des Grundsatzes „Rehabilitation vor Versorgung" mitwirken zu können.

Für die Mitwirkung des **Personalrats** bei vorzeitiger Versetzung in den Ruhestand nach § 84 Absatz 1 Nr. 6 in Verbindung mit Absatz 2 BPersVG gelten die Ausführungen zur Versetzung in den Ruhestand unter *Nummer 5.2*.

Außer bei der Versetzung in den Ruhestand ist der Personalrat auch bei weiteren Maßnahmen im Dienstunfähigkeitsverfahren zu beteiligen: Der Personalrat hat u. a. auch mitzubestimmen bei Verleihung eines anderen Amtes mit anderer Amtsbezeichnung beim Wechsel der Laufbahngruppe, bei Laufbahnwechsel und bei Übertragung eines niedriger zu bewertenden Dienstpostens (§ 78 Absatz 1 Nr. 2 und 3 BPersVG). Ein Mitwirkungsrecht besteht zudem bei der Entlassung von Beamtinnen oder Beamten auf Probe oder auf Widerruf, wenn sie die Entlassung nicht selbst beantragt haben (soweit die Betroffenen, die rechtzeitig darauf hinzuweisen sind, dies beantragen; vgl. § 84 Absatz 1 Nr. 5 i. V. m. Absatz 2 BPersVG).

Die **Gleichstellungsbeauftragte** ist nach § 27 Absatz 1 Nr. 1 e) BGleiG frühzeitig zu beteiligen.

Ist die Beamtin oder der Beamte schwerbehindert oder gleichgestellt, erfolgt eine Beteiligung der **Schwerbehindertenvertretung** gemäß § 178 Absatz 2 Satz 1 SGB IX. Bereits bei einer an eine schwerbehinderte Beamtin oder einen schwerbehinderten Beamten gerichteten Anordnung, sich wegen Zweifeln an der Dienstfähigkeit (amts-)ärztlich untersuchen zu lassen, bedarf es der vorherigen Beteiligung der Schwerbehindertenvertretung, da es sich dabei um eine „Entscheidung" im Sinne von § 178 Absatz 2 Satz 1 Halbsatz 1 SGB IX handelt.[38])

6.3 Zurruhesetzungsverfügung

Sofern die evtl. Äußerung der Beamtin oder des Beamten im Rahmen der Anhörung und die Beteiligung der Interessenvertretungen im Ergebnis zu keiner anderen Einschätzung als der Dienstunfähigkeit führen, erfolgt die Versetzung in den Ruhestand. Der Dienststelle steht kein Ermessen zu; dienstunfähige Beamtinnen auf Lebenszeit oder dienstunfähige Beamte auf Lebenszeit sind gemäß § 44 Absatz 1 Satz 1 BBG in den Ruhestand zu versetzen.

Die Zurruhesetzung verfügt die Stelle, die nach § 12 Absatz 1 BBG für die Ernennung zuständig wäre, mit Zustimmung der obersten Dienstbehörde. Die oberste Dienstbehörde kann bestimmen, dass ihre Zustimmung nicht erforderlich ist (§ 47 Absatz 2 Sätze 2 und 3 BBG). Im Bericht an die oberste Dienstbehörde ist darzustellen, aus welchen Gründen eine Weiterverwendung nicht möglich ist. Die oberste Dienstbehörde kann bestimmen, dass ihre Zustimmung nicht erforderlich ist (§ 47 Absatz 2 Sätze 2 und 3 BBG).

Die Versetzung in den Ruhestand erfolgt durch schriftliche Zustellung der Ruhestandsurkunde an die Beamtin oder den Beamten (§ 47 Absatz 3 Satz 1 BBG).

Der Ruhestand beginnt grundsätzlich mit dem Ablauf des Monats, in dem der Beamtin oder dem Beamten die Versetzung in den Ruhestand bekannt gegeben worden ist (§ 47 Absatz 4 Satz 1 BBG). Mit dem Ende dieses Monats ist die die Versorgung übersteigende Besoldung einzubehalten (§ 47 Absatz 4 Satz 2 BBG).

Über die Zurruhesetzung einer Beamtin oder eines Beamten wegen Dienstunfähigkeit ist auch die jeweils zuständige Dienstunfallfürsorgestelle in geeigneter Weise zu informieren. Nur so können etwa vorhandene Dienstunfallakten an die für die Festsetzung der Versorgungsbezüge zuständige Stelle übergeben werden und dort eine Prüfung, ob ein Dienstunfall die rechtlich wesentliche Ursache für die Dienstunfähigkeit und die hieraus resultierende Versetzung in den Ruhestand gewesen ist, unmittelbar erfolgen (vgl. § 36 BeamtVG). Nur so wird gewährleistet, dass

38) OVG Berlin-Brandenburg, Beschluss vom 15. November 2017 (OVG 4 S 26.17), juris Rn. 7.

das der Beamtin oder dem Beamten zustehende (ggf. Unfall-)Ruhegehalt von Beginn des Ruhestandes an in korrekter Höhe festgesetzt und gezahlt wird.

7. Erneute Berufung in das Beamtenverhältnis (Reaktivierung)

Die Wiederverwendung (Reaktivierung) von in den Ruhestand versetzten Beamtinnen und Beamten richtet sich nach § 46 BBG.

7.1 Regelmäßige Überprüfung der fortbestehenden Dienstunfähigkeit

Der Dienstherr ist grundsätzlich verpflichtet, in regelmäßigen Abständen von Amts wegen zu prüfen, ob die Voraussetzungen, die zur Dienstunfähigkeit geführt haben, weiterhin vorliegen (§ 46 Absatz 1 Satz 2 BBG). Der zeitliche Abstand der Überprüfung sollte in der Regel nicht mehr als zwei Jahre betragen, hängt jedoch von den Umständen des Einzelfalls ab. Bei notwendigen Überprüfungen sollten die Untersuchungsintervalle an die Dauer des Ruhestandes gekoppelt werden. Zu Beginn sollte der Überprüfungsrhythmus kürzer und mit zunehmender Dauer länger sein.

Die erneute Berufung in ein Beamtenverhältnis nach Wiederherstellung der Dienstfähigkeit ist altersunabhängig und erfolgt grundsätzlich bis zum Erreichen der gesetzlichen Altersgrenze für den Eintritt in den Ruhestand.

Von einer Überprüfung kann abgesehen werden, wenn aufgrund des Krankheitsbildes (z. B. unheilbare Erkrankung) feststeht, dass eine erneute Berufung in das Beamtenverhältnis ausgeschlossen ist.

Es besteht eine Verpflichtung, sich zur Prüfung der Dienstfähigkeit nach Weisung der Behörde ärztlich untersuchen zu lassen (§ 46 Absatz 7 Satz 1 BBG, *siehe auch Nummer 2.3.1*).

Nach § 46 Absatz 5 BBG besteht auch für Beamtinnen oder Beamte die Möglichkeit, nach Wiederherstellung ihrer Dienstfähigkeit die erneute Berufung in das Beamtenverhältnis zu beantragen. Die Entscheidung über die Wiederherstellung der Dienstfähigkeit trifft die Dienststelle. Hierfür wird es in der Regel erforderlich sein, dass sich die Beamtin oder der Beamte einer ärztlichen Untersuchung unterzieht. Insofern kann der Antrag der Beamtin oder des Beamten nach § 46 Absatz 5 BBG auch als Antrag auf Feststellung ihrer oder seiner Dienstfähigkeit gewertet werden.

Wird die Dienstfähigkeit festgestellt, ist diesem Antrag ist zu entsprechen, sofern nicht zwingende dienstliche Gründe entgegenstehen. Die mit der Wiederberufung einer Ruhestandsbeamtin oder eines Ruhestandsbeamten in das Beamtenverhältnis auf Lebenszeit verbundenen finanziellen und personalorganisatorischen Auswirkungen sind regelmäßig keine entgegenstehenden zwingenden dienstlichen Gründe, die eine Versagung der Wiederberufung durch den Dienstherrn rechtfertigen könnten.[39])

7.2 Prüfung bei Reaktivierung

Wie bei drohender Dienstunfähigkeit ist zu entscheiden, ob eine erneute Berufung in das Beamtenverhältnis (Reaktivierung), gegebenenfalls nach einer Teilnahme an Rehabilitationsmaßnahmen, erfolgen kann.

Ein Hinweis auf die Verpflichtung zur Teilnahme an solchen Maßnahmen erfolgt bei der regelmäßigen Prüfung nach *Nummer 7.1*, wenn aufgrund eines ärztlichen Gutachtens Anhaltspunkte für die Wiederherstellung der Dienstfähigkeit vorliegen. In Bezug auf die Rehabilitationsmaßnahmen gelten § 46 Absatz 4 Sätze 1, 3 und 4 BBG.

Die Reaktivierung ist grundsätzlich auch unter den gleichen Voraussetzungen, wie die anderweitige Verwendung (§ 46 Absatz 1 und 2 BBG) möglich. Zu diesem Zweck sind Beamtinnen und Beamte verpflichtet, gegebenenfalls an Qualifizierungsmaßnahmen zum Erwerb einer neuen Laufbahnbefähigung teilzunehmen (§ 46 Absatz 3 BBG).

---

[39]) BVerwG, Urteil vom 13. August 2008 (2 C 41.07), Rn. 12.

Die Prüfung erfolgt wie bei der drohenden Dienstunfähigkeit. Es gibt jedoch eine Ausnahme: Die Beamtin oder der Beamte kann nicht in einem anderen Amt einer anderen Laufbahn desselben Dienstherrn mit geringerem Endgrundgehalt weiterbeschäftigt werden, da § 46 BBG dies nicht vorsieht.

Hinsichtlich der Suchpflicht bei der Reaktivierung wird auf *Nummer 4.2* verwiesen.

7.3 Erneute Berufung in das Beamtenverhältnis durch Ernennung

Bei einer erneuten Berufung in das Beamtenverhältnis gilt das frühere Beamtenverhältnis als fortgesetzt (§ 46 Absatz 8 BBG). Der Ruhestandsbeamtin oder dem Ruhestandsbeamten ist daher durch Ernennung unter Berufung in das Beamtenverhältnis auf Lebenszeit das zuletzt innegehabte statusrechtliche Amt zu übertragen. Die Ernennung erfolgt auch in diesem Fall durch die Aushändigung einer Ernennungsurkunde.

7.4 Reaktivierung bei begrenzter Dienstfähigkeit

Bei Vorliegen der Voraussetzungen ist eine Reaktivierung auch bei begrenzter Dienstfähigkeit möglich (§ 46 Absatz 6 BBG) und daher zu prüfen. Diese Möglichkeit ist stärker zu nutzen *(siehe Nummer 5)*. Eine Verwendung auf Probe („Probearbeitsverhältnisse mit Beamtinnen und Beamten"), die Aufschluss darüber geben soll, ob eine erneute Berufung in das Beamtenverhältnis erfolgversprechend erscheint, kann nicht vereinbart werden. Beamtinnen und Beamte müssen, bevor sie wieder Dienst leisten, zwingend reaktiviert werden. Stellt sich dann heraus, dass die Dienstfähigkeit nicht vollständig wiederhergestellt ist, ist das Vorliegen der Voraussetzungen für eine begrenzte Dienstfähigkeit auf der Grundlage eines ärztlichen Gutachtens zu prüfen.

Anlage 1

Rundschreiben vom 14.3.2022
D1-30101/5#1

Die stufenweise Wiedereingliederung nach dem Hamburger Modell für Beamtinnen und Beamte des Bundes

1. Einleitung

Die Demografiestrategie der Bundesregierung räumt dem systematischen betrieblichen Gesundheitsmanagement einen hohen Stellenwert ein. Dabei geht es nicht nur um längeres, sondern auch um flexibles und gesundes Arbeiten. Ein – in der Praxis häufig genutzter – Baustein des betrieblichen Gesundheitsmanagements wie auch des betrieblichen Eingliederungsmanagements (BEM) ist die stufenweise Wiedereingliederung nach dem Hamburger Modell.

Über das Hamburger Modell werden erkrankte Beamtinnen und Beamte individuell, d. h. je nach gesundheitlicher Einschränkung schonend, aber kontinuierlich an die Belastungen ihres Arbeitsplatzes herangeführt. Sie erhalten damit die Möglichkeit, ihre Belastbarkeit entsprechend ihrer wiedererreichten Leistungsfähigkeit zu steigern. Das Hamburger Modell dient dazu, Krankheitszeiten zu verkürzen, Rückfälle zu vermeiden und die Anzahl der Fälle von frühzeitiger Versetzung in den Ruhestand zu verringern.

Mit diesem Merkblatt sollen die wichtigsten dienstrechtlichen Fragen rund um das Hamburger Modell – speziell mit Blick auf die Beamtinnen und Beamten des Bundes – erläutert werden.

2. Rechtsgrundlagen

Das Hamburger Modell ist ein Verfahren, um krankheitsbedingt arbeitsunfähige sozialversicherungspflichtige Arbeitnehmerinnen und Arbeitnehmer wieder in das Erwerbsleben einzugliedern. Hierzu nehmen die Arbeitnehmerinnen und Arbeitnehmer ihre Tätigkeit stufenweise wieder auf. Geregelt ist das Hamburger Modell in § 74 SGB V und gleichlautend für den Fall behinderter oder konkret von Behinderung bedrohter Menschen in § 44 SGB IX.

Im Beamtenrecht gibt es für das Hamburger Modell keine vergleichbare gesetzliche Grundlage. In der Praxis hat sich das Hamburger Modell als Hilfe bzw. Unterstützung auch für Beamtinnen und Beamte bewährt.

Während des Hamburger Modells ist die Beamtin oder der Beamte vorübergehend dienstunfähig („krankgeschrieben"). Der Status der Beamtin oder des Beamten und die Fortzahlung der Besoldung bleiben unberührt. Da die Beamtin oder der Beamte „krankgeschrieben" bleibt, ist die Arbeitsaufnahme freiwillig. Die im Wiedereingliederungsplan festgelegte Zeit für die Arbeitsaufnahme gilt als Dienst.

Die Wiedereingliederung sollte in Anlehnung an die Bedingungen aus dem Bereich der gesetzlichen Krankenversicherung durchgeführt werden, z. B. Richtlinie des Gemeinsamen Bundesausschusses über die Beurteilung der Arbeitsunfähigkeit und die Maßnahmen zur stufenweisen Wiedereingliederung nach § 92 Absatz 1 Satz 2 Nr. 7 SGB V „Arbeitsunfähigkeits-Richtlinie" in der Fassung vom 20. Oktober 2016, in Kraft getreten am 24. Dezember 2016.

3. Verfahren

Das Hamburger Modell erfordert eine vertrauensvolle Zusammenarbeit zwischen der Beamtin oder dem Beamten, der behandelnden Ärztin oder dem behandelnden Arzt und dem Dienstherrn; gegebenenfalls auch weiterer Stellen. Grundlage sind die von der behandelnden Ärztin oder vom behandelnden Arzt unter Beachtung der Schweigepflicht gegebenen Empfehlungen zur vorübergehenden Einschränkung der quantitativen oder qualitativen Belastung der Beamtin oder des Beamten während der Wiedereingliederung. Eine standardisierte Betrachtungsweise ist nicht möglich, so dass der zwischen allen Beteiligten einvernehmlich zu findenden Lösung unter angemessener Berücksichtigung der Umstände im Einzelfall maßgebliche Bedeutung zukommt.

Die stufenweise Wiedereingliederung nach dem Hamburger Modell kann sowohl vom Dienstherrn als auch von der behandelnden Ärztin oder dem behandelnden Arzt (ggf. auch Amtsärztin/Amtsarzt oder Betriebsärztin/Betriebsarzt) vorgeschlagen werden. Die Beschäftigten können selbst entscheiden, ob sie das Angebot annehmen. Dafür ist eine schriftliche Zustimmung erforderlich. Eine Ablehnung hat keine negativen Folgen. Wird die stufenweise Wiedereingliederung von der Ärztin oder vom Arzt vorgeschlagen, wendet sich die Beamtin oder der Beamte mit diesem Vorschlag an die Personaldienststelle.

Das Hamburger Modell soll nur bewilligt werden, wenn dies ärztlicherseits als Maßnahme zur Wiedereingliederung empfohlen und eine Prognose zur gesundheitlichen Entwicklung der Beamtin oder des Beamten abgegeben wird. Das Hamburger Modell kann beginnen, wenn die Personaldienststelle auf der Grundlage des Wiedereingliederungsplans der Dienstaufnahme zustimmt. Ein förmlicher Bescheid ist nicht erforderlich.

4. Wiedereingliederungsplan

Den Schutz vor Überforderung und damit auch vor einer Beeinträchtigung der Heilbehandlung gewährleistet der ärztliche Wiedereingliederungsplan, den die behandelnde Ärztin oder der behandelnde Arzt erstellt. Er enthält mindestens die voraussichtliche Dauer der Wiedereingliederung und die wöchentliche Arbeitszeit. Neben der täglichen Arbeitszeit soll der Plan auch diejenigen Tätigkeiten enthalten, die die Beamtin oder der Beamte während des Hamburger Modells ausüben kann bzw. denen sie oder er nicht ausgesetzt werden darf.

Die ergänzende Einbindung der Betriebsärztin bzw. des Betriebsarztes ist aufgrund deren besonderer Kenntnisse zu den gesundheitlichen Belastungen am individuellen Arbeitsplatz sinnvoll. Soweit erforderlich, ist die Betriebsärztin oder der Betriebsarzt bei der Abstimmung und ggf. Anpassung des Wiedereingliederungsplans mit ihrer/seiner Expertise zu beteiligen. Eine amtsärztliche Untersuchung ist nicht notwendig.

Art und Umfang der zu leistenden Aufgaben während des Hamburger Modells sind zwischen der Beamtin oder dem Beamten, der Dienststelle und ggf. der Ärztin oder dem Arzt abzustimmen. So sollte z. B. bei Vorgesetztenfunktionen im Vorfeld festgelegt werden, in welchem Umfang diese während der Wiedereingliederung übernommen werden.

Für die medizinische Richtigkeit des Wiedereingliederungsplans ist allein die Ärztin oder der Arzt verantwortlich. Dienstvorgesetzte und Personaldienststelle sind vor Regressforderungen geschützt, solange sie die Beamtin oder den Beamten entsprechend dem Wiedereingliederungsplan einsetzen und die Beamtin oder der Beamte in diesem Rahmen ihre oder seine Arbeitsleistung erbringt. Bei Verschlechterung des Gesundheitszustandes kann das Hamburger Modell jederzeit abgebrochen werden.

5. Einzelfragen

5.1 Dauer des Hamburger Modells

Das SGB V kennt keine zeitliche Grenze für das Hamburger Modell. Maßgeblich ist in der Praxis der Wiedereingliederungsplan, der sich im Einzelfall über eine längere Zeit erstrecken kann.

Das Hamburger Modell soll in der Regel sechs Wochen nicht überschreiten. Abhängig von der Dauer und Schwere der Erkrankung kann eine entsprechend längere Wiedereingliederung im Einzelfall in Betracht kommen.

Hierbei gilt es die Einschätzung der behandelnden Ärztin oder des behandelnden Arztes zu beachten. Ein vorgelegter Wiedereingliederungsplan ist nur auf Grund triftiger Anhaltspunkte abzulehnen, da diese u. U. einer gerichtlichen Überprüfung standhalten muss. Eine Ablehnung aufgrund der Dauer reicht nicht aus. Ohne entsprechende Anhaltspunkte scheidet auch das Hinzuziehen einer Amtsärztin oder eines Amtsarztes aus. Ggf. kann die Einbeziehung der Betriebsärztin oder des Betriebsarztes bei der Abstimmung und bzw. Anpassung des Wiedereingliederungsplans eine Hilfestellung sein (vgl. auch Nr. 4).

Darüber hinaus kann sich jedoch eine zeitliche Grenze aus den Regelungen zur Dienstunfähigkeit und zur begrenzten Dienstfähigkeit ergeben.

Nach § 44 Absatz 1 Satz 2 BBG kann eine Beamtin oder ein Beamter als (dauernd) dienstunfähig angesehen werden, wenn sie oder er infolge Erkrankung innerhalb von sechs Monaten mehr als drei Monate keinen Dienst getan hat und keine Aussicht besteht, dass sie oder er innerhalb weiterer sechs Monate wieder voll dienstfähig wird. Im Interesse des Grundsatzes „Rehabilitation vor Versorgung" sollte diese Frist nicht schematisch angewandt werden, wenn das Ziel der Wiedereingliederung weiterhin erreichbar ist.

Begrenzte Dienstfähigkeit liegt vor, wenn von einer dauerhaften Einschränkung des Leistungsvermögens auszugehen ist (während das Hamburger Modell nur von einer vorübergehenden Einschränkung ausgeht und der Beamtin oder dem Beamten gerade die Chance gegeben werden soll, mit verringerter Stundenzahl langsam wieder in den normalen Arbeitsalltag zu finden). Dauert das Hamburger Modell länger als sechs Monate, ohne dass sich der Gesundheitszustand bessert, ist eine (amts-)ärztliche Untersuchung nach § 48 BBG zu veranlassen. Im ärztlichen Gutachten ist auch eine begrenzte Dienstfähigkeit aus medizinischer Sicht zu beurteilen (vgl. Anlage 4 zum Rundschreiben vom 14.3.2022, Az.: D1-30101/5#1). Liegen die Voraussetzungen für die begrenzte Dienstfähigkeit vor, stellt die Dienststelle diese nach § 45 BBG fest. Das Hamburger Modell kann nicht mehr fortgesetzt werden. Ob eine erneute stufenweise Wiedereingliederung in Betracht kommt, ist abhängig von der Dienststelle und von der Prognose der behandelnden Ärztin oder des behandelnden Arztes, ggf. nach (amts-)ärztlicher Untersuchung (§ 48 BBG).

Im Übrigen kann das Hamburger Modell von allen Beteiligten (Ärztin/Arzt, Beamtin/Beamter, Dienstherr) abgebrochen werden. Nimmt die Beamtin oder der Beamte an sieben aufeinanderfolgenden Tagen nicht an der Maßnahme teil, so gilt diese als gescheitert.[1]) In Ausnahmefällen kann der 7-Tage-Zeitraum überschritten werden, wenn an dem vorgesehenen Wiedereingliederungsplan festgehalten werden kann.

5.2 Arbeitszeit

Während des Hamburger Modells ist die Beamtin oder der Beamte entsprechend der von der behandelnden Ärztin oder vom behandelnden Arzt im Wiedereingliederungsplan festgelegten täglichen Arbeitszeit zur Diensterfüllung verpflichtet. Einzelfallabhängig sollte die Dienststelle mit der Beamtin oder dem Beamten vereinbaren, wann der Dienst

[1]) Die 7-Tage-Regelung lehnt sich an die Regelungen für Tarifbeschäftigte an, vgl. die Information zur stufenweisen Wiedereingliederung der Deutschen Rentenversicherung (Stand: 24. März 2015).

geleistet wird. Hierbei sollten erforderliche Arztbesuche oder Therapietermine in den Vormittagsstunden berücksichtigt und der Beamtin oder dem Beamten ein entsprechender späterer Dienstbeginn ermöglicht werden.

5.3 Urlaub und Gleitzeit

Die Beamtin oder der Beamte kann während des Hamburger Modells keinen Erholungsurlaub oder Gleitzeittage in Anspruch nehmen. Das folgt aus dem Umstand, dass während der Wiedereingliederungsmaßnahme weiterhin Dienstunfähigkeit besteht (vgl. Nr. 2). Sollte jedoch für den weiteren Heilungs- und Wiedereingliederungsprozess eine Ruhephase erforderlich sein, so kann das Hamburger Modell auf Grund einer ärztlichen Bescheinigung unterbrochen werden. Auch hier gilt grundsätzlich die 7-Tage-Regelung (vgl. Nr. 5.1).

Zudem kann in Absprache mit der Dienststelle in begründeten Fällen eine kurzzeitige Unterbrechung festgelegt werden, sofern diese der Wiederherstellung der Dienstfähigkeit nicht entgegensteht.

5.4 Sonderurlaub (Kind krank etc.)

Auch die Inanspruchnahme von Sonderurlaub ist mit einem laufenden Hamburger Modell nicht vereinbar. In Absprache mit der Dienststelle kann jedoch in begründeten Fällen eine kurzzeitige Unterbrechung der Maßnahme festgelegt werden, sofern diese der Wiederherstellung der Dienstfähigkeit nicht entgegensteht.

5.5 (Weitere) Erkrankung im Hamburger Modell

Bei einer (u. U. auch weiteren) Erkrankung während des Hamburger Modells legt die Beamtin oder der Beamte spätestens am vierten Tag eine ärztliche Bescheinigung über die Unterbrechung des Hamburger Modells und ihre voraussichtliche Dauer vor. Andernfalls bleibt die Beamtin oder der Beamte ohne Genehmigung von der Wiedereingliederung, die an die Stelle des Dienstes tritt, fern. Es kann auch bestimmt werden, dass bereits am ersten Tag eine Bescheinigung vorgelegt werden soll.

Ob das Hamburger Modell abgebrochen werden muss, hängt davon ab, ob absehbar ist, dass die stufenweise Wiedereingliederung noch erfolgreich beendet werden kann (vgl. 7-Tage-Regelung unter Nr. 5.1).

5.6 Beurteilungen

Auch wenn die Beamtin oder der Beamte zu den im Wiedereingliederungsplan ausgewiesenen Zeiten ihren oder seinen Dienstgeschäften nachgeht, lässt sich daraus nicht schließen, dass die Beamtin oder der Beamte für diese Zeit zu beurteilen ist. Der Wiedereingliederungsplan dient dem Schutz der Beamtin oder des Beamten vor Überforderung und damit auch vor einer Beeinträchtigung der Heilbehandlung. Ferner soll ein allmählicher Wiedereinstieg in die Dienstgeschäfte ermöglicht werden. Sinn und Zweck der Wiedereingliederungsmaßnahme machen deutlich, dass die Beamtin oder der Beamte während der Wiedereingliederungsmaßnahme nur beschränkt leistungsfähig ist. Deshalb ist keine sachgerechte Beurteilung möglich.[2])

5.7 Dienstunfall/Wegeunfall

Die im Wiedereingliederungsplan festgelegte Zeit für die Dienstaufnahme gilt als Dienst. Daher richten sich Ansprüche auf Leistungen der Dienstunfallfürsorge (einschließlich Wegeunfall) insbesondere nach den Regelungen der §§ 30 ff. des Beamtenversorgungsgesetzes (BeamtVG). Entscheidungen über Unfallfürsorgeleistungen sind grundsätzlich von einer Einzelfallprüfung im Nachhinein abhängig.

5.8 Besonderheiten bei Schwerbehinderung

Für die stufenweise Wiedereingliederung schwerbehinderter und gleichgestellter Beamtinnen und Beamter gelten besondere Regelungen. So sollen nach § 44 SGB IX für arbeitsunfähige Leistungsberechtigte, die

---

[2]) Vgl. hierzu OVG Münster, Beschluss vom 27. August 2015 (6 B 649/15), VG Düsseldorf, Urteil vom 31. Dezember 2012 (10 K 3029/12); siehe auch BVerwG, Beschluss vom 11. Juni 2015 (2 B 64/14, 2 B 64/14, 2 PKH 2/14).

nach ärztlicher Feststellung ihre bisherige Tätigkeit teilweise ausüben und durch eine stufenweise Wiederaufnahme ihrer Tätigkeit voraussichtlich besser wieder in das Erwerbsleben eingegliedert werden können, die medizinischen und die sie ergänzenden Leistungen entsprechend dieser Zielrichtung erbracht werden.

Notwendig ist auch hier die Vorlage einer ärztlichen Bescheinigung, die einen Wiedereingliederungsplan über alle – aus ärztlicher Sicht zulässigen – Arbeiten enthält sowie eine Prognose darüber, ob und wann mit der vollen oder teilweisen Dienstfähigkeit zu rechnen ist.

5.9 Hamburger Modell und Betriebliches Eingliederungsmanagement (BEM)

§ 167 Absatz 2 SGB IX verpflichtet den Arbeitgeber/Dienstherrn, Beschäftigten bei einer Erkrankungsdauer von mehr als sechs Wochen im Zeitraum eines Jahres die Durchführung eines BEM anzubieten. Das BEM dient dazu, weiteren Erkrankungen vorzubeugen und die Betroffenen dauerhaft in das Arbeitsleben wiedereinzugliedern. Dabei sind gemeinsam mit den Betroffenen alle Optionen zur Wiedereingliederung in Betracht zu ziehen. Die stufenweise Wiedereingliederung nach dem Hamburger Modell kann Teil dieser Lösung sein. Das Hamburger Modell kann also im Rahmen des BEM – auch neben weiteren Maßnahmen – zum Einsatz kommen.

Das Hamburger Modell steht jedoch nicht nur im Rahmen eines BEM zur Verfügung. Eine Teilnahme am Hamburger Modell kann auch außerhalb des formalisierten BEM-Verfahrens in Betracht kommen, wenn die sonstigen Voraussetzungen gegeben sind. Die vorstehenden Hinweise und Regelungen gelten sowohl für eine Teilnahme am Hamburger Modell im Rahmen des BEM, als auch außerhalb.

Anlage 2

Rundschreiben vom 14.3.2022
D1-30101/5#1

1) Kopfbogen
Frau/Herrn
– Privatadresse –

Feststellung der Dienstfähigkeit nach §§ 44–48 Bundesbeamtengesetz – BBG

hier: Amtsärztliche Untersuchung zur Überprüfung der Dienstfähigkeit
Bezug: Anlg.: -1- Merkblatt

Sehr geehrte/r Frau .../Herr ...,

bei Überprüfung nach § 44 Absatz 1 Satz 1 BBG:

... es bestehen Zweifel an Ihrer allgemeinen Dienstfähigkeit. Im Rahmen einer amtsärztlichen Untersuchung soll daher überprüft werden, ob Sie aus gesundheitlichen Gründen dauernd unfähig sind, Ihre Amtspflichten zu erfüllen (§ 44 Absatz 1 Satz 1 BBG).

Die Zweifel begründen sich wie folgt:

Benennung tatsächlicher Umstände (konkrete Ereignisse oder Vorfälle), die bei vernünftiger, lebensnaher Einschätzung die ernsthafte Besorgnis begründen, die betroffene Beamtin oder der betroffene Beamte sei dienstunfähig.

Der/dem Betroffenen bekannte Umstände müssen so umschrieben sein, dass für diese/diesen ohne weiteres erkennbar ist, welcher Vorfall oder welches Ereignis zur Begründung der Aufforderung herangezogen wird. Darüber hinaus:

- bisheriger Krankheitsverlauf,
- ggf. Zeitraum der aktuellen Krankschreibung,
- geführte Mitarbeitergespräche,
- Auswirkungen der Erkrankung auf die Fähigkeit zur Erfüllung der Dienstpflichten (von der Dienstbehörde beobachtete gesundheitsbezogene Leistungseinschränkungen in Absprache mit dem Vorgesetzten),
- arbeitsmedizinische Untersuchungen,
- privatärztliche Atteste,
- ggf. bereits durchgeführte Therapie- und Rehabilitationsmaßnahmen,
- sonstige zur Erhaltung der Dienstfähigkeit durchgeführte Maßnahmen und ihre Wirkungen.

Fehlzeiten, unterhalb der Grenze des § 44 Absatz 1 Satz 2 BBG können bei einer Untersuchungsanordnung nach § 44 Absatz 1 Satz 1 BBG herangezogen werden, wenn angesichts dieser die Dienstunfähigkeit des Beamten naheliegt.

... In den vergangenen Jahren hatten Sie häufig krankheitsbedingte Fehlzeiten. Insgesamt waren Sie im Jahr xy an xy Arbeitstagen und im Jahr xy an xy Arbeitstagen krankheitsbedingt abwesend.

ODER bei Überprüfung nach § 44 Absatz 1 Satz 2 BBG:

- „... Sie weisen häufig krankheitsbedingte Fehlzeiten auf. Innerhalb von sechs Monaten haben Sie mehr als drei Monate keinen Dienst getan.
- Konkrete Fehlzeitenentwicklung ergänzen (Anzahl, Zeitpunkt und Dauer der Krankschreibungen).

Es bestehen auf Grund Ihrer Fehlzeiten Zweifel an Ihrer Dienstfähigkeit. Im Rahmen einer amtsärztlichen Untersuchung soll daher überprüft werden, ob Ihre Dienstfähigkeit innerhalb der nächsten sechs Monate wieder voll hergestellt sein wird (§ 44 Absatz 1 Satz 2 BBG). Mit Schreiben vom xx.xx.20xx habe ich hierfür xy-Stelle beauftragt. Den entsprechenden Gutachtenauftrag können Sie der Anlage entnehmen."

Kann die Dienststelle – etwa mangels Kenntnis des Krankheitsbildes – keine spezifischen Angaben zu Art und Umfang der ärztlichen Untersuchung machen, so ist darauf hinzuweisen, dass üblicherweise ein Anamnesegespräch, die Erhebung eines körperlichen und ggf. orientierenden psychischen Untersuchungsbefundes sowie evtl. auch eine Laboruntersuchung zu erwarten sind.

Weitere (mögliche) Inhalte:

„Sofern Sie aus zwingenden gesundheitlichen Gründen den Termin nicht wahrnehmen können, bitte ich Sie, mir dies unverzüglich unter Nennung der Hinderungsgründe und unter Vorlage eines ärztlichen Attests mitzuteilen. Bitte informieren Sie gleichzeitig die xy-Stelle."

„Im Rahmen der Untersuchung wird zudem festgestellt, ob bei Ihnen eine begrenzte Dienstfähigkeit nach § 45 BBG vorliegt. Dies ist der Fall, wenn Sie unter Beibehaltung Ihres Amtes Ihre Dienstpflichten noch während mindestens der Hälfte der regelmäßigen Arbeitszeit erfüllen können. Daneben soll das amtsärztliche Gutachten eine Aussage dazu treffen, ob Sie anderweitig uneingeschränkt oder eingeschränkt verwendet werden können oder ob die Aussicht besteht, dass Sie innerhalb weiterer sechs Monate wieder voll dienstfähig sind."

Art und Umfang der ärztlichen Untersuchung nach § 44 Absatz 1 Satz 1 BBG (beispielsweise fachpsychiatrische Untersuchung) müssen in den Grundzügen festgelegt werden. Hierzu bietet sich vor Erlass der Untersuchungsanordnung an, sachkundige ärztliche Beratung (beispielsweise durch die Betriebsärztin oder den Betriebsarzt oder im Wege der Amtshilfe bei einer Amtsärztin oder einem Amtsarzt) einzuholen. In den Fällen des § 44 Absatz 1 Satz 2 BBG fehlen der Dienststelle nähere Erkenntnisse zur Erkrankung. Daher kann sie Art und Umfang der Untersuchung nicht näher festlegen.

Lassen sich Art und Umfang der vorzunehmenden Untersuchung nicht eingrenzen, erfolgt zunächst eine allgemeinärztliche Untersuchung.

„Die Untersuchung Ihres Gesundheitszustandes umfasst üblicherweise ein Anamnesegespräch, die Erhebung eines körperlichen und ggf. orientierenden psychischen Untersuchungsbefundes sowie evtl. auch eine Laboruntersuchung."

Ergeben sich aus der allgemeinärztlichen Untersuchung nähere Hinweise auf weitere erforderliche Untersuchungen, ist der/dem Betroffenen eine neue Untersuchungsanordnung für eine Zusatzbegutachtung zu erteilen.

„Ich bitte Sie, alle Ihnen bereits vorliegenden medizinischen Befunde sowie Unterlagen Ihrer behandelnden Ärzte zur amtsärztlichen Untersuchung mitzunehmen. Die Kosten der Untersuchung werden von der Dienststelle getragen."

„Sollten Sie die Schwerbehinderten-Eigenschaft besitzen oder beantragt und mir noch nicht gemeldet haben, empfehle ich Ihnen, mir entsprechende Nachweise (Bescheid der zuständigen Behörde, Kopie der Vor- und Rückseite des Schwerbehindertenausweises) zuzuleiten. Ich werde dann die Schwerbehindertenvertretung beteiligen".

„Sie sind verpflichtet, an der Klärung Ihres Gesundheitszustands mitzuwirken. Ich möchte Sie an dieser Stelle überdies auf die Rechtsprechung des Bundesverwaltungsgerichts[1]) hinweisen, wonach im Fall einer ungerechtfertigten schuldhaften Weigerung, sich einer amtsärztlichen Untersuchung zu unterziehen, der für Sie ungünstige Rückschluss auf eine Dienstunfähigkeit gezogen werden kann. Zudem stellt es ein Dienstvergehen dar, das disziplinarrechtlich geahndet werden kann."

„Weitere Hinweise zur ärztlichen Untersuchung nach § 48 BBG zur Feststellung von Dienstunfähigkeit können Sie dem beigefügten Merkblatt entnehmen.

Bei Fragen können Sie sich gerne an mich wenden."

Mit freundlichen Grüßen

im Auftrag

XXXX

[1]) BVerwG, Urteil vom 26. April 2012 (2 C 17.10), Rn. 12 sowie Beschluss vom 14. März 2019 (2 VR 5.18), Rn. 28.

Anlage 3

Rundschreiben vom 14.3.2022
D1-30101/5#1

Verfahren zur ärztlichen Untersuchung von Beamtinnen und Beamten des Bundes nach §§ 44 bis 49 des Bundesbeamtengesetzes (BBG) durch die Medizinischen Dienste der Krankenversicherung (MDK) gemäß § 275 Absatz 4a Sozialgesetzbuch Fünftes Buch (SGB V)

1. Für ärztliche Untersuchungen von Beamtinnen und Beamten des Bundes nach den §§ 44 bis 49 BBG können die Bundesbehörden gemäß § 275 Absatz 4a SGB V die Medizinischen Dienste der Krankenversicherung (MDK) in Anspruch nehmen.

   Für die Begutachtung sind regional folgende MDKs zuständig:

Baden-Württemberg	Ahornweg 2	77933 Lahr
Bayern	Haidenauplatz 1	81667 München
Berlin-Brandenburg	Lise-Meitner-Straße 1	10589 Berlin
Bremen	Falkenstraße 9	28195 Bremen
Hessen	Zimmersmühlenweg 23	61449 Oberursel
Mecklenburg-Vorpommern	Lessingstraße 33	19059 Schwerin
Niedersachsen	Hildesheimer Straße 202	30519 Hannover
Nord	Hammerbrookstraße 5	20097 Hamburg
Nordrhein	Bismarckstraße 43	40210 Düsseldorf
Rheinland-Pfalz	Albiger Straße 19 d	55232 Alzey
Saarland	Dudweiler Landstraße 151	66123 Saarbrücken
Sachsen	Bürohaus Mitte, Am Schießhaus 1	01067 Dresden
Sachsen-Anhalt	Allee-Center, Breiter Weg 19c	39104 Magdeburg
Thüringen e. V.	Richard-Wagner-Straße 2a	99423 Weimar
Westfalen-Lippe	Roddestraße 12	48153 Münster

2. Der zuständige MDK (s. o.) übersendet auf Anfrage der auftraggebenden Behörde eine Liste der von ihm als Gutachterin oder als Gutachter nach § 48 BBG vorgesehenen Ärztinnen oder Ärzte. Diese können von der zuständigen Behörde nach § 48 Absatz 1 Sätze 2 und 3 BBG regelmäßig als Gutachterin oder Gutachter zugelassen werden.
3. Entscheidet sich die jeweilige Behörde für den MDK als einen der nach Nummer 2.2.1 des Rundschreibens vom 14.3.2022, Az.: D1-30101/5#1 zugelassenen Gutachterin oder Gutachter, erteilt sie den Begutachtungsauftrag nach § 48 BBG an den örtlich zuständigen MDK. Mit der Beauftragung sind die nach Ziffer 1 benannten Ärztinnen oder Ärzte als Gutachterin oder Gutachter durch die Behörde zugelassen. Der beauftragte MDK informiert die Behörde unverzüglich darüber, welche Ärztin oder welcher Arzt mit der Untersuchung beauftragt worden ist. Bei der Auswahl der Gutachterin oder des Gutachters wird berücksichtigt, dass eine Untersuchung möglichst in Wohnortnähe der Beamtin oder des Beamten erfolgen kann.
4. Die Veranlassung weiterer medizinischer Leistungen durch den MDK erfolgt nur, soweit dies für die Beurteilung der Dienstfähigkeit erforderlich ist.
5. Für die Gutachtenerstellung soll eine Frist von sechs Wochen eingehalten werden. Kann der MDK die Gutachtenerstellung innerhalb der Sechs-Wochen-Frist nicht sicherstellen, teilt er dies dem Auftraggeber umgehend mit und stimmt mit ihm das weitere Vorgehen ab. Unter Umständen kann der Auftrag auch anderweitig vergeben werden. Hat der MDK die Verzögerung nicht zu vertreten, erstattet der Auftraggeber auf Nachweis die bis zur Entscheidung über die anderweitige Vergabe für die Gutachtenvorbereitung entstandenen Kosten.

6. Die auftraggebende Behörde teilt der zu begutachtenden Beamtin oder dem zu begutachtenden Beamten den Begutachtungstermin und die Beratungs- und Begutachtungsstelle mit.
7. Gemäß § 48 Absatz 2 Satz 1 BBG teilt die Gutachterin oder der Gutachter der Behörde auf Anforderung im Einzelfall die tragenden Gründe des Gutachtens mit, soweit deren Kenntnis für die Behörde unter Beachtung des Grundsatzes der Verhältnismäßigkeit für die von ihr zu treffende Entscheidung erforderlich ist. Die Mitteilung ist von der Gutachterin oder vom Gutachter in einem gesonderten, verschlossenen und versiegelten Umschlag zu übersenden (§ 48 Absatz 2 Satz 2 BBG).
8. Die Kostenabrechnung wird vom beauftragten MDK an die auftraggebende Behörde versandt. Die Abrechnung der zu tragenden Kosten erfolgt mit dem MDK, der das Gutachten gefertigt hat. Die Kostenabrechnung erfolgt nach einem einheitlichen Stundensatz des MDK in Höhe von 112,61 Euro pro Stunde für den nachgewiesenen Einsatz des ärztlichen Gutachters bzw. 55,18 Euro pro Stunde für den nachgewiesenen Einsatz der Teamassistenz.[1]) Mit diesen Stundensätzen werden die für die Begutachtung und die notwendigen Vor- und Nachbereitungen aufgewendeten Zeiten des begutachtenden Arztes sowie der unterstützenden Teamassistenz abgerechnet.
   Soweit Reisekosten anfallen, werden diese gesondert in Rechnung gestellt. Das Gleiche gilt für die dem MDK entstandenen Kosten in den Fällen, in denen der MDK weitere Leistungen, z. B. zur Befunderhebung, veranlassen musste.

[1]) Gültige Stundensätze seit 1.3.2021.

Anlage 4

Rundschreiben vom 14.3.2022
D1-30101/5#1

Gutachtenauftrag

– Vertrauliche Personalsache –

Begutachtung der Dienstfähigkeit nach § 48 BBG

I. Darstellung des Sachverhaltes durch die Dienststelle

Vorname, Name, Amtsbezeichnung:
Geburtsdatum:
Anschrift der Dienststelle:

Privatanschrift:

---

1. Welche Tätigkeiten übt die Beamtin/der Beamte aus? (stichwortartige Beschreibung)

---

2. Ggf. welche weiteren Tätigkeiten sind prägend für das der Beamtin/des Beamten innehabende Amt im abstrakt-funktionalen Sinn?

---

3. Ist die Beamtin/der Beamte teilzeitbeschäftigt?
□ ja, im Umfang von   Stunden/Woche
□ nein

---

4. Welche physischen und psychischen Anforderungen und Belastungen gibt es am Arbeitsplatz? (stichwortartige Beschreibung)

---

5. Welche Fehlzeiten sind Anlass für die Beauftragung des ärztlichen Gutachtens? (konkrete und lückenlose Auflistung der Fehlzeiten)

Erkrankung von   bis

---

6. Wurde innerhalb der letzten sechs Monate mehr als drei Monate kein Dienst geleistet?
□ ja
□ nein

---

7. Wie wirkt sich die Erkrankung aus Sicht der Dienststelle bzw. aus Sicht des unmittelbaren Vorgesetzten auf die Erfüllung der Dienstpflichten aus? (stichwortartige Beschreibung)

Beispiele: Zunahme von Fehlzeiten, Leistungsschwankungen, Abnahme der Qualität der Arbeitsverrichtung

---

8. Welche Maßnahmen hat die Dienststelle bisher ergriffen, um die Beamtin/den Beamten zu unterstützen und ihre/seine Dienstfähigkeit zu erhalten?

Beispiele: Mitarbeitergespräche, Betriebliches Eingliederungsmanagement, Hamburger Modell

9. Warum waren diese Maßnahmen aus Sicht der Dienststelle nicht erfolgreich?

10. Wurde die Betriebsärztin oder der Betriebsarzt bei den Maßnahmen beteiligt?
□ ja, und zwar wie folgt:

(Namen und Anschrift der Betriebsärztin oder des Betriebsarztes eintragen)

□ nein

11. Welche Möglichkeiten bestehen, die Beamtin/den Beamten anderweitig zu verwenden?

a) Verwendung auf demselben Arbeitsplatz mit reduzierter Arbeitszeit mit einem Anteil von mindestens 50 Prozent der regelmäßigen Arbeitszeit von Stunden/Woche

□ keine

b) auf einem anderen Arbeitsplatz

□ Verwendung mit folgenden Tätigkeiten, Anforderungen und Belastungen:[1])

□ keine

12. Liegt – nach der Personalakte – eine Schwerbehinderung im Sinne des Neunten Buches Sozialgesetzbuch (SGB IX) oder eine anerkannte Gleichstellung vor?

□ ja, mit Grad der Schwerbehinderung, Merkmale (laut Schwerbehindertenausweis)

□ nein

Ort, Datum	.... Unterschrift

II. Fragen der Dienststelle an die begutachtende Ärztin oder den begutachtenden Arzt:

– Vertrauliche Personalsache –

Ärztliches Gutachten nach § 48 BBG
Vorname, Name, Amtsbezeichnung:
Geburtsdatum:
Anschrift der Dienststelle:

Privatanschrift:

[1]) Hinweis für Dienststellen: Hier ggf. Vorschläge für den Amtsarzt aufnehmen, für eine perspektivische Verwendung.

Das Gutachten wurde am von in Auftrag gegeben.

Die Begutachtung fand am in statt.

Folgende Ärzte wurden konsiliarisch hinzugezogen:

Es wurde folgendes festgestellt:

---

1 a. Gesamtbeurteilung:

Die Beamtin/der Beamte ist aus **medizinischer** Sicht:

□ dienstfähig
□ begrenzt dienstfähig mit Prozent der regelmäßigen wöchentlichen Arbeitszeit
□ dienstunfähig

1 b. Welche tragenden Feststellungen und Gründe führten zu dieser Gesamtbeurteilung, soweit deren Kenntnis für die Behörde unter Beachtung des Grundsatzes der Verhältnismäßigkeit für die Entscheidung über die Zurruhesetzung erforderlich ist?

---

2. Gesundheitliche Beeinträchtigungen (negatives Leistungsbild)

Bestehen Funktionseinschränkungen?

Bildschirmtauglichkeit	□ ja □ nein
Publikumsverkehr	□ ja □ nein
Termindruck	□ ja □ nein
(häufig) wechselnder Arbeitsanforderungen	□ ja □ nein
Teamfähigkeit	□ ja □ nein
Arbeitsunterbrechungen erforderlich	□ ja □ nein
Reduzierung der Arbeitszeit notwendig	□ ja □ nein
stehenden/sitzenden Tätigkeiten	□ ja □ nein
Heben/Tragen	□ ja □ nein
Sonstige körperliche Einschränkungen	□ ja □ nein
Sonstige psychische Einschränkungen	□ ja □ nein
Schichtdienst	□ ja □ nein
Nachtdienst	□ ja □ nein
Mehrarbeit	□ ja □ nein
Waffentrageerlaubnis	□ ja □ nein
Führen von Kfz unter einsatzmäßigen Bedingungen	□ ja □ nein

weitere Einschränkungen:

---

3. Beschreibung der verbliebenen Leistungsfähigkeit (positives Leistungsbild):

4. Besteht Aussicht auf Wiederherstellung der vollen tätigkeitsbezogenen Leistungsfähigkeit innerhalb der nächsten sechs Monate, bei Polizeivollzugsbeamtinnen/Polizeivollzugsbeamten innerhalb der nächsten zwei Jahre (§ 4 Absatz 1 BPolBG)?

□ ja
□ nein

5. Ist die Wiederherstellung zu einem späteren Zeitpunkt wahrscheinlich?

□ ja, voraussichtlich in
□ nein, weil

6. Ist es möglich, die Beamtin/den Beamten mit reduzierter Arbeitszeit (mindestens mit einem Anteil von 50 Prozent der regelmäßigen Arbeitszeit) auf dem bisherigen Dienstposten zu beschäftigen?

□ ja
□ nein

7. Die Beamtin/der Beamte könnte auf einem Dienstposten mit folgenden Tätigkeiten, Anforderungen und Belastungen beschäftigt werden: (Bewertung unter Bezug auf die Darstellung des Sachverhaltes durch die Dienststelle eintragen)

□ ja
□ nein

Bewertung (ggf. Anlage beifügen):

8. Sind zum Erhalt, zur Verbesserung oder Wiederherstellung der Leistungsfähigkeit gesundheitliche Rehabilitationsmaßnahmen erfolgversprechend?

□ ja, und zwar folgende: (Art der Maßnahme, Dauer)
□ nein, weil

9. Sind zum Erhalt, zur Verbesserung oder Wiederherstellung der Leistungsfähigkeit berufliche Rehabilitationsmaßnahmen erfolgversprechend?

□ ja, und zwar folgende: (Art der Maßnahme, Dauer)
□ nein, weil

10. Ist die Beamtin/der Beamte zur Teilnahme Rehabilitationsmaßnahmen bereit?

□ ja, und zwar folgende: (Art der Maßnahme, Dauer)
□ nein, weil

Nur ausfüllen, wenn Fragen 4. bis 10. mit „nein" beantwortet wurden:

11. Ist die Beamtin/der Beamte daher aus **medizinischer** Sicht auf Dauer nicht in der Lage, ihren oder seinen Dienst zu leisten?

□ ja
□ nein

Nur ausfüllen, wenn Frage 6 mit „ja" beantwortet wurde:

12. Wann wird frühestens eine Nachuntersuchung mit dem Ziel einer Feststellung der vollständigen Dienstfähigkeit empfohlen?

Es wird empfohlen, eine Untersuchung frühestens nach   Monaten durchzuführen.

13. Wird eine Nachuntersuchung zum Zweck der Reaktivierung bereits vor Ablauf von zwei Jahren empfohlen?

□ Ja, es wird empfohlen, eine Untersuchung bereits nach   Monaten durchzuführen.

□ Nein

14. Wird ein Antrag auf Anerkennung einer Schwerbehinderung nach dem Neunten Buch Sozialgesetzbuch (SGB IX) wird für sinnvoll erachtet?

□ Ja, weil
□ Nein, weil

....

Ort, Datum Unterschrift Gutachterin/Gutachter

I

Anlage 5

Begutachtung der Dienstfähigkeit bei Beamtinnen und Beamten nach § 48 Bundesbeamtengesetz (BBG) Merkblatt für Ärztinnen und Ärzte/Gutachterinnen und Gutachter

1. Grundsatz „Rehabilitation vor Versorgung"

Vor einer Versetzung der Beamtin oder des Beamten in den Ruhestand wegen Dienstunfähigkeit hat die Dienststelle zu prüfen, ob eine Verwendung auf einem anderen Dienstposten oder eine eingeschränkte Verwendung wegen begrenzter Dienstfähigkeit, d. h. mit reduzierter Arbeitszeit (mindestens mit einem Anteil von 50 Prozent der regelmäßigen wöchentlichen Arbeitszeit), in Frage kommt. Erst als letztes Mittel ist die Zurruhesetzung zu prüfen. Ziel ist es, Frühpensionierungen nach Möglichkeit nach dem Grundsatz „Rehabilitation vor Versorgung" zu vermeiden. Rechtsgrundlagen hierfür sind §§ 44 bis 49 Bundesbeamtengesetz (BBG).

2. Inhalt des Gutachtens

Mit dem von Ihnen zu erstellenden Gutachten nehmen Sie bitte entsprechend der **Anlage 4 – Teil II** Stellung, da die Dienststelle die Dienstfähigkeit aus medizinischer Sicht nicht beurteilen kann. Bitte beantworten Sie die Fragen sorgfältig, ohne jedoch die genaue Diagnose/Erkrankung der Beamtin oder des Beamten aufzuführen. Das vermeidet für alle Beteiligten aufwändige Nachfragen.

Das Gutachten muss die das Ergebnis tragenden Feststellungen und Gründe enthalten, soweit deren Kenntnis für die Behörde unter Beachtung des Verhältnismäßigkeitsgrundsatzes für die Entscheidung über die Zurruhesetzung erforderlich ist. Dies betrifft sowohl die notwendigen Feststellungen zum Sachverhalt, d. h. die in Bezug auf die Beamtin oder den Beamten erhobenen Befunde, als auch die aus medizinischer Sicht daraus abzuleitenden Schlussfolgerungen für die Fähigkeit der Beamtin oder des Beamten, ihren oder seinen dienstlichen Anforderungen weiter zu genügen.

Ihre ärztliche Stellungnahme im Dienstunfähigkeitsverfahren soll der zuständigen Dienststelle die Entscheidung darüber ermöglichen, ob die Beamtin oder der Beamte zur Erfüllung ihrer oder seiner Dienstpflichten dauernd unfähig ist (§ 44 Absatz 1 Satz 1 BBG) oder eine eingeschränkte Verwendung wegen begrenzter Dienstfähigkeit in Betracht kommt. Die Dienststelle soll einschätzen können, welche Folgerungen ggf. aus einer bestehenden Dienstunfähigkeit zu ziehen sind (etwa: Reduzierung der Arbeitszeit, Übertragung eines anderen Amtes derselben, einer entsprechenden gleichwertigen oder einer anderen Laufbahn oder Versetzung in den Ruhestand).

Besonders in den Fällen einer Untersuchungsanordnung nach § 44 Absatz 1 Satz 2 BBG sind die Feststellungen in Ihrer Stellungnahme für die Dienststelle von Bedeutung. Denn dort beschränken sich die Kenntnisse der Dienststelle lediglich auf den Umstand, dass die Beamtin oder der Beamte bestimmte Fehlzeiten infolge Krankheit aufweist.

Die Frage nach der dienstlichen Weiterverwendung der Beamtin oder des Beamten sollte eine deutliche Aussage zum tatsächlichen (Rest)-Leistungsvermögen in Bezug auf die dargestellten Anforderungen der tatsächlich vorhandenen Dienstposten treffen. Aussagen wie: *„Solange der Beamte eine Tätigkeit ausübt, bei der er keine Verantwortung hat, bei der er keinen Kontakt zu Kunden oder Kollegen hat, bei welchem er nicht in Wechseldiensten tätig wird, besteht ein theoretisches Restleistungsvermögen von …"* sind in der Regel für die Dienststellen nicht umsetzbar. Bei Fragen zum Gutachtenauftrag wenden Sie sich bitte an die Dienststelle.

Zugleich muss das Gutachten der Beamtin oder dem Beamten es ermöglichen, sich mit den Feststellungen und Schlussfolgerungen bzw. mit der darauf beruhenden Entscheidung der Dienststelle auseinanderzusetzen und sie ggf. substantiiert anzugreifen. Deshalb darf sich das Gutachten nicht auf die bloße Mitteilung des Untersuchungsergebnisses und eines Entscheidungsvorschlags beschränken, sondern muss die für die Meinungsbildung des Gutachters wesentlichen Entscheidungsgrundlagen erkennen lassen. Verweise auf an anderer Stelle erhobene Befunde bzw. formulierte Bewertungen sind dabei zulässig, wenn deutlich wird, in welchem Umfang sich die Gutachterin oder der Gutachter ihnen anschließt. Wie detailliert eine ärztliche Stellungnahme danach jeweils sein muss, enthält sich einer verallgemeinerungsfähigen Aussage. Entscheidend kommt es auf die Umstände des jeweiligen Einzelfalles an (BVerwG, Beschluss vom 20. Januar 2011 (2 B 2.10), juris Rn. 5 sowie Beschluss vom 13. März 2014 (2 B 49.12), juris Rn. 9).

Die **Anlage 4** ist an die Dienststelle zurückzusenden.

3. Hinweise zur Schweigepflicht

Gemäß § 48 Absatz 2 BBG haben Sie insoweit eine **gesetzliche Mitteilungspflicht** und **Offenbarungsbefugnis** gegenüber der Dienststelle. Es bedarf hierfür keiner Entbindung von der Schweigepflicht durch die Beamtin oder den Beamten. Die Beamtin oder der Beamte werden von der Dienststelle über die fehlende Erforderlichkeit der Schweigepflichtentbindungserklärung informiert. Das ärztliche Gutachten ist in einem gesonderten und versiegelten Umschlag an die Dienststelle zu übersenden und der Beamtin oder dem Beamten ein Doppel hiervon zu übermitteln. Die Untersuchungsdokumentation verbleibt bei Ihnen.

4. Hinweise ggü. der Beamtin oder dem Beamten

Vor Beginn der Untersuchung müssen Sie die Beamtin oder den Beamten auf den Zweck der Untersuchung und Ihre Mitteilungspflicht gegenüber der Dienststelle hinweisen. Sollten Einwände während der laufenden Erstellung des Gutachtens geltend gemacht werden, ist der beauftragenden Stelle mitzuteilen, dass der Auftrag zwar bearbeitet, aber ein Abschluss aus nicht Ihnen zuzurechnenden Gründen möglich war.

5. Abstimmung des Untersuchungstermins

Stimmen Sie den Termin für die Begutachtung bitte mit der Dienststelle ab. Bitte informieren Sie die Dienststelle, wenn der Termin in unmittelbarem Kontakt mit der Beamtin oder dem Beamten vereinbart wurde oder es erforderlich wird, den Termin zu verschieben.

6. Sonstige Hinweise:

- Die Kosten für das Gutachten und ggf. erforderliche zusätzliche Gutachten trägt grundsätzlich die Dienststelle.[1])
- Sie stellen den Gesundheitszustand der Beamtin oder des Beamten fest und bewerten diesen medizinisch. Die Entscheidung über die Dienstfähigkeit trifft allein die Dienststelle. Sie werden ausschließlich als sachverständiger Helfer tätig, um den zuständigen Stellen diejenige Fachkenntnis zu vermitteln, die für deren Entscheidung erforderlich ist.

---

[1]) Bei einer Begutachtung durch Amtsärztinnen oder Amtsärzte ist die Dienststelle unter Umständen nach landesrechtlichen Vorschriften von den Kosten einer Begutachtung befreit, z. B. nach § 8 des Hessischen Verwaltungskostengesetzes.

Anlage 6

Rundschreiben vom 14.3.2022
D1-30101/5#1

Ärztliche Untersuchung nach § 48 Bundesbeamtengesetz (BBG) zur Feststellung von Dienstunfähigkeit

Merkblatt für Beamtinnen und Beamte

Zur Überprüfung Ihres Gesundheitszustandes wurden Sie von Ihrer Dienststelle aufgefordert, sich (amts-)ärztlich untersuchen zu lassen. Dieses Merkblatt soll Ihnen in diesem Zusammenhang bei der Klärung häufig gestellter Fragen helfen. Der Wortlaut der maßgeblichen Normen aus dem Bundesbeamtengesetz (BBG) ist unten wiedergegeben.

1. Was bedeutet Dienstunfähigkeit?

Dienstunfähig nach § 44 Absatz 1 Satz 1 BBG ist, wer wegen seines körperlichen Zustandes oder aus gesundheitlichen Gründen zur Erfüllung seiner Dienstpflichten dauernd unfähig ist. Nach § 44 Absatz 1 Satz 2 BBG kann auch als dienstunfähig angesehen werden, wer infolge Erkrankung innerhalb von sechs Monaten mehr als drei Monate keinen Dienst getan hat und wenn keine Aussicht besteht, dass innerhalb weiterer sechs Monate die Dienstfähigkeit wieder voll hergestellt ist. Im Gegensatz zu der aktuellen Dienstunfähigkeit, die Ihre behandelnde Ärztin oder Ihr behandelnder Arzt durch eine Arbeitsunfähigkeitsbescheinigung („Krankschreibung") attestiert, meint Dienstunfähigkeit im Sinne der beamtenrechtlichen Vorschriften immer eine dauernde Dienstunfähigkeit. Umgekehrt kann Dienstunfähigkeit trotz aktueller Dienstfähigkeit festgestellt werden, etwa wenn abzusehen ist, dass häufig wiederkehrende Ausfälle den Dienstbetrieb empfindlich stören werden.

2. Welche Folge hat die Dienstunfähigkeit?

Dienstunfähige Beamtinnen oder Beamte auf Lebenszeit sind in den Ruhestand zu versetzen (§ 44 Absatz 1 Satz 1 BBG).

3. Wer entscheidet, ob ich dienstunfähig bin?

Die Entscheidung trifft Ihre Dienststelle u. a. auf der Grundlage eines (amts-)ärztlichen Gutachtens.

4. Bin ich verpflichtet, mich ärztlich untersuchen zu lassen?

Ja, Sie sind verpflichtet, bei der Feststellung Ihres Gesundheitszustandes mitzuwirken und einer rechtmäßigen Untersuchungsanordnung Folge zu leisten (§ 44 Absatz 6 BBG), denn als Beamtin oder Beamter stehen Sie in einem besonderen Dienst- und Treueverhältnis zu Ihrem Dienstherrn.

5. Was passiert, wenn ich einer rechtmäßigen Untersuchungsanordnung nicht Folge leiste?

Wenn Sie wiederholt ohne hinreichenden Grund einer entsprechenden Anordnung nicht nachkommen, kann die Dienststelle von einer Dienstunfähigkeit ausgehen und Ihre Zurruhesetzung verfügen.[1])

Im Übrigen stellt die Nichtbefolgung einer rechtmäßigen Untersuchungsanordnung ein Dienstvergehen dar, das nach dem Bundesdisziplinargesetz geahndet werden kann.

---

[1]) stRspr; BVerwG, Urteil vom 26. April 2012 (2 C 17.10), Rn. 12.

6. Kann ich gegen die Untersuchungsanordnung vorgehen, wenn ich Zweifel an ihrer Rechtmäßigkeit habe?

Ja. Zwar stellt die Untersuchungsanordnung keinen Verwaltungsakt dar, so dass ein evtl. Widerspruch keine aufschiebende Wirkung hat. Es besteht jedoch die Möglichkeit, die Rechtsmäßigkeit der Untersuchungsanordnung im Rahmen eines einstweiligen Rechtsschutzverfahrens prüfen zu lassen.[2]) Die Verpflichtung, der Untersuchungsanordnung Folge zu leisten, besteht nur; soweit diese rechtmäßig ist.

7. Von wem erhalte ich einen Untersuchungstermin?

Den Untersuchungstermin erhalten Sie von Ihrer Dienststelle, da diese in der Regel den Termin mit der Amtsärztin oder dem Amtsarzt bzw. der Ärztin oder dem Arzt, die oder der als Gutachterin oder als Gutachter zugelassen ist, abstimmt. Informieren Sie bitte Ihre Dienststelle, wenn mit Ihnen unmittelbar ein Termin vereinbart wurde.

8. Kann ich den Termin verschieben bzw. was ist zu tun, wenn ich den Termin krankheitsbedingt nicht wahrnehmen kann?

Grundsätzlich ist keine Verschiebung möglich. Sollten Sie den Termin krankheitsbedingt nicht wahrnehmen können, wenden Sie sich bitte umgehend an Ihre Dienststelle, um die unter Nr. 5 beschriebenen Folgen zu vermeiden.

9. Muss ich am Tag der Untersuchung zum Dienst erscheinen?

Für die mit der Untersuchung im Zusammenhang stehende erforderliche Dauer Ihrer Abwesenheit werden Sie vom Dienst freigestellt.

10. Kann ich mich zu dem Termin begleiten lassen?

Die untersuchende Ärztin oder der untersuchende Arzt kann die Teilnahme einer Begleit- oder Vertrauensperson (z. B. eines Angehörigen) an der eigentlichen Untersuchung ablehnen, da diese durch die Anwesenheit einer dritten Person beeinträchtigt werden könnte.

11. Was muss ich zu dem Termin mitbringen?

Zum Untersuchungstermin sollten Sie sich ausweisen können. Zur Vermeidung evtl. Doppeluntersuchungen sollten Sie im eigenen Interesse bereits vorhandene Befunde, Arztberichte, Röntgenbilder usw. mitbringen, die für die Untersuchung relevant sein könnten. Weitere Hinweise enthält ggf. die Untersuchungsanordnung.

12. Was erwartet mich bei der Untersuchung?

Zur Feststellung einer evtl. Dienstunfähigkeit bedarf es einer umfassenden Prüfung Ihres Gesundheitszustandes. In der Regel erfolgen ein Anamnesegespräch, die Erhebung eines körperlichen und ggf. orientierenden psychischen Untersuchungsbefundes sowie ggf. auch Laboruntersuchungen (Blutentnahme, Urinprobe u. Ä.). Art und Umfang der zu erwartenden ärztlichen Untersuchung ergeben sich aus der Untersuchungsanordnung.

13. Wird es weitere Untersuchungen durch andere Ärztinnen oder Ärzte geben?

Eine Untersuchung durch weitere Fachärztinnen oder Fachärzte kann in Abhängigkeit des Untersuchungsergebnisses erforderlich sein. Hierzu erhalten Sie ggf. eine erneute Untersuchungsanordnung durch Ihre Dienststelle.

14. Was passiert nach der Untersuchung (bzw. den Untersuchungen)?

Die Amtsärztin oder der Amtsarzt bzw. eine als Gutachterin zugelassene Ärztin oder ein als Gutachter zugelassener Arzt benötigt zur Erfüllung des Gutachtenauftrages – neben den von ihr bzw. ihm selbst im Rahmen der vorgenommenen Untersuchung erlangten Er-

[2]) BVerfG, Beschluss vom 14. Januar 2022 (2 BvR 1528/21).

gebnissen (und den Ergebnissen einer evtl. Zusatzuntersuchung, siehe Nr. 13) – evtl. auch Auskünfte von Ihren behandelnden Ärztinnen oder Ärzten. Sofern die von Ihnen zum Untersuchungstermin mitgebrachten Unterlagen (siehe Nr. 11) hierfür nicht ausreichen, werden Sie gebeten, Ihre behandelnden Ärzte von der Schweigepflicht zu entbinden. Die Notwendigkeit der Befundanforderung wird Ihnen im Rahmen der (amts-)ärztlichen Untersuchung durch die Ärztin oder den Arzt erläutert.

Nach Auswertung aller Angaben und Untersuchungsergebnisse wird ein ärztliches Gutachten erstellt.

15. Was beinhaltet das ärztliche Gutachten bzw. welche Mitteilungen erfolgen im Einzelnen durch die Ärztin oder den Arzt gegenüber meiner Dienststelle?

Für Untersuchungen, die von einer Amtsärztin oder einem Amtsarzt bzw. einer als Gutachterin zugelassenen Ärztin oder einem als Gutachter zugelassenen Arzt durchgeführt werden, gilt auch wie in sonstigen Arzt-Patienten-Verhältnissen grundsätzlich die ärztliche Schweigepflicht.

Eine Ausnahme von der Schweigepflicht besteht allerdings im Rahmen des § 48 Absatz 2 BBG. Danach ist mit der Erteilung des Begutachtungsauftrages die Ärztin oder der Arzt aufgefordert, der Behörde ein Ergebnis der Begutachtung und im Einzelfall die tragenden Gründe des Gutachtens mitzuteilen, soweit deren Kenntnis für die Behörde unter Beachtung des Grundsatzes der Verhältnismäßigkeit für die von ihr zu treffende Entscheidung erforderlich ist.[3]) Hierfür bedarf es keiner Entbindung von der ärztlichen Schweigepflicht durch Sie, da Ihre Dienststelle auf die Kenntnis von medizinischen Einzelheiten für die Entscheidungsfindung angewiesen ist.

16. Was geschieht, wenn ich die Übermittlung des Gutachtens verweigere?

Verweigern Sie die Übermittlung des Gutachtens, so begehen Sie ein Dienstvergehen, das nach dem Bundesdisziplinargesetz verfolgt werden kann. Mögliche weitere Rechtsfolgen im Rahmen des Zurruhesetzungsverfahrens bleiben unbenommen.

17. Erhalte ich das ärztliche Gutachten?

Das Gutachten wird Ihrer Dienststelle in einem gesonderten und versiegelten Umschlag übermittelt und auch versiegelt zur Personalakte genommen. Zudem erhalten Sie ein Doppel des Gutachtens durch den Arzt oder die Ärztin.

Das ärztliche Gutachten trifft keine Entscheidung über Ihre Dienst(un)fähigkeit. Diese Entscheidung trifft ausschließlich Ihre Dienststelle. Es besteht daher keine Notwendigkeit, evtl. Einwendungen gegen das ärztliche Gutachten unmittelbar nach dessen Erhalt geltend zu machen.

18. Wie geht es nach der Übermittlung des ärztlichen Gutachtens weiter?

Nach Erhalt des ärztlichen Gutachtens prüft Ihre Dienststelle, ob sie Sie aufgrund des ärztlichen Gutachtens und der sonstigen relevanten Umstände für dienstunfähig hält. Wenn dies der Fall ist und dementsprechend Ihre Versetzung in den Ruhestand beabsichtigt ist, wird Ihnen Ihre Dienstbehörde dies unter Angabe der Gründe mitteilen (§ 47 Absatz 1 Satz 2 BBG) und Ihnen Gelegenheit geben, sich dazu innerhalb eines Monates zu äußern (§ 47 Absatz 2 Satz 1 BBG). Im Rahmen dieser Anhörung können Sie noch Einwendungen gegen die Untersuchungsanordnung und das ärztliche Gutachten vortragen. Danach entscheidet Ihre Dienststelle, ob Sie dienstunfähig oder dienstfähig sind und teilt Ihnen dies mit.

[3]) BVerwG, Urteil vom 19. März 2015 (2 C 37.13), Rn. 12.

19. Wer trägt die Kosten?

Die Kosten der ärztlichen Untersuchung trägt Ihre Dienststelle. Auch notwendige Fahrtkosten im Rahmen der ärztlichen Untersuchung werden erstattet.

Gesetzesauszug aus dem BBG:

§ 44 Dienstunfähigkeit

(1) Die Beamtin auf Lebenszeit oder der Beamte auf Lebenszeit ist in den Ruhestand zu versetzen, wenn sie oder er wegen des körperlichen Zustandes oder aus gesundheitlichen Gründen zur Erfüllung der Dienstpflichten dauernd unfähig (dienstunfähig) ist. Als dienstunfähig kann auch angesehen werden, wer infolge Erkrankung innerhalb von sechs Monaten mehr als drei Monate keinen Dienst getan hat, wenn keine Aussicht besteht, dass innerhalb weiterer sechs Monate die Dienstfähigkeit wieder voll hergestellt ist. In den Ruhestand wird nicht versetzt, wer anderweitig verwendbar ist.

(2) Eine anderweitige Verwendung ist möglich, wenn ein anderes Amt, auch einer anderen Laufbahn, übertragen werden kann. Die Übertragung eines anderen Amtes ohne Zustimmung ist zulässig, wenn das neue Amt zum Bereich desselben Dienstherrn gehört, es mit mindestens demselben Endgrundgehalt verbunden ist wie das bisherige Amt und zu erwarten ist, dass die Beamtin oder der Beamte den gesundheitlichen Anforderungen des neuen Amtes genügt.

(3) Zur Vermeidung der Versetzung in den Ruhestand kann einer Beamtin oder einem Beamten unter Beibehaltung des übertragenen Amtes ohne Zustimmung auch eine geringerwertige Tätigkeit übertragen werden, wenn eine anderweitige Verwendung nicht möglich und die Wahrnehmung der neuen Aufgabe unter Berücksichtigung der bisherigen Tätigkeit zumutbar ist.

(4) Zur Vermeidung einer Versetzung in den Ruhestand kann die Beamtin oder der Beamte nach dem Erwerb der Befähigung für eine neue Laufbahn auch ohne Zustimmung in ein Amt dieser Laufbahn mit geringerem Endgrundgehalt versetzt werden, wenn eine dem bisherigen Amt entsprechende Verwendung nicht möglich und die Wahrnehmung der neuen Aufgabe unter Berücksichtigung der bisherigen Tätigkeit zumutbar ist. Das neue Amt muss derselben Laufbahngruppe zugeordnet sein wie das derzeitige Amt. Für die Übertragung bedarf es keiner Ernennung.

(5) Die Beamtin oder der Beamte, die oder der nicht die Befähigung für eine andere Laufbahn besitzt, ist verpflichtet, an Qualifizierungsmaßnahmen für den Erwerb der neuen Befähigung teilzunehmen.

(6) Bestehen Zweifel über die Dienstunfähigkeit, besteht die Verpflichtung, sich nach Weisung der Behörde ärztlich untersuchen und, falls dies aus amtsärztlicher Sicht für erforderlich gehalten wird, auch beobachten zu lassen.

(7) Gesetzliche Vorschriften, die für einzelne Gruppen von Beamtinnen und Beamten andere Voraussetzungen für die Beurteilung der Dienstunfähigkeit bestimmen, bleiben unberührt.

§ 45 Begrenzte Dienstfähigkeit

(1) Von der Versetzung in den Ruhestand wegen Dienstunfähigkeit ist abzusehen, wenn die Beamtin oder der Beamte unter Beibehaltung des übertragenen Amtes die Dienstpflichten noch während mindestens der Hälfte der regelmäßigen Arbeitszeit erfüllen kann (begrenzte Dienstfähigkeit). Von der begrenzten Dienstfähigkeit soll abgesehen werden, wenn der Beamtin oder dem Beamten nach § 44 Abs. 2 oder 3 ein anderes Amt oder eine geringerwertige Tätigkeit übertragen werden kann.

(2) Die Arbeitszeit ist entsprechend der begrenzten Dienstfähigkeit zu verkürzen. Mit Zustimmung der Beamtin oder des Beamten ist auch eine Verwendung in einer nicht dem Amt entsprechenden Tätigkeit möglich.

(3) Die für die Ernennung zuständige Behörde entscheidet über die Feststellung der begrenzten Dienstfähigkeit. Für das Verfahren gelten die Vorschriften über die Dienstunfähigkeit entsprechend.

§ 46 Wiederherstellung der Dienstfähigkeit

(1) Beamtinnen und Beamte, die wegen Dienstunfähigkeit in den Ruhestand versetzt wurden, sind verpflichtet, einer erneuten Berufung in das Beamtenverhältnis Folge zu leisten, wenn ihnen im Dienstbereich ihres früheren Dienstherrn ein Amt ihrer früheren oder einer anderen Laufbahn mit mindestens demselben Endgrundgehalt übertragen werden soll und zu erwarten ist, dass sie den gesundheitlichen Anforderungen des neuen Amtes genügen. Der Dienstherr ist verpflichtet, in regelmäßigen Abständen das Vorliegen der Voraussetzungen für die Dienstunfähigkeit zu überprüfen, es sei denn, nach den Umständen des Einzelfalls kommt eine erneute Berufung in das Beamtenverhältnis nicht in Betracht.

(2) Beamtinnen und Beamten, die wegen Dienstunfähigkeit in den Ruhestand versetzt wurden, kann ferner unter Übertragung eines Amtes ihrer früheren Laufbahn nach Absatz 1 auch eine geringerwertige Tätigkeit übertragen werden, wenn eine anderweitige Verwendung nicht möglich ist und ihnen die Wahrnehmung der neuen Aufgabe unter Berücksichtigung ihrer früheren Tätigkeit zumutbar ist.

(3) Beamtinnen und Beamte, die nicht die Befähigung für die andere Laufbahn besitzen, haben an Qualifizierungsmaßnahmen für den Erwerb der neuen Befähigung teilzunehmen.

(4) Beamtinnen und Beamte sind verpflichtet, zur Wiederherstellung ihrer Dienstfähigkeit an geeigneten und zumutbaren gesundheitlichen und beruflichen Rehabilitationsmaßnahmen teilzunehmen. Diese Verpflichtung gilt auch zur Vermeidung einer drohenden Dienstunfähigkeit. Vor der Versetzung in den Ruhestand sind sie auf diese Pflicht hinzuweisen, es sei denn, nach den Umständen des Einzelfalls kommt eine erneute Berufung in das Beamtenverhältnis nicht in Betracht. Der Dienstherr hat, sofern keine anderen Ansprüche bestehen, die Kosten für diese gesundheitlichen und beruflichen Rehabilitationsmaßnahmen zu tragen.

(5) Beantragen Beamtinnen oder Beamte nach Wiederherstellung ihrer Dienstfähigkeit die erneute Berufung in das Beamtenverhältnis, ist diesem Antrag zu entsprechen, falls nicht zwingende dienstliche Gründe entgegenstehen.

(6) Die erneute Berufung in ein Beamtenverhältnis ist auch in den Fällen der begrenzten Dienstfähigkeit möglich.

(7) Zur Prüfung ihrer Dienstfähigkeit sind Beamtinnen und Beamte verpflichtet, sich nach Weisung der Behörde ärztlich untersuchen zu lassen. Sie können eine solche Untersuchung verlangen, wenn sie einen Antrag auf erneute Berufung in das Beamtenverhältnis stellen.

(8) Bei einer erneuten Berufung gilt das frühere Beamtenverhältnis als fortgesetzt.

§ 47 Verfahren bei Dienstunfähigkeit

(1) Hält die oder der Dienstvorgesetzte die Beamtin oder den Beamten aufgrund eines ärztlichen Gutachtens über den Gesundheitszustand für dienstunfähig und ist eine anderweitige Verwendung nicht möglich oder liegen die Voraussetzungen für die begrenzte Dienstfähigkeit nicht vor, teilt sie oder er der Beamtin oder dem Beamten mit, dass die Versetzung in den Ruhestand beabsichtigt ist. Dabei sind die Gründe für die Versetzung in den Ruhestand anzugeben.

(2) Die Beamtin oder der Beamte kann innerhalb eines Monats Einwendungen erheben. Danach entscheidet die für die Ernennung zuständige Behörde über die Versetzung in den Ruhestand mit Zustimmung der obersten Dienstbehörde oder der von ihr bestimmten Stelle, soweit gesetzlich nichts anderes bestimmt ist. Die oberste Dienstbehörde kann bestimmen, dass ihre Zustimmung nicht erforderlich ist.

(3) Die Versetzungsverfügung ist der Beamtin oder dem Beamten schriftlich zuzustellen. Sie kann bis zum Beginn des Ruhestands zurückgenommen werden.

(4) Der Ruhestand beginnt mit dem Ende des Monats, in dem die Versetzung in den Ruhestand der Beamtin oder dem Beamten bekannt gegeben worden ist. Zu diesem Zeit-

punkt wird die Besoldung einbehalten, die das Ruhegehalt übersteigt.

§ 48 Ärztliche Untersuchung

(1) In den Fällen der §§ 44 bis 47 kann die zuständige Behörde die ärztliche Untersuchung nur einer Amtsärztin oder einem Amtsarzt übertragen oder einer Ärztin oder einem Arzt, die oder der als Gutachterin oder Gutachter nach Satz 2 zugelassen ist. Die oberste Dienstbehörde bestimmt, welche Ärztin oder welcher Arzt mit der Fertigung von Gutachten beauftragt werden kann. Sie kann diese Befugnis auf nachgeordnete Behörden übertragen.

(2) Die Ärztin oder der Arzt teilt der Behörde auf Anforderung im Einzelfall die tragenden Gründe des Gutachtens mit, soweit deren Kenntnis für die Behörde unter Beachtung des Grundsatzes der Verhältnismäßigkeit für die von ihr zu treffende Entscheidung erforderlich ist. Diese Mitteilung ist in einem gesonderten und versiegelten Umschlag zu übersenden und versiegelt zur Personalakte zu nehmen. Sie darf nur für die Entscheidung der in Absatz 1 genannten Fälle verwendet werden.

(3) Zu Beginn der Untersuchung ist die Beamtin oder der Beamte auf deren Zweck und die Mitteilungspflicht nach Absatz 2 hinzuweisen. Die Ärztin oder der Arzt übermittelt der Beamtin oder dem Beamten oder, soweit dem ärztliche Gründe entgegenstehen, einer oder einem Bevollmächtigten ein Doppel der Mitteilung nach Absatz 2.

Anlage 7

Rundschreiben vom 14.3.2022
D1-30101/5#1

Teilnahme an Therapie- und Rehabilitationsmaßnahmen Hinweise zur Kostenübernahme durch die Dienststelle

Inhaltsverzeichnis

1. Gesundheitliche Rehabilitationsmaßnahmen

1.1. Antragstellung

Die Kostenübernahme für Rehabilitationsmaßnahmen bei bestehender oder drohender Dienstunfähigkeit nach § 46 Absatz 4 Satz 4 Bundesbeamtengesetz (BBG) sollte grundsätzlich nur dann erfolgen, wenn die Dienststelle die in Frage stehenden Maßnahmen **im Vorfeld des Behandlungsbeginns** nach Abwägung der Kosten-Nutzen-Relation als für die Rehabilitation geeignet und zumutbar anerkannt hat, um eine Dienstunfähigkeit im Sinne von § 44 Absatz 1 BBG zu vermeiden.

Ein nach Behandlungsbeginn gestellter Antrag ist daher nur ausnahmsweise positiv zu bescheiden. Dasselbe gilt für einen so kurz vor Behandlungsbeginn gestellten Antrag, dass nach allgemeiner Betrachtung mit einer Entscheidung vor Behandlungsbeginn nicht mehr gerechnet werden kann. Ziel dieser restriktiven Handhabung ist es, eine Umgehung des austarierten Beihilfesystems zu vermeiden, welches bestimmte Kosten bewusst im Verantwortungsbereich der Beamtin oder des Beamten belässt. Denkbar ist hier der Fall, dass die Beamtin oder der Beamte ohne eigenes Verschulden daran gehindert war, den Antrag rechtzeitig vor Behandlungsbeginn zu stellen. Gleiches kann für die Auswahl konkreter Einzelleistungen (z. B. Massagen) im Rahmen einer Rehabilitationsmaßnahme gelten, welche in aller Regel nicht vor Beginn, sondern erst zu Beginn der Rehabilitationsmaßnahme (vor Ort in der Reha-Einrichtung) zusammen mit der Beamtin oder dem Beamten besprochen werden.

1.2. Kostenübernahme

Maßstab für die Prüfung, ob ein anderer Anspruch dem Grunde nach besteht, kann nicht die Gesamtmaßnahme sein, sondern nur die jeweilige Einzelleistung.[1]) Eine Kostenübernahme nach § 46 Absatz 4 Satz 4 BBG kommt bei allen Maßnahmen in Betracht, die nicht beihilfefähig sind bzw. nicht von der Krankenversicherung (gesetzlich oder privat) oder dem Integrationsamt übernommen werden. Dies bedeutet, dass bei Maßnahmen, für die dem Grunde nach ein anderer Anspruch besteht, Restkosten verbleiben können (z. B. höhere Fahrtkosten als 200 Euro, höhere Aufwendungen für Unterkunft und Verpflegung im Falle einer ambulanten Rehabilitationsmaßnahme als 16 Euro oder etwa Eigenbehalte nach § 49 Bundesbeihilfeverordnung – BBhV), die die Beamtin oder der Beamte selbst tragen muss, obwohl sie oder er nach § 46 Absatz 4 Satz 1 BBG verpflichtet ist an der Maßnahme teilzunehmen. Andernfalls würde dies zu einer nicht sachgerechten Bevorteilung dienstunfähiger bzw. von Dienstunfähigkeit bedrohter Beamtinnen oder Beamten führen.

---

[1]) BayVGH, vom 14. November 2014 (14 C 12.2695), Rn. 15.

Vor einer Kostentragung durch den Dienstherrn sind die Möglichkeiten einer Übernahme der Kosten durch die Krankenversicherung im Kulanzweg und eine Erhöhung der Beihilfeleistungen durch die Festlegung eines abweichenden Bemessungssatzes nach der BBhV auszuschöpfen und die Ablehnung der Kostentragung durch die Versicherung nachzuweisen. Leistet die Krankenversicherung nicht, übernimmt der Dienstherr die Kosten, wenn die Rehabilitationsmaßnahme aus dessen Sicht zur Erhaltung (oder Wiederherstellung) der Dienstfähigkeit geeignet ist. Bei medizinischen Maßnahmen kann diese Beurteilung nur auf der Grundlage eines (amts-)ärztlichen Gutachtens erfolgen.

Wahlärztliche Leistungen können vom Dienstherrn erstattet werden, sofern sie geeignet sind, um die Dienstfähigkeit der Beamtin oder des Beamten zu erhalten oder wiederherzustellen.

Darüber hinaus muss die für eine Kostenerstattung nach § 46 Absatz 4 Satz 4 BBG in Betracht kommende Maßnahme für die Rehabilitation geeignet und zumutbar sein, um eine Dienstunfähigkeit im Sinne von § 44 Absatz 1 BBG zu vermeiden.

Das Ergebnis der Prüfung ist der Beamtin oder dem Beamten vor Antritt der Behandlung per Bescheid mitzuteilen. So kann durch sie oder ihn abgeschätzt werden, welche Kosten die Dienststelle nach § 46 Absatz 4 Satz 4 BBG übernimmt und welche Restkosten ggf. für sie oder ihn verbleiben.

1.3. Einzelfälle

(diese Beispiele sind nicht abschließend)

a) Fahrtkosten für An- und Abreise

Bei Fahrtkosten bleibt in der Regel kein Raum für die Anwendung von § 46 Absatz 4 Satz 4 BBG. Diese sind dem Grunde nach beihilfefähig, wenn auch nicht in voller Höhe. So sind etwa die beihilfefähigen Aufwendungen bei Benutzung öffentlicher Verkehrsmittel (§ 35 Absatz 2 Nr. 1 b BBhV) oder eines privaten Kraftfahrzeuges (§ 35 Absatz 2 Nr. 1 c BBhV) auf 200 Euro beschränkt. Soweit danach tatsächlich entstandene Fahrtkosten nicht beihilfefähig sind und deshalb nicht erstattet werden, hat die Beamtin oder der Beamte diesen Teil selbst zu tragen.

Beispiel:

Bei einer Reha entstehen Fahrtkosten durch Benutzung des eigenen PKW's in Höhe von 250 Euro. Die private Krankenversicherung übernimmt keine Fahrtkosten. Hier sind die Aufwendungen nach § 35 Absatz 2 Nr. 1 c BBhV bis zu einer Höhe von 200 Euro beihilfefähig. Bei einem Bemessungssatz von 50 % besteht ein Beihilfeanspruch in Höhe von 100 Euro. Eine Erstattung nach § 46 Absatz 4 Satz 4 BBG durch den Dienstherrn käme hier für die restlichen 100 Euro nicht in Betracht.

b) Fahrtkosten zur Amtsärztin oder zum Amtsarzt

Aktive Beamtinnen und Beamte, die sich zur Feststellung ihrer Dienstfähigkeit auf Weisung der Dienststelle ärztlich untersuchen lassen müssen (§ 44 Absatz 6 BBG), können die hierdurch entstandenen Reisekosten geltend machen. Diese Fahrtkosten sind nicht beihilfefähig. Das Bundesreisekostengesetz (BRKG) wertet eine solche dienstlich veranlasste Reise aber als Dienstreise. Mögliche Eigenanteile werden nicht vom Dienstherrn getragen.

Für Beamtinnen und Beamte, die sich im Ausland befinden, gilt das oben Ausgeführte. Es handelt sich um eine Dienstreise, die nach dem BRKG und zusätzlich nach der Auslandsreisekostenverordnung abgerechnet werden kann.

Bei Ruhestandsbeamtinnen und Ruhestandsbeamten scheidet eine Übernahme der Reisekosten nach dem BRKG bereits dem Grunde nach aus, weil sie nach § 1 Absatz 1 BRKG nicht in den Anwendungsbereich dieser Regelungen fallen, denn sie führen keine Dienstreisen zur Erledigung von Dienstgeschäften mehr aus. Reisekosten sind aber auch keine Kosten für erforderliche Rehabilitationsmaßnahmen im Sinne des § 46 Absatz 4 Satz 4 BBG. Da die Reise jedoch dienstlich veranlasst ist und dazu dient, die Dienstfähigkeit zu untersuchen und weitere erforderliche und erfolgversprechende Maßnahmen zu begutachten, ist es der Ruhestandsbeamtin oder dem Ruhestandsbeamten nicht zumutbar, die Reisekosten selbst zu zahlen. Es ist daher aus Fürsorgegründen geboten, dass der Dienstherr diese Kosten trägt.

c) Aufwendungen für eine Familien- und Haushaltshilfe

Aufwendungen für eine Familien- und Haushaltshilfe sind auch im Falle von Anschlussheilbehandlungen oder Rehabilitationsmaßnahmen nach den Vorschriften der BBhV unter den dort genannten Voraussetzungen beihilfefähig.

2. Berufliche Rehabilitationsmaßnahmen

Bei beruflichen Rehabilitationsmaßnahmen trägt der Dienstherr die erforderlichen Kosten, um die Beamtin oder den Beamten im aktiven Dienst anderweitig (§ 44 BBG) oder in begrenzter Dienstfähigkeit (§ 45 BBG) weiterzuverwenden.

Unter den im Rundschreiben vom 14.3.2022 unter Nummern 4.1 und 4.2 genannten Voraussetzungen können z. B. Grundausbildungen zur Überwindung behinderungsbedingter Einschränkungen, wie dem Erlernen der Blindenschrift oder der Gebärdensprache erstattungsfähig sein oder die Ausbildung für einen Wechsel von der Polizeivollzugslaufbahn in eine Verwaltungslaufbahn. Diese Beispiele sind nicht abschließend.

Vor einer Übernahme solcher Kosten durch den Dienstherrn ist insbesondere zu prüfen, ob Leistungsansprüche schwerbehinderter Menschen gegenüber dem Integrationsamt bestehen.

Anlage 8

Rundschreiben vom 14.3.2022
D1-30101/5#1

Ablauf DU-Verfahren

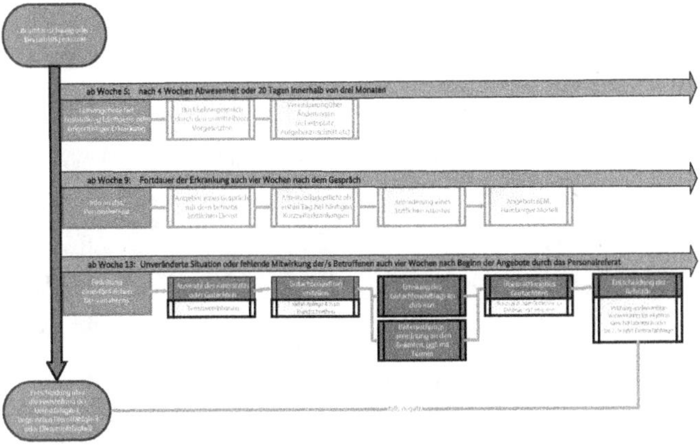

Verordnung über die Nebentätigkeit der Bundesbeamten, Berufssoldaten und Soldaten auf Zeit (Bundesnebentätigkeitsverordnung – BNV)

in der Fassung der Bekanntmachung vom 12. November 1987 (BGBl. I S. 2376)

Zuletzt geändert durch
Gesetz zum Abbau verzichtbarer Anordnungen der Schriftform im Verwaltungsrecht des Bundes
vom 29. März 2017 (BGBl. I S. 626)

Erster Abschnitt Ausübung von Nebentätigkeiten

§ 1 (weggefallen)

§ 2 Nebentätigkeit im öffentlichen Dienst

(1) Nebentätigkeit im öffentlichen Dienst ist jede für den Bund, ein Land oder andere Körperschaften, Anstalten oder Stiftungen des öffentlichen Rechts im Bundesgebiet (einschließlich des Landes Berlin) oder für Verbände von solchen ausgeübte Nebentätigkeit; ausgenommen ist eine Nebentätigkeit für öffentlich-rechtliche Religionsgesellschaften oder deren Verbände.

(2) Einer Nebentätigkeit im öffentlichen Dienst steht gleich eine Nebentätigkeit für

1. Vereinigungen, Einrichtungen oder Unternehmen, deren Kapital (Grund- oder Stammkapital) sich unmittelbar oder mittelbar ganz oder überwiegend in öffentlicher Hand befindet oder die fortlaufend ganz oder überwiegend aus öffentlichen Mitteln unterhalten werden,
2. zwischenstaatliche oder überstaatliche Einrichtungen, an denen eine juristische Person oder ein Verband im Sinne des Absatzes 1 Halbsatz 1 durch Zahlung von Beiträgen oder Zuschüssen oder in anderer Weise beteiligt ist,
3. natürliche oder juristische Personen, die der Wahrung von Belangen einer juristischen Person oder eines Verbandes im Sinne des Absatzes 1 Halbsatz 1 dient.

§ 3 Zulässigkeit von Nebentätigkeiten im Bundesdienst

Aufgaben, die für den Bund oder bundesunmittelbare Körperschaften, Anstalten oder Stiftungen des öffentlichen Rechts wahrgenommen werden, sind grundsätzlich in ein Hauptamt einzuordnen. Sie sollen nicht als Nebentätigkeit zugelassen werden, wenn sie mit dem Hauptamt in Zusammenhang stehen.

§ 4 Vergütung

(1) Vergütung für eine Nebentätigkeit ist jede Gegenleistung in Geld oder geldwerten Vorteilen, auch wenn kein Rechtsanspruch auf sie besteht.

(2) Als Vergütung im Sinne des Absatzes 1 gelten nicht

1. der Ersatz von Fahrkosten sowie Tagegelder bis zur Höhe des Betrages, den die Reisekostenvorschriften für Beamte in der höchsten Reisekostenstufe für den vollen Kalendertag vorsehen, oder, sofern bei Anwendung dieser Vorschriften ein Zuschuß zustehen würde, bis zur Höhe des Gesamtbetrages; Entsprechendes gilt für Übernachtungsgelder,
2. der Ersatz sonstiger barer Auslagen, wenn keine Pauschalierung vorgenommen wird.

(3) Pauschalierte Aufwandsentschädigungen sind in vollem Umfang, Tage- und Übernachtungsgelder insoweit, als sie die Beträge nach Absatz 2 Nr. 1 übersteigen, als Vergütung anzusehen.

§ 5 Allgemeine Erteilung, Widerruf der Genehmigung

(1) Die zur Übernahme einer oder mehrerer Nebenbeschäftigungen gegen Vergütung er-

forderliche Genehmigung gilt allgemein als erteilt, wenn die Nebenbeschäftigungen insgesamt geringen Umfang haben, außerhalb der Dienstzeit ausgeübt werden und kein gesetzlicher Versagungsgrund vorliegt. Der Umfang einer oder mehrerer Nebenbeschäftigungen ist als gering anzusehen, wenn die Vergütung hierfür insgesamt 100 Euro im Monat nicht übersteigt und die zeitliche Beanspruchung durch eine oder mehrere Nebenbeschäftigungen in der Woche ein Fünftel der regelmäßigen wöchentlichen Arbeitszeit nicht überschreitet. In diesen Fällen ist die Nebenbeschäftigung dem Dienstvorgesetzten anzuzeigen, es sei denn, daß es sich um eine einmalige, gelegentliche Nebenbeschäftigung handelt.

(2) Eine als genehmigt geltende Nebenbeschäftigung ist zu untersagen, wenn ihre Ausübung dienstliche Interessen beeinträchtigt.

(3) Wird eine Genehmigung widerrufen oder eine als genehmigt geltende Nebenbeschäftigung oder eine nicht genehmigungspflichtige Nebentätigkeit untersagt, so soll dem Beamten eine angemessene Frist zur Abwicklung der Nebentätigkeit eingeräumt werden, soweit die dienstlichen Interessen dies gestatten.

§ 6 Vergütungen für Nebentätigkeiten und Ablieferungspflicht

(1) Für eine Nebentätigkeit im Bundesdienst (§ 3) wird grundsätzlich eine Vergütung nicht gewährt. Ausnahmen können zugelassen werden für

1. Gutachtertätigkeiten und schriftstellerische Tätigkeiten,
2. Tätigkeiten, deren unentgeltliche Ausübung dem Beamten nicht zugemutet werden kann.

Wird der Beamte für die Nebentätigkeit entsprechend entlastet, darf eine Vergütung nicht gewährt werden.

(2) Werden Vergütungen nach Absatz 1 Satz 2 gewährt, so dürfen sie im Kalenderjahr insgesamt nicht übersteigen

für Beamte in den Besoldungsgruppen	Euro (Bruttobetrag)
A 1 bis A 8	3700
A 9 bis A 12	4300
A 13 bis A 16, B 1, C 1, C 2 bis C 3, R 1 und R 2	4900
B 2 bis B 5, C 4, R 3 bis R 5	5500
ab B 6, ab R 6	6100.

Innerhalb des Höchstbetrages ist die Vergütung nach dem Umfang und der Bedeutung der Nebentätigkeit abzustufen. Mit Ausnahme von Tage- und Übernachtungsgeldern dürfen Auslagen nicht pauschaliert werden.

(3) Erhält ein Beamter Vergütungen für eine oder mehrere Nebentätigkeiten im Bundesdienst oder für sonstige Nebentätigkeiten, die er im öffentlichen oder in dem ihm gleichstehenden Dienst oder auf Verlangen, Vorschlag oder Veranlassung seines Dienstvorgesetzten ausübt, so hat er sie insoweit an seinen Dienstherrn im Hauptamt abzuliefern, als sie für die in einem Kalenderjahr ausgeübten Tätigkeiten die in Absatz 2 Satz 1 genannten Bruttobeträge übersteigen. Vor der Ermittlung des abzuliefernden Betrages sind von den Vergütungen abzusetzen die im Zusammenhang mit der Nebentätigkeit entstandenen Aufwendungen für

1. Fahrkosten sowie Unterkunft und Verpflegung bis zur Höhe der in § 4 Abs. 2 Nr. 1 genannten Beträge,
2. die Inanspruchnahme von Einrichtungen, Personal oder Material des Dienstherrn (einschließlich Vorteilsausgleich),
3. sonstige Hilfeleistungen und selbst beschafftes Material.

Voraussetzung ist, daß der Beamte für diese Aufwendungen keinen Auslagenersatz erhalten hat.

(4) Vergütungen im Sinne des Absatzes 3 sind abzuliefern, sobald sie den Betrag übersteigen, der dem Beamten zu belassen ist.

(5) Die Verpflichtungen nach den Absätzen 3 und 4 treffen auch Ruhestandsbeamte und frühere Beamte insoweit, als die Vergütungen für vor der Beendigung des Beamtenver-

hältnisses ausgeübte Nebentätigkeiten gewährt sind.

§ 7 Ausnahmen von § 6

§ 6 ist mit Ausnahme des Absatzes 1 Satz 3 nicht anzuwenden auf Vergütungen für

1. Lehr-, Unterrichts-, Vortrags- oder Prüfungstätigkeiten,
2. Tätigkeiten als gerichtlicher oder staatsanwaltschaftlicher Sachverständiger,
3. Tätigkeiten auf dem Gebiet der wissenschaftlichen Forschung,
4. Gutachtertätigkeiten von Ärzten, Zahnärzten oder Tierärzten für Versicherungsträger oder für andere juristische Personen des öffentlichen Rechts sowie ärztliche, zahnärztliche oder tierärztliche Verrichtungen dieser Personen, für die nach den Gebührenordnungen Gebühren zu zahlen sind,
5. Tätigkeiten, die während eines unter Wegfall der Besoldung gewährten Urlaubs ausgeübt werden.

§ 8 Abrechnung über die Vergütung aus Nebentätigkeiten

Die Beamten haben nach Ablauf eines jeden Kalenderjahres ihrem Dienstvorgesetzten eine Abrechnung über die ihnen zugeflossenen Vergütungen im Sinne des § 6 vorzulegen, wenn die Vergütungen 500 Euro (brutto) im Kalenderjahr übersteigen. In den Fällen des § 6 Abs. 5 sind auch Ruhestandsbeamte und frühere Beamte hierzu verpflichtet.

Zweiter Abschnitt
Inanspruchnahme von Einrichtungen, Personal oder Material des Dienstherrn

§ 9 Genehmigungspflicht

(1) Der Beamte bedarf der vorherigen schriftlichen Genehmigung seiner obersten Dienstbehörde oder der von ihr beauftragten Behörde, wenn er bei der Ausübung einer Nebentätigkeit Einrichtungen, Personal oder Material seines Dienstherrn in Anspruch nehmen will.

(2) Einrichtungen sind die sächlichen Mittel, insbesondere die Diensträume und deren Ausstattung einschließlich Apparate und Instrumente, mit Ausnahme von Bibliotheken. Material sind die verbrauchbaren Sachen und die Energie.

(3) Aus Anlaß der Mitwirkung an der Nebentätigkeit darf Mehrarbeit, Bereitschaftsdienst oder Rufbereitschaft nicht angeordnet, genehmigt und vergütet werden. Vereinbarungen über eine private Mitarbeit außerhalb der Dienstzeit bleiben unberührt.

(4) Die Genehmigung darf nur erteilt werden, wenn ein öffentliches oder wissenschaftliches Interesse an der Ausübung der Nebentätigkeit besteht. Die Genehmigung ist widerruflich; sie kann befristet werden. In dem Genehmigungsbescheid ist der Umfang der zugelassenen Inanspruchnahme anzugeben. Die Genehmigung darf nur unter der Auflage erteilt werden, daß ein Entgelt für die Inanspruchnahme von Einrichtungen, Personal oder Material gezahlt wird; § 10 Abs. 1 Satz 2 bleibt unberührt.

§ 10 Grundsätze für die Bemessung des Entgelts

(1) Für die Inanspruchnahme von Einrichtungen, Personal oder Material des Dienstherrn hat der Beamte ein angemessenes Entgelt zu entrichten. Auf die Entrichtung eines Entgelts kann verzichtet werden

1. bei einer unentgeltlichen Nebentätigkeit,
2. wenn die Nebentätigkeit auf Verlangen, Vorschlag oder Veranlassung des Dienstvorgesetzten ausgeübt wird oder
3. wenn der Betrag 100 Euro im Kalenderjahr nicht übersteigt.

(2) Die Höhe des Entgelts richtet sich nach den Grundsätzen der Kostendeckung und des Vorteilsausgleichs.

(3) Nehmen mehrere Beamte Einrichtungen, Personal oder Material des Dienstherrn gemeinschaftlich in Anspruch, sind sie als Gesamtschuldner zur Entrichtung des Entgelts verpflichtet.

§ 11 Allgemeines Entgelt

(1) Das Entgelt außerhalb des in § 12 geregelten Bereichs wird pauschaliert nach einem Vomhundertsatz der für die Nebentätigkeit

bezogenen (Brutto-)Vergütung bemessen. Es beträgt im Regelfall

5 v. H. für die Inanspruchnahme von Einrichtungen,
10 v. H. für die Inanspruchnahme von Personal,
5 v. H. für den Verbrauch von Material,
10 v. H. für den durch die Inanspruchnahme von Einrichtungen, Personal oder Material erwachsenen wirtschaftlichen Vorteil.

(2) Die oberste Dienstbehörde kann im Einvernehmen mit dem Bundesminister der Finanzen abweichend von Absatz 1 Gebührenordnungen und sonstige allgemeine Kostentarife, soweit sie die entstandenen Kosten abdecken und Vorteile ausgleichen, für anwendbar erklären; das gleiche gilt für die Aufsichtsbehörde der Träger der Sozialversicherung, soweit der zuständige Fachminister ihr diese Befugnis übertragen hat.

(3) Wird die Nebentätigkeit unentgeltlich ausgeübt, ohne daß auf ein Entgelt nach § 10 Abs. 1 Satz 2 Nr. 1 verzichtet wird, so bemißt sich die Höhe des Entgelts nach dem Wert der Inanspruchnahme von Personal, Einrichtungen oder Material; das Entgelt für den wirtschaftlichen Vorteil entfällt.

(4) Wird nachgewiesen, daß das nach den Vomhundertsätzen des Absatzes 1 berechnete Entgelt offensichtlich um mehr als 25 v. H. niedriger oder höher ist als es dem Wert der Inanspruchnahme entspricht, so ist es von Amts wegen oder auf Antrag des Beamten nach dem Wert

1. der anteiligen Kosten für die Beschaffung, Unterhaltung und Verwaltung der benutzten Einrichtungen,
2. der anteiligen Kosten für das in Anspruch genommene Personal einschließlich der Personalnebenkosten und der Gemeinkosten,
3. der Beschaffungs- und anteiligen Verwaltungskosten für das Material,
4. des durch die Bereitstellung von Einrichtungen, Personal oder Material erwachsenen wirtschaftlichen Vorteils des Beamten (Vorteilsausgleich)

festzusetzen. Der Beamte muß den Nachweis innerhalb einer Ausschlußfrist von drei Monaten nach Festsetzung des Entgelts erbringen. Die Entscheidung trifft die oberste Dienstbehörde. Sie kann diese Befugnis auf unmittelbar nachgeordnete Behörden übertragen.

§ 12 Entgelt für ärztliche und zahnärztliche Nebentätigkeiten

(1) Das Entgelt (Kostenerstattung und Vorteilsausgleich) für ärztliche und zahnärztliche Nebentätigkeiten in Krankenhäusern und in den sanitätsdienstlichen Einrichtungen der Bundeswehr ist zu pauschalieren, soweit in den Absätzen 2 und 3 nichts anderes bestimmt oder zugelassen wird. Für ärztliche und zahnärztliche Nebentätigkeiten in anderen Tätigkeitsbereichen richtet sich die Höhe des Entgelts nach den allgemeinen Bestimmungen des § 11.

(2) Die Höhe der Kostenerstattung bemißt sich nach den vom zuständigen Fachminister zu erlassenden Bestimmungen, die den Grundsätzen der Kostendeckung entsprechen müssen; für die Träger der Sozialversicherung kann die Regelungsbefugnis der Aufsichtsbehörde übertragen werden. Soweit Ärzte oder Zahnärzte für die in Absatz 1 Satz 1 genannten Tätigkeiten bereits nach Rechtsvorschriften des Bundes eine den Grundsätzen der Kostendeckung entsprechende Kostenerstattung leisten, entfällt eine Kostenerstattung nach Satz 1.

(3) Der Vorteilsausgleich beträgt 20 vom Hundert der im Kalenderjahr aus der Nebentätigkeit erzielten Einnahmen bis 100 000 Euro, die dem Beamten nach Abzug der nach Absatz 2 zu erstattenden Kosten verbleiben, und 30 vom Hundert von dem darüber hinausgehenden Mehrbetrag. Bei einem Honorarverzicht ist ein Vorteilsausgleich nicht zu entrichten.

§ 13 Festsetzung des Entgelts

(1) Das zu zahlende Entgelt wird von der für die Genehmigung nach § 9 Abs. 1 zuständigen oder der von ihr mit seiner Berechnung beauftragten Stelle nach dem Ende der Inanspruchnahme, mindestens jedoch halbjährlich festgesetzt. Ist die Höhe des Entgelts be-

reits im Zeitpunkt der Genehmigung zu übersehen, so soll das Entgelt zugleich mit der Genehmigung festgesetzt werden. Das Entgelt wird einen Monat nach der Festsetzung fällig, im Falle des Satzes 2 einen Monat nach dem Ende der Inanspruchnahme, mindestens jedoch halbjährlich.

(2) Der Beamte ist verpflichtet, das Ende der Inanspruchnahme der nach § 9 Abs. 1 zuständigen Stelle unverzüglich schriftlich oder elektronisch anzuzeigen. Er hat die für die Berechnung des Entgelts notwendigen Aufzeichnungen zu führen und mit den zur Glaubhaftmachung notwendigen Belegen unverzüglich nach Beendigung, bei fortlaufender Inanspruchnahme mindestens halbjährlich vorzulegen. Diese Unterlagen sind fünf Jahre, vom Tage der Festsetzung des Entgelts an gerechnet, aufzubewahren.

Dritter Abschnitt
Geltungsbereich; Berlin-Klausel; Inkrafttreten

§ 14 Geltung für Berufssoldaten und Soldaten auf Zeit

Diese Verordnung gilt für Berufssoldaten und Soldaten auf Zeit entsprechend.

§ 15 (weggefallen)

§ 16 (Inkrafttreten)

Verordnung über die Arbeitszeit der Beamtinnen und Beamten des Bundes (Arbeitszeitverordnung – AZV)

Vom 23. Februar 2006 (BGBl. I S. 427)

Zuletzt geändert durch
Verordnung zur Änderung der Arbeitszeitverordnung zur Erweiterung von Langzeitkonten in der Bundespolizei und der Zollverwaltung
vom 19. Februar 2025 (BGBl. I Nr. 49)

§ 1 Geltungsbereich

Diese Verordnung gilt für alle Beamtinnen und Beamten des Bundes, soweit nicht besondere Arbeitszeitregelungen gelten. Sie gilt nicht für Ehrenbeamtinnen und Ehrenbeamte. Für Beamtinnen auf Widerruf und Beamte auf Widerruf ist zu bestimmen, ob und inwieweit die Vorschriften dieser Verordnung anzuwenden sind.

§ 2 Begriffsbestimmungen

Im Sinne dieser Verordnung ist

1. Abrechnungszeitraum bei Gleitzeit der Zeitraum, in dem ein Über- oder Unterschreiten der regelmäßigen wöchentlichen Arbeitszeit auszugleichen ist,
2. Arbeitsplatz grundsätzlich die Dienststelle oder ein von der oder dem Dienstvorgesetzten bestimmter Ort, an dem Dienst zu leisten ist,
3. Arbeitstag grundsätzlich der Werktag,
4. Bereitschaftsdienst die Pflicht, sich, ohne ständig zur Dienstleistung verpflichtet zu sein, an einer vom Dienstherrn bestimmten Stelle aufzuhalten, um im Bedarfsfall den Dienst aufzunehmen, wenn dabei Zeiten ohne Arbeitsleistung überwiegen,
5. Blockmodell die Zusammenfassung der Freistellung von der Arbeit bis zu fünf Jahren bei Teilzeitbeschäftigung,
6. Funktionszeit der Teil der regelmäßigen täglichen Arbeitszeit, in dem der Dienstbetrieb durch Absprache der Beamtinnen und Beamten sichergestellt wird,
7. Gleitzeit die Arbeitszeit, bei der Beamtinnen und Beamte Beginn und Ende der täglichen Arbeitszeit in gewissen Grenzen selbst bestimmen können,
8. Gleittag ein mit Zustimmung der oder des unmittelbaren Vorgesetzten gewährter ganztägiger Zeitausgleich im Abrechnungszeitraum bei Gleitzeit, dabei gelten tägliche Arbeitszeiten von weniger als zwei Stunden als Gleittag,
9. Kernarbeitszeit der Teil der regelmäßigen täglichen Arbeitszeit, in dem grundsätzlich alle Beamtinnen und Beamten in der Dienststelle anwesend sein müssen,
10. Langzeitkonto ein personenbezogenes Arbeitszeitkonto, auf dem durch erhöhten Arbeitsanfall bedingte Zeitguthaben für Freistellungszeiten angespart werden können,
11. Nachtdienst ein Dienst, der zwischen 20 Uhr und 6 Uhr zu leisten ist,
12. regelmäßige wöchentliche Arbeitszeit die innerhalb von zwölf Monaten durchschnittlich zu erbringende wöchentliche Arbeitszeit,
13. Reisezeit die Zeit ohne Wartezeit (Nummer 17), die die Beamtin oder der Beamte benötigt für den Weg zwischen
    a) der Wohnung oder der Dienststätte und der Stelle des auswärtigen Dienstgeschäfts oder der auswärtigen Unterkunft (Anreise),
    b) der Stelle des auswärtigen Dienstgeschäfts oder der auswärtigen Unterkunft und der Stelle eines weiteren auswärtigen Dienstgeschäfts oder einer weiteren auswärtigen Unterkunft,
    c) der Stelle des auswärtigen Dienstgeschäfts oder der auswärtigen Unterkunft und der Wohnung oder der Dienststätte (Abreise),

I

14. Rufbereitschaft die Pflicht, sich außerhalb des Arbeitsplatzes bereitzuhalten, um bei Bedarf sofort zu Dienstleistungen abgerufen werden zu können,
15. Ruhepause der Zeitraum, in dem Beamtinnen und Beamte keinen Dienst leisten,
16. Schichtdienst der Dienst nach einem Schichtplan, der einen regelmäßigen Wechsel der täglichen Arbeitszeit in Zeitabschnitten von längstens einem Monat vorsieht,
17. Wartezeit eine während einer Dienstreise anfallende Zeit ohne Dienstleistung zwischen
    a) dem Ende der Anreise und dem Beginn der dienstlichen Tätigkeit,
    b) dem Ende der dienstlichen Tätigkeit an einem Tag und dem Beginn der dienstlichen Tätigkeit an einem anderen Tag,
    c) dem Ende der dienstlichen Tätigkeit und dem Beginn der Abreise.

§ 3 Regelmäßige wöchentliche Arbeitszeit

(1) Die regelmäßige wöchentliche Arbeitszeit beträgt 41 Stunden. Schwerbehinderte Beamtinnen und schwerbehinderte Beamte können eine Verkürzung der regelmäßigen wöchentlichen Arbeitszeit auf 40 Stunden beantragen. Gleiches gilt für Beamtinnen und Beamte,

1. die für ein Kind unter zwölf Jahren Kindergeld erhalten,
2. die eine nahe Angehörige oder einen nahen Angehörigen nach § 7 Absatz 3 des Pflegezeitgesetzes im eigenen Haushalt oder im eigenen Haushalt der oder des nahen Angehörigen tatsächlich betreuen oder pflegen, die oder der
    a) pflegebedürftig ist und die Pflegebedürftigkeit nach § 18 des Elften Buches Sozialgesetzbuch durch eine Bescheinigung der Pflegekasse, des Medizinischen Dienstes der Krankenversicherung, nach einer entsprechenden Bescheinigung einer privaten Pflegeversicherung oder nach einem ärztlichen Gutachten festgestellt worden ist oder
    b) an einer durch ein ärztliches Zeugnis nachgewiesenen Erkrankung nach § 3 Absatz 6 Satz 1 des Pflegezeitgesetzes leidet.

Die Verkürzung beginnt bei Vorliegen der Voraussetzungen mit Beginn des Monats der Antragstellung und endet mit Ablauf des Monats, in dem ihre Voraussetzungen nicht mehr vorliegen. § 116 Abs. 1 des Neunten Buches Sozialgesetzbuch bleibt unberührt. Die Beamtinnen und Beamten sind verpflichtet, jede Änderung unverzüglich anzuzeigen und auf Verlangen entsprechende Nachweise zu erbringen. Bei Teilzeitbeschäftigung wird die regelmäßige wöchentliche Arbeitszeit nach den Sätzen 1 bis 3 entsprechend dem Umfang der bewilligten Teilzeitbeschäftigung verkürzt.

(2) Die regelmäßige wöchentliche Arbeitszeit wird bei Vollzeitbeschäftigung und Teilzeitbeschäftigung mit einer Ermäßigung der Arbeitszeit um weniger als 10 Prozent auf Montag bis Freitag verteilt. Aus dienstlichen Gründen kann sie auf sechs Tage verteilt werden.

(3) Die regelmäßige wöchentliche Arbeitszeit verkürzt sich für jeden gesetzlich anerkannten Feiertag sowie für Heiligabend und Silvester um die darauf entfallende Arbeitszeit. Im selben Umfang wird die Arbeitszeit für Beamtinnen und Beamte, die im Schichtdienst eingesetzt sind, verkürzt. Hierbei bleibt unberücksichtigt, ob und wie lange an diesen Tagen tatsächlich Dienst geleistet werden muss.

(4) Die regelmäßige wöchentliche Arbeitszeit kann ausnahmsweise verkürzt werden, soweit besondere Bedürfnisse dies erfordern.

(5) Ist ein Ausgleich der regelmäßigen wöchentlichen Arbeitszeit innerhalb von zwölf Monaten aufgrund zwingender dienstlicher Verhältnisse nicht möglich, darf die durchschnittliche Arbeitszeit hierbei 48 Stunden im Siebentageszeitraum nicht überschreiten.

§ 4 Regelmäßige tägliche Arbeitszeit

Die regelmäßige tägliche Arbeitszeit sowie deren Beginn und Ende sind festzulegen. Hierbei dürfen 13 Stunden einschließlich der Pausen nicht überschritten werden. Bei Teilzeitbeschäftigung ist die regelmäßige tägliche Arbeitszeit individuell festzulegen.

§ 5 Ruhepausen und Ruhezeit

(1) Die Arbeit ist spätestens nach 6 Stunden durch eine Ruhepause von mindestens 30 Minuten zu unterbrechen. Nach mehr als 9 Stunden beträgt die Ruhepause mindestens 45 Minuten. Ruhepausen können in Zeitabschnitte von jeweils 15 Minuten aufgeteilt werden.

(2) Ruhepausen werden nicht auf die Arbeitszeit angerechnet, es sei denn, dass

1. die Voraussetzungen des § 17a der Erschwerniszulagenverordnung mit der Maßgabe erfüllt sind, dass im Kalendermonat mindestens 35 Nachtdienststunden geleistet werden, oder
2. die zuständige Behörde die Anrechnung bei operativen Tätigkeiten in Einsatzbereichen, in denen die ständige Einsatzfähigkeit gewährleistet werden muss, zum Ausgleich der damit verbundenen Belastungen zulässt.

Bei Teilzeitbeschäftigung verringern sich die nach Satz 1 Nummer 1 erforderlichen Nachtdienststunden entsprechend dem Verhältnis zwischen der ermäßigten und der regelmäßigen wöchentlichen Arbeitszeit.

(3) Pro 24-Stunden-Zeitraum ist eine Mindestruhezeit von 11 zusammenhängenden Stunden zu gewähren. Pro 7-Tage-Zeitraum ist zusätzlich eine Mindestruhezeit von 24 zusammenhängenden Stunden zu gewähren. Für die Ruhezeit nach Satz 2 gilt ein Bezugszeitraum von 14 Tagen. Von den Regelungen in den Sätzen 1 bis 3 können Ausnahmen zugelassen werden, wenn dienstliche Belange im Sinne des Artikels 17 Absatz 3 Buchstabe c und e sowie Absatz 4 der Richtlinie 2003/88/EG des Europäischen Parlaments und des Rates vom 4. November 2003 über bestimmte Aspekte der Arbeitszeitgestaltung (ABl. L 299 vom 18. 11. 2003, S. 9) dies erfordern.

§ 6 Dienstfreie Tage

(1) Sonnabend, Heiligabend und Silvester sind grundsätzlich dienstfrei. Soweit dienstliche Gründe es erfordern, kann an diesen Tagen und an Sonntagen und gesetzlich anerkannten Feiertagen Dienst angeordnet werden.

(2) Mit Zustimmung der obersten Dienstbehörde und der oder des unmittelbaren Vorgesetzten kann die Beamtin oder der Beamte freiwillig sonnabends Dienst leisten.

§ 7 Gleitzeit

(1) Soweit dienstliche Gründe nicht entgegenstehen, kann die oberste Dienstbehörde Gleitzeit ermöglichen. Die zur Erfüllung der Aufgaben jeweils erforderliche dienstliche Anwesenheit der Beamtinnen und Beamten ist durch diese und ihre Vorgesetzten sicherzustellen.

(2) Die höchstzulässige tägliche Arbeitszeit sowie der früheste Dienstbeginn und das späteste Dienstende sind festzulegen.

(3) Es sind Kernarbeitszeiten oder Funktionszeiten festzulegen. Soweit dienstliche Gründe es zulassen, kann auf eine solche Festlegung verzichtet werden. Über die Kernarbeitszeit oder Funktionszeit hinaus ist die dienstliche Anwesenheit der Beamtinnen und Beamten durch diese und ihre Vorgesetzten sicherzustellen, soweit die Erfüllung der Aufgaben dies erfordert. Die Kernarbeitszeit ist bei Teilzeitbeschäftigung individuell festzulegen.

(4) Unterschreitungen der regelmäßigen wöchentlichen Arbeitszeit sind bis zu höchstens 40 Stunden zulässig. Ein Über- oder Unterschreiten der regelmäßigen wöchentlichen Arbeitszeit ist grundsätzlich innerhalb des Abrechnungszeitraums auszugleichen. Abrechnungszeitraum ist das Kalenderjahr oder ein anderer festgelegter Zeitraum von höchstens zwölf Monaten. In den nächsten Abrechnungszeitraum dürfen höchstens 40 Stunden übertragen werden.

(5) Bei automatisierter Zeiterfassung kommen bis zu zwölf Gleittage in Betracht. Wenn es dienstlichen Belangen förderlich oder nach den dienstlichen Verhältnissen zweckmäßig ist, können bis zu 24 Gleittage zugelassen werden. Es kann festgelegt werden, dass an bestimmten Tagen allgemein kein Dienst zu leisten und die ausfallende Zeit vor- oder nachzuarbeiten ist. Für Auslandsvertretungen können Ausnahmen von der Notwendigkeit der automatisierten Zeiterfassung zugelassen werden.

(6) Ist eine Kernarbeitszeit festgelegt, können auch halbe Gleittage zugelassen werden. Außerdem können unmittelbare Vorgesetzte eine im Einzelfall aus wichtigen persönlichen Gründen erforderliche Nichteinhaltung der Kernarbeitszeit genehmigen.

(7) Die dienstliche Anwesenheit der Beamtinnen und Beamten ist unter ihrer Mitwirkung automatisiert zu erfassen. Von der automatisierten Erfassung können in Einzelfällen Ausnahmen zugelassen werden. Die Daten sind mindestens drei Monate nach Ablauf des Kalendermonats, in dem sie erhoben wurden, aufzubewahren. Die oberste Dienstbehörde legt fest, ob die Daten entweder spätestens sechs Monate nach Ablauf des Abrechnungszeitraums oder spätestens 13 Monate nach Ablauf des Kalendermonats, in dem sie erhoben wurden, zu löschen sind.

(8) Verstöße gegen Gleitzeitregelungen dürfen den jeweils zuständigen Vorgesetzten mitgeteilt werden. Darüber hinaus sind den unmittelbaren Vorgesetzten ausschließlich für Zwecke des gezielten Personaleinsatzes die Gleitzeitsalden ihrer Mitarbeiterinnen und Mitarbeiter mitzuteilen, sofern sich positive Salden von mehr als 20 Stunden oder negative Salden von mehr als zehn Stunden ergeben. Daten nach Satz 2 dürfen nicht für eine Kontrolle oder Bewertung der Leistung oder des Verhaltens der Beamtinnen und Beamten verwendet werden.

§ 7a Langzeitkonten

(1) Die obersten Dienstbehörden können für die bei ihnen beschäftigten Beamtinnen und Beamten Langzeitkonten führen und den Behörden ihres Geschäftsbereichs die Führung von Langzeitkonten für die dort beschäftigten Beamtinnen und Beamten gestatten, soweit dienstliche Gründe nicht entgegenstehen.

(2) Langzeitkonten werden unabhängig von im Rahmen der Gleitzeit eingerichteten Gleitzeitkonten und unabhängig vom jeweils vereinbarten Arbeitszeitmodell geführt.

(3) Langzeitkonten können nicht geführt werden

1. für Beamtinnen und Beamte auf Widerruf sowie
2. für Beamtinnen und Beamte, die jederzeit in den einstweiligen Ruhestand versetzt werden können.

(4) Für Beamtinnen und Beamte, denen die Führung eines Langzeitkontos gestattet worden ist, wird die regelmäßige wöchentliche Arbeitszeit auf ihren Antrag um bis zu drei Stunden verlängert, wenn dies auf Grund erhöhten Arbeitsanfalls für die Erfüllung ihrer dienstlichen Aufgaben angemessen und zweckmäßig ist. Dies kann bis zu vier Wochen rückwirkend erfolgen, in vom Vorgesetzten zu begründenden Ausnahmefällen mit Zustimmung der Personalverwaltung auch zwölf Wochen rückwirkend. Das Vorliegen der Voraussetzungen für die Verlängerung der regelmäßigen wöchentlichen Arbeitszeit ist mindestens alle zwei Jahre sowie bei einem Wechsel der Organisationseinheit zu überprüfen.

(5) Die Differenz zwischen der regelmäßigen wöchentlichen Arbeitszeit nach § 3 Absatz 1 und der tatsächlich geleisteten Arbeitszeit wird dem Langzeitkonto als Zeitguthaben bis zur Höhe der nach Absatz 4 Satz 1 vereinbarten Verlängerung gutgeschrieben. Darüber hinaus geleistete Arbeitszeit ist dem Gleitzeitkonto nach § 7 oder, sofern die Voraussetzungen des § 88 des Bundesbeamtengesetzes vorliegen, dem Mehrarbeitskonto gutzuschreiben. Dem Langzeitkonto können auf Antrag auch Ansprüche auf Dienstbefreiung für dienstlich angeordnete oder genehmigte Mehrarbeit im Umfang von bis zu 40 Stunden im Jahr gutgeschrieben werden. Dem Langzeitkonto kann ein Zeitguthaben bis zur Höhe von 1400 Stunden gutgeschrieben werden.

(6) Den in Absatz 7 bestimmten Beamtinnen und Beamten kann die Führung eines Langzeitkontos gestattet werden, mit dem die folgenden Ansprüche als Zeitguthaben angespart werden:

1. Dienstbefreiung für dienstlich angeordnete oder genehmigte Mehrarbeit nach § 88 des Bundesbeamtengesetzes und
2. einheitlicher Freizeitausgleich bei Einsätzen und Übungen nach § 11 des Bundespolizeibeamtengesetzes.

Dem Langzeitkonto können auf Antrag Ansprüche im Umfang von bis zu 196 Stunden im Jahr gutgeschrieben werden. Absatz 5 Satz 4 gilt entsprechend.

(7) Absatz 6 gilt für

1. Polizeivollzugsbeamtinnen und Polizeivollzugsbeamte in der Bundespolizei, die Schicht- oder Einsatzdienst leisten, und
2. Beamtinnen und Beamte der Zollverwaltung, die Schichtdienst leisten und
   a) in der Grenzabfertigung verwendet werden,
   b) in einem Bereich verwendet werden, in dem gemäß Bestimmung des Bundesministeriums der Finanzen typischerweise vollzugspolizeilich geprägte Tätigkeiten wahrgenommen werden, oder
   c) mit vollzugspolizeilichen Aufgaben betraut sind.

(8) Den unmittelbaren Vorgesetzten sind ausschließlich für Zwecke des gezielten Personaleinsatzes und für die Überprüfung nach Absatz 4 Satz 3 die Salden der Langzeitkonten ihrer Mitarbeiterinnen und Mitarbeiter mitzuteilen. Daten nach Satz 1 dürfen nicht für eine Kontrolle oder Bewertung der Leistung oder des Verhaltens der Beamtinnen oder Beamten verwendet werden. Die Aufbewahrung und Löschung der Daten erfolgt entsprechend § 7 Absatz 7 Satz 3 und 4.

(9) Nähere Bestimmungen über das Langzeitkonto und den Zeitausgleich werden in Dienstvereinbarungen festgelegt.

§ 7b Zeitausgleich bei Langzeitkonten

(1) Für das Zeitguthaben der Langzeitkonten wird der Beamtin oder dem Beamten auf Antrag Zeitausgleich gewährt. Sie oder er wird unter Fortzahlung der Besoldung, auf die im Zeitraum der Entnahme entsprechend dem diesem Zeitraum zugrundeliegenden Arbeitszeitmodell ein Anspruch besteht, vom Dienst freigestellt. Ein Anspruch auf Auszahlung besteht nicht. Zeitguthaben sollen grundsätzlich im Inland entnommen werden. Mehrarbeitsstunden nach § 88 des Bundesbeamtengesetzes sind vorrangig auszugleichen.

(2) Eine Freistellung ist für einen zusammenhängenden Zeitraum von grundsätzlich höchstens drei Monaten oder einer Verkürzung der Arbeitszeit möglich. Sofern die Freistellung einen zusammenhängenden Zeitraum von sechs Wochen überschreiten soll, soll diese mindestens drei Monate vor dem Datum des gewünschten Beginns der Freistellung beantragt werden.

(3) Der Zeitausgleich unmittelbar vor Eintritt in den Ruhestand ist für einen zusammenhängenden Zeitraum von höchstens drei Monaten möglich. Die Kombination mit einem Hinausschieben des Ruhestandes nach § 53 des Bundesbeamtengesetzes ist ausgeschlossen.

(4) Der Antrag auf Freistellung kann aus dienstlichen Gründen abgelehnt werden. In diesem Fall ist in Abstimmung mit der Beamtin oder dem Beamten ein Zeitraum festzulegen, in dem eine Freistellung im beantragten Umfang möglich ist.

(5) Ein gewährter Zeitausgleich wird nur in Fällen des Mutterschutzes und Elternzeit unterbrochen.

(6) Ein gewährter Zeitausgleich kann ausnahmsweise widerrufen werden, wenn bei Abwesenheit der Beamtin oder des Beamten die ordnungsgemäße Erledigung der Dienstgeschäfte nicht gewährleistet wäre. Mehraufwendungen, die der Beamtin oder dem Beamten durch den Widerruf entstehen, werden nach den Bestimmungen des Reisekostenrechts ersetzt.

§ 7c Abordnung; Zuweisung; Versetzung; Beendigung des Beamtenverhältnisses

(1) In den Fällen der Abordnung, Zuweisung oder einer anderen vorübergehenden Abwesenheit kann bis zur Rückkehr in die Dienststelle kein weiteres Zeitguthaben angespart werden. Das Langzeitkonto bleibt bei der bisherigen Dienststelle bestehen.

(2) Bei den in § 7a Absatz 7 Nummer 1 genannten Beamtinnen und Beamten im Fall einer Abordnung innerhalb der Bundespolizei und bei den in § 7a Absatz 7 Nummer 2 genannten Beamtinnen und Beamten im Fall einer Abordnung innerhalb der Zollverwaltung kann bis zur Rückkehr in die Dienststelle weiteres Zeitguthaben angespart werden. Das

Langzeitkonto bleibt bei der bisherigen Dienststelle bestehen. Das Zeitguthaben kann bei der aufnehmenden Behörde ausgeglichen werden, sofern die dienstlichen Belange der aufnehmenden Behörde dies zulassen.

(3) In den Fällen der Versetzung oder der Beendigung des Beamtenverhältnisses ist das Zeitguthaben grundsätzlich bei derjenigen Dienststelle auszugleichen, bei der es erworben worden ist. Diese Dienststelle soll den Ausgleich gegebenenfalls durch Anordnung ermöglichen.

(4) Im Fall einer Versetzung kann im Einvernehmen mit der Dienststelle, zu der die Beamtin oder der Beamte versetzt wird, ein Zeitguthaben übertragen werden, sofern diese Dienststelle ebenfalls Langzeitkonten führt. Ein Anspruch auf Übertragung des Zeitguthabens besteht nicht.

§ 8 Schichtdienst

Sind die Dienststunden so festgelegt, dass die regelmäßige tägliche Arbeitszeit von Beamtinnen oder Beamten überschritten wird, sind sie durch Schichtdienst einzuhalten. Von Schichtdienst soll abgesehen werden, wenn die Überschreitung im Rahmen der Gleitzeit ausgeglichen werden kann.

§ 9 Zusammenfassung der Freistellung von der Arbeit bei Teilzeitbeschäftigung

(1) Wenn dienstliche Gründe nicht entgegenstehen, kann bei Teilzeitbeschäftigung die Zeit einer Freistellung bis zu drei Monaten zusammengefasst werden. Wird die Freistellung an das Ende der bewilligten Teilzeitbeschäftigung gelegt, darf sie bis zu einem Jahr zusammengefasst werden.

(2) Eine Teilzeitbeschäftigung, die sich auf die Zeit bis zum Beginn des Ruhestandes erstreckt, kann im Blockmodell bewilligt werden, wenn die Freistellung an das Ende der bewilligten Teilzeitbeschäftigung gelegt wird und zwingende dienstliche Gründe nicht entgegenstehen.

§ 10 Arbeitsplatz

Bei mobilem Arbeiten kann von der Dienstleistungspflicht am Arbeitsplatz abgewichen werden, soweit dienstliche Gründe nicht entgegenstehen.

§ 11 Dienstreisen

(1) Bei Dienstreisen ist die Zeit zur Erledigung von Dienstgeschäften außerhalb der Dienststätte Arbeitszeit. Bei ganz- oder mehrtägigen Dienstreisen gilt die regelmäßige Arbeitszeit des jeweiligen Tages als geleistet. Reisezeiten und Wartezeiten sind keine Arbeitszeit. Sie werden jedoch als Arbeitszeit berücksichtigt, soweit

1. sie innerhalb der regelmäßigen täglichen Arbeitszeit anfallen oder
2. die Arbeitszeit innerhalb eines Tages durch Dienstreisen unterbrochen wird.

(2) Bei Teilzeitbeschäftigung wird die Dauer der Dienstreise bis zur Länge der regelmäßigen täglichen Arbeitszeit für Vollzeitbeschäftigung zugrunde gelegt. Fällt eine Dienstreise bei Teilzeitbeschäftigung auf einen nach dem jeweiligen Arbeitszeitmodell dienstfreien Montag bis Freitag, kann dieser Tag mit einem anderen Tag zeitnah getauscht werden.

(3) Bei Dienstreisen, die über die regelmäßige tägliche Arbeitszeit hinausgehen, ist ein Freizeitausgleich in Höhe von einem Drittel der nicht anrechenbaren Reisezeiten zu gewähren. Dies gilt auch für Reisezeiten an Sonnabenden, Sonntagen oder gesetzlichen Feiertagen. Bei Gleitzeit wird ein Drittel der nicht anrechenbaren Reisezeiten dem Gleitzeitkonto gutgeschrieben. Die tatsächlichen Reisezeiten sind von der Beamtin oder dem Beamten anzuzeigen. Auf Verlangen sind Nachweise über die Reisezeiten vorzulegen. Wird die Dienstreise von der Wohnung angetreten oder beendet, darf höchstens die Reisezeit berücksichtigt werden, die bei einer Abreise von oder der Ankunft an der Dienststätte angefallen wäre. Reisezeiten sind keine Mehrarbeit im Sinne der §§ 88 und 143 Absatz 1 Satz 1 Nummer 4 des Bundesbeamtengesetzes. Absatz 2 Satz 1 gilt entsprechend. Wird eine Dienstreise mit einer privaten Reise oder einer privaten Fahrt verbunden, so wird für die auf den betroffenen Reiseweg entfallene Reisezeit kein Freizeitausgleich nach Satz 1 gewährt.

§ 12 Rufbereitschaft

Zeiten der Rufbereitschaft sind keine Arbeitszeit. Hat die Beamtin oder der Beamte jedoch über die Arbeitszeit hinaus mehr als zehn Stunden im Kalendermonat Rufbereitschaft, wird innerhalb von zwölf Monaten ein Achtel der über zehn Stunden hinausgehenden Zeit bei feststehender Arbeitszeit als Freizeitausgleich gewährt und bei Gleitzeit dem Gleitzeitkonto gutgeschrieben, soweit nicht zwingende dienstliche Gründe entgegenstehen.

§ 13 Bereitschaftsdienst

(1) Bei Bereitschaftsdienst kann die regelmäßige tägliche Arbeitszeit und die regelmäßige wöchentliche Arbeitszeit entsprechend den dienstlichen Bedürfnissen angemessen verlängert werden. Hierbei darf in einem Bezugszeitraum von zwölf Monaten die durchschnittliche Arbeitszeit 48 Stunden im Siebentageszeitraum nicht überschreiten.

(2) Unter Beachtung der allgemeinen Grundsätze der Sicherheit der Beschäftigten und des Gesundheitsschutzes kann die Arbeitszeit auf bis zu 54 Stunden im Siebentageszeitraum verlängert werden, wenn hierfür ein zwingendes dienstliches Bedürfnis besteht und sich die Beamtin oder der Beamte zu der Verlängerung der Arbeitszeit schriftlich oder elektronisch bereit erklärt. Beamtinnen und Beamten, die sich zu der Verlängerung der Arbeitszeit nicht bereit erklären, dürfen daraus keine Nachteile entstehen. Die Erklärung kann mit einer Frist von sechs Monaten widerrufen werden. Die Beamtinnen und Beamten sind auf die Widerrufsmöglichkeiten schriftlich oder elektronisch hinzuweisen.

(3) Die Dienstbehörden führen Listen der Beamtinnen und Beamten, die eine nach Absatz 2 Satz 1 verlängerte Arbeitszeit leisten. Die Listen sind zwei Jahre nach ihrer Erstellung aufzubewahren und den zuständigen Behörden auf Ersuchen zur Verfügung zu stellen. Auf Ersuchen sind die zuständigen Behörden über diese Beamtinnen und Beamten zu unterrichten. Nach Ablauf der Aufbewahrungsfrist sind die Listen zu vernichten.

§ 14 Nachtdienst

(1) Die Gestaltung von Nachtdienst muss der besonderen Beanspruchung der Arbeitskraft Rechnung tragen. Dabei darf die Arbeitszeit in einem Bezugszeitraum von zwölf Monaten im Durchschnitt acht Stunden pro 24-Stunden-Zeitraum nicht überschreiten.

(2) Ist die Arbeit mit besonderen Gefahren oder einer erheblichen körperlichen oder geistigen Anspannung verbunden, darf in einem 24-Stunden-Zeitraum, in dem der Nachtdienst verrichtet wird, die Arbeitszeit nicht mehr als acht Stunden betragen.

§ 15 Ausnahmen bei spezifischen Tätigkeiten

Soweit Besonderheiten bestimmter spezifischer Tätigkeiten, die dem Schutz der Bevölkerung oder des Allgemeinwohls zur Abwehr schwerwiegender kollektiver Gefahrensituationen dienen, der Anwendung von Regelungen dieser Verordnung zwingend entgegenstehen, kann von dieser Verordnung abgewichen werden. In diesen Ausnahmefällen ist gleichwohl dafür Sorge zu tragen, dass unter Berücksichtigung der Ziele der Richtlinie 89/391/EWG des Rates vom 12. Juni 1989 über die Durchführung von Maßnahmen zur Verbesserung der Sicherheit und des Gesundheitsschutzes der Arbeitnehmer bei der Arbeit (ABl. EG Nr. L 183 S. 1) eine größtmögliche Sicherheit und ein größtmöglicher Gesundheitsschutz der Beamtinnen und Beamten gewährleistet ist.

§ 16 Zuständigkeit

Zuständige Behörde im Sinne dieser Verordnung ist die oberste Dienstbehörde, soweit nichts Abweichendes bestimmt ist. Die oberste Dienstbehörde kann ihre Befugnisse nach dieser Verordnung auf andere Behörden übertragen. Die für Teilzeitbeschäftigung notwendigen individuellen Festsetzungen trifft die Dienstbehörde.

Verordnung über den Mutterschutz für Beamtinnen des Bundes und die Elternzeit für Beamtinnen und Beamte des Bundes (Mutterschutz- und Elternzeitverordnung – MuSchEltZV)

Vom 12. Februar 2009 (BGBl. I S. 320)

Zuletzt geändert durch
Mutterschutzanpassungsgesetz
vom 24. Februar 2025 (BGBl. I Nr. 59)

Abschnitt 1
Mutterschutz

§ 1 Allgemeines

Für den Mutterschutz von Personen in einem Beamtenverhältnis beim Bund sowie bei bundesunmittelbaren Körperschaften, Anstalten und Stiftungen des öffentlichen Rechts gelten die §§ 2 bis 5.

§ 2 Anwendung des Mutterschutzgesetzes

(1) Die folgenden Vorschriften des Mutterschutzgesetzes sind entsprechend anzuwenden:

1. zu Begriffsbestimmungen (§ 2 Absatz 1 Satz 1, Absatz 3 Satz 1, Absatz 4 und 6 des Mutterschutzgesetzes),
2. zur Gestaltung der Arbeitsbedingungen (§§ 9, 10 Absatz 1 und 2, §§ 11, 12, 13 Absatz 1 Nummer 1 des Mutterschutzgesetzes),
3. zum Arbeitsplatzwechsel (§ 13 Absatz 1 Nummer 2 des Mutterschutzgesetzes),
4. zur Dokumentation und Information durch den Arbeitgeber (§ 14 des Mutterschutzgesetzes),
5. zu Beschäftigungsverboten (§§ 3 bis 6, 10 Absatz 3, § 13 Absatz 1 Nummer 3 und § 16 des Mutterschutzgesetzes),
6. zu Mitteilungen und Nachweisen über die Schwangerschaft und das Stillen (§ 15 des Mutterschutzgesetzes),
7. zur Freistellung für Untersuchungen und zum Stillen (§ 7 des Mutterschutzgesetzes),
8. zu den Mitteilungs- und Aufbewahrungspflichten des Arbeitgebers (§ 27 Absatz 1 bis 5 des Mutterschutzgesetzes) sowie
9. zum behördlichen Genehmigungsverfahren für eine Beschäftigung zwischen 20 und 22 Uhr (§ 28 des Mutterschutzgesetzes).

Andere Arbeitsschutzvorschriften bleiben unberührt.

(2) In jeder Dienststelle, bei der regelmäßig mehr als drei Personen tätig sind, sind ein Abdruck des Mutterschutzgesetzes sowie ein Abdruck dieser Verordnung an geeigneter Stelle zur Einsicht auszulegen, auszuhändigen oder in einem elektronischen Informationssystem jederzeit zugänglich zu machen.

§ 3 Besoldung bei Beschäftigungsverbot, Untersuchungen und Stillen

(1) Durch die mutterschutzrechtlichen Beschäftigungsverbote mit Ausnahme des Verbots der Mehrarbeit wird die Zahlung der Dienst- und Anwärterbezüge nicht berührt (§§ 3 bis 6, 10 Absatz 3, § 13 Absatz 1 Nummer 3 und § 16 des Mutterschutzgesetzes). Dies gilt auch für das Dienstversäumnis wegen ärztlicher Untersuchungen bei Schwangerschaft und Mutterschaft sowie während des Stillens (§ 7 des Mutterschutzgesetzes).

(2) Im Fall der vorzeitigen Beendigung einer Elternzeit nach § 16 Absatz 3 Satz 3 des Bundeselterngeld- und Elternzeitgesetzes richtet sich die Höhe der Dienst- und Anwärterbezüge nach dem Beschäftigungsumfang vor der Elternzeit oder während der Elternzeit, wobei die höheren Bezüge maßgeblich sind.

(3) Bemessungsgrundlage für die Zahlung von Erschwerniszulagen nach der Erschwerniszulagenverordnung sowie für die Vergütung nach der Vollstreckungsvergütungsverordnung in der Fassung der Bekanntmachung vom 6. Januar 2003 (BGBl. I S. 8) in der jeweils geltenden Fassung ist der Durchschnitt der Zulagen und der Vergütungen der letzten drei Monate vor Beginn des Monats, in dem die Schwangerschaft eingetreten ist.

§ 4 Entlassung während der Schwangerschaft, nach einer Fehlgeburt und nach der Entbindung

(1) Während der Schwangerschaft, bis zum Ablauf von vier Monaten nach einer Fehlgeburt nach der zwölften Schwangerschaftswoche und bis zum Ende der Schutzfrist nach der Entbindung, mindestens bis zum Ablauf von vier Monaten nach der Entbindung, darf die Entlassung von Beamtinnen auf Probe und von Beamtinnen auf Widerruf gegen ihren Willen nicht ausgesprochen werden, wenn der oder dem Dienstvorgesetzten die Schwangerschaft, die Fehlgeburt nach der zwölften Schwangerschaftswoche oder die Entbindung bekannt ist. Eine ohne diese Kenntnis ergangene Entlassungsverfügung ist zurückzunehmen, wenn innerhalb von zwei Wochen nach ihrer Zustellung der oder dem Dienstvorgesetzten die Schwangerschaft, die Fehlgeburt nach der zwölften Schwangerschaftswoche oder die Entbindung mitgeteilt wird. Das Überschreiten dieser Frist ist unbeachtlich, wenn dies auf einem von der Beamtin nicht zu vertretenden Grund beruht und die Mitteilung über die Schwangerschaft, die Fehlgeburt oder die Entbindung unverzüglich nachgeholt wird. Die Sätze 1 bis 3 gelten entsprechend für Vorbereitungsmaßnahmen des Dienstherrn, die er im Hinblick auf eine Entlassung einer Beamtin trifft.

(2) Die oberste Dienstbehörde kann in besonderen Fällen, die nicht mit dem Zustand der Beamtin in der Schwangerschaft, nach einer Fehlgeburt nach der zwölften Schwangerschaftswoche oder nach der Entbindung in Zusammenhang stehen, ausnahmsweise die Entlassung für zulässig erklären.

(3) Die §§ 31, 32, 34 Absatz 4, § 35 Satz 1, letzterer vorbehaltlich der Fälle des § 24 Absatz 3, sowie die §§ 36 und 37 Absatz 1 Satz 3 des Bundesbeamtengesetzes bleiben unberührt.

§ 5 Zuschuss bei Beschäftigungsverbot während einer Elternzeit

Beamtinnen erhalten einen Zuschuss von 13 Euro für jeden Kalendertag eines Beschäftigungsverbots in den letzten sechs Wochen vor der Entbindung und eines Beschäftigungsverbots nach der Entbindung – einschließlich des Entbindungstages –, der in eine Elternzeit fällt. Dies gilt nicht, wenn sie während der Elternzeit teilzeitbeschäftigt sind. Der Zuschuss ist auf 210 Euro begrenzt, wenn die Dienst- oder Anwärterbezüge ohne die mit Rücksicht auf den Familienstand gewährten Zuschläge und ohne Leistungen nach Abschnitt 5 des Bundesbesoldungsgesetzes die Versicherungspflichtgrenze in der gesetzlichen Krankenversicherung überschreiten oder überschreiten würden.

Abschnitt 2
Elternzeit

§ 6 Anwendung des Bundeselterngeld- und Elternzeitgesetzes

Beamtinnen und Beamte haben Anspruch auf Elternzeit ohne Dienst- oder Anwärterbezüge entsprechend des § 15 Absatz 1 bis 3 sowie der §§ 16 und 28 Absatz 1 Satz 1 des Bundeselterngeld- und Elternzeitgesetzes.

§ 7 Teilzeitbeschäftigung während der Elternzeit

(1) Während der Elternzeit ist Beamtinnen und Beamten, die Anspruch auf Dienst- oder Anwärterbezüge haben, auf Antrag eine Teilzeitbeschäftigung bei ihrem Dienstherrn bis zu 32 Wochenstunden im Durchschnitt eines Monats zu bewilligen, wenn zwingende dienstliche Belange nicht entgegenstehen.

(2) Mit Genehmigung der zuständigen Dienstbehörde darf während der Elternzeit

auch eine Teilzeitbeschäftigung außerhalb des Beamtenverhältnisses in dem in Absatz 1 genannten Umfang ausgeübt werden. Die Genehmigung kann nur innerhalb von vier Wochen ab Antragstellung versagt werden, wenn dringende dienstliche Belange entgegenstehen. Sie ist zu versagen, wenn einer der in § 99 Absatz 2 Satz 2 Nummer 2 bis 6 des Bundesbeamtengesetzes genannten Gründe vorliegt.

§ 8 Entlassung während der Elternzeit

(1) Während der Elternzeit darf die Entlassung von Beamtinnen und Beamten auf Probe und von Beamtinnen und Beamten auf Widerruf gegen ihren Willen nicht ausgesprochen werden. Dies gilt nicht für Zeiten einer Teilzeitbeschäftigung nach § 7 Absatz 1.

(2) In besonderen Fällen kann die oberste Dienstbehörde die Entlassung ausnahmsweise für zulässig erklären.

(3) § 4 Absatz 3 gilt entsprechend.

§ 9 Erstattung von Krankenversicherungsbeiträgen

(1) Beamtinnen und Beamten werden für die Dauer der Elternzeit die Beiträge für ihre Kranken- und Pflegeversicherung bis zu monatlich 31 Euro erstattet, wenn ihre Dienst- oder Anwärterbezüge vor Beginn der Elternzeit die Versicherungspflichtgrenze in der gesetzlichen Krankenversicherung nicht überschritten haben oder überschritten hätten. Hierbei werden die mit Rücksicht auf den Familienstand gewährten Zuschläge sowie Leistungen nach Abschnitt 5 des Bundesbesoldungsgesetzes nicht berücksichtigt. Nehmen die Eltern gemeinsam Elternzeit, steht die Beitragserstattung nur dem Elternteil zu, bei dem das Kind im Familienzuschlag berücksichtigt wird oder berücksichtigt werden soll.

(2) Für die Zeit, für die sie Elterngeld nach den §§ 4 und 4c des Bundeselterngeld- und Elternzeitgesetzes beziehen, werden Beamtinnen und Beamten mit Dienstbezügen bis einschließlich der Besoldungsgruppe A 8 sowie Beamtinnen und Beamten mit Anwärterbezügen auf Antrag die Beiträge für die Kranken- und Pflegeversicherung über die Erstattung nach Absatz 1 hinaus in voller Höhe erstattet, soweit sie auf einen auf den Beihilfebemessungssatz abgestimmten Prozenttarif oder einen die jeweilige Beihilfe ergänzenden Tarif einschließlich etwaiger darin enthaltener Altersrückstellungen entfallen. Für andere Monate einer Elternzeit wird die Beitragserstattung nach Satz 1 weitergezahlt, solange keine Beschäftigung mit mindestens der Hälfte der regelmäßigen Arbeitszeit ausgeübt wird.

(3) Die Absätze 1 und 2 gelten entsprechend für auf die Beamtin oder den Beamten entfallende Beiträge für die freiwillige gesetzliche Krankenversicherung und Pflegeversicherung.

§ 10 Sonderregelung für Richterinnen und Richter im Bundesdienst

Während der Elternzeit ist eine Teilzeitbeschäftigung als Richterin oder Richter von mindestens der Hälfte bis zu drei Vierteln des regelmäßigen Dienstes zulässig.

Abschnitt 3
Übergangs- und Schlussvorschriften

§ 11 Übergangsvorschrift

Auf die vor dem 14. Februar 2009 geborenen Kinder oder auf die vor diesem Zeitpunkt mit dem Ziel der Adoption aufgenommenen Kinder ist § 1 Absatz 2 Satz 2 und 3 der Elternzeitverordnung in der bis zum 13. Februar 2009 geltenden Fassung anzuwenden.

Verordnung über den Erholungsurlaub der Beamtinnen, Beamten, Richterinnen und Richter des Bundes (Erholungsurlaubsverordnung – EUrlV)

in der Fassung der Bekanntmachung vom 11. November 2004 (BGBl. I S. 2831)

Zuletzt geändert durch
Verordnung zur Fortentwicklung laufbahnrechtlicher und weiterer dienstrechtlicher Vorschriften
vom 16. August 2021 (BGBl. I S. 3582)

§ 1 Urlaubsjahr

Urlaubsjahr ist das Kalenderjahr. Für die bei den Postnachfolgeunternehmen beschäftigten Beamtinnen und Beamten kann die oberste Dienstbehörde eine abweichende Regelung treffen.

§ 2 Gewährleistung des Dienstbetriebes

(1) Der beantragte Urlaub ist nach den folgenden Vorschriften zu erteilen, sofern die ordnungsmäßige Erledigung der Dienstgeschäfte gewährleistet ist; Stellvertretungskosten sind möglichst zu vermeiden.

(2) Der Erholungsurlaub kann geteilt gewährt werden, soweit dadurch der Urlaubszweck nicht gefährdet wird. Es werden nur ganze Arbeitstage Erholungsurlaub gewährt.

§ 3 (weggefallen)

§ 4 (weggefallen)

§ 5 Urlaubsdauer

(1) Der Erholungsurlaub beträgt für Beamtinnen und Beamte, deren regelmäßige Arbeitszeit auf 5 Tage in der Kalenderwoche verteilt ist, für jedes Urlaubsjahr 30 Arbeitstage.

(2) Beamtinnen und Beamten steht für jeden vollen Monat der Dienstleistungspflicht ein Zwölftel des Jahresurlaubs nach Absatz 1 zu, wenn

1. sie im Laufe des Urlaubsjahres in den öffentlichen Dienst eingetreten sind,
2. ein Urlaub ohne Besoldung durch Aufnahme des Dienstes vorübergehend unterbrochen wird oder
3. das Beamtenverhältnis im Laufe des Urlaubsjahres endet.

(3) Der Jahresurlaub nach Absatz 1 wird für jeden vollen Kalendermonat

1. eines Urlaubs ohne Besoldung oder
2. einer Freistellung von der Arbeit nach § 9 der Arbeitszeitverordnung

um ein Zwölftel gekürzt.

(4) Arbeitstage im Sinne dieser Verordnung sind alle Kalendertage, an denen die Beamtin oder der Beamte Dienst zu leisten hat. Endet ein Dienst erst am folgenden Kalendertag, gilt als Arbeitstag nur der Kalendertag, an dem der Dienst begonnen hat. Ein nach Absatz 1 als Erholungsurlaub zustehender Arbeitstag entspricht einem Fünftel der jeweiligen regelmäßigen Arbeitszeit der Beamtin oder des Beamten; ändert sich deren Dauer im Laufe eines Monats, ist die höhere Dauer für den ganzen Monat anzusetzen.

(5) Ist die regelmäßige Arbeitszeit im Durchschnitt des Urlaubsjahres auf mehr oder weniger als fünf Tage in der Kalenderwoche verteilt, ist der Urlaubsanspruch nach Absatz 1 entsprechend umzurechnen. Bei der Umrechnung auf eine Sechs-Tage-Woche gelten alle Kalendertage, die nicht Sonntage sind, als Arbeitstage; ausgenommen sind gesetzlich anerkannte Feiertage, Heiligabend und Silvester, soweit diese zu einer Verminderung der regelmäßigen Arbeitszeit führen. In Verwaltungen, in denen die Verteilung der regelmäßigen Arbeitszeit häufig wechselt, kann der Erholungsurlaub generell auf der Grundlage einer Sechs-Tage-Woche berechnet werden.

(6) Die Dienststelle kann den Erholungsurlaub einschließlich eines Zusatzurlaubs nach Stunden berechnen.

(7) Ergeben sich bei der Berechnung des Urlaubsanspruchs Bruchteile eines Tages oder einer Stunde, wird kaufmännisch gerundet.

(8) In einem Urlaubsjahr zu viel gewährter Erholungsurlaub ist so bald wie möglich durch Anrechnung auf einen neuen Urlaubsanspruch auszugleichen. Soweit Beamtinnen oder Beamte den ihnen zustehenden Erholungsurlaub vor dem Beginn eines Urlaubs ohne Besoldung oder vor Beginn der mutterschutzrechtlichen Beschäftigungsverbote nicht in Anspruch genommen haben, ist der Resturlaub nach dem Ende dieses Urlaubs ohne Besoldung oder dieser Schutzfristen dem Erholungsurlaub des laufenden Urlaubsjahres hinzuzufügen. Der übertragene Resturlaub kann in vollem Umfang nach § 7a angespart werden, soweit der Beamtin oder dem Beamten für das Kalenderjahr, in dem der Urlaubsanspruch entstanden ist, die Personensorge für ein Kind unter zwölf Jahren zusteht.

(9) Für Professorinnen und Professoren sowie Juniorprofessorinnen und Juniorprofessoren an Hochschulen und Lehrerinnen und Lehrer an Bundeswehrfachschulen wird der Anspruch auf Erholungsurlaub durch die vorlesungs- oder unterrichtsfreie Zeit abgegolten. Bei einer Erkrankung während der vorlesungs- oder unterrichtsfreien Zeit gilt § 9 entsprechend. Bleiben wegen einer dienstlichen Inanspruchnahme oder einer Erkrankung die vorlesungs- oder unterrichtsfreien Tage hinter der Zahl der zustehenden Urlaubstage zurück, so ist insoweit Erholungsurlaub außerhalb der vorlesungs- oder unterrichtsfreien Zeit zu gewähren.

§ 5a Urlaubsdauer bei Übergang zu Teilzeit

(1) Verringert sich bei einem Übergang von Vollzeit- zu Teilzeitbeschäftigung die Zahl der wöchentlichen Arbeitstage, so bleibt der bis dahin erworbene Erholungsurlaubsanspruch in Höhe des unionsrechtlich gewährleisteten Mindesturlaubsanspruchs (Artikel 7 Absatz 1 der Richtlinie 2003/88/EG des Europäischen Parlaments und des Rates vom 4. November 2003 über bestimmte Aspekte der Arbeitszeitgestaltung [ABl. L 299 vom 18. 11. 2003, S. 9]) unberührt, soweit er aus einem der folgenden Gründe nicht erfüllt werden konnte:

1. Ablehnung oder Widerruf des Erholungsurlaubs,
2. durch ein ärztliches Zeugnis nachgewiesene Dienstunfähigkeit infolge von Krankheit (§ 96 Absatz 1 Satz 2 des Bundesbeamtengesetzes),
3. Beschäftigungsverbot nach § 16 Absatz 1 des Mutterschutzgesetzes in Verbindung mit § 2 Absatz 1 Satz 1 Nummer 5 der Mutterschutz- und Elternzeitverordnung,
4. Dienstunfähigkeit nach § 44 des Bundesbeamtengesetzes,
5. begrenzte Dienstfähigkeit nach § 45 des Bundesbeamtengesetzes.

Satz 1 Nummer 4 findet nur Anwendung, wenn eine erneute Berufung in das Beamtenverhältnis nach § 46 des Bundesbeamtengesetzes erfolgt.

(2) Der Urlaubsanspruch, der über den Urlaubsanspruch hinausgeht, der nach Absatz 1 unberührt bleibt, ist ab dem Zeitpunkt des Übergangs im selben Verhältnis zu verringern wie die Zahl der wöchentlichen Arbeitstage. Das gilt nicht, wenn der Erholungsurlaub nach Stunden berechnet wird.

§ 6 Anrechnung und Übertragung von Urlaub aus anderen Beschäftigungsverhältnissen

(1) Erholungsurlaub, den die Beamtin oder der Beamte in einem anderen Beschäftigungsverhältnis für das laufende Urlaubsjahr in Anspruch genommen hat, ist auf den Erholungsurlaub anzurechnen. Erholungsurlaub aus vorangegangenen Urlaubsjahren wird nicht angerechnet.

(2) Erholungsurlaub, den die Beamtin oder der Beamte in einem anderen Beschäftigungsverhältnis während einer Beurlaubung ohne Besoldung aus vorangegangenen Urlaubsjahren erworben und nicht in Anspruch genommen hat, wird nicht übertragen.

§ 7 Inanspruchnahme von Urlaub; Verfall des Urlaubs

(1) Der Urlaub soll grundsätzlich im Urlaubsjahr in Anspruch genommen werden.

(2) Vorbehaltlich des Absatzes 3 verfällt Urlaub, der nicht innerhalb von zwölf Monaten nach dem Ende des Urlaubsjahres in Anspruch genommen worden ist.

(3) Soweit der Erholungsurlaub in Höhe des unionsrechtlich gewährleisteten Mindesturlaubsanspruchs (Artikel 7 Absatz 1 der Richtlinie 2003/88/EG) wegen vorübergehender Dienstunfähigkeit nicht genommen wird, verfällt er spätestens mit Ablauf von 15 Monaten nach dem Ende des Urlaubsjahres.

(4) Für die bei den Postnachfolgeunternehmen beschäftigten Beamtinnen und Beamten kann die oberste Dienstbehörde mit Zustimmung des Bundesministeriums des Innern, für Bau und Heimat und des Bundesministeriums der Finanzen Regelungen treffen, die von den Absätzen 2 und 3 abweichen.

§ 7a Urlaubsansparung zur Kinderbetreuung

(1) Beamtinnen und Beamte können auf Antrag den Erholungsurlaub nach § 5 Abs. 1, der einen Zeitraum von vier Wochen übersteigt, ansparen, solange ihnen für mindestens ein Kind unter zwölf Jahren die Personensorge zusteht.

(2) Der angesparte Erholungsurlaub wird dem Erholungsurlaub des zwölften Urlaubsjahres ab der Geburt des letzten Kindes hinzugefügt, soweit er noch nicht abgewickelt ist. Eine zusammenhängende Inanspruchnahme des angesparten Erholungsurlaubs von mehr als 30 Arbeitstagen soll mindestens drei Monate vorher beantragt werden. Bei der Urlaubsgewährung sind dienstliche Belange zu berücksichtigen.

(3) Der angesparte Erholungsurlaub ist nach Stunden zu berechnen. Bei der Berechnung ist die wöchentliche Arbeitszeit in dem Urlaubsjahr maßgeblich, aus dem Urlaub angespart werden soll.

§ 8 Widerruf und Verlegung

(1) Erholungsurlaub kann ausnahmsweise widerrufen werden, wenn bei Abwesenheit der Beamtin oder des Beamten die ordnungsmäßige Erledigung der Dienstgeschäfte nicht gewährleistet wäre. Mehraufwendungen, die der Beamtin oder dem Beamten durch den Widerruf entstehen, werden nach den Bestimmungen des Reisekostenrechts ersetzt.

(2) Wünscht die Beamtin oder der Beamte aus wichtigen Gründen den Urlaub hinauszuschieben oder abzubrechen, so ist dem Wunsche zu entsprechen, wenn dies mit den Erfordernissen des Dienstes vereinbar ist und die Arbeitskraft der Beamtin oder des Beamten dadurch nicht gefährdet wird.

§ 9 Erkrankung

(1) Werden Beamtinnen oder Beamte während ihres Urlaubs durch Krankheit dienstunfähig und zeigen sie dies unverzüglich an, wird ihnen die Zeit der Dienstunfähigkeit nicht auf den Erholungsurlaub angerechnet. Die Dienstunfähigkeit ist durch ein ärztliches, auf Verlangen durch ein amts- oder vertrauensärztliches Zeugnis nachzuweisen.

(2) Für die Inanspruchnahme von Urlaub wegen der Erkrankung über die bewilligte Zeit hinaus bedarf es einer neuen Bewilligung.

§ 10 Abgeltung

(1) Soweit der Erholungsurlaub in Höhe des unionsrechtlich gewährleisteten Mindesturlaubsanspruchs (Artikel 7 Absatz 1 der Richtlinie 2003/88/EG) vor Beendigung des Beamtenverhältnisses wegen vorübergehender Dienstunfähigkeit nicht genommen worden ist, wird er abgegolten.

(2) Im Urlaubsjahr bereits genommener Erholungsurlaub oder Zusatzurlaub ist auf den unionsrechtlich gewährleisteten Mindesturlaubsanspruch (Artikel 7 Absatz 1 der Richtlinie 2003/88/EG) anzurechnen, unabhängig davon, zu welchem Zeitpunkt der Anspruch entstanden ist.

(3) Die Höhe des Abgeltungsbetrages bemisst sich nach dem Durchschnitt der Bruttobesoldung für die letzten drei Monate vor Beendi-

gung des Beamtenverhältnisses. Bruttobesoldung sind die Dienstbezüge (§ 1 Absatz 2 des Bundesbesoldungsgesetzes), die während eines Erholungsurlaubs weitergezahlt worden wären.

(4) Der Abgeltungsanspruch verjährt innerhalb der regelmäßigen Verjährungsfrist von drei Jahren, beginnend mit dem Ende des Urlaubsjahres, in dem das Beamtenverhältnis beendet wird.

§ 11 (weggefallen)

§ 12 Zusatzurlaub

(1) Beamtinnen und Beamte haben Anspruch auf einen halben Arbeitstag zusätzlichen Erholungsurlaub (Zusatzurlaub) im Kalendermonat, wenn sie

1. zu wechselnden Zeiten zum Dienst herangezogen werden und
2. im Kalendermonat mindestens 35 Stunden Dienst in der Zeit zwischen 20 Uhr und 6 Uhr (Nachtdienststunden) leisten.

Dienst zu wechselnden Zeiten wird geleistet, wenn mindestens viermal im Kalendermonat die Differenz zwischen den Anfangsuhrzeiten zweier Dienste mindestens 7 und höchstens 17 Stunden beträgt. Bereitschaftsdienst gilt nicht als Dienst im Sinne dieser Vorschrift. Geleistete Nachtdienststunden, die nicht für einen halben Arbeitstag Zusatzurlaub ausreichen, und Nachtdienststunden, die in einem Kalendermonat über 35 Nachtdienststunden hinaus geleistet worden sind, werden jeweils in den folgenden Kalendermonat übertragen. Der Übertrag ist auf 70 Nachtdienststunden begrenzt. Im Urlaubsjahr werden bis zu sechs Arbeitstage Zusatzurlaub gewährt. Es werden nur ganze Arbeitstage Zusatzurlaub gewährt. Absatz 5 bleibt unberührt. § 5 Absatz 5 ist nicht anzuwenden.

(2) Soweit Beamtinnen und Beamte die Voraussetzungen des Absatzes 1 Satz 1 nicht erfüllen, erhalten sie für jeweils 100 geleistete Nachtdienststunden einen Arbeitstag Zusatzurlaub. Im Urlaubsjahr werden bis zu sechs Arbeitstage Zusatzurlaub gewährt. Nachtdienststunden, die nicht durch die Gewährung eines Arbeitstages Zusatzurlaub abgegolten sind, und Nachtdienststunden, die in einem Urlaubsjahr über 600 Nachtdienststunden hinaus geleistet worden sind, werden in das folgende Urlaubsjahr übertragen. Der Übertrag ist auf 100 Nachtdienststunden begrenzt. Absatz 5 bleibt unberührt. § 5 Absatz 5 ist nicht anzuwenden.

(3) Bei Teilzeitbeschäftigung verringern sich die für die Gewährung von Zusatzurlaub erforderlichen Nachtdienststunden entsprechend dem Verhältnis zwischen der ermäßigten und der regelmäßigen wöchentlichen Arbeitszeit. § 5 Absatz 4 Satz 3 gilt entsprechend. Der Zusatzurlaub ist nach Stunden zu berechnen. Für die Umrechnung entspricht ein als Zusatzurlaub zustehender Arbeitstag der ermäßigten wöchentlichen Arbeitszeit, geteilt durch die Zahl der Wochentage, auf die die ermäßigte Arbeitszeit verteilt ist.

(4) Die Absätze 1 und 2 sind nebeneinander anzuwenden. Der Zusatzurlaub darf insgesamt sechs Arbeitstage je Urlaubsjahr nicht überschreiten. Am Ende des Urlaubsjahres werden übertragene Nachtdienststunden nach Absatz 1 auf übertragene Nachtdienststunden nach Absatz 2 angerechnet, sofern sich hieraus ein Anspruch auf einen weiteren Arbeitstag Zusatzurlaub ergibt und der Anspruch auf maximal sechs Arbeitstage Zusatzurlaub im Urlaubsjahr noch nicht ausgeschöpft ist. Absatz 5 bleibt unberührt.

(5) Der Zusatzurlaub nach den Absätzen 1 und 2 erhöht sich

1. für Beamtinnen und Beamte, die das 50. Lebensjahr im Laufe des Urlaubsjahres vollenden, um einen Arbeitstag,
2. für Beamtinnen und Beamte, die das 60. Lebensjahr im Laufe des Urlaubsjahres vollenden, um einen weiteren Arbeitstag.

§ 13 Sonderregelungen für ehemals bundeseigene Unternehmen

(1) Für den Bereich der Deutschen Bahn Aktiengesellschaft oder einer Gesellschaft, die ausgegliedert worden ist nach § 2 Absatz 1 und § 3 Absatz 3 des Deutsche Bahn Gründungsgesetzes vom 27. Dezember 1993 (BGBl. I S. 2378, 2386), das zuletzt durch Artikel 307 der Verordnung vom 31. Oktober

2006 (BGBl. I S. 2407) geändert worden ist, kann die oberste Dienstbehörde von der Anwendung des § 12 Absatz 1 absehen.

(2) Für Beamtinnen und Beamte, die bei den Postnachfolgeunternehmen beschäftigt sind, kann die oberste Dienstbehörde

1. statt des Zusatzurlaubs Freischichten in entsprechendem Umfang gewähren oder
2. von der Anwendung des § 12 Absatz 1 absehen.

§ 14 Zusatzurlaub für Beamtinnen und Beamte in besonderen Verwendungen

Der Zusatzurlaub für Dienst zu wechselnden Zeiten wird nicht gewährt

1. Beamtinnen und Beamten der Feuerwehr oder des Wachdienstes, wenn sie nach einem Schichtplan eingesetzt sind, der für den Regelfall Schichten von 24 Stunden Dauer vorsieht,
2. Beamtinnen und Beamten, die sich zwischen Dienstende und nächstem Dienstbeginn an Bord von ruhenden Schiffen oder auf ruhenden schwimmenden Geräten bereithalten,
3. Beamtinnen und Beamten, die an Bord von Schiffen oder auf schwimmenden Geräten zur Bord- und Hafenwache oder zur Ankerwache eingesetzt sind.

Dauert mindestens ein Viertel der Schichten, die Beamtinnen und Beamte der Feuerwehr oder des Wachdienstes leisten, weniger als 24, aber mehr als 11 Stunden, erhalten sie für je fünf Monate Schichtdienst im Urlaubsjahr einen Arbeitstag Zusatzurlaub; § 12 Absatz 5 ist nicht anzuwenden.

§ 15 Geltungsbereich

Diese Verordnung gilt auch für die Richterinnen und Richter des Bundes und die Beamtinnen und Beamten der nach Artikel 130 des Grundgesetzes der Bundesregierung unterstehenden Verwaltungsorgane und Einrichtungen.

§ 16 Auslandsverwendung

(1) Für im Ausland tätige Beamtinnen und Beamte, die nicht dem Auswärtigen Dienst angehören, gilt die Heimaturlaubsverordnung entsprechend. Soweit Beamtinnen und Beamte an Dienstorten nach § 1 der Heimaturlaubsverordnung vom 3. Juni 2002 (BGBl. I S. 1784), die zuletzt durch Artikel 1 der Verordnung vom 15. Juni 2010 (BGBl. I S. 792) geändert worden ist, tätig sind, die nicht in der Allgemeinen Verwaltungsvorschrift über zusätzliche Urlaubstage für Beamtinnen und Beamte des Auswärtigen Dienstes an ausländischen Dienstorten erfasst sind, setzt das Bundesministerium des Innern, für Bau und Heimat den Zusatzurlaub im Einvernehmen mit dem Auswärtigen Amt fest.

(2) Im Ausland tätige schwerbehinderte Beamtinnen und Beamte erhalten einen Zusatzurlaub von fünf Arbeitstagen im Jahr; bei Verteilung der regelmäßigen Arbeitszeit auf mehr oder weniger als fünf Arbeitstage in der Kalenderwoche erhöht oder vermindert sich der Zusatzurlaub entsprechend.

I

Verordnung über den Sonderurlaub für Bundesbeamtinnen und Bundesbeamte sowie für Richterinnen und Richter des Bundes (Sonderurlaubsverordnung – SUrlV)

Vom 1. Juni 2016 (BGBl. I S. 1284)

Zuletzt geändert durch
Vierte Verordnung zur Änderung der Sonderurlaubsverordnung
vom 7. Februar 2024 (BGBl. I Nr. 37)

Auf Grund des § 90 Absatz 1 des Bundesbeamtengesetzes vom 5. Februar 2009 (BGBl. I S. 160) verordnet die Bundesregierung:

§ 1 Geltungsbereich

(1) Diese Verordnung gilt für die Beamtinnen und Beamten des Bundes. Für die Richterinnen und Richter im Bundesdienst gilt diese Verordnung nach § 46 des Deutschen Richtergesetzes entsprechend.

(2) Ansprüche auf Sonderurlaub für Beamtinnen und Beamte des Bundes sowie Richterinnen und Richter des Bundes, die sich aus anderen Rechtsvorschriften ergeben, bleiben unberührt.

§ 2 Zuständigkeit

Die Entscheidung über die Gewährung von Sonderurlaub trifft – außer in den Fällen des § 22 Absatz 1 Satz 2 und Absatz 3 Satz 2 – die personalverwaltende Dienstbehörde.

§ 3 Voraussetzungen

Sonderurlaub wird nur gewährt, wenn

1. der Anlass, für den Sonderurlaub beantragt wurde, nicht außerhalb der Arbeitszeit wahrgenommen oder erledigt werden kann,
2. dienstliche Gründe nicht entgegenstehen und
3. die jeweiligen Voraussetzungen der §§ 5 bis 22 erfüllt sind.

§ 4 Dauer

Die in den folgenden Vorschriften bestimmte Urlaubsdauer verlängert sich um erforderliche Reisezeiten.

§ 5 Sonderurlaub zur Ausübung staatsbürgerlicher Rechte und zur Erfüllung staatsbürgerlicher Pflichten

Sonderurlaub unter Fortzahlung der Besoldung ist zu gewähren

1. für die Teilnahme an öffentlichen Wahlen und Abstimmungen,
2. zur Wahrnehmung amtlicher, insbesondere gerichtlicher, staatsanwaltschaftlicher oder polizeilicher Termine, sofern sie nicht durch private Angelegenheiten der Beamtin oder des Beamten veranlasst sind, oder
3. zur Ausübung einer ehrenamtlichen Tätigkeit oder eines öffentlichen Ehrenamtes, wenn die Übernahme der Tätigkeit auf einer gesetzlichen Vorschrift beruht.

§ 6 Sonderurlaub zur Ausübung einer Tätigkeit in öffentlichen zwischenstaatlichen oder überstaatlichen Einrichtungen oder in einer öffentlichen Einrichtung eines Mitgliedstaates der Europäischen Union

(1) Sonderurlaub unter Wegfall der Besoldung ist zu gewähren bei Entsendung für eine hauptberufliche Tätigkeit

1. in einer öffentlichen zwischenstaatlichen oder überstaatlichen Einrichtung,
2. in der Verwaltung eines Mitgliedstaates der Europäischen Union oder
3. in einer öffentlichen Einrichtung eines Mitgliedstaates der Europäischen Union.

Die Dauer des Sonderurlaubs richtet sich nach der Dauer der Entsendung.

(2) Sonderurlaub von bis zu einem Jahr unter Wegfall der Besoldung ist auch für die Wahrnehmung einer hauptberuflichen Tätigkeit nach Absatz 1 Satz 1 zu gewähren, wenn die

Beamtin oder der Beamte zu dieser hauptberuflichen Tätigkeit nicht entsandt wird.

§ 7 Sonderurlaub zur Wahrnehmung von Aufgaben der Entwicklungszusammenarbeit

Zur Wahrnehmung von Aufgaben der Entwicklungszusammenarbeit sind bis zu fünf Jahre Sonderurlaub unter Wegfall der Besoldung zu gewähren.

§ 8 Sonderurlaub im Rahmen des Aufstiegs in eine Laufbahn des gehobenen oder höheren Dienstes

Mit Zustimmung des Bundesministeriums des Innern und für Heimat ist Sonderurlaub unter Fortzahlung der Besoldung zu gewähren, wenn Beamtinnen oder Beamte im Rahmen eines Aufstiegs in eine Laufbahn des gehobenen oder des höheren Dienstes nach § 39 Absatz 1 der Bundeslaufbahnverordnung an Studiengängen außerhalb der Hochschulen des Bundes teilnehmen.

§ 9 Sonderurlaub für Aus- oder Fortbildung

(1) Je Kalenderjahr sind insgesamt jeweils bis zu fünf Arbeitstage Sonderurlaub unter Fortzahlung der Besoldung zu gewähren

1. für die Teilnahme an wissenschaftlichen Tagungen sowie an beruflichen Aus- und Fortbildungsveranstaltungen, die von staatlichen oder kommunalen Stellen durchgeführt werden, wenn die Teilnahme für die dienstliche Tätigkeit von Nutzen ist,
2. zum Ablegen von Abschlussprüfungen nach einer Aus- oder Fortbildung im Sinne der Nummer 1 und bei Verwaltungs- und Wirtschaftsakademien zum Ablegen von Abschlussprüfungen,
3. für die Teilnahme an Lehrgängen, die der Ausbildung zur Jugendgruppenleiterin oder zum Jugendgruppenleiter dienen, oder
4. für die Tätigkeit als ehrenamtliche Jugendgruppenleiterin oder ehrenamtlicher Jugendgruppenleiter bei Lehrgängen oder Veranstaltungen, wenn diese von Trägern der öffentlichen Jugendhilfe oder anerkannten Trägern der freien Jugendhilfe (§ 75 des Achten Buches Sozialgesetzbuch) durchgeführt werden.

(2) Für die Teilnahme an förderungswürdigen staatspolitischen Bildungsveranstaltungen sind bis zu zehn Arbeitstage Sonderurlaub unter Fortzahlung der Besoldung zu gewähren. Wird die Bildungsveranstaltung nicht von einer staatlichen Stelle durchgeführt, so gilt dies nur, wenn die Bundeszentrale für politische Bildung die Förderungswürdigkeit anerkannt hat; das Nähere regelt das Bundesministerium des Innern und für Heimat.

(3) Weiterer Sonderurlaub nach Absatz 2 darf frühestens zwei Jahre nach Beendigung des letzten Sonderurlaubs nach Absatz 2 gewährt werden.

§ 10 Sonderurlaub für fremdsprachliche Aus- oder Fortbildung

(1) Für eine fremdsprachliche Aus- oder Fortbildung in einem Land, in dem die zu erlernende Sprache gesprochen wird, sind bis zu drei Monate Sonderurlaub unter Fortzahlung der Besoldung zu gewähren. Die Aus- oder Fortbildung muss im dienstlichen Interesse liegen.

(2) Weiterer Sonderurlaub nach Absatz 1 darf frühestens zwei Jahre nach Beendigung des letzten Sonderurlaubs nach Absatz 1 gewährt werden.

§ 11 Sonderurlaub für Zwecke der militärischen und zivilen Verteidigung

(1) Für die Teilnahme an Ausbildungsveranstaltungen von Organisationen der zivilen Verteidigung ist je Kalenderjahr bis zu zehn Arbeitstage Sonderurlaub unter Fortzahlung der Besoldung zu gewähren.

(2) Für die Teilnahme an dienstlichen Veranstaltungen im Sinne des § 81 Absatz 1 des Soldatengesetzes oder für die Dauer eines Einsatzes als Mitglied einer Organisation der zivilen Verteidigung ist Sonderurlaub unter Fortzahlung der Besoldung zu gewähren.

(3) Sonderurlaub unter Fortzahlung der Besoldung ist bei Vorliegen eines dringenden öffentlichen Interesses zu gewähren, für die Dauer der Heranziehung

1. zum Feuerlöschdienst einschließlich der von den örtlichen Wehrleitungen angeordneten Übungen,
2. zum Wasserwehr- oder Deichdienst einschließlich der von den örtlichen Wehrleitungen angeordneten Übungen oder
3. zum Bergwacht- oder Seenotrettungsdienst zwecks Rettung von Menschenleben und zum freiwilligen Sanitätsdienst.

§ 12 Sonderurlaub für vereinspolitische Zwecke

(1) Einer Beamtin oder einem Beamten, die oder der als Mitglied des Vorstandes einer überörtlichen Selbsthilfeorganisation zur Betreuung behinderter oder suchtkranker Personen an auf Bundes- oder Landesebene stattfindenden Arbeitstagungen solcher Organisationen teilnimmt, sind je Kalenderjahr bis zu fünf Arbeitstage Sonderurlaub unter Fortzahlung der Besoldung zu gewähren.

(2) Je Kalenderjahr sind bis zu fünf Arbeitstage Sonderurlaub unter Fortzahlung der Besoldung auch zu gewähren für die Teilnahme

1. an Sitzungen eines überörtlichen Parteivorstandes, dem die Beamtin oder der Beamte angehört, oder
2. an Bundes-, Landes- oder Bezirksparteitagen, wenn die Beamtin oder der Beamte als Mitglied eines Parteivorstandes oder als Delegierte oder Delegierter teilnimmt.

§ 13 Sonderurlaub zur Ableistung von Freiwilligendiensten

Bis zu zwei Jahre Sonderurlaub unter Wegfall der Besoldung sind zu gewähren, wenn eine Beamtin oder ein Beamter

1. ein freiwilliges soziales Jahr nach § 3 oder § 6 des Jugendfreiwilligendienstegesetzes,
2. ein freiwilliges ökologisches Jahr nach § 4 oder § 6 des Jugendfreiwilligendienstegesetzes oder
3. einen Bundesfreiwilligendienst nach dem Bundesfreiwilligendienstgesetz

ableistet.

§ 14 Sonderurlaub für eine Ausbildung zur Schwesternhelferin oder zum Pflegediensthelfer

Für eine Ausbildung zur Schwesternhelferin oder zum Pflegediensthelfer ist Sonderurlaub unter Fortzahlung der Besoldung für die Dauer eines geschlossenen Lehrganges, höchstens jedoch für 20 Arbeitstage im Kalenderjahr, zu gewähren.

§ 15 Sonderurlaub für gewerkschaftliche Zwecke

Sonderurlaub von jeweils bis zu fünf Arbeitstagen im Kalenderjahr unter Fortzahlung der Besoldung ist zu gewähren für die Teilnahme

1. an Sitzungen eines überörtlichen Gewerkschafts- oder Berufsverbandsvorstandes, dem die Beamtin oder der Beamte angehört, oder
2. an Tagungen von Gewerkschaften oder Berufsverbänden auf internationaler Ebene, auf Bundes- oder Landesebene oder, sofern es keine Landesebene gibt, auf Bezirksebene, wenn die Beamtin oder der Beamte als Mitglied eines Gewerkschafts- oder Berufsverbandsvorstandes oder als Delegierte oder Delegierter teilnimmt.

§ 16 Sonderurlaub für kirchliche Zwecke

Sonderurlaub von bis zu fünf Arbeitstagen im Kalenderjahr unter Fortzahlung der Besoldung ist zu gewähren für die Teilnahme

1. an Sitzungen der Verfassungsorgane oder an Sitzungen überörtlicher Verwaltungsgremien der Kirchen oder der sonstigen öffentlich-rechtlichen Religionsgesellschaften, wenn die Beamtin oder der Beamte dem Verfassungsorgan oder dem Gremium angehört,
2. an Tagungen der Kirchen oder der öffentlich-rechtlichen Religionsgesellschaften, wenn die Beamtin oder der Beamte auf Anforderung der Kirchenleitung oder der obersten Leitung der Religionsgesellschaft als Delegierte oder Delegierter oder als Mitglied eines Verwaltungsgremiums der Kirche oder der Religionsgesellschaft teilnimmt, oder
3. an Veranstaltungen des Deutschen Evangelischen Kirchentages, des Deutschen

Katholikentages, des Ökumenischen Kirchentages oder des Weltjugendtages.

§ 17 Sonderurlaub für sportliche Zwecke

(1) Sonderurlaub unter Fortzahlung der Besoldung ist zu gewähren

1. für die Teilnahme als aktive Sportlerin oder aktiver Sportler an
   a) Olympischen Spielen, Paralympischen Spielen, Deaflympischen Spielen, Welt- und Europameisterschaften und den dazugehörigen Vorbereitungswettkämpfen auf Bundesebene sowie den für die Qualifikation erforderlichen sonstigen internationalen Länderwettkämpfen,
   b) Weltcup- und Europacup-Veranstaltungen sowie Europapokal-Wettbewerben,

   wenn die Beamtin oder der Beamte von einem dem Deutschen Olympischen Sportbund angeschlossenen Verband als aktive Sportlerin oder aktiver Sportler benannt worden ist,
2. für die Teilnahme an Kongressen und Vorstandssitzungen internationaler Sportverbände, denen der Deutsche Olympische Sportbund oder ein ihm angeschlossener Sportverband angehört, an Mitgliederversammlungen und Vorstandssitzungen des Deutschen Olympischen Sportbundes und ihm angeschlossener Sportverbände auf Bundesebene sowie an Vorstandssitzungen solcher Verbände auf Landesebene, wenn die Beamtin oder der Beamte dem Gremium angehört.

Im Fall des Satzes 1 Nummer 2 werden bis zu fünf Arbeitstage Sonderurlaub gewährt.

(2) Sonderurlaub unter Fortzahlung der Besoldung ist auch Beamtinnen und Beamten zu gewähren, deren Teilnahme für den sportlichen Einsatz der Sportlerinnen und Sportler oder der Mannschaft bei Veranstaltungen im Sinne des Absatzes 1 dringend erforderlich ist. Eine entsprechende Bescheinigung von einem dem Deutschen Olympischen Sportbund angeschlossenen Verband oder Verein ist vorzulegen.

§ 18 Sonderurlaub für Familienheimfahrten

(1) Beamtinnen und Beamten, die Trennungsgeld nach der Trennungsgeldverordnung erhalten, ist für Familienheimfahrten Sonderurlaub unter Fortzahlung der Besoldung zu gewähren, wenn die Beamtinnen oder Beamten

1. mit ihrem Ehegatten oder ihrer Ehegattin oder ihrer Lebenspartnerin oder ihrem Lebenspartner im Sinn des Lebenspartnerschaftsgesetzes in häuslicher Gemeinschaft leben oder
2. mit einer oder einem Verwandten bis zum vierten Grad, einer oder einem Verschwägerten bis zum zweiten Grad, einem Pflegekind oder Pflegeeltern in häuslicher Gemeinschaft leben und ihnen auf Grund gesetzlicher oder sittlicher Verpflichtung nicht nur vorübergehend Unterkunft und Unterhalt ganz oder überwiegend gewähren.

Als Sonderurlaub wird im Kalenderjahr innerhalb eines Zeitraums von zwei Monaten ein Arbeitstag gewährt.

(2) Sonderurlaub wird nur gewährt, wenn

1. die regelmäßige Arbeitszeit auf mindestens fünf Arbeitstage in der Woche verteilt ist und
2. die kürzeste Reisestrecke zwischen der Wohnung der Familie und dem Ort der Dienstleistung an jedem Arbeitstag nach Nummer 1 mindestens 150 Kilometer beträgt.

(3) Der Beginn des Sonderurlaubs ist mit den dienstlichen Bedürfnissen abzustimmen.

(4) Beamtinnen und Beamten, die im Ausland tätig sind, ist für jede Heimfahrt, für die sie eine Reisebeihilfe nach § 13 Absatz 1 der Auslandstrennungsgeldverordnung erhalten, Sonderurlaub unter Fortzahlung der Besoldung zu gewähren. Sonderurlaub kann für bis zu drei Arbeitstage pro Heimfahrt gewährt werden. Für Heimfahrten dürfen pro Kalenderjahr höchstens zwölf Arbeitstage Sonderurlaub gewährt werden.

(5) Für die bei den Postnachfolgeunternehmen beschäftigten Beamtinnen und Beamten kann die oberste Dienstbehörde im Einver-

nehmen mit dem Bundesministerium der Finanzen von Absatz 1 abweichende Regelungen treffen.

§ 19 Sonderurlaub aus dienstlichen Anlässen

(1) Sonderurlaub unter Fortzahlung der Besoldung ist im nachstehend angegebenen Umfang zu gewähren:

1. zwei Arbeitstage für einen Wohnortwechsel aus dienstlichem Anlass,
2. drei Arbeitstage für einen Umzug ins Ausland oder aus dem Ausland ins Inland aus dienstlichem Anlass,
3. ein Arbeitstag aus Anlass des 25-, 40- und 50-jährigen Dienstjubiläums.

(2) Für die im Bereich der Deutschen Bahn Aktiengesellschaft sowie einer nach § 2 Absatz 1 und § 3 Absatz 3 des Deutsche Bahn Gründungsgesetzes ausgegliederten Gesellschaft beschäftigten Beamtinnen und Beamten kann die oberste Dienstbehörde im Einvernehmen mit dem Bundesministerium des Innern und für Heimat von Absatz 1 abweichende Regelungen treffen. Für die bei den Postnachfolgeunternehmen beschäftigten Beamtinnen und Beamten kann die oberste Dienstbehörde im Einvernehmen mit dem Bundesministerium der Finanzen von Absatz 1 abweichende Regelungen treffen.

§ 20 Sonderurlaub aus medizinischen Anlässen

(1) Sonderurlaub unter Fortzahlung der Besoldung ist zu gewähren für die Dauer der notwendigen Abwesenheit

1. einer amts-, vertrauens- oder versorgungsärztlich angeordneten Untersuchung,
2. einer kurzfristigen Behandlung einschließlich der Anpassung, Wiederherstellung oder Erneuerung von Körperersatzstücken oder
3. einer ärztlich verordneten sonstigen Behandlung.

(2) Sonderurlaub unter Fortzahlung der Besoldung ist zu gewähren

1. für eine stationäre oder ambulante Rehabilitationsmaßnahme,
2. für eine Maßnahme der medizinischen Rehabilitation für Mütter und Väter nach § 41 des Fünften Buches Sozialgesetzbuch,
3. für die Betreuung eines Kindes unter zwölf Jahren während einer Rehabilitationsmaßnahme als medizinisch notwendig anerkannte Begleitperson,
4. für eine ärztlich verordnete familienorientierte Rehabilitation im Fall einer Krebs-, Herz- oder Mukoviszidoseerkrankung eines Kindes oder für ein Kind, dessen Zustand im Fall einer Operation am Herzen oder einer Organtransplantation eine solche Maßnahme erfordert,
5. für ärztlich verordneten Rehabilitationssport oder Funktionstraining in Gruppen nach § 44 Absatz 1 Nummer 3 und 4 des Neunten Buches Sozialgesetzbuch oder
6. für die Durchführung einer Badekur nach § 11 Absatz 2 des Bundesversorgungsgesetzes in der am 31. Dezember 2023 geltenden Fassung.

(3) Sonderurlaub nach Absatz 2 Nummer 1 bis 3 wird nur bei Vorlage des Anerkennungsbescheids der Beihilfefestsetzungsstelle oder des Bescheids der Krankenkasse über die Gewährung der Rehabilitationsleistung gewährt. Die Maßnahmen müssen entsprechend den darin genannten Festlegungen zur Behandlung und zum Behandlungsort durchgeführt werden.

(4) Die Notwendigkeit der Maßnahmen nach Absatz 2 Nummer 1 bis 3 muss durch eine ärztliche Bescheinigung nachgewiesen werden. Die Notwendigkeit der Maßnahme nach Absatz 2 Nummer 4 muss durch ein Zeugnis des behandelnden Arztes in der Klinik nachgewiesen werden.

(5) Dauer und Häufigkeit des Sonderurlaubs nach Absatz 2 Nummer 1 bis 4 und 6 bestimmen sich nach § 35 Absatz 2 Satz 2 Nummer 5 und § 36 Absatz 2 der Bundesbeihilfeverordnung.

§ 21 Sonderurlaub aus persönlichen Anlässen

(1) Sonderurlaub unter Fortzahlung der Besoldung ist wie folgt zu gewähren:

Anlass	Urlaubsdauer
1. Niederkunft der Ehefrau, der Lebenspartnerin oder der mit der Beamtin oder dem Beamten in ehe- oder lebenspartnerschaftsähnlicher Gemeinschaft lebenden Lebensgefährtin	ein Arbeitstag
2. Tod der Ehefrau oder des Ehemanns, der Lebenspartnerin oder des Lebenspartners, eines Kindes oder eines Elternteils der Beamtin oder des Beamten	zwei Arbeitstage
3. bei ärztlich bescheinigter Erkrankung und bei ärztlicher Bescheinigung über die Notwendigkeit zur Pflege, Beaufsichtigung oder Betreuung einer oder eines im Haushalt der Beamtin oder des Beamten lebenden Angehörigen im Sinne des § 20 Absatz 5 Satz 1 des Verwaltungsverfahrensgesetzes	ein Arbeitstag im Urlaubsjahr
4. bei ärztlich bescheinigter Erkrankung und bei ärztlicher Bescheinigung über die Notwendigkeit zur Pflege, Beaufsichtigung oder Betreuung eines Kindes der Beamtin oder des Beamten, das noch nicht zwölf Jahre alt ist, oder eines behinderten und auf Hilfe angewiesenen Kindes	für jedes Kind bis zu acht Arbeitstage im Urlaubsjahr
5. Erkrankung der Betreuungsperson eines Kindes der Beamtin oder des Beamten, das noch nicht acht Jahre alt ist oder wegen körperlicher, geistiger oder seelischer Behinderung auf Hilfe angewiesen ist	bis zu vier Arbeitstage im Urlaubsjahr
6. Fälle, in denen für eine nahe Angehörige oder einen nahen Angehörigen im Sinne des § 7 Absatz 3 des Pflegezeitgesetzes in einer akut auftretenden Pflegesituation eine bedarfsgerechte Pflege organisiert oder eine pflegerische Versorgung sichergestellt werden muss, nach Verlangen unter Vorlage einer ärztlichen Bescheinigung über die Pflegebedürftigkeit im Sinne des § 14 Absatz 1 des Elften Buches Sozialgesetzbuch	für jede pflegebedürftige Person bis zu neun Arbeitstage
7. Spende von Organen und Geweben, die nach § 8 des Transplantationsgesetzes erfolgt, oder für eine Blutspende zur Separation von Blutstammzellen oder anderer Blutbestandteile im Sinne von § 1 des Transfusionsgesetzes, soweit eine ärztliche Bescheinigung vorgelegt wird	Dauer der notwendigen Abwesenheit

(2) (weggefallen)

(3) In den Fällen des Absatzes 1 Nummer 3 bis 5 können auch halbe Sonderurlaubstage gewährt werden. Ein halber Sonderurlaubstag entspricht der Hälfte der für den jeweiligen Arbeitstag festgesetzten regelmäßigen Arbeitszeit.

(4) Die oberste Dienstbehörde kann im Einvernehmen mit dem Bundesministerium des Innern und für Heimat von den Absätzen 1 bis 3 abweichende Regelungen treffen für Beamtinnen und Beamte, die beschäftigt sind

1. im Bereich der Deutschen Bahn Aktiengesellschaft,
2. bei einer Gesellschaft, die nach § 2 Absatz 1 und § 3 Absatz 3 Satz 2 des Deutsche Bahn Gründungsgesetzes ausgegliedert worden ist.

(5) Für die bei den Postnachfolgeunternehmen beschäftigten Beamtinnen und Beamten kann die oberste Dienstbehörde im Einvernehmen mit dem Bundesministerium der Finanzen und dem Bundesministerium des Innern und für Heimat von den Absätzen 1 bis 3 abweichende Regelungen treffen.

§ 21a Sonderurlaub bei Mitaufnahme oder ganztägiger Begleitung bei stationärer Krankenhausbehandlung

(1) Sonderurlaub ist einer Beamtin oder einem Beamten zu gewähren,

1. wenn es aus medizinischen Gründen notwendig ist, dass sie oder er bei einer stationären Krankenhausbehandlung eines Menschen, bei dem die Voraussetzungen des § 2 Absatz 1 des Neunten Buches So-

zialgesetzbuch vorliegen, zur Begleitung mitaufgenommen wird
   a) als nahe Angehörige oder naher Angehöriger im Sinne des § 7 Absatz 3 des Pflegezeitgesetzes oder
   b) als eine Person aus dem engsten persönlichen Umfeld und
2. wenn die Voraussetzungen des § 44b Absatz 1 Nummer 1 Buchstabe c und d und Nummer 3 des Fünften Buches Sozialgesetzbuch vorliegen.

(2) Der Anspruch auf den Sonderurlaub besteht für die Dauer der notwendigen Mitaufnahme.

(3) Unterschreiten die Dienstbezüge oder Anwärterbezüge der Beamtin oder des Beamten die Jahresarbeitsentgeltgrenze nach § 6 Absatz 6 des Fünften Buches Sozialgesetzbuch oder sind sie gleich hoch, so erfolgt die Gewährung des Sonderurlaubs für 80 Prozent der Dauer der notwendigen Mitaufnahme unter Fortzahlung der Besoldung. Für die verbleibenden 20 Prozent erfolgt die Gewährung des Sonderurlaubs unter Wegfall der Besoldung.

(4) Überschreiten die Dienstbezüge oder die Anwärterbezüge einer Beamtin oder eines Beamten die Jahresarbeitsentgeltgrenze nach § 6 Absatz 6 des Fünften Buches Sozialgesetzbuch, so erfolgt die Gewährung des Sonderurlaubs für die Dauer der notwendigen Mitaufnahme unter Wegfall der Besoldung.

(5) Der Mitaufnahme steht die ganztägige Begleitung gleich.

§ 22 Sonderurlaub in anderen Fällen

(1) Sonderurlaub unter Wegfall der Besoldung kann gewährt werden, wenn ein wichtiger Grund vorliegt. Für mehr als drei Monate kann Sonderurlaub unter Wegfall der Besoldung nur in besonders begründeten Fällen und nur durch die oberste Dienstbehörde oder die von ihr bestimmte unmittelbar nachgeordnete Behörde genehmigt werden.

(2) Mit Zustimmung des Bundesministeriums des Innern und für Heimat kann Sonderurlaub aus wichtigen persönlichen Gründen auch unter Fortzahlung der Besoldung gewährt werden.

(3) Für einen in den §§ 5 bis 21 nicht genannten Zweck kann Beamtinnen und Beamten Sonderurlaub unter Fortzahlung der Besoldung gewährt werden, wenn der Sonderurlaub auch dienstlichen Zwecken dient. Sonderurlaub unter Fortzahlung der Besoldung für mehr als zwei Wochen bedarf der Zustimmung der obersten Dienstbehörde oder der von ihr bestimmten unmittelbar nachgeordneten Behörde. Sonderurlaub für mehr als sechs Monate bedarf der Zustimmung des Bundesministeriums des Innern und für Heimat.

§ 23 Verfahren

Der Sonderurlaub ist unverzüglich nach Bekanntwerden des Anlasses zu beantragen. Sonderurlaub nach § 21 ist zeitnah zu beantragen.

§ 24 Widerruf

Die Genehmigung von Sonderurlaub ist zu widerrufen, wenn
1. zwingende dienstliche Gründe dies erfordern,
2. der Sonderurlaub zu einem anderen als dem genehmigten Zweck verwendet wird,
3. andere Gründe, die die Beamtin oder der Beamte zu vertreten hat, den Widerruf erfordern.

§ 25 Ersatz von Mehraufwendungen

(1) Folgende Mehraufwendungen werden der Beamtin oder dem Beamten nach den Bestimmungen des Reisekostenrechts ersetzt:
1. Mehraufwendungen, die durch den Widerruf der Genehmigung von Sonderurlaub nach § 24 Nummer 1 entstehen,
2. Mehraufwendungen, die anlässlich der Wiederaufnahme des Dienstes nach einem Sonderurlaub zur Ausübung einer Tätigkeit in öffentlichen zwischenstaatlichen oder überstaatlichen Einrichtungen (§ 6 Absatz 1 Satz 1) oder nach einem Sonderurlaub zur Wahrnehmung von Aufgaben der Entwicklungszusammenarbeit (§ 7) entstehen, wenn die oberste Dienstbehörde oder die von ihr bestimmte Stelle spätestens bei Beendigung des Sonderurlaubs schriftlich anerkannt hat, dass der Sonder-

urlaub dienstlichen Interessen oder öffentlichen Belangen diente.

(2) Zuwendungen, die die Beamtin oder der Beamte von anderer Seite zur Deckung der Aufwendungen erhalten hat, sind anzurechnen.

§ 26 Besoldung

(1) Zur Besoldung im Sinne dieser Verordnung gehören die in § 1 Absatz 2 und 3 des Bundesbesoldungsgesetzes genannten Bezüge.

(2) Erhält die Beamtin oder der Beamte in den Fällen des § 10 oder des § 22 Absatz 3 Zuwendungen von anderer Seite, so ist die Besoldung entsprechend zu kürzen. Das gilt nicht, wenn der Wert der Zuwendungen gering ist.

(3) Dauert der Sonderurlaub unter Wegfall der Besoldung nicht länger als einen Monat, bleibt der Anspruch auf Beihilfe oder auf Heilfürsorge nach § 70 Absatz 2 des Bundesbesoldungsgesetzes unberührt.

§ 27 Inkrafttreten, Außerkrafttreten

Diese Verordnung tritt am Tag nach der Verkündung in Kraft. Gleichzeitig tritt die Sonderurlaubsverordnung in der Fassung der Bekanntmachung vom 11. November 2004 (BGBl. I S. 2836), die zuletzt durch Artikel 15 Absatz 22 des Gesetzes vom 5. Februar 2009 (BGBl. I S. 160) geändert worden ist, außer Kraft.

I

Bundesdisziplinargesetz (BDG)

Vom 9. Juli 2001 (BGBl. I S. 1510, S. 3574)

Zuletzt geändert durch
Gesetz über die Lehrverpflichtung des hauptberuflichen wissenschaftlichen Personals an Hochschulen des Bundes und zur Änderung weiterer dienstrechtlicher Vorschriften
vom 19. Juli 2024 (BGBl. I Nr. 247)

Inhaltsübersicht

Teil 1
Allgemeine Bestimmungen

§ 1 Persönlicher Geltungsbereich

Dieses Gesetz gilt für Beamte und Ruhestandsbeamte im Sinne des Bundesbeamtengesetzes. Frühere Beamte, die Unterhaltsbeiträge nach den Bestimmungen des Beamtenversorgungsgesetzes oder entsprechender früherer Regelungen beziehen, gelten bis zum Ende dieses Bezuges als Ruhestandsbeamte, ihre Bezüge als Ruhegehalt. Frühere Beamte mit Anspruch auf Altersgeld gelten, auch soweit der Anspruch ruht, als Ruhestandsbeamte; das Altersgeld gilt als Ruhegehalt.

§ 2 Sachlicher Geltungsbereich

(1) Dieses Gesetz gilt für die

1. von Beamten während ihres Beamtenverhältnisses begangenen Dienstvergehen (§ 77 Abs. 1 des Bundesbeamtengesetzes) und
2. von Ruhestandsbeamten
   a) während ihres Beamtenverhältnisses begangenen Dienstvergehen (§ 77 Abs. 1 des Bundesbeamtengesetzes) und
   b) nach Eintritt in den Ruhestand begangenen als Dienstvergehen geltenden Handlungen (§ 77 Abs. 2 des Bundesbeamtengesetzes).

(2) Für Beamte und Ruhestandsbeamte, die früher in einem anderen Dienstverhältnis als Beamte, Richter, Berufssoldaten oder Soldaten auf Zeit gestanden haben, gilt dieses Gesetz auch wegen solcher Dienstvergehen, die sie in dem früheren Dienstverhältnis oder als Versorgungsberechtigte aus einem solchen Dienstverhältnis begangen haben; auch bei den aus einem solchen Dienstverhältnis Ausgeschiedenen und Entlassenen gelten Handlungen, die in § 77 Abs. 2 des Bundesbeamtengesetzes bezeichnet sind, als Dienstvergehen. Ein Wechsel des Dienstherrn steht der Anwendung dieses Gesetzes nicht entgegen.

(3) Für Beamte, die Wehrdienst im Rahmen einer Wehrübung, einer Übung, einer besonderen Auslandsverwendung, einer Hilfeleistung im Innern oder einer Hilfeleistung im Ausland leisten, gilt dieses Gesetz auch wegen solcher Dienstvergehen, die während des Wehrdienstes begangen wurden, wenn das Verhalten sowohl soldatenrechtlich als auch beamtenrechtlich ein Dienstvergehen darstellt.

§ 3 Ergänzende Anwendung des Verwaltungsverfahrensgesetzes und der Verwaltungsgerichtsordnung

Zur Ergänzung dieses Gesetzes sind die Bestimmungen des Verwaltungsverfahrensgesetzes und der Verwaltungsgerichtsordnung entsprechend anzuwenden, soweit sie nicht zu den Bestimmungen dieses Gesetzes in Widerspruch stehen oder soweit nicht in diesem Gesetz etwas anderes bestimmt ist.

§ 4 Gebot der Beschleunigung

Disziplinarverfahren sind beschleunigt durchzuführen.

Teil 2
Disziplinarmaßnahmen

§ 5 Arten der Disziplinarmaßnahmen

(1) Disziplinarmaßnahmen gegen Beamte sind:

1. Verweis (§ 6)
2. Geldbuße (§ 7)
3. Kürzung der Dienstbezüge (§ 8)
4. Zurückstufung (§ 9) und
5. Entfernung aus dem Beamtenverhältnis (§ 10).

(2) Disziplinarmaßnahmen gegen Ruhestandsbeamte sind:

1. Kürzung des Ruhegehalts (§ 11) und
2. Aberkennung des Ruhegehalts (§ 12).

(3) Beamten auf Probe und Beamten auf Widerruf können nur Verweise erteilt und Geldbußen auferlegt werden. Für die Entlassung von Beamten auf Probe und Beamten auf Widerruf wegen eines Dienstvergehens gelten § 34 Abs. 1 Nr. 1 und Abs. 3 sowie § 37 des Bundesbeamtengesetzes.

§ 6 Verweis

Der Verweis ist der schriftliche Tadel eines bestimmten Verhaltens des Beamten. Missbilligende Äußerungen (Zurechtweisungen, Ermahnungen oder Rügen), die nicht ausdrücklich als Verweis bezeichnet werden, sind keine Disziplinarmaßnahmen.

§ 7 Geldbuße

Die Geldbuße kann bis zur Höhe der monatlichen Dienst- oder Anwärterbezüge des Beamten auferlegt werden. Hat der Beamte keine Dienst- oder Anwärterbezüge, darf die Geldbuße bis zu dem Betrag von 500 Euro auferlegt werden.

§ 8 Kürzung der Dienstbezüge

(1) Die Kürzung der Dienstbezüge ist die bruchteilmäßige Verminderung der monatlichen Dienstbezüge des Beamten um höchstens ein Fünftel auf längstens drei Jahre. Sie erstreckt sich auf alle Ämter, die der Beamte bei Eintritt der Unanfechtbarkeit der Entscheidung inne hat. Hat der Beamte aus einem früheren öffentlich-rechtlichen Dienstverhältnis einen Versorgungsanspruch erworben, bleibt dieser von der Kürzung der Dienstbezüge unberührt.

(2) Die Kürzung der Dienstbezüge beginnt mit dem Kalendermonat, der auf den Eintritt der Unanfechtbarkeit der Entscheidung folgt. Tritt der Beamte vor Eintritt der Unanfechtbarkeit der Entscheidung in den Ruhestand, gilt eine entsprechende Kürzung des Ruhegehalts (§ 11) als festgesetzt. Tritt der Beamte während der Dauer der Kürzung der Dienstbezüge in den Ruhestand, wird sein Ruhegehalt entsprechend wie die Dienstbezüge für denselben Zeitraum gekürzt. Sterbegeld sowie Witwen- und Waisengeld werden nicht gekürzt.

(3) Die Kürzung der Dienstbezüge wird gehemmt, solange der Beamte ohne Dienstbezüge beurlaubt ist. Er kann jedoch für die Dauer seiner Beurlaubung den Kürzungsbetrag monatlich vorab an den Dienstherrn entrichten; die Dauer der Kürzung der Dienstbezüge nach der Beendigung der Beurlaubung verringert sich entsprechend.

(4) Solange seine Dienstbezüge gekürzt werden, darf der Beamte nicht befördert werden. Der Zeitraum kann in der Entscheidung abgekürzt werden, sofern dies im Hinblick auf die Dauer des Disziplinarverfahrens angezeigt ist.

(5) Die Rechtsfolgen der Kürzung der Dienstbezüge erstrecken sich auch auf ein neues Beamtenverhältnis. Hierbei steht bei Anwendung des Absatzes 4 die Einstellung oder Anstellung in einem höheren als dem bisherigen Amt der Beförderung gleich.

§ 9 Zurückstufung

(1) Die Zurückstufung ist die Versetzung des Beamten in ein Amt derselben Laufbahn mit geringerem Endgrundgehalt. Der Beamte verliert alle Rechte aus seinem bisherigen Amt einschließlich der damit verbundenen Dienstbezüge und der Befugnis, die bisherige Amtsbezeichnung zu führen. Soweit in der Entscheidung nichts anderes bestimmt ist, enden mit der Zurückstufung auch die Ehrenämter und die Nebentätigkeiten, die der Beamte im Zusammenhang mit dem bisherigen Amt oder auf Verlangen, Vorschlag oder Veranlassung seines Dienstvorgesetzten übernommen hat.

(2) Die Dienstbezüge aus dem neuen Amt werden von dem Kalendermonat an gezahlt, der dem Eintritt der Unanfechtbarkeit der Entscheidung folgt. Tritt der Beamte vor Eintritt der Unanfechtbarkeit der Entscheidung in den Ruhestand, erhält er Versorgungsbezüge nach der in der Entscheidung bestimmten Besoldungsgruppe.

(3) Der Beamte darf frühestens fünf Jahre nach Eintritt der Unanfechtbarkeit der Entscheidung befördert werden. Der Zeitraum kann in der Entscheidung verkürzt werden, sofern dies im Hinblick auf die Dauer des Disziplinarverfahrens angezeigt ist.

(4) Die Rechtsfolgen der Zurückstufung erstrecken sich auch auf ein neues Beamtenverhältnis. Hierbei steht im Hinblick auf Absatz 3 die Einstellung oder Anstellung in einem höheren Amt als dem, in welches der Beamte zurückgestuft wurde, der Beförderung gleich.

§ 10 Entfernung aus dem Beamtenverhältnis

(1) Mit der Entfernung aus dem Beamtenverhältnis endet das Dienstverhältnis. Der Beamte verliert den Anspruch auf Dienstbezüge und Versorgung sowie die Befugnis, die Amtsbezeichnung und die im Zusammenhang mit dem Amt verliehenen Titel zu führen und die Dienstkleidung zu tragen.

(2) Die Zahlung der Dienstbezüge wird mit dem Ende des Kalendermonats eingestellt, in dem

die Entscheidung unanfechtbar wird. Tritt der Beamte in den Ruhestand, bevor die Entscheidung über die Entfernung aus dem Beamtenverhältnis unanfechtbar wird, gilt die Entscheidung als Aberkennung des Ruhegehalts.

(3) Der aus dem Beamtenverhältnis entfernte Beamte erhält für die Dauer von sechs Monaten einen Unterhaltsbeitrag in Höhe von 50 Prozent der Dienstbezüge, die ihm bei Eintritt der Unanfechtbarkeit der Entscheidung zustehen; eine Einbehaltung von Dienstbezügen nach § 38 Absatz 2 bleibt unberücksichtigt. Die Gewährung des Unterhaltsbeitrags kann in der Entscheidung über sechs Monate hinaus verlängert werden, soweit dies notwendig ist, um eine unbillige Härte zu vermeiden; der Beamte hat die Umstände glaubhaft zu machen. Für die Zahlung des Unterhaltsbeitrags gilt § 79. Die Gewährung des Unterhaltsbeitrags ist ausgeschlossen,

1. wenn der Beamte ihrer nicht würdig ist,
2. wenn die Entfernung aus dem Beamtenverhältnis zumindest auch auf der Verletzung der Pflicht des Beamten beruht, sich durch sein gesamtes Verhalten zu der freiheitlichen demokratischen Grundordnung zu bekennen und für deren Erhaltung einzutreten, oder
3. soweit der Beamte den erkennbaren Umständen nach nicht bedürftig ist.

(4) Die Entfernung aus dem Beamtenverhältnis und ihre Rechtsfolgen erstrecken sich auf alle Ämter, die der Beamte bei Eintritt der Unanfechtbarkeit der Entscheidung inne hat.

(5) Wird ein Beamter, der früher in einem anderen Dienstverhältnis im Bundesdienst gestanden hat, aus dem Beamtenverhältnis entfernt, verliert er auch die Ansprüche aus dem früheren Dienstverhältnis, wenn diese Disziplinarmaßnahme wegen eines Dienstvergehens ausgesprochen wird, das in dem früheren Dienstverhältnis begangen wurde.

(6) Ist ein Beamter aus dem Beamtenverhältnis entfernt worden, darf er nicht wieder zum Beamten ernannt werden; es soll auch kein anderes Beschäftigungsverhältnis begründet werden.

§ 11 Kürzung des Ruhegehalts

Die Kürzung des Ruhegehalts ist die bruchteilmäßige Verminderung des monatlichen Ruhegehalts des Ruhestandsbeamten um höchstens ein Fünftel auf längstens drei Jahre. § 8 Abs. 1 Satz 2 und 3 sowie Abs. 2 Satz 1 und 4 gilt entsprechend.

§ 12 Aberkennung des Ruhegehalts

(1) Mit der Aberkennung des Ruhegehalts verliert der Ruhestandsbeamte den Anspruch auf Versorgung einschließlich der Hinterbliebenenversorgung und die Befugnis, die Amtsbezeichnung und die Titel zu führen, die im Zusammenhang mit dem früheren Amt verliehen wurden.

(2) Nach der Aberkennung des Ruhegehalts erhält der Ruhestandsbeamte bis zur Gewährung einer Rente auf Grund einer Nachversicherung, längstens jedoch für die Dauer von sechs Monaten, einen Unterhaltsbeitrag in Höhe von 70 Prozent des Ruhegehalts, das ihm bei Eintritt der Unanfechtbarkeit der Entscheidung zusteht; eine Kürzung des Ruhegehalts nach § 38 Abs. 3 bleibt unberücksichtigt. § 10 Abs. 3 Satz 2 bis 4 gilt entsprechend.

(3) Die Aberkennung des Ruhegehalts und ihre Rechtsfolgen erstrecken sich auf alle Ämter, die der Ruhestandsbeamte bei Eintritt in den Ruhestand inne gehabt hat.

(4) § 10 Abs. 2 Satz 1 sowie Abs. 5 und 6 gilt entsprechend.

§ 13 Bemessung der Disziplinarmaßnahme

(1) Die Disziplinarmaßnahme ist nach der Schwere des Dienstvergehens zu bemessen. Das Persönlichkeitsbild des Beamten ist angemessen zu berücksichtigen. Ferner soll berücksichtigt werden, in welchem Umfang der Beamte das Vertrauen des Dienstherrn oder der Allgemeinheit beeinträchtigt hat.

(2) Um den Beamten zur Pflichterfüllung anzuhalten, kann als Disziplinarmaßnahme ausgesprochen werden:

1. ein Verweis, wenn der Beamte durch ein leichtes Dienstvergehen das Vertrauen des Dienstherrn oder der Allgemeinheit in die pflichtgemäße Amtsführung geringfügig beeinträchtigt hat,

2. eine Geldbuße, wenn der Beamte durch ein leichtes bis mittelschweres Dienstvergehen das Vertrauen des Dienstherrn oder der Allgemeinheit in die pflichtgemäße Amtsführung nicht nur geringfügig beeinträchtigt hat,
3. eine Kürzung der Dienstbezüge, wenn der Beamte durch ein mittelschweres Dienstvergehen das Vertrauen des Dienstherrn oder der Allgemeinheit in die pflichtgemäße Amtsführung erheblich beeinträchtigt hat,
4. eine Kürzung des Ruhegehalts, wenn der Ruhestandsbeamte ein mittelschweres Dienstvergehen begangen hat, das geeignet ist, das Ansehen des öffentlichen Dienstes oder des Berufsbeamtentums erheblich zu beeinträchtigen,
5. eine Zurückstufung, wenn der Beamte durch ein mittelschweres bis schweres Dienstvergehen das Vertrauen des Dienstherrn oder der Allgemeinheit in die pflichtgemäße Amtsführung nachhaltig erschüttert hat.

Eine Kürzung des Ruhegehalts kann auch ausgesprochen werden, wenn das Dienstvergehen ganz oder teilweise vor dem Eintritt des Beamten in den Ruhestand begangen wurde. Eine Zurückstufung darf unter den Voraussetzungen des Satzes 1 Nummer 5 auch ausgesprochen werden, wenn das Verbleiben des Beamten im bisherigen Amt dem Dienstherrn oder der Allgemeinheit nicht zugemutet werden kann.

(3) Ein schweres Dienstvergehen liegt in der Regel bei einer Mitgliedschaft in einer vom Bundesverfassungsgericht für verfassungswidrig erklärten Partei oder einer unanfechtbar verbotenen Vereinigung oder einer Ersatzorganisation einer solchen Partei oder Vereinigung vor.

(4) Ein Beamter, der durch ein schweres Dienstvergehen das Vertrauen des Dienstherrn oder der Allgemeinheit endgültig verloren hat, ist aus dem Beamtenverhältnis zu entfernen. Dem Ruhestandsbeamten wird das Ruhegehalt aberkannt, wenn er als noch im Dienst befindlicher Beamter aus dem Beamtenverhältnis hätte entfernt werden müssen.

§ 14 Zulässigkeit von Disziplinarmaßnahmen nach Straf- oder Bußgeldverfahren

(1) Ist gegen einen Beamten im Straf- oder Bußgeldverfahren unanfechtbar eine Strafe, Geldbuße oder Ordnungsmaßnahme verhängt worden oder kann eine Tat nach § 153a Abs. 1 Satz 5 oder Abs. 2 Satz 2 der Strafprozessordnung nach der Erfüllung von Auflagen und Weisungen nicht mehr als Vergehen verfolgt werden, darf wegen desselben Sachverhalts

1. ein Verweis, eine Geldbuße oder eine Kürzung des Ruhegehalts nicht ausgesprochen werden,
2. eine Kürzung der Dienstbezüge nur ausgesprochen werden, wenn dies zusätzlich erforderlich ist, um den Beamten zur Pflichterfüllung anzuhalten.

(2) Ist der Beamte im Straf- oder Bußgeldverfahren rechtskräftig freigesprochen worden, darf wegen des Sachverhalts, der Gegenstand der gerichtlichen Entscheidung gewesen ist, eine Disziplinarmaßnahme nur ausgesprochen werden, wenn dieser Sachverhalt ein Dienstvergehen darstellt, ohne den Tatbestand einer Straf- oder Bußgeldvorschrift zu erfüllen.

§ 15 Disziplinarmaßnahmeverbot wegen Zeitablaufs

(1) Es darf nicht mehr ausgesprochen werden:

1. ein Verweis, wenn seit der Vollendung eines Dienstvergehens mehr als zwei Jahre vergangen sind,
2. eine Geldbuße oder eine Kürzung der Dienstbezüge oder des Ruhegehalts, wenn seit der Vollendung eines Dienstvergehens mehr als drei Jahre vergangen sind, und
3. eine Zurückstufung, wenn seit der Vollendung eines Dienstvergehens mehr als sieben Jahre vergangen sind.

(2) Bei Dienstvergehen gegen die Pflichten aus § 60 Absatz 1 Satz 3 oder Absatz 2 des Bundesbeamtengesetzes beträgt die Frist nach Absatz 1 Nummer 1 vier, nach Absatz 1 Nummer 2 sechs und nach Absatz 1 Nummer 3 acht Jahre.

(3) Die Fristen der Absätze 1 und 2 werden durch die Einleitung oder Ausdehnung des

Disziplinarverfahrens, den Erlass einer Disziplinarverfügung oder die Anordnung oder Ausdehnung von Ermittlungen gegen Beamte auf Probe und Beamte auf Widerruf nach § 34 Absatz 3 Satz 2 und § 37 Absatz 1 in Verbindung mit § 34 Absatz 3 Satz 1 des Bundesbeamtengesetzes unterbrochen.

(4) Die Fristen der Absätze 1 und 2 sind für die Dauer des Widerspruchsverfahrens, des gerichtlichen Verfahrens, einer Aussetzung des Disziplinarverfahrens nach § 22 oder der Mitwirkung des Personalrats gehemmt. Ist vor Ablauf der Frist wegen desselben Sachverhalts ein Straf- oder Bußgeldverfahren eingeleitet oder eine Klage aus dem Beamtenverhältnis erhoben worden, ist die Frist für die Dauer dieses Verfahrens gehemmt.

§ 16 Verwertungsverbot, Entfernung aus der Personalakte

(1) Ein Verweis darf nach zwei Jahren, eine Geldbuße, eine Kürzung der Dienstbezüge und eine Kürzung des Ruhegehalts dürfen nach drei Jahren und eine Zurückstufung darf nach sieben Jahren bei weiteren Disziplinarmaßnahmen und bei sonstigen Personalmaßnahmen nicht mehr berücksichtigt werden (Verwertungsverbot). Bei Dienstvergehen gegen die Pflichten aus § 60 Absatz 1 Satz 3 oder Absatz 2 des Bundesbeamtengesetzes gilt für die Fristen § 15 Absatz 2 entsprechend. Der Beamte gilt nach dem Eintritt des Verwertungsverbots als von der Disziplinarmaßnahme nicht betroffen.

(2) Die Frist für das Verwertungsverbot beginnt, sobald die Entscheidung über die Disziplinarmaßnahme unanfechtbar ist. Sie endet nicht, solange ein gegen den Beamten eingeleitetes Straf- oder Disziplinarverfahren nicht unanfechtbar abgeschlossen ist, eine andere Disziplinarmaßnahme berücksichtigt werden darf, eine Entscheidung über die Kürzung der Dienstbezüge noch nicht vollstreckt ist oder ein gerichtliches Verfahren über die Beendigung des Beamtenverhältnisses oder über die Geltendmachung von Schadenersatz gegen den Beamten anhängig ist.

(3) Eintragungen in der Personalakte über die Disziplinarmaßnahme sind nach Eintritt des Verwertungsverbots von Amts wegen zu entfernen und zu vernichten. Der Kopfteil und die Entscheidungsformel einer abschließenden Entscheidung, mit der eine Zurückstufung ausgesprochen wurde, verbleiben in der Personalakte. Dabei sind nicht erforderliche personenbezogene Daten unkenntlich zu machen. Auf Antrag des Beamten unterbleibt die Entfernung oder erfolgt eine gesonderte Aufbewahrung. Der Antrag ist innerhalb eines Monats zu stellen, nachdem dem Beamten die bevorstehende Entfernung mitgeteilt und er auf sein Antragsrecht und die Antragsfrist hingewiesen worden ist. Wird der Antrag gestellt oder verbleiben Kopfteil und Entscheidungsformel einer abschließenden Entscheidung nach Satz 2 in der Personalakte, ist das Verwertungsverbot bei den Eintragungen zu vermerken.

(4) Die Absätze 1 bis 3 gelten entsprechend für Disziplinarvorgänge, die nicht zu einer Disziplinarmaßnahme geführt haben. Die Frist für das Verwertungsverbot beträgt, wenn das Disziplinarverfahren nach § 32 Abs. 1 Nr. 1 eingestellt wird, drei Monate und im Übrigen zwei Jahre. Die Frist beginnt mit dem Eintritt der Unanfechtbarkeit der Entscheidung, die das Disziplinarverfahren abschließt, im Übrigen mit dem Tag, an dem der Dienstvorgesetzte, der für die Einleitung des Disziplinarverfahrens zuständig ist, zureichende tatsächliche Anhaltspunkte erhält, die den Verdacht eines Dienstvergehens rechtfertigen.

(5) Auf die Entfernung und Vernichtung von Disziplinarvorgängen, die zu einer missbilligenden Äußerung geführt haben, findet § 112 Abs. 1 Satz 1 Nr. 2, Satz 2 und 3 des Bundesbeamtengesetzes Anwendung.

Teil 3
Behördliches Disziplinarverfahren

Kapitel 1
Einleitung, Ausdehnung und Beschränkung

§ 17 Einleitung von Amts wegen

(1) Liegen zureichende tatsächliche Anhaltspunkte vor, die den Verdacht eines Dienstvergehens rechtfertigen, hat der Dienstvorge-

setzte die Dienstpflicht, ein Disziplinarverfahren einzuleiten. Der höhere Dienstvorgesetzte und die oberste Dienstbehörde stellen im Rahmen ihrer Aufsicht die Erfüllung dieser Pflicht sicher; sie können das Disziplinarverfahren jederzeit an sich ziehen. Die Einleitung ist aktenkundig zu machen.

(2) Ist zu erwarten, dass nach den §§ 14 und 15 eine Disziplinarmaßnahme nicht in Betracht kommt, wird ein Disziplinarverfahren nicht eingeleitet. Die Gründe sind aktenkundig zu machen und dem Beamten bekannt zu geben.

(3) Hat ein Beamter zwei oder mehrere Ämter inne, die nicht im Verhältnis von Haupt- zu Nebenamt stehen, und beabsichtigt der Dienstvorgesetzte, zu dessen Geschäftsbereich eines dieser Ämter gehört, ein Disziplinarverfahren gegen ihn einzuleiten, teilt er dies den Dienstvorgesetzten mit, die für die anderen Ämter zuständig sind. Ein weiteres Disziplinarverfahren kann gegen den Beamten wegen desselben Sachverhalts nicht eingeleitet werden. Hat ein Beamter zwei oder mehrere Ämter inne, die im Verhältnis von Haupt- zu Nebenamt stehen, kann nur der Dienstvorgesetzte ein Disziplinarverfahren gegen ihn einleiten, der für das Hauptamt zuständig ist.

(4) Die Zuständigkeiten nach den Absätzen 1 bis 3 werden durch eine Beurlaubung, eine Abordnung oder eine Zuweisung nicht berührt. Bei einer Abordnung geht die aus Absatz 1 sich ergebende Pflicht hinsichtlich der während der Abordnung begangenen Dienstvergehen auf den neuen Dienstvorgesetzten über, soweit dieser nicht ihre Ausübung den anderen Dienstvorgesetzten überlässt oder soweit nichts anderes bestimmt ist.

§ 18 Einleitung auf Antrag des Beamten

(1) Der Beamte kann bei dem Dienstvorgesetzten oder dem höheren Dienstvorgesetzten die Einleitung eines Disziplinarverfahrens gegen sich selbst beantragen, um sich von dem Verdacht eines Dienstvergehens zu entlasten.

(2) Der Antrag darf nur abgelehnt werden, wenn keine zureichenden tatsächlichen Anhaltspunkte vorliegen, die den Verdacht eines Dienstvergehens rechtfertigen. Die Entscheidung ist dem Beamten mitzuteilen.

(3) § 17 Abs. 1 Satz 2 zweiter Halbsatz und Satz 3 sowie Abs. 3 und 4 gilt entsprechend.

§ 19 Ausdehnung und Beschränkung

(1) Das Disziplinarverfahren kann bis zum Erlass einer Entscheidung nach § 32 oder § 33 auf neue Handlungen ausgedehnt werden, die den Verdacht eines Dienstvergehens rechtfertigen. Die Ausdehnung ist aktenkundig zu machen.

(2) Das Disziplinarverfahren kann bis zum Erlass einer Entscheidung nach § 32 oder § 33 oder eines Widerspruchsbescheids nach § 42 beschränkt werden, indem solche Handlungen ausgeschieden werden, die für die Art und Höhe der zu erwartenden Disziplinarmaßnahme voraussichtlich nicht ins Gewicht fallen. Die Beschränkung ist aktenkundig zu machen. Die ausgeschiedenen Handlungen können nicht wieder in das Disziplinarverfahren einbezogen werden, es sei denn, die Voraussetzungen für die Beschränkung entfallen nachträglich. Werden die ausgeschiedenen Handlungen nicht wieder einbezogen, können sie nach dem unanfechtbaren Abschluss des Disziplinarverfahrens nicht Gegenstand eines neuen Disziplinarverfahrens sein.

Kapitel 2
Durchführung

§ 20 Unterrichtung, Belehrung und Anhörung des Beamten

(1) Der Beamte ist über die Einleitung des Disziplinarverfahrens unverzüglich zu unterrichten, sobald dies ohne Gefährdung der Aufklärung des Sachverhalts möglich ist. Hierbei ist ihm zu eröffnen, welches Dienstvergehen ihm zur Last gelegt wird. Er ist gleichzeitig darauf hinzuweisen, dass es ihm freisteht, sich mündlich oder schriftlich zu äußern oder nicht zur Sache auszusagen und sich jederzeit eines Bevollmächtigten oder Beistands zu bedienen.

(2) Für die Abgabe einer schriftlichen Äußerung wird dem Beamten eine im Einzelfall angemessene Frist von höchstens einem Monat und für die Abgabe der Erklärung, sich mündlich äußern zu wollen, eine im Einzelfall an-

gemessene Frist von höchstens zwei Wochen gesetzt. Hat der Beamte rechtzeitig erklärt, sich mündlich äußern zu wollen, ist die Anhörung innerhalb von drei Wochen nach Eingang der Erklärung durchzuführen. Ist der Beamte aus zwingenden Gründen gehindert, eine Frist nach Satz 1 einzuhalten oder einer Ladung zur mündlichen Verhandlung Folge zu leisten, und hat er dies unverzüglich mitgeteilt, ist die maßgebliche Frist zu verlängern oder er erneut zu laden. Die Fristsetzungen und Ladungen sind dem Beamten zuzustellen.

(3) Ist die nach Absatz 1 Satz 2 und 3 vorgeschriebene Belehrung unterblieben oder unrichtig erfolgt, darf die Aussage des Beamten nicht zu seinem Nachteil verwertet werden.

§ 21 Pflicht zur Durchführung von Ermittlungen, Ausnahmen

(1) Zur Aufklärung des Sachverhalts sind die erforderlichen Ermittlungen durchzuführen. Dabei sind die belastenden, die entlastenden und die Umstände zu ermitteln, die für die Bemessung einer Disziplinarmaßnahme bedeutsam sind. Der höhere Dienstvorgesetzte und die oberste Dienstbehörde können die Ermittlungen an sich ziehen.

(2) Von Ermittlungen ist abzusehen, soweit der Sachverhalt auf Grund der tatsächlichen Feststellungen eines rechtskräftigen Urteils im Straf- oder Bußgeldverfahren oder im verwaltungsgerichtlichen Verfahren, durch das nach § 9 des Bundesbesoldungsgesetzes über den Verlust der Besoldung bei schuldhaftem Fernbleiben vom Dienst entschieden worden ist, feststeht. Von Ermittlungen kann auch abgesehen werden, soweit der Sachverhalt auf sonstige Weise aufgeklärt ist, insbesondere nach der Durchführung eines anderen gesetzlich geordneten Verfahrens.

§ 22 Zusammentreffen von Disziplinarmaßnahmen mit Strafverfahren oder anderen Verfahren, Aussetzung

(1) Ist gegen den Beamten wegen des Sachverhalts, der dem Disziplinarverfahren zugrunde liegt, im Strafverfahren die öffentliche Klage erhoben worden, wird das Disziplinarverfahren ausgesetzt. Die Aussetzung unterbleibt, wenn keine begründeten Zweifel am Sachverhalt bestehen oder wenn im Strafverfahren aus Gründen nicht verhandelt werden kann, die in der Person des Beamten liegen.

(2) Das nach Absatz 1 Satz 1 ausgesetzte Disziplinarverfahren ist unverzüglich fortzusetzen, wenn die Voraussetzungen des Absatzes 1 Satz 2 nachträglich eintreten, spätestens mit dem rechtskräftigen Abschluss des Strafverfahrens.

(3) Das Disziplinarverfahren kann auch ausgesetzt werden, wenn in einem anderen gesetzlich geordneten Verfahren über eine Frage zu entscheiden ist, deren Beurteilung für die Entscheidung im Disziplinarverfahren von wesentlicher Bedeutung ist. Absatz 1 Satz 2 und Absatz 2 gelten entsprechend.

§ 23 Bindung an tatsächliche Feststellungen aus Strafverfahren oder anderen Verfahren

(1) Die tatsächlichen Feststellungen eines rechtskräftigen Urteils im Straf- oder Bußgeldverfahren oder im verwaltungsgerichtlichen Verfahren, durch das nach § 9 des Bundesbesoldungsgesetzes über den Verlust der Besoldung bei schuldhaftem Fernbleiben vom Dienst entschieden worden ist, sind im Disziplinarverfahren, das denselben Sachverhalt zum Gegenstand hat, bindend.

(2) Die in einem anderen gesetzlich geordneten Verfahren getroffenen tatsächlichen Feststellungen sind nicht bindend, können aber der Entscheidung im Disziplinarverfahren ohne nochmalige Prüfung zugrunde gelegt werden.

§ 24 Beweiserhebung

(1) Die erforderlichen Beweise sind zu erheben. Hierbei können insbesondere

1. schriftliche dienstliche Auskünfte eingeholt werden,
2. Zeugen und Sachverständige vernommen oder ihre schriftliche Äußerung eingeholt werden,
3. Urkunden und Akten beigezogen sowie
4. der Augenschein eingenommen werden.

(2) Niederschriften über Aussagen von Personen, die schon in einem anderen gesetzlich

I

geordneten Verfahren vernommen worden sind, sowie Niederschriften über einen richterlichen Augenschein können ohne erneute Beweiserhebung verwertet werden.

(3) Über einen Beweisantrag des Beamten ist nach pflichtgemäßem Ermessen zu entscheiden. Dem Beweisantrag ist stattzugeben, soweit er für die Tat- oder Schuldfrage oder für die Bemessung der Art und Höhe einer Disziplinarmaßnahme von Bedeutung sein kann.

(4) Dem Beamten ist Gelegenheit zu geben, an der Vernehmung von Zeugen und Sachverständigen sowie an der Einnahme des Augenscheins teilzunehmen und hierbei sachdienliche Fragen zu stellen. Er kann von der Teilnahme ausgeschlossen werden, soweit dies aus wichtigen Gründen, insbesondere mit Rücksicht auf den Zweck der Ermittlungen oder zum Schutz der Rechte Dritter, erforderlich ist. Ein schriftliches Gutachten ist ihm zugänglich zu machen, soweit nicht zwingende Gründe dem entgegenstehen.

§ 25 Zeugen und Sachverständige

(1) Zeugen sind zur Aussage und Sachverständige zur Erstattung von Gutachten verpflichtet. Die Bestimmungen der Strafprozessordnung über die Pflicht, als Zeuge auszusagen oder als Sachverständiger ein Gutachten zu erstatten, über die Ablehnung von Sachverständigen sowie über die Vernehmung von Angehörigen des öffentlichen Dienstes als Zeugen oder Sachverständige gelten entsprechend.

(2) Verweigern Zeugen oder Sachverständige ohne Vorliegen eines der in den §§ 52 bis 55 und 76 der Strafprozessordnung bezeichneten Gründe die Aussage oder die Erstattung des Gutachtens, kann das Gericht um die Vernehmung ersucht werden. In dem Ersuchen sind der Gegenstand der Vernehmung darzulegen sowie die Namen und Anschriften der Beteiligten anzugeben. Das Gericht entscheidet über die Rechtmäßigkeit der Verweigerung der Aussage oder der Erstattung des Gutachtens.

(3) Ein Ersuchen nach Absatz 2 darf nur von dem Dienstvorgesetzten, seinem allgemeinen Vertreter oder einem beauftragten Beschäftigten gestellt werden, der die Befähigung zum Richteramt hat.

§ 26 Herausgabe von Unterlagen

Der Beamte hat Schriftstücke, Zeichnungen, bildliche Darstellungen und Aufzeichnungen einschließlich technischer Aufzeichnungen, die einen dienstlichen Bezug aufweisen, auf Verlangen für das Disziplinarverfahren zur Verfügung zu stellen. Das Gericht kann die Herausgabe auf Antrag durch Beschluss anordnen und sie durch die Festsetzung von Zwangsgeld erzwingen; für den Antrag gilt § 25 Abs. 3 entsprechend. Der Beschluss ist unanfechtbar.

§ 27 Beschlagnahmen und Durchsuchungen

(1) Das Gericht kann auf Antrag durch Beschluss Beschlagnahmen und Durchsuchungen anordnen; § 25 Abs. 3 gilt entsprechend. Die Anordnung darf nur getroffen werden, wenn der Beamte des ihm zur Last gelegten Dienstvergehens dringend verdächtig ist und die Maßnahme zu der Bedeutung der Sache und der zu erwartenden Disziplinarmaßnahme nicht außer Verhältnis steht. Die Bestimmungen der Strafprozessordnung über Beschlagnahmen und Durchsuchungen gelten entsprechend, soweit nicht in diesem Gesetz etwas anderes bestimmt ist.

(2) Die Maßnahmen nach Absatz 1 dürfen nur durch die nach der Strafprozessordnung dazu berufenen Behörden durchgeführt werden.

(3) Durch Absatz 1 werden das Grundrecht der Unverletzlichkeit der Wohnung (Artikel 13 Absatz 1 des Grundgesetzes) und das Fernmeldegeheimnis (Artikel 10 Absatz 1 des Grundgesetzes) eingeschränkt.

§ 28 Protokoll

Über Anhörungen des Beamten und Beweiserhebungen sind Protokolle aufzunehmen; § 168a der Strafprozessordnung gilt entsprechend. Bei der Einholung von schriftlichen dienstlichen Auskünften sowie der Beiziehung von Urkunden und Akten genügt die Aufnahme eines Aktenvermerks.

§ 29 Innerdienstliche Informationen

(1) Die Vorlage von Personalakten und anderen Behördenunterlagen mit personenbezogenen Daten sowie die Erteilung von Auskünften

aus diesen Akten und Unterlagen an die mit Disziplinarvorgängen befassten Stellen und die Verarbeitung oder Nutzung der so erhobenen personenbezogenen Daten im Disziplinarverfahren sind, soweit nicht andere Rechtsvorschriften dem entgegenstehen, auch gegen den Willen des Beamten oder anderer Betroffener zulässig, wenn und soweit die Durchführung des Disziplinarverfahrens dies erfordert und überwiegende Belange des Beamten, anderer Betroffener oder der ersuchten Stellen nicht entgegenstehen.

(2) Zwischen den Dienststellen eines oder verschiedener Dienstherrn sowie zwischen den Teilen einer Dienststelle sind Mitteilungen über Disziplinarverfahren, über Tatsachen aus Disziplinarverfahren und über Entscheidungen der Disziplinarorgane sowie die Vorlage hierüber geführter Akten zulässig, wenn und soweit dies zur Durchführung des Disziplinarverfahrens, im Hinblick auf die künftige Übertragung von Aufgaben oder Ämtern an den Beamten oder im Einzelfall aus besonderen dienstlichen Gründen unter Berücksichtigung der Belange des Beamten oder anderer Betroffener erforderlich ist.

§ 29a Informationen nach Maßgabe des Artikels 56a der Richtlinie 2005/36/EG

Nach Maßgabe des Artikels 56a der Richtlinie 2005/36/EG des Europäischen Parlaments und des Rates vom 7. September 2005 über die Anerkennung von Berufsqualifikationen (ABl. L 255 vom 30. 9. 2005, S. 22, L 271 vom 16. 10. 2007, S. 18, L 93 vom 4. 4. 2008, S. 28, L 33 vom 3. 2. 2009, S. 49), die zuletzt durch die Richtlinie 2013/55/EU (ABl. L 354 vom 28. 12. 2013, S. 132) geändert worden ist, unterrichten die Dienststellen die zuständigen Behörden der Mitgliedstaaten der Europäischen Union über Entscheidungen der Disziplinarorgane über die

1. Entfernung aus dem Beamtenverhältnis nach § 5 Absatz 1 Nummer 5 in Verbindung mit § 10 Absatz 1,
2. Einstellung eines Disziplinarverfahrens, wenn das Disziplinarverfahren wegen Beendigung des Beamtenverhältnisses nach § 41 Absatz 1 des Bundesbeamtengesetzes nicht zu Ende geführt wird, und
3. Einstellung eines Disziplinarverfahrens, wenn die Beamtin oder der Beamte auf Verlangen nach § 33 des Bundesbeamtengesetzes aus dem Beamtenverhältnis entlassen wird und das Disziplinarverfahren voraussichtlich zur Entfernung aus dem Beamtenverhältnis geführt hätte.

Der Zeitraum nach Artikel 56a Absatz 2 Satz 2 Buchstabe e der Richtlinie 2005/36/EG nach Satz 1 ist der Zeitraum bis zum Erreichen der für die jeweilige Laufbahn maßgeblichen gesetzlichen Altersgrenze für den Eintritt in den Ruhestand, längstens jedoch 15 Jahre.

§ 30 Abschließende Anhörung

Nach der Beendigung der Ermittlungen ist dem Beamten Gelegenheit zu geben, sich abschließend zu äußern; § 20 Abs. 2 gilt entsprechend. Die Anhörung kann unterbleiben, wenn das Disziplinarverfahren nach § 32 Abs. 2 Nr. 2 oder 3 eingestellt werden soll.

§ 31 Abgabe des Disziplinarverfahrens

Hält der Dienstvorgesetzte nach dem Ergebnis der Anhörungen und Ermittlungen seine Befugnisse nach den §§ 32 bis 34 nicht für ausreichend, so führt er die Entscheidung des höheren Dienstvorgesetzten oder der obersten Dienstbehörde herbei. Der höhere Dienstvorgesetzte oder die oberste Dienstbehörde können das Disziplinarverfahren an den Dienstvorgesetzten zurückgeben, wenn sie weitere Ermittlungen für geboten oder dessen Befugnisse für ausreichend halten.

Kapitel 3
Abschlussentscheidung

§ 32 Einstellungsverfügung

(1) Das Disziplinarverfahren wird eingestellt, wenn

1. ein Dienstvergehen nicht erwiesen ist,
2. ein Dienstvergehen zwar erwiesen ist, eine Disziplinarmaßnahme jedoch nicht angezeigt erscheint,
3. nach § 14 oder § 15 eine Disziplinarmaßnahme nicht ausgesprochen werden darf oder

4. das Disziplinarverfahren oder eine Disziplinarmaßnahme aus sonstigen Gründen unzulässig ist.

(2) Das Disziplinarverfahren wird ferner eingestellt, wenn

1. der Beamte stirbt,
2. das Beamtenverhältnis durch Entlassung, Verlust der Beamtenrechte oder Entfernung endet oder
3. bei einem Ruhestandsbeamten die Folgen einer gerichtlichen Entscheidung nach § 59 Abs. 1 des Beamtenversorgungsgesetzes eintreten.

(3) Die Einstellungsverfügung ist zu begründen und zuzustellen.

§ 33 Disziplinarverfügung

(1) Disziplinarmaßnahmen werden durch Disziplinarverfügung ausgesprochen.

(2) Die Disziplinarverfügung ist zu begründen und zuzustellen. Die Begründung muss mindestens enthalten:

1. die Tatsachen, die ein Dienstvergehen begründen,
2. die anderen Tatsachen, die für die Entscheidung bedeutsam sind, und
3. die Beweismittel, die für die Entscheidung bedeutsam sind.

(3) Bei den Disziplinarmaßnahmen der Zurückstufung, der Entfernung aus dem Beamtenverhältnis oder der Aberkennung des Ruhegehalts muss in der Begründung zusätzlich dargestellt werden:

1. der persönliche und berufliche Werdegang des Beamten und
2. der Gang des Disziplinarverfahrens.

(4) Im Fall des § 23 Absatz 1 kann wegen der Tatsachen, in denen ein Dienstvergehen gesehen wird, auf die bindenden Feststellungen der ihnen zugrunde liegenden Urteile verwiesen werden.

§ 34 Disziplinarbefugnisse

(1) Jeder Dienstvorgesetzte ist zur Verhängung von Verweisen und Geldbußen gegen die ihm unterstellten Beamten befugt.

(2) Kürzungen der Dienstbezüge können festsetzen:

1. die oberste Dienstbehörde bis zum Höchstmaß und
2. die der obersten Dienstbehörde unmittelbar nachgeordneten Dienstvorgesetzten bis zu einer Kürzung um 20 Prozent auf zwei Jahre.

(3) Kürzungen des Ruhegehalts bis zum Höchstmaß können die nach § 84 zur Ausübung der Disziplinarbefugnisse zuständigen Dienstvorgesetzten festsetzen.

(4) Die Zurückstufung oder die Entfernung aus dem Beamtenverhältnis wird durch die oberste Dienstbehörde, die Aberkennung des Ruhegehalts durch die nach § 84 zur Ausübung der Disziplinarbefugnisse zuständigen Dienstvorgesetzten ausgesprochen.

(5) Die oberste Dienstbehörde kann durch allgemeine Anordnung ihre Befugnisse nach Absatz 2 Nummer 1 ganz oder teilweise auf nachgeordnete Dienstvorgesetzte und ihre Befugnisse nach Absatz 4 auf unmittelbar nachgeordnete Dienstvorgesetzte übertragen. Die Anordnung ist im Bundesgesetzblatt zu veröffentlichen. § 17 Absatz 1 Satz 2 zweiter Teilsatz sowie Absatz 3 und 4 gilt entsprechend.

§ 35 Grenzen der erneuten Ausübung der Disziplinarbefugnisse

(1) Die Einstellungsverfügung und die Disziplinarverfügung sind dem höheren Dienstvorgesetzten unverzüglich zuzuleiten. Hält dieser seine Befugnisse nach den Absätzen 2 und 3 nicht für ausreichend, hat er die Einstellungsverfügung oder die Disziplinarverfügung unverzüglich der obersten Dienstbehörde zuzuleiten. Die oberste Dienstbehörde kann das Disziplinarverfahren an den höheren Dienstvorgesetzten zurückgeben, wenn sie weitere Ermittlungen für geboten oder seine Befugnisse für ausreichend hält.

(2) Der höhere Dienstvorgesetzte oder die oberste Dienstbehörde kann ungeachtet einer Einstellung des Disziplinarverfahrens nach § 32 Abs. 1 im Rahmen ihrer Zuständigkeiten wegen desselben Sachverhalts eine Disziplinarverfügung erlassen. Eine Entscheidung nach Satz 1 ist nur innerhalb von drei Monaten nach der Zustellung der Einstellungsverfügung zulässig, es sei denn, es ergeht wegen desselben Sachverhalts ein rechtskräftiges Urteil auf Grund

von tatsächlichen Feststellungen, die von denjenigen tatsächlichen Feststellungen, auf denen die Entscheidung beruht, abweichen.

(3) Der höhere Dienstvorgesetzte oder die oberste Dienstbehörde kann eine Disziplinarverfügung eines nachgeordneten Dienstvorgesetzten, die oberste Dienstbehörde auch eine von ihr selbst erlassene Disziplinarverfügung jederzeit aufheben. Sie können im Rahmen ihrer Zuständigkeiten in der Sache neu entscheiden. Eine Verschärfung der Disziplinarmaßnahme nach Art oder Höhe ist nur innerhalb von drei Monaten nach der Zustellung der Disziplinarverfügung zulässig, es sei denn, es ergeht wegen desselben Sachverhalts ein rechtskräftiges Urteil auf Grund von tatsächlichen Feststellungen, die von denjenigen tatsächlichen Feststellungen, auf denen die Entscheidung beruht, abweichen.

§ 36 Wiederaufgreifen des Verfahrens

(1) Ergeht nach dem Eintritt der Unanfechtbarkeit der Disziplinarverfügung in einem Straf- oder Bußgeldverfahren, das wegen desselben Sachverhalts eingeleitet worden ist, unanfechtbar eine Entscheidung, nach der gemäß § 14 die Disziplinarmaßnahme nicht zulässig wäre, ist die Disziplinarverfügung auf Antrag des Beamten von dem Dienstvorgesetzten, der sie erlassen hat, aufzuheben und das Disziplinarverfahren einzustellen. Im Übrigen ist § 51 Absatz 1 und 2 des Verwaltungsverfahrensgesetzes mit der Maßgabe anzuwenden, dass der Dienstvorgesetzte, der die Disziplinarverfügung erlassen hat, über die Aufhebung oder Änderung einer unanfechtbaren Disziplinarverfügung zu entscheiden hat.

(2) Die Antragsfrist beträgt drei Monate. Sie beginnt mit dem Tag, an dem der Beamte von der in Absatz 1 bezeichneten Entscheidung Kenntnis erhalten hat.

(3) Wird eine unanfechtbare Disziplinarverfügung auf Antrag aufgehoben und das Disziplinarverfahren eingestellt, ist § 76 entsprechend anzuwenden.

§ 37 Kostentragungspflicht

(1) Dem Beamten, gegen den eine Disziplinarmaßnahme verhängt wird, können die entstandenen Auslagen auferlegt werden. Bildet das Dienstvergehen, das dem Beamten zur Last gelegt wird, nur zum Teil die Grundlage für die Disziplinarverfügung oder sind durch Ermittlungen, deren Ergebnis zugunsten des Beamten ausgefallen ist, besondere Kosten entstanden, können ihm die Auslagen nur in verhältnismäßigem Umfang auferlegt werden.

(2) Wird das Disziplinarverfahren eingestellt, trägt der Dienstherr die entstandenen Auslagen. Erfolgt die Einstellung trotz Vorliegens eines Dienstvergehens, können die Auslagen dem Beamten auferlegt oder im Verhältnis geteilt werden.

(3) Bei einem Antrag nach § 36 gilt im Falle der Ablehnung des Antrags Absatz 1 und im Falle seiner Stattgabe Absatz 2 entsprechend.

(4) Soweit der Dienstherr die entstandenen Auslagen trägt, hat er dem Beamten auch die Aufwendungen zu erstatten, die zur zweckentsprechenden Rechtsverfolgung notwendig waren. Hat sich der Beamte eines Bevollmächtigten oder Beistands bedient, sind auch dessen Gebühren und Auslagen erstattungsfähig. Aufwendungen, die durch das Verschulden des Beamten entstanden sind, hat dieser selbst zu tragen; das Verschulden eines Vertreters ist ihm zuzurechnen.

Kapitel 4
Vorläufige Dienstenthebung und Einbehaltung von Bezügen

§ 38 Zulässigkeit

(1) Die für den Erlass der Disziplinarverfügung zuständige Behörde kann einen Beamten gleichzeitig mit oder nach der Einleitung des Disziplinarverfahrens vorläufig des Dienstes entheben, wenn

1. im Disziplinarverfahren voraussichtlich die Entfernung aus dem Beamtenverhältnis oder die Aberkennung des Ruhegehalts erfolgen wird,
2. in einem wegen desselben Sachverhalts eingeleiteten Strafverfahren voraussichtlich eine Strafe verhängt wird, die den Verlust der Rechte als Beamter oder Ruhestandsbeamter zur Folge hat,

3. bei einem Beamten auf Probe oder einem Beamten auf Widerruf voraussichtlich eine Entlassung nach § 5 Absatz 3 Satz 2 dieses Gesetzes in Verbindung mit § 34 Absatz 1 Satz 1 Nummer 1 oder § 37 Absatz 1 Satz 1 des Bundesbeamtengesetzes erfolgen wird oder
4. durch sein Verbleiben im Dienst der Dienstbetrieb oder die Ermittlungen wesentlich beeinträchtigt würden und die vorläufige Dienstenthebung zu der Bedeutung der Sache und der zu erwartenden Disziplinarmaßnahme nicht außer Verhältnis steht.

Spricht die Behörde die Entfernung aus dem Beamtenverhältnis oder die Entlassung aus oder wird der Beamte in einem wegen desselben Sachverhalts eingeleiteten Strafverfahren erstinstanzlich zu einer Strafe verurteilt, die den Verlust der Rechte als Beamter zur Folge hat, so ist der Beamte vorläufig des Dienstes zu entheben, es sei denn, dass die vorläufige Dienstenthebung eine unbillige Härte für den Beamten zur Folge hätte.

(2) Gleichzeitig mit oder nach einer vorläufigen Dienstenthebung nach Absatz 1 Satz 1 Nummer 1 bis 3 kann die zuständige Behörde anordnen, dass bis zu 50 Prozent der monatlichen Dienst- oder Anwärterbezüge des Beamten einbehalten werden. Die Einbehaltung ist anzuordnen, wenn die vorläufige Dienstenthebung nach Absatz 1 Satz 2 erfolgt. Die Einbehaltung nach Satz 2 soll in den ersten sechs Monaten mindestens 30, danach 50 Prozent der monatlichen Bezüge betragen und einen zuvor nach Satz 1 festgelegten Einbehalt nicht unterschreiten. Der sich aus der Pfändungsfreigrenzenbekanntmachung nach § 850c Absatz 4 Satz 1 der Zivilprozessordnung ergebende unpfändbare Teil der monatlichen Bezüge ist jeweils zu belassen.

(3) Bei einem Ruhestandsbeamten können gleichzeitig mit oder nach Einleitung eines Disziplinarverfahrens bis zu 30 Prozent seines Ruhegehalts einbehalten werden, wenn

1. im Disziplinarverfahren voraussichtlich die Aberkennung des Ruhegehalts erfolgen wird oder
2. in einem wegen desselben Sachverhalts eingeleiteten Strafverfahren voraussichtlich eine Strafe verhängt wird, die den Verlust der Rechte als Ruhestandsbeamter zur Folge hat.

Die Einbehaltung ist anzuordnen, wenn die Behörde die Aberkennung des Ruhegehalts ausspricht oder der Ruhestandsbeamte in einem wegen desselben Sachverhalts eingeleiteten Strafverfahren erstinstanzlich zu einer Strafe verurteilt wird, die den Verlust der Rechte als Ruhestandsbeamter zur Folge hat. Die Einbehaltung nach Satz 2 soll in den ersten sechs Monaten mindestens 20, danach 30 Prozent des monatlichen Ruhegehalts betragen und einen zuvor nach Satz 1 festgelegten Einbehalt nicht unterschreiten. Absatz 2 Satz 4 gilt entsprechend.

(4) Bei der Aufnahme oder der Erweiterung einer Nebentätigkeit aus Anlass der vorläufigen Einbehaltung von Bezügen ist § 99 Absatz 2 Satz 2 Nummer 1, Satz 3 und Absatz 3 des Bundesbeamtengesetzes nicht anzuwenden. Einkünfte aus Nebentätigkeit, die zusammen mit den einbehaltenen Bezügen die zuletzt erhaltenen vollen Dienstbezüge übersteigen, sind auf die weiter gewährten Bezüge anzurechnen. Der Beamte ist zur Auskunft über die Einnahmen aus seiner Nebentätigkeit verpflichtet.

(5) Die für den Erlass der Disziplinarverfügung zuständige Behörde kann die vorläufige Dienstenthebung, die Einbehaltung von Dienst- oder Anwärterbezügen sowie die Einbehaltung von Ruhegehalt jederzeit ganz oder teilweise aufheben.

§ 39 Rechtswirkungen

(1) Die vorläufige Dienstenthebung wird mit der Zustellung, die Einbehaltung von Bezügen mit dem auf die Zustellung folgenden Fälligkeitstag wirksam und vollziehbar. Sie erstrecken sich auf alle Ämter, die der Beamte inne hat.

(2) Für die Dauer der vorläufigen Dienstenthebung ruhen die im Zusammenhang mit dem Amt entstandenen Ansprüche auf Aufwandsentschädigung.

(3) Wird der Beamte vorläufig des Dienstes enthoben, während er schuldhaft dem Dienst fernbleibt, dauert der nach § 9 des Bundesbesoldungsgesetzes begründete Verlust der Bezüge fort. Er endet mit dem Zeitpunkt, zu dem der Beamte seinen Dienst aufgenommen hätte, wenn er hieran nicht durch die vorläufige Dienstenthebung gehindert worden wäre. Der Zeitpunkt ist von der für den Erlass der Disziplinarverfügung zuständigen Behörde festzustellen und dem Beamten mitzuteilen.

(4) Die vorläufige Dienstenthebung und die Einbehaltung von Bezügen endet mit dem unanfechtbaren Abschluss des Disziplinarverfahrens.

§ 40 Verfall, Erstattung und Nachzahlung

(1) Die nach § 38 Absatz 2 und 3 einbehaltenen Bezüge verfallen, wenn

1. im Disziplinarverfahren unanfechtbar die Entfernung aus dem Beamtenverhältnis, die Aberkennung des Ruhegehalts oder eine Entlassung nach § 5 Absatz 3 Satz 2 dieses Gesetzes in Verbindung mit § 34 Absatz 1 Satz 1 Nummer 1 oder § 37 Absatz 1 Satz 1 des Bundesbeamtengesetzes erfolgt ist,
2. in einem wegen desselben Sachverhalts eingeleiteten Strafverfahren rechtskräftig eine Strafe verhängt worden ist, die den Verlust der Rechte als Beamter oder Ruhestandsbeamter zur Folge hat,
3. das Disziplinarverfahren auf Grund des § 32 Absatz 1 Nummer 3 eingestellt worden ist und ein neues Disziplinarverfahren, das innerhalb von drei Monaten nach der Einstellung wegen desselben Sachverhalts eingeleitet worden ist, zur Entfernung aus dem Beamtenverhältnis oder zur Aberkennung des Ruhegehalts geführt hat oder
4. das Disziplinarverfahren aus den Gründen des § 32 Absatz 2 eingestellt worden ist und die für den Erlass der Disziplinarverfügung zuständige Behörde festgestellt hat, dass die Entfernung aus dem Beamtenverhältnis oder die Aberkennung des Ruhegehalts gerechtfertigt gewesen wäre.

(2) Verfallen die einbehaltenen Bezüge nach Absatz 1 Nummer 1 und ist die Gewährung eines Unterhaltsbeitrags nach § 10 Absatz 3 Satz 4 Nummer 1 oder Nummer 2 ausgeschlossen, so hat der Beamte oder der Ruhestandsbeamte die seit der Zustellung der Disziplinarverfügung an ihn gezahlten Bezüge zu erstatten. Verfallen die einbehaltenen Bezüge nach Absatz 1 Nummer 2 und wurde in sämtlichen in dem Verfahren ergangenen Entscheidungen eine Strafe verhängt, die den Verlust der Rechte als Beamter oder Ruhestandsbeamter nach § 41 Absatz 1 Satz 1 Nummer 2 des Bundesbeamtengesetzes oder nach § 59 Absatz 1 Satz 1 Nummer 1 oder Nummer 2 Buchstabe b des Beamtenversorgungsgesetzes zur Folge hat, so hat der Beamte oder der Ruhestandsbeamte die seit der Verkündung des erstinstanzlichen Urteils an ihn gezahlten Bezüge zu erstatten. Die Erstattungspflicht nach Satz 1 oder Satz 2 besteht nur, soweit die gezahlten Beträge den sich aus § 38 Absatz 2 Satz 4 ergebenden Betrag übersteigen. Sie entfällt, wenn eine Unterhaltsleistung nach § 80 gewährt wird.

(3) Wird das Disziplinarverfahren auf andere Weise als in den Fällen des Absatzes 1 unanfechtbar abgeschlossen, sind die nach § 38 Absatz 2 und 3 einbehaltenen Bezüge nachzuzahlen. Auf die nachzuzahlenden Dienstbezüge können Einkünfte aus genehmigungspflichtigen Nebentätigkeiten (§ 99 des Bundesbeamtengesetzes) angerechnet werden, die der Beamte aus Anlass der vorläufigen Dienstenthebung ausgeübt hat, wenn eine Disziplinarmaßnahme verhängt worden ist oder die für den Erlass der Disziplinarverfügung zuständige Behörde feststellt, dass ein Dienstvergehen erwiesen ist. Der Beamte ist verpflichtet, über die Höhe solcher Einkünfte Auskunft zu geben.

Kapitel 5 Widerspruchsverfahren

§ 41 Erforderlichkeit, Form und Frist des Widerspruchs

(1) Vor der Erhebung der Klage des Beamten ist ein Widerspruchsverfahren durchzuführen. Ein Widerspruchsverfahren findet nicht statt, wenn die angefochtene Entscheidung durch die oberste Dienstbehörde erlassen worden ist.

(2) Für die Form und die Frist des Widerspruchs gilt § 70 der Verwaltungsgerichtsordnung.

§ 42 Widerspruchsbescheid

(1) Der Widerspruchsbescheid wird durch die oberste Dienstbehörde, bei Ruhestandsbeamten durch den nach § 84 zuständigen Dienstvorgesetzten erlassen. Die oberste Dienstbehörde kann ihre Zuständigkeit nach Satz 1 durch allgemeine Anordnung ganz oder teilweise auf nachgeordnete Behörden übertragen; die Anordnung ist im Bundesgesetzblatt zu veröffentlichen.

(2) In dem Widerspruchsbescheid darf die angefochtene Entscheidung nicht zum Nachteil des Beamten abgeändert werden. Die Befugnis, eine abweichende Entscheidung nach § 35 Abs. 3 zu treffen, bleibt unberührt.

§ 43 Grenzen der erneuten Ausübung der Disziplinarbefugnisse

Der Widerspruchsbescheid ist der obersten Dienstbehörde unverzüglich zuzuleiten. Diese kann den Widerspruchsbescheid, durch den über eine Disziplinarverfügung entschieden worden ist, jederzeit aufheben. Sie kann in der Sache neu entscheiden. Eine Verschärfung der Disziplinarmaßnahme nach Art oder Höhe ist nur innerhalb von drei Monaten nach der Zustellung des Widerspruchsbescheids zulässig, es sei denn, es ergeht wegen desselben Sachverhalts ein rechtskräftiges Urteil auf Grund von tatsächlichen Feststellungen, die von denjenigen tatsächlichen Feststellungen, auf denen die Entscheidung beruht, abweichen.

§ 44 Kostentragungspflicht

(1) Im Widerspruchsverfahren trägt der unterliegende Teil die entstandenen Auslagen. Hat der Widerspruch teilweise Erfolg, sind die Auslagen im Verhältnis zu teilen. Wird eine Disziplinarverfügung trotz des Vorliegens eines Dienstvergehens aufgehoben, können die Auslagen ganz oder teilweise dem Beamten auferlegt werden.

(2) Nimmt der Beamte den Widerspruch zurück, trägt er die entstandenen Auslagen.

(3) Erledigt sich das Widerspruchsverfahren in der Hauptsache auf andere Weise, ist über die entstandenen Auslagen nach billigem Ermessen zu entscheiden.

(4) § 37 Abs. 4 gilt entsprechend.

Teil 4 Gerichtliches Verfahren

Kapitel 1 Disziplinargerichtsbarkeit

§ 45 Zuständigkeit der Verwaltungsgerichtsbarkeit

Die Aufgaben der Disziplinargerichtsbarkeit nach diesem Gesetz nehmen die Gerichte der Verwaltungsgerichtsbarkeit wahr. Hierzu werden bei den Verwaltungsgerichten Kammern und bei den Oberverwaltungsgerichten Senate für Disziplinarsachen gebildet. Die Landesgesetzgebung kann die Zuweisung der in Satz 1 genannten Aufgaben an ein Gericht für die Bezirke mehrerer Gerichte anordnen. Soweit nach Landesrecht für Verfahren nach dem Landesdisziplinargesetz ein Gericht für die Bezirke mehrerer Gerichte zuständig ist, ist dieses Gericht, wenn nichts anderes bestimmt wird, auch für die in Satz 1 genannten Aufgaben zuständig. § 50 Abs. 1 Nr. 4 der Verwaltungsgerichtsordnung bleibt unberührt.

§ 46 Kammer für Disziplinarsachen

(1) Die Kammer für Disziplinarsachen entscheidet in der Besetzung von drei Richtern und zwei Beamtenbeisitzern als ehrenamtlichen Richtern, wenn nicht ein Einzelrichter entscheidet. An Beschlüssen außerhalb der mündlichen Verhandlung und an Gerichtsbescheiden wirken die Beamtenbeisitzer nicht mit. Einer der Beamtenbeisitzer soll dem Verwaltungszweig und der Laufbahngruppe des Beamten angehören, gegen den sich das Disziplinarverfahren richtet.

(2) Für die Übertragung des Rechtsstreits auf den Einzelrichter gilt § 6 der Verwaltungsgerichtsordnung. In dem Verfahren der Klage gegen eine Disziplinarverfügung, durch die eine Zurückstufung, eine Entfernung aus dem Beamtenverhältnis oder eine Aberkennung des Ruhegehalts ausgesprochen wurde, ist eine Übertragung auf den Einzelrichter ausgeschlossen.

(3) Der Vorsitzende der Kammer für Disziplinarsachen entscheidet, wenn die Entscheidung im vorbereitenden Verfahren ergeht,

1. bei Zurücknahme der Klage, des Antrags oder eines Rechtsmittels,
2. bei Erledigung des gerichtlichen Disziplinarverfahrens in der Hauptsache und
3. über die Kosten.

Ist ein Berichterstatter bestellt, entscheidet er anstelle des Vorsitzenden.

(4) Die Landesgesetzgebung kann die Besetzung der Kammer für Disziplinarsachen abweichend von den Absätzen 1 bis 3 regeln. Soweit nach Landesrecht für die Verfahren nach dem Landesdisziplinargesetz eine andere Besetzung der Kammer für Disziplinarsachen vorgesehen ist, gilt diese Besetzung, wenn nichts anderes bestimmt wird, auch für die gerichtlichen Verfahren nach diesem Gesetz. Soweit nach Landesrecht Regelungen zur Besetzung der Kammer für Disziplinarsachen im Verfahren der Disziplinarklage getroffen werden, gelten diese Regelungen auch für die in Absatz 2 Satz 2 genannten Verfahren.

§ 47 Beamtenbeisitzer

(1) Die Beamtenbeisitzer müssen auf Lebenszeit ernannte Beamte im Bundesdienst sein und bei ihrer Auswahl oder Bestellung ihren dienstlichen Wohnsitz (§ 15 des Bundesbesoldungsgesetzes) im Bezirk des zuständigen Verwaltungsgerichts haben. Ist einem Verwaltungsgericht die Zuständigkeit für die Bezirke mehrerer Verwaltungsgerichte übertragen, müssen die Beamtenbeisitzer ihren dienstlichen Wohnsitz in einem dieser Bezirke haben.

(2) Die §§ 20 bis 29 und 34 der Verwaltungsgerichtsordnung sind vorbehaltlich des § 50 Abs. 3 auf die Beamtenbeisitzer nicht anzuwenden.

(3) Das Verfahren zur Auswahl oder Bestellung der Beamtenbeisitzer bestimmt sich nach Landesrecht.

§ 48 Ausschluss von der Ausübung des Richteramts

(1) Ein Richter oder Beamtenbeisitzer ist von der Ausübung des Richteramts kraft Gesetzes ausgeschlossen, wenn er

1. durch das Dienstvergehen verletzt ist,
2. Ehegatte, Lebenspartner oder gesetzlicher Vertreter des Beamten oder des Verletzten ist oder war,
3. mit dem Beamten oder dem Verletzten in gerader Linie verwandt oder verschwägert oder in der Seitenlinie bis zum dritten Grad verwandt oder bis zum zweiten Grad verschwägert ist oder war,
4. in dem Disziplinarverfahren gegen den Beamten tätig war oder als Zeuge gehört wurde oder als Sachverständiger ein Gutachten erstattet hat,
5. in einem wegen desselben Sachverhalts eingeleiteten Straf- oder Bußgeldverfahren gegen den Beamten beteiligt war,
6. Dienstvorgesetzter des Beamten ist oder war oder bei einem Dienstvorgesetzten des Beamten mit der Bearbeitung von Personalangelegenheiten des Beamten befasst ist oder
7. als Mitglied einer Personalvertretung in dem Disziplinarverfahren gegen den Beamten mitgewirkt hat.

(2) Ein Beamtenbeisitzer ist auch ausgeschlossen, wenn er der Dienststelle des Beamten angehört.

§ 49 Nichtheranziehung eines Beamtenbeisitzers

Ein Beamtenbeisitzer, gegen den eine Disziplinarmaßnahme nach § 9 oder § 10 ausgesprochen oder gegen den wegen einer vorsätzlich begangenen Straftat die öffentliche Klage erhoben oder der Erlass eines Strafbefehls beantragt oder dem die Führung seiner Dienstgeschäfte verboten worden ist, darf während dieser Verfahren oder für die Dauer des Verbots zur Ausübung seines Amts nicht herangezogen werden.

§ 50 Entbindung vom Amt des Beamtenbeisitzers

(1) Der Beamtenbeisitzer ist von seinem Amt zu entbinden, wenn

1. er im Strafverfahren rechtskräftig zu einer Freiheitsstrafe verurteilt worden ist,

2. im Disziplinarverfahren gegen ihn unanfechtbar eine Disziplinarmaßnahme mit Ausnahme eines Verweises ausgesprochen worden ist,
3. er in ein Amt außerhalb der Bezirke, für die das Gericht zuständig ist, versetzt wird,
4. das Beamtenverhältnis endet oder
5. die Voraussetzungen für das Amt des Beamtenbeisitzers nach § 47 Abs. 1 bei ihrer Auswahl oder Bestellung nicht vorlagen.

(2) In besonderen Härtefällen kann der Beamtenbeisitzer auch auf Antrag von der weiteren Ausübung des Amts entbunden werden.

(3) Für die Entscheidung gilt § 24 Abs. 3 der Verwaltungsgerichtsordnung entsprechend.

§ 51 Senate für Disziplinarsachen

(1) Für den Senat für Disziplinarsachen des Oberverwaltungsgerichts gelten § 46 Abs. 1 und 3 sowie die §§ 47 bis 50 entsprechend.

(2) Für das Bundesverwaltungsgericht gilt § 48 Abs. 1 entsprechend.

Kapitel 2
Verfahren vor dem Verwaltungsgericht

Abschnitt 1
Klageverfahren

§ 52 Klageerhebung, Form und Frist der Klage

Für die Form und Frist der Klagen gelten die §§ 74, 75 und 81 der Verwaltungsgerichtsordnung. Abweichend von § 75 Satz 2 der Verwaltungsgerichtsordnung kann die Klage nach Ablauf von sechs Wochen seit der Einlegung des Widerspruchs erhoben werden. Der Lauf der Frist des § 75 Satz 2 der Verwaltungsgerichtsordnung ist gehemmt, solange das Disziplinarverfahren nach § 22 ausgesetzt ist.

§§ 53 bis 55 (weggefallen)

§ 56 Beschränkung des Disziplinarverfahrens

Das Gericht kann das Disziplinarverfahren beschränken, indem es solche Handlungen ausscheidet, die für die Art und Höhe der zu erwartenden Disziplinarmaßnahme nicht oder voraussichtlich nicht ins Gewicht fallen. Die ausgeschiedenen Handlungen können nicht wieder in das Disziplinarverfahren einbezogen werden, es sei denn, die Voraussetzungen für die Beschränkung entfallen nachträglich. Werden die ausgeschiedenen Handlungen nicht wieder einbezogen, können sie nach dem unanfechtbaren Abschluss des Disziplinarverfahrens nicht Gegenstand eines neuen Disziplinarverfahrens sein.

§ 57 Bindung an tatsächliche Feststellungen aus anderen Verfahren

(1) Die tatsächlichen Feststellungen eines rechtskräftigen Urteils im Straf- oder Bußgeldverfahren oder im verwaltungsgerichtlichen Verfahren, durch das nach § 9 des Bundesbesoldungsgesetzes über den Verlust der Besoldung bei schuldhaftem Fernbleiben vom Dienst entschieden worden ist, sind im Disziplinarverfahren, das denselben Sachverhalt zum Gegenstand hat, für das Gericht bindend. Es hat jedoch die erneute Prüfung solcher Feststellungen zu beschließen, die offenkundig unrichtig sind.

(2) Die in einem anderen gesetzlich geordneten Verfahren getroffenen tatsächlichen Feststellungen sind nicht bindend, können aber der Entscheidung ohne erneute Prüfung zugrunde gelegt werden.

§ 58 Beweisaufnahme

(1) Das Gericht erhebt die erforderlichen Beweise.

(2) Die Bestimmungen der Strafprozessordnung über die Pflicht, als Zeuge auszusagen oder als Sachverständiger ein Gutachten zu erstatten, über die Ablehnung von Sachverständigen sowie über die Vernehmung von Angehörigen des öffentlichen Dienstes als Zeugen und Sachverständige gelten entsprechend.

§ 59 (weggefallen)

§ 60 Mündliche Verhandlung, Entscheidung durch Urteil

(1) Das Gericht entscheidet über die Klage, wenn das Verfahren nicht auf andere Weise abgeschlossen wird, auf Grund mündlicher Verhandlung durch Urteil. § 106 der Verwaltungsgerichtsordnung wird nicht angewandt.

(2) Soweit die Disziplinarverfügung rechtswidrig und der Kläger dadurch in seinen Rechten verletzt ist, hebt das Gericht die Disziplinarverfügung und den etwaigen Widerspruchsbescheid auf. Ist ein Dienstvergehen erwiesen, kann das Gericht die Disziplinarverfügung unter Anwendung der Vorschriften über die Bemessung der Disziplinarmaßnahmen auch aufrechterhalten oder zu Gunsten des Klägers ändern, wenn mit der gerichtlichen Entscheidung die Rechtsverletzung beseitigt wird. Im Übrigen bleibt § 113 der Verwaltungsgerichtsordnung unberührt.

§ 61 Grenzen der erneuten Ausübung der Disziplinarbefugnisse

Hat das Gericht unanfechtbar über die Klage gegen eine Disziplinarverfügung entschieden, ist hinsichtlich der dieser Entscheidung zugrunde liegenden Handlungen eine erneute Ausübung der Disziplinarbefugnisse nur wegen solcher erheblicher Tatsachen und Beweismittel zulässig, die keinen Eingang in das gerichtliche Verfahren gefunden haben. Eine Verschärfung der Disziplinarmaßnahme nach Art oder Höhe ist nur innerhalb von drei Monaten nach der Zustellung des Urteils zulässig, es sei denn, es ergeht wegen desselben Sachverhalts ein rechtskräftiges Urteil auf Grund von tatsächlichen Feststellungen, die von denjenigen tatsächlichen Feststellungen, auf denen die Entscheidung beruht, abweichen.

Abschnitt 2
Besondere Verfahren

§ 62 Antrag auf gerichtliche Fristsetzung

(1) Ist ein behördliches Disziplinarverfahren nicht innerhalb von sechs Monaten seit der Einleitung durch Einstellung oder durch Erlass einer Disziplinarverfügung abgeschlossen worden, kann der Beamte bei dem Gericht die gerichtliche Bestimmung einer Frist zum Abschluss des Disziplinarverfahrens beantragen. Die Frist des Satzes 1 ist gehemmt, solange das Disziplinarverfahren nach § 22 ausgesetzt ist.

(2) Liegt ein zureichender Grund für den fehlenden Abschluss des behördlichen Disziplinarverfahrens innerhalb von sechs Monaten nicht vor, bestimmt das Gericht eine Frist, in der es abzuschließen ist. Anderenfalls lehnt es den Antrag ab. Die Frist kann auf Antrag des Dienstherrn verlängert werden, wenn dieser die Frist aus Gründen, die er nicht zu vertreten hat, voraussichtlich nicht einhalten kann. Der Antrag ist vor Ablauf der Frist zu stellen. Die Fristsetzung und ihre Verlängerung erfolgen durch Beschluss. Der Beschluss ist unanfechtbar.

(3) Wird das behördliche Disziplinarverfahren innerhalb der nach Absatz 2 bestimmten Frist nicht abgeschlossen, ist es durch Beschluss des Gerichts einzustellen.

(4) Der rechtskräftige Beschluss nach Absatz 3 steht einem rechtskräftigen Urteil gleich.

§ 63 Antrag auf Aussetzung der vorläufigen Dienstenthebung und der Einbehaltung von Bezügen

(1) Der Beamte kann die Aussetzung der vorläufigen Dienstenthebung und der Einbehaltung von Dienst- oder Anwärterbezügen beim Gericht beantragen; Gleiches gilt für den Ruhestandsbeamten bezüglich der Einbehaltung von Ruhegehalt. Der Antrag ist bei dem Oberverwaltungsgericht zu stellen, wenn bei ihm in derselben Sache ein Disziplinarverfahren anhängig ist.

(2) Die vorläufige Dienstenthebung und die Einbehaltung von Bezügen sind auszusetzen, wenn ernstliche Zweifel an ihrer Rechtmäßigkeit bestehen.

(3) Für die Änderung oder Aufhebung von Beschlüssen über Anträge nach Absatz 1 gilt § 80 Abs. 7 der Verwaltungsgerichtsordnung entsprechend.

Kapitel 3
Verfahren vor dem Oberverwaltungsgericht

Abschnitt 1
Berufung

§ 64 Statthaftigkeit, Form und Frist der Berufung

Gegen das Urteil des Verwaltungsgerichts steht den Beteiligten die Berufung zu, wenn sie von dem Verwaltungsgericht oder dem Oberverwaltungsgericht zugelassen wird. Die

§§ 124 und 124a der Verwaltungsgerichtsordnung sind anzuwenden.

§ 65 Berufungsverfahren

(1) Für das Berufungsverfahren gelten die Bestimmungen über das Disziplinarverfahren vor dem Verwaltungsgericht entsprechend, soweit sich aus diesem Gesetz nichts anderes ergibt.

(2) Die durch das Verwaltungsgericht erhobenen Beweise können der Entscheidung ohne erneute Beweisaufnahme zugrunde gelegt werden.

§ 66 Mündliche Verhandlung, Entscheidung durch Urteil

Das Oberverwaltungsgericht entscheidet über die Berufung, wenn das Disziplinarverfahren nicht auf andere Weise abgeschlossen wird, auf Grund mündlicher Verhandlung durch Urteil. § 106 der Verwaltungsgerichtsordnung wird nicht angewandt.

Abschnitt 2
Beschwerde

§ 67 Statthaftigkeit, Form und Frist der Beschwerde

(1) Für die Statthaftigkeit, Form und Frist der Beschwerde gelten die §§ 146 und 147 der Verwaltungsgerichtsordnung.

(2) Für das Beschwerdeverfahren gegen Beschlüsse des Verwaltungsgerichts über eine Aussetzung nach § 63 gilt § 146 Abs. 4 der Verwaltungsgerichtsordnung entsprechend.

§ 68 Entscheidung des Oberverwaltungsgerichts

Das Oberverwaltungsgericht entscheidet über die Beschwerde durch Beschluss.

Kapitel 4
Verfahren vor dem Bundesverwaltungsgericht

§ 69 Form, Frist und Zulassung der Revision

Für die Zulassung der Revision, für die Form und Frist der Einlegung der Revision und der Einlegung der Beschwerde gegen ihre Nichtzulassung sowie für die Revisionsgründe gelten die §§ 132, 133, 137 bis 139 der Verwaltungsgerichtsordnung.

§ 70 Revisionsverfahren, Entscheidung über die Revision

(1) Für das Revisionsverfahren gelten die Bestimmungen über das Disziplinarverfahren vor dem Oberverwaltungsgericht entsprechend.

(2) Für die Entscheidung über die Revision gelten die §§ 143 und 144 der Verwaltungsgerichtsordnung.

Kapitel 5
Wiederaufnahme des gerichtlichen Verfahrens

§ 71 Wiederaufnahmegründe

(1) Die Wiederaufnahme des durch rechtskräftiges Urteil abgeschlossenen Disziplinarverfahrens ist zulässig, wenn

1. in dem Urteil eine Disziplinarmaßnahme ausgesprochen worden ist, die nach Art oder Höhe im Gesetz nicht vorgesehen ist,
2. Tatsachen oder Beweismittel beigebracht werden, die erheblich und neu sind,
3. das Urteil auf dem Inhalt einer unechten oder verfälschten Urkunde oder auf einem vorsätzlich oder fahrlässig falsch abgegebenen Zeugnis oder Gutachten beruht,
4. ein Urteil, auf dessen tatsächlichen Feststellungen das Urteil im Disziplinarverfahren beruht, durch ein anderes rechtskräftiges Urteil aufgehoben worden ist,
5. an dem Urteil ein Richter oder Beamtenbeisitzer mitgewirkt hat, der sich in dieser Sache der strafbaren Verletzung einer Amtspflicht schuldig gemacht hat,
6. an dem Urteil ein Richter oder Beamtenbeisitzer mitgewirkt hat, der von der Ausübung des Richteramts kraft Gesetzes ausgeschlossen war, es sei denn, dass die Gründe für den gesetzlichen Ausschluss bereits erfolglos geltend gemacht worden waren, oder
7. der Beamte nachträglich glaubhaft ein Dienstvergehen eingesteht, das in dem Disziplinarverfahren nicht hat festgestellt werden können.

(2) Erheblich im Sinne des Absatzes 1 Nr. 2 sind Tatsachen und Beweismittel, wenn sie allein oder in Verbindung mit den früher getroffenen Feststellungen geeignet sind, eine andere Entscheidung zu begründen, die Ziel der Wiederaufnahme des Disziplinarverfahrens sein kann. Neu im Sinne des Absatzes 1 Nr. 2 sind Tatsachen und Beweismittel, die dem Gericht bei seiner Entscheidung nicht bekannt gewesen sind. Ergeht nach Eintritt der Rechtskraft des Urteils im Disziplinarverfahren in einem wegen desselben Sachverhalts eingeleiteten Straf- oder Bußgeldverfahren ein rechtskräftiges Urteil auf Grund von tatsächlichen Feststellungen, die von denjenigen tatsächlichen Feststellungen des Urteils im Disziplinarverfahren abweichen, auf denen es beruht, gelten die abweichenden Feststellungen des Urteils im Straf- oder Bußgeldverfahren als neue Tatsache im Sinne des Absatzes 1 Nr. 2.

(3) In den Fällen des Absatzes 1 Nr. 3 und 5 ist die Wiederaufnahme des Disziplinarverfahrens nur zulässig, wenn wegen der behaupteten Handlung eine rechtskräftige strafgerichtliche Verurteilung erfolgt ist oder wenn ein strafgerichtliches Verfahren aus anderen Gründen als wegen Mangels an Beweisen nicht eingeleitet oder nicht durchgeführt werden kann.

§ 72 Unzulässigkeit der Wiederaufnahme

(1) Die Wiederaufnahme des durch rechtskräftiges Urteil abgeschlossenen Disziplinarverfahrens ist unzulässig, wenn nach dem Eintritt der Rechtskraft

1. ein Urteil im Straf- oder Bußgeldverfahren ergangen ist, das sich auf denselben Sachverhalt gründet und diesen ebenso würdigt, solange dieses Urteil nicht rechtskräftig aufgehoben worden ist, oder
2. ein Urteil im Strafverfahren ergangen ist, durch das der Verurteilte sein Amt oder seinen Anspruch auf Ruhegehalt verloren hat oder ihn verloren hätte, wenn er noch im Dienst gewesen wäre oder Ruhegehalt bezogen hätte.

(2) Die Wiederaufnahme des Disziplinarverfahrens zuungunsten des Beamten ist außerdem unzulässig, wenn seit dem Eintritt der Rechtskraft des Urteils drei Jahre vergangen sind.

§ 73 Frist, Verfahren

(1) Der Antrag auf Wiederaufnahme des Disziplinarverfahrens muss bei dem Gericht, dessen Entscheidung angefochten wird, binnen drei Monaten schriftlich oder zur Niederschrift des Urkundsbeamten der Geschäftsstelle eingereicht werden. Die Frist beginnt mit dem Tag, an dem der Antragsberechtigte von dem Grund für die Wiederaufnahme Kenntnis erhalten hat. In dem Antrag ist das angefochtene Urteil zu bezeichnen und anzugeben, inwieweit es angefochten wird und welche Änderungen beantragt werden; die Anträge sind unter Bezeichnung der Beweismittel zu begründen.

(2) Für das weitere Verfahren gelten die Bestimmungen über das gerichtliche Verfahren entsprechend, soweit sich aus diesem Gesetz nichts anderes ergibt.

§ 74 Entscheidung durch Beschluss

(1) Das Gericht kann den Antrag, auch nach der Eröffnung der mündlichen Verhandlung, durch Beschluss verwerfen, wenn es die gesetzlichen Voraussetzungen für seine Zulassung nicht für gegeben oder ihn für offensichtlich unbegründet hält.

(2) Das Gericht kann vor der Eröffnung der mündlichen Verhandlung mit Zustimmung der zuständigen Behörde durch Beschluss das angefochtene Urteil und die Disziplinarverfügung aufheben. Der Beschluss ist unanfechtbar.

(3) Der rechtskräftige Beschluss nach Absatz 1 sowie der Beschluss nach Absatz 2 stehen einem rechtskräftigen Urteil gleich.

§ 75 Mündliche Verhandlung, Entscheidung des Gerichts

(1) Das Gericht entscheidet, wenn das Wiederaufnahmeverfahren nicht auf andere Weise abgeschlossen wird, auf Grund mündlicher Verhandlung durch Urteil.

(2) Gegen das Urteil des Verwaltungsgerichts und des Oberverwaltungsgerichts kann das in dem jeweiligen Verfahren statthafte Rechtsmittel eingelegt werden.

§ 76 Rechtswirkungen, Entschädigung

(1) Wird in einem Wiederaufnahmeverfahren das angefochtene Urteil zugunsten des Beamten aufgehoben, erhält dieser von dem Eintritt der Rechtskraft des aufgehobenen Urteils an die Rechtsstellung, die er erhalten hätte, wenn das aufgehobene Urteil der Entscheidung entsprochen hätte, die im Wiederaufnahmeverfahren ergangen ist. Wurde in dem aufgehobenen Urteil die Entfernung aus dem Beamtenverhältnis oder die Aberkennung des Ruhegehalts bestätigt, gilt § 42 des Bundesbeamtengesetzes entsprechend.

(2) Der Beamte und die Personen, denen er kraft Gesetzes unterhaltspflichtig ist, können im Falle des Absatzes 1 neben den hiernach nachträglich zu gewährenden Bezügen in entsprechender Anwendung des Gesetzes über die Entschädigung für Strafverfolgungsmaßnahmen vom 8. März 1971 (BGBl. I S. 157) in der jeweils geltenden Fassung Ersatz des sonstigen Schadens vom Dienstherrn verlangen. Der Anspruch ist innerhalb von drei Monaten nach dem rechtskräftigen Abschluss des Wiederaufnahmeverfahrens bei der für den Erlass der Disziplinarverfügung zuständigen Behörde geltend zu machen.

Kapitel 6
Kosten

§ 77 Kostentragung und erstattungsfähige Kosten

(1) Für die Kostentragungspflicht der Beteiligten und die Erstattungsfähigkeit von Kosten gelten die Bestimmungen der Verwaltungsgerichtsordnung entsprechend, sofern sich aus den nachfolgenden Vorschriften nichts anderes ergibt.

(2) Wird eine Disziplinarverfügung trotz Vorliegens eines Dienstvergehens aufgehoben, können die Kosten ganz oder teilweise dem Beamten auferlegt werden.

(3) In Verfahren über den Antrag auf gerichtliche Fristsetzung (§ 62) hat das Gericht zugleich mit der Entscheidung über den Fristsetzungsantrag über die Kosten des Verfahrens zu befinden.

(4) Kosten im Sinne dieser Vorschrift sind auch die Kosten des behördlichen Disziplinarverfahrens.

§ 78 Gerichtskosten

In gerichtlichen Disziplinarverfahren werden Gebühren nach dem Gebührenverzeichnis der Anlage zu diesem Gesetz erhoben. Im Übrigen sind die für Kosten in Verfahren vor den Gerichten der Verwaltungsgerichtsbarkeit geltenden Vorschriften des Gerichtskostengesetzes entsprechend anzuwenden.

Teil 5
Unterhaltsbeitrag, Unterhaltsleistung und Begnadigung

§ 79 Unterhaltsbeitrag bei Entfernung aus dem Beamtenverhältnis oder bei Aberkennung des Ruhegehalts

(1) Die Zahlung des Unterhaltsbeitrags nach § 10 Abs. 3 oder § 12 Abs. 2 beginnt, soweit in der Entscheidung nichts anderes bestimmt ist, zum Zeitpunkt des Verlusts der Dienstbezüge oder des Ruhegehalts.

(2) Die Zahlung des Unterhaltsbeitrags nach § 12 Abs. 2 steht unter dem Vorbehalt der Rückforderung, wenn für denselben Zeitraum eine Rente auf Grund der Nachversicherung gewährt wird. Zur Sicherung des Rückforderungsanspruchs hat der Ruhestandsbeamte eine entsprechende Abtretungserklärung abzugeben.

(3) Die für die Gewährung des Unterhaltsbeitrags zuständige Behörde kann in der Entscheidung bestimmen, dass der Unterhaltsbeitrag ganz oder teilweise an Personen gezahlt wird, zu deren Unterhalt der Beamte oder Ruhestandsbeamte verpflichtet ist; nach Unanfechtbarkeit der Entscheidung kann dies die oberste Dienstbehörde bestimmen.

(4) Auf den Unterhaltsbeitrag werden Erwerbs- und Erwerbsersatzeinkommen im Sin-

ne des § 18a Abs. 2 sowie Abs. 3 Satz 1 und 2 des Vierten Buches Sozialgesetzbuch angerechnet. Der frühere Beamte oder frühere Ruhestandsbeamte ist verpflichtet, der obersten Dienstbehörde alle Änderungen in seinen Verhältnissen, die für die Zahlung des Unterhaltsbeitrags bedeutsam sein können, unverzüglich anzuzeigen. Kommt er dieser Pflicht schuldhaft nicht nach, kann ihm der Unterhaltsbeitrag ganz oder teilweise mit Wirkung für die Vergangenheit entzogen werden. Die Entscheidung trifft die oberste Dienstbehörde.

(5) Der Anspruch auf den Unterhaltsbeitrag erlischt, wenn der Betroffene wieder in ein öffentlich-rechtliches Amts- oder Dienstverhältnis berufen wird.

§ 80 Unterhaltsleistung bei Mithilfe zur Aufdeckung von Straftaten

(1) Im Falle der Entfernung aus dem Beamtenverhältnis oder der Aberkennung des Ruhegehalts kann die zuletzt zuständige oberste Dienstbehörde dem ehemaligen Beamten oder ehemaligen Ruhestandsbeamten, der gegen das Verbot der Annahme von Belohnungen oder Geschenken verstoßen hat, die Gewährung einer monatlichen Unterhaltsleistung zusagen, wenn er sein Wissen über Tatsachen offenbart hat, deren Kenntnis dazu beigetragen hat, Straftaten, insbesondere nach den §§ 331 bis 335 des Strafgesetzbuches, zu verhindern oder über seinen eigenen Tatbeitrag hinaus aufzuklären. Die Nachversicherung ist durchzuführen.

(2) Die Unterhaltsleistung ist als Prozentsatz der Anwartschaft auf eine Altersrente, die sich aus der Nachversicherung ergibt, oder einer entsprechenden Leistung aus der berufsständischen Alterssicherung mit folgenden Maßgaben festzusetzen:

1. Die Unterhaltsleistung darf die Höhe der Rentenanwartschaft aus der Nachversicherung nicht erreichen;
2. Unterhaltsleistung und Rentenanwartschaft aus der Nachversicherung dürfen zusammen den Betrag nicht übersteigen, der sich als Ruhegehalt nach § 14 Abs. 1 des Beamtenversorgungsgesetzes ergäbe.

Die Höchstgrenzen nach Satz 1 gelten auch für die Zeit des Bezugs der Unterhaltsleistung; an die Stelle der Rentenanwartschaft aus der Nachversicherung tritt die anteilige Rente.

(3) Die Zahlung der Unterhaltsleistung an den früheren Beamten kann erst erfolgen, wenn dieser die Regelaltersgrenze erreicht hat oder eine Rente wegen Erwerbs- oder Berufsunfähigkeit aus der gesetzlichen Rentenversicherung oder eine entsprechende Leistung aus der berufsständischen Versorgung erhält.

(4) Der Anspruch auf die Unterhaltsleistung erlischt bei erneutem Eintritt in den öffentlichen Dienst sowie in den Fällen, die bei einem Ruhestandsbeamten das Erlöschen der Versorgungsbezüge nach § 59 des Beamtenversorgungsgesetzes zur Folge hätten. Der hinterbliebene Ehegatte oder Lebenspartner erhält 55 Prozent der Unterhaltsleistung, wenn zum Zeitpunkt der Entfernung aus dem Beamtenverhältnis oder der Aberkennung des Ruhegehalts die Ehe oder Lebenspartnerschaft bereits bestanden hatte.

§ 81 Begnadigung

(1) Dem Bundespräsidenten steht das Begnadigungsrecht in Disziplinarsachen nach diesem Gesetz zu. Er kann es anderen Stellen übertragen.

(2) Wird die Entfernung aus dem Beamtenverhältnis oder die Aberkennung des Ruhegehalts im Gnadenweg aufgehoben, gilt § 43 Satz 2 des Bundesbeamtengesetzes entsprechend.

Teil 6 Besondere Bestimmungen für einzelne Beamtengruppen und für Ruhestandsbeamte

§ 82 Polizeivollzugsbeamte des Bundes

Das Bundesministerium des Innern und für Heimat bestimmt durch Rechtsverordnung, welche Vorgesetzten der Polizeivollzugsbeamten des Bundes als Dienstvorgesetzte im Sinne des § 17 Absatz 1 und des § 34 Absatz 1 und 2 Nummer 2 und Absatz 5 gelten.

§ 83 Beamte der bundesunmittelbaren Körperschaften, Anstalten und Stiftungen des öffentlichen Rechts

(1) Das für die Aufsicht zuständige Bundesministerium gilt im Sinne dieses Gesetzes als oberste Dienstbehörde der Beamten der bundesunmittelbaren Körperschaften, Anstalten und Stiftungen des öffentlichen Rechts. Es kann durch Rechtsverordnung im Einvernehmen mit dem Bundesministerium des Innern und für Heimat seine Befugnisse auf nachgeordnete Behörden übertragen und bestimmen, wer als nachgeordnete Behörde, Dienstvorgesetzter und höherer Dienstvorgesetzter im Sinne dieses Gesetzes anzusehen ist. Es kann durch Rechtsverordnung im Einvernehmen mit dem Bundesministerium des Innern und für Heimat darüber hinaus die Zuständigkeit für Verweise, Geldbußen und Kürzungen der Dienstbezüge abweichend von § 34 regeln.

(2) Für die in Absatz 1 bezeichneten Körperschaften, Anstalten und Stiftungen des öffentlichen Rechts gilt § 144 Abs. 2 des Bundesbeamtengesetzes entsprechend.

§ 84 Ausübung der Disziplinarbefugnisse bei Ruhestandsbeamten

Bei Ruhestandsbeamten werden die Disziplinarbefugnisse durch die zum Zeitpunkt des Eintritts in den Ruhestand zuständige oberste Dienstbehörde ausgeübt. Diese kann ihre Befugnisse durch allgemeine Anordnung ganz oder teilweise auf nachgeordnete Dienstvorgesetzte übertragen; die Anordnung ist im Bundesgesetzblatt zu veröffentlichen. Besteht die zuständige oberste Dienstbehörde nicht mehr, bestimmt das Bundesministerium des Innern und für Heimat, welche Behörde zuständig ist.

Teil 7
Übergangs- und Schlussbestimmungen

§ 85 Übergangsbestimmungen

Auf vor dem 1. April 2024 eingeleitete Disziplinarverfahren sind weiterhin das Bundesdisziplinargesetz in der bis zum 31. März 2024 geltenden Fassung sowie das Bundespersonalvertretungsgesetz in der bis zum 31. März 2024 geltenden Fassung anzuwenden. Maßnahmen, die nach bisherigem Recht getroffen worden sind, bleiben rechtswirksam.

§ 86 Verwaltungsvorschriften

Die zur Durchführung dieses Gesetzes erforderlichen Verwaltungsvorschriften erlässt das Bundesministerium des Innern und für Heimat; die Verwaltungsvorschriften sind im Gemeinsamen Ministerialblatt zu veröffentlichen.

Anlage
(zu § 78)

Gebührenverzeichnis

Gliederung

Nr.	Gebührentatbestand	Gebührenbetrag oder Satz der jeweiligen Gebühr 10 bis 17
	Vorbemerkung: Das Verfahren über den Antrag auf Wiederaufnahme gilt als neuer Rechtszug.	
	Abschnitt 1 Klageverfahren erster Instanz	
	Verfahren über die Klage gegen eine Disziplinarverfügung, in der als Disziplinarmaßnahme ausgesprochen worden ist	
10	– Entfernung aus dem Beamtenverhältnis	360,00 €
11	– Aberkennung des Ruhegehalts	360,00 €
12	– Zurückstufung	240,00 €
13	– Kürzung der Dienstbezüge	180,00 €
14	– Kürzung des Ruhegehalts	180,00 €
15	– Geldbuße	120,00 €
16	– Verweis	60,00 €
17	Verfahren über die Klage gegen eine Disziplinarverfügung, wenn nur eine Kostenentscheidung in der Disziplinarverfügung angegriffen wird, oder gegen eine Einstellungsverfügung (§ 32 BDG)	60,00 €
18	Beendigung des gesamten Verfahrens durch 1. Zurücknahme der Klage a) vor dem Schluss der mündlichen Verhandlung oder b) wenn eine solche nicht stattfindet, vor Ablauf des Tages, an dem die Entscheidung in der Hauptsache der Geschäftsstelle übermittelt wird, oder 2. Erledigungserklärungen, wenn keine Entscheidung über die Kosten ergeht oder die Entscheidung einer zuvor mitgeteilten Einigung der Beteiligten über die Kostentragung oder der Kostenübernahmeerklärung eines Beteiligten folgt: Die Gebühren 10 bis 17 ermäßigen sich auf Die Gebühr ermäßigt sich auch, wenn mehrere Ermäßigungstatbestände erfüllt sind.	0,5

Nr.	Gebührentatbestand	Gebührenbetrag oder Satz der jeweiligen Gebühr 10 bis 17
	Abschnitt 2 **Zulassung und Durchführung der Berufung**	
20	Verfahren über die Zulassung der Berufung: Soweit der Antrag abgelehnt wird	1,0
21	Verfahren über die Zulassung der Berufung: Soweit der Antrag zurückgenommen oder das Verfahren durch anderweitige Erledigung beendet wird Die Gebühr entsteht nicht, soweit die Berufung zugelassen wird.	0,5
22	Verfahren über die Berufung im Allgemeinen	1,5
23	Beendigung des gesamten Verfahrens durch Zurücknahme der Berufung oder der Klage, bevor die Schrift zur Begründung der Berufung bei Gericht eingegangen ist: Die Gebühr 22 ermäßigt sich auf Erledigungserklärungen stehen der Zurücknahme gleich, wenn keine Entscheidung über die Kosten ergeht oder die Entscheidung einer zuvor mitgeteilten Einigung der Beteiligten über die Kostentragung oder der Kostenübernahmeerklärung eines Beteiligten folgt.	0,5
24	Beendigung des gesamten Verfahrens, wenn nicht Nummer 23 erfüllt ist, durch 1. Zurücknahme der Berufung oder der Klage a) vor dem Schluss der mündlichen Verhandlung oder b) wenn eine solche nicht stattfindet, vor Ablauf des Tages, an dem die Entscheidung in der Hauptsache der Geschäftsstelle übermittelt wird, oder 2. Erledigungserklärungen, wenn keine Entscheidung über die Kosten ergeht oder die Entscheidung einer zuvor mitgeteilten Einigung der Beteiligten über die Kostentragung oder der Kostenübernahmeerklärung eines Beteiligten folgt: Die Gebühr 22 ermäßigt sich auf Die Gebühr ermäßigt sich auch, wenn mehrere Ermäßigungstatbestände erfüllt sind.	1,0
	Abschnitt 3 **Revision**	
30	Verfahren über die Revision im Allgemeinen	2,0
31	Beendigung des gesamten Verfahrens durch Zurücknahme der Revision oder der Klage, bevor die Schrift zur Begründung der Revision bei Gericht eingegangen ist: Die Gebühr 30 ermäßigt sich auf Erledigungserklärungen stehen der Zurücknahme gleich, wenn keine Entscheidung über die Kosten ergeht oder die Entscheidung einer zuvor mitgeteilten Einigung der Beteiligten über die Kostentragung oder der Kostenübernahmeerklärung eines Beteiligten folgt.	1,0

Nr.	Gebührentatbestand	Gebührenbetrag oder Satz der jeweiligen Gebühr 10 bis 17
32	Beendigung des gesamten Verfahrens, wenn nicht Nummer 31 erfüllt ist, durch 1. Zurücknahme der Revision oder der Klage a) vor dem Schluss der mündlichen Verhandlung oder b) wenn eine solche nicht stattfindet, vor Ablauf des Tages, an dem die Entscheidung in der Hauptsache der Geschäftsstelle übermittelt wird, oder 2. Erledigungserklärungen, wenn keine Entscheidung über die Kosten ergeht oder die Entscheidung einer zuvor mitgeteilten Einigung der Beteiligten über die Kostentragung oder der Kostenübernahmeerklärung eines Beteiligten folgt: Die Gebühr 30 ermäßigt sich auf Die Gebühr ermäßigt sich auch, wenn mehrere Ermäßigungstatbestände erfüllt sind.	1,5

Nr.	Gebührentatbestand	Gebührenbetrag oder Satz der jeweiligen Gebühr 40 und 41
	Abschnitt 4 Besondere Verfahren	
40	Verfahren über den Antrag auf Aussetzung der vorläufigen Dienstenthebung und der Einbehaltung von Bezügen	180,00 €
41	Verfahren über den Antrag auf gerichtliche Festsetzung einer Frist zum Abschluss des Disziplinarverfahrens einschließlich der Einstellung des Disziplinarverfahrens nach fruchtlosem Ablauf der Frist	60,00 €
42	Beendigung des gesamten Verfahrens durch 1. Zurücknahme des Antrags a) vor dem Schluss der mündlichen Verhandlung oder b) wenn eine solche nicht stattfindet, vor Ablauf des Tages, an dem die Entscheidung über den Antrag der Geschäftsstelle übermittelt wird, oder 2. Erledigungserklärungen, wenn keine Entscheidung über die Kosten ergeht oder die Entscheidung einer zuvor mitgeteilten Einigung der Beteiligten über die Kostentragung oder der Kostenübernahmeerklärung eines Beteiligten folgt: Die Gebühren 40 und 41 ermäßigen sich auf Die Gebühr ermäßigt sich auch, wenn mehrere Ermäßigungstatbestände erfüllt sind.	0,5

Nr.	Gebührentatbestand	Gebührenbetrag oder Satz der jeweiligen Gebühr 40 und 41
	Abschnitt 5 **Rüge wegen Verletzung des Anspruchs auf rechtliches Gehör**	
50	Verfahren über die Rüge wegen Verletzung des Anspruchs auf rechtliches Gehör: Die Rüge wird in vollem Umfang verworfen oder zurückgewiesen	50,00 €

Nr.	Gebührentatbestand	Gebührenbetrag oder Satz der jeweiligen Gebühr 10 bis 17 und 40
	Abschnitt 6 **Beschwerde**	
60	Verfahren über die Beschwerde gegen die Entscheidung über den Antrag auf Aussetzung der vorläufigen Dienstenthebung und der Einbehaltung von Bezügen	1,5
61	(weggefallen)	
62	Verfahren über die Beschwerde gegen die Nichtzulassung der Revision: Die Beschwerde wird verworfen oder zurückgewiesen	1,5
63	Beendigung des gesamten Verfahrens durch 1. Zurücknahme der Beschwerde, der Klage oder des Antrags a) vor dem Schluss der mündlichen Verhandlung oder b) wenn eine solche nicht stattfindet, vor Ablauf des Tages, an dem die Entscheidung über die Beschwerde der Geschäftsstelle übermittelt wird, oder 2. Erledigungserklärungen, wenn keine Entscheidung über die Kosten ergeht oder die Entscheidung einer zuvor mitgeteilten Einigung der Beteiligten über die Kostentragung oder der Kostenübernahmeerklärung eines Beteiligten folgt: Die Gebühren 60 bis 62 ermäßigen sich auf Die Gebühr ermäßigt sich auch, wenn mehrere Ermäßigungstatbestände erfüllt sind.	0,75
64	Verfahren über nicht besonders aufgeführte Beschwerden im disziplinargerichtlichen Verfahren, die nicht nach anderen Vorschriften gebührenfrei sind: Die Beschwerde wird verworfen oder zurückgewiesen	50,00 €

Gesetz über den Auswärtigen Dienst (GAD)

Vom 30. August 1990 (BGBl. I S. 1842)

Zuletzt geändert durch
Gesetz zur Regelung des Erscheinungsbilds von
Beamtinnen und Beamten sowie zur Änderung weiterer dienstrechtlicher Vorschriften
vom 28. Juni 2021 (BGBl. I S. 2250)

Inhaltsübersicht

Abschnitt 1
Aufgaben, Stellung und Organisation des Auswärtigen Dienstes

§ 1 Aufgaben

(1) Der Auswärtige Dienst nimmt die auswärtigen Angelegenheiten des Bundes wahr. Er pflegt die Beziehungen der Bundesrepublik Deutschland zu auswärtigen Staaten sowie zwischenstaatlichen und überstaatlichen Einrichtungen. Er dient

- einer dauerhaften, friedlichen und gerechten Ordnung in Europa und zwischen den Völkern der Welt,
- der Wahrung der unverletzlichen und unveräußerlichen Menschenrechte als Grundlage jeder menschlichen Gemeinschaft,
- der Erhaltung der natürlichen Lebensgrundlagen der Erde und dem Schutz des kulturellen Erbes der Menschheit,
- der Achtung und Fortentwicklung des Völkerrechts,
- dem Aufbau eines vereinten Europa und
- der Einheit und Freiheit des deutschen Volkes.

(2) Aufgabe des Auswärtigen Dienstes ist es insbesondere,

- die Interessen der Bundesrepublik Deutschland im Ausland zu vertreten,
- die auswärtigen Beziehungen, insbesondere auf politischem, wirtschaftlichem, entwicklungspolitischem, kulturellem, wissenschaftlichem, technologischem, umweltpolitischem und sozialem Gebiet zu pflegen und zu fördern,
- die Bundesregierung über Verhältnisse und Entwicklungen im Ausland zu unterrichten,
- über die Bundesrepublik Deutschland im Ausland zu informieren,
- Deutschen im Ausland Hilfe und Beistand zu leisten,
- bei der Gestaltung der Beziehungen im internationalen Rechtswesen und bei der Entwicklung der internationalen Rechtsordnung mitzuarbeiten
- und die außenpolitische Beziehungen betreffenden Tätigkeiten von staatlichen und anderen öffentlichen Einrichtungen der Bundesrepublik Deutschland im Ausland im Rahmen der Politik der Bundesregierung zu koordinieren.

(3) Der Auswärtige Dienst unterstützt die Verfassungsorgane des Bundes bei der Wahrnehmung ihrer internationalen Kontakte.

(4) Der Auswärtige Dienst erfüllt die im Konsulargesetz geregelten Aufgaben.

§ 2 Auswärtiger Dienst

Der Auswärtige Dienst besteht aus dem Auswärtigen Amt (Zentrale) und den Auslandsvertretungen, die zusammen eine einheitliche Bundesbehörde unter Leitung des Bundesministers des Auswärtigen bilden.

§ 3 Auslandsvertretungen

(1) Auslandsvertretungen sind Botschaften, Generalkonsulate und Konsulate sowie ständige Vertretungen bei zwischenstaatlichen und überstaatlichen Organisationen.

(2) Die Auslandsvertretungen erfüllen ihre Aufgaben nach Maßgabe des Völkerrechts und der innerstaatlichen Gesetze und Vorschriften. Sie koordinieren in Durchführung der Politik der Bundesregierung die in ihrem Amtsbezirk ausgeübten amtlichen Tätigkeiten von staatlichen und anderen öffentlichen Einrichtungen der Bundesrepublik Deutschland.

(3) Die Gesamtverantwortung für die Tätigkeit der Vertretung trägt ihr Leiter. Der Botschafter ist der persönliche Vertreter des Bundespräsidenten bei dem Staatsoberhaupt des Empfangsstaats.

§ 4 Gemeinsame Auslandsvertretungen mit anderen Staaten

(1) Der Bundesminister des Auswärtigen kann Vereinbarungen mit anderen Staaten, insbesondere Mitgliedstaaten der Europäischen Gemeinschaft, über die Errichtung gemeinsamer diplomatischer oder konsularischer Auslandsvertretungen in Drittstaaten schließen.

I

(2) Angehörige der auswärtigen Dienste anderer Staaten, die an diesen gemeinsamen Auslandsvertretungen tätig sind, können nach Maßgabe des Konsulargesetzes ermächtigt werden, Amtshandlungen mit Wirkung für und gegen die Bundesrepublik Deutschland vorzunehmen.

Abschnitt 2 Einsatz, Arbeitsweise und Ausstattung des Auswärtigen Dienstes

§ 5 Personaleinsatz

(1) Die Angehörigen des Auswärtigen Dienstes werden nach dienstlichen Erfordernissen im Auswärtigen Amt und an den Auslandsvertretungen eingesetzt.

(2) Für Beamte auf Lebenszeit des Auswärtigen Dienstes bildet der Ablauf des 30. Juni des Kalenderjahres, in dem sie die Regelaltersgrenze des § 51 Abs. 1 und 2 des Bundesbeamtengesetzes erreichen, die Altersgrenze. Liegt der Zeitpunkt der Versetzung in den Ruhestand damit erst nach Vollendung des 67. Lebensjahres, können sie auf Antrag bereits mit dem Ende des Monats in den Ruhestand treten, in dem sie das 67. Lebensjahr vollenden.

§ 6 Personalreserve

(1) Der Auswärtige Dienst verfügt über eine angemessene Personalreserve. Sie gewährleistet eine sachgerechte Personalplanung unter den besonderen Bedingungen des Auswärtigen Dienstes.

(2) Die Personalreserve dient insbesondere folgenden Zwecken:

- vorübergehende Verstärkung bei besonderen Belastungen infolge auslandsbezogener politischer Entwicklungen, internationaler Konferenzen oder aus sonstigen Gründen,
- angemessene fachliche und fremdsprachliche Aus- und Fortbildung,
- Vorbereitung auf Versetzungen und persönliche Einführung in die Dienstgeschäfte durch den Amtsvorgänger.

§ 7 Organisation und Ausstattung

(1) Organisation und Ausstattung des Auswärtigen Dienstes sind seinen Aufgaben und Erfordernissen regelmäßig anzupassen.

(2) Das Auswärtige Amt kann im Benehmen mit dem Bundesminister des Innern, für Bau und Heimat Abweichungen von der regelmäßigen Arbeitszeit festsetzen, wenn es besondere Bedürfnisse am jeweiligen Dienstort erfordern. Im übrigen gelten die Vorschriften über die Arbeitszeit der Bundesbeamten.

(3) Die entsandten Angehörigen des Auswärtigen Dienstes erhalten im Ausland für die Pflege dienstlicher Kontakte eine Aufwandsentschädigung, für die der Haushaltsplan Mittel zur Verfügung stellt.

§ 8 Inspektion

Inspekteure des Auswärtigen Amts überprüfen regelmäßig Aufgabenerfüllung, Organisation und Ausstattung der Auslandsvertretungen, die Einhaltung der organisatorischen, dienstrechtlichen und arbeitsrechtlichen Vorschriften und die Lebensbedingungen der Bediensteten. Sie achten auf einen zweckentsprechenden Einsatz des Personals und der Sachmittel und beraten die Auslandsvertretungen in Fragen der Führung und Zusammenarbeit.

§ 9 Kurierdienst und Auslands-IT

(1) Das Auswärtige Amt stellt durch einen eigenen Kurierdienst und die Auslandsinformations- und -kommunikationstechnik mit einem eigenen Kommunikationsnetz eine störungsgeschützte und geheimschutzgerechte Kommunikation im Auswärtigen Dienst sicher.

(2) Die Auslandsinformations- und -kommunikationstechnik umfasst die Informations- und Kommunikationstechnik des Geschäftsbereichs des Auswärtigen Amts im In- und Ausland sowie die Informationstechnik der unmittelbaren Bundesverwaltung im Ausland.

§ 10 Politisches Archiv

Im Politischen Archiv des Auswärtigen Amts werden die Urschriften oder beglaubigten

Abschriften der völkerrechtlichen Vereinbarungen des Deutschen Reiches und der Bundesrepublik Deutschland sowie alle Unterlagen aufbewahrt, die der Auswärtige Dienst zur Erfüllung seiner Aufgaben benötigt. Die Vorschriften des Bundesarchivgesetzes über die Nutzung von Archivgut des Bundes sind entsprechend anzuwenden.

Abschnitt 3
Rechtsverhältnisse der Angehörigen des Auswärtigen Dienstes

§ 11 Rechtsverhältnisse

(1) Die Angehörigen des Auswärtigen Dienstes im Inland und im Ausland sind Beamte, Angestellte und Arbeiter.

(2) Die Beamten des Auswärtigen Dienstes sind Bundesbeamte. Auf sie finden die für Bundesbeamte allgemein geltenden Vorschriften Anwendung, soweit gesetzlich nichts anderes bestimmt ist.

(3) Die Rechtsverhältnisse der im Inland beschäftigten und ins Ausland entsandten Angestellten und Arbeiter richten sich nach den für sie geltenden Tarifverträgen und sonstigen Bestimmungen. Die Rechtsverhältnisse der im Ausland beschäftigten nichtentsandten Angestellten und Arbeiter richten sich nach den §§ 31 bis 33.

(4) Die Honorarkonsuln vertreten die Interessen der Bundesrepublik Deutschland in ihrem Amtsbezirk nach Weisungen des Auswärtigen Amtes und der übergeordneten Auslandsvertretung. Ihre konsularischen Befugnisse richten sich nach dem Konsulargesetz. Für ihre Rechtsstellung gegenüber dem Empfangsstaat gilt das Wiener Übereinkommen über konsularische Beziehungen.

§ 12 Auswahl und Ausbildung der Beamten

(1) Die Befähigung für die Laufbahnen des mittleren, gehobenen und höheren Auswärtigen Dienstes wird durch Vorbereitungsdienst und Bestehen der Laufbahnprüfung erworben. Die Einzelheiten der Laufbahn, Ausbildung und Prüfung bestimmt das Auswärtige Amt durch Rechtsverordnung, in der auch die Dauer des Vorbereitungsdienstes entsprechend den besonderen Anforderungen des Auswärtigen Dienstes geregelt werden kann.

(2) Die Befähigung für eine andere Laufbahn kann als gleichwertige Befähigung für die Laufbahnen des Auswärtigen Dienstes anerkannt werden, wenn die für sie erforderlichen Kenntnisse und Fähigkeiten auch Gegenstand der Ausbildung und Prüfung oder der Aufgaben in der bisherigen Laufbahn waren.

(3) Andere Bewerber im Sinne des § 19 des Bundesbeamtengesetzes müssen diese Kenntnisse und Fähigkeiten im Rahmen ihrer Lebens- und Berufserfahrung erworben haben.

§ 13 Personalaustausch

(1) Das Auswärtige Amt kann Angehörige anderer Bundesbehörden insbesondere für besondere Fachaufgaben zeitlich befristet in den Auswärtigen Dienst übernehmen. In dieser Zeit sind sie Angehörige des Auswärtigen Dienstes; für ihre Pflichten und Rechte gelten die entsprechenden Vorschriften dieses Gesetzes sinngemäß.

(2) Angehörige des Auswärtigen Dienstes können mit ihrer Zustimmung auch im auswärtigen Dienst eines anderen Staates oder bei einer öffentlichen zwischenstaatlichen und überstaatlichen Einrichtung verwendet werden.

(3) Angehörige anderer auswärtiger Dienste können befristet im Auswärtigen Dienst der Bundesrepublik Deutschland verwendet werden.

Abschnitt 4
Rechte und Pflichten der Beamten

§ 14 Besondere Pflichten im Auswärtigen Dienst

(1) Der Beamte des Auswärtigen Dienstes hat sich für Verwendungen an allen Dienstorten bereitzuhalten.

(2) Der Beamte des Auswärtigen Dienstes hat im Ausland das Ansehen und die Interessen der Bundesrepublik Deutschland nach besten Kräften zu schützen und zu fördern.

(3) Der Beamte des Auswärtigen Dienstes ist verpflichtet, im Ausland auch außerhalb der regelmäßigen Arbeitszeit die sich aus dem Auftrag des Auswärtigen Dienstes ergebenden Aufgaben wahrzunehmen, insbesondere die notwendigen Kontakte zu pflegen und zu fördern und Deutschen zu helfen.

§ 15 Fürsorge und Schutz

(1) Die Fürsorge des Dienstherrn für den Beamten des Auswärtigen Dienstes und seine Familienangehörigen trägt den Belastungen und Gefährdungen des Dienstes und den besonderen Gegebenheiten im Ausland Rechnung.

(2) Der Dienstherr sorgt dafür, daß dem Beamten und seinen Familienangehörigen aus dem Auslandseinsatz möglichst keine Nachteile entstehen. Für unvermeidbare Belastungen gewährt er dem Beamten des Auswärtigen Dienstes einen angemessenen Ausgleich.

(3) Der Leiter der Vertretung nimmt gegenüber den Beamten und ihren Familienangehörigen Fürsorge- und Schutzaufgaben des Dienstherrn im Ausland wahr.

§ 16 Erkrankungen und Unfälle im Ausland

(1) In Krankheits-, Geburts- und Todesfällen, von denen der Beamte und seine Familienangehörigen im Ausland betroffen sind, werden dem Beamten Beihilfen gewährt, die den besonderen Verhältnissen des Auswärtigen Dienstes Rechnung tragen. Das Auswärtige Amt erläßt im Einvernehmen mit dem Bundesminister des Innern, für Bau und Heimat und dem Bundesminister der Finanzen besondere Verwaltungsvorschriften, soweit es die Besonderheiten des Auswärtigen Dienstes erfordern.

(2) Dem Beamten kann Unfallfürsorge wie bei einem Dienstunfall auch dann gewährt werden, wenn eine Erkrankung oder deren Folgen auf gesundheitsschädigende oder sonst vom Inland wesentlich abweichende Verhältnisse zurückzuführen sind, denen der Beamte bei einem dienstlich angeordneten Auslandsaufenthalt besonders ausgesetzt war. Das Geiche gilt für einen Unfall infolge derartiger Verhältnisse; als Unfall infolge derartiger Verhältnisse gilt auch ein Ereignis nach den §§ 13 und 14 des Vierzehnten Buches Sozialgesetzbuch. Der Schadensausgleich ist ausgeschlossen, wenn sich der Beamte grobfahrlässig der Gefährdung ausgesetzt hat, es sei denn, daß der Ausschluß für ihn eine unbillige Härte wäre. Ansprüche auf Grund des Beamtenversorgungsgesetzes bleiben unberührt. Näheres regeln Verwaltungsvorschriften, die das Auswärtige Amt im Einvernehmen mit dem Bundesminister des Innern, für Bau und Heimat und dem Bundesminister der Finanzen erläßt.

§ 17 Gesundheitsdienst und soziale Betreuung

(1) Der Auswärtige Dienst unterhält zur Vorsorge gegen besondere gesundheitliche Gefährdungen seiner Beamten und ihrer Familienangehörigen einen eigenen Gesundheitsdienst.

(2) Soweit es die mit dem Auslandseinsatz verbundenen Bedingungen erfordern, kann das Auswärtige Amt soziale Betreuungseinrichtungen unterhalten oder entsprechende Selbsthilfeeinrichtungen fördern. Diese Einrichtungen können auch gemeinsam mit anderen Staaten, insbesondere den Mitgliedstaaten der Europäischen Gemeinschaft, und internationalen Organisationen betrieben werden.

§ 18 Urlaub der in das Ausland entsandten Beamten

(1) Beamte des Auswärtigen Dienstes an außereuropäischen Dienstorten erhalten neben dem Erholungsurlaub jährlich zusätzliche Urlaubstage, gestaffelt nach Entfernung und Schwierigkeit des jeweiligen Dienstortes. Entsprechendes gilt für die Beamten an europäischen Dienstorten mit besonders schwierigen Lebens- und Arbeitsbedingungen. Die ins Ausland entsandten Beamten und ihre Familienangehörigen können jährlich einen Zuschuß zu einer Reise in die Bundesrepublik Deutschland erhalten, um die notwendigen Verbindungen zum Inland aufrechtzuerhalten.

(2) Der Bundesminister des Auswärtigen wird ermächtigt, das Nähere im Einvernehmen mit dem Bundesminister des Innern, für Bau und

Heimat und dem Bundesminister der Finanzen durch Rechtsverordnung zu regeln. Die Dienstorte mit Zusatzurlaubstagen und die Zahl der an einem Dienstort nach der Rechtsverordnung zu gewährenden zusätzlichen Urlaubstage bestimmt das Auswärtige Amt im Benehmen mit dem Bundesministerium des Innern, für Bau und Heimat durch Verwaltungsvorschrift.

Abschnitt 5
Fürsorge für Familienangehörige

§ 19 Unterstützung der Familienangehörigen

(1) Die Begleitung des ins Ausland entsandten Beamten durch seine Kinder, seinen Ehegatten und dessen Kinder wird zum Schutz von Ehe und Familie gefördert. Sie liegt im besonderen Interesse des Auswärtigen Dienstes.

(2) Das Auswärtige Amt unterstützt die Familienangehörigen bei der Vorbereitung auf einen Auslandsaufenthalt, insbesondere bei Erwerb, Aufrechterhaltung und Vertiefung fremdsprachlicher Kenntnisse.

(3) Das Auswärtige Amt und die Auslandsvertretung gewähren den Familienangehörigen die am Auslandsdienstort notwendige Unterstützung.

(4) Familienangehörige im Sinne dieses Gesetzes sind:

1. der Ehegatte des Beamten,
2. die Kinder, für die dem Beamten Kindergeld nach dem X. Abschnitt des Einkommensteuergesetzes zusteht oder ohne Berücksichtigung des § 64 oder des § 65 des Einkommensteuergesetzes zustünde,
3. der Lebenspartner des Beamten,
4. die Kinder des Lebenspartners des Beamten, die der Beamte in seinen Haushalt aufgenommen hat; § 32 Absatz 3 bis 5 des Einkommensteuergesetzes gilt entsprechend.

(5) Zur häuslichen Gemeinschaft des Beamten gehörende Personen sind Personen, auf die sich die Umzugskostenzusage des Dienstherrn nach § 6 Abs. 3 des Bundesumzugskostengesetzes bezieht oder beziehen würde.

(6) Die Vorschriften dieses Gesetzes, die sich auf das Bestehen einer Ehe beziehen, gelten entsprechend für das Bestehen einer Lebenspartnerschaft. Die Vorschriften dieses Gesetzes, die sich auf den Ehegatten beziehen, gelten entsprechend für den Lebenspartner.

§ 20 Mitwirkung der Ehegatten an dienstlichen Aufgaben

Wirken die Ehegatten im dienstlichen Interesse an der Erfüllung von Aufgaben der Beamten oder der Auslandsvertretung mit, so sind sie dabei zu unterstützen.

§ 21 Vorschulische und schulische Erziehung und Ausbildung der Kinder

(1) Vorschulische und schulische Erziehung, Ausbildung und Entwicklung der Kinder von Beamten des Auswärtigen Dienstes und ihrer Ehegatten sind so zu fördern, daß Nachteile in ihrer persönlichen Entwicklung im Vergleich zu im Inland heranwachsenden Kindern nach Möglichkeit vermieden oder ausgeglichen werden. Die bisherige Ausbildung und Erziehung sind zu berücksichtigen. Höhere als die im Inland gewöhnlich anfallenden Kosten werden erstattet.

(2) Befindet sich ein Kind zur Ausbildung an einem anderen als dem Auslandsdienstort, so werden Beihilfen zu Besuchsreisen gewährt.

(3) Näheres regeln Verwaltungsvorschriften, die das Auswärtige Amt im Einvernehmen mit dem Bundesminister des Innern, für Bau und Heimat und dem Bundesminister der Finanzen erläßt.

§ 22 Unfälle und Erkrankungen von Familienangehörigen

(1) Erleidet ein Familienangehöriger des Beamten oder eine andere zur häuslichen Gemeinschaft gehörende Person im Ausland einen Schaden durch einen Unfall oder eine Erkrankung, die unter den Voraussetzungen des § 31 des Beamtenversorgungsgesetzes bei dem Beamten als Dienstunfall zu werten wären, so ist dem Beamten ein Ausgleich zu gewähren. Ein Ausgleich kann auch unter den Voraussetzungen des § 16 Abs. 2 dieses Gesetzes gewährt werden.

(2) Wirkt der Ehegatte des ins Ausland entsandten Beamten bei der Erfüllung von Aufgaben der Auslandsvertretung oder des Beamten mit und erleidet er dabei einen Unfall, der bei dem Beamten selbst ein Dienstunfall im Sinne des § 31 Abs. 1 des Beamtenversorgungsgesetzes wäre, so wird dem Beamten dafür ein Ausgleich gewährt.

(3) Der Ausgleich erfolgt in sinngemäßer Anwendung der §§ 32 bis 34, 35, 43 bis 46 des Beamtenversorgungsgesetzes, soweit nicht der Beamte, der Familienangehörige oder die andere zur häuslichen Gemeinschaft gehörende Person einen Ausgleich von anderer Seite erhält. Im übrigen wird dem Beamten wegen der gesundheitlichen und wirtschaftlichen Folgen auf Antrag eine Versorgung in entsprechender Anwendung des Bundesversorgungsgesetzes gewährt.

(4) Näheres regeln Verwaltungsvorschriften, die das Auswärtige Amt im Einvernehmen mit dem Bundesminister des Innern, für Bau und Heimat und dem Bundesminister der Finanzen erläßt.

§ 23 Reisebeihilfen in besonderen Fällen

(1) Zu Reisen des Beamten und seiner Familienangehörigen vom ausländischen Dienstort aus Anlaß des Todes oder einer lebensgefährlichen Erkrankung eines Familienangehörigen oder Verwandten ersten oder zweiten Grades können dem Beamten Reisebeihilfen gewährt werden. Ebenso können Beihilfen für Reisen von Familienangehörigen und Verwandten ersten oder zweiten Grades zum ausländischen Dienstort gewährt werden, wenn der Beamte oder ein Familienangehöriger lebensgefährlich erkrankt oder gestorben ist.

(2) Das Auswärtige Amt erläßt im Einvernehmen mit dem Bundesminister des Innern, für Bau und Heimat und dem Bundesminister der Finanzen besondere Verwaltungsvorschriften, soweit es die Besonderheiten des Auswärtigen Dienstes erfordern.

§ 24 Berufsausübung der Ehegatten

(1) Der Dienstherr setzt sich dafür ein, daß der Ehegatte des Beamten nach Möglichkeit eine eigene Berufstätigkeit sowohl im Ausland ausüben als auch nach Rückkehr ins Inland wieder aufnehmen kann.

(2) Einem Bundesbeamten kann unter Wegfall der Besoldung Urlaub für die Dauer der Tätigkeit des Ehegatten an einer Auslandsvertretung gewährt werden, wenn er mit diesem am Auslandsdienstort in häuslicher Gemeinschaft lebt und am Gesamtauftrag des Auswärtigen Dienstes mitwirkt.

Abschnitt 6
Fürsorge in Krisenfällen und bei außergewöhnlichen Belastungen

§ 25 Maßnahmen der Krisenfürsorge

Bei kriegerischen Auseinandersetzungen oder inneren Unruhen oder Bedrohungen der Sicherheit der Auslandsvertretungen und ihrer Angehörigen sowie bei unvorhergesehenen schwerwiegenden gesundheitsschädigenden Verhältnissen oder Naturkatastrophen am Dienstort trifft das Auswärtige Amt die erforderlichen Maßnahmen zum Schutz und zur Fürsorge für die Angehörigen des Auswärtigen Dienstes und die zu ihrer häuslichen Gemeinschaft gehörenden Personen.

§ 26 Schadensausgleich

(1) Schäden, die während eines dienstlich angeordneten Auslandsaufenthalts des Beamten diesem, einem Familienangehörigen oder einer anderen zur häuslichen Gemeinschaft gehörenden Person infolge von besonderen, vom Inland wesentlich abweichenden Verhältnissen, insbesondere infolge von Kriegshandlungen, kriegerischen Ereignissen, Aufruhrs, Unruhe oder Naturkatastrophen entstehen, können dem Beamten ersetzt werden. Gleiches gilt für Schäden des Beamten, seiner Familienangehörigen oder der mit ihm in häuslicher Gemeinschaft lebenden Personen durch einen Gewaltakt gegen staatliche Amtsträger, Einrichtungen oder Maßnahmen, wenn der Beamte von dem Gewaltakt in Ausübung des Dienstes oder im Zusammenhang mit seiner dienstlichen Stellung betroffen ist.

(2) Ein Ausgleich kann auch für Schäden infolge von Maßnahmen einer ausländischen

Regierung, die sich gegen die Bundesrepublik Deutschland richten, gewährt werden.

(3) Das Nähere regeln Verwaltungsvorschriften, die das Auswärtige Amt im Einvernehmen mit dem Bundesminster des Innern, für Bau und Heimat und dem Bundesminister der Finanzen erläßt.

Abschnitt 7
Wohnungsfürsorge und Umzüge

§ 27 Wohnsitz und Wohnung

(1) Der ins Ausland entsandte Beamte hat seinen Wohnsitz am ausländischen Dienstort zu nehmen; der Dienstherr kann Ausnahmen zulassen.

(2) Dem Beamten soll im Ausland eine angemessene Wohnung unter Berücksichtigung der Zahl der zu seiner häuslichen Gemeinschaft gehörenden Personen, der dienstlichen Aufgaben des Beamten und der örtlichen Verhältnisse zur Verfügung stehen. Der von ihm aus eigenen Mitteln zu bestreitende Anteil der Wohnkosten soll die durchschnittlichen Aufwendungen für Wohnzwecke im Inland nicht übersteigen.

(3) Besteht für den Beamten an einem Dienstort keine Möglichkeit, innerhalb einer zumutbaren Frist zu angemessenen Bedingungen eine geeignete Wohnung zu mieten, soll eine Dienstwohnung zur Verfügung gestellt werden.

(4) Ein Beamter des Auswärtigen Dienstes kann im Ausland zum Bezug einer angemessenen Dienstwohnung angewiesen werden, wenn es die dienstlichen und öffentlichen Verhältnisse erfordern.

§ 28 Auslandsumzüge und Auslandstrennungsgeld

Die für Auslandsumzüge und das Auslandstrennungsgeld erforderlichen Regelungen werden nach den Grundsätzen des Bundesumzugskostengesetzes und des Bundesreisekostengesetzes durch Rechtsverordnungen des Bundesministers des Auswärtigen im Einvernehmen mit dem Bundesminister der Finanzen und dem Bundesminster des Innern, für Bau und Heimat getroffen.

Abschnitt 8
Auslandsbezogene Leistungen

§ 29 Auslandsbesoldung des Auswärtigen Dienstes

Die Auslandsbesoldung der Beamten des Auswärtigen Dienstes erfolgt nach dem Bundesbesoldungsgesetz. Neben den aus den Lebensbedingungen im Ausland folgenden besonderen materiellen und immateriellen Belastungen in der Lebensführung sowie Kaufkraftnachteilen berücksichtigt sie die durch den wiederkehrenden Auslandseinsatz bedingten Mehraufwendungen, bei verheirateten Beamten die entsprechende Belastung der Ehegatten und deren Mitwirkung am Gesamtauftrag des Auswärtigen Dienstes. Die auf eine Auslandstätigkeit bezogenen Leistungen sind regelmäßig auf ihre Angemessenheit zu überprüfen und, soweit erforderlich, anzupassen. Die Vorbemerkung Nummer 7 Abs. 2 Satz 1 zu den Bundesbesoldungsordnungen A und B bleibt unberührt.

§ 30 Fremdsprachenförderung

Erwerb und Pflege von dienstlich erforderlichen Sprachkenntnissen werden vom Auswärtigen Amt durch Fortbildungsmaßnahmen, Gewährung von Zuschüssen und einer Sprachenaufwandsentschädigung gefördert. Die Sprachenaufwandsentschädigung wird nicht gewährt für Sprachkenntnisse, die Voraussetzung für die Einstellung in den Auswärtigen Dienst sind. Das Nähere regelt das Auswärtige Amt in Verwaltungsvorschriften.

Abschnitt 9
Rechtsverhältnisse der nichtentsandten Beschäftigten

§ 31 Nichtentsandte Beschäftigte

An den Auslandsvertretungen werden deutsche und nichtdeutsche nichtentsandte Angestellte und Arbeiter beschäftigt. Sie leisten einen wichtigen Beitrag zum Gesamtauftrag des Auswärtigen Dienstes.

§ 32 Nichtentsandte Beschäftigte deutscher Staatsangehörigkeit

Die Rechtsverhältnisse der bei den Auslandsvertretungen beschäftigten nichtentsandten deutschen Arbeitnehmer richten sich nach den für sie geltenden Tarifverträgen und sonstigen Bestimmungen.

§ 33 Nichtentsandte Beschäftigte anderer Staatsangehörigkeit

Die Arbeitsverhältnisse nichtentsandter Beschäftigter, die nicht Deutsche sind, werden unter Berücksichtigung der Erfordernisse der Auslandsvertretungen sowie des Rechts im Gastland nach der Ortsüblichkeit gestaltet. Unter Berücksichtigung der örtlichen Verhältnisse werden angemessene soziale Bedingungen gewährleistet.

Abschnitt 10
Schlussvorschriften

§ 34 (weggefallen)

§ 35 Allgemeine Verwaltungsvorschriften

Der Bundesminister des Auswärtigen erläßt, soweit in diesem Gesetz nicht anders bestimmt, die zur Durchführung dieses Gesetzes erforderlichen Verwaltungsvorschriften.

§ 36 Übergangsregelung

§ 5 Abs. 2 dieses Gesetzes ist nicht anzuwenden auf Beamte, denen vor dem 1. Januar 2003 Altersteilzeit bewilligt wurde.

§ 37 Inkrafttreten

Dieses Gesetz tritt am 1. Januar 1991 in Kraft.

Verordnung über den Heimaturlaub des Auswärtigen Dienstes (Heimaturlaubsverordnung – HUrlV)

Vom 3. Juni 2002 (BGBl. I S. 1784)

Zuletzt geändert durch
Elfte Zuständigkeitsanpassungsverordnung
vom 19. Juni 2020 (BGBl. I S. 1328)

Auf Grund des § 18 Abs. 2 des Gesetzes über den Auswärtigen Dienst vom 30. August 1990 (BGBl. I S. 1842) verordnet das Auswärtige Amt im Einvernehmen mit dem Bundesministerium des Innern und dem Bundesministerium der Finanzen:

§ 1 Zusatzurlaub

Beamtinnen und Beamte des Auswärtigen Dienstes an außereuropäischen Dienstorten sowie an europäischen Dienstorten mit besonders schwierigen Lebens- und Arbeitsbedingungen erhalten jährlich bis zu 18 zusätzliche Urlaubstage.

§ 2 Wartezeit, Urlaubsabwicklung

(1) Zusatzurlaub kann frühestens angetreten werden

1. an Dienstorten, an denen drei oder sechs Arbeitstage Zusatzurlaub gewährt werden, nach sechs Monaten,
2. an Dienstorten, an denen neun oder zwölf Arbeitstage Zusatzurlaub gewährt werden, nach vier Monaten und
3. an Dienstorten, an denen 15 oder 18 Arbeitstage Zusatzurlaub gewährt werden, nach zwei Monaten

dienstlichen Aufenthalts, es sei denn, ein dienstlicher Aufenthalt an einem anderen Dienstort, an dem Zusatzurlaub gewährt wird, ging unmittelbar voraus.

(2) Entsteht der Anspruch auf Zusatzurlaub im Laufe des Urlaubsjahres, beträgt er ein Zwölftel für jeden vollen Monat des dienstlichen Aufenthalts. Wechselt die Beamtin oder der Beamte den Dienstort, errechnet sich der Zusatzurlaub anteilig nach Satz 1. Bei einem Wechsel im Laufe eines Monats gilt dieser Monat als voller Monat am neuen Dienstort.

§ 3 Reisetage

(1) Für die Reise von einem Dienstort außerhalb Europas ins Inland werden neben dem Zusatzurlaub nach § 1 einmal jährlich zusätzliche Urlaubstage (Reisetage) gewährt. Sie betragen pro angefangene sechs Stunden durchschnittlich erforderlicher Reisezeit jeweils für die Hin- und für die Rückreise einen halben Tag, höchstens jedoch sechs Arbeitstage.

(2) Reisetage werden für jedes Urlaubsjahr nur einmal gewährt. Sie verfallen mit dem Erholungsurlaub.

§ 4 Fahrkostenzuschuss

(1) Zu den Fahrkosten eines Urlaubs im Inland (Heimaturlaub), der ohne den Tag der An- und Abreise mindestens zwei Wochen dauert, wird auf Antrag einmalig für jedes Jahr des dienstlichen Auslandsaufenthalts ein Zuschuss gewährt (Fahrkostenzuschuss). Berücksichtigt werden Fahrkosten

1. der Beamtinnen und Beamten des Auswärtigen Dienstes sowie
2. der mit ihnen in häuslicher Gemeinschaft lebenden
   a) Ehepartner,
   b) Kinder, die bei der Gewährung von Auslandszuschlag nach § 53 Abs. 4 Nr. 2 des Bundesbesoldungsgesetzes berücksichtigungsfähig sind, und
   c) anderen Personen, für die bei einem Umzug der Beamtin oder des Beamten Reisekostenvergütung gewährt würde, mit Ausnahme der Hausangestellten.

Der Zuschuss zu den Fahrkosten der in Nummer 2 genannten Personen entfällt, wenn diese auf Grund eines eigenen Beschäftigungsverhältnisses die Erstattung ihrer Fahrkosten von anderer Seite verlangen können.

(2) Der Fahrkostenzuschuss wird grundsätzlich als Sachzuwendung in Form eines Fahrscheins der zweiten Bahnklasse oder, falls eine Flugreise notwendig ist, eines Flugscheins der niedrigsten Flugklasse für die Fahrt vom ausländischen Dienstort zum Sitz der zuständigen inländischen Dienststelle und zurück gewährt. Von finanziellen Belastungen, die daraus erwachsen, wird der oder die Anspruchsberechtigte freigestellt. Wurde aus Gründen, die der oder die Anspruchsberechtigte nicht zu vertreten hat, keine Sachzuwendung in Anspruch genommen, werden die nachgewiesenen notwendigen Kosten erstattet. Satz 2 gilt entsprechend. Wurde die Sachzuwendung aus anderen Gründen nicht in Anspruch genommen, werden die nachgewiesenen notwendigen Kosten bis zur Höhe der Kosten erstattet, die der Dienststelle bei Gewährung der Sachzuwendung entstanden wären. Für Nebenkosten der Reise wird eine Pauschale gewährt, die vom Auswärtigen Amt durch Verwaltungsvorschrift im Einvernehmen mit dem Bundesministerium des Innern, für Bau und Heimat und dem Bundesministerium der Finanzen festgesetzt wird.

(3) Der Fahrkostenzuschuss entfällt in den Fällen des § 4 Abs. 3 Satz 2 der Auslandsumzugskostenverordnung.

(4) Der Fahrkostenzuschuss wird nur gewährt, wenn der Heimaturlaub spätestens vor Ablauf von sechs Monaten nach Beendigung des betreffenden Jahres des dienstlichen Aufenthalts angetreten wird. Er kann erstmals nach einem mindestens sechsmonatigen dienstlichen Aufenthalt an jedem Auslandsdienstort gewährt werden, es sei denn, die Heimreise ist aus gesundheitlichen oder anderen zwingenden Gründen notwendig.

(5) Im Fall der Versetzung der Beamtin oder des Beamten in das Inland oder des Eintritts in den Ruhestand wird der Fahrkostenzuschuss nur gewährt, wenn

1. der Zeitraum zwischen Heimaturlaub und Versetzungstermin oder Eintritt in den Ruhestand mindestens drei Monate beträgt und
2. im letzten angefangenen Jahr des dienstlichen Auslandsaufenthalts dieser mindestens sechs Monate dauert.

§ 5 Ausschluss des Fahrkostenzuschusses

(1) Der Fahrkostenzuschuss wird nicht gewährt

1. Beamtinnen und Beamten, die Anspruch auf Reisebeihilfe für Familienheimfahrten nach § 13 der Auslandstrennungsgeldverordnung haben,
2. für Kinder von Beamtinnen und Beamten, die mit diesen nicht in häuslicher Gemeinschaft leben und für die ein Anspruch auf Kinderreisebeihilfe nach § 21 Abs. 2 des Gesetzes über den Auswärtigen Dienst besteht, sowie
3. bei Versetzungen und Abordnungen, deren Dauer von vornherein auf einen Zeitraum von weniger als einem Jahr begrenzt ist.

(2) Werden Beamtinnen und Beamte im Anschluss an einen Heimaturlaub, für den sie Fahrkostenzuschuss beantragt haben, an einen anderen Dienstort versetzt oder abgeordnet und ist es nicht erforderlich, dass sie zuvor noch einmal an den bisherigen Dienstort reisen, gilt § 4 Abs. 3 Satz 2 und 3 der Auslandsumzugskostenverordnung. Die Rückkehr an den bisherigen Dienstort ist nicht erforderlich, wenn sie spätestens zwölf Wochen vor Antritt des Heimaturlaubs davon unterrichtet wurden, dass sie im Anschluss an diesen Heimaturlaub versetzt oder abgeordnet werden und an den bisherigen Dienstort aus dienstlichen Gründen nicht zurückzukehren brauchen.

§ 6 Abschlagszahlung und Abrechnung der Fahrkosten

Der Fahrkostenzuschuss ist rechtzeitig schriftlich oder elektronisch vor Antritt der Reise bei der zuständigen inländischen Dienststelle zu beantragen. Auf Antrag ist vor Antritt eines Urlaubs eine Abschlagszahlung bis zur Höhe des nach § 4 Abs. 2 voraussichtlich zustehenden Betrages zu gewähren. Der Fahrkostenzuschuss ist innerhalb einer

Ausschlussfrist von sechs Monaten nach Beendigung der Urlaubsreise abzurechnen.

§ 7 (weggefallen)

§ 8 Inkrafttreten, Außerkrafttreten

Diese Verordnung tritt am 1. Juli 2002 in Kraft. Gleichzeitig tritt die Heimaturlaubsverordnung vom 18. Januar 1991 (BGBl. I S. 144), zuletzt geändert durch die Verordnung vom 5. Dezember 1992 (BGBl. I S. 2006), außer Kraft.

II Laufbahn/Ausbildung

Laufbahn

Verordnung über die Laufbahnen der Bundesbeamtinnen und Bundesbeamten (Bundeslaufbahnverordnung – BLV)

Vom 12. Februar 2009 (BGBl. I S. 284)

Zuletzt geändert durch
Gesetz über die Lehrverpflichtung des hauptberuflichen wissenschaftlichen Personals an Hochschulen des Bundes und zur Änderung weiterer dienstrechtlicher Vorschriften vom 19. Juli 2024 (BGBl. I Nr. 247)

Inhaltsübersicht

II

Auf Grund des § 8 Absatz 1 Satz 3, § 11 Absatz 1 Satz 5, § 17 Absatz 7, § 20 Satz 2, § 21 Satz 2, § 22 Absatz 5 Satz 2 und des § 26 des Bundesbeamtengesetzes vom 5. Februar 2009 (BGBl. I S. 160) verordnet die Bundesregierung:

Abschnitt 1
Allgemeines

§ 1 Geltungsbereich

Diese Verordnung gilt für die Beamtinnen und Beamten des Bundes, soweit nicht gesetzlich etwas anderes bestimmt ist.

§ 2 Begriffsbestimmungen

(1) Einstellung ist eine Ernennung unter Begründung eines Beamtenverhältnisses.

(2) Eignung erfasst insbesondere Persönlichkeit und charakterliche Eigenschaften, die für ein bestimmtes Amt von Bedeutung sind.

(3) Befähigung umfasst die Fähigkeiten, Kenntnisse, Fertigkeiten und sonstigen Eigenschaften, die für die dienstliche Verwendung wesentlich sind.

(4) Die fachliche Leistung ist insbesondere nach den Arbeitsergebnissen, der praktischen Arbeitsweise, dem Arbeitsverhalten und für Beamtinnen oder Beamte, die bereits Vorgesetzte sind, nach dem Führungsverhalten zu beurteilen.

(5) Hauptberuflich ist eine Tätigkeit, wenn sie entgeltlich ist, gewolltermaßen den Schwerpunkt der beruflichen Tätigkeit darstellt, in der Regel den überwiegenden Teil der Arbeitskraft beansprucht und dem durch Ausbildung und Berufswahl geprägten Berufsbild entspricht oder nahekommt.

(6) Probezeit ist die Zeit in einem Beamtenverhältnis auf Probe, in der sich die Beamtinnen und Beamten nach Erwerb der Laufbahnbefähigung zur späteren Verwendung auf Lebenszeit oder zur Übertragung eines Amtes mit leitender Funktion bewähren sollen.

(7) Erprobungszeit ist die Zeit, in der die Beamtin oder der Beamte die Eignung für einen höher bewerteten Dienstposten nachzuweisen hat.

(8) Beförderung ist die Verleihung eines anderen Amtes mit höherem Endgrundgehalt. Sie erfolgt in den Fällen, in denen die Amtsbezeichnung wechselt, durch Ernennung.

§ 3 Mutterschutz

Zeiten des Mutterschutzes sind auf Zeiten anzurechnen, die nach dieser Verordnung Voraussetzung für eine Einstellung oder für die berufliche Entwicklung sind. Die Verlängerung eines Vorbereitungsdienstes nach § 15 Absatz 1 Satz 1 Nummer 2 bleibt unberührt.

§ 4 Stellenausschreibungspflicht

(1) Zu besetzende Stellen sind außer in den Fällen des Absatzes 2 auszuschreiben. Der Einstellung von Bewerberinnen und Bewerbern muss eine öffentliche Ausschreibung vorausgehen.

(2) Die Pflicht zur Stellenausschreibung nach Absatz 1 gilt nicht

1. für Stellen der Staatssekretärinnen und Staatssekretäre, Abteilungsleiterinnen und Abteilungsleiter in den Bundesministerien und im Bundestag, sonstigen politischen Beamtinnen und Beamten, Leitungen der anderen obersten Bundesbehörden und Leiterinnen und Leiter der den Bundesministerien unmittelbar nachgeordneten Behörden sowie der bundesunmittelbaren Körperschaften, Anstalten und Stiftungen des öffentlichen Rechts,
2. für Stellen der persönlichen Referentinnen und Referenten der Leiterinnen und Leiter der obersten Bundesbehörden sowie der beamteten und Parlamentarischen Staatssekretärinnen und Staatssekretäre,
3. für Stellen, die mit Beamtinnen und Beamten unmittelbar nach Abschluss ihres Vorbereitungsdienstes oder eines Aufstiegsverfahrens besetzt werden,
4. für Stellen, die durch Versetzung nach vorangegangener Abordnung, nach Übertritt oder nach Übernahme von Beamtinnen und Beamten besetzt werden,
5. für Stellen, die zur Vermeidung der Versetzung in den Ruhestand wegen Dienstunfähigkeit oder zur erneuten Berufung in das

Beamtenverhältnis nach Wiederherstellung der Dienstfähigkeit besetzt werden,
6. für Stellen des einfachen Dienstes, für die Bewerberinnen und Bewerber von der Bundesagentur für Arbeit vermittelt werden können.

(3) Von einer Stellenausschreibung kann abgesehen werden

1. allgemein oder in Einzelfällen, wenn Gründe der Personalplanung oder des Personaleinsatzes entgegenstehen und es sich nicht um Einstellungen handelt,
2. in besonderen Einzelfällen auch bei einer Einstellung aus den in Nummer 1 genannten Gründen.

§ 5 Schwerbehinderte Menschen

(1) Von schwerbehinderten Menschen darf nur das Mindestmaß an körperlicher Eignung verlangt werden.

(2) In Auswahlverfahren und in Prüfungsverfahren im Sinne dieser Verordnung sind für schwerbehinderte Menschen Erleichterungen vorzusehen, die ihrer Behinderung angemessen sind.

(3) Bei der Beurteilung der Leistung schwerbehinderter Menschen ist eine etwaige Einschränkung der Arbeits- und Verwendungsfähigkeit wegen der Behinderung zu berücksichtigen.

Abschnitt 2 Einstellung von Bewerberinnen und Bewerbern

Unterabschnitt 1 Gemeinsame Vorschriften

§ 6 Gestaltung der Laufbahnen

(1) Die Laufbahnen sind den Laufbahngruppen des einfachen, mittleren, gehobenen und höheren Dienstes zugeordnet. Die Zugehörigkeit einer Laufbahn zu einer Laufbahngruppe richtet sich nach dem im Bundesbesoldungsgesetz bestimmten Eingangsamt.

(2) In den Laufbahngruppen können folgende Laufbahnen eingerichtet werden:

1. der nichttechnische Verwaltungsdienst,
2. der technische Verwaltungsdienst,
3. der sprach- und kulturwissenschaftliche Dienst,
4. der naturwissenschaftliche Dienst,
5. der agrar-, forst- und ernährungswissenschaftliche sowie tierärztliche Dienst,
6. der ärztliche und gesundheitswissenschaftliche Dienst,
7. der sportwissenschaftliche Dienst und
8. der kunstwissenschaftliche Dienst.

§ 7 Laufbahnbefähigung

Bewerberinnen und Bewerber erlangen die Laufbahnbefähigung

1. durch den erfolgreichen Abschluss eines fachspezifischen Vorbereitungsdienstes des Bundes oder eines Aufstiegsverfahrens des Bundes oder
2. durch Anerkennung, wenn sie außerhalb eines Vorbereitungsdienstes des Bundes oder eines Aufstiegsverfahrens des Bundes Folgendes erworben haben:
   a) die für die entsprechende Laufbahn vorgeschriebene Vorbildung oder
   b) die erforderliche Befähigung durch Lebens- und Berufserfahrung.

§ 8 Feststellung der Laufbahnbefähigung

(1) Besitzen Bewerberinnen oder Bewerber die für die entsprechende Laufbahn vorgeschriebene Vorbildung, erkennt die zuständige oberste Dienstbehörde die Laufbahnbefähigung an. Sie kann diese Befugnis auf andere Behörden übertragen.

(2) Haben Bewerberinnen oder Bewerber die erforderliche Befähigung durch Lebens- und Berufserfahrung erworben, erkennt der Bundespersonalausschuss oder ein von ihm zu bestimmender unabhängiger Ausschuss die Laufbahnbefähigung an.

(3) Im Anschluss an das Anerkennungsverfahren nach Absatz 1 oder 2 teilt die zuständige oberste Dienstbehörde der Bewerberin oder dem Bewerber die Feststellung der Laufbahnbefähigung schriftlich mit. Sie kann diese Befugnis auf andere Behörden übertra-

gen. Die Laufbahn und das Datum des Befähigungserwerbs sind in der Mitteilung zu bezeichnen.

§ 9 Ämter der Laufbahnen

(1) Die zu den Laufbahnen gehörenden Ämter sowie die dazugehörigen Amtsbezeichnungen ergeben sich aus Anlage 1. Für die Dauer einer Tätigkeit im Auswärtigen Dienst können die Amtsbezeichnungen des Auswärtigen Dienstes verliehen werden.

(2) Die Ämter der Bundesbesoldungsordnung A sind regelmäßig zu durchlaufen.

Unterabschnitt 2 Vorbereitungsdienste

§ 10 Einrichtung von Vorbereitungsdiensten

(1) Die Befugnis nach § 26 Absatz 2 des Bundesbeamtengesetzes wird für die in Anlage 2 genannten fachspezifischen Vorbereitungsdienste den dort genannten obersten Dienstbehörden übertragen.

(2) Die Rechtsverordnungen nach Absatz 1 müssen insbesondere Inhalt und Dauer der Vorbereitungsdienste sowie die Prüfung und das Prüfungsverfahren regeln. Die vorzusehenden Prüfungsnoten ergeben sich aus Anlage 3.

(3) Die Rechtsverordnungen nach Absatz 1 können vorsehen, dass mit erfolgreichem Abschluss eines Vorbereitungsdienstes für den mittleren Dienst eine Berufsbezeichnung verliehen wird.

§ 10a Auswahlverfahren für die Einstellung in den Vorbereitungsdienst

(1) Voraussetzung für die Einstellung in den Vorbereitungsdienst ist die erfolgreiche Teilnahme an einem Auswahlverfahren. In dem Auswahlverfahren wird die Eignung und Befähigung der Bewerberinnen und Bewerber festgestellt. Dafür können Allgemeinwissen, kognitive, methodische und soziale Fähigkeiten, Intelligenz, Persönlichkeitsmerkmale, Motivation sowie Fachwissen, Sprachkenntnisse, körperliche Fähigkeiten und praktische Fertigkeiten geprüft werden. Die Anforderungen an die Eignung und Befähigung der Bewerberinnen und Bewerber sowie die Auswahlkriterien richten sich nach den Anforderungen des Vorbereitungsdienstes.

(2) Zum Auswahlverfahren wird zugelassen, wer die Voraussetzungen erfüllt, die in der Ausschreibung für die Einstellung in den Vorbereitungsdienst bestimmt sind. Ob diese Voraussetzungen erfüllt werden, wird durch eine Auswertung der Bewerbungsunterlagen festgestellt, insbesondere von Zeugnisnoten, Studienleistungen oder Arbeitszeugnissen. Ferner können Tests zur Erfassung von kognitiver Leistungsfähigkeit, sozialen Fähigkeiten, Persönlichkeitsmerkmalen, Motivation oder Sprachkenntnissen durchgeführt werden. Die Tests können unterstützt durch Informationstechnologie durchgeführt werden.

(3) Übersteigt die Zahl der Bewerberinnen und Bewerber, die die in der Ausschreibung bestimmten Voraussetzungen erfüllen, das Dreifache der für den Vorbereitungsdienst angebotenen Plätze, so kann die Zahl der am Auswahlverfahren Teilnehmenden beschränkt werden. Dabei sind jedoch mindestens dreimal so viele Bewerberinnen und Bewerber zuzulassen, wie Plätze für den Vorbereitungsdienst angeboten werden. Zum Auswahlverfahren wird in diesem Fall zugelassen, wer nach den Bewerbungsunterlagen und etwaigen Tests nach Absatz 2 Satz 3 am besten geeignet ist.

(4) Das Auswahlverfahren besteht aus einem schriftlichen Teil und einem mündlichen Teil, die jeweils aus mehreren Abschnitten bestehen können. Wenn es für die Laufbahn erforderlich ist, können in einem weiteren Teil die körperliche Tauglichkeit oder praktische Fertigkeiten geprüft werden. Ist ein abgeschlossenes Hochschulstudium Voraussetzung für die Einstellung in den Vorbereitungsdienst, kann das Auswahlverfahren nur aus einem mündlichen Teil bestehen. Von den in einem Teil oder in einem Abschnitt erbrachten Leistungen kann die Teilnahme am weiteren Auswahlverfahren abhängig gemacht werden.

(5) Für den schriftlichen Teil ist eines oder eine Kombination der folgenden Auswahlinstrumente anzuwenden:

1. Aufsatz,
2. Leistungstest,
3. Persönlichkeitstest,
4. Simulationsaufgaben,
5. biographischer Fragebogen.

Bei besonderen Anforderungen einer Laufbahn kann der schriftliche Teil durch weitere Auswahlinstrumente ergänzt werden. Der schriftliche Teil kann unterstützt durch Informationstechnologie durchgeführt werden. Bei Unterstützung durch Informationstechnologie ist für den Zeitraum bis zum Ablauf der Aufbewahrungsfrist sicherzustellen, dass die dabei anfallenden Daten unverwechselbar und dauerhaft der Bewerberin oder dem Bewerber zugeordnet werden können.

(6) Für den mündlichen Teil ist eines oder eine Kombination der folgenden Auswahlinstrumente anzuwenden:

1. strukturiertes oder halbstrukturiertes Interview,
2. Referat,
3. Präsentation,
4. Simulationsaufgaben,
5. Gruppenaufgaben,
6. Gruppendiskussion,
7. Fachkolloquium.

Bei besonderen Anforderungen einer Laufbahn kann der mündliche Teil durch weitere Auswahlinstrumente ergänzt werden. Der mündliche Teil kann in einer Fremdsprache durchgeführt werden. Wenn geeignete technische Einrichtungen zur Verfügung stehen, kann der mündliche Teil unter Nutzung von Videokonferenztechnik durchgeführt werden.

(7) Die im Auswahlverfahren erbrachten Leistungen sind mit Punkten oder Noten zu bewerten. Es ist eine Rangfolge der geeigneten Bewerberinnen und Bewerber festzulegen. Die Rangfolge ist für die Einstellung in den Vorbereitungsdienst maßgeblich.

(8) In den Rechtsverordnungen nach § 26 Absatz 2 Satz 1 des Bundesbeamtengesetzes ist zu regeln,

1. welche wesentlichen Anforderungen an die Eignung und Befähigung der Bewerberinnen und Bewerber dem Auswahlverfahren zu Grunde liegen,
2. aus welchen Teilen und Abschnitten das Auswahlverfahren besteht,
3. welche Auswahlinstrumente angewendet werden können,
4. wie die Teile und Abschnitte bei der Gesamtbewertung der im Auswahlverfahren erbrachten Leistungen gewichtet werden,
5. wenn von der Möglichkeit nach Absatz 4 Satz 4 Gebrauch gemacht wird: wovon die weitere Teilnahme abhängig gemacht werden soll,
6. wenn von der Möglichkeit nach Absatz 6 Satz 3 Gebrauch gemacht wird: in welcher Fremdsprache der mündliche Teil durchgeführt werden kann.

§ 11 Einstellung in den Vorbereitungsdienst

Die Bewerberinnen und Bewerber werden als Beamtinnen und Beamte auf Widerruf in den Vorbereitungsdienst eingestellt. Sie führen als Dienstbezeichnung die Amtsbezeichnung des Eingangsamts ihrer Laufbahn mit dem Zusatz „Anwärterin" oder „Anwärter", in Laufbahnen des höheren Dienstes die Dienstbezeichnung „Referendarin" oder „Referendar". Die für die Gestaltung des Vorbereitungsdienstes zuständige oberste Dienstbehörde kann im Einvernehmen mit dem Bundesministerium des Innern und für Heimat andere Dienstbezeichnungen festsetzen.

§ 11a Einfacher Dienst

Ein Vorbereitungsdienst für den einfachen Dienst dauert mindestens sechs Monate.

§ 12 Mittlerer Dienst

Ein Vorbereitungsdienst für den mittleren Dienst dauert mindestens ein Jahr, in der Regel jedoch zwei Jahre. Er besteht aus einer fachtheoretischen und einer berufspraktischen Ausbildung.

§ 13 Gehobener Dienst

(1) Ein Vorbereitungsdienst für den gehobenen Dienst dauert in der Regel drei Jahre und besteht aus Fachstudien und berufsprakti-

schen Studienzeiten. Der Vorbereitungsdienst wird als Hochschulstudiengang, der mit einem Bachelor oder einem Diplomgrad mit dem Zusatz „Fachhochschule" abschließt, durchgeführt.

(2) Der Vorbereitungsdienst kann bis auf ein Jahr verkürzt werden, wenn die für die Laufbahnaufgaben erforderlichen wissenschaftlichen und methodischen Grundkenntnisse durch ein mit einem Bachelor abgeschlossenes Hochschulstudium oder durch einen gleichwertigen Abschluss nachgewiesen werden. Zum Erwerb erforderlicher Spezialkenntnisse sind Fachstudien oder Lehrgänge, zum Erwerb erforderlicher berufspraktischer Fähigkeiten und Kenntnisse berufspraktische Studienzeiten und ergänzende Lehrveranstaltungen vorzusehen. Eine Verkürzung lediglich auf Fachstudien oder Lehrgänge ist nicht zulässig.

§ 14 Höherer Dienst

Ein Vorbereitungsdienst für den höheren Dienst dauert mindestens 18 Monate, in der Regel jedoch zwei Jahre. Er vermittelt die für die Laufbahn erforderlichen berufspraktischen Fähigkeiten und Kenntnisse.

§ 15 Verlängerung der Vorbereitungsdienste

(1) Der Vorbereitungsdienst ist nach Anhörung der Referendarinnen, Referendare, Anwärterinnen und Anwärter im Einzelfall zu verlängern, wenn er wegen

1. einer Erkrankung,
2. des Mutterschutzes,
3. einer Elternzeit,
4. der Ableistung eines Wehr-, Zivil-, Bundesfreiwilligen- oder Entwicklungsdienstes, freiwilligen sozialen oder ökologischen Jahres, anderen Dienstes im Ausland, Internationalen Jugendfreiwilligendienstes, Europäischen Freiwilligendienstes, Freiwilligendienstes „weltwärts" des Bundesministeriums für wirtschaftliche Zusammenarbeit und Entwicklung oder Zivilen Friedensdienstes,
5. anderer zwingender Gründe

unterbrochen wurde und durch die Verkürzung von Ausbildungsabschnitten die zielgerechte Fortsetzung des Vorbereitungsdienstes nicht gewährleistet ist. Dabei können Abweichungen vom Ausbildungs-, Lehr- oder Studienplan zugelassen werden.

(2) Bei Teilzeitbeschäftigung gilt Absatz 1 entsprechend.

(3) Der Vorbereitungsdienst kann in den Fällen des Absatzes 1 Satz 1 Nummer 1 und 5 und bei Teilzeitbeschäftigung höchstens zweimal, insgesamt jedoch nicht mehr als 24 Monate verlängert werden.

§ 16 Verkürzung der Vorbereitungsdienste

(1) Der Vorbereitungsdienst kann verkürzt werden, wenn

1. das Erreichen des Ausbildungsziels nicht gefährdet ist und
2. nachgewiesen wird, dass die für die Laufbahnbefähigung erforderlichen Fähigkeiten, Kenntnisse und Fertigkeiten erworben worden sind durch
   a) eine geeignete, mit einer Prüfung abgeschlossene Berufsausbildung oder
   b) gleichwertige, in den Laufbahnen des höheren Dienstes nach Bestehen der ersten Staats- oder Hochschulprüfung ausgeübte hauptberufliche Tätigkeiten.

(2) Auf einen Vorbereitungsdienst für den gehobenen Dienst können Studienleistungen, die an einer Hochschule erbracht worden sind, angerechnet werden, wenn

1. die Bewerberinnen und Bewerber Studienabschnitte absolviert haben, die inhaltlich den Anforderungen eines Abschnitts dieses Vorbereitungsdienstes entsprechen, und
2. die Studienleistungen durch bestandene Prüfungen nachgewiesen werden.

Die Rechtsverordnungen nach § 26 Absatz 2 Satz 1 des Bundesbeamtengesetzes können die Anrechnung weiterer Studien- und Prüfungsleistungen regeln.

(3) Der Vorbereitungsdienst dauert nach einer Verkürzung oder nach der Anrechnung von Studien- und Prüfungsleistungen mindestens sechs Monate.

(4) Bei einer Verkürzung oder bei der Anrechnung von Studien- und Prüfungsleistungen können Abweichungen vom Ausbildungs-, Lehr- oder Studienplan zugelassen werden.

(5) Bei einer Verkürzung oder für die Anrechnung von Studien- und Prüfungsleistungen können die Bildungsvoraussetzungen und sonstigen Voraussetzungen nach § 17 Absatz 2 bis 5 des Bundesbeamtengesetzes nicht berücksichtigt werden.

(6) Rechtsverordnungen nach § 26 Absatz 2 Satz 1 des Bundesbeamtengesetzes können vorsehen, dass ein erfolgreich abgeschlossener Vorbereitungsdienst für eine Laufbahn auf den Vorbereitungsdienst für die nächsthöhere Laufbahn bis zu sechs Monaten angerechnet werden kann.

§ 17 Laufbahnprüfung

(1) Im Rahmen des Vorbereitungsdienstes ist eine Laufbahnprüfung abzulegen. Sie kann in Form von Modulprüfungen durchgeführt werden.

(2) Ist der Vorbereitungsdienst nach § 13 Absatz 2 Satz 1 oder nach § 16 verkürzt worden, sind die Ausbildungsinhalte des geleisteten Vorbereitungsdienstes Gegenstand der Laufbahnprüfung.

(3) Folgende Prüfungen können, wenn sie nicht bestanden worden sind, einmal wiederholt werden:

1. die Laufbahnprüfung,
2. die Zwischenprüfung, wenn deren Bestehen Voraussetzung für die Fortsetzung des Vorbereitungsdienstes ist, sowie
3. Modul- und Teilprüfungen, wenn deren Bestehen Voraussetzung für die Fortsetzung des Vorbereitungsdienstes ist.

(4) Noch ein zweites Mal können folgende Prüfungen, wenn sie auch in der ersten Wiederholung nicht bestanden worden sind, wiederholt werden:

1. in einem Vorbereitungsdienst, der als Bachelorstudiengang und nur mit Pflichtmodulen durchgeführt wird: zwei Modulprüfungen und
2. in einem Vorbereitungsdienst, der als Bachelorstudiengang mit Wahl- und Pflichtmodulen durchgeführt wird:
   a) eine Modulprüfung in einem der Pflichtmodule und
   b) eine Modulprüfung in einem der Wahlmodule.

(5) In anderen Vorbereitungsdiensten kann die oberste Dienstbehörde in begründeten Ausnahmefällen bei folgenden Prüfungen, wenn sie auch in der ersten Wiederholung nicht bestanden worden sind, noch eine zweite Wiederholung zulassen:

1. bei der Laufbahnprüfung,
2. bei der Zwischenprüfung, wenn deren Bestehen Voraussetzung für die Fortsetzung des Vorbereitungsdienstes ist, und
3. bei Modul- und Teilprüfungen, wenn deren Bestehen Voraussetzung für die Fortsetzung des Vorbereitungsdienstes ist.

Die Befugnis zur Zulassung einer zweiten Wiederholung kann von der obersten Dienstbehörde auf die unmittelbar nachgeordneten Behörden übertragen werden.

Unterabschnitt 3
Anerkennung von Befähigungen

§ 18 Einfacher Dienst

Die Anerkennung der Befähigung für eine Laufbahn des einfachen Dienstes nach § 7 Nummer 2 Buchstabe a setzt neben den Bildungsvoraussetzungen eine abgeschlossene Berufsausbildung voraus.

§ 19 Mittlerer Dienst

(1) Die Anerkennung der Befähigung für eine Laufbahn des mittleren Dienstes nach § 7 Nummer 2 Buchstabe a setzt neben den Bildungsvoraussetzungen Folgendes voraus:

1. eine abgeschlossene Berufsausbildung, die inhaltlich den Anforderungen eines fachspezifischen Vorbereitungsdienstes entspricht, oder
2. eine abgeschlossene Berufsausbildung und eine hauptberufliche Tätigkeit von mindestens einem Jahr und sechs Monaten.

(2) Eine Ausbildung entspricht inhaltlich den Anforderungen eines fachspezifischen Vorbereitungsdienstes, wenn

1. sie seine wesentlichen Inhalte in gleicher Breite und Tiefe vermittelt hat und
2. die abschließende Prüfung der entsprechenden Laufbahnprüfung gleichwertig ist.

(3) Die hauptberufliche Tätigkeit muss nach Fachrichtung und Schwierigkeit der Tätigkeit einer Beamtin oder eines Beamten derselben Laufbahn entsprechen. Erfüllt sie diese Voraussetzung, so darf sie von der nach § 8 Absatz 1 zuständigen Behörde nicht bei der Anerkennung der Befähigung ausgeschlossen werden. Bei einer hauptberuflichen Tätigkeit, die im öffentlichen Dienst ausgeübt worden ist, richtet sich die Bewertung der Schwierigkeit nach der besoldungsrechtlichen oder tarifrechtlichen Bewertung dieser Tätigkeit.

(4) Ermäßigte und regelmäßige Arbeitszeiten sind gleich zu behandeln, soweit nicht zwingende sachliche Gründe entgegenstehen.

(5) Elternzeit gilt als hauptberufliche Tätigkeit, wenn vor Beginn der Elternzeit eine hauptberufliche Tätigkeit von insgesamt mindestens sechs Monaten ausgeübt worden ist. Ist die hauptberufliche Tätigkeit im öffentlichen Dienst ausgeübt worden, so gilt Elternzeit auch dann als ausgeübte hauptberufliche Tätigkeit, wenn die hauptberufliche Tätigkeit vor Beginn der Elternzeit weniger als sechs Monate ausgeübt worden ist.

§ 20 Gehobener Dienst

(1) Die Anerkennung der Befähigung für eine Laufbahn des gehobenen Dienstes nach § 7 Nummer 2 Buchstabe a setzt Folgendes voraus:

1. einen an einer Hochschule erworbenen Bachelor oder einen gleichwertigen Abschluss, wenn die jeweilige Ausbildung inhaltlich den Anforderungen eines fachspezifischen Vorbereitungsdienstes entsprochen hat, oder
2. einen an einer Hochschule erworbenen Bachelor sowie eine hauptberufliche Tätigkeit oder einen Abschluss, der einem Bachelor gleichwertig ist, sowie eine hauptberufliche Tätigkeit.

Die Regelstudiendauer des Studiengangs, mit dem der Bachelor oder der gleichwertige Abschluss nach Satz 1 abgeschlossen wurde, muss mindestens drei Jahre betragen haben. Die Dauer der hauptberuflichen Tätigkeit nach Satz 1 Nummer 2 beträgt mindestens ein Jahr und sechs Monate. § 19 Absatz 2 bis 5 gilt entsprechend.

(2) Die Befähigung für den gehobenen technischen Verwaltungsdienst hat auch, wer einen der folgenden Vorbereitungsdienste abgeschlossen hat:

1. den gehobenen Verwaltungsinformatikdienst des Bundes oder
2. den gehobenen nichttechnischen Verwaltungsdienst des Bundes – Fachrichtung digitale Verwaltung und IT-Sicherheit –.

§ 21 Höherer Dienst

(1) Die Anerkennung der Befähigung für eine Laufbahn des höheren Dienstes nach § 7 Nummer 2 Buchstabe a setzt Folgendes voraus:

1. eine inhaltlich den Anforderungen eines fachspezifischen Vorbereitungsdienstes entsprechende Ausbildung oder
2. eine hauptberufliche Tätigkeit in der geforderten Dauer und einen der folgenden Ausbildungsabschlüsse:
   a) einen an einer Hochschule erworbenen Bachelor und einen an einer Hochschule erworbenen Master,
   b) einen Abschluss, der einem an einer Hochschule erworbenen Bachelor gleichwertig ist und einen an einer Hochschule erworbenen Master oder
   c) einen Abschluss, der einem an einer Hochschule erworbenen Master gleichwertig ist.

Als Dauer der hauptberuflichen Tätigkeit nach Satz 1 Nummer 2 werden gefordert:

1. mindestens zwei Jahre und sechs Monate, wenn
   a) mit den Studiengängen, die zum Bachelor und Master geführt haben, mindestens 300 Leistungspunkte nach

dem Europäischen System zur Übertragung und Akkumulierung von Studienleistungen erworben worden sind,
   b) die Regelstudiendauer des dem Bachelor gleichwertigen Abschlusses drei Jahre betragen hat und mit dem Studiengang, der zum Master geführt hat, mindestens 120 Leistungspunkte erworben worden sind,
   c) die Regelstudiendauer des dem Bachelor gleichwertigen Abschlusses vier Jahre betragen hat und mit dem Studiengang, der zum Master geführt hat, mindestens 60 Leistungspunkte erworben worden sind oder
   d) ein Abschluss nach Satz 1 Nummer 2 Buchstabe c vorliegt,

2. mindestens drei Jahre, wenn
   a) mit den Studiengängen, die zum Bachelor und Master geführt haben, mindestens 270, aber weniger als 300 Leistungspunkte erworben worden sind, oder
   b) die Regelstudiendauer des dem Bachelor gleichwertigen Abschlusses drei Jahre betragen hat und mit dem Studiengang, der zum Master geführt hat, mindestens 90, aber weniger als 120 Leistungspunkte erworben worden sind, und

3. mindestens drei Jahre und sechs Monate, wenn
   a) mit den Studiengängen, die zum Bachelor und zum Master geführt haben, mindestens 240, aber weniger als 270 Leistungspunkte erworben worden sind, oder
   b) die Regelstudiendauer des mit dem Bachelor gleichwertigen Abschlusses drei Jahre betragen hat und mit dem Studiengang, der zum Master geführt hat, mindestens 60, aber weniger als 90 Leistungspunkte erworben worden sind.

§ 19 Absatz 2 bis 5 gilt entsprechend.

(2) Die Laufbahnbefähigung für den höheren nichttechnischen Verwaltungsdienst hat auch, wer die Befähigung zum Richteramt hat.

§ 22 Andere Bewerberinnen und andere Bewerber

(1) Wer nicht die Voraussetzungen des § 7 Nummer 1 oder 2 Buchstabe a erfüllt, darf nur berücksichtigt werden, wenn keine geeigneten Bewerberinnen und Bewerber mit einer Laufbahnbefähigung für die entsprechende Laufbahn zur Verfügung stehen oder die Einstellung von besonderem dienstlichen Interesse ist.

(2) Nach Absatz 1 berücksichtigte Bewerberinnen und Bewerber müssen durch ihre Lebens- und Berufserfahrung befähigt sein, im Beamtendienst die Aufgaben ihrer künftigen Laufbahn wahrzunehmen. Eine bestimmte Vorbildung darf außer im Fall des Absatzes 3 von ihnen nicht gefordert werden.

(3) Ist eine bestimmte Vorbildung, Ausbildung oder Prüfung durch besondere Rechtsvorschrift vorgeschrieben oder nach ihrer Eigenart zwingend erforderlich, ist eine Einstellung nach Absatz 1 nicht möglich.

(4) Das Verfahren zur Feststellung der Laufbahnbefähigung nach § 8 Absatz 2 regelt der Bundespersonalausschuss.

Unterabschnitt 4
Sonderregelungen

§ 23 Besondere Qualifikationen und Zeiten

(1) Abweichend von § 17 Absatz 3 Nummer 1 Buchstabe a des Bundesbeamtengesetzes können Beamtinnen und Beamte, die einen Hauptschulabschluss oder einen als gleichwertig anerkannten Bildungsstand besitzen, für eine Laufbahn des mittleren Dienstes zugelassen werden, wenn die abgeschlossene Berufsausbildung und hauptberufliche Tätigkeit geeignet sind, die Befähigung für die Laufbahn des mittleren Dienstes zu vermitteln.

(2) Bei Personen, die ein Hochschulstudium und eine hauptberufliche Tätigkeit, die für Beamtinnen und Beamte als Aufstiegsverfahren nach § 39 mit Hochschulstudium und berufspraktischer Einführung eingerichtet sind, absolviert haben, kann

1. bei der Zulassung zu einer Laufbahn des gehobenen Dienstes abgesehen werden von der Voraussetzung der hauptberuflichen Tätigkeit nach § 17 Absatz 4 Nummer 2 Buchstabe c des Bundesbeamtengesetzes und
2. bei der Zulassung zu einer Laufbahn des höheren Dienstes abgesehen werden von der Voraussetzung der hauptberuflichen Tätigkeit nach § 17 Absatz 5 Nummer 2 Buchstabe c des Bundesbeamtengesetzes.

(3) Abweichend von § 17 Absatz 4 Nummer 2 Buchstabe c des Bundesbeamtengesetzes kann für die Zulassung zur Laufbahn des gehobenen nichttechnischen Verwaltungsdienstes für eine Verwendung in der Aufsicht über die Flugsicherung anstelle eines mit einem Bachelor abgeschlossenen Hochschulstudiums auch eine abgeschlossene Ausbildung zur Fluglotsin oder zum Fluglotsen an der Flugsicherungsakademie der DFS Deutsche Flugsicherung GmbH berücksichtigt werden.

(4) Abweichend von § 17 Absatz 4 Nummer 1 und 2 Buchstabe c des Bundesbeamtengesetzes kann für die Zulassung zur Laufbahn des gehobenen technischen Verwaltungsdienstes für eine Verwendung

1. in der Überwachung der Flugtüchtigkeit von Luftfahrzeugen,
2. in der Überwachung von Luftfahrtunternehmen, Organisationen, die fliegendes Personal ausbilden, und Unternehmen, die Luftfahrtgerät entwickeln, herstellen, instand halten oder ändern, sowie
3. in der Flugunfalluntersuchung

anstelle eines mit einem Bachelor abgeschlossenen Hochschulstudiums auch der Erwerb einer Lizenz für Berufspilotinnen oder -piloten nach der Verordnung (EU) Nr. 1178/2011 der Kommission vom 3. November 2011 zur Festlegung technischer Vorschriften und von Verwaltungsverfahren in Bezug auf das fliegende Personal in der Zivilluftfahrt gemäß der Verordnung (EG) Nr. 216/2008 des Europäischen Parlaments und des Rates (ABl. L 311 vom 25. 11. 2011, S. 1) in der jeweils geltenden Fassung berücksichtigt werden.

(5) Abweichend von § 17 Absatz 5 Nummer 1 Buchstabe a des Bundesbeamtengesetzes kann für die Zulassung zu den Laufbahnen

1. des höheren technischen Verwaltungsdienstes,
2. des höheren sprach- und kulturwissenschaftlichen Dienstes,
3. des höheren naturwissenschaftlichen Dienstes sowie
4. des höheren ärztlichen und gesundheitswissenschaftlichen Dienstes

anstelle eines an einer Hochschule erworbenen Masters ein an einer Hochschule erworbener Bachelor oder ein gleichwertiger Abschluss, jeweils in Verbindung mit einer Promotion oder einer hauptberuflichen Tätigkeit von mindestens zwei Jahren und sechs Monaten, berücksichtigt werden. Die hauptberufliche Tätigkeit muss nach Fachrichtung und Schwierigkeit der Tätigkeit einer Beamtin oder eines Beamten derselben Laufbahn entsprechen. Bei einer hauptberuflichen Tätigkeit, die im öffentlichen Dienst ausgeübt worden ist, richtet sich die Bewertung der Schwierigkeit nach der besoldungsrechtlichen oder tarifrechtlichen Bewertung dieser Tätigkeit.

(6) Abweichend von § 17 Absatz 5 Nummer 1 Buchstabe a des Bundesbeamtengesetzes kann für die Zulassung zur Laufbahn des höheren technischen Verwaltungsdienstes für eine Verwendung

1. in der Überwachung der Flugtüchtigkeit von Luftfahrzeugen,
2. in der Überwachung von Luftfahrtunternehmen, Organisationen, die fliegendes Personal ausbilden, und Unternehmen, die Luftfahrtgerät entwickeln, herstellen, instand halten oder ändern, sowie
3. in der Flugunfalluntersuchung

anstelle eines mit einem Master abgeschlossenen Hochschulstudiums auch der Erwerb einer Lizenz für Verkehrspilotinnen oder -piloten nach der Verordnung (EU) Nr. 1178/2011 der Kommission vom 3. November 2011 zur Festlegung technischer Vorschriften und von Verwaltungsverfahren in Bezug auf das fliegende Personal in der Zivilluftfahrt gemäß der

Verordnung (EG) Nr. 216/2008 des Europäischen Parlaments und des Rates (ABl. L 311 vom 25. 11. 2011, S. 1) in der jeweils geltenden Fassung berücksichtigt werden.

(7) Abweichend von § 17 Absatz 4 Nummer 2 Buchstabe c und Absatz 5 Nummer 2 Buchstabe c des Bundesbeamtengesetzes können anstelle von Zeiten einer hauptberuflichen Tätigkeit folgende Zeiten anerkannt werden:

1. bei Ärztinnen und Ärzten
   a) Zeiten einer als Pflicht- oder Medizinalassistentin oder als Pflicht- oder Medizinalassistent und als Ärztin oder Arzt im Praktikum ausgeübten Tätigkeit oder
   b) Zeiten einer Weiterbildung zur Tropenmedizinerin oder zum Tropenmediziner,
2. bei Lebensmittelchemikerinnen und Lebensmittelchemikern: Zeiten der zusätzlich vorgeschriebenen Ausbildung und
3. bei Wissenschaftlerinnen und Wissenschaftlern: Zeiten einer Habilitation.

(8) Abweichend von § 17 Absatz 5 des Bundesbeamtengesetzes können Beamtinnen und Beamte, die die Voraussetzungen des § 17 Absatz 4 des Bundesbeamtengesetzes erfüllen,

1. im Schulaufsichtsdienst der Bundeswehrfachschulen bis zur Besoldungsgruppe A 15 der Bundesbesoldungsordnung A und
2. als Lehrerinnen und Lehrer an Bundeswehrfachschulen bis zur Besoldungsgruppe A 14 der Bundesbesoldungsordnung A

für Laufbahnen des höheren Dienstes zugelassen werden.

(9) Abweichend von § 17 des Bundesbeamtengesetzes können bei Personen, die berufsmäßigen Wehrdienst geleistet haben, anstelle des Vorbereitungsdienstes inhaltlich den Anforderungen eines Vorbereitungsdienstes entsprechende Qualifizierungen berücksichtigt werden.

§ 24 Zulassung zur höheren Laufbahn bei Besitz einer Berufsausbildung oder einer Hochschulausbildung

(1) Abweichend von § 17 Absatz 2 bis 5 des Bundesbeamtengesetzes können Beamtinnen und Beamte, die die für eine höhere Laufbahn erforderliche Berufsausbildung oder Hochschulausbildung besitzen, für eine höhere Laufbahn zugelassen werden, wenn sie an einem für Regelbewerberinnen und Regelbewerber vorgesehenen Auswahlverfahren erfolgreich teilgenommen haben.

(2) Sie verbleiben in ihrem bisherigen beamtenrechtlichen Status, bis sie

1. folgende Voraussetzungen erfüllen:
   a) im mittleren Dienst die sonstigen Voraussetzungen nach § 17 Absatz 3 Nummer 2 des Bundesbeamtengesetzes,
   b) im gehobenen Dienst die sonstigen Voraussetzungen nach § 17 Absatz 4 Nummer 2 des Bundesbeamtengesetzes und
   c) im höheren Dienst die sonstigen Voraussetzungen nach § 17 Absatz 5 Nummer 2 des Bundesbeamtengesetzes und
2. sich nach Erlangung der Befähigung sechs Monate in der neuen Laufbahn bewährt haben.

Die Zeit einer geforderten hauptberuflichen Tätigkeit und der Bewährung darf nicht wegen Elternzeit verlängert werden. Beträgt die Zeit, in der tatsächlich Dienst geleistet worden ist, wegen Elternzeit weniger als ein Jahr, muss eine Verlängerung erfolgen. Die Verlängerung erfolgt um denjenigen Zeitraum der erforderlich ist, damit ein Jahr tatsächlich Dienst geleistet wird.

(3) Nach der Bewährung wird den Beamtinnen und Beamten im Rahmen der besetzbaren Planstellen ein Amt der höheren Laufbahn verliehen. Das erste Beförderungsamt darf frühestens nach Ablauf einer Dienstzeit von einem Jahr seit der ersten Verleihung eines Amtes der höheren Laufbahngruppe verliehen werden.

§ 25 Einstellung in ein Beförderungsamt

(1) Eine Bewerberin oder ein Bewerber kann in ein Beförderungsamt eingestellt werden, wenn sie oder er

1. das angestrebte Amt nach dem individuellen fiktiven Werdegang erreichen kann und

2. für den Zeitraum des individuellen fiktiven Werdegangs hauptberufliche Tätigkeiten nachweist, die
   a) nach Fachrichtung und Schwierigkeit der Tätigkeit einer Beamtin oder eines Beamten in der angestrebten Laufbahn entsprochen haben und
   b) innerhalb dieses Zeitraums für eine Dauer von mindestens sechs Monaten nach ihrer Art und Bedeutung dem angestrebten Amt entsprochen haben.

Liegt keine hauptberufliche Tätigkeit nach Satz 1 Nummer 2 vor, so ist die besondere Befähigung für das angestrebte Amt durch förderliche Zusatzqualifikationen nachzuweisen.

(2) Der Zeitraum des individuellen fiktiven Werdegangs ist die Summe aus

1. einem Zeitraum von drei Jahren, der an die Stelle der Probezeit tritt, die von einer Beamtin oder einem Beamten zu absolvieren ist, und
2. einem Zeitraum von einem Jahr, der an die Stelle jeder Sperrfrist tritt, die bei einer Beamtin oder einem Beamten nach dem Erreichen des ersten Beförderungsamtes bis zum Erreichen des angestrebten Amtes einzuhalten ist.

Wenn in der Dienstbehörde üblicherweise ein längerer Zeitraum als ein Jahr zwischen zwei Beförderungen liegt, so kann die Dienstbehörde abweichend von Satz 1 Nummer 2 diesen längeren Zeitraum festlegen.

(3) § 19 Absatz 4 und 5 gilt entsprechend.

(4) Soweit hauptberufliche Tätigkeiten bereits auf den Vorbereitungsdienst angerechnet worden sind, dürfen sie bei der Einstellung in ein Beförderungsamt nicht einbezogen werden.

§ 26 Übernahme von Richterinnen und Richtern

(1) Abweichend von § 25 kann Richterinnen und Richtern, die in die Laufbahn des höheren nichttechnischen Verwaltungsdienstes wechseln, ein Amt der Besoldungsgruppe A 14 der Bundesbesoldungsordnung A nach einem Jahr, ein Amt der Besoldungsgruppe A 15 nach zwei Jahren seit der Ernennung zur Richterin oder zum Richter auf Lebenszeit übertragen werden. Einer Richterin oder einem Richter der Besoldungsgruppe R 2 der Bundesbesoldungsordnung R kann ein Amt der Besoldungsgruppe A 16 der Bundesbesoldungsordnung A übertragen werden.

(2) Absatz 1 gilt für Staatsanwältinnen und Staatsanwälte entsprechend.

§ 27 Ausnahmen für besonders leistungsstarke Beamtinnen und Beamte

(1) Abweichend von § 17 Absatz 3 bis 5 des Bundesbeamtengesetzes können geeignete Dienstposten nach entsprechender Ausschreibung auch mit Beamtinnen und Beamten besetzt werden, die

1. seit mindestens drei Jahren das Endamt ihrer bisherigen Laufbahn erreicht haben,
2. sich in mindestens zwei Verwendungen bewährt haben,
3. in den letzten zwei dienstlichen Beurteilungen mit der höchsten oder zweithöchsten Note ihrer Besoldungsgruppe oder ihrer Funktionsebene beurteilt worden sind und
4. ein Auswahlverfahren nach Absatz 3 erfolgreich durchlaufen haben.

Abweichend von Satz 1 Nummer 1 können die obersten Dienstbehörden für ihren nachgeordneten Geschäftsbereich anstelle des Erreichens des Endamtes der bisherigen Laufbahn das Erreichen des vorletzten Amtes als Voraussetzung festlegen.

(2) Geeignet sind Dienstposten bis zum zweiten Beförderungsamt der höheren Laufbahn, bei denen eine lange berufliche Erfahrung ein wesentliches Merkmal des Anforderungsprofils ist. In obersten Dienstbehörden können im Einzelfall auch Dienstposten des dritten Beförderungsamtes der höheren Laufbahn geeignet sein, wenn neben der langen beruflichen Erfahrung eines der beiden folgenden Merkmale wesentliches Merkmal des Anforderungsprofils ist:

1. eine dreijährige Verwendung auf Dienstposten nach Satz 1 oder

2. eine gleichwertige berufliche Erfahrung, die erworben worden ist, nachdem das derzeitige Amt nach Absatz 4 Satz 1 oder Satz 2 Nummer 1 oder 2 verliehen worden ist.

Die obersten Dienstbehörden können über die Anforderungen nach den Sätzen 1 und 2 hinausgehende Anforderungen an die Eignung der Dienstposten bestimmen.

(3) Die obersten Dienstbehörden bestimmen Auswahlkommissionen, die die Auswahlverfahren durchführen. Sie bestehen in der Regel aus vier Mitgliedern und sollen zu gleichen Teilen mit Frauen und Männern besetzt sein. Die Mitglieder müssen einer höheren Laufbahn als die Bewerberinnen und Bewerber angehören. Sie sind unabhängig und an Weisungen nicht gebunden. In dem Auswahlverfahren wird, gemessen an den Anforderungen des zu besetzenden Dienstpostens, die Eignung und Befähigung der Beamtinnen und Beamten überprüft. Eignung und Befähigung sind in einer Vorstellung vor einer Auswahlkommission nachzuweisen, die einen schriftlichen und mündlichen Teil umfasst. Die Auswahlkommission bewertet die Ergebnisse und macht einen Vorschlag für die Besetzung des Dienstpostens. Die obersten Dienstbehörden können ihre Befugnisse auf andere Behörden übertragen.

(4) Den in Absatz 1 genannten Beamtinnen und Beamten wird im Rahmen der besetzbaren Planstellen das Eingangsamt der höheren Laufbahn verliehen. Für die Verleihung von Beförderungsämtern gilt, dass

1. das erste Beförderungsamt frühestens ein Jahr nach der ersten Verleihung eines Amtes der höheren Laufbahn verliehen werden darf,
2. das zweite Beförderungsamt frühestens ein Jahr nach der Verleihung des ersten Beförderungsamtes verliehen werden darf und
3. das dritte Beförderungsamt frühestens zwei Jahre nach der Verleihung des zweiten Beförderungsamtes verliehen werden darf.

Weitere Beförderungen sind ausgeschlossen.

(5) Beamtinnen und Beamte, die nach den Absätzen 1 bis 4 ein Amt einer höheren Laufbahn verliehen bekommen haben, können auch auf anderen geeigneten Dienstposten im Sinne des Absatzes 2 eingesetzt werden.

Abschnitt 3
Berufliche Entwicklung

Unterabschnitt 1
Probezeit

§ 28 Dauer der Probezeit und Feststellung der Bewährung

(1) Die regelmäßige Probezeit dauert drei Jahre.

(2) Die Beamtinnen und Beamten haben sich in der Probezeit in vollem Umfang bewährt, wenn sie nach Eignung, Befähigung und fachlicher Leistung wechselnde Anforderungen ihrer Laufbahn erfüllen können.

(3) Die Beamtinnen und Beamten sind während der Probezeit in mindestens zwei Verwendungsbereichen einzusetzen, wenn nicht dienstliche Gründe entgegenstehen.

(4) Eignung, Befähigung und fachliche Leistung der Beamtinnen und Beamten sind spätestens nach der Hälfte der festgesetzten Probezeit erstmals und vor Ablauf der festgesetzten Probezeit mindestens ein zweites Mal zu beurteilen. Auf besondere Eignungen und auf bestehende Mängel ist in der Beurteilung hinzuweisen.

(5) Kann die Bewährung wegen besonderer Umstände des Einzelfalls bis zum Ablauf der regelmäßigen Probezeit nicht abschließend festgestellt werden, kann die Probezeit verlängert werden.

(6) Beamtinnen und Beamte, die sich in der Probezeit nicht in vollem Umfang bewährt haben, werden spätestens mit Ablauf der Probezeit entlassen.

§ 29 Anrechnung hauptberuflicher Tätigkeiten

(1) Hauptberufliche Tätigkeiten, die nach Art und Schwierigkeit mindestens der Tätigkeit in einem Amt der betreffenden Laufbahn entsprechen, können auf die Probezeit angerechnet werden.

(2) Nicht anzurechnen sind hauptberufliche Tätigkeiten,

1. die auf den Vorbereitungsdienst angerechnet worden sind oder
2. deren Ausübung Voraussetzung für die Zulassung zur Laufbahn ist.

(3) § 19 Absatz 4 gilt entsprechend.

§ 30 Verlängerung der Probezeit

(1) Die Probezeit verlängert sich um die Zeit einer Beurlaubung ohne Besoldung. Dies gilt nicht, wenn die oberste Dienstbehörde bei der Gewährung der Beurlaubung festgestellt hat, dass die Beurlaubung dienstlichen Interessen oder öffentlichen Belangen dient. Die obersten Dienstbehörden bestimmen im Einvernehmen mit dem Bundesministerium des Innern und für Heimat, unter welchen Voraussetzungen dienstliche oder öffentliche Belange anerkannt werden können.

(2) Die Probezeit wird nicht verlängert durch Zeiten

1. einer Teilzeitbeschäftigung,
2. einer Kinderbetreuung bis zu drei Jahren pro Kind,
3. der tatsächlichen Pflege von nach ärztlichem Gutachten pflegebedürftigen nahen Angehörigen im Sinne des § 7 Absatz 3 des Pflegezeitgesetzes bis zu drei Jahren pro Angehöriger oder Angehörigem sowie
4. einer Beurlaubung nach § 24 Absatz 2 des Gesetzes über den Auswärtigen Dienst bis zu drei Jahren.

§ 19 Absatz 4 gilt entsprechend.

§ 31 Mindestprobezeit

(1) Die Probezeit muss mindestens ein Jahr dauern (Mindestprobezeit).

(2) Auf die Mindestprobezeit können hauptberufliche Tätigkeiten nicht nach § 29 Absatz 1 angerechnet werden.

(3) Auf die Mindestprobezeit kann jedoch eine hauptberufliche Tätigkeit angerechnet werden, soweit die hauptberufliche Tätigkeit

1. nach Art und Schwierigkeit mindestens der Tätigkeit in einem Amt der betreffenden Laufbahn entspricht und
2. ausgeübt worden ist
   a) im berufsmäßigen Wehrdienst
   b) in der obersten Dienstbehörde, die für die Bewährungsfeststellung zuständig ist, oder in deren Dienstbereich oder
   c) in einem Beamtenverhältnis als Beamtin oder Beamter der Bundesbesoldungsordnung W oder C.

Unterabschnitt 2
Beförderung

§ 32 Voraussetzungen einer Beförderung

Eine Beamtin oder ein Beamter kann befördert werden, wenn

1. sie oder er nach Eignung, Befähigung und fachlicher Leistung ausgewählt worden ist,
2. im Fall der Übertragung einer höherwertigen Funktion die Eignung in einer Erprobungszeit nachgewiesen wurde und
3. kein Beförderungsverbot vorliegt.

§ 33 Auswahlentscheidungen

(1) Feststellungen über Eignung, Befähigung und fachliche Leistung sind in der Regel auf der Grundlage aktueller dienstlicher Beurteilungen zu treffen. Frühere Beurteilungen sind zusätzlich zu berücksichtigen und vor Hilfskriterien heranzuziehen. Zur Überprüfung der Erfüllung von Anforderungen, zu denen die dienstlichen Beurteilungen keinen oder keinen hinreichenden Aufschluss geben, können eignungsdiagnostische Instrumente eingesetzt werden. Dies kann insbesondere der Fall sein, wenn erstmals Leitungs- oder Führungsaufgaben übertragen werden sollen. Die §§ 8 und 9 des Bundesgleichstellungsgesetzes sind zu beachten.

(2) Erfolgreich absolvierte Tätigkeiten in einer öffentlichen zwischenstaatlichen oder überstaatlichen Einrichtung, in der Verwaltung eines Mitgliedstaats der Europäischen Union oder in einer öffentlichen Einrichtung eines Mitgliedstaats der Europäischen Union während einer Beurlaubung nach § 6 Absatz 1 der Sonderurlaubsverordnung sind besonders zu berücksichtigen. Langjährige Leistungen, die wechselnden Anforderungen gleichmäßig

gerecht geworden sind, sind angemessen zu berücksichtigen.

(2a) Beamtinnen und Beamte, die zur Ausübung einer gleichwertigen hauptberuflichen Tätigkeit bei einer Fraktion des Deutschen Bundestages, eines Landtages oder des Europäischen Parlaments beurlaubt sind, sind in entsprechender Anwendung des § 21 des Bundesbeamtengesetzes von der Fraktion zu beurteilen. § 50 Absatz 2 findet in diesen Fällen keine Anwendung. Der Zeitpunkt der Erstellung der Beurteilung richtet sich nach dem Regelbeurteilungsdurchgang der beurlaubenden Dienststelle.

(3) Liegt keine aktuelle dienstliche Beurteilung vor, ist jedenfalls in folgenden Fällen die letzte regelmäßige dienstliche Beurteilung unter Berücksichtigung der Entwicklung vergleichbarer Beamtinnen und Beamten fiktiv fortzuschreiben:

1. bei Beurlaubungen nach § 6 Absatz 1 der Sonderurlaubsverordnung zur Ausübung einer gleichwertigen hauptberuflichen Tätigkeit, wenn die Vergleichbarkeit der Beurteilung der öffentlichen zwischenstaatlichen oder überstaatlichen Einrichtung, der Verwaltung eines Mitgliedstaats der Europäischen Union oder der öffentlichen Einrichtung eines Mitgliedstaats der Europäischen Union mit der dienstlichen Beurteilung nicht gegeben ist,
2. bei Elternzeit mit vollständiger Freistellung von der dienstlichen Tätigkeit und
3. bei Freistellungen von der dienstlichen Tätigkeit wegen einer Mitgliedschaft im Personalrat, als Vertrauensperson der schwerbehinderten Menschen oder bei Entlastungen als Gleichstellungsbeauftragte, wenn die dienstliche Tätigkeit jeweils weniger als 25 Prozent der Arbeitszeit beansprucht.

In den Fällen des Satzes 1 Nummer 1 sollen für die fiktive Fortschreibung auch Beurteilungen der aufnehmenden Stelle herangezogen werden.

(4) Haben sich Vorbereitungsdienst und Probezeit um Zeiten verlängert, in denen ein Dienst nach § 15 Absatz 1 Satz 1 Nummer 4 abgeleistet worden ist, sind die sich daraus ergebenden zeitlichen Verzögerungen angemessen auszugleichen. Zu diesem Zweck kann während der Probezeit befördert werden, wenn die sonstigen Voraussetzungen des § 32 vorliegen. Die Sätze 1 und 2 gelten entsprechend für eine Person, die einen der in § 15 Absatz 1 Satz 1 Nummer 4 genannten Dienste abgeleistet und

1. sich innerhalb von sechs Monaten nach Beendigung des Dienstes um Einstellung beworben hat,
2. im Anschluss an den Dienst einen Ausbildungsgang zum Erwerb eines berufsqualifizierenden Abschlusses begonnen und sich innerhalb von sechs Monaten nach Erwerb des Abschlusses um Einstellung beworben hat,
3. im Anschluss an den Dienst einen Ausbildungsgang zum Erwerb eines berufsqualifizierenden Abschlusses begonnen und im Anschluss an den Erwerb des berufsqualifizierenden Abschlusses eine hauptberufliche Tätigkeit nach den §§ 19 bis 21 begonnen und sich innerhalb von sechs Monaten nach Ableistung der vorgeschriebenen Tätigkeit um Einstellung beworben hat oder
4. im Anschluss an den Dienst eine hauptberufliche Tätigkeit nach den §§ 19 bis 21 begonnen und sich innerhalb von sechs Monaten nach Ableistung der vorgeschriebenen Tätigkeit um Einstellung beworben hat

und auf Grund der Bewerbung eingestellt worden ist. Nicht auszugleichen sind Zeiten eines Dienstes nach § 15 Absatz 1 Satz 1 Nummer 4, wenn diese als Voraussetzung für die Zulassung zur Laufbahn oder nach § 20 des Bundesbeamtengesetzes berücksichtigt oder auf die Probezeit angerechnet worden sind.

§ 34 Erprobungszeit

(1) Die Erprobungszeit beträgt mindestens sechs Monate und soll ein Jahr nicht überschreiten. § 19 Absatz 4 gilt entsprechend.

(2) Die in § 33 Absatz 3 genannten Zeiten und Erprobungszeiten auf einem anderen Dienst-

posten gleicher Bewertung gelten als geleistete Erprobungszeit, wenn die Beamtin oder der Beamte bei Berücksichtigung sämtlicher Erkenntnisse die Erprobung aller Voraussicht nach erfolgreich absolviert hätte. Gleiches gilt für Zeiten, in denen während einer Beurlaubung gleichwertige Tätigkeiten in einer Forschungseinrichtung ausgeübt worden sind.

(3) Kann die Eignung nicht festgestellt werden, ist von der dauerhaften Übertragung des Dienstpostens abzusehen oder die Übertragung zu widerrufen.

Unterabschnitt 3
Aufstieg

§ 35 Voraussetzungen für den Aufstieg

(1) Der Aufstieg setzt die erfolgreiche Teilnahme an einem Auswahlverfahren voraus. Weitere Voraussetzungen sind:

1. für den Aufstieg in den mittleren Dienst: der erfolgreiche Abschluss eines fachspezifischen Vorbereitungsdienstes oder einer fachspezifischen Qualifizierung,
2. für den Aufstieg in den gehobenen Dienst:
   a) der erfolgreiche Abschluss eines fachspezifischen Vorbereitungsdienstes oder einer fachspezifischen Qualifizierung oder
   b) der erfolgreiche Abschluss eines Hochschulstudiums und eine berufspraktische Einführung in der nächsthöheren Laufbahn,
3. für den Aufstieg in den höheren Dienst:
   a) der erfolgreiche Abschluss eines fachspezifischen Vorbereitungsdienstes oder
   b) der erfolgreiche Abschluss eines Hochschulstudiums und eine berufspraktische Einführung in der nächsthöheren Laufbahn.

(2) Bei der Auswahl und Gestaltung der Aufstiegsverfahren sind die Benachteiligungsverbote des § 25 des Bundesbeamtengesetzes zu beachten. Berufsbegleitende und modularisierte Aufstiegsverfahren sind anzubieten, sofern dienstliche Gründe nicht entgegenstehen. Die Bundesakademie für öffentliche Verwaltung unterstützt die obersten Dienstbehörden bei der Ermittlung geeigneter Studiengänge und der Entwicklung familienfreundlicher Konzepte.

§ 36 Auswahlverfahren für den Aufstieg

(1) Vor der Durchführung eines Auswahlverfahrens geben die obersten Dienstbehörden in einer Ausschreibung bekannt, welche fachspezifischen Vorbereitungsdienste, Studiengänge oder sonstigen Qualifizierungen für den Aufstieg angeboten werden. Sie können diese Befugnis auf andere Behörden übertragen.

(2) Voraussetzung für die Zulassung zum Auswahlverfahren ist, dass sich die Bewerberinnen und Bewerber nach Ablauf der Probezeit in einer Dienstzeit von mindestens drei Jahren bewährt und bei Ablauf der Ausschreibungsfrist das 58. Lebensjahr noch nicht vollendet haben. Voraussetzung für die Zulassung zum Auswahlverfahren für die fachspezifische Qualifizierung für den Aufstieg in den gehobenen Dienst ist neben den in Satz 1 genannten Voraussetzungen, dass die Bewerberinnen und Bewerber bei Ablauf der Ausschreibungsfrist

1. das zweite Beförderungsamt erreicht haben und
2. in der letzten dienstlichen Beurteilung mit der höchsten oder zweithöchsten Note ihrer Besoldungsgruppe oder Funktionsebene beurteilt worden sind.

Ist das zweite Beförderungsamt das Endamt der Laufbahn, ist abweichend von Satz 2 Nummer 1 Voraussetzung für die Zulassung zum Auswahlverfahren, dass die Bewerberinnen und Bewerber bei Ablauf der Ausschreibungsfrist seit mindestens drei Jahren das erste Beförderungsamt erreicht haben. § 19 Absatz 4 gilt entsprechend.

(3) Die obersten Dienstbehörden bestimmen Auswahlkommissionen, die die Auswahlverfahren durchführen. Sie können diese Befugnis auf unmittelbar nachgeordnete Behörden übertragen. Die Bundesakademie für öffentliche Verwaltung, die Hochschule des Bundes oder das Bundesverwaltungsamt können mit

der Durchführung der Auswahlverfahren betraut werden. Die Auswahlkommissionen bestehen in der Regel aus vier Mitgliedern und sollen zu gleichen Teilen mit Frauen und Männern besetzt sein. Die Mitglieder müssen einer höheren Laufbahn als die Bewerberinnen und Bewerber angehören. Der Auswahlkommission können auch Arbeitnehmerinnen oder Arbeitnehmer angehören. Sie müssen bei Auswahlverfahren für den Aufstieg in Laufbahnen des mittleren Dienstes mindestens eine abgeschlossene Berufsausbildung oder eine gleichwertige Qualifikation, bei Auswahlverfahren für den Aufstieg in Laufbahnen des gehobenen Dienstes mindestens einen Bachelorabschluss oder eine gleichwertige Qualifikation und bei Auswahlverfahren für den Aufstieg in Laufbahnen des höheren Dienstes einen Master oder eine gleichwertige Qualifikation besitzen. Die Mitglieder der Auswahlkommission sind unabhängig und an Weisungen nicht gebunden.

(4) In dem Auswahlverfahren wird, gemessen an den Anforderungen der künftigen Laufbahnaufgaben, die Eignung und Befähigung der Beamtinnen und Beamten überprüft. Sie sind mindestens in einer Vorstellung vor einer Auswahlkommission nachzuweisen. Beim Aufstieg in eine Laufbahn des gehobenen oder des höheren Dienstes sind auch schriftliche Aufgaben zu bearbeiten. Die Auswahlkommission bewertet die Ergebnisse. Sie kann die weitere Vorstellung vor der Auswahlkommission von den in den schriftlichen Aufgaben erzielten Ergebnissen abhängig machen. Für jedes Auswahlverfahren ist anhand der ermittelten Gesamtergebnisse eine Rangfolge der erfolgreichen Bewerberinnen und Bewerber festzulegen. Die Rangfolge ist für die Entscheidung über die Zulassung zum Aufstiegsverfahren maßgeblich. Die Teilnahme ist erfolglos, wenn sie nicht mit ausreichendem Ergebnis abgeschlossen wurde.

(5) Die zuständige Dienstbehörde kann auf der Grundlage der dienstlichen Beurteilungen und sonstiger Anforderungen eine Vorauswahl für die Teilnahme am Auswahlverfahren treffen.

(6) Über die Zulassung zum Aufstiegsverfahren entscheidet die oberste Dienstbehörde unter Berücksichtigung des Vorschlags der Auswahlkommission. Sie kann diese Befugnis auf eine andere Behörde übertragen.

§ 37 Teilnahme an Vorbereitungsdiensten

(1) Nehmen die Beamtinnen und Beamten an einem fachspezifischen Vorbereitungsdienst teil, sind die für die Referendarinnen, Referendare, Anwärterinnen und Anwärter im fachspezifischen Vorbereitungsdienst geltenden Bestimmungen zu Ausbildung und Prüfung entsprechend anzuwenden.

(2) Ist der Vorbereitungsdienst auf eine berufspraktische Studienzeit beschränkt, regeln die Rechtsverordnungen über besondere Vorschriften für die einzelnen Laufbahnen und Vorbereitungsdienste nach § 26 Absatz 2 Satz 1 des Bundesbeamtengesetzes die Voraussetzungen des Aufstiegs.

§ 38 Fachspezifische Qualifizierungen

(1) Fachspezifische Qualifizierungen dauern

1. für den Aufstieg in den mittleren Dienst mindestens ein Jahr und sechs Monate und
2. für den Aufstieg in den gehobenen Dienst mindestens zwei Jahre.

(2) Die fachtheoretische Ausbildung soll für den Aufstieg in den mittleren Dienst sechs Monate und für den Aufstieg in den gehobenen Dienst acht Monate nicht unterschreiten. Sie kann für den Aufstieg in den gehobenen Dienst zum Teil berufsbegleitend durchgeführt werden. Die fachtheoretische Ausbildung vermittelt entsprechend den Anforderungen der Laufbahn Folgendes:

1. fachspezifische Kenntnisse und Fähigkeiten sowie
2. Kenntnisse und Fähigkeiten auf folgenden Gebieten:
   a) Verfassungs- und Europarecht,
   b) allgemeines Verwaltungsrecht,
   c) Recht des öffentlichen Dienstes,
   d) Haushaltsrecht,
   e) bürgerliches Recht,
   f) Organisation der Bundesverwaltung,

g) Aufgaben des öffentlichen Dienstes sowie
h) wirtschaftliches Verwaltungshandeln.

Die Teilnahme an der fachtheoretischen Ausbildung ist durch Leistungstests zu belegen. Leistungstests, die vor Beginn des Aufstiegsverfahrens erworben wurden, können auf Antrag angerechnet werden. Hat eine Person einen Leistungstest endgültig nicht bestanden, so ist für sie das Aufstiegsverfahren beendet.

(3) Während der berufspraktischen Einführung werden die Aufgaben der nächsthöheren Laufbahn wahrgenommen. Sie schließt mit einer dienstlichen Beurteilung ab, aus der hervorgeht, ob sich die Beamtin oder der Beamte in der nächsthöheren Laufbahn bewährt hat. Beim Aufstieg in den mittleren Dienst kann die berufspraktische Einführung um höchstens sechs Monate verkürzt werden, wenn die Beamtinnen und Beamten während ihrer bisherigen Tätigkeit hinreichende für die neue Laufbahn qualifizierende Kenntnisse erworben haben.

(4) Der Bundespersonalausschuss oder ein von ihm beauftragter unabhängiger Ausschuss stellt nach einer Vorstellung der Beamtin oder des Beamten fest, ob die fachspezifische Qualifizierung erfolgreich abgeschlossen ist. Mit Zustimmung des Bundespersonalausschusses kann die oberste Dienstbehörde oder können von ihr bestimmte unmittelbar nachgeordnete Behörden das Feststellungsverfahren selbst regeln und durchführen. Das Feststellungsverfahren kann einmal wiederholt werden.

§ 39 Hochschulstudium und berufspraktische Einführung

(1) Die Aufstiegsausbildung kann auch außerhalb eines fachspezifischen Vorbereitungsdienstes in einem Studiengang an einer Hochschule erfolgen, wenn hierfür ein dienstliches Interesse besteht.

(2) Die Laufbahnbefähigung für den gehobenen Dienst setzt ein mit einem Bachelor abgeschlossenes Hochschulstudium oder einen gleichwertigen Abschluss sowie eine berufspraktische Einführung von einem Jahr in der nächsthöheren Laufbahn voraus.

(3) Die Laufbahnbefähigung für den höheren Dienst setzt ein mit einem Master abgeschlossenes Hochschulstudium oder einen gleichwertigen Abschluss sowie eine berufspraktische Einführung von einem Jahr in der nächsthöheren Laufbahn voraus.

(4) Die berufspraktische Einführung schließt mit einer dienstlichen Beurteilung ab, aus der hervorgeht, ob sich die Beamtin oder der Beamte in der nächsthöheren Laufbahn bewährt hat.

(5) Das Aufstiegsverfahren kann auf die berufspraktische Einführung von einem Jahr beschränkt werden, wenn die Beamtin oder der Beamte die in der Ausschreibung geforderte Hochschulausbildung und das Auswahlverfahren nach § 36 erfolgreich durchlaufen hat.

(6) Für den Aufstieg können die obersten Dienstbehörden Studiengänge einrichten. Ihnen wird die in § 26 Absatz 2 Satz 1 des Bundesbeamtengesetzes enthaltene Ermächtigung übertragen, für den Aufstieg durch Rechtsverordnung besondere Vorschriften zu erlassen.

§ 40 Übertragung eines Amtes der neuen Laufbahn

Nach Erwerb der Befähigung für die höhere Laufbahn wird den Beamtinnen und Beamten im Rahmen der besetzbaren Planstellen ein Amt der neuen Laufbahn verliehen. Das erste Beförderungsamt darf frühestens nach Ablauf einer Dienstzeit von einem Jahr seit der ersten Verleihung eines Amtes der höheren Laufbahngruppe verliehen werden.

§ 41 Erstattung der Kosten einer Aufstiegsausbildung

Hat eine Beamtin oder ein Beamter an einer fachspezifischen Qualifizierung oder an einer Hochschulausbildung teilgenommen, muss sie oder er im Fall einer Entlassung die vom Dienstherrn getragenen Kosten der fachspezifischen Qualifizierung oder der Hochschulausbildung erstatten, wenn sie oder er nicht eine Dienstzeit von der dreifachen Dauer der fachspezifischen Qualifizierung oder des Studiums geleistet hat. Auf die Erstattung kann ganz oder teilweise verzichtet werden, wenn sie für die Beamtin oder den Beamten eine besondere Härte bedeuten würde.

Unterabschnitt 4 Sonstiges

§ 42 Laufbahnwechsel

(1) Der Wechsel in eine andere Laufbahn derselben Laufbahngruppe ist aus dienstlichen Gründen zulässig, wenn die Beamtin oder der Beamte die Befähigung für die andere Laufbahn besitzt.

(2) Der Erwerb der Befähigung für die andere Laufbahn setzt eine Qualifizierung voraus, die

1. im einfachen Dienst drei Monate,
2. im mittleren Dienst ein Jahr und
3. im gehobenen und höheren Dienst ein Jahr und sechs Monate

nicht unterschreiten darf. Während der Qualifizierung müssen der Beamtin oder dem Beamten die für die Laufbahn erforderlichen Fach-, Methoden- und sozialen Kompetenzen vermittelt werden.

§ 43 Wechsel von Wissenschaftlerinnen und Wissenschaftlern

Wenn sie die Befähigung für die vorgesehene Laufbahn besitzen, kann Beamtinnen und Beamten, die seit mindestens sechs Monaten

1. ein Amt der Besoldungsgruppe W 1 der Bundesbesoldungsordnung W oder C 1 der früheren Bundesbesoldungsordnung C innehaben, ein Amt der Besoldungsgruppe A 13 übertragen werden,
2. ein Amt der Besoldungsgruppe W 2 der Bundesbesoldungsordnung W oder C 2 der früheren Bundesbesoldungsordnung C innehaben, nach vier Jahren in Ämtern der Bundesbesoldung W oder der früheren Bundesbesoldungsordnung C ein Amt der Besoldungsgruppe A 14 übertragen werden,
3. ein Amt der Besoldungsgruppe W 2 der Bundesbesoldungsordnung W oder C 2 der früheren Bundesbesoldungsordnung C innehaben, nach fünf Jahren in Ämtern der Bundesbesoldungsordnung W oder der früheren Bundesbesoldungsordnung C ein Amt der Besoldungsgruppe A 15 übertragen werden,
4. ein Amt der Besoldungsgruppe W 2 der Bundesbesoldungsordnung W oder C 3 der früheren Bundesbesoldungsordnung C innehaben, nach sechs Jahren in Ämtern der Bundesbesoldungsordnung W oder der früheren Bundesbesoldungsordnung C ein Amt der Besoldungsgruppe A 16 oder B 3 übertragen werden,
5. ein Amt der Besoldungsgruppe W 3 der Bundesbesoldungsordnung W oder C 4 der früheren Bundesbesoldungsordnung C innehaben, nach sieben Jahren in Ämtern der Bundesbesoldungsordnung W oder der früheren Bundesbesoldungsordnung C ein Amt der Besoldungsgruppe B 3 oder B 4

übertragen werden.

§ 44 Wechsel von einem anderen Dienstherrn

(1) Beim Wechsel von Beamtinnen und Beamten und früheren Beamtinnen und Beamten anderer Dienstherren in ein Beamtenverhältnis beim Bund sowie bei bundesunmittelbaren Körperschaften, Anstalten und Stiftungen des öffentlichen Rechts sind die §§ 6 bis 9 und die §§ 18 bis 26 sowie § 43 entsprechend anzuwenden.

(2) Auf die Mindestprobezeit und auf die Probezeit sind die Zeiten anzurechnen, in denen sich die Beamtin oder der Beamte, nachdem sie oder er die Laufbahnbefähigung erworben hat, bei einem anderen Dienstherrn in einer gleichwertigen Laufbahn bewährt hat.

§ 45 Internationale Verwendungen

Erfolgreich absolvierte hauptberufliche Tätigkeiten in einer öffentlichen zwischenstaatlichen oder überstaatlichen Einrichtung, in der Verwaltung eines Mitgliedstaats der Europäischen Union oder in einer öffentlichen Einrichtung eines Mitgliedstaats der Europäischen Union während einer Beurlaubung nach § 6 Absatz 1 der Sonderurlaubsverordnung sind besonders zu berücksichtigen, wenn Erfahrungen und Kenntnisse im internationalen Bereich für den Dienstposten wesentlich sind. Sie dürfen sich im Übrigen nicht nachteilig auf das berufliche Fortkommen der Beamtinnen und Beamten auswirken.

Abschnitt 4
Personalentwicklung und Qualifizierung

§ 46 Personalentwicklung

(1) Als Grundlage für die Personalentwicklung sind Personalentwicklungskonzepte zu erstellen. Über die Gestaltung entscheidet die oberste Dienstbehörde. Sie kann diese Befugnis auf andere Behörden übertragen.

(2) Im Rahmen der Personalentwicklungskonzepte sind Eignung, Befähigung und fachliche Leistung durch Personalführungs- und Personalentwicklungsmaßnahmen zu erhalten und zu fördern. Dazu gehören zum Beispiel

1. die dienstliche Qualifizierung,
2. die Führungskräfteentwicklung,
3. Kooperationsgespräche,
4. die dienstliche Beurteilung,
5. Zielvereinbarungen,
6. die Einschätzung der Vorgesetzten durch ihre Mitarbeiterinnen und Mitarbeiter sowie
7. ein die Fähigkeiten und Kenntnisse erweiternder regelmäßiger Wechsel der Verwendung, insbesondere auch in Tätigkeiten bei internationalen Organisationen.

§ 47 Dienstliche Qualifizierung

(1) Die dienstliche Qualifizierung ist zu fördern. Qualifizierungsmaßnahmen sind insbesondere

1. die Erhaltung und Fortentwicklung der Fach-, Methoden- und sozialen Kompetenzen für die Aufgaben des übertragenen Dienstpostens und
2. der Erwerb ergänzender Qualifikationen für höher bewertete Dienstposten und für die Wahrnehmung von Führungsaufgaben.

Die dienstliche Qualifizierung wird durch zentral organisierte Fortbildungsmaßnahmen der Bundesregierung geregelt, soweit sie nicht besonderen Fortbildungseinrichtungen einzelner oberster Dienstbehörden obliegt. Die Bundesakademie für öffentliche Verwaltung unterstützt die Behörden bei der Entwicklung von Personalentwicklungskonzepten und bei der Durchführung von Qualifizierungsmaßnahmen.

(2) Die Beamtinnen und Beamten sind verpflichtet, an dienstlichen Qualifizierungen nach Absatz 1 Satz 2 Nummer 1 teilzunehmen.

(3) Den Beamtinnen und Beamten soll ihrer Eignung entsprechend Gelegenheit gegeben werden, an dienstlichen Qualifizierungen nach Absatz 1 Nummer 2 teilzunehmen, sofern das dienstliche Interesse gegeben ist. Die Beamtinnen und Beamten können von der oder dem zuständigen Vorgesetzten vorgeschlagen werden oder sich selbst bewerben.

(4) Bei der Gestaltung von Qualifizierungsmaßnahmen ist die besondere Situation der Beamtinnen und Beamten mit Familienpflichten, mit Teilzeitbeschäftigung und Telearbeitsplätzen zu berücksichtigen. Insbesondere ist die gleichberechtigte Teilnahme an Qualifizierungsmaßnahmen zu ermöglichen, wenn nicht zwingende sachliche Gründe entgegenstehen. Die Bundesakademie für öffentliche Verwaltung unterstützt die obersten Dienstbehörden bei der Entwicklung und Fortschreibung dieser Qualifizierungsmaßnahmen.

(5) Beamtinnen und Beamte, die durch Qualifizierung ihre Fähigkeiten und fachlichen Kenntnisse nachweislich wesentlich gesteigert haben, sollen gefördert werden. Vor allem ist ihnen nach Möglichkeit Gelegenheit zu geben, in Abstimmung mit der Dienstbehörde ihre Fachkenntnisse in höher bewerteten Dienstgeschäften anzuwenden und hierbei ihre besondere fachliche Eignung nachzuweisen.

Abschnitt 5 Dienstliche Beurteilung

§ 48 Ausnahmen von der regelmäßigen Beurteilung

Ausnahmen von der regelmäßigen Beurteilung können zugelassen werden, wenn eine dienstliche Beurteilung nicht zweckmäßig ist. Dies ist insbesondere in herausgehobenen Führungsfunktionen der Fall. Die §§ 28 bis 31 bleiben unberührt.

§ 49 Inhalt der dienstlichen Beurteilung

(1) Die fachliche Leistung ist insbesondere nach den Arbeitsergebnissen, der praktischen Arbeitsweise, dem Arbeitsverhalten und für Beamtinnen oder Beamte, die bereits Vorgesetzte sind, nach dem Führungsverhalten zu beurteilen. Soweit Zielvereinbarungen getroffen werden, soll der Grad der Zielerreichung in die Gesamtwertung der dienstlichen Beurteilung einfließen.

(2) Die Beurteilung schließt neben dem zusammenfassenden Gesamturteil mit einem Vorschlag für die weitere dienstliche Verwendung. Sie bewertet die Eignung für Leitungs- und Führungsaufgaben, wenn entsprechende Aufgaben wahrgenommen werden, und kann eine Aussage über die Eignung für Aufgaben der nächsthöheren Laufbahn enthalten.

§ 50 Beurteilungsverfahren und Beurteilungsmaßstab

(1) Die dienstlichen Beurteilungen erfolgen nach einem einheitlichen Beurteilungsmaßstab unter Berücksichtigung der Anforderungen des Amtes und in der Regel von mindestens zwei Personen. Einzelheiten des Beurteilungsverfahrens, insbesondere die Zahl der Beurteilerinnen und Beurteiler sowie gegebenenfalls die Rolle und Verantwortlichkeit mitwirkender Berichterstatterinnen und Berichterstatter, regeln die obersten Dienstbehörden in den Beurteilungsrichtlinien. Sie können diese Befugnis auf andere Behörden übertragen.

(2) Der Anteil der Beamtinnen und Beamten einer Besoldungsgruppe oder einer Funktionsebene, die beurteilt werden, soll bei der höchsten Note zehn Prozent und bei der zweithöchsten Note zwanzig Prozent nicht überschreiten. Im Interesse der Einzelfallgerechtigkeit ist eine Überschreitung um jeweils bis zu fünf Prozentpunkte möglich. Ist die Bildung von Richtwerten wegen zu geringer Fallzahlen nicht möglich, sind die dienstlichen Beurteilungen in geeigneter Weise entsprechend zu differenzieren.

(3) Die dienstliche Beurteilung ist der Beamtin oder dem Beamten in ihrem vollen Wortlaut zu eröffnen und mit ihr oder ihm zu besprechen. Die Eröffnung ist aktenkundig zu machen und mit der Beurteilung zu den Personalakten zu nehmen.

(4) Das Ergebnis eines Beurteilungsdurchgangs soll den Beurteilten in Form eines Notenspiegels in geeigneter Weise bekannt gegeben werden. Hierbei soll der Anteil an Frauen, Männern, Teilzeit- und Telearbeitskräften und schwerbehinderten Menschen jeweils gesondert ausgewiesen werden, wenn die Anonymität der Beurteilungen gewahrt bleibt.

Abschnitt 6 Übergangs- und Schlussvorschriften

§ 51 Überleitung der Beamtinnen und Beamten

(1) Beamtinnen und Beamte, die sich beim Inkrafttreten dieser Rechtsverordnung bereits in einer Laufbahn befinden, die in § 35 Absatz 8 oder den Anlagen 1 bis 5 der Bundeslaufbahnverordnung in der Fassung der Bekanntmachung vom 2. Juli 2002 (BGBl. I S. 2459, 2671), die zuletzt durch Artikel 15 Absatz 28 des Gesetzes vom 5. Februar 2009 (BGBl. I S. 160) geändert worden ist, genannt wird, besitzen die Befähigung für die in § 6 dieser Rechtsverordnung aufgeführte entsprechende Laufbahn. Welche Laufbahnen sich entsprechen, ist in Anlage 4 festgelegt. Im Übrigen besitzen sie die Befähigung für eine in § 6 dieser Rechtsverordnung aufgeführte Laufbahn, die ihrer Fachrichtung entspricht.

(2) Beamtinnen und Beamte, die sich bei Inkrafttreten dieser Rechtsverordnung in Laufbahnen des Post- und Fernmeldedienstes oder der ehemaligen Bundesanstalt für Flugsicherung befinden, besitzen auch die Befähigung für eine in § 6 dieser Rechtsverordnung aufgeführte Laufbahn, die ihrer Fachrichtung entspricht.

(3) Beamtinnen und Beamte, die sich am 26. Januar 2017 in einer der Laufbahnen des tierärztlichen Dienstes oder des agrar-, forst- und ernährungswissenschaftlichen Dienstes befunden haben, besitzen die Befähigung für die Laufbahn des agrar-, forst- und ernährungswissenschaftlichen sowie tierärztlichen Dienstes in ihrer bisherigen Laufbahngruppe.

(4) Amtsbezeichnungen, die beim Inkrafttreten dieser Rechtsverordnung geführt werden, können bis zur Übertragung eines anderen Amtes weitergeführt werden.

(5) Beamtinnen und Beamte, die am 1. März 2020 die Amtsbezeichnung Oberamtsgehilfin/Oberamtsgehilfe oder Wachtmeisterin/Wachtmeister führen, können diese bis zur Übertragung eines anderen Amtes weiterführen.

§ 52 Vorbereitungsdienste

(1) Die in Anlage 2 aufgeführten obersten Dienstbehörden erlassen nach § 10 die den jeweiligen fachspezifischen Vorbereitungsdienst regelnden Rechtsverordnungen bis zum 31. Dezember 2018. Bis zum Inkrafttreten der den jeweiligen fachspezifischen Vorbereitungsdienst regelnden Rechtsverordnungen sind die entsprechend geltenden Laufbahn-, Ausbildungs- und Prüfungsordnungen, die aufgrund des § 2 Absatz 4 der Bundeslaufbahnverordnung in der Fassung der Bekanntmachung vom 2. Juli 2002 (BGBl. I S. 2459, 2671), die zuletzt durch Artikel 15 Absatz 28 des Gesetzes vom 5. Februar 2009 (BGBl. I S. 160) geändert worden ist, erlassen wurden, in ihrer jeweils geltenden Fassung mit Ausnahme der Regelungen zu den Ämtern der Laufbahn weiter anzuwenden.

(2) Auf Beamtinnen und Beamte, deren Vorbereitungsdienst vor dem Inkrafttreten dieser Rechtsverordnung begonnen hat, ist unabhängig vom Inkrafttreten der entsprechenden Rechtsverordnung nach Absatz 1 Satz 1 die Laufbahn-, Ausbildungs- und Prüfungsordnung weiter anzuwenden, die aufgrund des § 2 Absatz 4 der Bundeslaufbahnverordnung in der Fassung der Bekanntmachung vom 2. Juli 2002 (BGBl. I S. 2459, 2671), die zuletzt durch Artikel 15 Absatz 28 des Gesetzes vom 5. Februar 2009 (BGBl. I S. 160) geändert worden ist, erlassen wurde.

§ 53 Beamtenverhältnis auf Probe

(1) Für Beamtinnen und Beamte, die vor dem 12. Februar 2009 in ein Beamtenverhältnis auf Probe berufen worden sind, gelten anstelle der §§ 28 bis 31 die §§ 7 bis 10 und § 44 Absatz 1 Nummer 2 und 3 der Bundeslaufbahnverordnung in der Fassung der Bekanntmachung vom 2. Juli 2002 (BGBl. I S. 2459, 2671), die zuletzt durch Artikel 15 Absatz 28 des Gesetzes vom 5. Februar 2009 (BGBl. I S. 160) geändert worden ist, mit der Maßgabe, dass sich die Probezeit nicht durch Mutterschutz, Elternzeit und Teilzeit verlängert und § 19 Absatz 4 entsprechend anzuwenden ist.

(2) Auf Beamtinnen und Beamte, die vor dem 26. Februar 2013 in ein Beamtenverhältnis auf Probe berufen worden sind, ist § 29 in seiner bis dahin geltenden Fassung anzuwenden.

§ 54 Aufstieg

(1) Auf Beamtinnen und Beamte, die bis zum 31. Dezember 2015 nach § 54 Absatz 2 Satz 1 der bis zum 26. Januar 2017 geltenden Fassung erfolgreich an einer Vorauswahl für die Teilnahme am Auswahlverfahren für den Aufstieg teilgenommen haben oder die zum Aufstieg zugelassen worden sind, sind die §§ 33 bis 33b der Bundeslaufbahnverordnung in der Fassung der Bekanntmachung vom 2. Juli 2002 (BGBl. I S. 2459, 2671), die zuletzt durch Artikel 15 Absatz 28 des Gesetzes vom 5. Februar 2009 (BGBl. I S. 160) geändert worden ist, weiterhin anzuwenden.

(2) Auf Beamtinnen und Beamte, die die Befähigung nach den §§ 23, 29 und 33a der Bundeslaufbahnverordnung in der bis zum 9. Juli 2002 geltenden Fassung erworben ha-

ben, sind die §§ 23, 29 und 33a der Bundeslaufbahnverordnung in der bis zum 9. Juli 2002 geltenden Fassung anzuwenden. Abweichend von § 23 Absatz 2 Satz 2 und 3, § 29 Absatz 2 Satz 2 und 3 und § 33a Absatz 2 Satz 2 und 3 der Bundeslaufbahnverordnung in der bis zum 9. Juli 2002 geltenden Fassung können Ämter der Besoldungsgruppe A 9, A 13 oder A 16 der Bundesbesoldungsordnung A ohne Befähigungserweiterung zugeordnet werden.

(3) Auf Beamtinnen und Beamte, die zum Zeitpunkt des Inkrafttretens dieser Verordnung nach § 5a der Bundeslaufbahnverordnung in der Fassung der Bekanntmachung vom 2. Juli 2002 (BGBl. I S. 2459, 2671), die zuletzt durch Artikel 15 Absatz 28 des Gesetzes vom 5. Februar 2009 (BGBl. I S. 160) geändert worden ist, erfolgreich an dem für Regelbewerberinnen und Regelbewerber vorgesehenen Auswahlverfahren teilgenommen haben, ist anstelle des § 39 Absatz 5 dieser Verordnung der § 5a der Bundeslaufbahnverordnung in der Fassung der Bekanntmachung vom 2. Juli 2002 (BGBl. I S. 2459, 2671), die zuletzt durch Artikel 15 Absatz 28 des Gesetzes vom 5. Februar 2009 (BGBl. I S. 160) geändert worden ist, anzuwenden.

§ 55 Übergangsregelung zu § 27

Auf Beamtinnen und Beamte, die zum Zeitpunkt des Inkrafttretens dieser Verordnung die Voraussetzungen des § 27 Absatz 1 Nummer 1 und 2 erfüllen, ist § 27 Absatz 1 Nummer 3 bis zum 31. Dezember 2019 mit der Maßgabe anzuwenden, dass anstelle der letzten zwei Beurteilungen eine Anlassbeurteilung erstellt werden kann.

§ 56 Folgeänderungen

(hier nicht aufgenommen)

§ 57 Inkrafttreten, Außerkrafttreten

(1) Diese Verordnung tritt vorbehaltlich des Absatzes 2 am Tag nach der Verkündung in Kraft.

(2) § 29 Absatz 3 Nummer 4 tritt am 1. Juli 2009 in Kraft.

(3) Am Tag nach der Verkündung treten außer Kraft:

1. die Bundeslaufbahnverordnung in der Fassung der Bekanntmachung vom 2. Juli 2002 (BGBl. I S. 2459, 2671), die zuletzt durch Artikel 15 Absatz 28 des Gesetzes vom 5. Februar 2009 (BGBl. I S. 160) geändert worden ist,
2. die Verordnung über die Laufbahn und Ausbildung für den Amtsgehilfendienst in der Bundeswehrverwaltung vom 13. März 2002 (BGBl. I S. 1073), die durch Artikel 3 Absatz 52 des Gesetzes vom 19. Februar 2007 (BGBl. I S. 122) geändert worden ist,
3. die Verordnung über die Laufbahn und Ausbildung für den einfachen Lagerverwaltungsdienst in der Bundeswehrverwaltung vom 13. März 2002 (BGBl. I S. 1077), die durch Artikel 3 Absatz 53 des Gesetzes vom 19. Februar 2007 (BGBl. I S. 122) geändert worden ist, und
4. die Verordnung über die Laufbahnen des gehobenen und höheren Fachschuldienstes an Bundeswehrfachschulen vom 29. April 2002 (BGBl. I S. 1674).

Anlage 1
(zu § 9 Absatz 1)

Nr.	Laufbahn-gruppe	Zu den Laufbahnen der Laufbahngruppe gehörende Ämter	Amtsbezeichnungen
1	**Einfacher Dienst**		
2		Besoldungsgruppe A 3	Hauptamtsgehilfin/Hauptamtsgehilfe; Oberaufseherin/Oberaufseher; Oberwachtmeisterin/Oberwachtmeister
3		Besoldungsgruppe A 4	Amtsmeisterin/Amtsmeister; Hauptaufseherin/Hauptaufseher; Hauptwachtmeisterin/Hauptwachtmeister
4		Besoldungsgruppe A 5	Erste Hauptwachtmeisterin/Erster Hauptwachtmeister; Betriebsassistentin/Betriebsassistent; Oberamtsmeisterin/Oberamtsmeister
5		Besoldungsgruppe A 6	Erste Hauptwachtmeisterin/Erster Hauptwachtmeister; Betriebsassistentin/Betriebsassistent; Oberamtsmeisterin/Oberamtsmeister
6	**Mittlerer Dienst**		
7		Besoldungsgruppe A 6	Sekretärin/Sekretär
8		Besoldungsgruppe A 7	Brandmeisterin/Brandmeister; Obersekretärin/Obersekretär
9		Besoldungsgruppe A 8	Hauptsekretärin/Hauptsekretär; Oberbrandmeisterin/Oberbrandmeister
10		Besoldungsgruppe A 9	Amtsinspektorin/Amtsinspektor; Hauptbrandmeisterin/Hauptbrandmeister
11	**Gehobener Dienst**		
12		Besoldungsgruppe A 9	Inspektorin/Inspektor; Kapitänin/Kapitän
13		Besoldungsgruppe A 10	Oberinspektorin/Oberinspektor; Seekapitänin/Seekapitän
14		Besoldungsgruppe A 11	Amtfrau/Amtmann; Seeoberkapitänin/Seeoberkapitän
15		Besoldungsgruppe A 12	Amtsrätin/Amtsrat;

Nr.	Laufbahngruppe	Zu den Laufbahnen der Laufbahngruppe gehörende Ämter	Amtsbezeichnungen
			Rechnungsrätin/Rechnungsrat – als Prüfungsbeamtin oder Prüfungsbeamter bei einem Rechnungshof –; Seehauptkapitänin/Seehauptkapitän
16		Besoldungsgruppe A 13	Fachschuloberlehrerin/Fachschuloberlehrer; Oberamtsrätin/Oberamtsrat; Oberrechnungsrätin/Oberrechnungsrat – als Prüfungsbeamtin oder Prüfungsbeamter bei einem Rechnungshof –; Seehauptkapitänin/Seehauptkapitän
17	**Höherer Dienst**		
18		Besoldungsgruppe A 13	Akademische Rätin/Akademischer Rat – als wissenschaftliche Mitarbeiterin oder wissenschaftlicher Mitarbeiter einer Hochschule; Fachschuloberlehrerin/Fachschuloberlehrer; Kustodin/Kustos; Pfarrerin/Pfarrer; Rätin/Rat; Studienrätin/Studienrat
19		Besoldungsgruppe A 14	Akademische Oberrätin/Akademischer Oberrat – als wissenschaftlicher Mitarbeiter an einer Hochschule –; Fachschuloberlehrerin/Fachschuloberlehrer; Oberkustodin/Oberkustos; Oberrätin/Oberrat; Oberstudienrätin/Oberstudienrat; Pfarrerin/Pfarrer; Regierungsschulrätin/Regierungsschulrat
20		Besoldungsgruppe A 15	Akademische Direktorin/Akademischer Direktor – als wissenschaftlicher Mitarbeiter an einer Hochschule –; Dekanin/Dekan; Direktorin/Direktor; Direktorin/Direktor einer Fachschule; Hauptkustodin/Hauptkustos; Museumsdirektorin und Professorin/Museumsdirektor und Professor; Regierungsschuldirektorin/Regierungsschuldirektor; Studiendirektorin/Studiendirektor

Nr.	Laufbahngruppe	Zu den Laufbahnen der Laufbahngruppe gehörende Ämter	Amtsbezeichnungen
21		Besoldungsgruppe A 16	Abteilungsdirektorin/Abteilungsdirektor; Abteilungspräsidentin/Abteilungspräsident; Leitende Dekanin/Leitender Dekan; Direktorin/Direktor Kanzlerin/Kanzler einer Universität der Bundeswehr; Leitende Akademische Direktorin/Leitender Akademischer Direktor; Leitende Direktorin/Leitender Direktor; Leitende Regierungsschuldirektorin/Leitender Regierungsschuldirektor; Ministerialrätin/Ministerialrat; Museumsdirektorin und Professorin/Museumsdirektor und Professor; Oberstudiendirektorin/Oberstudiendirektor
22		Ämter der Bundesbesoldungsordnung B	Amtsbezeichnungen der Ämter der Bundesbesoldungsordnung B

Anlage 2
(zu § 10 Absatz 1)

Nr.	Laufbahn	Fachspezifischer Vorbereitungsdienst	Oberste Dienstbehörde(n)
1	**Mittlerer nichttechnischer Dienst**		
2		Mittlerer Dienst im Bundesnachrichtendienst und mittlerer Dienst im Verfassungsschutz des Bundes	Bundeskanzleramt und Bundesministerium des Innern und für Heimat
3		Mittlerer Zolldienst des Bundes	Bundesministerium der Finanzen
4		Mittlerer Steuerdienst des Bundes	Bundesministerium der Finanzen
5		Mittlerer nichttechnischer Dienst in der allgemeinen und inneren Verwaltung des Bundes	Bundesministerium des Innern und für Heimat
6		Mittlerer nichttechnischer Verwaltungsdienst in der Bundeswehrverwaltung	Bundesministerium der Verteidigung
7	**Mittlerer technischer Verwaltungsdienst**		
8		Mittlerer feuerwehrtechnischer Dienst in der Bundeswehr	Bundesministerium der Verteidigung
9		Mittlerer technischer Dienst in der Bundeswehrverwaltung – Fachrichtung Wehrtechnik –	Bundesministerium der Verteidigung
10		Mittlerer technischer Dienst der Fernmelde- und Elektronischen Aufklärung des Bundes	Bundesministerium der Verteidigung
11		Mittlerer technischer Dienst in der Wasserstraßen- und Schifffahrtsverwaltung des Bundes	Bundesministerium für Digitales und Verkehr
12	**Mittlerer naturwissenschaftlicher Dienst**		
13		Mittlerer Wetterdienst des Bundes	Bundesministerium für Digitales und Verkehr
14	**Gehobener nichttechnischer Verwaltungsdienst**		

Nr.	Laufbahn	Fachspezifischer Vorbereitungsdienst	Oberste Dienstbehörde(n)
15		Gehobener Dienst im Bundesnachrichtendienst und gehobener Dienst im Verfassungsschutz des Bundes	Bundeskanzleramt und Bundesministerium des Innern und für Heimat
16		Gehobener nichttechnischer Dienst des Bundes in der Sozialversicherung	Vorstand der Deutschen Rentenversicherung Bund im Einvernehmen mit dem Vorstand der Deutschen Rentenversicherung Knappschaft-Bahn-See
17		Gehobener nichttechnischer Dienst des Bundes in der Landwirtschaftlichen Sozialversicherung	Vorstand der Sozialversicherung für Landwirtschaft, Forsten und Gartenbau
18		Gehobener nichttechnischer Zolldienst des Bundes	Bundesministerium der Finanzen
19		Gehobener Steuerdienst des Bundes	Bundesministerium der Finanzen
20		Gehobener Archivdienst des Bundes	Der Beauftragte der Bundesregierung für Kultur und Medien
21		Gehobener Verwaltungsinformatikdienst des Bundes	Bundesministerium der Finanzen
22		Gehobener nichttechnischer Dienst in der allgemeinen und inneren Verwaltung des Bundes	Bundesministerium des Innern und für Heimat
23		Gehobener nichttechnischer Verwaltungsdienst des Bundes – Fachrichtung digitale Verwaltung und Cyber-Sicherheit –	Bundesministerium des Innern und für Heimat
24		Gehobener nichttechnischer Verwaltungsdienst in der Bundeswehrverwaltung	Bundesministerium der Verteidigung
25	**Gehobener technischer Verwaltungsdienst**		
26		Gehobener bautechnischer Verwaltungsdienst des Bundes	Bundesministerium für Wohnen, Stadtentwicklung und Bauwesen
27		Gehobener technischer Dienst – Fachrichtung Bahnwesen –	Bundesministerium für Digitales und Verkehr

Nr.	Laufbahn	Fachspezifischer Vorbereitungsdienst	Oberste Dienstbehörde(n)
28		Gehobener technischer Verwaltungsdienst in der Wasserstraßen- und Schifffahrtsverwaltung des Bundes	Bundesministerium für Digitales und Verkehr
29		Gehobener technischer Verwaltungsdienst in der Straßenbauverwaltung des Bundes	Bundesministerium für Digitales und Verkehr
30		Gehobener technischer Verwaltungsdienst im Informationstechnikzentrum Bund	Bundesministerium der Finanzen
31		Gehobener technischer Dienst in der Bundeswehrverwaltung – Fachrichtung Wehrtechnik –	Bundesministerium der Verteidigung
32		Gehobener feuerwehrtechnischer Dienst in der Bundeswehr	Bundesministerium der Verteidigung
33		Gehobener technischer Dienst bei der Unfallversicherung Bund und Bahn	Vorstand der Unfallversicherung Bund und Bahn
34		Gehobener technischer Dienst der Fernmelde- und Elektronischen Aufklärung des Bundes	Bundesministerium der Verteidigung
35	**Gehobener naturwissenschaftlicher Dienst**		
36		Gehobener Wetterdienst des Bundes	Bundesministerium für Digitales und Verkehr
37	**Höherer nichttechnischer Verwaltungsdienst**		
38		Höherer Archivdienst des Bundes	Der Beauftragte der Bundesregierung für Kultur und Medien
39		Höherer Dienst an wissenschaftlichen Bibliotheken des Bundes	Bundesministerium des Innern und für Heimat
40	**Höherer technischer Verwaltungsdienst**		
41		Höherer technischer Verwaltungsdienst des Bundes, Fachrichtungen	Bundesministerium für Digitales und Verkehr

Nr.	Laufbahn	Fachspezifischer Vorbereitungsdienst	Oberste Dienstbehörde(n)
		Bauingenieurwesen, Bahnwesen, Maschinen- und Elektrotechnik Fachgebiet Maschinen- und Elektrotechnik der Wasserstraßen, Luftfahrttechnik, Straßenwesen	
42		Höherer technischer Verwaltungsdienst des Bundes, Fachrichtungen Hochbau, Maschinen- und Elektrotechnik Fachgebiet Maschinen- und Elektrotechnik in der Verwaltung	Bundesministerium für Wohnen, Stadtentwicklung und Bauwesen
43		Höherer technischer Dienst in der Bundeswehrverwaltung – Fachrichtung Wehrtechnik –	Bundesministerium der Verteidigung
44		Höherer feuerwehrtechnischer Dienst in der Bundeswehr	Bundesministerium der Verteidigung
45		Höherer technischer Dienst bei der Unfallversicherung Bund und Bahn	Vorstand der Unfallversicherung Bund und Bahn

Anlage 3
(zu § 10 Absatz 2 Satz 2)

Prüfungsnoten

In den Rechtsverordnungen nach § 10 Absatz 1 sind folgende Prüfungsnoten vorzusehen:

Note 1	Notendefinition 2
1 sehr gut (1)	eine Leistung, die den Anforderungen in besonderem Maß entspricht
2 gut (2)	eine Leistung, die den Anforderungen voll entspricht
3 befriedigend (3)	eine Leistung, die im Allgemeinen den Anforderungen entspricht
4 ausreichend (4)	eine Leistung, die zwar Mängel aufweist, aber im Ganzen den Anforderungen noch entspricht
5 mangelhaft (5)	eine Leistung, die den Anforderungen nicht entspricht, jedoch erkennen lässt, dass die notwendigen Grundkenntnisse vorhanden sind und die Mängel in absehbarer Zeit behoben werden können
6 ungenügend (6)	eine Leistung, die den Anforderungen nicht entspricht und bei der selbst die Grundkenntnisse so lückenhaft sind, dass die Mängel in absehbarer Zeit nicht behoben werden können

Zur Bildung der Prüfungsnoten können die Einzelleistungen und die Gesamtleistung der Prüfung nach einem System von Punktzahlen bewertet werden.

Bei Vorbereitungsdiensten, die mit einem Bachelor abschließen, sind neben der Note zusätzlich die Leistungspunkte nach dem Europäischen System zur Übertragung und Akkumulierung von Studienleistungen auszuweisen.

Anlage 4
(zu § 51 Absatz 1)

Tabelle 1

Entsprechungstabelle zu den Laufbahnen nach Anlage 1 der Bundeslaufbahnverordnung in der Fassung der Bekanntmachung vom 2. Juli 2002 (BGBl. I S. 2459, 2671), die zuletzt durch Artikel 15 Absatz 28 des Gesetzes vom 5. Februar 2009 (BGBl. I S. 160) geändert worden ist

	Laufbahn nach der BLV 2002 1	Entsprechende Laufbahn 2
1	Ärztlicher Dienst	Höherer ärztlicher und gesundheitswissenschaftlicher Dienst
2	Archäologischer Dienst	Höherer sprach- und kulturwissenschaftlicher Dienst
3	Bibliotheksdienst	Höherer sprach- und kulturwissenschaftlicher Dienst
4	Biologischer Dienst	Höherer naturwissenschaftlicher Dienst
5	Chemischer Dienst einschließlich der Fachrichtungen physikalische Chemie, Bio- und Geochemie	Höherer naturwissenschaftlicher Dienst
6	Ethnologischer Dienst	Höherer sprach- und kulturwissenschaftlicher Dienst
7	Forst- und holzwirtschaftlicher Dienst	Bis 26. Januar 2017: höherer agrar-, forst- und ernährungswissenschaftlicher Dienst Seit 27. Januar 2017: höherer agrar-, forst- und ernährungswissenschaftlicher sowie tierärztlicher Dienst
8	Gartenbaulicher Dienst einschließlich der Fachrichtung Landespflege	Bis 26. Januar 2017: höherer agrar-, forst- und ernährungswissenschaftlicher Dienst Seit 27. Januar 2017: höherer agrar-, forst- und ernährungswissenschaftlicher sowie tierärztlicher Dienst
9	Geographischer Dienst	Höherer naturwissenschaftlicher Dienst
10	Geologischer Dienst	Höherer naturwissenschaftlicher Dienst
11	Geophysikalischer Dienst	Höherer naturwissenschaftlicher Dienst
12	Gesellschafts- und sozialwissenschaftlicher Dienst	Höherer nichttechnischer Verwaltungsdienst
13	Haus- und ernährungswissenschaftlicher Dienst	Bis 26. Januar 2017: höherer agrar-, forst- und ernährungswissenschaftlicher Dienst Seit 27. Januar 2017: höherer agrar-, forst- und ernährungswissenschaftlicher sowie tierärztlicher Dienst

Laufbahn nach der BLV 2002 1	Entsprechende Laufbahn 2
14 Historischer Dienst	Höherer sprach- und kulturwissenschaftlicher Dienst
15 Informationstechnischer Dienst	Höherer naturwissenschaftlicher Dienst
16 Kryptologischer Dienst	Höherer naturwissenschaftlicher Dienst
17 Kunsthistorischer Dienst	Höherer kunstwissenschaftlicher Dienst
18 Landwirtschaftlicher Dienst	Bis 26. Januar 2017: höherer agrar-, forst- und ernährungswissenschaftlicher Dienst Seit 27. Januar 2017: höherer agrar-, forst- und ernährungswissenschaftlicher sowie tierärztlicher Dienst
19 Lebensmittelchemischer Dienst	Höherer naturwissenschaftlicher Dienst
20 Mathematischer Dienst	Höherer naturwissenschaftlicher Dienst
21 Medien- und kommunikationswissenschaftlicher Dienst	Höherer sprach- und kulturwissenschaftlicher Dienst
22 Mineralogischer Dienst	Höherer naturwissenschaftlicher Dienst
23 Musikwissenschaftlicher Dienst	Höherer kunstwissenschaftlicher Dienst
24 Orientalischer Dienst	Höherer sprach- und kulturwissenschaftlicher Dienst
25 Ozeanographischer Dienst	Höherer naturwissenschaftlicher Dienst
26 Pharmazeutischer Dienst	Höherer naturwissenschaftlicher Dienst
27 Physikalischer Dienst	Höherer naturwissenschaftlicher Dienst
28 Raumordnungsdienst	Bei Vorliegen der akademischen Grade Diplom-Betriebswirtin/Diplom-Betriebswirt, Diplom-Kauffrau/Diplom-Kaufmann, Diplom-Soziologin/Diplom-Soziologe oder Diplom-Volkswirtin/Diplom-Volkswirt: höherer nichttechnischer Verwaltungsdienst Bei Vorliegen der akademischen Grade Diplom-Agraringenieurin/Diplom-Agraringenieur oder Diplom-Ingenieurin/Diplom-Ingenieur: höherer technischer Verwaltungsdienst Bei Vorliegen der akademischen Grade Diplom-Geographin/Diplom-Geograph: höherer naturwissenschaftlicher Dienst Bei Vorliegen der akademischen Grade Diplom-Forstwirtin/Diplom-Forstwirt: Bis 26. Januar 2017: höherer agrar-, forst- und ernährungswissenschaftlicher Dienst

Laufbahn nach der BLV 2002 1	Entsprechende Laufbahn 2
	Seit 27. Januar 2017: höherer agrar-, forst- und ernährungswissenschaftlicher sowie tierärztlicher Dienst
29 Romanistischer Dienst	Höherer sprach- und kulturwissenschaftlicher Dienst
30 Slawistischer Dienst	Höherer sprach- und kulturwissenschaftlicher Dienst
31 Sprachendienst	Höherer sprach- und kulturwissenschaftlicher Dienst
32 Statistischer Dienst	Höherer naturwissenschaftlicher Dienst
33 Stenographischer Dienst in der Parlamentsverwaltung	Höherer nichttechnischer Verwaltungsdienst
34 Technischer Dienst nach Maßgabe des § 37	Höherer technischer Verwaltungsdienst
35 Tierärztlicher Dienst	Bis 26. Januar 2017: höherer tierärztlicher Dienst Seit 27. Januar 2017: höherer agrar-, forst- und ernährungswissenschaftlicher sowie tierärztlicher Dienst
36 Wetterdienst	Höherer naturwissenschaftlicher Dienst
37 Wirtschaftsverwaltungsdienst	Höherer nichttechnischer Verwaltungsdienst
38 Zahnärztlicher Dienst	Höherer ärztlicher und gesundheitswissenschaftlicher Dienst

Tabelle 2

Entsprechungstabelle zu den Laufbahnen nach Anlage 2 der Bundeslaufbahnverordnung in der Fassung der Bekanntmachung vom 2. Juli 2002 (BGBl. I S. 2459, 2671), die zuletzt durch Artikel 15 Absatz 28 des Gesetzes vom 5. Februar 2009 (BGBl. I S. 160) geändert worden ist

Laufbahn nach der BLV 2002 1	Entsprechende Laufbahn 2
1 Bibliotheksdienst	Gehobener sprach- und kulturwissenschaftlicher Dienst
2 Dienst in der gesetzlichen Krankenversicherung, Krankenkassendienst	Gehobener nichttechnischer Verwaltungsdienst
3 Dienst in der gesetzlichen Unfallversicherung	Gehobener nichttechnischer Verwaltungsdienst
4 Dienst als Sozialarbeiterinnen und Sozialarbeiter und als Sozialpädagoginnen und Sozialpädagogen	Gehobener nichttechnischer Verwaltungsdienst

Laufbahn nach der BLV 2002 1	Entsprechende Laufbahn 2
5 Dokumentationsdienst	Gehobener sprach- und kulturwissenschaftlicher Dienst
6 Gartenbaulicher Dienst einschließlich der Fachrichtung Landespflege	Bis 26. Januar 2017: gehobener agrar-, forst- und ernährungswissenschaftlicher Dienst Seit 27. Januar 2017: gehobener agrar-, forst- und ernährungswissenschaftlicher sowie tierärztlicher Dienst
7 Informationstechnischer Dienst	Gehobener naturwissenschaftlicher Dienst
8 Land- und forstwirtschaftlicher Dienst nach Maßgabe des § 37	Bis 26. Januar 2017: gehobener agrar-, forst- und ernährungswissenschaftlicher Dienst Seit 27. Januar 2017: gehobener agrar-, forst- und ernährungswissenschaftlicher sowie tierärztlicher Dienst
9 Landwirtschaftlich-hauswirtschaftlicher Dienst	Bis 26. Januar 2017: gehobener agrar-, forst- und ernährungswissenschaftlicher Dienst Seit 27. Januar 2017: gehobener agrar-, forst- und ernährungswissenschaftlicher sowie tierärztlicher Dienst
10 Nautischer Dienst	Gehobener technischer Verwaltungsdienst
11 Raumordnungsdienst	Gehobener technischer Verwaltungsdienst
12 Seevermessungstechnischer Dienst	Gehobener technischer Verwaltungsdienst
13 Schiffsmaschinendienst	Gehobener technischer Verwaltungsdienst
14 Technischer Dienst nach Maßgabe des § 37	Gehobener technischer Verwaltungsdienst
15 Weinbaulicher Dienst	Bis 26. Januar 2017: gehobener agrar-, forst- und ernährungswissenschaftlicher Dienst Seit 27. Januar 2017: gehobener agrar-, forst- und ernährungswissenschaftlicher sowie tierärztlicher Dienst
16 Wirtschaftsverwaltungsdienst	Gehobener nichttechnischer Verwaltungsdienst

Tabelle 3

Entsprechungstabelle zu den Laufbahnen nach Anlage 3 der Bundeslaufbahnverordnung in der Fassung der Bekanntmachung vom 2. Juli 2002 (BGBl. I S. 2459, 2671), die zuletzt durch Artikel 15 Absatz 28 des Gesetzes vom 5. Februar 2009 (BGBl. I S. 160) geändert worden ist

Laufbahn nach der BLV 2002 1	Entsprechende Laufbahn 2
1 Technischer Dienst nach Maßgabe des § 35 Absatz 2 Satz 2 und 4 und des § 37 bei Abschluss der Berufsausbildung als: – Technische Assistentinnen und Assistenten mit staatlicher Anerkennung – staatlich geprüfte Chemotechnikerinnen und Chemotechniker – Handwerksmeisterinnen, Handwerksmeister, Industriemeisterinnen und Industriemeister in ihrem jeweiligen Beruf – Kartographinnen und Kartographen – Laborantinnen und Laboranten – Landkartentechnikerinnen und Landkartentechniker – Operateurinnen und Operateure in Kernforschungseinrichtungen – staatlich geprüfte Technikerinnen und Techniker – Technikerinnen und Techniker mit staatlicher Anerkennung – Strahlenschutztechnikerinnen und Strahlenschutztechniker in Kernforschungseinrichtungen – Vermessungstechnikerinnen und Vermessungstechniker – Werkstoffprüferinnen und Werkstoffprüfer – Zeichnerinnen und Zeichner	Mittlerer technischer Verwaltungsdienst
2 Archivdienst bei Abschluss der Berufsausbildung als Fachangestellte für Medien- und Informationsdienste – Fachrichtung Archiv –	Mittlerer nichttechnischer Verwaltungsdienst
3 Bibliotheksdienst bei Abschluss der Berufsausbildung als: – Bibliotheksassistentinnen und Bibliotheksassistenten – Fachangestellte für Medien- und Informationsdienste – Fachrichtung Bibliothek, Information und Dokumentation, Bildagentur –	Mittlerer sprach- und kulturwissenschaftlicher Dienst
4 Nautischer Dienst	Mittlerer technischer Verwaltungsdienst

Tabelle 4

Entsprechungstabelle zu den Laufbahnen nach Anlage 5 der Bundeslaufbahnverordnung in der Fassung der Bekanntmachung vom 2. Juli 2002 (BGBl. I S. 2459, 2671), die zuletzt durch Artikel 15 Absatz 28 des Gesetzes vom 5. Februar 2009 (BGBl. I S. 160) geändert worden ist

	Laufbahn nach der BLV 2002 1	Entsprechende Laufbahn 2
1	Einfacher Zolldienst des Bundes	Einfacher nichttechnischer Verwaltungsdienst
2	Einfacher nichttechnischer Dienst in der allgemeinen und inneren Verwaltung des Bundes	Einfacher nichttechnischer Verwaltungsdienst
3	Amtsgehilfendienst in der Bundeswehrverwaltung	Einfacher nichttechnischer Verwaltungsdienst
4	Einfacher Lagerverwaltungsdienst in der Bundeswehrverwaltung	Einfacher nichttechnischer Verwaltungsdienst
5	Einfacher technischer Dienst bei der Museumsstiftung Post und Telekommunikation	Einfacher technischer Verwaltungsdienst
6	Einfacher technischer Dienst bei der Bundesanstalt für Post und Telekommunikation Deutsche Bundespost	Einfacher technischer Verwaltungsdienst
7	Einfacher technischer Dienst bei der Unfallkasse Post und Telekom	Einfacher technischer Verwaltungsdienst
8	Einfacher technischer Dienst bei der Unfallversicherung Bund und Bahn	Einfacher technischer Verwaltungsdienst
9	Mittlerer Auswärtiger Dienst	Mittlerer Auswärtiger Dienst
10	Mittlerer Dienst im Bundesnachrichtendienst	Mittlerer nichttechnischer Verwaltungsdienst
11	Mittlerer nichttechnischer Dienst des Bundes in der Sozialversicherung	Mittlerer nichttechnischer Verwaltungsdienst
12	Mittlerer Forstdienst in der Bundesverwaltung	Bis 26. Januar 2017: mittlerer agrar-, forst- und ernährungswissenschaftlicher Dienst Seit 27. Januar 2017: mittlerer agrar-, forst- und ernährungswissenschaftlicher sowie tierärztlicher Dienst
13	Mittlerer nautischer und maschinentechnischer Zolldienst des Bundes	Mittlerer technischer Verwaltungsdienst
14	Mittlerer Zolldienst des Bundes	Mittlerer nichttechnischer Verwaltungsdienst
15	Mittlerer Steuerdienst des Bundes	Mittlerer nichttechnischer Verwaltungsdienst
16	Mittlerer Dienst an wissenschaftlichen Bibliotheken des Bundes	Mittlerer sprach- und kulturwissenschaftlicher Dienst
17	Mittlerer Dienst im Verfassungsschutz des Bundes	Mittlerer nichttechnischer Verwaltungsdienst

Laufbahn nach der BLV 2002 1	Entsprechende Laufbahn 2
18 Mittlerer nichttechnischer Dienst in der allgemeinen und inneren Verwaltung des Bundes	Mittlerer nichttechnischer Verwaltungsdienst
19 Mittlerer nichttechnischer Dienst in der Wasserstraßen- und Schifffahrtsverwaltung des Bundes	Mittlerer nichttechnischer Verwaltungsdienst
20 Mittlerer technischer Dienst in der Wasserstraßen- und Schifffahrtsverwaltung des Bundes	Mittlerer technischer Verwaltungsdienst
21 Mittlerer Wetterdienst des Bundes	Mittlerer naturwissenschaftlicher Dienst
22 Mittlerer Dienst der Fernmelde- und Elektronischen Aufklärung des Bundes	Mittlerer nichttechnischer Verwaltungsdienst
23 Mittlerer feuerwehrtechnischer Dienst in der Bundeswehr	Mittlerer technischer Verwaltungsdienst
24 Mittlerer nichttechnischer Verwaltungsdienst in der Bundeswehrverwaltung	Mittlerer nichttechnischer Verwaltungsdienst
25 Mittlerer technischer Dienst in der Bundeswehrverwaltung – Fachrichtung Wehrtechnik –	Mittlerer technischer Verwaltungsdienst
26 Mittlerer technischer Dienst bei der Museumsstiftung Post und Telekommunikation	Mittlerer technischer Verwaltungsdienst
27 Mittlerer technischer Dienst bei der Bundesanstalt für Post und Telekommunikation Deutsche Bundespost	Mittlerer technischer Verwaltungsdienst
28 Mittlerer technischer Dienst bei der Unfallkasse Post und Telekom	Mittlerer technischer Verwaltungsdienst
29 Mittlerer technischer Dienst bei der Unfallversicherung Bund und Bahn	Mittlerer technischer Verwaltungsdienst
30 Gehobener Auswärtiger Dienst	Gehobener Auswärtiger Dienst
31 Gehobener nichttechnischer Dienst in der Bundesagentur für Arbeit	Gehobener nichttechnischer Verwaltungsdienst
32 Gehobener Dienst im Bundesnachrichtendienst	Gehobener nichttechnischer Verwaltungsdienst
33 Gehobener nichttechnischer Dienst des Bundes in der Sozialversicherung	Gehobener nichttechnischer Verwaltungsdienst
34 Gehobener Forstdienst des Bundes	Bis 26. Januar 2017: gehobener agrar-, forst- und ernährungswissenschaftlicher Dienst Seit 27. Januar 2017: gehobener agrar-, forst- und ernährungswissenschaftlicher sowie tierärztlicher Dienst
35 Gehobener nichttechnischer Dienst der Bundesvermögensverwaltung	Gehobener nichttechnischer Verwaltungsdienst

Laufbahn nach der BLV 2002 1	Entsprechende Laufbahn 2
36 Gehobener nichttechnischer Zolldienst des Bundes	Gehobener nichttechnischer Verwaltungsdienst
37 Gehobener Steuerdienst des Bundes	Gehobener nichttechnischer Verwaltungsdienst
38 Gehobener Archivdienst des Bundes	Gehobener nichttechnischer Verwaltungsdienst
39 Gehobener Dienst im Verfassungsschutz des Bundes	Gehobener nichttechnischer Verwaltungsdienst
40 Gehobener nichttechnischer Dienst in der allgemeinen und inneren Verwaltung des Bundes	Gehobener nichttechnischer Verwaltungsdienst
41 Gehobener Schuldienst in der Bundespolizei	Gehobener sprach- und kulturwissenschaftlicher Dienst
42 Gehobener bautechnischer Verwaltungsdienst des Bundes	Gehobener technischer Verwaltungsdienst
43 Gehobener technischer Dienst – Fachrichtung Bahnwesen –	Gehobener technischer Verwaltungsdienst
44 Gehobener technischer Verwaltungsdienst in der Wasserstraßen- und Schifffahrtsverwaltung des Bundes	Gehobener technischer Verwaltungsdienst
45 Gehobener Wetterdienst des Bundes	Gehobener naturwissenschaftlicher Dienst
46 Gehobener feuerwehrtechnischer Dienst in der Bundeswehr	Gehobener technischer Verwaltungsdienst
47 Gehobener Dienst der Fernmelde- und Elektronischen Aufklärung des Bundes	Gehobener nichttechnischer Verwaltungsdienst
48 Gehobener Fachschuldienst an Bundeswehrfachschulen	Gehobener sprach- und kulturwissenschaftlicher Dienst
49 Gehobener nichttechnischer Verwaltungsdienst in der Bundeswehrverwaltung	Gehobener nichttechnischer Verwaltungsdienst
50 Gehobener technischer Dienst in der Bundeswehrverwaltung – Fachrichtung Wehrtechnik –	Gehobener technischer Verwaltungsdienst
51 Gehobener technischer Dienst bei der Museumsstiftung Post und Telekommunikation	Gehobener technischer Verwaltungsdienst
52 Gehobener technischer Dienst bei der Bundesanstalt für Post und Telekommunikation Deutsche Bundespost	Gehobener technischer Verwaltungsdienst
53 Gehobener technischer Dienst bei der Unfallkasse Post und Telekom	Gehobener technischer Verwaltungsdienst
54 Gehobener technischer Dienst bei der Unfallversicherung Bund und Bahn	Gehobener technischer Verwaltungsdienst
55 Höherer Auswärtiger Dienst	Höherer Auswärtiger Dienst
56 Höherer nichttechnischer Dienst in der Bundesagentur für Arbeit	Höherer nichttechnischer Verwaltungsdienst

Laufbahn nach der BLV 2002 1	Entsprechende Laufbahn 2
57 Höherer Dienst im Bundesnachrichtendienst	Höherer nichttechnischer Verwaltungsdienst
58 Höherer Forstdienst des Bundes	Bis 26. Januar 2017: höherer agrar-, forst- und ernährungswissenschaftlicher Dienst Seit 27. Januar 2017: höherer agrar-, forst- und ernährungswissenschaftlicher sowie tierärztlicher Dienst
59 Höherer Zolldienst des Bundes	Höherer nichttechnischer Verwaltungsdienst
60 Höherer allgemeiner Verwaltungsdienst des Bundes	Höherer nichttechnischer Verwaltungsdienst
61 Höherer Archivdienst des Bundes	Höherer nichttechnischer Verwaltungsdienst
62 Höherer Dienst an wissenschaftlichen Bibliotheken des Bundes	Höherer sprach- und kulturwissenschaftlicher Dienst
63 Höherer Dienst im Verfassungsschutz des Bundes	Höherer nichttechnischer Verwaltungsdienst
64 Höherer Schuldienst in der Bundespolizei	Höherer sprach- und kulturwissenschaftlicher Dienst
65 Höherer technischer Verwaltungsdienst des Bundes	Höherer technischer Verwaltungsdienst
66 Höherer Fachschuldienst an Bundeswehrfachschulen	Höherer sprach- und kulturwissenschaftlicher Dienst
67 Höherer technischer Dienst in der Bundeswehrverwaltung – Fachrichtung Wehrtechnik –	Höherer technischer Verwaltungsdienst
68 Höherer technischer Dienst bei der Museumsstiftung Post und Telekommunikation	Höherer technischer Verwaltungsdienst
69 Höherer technischer Dienst bei der Bundesanstalt für Post und Telekommunikation Deutsche Bundespost	Höherer technischer Verwaltungsdienst
70 Höherer technischer Dienst bei der Unfallkasse Post und Telekom	Höherer technischer Verwaltungsdienst
71 Höherer technischer Dienst bei der Unfallversicherung Bund und Bahn	Höherer technischer Verwaltungsdienst

Allgemeine Verwaltungsvorschrift zur Bundeslaufbahnverordnung

Vom 1. Dezember 2017 (GMBl. S. 986)

Nach Artikel 86 Satz 1 des Grundgesetzes in Verbindung mit § 145 Absatz 2 des Bundesbeamtengesetzes vom 5. Februar 2009 (BGBl. I S. 160), geändert durch Artikel 1 Nummer 26 des Gesetzes vom 6. März 2015 (BGBl. I S. 252), erlässt das Bundesministerium des Innern folgende Allgemeine Verwaltungsvorschrift:

Artikel 1

Zu § 4 (Stellenausschreibungspflicht)

Die Pflicht zur Stellenausschreibung ist nicht auf den Fall der Begründung eines Beamtenverhältnisses (Einstellung) beschränkt. Auch behördenintern zu besetzende Stellen sind im Regelfall auszuschreiben.

Die Art der Ausschreibung richtet sich danach, ob es sich um eine Einstellung handelt oder nicht. Bei einer Einstellung ist eine öffentliche Ausschreibung erforderlich (z. B. im Internet, in einem Amtsblatt oder einer Zeitung). Ausschreibungen, die lediglich in den Diensträumen einer Behörde aushängen, genügen diesen Anforderungen nicht. Zu besetzende Stellen, die nicht durch eine Einstellung besetzt werden sollen, können hingegen auch behördenintern ausgeschrieben werden.

§ 6 des Bundesgleichstellungsgesetzes (BGleiG) ist zu beachten.

§ 4 Absatz 2 BLV normiert Ausnahmetatbestände, für die die Pflicht zur Stellenausschreibung entfällt. Dies schließt aber nicht aus, dass die Stellenausschreibung als Instrument der Ermittlung geeigneter Bewerberinnen und Bewerber genutzt wird.

§ 4 Absatz 3 BLV eröffnet die Möglichkeit, nach pflichtgemäßem Ermessen aus Gründen der Personalplanung oder des Personaleinsatzes allgemein oder in Einzelfällen auf eine Ausschreibung zu verzichten. Bei Einstellungen ist dies allerdings nur in besonderen Einzelfällen zulässig (Nummer 2). § 4 Absatz 3 Nummer 2 BLV enthält auf der Tatbestandsseite den unbestimmten Rechtsbegriff des besonderen Einzelfalls, der gerichtlich voll überprüfbar ist, und räumt auf der Rechtsfolgenseite der Dienstbehörde Ermessen ein. Ein besonderer Einzelfall liegt vor, wenn ein sich von der Masse der Fälle wesentlich abhebender Fall vorliegt, z. B. wenn klar ist, dass für eine Stelle in einer Forschungseinrichtung nur wenige Wissenschaftlerinnen und Wissenschaftler mit der nötigen fachlichen Spezialisierung in Betracht kommen. Hier ist die Ermessensentscheidung unter Beachtung der verfassungsrechtlichen Vorgaben des Artikels 33 Absatz 2 des Grundgesetzes zu treffen.

Zu §§ 7 und 8 (Feststellung der Laufbahnbefähigung)

Nach § 16 Absatz 2 Satz 1 Bundesbeamtengesetz (BBG) ist Bewerberinnen und Bewerbern schriftlich mitzuteilen, dass sie die Befähigung für die Laufbahn besitzen, in die sie eingestellt, wechseln oder von einem anderen Dienstherrn versetzt werden sollen. Ein entsprechendes Muster ist als **Anlage 1** beigefügt.

Die Feststellung der Laufbahnbefähigung muss sich auf eine im Ressort eingerichtete Laufbahn beziehen. Sie dient allein der Prüfung, ob die Beamtin oder der Beamte geeignet ist, die Aufgaben der Laufbahn wahrzunehmen. Die übrigen Voraussetzungen für eine Verbeamtung sind gesondert zu prüfen (vgl. die §§ 5 bis 7 BBG). Insbesondere ist die Berufung in ein Beamtenverhältnis nur zulässig zur Wahrnehmung hoheitlicher Aufgaben oder von Aufgaben, die zur Sicherung des Staates oder des öffentlichen Lebens nicht ausschließlich Personen übertragen werden dürfen, die in einem privatrechtlichen Arbeitsverhältnis stehen (§ 5 BBG).

Die Frage, welche Laufbahnen in dem jeweiligen Ressort eingerichtet werden, wird im Wesentlichen durch die Aufgabenstruktur bestimmt. Dementsprechend wird z. B. die

Einrichtung eines sportwissenschaftlichen Dienstes in vielen Bereichen nicht in Betracht kommen. Die BLV selbst macht keine Vorgaben dazu, in welcher Form die Entscheidung der obersten Dienstbehörde über die Einrichtung von Laufbahnen dokumentiert werden sollte. Da eine Übersicht über die eingerichteten Laufbahnen inklusive der wichtigsten Fachrichtungen aber Grundlage für verschiedene personalpolitische Entscheidungen ist, wird die Erstellung einer schriftlichen oder elektronischen Übersicht durch die Personalabteilung empfohlen.

1. Zuordnung der Studienabschlüsse zu den Laufbahngruppen

Bachelorabschlüsse eröffnen den Zugang zum gehobenen Dienst und Masterabschlüsse den Zugang zum höheren Dienst (vgl. hierzu auch Beschluss der Kultusministerkonferenz [KMK] vom 10. Oktober 2003 i. d. F. vom 4. Februar 2010, veröffentlicht in: Sammlung der Beschlüsse der Ständigen Konferenz der Kultusminister der Länder in der Bundesrepublik Deutschland). Das bis zum 31. Dezember 2007 geltende Verfahren, dass Masterabschlüsse an Fachhochschulen für den höheren Dienst nur anerkannt wurden, wenn sie auf Grund eines gesonderten Akkreditierungsverfahrens den Zusatz „Eröffnet den Zugang zum höheren Dienst" verwenden durften, wurde mit dem am 1. Januar 2008 in Kraft getretenen Beschluss der KMK vom 20. September 2007 zum „Zugang zu den Laufbahnen des höheren Dienstes durch Masterabschluss an Fachhochschulen" (gleichlautender Beschluss der Innenministerkonferenz vom 7. Dezember 2007) abgelöst. Seitdem können Fachhochschulabsolventinnen und Fachhochschulabsolventen mit einem Masterabschluss auch dann zugelassen werden, wenn der Akkreditierungsbescheid keinen entsprechenden Zusatz enthält. Dies gilt auch für Studiengänge, die vor dem Inkrafttreten des letztgenannten Beschlusses oder ohne Zuerkennung des Zusatzes akkreditiert wurden. Nur vor der Akkreditierung an Fachhochschulen erworbene Masterabschlüsse führen in den gehobenen Dienst.

Einem Bachelorabschluss gleichwertig sind Diplome an Fachhochschulen sowie Abschlüsse in akkreditierten Bachelorausbildungsgängen an Berufsakademien. Meister-, Fortbildungs- oder Fachwirtprüfungen sind dagegen einem Bachelorabschluss nicht gleichwertig. Dies ergibt sich bereits daraus, dass mit einer Meister-, Fortbildungs- oder Fachwirtprüfung erst die allgemeine Hochschulzugangsberechtigung erworben wird (vgl. KMK-Beschluss vom 6. März 2009). Eine Qualifizierung, die eine Hochschul**zugangs**berechtigung vermittelt, kann nicht gleichwertig mit einem Hochschul**abschluss** sein. Insofern sind bei einer Meister-, Fortbildungs- oder Fachwirtprüfung (darunter auch die Verwaltungsfachwirtprüfung) die gesetzlichen Voraussetzungen für eine Zulassung zu einer Laufbahn des gehobenen Dienstes nicht erfüllt.

Einem Masterabschluss gleichwertig sind an Universitäten oder gleichgestellten Hochschulen erworbene Diplom- und Magisterabschlüsse. Von den in einem System gestufter Diplomabschlüsse erwerbbaren Abschlüssen „Diplom I" und „Diplom II" ist nur das „Diplom II" gleichwertig mit einem Masterabschluss. Das „Diplom I" dagegen ist auf Grund der kürzeren Regelstudiendauer nicht gleichwertig mit einem Master-, sondern nur mit einem Bachelorabschluss.

Lehramtsmasterstudiengänge, bei denen 300 ECTS-Punkte erworben wurden, führen in Laufbahnen des höheren Dienstes. Ferner eröffnen die Studiengänge für das Lehramt der Sekundarstufe II mit dem Abschluss 1. Staatsprüfung den Zugang zu Laufbahnen des höheren Dienstes. Die Studiengänge für das Grundschullehramt bzw. das Lehramt der Primarstufe sowie für das Lehramt der Sekundarstufe I mit dem Abschluss 1. Staatsprüfung können gemäß der Einordnung im „Qualifikationsrahmen für deutsche Hochschulabschlüsse" vom 21. April 2005 nur der Bachelorebene zugeordnet werden. Die fachliche Zuordnung richtet sich jeweils nach den studierten Unterrichtsfächern.

Im Hinblick auf den sog. Weiterbildungsmaster ist folgendes anzumerken: Weiterbildende Masterstudiengänge setzen nach dem Beschluss der KMK vom 10. Oktober 2003 i. d. F. vom 4. Februar 2010 nach einem qualifizierten Hochschulabschluss qualifizierte berufspraktische Erfahrung von i. d. R. nicht unter einem Jahr voraus. Die Inhalte des weiterbildenden Masterstudiengangs sollen die beruflichen Erfahrungen berücksichtigen und an diese anknüpfen. Bei der Konzeption eines weiterbildenden Masterstudiengangs legt die Hochschule den Zusammenhang von beruflicher Qualifikation und Studienangebot dar. Weiterbildende Masterstudiengänge entsprechen deshalb in den Anforderungen den konsekutiven Masterstudiengängen und führen zu dem gleichen Qualifikationsniveau und zu denselben Berechtigungen. Die Gleichwertigkeit der Anforderungen muss in der Akkreditierung festgestellt worden sein.

2. Fachliche Zuordnung der Studiengänge und Berufsausbildungen

Die fachliche Zuordnung zu den neuen Laufbahnen folgt im gehobenen und höheren Dienst der Zuordnung der Studiengänge zu den sog. Fächergruppen in der Hochschulstatistik des Statistischen Bundesamtes. Die Zuordnung von Abschlüssen zu einer Laufbahn des einfachen und mittleren Dienstes orientiert sich an der Schulstatistik und der Berufsstatistik. Zur Arbeitserleichterung wird als **Anlage 2** eine Tabelle beigefügt, die in der Regel eine schnelle fachliche Zuordnung der Ausbildungsgänge zu den Laufbahnen erlaubt. Angesichts ständiger Veränderungen bei den Zuschnitten von Ausbildungsgängen ist es aber nicht ausgeschlossen, dass – bei Hinweisen auf eine tatsächliche abweichende inhaltliche Ausrichtung – die Inhalte des Studiengangs individuell geprüft werden. Ggf. kann dies die Zuordnung einer anderen Laufbahn ermöglichen. In Zweifelsfällen erteilt das Bundesministerium des Innern (BMI) Auskunft zur Zuordnung von Studiengängen und Berufsausbildungen zu den Laufbahnen.

Wurde ein Masterstudium absolviert, das fachlich nicht auf einem Bachelorstudium aufbaut, ist für die fachliche Zuordnung die Ausrichtung des Masterstudiengangs maßgebend.

Beispiel: Einen Bewerber mit Bachelorabschluss im Bereich Architektur, der einen Masterstudiengang in Betriebswirtschaft absolviert und anschließend zwei Jahre und sechs Monate als Betriebswirt in einem Bauunternehmen gearbeitet hat, kann die Laufbahnbefähigung für den höheren nichttechnischen Verwaltungsdienst anerkannt werden.

Mit dem Wintersemester 2015/2016 gab es größere Änderungen in der Zuordnung der Studiengänge zu den Fächergruppen der Hochschulstatistik. So fallen alle Studiengänge des Bibliothekswesens, der Erziehungswissenschaften, der Kommunikationswissenschaften, der Psychologie und der Publizistik nicht mehr in die Fächergruppe Sprach- und Kulturwissenschaften bzw. Geisteswissenschaften, sondern in die Fächergruppe Rechts-, Wirtschafts- und Sozialwissenschaften (entspricht dem nichttechnischen Verwaltungsdienst). Die Studiengänge der Informationstechnik sind nicht mehr den Naturwissenschaften, sondern den Ingenieurwissenschaften (technischer Verwaltungsdienst) zugeordnet. Schließlich ist die Veterinärmedizin (tierärztlicher Dienst) mit den Agrar-, Forst- und Ernährungswissenschaften zusammengelegt worden.

Mit der am 27. Januar 2017 in Kraft getretenen Verordnung zur Änderung der BLV und anderer laufbahnrechtlicher Vorschriften (BGBl. I S. 89) wurde zunächst die Laufbahn des tierärztlichen Dienstes mit der Laufbahn des agrar-, forst- und ernährungswissenschaftlichen Dienstes zusammengelegt. Hierzu gibt es eine Überleitungsregelung (vgl. unter 5.).

Um die anderen Veränderungen nachzuvollziehen, musste die Zuordnung der Studiengänge zu den Laufbahnen in der Anlage 2 entsprechend geändert werden. Die folgende Tabelle enthält die wichtigsten Änderungen:

lfd. Nr.	Studienfach	bis 21. 12. 2017 geltende Laufbahnzuordnung	ab 22. 12. 2017 geltende Laufbahnzuordnung
1	Bibliothekswesen	sprach- und kulturwissenschaftlicher Dienst	nichttechnischer Verwaltungsdienst
2	Erziehungswissenschaften	sprach- und kulturwissenschaftlicher Dienst	nichttechnischer Verwaltungsdienst
3	Kommunikationswissenschaften	sprach- und kulturwissenschaftlicher Dienst	nichttechnischer Verwaltungsdienst
4	Psychologie	sprach- und kulturwissenschaftlicher Dienst	nichttechnischer Verwaltungsdienst
5	Publizistik	sprach- und kulturwissenschaftlicher Dienst	nichttechnischer Verwaltungsdienst
6	Informatik	naturwissenschaftlicher Dienst	technischer Verwaltungsdienst
7	Wirtschaftsinformatik	je nach Schwerpunkt nichttechnischer Verwaltungsdienst oder naturwissenschaftlicher Dienst	je nach Schwerpunkt nichttechnischer Verwaltungsdienst oder technischer Verwaltungsdienst

Da die bisherige Laufbahn weiter existiert, ist eine Überleitung der nach der bisherigen Zuordnung verbeamteten Personen in die Laufbahnen, die der neuen Zuordnung entsprechen, nicht geboten. Soweit gewünscht, können Behörden an vorhandenen Beamtinnen und Beamten, die Studiengänge absolviert haben, die jetzt einer anderen als der bisherigen Laufbahn zugeordnet sind, ohne Weiteres einen Laufbahnwechsel nach § 42 BLV vollziehen. Die Tätigkeit in der bisherigen Laufbahn kann als Qualifizierung für die neue Laufbahn herangezogen werden, so dass die Voraussetzungen des § 42 Absatz 2 Satz 1 BLV erfüllt sind.

Sind Berufsausbildungen, etwa weil sie noch sehr neu oder aber nicht mehr angeboten werden, nicht in Anlage 2 aufgeführt, kann auf der Internetseite BERUFENET der Bundesagentur für Arbeit nach vergleichbaren Berufsausbildungen gesucht werden, die in der Anlage 2 aufgeführt sind. Aus der fachlichen Zuordnung der Vergleichsberufe kann auf die Zuordnung der nicht aufgeführten Berufe geschlossen werden. Auch bei der Zuordnung von in der ehemaligen DDR absolvierten Berufsausbildungen, die ebenfalls nicht in Anlage 2 aufgeführt sind, kann so verfahren werden.

3. Absolventinnen und Absolventen mit Vorbereitungsdienst

Wird im Anschluss an ein Hochschulstudium oder eine Ausbildung ein fachspezifischer Vorbereitungsdienst absolviert, orientiert sich die Zuordnung zur Laufbahn an der fachlichen Ausrichtung des Vorbereitungsdienstes.

Beispiel: Studienabschlüsse im Bereich Mathematik sind dem naturwissenschaftlichen Dienst zuzuordnen. Werden die Absolventinnen und Absolventen aber zu einem Vorbereitungsdienst für den höheren technischen Verwaltungsdienst zugelassen, ist dieser Abschluss maßgeblich, d. h. die Beamtin oder der Beamte erwirbt durch den Vorbereitungsdienst die Laufbahnbefähigung für den höheren technischen Verwaltungsdienst.

4. Andere Bewerberinnen und andere Bewerber

Bei der Feststellung der Laufbahnbefähigung der anderen Bewerberinnen und Bewerber ist die oberste Dienstbehörde an die Entscheidung des Bundespersonalausschusses gebunden und teilt auf dieser Grundlage der oder dem Betroffenen die Feststellung der Laufbahnbefähigung schriftlich mit (vgl. Anlage 1).

5. Überleitung der bereits eingestellten Beamtinnen und Beamten

Die bei Inkrafttreten der Neufassung der BLV am 14. Februar 2009 vorhandenen Laufbahnen wurden durch § 51 Absatz 1 BLV in das neue Laufbahnsystem überführt. Durch die am 27. Januar 2017 in Kraft getretene Änderung der BLV wurde die Laufbahn des tierärztlichen Dienstes mit der Laufbahn des agrar-, forst- und ernährungswissenschaftlichen Dienstes zusammengelegt und wurden die Beamtinnen und Beamten des tierärztlichen Dienstes in die neue Laufbahn des agrar-, forst- und ernährungswissenschaftlichen sowie tierärztlichen Dienstes übergeleitet (§ 51 Absatz 3 BLV). Gesonderte Mitteilungen sind in diesen Fällen entbehrlich.

Von der laufbahnrechtlichen Zuordnung unberührt bleibt die Eignungsprüfung anhand des Anforderungsprofils, das in der Stellenausschreibung gefordert worden ist, d. h. sucht die Behörde eine „reine" Betriebswirtin oder einen „reinen" Betriebswirt, werden in der Regel Betriebswirtinnen oder Betriebswirte mit einschlägigem Bachelor- und Masterabschluss dem Anforderungsprofil eher entsprechen.

Zu § 9 (Ämter der Laufbahnen)

Die Ämter der Laufbahnen ergeben sich aus Anlage 1 BLV und nicht mehr wie vor Inkrafttreten der Neufassung der BLV am 14. Februar 2009 in vielen Fällen aus den einschlägigen Laufbahn-, Ausbildungs- und Prüfungsordnungen. Auch hier ist die Übergangsregelung des § 51 Absatz 4 BLV zu beachten, der zufolge Amtsbezeichnungen, die beim Inkrafttreten der BLV geführt werden, bis zur Übertragung eines anderen Amtes weitergeführt werden können.

Zu § 10 (Einrichtung von Vorbereitungsdiensten)

Gleichwertige und verwandte Ausbildungen eröffnen den Zugang zu derselben Laufbahn (§ 16 BBG). Es sind nicht mehr nur gleiche, sondern auch verwandte Ausbildungsrichtungen in einer Laufbahn zusammengefasst. Innerhalb einer Laufbahn wurden fachspezifische Vorbereitungsdienste eingerichtet.

Die Befugnis, die besonderen Vorschriften für die fachspezifischen Vorbereitungsdienste zu erlassen, ist den in Anlage 2 BLV genannten obersten Dienstbehörden übertragen. Die auf dieser Grundlage erlassenen Vorbereitungsdienstverordnungen haben die vor dem Inkrafttreten der Neufassung der BLV im Jahr 2009 vorhandenen Laufbahn-, Ausbildungs- und Prüfungsordnungen abgelöst und bedürfen nicht mehr des Einvernehmens des BMI.

§ 10 Absatz 2 BLV bestimmt die in den Vorbereitungsdienstverordnungen zu regelnden Mindestinhalte, um einheitliche Qualitätsanforderungen zu sichern. In den Vorbereitungsdienstverordnungen sind Regelungen über die Auswahlverfahren für die Einstellung in den Vorbereitungsdienst und die Gestaltung der Vorbereitungsdienste zu treffen sowie Einzelheiten der Prüfungen zu regeln. Die in den Vorbereitungsdienstverordnungen vorzusehenden Prüfungsnoten sind in Anlage 3 BLV genannt.

Zu § 10a (Auswahlverfahren für die Einstellung in den Vorbereitungsdienst)

Nach § 10a Absatz 5 BLV kann der schriftliche Teil des Auswahlverfahrens für die Einstellung in den Vorbereitungsdienst unterstützt durch Informationstechnologie durchgeführt werden. Hierbei ist sicherzustellen, dass mit IT-Unterstützung durchgeführte Abschnitte des Auswahlverfahrens ebenso dokumentiert werden wie ohne IT-Unterstützung durchgeführte Abschnitte des Auswahlverfahrens. So ist im Fall eines technischen Problems einem Verlust bereits bearbeiteter Aufgaben bzw. bereits erbrachter Leistungen durch häufige automatische Speicherung entgegenzuwirken. Ferner ist zu gewährleisten, dass nach Abschluss des Auswahlverfahrens die erbrachten Leistungen von der Bewerberin oder dem Bewerber eingesehen werden können. Die Bewertung der erbrachten Leistungen muss auf Nachfrage der Bewerberin oder des Bewerbers erläutert sowie überprüft werden können.

Nach § 10a Absatz 8 Nummer 4 BLV ist in den Vorbereitungsdienstverordnungen zu regeln, wie die Teile und Abschnitte des Auswahlverfahrens bei der Gesamtbewertung der im

Auswahlverfahren erbrachten Leistungen gewichtet werden. Dabei kommen verschiedene Modelle in Betracht. Z. B. kann vorgesehen werden, dass jeder Teil oder Abschnitt einzeln bewertet wird. Ein weiteres Modell ist vorzusehen, dass über das gesamte Auswahlverfahren oder über mehrere Teile oder über mehrere Abschnitte hinweg eine Bewertung bestimmter Kompetenzen oder Kompetenzbereiche vorgenommen wird. Bei diesem Modell ergibt sich die Gesamtbewertung der im Auswahlverfahren erbrachten Leistungen aus den Bewertungen der einzelnen Kompetenzen oder Kompetenzbereiche. Möglich sind auch Mischformen verschiedener Modelle (z. B. bestimmte Abschnitte einzeln zu bewerten und andere Abschnitte zusammenfassend nach Kompetenzen oder Kompetenzbereichen zu bewerten).

Zu § 11 (Einstellung in den Vorbereitungsdienst)

Für die Zulassung zum Vorbereitungsdienst sind seit Inkrafttreten der Neufassung der BLV im Jahr 2009 keine Altersgrenzen mehr vorgeschrieben. § 48 der Bundeshaushaltsordnung bleibt davon unberührt.

Die Beamtinnen und Beamten führen als Dienstbezeichnung die sich aus Anlage 1 BLV ergebende Amtsbezeichnung des Eingangsamtes der jeweiligen Laufbahn mit dem Zusatz „Anwärterin" oder „Anwärter", in Laufbahnen des höheren Dienstes die Dienstbezeichnung „Referendarin" oder „Referendar".

Nach Satz 3 kann die für die Gestaltung des Vorbereitungsdienstes zuständige oberste Dienstbehörde im Einvernehmen mit dem BMI andere Dienstbezeichnungen festsetzen. Das BMI hat sein Einvernehmen dazu erteilt, dass für Beamtinnen und Beamte auf Widerruf in Vorbereitungsdiensten, die in den höheren technischen Verwaltungsdienst führen, die zuständige oberste Dienstbehörde die Dienstbezeichnung „Technische Referendarin" oder „Technischer Referendar" festsetzen kann.

Zu den §§ 12 bis 14

Die §§ 12 bis 14 BLV sehen für den Vorbereitungsdienst des mittleren, gehobenen und höheren Dienstes jeweils eine Mindestdauer und eine regelmäßige Dauer vor. Wenn die besonderen Verhältnisse der Laufbahn (Aufgabenstruktur) es erfordern, kann der regelmäßige Zeitrahmen unter- oder überschritten werden.

Zu § 12 (Mittlerer Dienst)

§ 12 BLV bestimmt, dass die Ausbildung aus einem fachtheoretischen und einem berufspraktischen Teil besteht. Die Gestaltung der einzelnen Ausbildungen wird den in Anlage 2 BLV genannten zuständigen obersten Dienstbehörden überlassen.

Zu § 13 (Gehobener Dienst)

Für den Vorbereitungsdienst des gehobenen Dienstes gilt nach § 13 Absatz 1 Satz 1 BLV eine Regeldauer von drei Jahren, um eine an den unterschiedlichen Bedürfnissen orientierte Gestaltung der Ausbildung durch die zuständigen obersten Dienstbehörden zu ermöglichen. Im Rahmen des Bologna-Prozesses werden die Fachhochschulstudiengänge zunehmend auf Bachelorabschlüsse umgestellt. Daher umfasst die Vorschrift auch diese Studienabschlüsse.

Weitere Vorgaben für die Gestaltung der Vorbereitungsdienste, wie Dauer und Struktur der Fachstudien und der berufspraktischen Studienzeiten, werden in den Vorbereitungsdienstverordnungen festgelegt.

Nach § 13 Absatz 2 BLV kann der Vorbereitungsdienst bis auf ein Jahr verkürzt werden, wenn die für die Laufbahnaufgaben erforderlichen wissenschaftlichen und methodischen Grundkenntnisse durch ein mit einem Bachelor abgeschlossenes Hochschulstudium oder durch einen gleichwertigen Abschluss nachgewiesen werden. Diplom-Fachhochschulabschlüsse und Abschlüsse von akkreditierten Bachelorausbildungsgängen an Berufsakademien sind hochschulrechtlich Bachelorabschlüssen von Hochschulen gleichgestellt. Die Vorbereitungsdienstverordnungen können vorsehen, dass nur Bewerberinnen und Bewerber mit einem einschlägigen Hochschulstudium oder einem gleichwertigen Abschluss eingestellt werden. Je nach Ausgestaltung der entsprechenden Vorbereitungsdienste in den Vorbereitungsdienstverordnungen können zum Erwerb erforderlicher Spezialkenntnisse Fachstudien oder Lehrgänge und zum Erwerb berufspraktischer Fähigkeiten und Kenntnisse berufspraktische Studienzeiten und ergänzende Lehrveranstaltungen vorgesehen werden. Eine Ausgestaltung als rein berufspraktische Studienzeit ist möglich. Unabhängig davon ist eine Beschränkung auf die berufspraktische Studienzeit bei Nachweis eines geeigneten Hochschulabschlusses auch im Einzelfall möglich. Eine Ausgestaltung des Vorbereitungsdienstes lediglich als Fachstudium oder Lehrgang ist dagegen nicht zulässig.

Zu § 14 (Höherer Dienst)

Ein Vorbereitungsdienst für den höheren Dienst ist nach § 14 BLV auf die Vermittlung berufspraktischer Fähigkeiten und Kenntnisse auszurichten. Die Ausgestaltung bleibt den Vorbereitungsdienstverordnungen überlassen.

Zu § 15 (Verlängerung der Vorbereitungsdienste)

§ 15 BLV legt einheitlich und abschließend fest, in welchen Fällen der Vorbereitungsdienst zu verlängern ist. Anders als bisher sind hierzu keine Regelungen mehr in den einzelnen Vorbereitungsdienstverordnungen zu treffen. Ziel der Regelung ist, Referendarinnen, Referendare, Anwärterinnen und Anwärter vor Nachteilen durch das Versäumen von Ausbildungsabschnitten oder Teilen hiervon zu schützen. Sie gilt nicht für jeden Fall einer Unterbrechung, sondern setzt voraus, dass andernfalls die zielgerechte Fortsetzung des Vorbereitungsdienstes nicht gewährleistet ist. Dies muss durch eine genaue Prüfung im Einzelfall festgestellt werden. Eine pauschale Verlängerung des Vorbereitungsdienstes ist nicht zulässig. Der Vorbereitungsdienst ist nur in dem Umfang zu verlängern, der für das Erreichen des Ausbildungsziels erforderlich ist. Dies muss nicht in jedem Fall den Zeitraum der Unterbrechung umfassen. Die oder der Betroffene ist vor einer Verlängerung des Vorbereitungsdienstes anzuhören. Dies bezieht sich insbesondere auch auf die Dauer der Verlängerung.

§ 15 Absatz 2 BLV betrifft insbesondere die Fälle, in denen während des Vorbereitungsdienstes familienbedingte Teilzeit wegen der Geburt eines Kindes oder der Pflege von Angehörigen in Anspruch genommen wird. Um die Vereinbarkeit von Familie und Beruf zu erleichtern und die Fortsetzung der Ausbildung zu ermöglichen, ist der Vorbereitungsdienst in entsprechender Anwendung des Absatzes 1 zu verlängern, sofern nach Prüfung des jeweiligen Einzelfalls die zielgerechte Fortsetzung des Vorbereitungsdienstes gefährdet ist.

§ 15 Absatz 3 BLV legt für die Fälle einer Unterbrechung wegen Erkrankung (Absatz 1 Satz 1 Nummer 1), aus anderen zwingenden Gründen (Absatz 1 Satz 1 Nummer 5) oder bei Teilzeitbeschäftigung (Absatz 2) eine Höchstdauer für die Verlängerung des Vorbereitungsdienstes von 24 Monaten fest. Dies trägt dem Schutz der Referendarinnen, Referendare, Anwärterinnen und Anwärter in ausreichendem Maße Rechnung. Aus Gründen der Planungssicherheit für die Dienststellen sind diese Fälle auf eine höchstens zweimalige Verlängerung beschränkt. Die Dauer der Unterbrechungszeiten nach § 15 Absatz 1 Satz 1 Nummer 2 bis 4 BLV ist durch Gesetz oder Verordnung festgelegt.

Zu § 16 (Verkürzung der Vorbereitungsdienste)

§ 16 BLV legt einheitlich und abschließend fest, in welchen Fällen der Vorbereitungsdienst nach pflichtgemäßem Ermessen verkürzt werden kann. Anders als bisher sind hierzu keine Regelungen mehr in den einzelnen Vorbereitungsdienstverordnungen zu treffen. Über eine Verkürzung des Vorbereitungsdienstes, die auf Anregung der Referendarinnen, Referendare, Anwärterinnen und Anwärter oder von Amts wegen erfolgen kann, wird regelmäßig vor Beginn des Vorbereitungsdienstes zu entscheiden sein. Das Erreichen des Ausbildungsziels darf hierdurch nicht gefährdet sein. Eine Verkürzung auf weniger als sechs Monate ist nicht zulässig.

Eine Verkürzung nach § 16 Absatz 1 BLV setzt voraus, dass die für die Laufbahnbefähigung erforderlichen Fähigkeiten, Kenntnisse und Fertigkeiten durch eine geeignete, mit einer Prüfung abgeschlossene Berufsausbildung oder für die Laufbahnbefähigung gleichwertige hauptberufliche Tätigkeiten erworben worden sind. Letztere müssen in den Laufbahnen des höheren Dienstes zusätzlich nach Bestehen der ersten Staats- oder Hochschulprüfung, also nach Erwerb der Vorbildungsvoraussetzungen, ausgeübt worden sein.

Nach § 16 Absatz 1 Satz 4 BLV dürfen Zeiten, die zur Erfüllung der Zulassungsvoraussetzungen nach § 17 BBG absolviert, also nach § 17 BBG angerechnet wurden, nicht für eine Verkürzung des Vorbereitungsdienstes berücksichtigt werden. Doppelanrechnungen sind nicht zulässig. Dies betrifft auch Zeiten einer praktischen Tätigkeit, die Voraussetzung für die Ablegung der für eine Laufbahn des höheren Dienstes vorgeschriebenen ersten Staats- oder Hochschulprüfung sind. Sie sind dem entsprechenden Hochschulstudium zuzurechnen und fallen daher unter die Zulassungsvoraussetzungen nach § 17 Absatz 5 BBG.

Vor Inkrafttreten der Neufassung der BLV im Jahr 2009 konnte eine Ausbildung für den gehobenen nichttechnischen Verwaltungsdienst oder den gehobenen Justizdienst auf den Vorbereitungsdienst für den höheren allgemeinen Verwaltungsdienst bis zur Dauer von sechs Monaten angerechnet werden. § 16 Absatz 2 BLV ermöglicht für alle Vorbereitungsdienste des gehobenen und höheren Dienstes die Anrechnung eines Vorbereitungsdienstes der jeweils niedrigeren Laufbahngruppe. Das entspricht dem im Jahr 2009 implementierten Laufbahnsystem, in welchem diejenigen Laufbahnen, die verwandte und gleichwertige Vor- und Ausbildungen voraussetzen, zu größeren Laufbahnen zusammengefasst wurden. Die Entscheidung, ob und welche Vorbereitungsdienste der niedrigeren Laufbahngruppe auf den jeweiligen Vorbereitungsdienst angerechnet werden können, ist den nach Anlage 2 BLV zuständigen obersten Dienstbehörden überlassen und in den Vorbereitungsdienstverordnungen zu regeln. Für die Anrechnung ist ein Höchstmaß von sechs Monaten festgelegt.

Zu § 17 (Laufbahnprüfung)

Die Laufbahnprüfung kann als Abschlussprüfung zum Ende des Vorbereitungsdienstes oder in Form von Modulprüfungen vorbereitungsdienstbegleitend durchgeführt werden. Dies trägt der zunehmenden Modularisierung von Studiengängen an verwaltungsinternen und externen Hochschulen im Rahmen des Bologna-Prozesses Rechnung. Eine Modulprüfung bezeichnet den Abschluss eines Moduls, z. B. in Form einer Klausur oder einer mündlichen Prüfung. Ein Modul ist bei Bachelor- und Masterstudiengängen eine Lehreinheit, die aus mehreren Lehrveranstaltungen zu einem gemeinsamen Teilgebiet eines Studienfaches besteht. Ein Modul dauert in der Regel ein bis drei Semester. Jeder Bestandteil eines Moduls – dazu gehören auch mündliche Prüfungen oder „Modulabschlussprüfungen" – wird entsprechend dem mit der Teilnahme verbundenen Zeitaufwand mit Credit Points (Studien- oder Leistungspunkten) gewichtet und in einer „Modulabschlussbescheinigung" benotet.

Nach § 17 Absatz 2 BLV sind die Inhalte der Laufbahnprüfung bei einer Verkürzung des Vorbereitungsdienstes (§ 13 Absatz 2, § 16 BLV) an die Ausbildungsinhalte des geleisteten Vorbereitungsdienstes anzupassen.

Modul-, Teil-, Zwischen- und Laufbahnprüfungen können bei Nichtbestehen einmal wiederholt werden. Bis zum 26. Januar 2017 war einheitlich für alle Vorbereitungsdienste geregelt, dass die oberste Dienstbehörde in begründeten Ausnahmefällen eine zweite Wiederholung der genannten Prüfungen zulassen kann.

Seit dem 27. Januar 2017 ist eine zweite Wiederholung bei Vorbereitungsdiensten, die als Bachelorstudiengänge durchgeführt werden, jeweils in einem Pflichtmodul und in einem Wahlmodul ohne das Vorliegen einer begründeten Ausnahme möglich. Wurden bei einem vor dem 27. Januar 2017 begonnenen Vorbereitungsdienst bereits nach der alten Rechtslage Wiederholungen von Prüfungen zugelassen, werden diese auf die neuen Wiederholungsmöglichkeiten angerechnet.

Für die anderen Vorbereitungsdienste, auch für die in Form von modularisierten Diplomstudiengängen durchgeführten Vorbereitungsdienste, gibt es weiterhin nur die Möglichkeit, dass die oberste Dienstbehörde oder unmittelbar nachgeordnete Behörden in begründeten Ausnahmefällen eine zweite Wiederholung einer Prüfung zulassen kann.

Zu den §§ 19 bis 21 (Anerkennung von Befähigungen für den mittleren, gehobenen und höheren Dienst)

1. Anerkennung einer Laufbahnbefähigung auf Grund einer Teilnahme an einem Vorbereitungsdienst als Tarifbeschäftigte oder Tarifbeschäftigter

Werden Tarifbeschäftigte zur Teilnahme an einem Vorbereitungsdienst zugelassen, absolvieren sie diesen nicht als Vorbereitungsdienst im Beamtenverhältnis, sondern als berufsbefähigende Ausbildung/Qualifizierung. Insofern besitzen sie nicht automatisch mit Abschluss der Ausbildung/Qualifizierung die Befähigung für die entsprechende Laufbahn. Vielmehr ist, wenn eine Verbeamtung in Aussicht genommen wird, eine gesonderte Anerkennung der Befähigung nach § 19 oder § 20 BLV erforderlich. Da die Betroffenen aber gleichermaßen den Vorbereitungsdienst absolviert haben wie Beamtinnen und Beamte, erfolgt die Anerkennung der Befähigung nach § 19 Absatz 1 Nummer 1 oder nach § 20 Satz 1 Nummer 1 BLV ohne das Erfordernis eines Nachweises einer hauptberuflichen Tätigkeit.

In der Vergangenheit wurde Tarifbeschäftigten etwa die Teilnahme an dem als Fernstudiengang angebotenen Diplomstudiengang „Verwaltungsmanagement" der Hochschule des Bundes für öffentliche Verwaltung (HS Bund) durch Rundschreiben des BMI vom 21. August 2015 – D 5 – 31003/5#7 – sowie an dem Diplomstudiengang „Verwaltungsinformatik" durch Rundschreiben des BMI vom 29. April 2013 – D 5 - 220231-2/6 – eröffnet.

2. Hauptberufliche Tätigkeit

Gemäß § 19 Absatz 3 BLV, auf den § 20 Satz 2 und § 21 Absatz 1 Satz 2 BLV verweisen, können nur hauptberufliche Tätigkeiten berücksichtigt werden, die nach Fachrichtung und Schwierigkeit der Tätigkeit einer Beamtin oder eines Beamten in der Laufbahn, in die die Bewerberin oder der Bewerber eingestellt werden soll, entsprechen. Die Definition des Begriffs „hauptberuflich" enthält § 2 Absatz 5 BLV.

Nach dieser Definition muss es sich u. a. um eine „entgeltliche Tätigkeit" handeln. Dabei wäre es zu kurz gegriffen, nur eine sozialversicherungspflichtige Beschäftigung als entgeltliche Tätigkeit einzustufen. Vielmehr muss es sich um eine Tätigkeit handeln, die zu einem Einkommen führt, welches geeignet oder jedenfalls weitgehend geeignet ist, den Lebensunterhalt zu sichern. Insofern kommt es auf die Art der beruflichen Tätigkeit (angestellt, freiberuflich, Forschungstätigkeit, stipendienfinanzierte Tätigkeit etc.) nicht an. Entscheidend ist lediglich, ob die in § 19 Absatz 3 BLV genannten Voraussetzungen erfüllt sind.

Soweit § 19 Absatz 3 BLV verlangt, dass die hauptberufliche Tätigkeit nach ihrer Fachrichtung der Tätigkeit in der angestrebten Laufbahn entspricht, ist darauf hinzuweisen, dass die Laufbahnen des nichttechnischen Verwaltungsdienstes ein breit gefächertes Aufgabenspektrum umfassen. So gehören zu dieser Laufbahn nicht nur Aufgaben der allgemeinen und inneren Verwaltung, sondern auch spezialisierte Aufgaben z. B. in den Bereichen Zoll, Marktüberwachung, Finanzdienstleistungsaufsicht, Verkehrs- und Luftsicherheit, Archivdienst und Verwaltungsinformatik. Insofern kommen als berücksichtigungsfähige Tätigkeiten ebenfalls viele Tätigkeiten in Betracht.

Kann eine Gleichbehandlung von Teilzeit- und Vollzeitbeschäftigung im Einzelfall aus zwingenden Gründen nicht erfolgen, ist die unterschiedliche Behandlung auf das im konkreten Fall notwendige Maß zu beschränken. Pauschale Regelungen für eine Vielzahl von Fällen sind in der Regel unzulässig.

Vor Inkrafttreten der Verordnung zur Änderung der BLV und anderer laufbahnrechtlicher Vorschriften am 27. Januar 2017 wurden ausgehend vom Regelfall der beruflichen Entwicklung bei der Anerkennung einer Laufbahnbefähigung nur Zeiten hauptberuflicher Tätigkeit, die nach Erwerb der Bildungsvoraussetzungen erworben wurden, berücksichtigt. Mit Inkrafttreten der o. g. Verordnung sind nunmehr auch Zeiten hauptberuflicher Tätigkeit vor Erwerb der Bildungsvoraussetzungen berücksichtigungsfähig. Ein Beispiel sind Verwaltungsfachwirte, die zunächst auf Grund ihres beruflichen Fortbildungsabschlusses Tätigkeiten ausüben, die denen des gehobenen Dienstes entsprechen, und später einen Bachelorabschluss erwerben, der den Zugang zu dieser Laufbahngruppe ermöglicht.

Zu § 22 (Andere Bewerberinnen und andere Bewerber)

Nach § 22 Absatz 1 BLV stellen die Bewerberinnen und Bewerber, die die geforderten Bildungsvoraussetzungen besitzen, den Regeltyp und die anderen Bewerberinnen und Bewerber die Ausnahme dar. Die Einstellung anderer Bewerberinnen und Bewerber soll der Verwaltung ermöglichen, in Einzelfällen auf die besonderen Kenntnisse und Erfahrungen von Fachleuten zurückzugreifen, die sich innerhalb oder außerhalb der öffentlichen Verwaltung auf einem ihrer künftigen Laufbahn entsprechenden Gebiet qualifiziert haben.

Demgemäß können andere Bewerberinnen und Bewerber nur dann berücksichtigt werden, wenn geeignete Laufbahnbewerberinnen und -bewerber nicht zur Verfügung stehen oder wenn ein besonderes dienstliches Interesse an deren fachlichen Kenntnissen und Erfahrungen besteht.

Nach § 19 BBG stellt der Bundespersonalausschuss fest, wer eine Laufbahnbefähigung als andere Bewerberin oder als anderer Bewerber erworben hat. Zu den Voraussetzungen, die zu erfüllen sind, nimmt er Leitlinien in seine Geschäftsberichte auf. Auch in diesen Leitlinien wird der Ausnahmecharakter der Berücksichtigung anderer Bewerberinnen oder Bewerber betont.

Anträge auf Feststellung einer Laufbahnbefähigung als andere Bewerberin oder als anderer Bewerber stellen die obersten Dienstbehörden. Soweit der Bundespersonalausschuss einen Antrag für begründet erachtet, ist zusätzlich nachzuweisen, dass eine ausreichende Dauer der Berufserfahrung in Aufgaben, die nach Fachrichtung und Schwierigkeit der angestrebten Laufbahn entsprechen, vorliegt. Diese Dauer der Berufserfahrung beträgt für Laufbahnen des mittleren Dienstes vier Jahre, des gehobenen Dienstes sechs Jahre und des höheren Dienstes sieben Jahre und sechs Monate.

Darüber hinaus ist eine Prüfung vor einem Unterausschuss des Bundespersonalausschusses abzulegen. Das Verfahren regelt der Bundespersonalausschuss (§ 22 Absatz 4 BLV).

Zu § 23 (Besondere Qualifikationen und Zeiten)

§ 23 Absatz 1 BLV eröffnet die Möglichkeit, Absolventinnen und Absolventen mit einem Hauptschulabschluss oder einem als gleichwertig anerkannten Bildungsstand ausnahmsweise für eine Laufbahn des mittleren Dienstes zuzulassen, wenn die abgeschlossene Berufsausbildung und die hauptberufliche Tätigkeit geeignet sind, die Befähigung für eine Laufbahn des mittleren Dienstes zu vermitteln. Hintergrund der Regelung ist, dass die Zulassung zu einer Ausbildung im dualen System häufig nicht an einen bestimmten Bildungsabschluss gebunden ist. So können z. B. neben Absolventinnen und Absolventen mit einem mittleren Bildungsabschluss ggf. auch Hauptschülerinnen und Hauptschüler eine Ausbildung zur Verwaltungsfachangestellten oder zum Verwaltungsfachangestellten absolvieren. Da beide als Tarifbeschäftigte in der Regel Tätigkeiten wahrnehmen, die denen des mittleren nichttechnischen Verwaltungsdienstes entsprechen, wird in diesen Fällen auch die Möglichkeit der Verbeamtung im mittleren Dienst eröffnet.

Nach § 23 Absatz 4 BLV kann für die Zulassung zu einigen Laufbahnen anstelle eines an einer Hochschule erworbenen Masters ein an einer Hochschule erworbener Bachelor oder ein gleichwertiger Abschluss, jeweils in Verbindung mit einer Promotion oder einer hauptberuflichen Tätigkeit von mindestens zwei Jahren und sechs Monaten, berücksichtigt werden. Im Fall der Zulassung auf Grund der Qualifikation Bachelor und mehrjährige Berufserfahrung ist demnach insgesamt eine hauptberufliche Tätigkeit von fünf Jahren nachzuweisen. Die hauptberufliche Tätigkeit muss nach Fachrichtung und Schwierigkeit der Tätigkeit einer Beamtin oder eines Beamten derselben Laufbahn entsprechen.

Erfasst sind die Laufbahnen des höheren technischen Verwaltungsdienstes, des höheren sprach- und kulturwissenschaftlichen Dienstes, des höheren naturwissenschaftlichen Dienstes sowie des höheren ärztlichen und gesundheitswissenschaftlichen Dienstes. Es handelt sich um Laufbahnen, in denen ein Bewerberinnen- und Bewerbermangel besteht oder in denen typischerweise nur eine eingeschränkte Verwendungsbreite gefordert wird.

Die Regelung kann nur bei der Einstellung in ein Beamtenverhältnis angewendet werden.

Zu § 24 (Zulassung zur höheren Laufbahn bei Besitz einer Hochschulausbildung)

Beamtinnen und Beamte, die die für eine höhere Laufbahn erforderliche Hochschulausbildung besitzen, können nach Maßgabe des § 24 BLV für eine höhere Laufbahn zugelassen werden, wenn sie an einem für Regelbewerberinnen und Regelbewerber vorgesehenen Auswahlverfahren erfolgreich teilgenommen haben. Auswahlverfahren im Sinne der Norm sind **externe** Bewerbungsverfahren, d. h. Verfahren für öffentlich ausgeschriebene Dienstposten, nicht aber interne Auswahlverfahren nur für Bewerberinnen und Bewerber aus dem eigenen Haus bzw. Geschäftsbereich. Dies ergibt sich bereits aus dem Wortlaut. Die Voraussetzung der erfolgreichen Teilnahme am Auswahlverfahren unterstreicht vor dem Hintergrund des Leistungsgrundsatzes die sachliche Gleichheit der Einstellungs- und Befähigungsanforderungen für Regelbewerberinnen und Regelbewerber einerseits und für die in § 24 BLV genannten Beamtinnen und Beamten andererseits.

Seit dem Inkrafttreten der Verordnung zur Änderung der BLV und anderer laufbahnrechtlicher Vorschriften am 27. Januar 2017 ist als neue Möglichkeit hinzugetreten, auch Beamtinnen und Beamte des einfachen Dienstes, die eine Berufsausbildung besitzen, für die jeweilige Laufbahn des mittleren Dienstes zuzulassen. Berücksichtigungsfähig sind auch Berufsausbildungen, die vor Eintritt in den öffentlichen Dienst abgeschlossen wurden und bereits für die Anerkennung der Befähigung für die Laufbahn des einfachen Dienstes herangezogen worden waren.

Die Bewerberinnen und Bewerber werden unter den gleichen Voraussetzungen wie Regelbewerberinnen und Regelbewerber zum Auswahlverfahren zugelassen bzw. abgelehnt. D. h., dass auch Ablehnungen nach Aktenlage möglich sind.

Zu § 25 (Einstellung in ein höheres Amt als das Eingangsamt)

Die Einstellung in ein höheres Amt ist eine Ermessensentscheidung. Dies bedeutet, dass die einstellende Behörde nach pflichtgemäßem Ermessen entscheiden muss, ob die sofortige Übertragung eines höheren Amtes als des Eingangsamtes gerechtfertigt ist. Hierzu ist zusätzlich zur förmlichen Nachzeichnung des fiktiven Werdegangs eine wertende Betrachtung erforderlich.

Werden z. B. ab dem 1. Juli 2009 Zeiten einer hauptberuflichen Tätigkeit bereits bei der Festsetzung der Erfahrungsstufen (§ 28 Bundesbesoldungsgesetz [BBesG]) anerkannt, kann dies dafür sprechen, dass eine gleichzeitige Berücksichtigung im Rahmen des § 25 BLV nicht sachgerecht ist. Gegen eine Einstellung in einem höheren Amt kann auch sprechen, dass zwar hauptberufliche Tätigkeiten absolviert wurden, diese aber nicht dem in der Stellenausschreibung definierten Anforderungsprofil entsprechen.

Beispiel: Gesucht wird eine Juristin oder ein Jurist mit Erfahrungen im Umweltrecht. Es bewirbt sich ein Jurist, der Umweltrecht studiert hat, seine hauptberuflichen Erfahrungen aber nur fünf Jahre in diesem Bereich und drei Jahre in einer Bank (Bereich: Kreditverträge) gesammelt hat. Hier spricht vieles dafür, nicht acht Jahre, sondern nur fünf Jahre zu berücksichtigen.

1. Berücksichtigung hauptberuflicher Tätigkeiten

In jedem Fall können hauptberufliche Tätigkeiten aber nur berücksichtigt werden, wenn die beruflichen Erfahrungen, die zusätzlich zu den beruflichen Erfahrungen, die für die Anerkennung der Laufbahnbefähigung erforderlich sind, nach Fachrichtung und Schwierigkeit der Tätigkeit einer Beamtin oder eines Beamten der angestrebten Laufbahn entsprechen. Ein Teil dieser Tätigkeit muss darüber hinaus seiner Art und Bedeutung nach dem angestrebten Amt gleichwertig und für eine angemessene Zeitdauer ausgeübt worden sein. Als angemessene Dauer sind mindestens sechs bis zwölf Monate anzusehen. Dies entspricht nämlich der Mindesterprobungszeit für einen Beförderungsdienstposten nach § 34 Absatz 1 Satz 1 BLV.

Auf die Art der beruflichen Tätigkeit (freiberuflich, angestellt, Forschungstätigkeit, stipendienfinanziert etc.) kommt es hingegen nicht an. Entscheidend ist lediglich, ob die Tätigkeiten die in § 25 BLV genannten Voraussetzungen erfüllen.

Arbeitet z. B. ein Jurist nach dem zweiten Staatsexamen zunächst als Sachbearbeiter in einer Verwaltung, entspricht diese Tätigkeit nicht der Tätigkeit im höheren Dienst.

Wurde kein Vorbereitungsdienst absolviert, kann das erste Beförderungsamt frühestens übertragen werden, wenn nach Erwerb der Bildungsvoraussetzungen im einfachen Dienst drei Jahre, im mittleren und gehobenen Dienst vier Jahre und sechs Monate und im höheren Dienst fünf Jahre und sechs Monate hauptberufliche Tätigkeiten zurückgelegt wurden (Mindestzeiten für den Erwerb der Laufbahnbefähigung durch hauptberufliche Tätigkeiten sowie Zeiten einer Probezeit). Eine Beförderung während der Probezeit kann nicht unterstellt werden, weil keine beamtenrechtliche Beurteilung vorliegt, die einen Vergleich mit anderen Probezeitbeamtinnen und Probezeitbeamten ermöglicht.

Fiktiver Werdegang*	eD	mD	gD	hD
Erwerb der Laufbahnbefähigung**		1 Jahr und 6 Monate	1 Jahr und 6 Monate	2 Jahre und 6 Monate
Abschluss der Probezeit	3 Jahre	3 Jahre	3 Jahre	3 Jahre
1. Beförderungsamt	A 3	A 7	A 10	A 14
Beförderungssperre	1 Jahr	1 Jahr	1 Jahr	1 Jahr
2. Beförderungsamt	A 4	A 8	A 11	A 15
Beförderungssperre	1 Jahr	1 Jahr	1 Jahr	1 Jahr
3. Beförderungsamt	A 5	A 9 m	A 12	A 16
Beförderungssperre	1 Jahr		1 Jahr	1 Jahr
4. Beförderungsamt	A 6		A 13g	B – Amt

Bei den in der Tabelle dargestellten Zeiten handelt es sich um Mindestzeiten. Weichen die in der Behörde üblichen Karriereverläufe von diesen Mindestzeiten ab, so kann die Behörde dies in ihre Ermessensentscheidung mit einbeziehen.

2. Förderliche Zusatzqualifikationen

In den Fällen, in denen geeignete berufliche Erfahrungen nicht vorliegen, muss für die Einstellung in ein höheres Amt als das Eingangsamt die besondere persönliche und fachliche Befähigung durch förderliche Zu-

* Bei abweichenden Eingangsämtern ist die Tabelle entsprechend anzupassen.

** Gemäß § 25 Absatz 1 Satz 1 BLV sind für den fiktiven Werdegang Zeiten der beruflichen Erfahrung heranzuziehen, die zusätzlich zu den für den für die Anerkennung der Laufbahnbefähigung erforderlichen Zeiten geleistet worden sind. Die Zeile wurde daher nur aufgenommen, um ergänzend die für die Anerkennung der Laufbahnbefähigung notwendige Zeit zu veranschaulichen.

satzqualifikationen nachgewiesen werden. Dies kann z. B. der Fall sein, wenn im Rahmen eines Stipendiums eine Habilitation geschrieben wurde. Die Qualifikation muss für das Amt der Laufbahn, in die eingestellt werden soll, förderlich und das Beförderungsamt nach dem individuellen fiktiven Werdegang erreichbar sein.

Beispiel: Eine Bewerberin oder ein Bewerber, die oder der im Anschluss an das Studium im Rahmen eines Stipendiums sechs Jahre habilitiert, kann in ein Amt der Besoldungsgruppe A 14 eingestellt werden, auch wenn keine hauptberuflichen Tätigkeiten vorliegen.

In den Fällen, in denen eine Bewerberin oder ein Bewerber zeitgleich gearbeitet und eine besondere Qualifikation erworben hat, kann dieser Zeitraum nur einmal berücksichtigt werden.

3. Benachteiligungsverbot

Auch bei der Einstellung in ein höheres Amt als das Eingangsamt ist das Benachteiligungsverbot des § 25 BBG zu berücksichtigen. D. h., Schwangerschaft, Mutterschutz, Elternzeit, Teilzeit und Telearbeit dürfen sich nicht nachteilig auf die Einstellung auswirken. Dies gilt aber nur, wenn diese in den zeitlichen Rahmen hauptberuflicher Tätigkeiten fallen (z. B. Schwangerschaft, Mutterschutz in einem privatrechtlichen Arbeitsverhältnis).

4. Muster

Ein Muster für die Feststellung des Amtes, in das nach § 20 BBG i. V. m. § 25 BLV eingestellt wird, ist als **Anlage 3** beigefügt.

5. Konkurrenz zu anderen Anrechnungsvorschriften

Konkurrenz zu anderen Anrechnungsvorschriften Hauptberufliche Tätigkeiten können sowohl im Besoldungsrecht (§ 28 BBesG) als auch im Laufbahnrecht (§§ 25 und 29 BLV) berücksichtigt werden. Eine Anrechnung von Tätigkeiten im Besoldungsrecht schließt eine Anrechnung nach § 25 BLV nicht aus. Sie kann aber für die Ermessenserwägung im Rahmen des § 25 BLV von Bedeutung sein (s. o.).

Hingegen können Zeiten, die bei der Berechnung des fiktiven Werdegangs nach § 25 BLV berücksichtigt worden sind, nicht noch einmal auf die Probezeit angerechnet werden (vgl. § 29 Absatz 2 Nummer 3 BLV). Etwas anderes gilt, wenn nach der Berechnung des fiktiven Werdegangs noch „überschießende" Zeiten verbleiben. Diese können im Rahmen des § 29 BLV angerechnet werden.

Zu § 27 (Ausnahmen für besonders leistungsstarke Beamtinnen und Beamte)

Zu den Voraussetzungen, die Beamtinnen und Beamte vor Übertragung eines Dienstpostens im Sinne des § 27 Absatz 2 BLV erfüllen müssen, werden folgende ergänzende Hinweise gegeben:

1. Dienstzeiten im Sinne des § 27 Absatz 1 BLV sind Zeiten ab der Einstellung in eine Laufbahn. Hat die Beamtin oder der Beamte einen horizontalen Laufbahnwechsel vollzogen, rechnen die in der früheren Laufbahn zurückgelegten Zeiten mit. Zeiten eines Erholungs- oder Sonderurlaubs mit Fortzahlung der Dienstbezüge und Krankheitszeiten werden ebenfalls berücksichtigt. Gleiches gilt für ermäßigte Arbeitszeiten.

   Eine dienstlichen oder öffentlichen Belangen dienende Beurlaubung nach § 30 Absatz 1 Satz 2 BLV (z. B. Beurlaubungen nach § 6 Absatz 1 der Sonderurlaubsverordnung [SUrlV] oder zur Ausübung einer Tätigkeit bei einer Fraktion) sowie die in § 30 Absatz 2 BLV genannten Zeiten (Mutterschutz, Kinderbetreuung bis zu drei Jahren pro Kind, Zeiten einer Pflege naher Angehöriger bis zu drei Jahren pro Angehöriger oder Angehörigem sowie Beurlaubung nach § 24 Absatz 2 des Gesetzes über den Auswärtigen Dienst gelten ebenfalls als Dienstzeit.
2. Verwendungswechsel im Sinne des § 27 Absatz 1 sind sowohl abteilungsübergreifende Wechsel als auch wesentliche Veränderungen des Aufgabenzuschnitts.
3. Liegt keine aktuelle dienstliche Beurteilung vor, ist in den Fällen des § 33 Absatz 3 BLV (Beurlaubungen nach § 6 Absatz 1 SUrlV, Elternzeit, Freistellungen wegen Mitgliedschaft im Personalrat etc.) die letzte regelmäßige Beurteilung fiktiv fortzuschreiben.

4. An Auswahlverfahren nach § 27 Absatz 1 Nummer 4 BLV können in den Fällen des § 33 Absatz 3 BLV auch Beamtinnen und Beamte teilnehmen, denen wegen der Beurlaubung, Elternzeit oder Freistellung der Dienstposten vorerst nur „fiktiv" übertragen werden kann. Sinn und Zweck des § 33 Absatz 3 BLV ist es, bei diesen Fallgruppen Benachteiligungen der Beamtinnen und Beamten bei der beruflichen Entwicklung auszuschließen. Entsprechend muss ihnen auch die Möglichkeit eingeräumt werden, unter Berücksichtigung der jeweiligen Besonderheiten an dem Auswahlverfahren, das Voraussetzung für eine Beförderung nach § 27 BLV ist, teilzunehmen.

Das erste Beförderungsamt ist in den Laufbahnen des mittleren Dienstes ein Amt der Besoldungsgruppe A 7, in Laufbahnen des gehobenen Dienstes ein Amt der Besoldungsgruppe A 10 und in Laufbahnen des höheren Dienstes ein Amt der Besoldungsgruppe A 14. Dies gilt unabhängig davon, ob in eine technische oder nichttechnische Laufbahn gewechselt wird. § 23 Absatz 2 BBesG ist nicht anzuwenden, weil keine Prüfung, sondern lediglich ein Auswahlverfahren durchgeführt wird. Insoweit kann auch kein Abschluss vorliegen, der die Einstellung in einem Amt der Besoldungsgruppe A 10 und somit ein Amt der Besoldungsgruppe A 11 als erstes Beförderungsamt rechtfertigt.

Auf Beamtinnen und Beamte, die bei Inkrafttreten der Neufassung der BLV am 14. Februar 2009 die Voraussetzungen des § 27 Absatz 1 Nummer 1 und 2 BLV erfüllt haben, ist § 27 Absatz 1 Nummer 3 BLV bis zum 31. Dezember 2019 mit der Maßgabe anzuwenden, dass anstelle der letzten zwei Beurteilungen eine Anlassbeurteilung erstellt werden kann (§ 55 BLV).

Weitere Voraussetzung ist, dass die Beamtinnen und Beamten ein Auswahlverfahren erfolgreich durchlaufen (§ 27 Absatz 1 Nummer 4 BLV).

Zu den §§ 28 bis 31 und § 53 (Probezeitbeamtinnen und Probezeitbeamte)

1. Übergangszeit

Für Beamtinnen und Beamte, die vor Inkrafttreten des Dienstrechtsneuordnungsgesetzes in ein Beamtenverhältnis auf Probe berufen worden sind, gelten die Probezeitvorschriften der §§ 7 bis 10 und 44 Absatz 1 Nummer 2 und 3 der BLV in der bis zum Inkrafttreten der Neufassung im Jahr 2009 geltenden Fassung mit der Maßgabe, dass sich die Probezeit nicht durch Mutterschutz, Elternzeit und Teilzeit verlängert und § 19 Absatz 4 BLV entsprechend anzuwenden ist. Sie können nach § 147 Absatz 1 Satz 2 BBG auf Antrag in ein Beamtenverhältnis auf Lebenszeit berufen werden, wenn sie sich in der Probezeit in vollem Umfang bewährt haben und seit der Berufung in das Beamtenverhältnis auf Probe drei Jahre vergangen sind. Wird kein Antrag gestellt oder sind diese beiden Voraussetzungen nicht erfüllt, kann vor Vollendung des 27. Lebensjahres keine Lebenszeitverbeamtung vorgenommen werden. Eine vorzeitige Anstellung ist jedoch möglich (vgl. Beschluss des Bundespersonalausschusses vom 23. April 2009). Mit dem Beschluss wird die Verleihung eines Amtes und die Beförderung während der Probezeit frühestens ein Jahr nach der Berufung in das Beamtenverhältnis auf Probe ermöglicht. Es müssen aber in jedem Einzelfall die Voraussetzungen geprüft werden. Ein Anspruch für die vorhandenen Probezeitbeamtinnen und Probezeitbeamten leitet sich aus dem Beschluss nicht ab. Die Möglichkeit, besonders leistungsstarken Beamtinnen und Beamten, die unter altes Recht fallen, eine vorzeitige Anstellung und damit auch eine Beförderung unter den gleichen Bedingungen wie den unter das neue Recht fallenden Beamtinnen und Beamten zu ermöglichen, darf nicht willkürlich genutzt werden. Erforderlich ist, dass der Auswahl einer möglichen Bewerberin oder eines Bewerbers sachliche und für sämtliche betroffenen Beamtinnen und Beamte in gleicher Weise geltende Gründe zugrunde liegen. Die haushaltsrechtlichen Vorgaben des Bundesministeriums der Finanzen für die Anstellung der Beamtinnen und Beamten bleiben unberührt. Auch insoweit ist in jedem Einzelfall zu prüfen, ob die haushaltsrechtlichen Voraussetzungen vorliegen.

2. Dauer der Probezeit und Feststellung der Bewährung

Beamtinnen und Beamte auf Probe sind spätestens nach der Hälfte der Probezeit erstmals und vor Ablauf der Probezeit mindestens ein zweites Mal zu beurteilen. Auf besondere Eignungen und auf bestehende Mängel ist hinzuweisen (§ 28 Absatz 4 BLV).

Nach § 29 Absatz 1 BLV können hauptberufliche Tätigkeiten sowohl innerhalb als auch außerhalb des öffentlichen Dienstes auf die Probezeit angerechnet werden, wenn sie nach Art und Schwierigkeit mindestens der Tätigkeit in einem Amt der betreffenden Laufbahn entsprochen haben und keine der in Absatz 2 genannten Ausschlussgründe gegeben sind. Dabei sind ermäßigte und regelmäßige Arbeitszeiten gleich zu behandeln (§ 29 Absatz 3 i. V. m. § 19 Absatz 4 BLV).

Bei der Berechnung der Probezeit sind folgende Gesichtspunkte zu berücksichtigen:

2.1 Grundsätzlich können nur hauptberufliche Tätigkeiten berücksichtigt werden, die nach Art und Schwierigkeit mindestens der Tätigkeit in einem Amt der betreffenden Laufbahn entsprochen haben.

Beispiel: Ein Diplom-Physiker (Universität), der seit zwei Jahren und sechs Monaten hauptberuflich Wissenschaftsjournalist ist, kann nur dann in die Laufbahn des höheren naturwissenschaftlichen Dienstes verbeamtet werden, wenn der „naturwissenschaftliche Bezug" der Tätigkeit überwiegt. Eine rein journalistische Tätigkeit ohne naturwissenschaftlichen Bezug würde die Anforderungen nicht erfüllen.

2.2 Die zuständige Dienstbehörde prüft nach Ermessen, ob eine Anrechnung erfolgen kann. Dabei ist insbesondere abzuwägen, ob vor der Lebenszeitverbeamtung die Eignung, Befähigung und fachliche Leistung bei Anrechnung der hauptberuflichen Tätigkeiten ausreichend geprüft werden kann. Zeiten, die nach Vornahme dieser Ermessensabwägung nicht berücksichtigt werden, können bei Bedarf als Berufserfahrung bei der Einstellung in ein höheres Amt als das Eingangsamt berücksichtigt werden. Da die BLV keine „Hierarchie" bei den Berücksichtigungstatbeständen vorgibt, ist es auch möglich, Zeiten zunächst für die Einstellung in ein höheres Amt als das Eingangsamt heranzuziehen und dann „übrig gebliebene" Zeiten auf die Probezeit anzurechnen.

2.3 Hauptberufliche Tätigkeiten, die bereits im Vorbereitungsdienst angerechnet wurden, Voraussetzung für die Zulassung zur Laufbahn sind oder nach § 20 BBG berücksichtigt wurden, können nicht angerechnet werden.

Beispiel: Ein Bewerber arbeitet nach Abschluss des Ingenieurstudiums mit einem Master sechs Jahre und sechs Monate als Bauingenieur in einem Unternehmen. Die Befähigung für den höheren technischen Verwaltungsdienst hat er nach zwei Jahren und sechs Monaten hauptberuflicher Tätigkeit erworben. Wegen der zusätzlichen Berufserfahrung wird er in ein höheres Amt als das Eingangsamt, nämlich in ein Amt der Besoldungsgruppe A 15, eingestellt. Folge: Es können keine Zeiten auf die Probezeit mehr angerechnet werden.

2.4 Vor Inkrafttreten der Ersten Verordnung zur Änderung der BLV am 26. Februar 2013 wurden hauptberufliche Tätigkeiten je nach Dienstherr oder Arbeitgeber, bei dem sie erbracht wurden, hinsichtlich der Möglichkeit der Anrechnung auf die Probezeit unterschiedlich behandelt. Ferner konnten Zeiten, die als Erfahrungszeiten nach § 28 Absatz 1 BBesG anerkannt wurden, nicht auf die Probezeit angerechnet werden. Die unter diesen Bedingungen bei vor dem 26. Februar 2013 begründeten Beamtenverhältnissen festgesetzten Probezeiten sind gemäß § 53 Absatz 2 BLV nach der bis zum 25. Februar 2013 geltenden Fassung des § 29 BLV zu Ende zu führen. Die Möglichkeit einer Neufestsetzung wäre mit erheblichem Verwaltungsaufwand verbunden und z. B. im Hinblick auf eine dann erforderliche Neufestsetzung der Zeiträume für die vorgegebenen mindestens zwei Verwendungen sowie für die vorzusehenden mindestens zwei Beurteilungen kaum praktikabel.

3. Verlängerung der Probezeit nach § 30

Nach § 30 Absatz 1 Satz 1 BLV verlängert sich die Probezeit um die Zeit einer Beurlaubung. Dies gilt nach Satz 2 der Vorschrift nicht, wenn die Beurlaubung dienstlichen oder öffentlichen Belangen dient. Die obersten Dienstbehörden bestimmen im Einvernehmen mit dem BMI, unter welchen Voraussetzungen dienstliche oder öffentliche Belange anerkannt werden können (Satz 3 der Vorschrift). Die obersten Bundesbehörden haben gemeinsam mit dem BMI festgelegt, dass (neben der Beurlaubung für Pflichtdienste) auch die Beurlaubung zu den in § 15 Absatz 1 Satz 1 Nummer 4 BLV genannten Freiwilligen- und Entwicklungsdiensten dienstlichen oder öffentlichen Belangen dient.

Anders als vor dem Inkrafttreten der Neufassung der BLV am 14. Februar 2009 wird die Probezeit durch die in § 30 Absatz 2 BLV genannten Zeiten (insbesondere Kinderbetreuung bis zu drei Jahren pro Kind) nicht mehr verlängert.

4. Mindestprobezeit

Die Mindestprobezeit von einem Jahr muss außer in den Fällen des § 31 Absatz 2 BLV in jedem Fall absolviert werden, d. h. es müssen entsprechende Dienstzeiten vorliegen. Zu den Dienstzeiten zählen auch Zeiten eines Erholungsurlaubs sowie Mutterschutzzeiten, da in dieser Zeit die Dienstbezüge fortgezahlt werden. Ermäßigte und regelmäßige Arbeitszeiten sind gleich zu behandeln. Führen bestimmte Umstände (z. B. längere Erkrankung) im Einzelfall dazu, dass die Bewährung nicht festgestellt werden kann, kann die Probezeit ausnahmsweise nach § 28 Absatz 5 BLV verlängert werden.

Nach § 31 Absatz 2 BLV kann die Probezeit einschließlich der Mindestprobezeit ganz oder teilweise entfallen, wenn die nach § 29 BLV anrechenbare Tätigkeit im berufsmäßigen Wehrdienst, in der für die Bewährungsfeststellung zuständigen obersten Dienstbehörde oder deren Dienstbereich oder in einem Beamtenverhältnis der Besoldungsordnung W oder C ausgeübt worden ist. Für einen Verzicht auf die Mindestprobezeit muss die gesamte Mindestprobezeit von einem Jahr einer nach § 29 BLV anrechenbaren Tätigkeit die Voraussetzungen des § 31 Absatz 2 BLV erfüllen.

5. Beförderungen während der Probezeit

§ 22 Absatz 4 BBG schließt Beförderungen während der dreijährigen Probezeit nicht mehr aus. Die Regelung stellt für leistungsstarke Beamtinnen und Beamte ein Korrektiv für die durch die Festlegung der einheitlichen Dauer der Probezeit (drei Jahre) in vielen Fällen eintretende Verlängerung dar. Es handelt sich auch hier um eine Ausnahmeregelung für besondere Einzelfälle. Dies folgt bereits daraus, dass vorrangiger Zweck der Probezeit die Prüfung der Bewährung vor Übernahme in ein Lebenszeitbeamtenverhältnis ist. Beförderungen können deshalb nur durch besondere Umstände gerechtfertigt sein (Spitzennoten in Kombination mit anderen besonderen Faktoren). Darüber hinaus muss die Beamtin oder der Beamte zum Zeitpunkt der Beförderung mindestens ein Jahr in dem Beamtenverhältnis auf Probe tätig gewesen sein (vgl. § 22 Absatz 4 Nummer 1 BBG).

Unabhängig davon ermöglicht § 33 Absatz 4 BLV die Beförderung während der Probezeit, wenn sich der Vorbereitungsdienst und die Probezeit um die Zeit eines Wehr-, Zivil-, Freiwilligen- oder Entwicklungsdienstes verlängern oder sich die Einstellung in das Beamtenverhältnis um die Zeit eines der genannten Dienste verzögert hat.

6. Muster

Ein Muster zur Probezeitfestsetzung ist als **Anlage 4** beigefügt.

Zu § 32 (Voraussetzungen einer Beförderung)

Beförderungen, die mit einer höherwertigen Funktion verbunden sind, setzen eine Erprobungszeit voraus. Bei der Beförderung auf einem sog. gebündelten Dienstposten ist keine Erprobungszeit zu absolvieren.

Zu den Beförderungsverboten zählen das Verbot der Beförderung vor Ablauf eines Jahres seit der Einstellung in das Beamtenverhältnis auf Probe oder seit der letzten Beförderung nach § 22 Absatz 4 BBG, das Beförderungsverbot zwischen zwei Mandaten nach § 23 BBG sowie das Verbot der Beförderung während der Dauer einer Gehaltskürzung nach § 8 Absatz 4 des Bundesdisziplinargesetzes.

Zu beachten ist des Weiteren das Verbot der Sprungbeförderung nach § 22 Absatz 4 BBG. Es gilt für Ämter, die nach der Gestaltung der Laufbahn regelmäßig zu durchlaufen sind. Dies sind Ämter der Bundesbesoldungsordnung A. Wer ein Amt der Bundesbesoldungsordnung B innehat, kann ohne einjährige Sperrfrist in jedes höher besoldete Amt der Bundesbesoldungsordnung B befördert werden. Zu beachten sind jedoch besondere Regelungen, wie § 24 BBG.

Zu § 33 (Auswahlentscheidungen)

1. Nach § 33 Absatz 1 Satz 2 BLV ist bei Auswahlentscheidungen insbesondere die der letzten Beurteilung vorangegangene Beurteilung zusätzlich zu berücksichtigen und vor Hilfskriterien heranzuziehen. Die Regelung eröffnet damit die Möglichkeit, auch über einen längeren Zeitraum einen Qualifikationsvergleich durchzuführen. Allerdings müssen für die Beurteilungen vergleichbare Kriterien gegolten haben. Richtet sich der Leistungsmaßstab z. B. nach dem statusrechtlichen Amt, so sind Vorbeurteilungen im aktuellen Amt unmittelbar vergleichbar.

Bei der Heranziehung früherer Beurteilungen dürfen sich Beurlaubungen auf Grund von Familien- oder Pflegeaufgaben nach § 25 BBG und § 18 Absatz 1 Satz 1 Nummer 5 BGleiG nicht nachteilig auswirken. Dies gilt insbesondere im Hinblick auf die unterbrochene Erwerbsbiografie der Beurlaubten.

Den Beurteilungen kommt bei Auswahlentscheidungen eine maßgebliche Bedeutung zu. Soweit die Beurteilungen zu einer oder mehreren Anforderungen einer Ausschreibung keinen oder keinen hinreichenden Aufschluss geben, können zur Überprüfung entsprechender Anforderungen zusätzlich eignungsdiagnostische Instrumente, z. B. strukturierte Interviews oder Assessment-Center, eingesetzt werden. Auch in Fällen, in denen externe Bewerberinnen und Bewerber, für die keine Beurteilung vorliegt, in die Auswahlentscheidung einzubeziehen sind, kann der zusätzliche Einsatz eignungsdiagnostischer Instrumente angebracht sein, wenn sich anderenfalls keine Vergleichbarkeit mit den dienstlichen Beurteilungen der internen Bewerberinnen und Bewerber in Bezug auf Eignung, Befähigung und fachliche Leistung herstellen lässt. Werden eignungsdiagnostische Instrumente angewendet, ist sicherzustellen, dass bei allen Bewerberinnen und Bewerbern in gleicher Weise verfahren wird.

Bei Beförderungsentscheidungen sind auch die Vorgaben der §§ 8 und 9 BGleiG zu beachten. Die in § 33 Absatz 2 BLV genannten Kriterien (erfolgreich absolvierte Tätigkeit in einer öffentlichen zwischen- oder überstaatlichen Einrichtung, in der Verwaltung oder einer öffentlichen Einrichtung eines Mitgliedstaates der Europäischen Union; langjährige Leistungen, die wechselnden Anforderungen gleichmäßig gerecht geworden sind) sind, wenn sie nicht zu den Merkmalen des Anforderungsprofils gehören, erst im Rahmen der Ermessensbetätigung bei im Wesentlichen gleich geeigneten Bewerberinnen und Bewerbern anzuwenden. Dies gilt auch für in der BLV nicht genannte weitere leistungsbezogene Kriterien, die in Personalentwicklungskonzepten (§ 46 BLV) oder Beförderungsrichtlinien festgelegt werden können. Diese Kriterien können in der Person eines Mitbewerbers liegende rechtlich schützenswerte Gründe nach § 8 Absatz 1 Satz 4 BGleiG sein, die ausnahmsweise zum Zurücktreten der Quotenregelung zugunsten von Beamtinnen führen können. Dies ist im Einzelfall zu prüfen und kann dazu führen, dass der bei einem Beamten gegebene „Bonus" der erfolgreichen Tätigkeit bei einer internationalen Einrichtung oder langjähriger Leistungen, die wechselnden Anforderungen gleichmäßig gerecht geworden sind, gegenüber einer gleich qualifizierten Beamtin, zu deren Gunsten § 8 Absatz 1 Satz 1 BGleiG anzuwenden ist, nicht zum Vorrang führt. Sind Männer strukturell benachteiligt und in dem jeweiligen Bereich unterrepräsentiert, gelten diese Maßstäbe gemäß § 8 Absatz 1 Satz 5 BGleiG entsprechend.

Ferner darf es im Rahmen von Beförderungsentscheidungen nicht dazu kommen, dass § 8

BGleiG durch eine unsachgemäße Ausweitung der Ausschärfung im Rahmen der Ermessensausübung leerläuft.

Im Übrigen ist, auch wenn sie nicht dem jeweils unterrepräsentierten Geschlecht angehören, zu vermeiden, dass Beamtinnen und Beamte, die die in § 33 Absatz 2 BLV aufgeführten Kriterien wegen der Wahrnehmung von Familienpflichten nicht erfüllen können, diskriminiert werden.

Daher ist es für die „Langjährigkeit" von Leistungen, die wechselnden Anforderungen gleichmäßig gerecht geworden sind (§ 33 Absatz 2 Satz 2 BLV), unschädlich, wenn die Tätigkeit durch Beurlaubungen zur Wahrnehmung von Familien- oder Pflegeaufgaben unterbrochen wurde.

2. Für die Auswahlentscheidung ist in den in § 33 Absatz 3 BLV bestimmten Fällen, in denen keine aktuelle dienstliche Beurteilung vorliegt, die letzte regelmäßige dienstliche Beurteilung unter Berücksichtigung der Entwicklung vergleichbarer Beamtinnen und Beamten fiktiv fortzuschreiben.

Für vom Dienst freigestellte Personalratsmitglieder, Vertrauenspersonen schwerbehinderter Menschen und entlastete Gleichstellungsbeauftragte werden damit die einschlägigen gesetzlichen Regelungen konkretisiert, nach denen für sie im Rahmen der beruflichen Förderung eine Leistungsentwicklung unterstellt werden muss, wie sie sich voraussichtlich ergeben hätte, wenn die Freistellung bzw. Entlastung nicht erfolgt wäre (vgl. § 46 Absatz 3 Satz 6 des Bundespersonalvertretungsgesetzes, § 28 Absatz 3 BGleiG, § 96 Absatz 3 des Neunten Buches Sozialgesetzbuch). Für diejenigen, die Elternzeit in Anspruch nehmen, sowie für nach § 6 Absatz 1 SUrlV Beurlaubte bestehen Benachteiligungsverbote (vgl. § 25 Satz 1 BBG und § 45 BLV).

Sinn und Zweck der Regelung des § 33 Absatz 3 BLV ist, den Betroffenen eine berufliche Entwicklung zukommen zu lassen, wie sie ohne die Freistellung oder Beurlaubung voraussichtlich verlaufen wäre. Dazu ist die letzte vorliegende Beurteilung unter Berücksichtigung der Entwicklung vergleichbarer Beamtinnen und Beamter, die nicht vom Dienst freigestellt sind, fortzuschreiben. Solange – noch – eine aktuelle dienstliche Beurteilung vorliegt, erfolgt keine fiktive Beurteilungsfortschreibung.

Beurteilungen bei Beurlaubungen zur Ausübung einer gleichwertigen hauptberuflichen Tätigkeit in einer öffentlichen zwischen- oder überstaatlichen Einrichtung, in der Verwaltung oder einer öffentlichen Einrichtung eines Mitgliedstaates der Europäischen Union nach § 6 Absatz 1 SUrlV (Fälle des § 33 Absatz 3 Satz 1 Nummer 1 BLV) sind wie folgt zu erstellen: Vorrangig ist stets zu prüfen, ob für die beurlaubte Beamtin oder den beurlaubten Beamten eine Beurteilung vorliegt, die mit der dienstlichen Beurteilung der Stammdienststelle vergleichbar ist. Ist die Beurteilung vergleichbar, wird sie bei der Auswahlentscheidung zu Grunde gelegt. Eine fiktive Fortschreibung der letzten dienstlichen Beurteilung erfolgt nicht. Ist eine Vergleichbarkeit der Beurteilungen nicht gegeben, ist die letzte regelmäßige dienstliche Beurteilung fiktiv fortzuschreiben. Dabei sollen nach § 33 Absatz 3 Satz 2 BLV Beurteilungen der aufnehmenden Stelle herangezogen werden. Dazu zählen sowohl Beurteilungen als auch Dienstzeugnisse und Leistungseinschätzungen jeglicher Art der jeweiligen Einrichtung, zu der die Beamtin oder der Beamte beurlaubt ist.

Auf welche Art und Weise die Beurteilung einer der o. g. Stellen einbezogen wird, ist von der Dienststelle im jeweiligen Einzelfall oder – wenn häufiger Beamtinnen und Beamte zu der gleichen Stelle beurlaubt werden – für Gruppen von gleich gelagerten Fällen zu prüfen. Die Verwertbarkeit der Beurteilung hängt u. a. von der Qualität und Differenziertheit der Beurteilung ab und wird von dem Grad der Ähnlichkeit der während der Beurlaubung ausgeübten Tätigkeiten mit den dienstlichen Tätigkeiten beeinflusst.

Bei der Auswahl des Personenkreises, der bei der fiktiven Fortschreibung vergleichend herangezogen wird, steht dem Dienstherrn ein weites Ermessen zu. Er kann dabei in typisierender Weise vorgehen und den Verwaltungsaufwand in praktikablen Grenzen halten sowie die Erörterung von Personalangelegenheiten anderer Beamter auf das unvermeidliche Maß beschränken (vgl. BVerwG, Urteil vom 10. April 1997 – 2 C 38.95 –, ZBR 1998, 46). Als Vergleichskriterien kommen – ggf. auch kumulativ – unter anderem die Besoldungsgruppe, die letzte Beurteilungsnote, der Dienstposten, die Funktion sowie der Geburts- oder Einstellungsjahrgang in Betracht. Maßstab für die fiktive Beurteilungsfortschreibung ist weder der einzelne „Überflieger" (vgl. OVG Saarland, Urteil vom 18. April 2007 – 1 R 19.05 –, NVwZ-RR 2007, 793) noch der einzelne „Ausreißer" nach unten. Entscheidend ist vielmehr die Entwicklung in der überwiegenden Mehrheit der vergleichbaren Fälle.

Die Auswahl der Vergleichsgruppe sollte möglichst bereits zu Beginn der Freistellung erfolgen und aktenkundig gemacht werden. Die Betroffenen, deren Beurteilung durch fiktive Fortschreibung ermittelt wird, haben einen Anspruch darauf, dass ihnen mitgeteilt wird, zu welchem Ergebnis eine Fortschreibung in ihrem Fall führt.

Soweit für Personalratsmitglieder, Gleichstellungsbeauftragte und Personen, die Aufgaben der Schwerbehindertenvertretung wahrnehmen, der Umfang der dienstlichen Tätigkeit weniger als 25 Prozent beträgt, ist eine sachgerechte Beurteilung regelmäßig nicht mehr möglich. Daher ist auch in den Fällen, in denen noch Dienst geleistet wird, die Freistellung aber mehr als 75 Prozent umfasst, grundsätzlich die Beurteilung fiktiv fortzuschreiben.

Erfolgt bei Inanspruchnahme von Elternzeit keine vollständige Freistellung, sondern wird zeitweise noch Dienst geleistet, ist hinsichtlich der Erstellung von Beurteilungen wie bei Teilzeitbeschäftigungen zu verfahren.

Wird die Freistellung durch einen ins Gewicht fallenden Zeitraum unterbrochen, in dem Dienst geleistet wird, sind ggf. dabei deutlich gewordene Leistungen und Befähigungen im Rahmen der Fortschreibung der Beurteilung angemessen zu berücksichtigen (vgl. OVG Nordrhein-Westfalen, Beschluss vom 14. Dezember 2007 – 6 B 1155.07 –), *http://www.justiz.nrw.de/nrwe/ovgs/ovg_nrw/j2007/6_B_1155_07beschluss20081214.html).* Hingegen ist es dem Dienstherrn stets verwehrt, die Erledigung von Personalratsaufgaben, Aufgaben der Schwerbehindertenvertretung und Aufgaben einer Gleichstellungsbeauftragten – positiv oder negativ – zu bewerten und bei Auswahlentscheidungen zu berücksichtigen (vgl. OVG Saarland, Urteil vom 18. April 2007 – 1 R 19.05 –, NVwZ-RR 2007, 793).

Die Aufzählung in § 33 Absatz 3 BLV ist nicht abschließend. Auch in sonstigen vergleichbaren Fällen, in denen eine sachgerechte Beurteilung nicht möglich ist, kann eine fiktive Fortschreibung der Beurteilung in Betracht kommen.

Zu § 34 (Erprobungszeit)

Beförderungen können schon während der Erprobungszeit vorbereitet werden. Grundsätzlich sollte die Vorbereitung allerdings möglichst zeitnah erfolgen. Bei Nichtbewährung besteht trotz Vorbereitung noch die Möglichkeit, die Beförderung „anzuhalten".

Zu § 36 (Auswahlverfahren für den Aufstieg)

Gemäß der BLV in der Fassung vom 2. Juli 2002 konnten Ergebnisse eines früheren Auswahlverfahrens für die Zulassung zum Ausbildungs- oder Praxisaufstieg berücksichtigt werden. Eine solche Möglichkeit des „Stehenlassens" von Ergebnissen von Auswahlverfahren gibt es bei den Aufstiegen nach den §§ 35 bis 39 BLV nicht.

Zu § 37 (Teilnahme an Vorbereitungsdiensten)

Bei diesem Aufstiegsformat nehmen die Beamtinnen und Beamten an einem der beim Bund eingerichteten Vorbereitungsdienste teil. Z. B. um den betroffenen Beamtinnen und Beamten eine wohnortnahe Qualifizierung anbieten oder aus einem breiteren Spektrum an geeigneten Qualifizierungen auswählen zu können, ist es denkbar, auch auf Vorbereitungsdienste der Länder zurückzugreifen. Um von § 37 BLV erfasst zu werden, muss es sich aber um einen Vorbereitungsdienst handeln, der inhaltlich den Anforderungen eines fachspezifischen Vorbereitungsdienstes des Bundes entspricht. Dies ist der Fall, wenn die wesentlichen Inhalte in gleicher Breite und Tiefe vermittelt werden. Eine vollständige inhaltliche Identität ist nicht erforderlich (vgl. § 19 Absatz 1 Nummer 1, § 20 Satz 1 Nummer 1 BLV sowie die Begründung zu § 19 Absatz 1 und 2 des BLV-Entwurfs vom 13. Januar 2009).

Tarifbeschäftigten kann durch eine allgemeine oder eine ressortspezifische tarifrechtliche Regelung die Teilnahme an Vorbereitungsdiensten eröffnet werden. Diese absolvieren die Ausbildung nicht als Vorbereitungsdienst oder Aufstiegsverfahren, sondern als berufsbefähigende Ausbildung/Qualifizierung (z. B. Studiengang, Teilnahme am fachspezifischen Vorbereitungsdienst), auf deren Grundlage eine Laufbahnbefähigung nach § 19 oder § 20 BLV anerkannt werden kann (vgl. Ausführungen zu den §§ 19 bis 21 BLV).

Zu § 38 (Fachspezifische Qualifizierungen)

Bei der fachspezifischen Qualifizierung handelt es sich um ein praxisorientiertes Aufstiegsformat, das zur Qualitätssicherung auch eine mehrmonatige fachtheoretische Ausbildung umfasst. Für den Aufstieg in den gehobenen nichttechnischen Verwaltungsdienst im Bereich der allgemeinen und inneren Verwaltung kann ein hierfür zu schaffender Ausbildungsgang der HS Bund mit Präsenzphasen und einer Phase berufsbegleitenden Lernens genutzt werden.

Für den Aufstieg in den mittleren nichttechnischen Verwaltungsdienst können für den Verwendungsbereich allgemeine und innere Verwaltung Lehrgänge des Bundesverwaltungsamts (BVA) genutzt werden.

Eine Aufteilung der fachtheoretischen Ausbildung in mehrere Blöcke ist möglich.

Zu § 39 (Teilnahme an Hochschulausbildungen)

Die Aufstiegsausbildung außerhalb eines fachspezifischen Vorbereitungsdienstes kann an Hochschulen des Bundes oder an anderen Hochschulen durchgeführt werden. Die Hochschulen des Bundes sind die Universitäten der Bundeswehr und die Hochschule des Bundes für öffentliche Verwaltung (HS Bund).

Nach § 8 der am 9. Juni 2016 in Kraft getretenen Neufassung der SUrlV ist mit Zustimmung des BMI Sonderurlaub unter Fortzahlung der Besoldung zu gewähren, wenn Beamtinnen und Beamte im Rahmen des Aufstiegs nach § 39 BLV an Studiengängen außerhalb der Hochschulen des Bundes teilnehmen. Diese Zustimmung ist für jeden Einzelfall oder für eine Gruppe mehrerer an der gleichen Maßnahme teilnehmender Beamtinnen und Beamten einzuholen. Das Rundschreiben des BMI vom 17. Juli 2013 – D2-30106/12#2 – wurde aufgehoben.

Zu § 42 (Laufbahnwechsel)

Nach Absatz 1 ist der Wechsel von einer Laufbahn des Bundes in eine andere Laufbahn des Bundes innerhalb derselben Laufbahngruppe aus dienstlichen Gründen zulässig. Dienstliche Gründe sind solche, die aus personalwirtschaftlichen, organisatorischen und fachlichen Anforderungen herrühren. Nicht erfasst werden die Fälle, in denen Beamtinnen und Beamte aus persönlichen Gründen (z. B. wegen besserer Entwicklungsmöglichkeiten) einen Laufbahnwechsel anstreben.

Die nach Absatz 2 erforderliche Qualifizierung ist auch durch einen praktischen Einsatz in Tätigkeiten der neuen Laufbahn möglich. In Betracht kommt es auch, etwaige Zeiten einer in der Vergangenheit wahrgenommenen Tätigkeit, die nach Fachrichtung und Schwierigkeit der neuen Laufbahn entspricht, zur Erfüllung der Qualifizierungsanforderung heranzuziehen.

Die mit dem Laufbahnwechsel erworbene Laufbahnbefähigung ist der Beamtin oder dem Beamten mitzuteilen.

Die Befähigung für die bisherige Laufbahn bleibt erhalten. Sollte dies dienstlich notwendig sein, ist eine spätere Verwendung wieder in der Laufbahn, der die Beamtin oder der Beamte vor dem Laufbahnwechsel angehörte, möglich.

Bei einem Wechsel von Beamtinnen und Beamten, die sich bei Inkrafttreten der Neufassung der BLV am 14. Februar 2009 in Laufbahnen des Post- und Fernmeldedienstes oder der ehemaligen Bundesanstalt für Flugsicherung befunden haben, ist § 51 Absatz 2 BLV zu beachten. Sie besitzen bereits die Laufbahnbefähigung für die ihrer Fachrichtung entsprechende in § 6 Absatz 2 BLV aufgeführte Laufbahn. Eine Qualifizierung nach Absatz 2 ist in diesen Fällen nicht erforderlich. Die Zuordnung der Laufbahnen des Post- und Fernmeldedienstes zu den Laufbahnen nach § 6 Absatz 2 BLV ist in der Anlage 2 zur Postlaufbahnverordnung geregelt.

Zu § 44 (Wechsel von einem anderen Dienstherrn)

Die Regelung betrifft insbesondere die Fälle, in denen Landesbeamtinnen und Landesbeamte in den Bundesdienst wechseln. Bei ihnen ist die Regelung zur Einstellung von Beamtinnen und Beamten entsprechend anzuwenden, d. h. es muss eine Anerkennung der Abschlüsse nach § 7 Nummer 2a BLV erfolgen. Die Probezeit gilt als geleistet, soweit sich die Beamtin oder der Beamte beim Land in einer gleichwertigen Laufbahn bewährt hat.

Im Hinblick auf die Vorbereitungsdienste ist Folgendes zu berücksichtigen: Mit Inkrafttreten des Beamtenstatusgesetzes am 1. April 2009 werden die Vorbereitungsdienste zwischen Bund und Ländern inhaltlich nicht mehr aufeinander abgestimmt. Dies bedeutet, dass bei Beamtinnen und Beamten, die nach dem 1. April 2009 ihren Vorbereitungsdienst abgeschlossen haben, nicht mehr zwingend davon ausgegangen werden kann, dass ihre Ausbildung inhaltlich den Anforderungen eines fachspezifischen Vorbereitungsdienstes des Bundes entspricht und somit eine Anerkennung nach § 19 Absatz 1 Nummer 1 und § 20 Satz 1 Nummer 1 BLV erfolgen kann. Ist die Gleichwertigkeit nicht gegeben, sind nach § 19 Absatz 1 Nummer 2 und § 20 Satz 1 Nummer 2 BLV zusätzlich hauptberufliche Erfahrungen erforderlich. Zeiten eines Vorbereitungsdienstes der Länder (z. B. Referendariatszeiten einer Lehrerin oder eines Lehrers) können als hauptberufliche Tätigkeit für die entsprechende Laufbahn des Bundes anerkannt werden, wenn sie nach Erwerb der Bildungsvoraussetzungen erbracht wurden und der Vorbereitungsdienst erfolgreich absolviert wurde.

Beamtinnen und Beamte, die die für die Laufbahn erforderliche Vorbildung nicht besitzen, können nur entsprechend der Regelungen für andere Bewerberinnen und Bewerber (vgl. § 22 BLV) in den Bundesdienst übernommen werden.

§ 44 findet keine Anwendung bei einem Wechsel von Beamtinnen und Beamten aus den Postnachfolgeunternehmen zu Bundesbehörden oder zu bundesunmittelbaren Körperschaften, Anstalten und Stiftungen des öffentlichen Rechts, da es sich gemäß § 2 Absatz 2 Satz 1 des Postpersonalrechtsgesetzes um Bundesbeamtinnen und Bundesbeamte handelt.

Zu § 46 (Personalentwicklung)

Personalentwicklung ist ein wesentlicher Beitrag zur Sicherung der Leistungsfähigkeit der Verwaltung. Wegen ihrer langfristigen Planung im Vergleich zu einzelnen Personalmaßnahmen kommt Personalentwicklungskonzepten eine wesentliche Bedeutung zu.

Welche Personalführungs- und -entwicklungsmaßnahmen jeweils verwendet werden, liegt im Ermessen der obersten Dienstbehörden.

1. Die Führungskräfteentwicklung wurde mit Inkrafttreten der Neufassung der BLV am 14. Februar 2009 als bedeutendes Element der Personalentwicklung aufgenommen.

2. Die in § 46 Absatz 2 Nummer 3 BLV bezeichneten „Kooperationsgespräche" ersetzen die vor Inkrafttreten der Neufassung der BLV am 14. Februar 2009 als „Mitarbeitergespräche" bezeichneten jährlichen Gespräche. Der Begriff entspricht der geschlechtergerechten Sprache. Er verdeutlicht außerdem die Funktion als Instrument zur Kommunikation in beide Richtungen.

3. Von dem in § 46 Absatz 2 Nummer 7 BLV geregelten sog. „Rotationsprinzip" können die obersten Dienstbehörden Ausnahmen für Spezialistinnen und Spezialisten vorsehen.

Zu § 47 (Dienstliche Qualifizierung)

Mit der Bezeichnung „Qualifizierung" wird ein übergeordneter Begriff verwendet, der über die bis zum Inkrafttreten der Neufassung der BLV am 14. Februar 2009 als „Fortbildung" bezeichneten Maßnahmen hinausgeht und diese mit umfasst. Darunter fallen sowohl Maßnahmen der so genannten Erhaltungs- und Anpassungsqualifizierung nach § 47 Absatz 1 Nummer 1 BLV, die der Erhaltung und Verbesserung der für die Aufgabenwahrnehmung in der bisherigen Funktionsebene erforderlichen Qualifikation dienen, als auch die Förderungsqualifizierung nach § 47 Absatz 1 Nummer 2 BLV. Mit ihr sollen die Beamtinnen und Beamten auf die Übernahme höherwertiger Tätigkeiten innerhalb der bisherigen Laufbahn oder auf das Aufstiegsverfahren vorbereitet werden.

Im Rahmen des § 47 Absatz 3 BLV können sich die Beamtinnen und Beamten zur Teilnahme selbst bewerben oder von den zuständigen Vorgesetzten vorgeschlagen werden. Eine Teilnahmepflicht besteht nicht. Die Arten der Meldung (Bewerbung oder Vorschlag) sind gleichrangig zu behandeln. Die Eigeninitiative der Beamtinnen und Beamten zur Wahrung ihrer Fortkommenschancen hat besondere Bedeutung, auch wenn ein entsprechender Vorschlag der Vorgesetzten nicht vorliegt. Bei der Auswahl der Beamtinnen und Beamten sollen die Erfordernisse der Personalsteuerung besonders berücksichtigt werden.

Die Verpflichtung der Beamtinnen und Beamten nach § 47 Absatz 2 BLV, an Maßnahmen der dienstlichen Qualifizierung teilzunehmen, geht mit der Verpflichtung der Dienstbehörden nach § 47 Absatz 4 BLV einher, die Rahmenbedingungen für eine gleichberechtigte Teilnahme an Qualifizierungsmaßnahmen sicherzustellen. Die Dienstbehörde muss dafür Sorge tragen, dass eine Teilnahme ggf. durch alternative Angebote, wie z. B. Fernlehrgänge oder modulare Veranstaltungen, ermöglicht wird, wenn nicht zwingende sachliche Gründe entgegenstehen.

§ 47 Absatz 5 BLV enthält eine mit Absatz 3 korrespondierende Pflicht der Dienstbehörde, die durch dienstliche oder eigene Qualifizierung nachweislich gesteigerten Fähigkeiten und fachlichen Kenntnisse bei der weiteren dienstlichen Verwendung zu berücksichtigen und zu nutzen. Als Nachweis besonderer fachlicher Kenntnisse sind Abschlüsse einer Verwaltungs- und Wirtschaftsakademie und Abschlüsse gleichwertiger Einrichtungen anzusehen. Allerdings verleiht der Nachweis bloßer Steigerung des Wissens keinen Vorrang vor sonstigen gleich oder besser bewährten Beamtinnen und Beamten. Ein Beförderungsanspruch entsteht hieraus nicht.

Zu den §§ 48 bis 50 (Dienstliche Beurteilung)

Innerhalb eines Regelbeurteilungszeitraums sind sämtliche Anlassbeurteilungen und Beurteilungsbeiträge in die Regelbeurteilung einzubeziehen (vgl. BVerwG, NVwZ-RR 2002, 201 f.). Grundsätzlich soll für jede dienstliche Verwendung eine Beurteilung vorliegen, so dass ein lückenloser Leistungsnachweis dokumentiert wird. Bei kurzen Zeiträumen ist entweder ein **Beurteilungsbeitrag** der für diesen Tätigkeitsabschnitt verantwortlichen Vorgesetzten einzuholen oder diese sind an der Erstellung der Regelbeurteilung zu beteiligen.

Die Höchstgrenze des Beurteilungszeitraums von drei Jahren darf nicht überschritten werden. Kürzere Beurteilungsabstände sind zulässig.

Ausnahmen von der Beurteilungspflicht können die obersten Dienstbehörden in den Beurteilungsrichtlinien festlegen.

Die dienstlichen Beurteilungen erfolgen gemäß § 50 Absatz 1 Satz 1 BLV nach einem einheitlichen Beurteilungsmaßstab unter Berücksichtigung der Anforderungen des Amtes und in der Regel von zwei Personen.

Danach ist auch bei gebündelt bewerteten Dienstposten ein einheitlicher Beurteilungsmaßstab zu gewährleisten. Dabei ist es nach dem Beschluss des Bundesverfassungsgerichts vom 16. Dezember 2015 – 2 BvR 1958/13 –, *https://www.bundesverfassungsgericht.de/SharedDocs/Entscheidungen/DE/2015/12/rs20151216_2bvr195813.html* möglich, dass sich die Beurteilenden einen Eindruck von dem

Schwierigkeitsgrad der mit dem gebündelt bewerteten Dienstposten verbundenen Aufgaben verschaffen und die im Einzelnen erbrachten Leistungen würdigen. Dass an die Inhaberin oder den Inhaber eines höheren Amtes höhere Erwartungen zu stellen sind als an die Inhaberin oder den Inhaber eines niedrigeren Amtes, ist nach dem Beschluss beim Beurteilungsvergleich zu berücksichtigen.

Darauf sind die Beurteilenden in geeigneter Weise, z. B. durch Vorgaben in den Beurteilungsrichtlinien, hinzuweisen. Wenn es zur Nachvollziehbarkeit des Beurteilungsergebnisses notwendig ist, ist eine Erläuterung der Auswirkungen der Berücksichtigung des Verhältnisses zwischen dem Schwierigkeitsgrad der Funktion und den Anforderungen des übertragenen Amtes auf die Leistungsbewertung in dem Beurteilungsformular geboten.

Insbesondere sind zu bewerten die Arbeitsergebnisse (vgl. § 2 Absatz 4 BLV), die praktische Arbeitsweise (Methodenkompetenz), das Arbeitsverhalten (soziale Kompetenz) und bei Beamtinnen und Beamten, die Führungsaufgaben wahrnehmen, das Führungsverhalten.

Die Ergänzung in § 50 Absatz 1 Satz 2 BLV, welche mit der am 23. August 2016 in Kraft getretenen Zweiten Verordnung zur Änderung der BLV (BGBl. I S. 1981) eingefügt wurde, dient der Klarstellung, dass die Erstellung der dienstlichen Beurteilung – wie in Absatz 1 Satz 1 vorgesehen – nicht einer einzelnen Person vorbehalten bleiben darf. Die Mitwirkung von mindestens zwei Personen ist zur Sicherstellung einer formalen Überprüfung und Vergleichbarkeit der dienstlichen Beurteilungen obligatorisch. Im Hinblick auf einander widersprechende Rechtsprechung wird klargestellt, dass dabei verschiedene Formen des Zusammenwirkens – auch mit unterschiedlichen Rollen und Verantwortlichkeiten – denkbar sind. Neben dem Zusammenwirken mehrerer Beurteilerinnen und Beurteiler (z. B. von Erst- und Zweitbeurteiler) kann durch die Beurteilungsrichtlinien auch festgelegt werden, dass die dienstliche Beurteilung durch eine Beurteilerin oder einen Beurteiler unter verantwortlicher Mitwirkung einer oder mehrerer Berichterstatterinnen oder eines oder mehrerer Berichterstatter erfolgt.

Nach der Rechtsprechung des Bundesverwaltungsgerichts (Urteil vom 17. September 2015 – 2 C 27.14 – *https://ssl.bverwg.de/de/170915U2C27.14.0)* kann der Dienstherr in seinen Beurteilungsrichtlinien für die Einzelbewertungen ein Ankreuzverfahren ohne zusätzliche individuelle textliche Begründungen vorsehen, sofern die Bewertungskriterien hinreichend differenziert und die Notenstufen textlich definiert sind. Das Gesamturteil der dienstlichen Beurteilung bedarf jedoch in der Regel einer gesonderten Begründung, um erkennbar zu machen, wie es aus den Einzelbewertungen hergeleitet wird. Einer Begründung bedarf es insbesondere dann, wenn die Beurteilungsrichtlinien für die Einzelbewertungen einerseits und für das Gesamturteil andererseits unterschiedliche Bewertungsskalen vorsehen. Die Anforderungen an die Begründung für das Gesamturteil sind umso geringer, je einheitlicher das Leistungsbild bei den Einzelbewertungen ist.

Die Ergebnisse von Zielvereinbarungen sollen in die dienstliche Beurteilung einfließen. Im Rahmen einer kombinierten Beurteilung ist eine Bewertung der Zielerreichung als Teil der Gesamtwürdigung möglich.

Die Obergrenze für die beiden Spitzennoten nach § 50 Absatz 2 BLV gilt verpflichtend. In den jeweiligen Beurteilungssystemen muss die Richtwertvorgabe eingehalten werden. Die Festsetzung von niedrigeren Richtwerten ist zulässig.

Zu § 54 (Aufstieg – Übergangsregelung)

Bis zum 31. Dezember 2015 konnten Zulassungen oder zumindest Vorauswahlverfahren für den Aufstieg nach den §§ 33 bis 33b BLV in der bis zum 13. Februar 2009 geltenden Fassung durchgeführt werden. Das Aufstiegsverfahren richtet sich in diesen Fällen noch nach den genannten Vorschriften. Hierbei ist Folgendes zu beachten:

1. Zuständigkeiten

Die Auswahlverfahren für den Ausbildungs- und den Praxisaufstieg in den nichttechnischen Verwaltungsdienst (Fachrichtung allgemeine und innere Verwaltung) werden beim Aufstieg in den mittleren Dienst grundsätzlich zentral vom BVA, beim Aufstieg in den gehobenen Dienst durch die HS Bund durchgeführt. Es liegt jedoch in der eigenen Zuständigkeit der jeweiligen obersten Dienstbehörden, darüber zu entscheiden, welche Beamtinnen und Beamten, ggf. nach einer Vorauswahl, zum Auswahlverfahren für den Aufstieg zugelassen werden. Die diesbezüglichen Entscheidungen (Benennung der einzelnen Beamtinnen und Beamten, die am Auswahlverfahren teilnehmen sollen) sind dem BVA bzw. der HS Bund rechtzeitig mitzuteilen. Nach Durchführung der Auswahlverfahren teilen das BVA bzw. die HS Bund den Dienstbehörden die von den Teilnehmerinnen und Teilnehmern erzielten Ergebnisse mit.

Über die Zulassung zum Aufstieg in eine höhere Laufbahn entscheidet auf Grund ihrer Personalhoheit nach § 33 Absatz 5 BLV in der bis zum 13. Februar 2009 geltenden Fassung die jeweilige zuständige oberste Dienstbehörde. Das BVA bzw. die HS Bund sind lediglich für die organisatorischen Modalitäten, insbesondere die Planung der Kapazitäten, und die Durchführung der Aufstiegsausbildung zuständig.

Die Durchführung der Auswahlverfahren und der Aufstiegsausbildung der übrigen Fachrichtungen des nichttechnischen Verwaltungsdienstes (z. B. Bundeswehrverwaltung) fällt in die Zuständigkeit der jeweiligen obersten Dienstbehörde. Vor dem 14. Februar 2009 bewilligte Anträge auf Durchführung der Auswahlverfahren in eigener Zuständigkeit gelten fort.

2. Auswahlverfahren für den Aufstieg in den höheren Dienst nach § 33 Absatz 2 und 3 BLV in der bis zum 13. Februar 2009 geltenden Fassung

Die auf Grundlage des § 33 Absatz 2 und 3 BLV in der bis zum 13. Februar 2009 geltenden Fassung durchgeführten Auswahlverfahren für den höheren Dienst erfolgen weiterhin zentral durch die Bundesakademie für öffentliche Verwaltung (BAköV). Sie sind an den Anforderungen für den höheren nichttechnischen Verwaltungsdienst (Fachrichtung allgemeine und innere Verwaltung) ausgerichtet. Dies gilt auch für die wissenschaftlich ausgerichteten Lehrgänge bei der BAköV nach § 33a Absatz 4 und § 33b Absatz 2 BLV in der bis zum 13. Februar 2009 geltenden Fassung. Ressorts, die es für sinnvoll erachten, eigene Auswahlverfahren mit speziellen Anforderungen im Hinblick auf die jeweilige Fachrichtung durchzuführen, können entsprechende Anträge auf Durchführung der Auswahlverfahren in eigener Zuständigkeit nach § 33 Absatz 3 Satz 5 BLV in der bis zum 13. Februar 2009 geltenden Fassung an das BMI richten. Um dabei einheitliche Maßstäbe hinsichtlich des Niveaus der Anforderungen zu gewährleisten, müssen sich diese Auswahlverfahren an den Maßstäben der BAköV, insbesondere hinsichtlich der einzelnen Bestandteile des Auswahlverfahrens, orientieren. Sofern sich ein Ressort an einem Auswahlverfahren, das ein anderes Ressort nach § 33 Absatz 3 Satz 5 BLV in der bis zum 13. Februar 2009 geltenden Fassung in eigener Zuständigkeit durchführt, generell oder im Einzelfall beteiligen möchte, ist dies nach vorheriger Abstimmung mit diesem Ressort und dem BMI möglich. Vor dem 14. Februar 2009 bewilligte Anträge auf Durchführung der Auswahlverfahren in eigener Zuständigkeit gelten fort.

3. Wiederholung des Auswahlverfahrens und der Möglichkeit der Verschlechterung

§ 33 Absatz 5 Satz 3 BLV der bis zum 13. Februar 2009 geltenden Fassung eröffnet die Möglichkeit, als Ausnahme vom nach § 33 Absatz 2 Satz 4 BLV in der bis zum 13. Februar 2009 geltenden Fassung gebotenen aktuellen Leistungsvergleich der Teilnehmenden eines Auswahlverfahrens, auch Bewerberinnen und Bewerber eines früheren Auswahlverfahrens, das nicht länger als vier Jahre zurückliegt, berücksichtigen zu können. Die Entscheidung über die Zulassung solcher Bewerberinnen und Bewerber ist in das Ermessen der obersten Dienstbehörde gestellt. Mit der Notwendigkeit vergleichbar gestalteter Bewertungen für die Rangfolge in Auswahlverfahren geht die Regelung erkennbar davon aus, dass die Bewerberinnen und Bewerber nicht an weiteren Auswahlverfahren teilnehmen, sondern das erreichte Ergebnis in diesem Umfang aufrecht erhalten wird. Die Möglichkeit der Wiederholung nur zur Notenverbesserung ist – anders als in den ausdrücklichen Regelungen beim juristischen Staatsexamen – bewusst nicht eröffnet worden.

4. Zulassung teilzeitbeschäftigter Beamtinnen und Beamte zum Aufstieg

Eine Teilzeitbeschäftigung steht dem Aufstieg in die nächsthöhere Laufbahn nicht entgegen. Ist eine modulare Aufteilung der Lehrgänge („Aufsplitten") nicht möglich, sind die Lehrgänge in dem vorgesehenen Block bzw. Blöcken zu besuchen. Soweit möglich, sollten die Lehrgänge anstatt in dem vorgesehenen Block bzw. Blöcken auch in mehrere kleine Blöcke (Module) aufgeteilt werden. Die Einführungszeit verlängert sich durch Teilzeitbeschäftigung nicht.

5. Wechsel vom Ausbildungs- in den Praxisaufstieg

Wenn Beamtinnen und Beamte während der Ausbildung für den Ausbildungsaufstieg die schriftlichen Laufbahnprüfungen, die Leistungsnachweise oder die Prüfungsvorstellung vor dem Bundespersonalausschuss nicht bestehen, haben sie die Möglichkeit, diese Prüfungen bzw. Leistungsnachweise zu wiederholen. Die Möglichkeit, aus diesem Anlass ohne ein erneutes Auswahlverfahren vom Ausbildungs- in den Praxisaufstieg zu wechseln, besteht in einem solchen Fall nicht, da die Zulassung zum Ausbildungsaufstieg nach § 33a BLV in der bis zum 13. Februar 2009 geltenden Fassung erfolgt ist. Zudem ist das absolvierte Auswahlverfahren für diesen (erfolglosen) Aufstieg verbraucht und entfaltet keine Wirkung mehr für den Praxisaufstieg. Es kann gerade im Fall des Nichtbestehens der Prüfungen nicht Grundlage für die neue Entscheidung über die Zulassung zum Praxisaufstieg nach § 33b BLV in der bis zum 13. Februar 2009 geltenden Fassung sein. Hierfür muss erneut ein Auswahlverfahren bestanden werden. Der Praxisaufstieg ist nicht als Auffangmöglichkeit für Beamtinnen und Beamte gedacht, die an den Prüfungs-Modalitäten des Ausbildungsaufstiegs scheitern.

6. Ableistung der Einführungszeit für den höheren Dienst bei einer Fraktion des Deutschen Bundestages

Sowohl beim Ausbildungs- als auch beim Praxisaufstieg ist die Wahrnehmung von Aufgaben der höheren Laufbahn zur Vorbereitung auf die künftigen Anforderungen der höheren Laufbahn unerlässlich. Deshalb soll die Einführung grundsätzlich innerhalb der entsprechenden Behörde erfolgen. Eine Einführung außerhalb der Verwaltung wie bei den Fraktionen des Deutschen Bundestages ist mit der Zielsetzung der Aufstiegsregelungen der bis zum 13. Februar 2009 geltenden Fassung der BLV nur dann vereinbar, wenn die dort wahrgenommenen Aufgaben inhaltlich den Anforderungen der jeweiligen Laufbahn entsprechen. Dies ist im Einzelfall mit der Stammbehörde der Aufstiegsbewerberin oder des Aufstiegsbewerbers abzustimmen. Bei der Erstellung des Ausbildungsplans durch die Behörde sollte in Absprache mit der Fraktion zur Gewährleistung einer größeren Verwendungsbreite und zur Vorbereitung auf die Vorstellung beim Bundespersonalausschuss ein Einsatz in zwei verschiedenen Aufgabenbereichen vorgesehen werden.

7. Keine Verkürzung der Aufstiegsausbildung bzw. Einführungszeit bei freigestellten funktionstragenden Personen

Auch beim Aufstieg in eine höhere Laufbahn nach § 33a Absatz 2 bis 4 oder § 33b Absatz 2 BLV in der bis zum 13. Februar 2009 geltenden Fassung haben die freigestellten funktionstragenden Personen, wie Mitglieder der Personalvertretung, Gleichstellungsbeauftragte und Schwerbehindertenvertrauenspersonen, die in der BLV bzw. den speziellen Laufbahnvorschriften festgelegte Dauer der Aufstiegsausbildung bzw. Einführung in die höhere Laufbahn abzuleisten. Eine Verkürzung der Aufstiegsausbildung bzw. Einführungszeit ist für diese Fälle nicht vorgesehen.

Für die Dauer der Aufstiegsausbildung bzw. Einführung muss die Freistellungszeit unterbrochen werden.

Artikel 2

Inkrafttreten, Außerkrafttreten

Diese Allgemeine Verwaltungsvorschrift tritt am Tag nach der Veröffentlichung in Kraft. Gleichzeitig tritt die Allgemeine Verwaltungsvorschrift zur Bundeslaufbahnverordnung vom 19. Juli 2013 (GMBl S. 848) außer Kraft.

Anlage 1

Muster zu den Mitteilungen zur Feststellung der Laufbahnbefähigung

I. Feststellung der Laufbahnbefähigung nach § 7 Nummer 1 BLV

(Erfolgreicher Abschluss eines fachspezifischen Vorbereitungsdienstes oder eines Aufstiegsverfahrens)

II. Anerkennung der Laufbahnbefähigung nach § 7 Nummer 2 BLV

(Wenn die für die entsprechende Laufbahn vorgeschriebene Vorbildung (§ 7 Nummer 2a BLV) oder die erforderliche Befähigung durch Lebens- und Berufserfahrung (§ 7 Nummer 2b BLV – sog. andere Bewerberinnen und Bewerber) außerhalb eines Vorbereitungsdienstes oder eines Aufstiegsverfahrens des Bundes erworben wurde.)

A. Mustertext

B. Begründungen zu Nummer II

1. Einfacher Dienst

2. Mittlerer Dienst

3. Mittlerer Dienst im Falle einer Ausnahme nach § 23 Absatz 1 BLV

4. Gehobener Dienst

5. Höherer Dienst

6. Gehobener bzw. höherer Dienst im Falle der Zulassung nach § 27 BLV

7. Übergangsregelung: Gehobener bzw. höherer Dienst im Falle der Zulassung nach den §§ 27 und 55 Absatz 1 BLV

8. Andere Bewerberinnen und andere Bewerber

I. Mitteilung über die Anerkennung der Laufbahnbefähigung nach § 7 Nummer 1 BLV

Behörde
Aktenzeichen

Gegen Empfangsbekenntnis

Frau/Herrn
Amtsbezeichnung Vorname, Nachname,
Geburtsdatum
Adresse

Sehr geehrte Frau ..../Sehr geehrter Herr ....,

mit erfolgreichem Abschluss des *(Bezeichnung des fachspezifischen Vorbereitungsdienstes oder Aufstiegsverfahrens)* am .... haben Sie die Laufbahnbefähigung für den

einfachen/mittleren/gehobenen/höheren

nichttechnischen Verwaltungsdienst/technischen Verwaltungsdienst/
sprach- und kulturwissenschaftlichen Dienst/naturwissenschaftlichen Dienst/
agrar-, forst- und ernährungswissenschaftlichen Dienst/
ärztlichen und gesundheitswissenschaftlichen Dienst/sportwissenschaftlichen Dienst/
kunstwissenschaftlichen Dienst/tierärztlichen Dienst

erworben.

Begründung:
Die Laufbahnbefähigung wird mit erfolgreichem Abschluss des Vorbereitungsdienstes/Aufstiegsverfahrens erlangt, ohne dass es einer gesonderten Anerkennung bedarf.

Rechtsbehelfsbelehrung
Gegen diesen Bescheid kann innerhalb eines Monats nach seiner Bekanntgabe Widerspruch erhoben werden. Der Widerspruch ist schriftlich oder zur Niederschrift beim (..........) einzulegen.

Ort, Datum — Unterschrift

II. Mitteilung über die Anerkennung der Laufbahnbefähigung nach § 7 Nummer 2 BLV

A. Mustertext

Behörde
Aktenzeichen

Gegen Empfangsbekenntnis

Frau/Herrn
Amtsbezeichnung Vorname, Nachname, Geburtsdatum
Adresse

Betr: Anerkennung der Laufbahnbefähigung nach § 16 Absatz 2 des Bundesbeamtengesetzes in Verbindung mit § 7 Nummer 2 der Bundeslaufbahnverordnung
Sehr geehrte Frau ....,/Sehr geehrter Herr ....,

Ihre Laufbahnbefähigung für den

einfachen/mittleren/gehobenen/höheren

nichttechnischen Verwaltungsdienst/technischen Verwaltungsdienst/
sprach- und kulturwissenschaftlichen Dienst/naturwissenschaftlichen Dienst/
agrar-, forst- und ernährungswissenschaftlichen Dienst/
ärztlichen und gesundheitswissenschaftlichen Dienst/sportwissenschaftlichen Dienst/
kunstwissenschaftlichen Dienst/tierärztlichen Dienst

wird anerkannt. Die Voraussetzungen für die Zulassung zu dieser Laufbahn sind seit dem .... erfüllt *(oder im Fall des § 27 BLV: Die Voraussetzungen für die Zulassung bis zum zweiten Beförderungsamt der Laufbahn des .... sind seit dem .... erfüllt).* Eine Begründung ist beigefügt.

Rechtsbehelfsbelehrung
Gegen diesen Bescheid kann innerhalb eines Monats nach seiner Bekanntgabe Widerspruch erhoben werden. Der Widerspruch ist schriftlich oder zur Niederschrift beim (..........) einzulegen.

Ort, Datum
Unterschrift

II

B. Begründungen

1. Einfacher Dienst

Begründung:
Die Voraussetzungen für die Zulassung zu einer Laufbahn des einfachen .... sind erfüllt:

1. Bildungsvoraussetzungen
   a) Die Hauptschule wurde am .... erfolgreich abgeschlossen.
   oder:
   Ein mit einem Hauptschulabschluss gleichwertiger Bildungsstand wurde durch .... am .... erworben.
   b) Anmerkungen:
2. Sonstige Voraussetzungen
   Sie haben am .... eine Berufsausbildung als .... abgeschlossen.

Die Vor- und Ausbildung, Prüfung sowie die sonstigen Voraussetzungen nach Ziffer 2 sind geeignet, die Befähigung für die Laufbahn des einfachen .... zu vermitteln.

2. Mittlerer Dienst

Begründung:
Die Voraussetzungen für die Zulassung zu einer Laufbahn des mittleren .... sind erfüllt:

1. Bildungsvoraussetzungen
   a) Die Realschule wurde am .... erfolgreich abgeschlossen.
   oder:
   Ein mit einem Realschulabschluss gleichwertiger Bildungsstand wurde durch .... am .... erworben.
   b) Anmerkungen:
2. Sonstige Voraussetzungen
   a) Sie haben am .... eine Berufsausbildung als .... erfolgreich abgeschlossen. Diese Berufsausbildung entspricht inhaltlich den Anforderungen des Vorbereitungsdienstes für den mittleren ....
   oder:
   b) Sie haben am .... eine Berufsausbildung als .... erfolgreich abgeschlossen und anschließend folgende hauptberufliche Tätigkeiten ausgeübt:

Zeitraum	tätig als .... im	Tag	Monat	Jahr
z. B. 15. 9. 1992–14. 12. 1992	*Bürosachbearbeiter im ...*	*0*	*6*	*1*

   Die für eine Laufbahn des mittleren Dienstes vorgeschriebene Dauer der hauptberuflichen Tätigkeit von einem Jahr und sechs Monaten ist damit seit dem .... erfüllt. Die hauptberufliche Tätigkeit ist nach Erwerb der Bildungsvoraussetzungen ausgeübt worden und entspricht nach Fachrichtung und Schwierigkeit der Tätigkeit einer Beamtin oder eines Beamten der Laufbahn des mittleren ....

Die Vor- und Ausbildung, Prüfung sowie sonstige Voraussetzungen sind geeignet, die Befähigung für die Laufbahn des mittleren .... zu vermitteln.

3. Mittlerer Dienst im Falle einer Ausnahme nach § 23 Absatz 1 BLV

Begründung:
Die Voraussetzungen für die Zulassung zu einer Laufbahn des mittleren .... sind erfüllt:

1. Bildungsvoraussetzungen
   a) Die Hauptschule wurde am .... erfolgreich abgeschlossen.
   oder:
   Ein mit einem Hauptschulabschluss gleichwertiger Bildungsstand wurde durch .... am .... erworben.
   b) Sonstiges:
2. Sonstige Voraussetzungen
   Sie haben am .... eine Berufsausbildung als .... erfolgreich abgeschlossen und anschließend folgende hauptberufliche Tätigkeiten ausgeübt:

Zeitraum	tätig als .... im....	Tag	Monat	Jahr
z. B. 15. 9. 1992–14. 12. 1992	*Verwaltungsfachangestellte im ...*	*0*	*6*	*1*

Die für eine Laufbahn des mittleren Dienstes vorgeschriebene Dauer der hauptberuflichen Tätigkeit von einem Jahr und sechs Monaten ist damit seit dem .... erfüllt.
Die hauptberufliche Tätigkeit ist nach Erwerb der Bildungsvoraussetzungen ausgeübt worden und entspricht nach Fachrichtung und Schwierigkeit der Tätigkeit einer Beamtin oder eines Beamten der Laufbahn des mittleren ....

Die Berufsausbildung und die hauptberufliche Tätigkeit sind geeignet, die Befähigung für die Laufbahn des mittleren .... zu vermitteln.

4. Gehobener Dienst

Begründung:
Die Voraussetzungen für die Zulassung zu einer Laufbahn des gehobenen .... Dienstes sind erfüllt:

1. Bildungsvoraussetzungen
   a) Das Abitur wurde am .... erfolgreich abgeschlossen.
   oder:
   Ein Bildungsstand, der mit einer zu einem Hochschulstudium berechtigenden Schulbildung gleichwertig ist, wurde durch .... am .... erworben.
   b) Anmerkungen:
2. Sonstige Voraussetzungen:
   a) Sie haben am .... ein Hochschulstudium mit einem .... *(Bachelor oder einem gleichwertigen Abschluss z. B. FH-Diplom)* .... erfolgreich abgeschlossen. Das Studium entspricht inhaltlich den Anforderungen des Vorbereitungsdienstes für den gehobenen ....
   oder

b) Sie haben am .... ein Hochschulstudium mit einem .... *(Bachelor oder einem gleichwertigen Abschluss)* .... erfolgreich abgeschlossen und anschließend folgende hauptberufliche Tätigkeiten* ausgeübt:

Zeitraum	tätig als	Tag	Monat	Jahr
z. B. 1. 10. 1998–28. 02. 1999	*Sachbearbeiter im BMWi*	*0*	*5*	*4*

Die für eine Laufbahn des gehobenen Dienstes vorgeschriebene Dauer der hauptberuflichen Tätigkeit von einem Jahr und sechs Monaten ist damit seit dem .... erfüllt. Die hauptberufliche Tätigkeit ist nach Erwerb der Bildungsvoraussetzungen ausgeübt worden und entspricht nach Fachrichtung und Schwierigkeit der Tätigkeit einer Beamtin oder eines Beamten der Laufbahn des gehobenen ....

Die Vor- und Ausbildung, Prüfung sowie sonstige Voraussetzungen sind geeignet, die Befähigung für die Laufbahn des .... zu vermitteln.

5. Höherer Dienst

Begründung:

I. bei Volljuristen:

Sie haben am .... *(Einsetzen: Datum des 2. Jurist. Staatsexamens)* die Befähigung zum Richteramt erworben. Gemäß § 21 Absatz 2 BLV besitzen Sie damit auch die Befähigung für den höheren nichttechnischen Verwaltungsdienst.

II. im Übrigen:

Die Voraussetzungen für die Zulassung zu einer Laufbahn des höheren .... sind erfüllt:

1. Bildungsvoraussetzungen
   a) Sie haben am .... ein Hochschulstudium mit einem .... *(Master oder gleichwertiger Abschluss z. B. Diplom [Univ.])* .... erfolgreich abgeschlossen.
   b) Anmerkungen:

2. Sonstige Voraussetzungen
   Anschließend wurden folgende hauptberufliche Tätigkeiten ausgeübt:

Zeitraum	tätig als	Tag	Monat	Jahr
z. B. 3. 1. 1998–31. 08. 1998	*Wissenschaftlicher Mitarbeiter am xy-Institut*	*29*	*3*	*0*

Die für eine Laufbahn des höheren Dienstes vorgeschriebene Dauer der hauptberuflichen Tätigkeit von zwei Jahren und sechs Monaten ist damit seit dem .... erfüllt.

* Anstelle der hauptberuflichen Tätigkeit können auch die in § 23 Absatz 2 BLV genannten Zeiten anerkannt werden.

Die hauptberufliche Tätigkeit ist nach Erwerb der Bildungsvoraussetzungen ausgeübt worden und entspricht nach Fachrichtung und Schwierigkeit der Tätigkeit einer Beamtin oder eines Beamten der Laufbahn des höheren ....

Die Vor- und Ausbildung, Prüfung sowie sonstige Voraussetzungen sind geeignet, die Befähigung für die Laufbahn des .... zu vermitteln.

6. Gehobener bzw. höherer Dienst im Falle der Zulassung nach § 27 BLV

Begründung:
Die Voraussetzungen für die Zulassung bis zum zweiten Beförderungsamt der Laufbahn des .... sind erfüllt:

1. Sie haben sich in einer Dienstzeit von .... *(mindestens 20)* .... *in* .... *(mindestens zwei)* .... Verwendungen bewährt.
2. Seit dem .... *(mindestens fünf Jahre)* .... haben Sie das Endamt Ihrer bisherigen Laufbahn des .... Dienstes erreicht.
3. In den letzten zwei Beurteilungen wurden sie mit .... und .... beurteilt. Es handelt sich um die höchste/zweithöchste Note ihrer Besoldungsgruppe/Funktionsebene.
4. Sie haben am .... erfolgreich an dem Auswahlverfahren für .... teilgenommen.

7. Gehobener bzw. höherer Dienst im Falle der Zulassung nach § 27 i. V. m. § 55 Absatz 1 BLV (Übergangsregelung)

Begründung:
Die Voraussetzungen für die Zulassung bis zum zweiten Beförderungsamt der Laufbahn des .... sind erfüllt:

1. Sie haben sich in einer Dienstzeit von .... *(mindestens 20)* .... *in* .... *(mindestens zwei)* .... Verwendungen bewährt.
2. Seit dem .... *(mindestens fünf Jahre)* .... haben Sie das Endamt Ihrer bisherigen Laufbahn des .... Dienstes erreicht.
3. In der letzten Anlassbeurteilung wurden sie mit .... beurteilt. Es handelt sich um die höchste/zweithöchste Note ihrer Besoldungsgruppe/Funktionsebene.
4. Sie haben am .... erfolgreich an dem Auswahlverfahren für .... teilgenommen.

8. Andere Bewerberinnen und andere Bewerber

Begründung:
Der Bundespersonalausschuss hat mit Beschluss vom .... festgestellt, dass Sie durch Lebens- und Berufserfahrung die Befähigung für die Laufbahn des .... erworben haben. Auch die übrigen Voraussetzungen des § 22 BLV sind gegeben, so dass Ihre Befähigung für die Laufbahn des .... nach § 7 Nummer 2 Buchstabe b BLV anerkannt werden kann.

Anlage 2

(hier nicht aufgenommen)

Anlage 3

Muster zur Festsetzung des Amtes, in das eingestellt werden soll*

Behörde/Aktenzeichen Ort, Datum

Gegen Empfangsbekenntnis

Frau/Herrn
Amtsbezeichnung Vorname, Nachname,
Adresse

Betr.: Festsetzung des Amtes, in das nach § 23 BBesG oder nach § 20 BBG i. V. m. § 25 BLV eingestellt wird
Name, Vorname; Geburtsdatum

Sehr geehrte Frau ....../Sehr geehrter Herr ......

Sie werden mit Wirkung vom ... in ein Amt der Besoldungsgruppe A ... der Bundesbesoldungsordnung A eingestellt.
oder
Sie werden mit Wirkung vom ... in ein Amt der Besoldungsgruppe B ... der Bundesbesoldungsordnung B eingestellt.
oder
Sie werden mit Wirkung vom ... in ein Amt der Besoldungsgruppe R ... der Bundesbesoldungsordnung R eingestellt.
oder
Sie werden mit Wirkung vom ... in ein Amt der Besoldungsgruppe W ... der Bundesbesoldungsordnung W eingestellt.
Eine Begründung ist beigefügt.

Rechtsbehelfsbelehrung
Gegen diesen Bescheid kann innerhalb eines Monats nach seiner Bekanntgabe Widerspruch erhoben werden. Der Widerspruch ist schriftlich oder zur Niederschrift beim (......) einzulegen.

Mit freundlichen Grüßen
Im Auftrag

Unterschrift

Begründung:
Gemäß Bescheid vom ...... haben Sie am ...... die Befähigung für die Laufbahn des ...... erworben.

Anschließend haben Sie folgende hauptberufliche Tätigkeiten ausgeübt:

* Der Bescheid kann mit dem Bescheid zur erstmaligen Stufenfestsetzung nach § 27 Abs. 1 i. V. m. § 28 des Bundesbesoldungsgesetzes (BBesG) zusammengefasst werden.

Zeitraum	tätig als .... im	Tag	Monat	Jahr
z. B. 15. 9. 1992–14. 12. 1992	*Schreibkraft im ...*	*0*	*6*	*1*

Eingangsamt Ihrer Laufbahn ist nach den §§ 23 oder 24 BBesG ein Amt der Besoldungsgruppe A ... der Bundesbesoldungsordnung A.

Eine Einstellung in ein höheres Amt als das Eingangsamt ist gemäß § 20 BBG in Verbindung mit § 25 BLV erfolgt, weil ......

oder

Eine Einstellung in ein höheres Amt als das Eingangsamt erfolgt nicht, weil ....

Anlage 4

Muster zur Festsetzung der Dauer der Probezeit

Behörde/Aktenzeichen

Ort, Datum

Gegen Empfangsbekenntnis

Frau/Herrn
Amtsbezeichnung Vorname, Nachname,
Adresse

Betr.:

Dauer der Probezeit
Name, Vorname; Geburtsdatum

Sehr geehrte Frau ....../Sehr geehrter Herr ......

Sie sind am ... zur Beamtin/zum Beamten auf Probe ernannt worden. Ihre Probezeit endet am ...

Begründung:
Die regelmäßige Probezeit dauert gemäß § 28 Abs. 1 BLV drei Jahre.

Sie haben folgende hauptberuflichen Tätigkeiten absolviert:

	Zeitraum	tätig als .... im	öD	Tag	Monat	Jahr
1.	z. B. 15. 9. 1992–14. 12. 1992	Schreibkraft im ...		0	6	1
2.	......					

Die Zeiten nach 1., 2., ... (J, M, T) werden angerechnet, weil ...
Die Zeiten nach 4., 5., ... (J, M, T) werden nicht angerechnet, weil ...

Rechtsbehelfsbelehrung
Gegen diesen Bescheid kann innerhalb eines Monats nach seiner Bekanntgabe Widerspruch erhoben werden. Der Widerspruch ist schriftlich oder zur Niederschrift beim (......) einzulegen.

Mit freundlichen Grüßen
Im Auftrag

Unterschrift

II

Verordnung über die Laufbahnen des Polizeivollzugsdienstes in der Bundespolizei (Bundespolizei-Laufbahnverordnung – BPolLV)

Vom 2. Dezember 2011 (BGBl. I S. 2408)

Zuletzt geändert durch
Verordnung zur Fortentwicklung laufbahnrechtlicher und weiterer dienstrechtlicher Vorschriften
vom 16. August 2021 (BGBl. I S. 3582)

Inhaltsübersicht

§ 1 Geltungsbereich

Soweit in dieser Verordnung nichts anderes bestimmt ist, gelten für die Polizeivollzugsbeamtinnen und Polizeivollzugsbeamten in der Bundespolizei die Vorschriften der Bundeslaufbahnverordnung.

§ 2 Schwerbehinderte Menschen

§ 5 der Bundeslaufbahnverordnung gilt mit der Maßgabe, dass die besonderen gesundheitlichen Anforderungen, die der Polizeivollzugsdienst an Beamtinnen und Beamte stellt, berücksichtigt werden.

§ 3 Gestaltung und Ämter der Laufbahnen

(1) Laufbahnen des Polizeivollzugsdienstes in der Bundespolizei sind

1. die Laufbahn des mittleren Polizeivollzugsdienstes in der Bundespolizei,
2. die Laufbahn des gehobenen Polizeivollzugsdienstes in der Bundespolizei und
3. die Laufbahn des höheren Polizeivollzugsdienstes in der Bundespolizei.

(2) Die zu den Laufbahnen gehörenden Ämter sowie die ihnen zugeordneten Amtsbezeichnungen ergeben sich aus Anlage 1. Im Übrigen gilt § 9 Absatz 2 der Bundeslaufbahnverordnung.

§ 4 Einrichtung von Vorbereitungsdiensten

Für die Laufbahnen des Polizeivollzugsdienstes in der Bundespolizei werden Vorbereitungsdienste eingerichtet. Im Übrigen gilt § 10 Absatz 2 der Bundeslaufbahnverordnung.

§ 5 Einstellung in den Vorbereitungsdienst

(1) Die Bewerberinnen und Bewerber werden als Beamtinnen und Beamte auf Widerruf in den Vorbereitungsdienst eingestellt. Einstellungsbehörde für den mittleren und gehobenen Polizeivollzugsdienst in der Bundespolizei ist die Bundespolizeiakademie. Einstellungsbehörde für den höheren Polizeivollzugsdienst in der Bundespolizei ist das Bundespolizeipräsidium.

(2) Die Beamtinnen und Beamten auf Widerruf führen während des Vorbereitungsdienstes

1. im mittleren Polizeivollzugsdienst in der Bundespolizei die Dienstbezeichnung „Polizeimeisteranwärterin" oder „Polizeimeisteranwärter",
2. im gehobenen Polizeivollzugsdienst in der Bundespolizei die Dienstbezeichnung „Polizeikommissaranwärterin" oder „Polizeikommissaranwärter" und
3. im höheren Polizeivollzugsdienst in der Bundespolizei die Dienstbezeichnung „Polizeiratanwärterin" oder „Polizeiratanwärter".

(3) In den Vorbereitungsdienst für den mittleren Polizeivollzugsdienst in der Bundespolizei kann eingestellt werden, wer mindestens 16 Jahre und noch nicht 28 Jahre alt ist. In den Vorbereitungsdienst für den gehobenen oder höheren Polizeivollzugsdienst in der Bundespolizei kann eingestellt werden, wer noch nicht 34 Jahre alt ist. Die Altershöchstgrenzen gelten nicht für Soldatinnen und Soldaten auf Zeit, deren Dienstzeit auf mindestens acht Jahre festgesetzt wurde.

(4) Das Höchstalter nach Absatz 3 wird angehoben um Zeiten

1. des Mutterschutzes,
2. der Kinderbetreuung, höchstens jedoch um drei Jahre je Kind, sowie
3. der Pflege naher Angehöriger (Eltern, Schwiegereltern, Ehegattinnen oder Ehegatten, Lebenspartnerinnen oder Lebenspartner, Geschwister oder Kinder), für die eine Pflegestufe nach § 15 des Elften Buches Sozialgesetzbuch festgestellt worden war oder ist und die von der Bewerberin oder dem Bewerber aus gesetzlicher oder sittlicher Verpflichtung in dem in § 15 Absatz 3 des Elften Buches Sozialgesetzbuch genannten Umfang gepflegt worden sind oder werden; dabei kann das Höchstalter jedoch höchstens um drei Jahre je Angehörige oder Angehörigen angehoben werden.

Auch wenn Zeiten nach Satz 1 zu berücksichtigen sind, darf die Bewerberin oder der Bewerber für den mittleren Polizeivollzugsdienst noch nicht 36 Jahre und für den gehobenen oder höheren Polizeivollzugsdienst noch nicht 42 Jahre alt sein. Absatz 3 Satz 3 gilt entsprechend.

(5) Bei erheblichem dienstlichen Interesse kann das Bundespolizeipräsidium Ausnahmen von Absatz 3 bis zu den Höchstaltersgrenzen nach Absatz 4 Satz 2 zulassen, wenn die Bewerberin oder der Bewerber

1. einen Berufs- oder Hochschulabschluss besitzt, der der Verwendung in der Laufbahn besonders förderlich ist, und
2. durch eine mindestens dreijährige hauptberufliche Tätigkeit berufliche Erfahrungen erworben hat, die der Verwendung in der Laufbahn besonders förderlich sind.

Das Bundespolizeipräsidium kann bei erheblichem dienstlichen Interesse Ausnahmen bis zu den Höchstaltersgrenzen nach Absatz 4 Satz 2 auch zulassen, wenn sich der berufliche Werdegang nachweislich aus von der Bewerberin oder dem Bewerber nicht zu vertretenden Gründen in einem solchen Maß verzögert hat, dass die Anwendung der Höchstaltersgrenze nach Absatz 3 unbillig wäre. Ein erhebliches dienstliches Interesse liegt insbesondere vor, wenn die Ausnahme zur Sicherstellung der Erledigung der öffentlichen Aufgaben erforderlich ist.

§ 6 Mittlerer Polizeivollzugsdienst in der Bundespolizei

(1) Der Vorbereitungsdienst für den mittleren Polizeivollzugsdienst in der Bundespolizei dauert zwei Jahre und sechs Monate. Im Übrigen gilt § 12 der Bundeslaufbahnverordnung.

(2) Haben Polizeikommissaranwärterinnen oder Polizeikommissaranwärter die Laufbahnprüfung für den gehobenen Polizeivollzugsdienst endgültig nicht bestanden, kann das Bundespolizeipräsidium auf Vorschlag der Prüfungskommission ihnen die Befähigung für die Laufbahn des mittleren Polizeivollzugsdienstes in der Bundespolizei zuerkennen, wenn sie die dafür erforderlichen Kenntnisse nachgewiesen haben.

§ 7 Gehobener Polizeivollzugsdienst in der Bundespolizei

Der Vorbereitungsdienst für den gehobenen Polizeivollzugsdienst in der Bundespolizei dauert drei Jahre und wird in einem modularisierten Diplomstudiengang an der Fachhochschule des Bundes für öffentliche Verwaltung durchgeführt. Im Übrigen gilt § 13 der Bundeslaufbahnverordnung.

§ 8 Höherer Polizeivollzugsdienst in der Bundespolizei

Der Vorbereitungsdienst für den höheren Polizeivollzugsdienst in der Bundespolizei dauert in der Regel zwei Jahre. Er besteht aus einer fachpraktischen Ausbildungsphase und dem Masterstudiengang „Öffentliche Verwaltung – Polizeimanagement (Public Administration – Police Management)" an der Deutschen Hochschule der Polizei. Einstellungsbehörde ist das Bundespolizeipräsidium. Im Übrigen gilt § 14 der Bundeslaufbahnverordnung.

§ 9 Zugang zum höheren Polizeivollzugsdienst in der Bundespolizei bei Besitz einer erforderlichen Hochschulausbildung

(1) Polizeivollzugsbeamtinnen und Polizeivollzugsbeamte des mittleren und gehobenen Polizeivollzugsdienstes in der Bundespolizei, die eine Hochschulausbildung besitzen, die den Zugang zum höheren Polizeivollzugsdienst in der Bundespolizei eröffnet, können zum Vorbereitungsdienst für den höheren Polizeivollzugsdienst in der Bundespolizei zugelassen werden, wenn sie an einem für Regelbewerberinnen und Regelbewerber vorgesehenen Auswahlverfahren erfolgreich teilgenommen haben.

(2) Die Polizeivollzugsbeamtinnen und Polizeivollzugsbeamten nehmen an dem Vorbereitungsdienst für den höheren Polizeivollzugsdienst in der Bundespolizei teil. Während dieser Zeit behalten sie ihren bisherigen beamtenrechtlichen Status.

(3) Den Polizeivollzugsbeamtinnen und Polizeivollzugsbeamten wird im Rahmen der besetzbaren Planstellen ein Amt der neuen

Laufbahn übertragen, wenn sie den Vorbereitungsdienst erfolgreich abgeschlossen haben.

§ 10 Zugang zum höheren Polizeivollzugsdienst in der Bundespolizei für Bewerberinnen und Bewerber mit einer zweiten Staatsprüfung

(1) Bewerberinnen und Bewerbern für den höheren Polizeivollzugsdienst in der Bundespolizei kann die Laufbahnbefähigung für den höheren Polizeivollzugsdienst in der Bundespolizei zuerkannt werden, wenn sie

1. das Höchstalter nach § 5 Absatz 3 und 4 noch nicht überschritten haben,
2. ein mindestens dreijähriges Hochschulstudium erfolgreich abgeschlossen haben und über Kenntnisse und Fähigkeiten verfügen, die der Verwendung im Polizeivollzugsdienst besonders förderlich sind, und
3. eine zweite Staatsprüfung bestanden haben.

(2) Während der Probezeit erhalten die Polizeivollzugsbeamtinnen und Polizeivollzugsbeamten eine polizeifachliche Unterweisung von mindestens zwölf Monaten Dauer. Das Bundespolizeipräsidium erlässt für die Unterweisung einen Rahmenplan.

§ 11 Einstellung oder Versetzung aus Laufbahnen des Polizeivollzugsdienstes

(1) Die Einstellung oder die Versetzung in den Polizeivollzugsdienst in der Bundespolizei aus dienstlichen Gründen ist nur zulässig, wenn die Polizeivollzugsbeamtin oder der Polizeivollzugsbeamte die Befähigung für die jeweilige Laufbahn besitzt.

(2) Als Befähigung für die jeweilige Laufbahn des Polizeivollzugsdienstes in der Bundespolizei kann anerkannt werden die Befähigung für die entsprechende Laufbahn

1. des Polizeivollzugsdienstes eines Bundeslandes,
2. des kriminalpolizeilichen Vollzugsdienstes des Bundes oder eines Bundeslandes oder
3. des Polizeivollzugsdienstes beim Deutschen Bundestag.

Über die Anerkennung der Laufbahnbefähigung entscheidet das Bundespolizeipräsidium.

(3) Die Polizeivollzugsbeamtin oder der Polizeivollzugsbeamte, deren oder dessen Befähigung nach Absatz 2 oder nach der Verordnung über die Anerkennung europäischer Berufsqualifikationen als Laufbahnbefähigung anerkannt worden ist, soll eine Unterweisungszeit von mindestens sechs Monaten durchlaufen. Das Bundespolizeipräsidium entscheidet über die Zulassung zur Unterweisung und erlässt für die Unterweisung einen Rahmenplan.

(4) Im Übrigen gilt § 44 der Bundeslaufbahnverordnung.

§ 12 Besondere Fachverwendungen

(1) Für die besonderen Fachverwendungen im Polizeivollzugsdienst in der Bundespolizei nach Anlage 2 können

1. Beamtinnen und Beamte versetzt werden, wenn sie
   a) die Bildungsvoraussetzungen nach Anlage 2 erfüllen und
   b) erfolgreich an einem Auswahlverfahren, das für Regelbewerberinnen und Regelbewerber vorgesehen ist, teilgenommen haben,
2. Polizeivollzugsbeamtinnen und Polizeivollzugsbeamte in eine höhere Laufbahn des Polizeivollzugsdienstes wechseln, wenn sie
   a) die Bildungsvoraussetzungen nach Anlage 2 erfüllen, und
   b) erfolgreich an einem Auswahlverfahren, das für Regelbewerberinnen und Regelbewerber vorgesehen ist, teilgenommen haben,
3. Polizeivollzugsbeamtinnen und Polizeivollzugsbeamte im Flugdienst der Bundespolizei abweichend von § 17 Absatz 4 des Bundesbeamtengesetzes in die Laufbahn des gehobenen Polizeivollzugsdienstes wechseln, wenn sie
   a) die Bildungsvoraussetzungen nach Anlage 2 erfüllen und

b) erfolgreich an einem Auswahlverfahren teilgenommen haben,

4. Bewerberinnen und Bewerber nach Maßgabe der §§ 19 bis 21 der Bundeslaufbahnverordnung eingestellt werden, wenn sie
   a) die Bildungsvoraussetzungen nach Anlage 2 erfüllen und
   b) die Altershöchstgrenze nach § 5 Absatz 3 und 4 nicht überschritten haben.

(2) Über die Anerkennung der Laufbahnbefähigung und die Einstellung nach Absatz 1 Nummer 4 entscheidet das Bundespolizeipräsidium.

(3) Die Versetzung, der Wechsel oder die Einstellung in den gehobenen Polizeivollzugsdienst in der Bundespolizei für technische Fachverwendungen kann in das Amt der Polizeioberkommissarin oder des Polizeioberkommissars erfolgen, wenn haushaltsrechtliche Gründe dem nicht entgegenstehen. Dies setzt ein Hochschulstudium in einem ingenieurwissenschaftlichen Studiengang oder in einem Studiengang, bei dem Inhalte aus den Bereichen der Informatik oder der Informationstechnik überwiegen, voraus, das mit einem Bachelor oder einem gleichwertigen Abschluss abgeschlossen wurde. Technische Fachverwendungen sind die Verwendungen im Fachdienst für Informations- und Kommunikationstechnik, im Fachdienst für Polizeitechnik und im kriminaltechnischen Dienst.

(4) Personen nach Absatz 1 Nummer 1 und 4 erhalten eine polizeifachliche Unterweisung von mindestens sechs Monaten Dauer. Das Bundespolizeipräsidium erlässt für die Unterweisungen einen Rahmenplan.

(5) Sind Personen nach Absatz 1 Nummer 1 oder 4 für eine Verwendung im ärztlichen Dienst als Polizeivollzugsbeamtin oder Polizeivollzugsbeamter des höheren Dienstes in der Bundespolizei vorgesehen, werden sie mit den Aufgaben des Polizeivollzugsdienstes in der Bundespolizei vertraut gemacht. Die Ämter sowie die ihnen zugeordneten Amtsbezeichnungen ergeben sich aus Anlage 1.

§ 12a Altershöchstgrenze für die Verwendungsfortbildung zur Pilotin oder zum Piloten

Polizeivollzugsbeamtinnen und Polizeivollzugsbeamte dürfen an der Verwendungsfortbildung zur Pilotin oder zum Piloten im Flugdienst der Bundespolizei nur teilnehmen, wenn sie bei Beginn dieser Fortbildung noch nicht 40 Jahre alt sind.

§ 13 Erprobungszeit

(1) Die Erprobung auf einem höherwertigen Dienstposten dauert

1. für Polizeivollzugsbeamtinnen und Polizeivollzugsbeamte des mittleren und des gehobenen Polizeivollzugsdienstes mindestens drei Monate und

2. für Polizeivollzugsbeamtinnen und Polizeivollzugsbeamte des höheren Polizeivollzugsdienstes mindestens sechs Monate.

(2) Angerechnet werden Erprobungszeiten auf einem anderen Dienstposten mit gleicher Bewertung und mit gleichwertigen Anforderungen sowie Zeiten, in denen die Polizeivollzugsbeamtin oder der Polizeivollzugsbeamte bereits vor der Übertragung des höherwertigen Dienstpostens mit der Wahrnehmung der Geschäfte dieses Dienstpostens beauftragt worden ist und sich dabei bewährt hat. Im höheren Polizeivollzugsdienst in der Bundespolizei sind höchstens drei Monate anzurechnen.

(3) Für Erprobungszeiten auf einem anderen Dienstposten, der um eine Besoldungsgruppe geringer bewertet ist, gilt Absatz 2 entsprechend, sofern

1. für den bisherigen Dienstposten die gleichen Anforderungen gelten wie für den zur Erprobung übertragenen Dienstposten und

2. die unterschiedliche Bewertung lediglich auf geringfügigen Unterschieden bei den Aufgaben und in der Verantwortung beruht.

(4) Im Übrigen gilt § 34 der Bundeslaufbahnverordnung.

§ 14 Fortbildung sowie Erhaltung der körperlichen Leistungsfähigkeit

(1) Das Bundespolizeipräsidium regelt die dienstliche Fortbildung.

(2) Die Polizeivollzugsbeamtinnen und Polizeivollzugsbeamten sind verpflichtet, sich selbstständig beruflich fortzubilden und an der dienstlichen Fortbildung teilzunehmen, damit sie über die Anforderungen ihrer Laufbahn unterrichtet bleiben und auch den steigenden Erfordernissen ihres Amtes gewachsen sind.

(3) Die Polizeivollzugsbeamtinnen und Polizeivollzugsbeamten sind verpflichtet, ihre körperliche Leistungsfähigkeit zu erhalten und nach Möglichkeit zu steigern. Die körperliche Leistungsfähigkeit soll regelmäßig überprüft werden.

(4) Im Übrigen gilt § 47 der Bundeslaufbahnverordnung.

§ 15 Aufstieg

(1) Polizeivollzugsbeamtinnen und Polizeivollzugsbeamte können zum Aufstieg in die nächsthöhere Laufbahn zugelassen werden, wenn sie erfolgreich an einem Auswahlverfahren teilgenommen haben, Beamtinnen auf Lebenszeit oder Beamte auf Lebenszeit sind und sich seit der erstmaligen Ernennung

1. bei Beginn des Aufstiegs in den gehobenen Polizeivollzugsdienst in der Bundespolizei in einer Dienstzeit von drei Jahren bewährt haben und noch nicht 50 Jahre alt sind oder
2. bei Zulassung zum Aufstieg in den höheren Polizeivollzugsdienst in der Bundespolizei in einer Dienstzeit von drei Jahren im gehobenen Dienst bewährt haben und noch nicht 45 Jahre alt sind.

Bei der Bemessung der Bewährungszeit sind Zeiten einer Teilzeitbeschäftigung wie Zeiten einer Vollzeitbeschäftigung zu behandeln, soweit nicht zwingende sachliche Gründe entgegenstehen.

(2) Für das Auswahlverfahren gilt § 36 der Bundeslaufbahnverordnung mit der Maßgabe, dass

1. über die Zulassung zum Aufstieg das Bundespolizeipräsidium entscheidet,
2. im Falle des § 36 Absatz 4 Satz 8 der Bundeslaufbahnverordnung die Teilnahme am Auswahlverfahren einmal, bei erfolgreicher Teilnahme auch mehrfach wiederholt werden kann.

(3) Die Aufstiegsausbildung in den gehobenen Polizeivollzugsdienst in der Bundespolizei dauert mindestens zwei Jahre. Die nach Absatz 1 Nummer 1 zugelassenen Polizeivollzugsbeamtinnen und Polizeivollzugsbeamten nehmen an Teilen des Vorbereitungsdienstes nach § 7 teil.

(4) Die Aufstiegsausbildung in den höheren Polizeivollzugsdienst in der Bundespolizei dauert zwei Jahre. Die nach Absatz 1 Nummer 2 zugelassenen Polizeivollzugsbeamtinnen und Polizeivollzugsbeamten nehmen am Vorbereitungsdienst nach § 8 teil.

(5) Für die Übertragung eines Amtes der neuen Laufbahn gilt § 40 der Bundeslaufbahnverordnung entsprechend. Abweichend davon kann Polizeivollzugsbeamtinnen und Polizeivollzugsbeamten, die ein Amt der Besoldungsgruppe A 9 mit Amtszulage mindestens ein Jahr innehaben, unmittelbar das Amt einer Polizeioberkommissarin oder eines Polizeioberkommissars übertragen werden.

§ 16 Verkürzter Aufstieg in den gehobenen Polizeivollzugsdienst in der Bundespolizei

(1) Polizeivollzugsbeamtinnen und Polizeivollzugsbeamte können zu einem verkürzten Aufstieg in den gehobenen Polizeivollzugsdienst in der Bundespolizei zugelassen werden, wenn

1. ein dienstliches Bedürfnis besteht und
2. die Polizeivollzugsbeamtinnen und Polizeivollzugsbeamten
   a) bei Beginn des Aufstiegs noch nicht 57 Jahre alt sind,
   b) sich in einer Dienstzeit von mindestens zehn Jahren bewährt haben,
   c) sich im Amt der Polizeihauptmeisterin oder des Polizeihauptmeisters mindestens drei Jahre bewährt haben,

II

d) in den letzten beiden dienstliche Beurteilungen überdurchschnittlich bewertet worden sind und
e) erfolgreich an einem Auswahlverfahren teilgenommen haben.

§ 15 Absatz 1 Satz 2 gilt entsprechend.

(2) § 15 Absatz 2 gilt entsprechend.

(3) Die Aufstiegsausbildung dauert sechs Monate. Sie umfasst eine theoretische und eine praktische Ausbildung. In der theoretischen Ausbildung können Fernlehrmethoden eingesetzt werden.

(4) Polizeivollzugsbeamtinnen und Polizeivollzugsbeamte, die die Befähigung für die nächsthöhere Laufbahn nach den Absätzen 1 bis 3 erworben haben, können höchstens ein Amt der Besoldungsgruppe A 11 erreichen. Für die Übertragung eines Amtes der neuen Laufbahn sowie für die Verleihung des ersten Beförderungsamtes gilt § 40 der Bundeslaufbahnverordnung. Abweichend davon kann Polizeivollzugsbeamtinnen und Polizeivollzugsbeamten, die ein Amt der Besoldungsgruppe A 9 mit Amtszulage mindestens ein Jahr innehaben, unmittelbar das Amt einer Polizeioberkommissarin oder eines Polizeioberkommissars übertragen werden.

§ 16a Verkürzter Aufstieg von Spitzensportlerinnen und Spitzensportlern in den gehobenen Polizeivollzugsdienst in der Bundespolizei

(1) Polizeivollzugsbeamtinnen und Polizeivollzugsbeamte in der Spitzensportförderung in der Bundespolizei können zu einem verkürzten Aufstieg in den gehobenen Polizeivollzugsdienst in der Bundespolizei zugelassen werden, wenn

1. dafür ein dienstliches Bedürfnis besteht und
2. die Polizeivollzugsbeamtinnen und Polizeivollzugsbeamten
   a) bei Beginn des Aufstiegs noch nicht 40 Jahre alt sind,
   b) sich in dem von der Bundespolizei geförderten Spitzensport mindestens drei Jahre bewährt haben
   c) den Vorbereitungsdienst für den mittleren Polizeivollzugsdienst in der Bundespolizei mit einem mindestens überdurchschnittlichen Ergebnis abgeschlossen haben und
   d) erfolgreich an einem Auswahlverfahren teilgenommen haben.

Bei der Bemessung der Bewährungszeit sind Zeiten einer Teilzeitbeschäftigung wie Zeiten einer Vollzeitbeschäftigung zu behandeln, soweit nicht zwingende sachliche Gründe entgegenstehen.

(2) Für das Auswahlverfahren gilt § 36 der Bundeslaufbahnverordnung mit der Maßgabe, dass

1. über die Zulassung zum Aufstieg – abweichend von § 36 Absatz 6 der Bundeslaufbahnverordnung – das Bundespolizeipräsidium entscheidet,
2. im Fall des § 36 Absatz 4 Satz 8 der Bundeslaufbahnverordnung die Teilnahme am Auswahlverfahren einmal, bei erfolgreicher Teilnahme auch mehrfach wiederholt werden kann.

(3) Die Aufstiegsausbildung dauert sechs Monate. Sie umfasst eine theoretische und eine praktische Ausbildung. In der theoretischen Ausbildung können Fernlehrmethoden eingesetzt werden.

(4) Polizeivollzugsbeamtinnen und Polizeivollzugsbeamte in der Spitzensportförderung der Bundespolizei, die die Befähigung für die nächsthöhere Laufbahn nach den Absätzen 1 bis 3 erworben haben, können höchstens ein Amt der Besoldungsgruppe A 11 erreichen. Für die Übertragung eines Amtes der neuen Laufbahn und für die Verleihung des ersten Beförderungsamtes gilt § 40 der Bundeslaufbahnverordnung. Abweichend davon kann den Polizeivollzugsbeamtinnen und Polizeivollzugsbeamten in der Spitzensportförderung der Bundespolizei, die mindestens ein Jahr ein Amt der Besoldungsgruppe A 9m mit Amtszulage innehaben, das Amt einer Polizeioberkommissarin oder eines Polizeioberkommissars unmittelbar übertragen werden.

§ 17 Verkürzter Aufstieg in den höheren Polizeivollzugsdienst in der Bundespolizei

(1) Abweichend von § 15 können Polizeivollzugsbeamtinnen und Polizeivollzugsbeamte zu einem verkürzten Aufstieg in den höheren Polizeivollzugsdienst in der Bundespolizei zugelassen werden, wenn

1. die Zulassung vor Ablauf des 31. Dezember 2023 erfolgt,
2. für die Zulassung ein dienstliches Bedürfnis besteht und
3 die Polizeivollzugsbeamtinnen und Polizeivollzugsbeamten
   a) bei Beginn des Aufstiegs noch nicht 55 Jahre alt sind,
   b) sich in einer Dienstzeit von mindestens zehn Jahren bewährt haben,
   c) sich im Amt der Ersten Polizeihauptkommissarin oder des Ersten Polizeihauptkommissars mindestens drei Jahre bewährt haben
   d) in der letzten dienstlichen Beurteilung in ihrer Besoldungsgruppe mindestens mit der Note B 1 beurteilt worden sind und
   e) erfolgreich an einem Auswahlverfahren teilgenommen haben.

(2) Für das Auswahlverfahren gilt § 36 der Bundeslaufbahnverordnung mit der Maßgabe, dass

1. über die Zulassung zum Aufstieg – abweichend von § 36 Absatz 6 Satz 1 der Bundeslaufbahnverordnung – das Bundespolizeipräsidium entscheidet,
2. im Fall des § 36 Absatz 4 Satz 8 der Bundeslaufbahnverordnung die Teilnahme am Auswahlverfahren einmal, bei erfolgreicher Teilnahme auch mehrfach wiederholt werden kann.

(3) Die Aufstiegsausbildung dauert in der Regel zwölf Monate. Die Aufstiegsausbildung kann auf neun Monate verkürzt werden, soweit berufspraktische Kenntnisse durch die Wahrnehmung von Aufgaben des höheren Polizeivollzugsdienstes nachgewiesen sind. Die Aufstiegsausbildung umfasst eine theoretische und eine praktische Ausbildung. Die theoretische Ausbildung dauert vier Monate. In der theoretischen Ausbildung können Fernlehrmethoden eingesetzt werden.

(4) Polizeivollzugsbeamtinnen und Polizeivollzugsbeamte, die die Befähigung für den höheren Polizeivollzugsdienst nach den Absätzen 1 bis 3 erworben haben, können höchstens ein Amt der Besoldungsgruppe A 14 erreichen.

(5) Für die Übertragung eines Amtes der neuen Laufbahn und für die Verleihung des ersten Beförderungsamtes gilt § 40 der Bundeslaufbahnverordnung.

§ 18 Ausnahmen für besonders leistungsstarke Polizeivollzugsbeamtinnen und Polizeivollzugsbeamte des mittleren Polizeivollzugsdienstes in der Bundespolizei

(1) Polizeivollzugsbeamtinnen und Polizeivollzugsbeamten des mittleren Polizeivollzugsdienstes in der Bundespolizei kann ein Amt der Laufbahn des gehobenen Polizeivollzugsdienstes in der Bundespolizei verliehen werden, wenn

1. die Verleihung vor Ablauf des 31. Dezember 2023 erfolgt,
2. für die Verleihung ein dienstliches Bedürfnis besteht und
3. die Polizeivollzugsbeamtinnen und Polizeivollzugsbeamten
   a) bei der Zulassung für die Laufbahn des gehobenen Polizeivollzugsdienstes noch nicht 59 Jahre alt sind,
   b) sich in einer Dienstzeit von mindestens zehn Jahren bewährt haben,
   c) sich im Amt der Polizeihauptmeisterin oder des Polizeihauptmeisters mindestens drei Jahre bewährt haben,
   d) in der letzten dienstlichen Beurteilung in ihrer Besoldungsgruppe mindestens mit der Note B 1 beurteilt worden sind,
   e) im Rahmen einer Bestenauslese ausgewählt worden sind und
   f) erfolgreich an einem Feststellungsgespräch teilgenommen haben.

Das Nähere regelt das Bundespolizeipräsidium in ergänzenden Bestimmungen.

(2) Im Feststellungsgespräch wird geprüft, ob die Polizeivollzugsbeamtin oder der Polizeivollzugsbeamte die notwendigen Fachkenntnisse für den vorgesehenen Aufgabenbereich besitzt.

(3) Das Feststellungsgespräch orientiert sich schwerpunktmäßig an den bisher wahrgenommenen Aufgaben und an der vorgesehenen Verwendung im neuen Aufgabenbereich. Es kann einmal wiederholt werden. Das Feststellungsgespräch mit der Polizeivollzugsbeamtin oder dem Polizeivollzugsbeamten führt ein unabhängiger Feststellungsausschuss des Bundespolizeipräsidiums oder einer von ihm bestimmten nachgeordneten Behörde. Das Nähere regelt die Verfahrensordnung des Bundespolizeipräsidiums.

(4) Ist das Feststellungsgespräch bei einer Polizeivollzugsbeamtin oder einem Polizeivollzugsbeamten erfolgreich verlaufen, so wird ihr oder ihm im Rahmen der besetzbaren Planstellen ein Amt der neuen Laufbahn verliehen. Das erste Beförderungsamt in der höheren Laufbahngruppe darf erst verliehen werden, wenn eine Dienstzeit von einem Jahr in dieser Laufbahngruppe zurückgelegt worden ist. Abweichend davon kann Polizeivollzugsbeamtinnen und Polizeivollzugsbeamten das Amt einer Polizeioberkommissarin oder eines Polizeioberkommissars unmittelbar verliehen werden, wenn sie im Zeitpunkt des Feststellungsgesprächs bereits eine Dienstzeit von einem Jahr in einem Amt der Besoldungsgruppe A 9m mit Amtszulage zurückgelegt haben. Polizeivollzugsbeamtinnen und Polizeivollzugsbeamten, denen ein Amt des gehobenen Polizeivollzugsdienstes nach Absatz 1 verliehen worden ist, können höchstens ein Amt der Besoldungsgruppe A 11 erreichen.

Anlage 1
(zu § 3 Absatz 2)

Die in § 3 Absatz 2 aufgeführten Laufbahnen umfassen die nachfolgenden Ämter:

Mittlerer Polizeivollzugsdienst in der Bundespolizei

zu der Laufbahn gehörende Ämter:	Amtsbezeichnungen
– Besoldungsgruppe A 7*)	Polizeimeisterin/Polizeimeister
– Besoldungsgruppe A 8	Polizeiobermeisterin/Polizeiobermeister
– Besoldungsgruppe A 9	Polizeihauptmeisterin/Polizeihauptmeister

Gehobener Polizeivollzugsdienst in der Bundespolizei

zu der Laufbahn gehörende Ämter:	Amtsbezeichnungen
– Besoldungsgruppe A 9	Polizeikommissarin/Polizeikommissar
– Besoldungsgruppe A 10	Polizeioberkommissarin/Polizeioberkommissar
– Besoldungsgruppe A 11/A 12	Polizeihauptkommissarin/Polizeihauptkommissar
– Besoldungsgruppe A 13	Erste Polizeihauptkommissarin/Erster Polizeihauptkommissar

Höherer Polizeivollzugsdienst in der Bundespolizei

zu der Laufbahn gehörende Ämter:	Amtsbezeichnungen
– Besoldungsgruppe A 13	Polizeirätin/Polizeirat
– Besoldungsgruppe A 14	Polizeioberrätin/Polizeioberrat
– Besoldungsgruppe A 15	Polizeidirektorin/Polizeidirektor
– Besoldungsgruppe A 16	Leitende Polizeidirektorin/Leitender Polizeidirektor
– Besoldungsgruppe B	Die Beförderungsämter ergeben sich aus dem Bundesbesoldungsgesetz (Bundesbesoldungsordnung B)

Polizeivollzugsbeamtinnen und Polizeivollzugsbeamte im ärztlichen Dienst

zu der Laufbahn gehörende Ämter:	Amtsbezeichnungen
– Besoldungsgruppe A 13	Medizinalrätin in der Bundespolizei/Medizinalrat in der Bundespolizei
– Besoldungsgruppe A 14	Medizinaloberrätin in der Bundespolizei/Medizinaloberrat in der Bundespolizei
– Besoldungsgruppe A 15	Medizinaldirektorin in der Bundespolizei/Medizinaldirektor in der Bundespolizei

*) Eingangsamt

Anlage 2
(zu § 12 Absatz 1)

Bildungsvoraussetzungen für besondere Fachverwendungen im Polizeivollzugsdienst in der Bundespolizei

	Laufbahn	Besondere Fachverwendung	Bildungsvoraussetzungen
1	Mittlerer Polizeivollzugsdienst	Rettungsassistentin oder Rettungsassistent, Notfallsanitäterin oder Notfallsanitäter	– Abschluss als Gesundheits- oder Krankenpflegerin oder -pfleger oder – Erlaubnis zum Führen der Berufsbezeichnung „Rettungsassistentin" oder „Rettungsassistent" nach dem Rettungsassistentengesetz in der bis zum 31. Dezember 2014 geltenden Fassung oder – Erlaubnis zum Führen der Berufsbezeichnung „Notfallsanitäterin" oder „Notfallsanitäter" nach dem Notfallsanitätergesetz und hauptberufliche Tätigkeit von mindestens einem Jahr und sechs Monaten in diesem Bereich
2		Physiotherapeutin oder Physiotherapeut	Abschluss als Physiotherapeutin oder Physiotherapeut und hauptberufliche Tätigkeit von mindestens einem Jahr und sechs Monaten in diesem Bereich
3		Technische Verwendung im Fachdienst für Informations- und Kommunikationstechnik	– Meisterprüfung oder Industriemeisterprüfung in Informations- und Kommunikationstechnik oder – Abschluss in einem anerkannten Ausbildungsberuf nach dem Berufsbildungsgesetz oder der Handwerksordnung in Informations- und Kommunikationstechnik oder – Abschluss einer vergleichbaren Ausbildung oder Abschluss einer gleichwertigen Ausbildung im öffentlichen

	Laufbahn	Besondere Fachverwendung	Bildungsvoraussetzungen
			Dienst in Informations- und Kommunikationstechnik und hauptberufliche Tätigkeit von mindestens einem Jahr und sechs Monaten in diesem Bereich
4		Technische Verwendung im Fachdienst für Polizeitechnik	– Meister- oder Industriemeisterprüfung in einem metallverarbeitenden Beruf oder – Abschluss in einem anerkannten Ausbildungsberuf nach dem Berufsbildungsgesetz oder der Handwerksordnung in einem Metall- oder Elektroberuf oder als Schiffsmechanikerin oder Schiffsmechaniker und hauptberufliche Tätigkeit von mindestens einem Jahr und sechs Monaten in diesem Bereich
5		Technische Verwendung im kriminaltechnischen Dienst	– Meisterprüfung oder Industriemeisterprüfung in der Kriminaltechnik oder – Abschluss in einem anerkannten Ausbildungsberuf nach dem Berufsbildungsgesetz oder der Handwerksordnung in Kriminaltechnik oder als Schiffsmechanikerin oder Schiffsmechaniker oder – Abschluss einer gleichwertigen Ausbildung im öffentlichen Dienst in Kriminaltechnik und hauptberufliche Tätigkeit von mindestens einem Jahr und sechs Monaten in diesem Bereich
6		Nautisches Funktionspersonal	Seemännische oder nautische Qualifikation und hauptberufliche Tätigkeit von mindestens einem Jahr und sechs Monaten in diesem Bereich

	Laufbahn	Besondere Fachverwendung	Bildungsvoraussetzungen
7	Gehobener Polizeivollzugsdienst	Pilotin oder Pilot	Lizenz als Berufspilotin oder Berufspilot oder als Verkehrspilotin oder Verkehrspilot nach den geltenden Bestimmungen der Europäischen Union über die Lizenzierung von Pilotinnen und Piloten an Bord von Hubschraubern und hauptberufliche Tätigkeit von mindestens zwei Jahren in diesem Bereich
8		Flugtechnikerin oder Flugtechniker	Lizenz als Flugtechnikerin oder Flugtechniker an Bord von Hubschraubern bei den Polizeien des Bundes oder der Länder nach der Verordnung über Luftfahrtpersonal und hauptberufliche Tätigkeit von mindestens zwei Jahren in diesem Bereich
9		Prüferin oder Prüfer von Luftfahrtgerät	Lizenz als Prüferin oder Prüfer von Luftfahrtgerät nach der Verordnung über Luftfahrtpersonal in der jeweils geltenden Fassung und hauptberufliche Tätigkeit von mindestens zwei Jahren in diesem Bereich
10		Freigabeberechtigtes Personal der Kategorie B oder höherwertig	Lizenz für freigabeberechtigtes Personal nach den geltenden Bestimmungen der Europäischen Union und hauptberufliche Tätigkeit von mindestens zwei Jahren in diesem Bereich
11		Fachpersonal für die zerstörungsfreie Werkstoffprüfung der Qualifikationsstufe 2	Erlaubnis zur Durchführung zerstörungsfreier Werkstoffprüfungen nach den geltenden Vorschriften der Europäischen Union und hauptberufliche Tätigkeit von mindestens zwei Jahren in diesem Bereich
12		Nautisches Funktions- oder Lehrpersonal	Hochschulabschluss im seemännischen oder nautischen Bereich und hauptberufliche Tätigkeit von mindestens zwei Jahren in diesem Bereich
13		Kommandantin oder Kommandant eines Einsatzschiffs der Bundespolizei, Stellvertreterin oder	Diplom- oder Bachelorabschluss in einem für die Tätigkeit geeigneten Studiengang

	Laufbahn	Besondere Fachverwendung	Bildungsvoraussetzungen
		Stellvertreter der Kommandantin oder des Kommandanten eines Einsatzschiffs der Bundespolizei	und hauptberufliche Tätigkeit von mindestens zwei Jahren in diesem Bereich
14		Technische Verwendung im Fachdienst für Informations- und Kommunikationstechnik	Diplom- oder Bachelorabschluss in einem für die Tätigkeit geeigneten Studiengang und hauptberufliche Tätigkeit von mindestens einem Jahr und sechs Monaten in diesem Bereich
15		Technische Verwendung im Fachdienst für Polizeitechnik	Diplom- oder Bachelorabschluss in einem für die Tätigkeit geeigneten Studiengang und hauptberufliche Tätigkeit von mindestens einem Jahr und sechs Monaten in diesem Bereich
16		Technische Verwendung im kriminaltechnischen Dienst	Diplom- oder Bachelorabschluss in einem für die Tätigkeit geeigneten Studiengang und hauptberufliche Tätigkeit von mindestens einem Jahr und sechs Monaten in diesem Bereich
17		Führungs-, Funktions- oder Lehrpersonal im polizeiärztlichen Dienst	Diplom- oder Bachelorabschluss in einem Studiengang im Bereich der Gesundheitswissenschaften oder der Medizinpädagogik und hauptberufliche Tätigkeit von mindestens einem Jahr und sechs Monaten in diesem Bereich
18		Sportwissenschaftlerin oder Sportwissenschaftler, Diplomsportlehrerin oder Diplomsportlehrer	Diplom- oder Bachelorabschluss in einem Studiengang der Sport- oder Erziehungswissenschaften und hauptberufliche Tätigkeit von mindestens einem Jahr und sechs Monaten in diesem Bereich
19	Höherer Polizeivollzugsdienst	Technische Verwendung im Fachdienst für Informations- und Kommunikationstechnik	Hochschulabschluss in einem für die Tätigkeit geeigneten Masterstudiengang oder ein gleichwertiger für die Tätigkeit geeigneter Abschluss und

	Laufbahn	Besondere Fachverwendung	Bildungsvoraussetzungen
			hauptberufliche Tätigkeit von mindestens zwei Jahren und sechs Monaten in diesem Bereich
20		Technische Verwendung im Fachdienst für Polizeitechnik	Hochschulabschluss in einem für die Tätigkeit geeigneten Masterstudiengang oder ein gleichwertiger für die Tätigkeit geeigneter Abschluss und hauptberufliche Tätigkeit von mindestens zwei Jahren und sechs Monaten in diesem Bereich
21		Technische Verwendung im kriminaltechnischen Dienst	Hochschulabschluss in einem für die Tätigkeit geeigneten Masterstudiengang oder ein gleichwertiger für die Tätigkeit geeigneter Abschluss und hauptberufliche Tätigkeit von mindestens zwei Jahren und sechs Monaten in diesem Bereich
22		Ärztin oder Arzt	Medizinstudium und abgeschlossene Facharztausbildung und hauptberufliche Tätigkeit von mindestens zwei Jahren und sechs Monaten in diesem Bereich

Verordnung über die Laufbahnen der Beamtinnen und Beamten im Geltungsbereich des Postpersonalrechtsgesetzes (Postlaufbahnverordnung – PostLV)

Vom 12. Januar 2012 (BGBl. I S. 90)

Zuletzt geändert durch
Verordnung zur Fortentwicklung laufbahnrechtlicher und weiterer dienstrechtlicher Vorschriften vom 16. August 2021 (BGBl. I S. 3582)

Auf Grund des § 3 Absatz 3 Satz 1 Nummer 1 des Postpersonalrechtsgesetzes, der zuletzt durch Artikel 15 Absatz 104 Nummer 3 Buchstabe b Doppelbuchstabe aa des Gesetzes vom 5. Februar 2009 (BGBl. I S. 160) geändert worden ist, verordnet das Bundesministerium der Finanzen im Einvernehmen mit dem Bundesministerium des Innern nach Anhörung der Vorstände der Deutschen Telekom AG, der Deutschen Post AG und der Deutschen Postbank AG:

§ 1 Geltungsbereich, Grundsätze

(1) Für Beamtinnen und Beamte, die bei einem Postnachfolgeunternehmen beschäftigt sind, gelten die Vorschriften der Bundeslaufbahnverordnung, soweit in dieser Verordnung nichts anderes bestimmt ist.

(2) Die Bundeslaufbahnverordnung gilt mit der Maßgabe, dass an die Stelle des Einvernehmens mit dem Bundesministerium des Innern, für Bau und Heimat das Einvernehmen mit dem Bundesministerium der Finanzen tritt.

(3) Eignung, Befähigung und fachliche Leistung sind an den Anforderungen des jeweiligen Postnachfolgeunternehmens zu messen.

(4) Als dienstliche Gründe im Sinne der Bundeslaufbahnverordnung gelten auch betriebliche oder personalwirtschaftliche Gründe, die sich aus den organisatorischen oder personellen Strukturen der Postnachfolgeunternehmen ergeben.

(5) Als Arbeitsposten im Sinne dieser Verordnung sowie als Dienstposten im Sinne der Bundeslaufbahnverordnung gelten auch Tätigkeiten bei den Postnachfolgeunternehmen oder anderen Unternehmen, die wahrgenommen werden

1. während einer Beurlaubung nach § 4 Absatz 2 des Postpersonalrechtsgesetzes oder
2. während einer Zuweisung nach § 4 Absatz 4 des Postpersonalrechtsgesetzes.

§ 2 Gestaltung der Laufbahnen

(1) In den Laufbahngruppen des einfachen, mittleren, gehobenen und höheren Dienstes treten an die Stelle der Laufbahnen nach § 6 Absatz 2 der Bundeslaufbahnverordnung die folgenden Laufbahnen:

1. der nichttechnische Postverwaltungsdienst und
2. der technische Postverwaltungsdienst.

(2) Die zu den Laufbahnen gehörenden Ämter sowie die dazugehörigen Amtsbezeichnungen ergeben sich aus Anlage 1.

§ 3 Qualifizierung bei Laufbahnwechsel

Die nach § 42 Absatz 2 der Bundeslaufbahnverordnung erforderliche Qualifizierung kann auch durch Wahrnehmung entsprechender beruflicher Tätigkeiten während einer Beurlaubung oder Zuweisung nach § 1 Absatz 5 erworben werden.

§ 4 Zulassung zu einer höheren Laufbahn bei Besitz der erforderlichen Hochschulausbildung

(1) Beamtinnen und Beamte, die die für eine höhere Laufbahn erforderliche Hochschulausbildung besitzen, können abweichend von § 24 der Bundeslaufbahnverordnung für die höhere Laufbahn zugelassen werden, wenn sie bei einem Postnachfolgeunternehmen erfolgreich an einem allgemeinen Auswahlverfahren für Nachwuchskräfte mit Hochschul-

abschluss teilgenommen und ein Traineeprogramm absolviert haben.

(2) Die Teilnahme an einem Traineeprogramm bei einem Postnachfolgeunternehmen gilt als hauptberufliche Tätigkeit im Sinne des § 17 Absatz 4 und 5 des Bundesbeamtengesetzes, die geeignet ist, die Befähigung für die Laufbahnen des gehobenen und höheren Dienstes zu vermitteln.

§ 5 Ausnahmen für besonders leistungsstarke Beamtinnen und Beamte

(1) § 27 der Bundeslaufbahnverordnung ist mit der Maßgabe anzuwenden, dass die oberste Dienstbehörde auch Arbeitsplätze bei inländischen Konzernunternehmen als geeignete Arbeitsposten zulassen kann.

(2) Soweit betriebliche oder personalwirtschaftliche Gründe es erfordern, kann die oberste Dienstbehörde von § 27 Absatz 1 der Bundeslaufbahnverordnung abweichende, geringere persönliche Voraussetzungen festlegen. Als Mindestvoraussetzungen sind eine Dienstzeit von 20 Jahren sowie die erfolgreiche Teilnahme an einem Auswahlverfahren zu fordern.

§ 6 Beurteilung und Beförderung

(1) In den Fällen des § 1 Absatz 5 ist Maßstab für die regelmäßige Laufbahnentwicklung das Fortkommen der Beamtinnen und Beamten derselben Laufbahn und Laufbahngruppe mit der gleichen Eignung, Befähigung und fachlichen Leistung, die bei dem jeweiligen Postnachfolgeunternehmen hauptamtlich beschäftigt sind.

(2) Kann in den Fällen des Absatzes 1 eine zur Vorbereitung der Beurteilung geeignete Stellungnahme des Unternehmens, bei dem die Beamtin oder der Beamte tätig ist, nicht innerhalb eines angemessenen Zeitraums erlangt werden, so ist die letzte regelmäßige dienstliche Beurteilung unter Berücksichtigung der Entwicklung vergleichbarer Beamtinnen und Beamten im Sinne des Absatzes 1 fiktiv fortzuschreiben. Sind vergleichbare Beamtinnen und Beamte nicht in der erforderlichen Anzahl vorhanden, tritt an ihre Stelle die Entwicklung vergleichbarer Arbeitnehmerinnen und Arbeitnehmer. Gleiches gilt in den Fällen des § 33 Absatz 3 der Bundeslaufbahnverordnung.

(3) Hauptberufliche Zeiten einer Verwendung nach Absatz 1 gelten als Erprobungszeit auf einem anderen Dienstposten gleicher Bewertung im Sinne von § 34 Absatz 2 der Bundeslaufbahnverordnung, wenn die Tätigkeit nach Art und Schwierigkeit sowie nach dem erforderlichen Qualifikationsniveau mindestens der Tätigkeit auf einem vergleichbaren Arbeitsposten bei den Postnachfolgeunternehmen entspricht.

(4) Von der Bekanntgabe eines Notenspiegels nach § 50 Absatz 4 der Bundeslaufbahnverordnung kann mit Zustimmung der obersten Dienstbehörde abgesehen werden.

§ 7 Fachspezifische Qualifizierungen für den Aufstieg

Wenn die Anforderungen der Laufbahnen es rechtfertigen, kann die oberste Dienstbehörde im Einvernehmen mit dem Bundesministerium der Finanzen

1. die Dauer der fachtheoretischen Ausbildung abweichend von § 38 Absatz 2 Satz 1 der Bundeslaufbahnverordnung festlegen,
2. abweichend von § 38 Absatz 2 Satz 2 der Bundeslaufbahnverordnung festlegen, dass die fachtheoretische Ausbildung auch für den Aufstieg in den mittleren Dienst zum Teil berufsbegleitend durchgeführt werden kann, und
3. die Inhalte der fachtheoretischen Ausbildung abweichend von § 38 Absatz 2 Satz 3 der Bundeslaufbahnverordnung festlegen.

§ 8 Überleitungs- und Übergangsvorschriften

(1) Beamtinnen und Beamte, die sich bei Inkrafttreten dieser Verordnung in Laufbahnen des Post- und Fernmeldedienstes befinden, besitzen die Befähigung für die entsprechende Laufbahn nach § 2 Absatz 1 und gehören fortan dieser Laufbahn an. Welche Laufbahnen einander entsprechen, ist in Anlage 2 festgelegt.

(2) Die Laufbahnen des Post- und Fernmeldedienstes sind aufgehoben. Amtsbezeichnungen, die bei Inkrafttreten dieser Verordnung geführt werden, können bis zur Übertragung eines anderen Amtes weitergeführt werden.

(3) Beamtinnen und Beamte, die sich bei Inkrafttreten der Bundeslaufbahnverordnung vom 12. Februar 2009 (BGBl. I S. 284) in Laufbahnen des Post- und Fernmeldedienstes befunden haben, besitzen nach § 51 Absatz 2 der Bundeslaufbahnverordnung auch die Befähigung für eine der in § 6 der Bundeslaufbahnverordnung aufgeführten Laufbahnen, die ihrer Fachrichtung entspricht. Welche Laufbahnen einander entsprechen, ist in Anlage 2 festgelegt.

(4) Für Beamtinnen und Beamte, die bei Inkrafttreten dieser Verordnung zum Aufstieg zugelassen sind oder erfolgreich an einer Vorauswahl für die Teilnahme an einem Auswahlverfahren zum Aufstieg teilgenommen haben, richtet sich das weitere Auswahl- und Aufstiegsverfahren nach den §§ 9 bis 11 der Postlaufbahnverordnung vom 22. Juni 1995 (BGBl. I S. 868), die zuletzt durch § 56 Absatz 41 der Verordnung vom 12. Februar 2009 (BGBl. I S. 284) geändert worden ist, in Verbindung mit den §§ 33 bis 33b der Bundeslaufbahnverordnung in der Fassung der Bekanntmachung vom 2. Juli 2002 (BGBl. I S. 2459, 2671), die zuletzt durch Artikel 15 Absatz 28 des Gesetzes vom 5. Februar 2009 (BGBl. I S. 160) geändert worden ist.

(5) Bis zum 31. Dezember 2015 kann der Aufstieg zusätzlich nach den §§ 9 bis 11 der Postlaufbahnverordnung vom 22. Juni 1995 (BGBl. I S. 868), die zuletzt durch § 56 Absatz 41 der Verordnung vom 12. Februar 2009 (BGBl. I S. 284) geändert worden ist, in Verbindung mit den §§ 33 bis 33b der Bundeslaufbahnverordnung in der Fassung der Bekanntmachung vom 2. Juli 2002 (BGBl. I S. 2459, 2671), die zuletzt durch Artikel 15 Absatz 28 des Gesetzes vom 5. Februar 2009 (BGBl. I S. 160) geändert worden ist, erfolgen, wenn die Beamtinnen und Beamten bis zu diesem Zeitpunkt zum Aufstieg zugelassen sind oder erfolgreich an einer Vorauswahl für die Teilnahme am Auswahlverfahren zum Aufstieg teilgenommen haben.

(6) Solange und soweit der Aufstieg nach den Absätzen 4 und 5 erfolgt, sind folgende Vorschriften weiterhin anzuwenden:

1. bei der Deutschen Post AG die §§ 7 bis 19 der Verordnung über die Laufbahnen, Ausbildung und Prüfung für die bei der Deutschen Post AG beschäftigten Beamtinnen und Beamten vom 30. November 2004 (BGBl. I S. 3185), die durch § 56 Absatz 43 der Verordnung vom 12. Februar 2009 (BGBl. I S. 284) geändert worden ist,
2. bei der Deutschen Postbank AG die §§ 7 bis 19 der Verordnung über die Laufbahnen, Ausbildung und Prüfung für die bei der Deutschen Postbank AG beschäftigten Beamtinnen und Beamten vom 25. August 2005 (BGBl. I S. 2602), die durch § 56 Absatz 44 der Verordnung vom 12. Februar 2009 (BGBl. I S. 284) geändert worden ist, und
3. bei der Deutschen Telekom AG die §§ 7 bis 14, §§ 20 bis 27 und §§ 37 bis 44 der Verordnung über die Laufbahnen, Ausbildung und Prüfung für die bei der Deutschen Telekom AG beschäftigten Beamtinnen und Beamten vom 21. Juni 2004 (BGBl. I S. 1287), die durch § 56 Absatz 42 der Verordnung vom 12. Februar 2009 (BGBl. I S. 284) geändert worden ist.

(7) Eine Beurlaubung nach § 13 Absatz 1 der Sonderurlaubsverordnung, die vor dem 6. Juni 2015 erfolgt ist und deren Zeit ruhegehaltfähig ist, steht einer Beurlaubung nach § 1 Absatz 5 Nummer 1 gleich.

§ 9 Inkrafttreten, Außerkrafttreten

(1) Diese Verordnung tritt am Tag nach der Verkündung in Kraft.

(2) Gleichzeitig tritt die Postlaufbahnverordnung vom 22. Juni 1995 (BGBl. I S. 868), die zuletzt durch § 56 Absatz 41 der Verordnung vom 12. Februar 2009 (BGBl. I S. 284) geändert worden ist, außer Kraft.

(3) Vorbehaltlich des § 8 Absatz 6 dieser Verordnung treten gleichzeitig die folgenden Verordnungen außer Kraft:

1. die Verordnung über die Laufbahnen, Ausbildung und Prüfung für die bei der Deutschen Post AG beschäftigten Beamtinnen und Beamten vom 30. November 2004 (BGBl. I S. 3185), die durch § 56 Absatz 43 der Verordnung vom 12. Februar 2009 (BGBl. I S. 284) geändert worden ist,
2. die Verordnung über die Laufbahnen, Ausbildung und Prüfung für die bei der Deutschen Postbank AG beschäftigten Beamtinnen und Beamten vom 25. August 2005 (BGBl. I S. 2602), die durch § 56 Absatz 44 der Verordnung vom 12. Februar 2009 (BGBl. I S. 284) geändert worden ist, und
3. die Verordnung über die Laufbahnen, Ausbildung und Prüfung für die bei der Deutschen Telekom AG beschäftigten Beamtinnen und Beamten vom 21. Juni 2004 (BGBl. I S. 1287), die durch § 56 Absatz 42 der Verordnung vom 12. Februar 2009 (BGBl. I S. 284) geändert worden ist.

Anlage 1
(zu § 2 Absatz 2)

Die in § 2 Absatz 1 aufgeführten Laufbahnen umfassen folgende Ämter:

Einfacher Dienst

	Amtsbezeichnungen	
Zu der Laufbahn gehörende Ämter	im nichttechnischen Postverwaltungsdienst	im technischen Postverwaltungsdienst
Ämter der Besoldungsgruppe A 3[1])	Postoberschaffnerin/ Postoberschaffner	
Ämter der Besoldungsgruppe A 4[2])	Posthauptschaffnerin/ Posthauptschaffner	Postoberwartin/Postoberwart
Ämter der Besoldungsgruppe A 5	Postbetriebsassistentin/ Postbetriebsassistent	Posthauptwartin/Posthauptwart
Ämter der Besoldungsgruppe A 6	Postbetriebsassistentin/ Postbetriebsassistent	Posthauptwartin/Posthauptwart

Mittlerer Dienst

	Amtsbezeichnungen	
Zu der Laufbahn gehörende Ämter	im nichttechnischen Postverwaltungsdienst	im technischen Postverwaltungsdienst
Ämter der Besoldungsgruppe A 6[3])	Postsekretärin/Postsekretär	
Ämter der Besoldungsgruppe A 7[4])	Postobersekretärin/ Postobersekretär	Technische Postobersekretärin/ Technischer Postobersekretär
Ämter der Besoldungsgruppe A 8	Posthauptsekretärin/ Posthauptsekretär	Technische Posthauptsekretärin/ Technischer Posthauptsekretär
Ämter der Besoldungsgruppe A 9	Postbetriebsinspektorin/ Postbetriebsinspektor	Technische Postbetriebsinspektorin/ Technischer Postbetriebsinspektor

Gehobener Dienst

	Amtsbezeichnungen	
Zu der Laufbahn gehörende Ämter	im nichttechnischen Postverwaltungsdienst	im technischen Postverwaltungsdienst
Ämter der Besoldungsgruppe A 9[5])	Postinspektorin/Postinspektor	Technische Postinspektorin/ Technischer Postinspektor
Ämter der Besoldungsgruppe A 10[6])	Postoberinspektorin/ Postoberinspektor	Technische Postoberinspektorin/ Technischer Postoberinspektor
Ämter der Besoldungsgruppe A 11	Postamtfrau/Postamtmann	Technische Postamtfrau/ Technischer Postamtmann
Ämter der Besoldungsgruppe A 12	Postamtsrätin/Postamtsrat	Technische Postamtsrätin/ Technischer Postamtsrat
Ämter der Besoldungsgruppe A 13	Postoberamtsrätin/ Postoberamtsrat	Technische Postoberamtsrätin/ Technischer Postoberamtsrat

II

Höherer Dienst

	Amtsbezeichnungen	
Zu der Laufbahn gehörende Ämter	im nichttechnischen Postverwaltungsdienst	im technischen Postverwaltungsdienst
Ämter der Besoldungsgruppe A 13[7])	Posträtin/Postrat	Posträtin/Postrat
Ämter der Besoldungsgruppe A 14	Postoberrätin/Postoberrat	Postoberrätin/Postoberrat
Ämter der Besoldungsgruppe A 15	Postdirektorin/Postdirektor	Postdirektorin/Postdirektor
Ämter der Besoldungsgruppe A 16	Leitende Postdirektorin/ Leitender Postdirektor; Abteilungspräsidentin/ Abteilungspräsident	Leitende Postdirektorin/ Leitender Postdirektor; Abteilungspräsidentin/ Abteilungspräsident
Ämter der Besoldungsgruppe B 2	Abteilungspräsidentin/ Abteilungspräsident	Abteilungspräsidentin/ Abteilungspräsident
Ämter der Besoldungsgruppe B 3	Leitende Postdirektorin/ Leitender Postdirektor	Leitende Postdirektorin/ Leitender Postdirektor

[1]) Eingangsamt des einfachen nichttechnischen Postverwaltungsdienstes.
[2]) Eingangsamt des einfachen technischen Postverwaltungsdienstes.
[3]) Eingangsamt des mittleren nichttechnischen Postverwaltungsdienstes.
[4]) Eingangsamt des mittleren technischen Postverwaltungsdienstes.
[5]) Eingangsamt des gehobenen nichttechnischen Postverwaltungsdienstes.
[6]) Eingangsamt des gehobenen technischen Postverwaltungsdienstes (sofern mit Bachelor abgeschlossenes Hochschulstudium oder gleichwertiger Abschluss).
[7]) Eingangsamt des höheren nichttechnischen und des höheren technischen Postverwaltungsdienstes.

Anlage 2
(zu § 8 Absatz 1 und 3)

Zuordnung der bei der Deutschen Bundespost eingerichteten Laufbahnen des Post- und Fernmeldedienstes zu den Laufbahnen nach § 2 dieser Verordnung sowie zu den Laufbahnen nach § 6 der Bundeslaufbahnverordnung

Bei der Deutschen Bundespost eingerichtete Laufbahnen	Laufbahnen nach § 2 dieser Verordnung	Laufbahnen nach § 6 der Bundeslaufbahnverordnung
Einfacher Postdienst (AP)	Einfacher nichttechnischer Postverwaltungsdienst	Einfacher nichttechnischer Verwaltungsdienst
Einfacher posttechnischer Dienst (APt)	Einfacher technischer Postverwaltungsdienst	Einfacher technischer Verwaltungsdienst
Einfacher fernmeldetechnischer Dienst (AFt)	Einfacher technischer Postverwaltungsdienst	Einfacher technischer Verwaltungsdienst
Mittlerer Postdienst (BP)	Mittlerer nichttechnischer Postverwaltungsdienst	Mittlerer nichttechnischer Verwaltungsdienst
Mittlerer Fernmeldedienst (BF)	Mittlerer nichttechnischer Postverwaltungsdienst	Mittlerer nichttechnischer Verwaltungsdienst
Mittlerer Posttechnischer Dienst (BPt)	Mittlerer technischer Postverwaltungsdienst	Mittlerer technischer Verwaltungsdienst
Mittlerer fernmeldetechnischer Dienst (BFt)	Mittlerer technischer Postverwaltungsdienst	Mittlerer technischer Verwaltungsdienst
Gehobener Post- und Fernmeldedienst (CPF)	Gehobener nichttechnischer Postverwaltungsdienst	Gehobener nichttechnischer Verwaltungsdienst
Gehobener Postdienst (CP)	Gehobener nichttechnischer Postverwaltungsdienst	Gehobener nichttechnischer Verwaltungsdienst
Gehobener Fernmeldedienst (CF)	Gehobener nichttechnischer Postverwaltungsdienst	Gehobener nichttechnischer Verwaltungsdienst
Gehobener Posttechnischer Dienst (CPt)	Gehobener technischer Postverwaltungsdienst	Gehobener technischer Verwaltungsdienst
Gehobener Fernmeldetechnischer Dienst (CFt)	Gehobener technischer Postverwaltungsdienst	Gehobener technischer Verwaltungsdienst
Gehobener Hochbautechnischer Dienst (CHt)	Gehobener technischer Postverwaltungsdienst	Gehobener technischer Verwaltungsdienst
Höherer Post- und Fernmeldedienst (DPF)	Höherer nichttechnischer Postverwaltungsdienst	Höherer nichttechnischer Verwaltungsdienst
Höherer Posttechnischer Dienst (DPt)	Höherer technischer Postverwaltungsdienst	Höherer technischer Verwaltungsdienst
Höherer Fernmeldetechnischer Dienst (DFt)	Höherer technischer Postverwaltungsdienst	Höherer technischer Verwaltungsdienst
Höherer Hochbautechnischer Dienst (DHt)	Höherer technischer Postverwaltungsdienst	Höherer technischer Verwaltungsdienst

III Besoldung

Bundesbesoldungsgesetz

in der Fassung der Bekanntmachung vom 19. Juni 2009 (BGBl. I S. 1434)

Zuletzt geändert durch
Gesetz zur Förderung privater Investitionen und des Finanzstandorts
10. Februar 2026 (BGBl. I Nr. 33)

Inhaltsübersicht

III

Abschnitt 1
Allgemeine Vorschriften

§ 1 Anwendungsbereich

(1) Dieses Gesetz regelt die Besoldung der
1. Beamten des Bundes; ausgenommen sind Ehrenbeamte,
2. Richter des Bundes; ausgenommen sind ehrenamtliche Richter,
3. Berufssoldaten und Soldaten auf Zeit.

(2) Zur Besoldung gehören folgende Dienstbezüge:
1. Grundgehalt,
2. Leistungsbezüge für Professoren sowie hauptberufliche Leiter von Hochschulen und Mitglieder von Leitungsgremien an Hochschulen,
3. Familienzuschlag,
4. Zulagen,
5. Vergütungen,
6. Auslandsbesoldung.

(3) Zur Besoldung gehören ferner folgende sonstige Bezüge:
1. Anwärterbezüge,
2. vermögenswirksame Leistungen.

(4) Dieses Gesetz gilt nicht für die öffentlich-rechtlichen Religionsgesellschaften und ihre Verbände.

§ 2 Regelung durch Gesetz

(1) Die Besoldung der Beamten, Richter und Soldaten wird durch Gesetz geregelt.

(2) Zusicherungen, Vereinbarungen und Vergleiche, die dem Beamten, Richter oder Soldaten eine höhere als die ihm gesetzlich zustehende Besoldung verschaffen sollen, sind unwirksam. Das Gleiche gilt für Versicherungsverträge, die zu diesem Zweck abgeschlossen werden.

(3) Der Beamte, Richter oder Soldat kann auf die ihm gesetzlich zustehende Besoldung weder ganz noch teilweise verzichten; ausgenommen sind die vermögenswirksamen Leistungen.

§ 3 Anspruch auf Besoldung

(1) Die Beamten, Richter und Soldaten haben Anspruch auf Besoldung. Der Anspruch entsteht mit dem Tag, an dem ihre Ernennung, Versetzung, Übernahme oder ihr Übertritt in den Dienst des Bundes wirksam wird. Bedarf es zur Verleihung eines Amtes mit anderem Endgrundgehalt (Grundgehalt) keiner Ernennung oder wird der Beamte, Richter oder Soldat rückwirkend in eine Planstelle eingewiesen, so entsteht der Anspruch mit dem Tag, der in der Einweisungsverfügung bestimmt ist.

(2) Der Anspruch auf Besoldung endet mit Ablauf des Tages, an dem der Beamte, Richter oder Soldat aus dem Dienstverhältnis ausscheidet, soweit gesetzlich nichts anderes bestimmt ist.

(3) Besteht der Anspruch auf Besoldung nicht für einen vollen Kalendermonat, so wird nur der Teil der Bezüge gezahlt, der auf den Anspruchszeitraum entfällt, soweit gesetzlich nichts anderes bestimmt ist.

(4) Die Dienstbezüge nach § 1 Absatz 2 Nummer 1 bis 3 werden monatlich im Voraus gezahlt. Die anderen Bezüge werden monatlich im Voraus gezahlt, soweit nichts anderes bestimmt ist.

(5) Werden Bezüge nach dem Tag der Fälligkeit gezahlt, so besteht kein Anspruch auf Verzugszinsen.

(6) Bei der Berechnung von Bezügen nach § 1 sind die sich ergebenden Bruchteile eines Cents unter 0,5 abzurunden und Bruchteile von 0,5 und mehr aufzurunden. Zwischenrechnungen werden jeweils auf zwei Dezimalstellen durchgeführt. Jeder Bezügebestandteil ist einzeln zu runden.

§ 4 Weitergewährung der Besoldung bei Versetzung in den einstweiligen Ruhestand

(1) Der in den einstweiligen Ruhestand versetzte Beamte, Richter oder Soldat erhält für den Monat, in dem ihm die Versetzung in den einstweiligen Ruhestand mitgeteilt worden ist, und für die folgenden drei Monate die Bezüge weiter, die ihm am Tag vor der Versetzung zustanden; Änderungen beim Familienzuschlag sind zu berücksichtigen. Aufwandsentschädigungen werden nur bis zum Beginn des einstweiligen Ruhestandes gezahlt.

III

(2) Bezieht der in den einstweiligen Ruhestand versetzte Beamte, Richter oder Soldat Einkünfte aus einer Verwendung im Dienst eines öffentlich-rechtlichen Dienstherrn (§ 29 Absatz 1) oder eines Verbandes, dessen Mitglieder öffentlich-rechtliche Dienstherren sind, so werden die Bezüge um den Betrag dieser Einkünfte verringert. Dem Dienst bei einem öffentlich-rechtlichen Dienstherrn steht gleich die Tätigkeit im Dienst einer zwischenstaatlichen oder überstaatlichen Einrichtung, an der ein öffentlich-rechtlicher Dienstherr oder ein Verband, dessen Mitglieder öffentlich-rechtliche Dienstherren sind, durch Zahlung von Beiträgen oder Zuschüssen oder in anderer Weise beteiligt ist. Die Entscheidung, ob die Voraussetzungen erfüllt sind, trifft das Bundesministerium des Innern, für Bau und Heimat oder die von ihm bestimmte Stelle.

§ 5 Besoldung bei mehreren Hauptämtern

Hat der Beamte, Richter oder Soldat mit Genehmigung der obersten Dienstbehörde gleichzeitig mehrere besoldete Hauptämter inne, so wird die Besoldung aus dem Amt mit den höheren Dienstbezügen gewährt, soweit gesetzlich nichts anderes bestimmt ist. Sind für die Ämter Dienstbezüge in gleicher Höhe vorgesehen, so werden die Dienstbezüge aus dem ihm zuerst übertragenen Amt gezahlt, soweit gesetzlich nichts anderes bestimmt ist.

§ 6 Besoldung bei Teilzeitbeschäftigung

(1) Bei Teilzeitbeschäftigung werden die Dienstbezüge und die Anwärterbezüge im gleichen Verhältnis wie die Arbeitszeit gekürzt. Dies gilt nicht für Bezüge, die während eines Erholungsurlaubs gezahlt werden, soweit der Urlaubsanspruch in Höhe des unionsrechtlich gewährleisteten Mindesturlaubsanspruchs (Artikel 7 Absatz 1 der Richtlinie 2003/88/EG des Europäischen Parlaments und des Rates vom 4. November 2003 über bestimmte Aspekte der Arbeitszeitgestaltung [ABl. L 299 vom 18. 11. 2003, S. 9]) während einer Vollzeitbeschäftigung erworben wurde, aber aus den in § 5a Absatz 1 Satz 1 der Erholungsurlaubsverordnung genannten Gründen während dieser Zeit nicht erfüllt werden konnte.

(1a) Abweichend von Absatz 1 Satz 1 werden bei einer Teilzeitbeschäftigung nach § 9 der Arbeitszeitverordnung oder nach § 9 der Soldatenteilzeitbeschäftigungsverordnung die folgenden Bezüge entsprechend der tatsächlich geleisteten Arbeitszeit gewährt:

1. steuerfreie Bezüge,
2. Vergütungen und
3. Stellen- und Erschwerniszulagen, deren Voraussetzung die tatsächliche Verwendung in dem zulagefähigen Bereich oder die Ausübung der zulageberechtigenden Tätigkeit ist.

Bei der Ermittlung der Mieteigenbelastung nach § 54 Absatz 1 sind die Dienstbezüge maßgeblich, die entsprechend der tatsächlich geleisteten Arbeitszeit zustünden. § 2a der Altersteilzeitzuschlagsverordnung in der Fassung der Bekanntmachung vom 23. August 2001 (BGBl. I S. 2239) gilt entsprechend.

(2) Die Bundesregierung wird ermächtigt, durch Rechtsverordnung bei Altersteilzeit nach § 93 des Bundesbeamtengesetzes sowie nach entsprechenden Bestimmungen für Richter die Gewährung eines nicht ruhegehaltfähigen Zuschlags zur Besoldung zu regeln. Zuschlag und Besoldung dürfen zusammen 83 Prozent der Nettobesoldung nicht überschreiten, die nach der bisherigen Arbeitszeit, die für die Bemessung der ermäßigten Arbeitszeit während der Altersteilzeit zugrunde gelegt worden ist, zustehen würde; § 6a ist zu berücksichtigen. Abweichend von Satz 2 dürfen Zuschlag und Besoldung im Geschäftsbereich des Bundesministeriums der Verteidigung zusammen 88 Prozent betragen, wenn Dienstposten in Folge von Strukturmaßnahmen auf Grund der Neuausrichtung der Bundeswehr wegfallen. Für den Fall der vorzeitigen Beendigung der Altersteilzeit ist ein Ausgleich zu regeln. Absatz 1a Satz 1 und 2 gilt entsprechend.

(3) Abweichend von Absatz 2 sowie den §§ 1 und 2 der Altersteilzeitzuschlagsverordnung wird in den Fällen des § 93 Absatz 3 und 4 des Bundesbeamtengesetzes zusätzlich zur Besoldung nach Absatz 1 ein nicht ruhege-

haltfähiger Zuschlag in Höhe von 20 Prozent der Dienstbezüge gewährt, die entsprechend der während der Altersteilzeit ermäßigten Arbeitszeit zustehen; § 6a ist zu berücksichtigen. Dienstbezüge im Sinne des Satzes 1 sind das Grundgehalt, der Familienzuschlag, Amtszulagen, Stellenzulagen, Zuschüsse zum Grundgehalt für Professoren an Hochschulen, die bei der Deutschen Bundesbank gewährte Bankzulage, Überleitungszulagen und Ausgleichszulagen, die wegen des Wegfalls oder der Verminderung solcher Bezüge zustehen. Bezüge, die nicht der anteiligen Kürzung nach Absatz 1 unterliegen, bleiben unberücksichtigt; dies gilt nicht für Stellenzulagen im Sinne von Absatz 1a Satz 1 Nummer 3. Absatz 1a Satz 1 und 2 gilt entsprechend. Für den Fall, dass die Altersteilzeit vorzeitig beendet wird, ist § 2a der Altersteilzeitzuschlagsverordnung entsprechend anzuwenden.

(4) Im Fall des § 53 Absatz 4 des Bundesbeamtengesetzes wird zusätzlich zur Besoldung nach Absatz 1 ein nicht ruhegehaltfähiger Zuschlag in Höhe von 50 Prozent desjenigen nicht um einen Versorgungsabschlag geminderten Ruhegehaltes gewährt, das bei einer Versetzung in den Ruhestand am Tag vor dem Beginn der Teilzeitbeschäftigung zustünde.

§ 6a Besoldung bei begrenzter Dienstfähigkeit

(1) Bei begrenzter Dienstfähigkeit (§ 45 des Bundesbeamtengesetzes) erhält der Beamte oder Richter Dienstbezüge entsprechend § 6 Absatz 1.

(2) Begrenzt Dienstfähige erhalten zusätzlich zu den Dienstbezügen nach Absatz 1 einen nicht ruhegehaltfähigen Zuschlag. Der Zuschlag beträgt 50 Prozent des Unterschiedsbetrages zwischen den nach Absatz 1 gekürzten Dienstbezügen und den Dienstbezügen, die bei einer Vollzeitbeschäftigung zustünden.

(3) In die Zuschlagsberechnung nach Absatz 2 sind einzubeziehen:

1. das Grundgehalt,
2. der Familienzuschlag,
3. Amts- und Stellenzulagen,
4. Überleitungs- und Ausgleichszulagen,
5. Zuschüsse und Leistungsbezüge für Professoren sowie hauptamtliche Leiter an Hochschulen und für Mitglieder von Leitungsgremien an Hochschulen.

(4) Wird die Arbeitszeit auf Grund einer Teilzeitbeschäftigung zusätzlich reduziert, verringert sich der Zuschlag nach Absatz 2 entsprechend dem Verhältnis zwischen der wegen begrenzter Dienstfähigkeit verringerten Arbeitszeit und der insgesamt reduzierten Arbeitszeit.

(5) Der Zuschlag nach Absatz 2 wird nicht gewährt neben einem Zuschlag

1. nach § 6 Absatz 2 in Verbindung mit der Altersteilzeitzuschlagsverordnung,
2. nach § 6 Absatz 3 oder Absatz 4,
3. nach § 7a,
4. nach § 2 der Telekom-Beamtenaltersteilzeitverordnung,
5. nach § 2 der Postbeamtenaltersteilzeitverordnung oder
6. nach § 2 der Deutsche-Bank-Beamtenaltersteilzeitverordnung.

§ 7 Vorschuss während der Familienpflegezeit und Pflegezeit, Verordnungsermächtigung

(1) Während einer Familienpflegezeit nach § 92a des Bundesbeamtengesetzes und einer Pflegezeit nach § 92b des Bundesbeamtengesetzes wird ein Vorschuss gewährt. Dieser Vorschuss wird zusätzlich zu den Dienstbezügen nach § 6 Absatz 1 gewährt. Der Vorschuss ist nach Ablauf der Familienpflegezeit oder Pflegezeit mit den laufenden Dienstbezügen zu verrechnen oder in einer Summe zurückzuzahlen.

(2) Ein Vorschuss wird nicht gewährt, wenn für eine frühere Familienpflegezeit oder Pflegezeit zusammen die Höchstdauer von 24 Monaten ausgeschöpft und der gezahlte Vorschuss noch nicht vollständig zurückgezahlt worden ist.

(3) Die Einzelheiten der Gewährung, Verrechnung und Rückzahlung des Vorschusses regelt die Bundesregierung durch Rechtsverordnung.

(4) Für die Familienpflegezeit nach § 30a Absatz 6 des Soldatengesetzes und die Pflegezeit nach § 30a Absatz 7 des Soldatengesetzes gelten die Absätze 1 bis 3 entsprechend.

§ 7a Zuschläge bei Hinausschieben des Eintritts in den Ruhestand

(1) Bei einem Hinausschieben des Eintritts in den Ruhestand nach § 53 Absatz 1 bis 3 des Bundesbeamtengesetzes oder nach § 44 Absatz 1 des Soldatengesetzes wird ein Zuschlag gewährt. Der Zuschlag wird nicht neben einem Zuschlag nach § 6 Absatz 2 in Verbindung mit der Altersteilzeitzuschlagsverordnung und nicht neben einem Zuschlag nach § 6 Absatz 3 gewährt. Der Zuschlag beträgt 10 Prozent des Grundgehalts und ist nicht ruhegehaltfähig. Er wird erst gewährt ab Beginn des Kalendermonats, der auf den Zeitpunkt des Erreichens der gesetzlichen Altersgrenze folgt und wenn der Höchstsatz des Ruhegehalts nach § 14 Absatz 1 des Beamtenversorgungsgesetzes oder nach § 40 Absatz 1 des Soldatenversorgungsgesetzes erreicht ist. Wird der Höchstruhegehaltssatz im Zeitraum des Hinausschiebens erreicht, wird der Zuschlag ab dem Beginn des folgenden Kalendermonats gewährt.

(2) Ein weiterer, nicht ruhegehaltfähiger Zuschlag in Höhe von 5 Prozent des Grundgehalts wird gewährt, wenn die oberste Dienstbehörde oder die von ihr bestimmte Stelle entscheidet, dass die Funktion zur Herbeiführung eines im besonderen öffentlichen Interesse liegenden unaufschiebbaren und zeitgebundenen Ergebnisses im Inland wahrgenommen werden muss. Absatz 1 Satz 2 gilt entsprechend. Der Zuschlag wird ab dem Kalendermonat gewährt, der auf den Zeitpunkt des Erreichens der gesetzlichen Altersgrenze folgt. Er wird unabhängig davon gewährt, ob der Höchstsatz des Ruhegehalts nach § 14 Absatz 1 des Beamtenversorgungsgesetzes oder nach § 40 Absatz 1 des Soldatenversorgungsgesetzes erreicht ist.

(3) Bei einer Teilzeitbeschäftigung bei Hinausschieben des Eintritts in den Ruhestand nach § 53 Absatz 1 bis 3 des Bundesbeamtengesetzes wird ein nicht ruhegehaltfähiger Zuschlag gewährt, dessen Bemessungsgrundlage das Ruhegehalt ist, das bei Versetzung in den Ruhestand wegen Erreichens der gesetzlichen Altersgrenze zugestanden hätte. Absatz 1 Satz 2 gilt entsprechend. Die Höhe des Zuschlags entspricht dem Teil des erdienten Ruhegehalts, der sich aus dem Verhältnis der Freistellung zur regelmäßigen Arbeitszeit ergibt. Die Zuschläge nach den Absätzen 1 und 2 bleiben hiervon unberührt.

§ 8 Kürzung der Besoldung bei Gewährung einer Versorgung durch eine zwischenstaatliche oder überstaatliche Einrichtung

(1) Erhält ein Beamter, Richter oder Soldat aus der Verwendung im öffentlichen Dienst einer zwischenstaatlichen oder überstaatlichen Einrichtung eine Versorgung, werden seine Dienstbezüge gekürzt. Die Kürzung beträgt 1,79375 Prozent für jedes im zwischenstaatlichen oder überstaatlichen Dienst vollendete Jahr; ihm verbleiben jedoch mindestens 40 Prozent seiner Dienstbezüge. Erhält er als Invaliditätspension die Höchstversorgung aus seinem Amt bei der zwischenstaatlichen oder überstaatlichen Einrichtung, werden die Dienstbezüge um 60 Prozent gekürzt. Der Kürzungsbetrag darf die von der zwischenstaatlichen oder überstaatlichen Einrichtung gewährte Versorgung nicht übersteigen.

(2) Als Zeit im zwischenstaatlichen oder überstaatlichen Dienst wird auch die Zeit gerechnet, in welcher der Beamte, Richter oder Soldat ohne Ausübung eines Amtes bei einer zwischenstaatlichen oder überstaatlichen Einrichtung einen Anspruch auf Vergütung oder sonstige Entschädigung hat und Ruhegehaltsansprüche erwirbt. Entsprechendes gilt für Zeiten nach dem Ausscheiden aus dem Dienst einer zwischenstaatlichen oder überstaatlichen Einrichtung, die dort bei der Berechnung des Ruhegehalts wie Dienstzeiten berücksichtigt werden.

(3) Dienstbezüge im Sinne des Absatzes 1 sind das Grundgehalt, der Familienzuschlag, Amtszulagen, ruhegehaltfähige Stellenzulagen und ruhegehaltfähige Leistungsbezüge für Professoren sowie hauptberufliche Leiter

von Hochschulen und Mitglieder von Leitungsgremien an Hochschulen.

§ 9 Verlust der Besoldung bei schuldhaftem Fernbleiben vom Dienst

Bleibt der Beamte, Richter oder Soldat ohne Genehmigung schuldhaft dem Dienst fern, so verliert er für die Zeit des Fernbleibens seine Bezüge. Dies gilt auch bei einem Fernbleiben vom Dienst für Teile eines Tages. Der Verlust der Bezüge ist festzustellen.

§ 9a Anrechnung anderer Einkünfte auf die Besoldung

(1) Haben Beamte, Richter oder Soldaten Anspruch auf Besoldung für eine Zeit, in der sie nicht zur Dienstleistung verpflichtet waren, kann ein infolge der unterbliebenen Dienstleistung für diesen Zeitraum erzieltes anderes Einkommen auf die Besoldung angerechnet werden. Der Beamte, Richter oder Soldat ist zur Auskunft verpflichtet. In den Fällen einer vorläufigen Dienstenthebung auf Grund eines Disziplinarverfahrens gelten die besonderen Vorschriften des Disziplinarrechts.

(2) Erhält ein Beamter oder Richter aus einer Verwendung nach § 29 des Bundesbeamtengesetzes anderweitig Bezüge, werden diese auf die Besoldung angerechnet. In besonderen Fällen kann die oberste Dienstbehörde von der Anrechnung ganz oder teilweise absehen, soweit die im Kalenderjahr gezahlten anderweitigen Bezüge den Betrag eines Anfangsgrundgehaltes der jeweiligen Besoldungsgruppe nicht übersteigen. Darüber hinaus kann die oberste Dienstbehörde im Einvernehmen mit dem Bundesministerium des Innern, für Bau und Heimat in besonderen Fällen von der Anrechnung ganz oder teilweise absehen. Die Sätze 1 bis 3 gelten entsprechend für Soldaten.

§ 10 Anrechnung von Sachbezügen auf die Besoldung

Erhält ein Beamter, Richter oder Soldat Sachbezüge, so werden diese unter Berücksichtigung ihres wirtschaftlichen Wertes mit einem angemessenen Betrag auf die Besoldung angerechnet, soweit nichts anderes bestimmt ist.

§ 11 Abtretung von Bezügen, Verpfändung, Aufrechnungs- und Zurückbehaltungsrecht

(1) Der Beamte, Richter oder Soldat kann, wenn gesetzlich nichts anderes bestimmt ist, Ansprüche auf Bezüge nur abtreten oder verpfänden, soweit sie der Pfändung unterliegen.

(2) Gegenüber Ansprüchen auf Bezüge kann der Dienstherr ein Aufrechnungs- oder Zurückbehaltungsrecht nur in Höhe des pfändbaren Teils der Bezüge geltend machen. Dies gilt nicht, soweit gegen den Beamten, Richter oder Soldaten ein Anspruch auf Schadenersatz wegen vorsätzlicher unerlaubter Handlung besteht.

§ 12 Rückforderung von Bezügen

(1) Wird ein Beamter, Richter oder Soldat durch eine gesetzliche Änderung seiner Bezüge einschließlich der Einreihung seines Amtes in die Besoldungsgruppen der Besoldungsordnungen rückwirkend schlechter gestellt, so sind die Unterschiedsbeträge nicht zu erstatten.

(2) Im Übrigen regelt sich die Rückforderung zuviel gezahlter Bezüge nach den Vorschriften des Bürgerlichen Gesetzbuchs über die Herausgabe einer ungerechtfertigten Bereicherung, soweit gesetzlich nichts anderes bestimmt ist. Der Kenntnis des Mangels des rechtlichen Grundes der Zahlung steht es gleich, wenn der Mangel so offensichtlich war, dass der Empfänger ihn hätte erkennen müssen. Von der Rückforderung kann aus Billigkeitsgründen mit Zustimmung der obersten Dienstbehörde oder der von ihr bestimmten Stelle ganz oder teilweise abgesehen werden.

(3) Geldleistungen, die für die Zeit nach dem Tode des Beamten, Richters oder Soldaten auf ein Konto bei einem Geldinstitut überwiesen wurden, gelten als unter Vorbehalt erbracht. Das Geldinstitut hat sie der überweisenden Stelle zurück zu überweisen, wenn diese sie als zu Unrecht erbracht zurückfordert. Eine Verpflichtung zur Rücküberweisung besteht nicht, soweit über den entsprechenden Betrag bei Eingang der Rückforderung bereits anderweitig verfügt wurde, es sei denn, dass die Rücküberweisung aus einem Guthaben erfol-

gen kann. Das Geldinstitut darf den überwiesenen Betrag nicht zur Befriedigung eigener Forderungen verwenden.

(4) Soweit Geldleistungen für die Zeit nach dem Tode des Beamten, Richters oder Soldaten zu Unrecht erbracht worden sind, haben die Personen, die die Geldleistung in Empfang genommen oder über den entsprechenden Betrag verfügt haben, diesen Betrag der überweisenden Stelle zu erstatten, sofern er nicht nach Absatz 3 von dem Geldinstitut zurücküberwiesen wird. Ein Geldinstitut, das eine Rücküberweisung mit dem Hinweis abgelehnt hat, dass über den entsprechenden Betrag bereits anderweitig verfügt wurde, hat der überweisenden Stelle auf Verlangen Namen und Anschrift der Personen, die über den Betrag verfügt haben, und etwaiger neuer Kontoinhaber zu benennen. Ein Anspruch gegen die Erben bleibt unberührt.

§ 13 Ausgleichszulage für den Wegfall von Stellenzulagen

(1) Der Wegfall einer Stellenzulage aus dienstlichen Gründen, die nicht vom Beamten, Richter oder Soldaten zu vertreten sind, wird ausgeglichen, wenn die Stellenzulage zuvor in einem Zeitraum von sieben Jahren insgesamt mindestens fünf Jahre zugestanden hat. Die Ausgleichszulage wird auf den Betrag festgesetzt, der am Tag vor dem Wegfall zugestanden hat. Jeweils nach Ablauf eines Jahres vermindert sich die Ausgleichszulage ab Beginn des Folgemonats um 20 Prozent des nach Satz 2 maßgebenden Betrages. Erhöhen sich die Dienstbezüge wegen des Anspruchs auf eine Stellenzulage, wird diese auf die Ausgleichszulage angerechnet. Zeiten des Bezugs von Stellenzulagen, die bereits zu einem Anspruch auf eine Ausgleichszulage geführt haben, bleiben für weitere Ausgleichsansprüche unberücksichtigt.

(2) Bestand innerhalb des Zeitraumes nach Absatz 1 Satz 1 ein Anspruch auf mehrere Stellenzulagen für einen Gesamtzeitraum von mindestens fünf Jahren, ohne dass eine der Stellenzulagen allein für fünf Jahre zugestanden hat, gilt Absatz 1 mit der Maßgabe, dass die Stellenzulage mit dem jeweils niedrigsten Betrag ausgeglichen wird.

(3) Ist eine Stellenzulage infolge einer Versetzung nach § 28 Absatz 3 des Bundesbeamtengesetzes weggefallen, gilt Absatz 1 mit der Maßgabe, dass sich der Zeitraum des Bezugs der Stellenzulage nach Absatz 1 Satz 1 und Absatz 2 Satz 1 auf zwei Jahre verkürzt.

(4) Die Absätze 1 bis 3 gelten entsprechend, wenn ein Ruhegehaltempfänger erneut in ein Beamten-, Richter- oder Soldatenverhältnis berufen wird oder wenn im unmittelbaren Zusammenhang mit einem Verwendungswechsel eine zuvor gewährte Stellenzulage nur noch mit einem geringeren Betrag zusteht und die jeweilige Zulagenvorschrift keinen anderweitigen Ausgleich vorsieht.

§ 14 Anpassung der Besoldung

(1) Die Besoldung wird entsprechend der Entwicklung der allgemeinen wirtschaftlichen und finanziellen Verhältnisse und unter Berücksichtigung der mit den Dienstaufgaben verbundenen Verantwortung durch Gesetz regelmäßig angepasst.

(2) Ab dem 1. März 2024 gelten die Monatsbeträge der Anlagen IV, V, VIII und IX unter Berücksichtigung einer Erhöhung

1. des Grundgehalts um 200 Euro und sodann um 5,3 Prozent,
2. des Familienzuschlags mit Ausnahme der Erhöhungsbeträge für die Besoldungsgruppen A 3 bis A 5 um 11,3 Prozent,
3. der Amtszulagen um 11,3 Prozent sowie
4. der Anwärtergrundbeträge um den Differenzbetrag zwischen den ab dem 1. April 2022 geltenden Monatsbeträgen und 52 Prozent der nach Nummer 1 ab dem 1. März 2024 für das jeweils niedrigste Eingangsamt der entsprechenden Laufbahngruppe geltenden Monatsbeträge des Grundgehalts.

(3) Ab 1. März 2024 gelten für den Auslandszuschlag unter Berücksichtigung einer Erhöhung

1. der Ober- und Untergrenzen der Grundgehaltsspannen um 200 Euro und sodann um 5,3 Prozent und
2. der Monatsbeträge der Zonenstufen

a) nach § 53 Absatz 2 Satz 1 um 160 Euro und sodann um 4,24 Prozent und
b) nach § 53 Absatz 2 Satz 3 um 9,04 Prozent

die Monatsbeträge der Anlage VI.

(4) Zur Abmilderung der Folgen der gestiegenen Verbraucherpreise wird Beamten, Richtern und Soldaten für den Kalendermonat Juni 2023 eine einmalige Sonderzahlung in Höhe von 1240 Euro gewährt, wenn

1. das Dienstverhältnis am 1. Mai 2023 bestanden hat und
2. im Zeitraum vom 1. Januar 2023 bis 31. Mai 2023 mindestens an einem Tag ein Anspruch auf Dienst- oder Anwärterbezüge bestanden hat.

(5) Zur Abmilderung der Folgen der gestiegenen Verbraucherpreise wird Beamten, Richtern und Soldaten ferner für die Monate Juli 2023 bis Februar 2024 eine monatliche Sonderzahlung in Höhe von jeweils 220 Euro gewährt, wenn

1. das Dienstverhältnis in dem jeweiligen Kalendermonat besteht und
2. in dem jeweiligen Kalendermonat mindestens an einem Tag ein Anspruch auf Dienst- oder Anwärterbezüge besteht.

(6) Anwärtern werden die Sonderzahlungen nach den Absätzen 4 und 5 jeweils zur Hälfte gewährt.

(7) Für die Sonderzahlungen nach den Absätzen 4 und 5 gelten bei Teilzeitbeschäftigung § 6 Absatz 1 und bei begrenzter Dienstfähigkeit § 6a Absatz 1 bis 4 entsprechend. Maßgebend sind jeweils

1. für die einmalige Sonderzahlung für den Kalendermonat Juni 2023 die Verhältnisse am 1. Mai 2023,
2. für die Sonderzahlungen für die Kalendermonate Juli 2023 bis Februar 2024 die jeweiligen Verhältnisse am ersten Tag des jeweiligen Kalendermonats.

(8) Leistungen aus einem anderen Rechtsverhältnis im öffentlichen Dienst des Bundes stehen den Sonderzahlungen nach den Absätzen 4 und 5 gleich und werden jedem Berechtigten nur einmal gewährt.

§ 14a Versorgungsrücklage

(1) Um die Versorgungsleistungen angesichts der demographischen Veränderungen und des Anstiegs der Zahl der Versorgungsempfänger sicherzustellen, wird eine Versorgungsrücklage als Sondervermögen aus der Verminderung der Besoldungs- und Versorgungserhöhungen nach Absatz 2 gebildet. Dafür werden bis zum 31. Dezember 2024 Erhöhungen der Besoldung und Versorgung vermindert.

(2) Jede Erhöhung nach § 14 Absatz 1 wird um 0,2 Prozentpunkte vermindert. Werden Besoldung und Versorgung durch dasselbe Gesetz zeitlich gestaffelt erhöht, erfolgt die Verminderung nur bei der ersten Erhöhung. Die Unterschiedsbeträge gegenüber den nicht nach Satz 1 verminderten Erhöhungen werden der Versorgungsrücklage des Bundes zugeführt. Die Mittel der Versorgungsrücklage dürfen nur zur Finanzierung der Versorgungsausgaben verwendet werden.

(3) Die Unterschiedsbeträge nach Absatz 2 und 50 Prozent der Verminderung der Versorgungsausgaben durch das Versorgungsänderungsgesetz 2001 vom 20. Dezember 2001 (BGBl. I S. 3926) werden der Versorgungsrücklage jährlich, letztmalig in 2031, zugeführt.

(4) Das Nähere, insbesondere die Verwaltung und Anlage des Sondervermögens, wird durch ein besonderes Gesetz geregelt.

§ 15 Dienstlicher Wohnsitz

(1) Dienstlicher Wohnsitz des Beamten oder Richters ist der Ort, an dem die Behörde oder ständige Dienststelle ihren Sitz hat. Dienstlicher Wohnsitz des Soldaten ist sein Standort.

(2) Die oberste Dienstbehörde kann als dienstlichen Wohnsitz anweisen:

1. den Ort, der Mittelpunkt der dienstlichen Tätigkeit des Beamten, Richters oder Soldaten ist,
2. den Ort, in dem der Beamte, Richter oder Soldat mit Zustimmung der vorgesetzten Dienststelle wohnt,
3. einen Ort im Inland, wenn der Beamte oder Soldat im Ausland an der deutschen Grenze beschäftigt ist.

Sie kann diese Befugnis auf nachgeordnete Stellen übertragen.

§ 16 Amt, Dienstgrad

Soweit in Vorschriften dieses Gesetzes auf das Amt verwiesen wird, steht dem Amt der Dienstgrad des Soldaten gleich.

§ 17 Aufwandsentschädigungen

Aufwandsentschädigungen dürfen nur gewährt werden, wenn und soweit aus dienstlicher Veranlassung finanzielle Aufwendungen entstehen, deren Übernahme dem Beamten, Richter oder Soldaten nicht zugemutet werden kann, und der Haushaltsplan Mittel zur Verfügung stellt. Aufwandsentschädigungen in festen Beträgen sind nur zulässig, wenn auf Grund tatsächlicher Anhaltspunkte oder tatsächlicher Erhebungen nachvollziehbar ist, dass und in welcher Höhe dienstbezogene finanzielle Aufwendungen typischerweise entstehen; sie werden im Einvernehmen mit dem Bundesministerium des Innern, für Bau und Heimat festgesetzt.

§ 17a Zahlungsweise

Für die Zahlung der Besoldung nach § 1 Absatz 2 und 3 und von Aufwandsentschädigungen nach § 17 hat der Empfänger auf Verlangen der zuständigen Behörde ein Konto anzugeben, für das die Verordnung (EU) Nr. 260/2012 des Europäischen Parlaments und des Rates vom 14. März 2012 zur Festlegung der technischen Vorschriften und der Geschäftsanforderungen für Überweisungen und Lastschriften in Euro und zur Änderung der Verordnung (EG) Nr. 924/2009 (ABl. L 94 vom 30. 3. 2012, S. 22), die zuletzt durch die Verordnung (EU) 2024/886 (ABl. L, 2024/886, 19.3.2024) geändert worden ist. Die Übermittlungskosten mit Ausnahme der Kosten für die Gutschrift auf dem Konto des Empfängers trägt der Dienstherr, die Kontoeinrichtungs-, Kontoführungs- oder Buchungsgebühren trägt der Empfänger. Eine Auszahlung auf andere Weise kann nur zugestanden werden, wenn dem Empfänger die Einrichtung oder Benutzung eines Kontos aus wichtigem Grund nicht zugemutet werden kann.

§ 17b Lebenspartnerschaft

Die Vorschriften dieses Gesetzes, die sich auf das Bestehen oder das frühere Bestehen einer Ehe beziehen, gelten entsprechend für das Bestehen oder das frühere Bestehen einer Lebenspartnerschaft. Die Vorschriften dieses Gesetzes, die sich auf den Ehegatten beziehen, gelten entsprechend für den Lebenspartner.

Abschnitt 2
Grundgehalt, Leistungsbezüge an Hochschulen

Unterabschnitt 1
Allgemeine Grundsätze

§ 18 Grundsatz der funktionsgerechten Besoldung

(1) Die Funktionen der Beamten und Soldaten sind nach den mit ihnen verbundenen Anforderungen sachgerecht zu bewerten und Ämtern zuzuordnen. Eine Funktion kann bis zu drei Ämtern einer Laufbahngruppe, in obersten Bundesbehörden allen Ämtern einer Laufbahngruppe zugeordnet werden. Bei Soldaten gilt dies in der Laufbahngruppe der Mannschaften für alle Dienstgrade und in der Laufbahngruppe der Unteroffiziere für bis zu vier Dienstgrade.

(2) Abweichend von Absatz 1 Satz 1 und 2 kann in der Bundesbesoldungsordnung B jede Funktion nur einem Amt der Bundesbesoldungsordnung B zugeordnet werden. Für die Zuordnung zu einem Amt, das eine Grundamtsbezeichnung trägt, bedarf die zuständige oberste Bundesbehörde des Einvernehmens des Bundesministeriums des Innern, für Bau und Heimat und des Bundesministeriums der Finanzen.

Entscheidung des Bundesverfassungsgerichts vom 16. Dezember 2015 (BGBl. 2016 I S. 244)

Aus dem Beschluss des Bundesverfassungsgerichts vom 16. Dezember 2015 – 2 BvR 1958/13 – wird folgende Entscheidungsformel veröffentlicht:

§ 18 Satz 2 des Bundesbesoldungsgesetzes in der Fassung des Gesetzes zur Neuregelung der Professorenbesoldung und zur Änderung weiterer dienstrechtlicher Vorschriften vom 11. Juni 2013 (Bundesgesetzblatt I Seite 1514) ist mit dem Grundgesetz vereinbar.

Die vorstehende Entscheidungsformel hat gemäß § 31 Absatz 2 des Bundesverfassungsgerichtsgesetzes Gesetzeskraft.

§ 19 Bestimmung des Grundgehaltes nach dem Amt

(1) Das Grundgehalt des Beamten, Richters oder Soldaten bestimmt sich nach der Besoldungsgruppe des ihm verliehenen Amtes. Ist ein Amt noch nicht in einer Bundesbesoldungsordnung enthalten oder ist es mehreren Besoldungsgruppen zugeordnet, bestimmt sich das Grundgehalt nach der Besoldungsgruppe, die in der Einweisungsverfügung bestimmt ist; die Einweisung bedarf bei Körperschaften, Anstalten und Stiftungen des öffentlichen Rechts in den Fällen, in denen das Amt in einer Bundesbesoldungsordnung noch nicht enthalten ist, der Zustimmung der obersten Rechtsaufsichtsbehörde im Einvernehmen mit dem Bundesministerium des Innern, für Bau und Heimat. Ist dem Beamten oder Richter noch kein Amt verliehen worden, so bestimmt sich das Grundgehalt des Beamten nach der Besoldungsgruppe seines Eingangsamtes, das Grundgehalt des Richters und des Staatsanwalts nach der Besoldungsgruppe R 1; soweit die Einstellung in einem anderen als dem Eingangsamt erfolgt ist, bestimmt sich das Grundgehalt nach der entsprechenden Besoldungsgruppe.

(2) Ist einem Amt gesetzlich eine Funktion zugeordnet oder richtet sich die Zuordnung eines Amtes zu einer Besoldungsgruppe einschließlich der Gewährung von Amtszulagen nach einem gesetzlich festgelegten Bewertungsmaßstab, insbesondere nach der Zahl der Planstellen, so gibt die Erfüllung dieser Voraussetzungen allein keinen Anspruch auf die Besoldung aus diesem Amt.

§ 19a Besoldung bei Verleihung eines anderen Amtes

Verringert sich während eines Dienstverhältnisses nach § 1 Absatz 1 das Grundgehalt durch Verleihung eines anderen Amtes aus Gründen, die nicht vom Beamten, Richter oder Soldaten zu vertreten sind, ist abweichend von § 19 das Grundgehalt zu zahlen, das dem Besoldungsempfänger bei einem Verbleiben in dem bisherigen Amt zugestanden hätte. Satz 1 gilt entsprechend bei einem Wechsel eines Beamten in das Dienstverhältnis eines Richters oder bei einem Wechsel eines Richters in das Dienstverhältnis eines Beamten. Veränderungen in der Bewertung des bisherigen Amtes bleiben unberücksichtigt. Die Sätze 1 und 2 gelten entsprechend für Amtszulagen, auch bei Übertragung einer anderen Funktion. Die Sätze 1 bis 3 gelten nicht im Fall des § 24 Absatz 6 Satz 3 des Bundesbeamtengesetzes sowie im Fall der Übertragung eines Amtes in einem Dienstverhältnis auf Zeit.

§ 19b Besoldung bei Wechsel in den Dienst des Bundes

(1) Verringert sich auf Grund einer Versetzung, die auf Antrag erfolgt, die Summe aus dem Grundgehalt, den grundgehaltsergänzenden Zulagen und der auf diese Beträge entfallenden Sonderzahlung, ist eine Ausgleichszulage zu gewähren. Dies gilt nicht für einen Wechsel in die Besoldungsgruppe W 2 oder W 3.

(2) Die Ausgleichszulage bemisst sich nach dem Unterschied zwischen den Summen nach Absatz 1 in der bisherigen Verwendung und in der neuen Verwendung zum Zeitpunkt der Versetzung. Sie verringert sich bei jeder Erhöhung des Grundgehaltes um ein Drittel des Erhöhungsbetrages.

(3) Bei einer Versetzung aus dienstlichen Gründen, einer Übernahme oder einem Übertritt gelten die Absätze 1 und 2 entsprechend. Zur Bestimmung der Ausgleichszulage ist in diesen Fällen auch eine in der bisherigen Verwendung nach Landesrecht gewährte Ausgleichszulage oder eine andere Leistung einzubeziehen, die für die Verringerung von Grundgehalt und grundgehaltsergänzenden Zulagen zustand. Die Ausgleichszulage nach den Sätzen 1 und 2 ist ruhegehaltfähig, soweit sie ruhegehaltfähige Dienstbezüge ausgleicht. Als Bestandteil der Versorgungsbezüge verringert sie sich bei jeder auf das Grundgehalt bezogenen Erhöhung der Versorgungsbezüge um ein Drittel des Erhöhungsbetrages.

(4) Die Absätze 1 bis 3 gelten entsprechend beim Eintritt eines Richters in ein Dienstverhältnis nach § 1 Absatz 1 Nummer 1.

Unterabschnitt 2
Beamte und Soldaten

§ 20 Bundesbesoldungsordnungen A und B

Die Ämter der Beamten und Soldaten und die Zuordnung der Ämter entsprechend ihrer Wertigkeit zu den Besoldungsgruppen sind in Anlage I Bundesbesoldungsordnungen A und B geregelt. Die Grundgehälter der Besoldungsgruppen sind in Anlage IV ausgewiesen.

§§ 21 und 22 (weggefallen)

§ 23 Eingangsämter für Beamte

(1) Die Eingangsämter für Beamte sind folgenden Besoldungsgruppen zuzuweisen:

1. in Laufbahnen des einfachen Dienstes der Besoldungsgruppe A 3 oder A 4,
2. in Laufbahnen
   a) des mittleren nichttechnischen Dienstes der Besoldungsgruppe A 6,
   b) des mittleren technischen Dienstes der Besoldungsgruppe A 6 oder A 7,
   c) des mittleren nichttechnischen Dienstes bei der Zollverwaltung der Besoldungsgruppe A 7,

   in Laufbahnen des mittleren technischen Dienstes der Besoldungsgruppe A 6 oder A 7,
3. in Laufbahnen des gehobenen Dienstes der Besoldungsgruppe A 9,
4. in Laufbahnen des höheren Dienstes der Besoldungsgruppe A 13.

(2) Soweit für die Zulassung zu den Laufbahnen des gehobenen technischen Verwaltungsdienstes oder des gehobenen naturwissenschaftlichen Dienstes ein mit einem Bachelor abgeschlossenes Hochschulstudium oder ein gleichwertiger Abschluss gefordert wird, ist das Eingangsamt für Beamte mit einem solchen Abschluss der Besoldungsgruppe A 10 oder A 11 zuzuweisen. Dies gilt auch für Beamte in technischen Fachverwendungen in Sonderlaufbahnen des gehobenen Dienstes mit einem Abschluss in einem ingenieurwissenschaftlichen oder einem naturwissenschaftlichen Studiengang oder in einem Studiengang, bei dem Inhalte aus den Bereichen der Informatik oder der Informationstechnik überwiegen.

§ 24 Eingangsamt für Beamte in besonderen Laufbahnen

(1) Das Eingangsamt in Sonderlaufbahnen, bei denen

1. die Ausbildung mit einer gegenüber dem nichttechnischen oder technischen Verwaltungsdienst besonders gestalteten Prüfung abgeschlossen wird oder die Ablegung einer zusätzlichen Prüfung vorgeschrieben ist und
2. im Eingangsamt Anforderungen gestellt werden, die bei sachgerechter Bewertung zwingend die Zuweisung des Eingangsamtes zu einer anderen Besoldungsgruppe als nach § 23 erfordern,

kann der höheren Besoldungsgruppe zugewiesen werden, in die gleichwertige Ämter eingereiht sind. Die Festlegung als Eingangsamt ist in den Bundesbesoldungsordnungen zu kennzeichnen.

(2) Das Eingangsamt in Laufbahnen des einfachen Dienstes kann, wenn die Voraussetzung des Absatzes 1 Satz 1 Nummer 2 erfüllt ist, der höheren Besoldungsgruppe zugewiesen werden, in die gleichwertige Ämter eingereiht sind.

§ 25 (weggefallen)

§ 26 (weggefallen)

§ 27 Bemessung des Grundgehaltes

(1) Das Grundgehalt wird, soweit nicht gesetzlich etwas anderes bestimmt ist, nach Stufen bemessen. Dabei erfolgt der Aufstieg in eine nächsthöhere Stufe nach bestimmten Dienstzeiten, in denen anforderungsgerechte Leistungen erbracht wurden (Erfahrungszeiten).

(2) Mit der ersten Ernennung mit Anspruch auf Dienstbezüge im Anwendungsbereich dieses Gesetzes wird ein Grundgehalt der Stufe 1 festgesetzt, soweit nicht Erfahrungszeiten nach § 28 Absatz 1 bis 3 anerkannt werden. Die Stufe wird mit Wirkung vom Ersten des Monats festgesetzt, in dem die

Ernennung wirksam wird. Die Stufenfestsetzung ist dem Beamten oder Soldaten schriftlich mitzuteilen. Die Sätze 1 bis 3 gelten entsprechend für

1. die Versetzung, die Übernahme und den Übertritt in den Dienst des Bundes,
2. den Wechsel aus einem Amt der Bundesbesoldungsordnungen B, R, W oder C in ein Amt der Bundesbesoldungsordnung Asowie
3. die Einstellung eines ehemaligen Beamten, Richters, Berufssoldaten oder Soldaten auf Zeit in ein Amt der Bundesbesoldungsordnung A.

(3) Das Grundgehalt steigt nach Erfahrungszeiten von zwei Jahren in der Stufe 1, von jeweils drei Jahren in den Stufen 2 bis 4 und von jeweils vier Jahren in den Stufen 5 bis 7. Abweichend von Satz 1 beträgt die Erfahrungszeit in den Stufen 5 bis 7 bei Beamten in den Laufbahnen des einfachen Dienstes und bei Soldaten in den Laufbahnen der Mannschaften jeweils drei Jahre. Zeiten ohne Anspruch auf Dienstbezüge verzögern den Aufstieg um diese Zeiten, soweit in § 28 Absatz 5 nicht etwas anderes bestimmt ist. Die Zeiten sind auf volle Monate abzurunden.

(4) Wird festgestellt, dass die Leistungen des Beamten oder Soldaten nicht den mit dem Amt verbundenen Anforderungen entsprechen, verbleibt er in seiner bisherigen Stufe des Grundgehaltes. Die Feststellung nach Satz 1 erfolgt auf der Grundlage einer geeigneten Leistungseinschätzung. Ist die Leistungseinschätzung älter als zwölf Monate, ist ergänzend eine aktuelle Leistungseinschätzung zu erstellen. Für die Feststellung nach Satz 1 können nur Leistungen berücksichtigt werden, auf die vor der Feststellung hingewiesen wurde.

(5) Wird auf der Grundlage einer weiteren Leistungseinschätzung festgestellt, dass die Leistungen des Beamten oder Soldaten wieder den mit dem Amt verbundenen Anforderungen entsprechen, erfolgt der Aufstieg in die nächsthöhere Stufe am ersten Tag des Monats, in dem diese Feststellung erfolgt. Wird in der Folgezeit festgestellt, dass der Beamte oder Soldat Leistungen erbringt, die die mit dem Amt verbundenen Anforderungen erheblich übersteigen, gilt der von dieser Feststellung erfasste Zeitraum nicht nur als laufende Erfahrungszeit, sondern wird zusätzlich so angerechnet, dass er für die Zukunft die Wirkung eines früheren Verbleibens in der Stufe entsprechend mindert oder aufhebt. Die für diese Anrechnung zu berücksichtigenden Zeiten sind auf volle Monate abzurunden. Maßgebender Zeitpunkt ist der Erste des Monats, in dem die entsprechende Feststellung erfolgt.

(6) Bei dauerhaft herausragenden Leistungen kann Beamten und Soldaten der Bundesbesoldungsordnung A für den Zeitraum bis zum Erreichen der nächsten Stufe das Grundgehalt der nächsthöheren Stufe gezahlt werden (Leistungsstufe). Die Zahl der in einem Kalenderjahr bei einem Dienstherrn vergebenen Leistungsstufen darf 15 Prozent der Zahl der bei dem Dienstherrn vorhandenen Beamten und Soldaten der Bundesbesoldungsordnung A, die das Endgrundgehalt noch nicht erreicht haben, nicht übersteigen. Die Bundesregierung wird ermächtigt, nähere Regelungen durch Rechtsverordnung zu treffen. In der Rechtsverordnung kann zugelassen werden, dass bei Dienstherren mit weniger als sieben Beamten im Sinne des Satzes 2 in jedem Kalenderjahr einem Beamten die Leistungsstufe gewährt wird.

(7) Die Entscheidung nach den Absätzen 4 bis 6 trifft die zuständige oberste Dienstbehörde oder die von ihr bestimmte Stelle. Sie ist dem Beamten oder Soldaten schriftlich mitzuteilen. Widerspruch, Beschwerde nach der Wehrbeschwerdeordnung und Anfechtungsklage haben keine aufschiebende Wirkung.

(8) In der Probezeit nach § 11 Absatz 1 des Bundesbeamtengesetzes erfolgt das Aufsteigen in den Stufen entsprechend den in Absatz 3 genannten Zeiträumen.

(9) Der Beamte oder Soldat verbleibt in seiner bisherigen Stufe, solange er vorläufig des Dienstes enthoben ist. Führt ein Disziplinarverfahren nicht zur Entfernung aus dem Dienst oder endet das Dienstverhältnis nicht

durch Entlassung auf Antrag des Beamten oder Soldaten oder infolge strafgerichtlicher Verurteilung, regelt sich das Aufsteigen im Zeitraum seiner vorläufigen Dienstenthebung nach Absatz 3.

§ 28 Berücksichtigungsfähige Zeiten

(1) Beamten und Soldaten werden bei der ersten Stufenfestsetzung als Erfahrungszeiten im Sinne des § 27 Absatz 2 anerkannt:

III

1. Zeiten einer gleichwertigen hauptberuflichen Tätigkeit außerhalb eines Soldatenverhältnisses, die für Beamte nicht Voraussetzung für den Erwerb der Laufbahnbefähigung oder für Soldaten nicht Voraussetzung für die Einstellung mit einem Dienstgrad einer Besoldungsgruppe bis A 13 sind,
2. Zeiten als Berufssoldat oder Soldat auf Zeit,
3. Zeiten von mindestens vier Monaten und insgesamt höchstens zwei Jahren, in denen Wehrdienst, soweit er nicht unter Nummer 2 fällt, Zivildienst, Bundesfreiwilligendienst, Entwicklungsdienst oder ein freiwilliges soziales oder ökologisches Jahr geleistet wurde,
4. Verfolgungszeiten nach dem Beruflichen Rehabilitierungsgesetz, soweit eine Erwerbstätigkeit, die einem Dienst bei einem öffentlich-rechtlichen Dienstherrn (§ 29) entspricht, nicht ausgeübt werden konnte.

Mit Zustimmung des Bundesministeriums des Innern, für Bau und Heimat kann hiervon abgewichen werden, wenn für die Zulassung zu einer Laufbahn besondere Voraussetzungen gelten. Zeiten nach Satz 1 werden durch Unterbrechungszeiten nach Absatz 5 Nummer 2 bis 5 nicht vermindert. Erfahrungszeiten nach Satz 1 stehen gleich:

1. Zeiten einer Kinderbetreuung von bis zu drei Jahren für jedes Kind (Kinderbetreuungszeiten),
2. Zeiten der tatsächlichen Pflege von Eltern, Schwiegereltern, Ehegatten, Geschwistern oder Kindern, die nach ärztlichem Gutachten pflegebedürftig sind, von bis zu drei Jahren für jeden dieser Angehörigen (Pflegezeiten).

(2) Beamten können weitere hauptberufliche Zeiten, die nicht Voraussetzung für den Erwerb der Laufbahnbefähigung sind, ganz oder teilweise anerkannt werden, soweit diese für die Verwendung förderlich sind. Wird für die Einstellung ein mit einem Master abgeschlossenes Hochschulstudium oder ein gleichwertiger Abschluss vorausgesetzt, sind Beamten dafür zwei Jahre als Erfahrungszeit anzuerkennen. Zusätzliche Qualifikationen, die nicht im Rahmen von hauptberuflichen Zeiten erworben wurden, können Beamten in besonderen Einzelfällen, insbesondere zur Deckung des Personalbedarfs, mit bis zu drei Jahren als Erfahrungszeit im Sinne des § 27 Absatz 3 anerkannt werden. Die Entscheidungen nach den Sätzen 1 und 3 trifft die oberste Dienstbehörde oder die von ihr bestimmte Stelle. Absatz 1 Satz 2 und 3 gilt entsprechend.

(3) Werden Soldaten auf Grund ihrer beruflichen Qualifikation mit einem höheren Dienstgrad eingestellt, können entsprechend den jeweiligen Einstellungsvoraussetzungen als Erfahrungszeiten anerkannt werden:

1. in der Laufbahngruppe der Unteroffiziere für die Einstellung mit einem Dienstgrad einer Besoldungsgruppe bis A 7 höchstens vier Jahre und
2. in der Laufbahngruppe der Offiziere für die Einstellung mit einem Dienstgrad einer Besoldungsgruppe bis A 13 höchstens sechs Jahre.

Im Übrigen können hauptberufliche Zeiten ganz oder teilweise als Erfahrungszeiten anerkannt werden, soweit diese für die Verwendung förderlich sind. Absatz 2 Satz 3 gilt entsprechend.

(4) Derselbe Zeitraum kann nur einmal anerkannt werden. Die Zeiten nach den Absätzen 1 bis 3 sind zu addieren und danach auf volle Monate aufzurunden.

(5) Abweichend von § 27 Absatz 3 Satz 3 wird der Aufstieg in den Stufen durch folgende Zeiten nicht verzögert:

1. Kinderbetreuungs- und Pflegezeiten nach Absatz 1 Satz 4,
2. Zeiten einer Beurlaubung ohne Dienstbezüge, die nach gesetzlichen Bestimmungen dienstlichen Interessen dient; dies gilt auch, wenn durch die oberste Dienstbe-

hörde oder die von ihr bestimmte Stelle schriftlich oder elektronisch anerkannt ist, dass der Urlaub dienstlichen Interessen oder öffentlichen Belangen dient,

3. Zeiten, die nach dem Arbeitsplatzschutzgesetz nicht zu dienstlichen Nachteilen führen dürfen,
4. Zeiten einer Eignungsübung nach dem Eignungsübungsgesetz und
5. Zeiten, die in einem kommunalen Wahlbeamtenverhältnis erbracht wurden.

(6) Zeiten, die nach § 28 Absatz 3 Nummer 1 oder 2 des Bundesbesoldungsgesetzes in der bis zum 30. Juni 2009 geltenden Fassung berücksichtigt wurden, werden auf die Zeiten nach Absatz 5 Nummer 1 angerechnet.

§ 29 Öffentlich-rechtliche Dienstherren

(1) Öffentlich-rechtliche Dienstherren im Sinne dieses Gesetzes sind der Bund, die Länder, die Gemeinden (Gemeindeverbände) und andere Körperschaften, Anstalten und Stiftungen des öffentlichen Rechts mit Ausnahme der öffentlich-rechtlichen Religionsgesellschaften und ihrer Verbände.

(2) Der Tätigkeit im Dienst eines öffentlich-rechtlichen Dienstherrn stehen gleich:

1. die gleichartige Tätigkeit
   a) im öffentlichen Dienst eines Organs, einer Einrichtung oder eines Mitgliedstaats der Europäischen Union oder
   b) bei einer öffentlichen zwischenstaatlichen oder überstaatlichen Einrichtung oder Verwaltung und
2. die von volksdeutschen Vertriebenen und Spätaussiedlern ausgeübte gleichartige Tätigkeit im Dienst eines öffentlich-rechtlichen Dienstherrn ihres Herkunftslandes.

§ 30 Nicht zu berücksichtigende Dienstzeiten

(1) § 28 Absatz 1 bis 3 gilt nicht für Zeiten einer Tätigkeit für das Ministerium für Staatssicherheit oder das Amt für Nationale Sicherheit. Dies gilt auch für Zeiten, die vor einer solchen Tätigkeit zurückgelegt worden sind. Satz 1 gilt auch für Zeiten einer Tätigkeit als Angehöriger der Grenztruppen der ehemaligen Deutschen Demokratischen Republik.

(2) Absatz 1 Satz 1 und 2 gilt auch für Zeiten einer Tätigkeit, die auf Grund einer besonderen persönlichen Nähe zum System der ehemaligen Deutschen Demokratischen Republik übertragen war. Das Vorliegen dieser Voraussetzung wird insbesondere widerlegbar vermutet, wenn der Beamte oder Soldat

1. vor oder bei Übertragung der Tätigkeit eine hauptamtliche oder hervorgehobene ehrenamtliche Funktion in der Sozialistischen Einheitspartei Deutschlands, dem Freien Deutschen Gewerkschaftsbund, der Freien Deutschen Jugend oder einer vergleichbaren systemunterstützenden Partei oder Organisation innehatte oder
2. als mittlere oder obere Führungskraft in zentralen Staatsorganen, als obere Führungskraft beim Rat eines Bezirkes, als Vorsitzender des Rates eines Kreises oder einer kreisfreien Stadt oder in einer vergleichbaren Funktion tätig war oder
3. hauptamtlich Lehrender an den Bildungseinrichtungen der staatstragenden Parteien oder einer Massen- oder gesellschaftlichen Organisation war oder
4. Absolvent der Akademie für Staat und Recht oder einer vergleichbaren Bildungseinrichtung war.

§ 31 (weggefallen)

Unterabschnitt 3
Professoren sowie hauptberufliche Leiter von Hochschulen und Mitglieder von Leitungsgremien an Hochschulen

§ 32 Bundesbesoldungsordnung W

Die Ämter der Professoren und ihre Besoldungsgruppen sind in der Bundesbesoldungsordnung W (Anlage II) geregelt. Die Grundgehaltssätze sind in Anlage IV ausgewiesen. Die Sätze 1 und 2 gelten auch für hauptberufliche Leiter von Hochschulen und Mitglieder von Leitungsgremien an Hochschulen, die nicht Professoren sind, soweit ihre Ämter nicht Besoldungsgruppen der Bundesbesoldungsordnungen A und B zugewiesen sind.

§ 32a Bemessung des Grundgehaltes

(1) Das Grundgehalt wird, soweit nicht gesetzlich etwas Anderes bestimmt ist, nach Stufen bemessen. Dabei erfolgt der Aufstieg in eine nächsthöhere Stufe nach bestimmten Dienstzeiten, in denen anforderungsgerechte Leistungen erbracht wurden (Erfahrungszeiten).

(2) Mit der Ernennung zum Professor mit Anspruch auf Dienstbezüge wird in der Besoldungsgruppe W 2 oder W 3 ein Grundgehalt der Stufe 1 festgesetzt, soweit nicht Erfahrungszeiten nach § 32b Absatz 1 anerkannt werden. Die Stufe wird mit Wirkung vom Ersten des Monats festgesetzt, in dem die Ernennung wirksam wird. Die Sätze 1 und 2 gelten entsprechend für

1. die in § 27 Absatz 2 Satz 4 Nummer 1 genannten Fälle,
2. den Wechsel aus einem Amt der Bundesbesoldungsordnungen A, B, C oder R oder der Besoldungsgruppe W 1.

(3) Das Grundgehalt steigt nach Erfahrungszeiten von jeweils sieben Jahren in den Stufen 1 und 2.

(4) Zeiten ohne Anspruch auf Dienstbezüge verzögern den Aufstieg in den Stufen um diese Zeiten, soweit in § 32b nicht etwas Anderes bestimmt ist. Die Zeiten sind auf volle Monate abzurunden.

(5) § 27 Absatz 4, 5 und 6 Satz 1 und 2 gilt entsprechend. Die Besonderheiten der Hochschulen sind zu berücksichtigen. Die in § 33 Absatz 4 genannten Stellen werden ermächtigt, nach dem dort bestimmten Verfahren nähere Regelungen durch Rechtsverordnung zu treffen.

(6) Die Entscheidung nach Absatz 2 trifft die oberste Dienstbehörde oder die von ihr bestimmte Stelle. Die Entscheidung nach § 27 Absatz 4, 5 und 6 Satz 1 und 2 in Verbindung mit Absatz 5 Satz 1 trifft die Hochschule. Satz 2 gilt nicht für Entscheidungen, die die Hochschulleitung betreffen; mit Ausnahme der Bewertung der wissenschaftlichen Leistung trifft diese Entscheidungen die oberste Dienstbehörde. Entscheidungen nach den Sätzen 1 bis 3 sind dem Professor oder dem hauptamtlichen Mitglied der Hochschulleitung schriftlich mitzuteilen. Gegen die Entscheidung nach § 27 Absatz 5, 6 und 7 Satz 1 und 2 in Verbindung mit Absatz 5 Satz 1 haben Widerspruch und Anfechtungsklage keine aufschiebende Wirkung.

§ 32b Berücksichtigungsfähige Zeiten

(1) Bei der ersten Stufenfestsetzung werden als Erfahrungszeiten anerkannt:

1. Zeiten einer hauptberuflichen Tätigkeit an einer deutschen staatlichen Hochschule als
   a) Professor oder Vertretungsprofessor,
   b) Mitglied der Hochschulleitung oder Dekan,
2. Zeiten einer hauptberuflichen Tätigkeit als Professor oder Vertretungsprofessor
   a) an einer deutschen staatlich anerkannten Hochschule,
   b) an einer ausländischen Hochschule,

   sofern die Hochschule an die Berufung von Professoren und Vertretungsprofessoren Anforderungen stellt, die denen nach § 131 des Bundesbeamtengesetzes entsprechen.

Zeiten einer hauptberuflichen wissenschaftlichen Tätigkeit an einer öffentlich geförderten in- oder ausländischen Forschungseinrichtung oder bei einer internationalen Forschungsorganisation können als Erfahrungszeiten anerkannt werden, wenn die Tätigkeit derjenigen eines in die Besoldungsgruppe W 2 oder W 3 eingestuften Professors gleichwertig ist und die Einrichtung oder Organisation an die Berufung Anforderungen stellt, die denen nach § 131 des Bundesbeamtengesetzes entsprechen. Zeiten als Juniorprofessor werden nicht anerkannt. Zeiten nach den Sätzen 1 und 2 werden durch Zeiten nach Absatz 2 nicht vermindert und werden auf volle Monate aufgerundet.

(2) Abweichend von § 32a Absatz 4 wird der Aufstieg in den Stufen durch Zeiten nach § 28 Absatz 5 nicht verzögert.

§ 33 Leistungsbezüge

(1) In den Besoldungsgruppen W 2 und W 3 werden nach Maßgabe der nachfolgenden Vorschriften neben dem als Mindestbezug gewährten Grundgehalt variable Leistungsbezüge vergeben:

1. aus Anlass von Berufungs- und Bleibeverhandlungen,
2. für besondere Leistungen in Forschung, Lehre, Kunst, Weiterbildung und Nachwuchsförderung sowie
3. für die Wahrnehmung von Funktionen oder besonderen Aufgaben im Rahmen der Hochschulselbstverwaltung oder der Hochschulleitung.

Leistungsbezüge nach Satz 1 Nummer 1 und 2 können befristet oder unbefristet sowie als Einmalzahlung vergeben werden. Leistungsbezüge nach Satz 1 Nummer 3 werden für die Dauer der Wahrnehmung der Funktion oder Aufgabe gewährt.

(2) Leistungsbezüge dürfen den Unterschiedsbetrag zwischen den Grundgehältern der Besoldungsgruppe W 3 und der Besoldungsgruppe B 10 übersteigen, wenn

1. dies erforderlich ist, um den Professor aus dem Bereich außerhalb der deutschen Hochschulen zu gewinnen oder um die Abwanderung des Professors in diesen Bereich abzuwenden,
2. der Professor bereits Leistungsbezüge erhält, die den Unterschiedsbetrag zwischen den Grundgehältern der Besoldungsgruppe W 3 und der Besoldungsgruppe B 10 übersteigen, und dies erforderlich ist, um den Professor für eine andere deutsche Hochschule zu gewinnen oder um seine Abwanderung an eine andere deutsche Hochschule zu verhindern,
3. die Anwendung des § 77a zu einer Überschreitung des Unterschiedsbetrages führt.

Satz 1 gilt entsprechend für hauptberufliche Leiter von Hochschulen und Mitglieder von Leitungsgremien an Hochschulen, die nicht Professor sind.

(3) Leistungsbezüge nach Absatz 1 Satz 1 Nummer 1 und 2 sind bis zur Höhe von zusammen 22 Prozent des jeweiligen Grundgehalts ruhegehaltfähig, soweit sie unbefristet gewährt und jeweils mindestens zwei Jahre bezogen worden sind; werden sie befristet gewährt, können sie bei wiederholter Vergabe für ruhegehaltfähig erklärt werden. Für Leistungsbezüge nach Absatz 1 Satz 1 Nummer 3 gilt § 15a des Beamtenversorgungsgesetzes entsprechend mit der Maßgabe, dass der Betrag der Leistungsbezüge als Unterschiedsbetrag gilt. Leistungsbezüge nach Absatz 1 Satz 1 Nummer 1 und 2 können über den Prozentsatz nach Satz 1 hinaus für ruhegehaltfähig erklärt werden. Treffen ruhegehaltfähige Leistungsbezüge nach Absatz 1 Satz 1 Nummer 1 und 2 mit solchen nach Absatz 1 Satz 1 Nummer 3 zusammen, die vor Beginn des Bemessungszeitraumes nach Satz 1 vergeben worden sind, wird nur der bei der Berechnung des Ruhegehalts für den Beamten günstigere Betrag als ruhegehaltfähiger Dienstbezug berücksichtigt.

(4) Das Nähere zur Gewährung der Leistungsbezüge regeln durch Rechtsverordnung ohne Zustimmung des Bundesrates

1. das Bundesministerium der Verteidigung für seinen Geschäftsbereich,
2. das Bundesministerium des Innern, für Bau und Heimat im Einvernehmen mit dem für den jeweiligen Fachbereich zuständigen Bundesministerium für die Fachbereiche der Hochschule des Bundes für öffentliche Verwaltung sowie
3. das Bundesministerium für Arbeit und Soziales im Einvernehmen mit dem Bundesministerium des Innern, für Bau und Heimat für die Hochschule der Bundesagentur für Arbeit.

Insbesondere sind Bestimmungen zu treffen

1. über das Vergabeverfahren, über die Zuständigkeit für die Vergabe sowie über die Voraussetzungen und die Kriterien der Vergabe,
2. zur Ruhegehaltfähigkeit unbefristet gewährter Leistungsbezüge, die 22 Prozent des jeweiligen Grundgehalts übersteigen (Absatz 3 Satz 3), und von befristet gewährten Leistungsbezügen (Absatz 3 Satz 1 zweiter Halbsatz) sowie
3. über die Erhöhung oder Verminderung von Leistungsbezügen aus Anlass von Besoldungsanpassungen nach § 14.

§ 34 (weggefallen)

§ 35 Forschungs- und Lehrzulage

Das Bundesministerium der Verteidigung für seinen Bereich, das Bundesministerium des Innern, für Bau und Heimat im Einvernehmen mit den für die jeweiligen Fachbereiche zuständigen Bundesministerien für die Hochschule des Bundes für öffentliche Verwaltung sowie das Bundesministerium für Arbeit und Soziales im Einvernehmen mit dem Bundesministerium des Innern, für Bau und Heimat für die Hochschule der Bundesagentur für Arbeit können durch Rechtsverordnung vorsehen, dass an Professoren, die Mittel privater Dritter für Forschungsvorhaben oder Lehrvorhaben der Hochschule einwerben und diese Vorhaben durchführen, für die Dauer des Drittmittelflusses aus diesen Mitteln eine nicht ruhegehaltfähige Zulage vergeben werden kann. Eine Zulage für die Durchführung von Lehrvorhaben darf nur vergeben werden, wenn die entsprechende Lehrtätigkeit des Professors nicht auf seine Regellehrverpflichtung angerechnet wird. Das Bundesministerium für Arbeit und Soziales kann im Einvernehmen mit dem Bundesministerium des Innern, für Bau und Heimat die Befugnis nach Satz 1 auf den Vorstand der Bundesagentur für Arbeit durch Rechtsverordnung übertragen; Rechtsverordnungen, die auf Grund der Übertragung vom Vorstand der Bundesagentur für Arbeit erlassen werden, bedürfen des Einvernehmens mit dem Bundesministerium für Arbeit und Soziales und dem Bundesministerium des Innern, für Bau und Heimat.

§ 36 (weggefallen)

Unterabschnitt 4
Richter und Staatsanwälte

§ 37 Bundesbesoldungsordnung R

Die Ämter der Richter und Staatsanwälte, mit Ausnahme der Ämter der Vertreter des öffentlichen Interesses bei den Gerichten der Verwaltungsgerichtsbarkeit, und ihre Besoldungsgruppen sind in der Bundesbesoldungsordnung R (Anlage III) geregelt. Die Grundgehaltssätze der Besoldungsgruppen sind in Anlage IV ausgewiesen.

§ 38 Bemessung des Grundgehaltes

(1) Das Grundgehalt wird, soweit gesetzlich nichts anderes bestimmt ist, nach Stufen bemessen. Das Aufsteigen in den Stufen erfolgt entsprechend den in § 27 Abs. 3 Satz 1 genannten Zeiträumen. Zeiten ohne Anspruch auf Dienstbezüge verzögern den Aufstieg um diese Zeiten; die Zeiten sind auf volle Monate abzurunden.

(2) Mit der ersten Ernennung mit Anspruch auf Dienstbezüge im Anwendungsbereich dieses Gesetzes wird grundsätzlich ein Grundgehalt der Stufe 1 festgesetzt, soweit nicht nach Absatz 3 Zeiten anerkannt werden. Die Stufe wird mit Wirkung vom Ersten des Monats festgesetzt, in dem die Ernennung wirksam wird; die Stufenfestsetzung ist dem Richter oder Staatsanwalt schriftlich mitzuteilen. Die Sätze 1 und 2 gelten entsprechend für

1. die Versetzung, die Übernahme und den Übertritt in den Dienst des Bundes,
2. den Wechsel aus einem Amt der Bundesbesoldungsordnungen A, B, W oder C in ein Amt der Bundesbesoldungsordnung R sowie
3. die Einstellung eines ehemaligen Beamten, Richters, Berufssoldaten oder Soldaten auf Zeit in ein Amt der Bundesbesoldungsordnung R.

(3) Die §§ 28 und 30 sind entsprechend anzuwenden.

(4) Der Anspruch auf das Aufsteigen in den Stufen ruht für die Dauer einer vorläufigen Dienstenthebung. Führt ein Disziplinarverfahren zur Entfernung aus dem Dienst oder endet das Dienstverhältnis durch Entlassung auf Antrag des Richters oder Staatsanwaltes oder infolge strafgerichtlicher Verurteilung, so erlischt der Anspruch auch für die Zeit des Ruhens.

Abschnitt 3
Familienzuschlag

§ 39 Grundlage des Familienzuschlages

(1) Der Familienzuschlag wird nach der Anlage V gewährt. Seine Höhe richtet sich nach

der Besoldungsgruppe und der Stufe, die den Familienverhältnissen des Beamten, Richters oder Soldaten entspricht. Für Beamte auf Widerruf im Vorbereitungsdienst (Anwärter) ist die Besoldungsgruppe des Eingangsamtes maßgebend, in das der Anwärter nach Abschluss des Vorbereitungsdienstes unmittelbar eintritt.

(2) Bei ledigen Beamten oder Soldaten, die auf Grund dienstlicher Verpflichtungen in einer Gemeinschaftsunterkunft wohnen, wird der in Anlage V ausgebrachte Betrag auf das Grundgehalt angerechnet. Steht ihnen Kindergeld nach dem Einkommensteuergesetz oder nach dem Bundeskindergeldgesetz zu oder würde es ihnen ohne Berücksichtigung des § 64 oder § 65 des Einkommensteuergesetzes oder des § 3 oder § 4 des Bundeskindergeldgesetzes zustehen, so erhalten sie zusätzlich den Unterschiedsbetrag zwischen der Stufe 1 und der Stufe des Familienzuschlages, der der Anzahl der Kinder entspricht. § 40 Abs. 5 gilt entsprechend.

§ 40 Stufen des Familienzuschlages

(1) Zur Stufe 1 gehören:

1. verheiratete Beamte, Richter und Soldaten,
2. verwitwete Beamte, Richter und Soldaten,
3. geschiedene Beamte, Richter und Soldaten sowie Beamte, Richter und Soldaten, deren Ehe aufgehoben oder für nichtig erklärt ist, wenn sie dem früheren Ehegatten aus der letzten Ehe zum Unterhalt verpflichtet sind,
4. andere Beamte, Richter und Soldaten, die ein Kind nicht nur vorübergehend in ihre Wohnung aufgenommen haben, für das ihnen Kindergeld nach dem Einkommensteuergesetz oder nach dem Bundeskindergeldgesetz zusteht oder ohne Berücksichtigung der §§ 64 und 65 des Einkommensteuergesetzes oder der §§ 3 und 4 des Bundeskindergeldgesetzes zustehen würde, sowie andere Beamte, Richter und Soldaten, die eine Person nicht nur vorübergehend in ihre Wohnung aufgenommen haben, weil sie aus beruflichen oder gesundheitlichen Gründen ihrer Hilfe bedürfen.

Als in die Wohnung aufgenommen gilt ein Kind auch dann, wenn der Beamte, Richter oder Soldat es auf seine Kosten anderweitig untergebracht hat, ohne dass dadurch die häusliche Verbindung mit ihm aufgehoben werden soll. Beanspruchen mehrere nach Satz 1 Nummer 4 Anspruchsberechtigte, Angestellte im öffentlichen Dienst oder auf Grund einer Tätigkeit im öffentlichen Dienst Versorgungsberechtigte wegen der Aufnahme einer Person oder mehrerer Personen in die gemeinsam bewohnte Wohnung einen Familienzuschlag der Stufe 1 oder eine entsprechende Leistung, wird der Betrag der Stufe 1 des für den Beamten, Richter oder Soldaten maßgebenden Familienzuschlages nach der Zahl der Berechtigten anteilig gewährt. Satz 3 gilt entsprechend, wenn bei dauernd getrennt lebenden Eltern ein Kind in die Wohnungen beider Elternteile aufgenommen worden ist.

(2) Zur Stufe 2 und den folgenden Stufen gehören die Beamten, Richter und Soldaten der Stufe 1, denen Kindergeld nach dem Einkommensteuergesetz oder nach dem Bundeskindergeldgesetz zusteht oder ohne Berücksichtigung des § 64 oder § 65 des Einkommensteuergesetzes oder des § 3 oder § 4 des Bundeskindergeldgesetzes zustehen würde. Zur Stufe 2 und den folgenden Stufen gehören auch die Beamten, Richter und Soldaten der Stufe 1, die Kinder ihres Lebenspartners in ihren Haushalt aufgenommen haben, wenn andere Beamte, Richter oder Soldaten der Stufe 1 bei sonst gleichem Sachverhalt zur Stufe 2 oder einer der folgenden Stufen gehörten. Die Stufe richtet sich nach der Anzahl der berücksichtigungsfähigen Kinder.

(3) Ledige und geschiedene Beamte, Richter und Soldaten sowie Beamte, Richter und Soldaten, deren Ehe aufgehoben oder für nichtig erklärt ist, denen Kindergeld nach dem Einkommensteuergesetz oder nach dem Bundeskindergeldgesetz zusteht oder ohne Berücksichtigung des § 64 oder § 65 des Einkommensteuergesetzes oder des § 3 oder § 4 des Bundeskindergeldgesetzes zustehen würde, erhalten zusätzlich zum Grundgehalt den Unterschiedsbetrag zwischen der Stufe 1

und der Stufe des Familienzuschlages, der der Anzahl der berücksichtigungsfähigen Kinder entspricht. Dies gilt auch für Beamte, Richter und Soldaten, deren Lebenspartnerschaft aufgehoben worden ist und die Kinder ihres früheren Lebenspartners in ihren Haushalt aufgenommen haben, wenn Beamte, Richter oder Soldaten, die geschieden sind oder deren Ehe aufgehoben oder für nichtig erklärt ist, bei sonst gleichem Sachverhalt den Unterschiedsbetrag erhielten. Absatz 5 gilt entsprechend.

(4) Steht der Ehegatte eines Beamten, Richters oder Soldaten als Beamter, Richter, Soldat oder Angestellter im öffentlichen Dienst oder ist er auf Grund einer Tätigkeit im öffentlichen Dienst nach beamtenrechtlichen Grundsätzen versorgungsberechtigt und stünde ihm ebenfalls der Familienzuschlag der Stufe 1 oder einer der folgenden Stufen oder eine entsprechende Leistung in Höhe von mindestens der Hälfte der Stufe 1 des Familienzuschlages zu, so erhält der Beamte, Richter oder Soldat den Betrag der Stufe 1 des für ihn maßgebenden Familienzuschlages zur Hälfte; dies gilt auch für die Zeit, für die der Ehegatte Mutterschaftsgeld bezieht. § 6 findet auf den Betrag keine Anwendung, wenn einer der Ehegatten vollbeschäftigt oder nach beamtenrechtlichen Grundsätzen versorgungsberechtigt ist oder beide Ehegatten in Teilzeit beschäftigt sind und dabei zusammen mindestens die regelmäßige Arbeitszeit bei Vollzeitbeschäftigung erreichen.

(5) Stünde neben dem Beamten, Richter oder Soldaten einer anderen Person, die im öffentlichen Dienst steht oder auf Grund einer Tätigkeit im öffentlichen Dienst nach beamtenrechtlichen Grundsätzen oder nach einer Ruhelohnordnung versorgungsberechtigt ist, der Familienzuschlag nach Stufe 2 oder einer der folgenden Stufen zu, so wird der auf das Kind entfallende Betrag des Familienzuschlages dem Beamten, Richter oder Soldaten gewährt, wenn und soweit ihm das Kindergeld nach dem Einkommensteuergesetz oder nach dem Bundeskindergeldgesetz gewährt wird oder ohne Berücksichtigung des § 65 des Einkommensteuergesetzes oder des § 4 des Bundeskindergeldgesetzes vorrangig zu gewähren wäre; dem Familienzuschlag nach Stufe 2 oder einer der folgenden Stufen stehen der Sozialzuschlag nach den Tarifverträgen für Arbeiter des öffentlichen Dienstes, eine sonstige entsprechende Leistung oder das Mutterschaftsgeld gleich. Auf das Kind entfällt derjenige Betrag, der sich aus der für die Anwendung des Einkommensteuergesetzes oder des Bundeskindergeldgesetzes maßgebenden Reihenfolge der Kinder ergibt. § 6 findet auf den Betrag keine Anwendung, wenn einer der Anspruchsberechtigten im Sinne des Satzes 1 vollbeschäftigt oder nach beamtenrechtlichen Grundsätzen versorgungsberechtigt ist oder mehrere Anspruchsberechtigte in Teilzeit beschäftigt sind und dabei zusammen mindestens die regelmäßige Arbeitszeit bei Vollzeitbeschäftigung erreichen.

(6) Öffentlicher Dienst im Sinne der Absätze 1, 4 und 5 ist die Tätigkeit im Dienste des Bundes, eines Landes, einer Gemeinde oder anderer Körperschaften, Anstalten und Stiftungen des öffentlichen Rechts oder der Verbände von solchen; ausgenommen ist die Tätigkeit bei öffentlich-rechtlichen Religionsgesellschaften oder ihren Verbänden, sofern nicht bei organisatorisch selbständigen Einrichtungen, insbesondere bei Schulen, Hochschulen, Krankenhäusern, Kindergärten, Altersheimen, die Voraussetzungen des Satzes 3 erfüllt sind. Dem öffentlichen Dienst steht die Tätigkeit im Dienst einer zwischenstaatlichen oder überstaatlichen Einrichtung gleich, an der der Bund oder eine der in Satz 1 bezeichneten Körperschaften oder einer der dort bezeichneten Verbände durch Zahlung von Beiträgen oder Zuschüssen oder in anderer Weise beteiligt ist. Dem öffentlichen Dienst steht ferner gleich die Tätigkeit im Dienst eines sonstigen Arbeitgebers, der die für den öffentlichen Dienst geltenden Tarifverträge oder Tarifverträge wesentlich gleichen Inhaltes oder die darin oder in Besoldungsgesetzen über Familienzuschläge oder Sozialzuschläge getroffenen Regelungen oder vergleichbare Regelungen anwendet, wenn der Bund oder eine der in Satz 1 bezeichneten Körperschaften oder Verbände

durch Zahlung von Beiträgen oder Zuschüssen oder in anderer Weise beteiligt ist. Die Entscheidung, ob die Voraussetzungen erfüllt sind, trifft das Bundesministerium des Innern oder die von ihm bestimmte Stelle.

(7) Die Bezügestellen des öffentlichen Dienstes (Absatz 6) dürfen die zur Durchführung dieser Vorschrift erforderlichen personenbezogenen Daten erheben und untereinander austauschen.

§ 41 Änderung des Familienzuschlages

Der Familienzuschlag wird vom Ersten des Monats an gezahlt, in den das hierfür maßgebende Ereignis fällt. Er wird nicht mehr gezahlt für den Monat, in dem die Anspruchsvoraussetzungen an keinem Tage vorgelegen haben. Die Sätze 1 und 2 gelten entsprechend für die Zahlung von Teilbeträgen der Stufen des Familienzuschlages.

Abschnitt 4 Zulagen, Prämien, Zuschläge, Vergütungen

§ 42 Amtszulagen und Stellenzulagen

(1) Für herausgehobene Funktionen können Amtszulagen und Stellenzulagen vorgesehen werden. Sie dürfen 75 Prozent des Unterschiedsbetrages zwischen dem Endgrundgehalt der Besoldungsgruppe des Beamten, Richters oder Soldaten und dem Endgrundgehalt der nächsthöheren Besoldungsgruppe nicht übersteigen, soweit gesetzlich nichts anderes bestimmt ist.

(2) Die Amtszulagen sind unwiderruflich und ruhegehaltfähig. Sie gelten als Bestandteil des Grundgehaltes.

(3) Die Stellenzulagen dürfen nur für die Dauer der Wahrnehmung der herausgehobenen Funktion gewährt werden. Wird dem Beamten, Richter oder Soldaten vorübergehend eine andere Funktion übertragen, die zur Herbeiführung eines im besonderen öffentlichen Interesse liegenden unaufschiebbaren und zeitgebundenen Ergebnisses im Inland wahrgenommen werden muss, wird für die Dauer ihrer Wahrnehmung die Stellenzulage weiter gewährt; sie wird für höchstens drei Monate auch weiter gewährt, wenn die vorübergehende Übertragung einer anderen Funktion zur Sicherung der Funktionsfähigkeit des Behördenbereichs, in dem der Beamte, Richter oder Soldat eingesetzt wird, dringend erforderlich ist. Daneben wird eine Stellenzulage für diese andere Funktion nur in der Höhe des Mehrbetrages gewährt. Die Entscheidung, ob die Voraussetzungen des Satzes 2 vorliegen, trifft die oberste Dienstbehörde oder die von ihr bestimmte Stelle.

(4) Die Stellenzulagen sind widerruflich und nur ruhegehaltfähig, wenn dies gesetzlich bestimmt ist.

§ 42a Prämien und Zulagen für besondere Leistungen

(1) Die Bundesregierung wird ermächtigt, durch Rechtsverordnung die Gewährung von Leistungsprämien (Einmalzahlungen) und Leistungszulagen zur Abgeltung herausragender besonderer Leistungen folgender Besoldungsempfänger in Besoldungsgruppen mit aufsteigenden Gehältern zu regeln:

1. Beamte und Soldaten,
2. Richter, die ihr Amt nicht ausüben,
3. Staatsanwälte.

(2) Die Gesamtzahl der in einem Kalenderjahr bei einem Dienstherrn vergebenen Leistungsprämien und Leistungszulagen darf 15 Prozent der Zahl der bei dem Dienstherrn vorhandenen Besoldungsempfänger nach Absatz 1 nicht übersteigen. Die Überschreitung des Prozentsatzes nach Satz 1 ist in dem Umfang zulässig, in dem von der Möglichkeit der Vergabe von Leistungsstufen nach § 27 Absatz 6 Satz 2 kein Gebrauch gemacht wird. In der Verordnung kann zugelassen werden, dass bei Dienstherren mit weniger als sieben Besoldungsempfängern in jedem Kalenderjahr einem Besoldungsempfänger eine Leistungsprämie oder eine Leistungszulage gewährt werden kann. Leistungsprämien und Leistungszulagen sind nicht ruhegehaltfähig; erneute Bewilligungen sind möglich. Die Zahlung von Leistungszulagen ist zu befristen; bei Leistungsabfall sind sie zu widerrufen. Leistungsprämien dürfen das Anfangsgrundgehalt der Besoldungsgruppe des Besoldungsempfängers, Leistungszulagen

dürfen monatlich 7 Prozent des Anfangsgrundgehaltes nicht übersteigen. Die Entscheidung über die Bewilligung trifft die zuständige oberste Dienstbehörde oder die von ihr bestimmte Stelle.

(3) In der Verordnung sind Anrechnungs- oder Ausschlussvorschriften zu Zahlungen, die aus demselben Anlass geleistet werden, vorzusehen. In der Verordnung kann vorgesehen werden, dass Leistungsprämien und Leistungszulagen, die an mehrere Besoldungsempfänger wegen ihrer wesentlichen Beteiligung an einer durch enges arbeitsteiliges Zusammenwirken erbrachten Leistung vergeben werden, zusammen nur als eine Leistungsprämie oder Leistungszulage im Sinne des Absatzes 2 Satz 1 gelten. Leistungsprämien und Leistungszulagen nach Satz 2 dürfen zusammen 250 Prozent des in Absatz 2 Satz 6 geregelten Umfangs nicht übersteigen; maßgeblich ist die höchste Besoldungsgruppe der an der Leistung wesentlich beteiligten Besoldungsempfänger. Für Teilprämien und Teilzulagen, die sich nach den Sätzen 2 und 3 für die einzelnen Besoldungsempfänger ergeben, gilt Absatz 2 Satz 6 entsprechend. Bei Übertragung eines anderen Amtes mit höherem Endgrundgehalt (Grundgehalt) oder bei Gewährung einer Amtszulage können in der Verordnung Anrechnungs- oder Ausschlussvorschriften zu Leistungszulagen vorgesehen werden.

(4) Bis zur Festlegung eines höheren Prozentsatzes entspricht das Vergabebudget für die jeweiligen Leistungsbezahlungsinstrumente mindestens 0,3 Prozent der Ausgaben für die Besoldung im jeweiligen Haushalt. Im Bundeshaushalt werden hiervon jährlich zentral veranschlagte Mittel in Höhe von 31 Millionen Euro zur Verfügung gestellt. Für die Ermittlung der Besoldungsausgaben wird jeweils das vorangegangene Kalenderjahr zugrunde gelegt. Das Vergabebudget ist zweckentsprechend zu verwenden und jährlich vollständig auszuzahlen.

§ 42b Prämie für besondere Einsatzbereitschaft

(1) Einem Beamten oder Soldaten kann für seine Verwendung bei der Herbeiführung eines im besonderen öffentlichen Interesse liegenden unaufschiebbaren und zeitgebundenen Ergebnisses im Inland eine Prämie gewährt werden.

(2) Die Prämie beträgt

1. für eine Verwendung von bis zu sechs Monaten bis zu 3000 Euro,
2. für eine weitere, darüber hinausgehende Verwendung halbjährlich bis zu 1500 Euro.

Die Höhe der Prämie bemisst sich nach der Dauer der Verwendung, der Bedeutung des Ergebnisses für das öffentliche Interesse sowie der Herausforderung für den Beamten oder Soldaten. Die Auszahlung erfolgt nach erfolgreichem Abschluss der Verwendung. Im Fall des Satzes 1 Nummer 2 kann die Auszahlung halbjährlich erfolgen.

(3) Die Entscheidung über die Gewährung der Prämie trifft die oberste Dienstbehörde im Einvernehmen mit dem Bundesministerium des Innern, für Bau und Heimat und dem Bundesministerium der Finanzen.

(4) Die Absätze 1 bis 3 gelten auch für Beamte auf Widerruf.

§ 43 Personalgewinnungs- und Personalbindungsprämie

(1) Einem zu gewinnenden Beamten oder Berufssoldaten kann eine nicht ruhegehaltfähige Personalgewinnungsprämie gewährt werden,

1. um einen oder mehrere gleichartige Dienstposten anforderungsgerecht besetzen zu können oder
2. um sicherzustellen, dass Funktionen in von den obersten Dienstbehörden bestimmten Verwendungsbereichen wahrgenommen werden können.

Der Entscheidung kann eine prognostizierte Bewerberlage zugrunde gelegt werden.

(2) Die Prämie wird für höchstens 48 Monate gewährt. Sie wird in einem Betrag gezahlt. Abweichend davon kann die Prämie in Teilbeträgen für mindestens sechs Monate gezahlt werden. Nach der Erstgewährung kann die Prämie zweimal wiederholt gewährt werden, wenn – unterstellt, dass der Beamte oder Berufssoldat noch nicht gewonnen wurde – die Voraussetzungen des Absatzes 1 Satz 1

wieder oder immer noch vorlägen. Der Gewährungszeitraum endet spätestens mit dem Erreichen der Altersgrenze nach § 51 Absatz 1 bis 3 des Bundesbeamtengesetzes oder nach § 45 Absatz 1 des Soldatengesetzes.

(3) Die Prämie kann für jeden Monat der erstmaligen Gewährung bis zu 30 Prozent des Grundgehalts der jeweiligen Besoldungsgruppe betragen; bei Beamten und Berufssoldaten der Besoldungsgruppen der Bundesbesoldungsordnung A ist das jeweilige Anfangsgrundgehalt zugrunde zu legen. Die Höhe der Prämie sowie Beginn und Ende des Gewährungszeitraums sind festzusetzen. Bei wiederholter Gewährung der Prämie verringert sich der Höchstbetrag nach Satz 1 erster Halbsatz jeweils um ein Drittel.

(4) Im dringenden dienstlichen Interesse kann eine nicht ruhegehaltfähige Personalbindungsprämie gewährt werden, um die Abwanderung eines Beamten oder Berufssoldaten aus dem Bundesdienst zu verhindern, wenn das Einstellungsangebot eines anderen Dienstherrn oder eines anderen Arbeitgebers vorliegt. Absatz 1 Satz 2, Absatz 2 Satz 1 und 2 sowie Absatz 3 Satz 2 gelten entsprechend. Die Höhe der Prämie kann für jeden Monat des Gewährungszeitraums bis zu 50 Prozent der Differenz zwischen dem Grundgehalt zum Zeitpunkt der Prämiengewährung und dem Gehalt des Einstellungsangebots, höchstens 75 Prozent des Grundgehalts zum Zeitpunkt der Prämiengewährung, betragen.

(5) Berufssoldaten kann eine nicht ruhegehaltfähige Personalbindungsprämie auch gewährt werden, um eine längere als die eingeplante Verweildauer auf dem Dienstposten oder in dem Verwendungsbereich zu ermöglichen. In diesem Fall ist die Prämie nach Absatz 3 Satz 1 zu bemessen. Absatz 1 Satz 2 sowie die Absätze 2 und 3 Satz 2 gelten entsprechend.

(6) Der Beamte oder Berufssoldat, dem die Prämie gewährt worden ist, ist verpflichtet, für den Gewährungszeitraum auf dem jeweiligen Dienstposten zu verbleiben oder eine Funktion im jeweiligen Verwendungsbereich wahrzunehmen. Der Gewährungszeitraum wird durch Unterbrechungen, die zusammengerechnet länger als ein Zwölftel des Gewährungszeitraums andauern, entsprechend verlängert. Wird die Verpflichtung nach Satz 1 nicht erfüllt, ist die Prämie in voller Höhe zurückzuzahlen. Von der Rückforderung kann aus Billigkeitsgründen abgesehen werden, wenn die Verpflichtung nach Satz 1 aus Gründen, die der Beamte oder Berufssoldat nicht zu vertreten hat, nicht erfüllt werden kann. Von der Rückforderung ist abzusehen, wenn der Beamte oder Berufssoldat stirbt oder wegen Dienstunfähigkeit in den Ruhestand versetzt wird.

(7) Die Prämie wird nicht gewährt neben

1. einer Prämie für Angehörige der Spezialkräfte der Bundeswehr nach § 43a,
2. einer Verpflichtungsprämie für Soldaten auf Zeit nach § 44, soweit die Personalgewinnungs- oder Personalbindungsprämie die Verpflichtungsprämie nicht übersteigt,
3. einem Zuschlag nach § 53 Absatz 1 Satz 5 zur Sicherung einer anforderungsgerechten Besetzung von Dienstposten im Ausland sowie
4. einer Auslandsverpflichtungsprämie nach § 57 Absatz 1.

(8) Die Ausgaben für die Prämien eines Dienstherrn dürfen 0,5 Prozent der im jeweiligen Einzelplan veranschlagten jährlichen Besoldungsausgaben, zuzüglich der im Rahmen einer flexibilisierten Haushaltsführung für diesen Zweck erwirtschafteten Mittel, nicht überschreiten.

(9) Die Entscheidungen nach dieser Vorschrift trifft die oberste Dienstbehörde oder die von ihr bestimmte Stelle.

§ 43a Prämien für Angehörige der Spezialkräfte der Bundeswehr

(1) Wer als Kommandosoldat oder als Kampfschwimmer für Einsatzaufgaben der Spezialkräfte der Bundeswehr verwendet oder für eine solche Verwendung ausgebildet wird, erhält Prämien nach Maßgabe der Absätze 2 bis 4.

(2) Eine Prämie in Höhe von einmalig 6000 Euro erhält, wer ein Auswahlverfahren bei den Spezialkräften der Bundeswehr für

eine Verwendung im Sinne des Absatzes 1 bestanden hat und ausgebildet wird. Der Anspruch entsteht mit Beginn dieser Ausbildung. Er erlischt rückwirkend, wenn die Ausbildung aus Gründen, die der Soldat zu vertreten hat, endet, bevor der Anspruch auf eine Prämie nach Absatz 3 entstanden ist.

(3) Eine Prämie in Höhe von einmalig 8000 Euro erhält, wer die Ausbildung für Einsatzaufgaben der Spezialkräfte der Bundeswehr erfolgreich abgeschlossen hat und entsprechend verwendet wird. Der Anspruch entsteht mit Beginn der Verwendung. Er erlischt rückwirkend, wenn die Verwendung aus Gründen, die der Soldat zu vertreten hat, vor Ablauf von sechs Jahren seit Beginn der Ausbildung für eine Verwendung nach Absatz 1 endet. Satz 3 gilt entsprechend, wenn diese Verwendung aus Gründen, die der Soldat zu vertreten hat, für einen Zeitraum von mehr als drei Monaten unterbrochen und dadurch die Verwendungsdauer von insgesamt sechs Jahren nicht erreicht wird.

(4) Eine jährliche Prämie erhält, wer über sechs Jahre hinaus für Einsatzaufgaben der Spezialkräfte der Bundeswehr zur Verfügung steht. Der Zeitraum von sechs Jahren rechnet ab dem Beginn der Ausbildung für eine Verwendung nach Absatz 1. Der Anspruch entsteht zu Beginn des siebten oder eines jeden weiteren Jahres der Verwendung. Besteht die Verwendung aus Gründen, die der Soldat zu vertreten hat, nicht während des gesamten Jahres, steht nur der Teil der Prämie zu, der der Verwendungsdauer entspricht. Die jährliche Prämie beträgt nach einer Dienstzeit von

1. über sechs und weniger als neun Jahren 10 000 Euro,
2. neun und weniger als zwölf Jahren 11 000 Euro,
3. zwölf und weniger als fünfzehn Jahren 12 000 Euro,
4. fünfzehn Jahren und länger 13 000 Euro.

§ 44 Verpflichtungsprämie für Soldaten auf Zeit

(1) Einem Soldaten auf Zeit kann zur Sicherstellung der personellen Einsatzbereitschaft der Bundeswehr, unter Berücksichtigung militärischer Personalplanung oder militärfachlicher Erfordernisse, eine Verpflichtungsprämie gewährt werden

1. bei der Begründung eines Dienstverhältnisses,
2. bei der Weiterverpflichtung oder
3. bei einem bestehenden Dienstverhältnis, um einen Dienstposten anforderungsgerecht besetzen zu können.

(2) Die Prämie kann für jedes Jahr der Gewährung bis zum Zweifachen des Anfangsgrundgehalts der jeweiligen Besoldungsgruppe betragen. Für die personelle Einsatzbereitschaft der Bundeswehr besonders relevantes Schlüsselpersonal kann die Prämie bis zum Dreieinhalbfachen des Anfangsgrundgehalts der jeweiligen Besoldungsgruppe betragen. Die Höhe der Prämie sowie Beginn und Ende des Gewährungszeitraums sind festzusetzen.

(3) Die Prämie wird frühestens nach Ablauf einer Dienstzeit von sechs Monaten gezahlt. Die für die Prämienbemessung maßgebliche Dienstzeit bemisst sich unter Ausschluss der nach § 40 Absatz 6 des Soldatengesetzes in der Dienstzeitfestsetzung eingerechneten Zeiten. Wird die Dienstzeit stufenweise festgesetzt, wird die Prämie anteilig entsprechend der jeweils festgesetzten Dienstzeit gewährt.

(4) Mit Gewährung der Prämie besteht für den Soldaten auf Zeit die Verpflichtung, mindestens für den Gewährungszeitraum im Dienst zu verbleiben. Unterbrechungen, die zusammengerechnet länger als ein Zwölftel des Gewährungszeitraums andauern, verlängern den Gewährungszeitraum entsprechend. Erfüllt der Soldat auf Zeit die Verpflichtung nicht, so hat er die Prämie in voller Höhe zurückzuzahlen. Von der Rückforderung kann aus Billigkeitsgründen abgesehen werden, wenn die Verpflichtung nach Satz 1 aus Gründen, die vom Soldaten auf Zeit nicht zu vertreten sind, nicht erfüllt werden kann. Von der Rückforderung ist abzusehen, wenn der Soldat auf Zeit stirbt oder wegen Dienstunfähigkeit entlassen wird.

(5) Die Prämie wird nicht gewährt neben

1. einer Prämie für Angehörige der Spezialkräfte der Bundeswehr nach § 43a sowie

2. einem Zuschlag nach § 53 Absatz 1 Satz 5 zur Sicherung einer anforderungsgerechten Besetzung von Dienstposten im Ausland.

Prämien nach Absatz 1 Nummer 1 bis 3 können nebeneinander gewährt werden, soweit sie insgesamt den Höchstbetrag nach Absatz 2 Satz 2 nicht übersteigen.

(6) Entscheidungen nach den Absätzen 1 bis 5, insbesondere über eine Staffelung der Prämienbeträge in den Fällen des Absatzes 1, trifft das Bundesministerium der Verteidigung oder eine von ihm bestimmte Stelle.

(7) Die Ausgaben für Prämien des Dienstherrn dürfen 2 Prozent der im Einzelplan des Bundesministeriums der Verteidigung veranschlagten jährlichen Besoldungsausgaben für Soldaten nicht überschreiten.

§ 45 Zulage für die Wahrnehmung befristeter Funktionen

(1) Wird einem Beamten oder Soldaten eine herausgehobene Funktion befristet übertragen, kann er eine Zulage zu seinen Dienstbezügen erhalten. Satz 1 gilt entsprechend für die Übertragung einer herausgehobenen Funktion, die üblicherweise nur befristet wahrgenommen wird. Die Zulage kann ab dem siebten Monat der ununterbrochenen Wahrnehmung bis zu einer Dauer von höchstens fünf Jahren gezahlt werden.

(2) Die Zulage wird bis zur Höhe des Unterschiedsbetrages zwischen dem Grundgehalt seiner Besoldungsgruppe und dem Grundgehalt der Besoldungsgruppe, die der Wertigkeit der wahrgenommenen Funktion entspricht, höchstens jedoch der dritten folgenden Besoldungsgruppe, gewährt. Die Zulage vermindert sich bei jeder Beförderung um den jeweiligen Erhöhungsbetrag. § 13 findet keine Anwendung.

(3) Die Entscheidung über die Zahlung der Zulage trifft im Rahmen haushaltsrechtlicher Bestimmungen die oberste Dienstbehörde.

§ 46 (weggefallen)

§ 47 Zulagen für besondere Erschwernisse

(1) Die Bundesregierung wird ermächtigt, durch Rechtsverordnung die Gewährung von Zulagen zur Abgeltung besonderer, bei der Bewertung des Amtes oder bei der Regelung der Anwärterbezüge nicht berücksichtigter Erschwernisse (Erschwerniszulagen) zu regeln. Die Zulagen sind widerruflich und nicht ruhegehaltfähig. Es kann bestimmt werden, inwieweit mit der Gewährung von Erschwerniszulagen ein besonderer Aufwand des Beamten, Richters oder Soldaten mit abgegolten ist.

(2) Die Bundesregierung kann die Befugnis zur Regelung der Abgeltung besonderer Erschwernisse, die durch Dienst zu wechselnden Zeiten entstehen, durch Rechtsverordnung übertragen

1. für Beamte des Bundeseisenbahnvermögens, die der Deutsche Bahn Aktiengesellschaft oder einer nach § 2 Absatz 1 und § 3 Absatz 3 des Deutsche Bahn Gründungsgesetzes vom 27. Dezember 1993 (BGBl. I S. 2378, 2386) ausgegliederten Gesellschaft zugewiesen sind, auf das Bundesministerium für Verkehr und digitale Infrastruktur, das die Regelung im Einvernehmen mit dem Bundesministerium der Finanzen und dem Bundesministerium des Innern, für Bau und Heimat trifft, und
2. für Beamte, die bei einem Postnachfolgeunternehmen beschäftigt sind, auf das Bundesministerium der Finanzen, das die Regelung nach Anhörung des Vorstands des Postnachfolgeunternehmens im Einvernehmen mit dem Bundesministerium des Innern, für Bau und Heimat trifft.

§ 48 Mehrarbeitsvergütung

(1) Die Bundesregierung wird ermächtigt, durch Rechtsverordnung die Gewährung einer Mehrarbeitsvergütung (§ 88 des Bundesbeamtengesetzes) für Beamte zu regeln, soweit die Mehrarbeit nicht durch Dienstbefreiung ausgeglichen wird. Die Vergütung darf nur für Beamte in Bereichen vorgesehen werden, in denen nach Art der Dienstverrichtung eine Mehrarbeit messbar ist. Die Höhe der Vergütung ist nach dem Umfang der tatsächlich geleisteten Mehrarbeit festzusetzen. Sie ist unter Zusammenfassung von Besoldungsgruppen zu staffeln; für Teilzeitbeschäftigte können abweichende Regelungen getroffen werden.

(2) Die Bundesregierung wird ermächtigt, durch Rechtsverordnung die Gewährung einer Ausgleichszahlung in Höhe der zum Zeitpunkt des Ausgleichsanspruchs geltenden Sätze der Mehrarbeitsvergütung für Beamte zu regeln, bei denen ein Arbeitszeitausgleich aus einer langfristigen ungleichmäßigen Verteilung der Arbeitszeit, während der eine von der für sie jeweils geltenden regelmäßigen Arbeitszeit abweichende Arbeitszeit festgelegt wurde, nicht oder nur teilweise möglich ist.

§ 49 Vergütung für Vollziehungsbeamte in der Bundesfinanzverwaltung; Verordnungsermächtigung

(1) Das Bundesministerium der Finanzen wird ermächtigt, durch Rechtsverordnung im Einvernehmen mit dem Bundesministerium des Innern, für Bau und Heimat die Gewährung einer Vergütung für Beamte zu regeln, die als Vollziehungsbeamte in der Bundesfinanzverwaltung tätig sind. Die Rechtsverordnung bedarf nicht der Zustimmung des Bundesrates.

(2) In der Rechtsverordnung ist zu regeln, welche Vollstreckungshandlungen vergütet werden.

(3) Die Höhe der Vergütung kann bemessen werden

1. nach den Beträgen, die durch Vollstreckungshandlungen vereinnahmt werden,
2. nach der Art der vorgenommenen Vollstreckungshandlungen,
3. nach der Zahl der vorgenommenen Vollstreckungshandlungen.

Für das Kalenderjahr oder den Kalendermonat können Höchstbeträge bestimmt werden.

(4) In der Rechtsverordnung kann bestimmt werden, inwieweit mit der Vergütung ein besonderer Aufwand des Beamten mit abgegolten ist.

§ 50 Mehrarbeitsvergütung für Soldaten

Das Bundesministerium des Innern, für Bau und Heimat wird ermächtigt, durch Rechtsverordnung im Einvernehmen mit dem Bundesministerium der Verteidigung und dem Bundesministerium der Finanzen in Fällen, in denen die regelmäßige wöchentliche Arbeitszeit gilt, die Gewährung einer Mehrarbeitsvergütung für Soldaten zu regeln, soweit die Mehrarbeit nicht durch Dienstbefreiung ausgeglichen wird. Die Vergütung darf nur für Soldaten in Bereichen vorgesehen werden, in denen nach der Art der Dienstverrichtung eine Mehrarbeit messbar ist. Die Höhe der Vergütung ist nach dem Umfang der tatsächlich geleisteten Mehrarbeit festzusetzen. Sie ist unter Zusammenfassung von Besoldungsgruppen zu staffeln; für Teilzeitbeschäftigte können abweichende Regelungen getroffen werden.

§ 50a Vergütung für Soldaten mit besonderer zeitlicher Belastung

(1) Soldaten mit Dienstbezügen nach der Bundesbesoldungsordnung A erhalten für tatsächlich geleistete Dienste in den in § 30c Absatz 4 des Soldatengesetzes genannten Fällen eine Vergütung, soweit ein über einen dienstfreien Tag im Kalendermonat hinausgehender zeitlicher Ausgleich nicht gewährt werden kann.

(2) Die Vergütung beträgt 101 Euro für jeden Tag, für den keine Freistellung vom Dienst gewährt werden kann.

(3) Die Vergütung wird nicht gewährt

1. neben Auslandsbesoldung nach Abschnitt 5,
2. für Dienst, der als erzieherische Maßnahme angeordnet worden ist, sowie für Dienst, der während der Vollstreckung von gerichtlicher Freiheitsentziehung, Disziplinararrest oder Ausgangsbeschränkung geleistet worden ist,
3. im Spannungs- oder Verteidigungsfall,
4. für Dienst im Bereitschaftsfall.

Abweichend von Satz 1 Nummer 1 kann die Vergütung neben Auslandsdienstbezügen nach § 52 bei soldatischen Tätigkeiten in den Streitkräften gewährt werden, wenn eine Freistellung vom Dienst aus den folgenden zwingenden dienstlichen Gründen nicht möglich ist:

1. Sicherstellung der militärischen Einsatzbereitschaft im Rahmen der Landes- und Bündnisverteidigung,

2. weitere Teilnahme an angeordnetem Dienst außerhalb des Grundbetriebs nach § 30c Absatz 4 des Soldatengesetzes oder
3. dienstlich notwendige Teilnahme an militärfachlichen und laufbahnspezifischen Ausbildungen.

(4) Neben der Vergütung nach Absatz 1 wird keine Vergütung nach den §§ 50 und 50b gewährt.

§ 50b Vergütung für Bereitschaftsdienst und Rufbereitschaft im Sanitätsdienst in Bundeswehrkrankenhäusern

(1) Das Bundesministerium des Innern, für Bau und Heimat wird ermächtigt, durch Rechtsverordnung im Einvernehmen mit dem Bundesministerium der Verteidigung und dem Bundesministerium der Finanzen die Gewährung einer Vergütung für Beamte und Soldaten im Sanitätsdienst in Bundeswehrkrankenhäusern mit Dienstbezügen nach der Bundesbesoldungsordnung A zu regeln für Zeiten

1. eines Bereitschaftsdienstes außerhalb der regelmäßigen Arbeitszeit,
2. einer Rufbereitschaft,
3. einer tatsächlichen Inanspruchnahme während einer Rufbereitschaft.

(2) Zeiten eines Bereitschaftsdienstes werden entsprechend der durchschnittlich anfallenden tatsächlichen Inanspruchnahme pauschal berücksichtigt. Zeiten einer Rufbereitschaft, die 10 Stunden im Kalendermonat übersteigen, werden zu einem Achtel berücksichtigt. Zeiten einer tatsächlichen Inanspruchnahme während einer Rufbereitschaft werden vollständig berücksichtigt. Zeiten einer Tätigkeit, für die Gebühren nach der Gebührenordnung für Ärzte oder der Gebührenordnung für Zahnärzte berechnet werden können, bleiben unberücksichtigt.

§ 50c Vergütung für Beamte im Einsatzdienst der Bundeswehrfeuerwehren

(1) Beamte, die im Einsatzdienst der Bundeswehrfeuerwehren verwendet werden und deren regelmäßige wöchentliche Arbeitszeit 48 Stunden beträgt, erhalten für jeden geleisteten Dienst von mehr als 10 Stunden eine Vergütung, wenn sie sich zu einer Verlängerung der regelmäßigen wöchentlichen Arbeitszeit auf bis zu 54 Stunden im Siebentageszeitraum schriftlich oder elektronisch bereit erklärt haben und die über 48 Stunden hinausgehende wöchentliche Arbeitszeit nicht durch Freizeit ausgeglichen werden kann. Die Vergütung beträgt bei einer durchschnittlichen Arbeitszeit von 54 Stunden im Siebentageszeitraum

1. für einen Dienst von mehr als 10 Stunden 25,50 Euro,
2. für einen Dienst von 24 Stunden 51 Euro.

(2) Bei einer geringeren durchschnittlichen wöchentlichen Arbeitszeit werden die Beträge nach Absatz 1 Satz 2 anteilig gewährt, und zwar entsprechend dem Teil der durchschnittlichen wöchentlichen Arbeitszeit, der über 48 Stunden hinausgeht. Dabei ist die durchschnittliche wöchentliche Arbeitszeit in einem Kalendermonat auf volle Stunden zu runden. Bei einem Bruchteil von mindestens 30 Minuten wird aufgerundet; ansonsten wird abgerundet.

§ 50d Vergütung für Soldaten mit besonderen Alarmierungsverpflichtungen

(1) Soldaten, für die besondere Alarmierungsverpflichtungen im Rahmen nationaler oder multinationaler Verpflichtungen gelten und für die eine ständige Erreichbarkeit außerhalb der regelmäßigen Arbeitszeit mit einer Rückkehrverpflichtung zur Dienststelle angeordnet wurde, erhalten eine Vergütung nach Maßgabe des Absatzes 2. Mit der Vergütung sind alle zeitlichen und sonstigen Belastungen abgegolten, die durch die angeordnete ständige Erreichbarkeit und Rückkehrverpflichtung entstehen.

(2) Die Vergütung beträgt bei einer für einen vollen Monat angeordneten ständigen Erreichbarkeit mit Rückkehrzeiten zur Dienststelle

1. unterhalb von zwei Stunden, 500 Euro,
2. oberhalb von zwei Stunden bis zwölf Stunden, 300 Euro,

III

3. oberhalb von zwölf Stunden bis 24 Stunden, 150 Euro,
4. oberhalb von 24 Stunden bis 48 Stunden, 75 Euro.

Soweit die Anordnung nicht für volle Kalendermonate erfolgt, wird die Vergütung anteilig gewährt.

§ 51 Andere Zulagen und Vergütungen

Andere als die in diesem Abschnitt geregelten Zulagen und Vergütungen dürfen nur gewährt werden, soweit dies gesetzlich bestimmt ist. Vergütungen für Nebentätigkeiten im öffentlichen Dienst bleiben unberührt.

Abschnitt 5 Auslandsbesoldung

§ 52 Auslandsdienstbezüge

(1) Auslandsdienstbezüge werden gezahlt bei dienstlichem und tatsächlichem Wohnsitz im Ausland (ausländischer Dienstort), der nicht einer Tätigkeit im Grenzverkehr und nicht einer besonderen Verwendung im Ausland dient (allgemeine Verwendung im Ausland). Sie setzen sich zusammen aus Auslandszuschlag und Mietzuschuss.

(2) Die Auslandsdienstbezüge werden bei Umsetzung oder Versetzung zwischen dem Inland und dem Ausland vom Tag nach dem Eintreffen am ausländischen Dienstort bis zum Tag vor der Abreise aus diesem Ort gezahlt. Bei Umsetzung oder Versetzung im Ausland werden sie bis zum Tag des Eintreffens am neuen Dienstort nach den für den bisherigen Dienstort maßgebenden Sätzen gezahlt.

(3) Die Absätze 1 und 2 gelten entsprechend, wenn der Beamte, Richter oder Soldat für einen Zeitraum von mehr als drei Monaten vom Inland ins Ausland oder im Ausland abgeordnet oder kommandiert ist. Der Abordnung kann eine Verwendung im Ausland nach § 29 des Bundesbeamtengesetzes gleichgestellt werden. Absatz 1 Satz 1 gilt nicht

1. bei einer Umsetzung, Abordnung oder Kommandierung vom Ausland in das Inland für mehr als drei Monate,
2. bei einer Umsetzung, Abordnung oder Kommandierung vom Ausland in das Inland für bis zu drei Monate, wenn die Voraussetzungen des Satzes 1 nicht erfüllt sind,
3. wenn der Besoldungsempfänger nach der Umsetzung, Abordnung oder Kommandierung vom Ausland in das Inland nicht mehr in das Ausland zurückkehrt.

Die oberste Dienstbehörde kann im Einvernehmen mit dem Bundesministerium des Innern, für Bau und Heimat Ausnahmen von den Sätzen 1 und 2 zulassen.

(4) Beamte, Richter und Soldaten, denen für ihre Person das Grundgehalt einer höheren Besoldungsgruppe als der für ihr Amt im Ausland vorgesehenen zusteht, erhalten die Auslandsdienstbezüge nur nach der niedrigeren Besoldungsgruppe. Das Grundgehalt der niedrigeren Besoldungsgruppe und der entsprechende Familienzuschlag werden auch dem Kaufkraftausgleich zugrunde gelegt.

§ 53 Auslandszuschlag

(1) Der Auslandszuschlag gilt materiellen Mehraufwand sowie allgemeine und dienstortbezogene immaterielle Belastungen der allgemeinen Verwendung im Ausland ab. Er bemisst sich nach der Höhe des Mehraufwands und der Belastungen, zusammengefasst in Dienstortstufen, sowie des zustehenden Grundgehalts, darüber hinaus nach der Anzahl der berücksichtigungsfähigen Personen sowie der Bereitstellung von Gemeinschaftsunterkunft oder -verpflegung oder entsprechenden Geldleistungen. Der Ermittlung des materiellen Mehraufwands und der dienstortbezogenen immateriellen Belastungen werden standardisierte Dienstortbewertungen im Verhältnis zum Sitz der Bundesregierung zugrunde gelegt. Die allgemeinen immateriellen Belastungen des Auslandsdienstes werden dienstortunabhängig abgegolten. Bei außergewöhnlichen materiellen Mehraufwendungen oder immateriellen Belastungen kann die oberste Dienstbehörde zur Abgeltung dieser Mehraufwendungen oder Belastungen oder zur Sicherung einer anforderungsgerechten Besetzung von

Dienstposten im Ausland im Einvernehmen mit dem Auswärtigen Amt, dem Bundesministerium des Innern, für Bau und Heimat und dem Bundesministerium der Finanzen befristet einen Zuschlag in Höhe von bis zu 1000 Euro monatlich im Verwaltungswege festsetzen.

(2) Der Auslandszuschlag für den Beamten, Richter oder Soldaten wird nach der Tabelle in Anlage VI.1 gezahlt. Bei der ersten neben dem Beamten, Richter oder Soldaten berücksichtigungsfähigen Person nach Absatz 4 Nummer 1 oder 3 erhöht sich der Betrag um 40 Prozent. Für alle anderen berücksichtigungsfähigen Personen wird jeweils ein Zuschlag nach der Tabelle in Anlage VI.2 gezahlt. Wird dem Beamten, Richter oder Soldaten Gemeinschaftsunterkunft oder Gemeinschaftsverpflegung bereitgestellt, so verringert sich der Betrag nach den Sätzen 1 und 2 auf 85 Prozent. Werden sowohl Gemeinschaftsunterkunft als auch Gemeinschaftsverpflegung bereitgestellt, so verringert sich der Betrag nach den Sätzen 1 und 2 auf 70 Prozent. Die Sätze 4 und 5 gelten auch, wenn entsprechende Geldleistungen gezahlt werden.

(3) Hat eine berücksichtigungsfähige Person ebenfalls Anspruch auf Auslandsdienstbezüge gegen einen öffentlich-rechtlichen Dienstherrn (§ 29 Absatz 1) oder einen Verband, dessen Mitglieder öffentlich-rechtliche Dienstherren sind, wird der Auslandszuschlag für jeden Berechtigten nach der Tabelle in Anlage VI.1 gezahlt. § 4 Absatz 2 Satz 2 und 3 ist anzuwenden. Bei ermäßigter regelmäßiger Arbeitszeit erhalten beide Berechtigte zusammen mindestens den Auslandszuschlag eines Berechtigten mit einer berücksichtigungsfähigen Person, der zustünde, wenn die von beiden geleistete Arbeitszeit von einem der Berechtigten allein geleistet würde. Für jede weitere berücksichtigungsfähige Person wird einem der Berechtigten ein Zuschlag nach Tabelle VI.2 gewährt. Die Zahlung wird an denjenigen geleistet, den die beiden bestimmen oder dem die weitere berücksichtigungsfähige Person zuzuordnen ist; ist der Empfänger danach nicht bestimmbar, erhält jeder Berechtigte die Hälfte des Zuschlags.

(4) Im Auslandszuschlag berücksichtigungsfähige Personen sind:

1. Ehegatten, die mit dem Beamten, Richter oder Soldaten am ausländischen Dienstort eine gemeinsame Wohnung haben und sich überwiegend dort aufhalten,
2. Kinder, für die dem Beamten, Richter oder Soldaten Kindergeld nach den Vorschriften des Einkommensteuergesetzes zusteht oder ohne Berücksichtigung des § 63 Absatz 1 Satz 6, des § 64 oder des § 65 des Einkommensteuergesetzes zustehen würde und
   a) die sich nicht nur vorübergehend im Ausland aufhalten,
   b) die sich nicht nur vorübergehend im Inland aufhalten, wenn dort kein Haushalt eines Elternteils besteht, der für das Kind bis zum Erreichen der Volljährigkeit sorgeberechtigt ist oder war, oder
   c) die sich in der Übergangszeit zwischen zwei Ausbildungsabschnitten befinden, wenn und soweit sich der Beginn des nächsten Ausbildungsabschnitts durch die Auslandsverwendung des Beamten, Richters oder Soldaten verzögert hat, ungeachtet der zeitlichen Beschränkung nach § 63 Absatz 1 Satz 2 in Verbindung mit § 32 Absatz 4 Satz 1 Nummer 2 Buchstabe b des Einkommensteuergesetzes, höchstens jedoch für ein Jahr; diese Kinder sind auch beim Familienzuschlag zu berücksichtigen,
3. Personen, denen der Beamte, Richter oder Soldat in seiner Wohnung am ausländischen Dienstort nicht nur vorübergehend Unterkunft und Unterhalt gewährt, weil er gesetzlich oder sittlich dazu verpflichtet ist oder aus beruflichen oder gesundheitlichen Gründen ihrer Hilfe bedarf; dies gilt bei gesetzlicher oder sittlicher Verpflichtung zur Unterhaltsgewährung nicht, wenn für den Unterhalt der aufgenommenen Person Mittel zur Verfügung stehen, die den in § 8 Absatz 1 Nummer 1 des Vierten Buches Sozialgesetzbuch genannten Monatsbetrag übersteigen.

(5) Begründet eine berücksichtigungsfähige Person im Sinne des Absatzes 4 Nummer 1 oder 3 erst später einen Wohnsitz am ausländischen Dienstort oder gibt sie ihn vorzeitig auf, werden ab dem Eintreffen rückwirkend bis zum Beginn der Verwendung des Beamten, Richters oder Soldaten oder ab dem Auszug aus der gemeinsamen Wohnung bis zum Ende der Verwendung 70 Prozent des für diese Person geltenden Satzes gewährt, längstens jedoch für sechs Monate. Stirbt eine im ausländischen Haushalt lebende berücksichtigungsfähige Person, wird sie beim Auslandszuschlag bis zum Ende der Verwendung weiter berücksichtigt, längstens jedoch für zwölf Monate.

(6) Empfängern von Auslandsdienstbezügen, für die das Gesetz über den Auswärtigen Dienst gilt, wird unter Berücksichtigung des § 29 jenes Gesetzes ein um 4 Prozent ihrer Dienstbezüge im Ausland erhöhter Auslandszuschlag gezahlt. Dies gilt bei nur befristeter Verwendung im Auswärtigen Dienst nach Ablauf des sechsten Jahres der Verwendung im Ausland; Unterbrechungen von weniger als fünf Jahren sind unschädlich. Verheirateten Empfängern von Auslandsdienstbezügen, für die das Gesetz über den Auswärtigen Dienst gilt, kann unter Berücksichtigung des § 29 des genannten Gesetzes ein um bis zu 18,6 Prozent ihres Grundgehalts zuzüglich Amtszulagen, höchstens jedoch um 18,6 Prozent des Grundgehalts aus der Endstufe der Besoldungsgruppe A 14 erhöhter Auslandszuschlag gezahlt werden, der zum Aufbau einer eigenständigen Altersvorsorge des Ehegatten zu verwenden ist; Erwerbseinkommen des Ehegatten wird berücksichtigt. Voraussetzung der Gewährung ist, dass der Nachweis der Verwendung im Sinne des Satzes 3 nach Maßgabe der Auslandszuschlagsverordnung erbracht wird. Abweichend von den Sätzen 3 und 4 kann Empfängern von Auslandsdienstbezügen mit Ehegatten mit ausschließlich ausländischer Staatsangehörigkeit, die keinen Verwendungsnachweis erbringen, ein um bis zu 6 Prozent ihrer Dienstbezüge im Ausland erhöhter Auslandszuschlag gezahlt werden. Für Personen im Sinne des Absatzes 4 Nummer 3 kann dem Besoldungsempfänger unter entsprechender Berücksichtigung des § 29 des Gesetzes über den Auswärtigen Dienst ein um bis zu 6 Prozent seiner Dienstbezüge im Ausland erhöhter Auslandszuschlag gezahlt werden, soweit der Besoldungsempfänger nicht bereits einen Zuschlag nach Satz 3 erhält; Erwerbseinkommen dieser Personen wird berücksichtigt. Die Sätze 3 bis 5 gelten entsprechend für Angehörige des Geschäftsbereichs des Bundesministeriums der Verteidigung, für die das Gesetz über den Auswärtigen Dienst nicht gilt, wenn sie zur Sicherstellung der Einsatzbereitschaft im Rahmen der Landes- und Bündnisverteidigung im Ausland soldatische Tätigkeiten wahrnehmen oder unmittelbar unterstützen.

(7) Das Auswärtige Amt regelt die Einzelheiten des Auslandszuschlags einschließlich dessen Erhöhung nach Absatz 6 Satz 3 sowie die Zuteilung der Dienstorte zu den Stufen des Auslandszuschlags durch Rechtsverordnung im Einvernehmen mit dem Bundesministerium des Innern, für Bau und Heimat, dem Bundesministerium der Finanzen und dem Bundesministerium der Verteidigung.

§ 54 Mietzuschuss

(1) Der Mietzuschuss wird gewährt, wenn die Miete für den als notwendig anerkannten leeren Wohnraum (zuschussfähige Miete) 18 Prozent der Summe aus Grundgehalt, Familienzuschlag der Stufe 1, Amts-, Stellen-, Ausgleichs- und Überleitungszulagen mit Ausnahme des Kaufkraftausgleichs übersteigt. Der Mietzuschuss beträgt 90 Prozent des Mehrbetrages.

Beträgt die Mieteigenbelastung

1. bei Beamten und Soldaten in den Besoldungsgruppen A 3 bis A 8 mehr als 20 Prozent,
2. bei Beamten und Soldaten in den Besoldungsgruppen A 9 und höher sowie bei Richtern mehr als 22 Prozent

der Bezüge nach Satz 1, so wird der volle Mehrbetrag als Mietzuschuss erstattet. Der Mietzuschuss wird nicht gewährt, solange ein Anspruch auf Kostenerstattung nach der Auslandsumzugskostenverordnung besteht.

(2) Bei einem Empfänger von Auslandsdienstbezügen, für den das Gesetz über den Auswärtigen Dienst nicht gilt, wird bei der Ermittlung der zuschussfähigen Miete im Sinne von Absatz 1 Satz 1 die vom Auswärtigen Amt festgelegte Mietobergrenze oder, wenn keine Mietobergrenze festgelegt wurde, die im Einzelfall anerkannte Miete zugrunde gelegt. Die nach Satz 1 festgelegte Mietobergrenze oder die im Einzelfall anerkannte Miete wird um 20 Prozent vermindert.

(3) Erwirbt oder errichtet der Beamte, Richter oder Soldat oder eine beim Auslandszuschlag berücksichtigte Person ein Eigenheim oder eine Eigentumswohnung, so kann, wenn dienstliche Interessen nicht entgegenstehen, ein Zuschuss in sinngemäßer Anwendung des Absatzes 1 gewährt werden. Anstelle der Miete treten 0,65 Prozent des Kaufpreises, der auf den als notwendig anerkannten leeren Wohnraum entfällt. Der Zuschuss beträgt höchstens 0,3 Prozent des anerkannten Kaufpreises; er darf jedoch den Betrag des Mietzuschusses nach Absatz 1 bei Zugrundelegung einer Miete nach den ortsüblichen Sätzen für vergleichbare Objekte nicht übersteigen. Nebenkosten bleiben unberücksichtigt.

(4) Hat der Beamte, Richter oder Soldat mit seinem Ehegatten am ausländischen Dienstort eine gemeinsame Wohnung inne und erhält der Ehegatte ebenfalls Auslandsdienstbezüge nach § 52 Absatz 1 oder 3 oder Arbeitsentgelt in entsprechender Anwendung des § 52 Absatz 1 oder 3, so wird nur ein Mietzuschuss gewährt. Der Berechnung des Prozentsatzes nach Absatz 1 Satz 1 sind die Dienstbezüge und das entsprechende Arbeitsentgelt beider Ehegatten zugrunde zu legen. Der Mietzuschuss wird dem Ehegatten gezahlt, den die Ehegatten bestimmen. Treffen sie keine Bestimmung, erhält jeder Ehegatte die Hälfte des Mietzuschusses; § 6 ist nicht anzuwenden.

(5) Inhaber von Dienstwohnungen im Ausland erhalten keinen Mietzuschuss.

§ 55 Kaufkraftausgleich

(1) Entspricht bei einer allgemeinen Verwendung im Ausland die Kaufkraft der Besoldung am ausländischen Dienstort nicht der Kaufkraft der Besoldung am Sitz der Bundesregierung, ist der Unterschied durch Zu- oder Abschläge auszugleichen (Kaufkraftausgleich). Beim Mietzuschuss sowie beim Auslandszuschlag für im Inland lebende Kinder wird ein Kaufkraftausgleich nicht vorgenommen.

(2) Das Statistische Bundesamt ermittelt für den einzelnen Dienstort nach einer wissenschaftlichen Berechnungsmethode auf Grund eines Preisvergleichs und des Wechselkurses zwischen den Währungen den Prozentsatz, um den die Lebenshaltungskosten am ausländischen Dienstort höher oder niedriger sind als am Sitz der Bundesregierung (Teuerungsziffer). Die Teuerungsziffern sind vom Statistischen Bundesamt bekannt zu machen.

(3) Der Kaufkraftausgleich wird anhand der Teuerungsziffer festgesetzt. Die Berechnungsgrundlage beträgt 60 Prozent des Grundgehaltes, der Anwärterbezüge, des Familienzuschlags, des Auslandszuschlags sowie der Zulagen und Vergütungen, deren jeweilige besondere Voraussetzungen auch bei Verwendung im Ausland vorliegen. Abweichend hiervon beträgt die Berechnungsgrundlage 100 Prozent bei Anwärtern, die bei einer von ihnen selbst ausgewählten Stelle im Ausland ausgebildet werden.

(4) Die Einzelheiten zur Festsetzung des Kaufkraftausgleichs regelt das Auswärtige Amt im Einvernehmen mit dem Bundesministerium des Innern, für Bau und Heimat und dem Bundesministerium der Finanzen, hinsichtlich der Bundeswehrstandorte im Ausland auch im Einvernehmen mit dem Bundesministerium der Verteidigung, durch allgemeine Verwaltungsvorschrift.

§ 56 Auslandsverwendungszuschlag

(1) Auslandsverwendungszuschlag wird gezahlt bei einer Verwendung im Rahmen einer humanitären oder unterstützenden Maßnahme, die auf Grund eines Übereinkommens, eines Vertrages oder einer Vereinbarung mit einer zwischenstaatlichen oder überstaatlichen Einrichtung oder mit einem auswärtigen Staat im Ausland oder außerhalb des deutschen Hoheitsgebietes auf Schiffen oder in

III

Luftfahrzeugen stattfindet (besondere Verwendung im Ausland). Dies gilt für

1. Verwendungen auf Beschluss der Bundesregierung,
2. Einsätze des Technischen Hilfswerks im Ausland nach § 1 Absatz 2 Nummer 2 des THW-Gesetzes, wenn zwischen dem Bundesministerium des Innern, für Bau und Heimat und dem Auswärtigen Amt Einvernehmen über das Vorliegen einer Verwendung nach Satz 1 besteht,
3. humanitäre Hilfsdienste und Hilfsleistungen der Streitkräfte nach § 2 Absatz 2 Satz 3 des Parlamentsbeteiligungsgesetzes, wenn zwischen dem Bundesministerium der Verteidigung und dem Auswärtigen Amt Einvernehmen über das Vorliegen einer Verwendung nach Satz 1 besteht,
4. Maßnahmen der Streitkräfte, die keine humanitären Hilfsdienste oder Hilfsleistungen nach § 2 Absatz 2 Satz 3 des Parlamentsbeteiligungsgesetzes sind, wenn zwischen dem Bundesministerium der Verteidigung und dem Auswärtigen Amt Einvernehmen über das Vorliegen einer Verwendung nach Satz 1 besteht, oder
5. Einsätze der Bundespolizei nach den §§ 8 und 65 des Bundespolizeigesetzes, einschließlich der in diesem Rahmen und zu diesem Zweck abgeordneten oder zugewiesenen Beamten anderer Verwaltungen, des Bundesamtes für Migration und Flüchtlinge, des Bundeskriminalamtes und des Bundesamtes für Verfassungsschutz, wenn zwischen dem Bundesministerium des Innern, für Bau und Heimat und dem Auswärtigen Amt Einvernehmen über das Vorliegen einer Verwendung nach Satz 1 besteht.

Satz 1 gilt entsprechend für eine Verwendung im Ausland oder außerhalb des deutschen Hoheitsgebietes auf Schiffen oder in Luftfahrzeugen, die ausschließlich dazu dient, eine besondere Verwendung im Ausland

1. unmittelbar vorzubereiten oder
2. unmittelbar im Anschluss endgültig abzuschließen, soweit dies wegen unvorhersehbarer Umstände nicht innerhalb der geplanten Dauer der besonderen Verwendung im Ausland möglich ist.

(2) Auslandsverwendungszuschlag wird auch gezahlt für eine besondere Verwendung im Ausland, die mit außergewöhnlichen Risiken und Gefährdungen verbunden ist. Dies gilt für

1. Angehörige der Spezialkräfte der Bundeswehr sowie Soldaten, die zur unmittelbaren Unterstützung der Spezialkräfte der Bundeswehr in dieser besonderen Verwendung im Ausland unter entsprechenden Belastungen eingesetzt werden, wenn das Bundesministerium der Verteidigung eine Maßnahme als entsprechende Verwendung festgelegt hat,
2. Angehörige der GSG 9 der Bundespolizei sowie Beamte, die zur unmittelbaren Unterstützung der GSG 9 der Bundespolizei in dieser besonderen Verwendung im Ausland unter entsprechenden Belastungen eingesetzt werden, wenn das Bundesministerium des Innern, für Bau und Heimat eine Maßnahme als entsprechende Verwendung festgelegt hat.

(3) Der Auslandsverwendungszuschlag gilt alle materiellen Mehraufwendungen und immateriellen Belastungen der besonderen Verwendung im Ausland mit Ausnahme der nach deutschem Reisekostenrecht zustehenden Reisekostenvergütung ab. Dazu gehören insbesondere Mehraufwendungen auf Grund besonders schwieriger Bedingungen im Rahmen der Verwendung oder Belastungen durch Unterbringung in provisorischen Unterkünften sowie Belastungen durch eine spezifische Bedrohung der Mission oder deren Durchführung in einem Konfliktgebiet. Er wird für jeden Tag der Verwendung gewährt und bei einer Verwendung nach Absatz 1 als einheitlicher Tagessatz abgestuft nach dem Umfang der Mehraufwendungen und Belastungen für jede Verwendung festgesetzt. Der Tagessatz der höchsten Stufe beträgt 153 Euro. Dauert die Verwendung im Einzelfall weniger als 15 Tage, kann der Satz der nächstniedrigeren Stufe ausgezahlt werden. In den Fällen des Absatzes 2 wird der Tagessatz der höchsten Stufe gewährt. Die endgültige Abrechnung erfolgt nach Abschluss der Verwendung. Abschlags-

zahlungen können monatlich im Voraus geleistet werden. Ein Anspruch auf Auslandsdienstbezüge an einem anderen ausländischen Dienstort bleibt unberührt; auf den Auslandsverwendungszuschlag wird jedoch auf Grund der geringeren Aufwendungen und Belastungen am bisherigen ausländischen Dienstort pauschaliert ein Anteil des Auslandszuschlags nach § 53 angerechnet.

(4) Steht Beamten, Richtern oder Soldaten ein Auslandsverwendungszuschlag aus einer Verwendung nach Absatz 1 an einem ausländischen Dienstort zu und befindet sich ein anderer Beamter, Richter oder Soldat an diesem Ort auf Dienstreise, gelten für Letzteren ab dem 15. Tag der Dienstreise rückwirkend ab dem Tag der Ankunft am ausländischen Dienstort die Vorschriften über den Auslandsverwendungszuschlag entsprechend. Das gilt nur, wenn die Dienstreise hinsichtlich der Mehraufwendungen und Belastungen einer Verwendung nach Absatz 1 entspricht. Ist der Beamte, Richter oder Soldat wegen Verschleppung, Gefangenschaft oder aus sonstigen mit dem Dienst zusammenhängenden Gründen, die er nicht zu vertreten hat, dem Einflussbereich des Dienstherrn entzogen, werden für diesen Zeitraum Aufwandsentschädigungen und Zulagen, die zum Zeitpunkt des Eintritts des Ereignisses zustanden, weiter gewährt; daneben steht ihm Auslandsverwendungszuschlag nach dem Tagessatz der höchsten Stufe zu.

(5) Werden von einem auswärtigen Staat oder einer über- oder zwischenstaatlichen Einrichtung Leistungen für eine besondere Verwendung gewährt, sind diese, soweit damit nicht Reisekosten abgegolten werden, in vollem Umfang auf den Auslandsverwendungszuschlag anzurechnen. Die Anrechnung erfolgt jeweils bezogen auf einen Kalendermonat. § 9a Absatz 2 ist nicht anzuwenden.

(6) Das Bundesministerium des Innern, für Bau und Heimat regelt die Einzelheiten des Auslandsverwendungszuschlags im Einvernehmen mit dem Auswärtigen Amt, dem Bundesministerium der Finanzen und dem Bundesministerium der Verteidigung durch Rechtsverordnung.

§ 57 Auslandsverpflichtungsprämie

(1) Einem Beamten, der sich verpflichtet hat, im Rahmen einer besonderen Verwendung im Ausland mindestens zwei Wochen Dienst zu leisten, kann eine Auslandsverpflichtungsprämie gewährt werden, wenn

1. es sich um eine Verwendung nach § 56 Absatz 1 Satz 2 Nummer 5 handelt und
2. die Verwendung im Rahmen einer über- oder zwischenstaatlichen Zusammenarbeit oder im Rahmen einer Mission der Europäischen Union oder einer internationalen Organisation erfolgt und
3. die Europäische Union oder eine internationale Organisation Mitgliedern einer von ihr in denselben Staat entsandten Mission für materielle Mehraufwendungen und immaterielle Belastungen sowie für Reisekosten höhere auslandsbezogene Gesamtleistungen gewährt.

Der Höchstbetrag der Prämie entspricht dem Unterschiedsbetrag zur höheren auslandsbezogenen Gesamtleistung im auf die Verpflichtung folgenden Verwendungszeitraum.

(2) Für die Zahlung der Prämie gilt § 56 Absatz 2 Satz 6 und 7 entsprechend. Die Prämie darf nur gezahlt werden, wenn während der Mindestverpflichtungszeit ununterbrochen Anspruch auf Auslandsverwendungszuschlag bestand. Wird dieser Zeitraum aus Gründen nicht erreicht, die vom Beamten nicht zu vertreten sind, gilt § 3 Absatz 3 entsprechend.

§ 58 Zulage für Kanzler an großen Botschaften

(1) Einem Beamten des Auswärtigen Dienstes der Besoldungsgruppe A 13 wird während der Dauer seiner Verwendung als Kanzler an einer Auslandsvertretung eine Zulage gewährt, wenn

1. der Leiter der Auslandsvertretung in die Besoldungsgruppe B 9 eingestuft ist oder
2. er die Geschäfte des Inneren Dienstes mehrerer Vertretungen leitet und der Leiter mindestens einer dieser Auslandsvertretungen in die Besoldungsgruppe B 6 eingestuft ist.

(2) Die Zulage beträgt

1. für Kanzler an den Botschaften in London, Moskau, Paris, Peking und Washington sowie an den Ständigen Vertretungen bei der Europäischen Union in Brüssel und bei den Vereinten Nationen in New York 35 Prozent des Auslandszuschlags nach Anlage VI.1 Grundgehaltsspanne 9 Zonenstufe 13,
2. für Kanzler an den übrigen Auslandsvertretungen 15 Prozent des Auslandszuschlags nach Anlage VI.1 Grundgehaltsspanne 9 Zonenstufe 13.

Sie wird nicht neben einer Zulage nach § 45 gewährt.

Abschnitt 6
Anwärterbezüge

§ 59 Anwärterbezüge

(1) Beamte auf Widerruf im Vorbereitungsdienst (Anwärter) erhalten Anwärterbezüge.

(2) Zu den Anwärterbezügen gehören der Anwärtergrundbetrag, der Anwärtererhöhungsbetrag und die Anwärtersonderzuschläge. Daneben werden der Familienzuschlag und die vermögenswirksamen Leistungen gewährt. Zulagen und Vergütungen werden nur gewährt, wenn dies gesetzlich besonders bestimmt ist.

(3) Anwärter mit dienstlichem Wohnsitz im Ausland erhalten zusätzlich Bezüge entsprechend der Auslandsbesoldung. Der Berechnung des Mietzuschusses sind der Anwärtergrundbetrag, der Familienzuschlag der Stufe 1, der Anwärtererhöhungsbetrag und der Anwärtersonderzuschlag zugrunde zu legen. Der Auslandszuschlag bemisst sich nach dem Anwärtergrundbetrag, dem Anwärtererhöhungsbetrag und dem Anwärtersonderzuschlag.

(4) Absatz 3 gilt nicht für Anwärter, die bei einer von ihnen selbst gewählten Stelle im Ausland ausgebildet werden. § 55 gilt mit der Maßgabe, dass mindestens die Bezüge nach Absatz 2 verbleiben.

(5) Für Anwärter, die im Rahmen ihres Vorbereitungsdienstes ein Studium ableisten, kann die Gewährung der Anwärterbezüge von der Erfüllung von Auflagen abhängig gemacht werden.

§ 60 Anwärterbezüge nach Ablegung der Zwischenprüfung oder der Laufbahnprüfung

Nach Ablegung der Zwischenprüfung oder der Laufbahnprüfung wird die Besoldung bis zum Ende des laufenden Monats weitergewährt, wenn das Beamtenverhältnis des Anwärters kraft Rechtsvorschrift oder allgemeiner Verwaltungsanordnung endet

1. mit dem endgültigen Nichtbestehen der Zwischenprüfung,
2. mit dem Bestehen oder endgültigen Nichtbestehen der Laufbahnprüfung.

Wird bereits vor diesem Zeitpunkt ein Anspruch auf Bezüge aus einer hauptberuflichen Tätigkeit bei einem öffentlich-rechtlichen Dienstherrn (§ 29 Absatz 1) oder bei einer Ersatzschule erworben, so wird die Besoldung nur bis zum Tage vor Beginn dieses Anspruchs belassen.

§ 61 Anwärtergrundbetrag

Der Anwärtergrundbetrag bemisst sich nach Anlage VIII.

§ 62 Anwärtererhöhungsbetrag

Anwärter, deren Zulassung zum Vorbereitungsdienst das Bestehen der erweiterten Sicherheitsüberprüfung mit Sicherheitsermittlungen nach § 10 Nummer 3 des Sicherheitsüberprüfungsgesetzes vorausgesetzt hat, erhalten einen Anwärtererhöhungsbetrag in Höhe von 10 Prozent des Anwärtergrundbetrages.

§ 63 Anwärtersonderzuschläge

(1) Besteht ein Mangel an qualifizierten Bewerbern, kann die oberste Dienstbehörde Anwärtersonderzuschläge gewähren. Sofern das Anfangsgrundgehalt des Eingangsamtes der Laufbahn durch die Gewährung der Anwärtersonderzuschläge nicht erreicht wird, können Anwärtersonderzuschläge von bis zu 90 Prozent des Anwärtergrundbetrages gewährt werden. Anwärtern, denen ein Anwärtererhöhungsbetrag nach § 62 zusteht, können Anwärtersonderzuschläge unter der Voraussetzung, dass das Anfangsgrundgehalt

des Eingangsamtes der Laufbahn nicht erreicht wird, von bis zu 80 Prozent des Anwärtergrundbetrages gewährt werden.

(2) Anspruch auf Anwärtersonderzuschläge besteht nur, wenn der Anwärter

1. nicht vor dem Abschluss des Vorbereitungsdienstes oder wegen schuldhaften Nichtbestehens der Laufbahnprüfung ausscheidet und
2. unmittelbar im Anschluss an das Bestehen der Laufbahnprüfung für mindestens fünf Jahre als Beamter des Bundes oder als Soldat tätig ist.

(3) Werden die in Absatz 2 genannten Voraussetzungen aus Gründen, die der Beamte oder frühere Beamte zu vertreten hat, nicht erfüllt, ist der Anwärtersonderzuschlag in voller Höhe zurückzuzahlen. § 12 bleibt unberührt.

§ 64 (weggefallen)

§ 65 Anrechnung anderer Einkünfte

(1) Erhalten Anwärter ein Entgelt für eine Nebentätigkeit innerhalb oder für eine genehmigungspflichtige Nebentätigkeit außerhalb des öffentlichen Dienstes, so wird das Entgelt auf die Anwärterbezüge angerechnet, soweit es diese übersteigt. Als Anwärtergrundbetrag werden jedoch mindestens 30 Prozent des Anfangsgrundgehaltes der Eingangsbesoldungsgruppe der Laufbahn gewährt.

(2) Hat der Anwärter einen arbeitsrechtlichen Anspruch auf ein Entgelt für eine in den Ausbildungsrichtlinien vorgeschriebene Tätigkeit außerhalb des öffentlichen Dienstes, so wird das Entgelt auf die Anwärterbezüge angerechnet, soweit die Summe von Entgelt, Anwärterbezügen und Familienzuschlag die Summe von Grundgehalt und Familienzuschlag übersteigt, die einem Beamten mit gleichem Familienstand im Eingangsamt der entsprechenden Laufbahn in der ersten Stufe zusteht.

(3) Übt ein Anwärter gleichzeitig eine Tätigkeit im öffentlichen Dienst mit mindestens der Hälfte der dafür geltenden regelmäßigen Arbeitszeit aus, gilt § 5 entsprechend.

§ 66 Kürzung der Anwärterbezüge

(1) Die oberste Dienstbehörde oder die von ihr bestimmte Stelle kann den Anwärtergrundbetrag bis auf 30 Prozent des Grundgehaltes, das einem Beamten der entsprechenden Laufbahn in der ersten Stufe zusteht, herabsetzen, wenn der Anwärter die vorgeschriebene Laufbahnprüfung nicht bestanden hat oder sich die Ausbildung aus einem vom Anwärter zu vertretenden Grunde verzögert.

(2) Von der Kürzung ist abzusehen

1. bei Verlängerung des Vorbereitungsdienstes infolge genehmigten Fernbleibens oder Rücktritts von der Prüfung,
2. in besonderen Härtefällen.

(3) Wird eine Zwischenprüfung nicht bestanden oder ein sonstiger Leistungsnachweis nicht erbracht, so ist die Kürzung auf den sich daraus ergebenden Zeitraum der Verlängerung des Vorbereitungsdienstes zu beschränken.

Abschnitt 7
(weggefallen)

§§ 67 und 68 (weggefallen)

Abschnitt 8
Dienstkleidung, Heilfürsorge, Unterkunft

§ 69 Dienstkleidung und Unterkunft für Soldaten

(1) Soldaten werden die Dienstkleidung und die Ausrüstung unentgeltlich bereitgestellt.

(2) Das Bundesministerium der Verteidigung kann bestimmen, dass Offiziere, deren Restdienstzeit am Tage ihrer Ernennung zum Offizier mehr als zwölf Monate beträgt, Teile der Dienstkleidung, die nicht zur Einsatz- und Arbeitsausstattung gehören, selbst zu beschaffen haben. Diesen Offizieren wird ein einmaliger Zuschuss zu den Kosten der von ihnen zu beschaffenden Dienstkleidung und für deren besondere Abnutzung eine Entschädigung gewährt. Der Zuschuss kann ausgeschiedenen ehemaligen Offizieren beim Wiedereintritt in die Bundeswehr erneut gewährt werden.

(3) Das Bundesministerium der Verteidigung kann bestimmen, dass Berufssoldaten und Soldaten auf Zeit, die nicht den Laufbahnen der Offiziere angehören, auf Antrag einen Zuschuss zu den Kosten der Beschaffung der Ausgehuniform erhalten können, wenn

1. sie auf mindestens acht Jahre verpflichtet sind und
2. noch mindestens vier Jahre im Dienst verbleiben.

Nach Ablauf von fünf Jahren kann der Zuschuss erneut gewährt werden.

(4) Die Zahlungen nach Absatz 2 Satz 2 und 3 sowie Absatz 3 sollen an eine vom Bundesministerium der Verteidigung bestimmte Kleiderkasse geleistet werden, die sie treuhänderisch für die Soldaten verwaltet.

(5) Tragen Soldaten auf dienstliche Anordnung im Dienst statt Dienstkleidung eigene Zivilkleidung, erhalten sie für deren besondere Abnutzung eine Entschädigung. Offiziere erhalten die Entschädigung nur, solange sie keine Entschädigung nach Absatz 2 Satz 2 erhalten.

(6) Für Soldaten, die auf Grund dienstlicher Anordnung verpflichtet sind, in Gemeinschaftsunterkunft zu wohnen, wird die Unterkunft unentgeltlich bereitgestellt.

(7) Soldaten werden die notwendigen Kosten für die Fahrten zur Unterkunft und zurück erstattet. Das Nähere bestimmt das Bundesministerium der Verteidigung durch allgemeine Verwaltungsvorschrift.

(8) Die allgemeinen Verwaltungsvorschriften zu den Absätzen 1 bis 5 erlässt das Bundesministerium der Verteidigung im Einvernehmen mit dem Bundesministerium des Innern, für Bau und Heimat.

§ 69a Heilfürsorge für Soldaten

(1) Soldaten, die Anspruch auf Besoldung oder auf ein Ausbildungsgeld nach § 30 Absatz 2 des Soldatengesetzes haben, wird Heilfürsorge in Form der unentgeltlichen truppenärztlichen Versorgung gewährt; dies gilt auch während der Zeit einer Beurlaubung nach § 28 Absatz 5 des Soldatengesetzes, sofern die Soldaten nicht Anspruch auf Familienhilfe nach § 10 des Fünften Buches Sozialgesetzbuch haben, oder während der Zeit einer Beurlaubung nach § 28 Absatz 7 oder § 30a Absatz 7 des Soldatengesetzes. Soldaten, die wegen der anerkannten Schädigungsfolge im Sinne des Soldatenentschädigungsgesetzes heilbehandlungsbedürftig sind, erhalten für die Behandlung dieser Gesundheitsschädigung Leistungen im Rahmen des Kapitels 3 Abschnitt 2 Unterabschnitt 1 des Soldatenentschädigungsgesetzes, wenn diese für die Soldaten günstiger sind; ausgenommen ist die Gewährung von Krankengeld der Soldatenentschädigung nach § 19 des Soldatenentschädigungsgesetzes.

(2) Kann der Anspruch auf unentgeltliche truppenärztliche Versorgung nicht durch medizinische Einrichtungen der Bundeswehr erfüllt werden, können auf Veranlassung von Ärzten oder Zahnärzten der Bundeswehr oder im Notfall Erbringer medizinischer Leistungen außerhalb der Bundeswehr in Anspruch genommen werden.

(3) Die unentgeltliche truppenärztliche Versorgung umfasst grundsätzlich nur medizinisch notwendige und wirtschaftlich angemessene Leistungen

1. in Krankheitsfällen,
2. zur Vorbeugung gegen Krankheiten oder Behinderungen und zur medizinischen Rehabilitation,
3. zur Früherkennung von Krankheiten,
4. zur Durchführung von Schutzimpfungen und sonstigen medizinischen Prophylaxemaßnahmen sowie
5. bei Schwangerschaft, Entbindung und nicht rechtswidrigem Schwangerschaftsabbruch.

Diese Leistungen müssen mindestens den nach dem Fünften Buch Sozialgesetzbuch zu gewährenden Leistungen entsprechen. Die besonderen Anforderungen an die Erhaltung oder Wiederherstellung der Dienst- und Verwendungsfähigkeit der Soldaten sind zu berücksichtigen.

(4) Kosten für eine künstliche Befruchtung werden in entsprechender Anwendung des

§ 27a des Fünften Buches Sozialgesetzbuch übernommen.

(5) Die unentgeltliche truppenärztliche Versorgung umfasst nicht:

1. medizinische Maßnahmen, die keine Heilbehandlung darstellen,
2. Leistungen von Heilpraktikern.

(6) Bei Pflegebedürftigkeit werden ergänzend zu den Leistungen der Pflegeversicherung nach dem Elften Buch Sozialgesetzbuch Leistungen in derselben Höhe gewährt.

(7) Die näheren Einzelheiten der unentgeltlichen truppenärztlichen Versorgung regelt das Bundesministerium der Verteidigung durch Rechtsverordnung im Einvernehmen mit dem Bundesministerium des Innern und dem Bundesministerium der Finanzen.

§ 70 Dienstkleidung, Heilfürsorge, Unterkunft für Polizeivollzugsbeamte des Bundes

(1) Beamten des Polizeivollzugsdienstes der Bundespolizei werden die Ausrüstung und die Dienstkleidung unentgeltlich bereitgestellt. Abweichend hiervon kann das Bundesministerium des Innern, für Bau und Heimat bestimmen, dass Beamte des gehobenen und des höheren Polizeivollzugsdienstes der Bundespolizei Dienstkleidung, die nicht zur Einsatz- und Arbeitsausstattung gehört, selbst zu beschaffen haben. Ihnen wird für die zu beschaffende Dienstkleidung ein einmaliger Bekleidungszuschuss und für deren besondere Abnutzung eine Entschädigung gewährt. Der Zuschuss und die Entschädigung nach Satz 3 sollen an eine vom Bundesministerium des Innern, für Bau und Heimat bestimmte Kleiderkasse geleistet werden. Das Nähere zu den Sätzen 2 bis 4 regelt das Bundesministerium des Innern, für Bau und Heimat durch allgemeine Verwaltungsvorschrift. Die Sätze 1 bis 4 gelten für Verwaltungsbeamte der Bundespolizei, soweit sie zum Tragen von Dienstkleidung verpflichtet werden, entsprechend.

(2) Den Polizeivollzugsbeamten in der Bundespolizei und beim Deutschen Bundestag wird Heilfürsorge gewährt. Dies gilt auch

1. während der Inanspruchnahme von Elternzeit und während der Zeit einer Beurlaubung nach § 92 Absatz 1 oder § 92b Absatz 1 des Bundesbeamtengesetzes, sofern die Beamten nicht nach § 10 des Fünften Buches Sozialgesetzbuch familienversichert sind, sowie
2. in den Fällen des § 26 Absatz 3 der Sonderurlaubsverordnung.

Das Nähere regelt das Bundesministerium des Innern, für Bau und Heimat in Anlehnung an das Fünfte Buch Sozialgesetzbuch und das Elfte Buch Sozialgesetzbuch durch Rechtsverordnung im Einvernehmen mit dem Bundesministerium der Finanzen.

(3) Für Polizeivollzugsbeamte der Bundespolizei, die auf Grund dienstlicher Verpflichtung in Gemeinschaftsunterkunft wohnen, wird die Unterkunft unentgeltlich bereitgestellt.

§ 70a Dienstkleidung für Beamte

(1) Beamten, die zum Tragen von Dienstkleidung verpflichtet sind, wird diese unentgeltlich bereitgestellt.

(2) Beamten der Zollverwaltung, die zur Teilnahme am Dienstsport verpflichtet sind, wird für die dienstlich bedingte Abnutzung privater Sportbekleidung eine Abnutzungsentschädigung gewährt.

(3) Das Nähere regelt das jeweils zuständige Bundesministerium im Einvernehmen mit dem Bundesministerium des Innern, für Bau und Heimat durch allgemeine Verwaltungsvorschrift.

Abschnitt 9
Übergangs- und Schlussvorschriften

§ 71 Rechtsverordnungen, allgemeine Verwaltungsvorschriften

(1) Rechtsverordnungen nach diesem Gesetz bedürfen nicht der Zustimmung des Bundesrates.

(2) Allgemeine Verwaltungsvorschriften erlässt das Bundesministerium des Innern, für Bau und Heimat, wenn gesetzlich nichts anderes bestimmt ist. Soweit die Besoldung der Richter und Staatsanwälte berührt ist, erlässt

sie das Bundesministerium des Innern, für Bau und Heimat im Einvernehmen mit dem Bundesministerium der Justiz und für Verbraucherschutz. Soweit die Besoldung der Soldaten berührt ist, erlässt sie das Bundesministerium des Innern, für Bau und Heimat im Einvernehmen mit dem Bundesministerium der Verteidigung.

§ 72 Übergangsregelung zu den §§ 6, 43, 43b, 44 und 63

(1) § 6 in der bis zum 31. Dezember 2019 geltenden Fassung ist weiterhin anzuwenden, wenn der Beamte, Richter oder Soldat

1. vor dem 31. Dezember 2019 eine Teilzeitbeschäftigung nach § 9 der Arbeitszeitverordnung oder nach § 9 der Soldatinnen- und Soldatenteilzeitbeschäftigungsverordnung oder eine Altersteilzeit im Blockmodell begonnen und
2. sich am 1. Januar 2020 bereits in der Freistellungsphase befunden hat.

Stellenzulagen im Sinne von § 6 Absatz 1a Satz 1 Nummer 3, die erstmals ab dem 1. Januar 2020 gewährt werden, bleiben unberücksichtigt. Befand sich der Beamte, Richter oder Soldat am 1. Januar 2020 noch in der Arbeitsphase eines in Satz 1 bezeichneten Teilzeitmodells, besteht für die Zeit von Beginn des Teilzeitmodells bis zum 31. Dezember 2019 Anspruch auf Bezüge nach Maßgabe des § 6 Absatz 1a. § 6 Absatz 3 Satz 3 gilt entsprechend.

(2) § 43 Absatz 6 und 7 in der bis zum 31. Dezember 2019 geltenden Fassung ist auf Personalgewinnungszuschläge, die nach § 43 bis zum 31. Dezember 2019 gewährt wurden, weiterhin anzuwenden.

(3) § 43b Absatz 4 in der bis zum 31. Dezember 2019 geltenden Fassung ist bei Soldaten, die eine Verpflichtungsprämie nach § 43b bis zum 31. Dezember 2019 erhalten haben, weiterhin anzuwenden.

(4) § 44 Absatz 5 und 6 in der bis zum 31. Dezember 2019 geltenden Fassung ist auf Personalbindungszuschläge, die nach § 44 bis zum 31. Dezember 2019 gewährt wurden, weiterhin anzuwenden.

(5) § 63 Absatz 2 und 3 in der bis zum 31. Dezember 2019 geltenden Fassung ist auf Anwärtersonderzuschläge, die nach § 63 in der bis zum 31. Dezember 2019 geltenden Fassung gewährt wurden, weiterhin anzuwenden.

§ 73 Übergangsregelung bei Gewährung einer Versorgung durch eine zwischenstaatliche oder überstaatliche Einrichtung

Bei Zeiten im Sinne des § 8 Absatz 1 Satz 1, die bis zum 31. Dezember 1991 zurückgelegt sind, ist § 8 in der bis zu diesem Zeitpunkt geltenden Fassung anzuwenden. Für Zeiten ab dem 1. Januar 1992 bis zum 31. Dezember 2002 beträgt die Kürzung nach § 8 Absatz 1 Satz 2 1,875 Prozent. Für Zeiten ab dem 1. Januar 2003 ist der Prozentsatz des § 8 Absatz 1 Satz 2 vervielfältigt mit dem jeweiligen in § 69e Absatz 3 und 4 des Beamtenversorgungsgesetzes genannten Faktor anzuwenden.

§ 74 Übergangsregelung zu den Änderungen der Anlage I durch das Besoldungsstrukturenmodernisierungsgesetz

Amtsbezeichnungen, die mit dem Inkrafttreten des Besoldungsstrukturenmodernisierungsgesetzes wegfallen, werden weitergeführt.

§ 74a Übergangsregelung aus Anlass der Übertragung ehebezogener Regelungen im öffentlichen Dienstrecht auf Lebenspartnerschaften

(1) Für Beamte, Richter und Soldaten in Lebenspartnerschaften gelten für die Zeit vom 1. Januar 2009 bis zum 30. Juni 2010 folgende Übergangsregelungen:

1. Für den Auslandszuschlag gelten § 55 und die Anlagen VIa bis VIh sowie die Rechtsverordnung nach § 55 Absatz 5 Satz 4 in der bis zum 30. Juni 2010 geltenden Fassung entsprechend, soweit sie sich auf das Bestehen oder das frühere Bestehen einer Ehe oder auf den Ehegatten beziehen.
2. Anspruch auf Auslandskinderzuschlag nach § 56 in der bis zum 30. Juni 2010

geltenden Fassung haben auch Beamte, Richter und Soldaten, die während dieses Zeitraums Kinder ihres Lebenspartners in ihren Haushalt aufgenommen hatten; § 32 Absatz 3 bis 5 des Einkommensteuergesetzes gilt entsprechend.

3. Für den Mietzuschuss gilt § 57 in der bis zum 30. Juni 2010 geltenden Fassung, soweit er sich auf den Ehegatten bezieht, mit folgenden Maßgaben entsprechend: Der Mietzuschuss wird dem Lebenspartner gezahlt, den die Lebenspartner bestimmen. Treffen sie keine Bestimmung, erhält jeder Lebenspartner die Hälfte des Mietzuschusses; § 6 ist nicht anzuwenden.

(2) Für Beamte, Richter und Soldaten in Lebenspartnerschaften gilt für die Zeit vom 1. Juli 2010 bis zum 24. November 2011 § 54 Absatz 3 in der bis zum 31. Juli 2013 geltenden Fassung, soweit er sich auf den Ehegatten bezieht, mit folgenden Maßgaben entsprechend: Der Mietzuschuss wird dem Lebenspartner gezahlt, den die Lebenspartner bestimmen. Treffen sie keine Bestimmung, erhält jeder Lebenspartner die Hälfte des Mietzuschusses; § 6 ist nicht anzuwenden.

(3) Beamten, Richtern und Soldaten in Lebenspartnerschaften, die vor dem 1. Januar 2009 einen Anspruch auf Familienzuschlag geltend gemacht haben, über den noch nicht abschließend entschieden worden ist, wird der Familienzuschlag rückwirkend gezahlt. Die Zahlung erfolgt ab dem Beginn des Haushaltsjahres, in dem der Anspruch geltend gemacht worden ist, frühestens jedoch ab dem Monat, in dem die Lebenspartnerschaft begründet wurde. Für die Nachzahlung ist die jeweils geltende Fassung der Anlage V anzuwenden.

§ 75 Übergangszahlung

(1) Das Bundesministerium des Innern, für Bau und Heimat wird ermächtigt, durch Rechtsverordnung die Gewährung einer Übergangszahlung für Beamte des einfachen und mittleren Dienstes zu regeln, die nach einer hauptberuflichen Tätigkeit in der Bundesverwaltung von mindestens einem Jahr vom Arbeitnehmerverhältnis in das Beamtenverhältnis übernommen worden sind und deren Nettobezüge danach geringer als die zuletzt im Arbeitnehmerverhältnis gewährten sind. Eine Übergangszahlung darf nur für Beamte in Laufbahnen vorgesehen werden, in denen der Nachwuchs in erheblichem Umfang aus dem Arbeitnehmerverhältnis gewonnen wird. Die Laufbahnen werden in der Rechtsverordnung festgelegt.

(2) Die Höhe der Übergangszahlung ist das Dreizehnfache des Betrages, um den die Nettobezüge nach der Übernahme in das Beamtenverhältnis geringer sind als die Nettobezüge, die zuletzt im Arbeitnehmerverhältnis gewährt worden sind, höchstens jedoch 1533,88 Euro. Beträgt die Verringerung monatlich bis 5,11 Euro, wird eine Übergangszahlung nicht gewährt. Es wird bestimmt, wie die Verringerung der Nettobezüge zu ermitteln ist, insbesondere in welchem Umfang Lohn- und Besoldungsbestandteile in den einzelnen Bereichen bei der Vergleichsberechnung zu berücksichtigen sind. Die Übergangszahlung ist zurückzuzahlen, wenn der Beamte vor Ablauf eines Jahres aus dem Beamtenverhältnis ausscheidet und er dies zu vertreten hat.

§ 76 Konkurrenzregelung beim Grundgehalt für den vom Besoldungsüberleitungsgesetz erfassten Personenkreis

Ansprüche auf Grundgehalt nach Anlage IV sind neben Ansprüchen auf Grundgehalt nach den Anlagen 1 oder 2 des Besoldungsüberleitungsgesetzes ausgeschlossen. Der Anspruch auf Grundgehalt nach Anlage IV entsteht erst mit der endgültigen Zuordnung zu oder dem endgültigen Erreichen einer Stufe des Grundgehaltes nach den Vorschriften des Besoldungsüberleitungsgesetzes. Bis zu diesem Zeitpunkt besteht ein Anspruch auf Grundgehalt nach den Anlagen 1 oder 2 des Besoldungsüberleitungsgesetzes.

§ 77 Übergangsvorschriften aus Anlass des Professorenbesoldungsreformgesetzes

(1) Für Professoren der Bundesbesoldungsordnung C, die am Tag des Inkrafttretens der auf Grund § 33 Absatz 4 zu erlassenden Regelun-

gen oder, soweit diese Regelungen bis zum 31. Dezember 2004 noch nicht erlassen sind, am 1. Januar 2005 im Amt befindlich sind, finden § 1 Absatz 2 Nummer 2, § 8 Absatz 3, § 13 Absatz 1 Satz 5, Absatz 4 Satz 1, der 3. Unterabschnitt im 2. Abschnitt, die §§ 43, 50, die Anlagen I und II und die Hochschulleitungs-Stellenzulagenverordnung in der bis zum 22. Februar 2002 geltenden Fassung sowie die Anlagen IV und IX nach Maßgabe des Bundesbesoldungs- und -versorgungsanpassungsgesetzes 2000 vom 19. April 2001 (BGBl. I S. 618) sowie unter Berücksichtigung der weiteren Anpassungen der Besoldung nach § 14 und mit der Maßgabe, dass die Beträge der Tabellen der dortigen Anlagen IV und IX um 2,5 Prozent ab dem 1. Juli 2009 und um weitere 2,44 Prozent ab dem 1. Januar 2012 erhöht werden, Anwendung; eine Erhöhung von Dienstbezügen durch die Gewährung von Zuschüssen nach § 1 Absatz 2 Nummer 2 in der bis zum 22. Februar 2002 geltenden Fassung ist ausgeschlossen. Abweichend von Satz 1 finden im Fall einer Berufung auf eine höherwertige Professur an der gleichen Hochschule oder einer Berufung an eine andere Hochschule oder auf Antrag des Beamten § 1 Absatz 2 Nummer 2, § 8 Absatz 3, der 3. Unterabschnitt im 2. Abschnitt, die §§ 43 und 50 und die Anlagen I, II und IV in der nach dem 23. Februar 2002 jeweils geltenden Fassung mit Maßgabe Anwendung, dass Professoren der Besoldungsgruppe C 4 ein Amt der Besoldungsgruppe W 3 und Professoren der Besoldungsgruppen C 2 und C 3 ein Amt der Besoldungsgruppe W 2 oder W 3 übertragen wird. Der Antrag des Beamten ist unwiderruflich. In den Fällen des Satzes 2 finden die §§ 13 und 19a keine Anwendung. Für Beamte, die bei den Postnachfolgeunternehmen beschäftigt sind, sind die Sätze 2 bis 4 nicht anzuwenden.

(2) Für die Hochschuldozenten, Oberassistenten, Oberingenieure und wissenschaftlichen Assistenten, die am Tag des Inkrafttretens der auf Grund § 33 Absatz 4 zu erlassenden Regelungen, oder, soweit diese Regelungen bis zum 31. Dezember 2004 noch nicht erlassen sind, am 1. Januar 2005 im Amt befindlich sind, sind der 3. Unterabschnitt im 2. Abschnitt sowie Anlage II in der bis zum 22. Februar 2002 geltenden Fassung sowie die Anlagen IV und IX nach Maßgabe des Bundesbesoldungs- und -versorgungsanpassungsgesetzes 2000 vom 19. April 2001 (BGBl. I S. 618) sowie unter Berücksichtigung der weiteren Anpassung der Besoldung nach § 14 und mit der Maßgabe, dass die Beträge der Tabellen der dortigen Anlagen IV und IX um 2,5 Prozent ab dem 1. Juli 2009 und um weitere 2,44 Prozent ab dem 1. Januar 2012 erhöht werden, anzuwenden.

(3) (weggefallen)

(4) Das Bundesministerium des Innern, für Bau und Heimat macht die nach den Absätzen 1 und 2 durch Anpassungen erhöhten Bezüge im Bundesgesetzblatt bekannt.

§ 77a Übergangsregelung aus Anlass des Professorenbesoldungsneuregelungsgesetzes

(1) Professoren sowie hauptberufliche Leiter von Hochschulen und Mitglieder von Leitungsgremien an Hochschulen, die am 31. Dezember 2012 der Besoldungsgruppe W 2 oder W 3 angehört haben, werden auf der Grundlage des an diesem Tag maßgeblichen Amtes den Stufen des Grundgehaltes nach Anlage IV in der ab 1. Januar 2013 geltenden Fassung unter Anerkennung von berücksichtigungsfähigen Zeiten nach § 32b zugeordnet. Satz 1 gilt entsprechend für Beurlaubte ohne Anspruch auf Dienstbezüge. Bei der Zuordnung sind die berücksichtigungsfähigen Zeiten zugrunde zu legen, die bei einer Beendigung der Beurlaubung am 31. Dezember 2012 anzuerkennen gewesen wären. Die Sätze 2 und 3 gelten entsprechend in den Fällen der §§ 40 und 46 des Bundesbeamtengesetzes. § 32a Absatz 6 Satz 1 und 4 gilt entsprechend.

(2) Monatlich gewährte Leistungsbezüge, die nach § 33 Absatz 1 Satz 1 Nummer 1 am 1. Januar 2013 zugestanden haben, verringern sich um die Differenz zwischen dem am 1. Januar 2013 auf Grund des Professorenbesoldungsneuregelungsgesetzes vom 11. Juni 2013 (BGBl. I S. 1514) zustehenden Grundgehalt und dem Grundgehalt, das an diesem Tag nach § 14 Absatz 2 in der Fassung des Arti-

kels 2 des Bundesbesoldungs- und -versorgungsanpassungsgesetzes 2012/2013 vom 15. August 2012 (BGBl. I S. 1670) zugestanden hat. Dabei sind mindestens 30 Prozent der Leistungsbezüge zu belassen. Stehen mehrere Leistungsbezüge nach Satz 1 zu, werden sie in folgender Reihenfolge verringert, bis die Differenz erreicht ist:

1. unbefristete Leistungsbezüge,
2. befristete ruhegehaltfähige Leistungsbezüge,
3. sonstige befristete Leistungsbezüge.

Stehen innerhalb der Kategorien nach Satz 3 mehrere Leistungsbezüge zu, werden zunächst die Leistungsbezüge verringert, die zu einem früheren Zeitpunkt vergeben worden sind; bei wiederholter Vergabe befristeter Leistungsbezüge ist insoweit auf den Zeitpunkt der erstmaligen Vergabe abzustellen. Am gleichen Tag gewährte Leistungsbezüge verringern sich anteilig.

(3) Für monatliche Leistungsbezüge nach § 33 Absatz 1 Satz 1 Nummer 1, die in der Zeit vom 1. Januar 2013 bis zum 19. Juni 2013 erstmalig oder erneut gewährt worden sind oder über deren Vergabe in diesem Zeitraum entschieden worden ist, gilt Absatz 2 entsprechend. Die Verringerung tritt am Tag der erstmaligen oder erneuten Gewährung der Leistungsbezüge ein.

(4) Bei einem Aufstieg in den Stufen sind die nach den Absätzen 2 und 3 verringerten Leistungsbezüge um die Differenz zwischen den Stufen zu verringern, soweit dadurch der Mindestbehalt nach Absatz 2 Satz 2 nicht unterschritten wird.

(5) § 33 Absatz 3 Satz 1 gilt auch für Leistungsbezüge nach § 33 Absatz 1 Satz 1 Nummer 1 und 2, die am 1. Januar 2013 zugestanden haben, die in der Zeit vom 1. Januar 2013 bis zum 19. Juni 2013 erstmalig oder erneut gewährt worden sind oder über deren Vergabe in diesem Zeitraum entschieden worden ist. Für Professoren sowie hauptberufliche Leiter von Hochschulen und Mitglieder von Leitungsgremien an Hochschulen, die am 31. Dezember 2012 der Besoldungsgruppe W 2 oder W 3 angehört haben und vor Erreichen der Stufe 3 des Grundgehaltes nach Anlage IV in den Ruhestand versetzt werden, sind bei den ruhegehaltfähigen Bezügen unter Anwendung der §§ 32 und 33 in der bis zum 31. Dezember 2012 geltenden Fassung nach Maßgabe des Artikels 2 des Bundesbesoldungs- und -versorgungsanpassungsgesetzes 2012/2013 vom 15. August 2012 (BGBl. I S. 1670) mindestens zugrunde zu legen

1. das Grundgehalt, das am 1. Januar 2013 zugestanden hat, und
2. der Teil der Leistungsbezüge, der am 1. Januar 2013 ruhegehaltfähig gewesen ist.

(6) Sind monatliche Leistungsbezüge bis zum 19. Juni 2013 nach § 33 Absatz 3 Satz 3 für ruhegehaltfähig erklärt worden, wird der sich nach dieser Erklärung ergebende Prozentsatz zur Bestimmung der Ruhegehaltfähigkeit der von der Verringerung nach den Absätzen 2 bis 4 nicht erfassten Leistungsbezüge durch einen ruhegehaltfähigen Betrag ersetzt. Der Betrag bemisst sich nach der Differenz zwischen dem am 1. Januar 2013 auf Grund des Professorenbesoldungsneuregelungsgesetzes vom 11. Juni 2013 (BGBl. I S. 1514) zustehenden Grundgehalt und der Summe der ruhegehaltfähigen Bezüge nach Absatz 5 Satz 2, die an diesem Tag unter Anwendung der §§ 32 und 33 in der bis zum 31. Dezember 2012 geltenden Fassung nach Maßgabe des Artikels 2 des Bundesbesoldungs- und -versorgungsanpassungsgesetzes 2012/2013 vom 15. August 2012 (BGBl. I S. 1670) zugestanden haben. Der Betrag nimmt an Anpassungen der Besoldung nach § 14 teil.

§ 78 Übergangsregelung für Beamte bei den Postnachfolgeunternehmen

(1) Für Beamte, die bei den Postnachfolgeunternehmen beschäftigt sind, sind die Beträge des Grundgehaltes nach Anlage IV, des Familienzuschlags nach Anlage V und der Amts- und Stellenzulagen nach Anlage IX mit dem Faktor 0,9524 zu multiplizieren. Die Beträge des Grundgehaltes in den Besoldungsgruppen A 2 bis A 8 sind vor der Multiplikation um 10,42 Euro zu vermindern. Es werden aber mindestens die zuletzt geltenden Beträge gezahlt.

(2) Das Bundesministerium des Innern, für Bau und Heimat macht die Beträge nach Ab-

satz 1 in der jeweils geltenden Fassung im Bundesgesetzblatt bekannt.

§ 79 (weggefallen)

§ 80 Übergangsregelung für beihilfeberechtigte Polizeivollzugsbeamte des Bundes

(1) Polizeivollzugsbeamten der Bundespolizei, die am 1. Januar 1993 Beihilfe nach den Beihilfevorschriften des Bundes erhalten, wird diese weiterhin gewährt. Auf Antrag erhalten sie an Stelle der Beihilfe Heilfürsorge nach § 70 Absatz 2. Der Antrag ist unwiderruflich.

(2) Polizeivollzugsbeamten beim Deutschen Bundestag, die am 31. Dezember 2021 Beihilfe erhalten, wird diese weiterhin gewährt. Auf Antrag erhalten sie anstelle der Beihilfe Heilfürsorge nach § 70 Absatz 2. Der Antrag ist unwiderruflich.

§ 80a Übergangsregelung für Verpflichtungsprämien für Soldaten auf Zeit aus Anlass des Bundeswehrreform-Begleitgesetzes

§ 85a Absatz 4 in der bis zum 31. Dezember 2012 geltenden Fassung ist auf Verpflichtungsprämien, die nach § 85a in der Zeit vom 1. Januar 2011 bis zum 31. Dezember 2012 gewährt wurden, weiterhin anzuwenden.

§ 80b Übergangsregelung zum Auslandsverwendungszuschlag

Beamten und Soldaten, die am 31. Mai 2017 eine Vergütung nach § 50a oder Auslandsdienstbezüge nach § 52 beziehen, werden diese bis zur Beendigung ihrer jeweiligen Verwendung weitergewährt, soweit dies für die Betroffenen günstiger ist als die Gewährung des Auslandsverwendungszuschlags nach § 56 in der ab dem 1. Juni 2017 geltenden Fassung.

§ 81 Übergangsregelungen bei Zulagenänderungen aus Anlass des Versorgungsreformgesetzes 1998

Soweit durch das Versorgungsreformgesetz 1998 die Ruhegehaltfähigkeit von Zulagen wegfällt oder Zulagen, die der Berechtigte bezogen hat, nicht mehr zu den ruhegehaltfähigen Dienstbezügen gehören, sind für Empfänger von Dienstbezügen, die bis zum 31. Dezember 2007 in den Ruhestand treten oder versetzt werden, die bisherigen Vorschriften über die Ruhegehaltfähigkeit in der bis zum 31. Dezember 1998 geltenden Fassung weiter anzuwenden, für Empfänger von Dienstbezügen der Besoldungsgruppen A 1 bis A 9 bei einer Zurruhesetzung bis zum 31. Dezember 2010. Die gilt nicht, wenn die Zulage nach dem 1. Januar 1999 erstmals gewährt wird.

§ 82 (weggefallen)

§ 83 Übergangsregelung für Ausgleichszulagen

§ 19a gilt entsprechend, wenn ein Anspruch auf eine ruhegehaltfähige Ausgleichszulage wegen der Verringerung oder des Verlustes einer Amtszulage während eines Dienstverhältnisses nach § 1 Absatz 1 bis zum 30. Juni 2009 entstanden ist, und in den Fällen des § 2 Absatz 6 des Besoldungsüberleitungsgesetzes.

§ 83a Übergangsregelung für die Besoldung bei Verleihung eines anderen Amtes oder bei Wechsel in den Dienst des Bundes

(1) Der Anspruch nach § 19a Satz 2 besteht ab dem 1. März 2012 auch für Wechsel in der Zeit vom 1. Juli 2009 bis zum 21. März 2012.

(2) Für Beamte, Richter und Soldaten, die in der Zeit vom 1. Juli 2009 bis zum 21. März 2012 auf Grund einer Versetzung, einer Übernahme oder eines Übertritts in den Dienst des Bundes gewechselt sind, ist § 19b mit der Maßgabe anzuwenden, dass eine Ausgleichszulage ab dem 1. März 2012 gewährt wird. Sie wird in der Höhe gewährt, die sich am 22. März 2012 ergäbe, wenn die Zulage bereits seit dem Wechsel in den Dienst des Bundes zugestanden hätte.

§ 84 Anpassung von Bezügen nach fortgeltendem Recht

Die Anpassung nach § 14 Absatz 2 gilt entsprechend für

1. die Grundgehaltssätze (Gehaltssätze) in den Regelungen über künftig wegfallende Ämter,

2. die Amtszulagen in Überleitungsvorschriften oder Regelungen über künftig wegfallende Ämter,
3. die in festen Beträgen ausgewiesenen Zuschüsse zum Grundgehalt nach den Vorbemerkungen Nummer 1 und 2 sowie die allgemeine Stellenzulage nach Vorbemerkung Nummer 2b der Anlage II in der bis zum 22. Februar 2002 geltenden Fassung,
4. die Beträge der Amtszulagen nach Anlage 2 der Verordnung zur Überleitung in die im Zweiten Gesetz zur Vereinheitlichung und Neuregelung des Besoldungsrechts in Bund und Ländern geregelten Ämter und über die künftig wegfallenden Ämter vom 1. Oktober 1975 (BGBl. I S. 2608), geändert durch Artikel 9 des Gesetzes vom 24. März 1997 (BGBl. I S. 590).

§ 85 Anwendungsbereich in den Ländern

Für die Beamten und Richter der Länder, der Gemeinden, der Gemeindeverbände sowie der sonstigen der Aufsicht eines Landes unterstehenden Körperschaften, Anstalten und Stiftungen des öffentlichen Rechts gilt das Bundesbesoldungsgesetz in der bis zum 31. August 2006 geltenden Fassung, soweit nichts anderes bestimmt ist.

Anlage I
(zu § 20 Absatz 2 Satz 1)

Bundesbesoldungsordnungen A und B

Vorbemerkungen

I. Allgemeine Vorbemerkungen

1. Amtsbezeichnungen

III

(1) Weibliche Beamte führen die Amtsbezeichnung soweit möglich in der weiblichen Form. Personen, für die im Personenstandsregister weder die Geschlechtsangabe „weiblich" noch „männlich" eingetragen ist, können wählen, ob sie eine Amtsbezeichnung soweit möglich in männlicher oder weiblicher Form oder als Doppelbezeichnung führen. Jeder Amtsbezeichnung kann auf Wunsch der Klammerzusatz „(divers)" oder „(ohne Geschlechtsangabe)" hinzugefügt werden.

(2) Die in den Bundesbesoldungsordnungen A und B gesperrt gedruckten Amtsbezeichnungen sind Grundamtsbezeichnungen. Den Grundamtsbezeichnungen können Zusätze beigefügt werden, die hinweisen auf

1. den Dienstherrn oder den Verwaltungsbereich,
2. die Laufbahn,
3. die Fachrichtung.

Die Grundamtsbezeichnungen „Rat", „Oberrat", „Direktor", „Leitender Direktor", „Direktor und Professor", „Erster Direktor", „Oberdirektor", „Präsident" und „Präsident und Professor" dürfen nur in Verbindung mit einem Zusatz nach Satz 2 verliehen werden.

(3) Über die Beifügung der Zusätze zu den Grundamtsbezeichnungen der Bundesbesoldungsordnung B entscheidet das Bundesministerium des Innern, für Bau und Heimat im Einvernehmen mit dem Bundesministerium der Finanzen. Das Bundesministerium des Innern, für Bau und Heimat macht die Zusätze zu den Grundamtsbezeichnungen der Bundesbesoldungsordnung B jährlich zum 1. März im Gemeinsamen Ministerialblatt bekannt.

(4) Die Regelungen in der Bundesbesoldungsordnung A für Ämter des mittleren, gehobenen und höheren Polizeivollzugsdienstes – mit Ausnahme des kriminalpolizeilichen Vollzugsdienstes – gelten auch für die Polizeivollzugsbeamten beim Deutschen Bundestag. Diese führen die Amtsbezeichnungen des Polizeivollzugsdienstes mit dem Zusatz „beim Deutschen Bundestag".

2. „Direktor und Professor" in den Besoldungsgruppen B 1, B 2 und B 3

Die Ämter „Direktor und Professor" in den Besoldungsgruppen B 1, B 2 und B 3 dürfen nur an Beamte verliehen werden, denen in wissenschaftlichen Forschungseinrichtungen oder in Dienststellen und Einrichtungen mit eigenen wissenschaftlichen Forschungsbereichen überwiegend wissenschaftliche Forschungsaufgaben obliegen. Dienststellen und Einrichtungen mit eigenen wissenschaftlichen Forschungsbereichen sind:

Bundesagentur für Arbeit

Bundesamt für Bauwesen und Raumordnung

Bundesamt für Naturschutz

Bundesamt für Seeschifffahrt und Hydrographie

Bundesamt für Strahlenschutz

Bundesamt für Verbraucherschutz und Lebensmittelsicherheit

Bundesanstalt für Arbeitsschutz und Arbeitsmedizin

Bundesanstalt für Geowissenschaften und Rohstoffe

Bundesanstalt für Gewässerkunde

Bundesanstalt für Materialforschung und -prüfung

Bundesanstalt für Straßenwesen

Bundesanstalt für Wasserbau

Bundesinstitut für Arzneimittel und Medizinprodukte

Bundesinstitut für Risikobewertung

Bundesinstitut für Sportwissenschaft

Bundeskriminalamt

Deutscher Wetterdienst

Eisenbahn-Bundesamt

Friedrich-Loeffler-Institut, Bundesforschungsinstitut für Tiergesundheit

Johann Heinrich von Thünen-Institut, Bundesforschungsinstitut für Ländliche Räume, Wald und Fischerei

Julius Kühn-Institut, Bundesforschungsinstitut für Kulturpflanzen

Max Rubner-Institut, Bundesforschungsinstitut für Ernährung und Lebensmittel

Paul-Ehrlich-Institut

Physikalisch-Technische Bundesanstalt

Robert Koch-Institut

Umweltbundesamt

Wehrtechnische Dienststelle für Schiffe und Marinewaffen, Maritime Technologie und Forschung

Wehrwissenschaftliches Institut für Werk- und Betriebsstoffe.

2a. Leiter von unteren Verwaltungsbehörden und Leiter von allgemeinbildenden oder beruflichen Schulen

Die Ämter der Leiter von unteren Verwaltungsbehörden mit einem beim jeweiligen Dienstherrn örtlich begrenzten Zuständigkeitsbereich sowie die Ämter der Leiter von allgemeinbildenden oder beruflichen Schulen dürfen nur in Besoldungsgruppen der Bundesbesoldungsordnung A eingestuft werden. Die Ämter der Leiter besonders bedeutender und zugleich besonders großer unterer Verwaltungsbehörden der Zollverwaltung dürfen auch in Besoldungsgruppen der Bundesbesoldungsordnung B eingestuft werden.

3. Zuordnung von Funktionen zu den Ämtern

Den Grundamtsbezeichnungen beigefügte Zusätze bezeichnen die Funktionen, die diesen Ämtern zugeordnet werden können, nicht abschließend.

II. Stellenzulagen

3a. Ruhegehaltfähigkeit von Stellenzulagen

(1) Zulagen nach den Nummern 4, 4a, 8, 9, 9a, 10 und 11 dieses Abschnitts gehören zu den ruhegehaltfähigen Dienstbezügen, wenn der Beamte oder Soldat

1. mindestens zehn Jahre zulageberechtigend verwendet worden ist oder
2. mindestens zwei Jahre zulageberechtigend verwendet worden ist und das Dienstverhältnis wegen Todes oder Dienstunfähigkeit infolge einer Krankheit, Verwundung oder sonstigen Beschädigung, die der Beamte oder Soldat ohne grobes Verschulden bei der Ausübung oder aus Veranlassung des Dienstes erlitten hat, beendet worden ist.

(2) Eine Stellenzulage nach Nummer 9 ist darüber hinaus ruhegehaltfähig, wenn der Beamte oder Soldat mindestens zwei Jahre zulageberechtigend verwendet worden ist und infolge einer Krankheit, Verwundung oder sonstigen Beschädigung, die der Beamte oder Soldat ohne grobes Verschulden bei der Ausübung oder aus Veranlassung des Dienstes erlitten hat, nach amtsärztlicher Feststellung eine Polizeidiensttauglichkeit oder Feldjägerdiensttauglichkeit nicht mehr gegeben und aus diesem Grund ein Laufbahn- oder Verwendungswechsel erfolgt ist.

(3) Eine Stellenzulage nach Nummer 10 ist darüber hinaus ruhegehaltfähig, wenn der Beamte oder Soldat mindestens zwei Jahre zulageberechtigend verwendet worden ist und infolge einer Krankheit, Verwundung oder sonstigen Beschädigung, die der Beamte oder Soldat ohne grobes Verschulden bei der Ausübung oder aus Veranlassung des Dienstes erlitten hat, nach amtsärztlicher Feststellung eine Feuerwehrdiensttauglichkeit nicht mehr gegeben und aus diesem Grund ein Verwendungswechsel erfolgt ist.

(4) Der für die ruhegehaltfähige Zulage maßgebende Betrag ergibt sich aus der zum Zeitpunkt des letztmaligen Bezuges der Stellenzulage geltenden Anlage IX. Die Konkurrenzvorschriften bei den einzelnen Stellenzulagen

gelten entsprechend auch bei den ruhegehaltfähigen Dienstbezügen.

(5) Zeiten nach den Absätzen 1 bis 3 vor dem 1. Januar 2024 sind zu berücksichtigen. Als zulageberechtigende Zeiten werden auch solche Zeiträume berücksichtigt, während denen auf Grund von Konkurrenzvorschriften die Zulage nicht gewährt wurde.

III

4. Zulage für militärische Führungsfunktionen

(1) Eine Stellenzulage nach Anlage IX erhalten Soldaten in Besoldungsgruppen bis A 14

1. als Kompaniechef oder in vergleichbarer Führungs- oder Ausbildungsfunktion,
2. als Zugführer oder in vergleichbarer Führungs- oder Ausbildungsfunktion,
3. als Gruppenführer oder in vergleichbarer Führungs- oder Ausbildungsfunktion,
4. als Truppführer oder in vergleichbarer Führungs- oder Ausbildungsfunktion,
5. mit Weisungsrecht gegenüber Zivilpersonen in der Funktion als Vertreter des Bundes als Arbeitgeber im Sinne der Gewerbeordnung.

(2) Sofern mehrere Voraussetzungen des Absatzes 1 gleichzeitig erfüllt sind, wird nur die höhere Zulage gewährt.

(3) Die Zulage nach Absatz 1 wird neben einer anderen Stellenzulage nur gewährt, soweit sie diese übersteigt. Neben einer Amtszulage in der Besoldungsgruppe A 13 wird die Zulage nach Absatz 1 nicht gewährt.

(4) Das Nähere regelt das Bundesministerium der Verteidigung im Einvernehmen mit dem Bundesministerium des Innern, für Bau und Heimat durch allgemeine Verwaltungsvorschrift.

4a. Zulage für Soldaten als Kompaniefeldwebel

Soldaten der Besoldungsgruppen A 7 bis A 9 erhalten als Kompaniefeldwebel eine Stellenzulage nach Anlage IX.

5. Zulage für flugzeugtechnisches Personal, flugsicherungstechnisches Personal der militärischen Flugsicherung und technisches Personal des Einsatzführungsdienstes

(1) Eine Stellenzulage nach Anlage IX erhalten Beamte und Soldaten als erster Spezialist oder in höherwertigen Funktionen in einer Verwendung als

1. flugzeugtechnisches Personal,
2. flugsicherungstechnisches Personal der militärischen Flugsicherung und als technisches Personal des Einsatzführungsdienstes,
3. hauptamtliches Personal zentraler Ausbildungseinrichtungen, das nach einer Verwendung gemäß Nummer 1 oder Nummer 2 Beamte und Soldaten für solche Verwendungen ausbildet.

(2) Die Stellenzulage wird neben einer Stellenzulage nach den Nummern 4, 6, 6a oder 9a nur gewährt, soweit sie diese übersteigt.

5a. Zulage für Beamte und Soldaten im militärischen Flugsicherungsbetriebsdienst, Einsatzführungsdienst und Geoinformationsdienst der Bundeswehr

(1) Eine Stellenzulage nach Anlage IX erhalten Beamte und Soldaten, die im militärischen Flugsicherungsbetriebsdienst, im Einsatzführungsdienst und im Geoinformationsdienst der Bundeswehr verwendet werden

1. als Flugsicherungskontrollpersonal in
   a) Flugsicherungssektoren,
   b) Flugsicherungsstellen,
   c) einer Lehrtätigkeit an einer Schule,
2. als Flugdatenbearbeitungspersonal in Flugsicherungssektoren,
3. als Flugberatungspersonal in
   a) Flugsicherungsstellen,
   b) zentralen Stellen des Flugberatungsdienstes,
   c) einer Lehrtätigkeit an einer Schule,
4. als Betriebspersonal des Einsatzführungsdienstes
   a) mit erfolgreich abgeschlossenem Lehrgang Radarleitung/Einsatzführungsoffizier,

b) ohne Lehrgang Radarleitung/Einsatzführungsoffizier
   aa) im Einsatzdienst in Luftverteidigungsanlagen,
   bb) in einer Lehrtätigkeit im Einsatzführungsdienst,

5. in Stabs-, Fach- und Truppenführerfunktionen – nicht jedoch bei einer obersten Bundesbehörde – sowie als Ausbildungspersonal der militärischen Flugsicherung oder des Einsatzführungsdienstes,
6. im Flugwetterberatungsdienst oder im Wetterbeobachtungsdienst auf Flugplätzen mit Flugbetrieb der Bundeswehr oder in den zentralen Geoinformationsberatungsstellen.

(2) Die Stellenzulage wird neben einer Stellenzulage nach den Nummern 6, 8, 9 oder 9a nur gewährt, soweit sie diese übersteigt.

(3) Die allgemeinen Verwaltungsvorschriften erlässt das Bundesministerium der Verteidigung im Einvernehmen mit dem Bundesministerium des Innern, für Bau und Heimat.

5b. Zulage für Soldaten als Combat Controller bei den Luftlande- und Fernspähkräften der Bundeswehr

(1) Eine Stellenzulage nach Anlage IX erhalten Soldaten bei Verwendung als Combat Controller in einem Großverband, einem Verband oder einer Einheit der Luftlande- und Fernspähkräfte der Bundeswehr

1. bis zur Erlangung der Basisqualifikation der Stufe B,
2. nach Erlangung der Basisqualifikation der Stufe B,
3. nach Erlangung der Basisqualifikation der Stufe C.

(2) Die Stellenzulage wird nicht neben einer Stellenzulage nach Nummer 5a und einer Erschwerniszulage nach den §§ 23h und 23ider Erschwerniszulagenverordnung gewährt.

(3) Der Erwerb der Berechtigung nach Absatz 1 wird durch allgemeine Verwaltungsvorschrift des Bundesministeriums der Verteidigung geregelt.

6. Zulage für Beamte und Soldaten in fliegerischer Verwendung

(1) Eine Stellenzulage nach Anlage IX erhalten Beamte und Soldaten in Besoldungsgruppen der Bundesbesoldungsordnung A, wenn sie verwendet werden

1. als Luftfahrzeugführer mit der Erlaubnis zum Führen ein- oder zweisitziger strahlgetriebener Kampf- oder Schulflugzeuge oder als Waffensystemoffizier mit der Erlaubnis zum Einsatz auf zweisitzigen strahlgetriebenen Kampf- oder Schulflugzeugen,
2. als Luftfahrzeugführer mit der Erlaubnis zum Führen sonstiger strahlgetriebener Flugzeuge oder sonstiger Luftfahrzeuge oder als Luftfahrzeugoperationsoffizier,
3. als Steuerer mit der Erlaubnis und Berechtigung zum Führen und Bedienen oder als Waffensystemoperateur mit der Erlaubnis und Berechtigung zum Bedienen unbemannter Luftfahrtgeräte, die nach Instrumentenflugregeln geführt und bedient werden müssen,
4. als Flugtechniker in der Bundespolizei oder als sonstiger ständiger Luftfahrzeugbesatzungsangehöriger in der Bundeswehr und in anderen Einrichtungen des Bundes.

Die Stellenzulage erhöht sich um den Betrag nach Anlage IX für verantwortliche Luftfahrzeugführer, die mit der Berechtigung eines Kommandanten auf Flugzeugen verwendet werden, für die eine Mindestbesatzung von zwei Luftfahrzeugführern vorgeschrieben ist. Die Erhöhung gilt bis zum 31. Dezember 2027.

(2) Die zuletzt nach Absatz 1 Satz 1 gewährte Stellenzulage wird nach Beendigung der Verwendung, auch über die Besoldungsgruppe A 16 hinaus, für fünf Jahre weitergewährt, wenn der Beamte oder Soldat

1. mindestens fünf Jahre in einer Tätigkeit nach Absatz 1 verwendet worden ist oder
2. bei der Verwendung nach Absatz 1 einen Dienstunfall im Flugdienst oder eine durch die Besonderheiten dieser Verwendung bedingte gesundheitliche Schädigung erlitten hat, die die weitere Verwendung nach Absatz 1 ausschließen.

Der Fünfjahreszeitraum verlängert sich bei Soldaten, die zur Erhaltung ihres fliegerischen Könnens verpflichtet sind, um zwei Drittel des Verpflichtungszeitraumes, höchstens jedoch um drei Jahre. Danach verringert sich die Stellenzulage auf 50 Prozent.

(3) Hat der Beamte oder Soldat einen Anspruch auf eine Stellenzulage nach Absatz 2 und wechselt er in eine weitere Verwendung, mit der ein Anspruch auf eine geringere Stellenzulage nach Absatz 1 verbunden ist, so erhält er zusätzlich zu der geringeren Stellenzulage den Unterschiedsbetrag zu der Stellenzulage nach Absatz 2. Nach Beendigung der weiteren Verwendung wird die Stellenzulage nach Absatz 2 Satz 1 und 2 nur weitergewährt, soweit sie noch nicht vor der weiteren Verwendung bezogen und auch nicht während der weiteren Verwendung durch den Unterschiedsbetrag zwischen der geringeren Stellenzulage und der Stellenzulage nach Absatz 2 abgegolten worden ist. Der Berechnung der Stellenzulage nach Absatz 2 Satz 3 wird die höhere Stellenzulage zugrunde gelegt.

(4) Eine Stellenzulage nach Absatz 1 Satz 1 ist in Höhe von 50 Prozent ruhegehaltfähig, wenn

1. sie mindestens fünf Jahre bezogen worden ist oder
2. das Dienstverhältnis beendet worden ist
   a) durch Tod oder
   b) durch Dienstunfähigkeit infolge eines durch die Verwendung erlittenen Dienstunfalls oder einer durch die Besonderheiten dieser Verwendung bedingten gesundheitlichen Schädigung.

(5) Die Stellenzulage wird neben einer Stellenzulage nach Nummer 8 nur gewährt, soweit sie diese übersteigt. Abweichend von Satz 1 wird die Stellenzulage nach Absatz 1 neben einer Stellenzulage nach Nummer 8 gewährt, soweit sie deren Hälfte übersteigt.

(6) Der Erwerb der Erlaubnis und Berechtigung nach Absatz 1 Satz 1 Nummer 3 und der Berechtigung nach Absatz 1 Satz 2 wird durch allgemeine Verwaltungsvorschrift des Bundesministeriums der Verteidigung geregelt. Im Übrigen erlässt die oberste Dienstbehörde die allgemeinen Verwaltungsvorschriften im Einvernehmen mit dem Bundesministerium des Innern, für Bau und Heimat.

6a. Zulage für Beamte und Soldaten als Luftfahrttechnisches Prüfpersonal und freigabeberechtigtes Personal

(1) Beamte und Soldaten erhalten eine Stellenzulage nach Anlage IX, wenn sie eine der folgenden Qualifikationen besitzen und entsprechend der Qualifikation verwendet werden:

1. die Erlaubnis als Nachprüfer von Luftfahrtgerät,
2. die Erlaubnis als Prüfer von Luftfahrtgerät,
3. die Berechtigung der Kategorie B oder Kategorie C zur Freigabe von Luftfahrzeugen oder Komponenten nach der Verordnung (EU) Nr. 1321/2014 der Kommission vom 26. November 2014 über die Aufrechterhaltung der Lufttüchtigkeit von Luftfahrzeugen und luftfahrttechnischen Erzeugnissen, Teilen und Ausrüstungen und die Erteilung von Genehmigungen für Organisationen und Personen, die diese Tätigkeiten ausführen (ABl. L 362 vom 17. 12. 2014, S. 1),
4. die Erlaubnis zur Prüfung der Lufttüchtigkeit,
5. die Berechtigung als Prüfer für zerstörungsfreie Prüfungen von Luftfahrzeugen, Luftfahrtgeräten und Zusatzausrüstungen mit Zertifizierung nach DIN EN 4179, Ausgabe März 2017, in Verbindung mit den für den Geschäftsbereich des Bundesministeriums der Verteidigung geltenden Zulassungsvorschriften.

(2) Die Stellenzulage wird neben einer Stellenzulage nach Nummer 4, 5a oder 9a nur gewährt, soweit sie diese übersteigt.

7. Zulage für Beamte und Soldaten bei obersten Behörden sowie bei obersten Gerichtshöfen des Bundes

(1) Beamte und Soldaten erhalten, wenn sie bei obersten Bundesbehörden oder bei obersten Gerichtshöfen des Bundes verwendet werden, eine Stellenzulage nach Anlage IX.

(2) Die Stellenzulage wird nicht neben der bei der Deutschen Bundesbank gewährten Bank-

zulage und neben Auslandsdienstbezügen oder Auslandsverwendungszuschlag nach Abschnitt 5 gewährt. Die Stellenzulage wird neben Stellenzulagen nach den Nummern 6, 6a, 8 bis 9, 10 und 15 bis 19 nur gewährt, soweit sie diese übersteigt.

(3) Beamte und Soldaten erhalten während der Verwendung bei obersten Behörden eines Landes, das für die Beamten bei seinen obersten Behörden eine Regelung entsprechend Absatz 1 getroffen hat, die Stellenzulage in der nach dem Besoldungsrecht dieses Landes bestimmten Höhe.

8. Zulage für Beamte und Soldaten bei den Nachrichtendiensten

(1) Beamte und Soldaten erhalten, wenn sie bei den Nachrichtendiensten des Bundes oder der Länder verwendet werden, eine Stellenzulage nach Anlage IX.

(2) Nachrichtendienste sind der Bundesnachrichtendienst, das Bundesamt für den Militärischen Abschirmdienst, das Bundesamt für Verfassungsschutz sowie die Einrichtungen für Verfassungsschutz der Länder.

8a. Zulage für Beamte der Bundeswehr und Soldaten in der Fernmelde- und elektronischen Aufklärung, der satellitengestützten abbildenden Aufklärung, der Luftbildauswertung oder der hydroakustischen Aufklärung

(1) Beamte der Bundeswehr und Soldaten erhalten eine Stellenzulage nach Anlage IX, wenn sie verwendet werden in

1. der Fernmelde- und elektronischen Aufklärung,
2. der satellitengestützten abbildenden Aufklärung,
3. der Luftbildauswertung oder
4. der hydroakustischen Aufklärung.

Die Zulage erhalten unter den gleichen Voraussetzungen auch Beamte auf Widerruf, die einen Vorbereitungsdienst ableisten.

(2) Durch die Stellenzulage werden die mit dem Dienst allgemein verbundenen Erschwernisse und Aufwendungen mit abgegolten.

(3) Die Stellenzulage wird neben einer Stellenzulage nach den Nummern 5, 5a, 6, 6a oder 8 nur gewährt, soweit sie diese übersteigt.

8b. Zulage für Beamte bei dem Bundesamt für Sicherheit in der Informationstechnik und bei der Zentralen Stelle für Informationstechnik im Sicherheitsbereich

(1) Beamte erhalten eine Stellenzulage nach Anlage IX, wenn sie verwendet werden

1. beim Bundesamt für Sicherheit in der Informationstechnik oder
2. bei der Zentralen Stelle für Informationstechnik im Sicherheitsbereich.

(2) Die Stellenzulage wird neben einer Stellenzulage nach Nummer 9 nur gewährt, soweit sie diese übersteigt.

8c. Zulage für Beamte und Soldaten bei dem Bundesamt für Migration und Flüchtlinge

(1) Beamte und Soldaten erhalten, wenn sie bei dem Bundesamt für Migration und Flüchtlinge verwendet werden, bis zum 31. Dezember 2027 eine Stellenzulage nach Anlage IX.

(2) Durch die Stellenzulage werden die mit dem Dienst allgemein verbundenen Erschwernisse und Aufwendungen mit abgegolten.

9. Zulage für Beamte und Soldaten mit vollzugspolizeilichen Aufgaben

(1) Eine Stellenzulage nach Anlage IX erhalten, soweit ihnen Dienstbezüge nach der Bundesbesoldungsordnung A zustehen,

1. Polizeivollzugsbeamte,
2. Feldjäger,
3. Beamte der Zollverwaltung, die
   a) in der Grenzabfertigung verwendet werden,
   b) in einem Bereich verwendet werden, in dem gemäß Bestimmung des Bundesministeriums der Finanzen typischerweise vollzugspolizeilich geprägte Tätigkeiten wahrgenommen werden, oder
   c) mit vollzugspolizeilichen Aufgaben betraut sind.

(2) Eine Zulage nach Absatz 1 erhalten unter den gleichen Voraussetzungen auch Beamte auf Widerruf, die einen Vorbereitungsdienst ableisten.

(3) Die Stellenzulage wird nicht neben einer Stellenzulage nach Nummer 8 gewährt.

(4) Durch die Stellenzulage werden die Besonderheiten des jeweiligen Dienstes, insbesondere der mit dem Posten- und Streifendienst sowie dem Nachtdienst verbundene Aufwand sowie der Aufwand für Verzehr mit abgegolten.

III

9a. Zulage im maritimen Bereich

(1) Eine Stellenzulage nach Anlage IX erhalten Beamte der Bundeswehr und Soldaten, wenn sie verwendet werden

1. als Angehörige einer Besatzung in Dienst gestellter seegehender Schiffe der Marine oder anderer Seestreitkräfte,
2. als Angehörige einer Besatzung in Dienst gestellter U-Boote der Marine oder anderer Seestreitkräfte oder
3. als Kampfschwimmer oder Minentaucher mit gültigem Kampfschwimmer- oder Minentaucherschein auf einer Stelle des Stellenplans, die eine Kampfschwimmer- oder Minentaucherausbildung voraussetzt.

Sind gleichzeitig mehrere Tatbestände nach Satz 1 Nummer 1 bis 3 erfüllt, wird nur die höhere Zulage gewährt.

(2) Die Stellenzulage nach Absatz 1 Satz 1 Nummer 1 oder Nummer 2 erhalten auch Beamte der Bundeswehr und Soldaten, die auf Grund einer Abordnung oder einer Kommandierung Aufgaben an Bord eines seegehenden Schiffes oder U-Bootes der Marine oder anderer Streitkräfte zu erfüllen haben, ohne zur Besatzung zu gehören. Ist dieses Schiff oder U-Boot noch nicht in Dienst gestellt, steht die Zulage ab dem Tag der Zugehörigkeit zur Fahrmannschaft für die Dauer der Verwendung zu. Absatz 1 Satz 2 gilt entsprechend.

(3) Eine Stellenzulage nach Anlage IX erhalten auch Beamte und Soldaten in einer Verwendung als

1. Angehörige einer Besatzung anderer seegehender Schiffe, die überwiegend zusammenhängend mehrstündig seewärts der in § 1 der Flaggenrechtsverordnung festgelegten Grenzen der Seefahrt verwendet werden,
2. Angehörige einer Besatzung anderer, als der unter Nummer 1 genannter seegehender Schiffe,
3. Taucher für den maritimen Einsatz.

(4) Die Stellenzulage wird neben einer anderen Stellenzulage, mit Ausnahme der Stellenzulage nach Nummer 4a, Nummer 8a oder Nummer 9, nur gewährt, soweit sie diese übersteigt.

(5) Das Nähere kann die oberste Bundesbehörde durch allgemeine Verwaltungsvorschriften im Einvernehmen mit dem Bundesministerium des Innern, für Bau und Heimat und dem Bundesministerium der Finanzen regeln.

10. Zulage für Beamte und Soldaten im Einsatzdienst der Feuerwehr

(1) Beamte und Soldaten der Bundesbesoldungsordnung A, die im Einsatzdienst der Feuerwehr verwendet werden, erhalten eine Stellenzulage nach Anlage IX. Die Zulage erhalten unter den gleichen Voraussetzungen auch Beamte auf Widerruf, die Vorbereitungsdienst leisten.

(2) Die Zulage erhält auch hauptamtliches feuerwehrdiensttaugliches Personal zentraler Ausbildungseinrichtungen der Bundeswehr, das nach einer Verwendung nach Absatz 1

1. Beamte und Soldaten für den Einsatzdienst der Feuerwehr ausbildet oder
2. in der unmittelbaren Unterstützung der Ausbildung für den Einsatzdienst der Feuerwehr verwendet wird.

(3) Durch die Stellenzulage nach Absatz 1 werden die Besonderheiten des Einsatzdienstes der Feuerwehr, insbesondere der mit dem Nachtdienst verbundene Aufwand sowie der Aufwand für Verzehr mit abgegolten.

11. Zulage für Beamte der Bundeswehr als Gebietsärzte sowie für Soldaten als Rettungsmediziner oder als Gebietsärzte

(1) Eine Stellenzulage nach Anlage IX erhalten bis zum 31. Dezember 2027

1. Beamte der Bundeswehr der Besoldungsgruppen A 13 bis A 16 mit der Approbation als Arzt, die die Weiterbildung zum Gebietsarzt erfolgreich abgeschlossen haben und in diesem Fachgebiet in einer kurativen Sanitätseinrichtung der Bundeswehr verwendet werden,
2. Soldaten der Besoldungsgruppen A 13 bis A 16 als Sanitätsoffiziere mit der Approbation als Arzt, die
   a) über die Zusatzqualifikation Rettungsmedizin verfügen und dienstlich zur Erhaltung dieser Qualifikation verpflichtet sind oder
   b) die Weiterbildung zum Gebietsarzt erfolgreich abgeschlossen haben und in diesem Fachgebiet verwendet werden.

(2) Bei gleichzeitigem Vorliegen der Voraussetzungen nach Absatz 1 Nummer 2 Buchstabe a und b wird die Stellenzulage nur einmal gewährt.

(3) Die Zulage nach Absatz 1 Nummer 2 wird um den Betrag nach Anlage IX erhöht, wenn der Soldat als Angehöriger einer Besatzung in Dienst gestellter seegehender Schiffe der Marine oder anderer Seestreitkräfte verwendet wird. Erfüllt der Soldat entsprechende Aufgaben auf einem solchen Schiff auf Grund einer Kommandierung, ohne zur Besatzung zu gehören, erhält er diesen Betrag anteilig für die Dauer der Kommandierung.

(4) Den Erwerb und die Erhaltung der Zusatzqualifikation Rettungsmedizin regelt das Bundesministerium der Verteidigung durch allgemeine Verwaltungsvorschrift.

12. Zulage für Beamte mit Meisterprüfung oder Abschlussprüfung als staatlich geprüfter Techniker

Beamte in Laufbahnen des mittleren Dienstes, in denen die Meisterprüfung oder die Abschlussprüfung als staatlich geprüfter Techniker vorgeschrieben ist, erhalten, wenn sie die Prüfung bestanden haben, eine Stellenzulage nach Anlage IX.

13. Zulage für Beamte im Außendienst der Steuerprüfung oder der Zollfahndung sowie bei der Zentralstelle für Finanztransaktionsuntersuchungen

(1) Beamte des mittleren Dienstes und des gehobenen Dienstes in der Steuerverwaltung und der Zollverwaltung erhalten für die Zeit ihrer Verwendung im Außendienst der Steuerprüfung oder der Zollfahndung eine Stellenzulage nach Anlage IX.

(2) Beamte, die bei der Zentralstelle für Finanztransaktionsuntersuchungen verwendet werden, erhalten eine Stellenzulage nach Anlage IX. Mit der Zulage werden die mit der Tätigkeit allgemein verbundenen Aufwendungen abgegolten.

(3) Die Stellenzulage nach Absatz 1 oder Absatz 2 wird neben einer Stellenzulage nach Nummer 9 nur gewährt, soweit sie diese übersteigt.

(4) Die allgemeinen Verwaltungsvorschriften erlässt das Bundesministerium der Finanzen im Einvernehmen mit dem Bundesministerium des Innern, für Bau und Heimat.

14. Zulage für Flugsicherungslotsen

(1) Beamte des gehobenen Dienstes in den Besoldungsgruppen A 9 bis A 11 und Soldaten in diesen Besoldungsgruppen erhalten im Flugsicherungskontrolldienst eine Stellenzulage nach Anlage IX.

(2) Die Stellenzulage wird nicht neben einer Stellenzulage nach den Nummern 6a bis 10 gewährt.

15. Zulage für Beamte beim Bundeskriminalamt, bei der Bundespolizei und der Zollverwaltung

(1) Beamte erhalten eine Stellenzulage nach Anlage IX, wenn sie verwendet werden

1. im Bundeskriminalamt,
2. in der Bundespolizei oder
3. in der Zollverwaltung
   a) im Zollkriminalamt

b) in einer örtlichen Behörde der Zollverwaltung in Bereichen, in denen typischerweise Außendienst oder gefährdungsrelevante Tätigkeiten wahrgenommen werden.

Die Bereiche nach Satz 1 Nummer 3 Buchstabe b bestimmt das Bundesministerium der Finanzen durch allgemeine Verwaltungsvorschrift.

(2) Die Zulage wird nicht neben einer Stellenzulage nach Nummer 9 oder Nummer 13 gewährt.

(3) Mit der Zulage werden auch die mit der Tätigkeit allgemein verbundenen Aufwendungen abgegolten.

16. Zulage für Beamte und Soldaten der Cyberverteidigung bei der Bundeswehr

(1) Eine Stellenzulage nach Anlage IX erhalten Beamte und Soldaten der Bundeswehr in Besoldungsgruppen der Bundesbesoldungsordnung A, wenn sie verwendet werden

1. für Computernetzwerkoperationen im Rahmen der Cyberverteidigung,
2. für die Entwicklung und Bereitstellung informationstechnischer Systeme und Verfahren für die Aufgaben nach Nummer 1 oder
3. für die Aus- und Fortbildung für Aufgaben nach Nummer 1.

(2) Für denselben Zeitraum wird die Zulage nur einmal gewährt.

(3) Die Stellenzulage wird neben einer anderen Stellenzulage nur gewährt, soweit sie diese übersteigt.

(4) Die allgemeinen Verwaltungsvorschriften erlässt das Bundesministerium der Verteidigung.

17. Zulage für Beamte bei der Bundesanstalt für den Digitalfunk der Behörden und Organisationen mit Sicherheitsaufgaben und beim Informationstechnikzentrum Bund

(1) Beamte erhalten eine Stellenzulage nach Anlage IX, wenn sie verwendet werden

1. bei der Bundesanstalt für den Digitalfunk der Behörden und Organisationen mit Sicherheitsaufgaben oder
2. beim Informationstechnikzentrum Bund.

(2) Die Stellenzulage wird neben einer anderen Stellenzulage nur gewährt, soweit sie diese übersteigt.

18. Zulage für Beamte der Bundeswehr und Soldaten in Verwendungen zur Aufrechterhaltung und Sicherstellung des IT-Betriebs und der IT-Infrastruktur der Bundeswehr

(1) Eine Stellenzulage nach Anlage IX erhalten Beamte der Bundeswehr und Soldaten, die bei zentralen Einrichtungen des Geschäftsbereichs des Bundesministeriums der Verteidigung unmittelbar für die Aufrechterhaltung und Sicherstellung des IT-Betriebs und der IT-Infrastruktur der Bundeswehr verwendet werden.

(2) Die Stellenzulage wird nicht neben einer Stellenzulage nach Nummer 8a, 8b oder 16 gewährt.

(3) Die allgemeinen Verwaltungsvorschriften erlässt das Bundesministerium der Verteidigung.

19. Zulage für Beamte der Zentrale der Bundesagentur für Arbeit

Beamte, die in der Zentrale der Bundesagentur für Arbeit verwendet werden, erhalten eine Zulage nach Anlage IX. Mit der Zulage werden auch die mit der Tätigkeit allgemein verbundenen Aufwendungen abgegolten.

Bundesbesoldungsordnung A Aufsteigende Gehälter

Besoldungsgruppe A 3

Hauptamtsgehilfe

Oberaufseher[1])

Oberschaffner

Oberwachtmeister[2])

Grenadier, Jäger, Panzerschütze, Panzergrenadier, Panzerjäger, Kanonier, Panzerkanonier, Pionier, Panzerpionier, Funker, Panzerfunker, Schütze, Flieger, Sanitätssoldat, Matrose

Gefreiter[3])

[1]) Erhält eine Amtszulage nach Anlage IX.

[2]) Beamte im Justizdienst erhalten eine Amtszulage nach Anlage IX. Neben der Amtszulage steht eine Amtszulage nach der Fußnote 1 nicht zu.

[3]) Erhält eine Amtszulage nach Anlage IX.

Besoldungsgruppe A 4

Amtsmeister

Hauptaufseher[1])

Hauptschaffner

Hauptwachtmeister[2])

Oberwart[3])

Obergefreiter

Hauptgefreiter[4])

[1]) Erhält eine Amtszulage nach Anlage IX.

[2]) Beamte im Justizdienst erhalten eine Amtszulage nach Anlage IX. Neben der Amtszulage steht eine Amtszulage nach der Fußnote 1 nicht zu.

[3]) Als Eingangsamt.

[4]) Erhält eine Amtszulage nach Anlage IX.

Besoldungsgruppe A 5

Betriebsassistent[1])[2])

Erster Hauptwachtmeister[3])

Hauptwart

Oberamtsmeister

Stabsgefreiter

Oberstabsgefreiter

Unteroffizier

Maat

Fahnenjunker

Seekadett

[1]) Erhält eine Amtszulage nach Anlage IX.

[2]) Soweit nicht in der Besoldungsgruppe A 6.

[3]) Beamte im Justizdienst erhalten eine Amtszulage nach Anlage IX. Neben der Amtszulage steht eine Amtszulage nach der Fußnote 1 nicht zu.

Besoldungsgruppe A 6

Betriebsassistent[1])

Erster Hauptwachtmeister[2])

Hauptwart

Oberamtsmeister

Sekretär[3])

Korporal

Stabskorporal[5])

Stabsunteroffizier[4])

Obermaat

[1]) Soweit nicht in der Besoldungsgruppe A 5.

[2]) Beamte im Justizdienst erhalten eine Amtszulage nach Anlage IX.

[3]) Als Eingangsamt.

[4]) Soweit nicht in der Besoldungsgruppe A 7.

[5]) Erhält eine Amtszulage nach Anlage IX.

Besoldungsgruppe A 7

Brandmeister[1])

Oberlokomotivführer[2])

Obersekretär[3])

Oberwerkmeister

Polizeimeister

Stabsunteroffizier[4])

Obermaat

Feldwebel

Bootsmann

Fähnrich

Fähnrich zur See

Oberfeldwebel[5])

Oberbootsmann

[1]) Als Eingangsamt.

[2]) Auch als Eingangsamt.

[3]) Auch als Eingangsamt für Laufbahnen des mittleren technischen Dienstes.

[4]) Soweit nicht in der Besoldungsgruppe A 6.

[5]) Erhält eine Amtszulage nach Anlage IX.

Besoldungsgruppe A 8

Hauptlokomotivführer

Hauptsekretär

Hauptwerkmeister

Oberbrandmeister

Polizeiobermeister

Hauptfeldwebel[1])

Hauptbootsmann

Oberfähnrich

Oberfähnrich zur See

[1]) Erhält eine Amtszulage nach Anlage IX.

Besoldungsgruppe A 9

Amtsinspektor[1])

Betriebsinspektor

Hauptbrandmeister

Inspektor

Kapitän

Konsulatssekretär

Kriminalkommissar

Polizeihauptmeister

Polizeikommissar

Stabsfeldwebel

Stabsbootsmann

Oberstabsfeldwebel

Oberstabsbootsmann

Leutnant

Leutnant zur See

[1]) Beamte und Soldaten in Funktionen, die sich von denen der Besoldungsgruppe A 9 abheben, können eine Amtszulage nach Anlage IX erhalten.

Besoldungsgruppe A 10[1])

Konsulatssekretär Erster Klasse

Kriminaloberkommissar

Oberinspektor

Polizeioberkommissar

Seekapitän

Oberleutnant

Oberleutnant zur See

[1]) Auch als Eingangsamt (siehe § 23 Absatz 2).

Besoldungsgruppe A 11[1])

Amtmann

Kanzler[2])

Kriminalhauptkommissar[3])

Polizeihauptkommissar

Seeoberkapitän

Hauptmann

Kapitänleutnant

[1]) Auch als Eingangsamt (siehe § 23 Absatz 2).

[2]) Im Auswärtigen Dienst.

[3]) Soweit nicht in der Besoldungsgruppe A 12.

Besoldungsgruppe A 12

Amtsrat

Kanzler Erster Klasse[1])[2])

Kriminalhauptkommissar[3])

Polizeihauptkommissar

Rechnungsrat
– als Prüfungsbeamter beim Bundesrechnungshof –

Seehauptkapitän

Hauptmann

Kapitänleutnant

[1]) Soweit nicht in der Besoldungsgruppe A 13.

[2]) Im Auswärtigen Dienst.

[3]) Soweit nicht in der Besoldungsgruppe A 11.

Besoldungsgruppe A 13[1])

Akademischer Rat
– als wissenschaftlicher oder künstlerischer Mitarbeiter an einer Hochschule –

Erster Kriminalhauptkommissar

Erster Polizeihauptkommissar

Kanzler Erster Klasse[3])[4])

Konsul

Kustos

Legationsrat

Militärrabbiner[5])

Oberamtsrat

Oberrechnungsrat
– als Prüfungsbeamter beim Bundesrechnungshof –

Pfarrer

Rat

Seehauptkapitän

Fachschuloberlehrer[6])[7])[8])

Studienrat
– im höheren Dienst –[9])

Stabshauptmann

Stabskapitänleutnant

Major

Korvettenkapitän

Stabsapotheker

Stabsarzt

Stabsveterinär

---

[1]) Beamte des gehobenen Dienstes und Soldaten im Dienstgrad Stabshauptmann oder Stabskapitänleutnant in Funktionen, die sich von denen der Besoldungsgruppe A 13 abheben, können eine Amtszulage nach Anlage IX erhalten.

[3]) Soweit nicht in der Besoldungsgruppe A 12.

[4]) Im Auswärtigen Dienst.

[5]) Soweit nicht in der Besoldungsgruppe A 14.

[6]) Mit der Befähigung für das Lehramt an Realschulen.

[7]) Erhält als der ständige Vertreter eines Fachschuldirektors oder als Fachvorsteher eine Amtszulage nach Anlage IX.

[8]) Als Eingangsamt.

[9]) Mit der Befähigung für ein Lehramt.

Besoldungsgruppe A 14

Akademischer Oberrat
– als wissenschaftlicher oder künstlerischer Mitarbeiter an einer Hochschule –

Konsul Erster Klasse

Legationsrat Erster Klasse[2])

Militärrabbiner[4])

Oberkustos

Oberrat

Pfarrer

Fachschuldirektor
– als Leiter einer Bundeswehrfachschule mit Lehrgängen, die zu einem Abschluss führen, der dem der Realschule entspricht –[5])

Fachschuloberlehrer
– als der ständige Vertreter des Direktors einer Fachschule als Leiter einer Fachschule mit beruflichem Unterricht mit bis zu 360 Unterrichtsteilnehmern –[6])[7])
– als Stufenleiter Sekundarstufe I bei einer Bundeswehrfachschule –

Oberstudienrat
– im höheren Dienst –[8])

Regierungsschulrat
– im Schulaufsichtsdienst –

Oberstleutnant[3])

Fregattenkapitän

Oberstabsapotheker

Oberstabsarzt

Oberstabsveterinär

---

[2]) Führt während der Verwendung als Leiter einer Botschaft oder Gesandtschaft die Amtsbezeichnung „Botschafter" oder „Gesandter".

[3]) Soweit nicht in der Besoldungsgruppe A 15.

[4]) Soweit nicht in der Besoldungsgruppe A 13.

[5]) Erhält eine Amtszulage nach Anlage IX.

[6]) Mit der Befähigung für das Lehramt an Realschulen.

[7]) Bei Schulen mit Teilzeitunterricht rechnen 2,5 Unterrichtsteilnehmer mit Teilzeitunterricht als einer.

[8]) Mit der Befähigung für ein Lehramt.

Besoldungsgruppe A 15

Akademischer Direktor
– als wissenschaftlicher Mitarbeiter an einer Hochschule –

Botschafter[1])

Botschaftsrat

Bundesbankdirektor[2])

Dekan

Direktor[3])

Generalkonsul[4])

Gesandter

Hauptkustos

Koordinierender Militärrabbiner

Museumsdirektor und Professor

Vortragender Legationsrat

Direktor einer Fachschule
– als Leiter einer Fachschule mit beruflichem Unterricht mit bis zu 360 Unterrichtsteilnehmern –[8])[9])

Regierungsschuldirektor
– als Dezernent (Referent) im Schulaufsichtsdienst –

Studiendirektor
– im höheren Dienst
als der ständige Vertreter des Leiters einer Fachschule mit beruflichem Unterricht mit mehr als 360 Unterrichtsteilnehmern,
zur Koordinierung schulfachlicher Aufgaben –

Oberstleutnant[7][10])

Fregattenkapitän

Oberfeldapotheker

Flottillenapotheker

Oberfeldarzt

Flottillenarzt

Oberfeldveterinär

[1]) Soweit nicht in den Besoldungsgruppen A 16, B 3, B 6, B 9.

[2]) Soweit nicht in den Besoldungsgruppen A 16, B 3, B 5, B 6, B 9.

[3]) Soweit nicht in den Besoldungsgruppen A 16, B 2, B 3, B 4, B 6, B 7, B 8, B 9. Prüfer als Gruppenleiter beim Deutschen Patent- und Markenamt erhalten eine Amtszulage nach Anlage IX.

[4]) Soweit nicht in den Besoldungsgruppen A 16, B 3, B 6.

[7]) Soweit nicht in der Besoldungsgruppe A 14.

[8]) Erhält eine Amtszulage nach Anlage IX.

[9]) Bei Schulen mit Teilzeitunterricht rechnen 2,5 Unterrichtsteilnehmer mit Teilzeitunterricht als einer.

[10]) Auf herausgehobenen Dienstposten.

Besoldungsgruppe A 16

Abteilungsdirektor

Abteilungspräsident

Botschafter[1])

Botschaftsrat Erster Klasse[7])

Bundesbankdirektor[2])

Direktor[3])

Generalkonsul[4])

Gesandter

Leitender Akademischer Direktor
– als wissenschaftlicher Mitarbeiter an einer Hochschule –[5])

Leitender Dekan

Leitender Direktor[6])

Leitender Militärrabbiner

Ministerialrat
– bei einer obersten Bundesbehörde und beim Bundeseisenbahnvermögen –

Museumsdirektor und Professor

Vortragender Legationsrat Erster Klasse

Leitender Regierungsschuldirektor
– als Dezernent (Referent) im Schulaufsichtsdienst –

Oberstudiendirektor
– im höheren Dienst als Leiter einer Fachschule mit beruflichem Unterricht mit mehr als 360 Unterrichtsteilnehmern –[8])

Oberst[9])

Kapitän zur See

Oberstapotheker

Flottenapotheker

Oberstarzt

Flottenarzt

Oberstveterinär

[1]) Soweit nicht in den Besoldungsgruppen A 15, B 3, B 6, B 9.

[2]) Soweit nicht in den Besoldungsgruppen A 15, B 3, B 5, B 6, B 9.

[3]) Soweit nicht in den Besoldungsgruppen A 15, B 2, B 3, B 4, B 5, B 6, B 7, B 8, B 9.

[4]) Soweit nicht in den Besoldungsgruppen A 15, B 3, B 6.

[5]) Nur in Stellen von besonderer Bedeutung.

[6]) Für die Leiter von besonders großen und besonders bedeutenden unteren Verwaltungsbehörden sowie die Leiter von Mittelbehörden oder Oberbehörden können nach Maßgabe des Haushalts Planstellen mit einer Amtszulage nach Anlage IX ausgestattet werden.

[7]) Soweit nicht in der Besoldungsgruppe B 3.

[8]) Bei Schulen mit Teilzeitunterricht rechnen 2,5 Unterrichtsteilnehmer mit Teilzeitunterricht als einer.

[9]) Soweit nicht in den Besoldungsgruppen B 2, B 3.

Bundesbesoldungsordnung B
Feste Gehälter

Besoldungsgruppe B 1

Direktor[2])

Direktor und Professor[1])

[1]) Wenn nicht in den Besoldungsgruppen B 2, B 3, B 4, B 5, B 6.

[2]) Wenn nicht in den Besoldungsgruppen A 15, A 16, B 2, B 3, B 4, B 5, B 6, B 7, B 8.

Besoldungsgruppe B 2

Abteilungsdirektor, Abteilungspräsident

- als Leiter einer großen und bedeutenden Abteilung
  bei einer Mittel- oder Oberbehörde,
  bei einer sonstigen Dienststelle oder Einrichtung, wenn deren Leiter mindestens in die Besoldungsgruppe B 5 eingestuft ist –

Direktor[1])

Direktor und Professor[2])

Vizepräsident

- bei einer Dienststelle oder sonstigen Einrichtung, wenn der Leiter in die Besoldungsgruppe B 5 eingestuft ist –[3])

Oberst[4])

Kapitän zur See

Oberstapotheker

Flottenapotheker

Oberstarzt

Flottenarzt

Oberstveterinär

[1]) Wenn nicht in den Besoldungsgruppen A 15, A 16, B 1, B 3, B 4, B 5, B 6, B 7, B 8.

[2]) Wenn nicht in den Besoldungsgruppen B 1, B 3, B 4, B 5, B 6.

[3]) Der Amtsbezeichnung kann ein Zusatz beigefügt werden, der auf die Dienststelle oder sonstige Einrichtung hinweist, der der Amtsinhaber angehört. Der Zusatz „und Professor" darf beigefügt werden, wenn der Leiter der Dienststelle oder sonstigen Einrichtung diesen Zusatz in der Amtsbezeichnung führt.

[4]) Soweit nicht in den Besoldungsgruppen A 16, B 3.

Besoldungsgruppe B 3

Abteilungsdirektor, Abteilungspräsident

- als der ständige Vertreter eines Direktionspräsidenten bei der Generalzolldirektion –
- als Leiter der Zentralabteilung des Bundesinstituts für Berufsbildung –
- beim Bundesamt für den Militärischen Abschirmdienst –
- beim Informationstechnikzentrum Bund –
- beim Bundeszentralamt für Steuern –
- als Leiter einer großen Abteilung bei einer wissenschaftlichen Forschungseinrichtung, wenn der Leiter mindestens in die Besoldungsgruppe B 7 eingestuft ist –

Abteilungsdirektor bei der Deutschen Rentenversicherung Bund

- als Leiter einer besonders großen und besonders bedeutenden Abteilung –

Abteilungsdirektor bei der Deutschen Rentenversicherung Knappschaft-Bahn-See

- als Leiter einer besonders großen und besonders bedeutenden Abteilung –

Abteilungspräsident beim Bundesamt für Soziale Sicherung

- als Leiter einer besonders großen und besonders bedeutenden Abteilung –

Botschafter[1])

Botschaftsrat Erster Klasse[6])

Bundesbankdirektor[2])

Direktor[3])

Direktor und Professor[4])

Generalkonsul[5])

Gesandter

Kurator der Museumsstiftung Post und Telekommunikation

Leitender Polizeidirektor beim Deutschen Bundestag

Leitender Postdirektor

- bei der Bundesanstalt für Post und Telekommunikation Deutsche Bundespost –
- bei der Deutschen Post AG –

– bei der Deutschen Bank AG –
– bei der Deutschen Telekom AG –

Ministerialrat
– bei einer obersten Bundesbehörde oder beim Bundeseisenbahnvermögen –[7])
– Ministerialrat als Mitglied des Bundesrechnungshofes –

Vizepräsident
– bei einer Dienststelle oder sonstigen Einrichtung, wenn der Leiter in die Besoldungsgruppe B 6 eingestuft ist –[8])

Vortragender Legationsrat Erster Klasse

Oberst[9])

Kapitän zur See

Oberstapotheker

Flottenapotheker

Oberstarzt

Flottenarzt

Oberstveterinär

[1]) Soweit nicht in den Besoldungsgruppen A 15, A 16, B 6, B 9.

[2]) Soweit nicht in den Besoldungsgruppen A 15, A 16, B 5, B 6, B 9.

[3]) Wenn nicht in den Besoldungsgruppen A 15, A 16, B 1, B 2, B 4, B 5, B 6, B 7, B 8.

[4]) Wenn nicht in den Besoldungsgruppen B 1, B 2, B 4, B 5, B 6.

[5]) Soweit nicht in den Besoldungsgruppen A 15, A 16, B 6.

[6]) Soweit nicht in der Besoldungsgruppe A 16.

[7]) Der Leiter des Präsidialbüros des Präsidenten des Deutschen Bundestages erhält eine Stellenzulage in Höhe des Unterschiedsbetrages zwischen dem Grundgehalt der Besoldungsgruppe B 3 und dem Grundgehalt der Besoldungsgruppe B 6.

[8]) Der Amtsbezeichnung kann ein Zusatz beigefügt werden, der auf die Dienststelle oder sonstige Einrichtung hinweist, der der Amtsinhaber angehört. Der Zusatz „und Professor" darf beigefügt werden, wenn der Leiter der Dienststelle oder sonstigen Einrichtung diesen Zusatz in der Amtsbezeichnung führt.

[9]) Soweit nicht in den Besoldungsgruppen A 16, B 2.

Besoldungsgruppe B 4

Direktor[1])

Direktor und Professor[5])

Erster Direktor[2])

Leitender Direktor des Marinearsenals

Präsident[3])

Präsident und Professor[6])

Vizepräsident
– bei einer Dienststelle oder sonstigen Einrichtung, wenn der Leiter in die Besoldungsgruppe B 7 eingestuft ist –[4])

[1]) Wenn nicht in den Besoldungsgruppen A 15, A 16, B 1, B 2, B 3, B 5, B 6, B 7, B 8.

[2]) Soweit nicht in den Besoldungsgruppen B 5,B 6.

[3]) Soweit nicht in den Besoldungsgruppen B 5, B 6, B 7, B 8, B 9.

[4]) Der Amtsbezeichnung kann ein Zusatz beigefügt werden, der auf die Dienststelle oder sonstige Einrichtung hinweist, der der Amtsinhaber angehört. Der Zusatz „und Professor" darf beigefügt werden, wenn der Leiter der Dienststelle oder sonstigen Einrichtung diesen Zusatz in der Amtsbezeichnung führt.

[5]) Wenn nicht in den Besoldungsgruppen B 1, B 2, B 3, B 5, B 6.

[6]) Wenn nicht in den Besoldungsgruppen B 5, B 6, B 7, B 8.

Besoldungsgruppe B 5

Bundesbankdirektor[1])

Direktor[2])

Direktor und Professor[3])

Erster Direktor[4])

Generaldirektor der Staatsbibliothek der Stiftung Preußischer Kulturbesitz

Generaldirektor und Professor der Staatlichen Museen der Stiftung Preußischer Kulturbesitz

Inspekteur der Bereitschaftspolizeien der Länder

Oberdirektor[5])

Präsident[6])

Präsident und Professor[7])

Vizepräsident, Vizedirektor
– bei einer Dienststelle oder sonstigen Einrichtung, wenn der Leiter in die Besoldungsgruppe B 8 eingestuft ist –[8])

[1]) Soweit nicht in den Besoldungsgruppen A 15, A 16, B 3, B 6, B 9.

[2]) Wenn nicht in den Besoldungsgruppen A 15, A 16, B 1, B 2, B 3, B 4, B 6, B 7, B 8.

[3]) Wenn nicht in den Besoldungsgruppen B 1, B 2, B 3, B 4, B 6.

[4]) Soweit nicht in den Besoldungsgruppen B 4, B 6, B 8.

[5]) Soweit nicht in den Besoldungsgruppen B 6, B 7.

[6]) Soweit nicht in den Besoldungsgruppen B 4, B 6, B 7, B 8, B 9.

[7]) Wenn nicht in den Besoldungsgruppen B 4, B 6, B 7, B 8.

[8]) Der Amtsbezeichnung kann ein Zusatz beigefügt werden, der auf die Dienststelle oder sonstige Einrichtung hinweist, der der Amtsinhaber angehört. Der Zusatz „und Professor" darf beigefügt werden, wenn der Leiter der Dienststelle oder sonstigen Einrichtung diesen Zusatz in der Amtsbezeichnung führt.

Besoldungsgruppe B 6

Botschafter[1])

Bundesbankdirektor[2])

Bundeswehrdisziplinaranwalt

Direktionspräsident bei der Generalzolldirektion

Direktor[3])

Direktor und Professor[4])

Erster Direktor[5])

Generaldirektor der Deutschen Nationalbibliothek

Generalkonsul[6])

Gesandter

Leiter des Militärrabbinats

Militärgeneraldekan

Militärgeneralvikar

Ministerialdirigent

- bei einer obersten Bundesbehörde
  als Leiter einer Abteilung,[7])
  als Leiter einer Unterabteilung,[8])
  als der ständige Vertreter eines in Besoldungsgruppe B 9 eingestuften Abteilungsleiters, soweit kein Unterabteilungsleiter vorhanden ist –
- beim Bundespräsidialamt und beim Bundeskanzleramt als Leiter einer auf Dauer eingerichteten Gruppe –

Oberdirektor[9])

Präsident[10])

Präsident und Professor[11])

Vizepräsident

- bei einer Dienststelle oder sonstigen Einrichtung, wenn der Leiter in die Besoldungsgruppe B 9 eingestuft ist –[12])
- beim Bundesamt für den Militärischen Abschirmdienst –

Brigadegeneral

Flottillenadmiral

Generalapotheker

Generalarzt

Admiralarzt

---

[1]) Soweit nicht in den Besoldungsgruppen A 15, A 16, B 3, B 9.

[2]) Soweit nicht in den Besoldungsgruppen A 15, A 16, B 3, B 5, B 9.

[3]) Wenn nicht in den Besoldungsgruppen A 15, A 16, B 1, B 2, B 3, B 4, B 5, B 7, B 8.

[4]) Wenn nicht in den Besoldungsgruppen B 1, B 2, B 3, B 4, B 5.

[5]) Soweit nicht in den Besoldungsgruppen B 4, B 5, B 8.

[6]) Soweit nicht in den Besoldungsgruppen A 15, A 16, B 3.

[7]) Soweit die Funktion nicht dem Amt des Ministerialdirektors in die Besoldungsgruppe B 9 zugeordnet ist.

[8]) Soweit die Funktion nicht dem Amt des Ministerialrats in die Besoldungsgruppe B 3 zugeordnet ist.

[9]) Soweit nicht in den Besoldungsgruppen B 5, B 7.

[10]) Soweit nicht in den Besoldungsgruppen B 4, B 5, B 7, B 8, B 9.

[11]) Wenn nicht in den Besoldungsgruppen B 4, B 5, B 7, B 8.

[12]) Der Amtsbezeichnung kann ein Zusatz beigefügt werden, der auf die Dienststelle oder sonstige Einrichtung hinweist, der der Amtsinhaber angehört.

Besoldungsgruppe B 7

Direktor[1])

Ministerialdirigent

- im Bundesministerium der Verteidigung als ständiger Vertreter des Leiters einer großen oder bedeutenden Abteilung oder als Leiter des Stabes Organisation und Revision –

Oberdirektor[2])

III

Präsident[3])

Präsident und Professor[4])

Vizepräsident
- der Generalzolldirektion –
- eines Amtes der Bundeswehr, dessen Leiter in die Besoldungsgruppe B 9 eingestuft ist –

Generalmajor

Konteradmiral

Generalstabsarzt

Admiralstabsarzt

---

[1]) Wenn nicht in den Besoldungsgruppen A 15, A 16, B 1, B 2, B 3, B 4, B 5, B 6, B 8.

[2]) Für höchstens einen Geschäftsführer, dessen Funktion sich von denen der Geschäftsführer in den Besoldungsgruppen B 5, B 6 abhebt.

[3]) Soweit nicht in den Besoldungsgruppen B 4, B 5, B 6, B 8, B 9.

[4]) Wenn nicht in den Besoldungsgruppen B 4, B 5, B 6, B 8.

Besoldungsgruppe B 8

Direktor[1])

Erster Direktor[2])

Präsident[3])

Präsident und Professor[4])

---

[1]) Wenn nicht in den Besoldungsgruppen A 15, A 16, B 1, B 2, B 3, B 4, B 5, B 6, B 7.

[2]) Soweit nicht in den Besoldungsgruppen B 4, B 5, B 6.

[3]) Soweit nicht in den Besoldungsgruppen B 4, B 5, B 6, B 7, B 9.

[4]) Wenn nicht in den Besoldungsgruppen B 4, B 5, B 6, B 7.

Besoldungsgruppe B 9

Botschafter[1])

Bundesbankdirektor[2])

Direktor beim Bundesverfassungsgericht

Ministerialdirektor
- bei einer obersten Bundesbehörde als Leiter einer Abteilung –[3])

Präsident[4])

Vizepräsident des Bundesrechnungshofes

Generalleutnant

Vizeadmiral

Generaloberstabsarzt

Admiraloberstabsarzt

---

[1]) Soweit nicht in den Besoldungsgruppen A 15, A 16, B 3, B 6.

[2]) Soweit nicht in den Besoldungsgruppen A 15, A 16, B 3, B 5, B 6.

[3]) Soweit die Funktion nicht dem Amt des Ministerialdirigenten in Besoldungsgruppe B 6 zugeordnet ist. Auch in der Funktion einer übergeordneten Leitung mehrerer Abteilungen.

[4]) Soweit nicht in den Besoldungsgruppen B 4, B 5, B 6, B 7, B 8.

Besoldungsgruppe B 10

Ministerialdirektor
- als Stellvertretender Chef des Presse- und Informationsamtes der Bundesregierung –
- als Stellvertretender Sprecher der Bundesregierung –
- als der leitende Beamte beim Beauftragten der Bundesregierung für Kultur und Medien –

Präsident der Deutschen Rentenversicherung Bund

General[1])

Admiral

---

[1]) Erhält als Generalinspekteur der Bundeswehr eine Amtszulage nach Anlage IX.

Besoldungsgruppe B 11

Präsident des Bundesrechnungshofes

Staatssekretär

Anlage II
(zu § 32 Satz 1)

Bundesbesoldungsordnung W

Vorbemerkungen

1. Zulagen

(1) Für Professoren, die bei obersten Bundesbehörden oder bei obersten Gerichtshöfen des Bundes verwendet werden, gilt die Nummer 7 der Vorbemerkungen zu den Bundesbesoldungsordnungen A und B mit der Maßgabe entsprechend, dass sich die Zulage in der Besoldungsgruppe W 1 nach dem Endgrundgehalt der Besoldungsgruppe A 13 und in den Besoldungsgruppen W 2 und W 3 nach dem Grundgehalt der Besoldungsgruppe B 3 berechnet. Bei Professoren, denen bei ihrer Verwendung bei obersten Bundesbehörden oder bei obersten Gerichtshöfen des Bundes ein zweites Hauptamt als Beamter oder Richter übertragen worden ist, richtet sich die Stellenzulage nach dem zweiten Hauptamt. Die für das zweite Hauptamt maßgebende Besoldungsgruppe bestimmt sich nach der in Anlage IX für die Beamten, Richter und Soldaten bei obersten Behörden und obersten Gerichtshöfen des Bundes getroffenen Regelung.

(2) Professoren der Besoldungsgruppe W 1 erhalten, wenn sie sich als Hochschullehrer bewährt haben (§ 132 Absatz 2 Satz 2 des Bundesbeamtengesetzes), ab dem Zeitpunkt der ersten Verlängerung des Beamtenverhältnisses auf Zeit eine nicht ruhegehaltfähige Zulage in Höhe von monatlich 273,00 Euro.

2. Dienstbezüge für Professoren als Richter

Professoren an einer Hochschule, die zugleich das Amt eines Richters der Besoldungsgruppen R 1 oder R 2 ausüben, erhalten, solange sie beide Ämter bekleiden, die Dienstbezüge aus ihrem Amt als Professor und eine nicht ruhegehaltfähige Zulage. Die Zulage beträgt, wenn der Professor ein Amt der Besoldungsgruppe R 1 ausübt, monatlich 205,54 Euro, wenn er ein Amt der Besoldungsgruppe R 2 ausübt, monatlich 230,08 Euro.

3. Amtsbezeichnungen

Weibliche Beamte führen die Amtsbezeichnung in der weiblichen Form. Personen, für die im Personenstandsregister weder die Geschlechtsangabe „weiblich" noch „männlich" eingetragen ist, können wählen, ob sie eine Amtsbezeichnung in männlicher oder weiblicher Form oder als Doppelbezeichnung führen. Jeder Amtsbezeichnung kann auf Wunsch der Klammerzusatz „(divers)" oder „(ohne Geschlechtsangabe)" hinzugefügt werden.

Besoldungsgruppe W 1

Professor als Juniorprofessor

Besoldungsgruppe W 2

Professor[1])

Universitätsprofessor

Präsident der . . .[2])[3])

Vizepräsident der . . .

Kanzler der . . .

---

[1]) Soweit nicht in der Besoldungsgruppe W 3.

[2]) Der Amtsbezeichnung ist ein Zusatz beizufügen, der auf die Hochschule hinweist, der der Amtsinhaber angehört.

[3]) Soweit nicht in Besoldungsgruppen der Bundesbesoldungsordnungen A und B (§ 32 Satz 3).

Besoldungsgruppe W 3

Professor[1])

Universitätsprofessor

Präsident der . . .[2])[3])

Vizepräsident der . . .

Kanzler der . . .

---

[1]) Soweit nicht in der Besoldungsgruppe W 2.

[2]) Der Amtsbezeichnung ist ein Zusatz beizufügen, der auf die Hochschule hinweist, der der Amtsinhaber angehört.

[3]) Soweit nicht in Besoldungsgruppen der Bundesbesoldungsordnungen A und B (§ 32 Satz 3).

III

Anlage III
(zu § 37 Satz 1)

Bundesbesoldungsordnung R

Vorbemerkungen

1. Amtsbezeichnungen

Weibliche Richter und Staatsanwälte führen die Amtsbezeichnungen in der weiblichen Form. Personen, für die im Personenstandsregister weder die Geschlechtsangabe „weiblich" noch „männlich" eingetragen ist, können wählen, ob sie eine Amtsbezeichnung in männlicher oder weiblicher Form oder als Doppelbezeichnung führen. Jeder Amtsbezeichnung kann auf Wunsch der Klammerzusatz „(divers)" oder „(ohne Geschlechtsangabe)" hinzugefügt werden.

2. Zulage für Richter und Staatsanwälte bei obersten Gerichtshöfen des Bundes sowie bei obersten Behörden

(1) Richter und Staatsanwälte erhalten, wenn sie bei obersten Gerichtshöfen des Bundes oder obersten Bundesbehörden verwendet werden, eine Stellenzulage nach Anlage IX.

(2) Die Stellenzulage wird nicht neben der bei der Deutschen Bundesbank gewährten Bankzulage und neben Auslandsdienstbezügen oder Auslandsverwendungszuschlag nach Abschnitt 5 gewährt. Sie wird neben einer Stellenzulage nach Nummer 8 der Vorbemerkungen zu den Bundesbesoldungsordnungen A und B nur gewährt, soweit sie diese übersteigt.

(3) Richter und Staatsanwälte erhalten während der Verwendung bei obersten Behörden eines Landes, das für die Richter und Staatsanwälte für die Verwendung bei seinen obersten Behörden eine Stellenzulage vorsieht, die Stellenzulage in der nach dem Besoldungsrecht dieses Landes bestimmten Höhe.

Besoldungsgruppe R 1

Besoldungsgruppe R 2

Richter am Bundespatentgericht

Vorsitzender Richter am Truppendienstgericht

Vizepräsident des Truppendienstgerichts[1])

Staatsanwalt beim Bundesgerichtshof

---

[1]) Erhält als der ständige Vertreter des Präsidenten eine Amtszulage nach Anlage IX.

[2]) Der Amtsbezeichnung ist ein Zusatz beizufügen, der auf die Hochschule hinweist, der der Amtsinhaber angehört.

[3]) Soweit nicht in Besoldungsgruppen der Bundesbesoldungsordnungen A und B (§ 32 Satz 3).

Besoldungsgruppe R 3

Vorsitzender Richter am Bundespatentgericht

Präsident des Truppendienstgerichts

Oberstaatsanwalt beim Bundesgerichtshof

Besoldungsgruppe R 4

Besoldungsgruppe R 5

Vizepräsident des Bundespatentgerichts

Besoldungsgruppe R 6

Richter am Bundesarbeitsgericht

Richter am Bundesfinanzhof

Richter am Bundesgerichtshof

Richter am Bundessozialgericht

Richter am Bundesverwaltungsgericht

Bundesanwalt beim Bundesgerichtshof

Besoldungsgruppe R 7

Bundesanwalt beim Bundesgerichtshof
- als Abteilungsleiter bei der Bundesanwaltschaft –
- als der ständige Vertreter des Generalbundesanwalts –[1])

---

[1]) Erhält eine Amtszulage nach Anlage IX.

[2]) Der Amtsbezeichnung ist ein Zusatz beizufügen, der auf die Hochschule hinweist, der der Amtsinhaber angehört.

[3]) Soweit nicht in Besoldungsgruppen der Bundesbesoldungsordnungen A und B (§ 32 Satz 3).

Besoldungsgruppe R 8

Vorsitzender Richter am Bundesarbeitsgericht

Vorsitzender Richter am Bundesfinanzhof

Vorsitzender Richter am Bundesgerichtshof

Vorsitzender Richter am Bundessozialgericht

Vorsitzender Richter am Bundesverwaltungsgericht

Präsident des Bundespatentgerichts

Vizepräsident des Bundesarbeitsgerichts[1])

Vizepräsident des Bundesfinanzhofs

Vizepräsident des Bundesgerichtshofs

Vizepräsident des Bundessozialgerichts

Vizepräsident des Bundesverwaltungsgerichts

[1]) Erhält eine Amtszulage nach Anlage IX.

[2]) Der Amtsbezeichnung ist ein Zusatz beizufügen, der auf die Hochschule hinweist, der der Amtsinhaber angehört.

[3]) Soweit nicht in Besoldungsgruppen der Bundesbesoldungsordnungen A und B (§ 32 Satz 3).

Besoldungsgruppe R 9

Generalbundesanwalt beim Bundesgerichtshof

Besoldungsgruppe R 10

Präsident des Bundesarbeitsgerichts

Präsident des Bundesfinanzhofs

Präsident des Bundesgerichtshofs

Präsident des Bundessozialgerichts

Präsident des Bundesverwaltungsgerichts

III

Anlage IV
(zu § 20 Absatz 2 Satz 2, § 32 Satz 2, § 37 Satz 2)

Grundgehalt

Gültig ab 1. März 2024

1. Bundesbesoldungsordnung A

Besol-dungs-gruppe	Grundgehalt (Monatsbetrag in Euro)							
	Stufe 1	Stufe 2	Stufe 3	Stufe 4	Stufe 5	Stufe 6	Stufe 7	Stufe 8
A 3	2706,99	2763,31	2819,66	2865,01	2910,36	2955,72	3001,08	3046,42
A 4	2759,23	2826,55	2893,88	2947,47	3001,08	3054,68	3108,26	3157,76
A 5	2778,44	2862,26	2929,59	2995,58	3061,57	3128,91	3194,84	3259,46
A 6	2833,40	2931,00	3029,92	3105,51	3183,86	3259,46	3343,26	3416,11
A 7	2963,97	3050,57	3164,65	3281,42	3395,49	3510,94	3597,53	3684,10
A 8	3123,39	3227,85	3374,87	3523,33	3671,73	3774,80	3879,24	3982,32
A 9	3354,26	3457,34	3619,52	3784,42	3946,56	4056,80	4171,47	4283,30
A 10	3575,51	3717,07	3921,86	4127,55	4337,08	4482,89	4628,67	4774,53
A 11	4056,80	4273,37	4488,54	4705,13	4853,76	5002,40	5151,04	5299,72
A 12	4334,26	4590,49	4848,12	5104,32	5282,70	5458,23	5635,18	5814,97
A 13	5046,30	5286,94	5526,17	5766,83	5932,45	6099,51	6265,11	6427,89
A 14	5183,60	5493,61	5805,05	6115,06	6328,80	6544,01	6757,73	6972,92
A 15	6289,17	6569,48	6783,22	6997,00	7210,74	7423,08	7635,43	7846,32
A 16	6916,29	7241,90	7488,19	7734,52	7979,41	8227,16	8473,46	8716,97

Erhöhungsbeträge für die Besoldungsgruppen A 5, A 6, A 9 und A 10

Das Grundgehalt erhöht sich in den Besoldungsgruppen A 5 und A 6

- für Beamte des mittleren Dienstes sowie
- für Soldaten in der Laufbahngruppe der Unteroffiziere sowie für Fahnenjunker und Seekadetten

um 25,15 Euro.

Es erhöht sich in den Besoldungsgruppen A 9 und A 10

- für Beamte des gehobenen Dienstes sowie
- für Offiziere

um 10,97 Euro.

Beträge für die weggefallene Besoldungsgruppe A 2

Die Beträge für die weggefallene Besoldungsgruppe A 2 macht das Bundesministerium des Innern und für Heimat im Bundesgesetzblatt bekannt.

2. Bundesbesoldungsordnung B

Besoldungsgruppe	Grundgehalt (Monatsbetrag in Euro)
B 1	7 846,32
B 2	9 080,76
B 3	9 603,10
B 4	10 149,51
B 5	10 776,64
B 6	11 372,63
B 7	11 947,35
B 8	12 548,95
B 9	13 294,99
B 10	15 612,33
B 11	16 084,36

3. Bundesbesoldungsordnung W

Besoldungsgruppe	Grundgehalt (Monatsbetrag in Euro)		
W 1	5524,76		
	Stufe 1	Stufe 2	Stufe 3
W 2	6812,67	7201,04	7589,39
W 3	7589,39	8107,20	8625,02

4. Bundesbesoldungsordnung R

Besoldungsgruppe	Grundgehalt (Monatsbetrag in Euro)							
	Stufe 1	Stufe 2	Stufe 3	Stufe 4	Stufe 5	Stufe 6	Stufe 7	Stufe 8
R 2	6 086,73	6 388,29	6 688,40	7 098,93	7 512,25	7 924,21	8 337,58	8 750,94
R 3	9 603,10							
R 5	10 776,64							
R 6	11 372,63							
R 7	11 947,35							
R 8	12 548,95							
R 9	13 294,99							
R 10	16 084,36							

Beträge für die weggefallenen Besoldungsgruppen R 1 und R 4

Die Beträge für die weggefallenen Besoldungsgruppen R 1 und R 4 macht das Bundesministerium des Innern und für Heimat im Bundesgesetzblatt bekannt.

Anlage V
(zu § 39 Absatz 1 Satz 1)

Gültig ab 1. März 2024

Familienzuschlag

(Monatsbetrag in Euro)

Stufe 1 (§ 40 Absatz 1)	Stufe 2 (§ 40 Absatz 2)
171,28	317,66

Der Familienzuschlag erhöht sich

– für das zweite zu berücksichtigende Kind um 146,38 Euro,
– für jedes weitere zu berücksichtigende Kind um 456,06 Euro.

Erhöhungsbeträge für die Besoldungsgruppen A 3 bis A 5 und für Anwärter des einfachen Dienstes

Für die Besoldungsgruppen A 3 bis A 5 und für Anwärter des einfachen Dienstes erhöht sich der Familienzuschlag wie folgt:

1. für das erste zu berücksichtigende Kind für die Besoldungsgruppen A 3 bis A 5 und für Anwärter des einfachen Dienstes um 5,37 Euro,
2. für jedes weitere zu berücksichtigende Kind
   – in der Besoldungsgruppe A 3 und für Anwärter des einfachen Dienstes um 26,84 Euro,
   – in der Besoldungsgruppe A 4 um 21,47 Euro,
   – in der Besoldungsgruppe A 5 um 16,10 Euro.

Soweit dadurch im Einzelfall die Besoldung hinter derjenigen aus einer niedrigeren Besoldungsgruppe zurückbleibt, wird der Unterschiedsbetrag zusätzlich gewährt.

Anrechnungsbetrag nach § 39 Absatz 2 Satz 1

– Besoldungsgruppen A 3 bis A 8: 144,27 Euro
– Besoldungsgruppen A 9 bis A 12: 153,15 Euro

Anlage VI

(zu § 53 Absatz 2 Satz 1 und 3 sowie Absatz 3 Satz 1 und 4)

Gültig ab 1. März 2024

Auslandszuschlag

VI.1 (Monatsbetrag in Euro)

	1	2	3	4	5	6	7	8	9	10	11	12	13	14	15
Grundgehaltsspanne	bis 2787,42	2787,43 bis 3113,27	3113,28 bis 3483,48	3483,49 bis 3904,11	3904,12 bis 4392,15	4392,16 bis 4951,51	4951,52 bis 5587,11	5587,12 bis 6309,25	6309,26 bis 7129,78	7129,79 bis 8062,10	8062,11 bis 9121,42	9121,43 bis 10 324,99	10 325,00 bis 11 692,56	11 692,57 bis 13 246,45	ab 13 246,46
Zonenstufe															
1	1019,70	1090,98	1167,46	1253,00	1345,05	1447,42	1558,88	1682,05	1818,15	1969,79	2135,71	2205,71	2279,57	2358,66	2442,93
2	1115,58	1192,06	1275,04	1365,77	1465,59	1575,78	1695,02	1827,23	1972,42	2133,09	2309,40	2389,75	2475,32	2566,04	2663,26
3	1210,23	1293,19	1382,61	1479,83	1587,44	1704,08	1832,41	1972,42	2126,64	2296,43	2481,83	2573,84	2671,05	2774,74	2883,61
4	1304,83	1394,29	1490,22	1593,91	1707,95	1832,41	1968,50	2117,55	2280,89	2459,76	2655,47	2757,90	2866,79	2982,14	3103,95
5	1400,78	1495,41	1597,81	1707,95	1828,52	1960,72	2104,61	2261,46	2433,84	2623,08	2829,18	2941,97	3062,50	3189,53	3325,61
6	1495,41	1596,53	1704,08	1822,04	1950,36	2089,06	2240,70	2406,61	2588,09	2786,39	3002,86	3126,00	3258,25	3396,94	3546,01
7	1591,32	1697,61	1811,67	1936,07	2070,92	2217,38	2378,10	2551,80	2742,33	2949,72	3176,57	3311,37	3453,95	3605,61	3766,34
8	1685,93	1798,71	1919,28	2050,20	2191,44	2345,68	2514,24	2696,98	2895,29	3113,03	3350,25	3495,43	3649,67	3813,01	3986,68
9	1781,82	1899,82	2026,82	2164,22	2313,30	2475,32	2650,30	2842,15	3049,51	3276,38	3523,93	3679,48	3845,40	4020,37	4207,04
10	1876,46	2000,91	2134,41	2278,28	2433,84	2603,65	2786,39	2986,03	3203,76	3439,71	3696,35	3863,55	4039,83	4227,78	4427,40
11	1971,13	2102,00	2240,70	2392,36	2555,67	2731,95	2923,82	3131,21	3356,75	3602,99	3870,05	4047,63	4235,54	4436,49	4649,06
12	2067,02	2203,09	2348,32	2506,42	2676,21	2860,29	3059,90	3276,38	3510,97	3766,34	4043,73	4231,66	4431,26	4643,87	4869,40
13	2161,66	2304,20	2455,84	2619,21	2796,78	2988,62	3196,03	3421,55	3665,23	3929,66	4217,39	4415,74	4627,02	4851,23	5089,78
14	2257,56	2405,31	2563,46	2733,26	2918,62	3116,93	3332,10	3565,40	3818,21	4092,99	4391,11	4599,79	4822,75	5058,65	5310,10
15	2352,18	2506,42	2669,77	2847,31	3039,17	3245,26	3469,50	3710,61	3972,45	4256,33	4564,79	4785,15	5018,44	5267,36	5530,45
16	2446,79	2607,54	2777,32	2961,40	3159,71	3374,90	3605,61	3855,75	4126,66	4419,62	4737,20	4969,19	5214,20	5474,72	5750,83
17	2542,73	2708,63	2884,91	3075,44	3281,56	3503,20	3741,71	4000,93	4280,94	4582,94	4910,88	5153,28	5409,90	5682,12	5972,47
18	2637,36	2808,42	2992,49	3189,53	3402,09	3631,52	3879,09	4146,11	4433,88	4746,25	5084,58	5337,33	5605,65	5890,81	6192,84
19	2733,26	2909,55	3100,08	3303,61	3522,62	3759,85	4015,20	4290,01	4588,15	4909,60	5258,29	5521,37	5801,37	6098,23	6413,18
20	2827,87	3010,63	3206,35	3417,66	3644,49	3888,17	4151,30	4435,17	4742,39	5072,90	5431,96	5705,46	5997,09	6305,58	6633,53

VI.2

Zonenstufe	Monatsbetrag in Euro
1	172,20
2	189,82
3	207,46
4	225,06
5	244,06
6	261,67
7	279,31
8	296,95
9	314,54
10	332,20
11	349,84
12	367,44
13	385,07
14	402,71
15	420,32
16	437,97
17	455,61
18	473,21
19	492,17
20	509,81

Anlage VII
(weggefallen)

Anlage VIII
(zu § 61)

Gültig ab 1. März 2024

Anwärtergrundbetrag

Laufbahnen	Grundbetrag (Monatsbetrag in Euro)
des einfachen Dienstes	1407,63
des mittleren Dienstes	1473,37
des gehobenen Dienstes	1744,22
des höheren Dienstes	2624,08

Anlage IX
(zu den Anlagen I und III)

Gültig ab 1. März 2024

Zulagen
– in der Reihenfolge der Fundstellen im Gesetz –

	Dem Grunde nach geregelt in	Zulagenberechtigter Personenkreis, soweit nicht bereits in Anlage I oder Anlage III geregelt	Monatsbetrag in Euro
	1	2	3
1	**Anlage I (Bundesbesoldungsordnungen A und B)**		
2	Vorbemerkung		
3		Stellenzulagen	
4	Nummer 4		
5	Absatz 1		
6	Nummer 1		150,00
7	Nummer 2		130,00
8	Nummer 3, 4 und 5		100,00
9	Nummer 4a		135,00
10	Nummer 5	Mannschaften Unteroffiziere Beamte der Besoldungsgruppen A 5 und A 6	53,00
11		Unteroffiziere Beamte der Besoldungsgruppen A 7 bis A 9	75,00
12		Offiziere Beamte des gehobenen und höheren Dienstes	113,00
13	Nummer 5a		
14	Absatz 1		
15	Nummer 1		
16	Buchstabe a	Beamte des mittleren Dienstes Unteroffiziere der Besoldungsgruppen A 5 bis A 9	308,00
17		Beamte des gehobenen Dienstes Offiziere der Besoldungsgruppen A 9 bis A 12 Offiziere des militärfachlichen Dienstes der Besoldungsgruppe A 13	340,00
18	Buchstabe b	Beamte des mittleren Dienstes Unteroffiziere der Besoldungsgruppen A 5 bis A 9	263,00
19		Beamte des gehobenen Dienstes Offiziere der Besoldungsgruppen A 9 bis A 12 Offiziere des militärfachlichen Dienstes der Besoldungsgruppe A 13	295,00
20	Buchstabe c	Beamte des gehobenen und des höheren Dienstes Offiziere der Besoldungsgruppen A 9 bis A 12 Offiziere des militärfachlichen Dienstes der Besoldungsgruppe A 13 Offiziere des Truppendienstes der Besoldungsgruppe A 13 und höher	340,00

	Dem Grunde nach geregelt in	Zulagenberechtigter Personenkreis, soweit nicht bereits in Anlage I oder Anlage III geregelt	Monatsbetrag in Euro
	1	2	3
21	Nummer 2 und 3	Beamte des mittleren Dienstes Unteroffiziere der Besoldungsgruppen A 5 bis A 9	212,00
22		Beamte des gehobenen Dienstes Offiziere der Besoldungsgruppen A 9 bis A 12 Offiziere des militärfachlichen Dienstes der Besoldungsgruppe A 13	237,00
23	Nummer 4		
24	Buchstabe a	Beamte und Soldaten mit Radarleit-Jagdlizenz	340,00
25		Beamte des mittleren und gehobenen Dienstes ohne Radarleit-Jagdlizenz Unteroffiziere der Besoldungsgruppen A 5 bis A 9 ohne Radarleit-Jagdlizenz Offiziere der Besoldungsgruppen A 9 bis A 12 ohne Radarleit-Jagdlizenz Offiziere des militärfachlichen Dienstes der Besoldungsgruppe A 13 ohne Radarleit-Jagdlizenz	263,00
26	Buchstabe b	Beamte des mittleren und des gehobenen Dienstes Unteroffiziere der Besoldungsgruppen A 5 bis A 9 Offiziere der Besoldungsgruppen A 9 bis A 12 Offiziere des militärfachlichen Dienstes der Besoldungsgruppe A 13	212,00
27	Nummer 5 und 6	Beamte des mittleren Dienstes Unteroffiziere der Besoldungsgruppen A 5 bis A 9	135,00
28		Beamte des gehobenen Dienstes Offiziere der Besoldungsgruppen A 9 bis A 12 Offiziere des militärfachlichen Dienstes der Besoldungsgruppe A 13	212,00
29		Beamte des höheren Dienstes Offiziere des Truppendienstes der Besoldungsgruppen A 13 und höher	295,00
30	Nummer 5b		
31	Absatz 1		
32	Nummer 1		150,00
33	Nummer 2		300,00
34	Nummer 3		350,00
35	Nummer 6		
36	Absatz 1 Satz 1		
37	Nummer 1		680,00
38	Nummer 2		540,00
39	Nummer 3		475,00
40	Nummer 4		435,00
41	Absatz 1 Satz 2		615,00
42	Nummer 6a		150,00

	Dem Grunde nach geregelt in	Zulagenberechtigter Personenkreis, soweit nicht bereits in Anlage I oder Anlage III geregelt	Monatsbetrag in Euro
	1	2	3
43	Nummer 7	Beamte und Soldaten der Besoldungsgruppe(n)	
44		– A 3 bis A 5	165,00
45		– A 6 bis A 9	220,00
46		– A 10 bis A 13	275,00
47		– A 14, A 15, B 1	330,00
48		– A 16, B 2 bis B 4	400,00
49		– B 5 bis B 7	470,00
50		– B 8 bis B 10	540,00
51		– B 11	610,00
52	Nummer 8	Beamte und Soldaten der Besoldungsgruppen	
53		– A 3 bis A 5	150,00
54		– A 6 bis A 9	200,00
55		– A 10 bis A 13	250,00
56		– A 14 und höher	300,00
57	Nummer 8a	Beamte und Soldaten der Besoldungsgruppen	
58		– A 3 bis A 5	103,00
59		– A 6 bis A 9	141,00
60		– A 10 bis A 13	174,00
61		– A 14 und höher	206,00
62		Anwärter der Laufbahngruppe	
63		– des mittleren Dienstes	75,00
64		– des gehobenen Dienstes	99,00
65		– des höheren Dienstes	122,00
66	Nummer 8b	Beamte der Besoldungsgruppen	
67		– A 3 bis A 5	120,00
68		– A 6 bis A 9	160,00
69		– A 10 bis A 13	200,00
70		– A 14 und höher	240,00
71	Nummer 8c	Beamte und Soldaten der Besoldungsgruppen	
72		– A 3 bis A 5	85,00
73		– A 6 bis A 9	110,00
74		– A 10 bis A 13	125,00
75		– A 14 und höher	140,00
76	Nummer 9	Beamte und Soldaten nach einer Dienstzeit von	
77		– einem Jahr	95,00
78		– zwei Jahren	228,00

	Dem Grunde nach geregelt in	Zulagenberechtigter Personenkreis, soweit nicht bereits in Anlage I oder Anlage III geregelt	Monatsbetrag in Euro
	1	2	3
79	Nummer 9a		
80	Absatz 1		
81	Nummer 1		350,00
82	Nummer 2		700,00
83	Nummer 3		225,00
84	Absatz 3		
85	Nummer 1		136,00
86	Nummer 2 und 3		76,00
87	Nummer 10	Beamte und Soldaten nach einer Dienstzeit von	
88		– einem Jahr	95,00
89		– zwei Jahren	190,00
90	Nummer 11		
91	Absatz 1		
92	Nummer 1		415,00
93	Nummer 2		615,00
94	Absatz 3		220,00
95	Nummer 12		55,00
96	Nummer 13		
97	Absatz 1	Beamte des mittleren Dienstes	110,00
98		Beamte des gehobenen Dienstes	160,00
99	Absatz 2 Satz 1	Beamte der Besoldungsgruppen	
100		– A 6 bis A 9	200,00
101		– A 10 bis A 13	210,00
102		– A 14 bis A 16	220,00
103	Nummer 14		35,00
104	Nummer 15	Beamte der Besoldungsgruppen	
105		– A 3 bis A 5	70,00
106		– A 6 bis A 9	90,00
107		– A 10 bis A 13	110,00
108		– A 14 und höher	140,00
109	Nummer 16	Beamte und Soldaten der Besoldungsgruppen	
110		– A 3 bis A 5	150,00
111		– A 6 bis A 9	200,00
112		– A 10 bis A 13	250,00
113		– A 14 und höher	300,00

	Dem Grunde nach geregelt in		Zulagenberechtigter Personenkreis, soweit nicht bereits in Anlage I oder Anlage III geregelt	Monatsbetrag in Euro
	1		2	3
114	Nummer 17		Beamte der Besoldungsgruppen	
115			– A 3 bis A 5	96,00
116			– A 6 bis A 9	128,00
117			– A 10 bis A 13	160,00
118			– A 14 und höher	192,00
119	Nummer 18		Beamte und Soldaten der Besoldungsgruppen	
120			– A 3 bis A 5	96,00
121			– A 6 bis A 9	128,00
122			– A 10 bis A 13	160,00
123			– A 14 und höher	192,00
124	Nummer 19		Beamte der Besoldungsgruppen	
125			– A 3 bis A 5	20,00
126			– A 6 bis A 9	40,00
127			– A 10 bis A 13	60,00
128			– A 14 und höher	80,00
129			Amtszulagen	
130	Besoldungs-gruppe	Fußnote(n)		
131	A 3	1		49,73
132		2		91,73
133		3		46,31
134	A 4	1		49,73
135		2		91,73
136		4		9,99
137	A 5	1		49,73
138		3		91,73
139	A 6	2, 5		49,73
140	A 7	5		61,76
141	A 8	1		79,56
142	A 9	1		370,22
143	A 13	1		376,24
144		7		171,97
145	A 14	5		257,95
146	A 15	3		343,91
147		8		257,95
148	A 16	6		288,47
149	B 10	1		596,09

	Dem Grunde nach geregelt in		Zulagenberechtigter Personenkreis, soweit nicht bereits in Anlage I oder Anlage III geregelt	Monatsbetrag in Euro
	1		2	3
150			**Anlage III (Bundesbesoldungsordnung R)**	
151			Stellenzulage	
152	Vorbemerkung			
153	Nummer 2		Richter und Staatsanwälte der Besoldungsgruppen	
154			– R 2 und R 3	400,00
155			– R 5 bis R 7	470,00
156			– R 8 und höher	540,00
157			Amtszulagen	
158	Besoldungs-gruppe	Fußnote		
159	R 2	1		285,20
160	R 7	1		424,12
161	R 8	1		570,28

III

Allgemeine Verwaltungsvorschrift zum Bundesbesoldungsgesetz (BBesGVwV)

Vom 19. November 2020 (GMBl. S. 983)

Zuletzt geändert durch
Allgemeine Verwaltungsvorschrift zur Änderung der Allgemeinen Verwaltungsvorschrift zum Bundesbesoldungsgesetz
vom 16. Mai 2023 (GMBl. S. 715)

Nach Artikel 86 Satz 1 des Grundgesetzes in Verbindung mit § 71 Absatz 2 des Bundesbesoldungsgesetzes, das zuletzt durch Artikel 1 Nummer 41 des Gesetzes vom 9. Dezember 2019 (BGBl. I S. 2053) geändert worden ist, erlässt das Bundesministerium des Innern, für Bau und Heimat im Einvernehmen mit dem Bundesministerium der Justiz und für Verbraucherschutz sowie dem Bundesministerium der Verteidigung folgende allgemeine Verwaltungsvorschrift:

0 Vorbemerkung

1Diese allgemeine Verwaltungsvorschrift enthält Regelungen, Hinweise und Erläuterungen zu praxisrelevanten Paragraphen des Bundesbesoldungsgesetzes (BBesG) in der am 1. Januar 2020 in Kraft getretenen Fassung. 2Nicht näher bezeichnete Paragraphen sind solche des BBesG.

Abschnitt 1
Allgemeine Vorschriften

1 Zu § 1 – Anwendungsbereich

(unbesetzt)

2 Zu § 2 – Regelung durch Gesetz

(unbesetzt)

3 Zu § 3 – Anspruch auf Besoldung

3.1 Zu Absatz 1

3.1.1 Die Besoldung während der mutterschutzrechtlichen Beschäftigungsverbote ist in der Mutterschutz- und Elternzeitverordnung (MuSchEltZV) geregelt.

3.1.1.1 1Nach § 3 Absatz 1 MuSchEltZV werden die Vollzeit- bzw. Teilzeitbezüge während der Mutterschutzfrist unverändert weitergezahlt. 2Dies bedeutet: Einer Besoldungsempfängerin, die vor Beginn des Mutterschutzes einer Vollzeitbeschäftigung nachgegangen ist, werden während des Mutterschutzes diese Vollzeitbezüge fortgezahlt. 3Liegt vor Beginn der Schutzfrist eine Teilzeitbeschäftigung vor und befindet sich die Besoldungsempfängerin dabei nicht in Elternzeit (§ 92 Absatz 1 Nummer 1 des Bundesbeamtengesetzes (BBG)), werden Teilzeitbezüge auch während der Mutterschutzfrist fortgezahlt.

3.1.1.2 1Wird eine Besoldungsempfängerin **während einer Elternzeit erneut schwanger**, so kann sie die Elternzeit vorzeitig beenden, um die Schutzfristen nach § 2 Absatz 1 Nummer 5 MuSchEltZV i. V. m. § 3 und § 16 Absatz 1 des Mutterschutzgesetzes (MuSchG) in Anspruch zu nehmen, mit der Folge, dass ein Anspruch auf Besoldung besteht. 2Die Besoldungshöhe richtet sich nach § 3 Absatz 2 MuSchEltZV nach dem Beschäftigungsumfang, der die höheren Bezüge zur Folge hat (sog. Günstigerregelung). 3Dies können im Einzelfall entweder die Bezüge vor Beginn dieser Elternzeit sein oder die Bezüge während der Elternzeit; Erschwerniszulagen und Vergütungen nach der Vollstreckungsvergütungsverordnung sind dabei ebenfalls zu berücksichtigen (vgl. § 3 Absatz 3 MuSchEltZV). 4Es sind folgende Fallkonstellationen zu unterscheiden:

3.1.1.2.1 1Ist eine Besoldungsempfängerin vor einer Elternzeit einer Vollzeitbeschäftigung nachgegangen, so erhält sie während des Mutterschutzes, der unmittelbar im Anschluss an die vorzeitig beendete Elternzeit beginnt, die vollen Bezüge. 2Um Nachteile durch die Inanspruchnahme von Elternzeit zu verhindern, stellt der Beschäftigungsumfang vor Beginn der vorzeitig beendeten Elternzeit den Anknüpfungspunkt für die Höhe der Besoldung während des Mutterschutzes dar. $_3$Während der Elternzeit eingetretene Veränderungen, die auf Grund des bisher fehlenden Besoldungsanspruchs nicht zahlungswirksam wurden, sind dabei entsprechend zu berücksichtigen (z. B. Beförderungen während der Elternzeit, Änderung des Familienstandes oder der Anzahl der für den Familienzuschlag berücksichtigungsfähigen Kinder).

Beispiel:

Eine bisher vollzeitbeschäftigte Beamtin nimmt auf Grund der Geburt ihres ersten Kindes vom 15. September 2019 bis 31. August 2021 Elternzeit ohne Dienst- oder Anwärterbezüge. Die Beamtin wird zum 1. Juni 2020 befördert. Im Juli 2020 wird sie erneut schwanger und beendet zum 1. Februar 2021 (Beginn des Mutterschutzes) die Elternzeit vorzeitig.

Mit dem Beginn des Mutterschutzes, der sich unmittelbar an die vorzeitig beendete Elternzeit anschließt, sind die Vollzeitbezüge aus dem Beförderungsamt zu gewähren.

3.1.1.2.2 $_1$Hat die Besoldungsempfängerin eine Teilzeitbeschäftigung im Rahmen einer Elternzeit ausgeübt (§ 7 Absatz 1 MuSchEltZV), ist Anknüpfungspunkt für die Besoldung während eines erneut eintretenden Mutterschutzes die Tätigkeit mit dem höheren Beschäftigungsumfang und den dementsprechend höheren Bezügen (§ 3 Absatz 2 MuSchEltZV). $_2$Hier ist für die Günstigerprüfung der Beschäftigungsumfang am Tag vor Beginn der Elternzeit und am letzten Tag der vorzeitig beendeten Elternzeit zu vergleichen.

Beispiel 1:

Eine bisher vollzeitbeschäftigte Beamtin nimmt auf Grund der Geburt ihres ersten Kindes vom 14. Dezember 2018 bis 13. Dezember 2020 Elternzeit. Ab 1. Oktober 2019 beginnt sie eine Teilzeitbeschäftigung während der Elternzeit mit der Hälfte der regelmäßigen wöchentlichen Arbeitszeit nach § 7 Absatz 1 MuSchEltZV. Auf Grund einer erneuten Schwangerschaft beendet sie zum 15. August 2020 vorzeitig die Elternzeit, um Mutterschutz in Anspruch zu nehmen.

Der Besoldungsanspruch richtet sich nach der Beschäftigung, die die Beamtin vor Beginn der Elternzeit ausgeübt hat; ihre Teilzeitbeschäftigung während der Elternzeit bleibt ohne Folgen, weil die Anknüpfung an die Vollzeitbeschäftigung vor Beginn der Elternzeit günstiger ist.

Beispiel 2 (Abwandlung Beispiel 1):

Die Beamtin aus dem vorherigen Beispiel war vor der ersten Elternzeit mit 75 Prozent der regelmäßigen wöchentlichen Arbeitszeit teilzeitbeschäftigt:

Sie erhält während des Mutterschutzes im Anschluss an die vorzeitig beendete Elternzeit die für 75 Prozent der regelmäßigen wöchentlichen Arbeitszeit entsprechenden Teilzeitbezüge. Die (geringere) Teilzeitbeschäftigung mit der Hälfte der regelmäßigen wöchentlichen Arbeitszeit während der Elternzeit bleibt ohne Auswirkung für die Besoldungsansprüche während eines erneuten Mutterschutzes, weil die Anknüpfung an die Teilzeit vor der Elternzeit günstiger ist.

Beispiel 3 (Abwandlung Beispiel 1):

Die Beamtin aus dem vorherigen Beispiel war vor der ersten Elternzeit mit 50 Prozent der regelmäßigen wöchentlichen Arbeitszeit teilzeitbeschäftigt: Während der Elternzeit nimmt sie die Tätigkeit im Umfang von 75 Prozent auf.

Sie erhält während des Mutterschutzes im Anschluss an die vorzeitig beendete Elternzeit die für 75 Prozent der regelmäßigen wöchentlichen Arbeitszeit entsprechenden Teilzeitbezüge. Die (geringere) Teilzeitbeschäftigung mit der Hälfte der regelmäßigen wöchentlichen Arbeitszeit vor der Elternzeit bleibt ohne Auswirkung für die Besoldungsansprüche während eines erneuten Mutterschutzes, weil die Anknüpfung an die Teilzeit während der Elternzeit günstiger ist.

3.1.1.2.3 $_1$Ist eine Besoldungsempfängerin vor einer Elternzeit einer befristeten Teilzeitbeschäftigung nachgegangen, welche während der Elternzeit endete, so ist auch hier der Anknüpfungspunkt für die Besoldung während eines erneut eintretenden Mutterschutzes die Tätigkeit mit dem höheren Beschäftigungsumfang und den dementsprechend höheren Bezügen (§ 3 Absatz 2 MuSchEltZV). 2Auch hier ist für die Günstigerprüfung der Beschäftigungsumfang am Tag vor Beginn der Elternzeit und am letzten Tag der vorzeitig beendeten Elternzeit zu vergleichen. 3Lag eine Elternzeit ohne Dienst- oder Anwärterbezüge vor, muss hinsichtlich des (fiktiven) Beschäftigungsumfangs am letzten Tag der vorzeitig beendeten Elternzeit gegebenenfalls auf die seit Beendigung der Teilzeitbeschäftigung wieder bestehende Vollzeitbeschäftigung abgestellt werden, auch wenn dieser wegen der bestehenden Elternzeit bisher nicht zahlungswirksam wurde.

3.1.2 Der Besoldungsempfänger (Beamter, Richter, Soldat) kann nach § 49 Absatz 2 Satz 2 der Bundeshaushaltsordnung (BHO) mit Rückwirkung von höchstens drei Monaten zum Ersten eines Monats in eine besetzbare Planstelle eingewiesen werden, wenn er während dieser Zeit die Obliegenheiten dieses oder eines gleichwertigen Amtes wahrgenommen und die beamtenrechtlichen Voraussetzungen für die Beförderung erfüllt hat.

3.1.3 Eine rückwirkende Ernennung ist unzulässig (§ 12 Absatz 2 Satz 2 BBG).

3.2 Zu Absatz 2

(unbesetzt)

3.3 Zu Absatz 3

(unbesetzt)

3.4 Zu Absatz 4

Mit dieser Regelung wird sichergestellt, dass der Besoldungsempfänger spätestens mit Beginn des Kalendermonats über die ihm für den Anspruchsmonat zustehenden regelmäßigen Bezüge verfügen kann.

3.5 Zu Absatz 5

(unbesetzt)

3.6 Zu Absatz 6

(unbesetzt)

4 Zu § 4 – Weitergewährung der Besoldung bei Versetzung in den einstweiligen Ruhestand

4.1 Zu Absatz 1

4.1.1 1Der einstweilige Ruhestand beginnt mit der Bekanntgabe der Verfügung über die Versetzung in den Ruhestand. 2Ausnahmsweise kann der Beginn des einstweiligen Ruhestands längstens bis zum Ende der drei Monate, die auf den Monat der Bekanntgabe folgen, hinausgeschoben werden. 3Der einstweilige Ruhestand endet mit der erneuten Berufung in ein aktives Dienstverhältnis in ein Amt mit mindestens demselben Endgrundgehalt (vgl. § 58 Absatz 1 BBG, § 46 des Deutschen Richtergesetzes (DRiG), § 50 Absatz 2 Satz 1 des Soldatengesetzes (SG)) oder mit der nach § 58 Absatz 2 BBG, § 50 Absatz 2 Satz 2 SG fingierten Versetzung in den dauernden Ruhestand, sobald die Regelaltersgrenze oder die allgemeine Altersgrenze (Soldaten) erreicht ist. 4Die Fiktion des dauernden Ruhestandes nach § 58 Absatz 2 BBG greift nicht ein und steht einem Anspruch auf Weitergewährung der Dienstbezüge nach § 4 Absatz 1 Satz 1 nicht entgegen, wenn der in den einstweiligen Ruhestand versetzte Beamte die Regelaltersgrenze vor seiner Versetzung in den einstweiligen Ruhestand überschritten hat und sein (altersbedingter) Ruhestandseintritt zuvor nach § 53 BBG, § 44 Absatz 1 SG auf einen Zeitpunkt hinausgeschoben wurde, der nach dem längst möglichen Anspruchszeitraum nach § 4 Absatz 1 Satz 1 liegt. 5In einem solchen Fall sprechen auch Sinn und Zweck des § 4 Absatz 1 Satz 1, den in den einstweiligen Ruhestand versetzten Beamten oder Soldat vor einer unvorhersehbaren Besoldungseinbuße zu schützen, gegen den Ausschluss des Fortzahlungsanspruchs (OVG Münster, Urteil vom 12. Februar 2019 – 1 A 1324/16 –).

4.1.2 1Dem in den einstweiligen Ruhestand versetzten Besoldungsempfänger werden für den Monat, in dem ihm die Versetzung in den einstweiligen Ruhestand mitgeteilt worden ist und für die drei darauffolgenden Monate die Bezüge weiter gezahlt, die ihm am Tag vor der Versetzung in den einstweiligen Ruhestand zustanden. $_{2}$Wird der Besoldungsempfänger nicht mit sofortiger Wirkung in den einstweiligen Ruhestand versetzt, sondern erst zu einem späteren Zeitpunkt (vgl. § 56 BBG, § 50 Absatz 2 Satz 1 SG i. V. m. § 56 BBG), werden die Fortzahlungsbezüge entsprechend kürzer geleistet oder entfallen ganz. $_{3}$Da sich der Betroffene durch die Aufschiebung des einstweiligen Ruhestands entsprechend vorbereiten kann, wird der Schutzfunktion des § 4 bereits ausreichend Rechnung getragen.

4.1.3 $_{1}$Mit Ausnahme der Änderungen beim Familienzuschlag sind andere Änderungen in der Höhe der Bezüge nicht zu berücksichtigen, wenn sie nicht bereits vor Bekanntgabe der Versetzungsverfügung tatsächlich bezogen wurden oder rückwirkend auf den Zeitpunkt vor Bekanntgabe der Versetzung in den einstweiligen Ruhestand wirken. $_{2}$Dies gilt insbesondere für Besoldungsanpassungen. $_{3}$Bezüge sind die in § 1 Absatz 2 und 3 aufgeführten Bezüge.

4.1.4 $_{1}$Der Fortzahlungsanspruch richtet sich nach dem letzten Bezügeanspruch. $_{2}$Erfasst sind insbesondere auch Ansprüche auf:

- Auslandsbesoldung bei einer allgemeinen Auslandsverwendung (gegebenenfalls einschließlich eines Kaufkraftausgleichs) oder bei einer besonderen Auslandsverwendung, wenn die Versetzung in den einstweiligen Ruhestand im Rahmen einer Auslandsverwendung erfolgt, unabhängig von dem tatsächlichen Aufenthalt des in den einstweiligen Ruhestand Versetzten,
- Stellenzulagen sowie Erschwerniszulagen nach Abschnitt 4 der Erschwerniszulagenverordnung (EZulV),
- vermögenswirksame Leistungen.

4.2 Zu Absatz 2

4.2.1 $_{1}$Absatz 2 trifft innerhalb des Besoldungsrechts eine gegenüber § 9a speziellere Regelung und damit eine eigene Kürzungsvorschrift für die Zeit des einstweiligen Ruhestands. $_{2}$Betroffen sind Einkünfte aus einer Verwendung bei einem öffentlich-rechtlichen Dienstherrn im Sinn von § 29 Absatz 1. $_{3}$Die Anrechnung ist zwingend; der für die Entscheidung zuständigen Behörde steht kein Ermessensspielraum zu.

4.2.2 Weitergehende Anrechnungen auf Grund nebentätigkeitsrechtlicher Regelungen bleiben unberührt.

5 Zu § 5 – Besoldung bei mehreren Hauptämtern

(unbesetzt)

6 Zu § 6 – Besoldung bei Teilzeitbeschäftigung

6.1 Zu Absatz 1

6.1.1 Zu Satz 1

6.1.1.1 $_{1}$Besoldungsempfänger, deren regelmäßige wöchentliche Arbeitszeit nach beamten-, richter- oder soldatenrechtlichen Vorschriften ermäßigt ist, erhalten Dienstbezüge nach § 1 Absatz 2 bzw. Anwärterbezüge nach § 1 Absatz 3 Nummer 1 entsprechend dem Verhältnis der festgelegten Arbeitszeit zur Vollzeitbeschäftigung. $_{2}$Ausnahmen von diesem Grundsatz bestimmt Absatz 1a. $_{3}$Abweichendes ist darüber hinaus für den Familienzuschlag in § 40 Absatz 4 Satz 2 und Absatz 5 Satz 3 für den Fall bestimmt, dass der Familienzuschlag bereits auf Grund einer Konkurrenzkonstellation nur anteilig oder an einen von zwei Berechtigten gewährt wird (vgl. Randnummern 40.4.11 und 40.5.9). $_{4}$Auch vermögenswirksame Leistungen werden entsprechend gekürzt. $_{5}$Hier gilt § 2 Absatz 1 Satz 2 des Gesetzes über vermögenswirksame Leistungen für Beamte, Richter, Berufssoldaten und Soldaten auf Zeit. $_{6}$Ausführungen zu Bezügen in der Mutterschutzfrist insbesondere bei Teilzeit vor oder während der Elternzeit nach MuSchEltZV vgl. Randnummer 3.1.1.

6.1.1.2 $_{1}$Auch in **festen Monatsbeträgen** gewährte Zulagen (z. B. Stellenzulagen) sowie Vergütungen stehen teilzeitbeschäftigten Besoldungsempfängern grundsätzlich nur anteilig zu (BVerwG, Urteil vom 26. März 2009 – 2 C 12/08 –). $_{2}$Dieser Proportionalitätsgrundsatz gilt selbst dann, wenn die Zulage auf Grund ihrer Zweckbestimmung unabhängig vom konkreten Arbeits- und Zeitaufwand gewährt wird (BVerwG, Urteil vom 29. Oktober 2009 – 2 C 82/08 – Stellenzulagen für Lehrkräfte) und Belastungen durch entsprechende Entlastungen ganz oder nahezu vollständig im Wege einer Gesamtbetrachtung ausgeglichen werden. 3Soweit es sich um Erschwerniszulagen handelt, die nicht in festen Monatsbeträgen gezahlt werden, gilt abweichend § 2a Satz 1 und 2 EZulV. 4Für die Zahlung von Vergütungen im Rahmen einer Teilzeitbeschäftigung sind die abweichenden Bestimmungen des Absatzes 1a (vgl. Randnummer 6.1a), der Bundesmehrarbeitsvergütungsverordnung, der Soldatenmehrarbeitsvergütungsverordnung und der Sanitätsdienstvergütungsverordnung zu beachten.

III

6.1.2 Zu Satz 2

6.1.2.1 1Satz 2 bildet die Rechtsprechung des EuGH zum Urlaubsrecht ab (EuGH, Beschluss vom 13. Juni 2013 – C-415/12 – Brandes) und bestimmt, in welchen Fällen eine anteilige Kürzung der Besoldung im Rahmen einer Teilzeitbeschäftigung, abweichend von Satz 1, zu unterbleiben hat. 2Er nimmt dabei auf die schon bestehende Regelung in § 5a Absatz 1 Erholungsurlaubsverordnung (EUrlV) Bezug.

6.1.2.2 1§ 5a EUrlV ist ebenfalls Folge des EuGH-Beschlusses vom 13. Juni 2013. 2Er regelt in Absatz 1, dass im Falle der Inanspruchnahme eines in Vollzeit erworbenen Erholungsurlaubs die sonst bei Teilzeit unter gleichzeitiger Verringerung der Wochenarbeitstage übliche Umrechnung (der Urlaubsanspruch ist im selben Verhältnis zu verringern wie die Zahl der wöchentlichen Arbeitstage) nicht erfolgt, jedoch nur bis zur Höhe des unionsrechtlich gewährleisteten Mindesturlaubsanspruchs. 3Zugleich bestimmt § 5a EUrlV, wann die Inanspruchnahme des Urlaubs während der vorausgegangenen Vollzeit nicht möglich war und zählt hierzu die zulässigen Hinderungsgründe abschließend auf.

6.1.2.3 1Der oben genannte EuGH-Beschluss ist im Besoldungsrecht in zwei Fallkonstellationen relevant: 2Zum einen bei einer Reduzierung der Wochenarbeitszeit unter gleichzeitiger Verringerung der Anzahl der Wochenarbeitstage (vgl. auch § 5a EUrlV), zum anderen bei einer Reduzierung der Wochenarbeitszeit bei unveränderter Anzahl der Wochenarbeitstage. 3In der letzten Konstellation bleibt beim Übergang von Vollzeit zu Teilzeit die Anzahl der Urlaubstage unverändert, weshalb es keiner urlaubsrechtlichen Regelung bedarf.

6.1.2.4 1Für beide Fallkonstellationen wird bestimmt, dass für die in Vollzeit erworbenen und im Rahmen einer sich anschließenden Teilzeitbeschäftigung in Anspruch genommenen Erholungsurlaubstage die Besoldung bei Teilzeit dann nicht anteilig gekürzt wird, wenn dieser Urlaub aus den in § 5a Absatz 1 EUrlV abschließend genannten Gründen nicht während der vorausgegangenen Vollzeitbeschäftigung genommen werden konnte. 2Diese Regelung ist nur für die unionsrechtlich gewährleisteten Mindesturlaubstage anzuwenden.

6.1.2.5 Bei der Bemessung der zustehenden Vollzeitbezüge sind – auch zur Vermeidung übermäßigen Verwaltungsaufwands – die Bezüge maßgeblich, die zum Zeitpunkt der tatsächlichen Inanspruchnahme des Erholungsurlaubs zustehen.

Beispiel 1:

Eine Beamtin reduziert zum 1. Juli ihre Arbeitszeit von bisher Vollzeit auf nunmehr 30 Wochenstunden, verteilt auf vier Arbeitstage. Es war ihr auf Grund von Krankheit während der Zeit ihrer Vollzeittätigkeit nicht möglich, den Urlaub zu nehmen. Der unionsrechtlich gewährleistete Mindesturlaub für das Kalenderjahr beträgt zu diesem Zeitpunkt zehn Tage (6/12 von 20 Tagen = 10 Tage). Diese zehn Urlaubstage bleiben von der Umrechnung des Jahresurlaubs zu Beginn der Teilzeitbeschäftigung unberührt und für diese zehn Urlaubstage erhält die Beamtin zudem die volle Besoldung. Der darüber hinausgehende Jahresurlaubsanspruch nach deutschem Recht (30 – 10 = 20) unterliegt der Umrechnung und beträgt – unter Berücksichtigung einer Viertagewoche – 16 Arbeitstage (4/5 von 20).

Im Oktober desselben Jahres nimmt die Beamtin zehn Urlaubstage in Anspruch. Für diese zehn Urlaubstage wird die Besoldung gewährt, die der Beamtin bei Vollzeitbeschäftigung zugestanden hätte.

Beispiel 2:

Ein Beamter reduziert zum 1. Juli seine Arbeitszeit von bisher Vollzeit auf nunmehr 30 Wochenstunden, verteilt auf fünf Arbeitstage. Es war ihm auf Grund von Krankheit während der Zeit seiner Vollzeittätigkeit nicht möglich, den Urlaub zu nehmen. Der unionsrechtlich gewährleistete Mindesturlaub für das Kalenderjahr beträgt zu diesem Zeitpunkt zehn Tage (6/12 von 20 Tagen = 10 Tage). Für diese zehn Urlaubstage erhält der Beamte die volle Besoldung. Der darüber hinausgehende Jahresurlaubsanspruch nach deutschem Recht (30 – 10 = 20) beträgt weitere 20 Arbeitstage.

Im Oktober desselben Jahres nimmt der Beamte 15 Urlaubstage in Anspruch. Für zehn Urlaubstage wird die Besoldung gewährt, die dem Beamten bei Vollzeitbeschäftigung zugestanden hätte.

Für die weiteren fünf Urlaubstage erhält der Beamte Besoldung entsprechend seiner Teilzeitbeschäftigung.

6.1a Zu Absatz 1a

1Abweichend von dem besoldungsrechtlichen Grundsatz, wonach Dienstbezüge bei Teilzeitbeschäftigung im gleichen Verhältnis wie die Arbeitszeit gekürzt werden (vgl. Randnummer 6.1.1), werden in den Fällen von Teilzeit im Blockmodell (z. B. Sabbaticals) die in Absatz 1a bezeichneten Bezüge entsprechend der tatsächlich geleisteten Arbeitszeit gezahlt.

Beispiel:

Ein in einer obersten Bundesbehörde beschäftigter Beamter reduziert seine Arbeitszeit für die Dauer von 30 Monaten auf durchschnittlich 90 Prozent der regelmäßigen wöchentlichen Arbeitszeit. Vereinbarungsgemäß verrichtet der Beamte in den ersten 27 Monaten Dienst im Umfang von 100 Prozent; in den sich anschließenden drei Monaten ist er vom Dienst freigestellt.

Während sich das Grundgehalt für den gesamten Zeitraum der Teilzeitbeschäftigung auf 90 Prozent eines in Vollzeit beschäftigten Beamten reduziert, wird die Zulage nach Vorbemerkung Nummer 7 zu Anlage I BBesG in den ersten 27 Monaten voll gezahlt. In den drei Monaten der Freistellung besteht kein Anspruch auf diese Zulage.

2Zu den anteilig zu zahlenden Bezügen gehören auch die Auslandsbesoldung und sonstige, mit dem ausländischen Dienstposten im Zusammenhang stehenden Besoldungsbestandteile.

6.2 Zu Absatz 2

1Die auf Grund des Absatzes 2 erlassene Altersteilzeitzuschlagsverordnung (ATZV) gilt nur noch für Fälle, in denen die Altersteilzeit vor dem 1. Januar 2010 begonnen hat. 2Zu den Einzelheiten dieser Altersteilzeitregelung im Hinblick auf die Abwicklung der Altfälle siehe auch das zwischenzeitlich aufgehobene Rundschreiben des BMI vom 27. Februar 2009 – D 1 – 210 172/20 –.

6.3 Zu Absatz 3

6.3.1 1Für Beamte und Richter, die nach der seit dem 1. Januar 2011 geltenden Rechtslage Altersteilzeit nach § 93 Absatz 3 und 4 BBG in Anspruch nehmen, richtet sich die Höhe der Bezüge und die Berechnung des Altersteilzeitzuschlags nach § 6 Absatz 3. 2Zusätzlich zur nach § 6 Absatz 1 arbeitszeitanteilig gekürzten Besoldung wird ein nicht ruhegehaltfähiger Zuschlag gewährt. 3Dieser beträgt 20 Prozent der Dienstbezüge, die entsprechend der reduzierten Arbeitszeit während der Altersteilzeit unter Berücksichtigung von Absatz 1a zustehen.

6.3.2 1Satz 2 definiert den Begriff der Dienstbezüge im Sinn der Regelung abschließend. 2Sofern einzelne Bezügebestandteile nicht der anteiligen Kürzung nach § 6 Absatz 1 unterliegen, bleiben diese unberücksichtigt (Ausnahme: Stellenzulagen im Sinne von Absatz 1a Satz 1 Nummer 3). 3Dies kann u. a. den Familienzuschlag nach § 40 betreffen, wenn die Voraussetzungen des § 40 Absatz 4 Satz 2 oder Absatz 5 Satz 3 erfüllt sind (siehe Randnummern 40.4.11 und 40.5.9).

6.3.3 1Nach Satz 4 ist Absatz 1a Satz 1 und 2 entsprechend anwendbar. 2Damit wird Altersteilzeit im Blockmodell hinsichtlich der dort genannten Bezüge sonstigen Formen von Teilzeit im Blockmodell gleichgestellt. 3Sofern die Altersteilzeit im Rahmen einer Auslandsverwendung in Anspruch genommen wird und dabei ein Mietzuschuss gewährt werden soll, sind bei dessen Ermittlung die Dienstbezüge zu Grunde zu legen, die auf Grund der tatsächlich geleisteten Tätigkeit zustehen würden (ergänzend hierzu Randnummer 54.1.4) 4Zu den Einzelheiten dieser Altersteilzeitregelung siehe auch Rundschreiben des BMI vom 14. Januar 2022 – D1-30101/12#4 – (GMBl, S. 142).

6.4 Zu Absatz 4

6.4.1 Beamte und Richter, die nach dem 31. Dezember 2010 das flexible Alterszeitmodell (sog. FALTER-Modell) nach § 53 Absatz 4 BBG in Anspruch nehmen, erhalten einen Zuschlag nach § 6 Absatz 4.

6.4.2 1Für die Berechnung des **Zuschlags** wird das fiktive Ruhegehalt zugrunde gelegt. 2Im Übrigen sind bei der Ermittlung des fiktiven Ruhegehaltes die Vorschriften des Beamtenversorgungsgesetzes (BeamtVG) anzuwenden.

6a Zu § 6a – Besoldung bei begrenzter Dienstfähigkeit

Die Vorschrift zieht für das Bundesrecht die Konsequenzen aus dem Beschluss des Bundesverfassungsgerichts (BVerfG) vom 28. November 2018 – 2 BvL 3/15 –.

6a.1 Zu Absatz 1

Die Dienstbezüge werden entsprechend den für die Besoldung bei Teilzeit geltenden Vorschriften (§ 6 Absatz 1 i. V. m. Absatz 1a) gekürzt.

6a.2 Zu Absatz 2

Der Berechnung des Zuschlags sind die in Absatz 3 abschließend bezeichneten Dienstbezüge zugrunde zu legen.

Beispiel 1:

Ein Beamter ist zu 75 Prozent dienstfähig. Seine Vollzeitbezüge belaufen sich auf (fiktiv) 2000 Euro (1900 Euro Grundgehalt + 100 Euro Stellenzulage). Er erhält nach § 6 Absatz 1 gekürzte Bezüge in Höhe von 1500 Euro (75 Prozent von 2000 Euro) sowie einen Zuschlag in Höhe von 250 Euro (Hälfte der Differenz zwischen fiktiven Vollzeitbezügen und den entsprechend § 6 Absatz 1 gekürzten Dienstbezügen).

6a.3 Zu Absatz 3

Die Aufzählung der bei der Festsetzung des Zuschlags zu berücksichtigenden Dienstbezüge entspricht der früheren Regelung in § 2 Absatz 3 Begrenzte-Dienstfähigkeit-Zuschlag-Verordnung (BDZV), die durch Artikel 14 Absatz 6 Nummer 2 der Verordnung zur Änderung dienstrechtlicher Verordnungen aus Anlass des Besoldungsstrukturenmodernisierungsgesetzes vom 8. Januar 2020 (BGBl. I S. 27) aufgehoben worden ist.

6a.4 Zu Absatz 4

1Verringert ein begrenzt dienstfähiger Beamter oder Richter seine Arbeitszeit unter den Prozentsatz seiner Dienstfähigkeit, bleibt sein Status als begrenzt Dienstfähiger hiervon unberührt. 2Allerdings wird der nach Absatz 2 berechnete Zuschlag entsprechend dem Verhältnis zwischen der wegen der begrenzten Dienstfähigkeit reduzierten Arbeitszeit und der tatsächlich reduzierten Arbeitszeit gekürzt. 3Den Vorgaben des BVerfG aus dem in Randnummer 6a genannten Beschluss folgend, verbleiben dem Besoldungsberechtigten auch in diesen Fällen im Ergebnis höhere Bezüge als einem mit gleichem Umfang in Teilzeit beschäftigten Besoldungsberechtigten.

Beispiel 2:

Der Beamte verringert seine Arbeitszeit zusätzlich auf 50 Prozent. Er erhält nach § 6 Absatz 1 gekürzte Bezüge in Höhe von 1000 Euro. Da die tatsächlich leistbare Arbeitszeit (hier 75 Prozent) um ein Drittel reduziert wird, reduziert sich auch der Zuschlag entsprechend von vormals 250 Euro um ein Drittel auf 166,67 Euro.

6a.5 Zu Absatz 5

$_{1}$Die Vorschrift entspricht der früheren Regelung in § 3 BDZV, ergänzt um die für Beamten bei den Postnachfolgeunternehmen bei Gewährung von Altersteilzeit nach den einschlägigen Vorschriften gewährten Altersteilzeitzuschläge. $_{2}$Beamte bei den Postnachfolgeunternehmen werden insoweit den übrigen Beamten gleichgestellt.

7 Zu § 7 – Vorschuss während der Familienpflegezeit und Pflegezeit, Verordnungsermächtigung

(unbesetzt)

7a Zu § 7a – Zuschlag bei Hinausschieben des Eintritts in den Ruhestand

7a.1 Zu Absatz 1

7a.1.1 $_{1}$Der Zuschlag bezieht sich nur auf die Fälle eines Hinausschiebens des Eintritts in den Ruhestand nach § 53 Absatz 1 bis 3 BBG oder nach § 44 Absatz 1 SG. $_{2}$Er wird nicht neben einem Altersteilzeitzuschlag nach der ATZV oder nach § 6 Absatz 3 gewährt (Absatz 1 Satz 2). $_{3}$Ein paralleler Bezug eines Zuschlags nach § 6 Absatz 4 scheidet ebenfalls aus, da dieser nur im Fall des § 53 Absatz 4 BBG gewährt wird.

7a.1.2 $_{1}$Der Zuschlag beträgt 10 Prozent des Grundgehalts und ist nicht ruhegehaltfähig. $_{2}$Absatz 1 gilt gleichermaßen für Beamte und Soldaten in Teil- wie Vollzeit. $_{3}$Bei einer Teilzeitbeschäftigung wird der Zuschlag nur für den Teil des Grundgehalts gewährt, der dem Beamten oder Soldaten nach § 6 Absatz 1 entsprechend der reduzierten Arbeitszeit zusteht.

7a.1.3 $_{1}$Der Zuschlag wird erst ab Beginn des Hinausschiebens des Eintritts in den Ruhestand gezahlt und nur, wenn der Höchstruhegehaltssatz nach beamten- bzw. soldatenversorgungsrechtlichen Vorschriften erreicht worden ist. $_{2}$Wird der Höchstruhegehaltssatz erst während der Zeit des Hinausschiebens erreicht, entsteht der Anspruch auf den Zuschlag ab diesem Zeitpunkt.

7a.2 Zu Absatz 2

7a.2.1 Voraussetzung für die Gewährung dieses weiteren Zuschlags ist ein unaufschiebbares, zeitgebundenes Ergebnis von besonderem öffentlichen Interesse im Inland, das in der Regel bei einer außergewöhnlichen, unvorhersehbaren Situation mit gesamtgesellschaftlicher und gesamtstaatlicher Auswirkung vorliegt, aus der sich ein dringender Handlungsbedarf ergibt.

7a.2.2 $_{1}$Beamte und Soldaten im Ausland können an der Bewältigung einer derartigen herausfordernden Situation im Inland ebenfalls beteiligt sein. $_{2}$Dies ist auch denkbar, wenn durch einen entsprechenden Einsatz verhindert werden soll, dass Ereignisse im Ausland sich im Inland im oben genannten Sinn – besondere Herausforderungen für alle staatlichen und gesellschaftlichen Ebenen – auswirken.

7a.2.3 $_{1}$Der Zuschlag beträgt 5 Prozent des Grundgehaltes. $_{2}$Er wird bei Vorliegen der entsprechenden Voraussetzungen zusätzlich zu dem Zuschlag nach Absatz 1 gewährt. $_{3}$Im Unterschied zu Absatz 1 wird nicht vorausgesetzt, dass der Höchstruhegehaltssatz schon erreicht worden ist (hinsichtlich der Bemessung des Zuschlags bei Teilzeitbeschäftigung vgl. Randnummer 7a.1.2).

7a.3 Zu Absatz 3

7a.3.1 $_{1}$Die Vorschriften über die Höhe der Zuschläge während einer Teilzeitbeschäftigung in den Fällen eines Hinausschiebens des Eintritts in den Ruhestand nach § 53 Absatz 1 bis 3 BBG gelten für die Absätze 1 und 2 gleichermaßen. $_{2}$In diesen Fällen wird neben der entsprechend der Arbeitszeit gekürzten Besoldung (§ 6 Absatz 1) ein Zuschlag gewährt, dessen Höhe sich bemisst

- nach dem Ruhegehalt, das bei Versetzung in den Ruhestand wegen Erreichens der gesetzlichen Altersgrenze zustünde, und
- nach dem Umfang der Freistellung von der Arbeitszeit auf Grund der Teilzeitbeschäftigung.

$_{3}$Unabhängig davon sind auf diesen Personenkreis die sonstigen Regelungen des Absatzes 1 und 2 anzuwenden. 4Sofern der Höchstruhegehaltssatz erreicht ist, wird neben dem Zuschlag nach Absatz 1 und gegebenenfalls Absatz 2 ein ergänzender Zuschlag gewährt, dessen Höhe sich am entsprechend der Arbeitszeit reduzierten Grundgehalt bemisst (vgl. Randnummer 7a.1.2).

Beispiel 1:

Eine Beamtin schiebt den Eintritt in den Ruhestand nach § 53 Absatz 1 BBG hinaus und ist mit 70 Prozent der vollen Arbeitszeit beschäftigt. Sie erhält 70 Prozent ihrer aktiven Bezüge und 30 Prozent der zum Zeitpunkt des Erreichens der gesetzlichen Altersgrenze erdienten Versorgungsbezüge als Besoldungszuschlag. Ab dem Zeitpunkt, zu dem sie den Höchstruhegehaltssatz mit Beginn der Verlängerung erreicht hat, erhält sie zusätzlich einen Zuschlag in Höhe von 10 Prozent des anteilig zur Arbeitszeit gekürzten Grundgehaltes.

Beispiel 2:

Ein Beamter schiebt den Eintritt in den Ruhestand nach § 53 Absatz 1 BBG hinaus und ist für zwei Jahre mit 60 Prozent der vollen Arbeitszeit beschäftigt. Er erhält 60 Prozent seiner aktiven Bezüge und 40 Prozent der erdienten Versorgungsbezüge als Besoldungszuschlag. Er erfüllt mit Beginn der Verlängerung die Voraussetzungen des Absatzes 2 und erhält daher zusätzlich einen Zuschlag in Höhe von 5 Prozent des anteilig zur Arbeitszeit gekürzten Grundgehaltes. Nach weiteren sechs Monaten hat er seinen Höchstruhegehaltssatz erreicht. Er erhält ab diesem Zeitpunkt auch einen Zuschlag in Höhe von 10 Prozent des anteilig zur Arbeitszeit gekürzten Grundgehaltes nach Absatz 1.

8 Zu § 8 – Kürzung der Besoldung bei Gewährung einer Versorgung durch eine zwischenstaatliche oder überstaatliche Einrichtung

8.1 Zu Absatz 1

8.1.1 1Eine Verwendung im öffentlichen Dienst einer zwischenstaatlichen oder überstaatlichen Einrichtung kann nur angenommen werden, wenn ein Rechtsverhältnis bestand, durch das der Betreffende in die Verwaltungsorganisation und den Arbeitsablauf weisungsgebunden eingegliedert war. 2In eine Organisationsstruktur eingegliedert ist auch, wer an ihre Spitze gestellt ist und im Rahmen der gesetzlich vorgegebenen Zuständigkeiten die Organisation nach Maßgabe eigenverantwortlicher politischer Richtungsentscheidungen (mit)leitet (BVerwG, Urteil vom 28. April 2011 – 2 C 39/09, Juris Rn. 16). 3Darauf, ob das Rechtsverhältnis öffentlich-rechtlich oder privatrechtlich ausgestaltet war, kommt es nicht an.

8.1.2 1Zwischenstaatliche und überstaatliche Einrichtungen sind solche Einrichtungen, die von Staaten gebildet werden, und an denen die Bundesrepublik Deutschland als Mitgliedstaat in der Weise beteiligt ist, dass zu den Haushalten der Einrichtungen aus deutschen öffentlichen Haushalten einmalige oder laufende Beiträge geleistet werden. 2Einrichtungen im Sinn des § 8 sind insbesondere die in Abschnitt I der Anlage zur Entsendungsrichtlinie Bund vom 9. Dezember 2015 aufgeführten Einrichtungen.

8.1.3 1Eine Versorgung aus der Verwendung braucht in der zugrundeliegenden Regelung nicht als solche bezeichnet zu sein. 2Entscheidend ist, dass die Versorgungsleistung auf Grund einer früheren Dienstleistungspflicht bei einer zwischenstaatlichen oder überstaatlichen Einrichtung gewährt wird. 3Erfasst werden fortlaufende Zahlungen; bei einmaligen Zahlungen (z. B. Abfindungen) erfolgt keine Anrechnung auf die Besoldung. 4Dagegen stellt die vollständige oder teilweise Kapitalisierung an sich laufender Versorgungsbezüge eine zu berücksichtigende Versorgung dar. 5Höchstgrenze im Sinne des Absatz 1 Satz 4 BBesG ist in diesen Fällen der Betrag, der ohne Kapitalisierung als laufende Versorgung zu zahlen wäre. 6Für den Versorgungsbegriff im Sinn des § 8 ist es auch unerheblich, ob die Zahlung aus dem Haushalt der Einrichtung, aus einem Pensionsfonds oder einer Versorgungskasse geleistet wird. 7Die zwischenstaatliche oder überstaatliche Einrichtung oder deren Träger muss einen wesentlichen Beitrag zur Finanzierung der Leistung erbringen.

8.1.4 $_{1}$Für bis zum 31. Dezember 1991 bei einer zwischenstaatlichen oder überstaatlichen Einrichtung verbrachte Zeiten beträgt der Kürzungssatz – abweichend von § 8 Absatz 1 Satz 2 – 2,14 Prozent (§ 73 Satz 1 i. V. m. § 8 a. F.). $_{2}$Für die Zeit vom 1. Januar 1992 bis 31. Dezember 2002 beträgt der Kürzungssatz 1,875 Prozent (§ 73 Satz 2). $_{3}$Für die Zeit vom 1. Januar 2003 bis zum 31. Dezember 2011 gelten nach der Übergangsregelung in § 73 Satz 3 i. V. m. § 69e Absatz 3 BeamtVG die folgenden Kürzungssätze:

Anpassung	ab	Kürzungssatz
1.	01.04.2003 (A 2 bis A 11) bzw. 01.07.2003 (übrige ohne B 11)	1,8648375 %
2.	01.04.2004	1,85469375 %
3.	01.08.2004	1,84453125 %
4.	01.01.2008	1,83436875 %
5.		1,824225 %
6.	01.01.2009	1,8140625 %
7.	01.01.2010	1,8039 %

$_{4}$Ab 1. Januar 2011 gilt der in § 8 Absatz 1 Satz 2 festgelegte Kürzungssatz von 1,79375 Prozent. $_{5}$Für jedes volle Jahr der Beschäftigung ist der Kürzungssatz heranzuziehen, der zum Ende des jeweiligen Jahres Gültigkeit hatte.

8.1.5 $_{1}$Die Festsetzung der Kürzung erfolgt – gegebenenfalls rückwirkend – ab dem Beginn der Versorgung aus der internationalen Verwendung. $_{2}$Sofern die Kürzung rückwirkend erfolgt, ist die bis dahin geleistete Überzahlung nach § 12 Absatz 2 zurückzufordern, da sie ohne Rechtsgrund erfolgt ist. $_{3}$Eine Berufung auf den Wegfall der Bereicherung ist grundsätzlich ausgeschlossen, da der Anspruch auf Dienstbezüge unter dem gesetzesimmanenten Vorbehalt steht, dass der Kürzungstatbestand des § 8 nicht vorliegt (BVerwG, Urteil vom 15. Mai 1997 – 2 C 26/95 –). $_{4}$Da die Dienstbezüge im Voraus berechnet und nach § 3 Absatz 4 Satz 1 monatlich im Voraus gezahlt werden, kann die Besoldungsstelle bei der Berechnung und Zahlung der Dienstbezüge in der Regel noch nicht übersehen, ob und in welcher Höhe ein Besoldungsempfänger aus der Verwendung im öffentlichen Dienst einer zwischenstaatlichen oder überstaatlichen Einrichtung eine Versorgung mit der Folge bezieht, dass seine Dienstbezüge jeweils zu kürzen sind. $_{5}$Entsprechend muss ein Besoldungsempfänger, der im öffentlichen Dienst einer zwischenstaatlichen oder überstaatlichen Einrichtung verwendet worden ist, mit einer dieser Kürzungsvorschrift Rechnung tragenden nachträglichen Rückzahlung rechnen, soweit er von einer zwischenstaatlichen oder überstaatlichen Einrichtung eine Versorgung erhält (OVG Berlin-Brandenburg, Urteil vom 15. Juni 2004 – 4 B 27/02 –). $_{6}$Die Möglichkeit, eine Billigkeitsentscheidung zu treffen, besteht fort.

8.1.6 $_{1}$Die Umrechnung einer in ausländischer Währung gewährten Versorgung erfolgt entsprechend § 17a des Vierten Buches Sozialgesetzbuch (SGB IV) anhand des Referenzkurses, den die Europäische Zentralbank bekannt gibt. $_{2}$Wird für die fremde Währung kein Referenzkurs von der Europäischen Zentralbank veröffentlicht, wird das Einkommen nach dem von der Deutschen Bundesbank ermittelten Mittelkurs für die Währung des betreffenden Landes umgerechnet (veröffentlicht im vierteljährlich erscheinenden Statistischen Beiheft 5 „Devisenkursstatistik").

8.2 Zu Absatz 2

8.2.1 $_{1}$Anzurechnen sind auch solche fiktiven Verwendungszeiten, in denen der Besoldungsempfänger ohne Dienstausübung Anspruch auf Vergütung und Ruhegehalt hatte. $_{2}$Dies ist z. B. der Fall bei Beamten, die nach Artikel 41 Absatz 3 Unterabsatz 3 Beamtenstatut der EG (i. V. m. Anhang IV zu dem Statut) in den einstweiligen Ruhestand versetzt oder nach Artikel 50 Absatz 3 des Statuts ihres Amtes enthoben worden sind.

8.2.2 Verwendungszeiten sind unabhängig vom Beschäftigungsumfang zu berücksichtigen.

8.3 Zu Absatz 3

8.3.1 1Der Begriff der Dienstbezüge des § 8 Absatz 3 weicht von dem in § 1 Absatz 2 ab. 2Er ist in Absatz 3 abschließend definiert.

8.3.2 Ruhegehaltfähige Stellenzulage im Sinn des Absatzes 3 ist gegenwärtig nur die Stellenzulage nach Vorbemerkung Nummer 6 zu Anlage I BBesG.

8.3.3 1Bei einer Teilzeitbeschäftigung nach § 6 unterliegen nur die anteiligen Dienstbezüge nach § 8 Absatz 3 einer Kürzung. 2Im Falle von Altersteilzeit unterliegt der Altersteilzeitzuschlag selbst nicht der Kürzung, da er kein Dienstbezug nach Absatz 3 ist. 3Allerdings wirkt sich die Kürzung der Dienstbezüge mittelbar auch auf diesen aus (zur Berechnung vgl. Rundschreiben des BMI vom 4. Juli 2011 – D 1 – 210 172/32 –).

9 Zu § 9 – Verlust der Besoldung bei schuldhaftem Fernbleiben vom Dienst

9.1 Zu Satz 1

9.1.1 Zu den Bezügen gehören die Dienstbezüge (§ 1 Absatz 2) und die sonstigen Bezüge (§ 1 Absatz 3).

9.1.2 1Die Feststellung über das Vorliegen und die Dauer (unter Einschluss dienstfreier Tage) eines Fernbleibens vom Dienst ohne Genehmigung ist nach dienstrechtlichen Vorschriften zu treffen (§ 96 BBG, § 30 SG). 2Bei Vorliegen der Tatbestandsmerkmale bedarf es für die Anwendung des § 9 darüber hinaus der Feststellung, dass das Verhalten – hier: Unterlassen – des Besoldungsempfängers schuldhaft ist.

9.1.3 Das Fernbleiben ist schuldhaft,

- wenn der Besoldungsempfänger wusste, dass er von der Dienstleistungspflicht weder entbunden noch an ihrer Erfüllung gehindert oder von ihr freigestellt war (Vorsatz), oder
- wenn ihm dieses Wissen fehlte, weil er unter Außerachtlassung der ihm nach den Umständen gebotenen und zumutbaren Sorgfalt gehandelt hat (Fahrlässigkeit).

9.1.4 1Die bereits für den Zeitraum des Vorliegens der Voraussetzungen des § 9 gezahlten Bezüge sind rechtsgrundlos erfolgt und nach § 12 Absatz 2 zurückzufordern. 2Eine Berufung auf den Wegfall der Bereicherung ist grundsätzlich ausgeschlossen. 3Der Besoldungsempfänger haftet nach § 12 Absatz 2 Satz 2 i. V. m. § 820 Absatz 1 Satz 2, § 818 Absatz 4 Bürgerliches Gesetzbuch (BGB) verschärft, weil der Anspruch auf Dienstbezüge, die nach § 3 Absatz 4 Satz 1 im Voraus gezahlt werden, unter dem gesetzlichen Vorbehalt der Feststellung ihres Verlustes wegen ungenehmigten schuldhaften Fernbleibens vom Dienst nach § 9 steht (BVerwG, Urteil vom 27. Januar 1994 – 2 C 19/92 –). 4Die Möglichkeit, eine Billigkeitsentscheidung zu treffen, besteht fort.

9.2 Zu Satz 2

9.2.1 Hat der Besoldungsempfänger an einem Arbeitstag überhaupt keinen Dienst geleistet, entfällt der Tagesbezug in voller Höhe, unabhängig von den auf diesen Tag tatsächlich entfallenden Dienststunden.

9.2.2 1Auch das schuldhafte Fernbleiben vom Dienst für eine kürzere Zeit als einen vollen Arbeitstag führt zum Verlust der Besoldung. 2Ein Abzug wird jedoch nur für volle nicht geleistete Stunden (bei Lehrern: Unterrichtsstunden) vorgenommen. 3Bei der Kürzung ist zunächst der auf den Arbeitstag entfallende Teil der Bezüge nach § 3 Absatz 3 zu ermitteln. 4Zur Ermittlung des auf die Arbeitsstunde entfallenden Anteils der Tagesbezüge sind die Tagesbezüge durch ein Fünftel der wöchentlichen Arbeitszeit zu teilen. 5Dies gilt auch bei gleitender Arbeitszeit ohne Rücksicht darauf, wie diese regelmäßig oder an dem betreffenden Arbeitstag in Anspruch genommen wurde oder genommen worden wäre.

Beispiel für den Rechenweg:

Die fiktiven Dienstbezüge eines Beamten mit einer Wochenarbeitszeit von 41 Stunden betragen 5000 Euro.

Tagesbezüge für Juli:	5000,00 Euro : 31
	= 161,29 Euro
Stundenbezüge:	161,29 Euro × 5 : 41
	= 19,67 Euro

9.2.3 Bleibt ein Besoldungsempfänger, der Dienst nach Dienstplan (z. B. Schichtdienst) versieht, dem Dienst fern, ist der auf eine Stunde entfallende Anteil seiner Bezüge unter Zugrundelegung der durchschnittlichen regelmäßigen wöchentlichen Arbeitszeit zu berechnen.

9.2.4 Durch eine stundenweise Berechnung nach den Randnummern 9.2.2 und 9.2.3 darf der auf den Arbeitstag entfallende Tagesbezug (bei Teilzeitbeschäftigten der entsprechende Anteil) nicht überschritten werden.

Beispiel:
Ein teilzeitbeschäftigter Besoldungsempfänger mit einer Reduzierung der Arbeitszeit um 50 Prozent und Verteilung auf 3 Tage in der Woche (Montag und Dienstag 8 Stunden, Mittwoch 4,5 Stunden) versäumt an einem Dienstag 7 Stunden. Die Kürzung der Besoldung, die auf 7 Stunden entfällt, wäre höher als die auf einen ganzen Kalendertag entfallende Besoldung.

9a Zu § 9a – Anrechnung anderer Einkünfte auf die Besoldung

9a.1 Zu Absatz 1

9a.1.1 Zeiten mit Anspruch auf Besoldung, in denen eine Verpflichtung zur Dienstleistung nicht besteht, liegen insbesondere in folgenden Fällen vor:

- Entlassung unter Anordnung der sofortigen Vollziehung (§ 80 Absatz 2 Nummer 4 Verwaltungsgerichtsordnung (VwGO)) und spätere Aufhebung der Entlassungsverfügung,
- Versetzung in den Ruhestand bzw. einstweiligen Ruhestand und spätere Aufhebung der Versetzungsverfügung (die Fälle, in denen der Besoldungsempfänger wieder in das Dienstverhältnis berufen wird, sind hiervon nicht erfasst),
- Verlust der Beamtenrechte nach § 41 BBG und spätere Aufhebung der Entscheidung im Wiederaufnahmeverfahren nach § 42 Absatz 1 BBG,
- Verlust der Rechtsstellung eines Berufssoldaten nach § 48 SG oder eines Soldaten auf Zeit nach § 54 Absatz 2 Nummer 2 SG und spätere Aufhebung der Entscheidung im Wiederaufnahmeverfahren nach § 52 SG,
- Verbot der Führung der Dienstgeschäfte im Sinn des § 66 BBG,
- Verbot der Ausübung des Dienstes im Sinn des § 22 SG,
- Urlaub, Mutterschutz und Erkrankung,
- Soldaten, die für die Durchführung einer Maßnahme der schulischen oder beruflichen Bildung von der Verpflichtung, militärischen Dienst zu leisten, freigestellt sind.

9a.1.2 1Anrechenbar ist Einkommen, das nur deshalb erzielt werden konnte, weil der Wegfall der Dienstleistungspflicht und die damit verbundene Freisetzung von Arbeitskapazitäten dies ermöglichte. 2In Betracht kommen alle Einkünfte aus einer selbständigen und nicht selbständigen Erwerbstätigkeit (z. B. Arbeitslohn, Einkünfte aus unternehmerischer Tätigkeit, Aufwandsentschädigungen, die in direktem Zusammenhang mit der Arbeitsleistung stehen, oder Tagegelder). 3Anzurechnen sind die Bruttobezüge.

9a.1.3 1Handelt es sich um Einkommen, das der Besoldungsempfänger auch im Falle erbrachter Dienstleistung hätte erzielen können und erzielt hätte, scheidet eine Anrechnung aus. 2Nichtanrechenbar sind regelmäßig Einkünfte aus Kapitalvermögen oder Verpachtungen, ebenso Einkünfte, die der Besoldungsempfänger im Rahmen des Nebentätigkeitsrechts erzielt oder hätte erzielen können (BVerwG, Urteil vom 10. April 1997 – 2 C 29/96 –).

9a.1.4 Die Regelung über die Besoldung bei Wahrnehmung mehrerer Hauptämter nach § 5 bleibt unberührt.

9a.1.5 1Die Entscheidung, ob und gegebenenfalls in welcher Höhe eine Anrechnung erfolgt, ist eine Ermessensentscheidung. 2Im Sinn einer Gleichbehandlung mit den Fällen des § 9a Absatz 2 ist dabei regelmäßig anzurechnen; soll von der Anrechnung ausnahmsweise abgesehen werden, ist ein strenger Maßstab anzulegen. 3Über die Anrechnung ist dem Besoldungsempfänger ein Bescheid zu erteilen.

9a.2 Zu Absatz 2

9a.2.1 $_1$Soll in besonderen Fällen von der Anrechnung abgesehen werden, entscheidet nach Absatz 2 Satz 2 die oberste Dienstbehörde für ihren Geschäftsbereich über Ausnahmen von der Anrechnung bis zur Höhe des jeweiligen Anfangsgrundgehaltes der Besoldungsgruppe des betroffenen Besoldungsempfängers im Kalenderjahr. $_2$Bei Veränderungen des Anfangsgrundgehaltes im Laufe eines Kalenderjahres ist der Mittelwert zugrunde zu legen.

9a.2.2 $_1$Anderweitige Bezüge sind alle Leistungen, die der Besoldungsempfänger aus seiner Verwendung von der Stelle erhält, der er zugewiesen ist. $_2$Auf die Bezeichnung der Bezüge kommt es nicht an. $_3$Als Bezüge sind auch Entschädigungen oder Tagegelder anzusehen, die während der Dauer der Verwendung regelmäßig gezahlt werden. $_4$Sachbezüge, die regelmäßig anstelle einer Geldleistung gewährt werden, sind entsprechend zu berücksichtigen. $_5$§ 10 bleibt unberührt. $_6$Bei anderweitigen Bezügen, die bereits auf Grund ihrer Zweckbestimmung identisch mit trennungsgeld-, umzugskosten-, reisekostenrechtlichen oder anderen nationalen Leistungen sind, ist zunächst eine Kürzung dieses Anspruchs nach den dortigen Rechtsgrundlagen zu prüfen. $_7$Der die nationalen Leistungen durch dortige Anrechnung mindernde Teil der anderweitigen Bezüge gehört nicht zu den anderweitigen Bezügen im Sinn des Absatz 1 und 2 und ist daher nicht erneut auf die Besoldung anzurechnen.

9a.2.3 Als Besoldung sind sämtliche in § 1 Absatz 2 und 3 aufgeführten Bestandteile und alle anderen besoldungsrechtlich geregelten laufenden Bezüge anzusehen.

9a.2.4 $_1$Die Anrechnung auf die Besoldung erfolgt brutto für den Monat, für den die anderweitigen Bezüge bestimmt sind. $_2$Unterliegen die anderweitigen Bezüge der Besteuerung im Ausland, so werden diese im Nettobetrag auf die Besoldung angerechnet. $_3$Für die Umrechnung in ausländischer Währung gezahlter anderweitiger Bezüge gilt Randnummer 8.1.6 entsprechend.

9a.2.5 $_1$Für das Absehen von der Anrechnung in besonderen Fällen nach Absatz 2 Satz 3 gilt Folgendes: $_2$Die Bundesrepublik Deutschland hat im Rahmen ihres internationalen Engagements ein besonderes Interesse daran, den deutschen Personalanteil bei über- oder zwischenstaatlichen Einrichtungen zu erhöhen. $_3$Zuweisungen nach § 29 BBG oder entsprechende soldatenrechtliche Abstellungen erfolgen im Interesse des Dienstherrn. $_4$Diese Einrichtungen (z. B. Europäische Union, Europarat, Vereinte Nationen) gewähren zusätzlich zur nationalen Besoldung eine in der Regel nach Tagessätzen bemessene Vergütung (daily allowence) sowie weitere Vergütungen. $_5$Diese dienen dazu, die höheren Kosten für Unterkunft und Verpflegung sowohl im Ausland als auch im Inland zu bestreiten; sie werden aber auch im Einzelfall als Vergütung für die unmittelbare Tätigkeit bei der Einrichtung gewährt. $_6$Sofern der Gesamt- oder Teilbetrag der finanziellen Leistungen von dritter Seite zweckidentisch zu trennungsgeld-, umzugskosten- oder reisekostenrechtlichen nationalen Leistungen ist, gilt Randnummer 9a.2.2 Satz 6 und 7. $_7$Ziel der Anrechnung ist es, die betroffenen Beschäftigten grundsätzlich nicht besser zu stellen als am selben Dienstort im In- und Ausland bei deutschen Stellen verwendete Beschäftigte mit In- bzw. Auslandsdienstbezügen. $_8$Die Anrechnung soll gleichzeitig die Bemühungen um die Verbesserung des deutschen Personalanteils nicht beeinträchtigen oder unmöglich machen.

9a.2.6 $_1$Bei einer Verwendung im **Inland** hat das Bundesministerium des Innern, für Bau und Heimat nach § 9a Absatz 2 Satz 3 und 4 seit 1. Oktober 2015 sein Einvernehmen erteilt, die gewährten Vergütungen der überstaatlichen und zwischenstaatlichen Einrichtungen bis 1000 Euro monatlich auf die nach dem BBesG zustehende Besoldung anrechnungsfrei zu stellen. $_2$Ein Anspruch auf Trennungsgeld bleibt unberührt.

9a.2.7 $_1$Bei einer Verwendung im **Ausland** hat das Bundesministerium des Innern, für Bau und Heimat nach § 9a Absatz 2 Satz 3 und 4 seit 1. Oktober 2015 sein Einvernehmen erteilt, die gewährten Vergütungen der überstaatlichen und zwischenstaatlichen Einrichtungen bis zu 1500 Euro monatlich auf die nach dem BBesG zustehende Besoldung anrechnungsfrei zu stellen. 2Ein Anspruch auf Auslandstrennungsgeld bleibt unberührt.

9a.2.7.1 1Werden bei einer Zuweisung ins Ausland nur Inlandsdienstbezüge gezahlt, weil eine Gleichstellung mit einer Abordnung nach § 53 Absatz 3 Satz 2 nicht vorgenommen wurde, ist von einer Anrechnung abzusehen. 2In diesen Fällen treten die anderweitigen Bezüge an die Stelle der Auslandsbesoldung nach § 52. 3Ein Anspruch auf Trennungsgeld bleibt unberührt. 4Diese Anrechnungsregelungen für überstaatliche und zwischenstaatliche Einrichtungen gelten entsprechend auch für Zuweisungen im Rahmen von Twinningprojekten.

9a.2.8 Sind bei einer Anrechnung nach § 9a Absatz 2 zusätzliche oder andere Besonderheiten bedeutsam, können Einzelfallentscheidungen nur im Einvernehmen mit dem Bundesministerium des Innern, für Bau und Heimat getroffen werden.

10 Zu § 10 – Anrechnung von Sachbezügen auf die Besoldung

10.0 1Der Wert eines Sachbezuges wird nur auf die Besoldung angerechnet, soweit nichts anderes bestimmt ist. 2Die erforderliche anderweitige Bestimmung muss keine gesetzliche Regelung sein. 3Es reicht aus, z. B. in einer Richtlinie, mit der die Gewährung des Sachbezugs geregelt wird, auch deren Anrechnungsfreiheit zu regeln. 4In Einzelfällen kann auch in Verbindung mit der Zuerkennung eines Sachbezuges deren Anrechnung oder Nichtanrechnung geregelt werden. 5Haushaltsrechtlich ist § 52 BHO zu beachten.

11 Zu § 11 – Abtretung von Bezügen, Verpfändung, Aufrechnungs- und Zurückbehaltungsrecht

11.0 1Bezüge im Sinn der Vorschrift sind die Dienstbezüge nach § 1 Absatz 2 und die Anwärterbezüge nach § 1 Absatz 3 Nummer 1. 2Vermögenswirksame Leistungen nach § 1 Absatz 3 Nummer 2 sind nach § 2 Absatz 7 Satz 2 des Fünften Vermögensbildungsgesetzes (5. VermBG) nicht übertragbar, können also nicht abgetreten oder verpfändet werden, soweit die sich ergebende jährliche Höchstgrenze von 870,00 Euro nicht überschritten wird und der Vermögensbildungsvertrag vor Eingang der Pfändungsverfügung bzw. Abtretung abgeschlossen wurde (§ 2 Absatz 7 Satz 2 des 5. VermBG, § 851 Absatz 1 der Zivilprozessordnung (ZPO), § 1274 Absatz 2 des BGB, BMF-Rundschreiben vom 29. November 2017, Az. IVC5-S2430/10001).

III

11.1 Zu Absatz 1

11.1.1 1Bei der **Abtretung** wird der Besoldungsanspruch gegen den Dienstherrn durch Vertrag nach § 398 BGB vom Besoldungsempfänger (Zedent) auf einen Dritten (neuer Gläubiger oder Zessionar) übertragen. 2Der neue Gläubiger tritt nunmehr an die Stelle des Besoldungsempfängers als bisherigen Gläubiger. 3Der Dienstherr als Schuldner der Besoldung ist an diesem Rechtsgeschäft nicht beteiligt. 4Der neue Gläubiger kann seinerseits den durch Abtretung erworbenen Besoldungsanspruch an einen weiteren Gläubiger abtreten.

11.1.1.1 1Der Dienstherr als Schuldner der Besoldung darf nur die Besoldungsteile an den neuen Gläubiger zahlen, die der Pfändung unterliegen (vgl. §§ 850a ff. ZPO). 2Eine etwaige Abtretung des unpfändbaren Teils des Besoldungsanspruchs entfaltet keine rechtlichen Wirkungen. 3Praktisch bedeutet dies, dass die Bezügestelle nach einer wirksamen Abtretung an zwei Gläubiger zahlen muss:

- den unpfändbaren Teil der Besoldung an den Besoldungsempfänger und
- den pfändbaren und abgetretenen Teil an den neuen Gläubiger.

11.1.1.2 1Der Abtretungsvertrag ist nicht formgebunden. 2§ 411 BGB bestimmt jedoch zum Schutz der Bezügestellen, dass im Falle einer privatrechtlichen Abtretung der Dienstherr erst an den neuen Gläubiger leisten muss, wenn ihm eine öffentlich oder amtlich beglaubigte Urkunde über die Abtretung vorgelegt wurde. 3Bis zur Vorlage dieser Urkunde kann der Dienstherr weiterhin mit befreiender Wirkung an den Besoldungsempfänger leisten, obwohl dieser zivilrechtlich nicht mehr Inhaber der Forderung ist. $_{4}$Er gerät dadurch nicht in Verzug gegenüber dem neuen Gläubiger. $_{5}$Beamter im Sinn des § 411 Satz 1 BGB ist auch ein Richter.

11.1.1.3 $_{1}$Die Besoldungsstelle kann jedoch auch ohne Vorlage einer Urkunde im Sinn des § 411 BGB an den neuen Gläubiger zahlen. $_{2}$Stellt sich heraus, dass die Abtretung aus anderen Gründen unwirksam war, kann sie sich nachträglich nicht mehr auf § 411 BGB berufen. $_{3}$Es gelten dann die allgemeinen Regelungen des Gutglaubensschutzes.

11.1.1.4 Die Urkunde zur Abtretung von Besoldungsansprüchen soll Folgendes umfassen:

- die Erklärung des Besoldungsempfängers, seinen Anspruch abzutreten,
- die Erklärung des Dritten (neuer Gläubiger), diese Abtretung anzunehmen, und
- eine inhaltlich genaue Bezeichnung der Besoldungsforderung (Bestimmtheitsgrundsatz).

11.1.1.5 $_{1}$Regelmäßig ist in der vom Besoldungsempfänger nach § 409 Absatz 1, § 411 BGB gefertigten Urkunde noch nicht die Annahme der Abtretung durch den neuen Gläubiger vermerkt. $_{2}$Zwar kann die Annahme der Abtretung auch stillschweigend erklärt werden. $_{3}$Davon kann die Besoldungsstelle aber nur ausgehen, wenn die Abtretungsurkunde dem neuen Gläubiger ausgehändigt und dieser die Urkunde der Besoldungsstelle, gegebenenfalls auch durch einen Bevollmächtigten, vorlegt. $_{4}$Sofern die Abtretungserklärung nur von dem Besoldungsempfänger vorgelegt wird, hat die Besoldungsstelle an den neuen Gläubiger nur zu leisten, wenn dieser (der Gläubiger) ausdrücklich zugestimmt hat. $_{5}$Der Besoldungsempfänger ist auf diesen Mangel hinzuweisen.

11.1.1.6 $_{1}$Der neue Gläubiger kann nach der Abtretung den Besoldungsanspruch im eigenen Namen gegenüber dem Dienstherrn geltend machen. $_{2}$Zahlt dieser nicht, sind die Ansprüche nach § 126 Absatz 1 BBG vor dem Verwaltungsgericht zu verfolgen (BGH, Beschluss vom 25. Juli 2013 – III ZB 18/13 –). $_{3}$Die Abtretung ist von dem ihr zugrundeliegenden und nicht von der Besoldungsstelle zu prüfenden Rechtsgeschäft wie z. B. Kreditvertrag oder Kaufvertrag losgelöst.

11.1.1.7 $_{1}$Wegen des Grundsatzes der Identität der Forderung auch nach der Abtretung, kann der Dienstherr als Schuldner dem neuen Gläubiger gegenüber die Einwendungen entgegensetzen, die zum Zeitpunkt der Abtretung der Forderung gegenüber dem bisherigen Gläubiger begründet waren (§ 404 BGB). $_{2}$Auch Einreden (z. B. Verjährung) werden von der Vorschrift erfasst. $_{3}$Verjährungsfristen laufen unabhängig vom Gläubigerwechsel weiter. $_{4}$Der Dienstherr kann gegenüber dem Zessionar mit einer ihm gegen den Besoldungsempfänger zustehenden Forderung aufrechnen, wenn die Aufrechnungslage zum Zeitpunkt der Abtretung bereits bestand.

11.1.1.8 $_{1}$Wenn der Besoldungsempfänger seine Forderung mehrfach abtritt, wird der Dienstherr auch geschützt, wenn er in Unkenntnis der ersten Abtretung an den Zweitzessionar leistet (§ 408 Absatz 1 BGB). $_{2}$Der Unkenntnis der ersten Abtretung steht die Zurückweisung der ersten Abtretung wegen Nichtwahrung der Form gleich. $_{3}$Im Ergebnis bedeutet dies, dass sich der Dienstherr um ihm nicht bekannte Abtretungen nicht kümmern muss.

11.1.1.9 $_{1}$Für die Frage der zeitlichen Reihenfolge bei mehrfacher Abtretung durch den Besoldungsempfänger kommt es grundsätzlich auf den Zeitpunkt der Abtretungserklärung und nicht auf den Vorlagezeitpunkt oder Zeitpunkt der Beglaubigung an, da diese nicht Wirksamkeitsvoraussetzung der Abtretung ist. $_{2}$Liegt zwischen der Abtretung und der urkundlichen Beglaubigung der Abtretung ein Zeitraum und stellt die Besoldungsstelle irrtümlich auf das Datum der Vorlage der Abtretung ab, besteht für den Dienstherrn ein Risiko, wenn er an den Zessionar leistet und später in diesem Zeitraum andere Abtretungen oder Pfändungen liegen. $_{3}$In diesen Fällen empfiehlt sich eine Hinterlegung.

11.1.1.10 $_{1}$Die Bezugnahme auf Regelungen des Rechts der Zwangsvollstreckung bedeutet auch, dass Ansprüche von Gläubigern gegen den Dienstherrn aus privatrechtlicher Abtretung oder Verpfändung von Besoldungsansprüchen in einem Konkurrenzverhältnis zu Rechten von Gläubigern aus einer Pfändung von Besoldungsansprüchen nach der ZPO stehen. $_2$In einer Konkurrenzsituation geht die zeitlich frühere Verpflichtung vor.

11.1.2 $_1$Die **Verpfändung** des Besoldungsanspruchs erfolgt durch privatrechtlichen Pfandbestellungsvertrag zwischen dem Besoldungsempfänger (oder dem sonstigen Gläubiger, dem der Besoldungsanspruch übertragen worden ist) und dem Erwerber des Pfandrechts (Pfandnehmer, Pfandgläubiger), vgl. §§ 1274 ff. BGB. $_2$Die Verpfändung setzt eine bestehende Forderung des Pfandgläubigers gegen den Verpfänder voraus, die durch das Pfandrecht gesichert werden soll (Pfandforderung). $_3$Das Bestehen dieser Pfandforderung muss durch die Besoldungsstelle regelmäßig nicht überprüft werden. $_4$Der Besoldungsstelle vorgelegt werden muss jedoch eine öffentlich oder amtlich beglaubigte Urkunde über die Pfandbestellung (§ 1275 i. V. m. § 411 BGB). $_5$Ansonsten ist der Pfandbestellungsvertrag nach § 1280 BGB unwirksam.

11.1.2.1 Ist die Pfandforderung noch nicht fällig, die verpfändeten Bezüge hingegen schon, so kann die Besoldungsstelle nur an den Pfandgläubiger und an den Inhaber der Forderung gemeinsam leisten (§ 1281 Satz 1 BGB).

11.1.2.2 Ist die Pfandforderung fällig, die verpfändeten Bezüge aber noch nicht, so kann der Pfandgläubiger Abtretung der verpfändeten Bezüge – statt der Zahlung (§ 364 Absatz 1 BGB) verlangen (§ 1282 Absatz 1 Satz 2 BGB i. V. m. § 1228 Absatz 2 BGB).

11.1.2.3 Sind die Pfandforderung und die verpfändeten Bezüge fällig, so leistet die Besoldungsstelle den Teil der Besoldung, der der Pfändung unterliegt, an den Pfandgläubiger (§ 1282 Absatz 1 BGB).

11.1.3 $_1$Die Vorschriften des Zwangsvollstreckungsrechts bei Pfändungen (vgl. §§ 850 ff. ZPO) beschränken die Verfügungsmöglichkeiten des Besoldungsempfängers. $_2$Auf die Vorschriften des Pfändungsschutzes kann der Besoldungsempfänger nicht verzichten.

11.2 Zu Absatz 2

11.2.1 $_1$Absatz 2 regelt nur die Aufrechnung gegen den Besoldungsanspruch des Besoldungsempfängers. $_2$Die **Aufrechnung** ist die Tilgung gegenseitiger und gleichartiger Forderungen durch ein einseitiges (gestaltendes) Rechtsgeschäft und in den §§ 387 ff. BGB geregelt. $_3$Die Forderung, mit der aufgerechnet wird, bezeichnet man als die Aktivforderung (z. B. Anspruch auf Rückzahlung von überzahlten Bezügen), die Forderung, gegen die aufgerechnet wird, als Passivforderung (Besoldungsanspruch).

11.2.2 Eine Aufrechnungslage liegt vor, wenn
- die Forderungen gleichartig sind, was bei Geldforderungen der Fall ist,
- die Forderungen gegenseitig bestehen,
- die Aktivforderung durchsetzbar und
- die Passivforderung erfüllbar ist.

11.2.2.1 $_1$Forderungen sind gegenseitig, wenn jeder Beteiligte zugleich Gläubiger und Schuldner ist. $_2$Nach einer Forderungsabtretung besteht keine Gegenseitigkeit im engeren Sinn mehr. $_3$Nach § 406 BGB kann der Schuldner jedoch eine ihm gegen den bisherigen Gläubiger zustehende Forderung grundsätzlich auch dem neuen Gläubiger gegenüber aufrechnen.

11.2.2.2 $_1$Die Aktivforderung ist durchsetzbar, wenn sie fällig, einredefrei und einklagbar ist. $_2$Besteht die Aktivforderung in der Rückzahlung von überzahlten Dienstbezügen, ist dafür eine förmliche Rückforderung (einschließlich Billigkeitsentscheidung) erforderlich.

11.2.2.3 $_1$Für die Erfüllbarkeit der Passivforderung genügt das Bestehen des Rechtsgrundes. $_2$Dass sie haushaltsrechtlich noch nicht erfüllt werden darf, ist für die Aufrechnungslage unerheblich.

11.2.3 $_1$Die Aufrechnung erfolgt durch Aufrechnungserklärung des Dienstherrn – Besoldungsstelle – (§ 388 Absatz 1 BGB) und ist eine einseitige, empfangsbedürftige, rechtsgestaltende Willenserklärung. $_2$Für den Zeitpunkt der Aufrechnung kommt es darauf an, wann sich die beiden Forderungen erstmals aufrechenbar gegenüberstanden (Aufrechnungslage). $_{3}$Mit diesem Zeitpunkt erlöschen – gegebenenfalls sogar rückwirkend – die sich gegenüberstehenden Forderungen, soweit sie sich decken, (vgl. § 389 BGB). $_{4}$Das bedeutet, dass zwischenzeitliche Abtretungen, Verpfändungen und Pfändungen für die Rechtsposition des aufrechnenden Dienstherrn irrelevant sind.

11.2.4 $_{1}$Die Beschränkung des Aufrechnungsrechts auf den pfändbaren Teil der Bezüge besteht nicht, wenn ein Schadenersatzanspruch wegen vorsätzlicher unerlaubter Handlung gegeben ist (§ 11 Absatz 2 Satz 2). $_{2}$Aus Fürsorgegründen ist dem Besoldungsempfänger jedoch so viel zu belassen, wie dieser für seinen notwendigen Lebensunterhalt und die Erfüllung seiner laufenden gesetzlichen Unterhaltspflichten benötigt. $_{3}$Der zu belassende notwendige Unterhalt hat sich an der Hilfe zum Lebensunterhalt nach den §§ 27 ff. des Zwölften Buches Sozialgesetzbuch (SGB XII) als unterster Grenze zu orientieren.

11.2.5 $_{1}$Eine Aufrechnungslage setzt das Bestehen selbständiger Forderungen voraus. $_{2}$Im Gegensatz dazu kommt eine **Verrechnung (Saldierung)** nur in Betracht, wenn sich im selben Zeitraum (also i. d. R. der Kalendermonat) der Rückforderungsanspruch des Dienstherrn und der Nachzahlungsanspruch des Besoldungsempfängers gegenüber stehen (vgl. Randnummer 12.2.5 mit weiteren Beispielen).

11.2.6 $_{1}$Das **Zurückbehaltungsrecht** ist das Recht des Schuldners (hier: des Dienstherrn), seine Leistung zu verweigern, bis er umgekehrt eine ihm gebührende Leistung vom Besoldungsempfänger erhält. $_{2}$Dies schützt den Schuldner davor, einseitig leisten zu müssen und dabei Gefahr zu laufen, die Gegenleistung nicht zu erhalten. $_{3}$Das Zurückbehaltungsrecht ergibt sich aus dem Grundsatz von Treu und Glauben und vorliegend gesetzlich aus § 11 Absatz 2, wonach sich ein Zurückbehaltungsrecht nur auf den pfändbaren Teil der Bezüge beziehen darf. $_{4}$Im Unterschied zu den Pfandrechten und auch zur Aufrechnung bietet es dem Schuldner als Gläubiger des Gegenanspruchs (Dienstherr) kein Befriedigungsrecht zu seinem eigenen Anspruch, sondern gibt nur eine Möglichkeit, mittelbaren Druck auf den Besoldungsempfänger auszuüben. $_{5}$Ein Zurückbehaltungsrecht wird von der Besoldungsstelle durch eine öffentlich-rechtliche Willenserklärung geltend gemacht. $_{6}$Mit dem Zurückbehaltungsrecht kann auch ein Anspruch des Dienstherrn gegen den Besoldungsempfänger durchgesetzt werden, der nicht auf eine Geldzahlung gerichtet ist (z. B. ein Auskunftsanspruch nach § 9a Absatz 1 Satz 2 oder nach Nebentätigkeitsrecht).

11.2.7 $_{1}$Der Anspruch, der durch das Zurückbehaltungsrecht durchgesetzt werden soll, muss aus demselben rechtlichen Verhältnis stammen, wie der Besoldungsanspruch. $_{2}$Beide Ansprüche müssen auf einem innerlich zusammenhängenden Lebensverhältnis beruhen, das es als treuwidrig erscheinen ließe, wenn einer der Ansprüche ohne Rücksicht auf den anderen geltend gemacht und verwirklicht werden würde. $_{3}$Mit dem Zurückbehaltungsrecht kann der Dienstherr also regelmäßig gegenseitige Ansprüche aus dem Dienstverhältnis durchsetzen. $_{4}$Die ursprünglich selbständigen Ansprüche werden derart verbunden, dass der Besoldungsempfänger nunmehr nur Leistung Zug um Zug verlangen kann.

12 Zu § 12 – Rückforderung von Bezügen

12.0 $_{1}$Zu den Bezügen gehören die Dienstbezüge (§ 1 Absatz 2) und die sonstigen Bezüge (§ 1 Absatz 3). $_{2}$Bei der Rückforderung anderer nach dem BBesG gewährter Leistungen sind besondere Bestimmungen wie z. B. § 43 Absatz 6 oder § 44 Absatz 5 zu beachten. $_{3}$Für die Versorgung gelten § 52 BeamtVG, § 49 SVG, für das Kindergeld § 37 Absatz 2 Abgabenordnung und für Geldleistungen, die der Dienstherr auf Grund beamtenrechtlicher Vorschriften – also außerhalb der Besoldung – leistet (z. B. Aufwandsentschädigungen, Beihilfe, Heilfürsorgeleistungen, Trennungsgelder, Reisekosten) § 84a BBG.

12.1 Zu Absatz 1

$_{1}$Eine gesetzliche Änderung der Bezüge liegt auch dann vor, wenn die Änderung durch

Rechtsverordnung erfolgt. 2Ein Besoldungsempfänger wird durch eine gesetzliche Änderung schlechter gestellt, wenn und soweit ihm durch die Änderung seiner Bezüge für den maßgeblichen Zeitraum im Ergebnis brutto weniger zusteht als zuvor.

12.2 Zu Absatz 2

12.2.1 1Neben einem Rückforderungsanspruch aus § 12 Absatz 2 kann bei schuldhafter, die Überzahlung verursachender Pflichtverletzung (z. B. Verletzung der Anzeigepflicht) ein Schadenersatzanspruch aus § 75 BBG, § 24 SG gegeben sein. 2Da Ansprüche aus § 75 Absatz 1 Satz 1 BBG bzw. § 24 SG und § 12 Absatz 2 nebeneinander bestehen können, empfiehlt es sich, den Rückforderungsbescheid gegebenenfalls auf beide Vorschriften zu stützen. 3Dabei sind auch etwaige sonstige Voraussetzungen für einen Anspruch nach § 75 Absatz 1 BBG zu beachten, z. B. Beteiligung der Personalvertretung nach § 76 Absatz 2 Nummer 9 des Bundespersonalvertretungsgesetzes (BPersVG) und Beteiligung der Schwerbehindertenvertretung nach § 178 Absatz 2 des Neunten Buches Sozialgesetzbuch (SGB IX).

12.2.2 Bezüge sind „zu viel gezahlt", soweit sie ohne rechtlichen Grund gezahlt wurden, wobei unerheblich ist, ob der rechtliche Grund von Anfang an nicht bestanden hat oder erst später weggefallen ist.

12.2.3 Dies ist etwa der Fall, wenn

- die Bezüge z. B. infolge eines Fehlers in der Kassenanordnung oder beim Auszahlungsvorgang überzahlt wurden oder wenn sie wegen der aufschiebenden Wirkung von Widerspruch und Anfechtungsklage gegen einen Bescheid, der Bezüge entzieht oder herabsetzt, zunächst weitergezahlt worden sind, der angefochtene Bescheid aber aufrechterhalten wird,
- der Bescheid nichtig ist (§ 44 Verwaltungsverfahrensgesetz (VwVfG)),
- die Zahlung auf Grund eines zunächst wirksamen, später jedoch ganz oder teilweise zurückgenommenen, widerrufenen, anderweitig aufgehobenen (z. B. durch verwaltungsgerichtliche Entscheidung) oder durch Zeitablauf oder in anderer Weise (z. B. durch Beendigung des Beamtenverhältnisses oder durch förmliche Feststellung des Verlustes der Bezüge nach § 9) erledigten Bescheids oder auf Grund eines später nach § 42 VwVfG berichtigten Bescheids erfolgt ist.

12.2.4 1Ein rechtswidriger Bescheid bleibt nach § 43 Absatz 2 VwVfG wirksam, solange und soweit er nicht zurückgenommen, anderweitig aufgehoben (z. B. durch verwaltungsgerichtliche Entscheidung), berichtigt oder durch Zeitablauf oder auf andere Weise erledigt ist (z. B. Beendigung des Beamtenverhältnisses, Feststellung des Verlustes der Bezüge nach § 9). 2Wann und in welchem Umfang ein rechtswidriger Bescheid zurückgenommen werden kann, ergibt sich aus § 48 VwVfG. 3Erst wenn der rechtswidrige Bescheid zurückgenommen wurde, kann eine darauf beruhende Zahlung zurückgefordert werden. 4Bei der Rücknahme eines begünstigenden Verwaltungsaktes ist besonders darauf zu achten, dass unter bestimmten Voraussetzungen Vertrauensschutz zu gewähren ist, wenn der Begünstigte auf den Bestand des Verwaltungsaktes vertraut hatte und sein Vertrauen schutzwürdig ist.

12.2.5 1Wenn für *denselben Zeitraum* ein Nachzahlungsbetrag zu Gunsten des Besoldungsempfängers einem Rückforderungsbetrag zu Gunsten des Dienstherrn gegenüber steht, und diese Beträge „in der Weise den einheitlichen Dienstbezug bilden, dass es entscheidend auf die Auszahlung des richtigen Gesamtbetrages ankommt" (BVerwG, Urteil vom 6. April 1965 – II C 102/62 –), können beide Beträge gegeneinander verrechnet (saldiert) werden (vgl. Randnummer 11.2.5). 2Hier bedarf es keiner förmlichen Rückforderung, sondern es genügt die **Saldierung** bei der Berechnung der Nachzahlung.

Beispiel 1:

Ein Beamter mit einem Amt der Besoldungsgruppe A 8 wird am 8. Dezember 2019 nach erfolgreich absolviertem Aufstiegsverfahren in den gehobenen Dienst rückwirkend zum 1. Dezember 2019 einem Amt der Besoldungsgruppe A 9g zugewiesen. Zugleich war dem Beamten für den Monat Dezember irrtümlich die Polizeizulage gezahlt worden.

Für den Monat Dezember hat der Beamte damit einen Anspruch auf Nachzahlung der Differenz zwischen den Gehältern nach A 8 und A 9; demgegenüber steht jedoch ein Rückforderungsanspruch des Dienstherrn wegen der irrtümlichen Zahlung der Polizeizulage. Eine formale Rückforderung ist nicht erforderlich. Der Dienstherr darf beide Beträge miteinander saldieren. Bei einer fiktiven Differenz von 188 Euro zwischen den Gehältern A 8 und A 9 und einer fiktiven Polizeizulage in Höhe von 133 Euro bleibt ein Nachzahlungsanspruch in Höhe von 55 Euro (188 Euro – 133 Euro = 55 Euro). Mit den nächsten Bezügezahlungen ist dann der noch ausstehende Nachzahlungsbetrag anzuweisen.

Beispiel 2 (Abwandlung Beispiel 1):

Der Beamte erhielt für Dezember 2019 irrtümlich eine Erschwerniszulage in Höhe von 400 Euro.

Für den Monat Dezember darf der Dienstherr wiederum beide Beträge verrechnen. Die über diese Verrechnung hinausgehende Überzahlung (400 Euro – 188 Euro = 212 Euro) darf jedoch nicht mit den laufenden Bezügen für den Monat Januar saldiert werden. Die Überzahlung bezieht sich allein auf den Monat Dezember und darf nur mit den Dezemberbezügen saldiert werden.

Für die darüber hinausgehende Überzahlung muss ein förmlicher Rückforderungsbescheid erlassen und in dessen Rahmen zwingend eine Billigkeitsentscheidung über Art und Umfang der Rückforderung getroffen werden.

12.2.6 1Bescheide in diesem Sinn sind Mitteilungen an den Besoldungsempfänger über ihm zustehende oder bewilligte Bezüge, sofern in ihnen eine Regelung der Bezügehöhe oder die Festsetzung einzelner Bemessungsgrundlagen der Bezüge enthalten ist (z. B. die erstmalige Stufenfestsetzung nach § 27 Absatz 2 i. V. m. § 28 Absatz 1 bis 3). 2Hierzu gehören nicht die Bezügemitteilungen, welche die Bezüge lediglich aufgeschlüsselt darstellen und sie keine Regelung treffen, sondern den Empfänger lediglich über die erfolgenden Zahlungen unterrichten sollen.

12.2.7 Eine Rückzahlungspflicht nach den §§ 812 ff. BGB besteht, wenn und soweit der Wegfall der Bereicherung nicht in Betracht kommt (vgl. Randnummer 12.2.8) und von der Rückforderung nicht aus Billigkeitsgründen abgesehen werden kann (vgl. Randnummer 12.2.12).

12.2.8 Auf den **Wegfall der Bereicherung** kann sich der Besoldungsempfänger **nicht berufen**, wenn er aus einem der folgenden Gründe verschärft haftet:

12.2.8.1 Die Bezüge stehen ausdrücklich unter Rückforderungsvorbehalt oder wurden als Vorschuss, als Abschlag oder auf Grund eines als vorläufig bezeichneten oder erkennbaren Bescheids, etwa im Vorgriff auf eine geplante Besoldungserhöhung gewährt.

12.2.8.2 Der Rückforderungsanspruch wurde gerichtlich geltend gemacht und die Klage dem Besoldungsempfänger zugestellt oder die Bezüge wurden wegen der aufschiebenden Wirkung von Widerspruch und Anfechtungsklage gegen einen Bescheid, der Bezüge herabsetzt oder entzieht oder Grundlage für die Herabsetzung oder Entziehung von Bezügen ist, zunächst weitergezahlt und der angefochtene Bescheid über die herabgesetzten oder entzogenen Bezüge wird unanfechtbar.

12.2.8.3 Der Besoldungsempfänger kannte den Mangel des rechtlichen Grundes der Zahlung oder die Fehlerhaftigkeit des der Zahlung zugrundeliegenden Bescheids beim Empfang der Bezüge oder erfuhr ihn nachträglich.

12.2.8.4 1Der Mangel des rechtlichen Grundes der Zahlung oder die Fehlerhaftigkeit des Bescheids war so offensichtlich, dass der Empfänger dies hätte erkennen müssen (§ 12 Absatz 2 Satz 2). 2Das ist dann der Fall, wenn der Empfänger den Mangel des rechtlichen Grundes der Zahlung oder die Fehlerhaftigkeit des Bescheids nur deswegen nicht erkannt hat, weil er die im Verkehr erforderliche Sorgfalt in ungewöhnlich hohem Maße außer Acht gelassen hat, er mithin den Fehler etwa durch Nachdenken, logische Schlussfolgerung oder sich aufdrängende Erkundigungen hätte erkennen müssen (grob fahrlässige Unkenntnis, BVerwG, Urteile vom 28. Juni 1990 – 6 C 41/88 – und vom 9. Mai 2006 – 2 C 12/05 –). 3Dabei ist insbesondere auf die individuellen Kenntnisse und Fähigkeiten des Empfängers (z. B. Vor- und Ausbildung, dienstliche Tätigkeit) zur Prüfung der ihm zuerkannten Bezüge abzustellen. 4Ob die für die Festsetzung, Anordnung und Abrechnung der Bezüge zuständige Stelle selbst die ihr obliegende Sorgfaltspflicht verletzt hat, ist in diesem Zusammenhang rechtlich unerheblich; dies kann allenfalls im Rahmen einer Billigkeitsentscheidung nach § 12 Absatz 2 Satz 3 von Bedeutung sein. 5Auf Grund der ihm obliegenden Treuepflicht ist der Empfänger von Bezügen verpflichtet, einen Festsetzungsbescheid oder eine ihm sonst zugeleitete aufgeschlüsselte Berechnungsgrundlage auf ihre Richtigkeit zu überprüfen. 6Offensichtlich ist der Mangel des rechtlichen Grundes der Zahlung oder die Fehlerhaftigkeit des Bescheids dann, wenn dem Empfänger auf Grund seiner Kenntnisse auffallen muss, dass die ausgewiesenen Beträge nicht stimmen können. 7Ihm muss sich aufdrängen, dass diese fehlerhaft sind; nicht ausreichend ist, wenn Zweifel bestehen und es einer Nachfrage bedarf. 8Nicht erforderlich ist hingegen, dass die konkrete Höhe der Überzahlung offensichtlich ist (BVerwG, Urteil vom 26. April 2012 – 2 C 4.11 –). 9Bei maschinellen Berechnungen erstreckt sich die Prüfungspflicht des Empfängers auch darauf, Schlüsselkennzahlen anhand übersandter Erläuterungen zu entschlüsseln.

12.2.8.5 1Hat der Besoldungsempfänger den Mangel des rechtlichen Grundes der Zahlung oder die Fehlerhaftigkeit des Bescheids nicht beim Empfang der Bezüge gekannt, sondern erst später erfahren (z. B. anlässlich der Anhörung im Sinn des § 28 VwVfG) oder hätte er dies erkennen müssen, kann eine verschärfte Haftung nicht rückwirkend herbeigeführt werden. 2In solchen Fällen ist bei dem erforderlichen Vergleich der Vermögensverhältnisse an Stelle des Zeitpunkts der Einleitung des Rückforderungsverfahrens der Zeitpunkt zugrunde zu legen, in dem die Kenntnis erlangt wurde oder hätte erlangt werden müssen. 3Die Prüfung der Offensichtlichkeit des Mangels des rechtlichen Grundes erfolgt auf der Tatbestandsseite und bestimmt, ob der Besoldungsempfänger einer verschärften Haftung unterliegt. 4Diese Prüfung ist von der Frage zu trennen, in wessen Verantwortungsbereich die Überzahlung liegt. 5Die Prüfung erfolgt gesondert im Rahmen der Billigkeitsentscheidung (vgl. Randnummer 12.2.12).

12.2.9 1Liegt kein Fall der verschärften Haftung vor, wird der **Wegfall der Bereicherung unterstellt**, wenn die im jeweiligen Monat zu viel gezahlten Bezüge 250 Euro brutto nicht übersteigen; dies gilt auch dann, wenn in einem Monat Nachzahlungen erfolgen. 2Der Betrag gilt auch, wenn der jeweilige Monat vor Inkrafttreten der aktuellen Fassung dieser Verwaltungsvorschrift liegt.

12.2.10 1Übersteigt der monatliche Überzahlungsbetrag diese Schwelle – und liegt kein Fall der verschärften Haftung vor –, ist der Wegfall anzunehmen, wenn der Besoldungsempfänger glaubhaft macht, dass er die zu viel gezahlten Bezüge im Rahmen seiner allgemeinen Lebensführung verbraucht hat und sie im Vermögen nicht mehr vorhanden sind. 2Eine Bereicherung ist jedoch noch vorhanden, wenn im Zeitpunkt der Rückforderung gegenüber dem Beginn des Zeitraums, in dem die Überzahlung geleistet worden ist, ein Vermögenszuwachs zu verzeichnen ist, der ohne die Überzahlung nicht eingetreten wäre. 3Im Rahmen einer wirtschaftlichen Betrachtungsweise sind dabei alle Vermögensveränderungen zu berücksichtigen. 4Eine Verminderung von Schulden oder ersparte Aufwendungen stehen einem Vermögenszuwachs gleich.

12.2.11 1Wird nicht der Wegfall der Bereicherung unterstellt, so ist dem Empfänger der Überzahlung Gelegenheit zu geben, sich innerhalb einer angemessenen Frist dazu zu äußern (Anhörung), wie die Überzahlung verwendet wurde. 2Der Besoldungsempfänger ist auf die Möglichkeit hinzuweisen, sich auf den Wegfall der Bereicherung zu berufen.

$_{3}$Macht er den Wegfall der Bereicherung geltend, so ist er aufzufordern, sich innerhalb einer angemessenen Frist über die Höhe seiner Einkünfte während des Überzahlungszeitraums und über deren Verwendung zu äußern. $_{4}$Inwieweit eine Bereicherung weggefallen ist, hat der Besoldungsempfänger im Einzelnen darzulegen und nachzuweisen.

12.2.12 Vor einer Rückforderung ist zwingend eine **Billigkeitsentscheidung** zu treffen.

12.2.12.1 $_{1}$Die Billigkeitsentscheidung bezweckt eine allen Umständen des Einzelfalls gerecht werdende, für die Behörde zumutbare und für den bereicherten Besoldungsempfänger tragbare Lösung zu erreichen. $_{2}$Im Rahmen dieser Billigkeitsentscheidung sind auch Alter, Leistungsfähigkeit und sonstige Lebensverhältnisse des herausgabepflichtigen Besoldungsempfängers maßgeblich zu berücksichtigen.

12.2.12.2 $_{1}$Im Rahmen der Billigkeitsentscheidung ist hingegen nicht die gesamte Rechtsbeziehung, aus welcher der Bereicherungsanspruch erwächst, nochmals unter dem Gesichtspunkt von Treu und Glauben zu würdigen. $_{2}$Vielmehr ist auf das konkrete Rückforderungsbegehren und dabei vor allem auf die Modalitäten der Rückabwicklung (z. B. Stundung) und ihre Auswirkungen auf die Lebensumstände des bereicherten Besoldungsempfängers abzustellen (Angaben aus Anhörung). $_{3}$Dabei kommt es nicht entscheidend auf die Lage des Besoldungsempfängers in dem Zeitraum an, für den die Überzahlung geleistet worden ist, sondern auf dessen Situation im Zeitpunkt der Rückabwicklung. $_{4}$Regelmäßig genügt es der Billigkeit, wenn dem Verpflichteten Rückzahlungsraten eingeräumt werden, deren Höhe zum einen dem insgesamt zu erstattenden Betrag und zum anderen der wirtschaftlichen Leistungsfähigkeit des bereicherten Besoldungsempfängers angemessen Rechnung tragen.

12.2.12.3 Ist die Überzahlung auf Grund eines schuldhaften, pflichtwidrigen Verhaltens des Besoldungsempfängers entstanden, so kann im Rahmen einer Billigkeitsentscheidung grundsätzlich nicht von der Rückforderung abgesehen werden.

12.2.12.4 $_{1}$Liegt der Grund für die Überzahlung in der überwiegenden behördlichen Verantwortung, kann auf die Rückforderung teilweise verzichtet werden. $_{2}$In der Regel ist ein Verzicht auf 30 Prozent des Überzahlungsbetrages angemessen (BVerwG, Urteile vom 26. April 2012 – 2 C 15/10 und 2 C 4/11 –). $_{3}$Es ist jedoch in jedem Einzelfall zu prüfen, ob diese Verzichtsquote ausnahmsweise über- oder unterschritten werden muss. $_{4}$Ein Rückforderungsverzicht, der 30 Prozent des Überzahlungsbetrags übersteigt, kann allerdings nur in besonders gelagerten Ausnahmefällen der Billigkeit entsprechen, etwa in Fällen, in denen der Besoldungsempfänger wiederholt auf mögliche Unrichtigkeiten hingewiesen hat, die Behörde aber gleichwohl über einen längeren Zeitraum untätig geblieben ist. $_{5}$Eine geringere Verzichtsquote und damit ein höherer Rückforderungsbetrag kann ungeachtet eines behördlichen Verschuldens demgegenüber angemessen sein, wenn die laufende Überzahlung offensichtlich war und es der Besoldungsempfänger entgegen der ihm obliegenden Treuepflicht unterlässt, seine Dienststelle auf den Fehler hinzuweisen. $_{6}$Liegt der Überzahlung eine wechselseitige grobe Fahrlässigkeit zugrunde – haben also sowohl die Verwaltung als auch der Bezügeempfänger grob fahrlässig gehandelt –, kommt eine Reduzierung des Rückforderungsbetrags nicht in Betracht, da das Verwaltungsverschulden nicht überwiegend ist (BVerwG, Urteil vom 15. November 2016 – 2 C 9/15 –).

Beispiel:

Ein Beamter reduziert seine regelmäßige wöchentliche Arbeitszeit von 40 auf 20 Stunden, erhält aber noch mehrere Monate Bezüge in der bisherigen Höhe weitergezahlt. Der Beamte nimmt dies hin, ohne seine Dienststelle zu unterrichten. Hier wird die Billigkeitsprüfung dazu führen, dass die Überzahlung in vollem Umfang zurückzufordern ist.

12.2.13 $_{1}$Bei der Durchführung der **Billigkeitsprüfung**, die auch Bestandteil des Rückforderungsbescheids sein muss, sind zwei Prüfungsschritte nacheinander durchzuführen,

- die Erfassung der Billigkeitsgründe und
- die Ermessensentscheidung selbst.

2Soll von einer Rückforderung nach § 12 Absatz 2 Satz 3 abgesehen werden, bedarf diese Entscheidung der **Zustimmung der obersten Dienstbehörde** oder der von ihr bestimmten Stelle. 3Soll für die Delegierung der Entscheidung ein Höchstbetrag festgesetzt werden, obliegt dies dem jeweiligen Ressort.

12.2.13.1 1Die **Feststellung**, dass überhaupt **Billigkeitsgründe** vorliegen, ist in der Akte zu dokumentieren, da sie gerichtlich voll nachprüfbar sein muss. 2Hier sind im Wesentlichen die Tatsachen und Gesichtspunkte zu benennen, die zu Gunsten des Rückforderungsschuldners eher für ein Absehen von der Rückforderung sprechen. 3Diese Billigkeitsgründe können z. B. Alter, anstehende Pensionierung, geringe materielle Leistungsfähigkeit, Unterhaltsverpflichtungen oder sonstige Schuldenlast sein. 4Zum maßgeblichen Zeitpunkt für das Vorliegen der Billigkeitsgründe vgl. Randnummer 12.2.12.2 Satz 3.

12.2.13.2 1Bei der (gerichtlich nur eingeschränkt nachprüfbaren) **Ermessensentscheidung**, ob eine Erleichterung bei den Rückzahlungsmodalitäten gewährt werden kann, ist eine Abwägung zwischen dem vom Gesetz vorgeschriebenen Grundsatz der Rückforderung und der (restriktiv auszulegenden) Ausnahmevorschrift des § 12 Absatz 2 Satz 3 vorzunehmen. 2Dabei ist zu berücksichtigen, dass jede Rückforderung in der Regel stark belastend ist und eine gewisse Härte bedeutet, die das Gesetz in Kauf nimmt. 3Daher kommt ein Absehen von der Rückforderung nur in besonders ungewöhnlichen, extremen Ausnahmefällen in Betracht, die unter Beachtung des Gebots von Treu und Glauben eine Rückforderung schlechthin untragbar oder als unzulässige Rechtsausübung erscheinen lassen. 4Soweit die Überzahlung auf Grund eines schuldhaften, pflichtwidrigen Verhaltens des Empfängers (z. B. Verletzung von Anzeigepflichten) entstanden ist, gilt Randnummer 12.2.12.3. 5Wenn bestehende Härten bereits durch die Einräumung von Ratenzahlungen oder sonstigen Erleichterungen genügend gemildert werden, darf von einer Rückforderung weder ganz noch teilweise abgesehen werden. 6Ist das nicht der Fall, so ist zu prüfen, ob verbleibende Härten durch ein teilweises Absehen von der Rückforderung gegebenenfalls in Kombination mit oder ohne die Einräumung einer Ratenzahlung hinsichtlich des verbleibenden Restbetrags genügend gemildert werden können. 7Erst wenn auch diese Prüfung negativ ausfällt, kann von der Rückforderung in vollem Umfang abgesehen werden. 8Insoweit besteht ein klares Stufenverhältnis.

12.2.13.3 1In die Ermessensentscheidung sind sowohl die zugunsten des Rückforderungsschuldners bestehenden Billigkeitsgründe einzubeziehen als auch die zu seinen Lasten bestehenden Erwägungen, z. B. (Mit-)Verschulden oder ausreichende Finanzkraft des Rückforderungsschuldners auf Grund sonstiger Einkünfte, gleichmäßiges Handeln der Verwaltung, Gesetzmäßigkeit der Besoldung und sparsame Bewirtschaftung der Haushaltsmittel. 2Zur Vermeidung von Rechtsfehlern bei Billigkeitsentscheidungen muss seitens der Bezügeabrechnung stets auch behördliches Verschulden oder Mitverschulden in die Entscheidung mit einbezogen werden.

12.2.14 1§ 12 Absatz 2 Satz 3 ist eine Spezialvorschrift zu § 59 BHO. 2Daher sind neben einer Billigkeitsentscheidung die allgemeinen haushaltsrechtlichen Maßnahmen zur Behandlung von Forderungen wie Stundung, Erlass und Niederschlagung ausgeschlossen. 3Dies gilt jedoch nur, soweit von Besoldungsempfängern Zahlungen zurückgefordert werden. 4Bei Rückforderungen von anderen Personen findet § 59 BHO Anwendung. 5Sofern eine Dienststelle im Rahmen der Rechnungsprüfung festgestellte Ansprüche auf Rückforderungen niederschlagen oder erlassen will, hat sie zuvor den Bundesrechnungshof anzuhören.

12.2.15 1Für ab dem 1. Januar 2002 entstandene oder zu diesem Zeitpunkt noch bestehende Rückforderungsansprüche nach § 12 Absatz 2 gilt die dreijährige **Verjährungsfrist** des § 195 BGB. 2Bis zu diesem Zeitpunkt war eine 30-jährige Verjährungsfrist maßgeblich. 3Wird die Rückforderung als Schadenersatzanspruch (§ 75 Absatz 1 BBG) geltend gemacht, gilt gleichermaßen die dreijährige Verjährungsfrist nach § 195 BGB.

12.2.15.1 1Überzahlte Bezüge können nicht zurückgefordert werden, wenn der Rückforderungsanspruch verjährt ist und der Besoldungsempfänger die Einrede der Verjährung geltend macht. 2Die Verjährungsfrist für die Rückforderung zu viel gezahlter Bezüge beginnt mit Ablauf des Jahres, in dem der Anspruch entstanden ist und der Gläubiger (Dienstherr) von den Anspruch begründenden Umständen und der Person des Schuldners (Besoldungsempfänger) Kenntnis erlangt hat oder ohne grobe Fahrlässigkeit hätte erlangen müssen (§ 199 Absatz 1 Nummer 2 BGB). 3Erforderlich ist die Kenntnis der anspruchsbegründenden Tatsachen. 4Es ist nicht erforderlich, dass der Gläubiger den Vorgang rechtlich zutreffend beurteilt. 5Der Gläubiger eines Bereicherungsanspruchs hat die erforderliche Kenntnis, wenn er die Leistung und die Tatsachen kennt, aus denen sich das Fehlen des Rechtsgrundes ergibt (BGH, Urteil vom 15. Juni 2010 – XI ZR 309/09 –).

Beispiel:

Der Bezügerechner lässt sich zum Nachweis der Unterhaltspflicht für die geschiedene Ehefrau im Jahre 2012 Kontoauszüge vorlegen und erkennt eine bestehende gesetzliche Unterhaltspflicht an. Er verlässt damit die Anforderungen an den Nachweis der Unterhaltsverpflichtung in Verkennung der Rechtslage. Hiesigen Erachtens führt die unzutreffende juristische Einschätzung nicht zu einer Verzögerung des Beginns des Laufs der kurzen Verjährungsfrist, da dem Bezügerechner, der auch für die Rückforderung von Überzahlungen zuständig ist, alle Umstände bekannt sind.

12.2.15.2 Nach § 212 BGB endet die bisherige Verjährungsfrist und beginnt die Verjährungsfrist sofort erneut zu laufen, wenn der Schuldner (Besoldungsempfänger) den Rückforderungsanspruch anerkennt oder der Gläubiger (Dienstherr) eine gerichtliche oder behördliche Vollstreckungshandlung (z. B. Pfändung) vornimmt oder beantragt.

12.2.15.3 1Demgegenüber wird bei der Hemmung der Verjährung lediglich der Verlauf der Verjährung angehalten, bis der Hemmungsgrund entfallen ist. 2Die Hemmung der Verjährung beginnt im Regelfall in dem Zeitpunkt, in dem der Besoldungsempfänger (Schuldner) Kenntnis vom Hemmungsgrund erlangt. 3Die Zeit, in der die Verjährung gehemmt ist, wird in die Verjährungszeit nicht eingerechnet. 4Fällt der Hemmungsgrund weg, läuft die noch nicht abgelaufene Verjährungsfrist weiter. 5Die Hemmungsgründe ergeben sich aus den §§ 203 ff. BGB.

12.2.15.4 Beispiele einer Verjährungshemmung:

- Verhandlungen zwischen Schuldner und Gläubiger; hierzu zählt jeder Meinungsaustausch über den Anspruch oder den zugrunde liegenden Sachverhalt; die Hemmung der Verjährung endet, wenn einer sich weigert, die Verhandlungen fortzusetzen oder wenn nach Treu und Glauben der nächste Verhandlungsschritt zu erwarten gewesen wäre, aber nicht unternommen wird,
- Erhebung der Leistungsklage,
- Zustellung eines Mahnbescheids im Mahnverfahren,
- Anmeldung des Anspruchs im Insolvenzverfahren,
- Aufrechnung im Prozess oder
- Erlass eines Verwaltungsaktes zur Feststellung oder Durchsetzung des Anspruchs.

12.2.16 Die **Durchführung der Rückforderung** überzahlter Bezüge wird durch Rückforderungsbescheid, Leistungsklage oder Aufrechnung des Rückforderungsanspruchs gegen den Anspruch auf pfändbare Bezüge geltend gemacht.

12.2.16.1 1Der Rückforderungsbescheid des Dienstherrn gegen den Besoldungsempfänger ist ein Verwaltungsakt. 2Dies gilt auch für Rückforderungsbescheide gegen ausgeschiedene Besoldungsempfänger, gegen Personen, deren Dienstverhältnis wegen nichtiger oder zurückgenommener Ernennung nie bestanden hat, und gegen die Erben eines früheren Besoldungsempfängers, wenn sich die erfolgte Gehaltszahlung durch dessen Tod als

Überzahlung erweist (BVerwG, Urteil vom 11. März 1971 – II C 36/68 –). 3Der Rückforderungsbescheid muss den Überzahlungsbetrag, den Überzahlungszeitraum, den Überzahlungs- und Rechtsgrund für die Rückforderung, den Rückforderungsbetrag sowie eine Rechtsbehelfsbelehrung (§ 58 VwGO) enthalten. 4Der Empfänger ist darüber zu unterrichten, in welcher Form die Rückzahlung erfolgen soll. 5Der Bescheid muss ferner nach § 39 VwVfG eine Entscheidung der Behörde darüber enthalten, aus welchen Billigkeitsgründen von einer Rückforderung (§ 12 Absatz 2 Satz 3) ganz oder teilweise abgesehen wird oder weshalb der Dienstherr keine Billigkeitsgründe berücksichtigt hat. 6Solange die Vollziehbarkeit eines Rückforderungsbescheids oder eines die Rückforderung betreffenden Widerspruchsbescheids infolge eines Widerspruchs oder einer Anfechtungsklage aufgeschoben ist, ist der Vollzug der Rückforderung des überzahlten Betrages auszusetzen. 7Der Empfänger sollte jedoch vorsorglich darauf hingewiesen werden, dass er mit der Einziehung des überzahlten Betrages in dem sich aus dem Ausgang des Rechtsmittelverfahrens ergebenden Umfang zu rechnen hat und sich dann nicht etwa auf einen Wegfall der Bereicherung berufen kann. 8Die Anordnung der sofortigen Vollziehung ist entsprechend § 80 Absatz 1 VwGO auf Ausnahmefälle zu beschränken und eingehend zu begründen. 9Ein Ausnahmefall ist insbesondere gegeben, wenn nach Lage des Einzelfalles die Durchsetzung des Rückforderungsanspruchs gefährdet erscheint.

12.2.16.2 1In den Fällen, in denen der Dienstherr seinen Rückforderungsanspruch durch Verwaltungsakt geltend machen könnte, hat er alternativ die Möglichkeit, die **allgemeine Leistungsklage** zu erheben. 2Das Rechtsschutzbedürfnis ist gegeben, wenn nach der Sachlage ohnehin mit einer gerichtlichen Auseinandersetzung zu rechnen ist. 3Nach § 126 Absatz 1 BBG ist der Rechtsweg zu den Verwaltungsgerichten gegeben. 4Die allgemeine Leistungsklage ist in jedem Fall zu erheben, wenn sich der Rückforderungsanspruch gegen einen nichtbeamteten Dritten richtet, z. B. bei Zahlung an einen falschen Adressaten oder Überweisung auf ein falsches Konto. 5In diesen Fällen ist der Zivilrechtsweg zu beschreiten. 6Die Rechtsprechung ist jedoch uneinheitlich. 7In der Praxis empfiehlt es sich bei Zweifeln, einen richterlichen Hinweis zur Zuständigkeit zu erbitten. 8Auch vor Erhebung einer Leistungsklage ist eine Billigkeitsentscheidung zu treffen.

12.2.16.3 1Hinsichtlich der Möglichkeiten zur **Aufrechnung** wird auf die Ausführungen unter Randnummer 11.2 verwiesen. 2Im Übrigen gilt, dass auch dann, wenn der Dienstherr eine Überzahlung durch Aufrechnung geltend machen will, eine Billigkeitsentscheidung zu treffen ist. 3Werden die Informationen für eine Billigkeitsentscheidung telefonisch oder persönlich vorgetragen, sind sie aus Beweisgründen in der Akte zu vermerken. 4In den Fällen einer Aufrechnung wird ein Bescheid nur dann erlassen, wenn der Betroffene sich gegen die Aufrechnung wendet.

12.2.17 Die Überzahlungen sind in Bruttobeträgen, also einschließlich der bereits an das Finanzamt entrichteten Lohnsteuer, zurückzufordern; die steuerliche Behandlung dieser Bruttobeträge richtet sich nach den Vorschriften des Steuerrechts.

12.2.18 1Ist die geltend gemachte Forderung fällig und rechtshängig, sind **Prozesszinsen** zu erheben. 2Die Rechtshängigkeit tritt durch Erhebung der Leistungsklage und nicht schon durch Erlass eines Leistungsbescheids ein (§ 90 Absatz 1 VwGO, § 261 Absatz 1 ZPO).

12.2.18.1 1Darüber hinaus sind Prozesszinsen ab Bekanntgabe des Rückforderungsbescheids zu erheben. 2Voraussetzung dafür ist, dass der Zahlungsempfänger nach § 818 Absatz 4 i. V. m. § 819 BGB verschärft haftet (BVerwG, Beschluss vom 21. Oktober 1999 – 2 C 11/99 –). 3Dies ist der Fall, wenn der Zahlungsempfänger wusste, dass ihm die Leistungen nicht oder nicht in dieser Höhe zugestanden haben. 4Dasselbe gilt, wenn er den Mangel des rechtlichen Grundes der Zahlung zwar nicht positiv kannte, dieser Mangel aber so offensichtlich war, dass er ihn hätte erkennen müssen (Randnummer 12.2.8.4). 5In diesen Fällen wird der Zeitpunkt der Rechtshängigkeit (§ 291

Satz 1 BGB) auf den Zeitpunkt der Kenntnis des Mangels des rechtlichen Grundes der Zahlung oder des Kennenmüssens vorverlegt.

12.2.18.2 1Die Höhe der Prozesszinsen bestimmt sich nach § 291 i. V. m. § 288 Absatz 1 Satz 2 BGB und beträgt pro Jahr fünf Prozentpunkte über dem Basiszinssatz. 2Dies gilt auch bei einem negativen Basiszinssatz, denn ein Mindestzinssatz von 5 Prozent pro Jahr ist nicht normiert.

III

12.2.18.3 1Auf die Geltendmachung von Prozesszinsen kann ausnahmsweise verzichtet werden, wenn der Aufwand in keinem Verhältnis zum Zinsertrag steht. 2Andere Zinsen sind bis zur Bestandskraft des Rückforderungsbescheids nicht geltend zu machen. 3Wird eine Überzahlung ausschließlich im Wege der Aufrechnung getilgt, sind Prozesszinsen dann zu erheben, wenn die Überzahlung nicht durch eine einmalige Aufrechnung, sondern nur durch eine ratenweise Aufrechnung erledigt werden kann. 4Ist die Gewährung einer Ratenzahlung als Billigkeitsmaßnahme zwingend geboten, sind Prozesszinsen nicht zu erheben.

12.3 Zu Absatz 3

1Die Regelung stellt Rückforderungsansprüche des Dienstherrn sicher, wenn Bezüge in Unkenntnis des Todes des Besoldungsempfängers auf dessen Konto überwiesen und deshalb zu Unrecht gezahlt worden sind. 2Es handelt sich um einen eigenständigen Rückforderungsanspruch gegenüber dem Geldinstitut, der von einem Rückforderungsanspruch gegen den Erben (nach Absatz 2) zu unterscheiden ist. 3Der Rechtsweg zu den Verwaltungsgerichten ist eröffnet. 4Da es sich um eine Vorbehaltszahlung handelt, ist eine schnelle und vollständige Rücküberweisung der Bezüge möglich. 5Eine Prüfungspflicht des Geldinstituts besteht nicht.

12.4 Zu Absatz 4

12.4.1 Die Vorschrift normiert einen besonderen, öffentlich-rechtlichen Erstattungsanspruch des Dienstherrn gegen Dritte, insbesondere die Erben des Besoldungsempfängers.

12.4.2 Die Voraussetzungen sind: Geldleistungen sind für die Zeit nach dem Tod des Besoldungsempfängers erbracht worden, oder das Geldinstitut, bei dem der Besoldungsempfänger sein Konto unterhielt, kann den Betrag nicht zurücküberweisen, weil

- die Dritten diese Geldleistungen in Empfang genommen oder über sie verfügt haben und
- die Rücküberweisung nicht aus einem Guthaben auf dem Konto erfolgen kann, auf das die Bezüge überwiesen worden sind.

12.4.3 1Der Dritte kann sich nicht auf den Wegfall der Bereicherung berufen, da Absatz 4 nicht auf Bereicherungsrecht nach BGB und damit auf die Einrede des Wegfalls der Bereicherung verweist. 2Eine Rückforderung durch Verwaltungsakt scheidet aus, da die besonderen Tatbestandsvoraussetzungen des Absatzes 4 nicht im Zusammenhang mit der Rechtsnachfolge nach dem verstorbenen Besoldungsempfänger stehen.

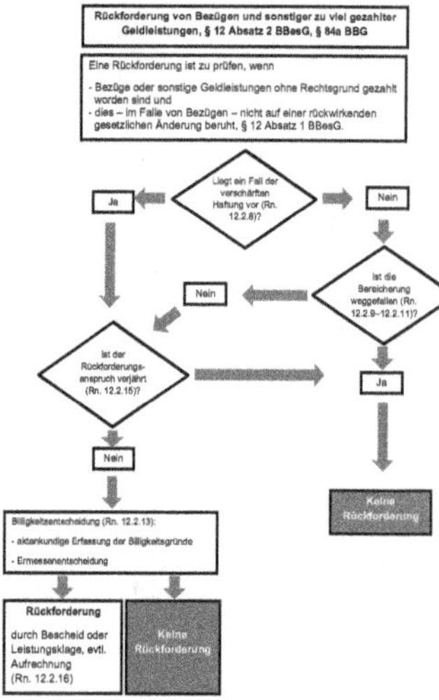

13 Zu § 13 – Ausgleichszulage für den Wegfall von Stellenzulagen

13.0 Allgemeines

13.0.1 Die Vorschrift regelt Ausgleichsansprüche für die Fälle, in denen eine Stellenzulage wegfällt (Absätze 1 bis 3) oder sich vermindert (Absatz 4).

13.0.2 1Eine Anwendung des § 13 kann auch bei einer Versetzung in den Bundesbereich in Betracht kommen (vgl. § 15 Beamtenstatusgesetz). 2§ 13 gilt dann jedoch nicht für den Wegfall einer allgemeinen Stellenzulage, da diese sachlich zum Grundgehalt gehört (beim Bund wurde diese zum 1. Juli 2009 in das Grundgehalt eingebaut).

13.0.3 1Die Verringerung oder der Wegfall einer Stellenzulage wird nur ausgeglichen, wenn ein unmittelbarer zeitlicher Zusammenhang zwischen alter und neuer Verwendung besteht. 2Das ist auch der Fall, wenn zwischen beiden Verwendungen lediglich allgemein dienstfreie Tage liegen oder eine Unterbrechung aus Gründen erfolgt, die nicht in der Person des Besoldungsempfängers liegen.

Beispiel 1:

Ein bei einer obersten Bundesbehörde verwendeter Beamter erkrankt vor seiner Versetzung in eine Geschäftsbereichsbehörde.

Der unmittelbare zeitliche Zusammenhang zwischen alter und neuer Verwendung ist gegeben, denn die Stellenzulage nach Vorbemerkung Nummer 7 zu Anlage I BBesG wird dem Beamten für seine Verwendung in einer obersten Bundesbehörde während der Krankheit weitergewährt (siehe Randnummer 42.3.9). Erst mit der Versetzung in die Geschäftsbereichsbehörde fällt die Stellenzulage weg und der Anspruch auf eine Ausgleichszulage ist zu prüfen.

Beispiel 2:

Eine bei einer obersten Bundesbehörde verwendete Beamtin nimmt vor ihrer Versetzung zu einer Geschäftsbereichsbehörde für ein halbes Jahr Familienpflegezeit ohne Besoldung (§ 92 BBG).

Der unmittelbare zeitliche Zusammenhang zwischen alter und neuer Verwendung ist nicht gegeben. Mit dem letzten Tag der Verwendung in der obersten Bundesbehörde ist die Stellenzulage nach Vorbemerkung Nummer 7 zu Anlage I BBesG einzustellen (siehe Randnummer 42.3.8.1). Erst mit dem Beginn der neuen Verwendung in der Geschäftsbereichsbehörde ergibt sich (wieder) ein Besoldungsanspruch. Die Unterbrechung durch die Familienpflegezeit liegt in der Person der Beamtin.

Beispiel 3 (Abwandlung Beispiel 2):

Eine bei einer obersten Bundesbehörde verwendete Beamtin nimmt vor ihrer Versetzung zu einer Geschäftsbereichsbehörde für ein halbes Jahr Elternzeit.

Der unmittelbare zeitliche Zusammenhang zwischen alter und neuer Verwendung gilt als gegeben, denn die Rechte, die die Beamtin bis zum Beginn der Elternzeit erworben hatte, bleiben bis zum Ende der Elternzeit bestehen (vgl. § 5 Nummer 2 der am 18. Juni 2009 geschlossenen Rahmenvereinbarung über den Elternurlaub; Anhang zur RL 2010/18/EU des Rates vom 8. März 2010, ABl. 2010 L 68/13).

13.0.4 1Ausgleichszulagen treten an die Stelle einer bisher gewährten Stellenzulage. 2Diese Ersatzfunktion von Ausgleichszulagen ist daher auch bei der gleichzeitigen Gewährung von Erschwerniszulagen zu beachten 3Sofern eine Erschwerniszulage neben einer Stellenzulage nicht oder nur teilweise gewährt werden darf, gilt diese Konkurrenzregelung auch bei Gewährung einer Ausgleichszulage für die weggefallene Stellenzulage (§ 2 EZulV). 4§ 2 EZulV ist auf Grund der mit dem Dienstrechtsneuordnungsgesetz vom 5. Februar 2009 (BGBl. I S. 160) veränderten Abbauschritte der Ausgleichszulagen jedoch nur solange anzuwenden, wie die Ausgleichszulage 60 Prozent oder mehr ihres Ursprungswertes beträgt.

13.0.5 Auch wenn eine Stellenzulage kraft Gesetzes ausgeschlossen ist, ist zu prüfen, ob ein Anspruch auf eine Ausgleichszulage besteht.

Beispiel:

Eine Beamtin einer obersten Bundesbehörde wechselt ins Ausland. Die Stellenzulage nach Vorbemerkung Nummer 7 Absatz 2 zu Anlage I BBesG wird nicht neben Auslandsbesoldung gezahlt. Dennoch ist zu prüfen, ob die Voraussetzungen für eine Ausgleichszulage vorliegen.

III

13.1 Zu Absatz 1

13.1.1 1Ein Ausgleichsanspruch setzt voraus, dass die bisherige Stellenzulage aus dienstlichen Gründen wegfällt, die nicht vom Besoldungsempfänger zu vertreten sind. 2Zu vertreten sind – anders als grundsätzlich im Zivilrecht – Vorsatz und **grobe** Fahrlässigkeit. 3Ein Vertretenmüssen ist insbesondere dann anzunehmen, wenn die zum Wegfall der Stellenzulage führende Personalmaßnahme auf einer Disziplinarmaßnahme beruht.

13.1.2 1Dienstliche Gründe sind anzunehmen, wenn der Wegfall der Stellenzulage auf Grund

- einer Beförderung,
- des Aufstiegs in eine höhere Laufbahngruppe oder
- einer Bewerbung auf eine Stellenausschreibung erfolgte und die Auswahlentscheidung nach Eignung, Befähigung und fachlicher Leistung getroffen wurde; soziale Belange können bei der Auswahlentscheidung mit berücksichtigt worden sein, dürfen diese jedoch nicht dominiert haben.

2Die dienstlichen Gründe gelten auch dann als erfüllt, wenn einem Besoldungsempfänger bei Rückkehr aus der Elternzeit auf Grund einer während seiner Elternzeit erfolgten, als dienstlich zu qualifizierenden Maßnahme (z. B. Auflösung oder Umstrukturierung einer Behörde) ein nicht zulagenberechtigender Dienstposten übertragen wird.

13.1.3 1Dienstliche Gründe liegen nicht vor, wenn für das **Ausscheiden aus der bisherigen Verwendung** ausschließlich oder überwiegend persönliche Gründe maßgebend waren. 2Das kann nur anhand des konkreten Einzelfalls beurteilt werden.

13.1.4 1Dienstliche Gründe liegen ebenfalls nicht vor, wenn eine Stellenzulage auf Grund **gesetzlicher Änderung** wegfällt oder sich vermindert. 2Fällt jedoch eine Stellenzulage aus dienstlichen Gründen am Tag des Inkrafttretens einer **gesetzlichen Änderung**, die den Wegfall oder die Verminderung dieser Stellenzulage zur Folge hat, weg (z. B. am 1. Januar 2020), kann eine Ausgleichszulage grundsätzlich zustehen, da für die Bemessung der Höhe der Ausgleichszulage auf den Tag vor dem Wegfall angeknüpft wird und zu diesem Zeitpunkt noch die alte Rechtslage galt. 3Randnummer 13.1.13 ist hier ebenfalls zu beachten.

Beispiel 1:

Ein Soldat erhält bis zum 31. Dezember 2019 eine Stellenzulage nach Vorbemerkung Nummer 4 Absatz 1 zu Anlage I BBesG (a. F.). Zum 1. Januar 2020 wurde diese Stellenzulage nach Vorbemerkung Nummer 4 BBesG durch das BesStMG neu gefasst. Der Soldat erhält ab dem 1. Januar 2020 die neue Zulage nach Vorbemerkung Nummer 4 Absatz 1 Nummer 3 zu Anlage I BBesG, die jedoch geringer ausfällt als die bisherige Zulage.

Da sich die Zulage auf Grund einer gesetzlichen Änderung vermindert hat, steht hier keine Ausgleichszulage zu.

Beispiel 2 (Abwandlung Beispiel 1):

Der Soldat, der bis zum 31. Dezember 2019 eine Stellenzulage nach Vorbemerkung Nummer 4 Absatz 1 zu Anlage I BBesG (a. F.) erhalten hat, wurde zum 1. Januar 2020 auf einen Posten mit einer geringeren Stellenzulage kommandiert.

Hier ist ein Anspruch auf eine Ausgleichszulage entstanden, da Wegfall der bisherigen Stellenzulage aus dienstlichen Gründen (Kommandierung) erfolgte.

13.1.5 1Die Stellenzulage muss tatsächlich bezogen worden sein; Wartezeiten sowie Zeiten des Bezugs einer Stellenzulage in einem vorausgegangenen Tarifbeschäftigtenverhältnis werden nicht berücksichtigt; Zeiträume, in denen die Stellenzulage nicht zustand (z. B. während der Elternzeit), sind herauszurechnen. 2Ein ununterbrochener Anspruch ist nicht erforderlich; ausreichend ist, dass während eines Zeitraumes von sieben Jahren, rückwärts betrachtet ab dem Verwendungswechsel, eine fünfjährige Bezugszeit erreicht wird. 3Für die Berechnung des Bezugszeitraums ist § 191 BGB zugrunde zu legen.

13.1.6 1Der Anspruch auf eine Ausgleichszulage entsteht immer in Höhe des zuletzt zustehenden Betrages der weggefallenen

Stellenzulage. 2Das gilt auch für die Fälle, in denen der Verlust der Stellenzulage zeitgleich durch eine Bezügeerhöhung (z. B. durch Beförderung oder durch Aufstieg in den Stufen des Grundgehaltes) finanziell ganz oder teilweise ausgeglichen wird.

13.1.7 1Eine Ausgleichszulage vermindert sich jeweils nach Ablauf eines Jahres ab Beginn des Folgemonats um 20 Prozent ihres Ursprungsbetrages, unabhängig von der Entwicklung der sonstigen Dienstbezüge und dem tatsächlichen Bezug einer Ausgleichszulage (der Abbau erfolgt auch in einer Zeit ohne Anspruch auf Dienstbezüge). 2Der Abbau der Ausgleichszulage ruht jedoch während einer Elternzeit ohne Dienst- oder Anwärterbezüge, mit der Folge, dass sich der Anspruch auf eine Ausgleichszulage, der am Tag vor der Elternzeit bestand, erst nach Ende der Elternzeit (weiter) abbaut.

13.1.8 1Bei der Gewährung einer Ausgleichszulage ist die Geringfügigkeitsgrenze nach Artikel 14 § 6 des Reformgesetzes vom 24. Februar 1997 (BGBl. I S. 322) zu beachten. 2Danach ist eine Ausgleichszulage nur dann auszuzahlen, wenn der Auszahlungsbetrag 2,56 Euro im Monat übersteigt.

13.1.9 Bei der jährlichen Verminderung einer Ausgleichszulage ist, soweit erforderlich, der Verminderungsbetrag entsprechend § 3 Absatz 6 kaufmännisch zu runden.

13.1.10 1Eine Ausgleichszulage wird durch Bescheid festgesetzt. 2In dem Bescheid sind insbesondere die Höhe der Ausgleichszulage zum Zeitpunkt der Festsetzung (§ 13 Absatz 1 Satz 2), der Ausgleichszeitraum sowie die sich jeweils in den Folgejahren ergebende konkrete Höhe der Ausgleichszulage festzulegen. 3Der Bescheid ist entsprechend anzupassen, wenn sich für die Höhe der Ausgleichzulage relevante Änderungen ergeben, insbesondere durch

- eine Änderung des Beschäftigungsumfangs (vgl. Randnummer 13.1.9) oder
- den Bezug einer neuen Stellenzulage.

13.1.11 1Individuelle Bezügeerhöhungen (z. B. lineare Anpassungen oder Beförderung) haben keinen Einfluss auf die Höhe der Ausgleichszulage. 2Entsteht demgegenüber ein Anspruch auf eine Stellenzulage zeitgleich mit oder zeitlich nach dem Entstehen des Anspruchs auf die Ausgleichszulage, führt dies zur Anrechnung, so dass die Ausgleichszulage nur noch in Höhe des die Stellenzulage übersteigenden Betrages gezahlt wird.

Beispiel 1:

Ein Zollbeamter mit Anspruch auf die Polizeizulage wird mit Wirkung vom 1. August 2020 aus dienstlichen Gründen versetzt und verliert diesen Anspruch (190,00 Euro). Die Anspruchsvoraussetzungen für die Ausgleichszulage sind erfüllt, und sie wird mit Wirkung vom 1. August 2020 wie folgt festgesetzt:

01.08.2020–31.07.2021	190,00 Euro
01.08.2021–31.07.2022	152,00 Euro (190,00 Euro – 38,00 Euro [20 Prozent von 190,00 Euro])
01.08.2022–31.07.2023	114,00 Euro (152,00 Euro – 38,00 Euro)
01.08.2023–31.07.2024	76,00 Euro (114,00 Euro – 38,00 Euro)
01.08.2024–31.07.2025	38,00 Euro (76,00 Euro – 38,00 Euro)
01.08.2025	Die Ausgleichszulage ist abgebaut.

Entsteht während des Bezugs der Ausgleichszulage ein Anspruch auf eine Stellenzulage, wird diese Stellenzulage auf die Ausgleichszulage angerechnet. Stünde dem Beamten beispielsweise vom 1. August 2021 bis 31. Oktober 2021 eine Stellenzulage in Höhe von 60,00 Euro zu, so wären für diesen Zeitraum von der Ausgleichszulage nur noch 92,00 Euro auszuzahlen (152,00 Euro – 60,00 Euro).

Beispiel 2:

Ein Zollbeamter mit Anspruch auf die Polizeizulage wird mit Wirkung vom 1. August 2020 aus dienstlichen Gründen versetzt und verliert diesen Anspruch (190,00 Euro). Der Sieben-Jahres-Rückblick ab dem Wegfall der Polizeizulage (1. August 2013 – 31. Juli 2020) ergibt Folgendes:

01.08.2013–31.10.2015	Polizeizulage stand ununterbrochen zu	Bezugszeit 2 Jahre 3 Monate
01.11.2015–31.01.2016	Keine Polizeizulage (beurlaubt wegen Betreuung des pflegebedürftigen Vaters)	
01.02.2016–31.03.2019	Polizeizulage stand ununterbrochen zu	Bezugszeit 3 Jahre 2 Monate
01.04.2019–31.03.2020	Keine Polizeizulage (Elternzeit)	
01.04.2020–31.07.2020	Polizeizulage stand ununterbrochen zu	Bezugszeit vier Monate
01.08.2020	Verwendungswechsel, Zulagenanspruch entfällt	

In dem zurückliegenden Sieben-Jahres-Zeitraum wurde die Polizeizulage insgesamt fünf Jahre und neun Monate bezogen. Die Anspruchsvoraussetzungen für die Ausgleichszulage sind erfüllt und sie wird mit Wirkung vom 1. August 2020 wie folgt festgesetzt:

01.08.2020–31.07.2021	190,00 Euro
01.08.2021–31.07.2022	152,00 Euro
01.08.2022–31.07.2023	114,00 Euro
01.08.2023–31.07.2024	76,00 Euro
01.08.2024–31.07.2025	38,00 Euro
01.08.2025	Die Ausgleichszulage ist abgebaut.

13.1.12 1Bezugszeiten von Stellenzulagen, die bereits zu einem Anspruch auf eine Ausgleichszulage geführt haben, bleiben für künftige Ausgleichsansprüche unberücksichtigt. 2Wurden jedoch innerhalb der Rahmenfrist von sieben Jahren mehr als fünf Jahre Vorbezugszeiten erreicht, so können die überschießenden Zeiten bei künftigen Ausgleichsansprüchen berücksichtigt werden. 3Ältere Vorbezugszeiten sind stets vor Zeiten jüngeren Datums zu berücksichtigen.

Beispiel 1 (Fortsetzung Beispiel 2 aus Randnummer 13.1.11):

Die weitere Verwendung des im vorherigen Beispiel genannten Beamten, dem ab 1. August 2020 eine Ausgleichszulage für die weggefallene Polizeizulage zusteht, gestaltet sich wie folgt:

01.08.2021–31.03.2025	Polizeizulage steht erneut zu	Bezugszeit drei Jahre acht Monate
01.04.2025	Verwendung ohne Stellenzulage	

Zu prüfen ist, ob der Wegfall der Polizeizulage zu einem erneuten Ausgleichsanspruch führt. Eine Betrachtung der letzten sieben Jahre vor dem Wegfall der Polizeizulage (1. April 2018–31. März 2025) ergibt Folgendes:

01.04.2018–31.03.2019	Polizeizulage stand ununterbrochen zu	Bezugszeit ein Jahr
01.04.2019–31.03.2020	Keine Polizeizulage (Elternzeit)	
01.04.2020–31.07.2020	Polizeizulage stand ununterbrochen zu	Bezugszeit vier Monate
01.08.2020–31.07.2021	Keine Polizeizulage	
01.08.2021–31.03.2025	Polizeizulage stand ununterbrochen zu	Bezugszeit drei Jahre acht Monate

Insgesamt wurde die Polizeizulage genau fünf Jahre innerhalb der letzten sieben Jahre bezogen, aber nach § 13 Absatz 1 Satz 5 bleiben Bezugszeiten von Stellenzulagen unberücksichtigt, die bereits zu einem Anspruch auf eine Ausgleichszulage geführt haben.

Die beiden zu betrachtenden Sieben-Jahres-Zeiträume vom 1. August 2013 bis 31. Juli 2020 und vom 1. April 2018 bis 31. März

2025 überschneiden sich vom 1. April 2018 bis 31. Juli 2020.

01.08.2013–31.03.2018	In diesem Zeitraum stand die Polizeizulage insgesamt vier Jahre und fünf Monate zu.
01.04.2018–31.07.2020 **Überschneidungszeitraum**	In diesem Zeitraum stand die Polizeizulage insgesamt ein Jahr und vier Monate zu. Eine Bezugszeit von sieben Monaten ist hiervon für die erste Ausgleichszulage berücksichtigt und für einen weiteren Ausgleichsanspruch „verbraucht". Für einen neuen Ausgleichsanspruch stehen noch Bezugszeiten von neun Monaten zur Verfügung.
01.08.2020–31.03.2025	In diesem Zeitraum stand die Polizeizulage insgesamt drei Jahre und acht Monate zu.

Da in dem maßgeblichen Sieben-Jahres-Zeitraum nur Bezugszeiten von vier Jahren und fünf Monaten berücksichtigt werden können, liegen die Voraussetzungen für einen neuen Ausgleichsanspruch nicht vor. Jedoch ist die erste Ausgleichszulage noch nicht vollständig aufgezehrt, so dass dem Beamten für den Zeitraum vom 1. April 2025 bis 31. Juli 2025 eine Ausgleichszulage in Höhe von 38,00 Euro verbleibt.

Beispiel 2 (Abwandlung des vorherigen Beispiels 2 aus Randnummer 13.1.11):

Würde der Beamte die Polizeizulage hingegen bis zum 31. März 2026 erhalten, so stünde ihm ab dem 1. April 2026 eine Ausgleichszulage zu.

Die beiden zu betrachtenden Sieben-Jahres-Zeiträume vom 1. August 2013 bis 31. Juli 2020 und vom 1. April 2019 bis 31. März 2026 überschneiden sich vom 1. April 2019 bis zum 31. Juli 2020.

01.08.2013–31.03.2019	In diesem Zeitraum stand die Polizeizulage insgesamt fünf Jahre und fünf Monate zu.
01.04.2019–31.07.2020 **Überschneidungszeitraum**	In diesem Zeitraum stand die Polizeizulage insgesamt vier Monate zu. Diese Bezugszeit steht in vollem Umfang für einen neuen Ausgleichsanspruch zur Verfügung.
01.08.2020–31.03.2026	In diesem Zeitraum stand die Polizeizulage insgesamt vier Jahre und acht Monate zu.

Die im Zeitraum vom 1. April 2019 bis 31. März 2026 erbrachten Bezugszeiten der Polizeizulage im Umfang von fünf Jahren führen zu einer erneuten Ausgleichszulage ab dem 1. April 2026.

Die Ausgleichzulagen sind in der Gesamtbetrachtung wie folgt festzusetzen:

1. Ausgleichszulage

01.08.2020–31.07.2021	190,00 Euro
01.08.2021–31.07.2022	152,00 Euro jedoch keine Auszahlung, da die Polizeizulage erneut zusteht und diese die Ausgleichszulage übersteigt (vgl. § 13 Absatz 1 Satz 4)
01.08.2022–31.07.2023	114,00 Euro (siehe oben)
01.08.2023–31.07.2024	76,00 Euro (siehe oben)
01.08.2024–31.07.2025	38,00 Euro jedoch bis 31. März 2025 keine Auszahlung (siehe oben)
01.08.2025	Die erste Ausgleichszulage ist abgebaut.

2. Ausgleichszulage

01.04.2026–31.03.2027	190,00 Euro
01.04.2027–31.03.2028	152,00 Euro
01.04.2028–31.03.2029	114,00 Euro
01.04.2029–31.03.2030	76,00 Euro

01.04.2030–31.03.2031	38,00 Euro
01.04.2031	Die Ausgleichszulage ist abgebaut.

13.1.13 ₁Fällt eine Stellenzulage zum Zeitpunkt einer Vollzeitbeschäftigung weg und wechselt der Besoldungsempfänger innerhalb des fünfjährigen Ausgleichszeitraums in eine Teilzeitbeschäftigung, wird die auszuzahlende Ausgleichszulage nach § 6 Absatz 1 entsprechend gekürzt. ₂Bei einer späteren Rückkehr zur Vollzeitbeschäftigung während des noch laufenden Ausgleichszeitraums findet ab diesem Zeitpunkt § 6 Absatz 1 keine Anwendung mehr, so dass wieder der ursprünglich berechnete Betrag zusteht.

Beispiel 1:

Ein vollzeitbeschäftigter Beamter erhält auf Grund eines Verwendungswechsels (die Voraussetzungen für die Gewährung einer Ausgleichszulage sind erfüllt) ab 1. Juli 2021 eine Ausgleichszulage, deren Höhe und Abbauschritte mit dem Zeitpunkt des Wegfalls der Polizeizulage wie folgt festgesetzt werden:

01.07.2021–30.06.2017	190,00 Euro
01.07.2022–30.06.2023	152,00 Euro
01.07.2023–30.06.2024	114,00 Euro
01.07.2024–30.06.2025	76,00 Euro
01.07.2025–30.06.2026	38,00 Euro
ab 01.07.2026	0,00 Euro

Beispiel 2 (Abwandlung des vorherigen Beispiels 1):

Zum 1. Oktober 2022 wechselt der Beamte in eine Teilzeitbeschäftigung mit 50 Prozent der regelmäßigen wöchentlichen Arbeitszeit. Mit dieser Änderung ergeben sich unter Beachtung von § 6 Absatz 1 innerhalb des Ausgleichszeitraums folgende Auszahlungsbeträge:

01.07.2021–30.06.2022	190,00 Euro
01.07.2022–30.09.2022	152,00 Euro
01.10.2022–30.06.2023	76,00 Euro (50 Prozent von 152,00 Euro)
01.07.2023–30.06.2024	57,00 Euro (50 Prozent von 114,00 Euro)
01.07.2024–30.06.2025	38,00 Euro (50 Prozent von 76,00 Euro)
01.07.2025–30.06.2026	19,00 Euro (50 Prozent von 38,00 Euro)
ab 01.07.2026	0,00 Euro

Beispiel 3 (Abwandlung Beispiel 1):

Wechselt der Beamte zum 1. Dezember 2024 in eine Teilzeitbeschäftigung mit 75 Prozent der regelmäßigen wöchentlichen Arbeitszeit, ergeben sich unter Beachtung von § 6 Absatz 1 innerhalb des Ausgleichszeitraums folgende Auszahlungsbeträge:

01.07.2021–30.06.2022	190,00 Euro
01.07.2022–30.09.2022	152,00 Euro
01.10.2022–30.06.2023	76,00 Euro (50 Prozent von 152,00 Euro)
01.07.2023–30.06.2024	57,00 Euro (50 Prozent von 114,00 Euro)
01.07.2024–30.11.2024	38,00 Euro (50 Prozent von 76,00 Euro)
01.12.2024–30.06.2025	57,00 Euro (75 Prozent von 76,00 Euro)
01.07.2025–30.06.2026	28,50 Euro (75 Prozent von 38,00 Euro)
ab 01.07.2026	0,00 Euro

13.1.14 ₁Im Falle einer **Teilzeitbeschäftigung vor dem Verwendungswechsel** ist für die Berechnung der Ausgleichszulage von der Stellenzulagenhöhe auszugehen, die am Tag vor dem Wegfall zugestanden hat (bzw. im Falle einer Elternzeit (ohne Anspruch auf Dienst- oder Anwärterbezüge) zugestanden hätte). ₂Bei einer Änderung der Arbeitszeit auf einen höheren zeitlichen Anteil als vor dem Wegfall erhöht sich die zu gewährende Ausgleichszulage nicht.

Beispiel 1:
Ein teilzeitbeschäftigter Beamter mit 75 Prozent der regelmäßigen wöchentlichen Arbeitszeit erhält auf Grund eines Verwendungswechsels (die Voraussetzungen für die Gewährung einer Ausgleichszulage sind erfüllt) ab 1. Juli 2021 eine Ausgleichszulage, deren Höhe und Abbauschritte mit dem Zeitpunkt des Wegfalls der Polizeizulage wie folgt festgesetzt werden:

01.07.2021–30.06.2022	142,50 Euro (75 Prozent von 190,00 Euro)
01.07.2022–30.06.2023	114,00 Euro (142,50 Euro – 28,50 Euro [20 Prozent von 142,50 Euro])
01.07.2023–30.06.2024	85,50 Euro (114,00 Euro – 28,50 Euro)
01.07.2024–30.06.2025	57,00 Euro (85,50 Euro – 28,50 Euro)
01.07.2025–30.06.2026	28,50 Euro (57,00 Euro – 28,50 Euro)
01.07.2026	Die Ausgleichszulage ist abgebaut.

Beispiel 2 (Abwandlung Beispiel 1):
Zum 1. Oktober 2022 wechselt der Beamte in eine Teilzeitbeschäftigung mit 50 Prozent der regelmäßigen wöchentlichen Arbeitszeit. Mit dieser Änderung ergeben sich unter Beachtung von § 6 Absatz 1 innerhalb des Ausgleichszeitraums folgende Auszahlungsbeträge:

01.07.2021–30.06.2022	142,50 Euro
01.07.2022–30.09.2022	114,00 Euro
01.10.2022–30.06.2023	76,00 Euro (66,7 Prozent von 114,00 Euro)
01.07.2023–30.06.2024	57,00 Euro (66,7 Prozent von 85,50 Euro)
01.07.2024–30.06.2025	38,00 Euro (66,7 Prozent von 57,00 Euro)
01.07.2025–30.06.2026	19,00 Euro (66,7 Prozent von 28,50 Euro)
ab 01.07.2026	0,00 Euro

Beispiel 3 (Abwandlung Beispiel 1):
Wechselt der Beamte zum 1. Dezember 2024 in eine Vollzeitbeschäftigung, ergeben sich innerhalb des Ausgleichszeitraums folgende Auszahlungsbeträge:

01.07.2021–30.06.2022	142,50 Euro
01.07.2022–30.09.2022	114,00 Euro
01.10.2022–30.06.2023	76,00 Euro
01.07.2023–30.06.2024	57,00 Euro
01.07.2024–30.11.2024	38,00 Euro
01.12.2024–30.06.2025	57,00 Euro Es kann maximal das ausgeglichen werden, was bei Beibehaltung des Beschäftigungsumfangs zugestanden hätte (75 Prozent).
01.07.2025–30.06.2026	28,50 Euro
ab 01.07.2026	0,00 Euro

13.1.15 1Wird hingegen im **Rahmen einer Elternzeit einer Teilzeitbeschäftigung nachgegangen** und führt während dieser Zeit eine als dienstlich zu qualifizierende Maßnahme zum Wegfall der Stellenzulage, so ist Anknüpfungspunkt hier die Höhe der Stellenzulage, die die höhere Ausgleichszulage zur Folge hat. 2Dies kann die Höhe der Stellenzulage vor Beginn dieser Elternzeit oder die Höhe der Stellenzulage während dieser Elternzeit sein (vgl. dazu auch Randnummer 3.1.1.2).

Beispiel:

Eine seit 1. Oktober 2010 vollzeitbeschäftigte Zollbeamtin mit Anspruch auf die Polizeizulage beantragte auf Grund der Geburt ihres ersten Kindes vom 14. August 2018 bis einschließlich 13. August 2020 Elternzeit. Ab dem 1. August 2019 beantragte sie nach § 7 Absatz 1 MuSchEltZV eine Teilzeitbeschäftigung mit 50 Prozent der regelmäßigen wöchentlichen Arbeitszeit während ihrer Elternzeit. Sie wird in ihrem bisherigen Aufgabenbereich verwendet (hat weiterhin Anspruch auf die Polizeizulage). Zum 1. Dezember 2019 erfolgte eine Neuorganisation und die Beamtin wurde in einen nicht zulageberechtigenden Bereich des Zolls umgesetzt. Mit dem Ende ihrer Elternzeit zum 14. August 2020 beabsichtigt sie, in eine Vollzeitbeschäftigung zurückzukehren.

Mit der Aufnahme der Teilzeitbeschäftigung während der Elternzeit zum 1. August 2019 erhält die Beamtin auf Grund der zulageberechtigenden Verwendung die Polizeizulage in Höhe von 50 Prozent entsprechend ihrer Teilzeitbeschäftigung. Auf Grund der Umorganisation besteht für die in der Elternzeit teilzeitbeschäftigte Beamtin grundsätzlich ein Anspruch auf eine ungekürzte Ausgleichszulage, weil die Beamtin vor Beginn der Elternzeit mehr als fünf Jahre die Polizeizulage bezogen hat. Da sie jedoch zum Zeitpunkt der Umorganisation während der Elternzeit mit 50 Prozent teilzeitbeschäftigt ist, erfolgt die Auszahlung des Ausgleichsanspruchs lediglich in Höhe von 50 Prozent. Mit der Rückkehr zu Vollzeitbeschäftigung zum 14. August 2020 ist die Ausgleichszulage dann in voller Höhe zu gewähren.

13.2 Zu Absatz 2

13.2.1 § 13 Absatz 2 lässt die Addition von Zeiten unterschiedlicher zulageberechtigender Verwendungen zum Erwerb eines Ausgleichsanspruchs zu.

13.2.2 Der Ausgleich erfolgt in diesen Fällen auf der Grundlage der jeweils niedrigsten Stellenzulage.

Beispiel:

Eine Beamtin wechselt aus dienstlichen Gründen zwischen folgenden Zulageberechtigungen:

01.03.2016–31.07.2020	Stellenzulage in Höhe von 80 Euro	Bezugszeit vier Jahre, fünf Monate
01.08.2020–31.03.2022	Keine Stellenzulage	
01.04.2022–31.10.2022	Stellenzulage in Höhe von 200 Euro	Bezugszeit sieben Monate
01.11.2022	Keine Stellenzulage	

Sie hat Anspruch auf eine Ausgleichszulage ab dem 1. November 2022, die auf 80 Euro festgesetzt und dann nach § 13 Absatz 1 Satz 3 vermindert wird.

13.2.3 $_{1}$Wurde dieselbe Stellenzulage in unterschiedlicher Höhe gezahlt (z. B. die Stellenzulage nach Vorbemerkung Nummer 9 oder 9a zu Anlage I BBesG), wobei jeder Anspruchszeitraum für sich die zeitlichen Voraussetzungen erfüllt hat, so ist Absatz 2 nicht anzuwenden. $_{2}$Die Stellenzulage wird vielmehr auf der Grundlage des zuletzt bezahlten Betrages festgesetzt (siehe Randnummern 13.1.6 und 13.4.2). $_{3}$Dies gilt auch bei solchen Stellenzulagen, bei denen die Höhe nach Besoldungsgruppen differiert (z. B. Stellenzulage nach Vorbemerkung Nummer 8 zu Anlage I BBesG).

Beispiel:

Ein Zollbeamter, der seit dem 1. Juli 2014 vollzugspolizeiliche Aufgaben wahrnimmt, wird mit Wirkung zum 1. November 2020 aus dienstlichen Gründen versetzt und verliert seinen Anspruch auf die Polizeizulage.

01.07.2014–30.06.2015	Keine Polizeizulage (Wartezeit)
01.07.2015–30.06.2016	Halbe Polizeizulage (nach 1 Jahr Wartezeit)
01.07.2016–31.10.2020	Volle Polizeizulage (zuletzt in Höhe von 190,00 Euro)

Mit Wirkung vom 1. November 2020 hat der Beamte Anspruch auf eine Ausgleichszulage in Höhe von 190,00 Euro.

13.3 Zu Absatz 3

13.3.1 Nach § 13 Absatz 3 steht in den Fällen einer Versetzung nach § 28 Absatz 3 BBG (z. B. wegen Auflösung einer Behörde) bereits nach zweijährigem Bezug einer Stellenzulage eine Ausgleichszulage zu.

13.3.2 Ein Zusammenrechnen der Bezugszeiten unterschiedlicher Stellenzulagen ist ebenfalls zulässig.

13.3.3 Der Gesamtbetrachtungszeitraum von sieben Jahren gilt auch hier.

Beispiel:

01.10.2014–30.09.2015	Stellenzulage in Höhe von 80 Euro	Bezugszeit ein Jahr
01.10.2015–30.09.2020	Keine Stellenzulage	
01.10.2020–30.09.2021	Stellenzulage in Höhe von 150 Euro	Bezugszeit ein Jahr
01.10.2021	Versetzung nach § 28 Absatz 3 BBG	

Mit Wirkung vom 1. Oktober 2021 wird eine Ausgleichszulage in Höhe von 80 Euro festgesetzt.

13.4 Zu Absatz 4

13.4.1 Ruhegehaltempfänger, die erneut in ein Beamten-, Richter- oder Soldatenverhältnis berufen werden, können eine Ausgleichszulage entsprechend § 13 Absatz 1 bis 3 erhalten, wenn sie in ihrer letzten aktiven Verwendung Anspruch auf eine Stellenzulage hatten und diese in der neuen Verwendung nicht mehr zusteht.

13.4.2 1Darüber hinaus wird klargestellt, dass nicht nur der Wegfall einer Stellenzulage, sondern auch die Verminderung einer Stellenzulage wegen eines Verwendungswechsels ausgleichsfähig ist, wenn kein anderer Ausgleich erfolgt. 2Nach dieser Regelung erhält z. B. ein Soldat, der aus dienstlichen Gründen von einer U-Boot-Verwendung mit Anspruch auf eine Zulage im maritimen Bereich (Vorbemerkung Nummer 9a zu Anlage I BBesG) zu einer Verwendung auf einer Überwasser-Einheit wechselt und dann eine geringere Zulage im maritimen Bereich erhält, eine Ausgleichszulage, sofern er die dafür notwendigen Voraussetzungen erfüllt.

14 Zu § 14 – Anpassung der Besoldung

(unbesetzt)

14a Zu § 14a – Versorgungsrücklage

(unbesetzt)

15 Zu § 15 – Dienstlicher Wohnsitz

(unbesetzt)

16 Zu § 16 – Amt, Dienstgrad

(unbesetzt)

17 Zu § 17 – Aufwandsentschädigungen

17.1 1Eine Aufwandsentschädigung ist nur dann zulässig, wenn

- die der Gewährung einer Aufwandsentschädigung zugrunde liegenden Aufwendungen ausschließlich dienstlich erforderlich und deshalb dem Dienstherrn zuzurechnen sind, weil er den Besoldungsempfänger veranlasst, Aufwendungen zu machen, ohne die dieser außerstande wäre, die ihm übertragenen dienstlichen Aufgaben zu erfüllen,
- die Übernahme dem Besoldungsempfänger nicht zuzumuten ist und
- der Haushaltsplan Mittel zur Verfügung stellt.

2Aufwandsentschädigungen sollen einen besonderen Sachaufwand ausgleichen; ihnen liegt der Gedanke der Kostenerstattung und nicht der Alimentierung zugrunde. 3Durch den Haushaltsplan werden Ansprüche oder Verbindlichkeiten weder begründet noch aufgehoben (vgl. § 3 Absatz 2 BHO).

17.2 1Über die Gewährung von Aufwandsentschädigungen entscheidet bei Vorliegen der Voraussetzungen des § 17 die oberste Dienstbehörde nach pflichtgemäßem Ermessen. 2Bei Aufwandsentschädigungen in festen Beträgen ist das Einvernehmen mit dem Bundesministerium des Innern, für Bau und Heimat erforderlich.

17.3 1Die durch Gesetz geregelte Besoldung einschließlich etwaiger Stellen- und Erschwerniszulagen darf nicht im Verwaltungswege durch weitere Leistungen zur Bestreitung des allgemeinen Lebensunterhalts ergänzt werden (vgl. § 2 Absatz 1). 2Ohne gesetzliche Grundlage dürfen keine Leistungen erbracht werden, die der Sache nach Besoldung darstellen. 3Dabei können sich der Aufwand nach § 17, eine herausgehobene Funktion nach § 42 und besondere Erschwernisse nach § 47 ganz oder teilweise überschneiden. 4Auch braucht der Aufwand nicht im Einzelfall abgerechnet, sondern darf in typisierender und pauschalierender Weise abgegolten werden. 5Voraussetzung hierfür sind nachvollziehbare tatsächliche Anhaltspunkte bzw. tatsächliche Erhebungen, dass und in welcher ungefähren Höhe dienstbezogene finanzielle Aufwendungen typischerweise entstehen. 6Als abgeltbarer dienstbezogener Aufwand kommt nicht schon eine allgemein aufwendigere Lebensführung in Betracht. 7Auch genügen bloße Mutmaßungen über dienstbezogene finanzielle Aufwendungen ohne hinreichende, eine wirklichkeitsnahe Schätzung ermöglichende tatsächliche Anhaltspunkte nicht für die Gewährung einer Aufwandsentschädigung.

17.4 1Die Höhe und Notwendigkeit der Gewährung einer neu einzuführenden pauschalierten Aufwandsentschädigung ist innerhalb der ersten drei Haushaltsjahre jährlich zu evaluieren. 2Ihre Gewährung unterliegt zudem folgenden Bedingungen:

- die Empfänger der Aufwandsentschädigung sind zu verpflichten, erstattungsfähige Ausgaben und/oder vergleichbare Unterlagen am Ende des Haushaltsjahres nachzuweisen,
- die Empfänger der Aufwandsentschädigung sind darüber zu unterrichten, dass diese unter dem Vorbehalt des nachträglichen Nachweises, dass erstattungsfähige Ausgaben getätigt wurden, gewährt wird und daher gegebenenfalls (anteilig) zurückgefordert werden kann.

3Das Bundesministerium des Innern, für Bau und Heimat ist über die Ergebnisse der jährlichen Evaluierung unaufgefordert zu informieren. 4Erst nach Abschluss dieses Prozesses kann diese Aufwandsentschädigung in eine Aufwandsentschädigung in festen Beträgen umgewandelt werden.

17.5 1Die zuständige oberste Dienstbehörde hat entsprechende finanzielle Mittel in ihrem Haushaltsplan einzustellen. 2Für Aufwandsentschädigungen in festen Beträgen ist darüber hinaus die Einwilligung des Bundesministeriums der Finanzen nach § 40 Absatz 1 BHO einzuholen. 3Bei der notwendigen Erhöhung einer bereits existierenden Aufwandsentschädigung in festen Beträgen erfolgt eine Plausibilisierung z. B. durch Erhebungen im Rahmen einer repräsentativen Stichprobe in eigener Ressortzuständigkeit gegenüber dem Bundesministerium der Finanzen. 4Das Bundesministerium des Innern, für Bau und Heimat ist durch die jeweilige oberste Dienstbehörde davon vorab in Kenntnis zu setzen.

17a Zu § 17a – Zahlungsweise

(unbesetzt)

17b Zu § 17b – Lebenspartnerschaft

(unbesetzt)

Abschnitt 2
Grundgehalt, Leistungsbezüge an Hochschulen

Unterabschnitt 1
Allgemeine Grundsätze

18 Zu § 18 – Grundsatz der funktionsgerechten Besoldung

18.1 Zu Absatz 1

(unbesetzt)

18.2 Zu Absatz 2

18.2.1 1Anders als bei der Bundesbesoldungsordnung A kann in der Bundesbesoldungsordnung B eine Funktion nur einem

Amt zugeordnet werden. 2Die Ämterzuordnung, insbesondere die Zuordnung der Leitungsämter der Bundesbehörden, muss nach einheitlichen Maßstäben erfolgen, damit sie sich in die Gesamtstruktur der Bundesbesoldungsordnung B einfügen.

18.2.2 1Die oberste Bundesbehörde ordnet einer Funktion ein entsprechendes Amt zu und bittet das Bundesministerium des Innern, für Bau und Heimat und das Bundesministerium der Finanzen parallel um das besoldungsrechtliche Einvernehmen. 2Die Begründung der obersten Bundesbehörde muss zwingend Angaben zur Entwicklung der Planstellen/Stellen und des Haushaltsvolumens (ohne Personalausgaben) sowie eine detaillierte Aufgabenbeschreibung enthalten.

18.2.3 1Für die Bewertung einer Funktion sind die Anforderungen maßgeblich, die mit ihr verbunden sind. 2Die Anforderungen richten sich in erster Linie nach der Verantwortung, die aus der Wahrnehmung der Funktion resultiert. 3Abgesehen von der fachlichen Verantwortung für die Arbeitsergebnisse spielt die Führungsverantwortung, die sich in der Leitungsspanne widerspiegelt, eine maßgebende Rolle. 4Insbesondere können Leitungsfunktionen auf Grund des Gebotes der Gleichbehandlung vergleichbarer Sachverhalte nicht losgelöst von der Größe des unterstellten Bereichs bewertet werden. 5Auch die Budgetverantwortung ist zu berücksichtigen.

18.3 Anmerkung zu Vorbemerkung Nummer 1 zu Anlage I BBesG

Inhaber von Ämtern, die bis zum Inkrafttreten des Besoldungsstrukturenmodernisierungsgesetzes vom 9. Dezember 2019 (BGBl. I S. 2053) ohne Zusatz geführt wurden, sind berechtigt, diese Amtsbezeichnungen ohne Zusatz weiterzuführen.

19 Zu § 19 – Bestimmung des Grundgehaltes nach dem Amt

(unbesetzt)

19a Zu § 19a – Besoldung bei Verleihung eines anderen Amtes

19a.1 1Ansprüche auf Grundgehalt und auf grundgehaltergänzende Amtszulagen sind in besonderem Maße geschützt, wenn die Übertragung eines anderen Amtes ausschließlich oder zumindest überwiegend aus dienstlichen Gründen erfolgte. 2In Einzelfällen kann eine Rückernennung auch überwiegend aus persönlichen Gründen erfolgen. 3Ein solcher persönlicher Grund liegt z. B. beim Nachzug eines Ehegatten vor, wenn etwa in der neuen Behörde keine gleichwertige Stelle verfügbar ist und kein besonderes dienstliches Interesse an der Besetzung der Stelle speziell durch den nachziehenden Ehegatten besteht. 4Wird dagegen die Stelle auf Grund einer Auswahlentscheidung übertragen, wird eine auch vorhandene persönliche Motivation von dem dienstlichen Interesse an der bestmöglichen Stellenbesetzung überlagert. 5Eine freiwillige Rückernennung ist grundsätzlich als vom Besoldungsempfänger zu vertretender Grund anzusehen, so dass die Anwendung des § 19a nicht möglich ist. 6Lediglich in Einzelfällen, wenn etwa ein Besoldungsempfänger aus zwingenden dienstlichen Gründen auf einem niedriger bewerteten Dienstposten verwendet werden soll, weil er der bestgeeignetste Bewerber ist, wäre Raum für die Anwendung des § 19a. 7Zum Vorliegen von dienstlichen Gründen siehe auch die Randnummern 13.1.2 und 13.1.3. 8Der Besoldungsempfänger darf die Gründe, die zur Verleihung des anderen Amtes geführt haben, nicht zu vertreten haben. 9Zu vertreten sind – anders als grundsätzlich im Zivilrecht – Vorsatz und **grobe** Fahrlässigkeit. 10Ein Vertretenmüssen ist insbesondere dann anzunehmen, wenn die Verleihung des anderen Amtes auf einer Disziplinarmaßnahme beruht.

19a.2 Abweichend von § 19 wird das Grundgehalt weiterhin nach dem bisherigen Amt gewährt.

Beispiel:

Einer Beamtin mit einem Amt der Besoldungsgruppe A 13 wird wegen einer Behördenauflösung in ihrer neuen Verwendung ein Amt der Besoldungsgruppe A 12 verliehen. Sie erhält als Beamtin mit einem Amt der Besoldungsgruppe A 12 das Grundgehalt aus der Besoldungsgruppe A 13.

III

19a.3 1§ 19a ist auch bei einem Wechsel zwischen der Besoldungsordnung W und den Besoldungsordnungen A/B anzuwenden. 2Die den Professoren gewährten Leistungsbezüge nach § 33 sind für die Feststellung, ob eine Verringerung des Grundgehalts vorliegt, jedoch nicht zu berücksichtigen, da sie nicht Bestandteil des Grundgehalts sind.

19a.4 § 19a ist auch im Rahmen eines Laufbahnaufstieges anzuwenden, wenn dadurch ein Verlust einer Amtszulage entsteht.

Beispiel:

Einem Beamten des mittleren Dienstes (Besoldungsgruppe A 9 mit Amtszulage) wird nach Abschluss des Aufstiegsverfahrens oder nach § 23 Absatz 4 Bundeslaufbahnverordnung (BLV) ein Amt der Besoldungsgruppe A 9 gehobener Dienst verliehen.

Mit der Verleihung des neuen Amtes erhält er weiterhin Grundgehalt der Besoldungsgruppe A 9 (mD) mit Amtszulage. Der Erhöhungsbetrag für die Besoldungsgruppe A 9 (gD) nach Anlage IV BBesG ist nicht zu zahlen (§ 19a Satz 1: „in dem bisherigen Amt zugestanden hätte"). Mit einer Beförderung in ein Amt der Besoldungsgruppe A 10 entfällt die Anwendung des § 19a; es steht ihm Grundgehalt der Besoldungsgruppe A 10 zu.

19a.5 Ferner ist § 19a auch in den Fällen anzuwenden, in denen Ruhegehaltsempfänger des Bundes reaktiviert werden und ein geringeres Grundgehalt oder eine geringere bzw. keine Amtszulage erhalten.

19a.6 Die Anwendung der Vorschrift endet, wenn

- das bisherige Amt wieder verliehen wird oder
- der Besoldungsempfänger das Besoldungsniveau (Grundgehalt einschließlich einer gegebenenfalls zustehenden Amtszulage oder gegebenenfalls zustehenden Leistungsbezügen) erreicht oder überschritten hat, das er im gleichen Zeitpunkt bei Beibehaltung des bisherigen Amtes in der anderen Besoldungsordnung erreicht hätte.

19a.7 Die Regelung ist nicht anzuwenden in Fällen:

- eines Wechsels von oder zu einem Dienstverhältnis als Soldat und
- einer Versetzung, einer Übernahme oder einem Übertritt von einem Land zum Bund (hierzu ist § 19b einschlägig).

19b Zu § 19b – Besoldung bei Wechsel in den Dienst des Bundes

19b.1 Zu Absatz 1

1§ 19b gilt nicht für Ausgleichszulagen, die nach anderen Vorschriften als denen des jeweiligen Landesbesoldungsgesetzes entstanden sind, z. B. nach § 6c Absatz 4 Satz 3 des Zweiten Buches Sozialgesetzbuch (SGB II). 2Diese spezialgesetzlichen Ausgleichszulagen bleiben unberührt.

19b.2 Zu Absatz 2

19b.2.1 1Für die Berechnung der Zulage sind die individuellen Verhältnisse zum Zeitpunkt des Wechsels maßgeblich. 2Ausschließlich folgende ausgleichsberechtigte Besoldungsbestandteile werden auf Grundlage der Monatsbesoldung verglichen:

- Grundgehalt einschließlich Amtszulagen,
- als grundgehaltsergänzend ausgewiesene Zulagen, z. B. die allgemeine Stellenzulage nach Vorbemerkung Nummer 13 zu Anlage 1 Landesbesoldungsgesetz Sachsen-Anhalt (für sonstige Stellenzulagen ist Randnummer 13.0.2 zu beachten), sowie
- vergleichbare Besoldungsbestandteile (z. B. die Strukturzulage nach Artikel 33 BayBesG bzw. § 46 Landesbesoldungsgesetz Baden-Württemberg).

3Ebenfalls in der Vergleichsberechnung zu berücksichtigen sind die auf die vorgenannten Bezügebestandteile entfallende Sonderzahlung (und ein gegebenenfalls gewährter Festbetrag, z. B. der Erhöhungsbetrag nach Artikel 84 BayBesG), da diese beim Bund bereits im Grundgehalt integriert ist. 4Bei Ländern, die die Sonderzahlung als jährliche Einmalzahlung gewähren, sind die Jahresbeträge auf Monatsbeträge umzurechnen.

5Unberücksichtigt in der Vergleichsberechnung bleiben jedoch gegebenenfalls gewährte Sonderbeträge für Kinder, z. B. § 7 des Gesetzes über die Gewährung jährlicher Sonderzahlungen des Landes Schleswig-Holstein.

19b.2.2 Ergibt sich aus dem Vergleich der Summen der genannten Besoldungsbestandteile eine Verringerung zum Zeitpunkt des Wechsels, wird die Ausgleichszulage in Höhe der Differenz gewährt.

Beispiel:

Ein Beamter des Landes Bayern der Besoldungsgruppe A 6 (Stufe 1) mit einer Erfahrungszeit von einem Jahr und sechs Monaten wird am 1. Februar 2017 zum Bund versetzt und in eine Planstelle der Besoldungsgruppe A 6 eingewiesen.

Es sind folgende Besoldungsbestandteile zu vergleichen:

Bayern	
Grundgehalt Besoldungsgruppe A 6, Stufe 1:	2235,56 Euro
Strukturzulage Art. 33 BayBesG:	./
Sonderzahlung Art. 83 BayBesG:	138,74 Euro
[1/12 von 1/12 von 70 Prozent von 12 x 2235,56 Euro =	130,41 Euro
+ Erhöhungsbetrag nach Artikel 84 BayBesG:	8,33 Euro
	138,74 Euro]
Summe:	2374,30 Euro
Bund	
Grundgehalt Besoldungsgruppe A 6, Stufe 1:	2274,91 Euro
Verringerung:	99,39 Euro

Damit besteht ab dem 1. Februar 2017 ein Anspruch auf eine Ausgleichszulage in Höhe von monatlich 99,39 Euro.

19b.2.3 Alle nach dem Wechsel beim Bund eintretenden Bezügeverbesserungen (Besoldungsanpassungen, Stufenaufstiege, Beförderungen einschließlich der Verleihung eines Amtes mit Amtszulage) führen zur Kürzung der Ausgleichszulage um ein Drittel des aus der Verbesserung folgenden Erhöhungsbetrages.

19b.2.4 1Sofern zum Zeitpunkt des Wechsels beim Land eine Teilzeitbeschäftigung vorlag, erfolgt die Ermittlung der Ausgleichszulage auf Grundlage der nach § 6 Absatz 1 bzw. entsprechender Landesregelung arbeitszeitanteilig gekürzten Besoldung. 2Erhöht sich die Arbeitszeit mit dem Wechsel oder während der Zeit der Gewährung der Ausgleichszulage in der neuen Verwendung (beim Bund), führt dies nicht zu einer Erhöhung der festzusetzenden bzw. der festgesetzten Ausgleichszulage (siehe auch Randnummer 13.1.14); die dadurch entstehende Erhöhung des Grundgehaltes führt aber auch nicht zu einer weiteren Kürzung der Ausgleichszulage.

Beispiel 1:

Eine Beamtin, die bisher mit 75 Prozent der regelmäßigen wöchentlichen Arbeitszeit beschäftigt war, wechselte aus einem Land am 1. Juli 2019 zum Bund, wo sie mit 50 Prozent der regelmäßigen wöchentlichen Arbeitszeit beschäftigt ist.

Die Ausgleichszulage wird fiktiv auf Grundlage einer Vollzeitbeschäftigung berechnet und anschließend nach § 6 Absatz 1 Satz 1 um 50 Prozent gekürzt. Sofern die Beamtin zu einem späteren Zeitpunkt ihre Arbeitszeit bis auf 75 Prozent anhebt, führt dies zu einer entsprechenden Erhöhung der Ausgleichszulage.

Beispiel 2:

Ein Beamter, der bisher mit 50 Prozent der regelmäßigen wöchentlichen Arbeitszeit bei einem Land beschäftigt war, wechselte am 1. August 2019 zum Bund, er ist mit 75 Prozent der regelmäßigen wöchentlichen Arbeitszeit beschäftigt.

Die Ausgleichszulage wird auf Grundlage einer Vollzeitbeschäftigung berechnet, jedoch wird nur der Stand gesichert, der zum Zeitpunkt des Wechsels besteht, so dass die Ausgleichszulage nur in maximaler Höhe von 50 Prozent gewährt werden kann.

19b.2.5 Erhält der Besoldungsempfänger zum Zeitpunkt des Wechsels keine Dienstbezüge, z. B. weil er sich zum Zeitpunkt einer organisatorischen Neuordnung in Elternzeit befindet, so ist die Vergleichsberechnung auf Grundlage der fiktiven ausgleichsberechtigten Dienstbezüge in der bisherigen und der neuen Verwendung zum Zeitpunkt des Wechsels durchzuführen.

III

19b.3 Zu Absatz 3

1Für die Fälle der Versetzung, der Übernahme und des Übertritts werden neben den unter Randnummer 19b.2.1 genannten Besoldungsbestandteilen zusätzlich die Ausgleichszulagen nach Landesrecht in die Vergleichsberechnung einbezogen, die für verringertes Grundgehalt und weggefallene oder verringerte grundgehaltsergänzende Zulagen gewährt werden. 2Die sich nach entsprechender Anwendung des Absatz 1 und 2 ergebende Ausgleichszulage ist ruhegehaltfähig, soweit die nach dieser Norm auszugleichenden Dienstbezüge nach Landesrecht ruhegehaltfähig waren.

Beispiel:

Ein polizeidienstuntauglicher Beamter der Besoldungsgruppe A 8 wurde bei einem Land zur Vermeidung der Versetzung in den Ruhestand innerhalb des Landes als Verwaltungsbeamter verwendet. Für die mit der Neuverwendung eingetretene Besoldungsverringerung von der Besoldungsgruppe A 8 zu der Besoldungsgruppe A 6 erhielt der Beamte beim Land eine ruhegehaltfähige Ausgleichszulage nach § 13 Absatz 1 Nummer 2 in der bis zum 30. August 2006 geltenden Fassung (eine für eine weggefallene Polizeizulage gewährte Ausgleichszulage bleibt hierbei unberücksichtigt). Zum 1. Mai 2019 wechselte der Beamte, der zwischenzeitlich die Besoldungsgruppe A 7 erreicht hatte, zum Bund in ein Amt der Besoldungsgruppe A 7.

Da die Ausgleichszulage beim Land für verringertes Grundgehalt gewährt wurde und diese nach der maßgeblichen Landesregelung ruhegehaltfähig war, ist sie bei der Vergleichsberechnung zu berücksichtigen. Die sich ergebende Ausgleichszulage ist folglich ebenfalls ruhegehaltfähig.

Unterabschnitt 2
Beamte und Soldaten

20 Zu § 20 – Besoldungsordnungen A und B

(unbesetzt)

21 (weggefallen)

22 (weggefallen)

23 Zu § 23 – Eingangsämter für Beamte

(unbesetzt)

24 Zu § 24 – Eingangsamt für Beamte in besonderen Laufbahnen

(unbesetzt)

25 (weggefallen)

26 (weggefallen)

27 Zu § 27 – Bemessung des Grundgehaltes

27.1 Zu Absatz 1

1In der Praxis bedarf es keiner gesonderten Feststellung, dass anforderungsgerechte Leistungen erbracht wurden. 2Ausdrücklich festgestellt werden muss jedoch die nicht anforderungsgerechte Leistung nach Absatz 4 und die dauerhaft herausragende Leistung nach Absatz 6.

27.2 Zu Absatz 2

27.2.1 Keine Stufenfestsetzung findet statt

- bei Beförderungen,
- bei der Umwandlung des Dienstverhältnisses eines Soldaten auf Zeit in das Dienstverhältnis eines Berufssoldaten und umgekehrt,
- bei Versetzungen, Übernahmen und Übertritten innerhalb des Dienstes des Bundes (z. B. bei Versetzungen von und zu bundesunmittelbaren Körperschaften, Anstalten und Stiftungen des öffentlichen Rechts oder den Postnachfolgeunternehmen),
- beim Aufstieg nach § 35 BLV bzw. nach § 54 Absatz 1 BLV i. V. m. §§ 33 bis 33b BLV in der bis zum 13. Februar 2009 geltenden Fassung,
- beim Aufstieg nach den §§ 15 und 16 Bundespolizei-Laufbahnverordnung,
- bei Zulassung zu einer höheren Laufbahn nach den §§ 24 und 27 BLV bzw. nach § 54 Absatz 3 BLV i. V. m. § 5a BLV in der bis zum 13. Februar 2009 geltenden Fassung,

- bei Zulassung zu einer höheren Laufbahn nach §§ 16, 21, 27, 32, 37, 42 und 47 Soldatenlaufbahnverordnung sowie
- beim Laufbahnwechsel nach § 42 BLV.

27.2.2 1Sind bei der ersten Stufenfestsetzung Erfahrungszeiten nach § 28 Absatz 1 bis 3 anzuerkennen, wird das Grundgehalt so festgesetzt, als ob diese Zeiten in einem Dienstverhältnis erbracht worden sind. 2Für die konkrete Stufenzuordnung sind die Stufenlaufzeiten des § 27 Absatz 3 maßgebend.

27.2.3 1Es wird empfohlen, den Stufenfestsetzungsbescheid gegen Empfangsbekenntnis auszuhändigen. 2Eine förmliche Zustellung nach dem Verwaltungszustellungsgesetz ist nicht erforderlich.

27.2.4 Ein Stufenfestsetzungsbescheid könnte wie folgt aussehen:

„Sie wurden mit Wirkung vom ... zum ... ernannt und haben ab diesem Tag Anspruch auf Grundgehalt der Besoldungsgruppe A ....

oder

Sie wurden mit Wirkung vom ... in den Dienst des Bundes versetzt/übernommen/Sie sind mit Wirkung vom ... in den Dienst des Bundes übergetreten und haben ab diesem Tag Anspruch auf Grundgehalt der Besoldungsgruppe A ...

Mit Wirkung vom 1. ... [einsetzen: Monat und Jahr des Wirksamwerdens der Ernennung] wird für Sie nach § 27 Absatz 2 BBesG ein Grundgehalt der Stufe 1 festgesetzt, da in Ihrem Fall keine berücksichtigungsfähigen Erfahrungszeiten nach § 28 Absatz 1 und 2 [für Soldaten: § 28 Absatz 1 und 3] BBesG vorliegen. Die zum Erreichen der Stufe 2 erforderliche Erfahrungszeit beträgt zwei Jahre; die für die weiteren Stufenaufstiege erforderlichen Erfahrungszeiten entnehmen Sie bitte § 27 Absatz 3 BBesG.

oder

Mit Wirkung vom 1. ... [einsetzen: Monat und Jahr des Wirksamwerdens der Ernennung/der Versetzung/der Übernahme/des Übertritts] wird für Sie nach § 27 Absatz 2 i. V. m. § 28 Absatz 1 und 2 [für Soldaten: § 28 Absatz 1 und 3] BBesG auf Grund der in Ihrem Fall berücksichtigten Erfahrungszeiten von ... Jahr(en) und ... Monat(en) ein Grundgehalt der Stufe ... festgesetzt. Die zum Erreichen der Stufe ... [einsetzen: festgesetzte Stufe] insgesamt erforderliche Erfahrungszeit von ... Jahren und ... Monaten beträgt ... Jahre, so dass Sie in dieser Stufe nunmehr bereits eine Erfahrungszeit von ... Jahren und ... Monaten zurückgelegt haben; die für die weiteren Stufenaufstiege erforderlichen Erfahrungszeiten entnehmen Sie bitte § 27 Absatz 3 BBesG.

Folgende Tätigkeitszeiten wurden als Erfahrungszeiten berücksichtigt. Soweit innerhalb dieser Zeiträume Unterbrechungszeiten liegen, die nicht als Erfahrungszeiten berücksichtigt werden können, wurden die Tätigkeitszeiten in die berücksichtigungsfähigen Zeiträume unterteilt:

Nr.	Beginn/Ende	tätig als ... im ...	Monat(e)	Jahr(e)
1	15.09.2002–14.12.2006	Sachbearbeiterin im BMWi	3	4
2				

Die Zeiten nach Nummer 1 werden nach § 28 Absatz 1 Satz 1 Nummer 1 BBesG als Erfahrungszeiten im Sinn des § 27 Absatz 3 BBesG anerkannt. [gegebenenfalls: Bei den Zeiten nach Nummer ... konnten ... Jahr(e) und ... Monat(e) nicht berücksichtigt werden, weil diese Zeiten Voraussetzung für die Zulassung zur Laufbahn sind.]

und/oder

Der von Ihnen geleistete freiwillige Wehrdienst/Zivildienst/Bundesfreiwilligendienst [gegebenenfalls andere Wehrdienstart einsetzen] wird nach § 28 Absatz 1 Satz 1 Nummer 3 BBesG im Umfang von ... Jahr(en) und ... Monat(en) als Erfahrungszeit im Sinn des § 27 Absatz 3 BBesG anerkannt.

und/oder

Ihr Masterabschluss [gegebenenfalls gleichwertigen Abschluss einsetzen] wird nach § 28 Absatz 2 Satz 2 BBesG mit einem Umfang von zwei Jahren als Erfahrungszeit im Sinn des § 27 Absatz 3 BBesG anerkannt.

und/oder

III

Die Qualifikation zum … wird nach § 28 Absatz 2 Satz 3 [für Soldaten: nach § 28 Absatz 3 Satz 3 BBesG i. V. m. § 28 Absatz 2 Satz 3] BBesG mit einem Umfang von … Jahr(en) und … Monat(en) als Erfahrungszeit im Sinn des § 27 Absatz 3 BBesG anerkannt."

III

27.3 Zu Absatz 3

27.3.1 1Die Verzögerung sollte dem Betroffenen bei Wiederaufnahme des Dienstes schriftlich mitgeteilt werden, wobei nur volle Monate zu berücksichtigen sind. 2Diese Mitteilung könnte wie folgt aussehen:

„Im Zeitraum von … bis … hatten Sie keinen Anspruch auf Dienstbezüge. Nach § 27 Absatz 3 Satz 3 BBesG verzögern Zeiten ohne Dienstbezüge den Aufstieg in den Stufen des Grundgehaltes, soweit in § 28 Absatz 5 BBesG nichts anderes bestimmt ist. Einer der in § 28 Absatz 5 BBesG abschließend genannten Ausnahmegründe liegt in Ihrem Fall nicht vor. Daher verzögert sich Ihr Stufenaufstieg nach § 27 Absatz 3 Satz 3 i. V. m. Satz 4 BBesG um … Jahr(e) und … Monat(e).

oder

Im Zeitraum von … bis … hatten Sie keinen Anspruch auf Dienstbezüge. Nach § 27 Absatz 3 Satz 3 BBesG verzögern Zeiten ohne Dienstbezüge den Aufstieg in den Stufen des Grundgehaltes, soweit in § 28 Absatz 5 BBesG nichts Anderes bestimmt ist. Nicht zu einer Verzögerung führt nach § 28 Absatz 5 Nummer … BBesG die Zeit von … bis …. Ihr Stufenaufstieg verzögert sich daher nicht um den genannten Zeitraum ohne Anspruch auf Dienstbezüge, sondern nach § 27 Absatz 3 Satz 3 i. V. m. Satz 4 BBesG um … Jahr(e) und … Monat(e).

Am … [einsetzen: Datum des Tages vor dem Beginn der Zeiten ohne Dienstbezüge nach § 27 Absatz 3 Satz 3 BBesG] haben Sie ein Grundgehalt der Stufe … erhalten. In dieser Stufe haben Sie bis zu diesem Tag eine Erfahrungszeit von … Jahr(en) und … Monat(en) zurückgelegt.

Mit Wirkung vom 1. … [einsetzen: Monat und Jahr des Tages nach dem Ende der Zeiten ohne Dienstbezüge nach § 27 Absatz 3 Satz 3 BBesG] haben Sie ein Grundgehalt der Stufe … erreicht und in dieser Stufe eine Erfahrungszeit von … Jahr(en) und … Monat(en) zurückgelegt."

27.3.2 1Der im Zusammenhang mit der **Rundung** verwendete Monatsbegriff ist nicht mit dem des Kalendermonats gleich zu setzen. 2Der Zeitraum wird in der Weise berechnet, dass ein Monat an dem Tag des Monats vollendet ist, der dem Tag vorausgeht, dessen Zahl dem Tag entspricht, an dem der relevante Unterbrechungszeitraum begonnen hat (§ 188 Absatz 2 BGB).

27.3.3 1Die Unterbrechungszeit reicht vom ersten Tag ohne Anspruch auf Bezüge bis zu dem Tag, der dem Tag vorausgeht, an dem die Bezügezahlung wieder aufgenommen wird. 2Jeder Unterbrechungszeitraum ist bei der Berechnung und Rundung für sich zu betrachten. 3Tage, die am Ende der Unterbrechungszeit keinen vollen Monat mehr ergeben, bleiben unberücksichtigt und werden auch nicht einem späteren Unterbrechungszeitraum zugerechnet.

27.3.4 Ist die Zahlung von Bezügen für einen zusammenhängenden Zeitraum aus unterschiedlichen Gründen unterbrochen, liegt gleichwohl nur eine Unterbrechung vor.

Beispiele:

Unterbrechung vom:	Was ist zu berücksichtigen?
01.05.–28.05.	Nichts. Der Zeitraum liegt unter einem Monat, da er nicht bis zum 31. Mai angedauert hat.
01.05.–30.06.	Zwei Monate, nämlich die Zeiträume vom 1. Mai bis 31. Mai und vom 1. Juni bis 30. Juni.
01.05.–14.06.	Nur ein Monat, da der zweite Zeitraum aus dem vorangegangenen Beispiel nicht bis zu dem Tag (30. Juni) reicht, der dem Tag (1. Juli) vorausgeht,

Unterbrechung vom:	Was ist zu berücksichtigen?
	dessen Zahl dem Tag (1. Mai) entspricht, an dem der relevante Unterbrechungszeitraum begonnen hat.
10.07.–08.09.	Ein Monat (obwohl 61 Tage), denn die Unterbrechung dauert einen vollen Monat, nämlich vom 10. Juli bis 9. August. Der übrige Zeitraum vom 10. August bis 8. September ist um einen Tag zu kurz.
07.02.–06.04.	Zwei Monate (obwohl 59 Tage), denn der kürzere Monat Februar wirkt sich nicht aus. Die Zeiträume umfassen genau zwei Monate, nämlich vom 7. Februar bis 6. März und vom 7. März bis 6. April.

27.4 Zu Absatz 4

27.4.1 $_{1}$§ 27 Absatz 4 regelt das Verbleiben in der bisher erreichten Stufe des Grundgehaltes bei nicht anforderungsgerechten Leistungen abschließend. $_{2}$Das Regel-Ausnahme-Verhältnis von § 27 Absatz 1 Satz 2 und Absatz 4 („Wird festgestellt …") ist so gestaltet, dass der Aufstieg in den Stufen den Regelfall, das Festhalten in der jeweiligen Erfahrungsstufe den Ausnahmefall darstellt.

27.4.2 $_{1}$Die jeweilige Dienstbehörde trägt die Verantwortung für eine dem Leistungsprinzip entsprechende Durchführung. $_{2}$Hierbei bedarf es eines engen Zusammenspiels zwischen der personalbearbeitenden Stelle und den für die Leistungseinschätzung zuständigen Vorgesetzten (in der Regel sind die Vorgesetzten für die Leistungsbeurteilung zuständig; fallen Vorgesetztenstatus und Beurteilungszuständigkeit auseinander, kommt es insoweit auf die Zuständigkeit für die Leistungsbewertung an). $_{3}$Die personalbearbeitende Stelle hat Kenntnis von den Stichtagen, zu denen für die Betroffenen ein Stufenaufstieg in Betracht kommt. $_{4}$Sie verfügt zudem über die dienstlichen Beurteilungen. $_{5}$Die Vorgesetzten haben das aktuelle Leistungsbild im Blick.

27.4.3 $_{1}$Ob im Einzelfall der Stufenaufstieg versagt werden kann, ist von der Leistung in der jeweiligen Stufe abhängig. $_{2}$Der Maßstab für „anforderungsgerechte" Leistungen ergibt sich aus dem Beurteilungssystem der jeweiligen Behörde.

27.4.4 $_{1}$Sehen die Vorgesetzten Anhaltspunkte für eine den Stufenaufstieg gefährdende Minderleistung, ist zunächst – gegebenenfalls durch Nachfrage bei der personalbearbeitenden Stelle – der Zeitpunkt für den nächstmöglichen Stufenaufstieg zu klären. $_{2}$Sodann hat der Vorgesetzte ein Personalführungsgespräch mit dem Betroffenen zu führen. $_{3}$In diesem Gespräch sind die Leistungsdefizite sowie die Möglichkeiten zu ihrer Behebung zu besprechen. $_{4}$Dabei ist aus Fürsorgegründen auf die Gefährdung des Stufenaufstiegs hinzuweisen.

27.4.5 $_{1}$Die durch die Dienststelle zu treffende Entscheidung zum Verbleiben in der Stufe (§ 27 Absatz 4 Satz 1) kann nur auf eine Leistungseinschätzung gestützt werden, die nicht älter als zwölf Monate ist (§ 27 Absatz 4 Satz 3). $_{2}$Liegt eine zum Stichtag des Stufenaufstiegs aktuelle dienstliche Beurteilung vor, gegebenenfalls im Zusammenhang mit einer weiteren Beurteilung zu früheren Zeiträumen der Stufenlaufzeit, und bescheinigt die Beurteilung für den Stufenzeitraum eine nicht anforderungsgerechte Leistung, kann die Entscheidung nach § 27 Absatz 4 Satz 1 direkt auf die Beurteilung gestützt werden. $_{3}$Ist absehbar, dass zum Stichtag keine aktuelle dienstliche Beurteilung vorliegen wird, holt die personalbearbeitende Stelle eine aktuelle Leistungseinschätzung ein; die entsprechende Anforderung ist rechtzeitig vor dem Stichtag zu übermitteln.

27.5 Zu Absatz 5

27.5.1 $_{1}$Soll der unterbliebene Aufstieg nach § 27 Absatz 5 Satz 1 nachgeholt werden, ist zuvor die Leistung erneut festzustellen. $_{2}$Das Gesetz trifft keine Vorgabe, in welchem Zeitraum eine Überprüfung der Leistungen zu erfolgen hat. 3Es dürfte angemessen sein, nach einem Jahr zu prüfen, ob die Leistungen inzwischen den mit dem Amt verbundenen Anforderungen entsprechen. 4Mit dem Aufstieg beginnt die Erfahrungszeit für diese Stufe. 5Ein Verbleiben in der bisher erreichten Stufe des Grundgehaltes führt also nicht zu einer verkürzten Erfahrungszeit in der nächsten Stufe.

27.5.2 1§ 27 Absatz 5 Satz 2 eröffnet die Möglichkeit, bei einer erheblichen überdurchschnittlichen Leistungssteigerung in der Folgezeit wieder zu der Stufe und Erfahrungszeit aufzuschließen, die ohne die vorherige Stufenhemmung erreicht worden wäre. 2Auf die Entscheidung nach § 27 Absatz 5 Satz 2 besteht ein Anspruch, eine Antragsstellung ist insoweit nicht erforderlich. 3Leistungen, die die Anforderungen erheblich übersteigen, sind regelmäßig solche, die mit einer quotierten Beurteilungsnote bewertet werden oder die – entsprechend der Beurteilungspraxis der jeweiligen Behörde – als eindeutig überdurchschnittlich bewertet werden. 4Es obliegt der Verantwortung der Dienststellen darüber zu bestimmen, ob die Feststellung überdurchschnittlicher Leistungen für eine Entscheidung nach § 27 Absatz 5 Satz 2 vorgezogen wird oder innerhalb eines regulären Beurteilungsdurchgangs erfolgt.

27.6 Zu Absatz 6

1Die Vergabe der Leistungsstufe erfolgt für dauerhaft herausragende Leistungen und bewirkt, dass die Begünstigten vorzeitig das Grundgehalt aus der nächsthöheren Stufe erhalten. 2Nähere Regelungen zur Leistungsstufe enthält die Bundesleistungsbesoldungsverordnung (BLBV).

27.7 Zu Absatz 7

1Die oberste Dienstbehörde hat festzulegen, welche Organisationseinheit im eigenen Bereich und in den Geschäftsbereichsbehörden für die Entscheidung nach § 27 Absatz 4 und 5 zuständig ist. 2Dies werden in der Regel die Behördenleitungen sein, die ihrerseits den internen Verfahrensablauf bestimmen können. 3Für die Entscheidung nach § 27 Absatz 6 enthält § 9 BLBV nähere Regelungen zu den Entscheidungsberechtigten. 4Die dezentrale Wahrnehmung von Führungsverantwortung zur Berücksichtigung der Verhältnisse vor Ort bleibt erhalten.

27.8 Zu Absatz 8

1Für Beamte, die sich in der Probezeit vor der Verbeamtung auf Lebenszeit befinden, bestimmt sich während der Dauer der Probezeit nach § 11 Absatz 1 BBG die Erfahrungszeit für das Aufsteigen in Stufen abweichend von § 27 Absatz 1 Satz 2 und Absatz 3 nur nach der Dienstzeit. 2Im Vordergrund steht die Entscheidung über die Bewährung. 3Die Vorschrift des § 27 Absatz 8 verhindert, dass besoldungsrechtliche Entscheidungen die laufbahnrechtliche Prüfung der Bewährung präjudizieren. 4Nach Feststellung der Bewährung zum Ende der Probezeit erfolgen alle weiteren Stufenaufstiege nur bei Vorliegen anforderungsgerechter Leistungen.

27.9 Zu Absatz 9

1Führt ein Disziplinarverfahren später nicht zur Entfernung aus dem Dienst oder endet das Dienstverhältnis nicht durch Entlassung auf Antrag des Betroffenen oder infolge strafgerichtlicher Verurteilung, ist der Betroffene in Bezug auf die Besoldung so zu stellen, als ob der Aufstieg nicht unterblieben wäre. 2Die Beträge, die auf Grund von Stufenaufstiegen nach § 27 Absatz 3 gezahlt worden wären, die jedoch infolge des Verbleibens in der Stufe des Grundgehaltes im Zeitraum der vorläufigen Dienstenthebung nicht gezahlt wurden, sind nachzuzahlen.

28 Zu § 28 – Berücksichtigungsfähige Zeiten

28.1 Zu Absatz 1

28.1.1 Zu Satz 1 Nummer 1

28.1.1.1 1Sofern Zeiten einer hauptberuflichen Tätigkeit, die der angestrebten Verwendung im öffentlichen Dienst **gleichwertig** ist, sind sie zwingend anzuerkennen – unabhängig davon, ob diese Tätigkeit innerhalb oder außerhalb des öffentlichen Dienstes geleistet wurde. 2Bei der Bewertung des Merkmals „gleichwertig" bleiben Zeiten in einem

Soldatenverhältnis außer Betracht, da diese nach den Regelungen im Absatz 1 Nummer 2 und 3 zu betrachten sind. $_{3}$Ausgeschlossen ist eine Anerkennung ferner, wenn diese Zeiten Voraussetzung für den Erwerb der Laufbahnbefähigung als Beamter sind oder bei Soldaten Voraussetzung für die Einstellung in einen Dienstgrad bis Besoldungsgruppe A 13 sind. $_{4}$Für (hauptberufliche) Zeiten, die in einem Soldatenverhältnis erbracht wurden, gilt § 28 Absatz 1 Satz 1 Nummer 2.

28.1.1.2 $_{1}$Die **Gleichwertigkeit** einer Tätigkeit ist zu bejahen, wenn die Tätigkeit ihrer Bedeutung, d. h. Wertigkeit oder Schwierigkeit nach mindestens einer Tätigkeit der jeweiligen Laufbahngruppe entspricht. $_{2}$Dabei sind die an die Tätigkeit zu stellenden Anforderungen ebenso zu berücksichtigen wie die hierfür erforderliche Qualifikation. $_{3}$Auf die konkrete Fachrichtung und Funktion kommt es nicht an. $_{4}$Es ist nicht zu prüfen, ob die Tätigkeit förderlich ist. $_{5}$Bei der Entscheidung über die Gleichwertigkeit steht der Behörde ein Beurteilungsspielraum zu.

28.1.1.3 $_{1}$Wurde eine vorherige Tätigkeit im Rahmen eines tariflichen Arbeitsverhältnisses zu einem öffentlich-rechtlichen Dienstherrn ausgeübt, bietet die seinerzeitige tarifrechtliche Eingruppierung des Bewerbers wichtige Anhaltspunkte dafür, ob eine vorherige Tätigkeit als gleichwertig einzustufen ist. $_{2}$Für die Zuordnung der Vergütungs- und Lohngruppen des ehemaligen BAT/MTArb zu Entgeltgruppen sind die tariflichen Wertentscheidungen zugrunde zu legen, d. h.

- bei einem vorherigen Arbeitsverhältnis zum Bund die Wertentscheidungen in Anlage 4 Tarifvertrag zur Überleitung des Beschäftigten des Bundes in den TVöD und zur Regelung des Übergangsrechts (TVÜ-Bund) in der bis zum 31. Dezember 2013 geltenden Fassung,
- bei einem vorherigen Arbeitsverhältnis zu einem Land, das Mitglied der Tarifgemeinschaft der Länder ist, die Wertentscheidungen in Anlage 4 Tarifvertrag zur Überleitung der Beschäftigten der Länder in den TV-L und zur Regelung des Übergangsrechts (TVÜ-Länder) und
- bei einem vorherigen Arbeitsverhältnis zu einem Arbeitgeber, der Mitglied eines Mitgliedsverbandes der Vereinigung der kommunalen Arbeitgeberverbände ist, die Wertentscheidungen in Anlage 3 Tarifvertrag zur Überleitung der Beschäftigten der kommunalen Arbeitgeber in den TVöD und zur Regelung des Übergangsrechts (TVÜ-VKA).

$_{3}$Dies gilt auch

- für Tarifbeschäftigte, die als Angestellte oder Arbeiter in den TVöD bzw. TV-L nach Anlage 2 TVÜ-Bund in der bis zum 31. Dezember 2013 geltenden Fassung, Anlage 2 TVÜ-Länder oder Anlage 1 TVÜ-VKA übergeleitet wurden und
- für Tarifbeschäftigte, die in einem vorherigen Arbeitsverhältnis zu einem öffentlich-rechtlichen Arbeitgeber gestanden haben, der den TVöD oder TV-L (noch) nicht anwendet (z. B. die Träger der gesetzlichen Rentenversicherung oder die Länder Berlin und Hessen).

28.1.1.4 $_{1}$Fehlt es an einer Entgeltgruppe im Sinn des TVöD oder eines vergleichbaren Tarifvertrages, muss die Bewertung in sinngemäßer Anwendung der vorgenannten Überleitungsregelungen erfolgen und fiktiv eine Entgeltgruppe ermittelt werden. $_{2}$Daraus ergeben sich folgende Vergleichbarkeiten der Entgeltgruppen nach dem TVöD – Bund – der Tarifbeschäftigten zu den Laufbahnen:

Laufbahn eD (A 3 bis A 6)	Entgeltgruppen 1 bis 4
Laufbahn mD (A 6 bis A 9)	Entgeltgruppen 5 bis 9a[1])

[1]) Sollten Beschäftigte vor dem Inkrafttreten der Entgeltordnung des Bundes der Entgeltgruppe 9 zugeordnet worden sein, sind Beschäftigte mit einer regulären Stufenlaufzeit wie Beschäftigte der Entgeltgruppe 9b, die übrigen Beschäftigten wie Beschäftigte der Entgeltgruppe 9a zu behandeln.

Laufbahn gD (A 9 bis A 13)	Entgeltgruppen 9b bis 12
Laufbahn hD (A 13 bis A 16)	Entgeltgruppen 13 bis 15.

28.1.1.5 $_1$**Nicht gleichwertig** sind insbesondere die in einer niedrigeren Laufbahngruppe im öffentlichen Dienst erbrachten Dienstzeiten. $_2$Diese Zeiten sowie nicht gleichwertige Zeiten außerhalb des öffentlichen Dienstes können aber als förderliche Zeiten im Sinn von § 28 Absatz 2 Satz 1 (für Beamte) oder § 28 Absatz 3 Satz 2 (für Soldaten) anerkannt werden.

Beispiel:

Ein Beamter (Besoldungsgruppe A 12) wird vom Land zum Bund versetzt. Beim Land hatte er den Aufstieg vom mittleren in den gehobenen Dienst absolviert. Dienstzeiten, die er in Ämtern der Laufbahngruppe des gehobenen Dienstes (Besoldungsgruppe A 9 bis A 13) erbracht hat, sind als gleichwertige Zeiten i. S. d. § 28 Absatz 1 Satz 1 Nummer 1 anzurechnen. Zeiten, die er in Ämtern der Laufbahngruppe des mittleren Dienstes (Besoldungsgruppe A 6 bis A 9) absolviert hat, können als förderliche Zeiten nach § 28 Absatz 2 Satz 1 berücksichtigt werden.

28.1.1.6 $_1$Die **Hauptberuflichkeit** einer Tätigkeit ist dann zu bejahen, wenn

- sie entgeltlich ist,
- gewolltermaßen den Schwerpunkt der beruflichen Tätigkeit darstellt,
- in der Regel den überwiegenden Teil der Arbeitskraft beansprucht und
- dem durch Ausbildung und Berufswahl geprägten Berufsbild entspricht oder nahekommt.

$_2$Zum Nachweis einer hauptberuflichen Tätigkeit als Rechtsanwalt ist die Anwaltszulassung vorzulegen. $_3$Die Rechtsanwaltskammern überprüfen nach § 7 Nummer 8 und § 14 Nummer 8 Bundesrechtsanwaltsordnung die Vereinbarkeit eines Zweitberufs mit der Rechtsanwaltstätigkeit. $_4$Daneben ist durch die Vorlage geeigneter Unterlagen die Glaubhaftmachung des Umfangs der anwaltlichen Tätigkeit erforderlich um die Erfüllung des Kriteriums der Hauptberuflichkeit prüfen zu können. $_5$Wird anstelle eines Entgelts für die Tätigkeit ein Stipendium gezahlt, spricht dies nicht grundsätzlich gegen die Erfüllung des Kriteriums der Hauptberuflichkeit. $_6$Hat der Beamte eine seinem beruflichen Abschluss entsprechende Tätigkeit ausgeübt, die seine Arbeitskraft überwiegend in Anspruch nimmt, kann diese auch dann als Erfahrungszeit anerkannt werden, wenn er in dieser Zeit seinen Lebensunterhalt durch ein Stipendium bestritten hat. $_7$Es kommt in erster Linie darauf an, dass berufliche Erfahrung in nennenswertem Umfang erworben wurde. $_8$Die Tätigkeit muss sich jedoch klar von einer Ausbildung abgrenzen lassen.

28.1.1.7 $_1$Auch eine Tätigkeit, die weniger als die Hälfte der für Besoldungsempfänger geltenden Regelarbeitszeit in Anspruch nimmt, kann hauptberuflich sein, wenn sie nach den Lebensumständen des Betroffenen dessen Tätigkeitsschwerpunkt bildet (BVerwG, Urteil vom 25. Mai 2005 – 2 C 20/04 –). $_2$Bei einer überhälftigen Teilzeit werden diese vom BVerwG aufgestellten Anforderungen in der Regel erfüllt sein.

28.1.1.8 $_1$Keine hauptberufliche Tätigkeit liegt vor, wenn

- in der fraglichen Zeit mehrere Beschäftigungen ausgeübt wurden und
- die Beschäftigungsanteile, die als nicht gleichwertig oder als nicht förderlich zu qualifizieren sind, zeitlich deutlich überwiegend wahrgenommen wurden und dementsprechend die Arbeitskraft des Betroffenen überwiegend gebunden haben.

$_2$Bei Ausübung von zwei Tätigkeiten mit einer gleichen oder annähernd gleichen Teilzeitquote, kommt es auf den tatsächlichen inhaltlichen Schwerpunkt an, der gegebenenfalls darzulegen ist.

Beispiel 1:

Ein nach dem Teilzeit- und Befristungsgesetz eingestellter Tarifbeschäftigter ist mit einem Stundenumfang von 15 Wochenstunden beim Bund beschäftigt. Daneben betreibt er ca. 25 Stunden in der Woche ein Ingenieurbüro. Die Hauptberuflichkeit der Tätigkeit als Tarifbeschäftigter ist hier zu verneinen, weil sie nicht den Schwerpunkt der beruflichen Tätigkeit darstellt.

Beispiel 2:

Ein Jurist arbeitet nach der Ablegung seines 2. Staatsexamens halbtags (19 Stunden wöchentlich) als Justitiar in einem mittelständischen Unternehmen. Daneben arbeitet er zur Sicherstellung des Familieneinkommens 20 Stunden wöchentlich als Nachhilfelehrer. Es kann davon ausgegangen werden, dass die Tätigkeit als Justiziar hauptberuflich ist, da sie der Ausbildung entspricht und die Basis für eine weitere berufliche Tätigkeit als Jurist darstellt. In dieser Tätigkeit liegt der inhaltliche Schwerpunkt seiner Berufstätigkeit.

28.1.1.9 $_1$Von der Anerkennung nach § 28 Absatz 1 Satz 1 Nummer 1 ausgenommen sind Ausbildungszeiten, d. h. auch Zeiten eines Vorbereitungsdienstes sowie hauptberufliche Tätigkeiten, die Voraussetzung für den Erwerb der Laufbahnbefähigung sind. $_2$Die Probezeit nach § 6 Absatz 3 BBG hingegen ist für die Berücksichtigung bei der Erfahrungszeit nicht verbraucht. $_3$Während die zum Erwerb der Laufbahnbefähigung absolvierte Zeit überhaupt erst Voraussetzung dafür ist, dass Erfahrungszeit angesammelt werden kann, dient die Probezeit anderen Zwecken. $_4$Dies wird bereits durch den unterschiedlichen Status des Betroffenen deutlich, der während des laufbahnrechtlichen Vorbereitungsdienstes den Status eines Anwärters oder Referendars innehat.

28.1.1.10 $_1$Eine Ausnahme gilt jedoch bei Verbeamtungen im höheren Dienst. $_2$Hier ist pauschal eine Erfahrungszeit von zwei Jahren anzuerkennen, wenn für die Einstellung ein mit einem Master abgeschlossenes Hochschulstudium oder ein vergleichbarer Abschluss vorausgesetzt wird.

Beispiel:

Ein Bewerber, der zum Regierungsrat ernannt werden soll, hat nach seinem mit einem Master abgeschlossenen Informatikstudium als Tarifbeschäftigter vier Jahre hauptberuflich als IT-Kraft beim Bund gearbeitet. Die Befähigung für den höheren naturwissenschaftlichen Dienst hat er nach zwei Jahren und sechs Monaten hauptberuflicher Tätigkeit erworben (vgl. § 17 Absatz 5 Nummer 2 Buchstabe c BBG i. V. m. § 21 Absatz 1 Satz 1 BLV). Mit Wirkung der Ernennung zum Regierungsrat am 1. September 2016 werden bei der erstmaligen Stufenfestsetzung von den insgesamt vier Jahren hauptberuflicher Tätigkeit ein Jahr und sechs Monate als Erfahrungszeit anerkannt. Zudem werden ihm pauschal zwei Jahre für den Hochschulabschluss anerkannt. Er bringt damit eine Erfahrungszeit von insgesamt drei Jahren und sechs Monaten mit und erhält ein Grundgehalt der Stufe 2, mit einer anrechenbaren Erfahrungszeit von einem Jahr und sechs Monaten.

28.1.2 Zu Satz 1 Nummer 2

28.1.2.1 $_1$Für Zeiten in einem Dienstverhältnis als Soldat auf Zeit oder Berufssoldat in der Bundeswehr sowie für Zeiten als Eignungsübender (§ 87 SG) oder in einem Wehrdienstverhältnis besonderer Art (§ 6 Einsatzweiterverwendungsgesetz) gilt § 28 Absatz 1 Satz 1 Nummer 2 als Spezialregelung in Ergänzung zu § 28 Absatz 1 Satz 1 Nummer 1. $_2$Die in diesen Dienstverhältnissen zurückgelegten Zeiten werden ohne Prüfung der Gleichwertigkeit wie gleichwertige hauptberufliche Zeiten anerkannt und gegebenenfalls mit anderen Zeiten zusammengerechnet. $_3$Zeiten innerhalb des Soldatenverhältnisses, die Ausbildungszwecken dienen (z. B. Zeiten der Laufbahnausbildung als Unteroffizier-, Feldwebel- oder Offiziersanwärter sowie Studienzeiten an einer Universität der Bundeswehr), werden nicht abgezogen.

28.1.2.2 $_1$Wehrdienstzeiten bei der Nationalen Volksarmee (NVA) oder bei ausländischen Streitkräften können jedoch nicht als Erfahrungszeit im Sinn des § 28 Absatz 1 Nummer 2 anerkannt werden, da es sich hierbei nicht um Dienstverhältnisse als Soldat auf Zeit oder Berufssoldat in der Bundeswehr handelt. $_{2}$Für diese Zeiten ist eine Anerkennung bei Beamten nach § 28 Absatz 2 Satz 1 und bei Soldaten nach § 28 Absatz 3 Satz 2 zu prüfen. $_{4}$Hier ist aber ein möglicher Ausschlussgrund nach § 30 zu beachten.

28.1.2.3 $_{1}$Für sonstige Wehrdienstzeiten in der Bundeswehr gilt ausschließlich § 28 Absatz 1 Satz 1 Nummer 3. $_{2}$Sonstige Wehrdienstzeiten sind die unter Randnummer 28.1.3.2 aufgeführten Zeiten.

28.1.3 Zu Satz 1 Nummer 3

28.1.3.1 $_{1}$Zeiten, in denen Wehr-, Zivil-, Freiwilligen- oder Entwicklungsdienst geleistet wurde, sind anzuerkennen, wenn sie mindestens vier Monate und längstens zwei Jahre abgeleistet wurden. $_{2}$Eine Zusammenrechnung verschiedener Dienste, die für sich jeweils die Mindestschwelle von vier Monaten nicht überschreiten, ist nicht möglich.

28.1.3.2 Folgende Zeiten sind grundsätzlich anerkennungsfähig:

- Grundwehrdienst und freiwilliger zusätzlicher Wehrdienst im Anschluss an den Grundwehrdienst (nach den §§ 5 und 6b Wehrpflichtgesetz (WPflG)),
- freiwilliger Wehrdienst als besonderes staatsbürgerliches Engagement (nach § 58b SG),
- Wehrübungen/Übungen, besondere Auslandsverwendungen, Hilfeleistungen im Innern oder im Ausland oder geleisteter unbefristeter Wehrdienst im Spannungs- oder Verteidigungsfall (nach dem WPflG oder nach dem Vierten Abschnitt des SG),
- Zivildienst (nach dem Zivildienstgesetz (ZDG), umfasst auch den wehrpflichtbefreienden anderen Dienst im Ausland nach § 14b Absatz 1 ZDG),
- Bundesfreiwilligendienst (nach dem Bundesfreiwilligendienstgesetz),
- Entwicklungsdienst (nach dem Entwicklungshelfer-Gesetz) und
- freiwilliges soziales und ökologisches Jahr (nach dem Jugendfreiwilligendienstegesetz).

28.1.3.3 Für ehemalige Berufssoldaten oder Soldaten auf Zeit ist eine Berücksichtigung von Zeiten eines Grundwehrdienstes oder freiwilligen Wehrdienstes dann ausgeschlossen, wenn diese Zeiten bereits als Bestandteil der Dienstzeit von ehemaligen Berufssoldaten sowie ehemaligen Soldaten auf Zeit (§ 40 Absatz 6 SG) nach Nummer 2 berücksichtigt worden sind.

28.1.3.4 $_{1}$Eine nicht hauptberufliche Tätigkeit im Zivil- oder Katastrophenschutz (z. B. Mitgliedschaft in einer freiwilligen Feuerwehr) ist grundsätzlich nicht anerkennungsfähig. $_{2}$Dies gilt auch dann, wenn sie als wehrdienstersetzend anerkannt worden ist. $_{3}$Zwar kann man den Ersatzdienst im Zivil- und Katastrophenschutz grundsätzlich den in Nummer 3 genannten Diensten gleichsetzen, verteilt dieser sich zeitlich jedoch auf mehrere Jahre und wird nur abends und an Wochenenden ausgeübt, ist er nicht den Diensten nach Nummer 3 gleichzusetzen, sondern einer sonstigen ehrenamtlichen Tätigkeit, die generell nicht als Erfahrungszeit anerkannt wird.

28.1.4 Zu Satz 1 Nummer 4

$_{1}$Nach § 28 Absatz 1 Satz 1 Nummer 4 werden Verfolgungszeiten nach dem Beruflichen Rehabilitierungsgesetz als Erfahrungszeiten anerkannt. $_{2}$Voraussetzung ist, dass eine Erwerbstätigkeit, die einem Dienst bei einem öffentlich-rechtlichen Dienstherrn entspricht, nicht ausgeübt werden konnte. $_{3}$Das Vorliegen einer Verfolgungszeit nach dem Beruflichen Rehabilitierungsgesetz muss durch die zuständigen Rehabilitierungsbehörden festgestellt worden sein.

28.1.5 Zu Satz 2

$_{1}$In einzelnen Bereichen gibt es spezielle laufbahnrechtliche Anforderungen für die Zulassung zu einer Laufbahn. $_{2}$Diese Zeiten können ausnahmsweise anerkennungsfähig sein. $_{3}$Besondere Anforderungen an die Zulassung zur Laufbahn stellt etwa § 26 Absatz 3 des Patentgesetzes, der in der Regel für die Einstellung als technisches Mitglied beim Deutschen Marken- und Patentamt eine berufliche Tätigkeit von mindestens fünf Jahren im Bereich der Naturwissenschaften oder Technik fordert. $_{4}$In solchen Fällen kann mit

Zustimmung des Bundesministeriums des Innern, für Bau und Heimat von § 28 Absatz 1 Satz 1 und 3 abgewichen werden, so dass Zeiten, die die allgemeinen Zulassungsanforderungen übersteigen, als Erfahrungszeiten anerkannt werden können (im Falle der Einstellung als technisches Mitglied beim Deutschen Marken- und Patentamt können von den geforderten und tatsächlich erbrachten fünf Jahren also zwei Jahre und sechs Monate angerechnet werden).

28.1.6 Zu Satz 3

28.1.6.1 1Hauptberufliche Zeiten nach § 28 Absatz 1 Satz 1, die durch die in § 28 Absatz 5 Nummer 2 bis 5 genannten Zeiten unterbrochen worden sind, sind nicht um diese Unterbrechungszeiten zu vermindern. 2Bei der Anerkennung hauptberuflicher Zeiten nach § 28 Absatz 1 Satz 1 führt also der Umstand, dass diese beispielsweise durch Zeiten einer Beurlaubung ohne Dienstbezüge, die nach gesetzlichen Bestimmungen dienstlichen Interessen dient (§ 28 Absatz 5 Nummer 2) unterbrochen worden sind, nicht zur Verminderung des Umfangs gleichwertiger bzw. förderlicher hauptberuflicher Zeiten.

28.1.6.2 1Eine unschädliche Unterbrechung durch die in § 28 Absatz 2 Nummer 2 bis 5 genannten Zeiten liegt nicht nur dann vor, wenn die dort genannten Zeiten von Zeiten aktiver Berufstätigkeit umrahmt werden, sondern auch dann, wenn diese Zeiten sich an Zeiten aktiver Berufstätigkeit anschließen. 2Voraussetzung ist allerdings jeweils, dass das Arbeits- oder Dienstverhältnis fortbesteht.

Beispiel:

Ein Beamter wird Bürgermeister der Gemeinde X. Mit dem Ablauf seiner Amtszeit als Bürgermeister endet gleichzeitig seine aktive Dienstzeit und er wird ohne erneute Verwendung im aktiven Dienst in den Ruhestand versetzt. Die Zeiten seiner Tätigkeit als Bürgermeister, also in einem kommunalen Wahlbeamtenverhältnis, unterbrechen seine Erfahrungszeiten nicht. Von Bedeutung ist dies im Wesentlichen für die Berechnung des dem Beamten zustehenden Ruhegehaltes.

28.1.7 Zu Satz 4 Nummer 1

28.1.7.1 Eine im Sinn dieser Vorschrift als Erfahrungszeit anerkennungsfähige Kinderbetreuung leistet, wer ein Kind selbst betreut oder erzieht und keine oder keine volle Erwerbstätigkeit ausübt.

28.1.7.2 Kinder im Sinn des § 28 Absatz 1 Satz 4 Nummer 1 sind

- leibliche Kinder,
- angenommene Kinder und
- Kinder, für die der Besoldungsempfänger oder der während dieser Zeit mit ihm in häuslicher Gemeinschaft lebende Ehegatte bzw. eingetragene Lebenspartner einen vorrangigen Kindergeldanspruch hatte (z. B. Kinder des Ehegatten oder Lebenspartners, Pflegekinder, Enkelkinder).

28.1.7.3 1Betreuungsbedürftig sind grundsätzlich nur unverheiratete minderjährige Kinder. 2Behinderte volljährige Kinder sind zu berücksichtigen, wenn sie wegen der Schwere der Behinderung ständiger Betreuung bedürfen. 3Dies hat der Besoldungsempfänger gegebenenfalls durch Vorlage eines ärztlichen Gutachtens nachzuweisen.

28.1.7.4 1Kinderbetreuung ist eine persönliche Leistung für ein in häuslicher Gemeinschaft mit dem Besoldungsempfänger lebendes betreuungsbedürftiges Kind. 2Kinderbetreuung liegt insbesondere vor bei

- Zeiten innerhalb der Mutterschutzfrist nach § 3 Absatz 2 MuSchG und
- einer Elternzeit nach dem Bundeselterngeld- und Elternzeitgesetz (BEEG); für vor dem 1. Januar 2007 geborene Kinder nach dem Bundeserziehungsgeldgesetz (BErzGG).

28.1.7.5 1Eine zeitweilige Beteiligung Dritter bei der Kinderbetreuung (z. B. in einem Kindergarten, während einer Urlaubsreise oder im Falle einer zeitweisen Betreuung durch einen Mitsorgeberechtigten) ist unschädlich. 2Kinderbetreuungszeiten im Sinn der Vorschrift liegen hingegen nicht vor, wenn die Betreuung eines Kindes überwiegend Dritten überlassen ist (z. B. ständige Unterbringung bei den Großeltern oder in einem Internat).

28.1.7.6 $_{1}$Die Anerkennung von Kinderbetreuungszeiten stellt im Wesentlichen einen Nachteilsausgleich für solche Zeiten dar, in denen wegen einer vorrangigen Kinderbetreuung keine nach § 28 Absatz 1 Satz 1 Nummer 1 oder 3 oder § 28 Absatz 2 Satz 1 anerkennungsfähigen Zeiten gesammelt werden konnten. $_{2}$Es muss daher als negative Tatbestandsvoraussetzung geprüft werden, ob während des anzuerkennenden Kinderbetreuungszeitraums eine Vollzeittätigkeit ausgeübt wurde. $_{3}$Dies nämlich stünde der Annahme entgegen, dass ein Kind höchstpersönlich betreut wurde.

Beispiel:

Vor seiner Einstellung hat ein Beamter für drei Jahre eine Vollzeitbeschäftigung (40 Stunden pro Woche) in der Privatwirtschaft ausgeübt, die nicht gleichwertig ist und für die spätere Verwendung nicht anerkannt werden kann (Absatz 1 Satz 1 Nummer 1). Obwohl er mit seinem acht Jahre alten Kind in dieser Zeit in häuslicher Gemeinschaft gelebt hat, kommt eine Anerkennung als Kinderbetreuungszeit wegen des Arbeitsumfangs nicht in Betracht.

28.1.7.7 $_{1}$Unschädlich ist hingegen eine Erwerbstätigkeit, die in Teilzeit ausgeübt wurde, soweit sie einen Umfang von 30 Wochenstunden nicht überschreitet. $_{2}$Dies entspricht dem möglichen Beschäftigungsumfang im Rahmen der Elternzeit (§ 15 Absatz 4 Satz 1 BEEG, für vor dem 1. Januar 2007 geborene Kinder § 15 Absatz 4 Satz 1 BErzGG).

28.1.7.8 $_{1}$Zeiten ohne Beschäftigung mit oder ohne Bezug von Arbeitslosengeld nach dem Dritten Buch Sozialgesetzbuch (SGB III) und Arbeitslosengeld II nach dem SGB II können als Kinderbetreuungszeiten berücksichtigt werden. $_{2}$Dies entspricht auch der Wertung dieser Zeiten nach den allgemeinen Vorschriften (Elterngeldanspruch nach dem BEEG).

Beispiel:

Eine Beamtin hat während ihrer vor der Einstellung liegenden Beschäftigung in der Privatwirtschaft ein Kind bekommen. Während des Mutterschutzes lief ihr befristeter Arbeitsvertrag aus. Sie blieb mit ihrem Kind zuhause, bis das Kind zwei Jahre alt war und sie eingestellt wurde. Nach § 28 Absatz 1 Satz 4 Nummer 1 sind zwei Jahre als Erfahrungszeit zu berücksichtigen.

28.1.7.9 $_{1}$Kinderbetreuungszeiten sind während eines Studiums oder einer Berufsausbildung in dem Umfang anzuerkennen, in dem sich der angestrebte Abschluss verzögert (vgl. Bundestags-Drucksache 17/7142, S. 23). $_{2}$Ob und inwiefern eine Verzögerung eingetreten ist, ist anhand eines Vergleichs der Regelstudien- oder Regelausbildungszeit mit deren tatsächlicher Dauer zu bestimmen. $_{3}$Sofern eine Überschreitung der Regelstudienzeit oder regulären Ausbildungszeit vorliegt, wird angenommen, dass die Kinderbetreuung dafür ursächlich war. $_{4}$Kinderbetreuungszeiten sind auch im Umfang einer Beurlaubung vom Studium (einschließlich Teilzeitstudium) oder von der Ausbildung (einschließlich Teilzeitausbildung) anzuerkennen, selbst wenn sich der angestrebte Abschluss dadurch nicht verzögert hat. $_{5}$Sofern die sonstigen Voraussetzungen einer Kinderbetreuung vorliegen, können die Zeiten einer Kinderbetreuung auch dann anerkannt werden, wenn keine Unterbrechung der Ausbildung oder des Studiums erfolgt ist. $_{6}$Dies entspricht der Wertung des Bundeselterngeld- und Elternzeitgesetzes, nach dem ein Elterngeldanspruch auch während einer Ausbildung und eines Studiums bestehen kann. $_{7}$Der Besoldungsempfänger muss jedoch schlüssig darlegen können, dass er trotz Ausbildung die Voraussetzungen einer (höchstpersönlichen) Kinderbetreuung erfüllt hat.

Beispiel:

Ein Beamter studierte vor seiner Einstellung Medizin. Als er im dritten Semester war, wurde sein Kind geboren, das seitdem in seinem Haushalt lebt und das er wochentags (nach dem Kindergarten) am Nachmittag und Abend, am Wochenende und in den Semesterferien mit dessen ebenfalls studierender Mutter betreute. Er absolvierte Studium und

Praktisches Jahr in der Regelstudien- bzw. Regelausbildungszeit. Anzuerkennen sind Kinderbetreuungszeiten von drei Jahren.

28.1.7.10 Als Nachweis der Kinderbetreuungszeiten dient regelmäßig:

- eine Bescheinigung des Arbeitgebers über die Inanspruchnahme von Elternzeit (§ 16 Absatz 1 Satz 8 BEEG),
- ein Bescheid über die Gewährung von Elterngeld, für vor dem 1. Januar 2007 geborene Kinder ein Bescheid über die Gewährung von Erziehungsgeld,
- ein Bewilligungsbescheid der personalbearbeitenden Stelle (z. B. bei Elternzeit während des Studiums eine Bescheinigung der Hochschule über die Beurlaubung).

28.1.7.11 1Als Nachweis über das Bestehen einer häuslichen Gemeinschaft mit dem Kind dient regelmäßig ein Kindergeldbescheid. 2Kann der Besoldungsempfänger keine Bescheinigung oder sonstigen hinreichenden Nachweis über die Erfüllung des Tatbestands vorlegen, ist eine entsprechende schriftliche dienstliche Erklärung abzugeben. 3Darin ist insbesondere glaubhaft darzulegen, wo das Kind wohnte, wer es betreute und ob, gegebenenfalls in welchem zeitlichen Umfang, eine Beschäftigung ausgeübt wurde.

28.1.7.12 Erbringt der Besoldungsempfänger trotz Aufforderung des Dienstherrn keine geeigneten Nachweise zur Glaubhaftmachung und verweigert er endgültig die Abgabe einer schriftlichen dienstlichen Erklärung, können Kinderbetreuungszeiten nicht anerkannt werden.

28.1.7.13 1Für jedes Kind kann eine Kinderbetreuungszeit von insgesamt drei Jahren in Anspruch genommen werden. 2Dies gilt unabhängig davon, ob eine andere Betreuungsperson für dieses Kind ebenfalls Betreuungszeiten in Anspruch nimmt.

Beispiel 1:

Eine Beamtin betreut vor ihrer Einstellung zwei Jahre vorrangig ihr Kind. Als sie eingestellt wird, nimmt der Vater des Kindes eine Teilzeitbeschäftigung im Umfang von 30 Wochenstunden in der Privatwirtschaft auf und übt diese aus, bis er fünf Jahre später als Beamter eingestellt wird. Als Erfahrungszeiten nach § 28 Absatz 1 Satz 4 Nummer 1 werden für die Beamtin zwei Jahre und für den Beamten drei Jahre anerkannt.

Beispiel 2:

Eine Beamtin betreut ihr Kind in dessen erstem Lebensjahr zuhause. Anschließend lebt sie mit ihrer eingetragenen Lebenspartnerin, die ebenfalls Beamtin wird, und mit ihrem Kind in häuslicher Gemeinschaft. Für einen Zeitraum von zwei Jahren absolviert die Mutter des Kindes eine Ausbildung, ihre Lebenspartnerin betreut in der Zeit das Kind, in der sich dessen Mutter der Ausbildung widmet. Am Nachmittag und Abend, am Wochenende und in den Ferien betreut die Mutter meistens selbst ihr Kind. Als Kinderbetreuungszeit anzuerkennen sind für die Mutter des Kindes drei Jahre und für ihre Lebenspartnerin zwei Jahre.

28.1.7.14 1Gleichzeitig erbrachte Kinderbetreuungszeiten für mehrere Kinder (z. B. bei Mehrlingsgeburten) können nicht mehrfach angerechnet werden (Ausschluss von Doppelanrechnungen). 2Kinderbetreuungszeiten für mehrere gleichzeitig oder kurz hintereinander geborene Kinder können aber aneinandergereiht werden, wenn die Kinder insgesamt über einen längeren Zeitraum betreut werden (auf diese Weise sind für Zwillinge Kinderbetreuungszeiten von bis zu sechs Jahren anerkennungsfähig).

28.1.8 Zu Satz 4 Nummer 2

28.1.8.1 1Nahe Angehörige im Sinn von § 28 Absatz 1 Satz 4 Nummer 2 sind neben Eltern, Schwiegereltern, Ehegatten, Geschwistern oder Kindern auch eingetragene Lebenspartner und deren Eltern. 2Als Kinder kann hier der gleiche Personenkreis wie bei der Kinderbetreuung berücksichtigt werden.

28.1.8.2 1Pflegebedürftig sind nahe Angehörige, die die Voraussetzungen nach den §§ 14 und 15 des Elften Buches Sozialgesetzbuch (SGB XI) erfüllen. 2Dies ist durch ein ärztliches Gutachten, eine Bescheinigung der Pflegekasse oder des Medizinischen Dienstes der Krankenversicherung oder einen entsprechenden Nachweis bei in der privaten Pflege-Pflichtversicherung versicherten Pflegebedürftigen nachzuweisen.

28.1.8.3 1Pflegezeiten im Sinn der Vorschrift liegen nicht vor, wenn die Pflege eines nahen Angehörigen überwiegend Dritten überlassen ist (z. B. ständige Unterbringung in einem Pflegeheim). 2Für die weiteren Voraussetzungen gelten die Ausführungen in den Randnummern 28.1.7.7 und 28.1.7.13 entsprechend.

28.1.8.4 1Als Nachweis der tatsächlichen Pflege können eine Bescheinigung über eine Beurlaubung oder andere Dokumente vorgelegt werden. 2Andernfalls sind die im Rahmen der Pflege vorgenommenen Tätigkeiten in einer schriftlichen dienstlichen Erklärung detailliert glaubhaft zu machen.

28.1.8.5 1Betreuung und Pflege sind selbständige Tatbestände. 2Dies bedeutet, dass für ein Kind gegebenenfalls drei Jahre als Betreuung und zu einem späteren Zeitpunkt nochmals drei Jahre als Pflegezeiten anerkannt werden können. 3Zeiten in demselben Zeitraum können nicht mehrfach angerechnet werden.

Beispiel:

Vor seiner Einstellung widmete sich ein Beamter vorrangig der Betreuung und Pflege seines nach ärztlichem Gutachten pflegebedürftigen Kindes vom zweiten bis zum neunten Lebensjahr. Nach § 28 Absatz 1 Satz 4 Nummer 1 und 2 sind bei seiner Einstellung als Beamter jeweils drei Jahre, d. h. insgesamt sechs Jahre, als Erfahrungszeiten anzuerkennen.

28.2 Zu Absatz 2

28.2.1 Zu Satz 1

28.2.1.1 Weitere hauptberufliche Zeiten können als Erfahrungszeiten im Sinn des § 27 Absatz 3 berücksichtigt werden, wenn sie förderlich sind.

28.2.1.2 Zu den Anforderungen an die Hauptberuflichkeit siehe die Randnummern 28.1.1.6 bis 28.1.1.8.

28.2.1.3 1Der Begriff „Förderlichkeit" ist ein unbestimmter Rechtsbegriff. 2Er unterliegt der gerichtlichen Kontrolle. 3Bei der Auslegung dieses unbestimmten Rechtsbegriffs hat die oberste Dienstbehörde oder die von ihr bestimmte Stelle einen Beurteilungsspielraum. 4Förderlich sind insbesondere solche hauptberuflichen Tätigkeiten, die

- entweder zu den Anforderungsprofilen möglicher Tätigkeiten der betreffenden Laufbahngruppe in einem sachlichen Zusammenhang stehen oder
- durch die Kenntnisse, Erfahrungen und Fertigkeiten gewonnen worden sind, welche für die weitere dienstliche Verwendung von Nutzen oder Interesse sind.

28.2.1.4 1Ob und in welchem Umfang förderliche Zeiten anerkannt werden, liegt im pflichtgemäßen Ermessen der entscheidenden Stelle. 2Da förderliche Zeiten der angestrebten Verwendung im öffentlichen Dienst nicht gleichwertig sind (gleichwertige Zeiten sind zwingend nach Absatz 1 Satz 1 Nummer 1 anzuerkennen), kommt in aller Regel nur eine teilweise Anerkennung in Betracht. 3Als Maßstab für die Ausübung des Auswahlermessens kann der Grad der Förderlichkeit der anzuerkennenden Tätigkeit für die angestrebte Verwendung herangezogen werden. 4Ermessensleitendes Kriterium ist in erster Linie der Umfang und die Ausprägung der Förderlichkeit der beruflichen Vorerfahrung. 5Eine Anerkennung der Zeiten wird umso eher und umfangreicher zu erfolgen haben, je förderlicher sie für die derzeitige Tätigkeit zu qualifizieren sind. 6Eine Anerkennung mit einem geringeren Anteil ist etwa zu erwägen, wenn eine vorangegangene Tätigkeit nur partiell oder vom Grad her als nur bedingt förderlich für die künftige Tätigkeit zu qualifizieren ist. 7Dabei ist nicht nur auf den Dienstposten abzustellen, auf dem der Beamte nach seiner Einstellung zuerst eingesetzt wird. 8Vielmehr sind bei der Beurteilung der Förderlichkeit auch mögliche Wechsel des Betroffenen auf andere Dienstposten der Laufbahn(-gruppe) zu berücksichtigen (VG Köln, Urteil vom 1. Juli 2013 – 15 K 4360/12 –).

Beispiel:

Eine Beamtin ist als Sachbearbeiterin im gehobenen Dienst eingestellt worden und war vor ihrem Fachhochschulstudium als Tarifbeschäftigte im mittleren Dienst tätig. Diese Vortätigkeit kann nach § 28 Absatz 2 Satz 1 teilweise anerkannt werden.

Zwar ist die Tätigkeit als Tarifbeschäftigte nicht gleichwertig und kann daher nicht nach § 28 Absatz 1 Satz 1 anerkannt werden. Sie steht aber in einem sachlichen Zusammenhang zur nun übernommenen Tätigkeit im Beamtenverhältnis und hat der Beamtin Kenntnisse und Erfahrungen zu Verwaltungsabläufen vermittelt, die für ihre jetzige Tätigkeit förderlich sind.

28.2.1.5 $_1$Es ist darauf zu achten, dass über gleichgelagerte Fälle nicht ohne sachlichen Grund abweichend entschieden wird. $_2$Nicht ausgeschlossen ist allerdings, dass die entscheidende Stelle die Ausübung ihres Ermessens einer veränderten Sachlage anpasst.

28.2.1.6 $_1$Sachwidrige Erwägungen stellen einen Ermessensfehler dar. $_2$Ermessensfehlerhaft wäre es daher, wenn wegen Stellenbesetzungsproblemen Zeiten einer tatsächlich nicht förderlichen Tätigkeit anerkannt würden oder wenn Zeiten einer tatsächlich förderlichen Tätigkeit nicht anerkannt würden, weil es eine ausreichende Zahl von Bewerbern gibt. $_3$Auch der Beschäftigungsumfang, etwa wegen einer Teilzeitbeschäftigung, oder die Inanspruchnahme von Unterbrechungszeiten im Sinn des § 28 Absatz 1 Satz 3 ist grundsätzlich nicht in die Ermessenentscheidung einzubeziehen.

28.2.1.7 $_1$Von der Anerkennung ausgenommen sind Zeiten, die Voraussetzung für den Erwerb der Laufbahnbefähigung sind. $_2$Dies können Ausbildungszeiten, etwa Referendariate oder sonstige Vorbereitungsdienste, aber auch Zeiten nach den §§ 19, 20, 21 BLV sein. $_3$Hierzu sind zwei Ausnahmen zu berücksichtigen: Zum einen wird bei Einstellung in den höheren Dienst für den Masterabschluss eine pauschale Anerkennung von zwei Jahren Erfahrungszeit gewährt (§ 28 Absatz 2 Satz 2). $_4$Damit wird aber nicht der Zeitraum eines Masterstudiums anerkannt, sondern für die Qualifikation eine Anerkennung gewährt, unabhängig von der tatsächlichen Dauer des Masterstudiums. $_5$Zum anderen können, sofern in einer Laufbahn besondere Voraussetzungen, etwa eine längere vorhergehende Berufstätigkeit, verlangt werden, diese Zeiten anerkannt werden (vgl. Randnummer 28.1.5).

28.2.1.8 $_1$Im Einzelfall können hauptberufliche Tätigkeiten aus anderen Gründen von einer Anerkennung ausgeschlossen sein. $_2$Hier ist etwa bei der Anerkennung von in der DDR geleisteten Zeiten ein Ausschluss nach § 30 zu prüfen.

28.2.1.9 $_1$Die getroffene Entscheidung ist nachvollziehbar zu begründen. $_2$Eine pauschale Anerkennung von Erfahrungszeiten ist nur mit dem Hinweis auf das Vorliegen entsprechender ermessenslenkender Weisungen möglich.

28.2.1.10 $_1$Als förderlich anerkannte Erfahrungszeiten sind durch entsprechende Nachweise darzulegen. $_2$Können Dokumente nicht mehr beigebracht werden, kann als Nachweis eine dienstliche Erklärung des Betroffenen herangezogen werden.

28.2.2 Zu Satz 2

$_1$Im Falle einer Verbeamtung im höheren Dienst ist seit dem 1. Januar 2016 pauschal eine Erfahrungszeit von zwei Jahren anzuerkennen, wenn ein mit einem Master abgeschlossenes Hochschulstudium oder ein vergleichbarer Abschluss vorausgesetzt wird. $_2$Diese Anerkennung ist zwingend, sie liegt nicht im Ermessen des Dienstherrn. $_3$Diese pauschale Anerkennung kann nicht zu einer Doppelanrechnung führen, die nicht zulässig wäre. $_4$Die anzurechnenden zwei Jahre lassen sich nicht auf einen kalendarischen Zeitraum projizieren, der dann für die Anrechnung auf Grund eines anderen Anrechnungstatbestands ausscheidet.

28.2.3 Zu Satz 3

28.2.3.1 $_1$In besonderen Einzelfällen können Zeiten, die für eine zusätzliche Qualifikation aufgewandt wurden, bei der Stufenfestsetzung als Erfahrungszeiten im Sinn des § 27

Absatz 3 berücksichtigt werden. $_{2}$Hierbei ist ein strenger Maßstab anzulegen. $_{3}$Ein besonderer Einzelfall liegt danach nur bei atypischen Zusatzqualifikationen vor, an denen auf Seiten des Dienstherrn ein besonderes dienstliches Verwendungsinteresse besteht. $_{4}$Die Entscheidung über die Berücksichtigung der Qualifikation ist im Rahmen einer Ermessensentscheidung zu treffen. $_{5}$Als besondere Qualifikationen kommen z. B. eine besonders nachgefragte Sprache zusätzlich zum Bachelorabschluss oder ein Abschluss als staatlich geprüfter Techniker neben der laufbahnrechtlich geforderten Berufsausbildung in Betracht.

28.2.3.2 $_{1}$Das Gesetz nennt das Erfordernis zur Deckung des Personalbedarfs als Hauptanwendungsfall für einen besonderen Einzelfall. $_{2}$Dies setzt voraus, dass der Personalbedarf anderenfalls quantitativ oder qualitativ nicht hinreichend gedeckt werden kann.

28.2.3.3 $_{1}$Soweit die Qualifikation im Rahmen einer gleichwertigen hauptberuflichen Tätigkeit im Sinn des § 28 Absatz 1 Satz 1 Nummer 1 oder im Rahmen einer förderlichen hauptberuflichen Tätigkeit im Sinn des § 28 Absatz 2 Satz 1 erworben wurde, können diese Zeiten nach § 28 Absatz 2 Satz 2 nicht nochmals berücksichtigt werden. $_{2}$Dies gilt auch dann, wenn die hauptberuflichen Zeiten bei der Stufenfestsetzung nicht berücksichtigt werden können, weil sie Voraussetzung für den Erwerb der Laufbahnbefähigung sind.

28.2.4 Zu Satz 4

28.2.4.1 $_{1}$Um eine einheitliche Praxis zu ermöglichen, obliegt die (Ermessens-)Entscheidung über die Anrechnung von förderlichen hauptberuflichen Zeiten nach § 28 Absatz 2 Satz 1 und von zusätzlichen Qualifikationen nach § 28 Absatz 2 Satz 3 der jeweiligen obersten Dienstbehörde oder der von ihr bestimmten Stelle. $_{2}$Die Entscheidung nach Satz 2 ist jedoch keine Ermessensentscheidung.

28.2.4.2 Der Personalrat hat weder bei dieser Ermessensentscheidung, noch bei der Stufenfestsetzung insgesamt ein Mitbestimmungsrecht (BVerwG, Urteil vom 24. November 2015 – 5 P 13/14 –).

28.2.4.3 $_{1}$Die oberste Dienstbehörde kann Entscheidungen nach § 28 Absatz 2 Satz 1 und 3 delegieren. $_{2}$Eine Delegation kommt insbesondere auf solche Stellen in Betracht, die in einem größeren Umfang Anerkennungsentscheidungen zu treffen haben und sich daher eine praxisnähere Expertise für die Ermessensentscheidung bilden können.

28.2.4.4 $_{1}$Im Falle einer Delegation, empfiehlt sich die Einführung einer Berichtspflicht, um eine einheitliche Rechtsanwendung innerhalb des Geschäftsbereichs zu unterstützen. $_{2}$Dabei sollten in regelmäßigem (i. d. R. jährlichem) Abstand mindestens Angaben zum generellen Verfahrensablauf bei der Anerkennung von Erfahrungszeiten, zum Umfang der Entscheidungen nach den Sätzen 1 und 3 sowie in generalisierender Form über die Qualität der Entscheidungen abgefragt werden. $_{3}$Eine ressorteinheitliche Rechtsanwendung kann zudem durch den Erlass ermessenslenkender Hinweise zusätzlich unterstützt werden.

28.3 Zu Absatz 3

$_{1}$Bei Soldaten können berufliche Qualifikationen im Wege einer pauschalierten Anerkennung berücksichtigt werden. $_{2}$Darüber hinaus können weitere hauptberufliche Zeiten individuell anerkannt werden.

28.4 Zu Absatz 4

28.4.1 Zu Monatsbegriff und Rundung vgl. Randnummer 27.3.2.

28.4.2 $_{1}$Werden mehrere Zeiträume nach § 28 Absatz 1 bis 3 als Erfahrungszeiten anerkannt, sind diese zunächst jeweils einzeln nach Jahren, Monaten und Tagen zu berechnen. $_{2}$Dabei sind mehrere anrechenbare Verwendungen innerhalb eines Rechtsverhältnisses sowie mehrere sich unmittelbar aneinander anschließende Zeiträume zusammenfassend zu betrachten. $_{3}$Die im Einzelnen ermittelten Zeiträume werden anschließend addiert. $_{4}$Die verbleibenden Resttage, die keinen vollen Monat ergeben, werden zum Abschluss auf einen Monat aufgerundet.

$_5$Dabei ist ein Monat mit 30 Tagen zu berechnen (vgl. § 189 Absatz 1 BGB).

28.4.3 $_1$Erfolgt die erste Ernennung mit Anspruch auf Dienstbezüge im Laufe eines Kalendermonats, sind berücksichtigungsfähige Zeiten, die in denselben Kalendermonat fallen, von der Anerkennung auszunehmen. $_2$Durch diese Verfahrensweise wird eine Doppelanrechnung von Zeiträumen vermieden. $_3$Nach § 27 Absatz 2 Satz 2 wird die Stufe mit Wirkung vom Ersten des Monats festgesetzt, in dem die Ernennung wirksam geworden ist. $_4$Damit wird der gesamte Kalendermonat auf die Laufzeit bis zum Erreichen der nächsten Erfahrungsstufe angerechnet.

Beispiel 1:

Berücksichtigungsfähige Zeiten:
- 15.01.2000 bis 03.09.2003
- 10.09.2003 bis 10.09.2004
- 31.10.2004 bis 31.12.2010

Die anrechenbare Erfahrungszeit wird wie folgt ermittelt:

Zeitraum	Jahre	Monate	Tage
15.01.2000–03.09.2003	3	7	20
10.09.2003–10.09.2004	1		1
31.10.2004–31.12.2010	6	2	1
Summe	10	9	22

Die sich aus der Addition ergebende Summe von 22 Tagen wird auf einen Monat aufgerundet, so dass die berücksichtigungsfähige Zeit zehn Jahre und zehn Monate beträgt.

Beispiel 2:

Berücksichtigungsfähige Zeiten:
- 15.01.2000 bis 03.09.2003
- 04.09.2003 bis 15.07.2006
- 16.07.2006 bis 10.12.2010

Die anrechenbare Erfahrungszeit wird wie folgt ermittelt:

Zeitraum	Jahre	Monate	Tage
15.01.2000–03.09.2003	3	7	20
04.09.2003–15.07.2006	2	10	12
16.07.2006–10.12.2010	4	4	25
Summe	9	21	57

Die sich aus der Addition ergebende Summe von 57 Tagen entspricht einem Monat und 27 Tagen, die auf einen weiteren vollen Monat aufgerundet werden. Die anrechenbare Erfahrungszeit beträgt somit zehn Jahre und elf Monate (neun Jahre und 23 Monate).

28.5 Zu Absatz 5

28.5.1 $_1$Die Vorschrift betrifft den Stufenaufstieg während der Dienstzeit. $_2$§ 28 Absatz 5 zählt abschließend Zeiten auf, die das Aufsteigen in den Stufen des Grundgehaltes nicht verzögern, obwohl in diesen Zeiträumen kein Dienst erbracht wurde. $_3$Nach § 27 Absatz 3 Satz 4 sind Unterbrechungszeiten auf ganze Monate abzurunden. $_4$Zeiten ohne Dienstbezüge von weniger als einem Monat verzögern daher den Aufstieg in den Erfahrungsstufen nicht. $_5$Einer Prüfung der Tatbestandsmerkmale des § 28 Absatz 5 Nummer 1 bis 5 bedarf es in solchen Fällen nicht. $_6$Hinsichtlich des Umgangs mit Unterbrechungszeiten wird im Übrigen auf die Randnummern 27.3.3 und 27.3.4 verwiesen.

28.5.2 $_1$Kinderbetreuungs- und Pflegezeiten sind insbesondere die **Elternzeit** nach den Vorschriften für Besoldungsempfänger (§ 6 MuSchEltZV gegebenenfalls i. V. m. § 46 DRiG, § 1 Elternzeitverordnung für Soldatinnen und Soldaten) und Zeiten einer familienbedingten Beurlaubung und Zeiten zur tatsächlichen **Pflege naher Angehöriger** entsprechend den Vorschriften für Besoldungsempfänger (§ 92 Absatz 1 BBG, § 28 Absatz 5 SG, § 48a Absatz 1 Nummer 2 DRiG).

Beispiele:

Eine Bundesbeamtin nimmt für ihre im August 2009 geborene Tochter drei Jahre lang Elternzeit in Anspruch. Im Jahre 2015 lässt sie sich zur Betreuung ihrer Tochter für ein Jahr nach § 92 Absatz 1 BBG beurlauben. Diese Zeit der Beurlaubung führt zu einer Verzögerung im Stufenaufstieg, da der Dreijahreszeitraum für dasselbe Kind bereits berücksichtigt wurde.

Lässt sich in Abwandlung des obigen Beispiels nicht die Bundesbeamtin, sondern ihr ebenfalls im Bundesdienst stehender verbeamteter Ehemann im Jahre 2015 zur Betreuung der gemeinsamen Tochter beurlauben, so führt dies für einen Zeitraum von drei Jahren bei ihm nicht zu einer Verzögerung im Stufenaufstieg.

28.5.2.1 1Eine **Beurlaubung ohne Dienstbezüge** dient etwa in den Fällen des § 4 Absatz 2 Satz 1 Postpersonalrechtsgesetz oder § 12 Absatz 1 des Deutsche Bahn Gründungsgesetzes dienstlichen Interessen. 2Ein Anerkenntnis, dass die Beurlaubung dienstlichen Interessen diente, kann auch nach dem Ende der Beurlaubung wirksam abgegeben werden.

28.5.2.2 Zeiten nach dem Arbeitsplatzschutzgesetz (ArbPlSchG) sind Zeiten eines Grundwehrdienstes (§ 9 Absatz 7 ArbPlSchG, für Richter i. V. m. § 9 Absatz 11 ArbPlSchG) oder eines freiwilligen (zusätzlichen) Wehrdienstes (nach § 16 Absatz 2 bzw. 7 ArbPlSchG dem Grundwehrdienst gleichzustellen).

28.5.2.3 1Zeiten einer Eignungsübung sind Zeiten einer freiwilligen Verpflichtung zu einer Übung zur Auswahl von freiwilligen Soldaten. 2Die Regelung vollzieht die Schutzvorschrift des § 7 Absatz 3 Satz 1 des Eignungsübungsgesetzes nach.

28.5.2.4 1Bei Eintritt in ein kommunales Wahlbeamtenverhältnis ruht das bisherige Dienstverhältnis (§ 40 Absatz 3 BBG, § 25 Absatz 5 SG). 2Während dieser Zeit wird keine Besoldung im Sinn des § 1 Absatz 2 und 3 gezahlt. 3Nach Beendigung des kommunalen Wahlbeamtenverhältnisses und Rückkehr in das frühere Dienstverhältnis wird der Stufenaufstieg fiktiv nachgezeichnet.

28.6 Zu Absatz 6

1Kinderbetreuungs- oder Pflegezeiten, die bereits nach § 28 Absatz 3 Nummer 1 oder 2 in der bis zum 30. Juni 2009 geltenden Fassung bei der Ermittlung des Besoldungsdienstalters berücksichtigt wurden, sind auf die Zeiten nach § 28 Absatz 5 Nummer 1 anzurechnen. 3Diese Zeiten werden also nicht doppelt in die Anrechnung einbezogen.

Beispiel 1:

Eine vor dem 1. Juli 2009 im Bundesdienst stehende Beamtin des höheren Dienstes hat zwischen ihrem 36. und 38. Lebensjahr für ihre Tochter Elternzeit für zwei Jahre in Anspruch genommen, ohne dass diese Zeiten zu einem Hinausschieben ihres Besoldungsdienstalters nach § 28 Absatz 3 Nummer 1 in der bis zum 30. Juni 2009 geltenden Fassung führten. Damit sind zwei Jahre Kinderbetreuungszeit nach § 28 Absatz 2 Nummer 1 für dieses Kind „verbraucht". Lässt sie sich zu einem späteren Zeitpunkt nochmals zur Betreuung ihrer Tochter nach § 92 Absatz 1 Satz 1 BBG für drei Jahre ohne Dienstbezüge beurlauben, führt hiervon nur ein Jahr nicht zu einer Verzögerung im Stufenaufstieg. Die weiteren zwei Jahre ohne Dienstbezüge verzögern hingegen den Stufenaufstieg nach § 27 Absatz 3 Satz 3.

Beispiel 2 (Abwandlung Beispiel 1):

Hätte die Beamtin vor ihrem 35. Lebensjahr drei Jahre Elternzeit in Anspruch genommen, so wäre diese Kinderbetreuungszeit nicht für eine Berücksichtigung beim Besoldungsdienstalter „verbraucht". Lässt sie sich zu einem späteren Zeitpunkt nochmals für zwei Jahre nach § 92 Absatz 1 Satz 1 BBG zur Kinderbetreuung ohne Dienstbezüge beurlauben, führen diese zwei Jahre nach § 28 Absatz 2 Nummer 1 nicht zu einer Verzögerung im Stufenaufstieg.

29 Zu § 29 – Öffentlich-rechtliche Dienstherren

29.1 Zu Absatz 1

29.1.1 1Einrichtungen in der ehemaligen DDR einschließlich Berlin (Ost) waren nur dann öffentlich-rechtliche Dienstherren im Sinn der Vorschrift, wenn sie auch nach den im Geltungsbereich des Grundgesetzes herrschenden Rechtsvorstellungen juristische Personen des öffentlichen Rechts gewesen wären. 2Hiervon ist auszugehen, wenn die bei ihnen ausgeübten Tätigkeiten auch im Geltungsbereich des Grundgesetzes in aller Regel im Dienst eines öffentlich-rechtlichen Dienstherrn wahrgenommen worden wären bzw. werden. 3Diese Voraussetzung ist z. B. hinsichtlich aller Ebenen der staatlichen Verwaltung in der ehemaligen DDR (Ministerien, Bezirks-, Kreis-, Gemeindeverwaltung), des Polizeidienstes, der Zollverwaltung, der Universitäten, der Rechtspflege und der Nationalen Volksarmee erfüllt.

29.1.2 1Bei sonstigen Bereichen staatlichen Wirkens (z. B.Gesundheitswesen, Forschungseinrichtungen, Erholungseinrichtungen, Arbeitsschutz) muss jeweils im Einzelfall entschieden werden, ob die Voraussetzung für die Anerkennung als Tätigkeit bei einem öffentlich-rechtlichen Dienstherrn vorliegt. 2Um eine Tätigkeit bei einem öffentlich-rechtlichen Dienstherrn handelt es sich z. B. grundsätzlich nicht bei Beschäftigungszeiten in den volkseigenen Betrieben und in Handelsorganisationen in der ehemaligen DDR und Berlin (Ost).

29.2 Zu Absatz 2

Wer volksdeutscher Vertriebener oder Spätaussiedler ist, ergibt sich aus § 1 Absatz 1 und 2 Bundesvertriebenengesetz.

30 Zu § 30 – Nicht zu berücksichtigende Dienstzeiten

30.1 Zu Absatz 1

30.1.1 1Der Ausschluss von Vortätigkeiten erfasst

- Zeiten einer Tätigkeit für das Ministerium für Staatssicherheit (MfS),
- Zeiten einer Tätigkeit beim Amt für Nationale Sicherheit (AfNS),
- Zeiten einer informellen oder inoffiziellen Tätigkeit für diese Einrichtungen,
- Zeiten, die vor einer dieser Tätigkeiten liegen, und
- Zeiten einer Tätigkeit als Angehöriger der Grenztruppen der ehemaligen DDR.

2Nicht erforderlich ist, dass eine schriftliche Vereinbarung über die Tätigkeit oder eine schriftliche Verpflichtungserklärung vorliegt. 3Ausreichend für den Ausschluss ist bereits die Verpflichtung zur Tätigkeit für das MfS/AfNS. 4Unerheblich ist, ob es tatsächlich zu einem Tätigwerden gekommen ist. 5Damit sind auch sog. Perspektivagenten selbst dann erfasst, wenn sie nicht aktiviert worden sind.

30.1.2 Liegen Anhaltspunkte für eine Tätigkeit für das MfS/AfNS vor, kann gegebenenfalls durch eine Anfrage beim Bundesbeauftragten für die Unterlagen der Staatssicherheit der ehemaligen DDR der Nachweis für das Vorliegen des Ausschlusstatbestandes erbracht werden.

30.1.3 1Ob und gegebenenfalls wann eine Tätigkeit für das MfS/AfNS beendet worden ist, muss nach Lage des Einzelfalls entschieden werden. 2In der Regel wird jedoch davon ausgegangen werden können, dass fünf Jahre nach dem letzten konkreten Tätigwerden die Tätigkeit beendet worden ist. 3Spätere Zeiten einer Beschäftigung im öffentlichen Dienst können als Dienstzeiten nach § 28 Absatz 1 berücksichtigt werden. 4Unterbrechungen der Tätigkeit sind unbeachtlich, auch wenn sie länger als fünf Jahre dauerten; entscheidend ist ausschließlich das letztmalige Tätigwerden. 5Liegt lediglich eine Verpflichtungserklärung vor und ist es nie zu einem konkreten Tätigwerden gekommen, kann in der Regel ebenfalls nach Ablauf von fünf Jahren von einer Beendigung der Tätigkeit für das MfS/AfNS ausgegangen werden.

30.1.4 1Für den Ausschluss von Tätigkeiten als Angehöriger der Grenztruppen ist es unerheblich, in welchem Dienstverhältnis die Grenztruppenzeit verbracht wurde; es kommt allein auf die organisatorische Zugehörigkeit zu den Grenztruppen an. 2Ausgeschlossen sind auch Zeiten eines bei den Grenztruppen verbrachten Grundwehrdienstes. 3Grenztruppen im Sinne der Vorschrift sind auch die Vorgängereinrichtungen (NVA-Grenze, Grenzpolizei).

30.1.5 Zeiten als Zivilbeschäftigter der Grenztruppen werden nicht erfasst.

30.1.6 Vor einer Tätigkeit bei den Grenztruppen liegende Beschäftigungszeiten im Sinn des § 28 sind zu berücksichtigen, soweit nicht der Ausschlusstatbestand des Absatzes 2 vorliegt.

30.2 Zu Absatz 2

1Die Berücksichtigung von Zeiten einer Tätigkeit, die auf Grund einer besonderen persönlichen Nähe zum System der ehemaligen DDR übertragen war, ist ausnahmslos ausgeschlossen. 2Das Vorliegen einer besonderen persönlichen Systemnähe wird widerlegbar vermutet, wenn die in Satz 2 aufgeführten Sachverhalte vorliegen. 3Die Aufzählung ist lediglich beispielhaft und nicht als abschließend anzusehen. 4Eine besondere persönliche Systemnähe ist deshalb grundsätzlich in jedem Einzelfall zu prüfen.

31 (weggefallen)

Unterabschnitt 3 Professoren sowie hauptberufliche Leiter von Hochschulen und Mitglieder von Leitungsgremien an Hochschulen

32 Bundesbesoldungsordnung W

(unbesetzt)

32a Zu § 32a – Bemessung des Grundgehaltes

32a.1 Zu Absatz 1

Die in der jeweiligen Stufe absolvierte Dienstzeit gilt als anforderungsgerecht erbracht, soweit nicht eine Entscheidung nach § 32a Absatz 5 Satz 1 i. V. m. § 27 Absatz 4 über das Verbleiben in der Stufe ergeht.

32a.2 Zu Absatz 2

Eine Stufenfestsetzung erfolgt regelmäßig bei der ersten Berufung in ein Professorenverhältnis sowie in den Fällen des Absatzes 2 Satz 3.

32a.3 Zu Absatz 3

(unbesetzt)

32a.4 Zu Absatz 4

32a.4.1 1Zeiten, in denen kein Anspruch auf Dienstbezüge besteht, verzögern den Stufenaufstieg (Satz 1 erster Halbsatz). 2Bis zu dem Zeitpunkt, zu dem wieder ein Anspruch auf Dienstbezüge besteht, wird die erreichte Erfahrungszeit angehalten.

32a.4.2 1Nicht zur Verzögerung führen nur solche Zeiten, die nach § 32b anerkannt werden (§ 32a Absatz 4 Satz 1 zweiter Halbsatz). 2Durch die Inbezugnahme von § 32b Absatz 2, der wiederum auf § 28 Absatz 5 verweist, wird erreicht, dass die für die Bundesbesoldungsordnung A geltende Regelung auch für die Besoldungsgruppen W 2 und W 3 angewendet wird. 3Im Ergebnis bedeutet dies, dass insbesondere Kinderbetreuungs- und Pflegezeiten (§ 28 Absatz 5 Nummer 1), aber auch sonstige anerkannte Beurlaubungszeiten (§ 28 Absatz 5 Nummer 2 bis 5) den Stufenaufstieg nicht verzögern. 4Dabei können zu den Beurlaubungszeiten nach § 28 Absatz 5 Nummer 2 auch Beurlaubungszeiten zählen, die auf eine gemeinsame Berufung auf Grundlage des sog. „Jülicher Modells" zurückgehen, wie sie bei den öffentlich geförderten inländischen Forschungseinrichtungen gängig sind.

Beispiel:

Das aktive Anstellungsverhältnis eines Professors ruht, da er im Rahmen einer Kooperation an eine internationale Forschungseinrichtung wie z. B. der Europäischen Organisation für Kernforschung (CERN) entsendet wurde (Beurlaubung im dienstlichen Interesse).

32a.4.3 1Durch den Verweis auf § 32b Absatz 1 wird gewährleistet, dass Zeiten, die bei der Stufenfestsetzung anerkannt werden, auch den Stufenaufstieg nicht verzögern. 2Dies ist beispielsweise in solchen Fällen relevant, in denen das Dienstverhältnis zu einer Hochschule im Geltungsbereich des BBesG ruht, also kein Grundgehalt nach Absatz 1 bezogen wird, und zeitgleich eine hauptberufliche Tätigkeit als Professor auf Grundlage eines privatrechtlichen Arbeitsverhältnisses an einer inländischen staatlichen bzw. staatlich anerkannten privaten Universität oder an einer öffentlich geförderten inländischen Forschungseinrichtung oder im Ausland ausgeübt wird, ohne dass dabei eine Beurlaubungszeit nach § 28 Absatz 5 Nummer 2 vorliegt (siehe auch vorherigen Absatz zum „Jülicher Modell"). 3Solche Zeiten sind beim

Aufstieg in den Stufen ebenso zu berücksichtigen wie bei der ersten Stufenfestsetzung.

32a.4.4 1Wenn Zeiten, in denen kein Anspruch auf Dienstbezüge besteht, zu einer Verzögerung des Stufenaufstiegs führen, sollte dies dem Betroffenen bei Wiederaufnahme des Dienstes schriftlich mitgeteilt werden. 2Ein entsprechendes Muster (für die vergleichbare Situation in einem Beamtenverhältnis) ist unter Randnummer 27.3.1 abgedruckt.

32a.4.5 Hinsichtlich der Berechnung und Rundung von Unterbrechungszeiten wird auf die Ausführungen unter Randnummern 27.3.2 bis 27.3.4 sowie 28.4 verwiesen.

32a.5 Zu Absatz 5

32a.5.1 1Für die Gewährung einer Leistungsstufe müssen die Voraussetzungen des § 27 Absatz 6 Satz 1 und 2 entsprechend vorliegen. 2Die Gewährung einer Leistungsstufe ist nicht im Rahmen von Bleibeverhandlungen verhandelbar. 3Eine dauerhaft herausragende Leistung kann nur einmal honoriert werden. 4Die mehrfache Berücksichtigung gleicher Sachverhalte für die Gewährung verschiedener besoldungsrechtlicher Leistungen ist ausgeschlossen. 5Daher können Gründe, die bereits zur Vergabe von Leistungsbezügen nach § 33 Absatz 1 geführt haben, nicht auch für die Entscheidung über die Gewährung einer Leistungsstufe herangezogen werden.

32a.5.2 Nach Satz 2 sind die Besonderheiten der Hochschulen zu berücksichtigen und für eine wissenschaftsadäquate Ausgestaltung des Verfahrens Sorge zu tragen; insbesondere darf die freie wissenschaftliche Betätigung und Aufgabenerfüllung strukturell nicht gefährdet werden (siehe u. a. BVerfG, Urteil vom 14. Februar 2012 – 2 BvL 4/10 –, vgl. Randnummer 159 ff.).

32a.5.3 1Zwar untersteht ein Professor keinem unmittelbaren Dienstvorgesetzten, der sie oder ihn beurteilt. 2Gleichwohl findet auch im Hochschulbereich eine Leistungsbewertung statt, nämlich insbesondere bei der Vergabe besonderer Leistungsbezüge. 3Es bietet sich an, das hierfür jeweils eingeführte Verfahren auch für die Feststellung eines Verbleibens in der Stufe oder die Vergabe einer Leistungsstufe zu nutzen und das Gremium, das über die Vergabe besonderer Leistungsbezüge befindet, im Bedarfsfall auch hierüber entscheiden zu lassen. 4Dabei ersetzt das Votum des Gremiums die Leistungseinschätzung nach § 27 Absatz 4 und 5 oder nach Absatz 6. 5Die Hochschule trägt die Verantwortung für eine dem Leistungsprinzip und der Wissenschaftsfreiheit entsprechende und zugleich übermäßigen Aufwand vermeidende Verfahrensgestaltung. 6Wie auch nach § 27 Absatz 4 Satz 4 können nur solche Leistungsumstände zu einem Verbleiben in der bisher erreichten Stufe des Grundgehaltes führen, auf die der Betroffene zuvor, also mit ausreichendem zeitlichen Vorlauf, hingewiesen wurde (vgl. Gesetzesbegründung, Bundestags-Drucksache 16/7076, S. 137).

32a.5.4 1Das Verfahren des § 33 Absatz 4 zur Festlegung von Einzelheiten bei der Gewährung von Leistungsbezügen durch Rechtsverordnung ist auch zur näheren Ausgestaltung der Stufenhemmung und der Vergabe von Leistungsstufen geeignet. 2Dies berücksichtigt der Verweis in Satz 3.

32a.6 Zu Absatz 6

32a.6.1 1Die Entscheidung über die Zuordnung zu einer Stufe und damit einhergehend über die Anerkennung von Zeiten nach § 32b Absatz 1 obliegt der obersten Dienstbehörde oder der von ihr bestimmten Stelle (Satz 1). 2Die Hochschule selbst trifft hingegen die Entscheidung über ein mögliches Verbleiben in der Stufe; dabei entscheidet die Hochschule in eigener Verantwortung über Zuständigkeit und vorgeschaltetes Verfahren (Satz 2). 3Anders ist in den Fällen zu verfahren, in denen von der Entscheidung über ein mögliches Verbleiben in der Stufe die Hochschulleitung persönlich betroffen ist. 4Diese Entscheidung trifft – jedenfalls soweit die nicht anforderungsgerechte Leistung mit der Leitungstätigkeit und nicht (ausnahmsweise) mit den wissenschaftlichen Leistungen in Zusammenhang steht – die oberste Dienstbehörde (Satz 3).

III

32a.6.2 $_{1}$Die Entscheidung über die Stufenfestsetzung, das Verbleiben oder den vorgezogenen Aufstieg in die nächsthöhere Stufe sind dem Betroffenen schriftlich mitzuteilen (Satz 4). $_{2}$Ein Muster eines Stufenfestsetzungsbescheids findet sich unter Randnummer 27.2.4. $_{3}$Hinsichtlich der Bekanntgabe wird auf Randnummer 27.2.3 verwiesen.

32b Zu § 32b – Berücksichtigungsfähige Zeiten

32b.1 Zu Absatz 1

32b.1.1 $_{1}$Die Definition der **Hauptberuflichkeit** entspricht derjenigen in § 28 Absatz 1 Satz 1 Nummer 1. $_{2}$Auf die Ausführungen unter Randnummer 28.1.1.6 bis 28.1.1.8 wird verwiesen.

32b.1.2 $_{1}$Zeiten einer **Professorentätigkeit** sind solche, in denen nach einer Ernennung zum Professor und Übertragung einer entsprechenden Professur an einer staatlichen Universität oder Fachhochschule das Amt eines Professors ausgeübt und ein Grundgehalt nach der Besoldungsgruppe W 2 oder W 3 (oder auch nach der Besoldungsgruppe C 2, C 3 oder C 4) gewährt wird. $_{2}$Ob diese Professorentätigkeit im Beamtenverhältnis oder im Arbeitsverhältnis ausgeübt wird, ist dagegen unerheblich. $_{3}$Ausreichend ist zudem auch das Vorliegen einer Vertretungsprofessur. $_{4}$Für die Berufung auf eine W-3-Professur finden auch Zeiten als W-2-Professor Berücksichtigung. $_{5}$Diese Zeiten der Professur stehen Zeiten als Mitglied der Hochschulleitung oder Dekan gleich.

32b.1.3 $_{1}$Zeiten an der **Hochschule des Bundes für öffentliche Verwaltung – HS Bund** – unterfallen grundsätzlich den Anforderungen der Nummer 1. $_{2}$Unproblematisch ist dies bei den dort tätigen W-2 und W-3-Professoren (oder auch C-2- und C-3-Professoren), denn an die Berufung dieser hauptamtlich Lehrenden stellt die HS Bund Anforderungen, die mit denen des § 131 BBG identisch sind (bis zum 30. September 2014: § 15 Absatz 1 Nummer 1 Buchstabe a i. V. m. Absatz 2 der Grundordnung der Fachhochschule des Bundes sowie ab dem 1. Oktober 2014: § 19 Absatz 1 Nummer 1 Buchstabe a i. V. m. Absatz 2 der Grundordnung der HS Bund). $_{3}$Zeiten einer Tätigkeit als **hauptamtlich Lehrende der HS Bund**, die nach der Bundesbesoldungsordnung A besoldet werden, unterfallen der Nummer 1, wenn

- die Tätigkeit mit der eines in der Besoldungsgruppe W 2 oder W 3 eingestuften Professors identisch ist und
- die Betreffenden zum Zeitpunkt der Aufnahme ihrer Lehrtätigkeit die Anforderungen, die nach § 131 BBG an die Berufung von Professoren in den Besoldungsgruppen W 2 und W 3 zu stellen sind, erfüllt hätten, ihnen also auch eine W-2- und W-3-Professur hätte übertragen werden können.

$_{4}$Entsprechendes gilt auch für Tarifbeschäftigte sowie Inhaber einer Vertretungsprofessur.

Beispiel:

Ein promovierter Jurist war während seiner Promotionszeit als wissenschaftlicher Mitarbeiter an einer Universität tätig, hat dort Lehrveranstaltungen durchgeführt sowie diverse Veröffentlichungen in Fachzeitschriften erstellt und hat anschließend mehrere Jahre als juristischer Dezernent in einer Mittelbehörde eines Landes gearbeitet. Er erfüllt die Einstellungsvoraussetzungen zum W-2- bzw. W-3-Professor und wird vom 1. Januar 2018 bis zum 31. Dezember 2019 als hauptamtlich Lehrender, besoldet nach Besoldungsgruppe A 14, an der HS Bund tätig. Er wird dort am 1. Januar 2020 zum W-2-Professor ernannt. Bei der Stufenfestsetzung ist ihm die Zeit vom 1. Januar 2018 bis zum 31. Dezember 2019 (zwei Jahre) als Erfahrungszeit anzuerkennen.

32b.1.4 $_{1}$Habilitierte Wissenschaftler, die als **Lehrbeauftragte** tätig sind, denen also zur Ergänzung des Lehrangebots an einer Universität ein Lehrauftrag erteilt worden ist, unterfallen nicht der Vorschrift. $_{2}$Solche Zeiten als Lehrbeauftragter können also nicht als Erfahrungszeit anerkannt werden. $_{3}$In der Regel wird bereits nicht von einer hauptberuflichen Tätigkeit auszugehen sein. $_{4}$Auf Grund des regelmäßig geringen zeitlichen Umfangs der Tätigkeit – Lehraufträge werden zumeist nur bis zu einer Höhe von acht Trimester-Wochenstunden vergeben – ist davon auszugehen, dass die Lehrtätigkeit regelmäßig nicht den Tätigkeitsschwerpunkt der Betroffenen bildet. 5Sollte die Hauptberuflichkeit ausnahmsweise zu bejahen sein, weil die Betreffenden mehrere Lehraufträge an verschiedenen Hochschulen ausüben und dies ihren Tätigkeitsschwerpunkt bildet, fehlt es mangels Übertragung einer Professur und Ernennung zum Professor jedenfalls am Vorliegen des Tatbestandsmerkmals „Professor".

32b.1.5 1Anerkennungsfähig sind Zeiten einer hauptberuflichen Tätigkeit als Professor oder Vertretungsprofessor an einer deutschen staatlich anerkannten Hochschule oder einer ausländischen Hochschule, nicht aber Zeiten einer Tätigkeit als Mitglied der Hochschulleitung oder als Dekan an diesen Einrichtungen (Satz 1 Nummer 2). 2Voraussetzung für die Anerkennung ist nicht, dass sich die Einstellungsvoraussetzungen in jedem Fall vollständig mit denen des § 131 BBG decken. 3Es kommt vielmehr darauf an, dass die Anforderungen an die Einstellung (das Berufungsverfahren) jeweils dem Qualifikationsniveau des § 131 Absatz 1 BBG entsprechen. 4Dass hier auf die Anforderungen des § 131 Absatz 1 BBG (und nicht die des Absatzes 2) abzustellen ist, ergibt sich aus § 32b Absatz 1 Satz 3, der die Anerkennung von Zeiten als Juniorprofessor ausdrücklich ausschließt.

32b.1.6 1Es liegt im Ermessen der obersten Dienstbehörde oder der von ihr bestimmten Stelle, **Zeiten in öffentlich geförderten in- und ausländischen Forschungseinrichtungen** oder bei einer internationalen Forschungsorganisation anzuerkennen (Satz 2). 2Sie ermöglicht eine vollständige oder teilweise Anerkennung dieser Zeiten als Erfahrungszeiten.

32b.1.6.1 1Internationale Forschungsorganisationen sind Einrichtungen, an denen die Bundesrepublik Deutschland direkt oder über eine öffentlich geförderte Forschungseinrichtung beteiligt ist. 2Sie besitzen völkerrechtliche Rechtspersönlichkeit oder sind nach inoder ausländischem Privatrecht auf der Grundlage eines multilateralen Übereinkommens verfasst. 3Hierunter fallen z. B.:

- die Europäische Organisation für Kernforschung (CERN),
- die Forschungseinrichtung „European Synchrotron Radiation Facility" (ESRF),
- das Forschungszentrum „Institut Laue-Langevin" (ILL),
- die Europäische Organisation für astronomische Forschung in der südlichen Hemisphäre (ESO),
- die Europäische Weltraumorganisation (ESA),
- das Europäische Laboratorium für Molekularbiologie (EMBL),
- die Forschungsanlage „X-Ray Free-Electron Laser" (X-FEL) und
- das Internationale Beschleunigerzentrum für die Forschung mit Ionen- und Antiprotonenstrahlen (FAIR).

4Eine Anerkennung der Tätigkeit an einer solchen Einrichtung kann unter zwei Voraussetzungen erfolgen:

32b.1.6.2 1Erstens muss die Tätigkeit mit derjenigen eines in die Besoldungsgruppen W 2 oder W 3 eingestuften Professors gleichwertig gewesen sein. 2Die Anforderungen an die Gleichwertigkeit der Tätigkeit entsprechen denen, die nach § 28 Absatz 1 Satz 1 Nummer 1 für anerkennungsfähige Vorzeiten bei Ersteinstufungen in ein Amt der Bundesbesoldungsordnung A gelten. 3Danach ist eine Gleichwertigkeit gegeben, wenn die Vortätigkeit ihrer Bedeutung nach – d. h. der Wertigkeit und Schwierigkeit nach – mindestens der Tätigkeit der Laufbahngruppe, für welche die Erfahrungszeit anerkannt werden soll, entspricht, unabhängig von der konkreten Fachrichtung und Funktion. 4Bei einer Tätigkeit als Präsident, Geschäftsführer, Vorstandsmitglied oder Leiter einer Forschungsgruppe an einer der genannten Forschungseinrichtungen kann in der Regel auf Grund der damit verbundenen Personal-, Projekt- und wissenschaftlichen Verantwortung von einer Gleichwertigkeit mit der eines Professors der Besoldungsgruppe W 2 oder W 3 ausgegangen werden.

32b.1.6.3 $_{1}$Zweitens müssen die Anforderungen der Forschungseinrichtung oder -organisation an die Berufung des Professors denen des § 131 Absatz 1 BBG entsprochen haben. $_{2}$Beim Berufungsverfahren von Leitenden Wissenschaftlern oder Wissenschaftlichen Vorständen einer öffentlich geförderten inländischen Forschungseinrichtung kann hiervon im Regelfall ausgegangen werden.

Beispiel:

Die W-2-Stelle des Leiters einer Forschungsgruppe wird international ausgeschrieben. Einstellungsvoraussetzungen sind Promotion sowie mehrjährige besondere wissenschaftliche Leistungen bzw. besondere Leistungen bei der Anwendung oder Entwicklung wissenschaftlicher Erkenntnisse und Methoden in einer mehrjährigen beruflichen Praxis sowie die persönliche und fachliche Eignung, eine Forschungsgruppe zu leiten.

Die zur Personalauswahl eingesetzte Kommission unter dem Vorsitz des Vizepräsidenten trifft eine Vorauswahl unter Bewerbern. Die gesamte Kommission befindet über die in Frage kommenden Kandidaten. Die letzte Entscheidung wird nach einem Kolloquium getroffen werden, in dem die Bewerber der engsten Auswahl über ihre Arbeiten berichten.

32b.1.7 $_{1}$Andere Zeiten sind nicht berücksichtigungsfähig. $_{2}$Dies betrifft insbesondere Tätigkeiten in der Privatwirtschaft (auch Forschungstätigkeiten, Wahrnehmung von Leitungsfunktionen) oder Zeiten des Qualifikationserwerbs (z. B. als wissenschaftlicher Mitarbeiter). $_{3}$Auch sonstige Zeiten im öffentlichen Dienst sind z. B. dann nicht berücksichtigungsfähig, wenn eine nichtwissenschaftliche Tätigkeit ausgeübt wurde oder eine wissenschaftliche Tätigkeit innerhalb der Bundesbesoldungsordnung A einer Professorentätigkeit der Besoldungsgruppe W 2 oder W 3 nicht gleichwertig war oder die Einstellungsvoraussetzungen nicht denen für Professorinnen und Professoren entsprachen.

32b.1.8 $_{1}$Eine weitergehende Honorierung hauptberuflicher vordienstlicher Tätigkeiten innerhalb oder außerhalb einer Professoren- oder Hochschulleitungstätigkeit kann im Bedarfsfall im Rahmen der Berufungs-Leistungsbezüge erfolgen. $_{2}$Die nach § 28 anerkannten Erfahrungszeiten – und damit die festgesetzte Stufe sowie die Dienstzeit bis zum Aufstieg in die nächsthöhere Stufe – sind aber nicht verhandelbar.

32b.1.9 $_{1}$Im Übrigen finden hinsichtlich der **Berechnung und Rundung der anerkennungsfähigen Zeiten** die für die Anerkennung von Erfahrungszeiten im Beamtenverhältnis geltenden Regelungen entsprechende Anwendung. $_{2}$Liegen während des gleichen Zeitraums die Voraussetzungen verschiedener Tatbestände des § 32b Absatz 1 vor, wird der Zeitraum nur einmal berücksichtigt (keine Mehrfachanrechnung von Zeiten). $_{3}$Der Umfang der Berücksichtigung richtet sich nach dem im Einzelfall günstigeren Tatbestand.

32b.1.10 $_{1}$Nach Satz 3 sind Zeiten als Juniorprofessor von der Anerkennung ausgeschlossen. $_{2}$Gleiches gilt für Zeiten einer hauptberuflichen wissenschaftlichen Tätigkeit an Einrichtungen im Sinn des Satzes 2, soweit es sich um eine der Juniorprofessur gleichwertige Tätigkeit handelt. $_{3}$Bei all diesen Zeiten handelt es sich um Qualifikationszeiten, die mit dem erhöhten Einstiegsgrundgehalt bereits pauschal abgegolten sind. $_{4}$Damit ist klar, dass auch alle weiteren Tätigkeiten unterhalb der Schwelle einer Juniorprofessur, die dem Erwerb einer für die Berufung als Professor notwendigen Qualifikation dienten, nicht anerkennungsfähig sind (z. B. Tätigkeiten als wissenschaftlicher Mitarbeiter).

32b.1.11 $_{1}$Die nach Satz 1 und 2 anzuerkennenden Zeiten werden nicht durch Zeiten nach § 28 Absatz 5 vermindert (Satz 4). $_{2}$Soweit Kinderbetreuungs-, Pflege- und sonstige anerkannte Beurlaubungszeiten nach der Ernennung als Professor erfolgt sind, also in einem Dienstverhältnis als Professor eingerahmt sind, werden solche Unterbrechungszeiten auch im Bereich der W-Besoldung Zeiten mit Anspruch auf Grundgehalt gleichgestellt. 3Eine unschädliche Unterbrechung durch die in § 28 Absatz 5 genannten Zeiten liegt auch dann vor, wenn sich diese Zeiten an Zeiten aktiver Berufstätigkeit anschließen. 4Voraussetzung ist jeweils, dass das Arbeits- oder Dienstverhältnis fortbesteht.

Beispiel:
Ein Professor, der zu einem W-3-Professor an einer Universität der Bundeswehr berufen werden soll, war vom 1. Januar 2016 bis zum 31. Dezember 2019 an der Universität Rostock tätig. Vom 1. Januar bis 31. Dezember 2019 war er zu Forschungszwecken im dienstlichen Interesse ohne Bezüge beurlaubt. Nach § 32b Absatz 1 Satz 1 Nummer 1 i. V. m. Satz 4 können vier Jahre als Erfahrungszeit anerkannt werden.

32b.2 Zu Absatz 2

Absatz 2 bestimmt die Zeiten, in denen kein Anspruch auf Dienstbezüge besteht, die aber gleichwohl das Aufsteigen in den Stufen nicht verzögern (vgl. Ausführungen unter Randnummer 28.5).

33 Zu § 33 – Leistungsbezüge

33.1 Zu Absatz 1

1In den Besoldungsgruppen W 2 und W 3 werden Leistungsbezüge vergeben. 2Es gibt Leistungsbezüge aus Anlass von Berufungs- und Bleibeverhandlungen (vgl. § 33 Absatz 1 Nummer 1), für besondere Leistungen (vgl. § 33 Absatz 1 Nummer 2) und für die Wahrnehmung von Funktionen (vgl. § 33 Absatz 1 Nummer 3). 3Berufungs- und Bleibe-Leistungsbezüge sowie Besondere Leistungsbezüge können befristet oder unbefristet sowie als Einmalzahlung vergeben werden; Funktionsleistungsbezüge werden für die Dauer der Wahrnehmung der Funktion gewährt.

33.2 Zu Absatz 2

33.2.1 Absatz 2 enthält eine Regelung zur Höchstgrenze für Leistungsbezüge.

33.2.2 1Nummer 3 stellt eine Sonderregelung für Leistungsbezüge im Anwendungsbereich des § 77a dar, also für in das neue Recht übergeleitete Professoren. 2Die Regelung trägt dem Umstand Rechnung, dass sich die Höchstgrenze auf Grund der Erhöhung des Grundgehaltes rechnerisch verschiebt, und vermeidet, dass sich für übergeleitete Professoren allein auf Grund dieses Effekts ein Korrekturbedarf ergibt. 3Erreicht wird dies durch die ausdrückliche Zulassung des Überschreitens der Höchstgrenze in diesen Fällen, so dass insoweit im Ergebnis die bisherige Höchstgrenze unverändert bleibt.

33.3 Zu Absatz 3

1Nach Absatz 3 sind Leistungsbezüge bis zu insgesamt 22 Prozent ruhegehaltfähig. 2Die Absenkung der Höchstgrenze für den Anteil der ruhegehaltfähigen Leistungsbezüge von vormals 40 Prozent auf jetzt 22 Prozent ist Folge der Anhebung der Grundgehälter in den Besoldungsgruppen W 2 und W 3. 3Mit der jetzigen Höchstgrenze wird sichergestellt, dass der bisherige Maßstab für eine mögliche Gesamtversorgung, der sich auch an der Endstufe der entsprechenden Besoldungsgruppe der Bundesbesoldungsordnung C orientierte (vgl. Bundestags-Drucksache 14/6852, S. 14), erhalten bleibt.

34 (weggefallen)

35 Zu § 35 – Forschungs- und Lehrzulage

(unbesetzt)

36 (weggefallen)

Unterabschnitt 4
Richter und Staatsanwälte

37 Zu § 37 – Bundesbesoldungsordnung R

(unbesetzt)

38 Zu § 38 – Bemessung des Grundgehaltes

38.1 Zu Absatz 1

Für die Stufenfestsetzung bei der ersten Ernennung mit Anspruch auf Dienstbezüge beim Bund in ein Amt der Bundesbesoldungsordnung R gelten die gleichen Grundsätze wie bei der Anwendung des § 27 Absatz 2.

38.2 Zu Absatz 2

$_{1}$Hinsichtlich der bei der erstmaligen Stufenfestsetzung bei einem Richter oder einem Staatsanwalt nach § 38 Absatz 2 berücksichtigungsfähigen Zeiten sind die §§ 28 und 30 entsprechend anzuwenden. $_{2}$Insoweit wird auf die Randnummern 28 und 30 verwiesen.

38.3 Zu Absatz 3

$_{1}$Zeiten einer Tätigkeit als Rechtsanwalt oder Notar, als Assessor bei einem Rechtsanwalt oder als Notarassessor sind Zeiten einer gleichwertigen hauptberuflichen Tätigkeit im Sinn des § 28 Absatz 1 Satz 1 Nummer 1. $_{2}$Gleiches gilt z. B. auch für Zeiten der Tätigkeit in anderen Berufen, wenn die Tätigkeit nach Art und Bedeutung geeignet war, Kenntnisse und Erfahrungen für die Ausübung des Richteramtes zu vermitteln (§ 10 Absatz 2 Satz 1 Nummer 4 und 5 DRiG). $_{3}$Die Tätigkeit muss jedoch vergleichbare Fähigkeiten erfordern wie der Beruf des Richters. $_{4}$Kennzeichnend hierfür ist insbesondere die Fähigkeit, in Konfliktsituationen die divergierenden Interessen mehrerer Beteiligter auch in komplexen Lebensverhältnissen zu erfassen, zu einem Ausgleich zu bringen und gegebenenfalls hierüber auch zu entscheiden. $_{5}$Der Richter muss ferner die sozialen Folgen seines Handelns berücksichtigen. $_{6}$Andererseits muss er aber auch die erforderliche Konflikt- und Entschlussfähigkeit besitzen. $_{7}$Für eine (mögliche) Tätigkeit im Spruchkörper muss er über Teamfähigkeit verfügen und eine kollegiale Beratungskultur pflegen. $_{8}$Solche Fähigkeiten müssen im Vordergrund der in Rede stehenden Vortätigkeit stehen und für diese prägend sein. $_{9}$Danach reicht nicht jede berufliche Tätigkeit, die zwangsläufig mit einem Kontakt zu anderen Menschen verbunden ist, als Erfahrungszeit aus, insbesondere nicht solche Tätigkeiten, bei denen dieser soziale Umgang den anderen Menschen nur ausschnittsweise, in einer begrenzten sozialen Funktion und Situation, z. B. als Kunde, betrifft (siehe BVerwG, Urteil vom 22. September 2016 – 2 C 29/15 –).

Abschnitt 3
Familienzuschlag

39 Zu § 39 – Grundlage des Familienzuschlages

39.0 Allgemeines

$_{1}$Erfahrungsgemäß verändern sich im Laufe der Zeit persönliche Verhältnisse, die Ansprüche auf Familienzuschlag begründen. $_{2}$Zwar sind die Besoldungsempfänger verpflichtet, Änderungen anzuzeigen, die Auswirkungen auf die Familienzuschläge haben können; es kann jedoch nicht davon ausgegangen werden, dass dies immer automatisch beachtet wird. $_{3}$Um eine ordnungsgemäße Gewährung von Familienzuschlägen nach den §§ 39 bis 41 soweit als möglich zu gewährleisten, sind regelmäßige Überprüfungen vorzunehmen. $_{4}$Dabei geht es nicht nur darum, Überzahlungen zu verhindern oder zu begrenzen, sondern auch darum, die Zahlung zustehender Leistungen sicherzustellen. $_{5}$Es gelten die im Folgenden genannten regelmäßigen Fristen für die Überprüfung des Fortbestandes der Anspruchsvoraussetzungen:

In Abständen von einem Jahr:

- Der Fortbestand einer Unterhaltsverpflichtung aus der geschiedenen oder aufgehobenen Ehe oder der aufgehobenen Lebenspartnerschaft (§ 40 Absatz 1 Nummer 3),
- das weitere Vorliegen der Voraussetzungen bei Aufnahme eines Kindes, welches das 18. Lebensjahr bereits vollendet hat, oder einer anderen Person in die Wohnung (§ 40 Absatz 1 Nummer 4 zweite Alternative).

39.0.1.2 $_{1}$In Abständen von drei Jahren:

- Das weitere Vorliegen der Voraussetzungen bei Aufnahme eines Kindes, welches das 18. Lebensjahr noch nicht vollendet hat, in die Wohnung (§ 40 Absatz 1 Nummer 4),
- das Vorliegen einer Konkurrenzsituation bei verheirateten oder verpartnerten Besoldungsempfängern (§ 40 Absatz 4) durch Frage nach dem Arbeitgeber des Ehegatten oder Lebenspartners,

- das Fortbestehen einer Konkurrenzsituation bei verheirateten oder verpartnerten Besoldungsempfängern durch den Austausch von Vergleichsmitteilungen mit dem bereits bekannten Arbeitgeber des Partners oder durch Abfrage bei den betroffenen Besoldungsempfängern,
- das Vorliegen einer Konkurrenzsituation in Bezug auf die kinderbezogenen Familienzuschläge (§ 40 Absatz 2, 3 und 5).

2Diese Überprüfung ist nicht erforderlich, wenn Besoldungsempfänger selbst das Kindergeld für das jeweilige Kind erhalten. 3Erhält der Einzelne kein Kindergeld, ist er darüber zu unterrichten, dass der Anspruch entfallen kann, wenn der Kindergeldbezieher zu einem anderen Arbeitgeber wechselt oder erneut heiratet. 4Es ist in diesen Fällen zu prüfen, ob der neue Arbeitgeber möglicherweise dem öffentlichen Dienst im Sinn des § 40 Absatz 6 zuzurechnen ist und familienbezogene Bezahlungselemente gewährt. 5Im Falle einer erneuten Heirat des Kindergeldbeziehers ist der Familienzuschlagsempfänger in der Nachweispflicht, dass der neue Ehegatte des ehemaligen Partners nicht im öffentlichen Dienst beschäftigt ist.

39.0.2 1Die regelmäßigen Überprüfungen befreien die Besoldungsempfänger nicht von der Verpflichtung zur unverzüglichen Anzeige von Änderungen in den Verhältnissen, die für die Gewährung der Familienzuschläge zahlungserheblich sein können. 2Wird bei Routineüberprüfungen, aber auch im Zusammenhang mit Änderungsanzeigen festgestellt, dass die Anspruchsvoraussetzungen nicht mehr vorliegen, ist stets der Zeitpunkt des Wegfalls festzustellen, damit die jeweilige Gewährung ab dem zutreffenden Zeitpunkt aufgehoben werden kann.

39.0.3 1Neben der turnusgemäßen Überprüfung nach den vorstehenden Fristen sind auch anlassbezogene Überprüfungen erforderlich. 2So kann z. B. eine angezeigte Wohnsitzänderung mit einer Änderung des Familienstandes einhergehen. 3Es ist stets erforderlich, alle für die Zahlung der Familienzuschläge erforderlichen Tatsachen zu erheben und umfassend zu dokumentieren. 4Dazu gehört z. B. auch die Anfertigung von Telefonvermerken nach telefonischer Nachfrage über zahlungserhebliche Sachverhalte.

39.0.4 1Mit der Einstellung hat der Besoldungsempfänger eine Erklärung zum Familienzuschlag abzugeben. 2Wird dem Besoldungsempfänger ein Fragebogen übersandt, um zu überprüfen, ob die Anspruchsvoraussetzungen weiterhin vorliegen (Erklärung zum Familienzuschlag), ist er verpflichtet, diesen ausgefüllt, gegebenenfalls unter Beifügung von Nachweisen, zurückzureichen. 3Ein Verweis auf unveränderte Verhältnisse gegenüber früher abgegebener Erklärungen ist in der Regel nicht ausreichend. 4Er kann nur im Ausnahmefall akzeptiert werden, wenn auf die letzte ordnungsgemäß ausgefüllte Erklärung konkret Bezug genommen wird. 5Werden die erforderlichen Angaben nicht gemacht, sind die entsprechenden Teile des Familienzuschlages bis zur Nachholung der Mitwirkung nicht zu zahlen. 6Außerdem ist die Rückforderung bis zum Zeitpunkt der letzten Erklärung zu prüfen, wenn der Mitwirkungspflicht auch nach der (vorübergehenden) Zahlungseinstellung nicht innerhalb einer Nachfrist von maximal drei Monaten gefolgt wird.

39.1 Zu Absatz 1

1Eine Abhängigkeit der Höhe des Familienzuschlages von der Besoldungsgruppe besteht seit der Vereinheitlichung der Beträge des Familienzuschlages der Stufe 1 zum 1. Januar 2016 nicht mehr. 2Eine entsprechende Anpassung des Absatzes 1 wird bei nächster Gelegenheit vorgenommen.

39.2 Zu Absatz 2

39.2.1 Die Vorschrift gilt für ledige Beamte und Soldaten, die nach den für sie geltenden dienstrechtlichen Vorschriften verpflichtet sind, ständig, d. h. nicht nur vorübergehend aus besonderem Anlass, in einer Gemeinschaftsunterkunft zu wohnen.

39.2.2 Für Beginn und Ende der Berücksichtigung des Anrechnungsbetrages gilt § 3.

39.2.3 Im Übrigen gelten die Ausführungen zu den §§ 40 und 41 entsprechend.

40 Zu § 40 – Stufen des Familienzuschlages

40.0 Allgemeines

Soweit die Gewährung des Familienzuschlages von dem gegenwärtigen oder früheren Bestand einer Ehe oder von Verpflichtungen, die aus einer Ehe resultieren, abhängig ist, gelten die Ausführungen entsprechend für den gegenwärtigen oder früheren Bestand oder Verpflichtungen aus Lebenspartnerschaft.

40.1 Zu Absatz 1

40.1.0 Für die Zuordnung von Besoldungsempfängern zu der Stufe 1 des Familienzuschlages sind die Familienverhältnisse maßgebend, die in dem Zeitraum vorliegen, für den Besoldung zusteht.

40.1.1 Zu Satz 1 Nummer 1

(unbesetzt)

40.1.2 Zu Satz 1 Nummer 2

(unbesetzt)

40.1.3 Zu Satz 1 Nummer 3

40.1.3.1 $_{1}$Geschieden oder aufgehoben ist eine Ehe erst mit der Rechtskraft des gerichtlichen Scheidungsausspruchs (§§ 1564 ff. BGB) bzw. der gerichtlichen Entscheidung. $_{2}$Entscheidungen ausländischer Gerichte in Familienrechtssachen werden nur anerkannt, wenn die Landesjustizverwaltung festgestellt hat, dass die Voraussetzungen für die Anerkennung vorliegen (§ 107 Absatz 1 des Gesetzes über das Verfahren in Familiensachen und in den Angelegenheiten der freiwilligen Gerichtsbarkeit (FamFG)). $_{3}$Da bis zur Rechtskraft der Entscheidung bzw. Anerkennung von Entscheidungen nach ausländischem Recht oft lange Zeit verstreicht, ist die Gewährung des Familienzuschlages der Stufe 1 bis zur endgültigen Entscheidung auszusetzen, um hohe Rückforderungen zu vermeiden. $_{4}$Die Feststellung durch die Landesjustizverwaltung hat der Besoldungsempfänger unverzüglich auf seine Kosten herbeizuführen und vorzulegen. $_{5}$Erfolgt die Entscheidung in einem anderen EU-Mitgliedsstaat, ist ein Verfahren nach § 107 FamFG nicht erforderlich. $_{6}$Die Entscheidung gilt auf Grund der Verordnung (EG) Nr. 2201/2003 des Rates unmittelbar.

40.1.3.2 $_{1}$Eine Unterhaltsverpflichtung Kindern gegenüber begründet als solche keinen Anspruch auf einen Familienzuschlag der Stufe 1 nach § 40 Absatz 1 Satz 1 Nummer 3. $_{2}$Die Unterhaltsverpflichtung muss mindestens in Höhe des ungekürzten Tabellenbetrags des Familienzuschlages der Stufe 1 bestehen. $_{3}$Sie muss in dieser Höhe tatsächlich und nachweislich erfüllt werden.

40.1.3.3 $_{1}$Die Zahlung von Unterhalt muss auf einer gesetzlichen Verpflichtung beruhen (§§ 1569 bis 1577 BGB). $_{2}$Diese kann durch Vorlage eines entsprechenden Unterhaltsurteils, eines gerichtlichen oder außergerichtlichen Vergleichs oder durch eine schriftliche Unterhaltsvereinbarung nachgewiesen werden. $_{3}$Freiwillige Unterhaltsleistungen begründen auch dann keinen Anspruch auf den Familienzuschlag, wenn über die regelmäßige Zahlung eine schriftliche Vereinbarung getroffen wurde. $_{4}$Der Besoldungsempfänger hat den Tatbestand, der ihn zur Unterhaltsleistung verpflichtet, schlüssig darzulegen. $_{5}$Dabei ist insbesondere zu berücksichtigen, dass nach dem Grundsatz der Eigenverantwortung nach § 1569 BGB jeder Ehegatte grundsätzlich selbst für seinen Unterhalt zu sorgen hat. $_{6}$Ist eine Unterhaltspflicht anerkannt worden, kann diese Entscheidung keine Dauerwirkung haben, da jeder geschiedene Ehegatte verpflichtet ist, seine persönliche Situation so zu verändern, dass er sobald wie möglich für seinen Unterhalt selbst aufkommen kann.

40.1.3.4 $_{1}$Wird der Familienzuschlag wegen der gesetzlichen Unterhaltsverpflichtung über einen langen Zeitraum (mehr als drei Jahre) beansprucht, ist das Fortbestehen der gesetzlichen Unterhaltsverpflichtung durch den Besoldungsempfänger zu begründen. $_{2}$Es bestehen insbesondere dann erhebliche Zweifel an der fortbestehenden Verpflichtung, wenn der nachgewiesene monatlich gezahlte Unterhaltsbetrag nicht wesentlich höher ist als der dadurch erlangte Familienzuschlag der Stufe 1.

40.1.3.5 1Bei der Anwendung des § 40 Absatz 1 Satz 1 Nummer 3 ist zu beachten, dass als Zahlungsgrundlage die folgenden Unterlagen vorliegen:

- Nachweis über die Rechtskraft des Scheidungsurteils,
- aktueller Nachweis über die gesetzliche Verpflichtung zum Ehegattenunterhalt und über dessen Höhe (Urteil, Unterhaltsvereinbarung),
- aktueller Nachweis über die tatsächlichen Zahlungen (z. B. Kontoauszüge der letzten drei Monate).

2Aus dem Nachweis über die Unterhaltsverpflichtung muss sich eine klare Abgrenzung zu einem möglichen Kindesunterhalt ergeben, der in diesem Zusammenhang nicht berücksichtigt werden kann.

40.1.3.6 1Die Voraussetzungen des § 40 Absatz 1 Satz 1 Nummer 3 sind nicht (mehr) gegeben, wenn

- die Verpflichtung zur Unterhaltszahlung erloschen ist (z. B. durch Wiederheirat, Tod des Unterhaltsberechtigten oder Wegfall der Gründe, die nach den §§ 1569 ff. BGB für das Bestehen der Unterhaltsverpflichtung maßgebend sind, z. B. durch Arbeitsaufnahme des früheren Ehegatten),
- die Unterhaltsverpflichtung durch eine Abfindung (anstelle einer Unterhaltsrente) nach § 1585 Absatz 2 BGB oder durch eine Vereinbarung der früheren Ehegatten erloschen ist oder
- trotz einer Abfindung die Unterhaltsverpflichtung für Zwecke des Versorgungsausgleichs auf Grund des § 33 des Versorgungsausgleichsgesetzes als weiterbestehend behandelt wird.

2Wird der Unterhalt bei weiterbestehender Unterhaltspflicht für einen bestimmten Zeitraum im Voraus gezahlt (z. B. jährlich) und ergibt sich das Fortbestehen der Unterhaltspflicht zweifelsfrei aus den vorgelegten Unterlagen, so sind die Voraussetzungen des § 40 Absatz 1 Satz 1 Nummer 3 weiter gegeben. 3Dabei müssen die auf die einzelnen Monate des Zahlungszeitraums umgerechneten Beträge die Höhe des Familienzuschlages der Stufe 1 erreichen (vgl. Randnummer 40.1.3.2 Satz 2). 4Die Erfüllung der Unterhaltsverpflichtung kann auch in Form einer Darlehensabtragung für eine Wohnimmobilie erfolgen. 5In einem solchen Fall ist jedoch nachzuweisen, dass das Eigentum der Immobilie auf den Unterhaltsberechtigten übergegangen ist (Grundbuchauszug).

40.1.3.7 1Der Besoldungsempfänger ist auf seine Verpflichtung, Änderungen mitzuteilen, gesondert hinzuweisen. 2Auch ist er darüber zu unterrichten, dass er auskunftspflichtig über die Umstände seiner Unterhaltsgewährung ist. 3Dies gilt insbesondere in Bezug auf die Verhältnisse des geschiedenen Ehegatten wie z. B. Berufstätigkeit oder Wiederheirat. 4Kann der Besoldungsempfänger über die aktuelle Lebenssituation des bislang unterhaltsberechtigten früheren Ehegatten keine Angaben machen, ist der Nachweis einer Unterhaltsverpflichtung nicht geführt und es kann kein Familienzuschlag der Stufe 1 gezahlt werden. 5Die Dienststelle ist weder verpflichtet, eigene Erkundigungen einzuziehen, noch ist sie berechtigt, Auskünfte von Dritten zu verlangen.

40.1.4 Zu Satz 1 Nummer 4

40.1.4.1 1Der Besoldungsempfänger muss ein Kind oder

- eine andere Person, deren Hilfe der Besoldungsempfänger aus gesundheitlichen oder beruflichen Gründen bedarf,
- nicht nur vorübergehend in seine Wohnung aufgenommen haben. 2Zu der Anknüpfung an den Kindergeldbezug für das aufgenommene Kind vgl. Randnummer 40.2.1.1.

40.1.4.2 1„Seine Wohnung“ ist die Wohnung, in der der Besoldungsempfänger tatsächlich – gegebenenfalls auch zusammen mit Dritten – wohnt und seinen Lebensmittelpunkt hat. 2Falls die Wohnung dem Besoldungsempfänger rechtlich nicht zugeordnet werden kann (z. B. bei Wohngemeinschaft), ist die wirtschaftliche Zuordnung maßgebend.

40.1.4.3 1In die Wohnung nicht nur vorübergehend aufgenommen ist eine andere

Person, wenn die Wohnung auch für die aufgenommene Person zum Mittelpunkt der Lebensbeziehungen wird und es zur Bildung einer häuslichen Gemeinschaft kommt. $_{2}$Ist die Aufnahme in die Wohnung von vornherein befristet (z. B. auf ein Jahr), handelt es sich um eine vorübergehende Aufnahme, die keinen Anspruch auf Familienzuschlag der Stufe 1 begründen kann. $_{3}$Der Aufenthalt des Kindes nur während eines bestimmten kürzeren Zeitraums im Jahr (z. B. im Falle geschiedener Eltern ein Aufenthalt bei einem Elternteil jeweils in den Ferien) führt wegen der dazwischenliegenden langen Unterbrechungen nicht zur Bildung eines Lebensmittelpunktes (vgl. in Abgrenzung hierzu die anderweitige Unterbringung unter Randnummer 40.1.4.6). $_{4}$Bei Kindern, deren nicht zusammenlebenden Eltern das Sorgerecht gemeinsam obliegt, können diese Voraussetzungen ausnahmsweise auch im Hinblick auf mehrere Wohnungen vorliegen. $_{5}$Ob ein Mittelpunkt der Lebensbeziehungen in den Wohnungen beider Eltern vorliegt, ist nach den Umständen des Einzelfalles zu beurteilen; ein standardisiertes Prüfverfahren kommt hierfür nicht in Betracht; das Bejahen des Lebensmittelpunkts setzt nicht voraus, dass sich das Kind in der Wohnung überwiegend aufhält. $_{6}$Ein Mittelpunkt der Lebensbeziehungen kann nur vorliegen, wenn das Kind von der Wohnung aus seine sozialen Beziehungen (Schule, Vereine, Freunde usw.) pflegen kann.

40.1.4.4 $_{1}$Die Annahme, dass der Besoldungsempfänger aus beruflichen Gründen der Hilfe der in seinen Haushalt aufgenommenen Person bedarf, ist dann gerechtfertigt, wenn die Person durch die Haushaltsführung die Erfüllung seiner beruflichen Pflichten ermöglicht. $_{2}$Dabei muss ein unmittelbarer Zusammenhang zwischen der Hilfe und der Berufstätigkeit bestehen. $_{3}$Es reicht nicht aus, wenn die aufgenommene Person z. B. die Kinder beaufsichtigt, die grundsätzlich sonst durch den Besoldungsempfänger zu beaufsichtigen wären.

40.1.4.5 $_{1}$Gesundheitliche Gründe sind anzuerkennen, wenn der Besoldungsempfänger infolge Krankheit oder körperlicher Behinderung ohne fremde Hilfe und Pflege nicht auskommen kann. $_{2}$Diese Voraussetzungen sind insbesondere bei Schwerbehinderten gegeben, die wegen ihrer körperlichen Behinderung auf die Haushaltsführung durch eine andere Person angewiesen sind. $_{3}$Hierbei kommt es nicht auf den Grad der Behinderung an, sondern auf die Art und den Umfang der Beeinträchtigung bei der Verrichtung allgemeiner persönlicher und hauswirtschaftlicher Tätigkeiten. $_{4}$Die für den Besoldungsempfänger zu verrichtenden Tätigkeiten müssen so umfangreich oder so vielfältig sein, dass sie die Aufnahme der anderen Person in die Wohnung erforderlich machen (Abhängigkeit des Besoldungsempfängers von der Hilfe). $_{5}$In Zweifelsfällen kann die Vorlage einer amtsärztlichen Bescheinigung gefordert werden.

40.1.4.6 Zu Satz 2

$_{1}$Eine anderweitige Unterbringung liegt nur vor, wenn die häusliche Verbindung erhalten bleibt und hierfür auch Anhaltspunkte vorliegen (z. B. eigenes Zimmer, familiäre Bindung usw.). $_{2}$Sie besteht z. B. fort, wenn die aufgenommene Person nur vorübergehend (z. B. wegen Studiums, Krankenhaus- oder Internatsaufenthalts) abwesend ist. $_{3}$Durch die Unterbringung darf sich der Mittelpunkt der Lebensbeziehungen nicht schwerpunktmäßig an den Unterbringungsort verlagern. $_{4}$Eine anderweitige Unterbringung ist nicht gegeben, wenn der Besoldungsempfänger lediglich für den Unterhalt aufkommt oder das Kind z. B. beim anderen Elternteil lebt.

40.1.4.7 $_{1}$Im Regelfall ist ein Kind von demjenigen untergebracht, bei dem es vorher gelebt hat und mit dem vorrangig die häusliche Verbindung aufrechterhalten wird. $_{2}$In den Fällen der Randnummer 40.1.4.3 Satz 4 kann diese Voraussetzung bei beiden Eltern gegeben sein. $_{3}$Eine häusliche Verbindung liegt nicht mehr vor, wenn die Lebensgemeinschaft in der Wohnung des Besoldungsempfängers beendet worden ist, z. B. weil das Kind einen eigenen Hausstand oder ein Eltern-Kind-ähnliches Verhältnis zu einer anderen Person (Pflegekindverhältnis) oder eine nichteheliche Lebensgemeinschaft begründet hat.

40.1.4.8 Die Unterbringung eines Kindes auf Kosten des Besoldungsempfängers wird unterstellt, wenn dieser nachgewiesen hat, dass er einen maßgebenden Anteil an den Kosten für die Unterbringung, mindestens in Höhe des Bruttobetrages des Familienzuschlages für das jeweilige Kind, leistet.

40.1.4.9 Zu Satz 3

$_{1}$Beanspruchen mehrere Berechtigte (z. B. die unverheiratet zusammenlebenden Eltern) auf Grund der Aufnahme desselben Kindes in die gemeinsame Wohnung einen Familienzuschlag der Stufe 1, wird der Betrag entsprechend der Anzahl der Berechtigten anteilig gewährt. $_{2}$Dasselbe gilt, wenn mehrere Kinder oder sonstige Personen in die gemeinsame Wohnung mehrerer Anspruchsberechtigter aufgenommen sind. $_{3}$Der Familienzuschlag der Stufe 1 kann an mehrere Berechtigte, die eine gemeinsame Wohnung bewohnen, insgesamt nur einmal gezahlt werden.

40.1.4.10 $_{1}$Wenn ein Kind in einer Wohnung mit den unverheiratet zusammenlebenden Eltern lebt, setzt die Konkurrenzregelung des Satzes 3 tatbestandlich voraus, dass mehrere Anspruchsberechtigte die Leistung beanspruchen. $_{2}$Aus dieser Formulierung kann nicht hergeleitet werden, dass entgegen § 2 Absatz 3 auf den Besoldungsanspruch verzichtet werden kann, indem er nicht beansprucht wird. $_{3}$Der Verzicht bzw. die fehlende Beanspruchung durch Abgabe einer sog. Negativerklärung mit der Folge, dass der Familienzuschlag der Stufe 1 in voller Höhe an den anderen Berechtigten gezahlt wird, ist nicht zulässig. $_{4}$Der Besoldungsanspruch ist ein persönlicher Anspruch, auf den nicht verzichtet werden kann. $_{5}$Auch ist es nicht möglich, diesen Anspruch auf eine andere Person zu übertragen. $_{6}$Der Begriff „beanspruchen" ist nicht dahingehend auszulegen, dass eine Willenserklärung abgegeben werden muss, um in den Genuss der Besoldungsleistung zu gelangen. $_{7}$Vielmehr reicht es aus, die Dienststelle von den anspruchsbegründenden Tatsachen in Kenntnis zu setzen. $_{8}$Steht auf Grund einer entsprechenden Tatsachenerklärung fest, dass der Anspruch besteht, kann kein wirksamer Verzicht erklärt werden.

40.1.4.11 $_{1}$Ist ein Kind in beide Wohnungen der nicht zusammenlebenden Eltern mit einer gewissen Regelmäßigkeit im Wechsel bei beiden Elternteilen jeweils zeitweise aufgenommen, ist nach Satz 4 der Betrag des Familienzuschlages der Stufe 1 auf beide Elternteile aufzuteilen. $_{2}$Das gilt auch bei der gleichzeitigen Aufnahme mehrerer Kinder. $_{3}$Dabei ist nicht Voraussetzung, dass das Sorgerecht beiden Eltern gemeinsam zusteht. $_{4}$Jedoch muss das Kind in beiden Wohnungen einen Lebensmittelpunkt haben (vgl. Randnummer 40.1.4.3). $_{5}$Wird das Kind nur vorübergehend in die Wohnung aufgenommen, liegen jedoch bereits die Anspruchsvoraussetzungen des § 40 Absatz 1 Satz 1 Nummer 4 nicht vor. $_{6}$Zweck der Neuregelung ist es, dass getrenntlebende Eltern mit einem bei beiden Elternteilen zeitweise lebenden Kind – unabhängig von der konkreten Wohnsituation – insgesamt nur einen, anteilig auszuzahlenden Familienzuschlag erhalten.

40.1.4.12 Werden demgegenüber mehrere Kinder in unterschiedliche Wohnungen aufgenommen, also etwa eines in die Wohnung des Vaters und eines in die Wohnung der Mutter, erhalten beide Elternteile den Familienzuschlag der Stufe 1 für das jeweils aufgenommene Kind in voller Höhe.

40.2 Zu Absatz 2

40.2.1 $_{1}$Die besoldungsgesetzlichen Regelungen zum kinderbezogenen Anteil des Familienzuschlages nach § 40 Absatz 2 und 3 knüpfen an den Tatbestand „zustehendes Kindergeld" nach dem Einkommensteuergesetz (EStG) oder nach dem Bundeskindergeldgesetz (BKGG) an. $_{2}$Danach ist Voraussetzung, dass dem Besoldungsempfänger Kindergeld nach dem EStG oder nach dem BKGG zusteht oder ohne Berücksichtigung des § 64 oder § 65 des EStG oder § 3 oder § 4 BKGG zustünde. $_{3}$Der Besoldungsgesetzgeber hat den kinderbezogenen Anteil des Familienzuschlages inhaltlich damit durch vollständige Verweisung auf das Kindergeldrecht geregelt. 4Insoweit geht der Gesetzgeber von der Gleichheit des sozialpolitischen Zwecks sowohl für die Zahlung von Kindergeld als auch für die Zahlung des kinderbezogenen Anteils des Familienzuschlages bei einer Person aus. 5Eine förmliche Ablehnung eines Antrags auf Bewilligung von Kindergeld oder eine Aufhebung eines Bewilligungsbescheids schließt den Anspruch auf Familienzuschlag aus (BVerwG, Beschluss vom 18. Juni 2013 – 2 B 12/13 –).

40.2.1.1 1Die umfassende Anknüpfung des § 40 Absatz 2 und 3 an das Kindergeldrecht lässt erkennen, dass eine nach den kindergeldrechtlichen Regelungen ergangene Entscheidung ohne weiteres auch für den besoldungsrechtlichen Anspruch maßgebend sein soll. 2Aus der im Kindergeldrecht angelegten förmlichen Art der Entscheidung über zustehendes Kindergeld folgt, dass dieser Entscheidung Maßgeblichkeit für andere Behörden zukommt. 3Dies entspricht dem Urteil des BVerwG vom 26. August 1993 – 2 C 16/92 –.

40.2.1.2 1Auch mit dem Ziel der wirtschaftlicheren Durchführung des Familienleistungsausgleichs sowie der Bezügezahlung ist bei der Festsetzung des Familienzuschlages der Kindergeldentscheidung der Familienkasse zu folgen. 2Für Auskünfte zu kindergeldrechtlichen Daten soll im Rahmen der Möglichkeiten das automatisierte Abrufverfahren für die Kindergelddaten bei den Familienkassen von den bezügeanweisenden Stellen genutzt werden (§ 68 Absatz 4 EStG).

40.2.2 1Ungeachtet Randnummer 40.2.1 ist der kinderbezogene Anteil im Familienzuschlag auch dann zu gewähren, wenn der Besoldungsempfänger ein zustehendes Kindergeld nicht beantragt oder hierauf ausdrücklich verzichtet, da es lediglich auf den materiell-rechtlichen Anspruch ankommt. 2Auch wenn ihm Kindergeld auf Grund über- oder zwischenstaatlicher Regelungen dem Grund nach zusteht oder nur deshalb nicht zusteht, weil der Anspruch auf Kindergeld wegen einer entsprechenden Leistung auf Grund über- oder zwischenstaatlicher Regelungen ausgeschlossen ist, ist der Familienzuschlag zu zahlen.

40.2.3 1Nach § 93 SGB XII kann der Träger der Sozialhilfe, wenn er dem Kind des Besoldungsempfängers Hilfe leistet, neben dem Kindergeld auch den kinderbezogenen Teil des Familienzuschlages auf sich überleiten. 2Diese Leistungen sind dann in Höhe des übergeleiteten Betrages, höchstens in Höhe des Bruttobetrages, statt an den Besoldungsempfänger an den Träger der Sozialhilfe zu zahlen. 3Die individuelle Versteuerung der gesamten Bruttobezüge durch den Besoldungsempfänger bleibt davon unberührt.

40.2.4 1Die Berücksichtigung von Zählkindern, für die eine andere Person einen Anspruch auf Familienzuschlag oder vergleichbare Leistungen erhält, kann dazu führen, dass anstelle des Unterschiedsbetrages zwischen Stufe 1 und Stufe 2, der dem Betrag für ein zweites zu berücksichtigendes Kind entspricht, der Betrag für dritte und weitere zu berücksichtigende Kinder zu zahlen ist. 2Zur Reihenfolge der Kinder siehe die Randnummern 40.5.5 und 40.5.6.

40.2.5 1Satz 2 wurde im Zusammenhang mit § 17b aufgenommen und hat sichergestellt, dass Kinder des Lebenspartners entsprechend den Kindern des Ehegatten berücksichtigt werden können, auch wenn der Besoldungsempfänger für diese Kinder kein Kindergeld erhalten konnte. 2Zwischenzeitlich (seit der Einfügung des § 2 Absatz 8 EStG durch das Gesetz vom 15. Juli 2013 (BGBl. I S. 2397)) besteht ein Anspruch auf Kindergeld auch für Kinder des Lebenspartners, die der Besoldungsempfänger in seinen Haushalt aufgenommen hat (§ 63 Absatz 1 Nummer 2 i. V. m. § 2 Absatz 8 EStG).

40.3 Zu Absatz 3

Bei der Durchführung des Absatzes 3 gelten die Randnummern 40.2 ff. entsprechend.

40.4 Zu Absatz 4

40.4.1 1Absatz 4 ist anzuwenden, wenn der Ehegatte, der im öffentlichen Dienst steht, ohne Anwendung der Konkurrenzvorschrift einen Anspruch auf Familienzuschlag der

Stufe 1 oder auf eine entsprechende Leistung in Höhe von mindestens der Hälfte der Stufe 1 des Familienzuschlages hat (vgl. Randnummer 40.4.8). 2Als entsprechende Leistungen gelten auch Familienzuschläge nach Landesbesoldungsgesetzen. 3Der Begriff „öffentlicher Dienst" ist in § 40 Absatz 6 definiert.

Beispiel 1:
Die Ehefrau eines Bundesbeamten arbeitet als Beamtin im Land Nordrhein-Westfalen. Der Bundesbeamte hat nach BBesG einen Anspruch auf Familienzuschlag der Stufe 1 (ab 1. März 2020 149,36 Euro). Die entsprechende Leistung nach dem Besoldungsrecht in Nordrhein-Westfalen beträgt ab 1. Januar 2020 146,46 Euro. Die Leistung, die die Ehefrau dem Grunde nach beanspruchen kann, beträgt mindestens die Hälfte des Familienzuschlags der Stufe 1 nach BBesG. Es besteht eine Konkurrenzsituation mit der Folge, dass der Betrag des Familienzuschlages der Stufe 1 nur zur Hälfte gezahlt wird.

Beispiel 2:
Die Ehefrau eines Bundesbeamten arbeitet als Beamtin im Land Rheinland-Pfalz. Der Bundesbeamte hat nach BBesG einen Anspruch auf Familienzuschlag der Stufe 1 (ab 1. März 2020 149,36 Euro). Die entsprechende Leistung nach dem Besoldungsrecht in Rheinland-Pfalz beträgt ab 1. Januar 2020 72,52 Euro. Die Leistung, die die Ehefrau dem Grund nach beanspruchen kann, beträgt nicht mindestens die Hälfte des Familienzuschlags der Stufe 1 nach BBesG. Es besteht keine Konkurrenzsituation mit der Folge, dass der Betrag des Familienzuschlages der Stufe 1 in voller Höhe gezahlt wird.

40.4.2 1Es ist zu berücksichtigen, dass nicht mehr in allen Fällen, in denen der Ehegatte bzw. Lebenspartner im öffentlichen Dienst beschäftigt ist, davon ausgegangen werden kann, dass ein Konkurrenztatbestand vorliegt. 2In Besoldungsgesetzen einzelner Länder wurden Modifikationen beim Familienzuschlag vorgenommen. 3So wird in Rheinland-Pfalz nur noch ein stark verminderter Zuschlag der Stufe 1 gezahlt. 4In Brandenburg wird ein Zuschlag der Stufe 1 gar nicht mehr gewährt. 5Die jeweilige aktuelle Rechtslage in den betroffenen Ländern ist an Hand von Vergleichsmitteilungen zu erfragen. 6Die Tarifverträge des öffentlichen Dienstes (TVöD, TV-L, Tarifvertrag für den öffentlichen Dienst des Landes Hessen) sehen generell keine vergleichbaren Leistungen mehr vor. 7Die Beschäftigung im unmittelbaren Geltungsbereich dieser Tarifverträge (Bund, Länder und Kommunen) kann demnach keine Anspruchskonkurrenz mehr auslösen. 8Bei anderen öffentlichen Arbeitgebern (Absatz 6) ist die jeweilige aktuelle Rechtslage an Hand von Vergleichsmitteilungen zu erfragen. 9Insbesondere im Bereich von Zuwendungsempfängern wird teilweise auch noch der Bundesangestelltentarifvertrag mit seinen Regelungen zum Ortszuschlag angewendet.

40.4.3 § 40 Absatz 4 kann nur auf Ehegatten angewandt werden, nicht aber auf frühere Ehegatten.

40.4.4 1Die Prüfung, ob eine Konkurrenzsituation nach § 40 Absatz 4 vorliegt, erfordert in aller Regel den Austausch von Vergleichsmitteilungen mit dem Arbeitgeber des Ehegatten. 2Hierauf kann verzichtet werden, wenn klar ist, dass der Arbeitgeber nicht dem öffentlichen Dienst im Sinn von § 40 Absatz 6 zuzurechnen ist.

40.4.5 1Der Ehegatte eines Besoldungsempfängers ist auf Grund einer Tätigkeit im öffentlichen Dienst nach beamtenrechtlichen Grundsätzen versorgungsberechtigt,

– wenn ihm auf Grund einer Tätigkeit im öffentlichen Dienst Versorgungsbezüge nach dem BeamtVG oder nach entsprechenden versorgungsrechtlichen Vorschriften (z. B. Gesetz zur Regelung der Rechtsverhältnisse der unter Artikel 131 des Grundgesetzes fallenden Personen, DRiG, SVG, Landesbeamtengesetze) zustehen – dies gilt auch, wenn der Zahlungsanspruch (z. B. wegen anderer Verwendungseinkommen) in voller Höhe ruht; hierzu gehören auch der Unterhaltsbeitrag nach § 38 BeamtVG, das Übergangsgeld nach den §§ 47, 47a BeamtVG und die Übergangsgebührnisse nach § 11 SVG,

- wenn ihm für eine Tätigkeit im öffentlichen Dienst eine insbesondere durch Tarifvertrag, Dienstordnung, Statut oder Einzelvertrag vom Dienstherrn oder Arbeitgeber zugesicherte lebenslängliche Versorgung zusteht; z. B. wegen Dienstunfähigkeit oder Erreichens der Altersgrenze oder als Hinterbliebenenversorgung auf der Grundlage des Arbeitsentgelts und der Dauer der Dienstzeit.

2Eine Rente (z. B. von der Versorgungsanstalt des Bundes und der Länder) aus der zusätzlichen Alters- und Hinterbliebenenversorgung ist keine Versorgung nach beamtenrechtlichen Grundsätzen im Sinn des § 40 Absatz 4 und 5.

40.4.6 1Der Bezug von Waisengeld nach beamtenrechtlichen Grundsätzen durch den Ehegatten eines Besoldungsempfängers stellt keinen Konkurrenztatbestand dar und bewirkt nicht, dass § 40 Absatz 4 auf die Dienstbezüge anzuwenden ist. 2Der Ehegattenbestandteil in den ruhegehaltfähigen Dienstbezügen, die einem Waisengeld zugrunde liegen, knüpft nämlich nicht an die Ehe des Waisengeldempfängers an, sondern an die des Versorgungsurhebers.

40.4.7 § 40 Absatz 4 ist auch anzuwenden, wenn der im öffentlichen Dienst stehende Ehegatte des Besoldungsempfängers

- Mutterschaftsgeld während der Schutzfristen der §§ 3 und 16 Absatz 1 MuSchG oder Dienstbezüge nach § 3 MuSchEltZV des Bundes oder nach entsprechendem Landesrecht erhält und wenn bei der Bemessung dieser Leistung der Familienzuschlag oder eine entsprechende Leistung berücksichtigt wird,
- während einer Erkrankung Krankengeld nach den §§ 44 ff. des Fünften Buches Sozialgesetzbuch (SGB V) oder eine entsprechende Leistung aus einem Versicherungsverhältnis erhält, sofern der Arbeitgeber zu der Versicherung Beitragsanteile oder -zuschüsse leistet oder geleistet hat (§ 40 Absatz 4 ist jedoch nicht anzuwenden für die Zeit einer Aussteuerung nach § 48 Absatz 1 SGB V),
- während einer Rehabilitationsmaßnahme Übergangsgeld nach den §§ 20, 21 des Sechsten Buches Sozialgesetzbuch (SGB VI) erhält, in deren Bemessung der Familienzuschlag oder eine entsprechende Leistung eingeflossen ist,
- Dienstbezüge auf Grund besonderer Rechtsvorschriften fortgezahlt erhält z. B. nach dem BPersVG, dem ArbPlSchG oder der Sonderurlaubsverordnung.

40.4.8 Eine Konkurrenzsituation liegt nicht vor, wenn der Ehegatte eine Leistung erhält, die bei Vollzeitbeschäftigung nicht mindestens die Hälfte des Tabellenbetrages der Stufe 1 des Familienzuschlages betragen würde (vgl. Beispiele unter Randnummer 40.4.1).

40.4.9 Die Voraussetzungen des § 40 Absatz 4 sind ebenfalls nicht erfüllt, wenn ein sonstiger Arbeitgeber (§ 40 Absatz 6 Satz 3) seinem Bediensteten einen Ehegattenanteil oder eine entsprechende Leistung nicht zahlt, weil dessen Ehegatte im öffentlichen Dienst steht (z. B. Richtlinien für die Arbeitsverträge in den Einrichtungen des Deutschen Caritasverbandes).

40.4.10 1Wenn der Ehegatte eines Besoldungsempfängers als EU-Beamter oder als sonstiger EU-Bediensteter Anspruch auf Familienzulagen nach Artikel 67 des Statuts der Beamten der EG hat (Artikel 2 der Verordnung [EGKS, EWG, Euratom] Nummer 259 des Rates vom 29. Februar 1968 [ABl. EG Nummer L 56, S. 1], zuletzt geändert durch VO [EU] Nummer 1201/2014 des Rates vom 7. November 2014 [ABl. Nummer L 325 S. 1]), in der jeweils geltenden Fassung), ist § 40 Absatz 4 nicht anzuwenden, obwohl es sich um eine vergleichbare Leistung handelt. 2Die EU-Leistungen sind subsidiär zu nationalen Leistungen.

40.4.11 1Teilzeitbeschäftigte erhalten den halben Familienzuschlag ungekürzt, wenn sie mit ihrem Ehegatten zusammen mindestens die regelmäßige Arbeitszeit eines vollzeitbeschäftigten Beamten oder Soldaten leisten oder wenn der Ehegatte nach beamtenrechtlichen Grundsätzen versorgungsberechtigt ist, weil in diesen Fällen § 6 Absatz 1 nicht angewandt wird (§ 40 Absatz 4 Satz 2).

40.4.12 $_{1}$Ist der Besoldungsempfänger teilzeitbeschäftigt, so ist § 6 Absatz 1 anzuwenden und auch der Familienzuschlag entsprechend der mit dem Besoldungsempfänger vereinbarten Arbeitszeit zu kürzen, wenn er mit seinem Ehegatten mit weniger als der regelmäßigen Arbeitszeit beschäftigt ist. $_{2}$Steht der Ehegatte in mehreren Teilzeitbeschäftigungsverhältnissen im öffentlichen Dienst mit Anspruch auf Familienzuschlag oder eine entsprechende Leistung, so ist der Gesamtumfang dieser Beschäftigungen maßgebend.

40.5 Zu Absatz 5

40.5.1 $_{1}$Die Randnummern 40.4.6, 40.4.7, 40.4.9 und 40.4.10 gelten bei der Durchführung des Absatzes 5 entsprechend. $_{2}$Bei der Anwendung von Randnummer 40.4.6 in den Fällen des § 40 Absatz 5 Satz 1 (Konkurrenzen beim kinderbezogenen Teil des Familienzuschlages) ist aber Folgendes zu beachten: $_{3}$Nach der Geburt eines Kindes wird bei Arbeitnehmerinnen das Mutterschaftsgeld neu festgesetzt und somit gegebenenfalls für das neugeborene Kind eine dem Kinderanteil entsprechende Leistung berücksichtigt (§ 20 Absatz 1 MuSchG).

40.5.2 $_{1}$Wenn ein Besoldungsempfänger den kinderbezogenen Teil des Familienzuschlages beantragt, hat er alle Angaben zu machen, aus denen sich sein Anspruch ergibt. $_{2}$Er hat insbesondere zu erklären, wer das Kindergeld erhält und gegebenenfalls bei welchem Arbeitgeber diese Person beschäftigt ist. $_{3}$Macht er hierzu keine ausreichenden Angaben und kann deshalb über den Anspruch nicht entschieden werden, ist ihm der kinderbezogene Teil des Familienzuschlages zunächst nicht zu gewähren.

40.5.3 $_{1}$Eine Versorgungsberechtigung nach einer Ruhelohnordnung (§ 40 Absatz 5 Satz 1) liegt vor, wenn eine lebenslängliche Versorgung bei Dienstunfähigkeit oder Erreichen der Altersgrenze oder Hinterbliebenenversorgung auf der Grundlage des Arbeitsentgelts und der Dauer der Dienstzeit auf Grund eines sich unmittelbar gegen den Arbeitgeber richtenden Anspruchs zu gewähren ist. $_{2}$Eine Versorgung auf Grund eines privatrechtlichen Vertrages, die einer Versorgung nach einer Ruhelohnordnung inhaltlich gleichsteht, wird auch im Rahmen des § 40 Absatz 5 Satz 1 wie eine Versorgung nach einer Ruhelohnordnung behandelt.

40.5.4 $_{1}$Ein Kinderanteil im Ortszuschlag ist stets eine Leistung, die dem Familienzuschlag entspricht, auch wenn er in Form eines Besitzstandes nach § 11 TVÜ-Bund/-VKA/-Länder gezahlt wird. $_{2}$Im Übrigen liegt eine dem Familienzuschlag nach Stufe 2 oder einer der folgenden Stufen oder dem Sozialzuschlag nach den Tarifverträgen für Arbeiter des öffentlichen Dienstes „entsprechende" Leistung nur dann vor, wenn sie der anderen Person mindestens in Höhe des Betrages gewährt wird, der nach der Familienzuschlagstabelle für das jeweilige Kind (vgl. Randnummern 40.2.4 und 40.5.5) zu zahlen wäre, unabhängig von den Zahlungsmodalitäten (z. B. statt monatliche viertel- oder halbjährliche Zahlung). $_{3}$Geringfügige Unterschreitungen der Mindesthöhe bis zu 10 Prozent sind unbeachtlich.

40.5.5 $_{1}$Welcher Betrag „auf ein Kind entfällt" (§ 40 Absatz 5 Satz 1), ergibt sich aus der für die Anwendung des EStG oder des BKGG maßgebenden Reihenfolge der Kinder (§ 40 Absatz 5 Satz 2). $_{2}$Die Reihenfolge nach dem Einkommensteuergesetz oder dem Bundeskindergeldgesetz bestimmt sich danach, an welcher Stelle das zu berücksichtigende Kind in der Reihenfolge der Geburten bei dem Besoldungsempfänger steht und ob es demnach für ihn erstes, zweites oder weiteres Kind ist.

40.5.6 $_{1}$In der Reihenfolge der Kinder (Randnummern 40.2.4 und 40.5.5) sind als „Zählkinder" alle Kinder zu berücksichtigen, die im kindergeldrechtlichen Sinn Zählkinder sind. $_{2}$Danach werden auch diejenigen Kinder mitgezählt, für die der Besoldungsempfänger nur deshalb keinen Anspruch auf Kindergeld hat, weil für sie der Anspruch vorrangig einer anderen Person zusteht oder weil der Anspruch auf Kindergeld ausgeschlossen ist wegen des Vorliegens eines Ausschlusstatbestandes nach § 65 EStG oder nach § 4 BKGG.

Beispiel:

Ein verheirateter Beamter, dessen Ehefrau nicht im öffentlichen Dienst steht, hat drei Kinder, von denen er für die zwei ehelichen Kindergeld erhält (Kind 1 und Kind 3 nach dem Lebensalter). Für das nichteheliche Kind 2 erhält die im öffentlichen Dienst stehende Kindesmutter das Kindergeld und den Kinderanteil im Familienzuschlag. Der Beamte erhält für Kind 1 den Familienzuschlag der Stufe 2 und für Kind 3 den Erhöhungsbetrag für dritte und weitere Kinder. Kind 3 rückt in diesem Fall nicht auf Platz 2 auf.

Scheidet Kind 1 aus (z. B. wegen Antritt des Wehrdienstes oder Beendigung der Berufsausbildung), rückt das nichteheliche Kind 2 zum Kind 1 auf. Es bleibt Zählkind; die Leistungen für dieses Kind gehen weiterhin an die Kindesmutter. Das bisherige Kind 3 wird Kind 2 (Leistung an den Beamten).

40.5.7 „Gewährt" im Sinn des § 40 Absatz 5 Satz 1 wird dem Besoldungsempfänger Kindergeld auch dann, wenn es nach § 74 EStG oder anderen Vorschriften nicht an den Berechtigten, sondern an eine andere Person oder Stelle ausgezahlt wird.

40.5.8 $_1$Wird bei Vorliegen der Voraussetzungen des § 40 Absatz 5 Satz 1 das Kindergeld einer Person gewährt, die weder im öffentlichen Dienst steht noch nach beamtenrechtlichen Grundsätzen versorgungsberechtigt ist, so ist der Familienzuschlag für das Kind der Person zu gewähren, die im öffentlichen Dienst steht oder nach beamtenrechtlichen Grundsätzen versorgungsberechtigt ist und die bei Nichtvorhandensein des Kindergeldempfängers das Kindergeld für das Kind erhalten würde. $_2$Hierbei sind die in § 64 EStG oder in § 3 BKGG enthaltenen Rangfolgen entsprechend anzuwenden.

Beispiel:

Die geschiedenen Eltern eines Kindes stehen beide im öffentlichen Dienst. Das Kindergeld nach dem EStG oder dem BKGG erhält der Großvater, der weder im öffentlichen Dienst steht noch nach beamtenrechtlichen Grundsätzen versorgungsberechtigt ist. In diesem Falle ist der familienzuschlagsberechtigte Ehegatte nach den oben genannten Grundsätzen zu ermitteln, da durch § 40 Absatz 5 lediglich eine Mehrfachzahlung des Kinderanteils im Familienzuschlag bzw. eine dem Kinderanteil entsprechende Leistung auf Grund desselben Tatbestandes vermieden werden, nicht aber dessen Zahlung völlig entfallen soll. Das bedeutet, dass derjenige Elternteil den Kinderanteil im Familienzuschlag erhält, der mit dem Kind in einem gemeinsamen Haushalt lebt oder, wenn kein gemeinsamer Haushalt besteht, der dem Kind eine bzw. die höchste Unterhaltsrente zahlt.

40.5.9 $_1$Die in § 40 Absatz 5 Satz 3 enthaltene Regelung (Teilzeitbeschäftigung) bezieht sich stets auf den Familienzuschlag für ein bestimmtes Kind. $_2$Die Vorschrift ist daher nur anwendbar, wenn in Bezug auf dieses Kind mehrere Anspruchsberechtigte im Sinn des § 40 Absatz 5 Satz 1 vorhanden sind.

Beispiel:

Ein teilzeitbeschäftigter, verheirateter Beamter, dessen vollzeitbeschäftigte Ehefrau nicht im öffentlichen Dienst steht, hat drei Kinder, von denen er für zwei Kinder Kindergeld erhält (Kind 1 und Kind 3 nach dem Lebensalter). Für das Kind 2 erhält die im öffentlichen Dienst stehende Kindesmutter das Kindergeld und den Kinderanteil im Familienzuschlag. In diesem Falle kann § 40 Absatz 5 Satz 3 auf den Kinderanteil im Familienzuschlag für die Kinder 1 und 3 des Beamten nicht angewendet werden, weil in Bezug auf diese Kinder keine Anspruchskonkurrenz im Sinn des Satzes 1 dieser Vorschrift besteht. Der Kinderanteil im Familienzuschlag für diese beiden Kinder ist nach § 6 Absatz 1 im Verhältnis der ermäßigten zur regelmäßigen wöchentlichen Arbeitszeit zu verringern.

$_3$In dem Fall, in dem der Ehegatte im Geltungsbereich des TVöD oder des TV-L beschäftigt wird, hat das BVerwG § 40 Absatz 5 dahingehend ausgelegt, dass besoldungsrechtlich eine Konkurrenzsituation nicht nur dann vorliegt, wenn der andere Berechtigte den Anspruch auf Familienleistungen tatsächlich geltend machen kann (BVerwG, Urteil vom 16. Dezember 2010 – 2 C 41/09 –). 4Vielmehr, so die Sicht des BVerwG, muss auch nach dem 30. September 2005 vom Vorliegen einer Konkurrenzsituation ausgegangen werden, wenn der andere Berechtigte dem Grunde nach anspruchsberechtigt ist. 5Die Konkurrenzsituation liegt also so lange vor, wie der Ehegatte nach § 11 TVÜ-Bund, § 11 TVÜ-VKA bzw. § 11 TVÜ-Länder bei ununterbrochenem Kindergeldbezug einen Anspruch hätte geltend machen können.

40.6 Zu Absatz 6

40.6.1 1Verbände von öffentlich-rechtlichen Körperschaften, Anstalten oder Stiftungen (§ 40 Absatz 6 Satz 1) sind Zusammenschlüsse dieser Rechtsträger jeder Art ohne Rücksicht auf ihre Rechtsform und Bezeichnung. 2Es kann sich demnach auch um Zusammenschlüsse in nicht öffentlich-rechtlicher Rechtsform handeln, z. B. in Form eines Vereins oder einer Gesellschaft des bürgerlichen Rechts.

40.6.2 1Im Zusammenhang mit der Privatisierung der Deutschen Bundespost und der Deutschen Bundesbahn wurden die Bundesanstalt für Post und Telekommunikation Deutsche Bundespost und das Bundeseisenbahnvermögen als Körperschaften des öffentlichen Rechts eingerichtet. 2Diese wenden auf die ehemaligen Arbeitnehmer von Post und Bahn nach wie vor die Tarifverträge der Unternehmen an, die familienbezogene Bezahlungselemente enthalten. 3Eine Umstellung auf TVöD ist nicht erfolgt.

40.6.3 1Bei einer zwischenstaatlichen oder überstaatlichen Einrichtung (§ 40 Absatz 6 Satz 2) kann von einer Beteiligung der öffentlichen Hand durch Beiträge, Zuschüsse oder in anderer Weise ausgegangen werden, wenn die Einrichtung in den Entsendungsrichtlinien des Bundes (in der jeweils geltenden Fassung veröffentlicht im GMBl) oder eines Landes aufgeführt ist. 2In Fällen der Beschäftigung eines Ehegatten bei der EU ist hinsichtlich des § 40 Absätze 4 und 5 Randnummer 40.4.10 zu beachten.

40.6.4 1Um eine „vergleichbare" Regelung im Sinn des § 40 Absatz 6 Satz 3 handelt es sich, wenn auf Grund einer Regelung einer Person im konkreten Einzelfall – wegen des Verheiratetseins oder des Vorliegens einer anderen Voraussetzung des § 40 Absatz 1 oder wegen des Vorhandenseins von Kindern – ein sozialbezogener Bestandteil in der Bezahlung gewährt wird, ohne dass es hierbei auf die Bezeichnung dieser Leistung (z. B. als Haushaltszulage) ankäme. 2Die Anwendung der Konkurrenzregelungen des § 40 Absatz 4 und 5 hängt dann jedoch davon ab, ob auch die Voraussetzungen dieser Vorschriften erfüllt sind (vgl. Beispiele in Randnummer 40.5.4). Familienbezogene Zuschlagsregelungen sonstiger Arbeitgeber des öffentlichen Dienstes sind auch dann Regelungen wesentlich gleichen Inhalts, wenn sie keine Konkurrenzen erhalten.

40.6.5 1In § 40 Absatz 6 Satz 3 kommt nur eine finanzielle Beteiligung der öffentlichen Hand in Betracht. 2Dagegen kommt es auf Art und Umfang der finanziellen Beteiligung nicht an. 3Als Beteiligung der öffentlichen Hand im Sinn dieser Vorschrift sind demnach nicht nur laufende, sondern auch einmalige Finanzzuweisungen, z. B. Investitionskostenzuschüsse und Förderungsmittel nach dem Krankenhausfinanzierungsgesetz in der jeweils geltenden Fassung oder Kapitalbeteiligungen anzusehen.

40.6.6 1Bei einer Einrichtung, die verschiedenartige Aufgaben erfüllt, ist eine Beteiligung im Sinn des § 40 Absatz 6 Satz 3 bereits dann gegeben, wenn Finanzzuweisungen für nur eine dieser Aufgaben gewährt werden. 2Erhält der Arbeitgeber zwar keine institutionelle, sondern lediglich eine projektbezogene Förderung, so liegt dennoch eine Beteiligung vor. 3Die Beteiligung kann auch mittelbar sein, wie z. B. im Falle der Beschäftigung des Ehegatten eines Beamten bei einem Professor im Rahmen eines von der Deutschen Forschungsgemeinschaft finanzierten Forschungsvorhabens.

III

40.6.7 [1]Keine Beteiligung der öffentlichen Hand liegt vor, wenn

- die gewährten finanziellen Mittel vom Empfänger lediglich weitergeleitet werden (durchlaufende Gelder),
- den finanziellen Mitteln konkrete Gegenleistungen gegenüberstehen, z. B. für die Inanspruchnahme von Leistungen oder die Lieferung von Gegenständen; hierunter fällt auch die Übernahme von Pflegekosten,
- der Arbeitgeber Geldleistungen der öffentlichen Hand auf Grund von Gestellungsverträgen erhält (z. B. Arbeitgeber verpflichtet sich vertraglich, für ein Krankenhaus Pflegekräfte zu stellen),
- die Arbeitsverwaltung Zuschüsse zur Schaffung von Arbeitsplätzen bzw. im Rahmen von Arbeitsbeschaffungsmaßnahmen gewährt oder
- mit öffentlichen Mitteln zwar Unternehmensanteile erworben werden, jedoch kein Eingriff in die Unternehmensführung selbst erfolgt (sog. Sperrminorität), es sich also um reine Kapitalinvestition mit Renditeabsicht der öffentlichen Hand handelt.

[2]Eine Beschäftigung bei der früheren Deutschen Postbank AG (jetzt Deutsche Bank AG) gilt seit dem 1. März 2012 nicht mehr als Beschäftigung bei einem sonstigen Arbeitgeber i. S. v. Satz 3. [3]Etwaige Nachzahlungen sind nur unter Beachtung der Verjährungsfrist zu leisten.

40.6.8 [1]Bestehen Zweifel, ob die Voraussetzungen des § 40 Absatz 6 Satz 1 bis 3 vorliegen, so entscheidet nach § 40 Absatz 6 Satz 4 das für das Besoldungsrecht zuständige Ministerium oder die von ihm bestimmte Stelle. [2]Diese Entscheidung hat nur deklaratorische, aber keine konstitutive Wirkung; sie erstreckt sich auf den gesamten, der Entscheidung zugrunde liegenden Zeitraum.

40.7 Zu Absatz 7

40.7.1 Bezügestellen sind alle Organisationseinheiten, deren Aufgabe die Berechnung und Festsetzung von Besoldung, Versorgung, Vergütung und Entgelt für Beschäftigte des öffentlichen Dienstes im Sinn des Absatzes 6 ist.

40.7.2 Der Begriff öffentlicher Dienst erfasst auch die Zuwendungsempfänger des Bundes und der Länder, so dass auch für diesen Bereich die datenschutzrechtlichen Voraussetzungen für einen Datenaustausch erfüllt sind.

40.7.3 In Fällen, in denen Anspruchskonkurrenzen vorliegen (§ 40 Absatz 1, 4 und 5), sind von den Bezügestellen des öffentlichen Dienstes im Sinn von § 29 Absatz 1 unverzüglich Vergleichsmitteilungen auszutauschen.

41 Zu § 41 – Änderung des Familienzuschlages

41.1 Das für die Zahlung des Familienzuschlages maßgebende Ereignis (Satz 1) tritt zu dem Zeitpunkt ein, zu dem die Tatbestandsmerkmale einer Vorschrift, nach der der Familienzuschlag erstmals oder in einer höheren Stufe zu zahlen ist, erfüllt sind oder aber die Tatbestandsmerkmale einer Vorschrift, die die Zahlung des vollen Familienzuschlages (bzw. einer höheren Stufe) bisher verhindert haben (z. B. § 40 Absatz 4 oder 5), nicht mehr erfüllt sind.

Beispiel 1:

Durch die Eheschließung eines Beamten am 31. Juli werden die Voraussetzungen für die Gewährung des Familienzuschlages der Stufe 1 nach § 40 Absatz 1 Nummer 1 erfüllt. Die Heirat ist das maßgebende Ereignis im Sinn des § 41 Satz 1, das zur Zahlung des Familienzuschlages ab 1. Juli führt.

Beispiel 2:

Beide Ehegatten stehen im öffentlichen Dienst, und jeder von ihnen erhält in Anwendung des § 40 Absatz 4 Satz 1 den Familienzuschlag zur Hälfte. Mit Ablauf des 10. März scheidet die Ehefrau aus dem öffentlichen Dienst aus. In diesem Falle erhält die Ehefrau anteilig, d. h. für die Zeit vom 1. bis 10. März, den Familienzuschlag zur Hälfte. Für den Ehemann ist das Ausscheiden seiner Frau aus dem öffentlichen Dienst das für die volle Zahlung seines Familienzuschlages „maßgebende Ereignis" im Sinn des § 41 Satz 1 i. V. m. Satz 3, da von diesem Zeitpunkt an die Voraussetzungen des § 40 Absatz 4 Satz 1 nicht mehr vorliegen. Er erhält den Familienzuschlag der Stufe 1 bereits für den Monat März in voller Höhe. Scheidet die Ehefrau mit Ablauf des Monats März aus dem öffentlichen Dienst aus, so erhält der Ehemann den vollen Familienzuschlag dagegen erst vom Ersten des folgenden Monats.

Beispiel 3:
Eheschließung zwischen einer Beamtin und einem Beamten am 15. August: Ab 1. August erhalten beide Ehegatten den Familienzuschlag der Stufe 1 zur Hälfte (§ 41 Satz 1 i. V. m. § 40 Absatz 1 Nummer 1 und Absatz 4). Gehört der Ehemann vor der Eheschließung bereits zur Stufe 1 des Familienzuschlages, ist ihm für den Monat August noch der volle Familienzuschlag der Stufe 1 zu gewähren und erst ab 1. September der Familienzuschlag der Stufe 1 zur Hälfte (§ 41 Satz 2 i. V. m. Satz 3).

41.2 Ereignisse, die nach dem Ende des Dienstverhältnisses eintreten, wirken sich auf die Höhe des zuletzt zustehenden Familienzuschlages nicht mehr aus.

Beispiel:
Ein Beamter scheidet mit Ablauf des 15. Mai aus dem Dienst aus. Am 18. Mai wird ein Kind geboren, für das ihm Kindergeld nach dem EStG oder dem BKGG zusteht. Der Familienzuschlag ist für die Zeit vom 1. bis 15. Mai nicht zu erhöhen.

41.3 Nach § 41 Satz 2 wird der Familienzuschlag (einer höheren Stufe) letztmalig für den Monat gewährt, in dem die Anspruchsvoraussetzungen dafür an (mindestens) einem Tage erfüllt waren.

Beispiel 1:
Die Ehefrau eines Beamten tritt am 2. März in den öffentlichen Dienst ein. Sie erhält anteilig, d. h. für die Zeit vom 2. bis 31. März, den Familienzuschlag der Stufe 1 zur Hälfte. Der Ehemann erhält für diesen Monat noch den vollen Familienzuschlag der Stufe 1 und erst ab 1. April den Familienzuschlag der Stufe 1 zur Hälfte (§ 41 Satz 2 i. V. m. Satz 3).

Beispiel 2:
Durch die Ehescheidung eines Beamten mit Rechtskraftwirkung zum 1. August entfallen die Voraussetzungen für die Zahlung des Familienzuschlages der Stufe 1 ebenfalls ab 1. August.

41.4 Sind innerhalb eines Monats die Anspruchsvoraussetzungen sowohl für eine Erhöhung als auch für eine Verminderung des Teils einer Stufe des Familienzuschlages gegeben, so sind die Änderungen bei jeder Stufe gesondert zu beurteilen.

Beispiel 1:
Eine geschiedene Beamtin mit einem Kind und einer auf 70 Prozent reduzierten Arbeitszeit heiratet am 15. September einen im öffentlichen Dienst vollzeitbeschäftigten Mann. Sie erhält die Hälfte des Familienzuschlages der Stufe 1 (bisher 70 Prozent) vom 1. Oktober an. Die Stufe 2 wird ab 1. September in voller Höhe, statt bisher in Höhe von 70 Prozent gewährt. Eine Gegenrechnung erfolgt nicht.

Beispiel 2:
Ein Ehegatte wird unter Wegfall der Bezüge für die Zeit vom 10. August bis 4. September beurlaubt. Der beurlaubte Ehegatte erhält für die Monate August und September seine anteiligen Bezüge gemäß § 3 Absatz 4 im entsprechenden Verhältnis unter Zugrundelegung des Familienzuschlages der Stufe 1 zur Hälfte; der nicht beurlaubte (vollzeitbeschäftigte) Ehegatte erhält für die Monate August und September den vollen Familienzuschlag der Stufe 1.

Abschnitt 4
Zulagen, Prämien, Zuschläge, Vergütungen

42 Zu § 42 – Amtszulagen und Stellenzulagen

42.1 Zu Absatz 1

(unbesetzt)

42.2 Zu Absatz 2

(unbesetzt)

42.3 Zu Absatz 3

42.3.1 1Stellenzulagen sind Zulagen, die wegen der Bedeutung oder sonstiger Besonderheiten der wahrgenommenen Funktion (herausgehobene Funktion) für den Zeitraum gewährt werden, in dem die in der Zulagenregelung genannten Voraussetzungen erfüllt sind. 2Diese – im Vergleich zu den mit der allgemeinen Ämterbewertung abgegoltenen Anforderungen – herausgehobenen Funktionen sind abschließend gesetzlich aufgeführt (Vorbemerkungen zu den Anlagen I, II und III BBesG).

Beispiele:

1. Zulage knüpft an Verwendung in bestimmter Tätigkeit an
   Soldaten der Besoldungsgruppen A 7 bis A 9, denen die Aufgaben eines Kompaniefeldwebels übertragen werden, erhalten nach Vorbemerkung Nummer 4a zu Anlage I BBesG eine Stellenzulage nach Anlage IX BBesG.
2. Zulage knüpft an eine Status- oder Laufbahngruppe und eine bestimmte Qualifikation an
   Beamte und Soldaten der Bundesbesoldungsordnung A, die im Einsatzdienst der Feuerwehr verwendet werden, erhalten nach Vorbemerkung Nummer 10 zu Anlage I BBesG eine Stellenzulage nach Anlage IX BBesG.
3. Zulage knüpft an Verwendung in bestimmter Behörde an
   Beamte, die beim Bundesamt für Sicherheit in der Informationstechnik verwendet werden, erhalten nach Vorbemerkung Nummer 8b zu Anlage I BBesG eine Stellenzulage nach Anlage IX BBesG.

42.3.2 1Verwendung im Sinn dieser Vorschrift ist die selbständige und eigenverantwortliche Wahrnehmung der übertragenen Aufgaben (in der Regel des Dienstpostens), sofern nicht in einer Zulagenregelung ausdrücklich etwas anderes bestimmt ist. 2Eine Aus-, Fort- oder Weiterbildung oder ein Praktikum sind grundsätzlich keine Verwendungen im zulagenrechtlichen Sinn. 3Randnummer 42.3.9 (Weitergewährung einer bereits zustehenden Zulage während einer Qualifizierungsmaßnahme) ist jedoch zu beachten.

42.3.3 1Ist in der Zulagenregelung nichts anderes bestimmt, so wird die Stellenzulage nur gewährt, wenn die zulageberechtigenden Aufgaben insgesamt mindestens 70 Prozent der Gesamttätigkeit des Besoldungsempfängers (zeitlicher Umfang) umfassen. 2Beginnt oder endet die zulageberechtigende Tätigkeit im Laufe eines Kalendermonats, so ist die Stellenzulage anteilig zu gewähren (vgl. Randnummer 42.3.14), wenn die während des Teilzeitraums wahrgenommenen Aufgaben die Voraussetzungen des Satzes 1 erfüllen.

42.3.4 1Ist die Stellenzulage an ein in den Bundesbesoldungsordnungen aufgeführtes Amt gebunden (z. B. nach Vorbemerkung Nummer 4a zu Anlage I BBesG), so ist sie bei Vorliegen der übrigen Voraussetzungen für den Zeitraum zu gewähren, in welchem dem Besoldungsempfänger das Grundgehalt dieses Amtes zusteht und er die Aufgaben seines Amtes wahrnimmt. 2Dies gilt auch für die Zeit einer rückwirkenden Einweisung.

42.3.5 Ist die Höhe einer Stellenzulage nach Besoldungsgruppen gestaffelt, so wird bei einer rückwirkenden Einweisung in die Planstelle einer Besoldungsgruppe mit höherer Stellenzulage diese rückwirkend gewährt, soweit auch die mit der neuen Planstelle verbundenen Aufgaben wahrgenommen wurden.

42.3.6 1**Beamte auf Widerruf im Vorbereitungsdienst** erhalten Stellenzulagen nach den Vorbemerkungen Nummer 8a, 9 und 10 zu Anlage I BBesG, sofern die in den Zulagenregelungen genannten Aufgaben im Rahmen des Vorbereitungsdienstes wahrzunehmen sind. 2Eine selbständige und eigenverantwortliche Wahrnehmung im Sinn der Randnummer 42.3.2 ist insoweit nicht erforderlich. 3Entsprechendes gilt für Soldaten während der Teilnahme an einem für die Verwendung erforderlichen Lehrgang.

42.3.7 Eine Stellenzulage ist zu zahlen

- ab dem Tag, an dem der Besoldungsempfänger gemäß Personalverfügung (Beginn der Abordnung, Versetzung, Umsetzung, Kommandierung) die ihm übertragenen zulageberechtigenden Aufgaben in dem geforderten Umfang wahrnimmt oder als Angehöriger der von der Zulagenregelung erfassten Funktionsgruppe, Beamtengruppe oder bei der in dieser genannten Behörde oder Einrichtung tätig wird (bei den Vorbemerkungen Nummer 9 und 10 zu Anlage I BBesG i. V. m. Anlage IX BBesG muss zudem die vorgeschriebene Wartezeit abgelaufen sein),
- wenn der Abschluss einer Ausbildung, die Ablegung einer Prüfung, der Erwerb einer Lizenz oder eine andere besondere persönliche Befähigung Voraussetzung für die Gewährung einer Stellenzulage ist (z. B. Vorbemerkung Nummer 5a, 6, 6a, 9 Absatz 1 Nummer 3 Buchstabe c oder 12 zu Anlage I BBesG), erst ab dem Tag, an dem der Besoldungsempfänger diese Voraussetzung erfüllt (eine gegebenenfalls vorgeschriebene Wartefrist muss zudem abgelaufen sein).

42.3.8 Die Zahlung einer Stellenzulage ist in folgenden Konstellationen einzustellen:

42.3.8.1 Mit Ablauf des Tages, an dem die zulageberechtigenden Aufgaben zuletzt wahrgenommen werden oder die Verwendung des Besoldungsempfängers bei der genannten Gruppe, Behörde, Dienststelle oder Einrichtung endet durch

- Übertragung einer anderen Tätigkeit im Wege der Abordnung, Versetzung, Umsetzung, Kommandierung, oder Zuweisung nach § 29 BBG, soweit nicht eine vorübergehende Übertragung einer anderen Funktion nach § 42 Absatz 3 Satz 2 vorliegt (vgl. Randnummer 42.3.12),
- eine laufbahnrechtlich bedingte Aus-, Fort- oder Weiterbildung oder eine darauf bezogene andere Tätigkeit (z. B. Ausbildungszeiten oder fachspezifischer Vorbereitungsdienst im Rahmen eines Aufstiegs, Zeiten eines Praktikums), sofern es sich nicht um eine der in Randnummer 42.3.9 genannten Qualifizierungsmaßnahme handelt,
- eine disziplinarrechtliche vorläufige Dienstenthebung oder ein beamtenrechtliches Verbot der Führung der Dienstgeschäfte (Amtsgeschäfte).

42.3.8.2 Mit Ablauf des Tages, an dem eine für die zulageberechtigende Verwendung vorgeschriebene Erlaubnis, Berechtigung oder sonstige Qualifikation nicht mehr besteht (z. B. durch Entziehung oder Ungültigkeit).

42.3.8.3 Wenn die Stellenzulage weggefallen ist oder sich deren Höhe auf Grund eines Verwendungswechsels reduziert (vgl. Randnummer 13.4.2), ist ein Anspruch auf eine Ausgleichzulage nach § 13 zu prüfen.

42.3.9 $_1$Eine Stellenzulage wird, wenn kein Fall nach Randnummer 42.3.8 vorliegt, gewährt oder weitergewährt bei

- Erkrankung, Heilkur,
- Erholungsurlaub,
- Inanspruchnahme des Zeitausgleichs bei Gleitzeit,
- Freistellung zum Zwecke des Zeitausgleichs bei Langzeitkonten,
- Beurlaubung unter Fortzahlung der Dienstbezüge im Sinn des § 9 Absatz 2 ArbPlSchG (Reservistendienstleistung),
- Freistellung vom Dienst oder Entlastung von dienstlichen Aufgaben zum Zwecke der Ausübung einer Tätigkeit in einer Personalvertretung nach dem BPersVG oder dem Soldatenbeteiligungsgesetz oder Entlastung zum Zwecke der Wahrnehmung der Aufgaben einer Gleichstellungsbeauftragten oder Vertrauensfrau nach den Vorschriften des Bundesgleichstellungsgesetzes oder des Soldatinnen- und Soldatengleichstellungsgesetzes,
- Beschäftigungsverbot nach den Vorschriften über den Mutterschutz für Beamtinnen und Soldatinnen sowie
- Teilnahme an Fort- oder Weiterbildungsmaßnahmen, die insbesondere der Erhaltung und Verbesserung der für die Aufgabenwahrnehmung erforderlichen Qualifi-

zierung dienen (z. B. dienstliche Qualifizierung nach § 47 BLV),

- Teilnahme an einer laufbahnrechtlich bedingten Aus-, Fort- oder Weiterbildung, soweit während dieser Qualifizierungsphase eine für die Gewährung der Stellenzulage herausgehobene Funktion wahrgenommen wird (vgl. Randnummer 42.3.7).

$_{2}$Hierdurch wird der Besoldungsempfänger so gestellt, als habe er Dienst geleistet. $_{3}$Die Weitergewährung von Erschwerniszulagen richtet sich nach § 19 EZulV.

42.3.10 $_{1}$Schließt sich einer der vorgenannten Weitergewährungstatbestände unmittelbar an eine Elternzeit an, besteht bereits ab dem Tag nach Beendigung der Elternzeit ein Anspruch auf Gewährung der Stellenzulage. $_{2}$Voraussetzung dafür ist, dass die Stellenzulage bis zum Beginn der Elternzeit gewährt wurde und nach der Elternzeit dieselbe (oder eine entsprechende) zulagenberechtigende Verwendung wahrgenommen wird.

Beispiel:

Eine Beamtin erhielt bis zum 2. Mai 2019 die Polizeizulage nach Vorbemerkung Nummer 9 zu Anlage I BBesG. Vom 3. Mai 2019 bis zum 2. Mai 2020 befand sie sich in Elternzeit. Ab dem 3. Mai 2020 beantragte sie ihren Resturlaub aus dem Jahr 2019, so dass sie erst am 18. Mai 2020 den Dienst wieder aufnahm.

Da sich hier der Weitergewährungstatbestand Erholungsurlaub unmittelbar an die Elternzeit anschließt, wird zusammen mit der Aufnahme der Besoldung nach Rückkehr aus der Elternzeit ab 3. Mai 2020 auch die Zahlung der Polizeizulage nach Vorbemerkung Nummer 9 zu Anlage I BBesG aufgenommen.

42.3.11 $_{1}$Wird während oder im Anschluss an eine Elternzeit eine Teilzeitbeschäftigung ausgeübt und beginnt diese auf Grund des gewählten Teilzeitmodells mit einem oder mehreren dienstfreien Tagen, besteht ein Anspruch auf die anteilige Stellenzulage zeitgleich mit dem (dem Umfang der Teilzeitbeschäftigung entsprechenden) Anspruch auf Besoldung. $_{2}$Voraussetzung ist, wie unter Randnummer 42.3.10, dass die Stellenzulage bis zum Beginn der Elternzeit gewährt wurde und nach der Elternzeit dieselbe (oder eine entsprechende) zulagenberechtigende Verwendung wahrgenommen wird. $_{3}$Daher müssen etwa Beamte der Zollverwaltung sowohl vor als auch nach der Elternzeit einen Dienstposten wahrnehmen, bei dem sie Anspruch auf die Polizeizulage nach Vorbemerkung Nummer 9 zu Anlage I BBesG haben. $_{4}$Sofern mit der Rückkehr aus der Elternzeit eine Versetzung/Umsetzung auf einen nicht zulageberechtigenden Dienstposten erfolgt, ist eine (Weiter-)Gewährung der Polizeizulage ausgeschlossen.

Beispiel:

Eine Beamtin erhielt bis zum 21. April 2019 die Polizeizulage nach Vorbemerkung Nummer 9 zu Anlage I BBesG. Vom 22. April 2019 bis zum 21. April 2020 befand sie sich in Elternzeit. Am 22. April 2020 nahm sie ihren Dienst wieder auf. Jedoch war sie tatsächlich erst ab dem 23. April 2020 im Dienst, da sie mit 24 Wochenstunden teilzeitbeschäftigt ist und ihre Arbeitszeit auf montags, dienstags und donnerstags verteilt ist.

Mit dem 22. April 2020 ist die Besoldungszahlung aufzunehmen und auch die Polizeizulage nach Vorbemerkung Nummer 9 zu Anlage I BBesG steht ab diesem Tag bereits zu.

42.3.12 Die Weitergewährung einer Stellenzulage auf Grund des § 42 Absatz 3 Satz 2 erste Alternative ist nur möglich, wenn der mit dem Ergebnis verfolgte Zweck nur dann ohne erhebliche Nachteile für die Allgemeinheit erreicht werden kann, wenn er bis zu einem bestimmten nicht hinausschiebbaren Termin vorliegen oder sofort herbeigeführt werden muss; § 42 Absatz 3 Satz 2 zweite Alternative bleibt unberührt.

42.3.13 Bei einem Sonderurlaub nach urlaubsrechtlichen Bestimmungen (z. B. wegen schwerer Erkrankung eines zu betreuenden Kindes) kann eine Stellenzulage weiter gezahlt werden (Ermessensentscheidung).

42.3.14 Steht eine Stellenzulage nur für Teile eines Monats zu, ist der Teilbetrag nach § 3 Absatz 3 zu berechnen.

42.3.15 Die Gewährung und der Wegfall einer Stellenzulage sind dem Besoldungsempfänger schriftlich mitzuteilen, sofern die Gewährung oder der Wegfall nicht auf der Bindung an ein in den Bundesbesoldungsordnungen aufgeführtes Amt beruht.

42.4 Zu Absatz 4

(unbesetzt)

42a Zu § 42a – Prämie und Zulagen für besondere Leistungen

(unbesetzt)

42b Zu § 42b – Prämie für besondere Einsatzbereitschaft

42b.0 $_{1}$Ziel der Prämie für besondere Einsatzbereitschaft ist es, außerordentliches Engagement zeitlich befristet anzuerkennen und die bestehenden nichtmonetären Möglichkeiten zur Anerkennung herausragender Einsatzbereitschaft durch den Dienstherrn durch eine finanzielle Anerkennung zu ergänzen. $_{2}$Die Prämie bezweckt hingegen weder die dauerhafte Heraushebung der wahrzunehmenden Funktionen noch die Honorierung herausragender besonderer Leistungen oder die Abgeltung von bereits anderweitig abgegoltenen Erschwernissen und Belastungen.

42b.1 Zu Absatz 1

42b.1.1 Ein unaufschiebbares, zeitgebundenes Ergebnis von besonderem öffentlichen Interesse im Inland liegt in der Regel bei einer außergewöhnlichen, unvorhersehbaren Situation mit gesamtgesellschaftlicher und gesamtstaatlicher Auswirkung vor, die wegen des dringenden Handlungsbedarfs sowie der dadurch bedingten sachlichen oder örtlichen Aufgabenverlagerung eine besondere Einsatzbereitschaft der Beamten und Soldaten erfordert.

42b.1.2 $_{1}$Beamte und Soldaten im Ausland können an der Bewältigung einer derartigen herausfordernden Situation im Inland ebenfalls beteiligt sein. $_{2}$Dies ist auch denkbar, wenn durch einen entsprechenden Einsatz verhindert werden soll, dass Ereignisse im Ausland sich im Inland im oben genannten Sinn – besondere Herausforderungen für alle staatlichen und gesellschaftlichen Ebenen – auswirken.

42b.2 Zu Absatz 2

42b.2.1 Satz 2 gibt zur Orientierung für die Festlegung der Prämienhöhe einen Kriterienkatalog vor, der der typisierenden Festlegung einer angemessenen Prämienhöhe anhand der jeweiligen maßgeblichen Umstände dient und eine Vergleichbarkeit der verschiedenen Anwendungsfälle erleichtert.

42b.2.2 Die Prämie wird als zusätzlicher Anreiz und zur Reduzierung des Verwaltungsaufwands nach dem erfolgreichen Abschluss der Verwendung gezahlt, wenn der Beamte oder Soldat die vom Dienstherrn mit der Prämienvergabe festgelegte Verwendung (d. h. Aufgabe und Dauer) erfüllt hat.

42b.3 Zu Absatz 3

42b.3 $_{1}$Die Entscheidung der obersten Dienstbehörde ist anhand der Kriterien des Absatzes 2 Satz 2 zu begründen. $_{2}$Das Einvernehmen ist vorab mit dem Bundesministerium des Innern, für Bau und Heimat und dem Bundesministerium der Finanzen herzustellen.

42b.4 Zu Absatz 4

(unbesetzt)

43 Zu § 43 – Personalgewinnungs- und Personalbindungsprämie

43.1 Zu Absatz 1

43.1.1 Die Prämiengewährung ist sowohl für die erstmalige Begründung eines Beamten- oder Soldatenverhältnisses als auch für bereits sich im Bundesdienst befindende Beamte und Berufssoldaten möglich.

43.1.2 Personalgewinnungsprämien können bei Personalmangel gewährt werden

- zur anforderungsgerechten Besetzung eines konkreten Dienstpostens (Absatz 1 Satz 1 Nummer 1 erste Alternative) oder mehrerer gleichartiger Dienstposten (Absatz 1 Satz 1 Nummer 2 zweite Alternative) als auch

- zur Sicherstellung der Wahrnehmung von Funktionen in von den obersten Dienstbehörden bestimmten Verwendungsbereichen (Absatz 1 Satz 1 Nummer 2).

43.1.3 1Bei den Dienstposten muss es sich um freie und besetzbare Dienstposten handeln. 2Gleichartige Dienstposten sind solche mit vergleichbarer Aufgabenstruktur (z. B. IT-Administratoren im mittleren technischen Dienst). 3Auf diese Weise können beispielsweise bei Sammelausschreibungen ohne konkreten Dienstpostenbezug Prämien in Aussicht gestellt werden, ohne dass jeder einzelne Dienstposten in der Ausschreibung in Bezug genommen werden muss.

43.1.4 1Funktionen in Verwendungsbereichen (beispielsweise Techniker im Bereich Fernmeldeaufklärung) ermöglichen eine Prämiengewährung auch dann, wenn in den betreffenden Bereichen

- grundsätzlich ohne Dienstposten gearbeitet wird (z. B. besondere Aufgabenorganisationen (Projektarbeit) oder Personalpools) oder
- noch kein konkreter Dienstposten zur Verfügung steht.

2Es ist dafür Sorge zu tragen, dass die Festlegung der für § 43 maßgeblichen Verwendungsbereiche regelmäßig aktualisiert wird.

43.1.5 Der obersten Dienstbehörde (oder der von ihr bestimmten Stelle, § 43 Absatz 9) steht bei der grundsätzlichen Entscheidung über eine Prämiengewährung nach Absatz 1 (vgl. Randnummer 43.1.2) und bei der Entscheidung über die Prämienausgestaltung nach Absatz 2 und 3 (vgl. Randnummern 43.2.2 und 43.3.1) ein weites Ermessen zu.

43.1.5.1 1Für die Ermessensentscheidung über das Ob und das Wie der Prämiengewährung („*um* anforderungsgerecht zu besetzen" bzw. „*um* sicherzustellen, dass Funktionen wahrgenommen werden können") ist das qualitative Anforderungsprofil maßgeblich, das unter Beachtung des Grundsatzes der Bestenauslese die Erfordernisse für die Tätigkeit beschreibt. 2Daneben sind auch die bisherigen Kriterien nach § 43 Absatz 5 in der bis zum 31. Dezember 2019 geltenden Fassung (Bedeutung des Dienstpostens, Dringlichkeit der Besetzung des Dienstpostens sowie fachliche Qualifikationen des Bewerbers – jeweils mit Bezug auch zu Verwendungsbereichen) – weiterhin zu berücksichtigen. 3Auch die Grundsätze der Wirtschaftlichkeit und Sparsamkeit nach § 7 BHO sind zu beachten.

43.1.5.2 1Eine prognostizierte Bewerberlage (§ 43 Absatz 1 Satz 2) kann der Entscheidung über die Prämiengewährung zugrunde gelegt werden. 2Vor der Entscheidung muss nicht zwingend ein Auswahlverfahren durchgeführt werden, um den Mangel an Bewerbern festzustellen. 3Für die Prognose sind bisherige Erfahrungen oder Erkenntnisse mit Bewerbersituationen (beispielsweise Erfahrungen behördeninterner Art oder Erkenntnisse aus fachlichem Austausch mit anderen Behörden oder aus Studien) heranzuziehen, was entsprechend zu dokumentieren ist.

43.1.6 Zur Übergangsregelung hinsichtlich der Vorgängerregelung (Personalgewinnungszuschlag § 43 a. F.) vgl. Randnummer 72.0.

43.2 Zu Absatz 2

43.2.1 1Die Ermessensentscheidung, für welchen Zeitraum (mit möglichen Wiederholungen) eine Prämie gewährt werden kann (vgl. Randnummer 43.2.2) und ob diese abweichend von der Regel der Einmalzahlung ausnahmsweise in maximal mindestens halbjährliche Teilbeträge aufgeteilt werden kann (vgl. Randnummer 43.2.3), ist entweder anhand des individuellen Einzelfalls, im Rahmen eines Konzepts für mehrere gleichgelagerte Anwendungsfälle oder für einen gesamten Verwendungsbereich zu treffen. 2Der Behörde ist hier ein großer Entscheidungsspielraum eingeräumt, der nur durch die haushalterische Obergrenze nach § 43 Absatz 8 begrenzt wird.

43.2.2 1Die jeweilige Gewährungsdauer ist entsprechend der Dringlichkeit der Personalgewinnung der Behörde für maximal 48 Monate festzusetzen. 2Dabei kommt es maßgeblich darauf an, für welchen Zeitraum es konkret notwendig ist, die in Rede stehende Fachkraft zeitnah für den Dienstposten oder die Funktion in einem Verwendungsbereich zu gewinnen und den spezifischen Personalmangel zu beenden. 3Mit der Festsetzung der Gewährungsdauer (§ 43 Absatz 3 Satz 2) bestimmt der Dienstherr, für welchen Zeitraum die Prämie gezahlt wird, was auch für die Berechnung der Prämienhöhe nach Absatz 3 und die in Absatz 6 geregelte Rückzahlungsverpflichtung von Bedeutung ist. 4Der Zeitraum ist kalendermäßig zu bestimmen. 5Nach der Erstgewährung kann der Dienstherr zweimalig eine Prämiengewährung wiederholen. 6Dies setzt eine erneute – diesmal fiktive – Überprüfung der Umstände voraus, die bei der erstmaligen Prämiengewährung zur Begründung herangezogen wurde. 7Wenn die Personallage im jeweiligen Bereich immer noch angespannt ist, ein Personalmangel fortbestünde und wenn der Dienstposten vakant wäre, liegen die Voraussetzungen für eine erneute Gewährung vor. 8Gleiches gilt in Fällen, in denen sich die Personallage vorübergehend verbessert hatte, dann aber wieder angespannt ist. 9Beide Konstellationen sind Fälle, in denen durch eine Wiederholung der Prämiengewährung erneute Vakanzen vermieden werden sollen.

43.2.3 1Die Prämie ist als Einmalbetrag zu gewähren; sie ist in diesem Fall zu Beginn des Gewährungszeitraums zu zahlen. 2Nur in Ausnahmefällen kann der Betrag in maximal halbjährliche Teilbeträge aufgeteilt werden, um beispielsweise haushalterische Vorgaben des Dienstherrn oder vom Prämienempfänger vorgebrachten Gründen Rechnung zu tragen.

43.3 Zu Absatz 3

43.3.1 1Für die Festsetzung der Prämienhöhe ist ein Betrag zu ermitteln, der dazu führt die in Rede stehende Fachkraft zeitnah für den Dienstposten oder die Funktion in einem Verwendungsbereich zu gewinnen und den Personalmangel damit zu beenden. 2Dabei ist Randnummer 43.1.5.1 zu berücksichtigen.

43.3.2 Bei der Entscheidung über die Prämienhöhe ist der Arbeitszeitanteil der zu gewinnenden Fachkraft mit zu berücksichtigen.

43.3.3 1Die Prämienhöhe kann bis zu 30 Prozent des Anfangsgrundgehaltes der jeweiligen Besoldungsgruppe pro Monat der Gewährung betragen. 2Die konkrete Prämienhöhe lässt sich durch folgende Formel ermitteln:

Gesamtbetrag der Prämie im jeweiligen Gewährungszeitraum = *festgesetzter Prozentsatz im Einzelfall* x *Grundgehalt* x *Monate der Gewährung (Gewährungszeitraum)*

Beispiel:

Ein Bewerber soll erstmalig für einen konkreten Dienstposten gewonnen werden, die Verwendung erfolgt in der Besoldungsgruppe A 14. Die Prüfung im Rahmen der Ermessensentscheidung ergibt, dass er für drei Jahre (36 Monate) gewonnen werden soll und dafür ein Prozentsatz in Höhe von 15 Prozent angemessen und notwendig ist. Das fiktive Grundgehalt beträgt 4.500 Euro.

Die Höhe der Prämie ergibt sich wie folgt:

24.300 Euro = 15 Prozent × 4.500 Euro × 36 Monate

43.3.4 1Bei der Berechnung der Prämienhöhe ist bei Beamten und Berufssoldaten

- in den Besoldungsgruppen der Bundesbesoldungsordnung A das jeweilige Anfangsgrundgehalt (Grundgehalt der Stufe 1) und
- in den Besoldungsgruppen der Bundesbesoldungsordnung B der jeweilige Festbetrag

zugrunde zu legen. 2Für die Bundesbesoldungsordnungen R und W sind die Ausführungen entsprechend anzuwenden.

43.3.4.1 Bei Begründung eines Dienstverhältnisses beim Bund ist das erste übertragene Amt zugrunde zu legen.

43.3.4.2 Bei bestehenden Dienstverhältnissen beim Bund ist das dem zu besetzenden Dienstposten oder der wahrzunehmenden

Funktion zugrundeliegende Amt als Berechnungsgrundlage zu verwenden.

43.3.4.3 1In Fällen von Ämterbündelungen ist das Anfangsgrundgehalt, das zum Zeitpunkt der Festsetzung zustand, Berechnungsgrundlage. 2Handelt es sich um eine höherwertigere Ämterbündelung, so ist das niedrigste Amt des neuen Ämterbündels zugrunde zu legen.

43.3.5 Die Gewährung einer Prämie erfolgt mittels Bescheid.

43.3.5.1 In diesem sind die Prämienhöhe, die Zahlungsmodalitäten (Einmalzahlung oder mehrere Teilbeträge), der Beginn und das Ende des Gewährungszeitraums sowie der Beschäftigungsumfang, der zur Erfüllung der mit dem konkreten Dienstposten oder der jeweiligen Funktion verbundenen Anforderungen erforderlich ist, festzusetzen.

43.3.5.2 1Des Weiteren ist ein Widerrufsvorbehalt (§ 36 Absatz 2 Nummer 3 VwVfG) in den Bescheid aufzunehmen, da § 43 Absatz 6 für den Prämienempfänger die Verpflichtung vorsieht, für den Gewährungszeitraum gemäß den festgesetzten Rahmenbedingungen auf dem Dienstposten zu verbleiben oder die Funktion wahrzunehmen („Geschäftsgrundlage"). 2Der Widerrufsvorbehalt ermöglicht dem Dienstherrn, erforderlichenfalls auf nachträgliche Veränderungswünsche des Prämienempfängers, insbesondere in Bezug auf die individuelle Arbeitszeit, flexibel reagieren zu können; hierbei sind auch die Grundsätze der Wirtschaftlichkeit und Sparsamkeit der Verwaltung mit in den Blick zu nehmen. 3Mit dem Widerrufsvorbehalt **kann**, wenn die der Prämiengewährung zugrundeliegenden maßgeblichen rechtlichen und tatsächlichen Verhältnisse **erheblich** geändert werden, eine nachträgliche Anpassung des Bescheids erfolgen, beispielsweise wenn ein Antrag auf Arbeitszeitreduzierung gestellt wird, auf den ein Anspruch besteht (z. B. nach § 92 BBG).

43.3.5.3 1Macht der Dienstherr von seiner Widerrufsmöglichkeit nach § 49 Absatz 2 Nummer 1 VwVfG Gebrauch, um die Prämiengewährung den geänderten rechtlichen und tatsächlichen Verhältnissen anzupassen, hat dies eine Anpassung der Prämienhöhe (bei Absenkung ist ein Rückforderungsverfahren durchzuführen) zur Folge. 2Alternatv kann eine Verlängerung des Gewährungszeitraums analog § 43 Absatz 6 angeboten werden. 3Der Dienstherr kann damit dem Prämienempfänger eine Auswahlmöglichkeit anbieten, um einen für beide Seiten angemessenen Interessenausgleich zu finden. 4Es ist ein Änderungsbescheid (abhängig vom jeweiligen Anpassungsbedarf gegebenenfalls auch neuer Bescheid) zu erlassen (vgl. Randnummer 43.3.5.1).

43.3.5.4 Bereits bei der Entscheidung über einen Antrag auf Teilzeit sollte daher – nicht zuletzt aus Gründen der Reduzierung von Verwaltungsmehraufwand – ein angemessener Interessenausgleich zwischen dienstlichen bzw. zwingend dienstlichen Belangen (vgl. §§ 91, 92 BBG) und den Rahmenbedingungen, die der Prämie nach § 43 zugrunde gelegt worden sind, erfolgen und insoweit auch eine Anpassung des Bescheids geprüft werden.

43.3.5.5 Der Prämienempfänger ist über seine Verpflichtung nach § 43 Absatz 6 (Verbleib auf dem konkreten Dienstposten/Wahrnehmung der konkreten Funktion) und die sich daraus ergebenden Konsequenzen zu belehren (vgl. § 25 VwVfG).

43.3.6 1Wird die Personalgewinnungsprämie nach § 43 Absatz 2 Satz 3 wiederholt gewährt, so reduziert sich der Höchstbetrag um jeweils ein Drittel. 2Somit beträgt der Höchstbetrag bei der ersten Wiederholung 20 Prozent und bei einer zweiten Wiederholung 10 Prozent des Grundgehaltes entsprechend der Berechnungsformel nach Randnummer 43.3.3. 3Es reduziert sich lediglich der gesetzliche Höchstbetrag der Personalgewinnungsprämie; eine automatische Reduzierung um ein Drittel der individuell festgesetzten Prämienhöhe geht damit nicht einher. 4Zur Ermittlung der Prämienhöhe für eine wiederholte Gewährung ist Randnummer 43.2.2 anzuwenden.

Beispiel 1:

Ein Beamter erhält erstmalig zur anforderungsgerechten Besetzung eines konkreten Dienstpostens eine Personalgewinnungsprämie für 48 Monate in Höhe von 25 Prozent. Danach wird die Prämie zweimal wiederholt jeweils für 48 Monate gewährt, und zwar für die erste Wiederholung in Höhe von 20 Prozent und für die zweite Wiederholung in Höhe von 10 Prozent.

Hier wird rechtskonform für die erste und die zweite Wiederholung der gesetzliche Rahmen der Höchstbeträge ausgeschöpft.

Beispiel 2:

Ein Beamter erhält entsprechend den Annahmen des Beispiels 1 eine Personalgewinnungsprämie, deren Höhe in allen Gewährungszeiträumen einheitlich jeweils 10 Prozent beträgt.

Hier halten die gewährten Prämien den gesetzlichen Rahmen zu den Höchstbeträgen für die zweite Wiederholung von vornherein ein; eine Absenkung im Fall der ersten oder zweiten Wiederholung ist daher nicht erforderlich.

Zu prüfen ist in diesen möglichen Konstellationen aber immer, ob es für eine derartige Prämiengestaltung gewichtige Gründe gibt oder ob nicht grundsätzlich ein betragliches Abschmelzen vorzuziehen ist. Dabei ist die gesetzliche Intention zu berücksichtigen, sowohl einen Gewöhnungseffekt und/oder ein „hartes" Beenden der Prämienzahlung durch eine Abschmelzung zu vermeiden als auch den Ausnahmecharakter der Personalgewinnungsprämie zur regulären Besoldung zu wahren.

43.4 Zu Absatz 4

43.4.1 Die Personalbindungsprämie ist ein zusätzliches personalwirtschaftliches Steuerungsinstrument und insoweit unabhängig von der Personalgewinnungsprämie nach Absatz 1.

43.4.2 1Mit der Prämie soll verhindert werden, dass ein bestimmter Personenkreis wegen lukrativer Alternativangebote, beispielsweise der Privatwirtschaft oder der Wissenschaft, aus dem Bundesdienst abwandert. 2Der Personenkreis umfasst ausschließlich hochqualifiziertes Fachpersonal, das im Wettbewerb dringend gehalten werden muss. 3Eine Begrenzung auf bestimmte Fachbereiche besteht nicht.

43.4.3 1Zur Prüfung der Gewährung einer möglichen Personalbindungsprämie ist seitens des Beamten oder Berufssoldaten ein Einstellungsangebot eines anderen Dienstherrn oder Arbeitgebers vorzulegen. 2Dafür bestehen keine Formvorgaben; jedoch muss das Einstellungsangebot ausreichend plausibel und verifizierbar das Einstellungsinteresse nebst Konditionen, insbesondere zu finanziellen Aspekten, abbilden. 3Dem Einstellungsangebot kommt eine beweisrechtliche Funktion zu. 4Daher sind mündliche Angebote unzureichend.

43.4.4 1Es muss ein dringendes dienstliches Interesse am Verbleib im Bundesdienst vorliegen, das die Nutzung der Personalbindungsprämie rechtfertigt. 2Es liegt dabei in der Verantwortung der obersten Dienstbehörde oder der von ihr bestimmten Stelle, über die Notwendigkeit einer Prämie anhand des konkreten Einstellungsangebots und der glaubhaften Darlegung des Beamten oder Berufssoldaten über dessen ernsthaft beabsichtigte Abwanderung zu entscheiden. 3Dabei ist auch eine Prognose nach § 43 Absatz 1 Satz 2 vorzunehmen, inwiefern eine gegebenenfalls erforderliche Ausschreibung für die anforderungsgerechte Besetzung eines Dienstpostens oder die Sicherstellung der Wahrnehmung einer Funktion in einem Verwendungsbereich erfolgreich wäre. 4Eine ausschließlich pauschale Begründung von Personalgewinnungsproblemen allein reicht nicht zur Rechtfertigung der Personalbindungsprämie.

43.4.5 1Für die Ermittlung der maximal zulässigen Prämienhöhe ist die Differenz zwischen dem Grundgehalt zum Zeitpunkt der Prämiengewährung und dem Gehalt des Einstellungsangebots zu ermitteln. 2Bis zu 50 Prozent dieser Differenz, die jedoch nicht mehr als 75 Prozent des Grundgehaltes betragen darf, sind mit der Anzahl der Monate

III

des Gewährungszeitraums zu multiplizieren und ergeben so die entsprechende Prämienobergrenze. 3Von dem Gehalt des Einstellungsangebots ist die Grundvergütung zugrunde zu legen; Nebenleistungen, beispielsweise Sonderzahlungen (Weihnachts-/Urlaubsgeld), Überstundenabgeltungen oder Firmenwagen, bleiben unberücksichtigt.

43.4.6 1Die Prämie ist als Einmalzahlung zu gewähren. 2Im Unterschied zur Personalgewinnungsprämie ist eine Zahlung in Teilbeträgen nicht möglich. 3Zur Form der Gewährung vgl. Randnummer 43.3.5.

43.4.7 1Die Prämie kann nach Ablauf des Gewährungszeitraums erneut gewährt werden, wenn die erforderlichen Voraussetzungen wieder gegeben sind. 2Dies bedeutet insbesondere, dass ein neues Einstellungsangebot vorliegen muss.

43.5 Zu Absatz 5

43.5.1 1Für Berufssoldaten kann eine Personalbindungsprämie in Höhe von bis zu 30 Prozent des Anfangsgrundgehaltes (Grundgehalt der Stufe 1) gezahlt werden, um eine längere als die eingeplante Verwendungsdauer auf einem bestimmten Dienstposten oder in bestimmten Verwendungsbereich zu ermöglichen (interne Bindung für Bestandspersonal). 2Ziel der Prämie ist, die Funktionsfähigkeit in schwierig zu besetzenden (Fach-)Verwendungen und/oder an schwierig zu besetzenden Standorten durch Personalbindung aufrechtzuerhalten.

43.5.2 Voraussetzung für die Gewährung einer Personalbindungsprämie ist das Vorliegen einer individuell eingeplanten Verweildauer (Verwendungsdauer) auf einem bestimmten Dienstposten oder in einem bestimmten Verwendungsbereich mit dem Ziel, die Verwendungsdauer zu verlängern.

43.5.3 Die „eingeplante Verwendungsdauer" beinhaltet eine individualisierte und dokumentierte Entscheidung über die Verwendungsdauer auf einem bestimmten Dienstposten und/oder in einem bestimmten Verwendungsbereich.

43.6 Zu Absatz 6

43.6.1 1Mit der Gewährung der Prämie entsteht für den Prämienempfänger die Verpflichtung, bis zum Ende des vorgesehenen Gewährungszeitraums auf dem Dienstposten bzw. im Verwendungsbereich zu verbleiben. 2Wird die Verpflichtung nicht erfüllt, ist die Prämie in voller Höhe zurückzuzahlen.

43.6.2 1Liegen Gründe vor, die der Beamte oder Berufssoldat nicht zu vertreten hat, kann bei der Rückforderungsentscheidung aus Billigkeitsgründen abweichend verfahren werden. 2Bei persönlichen Umständen des Beamten oder Berufssoldaten, die kein speziell vorwerfbares Verhalten begründen (BVerwG, Urteil vom 12. März 1987 – 2 C 22/85 und Urteil vom 9. Dezember 1991 – 2 B 144/91 –) und damit nicht zu einem Vertretenmüssen führen, ist eine Unterbrechung des Gewährungszeitraums nach § 43 Absatz 6 Satz 2 zu prüfen (vgl. Randnummer 43.6.4); führen diese persönlichen Umstände zu einer dauerhaften Unterbrechung, kann eine Billigkeitsentscheidung nach § 43 Absatz 6 Satz 4 getroffen werden.

43.6.3 Im Fall der Versetzung in den Ruhestand wegen Dienstunfähigkeit oder Todes des Beamten oder Berufssoldaten ist von Rückforderungen abzusehen.

43.6.4 1Unterbrechungen verlängern den Gewährungszeitraum um die Dauer der Unterbrechung, wenn sie zusammengerechnet mehr als ein Zwölftel des Gewährungszeitraums betragen. 2Hierzu sind die verschiedenen Unterbrechungen als auch einzelne Zeiten ein- und derselben Unterbrechungsart zusammenzurechnen. 3Zu Unterbrechungen, die zu einer Verlängerung des Gewährungszeitraums führen, zählen insbesondere:

- Krankheit,
- Sonderurlaub (Fälle der §§ 92, 95 BBG oder nach der Sonderurlaubsverordnung sowie Fälle der §§ 28a, 30a SG oder nach der Soldatenurlaubsverordnung),
- Elternzeit ohne Anspruch auf Dienst- oder Anwärterbezüge sowie

- bis zu drei Jahren Kinderbetreuung oder Pflege naher Angehöriger im Sinn des § 7 Absatz 3 des Pflegezeitgesetzes.

43.6.5 Unterbrechungen auf Grund gesetzlicher Beschäftigungsverbote (arbeitszeitlicher oder ärztlicher Gesundheitsschutz nach dem Mutterschutzgesetz) und Erholungsurlaub, der für den Gewährungszeitraum zusteht, führen nicht zu einer Verlängerung des Gewährungszeitraums.

43.6.6 Auf diese Verpflichtungen und die daraus resultierenden Rechtsfolgen ist mit dem Festsetzungsbescheid hinzuweisen.

43.7 Zu Absatz 7

Die Konkurrenzregelung soll sicherstellen, dass die Personalgewinnungs- und die Personalbindungsprämie nicht zusätzlich zu finanziellen Anreizen auf Grund anderer, zum Teil speziellerer besoldungsrechtlicher Vorschriften gewährt werden, die ebenfalls dem Ziel der Personalgewinnung dienen.

43.8 Zu Absatz 8

1Die Prämienzahlungen sind unter Beachtung der Ausgabenhöchstgrenze von 0,5 Prozent der im jeweiligen Einzelplan veranschlagten jährlichen Besoldungsausgaben dem Haushaltsjahr zuzuordnen, in dem die Zahlung wirksam wird. 2Prämienzahlungen mit einem mehrjährigen Gewährungszeitraum sind dementsprechend in der Regel in voller Höhe dem Jahr zuzuschlagen, in dem die Zahlung haushaltswirksam wird. 3Wird die Prämie davon abweichend in mehreren Teilbeträgen gewährt, so ist der jeweilige Teilbetrag entsprechend dem jeweiligen Haushaltsjahr zuzuschlagen.

43.9 Zu Absatz 9

(unbesetzt)

43a Zu 43a – Prämien für Angehörige der Spezialkräfte der Bundeswehr

(unbesetzt)

44 Zu § 44 – Verpflichtungsprämie für Soldaten auf Zeit

(unbesetzt)

45 Zu § 45 – Zulage für die Wahrnehmung befristeter Funktionen

45.1 Zu Absatz 1

45.1.1 1Eine Befristung liegt nicht schon dann vor, wenn die vorübergehende Wahrnehmung eines Dienstpostens auf einem Rotationsprinzip beruht. 2Zu unterscheiden sind zwei Fallgestaltungen:

- Übertragung einer nur befristetet angelegten, herausgehobenen Funktion (z. B. Projektarbeit, Absatz 1 Satz 1, vgl. Randnummer 45.1.3) und
- Übertragung einer herausgehobenen Dauerfunktion, die üblicherweise nur befristet wahrgenommen wird (Absatz 1 Satz 2).

45.1.2 Eine herausgehobene Funktion liegt nur vor, wenn die Tätigkeit durch erhöhte, besondere Belastungen gekennzeichnet ist, die sich typischerweise aus der Wahrnehmung von Aufgaben im politischen oder öffentlichkeitswirksamen Bereich ergeben.

45.1.3 Eine herausgehobene Funktion kann in Managementstrukturen vorliegen, die

- außerhalb der regelmäßigen Verwaltungsstrukturen angelegt sind und
- nicht schon vor oder nach ihrer Einrichtung in gleicher oder ähnlicher Zusammensetzung oder gleichem oder ähnlichem organisatorischen Status bestanden haben oder fortbestehen.

45.1.4 Eine herausgehobene Funktion liegt nicht schon dann vor, wenn die Wertigkeit des übertragenen Dienstpostens dem Spitzenamt einer Laufbahn zugeordnet ist oder der übertragene Dienstposten hinsichtlich seiner Wertigkeit einem höheren als dem statusrechtlichen Amt des Dienstposteninhabers zugeordnet ist.

45.1.5 1Die vorübergehende, vertretungsweise Übertragung einer höherwertigen Tätigkeit erfüllt die Voraussetzungen für die Zulage nicht. 2Das gilt auch nach Aufhebung des § 46 in der bis zum 31. Dezember 2015 geltenden Fassung.

III

45.2 Zu Absatz 2

45.2.1 1Die Wertigkeit der herausgehobenen Funktion ist durch sachgerechte Bewertung festzustellen und zu dokumentieren. 2Sie ist Grundlage für die Berechnung der Höhe der Zulage.

45.2.2 1Diese Zulage ist weder eine Stellenzulage noch eine Amtszulage. 2Sie darf nicht neben einer Zulage nach § 58 gewährt werden.

45.3 Zu Absatz 3

Die in Absatz 3 genannten haushaltsrechtlichen Bestimmungen enthält das Haushaltsgesetz (vgl. z. B. § 10 Absatz 2 Haushaltsgesetz 2020).

46 (weggefallen)

47 Zu § 47 – Zulagen für besondere Erschwernisse

(unbesetzt)

48 Zu § 48 – Mehrarbeitsvergütung

(unbesetzt)

49 Zu § 49 – Vergütung für Vollziehungsbeamte in der Bundesfinanzverwaltung; Verordnungsermächtigung

(unbesetzt)

50 Zu § 50 – Mehrarbeitsvergütung für Soldaten

(unbesetzt)

50a Zu § 50a – Vergütung für Soldaten mit besonderer zeitlicher Belastung

(unbesetzt)

50b Zu § 50b – Vergütung für Bereitschaftsdienst und Rufbereitschaft im Sanitätsdienst

(unbesetzt)

50c Zu § 50c – Vergütung für Beamte im Einsatzdienst der Bundeswehrfeuerwehren

(unbesetzt)

51 Zu § 51 – Andere Zulagen und Vergütungen

(unbesetzt)

Abschnitt 5 Auslandsbesoldung

52–57 Zu §§ 52 bis 57 – Allgemeine Hinweise

52 bis 57.1 1Auslandsbesoldung wird für eine allgemeine (vgl. §§ 52 bis 55) oder eine besondere (vgl. §§ 56 und 57) Verwendung im Ausland gewährt. 2Beide Formen der Auslandsbesoldung sind jeweils an besondere Voraussetzungen geknüpft und schließen sich für dieselbe Verwendung gegenseitig aus. 3Die Auslandsbesoldung wird steuerfrei gewährt und tritt zusätzlich neben die Inlandsdienstbezüge. 4Die Besoldungsstellen sind an die jeweilige Personalverfügung gebunden und können erst mit Vorliegen der Personalverfügung tätig werden.

52 bis 57.2 Zulagen und Vergütungen werden nur gewährt, sofern sie nicht normativ neben Auslandsdienstbezügen oder einem Auslandsverwendungszuschlag ausgeschlossen sind und soweit deren jeweilige besondere Voraussetzungen auch im Ausland vorliegen.

52 bis 57.3 Der Besoldungsempfänger hat jede Veränderung seiner Verhältnisse, die für die Gewährung der Auslandsbesoldung von Bedeutung sind, seinem Dienstherrn und der zuständigen Besoldungsstelle unverzüglich schriftlich anzuzeigen.

52 Zu § 52 – Auslandsdienstbezüge

52.1 Zu Absatz 1

52.1.1 1Auslandsdienstbezüge werden nur gezahlt, wenn der Besoldungsempfänger seinen dienstlichen und tatsächlichen Wohnsitz im Ausland hat, und dieser nicht einer Tätigkeit im Grenzverkehr dient. 2Maßgebend für die Bestimmung des dienstlichen Wohnsitzes ist § 15. 3Ein dienstlicher Wohnsitz im Ausland wird in der Regel nur begründet, wenn der Besoldungsempfänger zu einer im Ausland befindlichen Dienststelle versetzt worden ist. 4Mit dem dienstlichen Wohnsitz im Ausland erfolgt in der Regel auch die tatsächliche Wohnsitznahme im Ausland. 5Der tatsächliche Wohnsitz wird begründet durch den vom sog. Domizilwillen getragenen tatsächlichen Vorgang der Niederlassung an einem Ort (Wohnsitz), der eine eigene Unterkunft (Wohnung) voraussetzt. 6Die Wohnung selbst kann behelfsmäßig oder vorübergehend sein, z. B. als Hotelunterkunft oder vorläufige Unterkunft bei Verwandten oder Freunden. 7Auch eine Gemeinschaftsunterkunft ist eine Wohnung in diesem Sinn. 8Ein tatsächlicher Wohnsitz im Ausland kann auch begründet sein, wenn gleichzeitig ein Wohnsitz im Inland (z. B. Familienwohnung) beibehalten wird und der Besoldungsempfänger in diese nur gelegentlich (z. B. im Heimaturlaub oder an dienstfreien Tagen) zurückkehrt. 9Wesentlich ist, dass der Schwerpunkt der Lebensverhältnisse tatsächlich in das Ausland verlagert ist. 10Wird die Wohnung im Ausland hingegen nur gelegentlich benutzt und kehrt der Besoldungsempfänger überwiegend nach dem Dienst in die Inlandswohnung zurück, wird im Ausland kein Schwerpunkt der Lebensverhältnisse begründet und es stehen keine Auslandsdienstbezüge zu.

52.1.2 1Bei **Teilzeitbeschäftigung** sind die Auslandsdienstbezüge und im Zusammenhang mit dem ausländischen Dienstposten stehende Besoldungsbestandteile analog der Teilzeitbeschäftigung im Inland nach § 6 Absatz 1 zu kürzen (vgl. Randnummer 6.1.1.1). 2Bei Teilzeit im Blockmodell werden die Auslandsdienstbezüge und die im Zusammenhang mit dem ausländischen Dienstposten stehenden Besoldungsbestandteile entsprechend der tatsächlich geleisteten Tätigkeit nach § 6 Absatz 1a gewährt. 3Dies gilt auch für Altersteilzeit im Blockmodell (vgl. Randnummern 6.1a und 6.3.3).

52.2 Zu Absatz 2

52.2.1 1Auslandsdienstbezüge stehen bei einer Umsetzung oder **Versetzung vom Inland in das Ausland** vom Tage nach dem Eintreffen am ausländischen Dienstort zu. 2Das gilt auch, wenn der Tag des Eintreffens vor einem Sonn- oder Feiertag oder dienstfreien Werktag liegt. 3Ist der Besoldungsempfänger früher am Auslandsdienstort eingetroffen, als es für den verfügten Dienstantritt erforderlich war, so kann er Auslandsdienstbezüge erst von dem Tage an erhalten, der auf den bei zeitgerechter Durchführung der Versetzungsreise sich ergebenden Ankunftstag folgt. 4Dies gilt entsprechend bei Umsetzungen oder Versetzungen im Ausland.

52.2.2 Hat der Dienstherr den unmittelbaren Dienstantritt bei einer Dienststelle im Ausland angeordnet und liegt eine Versetzung innerhalb des Bundes nicht vor, stehen Auslandsdienstbezüge von dem Tage an zu, an dem der Anspruch auf Besoldung nach dem BBesG entsteht.

52.2.3 1Bei einer Umsetzung oder **Versetzung vom Ausland in das Inland** sind Auslandsdienstbezüge bis zum Tag vor der endgültigen Abreise vom ausländischen Dienstort zu zahlen. 2Vorbehaltlich der Sätze 3 bis 7 ist das tatsächliche Abreisedatum auch maßgeblich, wenn im Einzelfall das in der Personalverfügung festgelegte (geplante) Abreisedatum von dem tatsächlichen Abreisedatum abweicht oder eine Änderung der Abreisedaten in der Personalverfügung verspätet die Besoldungsstelle erreicht. 3Hat der Besoldungsempfänger vor dem Dienstantritt im Inland Erholungs-, Heimat-, Sonderurlaub oder Dienstbefreiung, so gilt als Abreisetag der Tag, an dem der Besoldungsempfänger ohne Berücksichtigung des Urlaubs oder der Dienstbefreiung spätestens hätte abreisen müssen, um rechtzeitig den Dienst am neuen Dienstort antreten zu können. 4Hierbei kommt es nicht darauf an, ob der Urlaub oder die Dienstbefreiung im Inland oder im Ausland verbracht werden. 5Der weitere Aufenthalt sowie das Beibehalten der Wohnung im Ausland aus persönlichen Gründen über das verfügte Ende der Auslandsverwendung hinaus begründen keinen Anspruch auf Fortzahlung der Auslandsdienstbezüge. 6Eine Krankheit/ein Krankenhausaufenthalt des Besoldungsempfängers zum Ende der Auslands-

III

verwendung verlängert den Anspruchszeitraum nicht. 7Die nachträgliche Verlängerung einer Auslandsverwendung nur zum Zweck des Urlaubs oder Freizeitausgleichs für mehrgeleistete Dienste begründet keinen Anspruch auf Auslandsdienstbezüge.

52.2.4 1Verlässt ein ins Ausland versetzter oder umgesetzter Besoldungsempfänger den ausländischen Dienstort in der laufenden Auslandsverwendung wegen einer krisenbedingt genehmigten Personalmaßnahme (Versetzung, Abordnung, Kommandierung, Umsetzung, Zuweisung, Dienstreise etc) und kehrt ins Inland zurück, so werden Auslandsdienstbezüge ab dem Tag vor der Abreise vom ausländischen Dienstort für längstens drei Monate weitergezahlt. 2Wird die bisherige Auslandsverwendung mit bzw. nach der Rückkehr ins Inland vor Ablauf dieser drei Monate vorzeitig beendet oder endet sie regulär während dieser drei Monate, ist die Zahlung von Auslandsdienstbezügen mit dem Tag der Beendigung einzustellen. 3Wurde vor der krisenbedingten Ausreise Urlaub beantragt und angetreten, beginnt die Dreimonatsfrist am Tag nach dem Ende dieses Urlaubs zu laufen. 4Ein weiterer Urlaubsantrag oder eine Urlaubsverlängerung, die während eines krisenbedingten Inlandsaufenthaltes gestellt wurde, verlängert die Zahlung von Auslandsdienstbezügen über den Dreimonatszeitraum hinaus nicht. 5Gleiches gilt für einen bereits vor der Ausreise genehmigten Urlaub, der in den Inlandsaufenthalt fällt.

Beispiel 1:

Bediensteter verlässt den Auslandsdienstort auf Grund einer krisenbedingten genehmigten Personalverfügung am 20. März und verbleibt wegen mangelnder Flugmöglichkeiten bis 12. Juli im Inland und leistet dort Dienst.

Ihm stehen Auslandsdienstbezüge vom 19. März – 18. Juni zu, ab dem 19. Juni bis 12. Juli erhält er Inlandsdienstbezüge.

Beispiel 2:

Bediensteter verlässt den Auslandsdienstort auf Grund einer krisenbedingten genehmigten Personalverfügung am 20. März. Seine reguläre Standzeit am Auslandsdienstort endet am 31. Juli.

Er reist am 20. März ins Inland, seine Versetzung wird zum 31. Mai vorzeitig beendet.

Er erhält Auslandsdienstbezüge bis zum 31. Mai.

Beispiel 3:

Am 10. März tritt ein Auslandsbediensteter seinen bis zum 20. April genehmigten Heimaturlaub an und reist ins Inland. Am 18. März wird die Krisenstufe für seinen Dienstort festgelegt, wegen mangelnder Flugmöglichkeiten kann er erst am 31. Juli an den Auslandsdienstort zurückreisen. In der Zeit nach dem Urlaub leistet er Dienst bei seiner Behörde im Inland.

Er erhält Auslandsdienstbezüge während seines genehmigten und angetretenen Heimaturlaubs, sowie weiterhin ab 21. April bis 20. Juli. Vom 21. Juli bis 30. Juli erhält er Inlandsdienstbezüge.

Ab Dienstantritt im Ausland erhält er erneut Auslandsdienstbezüge.

Beispiel 4:

Ein Bediensteter wird zum 1. August 2017 an die Botschaft Kinshasa mit voller Umzugskostenzusage umgesetzt. Die vorgesehene Standzeit beträgt vier Jahre.

Vom 10. März 2018 bis 30. April 2018 wird er von Kinshasa zur Unterstützung des Haushaltsreferates in die Zentrale nach Berlin abgeordnet;

im Jahr 2019 wird er zu einer einmonatigen IT-Fortbildung ins Inland abgeordnet;

auf Grund heftiger politischer Unruhen erfolgt vom 10. Februar 2020 bis 25. März 2020 eine Ausdünnung des Personals der Botschaft unter Krisenstufe 3a und der Bedienstete wird für diese Zeit nach Berlin abgeordnet und kehrt danach wieder zurück an den Dienstort;

vor Beendigung seiner Standzeit im Jahr 2021 bricht eine landesweite Epidemie aus. Da er auf Grund seines Alters und etlicher Vorerkrankungen besonders gefährdet ist, reist er nach Genehmigung der obersten Dienstbehörde auf Grund einer Dienstreiseanordnung eilig aus, die anschließend in eine Abordnung ins Inland vom 5. Februar 2021 bis 20. Mai 2021 umgewandelt wird. Danach kehrt er an den Dienstort zurück und wird zu Anfang August 2021 nach Bern umgesetzt.

Er erhält während der Aufenthalte im Inland in den Jahren 2018 und 2019 Inlandsdienstbezüge während seiner Inlandsverwendungen; ab Neuregelung des § 52 Absatz 3 BBesG zum 1. Januar 2020 für 2020 stehen ihm Auslandsdienstbezüge zu; im Jahr 2021 werden ihm ebenfalls während seiner Abordnung ins Inland vom 5. Februar bis 4. Mai Auslandsdienstbezüge gewährt, ab 5. Mai bis 20. Mai erhält er Inlandsdienstbezüge. Erst ab seiner Rückkehr nach Kinshasa stehen ihm wieder Auslandsdienstbezüge zu.

52.3 Zu Absatz 3

52.3.1 $_1$Die Ausführungen der Nummer 52.1 und 52.2 gelten auch bei Abordnungen und Kommandierungen. $_2$Wird der Besoldungsempfänger vorübergehend vom Inland in das Ausland oder im Ausland **abgeordnet oder kommandiert**, stehen ihm Auslandsdienstbezüge zu, wenn der Abordnungs- oder Kommandierungszeitraum mehr als drei Monate beträgt. $_3$Bei der Berechnung der Dreimonatsfrist ist zunächst von der verfügten Abordnungsdauer auszugehen. $_4$Wird ein kürzerer Abordnungs- oder Kommandierungszeitraum auf mehr als drei Monate verlängert, entsteht rückwirkend ein Anspruch auf Auslandsdienstbezüge ab dem Tag nach dem Eintreffen am ausländischen Dienstort.

52.3.2 $_1$Wird ein **Abordnungs- oder Kommandierungszeitraum** von mehr als drei Monaten nachträglich auf einen Zeitraum von höchstens drei Monaten verkürzt, so stehen Bezüge nach § 52 Absatz 3 längstens bis zum Tag vor der Abreise vom ausländischen Dienstort zu. $_2$Eine Rückforderung der darüber hinaus gezahlten Auslandsdienstbezüge erfolgt nach § 12.

52.3.3 $_1$**Mehrere Abordnungs- oder Kommandierungszeiträume** eines Besoldungsempfängers in das Ausland können nur dann zusammengerechnet werden, um den Dreimonatszeitraum zu erreichen, wenn sie zeitlich unmittelbar aufeinander folgen. $_2$Auslandsdienstbezüge werden dann nach § 52 Absatz 3 rückwirkend ab dem Tag nach dem Eintreffen am ausländischen Dienstort gewährt. $_3$Zeitlich getrennte, nicht unmittelbar aufeinanderfolgende Abordnungen in das Ausland dürfen nicht zusammengerechnet werden, auch wenn sie, beispielsweise auf Grund eines einheitlichen Gesamtbildes, in sachlichem Zusammenhang stehen. $_4$Bei einem auf Grund unmittelbar aufeinanderfolgender Abordnungen oder Kommandierungen an unterschiedlichen Dienstorten entstandenen Anspruch auf Auslandsbesoldung sind die Auslandsdienstbezüge unter Berücksichtigung des § 52 Absatz 2 jeweils nach den einzelnen Dienstorten der Auslandsverwendung zu bemessen, ohne Rücksicht darauf, ob der Besoldungsempfänger an den ursprünglichen Dienstort zurückkehrt. $_5$Während der Zeiten zwischen Abordnungen oder Kommandierungen, die als unmittelbar aufeinanderfolgend einzustufen sind, muss sich der Besoldungsempfänger auch bei Inanspruchnahme von Urlaub oder Dienstbefreiung grundsätzlich im Ausland aufhalten. $_6$Ein nur bis zu drei Tage umfassender Inlandsaufenthalt ohne Dienstleistung im Inland ist jedoch unschädlich, soweit der Besoldungsempfänger für seine Person nicht Leistungen nach der Auslandsreisekostenverordnung oder Auslandsumzugskostenverordnung (AUV) für eine Rückkehr in das Inland in Anspruch genommen hat. $_7$Dies gilt insbesondere für Lehrgangs-/Ausbildungsunterbrechungen auf Grund von Dienstbefreiung zu Weihnachten und Neujahr.

52.3.4 $_1$Wird ein in das Ausland versetzter Besoldungsempfänger im Ausland abgeordnet oder kommandiert und kehrt er danach wieder an den ursprünglichen Dienstort zurück, werden die Auslandsdienstbezüge bei einer Abordnung oder Kommandierung bis zu drei Monaten nach dem bisherigen Dienstort und bei einer Abordnung oder Kommandierung von mehr als drei Monaten nach § 52 Absatz 3 nach dem Abordnungs- bzw. Kommandierungsort gezahlt. 2Schließt sich einer Versetzung in das Ausland unmittelbar eine Abordnung oder Kommandierung im Ausland – ohne Rückkehr an den bisherigen Dienstort – an, stehen die Auslandsdienstbezüge des neuen Dienstortes zu, ohne Rücksicht darauf, ob die Abordnung oder Kommandierung mehr als drei Monate beträgt.

52.3.5 1Eine Zuweisung nach § 29 BBG kann einer Abordnung gleichgestellt werden und dann einen Anspruch auf Auslandsdienstbezüge bewirken, wenn die Zuweisung mehr als drei Monate andauert. 2Von einer Gleichstellung ist hingegen abzusehen, wenn

- einer Anrechnung nach § 9a Vorschriften der Stelle entgegenstehen, die anderweitige Bezüge gewährt,
- die anderweitig gewährten Bezüge oder Abfindungen auch ohne die Zahlung von Auslandsdienstbezügen als ausreichende finanzielle Anreize für die Auslandsverwendung anzusehen sind oder
- der finanzielle Mehraufwand abgedeckt ist.

3Da die Bestimmung des Dienstortes und des Ortes der tatsächlichen Dienstverrichtung in der Regel der ausländischen Behörde oder Institution obliegt, der der Besoldungsempfänger zugewiesen ist, ist in den Fällen des Satzes 1 zur Prüfung der Voraussetzungen des § 52 Absatz 1 Satz 1 dem Besoldungsempfänger aufzugeben, Angaben zu seinem aktuellen Dienstort und dem aktuellen Ort der tatsächlichen Dienstverrichtung unverzüglich gegenüber der Besoldungsstelle anzuzeigen.

52.3.6 1Bei Abordnungen oder Kommandierungen ab einem bis zu drei Monaten kann ausnahmsweise die Zahlung von Auslandsdienstbezügen zugelassen werden, wenn der Besoldungsempfänger aus dienstlicher Veranlassung zu besonderen Aufwendungen verpflichtet ist und die zu erwartenden Aufwendungen des Besoldungsempfängers bei der konkreten beabsichtigten Verwendung die Aufwendungen einer Dienstreise signifikant übersteigen. 2Dies ist insbesondere anzunehmen bei Abordnungen oder Kommandierungen

- zu berufsdiplomatischen und konsularischen Vertretungen,
- für notwendige Vertretungen und erforderliche personelle Verstärkungen bei Auslandsdienststellen sowie
- bei Abordnungen oder Kommandierungen, die einer Versetzung unmittelbar vorausgehen (Abordnung/Kommandierung mit dem Ziel der Versetzung).

3Die Regelungen der Randnummern 52.3.1 bis 52.3.3 für Fälle der Verlängerung, der Verkürzung und der Zusammenrechnung von Abordnungs- oder Kommandierungszeiträumen sind entsprechend anzuwenden. 4In weiteren, besonders begründeten Fällen können im Einvernehmen mit dem Bundesministerium des Innern, für Bau und Heimat für Zeiträume ab einem Monat bis zu drei Monaten Ausnahmen zugelassen werden.

52.3.7 Der Anspruch auf Auslandsdienstbezüge, einschließlich Kaufkraftausgleich, kann nur umfassend zugestanden werden und gestattet nicht, einzelne Elemente daraus (§§ 52 bis 55) zu versagen.

52.3.8 1Bei Abordnungen und Kommandierungen vom **Ausland in das Inland von bis zu drei Monaten Dauer** sind Auslandsdienstbezüge weiterzuzahlen, wenn die Betroffenen insgesamt mehr als drei Monate am ausländischen Dienstort Dienst leisten und damit das zeitliche Mindesterfordernis für die Gewährung von Auslandsdienstbezügen (d. h. mehr als drei Monate tatsächlicher Aufenthalt im Ausland) erfüllt ist. 2Grundsätzliche Voraussetzung für die Fortzahlung von Auslandsdienstbezügen ist, dass im jeweiligen Einzelfall die gesetzlichen Voraussetzungen des § 52 Absatz 1 Satz 1 (tatsächlicher und dienstlicher Wohnsitz sowie Schwerpunkt der Lebensverhältnisse im Ausland vgl. Randnummer 52.1.1) erfüllt bleiben. 3Dies ist von den personalbearbeitenden Stellen zu beachten.

4In folgenden Fällen sind keine Auslanddienstbezüge zu zahlen:

- wenn auf Grund bestehender Personalverfügungen oder auf Grund tatsächlicher Umstände für den Dienstherrn schon vor der tatsächlichen Abreise vom ausländischen Dienstort feststeht, dass der erforderliche, tatsächliche Aufenthalt im Ausland von mehr als drei Monaten nicht erreicht wird,
- bei einer Abordnung oder Kommandierung vom Ausland in das Inland, ohne dass der Betroffene in das Ausland zurückkehrt. Hier endet am Tag vor der Abreise vom ausländischen Dienstort der Anspruch auf Auslandsdienstbezüge (endgültige Abreise).

52.3.9 1Wird ein Abordnungs- oder Kommandierungszeitraum **vom Ausland in das Inland** von mehr als drei Monaten nachträglich auf einen Zeitraum von maximal drei Monaten verkürzt und liegen die Voraussetzungen der Randnummer 52.3.8 vor, sind die Auslandsdienstbezüge für den Zeitraum des Inlandsaufenthaltes nachzuzahlen. 2Für diesen Zeitraum geleistete Zahlungen aus anderen Rechtsnormen mit demselben Zweck sind anzurechnen.

3Wird der Abordnungs- oder Kommandierungszeitraum vom Ausland in das Inland von bis zu drei Monaten nachträglich über diesen Zeitraum hinaus verlängert, ist die Zahlung von Auslandsbesoldung spätestens mit Ablauf des Drei-Monats-Zeitraums einzustellen.

52.3.10 1Bei einer Zuweisung, die einer Abordnung gleichgestellt worden ist (vgl. Randnummer 52.3.5), sind die Randnummern 52.3.8 und 52.3.9 analog anzuwenden. 2An die Stelle der Abordnung oder Kommandierung ins Inland tritt die Festlegung der ausländischen Behörde oder Institution zum Dienstort und dem Ort der tatsächlichen Dienstverrichtung.

52.4 Zu Absatz 4

52.4.1 1Diese Sondervorschrift weicht von dem Grundprinzip ab, dass die Höhe der Auslandsdienstbezüge an das Inlandsgrundgehalt anknüpft. 2Die Ausnahme dient dazu, die funktionsgerechte Besoldung der Tätigkeit im Ausland auch bei einer für die Erfüllung der Funktion an sich nicht erforderlichen persönlichen Einstufung des Besoldungsempfängers zu gewährleisten.

52.4.2 Die Vorschrift findet auch Anwendung auf Besoldungsempfänger, für die § 19a gilt.

53 Zu § 53 – Auslandszuschlag

53.1 Zu Absatz 1

53.1.1 1Mit dem Auslandszuschlag werden die materiellen Mehraufwendungen und immateriellen Belastungen abgegolten, die sowohl generell als auch dienstortspezifisch durch die Auslandsverwendung entstehen. 2Die Einzelheiten sowie die Zuteilung der Auslandsdienstorte zu einer Stufe des Auslandszuschlags ergeben sich aus der **Auslandszuschlagsverordnung** (AuslZuschlV) in der jeweils geltenden Fassung, die das Auswärtige Amt nach § 53 Absatz 7 im Einvernehmen mit den Bundesministerien des Innern, für Bau und Heimat, dem Bundesministerium der Finanzen und dem Bundesministerium der Verteidigung erlässt.

53.1.2 1Um auf Veränderungen am Dienstort (z. B. Krisen, Umweltkatastrophen, Verschlechterung der Sicherheits- oder Versorgungslage) kurzfristig und flexibel reagieren oder die anforderungsgerechte Besetzung von Dienstposten im Ausland sicherstellen zu können, ermöglicht Satz 5 die Festsetzung eines zeitlich befristeten Zuschlags, der sich ebenfalls aus der AuslZuschlV ergibt.

53.1.3 Für Zeiten einer familienbedingten Beurlaubung nach § 92 Absatz 1 BBG oder § 6 MuSchEltZV im In- oder Ausland können nach näherer Bestimmung Fürsorgeleistungen gewährt werden, da Auslandsdienstbezüge in dieser Zeit nicht zustehen.

53.2 Zu Absatz 2

53.2.1 1Die **Höhe des Auslandszuschlags** ergibt sich aus der Tabelle der Anlage VI.1. 2Die Tabellenwerte knüpfen an die Höhe des Grundgehaltes an. 3Der Auslandszuschlag bei einer Teilzeitbeschäftigung bestimmt sich aus dem im gleichen Verhältnis wie die Arbeitszeit zu kürzenden Tabellenwert (Monatsbetrag) der Anlage VI.1. 4Dies ergibt sich aus § 6

Absatz 1, dessen Anknüpfungspunkt der Besoldungskürzung die Vollzeit ist. $_{5}$Nur so bleibt auch horizontal die Zuordnung zur Stufe des Auslandszuschlags erhalten. $_{6}$Bei Altersteilzeit wird der Auslandszuschlag entsprechend der tatsächlich geleisteten Tätigkeit nach § 6 Absatz 2 Satz 5 gewährt. $_{7}$Bei der Ermittlung des Auslandszuschlags für die Angehörigen der **Postnachfolgeunternehmen** ist für die Festlegung der Grundgehaltsspanne das ungekürzte Grundgehalt ohne Anwendung des Kürzungsfaktors aus § 78 Absatz 1 zugrunde zu legen. $_{8}$Der Wortlaut dieser Vorschrift sieht eine Kürzung des Auslandszuschlags nach Tabelle VI.1 gerade nicht vor.

53.2.2 $_{1}$Für berücksichtigungsfähige Personen nach Absatz 4 erhöht sich der Auslandszuschlag. $_{2}$Der 40-prozentige Aufschlag auf den Tabellenwert kann nur für die **erste berücksichtigungsfähige** Person nach Absatz 4 Nummer 1 oder Nummer 3 gewährt werden.

53.2.3 $_{1}$Für Kinder nach Absatz 4 Nummer 2 kann dieser 40-prozentige Erhöhungsbetrag nicht in Anspruch genommen werden. $_{2}$Sie erhalten ausschließlich den Zuschlag nach Tabelle VI.2 (Festbetrag) auch dann, wenn keine berücksichtigungsfähige Person nach Nummer 1 oder 3 existiert.

53.2.4 $_{1}$Die Kürzungsregelungen bei Gemeinschaftsunterkunft und Gemeinschaftsverpflegung des § 53 Absatz 2 Satz 4 bis 6 erfassen auch die berücksichtigungsfähigen Personen nach § 53 Absatz 4 Nummer 1 oder Nummer 3, sofern diese den 40-prozentigen Erhöhungsbetrag aus Tabelle VI.1 erhalten. $_{2}$Dies ergibt sich aus dem Wortlaut der Norm, wonach „der Betrag nach den Sätzen 1 und 2" zu verringern ist. $_{3}$Es kommt nicht darauf an, dass die Gemeinschaftsverpflegung und/oder Gemeinschaftsunterkunft in Anspruch genommen wird, sondern nur darauf, dass dem Besoldungsempfänger Gemeinschaftsverpflegung und/oder Gemeinschaftsunterkunft **bereitgestellt** wird. $_{4}$Eine Bereitstellung liegt dann vor, wenn die Gemeinschaftsunterkunft und/oder Gemeinschaftsverpflegung der jeweiligen Person ausdrücklich zugewiesen wird, sie mithin aus dienstlichen Gründen zur Inanspruchnahme verpflichtet ist und auch tatsächlich die Möglichkeit hat, diese auf Grund der dienstlichen Verpflichtung in Anspruch zu nehmen. $_{5}$Sofern hingegen vorhandene Kapazitäten freiwillig alternativ zu einer Mietwohnung genutzt werden, stellt dies keinen Kürzungsgrund für den Auslandszuschlag im Sinn der Vorschrift dar. $_{6}$Bei anderen zweckidentischen Geldleistungen z. B. im Rahmen von Verwendungen nach § 52 Absatz 3 Satz 2 i. V. m. § 29 BBG, die bereits auf Grund ihrer Zweckbestimmung identisch zu trennungsgeld-, umzugskosten-, reisekostenrechtlichen oder anderen nationalen Leistungen sind, ist zunächst eine Kürzung dieses Anspruchs nach den dortigen Rechtsgrundlagen zu prüfen. $_{7}$Der die nationalen Leistungen nach dortiger Anrechnung übersteigende Teil dieser Geldleistung gehört zu den anderweitigen Bezügen im Sinn des § 9a Absatz 2 und ist auf die Besoldung anzurechnen. $_{8}$Eine erneute Anrechnung dieser Geldleistungen durch Kürzung des Auslandszuschlags erfolgt nicht. $_{9}$Besoldungsempfänger haben kein Wahlrecht, ob sie Gemeinschaftsunterkunft oder -verpflegung in Anspruch nehmen wollen. $_{10}$Scheidet die Möglichkeit einer förmlichen Verpflichtung aus, genügt es, dass der Dienstherr entsprechende Geldleistungen zahlt. $_{11}$Der Besoldungsempfänger ist in der Personalverfügung darauf hinzuweisen. $_{12}$Wird der Besoldungsempfänger von der Verpflichtung zum Wohnen in einer Gemeinschaftsunterkunft und/oder Teilnahme an der Gemeinschaftsverpflegung tageweise befreit, erhält er für diesen Zeitraum den ungekürzten Auslandszuschlag; dies gilt ebenso bei der Bereitstellung von Teilmahlzeiten.

53.3 Zu Absatz 3

53.3.1 Die Vorschrift betrifft die Höhe des Auslandszuschlags für den Fall, dass in einer Familie zwei Personen Anspruch auf Auslandsdienstbezüge haben.

53.3.2 $_{1}$Satz 3 regelt sowohl den Fall des sog. Job-Sharings (vgl. auch § 3 AuslZuschlV) als auch mögliche Teilzeitvarianten. $_{2}$Bei einer

Gesamtarbeitsleistung von zwei Berechtigten von insgesamt 100 Prozent bis 140 Prozent erhalten die Berechtigten insgesamt einen Auslandszuschlag von 140 Prozent. 3Liegt die Gesamtarbeitsleistung zwischen 140 Prozent und 200 Prozent, so erhalten die Berechtigten den anteiligen Auslandszuschlag in der entsprechenden Höhe. 4Bei einer Gesamtarbeitsleistung von 200 Prozent steht beiden Berechtigten jeweils der volle Auslandszuschlag zu.

53.3.3 Erhalten beide Ehegatten oder Lebenspartner Auslandsdienstbezüge, wird für alle weiteren berücksichtigungsfähigen Personen lediglich ein Zuschlag nach Tabelle VI.2 gezahlt.

53.3.4 1Dies gilt auch dann, wenn ein Ehegatte oder Lebenspartner von seinem Arbeitgeber eine dem Auslandszuschlag nach Tabelle VI.1 der Art nach vergleichbare Leistung erhält. 2Auf die tatsächliche Höhe der vergleichbaren Leistung kommt es nicht an. 3Dies gilt auch bei zwischenstaatlichen oder überstaatlichen Einrichtungen. 4Voraussetzung ist jedoch, dass ein öffentlich-rechtlicher Dienstherr oder ein Verband, dessen Mitglieder öffentlich-rechtliche Dienstherren sind, durch Zahlung von Beiträgen oder Zuschüssen oder in anderer Weise beteiligt ist.

53.3.5 Stehen beide Anspruchsberechtigte im öffentlichen Dienst und erhalten sie Auslandsdienstbezüge, so wird demjenigen der Zuschlag nach Tabelle VI.2 gezahlt, der das Kindergeld nach dem EStG erhält.

53.4 Zu Absatz 4

53.4.0 1Die Regelung zählt die im Auslandszuschlag des Besoldungsempfängers berücksichtigungsfähigen Personen abschließend auf. 2Der Zuschlag nach Tabelle VI.2 wird längstens für den Zeitraum gezahlt, für den dem Besoldungsempfänger Auslandsdienstbezüge zustehen.

53.4.1 1**Ehegatten und Lebenspartner** sind nicht berücksichtigungsfähig nach Absatz 4, wenn sie selbst Auslandsdienstbezüge beziehen (siehe Randnummer 53.3.2). 2Sie sind nur nach Anlage VI.2 (Festbetrag) berücksichtigungsfähig, wenn sie nicht die **erste** zu berücksichtigende Person sind, sondern z. B. bereits ein Elternteil des Besoldungsempfängers nach Nummer 3 berücksichtigt wurde und der Besoldungsempfänger z. B. erst sodann am ausländischen Dienstort heiratet. 3Im Übrigen sind sie für die Zahlung des erhöhten Auslandszuschlags grundsätzlich erst dann berücksichtigungsfähig, wenn sie mit dem Besoldungsempfänger einen **gemeinsamen Wohnsitz und den überwiegenden Aufenthalt am ausländischen Dienstort** begründen. 4Bei einer Heirat des Besoldungsempfängers am ausländischen Dienstort wird der Ehegatte ab dem Tag der Eheschließung (außerhalb der oben genannten Besonderheit) nach § 53 Absatz 2 Satz 2 berücksichtigt, wenn auch die nachfolgenden Voraussetzungen (vgl. Randnummern 53.4.1.1 bis 53.4.1.4) gegeben sind. 5Dies gilt entsprechend bei Verpartnerung des Besoldungsempfängers am ausländischen Dienstort.

53.4.1.1 1Der überwiegende Aufenthalt am ausländischen Dienstort muss im Zeitraum zwischen dem Tag nach dem ersten Eintreffen des Ehegatten oder Lebenspartners im Ausland bis zum Tag vor der letzten Abreise des Ehegatten oder Lebenspartners aus dem Ausland gegeben sein (Bemessungszeitraum). 2Der Nachweis und die Feststellung des überwiegenden Aufenthaltes sind hier nur in den Fällen erforderlich, in denen sich die berücksichtigungsfähige Person nach ihrem Umzug in die gemeinsame Wohnung am ausländischen Dienstort, abgesehen von gemeinsam mit dem Besoldungsempfänger verbrachten Urlaub und Heimaturlaub, nicht ausschließlich dort aufhält. 3Eine spätere Anreise oder frühere Abreise des Ehegatten oder Lebenspartners wird – wie bisher – nach den Regelungen des § 53 Absatz 5 Satz 1 berücksichtigt, sofern dieser nach seiner Anreise bzw. vor seiner Abreise eine berücksichtigungsfähige Person im Sinn des § 53 Absatz 4 Nummer 1 ist. 4Die Festsetzung des überwiegenden Aufenthaltes erfolgt innerhalb des Bemessungszeitraums gesondert für jedes Kalenderjahr. 5Dementsprechend liegt bei einem ganzjährigen Aufenthalt des Ehegatten oder Lebenspartners ab einer Aufenthaltsdauer von 183 vollen Kalendertagen ein überwiegender Aufenthalt vor. 6An- und Abreisetage dieser berücksichtigungsfähigen Personen sind nicht als Aufenthaltstage zu werten. 7Hält sich der Ehegatte oder Lebenspartner für ein oder mehrere Tage nicht am ausländischen Dienstort auf und nächtigt auch nicht in der gemeinsamen Wohnung am ausländischen Dienstort, so sind diese Tage, einschließlich der Tage der Ab- und Anreise des Ehegatten oder Lebenspartners vom bzw. zum ausländischen Dienstort, nicht dem Zeitraum des überwiegenden Aufenthalts am ausländischen Dienstort zuzurechnen. 8Dem überwiegenden Aufenthalt am ausländischen Dienstort zuzurechnen sind hingegen aber die Fälle, in denen der Ehegatte oder Lebenspartner des Bediensteten den ausländischen Dienstort tagsüber vorübergehend verlässt. 9Der Grund des vorübergehenden Verlassens des ausländischen Dienstortes ist bei der gebotenen typisierenden Betrachtung dabei ebenso unerheblich wie die Dauer und der Ort des Aufenthalts tagsüber, wenn der Ehegatte oder Lebenspartner am selben Tag den ausländischen Dienstort verlässt, nachdem er dort in der gemeinsamen Wohnung übernachtet hat, und wieder an den ausländischen Dienstort zurückkehrt und dort auch in der gemeinsamen Wohnung übernachtet. 10Der überwiegende Aufenthalt des Ehegatten oder Lebenspartners eines Bediensteten am ausländischen Dienstort wird in diesen Fällen nicht unterbrochen. 11Tägliches Pendeln zwischen dem ausländischen Wohnort und dem Inland steht unter der angeführten Voraussetzung auch dem genannten Sinn und Zweck der Regelung typischerweise nicht entgegen. 12Bei Versetzungen im Ausland (Ausland – Ausland) wird der Bemessungszeitraum für jeden Dienstort gesondert betrachtet.

Beispiele:

Der Verwendungszeitraum (entspricht dem Zahlungszeitraum der Auslandsbesoldung) des Besoldungsempfängers beträgt zwei Kalenderjahre, beginnend mit dem 1. Januar.

Variante 1:

Die Ehefrau zieht zum Beginn der Verwendung in die gemeinsame Wohnung am ausländischen Dienstort ein, unterbricht jedoch ihren Aufenthalt in der Zeit vom 1. September des ersten bis 30. April des zweiten Kalenderjahres der Verwendung.

Der überwiegende Aufenthalt ist pro Kalenderjahr festzustellen. Mit dem Umzug in die gemeinsame Wohnung wird die Ehefrau grundsätzlich eine berücksichtigungsfähige Person im Sinn des § 53 Absatz 4 Nummer 1. Der erhöhte Auslandszuschlag steht in diesem Fall vom Beginn der Auslandsverwendung an zu, da sich die Ehefrau im ersten Aufenthaltsjahr bis einschließlich 31. August des Jahres am ausländischen Dienstort und in der gemeinsamen Wohnung aufhält. Der Aufenthalt ist somit im ersten Kalenderjahr überwiegend. Der Erhöhungsbetrag steht damit auch während ihrer Abwesenheit ab September bis zum Jahresende zu.

Für das zweite Kalenderjahr ist der überwiegende Aufenthalt erneut festzustellen. Da sich die Ehefrau ab 1. Mai des zweiten Jahres wieder am ausländischen Dienstort und in der gemeinsamen Wohnung aufhält, ist auch im zweiten Jahr der Aufenthalt überwiegend, so dass der Erhöhungsbetrag bis zum Ende der Auslandsverwendung ununterbrochen weitergezahlt wird.

In beiden Jahren ist der überwiegende Aufenthalt der Ehefrau am ausländischen Dienstort gegeben, obwohl sie sich insgesamt 242 Tage (122 im ersten und 120 im zweiten Kalenderjahr) nicht am ausländischen Dienstort aufhält.

Variante 2:

Die Ehefrau zieht ebenfalls zum Beginn der Verwendung (1. Januar) in die gemeinsame Wohnung ein, hält sich jedoch von Montag bis Freitag wegen einer Berufstätigkeit an einem anderen Ort und nicht in der gemeinsamen Wohnung auf, sondern pendelt (Abreise vom ausländischen Dienstort am Montagmorgen, Rückkehr am Freitagnachmittag). Während ihres Urlaubs, bei Arbeitsunfähigkeit und an Feiertagen (insgesamt 50 Kalendertage pro Jahr) hält sie sich ebenfalls am ausländischen Dienstort in der gemeinsamen Wohnung auf.

Der überwiegende Aufenthalt ist pro Kalenderjahr (zwei Kalenderjahre) festzustellen. Die Ehefrau hält sich an zwei Kalendertagen pro Woche (samstags und sonntags) sowie während 50 weiterer Tage pro Jahr in der gemeinsamen Wohnung auf (ergibt 154 Kalendertage im Jahr). Der überwiegende Aufenthalt wird im Bemessungszeitraum nicht erreicht. Der erhöhte Auslandszuschlag steht somit während der gesamten Auslandsverwendung nicht zu.

Variante 3:

Die Ehefrau zieht ebenfalls zum Beginn der Verwendung (1. Januar) in die gemeinsame Wohnung ein, sie pendelt jedoch von Montag bis Freitag wegen einer Berufstätigkeit täglich vom ausländischen Dienstort zu ihrer Arbeitsstelle in Deutschland und wieder zurück. Sie nächtigt auch jeweils in der gemeinsamen Wohnung am ausländischen Dienstort.

Der überwiegende Aufenthalt ist ohne Unterbrechungen für alle Tage im Jahr festzustellen. Der erhöhte Auslandszuschlag steht somit während der gesamten Auslandsverwendung zu.

Variante 4:

Die Ehefrau verlässt die gemeinsame Wohnung (Auszug) am 30. April des zweiten Kalenderjahres und kehrt bis zum Ende der Verwendung nicht zurück.

In der Variante 4 steht dem Besoldungsempfänger der erhöhte Auslandszuschlag für den Bemessungszeitraum zu (2. Januar des ersten Aufenthaltsjahres bis 29. April des zweiten Aufenthaltsjahres).

53.4.1.2 1Beginnt oder endet der Aufenthalt des Ehegatten oder Lebenspartners im Laufe eines Kalenderjahres, ist der Bemessungszeitraum entsprechend anzupassen. 2Jeder Kalendermonat wird mit der Anzahl seiner Tage im jeweiligen Jahr berechnet.

Beispiele:

Beginn der Auslandsverwendung des Besoldungsempfängers am 15. Juli, Anreise der Ehegattin am 31. August und durchgehender Aufenthalt bis zum 31. Dezember. Der Bemessungszeitraum (1. September bis 31. Dezember) beträgt 122 Tage. Ab 62 Tagen liegt ein überwiegender Aufenthalt vor.

Variante 1:

Die berücksichtigungsfähige Person reist am 31. August an und bleibt ununterbrochen in der gemeinsamen Wohnung am ausländischen Dienstort.

Der überwiegende Aufenthalt ist erreicht (1. September bis 31. Dezember = 122 Tage). Der erhöhte Auslandszuschlag nach § 53 Absatz 2 Satz 2 steht für den Bemessungszeitraum zu.

Variante 2:

Die Ehefrau reist am 31. August an und pendelt wöchentlich zu ihrer Arbeitsstelle an einen anderen Ort (Abreise vom ausländischen Dienstort am Montagmorgen, Rückkehr am Freitagnachmittag). Vom 14. Dezember bis 31. Dezember hält sich die Ehefrau in der gemeinsamen Wohnung am ausländischen Dienstort auf.

Der Bemessungszeitraum (1. September bis 31. Dezember) beträgt weiterhin 122 Tage. Ab 62 Tagen liegt ein überwiegender Aufenthalt vor. Mit 46 Tagen ist der Aufenthalt nicht überwiegend, der erhöhte Auslandszuschlag steht für den Bemessungszeitraum nicht zu.

Variante 3:

Die Ehefrau reist am 31. August an und bleibt bis zum 31. Dezember am ausländischen Dienstort. Sie begibt sich in dieser Zeit für volle 32 Kalendertage allein auf eine Reise und besucht darüber hinaus während voller 34 Kalendertage allein Verwandte im Inland.

Der Bemessungszeitraum (1. September bis 31. Dezember) beträgt weiterhin 122 Tage. Ab 62 Tagen liegt ein überwiegender Aufenthalt vor. Durch die Abwesenheit der berücksichtigungsfähigen Person an 66 Kalendertagen wird der überwiegende Aufenthalt nicht erreicht. Der erhöhte Auslandszuschlag steht nicht zu.

53.4.1.3 1Stirbt der Ehegatte oder Lebenspartner am ausländischen Dienstort oder verlässt er den Dienstort wegen einer Krisenstufe ab Stufe 2a vorzeitig oder vorübergehend, reicht es für das Merkmal „überwiegender

Aufenthalt" aus, wenn der Aufenthalt entsprechend gemeinsamer Planung überwiegend gewesen wäre. 2War dagegen von vornherein nur ein zeitweiliger Aufenthalt im Kalenderjahr geplant, kommt es – wie in den Grundfällen – auf das zeitliche Verhältnis von Aufenthalt und Abwesenheit entsprechend dieser Planung an.

III

53.4.1.4 1Bei der Berechnung des überwiegenden Aufenthaltes gelten gemeinsame Abwesenheiten und Dienstreisen mit dem Besoldungsempfänger als Aufenthaltstage und müssen nicht nachgewiesen werden. 2Darüber hinaus bleiben Abwesenheiten des Ehegatten oder Lebenspartners vom ausländischen Dienstort aus den nachfolgenden Gründen bei der Berechnung des überwiegenden Aufenthaltes unberücksichtigt:

1. vorübergehende schwere Erkrankung des Ehegatten oder Lebenspartners oder eines berücksichtigungsfähigen Kindes bis zur Dauer von einem Jahr (Vorlage eines ärztlichen Attestes);
2. Niederkunft des Ehegatten oder Lebenspartners oder eines berücksichtigungsfähigen Kindes für die Zeit vor und nach der Entbindung nach mutterschutzrechtlichen Vorschriften (Vorlage eines ärztlichen Attestes);
3. Schwangerschaft des Ehegatten oder Lebenspartners oder eines berücksichtigungsfähigen Kindes, wenn eine Ausreise aus gesundheitlichen Gründen notwendig ist (Vorlage eines ärztlichen Attestes) für die Dauer der Schwangerschaft;
4. akute lebensbedrohende Erkrankung eines Elternteils oder eines Kindes des Besoldungsempfängers oder des Ehegatten oder Lebenspartners, wenn der Hilfsbedürftige in hohem Maße Hilfe des Ehegatten oder Lebenspartners erhält, bis zur Dauer von sechs Monaten (Vorlage eines ärztlichen Attestes);
5. vorübergehendes Verlassen des Aufenthaltslandes auf Weisung der obersten Dienstbehörde infolge innerer Unruhen, Kriegs- oder Bürgerkriegshandlungen, politischer Besonderheiten oder wegen höherer Gewalt (z. B. Naturkatastrophen, Epidemien usw.); dies gilt nicht, wenn wegen der Trennung vom Ehegatten oder Lebenspartner Auslandstrennungsgeld nach den §§ 7 bis 10 ATGV zusteht.

3In den Fällen der Nummern 1 und 4 gilt der letzte Tag des angegebenen Zeitraums als Tag der endgültigen Abreise vom ausländischen Dienstort, sofern der Ehegatte oder Lebenspartner bis dahin nicht wieder an den ausländischen Dienstort zurückgekehrt ist. 4Die Voraussetzungen des § 53 Absatz 5 sind hier regelmäßig als erfüllt anzusehen. 5Dem Besoldungsempfänger ist aufzugeben, zum frühestmöglichen Zeitpunkt – gegebenenfalls **vor Antritt der Verwendung** – mitzuteilen, ab wann und bis zu welchem Datum sich der Ehegatte oder Lebenspartner (voraussichtlich) in der gemeinsamen Wohnung am ausländischen Dienstort aufhalten wird. 6Soweit danach die Voraussetzungen grundsätzlich vorliegen, wird der erhöhte Auslandszuschlag gezahlt. 7Die Zahlung erfolgt unter Vorbehalt. 8Es ist darauf hinzuweisen, dass der Zuschlag zurück zu zahlen ist, wenn die Voraussetzungen nicht oder nicht mehr vorliegen. 9Der Besoldungsempfänger gibt zum Ende des jeweiligen Kalenderjahres oder, wenn dies der frühere Zeitpunkt ist, **zum Ende der dienstlichen Verwendung** eine dienstliche Erklärung zur Dauer des Aufenthaltes des Ehegatten oder Lebenspartners ab.

53.4.1.5 1Als **Wohnung** im Sinn dieser Bestimmung gilt auch eine Zwischenunterkunft (Hotel, Familienunterkunft in einer Kaserne usw.). 2Der Besoldungsempfänger erhält auch dann den Auslandszuschlag nach der Stufe seines ausländischen Dienstortes, wenn sich die gemeinsame Wohnung außerhalb der politischen Gemeinde des Dienstortes befindet und er täglich in seine Wohnung zurückkehrt.

53.4.1.6 1Der Nachweis und die Feststellung des überwiegenden Aufenthaltes erfolgen erstmals für die Zeit ab dem 1. August 2013. 2Bis zum Juli 2013 gezahlter Auslandszuschlag unterliegt dieser Prüfung nicht. 3**In Fällen, in denen auf Grund der geänderten Rechtslage** in der Zeit nach dem 1. August 2013 das Erfordernis des überwiegenden Aufenthaltes nicht erfüllt ist und nach altem Recht bisher der erhöhte Auslandszuschlag ohne Vorbehalt gewährt wurde, kann von einer Rückforderung im Rahmen der vorzunehmenden Billigkeitsentscheidung abgesehen werden.

Beispiel:

Die Ehefrau des Besoldungsempfängers zieht zum Beginn der Verwendung (1. Januar 2013) in die gemeinsame Wohnung ein, hält sich jedoch von Montag bis Freitag wegen einer Berufstätigkeit an einem anderen Ort und nicht in der gemeinsamen Wohnung auf, sondern pendelt (Abreise vom ausländischen Dienstort Montagmorgen, Rückkehr Freitagnachmittag).

Bis zum 31. Juli 2013 stand der Erhöhungsbetrag nach bisheriger Rechtslage und Rechtsprechung zu, wenn die Ehegatten die gemeinsame Wohnung im Ausland zu ihrem Lebensmittelpunkt erklärt haben. Ein überwiegender Aufenthalt war nicht erforderlich. Ab dem 1. August 2013 (Beginn des Bemessungszeitraums nach neuem Recht) steht der Erhöhungsbetrag nicht mehr zu. Die Zahlung ist mit Wirkung für die Zukunft einzustellen. Auf die Rückforderung von Beträgen, die für die Zeit ab August 2013 nach alter Rechtslage ohne Vorbehalt weiter gezahlt wurden, kann verzichtet werden.

53.4.2 Berücksichtigung von Kindern

53.4.2.1 1Den Zuschlag nach Absatz 4 Nummer 2 erhalten Besoldungsempfänger, deren Kinder sich **nicht nur vorübergehend im Ausland aufhalten**. 2Dies bedeutet, dass sich das Kind längerfristig, nicht jedoch überwiegend, im Ausland aufhält. 3Dabei ist für den Erhalt des Auslandszuschlags nach Tabelle VI.2 nicht erforderlich, dass das Kind in den Haushalt des Besoldungsempfängers aufgenommen ist oder dass es am Dienstort des Besoldungsempfängers lebt. 4Für die Stufe des Zuschlags und den Kaufkraftausgleich ist der dienstliche Wohnsitz des Besoldungsempfängers maßgebend. 5Entsprechendes gilt auch für die Kinder des Lebenspartners des Besoldungsempfängers. 6Ein Kind, das während eines Studiums im Ausland gehalten ist, in Deutschland für mehrere Monate ein Praktikum zu absolvieren, um im Anschluss sein Studium im Ausland wieder fortzusetzen, hält sich nicht nur vorübergehend im Ausland auf. 7In diesen Fällen ist der Inlandsaufenthalt als vorübergehend anzusehen. 8Ein Kind, das seine Ausbildung/sein Studium im Inland betreibt und sich nur in den Ferien sowie an den Wochenenden beim Besoldungsempfänger im Ausland aufhält, erfüllt hingegen nicht die Voraussetzungen für die Gewährung des Zuschlags nach § 53 Absatz 4 Nummer 2 Buchstabe a. 9In diesem Fall siehe aber unten Randnummer 53.4.2.6.

53.4.2.2 1Der Zuschlag nach Tabelle VI.2 wird vom Tage nach dem Eintreffen des Kindes im Ausland an gewährt. 2Wird ein Kind während einer Auslandsverwendung eines Besoldungsempfängers geboren, so wird der Zuschlag vom Beginn des Geburtsmonats an gewährt, frühestens jedoch von dem Tage an, für den Auslandsdienstbezüge nach § 52 Absatz 2 zustehen. 3Das gilt auch dann, wenn das Kind im Inland oder während eines Heimaturlaubs geboren wird und es spätestens mit Ablauf des fünften Monats, der auf den Monat der Geburt folgt, an den ausländischen Wohnort des Besoldungsempfängers zieht oder nur deshalb nicht dorthin zieht, weil die Auslandsverwendung bzw. der Heimaturlaub des Besoldungsempfängers vor Ablauf des fünften Monats endet. 4Das gilt entsprechend im Falle einer Adoption eines Kindes oder der Aufnahme eines Kindes als Pflegekind während einer Auslandsverwendung. 5Umgekehrt wird der Zuschlag bis zum Ende des Monats gezahlt, in dem die Voraussetzungen wegfallen. 6§ 53 Absatz 4 Nummer 2 übernimmt die vor dem Dienstrechtsneuordnungsgesetz vom 5. Februar 2009 (BGBl. I S. 160) bestehende Rechtslage zum Auslandskinderzuschlag inhaltlich (vgl. Gesetzesbegründung, Bundestags-Drucksache 16/7076, S. 144). 7Der Gesetzgeber ging davon aus, dass Ausführungen zum Beginn und zum Ende der Zahlung des Auslandszuschlags für ein Kind nach Tabelle VI.2 deshalb entbehrlich sind, weil – bei Vorliegen der übrigen Voraussetzungen – durch den Verweis auf den Kindergeldanspruch nach den Vorschriften des Einkommensteuerrechts (§ 66 Absatz 2 EStG) klargestellt sei, dass die Zahlung ab dem Beginn des Monats bzw. der Wegfall am Ende des Monats, in den das Kindergeld berechtigende Ereignis fällt, erfolgt und nicht taggenau.

53.4.2.3 Sind berücksichtigungsfähige Kinder von Fällen der Randnummer 53.4.1.4 Satz 2 Nummer 5 mitbetroffen, führt dies nicht zu einem Erlöschen des Anspruchs auf einen Zuschlag nach Tabelle VI.2.

53.4.2.4 Wird ein Besoldungsempfänger infolge einer Versetzung im Ausland vorübergehend von seinem Kind getrennt, so wird der Zuschlag nach Tabelle VI.2 nach der für den neuen dienstlichen Wohnsitz des Besoldungsempfängers maßgebenden Stufe bemessen.

53.4.2.5 Bei kurzfristigen Abordnungen des Besoldungsempfängers vom Inland in das Ausland über drei Monate steht der Zuschlag nach Tabelle VI.2 zu, wenn sich das Kind

- bereits z. B. zum Zwecke der Ausbildung im Ausland aufhält,
- wegen der Abordnung während der Auslandsverwendung des Besoldungsempfängers am Auslandsdienstort überwiegend aufhält.

53.4.2.6 [1]Bei einem **nicht nur vorübergehenden Aufenthalt im Inland** ist Voraussetzung, dass im Inland kein von einem Sorgeberechtigten geführter Haushalt besteht. [2]Selbst wenn noch ein sorgeberechtigter Elternteil im Inland lebt, ist zunächst die Frage zu beantworten, ob der Inlandsaufenthalt des Kindes lediglich vorübergehend ist. [3]Dabei sind nicht bestimmte Zeitspannen, gemessen in Wochen oder Monaten, entscheidend, sondern die Umstände, die zum Inlandsaufenthalt führen, und der Gesamtkontext, in dem dieser Inlandsaufenthalt steht (vgl. auch Randnummer 53.4.2.1). [4]Als Haushalt eines sorgeberechtigten Elternteils im Sinn des § 53 Absatz 4 Nummer 2 Buchstabe b ist auch der Haushalt anzusehen, der nach dem Erlöschen der Sorgepflicht (Volljährigkeit des Kindes) im Inland besteht. [5]Die Sorgeberechtigung im Sinn des § 53 Absatz 4 Nummer 2 Buchstabe b bestimmt sich nach den Vorschriften des Bürgerlichen Gesetzbuches. [6]Ist oder war der Besoldungsempfänger hiernach bis zur Volljährigkeit des Kindes sorgeberechtigt, steht ihm der Zuschlag nach Tabelle VI.2 auch dann zu, wenn der andere Elternteil im Inland einen Haushalt führt, sofern diesem das Sorgerecht nicht zusteht bzw. im Zeitpunkt der Volljährigkeit des Kindes nicht zustand. [7]Ist oder war dieser Elternteil des Kindes sorgeberechtigt im Sinn des BGB und führt er im Inland einen Haushalt, steht auch im Falle eines etwaigen Anspruchs auf Kindergeld der Zuschlag nach Tabelle VI.2 nicht zu. [8]Ein Haushalt im Sinn des § 53 Absatz 4 Nummer 2 Buchstabe b liegt nur dann vor, wenn er von einem sorgeberechtigten Elternteil geführt wird. [9]Von einem geführten Haushalt eines sorgeberechtigten Elternteils im Inland ist in der Regel auszugehen, wenn dieser im Inland eine Wohnung als Eigentümer, Mieter oder Untermieter oder aus einem gemeinsam abgeleiteten Nutzungsrecht (z. B. Mitbewohnen der Wohnung des Partners/der Partnerin) nutzt. [10]Er muss einen Haushalt unterhalten, d. h. die Haushaltsführung bestimmen oder wesentlich mitbestimmen. [11]Das Bewohnen eines Zimmers in der Wohnung oder im Haus der Eltern, selbst wenn sich an den Mietkosten beteiligt wird, fällt damit ebenso wenig darunter, wie die Nächtigung in einem Hotelzimmer. [12]Eine vorübergehende Abwesenheit des sorgeberechtigten Elternteils bleibt unberücksichtigt (in diesen Fällen erfolgt häufig eine Unterbringung des Kindes bei Großeltern, Verwandten oder im Internat). [13]Für die Zeit, in der der sorgeberechtigte Elternteil am ausländischen Dienstort weilt und für ihn ein Zuschlag nach Tabelle VI.1 gewährt wird, liegt kein geführter Haushalt im Inland vor.

53.4.2.7 [1]Der Anspruch auf den Auslandszuschlag für Kinder, die sich **in der Übergangszeit zwischen zwei Ausbildungsabschnitten** befinden, besteht für den Zeitraum von höchstens einem Jahr fort, auch dann, wenn der Kindergeldanspruch nach § 63 Absatz 1 Satz 2 i. V. m. § 32 Absatz 4 Satz 1 Nummer 2 Buchstabe b EStG nach höchstens vier Monaten endet. $_{2}$Dies berücksichtigt die Besonderheiten des Auslandsdienstes im Hinblick auf unterschiedliche Schulabschlusstermine und damit verbundene Verzögerungen beim Beginn des nächsten Ausbildungsabschnitts, die bei Anerkennung ausländischer Schulabschlüsse eintreten.

53.4.2.8 In Abständen von einem Jahr ist zu prüfen, ob die Voraussetzungen für die Zahlung des Auslandszuschlags für Kinder noch vorliegen.

53.4.3 Berücksichtigung weiterer Personen

53.4.3.1 $_{1}$Weitere Personen sind nur sehr eingeschränkt berücksichtigungsfähig. $_{2}$Bei einer Person nach Nummer 3, die der Besoldungsempfänger in seine Wohnung aufgenommen hat, ist nur dann von einer alimentationsrelevanten Mehrbelastung auszugehen, wenn keine ausreichenden anderweitigen finanziellen Mittel zur Verfügung stehen. $_{3}$Anderweitige finanzielle Mittel sind z. B. Erwerbseinkommen oder Renteneinkünfte. $_{4}$Die Unterbringung der Person muss auf Dauer angelegt sein. $_{5}$Dies ist der Fall, wenn die Wohnung auch für die aufgenommene Person zum Mittelpunkt der Lebensbeziehungen wird und es zur Bildung einer häuslichen Gemeinschaft kommt. $_{6}$Der Besoldungsempfänger muss der aufgenommenen Person Unterhaltsleistungen zur Bestreitung ihres Lebensunterhalts gewähren. $_{7}$Die Unterhaltsleistungen sind nicht unmittelbar an eine Gegenleistung geknüpft und von Arbeitsentgelt für die Erbringung einer Arbeitsleistung im Haushalt des Besoldungsempfängers abzugrenzen (z. B. Au-pair, Gärtner, Reinigungshilfe). $_{8}$Arbeitsentgelt in Form von Sachleistungen (z. B. Unterkunft und Verpflegung) sowie freiwillige Unterhaltsleistungen erfüllen nicht die Voraussetzungen nach Nummer 3 der Vorschrift.

53.4.3.2 $_{1}$Insbesondere an die Hilfe aus beruflichen Gründen ist ein strenger Maßstab anzulegen. $_{2}$Bei Aufnahme einer Person, deren Hilfe der Besoldungsempfänger aus beruflichen Gründen bedarf, muss ein unmittelbarer Zusammenhang zwischen der Berufstätigkeit und der Hilfe bestehen. $_{3}$Dies ist nur der Fall, wenn die Berufstätigkeit ohne diese Hilfe nicht ausgeübt werden kann. $_{4}$Die Annahme, dass der Besoldungsempfänger aus „beruflichen Gründen" der Hilfe der in seinen Haushalt aufgenommenen Person bedarf, ist dann gerechtfertigt, wenn die Person durch die Haushaltsführung die Erfüllung seiner beruflichen Pflichten ermöglicht. $_{5}$Es reicht nicht aus, wenn die aufgenommene Person z. B. die Kinder beaufsichtigt, die grundsätzlich sonst durch den Besoldungsempfänger zu beaufsichtigen wären oder als Au-pair im Haushalt weilt (vgl. Randnummer 40.1.4.3).

53.4.3.3 $_{1}$Bei Aufnahme einer Person, deren Hilfe der Besoldungsempfänger aus gesundheitlichen Gründen bedarf, müssen gesundheitliche Einschränkungen in einer Erheblichkeit vorliegen, wonach der Besoldungsempfänger kaum in der Lage ist, seinen Haushalt ohne diese Hilfe zu führen bzw. seinen Beruf auszuüben (z. B. Lesekraft für einen Blinden). $_{2}$Die Voraussetzungen der Randnummer 53.4.3.1 müssen ebenfalls vorliegen.

53.5 Zu Absatz 5

53.5.1 $_{1}$Absatz 5 Satz 1 regelt die Fälle, in denen eine berücksichtigungsfähige Person noch nicht oder nicht mehr im ausländischen Haushalt des Besoldungsempfängers lebt. $_{2}$Diese Regelung gilt nicht für Kinder, die nach § 53 Absatz 4 Nummer 2 zu berücksichtigen sind, weil hier gerade Fälle der Abwesenheit aufgeführt sind, die eine Berücksichtigung auch ohne Wohnsitz am Dienstort rechtfertigen. $_{3}$Sie gilt jedoch auch in den Fällen, in denen der Ehegatte oder Lebenspartner ebenfalls im öffentlichen Dienst steht und zu einem späteren Zeitpunkt ebenfalls ins Ausland entsandt wird.

53.5.2 $_{1}$Der Auslandszuschlag wird bei späterer Begründung eines Wohnsitzes durch eine berücksichtigungsfähige Person im Ausland in voller Höhe vom Tag nach dem Eintreffen am ausländischen Wohnort gezahlt. $_{2}$Rückwirkend werden ab dem Eintreffen bis zum Beginn der Verwendung im Ausland des Besoldungsempfängers 70 Prozent des für diese Person geltenden Satzes nach Tabelle VI.I bzw. VI.2 gewährt, längstens jedoch für sechs Monate.

53.5.3 1Der Tatbestand des § 53 Absatz 5 Satz 1 setzt eine berücksichtigungsfähige Person voraus. 2Der maximal für sechs Monate bestehende Anspruch kann für Ehegatten und Lebenspartner daher erst entstehen, wenn – an ihn unmittelbar anschließend und/oder ihm unmittelbar vorausgehend – ein Anspruch nach § 53 Absatz 4 Nummer 1 besteht.

III

Beispiel 1:

Beginn der Auslandsverwendung am 1. Juli, Einzug des Ehegatten oder Lebenspartners in die gemeinsame Wohnung am ausländischen Dienstort am 31. August und dortiger Verbleib bis zum 31. Dezember.

Der Aufenthalt ab 1. September ist überwiegend. Im Juli und August besteht ein Anspruch nach § 53 Absatz 5 Satz 1.

Beispiel 2:

Beginn der Auslandsverwendung am 1. Januar, Einzug des Ehegatten oder Lebenspartners am 31. Oktober.

Der Aufenthalt des Ehegatten oder Lebenspartners ab 1. November (Bemessungszeitraum 1. November bis 31. Dezember) ist überwiegend. Ab November besteht ein Anspruch nach § 53 Absatz 4 Nummer 1. Dementsprechend besteht für die Zeit ein Anspruch nach § 53 Absatz 5 Satz 1, allerdings rückwirkend nur für längstens 6 Monate, also für die Monate Mai bis Oktober.

Beispiel 3 (Verwendungszeitraum 3 Jahre bis 30. Juni):

Der Ehegatte oder Lebenspartner zieht ebenfalls zum Beginn der Verwendung (1. Juli) in die gemeinsame Wohnung ein, verlässt die gemeinsame Wohnung jedoch am 1. Mai des dritten Kalenderjahres endgültig und kehrt bis Ende der Verwendung nicht zurück.

Der erhöhte Auslandszuschlag steht vom Beginn der Auslandsverwendung an bis zum 30. April zu (Bemessungszeitraum ist die Zeit vom 2. Juli bis zum 30. April des dritten Verwendungsjahres.) Ab Mai besteht Anspruch auf Auslandszuschlag nach § 53 Absatz 5 Satz 1 (70 Prozent des Ehegattenanteils) für 2 Monate, da die Verwendung des Besoldungsempfängers zum 30. Juni endet.

53.5.4 1Der Zuschlag nach Tabelle VI.1 bzw. VI.2 wird bis zum Tag vor der Abreise gezahlt, in dem die berücksichtigungsfähige Person den ausländischen Wohnort endgültig verlassen hat. 2Gibt die berücksichtigungsfähige Person den Wohnsitz im Ausland vorzeitig auf, so werden bis zum Ende der Verwendung im Ausland, längstens jedoch für sechs Monate, 70 Prozent des für die berücksichtigungsfähige Person geltenden Satzes nach Tabelle VI.I bzw. VI.2 gewährt.

53.5.5 1Die zeitliche Begrenzung von sechs Monaten nach § 53 Absatz 5 Satz 1 findet keine Anwendung, wenn die berücksichtigungsfähige Person infolge Unruhen, Kriegshandlungen, politischer Besonderheiten oder wegen höherer Gewalt (z. B. Erdbeben, Epidemien usw.) auf Weisung der obersten Dienstbehörde gezwungen ist, das Aufenthaltsland zu verlassen; es sei denn, dass Auslandstrennungsgeld nach den §§ 7 bis 9 oder 10 ATGV zusteht. 2Der Auslandszuschlag für den Ehegatten wird längstens bis einschließlich des Tages gewährt, an dem die Ehe rechtskräftig geschieden, aufgehoben oder für nichtig erklärt worden ist. Das Gleiche gilt für Lebenspartner, nachdem die Lebenspartnerschaft rechtskräftig aufgehoben oder für nichtig erklärt wurde. 3Das Getrenntleben der Ehegatten oder Lebenspartner in der Familienwohnung wirkt sich besoldungsrechtlich nicht aus.

53.5.6 1Für den Fall des Todes einer berücksichtigungsfähigen Person wird sie für zwölf weitere Monate beim Auslandszuschlag berücksichtigt, längstens jedoch bis zum Ende der zu diesem Zeitpunkt bestehenden Auslandsverwendung des Besoldungsempfängers. 2Die Fristberechnung bestimmt sich nach den Vorschriften des Bürgerlichen Gesetzbuches. $_{3}$Stirbt der Ehegatte oder Lebenspartner am ausländischen Dienstort, ist analog den Randnummern 53.4.1.1 bis 53.4.1.4 zu prüfen, ob er zu diesem Zeitpunkt berücksichtigungsfähige Person war.

53.6 Zu Absatz 6

53.6.1 $_{1}$Bei nur befristeter Verwendung im Auswärtigen Dienst wird ein **erhöhter Auslandszuschlag nach Satz 1** (Rotationszuschlag) erst nach Ablauf von sechs Jahren der Verwendung im Auswärtigen Dienst gezahlt. $_{2}$Folgen zwei Auslandsverwendungen nicht unmittelbar aufeinander, dürfen die dabei im Ausland verbrachten Jahre addiert werden, wenn die dazwischen liegende Inlandsverwendung weniger als fünf Jahre gedauert hat. $_{3}$Zeiten von Auslandsverwendungen, die bis zum Inkrafttreten der Regelung geleistet wurden, sind dabei berücksichtigungsfähig. $_{4}$Der erhöhte Auslandszuschlag nach Absatz 6 Satz 1 beträgt 4 Prozent der Dienstbezüge im Ausland, deren Bemessungsgrundlage sich aus § 4 Absatz 1 AuslZuschlV ergibt.

53.6.2 $_{1}$Für den **erhöhten Auslandszuschlag nach Satz 3 bis 6**, der auch berücksichtigungsfähigen Personen nach § 53 Absatz 4 Nummer 3 gewährt werden kann, gelten keine zeitlichen Vorgaben. $_{2}$Der erhöhte Auslandszuschlag nach Satz 3 bis 5 (Verheiratetenzuschlag) kann in zwei – von unterschiedlichen Voraussetzungen abhängigen und sich gegenseitig ausschließenden – Alternativen gewährt werden:

– in den Fällen des Absatzes 6 Satz 3 und 4 i. V. m. § 5 Absatz 1 bis 4 AuslZuschlV beträgt der Zuschlag bis zu 18,6 Prozent des Grundgehaltes; er ist in der Höhe begrenzt auf das Grundgehalt aus der Endstufe der Besoldungsgruppe A 14,

– in den Fällen des Absatzes 6 Satz 5 beträgt der Zuschlag bis zu 6 Prozent der Dienstbezüge im Ausland, deren Voraussetzungen und Bemessungsgrundlage sich aus § 5 Absatz 5 und 6 AuslZuschlV ergeben.

$_{3}$Für Personen nach § 53 Absatz 4 Nummer 3 kann ein erhöhter Auslandszuschlag nach § 53 Absatz 6 Satz 6, der bis zu 6 Prozent der Dienstbezüge im Ausland beträgt, gewährt werden, dessen Voraussetzungen und Bemessungsgrundlage sich aus § 6 AuslZuschlV ergeben.

53.6.3 Der Umfang des zu berücksichtigenden Erwerbseinkommens des Ehegatten bzw. der berücksichtigungsfähigen Person ergibt sich aus § 5a AuslZuschlV.

54 Zu § 54 – Mietzuschuss

54.1 Zu Absatz 1

54.1.1 $_{1}$Mietzuschuss nach § 54 wird unter Berücksichtigung des § 52 gewährt, soweit und solange ein Mietverhältnis besteht und der Besoldungsempfänger die gemietete Wohnung bewohnt. $_{2}$Mietzuschuss wird jedoch nicht gewährt, solange ein Anspruch auf Kostenerstattung nach AUV besteht.

54.1.2 Für Zeiten einer familienbedingten Beurlaubung nach § 92 Absatz 1 BBG oder § 6 MuSchEltZV im In- oder Ausland können nach näherer Bestimmung Fürsorgeleistungen gewährt werden, da Auslandsdienstbezüge in dieser Zeit nicht zustehen.

54.1.3 $_{1}$Zur Berechnung des Mietzuschusses bei **Teilzeit** sind für die Ermittlung der individuell zumutbaren Eigenbelastung des Besoldungsempfängers die entsprechend der geleisteten Arbeitszeit gekürzten Besoldungsbestandteile des § 54 Absatz 1 zugrunde zu legen. $_{2}$Der errechnete Mietzuschuss selbst ist Dienstbezug. $_{3}$Er unterliegt ebenfalls dem Proportionalitätsgrundsatz des § 6 Absatz 1 und ist entsprechend zu kürzen.

54.1.4 $_{1}$Zur Berechnung des Mietzuschusses bei **Altersteilzeit** sind für die Ermittlung der individuell zumutbaren Eigenbelastung des Besoldungsempfängers die Dienstbezüge maßgeblich, die auf Grund der tatsächlich geleisteten Tätigkeit zustehen würden (vgl. auch § 6 Absatz 2 Satz 5). $_{2}$Wird Altersteilzeit im Blockmodell geleistet und fällt die Arbeitsphase in die Auslandstätigkeit, bedeutet dies, dass insoweit der Mietzuschuss entsprechend einer Vollzeittätigkeit zusteht.

54.1.5 $_{1}$Ausgangspunkt der Mietzuschussberechnung ist die Leerraummiete. $_{2}$Zum leeren Wohnraum gehören auch die üblichen

Nebenräume sowie eine Garage für ein Kraftfahrzeug, soweit die Garage in angemessener Zeit von der Wohnung aus erreicht werden kann. $_{3}$Dies wird unterstellt, wenn die Garage nicht mehr als einen Kilometer von der Wohnung entfernt ist. $_{4}$Die Miete für eine zweite Garage kann als mietzuschussfähig anerkannt werden, wenn sich der Ehegatte oder Lebenspartner am Auslandsdienstort ständig aufhält. $_{5}$Gärten, Schwimmbäder und Tennisplätze gehören nicht zum Wohnraum. $_{6}$Bei der Ermittlung der Leerraummiete unterbleibt jedoch ein Abzug für Gärten, wenn die Gesamtfläche des Gartens 1200 m^2 nicht überschreitet.

54.1.6 $_{1}$Der Wohnraum muss als **notwendig** anerkannt worden sein. $_{2}$Dies ist sowohl anhand einer individuellen Prüfung der konkreten Verhältnisse als auch anhand typisierender Mietobergrenzen (vgl. Randnummern 54.2.1 bis 54.2.4) möglich. $_{3}$Im Rahmen einer individuellen Prüfung ist der Wohnraum notwendig, welcher der Dienststellung des Besoldungsempfängers entspricht (z. B. Berücksichtigung von Arbeitszimmer und Repräsentationsräumen) und unter Berücksichtigung der Zahl seiner in der Wohnung unterzubringenden unterhaltsberechtigten Familienangehörigen sowie des Dienstpersonals unter Einbeziehung der örtlichen Lebensverhältnisse angemessen ist. $_{4}$Der Wohnraum darf nur dann als notwendig anerkannt werden, wenn die günstigste Möglichkeit der Wohnungsbeschaffung genutzt worden ist. $_{5}$Hierunter fallen sowohl die Kosten für die Wohnungssuche als auch die Leerraummiete selbst. $_{6}$Solange der Besoldungsempfänger Auslandstrennungsgeld erhält, darf eine Familienwohnung am neuen Dienstort nicht als notwendig anerkannt werden. $_{7}$Bezieht er eine Familienwohnung, bevor die Familie am ausländischen Dienstort eingetroffen ist, so kann grundsätzlich nur der Bedarf eines Alleinstehenden als notwendig anerkannt werden, es sei denn, die **Familie zieht zeitnah** nach, so dass es für den Besoldungsempfänger unzumutbar bzw. unmöglich ist, zunächst eine kleinere Wohnung für sich und ab dem Eintreffen der Familienangehörigen eine größere Wohnung für die Familie insgesamt zu mieten (vgl. Randnummer 54.2.5). $_{8}$Gleiches gilt bei einem vorzeitigen Rückumzug der Familie. $_{9}$Ein zeitnaher Nachzug kann in der Regel bei einem Nachzug innerhalb von sechs Monaten angenommen werden. $_{10}$Bei einem Wohnungswechsel und einer Mieterhöhung ist zu prüfen, ob die neue Wohnung hinsichtlich Größe, Lage und Ausstattung angemessen ist und ob die günstigste Möglichkeit der Wohnraumbeschaffung (s. o.) genutzt wurde. $_{11}$Ist der Wohnungswechsel aus dienstlichen Gründen veranlasst oder wegen zwingender privater Gründe erforderlich, sind bei dieser Prüfung die Verhältnisse zur Zeit des Wohnungswechsels zugrunde zu legen. $_{12}$Ansonsten ist bei der Festsetzung des Mietzuschusses für die neue Wohnung von der Leerraummiete auszugehen, die beim Mietzuschuss für die bisherige Wohnung zugrunde gelegt wurde. $_{13}$Anders ist jedoch zu verfahren, wenn Mietobergrenzen festgelegt wurden (vgl. Randnummern 54.2.1 bis 54.2.4).

54.1.7 Der als notwendig anerkannte leere Wohnraum ist grundsätzlich unter Berücksichtigung von Wirtschaftlichkeitsaspekten bei einer Veränderung der Familienverhältnisse (z. B. Trennung und Auszug des Ehegatten) oder der Funktion des Besoldungsempfängers anzupassen.

54.1.8 $_{1}$Grundsätzlich kann nur für **eine** Wohnung an dem Dienstort, an dem der Besoldungsempfänger seinen Dienst versieht, Mietzuschuss gewährt werden. $_{2}$Es ist zwischen einer vorläufigen Wohnung und einer vorübergehenden Unterkunft zu unterscheiden. $_{3}$Eine vorläufige Wohnung (vgl. § 23 Absatz 4 AUV), für die Mietzuschuss zusteht, liegt vor, wenn es sich bei einer uneingeschränkten Umzugskostenzusage um eine Leerraumwohnung handelt, die als vorläufige Wohnung anerkannt wird. $_{4}$Dies ist häufig der Fall, wenn der Besoldungsempfänger allein oder nur mit einem Teil seiner Familie mit seinem Hausstand diese Wohnung bezieht, diese aber auf Grund eines späteren Nachzugs der Familie zugunsten einer größeren Wohnung wieder aufgibt oder am ausländischen Dienstort zunächst keine angemessene Wohnung zu erhalten ist oder die vorgesehene Wohnung noch nicht bezogen werden kann. $_5$Demgegenüber liegt eine vorübergehende Unterkunft vor (vgl. § 14 AUV), wenn im Rahmen einer uneingeschränkten Umzugskostenzusage in der Zeit vom Einladen des Umzugsgutes in der bisherigen Wohnung bis zum Ausladen des Umzugsgutes in der neuen Wohnung eine Unterkunft bewohnt wird oder bei einer Personalmaßnahme mit eingeschränkter Umzugskostenzusage eine Wohnung für die gesamte Dauer dieser Verwendung bewohnt wird. $_6$Kosten einer vorübergehenden Wohnung werden ausschließlich nach AUV erstattet (vgl. Randnummer 54.1.13). $_7$Kosten einer vorläufigen und einer endgültigen Wohnung an dem Auslandsdienstort können nur dann berücksichtigt werden, wenn der Besoldungsempfänger die endgültige Wohnung bereits bezogen hat, aber für die vorläufige Wohnung noch Miete gezahlt werden muss, weil die Beendigung des Mietverhältnisses zu einem früheren Zeitpunkt nicht möglich war und wenn für die vorläufige Wohnung Anspruch auf Mietzuschuss nach Randnummer 54.1.13 bestand. $_8$Unter diesen Voraussetzungen können auch Kosten für eine vorläufig angemietete möblierte Wohnung neben den Kosten der endgültigen Wohnung dem Mietzuschuss zugrunde gelegt werden, wenn

- für die vorläufige Wohnung bis zum Bezug der endgültigen Wohnung Mietzuschuss gewährt wurde und
- die berücksichtigungsfähige Miete der möblierten Wohnung billiger war als die Kosten des Aufenthalts in einem Hotel oder einer Pension.

54.1.9 $_1$Werden **mehrere Wohnungen** als notwendig anerkannt, ist bei der Prüfung, ob dem Besoldungsempfänger ein Mietzuschuss zusteht, von der Summe der Mieten für diese Wohnungen auszugehen. $_2$Davon zu unterscheiden ist der Fall, dass der Besoldungsempfänger in Trennungsabsicht aus der Familienwohnung auszieht und eine eigene Wohnung bezieht. $_3$In diesem Fall kann er regelmäßig nur für die neue eigene Wohnung Mietzuschuss erhalten. $_4$Ein Getrenntleben innerhalb der Familienwohnung hat hingegen keine besoldungsrechtlichen Auswirkungen.

54.1.10 $_1$Bemessungsgrundlage für die Ermittlung des Eigenanteils bei der Berechnung des Mietzuschusses sind das Grundgehalt, der Familienzuschlag der Stufe 1 sowie Amts-, Stellen-, Ausgleichs- und Überleitungszulagen, jedoch ohne Kaufkraftausgleich. $_2$Ist der Ehegatte im öffentlichen Dienst beschäftigt, ist der dem Besoldungsempfänger zustehende Familienzuschlag zugrunde zu legen, wobei Familienzuschläge für Kinder (Stufe 2 ff.) unberücksichtigt bleiben. $_3$Sonstige Zulagen und Vergütungen, die im Ausland gewährt werden, bleiben ebenfalls unberücksichtigt.

54.1.11 $_1$Ist in der Miete ein Entgelt für Möblierung, Heizung, Beleuchtung, Wasser, Gas, Garten, Schwimmbad oder Tennisplatz enthalten, werden zur Ermittlung der **Leerraummiete** von der Gesamtmiete abgezogen:

bei Vollmöblierung	10 Prozent
bei Teilmöblierung mindestens	5 Prozent
für Vollheizung/Klimatisierung	10 Prozent
für Teilheizung/Klimatisierung mindestens	5 Prozent
für Beleuchtung, Gas, Wasser je	3 Prozent
für Gärten mit einer Gesamtfläche von	
– mehr als 1200 m²	2 Prozent
– mehr als 1500 m²	3 Prozent
– mehr als 2000 m²	4 Prozent
– mehr als 3000 m²	5 Prozent
für ein Schwimmbad	50,00 Euro
für einen Tennisplatz	30,00 Euro

$_2$Kann im Einzelfall die Höhe des Entgelts für die in Prozentsätzen genannten Leistungen nachgewiesen werden (z. B. durch hinreichende Erklärung des Vermieters), sind die nachgewiesenen Beträge von der Gesamtmiete abzuziehen. $_3$Als Möblierung sind nur bewegliche Möbelstücke in der Wohnung anzusehen. $_4$Einbaumöbel und Klimageräte sowie sonstige technische Geräte gehören nicht dazu. $_{5}$Einzelne bewegliche Möbelstücke, die bei verständiger Betrachtungsweise den Charakter der Wohnung als Leerraumwohnung nicht verändern, stellen keine Teilmöblierung dar. $_{6}$Der Pauschalabzug für Heizung (Voll- und Teilheizung) ist ganzjährig ohne Rücksicht auf die tatsächliche Dauer der Heizperiode vorzunehmen; dies gilt auch bei Klimaanlagen mit Warmlufterzeugung zu Heizzwecken.

54.1.12 $_{1}$**Ein Mietzuschuss darf nicht gewährt werden**, wenn der Besoldungsempfänger in einem seinem Ehegatten oder Lebenspartner gehörenden Haus wohnt. $_{2}$Erwirbt oder errichtet jedoch der Ehegatte oder Lebenspartner am ausländischen Dienstort ein Haus oder eine Eigentumswohnung, gilt Randnummer 54.3.

54.1.13 $_{1}$Ist die Abrechnung der Kosten für eine **vorübergehende Wohnung** (Randnummer 54.1.8) in Hotels oder Pensionen bzw. leeren oder möblierten Wohnungen nach den insoweit vorrangigen Regelungen des § 14 AUV ausgeschlossen, kann hilfsweise eine Erstattung in entsprechender Anwendung der Regelungen des Mietzuschusses in Betracht kommen. $_{2}$Dabei sind Zusatzleistungen bei der Ermittlung der Leerraummiete in diesen Fällen in Abzug zu bringen. $_{3}$Kann der Besoldungsempfänger die Höhe dieser Leistungen nicht im Einzelnen nachweisen (z. B. durch hinreichende Erklärung des Vermieters), sind für Verpflegung die nach § 6 Absatz 2 Bundesreisekostengesetz vorgesehenen Prozentsätze des für den jeweiligen Auslandsdienstort vorgesehenen Auslandstagegeldes abzuziehen. $_{4}$Für die im Hotel üblichen Nebenkosten (z. B. für Möblierung, Heizung, Kühlung, Beleuchtung, Wasser) sind pauschal 8 Prozent des Zimmerpreises abzuziehen. $_{5}$Der Bedienungszuschlag ist zur Ermittlung der Leerraummiete in Höhe von 10 Prozent des Zimmerpreises abzuziehen, es sei denn, der Besoldungsempfänger kann einen niedrigeren Betrag nachweisen (z. B. durch hinreichende Erklärung des Vermieters).

54.1.14 $_{1}$Im Rahmen der regelmäßigen Mietzuschussberechnung für eine berücksichtigungsfähige und anerkannte Wohnung können Mietnebenkosten als zuschussfähige Bestandteile der Miete berücksichtigt werden, soweit sie in den Randnummern 54.1.15 und 54.1.16 aufgeführt sind. $_{2}$Änderungen und Ergänzungen hierzu können bis zur förmlichen Aufnahme in die allgemeinen Verwaltungsvorschriften durch das Bundesministerium des Innern, für Bau und Heimat vorgenommen werden. $_{3}$Auf die Mietnebenkosten allein wird ein Mietzuschuss jedoch nicht gewährt; der Zuschussgewährung ist immer die Gesamtmiete zugrunde zu legen.

54.1.15 Regelungen, die für alle Staaten gelten

54.1.15.0 Als zuschussfähige Bestandteile der Miete für den leeren Wohnraum im Sinn des § 54 werden, sofern die zuständige Dienststelle im Ausland Ortsüblichkeit und Angemessenheit bestätigt, folgende **Mietnebenkosten für alle Staaten** anerkannt:

54.1.15.1 Grundsteuern und andere Gemeindesteuern, die der im Inland erhobenen Grundsteuer entsprechen, soweit der Vermieter Steuerschuldner ist und die Steuerschuld durch den Mietvertrag auf seine Mieter abwälzt;

54.1.15.2 Umsatzsteuer, soweit der Vermieter Steuerschuldner ist und die Steuerschuld durch den Mietvertrag auf seine Mieter abwälzt, soweit kein Erstattungsanspruch gegenüber dem Gaststaat besteht;

54.1.15.3 Sonstige Steuern, die auf die Wohnung oder Miete erhoben werden (z. B. beneficial portion der Council Tax in Großbritannien, Wohnraumsteuer, Wohnrechtssteuer einschließlich Zuschlag und besondere Ausstattungssteuer in Frankreich) und entweder vom Vermieter als Steuerschuldner durch den Mietvertrag auf den Mieter abgewälzt oder unmittelbar von den Mietern erhoben werden.

54.1.15.4 Kosten für **Registrierung und Hinterlegung von Mietverträgen** (z. B. bei Gericht), wenn

– sie in einem ursächlichen Zusammenhang mit der Anmietung einer Wohnung bzw.

dem Abschluss oder der Verlängerung eines Mietvertrages stehen,
- sie vom Vermieter auf den Mieter abgewälzt werden und
- die Registrierung bzw. Hinterlegung im Gaststaat vorgeschrieben oder üblich ist.

54.1.15.5 Stempelgebühren und Verwaltungsgebühren beim Abschluss oder bei Verlängerung von Mietverträgen.

54.1.15.6 Rechtsanwalts- und Maklergebühren, wenn
- sie aus Anlass der Verlängerung eines bestehenden Mietvertrages anfallen,
- die Einschaltung eines Rechtsanwaltes oder Maklers hierbei notwendig ist und
- die Übernahme der Rechtsanwaltskosten bzw. Maklergebühren durch den Mieter nicht vermieden werden kann.

$_2$Zudem können ortsüblich notwendige Maklerkosten übernommen werden, soweit sie bei Personalmaßnahmen vom Inland ins Ausland mit schwebend unwirksamen Umzugskostenzusagen nach § 3 Absatz 3 Bundesumzugskostengesetz anfallen.

54.1.15.7 Verluste durch Wechselkursveränderungen bei der Rückerstattung von Kautionen und Mietvorauszahlungen.

54.1.15.8 Unterhaltungs- und Betriebskosten, wie
- Kosten der Wartung und Reparatur für Feuerlöscheinrichtungen, Klimaanlagen, fest eingebaute Heizungen, Entlüftungs-, Entwässerungs- und Wasserenthärtungsanlagen sowie Kosten der Wartung und Reparatur für Luftreinigungsgeräte einschließlich Filterwechsel an den Orten, die das Auswärtige Amt nach § 17 Absatz 4 AUV festgelegt hat (die Bekanntgabe der Dienstorte nach § 17 Absatz 4 AUV erfolgt per Rundschreiben des Auswärtigen Amtes und wird – soweit erforderlich – in halbjährlichem Turnus aktualisiert),
- bei Wohnungen in Mehrfamilienhäusern die Kosten des Unterhalts der Reinigung, Beleuchtung, Beheizung und des Wasserverbrauchs für die von allen Mietern gemeinsam benutzten Räume und Anlagen (Treppenhaus, Keller, Boden, Gärten, Vorgärten, Höfe, Vorhöfe, Kinderspielplätze, Aufzug, Gemeinschaftsantenne),
- bei Wohnungen in Mehrfamilienhäusern Kosten für den Pförtner und den Wächter einschließlich Lohnsteuer und Sozialabgaben, Kosten eines Telefonabonnements für den Hausmeister,
- Gebäudeunterhaltungskosten (z. B. Verputzen und Streichen der Fassade),
- Müllabfuhr einschließlich darauf entfallende Abgaben und Steuern,
- Straßen-, Bürgersteig- und Wegereinigung,
- Abwassergebühren und Kanalgebühren sowie hierauf erhobene Steuern und Abgaben,
- Kaminreinigung,
- gesetzlich vorgeschriebene Ungezieferbekämpfung,
- Honorar des Hausverwalters einschließlich Gebühren beim Einzug der Miete,
- Straßenbeleuchtung, soweit Kosten hierfür gesetzlich vorgeschrieben und/oder von den Versorgungsunternehmen in Rechnung gestellt werden,
- Rückstellungen für Reparaturen,
- Gebäudeversicherung, Gebäudehaftpflichtversicherung,
- Versicherung gegen Nachbarschaftsrisiken, soweit damit Risiken abgedeckt werden, die über die Risikodeckung einer Hausratversicherung in der Bundesrepublik Deutschland hinausgehen,
- allgemeine Verwaltungskosten.

54.1.16 Ergänzende Regelungen, die nur für bestimmte Dienstorte gelten

54.1.16.0 Als Mietnebenkosten können anerkannt werden bei:

54.1.16.1 Dienstorten in **Belgien**:

Gebühren für eine Bankgarantie, die an die Stelle einer Mietkaution tritt;

54.1.16.2 Dienstorten in **Dubai**:
- Kosten für die Kühlung von Leitungswasser, dazu zählen
  a) die auf die Gemeinschaftsflächen entfallenden Kosten, die den unter Rand-

III

nummer 54.1.15.8 zweiter Spiegelstrich genannten Kosten zugeordnet und erstattet werden können,

b) Kosten für die Kühlung des Verbrauchswassers in den einzelnen Wohnungen, in der Regel anteilig ermittelt nach Wohnfläche,

– Zuschlag für Strom- und Wasserkosten.

54.1.16.3 Dienstorten in **Italien**:

Balkonsteuer – Voraussetzung für die Anerkennung als „Miete" ist, dass der Vermieter Steuerschuldner ist und diese Steuer im Zusammenhang mit dem Mietverhältnis auf den Mieter abwälzt;

54.1.16.4 Dienstorten in **Kanada, Provinz Ontario**:

Beim Mieter vertraglich neben der Wohnungsmiete entstehende Kosten für die Anmietung eines Heißwassertanks, sofern dieser die einzige Möglichkeit der Bereitung von warmem Wasser darstellt.

54.1.16.5 Dienstorten in **Österreich**:

Einrichtungskosten einer Waschküche;

54.1.16.6 Dienstorten, für die das AA eine besondere Gefährdung festgestellt hat:

Kosten für einen nächtlichen Patrouillendienst.

54.1.17 1Bei der Berechnung der Mietzuschüsse sind die jeweils am Ersten eines Monats für den Umtausch der Dienstbezüge gültigen Wechselkurse anzuwenden. 2Die Berechnungen der Mietzuschüsse sind nur vorläufig; sie sind nur unter dem Vorbehalt erneuter, abschließender Berechnungen auf Grund eingetretener Kursänderungen anzuweisen. 3Kursänderungen bis zu 3 Prozent bleiben dabei unberücksichtigt. 4Bei Mietvorauszahlungen ist der Berechnung des Mietzuschusses der tatsächliche Umtauschkurs zugrunde zu legen.

54.1.18 1Der Mietzuschuss ist bei der obersten Dienstbehörde oder der von ihr bestimmten Stelle mit einem Formblatt bzw. elektronisch zu beantragen. 2Der Vordruck wird von der obersten Dienstbehörde festgelegt/genehmigt und soll in Form und Inhalt den vom Auswärtigen Amt verwendeten Vordrucken entsprechen. 3Gleiches gilt für die Einrichtung technischer Erleichterungen, z. B. durch Workflows. 4Die oberste Dienstbehörde kann die Entscheidung einer nachgeordneten Behörde übertragen. 5Im Antrag ist die Beschaffenheit der Wohnung darzustellen; der Mietvertrag ist in beglaubigter Abschrift/Ablichtung und beglaubigter Übersetzung beizufügen. 6Der Leiter der Dienststelle im Ausland oder der von der obersten Dienstbehörde beauftragte Beschäftigte hat die Angaben persönlich zu prüfen und zu bestätigen, dass die Wohnung nach Art und Größe angemessen und die günstigste Möglichkeit der Wohnraumbeschaffung genutzt worden ist. 7Über die Anerkennung der Notwendigkeit einer Wohnung entscheidet die oberste Dienstbehörde oder die von ihr bestimmte Stelle. 8Ergibt die Prüfung des Antrags, dass der angemietete Wohnraum nur zum Teil als notwendig anerkannt werden kann bzw. die zu zahlende Miete zu hoch ist, wird nur ein entsprechend gekürzter Mietbetrag (fiktive Miete zuzüglich Mietnebenkosten) der Berechnung des Mietzuschusses zugrunde gelegt. 9Eine Erhöhung der fiktiven Miete ist nur zu berücksichtigen, wenn eine allgemeine oder zumindest eine Mieterhöhung in der überwiegenden Zahl der Mietverhältnisse am Dienstort eingetreten ist. 10Eine solche Mieterhöhung ist außerdem nur dann bei der Berechnung der fiktiven Miete zu berücksichtigen, wenn die Miete als solche wegen ihrer besonderen Höhe nicht in vollem Umfang als notwendig anerkannt werden konnte. 11Allgemeine Mieterhöhungen am Dienstort bleiben bei der Berechnung der fiktiven Miete unberücksichtigt, wenn die von dem Besoldungsempfänger angemietete Wohnung aus anderen Gründen, insbesondere wegen ihrer Größe oder Ausstattung nicht als notwendig anerkannt worden ist und sich die Miete für diese Wohnung nicht erhöht hat. 12Ist die tatsächliche Miete sowohl wegen der Miethöhe als auch wegen der Größe oder Ausstattung der Wohnung nicht in vollem Umfang anerkannt worden, ist von der Mieterhöhung auszugehen, die – fiktiv – auf den als notwendig anerkannten familiengerechten Wohnraum entfällt.

54.1.19 Der Mietzuschuss unterliegt **nicht dem Kaufkraftausgleich**.

54.2 Zu Absatz 2

54.2.1 1Im Rahmen des Festsetzungsverfahrens können Mietobergrenzen für den als notwendig anerkannten Wohnraum festgelegt werden, innerhalb derer die Mieten generell als mietzuschussfähig anerkannt werden. 2Die Mietobergrenzen werden entsprechend der aktuellen Wohnungsmarktlage unter Berücksichtigung der bestehenden Mietvereinbarungen von Angehörigen deutscher Dienststellen am ausländischen Dienstort und verwertbarer Wohnungsangebote von Maklern und/oder Privatpersonen in angemessenen Wohngegenden vom Auswärtigen Amt festgelegt. 3Als angemessen gilt eine Wohngegend, in der üblicherweise auch Angehörige des Gastlandes und Bedienstete anderer Länder mit etwa vergleichbarem Einkommen wohnen und die in zumutbarer Entfernung zur Dienststelle liegt. 4Die Garagenmieten sind bei der Festlegung der Mietobergrenzen mit einzubeziehen, wenn diese nach landes- bzw. ortsüblicher Regelung Bestandteil der Gesamtwohnmieten sind. 5Ansonsten sind die Mietobergrenzen jeweils um die landes- bzw. ortsüblichen Garagenmieten zu erhöhen. 6Dies gilt auch bei späterer Anmietung einer Garage. 7Enthält die Gesamtmiete einen Mietanteil für eine Garage, ist gegebenenfalls nur für eine anzuerkennende zweite Garage eine Erhöhung vorzunehmen. 8Die Mietobergrenzen sind regelmäßig im Jahresabstand entsprechend den örtlichen Gegebenheiten und der aktuellen Wohnungsmarktlage (z. B. gesetzliche Mieterhöhungstermine) fortzuschreiben. 9Im Einzelfall kann die festgelegte Mietobergrenze – vorbehaltlich der Genehmigung durch die oberste Dienstbehörde oder zuständige Oberbehörde – überschritten werden, wenn der Besoldungsempfänger besonders herausgehobene dienstliche Funktionen wahrzunehmen hat oder die örtliche Wohnungsmarktlage eine Überschreitung der Mietobergrenze zu einem bestimmten Termin erfordert. 10Wird die Mietobergrenze überschritten, gilt folgendes Verfahren: 11Steht zumutbarer familiengerechter Wohnraum zu einem günstigeren Mietpreis zur Verfügung, ist der Mietzuschuss auf der Grundlage der Leerraummiete für das preisgünstigste Vergleichsobjekt fiktiv festzusetzen.

54.2.2 1Bei Bezugnahme auf die Mietobergrenzen des Auswärtigen Amtes ist zu beachten, dass diese Miethöhen die besonderen Repräsentationspflichten nach § 14 des Gesetzes über den Auswärtigen Dienst (GAD) für Diplomaten und Personal, das zeitweilig unter das GAD fällt, berücksichtigen. 2In diesem Zusammenhang wird von den Besoldungsempfängern erwartet, dass sie häufig dienstliche Einladungen in die Privatwohnung aussprechen, da der Kontaktpflege in persönlicher Atmosphäre in ihrer Bedeutung ein höheres Gewicht zukommt, als anderen Formen des Zusammentreffens. 3Diese intensiven Repräsentationspflichten nach dem GAD bestehen für das sonstige Personal im Ausland nicht. 4Daher werden die Mietobergrenzen für andere Bedienstete um einen Betrag von pauschal 20 Prozent gekürzt. 5Dies gilt auch, wenn im Einzelfall beim Auswärtigen Amt die ortsüblichen Miethöhen abgefragt werden.

54.2.3 1Bei zunächst von Besoldungsempfängern zu groß oder zu teuer angemietetem Wohnraum, für den in der Folge eine fiktive Miete festgesetzt wird, ist ein „Hineinwachsen" der fiktiven Miete in spätere, gegebenenfalls höhere Mietobergrenzen zu berücksichtigen. 2Das Hineinwachsen in die neue Mietobergrenze ist dabei ab dem Zeitpunkt ihrer Gültigkeit und höchstens bis zur tatsächlich gezahlten Miete auf Antrag des Besoldungsempfängers möglich.

54.2.4 1Bei der Verwendung eines Besoldungsempfängers auf höherwertigen Dienstposten ist in jedem Einzelfall zu prüfen, ob unter Berücksichtigung der dienstlichen Verpflichtungen ein Wohnraumbedarf vorliegt, der bereits vor der möglichen Beförderung einen Mietzuschuss auf Basis der dem Dienstposten entsprechenden Besoldungsgruppe rechtfertigt. 2Ergibt diese Prüfung, dass der durch den Mietzuschuss auszugleichende Mehraufwand lediglich auf die Abfederung des allgemein im Ausland höheren Mietniveaus beschränkt ist und keine Funktion mit dienstlich veranlassten Anforderungen an den Wohnraum ausgeübt wird, richtet sich der Mietzuschuss nach dem jeweiligen Amt im statusrechtlichen Sinn, d. h. vor und nach der Beförderung sind in diesen Fällen gegebenenfalls jeweils unterschiedliche Mietobergrenzen zu berücksichtigen.

54.2.5 $_1$Bezieht der Besoldungsempfänger eine Familienwohnung, bevor die Familie am ausländischen Dienstort eintrifft, so sind die familiären Bedürfnisse bei der Bemessung des Mietzuschusses von Beginn des Mietverhältnisses an zu berücksichtigen, wenn der Nachzug der Familienangehörigen zeitnah erfolgt. $_2$Ein in Aussicht gestellter Nachzug von Familienangehörigen ist unter dem Vorbehalt der tatsächlichen Nachfolge mietzuschussrechtlich als zeitnah anzuerkennen, wenn der Nachzug innerhalb eines Zeitraumes von sechs Monaten nach Beginn der Verwendung am ausländischen Dienstort erfolgen soll und die Familienangehörigen im Auslandszuschlag berücksichtigt werden. $_3$Nach Ablauf der Frist ist zu überprüfen, ob die vorläufige Anerkennung gerechtfertigt war bzw. ob eine rückwirkende Anpassung des Mietzuschusses nach den tatsächlichen Verhältnissen vorzunehmen ist.

54.2.6 $_1$Steht bereits zu Beginn des Mietverhältnisses fest, dass eine Nachfolge von Familienangehörigen innerhalb dieser Frist nicht möglich oder nicht vorgesehen ist und diese auch nicht bei der Zahlung des Auslandszuschlags berücksichtigt werden, sind diese Personen bei der Anerkennung des notwendigen Wohnraumbedarfs bis zum tatsächlichen Eintreffen außer Acht zu lassen. $_2$In solchen Fällen ist es dem Besoldungsempfänger zuzumuten, den Wohnraum bis zum gegebenenfalls späteren Eintreffen der Familienangehörigen oder für die Dauer der Verwendung auf den Bedarf der tatsächlich unterzubringenden Personen auszurichten. $_3$Wird die Familienwohnung vor dem Eintreffen der Familienangehörigen am ausländischen Dienstort für mehr als sechs Monate bzw. dauerhaft nur vom Besoldungsempfänger bezogen, kann als notwendig nur der Bedarf eines Alleinstehenden anerkannt werden.

54.3 Zu Absatz 3

54.3.1 Ein Zuschuss, der nicht mit dem Mietzuschuss nach Absatz 1 identisch ist, kann gewährt werden, wenn der Besoldungsempfänger oder eine beim Auslandszuschlag berücksichtigte Person in zeitlichem Zusammenhang mit seiner Auslandsverwendung ein Eigenheim oder eine Eigentumswohnung im Ausland erwirbt oder errichtet.

54.3.2 $_1$Das Eigenheim oder die Eigentumswohnung muss sich am ausländischen Dienstort befinden und von dem Besoldungsempfänger und gegebenenfalls seinen sich nicht nur vorübergehend bei ihm aufhaltenden Familienangehörigen bewohnt werden. $_2$Dienstliche Interessen dürfen nicht entgegenstehen, d. h. insbesondere darf die dienstliche Einsatzfähigkeit oder Verwendbarkeit des Besoldungsempfängers hierdurch nicht eingeschränkt sein. $_3$Gleiches gilt, wenn sich die Wohnung außerhalb der politischen Gemeinde des Dienstorts befindet und der Besoldungsempfänger täglich dorthin zurückkehrt.

54.3.3 $_1$Beim Kauf oder der Errichtung eines Eigenheimes oder einer Eigentumswohnung treten anstelle der Miete 0,65 Prozent des auf den als notwendig anerkannten leeren Wohnraum entfallenden reinen Kaufpreises einschließlich der Rechtsanwalts- und Notariatsgebühren sowie Grundbuchgebühren. $_2$Der Zuschuss beträgt monatlich höchstens 0,3 Prozent des anerkannten Kaufpreises. $_3$Er darf den Betrag eines Mietzuschusses nach Absatz 1 bei Zugrundelegung der Miete nach den festgelegten Mietobergrenzen nach § 54 Absatz 2 nicht überschreiten. $_4$Ein insoweit begrenzter Zuschuss darf im Falle einer allgemeinen oder einer Mieterhöhung in der überwiegenden Zahl der Mietverhältnisse nur anteilig für den als notwendig anerkannten Wohnraum bis zu den Höchstsätzen nach den oben angegebenen Prozenten des Kaufpreises erhöht werden. $_5$Nebenkosten, die darüber hinaus im Zusammenhang mit dem Erwerb der Immobilie anfallen oder vergleichbar bei einer Mietwohnung anfallen würden (vgl. Randnummer 54.1.14 ff.), bleiben sowohl bei der Bemessungsgrundlage nach § 54 Absatz 3 Satz 2 als auch bei der Berechnung des Zuschusses nach § 54 Absatz 3 Satz 3 unberücksichtigt. $_{6}$Für die Berechnung des zuschussfähigen Betrages und des Zuschusses selbst ist nicht der Wechselkurs am Tage des Erwerbs des Eigenheims oder der Eigentumswohnung maßgebend, sondern der jeweils für den Umtausch der Dienstbezüge gültige Kurs. $_{7}$Randnummer 54.1.19 gilt entsprechend.

54.4 Zu Absatz 4

54.4.1 $_{1}$Die **Konkurrenzregelung** nach Absatz 4 findet nur Anwendung, wenn beide Ehegatten im öffentlichen Dienst tätig sind und Dienstbezüge nach § 52 Absatz 1 oder 3 oder Arbeitsentgelt in entsprechender Anwendung des § 52 Absatz 1 oder 3 erhalten. $_{2}$Randnummer 54.1.10 gilt entsprechend. $_{3}$Die dem Ehegatten des Besoldungsempfängers als deutschen nichtentsandten Arbeitnehmer (sog. lokal Beschäftigte) nach § 4 Absatz 1 Tarifvertrag zur Regelung der Arbeitsbedingungen der bei Auslandsvertretungen der Bundesrepublik Deutschland beschäftigten deutschen nicht entsandten Beschäftigten gewährte Zulage oder das im Rahmen des NATO-Truppenstatuts gezahlte Arbeitsentgelt ist kein Auslandsdienstbezug oder Arbeitsentgelt in entsprechender Anwendung des § 52 Absatz 1 oder 3 und demzufolge bei der Mietzuschussberechnung nicht zu berücksichtigen. $_{4}$Ebenfalls nicht berücksichtigt wird ein Einkommen des Ehegatten aus einer freiberuflichen oder privatwirtschaftlichen Tätigkeit. $_{5}$Dies gilt auch dann, wenn auf Grund örtlicher ausländischer Gepflogenheiten oder gesetzlicher Verpflichtungen auch der Ehegatte oder Lebenspartner im Mietvertrag als Vertragspartner benannt ist.

54.4.2 $_{1}$Der Berechnung des Mietzuschusses sind im Falle der Teilzeitbeschäftigung des Besoldungsempfängers die tatsächlichen Dienstbezüge nach § 54 Absatz 1 Satz 1 und die anerkannte volle Leerraummiete zugrunde zu legen; der sich hiernach ergebende Betrag ist nach § 6 zu kürzen. $_{2}$In den Fällen des § 54 Absatz 4 ist keine Kürzung des Mietzuschusses nach § 6 vorzunehmen, wenn nur einer der beiden Ehegatten teilzeitbeschäftigt oder die Arbeitszeit beider Ehegatten zusammen mindestens 100 Prozent der regelmäßigen wöchentlichen Arbeitszeit eines Vollzeitbeschäftigten entspricht.

54.5 Zu Absatz 5

54.5.1 $_{1}$Da Inhaber von Dienstwohnungen keinen Mietzuschuss erhalten, können Nebenkosten ebenfalls nicht berücksichtigt werden. $_{2}$Dienstwohnungen sind Wohnungen, die Inhabern öffentlicher Ämter regelmäßig in der Nähe ihrer Dienststelle, unter ausdrücklicher Bezeichnung als Dienstwohnung ohne Mietvertrag und unter Anordnung des Bezugs der Wohnung zugewiesen werden.

55 Zu § 55 – Kaufkraftausgleich

55.1 Zu Absatz 1

55.1.1 $_{1}$Der **Korrekturfaktor** des Kaufkraftausgleichs ist auch unter den Begriff der Auslandsbesoldung zu fassen. $_{2}$Er wird ausschließlich in Fällen der Gewährung von Auslandsdienstbezügen bei einer **allgemeinen Verwendung** im Ausland gezahlt, ist jedoch selbst nicht Auslandsdienstbezug. $_{3}$Der festgesetzte Kaufkraftausgleich gilt grundsätzlich für den gesamten Amtsbezirk der Auslandsvertretung, sofern nicht besondere Festsetzungen erfolgt sind.

55.1.2 $_{1}$Ein Kaufkraftabschlag wird nicht vorgenommen während der Reisen des Besoldungsempfängers in das Inland, zu denen ein Zuschuss oder eine Reisebeihilfe gezahlt werden. $_{2}$Dies sind insbesondere Reisen nach

- der Heimaturlaubsverordnung,
- der Auslandstrennungsgeldverordnung,
- der Bundesbeihilfeverordnung,
- der Allgemeinen Verwaltungsvorschrift über Reisebeihilfen an Bundesbedienstete im Ausland aus Anlass von Reisen in Krankheits- und Todesfällen und

– dem Abschnitt B der Verwaltungsvorschrift über die Zahlung von Schul- und Kinderreisebeihilfen an Angehörige des Auswärtigen Dienstes im Sinn des GAD im Ausland in Verbindung mit der Allgemeinen Verwaltungsvorschrift über Schulbeihilfen und Kinderreisebeihilfen für Bundesbeamte im Ausland.

$_{3}$Reisen von Familienangehörigen bleiben unberücksichtigt. $_{4}$Ein Kaufkraftabschlag entfällt ab dem Tag der Abreise vom Auslandsdienstort. $_{5}$Der Kaufkraftabschlag wird erneut vorgenommen vom Tage nach der Rückkehr des Besoldungsempfängers an den Auslandsdienstort.

55.2 Zu Absatz 2

$_{1}$Wichtige Entscheidungshilfen für die Festsetzung des Kaufkraftausgleichs sind die Teuerungsziffern für die einzelnen Dienstorte, die vom Statistischen Bundesamt nach einer wissenschaftlichen Berechnungsmethode ermittelt werden. $_{2}$Die Teuerungsziffer ergibt sich aus einem Preisvergleich bestimmter Waren und Dienstleistungen der privaten Lebenshaltung zwischen einem ausländischen Dienstort und dem Sitz der Bundesregierung (Berlin) zu einem bestimmten Zeitpunkt und aus dem jeweiligen Wechselkurs.

55.3 Zu Absatz 3

55.3.1 $_{1}$Dem Kaufkraftausgleich unterliegen mit 60 Prozent ihres Betrages auch Amts-, Stellen-, Erschwernis-, Ausgleichs- und Überleitungszulagen sowie die Zulagen nach § 45 und Abschnitt III der Vorbemerkungen zu Anlage I BBesG, sofern deren Voraussetzungen auch im Ausland vorliegen. $_{2}$§ 52 Absatz 4 Satz 2 ist zu beachten. $_{3}$Zuwendungen nach der Dienstjubiläumsverordnung unterliegen nicht dem Kaufkraftausgleich.

55.3.2 $_{1}$Sofern bei einer Verwendung im Ausland Aufwandsentschädigungen im Sinn des § 17 gezahlt werden, deren Höhe nicht bereits unter Berücksichtigung der besonderen Verhältnisse im Ausland festgelegt wurde, unterliegen sie dem Kaufkraftausgleich. $_{2}$Ausgenommen sind Sprachenzulagen sowie Sprachenaufwandsentschädigungen und Aufwandsentschädigungen nach der Übersicht 2 zum Einzelplan 05 des Bundeshaushaltsplans oder entsprechende Aufwandsentschädigungen.

55.3.3 Werden Auslandsdienstbezüge nach § 4 weitergewährt, so unterliegen sie auch dem Kaufkraftausgleich.

55.4 Zu Absatz 4

$_{1}$Einzelheiten werden durch die Allgemeine Verwaltungsvorschrift des Auswärtigen Amtes zur Festsetzung des Kaufkraftausgleichs in der jeweiligen Fassung geregelt. $_{2}$Aus deren Anlage, der Verfahrensregelung zur Ermittlung von Teuerungsziffern für den Kaufkraftausgleich, sind auch die Dienstorte mit dauerhaft negativer Teuerungsziffer zu entnehmen, deren Kaufkraftausgleich mithin null ist.

56 Zu § 56 – Auslandsverwendungszuschlag

56.1 Zu Absatz 1

56.1.1 $_{1}$Ein Auslandsverwendungszuschlag (AVZ) wird bei einer besonderen Verwendung im Ausland nach Maßgabe des Absatzes 1 Sätze 2 und 3 gewährt. $_{2}$Grundlage einer besonderen Verwendung im Ausland ist das Übereinkommen, der Vertrag oder die Vereinbarung mit einer über- oder zwischenstaatlichen Einrichtung oder mit einem auswärtigen Staat, auf Grund derer die jeweilige humanitäre oder unterstützende Maßnahme im Ausland durchgeführt wird.

$_{3}$Besondere Auslandsverwendungen sind nach Absatz 1 Satz 2 Nummer 1 Verwendungen im Rahmen von Maßnahmen, die auf Beschluss der Bundesregierung stattfinden. $_{4}$Für Verwendungen im Rahmen von Maßnahmen, für die ein Beschluss der Bundesregierung nicht erforderlich ist, wird nach Satz 2 Nummer 2 bis 5 der Vorschrift der Anspruch auf AVZ mit dem jeweiligen Ressorteinvernehmen begründet. $_{5}$Diese Maßnahmen sind hinsichtlich ihrer Art und der damit verbundenen Belastungen mit Maßnahmen auf Beschluss der Bundesregierung vergleichbar. $_{6}$Das Einvernehmen bezieht sich auf die Feststellung, dass es sich bei einer bestimmten

Maßnahme, die auf Grund eines Übereinkommens, eines Vertrages oder einer Vereinbarung mit einer zwischenstaatlichen oder überstaatlichen Einrichtung oder mit einem auswärtigen Staat an einem bestimmten Ort im Ausland oder außerhalb des deutschen Hoheitsgebietes auf Schiffen oder Luftfahrzeugen durchgeführt wird, um eine besondere Verwendung im Ausland handelt. $_{7}$Hierbei sind Informationen über den Ort, die Art, die voraussichtliche Dauer und die Personalstärke zu benennen.

$_{8}$Besondere Verwendungen im Sinn des Absatzes 1 Satz 2 Nummer 4 sind Maßnahmen der Streitkräfte im Ausland, die sich einerseits unterhalb der Schwelle eines Einsatzes bewaffneter Streitkräfte im Sinn des § 2 Absatz 1 des Parlamentsbeteiligungsgesetzes bewegen, andererseits Einsatzcharakter im militärfachlichen Sinn haben.

$_{9}$Besondere Verwendungen im Ausland im Sinn des Absatzes 1 Satz 2 Nummer 5 sind Auslandseinsätze der Bundespolizei oder anderer Behörden des Bundes (z. B. migrationspolitische Einsätze der Verwaltungsbeamten des Bundesamts für Migration und Flüchtlinge für das Europäische Unterstützungsbüro für Asylfragen). $_{10}$Anspruchsberechtigt sind in den Fällen des Satzes 2 Nummer 5 auch Beschäftigte anderer Bundes- und Landesbehörden, die zur Teilnahme an einer solchen Verwendung im Ausland zum Bund abgeordnet oder zugewiesen sind.

$_{11}$Bloße Übungen zum Erhalt und Ausbau der Fähigkeiten bzw. Ausbildungen des eigenen Personals sind keine Maßnahmen im Sinn des Absatzes 1. $_{12}$Aus dem Einsatzauftrag heraus muss sich ein hierüber hinausgehender Einsatzzweck ergeben.

56.1.2 $_{1}$Ein AVZ wird nach Maßgabe des Absatzes 1 Satz 3 auch gewährt bei einsatzvorbereitenden oder einsatzabschließenden Verwendungen im Ausland.

$_{2}$Einsatzvorbereitende Verwendungen im Sinn des Absatzes 1 Satz 3 Nummer 1 (z. B. sog. Vorerkundungsteams) sind der besonderen Auslandsverwendung nach Absatz 1 Satz 1 unmittelbar zeitlich vorgelagert und werden in der Regel unter vergleichbaren oder schwierigeren Bedingungen als die besondere Auslandsverwendung selbst durchgeführt.

$_{3}$Einsatzabschließende Verwendungen im Sinn des Absatzes 1 Satz 3 Nummer 2 liegen vor, wenn ausnahmsweise unmittelbar nach Beendigung einer besonderen Verwendung in dem ursprünglichen Gebiet bzw. an dem ursprünglichen Ort der Verwendung zwingend erforderliche Maßnahmen durchzuführen sind, die wegen unvorhersehbarer Umstände nicht innerhalb der geplanten Verwendungsdauer durchgeführt werden können. $_{4}$Maßnahmen zum Abschluss einer besonderen Auslandsverwendung sind grundsätzlich im zeitlichen Rahmen dieser Verwendung durchzuführen. $_{5}$Zu diesen Maßnahmen gehören im Wesentlichen die Rückführung von Personal, Material und Gerät, der Rückbau von Anlagen, aber auch die Erfassung, Rückführung oder Vernichtung von Sperrmitteln und sonstigen militärischen Einzel- und Mengenverbrauchsgütern.

56.2 Zu Absatz 2

$_{1}$Soldaten der Spezialkräfte der Bundeswehr und die sie unmittelbar unterstützenden Kräfte erhalten für die Zeiten einer besonderen Verwendung im Sinn des Absatzes 2 in einem Einsatzgebiet im Ausland den AVZ der höchsten Stufe. $_{2}$Besondere Auslandsverwendungen nach Absatz 2 unterscheiden sich wegen der Besonderheiten des Auftrags und seiner Bedeutung, der Aufgabenerfüllung, der geforderten Fähigkeiten und besonderen Geheimhaltung von besonderen Auslandsverwendungen nach Absatz 1 und werden für Operationen der Spezialkräfte der Bundeswehr vom Bundesministerium der Verteidigung als entsprechende Verwendung festgelegt.

$_{3}$Gleiches gilt für die Beamten der GSG 9 sowie deren Unterstützungskräfte in einem Auslandseinsatz nach § 8 Absatz 2 des Bundespolizeigesetzes. $_{4}$Die Festlegung trifft in diesem Fall das Bundesministerium des Innern, für Bau und Heimat.

56.3 Zu Absatz 3

56.3.1 $_{1}$Eine besondere Verwendung kann an einem bestimmten Ort oder in einem näher zu bestimmenden größeren räumlichen Bereich (Gebiet der Verwendung) stattfinden. $_{2}$Das Verwendungsgebiet/der Verwendungsort ist in der Festsetzung anzugeben und kann verschiedene Festsetzungen des AVZ bei mehrteiligen besonderen Verwendungen (z. B. umfasst das Verwendungsgebiet mehrere Länder mit unterschiedlichen Belastungen) oder unterschiedlichen Belastungen in Teilgebieten der auf ein Land beschränkten besonderen Verwendung enthalten. $_{3}$Der AVZ gilt **alle** materiellen Mehraufwendungen und immateriellen Belastungen der besonderen Verwendung im Ausland ab. $_{4}$Hierdurch sind auch die Positionen abgegolten, die beispielsweise bei Einsätzen der Europäischen Union von dort mit einer Risiko- oder Härtezulage ausgeglichen werden. $_{5}$Der AVZ darf nicht festgesetzt werden, wenn keine abgeltungsfähigen Belastungen vorliegen. $_{6}$Die Einzelheiten des AVZ sowie die Belastungsstufen ergeben sich aus der Auslandsverwendungszuschlagsverordnung (AuslVZV) in der jeweils gültigen Fassung.

56.3.2 $_{1}$Der AVZ steht vom Tage des Eintreffens im Verwendungsgebiet/-ort bis zum Tag des Verlassens des Verwendungsgebietes/-ortes zu. $_{2}$Der AVZ steht auch zu während einer Dienstbefreiung oder einer Erkrankung, solange sich der Besoldungsempfänger im Verwendungsgebiet oder am Verwendungsort aufhält. $_{3}$Während eines Erholungsurlaubs steht kein AVZ zu.

56.3.3 $_{1}$Der für das jeweilige Verwendungsgebiet oder den Verwendungsort festgesetzte AVZ steht in den Fällen einer ununterbrochenen Dienstleistung im Verwendungsgebiet von mindestens 15 Tagen in voller Höhe zu. $_{2}$Erstreckt sich die ununterbrochene Dienstleistung auf einen Zeitraum von weniger als 15 Tagen, kann der für das Verwendungsgebiet oder den Verwendungsort festgesetzte AVZ der nächstniedrigeren Stufe gewährt werden. $_{3}$Die Sicherheitslage und Stufenzuordnung werden während der Verwendung kontinuierlich überprüft. $_{4}$Anpassungen der Stufenzuordnung bei nicht nur vorübergehender wesentlicher Änderung der Bedingungen sind kurzfristig vorzunehmen.

56.3.4 $_{1}$Der volle Tagessatz des AVZ steht auch zu, wenn die besondere Verwendung sich nur über den Teil eines Tages erstreckt. $_{2}$Werden während eines Tages mehrere besondere Verwendungen ausgeübt, für die unterschiedliche Tagessätze festgesetzt sind, wird der jeweils höchste Satz des AVZ gewährt.

56.3.5 $_{1}$Die Anrechnung eines für einen anderen ausländischen Dienstort weitergewährten Auslandszuschlags nach § 53 ist in § 5 Absatz 2 AuslVZV im Einzelnen geregelt. $_{2}$Angerechnet wird der jeweils vorgesehene Vomhundertsatz des Auslandszuschlags, der nach Durchführung eines Kaufkraftausgleichs zusteht.

56.4 Zu Absatz 4

56.4.1 $_{1}$**Dienstreisende** an Standorten, an denen AVZ gezahlt wird, erhalten ab dem 15. Tag ihrer Dienstreise AVZ in entsprechender Anwendung des § 56 nur, wenn für sie dieselben Mehraufwendungen und Belastungen bestehen (Beispiel: Fachkräfte, die mit Instandhaltungsaufgaben von Fahr- und Flugzeugen betraut sind und die mit AVZ-Empfängern gemeinsam Dienst leisten). $_{2}$Der AVZ wird in diesen Fällen rückwirkend ab dem ersten Tag der Ankunft im Verwendungsgebiet gewährt.

56.4.2 Bei Eintritt eines Ereignisses, bei dem ein Angehöriger der besonderen Auslandsverwendung aus Gründen, die mit dem Dienst in Zusammenhang stehen und die er nicht zu vertreten hat, dem Einflussbereich des Dienstherrn entzogen wird, bedarf es insoweit keiner besonderen Festsetzung des AVZ der höchsten Stufe, da das Gesetz eine abschließende Regelung trifft.

56.5 Zu Absatz 5

56.5.1 $_{1}$Bei Zahlungen eines auswärtigen Staates oder einer über- oder zwischenstaatlichen Einrichtung ist das Zusammenspiel von § 56 Absatz 3 und Absatz 5 zu beachten. $_{2}$Härte- und Risikozulagen (hard ship/risk allowance) sind in vollem Umfang auf den AVZ, reisekostengleiche Leistungen sind auf die Reisekostenvergütung anzurechnen.

56.5.2 1Für die Anrechnung kommt es – auch im Rahmen einer Endabrechnung nach § 56 Absatz 3 Satz 6 – auf die Situation im jeweiligen Kalendermonat an (§ 56 Absatz 5 Satz 2). 2Die allgemeine Anrechnungsregel des § 9a Absatz 2 bleibt beim AVZ auch weiterhin ausgeschlossen (§ 56 Absatz 5 Satz 3).

56.5.3 Die oberste Dienstbehörde des Besoldungsempfängers entscheidet – im Zweifel im Einvernehmen mit dem Bundesministerium des Innern, für Bau und Heimat und dem Bundesministerium der Finanzen – ob und in welcher Höhe von dritter Seite gewährte anderweitige Bezüge anzurechnen sind.

57 Zu § 57 – Auslandsverpflichtungsprämie

57.1 Zu Absatz 1

57.1.1 Die Vorschrift findet Anwendung, wenn in einem Staat besondere Verwendungen im Rahmen der **polizeilichen oder migrationspolitischen Zusammenarbeit** sowohl auf der Grundlage einer VN- bzw. EU-Mission als auch auf der Grundlage einer bilateralen Kooperation stattfinden und trotz vergleichbarer Belastungen eine unterschiedliche finanzielle Gesamtleistung erfolgt.

57.1.2 1Die Mindestverpflichtungszeit beträgt zwei Wochen. 2Zeiten einer früheren besonderen Auslandsverwendung sind nicht zu berücksichtigen.

57.1.3 1Die Auslandsverpflichtungsprämie ist Auslandsbesoldung im Sinn von § 1 Absatz 2 Nummer 6. 2Ihre Gewährung steht im pflichtgemäßen Ermessen des Dienstherrn. 3Die Höhe kann maximal dem Unterschiedsbetrag zu der Gesamtleistung entsprechen, wie sie für eine andere besondere polizeiliche oder migrationspolitische Verwendung gewährt wird, die in demselben ausländischen Staat im Rahmen einer VN- bzw. EU-Mission durchgeführt wird. 4Sie wird nur für tatsächliche Verwendungen ab dem Zeitpunkt der Verpflichtung gewährt, also nicht für frühere Verwendungszeiten, die im Rahmen der Mindestverpflichtungszeit zu berücksichtigen sind.

57.1.4 1Hinsichtlich der Zahlung der Verpflichtungsprämie (auch Abschlagszahlungen) gelten neben ihren besonderen Voraussetzungen auch alle Voraussetzungen, die für die Zahlung des AVZ selbst erfüllt sein müssen (z. B. keine Zahlung bei Abwesenheit vom Verwendungsgebiet – weder bei Dienstreise noch bei Urlaub noch bei Abgeltung von Mehrarbeit). 2Abweichende Regelungen eines internationalen Mandatgebers (z. B. der EUPOL) bei der Zahlung seiner Tagegelder finden insoweit keine Anwendung.

57.1.5 Das Ermessen des Dienstherrn zur Gewährung einer Auslandsverpflichtungsprämie bezieht sich sowohl auf das Ob der Gewährung als auch auf die konkrete Höhe der Gewährung im Rahmen der gesetzlichen Höchstbetragsregelung.

57.2 Zu Absatz 2

57.2.1 Die endgültige Abrechnung erfolgt nach Abschluss der Verwendung, wobei während der laufenden Verwendung Abschlagszahlungen monatlich im Voraus geleistet werden können.

57.2.2 1Als Verwendung werden nur die Tage gezählt, an denen Anspruch auf den AVZ besteht. 2Dabei muss der Anspruch auf AVZ während der Mindestverpflichtungszeit ununterbrochen bestanden haben. 3Urlaubstage oder andere Abwesenheiten vom Verwendungsgebiet werden nicht berücksichtigt.

57.2.3 Ist die Unterschreitung der Mindestverwendungsdauer von dem Besoldungsempfänger nicht zu vertreten, bleibt der Prämienanspruch nach § 57 Absatz 2 Satz 3 in anteiliger Höhe der tatsächlich geleisteten Verwendung erhalten.

57.2.4 Nach § 57 Absatz 2 Satz 2 kommt eine Zahlung der Auslandsverpflichtungsprämie nur in Betracht, wenn während der Mindestverpflichtungszeit ein AVZ auch tatsächlich gezahlt wurde.

58 Zu § 58 – Zulage für Kanzler an großen Botschaften

(unbesetzt)

Abschnitt 6 Anwärterbezüge

59 Zu § 59 – Anwärterbezüge

59.1 Zu Absatz 1

(unbesetzt)

59.2 Zu Absatz 2

Gesetzlich ist die Gewährung von Zulagen und Vergütungen an Anwärter insbesondere zugelassen für:

- die Zulage für Beamte der Bundeswehr in der Fernmelde- und elektronischen Aufklärung, der satellitengestützten abbildenden Aufklärung oder der Luftbildauswertung nach Vorbemerkung Nummer 8a Absatz 1 Satz 2 zu Anlage I BBesG,
- die Zulage für Beamte mit vollzugspolizeilichen Aufgaben nach Vorbemerkung Nummer 9 Absatz 1 Satz 2 zu Anlage I BBesG,
- die Zulage für Beamte der Feuerwehr nach Vorbemerkung Nummer 10 Absatz 1 Satz 2 zu Anlage I BBesG,
- Erschwerniszulagen, soweit dies in der EZulV für Anwärter vorgesehen ist (derzeit nur nach § 3 EZulV).

59.3 Zu Absatz 3

(unbesetzt)

59.4 Zu Absatz 4

$_1$Anwärter, die bei einer von ihnen selbst gewählten Stelle im Ausland ausgebildet werden, erhalten keine Auslandsbesoldung. $_2$Den Kaufkraftausgleich nach § 55 erhalten Anwärter unabhängig davon, ob sie einen dienstlichen Wohnsitz im Ausland haben, und unabhängig von der Dauer des Auslandseinsatzes. $_3$Ihm unterliegen sämtliche Bezüge der Anwärter nach Absatz 2 mit Ausnahme der vermögenswirksamen Leistungen. $_4$Kaufkraftabschläge werden nicht erhoben.

59.5 Zu Absatz 5

59.5.1 $_1$Anwärtern, die im Rahmen eines Vorbereitungsdienstes ein Studium (z. B. an einer verwaltungsinternen Hochschule) ableisten, sind der Anwärtergrundbetrag und gegebenenfalls der Anwärtererhöhungsbetrag unter Auflagen zu gewähren. $_2$Die Auflage erstreckt sich auf den gesamten Vorbereitungsdienst. $_3$Der Begriff der Auflage in diesem Sinn ist nicht identisch mit der Definition in § 36 Absatz 2 Nummer 4 VwVfG.

59.5.2 $_1$Die Bewerber sind über die Auflagen und die Möglichkeit der Herabsetzung des Anwärtergrundbetrages nach § 66 frühzeitig (z. B. im Zusammenhang mit der Übersendung der Einstellungsunterlagen) zu unterrichten. $_2$Die Auflagen sind in einem Schreiben festzulegen und die Kenntnisnahme durch den Bewerber (Anwärter) spätestens bei der Berufung in das Beamtenverhältnis auf Widerruf zu den Akten zu nehmen.

$_3$Das Schreiben soll folgenden Wortlaut haben:

„Sie erhalten während des Vorbereitungsdienstes als Anwärter nach Maßgabe der §§ 59 ff. des Bundesbesoldungsgesetzes (BBesG) den Anwärtergrundbetrag und, soweit die gesetzlichen Voraussetzungen vorliegen, den Anwärtererhöhungsbetrag.

Anwärter, die im Rahmen des Vorbereitungsdienstes an einer Hochschule studieren, sollen keine finanziellen Vorteile gegenüber anderen Studierenden erlangen. Die beiden vorgenannten Anwärterbezüge werden Ihnen deshalb mit den Auflagen (§ 59 Absatz 5 BBesG) gewährt, dass

1. Sie die Ausbildung nicht vor Ablauf der in den Vorbereitungsdienstverordnungen festgelegten oder im Einzelfall festgesetzten Ausbildungszeit aus einem von Ihnen zu vertretenden Grund beenden und
2. Sie im Anschluss an den Vorbereitungsdienst rechtzeitig einen Antrag auf Übernahme in das Beamtenverhältnis auf Probe stellen oder ein Ihnen angebotenes Amt annehmen und
3. Sie im Anschluss an Ihre Ausbildung nicht vor Ablauf einer Mindestdienstzeit von fünf Jahren aus einem von Ihnen zu vertretenden Grund aus dem öffentlichen Dienst des Bundes ausscheiden.

Werden eine oder mehrere dieser Auflagen nicht erfüllt, sind die Anwärterbezüge zurückzuzahlen, soweit sie 650 Euro monatlich übersteigen.

Bei einem Ausscheiden nach der Ernennung zum Beamten auf Probe ermäßigt sich der zurückzuzahlende Betrag für jedes volle abgeleistete Dienstjahr um ein Fünftel.

Zurückzuzahlen ist der Bruttobetrag der Anwärterbezüge (§ 59 Absatz 2 Satz 1 BBesG).

Von der Rückforderung kann aus Billigkeitsgründen im Sinn des § 12 Absatz 2 Satz 3 BBesG ganz oder teilweise abgesehen werden.

Daneben weise ich Sie besonders darauf hin, dass der Anwärtergrundbetrag in den Fällen des § 66 Absatz 1 BBesG gekürzt werden kann.

Zu Ihrer Information füge ich einen Auszug aus dem Bundesbesoldungsgesetz (§§ 59 ff. BBesG) in der zurzeit geltenden Fassung bei."

59.5.3 1Zeiten einer Beurlaubung ohne Dienstbezüge führen zu einer Verlängerung der Mindestdienstzeit. 2Dies gilt nicht für Zeiten einer Elternzeit oder eines sonstigen Urlaubs, für den anerkannt wird, dass er dienstlichen Interessen oder öffentlichen Belangen dient; § 28 Absatz 5 ist sinngemäß anzuwenden. 3Die Erfüllung der Mindestdienstzeit wird durch eine Ermäßigung der Arbeitszeit nicht berührt.

59.5.4 Als Ausscheiden aus dem öffentlichen Dienst gilt es nicht, wenn beim Wechsel in ein anderes Rechtsverhältnis innerhalb des öffentlichen Dienstes eine von dem Beamten nicht zu vertretende Unterbrechung eintritt.

59.5.5 Auf die Rückforderung soll insbesondere verzichtet werden, wenn

a) der Vorbereitungsdienst innerhalb von sechs Monaten seit der Einstellung als Beamter auf Widerruf abgebrochen wird,

b) der Vorbereitungsdienst abgebrochen wird, um unverzüglich ein anderes Ausbildungsverhältnis innerhalb des öffentlichen Dienstes des Bundes aufzunehmen; der Verzicht ist unter der auflösenden Bedingung auszusprechen, dass die zweite Ausbildung nicht vorzeitig aus einem vom ehemaligen Anwärter zu vertretenden Grunde endet und sich nach Bestehen der Ausbildung eine mindestens fünfjährige hauptberufliche Tätigkeit im öffentlichen Dienst des Bundes anschließt,

c) der Vorbereitungsdienst abgebrochen wird, um unverzüglich eine hauptberufliche Tätigkeit innerhalb des öffentlichen Dienstes des Bundes aufzunehmen und eine mindestens dreijährige hauptberufliche Tätigkeit im öffentlichen Dienst erbracht wird,

d) ein Beamter ausscheidet, um durch ein Studium an einer wissenschaftlichen Hochschule oder externen Fachhochschule die Befähigung für eine andere Laufbahn des gehobenen oder höheren Dienstes zu erlangen, unter der Bedingung, dass er
   - nach Abschluss des Studiums und gegebenenfalls eines anschließenden Vorbereitungsdienstes unverzüglich in den öffentlichen Dienst des Bundes eintritt,
   - nicht vor Ablauf von drei Jahren aus einem von ihm zu vertretenden Grund wieder ausscheidet,
   - der früheren Beschäftigungsbehörde oder Besoldungsstelle seine berufliche Verwendung nach Abschluss der Ausbildung anzeigt,
   - bis dahin jede Verlegung seines Wohnsitzes mitteilt;

e) in den Fällen b) und d) eine Verwendung des Beamten im öffentlichen Dienst des Bundes nach der Ausbildung trotz nachgewiesener Bemühungen aus von ihm nicht zu vertretenden Gründen nicht möglich ist,

f) ein Beamter auf eigenen Antrag ausscheidet, um einer Entlassung durch den Dienstherrn wegen eines vom Beamten nicht zu vertretenden Grundes zuvorzukommen,

g) ein Beamter aus Anlass der Eheschließung innerhalb von sechs Monaten oder aus Anlass der Geburt eines Kindes spätestens mit Ablauf einer Erziehungszeit ausscheidet, um sich überwiegend der Haushaltsführung bzw. der Erziehung und Betreuung des Kindes zu widmen.

59.5.6 Der unter den Bedingungen der Randnummer 59.5.5 Buchstabe d) ausgesprochene Verzicht ist dem Beamten gegen Unterschrift zur Kenntnis zu bringen.

59.5.7 1Die Rückforderung richtet sich nach § 12 Absatz 2; sie obliegt dem Dienstherrn, der die Anwärterbezüge gezahlt hat. 2Die Entscheidung trifft die zuständige oberste Dienstbehörde oder die von ihr bestimmte Stelle.

59.5.8 1Wechselt ein Beamter vor Erfüllung der Auflagen zu einem anderen Dienstherrn im Sinne des § 2 BBG, so ist dieser über die noch abzuleistende Mindestdienstzeit zu unterrichten. 2Der aufnehmende Dienstherr hat dem Dienstherrn, der die Anwärterbezüge gezahlt hat, ein vorzeitiges Ausscheiden mitzuteilen.

60 Zu § 60 – Anwärterbezüge nach Ablegung der Zwischenprüfung oder der Laufbahnprüfung

60.1 Besoldung im Sinn dieser Vorschrift sind die Anwärterbezüge (§ 59 Absatz 2), der Familienzuschlag, Zulagen, vermögenswirksame Leistungen sowie zusätzliche Bezüge nach Abschnitt 5.

61 Zu § 61 – Anwärtergrundbetrag

(unbesetzt)

62 Zu § 62 – Anwärtererhöhungsbetrag

(unbesetzt)

63 Zu § 63 – Anwärtersonderzuschläge

(unbesetzt)

64 (weggefallen)

65 Zu § 65 – Anrechnung anderer Einkünfte

65.0 1Die Anwärterbezüge werden unter dem gesetzlichen Vorbehalt gezahlt, dass der Anwärter keine anzurechnenden Entgelte aus Nebentätigkeiten oder hauptberuflich ausgeübten Tätigkeiten während der Dauer des Anwärterverhältnisses erhält. 2Bei der Rückforderung überzahlter Anwärterbezüge nach § 12 haftet der Anwärter wegen dieses Vorbehalts verschärft, weshalb eine Berufung auf den Wegfall der Bereicherung nicht möglich ist.

65.1 Zu Absatz 1

65.1.1 Ein Entgelt für eine Nebentätigkeit ist nur auf Anwärterbezüge im Sinn des § 59 Absatz 2 Satz 1 anzurechnen.

65.1.2 1Bei dem erforderlichen Vergleich ist auf den Monat abzustellen, für den das Bruttoentgelt aus geleisteter Nebentätigkeit bestimmt ist. 2Ist eine Aufteilung auf einzelne Monate nicht möglich, sind die Bruttoentgelte aus der Nebentätigkeit den Anwärterbezügen desjenigen Monats gegenüberzustellen, in dem sie dem Anwärter zugeflossen sind. 3Zu berücksichtigen sind dabei nur Entgelte für eine Nebentätigkeit in einer Zeit, in der das Anwärterverhältnis bestanden hat.

65.1.3 Steht aus einer Nebentätigkeit eine Zuwendung, ein Urlaubsgeld oder eine ähnliche Leistung zu, so bleibt diese bei der Anrechnung unberücksichtigt.

65.2 Zu Absatz 2

Randnummer 65.1 gilt entsprechend.

65.3 Zu Absatz 3

65.3.1 1Während sich die Anrechnung von Einkünften aus Nebentätigkeiten nach Absatz 1 richtet, stellt Absatz 3 klar, dass für den praktisch seltenen Fall, dass ein Anwärter zugleich eine hauptberufliche Tätigkeit im öffentlichen Dienst ausübt, § 5 für die Anrechnung entsprechend anzuwenden ist. 2Die Tätigkeiten nach Absatz 3 sind aus der Sicht des Beamtenverhältnisses des Anwärters also keine Nebentätigkeiten.

65.3.2 Die Vorschrift ist nur anzuwenden, wenn der Vergütungsanspruch aus einem hauptberuflichen privatrechtlichen Arbeitsverhältnis im öffentlichen Dienst die Anwärterbezüge übersteigt.

66 Zu § 66 – Kürzung der Anwärterbezüge

66.0 1Die Zahlung der Anwärterbezüge steht unter dem gesetzlichen Vorbehalt, dass keine Kürzungstatbestände des § 66 eintreten.

2Überzahlte Anwärterbezüge sind daher nach § 12 Absatz 2 auch rückwirkend zurückzufordern. 3Eine Berufung auf den Wegfall der Bereicherung ist hiernach nicht möglich.

66.1 Zu Absatz 1

66.1.1 Auf die mögliche Kürzung der Anwärterbezüge sind die Anwärter spätestens bei Beginn des Vorbereitungsdienstes hinzuweisen.

66.1.2 Sofern nicht nach § 66 Absatz 2 von einer Kürzung abzusehen ist, soll der Anwärtergrundbetrag in der Regel gekürzt werden.

66.1.2.1 Eine Kürzung um 15 Prozent ist in der Regel vorzusehen, wenn der Anwärter

- die vorgeschriebene Laufbahnprüfung oder eine Zwischenprüfung nicht bestanden hat,
- ohne Genehmigung einer solchen Prüfung ferngeblieben oder von dieser zurückgetreten ist oder
- aus Gründen, die er zu vertreten hat, das Ziel eines Ausbildungsabschnitts nicht erreicht hat, einen Ausbildungsabschnitt unterbrochen hat oder nicht zur Laufbahnprüfung zugelassen worden ist.

66.1.2.2 Eine Kürzung um 30 Prozent ist in der Regel vorzusehen, wenn der Anwärter wegen eines Täuschungsversuches oder eines Ordnungsverstoßes von der Laufbahnprüfung ausgeschlossen worden ist.

66.1.3 Eine Kürzung kommt nur in Betracht, wenn sich wegen der in den Randnummern 66.1.2.1 und 66.1.2.2 genannten Tatbestände der Vorbereitungsdienst verlängert.

66.1.4 Nicht von dem Anwärter zu vertreten im Sinn von Randnummer 66.1.2.1 sind insbesondere

- Krankheit,
- Zeiten eines Beschäftigungsverbotes nach der Verordnung über den Mutterschutz für Beamtinnen,
- Zeiten einer Elternzeit,
- Freistellung für bestimmte staatsbürgerliche Aufgaben (z. B. Übernahme von Ehrenämtern oder parlamentarische Tätigkeiten),
- Sonderurlaub aus medizinischen Gründen.

66.1.5 1Der Zeitraum der Kürzung der Anwärterbezüge beginnt mit dem Ersten des Monats, der auf den Monat folgt, in den das für die Kürzung maßgebende Ereignis fällt. 2Er darf nicht länger sein als der Zeitraum, um den sich der Vorbereitungsdienst verlängert.

66.1.6 Von einer Kürzung ist abzusehen, wenn und soweit die herabgesetzten Anwärterbezüge hinter dem Betrag von 650 Euro monatlich zurückbleiben würden.

66.2 Zu Absatz 2

1Über die Anerkennung besonderer Härtefälle, in denen von einer Kürzung abzusehen ist, entscheidet im Rahmen des pflichtgemäßen Ermessens (§ 40 VwVfG) die oberste Dienstbehörde oder die von ihr bestimmte Stelle. 2In besonderen Härtefällen, d. h., in atypischen Einzelfällen, ist von der Kürzung abzusehen. 3Der Einzelfall ist daraufhin zu prüfen, ob sich aus dem persönlichen Umfeld des Anwärters – insbesondere aus häuslichen, sozialen oder wirtschaftlichen Gründen – oder aus besonderen Umständen, die der Anwärter nicht zu vertreten hat, während der Ausbildung oder Prüfung ein besonderer Härtefall erkennen lässt.

66.3 Zu Absatz 3

Randnummer 66.1.5 gilt entsprechend.

Abschnitt 7

67 (weggefallen)

68 (weggefallen)

Abschnitt 8
Dienstkleidung, Heilfürsorge, Unterkunft

69 Zu § 69 – Dienstkleidung und Unterkunft für Soldaten

(unbesetzt)

69a Zu § 69a – Heilfürsorge für Soldaten

(unbesetzt)

70 Zu § 70 – Dienstkleidung, Heilfürsorge, Unterkunft für Polizeivollzugsbeamte der Bundespolizei

(unbesetzt)

70a Zu § 70a – Dienstkleidung für Beamte

(unbesetzt)

Abschnitt 9 Übergangs- und Schlussvorschriften

71 Zu § 71 – Rechtsverordnungen, Allgemeine Verwaltungsvorschriften

(unbesetzt)

72 Zu § 72 – Übergangsregelung zu den §§ 6, 43, 43b, 44 und 63

72.1 Zu Absatz 1

Hat eine Teilzeitbeschäftigung nach § 9 der Arbeitszeitverordnung oder nach § 9 der Soldatenteilzeitbeschäftigungsverordnung oder einer Altersteilzeit im Blockmodell vor dem 31. Dezember 2019 begonnen und hat sich der Beamte, Richter oder Soldat am 1. Januar 2020 bereits in der Freistellungsphase befunden, ist § 6 in der bis zum 31. Dezember 2019 geltenden Fassung weiterhin anzuwenden.

72.2 Zu den Absätzen 2 bis 4

Im Hinblick auf die Neustrukturierung der Personalgewinnungs- und Personalbindungsinstrumente (vgl. §§ 43, 44) durch das Besoldungsstrukturenmodernisierungsgesetz vom 9. Dezember 2019 (BGBl. I S. 2053) sind für die bis zum 31. Dezember 2019 gewährten Zuschläge und Prämien die §§ 43, 43b und 44 bezüglich Einstellung und Rückforderung von Zahlungen in der bis zum 31. Dezember 2019 geltenden Fassung des BBesG weiter anzuwenden.

72.3 Zu Absatz 5

Für Anwärtersonderzuschläge, die auf Grundlage der vor Inkrafttreten des Besoldungsstrukturenmodernisierungsgesetzes vom 9. Dezember 2019 (BGBl. I S. 2053) geltenden Fassung des § 63 BBesG mittels eines Verwaltungsaktes festgesetzt wurden, ist bezüglich der Rückforderung der Zuschläge § 63 Absatz 2 und Absatz 3 BBesG in der bis zum 31. Dezember 2019 geltenden Fassung des BBesG weiter anzuwenden.

73 Zu § 73 – Übergangsregelung bei Gewährung einer Versorgung durch eine zwischenstaatliche oder überstaatliche Einrichtung

(unbesetzt)

74 Zu § 74 – Übergangregelung zu den Änderungen der Anlage I durch das Besoldungsstrukturenmodernisierungsgesetz

(unbesetzt)

74a Zu § 74a – Übergangsregelung aus Anlass der Übertragung ehebezogener Regelungen im öffentlichen Dienstrecht auf Lebenspartnerschaften

(unbesetzt)

75 Zu § 75 – Übergangszahlung

(unbesetzt)

76 Zu § 76 – Konkurrenzregelung beim Grundgehalt für den vom Besoldungsüberleitungsgesetz erfassten Personenkreis

(unbesetzt)

77 Zu § 77 – Übergangsvorschrift aus Anlass des Professorenbesoldungsreformgesetzes

(unbesetzt)

77a Zu § 77a – Übergangsregelung aus Anlass des Professorenbesoldungsneuregelungsgesetzes

(unbesetzt)

78 Zu § 78 – Übergangsregelung für Beamte bei den Postnachfolgeunternehmen

(unbesetzt)

79 (weggefallen)

80 Zu § 80 – Übergangsregelung für beihilfeberechtigte Polizeivollzugsbeamte der Bundespolizei

(unbesetzt)

80a Zu § 80a – Übergangsregelung für Verpflichtungsprämien für Soldaten auf Zeit aus Anlass des Bundeswehrreform-Begleitgesetzes

(unbesetzt)

80b Zu § 80b – Übergangsregelung zum Auslandsverwendungszuschlag

(unbesetzt)

81 Zu § 81 – Übergangsregelungen bei Zulagenänderungen aus Anlass des Versorgungsreformgesetzes 1998

(unbesetzt)

82 (weggefallen)

83 Zu § 83 – Übergangsregelung für Ausgleichszahlungen

83.1 [1]Für Besoldungsempfänger, die nach dem bis zum 30. Juni 2009 geltenden Recht eine Ausgleichszulage wegen der Verringerung von Grundgehalt erhalten haben, erfolgte die Umstellung auf das System des § 19a mit der Zuordnung zu den Stufen und Überleitungsstufen des Grundgehaltes nach § 2 Absatz 6 Besoldungsüberleitungsgesetz. [2]Zu den Einzelheiten wird auf das Rundschreiben des BMI vom 12. Mai 2009 – D 3 – 221 020/54, GMBl S. 643 (siehe Ziffer A. 2.4.) verwiesen. [3]Für diese Fälle enthält § 83 Absatz 1 nur eine deklaratorische Aussage.

83.2 Für Besoldungsempfänger, die nach dem bis zum 30. Juni 2009 geltenden Recht eine Ausgleichszulage wegen der Verringerung einer Amtszulage erhalten haben, erfolgte die Umstellung auf das System des § 19a auf Grund der ausdrücklichen Bestimmung in § 83 Absatz 1.

83a Zu § 83a – Übergangsregelung für die Besoldung bei Verleihung eines anderen Amtes oder bei Wechsel in den Dienst des Bundes

(unbesetzt)

84 Zu § 84 – Anpassung von Bezügen nach fortgeltendem Recht

(unbesetzt)

85 Zu § 85 – Anwendungsbereich in den Ländern

(unbesetzt)

86 Übergangsregelung zu den Randnummern 42.3.2, 42.3.8.1 und 42.3.9

86.0 Für Beamte und Soldaten, die bis zum 30. November 2020 zum Aufstieg zugelassen worden sind, sind die Randnummern 42.3.2, 42.3.9, 42.3.9.1 und 42.3.10 der Allgemeinen Verwaltungsvorschrift zum Bundesbesoldungsgesetz vom 14. Juni 2017 (GMBl S. 430) weiterhin anzuwenden.

87 Inkrafttreten, Außerkrafttreten

87.1 Diese Verwaltungsvorschrift tritt am 1. Dezember 2020 in Kraft.

87.2 Gleichzeitig treten außer Kraft:

a) die Allgemeine Verwaltungsvorschrift zum Bundesbesoldungsgesetz vom 14. Juni 2017 – (GMBl S. 430),
b) das Rundschreiben des BMI vom 27. November 2009 – D 3 – 221 450-1/1
c) das Rundschreiben des BMI vom 8. Januar 2016 – D 3 – 30200/157#4,
d) das Rundschreiben des BMI vom 19. September 2019 – D 3 – 30200/71#14
e) das Rundschreiben des BMI vom 23. Januar 2020 – D 3 – 30200/176#12.
f) das Rundschreiben des BMI vom 5. Januar 2010 – D 3 – 221 470/35

Besoldungsüberleitungsgesetz (BesÜG)

Vom 5. Februar 2009 (BGBl. I S. 160, S. 462)

Zuletzt geändert durch
Elfte Zuständigkeitsanpassungsverordnung
vom 19. Juni 2020 (BGBl. I S. 1328)

§ 1 Geltungsbereich

Dieses Gesetz gilt für die

1. Beamtinnen und Beamten des Bundes,
2. Richterinnen und Richter des Bundes,
3. Berufssoldatinnen und Berufssoldaten, Soldatinnen auf Zeit und Soldaten auf Zeit,

soweit sie am 1. Juli 2009 und am Vortag den Besoldungsgruppen der Bundesbesoldungsordnung A oder den Besoldungsgruppen R 1 oder R 2 angehören.

§ 2 Zuordnung zu den Stufen und Überleitungsstufen des Grundgehaltes in den Besoldungsgruppen der Bundesbesoldungsordnung A

(1) Empfängerinnen und Empfänger von Dienstbezügen nach einer Besoldungsgruppe der Bundesbesoldungsordnung A im Sinne des § 1 Nr. 1 und 3 werden auf der Grundlage des am 30. Juni 2009 maßgeblichen Amtes mit den für Juni 2009 zustehenden Dienstbezügen nach Maßgabe der folgenden Absätze den Stufen oder Überleitungsstufen des Grundgehaltes der Anlage 1 in der ab 1. Juli 2009 gültigen Fassung zugeordnet. Satz 1 gilt entsprechend für Beurlaubte ohne Anspruch auf Dienstbezüge. Bei ihnen sind für die Zuordnung die Dienstbezüge zugrunde zu legen, die bei einer Beendigung der Beurlaubung am 30. Juni 2009 maßgebend wären. Die Sätze 2 und 3 gelten entsprechend in den Fällen der §§ 40 und 46 des Bundesbeamtengesetzes sowie des § 25 des Soldatengesetzes.

(2) Dienstbezüge im Sinne des Absatzes 1 sind das Grundgehalt und die Zulage nach Vorbemerkung Nummer 27 Abs. 1 der Anlage I (Bundesbesoldungsordnungen A und B) des Bundesbesoldungsgesetzes in der am 30. Juni 2009 geltenden Fassung. Zur Vornahme der Zuordnung sind deren Beträge jeweils rechnerisch um 2,5 Prozent zu erhöhen. In den Besoldungsgruppen A 2 bis A 8 ist zusätzlich ein Betrag von 10,42 Euro hinzuzurechnen. Der sich nach den Sätzen 1 bis 3 ergebende Betrag ist kaufmännisch auf volle Euro zu runden.

(3) Die Zuordnung erfolgt zu der Stufe oder Überleitungsstufe des Grundgehaltes der Anlage 1 in der ab 1. Juli 2009 gültigen Fassung der entsprechenden Besoldungsgruppe, die dem Betrag nach Absatz 2 Satz 4 entspricht. Für den Personenkreis, für den in der Anlage 1 in der ab 1. Juli 2009 gültigen Fassung Erhöhungsbeträge ausgewiesen sind, sind zum Zweck der Zuordnung die kaufmännisch auf volle Euro zu rundenden Erhöhungsbeträge den Beträgen der Stufen und Überleitungsstufen hinzuzurechnen. Ist eine Zuordnung nach den Sätzen 1 und 2 nicht möglich, erfolgt die Zuordnung zu der Stufe oder Überleitungsstufe des Grundgehaltes der Anlage 1 in der ab 1. Juli 2009 gültigen Fassung der entsprechenden Besoldungsgruppe mit dem nächsthöheren Betrag.

(4) Mit Ausnahme der Angehörigen der Laufbahnen der Offiziere des Truppendienstes, des Militärmusikdienstes, des Sanitätsdienstes und des Geoinformationsdienstes der Bundeswehr werden Soldatinnen auf Zeit und Soldaten auf Zeit, die nach Absatz 3 der Überleitungsstufe zur Stufe 2 zugeordnet würden, der Stufe 2 zugeordnet; statt einer Zuordnung zur Überleitungsstufe zur Stufe 3 erfolgt eine Zuordnung zur Stufe 3.

(5) Die Zuordnung zu einer Stufe oder einer Überleitungsstufe erfolgt zunächst vorläufig und wird, wenn nicht bereits eine Zuordnung nach Satz 2 erfolgt, mit Ablauf des 30. Juni 2013 zu einer endgültigen Zuordnung. Wird im Zeitraum nach Satz 1 eine Ernennung durch Verleihung eines Amtes oder Dienstgrades einer höheren Besoldungsgruppe der Bundes-

besoldungsordnung A wirksam, erfolgt die endgültige Zuordnung mit dem Wirksamwerden dieser Ernennung, wobei die Ernannten so gestellt werden, als ob die Ernennung am 30. Juni 2009 wirksam gewesen wäre.

(6) Steht am 30. Juni 2009 eine Ausgleichszulage wegen der Verminderung von Grundgehalt zu, sind bei den Dienstbezügen im Sinne des Absatzes 1 die Dienstbezüge zu berücksichtigen, die bei Anwendung des § 19a des Bundesbesoldungsgesetzes maßgebend wären. In diesen Fällen erfolgt die Zuordnung zu der Stufe oder Überleitungsstufe des Grundgehaltes der Besoldungsgruppe, die bei Anwendung des § 19a des Bundesbesoldungsgesetzes maßgebend wäre. Die Zuordnung ist endgültig; Absatz 5 ist nicht anzuwenden.

(7) Bei der Zuordnung nach Absatz 3 bleiben Leistungsstufen unberücksichtigt. Zu ermitteln ist aber der Betrag, der sich bei einer Berücksichtigung der Leistungsstufe ergeben würde. Die Differenz der sich nach den Sätzen 1 und 2 ergebenden Beträge wird als ruhegehaltfähiger Mehrbetrag gezahlt. Dieser Mehrbetrag verringert sich bei Erhöhungen des Grundgehaltes aufgrund von § 3 oder § 27 Abs. 3 des Bundesbesoldungsgesetzes in voller Höhe der Bezügeverbesserung. Ab dem Zeitpunkt, zu dem die nächste Stufe nach § 27 Abs. 2 des Bundesbesoldungsgesetzes in der am 30. Juni 2009 geltenden Fassung ohne Berücksichtigung der Leistungsstufe erreicht worden wäre, verringert sich der Mehrbetrag zusätzlich bei allgemeinen Erhöhungen der Dienstbezüge um ein Drittel des Erhöhungsbetrages und durch die Verleihung eines Amtes mit höherem Endgrundgehalt bis zur vollen Höhe der Bezügeverbesserung; dies gilt bei Verleihung eines Amtes oder Dienstgrades einer höheren Besoldungsgruppe der Bundesbesoldungsordnung A nur, wenn vor der Verleihung bereits eine endgültige Zuordnung nach Absatz 5 erfolgte. Bei einer endgültigen Zuordnung nach Absatz 5 Satz 2 werden die Ernannten mit dem Wirksamwerden der Ernennung zum Zweck der Ermittlung des Mehrbetrages in entsprechender Anwendung der Sätze 1 bis 5 so gestellt, als ob die Ernennung am 30. Juni 2009 wirksam gewesen wäre. Erfolgt bis zu dem Zeitpunkt, zu dem die nächste Stufe nach § 27 Abs. 2 des Bundesbesoldungsgesetzes in der am 30. Juni 2009 geltenden Fassung ohne Berücksichtigung der Leistungsstufe erreicht worden wäre, eine weitere Ernennung durch Verleihung eines Amtes oder Dienstgrades einer höheren Besoldungsgruppe der Bundesbesoldungsordnung A, ist der Mehrbetrag in entsprechender Anwendung der Sätze 1 bis 6 erneut zu ermitteln. Der nach den Sätzen 6 oder 7 ermittelte Mehrbetrag verringert sich nach den Sätzen 4 und 5. Wird eine Leistungsstufe während der Zuordnung zu einer Überleitungsstufe oder zu einer vorläufigen Stufe vergeben, ist für die Höhe der Leistungsstufe abweichend von § 27 Absatz 6 des Bundesbesoldungsgesetzes der Betrag maßgebend, der am 30. Juni 2009 als Leistungsstufe gewährt worden wäre. Dieser ruhegehaltfähige Betrag verringert sich nach den Sätzen 4 und 5. Die Sätze 6 bis 8 sind entsprechend anzuwenden. Bis zu dem Zeitpunkt, zu dem die nächste Stufe nach § 27 Abs. 2 des Bundesbesoldungsgesetzes in der am 30. Juni 2009 geltenden Fassung ohne Berücksichtigung der Leistungsstufe erreicht worden wäre, nimmt der Mehrbetrag oder Betrag an allgemeinen Anpassungen der Grundgehaltssätze (§ 14 des Bundesbesoldungsgesetzes) teil. Mehrbeträge werden auf das Vergabebudget nach § 42a Abs. 4 des Bundesbesoldungsgesetzes angerechnet.

(8) Bei Teilzeitbeschäftigten sind für die Zuordnung zu den Stufen oder Überleitungsstufen des Grundgehaltes der Anlage 1 in der ab 1. Juli 2009 gültigen Fassung die Dienstbezüge maßgebend, die ihnen bei Vollzeitbeschäftigung zustehen würden.

(9) Stehen nicht für alle Tage oder für keinen Tag im Juni 2009 Dienstbezüge zu, sind bei der Zuordnung zu den Stufen des Grundgehaltes der Anlage 1 in der ab 1. Juli 2009 gültigen Fassung die Dienstbezüge nach Absatz 2 maßgebend, die für den ganzen Monat zustehen würden.

(10) Wird in den Fällen des § 27 Abs. 3 Satz 3 des Bundesbesoldungsgesetzes in der bis zum 30. Juni 2009 geltenden Fassung festgestellt, dass die Leistungen wieder den mit dem Amt

verbundenen Anforderungen entsprechen, werden die Betroffenen ab dem ersten Tag des Monats, in dem diese Feststellung erfolgt, so gestellt, als ob eine Hemmung des Aufstiegs in den Stufen nicht vorgelegen hätte.

(11) In den Fällen des § 27 Absatz 9 Satz 2 des Bundesbesoldungsgesetzes werden die Betroffenen so gestellt, als ob ein Fall des § 27 Absatz 5 Satz 1 des Bundesbesoldungsgesetzes in der bis zum 30. Juni 2009 geltenden Fassung nicht vorgelegen hätte.

§ 3 Aufstieg in eine Stufe des Grundgehaltes in den Besoldungsgruppen der Bundesbesoldungsordnung A

(1) Mit der Zuordnung zu einer Stufe des Grundgehaltes der Anlage 1 in der ab 1. Juli 2009 gültigen Fassung beginnt die für den Aufstieg maßgebende Erfahrungszeit nach § 27 Abs. 3 des Bundesbesoldungsgesetzes. Bei einer Zuordnung zur Stufe 5 auf der Grundlage von Dienstbezügen der Besoldungsgruppen A 7 bis A 12 wird ab dem Zeitpunkt, ab dem das Grundgehalt nach § 27 Abs. 2 des Bundesbesoldungsgesetzes in der am 30. Juni 2009 geltenden Fassung gestiegen wäre, der Betrag der Überleitungsstufe zur Stufe 6 gezahlt; Satz 1 bleibt unberührt. Bei einer Zuordnung zu einer Stufe auf der Grundlage von Dienstbezügen der Besoldungsgruppen A 2 bis A 5 und bei einer Zuordnung zur Stufe 7 auf der Grundlage von Dienstbezügen der Besoldungsgruppe A 6 wird die nächsthöhere Stufe zu dem Zeitpunkt erreicht, zu dem das Grundgehalt nach § 27 Abs. 2 des Bundesbesoldungsgesetzes in der am 30. Juni 2009 geltenden Fassung gestiegen wäre, wenn sich dadurch ein früherer Zeitpunkt als bei einem Aufstieg nach § 27 Abs. 3 des Bundesbesoldungsgesetzes ergibt. Mit Ausnahme der Angehörigen der Laufbahnen der Offiziere des Truppendienstes, des Militärmusikdienstes, des Sanitätsdienstes und des Geoinformationsdienstes der Bundeswehr gilt dies auch für Soldatinnen auf Zeit und Soldaten auf Zeit, die auf der Grundlage von Dienstbezügen der Besoldungsgruppen A 6 oder A 7 der Stufe 1 zugeordnet werden. Mit diesem Aufstieg beginnt die maßgebende Erfahrungszeit nach § 27 Abs. 3 des Bundesbesoldungsgesetzes.

(2) Bei einer Zuordnung zu einer Überleitungsstufe wird die dazugehörige Stufe des Grundgehaltes zu dem Zeitpunkt erreicht, zu dem das Grundgehalt nach § 27 Abs. 2 des Bundesbesoldungsgesetzes in der am 30. Juni 2009 geltenden Fassung gestiegen wäre, spätestens jedoch zu dem Zeitpunkt, zu dem ein Aufstieg nach § 27 Abs. 3 des Bundesbesoldungsgesetzes in Verbindung mit Absatz 3 möglich wäre. Wenn die Zuordnung zu einer Überleitungsstufe auf der Grundlage von Dienstbezügen der Besoldungsgruppe A 15 oder A 16 erfolgt, gilt Satz 1 mit der Maßgabe, dass nicht die der Überleitungsstufe zugehörige Stufe des Grundgehaltes, sondern die nächsthöhere Stufe erreicht wird. Mit dem jeweiligen Aufstieg in eine Stufe des Grundgehaltes der Anlage 1 beginnt die für den Aufstieg maßgebende Erfahrungszeit nach § 27 Abs. 3 des Bundesbesoldungsgesetzes.

(3) Die maßgebende Erfahrungszeit nach Absatz 1 Satz 1 und 5 sowie Absatz 2 Satz 3 beträgt für den Aufstieg von Stufe 2 nach Stufe 3 abweichend von § 27 Abs. 3 des Bundesbesoldungsgesetzes zwei Jahre.

(4) In den Fällen des Absatzes 1 Satz 2 bis 4 und des Absatzes 2 verzögert sich der Aufstieg um Zeiten ohne Anspruch auf Dienstbezüge. Satz 1 gilt nicht für Zeiten nach § 28 Absatz 5 des Bundesbesoldungsgesetzes, soweit diese nicht bereits nach § 28 Abs. 3 Nr. 1 oder 2 des Bundesbesoldungsgesetzes in der bis zum 30. Juni 2009 geltenden Fassung berücksichtigt wurden.

§ 4 Zuordnung zu den Stufen und Überleitungsstufen des Grundgehaltes in den Besoldungsgruppen R 1 und R 2

Empfängerinnen und Empfänger von Dienstbezügen nach der Besoldungsgruppe R 1 oder R 2 im Sinne des § 1 Nr. 1 und 2 werden auf der Grundlage der ihnen im Juni 2009 zustehenden Dienstbezüge den Stufen oder Überleitungsstufen des Grundgehaltes der Anlage 2 in der ab 1. Juli 2009 gültigen Fassung zugeordnet. § 2 Abs. 1 Satz 2 bis 4, Abs. 2 Satz 2 und 4 sowie Abs. 3, 6, 8 und 9 gilt entsprechend. Die Zuordnung zu einer Überleitungsstufe bleibt auch in den Fällen der Verleihung eines Amtes der Besoldungsgruppe R 2 bestehen. Mit dem Wirksamwerden der Ernennung ist die der Stufe zugewiesene Überleitungsstufe der Besoldungsgruppe R 2 maßgebend.

§ 5 Aufstieg in eine Stufe des Grundgehaltes in den Besoldungsgruppen R 1 und R 2

(1) Bei einer Zuordnung zu einer Stufe des Grundgehaltes der Anlage 2 in der ab 1. Juli 2009 gültigen Fassung wird die nächsthöhere Stufe zu dem Zeitpunkt erreicht, zu dem die nächsthöhere Lebensaltersstufe nach § 38 Abs. 1 des Bundesbesoldungsgesetzes in der am 30. Juni 2009 geltenden Fassung erreicht worden wäre. Mit diesem Aufstieg beginnt die maßgebende Erfahrungszeit nach § 38 Abs. 1 Satz 2 des Bundesbesoldungsgesetzes. Bei der Zuordnung zu einer Stufe auf der Grundlage von Dienstbezügen nach der Lebensaltersstufe 2 der Besoldungsgruppe R 2 nach § 38 Abs. 1 des Bundesbesoldungsgesetzes in der am 30. Juni 2009 geltenden Fassung gilt Satz 2 mit der Maßgabe, dass sich die Zeit für den Aufstieg in die Stufe 3 nach § 27 Abs. 3 des Bundesbesoldungsgesetzes um ein Jahr verkürzt. Bei der Zuordnung zu einer Stufe auf der Grundlage von Dienstbezügen nach der Lebensaltersstufe 5 der Besoldungsgruppe R 1 sowie den Lebensaltersstufen 3, 4 und 5 der Besoldungsgruppe R 2 nach § 38 Abs. 1 des Bundesbesoldungsgesetzes in der am 30. Juni 2009 geltenden Fassung gilt Satz 2 mit der Maßgabe, dass sich die Zeit für den Aufstieg in die Stufen 3, 4 und 5 nach § 27 Abs. 3 des Bundesbesoldungsgesetzes um jeweils ein Jahr verkürzt.

(2) Bei einer Zuordnung zu einer Überleitungsstufe wird die dazugehörige Stufe des Grundgehaltes zu dem Zeitpunkt erreicht, zu dem das Grundgehalt nach § 38 Abs. 1 des Bundesbesoldungsgesetzes in der am 30. Juni 2009 geltenden Fassung gestiegen wäre. Erfolgt die Zuordnung zu der Überleitungsstufe zu den Stufen 2, 3, 4 oder 5, gilt Satz 1 mit der Maßgabe, dass nicht die der Überleitungsstufe zugehörige Stufe, sondern die nächsthöhere Stufe des Grundgehaltes erreicht wird. Mit dem Aufstieg in die jeweilige Stufe des Grundgehaltes der Anlage 2 beginnt die maßgebende Erfahrungszeit nach § 38 Abs. 1 Satz 2 des Bundesbesoldungsgesetzes. Erfolgt die Zuordnung zu der Überleitungsstufe zu den Stufen 6 oder 7, gilt Satz 3 mit der Maßgabe, dass sich die Erfahrungszeit in der dazugehörigen Stufe um die Zeiten des Verweilens in der Überleitungsstufe verkürzt.

(3) In den Fällen des Absatzes 1 Satz 1 und des Absatzes 2 verzögert sich der Aufstieg um Zeiten ohne Anspruch auf Dienstbezüge. § 3 Abs. 4 Satz 2 gilt entsprechend.

§ 5a Teilnahme der Grundgehaltssätze an Besoldungsanpassungen

(1) Die Monatsbeträge der Anlagen nehmen an allgemeinen Anpassungen der Besoldung nach § 14 des Bundesbesoldungsgesetzes teil.

(2) Das Bundesministerium des Innern, für Bau und Heimat macht die Monatsbeträge nach Absatz 1 in der jeweils geltenden Fassung im Bundesgesetzblatt bekannt.

§ 6 Regelungen für Beamtinnen und Beamte bei den Postnachfolgeunternehmen

(1) Beamtinnen und Beamte in den Besoldungsgruppen der Bundesbesoldungsordnung A, die bei den Postnachfolgeunternehmen beschäftigt sind, werden gemäß § 2 den Stufen oder Überleitungsstufen des Grundgehaltes zugeordnet.

(2) Nach der Zuordnung zu den Stufen oder Überleitungsstufen des Grundgehaltes ist auf die Beträge der Anlage 1 dieses Gesetzes § 78 Abs. 1 des Bundesbesoldungsgesetzes anzuwenden. Es wird aber mindestens der Betrag aus Grundgehalt und der Zulage nach Vorbemerkung Nummer 27 Abs. 1 der Anlage I (Bundesbesoldungsordnungen A und B) des Bundesbesoldungsgesetzes in der am 30. Juni 2009 geltenden Fassung gezahlt.

(3) Das Bundesministerium des Innern, für Bau und Heimat macht die sich nach Absatz 2 jeweils ergebenden Beträge im Bundesgesetzblatt bekannt.

Anlage 1

Gültig ab 1. März 2024

Überleitungstabelle für die Besoldungsgruppen der Bundesbesoldungsordnung A

Besoldungsgruppe	Grundgehalt (Monatsbetrag in Euro)														
	Stufe 1	Überleitungsstufe zu Stufe 2	Stufe 2	Überleitungsstufe zu Stufe 3	Stufe 3	Überleitungsstufe zu Stufe 4	Stufe 4	Überleitungsstufe zu Stufe 5	Stufe 5	Überleitungsstufe zu Stufe 6	Stufe 6	Überleitungsstufe zu Stufe 7	Stufe 7	Überleitungsstufe zu Stufe 8	Stufe 8
A 2	2614,93		2668,47		2723,49		2764,69	2774,32	2807,31	2827,93	2849,92	2880,14	2892,50		2935,11
A 3	2706,99		2763,31		2819,66		2865,01	2876,01	2910,36	2932,36	2955,72	2990,08	3001,08		3046,42
A 4	2759,23		2826,55		2893,88		2947,47	2958,49	3001,08	3025,82	3054,68	3091,78	3108,26		3157,76
A 5	2778,44		2862,26		2929,59		2995,58	3017,56	3061,57	3098,66	3128,91	3178,34	3194,84		3259,46
A 6	2833,40	2906,26	2931,00	2979,09	3029,92	3051,93	3105,51	3124,79	3183,86	3197,59	3259,46	3270,43	3343,26		3416,11
A 7	2963,97	3031,31	3050,57	3122,02	3164,65	3212,75	3281,42	3303,40	3395,49	3487,57	3510,94	3553,54	3597,53	3618,14	3684,10
A 8	3123,39	3200,34	3227,85	3318,56	3374,87	3435,36	3523,33	3553,54	3671,73	3748,68	3774,80	3827,04	3879,24	3905,33	3982,32
A 9	3354,26	3432,61	3457,34	3557,66	3619,52	3682,73	3784,42	3807,80	3946,56	4019,44	4056,80	4106,33	4171,47	4195,51	4283,30
A 10	3575,51	3684,10	3717,07	3844,89	3921,86	4004,31	4127,55	4168,62	4337,08	4443,24	4482,89	4555,08	4628,67	4665,51	4774,53
A 11	4056,80	4226,66	4273,37	4395,13	4488,54	4566,40	4705,13	4734,86	4853,76	4959,95	5002,40	5074,60	5151,04	5187,85	5299,72
A 12	4334,26	4535,26	4590,49	4737,70	4848,12	4940,12	5104,32	5142,59	5282,70	5410,10	5458,23	5546,00	5635,18	5680,48	5814,97
A 13	5046,30	5264,29	5286,94	5482,29	5526,17	5700,31	5766,83	5844,71	5932,45	5990,50	6099,51	6136,30	6265,11	6282,08	6427,89
A 14	5183,60	5465,32	5493,61	5747,02	5805,05	6030,13	6115,06	6219,84	6328,80	6406,69	6544,01	6596,35	6757,73	6784,66	6972,92
A 15	6289,17	6292,04	6569,48	6603,45	6783,22	6851,21	6997,00	7098,93	7210,74	7348,04	7423,08	7598,61	7635,43	7641,06	7846,32
A 16	6916,29	6919,14	7241,90	7278,68	7488,19	7566,05	7734,52	7853,44	7979,41	8142,21	8227,16	8429,57	8473,46	8480,51	8716,97

Erhöhungsbeträge für die Besoldungsgruppen A 5, A 6, A 9 und A 10

Das Grundgehalt erhöht sich in den Besoldungsgruppen A 5 und A 6

- für Beamte des mittleren Dienstes sowie
- für Soldaten in der Laufbahngruppe der Unteroffiziere sowie für Fahnenjunker und Seekadetten

um 25,15 Euro.

Es erhöht sich in den Besoldungsgruppen A 9 und A 10

- für Beamte des gehobenen Dienstes sowie
- für Offiziere

um 10,97 Euro.

Anlage 2
Gültig ab 1. März 2024

Überleitungstabelle für die Besoldungsgruppen R 1 und R 2

Besoldungs-gruppe	Grundgehalt (Monatsbetrag in Euro)														
	Stufe 1	Überleitungs-stufe zu Stufe 2	Stufe 2	Überleitungs-stufe zu Stufe 3	Stufe 3	Überleitungs-stufe zu Stufe 4	Stufe 4	Überleitungs-stufe zu Stufe 5	Stufe 5	Überleitungs-stufe zu Stufe 6	Stufe 6	Überleitungs-stufe zu Stufe 7	Stufe 7	Überleitungs-stufe zu Stufe 8	Stufe 8
R 1	5046,30	5378,97	5512,01	5674,80	5979,17	6266,55	6392,55	6563,82	6804,46	6859,68	7217,82	7451,40	7628,34	7748,65	8044,52
R 2	6086,73		6388,29		6688,40	6975,76	7098,93	7273,02	7512,25	7568,92	7924,21	8160,63	8337,58	8456,49	8750,94

Bekanntmachung nach § 77 Absatz 4, § 78 Absatz 2 und Anlage IV Nummer 1 und 4 des Bundesbesoldungsgesetzes sowie nach § 5a Absatz 2 und § 6 Absatz 3 des Besoldungsüberleitungsgesetzes

Vom 29. Dezember 2023 (BGBl. I 2024 Nr. 3)

(Besoldungstabellen)

Nach § 77 Absatz 4, § 78 Absatz 2 und Anlage IV Nummer 1 und 4 des Bundesbesoldungsgesetzes in der Fassung der Bekanntmachung vom 19. Juni 2009 (BGBl. I S. 1434), von denen § 77 Absatz 4 zuletzt durch Artikel 1 Nummer 46 Buchstabe b des Gesetzes vom 9. Dezember 2019 (BGBl. I S. 2053) und § 78 Absatz 2 durch Artikel 1 Nummer 48 des Gesetzes vom 9. Dezember 2019 (BGBl. I S. 2053) geändert worden sind und Anlage IV durch Artikel 3 Nummer 2 des Gesetzes vom 9. Juli 2021 (BGBl. I S. 2444) neu gefasst worden ist, sowie nach § 5a Absatz 2 und § 6 Absatz 3 des Besoldungsüberleitungsgesetzes, die zuletzt durch Artikel 69 der Verordnung vom 19. Juni 2020 (BGBl. I S. 1328) geändert worden sind, werden bekannt gemacht:

1. als Anhang 1 die ab 1. März 2024 geltenden Monatsbeträge des Grundgehalts nach der fortgeltenden Bundesbesoldungsordnung C,
2. als Anhang 2 die ab 1. März 2024 für Beamtinnen und Beamte bei den Postnachfolgeunternehmen geltenden Monatsbeträge des Grundgehalts nach Anlage IV, des Familienzuschlages nach Anlage V sowie der Amts- und Stellenzulagen nach Anlage IX des Bundesbesoldungsgesetzes,
3. als Anhang 3 die ab 1. März 2024 geltenden Monatsbeträge der weggefallenen Besoldungsgruppen A 2, R 1 und R 4 sowie Amts- und Stellenzulagen der weggefallenen Besoldungsgruppe A 2 und Stellenzulagen der weggefallenen Besoldungsgruppen R 1 und R 4,
4. als Anhang 4 die ab 1. März 2024 geltenden Monatsbeträge des Grundgehalts nach den Anlagen 1 und 2 des Besoldungsüberleitungsgesetzes,
5. als Anhang 5 die ab 1. März 2024 für Beamtinnen und Beamte bei den Postnachfolgeunternehmen geltenden Monatsbeträge des Grundgehalts nach Anlage 1 des Besoldungsüberleitungsgesetzes.

Anhang 1 (zu Nummer 1)
Gültig ab 1. März 2024

Bundesbesoldungsordnung C

Grundgehaltssätze
(Monatsbetrag in Euro)

Besoldungs-gruppe	Stufe														
	1	2	3	4	5	6	7	8	9	10	11	12	13	14	15
C 1	4427,31	4572,69	4717,97	4863,36	5008,72	5154,06	5299,38	5444,70	5590,07	5735,40	5880,73	6026,12	6171,43	6316,78	
C 2	4436,39	4668,02	4899,65	5131,29	5362,92	5594,57	5826,20	6057,80	6289,42	6521,06	6752,64	6984,30	7215,90	7447,56	7679,19
C 3	4856,11	5118,38	5380,68	5642,93	5905,21	6167,51	6429,72	6691,99	6954,29	7216,58	7478,85	7741,12	8003,40	8265,63	8527,92
C 4	6090,84	6354,50	6618,15	6881,81	7145,48	7409,13	7672,74	7936,39	8200,02	8463,67	8727,34	8990,95	9254,61	9518,26	9781,90

Zulagen
– in der Reihenfolge der Gesetzesstellen –

Dem Grunde nach geregelt in	Monatsbetrag in Euro/Prozentsatz	Dem Grunde nach geregelt in	Monatsbetrag in Euro/Prozentsatz	Dem Grunde nach geregelt in	Monatsbetrag in Euro/ Prozentsatz
Bundesbesoldungsordnung C Vorbemerkungen Nummer 2b	115,80	**Bundesbesoldungsordnung C** Vorbemerkungen Nummer 3 Die Zulage beträgt	 12,5 v. H. des Endgrundgehalts oder, bei festen Gehältern, des Grundgehalts der Besoldungsgruppe*	**Bundesbesoldungsordnung C** Vorbemerkungen Nummer 5 wenn ein Amt ausgeübt wird der Besoldungsgruppe R 1 der Besoldungsgruppe R 2	 215,82 241,58
		für Beamte der Besoldungsgruppe(n)		Besoldungsgruppe / Fußnote	
		C 1	A 13	C 2 / 1	109,54
		C 2	A 15		
		C 3 und C 4	B 3		

*) Nach Maßgabe des Artikels 1 § 5 des Haushaltsstrukturgesetzes vom 18. Dezember 1975 (BGBl. I S. 3091).

Anhang 2 (zu Nummer 2)
(Anlage IV des BBesG)
Gültig ab 1. März 2024 für Postnachfolgeunternehmen

Grundgehalt

1. Bundesbesoldungsordnung A

Besoldungs-gruppe	Grundgehalt (Monatsbetrag in Euro)							
	Stufe 1	Stufe 2	Stufe 3	Stufe 4	Stufe 5	Stufe 6	Stufe 7	Stufe 8
A 2	2480,54	2531,53	2583,93	2623,17	2663,76	2704,34	2744,89	2785,47
A 3	2568,21	2621,85	2675,52	2718,71	2761,90	2805,10	2848,30	2891,49
A 4	2617,97	2682,08	2746,21	2797,25	2848,30	2899,35	2950,38	2997,53
A 5	2636,26	2716,09	2780,22	2843,07	2905,92	2970,05	3032,84	3094,39
A 6	2688,61	2781,56	2875,77	2947,76	3022,38	3094,39	3174,20	3243,58
A 7	2812,96	2895,44	3004,09	3115,30	3223,94	3333,90	3416,36	3498,81
A 8	2964,79	3064,28	3204,30	3345,70	3487,03	3585,20	3684,66	3782,84
A 9	3194,60	3292,77	3447,23	3604,28	3758,70	3863,70	3972,91	4079,41
A 10	3405,32	3540,14	3735,18	3931,08	4130,63	4269,50	4408,35	4547,26
A 11	3863,70	4069,96	4274,89	4481,17	4622,72	4764,29	4905,85	5047,45
A 12	4127,95	4371,98	4617,35	4861,35	5031,24	5198,42	5366,95	5538,18
A 13	4806,10	5035,28	5263,12	5492,33	5650,07	5809,17	5966,89	6121,92
A 14	4936,86	5232,11	5528,73	5823,98	6027,55	6232,52	6436,06	6641,01
A 15	5989,81	6256,77	6460,34	6663,94	6867,51	7069,74	7271,98	7472,84
A 16	6587,07	6897,19	7131,75	7366,36	7599,59	7835,55	8070,12	8302,04

Erhöhungsbeträge für die Besoldungsgruppen A 5, A 6, A 9 und A 10

Das Grundgehalt erhöht sich in den Besoldungsgruppen A 5 und A 6

– für Beamte des mittleren Dienstes

um 23,95 Euro.

Es erhöht sich in den Besoldungsgruppen A 9 und A 10

– für Beamte des gehobenen Dienstes

um 10,45 Euro.

2. Bundesbesoldungsordnung B

Besoldungsgruppe	Grundgehalt (Monatsbetrag in Euro)
B 1	7 472,84
B 2	8 648,52
B 3	9 145,99
B 4	9 666,39
B 5	10 263,67
B 6	10 831,29
B 7	11 378,66
B 8	11 951,62
B 9	12 662,15
B 10	14 869,18
B 11	15 318,74

(Anlage V des BBesG)

Gültig ab 1. März 2024 für Postnachfolgeunternehmen

Familienzuschlag
(Monatsbetrag in Euro)

Stufe 1 (§ 40 Absatz 1)	Stufe 2 (§ 40 Absatz 2)
163,14	302,55

Der Familienzuschlag erhöht sich

- für das zweite zu berücksichtigende Kind um 139,41 Euro,
- für jedes weitere zu berücksichtigende Kind um 434,35 Euro.

Erhöhungsbeträge für die Besoldungsgruppen A 3 bis A 5 und für Anwärter des einfachen Dienstes

Für die Besoldungsgruppen A 3 bis A 5 und für Anwärter des einfachen Dienstes erhöht sich der Familienzuschlag wie folgt:

1. für das erste zu berücksichtigende Kind für die Besoldungsgruppen A 3 bis A 5 und für Anwärter des einfachen Dienstes um 5,11 Euro,
2. für jedes weitere zu berücksichtigende Kind
   - in der Besoldungsgruppe A 3 und für Anwärter des einfachen Dienstes um 25,56 Euro,
   - in der Besoldungsgruppe A 4 um 20,45 Euro,
   - in der Besoldungsgruppe A 5 um 15,34 Euro.

Soweit dadurch im Einzelfall die Besoldung hinter derjenigen aus einer niedrigeren Besoldungsgruppe zurückbleibt, wird der Unterschiedsbetrag zusätzlich gewährt.

Anrechnungsbetrag nach § 39 Absatz 2 Satz 1

- Besoldungsgruppen A 3 bis A 8: 144,27 Euro
- Besoldungsgruppen A 9 bis A 12: 153,15 Euro

(Anlage IX des BBesG)

Gültig ab 1. März 2024 für Postnachfolgeunternehmen

Zulagen

– in der Reihenfolge der Gesetzesstellen –

	Dem Grunde nach geregelt in	Zulagenberechtigter Personenkreis, soweit nicht bereits in Anlage I oder Anlage III geregelt	Monatsbetrag in Euro
	1	2	3
1	**Anlage I (Bundesbesoldungsordnungen A und B)**		
2	Vorbemerkung		
3		Stellenzulagen	
4	Nummer 4		
5	Absatz 1		
6	Nummer 1		142,86
7	Nummer 2		123,81
8	Nummer 3, 4 und 5		95,24
9	Nummer 4a		128,57
10	Nummer 5	Beamte der Besoldungsgruppen A 5 und A 6 Mannschaften der Besoldungsgruppen A 5 und A 6 Unteroffiziere der Besoldungsgruppen A 5 und A 6	50,48
11		Beamte der Besoldungsgruppen A 7 bis A 9 Unteroffiziere der Besoldungsgruppen A 7 bis A 9	71,43
12		Beamte des gehobenen und höheren Dienstes Offiziere	107,62
13	Nummer 5a		
14	Absatz 1		
15	Nummer 1		
16	Buchstabe a	Beamte des mittleren Dienstes Unteroffiziere der Besoldungsgruppen A 5 bis A 9	293,34
17		Beamte des gehobenen Dienstes Offiziere der Besoldungsgruppen A 9 bis A 12 Offiziere des militärfachlichen Dienstes der Besoldungsgruppe A 13	323,82
18	Buchstabe b	Beamte des mittleren Dienstes Unteroffiziere der Besoldungsgruppen A 5 bis A 9	250,48
19		Beamte des gehobenen Dienstes Offiziere der Besoldungsgruppen A 9 bis A 12 Offiziere des militärfachlichen Dienstes der Besoldungsgruppe A 13	280,96
20	Buchstabe c	Beamte des gehobenen und des höheren Dienstes Offiziere der Besoldungsgruppen A 9 bis A 12 Offiziere des militärfachlichen Dienstes der Besoldungsgruppe A 13 Offiziere des Truppendienstes der Besoldungsgruppe A 13 und höher	323,82

	Dem Grunde nach geregelt in 1	Zulagenberechtigter Personenkreis, soweit nicht bereits in Anlage I oder Anlage III geregelt 2	Monatsbetrag in Euro 3
21	Nummer 2 und 3	Beamte des mittleren Dienstes	
		Unteroffiziere der Besoldungsgruppen A 5 bis A 9	201,91
22		Beamte des gehobenen Dienstes	
		Offiziere der Besoldungsgruppen A 9 bis A 12	
		Offiziere des militärfachlichen Dienstes der Besoldungsgruppe A 13	225,72
23	Nummer 4		
24	Buchstabe a	Beamte und Soldaten mit Radarleit-Jagdlizenz	323,82
25		Beamte des mittleren und gehobenen Dienstes ohne Radarleit-Jagdlizenz	
		Unteroffiziere der Besoldungsgruppen A 5 bis A 9 ohne Radarleit-Jagdlizenz	
		Offiziere der Besoldungsgruppen A 9 bis A 12 ohne Radarleit-Jagdlizenz	
		Offiziere des militärfachlichen Dienstes der Besoldungsgruppe A 13 ohne Radarleit-Jagdlizenz	250,48
26	Buchstabe b	Beamte des mittleren und des gehobenen Dienstes	
		Unteroffiziere der Besoldungsgruppen A 5 bis A 9	
		Offiziere der Besoldungsgruppen A 9 bis A 12	
		Offiziere des militärfachlichen Dienstes der Besoldungsgruppe A 13	201,91
27	Nummer 5 und 6	Beamte des mittleren Dienstes	
		Unteroffiziere der Besoldungsgruppen A 5 bis A 9	128,57
28		Beamte des gehobenen Dienstes	
		Offiziere der Besoldungsgruppen A 9 bis A 12	
		Offiziere des militärfachlichen Dienstes der Besoldungsgruppe A 13	201,91
29		Beamte des höheren Dienstes Offiziere des Truppendienstes der Besoldungsgruppe A 13 und höher	280,96
30	Nummer 6		
31	Absatz 1 Satz 1		
32	Nummer 1		647,63
33	Nummer 2		514,30
34	Nummer 3		452,39
35	Nummer 4		414,29
36	Absatz 1 Satz 2		585,73
37	Nummer 6a		142,86
38	Nummer 7	Beamte und Soldaten der Besoldungsgruppe(n)	
39		– A 3 bis A 5	157,15
40		– A 6 bis A 9	209,53
41		– A 10 bis A 13	261,91
42		– A 14, A 15, B 1	314,29
43		– A 16, B 2 bis B 4	380,96
44		– B 5 bis B 7	447,63
45		– B 8 bis B 10	514,30

	Dem Grunde nach geregelt in	Zulagenberechtigter Personenkreis, soweit nicht bereits in Anlage I oder Anlage III geregelt	Monatsbetrag in Euro
	1	2	3
46		– B 11	580,96
47	Nummer 8	Beamte und Soldaten der Besoldungsgruppen	
48		– A 3 bis A 5	142,86
49		– A 6 bis A 9	190,48
50		– A 10 bis A 13	238,10
51		– A 14 und höher	285,72
52	Nummer 8a	Beamte und Soldaten der Besoldungsgruppen	
53		– A 3 bis A 5	98,10
54		– A 6 bis A 9	134,29
55		– A 10 bis A 13	165,72
56		– A 14 und höher	196,19
57		Anwärter der Laufbahngruppe	
58		– des mittleren Dienstes	71,43
59		– des gehobenen Dienstes	94,29
60		– des höheren Dienstes	116,19
61	Nummer 8b	Beamte der Besoldungsgruppen	
62		– A 3 bis A 5	114,29
63		– A 6 bis A 9	152,38
64		– A 10 bis A 13	190,48
65		– A 14 und höher	228,58
66	Nummer 8c	Beamte und Soldaten der Besoldungsgruppen	
67		– A 3 bis A 5	80,95
68		– A 6 bis A 9	104,76
69		– A 10 bis A 13	119,05
70		– A 14 und höher	133,34
71	Nummer 9	Beamte und Soldaten nach einer Dienstzeit von	
72		– einem Jahr	90,48
73		– zwei Jahren	217,15
74	Nummer 9a		
75	Absatz 1		
76	Nummer 1		333,34
77	Nummer 2		666,68
78	Nummer 3		214,29
79	Absatz 3		
80	Nummer 1		129,53
81	Nummer 2 und 3		72,38
82	Nummer 10	Beamte und Soldaten nach einer Dienstzeit von	
83		– einem Jahr	90,48
84		– zwei Jahren	180,96
85	Nummer 11		
86	Absatz 1		
87	Nummer 1		395,25
88	Nummer 2		585,73
89	Absatz 3		209,53
90	Nummer 12		52,38
91	Nummer 13		
92	Absatz 1	Beamte des mittleren Dienstes	104,76
93		Beamte des gehobenen Dienstes	152,38
94	Absatz 2 Satz 1	Beamte der Besoldungsgruppen	
95		– A 6 bis A 9	190,48

	Dem Grunde nach geregelt in		Zulagenberechtigter Personenkreis, soweit nicht bereits in Anlage I oder Anlage III geregelt	Monatsbetrag in Euro
	1		2	3
96			– A 10 bis A 13	200,00
97			– A 14 bis A 16	209,53
98	Nummer 14			33,33
99	Nummer 15		Beamte der Besoldungsgruppen	
100			– A 3 bis A 5	66,67
101			– A 6 bis A 9	85,72
102			– A 10 bis A 13	104,76
103			– A 14 und höher	133,34
104	Nummer 16		Beamte und Soldaten der Besoldungsgruppen	
105			– A 3 bis A 5	142,86
106			– A 6 bis A 9	190,48
107			– A 10 bis A 13	238,10
108			– A 14 und höher	285,72
109	Nummer 17		Beamte der Besoldungsgruppen	
110			– A 3 bis A 5	91,43
111			– A 6 bis A 9	121,91
112			– A 10 bis A 13	152,38
113			– A 14 und höher	182,86
114	Nummer 18		Beamte und Soldaten der Besoldungsgruppen	
115			– A 3 bis A 5	91,43
116			– A 6 bis A 9	121,91
117			– A 10 bis A 13	152,38
118			– A 14 und höher	182,86
119	Nummer 19		Beamte der Besoldungsgruppen	
120			– A 3 bis A 5	19,05
121			– A 6 bis A 9	38,10
122			– A 10 bis A 13	57,14
123			– A 14 und höher	76,19
124			Amtszulagen	
125	Besoldungsgruppe	Fußnote(n)		
126	A 3	1		47,36
127		2		87,36
128		3		44,10
129	A 4	1		47,36
130		2		87,36
131		4		9,52
132	A 5	1		47,36
133		3		87,36
134	A 6	2, 5		47,36
135	A 7	5		58,82
136	A 8	1		75,77
137	A 9	1		352,60
138	A 13	1		358,33
139		7		163,79
140	A 14	5		245,67
141	A 15	3		327,54
142		8		245,67
143	A 16	6		274,74
144	B 10	1		567,72

	Dem Grunde nach geregelt in		Zulagenberechtigter Personenkreis, soweit nicht bereits in Anlage I oder Anlage III geregelt	Monatsbetrag in Euro
	1		2	3
145	**Anlage III (Bundesbesoldungsordnung R)**			
146			Stellenzulage	
147	Vorbemerkung			
148	Nummer 2		Richter und Staatsanwälte der Besoldungsgruppen	
149			– R 2 und R 3	380,96
150			– R 5 bis R 7	447,63
151			– R 8 und höher	514,30
152			Amtszulagen	
153	Besoldungsgruppe	Fußnote		
154	R 2	1		271,62
155	R 7	1		403,93
156	R 8	1		543,13

Anhang 3 (zu Nummer 3)
Zu Anlage IV des BBesG (zu § 20 Absatz 2 Satz 2, § 37 Satz 2)
Gültig ab 1. März 2024

Grundgehalt

1. Bundesbesoldungsordnung A

Beträge für die weggefallene Besoldungsgruppe A 2

Besoldungs-gruppe	Grundgehalt (Monatsbetrag in Euro)							
	Stufe 1	Stufe 2	Stufe 3	Stufe 4	Stufe 5	Stufe 6	Stufe 7	Stufe 8
A 2	2614,93	2668,47	2723,49	2764,69	2807,31	2849,92	2892,50	2935,11

4. Bundesbesoldungsordnung R

Beträge für die weggefallenen Besoldungsgruppen R 1 und R 4

Besoldungs-gruppe	Grundgehalt (Monatsbetrag in Euro)							
	Stufe 1	Stufe 2	Stufe 3	Stufe 4	Stufe 5	Stufe 6	Stufe 7	Stufe 8
R 1	5046,30	5512,01	5979,17	6392,55	6804,46	7217,82	7628,34	8044,52
R 4	10 149,51							

(Anlage IX)

Gültig ab 1. März 2024

Zulagen

– in der Reihenfolge der Gesetzesstellen –

	Dem Grunde nach geregelt in	Zulagenberechtigter Personenkreis, soweit nicht bereits in Anlage I oder Anlage III geregelt	Monatsbetrag in Euro
	1	2	3
1	**Anlage I (Bundesbesoldungsordnungen A und B)**		
2	Vorbemerkung		
3	Nummer 7	Beamte und Soldaten der Besoldungsgruppe A 2	165,00
4	Nummer 8	Beamte und Soldaten der Besoldungsgruppe A 2	150,00
5	Nummer 8a	Beamte und Soldaten der Besoldungsgruppe A 2	103,00
6	Nummer 8b	Beamte der Besoldungsgruppe A 2	120,00
7	Nummer 8c	Beamte und Soldaten der Besoldungsgruppe A 2	85,00
8	Nummer 15	Beamte der Besoldungsgruppe A 2	70,00
9	Nummer 16	Beamte der Besoldungsgruppe A 2	150,00
10	Nummer 17	Beamte der Besoldungsgruppe A 2	96,00
11	Nummer 18	Beamte der Besoldungsgruppe A 2	96,00
12	Nummer 19	Beamte der Besoldungsgruppe A 2	20,00
13		Amtszulage	
14	Besoldungsgruppe Fußnote		
15	A 2 1		49,73
16	**Anlage III (Bundesbesoldungsordnung R)**		
17		Stellenzulage	
18	Vorbemerkung		
19	Nummer 2	Richter und Staatsanwälte der Besoldungsgruppen	
20		R 1	330,00
21		R 4	400,00

Anhang 4 (zu Nummer 4)
Anlage 1

Gültig ab 1. März 2024

Überleitungstabelle für die Besoldungsgruppen der Bundesbesoldungsordnung A

Besoldungs-gruppe	Grundgehalt (Monatsbetrag in Euro)														
	Stufe 1	Überleitungs-stufe zu Stufe 2	Stufe 2	Überleitungs-stufe zu Stufe 3	Stufe 3	Überleitungs-stufe zu Stufe 4	Stufe 4	Überleitungs-stufe zu Stufe 5	Stufe 5	Überleitungs-stufe zu Stufe 6	Stufe 6	Überleitungs-stufe zu Stufe 7	Stufe 7	Überleitungs-stufe zu Stufe 8	Stufe 8
A 2	2614,93		2668,47		2723,49		2764,69	2774,32	2807,31	2827,93	2849,92	2880,14	2892,50		2935,11
A 3	2706,99		2763,31		2819,66		2865,01	2876,01	2910,36	2932,36	2955,72	2990,08	3001,08		3046,42
A 4	2759,23		2826,55		2893,88		2947,47	2958,49	3001,08	3025,82	3054,68	3091,78	3108,26		3157,76
A 5	2778,44		2862,26		2929,59		2995,58	3017,56	3061,57	3098,66	3128,91	3178,34	3194,84		3259,46
A 6	2833,40	2906,26	2931,00	2979,09	3029,92	3051,93	3105,51	3124,79	3183,86	3197,59	3259,46	3270,43	3343,26		3416,11
A 7	2963,97	3031,31	3050,57	3122,02	3164,65	3212,75	3281,42	3303,40	3395,49	3487,57	3510,94	3553,54	3597,53	3618,14	3684,10
A 8	3123,39	3200,34	3227,85	3318,56	3374,87	3435,36	3523,33	3553,54	3671,73	3748,68	3774,80	3827,04	3879,24	3905,33	3982,32
A 9	3354,26	3432,61	3457,34	3557,66	3619,52	3682,73	3784,42	3807,80	3946,56	4019,44	4056,80	4106,33	4171,47	4195,51	4283,30
A 10	3575,51	3684,10	3717,07	3844,89	3921,86	4004,31	4127,55	4168,62	4337,08	4443,24	4482,89	4555,08	4628,67	4665,51	4774,53
A 11	4056,80	4226,66	4273,37	4395,13	4488,54	4566,40	4705,13	4734,86	4853,76	4959,95	5002,40	5074,60	5151,04	5187,85	5299,72
A 12	4334,26	4535,26	4590,49	4737,70	4848,12	4940,12	5104,32	5142,59	5282,70	5410,10	5458,23	5546,00	5635,18	5680,48	5814,97
A 13	5046,30	5264,29	5286,94	5482,29	5526,17	5700,31	5766,83	5844,71	5932,45	5990,50	6099,51	6136,30	6265,11	6282,08	6427,89
A 14	5183,60	5465,32	5493,61	5747,02	5805,05	6030,13	6115,06	6219,84	6328,80	6406,69	6544,01	6596,35	6757,73	6784,66	6972,92
A 15	6289,17	6292,04	6569,48	6603,45	6783,22	6851,21	6997,00	7098,93	7210,74	7348,04	7423,08	7598,61	7635,43	7641,06	7846,32
A 16	6916,29	6919,14	7241,90	7278,68	7488,19	7566,05	7734,52	7853,44	7979,41	8142,21	8227,16	8429,57	8473,46	8480,51	8716,97

Erhöhungsbeträge für die Besoldungsgruppen A 5, A 6, A 9 und A 10

Das Grundgehalt erhöht sich in den Besoldungsgruppen A 5 und A 6

- für Beamte des mittleren Dienstes sowie
- für Soldaten in der Laufbahngruppe der Unteroffiziere sowie für Fahnenjunker und Seekadetten

III

um 25,15 Euro.

Es erhöht sich in den Besoldungsgruppen A 9 und A 10

- für Beamte des gehobenen Dienstes sowie
- für Offiziere

um 10,97 Euro.

Anlage 2

Gültig ab 1. März 2024

Überleitungstabelle für die Besoldungsgruppen R 1 und R 2

Besoldungsgruppe	Grundgehalt (Monatsbetrag in Euro)														
	Stufe 1	Überleitungsstufe zu Stufe 2	Stufe 2	Überleitungsstufe zu Stufe 3	Stufe 3	Überleitungsstufe zu Stufe 4	Stufe 4	Überleitungsstufe zu Stufe 5	Stufe 5	Überleitungsstufe zu Stufe 6	Stufe 6	Überleitungsstufe zu Stufe 7	Stufe 7	Überleitungsstufe zu Stufe 8	Stufe 8
R 1	5046,30	5378,97	5512,01	5674,80	5979,17	6266,55	6392,55	6563,82	6804,46	6859,68	7217,82	7451,40	7628,34	7748,65	8044,52
R 2	6086,73		6388,29		6688,40	6975,76	7098,93	7273,02	7512,25	7568,92	7924,21	8160,63	8337,58	8456,49	8750,94

Anhang 5 (zu Nummer 5)
(Anlage 1 des BesÜG)

Gültig ab 1. März 2024 für Postnachfolgeunternehmen

Überleitungstabelle für die Besoldungsgruppen der Bundesbesoldungsordnung A

Besoldungs-gruppe	Grundgehalt (Monatsbetrag in Euro)														
	Stufe 1	Überleitungsstufe zu Stufe 2	Stufe 2	Überleitungsstufe zu Stufe 3	Stufe 3	Überleitungsstufe zu Stufe 4	Stufe 4	Überleitungsstufe zu Stufe 5	Stufe 5	Überleitungsstufe zu Stufe 6	Stufe 6	Überleitungsstufe zu Stufe 7	Stufe 7	Überleitungsstufe zu Stufe 8	Stufe 8
A 2	2480,54		2531,53		2583,93		2623,17	2632,34	2663,76	2683,40	2704,34	2 733,12	2 744,89		2785,47
A 3	2568,21		2621,85		2675,52		2718,71	2729,19	2761,90	2782,86	2805,10	2 837,83	2 848,30		2891,49
A 4	2617,97		2682,08		2746,21		2797,25	2807,74	2848,30	2871,87	2899,35	2 934,69	2 950,38		2997,53
A 5	2636,26		2716,09		2780,22		2843,07	2864,00	2905,92	2941,24	2970,05	3 017,13	3 032,84		3094,39
A 6	2688,61	2758,00	2781,56	2827,36	2875,77	2896,73	2947,76	2966,13	3022,38	3035,46	3094,39	3 104,83	3 174,20		3243,58
A 7	2812,96	2877,10	2895,44	2963,49	3004,09	3049,90	3115,30	3136,23	3223,94	3311,64	3333,90	3 374,47	3 416,36	3435,99	3498,81
A 8	2964,79	3038,08	3064,28	3150,67	3204,30	3261,91	3345,70	3374,47	3487,03	3560,32	3585,20	3 634,95	3 684,66	3709,51	3782,84
A 9	3194,60	3269,22	3292,77	3388,32	3447,23	3507,43	3604,28	3626,55	3758,70	3828,11	3863,70	3 910,87	3 972,91	3995,80	4079,41
A 10	3405,32	3508,74	3540,14	3661,87	3735,18	3813,70	3931,08	3970,19	4130,63	4231,74	4269,50	4 338,26	4 408,35	4443,43	4547,26
A 11	3863,70	4025,47	4069,96	4185,92	4274,89	4349,04	4481,17	4509,48	4622,72	4723,86	4764,29	4 833,05	4 905,85	4940,91	5047,45
A 12	4127,95	4319,38	4371,98	4512,19	4617,35	4704,97	4861,35	4897,80	5031,24	5152,58	5198,42	5 282,01	5 366,95	5410,09	5538,18
A 13	4806,10	5013,71	5035,28	5221,33	5263,12	5428,98	5492,33	5566,50	5650,07	5705,35	5809,17	5 844,21	5 966,89	5983,05	6121,92
A 14	4936,86	5205,17	5232,11	5473,46	5528,73	5743,10	5823,98	5923,78	6027,55	6101,73	6232,52	6 282,36	6 436,06	6461,71	6641,01
A 15	5989,81	5992,54	6256,77	6289,13	6460,34	6525,09	6663,94	6761,02	6867,51	6998,27	7069,74	7 236,92	7 271,98	7277,35	7472,84
A 16	6587,07	6589,79	6897,19	6932,21	7131,75	7205,91	7366,36	7479,62	7599,59	7754,64	7835,55	8 028,32	8 070,12	8076,84	8302,04

III

Erhöhungsbeträge für die Besoldungsgruppen A 5, A 6, A 9 und A 10

Das Grundgehalt erhöht sich in den Besoldungsgruppen A 5 und A 6

- für Beamte des mittleren Dienstes sowie
- für Soldaten in der Laufbahngruppe der Unteroffiziere sowie für Fahnenjunker und Seekadetten

um 23,95 Euro.

Es erhöht sich in den Besoldungsgruppen A 9 und A 10

- für Beamte des gehobenen Dienstes sowie
- für Offiziere

um 10,45 Euro.

Anlage 1
Gültig ab 1. März 2024

Überleitungstabelle für die Besoldungsgruppen der Bundesbesoldungsordnung A

Besoldungsgruppe	Grundgehalt (Monatsbetrag in Euro)														
	Stufe 1	Überleitungsstufe zu Stufe 2	Stufe 2	Überleitungsstufe zu Stufe 3	Stufe 3	Überleitungsstufe zu Stufe 4	Stufe 4	Überleitungsstufe zu Stufe 5	Stufe 5	Überleitungsstufe zu Stufe 6	Stufe 6	Überleitungsstufe zu Stufe 7	Stufe 7	Überleitungsstufe zu Stufe 8	Stufe 8
A 2	2614,93		2668,47		2723,49		2764,69	2774,32	2807,31	2827,93	2849,92	2880,14	2892,50		2935,11
A 3	2706,99		2763,31		2819,66		2865,01	2876,01	2910,36	2932,36	2955,72	2990,08	3001,08		3046,42
A 4	2759,23		2826,55		2893,88		2947,47	2958,49	3001,08	3025,82	3054,68	3091,78	3108,26		3157,76
A 5	2778,44		2862,26		2929,59		2995,58	3017,56	3061,57	3098,66	3128,91	3178,34	3194,84		3259,46
A 6	2833,40	2906,26	2931,00	2979,09	3029,92	3051,93	3105,51	3124,79	3183,86	3197,59	3259,46	3270,43	3343,26		3416,11
A 7	2963,97	3031,31	3050,57	3122,02	3164,65	3212,75	3281,42	3303,40	3395,49	3487,57	3510,94	3553,54	3597,53	3618,14	3684,10
A 8	3123,39	3200,34	3227,85	3318,56	3374,87	3435,36	3523,33	3553,54	3671,73	3748,68	3774,80	3827,04	3879,24	3905,33	3982,32
A 9	3354,26	3432,61	3457,34	3557,66	3619,52	3682,73	3784,42	3807,80	3946,56	4019,44	4056,80	4106,33	4171,47	4195,51	4283,30
A 10	3575,51	3684,10	3717,07	3844,89	3921,86	4004,31	4127,55	4168,62	4337,08	4443,24	4482,89	4555,08	4628,67	4665,51	4774,53
A 11	4056,80	4226,66	4273,37	4395,13	4488,54	4566,40	4705,13	4734,86	4853,76	4959,95	5002,40	5074,60	5151,04	5187,85	5299,72
A 12	4334,26	4535,26	4590,49	4737,70	4848,12	4940,12	5104,32	5142,59	5282,70	5410,10	5458,23	5546,00	5635,18	5680,48	5814,97
A 13	5046,30	5264,29	5286,94	5482,29	5526,17	5700,31	5766,83	5844,71	5932,45	5990,50	6099,51	6136,30	6265,11	6282,08	6427,89
A 14	5183,60	5465,32	5493,61	5747,02	5805,05	6030,13	6115,06	6219,84	6328,80	6406,69	6544,01	6596,35	6757,73	6784,66	6972,92
A 15	6289,17	6292,04	6569,48	6603,45	6783,22	6851,21	6997,00	7098,93	7210,74	7348,04	7423,08	7598,61	7635,43	7641,06	7846,32
A 16	6916,29	6919,14	7241,90	7278,68	7488,19	7566,05	7734,52	7853,44	7979,41	8142,21	8227,16	8429,57	8473,46	8480,51	8716,97

Erhöhungsbeträge für die Besoldungsgruppen A 5, A 6, A 9 und A 10

Das Grundgehalt erhöht sich in den Besoldungsgruppen A 5 und A 6

– für Beamte des mittleren Dienstes sowie
– für Soldaten in der Laufbahngruppe der Unteroffiziere sowie für Fahnenjunker und Seekadetten

um 25,15 Euro.

Es erhöht sich in den Besoldungsgruppen A 9 und A 10

- für Beamte des gehobenen Dienstes sowie
- für Offiziere

um 10,97 Euro.

Anlage 2

Gültig ab 1. März 2024

Überleitungstabelle für die Besoldungsgruppen R 1 und R 2

Besoldungs-gruppe	Grundgehalt (Monatsbetrag in Euro)														
	Stufe 1	Überleitungs-stufe zu Stufe 2	Stufe 2	Überleitungs-stufe zu Stufe 3	Stufe 3	Überleitungs-stufe zu Stufe 4	Stufe 4	Überleitungs-stufe zu Stufe 5	Stufe 5	Überleitungs-stufe zu Stufe 6	Stufe 6	Überleitungs-stufe zu Stufe 7	Stufe 7	Überleitungs-stufe zu Stufe 8	Stufe 8
R 1	5046,30	5378,97	5512,01	5674,80	5979,17	6266,55	6392,55	6563,82	6804,46	6859,68	7217,82	7451,40	7628,34	7748,65	8044,52
R 2	6086,73		6388,29		6688,40	6975,76	7098,93	7273,02	7512,25	7568,92	7924,21	8160,63	8337,58	8456,49	8750,94

Verordnung des Bundes über leistungsbezogene Besoldungsinstrumente (Bundesleistungsbesoldungsverordnung – BLBV)

Vom 23. Juli 2009 (BGBl. I S. 2170)

Zuletzt geändert durch
Verordnung zur Änderung dienstrechtlicher Verordnungen aus Anlass des Besoldungsstrukturenmodernisierungsgesetzes
vom 8. Januar 2020 (BGBl. I S. 27)

Auf Grund des § 27 Absatz 7 und des § 42a Absatz 1 des Bundesbesoldungsgesetzes in der Fassung der Bekanntmachung vom 19. Juni 2009 (BGBl. I S. 1434) verordnet die Bundesregierung:

§ 1 Geltungsbereich

Diese Verordnung gilt für Besoldungsempfängerinnen und Besoldungsempfänger in den Besoldungsgruppen der Bundesbesoldungsordnung A sowie in den Besoldungsgruppen R 1 und R 2.

§ 2 Begriffsbestimmungen

(1) Leistungsbezogene Besoldungsinstrumente im Sinne dieser Verordnung sind Leistungsstufe, Leistungsprämie und Leistungszulage.

(2) Besoldungsempfängerinnen und Besoldungsempfänger im Sinne dieser Verordnung sind:

1. Beamtinnen und Beamte, Soldatinnen und Soldaten,
2. Richterinnen und Richter, die ihr Amt nicht ausüben,
3. Staatsanwältinnen und Staatsanwälte.

§ 3 Leistungsstufe

Die Leistungsstufe dient der Anerkennung dauerhaft herausragender Leistungen. Beamtinnen und Beamten sowie Soldatinnen und Soldaten, die dauerhaft herausragende Leistungen erbringen, kann für den Zeitraum bis zum Erreichen der nächsten Stufe das Grundgehalt der nächsthöheren Stufe gezahlt werden.

§ 4 Leistungsprämie

(1) Die Leistungsprämie dient der Anerkennung einer herausragenden besonderen Leistung; sie soll in engem zeitlichen Zusammenhang mit der Leistung stehen.

(2) Die Leistungsprämie wird als Einmalzahlung gewährt. Die Höhe ist der erbrachten Leistung entsprechend zu bemessen. Es kann ein Betrag bis zur Höhe des Anfangsgrundgehaltes der Besoldungsgruppe gewährt werden, der die Besoldungsempfängerin oder der Besoldungsempfänger zum Zeitpunkt der Entscheidung angehört.

§ 5 Leistungszulage

(1) Die Leistungszulage dient der Anerkennung einer herausragenden besonderen Leistung, die bereits über einen Zeitraum von mindestens drei Monaten erbracht worden ist und auch für die Zukunft erwartet wird. Zugleich ist sie Anreiz, diese Leistung auch künftig zu erbringen. Die Leistungszulage kann für bis zu drei Monate rückwirkend gewährt werden. Bei Leistungsabfall ist sie für die Zukunft zu widerrufen.

(2) Die Höhe und die Dauer der Gewährung sind der erbrachten Leistung entsprechend zu bemessen. Es kann monatlich ein Betrag bis zur Höhe von 7 Prozent des Anfangsgrundgehaltes der Besoldungsgruppe gewährt werden, der die Besoldungsempfängerin oder der Besoldungsempfänger bei der Festsetzung der Leistungszulage angehört. Die Leistungszulage darf längstens für einen zusammenhängenden Zeitraum von einem Jahr gewährt werden; innerhalb dieses Zeitraums ist die Verlängerung der Zahlung zulässig. Eine weitere Leistungszulage darf frühestens

ein Jahr nach Ablauf dieses Zeitraums gewährt werden. Die Leistungszulage wird nachträglich gezahlt.

§ 6 Vergabemöglichkeiten

(1) Die Zahl der in einem Kalenderjahr bei einem Dienstherrn vergebenen Leistungsstufen darf 15 Prozent der Zahl der bei dem Dienstherrn am 1. Januar vorhandenen Besoldungsempfängerinnen und Besoldungsempfänger in Besoldungsgruppen der Bundesbesoldungsordnung A, die das Endgrundgehalt noch nicht erreicht haben, nicht übersteigen. Bei Anstalten, Stiftungen und Körperschaften mit weniger als sieben Besoldungsempfängerinnen und Besoldungsempfängern in Besoldungsgruppen der Bundesbesoldungsordnung A, die das Endgrundgehalt noch nicht erreicht haben, kann in jedem Kalenderjahr einer Besoldungsempfängerin oder einem Besoldungsempfänger eine Leistungsstufe gewährt werden.

(2) Die Gesamtzahl der in einem Kalenderjahr bei einem Dienstherrn vergebenen Leistungsprämien und Leistungszulagen darf 15 Prozent der Zahl der bei dem Dienstherrn am 1. Januar vorhandenen Besoldungsempfängerinnen und Besoldungsempfänger nicht übersteigen. Eine Überschreitung des Prozentsatzes nach Satz 1 ist jedoch in dem Umfang zulässig, in dem von der Möglichkeit der Vergabe von Leistungsstufen kein Gebrauch gemacht wird. Bei Anstalten, Stiftungen und Körperschaften mit weniger als sieben Besoldungsempfängerinnen und Besoldungsempfängern kann in jedem Kalenderjahr einer Besoldungsempfängerin oder einem Besoldungsempfänger eine Leistungsprämie oder Leistungszulage gewährt werden.

§ 7 Teamregelungen

(1) Leistungsprämien oder Leistungszulagen, die wegen einer wesentlichen Beteiligung an einer durch enges arbeitsteiliges Zusammenwirken erbrachten Leistung an mehrere Besoldungsempfängerinnen oder Besoldungsempfänger gewährt werden, gelten zusammen nur als eine Leistungsprämie oder Leistungszulage im Sinne des § 6 Absatz 2 Satz 1.

(2) Leistungsprämien und Leistungszulagen dürfen zusammen 250 Prozent des in § 4 Absatz 2 Satz 3 und § 5 Absatz 2 Satz 2 geregelten Umfangs nicht übersteigen; maßgeblich ist die höchste Besoldungsgruppe, der die an der Leistung wesentlich Beteiligten angehören. Für Teilprämien und Teilzulagen, die sich für die einzelnen Besoldungsempfängerinnen oder Besoldungsempfänger ergeben, gilt § 4 Absatz 2 Satz 3 und § 5 Absatz 2 Satz 2 entsprechend.

§ 8 Ausschluss- und Konkurrenzregelungen

(1) Leistungsbezogene Besoldungsinstrumente dürfen nicht neben einer Zulage nach § 45 des Bundesbesoldungsgesetzes gewährt werden, soweit sie auf Grund desselben Sachverhalts gewährt werden. Neben einer Zulage für die Tätigkeit bei obersten Bundesbehörden sowie bei obersten Gerichtshöfen des Bundes können leistungsbezogene Besoldungsinstrumente nur insoweit gewährt werden, als die Gesamtheit aller Instrumente 15 Prozent der Zahl der dort am 1. Januar jeweils vorhandenen Besoldungsempfängerinnen und Besoldungsempfänger nicht übersteigt.

(2) Eine Leistungsstufe darf nicht gewährt werden vor Ablauf eines Jahres seit der Berufung in ein Beamtenverhältnis auf Probe. Sie soll nicht gewährt werden innerhalb eines Jahres nach der letzten Verleihung eines Amtes mit höherem Endgrundgehalt.

(3) Leistungsprämien und Leistungszulagen dürfen nicht gewährt werden in Bereichen, in denen folgende Leistungselemente gewährt werden:

1. Zuwendungen für besondere Leistungen nach § 31 Absatz 4 des Gesetzes über die Deutsche Bundesbank,
2. Zulagen nach der Postleistungszulagenverordnung, Leistungsentgelt nach der Postleistungsentgeltverordnung oder der Postbankleistungsentgeltverordnung oder
3. Zulagen der Deutsche Bahn Aktiengesellschaft oder der ausgegliederten Gesellschaften nach § 2 Absatz 1 oder § 3 Absatz 3 des Deutsche Bahn Gründungsgesetzes.

§ 9 Entscheidungsberechtigte und Verfahren

(1) In den obersten Bundesbehörden entscheidet die Leitung der Abteilung über die Gewährung der leistungsbezogenen Besoldungsinstrumente. Für Bereiche in obersten Bundesbehörden, die nicht der Leitung einer Abteilung unterstehen, legt die Leitung der obersten Bundesbehörde die Entscheidungsberechtigten fest. In den übrigen Bundesbehörden bestimmt deren Leitung die Entscheidungsberechtigten; dabei ist der Grundsatz der dezentralen Vergabe zu berücksichtigen. Die Leitung der obersten Bundesbehörde kann abweichende Regelungen treffen; dabei ist der Grundsatz der dezentralen Vergabe zu berücksichtigen.

(2) Die Zahl der von den Entscheidungsberechtigten jeweils vergebenen Leistungsstufen darf 15 Prozent der Zahl der ihnen unterstellten Besoldungsempfängerinnen und Besoldungsempfänger in Besoldungsgruppen der Bundesbesoldungsordnung A, die das Endgrundgehalt noch nicht erreicht haben, nicht übersteigen. Die Gesamtzahl der von den Entscheidungsberechtigten jeweils vergebenen Leistungsprämien und Leistungszulagen darf 15 Prozent der Zahl der ihnen unterstellten Besoldungsempfängerinnen und Besoldungsempfänger nicht überschreiten. Die Entscheidungsberechtigten können den Prozentsatz nach Satz 2 in dem Umfang überschreiten, in dem sie von der Möglichkeit der Vergabe von Leistungsstufen keinen Gebrauch machen.

(3) Die Entscheidungsberechtigten haben die jeweilige herausragende Leistung zu dokumentieren. Sie sollen alle Laufbahngruppen und das zahlenmäßige Verhältnis von Besoldungsempfängerinnen und Besoldungsempfängern berücksichtigen. Vor der Entscheidung sollen die übrigen Vorgesetzten der Besoldungsempfängerin oder des Besoldungsempfängers gehört werden.

(4) Die Leitung der obersten Bundesbehörde kann bis zu einem Fünftel der jeweiligen Vergabemöglichkeiten von Entscheidungsberechtigten auf andere übertragen. Für die Leitungen der übrigen Bundesbehörden gilt Satz 1 entsprechend für ihren Bereich, soweit die Leitung der obersten Bundesbehörde nichts anderes bestimmt.

(5) Die Leitungen der obersten Bundesbehörden und die Leitungen der übrigen Bundesbehörden können die Befugnisse nach den Absätzen 1 und 4 einer Vertretung übertragen.

§ 10 Vorschriften für besondere Teile des öffentlichen Dienstes

(1) Bei der Bundesanstalt für Immobilienaufgaben, der Bundesagentur für Arbeit und den bundesunmittelbaren Sozialversicherungsträgern, die das Recht besitzen, Beamtinnen und Beamte zu haben, bestimmt der Vorstand die Entscheidungsberechtigten; dabei ist der Grundsatz der dezentralen Vergabe zu berücksichtigen. Die Vorstände der bundesunmittelbaren Sozialversicherungsträger können ihre Befugnisse auf die Geschäftsführung übertragen.

(2) Das Bundesministerium für Verkehr und digitale Infrastruktur oder eine von ihm bestimmte Stelle trifft für die Beamtinnen und Beamten, die den Eisenbahnen des Bundes zugewiesen sind, Regelungen zu den Entscheidungsberechtigten und zum Verfahren.

§ 11 Inkrafttreten, Außerkrafttreten

Diese Verordnung tritt mit Wirkung vom 1. Juli 2009 in Kraft. Gleichzeitig treten die Leistungsstufenverordnung in der Fassung der Bekanntmachung vom 25. September 2002 (BGBl. I S. 3743), die zuletzt durch Artikel 348 der Verordnung vom 31. Oktober 2006 (BGBl. I S. 2407) geändert worden ist, und die Leistungsprämien- und -zulagenverordnung in der Fassung der Bekanntmachung vom 25. September 2002 (BGBl. I S. 3745), die zuletzt durch Artikel 15 Absatz 37 des Gesetzes vom 5. Februar 2009 (BGBl. I S. 160) geändert worden ist, außer Kraft.

Bundesvollziehungsvergütungsverordnung (BVollzVergV)

Vom 16. Juni 2021 (BGBl. I S. 1840)

Auf Grund des § 49 des Bundesbesoldungsgesetzes, der durch Artikel 1 Nummer 23 des Gesetzes vom 9. Dezember 2019 (BGBl. I S. 2053) neu gefasst worden ist, verordnet das Bundesministerium der Finanzen im Einvernehmen mit dem Bundesministerium des Innern, für Bau und Heimat:

§ 1 Vergütung

Beamtinnen und Beamte des mittleren Dienstes, die dauerhaft als Vollziehungsbeamtinnen oder -beamte im Sinne des § 285 der Abgabenordnung verwendet werden, erhalten für Vollstreckungshandlungen eine Vergütung nach dieser Verordnung.

§ 2 Entstehen und Höhe des Vergütungsanspruchs

(1) Die Vergütung wird für Vollstreckungshandlungen nach Absatz 2 gewährt, die von der Vollziehungsbeamtin oder dem Vollziehungsbeamten dokumentiert worden sind.

(2) Vergütet wird

1. die Vereinnahmung von Zahlungsmitteln
   a) bis 200 Euro mit 2 Euro,
   b) bis 600 Euro mit 3 Euro,
   c) von mehr als 600 Euro mit 5 Euro,
2. die Pfändung beweglicher Sachen mit Ausnahme von Zahlungsmitteln mit insgesamt 3 Euro,
3. eine fruchtlos verlaufene Pfändung mit 1,50 Euro.

(3) Die Vereinnahmung von Zahlungsmitteln erfolgt, indem

1. die Vollstreckungsschuldnerin oder der Vollstreckungsschuldner oder eine dritte Person zugunsten der Vollstreckungsschuldnerin oder des Vollstreckungsschuldners, um die Vollstreckung abzuwenden,
   a) der Vollziehungsbeamtin oder dem Vollziehungsbeamten Zahlungsmittel aushändigt oder
   b) eine bargeldlose Zahlung leistet oder
2. die Vollziehungsbeamtin oder der Vollziehungsbeamte Zahlungsmittel pfändet.

Die Zahlungsmittel sind vereinnahmt, wenn

1. die Zahlung in Banknoten oder Münzen in Euro und Cent geleistet worden ist,
2. die Zahlung im Beisein der Vollziehungsbeamtin oder des Vollziehungsbeamten bargeldlos erfolgt ist,
3. die gepfändeten Zahlungsmittel von der Vollziehungsbeamtin oder dem Vollziehungsbeamten in Besitz genommen worden sind,
4. ein auf Euro lautender Scheck von dem bezogenen Kreditinstitut eingelöst worden ist.

(4) Werden mehrere Vollstreckungsaufträge gegen dieselbe Vollstreckungsschuldnerin oder denselben Vollstreckungsschuldner in einem Termin erledigt, so entsteht der Vergütungsanspruch nur einmal. Vergütungen nach Absatz 2 Nummer 1 und 2 werden jedoch nebeneinander gewährt. Neben einer Vergütung nach Absatz 2 Nummer 3 wird eine Vergütung nach Absatz 2 Nummer 1 nur dann gewährt, wenn

1. zur Abwendung der Vollstreckung Zahlungsmittel ausgehändigt worden sind oder eine bargeldlose Zahlung geleistet worden ist oder
2. ausschließlich Geldbeträge gepfändet worden sind.

Sind mehrere bewegliche Sachen gepfändet worden, so entsteht die Vergütung nach Absatz 2 Nummer 2 nur einmal.

(5) Der monatliche Höchstbetrag der Vergütung beträgt 210 Euro.

§ 3 Zahlung der Vergütung

Die Vergütung wird spätestens mit den Bezügen für den vierten Monat, der auf die Vollstreckungshandlung folgt, gezahlt.

§ 4 Aufwendungsersatz

Der Ersatz der Fahrtkosten und der sonstigen Reisekosten, die mit dem Außendienst der Vollziehungsbeamtinnen und -beamten verbunden sind, richtet sich nach dem Bundesreisekostengesetz. Sonstige besondere, für die Vollziehungstätigkeit typische Aufwendungen sind mit der Vergütung abgegolten.

§ 5 Inkrafttreten, Außerkrafttreten

Diese Verordnung tritt am 1. Juli 2021 in Kraft. Gleichzeitig tritt die Vollstreckungsvergütungsverordnung in der Fassung der Bekanntmachung vom 6. Januar 2003 (BGBl. I S. 8) außer Kraft.

Verordnung über die Gewährung von Mehrarbeitsvergütung für Beamtinnen und Beamte des Bundes (Bundesmehrarbeitsvergütungsverordnung – BMVergV)

in der Fassung der Bekanntmachung vom 4. November 2009 (BGBl. I S. 3701)

Zuletzt geändert durch
Gesetz zur weiteren Stärkung der personellen Einsatzbereitschaft und zur Änderung von Vorschriften für die Bundeswehr
vom 27. Februar 2025 (BGBl. I Nr. 72)

§ 1

Vergütungen für Mehrarbeit an Beamtinnen und Beamte des Bundes dürfen nur nach Maßgabe dieser Verordnung gezahlt werden.

§ 2

(1) Beamtinnen und Beamten mit Dienstbezügen in Besoldungsgruppen mit aufsteigenden Gehältern kann in folgenden Bereichen für Mehrarbeit eine Vergütung gewährt werden:

1. im ärztlichen und Pflegedienst der Krankenhäuser, Kliniken und Sanatorien,
2. im Betriebsdienst des Bundeseisenbahnvermögens, soweit dieser bei der Deutsche Bahn Aktiengesellschaft sowie einer gemäß § 2 Absatz 1 und § 3 Absatz 3 des Deutsche Bahn Gründungsgesetzes vom 27. Dezember 1993 (BGBl. I S. 2378, 2386) ausgegliederten Gesellschaft geleistet wird, und im Dienst der Nachfolgeunternehmen der Deutschen Bundespost,
3. im Abfertigungsdienst der Zollverwaltung,
4. im polizeilichen Vollzugsdienst,
5. im Einsatzdienst der Berufsfeuerwehr,
6. im Schuldienst als Lehrkraft.

(2) Absatz 1 gilt entsprechend auch in anderen Bereichen, soweit Mehrarbeit geleistet wird im Rahmen eines

1. Dienstes in Bereitschaft,
2. Schichtdienstes,
3. allgemein geltenden besonderen Dienstplanes, wenn ihn die Eigenart des Dienstes erfordert,
4. Dienstes, der ausschließlich aus gleichartigen, im Wesentlichen die gleiche Arbeitszeit erfordernden Arbeitsvorgängen besteht, für die der Dienstherr Richtwerte eingeführt hat,
5. Dienstes zur Herbeiführung eines im öffentlichen Interesse liegenden unaufschiebbaren und termingebundenen Ergebnisses.

(3) Eine Mehrarbeitsvergütung wird nicht gewährt neben

1. einer Vergütung nach § 50c des Bundesbesoldungsgesetzes,
2. Auslandsbesoldung nach Abschnitt 5 des Bundesbesoldungsgesetzes,
3. einer Vergütung nach der Sanitätsdienstvergütungsverordnung.

Abweichend von Satz 1 Nummer 2 kann im Geschäftsbereich des Bundesministeriums der Verteidigung neben Auslandsdienstbezügen nach § 52 des Bundesbesoldungsgesetzes eine Vergütung für Mehrarbeit gewährt werden, wenn eine Dienstbefreiung nicht möglich ist wegen

1. einer unmittelbaren Unterstützung soldatischer Tätigkeiten in den Streitkräften zum Zwecke der Sicherstellung der militärischen Einsatzbereitschaft im Rahmen der Landes- und Bündnisverteidigung oder
2. einer unmittelbaren Unterstützung in den Fällen des § 30c Absatz 4 des Soldatengesetzes.

(4) Ist die Gewährung einer Mehrarbeitsvergütung neben einer Zulage ganz oder teilweise ausgeschlossen, gilt dies auch für eine nach Wegfall der Zulage gewährte Ausgleichszulage, solange diese noch nicht bis zur Hälfte aufgezehrt ist.

III

§ 3

(1) Die Vergütung wird nur gewährt, wenn die Mehrarbeit

1. von Beamtinnen und Beamten geleistet wurde, für die beamtenrechtliche Arbeitszeitregelungen gelten,
2. schriftlich oder elektronisch angeordnet oder genehmigt wurde,
3. aus zwingenden dienstlichen Gründen nicht durch Dienstbefreiung innerhalb einer Ausschlussfrist von einem Jahr ausgeglichen werden kann und
4. die sich aus der regelmäßigen wöchentlichen Arbeitszeit ergebende Arbeitszeit um mehr als fünf Stunden im Kalendermonat (Mindeststundenzahl) übersteigt.

(2) Soweit nur während eines Teils eines Kalendermonats Dienst geleistet wurde, gilt die Mindeststundenzahl für die jeweils anteilige Arbeitszeit. Sie verkürzt sich bei Teilzeitbeschäftigung entsprechend dem Umfang der bewilligten Teilzeitbeschäftigung.

(3) Besteht keine feste tägliche Arbeitszeit, so dass eine Mehrarbeit nicht für den einzelnen Arbeitstag, sondern nur auf Grund der regelmäßigen wöchentlichen Arbeitszeit für eine volle Woche ermittelt werden kann, so ist Mehrarbeit innerhalb einer Kalenderwoche, wenn diese zum Teil auf den laufenden, zum Teil auf den folgenden Kalendermonat fällt, diesem zuzurechnen.

§ 4

(1) Die Vergütung beträgt je Stunde

in den Besoldungsgruppen A 3 bis A 4	15,42 Euro,
in den Besoldungsgruppen A 5 bis A 8	18,22 Euro,
in den Besoldungsgruppen A 9 bis A 12	25,03 Euro,
in den Besoldungsgruppen A 13 bis A 16	34,46 Euro.

(2) Diese Beträge gelten auch für Beamtinnen und Beamte vergleichbarer Besoldungsgruppen, die der Bundesbesoldungsordnung C angehören.

(3) Bei Mehrarbeit im Schuldienst beträgt die Vergütung abweichend von Absatz 1 je Unterrichtsstunde für Lehrkräfte an Fachhochschulen und Fachschulen des Bundes

1.	im gehobenen Dienst	34,24 Euro,
2.	im höheren Dienst	40,00 Euro.

(4) Die in den Absätzen 1 und 3 enthaltenen Vergütungssätze gelten nur für Mehrarbeit, die nach dem Inkrafttreten dieser Sätze geleistet wird.

§ 4a

(1) Teilzeitbeschäftigte erhalten bis zur Erreichung der regelmäßigen Arbeitszeit von Vollzeitbeschäftigten je Stunde Mehrarbeit eine Vergütung in Höhe des auf eine Stunde entfallenden Anteils der Besoldung entsprechender Vollzeitbeschäftigter.

(2) Zur Ermittlung der auf eine Stunde entfallenden anteiligen Besoldung sind die monatlichen Bezüge entsprechender Vollzeitbeschäftigter durch das 4,348-Fache ihrer regelmäßigen wöchentlichen Arbeitszeit zu teilen. Bezüge, die nicht der anteiligen Kürzung nach § 6 Absatz 1 des Bundesbesoldungsgesetzes unterliegen, bleiben unberücksichtigt.

(3) Mehrarbeit, die über die Arbeitszeit von Vollzeitbeschäftigten hinausgeht, wird nach § 4 Absatz 1 und 3 vergütet.

§ 5

(1) Als Mehrarbeitsstunde im Sinne der §§ 3 und 4 Absatz 1 und 2 sowie § 4a gilt die volle Zeitstunde. Hiervon abweichend wird eine Stunde Dienst in Bereitschaft nur entsprechend dem Umfang der erfahrungsgemäß bei der betreffenden Tätigkeit durchschnittlich anfallenden Inanspruchnahme berücksichtigt; dabei ist schon die Ableistung eines Dienstes in Bereitschaft als solche in jeweils angemessenem Umfang anzurechnen.

(2) Bei Mehrarbeit im Schuldienst beträgt die Mindeststundenzahl nach § 3 Absatz 1 Nummer 4 drei Unterrichtsstunden. § 3 Absatz 2 gilt entsprechend.

(3) Ergibt sich bei der monatlichen Mehrarbeitsstundenberechnung ein Bruchteil einer Stunde, so werden 30 Minuten und mehr auf eine volle Stunde aufgerundet, weniger als 30 Minuten bleiben unberücksichtigt.

§§ 6 und 7 (weggefallen)

§ 8 (Inkrafttreten)

Verordnung über die Gewährung von Erschwerniszulagen (Erschwerniszulagenverordnung – EZulV)

in der Fassung der Bekanntmachung vom 3. Dezember 1998 (BGBl. I S. 3497)

Zuletzt geändert durch
Gesetz zur Anpassung der Bundesbesoldung und -versorgung für die Jahre 2023 und 2024 sowie zur Änderung weiterer dienstrechtlicher Vorschriften
vom 22. Dezember 2023 (BGBl. I Nr. 414)

Abschnitt 1 Allgemeine Vorschriften

§ 1 Anwendungsbereich

Diese Verordnung regelt die Gewährung von Zulagen zur Abgeltung besonderer, bei der Bewertung des Amtes oder bei der Regelung der Anwärterbezüge nicht berücksichtigter Erschwernisse (Erschwerniszulagen) für Empfänger von Dienstbezügen und Anwärterbezügen des Bundes. Durch eine Erschwerniszulage wird ein mit der Erschwernis verbundener Aufwand mit abgegolten.

§ 2 Ausschluss einer Erschwerniszulage

Ist die Gewährung einer Erschwerniszulage neben einer anderen Zulage ganz oder teilweise ausgeschlossen, gilt dies auch für eine nach Wegfall der anderen Zulage gewährte Ausgleichszulage, solange diese noch nicht bis zur Hälfte aufgezehrt ist.

§ 2a Teilzeitbeschäftigung

Bei Teilzeitbeschäftigung verringern sich die in § 3 Absatz 1 und 3 Satz 2 sowie die in § 17a Satz 1 Nummer 2 genannten Mindeststundenzahlen entsprechend dem Verhältnis zwischen der ermäßigten und der regelmäßigen wöchentlichen Arbeitszeit. Die Zulagen nach den Abschnitten 2 und 3 werden nicht gekürzt. Für die Zulagen nach Abschnitt 4 gilt § 6 Absatz 1 des Bundesbesoldungsgesetzes.

Abschnitt 2 Einzeln abzugeltende Erschwernisse

Titel 1 Zulage für Dienst zu ungünstigen Zeiten

§ 3 Allgemeine Voraussetzungen

(1) Empfänger von Dienstbezügen in Besoldungsgruppen mit aufsteigenden Gehältern und Empfänger von Anwärterbezügen erhalten eine Zulage für Dienst zu ungünstigen Zeiten, wenn sie mit mehr als fünf Stunden im Kalendermonat zum Dienst zu ungünstigen Zeiten herangezogen werden.

(2) Dienst zu ungünstigen Zeiten ist der Dienst

1. an Sonntagen und gesetzlichen Wochenfeiertagen,
2. an Samstagen nach 13.00 Uhr,
3. an den Samstagen vor Ostern und Pfingsten nach 12.00 Uhr; dies gilt auch für den 24. und 31. Dezember jeden Jahres, wenn diese Tage nicht auf einen Sonntag fallen,
4. an den übrigen Tagen in der Zeit zwischen 20.00 Uhr und 6.00 Uhr.

(3) Zulagefähig sind nur Zeiten einer tatsächlichen Dienstausübung; Bereitschaftsdienst, der zu ungünstigen Zeiten geleistet wird, ist voll zu berücksichtigen.

(4) Zum Dienst zu ungünstigen Zeiten gehören nicht Reisezeiten bei Dienstreisen und die Rufbereitschaft.

(5) Rufbereitschaft im Sinne von Absatz 4 ist das Bereithalten des hierzu Verpflichteten in seiner Häuslichkeit (Hausrufbereitschaft) oder das Bereithalten an einem von ihm an-

zuzeigenden und dienstlich genehmigten Ort seiner Wahl (Wahlrufbereitschaft), um bei Bedarf zu Dienstleistungen sofort abgerufen werden zu können. Beim Wohnen in einer Gemeinschaftsunterkunft gilt als Häuslichkeit die Gemeinschaftsunterkunft.

§ 4 Höhe und Berechnung der Zulage

(1) Die Zulage beträgt für Dienst

1. an Sonntagen und gesetzlichen Wochenfeiertagen, an den Samstagen vor Ostern und Pfingsten nach 12.00 Uhr sowie am 24. und 31. Dezember jeden Jahres nach 12.00 Uhr, wenn diese Tage nicht auf einen Sonntag fallen, 6,31 Euro je Stunde,
2. a) an den übrigen Samstagen in der Zeit zwischen 13.00 Uhr und 20.00 Uhr 1,49 Euro je Stunde sowie
   b) im Übrigen in der Zeit zwischen 20.00 Uhr und 6.00 Uhr 2,97 Euro je Stunde.

(2) Für Dienst über volle Stunden hinaus wird die Zulage anteilig gewährt.

§ 4a Weitergewährung bei vorübergehender Dienstunfähigkeit

(1) Die Zulage wird weitergewährt

1. Beamten, die vorübergehend dienstunfähig sind
   a) infolge eines Unfalls im Sinne des § 31a Absatz 2 des Beamtenversorgungsgesetzes oder
   b) infolge eines Dienstunfalls im Sinne des § 37 Absatz 1 oder Absatz 2 des Beamtenversorgungsgesetzes,
2. Soldaten, die vorübergehend dienstunfähig sind
   a) infolge eines Dienstunfalls im Sinne des § 42 des Soldatenversorgungsgesetzes in Verbindung mit § 37 Absatz 1 oder Absatz 2 des Beamtenversorgungsgesetzes oder
   b) infolge eines Unfalls im Sinne des § 87 Absatz 2 Satz 2 des Soldatenversorgungsgesetzes.

(2) Die Höhe der Zulage entspricht dem Durchschnitt der Zulagen für die letzten drei Monate vor Beginn des Monats, in dem die vorübergehende Dienstunfähigkeit eingetreten ist. Steht dem Beamten oder Soldaten in dem Monat, in dem die vorübergehende Dienstunfähigkeit eingetreten ist, auf Grund der tatsächlich geleisteten Dienste eine höhere Zulage zu, ist dieser Betrag maßgeblich.

§ 5 Ausschluss der Zulage

Die Zulage wird nicht gewährt

1. neben Auslandsbesoldung nach Abschnitt 5 des Bundesbesoldungsgesetzes,
2. in den Fällen des § 30c Absatz 4 des Soldatengesetzes oder
3. wenn der Dienst zu ungünstigen Zeiten auf andere Weise als abgegolten oder ausgeglichen gilt.

§ 6 (weggefallen)

Titel 2
Zulage für Tauchertätigkeit

§ 7 Allgemeine Voraussetzungen

(1) Beamte und Soldaten erhalten eine Zulage für Tauchertätigkeiten.

(2) Tauchertätigkeiten sind Übungen oder Arbeiten im Wasser

1. im Tauchanzug ohne Helm oder ohne Tauchgerät,
2. mit Helm oder Tauchgerät sowie als Ausbilder für die U-Boot-Rettung im Einsatzausbildungszentrum Schadensabwehr Marine in Erstverwendung.

Zu den Tauchertätigkeiten gehören auch Übungen oder Arbeiten in Pressluft (Druckkammern).

(3) Die Zulage wird nicht gewährt neben der Minentaucherzulage nach § 23e und der Zulage für Spezialkräfte der Bundeswehr nach § 23m.

§ 8 Höhe der Zulage

(1) Die Zulage für Tauchertätigkeit nach § 7 Absatz 2 Satz 1 Nummer 1 beträgt je Stunde 4,35 Euro.

(2) Die Zulage für Tauchertätigkeit nach § 7 Absatz 2 Satz 1 Nummer 2 beträgt je Stunde Tauchzeit

1. bei einer Tauchtiefe von bis zu 5 Metern 18,01 Euro,
2. bei einer Tauchtiefe von mehr als 5 Metern 21,86 Euro,
3. bei einer Tauchtiefe von mehr als 10 Metern 27,16 Euro,
4. bei einer Tauchtiefe von mehr als 15 Metern oder beim Tauchen mit reinem Sauerstoff 34,99 Euro.

Bei Tauchtiefen von mehr als zwanzig Metern erhöht sich die Zulage für je fünf Meter weiterer Tauchtiefe um 6,99 Euro je Stunde.

(3) Die Zulage nach Absatz 2 erhöht sich für Tauchertätigkeit

1. in Strömung mit Stromschutz gleich welcher Art um 15 Prozent,
2. in Strömung ohne Stromschutz um 30 Prozent,
3. in Seewasserstraßen oder auf offener See um 25 Prozent,
4. in Binnenwasserstraßen bei Lufttemperaturen von weniger als 3 °C Wärme um 25 Prozent.

(4) Die Zulage für Tauchertätigkeit nach § 7 Abs. 2 Satz 2 beträgt je Stunde ein Drittel der Sätze nach Absatz 2.

§ 9 Berechnung der Zulage

(1) Die Zulage wird nach Stunden berechnet. Die Zeiten sind für jeden Kalendertag zu ermitteln, und das Ergebnis ist zu runden. Dabei bleiben Zeiten von weniger als zehn Minuten unberücksichtigt; Zeiten von zehn bis dreißig Minuten werden auf eine halbe Stunde, von mehr als dreißig Minuten auf eine volle Stunde aufgerundet.

(2) Als Tauchzeit gilt

1. für Helmtaucher die Zeit unter dem geschlossenen Taucherhelm,
2. für Schwimmtaucher die Zeit unter der Atemmaske,
3. bei Arbeiten in Druckkammern die Zeit von Beginn des Einschleusens bis zum Ende des Ausschleusens.

Titel 3
Zulagen für den Umgang mit Munition und Sprengstoffen

§ 10 Zulage für das Räumen und Vernichten von Munition sowie für das Erproben besonders gefährlicher Munition

(1) Soldaten mit Berechtigungsschein zum Vernichten von Munition oder mit abgeschlossener Ausbildung als Feuerwerker und Beamte mit Befähigungsschein F erhalten, wenn sie auf Truppenübungs- oder Schießplätzen, auf See, bei Erprobungsstellen der Bundeswehr oder gemäß dienstlicher Weisung an sonstigen Plätzen Blindgänger (Munition) räumen oder vernichten, eine Zulage. Die Tätigkeit muß zum ständigen Aufgabenbereich des Soldaten oder Beamten gehören und von ihm selbst ausgeübt werden. Die Zulage beträgt 4,67 Euro für jeden Tag, an dem eine Tätigkeit nach Satz 1 ausgeübt wird. Bei einem Einsatz von mehr als sechs Stunden täglich erhöht sich die Zulage für jede weitere volle Stunde um 0,94 Euro, höchstens jedoch bis zu 9,40 Euro.

(2) Beamte und Soldaten erhalten für das Laborieren, Delaborieren, Untersuchen von Munition und Munitionskomponenten mit besonders hohem Gefährlichkeitsgrad, insbesondere von unbekannter, beanstandeter oder belasteter Munition, eine Zulage nach Maßgabe des Absatzes 1.

(3) Die Zulage wird nicht neben der Minentaucherzulage nach § 23e gewährt.

§ 11 Zulage für Sprengstoffentschärfer und Sprengstoffermittler

(1) Beamte und Soldaten mit gültigem Nachweis über eine erfolgreich abgeschlossene Ausbildung zum Sprengstoffentschärfer, deren ständige Aufgabe das Prüfen, Entschärfen und Beseitigen unkonventioneller Spreng- und Brandvorrichtungen ist, erhalten eine Zulage. Die Zulage beträgt 35,78 Euro für jeden Einsatz im unmittelbaren Gefahrenbereich, der erforderlich wird, um verdächtige Gegenstände einer näheren Behandlung zu unterziehen. Unmittelbarer Gefahrenbereich ist der Wirkungsbereich einer möglichen Explosion

III

oder eines Brandes. Die Behandlung umfaßt insbesondere

1. optische, akustische, elektronische und mechanische Prüfung auf Spreng-, Zünd- und Brandvorrichtungen,
2. Überwinden von Sprengfallen, Öffnen von unkonventionellen Spreng- und Brandvorrichtungen, Trennen der Zündkette, Unterbrechen der Zündauslösevorrichtung, Neutralisieren, Phlegmatisieren,
3. Vernichten, Transportvorbehandlung, Verladen, Transportieren der unkonventionellen Spreng- und Brandvorrichtungen oder ihrer Teile.

(2) Besondere Schwierigkeiten bei dem Unschädlichmachen oder Delaborieren von Spreng- und Brandvorrichtungen oder ähnlichen Gegenständen, die explosionsgefährliche Stoffe enthalten, können mit einer Erhöhung der Zulage auf bis zu 357,80 Euro für jeden Einsatz abgegolten werden.

(3) Beamte und Soldaten mit gültigem Nachweis über eine erfolgreich abgeschlossene Ausbildung zum Sprengstoffermittler, die im Rahmen ihrer Tätigkeit als Sprengstoffermittler mit explosionsgefährlichen Stoffen umgehen, erhalten eine Zulage von 21,48 Euro je Einsatz. Der Umgang umfaßt insbesondere Sicherstellung, Asservierung und Transport.

(4) Die Zulagen nach den Absätzen 1 und 2 werden nicht neben der Minentaucherzulage nach § 23e gewährt.

Titel 4
Zulage für Tätigkeiten an Antennen und Antennenträgern; Zulage für Tätigkeiten an Geräten und Geräteträgern des Wetterdienstes und des Vermessungsdienstes sowie an Windmasten des lufthygienischen Überwachungsdienstes

§ 12 Allgemeine Voraussetzungen

(1) Beamte und Soldaten erhalten eine Zulage für Tätigkeiten an Antennen oder Antennenträgern, wenn diese Tätigkeiten zu ihren regelmäßigen Aufgaben gehören.

(2) Tätigkeiten an Antennen oder Antennenträgern sind

1. das Besteigen von Antennenträgern über Leitern oder Sprossen,
2. die Arbeiten in einer Höhe von mindestens zwanzig Metern über dem Erdboden an und auf über Leitern oder Sprossen zu besteigenden Antennenträgern oder an Antennen, die sich auf Dächern und Plattformen ohne Randsicherung (oder ohne seitliche Abdeckung) oder an wegen ihrer schweren Zugänglichkeit ähnlich gefährlichen Stellen befinden.

§ 13 Höhe der Zulage

(1) Die Zulage für eine Tätigkeit nach § 12 Abs. 2 Nr. 1 beträgt für jeden Tag bei Überwindung eines Höhenunterschiedes

von mehr als 20 Metern 2,14 Euro,
von mehr als 50 Metern 3,58 Euro,
von mehr als 100 Metern 5,73 Euro,
von mehr als 200 Metern 9,31 Euro,
von mehr als 300 Metern 12,88 Euro.

Diese Sätze erhöhen sich, wenn vom Erdboden bis zum Fußpunkt der Leitern oder Sprossen ein Höhenunterschied besteht

von mehr als 50 Metern um 0,71 Euro,
von mehr als 100 Metern um 1,43 Euro,
von mehr als 200 Metern um 2,14 Euro,
von mehr als 300 Metern um 2,87 Euro.

Sie erhöhen sich ferner, wenn die Tätigkeit in den Monaten November bis März durchgeführt wird, um jeweils 25 Prozent.

(2) Die Zulage für Tätigkeiten nach § 12 Abs. 2 Nr. 2 beträgt für jeden Tag bei

1. Inaugenscheinnahme aus besonderem Anlaß, Prüfgängen, Erkundungen, Einweisungen oder Beaufsichtigungen 1,43 Euro,
2. Instandhalten, Instandsetzen oder Abnehmen 2,14 Euro,
3. Errichten oder Abbrechen 2,87 Euro.

Die Sätze erhöhen sich, wenn die Tätigkeiten in den Monaten November bis März durchgeführt werden, um jeweils 25 Prozent.

§ 14 Berechnung der Zulage

Die Zulagen nach § 12 Abs. 2 Nr. 1 und 2 werden nebeneinander gewährt; jede Zulage wird für jeden Tag nur einmal, und zwar nach dem höchsten zustehenden Satz gewährt.

§ 15 Zulage für Tätigkeiten an Geräten und Geräteträgern des Wetterdienstes und des Vermessungsdienstes sowie an Windmasten des lufthygienischen Überwachungsdienstes

Die §§ 12 bis 14 gelten entsprechend für Tätigkeiten an Geräten und Geräteträgern des Wetterdienstes und an trigonometrischen Beobachtungseinrichtungen des Vermessungsdienstes sowie an Windmasten des lufthygienischen Überwachungsdienstes.

Titel 5
Sonstige einzeln abzugeltende Erschwernisse

§ 16 Zulage für Klimaerprobung

Beamte und Soldaten, die an einer Klimaerprobung im Freien bei extremen Kälte- oder Hitzeeinwirkungen teilnehmen, erhalten eine Zulage. Die Zulage beträgt bei einem „Wind-Chill-Faktor" von mindestens 1 400 oder bei einem Wet-Bulb-Globe-Temperature-Index von mindestens 20 °C 2,87 Euro täglich. Die Zulage erhöht sich bei einem „Wind-Chill-Faktor" von mehr als 1 600 oder bei einem Wet-Bulb-Globe-Temperature-Index von mehr als 30 °C um 0,71 Euro täglich.

§ 16a Zulage für Unterdruckkammerdienst

(1) Soldaten im Unterdruckkammerdienst beim Flugmedizinischen Institut der Luftwaffe, die in einer simulierten Höhe von mindestens 5000 Metern verwendet werden, erhalten eine Zulage.

(2) Die Zulage beträgt 9,36 Euro pro Stunde. § 9 Absatz 1 gilt entsprechend. Der Einsatz beginnt mit dem Einschleusen und endet mit dem Ausschleusen.

(3) Die Zulage wird nicht gewährt neben der Fliegerzulage nach § 23f.

§ 16b Zulage für Ausbildungstätigkeiten im Feuerwehrdienst der Bundeswehr

(1) Beamte und Soldaten des Feuerwehrdienstes erhalten für die praktische Ausbildung in Feuerwehrübungshäusern oder vergleichbaren Anlagen, in denen Brandereignisse unter realen Bedingungen simuliert werden, eine Zulage in Höhe von 11,75 Euro pro Stunde.

(2) Sie erhalten für die praktische Ausbildung in der Rettung aus Höhen und Tiefen eine Zulage in Höhe von 1,50 Euro pro Stunde.

(3) § 9 Absatz 1 gilt entsprechend.

(4) Die Zulage wird nicht neben einer Zulage nach Nummer 10 Absatz 2 der Vorbemerkungen zu den Bundesbesoldungsordnungen A und B des Bundesbesoldungsgesetzes gewährt.

§ 16c Zulage für die Begleitung von Rückführungen auf dem Luftweg

(1) Beamte mit Anspruch auf die Stellenzulage nach Nummer 9 der Vorbemerkungen zu den Bundesbesoldungsordnungen A und B des Bundesbesoldungsgesetzes erhalten für die Begleitung von Rückführungen auf dem Luftweg eine Zulage. Die Rückführung auf dem Luftweg beginnt mit dem Schließen der Außentüren des Luftfahrzeugs und endet mit der Übergabe des Rückzuführenden an die Behörden des Zielstaates.

(2) Die Zulage beträgt bei

1. einer innereuropäischen Rückführung	70 Euro,
2. einer außereuropäischen Rückführung	100 Euro.

(3) Zwingen außergewöhnliche Umstände zu einer begleiteten Rückkehr des Rückzuführenden nach Deutschland, wird die Zulage nicht erneut gewährt. Wird die Rückführungsmaßnahme nach dem Schließen der Außentüren abgebrochen, steht mindestens die Zulage nach Absatz 2 Nummer 1 zu.

§ 17 Zulage für Tätigkeiten mit kontaminierten Personen oder Gegenständen

(1) Beamte, die im Rahmen ihrer dienstlichen Prüfungs-, Kontroll- oder Ermittlungstätigkeit Fäkalien oder mit Fäkalien oder Körperflüssigkeiten kontaminierte Personen oder Gegenstände manuell untersuchen oder durch-

III

suchen, erhalten eine Zulage, wenn der Kontakt mit der kontaminierten Person oder dem kontaminierten Gegenstand das als berufstypisch anzusehende Maß deutlich übersteigt. Schweiß gilt nicht als Körperflüssigkeit im Sinne des Satzes 1.

(2) In einem das berufstypische Maß deutlich übersteigenden Maß mit Fäkalien oder Körperflüssigkeiten im Sinne des Absatzes 1 Satz 1 kontaminiert sind insbesondere Gegenstände, die

1. im Körper einer Person transportiert wurden,
2. in Gegenständen deponiert wurden, die bestimmungsgemäß mit Fäkalien oder Blut kontaminierte Abfälle enthalten, oder
3. sich in oder auf Gegenständen oder am Körper von Personen befinden, die so erheblich mit Fäkalien oder Körperflüssigkeiten kontaminiert oder verschmutzt sind, dass dadurch die Durchsuchung oder Untersuchung erschwert wird.

(3) Die Zulage erhalten auch Beamte auf Widerruf im Vorbereitungsdienst, wenn sie die in Absatz 1 genannten Voraussetzungen erfüllen.

(4) Die Zulage beträgt 11,10 Euro für jeden Tag, an dem eine Tätigkeit nach Absatz 1 ausgeübt wird, höchstens jedoch 111 Euro monatlich.

(5) Die Zulage wird nicht neben der Zulage nach § 16c gewährt.

Abschnitt 3
Zulage für Dienst zu wechselnden Zeiten

§ 17a Allgemeine Voraussetzungen

Beamte und Soldaten erhalten eine monatliche Zulage, wenn sie

1. zu wechselnden Zeiten zum Dienst herangezogen werden und
2. im Kalendermonat mindestens 5 Stunden Dienst in der Zeit zwischen 20 Uhr und 6 Uhr (Nachtdienststunden) leisten.

Dienst zu wechselnden Zeiten wird geleistet, wenn mindestens viermal im Kalendermonat die Differenz zwischen den Anfangsuhrzeiten zweier Dienste mindestens 7 und höchstens 17 Stunden beträgt. Bereitschaftsdienst gilt nicht als Dienst im Sinne dieser Vorschrift.

§ 17b Höhe der Zulage

(1) Die Zulage setzt sich zusammen aus

1. einem Grundbetrag von 2,40 Euro je geleisteter Nachtdienststunde, höchstens jedoch 108 Euro monatlich,
2. einem Erhöhungsbetrag von 1 Euro für jede zwischen 0 Uhr und 6 Uhr geleistete Stunde sowie
3. einem monatlichen Zusatzbetrag von 20 Euro für Beamte und Soldaten, die im Kalendermonat mindestens dreimal überwiegend an einem Samstag, Sonntag oder Feiertag zu Diensten herangezogen werden.

Für angefangene Stunden wird die Zulage anteilig gewährt.

(2) Geleistete Nachtdienststunden, die wegen der Höchstgrenze nach Absatz 1 Satz 1 Nummer 1 nicht mit dem Grundbetrag abgegolten werden, werden jeweils in den folgenden Kalendermonat übertragen; angefangene Nachtdienststunden werden anteilig übertragen. Der Übertrag ist auf 135 Nachtdienststunden begrenzt. Die übertragenen Nachtdienststunden werden nach Maßgabe des Absatzes 1 Satz 1 Nummer 1 auch dann vergütet, wenn in dem entsprechenden Kalendermonat die Voraussetzungen des § 17a nicht vorliegen.

§ 17c Ausschluss der Zulage

Die Zulage wird nicht gewährt

1. in den Fällen des § 30c Absatz 4 des Soldatengesetzes,
2. soweit nicht zwischen Volldienst und Bereitschaftsdienst unterschieden wird,
3. folgenden Besoldungsempfängern:
   a) Beamten, die als Pförtner oder Wächter tätig sind,
   b) Soldaten, die Wachdienst oder Sonderdienste im Innendienst leisten,
   c) Beamten und Soldaten, die
      aa) Zulagen nach § 22, §§ 23m, 23o oder § 23p erhalten oder
      bb) Auslandsdienstbezüge oder einen Auslandsverwendungszuschlag nach dem 5. Abschnitt des Bundesbesoldungsgesetzes erhalten,

d) Beamten und Soldaten, die auf Schiffen und schwimmenden Geräten tätig sind, wenn die durch diese Tätigkeit bedingte besondere Dienstplangestaltung bereits anderweitig berücksichtigt ist.

Satz 1 Nummer 2 Buchstabe a gilt nicht für Beamte im Sicherungsdienst des Bundeskriminalamtes.

§ 17d Weitergewährung bei vorübergehender Dienstunfähigkeit

(1) Die Zulage wird weitergewährt

1. Beamten, die vorübergehend dienstunfähig sind
   a) infolge eines Unfalls im Sinne des § 31a Absatz 2 des Beamtenversorgungsgesetzes oder
   b) eines Dienstunfalls im Sinne des § 37 Absatz 1 oder Absatz 2 des Beamtenversorgungsgesetzes,
2. Soldaten, die vorübergehend dienstunfähig sind
   a) infolge eines Dienstunfalls im Sinne des § 42 des Soldatenversorgungsgesetzes in Verbindung mit § 37 Absatz 1 oder Absatz 2 des Beamtenversorgungsgesetzes oder
   b) infolge eines Unfalls im Sinne des § 87 Absatz 2 Satz 2 des Soldatenversorgungsgesetzes.

(2) Die Höhe der Zulage entspricht dem Durchschnitt der Zulagen für die letzten drei Monate vor Beginn des Monats, in dem die vorübergehende Dienstunfähigkeit eingetreten ist. Steht dem Beamten oder Soldaten in dem Monat, in dem die vorübergehende Dienstunfähigkeit eingetreten ist, auf Grund der tatsächlich geleisteten Dienste eine höhere Zulage zu, ist dieser Betrag maßgeblich.

Abschnitt 4
Zulagen in festen Monatsbeträgen

§ 18 Entstehen des Anspruchs

(1) Der Anspruch auf die Zulage entsteht mit der tatsächlichen Aufnahme der zulageberechtigenden Tätigkeit und erlischt mit deren Beendigung, soweit in den Vorschriften dieses Abschnitts nichts anderes bestimmt ist.

(2) Besteht der Anspruch auf die Zulage nicht für einen vollen Kalendermonat und sieht die Zulageregelung eine tageweise Abgeltung nicht vor, wird nur der Teil der Zulage gezahlt, der auf den Anspruchszeitraum entfällt.

§ 19 Weitergewährung bei Unterbrechung der zulageberechtigenden Tätigkeit

(1) Bei einer Unterbrechung der zulageberechtigenden Tätigkeit wird die Zulage weitergewährt im Falle

1. eines Erholungsurlaubs,
2. eines Sonderurlaubs unter Fortzahlung der Dienstbezüge,
3. einer Erkrankung einschließlich Heilkur,
4. einer Dienstbefreiung oder einer Freistellung vom Dienst für besondere zeitliche Belastungen (§ 50a des Bundesbesoldungsgesetzes),
5. einer Teilnahme an Fortbildungsveranstaltungen,
6. einer Dienstreise,

soweit in den Vorschriften dieses Abschnitts nichts anderes bestimmt ist. In den Fällen des Satzes 1 Nummer 2 bis 6 wird die Zulage nur weitergewährt bis zum Ende des Monats, der auf den Eintritt der Unterbrechung folgt. Bei einer Unterbrechung der zulageberechtigenden Tätigkeit durch Erkrankung einschließlich Heilkur, die auf einem Dienstunfall beruht, wird die Zulage weitergewährt bis zum Ende des sechsten Monats, der auf den Eintritt der Unterbrechung folgt.

(2) Absatz 1 Satz 2 und 3 gilt nicht

1. bei Beamten, die vorübergehend dienstunfähig sind
   a) infolge eines Unfalls im Sinne des § 31a Absatz 2 des Beamtenversorgungsgesetzes oder
   b) infolge eines Dienstunfalls im Sinne des § 37 Absatz 1 oder Absatz 2 des Beamtenversorgungsgesetzes,
2. bei Soldaten, die vorübergehend dienstunfähig sind

a) infolge eines Dienstunfalls im Sinne des § 42 des Soldatenversorgungsgesetzes in Verbindung mit § 37 Absatz 1 oder Absatz 2 des Beamtenversorgungsgesetzes oder
b) infolge eines Unfalls im Sinne des § 87 Absatz 2 Satz 2 des Soldatenversorgungsgesetzes.

§ 20 (weggefallen)

§ 21 Zulage für allgemeine und besondere Dienste in der Gesundheits- und Krankenpflege

(1) Beamte und Soldaten, die in der Gesundheits- und Krankenpflege verwendet werden, erhalten eine Zulage von monatlich 120 Euro.

(2) Beamte des einfachen und mittleren Dienstes und entsprechende Soldaten, die für die in Absatz 3 oder 4 genannten besonderen Dienste in der Gesundheits- und Krankenpflege verwendet werden, erhalten neben der Zulage nach Absatz 1 eine weitere Zulage.

(3) Eine Zulage von monatlich 70 Euro erhält, wer

1. in psychiatrischen oder neurologischen Kliniken, Abteilungen oder auf psychiatrischen oder neurologischen Stationen ständig Patienten mit psychiatrischem oder neurologischem Krankheitsbild pflegt,
2. in psychiatrischen oder neurologischen Kliniken, Abteilungen oder auf psychiatrischen oder neurologischen Stationen in der elektrophysiologischen Funktionsdiagnostik oder in der Röntgendiagnostik tätig ist und ständig Patienten mit psychiatrischen oder neurologischem Krankheitsbild betreut oder
3. ständig Patienten mit psychiatrischem oder neurologischem Krankheitsbild bei der Arbeitstherapie beaufsichtigt oder ständig mit diesen Patienten zu arbeitstherapeutischen Zwecken zusammenarbeitet.

(4) Eine Zulage von monatlich 150 Euro erhält, wer überwiegend

1. in der Anästhesiepflege, in der Intensivmedizin oder im Operationsdienst einschließlich der Vor- und Nachbereitung tätig ist oder
2. Patienten pflegt, die nach § 15 des Elften Buches Sozialgesetzbuch mit schweren Beeinträchtigungen der Selbstständigkeit dem Pflegegrad 3 oder einem höheren Pflegegrad zugeordnet sind.

(5) Eine Zulage nach Absatz 3 oder 4 erhält auch, wer die unmittelbare Aufsicht über die vorstehend genannten und ihm ständig unterstellten Beamten und Soldaten wahrnimmt und dessen ständiger Vertreter.

(6) Sofern die Voraussetzungen nach den Absätzen 3 und 4 gleichzeitig erfüllt sind, wird nur die höhere Zulage gewährt.

§ 21a Zulage für die Behandlung und Pflege bei schweren Infektionskrankheiten

(1) Beamte des einfachen und mittleren Dienstes und entsprechende Soldaten, die in der Gesundheits- und Krankenpflege verwendet werden, erhalten eine Zulage von monatlich 90 Euro, wenn sie in dafür dauerhaft oder zeitweise eingerichteten Behandlungseinheiten in kurativen Sanitätseinrichtungen überwiegend bei der Behandlung und Pflege von Patienten tätig sind, die an einer Krankheit nach § 6 Absatz 1 oder Absatz 2 des Infektionsschutzgesetzes in der am 23. Mai 2020 geltenden Fassung erkrankt sind.

(2) Sofern neben den Voraussetzungen nach Absatz 1 auch die Voraussetzungen nach § 21 Absatz 3 oder 4 erfüllt sind, wird nur die höhere Zulage gewährt.

§ 22 Zulage für besondere Einsätze

(1) Beamte und Soldaten mit Anspruch auf die Stellenzulage nach den Nummern 8 oder 9 der Vorbemerkungen zu den Bundesbesoldungsordnungen A und B des Bundesbesoldungsgesetzes erhalten eine Zulage, wenn sie für besondere Einsätze verwendet werden. Eine Zulage erhalten auch Beamte mit Anspruch auf die Zulage nach Nummer 15 der Vorbemerkungen zu den Bundesbesoldungsordnungen A und B des Bundesbesoldungsgesetzes, wenn sie

1. in einer der in Absatz 2 genannten Einheiten verwendet werden und

2. für diese überwiegend in besonderen Einsätzen mit Spezialtechnik unterstützend tätig sind.

(2) Die Höhe der Zulage ergibt sich aus nachstehender Tabelle:

Nummer	Verwendung	Betrag (in Euro pro Monat)
	1	2
1	in der Bundespolizei in der GSG 9	500
2	im Zollfahndungsdienst in der Zentralen Unterstützungsgruppe Zoll	469
3	im Zollfahndungsdienst in einer Observationseinheit Zoll	
4	im Bundeskriminalamt in einem Mobilen Einsatzkommando	
5	in einem Personenschutzkommando, das für Personenschutzaufgaben in ausländischen Einsatzgebieten mit sehr hohen oder extremen Belastungen nach § 3 Absatz 1 Nummer 5 oder 6 der Auslandsverwendungszuschlagsverordnung eingerichtet ist	375
6	in der Bundespolizei als Flugsicherheitsbegleiter an Bord deutscher Luftfahrzeuge oder als Verdeckter Ermittler unter einer verliehenen, auf Dauer angelegten veränderten Identität (Legende)	325
7	in der Bundespolizei in einer Beweissicherungs- und Festnahmeeinheit plus	250
8	als Personenschützer, soweit sie nicht von Nummer 5 erfasst sind	
9	in der Bundespolizei in einer Mobilen Fahndungseinheit	
10	in der Bundespolizei in einer Beweissicherungs- und Festnahmehundertschaft	
11	bei den Nachrichtendiensten des Bundes in einer Observationsgruppe	
12	bei den Nachrichtendiensten des Bundes als zur verdeckten Informationsbeschaffung operativ tätiger Beamter im Außendienst oder mit unmittelbarem Kontakt zu Personen von nachrichtendienstlichem Interesse	
13	bei den Nachrichtendiensten des Bundes, bei den Polizeibehörden des Bundes sowie beim Zollfahndungsdienst als überwiegend im Außendienst zur verdeckten Einsatz- und Ermittlungsunterstützung eingesetzter Operativtechniker	188

Die Zulage erhalten auch Beamte und Soldaten, die sich nach Abschluss eines Auswahlverfahrens in der Ausbildung zu einer der in Satz 1 genannten Verwendungen befinden. Abweichend von Satz 2 erhalten folgende Besoldungsempfänger eine Zulage erst nach Abschluss der Ausbildung zu der jeweiligen Verwendung:

1. Angehörige der Mobilen Fahndungseinheiten in der Bundespolizei,
2. Angehörige der Beweissicherungs- und Festnahmehundertschaft in der Bundespolizei,
3. überwiegend im Außendienst eingesetzte Operativtechniker bei den Nachrichtendiensten des Bundes sowie bei den Polizeibehörden des Bundes.

(3) Die Zulage wird neben einer Stellenzulage oder neben einer Zulage nach § 22a nur gewährt, soweit sie diese übersteigt. Satz 1 gilt nicht für die Stellenzulage nach den Nummern 8, 9 oder 15 der Vorbemerkungen zu den Bundesbesoldungsordnungen A und B des Bundesbesoldungsgesetzes. Sofern mehrere Zulagentatbestände nach Absatz 2 erfüllt sind, wird nur die höchste Zulage gewährt.

§ 22a Zulage für Polizeivollzugsbeamte als fliegendes Personal

(1) Polizeivollzugsbeamte, die als Luftfahrzeugführer oder Flugtechniker in fliegenden Verbänden, fliegerischen Ausbildungseinrichtungen oder den fliegenden Verbänden gleichgestellten Einrichtungen, Einheiten und Dienststellen verwendet werden, erhalten eine Zulage.

(2) Die Zulage erhalten auch Polizeivollzugsbeamte, die

1. auf Grund von Dienstvorschriften oder Dienstanweisungen als nichtständige Luftfahrzeugbesatzungsangehörige zum Mitfliegen in Luftfahrzeugen dienstlich verpflichtet sind,
2. in Erfüllung ihrer Aufgaben als Prüfer von Luftfahrtgerät oder als Systemoperator Wärmebildgerät zum Mitfliegen verpflichtet sind oder
3. sich in der Ausbildung zum Luftfahrzeugführer oder Flugtechniker befinden (Flugschüler).

(3) Die Zulage beträgt monatlich für Polizeivollzugsbeamte in der Verwendung als

1. Luftfahrzeugführer oder Flugtechniker jeweils mit Zusatzqualifikation 302 Euro,
2. Luftfahrzeugführer oder Flugtechniker jeweils ohne Zusatzqualifikation 242 Euro,
3. nichtständige Luftfahrzeugbesatzungsangehörige, Prüfer von Luftfahrtgerät und Systemoperatoren Wärmebildgerät mit zehn oder mehr Flügen im laufenden Kalendermonat 180 Euro,
4. Flugschüler 96 Euro.

Werden im Falle des Satzes 1 Nummer 3 im laufenden Kalendermonat fünf bis neun Flüge nachgewiesen, beträgt die Zulage für jeden Flug 18 Euro; eine Anrechnung von Flügen aus anderen Kalendermonaten und von Reiseflügen ist nicht zulässig; § 19 ist nicht anzuwenden.

(4) Werden Luftfahrzeugführer als Fluglehrer verwendet, erhöht sich der Betrag nach Absatz 3 Satz 1 Nummer 1 um 72 Euro und der Betrag nach Absatz 3 Satz 1 Nummer 2 um 60 Euro.

(5) Die Zulage wird nicht neben einer Fliegerzulage nach § 23f gewährt.

§ 23 Zulage für die Beseitigung von Munition aus den Weltkriegen

(1) Beamte und Soldaten erhalten, wenn sie als Räumgruppenleiter bei besonderen Entgiftungsarbeiten eingesetzt werden, eine Zulage. Die Zulage beträgt monatlich 922,82 Euro, wenn die Beamten oder Soldaten 120 oder mehr Stunden im Kalendermonat im unmittelbaren Gefahrenbereich tätig sind. Die Zulage verringert sich für jede Stunde, die an 120 Stunden fehlt, um 1/120.

(2) Beamte erhalten, wenn sie als Feuerwerker oder als Hilfskräfte in Munitionsräumgruppen zur Beseitigung von Munition und anderen Sprengkörpern eingesetzt werden, eine Zulage. Die Zulage beträgt monatlich höchstens 398,81 Euro für den Feuerwerker, sofern er selbst Munition und Sprengkörper entschärft, für die Hilfskräfte höchstens 281,21 Euro. Die Beamten müssen 135 oder mehr Arbeitsstunden im Kalendermonat im unmittelbaren Gefahrenbereich tätig sein. Sinkt die Zahl der Arbeitsstunden im unmittelbaren Gefahrenbereich im Kalendermonat um mehr als 30, so verringert sich die Zulage für jede Stunde, die an 135 Stunden fehlt, um 1/135.

(3) Eine Tätigkeit im unmittelbaren Gefahrenbereich nach Absatz 2 ist das Suchen, Prüfen, Entfernen, Entschärfen, Sprengen oder Zerlegen von Munition oder Munitionsteilen sowie deren Transport.

(4) Für die Entschärfung von Bomben mit Langzeitzündern oder für sonstige besonders schwierige Entschärfungen mit außergewöhnlichem Gefahrenmoment oder für den Transport nicht entschärfter Bomben mit Langzeitzündern und Ausbausperre kann die Zulage nach Absatz 2 um einen Betrag bis zu 255,65 Euro erhöht werden.

§ 23a Zulage für Tätigkeiten im Seuchenbetrieb des Friedrich-Loeffler-Instituts

(1) Beamte des Friedrich-Loeffler-Instituts, Bundesforschungsinstitut für Tiergesundheit,

die ständig im Seuchenbetrieb tätig sind, erhalten eine Zulage von monatlich 71,58 Euro.

(2) Beamte erhalten eine Zulage, wenn sie mit Erregern der Risikogruppe 3 oder 4 nach § 3 der Biostoffverordnung vom 15. Juli 2013 (BGBl. I S. 2514) ohne zusätzliche Barriere unmittelbar an Tieren tätig sind und besondere Schutzmaßnahmen ergreifen müssen. Die Zulage beträgt 5 Euro täglich. Bei einem Einsatz von mehr als vier Stunden täglich erhöht sich die Zulage für jede weitere volle Stunde um 1 Euro; sie beträgt jedoch höchstens 10 Euro. § 9 Absatz 1 gilt entsprechend. Als Einsatzzeit gilt der Zeitraum vom Beginn des Einschleusens bis zum Ende des Ausschleusens. § 19 ist nicht anzuwenden.

(3) Sofern die Voraussetzungen nach den Absätzen 1 und 2 gleichzeitig erfüllt sind, wird nur die höhere Zulage gewährt.

§§ 23b und 23c (weggefallen)

§ 23d Zulage für Tätigkeiten im Maschinenraum seegehender Schiffe

(1) Beamte und Soldaten, die im Maschinenraum eines seegehenden Schiffes verwendet werden, erhalten eine monatliche Zulage (Maschinenzulage).

(2) Die Maschinenzulage erhalten auch Beamte und Soldaten, die im Maschinenraum eines Binnenfahrzeuges der Bundeswehr tätig sind, das durchgehend mehr als zwölf Stunden seewärts der Grenzen der Seefahrt (§ 1 der Flaggenrechtsverordnung) eingesetzt ist. Eingeschlossen ist die Dauer des Aufenthalts in Seehäfen, nicht jedoch die Dauer der An- und Abfahrt auf Binnengewässern.

(3) Die Maschinenzulage beträgt für Verwendungen auf Schiffen

1. der Marine oder anderer Streitkräfte	32,10 Euro,
2. sonstiger Eigner	21,40 Euro.

(4) Die Maschinenzulage wird nicht neben der Stellenzulage nach Nummer 9a Absatz 1 Satz 1 Nummer 2 der Vorbemerkungen zu den Bundesbesoldungsordnungen A und B des Bundesbesoldungsgesetzes gewährt.

§ 23e Zulage für Minentaucher

(1) Soldaten, die als Minentaucher verwendet werden oder sich in der Ausbildung zum Minentaucher befinden, erhalten eine Zulage (Minentaucherzulage) in Höhe von 550 Euro monatlich.

(2) Eine Minentaucherzulage erhält auch, wer als ausgebildeter Minentaucher nicht entsprechend verwendet wird, jedoch zur Erhaltung der erforderlichen Berechtigungen, Fähigkeiten, Fertigkeiten und Kenntnisse verpflichtet ist. Die Zulage beträgt:

1. wenn zusätzlich die Verpflichtung zur Teilnahme an Minentaucheinsätzen angeordnet ist	392 Euro monatlich,
2. im Übrigen	270 Euro monatlich.

(3) Die Minentaucherzulage wird nicht neben der Stellenzulage nach Nummer 9a Absatz 1 Satz 1 Nummer 2 der Vorbemerkungen zu den Bundesbesoldungsordnungen A und B des Bundesbesoldungsgesetzes gewährt.

§ 23f Zulage für fliegendes Personal der Bundeswehr und anderer Einrichtungen des Bundes

(1) Beamte und Soldaten, die als Luftfahrzeugführer, Waffensystemoffiziere, Luftfahrzeugoperationsoffiziere oder als ständige Luftfahrzeugbesatzungsangehörige in fliegenden Verbänden, fliegerischen Ausbildungseinrichtungen, den fliegenden Verbänden gleichgestellten Einrichtungen, Einheiten und Dienststellen oder im Erprobungs- oder Güteprüfdienst verwendet werden, erhalten eine Zulage (Fliegerzulage). Bei einer Verwendung außerhalb der in Satz 1 genannten Stellen wird die Fliegerzulage nur für die Dauer der Verpflichtung zur Erhaltung der vorgeschriebenen Erlaubnis und der Berechtigungen gewährt.

(2) Die Fliegerzulage erhalten auch Beamte und Soldaten, wenn sie

1. sich in der fliegerischen Ausbildung zum Luftfahrzeugführer oder Luftfahrzeugbesatzungsangehörigen befinden sowie für die Dauer der Nachschulung zum Zwecke der Wiedererteilung einer Erlaubnis oder einer Berechtigung zum Führen von Luft-

III

fahrzeugen oder zum Einsatz auf Luftfahrzeugen (Fliegerausbildungsgruppe),
2. auf Grund von Dienstvorschriften oder Dienstanweisungen als nichtständige Luftfahrzeugbesatzungsangehörige zum Mitfliegen in Luftfahrzeugen verpflichtet sind und mindestens fünf Flüge im laufenden Kalendermonat nachweisen (Sondergruppe); eine Anrechnung von Flügen aus anderen Kalendermonaten und von Reiseflügen ist nicht zulässig.

III

(3) Die Fliegerzulage beträgt für Beamte und Soldaten in der Verwendung als

1. Luftfahrzeugführer mit der Erlaubnis oder Berechtigung zum Führen von ein- oder zweisitzigen Strahlflugzeugen und Waffensystemoffiziere mit der Erlaubnis zum Einsatz auf zweisitzigen Strahlflugzeugen — 564 Euro monatlich,
2. sonstige Strahlflugzeugführer, Luftfahrzeugoperationsoffiziere mit der Erlaubnis zum Einsatz auf sonstigen Luftfahrzeugen, Luftfahrzeugführer eines Seefernaufklärers, Transportflugzeugführer und Hubschrauberführer der Streitkräfte, soweit nicht von Nummer 3 erfasst, — 432 Euro monatlich,
3. Luftfahrzeugführer der Marine, soweit nicht von Nummer 2 erfasst, Hubschrauberführer der Flugbereitschaft des Bundesministeriums der Verteidigung und Hubschrauberführer in der fliegerischen Grundschulung des Heeres — 372 Euro monatlich,
4. sonstige ständige Luftfahrzeugbesatzungsangehörige mit der Erlaubnis zum Einsatz auf Luftfahrzeugen mit Ausnahme der Lufttransportbegleiter — 294 Euro monatlich,
5. Lufttransportbegleiter — 180 Euro monatlich,
6. Angehörige der Fliegerausbildungsgruppe — 168 Euro monatlich,
7. Angehörige der Sondergruppe — 138 Euro monatlich.

Werden im Falle der Satz 1 Nummer 7 im laufenden Kalendermonat weniger als 15, jedoch mindestens fünf Flüge nachgewiesen, vermindert sich die Fliegerzulage für jeden fehlenden Flug um 9,20 Euro. § 19 ist nicht anzuwenden.

(4) Werden Luftfahrzeugführer als Fluglehrer verwendet und sind sie im Besitz der maßgebenden Erlaubnis und Berechtigung, erhöht sich

1. der Betrag nach Absatz 3 Satz 1 Nummer 1 um 144 Euro,
2. der Betrag nach Absatz 3 Satz 1 Nummer 2 um 108 Euro,
3. der Betrag nach Absatz 3 Satz 1 Nummer 3 um 96 Euro.

(5) Abweichend von Absatz 3 beträgt die Fliegerzulage in den Fällen des Absatzes 1 Satz 2 für

1. Luftfahrzeugführer mit der Erlaubnis oder Berechtigung zum Führen von ein- oder zweisitzigen Strahlflugzeugen und Waffensystemoffiziere mit der Erlaubnis zum Einsatz auf zweisitzigen Strahlflugzeugen — 396 Euro monatlich,
2. Luftfahrzeugführer mit der Erlaubnis oder Berechtigung zum Führen von sonstigen Luftfahrzeugen und Luftfahrzeugoperationsoffiziere mit der Erlaubnis zum Einsatz auf sonstigen Luftfahrzeugen — 270 Euro monatlich.

(6) Die Zulage wird nicht neben einer Zulage nach § 22a gewährt.

§ 23g Zulage für technische Luftfahrzeugführer im Erprobungs- und Güteprüfdienst

(1) Beamte und Soldaten als Luftfahrzeugführer im Erprobungs- oder Güteprüfdienst, die im Besitz der erforderlichen Flugerlaubnis und Berechtigung sind, erhalten eine Zulage, wenn sie überwiegend

1. als Erprobungsflieger mit abgeschlossener Ausbildung als Testpilot, die
   a) Erprobungsflüge mit noch nicht mustergeprüften Flugzeug-Neuentwicklungen zum Zwecke der Musterprüfung oder vorläufigen Zulassung durchführen, oder
   b) Flugerprobungsgruppen verantwortlich leiten und dabei entsprechende Erprobungsflüge durchzuführen haben, oder
2. als Luftfahrzeugführer im Erprobungs- oder Güteprüfflugdienst mit abgeschlossener Ausbildung als Testpilot und nach langjähriger Tätigkeit als Luftfahrzeugführer im Erprobungs- oder Güteprüfdienst auf mehreren Luftfahrzeugmustern

verwendet werden. Die abgeschlossene Ausbildung als Testpilot erfordert die erfolgreiche Teilnahme an einem Lehrgang einer anerkannten Testpilotenschule.

(2) Die Zulage beträgt in den Fällen

a) des Absatzes 1 Nr. 1 214,75 Euro monatlich,

b) des Absatzes 1 Nr. 2 143,16 Euro monatlich.

Liegen die Voraussetzungen nach Absatz 1 Nr. 1 und 2 vor, so ist nur die höhere Zulage zu gewähren.

§ 23h Zulage für Fallschirmspringer

(1) Beamte und Soldaten, die nach erfolgreich abgeschlossener Fallschirmsprungausbildung mit der Erlaubnis zum Fallschirmspringen in einem Verband, einer Einheit oder Dienststelle, deren Ausbildungs- oder Einsatzauftrag das Fallschirmspringen einschließt, als Fallschirmspringer oder Ausbilder für den Fallschirmsprungdienst verwendet werden, erhalten eine Zulage (Fallschirmspringerzulage). Die Fallschirmspringerzulage erhalten auch Beamte und Soldaten während der Ausbildung oder der Nachschulung zum Fallschirmsprungdienst.

(2) Die Zulage erhalten auch Soldaten, die nicht als Fallschirmspringer oder Ausbilder für den Fallschirmsprungdienst verwendet werden, jedoch über eine Erlaubnis im Sinne des Absatzes 1 Satz 1 verfügen und zum Üben im Fallschirmspringen verpflichtet sind.

(3) Die Erlaubnis zum Fallschirmspringen setzt den Besitz des Fallschirmspringerscheines mit Beiblatt oder der Ersatzerlaubnis voraus. Zusätzlich kann eine Berechtigung erteilt werden.

(4) Die Höhe der Zulage beträgt 161,06 Euro monatlich, für Soldaten im Sinne des Absatzes 2 beträgt sie 48,31 Euro monatlich.

(5) Die Fallschirmspringerzulage wird neben

1. der Zulage für Beamte als Verdeckte Ermittler nach § 22 in Höhe von 53,69 Euro monatlich,
2. der Zulage für Polizeivollzugsbeamte für besondere polizeiliche Einsätze nach § 22, der Zulage für Spezialkräfte der Bundeswehr nach § 23m Absatz 1 und der Zulage für spezialisierte Kräfte der Bundeswehr nach § 23o in Höhe von 89,47 Euro monatlich,
3. der Bergführerzulage nach § 23l Abs. 1 in Höhe von 134,22 Euro monatlich

gewährt. Sie wird nicht neben der Minentaucherzulage nach § 23e gewährt.

§ 23i Zulage für Verwendungen im militärischen Flugsicherungsbetriebsdienst und im Einsatzführungsdienst

(1) Beamte und Soldaten im militärischen Flugsicherungsbetriebsdienst oder im Einsatzführungsdienst erhalten eine Zulage.

(2) Eine monatliche Zulage in Höhe von 64,41 Euro erhält Flugberatungspersonal in Flugsicherungsstellen.

(3) Eine monatliche Zulage in Höhe von 107,37 Euro erhält Flugberatungspersonal in zentralen Stellen oder bei der Flugbereitschaft des Bundesministeriums der Verteidigung, Flugdienstberatungsoffiziere sowie Einsatzführungsstabsoffiziere mit Radarführungslizenz als Aufsichtspersonal im Einsatzführungsdienst.

(4) Eine monatliche Zulage, deren Höhe sich nach dem Belastungswert richtet, erhält

1. das Flugsicherungskontrollpersonal,
2. das lizenzierte Betriebspersonal des Einsatzführungsdienstes, das in militärischen Dienststellen bei der Erarbeitung der Luft-

lage sowie der Leitung von Luftfahrzeugen verwendet wird und über die örtliche Zulassung verfügt,

3. das übrige Personal des Einsatzführungsdienstes.

Der Belastungswert errechnet sich aus den im Durchschnitt der letzten drei Kalenderjahre jährlich kontrollierten Flugbewegungen der jeweiligen Flugsicherungs- und Einsatzführungsdienststelle im Verhältnis zum eingesetzten Personal. Bei Platzschließungen von mehr als drei Monaten werden der Berechnung die im Kalenderjahr vor dem in Satz 2 genannten Zeitraum kontrollierten Flugbewegungen zugrunde gelegt.

(5) Die Zulage nach Absatz 4 beträgt:

Belastungswert (Gruppe)	Personal nach Absatz 4 Nummer 1 und 2	Personal nach Absatz 4 Nummer 3
mehr als 1000 (Gruppe I)	114,53 Euro	42,95 Euro
mehr als 2000 (Gruppe II)	143,16 Euro	57,26 Euro
mehr als 4500 (Gruppe III)	171,79 Euro	71,58 Euro
mehr als 7000 (Gruppe IV)	200,42 Euro	85,90 Euro

Das Bundesministerium der Verteidigung legt die Zuordnung der betroffenen Dienststellen, einschließlich ihrer disloziert eingesetzten Truppenteile, zu den Gruppen jährlich fest.

(6) Die Zulage wird neben der Fliegerzulage nach § 23f nur gewährt, soweit sie diese übersteigt.

§ 23j Zulage für Verwendungen in verbunkerten Anlagen im Geschäftsbereich des Bundesministeriums der Verteidigung

(1) Wer ständig innerhalb einer verbunkerten Anlage verwendet wird, erhält eine Zulage (Bunkerzulage) in Höhe von 30 Euro monatlich.

(2) Verbunkerte Anlagen sind Bauwerke, die

1. nicht über Möglichkeiten einer direkten Zufuhr von natürlichem Licht und Außenluft verfügen und
2. durch besondere bauliche Vorkehrungen dazu bestimmt sind,
   a) Insassen oder Einrichtungen der Anlage vor Gefahren von außen zu schützen oder
   b) die Umgebung vor Gefahren durch den Betrieb der Anlage zu schützen.

(3) Das Bundesministerium der Verteidigung oder die von ihm ermächtigte Stelle stellt fest, welche Gebäude die Voraussetzungen nach Absatz 2 erfüllen.

§ 23k Zulage für Ausbilder bei Einzelkämpferlehrgängen

(1) Soldaten, die überwiegend als Ausbilder bei Einzelkämpferlehrgängen verwendet werden, erhalten eine Zulage in Höhe von 85,90 Euro monatlich.

(2) Die Zulage wird neben einer Stellenzulage nach Nummer 4 der Vorbemerkungen zu den Bundesbesoldungsordnungen A und B des Bundesbesoldungsgesetzes oder einer Fallschirmspringerzulage nach § 23h Abs. 4 in Höhe von 48,31 Euro nur in Höhe von 71,58 Euro monatlich gewährt; sie entfällt neben einer Fallschirmspringerzulage in Höhe von 161,06 Euro.

§ 23l Zulage für Bergführer

(1) Beamte und Soldaten mit gültigem Nachweis über eine erfolgreich abgeschlossene Ausbildung zum Bergführer erhalten bei Verwendung als

1. Bergführer in der Bergausbildung von Polizeivollzugsbeamten oder
2. Bergführer der Bundeswehr

eine Zulage (Bergführerzulage) in Höhe von 150 Euro monatlich.

(2) Die Bergführerzulage erhalten auch Beamte und Soldaten für die Dauer ihrer in geschlossenen Lehrgängen stattfindenden Ausbildung zum Bergführer.

(3) Beamte und Soldaten, die nach erfolgreich abgeschlossener Ausbildung nicht nach Absatz 1 Nr. 1 oder 2 verwendet werden, jedoch zur Erhaltung ihres bergsteigerischen Könnens verpflichtet sind, erhalten die Bergführerzulage in Höhe von 60 Euro monatlich.

(4) Neben der Stellenzulage nach Nummer 9 der Vorbemerkungen zu den Bundesbesoldungsordnungen A und B des Bundesbesoldungsgesetzes wird die Bergführerzulage nach Absatz 1 nur in Höhe von 100 Euro monatlich, die Bergführerzulage nach Absatz 3 nur in Höhe von 40 Euro monatlich gewährt.

§ 23m Zulage für Spezialkräfte der Bundeswehr

(1) Eine monatliche Zulage erhält, wer

1. als Kommandosoldat oder als Kampfschwimmer für Einsatzaufgaben der Spezialkräfte der Bundeswehr verwendet wird,
2. nach Abschluss eines Auswahlverfahrens bei den Spezialkräften der Bundeswehr für eine Verwendung im Sinne der Nummer 1 ausgebildet wird,
3. nach abgeschlossener Ausbildung für eine Verwendung im Sinne der Nummer 1 nicht entsprechend dieser Ausbildung verwendet wird, jedoch zum Erhalt der erworbenen Fähigkeiten, Fertigkeiten und Kenntnisse verpflichtet ist,
4. als Luftfahrzeugführer oder ständiger Luftfahrzeugbesatzungsangehöriger für Einsatzaufgaben der Spezialkräfte der Bundeswehr verwendet wird.

(2) Die Zulage beträgt in den Fällen

1. des Absatzes 1 Nummer 1 und 2 — 1125 Euro,
2. des Absatzes 1 Nummer 3
   a) wenn zusätzlich die Verpflichtung zur Teilnahme an Einsätzen der Spezialkräfte angeordnet ist — 800 Euro,
   b) im Übrigen — 550 Euro,
3. des Absatzes 1 Nummer 4 — 800 Euro.

(3) Die Zulage nach Absatz 2 Nummer 1 wird neben einer Stellenzulage nur gewährt, soweit sie diese übersteigt. Die übrigen Zulagen werden jeweils neben einer Stellenzulage oder einer Zulage nach Abschnitt 4 nur gewährt, soweit der Gesamtbetrag die Zulage nach Absatz 2 Nummer 1 nicht übersteigt.

§ 23n Zulage für besondere Erprobungs- und Versuchsarbeiten im Geschäftsbereich des Bundesministeriums der Verteidigung

(1) Beamte und Soldaten im Geschäftsbereich des Bundesministeriums der Verteidigung, die

1. bei Erprobungs- und Versuchsarbeiten in der ABC-Abwehr oder dem medizinischen ABC-Schutz verwendet werden und dabei mit radioaktiven Stoffen, potentiellen biologischen oder potentiellen chemischen Kampfstoffen umgehen, erhalten eine Zulage in Höhe von 128,84 Euro monatlich,
2. bei Erprobungs-, Reinigungs- und Versuchsarbeiten an Hochleistungsröntgen- oder kernphysikalischen Beschleunigungsanlagen, unter Pressluft- oder Kreislaufatmungsgeräten mit Druckluftbehältern und -zylindern ab 200 bar sowie unter ABC-Schutzkleidung und bei Überschlagsmessungen hoher elektrischer Spannungen bei Verwendung verschiedener Löschmittel verwendet werden, erhalten eine Zulage in Höhe von 107,37 Euro monatlich,
3. bei Erprobungs- und Versuchsarbeiten mit festen, flüssigen oder gasförmigen Stoffen, bei Brand-, Abbrand- oder Explosionsversuchen mit Brand-, Nebel- oder Flammkampfmitteln eingesetzt werden sowie unter Hitze- oder Flammschutzanzügen starker Hitzeentwicklung ausgesetzt sind, erhalten eine Zulage in Höhe von 85,90 Euro monatlich,
4. Versuchstiere im Bereich der ABC-Abwehr oder des wehrwissenschaftlichen ABC-Schutzes pflegen oder vernichten, erhalten eine Zulage in Höhe von 64,43 Euro monatlich.

(2) Die Zulage wird nur gewährt, wenn die Tätigkeiten in häufiger Wiederholung ausge-

III

übt werden und zu den regelmäßigen Aufgaben im Rahmen des normalen Dienstablaufs gehören. Personen, die überwiegend eine Lehr- oder Verwaltungstätigkeit ausüben, erhalten keine Zulage.

§ 23o Zulage für spezialisierte Kräfte der Bundeswehr

(1) Soldaten erhalten eine Zulage in Höhe von 500 Euro monatlich, wenn sie für die folgenden Einsatzaufgaben ausgebildet sind und entsprechend verwendet werden:

1. Einsatzaufgaben der spezialisierten Kräfte des Heeres mit erweiterter Grundbefähigung,
2. Einsatzaufgaben des Spezialoperationen-Bootsteams,
3. Einsatzaufgaben der spezialisierten ABC-Abwehrkräfte,
4. Einsatzaufgaben der luftlandefähigen Komponente für den elektronischen Kampf zur Nahunterstützung im Einsatz,
5. Einsatzaufgaben der Kampfretter der Luftwaffe,
6. Einsatzaufgaben der spezialisierten Kräfte der Marine im Rahmen von Bordeinsätzen sowie Sanitätseinsätzen oder
7. notfallchirurgische Erstversorgung oder medizinische Unterstützung von Evakuierungsmaßnahmen durch Angehörige des Zentralen Sanitätsdienstes der Bundeswehr.

(2) Soldaten erhalten eine Zulage in Höhe von 250 Euro monatlich, wenn sie

1. für eine Verwendung nach Absatz 1 ausgebildet werden,
2. bei Dienststellen mit Aufgaben nach Absatz 1 oder in zentralen Ausbildungseinrichtungen verwendet werden und Soldaten für Aufgaben im Sinne des Absatzes 1 ausbilden oder
3. nach abgeschlossener Ausbildung nach Absatz 1 nicht entsprechend verwendet werden, jedoch zum Erhalt der erworbenen Fähigkeiten, Fertigkeiten und Kenntnisse verpflichtet sind.

(3) Sofern mehrere Zulagentatbestände erfüllt sind, wird nur die höchste Zulage gewährt.

(4) Die Zulage nach Absatz 1 Nummer 1 bis 4 oder Absatz 2 wird neben einer Stellenzulage oder neben einer weiteren Zulage nach diesem Abschnitt nur gewährt, soweit der Gesamtbetrag die Zulage nach § 23m Absatz 2 Nummer 2 Buchstabe a nicht übersteigt. Die Zulage nach Absatz 1 Nummer 5 bis 7 wird neben einer Stellenzulage oder neben einer weiteren Zulage nach diesem Abschnitt nur gewährt, soweit der Gesamtbetrag die Zulage nach § 23m Absatz 2 Nummer 1 nicht übersteigt.

§ 23p Zulage für besonders befähigte Unterstützungskräfte der Spezialkräfte der Bundeswehr

(1) Soldaten des Kommandos Spezialkräfte sowie Soldaten, die in der Stabs- und Führungsunterstützungskompanie Special Operations Component Command, im Ausbildungsstützpunkt Spezialkräfte Heer oder in Personalwerbetrupps für Spezialkräfte zur Wahrnehmung von Einsatzaufgaben des Kommandos Spezialkräfte verwendet werden, erhalten eine monatliche Zulage, wenn sie weder die Voraussetzungen nach § 23m noch die Voraussetzungen nach § 23o erfüllen, und

1. für die Teilnahme an Aufgaben im räumlichen Einsatzgebiet der Spezialkräfte der Bundeswehr ausgebildet sind und entsprechend verwendet werden
   a) im direkten Zusammenwirken mit den Kommandokräften oder
   b) zur Unterstützung der Kommandokräfte oder
2. für eine Verwendung nach Nummer 1 ausgebildet werden.

(2) Die Zulage beträgt im Fall

1. des Absatzes 1 Nummer 1 Buchstabe a	500 Euro,
2. des Absatzes 1 Nummer 1 Buchstabe b	300 Euro,
3. des Absatzes 1 Nummer 2	250 Euro.

Sofern mehrere Zulagentatbestände erfüllt sind, wird nur die höchste Zulage gewährt.

(3) Die Zulage wird neben einer Stellenzulage oder neben einer weiteren Zulage nach diesem Abschnitt nur gewährt, soweit der Gesamtbetrag die Zulage nach § 23m Absatz 2 Nummer 3 nicht übersteigt.

§ 23q Zulage für Tätigkeiten im protokollarischen Dienst des Wachbataillons beim Bundesministerium der Verteidigung

(1) Soldaten, die im protokollarischen Dienst des Wachbataillons beim Bundesministerium der Verteidigung verwendet oder für eine solche Verwendung ausgebildet werden, erhalten eine Zulage in Höhe von 50 Euro monatlich. Die Zulage wird nicht neben einer Stellenzulage nach Nummer 4 der Vorbemerkungen zu den Bundesbesoldungsordnungen A und B des Bundesbesoldungsgesetzes gewährt.

(2) Der Anspruch entsteht frühestens mit dem Tag des Dienstantritts.

§ 23r Zulage für Tätigkeiten mit Biostoffen in Laboratorien

(1) Beamte und Soldaten, die in einem Laboratorium eine Tätigkeit ausüben, die nach § 5 der Biostoffverordnung vom 15. Juli 2013 (BGBl. I S. 2514), die zuletzt durch Artikel 146 des Gesetzes vom 29. März 2017 (BGBl. I S. 626) geändert worden ist, in der jeweils geltenden Fassung der Schutzstufe 4 zugeordnet ist, erhalten eine Zulage. Die Zulage beträgt 180 Euro monatlich, wenn die Tätigkeit nach Satz 1 in häufiger Wiederholung ausgeübt wird und zu den regelmäßigen Aufgaben im Rahmen des normalen Dienstablaufs gehört; andernfalls beträgt die Zulage zehn Euro für jeden Tag der Tätigkeit.

(2) Die Zulage wird nicht neben einer Zulage nach § 23n gewährt; sie wird neben einer Zulage nach § 23a nur gewährt, soweit sie diese übersteigt.

Abschnitt 5 Übergangsregelungen

§ 24 Übergangsregelung für Beamte des Bundeseisenbahnvermögens und der Postnachfolgeunternehmen

(1) Abweichend von Abschnitt 3 gelten § 19 Absatz 1 und § 20 Absatz 5 in der bis zum 30. September 2013 geltenden Fassung fort

1. für Beamte des Bundeseisenbahnvermögens, die der Deutschen Bahn Aktiengesellschaft oder einer Gesellschaft zugewiesen sind, die ausgegliedert worden ist nach § 2 Absatz 1 und § 3 Absatz 3 des Deutsche Bahn Gründungsgesetzes vom 27. Dezember 1993 (BGBl. I S. 2378, 2386), das zuletzt durch Artikel 307 der Verordnung vom 31. Oktober 2006 (BGBl. I S. 2407) geändert worden ist, und
2. für Beamte, die bei einem Postnachfolgeunternehmen beschäftigt sind.

(2) Die Schichtzulagen nach § 20 Absatz 5 in der bis zum 30. September 2013 geltenden Fassung können durch Rechtsverordnung um bis zu 10 Prozent erhöht werden. Die Rechtsverordnung erlässt

1. für die Beamten nach Absatz 1 Nummer 1 das Bundesministerium für Verkehr und digitale Infrastruktur im Einvernehmen mit dem Bundesministerium der Finanzen und dem Bundesministerium des Innern, für Bau und Heimat,
2. für die Beamten nach Absatz 1 Nummer 2 das Bundesministerium der Finanzen nach Anhörung des Vorstands des Postnachfolgeunternehmens im Einvernehmen mit dem Bundesministerium des Innern, für Bau und Heimat.

III

Verordnung über die Gewährung von Auslandszuschlägen (Auslandszuschlagsverordnung – AuslZuschlV)

Vom 17. Juni 2025 (BGBl. I Nr. 145)

Abschnitt 1 Auslandszuschlag

§ 1 Zuteilung der Dienstorte zu Zonenstufen

III

(1) Befindet sich an einem Dienstort eine Auslandsvertretung der Bundesrepublik Deutschland, so wird dem Dienstort eine Zonenstufe nach Anlage 1 zugeteilt.

(2) Ist ein Dienstort nicht in Anlage 1 aufgeführt, so wird der Dienstort einer Zonenstufe nach Anlage 2 zugeteilt.

(3) Ist ein Dienstort weder in Anlage 1 noch in Anlage 2 aufgeführt, so richtet sich die Zuteilung des Dienstortes zu einer Zonenstufe nach der Zonenstufe der Auslandsvertretung der Bundesrepublik Deutschland, in deren Amtsbezirk der Dienstort liegt. Weichen die Lebensverhältnisse am Dienstort erheblich von denen am Ort der Auslandsvertretung ab, so kann die oberste Dienstbehörde die Zonenstufe abweichend von Satz 1 anhand eines Ortes mit vergleichbaren Lebensverhältnissen zuteilen, dessen Zonenstufe nach den Grundsätzen des § 53 Absatz 1 Satz 1 bis 4 des Bundesbesoldungsgesetzes ermittelt wurde.

(4) Die Grundgehaltsspannen der Anlage VI Tabelle VI.1 des Bundesbesoldungsgesetzes umfassen auch die Amtszulagen.

§ 2 Auslandszuschlag bei Arbeitsplatzteilung

In Fällen des § 53 Absatz 3 Satz 3 des Bundesbesoldungsgesetzes wird die Grundgehaltsspanne der oder des höher besoldeten Berechtigten zugrunde gelegt.

§ 3 Zuschlag zur Abgeltung außergewöhnlicher materieller Mehraufwendungen und immaterieller Belastungen

(1) Als monatlicher Zuschlag zur Abgeltung außergewöhnlicher materieller Mehraufwendungen können zusätzlich zum Auslandszuschlag bis zu 715 Euro gezahlt werden.

(2) Als monatlicher Zuschlag zur Abgeltung außergewöhnlicher immaterieller Belastungen können zusätzlich zum Auslandszuschlag gezahlt werden:

1. bis zu 500 Euro, wenn am Dienstort Belastungen auftreten, insbesondere aufgrund von
   a) Knappheit von Gütern der Grundversorgung,
   b) außergewöhnlichen Umweltbelastungen oder
   c) einer hohen Rate an Gewaltdelikten;
2. bis zu 800 Euro, wenn am Dienstort eine abstrakte Gefahr für Leben, Gesundheit oder Eigentum besteht, insbesondere aufgrund von
   a) Auswirkungen von bewaffneten Konflikten,
   b) politisch motivierten Gewalttaten oder
   c) schwerwiegender Beeinträchtigung des Bestands oder der Funktionsfähigkeit des Staates oder seiner Einrichtungen einschließlich der Daseinsvorsorge;
3. bis zu 1000 Euro, wenn am Dienstort eine konkrete Gefahr für Leben oder Gesundheit besteht, insbesondere aufgrund von
   a) bewaffneten Konflikten,
   b) Katastrophen oder
   c) Epidemien.

(3) Der monatliche Zuschlag wird pauschal um einen Anteil gekürzt, der dem Umfang der am jeweiligen Dienstort typischerweise vorkommenden Abwesenheiten entspricht. Der Kürzung wird insbesondere der für jeden vollen Monat zustehende Erholungs- und Zusatzurlaub zugrunde gelegt.

(4) Während einer Abwesenheit vom Dienstort von mehr als zwei Wochen wird der Zuschlag nicht gezahlt. Dies gilt nicht für Abwesenheiten wegen Erholungs- und Zusatzurlaubs oder aus sonstigen Gründen, die der

pauschalen Kürzung nach Absatz 3 zugrunde gelegt wurden.

§ 4 Zuschlag zur Sicherstellung einer anforderungsgerechten Besetzung eines Dienstpostens im Ausland

(1) Kann ein Dienstposten im Ausland wegen außergewöhnlicher materieller Mehraufwendungen oder immaterieller Belastungen nicht mit einer geeigneten Bewerberin oder einem geeigneten Bewerber besetzt werden, so kann für die Sicherstellung einer anforderungsgerechten Besetzung des Dienstpostens zusätzlich zum Auslandszuschlag ein monatlicher Zuschlag von bis zu 715 Euro festgesetzt werden.

(2) Der Zuschlag wird so lange gezahlt, wie die Person den Dienstposten innehat, längstens jedoch für vier Jahre.

(3) Der Zuschlag wird auch bei vorübergehender Abwesenheit vom Dienstort gezahlt.

(4) Die Gründe für die Gewährung des Zuschlags sind zu dokumentieren.

§ 5 Erhöhung der Zuschläge

Ein Zuschlag nach § 3 erhöht sich für jede Person, die nach § 53 Absatz 4 des Bundesbesoldungsgesetzes berücksichtigungsfähig ist, um 10 Prozent, sofern sich die Person an dem Dienstort, für den der Zuschlag festgesetzt worden ist, nicht nur vorübergehend aufhält.

§ 6 Übernahme der Festsetzung einer anderen obersten Dienstbehörde

Eine oberste Dienstbehörde kann einen Zuschlag nach § 3 übernehmen, den eine andere oberste Dienstbehörde festgesetzt hat. Ein Einvernehmen nach § 53 Absatz 1 Satz 5 des Bundesbesoldungsgesetzes ist bei der Übernahme nicht herzustellen.

§ 7 Höchstbetrag

Die Beträge nach den §§ 3 bis 5 können bis zum gesetzlichen Höchstbetrag nach § 53 Absatz 1 Satz 5 des Bundesbesoldungsgesetzes nebeneinander gewährt werden und unterliegen dem Kaufkraftausgleich (§ 55 des Bundesbesoldungsgesetzes).

Abschnitt 2
Erhöhter Auslandszuschlag

Unterabschnitt 1
Erhöhter Auslandszuschlag für Angehörige des Auswärtigen Dienstes

§ 8 Information über den Ablauf des maßgeblichen Zeitraums bei befristeten Verwendungen im Ausland

Die entsendende Dienststelle informiert die Bezügestelle, wenn der Zeitraum nach § 53 Absatz 6 Satz 2 des Bundesbesoldungsgesetzes abgelaufen ist.

§ 9 Maßgebliche Dienstbezüge

Maßgebliche Dienstbezüge für die Berechnung des erhöhten Auslandszuschlags nach § 53 Absatz 6 Satz 1 und 2 des Bundesbesoldungsgesetzes sind:

1. das Grundgehalt,
2. Familienzuschlag bis zur Stufe 1,
3. Amts- und Stellenzulagen sowie
4. der Auslandszuschlag für die Empfängerin oder den Empfänger von Auslandsdienstbezügen und für die erste nach § 53 Absatz 4 Nummer 1 oder Nummer 3 des Bundesbesoldungsgesetzes berücksichtigungsfähige Person.

Unterabschnitt 2
Erhöhter Auslandszuschlag für berücksichtigungsfähige Personen

§ 10 Erhöhter Auslandszuschlag für Verheiratete

(1) Einen erhöhten Auslandszuschlag erhalten nach Maßgabe der Absätze 2 und 3:

1. verheiratete Empfängerinnen und Empfänger von Auslandsdienstbezügen, für die das Gesetz über den Auswärtigen Dienst gilt, und
2. verheiratete Empfängerinnen und Empfänger von Auslandsdienstbezügen, die dem Geschäftsbereich des Bundesministeriums der Verteidigung angehören, wenn sie zur Sicherstellung der Einsatzbereitschaft im Rahmen der Landes- und Bündnisverteidigung im Ausland soldatische Tätigkeiten wahrnehmen oder unmittelbar unterstützen.

III

(2) Der Auslandszuschlag erhöht sich bis zu einer Höhe von 18,6 Prozent des Grundgehalts zuzüglich Amtszulagen, höchstens jedoch 18,6 Prozent des Grundgehalts aus der Endstufe der Besoldungsgruppe A 14, um den Betrag, der für den Aufbau einer eigenständigen Altersvorsorge der Ehegattin oder des Ehegatten verwendet wird (Erhöhungsbetrag).

(3) Der Erhöhungsbetrag wird gewährt,

1. wenn die Ehegattin oder der Ehegatte
   a) nach § 53 Absatz 4 Nummer 1 des Bundesbesoldungsgesetzesberücksichtigungsfähig ist oder
   b) einen Anspruch auf den erhöhten Auslandszuschlag nach § 53 Absatz 3 Satz 3 des Bundesbesoldungsgesetzes hat, und
2. bis die Ehegattin oder der Ehegatte die Regelaltersgrenze nach § 235 des Sechsten Buches Sozialgesetzbuch erreicht hat.

Im Falle des Satzes 1 Nummer 1 Buchstabe b bestimmen die Eheleute, wer von ihnen den Erhöhungsbetrag erhält.

§ 11 Verwendung zum Aufbau einer eigenständigen Altersvorsorge der Ehegattin oder des Ehegatten

Als Verwendung für den Aufbau einer eigenständigen Altersvorsorge der Ehegattin oder des Ehegatten nach § 10 Absatz 2 gelten:

1. die freiwillige Einzahlung des Erhöhungsbetrags
   a) in die gesetzliche Rentenversicherung,
   b) in die landwirtschaftliche Alterskasse oder
   c) in eine berufsständische Versorgungseinrichtung, die Leistungen erbringt, die denjenigen der gesetzlichen Rentenversicherung vergleichbar sind,
2. die Zahlung des Versorgungszuschlags,
3. der Beitrag für einen Vertrag, der auf eine kapitalgedeckte Altersvorsorge gerichtet und nach § 5 oder § 5a des Altersvorsorgeverträge-Zertifizierungsgesetzes vom 26. Juni 2001 (BGBl. I S. 1310, 1322), das zuletzt durch Artikel 5 des Gesetzes vom 25. Oktober 2023 (BGBl. 2023 I Nr. 294) geändert worden ist, in der jeweils geltenden Fassung zertifiziert worden ist oder
4. der Beitrag für die Fortsetzung einer betrieblichen Altersvorsorge im Sinne des Betriebsrentengesetzes.

Eine Aufteilung des Erhöhungsbetrags auf bis zu zwei Verwendungsarten ist zulässig.

§ 12 Nachweis und Anzeigepflicht

(1) Die Verwendung zum Aufbau einer eigenständigen Altersvorsorge nach § 10 Absatz 2 kann durch eine schriftliche oder elektronische dienstliche Erklärung nachgewiesen werden, die von der Ehegattin oder dem Ehegatten zu bestätigen ist.

(2) Belege über die Verwendung sind bis zum Ablauf der gesetzlichen Verjährungsfrist durch die Empfängerinnen und Empfänger des Auslandszuschlags aufzubewahren und der Bezügestelle auf Verlangen vorzulegen. Die Bezügestelle führt Belegprüfungen stichprobenartig sowie bei Verdacht auf falsche Angaben durch.

(3) Die Empfängerin oder der Empfänger des erhöhten Auslandszuschlags hat der Bezügestelle unverzüglich schriftlich oder elektronisch anzuzeigen, wenn eine Verwendung verringert, unterbrochen oder eingestellt wird.

§ 13 Abweichende Regelungen für bestimmte Personengruppen zu Verwendung und Nachweis

(1) Hat die Ehegattin oder der Ehegatte das 50. Lebensjahr am 1. Januar 2020 vollendet, so gelten als Verwendung zum Aufbau ihrer oder seiner eigenständigen Altersvorsorge nach § 10 Absatz 2 auch Anlagemöglichkeiten, die nicht in § 11 genannt sind. § 12 Absatz 2 ist nicht anzuwenden.

(2) Besitzt die Ehegattin oder der Ehegatte nicht die deutsche Staatsangehörigkeit, so wird der Auslandszuschlag abweichend von § 10 Absatz 2 um einen Erhöhungsbetrag von 6 Prozent der Dienstbezüge im Ausland erhöht, wenn anstelle des Nachweises der Verwendung zum Aufbau einer eigenständigen Altersvorsorge nach § 10 Absatz 2

1. die Empfängerin oder der Empfänger des erhöhten Auslandszuschlags durch eine schriftliche oder elektronische dienstliche Erklärung bestätigt, dass die Ehegattin oder der Ehegatte darüber informiert ist, dass

a) der Erhöhungsbetrag gezahlt wird und
b) der Zweck des Erhöhungsbetrags der Aufbau einer eigenständigen Altersvorsorge der Ehegattin oder des Ehegatten ist, und

2. die Ehegattin oder der Ehegatte die dienstliche Erklärung nach Nummer 1 bestätigt.

Als Dienstbezüge im Ausland gelten die Dienstbezüge nach § 9 zuzüglich des erhöhten Auslandszuschlags nach § 53 Absatz 6 Satz 1 und 2 des Bundesbesoldungsgesetzes.

§ 14 Erhöhter Auslandszuschlag für weitere berücksichtigungsfähige Personen

(1) Empfängerinnen und Empfänger von Auslandsdienstbezügen, für die das Gesetz über den Auswärtigen Dienst gilt, erhalten einen um einen Erhöhungsbetrag von 6 Prozent ihrer Dienstbezüge im Ausland erhöhten Auslandszuschlag, wenn

1. der Empfängerin oder dem Empfänger kein erhöhter Auslandszuschlag nach § 10 zusteht und
2. eine nach § 53 Absatz 4 Nummer 3 des Bundesbesoldungsgesetzes berücksichtigungsfähige Person im dienstlichen Interesse bei der Erfüllung der Aufgaben der Auslandsvertretung oder an den Aufgaben der Empfängerin oder des Empfängers mitwirkt.

(2) § 10 Absatz 3 Satz 1 Nummer 2 und § 13 Absatz 2 Satz 2 gelten entsprechend.

§ 15 Begriff des Nettoerwerbseinkommens

Das Nettoerwerbseinkommen ist die Summe der nach Abzug der zu entrichtenden Steuern vom Einkommen und der Arbeitnehmeranteile zur gesetzlichen Sozialversicherung verbleibenden Einkünfte aus:

1. Land- und Forstwirtschaft (§ 2 Absatz 1 Satz 1 Nummer 1 in Verbindung mit § 13 des Einkommensteuergesetzes),
2. Gewerbebetrieb (§ 2 Absatz 1 Satz 1 Nummer 2 in Verbindung mit § 15 des Einkommensteuergesetzes),
3. selbstständiger Arbeit (§ 2 Absatz 1 Satz 1 Nummer 3 in Verbindung mit § 18 des Einkommensteuergesetzes) und
4. nichtselbstständiger Arbeit (§ 2 Absatz 1 Satz 1 Nummer 4 in Verbindung mit § 19 Absatz 1 Satz 1 Nummer 1 und 3 des Einkommensteuergesetzes).

§ 16 Anrechnung des Nettoerwerbseinkommens der berücksichtigungsfähigen Person

(1) Ist die Ehegattin oder der Ehegatte oder eine nach § 53 Absatz 4 Nummer 3 des Bundesbesoldungsgesetzes berücksichtigungsfähige Person in dem Zeitraum, für den ein erhöhter Auslandszuschlag nach diesem Unterabschnitt gewährt wird, erwerbstätig, so wird das in diesem Zeitraum erzielte Nettoerwerbseinkommen nach Maßgabe des Absatzes 3 auf den Erhöhungsbetrag angerechnet. Eine Anrechnung findet nur statt, soweit das monatliche Nettoerwerbseinkommen für diesen Zeitraum das Zweifache der Arbeitsentgeltgrenze bei geringfügiger Beschäftigung (§ 8 Absatz 1a des Vierten Buches Sozialgesetzbuch) oder den entsprechenden Betrag in ausländischer Währung übersteigt.

(2) Einkünfte, die ausschließlich durch Tätigkeiten erzielt wurden, die vor dem Beginn oder nach dem Ende des Gewährungszeitraums des erhöhten Auslandszuschlags ausgeübt wurden, bleiben bei der Anrechnung unberücksichtigt.

(3) Die Hälfte des Erhöhungsbetrags ist anrechnungsfrei. Auf die andere Hälfte wird das nach Absatz 1 Satz 2 zu berücksichtigende Nettoerwerbseinkommen angerechnet. Die Anrechnung erfolgt getrennt für jedes Kalenderjahr. Bei einem Dienstortwechsel innerhalb eines Kalenderjahres wird das erzielte Nettoerwerbseinkommen getrennt nach Dienstorten betrachtet.

§ 17 Vorläufige Gewährung und Nachweis bei Nettoerwerbseinkommen der berücksichtigungsfähigen Person

(1) Der erhöhte Auslandszuschlag wird vorläufig auf Basis einer schriftlichen oder elektronischen dienstlichen Erklärung zum Netto-

erwerbseinkommen der berücksichtigungsfähigen Person gewährt, die von der berücksichtigungsfähigen Person zu bestätigen ist.

(2) Für die endgültige Bestimmung des erhöhten Auslandszuschlags sind auf Verlangen der Bezügestelle geeignete Nachweise zum Nettoerwerbseinkommen vorzulegen. Geeignete Nachweise können insbesondere die Steuerbescheide sein, die den Bezugszeitraum des erhöhten Auslandszuschlags umfassen.

Abschnitt 3 Schlussvorschriften

§ 18 Übergangsregelungen

(1) Stand Empfängerinnen und Empfängern von Auslandsdienstbezügen schon vor dem 1. Juli 2025 ein erhöhter Auslandszuschlag für Verheiratete zu, so wird der Auslandszuschlag bis einschließlich 30. Juni 2026 abweichend von § 10 Absatz 2 um einen Erhöhungsbetrag von 18,6 Prozent des Grundgehalts zuzüglich Amtszulagen, höchstens jedoch 18,6 Prozent des Grundgehalts aus der Endstufe der Besoldungsgruppe A 14, erhöht, wenn mindestens 90 Prozent des Erhöhungsbetrags für den Aufbau einer eigenständigen Altersvorsorge der Ehegattin oder des Ehegatten verwendet werden. § 11 ist anzuwenden.

(2) Bei einer befristeten Verwendung im Ausland wird bei der Berechnung der erforderlichen Mindestdauer der Verwendung nach § 53 Absatz 6 Satz 2 des Bundesbesoldungsgesetzes auch die Zeit berücksichtigt, während der Dienst vor dem 1. Juli 2025 geleistet worden ist.

Anlage 1
(zu § 1 Absatz 1)

	Staat 1	Dienstort 2	Zonenstufe 3
		Abschnitt 1 **Europa**	
1	Albanien	Tirana	11
2	Belgien	Brüssel	2
3	Bosnien und Herzegowina	Sarajewo	11
4	Bulgarien	Sofia	9
5	Dänemark	Kopenhagen	3
6	Estland	Tallinn	7
7	Finnland	Helsinki	5
8	Frankreich	Paris	3
9		Bordeaux	2
10		Lyon	2
11		Marseille	2
12		Straßburg	2
13	Griechenland	Athen	3
14		Thessaloniki	5
15	Irland	Dublin	2
16	Island	Reykjavik	6
17	Italien	Rom	1
18		Mailand	1
19	Kosovo	Pristina	17
20	Kroatien	Zagreb	6
21	Lettland	Riga	6
22	Litauen	Wilna	5
23	Luxemburg	Luxemburg	1
24	Malta	Valletta	2
25	Moldau, Republik	Chisinau	10
26	Montenegro	Podgorica	13
27	Niederlande	Den Haag	1
28		Amsterdam	1
29	Nordmazedonien	Skopje	11
30	Norwegen	Oslo	4
31	Österreich	Wien	1
32	Polen	Warschau	4
33		Breslau	7
34		Danzig	7
35		Krakau	6
36		Oppeln	7
37	Portugal	Lissabon	1

	Staat 1	Dienstort 2	Zonenstufe 3
38	Rumänien	Bukarest	8
39		Hermannstadt	10
40		Temeswar	9
41	Russland	Moskau	13
42		St. Petersburg	13
43	Schweden	Stockholm	3
44	Schweiz	Bern	4
45		Genf	3
46	Serbien	Belgrad	10
47	Slowakische Republik	Pressburg	6
48	Slowenien	Ljubljana	4
49	Spanien	Madrid	2
50		Barcelona	3
51		Las Palmas de Gran Canaria	2
52		Malaga	3
53		Palma de Mallorca	2
54	Tschechische Republik	Prag	4
55	Türkei	Ankara	9
56		Antalya	8
57		Istanbul	9
58		Izmir	8
59	Ukraine	Kyjiw	15
60		Donezk	19
61	Ungarn	Budapest	5
62	Vereinigtes Königreich	London	2
63		Edinburgh	4
64	Weißrussland	Minsk	15
65	Zypern	Nikosia	7

Abschnitt 2
Afrika

66	Ägypten	Kairo	17
67	Algerien	Algier	15
68	Angola	Luanda	18
69	Äthiopien	Addis Abeba	20
70	Benin	Cotonou	17
71	Botsuana	Gaborone	16
72	Burkina Faso	Ouagadougou	20
73	Burundi	Bujumbura	20
74	Côte d'Ivoire	Abidjan	20
75	Dschibuti	Dschibuti	20
76	Eritrea	Asmara	20

	Staat 1	Dienstort 2	Zonenstufe 3
77	Gabun	Libreville	20
78	Gambia	Banjul	17
79	Ghana	Accra	16
80	Guinea	Conakry	20
81	Kamerun	Jaunde	20
82	Kenia	Nairobi	15
83	Kongo	Brazzaville	20
84	Kongo, Demokratische Republik	Kinshasa	20
85	Liberia	Monrovia	20
86	Libyen	Tripolis	20
87	Madagaskar	Antananarivo	20
88	Malawi	Lilongwe	19
89	Mali	Bamako	20
90	Marokko	Rabat	12
91	Mauretanien	Nouakchott	20
92	Mosambik	Maputo	19
93	Namibia	Windhuk	13
94	Niger	Niamey	20
95	Nigeria	Abuja	19
96		Lagos	19
97	Ruanda	Kigali	17
98	Sambia	Lusaka	16
99	Senegal	Dakar	17
100	Sierra Leone	Freetown	20
101	Simbabwe	Harare	20
102	Somalia	Mogadischu	20
103	Sudan	Khartum	20
104	Südafrika	Pretoria	9
105		Kapstadt	10
106	Südsudan	Dschuba	20
107	Tansania	Daressalam	19
108	Togo	Lomé	20
109	Tschad	N'Djamena	20
110	Tunesien	Tunis	13
111	Uganda	Kampala	15

Abschnitt 3
Amerika

112	Argentinien	Buenos Aires	10
113	Bolivien	La Paz	17

	Staat 1	Dienstort 2	Zonenstufe 3
114	Brasilien	Brasilia	12
115		Porto Alegre	11
116		Recife	12
117		Rio de Janeiro	11
118		São Paulo	10
119	Chile	Santiago de Chile	11
120	Costa Rica	San José	13
121	Dominikanische Republik	Santo Domingo	16
122	Ecuador	Quito	13
123	El Salvador	San Salvador	16
124	Guatemala	Guatemala City	16
125	Haiti	Port-au-Prince	20
126	Honduras	Tegucigalpa	19
127	Jamaika	Kingston	19
128	Kanada	Ottawa	4
129		Montreal	4
130		Toronto	4
131		Vancouver	4
132	Kolumbien	Bogotá	10
133	Kuba	Havanna	19
134	Mexiko	Mexiko City	10
135	Nicaragua	Managua	19
136	Panama	Panama	11
137	Paraguay	Asunción	13
138	Peru	Lima	13
139	Trinidad und Tobago	Port-of-Spain	18
140	Uruguay	Montevideo	12
141	Venezuela	Caracas	17
142	Vereinigte Staaten	Washington	8
143		Atlanta	7
144		Boston	5
145		Chicago	7
146		Houston	7
147		Los Angeles	6
148		Miami	6
149		New York	8
150		San Francisco	7

Abschnitt 4
Asien

151	Afghanistan	Kabul	20
152	Armenien	Eriwan	12

	Staat 1	Dienstort 2	Zonenstufe 3
153	Aserbaidschan	Baku	16
154	Bahrain	Manama	13
155	Bangladesch	Dhaka	20
156	Brunei	Bandar Seri Begawan	16
157	China	Peking	13
158		Chengdu	14
159		Hongkong	10
160		Kanton	14
161		Shanghai	11
162		Shenyang	17
163	Georgien	Tiflis	16
164	Indien	Neu Delhi	16
165		Bangalore	14
166		Chennai	17
167		Kalkutta	16
168		Mumbai	14
169	Indonesien	Jakarta	15
170	Irak	Bagdad	20
171		Erbil	19
172	Iran	Teheran	20
173	Israel	Tel Aviv	13
174	Japan	Tokyo	9
175		Osaka-Kobe	10
176	Jemen	Sanaa	20
177	Jordanien	Amman	13
178	Kambodscha	Phnom Penh	20
179	Kasachstan	Astana	16
180		Almaty	16
181	Katar	Doha	13
182	Kirgisistan	Bischkek	20
183	Korea, Demokratische Volksrepublik	Pjöngjang	20
184	Korea, Republik	Seoul	9
185	Kuwait	Kuwait	15
186	Laos	Vientiane	16
187	Libanon	Beirut	13
188	Malaysia	Kuala Lumpur	9
189	Mongolei	Ulan Bator	20
190	Myanmar	Rangun	20
191	Nepal	Kathmandu	20
192	Oman	Maskat	14

	Staat 1	Dienstort 2	Zonenstufe 3
193	Pakistan	Islamabad	18
194		Karachi	19
195	Philippinen	Manila	13
196	Saudi-Arabien	Riad	16
197		Djidda	16
198	Singapur	Singapur	9
199	Sri Lanka	Colombo	18
200	Syrien	Damaskus	20
201	Tadschikistan	Duschanbe	20
202	Thailand	Bangkok	14
203	Turkmenistan	Aschgabat	20
204	Usbekistan	Taschkent	19
205	Vereinigte Arabische Emirate	Abu Dhabi	11
206		Dubai	11
207	Vietnam	Hanoi	17
208		Ho-Chi-Minh-Stadt	17
	Abschnitt 5 Australien, Neuseeland und Ozeanien		
209	Australien	Canberra	8
210		Sydney	7
211	Fidschi	Suva	16
212	Neuseeland	Wellington	7
	Abschnitt 6 Weitere Dienstorte		
213		Ramallah (Palästinensisches Autonomiegebiet)	18
214		Taipei (Taiwan)	10

Anlage 2
(zu § 1 Absatz 2)

	Staat 1	Dienstort 2	Zonenstufe 3
		Abschnitt 1 Europa	
1	Frankreich	Le Luc/Le Cannet-des-Maures/Draguignan	4
2		Montpellier	4
3		Nancy/Toul	3
4		Cayenne/Französisch-Guayana	15
5	Italien	Catania/Sigonella/Lentini/Motta Sant'Anastasia	2
6		Decimomannu/Sardinien	4
7		Ghedi	3
8		Neapel/Giugliano/Lago Patria	3
9		Poggio Renatico/Ferrara	3
10	Litauen	Rukla	9
11		Rudninkai/Pabrade/Ukmerge/Zapalskiai	9
12	Polen	Stettin/Stargard	6
13		Posen	6
14	Spanien	Cadiz	3
15	Tschechische Republik	Vyškov	6
16	Vereinigtes Königreich	Andover (Hants)	5
17		Bicester	3
18		Blackwater	4
19		Blandford	5
20		Brize Norton	4
21		Bristol	4
22		Camberley/Odiham	4
23		Coningsby	5
24		Culdrose/Helston	4
25		Fareham	4
26		High Wycombe/Waters Ash	4
27		Honington/Cranwell RAF	4
28		Huntingdon	4
29		Innsworth	4
30		Lossiemouth	5
31		Luton/Bedfordshire	4
32		Plymouth	4
33		Portland/Dorset	5
34		Portsmouth	4
35		Preston	4
36		Salisbury	5

	Staat 1	Dienstort 2	Zonenstufe 3
37		Sandhurst/Bracknell Forest	4
38		Shawbury/Shrewsbury	5
39		Shrivenham/Swindon	4
40		Warminster	5
41		Warton	4
42		Yeovilton	5
		Abschnitt 2 **Amerika**	
43	Kanada	Cold Lake	9
44		Kelowna	6
45		Southport/Portage la Prairie	9
46		St. Johns	7
47		Winnipeg	9
48	Vereinigte Staaten	Alamogordo (New Mexico)	8
49		Albuquerque (New Mexico)	8
50		Carlisle Barraks (Pennsylvania)	7
51		Colorado Springs (Colorado)	8
52		Dallas (Texas)	8
53		Eglin AFB (Florida)	9
54		El Paso (Texas)	8
55		Fort Eisenhower (Fort Gordon alt) (Georgia)	9
56		Fort Benning (Georgia)	9
57		Fort Huachuca (Arizona)	10
58		Fort Leavenworth (Kansas)	9
59		Fort Leonard Wood (Missouri)	9
60		Fort Novosel (Fort Rucker alt)/Enterprise (Alabama)	9
61		Fort Sill (Oklahoma)	11
62		Goodyear/Phoenix (Arizona)	8
63		Hampton Roads (Fort Eustis, Fort Gregg-Adams (Fort Lee alt)), Virginia Beach (Dam Neck), Suffolk, Norfolk, Langley AFB/Newport News (Virginia)	7
64		Honolulu (Hawaii)	9
65		Jacksonville/Mayport/Starke (Florida)	7
66		Kirtland AFB (New Mexico)	8
67		Maxwell AFB/Montgomery	9
68		Milton (Florida)	9
69		Orlando (Florida)	7
70		Panama City/Tyndall AFB (Florida)	9
71		Pensacola/Eglin AFB (Florida)	9
72		Redstone/Huntsville (Alabama)	8
73		Sheppard AFB/Wichita Falls (Texas)	9

Staat 1	Dienstort 2	Zonenstufe 3
74	Tampa (Florida)	7
75	Tucson (Arizona)	8
76	Vandenberg SFB (Kalifornien)	7
77	Yuma (Arizona)	10

III

Verordnung über die Zahlung eines Auslandsverwendungszuschlags (Auslandsverwendungszuschlagsverordnung – AuslVZV)

in der Fassung der Bekanntmachung vom 8. April 2009 (BGBl. I S. 809)

Zuletzt geändert durch
Verordnung zur weiteren Stärkung der personellen Einsatzbereitschaft und zur Änderung von Vorschriften für die Bundeswehr
vom 6. März 2025 (BGBl. I Nr. 78)

§ 1 Anspruchsvoraussetzungen bei besonderen Verwendungen im Ausland

(1) Auslandsverwendungszuschlag wird regelmäßig nur gezahlt bei Verwendungen in einem Verband, einer Einheit oder Gruppe sowie im polizeilichen Einzeldienst. Bei sonstigen Einzelverwendungen darf Auslandsverwendungszuschlag nur gezahlt werden, wenn fachspezifische Besonderheiten einer besonderen Verwendung im Ausland eine Ausnahme rechtfertigen.

(2) Eine einsatzvorbereitende Verwendung im Sinne des § 56 Absatz 1 Satz 3 Nummer 1 des Bundesbesoldungsgesetzes liegt vor, wenn sie unter vergleichbaren Bedingungen wie die besondere Verwendung im Ausland selbst durchgeführt wird und dieser unmittelbar zeitlich vorgelagert ist. Eine einsatzabschließende Verwendung im Sinne des § 56 Absatz 1 Satz 3 Nummer 2 des Bundesbesoldungsgesetzes liegt vor, wenn sie unter vergleichbaren Bedingungen wie die besondere Verwendung im Ausland selbst durchgeführt wird und dieser unmittelbar zeitlich nachgelagert ist.

§ 2 Materielle Mehraufwendungen und immaterielle Belastungen

Als materielle Mehraufwendungen und immaterielle Belastungen im Verwendungsgebiet und am Ort der besonderen Verwendung werden berücksichtigt:

1. Allgemeine physische und psychische Belastungen, insbesondere durch
   a) Art und Dauer der Verwendung,
   b) Einschränkung der persönlichen Bewegungsfreiheit, der Privatsphäre oder der Freizeitmöglichkeiten,
   c) Unterbringung in Zelten, Containern oder Massenunterkünften,
   d) erhebliche, potentiell gesundheitsgefährdende Mängel der Sanitär- und Hygieneeinrichtungen,
   e) besondere zeitliche Beanspruchung während der gesamten Dauer der Verwendung, hohe Bereitschaftsstufen,
   f) extreme Klimabelastungen;
2. Gefahr für Leib und Leben, insbesondere durch
   a) Seuchen, Epidemien, Tropenkrankheiten, gefährliche Strahlen oder Chemikalien,
   b) minenverseuchtes Gebiet,
   c) Terrorakte, organisierte Kriminalität, hohe Gewaltbereitschaft, Piraterie, Geiselnahme,
   d) bürgerkriegsähnliche und kriegerische Auseinandersetzungen, Bürgerkrieg;
3. Mehraufwendungen, die durch die besonderen Verhältnisse im Verwendungsgebiet, insbesondere durch Mängel und erschwerende Umstände bei Versorgung und Kommunikation entstehen, soweit keine reisekostenrechtlichen Ansprüche bestehen.

§ 3 Höhe und Festsetzung des Auslandsverwendungszuschlags

(1) Die Mehraufwendungen und Belastungen der Verwendung werden in sechs Stufen des Auslandsverwendungszuschlags wie folgt berücksichtigt:

Stufe	Mehraufwendungen oder Belastungen	Zuschlag
1	2	3
1	Allgemeine, mit der besonderen Verwendung nach § 56 Absatz 1 des Bundesbesoldungsgesetzes typischerweise verbundene Mehraufwendungen und Belastungen	54 Euro
2	Stärker ausgeprägte Mehraufwendungen und Belastungen, insbesondere durch a) besondere zeitliche Beanspruchung während der gesamten Dauer der Verwendung, die im Inland einen Dienstzeitausgleich oder eine finanzielle Abgeltung zur Folge hätte, b) Unterbringung in Zelten, Massenunterkünften oder Containern oder c) hohe Kosten aa) qualitativ angemessener Güter des täglichen Bedarfs und bb) der Kommunikation mit dem Heimatland, sofern nur eine unzureichende militärische oder vergleichbare Infrastruktur vorhanden ist	77 Euro
3	Über die Stufe 2 hinausgehende Belastungen, insbesondere durch a) besondere gesundheitliche Risiken, die im Heimatland üblicherweise nicht bestehen, oder b) hohes Potential an Waffen in der Zivilbevölkerung und davon ausgehende Gefährdung, insbesondere bei eingeschränkter Gebietsgewalt des Staates	93 Euro
4	Hohe Belastungen, insbesondere durch bürgerkriegsähnliche Auseinandersetzungen, terroristische Handlungen, außerordentliche Gewaltkriminalität, Piraterie, Minen oder vergleichbare gesundheitliche Gefährdungen	111 Euro
5	Sehr hohe Belastungen, insbesondere durch Verwendung unter Bürgerkriegsbedingungen, durch organisierte bewaffnete Aktionen, Terrorakte oder bei vergleichbaren gesundheitlichen Gefährdungen	131 Euro
6	Extreme Belastungen durch a) Verwendung zwischen den Konfliktparteien unter kriegsähnlichen Bedingungen, konkrete Gefährdung durch Kampfhandlungen, Beschuss oder Luftangriffe oder b) vergleichbare gesundheitliche konkrete Gefährdungen; diese liegen nur vor, wenn der Zweck des Einsatzes auf den direkten Kontakt mit infizierten Personen gerichtet ist und dadurch ein hohes Risiko der Infektion mit einer potentiell tödlich verlaufenden Krankheit besteht und weder eine Prophylaxe noch eine kausale Behandlungsmethode zur Verfügung steht	153 Euro

(2) Die Stufe des Auslandsverwendungszuschlags wird von der für die besondere Verwendung im Ausland zuständigen obersten Dienstbehörde im Benehmen mit dem Bundesministerium des Innern, für Bau und Heimat, dem Bundesministerium der Verteidigung, dem Bundesministerium der Finanzen und dem Auswärtigen Amt festgesetzt. Dies gilt nicht in den Fällen des § 56 Absatz 2 des Bundesbesoldungsgesetzes.

(3) Soweit in der jeweiligen besonderen Verwendung wesentliche Unterschiede in den Verwendungsverhältnissen bestehen, sind diese bei der Festsetzung zu berücksichtigen. Bei einer nicht nur vorübergehenden wesentlichen Änderung der Verwendungsverhältnisse wird die Stufe neu festgesetzt. Für einsatzvorbereitende und einsatzabschließende Verwendungen nach § 1 Absatz 2 ist die Stufe des Auslandsverwendungszuschlags im Verfahren nach Absatz 2 gesondert festzusetzen; dabei ist den Unterschieden zwischen der einsatzvorbereitenden oder der einsatzabschließenden Verwendung und der Verwendung nach § 56 Absatz 1 Satz 2 des Bundesbesoldungsgesetzes Rechnung zu tragen.

(4) Der Auslandsverwendungszuschlag unterliegt nicht dem Kaufkraftausgleich.

§ 4 Dauer des Anspruchs

(1) Der Auslandsverwendungszuschlag steht für die Dauer der besonderen Verwendung im Ausland zu. Er wird vom Tage des Eintreffens im Gebiet oder am Ort der Verwendung bis zum Ende dieser Verwendung oder dem Verlassen dieses Gebietes oder Ortes während fortbestehender Verwendung gezahlt. Während einer Dienstbefreiung oder einer Erkrankung wird der Auslandsverwendungszuschlag weitergezahlt, solange der Beamte oder Soldat sich im Gebiet oder am Ort der besonderen Verwendung aufhält.

(2) Bei Verwendungen auf Schiffen und in Luftfahrzeugen entsteht der Anspruch mit dem Erreichen des zur Erfüllung des Auftrags bestimmten Verwendungsgebietes und/oder des zu diesem Zwecke angelaufenen Hafens oder angeflogenen Flugplatzes/Landeplatzes innerhalb des Verwendungsgebietes. Der Auslandsverwendungszuschlag wird nicht für Tage der Verwendung außerhalb dieses Bereichs gezahlt. Insbesondere wird Auslandsverwendungszuschlag nicht gezahlt für Zeiten der Hin- und Rückreise (Fahrt, Flug) zum oder vom ausländischen Ort oder Gebiet der besonderen Verwendung.

§ 5 Anrechnung anderer Bezüge

(1) Anzurechnen sind Bezüge, mit denen Belastungen abgegolten werden, die beim Auslandsverwendungszuschlag berücksichtigt worden sind.

(2) Der nach § 56 Absatz 3 Satz 9 des Bundesbesoldungsgesetzes weitergezahlte Auslandszuschlag wird auf den Auslandsverwendungszuschlag wie folgt angerechnet:

1. zu 15 Prozent, wenn der Hausstand des Berechtigten am bisherigen Dienstort im Ausland fortgeführt wird und sich im Auslandszuschlag berücksichtigungsfähige Personen (§ 53 Absatz 4 des Bundesbesoldungsgesetzes) weiterhin dort aufhalten;
2. zu 70 Prozent, wenn der Hausstand eines alleinstehenden Berechtigten am bisherigen Dienstort im Ausland beibehalten wird; eine Gemeinschaftsunterkunft gilt nicht als Hausstand;
3. zu 80 Prozent, wenn eine Gemeinschaftsunterkunft gegen Bezahlung am bisherigen Dienstort im Ausland beibehalten wird; handelt es sich um eine unentgeltlich bereitgestellte Gemeinschaftsunterkunft, erhöht sich der Anrechnungsbetrag auf 90 Prozent;
4. zu 90 Prozent, wenn der Hausstand des Berechtigten oder eine Gemeinschaftsunterkunft am bisherigen Dienstort im Ausland aufgegeben wird.

Mindestens sind jedoch 30 Prozent des zustehenden Auslandsverwendungszuschlags zu belassen.

(3) Die rückwirkende Anrechnung ist zulässig. Zahlungen in einer anderen Währung werden nach dem zum Zahlungszeitpunkt geltenden Umrechnungskurs angerechnet.

Verordnung über die Gewährung eines Zuschlags bei Altersteilzeit (Altersteilzeitzuschlagsverordnung – ATZV)

in der Fassung der Bekanntmachung vom 23. August 2001 (BGBl. I S. 2239)

Zuletzt geändert durch
Dienstrechtsneuordnungsgesetz
vom 5. Februar 2009 (BGBl. I S. 160)

§ 1 Gewährung eines Altersteilzeitzuschlags

Den in § 6 Abs. 2 des Bundesbesoldungsgesetzes genannten Beamten und Richtern wird ein nichtruhegehaltfähiger Altersteilzeitzuschlag gewährt, soweit die Altersteilzeit mindestens mit der Hälfte der bisherigen Arbeitszeit, die für die Bemessung der ermäßigten Arbeitszeit während der Altersteilzeit zugrunde gelegt worden ist, durchgeführt wird.

§ 2 Höhe und Berechnung

(1) Der Zuschlag wird gewährt in Höhe des Unterschiedsbetrages zwischen der Nettobesoldung, die sich aus dem Umfang der Teilzeitbeschäftigung ergibt, und 83 vom Hundert der Nettobesoldung, die nach der bisherigen Arbeitszeit, die für die Bemessung der ermäßigten Arbeitszeit während der Altersteilzeit zugrunde gelegt worden ist, bei Beamten mit begrenzter Dienstfähigkeit (§ 45 des Bundesbeamtengesetzes oder entsprechendes Landesrecht) unter Berücksichtigung des § 72a des Bundesbesoldungsgesetzes, zustehen würde. Zur Ermittlung dieser letztgenannten Nettobesoldung ist die Bruttobesoldung um die Lohnsteuer entsprechend der individuellen Steuerklasse (§§ 38a, 38b des Einkommensteuergesetzes), den Solidaritätszuschlag (§ 4 Satz 1 des Solidaritätszuschlaggesetzes 1995) und um einen Abzug in Höhe von 8 vom Hundert der Lohnsteuer zu vermindern; Freibeträge (§ 39a des Einkommensteuergesetzes) oder sonstige individuelle Merkmale bleiben unberücksichtigt.

(2) Brutto- und Nettobesoldung im Sinne des Absatzes 1 sind das Grundgehalt, der Familienzuschlag, Amtszulagen, Stellenzulagen, Zuschüsse zum Grundgehalt für Professoren an Hochschulen und die bei der Deutschen Bundesbank gewährte Bankzulage, Überleitungszulagen und Ausgleichszulagen, die wegen des Wegfalls oder der Verminderung solcher Bezüge zustehen, sowie die jährlichen Sonderzahlungen.

(3) Für Beamte im Geschäftsbereich des Bundesministeriums der Verteidigung, deren Dienstposten durch Auflösung oder Verkleinerung von Dienststellen oder durch eine wesentliche Änderung des Aufbaus oder der Aufgaben einer Dienststelle einschließlich der damit verbundenen Umgliederung oder Verlegung auf Grund der Neuausrichtung der Bundeswehr wegfallen, gelten die Absätze 1 bis 3 mit der Maßgabe, dass der Zuschlag auf der Grundlage von 88 vom Hundert der maßgebenden Nettobesoldung bemessen wird. Dies gilt entsprechend für Beamte, deren Dienstposten mit Beamten nach Satz 1 neu besetzt werden.

§ 2a Ausgleich bei vorzeitiger Beendigung der Altersteilzeit

Wenn die Altersteilzeit mit ungleichmäßiger Verteilung der Arbeitszeit (Blockmodell) vorzeitig endet und die insgesamt gezahlten Altersteilzeitbezüge geringer sind als die Besoldung, die nach der tatsächlichen Beschäftigung ohne Altersteilzeit zugestanden hätte, ist ein Ausgleich in Höhe des Unterschiedsbetrages zu gewähren. Dabei bleiben Zeiten ohne Dienstleistung in der Arbeitsphase, soweit sie insgesamt sechs Monate überschreiten, unberücksichtigt. Abweichendes Landesrecht bleibt unberührt.

§ 3 (Inkrafttreten)

IV Versorgung

Gesetz über die Versorgung der Beamten und Richter des Bundes (Beamtenversorgungsgesetz – BeamtVG)

in der Fassung der Bekanntmachung vom 24. Februar 2010 (BGBl. I S. 150)

Zuletzt geändert durch
Gesetz zur weiteren Stärkung der personellen Einsatzbereitschaft und zur Änderung von Vorschriften für die Bundeswehr
vom 27. Februar 2025 (BGBl. I Nr. 72)

IV

Inhaltsübersicht

IV

Abschnitt 1
Allgemeine Vorschriften

§ 1 Geltungsbereich

(1) Dieses Gesetz regelt die Versorgung der Beamten des Bundes.

(2) Dieses Gesetz gilt nach Maßgabe des Deutschen Richtergesetzes entsprechend für die Versorgung der Richter des Bundes.

(3) Dieses Gesetz gilt nicht für die öffentlich-rechtlichen Religionsgesellschaften und ihre Verbände.

§ 1a Lebenspartnerschaft

Von den Vorschriften dieses Gesetzes gelten entsprechend:

1. Vorschriften, die sich auf das Bestehen oder das frühere Bestehen einer Ehe beziehen, für das Bestehen oder das frühere Bestehen einer Lebenspartnerschaft,
2. Vorschriften, die sich auf die Eheschließung oder die Heirat beziehen, für die Begründung einer Lebenspartnerschaft,
3. Vorschriften, die sich auf die Auflösung oder Scheidung einer Ehe beziehen, für die Aufhebung einer Lebenspartnerschaft,
4. Vorschriften, die sich auf den Ehegatten beziehen, für den Lebenspartner,
5. Vorschriften, die sich auf den geschiedenen Ehegatten oder früheren Ehegatten beziehen, für den früheren Lebenspartner aus einer aufgehobenen Lebenspartnerschaft und
6. Vorschriften, die sich auf die Witwe, den Witwer oder den hinterbliebenen Ehegatten beziehen, für den hinterbliebenen Lebenspartner.

§ 2 Arten der Versorgung

Versorgungsbezüge sind

1. Ruhegehalt oder Unterhaltsbeitrag,
2. Hinterbliebenenversorgung,
3. Bezüge bei Verschollenheit,
4. Unfallfürsorge,
5. Übergangsgeld,
6. Ausgleich bei besonderen Altersgrenzen,
7. Erhöhungsbetrag nach § 14 Absatz 4 Satz 3 Halbsatz 1,
8. Unterschiedsbetrag nach § 50 Absatz 1 Satz 2 und 3,
9. Leistungen nach den §§ 50a bis 50e,
10. Ausgleichsbetrag nach § 50 Absatz 3,
11. Anpassungszuschlag nach § 69b Satz 5,
12. Einmalzahlung nach Abschnitt 11.

§ 3 Regelung durch Gesetz

(1) Die Versorgung der Beamten und ihrer Hinterbliebenen wird durch Gesetz geregelt.

(2) Zusicherungen, Vereinbarungen und Vergleiche, die dem Beamten eine höhere als die ihm gesetzlich zustehende Versorgung verschaffen sollen, sind unwirksam. Das Gleiche gilt für Versicherungsverträge, die zu diesem Zweck abgeschlossen werden.

(3) Auf die gesetzlich zustehende Versorgung kann weder ganz noch teilweise verzichtet werden.

Abschnitt 2
Ruhegehalt, Unterhaltsbeitrag

§ 4 Entstehen und Berechnung des Ruhegehalts

(1) Ein Ruhegehalt wird nur gewährt, wenn der Beamte

1. eine Dienstzeit von mindestens fünf Jahren abgeleistet hat oder
2. infolge Krankheit, Verwundung oder sonstiger Beschädigung, die er sich ohne grobes Verschulden bei Ausübung oder aus Veranlassung des Dienstes zugezogen hat, dienstunfähig geworden ist.

Die Dienstzeit wird vom Zeitpunkt der ersten Berufung in das Beamtenverhältnis ab gerechnet und nur berücksichtigt, sofern sie ruhegehaltfähig ist; § 6 Absatz 1 Satz 3 und 4 ist insoweit nicht anzuwenden. Zeiten, die kraft gesetzlicher Vorschrift als ruhegehaltfähig gelten oder nach § 10 als ruhegehaltfähige Dienstzeit berücksichtigt werden, sind einzurechnen; Satz 2 zweiter Halbsatz gilt entsprechend. Satz 3 gilt nicht für Zeiten, die der Beamte vor dem 3. Oktober 1990 in dem in Artikel 3 des Einigungsvertrages genannten Gebiet zurückgelegt hat.

(2) Der Anspruch auf Ruhegehalt entsteht mit dem Beginn des Ruhestandes, in den Fällen des § 4 des Bundesbesoldungsgesetzes nach Ablauf der Zeit, für die Dienstbezüge gewährt werden.

(3) Das Ruhegehalt wird auf der Grundlage der ruhegehaltfähigen Dienstbezüge und der ruhegehaltfähigen Dienstzeit berechnet.

§ 5 Ruhegehaltfähige Dienstbezüge

(1) Ruhegehaltfähige Dienstbezüge sind

1. das Grundgehalt,
2. der Familienzuschlag (§ 50 Absatz 1) der Stufe 1,
3. sonstige Dienstbezüge, die im Besoldungsrecht als ruhegehaltfähig bezeichnet sind,
4. Leistungsbezüge nach § 33 Absatz 1 des Bundesbesoldungsgesetzes, soweit sie nach § 33 Absatz 3 des Bundesbesoldungsgesetzes ruhegehaltfähig sind oder auf Grund der nach § 33 Absatz 4 des Bundesbesoldungsgesetzes erlassenen Rechtsverordnungen für ruhegehaltfähig erklärt wurden,

die dem Beamten in den Fällen der Nummern 1 und 3 zuletzt zugestanden haben oder in den Fällen der Nummer 2 nach dem Besoldungsrecht zustehen würden; sie werden mit dem Faktor 0,9901 vervielfältigt. Bei Teilzeitbeschäftigung und Beurlaubung ohne Dienstbezüge (Freistellung) gelten als ruhegehaltfähige Dienstbezüge die dem letzten Amt entsprechenden vollen ruhegehaltfähigen Dienstbezüge. Satz 2 gilt entsprechend bei eingeschränkter Verwendung eines Beamten wegen begrenzter Dienstfähigkeit nach § 45 des Bundesbeamtengesetzes. § 78 des Bundesbesoldungsgesetzes ist nicht anzuwenden.

(2) Ist der Beamte wegen Dienstunfähigkeit auf Grund eines Dienstunfalls im Sinne des § 31 in den Ruhestand versetzt worden, so ist das Grundgehalt der nach Absatz 1 Satz 1 Nr. 1, Absatz 3 oder 5 maßgebenden Besoldungsgruppe nach der Stufe zugrunde zu legen, die er bis zum Eintritt in den Ruhestand wegen Erreichens der Altersgrenze hätte erreichen können.

(3) Ist ein Beamter aus einem Amt in den Ruhestand getreten, das nicht der Eingangsbesoldungsgruppe seiner Laufbahn oder das keiner Laufbahn angehört, und hat er die Dienstbezüge dieses oder eines mindestens gleichwertigen Amtes vor dem Eintritt in den Ruhestand nicht mindestens zwei Jahre erhalten, so sind ruhegehaltfähig nur die Bezüge des vorher bekleideten Amtes. Hat der Beamte vorher ein Amt nicht bekleidet, so setzt die oberste Dienstbehörde im Einvernehmen mit dem Bundesministerium des Innern, für Bau und Heimat oder mit der von diesem bestimmten Behörde die ruhegehaltfähigen Dienstbezüge bis zur Höhe der ruhegehaltfähigen Dienstbezüge der nächstniedrigeren Besoldungsgruppe fest. In die Zweijahresfrist einzurechnen ist die innerhalb dieser Frist liegende Zeit einer Beurlaubung ohne Dienstbezüge, soweit sie als ruhegehaltfähig berücksichtigt worden ist.

(4) Absatz 3 gilt nicht, wenn der Beamte vor Ablauf der Frist infolge von Krankheit, Verwundung oder sonstiger Beschädigung, die er sich ohne grobes Verschulden bei Ausübung oder aus Veranlassung des Dienstes zugezogen hat, in den Ruhestand getreten ist.

(5) Das Ruhegehalt eines Beamten, der früher ein mit höheren Dienstbezügen verbundenes Amt bekleidet und diese Bezüge mindestens zwei Jahre erhalten hat, wird, sofern der Beamte in ein mit geringeren Dienstbezügen verbundenes Amt nicht lediglich auf seinen im eigenen Interesse gestellten Antrag übergetreten ist, nach den höheren ruhegehaltfähigen Dienstbezügen des früheren Amtes und der gesamten ruhegehaltfähigen Dienstzeit berechnet. Absatz 3 Satz 3 und Absatz 4 gelten entsprechend. Das Ruhegehalt darf jedoch die ruhegehaltfähigen Dienstbezüge des letzten Amtes nicht übersteigen.

(6) Verringern sich bei einem Wechsel in ein Amt der Besoldungsordnung W die ruhegehaltfähigen Dienstbezüge, berechnet sich das Ruhegehalt aus den ruhegehaltfähigen Dienstbezügen des früheren Amtes und der gesamten ruhegehaltfähigen Dienstzeit, sofern der

Beamte die Dienstbezüge des früheren Amtes mindestens zwei Jahre erhalten hat; hierbei ist die zum Zeitpunkt des Wechsels in die Besoldungsordnung W erreichte Stufe des Grundgehaltes zugrunde zu legen. Auf die Zweijahresfrist wird der Zeitraum, in dem der Beamte Dienstbezüge aus einem Amt der Besoldungsordnung W erhalten hat, angerechnet. Absatz 5 Satz 2 und 3 gilt entsprechend.

§ 6 Regelmäßige ruhegehaltfähige Dienstzeit

(1) Ruhegehaltfähig ist die Dienstzeit, die der Beamte vom Tage seiner ersten Berufung in das Beamtenverhältnis an im Dienst eines öffentlich-rechtlichen Dienstherrn im Beamtenverhältnis zurückgelegt hat. Dies gilt nicht für die Zeit

1. (weggefallen)
2. in einem Amt, das die Arbeitskraft des Beamten nur nebenbei beansprucht,
3. einer Tätigkeit als Beamter, der ohne Ruhegehaltsberechtigung nur Gebühren bezieht, soweit sie nicht nach § 11 Nummer 1 Buchstabe a berücksichtigt wird,
4. einer ehrenamtlichen Tätigkeit,
5. einer Beurlaubung ohne Dienstbezüge; Zeiten einer Beurlaubung ohne Dienstbezüge, die keine Zeiten im öffentlichen Dienst einer zwischenstaatlichen oder überstaatlichen Einrichtung sind, können berücksichtigt werden, wenn
   a) spätestens bei Beendigung des Urlaubs schriftlich oder elektronisch anerkannt worden ist, dass dieser dienstlichen Interessen oder öffentlichen Belangen dient, und
   b) der Beamte für die Dauer der Beurlaubung einen Versorgungszuschlag zahlt, sofern gesetzlich nichts anderes bestimmt ist; der Versorgungszuschlag beträgt 30 Prozent der ohne Beurlaubung zustehenden ruhegehaltfähigen Dienstbezüge, wobei Leistungsbezüge nach § 5 Absatz 1 Nummer 4 von Anfang an in voller Höhe zu berücksichtigen sind; das Bundesministerium des Innern, für Bau und Heimat kann Ausnahmen zulassen,
6. eines schuldhaften Fernbleibens vom Dienst unter Verlust der Dienstbezüge,
7. für die eine Abfindung aus öffentlichen Mitteln gewährt ist.

Zeiten einer Teilzeitbeschäftigung sind nur zu dem Teil ruhegehaltfähig, der dem Verhältnis der ermäßigten zur regelmäßigen Arbeitszeit entspricht; Zeiten einer Altersteilzeit nach § 93 des Bundesbeamtengesetzes sowie nach entsprechenden Bestimmungen für Richter sind zu neun Zehnteln der Arbeitszeit ruhegehaltfähig, die der Bemessung der ermäßigten Arbeitszeit während der Altersteilzeit zugrunde gelegt worden ist. Zeiten der eingeschränkten Verwendung eines Beamten wegen begrenzter Dienstfähigkeit nach § 45 des Bundesbeamtengesetzes sind nur zu dem Teil ruhegehaltfähig, der dem Verhältnis der ermäßigten zur regelmäßigen Arbeitszeit entspricht, mindestens im Umfang des § 13 Absatz 1 Satz 1.

(2) Nicht ruhegehaltfähig sind Dienstzeiten

1. in einem Beamtenverhältnis, das durch eine Entscheidung der in § 41 Absatz 1 des Bundesbeamtengesetzes bezeichneten Art oder durch die Entfernung aus dem Beamtenverhältnis nach dem Bundesdisziplinargesetz beendet worden ist,
2. in einem Beamtenverhältnis auf Probe oder auf Widerruf, wenn der Beamte entlassen worden ist, weil er eine Handlung begangen hat, die bei einem Beamten auf Lebenszeit mindestens eine Kürzung der Dienstbezüge zur Folge hätte,
3. in einem Beamtenverhältnis, das durch Entlassung auf Antrag des Beamten beendet worden ist,
   a) wenn ihm ein Verfahren mit der Folge des Verlustes der Beamtenrechte oder der Entfernung aus dem Dienst drohte oder
   b) wenn der Beamte den Antrag gestellt hat, um einer drohenden Entlassung nach Nummer 2 zuvorzukommen.

Die oberste Dienstbehörde kann Ausnahmen zulassen.

(3) Der im Beamtenverhältnis zurückgelegten Dienstzeit stehen gleich

1. die im Richterverhältnis zurückgelegte Dienstzeit,

2. die nach dem 8. Mai 1945 zurückgelegte Zeit als Mitglied der Bundesregierung oder einer Landesregierung,
3. die Zeit der Bekleidung des Amtes eines Parlamentarischen Staatssekretärs bei einem Mitglied der Bundesregierung nach dem 14. Dezember 1972 oder bei einem Mitglied einer Landesregierung, soweit entsprechende Voraussetzungen vorliegen.

§ 6a Zeiten im öffentlichen Dienst einer zwischenstaatlichen oder überstaatlichen Einrichtung

(1) Zeiten einer hauptberuflichen Tätigkeit, die vor Beginn des Ruhestandes im öffentlichen Dienst einer zwischenstaatlichen oder überstaatlichen Einrichtung zurückgelegt worden sind, werden auf Antrag als ruhegehaltfähige Dienstzeit berücksichtigt. § 6 Absatz 1 Satz 3 gilt entsprechend.

(2) Hat der Beamte bei seinem Ausscheiden aus dem öffentlichen Dienst bei einer zwischenstaatlichen oder überstaatlichen Einrichtung einen Anspruch auf eine Alterssicherungsleistung in Form eines Kapitalbetrages, ist dem Antrag nach Absatz 1 Satz 1 nur dann stattzugeben, wenn der Beamte den ihm insgesamt zustehenden Betrag innerhalb von sechs Monaten nach Antragstellung an den Dienstherrn abführt. Dauerte die Verwendung nach Beginn des Ruhestandes an, bleibt der Kapitalbetrag in Höhe des auf die Dauer der Verwendung nach Beginn des Ruhestandes entfallenden Anteils unberücksichtigt. Bei der Anwendung des Satzes 2 gilt § 14 Absatz 1 Satz 2 und 3 entsprechend. Hat der Beamte oder Ruhestandsbeamte vor seinem Ausscheiden aus dem öffentlichen Dienst der zwischenstaatlichen oder überstaatlichen Einrichtung unmittelbar oder mittelbar Zahlungen aus der einmaligen Leistung erhalten oder hat die Einrichtung diese durch Aufrechnung oder in anderer Form verringert, ist bei der Anwendung der Sätze 1 und 2 der ungekürzte Betrag zu berücksichtigen; Entsprechendes gilt, sofern der Beamte oder Ruhestandsbeamte auf die einmalige Alterssicherungsleistung verzichtet oder diese nicht beantragt. Auf freiwilligen Beiträgen beruhende Anteile, einschließlich darauf entfallender Erträge, bleiben außer Betracht.

(3) Liegt die Zeit der Verwendung bei einer zwischenstaatlichen oder überstaatlichen Einrichtung vor der Berufung in das Beamtenverhältnis zum Bund oder der Versetzung in den Bundesdienst, ist der Kapitalbetrag vom Beginn des auf die Beendigung der Verwendung folgenden Monats bis zum Ablauf des Monats, der dem Eintritt in den Bundesdienst vorausgeht, zu verzinsen. Der Zinssatz beträgt für das Jahr zwei Prozentpunkte über dem Basiszinssatz, mindestens aber 2 Prozent. § 14 Absatz 1 Satz 2 und 3 gilt entsprechend.

(4) Der Antrag kann im Fall des Anspruchs auf eine Alterssicherungsleistung in Form eines Kapitalbetrages (Absatz 2) nur bis zum Ablauf des zwölften Kalendermonats nach Beendigung der Verwendung bei einer zwischenstaatlichen oder überstaatlichen Einrichtung oder nach der Berufung in das Beamtenverhältnis gestellt werden; die Versetzung in den Bundesdienst steht dabei der Berufung in das Beamtenverhältnis gleich. In den übrigen Fällen kann der Antrag nur bis zum Ablauf des zwölften Monats nach Beginn des Ruhestandes nach § 30 Nummer 4 des Bundesbeamtengesetzes gestellt werden; dauert die Verwendung über den Beginn des Ruhestandes hinaus an, tritt an die Stelle des Ruhestandsbeginns die Beendigung der Verwendung bei einer zwischenstaatlichen oder überstaatlichen Einrichtung. Der Antrag wirkt ab Ruhestandsbeginn.

§ 7 Erhöhung der ruhegehaltfähigen Dienstzeit

Die ruhegehaltfähige Dienstzeit nach § 6 erhöht sich um die Zeit, die

1. ein Ruhestandsbeamter in einem seine Arbeitskraft voll beanspruchenden Dienstverhältnis als Beamter, Richter, Berufssoldat oder in einem Amtsverhältnis im Sinne des § 6 Absatz 3 Nummer 2 und 3 zurückgelegt hat, ohne einen neuen Versorgungsanspruch zu erlangen,
2. im einstweiligen Ruhestand zurückgelegt worden ist, bis zu drei Jahren, wenn die Versetzung in den einstweiligen Ruhe-

IV

stand nach dem 31. Dezember 2011 erfolgt ist.

§ 6 Absatz 1 Satz 2 Nummer 5 und 6 und Absatz 2 gilt entsprechend, für die Anwendung des Satzes 1 Nummer 1 außerdem § 6 Absatz 1 Satz 2 Nummer 7.

§ 8 Berufsmäßiger Wehrdienst und vergleichbare Zeiten

(1) Als ruhegehaltfähig gilt die Dienstzeit, in der ein Beamter vor der Berufung in das Beamtenverhältnis berufsmäßig im Dienst der Bundeswehr, der Nationalen Volksarmee der ehemaligen Deutschen Demokratischen Republik oder im Vollzugsdienst der Polizei gestanden hat.

(2) § 6 Absatz 1 Satz 2 Nummer 5 bis 7, Satz 3 und Absatz 2 gilt entsprechend.

§ 9 Nichtberufsmäßiger Wehrdienst und vergleichbare Zeiten

(1) Als ruhegehaltfähig gilt die Zeit, während der ein Beamter vor der Berufung in das Beamtenverhältnis

1. nichtberufsmäßigen Wehrdienst in der Bundeswehr oder der Nationalen Volksarmee der ehemaligen Deutschen Demokratischen Republik oder einen vergleichbaren zivilen Ersatzdienst oder Polizeivollzugsdienst geleistet hat oder
2. sich insgesamt länger als drei Monate in einem Gewahrsam (§ 1 Absatz 1 Nummer 1 in Verbindung mit § 9 des Häftlingshilfegesetzes in der bis zum 28. Dezember 1991 geltenden Fassung) befunden hat oder
3. sich auf Grund einer Krankheit oder Verwundung als Folge eines Dienstes nach Nummer 1 oder im Sinne des § 8 Absatz 1 im Anschluss an die Entlassung arbeitsunfähig in einer Heilbehandlung befunden hat.

(2) § 6 Absatz 1 Satz 2 Nummer 2, 5 bis 7 und Absatz 2 gilt entsprechend.

§ 10 Zeiten im privatrechtlichen Arbeitsverhältnis im öffentlichen Dienst

Als ruhegehaltfähig sollen auch folgende Zeiten berücksichtigt werden, in denen ein Beamter vor der Berufung in das Beamtenverhältnis im privatrechtlichen Arbeitsverhältnis im Dienst eines öffentlich-rechtlichen Dienstherrn ohne von dem Beamten zu vertretende Unterbrechung tätig war, sofern diese Tätigkeit zu seiner Ernennung geführt hat:

1. Zeiten einer hauptberuflichen in der Regel einem Beamten obliegenden oder später einem Beamten übertragenen entgeltlichen Beschäftigung oder
2. Zeiten einer für die Laufbahn des Beamten förderlichen Tätigkeit.

Der Tätigkeit im Dienst eines öffentlich-rechtlichen Dienstherrn steht die Tätigkeit im Dienst von Einrichtungen gleich, die von mehreren der im Satz 1 bezeichneten Dienstherren durch Staatsvertrag oder Verwaltungsabkommen zur Erfüllung oder Koordinierung ihnen obliegender hoheitsrechtlicher Aufgaben geschaffen worden sind. Zeiten mit einer geringeren als der regelmäßigen Arbeitszeit dürfen nur zu dem Teil als ruhegehaltfähig berücksichtigt werden, der dem Verhältnis der tatsächlichen zur regelmäßigen Arbeitszeit entspricht.

§ 11 Sonstige Zeiten

Die Zeit, während der ein Beamter vor der Berufung in das Beamtenverhältnis

1. a) als Rechtsanwalt oder Verwaltungsrechtsrat oder als Beamter oder Notar, der ohne Ruhegehaltsberechtigung nur Gebühren bezieht, oder
   b) hauptberuflich im Dienst öffentlich-rechtlicher Religionsgesellschaften oder ihrer Verbände (Artikel 140 des Grundgesetzes) oder im öffentlichen oder nichtöffentlichen Schuldienst oder
   c) hauptberuflich im Dienst der Fraktionen des Bundestages oder der Landtage oder kommunaler Vertretungskörperschaften oder
   d) hauptberuflich im Dienst von kommunalen Spitzenverbänden oder ihren Landesverbänden sowie von Spitzenverbänden der Sozialversicherung oder ihren Landesverbänden

   tätig gewesen ist oder
2. hauptberuflich im ausländischen öffentlichen Dienst gestanden hat oder

3. a) auf wissenschaftlichem, künstlerischem, technischem oder wirtschaftlichem Gebiet besondere Fachkenntnisse erworben hat, die die notwendige Voraussetzung für die Wahrnehmung seines Amtes bilden, oder
   b) als Entwicklungshelfer im Sinne des Entwicklungshelfer-Gesetzes tätig gewesen ist,

kann als ruhegehaltfähige Dienstzeit berücksichtigt werden, die Zeit nach Nummer 1 Buchstabe a und Nummer 3 jedoch höchstens bis zur Hälfte und in der Regel nicht über zehn Jahre hinaus.

§ 12 Ausbildungszeiten

(1) Die verbrachte Mindestzeit

1. der außer der allgemeinen Schulbildung vorgeschriebenen Ausbildung (Fachschul-, Hochschul- und praktische Ausbildung, Vorbereitungsdienst, übliche Prüfungszeit),
2. einer praktischen hauptberuflichen Tätigkeit, die für die Übernahme in das Beamtenverhältnis vorgeschrieben ist,

kann als ruhegehaltfähige Dienstzeit berücksichtigt werden, die Zeit einer Fachschulausbildung einschließlich der Prüfungszeit bis zu 1095 Tagen und die Zeit einer Hochschulausbildung einschließlich der Prüfungszeit bis zu 855 Tagen, insgesamt höchstens bis zu 1095 Tagen. Wird die allgemeine Schulbildung durch eine andere Art der Ausbildung ersetzt, so steht diese der Schulbildung gleich. Zum Zeitpunkt des Ruhestandseintritts ist das Ruhegehalt unter Berücksichtigung von Hochschulausbildungszeiten nach Satz 1 zu berechnen. Auf eine praktische hauptberufliche Tätigkeit nach Satz 1 Nummer 2 ist § 6 Absatz 1 Satz 3 entsprechend anzuwenden.

(1a) Ergibt eine Berechnung des Ruhegehalts unter Berücksichtigung von Hochschulausbildungszeiten nach Absatz 1 Satz 1 in der bis zum 11. Februar 2009 geltenden Fassung gegenüber der Ruhegehaltsberechnung nach Absatz 1 Satz 3 einen Differenzbetrag, der größer ist als der Rentenbetrag, der sich durch Vervielfältigung des aktuellen Rentenwertes mit dem Faktor 2,25 ergibt, bleibt es bei der Berechnung des Ruhegehalts unter Berücksichtigung von Hochschulausbildungszeiten nach Absatz 1 Satz 1 in der bis zum 11. Februar 2009 geltenden Fassung, soweit dadurch eine ruhegehaltfähige Gesamtdienstzeit von 40 Jahren nicht überschritten wird. Die der Berechnung nach Satz 1 zugrunde gelegten Hochschulausbildungszeiten sind um die Hochschulausbildungszeiten zu vermindern, die dem Rentenbetrag entsprechen, der sich durch Vervielfältigung des aktuellen Rentenwertes mit dem Faktor 2,25 ergibt.

(2) Für Beamte des Vollzugsdienstes und des Einsatzdienstes der Feuerwehr können verbrachte Zeiten einer praktischen Ausbildung und einer praktischen hauptberuflichen Tätigkeit anstelle einer Berücksichtigung nach Absatz 1 bis zu einer Gesamtzeit von fünf Jahren als ruhegehaltfähige Dienstzeit berücksichtigt werden, wenn sie für die Wahrnehmung des Amtes förderlich sind. Absatz 1 Satz 2 und 4 gilt entsprechend.

(3) Hat der Beamte sein Studium nach der Festsetzung von Regelstudienzeiten in dem jeweiligen Studiengang begonnen, kann die tatsächliche Studiendauer nur insoweit berücksichtigt werden, als die Regelstudienzeit einschließlich der Prüfungszeit nicht überschritten ist.

(4) Bei anderen als Laufbahnbewerbern können Zeiten nach Absatz 1 als ruhegehaltfähig berücksichtigt werden, wenn und soweit sie für Laufbahnbewerber vorgeschrieben sind. Ist eine Laufbahn der Fachrichtung des Beamten bei einem Dienstherrn noch nicht gestaltet, so gilt das Gleiche für solche Zeiten, die bei Gestaltung der Laufbahn mindestens vorgeschrieben werden müssen.

§ 12a Nicht zu berücksichtigende Zeiten

Zeiten nach § 30 des Bundesbesoldungsgesetzes sind nicht ruhegehaltfähig.

§ 12b Zeiten in dem in Artikel 3 des Einigungsvertrages genannten Gebiet

(1) Wehrdienstzeiten und vergleichbare Zeiten nach den §§ 8 und 9, Beschäftigungszeiten nach § 10 und sonstige Zeiten nach den §§ 11 und 67 Absatz 2, die der Beamte vor

dem 3. Oktober 1990 in dem in Artikel 3 des Einigungsvertrages genannten Gebiet zurückgelegt hat, werden nicht als ruhegehaltfähige Dienstzeit berücksichtigt, sofern die allgemeine Wartezeit für die gesetzliche Rentenversicherung erfüllt ist und diese Zeiten als rentenrechtliche Zeiten berücksichtigungsfähig sind; Ausbildungszeiten nach § 12 sind nicht ruhegehaltfähig, soweit die allgemeine Wartezeit für die gesetzliche Rentenversicherung erfüllt ist. Rentenrechtliche Zeiten sind auch solche im Sinne des Artikels 2 des Renten-Überleitungsgesetzes.

(2) Sofern die allgemeine Wartezeit für die gesetzliche Rentenversicherung nicht erfüllt ist, können die in Absatz 1 genannten Zeiten im Rahmen der dort genannten Vorschriften insgesamt höchstens bis zu fünf Jahren als ruhegehaltfähig berücksichtigt werden.

§ 13 Zurechnungszeit und Zeit gesundheitsschädigender Verwendung

(1) Ist der Beamte vor Vollendung des sechzigsten Lebensjahres wegen Dienstunfähigkeit in den Ruhestand versetzt worden, wird die Zeit vom Beginn des Ruhestandes bis zum Ablauf des Monats der Vollendung des sechzigsten Lebensjahres, soweit diese nicht nach anderen Vorschriften als ruhegehaltfähig berücksichtigt wird, für die Berechnung des Ruhegehalts der ruhegehaltfähigen Dienstzeit zu zwei Dritteln hinzugerechnet (Zurechnungszeit). Ist der Beamte nach § 46 des Bundesbeamtengesetzes erneut in das Beamtenverhältnis berufen worden, so wird eine der Berechnung des früheren Ruhegehalts zugrunde gelegene Zurechnungszeit insoweit berücksichtigt, als die Zahl der dem neuen Ruhegehalt zugrunde liegenden Dienstjahre hinter der Zahl der dem früheren Ruhegehalt zugrunde gelegenen Dienstjahre zurückbleibt.

(2) Die Zeit der Verwendung eines Beamten in Ländern, in denen er gesundheitsschädigenden klimatischen Einflüssen ausgesetzt ist, kann bis zum Doppelten als ruhegehaltfähige Dienstzeit berücksichtigt werden, wenn sie ununterbrochen mindestens ein Jahr gedauert hat. Entsprechendes gilt für einen beurlaubten Beamten, dessen Tätigkeit in den in Satz 1 genannten Gebieten öffentlichen Belangen oder dienstlichen Interessen diente, wenn dies spätestens bei Beendigung des Urlaubs anerkannt worden ist.

(3) Zeiten einer besonderen Verwendung im Ausland können bis zum Doppelten als ruhegehaltfähige Dienstzeit berücksichtigt werden, wenn sie

1. einzeln ununterbrochen mindestens 30 Tage gedauert haben und
2. insgesamt mindestens 180 Tage gedauert haben.

Eine besondere Verwendung im Ausland ist eine Verwendung nach § 31a in der während der Verwendung geltenden Fassung.

(4) Sind sowohl die Voraussetzungen des Absatzes 1 als auch die Voraussetzungen der Absätze 2 und 3 erfüllt, findet nur die für den Beamten günstigere Vorschrift Anwendung.

§ 14 Höhe des Ruhegehalts

(1) Das Ruhegehalt beträgt für jedes Jahr ruhegehaltfähiger Dienstzeit 1,79375 Prozent, insgesamt jedoch höchstens 71,75 Prozent, der ruhegehaltfähigen Dienstbezüge. Bei der Berechnung der Jahre ruhegehaltfähiger Dienstzeit werden unvollständige Jahre als Dezimalzahl angegeben. Dabei wird ein Jahr mit 365 Tagen angesetzt und wird das Ergebnis kaufmännisch auf zwei Dezimalstellen gerundet. Der Ruhegehaltssatz wird ebenfalls kaufmännisch auf zwei Dezimalstellen gerundet.

(2) (weggefallen)

(3) Das Ruhegehalt vermindert sich um 3,6 Prozent für jedes Jahr, um das der Beamte

1. vor Ablauf des Monats, in dem er das 65. Lebensjahr vollendet, nach § 52 Absatz 1 und 2 des Bundesbeamtengesetzes in den Ruhestand versetzt wird,
2. vor Ablauf des Monats, in dem er die für ihn geltende gesetzliche Altersgrenze erreicht, nach § 52 Absatz 3 des Bundesbeamtengesetzes in den Ruhestand versetzt wird,
3. vor Ablauf des Monats, in dem er das 65. Lebensjahr vollendet, wegen Dienstunfähigkeit, die nicht auf einem Dienstunfall beruht, in den Ruhestand versetzt wird;

die Minderung des Ruhegehalts darf 10,8 vom Hundert in den Fällen der Nummern 1 und 3 und 14,4 vom Hundert in den Fällen der Nummer 2 nicht übersteigen. Absatz 1 Satz 2 bis 4 gilt entsprechend. Gilt für den Beamten eine vor der Vollendung des 65. Lebensjahres liegende Altersgrenze, tritt sie in den Fällen des Satzes 1 Nummer 1 und 3 an die Stelle des 65. Lebensjahres. Gilt für den Beamten eine nach Vollendung des 67. Lebensjahres liegende Altersgrenze, wird in den Fällen des Satzes 1 Nummer 2 nur die Zeit bis zum Ablauf des Monats berücksichtigt, in dem der Beamte das 67. Lebensjahr vollendet. In den Fällen des Satzes 1 Nummer 2 ist das Ruhegehalt nicht zu vermindern, wenn der Beamte zum Zeitpunkt des Eintritts in den Ruhestand das 65. Lebensjahr vollendet und mindestens 45 Jahre mit ruhegehaltfähigen Dienstzeiten nach den §§ 6, 8 bis 10, Zeiten im Sinne des § 6a und nach § 14a Absatz 2 Satz 1 erster Halbsatz berücksichtigungsfähigen Pflichtbeitragszeiten, soweit sie nicht im Zusammenhang mit Arbeitslosigkeit stehen, und Zeiten nach § 50d sowie Zeiten einer dem Beamten zuzuordnenden Erziehung eines Kindes bis zu dessen vollendetem zehnten Lebensjahr zurückgelegt hat. In den Fällen des Satzes 1 Nummer 3 ist das Ruhegehalt nicht zu vermindern, wenn der Beamte zum Zeitpunkt des Eintritts in den Ruhestand das 63. Lebensjahr vollendet und mindestens 40 Jahre mit ruhegehaltfähigen Dienstzeiten nach den §§ 6, 8 bis 10, Zeiten im Sinne des § 6a und nach § 14a Absatz 2 Satz 1 erster Halbsatz berücksichtigungsfähigen Pflichtbeitragszeiten, soweit sie nicht im Zusammenhang mit Arbeitslosigkeit stehen, und Zeiten nach § 50d sowie Zeiten einer dem Beamten zuzuordnenden Erziehung eines Kindes bis zu dessen vollendetem zehnten Lebensjahr zurückgelegt hat. Soweit sich bei der Berechnung nach den Sätzen 5 und 6 Zeiten überschneiden, sind diese nur einmal zu berücksichtigen.

(4) Das Ruhegehalt beträgt mindestens fünfunddreißig Prozent der ruhegehaltfähigen Dienstbezüge (§ 5). An die Stelle des Ruhegehalts nach Satz 1 treten, wenn dies günstiger ist, fünfundsechzig Prozent der jeweils ruhegehaltfähigen Dienstbezüge aus der Endstufe der Besoldungsgruppe A 4. Die Mindestversorgung nach Satz 2 erhöht sich um 30,68 Euro für den Ruhestandsbeamten und die Witwe; der Erhöhungsbetrag bleibt bei einer Kürzung nach § 25 außer Betracht. Die Sätze 1 bis 3 sind nicht anzuwenden, wenn der Beamte eine ruhegehaltfähige Dienstzeit nach den §§ 6, 6a, 8 bis 10 und 67 von weniger als fünf Jahren zurückgelegt hat oder das erdiente Ruhegehalt allein wegen fehlender Berücksichtigung von Zeiten nach § 6a als ruhegehaltfähig hinter der Mindestversorgung nach den Sätzen 1 bis 3 zurückbleibt. Satz 4 gilt nicht, wenn in Fällen des § 4 Absatz 1 Satz 1 Nummer 2 der Beamte wegen Dienstunfähigkeit in den Ruhestand versetzt worden ist.

(5) Übersteigt beim Zusammentreffen von Mindestversorgung nach Absatz 4 mit einer Rente nach Anwendung des § 55 die Versorgung das erdiente Ruhegehalt, so ruht die Versorgung bis zur Höhe des Unterschieds zwischen dem erdienten Ruhegehalt und der Mindestversorgung; in den von § 85 erfassten Fällen gilt das nach dieser Vorschrift maßgebliche Ruhegehalt als erdient. Der Erhöhungsbetrag nach Absatz 4 Satz 3 sowie der Unterschiedsbetrag nach § 50 Absatz 1 bleiben bei der Berechnung außer Betracht. Die Summe aus Versorgung und Rente darf nicht hinter dem Betrag der Mindestversorgung zuzüglich des Unterschiedsbetrages nach § 50 Absatz 1 zurückbleiben. Zahlbar bleibt mindestens das erdiente Ruhegehalt zuzüglich des Unterschiedsbetrages nach § 50 Absatz 1. Die Sätze 1 bis 4 gelten entsprechend für Witwen und Waisen.

(6) Bei einem in den einstweiligen Ruhestand versetzten Beamten beträgt das Ruhegehalt für die Dauer der Zeit, die der Beamte das Amt, aus dem er in den einstweiligen Ruhestand versetzt worden ist, innehatte, mindestens für die Dauer von sechs Monaten, längstens für die Dauer von drei Jahren, 71,75 Prozent der ruhegehaltfähigen Dienstbezüge aus der Endstufe der Besoldungsgruppe, in der sich der Beamte zur Zeit seiner

Versetzung in den einstweiligen Ruhestand befunden hat. Das erhöhte Ruhegehalt darf die Dienstbezüge, die dem Beamten in diesem Zeitpunkt zustanden, nicht übersteigen; das nach sonstigen Vorschriften ermittelte Ruhegehalt darf nicht unterschritten werden.

§ 14a Vorübergehende Erhöhung des Ruhegehaltssatzes

(1) Der nach § 14 Absatz 1, § 36 Absatz 3 Satz 1, § 66 Absatz 2 und § 85 Absatz 4 berechnete Ruhegehaltssatz erhöht sich vorübergehend, wenn der Beamte vor Erreichen der Regelaltersgrenze nach § 51 Absatz 1 und 2 des Bundesbeamtengesetzes in den Ruhestand getreten ist und er

1. bis zum Beginn des Ruhestandes die Wartezeit von 60 Kalendermonaten für eine Rente der gesetzlichen Rentenversicherung erfüllt hat,
2. a) wegen Dienstunfähigkeit im Sinne des § 44 Absatz 1 des Bundesbeamtengesetzes in den Ruhestand versetzt worden ist oder
   b) wegen Erreichens einer besonderen Altersgrenze in den Ruhestand getreten ist und
3. einen Ruhegehaltssatz von 66,97 Prozent noch nicht erreicht hat.

(2) Die Erhöhung des Ruhegehaltssatzes beträgt 0,95667 Prozent für je zwölf Kalendermonate der für die Erfüllung der Wartezeit (Absatz 1 Nummer 1) anrechnungsfähigen Pflichtbeitragszeiten, soweit sie vor Begründung des Beamtenverhältnisses zurückgelegt worden sind; unberücksichtigt bleiben

1. Pflichtbeitragszeiten, die als ruhegehaltfähig berücksichtigt worden sind,
2. Pflichtbeitragszeiten, für die Leistungen nach § 50e Absatz 1 Satz 1 vorübergehend gewährt werden.

Die Erhöhung ist kaufmännisch auf zwei Dezimalstellen zu runden; der erhöhte Ruhegehaltssatz darf 66,97 Prozent nicht überschreiten. In den Fällen des § 14 Absatz 3 ist das Ruhegehalt, das sich nach Anwendung der Sätze 1 und 2 ergibt, entsprechend zu vermindern. Für die Berechnung nach Satz 1 wird die Gesamtzahl der Kalendermonate in Jahre umgerechnet. Dabei werden unvollständige Jahre als Dezimalzahl angegeben. Das Ergebnis wird kaufmännisch auf zwei Dezimalstellen gerundet.

(3) Die Erhöhung fällt spätestens mit Ablauf des Monats weg, in dem der Ruhestandsbeamte die Regelaltersgrenze nach § 51 Absatz 1 und 2 des Bundesbeamtengesetzes erreicht. Sie endet vorher, wenn der Ruhestandsbeamte

1. aus den anrechnungsfähigen Pflichtbeitragszeiten eine Versichertenrente einer inländischen oder ausländischen Alterssicherungseinrichtung bezieht, mit Ablauf des Tages vor dem Beginn der Rente, oder
2. in den Fällen des Absatzes 1 Nummer 2 Buchstabe a nicht mehr dienstunfähig ist, mit Ablauf des Monats, in dem ihm der Wegfall der Erhöhung mitgeteilt wird.

§ 35 Absatz 3 Satz 2 gilt sinngemäß.

(4) Die Erhöhung des Ruhegehaltssatzes wird auf Antrag vorgenommen. Anträge, die innerhalb von drei Monaten nach Eintritt des Beamten in den Ruhestand gestellt werden, gelten als zum Zeitpunkt des Ruhestandseintritts gestellt. Wird der Antrag zu einem späteren Zeitpunkt gestellt, so tritt die Erhöhung vom Beginn des Antragsmonats an ein.

Entscheidung des Bundesverfassungsgerichts
vom 2. Mai 2012 (BGBl. I S. 1362)

Aus dem Beschluss des Bundesverfassungsgerichts vom 2. Mai 2012 – 2 BvL 5/10 – wird die Entscheidungsformel veröffentlicht:

Artikel 17 Absatz 1 (betrifft § 14a Abs. 1 Halbsatz 1 BeamtVG und § 26a Abs. 1 Halbsatz 1 SVG) des Gesetzes zur Neuordnung und Modernisierung des Bundesdienstrechts (Dienstrechtsneuordnungsgesetz – DNeuG) vom 5. Februar 2009 (Bundesgesetzblatt Teil I Seite 160) ist mit dem Grundgesetz vereinbar.

Die vorstehende Entscheidungsformel hat gemäß § 31 Absatz 2 des Bundesverfassungsgerichtsgesetzes Gesetzeskraft.

§ 15 Unterhaltsbeitrag für entlassene Beamte auf Lebenszeit und auf Probe

(1) Einem Beamten auf Lebenszeit, der vor Ableistung einer Dienstzeit von fünf Jahren (§ 4 Absatz 1 Satz 1 Nummer 1) wegen Dienstunfähigkeit oder Erreichens der Altersgrenze nach § 32 Absatz 1 Nummer 2 des Bundesbeamtengesetzes entlassen ist, kann auf Antrag ein Unterhaltsbeitrag bis zur Höhe des Ruhegehaltes bewilligt werden.

(2) Das Gleiche gilt für einen Beamten auf Probe, der wegen Dienstunfähigkeit oder wegen Erreichens der Altersgrenze entlassen ist (§ 34 Absatz 1 Satz 1 Nummer 3, Absatz 4 des Bundesbeamtengesetzes).

§ 15a Beamte auf Zeit und auf Probe in leitender Funktion

(1) § 15 ist auf Beamtenverhältnisse auf Zeit und auf Probe in leitender Funktion nicht anzuwenden.

(2) Aus diesen Beamtenverhältnissen auf Probe und auf Zeit ergibt sich kein selbständiger Anspruch auf Versorgung; die Unfallfürsorge bleibt hiervon unberührt.

(3) Tritt ein Beamter auf Zeit nach Ablauf der ersten Amtszeit wieder in sein vorheriges Amt im Beamtenverhältnis auf Lebenszeit oder im Richterverhältnis auf Lebenszeit ein, berechnen sich die ruhegehaltfähigen Dienstbezüge aus dem Beamtenverhältnis auf Lebenszeit oder aus dem Richterverhältnis auf Lebenszeit zuzüglich eines Unterschiedsbetrages zwischen diesen und den Dienstbezügen, die im Beamtenverhältnis auf Zeit ruhegehaltfähig wären. Der Unterschiedsbetrag wird gewährt in Höhe eines Viertels, wenn dem Beamten das Amt mindestens fünf Jahre, in Höhe der Hälfte, wenn es mindestens fünf Jahre und zwei Amtszeiten übertragen war.

(4) Tritt der Beamte auf Zeit wegen Erreichens der gesetzlichen Altersgrenze in den Ruhestand, berechnen sich die ruhegehaltfähigen Dienstbezüge aus dem Beamtenverhältnis auf Zeit, wenn dem Beamten das Amt mindestens fünf Jahre übertragen war.

(5) Wird der Beamte auf Zeit während seiner Amtszeit wegen Dienstunfähigkeit in den Ruhestand versetzt, gilt Absatz 4 entsprechend.

Abschnitt 3 Hinterbliebenenversorgung

§ 16 Allgemeines

Die Hinterbliebenenversorgung (§§ 17 bis 28) umfasst

1. Bezüge für den Sterbemonat,
2. Sterbegeld,
3. Witwengeld,
4. Witwenabfindung,
5. Waisengeld,
6. Unterhaltsbeiträge,
7. Witwerversorgung.

§ 17 Bezüge für den Sterbemonat

(1) Den Erben eines verstorbenen Beamten, Ruhestandsbeamten oder entlassenen Beamten verbleiben für den Sterbemonat die Bezüge des Verstorbenen. Dies gilt auch für eine für den Sterbemonat gewährte Aufwandsentschädigung.

(2) Die an den Verstorbenen noch nicht gezahlten Teile der Bezüge für den Sterbemonat können statt an die Erben auch an die in § 18 Absatz 1 bezeichneten Hinterbliebenen gezahlt werden.

§ 18 Sterbegeld

(1) Beim Tode eines Beamten mit Dienstbezügen oder eines Beamten auf Widerruf im Vorbereitungsdienst erhalten der hinterbliebene Ehegatte und die Abkömmlinge des Beamten Sterbegeld. Das Sterbegeld ist in Höhe des Zweifachen der Dienstbezüge oder der Anwärterbezüge des Verstorbenen ausschließlich der Zuschläge für Personen nach § 53 Absatz 4 Nummer 2 des Bundesbesoldungsgesetzes, des Auslandsverwendungszuschlags und der Vergütungen in einer Summe zu zahlen; § 5 Absatz 1 Satz 2 und 3 gilt entsprechend. Die Sätze 1 und 2 gelten entsprechend beim Tod eines Ruhestandsbeamten oder eines entlassenen Beamten, der im Sterbemonat einen Unterhaltsbeitrag erhalten hat; an die Stelle der Dienstbezüge tritt das Ruhegehalt oder der Unterhaltsbeitrag zuzüglich des Unterschiedsbetrages nach § 50 Absatz 1.

(2) Sind Anspruchsberechtigte im Sinne des Absatzes 1 nicht vorhanden, so ist Sterbegeld auf Antrag zu gewähren

1. Verwandten der aufsteigenden Linie, Geschwistern, Geschwisterkindern sowie Stiefkindern, wenn sie zur Zeit des Todes des Beamten mit diesem in häuslicher Gemeinschaft gelebt haben oder wenn der Verstorbene ganz oder überwiegend ihr Ernährer gewesen ist,
2. sonstigen Personen, die die Kosten der letzten Krankheit oder der Bestattung getragen haben, bis zur Höhe ihrer Aufwendungen, höchstens jedoch in Höhe des Sterbegeldes nach Absatz 1 Satz 2 und 3.

IV

(3) Stirbt eine Witwe oder eine frühere Ehefrau eines Beamten, der im Zeitpunkt des Todes Witwengeld oder ein Unterhaltsbeitrag zustand, so erhalten die in Absatz 1 genannten Kinder Sterbegeld, wenn sie berechtigt sind, Waisengeld oder einen Unterhaltsbeitrag zu beziehen und wenn sie zur Zeit des Todes zur häuslichen Gemeinschaft der Verstorbenen gehört haben. Absatz 1 Satz 2 erster Halbsatz gilt entsprechend mit der Maßgabe, dass an die Stelle der Dienstbezüge das Witwengeld oder der Unterhaltsbeitrag tritt.

(4) Sind mehrere gleichberechtigte Personen vorhanden, so ist für die Bestimmung des Zahlungsempfängers die Reihenfolge der Aufzählung in den Absätzen 1 und 2 maßgebend; bei Vorliegen eines wichtigen Grundes kann von dieser Reihenfolge abgewichen oder das Sterbegeld aufgeteilt werden.

§ 19 Witwengeld

(1) Die Witwe eines Beamten auf Lebenszeit, der die Voraussetzungen des § 4 Absatz 1 erfüllt hat, oder eines Ruhestandsbeamten erhält Witwengeld. Dies gilt nicht, wenn

1. die Ehe mit dem Verstorbenen nicht mindestens ein Jahr gedauert hat, es sei denn, dass nach den besonderen Umständen des Falles die Annahme nicht gerechtfertigt ist, dass es der alleinige oder überwiegende Zweck der Heirat war, der Witwe eine Versorgung zu verschaffen, oder
2. die Ehe erst nach dem Eintritt des Beamten in den Ruhestand geschlossen worden ist und der Ruhestandsbeamte zur Zeit der Eheschließung die Regelaltersgrenze nach § 51 Absatz 1 und 2 des Bundesbeamtengesetzes bereits erreicht hatte.

(2) Absatz 1 gilt auch für die Witwe eines Beamten auf Probe, der an den Folgen einer Dienstbeschädigung (§ 49 Absatz 1 des Bundesbeamtengesetzes) verstorben ist oder dem die Entscheidung nach § 49 Absatz 2 des Bundesbeamtengesetzes zugestellt war.

§ 20 Höhe des Witwengeldes

(1) Das Witwengeld beträgt 55 Prozent des Ruhegehaltes, das der Verstorbene erhalten hat oder hätte erhalten können, wenn er am Todestage in den Ruhestand getreten wäre. Das Witwengeld beträgt nach Anwendung des § 50c mindestens 60 Prozent des Ruhegehaltes nach § 14 Absatz 4 Satz 2; § 14 Absatz 4 Satz 3 ist anzuwenden. § 14 Absatz 6 sowie die §§ 14a und 50e sind nicht anzuwenden. Änderungen des Mindestruhegehaltes (§ 14 Absatz 4) sind zu berücksichtigen.

(2) War die Witwe mehr als zwanzig Jahre jünger als der Verstorbene und ist aus der Ehe ein Kind nicht hervorgegangen, so wird das Witwengeld (Absatz 1) für jedes angefangene Jahr des Altersunterschiedes über zwanzig Jahre um fünf Prozent gekürzt, jedoch höchstens um fünfzig Prozent. Nach fünfjähriger Dauer der Ehe werden für jedes angefangene Jahr ihrer weiteren Dauer dem gekürzten Betrag fünf Prozent des Witwengeldes hinzugesetzt, bis der volle Betrag wieder erreicht ist. Das nach Satz 1 errechnete Witwengeld darf nicht hinter dem Mindestwitwengeld (Absatz 1 in Verbindung mit § 14 Absatz 4) zurückbleiben.

(3) Von dem nach Absatz 2 gekürzten Witwengeld ist auch bei der Anwendung des § 25 auszugehen.

§ 21 Witwenabfindung

(1) Eine Witwe, die Anspruch auf Witwengeld oder auf einen Unterhaltsbeitrag hat, erhält im Falle einer Heirat eine Witwenabfindung.

(2) Die Witwenabfindung beträgt das Vierundzwanzigfache des für den Monat, in dem die Witwe heiratet, nach Anwendung der

Anrechnungs-, Kürzungs- und Ruhensvorschriften zu zahlenden Betrages des Witwengeldes oder Unterhaltsbeitrages; eine Kürzung nach § 25 und die Anwendung der §§ 53 und 54 Absatz 1 Satz 1 Nummer 3 bleiben jedoch außer Betracht. Die Abfindung ist in einer Summe zu zahlen.

(3) Lebt der Anspruch auf Witwengeld oder auf Unterhaltsbeitrag nach § 61 Absatz 3 wieder auf, so ist die Witwenabfindung, soweit sie für eine Zeit berechnet ist, die nach dem Wiederaufleben des Anspruchs auf Witwengeld oder Unterhaltsbeitrag liegt, in angemessenen monatlichen Teilbeträgen einzubehalten.

§ 22 Unterhaltsbeitrag für nicht witwengeldberechtigte Witwen und frühere Ehefrauen

(1) In den Fällen des § 19 Absatz 1 Satz 2 Nummer 2 ist, sofern die besonderen Umstände des Falles keine volle oder teilweise Versagung rechtfertigen, ein Unterhaltsbeitrag in Höhe des Witwengeldes zu gewähren. Einkünfte sind in angemessenem Umfang anzurechnen. Verzichtet die Versorgungsberechtigte auf Einkünfte oder wird ihr an deren Stelle eine Kapitalleistung gezahlt, ist der Betrag anzurechnen, der ansonsten zu zahlen wäre; § 55 Absatz 1 Satz 8 und 9 gilt entsprechend.

(2) Der geschiedenen Ehefrau eines verstorbenen Beamten oder Ruhestandsbeamten, die im Falle des Fortbestehens der Ehe Witwengeld erhalten hätte, ist auf Antrag ein Unterhaltsbeitrag insoweit zu gewähren, als sie im Zeitpunkt des Todes des Beamten oder Ruhestandsbeamten gegen diesen einen Anspruch auf schuldrechtlichen Versorgungsausgleich nach § 1587f Nummer 2 des Bürgerlichen Gesetzbuchs in der bis zum 31. August 2009 geltenden Fassung wegen einer Anwartschaft oder eines Anspruchs nach § 1587a Absatz 2 Nummer 1 des Bürgerlichen Gesetzbuchs in der bis zum 31. August 2009 geltenden Fassung hatte. Der Unterhaltsbeitrag wird jedoch nur gewährt,

1. solange die geschiedene Ehefrau erwerbsgemindert im Sinne des Sechsten Buches Sozialgesetzbuch ist oder mindestens ein waisengeldberechtigtes Kind erzieht oder
2. wenn sie das sechzigste Lebensjahr vollendet hat.

Der Erziehung eines waisengeldberechtigten Kindes steht die Sorge für ein waisengeldberechtigtes Kind mit körperlichen oder geistigen Gebrechen gleich. Der nach Satz 1 festgestellte Betrag ist in einem Prozentsatz des Witwengeldes festzusetzen; der Unterhaltsbeitrag darf fünf Sechstel des entsprechend § 57 gekürzten Witwengeldes nicht übersteigen. § 21 gilt entsprechend.

(3) Absatz 2 gilt entsprechend für die frühere Ehefrau eines verstorbenen Beamten oder Ruhestandsbeamten, deren Ehe mit diesem aufgehoben oder für nichtig erklärt war.

§ 23 Waisengeld

(1) Die Kinder eines verstorbenen Beamten auf Lebenszeit, eines verstorbenen Ruhestandsbeamten oder eines verstorbenen Beamten auf Probe, der an den Folgen einer Dienstbeschädigung (§ 49 Absatz 1 des Bundesbeamtengesetzes) verstorben ist oder dem die Entscheidung nach § 49 Absatz 2 des Bundesbeamtengesetzes zugestellt war, erhalten Waisengeld, wenn der Beamte die Voraussetzungen des § 4 Absatz 1 erfüllt hat.

(2) Kein Waisengeld erhalten die Kinder eines verstorbenen Ruhestandsbeamten, wenn das Kindschaftsverhältnis durch Annahme als Kind begründet wurde und der Ruhestandsbeamte in diesem Zeitpunkt bereits im Ruhestand war und die Regelaltersgrenze nach § 51 Absatz 1 und 2 des Bundesbeamtengesetzes erreicht hatte. Es kann ihnen jedoch ein Unterhaltsbeitrag bis zur Höhe des Waisengeldes bewilligt werden.

§ 24 Höhe des Waisengeldes

(1) Das Waisengeld beträgt für die Halbwaise zwölf Prozent und für die Vollwaise zwanzig Prozent des Ruhegehaltes, das der Verstorbene erhalten hat oder hätte erhalten können, wenn er am Todestag in den Ruhestand getreten wäre. § 14 Absatz 6 sowie die §§ 14a und 50e sind nicht anzuwenden. Änderungen des Mindestruhegehaltes (§ 14 Absatz 4) sind zu berücksichtigen.

(2) Wenn die Mutter des Kindes des Verstorbenen nicht zum Bezuge von Witwengeld

IV

berechtigt ist und auch keinen Unterhaltsbeitrag in Höhe des Witwengeldes erhält, wird das Waisengeld nach dem Satz für Vollwaisen gezahlt; es darf zuzüglich des Unterhaltsbeitrages den Betrag des Witwengeldes und des Waisengeldes nach dem Satz für Halbwaisen nicht übersteigen.

(3) Ergeben sich für eine Waise Waisengeldansprüche aus Beamtenverhältnissen mehrerer Personen, wird nur das höchste Waisengeld gezahlt.

§ 25 Zusammentreffen von Witwengeld, Waisengeld und Unterhaltsbeiträgen

(1) Witwen- und Waisengeld dürfen weder einzeln noch zusammen den Betrag des ihrer Berechnung zugrunde zu legenden Ruhegehaltes übersteigen. Ergibt sich an Witwen- und Waisengeld zusammen ein höherer Betrag, so werden die einzelnen Bezüge im gleichen Verhältnis gekürzt.

(2) Nach dem Ausscheiden eines Witwen- oder Waisengeldberechtigten erhöht sich das Witwen- oder Waisengeld der verbleibenden Berechtigten vom Beginn des folgenden Monats an insoweit, als sie nach Absatz 1 noch nicht den vollen Betrag nach § 20 oder § 24 erhalten.

(3) Die Absätze 1 und 2 gelten entsprechend, wenn neben Witwen- oder Waisengeld ein Unterhaltsbeitrag nach § 22 Absatz 2 oder 3 oder § 86 Absatz 1 gewährt wird.

(4) Unterhaltsbeiträge nach § 22 Absatz 1 gelten für die Anwendung der Absätze 1 bis 3 als Witwengeld. Unterhaltsbeiträge nach § 23 Absatz 2 dürfen nur insoweit bewilligt werden, als sie allein oder zusammen mit gesetzlichen Hinterbliebenenbezügen die in Absatz 1 Satz 1 bezeichnete Höchstgrenze nicht übersteigen.

§ 26 Unterhaltsbeitrag für Hinterbliebene von Beamten auf Lebenszeit und auf Probe

(1) Der Witwe, der geschiedenen Ehefrau (§ 22 Absatz 2, 3) und den Kindern eines Beamten, dem nach § 15 ein Unterhaltsbeitrag bewilligt worden ist oder hätte bewilligt werden können, kann auf Antrag die in den §§ 19, 20 und 22 bis 25 vorgesehene Versorgung bis zu der dort bezeichneten Höhe als Unterhaltsbeitrag bewilligt werden.

(2) § 21 gilt entsprechend.

§ 27 Beginn der Zahlungen

(1) Die Zahlung des Witwen- und Waisengeldes sowie eines Unterhaltsbeitrages nach § 22 Absatz 1 oder § 23 Absatz 2 beginnt mit dem Ablauf des Sterbemonats. Kinder, die nach diesem Zeitpunkt geboren werden, erhalten Waisengeld vom Ersten des Geburtsmonats an.

(2) Die Zahlung eines Unterhaltsbeitrages nach § 22 Absatz 2 oder 3 beginnt mit dem Ersten des Monats, in dem eine der in § 22 Absatz 2 Satz 2 genannten Voraussetzungen eintritt, frühestens jedoch mit Ablauf des Sterbemonats.

(3) Die Absätze 1 und 2 gelten entsprechend für die Zahlung eines Unterhaltsbeitrages nach § 26.

§ 28 Witwerversorgung

Die §§ 19 bis 27 gelten entsprechend für den Witwer oder den geschiedenen Ehemann (§ 22 Absatz 2, 3) einer verstorbenen Beamtin oder Ruhestandsbeamtin. An die Stelle des Witwengeldes im Sinne der Vorschriften dieses Gesetzes tritt das Witwergeld, an die Stelle der Witwe der Witwer.

Abschnitt 4
Bezüge bei Verschollenheit

§ 29 Zahlung der Bezüge

(1) Ein verschollener Beamter, Ruhestandsbeamter oder sonstiger Versorgungsempfänger erhält die ihm zustehenden Bezüge bis zum Ablauf des Monats, in dem die oberste Dienstbehörde oder die von ihr bestimmte Stelle feststellt, dass sein Ableben mit Wahrscheinlichkeit anzunehmen ist.

(2) Vom Ersten des Monats ab, der dem in Absatz 1 bezeichneten Zeitpunkt folgt, erhalten die Personen, die im Falle des Todes des Verschollenen Witwen- oder Waisengeld erhalten würden oder einen Unterhaltsbeitrag erhalten könnten, diese Bezüge. Die §§ 17 und 18 gelten nicht.

(3) Kehrt der Verschollene zurück, so lebt sein Anspruch auf Bezüge, soweit nicht besondere gesetzliche Gründe entgegenstehen, wieder auf. Nachzahlungen sind längstens für die Dauer eines Jahres zu leisten; die nach Absatz 2 für den gleichen Zeitraum gewährten Bezüge sind anzurechnen.

(4) Ergibt sich, dass bei einem Beamten die Voraussetzungen des § 9 des Bundesbesoldungsgesetzes vorliegen, so können die nach Absatz 2 gezahlten Bezüge von ihm zurückgefordert werden.

(5) Wird der Verschollene für tot erklärt oder die Todeszeit gerichtlich festgestellt oder eine Sterbeurkunde über den Tod des Verschollenen ausgestellt, so ist die Hinterbliebenenversorgung von dem Ersten des auf die Rechtskraft der gerichtlichen Entscheidung oder die Ausstellung der Sterbeurkunde folgenden Monats ab unter Berücksichtigung des festgestellten Todeszeitpunktes neu festzusetzen.

Abschnitt 5 Unfallfürsorge

§ 30 Allgemeines

(1) Wird ein Beamter durch einen Dienstunfall verletzt, so wird ihm und seinen Hinterbliebenen Unfallfürsorge gewährt. Unfallfürsorge wird auch dem Kind einer Beamtin gewährt, das durch deren Dienstunfall während der Schwangerschaft unmittelbar geschädigt wurde. Satz 2 gilt auch, wenn die Schädigung durch besondere Einwirkungen verursacht worden ist, die generell geeignet sind, bei der Mutter einen Dienstunfall im Sinne des § 31 Absatz 3 zu verursachen.

(2) Die Unfallfürsorge umfasst

1. Erstattung von Sachschäden und besonderen Aufwendungen (§ 32),
2. Heilverfahren (§§ 33, 34),
3. Unfallausgleich (§ 35),
4. Unfallruhegehalt oder Unterhaltsbeitrag (§§ 36 bis 38),
5. Unfall-Hinterbliebenenversorgung (§§ 39 bis 42),
6. einmalige Unfallentschädigung und einmalige Entschädigung (§ 43),
7. Schadensausgleich in besonderen Fällen (§ 43a),
8. Einsatzversorgung im Sinne des § 31a.

Im Fall von Absatz 1 Satz 2 und 3 erhält das Kind der Beamtin Leistungen nach den Nummern 2 und 3 sowie nach § 38a.

(3) Im Übrigen gelten die allgemeinen Vorschriften.

§ 31 Dienstunfall

(1) Dienstunfall ist ein auf äußerer Einwirkung beruhendes, plötzliches, örtlich und zeitlich bestimmbares, einen Körperschaden verursachendes Ereignis, das in Ausübung des Dienstes eingetreten ist. Zum Dienst gehören auch

1. Dienstreisen und die dienstliche Tätigkeit am Bestimmungsort,
2. die Teilnahme an dienstlichen Veranstaltungen und
3. Nebentätigkeiten im öffentlichen Dienst oder in dem ihm gleichstehenden Dienst, zu deren Übernahme der Beamte gemäß § 98 des Bundesbeamtengesetzes verpflichtet ist, oder Nebentätigkeiten, deren Wahrnehmung von ihm im Zusammenhang mit den Dienstgeschäften erwartet wird, sofern der Beamte hierbei nicht in der gesetzlichen Unfallversicherung versichert ist (§ 2 Siebtes Buch Sozialgesetzbuch).

(2) Als Dienst gilt auch das Zurücklegen des mit dem Dienst zusammenhängenden Weges zu und von der Dienststelle. Hat der Beamte wegen der Entfernung seiner ständigen Familienwohnung vom Dienstort an diesem oder in dessen Nähe eine Unterkunft, so gilt Satz 1 auch für den Weg zwischen der Familienwohnung und der Dienststelle. Der Zusammenhang mit dem Dienst gilt als nicht unterbrochen, wenn der Beamte

1. von dem unmittelbaren Weg zwischen der Wohnung und der Dienststelle in vertretbarem Umfang abweicht,
   a) um ein eigenes Kind, für das ihm dem Grunde nach Kindergeld zusteht, wegen seiner eigenen Berufstätigkeit oder

der Berufstätigkeit seines Ehegatten in fremde Obhut zu geben oder aus fremder Obhut abzuholen oder

b) weil er mit anderen berufstätigen oder in der gesetzlichen Unfallversicherung versicherten Personen gemeinsam ein Fahrzeug für den Weg zu und von der Dienststelle benutzt, oder

2. in seiner Wohnung Dienst leistet und Wege zurücklegt, um ein Kind im Sinne des Satzes 3 Nummer 1 Buchstabe a in fremde Obhut zu geben oder aus fremder Obhut abzuholen.

IV

Ein Unfall, den der Verletzte bei Durchführung des Heilverfahrens (§ 33) oder auf einem hierzu notwendigen Wege erleidet, gilt als Folge eines Dienstunfalles.

(3) Erkrankt ein Beamter, der wegen der Art seiner dienstlichen Verrichtungen der Gefahr der Erkrankung an einer bestimmten Krankheit besonders ausgesetzt ist, an dieser Krankheit, so gilt die Erkrankung als Dienstunfall, es sei denn, dass der Beamte sich die Krankheit außerhalb des Dienstes zugezogen hat. Die Erkrankung gilt jedoch stets als Dienstunfall, wenn sie durch gesundheitsschädigende Verhältnisse verursacht worden ist, denen der Beamte am Ort seines dienstlich angeordneten Aufenthalts im Ausland besonders ausgesetzt war. Als Krankheiten im Sinne des Satzes 1 kommen die in Anlage 1 zur Berufskrankheiten-Verordnung vom 31. Oktober 1997 (BGBl. I S. 2623) in der jeweils geltenden Fassung genannten Krankheiten mit den dort bezeichneten Maßgaben in Betracht. Für die Feststellung einer Krankheit als Dienstunfall sind auch den Versicherungsschutz nach § 2, § 3 oder § 6 des Siebten Buches Sozialgesetzbuch begründende Tätigkeiten zu berücksichtigen, wenn sie ihrer Art nach geeignet waren, die Krankheit zu verursachen, und die schädigende Einwirkung überwiegend durch dienstliche Verrichtungen nach Satz 1 verursacht worden ist.

(4) Dem durch Dienstunfall verursachten Körperschaden ist ein Körperschaden gleichzusetzen, den ein Beamter außerhalb seines Dienstes erleidet, wenn er im Hinblick auf sein pflichtgemäßes dienstliches Verhalten oder wegen seiner Eigenschaft als Beamter angegriffen wird. Gleichzuachten ist ferner ein Körperschaden, den ein Beamter im Ausland erleidet, wenn er bei Kriegshandlungen, Aufruhr oder Unruhen, denen er am Ort seines dienstlich angeordneten Aufenthaltes im Ausland besonders ausgesetzt war, angegriffen wird.

(5) Unfallfürsorge wie bei einem Dienstunfall kann auch gewährt werden, wenn ein Beamter, der zur Wahrnehmung einer Tätigkeit, die öffentlichen Belangen oder dienstlichen Interessen dient, beurlaubt worden ist und in Ausübung dieser Tätigkeit einen Körperschaden erleidet.

§ 31a Einsatzversorgung

(1) Unfallfürsorge wie bei einem Dienstunfall wird auch dann gewährt, wenn ein Beamter auf Grund eines in Ausübung des Dienstes eingetretenen Unfalls oder einer derart eingetretenen Erkrankung im Sinne des § 31 bei einer besonderen Verwendung im Ausland eine gesundheitliche Schädigung erleidet (Einsatzunfall). Eine besondere Verwendung im Ausland ist eine Verwendung auf Grund eines Übereinkommens oder einer Vereinbarung mit einer über- oder zwischenstaatlichen Einrichtung oder mit einem auswärtigen Staat im Ausland oder außerhalb des deutschen Hoheitsgebietes auf Schiffen oder in Luftfahrzeugen,

1. für die ein Beschluss der Bundesregierung vorliegt oder
2. die im Rahmen von Maßnahmen nach § 56 Absatz 1 Satz 2 Nummer 4 des Bundesbesoldungsgesetzes stattfindet.

Dem steht eine sonstige Verwendung im Ausland oder außerhalb des deutschen Hoheitsgebietes auf Schiffen oder in Luftfahrzeugen gleich,

1. für die ein Zuschlag gezahlt wird
   a) auf Grundlage einer Rechtsverordnung nach § 53 Absatz 7 des Bundesbesoldungsgesetzes zur Abgeltung immaterieller Belastungen wegen der Auswirkungen eines bewaffneten Konflikts oder
   b) auf Grundlage einer Rechtsverordnung nach § 56 Absatz 6 des Bundesbesoldungsgesetzes zur Abgeltung hoher im-

materieller Belastungen, insbesondere durch bürgerkriegsähnliche Auseinandersetzungen, terroristische Handlungen, außerordentliche Gewaltkriminalität, Piraterie, Minen oder vergleichbare gesundheitliche Gefährdungen, oder

2. bei der eine gesteigerte Gefährdungslage, die der Gefährdungslage bei einer Verwendung nach Satz 2 vergleichbar ist, durch die oberste Dienstbehörde, die für die sonstige Verwendung im Ausland zuständig ist, im Benehmen mit dem Bundesministerium des Innern und für Heimat, dem Auswärtigen Amt und dem Bundesministerium der Verteidigung festgestellt wird.

Die Verwendung im Sinne der Sätze 2 und 3 beginnt mit dem Eintreffen im Einsatzgebiet und endet mit dem Verlassen des Einsatzgebietes.

(2) Gleiches gilt, wenn bei einem Beamten eine Erkrankung oder ihre Folgen oder ein Unfall auf gesundheitsschädigende oder sonst vom Inland wesentlich abweichende Verhältnisse bei einer Verwendung im Sinne des Absatzes 1 zurückzuführen sind oder wenn eine gesundheitliche Schädigung bei dienstlicher Verwendung im Ausland auf einen Unfall oder eine Erkrankung im Zusammenhang mit einer Verschleppung oder einer Gefangenschaft zurückzuführen ist oder darauf beruht, dass der Beamte aus sonstigen mit dem Dienst zusammenhängenden Gründen dem Einflussbereich des Dienstherrn entzogen ist.

(3) § 31 Absatz 5 gilt entsprechend.

(4) Die Unfallfürsorge ist ausgeschlossen, wenn sich der Beamte vorsätzlich oder grob fahrlässig der Gefährdung ausgesetzt oder die Gründe für eine Verschleppung, Gefangenschaft oder sonstige Einflussbereichsentziehung herbeigeführt hat, es sei denn, dass der Ausschluss für ihn eine unbillige Härte wäre.

§ 32 Erstattung von Sachschäden und besonderen Aufwendungen

Sind bei einem Dienstunfall Kleidungsstücke oder sonstige Gegenstände, die der Beamte zur Dienstausübung oder während der Dienstzeit benötigt und deshalb mit sich geführt hat, beschädigt oder zerstört worden oder abhanden gekommen, so kann dafür Ersatz geleistet werden. Anträge auf Gewährung von Sachschadenersatz nach Satz 1 sind innerhalb einer Ausschlussfrist von drei Monaten zu stellen. Sind durch eine Erste-Hilfe-Leistung nach dem Unfall besondere Kosten entstanden, so ist dem Beamten der nachweisbar notwendige Aufwand zu ersetzen.

§ 33 Heilverfahren

(1) Das Heilverfahren umfasst

1. die notwendigen ärztlichen, zahnärztlichen und psychotherapeutischen Maßnahmen,
2. die notwendige Versorgung mit Arznei-, Verband-, Heil- und Hilfsmitteln, mit Geräten zur Selbstbehandlung und zur Selbstkontrolle sowie mit Körperersatzstücken, die den Erfolg der Heilbehandlung sichern oder die Unfallfolgen erleichtern sollen,
3. die notwendigen Krankenhausleistungen,
4. die notwendigen Rehabilitationsmaßnahmen,
5. die notwendige Pflege (§ 34),
6. die notwendige Haushaltshilfe und
7. die notwendigen Fahrten.

(2) Der Verletzte ist verpflichtet, sich einer Krankenhausbehandlung zu unterziehen, wenn sie nach einer Stellungnahme eines durch die Dienstbehörde bestimmten Arztes zur Sicherung des Heilerfolges notwendig ist.

(3) Der Verletzte ist verpflichtet, sich einer ärztlichen Untersuchung und Behandlung zu unterziehen, es sei denn, dass sie mit einer erheblichen Gefahr für Leben oder Gesundheit des Verletzten verbunden ist. Das Gleiche gilt für eine Operation dann, wenn sie keinen erheblichen Eingriff in die körperliche Unversehrtheit bedeutet. Die oberste Dienstbehörde oder die von ihr bestimmte Stelle kann bestimmen, welcher Arzt die Untersuchung oder Behandlung nach Satz 1 durchführt.

(4) Verursachen die Folgen des Dienstunfalles außergewöhnliche Kosten für Kleider- und Wäscheverschleiß, so sind diese in angemessenem Umfang zu ersetzen. Kraftfahrzeughilfe wird gewährt, wenn die verletzte Person infolge des Dienstunfalls nicht nur vorübergehend auf die Benutzung eines Kraftfahrzeugs

IV

angewiesen ist. Notwendige Aufwendungen für eine bedarfsgerechte Anpassung des Wohnumfelds werden erstattet, wenn infolge des Dienstunfalls nicht nur vorübergehend die Anpassung vorhandenen oder die Beschaffung bedarfsgerechten Wohnraums erforderlich ist. Ist der Verletzte an den Folgen des Dienstunfalles verstorben, so können auch die Kosten für die Überführung und die Bestattung in angemessener Höhe erstattet werden.

(5) Die Durchführung regelt das Bundesministerium des Innern, für Bau und Heimat im Einvernehmen mit dem Bundesministerium der Finanzen durch Rechtsverordnung.

§ 34 Pflegekosten

Ist der Verletzte infolge des Dienstunfalles so hilflos, dass er nicht ohne fremde Hilfe und Pflege auskommen kann, so sind ihm die Kosten einer notwendigen Pflege in angemessenem Umfang zu erstatten. Die Dienstbehörde kann jedoch selbst für die Pflege Sorge tragen.

§ 35 Unfallausgleich

(1) Ist der Verletzte infolge des Dienstunfalles in seiner Erwerbsfähigkeit länger als sechs Monate um mindestens 30 Prozent gemindert, so erhält er, solange dieser Zustand andauert, neben den Dienstbezügen, den Anwärterbezügen oder dem Ruhegehalt einen Unfallausgleich. Dieser beträgt

1. bei einer Minderung der Erwerbsfähigkeit von 30 oder 40 Prozent	400 Euro,
2. bei einer Minderung der Erwerbsfähigkeit von 50 oder 60 Prozent	800 Euro,
3. bei einer Minderung der Erwerbsfähigkeit von 70 oder 80 Prozent	1200 Euro,
4. bei einer Minderung der Erwerbsfähigkeit von 90 Prozent	1600 Euro,
5. bei einer Minderung der Erwerbsfähigkeit von 100 Prozent	2000 Euro.

Wird die Minderung der Erwerbsfähigkeit bei der Feststellung gestaffelt eingeschätzt, ist der Unfallausgleich in Höhe desjenigen Grades der Minderung der Erwerbsfähigkeit zu zahlen, der wenigstens sechs Monate Bestand hat.

(2) Die Minderung der Erwerbsfähigkeit ist nach der körperlichen Beeinträchtigung im allgemeinen Erwerbsleben zu beurteilen. Hat bei Eintritt des Dienstunfalles eine abschätzbare Minderung der Erwerbsfähigkeit bereits bestanden, so ist für die Berechnung des Unfallausgleichs von der individuellen Erwerbsfähigkeit des Verletzten, die unmittelbar vor dem Eintritt des Dienstunfalles bestand, auszugehen und zu ermitteln, welcher Teil dieser individuellen Erwerbsfähigkeit durch den Dienstunfall gemindert wurde. Beruht die frühere Erwerbsminderung auf einem Dienstunfall, so kann ein einheitlicher Unfallausgleich festgesetzt werden.

(3) Der Unfallausgleich wird neu festgestellt, wenn in den Verhältnissen, die für die Feststellung maßgebend gewesen sind, eine wesentliche Änderung eingetreten ist. Zu diesem Zweck ist der Beamte verpflichtet, sich auf Anordnung der obersten Dienstbehörde durch einen von ihr bestimmten Arzt untersuchen zu lassen; die oberste Dienstbehörde kann diese Befugnis auf andere Stellen übertragen.

(4) Der Unfallausgleich wird auch während einer Beurlaubung ohne Dienstbezüge gewährt.

§ 36 Unfallruhegehalt

(1) Ist der Beamte infolge des Dienstunfalles dienstunfähig geworden und deswegen in den Ruhestand versetzt worden, so erhält er Unfallruhegehalt.

(2) Für die Berechnung des Unfallruhegehalts eines vor Vollendung des 60. Lebensjahres in den Ruhestand versetzten Beamten wird der ruhegehaltfähigen Dienstzeit nur die Hälfte der Zurechnungszeit nach § 13 Absatz 1 hinzugerechnet; § 13 Absatz 4 gilt entsprechend.

(3) Der Ruhegehaltssatz nach § 14 Absatz 1 erhöht sich um 20 Prozent. Das Unfallruhegehalt beträgt mindestens 66,67 Prozent der ruhegehaltfähigen Dienstbezüge und darf 75 Prozent der ruhegehaltfähigen Dienstbe-

züge nicht übersteigen. Es darf nicht hinter 75 Prozent der jeweils ruhegehaltfähigen Dienstbezüge aus der Endstufe der Besoldungsgruppe A 4 zurückbleiben; § 14 Absatz 4 Satz 3 gilt entsprechend.

§ 37 Erhöhtes Unfallruhegehalt

(1) Setzt sich ein Beamter bei Ausübung einer Diensthandlung einer damit verbundenen besonderen Lebensgefahr aus und erleidet er infolge dieser Gefährdung einen Dienstunfall, so sind bei der Bemessung des Unfallruhegehaltes 80 Prozent der ruhegehaltfähigen Dienstbezüge aus der Endstufe der übernächsten Besoldungsgruppe zugrunde zu legen, wenn er infolge dieses Dienstunfalles dienstunfähig geworden und in den Ruhestand versetzt wurde und im Zeitpunkt der Versetzung in den Ruhestand infolge des Dienstunfalles in seiner Erwerbsfähigkeit um mindestens 50 Prozent beschränkt ist. Satz 1 gilt mit der Maßgabe, dass sich für Beamte der Laufbahngruppe des einfachen Dienstes die ruhegehaltfähigen Dienstbezüge mindestens nach der Besoldungsgruppe A 6, für Beamte der Laufbahngruppe des mittleren Dienstes mindestens nach der Besoldungsgruppe A 9, für Beamte der Laufbahngruppe des gehobenen Dienstes mindestens nach der Besoldungsgruppe A 12 und für Beamte der Laufbahngruppe des höheren Dienstes mindestens nach der Besoldungsgruppe A 16 bemessen; die Einteilung in Laufbahngruppen gilt für die Polizeivollzugsbeamten, die sonstigen Beamten des Vollzugsdienstes und die Beamten des Einsatzdienstes der Berufsfeuerwehr entsprechend.

(2) Unfallruhegehalt nach Absatz 1 wird auch gewährt, wenn der Beamte

1. in Ausübung des Dienstes durch einen rechtswidrigen Angriff oder
2. außerhalb seines Dienstes durch einen Angriff im Sinne des § 31 Absatz 4

einen Dienstunfall mit den in Absatz 1 genannten Folgen erleidet.

(3) Unfallruhegehalt nach Absatz 1 wird auch gewährt, wenn ein Beamter einen Einsatzunfall oder ein diesem gleichstehendes Ereignis im Sinne des § 31a erleidet und er infolge des Einsatzunfalls oder des diesem gleichstehenden Ereignisses dienstunfähig geworden und in den Ruhestand versetzt wurde und im Zeitpunkt der Versetzung in den Ruhestand infolge des Einsatzunfalls oder des diesem gleichstehenden Ereignisses in seiner Erwerbsfähigkeit um mindestens 50 Prozent beschränkt ist.

§ 38 Unterhaltsbeitrag für frühere Beamte und frühere Ruhestandsbeamte

(1) Ein durch Dienstunfall verletzter früherer Beamter, dessen Beamtenverhältnis nicht durch Eintritt oder Versetzung in den Ruhestand geendet hat, erhält neben dem Heilverfahren (§§ 33, 34) für die Dauer einer durch den Dienstunfall verursachten Erwerbsbeschränkung einen Unterhaltsbeitrag. Der Anspruch erlischt ab der Gewährung von Altersgeld.

(2) Der Unterhaltsbeitrag beträgt

1. bei völliger Erwerbsunfähigkeit 66,67 Prozent der ruhegehaltfähigen Dienstbezüge nach Absatz 4,
2. bei Minderung der Erwerbsfähigkeit um wenigstens 30 Prozent den der Minderung entsprechenden Teil des Unterhaltsbeitrages nach Nummer 1.

(3) Im Falle des Absatzes 2 Nummer 2 kann der Unterhaltsbeitrag, solange der Verletzte aus Anlass des Unfalles unverschuldet arbeitslos ist, bis auf den Betrag nach Nummer 1 erhöht werden. Bei Hilflosigkeit des Verletzten gilt § 34 entsprechend.

(4) Die ruhegehaltfähigen Dienstbezüge bestimmen sich nach § 5 Absatz 1. Bei einem früheren Beamten auf Widerruf im Vorbereitungsdienst sind die Dienstbezüge zugrunde zu legen, die er bei der Ernennung zum Beamten auf Probe zuerst erhalten hätte; das Gleiche gilt bei einem früheren Polizeivollzugsbeamten auf Widerruf mit Dienstbezügen. Ist der Beamte wegen Dienstunfähigkeit infolge des Dienstunfalles entlassen worden, gilt § 5 Absatz 2 entsprechend. Der Unterhaltsbeitrag für einen früheren Beamten auf Widerruf, der ein Amt bekleidete, das seine Arbeitskraft nur nebenbei beanspruchte, ist nach billigem Ermessen festzusetzen.

IV

(5) Ist der Beamte wegen Dienstunfähigkeit infolge des Dienstunfalles entlassen worden, darf der Unterhaltsbeitrag nach Absatz 2 Nummer 1 nicht hinter dem Mindestunfallruhegehalt (§ 36 Absatz 3 Satz 3) zurückbleiben. Ist der Beamte wegen Dienstunfähigkeit infolge eines Dienstunfalles der in § 37 bezeichneten Art entlassen worden und war er im Zeitpunkt der Entlassung infolge des Dienstunfalles in seiner Erwerbsfähigkeit um mindestens fünfzig Prozent beschränkt, treten an die Stelle des Mindestunfallruhegehaltes achtzig Prozent der ruhegehaltfähigen Dienstbezüge aus der Endstufe der Besoldungsgruppe, die sich bei sinngemäßer Anwendung des § 37 ergibt. Absatz 4 Satz 4 gilt entsprechend.

(6) Die Minderung der Erwerbsfähigkeit ist nach der körperlichen Beeinträchtigung im allgemeinen Erwerbsleben zu beurteilen. Zum Zwecke der Nachprüfung des Grades der Minderung der Erwerbsfähigkeit ist der frühere Beamte verpflichtet, sich auf Anordnung der obersten Dienstbehörde durch einen von ihr bestimmten Arzt untersuchen zu lassen; die oberste Dienstbehörde kann diese Befugnis auf andere Stellen übertragen.

(7) Die Absätze 1 bis 6 gelten entsprechend für einen durch Dienstunfall verletzten früheren Ruhestandsbeamten, der seine Rechte als Ruhestandsbeamter verloren hat oder dem das Ruhegehalt aberkannt worden ist.

§ 38a Unterhaltsbeitrag bei Schädigung eines ungeborenen Kindes

(1) Der Unterhaltsbeitrag wird im Fall des § 30 Absatz 1 Satz 2 und 3 für die Dauer der durch einen Dienstunfall der Mutter verursachten Minderung der Erwerbsfähigkeit gewährt

1. bei Verlust der Erwerbsfähigkeit in Höhe des Mindestunfallwaisengeldes nach § 39 Absatz 1 Nummer 2 in Verbindung mit § 36 Absatz 3 Satz 3,
2. bei Minderung der Erwerbsfähigkeit um mindestens 30 Prozent in Höhe eines der Minderung der Erwerbsfähigkeit entsprechenden Teils des Unterhaltsbeitrages nach Nummer 1.

(2) § 38 Absatz 6 gilt entsprechend. Bei Minderjährigen wird die Minderung der Erwerbsfähigkeit nach den Auswirkungen bemessen, die sich bei Erwachsenen mit gleichem Gesundheitsschaden ergeben würden. Die Sorgeberechtigten sind verpflichtet, Untersuchungen zu ermöglichen.

(3) Der Unterhaltsbeitrag beträgt vor Vollendung des 14. Lebensjahres 30 Prozent, vor Vollendung des 18. Lebensjahres 50 Prozent der Sätze nach Absatz 1.

(4) Der Anspruch auf Unterhaltsbeitrag ruht insoweit, als während einer Heimpflege von mehr als einem Kalendermonat Pflegekosten gemäß § 34 erstattet werden.

(5) Hat ein Unterhaltsbeitragsberechtigter Anspruch auf Waisengeld nach diesem Gesetz, wird nur der höhere Versorgungsbezug gezahlt.

§ 39 Unfall-Hinterbliebenenversorgung

(1) Ist ein Beamter, der Unfallruhegehalt erhalten hätte, oder ein Ruhestandsbeamter, der Unfallruhegehalt bezog, an den Folgen des Dienstunfalles verstorben, so erhalten seine Hinterbliebenen Unfall-Hinterbliebenenversorgung. Für diese gelten folgende besondere Vorschriften:

1. Das Witwengeld beträgt sechzig Prozent des Unfallruhegehaltes (§§ 36, 37).
2. Das Waisengeld beträgt für jedes waisengeldberechtigte Kind (§ 23) dreißig Prozent des Unfallruhegehaltes. Es wird auch elternlosen Enkeln gewährt, deren Unterhalt zur Zeit des Dienstunfalles ganz oder überwiegend durch den Verstorbenen bestritten wurde.

(2) Ist ein Ruhestandsbeamter, der Unfallruhegehalt bezog, nicht an den Folgen des Dienstunfalles verstorben, so steht den Hinterbliebenen nur Versorgung nach Abschnitt 3 zu; diese Bezüge sind aber unter Zugrundelegung des Unfallruhegehalts zu berechnen.

§ 40 Unterhaltsbeitrag für Verwandte der aufsteigenden Linie

Verwandten der aufsteigenden Linie, deren Unterhalt zur Zeit des Dienstunfalles ganz oder überwiegend durch den Verstorbenen

(§ 39 Absatz 1) bestritten wurde, ist für die Dauer der Bedürftigkeit ein Unterhaltsbeitrag von zusammen dreißig Prozent des Unfallruhegehaltes zu gewähren, mindestens jedoch vierzig Prozent des in § 36 Absatz 3 Satz 3 genannten Betrages. Sind mehrere Personen dieser Art vorhanden, so wird der Unterhaltsbeitrag den Eltern vor den Großeltern gewährt; an die Stelle eines verstorbenen Elternteils treten dessen Eltern.

§ 41 Unterhaltsbeitrag für Hinterbliebene

(1) Ist in den Fällen des § 38 der frühere Beamte oder der frühere Ruhestandsbeamte an den Folgen des Dienstunfalles verstorben, so erhalten seine Hinterbliebenen einen Unterhaltsbeitrag in Höhe des Witwen- und Waisengeldes, das sich nach den allgemeinen Vorschriften unter Zugrundelegung des Unterhaltsbeitrages nach § 38 Absatz 2 Nummer 1 ergibt.

(2) Ist der frühere Beamte oder der frühere Ruhestandsbeamte nicht an den Folgen des Dienstunfalles verstorben, so kann seinen Hinterbliebenen ein Unterhaltsbeitrag bis zur Höhe des Witwen- und Waisengeldes bewilligt werden, das sich nach den allgemeinen Vorschriften unter Zugrundelegung des Unterhaltsbeitrages ergibt, den der Verstorbene im Zeitpunkt seines Todes bezogen hat.

(3) Für die Hinterbliebenen eines an den Unfallfolgen verstorbenen Beamten gilt Absatz 1 entsprechend, wenn nicht Unfall-Hinterbliebenenversorgung nach § 39 zusteht.

(4) § 21 gilt entsprechend.

§ 42 Höchstgrenzen der Hinterbliebenenversorgung

Die Unfallversorgung der Hinterbliebenen (§§ 39 bis 41) darf insgesamt die Bezüge (Unfallruhegehalt oder Unterhaltsbeitrag) nicht übersteigen, die der Verstorbene erhalten hat oder hätte erhalten können. Abweichend von Satz 1 sind in den Fällen des § 37 als Höchstgrenze mindestens die ruhegehaltfähigen Dienstbezüge aus der Endstufe der übernächsten anstelle der von dem Verstorbenen tatsächlich erreichten Besoldungsgruppe zugrunde zu legen. § 25 ist entsprechend anzuwenden. Der Unfallausgleich (§ 35) sowie der Zuschlag bei Arbeitslosigkeit (§ 38 Absatz 3 Satz 1) bleiben sowohl bei der Berechnung des Unterhaltsbeitrages nach § 41 als auch bei der vergleichenden Berechnung nach § 25 außer Betracht.

§ 43 Einmalige Unfallentschädigung und einmalige Entschädigung

(1) Ein Beamter des Bundes, der einen Dienstunfall der in § 37 bezeichneten Art erleidet, erhält eine einmalige Unfallentschädigung von 150 000 Euro, wenn er nach Feststellung der obersten Dienstbehörde oder der von ihr bestimmten Stelle infolge des Unfalls in seiner Erwerbsfähigkeit dauerhaft um wenigstens 50 Prozent beeinträchtigt ist.

(2) Ist ein Beamter des Bundes an den Folgen eines Dienstunfalles der in § 37 bezeichneten Art verstorben und hat er eine einmalige Unfallentschädigung nach Absatz 1 nicht erhalten, wird seinen Hinterbliebenen eine einmalige Unfallentschädigung nach Maßgabe der folgenden Bestimmungen gewährt:

1. Die Witwe sowie die versorgungsberechtigten Kinder erhalten eine Entschädigung in Höhe von insgesamt 100 000 Euro.
2. Sind Anspruchsberechtigte im Sinne der Nummer 1 nicht vorhanden, so erhalten die Eltern und die in Nummer 1 bezeichneten, nicht versorgungsberechtigten Kinder eine Entschädigung in Höhe von insgesamt 40 000 Euro.
3. Sind Anspruchsberechtigte im Sinne der Nummern 1 und 2 nicht vorhanden, so erhalten die Großeltern und Enkel eine Entschädigung in Höhe von insgesamt 20 000 Euro.

(3) Die Absätze 1 und 2 gelten entsprechend, wenn ein Beamter, der

1. als Angehöriger des besonders gefährdeten fliegenden Personals während des Flugdienstes,
2. als Helm- oder Schwimmtaucher während des besonders gefährlichen Tauchdienstes,
3. im Bergrettungsdienst während des Einsatzes und der Ausbildung oder

IV

4. als Angehöriger des besonders gefährdeten Munitionsuntersuchungspersonals während des dienstlichen Umgangs mit Munition oder
5. als Angehöriger eines Verbandes der Bundespolizei für besondere polizeiliche Einsätze bei einer besonders gefährlichen Diensthandlung im Einsatz oder in der Ausbildung dazu oder
6. im Einsatz beim Ein- oder Aushängen von Außenlasten bei einem Drehflügelflugzeug

einen Unfall erleidet, der nur auf die eigentümlichen Verhältnisse des Dienstes nach den Nummern 1 bis 6 zurückzuführen ist. Die Bundesregierung bestimmt durch Rechtsverordnung den Personenkreis des Satzes 1 und die zum Dienst im Sinne des Satzes 1 gehörenden dienstlichen Verrichtungen. Die Sätze 1 und 2 gelten entsprechend für andere Angehörige des öffentlichen Dienstes, zu deren Dienstobliegenheiten Tätigkeiten der in Satz 1 Nummer 1 bis 6 bezeichneten Art gehören.

(4) (weggefallen)

(5) Absatz 1 gilt entsprechend, wenn ein Beamter oder ein anderer Angehöriger des öffentlichen Dienstes einen Einsatzunfall oder ein diesem gleichstehendes Ereignis im Sinne des § 31a erleidet.

(6) Die Hinterbliebenen erhalten eine einmalige Entschädigung nach Maßgabe des Absatzes 2, wenn ein Beamter oder ein anderer Angehöriger des öffentlichen Dienstes an den Folgen eines Einsatzunfalls oder eines diesem gleichstehenden Ereignisses im Sinne des § 31a verstorben ist.

(7) Für die einmalige Entschädigung nach den Absätzen 5 und 6 gelten § 31 Absatz 5 und § 31a Absatz 4 entsprechend. Besteht auf Grund derselben Ursache Anspruch sowohl auf eine einmalige Unfallentschädigung nach den Absätzen 1 bis 3 als auch auf eine einmalige Entschädigung nach Absatz 5 oder 6, wird nur die einmalige Entschädigung gewährt.

§ 43a Schadensausgleich in besonderen Fällen

(1) Schäden, die einem Beamten oder anderen Angehörigen des öffentlichen Dienstes während einer Verwendung im Sinne des § 31a Absatz 1 infolge von besonderen, vom Inland wesentlich abweichenden Verhältnissen, insbesondere infolge von Kriegshandlungen, kriegerischen Ereignissen, Aufruhr, Unruhen oder Naturkatastrophen oder als Folge der Ereignisse nach § 31a Absatz 2 entstehen, werden ihm in angemessenem Umfang ersetzt. Gleiches gilt für Schäden des Beamten oder anderen Angehörigen des öffentlichen Dienstes durch einen Gewaltakt gegen staatliche Amtsträger, Einrichtungen oder Maßnahmen, wenn der Beamte oder andere Angehörige des öffentlichen Dienstes von dem Gewaltakt in Ausübung des Dienstes oder wegen seiner Eigenschaft als Beamter oder anderer Angehöriger des öffentlichen Dienstes betroffen ist.

(2) Im Falle einer Verwendung im Sinne des § 31a Absatz 1 wird einem Beamten oder anderen Angehörigen des öffentlichen Dienstes ein angemessener Ausgleich auch für Schäden infolge von Maßnahmen einer ausländischen Regierung, die sich gegen die Bundesrepublik Deutschland richten, gewährt.

(3) Ist ein Beamter oder anderer Angehöriger des öffentlichen Dienstes an den Folgen des schädigenden Ereignisses der in Absatz 1 oder 2 bezeichneten Art verstorben, wird ein angemessener Ausgleich gewährt

1. der Witwe sowie den versorgungsberechtigten Kindern,
2. den Eltern sowie den nicht versorgungsberechtigten Kindern, wenn Hinterbliebene der in Nummer 1 bezeichneten Art nicht vorhanden sind.

Der Ausgleich für ausgefallene Versicherungen wird der natürlichen Person gewährt, die der Beamte oder andere Angehörige des öffentlichen Dienstes im Versicherungsvertrag begünstigt hat. Sind Versicherungsansprüche zur Finanzierung des Erwerbs von Wohneigentum an eine juristische Person abgetreten worden, wird der Ausgleich für die ausgefallene Versicherung an diese juristische Person gezahlt, wenn die Abtretung durch den Beamten dazu gedient hat, eine natürliche Person von Zahlungspflichten auf Grund der Finanzierung des Wohneigentums freizustellen.

(4) Der Schadensausgleich nach den Absätzen 1 bis 3 wird nur einmal gewährt. Wird er auf Grund derselben Ursache nach § 86 des Soldatenversorgungsgesetzes vorgenommen, sind die Absätze 1 bis 3 nicht anzuwenden.

(5) Die Absätze 1 bis 4 sind auch auf Schäden bei dienstlicher Verwendung im Ausland anzuwenden, die im Zusammenhang mit einer Verschleppung oder einer Gefangenschaft entstanden sind oder darauf beruhen, dass der Geschädigte aus sonstigen mit dem Dienst zusammenhängenden Gründen dem Einflussbereich des Dienstherrn entzogen ist.

(6) Für den Schadensausgleich gelten § 31 Absatz 5 und § 31a Absatz 4 entsprechend.

§ 44 Nichtgewährung von Unfallfürsorge

(1) Unfallfürsorge wird nicht gewährt, wenn der Verletzte den Dienstunfall vorsätzlich herbeigeführt hat.

(2) Hat der Verletzte eine die Heilbehandlung betreffende Anordnung ohne gesetzlichen oder sonstigen wichtigen Grund nicht befolgt und wird dadurch seine Dienst- oder Erwerbsfähigkeit ungünstig beeinflusst, so kann ihm die oberste Dienstbehörde oder die von ihr bestimmte Stelle die Unfallfürsorge insoweit versagen. Der Verletzte ist auf diese Folgen schriftlich hinzuweisen.

(3) Hinterbliebenenversorgung nach den Unfallfürsorgevorschriften wird im Falle des § 22 Absatz 1 nicht gewährt.

§ 45 Meldung und Untersuchungsverfahren

(1) Unfälle, aus denen Unfallfürsorgeansprüche nach diesem Gesetz entstehen können, sind innerhalb einer Ausschlussfrist von zwei Jahren nach dem Eintritt des Unfalles schriftlich oder elektronisch bei dem Dienstvorgesetzten des Verletzten zu melden. § 32 Satz 2 bleibt unberührt. Die Frist nach Satz 1 gilt auch dann als gewahrt, wenn der Unfall bei der zuständigen Dienstunfallfürsorgestelle gemeldet worden ist.

(2) Nach Ablauf der Ausschlussfrist wird Unfallfürsorge nur gewährt, wenn seit dem Unfall noch nicht zehn Jahre vergangen sind und gleichzeitig glaubhaft gemacht wird, dass mit der Möglichkeit einer den Anspruch auf Unfallfürsorge begründenden Folge des Unfalles nicht habe gerechnet werden können oder dass der Berechtigte durch außerhalb seines Willens liegende Umstände gehindert worden ist, den Unfall zu melden. Die Meldung muss, nachdem mit der Möglichkeit einer den Anspruch auf Unfallfürsorge begründenden Folge des Unfalles gerechnet werden konnte oder das Hindernis für die Meldung weggefallen ist, innerhalb dreier Monate erfolgen. Die Unfallfürsorge wird in diesen Fällen vom Tage der Meldung an gewährt; zur Vermeidung von Härten kann sie auch von einem früheren Zeitpunkt ab gewährt werden.

(3) Der Dienstvorgesetzte hat jeden Unfall, der ihm von Amts wegen oder durch die Meldung des verletzten Beamten bekannt wird, unverzüglich zu untersuchen und das Ergebnis der zuständigen Dienstunfallfürsorgestelle mitzuteilen. Die oberste Dienstbehörde oder die von ihr bestimmte Stelle entscheidet, ob ein Dienstunfall vorliegt und ob der Verletzte den Unfall vorsätzlich herbeigeführt hat. Die Entscheidung ist dem Verletzten oder seinen Hinterbliebenen bekanntzugeben.

(4) Unfallfürsorge nach § 30 Absatz 1 Satz 2 wird nur gewährt, wenn der Unfall der Beamtin innerhalb der Fristen nach den Absätzen 1 und 2 gemeldet und als Dienstunfall anerkannt worden ist. Der Anspruch auf Unfallfürsorge nach § 30 Absatz 2 Satz 2 ist innerhalb von zwei Jahren vom Tag der Geburt an von den Sorgeberechtigten geltend zu machen. Absatz 2 gilt mit der Maßgabe, dass die Zehn-Jahres-Frist am Tag der Geburt zu laufen beginnt. Der Antrag muss, nachdem mit der Möglichkeit einer Schädigung durch einen Dienstunfall der Mutter während der Schwangerschaft gerechnet werden konnte oder das Hindernis für den Antrag weggefallen ist, innerhalb von drei Monaten gestellt werden.

§ 46 Begrenzung der Unfallfürsorgeansprüche

(1) Der verletzte Beamte und seine Hinterbliebenen haben aus Anlass eines Dienstunfalles

gegen den Dienstherrn nur die in den §§ 30 bis 43a geregelten Ansprüche. Ist der Beamte nach dem Dienstunfall in den Dienstbereich eines anderen öffentlich-rechtlichen Dienstherrn versetzt worden, so richten sich die Ansprüche gegen diesen; das Gleiche gilt in den Fällen des gesetzlichen Übertritts oder der Übernahme bei der Umbildung von Körperschaften. Satz 2 gilt in den Fällen, in denen der Beamte aus dem Dienstbereich eines öffentlich-rechtlichen Dienstherrn außerhalb des Geltungsbereichs dieses Gesetzes zu einem Dienstherrn im Geltungsbereich dieses Gesetzes versetzt wird, mit der Maßgabe, dass dieses Gesetz angewendet wird.

(2) Weitergehende Ansprüche auf Grund allgemeiner gesetzlicher Vorschriften können gegen einen öffentlich-rechtlichen Dienstherrn im Bundesgebiet oder gegen die in seinem Dienst stehenden Personen nur dann geltend gemacht werden, wenn der Dienstunfall

1. durch eine vorsätzliche unerlaubte Handlung einer solchen Person verursacht worden oder
2. bei der Teilnahme am allgemeinen Verkehr eingetreten ist.

Im Fall des Satzes 1 Nummer 2 sind Leistungen, die dem Beamten und seinen Hinterbliebenen nach diesem Gesetz gewährt werden, auf die weitergehenden Ansprüche anzurechnen; der Dienstherr, der Leistungen nach diesem Gesetz gewährt, hat keinen Anspruch auf Ersatz dieser Leistungen gegen einen anderen öffentlich-rechtlichen Dienstherrn im Bundesgebiet.

(3) Ersatzansprüche gegen andere Personen bleiben unberührt.

(4) Auf laufende und einmalige Geldleistungen, die nach diesem Gesetz wegen eines Körper-, Sach- oder Vermögensschadens gewährt werden, sind Geldleistungen anzurechnen, die wegen desselben Schadens von anderer Seite erbracht werden. Hierzu gehören insbesondere Geldleistungen, die von Drittstaaten oder von zwischenstaatlichen oder überstaatlichen Einrichtungen gewährt oder veranlasst werden. Nicht anzurechnen sind Leistungen privater Schadensversicherungen, die auf Beiträgen der Beamten oder anderen Angehörigen des öffentlichen Dienstes beruhen; dies gilt nicht in den Fällen des § 32.

Abschnitt 6
Übergangsgeld, Ausgleich

§ 47 Übergangsgeld

(1) Ein Beamter mit Dienstbezügen, der nicht auf eigenen Antrag entlassen wird, erhält als Übergangsgeld nach vollendeter einjähriger Beschäftigungszeit das Einfache und bei längerer Beschäftigungszeit für jedes weitere volle Jahr ihrer Dauer die Hälfte, insgesamt höchstens das Sechsfache der Dienstbezüge (§ 1 Absatz 2 Nummer 1 bis 4 des Bundesbesoldungsgesetzes) des letzten Monats. § 5 Absatz 1 Satz 2 gilt entsprechend. Das Übergangsgeld wird auch dann gewährt, wenn der Beamte im Zeitpunkt der Entlassung ohne Dienstbezüge beurlaubt war. Maßgebend sind die Dienstbezüge, die der Beamte im Zeitpunkt der Entlassung erhalten hätte.

(2) Als Beschäftigungszeit gilt die Zeit ununterbrochener hauptberuflicher entgeltlicher Tätigkeit im Dienste desselben Dienstherrn oder der Verwaltung, deren Aufgaben der Dienstherr übernommen hat, sowie im Falle der Versetzung die entsprechende Zeit im Dienste des früheren Dienstherrn; die vor einer Beurlaubung ohne Dienstbezüge liegende Beschäftigungszeit wird mit berücksichtigt. Zeiten mit einer Ermäßigung der regelmäßigen Arbeitszeit sind nur zu dem Teil anzurechnen, der dem Verhältnis der ermäßigten zur regelmäßigen Arbeitszeit entspricht.

(3) Das Übergangsgeld wird nicht gewährt, wenn

1. der Beamte wegen eines Verhaltens im Sinne der §§ 31, 32 Absatz 1 Nummer 1 und 3, Absatz 2, § 34 Absatz 1 Satz 1 Nummer 1 und § 40 Absatz 2 des Bundesbeamtengesetzes entlassen wird oder
2. ein Unterhaltsbeitrag nach § 15 bewilligt wird oder
3. die Beschäftigungszeit als ruhegehaltfähige Dienstzeit angerechnet wird oder

4. der Beamte mit der Berufung in ein Richterverhältnis oder mit der Ernennung zum Beamten auf Zeit entlassen wird.

(4) Das Übergangsgeld wird in Monatsbeträgen für die der Entlassung folgende Zeit wie die Dienstbezüge gezahlt. Es ist längstens bis zum Ende des Monats zu zahlen, in dem der Beamte die für sein Beamtenverhältnis bestimmte gesetzliche Altersgrenze erreicht hat. Beim Tode des Empfängers ist der noch nicht ausgezahlte Betrag den Hinterbliebenen in einer Summe zu zahlen.

(5) Bezieht der entlassene Beamte Erwerbs- oder Erwerbsersatzeinkommen im Sinne des § 53 Absatz 7, verringert sich das Übergangsgeld um den Betrag dieser Einkünfte.

§ 47a Übergangsgeld für entlassene politische Beamte

(1) Ein Beamter, der aus einem Amt im Sinne des § 54 des Bundesbeamtengesetzes nicht auf eigenen Antrag entlassen wird, erhält ein Übergangsgeld in Höhe von 71,75 Prozent der ruhegehaltfähigen Dienstbezüge aus der Endstufe der Besoldungsgruppe, in der er sich zur Zeit seiner Entlassung befunden hat. § 4 des Bundesbesoldungsgesetzes gilt entsprechend.

(2) Das Übergangsgeld wird für die Dauer der Zeit, die der Beamte das Amt, aus dem er entlassen worden ist, innehatte, mindestens für die Dauer von sechs Monaten, längstens für die Dauer von drei Jahren, gewährt.

(3) § 47 Absatz 3 Nummer 1 bis 4 und Absatz 4 gilt entsprechend.

(4) Bezieht der entlassene Beamte Erwerbs- oder Erwerbsersatzeinkommen im Sinne des § 53 Absatz 7, so verringern sich die in entsprechender Anwendung des § 4 des Bundesbesoldungsgesetzes fortgezahlten Bezüge und das Übergangsgeld um den Betrag dieser Einkünfte; § 63 Nummer 10 findet keine Anwendung.

§ 48 Ausgleich bei besonderen Altersgrenzen

(1) Beamte des Vollzugsdienstes, Beamte des Einsatzdienstes der Feuerwehr und Beamte im Flugverkehrskontrolldienst, die vor Vollendung des 67. Lebensjahres wegen Erreichens der besonderen Altersgrenze in den Ruhestand treten, erhalten neben dem Ruhegehalt einen Ausgleich in Höhe des Fünffachen der Dienstbezüge (§ 1 Absatz 2 Nummer 1, 3 und 4 des Bundesbesoldungsgesetzes) des letzten Monats, jedoch nicht über 4091 Euro. Dieser Betrag verringert sich um jeweils ein Fünftel für jedes Jahr, das über die besondere Altersgrenze hinaus abgeleistet wird. § 5 Absatz 1 Satz 2 gilt entsprechend. Der Ausgleich ist bei Eintritt in den Ruhestand in einer Summe zu zahlen. Der Ausgleich wird nicht neben einer einmaligen (Unfall-)Entschädigung im Sinne des § 43 gewährt.

(2) Schwebt zum Zeitpunkt des Eintritts in den Ruhestand gegen den Beamten ein Verfahren auf Rücknahme der Ernennung oder ein Verfahren, das nach § 41 Absatz 1 des Bundesbeamtengesetzes zum Verlust der Beamtenrechte führen könnte, oder ein Disziplinarverfahren, in dem voraussichtlich die Entfernung aus dem Beamtenverhältnis oder die Aberkennung des Ruhegehalts erfolgen wird, darf der Ausgleich erst nach dem rechtskräftigen Abschluss des Verfahrens und nur gewährt werden, wenn kein Verlust der Versorgungsbezüge eingetreten ist. Die disziplinarrechtlichen Vorschriften bleiben unberührt.

(3) Der Ausgleich wird im Falle der Bewilligung von Urlaub bis zum Eintritt in den Ruhestand nach § 95 Absatz 1 Nummer 2 des Bundesbeamtengesetzes nicht gewährt.

Abschnitt 7
Gemeinsame Vorschriften

§ 49 Festsetzung und Zahlung der Versorgungsbezüge, Versorgungsauskunft

(1) Die oberste Dienstbehörde setzt die Versorgungsbezüge fest, bestimmt die Person des Zahlungsempfängers und entscheidet über die Berücksichtigung von Zeiten als ruhegehaltfähige Dienstzeit sowie über die Bewilligung von Versorgungsbezügen auf Grund von Kannvorschriften. Sie kann diese Befugnisse im Einvernehmen mit dem Bundesministerium des Innern, für Bau und Heimat auf andere Stellen übertragen.

IV

(2) Entscheidungen über die Bewilligung von Versorgungsbezügen auf Grund von Kannvorschriften dürfen erst beim Eintritt des Versorgungsfalles getroffen werden; vorherige Zusicherungen sind unwirksam. Über die Berücksichtigung von Zeiten nach den §§ 6a, 10 bis 12 und 13 Absatz 2 und 3 als ruhegehaltfähig ist auf Antrag des Beamten vorab zu entscheiden. Die Entscheidungen stehen unter dem Vorbehalt des Gleichbleibens der Sach- und Rechtslage, die diesen Entscheidungen zugrunde liegt.

(3) Entscheidungen in versorgungsrechtlichen Angelegenheiten, die eine grundsätzliche, über den Einzelfall hinausgehende Bedeutung haben, sind von dem Bundesministerium des Innern, für Bau und Heimat zu treffen.

(4) Die Versorgungsbezüge sind, soweit nichts anderes bestimmt ist, für die gleichen Zeiträume und im gleichen Zeitpunkt zu zahlen wie die Dienstbezüge der Beamten.

(5) Werden Versorgungsbezüge nach dem Tag der Fälligkeit gezahlt, so besteht kein Anspruch auf Verzugszinsen.

(6) Hat ein Versorgungsberechtigter seinen Wohnsitz oder dauernden Aufenthalt außerhalb des Geltungsbereichs dieses Gesetzes, so kann die oberste Dienstbehörde oder die von ihr bestimmte Stelle die Zahlung der Versorgungsbezüge von der Bestellung eines Empfangsbevollmächtigten im Geltungsbereich dieses Gesetzes abhängig machen.

(7) Für die Zahlung der Versorgungsbezüge hat der Empfänger auf Verlangen der zuständigen Behörde ein Konto anzugeben oder einzurichten, auf das die Überweisung erfolgen kann. Die Übermittlungskosten mit Ausnahme der Kosten für die Gutschrift auf dem Konto des Empfängers trägt die die Versorgungsbezüge zahlende Stelle; bei einer Überweisung der Versorgungsbezüge auf ein im Ausland geführtes Konto trägt der Versorgungsempfänger die Kosten und die Gefahr der Übermittlung der Versorgungsbezüge sowie die Kosten einer Meldung nach § 11 Absatz 2 des Außenwirtschaftsgesetzes in Verbindung mit einer auf Grund dieser Vorschrift erlassenen Rechtsverordnung. Die Kontoeinrichtungs-, Kontoführungs- oder Buchungsgebühren trägt der Empfänger. Eine Auszahlung auf andere Weise kann nur zugestanden werden, wenn dem Empfänger die Einrichtung oder Benutzung eines Kontos aus wichtigem Grund nicht zugemutet werden kann.

(8) Bei der Berechnung von Versorgungsbezügen sind die sich ergebenden Bruchteile eines Cents unter 0,5 abzurunden und ab 0,5 aufzurunden. Zwischenrechnungen werden jeweils auf zwei Dezimalstellen durchgeführt. Jeder Versorgungsbestandteil ist einzeln zu runden. Abweichend von den Sätzen 1 und 2 sind bei der Berechnung von Leistungen nach den §§ 50a bis 50d die Regelungen des § 121 des Sechsten Buches Sozialgesetzbuch anzuwenden.

(9) Beträge von weniger als fünf Euro sind nur auf Verlangen des Empfangsberechtigten auszuzahlen.

(10) Die zuständige Dienstbehörde hat dem Beamten auf schriftlichen oder elektronischen Antrag eine Auskunft zum Anspruch auf Versorgungsbezüge nach der Sach- und Rechtslage zum Zeitpunkt der Auskunftserteilung zu erteilen. Die Auskunft steht unter dem Vorbehalt künftiger Sach- und Rechtsänderungen sowie der Richtigkeit und Vollständigkeit der zugrunde liegenden Daten.

§ 50 Familienzuschlag und Ausgleichsbetrag

(1) Auf den Familienzuschlag finden die für die Beamten geltenden Vorschriften des Besoldungsrechts Anwendung. Der Unterschiedsbetrag zwischen Stufe 1 und der nach dem Besoldungsrecht in Betracht kommenden Stufe des Familienzuschlags wird nach Anwendung des Faktors nach § 5 Absatz 1 Satz 1 neben dem Ruhegehalt gezahlt. Er wird unter Berücksichtigung der nach den Verhältnissen des Beamten oder Ruhestandsbeamten für die Stufen des Familienzuschlags in Betracht kommenden Kinder neben dem Witwengeld gezahlt, soweit die Witwe Anspruch auf Kindergeld für diese Kinder hat oder ohne Berücksichtigung der §§ 64, 65 des Einkommensteuergesetzes oder der §§ 3, 4 des Bundeskindergeldgesetzes haben würde; soweit hiernach ein Anspruch auf den Unterschieds-

betrag nicht besteht, wird er neben dem Waisengeld gezahlt, wenn die Waise bei den Stufen des Familienzuschlags zu berücksichtigen ist oder zu berücksichtigen wäre, wenn der Beamte oder Ruhestandsbeamte noch lebte. Sind mehrere Anspruchsberechtigte vorhanden, wird der Unterschiedsbetrag auf die Anspruchsberechtigten nach der Zahl der auf sie entfallenden Kinder zu gleichen Teilen aufgeteilt. § 40 Absatz 7 des Bundesbesoldungsgesetzes gilt entsprechend.

(2) (weggefallen)

(3) Neben dem Waisengeld wird ein Ausgleichsbetrag gezahlt, der dem Betrag für das erste Kind nach § 66 Absatz 1 des Einkommensteuergesetzes entspricht, wenn in der Person der Waise die Voraussetzungen des § 32 Absatz 1 bis 5 des Einkommensteuergesetzes erfüllt sind, Ausschlussgründe nach § 65 des Einkommensteuergesetzes nicht vorliegen, keine Person vorhanden ist, die nach § 62 des Einkommensteuergesetzes oder nach § 1 des Bundeskindergeldgesetzes anspruchsberechtigt ist, und die Waise keinen Anspruch auf Kindergeld nach § 1 Absatz 2 des Bundeskindergeldgesetzes hat. Der Ausgleichsbetrag gilt für die Anwendung der §§ 53 und 54 nicht als Versorgungsbezug. Im Falle des § 54 wird er nur zu den neuen Versorgungsbezügen gezahlt.

§ 50a Kindererziehungszuschlag

(1) Das Ruhegehalt erhöht sich für jeden Monat einer dem Beamten zuzuordnenden Kindererziehungszeit um einen Kindererziehungszuschlag. Dies gilt nicht, wenn der Beamte wegen der Erziehung des Kindes in der gesetzlichen Rentenversicherung versicherungspflichtig (§ 3 Satz 1 Nummer 1 Sechstes Buch Sozialgesetzbuch) war und die allgemeine Wartezeit für eine Rente der gesetzlichen Rentenversicherung erfüllt ist. § 249 Absatz 4 bis 6 und § 249a des Sechsten Buches Sozialgesetzbuch gelten entsprechend.

(2) Die Kindererziehungszeit beginnt mit dem ersten Kalendermonat, der auf die Geburt folgt, und endet

1. für ein vor dem 1. Januar 1992 geborenes Kind nach 30 Kalendermonaten,
2. für ein nach dem 31. Dezember 1991 geborenes Kind nach 36 Kalendermonaten.

Die Kindererziehungszeit endet vorzeitig mit dem

1. Tod des Kindes,
2. Eintritt oder der Versetzung des Anspruchsberechtigten in den Ruhestand,
3. Tod des Anspruchsberechtigten oder
4. Wechsel der Zuordnung der Erziehungszeit zu einem anderen Elternteil.

Wird während einer Kindererziehungszeit vom erziehenden Elternteil ein weiteres Kind erzogen, für das dem erziehenden Elternteil eine Kindererziehungszeit zuzuordnen ist, wird die Kindererziehungszeit für dieses und jedes weitere Kind um die Anzahl der Kalendermonate der gleichzeitigen Erziehung verlängert.

(3) Für die Zuordnung der Kindererziehungszeit zu einem Elternteil (§ 56 Absatz 1 Satz 1 Nummer 3 und Absatz 3 Nummer 2 und 3 Erstes Buch Sozialgesetzbuch) gilt § 56 Absatz 2 des Sechsten Buches Sozialgesetzbuch entsprechend.

(4) Die Höhe des Kindererziehungszuschlags entspricht für jeden Monat der Kindererziehungszeit dem in § 70 Absatz 2 Satz 1 des Sechsten Buches Sozialgesetzbuch bestimmten Bruchteil des aktuellen Rentenwerts.

(5) Der um den Kindererziehungszuschlag erhöhte Betrag, der sich unter Berücksichtigung der ruhegehaltfähigen Dienstbezüge und der auf die Kindererziehungszeit entfallenden ruhegehaltfähigen Dienstzeit als Ruhegehalt ergeben würde, darf die Höchstgrenze nicht übersteigen. Als Höchstgrenze gilt der Betrag, der sich unter Berücksichtigung des aktuellen Rentenwerts nach dem Sechsten Buch Sozialgesetzbuch und des auf die Jahre der Kindererziehungszeit entfallenden Höchstwerts an Entgeltpunkten in der Rentenversicherung nach Anlage 2b zum Sechsten Buch Sozialgesetzbuch als Rente ergeben würde.

(6) Das um den Kindererziehungszuschlag erhöhte Ruhegehalt darf nicht höher sein als das Ruhegehalt, das sich unter Berücksichtigung des Höchstruhegehaltssatzes und der ruhegehaltfähigen Dienstbezüge aus der

IV

Endstufe der Besoldungsgruppe, aus der sich das Ruhegehalt berechnet, ergeben würde.

(7) Der Kindererziehungszuschlag gilt als Teil des Ruhegehalts. Auf das Mindestruhegehalt ist die Erhöhung nach Absatz 1 nicht anzuwenden.

§ 50b Kindererziehungsergänzungszuschlag

(1) Das Ruhegehalt erhöht sich um einen Kindererziehungsergänzungszuschlag, wenn

1. nach dem 31. Dezember 1991 liegende Zeiten der Erziehung eines Kindes bis zur Vollendung des zehnten Lebensjahres oder Zeiten der nichterwerbsmäßigen Pflege eines pflegebedürftigen Kindes (§ 3 Sechstes Buch Sozialgesetzbuch) bis zur Vollendung des 18. Lebensjahres
   a) mit entsprechenden Zeiten für ein anderes Kind zusammentreffen oder
   b) mit Zeiten im Beamtenverhältnis, die als ruhegehaltfähig berücksichtigt werden, oder Zeiten nach § 50d Absatz 1 Satz 1 zusammentreffen,
2. für diese Zeiten kein Anspruch nach § 70 Absatz 3a Satz 2 des Sechsten Buches Sozialgesetzbuch besteht und
3. dem Beamten die Zeiten nach § 50a Absatz 3 zuzuordnen sind.

Der Kindererziehungsergänzungszuschlag wird nicht für Zeiten gewährt, für die ein Kindererziehungszuschlag zusteht.

(2) Die Höhe des Kindererziehungsergänzungszuschlags entspricht für jeden angefangenen Monat, in dem die Voraussetzungen nach Absatz 1 erfüllt waren,

1. im Fall von Absatz 1 Nummer 1 Buchstabe a dem in § 70 Absatz 3a Satz 2 Buchstabe b des Sechsten Buches Sozialgesetzbuch bestimmten Bruchteil des aktuellen Rentenwerts,
2. im Fall von Absatz 1 Nummer 1 Buchstabe b einem Bruchteil in Höhe von 0,0208 des aktuellen Rentenwerts.

(3) § 50a Absatz 5 gilt entsprechend mit der Maßgabe, dass in Satz 1 neben den Kindererziehungszuschlag der Kindererziehungsergänzungszuschlag und eine Leistung nach § 50d Absatz 1 sowie bei der Ermittlung der Höchstgrenze an die Stelle des in Satz 2 genannten Höchstwerts an Entgeltpunkten für jeden Monat der Zeiten nach den §§ 50a und 50b der in § 70 Absatz 2 Satz 1 des Sechsten Buches Sozialgesetzbuch bestimmte Bruchteil des aktuellen Rentenwerts tritt. § 50a Absatz 6 und 7 gilt entsprechend.

§ 50c Kinderzuschlag zum Witwengeld

(1) Das Witwengeld nach § 20 Absatz 1 erhöht sich für jeden Monat einer nach § 50a Absatz 3 zuzuordnenden Kindererziehungszeit bis zum Ablauf des Monats, in dem das Kind das dritte Lebensjahr vollendet hat, um einen Kinderzuschlag. Der Zuschlag ist Bestandteil der Versorgung. Satz 1 gilt nicht bei Bezügen nach § 20 Absatz 1 in Verbindung mit § 14 Absatz 4 Satz 2.

(2) War die Kindererziehungszeit dem vor Vollendung des dritten Lebensjahres des Kindes Verstorbenen zugeordnet, erhalten Witwen und Witwer den Kinderzuschlag anteilig mindestens für die Zeit, die bis zum Ablauf des Monats, in dem das Kind das dritte Lebensjahr vollendet hat, fehlt. Stirbt ein Beamter vor der Geburt des Kindes, sind der Berechnung des Kinderzuschlags 36 Kalendermonate zugrunde zu legen, wenn das Kind innerhalb von 300 Tagen nach dem Tod geboren wird. Ist das Kind später geboren, wird der Zuschlag erst nach Ablauf des in § 50a Absatz 2 Satz 1 genannten Zeitraums gewährt. Verstirbt das Kind vor Vollendung des dritten Lebensjahres, ist der Kinderzuschlag anteilig zu gewähren.

(3) Die Höhe des Kinderzuschlags entspricht für jeden Monat der Kindererziehungszeit, in dem die Voraussetzungen des Absatzes 1 erfüllt waren, 55 Prozent des in § 78a Absatz 1 Satz 3 des Sechsten Buches Sozialgesetzbuch bestimmten Bruchteils des aktuellen Rentenwerts.

(4) § 50a Absatz 7 Satz 1 gilt entsprechend.

§ 50d Pflege- und Kinderpflegeergänzungszuschlag

(1) War ein Beamter nach § 3 Satz 1 Nummer 1a des Sechsten Buches Sozialgesetzbuch

versicherungspflichtig, weil er einen Pflegebedürftigen nicht erwerbsmäßig gepflegt hat, erhält er für die Zeit der Pflege einen Pflegezuschlag zum Ruhegehalt. Dies gilt nicht, wenn die allgemeine Wartezeit in der gesetzlichen Rentenversicherung erfüllt ist.

(2) Hat ein Beamter ein ihm nach § 50a Absatz 3 zuzuordnendes pflegebedürftiges Kind nicht erwerbsmäßig gepflegt (§ 3 Sechstes Buch Sozialgesetzbuch), erhält er neben dem Pflegezuschlag einen Kinderpflegeergänzungszuschlag. Dieser wird längstens für die Zeit bis zur Vollendung des 18. Lebensjahres des pflegebedürftigen Kindes und nicht neben einem Kindererziehungsergänzungszuschlag oder einer Leistung nach § 70 Absatz 3a des Sechsten Buches Sozialgesetzbuch gewährt.

(3) Die Höhe des Pflegezuschlags ergibt sich aus der Vervielfältigung der nach § 166 Absatz 2 in Verbindung mit § 70 Absatz 1 des Sechsten Buches Sozialgesetzbuch für die Zeit der Pflege nach Absatz 1 ermittelten Entgeltpunkte mit dem aktuellen Rentenwert. Die Höhe des Kinderpflegeergänzungszuschlags ergibt sich aus dem in § 70 Absatz 3a Satz 2 Buchstabe a und Satz 3 des Sechsten Buches Sozialgesetzbuch bestimmten Bruchteil des aktuellen Rentenwerts.

(4) § 50a Absatz 5 bis 7 gilt entsprechend. § 50a Absatz 5 gilt bei der Anwendung des Absatzes 2 mit der Maßgabe, dass bei der Ermittlung der Höchstgrenze an die Stelle des in Satz 2 genannten Höchstwerts an Entgeltpunkten für jeden Monat berücksichtigungsfähiger Kinderpflegezeit der in § 70 Absatz 2 Satz 1 des Sechsten Buches Sozialgesetzbuch bestimmte Bruchteil des aktuellen Rentenwerts tritt.

§ 50e Vorübergehende Gewährung von Zuschlägen

(1) Versorgungsempfänger, die vor Erreichen der Regelaltersgrenze nach § 51 Absatz 1 und 2 des Bundesbeamtengesetzes in den Ruhestand treten, erhalten vorübergehend Leistungen entsprechend den §§ 50a, 50b und 50d, wenn

1. bis zum Beginn des Ruhestandes die allgemeine Wartezeit für eine Rente der gesetzlichen Rentenversicherung erfüllt ist,
2. a) sie wegen Dienstunfähigkeit im Sinne des § 44 Absatz 1 des Bundesbeamtengesetzes in den Ruhestand versetzt worden sind oder
   b) sie wegen Erreichens einer besonderen Altersgrenze in den Ruhestand getreten sind,
3. entsprechende Leistungen nach dem Sechsten Buch Sozialgesetzbuch dem Grunde nach zustehen, jedoch vor dem Erreichen der maßgebenden Altersgrenze noch nicht gewährt werden und
4. sie einen Ruhegehaltssatz von 66,97 Prozent noch nicht erreicht haben.

Durch die Leistung nach Satz 1 darf der Betrag nicht überschritten werden, der sich bei Berechnung des Ruhegehalts mit einem Ruhegehaltssatz von 66,97 Prozent ergibt.

(2) Die Leistung entfällt spätestens mit Ablauf des Monats, in dem der Versorgungsempfänger die Regelaltersgrenze nach § 51 Absatz 1 und 2 des Bundesbeamtengesetzes erreicht. Sie endet vorher, wenn der Versorgungsempfänger eine Versichertenrente der gesetzlichen Rentenversicherung bezieht, mit Ablauf des Tages vor dem Beginn der Rente.

(3) Die Leistung wird auf Antrag gewährt. Anträge, die innerhalb von drei Monaten nach Eintritt des Beamten in den Ruhestand gestellt werden, gelten als zum Zeitpunkt des Ruhestandseintritts gestellt. Wird der Antrag zu einem späteren Zeitpunkt gestellt, so wird die Leistung vom Beginn des Antragsmonats an gewährt.

§ 50f Abzug für Pflegeleistungen

Die zu zahlenden Versorgungsbezüge vermindern sich um den hälftigen Prozentsatz nach § 55 Absatz 1 Satz 1 des Elften Buches Sozialgesetzbuch, sofern eine Beihilfeberechtigung nach § 2 der Bundesbeihilfeverordnung besteht. Versorgungsbezüge nach Satz 1 sind

1. Ruhegehalt, Witwengeld, Waisengeld, Unterhaltsbeitrag zuzüglich des Unterschiedsbetrages nach § 50 Absatz 1 Satz 2 bis 4,

2. Leistungen nach § 4 Absatz 2 Nummer 3 bis 7 des Gesetzes über die Gewährung einer jährlichen Sonderzuwendung in der Fassung der Bekanntmachung vom 15. Dezember 1998 (BGBl. I S. 3642), das zuletzt durch Artikel 18 des Gesetzes vom 10. September 2003 (BGBl. I S. 1798) geändert worden ist.

Die Verminderung darf den Betrag, der sich aus dem hälftigen Prozentsatz nach § 55 Absatz 1 Satz 1 des Elften Buches Sozialgesetzbuch des zwölften Teils der jährlichen Beitragsbemessungsgrenze in der Pflegeversicherung (§ 55 Absatz 2 des Elften Buches Sozialgesetzbuch) errechnet, nicht übersteigen.

§ 51 Abtretung, Verpfändung, Aufrechnungs- und Zurückbehaltungsrecht

(1) Ansprüche auf Versorgungsbezüge können, wenn gesetzlich nichts anderes bestimmt ist, nur insoweit abgetreten oder verpfändet werden, als sie der Pfändung unterliegen.

(2) Gegenüber Ansprüchen auf Versorgungsbezüge kann der Dienstherr ein Aufrechnungs- oder Zurückbehaltungsrecht nur in Höhe des pfändbaren Teils der Versorgungsbezüge geltend machen. Dies gilt nicht, soweit gegen den Versorgungsberechtigten ein Anspruch auf Schadenersatz wegen vorsätzlicher unerlaubter Handlung besteht.

(3) Ansprüche auf Sterbegeld (§ 18), auf Erstattung der Kosten des Heilverfahrens (§ 33) und der Pflege (§ 34), auf Unfallausgleich (§ 35) sowie auf eine einmalige Unfallentschädigung (§ 43) und auf Schadensausgleich in besonderen Fällen (§ 43a) können weder gepfändet noch abgetreten noch verpfändet werden. Forderungen des Dienstherrn gegen den Verstorbenen aus Vorschuss- oder Darlehnsgewährungen sowie aus Überzahlungen von Dienst- oder Versorgungsbezügen können auf das Sterbegeld angerechnet werden.

§ 52 Rückforderung von Versorgungsbezügen

(1) Wird ein Versorgungsberechtigter durch eine gesetzliche Änderung seiner Versorgungsbezüge mit rückwirkender Kraft schlechter gestellt, so sind die Unterschiedsbeträge nicht zu erstatten.

(2) Im Übrigen regelt sich die Rückforderung zuviel gezahlter Versorgungsbezüge nach den Vorschriften des Bürgerlichen Gesetzbuchs über die Herausgabe einer ungerechtfertigten Bereicherung, soweit gesetzlich nichts anderes bestimmt ist. Der Kenntnis des Mangels des rechtlichen Grundes der Zahlung steht es gleich, wenn der Mangel so offensichtlich war, dass der Empfänger ihn hätte erkennen müssen. Von der Rückforderung kann aus Billigkeitsgründen mit Zustimmung der obersten Dienstbehörde oder der von ihr bestimmten Stelle ganz oder teilweise abgesehen werden.

(3) Die Rückforderung von Beträgen von weniger als fünf Euro unterbleibt. Treffen mehrere Einzelbeträge zusammen, gilt die Grenze für die Gesamtrückforderung.

(4) § 118 Absatz 3 bis 5 des Sechsten Buches Sozialgesetzbuch gilt entsprechend.

§ 53 Zusammentreffen von Versorgungsbezügen mit Erwerbs- und Erwerbsersatzeinkommen

(1) Bezieht ein Versorgungsberechtigter Erwerbs- oder Erwerbsersatzeinkommen (Absatz 7), erhält er daneben seine Versorgungsbezüge nur bis zum Erreichen der in Absatz 2 bezeichneten Höchstgrenze. Satz 1 ist nicht auf Empfänger von Waisengeld anzuwenden.

(2) Als Höchstgrenze gelten

1. für Ruhestandsbeamte und Witwen die ruhegehaltfähigen Dienstbezüge aus der Endstufe der Besoldungsgruppe, aus der sich das Ruhegehalt berechnet, mindestens ein Betrag in Höhe des Eineinhalbfachen der jeweils ruhegehaltfähigen Dienstbezüge aus der Endstufe der Besoldungsgruppe A 4, zuzüglich des jeweils zustehenden Unterschiedsbetrages nach § 50 Absatz 1,
2. (weggefallen)
3. für Ruhestandsbeamte, die wegen Dienstunfähigkeit, die nicht auf einem Dienstunfall beruht, oder nach § 52 Absatz 1 und 2 des Bundesbeamtengesetzes in den Ruhe-

stand getreten sind, bis zum Ablauf des Monats, in dem die Regelaltersgrenze nach § 51 Absatz 1 und 2 des Bundesbeamtengesetzes erreicht wird, 71,75 Prozent der ruhegehaltfähigen Dienstbezüge aus der Endstufe der Besoldungsgruppe, aus der sich das Ruhegehalt berechnet, mindestens ein Betrag in Höhe von 71,75 Prozent des Eineinhalbfachen der jeweils ruhegehaltfähigen Dienstbezüge aus der Endstufe der Besoldungsgruppe A 4, zuzüglich des jeweils zustehenden Unterschiedsbetrages nach § 50 Absatz 1 sowie eines Betrages in Höhe von vierzehn Zwölfteln der Geringfügigkeitsgrenze im Sinne des § 8 Absatz 1a des Vierten Buches Sozialgesetzbuch.

(3) und (4) (weggefallen)

(5) Dem Versorgungsberechtigten ist mindestens ein Betrag in Höhe von 20 Prozent seines jeweiligen Versorgungsbezuges (§ 2) zu belassen. Satz 1 gilt nicht beim Bezug von Verwendungseinkommen, das mindestens aus derselben Besoldungsgruppe oder einer vergleichbaren Entgeltgruppe berechnet wird, aus der sich auch die ruhegehaltfähigen Dienstbezüge bestimmen. Für sonstiges in der Höhe vergleichbares Verwendungseinkommen gelten Satz 2 und Absatz 7 Satz 4 entsprechend.

(6) Bei der Ruhensberechnung für einen früheren Beamten oder früheren Ruhestandsbeamten, der Anspruch auf Versorgung nach § 38 hat, ist mindestens ein Betrag als Versorgung zu belassen, der unter Berücksichtigung seiner Minderung der Erwerbsfähigkeit infolge des Dienstunfalles dem Unfallausgleich entspricht.

(7) Erwerbseinkommen sind Einkünfte aus nichtselbständiger Arbeit einschließlich Abfindungen, aus selbständiger Arbeit sowie aus Gewerbebetrieb und aus Land- und Forstwirtschaft. Nicht als Erwerbseinkommen gelten

1. Aufwandsentschädigungen,
2. im Rahmen der Einkunftsarten nach Satz 1 anerkannte Betriebsausgaben und Werbungskosten nach dem Einkommensteuergesetz,
3. Jubiläumszuwendungen,
4. ein Unfallausgleich nach § 35,
5. steuerfreie Einnahmen für Leistungen zur Grundpflege oder hauswirtschaftlichen Versorgung nach § 3 Nummer 36 des Einkommensteuergesetzes,
6. Einkünfte aus Tätigkeiten, die nach Art und Umfang Nebentätigkeiten im Sinne des § 100 Absatz 1 Nummer 2 des Bundesbeamtengesetzes entsprechen,
7. als Einmalzahlung gewährte Leistungsbezüge im Sinne der Bundesleistungsbesoldungsverordnung und des § 18 (Bund) des Tarifvertrags für den öffentlichen Dienst und vergleichbare Leistungen aus einer Beschäftigung im öffentlichen Dienst sowie
8. Bezüge nach den §§ 52 bis 56 des Bundesbesoldungsgesetzes, wenn ein Versorgungsberechtigter auf Grund seiner Verwendung außerhalb des Geltungsbereiches des Grundgesetzes ein Einkommen nach Absatz 8 bezieht.

Erwerbsersatzeinkommen sind Leistungen, die auf Grund oder in entsprechender Anwendung öffentlich-rechtlicher Vorschriften kurzfristig erbracht werden, um Erwerbseinkommen zu ersetzen. Erwerbs- und Erwerbsersatzeinkommen werden in den Monaten des Zusammentreffens mit Versorgungsbezügen mit einem Zwölftel des im Kalenderjahr erzielten Einkommens angerechnet.

(8) Nach Ablauf des Monats, in dem der Versorgungsberechtigte die Regelaltersgrenze nach § 51 Absatz 1 und 2 des Bundesbeamtengesetzes erreicht, gelten die Absätze 1 bis 7 nur für Erwerbseinkommen aus einer Verwendung im öffentlichen Dienst (Verwendungseinkommen). Dies ist jede Beschäftigung im Dienst von Körperschaften, Anstalten und Stiftungen des deutschen öffentlichen Rechts oder ihrer Verbände; ausgenommen ist die Beschäftigung bei öffentlich-rechtlichen Religionsgesellschaften oder ihren Verbänden. Der Verwendung im öffentlichen Dienst steht gleich die Verwendung im öffentlichen Dienst einer zwischenstaatlichen oder überstaatlichen Einrichtung, an der eine Körperschaft oder ein Verband im Sinne des Satzes 2 durch

Zahlung von Beiträgen oder Zuschüssen oder in anderer Weise beteiligt ist. Ob die Voraussetzungen zutreffen, entscheidet auf Antrag der zuständigen Stelle oder des Versorgungsberechtigten das Bundesministerium des Innern, für Bau und Heimat.

(9) Bezieht ein Wahlbeamter auf Zeit im Ruhestand neben seinen Versorgungsbezügen Verwendungseinkommen nach Absatz 8, findet anstelle der Absätze 1 bis 8 § 53 in der bis zum 31. Dezember 1998 geltenden Fassung Anwendung. Satz 1 gilt entsprechend für Hinterbliebene.

(10) Bezieht ein Beamter im einstweiligen Ruhestand Erwerbs- und Erwerbsersatzeinkommen nach Absatz 7, das nicht Verwendungseinkommen nach Absatz 8 ist, ruhen die Versorgungsbezüge um fünfzig Prozent des Betrages, um den sie und das Einkommen die Höchstgrenze übersteigen.

§ 53a Zusammentreffen von Versorgungsbezügen mit Altersgeld, Witwenaltersgeld oder Waisenaltersgeld

Bezieht ein Versorgungsempfänger Altersgeld, Witwenaltersgeld oder Waisenaltersgeld nach dem Altersgeldgesetz vom 28. August 2013 (BGBl. I S. 3386) oder eine vergleichbare Alterssicherungsleistung, ruhen seine Versorgungsbezüge nach Anwendung des § 55 in Höhe des jeweiligen Betrages des Altersgelds, Witwenaltersgelds oder Waisenaltersgelds. Satz 1 gilt nicht beim Bezug einer Mindestversorgung nach § 14 Absatz 4. Beim Zusammentreffen von Ruhegehalt mit Witwenaltersgeld wird mindestens ein Betrag in Höhe des Ruhegehalts zuzüglich 20 Prozent des Witwenaltersgelds gezahlt. Beim Zusammentreffen von Witwen- oder Witwergeld mit Altersgeld wird mindestens ein Betrag in Höhe des Altersgelds zuzüglich 20 Prozent des Witwen- oder Witwergelds gezahlt.

§ 54 Zusammentreffen mehrerer Versorgungsbezüge

(1) Erhalten aus einer Verwendung im öffentlichen Dienst (§ 53 Absatz 8) an neuen Versorgungsbezügen

1. ein Ruhestandsbeamter Ruhegehalt oder eine ähnliche Versorgung,
2. eine Witwe oder Waise aus der Verwendung des verstorbenen Beamten oder Ruhestandsbeamten Witwengeld, Waisengeld oder eine ähnliche Versorgung,
3. eine Witwe Ruhegehalt oder eine ähnliche Versorgung,

so sind neben den neuen Versorgungsbezügen die früheren Versorgungsbezüge nur bis zum Erreichen der in Absatz 2 bezeichneten Höchstgrenze zu zahlen. Dabei darf die Gesamtversorgung nicht hinter der früheren Versorgung zurückbleiben.

(2) Als Höchstgrenze gelten

1. für Ruhestandsbeamte (Absatz 1 Satz 1 Nummer 1) das Ruhegehalt, das sich unter Zugrundelegung der gesamten ruhegehaltfähigen Dienstzeit und der ruhegehaltfähigen Dienstbezüge aus der Endstufe der Besoldungsgruppe, aus der sich das frühere Ruhegehalt berechnet, ergibt, zuzüglich des Unterschiedsbetrages nach § 50 Absatz 1,
2. für Witwen und Waisen (Absatz 1 Satz 1 Nummer 2) das Witwen- oder Waisengeld, das sich aus dem Ruhegehalt nach Nummer 1 ergibt, zuzüglich des Unterschiedsbetrages nach § 50 Absatz 1,
3. für Witwen (Absatz 1 Satz 1 Nummer 3) 71,75 Prozent, in den Fällen des § 36 75 Prozent, in den Fällen des § 37 80 Prozent, der ruhegehaltfähigen Dienstbezüge aus der Endstufe der Besoldungsgruppe, aus der sich das dem Witwengeld zugrundeliegende Ruhegehalt bemisst, zuzüglich des Unterschiedsbetrages nach § 50 Absatz 1.

Ist bei einem an der Ruhensregelung nach Satz 1 Nummer 1 oder 2 beteiligten Versorgungsbezug das Ruhegehalt nach § 14 Absatz 3 gemindert, ist das für die Höchstgrenze maßgebende Ruhegehalt in sinngemäßer Anwendung dieser Vorschrift festzusetzen. Ist bei der Ruhensregelung nach Satz 1 Nummer 3 das dem Witwengeld zugrundeliegende Ruhegehalt nach § 14 Absatz 3 gemindert, ist die Höchstgrenze entsprechend dieser Vorschrift zu berechnen, wobei dem zu vermindernden Ruhegehalt mindestens ein Ruhegehaltssatz von 71,75 Prozent zugrunde zu legen ist. Ist bei einem an der Ruhensregelung nach Satz 1 Nummer 1 oder 2 beteiligten Versorgungsbezug der Ruhegehaltssatz nach § 14 Absatz 1 Satz 1 Halbsatz 2 oder 3 dieses Gesetzes in der bis zum 31. Dezember 1991 geltenden Fassung gemindert, ist der für die Höchstgrenze maßgebende Ruhegehaltssatz in sinngemäßer Anwendung dieser Vorschrift festzusetzen. Ist bei der Ruhensregelung nach Satz 1 Nummer 3 der Ruhegehaltssatz des dem Witwengeld zugrunde liegenden Ruhegehaltes nach § 14 Absatz 1 Satz 1 Halbsatz 2 oder 3 dieses Gesetzes in der bis zum 31. Dezember 1991 geltenden Fassung gemindert, ist die Höchstgrenze entsprechend dieser Vorschrift zu berechnen, wobei der zu vermindernde Ruhegehaltssatz mindestens 71,75 Prozent beträgt.

(3) Im Falle des Absatzes 1 Nummer 3 ist neben dem neuen Versorgungsbezug mindestens ein Betrag in Höhe von 20 Prozent des früheren Versorgungsbezuges zu belassen.

(4) Erwirbt ein Ruhestandsbeamter einen Anspruch auf Witwer- oder Witwengeld oder eine ähnliche Versorgung, so erhält er daneben sein Ruhegehalt zuzüglich des Unterschiedsbetrages nach § 50 Absatz 1 nur bis zum Erreichen der in Absatz 2 Satz 1 Nummer 3 sowie Satz 3 und 5 bezeichneten Höchstgrenze. Die Gesamtbezüge dürfen nicht hinter seinem Ruhegehalt zuzüglich des Unterschiedsbetrages nach § 50 Absatz 1 sowie eines Betrages in Höhe von 20 Prozent des neuen Versorgungsbezuges zurückbleiben; beruht das Witwengeld, das Witwergeld oder die ähnliche Versorgung auf dem Recht eines anderen Dienstherrn und gewährt dieser eine einmalige Sonderzahlung, so ist die monatliche Höchstgrenze um ein Zwölftel der tatsächlich an die Witwe oder den Witwer gewährten Sonderzahlung zu erhöhen. Absatz 1 Satz 2 ist anzuwenden.

(4a) Ist ein an der Ruhensregelung beteiligter Versorgungsbezug auf Grund eines Versorgungsausgleichs zu kürzen, bleibt die Kürzung bei der Anwendung der Absätze 1 bis 4 unberücksichtigt. § 57 ist auf den nach Anwendung der Absätze 1 bis 4 verbleibenden Versorgungsbezug anzuwenden.

(5) § 53 Absatz 6 gilt entsprechend.

§ 55 Zusammentreffen von Versorgungsbezügen mit Renten

(1) Versorgungsbezüge werden neben Renten nur bis zum Erreichen der in Absatz 2 bezeichneten Höchstgrenze gezahlt. Als Renten gelten

1. Renten aus den gesetzlichen Rentenversicherungen,

1a. Renten nach dem Gesetz über die Alterssicherung der Landwirte,

2. Renten aus einer zusätzlichen Alters- oder Hinterbliebenenversorgung für Angehörige des öffentlichen Dienstes,

3. Renten aus der gesetzlichen Unfallversicherung, wobei für den Ruhegehaltsempfänger ein dem Unfallausgleich (§ 35) entsprechender Betrag, mindestens aber in Höhe des Betrages nach § 35 Absatz 1 Satz 2 Nummer 1 unberücksichtigt bleibt,

4. Leistungen aus einer berufsständischen Versorgungseinrichtung oder aus einer befreienden Lebensversicherung, zu denen der Arbeitgeber auf Grund eines Beschäftigungsverhältnisses im öffentlichen Dienst mindestens die Hälfte der Beiträge oder Zuschüsse in dieser Höhe geleistet hat.

Wird eine Rente im Sinne des Satzes 2 nicht beantragt oder auf sie verzichtet oder wird an deren Stelle ein Kapitalbetrag gezahlt, so tritt an die Stelle der Rente der Betrag, der vom Leistungsträger ansonsten zu zahlen wäre. Erfolgt die Zahlung eines Kapitalbetrages, weil kein Anspruch auf eine laufende Rente besteht, so ist der Betrag zugrunde zu legen, der sich bei einer Verrentung der einmaligen Zahlung ergibt. Die Sätze 3 und 4 gelten nicht, wenn der Ruhestandsbeamte innerhalb von drei Monaten nach Zufluss den Kapitalbetrag zuzüglich der hierauf gewährten Zinsen an den Dienstherrn abführt. Zu den Renten und den Leistungen nach Nummer 4 rechnet nicht der Kinderzuschuss. Renten,

IV

Rentenerhöhungen und Rentenminderungen, die auf § 1587b des Bürgerlichen Gesetzbuchs oder § 1 des Gesetzes zur Regelung von Härten im Versorgungsausgleich, jeweils in der bis zum 31. August 2009 geltenden Fassung, beruhen, sowie übertragene Anrechte nach Maßgabe des Versorgungsausgleichsgesetzes und Zuschläge oder Abschläge beim Rentensplitting unter Ehegatten nach § 76c des Sechsten Buches Sozialgesetzbuch bleiben unberücksichtigt. Der Verrentungsbetrag nach Satz 4 berechnet sich nach folgender Formel:

EP x aRW = VrB.

In dieser Formel bedeutet:

EP: Entgeltpunkte, die sich ergeben durch Multiplikation des Kapitalbetrages in Euro mit dem für dessen Auszahlungsjahr maßgeblichen Faktor zur Umrechnung von Kapitalwerten in Entgeltpunkte nach § 187 Absatz 3 des Sechsten Buches Sozialgesetzbuch und anschließende Division durch Euro; die Entgeltpunkte werden kaufmännisch auf vier Dezimalstellen gerundet;
aRW: aktueller Rentenwert in Euro,
VrB: Verrentungsbetrag in Euro.

(2) Als Höchstgrenze gelten

1. für Ruhestandsbeamte der Betrag, der sich als Ruhegehalt zuzüglich des Unterschiedsbetrages nach § 50 Absatz 1 ergeben würde, wenn der Berechnung zugrunde gelegt werden
   a) bei den ruhegehaltfähigen Dienstbezügen die Endstufe der Besoldungsgruppe, aus der sich das Ruhegehalt berechnet,
   b) als ruhegehaltfähige Dienstzeit die Zeit vom vollendeten siebzehnten Lebensjahr bis zum Eintritt des Versorgungsfalles abzüglich von Zeiten nach § 12a und nicht ruhegehaltfähiger Zeiten im Sinne des § 6a, zuzüglich ruhegehaltfähiger Dienstzeiten vor Vollendung des 17. Lebensjahres sowie der Zeiten, um die sich die ruhegehaltfähige Dienstzeit erhöht, und der bei der Rente berücksichtigten Zeiten einer rentenversicherungspflichtigen Beschäftigung oder Tätigkeit nach Eintritt des Versorgungsfalles,
2. für Witwen der Betrag, der sich als Witwengeld zuzüglich des Unterschiedsbetrages nach § 50 Absatz 1,
   für Waisen der Betrag, der sich als Waisengeld zuzüglich des Unterschiedsbetrages nach § 50 Absatz 1, wenn dieser neben dem Waisengeld gezahlt wird, aus dem Ruhegehalt nach Nummer 1 ergeben würde.

Ist bei einem an der Ruhensregelung beteiligten Versorgungsbezug das Ruhegehalt nach § 14 Absatz 3 gemindert, ist das für die Höchstgrenze maßgebende Ruhegehalt in sinngemäßer Anwendung dieser Vorschrift festzusetzen. Ist bei einem an der Ruhensregelung beteiligten Versorgungsbezug der Ruhegehaltssatz nach § 14 Absatz 1 Satz 1 Halbsatz 2 oder 3 dieses Gesetzes in der bis zum 31. Dezember 1991 geltenden Fassung gemindert, ist der für die Höchstgrenze maßgebende Ruhegehaltssatz in sinngemäßer Anwendung dieser Vorschrift festzusetzen.

(3) Als Renten im Sinne des Absatzes 1 gelten nicht

1. bei Ruhestandsbeamten (Absatz 2 Nummer 1) Hinterbliebenenrenten aus einer Beschäftigung oder Tätigkeit des Ehegatten,
2. bei Witwen und Waisen (Absatz 2 Nummer 2) Renten auf Grund einer eigenen Beschäftigung oder Tätigkeit.

(4) Bei Anwendung der Absätze 1 und 2 bleibt außer Ansatz der Teil der Rente (Absatz 1), der

1. dem Verhältnis der Versicherungsjahre auf Grund freiwilliger Weiterversicherung oder Selbstversicherung zu den gesamten Versicherungsjahren oder, wenn sich die Rente nach Werteinheiten berechnet, dem Verhältnis der Werteinheiten für freiwillige Beiträge zu der Summe der Werteinheiten für freiwillige Beiträge, Pflichtbeiträge, Ersatzzeiten und Ausfallzeiten oder, wenn sich die Rente nach Entgeltpunkten berechnet, dem Verhältnis der Entgeltpunkte für freiwillige Beiträge zu der Summe der Entgeltpunkte für freiwillige Beiträge,

Pflichtbeiträge, Ersatzzeiten, Zurechnungszeiten und Anrechnungszeiten entspricht,

2. auf einer Höherversicherung beruht,
3. auf Entgeltpunkten beruht, die auf Zeiten einer Verwendung bei einer Einrichtung im Sinne des § 6a zurückzuführen sind, sofern diese Zeiten nicht als ruhegehaltfähige Dienstzeiten nach § 6a berücksichtigt werden.

Dies gilt nicht, soweit der Arbeitgeber mindestens die Hälfte der Beiträge oder Zuschüsse in dieser Höhe geleistet hat.

(5) Bei Anwendung des § 53 ist von der nach Anwendung der Absätze 1 bis 4 verbleibenden Gesamtversorgung auszugehen.

(6) Beim Zusammentreffen von zwei Versorgungsbezügen mit einer Rente ist zunächst der neuere Versorgungsbezug nach den Absätzen 1 bis 4 und danach der frühere Versorgungsbezug unter Berücksichtigung des gekürzten neueren Versorgungsbezuges nach § 54 zu regeln. Der hiernach gekürzte frühere Versorgungsbezug ist unter Berücksichtigung des gekürzten neueren Versorgungsbezuges nach den Absätzen 1 bis 4 zu regeln; für die Berechnung der Höchstgrenze nach Absatz 2 ist hierbei die Zeit bis zum Eintritt des neueren Versorgungsfalles zu berücksichtigen.

(7) § 53 Absatz 6 gilt entsprechend.

(8) Den in Absatz 1 bezeichneten Renten stehen entsprechende wiederkehrende Geldleistungen gleich, die auf Grund der Zugehörigkeit zu Zusatz- oder Sonderversorgungssystemen der ehemaligen Deutschen Demokratischen Republik geleistet werden oder die von einem ausländischen Versicherungsträger nach einem für die Bundesrepublik Deutschland wirksamen zwischen- oder überstaatlichen Abkommen gewährt werden. Für die Umrechnung von Renten ausländischer Versorgungsträger gilt § 17a Absatz 1 des Vierten Buches Sozialgesetzbuch entsprechend.

(9) Auf Verlangen der Regelungsbehörde ist der Träger einer Leistung im Sinne des Absatzes 1 Satz 2 verpflichtet, Auskunft über die Höhe und den Anspruchszeitraum der zustehenden Leistung zu erteilen, wenn diese Daten der Regelungsbehörde nicht durch den Versorgungsberechtigten übermittelt werden. Satz 1 gilt in den Fällen des Absatzes 1 Satz 3 entsprechend.

§ 55a Zusammentreffen von Versorgungsbezügen mit Versorgungsabfindungen

(1) Neben einer nach Landesrecht gezahlten ergänzenden Versorgungsabfindung wird das Ruhegehalt nur bis zum Erreichen der in Absatz 2 genannten Höchstgrenzen gezahlt. Auf die ergänzende Versorgungsabfindung sind dabei die Vorgaben des § 55 Absatz 1 Satz 4, 8 und 9 anzuwenden. Dies gilt nicht, wenn der Beamte den erhaltenen Betrag innerhalb eines Jahres nach Berufung in den Dienst des Bundes an den Dienstherrn abführt; § 6a Absatz 3 ist entsprechend anzuwenden.

(2) Als Höchstgrenzen gelten die in § 55 Absatz 2 Satz 1 Nummer 1 bezeichneten Höchstgrenzen sinngemäß.

(3) § 55 Absatz 3 gilt entsprechend.

§ 56 Zusammentreffen von Versorgungsbezügen mit einer laufenden Alterssicherungsleistung aus zwischenstaatlicher oder überstaatlicher Verwendung

(1) Steht einem Ruhestandsbeamten auf Grund einer Verwendung im öffentlichen Dienst einer zwischenstaatlichen oder überstaatlichen Einrichtung von dieser Einrichtung eine laufende Alterssicherungsleistung zu und ist die Zeit dieser Verwendung nach § 6a Absatz 1 ruhegehaltfähig, ruht sein deutsches Ruhegehalt in Höhe des in Absatz 2 bezeichneten Betrages.

(2) Das Ruhegehalt ruht nach Anwendung von § 14 Absatz 3 in Höhe der aus einer Verwendung bei der zwischenstaatlichen oder überstaatlichen Einrichtung zustehenden laufenden Alterssicherungsleistung. Beruht diese Leistung auch auf Zeiten nach Beginn des Ruhestandes, bleibt die laufende Alterssicherungsleistung in Höhe des auf die Dauer der Verwendung nach Beginn des Ruhestandes entfallenden Anteils unberücksichtigt; § 14 Absatz 1 Satz 2 und 3 gilt entsprechend. Bei der

IV

Anwendung des Satzes 1 werden auch Ansprüche auf Alterssicherungsleistungen berücksichtigt, die der Beamte während der Zeit erworben hat, in der er, ohne ein Amt bei der zwischenstaatlichen oder überstaatlichen Einrichtung auszuüben, dort einen Anspruch auf Vergütung oder sonstige Entschädigung hat. Satz 3 gilt entsprechend für nach dem Ausscheiden aus dem Dienst einer zwischenstaatlichen oder überstaatlichen Einrichtung erworbene und bei der Berechnung der Alterssicherungsleistung berücksichtigte Ansprüche. Ist die Alterssicherungsleistung durch Teilkapitalisierung, Aufrechnung oder in anderer Form verringert worden, ist bei der Anwendung der Sätze 1 und 2 der ungekürzt zustehende Betrag zugrunde zu legen. Satz 5 gilt entsprechend, sofern der Beamte oder Ruhestandsbeamte auf die laufende Alterssicherungsleistung verzichtet oder diese nicht beantragt. Auf freiwilligen Beiträgen beruhende Anteile, einschließlich darauf entfallender Erträge, bleiben außer Betracht.

(3) Absatz 2 gilt ungeachtet der Ruhegehaltfähigkeit einer Verwendungszeit nach § 6a entsprechend, wenn der Ruhestandsbeamte Anspruch auf Invaliditätspension aus seinem Amt bei der zwischenstaatlichen oder überstaatlichen Einrichtung hat.

(4) Steht der Witwe oder den Waisen eines Beamten oder Ruhestandsbeamten eine laufende Alterssicherungsleistung der zwischenstaatlichen oder überstaatlichen Einrichtung für Hinterbliebene zu und ist die Zeit der Verwendung des Beamten nach § 6a Absatz 1 ruhegehaltfähig, ruhen das deutsche Witwengeld und Waisengeld in Höhe der Alterssicherungsleistung der zwischenstaatlichen oder überstaatlichen Einrichtung. Absatz 2 Satz 2 bis 7 und Absatz 3 gelten entsprechend.

(5) Der sich nach den Absätzen 1 bis 4 ergebende Ruhensbetrag ist von den nach Anwendung der §§ 53 bis 55 verbleibenden Versorgungsbezügen abzuziehen.

§ 57 Kürzung der Versorgungsbezüge nach der Ehescheidung

(1) Sind durch Entscheidung des Familiengerichts

1. Anwartschaften in einer gesetzlichen Rentenversicherung nach § 1587b Absatz 2 des Bürgerlichen Gesetzbuchs in der bis zum 31. August 2009 geltenden Fassung oder
2. Anrechte nach dem Versorgungsausgleichsgesetz

übertragen oder begründet worden, werden nach Wirksamkeit dieser Entscheidung die Versorgungsbezüge der ausgleichspflichtigen Person und ihrer Hinterbliebenen nach Anwendung von Ruhens-, Kürzungs- und Anrechnungsvorschriften um den nach Absatz 2 oder Absatz 3 berechneten Betrag gekürzt. Das Ruhegehalt, das die ausgleichspflichtige Person im Zeitpunkt der Wirksamkeit der Entscheidung des Familiengerichts über den Versorgungsausgleich erhält, wird erst gekürzt, wenn aus der Versicherung der ausgleichsberechtigten Person eine Rente zu gewähren ist; dies gilt nur, wenn der Anspruch auf Ruhegehalt vor dem 1. September 2009 entstanden und das Verfahren über den Versorgungsausgleich zu diesem Zeitpunkt eingeleitet worden ist. Das einer Vollwaise zu gewährende Waisengeld wird nicht gekürzt, wenn nach dem Recht der gesetzlichen Rentenversicherungen die Voraussetzungen für die Gewährung einer Waisenrente aus der Versicherung der ausgleichsberechtigten Person nicht erfüllt sind.

(2) Der Kürzungsbetrag für das Ruhegehalt berechnet sich aus dem Monatsbetrag der durch die Entscheidung des Familiengerichts begründeten Anwartschaften oder übertragenen Anrechte; in den Fällen des § 10 Absatz 2 des Versorgungsausgleichsgesetzes berechnet sich der Kürzungsbetrag aus dem sich nach Verrechnung ergebenden Monatsbetrag. Der Monatsbetrag erhöht oder vermindert sich bei einem Beamten um die Hundertsätze der nach dem Ende der Ehezeit bis zum Zeitpunkt des Eintritts in den Ruhestand eingetretenen Erhöhungen oder Verminderungen der beamtenrechtlichen Versorgungsbezüge, die in festen Beträgen festgesetzt sind. Vom Zeitpunkt des Eintritts in den Ruhestand an, bei einem Ruhestandsbeamten vom Tag nach dem Ende der Ehezeit an,

erhöht oder vermindert sich der Kürzungsbetrag in dem Verhältnis, in dem sich das Ruhegehalt vor Anwendung von Ruhens-, Kürzungs- und Anrechnungsvorschriften durch Anpassung der Versorgungsbezüge erhöht oder vermindert.

(3) Der Kürzungsbetrag für das Witwen- und Waisengeld berechnet sich aus dem Kürzungsbetrag nach Absatz 2 für das Ruhegehalt, das der Beamte erhalten hat oder hätte erhalten können, wenn er am Todestag in den Ruhestand getreten wäre, nach den Anteilssätzen des Witwen- oder Waisengeldes.

(4) Ein Unterhaltsbeitrag nach § 22 Absatz 2 oder 3 oder nach entsprechendem bisherigen Recht und eine Abfindungsrente nach bisherigem Recht werden nicht gekürzt.

(5) In den Fällen des Absatzes 1 Satz 2 und des § 5 des Gesetzes zur Regelung von Härten im Versorgungsausgleich vom 21. Februar 1983 in der bis zum 31. August 2009 geltenden Fassung steht die Zahlung des Ruhegehalts der ausgleichspflichtigen Person für den Fall rückwirkender oder erst nachträglich bekanntwerdender Rentengewährung an die ausgleichsberechtigte Person oder deren Hinterbliebene unter dem Vorbehalt der Rückforderung.

§ 58 Abwendung der Kürzung der Versorgungsbezüge

(1) Die Kürzung der Versorgungsbezüge nach § 57 kann von dem Beamten oder Ruhestandsbeamten ganz oder teilweise durch Zahlung eines Kapitalbetrages an den Dienstherrn abgewendet werden.

(2) Als voller Kapitalbetrag wird der Betrag angesetzt, der aufgrund der Entscheidung des Familiengerichts zu leisten gewesen wäre, erhöht oder vermindert um die Prozentsätze der nach dem Ende der Ehezeit bis zum Tag der Zahlung des Kapitalbetrages eingetretenen Erhöhungen oder Verminderungen der beamtenrechtlichen Versorgungsbezüge, die in festen Beträgen festgesetzt sind. Vom Zeitpunkt des Eintritts in den Ruhestand an, bei einem Ruhestandsbeamten vom Tage nach dem Ende der Ehezeit an, erhöht oder vermindert sich der Kapitalbetrag in dem Verhältnis, in dem sich das Ruhegehalt vor Anwendung von Ruhens-, Kürzungs- und Anrechnungsvorschriften durch Anpassung der Versorgungsbezüge erhöht oder vermindert.

(3) Bei teilweiser Zahlung vermindert sich die Kürzung der Versorgungsbezüge in dem entsprechenden Verhältnis; der Betrag der teilweisen Zahlung soll den Monatsbetrag der Dienstbezüge des Beamten oder des Ruhegehaltes des Ruhestandsbeamten nicht unterschreiten.

(4) Ergeht nach der Scheidung eine Entscheidung zur Abänderung des Wertausgleichs und sind Zahlungen nach Absatz 1 erfolgt, sind im Umfang der Abänderung zu viel gezahlte Beiträge unter Anrechnung der nach § 57 anteilig errechneten Kürzungsbeträge zurückzuzahlen.

§ 59 Erlöschen der Versorgungsbezüge wegen Verurteilung

(1) Ein Ruhestandsbeamter,

1. gegen den wegen einer vor Beendigung des Beamtenverhältnisses begangenen Tat eine Entscheidung ergangen ist, die nach § 41 Absatz 1 des Bundesbeamtengesetzes zum Verlust der Beamtenrechte geführt hätte, oder
2. der wegen einer nach Beendigung des Beamtenverhältnisses begangenen Tat durch ein deutsches Gericht im Geltungsbereich dieses Gesetzes im ordentlichen Strafverfahren
   a) wegen einer vorsätzlichen Tat zu Freiheitsstrafe von mindestens zwei Jahren oder
   b) wegen einer vorsätzlichen Tat, die nach den Vorschriften über Friedensverrat, Hochverrat, Gefährdung des demokratischen Rechtsstaates, Volksverhetzung oder Landesverrat und Gefährdung der äußeren Sicherheit strafbar ist, zu Freiheitsstrafe von mindestens sechs Monaten

   verurteilt worden ist,

verliert mit der Rechtskraft der Entscheidung seine Rechte als Ruhestandsbeamter. Ent-

IV

sprechendes gilt, wenn der Ruhestandsbeamte auf Grund einer Entscheidung des Bundesverfassungsgerichts gemäß Artikel 18 des Grundgesetzes ein Grundrecht verwirkt hat.

(2) Die §§ 42 und 43 des Bundesbeamtengesetzes sind entsprechend anzuwenden.

§ 60 Erlöschen der Versorgungsbezüge bei Ablehnung einer erneuten Berufung

Kommt ein Ruhestandsbeamter entgegen den Vorschriften des § 46 Absatz 1 und des § 57 des Bundesbeamtengesetzes einer erneuten Berufung in das Beamtenverhältnis schuldhaft nicht nach, obwohl er auf die Folgen eines solchen Verhaltens schriftlich hingewiesen worden ist, so verliert er für diese Zeit seine Versorgungsbezüge. Die oberste Dienstbehörde stellt den Verlust der Versorgungsbezüge fest. Eine disziplinarrechtliche Verfolgung wird dadurch nicht ausgeschlossen.

§ 61 Erlöschen der Witwen- und Waisenversorgung

(1) Der Anspruch der Witwen und Waisen auf Versorgungsbezüge erlischt

1. für jeden Berechtigten mit dem Ende des Monats, in dem er stirbt,
2. für jede Witwe außerdem mit dem Ende des Monats, in dem sie heiratet,
3. für jede Waise außerdem mit dem Ende des Monats, in dem sie das achtzehnte Lebensjahr vollendet,
4. für jeden Berechtigten, der durch ein deutsches Gericht im Geltungsbereich dieses Gesetzes im ordentlichen Strafverfahren wegen eines Verbrechens zu Freiheitsstrafe von mindestens zwei Jahren oder wegen einer vorsätzlichen Tat, die nach den Vorschriften über Friedensverrat, Hochverrat, Gefährdung des demokratischen Rechtsstaates, Volksverhetzung oder Landesverrat und Gefährdung der äußeren Sicherheit strafbar ist, zu Freiheitsstrafe von mindestens sechs Monaten verurteilt worden ist, mit der Rechtskraft des Urteils.

Entsprechendes gilt, wenn der Berechtigte auf Grund einer Entscheidung des Bundesverfassungsgerichts gemäß Artikel 18 des Grundgesetzes ein Grundrecht verwirkt hat. In den Fällen des Satzes 1 Nummer 4 und des Satzes 2 gilt § 41 sinngemäß. Die §§ 42 und 43 des Bundesbeamtengesetzes finden entsprechende Anwendung.

(2) Waisengeld wird nach Vollendung des 18. Lebensjahres auf Antrag gewährt, solange die Waise

1. das 27. Lebensjahr noch nicht vollendet hat und
   a) sich in Schulausbildung oder Berufsausbildung befindet,
   b) sich in einer Übergangszeit von höchstens vier Kalendermonaten befindet, die zwischen zwei Ausbildungsabschnitten oder zwischen einem Ausbildungsabschnitt und der Ableistung des gesetzlichen Wehr- oder Zivildienstes oder der Ableistung eines freiwilligen Dienstes im Sinne des Buchstaben c liegt, oder
   c) einen freiwilligen Dienst im Sinne des § 32 Absatz 4 Satz 1 Nummer 2 Buchstabe d des Einkommensteuergesetzes leistet;
2. wegen körperlicher, geistiger oder seelischer Behinderung außerstande ist, sich selbst zu unterhalten; Waisengeld wird auch über das 27. Lebensjahr hinaus gewährt, wenn
   a) die Behinderung vor Vollendung des 27. Lebensjahres eingetreten ist und
   b) die Waise ledig oder verwitwet ist oder ihr Ehegatte oder früherer Ehegatte ihr keinen ausreichenden Unterhalt leisten kann oder dem Grunde nach nicht unterhaltspflichtig ist und sie auch nicht unterhält.

In den Fällen des Satzes 1 Nummer 1 Buchstabe a und b sowie Nummer 2 erhöht sich die jeweilige Altersgrenze für eine Waise, die einen in § 32 Absatz 5 Satz 1 Nummer 1 oder 2 des Einkommensteuergesetzes genannten Dienst oder eine in § 32 Absatz 5 Satz 1 Nummer 3 des Einkommensteuergesetzes genannte Tätigkeit ausgeübt hat, um den Zeitraum, der der Dauer des jeweiligen Dienstes oder der jeweiligen Tätigkeit entspricht. Die Altersgrenze erhöht sich jedoch höchstens um die Dauer des inländischen gesetzlichen Grundwehrdienstes oder bei anerkannten Kriegsdienstverweigerern um die Dauer des inländischen gesetzlichen Zivildienstes. Die Ableistung eines freiwilligen Dienstes im Sinne des Satzes 1 Nummer 1 Buchstabe c ist kein gleichgestellter Dienst im Sinne des Satzes 2. In den Fällen des Satzes 1 Nummer 2 wird Waisengeld ungeachtet der Höhe eines eigenen Einkommens dem Grunde nach gewährt. Soweit ein eigenes Einkommen der Waise jedoch das Zweifache des Mindestvollwaisengeldes nach § 14 Absatz 4 Satz 2 in Verbindung mit § 24 Absatz 1 übersteigt, wird es zur Hälfte auf das Waisengeld zuzüglich des Unterschiedsbetrages nach § 50 Absatz 1 angerechnet.

(3) Hat eine Witwe geheiratet und wird die Ehe aufgelöst, so lebt der Anspruch auf Witwengeld wieder auf; ein von der Witwe infolge Auflösung der Ehe erworbener neuer Versorgungs-, Unterhalts- oder Rentenanspruch ist auf das Witwengeld und den Unterschiedsbetrag nach § 50 Absatz 1 anzurechnen. Wird eine in Satz 1 genannte Leistung nicht beantragt oder wird auf sie verzichtet oder wird an ihrer Stelle eine Abfindung, Kapitalleistung oder Beitragserstattung gezahlt, ist der Betrag anzurechnen, der ansonsten zu zahlen wäre. Der Auflösung der Ehe steht die Nichtigerklärung gleich.

§ 62 Anzeigepflicht

(1) Die Beschäftigungsstelle hat der die Versorgungsbezüge anweisenden Stelle (Regelungsbehörde) jede Verwendung eines Versorgungsberechtigten unter Angabe der gewährten Bezüge, ebenso jede spätere Änderung der Bezüge oder die Zahlungseinstellung sowie die Gewährung einer Versorgung unverzüglich anzuzeigen.

(2) Der Versorgungsberechtigte ist verpflichtet, der Regelungsbehörde

1. die Verlegung des Wohnsitzes,
2. den Bezug und jede Änderung von Einkünften nach den §§ 10, 14 Absatz 5, § 22 Absatz 1 Satz 2 und §§ 47, 47a sowie den §§ 53 bis 56 und 61 Absatz 2,
3. die Witwe auch die Heirat (§ 61 Absatz 1 Satz 1 Nummer 2) sowie im Falle der Auflösung dieser Ehe den Erwerb und jede Änderung eines neuen Versorgungs-, Unterhalts- oder Rentenanspruchs (§ 61 Absatz 3 Satz 1 zweiter Halbsatz),
4. die Begründung eines neuen öffentlich-rechtlichen Dienstverhältnisses oder eines privatrechtlichen Arbeitsverhältnisses im öffentlichen Dienst in den Fällen des § 47 Absatz 5 und des § 47a,
5. die Erfüllung der allgemeinen Wartezeit nach dem Sechsten Buch Sozialgesetzbuch

unverzüglich anzuzeigen. Auf Verlangen der Regelungsbehörde ist der Versorgungsberechtigte verpflichtet, Nachweise vorzulegen oder der Erteilung erforderlicher Nachweise oder Auskünfte, die für die Versorgungsbezüge erheblich sind, durch Dritte zuzustimmen. Die Regelungsbehörde oder die für das Bezügezahlungsverfahren zuständige Stelle darf diejenigen Daten übermitteln, die für Datenübermittlungen nach § 69 Absatz 1 Nummer 1 und 2 des Zehnten Buches Sozialgesetzbuch oder nach § 151 des Sechsten Buches Sozialgesetzbuch erforderlich sind.

(2a) Wer Dienstunfallfürsorgeleistungen nach Abschnitt 5 beantragt oder erhält, hat gegenüber der obersten Dienstbehörde oder der von ihr bestimmten Stelle alle Tatsachen anzugeben, die für die Leistung erheblich sind. Absatz 2 Satz 2 gilt entsprechend.

(3) Kommt ein Versorgungsberechtigter der ihm nach Absatz 2 Satz 1 Nummer 2 und 3 auferlegten Verpflichtung schuldhaft nicht nach, so kann ihm die Versorgung ganz oder teilweise auf Zeit oder Dauer entzogen werden. Beim Vorliegen besonderer Verhältnisse kann die Versorgung ganz oder teilweise wieder zuerkannt werden. Die Entscheidung trifft die oberste Dienstbehörde oder die von ihr bestimmte Stelle.

(4) Solange ein Versorgungsberechtigter der Verpflichtung nach Absatz 2 Nummer 1 schuldhaft nicht nachkommt, kann die Auszahlung der Versorgungsbezüge vorübergehend ausgesetzt werden.

§ 62a Versorgungsbericht, Mitteilungspflichten

(1) Die Bundesregierung soll dem Deutschen Bundestag in jeder Wahlperiode einen Bericht über die jeweils im Vorjahr erbrachten Versorgungsleistungen im öffentlichen Dienst, über die Entwicklung der Sondervermögen nach dem Versorgungsrücklagegesetz sowie über Vorausberechnungen der zumindest in den nächsten 30 Jahren zu erwartenden Versorgungsleistungen vorlegen.

(2) Öffentliche Stellen im Sinne des § 2 Absatz 1 und 2 des Bundesdatenschutzgesetzes, die Dienstvorgesetzte im Sinne des § 3 Absatz 2 des Bundesbeamtengesetzes sind, übermitteln dem Bundesministerium des Innern, für Bau und Heimat die für die Erstellung des Berichtes erforderlichen Daten

1. zu den Gründen der Dienstunfähigkeit nach Hauptdiagnoseklassen und
2. zur Person und letzten Beschäftigung des Betroffenen, die zur statistischen Auswertung erforderlich sind.

Soweit entsprechende Daten nicht vorliegen, können bei anderen als den in Satz 1 genannten Stellen, insbesondere solchen, die mit der ärztlichen Begutachtung beauftragt wurden, Angaben zu Gründen einer Versetzung in den Ruhestand erhoben werden.

§ 63 Gleichstellungen

Für die Anwendung dieses Abschnitts gelten

1. ein Unterhaltsbeitrag nach § 15 als Ruhegehalt,
2. ein Unterhaltsbeitrag nach § 38 als Ruhegehalt, außer für die Anwendung des § 59,
3. ein Unterhaltsbeitrag nach § 26 als Witwen- oder Waisengeld,
4. ein Unterhaltsbeitrag nach den §§ 41 und 61 Absatz 1 Satz 3 als Witwen- oder Waisengeld, außer für die Anwendung des § 61 Absatz 1 Satz 1 Nummer 4 und Satz 2,
5. ein Unterhaltsbeitrag nach § 22 Absatz 1 und § 40 als Witwengeld,
6. ein Unterhaltsbeitrag nach § 22 Absatz 2 oder 3 als Witwengeld, außer für die Anwendung des § 57,
7. ein Unterhaltsbeitrag nach § 23 Absatz 2 als Waisengeld,

7a. ein Unterhaltsbeitrag nach § 38a als Waisengeld,

8. ein Unterhaltsbeitrag nach § 43 des Bundesbeamtengesetzes, den §§ 59 und 61 Absatz 1 Satz 4 und § 68 als Ruhegehalt, Witwen- oder Waisengeld,
9. die Bezüge der nach § 32 des Deutschen Richtergesetzes oder einer entsprechenden gesetzlichen Vorschrift nicht im Amt befindlichen Richter und Mitglieder einer obersten Rechnungsprüfungsbehörde als Ruhegehalt,
10. die Bezüge, die nach oder entsprechend § 4 Absatz 1 Satz 1 des Bundesbesoldungsgesetzes gewährt werden, als Ruhegehalt;

die Empfänger dieser Versorgungsbezüge gelten als Ruhestandsbeamte, Witwen oder Waisen.

Abschnitt 8 Sondervorschriften

§ 64 Entzug von Hinterbliebenenversorgung

(1) Die oberste Dienstbehörde kann Empfängern von Hinterbliebenenversorgung die Versorgungsbezüge auf Zeit teilweise oder ganz entziehen, wenn sie sich gegen die freiheitliche demokratische Grundordnung im Sinne des Grundgesetzes betätigt haben; § 41 gilt sinngemäß. Die diese Maßnahme rechtfertigenden Tatsachen sind in einem Untersuchungsverfahren festzustellen, in dem die eidliche Vernehmung von Zeugen und Sachverständigen zulässig und der Versorgungsberechtigte zu hören ist.

(2) § 61 Absatz 1 Satz 1 Nummer 4 und Satz 2 bleibt unberührt.

§ 65 Nichtberücksichtigung der Versorgungsbezüge

Werden Versorgungsberechtigte im öffentlichen Dienst (§ 53 Absatz 8) verwendet, so sind ihre Bezüge aus dieser Beschäftigung ohne Rücksicht auf die Versorgungsbezüge zu bemessen. Das Gleiche gilt für eine auf Grund der Beschäftigung zu gewährende Versorgung.

Abschnitt 9 Versorgung besonderer Beamtengruppen

§ 66 Beamte auf Zeit

(1) Für die Versorgung der Beamten auf Zeit und ihrer Hinterbliebenen gelten die Vorschriften für die Versorgung der Beamten auf Lebenszeit und ihrer Hinterbliebenen entsprechend, soweit in diesem Gesetz nichts anderes bestimmt ist.

(2) Für Beamte auf Zeit, die eine ruhegehaltfähige Dienstzeit von zehn Jahren zurückgelegt haben, beträgt das Ruhegehalt, wenn es für sie günstiger ist, nach einer Amtszeit von acht Jahren als Beamter auf Zeit 33,48345 Prozent der ruhegehaltfähigen Dienstbezüge und steigt mit jedem weiteren vollen Amtsjahr als Beamter auf Zeit um 1,91333 Prozent der ruhegehaltfähigen Dienstbezüge bis zum Höchstruhegehaltssatz von 71,75 Prozent. Als Amtszeit rechnet hierbei auch die Zeit bis zur Dauer von fünf Jahren, die ein Beamter auf Zeit im einstweiligen Ruhestand zurückgelegt hat. § 14 Absatz 3 findet Anwendung. Die Sätze 1 bis 3 finden auf zu Beamten auf Zeit ernannte Militärgeistliche keine Anwendung.

(3) Ein Übergangsgeld nach § 47 wird nicht gewährt, wenn der Beamte auf Zeit einer gesetzlichen Verpflichtung, sein Amt nach Ablauf der Amtszeit unter erneuter Berufung in das Beamtenverhältnis weiterzuführen, nicht nachkommt.

(4) Führt der Beamte auf Zeit nach Ablauf seiner Amtszeit sein bisheriges Amt unter erneuter Berufung als Beamter auf Zeit für die folgende Amtszeit weiter, gilt für die Anwendung dieses Gesetzes das Beamtenverhältnis als nicht unterbrochen. Satz 1 gilt entsprechend für Beamte auf Zeit, die aus ihrem bisherigen Amt ohne Unterbrechung in ein vergleichbares oder höherwertiges Amt unter erneuter Berufung als Beamter auf Zeit gewählt werden.

(5) Wird ein Beamter auf Zeit wegen Dienstunfähigkeit entlassen, gelten die §§ 15 und 26 entsprechend.

§ 67 Professoren an Hochschulen, Hochschuldozenten, Oberassistenten, Oberingenieure, Wissenschaftliche und Künstlerische Assistenten mit Bezügen nach § 77 Absatz 2 des Bundesbesoldungsgesetzes sowie Professoren und hauptberufliche Leiter und Mitglieder von Leitungsgremien an Hochschulen mit Bezügen nach der Bundesbesoldungsordnung W

(1) Für die Versorgung der zu Beamten ernannten Professoren an Hochschulen, Hochschuldozenten, Oberassistenten, Oberingenieure, Wissenschaftlichen und Künstlerischen Assistenten mit Bezügen nach § 77 Absatz 2 des Bundesbesoldungsgesetzes und ihrer Hinterbliebenen gelten die Vorschriften dieses Gesetzes, soweit nachfolgend nichts anderes bestimmt ist. Satz 1 gilt auch für die Versorgung der zu Beamten ernannten Professoren und der hauptberuflichen Leiter und Mitglieder von Leitungsgremien an Hochschulen mit Bezügen nach der Bundesbesoldungsordnung W und ihre Hinterbliebenen.

(2) Ruhegehaltfähig ist auch die Zeit, in der die Professoren, Hochschuldozenten, Oberassistenten, Oberingenieure, Wissenschaftlichen und Künstlerischen Assistenten nach der Habilitation dem Lehrkörper einer Hochschule angehört haben. Als ruhegehaltfähig gilt auch die zur Vorbereitung für die Promotion benötigte Zeit bis zu zwei Jahren. Die in einer Habilitationsordnung vorgeschriebene Mindestzeit für die Erbringung der Habilitationsleistungen oder sonstiger gleichwertiger wissenschaftlicher Leistungen kann als ruhegehaltfähige Dienstzeit berücksichtigt werden; soweit die Habilitationsordnung eine Mindestdauer nicht vorschreibt, sind bis zu drei Jahre berücksichtigungsfähig. Die nach erfolgreichem Abschluss eines Hochschulstudiums vor der Ernennung zum Professor,

Hochschuldozenten, Oberassistenten, Oberingenieur, Wissenschaftlichen und Künstlerischen Assistenten liegende Zeit einer hauptberuflichen Tätigkeit, in der besondere Fachkenntnisse erworben wurden, die für die Wahrnehmung des Amtes förderlich sind, soll im Falle des § 44 Absatz 1 Nummer 4 Buchstabe c des Hochschulrahmengesetzes als ruhegehaltfähig berücksichtigt werden; im Übrigen kann sie bis zu fünf Jahren in vollem Umfang, darüber hinaus bis zur Hälfte als ruhegehaltfähig berücksichtigt werden. Zeiten nach Satz 4 können in der Regel insgesamt nicht über zehn Jahre hinaus als ruhegehaltfähig berücksichtigt werden. Zeiten mit einer geringeren als der regelmäßigen Arbeitszeit dürfen nur bis zu dem Teil als ruhegehaltfähig berücksichtigt werden, der dem Verhältnis der tatsächlichen zur regelmäßigen Arbeitszeit entspricht.

(3) Über die Berücksichtigung von Zeiten nach Absatz 2 Satz 1 bis 4 sowie nach den §§ 6a, 10 bis 12 und 13 Absatz 2 und 3 als ruhegehaltfähig ist auf Antrag eines in Absatz 1 genannten Beamten vorab zu entscheiden. Diese Entscheidungen stehen unter dem Vorbehalt des Gleichbleibens der Sach- und Rechtslage, die ihnen zugrunde liegt.

(4) Für Hochschuldozenten, Oberassistenten, Oberingenieure, Wissenschaftliche und Künstlerische Assistenten beträgt das Übergangsgeld abweichend von § 47 Absatz 1 Satz 1 für ein Jahr Dienstzeit das Einfache, insgesamt höchstens das Sechsfache der Dienstbezüge (§ 1 Absatz 2 Nummer 1 bis 4 des Bundesbesoldungsgesetzes) des letzten Monats.

§ 68 Ehrenbeamte

Erleidet der Ehrenbeamte einen Dienstunfall (§ 31), so hat er Anspruch auf ein Heilverfahren (§ 33). Außerdem kann ihm Ersatz von Sachschäden (§ 32) und von der obersten Dienstbehörde oder der von ihr bestimmten Stelle im Einvernehmen mit dem Bundesministerium des Innern, für Bau und Heimat, ein nach billigem Ermessen festzusetzender Unterhaltsbeitrag bewilligt werden. Das Gleiche gilt für seine Hinterbliebenen.

Abschnitt 10
Übergangsvorschriften

§ 69 Anwendung bisherigen und neuen Rechts für am 1. Januar 1977 vorhandene Versorgungsempfänger

(1) Die Rechtsverhältnisse der am 1. Januar 1992 vorhandenen Ruhestandsbeamten, entpflichteten Hochschullehrer, Witwen, Waisen und sonstigen Versorgungsempfänger regeln sich, sofern der Versorgungsfall oder die Entpflichtung vor dem 1. Januar 1977 eingetreten oder wirksam geworden ist, nach dem bis zum 31. Dezember 1976 geltenden Recht mit folgenden Maßgaben:

1. Die Witwenabfindung richtet sich nach diesem Gesetz.
2. Die §§ 3, 9, 22 Absatz 1 Satz 2 und 3, die §§ 33, 34, 42 Satz 2, die §§ 49 bis 50a, 51, 52, 55 Absatz 1 Satz 7 und Absatz 2 bis 8, die §§ 57 bis 65, 69e Absatz 3, 4 und 7 sowie § 70 dieses Gesetzes sind anzuwenden. § 6 Absatz 1 Satz 5, § 10 Absatz 2, § 14a Absatz 1, 3 und 4, § 55 Absatz 1 Satz 1 und 2 und § 56 sind in der bis zum 31. Dezember 1991 geltenden Fassung anzuwenden. § 14a Absatz 2 Satz 1 bis 3, § 53 Absatz 1, 2 Nummer 1 bis 3 erste Höchstgrenzenalternative, Absatz 3 bis 10 sowie § 54 sind in der am 1. Januar 2002 geltenden Fassung anzuwenden; § 53 Absatz 2 Nummer 3 zweite Höchstgrenzenalternative dieses Gesetzes ist mit der Maßgabe anzuwenden, dass an die Stelle der Zahl „71,75" die Zahl „75" tritt. In den Fällen der §§ 140 und 141a des Bundesbeamtengesetzes in der Fassung vom 28. Juli 1972 (BGBl. I S. 1288) oder des entsprechenden Landesrechts richten sich die ruhegehaltfähigen Dienstbezüge und der Ruhegehaltssatz nach den §§ 36 und 37 in der bis zum 31. Dezember 1991 geltenden Fassung; § 69e Absatz 3 und 4 ist in diesen Fällen nicht anzuwenden. Satz 4 Halbsatz 2 gilt entsprechend für die Bezüge der entpflichteten Hochschullehrer sowie für die von den §§ 181a und 181b des Bundesbeamtengesetzes in

der Fassung vom 28. Juli 1972 (BGBl. I S. 1288) oder entsprechenden landesrechtlichen Vorschriften erfassten Versorgungsempfänger. Ist in den Fällen des § 54 dieses Gesetzes die Ruhensregelung nach dem bis zum 31. Dezember 1976 geltenden Recht für den Versorgungsempfänger günstiger, verbleibt es dabei, solange eine weitere Versorgung besteht. Solange ein über den 1. Januar 1999 hinaus bestehendes Beschäftigungsverhältnis andauert, finden, wenn dies für den Versorgungsempfänger günstiger ist, die §§ 53 und 53a in der bis zum 31. Dezember 1998 geltenden Fassung, längstens für weitere sieben Jahre vom 1. Januar 1999 an, mit folgenden Maßgaben Anwendung:

a) Ist in den Fällen des § 53 die Ruhensregelung nach dem bis zum 31. Dezember 1976 geltenden Recht für den Versorgungsempfänger günstiger, verbleibt es dabei, solange ein über den 31. Dezember 1976 hinaus bestehendes Beschäftigungsverhältnis andauert.
b) Ist in den Fällen des § 53 die Ruhensregelung nach dem bis zum 31. Dezember 1991 geltenden Recht günstiger, verbleibt es dabei, solange ein über den 31. Dezember 1991 hinaus bestehendes Beschäftigungsverhältnis andauert.
c) Bei der Anwendung des § 53a Absatz 1 Satz 1 treten an die Stelle der dort genannten Vorschriften die entsprechenden Vorschriften des bis zum 31. Dezember 1976 geltenden Rechts.
d) § 53a gilt nicht, solange eine am 31. Dezember 1991 über diesen Zeitpunkt hinaus bestehende Beschäftigung oder Tätigkeit eines Ruhestandsbeamten andauert.

3. Die Mindestversorgungsbezüge (§ 14 Absatz 4 Satz 2 und 3) und die Mindestunfallversorgungsbezüge bestimmen sich nach diesem Gesetz.

4. Als Ruhegehalt im Sinne der §§ 53 bis 58, 62 und 65 gelten auch die Bezüge der entpflichteten beamteten Hochschullehrer; die Empfänger dieser Bezüge gelten als Ruhestandsbeamte. Die Bezüge der entpflichteten beamteten Hochschullehrer gelten unter Hinzurechnung des dem Entpflichteten zustehenden, mindestens des zuletzt zugesicherten Vorlesungsgeldes (Kolleggeldpauschale) als Höchstgrenze im Sinne des § 53 Absatz 2 Nummer 1 und 3 dieses Gesetzes und als ruhegehaltfähige Dienstbezüge im Sinne des § 53a Absatz 2 in der bis zum 31. Dezember 1998 geltenden Fassung. § 65 gilt nicht für entpflichtete Hochschullehrer, die die Aufgaben der von ihnen bis zur Entpflichtung innegehabten Stelle vertretungsweise wahrnehmen.

5. Die Rechtsverhältnisse der Hinterbliebenen eines Ruhestandsbeamten, der nach dem 31. Dezember 1976 und vor dem 1. Januar 1992 verstorben ist, richten sich nach diesem Gesetz in der bis zum 31. Dezember 1991 geltenden Fassung, jedoch unter Zugrundelegung des bisherigen Ruhegehalts; § 22 Absatz 1 Satz 2 und § 55 Absatz 4 finden in der ab 1. Januar 1992 geltenden Fassung dieses Gesetzes Anwendung. § 53 findet Anwendung. § 53 findet, wenn dies für den Versorgungsempfänger günstiger ist, in der bis zum 31. Dezember 1998 geltenden Fassung, längstens für weitere sieben Jahre vom 1. Januar 1999 an, Anwendung, solange ein über den 1. Januar 1999 hinaus bestehendes Beschäftigungsverhältnis andauert. § 53 findet, wenn dies für den Versorgungsempfänger günstiger ist, in der bis zum 31. Dezember 1991 geltenden Fassung Anwendung, solange ein über den 31. Dezember 1991 hinaus bestehendes Beschäftigungsverhältnis, längstens für weitere sieben Jahre vom 1. Januar 1999 an, andauert. § 26 dieses Gesetzes ist auch auf Hinterbliebene eines früheren Beamten auf Lebenszeit oder auf Widerruf anwendbar, dem nach dem bis zum 31. Dezember 1976 geltenden Recht ein Unterhaltsbeitrag bewilligt war oder hätte bewilligt werden können. Für die Hinterbliebenen eines entpflichteten Hochschullehrers, der nach dem 31. Dezember 1976 und vor dem 1. Januar 1992 verstorben ist, gilt § 91 Absatz 2 Nummer 3 in der bis zum 31. Dezember 1991 geltenden Fassung entsprechend.

6. Die Rechtsverhältnisse der Hinterbliebenen eines Ruhestandsbeamten, der nach dem 31. Dezember 1991 verstorben ist, regeln sich nach diesem Gesetz, jedoch unter Zugrundelegung des bisherigen Ruhegehalts; § 56 findet in der bis zum 31. Dezember 1991 geltenden Fassung Anwendung. Für die Hinterbliebenen eines entpflichteten Hochschullehrers, der nach dem 31. Dezember 1991 verstorben ist, gilt § 91 Absatz 2 Nummer 3 entsprechend.

(2) Für die am 1. Januar 1977 vorhandenen früheren Beamten, früheren Ruhestandsbeamten und ihre Hinterbliebenen gelten die §§ 38, 41 und 61 Absatz 1 Satz 3; § 82 findet in der bis zum 31. Dezember 1991 geltenden Fassung Anwendung. Für eine sich danach ergebende Versorgung gelten die Vorschriften des Absatzes 1, wobei § 38 Absatz 4 Satz 3 und § 38 Absatz 5 anzuwenden sind.

(3) Haben nach bisherigem Recht Versorgungsbezüge nicht zugestanden, werden Zahlungen nur auf Antrag gewährt, und zwar vom Ersten des Monats, in dem der Antrag gestellt worden ist. Anträge, die bis zum 31. Dezember 1977 gestellt werden, gelten als am 1. Januar 1977 gestellt.

(4) Absatz 1 Nummer 2 Satz 3 ist mit dem Inkrafttreten der achten auf den 31. Dezember 2002 folgenden Anpassung nach § 70 nicht mehr anzuwenden. Ab dem genannten Zeitpunkt sind § 14a Absatz 1 Satz 1 Nummer 3 und Absatz 2 Satz 1 bis 3 sowie die §§ 53 und 54 dieses Gesetzes anzuwenden; bei der Anwendung von § 56 Absatz 1 Satz 1 in der bis zum 31. Dezember 1991 geltenden Fassung gilt § 69e Absatz 4 für die Verminderung der Prozentsätze entsprechend.

§ 69a Anwendung bisherigen und neuen Rechts für am 1. Januar 1992 vorhandene Versorgungsempfänger

Die Rechtsverhältnisse der am 1. Januar 1992 vorhandenen Ruhestandsbeamten, entpflichteten Hochschullehrer, Witwen, Waisen und sonstigen Versorgungsempfänger regeln sich, sofern der Versorgungsfall oder die Entpflichtung nach dem 31. Dezember 1976 eingetreten oder wirksam geworden ist, nach dem bis zum 31. Dezember 1991 geltenden Recht mit folgenden Maßgaben:

1. § 22 Absatz 1 Satz 2 und 3, § 42 Satz 2, die §§ 49, 50, 50a, 52, 55 Absatz 1 Satz 7 und Absatz 2 bis 8 sowie die §§ 57, 58, 61, 62 und 69e Absatz 3, 4, 6 und 7 dieses Gesetzes sind anzuwenden. § 14a Absatz 2 Satz 1 bis 3, § 53 Absatz 1, 2 Nummer 1 bis 3 erste Höchstgrenzenalternative, Absatz 3 bis 10 sowie § 54 sind in der am 1. Januar 2002 geltenden Fassung anzuwenden. § 53 Absatz 2 Nummer 3 zweite Höchstgrenzenalternative dieses Gesetzes ist mit der Maßgabe anzuwenden, dass an die Stelle der Zahl „71,75" die Zahl „75" tritt. Auf die von § 82 in der bis zum 31. Dezember 1991 geltenden Fassung erfassten Versorgungsfälle ist § 69e Absatz 3 und 4 nicht anzuwenden.
2. Solange ein über den 1. Januar 1999 hinaus bestehendes Beschäftigungsverhältnis andauert, finden, wenn dies für den Versorgungsempfänger günstiger ist, die §§ 53 und 53a in der bis zum 31. Dezember 1998 geltenden Fassung, längstens für weitere sieben Jahre vom 1. Januar 1999 an, mit folgenden Maßgaben Anwendung:
   a) Ist in den Fällen des § 53 die Ruhensregelung nach dem bis zum 31. Dezember 1991 geltenden Recht günstiger, verbleibt es dabei, solange ein über den 31. Dezember 1991 hinaus bestehendes Beschäftigungsverhältnis andauert.
   b) Bei der Anwendung des § 53a Absatz 1 Satz 1 treten an die Stelle der dort genannten Vorschriften die entsprechenden Vorschriften des bis zum 31. Dezember 1991 geltenden Rechts.
   c) § 53a gilt nicht, solange eine am 31. Dezember 1991 über diesen Zeitpunkt hinaus bestehende Beschäftigung oder Tätigkeit eines Ruhestandsbeamten andauert.
3. Die Rechtsverhältnisse der Hinterbliebenen eines Ruhestandsbeamten, der nach dem 31. Dezember 1991 verstorben ist, regeln sich nach den ab dem 1. Januar 1992 geltenden Vorschriften, jedoch unter Zugrundelegung des bisherigen Ruhegehalts. § 56

findet in der bis zum 31. Dezember 1991 geltenden Fassung Anwendung. Für die Hinterbliebenen eines entpflichteten Hochschullehrers, der nach dem 31. Dezember 1991 verstorben ist, gilt § 91 Absatz 2 Nummer 3 entsprechend.

4. § 69 Absatz 1 Nummer 3 gilt entsprechend.
5. Nummer 1 Satz 2 und 3 ist mit dem Inkrafttreten der achten auf den 31. Dezember 2002 folgenden Anpassung nach § 70 nicht mehr anzuwenden. Ab dem genannten Zeitpunkt sind § 14a Absatz 1 Satz 1 Nummer 3 und Absatz 2 Satz 1 bis 3 sowie die §§ 53 und 54 dieses Gesetzes anzuwenden. Bei der Anwendung von § 56 Absatz 1 Satz 1 in der bis zum 31. Dezember 1991 geltenden Fassung gilt § 69e Absatz 4 für die Verringerung der Prozentsätze entsprechend.

§ 69b Übergangsregelungen für vor dem 1. Juli 1997 eingetretene Versorgungsfälle

Für Versorgungsfälle, die vor dem 1. Juli 1997 eingetreten sind, finden § 5 Absatz 2, § 12 Absatz 1 Satz 1, § 13 Absatz 1 Satz 1, § 36 Absatz 2 und § 66 Absatz 7 in der bis zum 30. Juni 1997 geltenden Fassung Anwendung. Satz 1 gilt entsprechend für künftige Hinterbliebene eines vor dem 1. Juli 1997 vorhandenen Versorgungsempfängers. Versorgungsempfänger, die am 28. Februar 1997 einen Erhöhungsbetrag nach § 14 Absatz 2 in der an diesem Tag geltenden Fassung bezogen haben, erhalten diesen weiter mit der Maßgabe, dass sich dieser Erhöhungsbetrag bei der nächsten allgemeinen Erhöhung der Versorgungsbezüge um die Hälfte verringert; die Verringerung darf jedoch die Hälfte der allgemeinen Erhöhung nicht übersteigen. Bei einer weiteren allgemeinen Erhöhung der Versorgungsbezüge entfällt der verbleibende Erhöhungsbetrag. Versorgungsempfänger, die am 30. Juni 1997 einen Anpassungszuschlag gemäß § 71 in der an diesem Tag geltenden Fassung bezogen haben, erhalten diesen in Höhe des zu diesem Zeitpunkt zustehenden Betrages weiter. Künftige Hinterbliebene der in den Sätzen 3 und 5 genannten Versorgungsempfänger erhalten die jeweiligen Beträge entsprechend anteilig.

§ 69c Übergangsregelungen für vor dem 1. Januar 1999 eingetretene Versorgungsfälle und für am 1. Januar 1999 vorhandene Beamte

(1) Für Versorgungsfälle, die vor dem 1. Januar 1999 eingetreten sind, finden § 4 Absatz 1 Satz 1 Nummer 3, § 5 Absatz 3 bis 5, die §§ 7, 14 Absatz 6 sowie die §§ 43 und 66 Absatz 6 in der bis zum 31. Dezember 1998 geltenden Fassung Anwendung. Satz 1 gilt entsprechend für künftige Hinterbliebene eines vor dem 1. Januar 1999 vorhandenen Versorgungsempfängers.

(2) Für Beamte, die vor dem 1. Januar 2001 befördert worden sind oder denen ein anderes Amt mit höherem Endgrundgehalt verliehen worden ist, findet § 5 Absatz 3 bis 5 in der bis zum 31. Dezember 1998 geltenden Fassung Anwendung.

(3) Für Beamte, denen erstmals vor dem 1. Januar 1999 ein Amt im Sinne des § 36 des Bundesbeamtengesetzes in der bis zum 31. Dezember 1998 geltenden Fassung oder des entsprechenden Landesrechts übertragen worden war, finden § 4 Absatz 1 Satz 1 Nummer 3, die §§ 7 und 14 Absatz 6 in der bis zum 31. Dezember 1998 geltenden Fassung Anwendung.

(4) Die §§ 53 und 53a in der bis zum 31. Dezember 1998 geltenden Fassung finden, wenn dies für den Versorgungsempfänger günstiger ist, längstens für weitere sieben Jahre vom 1. Januar 1999 an, Anwendung, solange eine am 31. Dezember 1998 über diesen Zeitpunkt hinaus ausgeübte Beschäftigung oder Tätigkeit des Versorgungsempfängers andauert. Im Falle des Satzes 1 sind ebenfalls anzuwenden § 2 Absatz 5 Satz 4, Absatz 7 und 8 des Gesetzes zur Übernahme der Beamten und Arbeitnehmer der Bundesanstalt für Flugsicherung vom 23. Juli 1992 (BGBl. I S. 1370, 1376) in der bis zum 31. Dezember 1998 geltenden Fassung sowie § 2 Absatz 3 des Bundeswehrbeamtenanpassungsgesetzes vom 20. Dezember 1991 (BGBl. I S. 2378) in der bis zum 31. Dezember 1997 geltenden Fassung und § 2 Absatz 3 des Gesetzes zur Verbesserung

der personellen Struktur in der Bundeszollverwaltung vom 11. Dezember 1990 (BGBl. I S. 2682, 2690) in der bis zum 31. Dezember 1995 geltenden Fassung.

§ 69d Übergangsregelungen für vor dem 1. Januar 2001 eingetretene Versorgungsfälle und für am 1. Januar 2001 vorhandene Beamte und Versorgungsempfänger

(1) Auf Versorgungsfälle, die vor dem 1. Januar 2001 eingetreten sind, sind § 13 Absatz 1 Satz 1, § 14 Absatz 3 und § 36 Absatz 2 in der bis zum 31. Dezember 2000 geltenden Fassung anzuwenden; § 85a ist in der bis zum 31. Dezember 2000 geltenden Fassung anzuwenden, wenn dies für den Versorgungsempfänger günstiger ist. Satz 1 gilt entsprechend für künftige Hinterbliebene eines vor dem 1. Januar 2001 vorhandenen Versorgungsempfängers.

(2) Für am 1. Januar 2001 vorhandene Wahlbeamte auf Zeit im Ruhestand, deren Beschäftigungsverhältnis über den 1. Januar 2001 hinaus andauert, gilt § 53a in der bis zum 31. Dezember 2000 geltenden Fassung längstens bis zum 31. Dezember 2007, wenn dies für den Versorgungsempfänger günstiger ist als die Anwendung des § 53 Absatz 10. Für am 1. Januar 1992 vorhandene Wahlbeamte auf Zeit im Ruhestand bleibt § 69a unberührt.

(3) Für am 1. Januar 2001 vorhandene Beamte, die bis zum 31. Dezember 2003 wegen Dienstunfähigkeit in den Ruhestand versetzt werden, gilt Folgendes:

1. § 14 Absatz 3 ist mit folgenden Maßgaben anzuwenden:

Zeitpunkt der Versetzung in den Ruhestand	Minderung des Ruhegehalts für jedes Jahr des vorgezogenen Ruhestandes (Prozent)	Höchstsatz der Gesamtminderung des Ruhegehalts (Prozent)
vor dem 1. 1. 2002	1,8	3,6
vor dem 1. 1. 2003	2,4	7,2
vor dem 1. 1. 2004	3,0	10,8

2. § 13 Absatz 1 Satz 1 ist mit folgenden Maßgaben anzuwenden:

Zeitpunkt der Versetzung in den Ruhestand	Umfang der Berücksichtigung als Zurechnungszeit in Zwölfteln
vor dem 1. 1. 2002	5
vor dem 1. 1. 2003	6
vor dem 1. 1. 2004	7

(4) Für am 1. Januar 2001 vorhandene Beamte, die vor dem 1. Januar 1942 geboren sind, wegen Dienstunfähigkeit in den Ruhestand versetzt werden und zu diesem Zeitpunkt mindestens 40 Jahre ruhegehaltfähige Dienstzeit nach § 6, § 8 oder § 9 zurückgelegt haben, gilt Absatz 1 entsprechend.

(5) Auf am 1. Januar 2001 vorhandene Beamte, die bis zum 16. November 1950 geboren und am 16. November 2000 schwerbehindert im Sinne des § 2 Absatz 2 des Neunten Buches Sozialgesetzbuch sind sowie nach § 52 Absatz 1 und 2 des Bundesbeamtengesetzes in den Ruhestand versetzt werden, ist § 14 Absatz 3 nicht anzuwenden.

§ 69e Übergangsregelungen aus Anlass des Versorgungsänderungsgesetzes 2001 sowie des Dienstrechtsneuordnungsgesetzes

(1) Die Rechtsverhältnisse der am 1. Januar 2002 vorhandenen Ruhestandsbeamten, entpflichteten Hochschullehrer, Witwen, Waisen und sonstigen Versorgungsempfänger regeln sich nach dem bis zum 31. Dezember 2001 geltenden Recht mit folgenden Maßgaben:

1. Die Absätze 3, 4, 6 und 7, § 22 Absatz 1 Satz 3, § 42 Satz 2, die §§ 49 bis 50a, 50b, 50d bis 50f, 52, 54 Absatz 1 Satz 2, § 55 Absatz 1 Satz 3 bis 7 sowie die §§ 57, 58, 61, 62 und 85 Absatz 11 dieses Gesetzes sind anzuwenden. Artikel 11 des Gesetzes zur Änderung des Beamtenversorgungsgesetzes, des Soldatenversorgungsgesetzes sowie sonstiger versorgungsrechtlicher Vorschriften vom 20. September 1994 (BGBl. I S. 2442) bleibt unberührt.
2. § 14a Absatz 1 Satz 1 Nummer 3 und Absatz 2 Satz 1 bis 3, § 53 Absatz 1, 2 Nummer 1 bis 3 erste Höchstgrenzenalternative, Absatz 3, 4, 5 Satz 1 und Absatz 6 bis 10 sowie § 54 Absatz 2 bis 5 sind in der am

1. Januar 2002 geltenden Fassung anzuwenden. § 50e Absatz 1 dieses Gesetzes ist mit der Maßgabe anzuwenden, dass an die Stelle der Zahl „66,97" die Zahl „70" tritt. § 53 Absatz 2 Nummer 3 zweite Höchstgrenzenalternative dieses Gesetzes ist mit der Maßgabe anzuwenden, dass an die Stelle der Zahl „71,75" die Zahl „75" tritt. Die Sätze 1 bis 3 sind mit dem Inkrafttreten der achten auf den 31. Dezember 2002 folgenden Anpassung nach § 70 nicht mehr anzuwenden. Ab dem genannten Zeitpunkt sind § 14a Absatz 1 Satz 1 Nummer 3 und Absatz 2 Satz 1 bis 3 sowie die § 53 Absatz 1, 2, 5 Satz 1 und Absatz 6 bis 10 sowie § 54 dieses Gesetzes anzuwenden.

3. Mit dem Inkrafttreten der achten auf den 31. Dezember 2002 folgenden Anpassung nach § 70 ist § 56 Absatz 1 und 6 in der bis zum 31. Dezember 2001 geltenden Fassung mit der Maßgabe anzuwenden, dass an die Stelle der Zahl „1,875" die Zahl „1,79375" sowie an die Stelle der Zahl „2,5" die Zahl „2,39167" tritt. § 69c Absatz 5 bleibt unberührt.

(2) Auf Versorgungsfälle, die nach dem 31. Dezember 2001 eintreten, sind § 14 Absatz 1 und 6, § 14a Absatz 1 Satz 1 Nummer 3 und Absatz 2, § 47a Absatz 1, die §§ 50e und 53 Absatz 2 Nummer 3 erste Höchstgrenzenalternative, § 54 Absatz 2 sowie § 66 Absatz 2 und 8 in der bis zum 31. Dezember 2002 geltenden Fassung anzuwenden. § 50e Absatz 1 dieses Gesetzes ist mit der Maßgabe anzuwenden, dass an die Stelle der Zahl „66,97" jeweils die Zahl „70" tritt. § 53 Absatz 2 Nummer 3 zweite Höchstgrenzenalternative dieses Gesetzes ist mit der Maßgabe anzuwenden, dass an die Stelle der Zahl „71,75" die Zahl „75" tritt. § 56 Absatz 1 und 6 ist mit der Maßgabe anzuwenden, dass an die Stelle der Zahl „1,79375" die Zahl „1,875" sowie an die Stelle der Zahl „2,39167" die Zahl „2,5" tritt. Die Sätze 1 bis 4 sind mit dem Inkrafttreten der achten auf den 31. Dezember 2002 folgenden Anpassung nach § 70 nicht mehr anzuwenden.

(3) Ab der ersten auf den 31. Dezember 2002 folgenden Anpassung nach § 70 werden die der Berechnung der Versorgungsbezüge zugrunde liegenden ruhegehaltfähigen Dienstbezüge bis zur siebten Anpassung nach § 70 durch einen Anpassungsfaktor nach Maßgabe der folgenden Tabelle vermindert:

Anpassung nach dem 31. Dezember 2002	Anpassungsfaktor
1.	0,99458
2.	0,98917
3.	0,98375
4.	0,97833
5.	0,97292
6.	0,96750
7.	0,96208

Dies gilt nicht für das Ruhegehalt, das durch Anwendung des § 14 Absatz 4 Satz 1 und 2 und § 91 Absatz 2 Nummer 1 ermittelt ist. Für Versorgungsbezüge, deren Berechnung ein Ortszuschlag nach dem Bundesbesoldungsgesetz in der bis zum 30. Juni 1997 geltenden Fassung nicht zugrunde liegt, und für Versorgungsbezüge, die in festen Beträgen festgesetzt sind, sowie bei der Anwendung von Ruhensvorschriften (§§ 53 bis 56) gelten die Sätze 1 und 2 entsprechend. Zu den ruhegehaltfähigen Dienstbezügen im Sinne des Satzes 1 gehören auch die Anpassungszuschläge, der Strukturausgleich sowie Erhöhungszuschläge nach den Artikeln 5 und 6 des Siebenten Gesetzes zur Änderung des Bundesbesoldungsgesetzes vom 15. April 1970 (BGBl. I S. 339). Für die von den Erhöhungen 2003/2004 nach § 71 ausgenommenen Versorgungsempfänger beginnt die Verminderung nach Satz 1 am 1. Januar 2005 mit dem dritten Anpassungsfaktor.

(4) In Versorgungsfällen, die vor der achten auf den 31. Dezember 2002 folgenden Anpassung nach § 70 eingetreten sind, wird der den Versorgungsbezügen zugrunde liegende Ruhegehaltssatz mit dem Inkrafttreten und vor dem Vollzug der achten Anpassung nach § 70 mit dem Faktor 0,95667 vervielfältigt; § 14 Absatz 1 Satz 2 und 3 ist anzuwenden. Der nach Satz 1 verminderte Ruhegehaltssatz gilt als neu festgesetzt. Er ist ab dem Tag der

IV

achten Anpassung nach § 70 der Berechnung der Versorgungsbezüge zugrunde zu legen. Satz 1 gilt nicht für das Ruhegehalt, das durch Anwendung des § 14 Absatz 4 Satz 1 und 2 und § 91 Absatz 2 Nummer 1 ermittelt ist.

(4a) Für die Verteilung der Versorgungslasten bei Beamten und Richtern, die vor dem 1. Januar 2002 in den Dienst eines anderen Dienstherrn übernommen worden sind, gilt § 107b Absatz 1 in der bis zum 31. Dezember 2001 geltenden Fassung.

(5) § 19 Absatz 1 Satz 2 Nummer 1 ist in der bis zum 31. Dezember 2001 geltenden Fassung anzuwenden, wenn die Ehe vor dem 1. Januar 2002 geschlossen wurde. § 20 Absatz 1 Satz 1 ist in der bis zum 31. Dezember 2001 geltenden Fassung anzuwenden, wenn die Ehe vor dem 1. Januar 2002 geschlossen wurde und mindestens ein Ehegatte vor dem 2. Januar 1962 geboren ist. § 50c ist in diesen Fällen nicht anzuwenden.

(6) In den Fällen des § 36 Absatz 3 gilt unbeschadet des § 85 der § 14 Absatz 1 Satz 1 in der bis zum 31. Dezember 2002 geltenden Fassung. In den Fällen des Satzes 1 sowie des § 37 sind die Absätze 3, 4 und 7 sowie § 85 Absatz 11 nicht anzuwenden.

(7) Die Wirkungen der Minderungen der der Berechnung der Versorgungsbezüge zugrunde liegenden ruhegehaltfähigen Dienstbezüge sind bis zum 31. Dezember 2011 unter Berücksichtigung der allgemeinen Entwicklung der Alterssicherungssysteme und der Situation in den öffentlich-rechtlichen Versorgungssystemen sowie der Entwicklung der allgemeinen wirtschaftlichen und finanziellen Verhältnisse zu prüfen.

§ 69f Übergangsregelungen zur Berücksichtigung von Hochschulausbildungszeiten

(1) Auf Versorgungsfälle, die vor dem 12. Februar 2009 eingetreten sind, ist § 12 Absatz 1 Satz 1 in der bis zum 11. Februar 2009 geltenden Fassung anzuwenden.

(2) Für Versorgungsfälle, die nach dem 11. Februar 2009 und bis zum 31. Dezember 2012 eintreten, ist § 12 Absatz 1 Satz 1 in der bis zum 11. Februar 2009 geltenden Fassung mit der Maßgabe anzuwenden, dass sich die danach höchstens anrechenbare Zeit einer Hochschulausbildung für jeden nach diesem Tag beginnenden Kalendermonat bis einschließlich des Kalendermonats, in dem der Versorgungsfall eintritt, um jeweils fünf Tage vermindert.

§ 69g Versorgungsüberleitungsregelungen aus Anlass des Dienstrechtsneuordnungsgesetzes

(1) Für Versorgungsfälle, die vor dem 1. Juli 2009 eingetreten sind, gilt Folgendes:

1. § 5 Absatz 1 dieses Gesetzes ist mit folgenden Maßgaben anzuwenden:
   a) § 2 Absatz 1 Satz 1 sowie Absatz 2 Satz 1, 2 und 4 des Besoldungsüberleitungsgesetzes gilt entsprechend. Die Zuordnung im Sinne des § 2 Absatz 3 des Besoldungsüberleitungsgesetzes erfolgt innerhalb der Besoldungsgruppe, aus der sich das Ruhegehalt berechnet, zu dem Betrag der Stufe, der dem Betrag nach § 2 Absatz 2 Satz 1, 2 und 4 des Besoldungsüberleitungsgesetzes entspricht oder unmittelbar darunter liegt. Liegt der zugeordnete Betrag nach Satz 2 unter dem Betrag nach § 2 Absatz 2 Satz 1, 2 und 4 des Besoldungsüberleitungsgesetzes, wird in Höhe der Differenz ein Überleitungsbetrag als ruhegehaltfähiger Dienstbezug gewährt. Der Überleitungsbetrag ist bei allgemeinen Erhöhungen oder Verminderungen der Versorgungsbezüge nach § 70 entsprechend anzupassen. Der Überleitungsbetrag gehört zu den der Bemessung nach § 2 der Zweiten Besoldungs-Übergangsverordnung zugrunde zu legenden Dienstbezügen. Auf die ruhegehaltfähigen Dienstbezüge nach Satz 1, die nicht von Satz 2 erfasst werden, ist § 2 Absatz 2 Satz 2 des Besoldungsüberleitungsgesetzes entsprechend anzuwenden.
   b) Für Versorgungsbezüge, deren Berechnung ruhegehaltfähige Dienstbezüge nach der Bundesbesoldungsordnung B zugrunde liegen, gelten die Beträge nach § 20 Absatz 2 des Bundesbesoldungsgesetzes.

c) Für die nicht von den Buchstaben a und b erfassten ruhegehaltfähigen Dienstbezüge mit Ausnahme des Familienzuschlags der Stufe 1 gilt § 2 Absatz 2 Satz 2 des Besoldungsüberleitungsgesetzes entsprechend. Zu den ruhegehaltfähigen Dienstbezügen nach Satz 1 gehören auch die Anpassungszuschläge, der Strukturausgleich sowie Erhöhungszuschläge nach den Artikeln 5 und 6 des Siebenten Gesetzes zur Änderung des Bundesbesoldungsgesetzes vom 15. April 1970 (BGBl. I S. 339).

2. (weggefallen)
3. Für Versorgungsbezüge, die in festen Beträgen festgesetzt sind, gelten § 2 Absatz 2 Satz 2 des Besoldungsüberleitungsgesetzes sowie der Faktor nach § 5 Absatz 1 Satz 1 entsprechend.

(2) Für Versorgungsfälle, die ab dem 1. Juli 2009 eintreten, gilt Folgendes:

1. § 5 Absatz 1 ist für Beamte, die aus einer zugeordneten Überleitungsstufe nach § 2 Absatz 3 des Besoldungsüberleitungsgesetzes in den Ruhestand treten oder versetzt werden, mit folgenden Maßgaben anzuwenden:

   Ruhegehaltfähig ist das Grundgehalt der Stufe, die unmittelbar unter der nach § 2 Absatz 3 des Besoldungsüberleitungsgesetzes zugeordneten Überleitungsstufe liegt. In Höhe der Differenz zu dem Betrag der Überleitungsstufe nach Satz 1 wird ein Überleitungsbetrag als ruhegehaltfähiger Dienstbezug gewährt. Absatz 1 Nummer 1 Buchstabe a Satz 4 und 5 ist anzuwenden.
2. Absatz 1 Nummer 3 gilt entsprechend.

(3) Für Versorgungsfälle, die vor dem 1. Januar 2012 eingetreten sind, werden die Bezüge und Bezügebestandteile nach den Absätzen 1 und 2 mit Ausnahme der Bezüge nach Absatz 1 Nummer 1 Buchstabe b und Nummer 2 sowie nach Absatz 2 Nummer 2 in Verbindung mit Absatz 1 Nummer 2 um 2,44 Prozent erhöht.

§ 69h Übergangsregelungen zur Anhebung des Ruhestandseintrittsalters

(1) Für Beamte, die nach dem 11. Februar 2009 nach § 52 Absatz 1 und 2 des Bundesbeamtengesetzes in den Ruhestand versetzt werden, ist § 14 Absatz 3 mit folgenden Maßgaben anzuwenden:

1. An die Stelle der Vollendung des 65. Lebensjahres tritt, wenn sie vor dem 1. Januar 1952 geboren sind, die Vollendung des 63. Lebensjahres.
2. An die Stelle der Vollendung des 65. Lebensjahres tritt, wenn sie nach dem 31. Dezember 1951 und vor dem 1. Januar 1964 geboren sind, das Erreichen folgenden Lebensalters:

Geburtsdatum bis	Lebensalter	
	Jahr	Monat
31. Januar 1952	63	1
29. Februar 1952	63	2
31. März 1952	63	3
30. April 1952	63	4
31. Mai 1952	63	5
31. Dezember 1952	63	6
31. Dezember 1953	63	7
31. Dezember 1954	63	8
31. Dezember 1955	63	9
31. Dezember 1956	63	10
31. Dezember 1957	63	11
31. Dezember 1958	64	0
31. Dezember 1959	64	2
31. Dezember 1960	64	4
31. Dezember 1961	64	6
31. Dezember 1962	64	8
31. Dezember 1963	64	10

3. Für am 12. Februar 2009 vorhandene Beamte, die vor dem 1. Januar 1955 geboren sind, deren Schwerbehinderung im Sinne des § 2 Absatz 2 des Neunten Buches Sozialgesetzbuch bis zum 31. Dezember 2006 anerkannt und denen Altersteilzeit nach § 93 Absatz 1 des Bundesbeamtengesetzes bewilligt wurde, sowie für Beamte, die nach den §§ 52 und 93 Absatz 2

IV

Satz 3 des Bundesbeamtengesetzes in den Ruhestand versetzt werden, gilt § 14 Absatz 3 in der bis zum 11. Februar 2009 geltenden Fassung.

(2) Für Beamte, die nach dem 11. Februar 2009 nach § 52 Absatz 3 des Bundesbeamtengesetzes in den Ruhestand versetzt werden, ist § 14 Absatz 3 Satz 1 Nummer 2 mit folgenden Maßgaben anzuwenden:

1. An die Stelle des Erreichens der gesetzlichen Altersgrenze tritt, wenn sie vor dem 1. Januar 1949 geboren sind, die Vollendung des 65. Lebensjahres.
2. An die Stelle des Erreichens der gesetzlichen Altersgrenze tritt, wenn sie nach dem 31. Dezember 1948 und vor dem 1. Januar 1950 geboren sind, das Erreichen folgenden Lebensalters:

Geburtsdatum bis	Lebensalter	
	Jahr	Monat
31. Januar 1949	65	1
28. Februar 1949	65	2
31. Dezember 1949	65	3

3. Für am 12. Februar 2009 vorhandene Beamte, die vor dem 1. Januar 1955 geboren sind und denen Altersteilzeit nach § 93 Absatz 1 des Bundesbeamtengesetzes bewilligt wurde, tritt an die Stelle des Erreichens der für den Beamten geltenden gesetzlichen Altersgrenze die Vollendung des 65. Lebensjahres.

(3) Für Beamte, die nach dem 11. Februar 2009 wegen Dienstunfähigkeit, die nicht auf einem Dienstunfall beruht, in den Ruhestand versetzt werden, ist § 14 Absatz 3 mit folgenden Maßgaben anzuwenden:

1. An die Stelle der Vollendung des 65. Lebensjahres tritt, wenn sie vor dem 1. Januar 2012 in den Ruhestand versetzt werden, die Vollendung des 63. Lebensjahres.
2. An die Stelle der Vollendung des 65. Lebensjahres tritt, wenn sie nach dem 31. Dezember 2011 und vor dem 1. Januar 2024 in den Ruhestand versetzt werden, das Erreichen folgenden Lebensalters:

Zeitpunkt der Versetzung in den Ruhestand vor dem	Lebensalter	
	Jahr	Monat
1. Februar 2012	63	1
1. März 2012	63	2
1. April 2012	63	3
1. Mai 2012	63	4
1. Juni 2012	63	5
1. Januar 2013	63	6
1. Januar 2014	63	7
1. Januar 2015	63	8
1. Januar 2016	63	9
1. Januar 2017	63	10
1. Januar 2018	63	11
1. Januar 2019	64	0
1. Januar 2020	64	2
1. Januar 2021	64	4
1. Januar 2022	64	6
1. Januar 2023	64	8
1. Januar 2024	64	10

3. Für Beamte, die vor dem 1. Januar 2024 in den Ruhestand versetzt werden, gilt § 14 Absatz 3 Satz 6 mit der Maßgabe, dass an die Stelle der Zahl „40“ die Zahl „35“ tritt.

§ 69i Übergangsregelung aus Anlass des Einsatzversorgungs-Verbesserungsgesetzes und des Bundeswehr-Attraktivitätssteigerungsgesetzes

Ist der Anspruch nach § 43 in der Zeit vom 1. November 1991 bis zum 12. Dezember 2011 entstanden, beträgt die Unfallentschädigung

1. im Fall des § 43 Absatz 1 150 000 Euro,
2. im Fall des § 43 Absatz 2 Nummer 1 100 000 Euro,
3. im Fall des § 43 Absatz 2 Nummer 2 40 000 Euro,
4. im Fall des § 43 Absatz 2 Nummer 3 20 000 Euro.

Aus gleichem Anlass bereits gewährte Leistungen nach § 43 sind anzurechnen.

§ 69j Übergangsregelung aus Anlass des Professorenbesoldungsneuregelungsgesetzes

Die ruhegehaltfähigen Dienstbezüge nach § 5 Absatz 1 Satz 1 Nummer 1 und 4 der Professoren sowie der hauptberuflichen Leiter von Hochschulen und Mitglieder von Leitungsgremien an Hochschulen, die vor dem 1. Januar 2013 aus einem Amt der Besoldungsgruppe W 2 oder W 3 in den Ruhestand versetzt worden sind, werden neu festgesetzt. § 77a des Bundesbesoldungsgesetzes gilt entsprechend. Die ruhegehaltfähigen Dienstbezüge nach Satz 1 sind nach Maßgabe des Satzes 2 zusammen mindestens in der Höhe festzusetzen, in der sie auf der Grundlage des bis zum 31. Dezember 2012 geltenden Rechts festgesetzt worden sind. Für Hinterbliebene gelten die Sätze 1 bis 3 entsprechend.

§ 69k Übergangsregelung aus Anlass des Gesetzes zur Änderung des Versorgungsrücklagegesetzes und weiterer dienstrechtlicher Vorschriften

Für Versorgungsfälle, die vor dem 11. Januar 2017 eingetreten sind, sind § 6 Absatz 1 Satz 2 Nummer 1, § 8 Absatz 1, § 9 Absatz 1, § 10 Satz 1, die §§ 11, 12 Absatz 1 Satz 1 und Absatz 2, § 13 Absatz 2 Satz 1 und 3, § 14a Absatz 2 Satz 1, § 38 Absatz 2 Nummer 2 und § 55 Absatz 2 in der bis zum 10. Januar 2017 geltenden Fassung anzuwenden. Satz 1 gilt entsprechend für künftige Hinterbliebene eines vor dem 11. Januar 2017 vorhandenen Versorgungsempfängers.

§ 69l Übergangsregelung zu § 55

§ 55 Absatz 1 Satz 2 Nummer 1a gilt nicht für Versorgungsfälle, die am 14. Juni 2017 vorhanden waren. Für Versorgungsfälle, die nach dem 14. Juni 2017 eintreten, sind Renten nach dem Gesetz über die Alterssicherung der Landwirte mit der Maßgabe zu berücksichtigen, dass der Teil der Rente nach dem Gesetz über die Alterssicherung der Landwirte außer Ansatz bleibt, der auf rentenrechtlichen Zeiten beruht, die bis zum 14. Juni 2017 zurückgelegt worden sind.

§ 69m Übergangsregelung aus Anlass des Besoldungsstrukturenmodernisierungsgesetzes

(1) § 6a findet auf am 30. Juni 2020 vorhandene Beamte Anwendung, wenn eine Verwendung im Sinne des § 6a Absatz 1 vor dem 1. Juli 2020

1. begonnen hat und über diesen Zeitpunkt hinaus andauert oder
2. bereits beendet war und der Beamte auf Grund dieser Verwendung einen Anspruch auf eine laufende Alterssicherungsleistung hat oder
3. bereits beendet war und der Beamte auf Grund dieser Verwendung einen Anspruch auf eine Alterssicherungsleistung in Form eines Kapitalbetrages (§ 6a Absatz 2) hat

mit den Maßgaben, dass

   a) abweichend von § 6a Absatz 3 Satz 1 der Kapitalbetrag vom Beginn des auf die Beendigung der Verwendung folgenden Monats bis zum 30. Juni 2020 zu verzinsen ist und
   b) der Antrag nach § 6a Absatz 4 Satz 1 bis zum 31. Januar 2022 gestellt werden kann.

Die Zeit einer vor dem 1. Juli 2020 bereits beendeten Verwendung im Dienst einer zwischenstaatlichen oder überstaatlichen Einrichtung ist ungeachtet des § 6a ruhegehaltfähig, sofern die für diese Zeit zustehende Alterssicherungsleistung im Sinne des § 6a Absatz 2 bereits vor dem 1. Juli 2020 an den Dienstherrn abgeführt worden ist.

(2) Für am 30. Juni 2020 vorhandene Versorgungsempfänger gilt vorbehaltlich von Satz 2 die bisherige Rechtslage weiter, insbesondere sind § 6 Absatz 3 Nummer 4, § 7 Satz 1 Nummer 1 Buchstabe b, § 55 Absatz 1 Satz 8 und 9, die §§ 56, 69c Absatz 5 sowie § 85 Absatz 6 Satz 2 bis 4 in der bis zum 30. Juni 2020 geltenden Fassung weiter anzuwenden; dabei bleiben § 69 Absatz 1 Nummer 2 Satz 2, Nummer 4 Satz 1, Nummer 6 Satz 1, Absatz 4 Satz 2, § 69a Nummer 3 Satz 2, Nummer 5 Satz 3 und § 69e Absatz 1 Nummer 3 Satz 1 unberührt. Versorgungsempfänger nach Satz 1, deren Ruhensbetrag mittels

IV

Höchstgrenzenberechnung nach § 56 Absatz 1 Satz 1 in Verbindung mit Absatz 2 in einer zwischen dem 1. Oktober 1994 und dem 30. Juni 2020 anzuwendenden Fassung bestimmt wird, können einmalig für die Zukunft beantragen, dass ihr Ruhegehalt in Höhe von 1,79375 Prozent der ruhegehaltfähigen Dienstbezüge für jedes Jahr einer Verwendung im öffentlichen Dienst einer zwischenstaatlichen oder überstaatlichen Einrichtung ruht; der Unterschiedsbetrag nach § 50 Absatz 1 ruht für jedes Jahr einer Verwendung im öffentlichen Dienst einer zwischenstaatlichen oder überstaatlichen Einrichtung in Höhe von 2,5 Prozent. Bei der Anwendung von Satz 2 ist § 69c Absatz 5 Satz 1 bis 4 in der bis zum 30. Juni 2020 geltenden Fassung vorrangig zu berücksichtigen. Dienstzeiten, die über volle Jahre hinausgehen, sind einzubeziehen; § 14 Absatz 1 Satz 2 und 3 gilt entsprechend. Zeiten ab Beginn des Ruhestandes sind nicht zu berücksichtigen, es sei denn, sie führen zu einer Erhöhung des Ruhegehaltssatzes. Die zuständige Behörde erteilt auf schriftlichen oder elektronischen Antrag Auskunft zur Höhe des Ruhensbetrages nach Satz 2 zu dem nach Satz 7 oder 8 maßgeblichen Zeitpunkt. Anträge, die bis zum 31. Juli 2021 gestellt werden, gelten als zum 1. Juli 2020 gestellt. Wird der Antrag später gestellt, tritt die Änderung mit Beginn des Antragsmonats ein. Vor dem Änderungszeitpunkt entstandene Ruhensbeträge bleiben unberührt. Die Sätze 1 bis 9 gelten entsprechend für künftige Hinterbliebene eines vor dem 1. Juli 2020 vorhandenen Ruhestandsbeamten.

(2a) Versorgungsempfänger nach Absatz 2 Satz 1, deren Ruhensbetrag nach § 56 in einer bis zum 30. September 1994 geltenden Fassung oder auf Grund der verwendungszeitbezogenen Mindestbestimmung nach § 56 Absatz 1 Satz 1 erster Teilsatz in einer zwischen dem 1. Oktober 1994 und dem 30. Juni 2020 anzuwendenden Fassung bestimmt wird, können einmalig für die Zukunft beantragen, dass bei der Ermittlung des Ruhensbetrages Zeiten ab Beginn des Ruhestandes nicht zu berücksichtigen sind. Dies gilt nicht, wenn die Zeiten nach Beginn des Ruhestandes zu einer Erhöhung des Ruhegehaltssatzes führen. Absatz 2 Satz 4 und 6 bis 9 gilt entsprechend. Die Sätze 1 bis 3 gelten entsprechend für Hinterbliebene eines Ruhestandsbeamten nach Absatz 2 Satz 1.

(3) Für am 31. August 2020 vorhandene Ruhestandsbeamte, bei denen eine ruhegehaltfähige Zeit nach § 85 Absatz 7 in der bis zum 31. August 2020 geltenden Fassung berücksichtigt worden ist, ist § 50a auf schriftlichen oder elektronischen Antrag anzuwenden. Dem Antrag ist stattzugeben, wenn am 1. September 2020 das Ruhegehalt ohne Zeiten nach § 85 Absatz 7 Satz 1 in der bis zum 31. August 2020 geltenden Fassung zusammen mit dem Kindererziehungszuschlag nach § 50a Absatz 1 in Verbindung mit Absatz 2 Satz 1 Nummer 1 sowie Absatz 5 und 6 dieses Gesetzes das Ruhegehalt übersteigt, das sich unter Berücksichtigung des § 85 Absatz 7 in der bis zum 31. August 2020 geltenden Fassung ergibt. Anträge, die innerhalb von drei Monaten ab dem 1. September 2020 gestellt werden, gelten als zum 1. September 2020 gestellt. Wird der Antrag zu einem späteren Zeitpunkt gestellt, tritt die Änderung mit Beginn des Antragsmonats ein. Wurde dem Antrag stattgegeben, ist § 85 Absatz 7 in der bis zum 31. August 2020 geltenden Fassung ab dem Zeitpunkt der Gewährung eines Kindererziehungszuschlags nach § 50a nicht mehr anzuwenden. Die Sätze 1 bis 5 gelten entsprechend für vor dem 1. September 2020 vorhandene Hinterbliebene.

§ 69n Übergangsregelung aus Anlass der Einführung der Ruhegehaltfähigkeit von Stellenzulagen

(1) Die Stellenzulagen nach Anlage I Vorbemerkung Nummer 8 und 9 des Bundesbesoldungsgesetzes gehören für diejenigen am 31. Dezember 2023 vorhandenen Ruhestandsbeamten zu den ruhegehaltfähigen Dienstbezügen,

1. deren Ruhestand nach dem 31. Dezember 2007 oder, sofern dem Ruhegehalt eine der Besoldungsgruppen A 1 bis A 9 zugrunde liegt, nach dem 31. Dezember 2010 begann, und

2. die bei Versetzung oder Eintritt in den Ruhestand die Voraussetzungen der Anlage I Vorbemerkung Nummer 3a des Bundesbesoldungsgesetzes in der ab 1. Januar 2024 geltenden Fassung erfüllt haben.

In den Fällen des § 81 Satz 2 des Bundesbesoldungsgesetzes ist Nummer 1 nicht anzuwenden. Der als ruhegehaltfähiger Dienstbezug zu berücksichtigende Betrag der jeweiligen Stellenzulage ergibt sich aus der zum Zeitpunkt des letztmaligen Bezuges der jeweiligen Stellenzulage geltenden Anlage IX des Bundesbesoldungsgesetzes. Eine Nachzahlung für Zeiträume vor dem 1. Januar 2024 erfolgt nicht.

(2) Die Berücksichtigung der Stellenzulagen nach Anlage I Vorbemerkung Nummer 8 und 9 des Bundesbesoldungsgesetzes gemäß Absatz 1 als ruhegehaltfähiger Dienstbezug erfolgt nur auf schriftlichen oder elektronischen Antrag, der bei der für die Festsetzung der Versorgungsbezüge zuständigen Stelle einzureichen ist. Anträge, die bis zum 31. Dezember 2024 gestellt werden, gelten als zum 1. Januar 2024 gestellt. Wird der Antrag zu einem späteren Zeitpunkt gestellt, tritt die Änderung zum Beginn des Antragsmonats ein.

§ 69o Übergangsregelungen zu Unfallfürsorgeleistungen

(1) Personen, die im Dezember 2024 einen Unfallausgleich nach § 35 in der bis zum 31. Dezember 2024 geltenden Fassung erhalten haben, wird diese Leistung weitergewährt, solange in den Verhältnissen, die für die Feststellung maßgebend gewesen sind, keine wesentliche Änderung eingetreten ist. Eine höhere Leistung nach § 35 tritt anstelle der Leistung nach Satz 1.

(2) Auf Personen mit einer Minderung der Erwerbsfähigkeit um weniger als 30 Prozent, die im Dezember 2024 einen Unterhaltsbeitrag nach § 38 oder § 38a in der jeweils bis zum 31. Dezember 2024 geltenden Fassung erhalten haben, finden die §§ 38 beziehungsweise 38a in der bis zum 31. Dezember 2024 geltenden Fassung weiter Anwendung. Satz 1 gilt nur, solange in den Verhältnissen, die für die Feststellung des jeweiligen Unterhaltsbeitrags maßgebend gewesen sind, keine wesentliche Änderung eingetreten ist.

Abschnitt 11
Anpassung der Versorgungsbezüge

§ 70 Allgemeine Anpassung

(1) Werden die Dienstbezüge der Besoldungsberechtigten allgemein erhöht oder vermindert, sind von demselben Zeitpunkt an die Versorgungsbezüge durch Bundesgesetz entsprechend zu regeln.

(2) Als allgemeine Änderung der Dienstbezüge im Sinne des Absatzes 1 gelten auch die Neufassung der Grundgehaltstabelle mit unterschiedlicher Änderung der Grundgehaltssätze und die allgemeine Erhöhung oder Verminderung der Dienstbezüge um feste Beträge.

§ 71 Erhöhung der Versorgungsbezüge

(1) Bei Versorgungsempfängern gilt die Erhöhung nach § 14 Absatz 2 Nummer 1 des Bundesbesoldungsgesetzes entsprechend für die

1. in § 5 Absatz 1 Satz 1 Nummer 1 dieses Gesetzes und § 84 Nummer 1 des Bundesbesoldungsgesetzes genannten Bezügebestandteile sowie
2. den Versorgungsbezügen zugrunde liegenden
   a) Grundvergütungen,
   b) Grundgehälter nach fortgeltenden oder früheren Besoldungsordnungen.

Satz 1 gilt entsprechend für Empfänger von Versorgungsbezügen der weggefallenen Besoldungsgruppen A 1 und A 2.

(2) Bei Versorgungsempfängern gilt die Erhöhung nach § 14 Absatz 2 Nummer 3 des Bundesbesoldungsgesetzes entsprechend für die

1. den Versorgungsbezügen zugrunde liegenden Amtszulagen,
2. in § 84 Nummer 3 und 4 des Bundesbesoldungsgesetzes genannten Bezügebestandteile.

(3) Ab dem 1. März 2024 werden um 5,3 Prozent erhöht

1. den Versorgungsbezügen zugrunde liegende Leistungsbezüge nach § 5 Absatz 1 Satz 1 Nummer 4, soweit sie nach einer

IV

auf Grund des § 33 Absatz 4 des Bundesbesoldungsgesetzes erlassenen Rechtsverordnung an den regelmäßigen Besoldungsanpassungen teilnehmen,

2. der Überleitungsbetrag nach § 69g Absatz 1 Nummer 1 Buchstabe a Satz 3 sowie nach § 69g Absatz 2 Nummer 1 Satz 2.

(4) Versorgungsbezüge, deren Berechnung ein Ortszuschlag nach dem Bundesbesoldungsgesetz in der bis zum 30. Juni 1997 geltenden Fassung nicht zugrunde liegt, werden ab dem 1. März 2024 um 5,2 Prozent erhöht, wenn der Versorgungsfall vor dem 1. Juli 1997 eingetreten ist. Satz 1 gilt entsprechend für

1. Hinterbliebene eines vor dem 1. Juli 1997 vorhandenen Versorgungsempfängers,
2. Versorgungsbezüge, die in festen Beträgen festgesetzt sind,
3. den Betrag nach Artikel 13 § 2 Absatz 4 des Fünften Gesetzes zur Änderung besoldungsrechtlicher Vorschriften vom 28. Mai 1990 (BGBl. I S. 967).

§ 72 Sonderzahlung zur Abmilderung der Folgen gestiegener Verbraucherpreise im Jahr 2023

(1) Zur Abmilderung der Folgen der gestiegenen Verbraucherpreise wird den am 1. Mai 2023 vorhandenen Versorgungsempfängern für den Monat Juni 2023 eine einmalige Sonderzahlung gewährt, die sich nach dem jeweils maßgeblichen Ruhegehaltssatz und den Anteilssätzen des Witwen- und Waisengeldes sowie des Unterhaltsbeitrages aus dem Betrag von 1 240 Euro ergibt. Bei Empfängern von Mindestversorgungsbezügen gilt der jeweils maßgebliche Mindestruhegehaltssatz. Abweichend davon wird den am 1. Mai 2023 vorhandenen Versorgungsempfängern im Sinne des § 71 Absatz 4 für den Monat Juni 2023 die einmalige Sonderzahlung gewährt in Höhe von

1. 744 Euro für Ruhegehaltsempfänger,
2. 446 Euro für Witwen und versorgungsberechtigte geschiedene Ehefrauen,
3. 149 Euro für Empfänger von Vollwaisengeld und
4. 88 Euro für Empfänger von Halbwaisengeld.

(2) Zur Abmilderung der Folgen der gestiegenen Verbraucherpreise wird Empfängern von laufenden Versorgungsbezügen ferner jeweils für die Monate Juli 2023 bis Februar 2024 eine monatliche Sonderzahlung neben ihren Versorgungsbezügen gewährt. Die Sonderzahlung wird in der Höhe gewährt, die sich nach dem jeweils maßgeblichen Ruhegehaltssatz und den Anteilssätzen des Witwen- und Waisengeldes sowie des Unterhaltsbeitrages aus dem Betrag von 220 Euro ergibt; Absatz 1 Satz 2 gilt entsprechend. Abweichend davon wird den Versorgungsempfängern von laufenden Versorgungsbezügen im Sinne des § 71 Absatz 4 die monatliche Sonderzahlung jeweils für die Monate Juli 2023 bis Februar 2024 gewährt in Höhe von

1. 132 Euro für Ruhegehaltsempfänger,
2. 79 Euro für Witwen und versorgungsberechtigte geschiedene Ehefrauen,
3. 26 Euro für Empfänger von Vollwaisengeld und
4. 16 Euro für Empfänger von Halbwaisengeld.

(3) Die Sonderzahlung gilt nicht als Teil des Ruhegehaltes und bleibt bei der Anwendung von Ruhens-, Anrechnungs- und Kürzungsvorschriften sowie bei Vorschriften über die anteilige Kürzung außer Betracht.

(4) Die Sonderzahlung wird jedem Versorgungsempfänger nur einmal gewährt. Beim Zusammentreffen mit einer entsprechenden Leistung aus einem anderen Rechtsverhältnis im öffentlichen Dienst des Bundes wird die Sonderzahlung mit der Maßgabe gewährt, dass

1. der Anspruch aus einem Dienst- oder Arbeitsverhältnis dem Anspruch aus dem Rechtsverhältnis als Versorgungsempfänger vorgeht,
2. beim Zusammentreffen von Ruhegehalt mit Hinterbliebenenversorgung sich die Sonderzahlung nach dem Ruhegehalt bemisst und neben dem Ruhegehalt gewährt wird sowie

3. im Übrigen der Anspruch aus einem späteren Rechtsverhältnis als Versorgungsempfänger dem Anspruch aus einem früheren Rechtsverhältnis als Versorgungsempfänger vorgeht.

Dem öffentlichen Dienst im Sinne des Satzes 2 steht der Dienst bei öffentlich-rechtlichen Religionsgesellschaften und ihren Verbänden gleich.

§§ 73 bis 76 (weggefallen)

Abschnitt 12
(weggefallen)

§§ 77 bis 83 (weggefallen)

Abschnitt 13
Übergangsvorschriften alten Rechts

§ 84 Ruhegehaltfähige Dienstzeit

Für am 1. Januar 1977 vorhandene Beamte können zum Ausgleich von Härten Zeiten, die nach dem bis zum 31. Dezember 1976 geltenden Recht ruhegehaltfähig waren, als ruhegehaltfähig galten oder als ruhegehaltfähig berücksichtigt werden konnten und vor dem 1. Januar 1977 zurückgelegt worden sind, im Anwendungsbereich des bis zum 31. Dezember 1976 geltenden Rechts als ruhegehaltfähig berücksichtigt werden. Die Entscheidung trifft das Bundesministerium des Innern, für Bau und Heimat.

§ 85 Ruhegehaltssatz für am 31. Dezember 1991 vorhandene Beamte

(1) Hat das Beamtenverhältnis, aus dem der Beamte in den Ruhestand tritt, oder ein unmittelbar vorangehendes anderes öffentlich-rechtliches Dienstverhältnis bereits am 31. Dezember 1991 bestanden, bleibt der zu diesem Zeitpunkt erreichte Ruhegehaltssatz gewahrt. Dabei richtet sich die Berechnung der ruhegehaltfähigen Dienstzeit und des Ruhegehaltssatzes nach dem bis zum 31. Dezember 1991 geltenden Recht; § 14 Absatz 1 Satz 1 Halbsatz 2 und 3 findet hierbei keine Anwendung. Der sich nach den Sätzen 1 und 2 ergebende Ruhegehaltssatz steigt mit jedem Jahr, das vom 1. Januar 1992 an nach dem von diesem Zeitpunkt an geltenden Recht als ruhegehaltfähige Dienstzeit zurückgelegt wird, um ein Prozent der ruhegehaltfähigen Dienstbezüge bis zum Höchstsatz von fünfundsiebzig Prozent; insoweit gilt § 14 Absatz 1 Satz 2 und 3 entsprechend. Bei der Anwendung von Satz 3 bleiben Zeiten bis zur Vollendung einer zehnjährigen ruhegehaltfähigen Dienstzeit außer Betracht; § 13 Absatz 1 findet in der bis zum 31. Dezember 1991 geltenden Fassung Anwendung. § 14 Absatz 3 findet Anwendung.

(2) Für die Beamten auf Zeit, deren Beamtenverhältnis über den 31. Dezember 1991 hinaus fortbesteht, ist § 66 Absatz 2, 4 und 6 in der bis zum 31. Dezember 1991 geltenden Fassung anzuwenden.

(3) Hat das Beamtenverhältnis, aus dem der Beamte in den Ruhestand tritt, oder ein unmittelbar vorangehendes anderes öffentlich-rechtliches Dienstverhältnis bereits am 31. Dezember 1991 bestanden und erreicht der Beamte vor dem 1. Januar 2002 die für ihn jeweils maßgebende gesetzliche Altersgrenze, so richtet sich die Berechnung der ruhegehaltfähigen Dienstzeit und des Ruhegehaltssatzes nach dem bis zum 31. Dezember 1991 geltenden Recht. Satz 1 gilt entsprechend, wenn ein von dieser Vorschrift erfasster Beamter vor dem Zeitpunkt des Erreichens der jeweils maßgebenden gesetzlichen Altersgrenze wegen Dienstunfähigkeit oder auf Antrag in den Ruhestand versetzt wird oder verstirbt.

(4) Der sich nach Absatz 1, 2 oder 3 ergebende Ruhegehaltssatz wird der Berechnung des Ruhegehalts zugrunde gelegt, wenn er höher ist als der Ruhegehaltssatz, der sich nach diesem Gesetz für die gesamte ruhegehaltfähige Dienstzeit ergibt. Der sich nach Absatz 1 ergebende Ruhegehaltssatz darf den Ruhegehaltssatz, der sich nach dem bis zum 31. Dezember 1991 geltenden Recht ergäbe, nicht übersteigen.

(5) Hat das Beamtenverhältnis, aus dem der Beamte in den Ruhestand tritt, oder ein unmittelbar vorangehendes anderes öffentlich-rechtliches Dienstverhältnis bereits am 31. Dezember 1991 bestanden, ist § 14 Absatz 3 mit folgenden Maßgaben anzuwenden:

IV

Bei Erreichen der Altersgrenze nach § 42 Absatz 4 Satz 1 Nummer 2 des Bundesbeamtengesetzes oder entsprechendem Landesrecht	beträgt der Prozentsatz der Minderung für jedes Jahr
vor dem 1. Januar 1998	0,0,
nach dem 31. Dezember 1997	0,6,
nach dem 31. Dezember 1998	1,2,
nach dem 31. Dezember 1999	1,8,
nach dem 31. Dezember 2000	2,4,
nach dem 31. Dezember 2001	3,0,
nach dem 31. Dezember 2002	3,6.

(6) Errechnet sich der Ruhegehaltssatz nach Absatz 1 in Verbindung mit Absatz 4 Satz 2, Absatz 2 oder 3, ist entsprechend diesen Vorschriften auch der Ruhegehaltssatz für die Höchstgrenze nach § 54 Absatz 2 und § 55 Absatz 2 zu berechnen. § 14 Absatz 1 Satz 2 bis 4 gilt entsprechend.

(7) (weggefallen)

(8) Auf die am 31. Dezember 1991 vorhandenen Beamten, denen auf Grund eines bis zu diesem Zeitpunkt erlittenen Dienstunfalles ein Unfallausgleich gewährt wird, findet § 35 in der bis zum 31. Dezember 1991 geltenden Fassung Anwendung. Anspruchsberechtigten nach Satz 1, die im Dezember 2024 einen Unfallausgleich erhalten, wird diese Leistung weitergewährt, solange in den Verhältnissen, die für die Feststellung des Unfallausgleichs maßgebend gewesen sind, keine wesentliche Änderung eingetreten ist. Eine höhere Leistung nach § 35 tritt jeweils anstelle der Leistung nach Satz 2.

(9) Bei der Anwendung der Absätze 1 und 3 bleibt der am 31. Dezember 1991 erreichte Ruhegehaltssatz auch dann gewahrt, wenn dem Beamtenverhältnis, aus dem der Beamte in den Ruhestand tritt, mehrere öffentlich-rechtliche Dienstverhältnisse in unmittelbarem zeitlichen Zusammenhang mit dem am 31. Dezember 1991 bestehenden öffentlich-rechtlichen Dienstverhältnis vorangegangen sind.

(10) Einem öffentlich-rechtlichen Dienstverhältnis steht ein Beschäftigungsverhältnis im Sinne von § 5 Absatz 1 Nummer 2 und § 6 Absatz 1 Nummer 2 des Sechsten Buches Sozialgesetzbuch gleich.

(11) Für den nach den Absätzen 1 bis 4 ermittelten Ruhegehaltssatz gilt § 69e Absatz 4 entsprechend.

(12) Die §§ 12a und 12b sind anzuwenden.

Entscheidung des Bundesverfassungsgerichts vom 18. Juni 2008 (BGBl. I S. 1330)

Aus dem Beschluss des Bundesverfassungsgerichts vom 18. Juni 2008 – 2 BvL 6/07 – wird die Entscheidungsformel veröffentlicht:

§ 85 Absatz 4 Satz 2 des Gesetzes über die Versorgung der Beamten und Richter in Bund und Ländern (Beamtenversorgungsgesetz – BeamtVG) in der Fassung der Bekanntmachung vom 16. März 1999 (Bundesgesetzblatt Teil I Seite 322) ist mit Artikel 3 Absatz 3 Satz 1 des Grundgesetzes unvereinbar und nichtig, soweit hierdurch die Anwendbarkeit des § 14 Absatz 1 Satz 1 Halbsätze 2 und 3 des Gesetzes über die Versorgung der Beamten und Richter in Bund und Ländern (Beamtenversorgungsgesetz – BeamtVG) in der Fassung der Bekanntmachung vom 30. Juni 1989 (Bundesgesetzblatt Teil I Seite 1282) auf die Teilzeitbeschäftigung angeordnet wird.

Die vorstehende Entscheidungsformel hat gemäß § 31 Abs. 2 des Bundesverfassungsgerichtsgesetzes Gesetzeskraft.

§ 85a Erneute Berufung in das Beamtenverhältnis

Bei einem nach § 46 oder § 57 des Bundesbeamtengesetzes erneut in das Beamtenverhältnis berufenen Beamten bleibt der am Tag vor der erneuten Berufung in das Beamtenverhältnis vor Anwendung von Ruhens-, Kürzungs- und Anrechnungsvorschriften zustehende Betrag des Ruhegehalts gewahrt. Tritt der Beamte erneut in den Ruhestand, wird die ruhegehaltfähige Dienstzeit und das Ruhegehalt nach dem im Zeitpunkt der Zurruhesetzung geltenden Recht berechnet. Bei der Anwendung des § 85 Absatz 1 und 3 gilt die Zeit des Ruhestandes nicht als Unterbrechung des Beamtenverhältnisses; die Zeit im Ruhestand ist nicht ruhegehaltfähig. Das höhere Ruhegehalt wird gezahlt.

§ 86 Hinterbliebenenversorgung

(1) Die Gewährung von Unterhaltsbeiträgen an geschiedene Ehegatten richtet sich nach

den bis zum 31. Dezember 1976 geltenden beamtenrechtlichen Vorschriften, wenn die Ehe vor dem 1. Juli 1977 geschieden, aufgehoben oder für nichtig erklärt worden ist.

(2) Die Vorschrift des § 19 Absatz 1 Satz 2 Nummer 2 über den Ausschluss von Witwengeld findet keine Anwendung, wenn die Ehe am 1. Januar 1977 bestanden und das bis zu diesem Zeitpunkt geltende Landesrecht den Ausschlussgrund nicht enthalten hat. An die Stelle des fünfundsechzigsten Lebensjahres in § 19 Absatz 1 Satz 2 Nummer 2 tritt ein in der bis zum 31. Dezember 1976 geltenden landesrechtlichen Vorschrift vorgesehenes höheres Lebensalter, wenn die Ehe am 1. Januar 1977 bestanden hat.

(3) Die Vorschriften über die Kürzung des Witwengeldes bei großem Altersunterschied der Ehegatten (§ 20 Absatz 2) finden keine Anwendung, wenn die Ehe am 1. Januar 1977 bestanden und das bis zu diesem Zeitpunkt für die Beamten oder Ruhestandsbeamten geltende Landesrecht entsprechende Kürzungsvorschriften nicht enthalten hat.

(4) Die Vorschrift des § 22 Absatz 2 in der bis zum 31. Juli 1989 geltenden Fassung findet Anwendung, wenn ein Scheidungsverfahren bis zum 31. Juli 1989 rechtshängig geworden ist oder die Parteien bis zum 31. Juli 1989 eine Vereinbarung nach § 1587o des Bürgerlichen Gesetzbuchs in der bis zum 31. August 2009 geltenden Fassung getroffen haben.

§ 87 Unfallfürsorge

(1) Für die am 1. Januar 1977 vorhandenen Beamten steht ein vor diesem Zeitpunkt erlittener Dienstunfall im Sinne des bisherigen Bundes- oder Landesrechts dem Dienstunfall im Sinne dieses Gesetzes gleich.

(2) (weggefallen)

(3) Eine Entschädigung aus einer Unfallversicherung, für die der Dienstherr die Beiträge gezahlt hat, ist auf die Unfallentschädigung nach § 43 Absatz 3 anzurechnen.

§ 88 Abfindung

(1) Bei der Entlassung einer verheirateten Beamtin bis zum 31. August 1977 finden die bisherigen Vorschriften über die Abfindung nach § 152 des Bundesbeamtengesetzes oder dem entsprechenden bisherigen Landesrecht weiter Anwendung.

(2) Eine erneut in das Beamtenverhältnis berufene Beamtin kann eine früher erhaltene Abfindung an ihren neuen Dienstherrn zurückzahlen. Hierbei sind an Stelle der Dienstbezüge, die der Abfindung zugrunde lagen, die Dienstbezüge nach § 1 Absatz 2 Nummer 1 bis 4 des Bundesbesoldungsgesetzes nach der Besoldungsgruppe des vor der Abfindung innegehabten Amtes zugrunde zu legen, die sich ergeben würden, wenn die im Zeitpunkt der erneuten Berufung in das Beamtenverhältnis maßgebenden Grundgehalts- und Familienzuschlagssätze im Monat vor der Entlassung gegolten hätten. Der Antrag auf Rückzahlung ist innerhalb einer Ausschlussfrist von zwei Jahren nach Inkrafttreten dieses Gesetzes, bei erneuter Berufung in das Beamtenverhältnis auf Lebenszeit nach dem Inkrafttreten dieses Gesetzes innerhalb einer Ausschlussfrist von zwei Jahren nach der Berufung in das Beamtenverhältnis auf Lebenszeit zu stellen. Eine teilweise Rückzahlung der Abfindung ist nicht zulässig. Nach der Rückzahlung werden die Zeiten vor der Entlassung aus dem früheren Dienstverhältnis besoldungs- und versorgungsrechtlich so behandelt, als wäre eine Abfindung nicht gewährt worden. Satz 5 gilt entsprechend, wenn eine Beamtin bei erneuter Berufung in das Beamtenverhältnis innerhalb der Ausschlussfrist nach Satz 3 auf eine zugesicherte aber noch nicht gezahlte Abfindungsrente verzichtet.

§ 89 (weggefallen)

§ 90 Zusammentreffen von Versorgungsbezügen mit Versorgung aus zwischenstaatlicher und überstaatlicher Verwendung

(1) Bei der Anwendung des § 56 Absatz 1 bleibt die Zeit, die ein Beamter oder Ruhestandsbeamter vor dem 1. Juli 1968 im Dienst einer zwischenstaatlichen oder überstaatlichen Einrichtung tätig war, bis zu sechs Jahren außer Betracht.

IV

(2) Auf die am 1. Juli 1968 vorhandenen Versorgungsempfänger findet § 56 Absatz 1 Satz 3 mit der Maßgabe Anwendung, dass ihnen zwölf Prozent der ruhegehaltfähigen Dienstbezüge als Versorgung verbleiben.

(3) Hat ein Beamter oder Versorgungsempfänger vor dem 1. Juli 1968 bei seinem Ausscheiden aus dem öffentlichen Dienst einer zwischenstaatlichen oder überstaatlichen Einrichtung anstelle einer Versorgung einen Kapitalbetrag als Abfindung oder Zahlung aus einem Versorgungsfonds erhalten, sind Absatz 1, § 56 Absatz 3 und § 69c Absatz 5 anzuwenden.

§ 91 Hochschullehrer, Wissenschaftliche Assistenten und Lektoren

(1) Auf die Versorgung der Hochschullehrer, Wissenschaftlichen Assistenten und Lektoren im Sinne des Kapitels I, Abschnitt V, 3. Titel des Beamtenrechtsrahmengesetzes in der vor dem Inkrafttreten des Hochschulrahmengesetzes geltenden Fassung, die nicht als Professoren oder als Hochschulassistenten übernommen worden sind, und ihrer Hinterbliebenen finden die für Beamte auf Lebenszeit, auf Probe oder auf Widerruf geltenden Vorschriften dieses Gesetzes nach Maßgabe der bis zum 31. Dezember 1976 geltenden landesrechtlichen Vorschriften Anwendung. § 67 Absatz 2 Satz 1 gilt entsprechend.

(2) Für Professoren, die nach dem 31. Dezember 1976 von ihren amtlichen Pflichten entbunden werden (Entpflichtung), und ihre Hinterbliebenen gilt Folgendes:

1. Die §§ 53 bis 58, 62 und 65 finden Anwendung; hierbei gelten die Bezüge der entpflichteten Professoren als Ruhegehalt, die Empfänger als Ruhestandsbeamte. § 65 gilt nicht für entpflichtete Hochschullehrer, die die Aufgaben der von ihnen bis zur Entpflichtung innegehabten Stelle vertretungsweise wahrnehmen.
2. Die Bezüge der entpflichteten Professoren gelten unter Hinzurechnung des dem Entpflichteten zustehenden, mindestens des zuletzt vor einer Überleitung nach dem nach § 72 des Hochschulrahmengesetzes erlassenen Landesgesetz zugesicherten Vorlesungsgeldes (Kolleggeldpauschale) als Höchstgrenze im Sinne des § 53 Absatz 2 Nummer 1 und 3 dieses Gesetzes sowie als ruhegehaltfähige Dienstbezüge im Sinne des § 53a Absatz 2 in der bis zum 31. Dezember 1998 geltenden Fassung.
3. Für die Versorgung der Hinterbliebenen eines entpflichteten Hochschullehrers gilt dieses Gesetz mit der Maßgabe, dass sich die Bemessung des den Hinterbliebenenbezügen zugrunde zu legenden Ruhegehalts sowie die Bemessung des Sterbe-, Witwen- und Waisengeldes der Hinterbliebenen nach dem vor dem 1. Januar 1977 geltenden Landesrecht bestimmt. Für die Anwendung des § 19 Absatz 1 Satz 2 Nummer 2 und des § 23 Absatz 2 gelten die entpflichteten Professoren als Ruhestandsbeamte.
4. Für Professoren, die unter § 76 Absatz 4 des Hochschulrahmengesetzes fallen, wird abweichend von Nummer 2 das Vorlesungsgeld (Kolleggeldpauschale), das ihnen beim Fortbestand ihres letzten Beamtenverhältnisses als Professor im Landesdienst vor der Annahme des Beamtenverhältnisses an einer Hochschule der Bundeswehr zuletzt zugesichert worden wäre, der Höchstgrenze im Sinne des § 53 Absatz 2 Nummer 1 und 3 dieses Gesetzes sowie den ruhegehaltfähigen Dienstbezügen im Sinne des § 53a Absatz 2 in der bis zum 31. Dezember 1998 geltenden Fassung hinzugerechnet. Für ihre Hinterbliebenen gilt in den Fällen der Nummer 3 das Landesrecht, das für das Beamtenverhältnis als Professor im Landesdienst maßgebend war.

(3) Die Versorgung der Hinterbliebenen eines nach dem nach § 72 des Hochschulrahmengesetzes erlassenen Landesgesetz übergeleiteten Professors, der einen Antrag nach § 76 Absatz 2 des Hochschulrahmengesetzes nicht gestellt hat, regelt sich nach § 67 dieses Gesetzes, wenn der Professor vor der Entpflichtung verstorben ist.

§§ 92 bis 104 (weggefallen)

Abschnitt 14
Schlussvorschriften

§ 105 Außerkrafttreten

Soweit Rechtsvorschriften den Vorschriften dieses Gesetzes entsprechen oder widersprechen, treten sie mit dem Inkrafttreten dieses Gesetzes außer Kraft. Dies gilt nicht für die nachstehenden Vorschriften in der beim Inkrafttreten dieses Gesetzes geltenden Fassung:

1. § 27 Absatz 2 des Landesbesoldungsgesetzes Baden-Württemberg,
2. Artikel 77 Absatz 2, Artikel 77a, 123 des Gesetzes über kommunale Wahlbeamte des Landes Bayern,
3. § 191 des Landesbeamtengesetzes Berlin,
4. § 209 des Hamburgischen Beamtengesetzes,
5. Landesgesetze und Verwaltungsvereinbarungen über die Anwendung der Ruhensvorschriften bei Verwendung im Dienst öffentlich-rechtlicher Religionsgesellschaften und ihrer Verbände oder bei Ersatzschulen,
6. Vorschriften über die Rechtsstellung der in den Bundestag oder den Landtag gewählten Beamten und Richter; solche Vorschriften können auch nach Inkrafttreten dieses Gesetzes noch erlassen werden.

§ 106 Verweisung auf aufgehobene Vorschriften

Soweit in Gesetzen und Verordnungen auf Vorschriften oder Bezeichnungen verwiesen wird, die durch dieses Gesetz außer Kraft treten oder aufgehoben werden, treten an ihre Stelle die entsprechenden Vorschriften oder die Bezeichnungen dieses Gesetzes.

§ 107 Ermächtigung zum Erlass von Rechtsverordnungen und Verwaltungsvorschriften

Rechtsverordnungen nach diesem Gesetz bedürfen nicht der Zustimmung des Bundesrates. Die zur Durchführung dieses Gesetzes erforderlichen allgemeinen Verwaltungsvorschriften erlässt das Bundesministerium des Innern, für Bau und Heimat im Einvernehmen mit dem Bundesministerium der Finanzen.

§ 107a Überleitungsregelungen aus Anlass der Herstellung der Einheit Deutschlands

Die Bundesregierung wird ermächtigt, durch Rechtsverordnung, die bis zum 31. Dezember 2009 zu erlassen ist, für die Beamtenversorgung Übergangsregelungen zu bestimmen, die den besonderen Verhältnissen in dem in Artikel 3 des Einigungsvertrages genannten Gebiet Rechnung tragen. Diese Verordnungsermächtigung erstreckt sich insbesondere auf Berechnungsgrundlagen, Höhe von Versorgungsleistungen und Ruhensregelungen abweichend von diesem Gesetz.

§ 107b Verteilung der Versorgungslasten

(1) Wird ein Beamter oder Richter im Einvernehmen mit seinem Dienstherrn in den Dienst eines anderen Dienstherrn übernommen, so tragen der aufnehmende Dienstherr und der abgebende Dienstherr bei Eintritt des Versorgungsfalles die Versorgungsbezüge anteilig nach Maßgabe der Absätze 2 bis 5, wenn der Beamte oder Richter bereits auf Lebenszeit ernannt worden ist und dem abgebenden Dienstherrn nach Ablegung der Laufbahnprüfung oder Feststellung der Befähigung mindestens fünf Jahre zur Dienstleistung zur Verfügung stand; dies gilt nicht für Beamte auf Zeit sowie für Beamte, die beim aufnehmenden Dienstherrn in ein Beamtenverhältnis auf Zeit berufen werden. Bei einem bundesübergreifenden Dienstherrenwechsel gilt Satz 1 nur, wenn der Versorgungsfall vor dem Inkrafttreten des Versorgungslastenteilungs-Staatsvertrags für den Bund eingetreten ist. In diesem Fall ist § 10 des Versorgungslastenteilungs-Staatsvertrags anzuwenden.

(2) Versorgungsbezüge im Sinne des Absatzes 1 Satz 1 sind alle regelmäßig wiederkehrenden Leistungen aus dem Beamten- oder Richterverhältnis, die mit oder nach Eintritt des Versorgungsfalles fällig werden. Ist dem Beamten oder Richter aus Anlass oder nach der Übernahme vom aufnehmenden Dienstherrn ein höherwertiges Amt verliehen worden, so bemisst sich der Anteil des abgebenden Dienstherrn so, wie wenn der Beamte

IV

oder Richter in dem beim abgebenden Dienstherrn zuletzt bekleideten Amt verblieben wäre. Entsprechendes gilt für Berufungsgewinne im Hochschulbereich und für Zulagen für die Wahrnehmung einer höherwertigen Funktion.

(3) Wird der übernommene Beamte oder Richter vom aufnehmenden Dienstherrn in den einstweiligen Ruhestand versetzt, beginnt die Versorgungslastenbeteiligung des abgebenden Dienstherrn erst mit der Antragsaltersgrenze (§ 52 Absatz 3 des Bundesbeamtengesetzes) des Beamten oder Richters, spätestens jedoch mit Einsetzen der Hinterbliebenenversorgung.

(4) Die Versorgungsbezüge werden in dem Verhältnis der beim abgebenden Dienstherrn abgeleisteten ruhegehaltfähigen Dienstzeiten zu den beim aufnehmenden Dienstherrn abgeleisteten ruhegehaltfähigen Dienstzeiten aufgeteilt, dabei bleiben Ausbildungszeiten (z. B. Studium, Vorbereitungsdienst) unberücksichtigt; Zeiten einer Beurlaubung, für die der beurlaubende Dienstherr die Ruhegehaltfähigkeit anerkannt oder zugesichert hat, stehen den bei ihm abgeleisteten ruhegehaltfähigen Dienstzeiten gleich. Im Falle des Absatzes 3 wird die Zeit im einstweiligen Ruhestand, soweit sie ruhegehaltfähig ist, zu Lasten des aufnehmenden Dienstherrn berücksichtigt. Zeiten, für die der Beamte oder Richter vor der Übernahme bereits zum aufnehmenden Dienstherrn abgeordnet war, gelten als beim abgebenden Dienstherrn abgeleistete Dienstzeiten.

(5) Der aufnehmende Dienstherr hat die vollen Versorgungsbezüge auszuzahlen. Ihm steht gegen den abgebenden Dienstherrn ein Anspruch auf die in den Absätzen 2 und 4 genannten Versorgungsanteile zu. Zahlt an Stelle des aufnehmenden Dienstherrn eine Versorgungskasse die Versorgungsbezüge aus, hat der aufnehmende Dienstherr den ihm nach Satz 2 erstatteten Betrag an die Versorgungskasse abzuführen.

(6) Ist ein Dienstherr zur Zahlung einer Abfindung nach Abschnitt 2 des Versorgungslastenteilungs-Staatsvertrages verpflichtet und hat zuvor bereits ein Dienstherrenwechsel im Sinne von Absatz 1 Satz 1 von einem anderen Dienstherrn nach § 2 Bundesbeamtengesetzes stattgefunden, so hat der frühere Dienstherr dem abgebenden Dienstherrn die zu zahlende Abfindung vorbehaltlich des § 17 des Versorgungsrücklagegesetzes anteilig nach den bei ihm zurückgelegten Dienstzeiten zu erstatten. Absatz 2 Satz 2 sowie § 6 Absatz 1 des Versorgungslastenteilungs-Staatsvertrages gelten entsprechend.

§ 107c Verteilung der Versorgungslasten bei erneuter Berufung in ein öffentlich-rechtliches Dienstverhältnis in dem in Artikel 3 des Einigungsvertrages genannten Gebiet

Erwirbt ein Ruhestandsbeamter oder Richter im Ruhestand eines Dienstherrn im Gebiet der Bundesrepublik Deutschland nach dem Stand vom 2. Oktober 1990 auf Grund einer zwischen dem 3. Oktober 1990 und dem 31. Dezember 1999 erfolgten Berufung in ein öffentlich-rechtliches Dienstverhältnis bei einem Dienstherrn in dem in Artikel 3 des Einigungsvertrages genannten Gebiet gegen diesen einen weiteren Versorgungsanspruch, so erstattet der frühere Dienstherr dem neuen Dienstherrn die Versorgungsbezüge in dem Umfang, in dem die beim früheren Dienstherrn entstandenen Versorgungsansprüche infolge der Ruhensvorschrift des § 54 nicht zur Auszahlung gelangen, sofern der Ruhestandsbeamte oder Richter im Ruhestand im Zeitpunkt der Berufung in das neue öffentlich-rechtliche Dienstverhältnis das fünfzigste Lebensjahr vollendet hatte.

§ 107d Befristete Ausnahme für Verwendungseinkommen

Für Ruhestandsbeamte, die ein Verwendungseinkommen aus einer Beschäftigung erzielen, die unmittelbar oder mittelbar

1. im Zusammenhang steht mit der Aufnahme, Betreuung oder Rückführung von Flüchtlingen und ihren Angehörigen oder
2. der Durchführung von migrationsspezifischen Sicherheitsaufgaben im Ausland dient,

beträgt die Höchstgrenze nach § 53 Absatz 2 Nummer 1 erste Alternative bis zum 31. Dezember 2023 120 Prozent der ruhegehaltfähigen Dienstbezüge aus der Endstufe der Besoldungsgruppe, aus der sich das Ruhegehalt berechnet, zuzüglich des jeweils zustehenden Unterschiedsbetrages nach § 50 Absatz 1. Satz 1 gilt für Beamte, die wegen Dienstunfähigkeit oder nach § 52 des Bundesbeamtengesetzes in den Ruhestand versetzt worden sind, erst nach Ablauf des Monats, in dem sie die Regelaltersgrenze nach § 51 Absatz 1 und 2 des Bundesbeamtengesetzes erreicht haben.

§ 107e Sonderregelungen zur Bewältigung der COVID-19-Pandemie

(1) Für Ruhestandsbeamte, die ein Erwerbseinkommen aus einer Beschäftigung erzielen, die in unmittelbarem Zusammenhang mit der Bewältigung der Auswirkungen der COVID-19-Pandemie steht, beträgt die Höchstgrenze nach § 53 Absatz 2 Nummer 1 erste Alternative bis zum 31. Dezember 2022 150 Prozent der ruhegehaltfähigen Dienstbezüge aus der Endstufe der Besoldungsgruppe, aus der sich das Ruhegehalt berechnet, zuzüglich des jeweils zustehenden Unterschiedsbetrages nach § 50 Absatz 1. § 53 Absatz 5 Satz 2 und 3 ist nicht anzuwenden. Die Sätze 1 und 2 gelten nicht für Beamte, die wegen Dienstunfähigkeit oder nach § 52 Absatz 1 oder 2 des Bundesbeamtengesetzes in den Ruhestand versetzt worden sind.

(2) Anspruch auf Waisengeld besteht auch dann, wenn wegen der Auswirkungen der COVID-19-Pandemie

1. eine Schul- oder Berufsausbildung oder ein freiwilliger Dienst im Sinne des § 61 Absatz 2 Satz 1 Nummer 1 Buchstabe a oder Buchstabe c nicht angetreten werden kann oder
2. die Übergangszeit nach § 61 Absatz 2 Satz 1 Nummer 1 Buchstabe b überschritten wird.

(3) Eine in der Zeit vom 1. März 2020 bis 31. März 2022 gewährte Leistung, die nach § 3 Nummer 11a des Einkommensteuergesetzes steuerfrei ist, gilt bis zu einem Betrag von 1500 Euro nicht als Erwerbseinkommen.

(4) Eine in der Zeit vom 18. November 2021 bis zum 31. Dezember 2022 gewährte Leistung, die nach § 3 Nummer 11b des Einkommensteuergesetzes steuerfrei ist, gilt bis zu einem Betrag von 4500 Euro nicht als Erwerbseinkommen.

(5) Eine in der Zeit vom 26. Oktober 2022 bis zum 31. Dezember 2024 in Form von Zuschüssen und Sachbezügen gewährte Leistung, die nach § 3 Nummer 11c des Einkommensteuergesetzes steuerfrei ist, gilt bis zu einem Betrag von 3000 Euro nicht als Erwerbseinkommen.

§ 108 Anwendungsbereich in den Ländern

(1) Für die Beamten der Länder, der Gemeinden, der Gemeindeverbände sowie der sonstigen der Aufsicht eines Landes unterstehenden Körperschaften, Anstalten und Stiftungen des öffentlichen Rechts gilt das Beamtenversorgungsgesetz in der bis zum 31. August 2006 geltenden Fassung, soweit es nicht durch Landesrecht ersetzt wurde.

(2) Nach Maßgabe des Deutschen Richtergesetzes ist auf die Versorgung der Richter der Länder das Beamtenversorgungsgesetz in der bis zum 31. August 2006 geltenden Fassung entsprechend anzuwenden, soweit nichts anderes bestimmt ist.

§ 109 (Inkrafttreten)

IV

Gesetz über die interne Teilung beamtenversorgungsrechtlicher Ansprüche von Bundesbeamtinnen und Bundesbeamten im Versorgungsausgleich (Bundesversorgungsteilungsgesetz – BVersTG)

Vom 3. April 2009 (BGBl. I S. 700)

Zuletzt geändert durch
Besoldungsstrukturenmodernisierungsgesetz
vom 9. Dezember 2019 (BGBl. I S. 2053)

IV

§ 1 Zweckbestimmung

(1) Dieses Gesetz regelt die Ansprüche von ausgleichsberechtigten Personen und deren Hinterbliebenen gegenüber den Versorgungsträgern der ausgleichspflichtigen Personen, wenn nach § 10 Abs. 1 des Versorgungsausgleichsgesetzes Anrechte übertragen wurden.

(2) Es ist nur anzuwenden, wenn die ausgleichspflichtige Person

1. Beamtin oder Beamter des Bundes oder einer sonstigen bundesunmittelbaren Körperschaft, Anstalt oder Stiftung des öffentlichen Rechts ist,
2. Richterin oder Richter des Bundes ist,
3. Versorgungsempfängerin oder Versorgungsempfänger aus einem der in Nummer 1 oder Nummer 2 genannten Dienstverhältnisse ist oder
4. Anspruch auf Leistungen nach dem Altersgeldgesetz vom 28. August 2013 (BGBl. I S. 3386) hat.

(3) Dieses Gesetz gilt entsprechend, wenn die ausgleichspflichtige Person in einem öffentlich-rechtlichen Amtsverhältnis des Bundes steht oder stand.

§ 2 Anspruch

(1) Anspruchsberechtigt ist die Person, zu deren Gunsten ein Anrecht nach § 10 Abs. 1 des Versorgungsausgleichsgesetzes übertragen worden ist.

(2) Mit dem Tod der ausgleichsberechtigten Person geht der Anspruch auf die Hinterbliebenen über. Als Hinterbliebene nach diesem Gesetz gelten die nach den §§ 46 und 48 Abs. 1 bis 3 des Sechsten Buches Sozialgesetzbuch Leistungsberechtigten unter den dort für den Leistungsanspruch im Einzelnen bestimmten Voraussetzungen; die Erfüllung der allgemeinen Wartezeit ist unbeachtlich. Nicht leistungsberechtigt sind Waisen, wenn das Kindschaftsverhältnis durch Annahme als Kind begründet wurde und die ausgleichsberechtigte Person zu diesem Zeitpunkt bereits das 65. Lebensjahr vollendet hatte.

(3) Zahlungen aus dem übertragenen Anrecht werden von Beginn des Kalendermonats an geleistet, in dem die ausgleichsberechtigte Person Anspruch auf Leistungen wegen Alters oder wegen Dienst- oder Erwerbsunfähigkeit aus einem gesetzlichen Alterssicherungssystem hat oder, wenn sie einem solchen System nicht angehört, in der gesetzlichen Rentenversicherung gehabt hätte. Zahlungen an Hinterbliebene beginnen mit dem Ablauf des Sterbemonats der ausgleichsberechtigten Person.

(4) Entsteht der Zahlungsanspruch erstmals nach dem 31. Dezember 2019, aber bevor die ausgleichsberechtigte Person die für sie geltende Altersgrenze erreicht hat, so vermindert sich der Anspruch entsprechend den Regelungen, die für das nach Absatz 3 Satz 1 maßgebliche gesetzliche Alterssicherungssystem gelten.

(5) Der Anspruch ist schriftlich oder elektronisch geltend zu machen. § 49 Abs. 4 bis 8, 10 und § 62 Abs. 2 Satz 2 des Beamtenversorgungsgesetzes gelten entsprechend.

(6) Der Anspruch der ausgleichsberechtigten Person endet spätestens mit Ablauf des Monats, in dem sie verstirbt. Für Hinterbliebene

gilt § 61 Abs. 1 Satz 1 Nr. 1 bis 3, Abs. 2 und 3 des Beamtenversorgungsgesetzes entsprechend.

§ 3 Anpassung

(1) Der durch Entscheidung des Familiengerichts zugunsten der ausgleichsberechtigten Person festgesetzte oder sich in den Fällen des § 10 Absatz 2 des Versorgungsausgleichsgesetzes nach Verrechnung zugunsten der ausgleichsberechtigten Person ergebende monatliche Betrag erhöht oder vermindert sich um die Prozentsätze der nach dem Ende der Ehezeit bis zum Zeitpunkt des Eintritts der ausgleichspflichtigen Person in den Ruhestand eingetretenen Erhöhungen oder Verminderungen der Versorgungsbezüge nach dem Beamtenversorgungsgesetz, die in festen Beträgen festgesetzt sind.

(2) Vom Zeitpunkt des Eintritts der ausgleichspflichtigen Person in den Ruhestand an oder, sofern sich die ausgleichspflichtige Person zum Zeitpunkt der Entscheidung des Familiengerichts bereits im Ruhestand befindet, vom ersten Tag des auf das Ende der Ehezeit folgenden Monats an erhöht oder vermindert sich der Betrag in dem Verhältnis, in dem sich das Ruhegehalt der ausgleichspflichtigen Person vor Anwendung von Ruhens-, Kürzungs- und Anrechnungsvorschriften durch Anpassung der Versorgungsbezüge erhöht oder vermindert. Gleiches gilt für die Zeit ab dem ersten Tag des auf den Tod der ausgleichspflichtigen Person folgenden Monats.

(3) Handelt es sich um ein Anrecht nach dem Altersgeldgesetz, erhöht oder vermindert sich der Betrag nach den Absätzen 1 und 2 um die Prozentsätze, um die sich die altersgeldfähigen Dienstbezüge nach § 7 Absatz 4 des Altersgeldgesetzes erhöhen oder vermindern.

(4) Hinterbliebene nach § 2 Absatz 2 erhalten den Betrag nach den Absätzen 1 bis 3 in entsprechender Anwendung der §§ 20, 24 und 25 Absatz 1 und 2 des Beamtenversorgungsgesetzes.

§ 4 Rückforderung

Für die Rückforderung zu viel gezahlter Leistungen gilt § 52 Abs. 2 bis 4 des Beamtenversorgungsgesetzes entsprechend.

Berufskrankheiten-Verordnung (BKV)

Vom 31. Oktober 1997 (BGBl. I S. 2623)

Zuletzt geändert durch
Sechste Verordnung zur Änderung der Berufskrankheiten-Verordnung
vom 19. Februar 2025 (BGBl. I Nr. 50)

Auf Grund des § 9 Abs. 1 und 6 und des § 193 Abs. 8 des Siebten Buches Sozialgesetzbuch – Gesetzliche Unfallversicherung – (Artikel 1 des Gesetzes vom 7. August 1996, BGBl. I S. 1254) verordnet die Bundesregierung:

Abschnitt 1 Allgemeine Bestimmungen

§ 1 Berufskrankheiten

(1) Berufskrankheiten sind die in der Anlage 1 bezeichneten Krankheiten, die Versicherte infolge einer den Versicherungsschutz nach § 2, 3 oder 6 des Siebten Buches Sozialgesetzbuch begründenden Tätigkeit erleiden.

(2) Bei der Entscheidung über das Vorliegen einer Berufskrankheit nach § 9 Absatz 1 Satz 2 sowie nach § 9 Absatz 2 des Siebten Buches Sozialgesetzbuch sind die veröffentlichten Ergebnisse der Beratungen des Ärztlichen Sachverständigenbeirates Berufskrankheiten nach § 9 Absatz 4 dieser Verordnung auf ihrem jeweils aktuellen Stand vorrangig zu berücksichtigen. Dies gilt insbesondere in Bezug auf die Art, die Diagnostik und die Merkmale des jeweiligen Krankheitsbildes sowie hinsichtlich der Art, der Ausprägung und des Ausmaßes der ursächlichen Einwirkungen, einschließlich vorhandener Dosismaße.

§ 2 Erweiterter Versicherungsschutz in Unternehmen der Seefahrt

Für Versicherte in Unternehmen der Seefahrt erstreckt sich die Versicherung gegen Tropenkrankheiten und Fleckfieber auch auf die Zeit, in der sie an Land beurlaubt sind.

§ 3 Maßnahmen gegen Berufskrankheiten, Übergangsleistung

(1) Besteht für Versicherte die Gefahr, daß eine Berufskrankheit entsteht, wiederauflebt oder sich verschlimmert, haben die Unfallversicherungsträger dieser Gefahr mit allen geeigneten Mitteln entgegenzuwirken. Ist die Gefahr gleichwohl nicht zu beseitigen, haben die Unfallversicherungsträger darauf hinzuwirken, daß die Versicherten die gefährdende Tätigkeit unterlassen. Den für den medizinischen Arbeitsschutz zuständigen Stellen ist Gelegenheit zur Äußerung zu geben.

(2) Versicherte, die die gefährdende Tätigkeit unterlassen, weil die Gefahr fortbesteht, haben zum Ausgleich hierdurch verursachter Minderungen des Verdienstes oder sonstiger wirtschaftlicher Nachteile gegen den Unfallversicherungsträger Anspruch auf Übergangsleistungen. Als Übergangsleistung wird

1. ein einmaliger Betrag bis zur Höhe der Vollrente oder
2. eine monatlich wiederkehrende Zahlung bis zur Höhe eines Zwölftels der Vollrente längstens für die Dauer von fünf Jahren

gezahlt. Renten wegen Minderung der Erwerbsfähigkeit sind nicht zu berücksichtigen.

§ 4 Mitwirkung der für den medizinischen Arbeitsschutz zuständigen Stellen

(1) Die für den medizinischen Arbeitsschutz zuständigen Stellen wirken bei der Feststellung von Berufskrankheiten und von Krankheiten, die nach § 9 Abs. 2 des Siebten Buches Sozialgesetzbuch wie Berufskrankheiten anzuerkennen sind, nach Maßgabe der Absätze 2 bis 4 mit.

(2) Die Unfallversicherungsträger haben die für den medizinischen Arbeitsschutz zuständigen Stellen über die Einleitung eines Feststellungsverfahrens unverzüglich zu unterrichten; als Unterrichtung gilt auch die Übersendung der Anzeige nach § 193 Abs. 2 und 7

oder § 202 des Siebten Buches Sozialgesetzbuch. Die Unfallversicherungsträger beteiligen die für den medizinischen Arbeitsschutz zuständigen Stellen an dem weiteren Feststellungsverfahren; das nähere Verfahren können die Unfallversicherungsträger mit den für den medizinischen Arbeitsschutz zuständigen Stellen durch Vereinbarung regeln.

(3) In den Fällen der weiteren Beteiligung nach Absatz 2 Satz 2 haben die Unfallversicherungsträger vor der abschließenden Entscheidung die für den medizinischen Arbeitsschutz zuständigen Stellen über die Ergebnisse ihrer Ermittlungen zu unterrichten. Soweit die Ermittlungsergebnisse aus Sicht der für den medizinischen Arbeitsschutz zuständigen Stellen nicht vollständig sind, können sie den Unfallversicherungsträgern ergänzende Beweiserhebungen vorschlagen; diesen Vorschlägen haben die Unfallversicherungsträger zu folgen.

(4) Nach Vorliegen aller Ermittlungsergebnisse können die für den medizinischen Arbeitsschutz zuständigen Stellen ein Zusammenhangsgutachten erstellen. Zur Vorbereitung dieser Gutachten können sie die Versicherten untersuchen oder andere Ärzte auf Kosten der Unfallversicherungsträger mit Untersuchungen beauftragen.

§ 5 Gebühren

(1) Erstellen die für den medizinischen Arbeitsschutz zuständigen Stellen ein Zusammenhangsgutachten nach § 4 Abs. 4, erhalten sie von den Unfallversicherungsträgern jeweils eine Gebühr in Höhe von 200 Euro. Mit dieser Gebühr sind alle Personal- und Sachkosten, die bei der Erstellung des Gutachtens entstehen, einschließlich der Kosten für die ärztliche Untersuchung von Versicherten durch die für den medizinischen Arbeitsschutz zuständigen Stellen abgegolten.

(2) Ein Gutachten im Sinne des Absatzes 1 setzt voraus, daß der Gutachter unter Würdigung

1. der Arbeitsanamnese des Versicherten und der festgestellten Einwirkungen am Arbeitsplatz,
2. der Beschwerden, der vorliegenden Befunde und der Diagnose

eine eigenständig begründete schriftliche Bewertung des Ursachenzusammenhangs zwischen der Erkrankung und den tätigkeitsbezogenen Gefährdungen unter Berücksichtigung der besonderen für die gesetzliche Unfallversicherung geltenden Bestimmungen vornimmt.

§ 6 Rückwirkung

(1) Leiden Versicherte am 1. August 2017 an einer Krankheit nach den Nummern 1320, 1321, 2115, 4104 (Eierstockkrebs) oder 4113 (Kehlkopfkrebs) der Anlage 1, ist die Krankheit auf Antrag als Berufskrankheit anzuerkennen, wenn sie vor diesem Tag eingetreten ist.

(2) Leiden Versicherte am 1. Januar 2015 an einer Krankheit nach Nummer 1319, 2113, 2114 oder 5103 der Anlage 1, ist die Krankheit auf Antrag als Berufskrankheit anzuerkennen, wenn sie vor diesem Tag eingetreten ist.

(3) Leiden Versicherte am 1. Juli 2009 an einer Krankheit nach Nummer 2112, 4114 oder 4115 der Anlage 1, ist diese auf Antrag als Berufskrankheit anzuerkennen, wenn der Versicherungsfall nach dem 30. September 2002 eingetreten ist. Leiden Versicherte am 1. Juli 2009 an einer Krankheit nach Nummer 4113 der Anlage 1, ist diese auf Antrag als Berufskrankheit anzuerkennen, wenn der Versicherungsfall nach dem 30. November 1997 eingetreten ist. Leiden Versicherte am 1. Juli 2009 an einer Krankheit nach Nummer 1318 der Anlage 1, ist die Krankheit auf Antrag als Berufskrankheit anzuerkennen, wenn der Versicherungsfall vor diesem Tag eingetreten ist.

(4) Leidet ein Versicherter am 1. Oktober 2002 an einer Krankheit nach Nummer 4112 der Anlage 1, ist diese auf Antrag als Berufskrankheit anzuerkennen, wenn der Versicherungsfall nach dem 30. November 1997 eingetreten ist. Satz 1 gilt auch für eine Krankheit nach Nummer 2106 der Anlage 1, wenn diese nicht bereits nach der Nummer 2106 der Anlage 1 in der am 1. Dezember 1997 in Kraft getretenen Fassung als Berufskrankheit anerkannt werden kann.

(5) Leidet ein Versicherter am 1. Dezember 1997 an einer Krankheit nach Nummer 1316, 1317, 4104 (Kehlkopfkrebs) oder 4111 der

Anlage 1, ist diese auf Antrag als Berufskrankheit anzuerkennen, wenn der Versicherungsfall nach dem 31. Dezember 1992 eingetreten ist. Abweichend von Satz 1 ist eine Erkrankung nach Nummer 4111 der Anlage 1 auch dann als Berufskrankheit anzuerkennen, wenn die Erkrankung bereits vor dem 1. Januar 1993 eingetreten und einem Unfallversicherungsträger bis zum 31. Dezember 2009 bekannt geworden ist.

(6) Hat ein Versicherter am 1. Januar 1993 an einer Krankheit gelitten, die erst auf Grund der Zweiten Verordnung zur Änderung der Berufskrankheiten-Verordnung vom 18. Dezember 1992 (BGBl. I S. 2343) als Berufskrankheit anerkannt werden kann, ist die Krankheit auf Antrag als Berufskrankheit anzuerkennen, wenn der Versicherungsfall nach dem 31. März 1988 eingetreten ist.

(7) Hat ein Versicherter am 1. April 1988 an einer Krankheit gelitten, die erst auf Grund der Verordnung zur Änderung der Berufskrankheiten-Verordnung vom 22. März 1988 (BGBl. I S. 400) als Berufskrankheit anerkannt werden kann, ist die Krankheit auf Antrag als Berufskrankheit anzuerkennen, wenn der Versicherungsfall nach dem 31. Dezember 1976 eingetreten ist.

(8) Bindende Bescheide und rechtskräftige Entscheidungen stehen der Anerkennung als Berufskrankheit nach den Absätzen 1 bis 7 nicht entgegen. Leistungen werden rückwirkend längstens für einen Zeitraum bis zu vier Jahren erbracht; der Zeitraum ist vom Beginn des Jahres an zu rechnen, in dem der Antrag gestellt worden ist.

Abschnitt 2
Ärztlicher Sachverständigenbeirat Berufskrankheiten

§ 7 Aufgaben

Der Ärztliche Sachverständigenbeirat Berufskrankheiten (Sachverständigenbeirat) ist ein wissenschaftliches Gremium, das das Bundesministerium bei der Prüfung der medizinischen Erkenntnisse zur Bezeichnung neuer und zur Erarbeitung wissenschaftlicher Stellungnahmen zu bestehenden Berufskrankheiten unterstützt.

§ 8 Mitglieder

(1) Der Sachverständigenbeirat besteht in der Regel aus zwölf Mitgliedern, die vom Bundesministerium für Arbeit und Soziales für die Dauer von fünf Jahren berufen werden. Dem Sachverständigenbeirat sollen angehören:

1. acht Hochschullehrerinnen oder Hochschullehrer, insbesondere der Fachrichtung Arbeitsmedizin oder Epidemiologie,
2. zwei Staatliche Gewerbeärztinnen oder Staatliche Gewerbeärzte und
3. zwei Ärztinnen oder Ärzte aus dem betriebs- oder werksärztlichen Bereich.

(2) Die Mitgliedschaft im Sachverständigenbeirat ist ein persönliches Ehrenamt, das keine Stellvertretung zulässt. Der Name und die hauptamtliche Funktion der Mitglieder werden vom Bundesministerium für Arbeit und Soziales veröffentlicht.

(3) Die Mitglieder sind unabhängig und nicht an Weisungen gebunden; sie sind nur ihrem Gewissen verantwortlich und zu unparteiischer Erfüllung ihrer Aufgaben sowie zur Verschwiegenheit verpflichtet. Sie sind auch nach Beendigung ihrer Mitgliedschaft verpflichtet, über die ihnen dabei bekannt gewordenen Angelegenheiten, insbesondere über den Inhalt und den Verlauf der Beratungen, Verschwiegenheit zu wahren.

(4) Das Bundesministerium für Arbeit und Soziales ist berechtigt, Mitglieder aus sachlichen Gründen oder wenn die persönlichen Voraussetzungen der Berufung entfallen sind, abzuberufen. Die Mitglieder können jederzeit aus eigenem Entschluss die Mitgliedschaft beenden.

§ 9 Durchführung der Aufgaben

(1) Zur Durchführung seiner Aufgaben tritt der Sachverständigenbeirat zu Sitzungen zusammen. Das Bundesministerium für Arbeit und Soziales nimmt an den Sitzungen teil. Die Sitzungen sind nicht öffentlich.

(2) Zu den Sitzungen können ständige Berater sowie externe Sachverständige und Gäste hinzugezogen werden. Für ständige Berater

gilt § 8 Absatz 2 und 3, für externe Sachverständige und Gäste gilt § 8 Absatz 3 entsprechend.

(3) Die Beratungsthemen, die aktuell vom Sachverständigenbeirat geprüft werden, werden vom Bundesministerium für Arbeit und Soziales veröffentlicht.

(4) Der Sachverständigenbeirat gibt als Ergebnis seiner Beratungen Empfehlungen für neue oder Stellungnahmen zu bestehenden Berufskrankheiten entsprechend dem aktuellen wissenschaftlichen Erkenntnisstand ab. Gibt der Sachverständigenbeirat keine Empfehlung oder Stellungnahme ab, wird ein Abschlussvermerk erstellt. Die Empfehlungen und Stellungnahmen enthalten eine ausführliche wissenschaftliche Begründung, die Abschlussvermerke eine Zusammenfassung der wissenschaftlichen Entscheidungsgründe.

(5) Das Bundesministerium für Arbeit und Soziales gibt die Empfehlungen und Stellungnahmen des Sachverständigenbeirats bekannt; die Abschlussvermerke werden veröffentlicht. Die vorbereitenden, intern erstellten Beratungsunterlagen des Sachverständigenbeirats sind vertraulich.

§ 10 Geschäftsstelle

(1) Die Bundesanstalt für Arbeitsschutz und Arbeitsmedizin führt die Geschäfte des Sachverständigenbeirats. Sie unterstützt die Arbeit des Sachverständigenbeirats wissenschaftlich und organisatorisch.

(2) Zur wissenschaftlichen Unterstützung kann der Sachverständigenbeirat die Geschäftsstelle insbesondere beauftragen, zu einzelnen Beratungsthemen systematische Reviews oder Literaturrecherchen durchzuführen. Außerdem unterstützt die Geschäftsstelle die Sachverständigen bei der Erstellung von wissenschaftlichen Empfehlungen und Stellungnahmen.

(3) Zur organisatorischen Unterstützung verwaltet die Geschäftsstelle insbesondere die Beratungsunterlagen und erstellt die Ergebnisniederschriften der einzelnen Sitzungen.

§ 11 Geschäftsordnung

(1) Der Sachverständigenbeirat gibt sich eine Geschäftsordnung, die der Zustimmung des Bundesministeriums für Arbeit und Soziales bedarf und veröffentlicht wird.

(2) In der Geschäftsordnung werden insbesondere die Einzelheiten über den Vorsitz und die organisatorische Durchführung der Sitzungen, die Bildung von Arbeitsgruppen sowie die Hinzuziehung externer Sachverständiger geregelt.

Abschnitt 3
Übergangsrecht

§ 12 Überprüfung früherer Bescheide

Bescheide, in denen eine Krankheit nach Nummer 1315, 2101, 2104, 2108 bis 2110, 4301, 4302 oder 5101 der Anlage 1 von einem Unfallversicherungsträger vor dem 1. Januar 2021 nur deshalb nicht als Berufskrankheit anerkannt worden ist, weil die Versicherten die verrichtete gefährdende Tätigkeit nicht unterlassen haben, werden von den Unfallversicherungsträgern von Amts wegen überprüft, wenn die Bescheide nach dem 1. Januar 1997 erlassen worden sind.

Anlage 1

Nr.	Krankheiten
1	**Durch chemische Einwirkungen verursachte Krankheiten**
11	**Metalle und Metalloide**
1101	Erkrankungen durch Blei oder seine Verbindungen
1102	Erkrankungen durch Quecksilber oder seine Verbindungen
1103	Erkrankungen durch Chrom oder seine Verbindungen
1104	Erkrankungen durch Cadmium oder seine Verbindungen
1105	Erkrankungen durch Mangan oder seine Verbindungen
1106	Erkrankungen durch Thallium oder seine Verbindungen
1107	Erkrankungen durch Vanadium oder seine Verbindungen
1108	Erkrankungen durch Arsen oder seine Verbindungen
1109	Erkrankungen durch Phosphor oder seine anorganischen Verbindungen
1110	Erkrankungen durch Beryllium oder seine Verbindungen
12	**Erstickungsgase**
1201	Erkrankungen durch Kohlenmonoxid
1202	Erkrankungen durch Schwefelwasserstoff
13	**Lösemittel, Schädlingsbekämpfungsmittel (Pestizide) und sonstige chemische Stoffe**
1301	Schleimhautveränderungen, Krebs oder andere Neubildungen der Harnwege durch aromatische Amine
1302	Erkrankungen durch Halogenkohlenwasserstoffe
1303	Erkrankungen durch Benzol, seine Homologe oder durch Styrol
1304	Erkrankungen durch Nitro- oder Aminoverbindungen des Benzols oder seiner Homologe oder ihrer Abkömmlinge
1305	Erkrankungen durch Schwefelkohlenstoff
1306	Erkrankungen durch Methylalkohol (Methanol)
1307	Erkrankungen durch organische Phosphorverbindungen
1308	Erkrankungen durch Fluor oder seine Verbindungen
1309	Erkrankungen durch Salpetersäureester
1310	Erkrankungen durch halogenierte Alkyl-, Aryl- oder Alkylaryloxide
1311	Erkrankungen durch halogenierte Alkyl-, Aryl- oder Alkylarylsulfide
1312	Erkrankungen der Zähne durch Säuren
1313	Hornhautschädigungen des Auges durch Benzochinon
1314	Erkrankungen durch para-tertiär-Butylphenol
1315	Erkrankungen durch Isocyanate
1316	Erkrankungen der Leber durch Dimethylformamid
1317	Polyneuropathie oder Enzephalopathie durch organische Lösungsmittel oder deren Gemische
1318	Erkrankungen des Blutes, des blutbildenden und des lymphatischen Systems durch Benzol
1319	Larynxkarzinom durch intensive und mehrjährige Exposition gegenüber schwefelsäurehaltigen Aerosolen
1320	Chronisch-myeloische oder chronisch-lymphatische Leukämie durch 1,3-Butadien bei Nachweis der Einwirkung einer kumulativen Dosis von mindestens 180 Butadien-Jahren (ppm × Jahre)
1321	Schleimhautveränderungen, Krebs oder andere Neubildungen der Harnwege durch polyzyklische aromatische Kohlenwasserstoffe bei Nachweis der Einwirkung einer kumulativen Dosis von mindestens 80 Benzo(a)pyren-Jahren [(µg/m^3) × Jahre]Zu den Nummern 11 01 bis 11 10, 12 01 und 12 02, 13 03 bis 13 09 und 13 15:
	Ausgenommen sind Hauterkrankungen. Diese gelten als Krankheiten im Sinne dieser Anlage nur insoweit, als sie Erscheinungen einer Allgemeinerkrankung sind, die durch Aufnahme der schädigenden Stoffe in den Körper verursacht werden, oder gemäß Nummer 51 01 zu entschädigen sind.
2	**Durch physikalische Einwirkungen verursachte Krankheiten**
21	**Mechanische Einwirkungen**
2101	Schwere oder wiederholt rückfällige Erkrankungen der Sehnenscheiden oder des Sehnengleitgewebes sowie der Sehnen- oder Muskelansätze
2102	Meniskusschäden nach mehrjährigen andauernden oder häufig wiederkehrenden, die Kniegelenke überdurchschnittlich belastenden Tätigkeiten
2103	Erkrankungen durch Erschütterung bei Arbeit mit Druckluftwerkzeugen oder gleichartig wirkenden Werkzeugen oder Maschinen
2104	Vibrationsbedingte Durchblutungsstörungen an den Händen
2105	Chronische Erkrankungen der Schleimbeutel durch ständigen Druck
2106	Druckschädigung der Nerven
2107	Abrißbrüche der Wirbelfortsätze
2108	Bandscheibenbedingte Erkrankungen der Lendenwirbelsäule durch langjähriges Heben oder Tragen schwerer Lasten oder durch langjährige Tätigkeiten in extremer Rumpfbeugehaltung, die zu chronischen oder chronisch-rezidivierenden Beschwerden und Funktionseinschränkungen (der Lendenwirbelsäule) geführt haben

Nr.	Krankheiten
2109	Bandscheibenbedingte Erkrankungen der Halswirbelsäule durch langjähriges Tragen schwerer Lasten auf der Schulter, die zu chronischen oder chronisch-rezidivierenden Beschwerden und Funktionseinschränkungen (der Halswirbelsäule) geführt haben
2110	Bandscheibenbedingte Erkrankungen der Lendenwirbelsäule durch langjährige, vorwiegend vertikale Einwirkung von Ganzkörperschwingungen im Sitzen, die zu chronischen oder chronisch-rezidivierenden Beschwerden und Funktionseinschränkungen (der Lendenwirbelsäule) geführt haben
2111	Erhöhte Zahnabrasionen durch mehrjährige quarzstaubbelastende Tätigkeit
2112	Gonarthrose durch eine Tätigkeit im Knien oder vergleichbare Kniebelastung mit einer kumulativen Einwirkungsdauer während des Arbeitslebens von mindestens 13 000 Stunden und einer Mindesteinwirkungsdauer von insgesamt einer Stunde pro Schicht
2113	Druckschädigung des Nervus medianus im Carpaltunnel (Carpaltunnel-Syndrom) durch repetitive manuelle Tätigkeiten mit Beugung und Streckung der Handgelenke, durch erhöhten Kraftaufwand der Hände oder durch Hand-Arm-Schwingungen
2114	Gefäßschädigung der Hand durch stoßartige Krafteinwirkung (Hypothenar-Hammer-Syndrom und Thenar-Hammer-Syndrom)
2115	Fokale Dystonie als Erkrankung des zentralen Nervensystems bei Instrumentalmusikern durch feinmotorische Tätigkeit hoher Intensität
2116	Koxarthrose durch Lastenhandhabung mit einer kumulativen Dosis von mindestens 9500 Tonnen während des Arbeitslebens gehandhabter Lasten mit einem Lastgewicht von mindestens 20 kg, die mindestens zehnmal pro Tag gehandhabt wurden
2117	Läsion der Rotatorenmanschette der Schulter durch eine langjährige und intensive Belastung durch Überschulterarbeit, repetitive Bewegungen im Schultergelenk, Kraftanwendungen im Schulterbereich durch Heben von Lasten oder Hand-Arm-Schwingungen
2118	Gonarthrose bei professionellen Fußballspielerinnen und Fußballspielern nach mindestens 13-jähriger Expositionsdauer
22	**Druckluft**
2201	Erkrankungen durch Arbeit in Druckluft
23	**Lärm**
2301	Lärmschwerhörigkeit
24	**Strahlen**
2401	Grauer Star durch Wärmestrahlung
2402	Erkrankungen durch ionisierende Strahlen

Nr.	Krankheiten
3	**Durch Infektionserreger oder Parasiten verursachte Krankheiten sowie Tropenkrankheiten**
3101	Infektionskrankheiten, wenn der Versicherte im Gesundheitsdienst, in der Wohlfahrtspflege oder in einem Laboratorium tätig oder durch eine andere Tätigkeit der Infektionsgefahr in ähnlichem Maße besonders ausgesetzt war
3102	Von Tieren auf Menschen übertragbare Krankheiten
3103	Wurmkrankheiten der Bergleute, verursacht durch Ankylostoma duodenale oder Strongyloides stercoralis
3104	Tropenkrankheiten, Fleckfieber
4	**Erkrankungen der Atemwege und der Lungen, des Rippenfells und Bauchfells und der Eierstöcke**
41	**Erkrankungen durch anorganische Stäube**
4101	Quarzstaublungenerkrankung (Silikose)
4102	Quarzstaublungenerkrankung in Verbindung mit aktiver Lungentuberkulose (Siliko-Tuberkulose)
4103	Asbeststaublungenerkrankung (Asbestose) oder durch Asbeststaub verursachte Erkrankung der Pleura
4104	Lungenkrebs, Kehlkopfkrebs oder Eierstockkrebs – in Verbindung mit Asbeststaublungenerkrankung (Asbestose) – in Verbindung mit durch Asbeststaub verursachter Erkrankung der Pleura oder – bei Nachweis der Einwirkung einer kumulativen Asbestfaserstaub-Dosis am Arbeitsplatz von mindestens 25 Faserjahren [25×10^6 [(Fasern/m^3) × Jahre]
4105	Durch Asbest verursachtes Mesotheliom des Rippenfells, des Bauchfells oder des Perikards
4106	Erkrankungen der tieferen Atemwege und der Lungen durch Aluminium oder seine Verbindungen
4107	Erkrankungen an Lungenfibrose durch Metallstäube bei der Herstellung oder Verarbeitung von Hartmetallen
4108	Erkrankungen der tieferen Atemwege und der Lungen durch Thomasmehl (Thomasphosphat)
4109	Bösartige Neubildungen der Atemwege und der Lungen durch Nickel oder seine Verbindungen
4110	Bösartige Neubildungen der Atemwege und der Lungen durch Kokereirohgase
4111	Chronische obstruktive Bronchitis oder Emphysem von Bergleuten unter Tage im Steinkohlebergbau bei Nachweis der Einwirkung einer kumulativen Dosis von in der Regel 100 Feinstaubjahren [(mg/m^3) × Jahre]
4112	Lungenkrebs durch die Einwirkung von kristallinem Siliziumdioxid (SiO_2) bei nachgewiesener Quarzstaublungenerkrankung (Silikose oder Siliko-Tuberkulose)

IV

Nr.	Krankheiten
4113	Lungenkrebs oder Kehlkopfkrebs durch polyzyklische aromatische Kohlenwasserstoffe bei Nachweis der Einwirkung einer kumulativen Dosis von mindestens 100 Benzo[a]pyren-Jahren [(µg/m³) × Jahre]
4114	Lungenkrebs durch das Zusammenwirken von Asbestfaserstaub und polyzyklischen aromatischen Kohlenwasserstoffen bei Nachweis der Einwirkung einer kumulativen Dosis, die einer Verursachungswahrscheinlichkeit von mindestens 50 Prozent nach der Anlage 2 entspricht
4115	Lungenfibrose durch extreme und langjährige Einwirkung von Schweißrauchen und Schweißgasen – (Siderofibrose)
4116	Lungenkrebs nach langjähriger und intensiver Passivrauchexposition am Arbeitsplatz bei Versicherten, die selbst nie oder maximal bis zu 400 Zigarettenäquivalente aktiv geraucht haben
4117	Chronische obstruktive Bronchitis einschließlich Emphysem durch Quarzstaubexposition bei Nachweis der Einwirkung einer kumulativen Dosis am Arbeitsplatz von mindestens zwei Quarz-Feinstaubjahren [(mg/m³) x Jahre]] oberhalb der Konzentration von 0,1 mg/m³
42	**Erkrankungen durch organische Stäube**
4201	Exogen-allergische Alveolitis
4202	Erkrankungen der tieferen Atemwege und der Lungen durch Rohbaumwoll-, Rohflachs- oder Rohhanfstaub (Byssinose)
4203	Adenokarzinome der Nasenhaupt- und Nasennebenhöhlen durch Stäube von Eichen- oder Buchenholz
43	**Obstruktive Atemwegserkrankungen**
4301	Durch allergisierende Stoffe verursachte obstruktive Atemwegserkrankungen (einschließlich Rhinopathie)
4302	Durch chemisch-irritativ oder toxisch wirkende Stoffe verursachte obstruktive Atemwegserkrankungen
5	**Hautkrankheiten**
5101	Schwere oder wiederholt rückfällige Hauterkrankungen
5102	Hautkrebs oder zur Krebsbildung neigende Hautveränderungen durch Ruß, Rohparaffin, Teer, Anthrazen, Pech oder ähnliche Stoffe
5103	Plattenepithelkarzinome oder multiple aktinische Keratosen der Haut durch natürliche UV-Strahlung
6	**Krankheiten sonstiger Ursache**
6101	Augenzittern der Bergleute

Anlage 2

Berufskrankheit Nummer 4114 Verursachungswahrscheinlichkeit in Prozent

BaP Jahre	Asbestfaserjahre																									
	0	1	2	3	4	5	6	7	8	9	10	11	12	13	14	15	16	17	18	19	20	21	22	23	24	25
0	0	4	7	11	14	17	19	22	24	26	29	31	32	34	36	38	39	40	42	43	44	46	47	48	49	**50**
1	1	5	8	12	15	17	20	22	25	27	29	31	33	35	36	38	39	41	42	44	45	46	47	48	49	**50**
2	2	6	9	12	15	18	21	23	25	28	30	32	33	35	37	38	40	41	43	44	45	46	47	48	49	**50**
3	3	7	10	13	16	19	21	24	26	28	30	32	34	35	37	39	40	42	43	44	45	47	48	49	**50**	51
4	4	7	11	14	17	19	22	24	26	29	31	32	34	36	38	39	40	42	43	44	46	47	48	49	**50**	51
5	5	8	12	15	17	20	22	25	27	29	31	33	35	36	38	39	41	42	44	45	46	47	48	49	**50**	51
6	6	9	12	15	18	21	23	25	28	30	32	33	35	37	38	40	41	43	44	45	46	47	48	49	**50**	51
7	7	10	13	16	19	21	24	26	28	30	32	34	35	37	39	40	42	43	44	45	47	48	49	**50**	51	52
8	7	11	14	17	19	22	24	26	29	31	32	34	36	38	39	40	42	43	44	46	47	48	49	**50**	51	52
9	8	12	15	17	20	22	25	27	29	31	33	35	36	38	39	41	42	44	45	46	47	48	49	**50**	51	52
10	9	12	15	18	21	23	25	28	30	32	33	35	37	38	40	41	43	44	45	46	47	48	49	**50**	51	52
11	10	13	16	19	21	24	26	28	30	32	34	35	37	39	40	42	43	44	45	47	48	49	**50**	51	52	53
12	11	14	17	19	22	24	26	29	31	32	34	36	38	39	40	42	43	44	46	47	48	49	**50**	51	52	53
13	12	15	17	20	22	25	27	29	31	33	35	36	38	39	41	42	44	45	46	47	48	49	**50**	51	52	53
14	12	15	18	21	23	25	28	30	32	33	35	37	38	40	41	43	44	45	46	47	48	49	**50**	51	52	53
15	13	16	19	21	24	26	28	30	32	34	35	37	39	40	42	43	44	45	47	48	49	**50**	51	52	53	53
16	14	17	19	22	24	26	29	31	32	34	36	37	39	40	42	43	44	46	47	48	49	**50**	51	52	53	54
17	15	17	20	22	25	27	29	31	33	35	36	38	39	41	42	44	45	46	47	48	49	**50**	51	52	53	54
18	15	18	21	23	25	28	30	32	33	35	37	38	40	41	43	44	45	46	47	48	49	**50**	51	52	53	54
19	16	19	21	24	26	28	30	32	34	35	37	39	40	42	43	44	45	47	48	49	**50**	51	52	53	53	54
20	17	19	22	24	26	29	31	32	34	36	37	39	40	42	43	44	46	47	48	49	**50**	51	52	53	54	55
21	17	20	22	25	27	29	31	33	35	36	38	39	41	42	44	45	46	47	48	49	**50**	51	52	53	54	55
22	18	21	23	25	28	30	32	33	35	37	38	40	41	43	44	45	46	47	48	49	**50**	51	52	53	54	55
23	19	21	24	26	28	30	32	34	35	37	39	40	42	43	44	45	47	48	49	**50**	51	52	53	53	54	55
24	19	22	24	26	29	31	32	34	36	37	39	40	42	43	44	46	47	48	49	**50**	51	52	53	54	55	55
25	20	22	25	27	29	31	33	35	36	38	39	41	42	44	45	46	47	48	49	**50**	51	52	53	54	55	56
26	21	23	25	28	30	32	33	35	37	38	40	41	43	44	45	46	47	48	49	**50**	51	52	53	54	55	56
27	21	24	26	28	30	32	34	35	37	39	40	42	43	44	45	47	48	49	**50**	51	52	53	53	54	55	56
28	22	24	26	29	31	32	34	36	38	39	40	42	43	44	46	47	48	49	**50**	51	52	53	54	55	55	56
29	22	25	27	29	31	33	35	36	38	39	41	42	44	45	46	47	48	49	**50**	51	52	53	54	55	56	56
30	23	25	28	30	32	33	35	37	38	40	41	43	44	45	46	47	48	49	**50**	51	52	53	54	55	56	57
31	24	26	28	30	32	34	35	37	39	40	42	43	44	45	47	48	49	**50**	51	52	53	53	54	55	56	57
32	24	26	29	31	32	34	36	38	39	40	42	43	44	46	47	48	49	**50**	51	52	53	54	55	55	56	57
33	25	27	29	31	33	35	36	38	39	41	42	44	45	46	47	48	49	**50**	51	52	53	54	55	56	56	57
34	25	28	30	32	33	35	37	38	40	41	43	44	45	46	47	48	49	**50**	51	52	53	54	55	56	57	57
35	26	28	30	32	34	35	37	39	40	42	43	44	45	47	48	49	**50**	51	52	53	53	54	55	56	57	57
36	26	29	31	32	34	36	37	39	40	42	43	44	46	47	48	49	**50**	51	52	53	54	55	55	56	57	58
37	27	29	31	33	35	36	38	39	41	42	44	45	46	47	48	49	**50**	51	52	53	54	55	56	56	57	58
38	28	30	32	33	35	37	38	40	41	43	44	45	46	47	48	49	**50**	51	52	53	54	55	56	57	57	58
39	28	30	32	34	35	37	39	40	42	43	44	45	47	48	49	**50**	51	52	53	53	54	55	56	57	57	58
40	29	31	32	34	36	37	39	40	42	43	44	46	47	48	49	**50**	51	52	53	54	55	55	56	57	58	58

IV

BaP Jahre	Asbestfaserjahre																									
	0	1	2	3	4	5	6	7	8	9	10	11	12	13	14	15	16	17	18	19	20	21	22	23	24	25
41	29	31	33	35	36	38	39	41	42	44	45	46	47	48	49	**50**	51	52	53	54	55	56	56	57	58	59
42	30	32	33	35	37	38	40	41	43	44	45	46	47	48	49	**50**	51	52	53	54	55	56	57	57	58	59
43	30	32	34	35	37	39	40	42	43	44	45	47	48	49	**50**	51	52	53	53	54	55	56	57	57	58	59
44	31	32	34	36	37	39	40	42	43	44	46	47	48	49	**50**	51	52	53	54	55	55	56	57	58	58	59
45	31	33	35	36	38	39	41	42	44	45	46	47	48	49	**50**	51	52	53	54	55	56	56	57	58	59	59
46	32	33	35	37	38	40	41	43	44	45	46	47	48	49	**50**	51	52	53	54	55	56	57	57	58	59	59
47	32	34	35	37	39	40	42	43	44	45	47	48	49	**50**	51	52	53	53	54	55	56	57	57	58	59	60
48	32	34	36	38	39	40	42	43	44	46	47	48	49	**50**	51	52	53	54	55	55	56	57	58	58	59	60
49	33	35	36	38	39	41	42	44	45	46	47	48	49	**50**	51	52	53	54	55	56	56	57	58	59	59	60
50	33	35	37	38	40	41	43	44	45	46	47	48	49	**50**	51	52	53	54	55	56	57	57	58	59	59	60
51	34	35	37	39	40	42	43	44	45	47	48	49	**50**	51	52	53	53	54	55	56	57	57	58	59	60	60
52	34	36	38	39	40	42	43	44	46	47	48	49	**50**	51	52	53	54	55	55	56	57	58	58	59	60	60
53	35	36	38	39	41	42	44	45	46	47	48	49	**50**	51	52	53	54	55	56	56	57	58	59	59	60	60
54	35	37	38	40	41	43	44	45	46	47	48	49	**50**	51	52	53	54	55	56	57	57	58	59	59	60	61
55	35	37	39	40	42	43	44	45	47	48	49	**50**	51	52	53	53	54	55	56	57	57	58	59	60	60	61
56	36	38	39	40	42	43	44	46	47	48	49	**50**	51	52	53	54	55	55	56	57	58	58	59	60	60	61
57	36	38	39	41	42	44	45	46	47	48	49	**50**	51	52	53	54	55	56	56	57	58	59	59	60	60	61
58	37	38	40	41	43	44	45	46	47	48	49	**50**	51	52	53	54	55	56	57	57	58	59	59	60	61	61
59	37	39	40	42	43	44	45	47	48	49	**50**	51	52	53	53	54	55	56	57	57	58	59	60	60	61	61
60	38	39	40	42	43	44	46	47	48	49	**50**	51	52	53	54	55	55	56	57	58	58	59	60	60	61	62
61	38	39	41	42	44	45	46	47	48	49	**50**	51	52	53	54	55	56	56	57	58	59	59	60	60	61	62
62	38	40	41	43	44	45	46	47	48	49	**50**	51	52	53	54	55	56	57	57	58	59	59	60	61	61	62
63	39	40	42	43	44	45	47	48	49	**50**	51	52	53	53	54	55	56	57	57	58	59	60	60	61	61	62
64	39	40	42	43	44	46	47	48	49	**50**	51	52	53	54	55	55	56	57	58	58	59	60	60	61	62	62
65	39	41	42	44	45	46	47	48	49	**50**	51	52	53	54	55	56	56	57	58	59	59	60	60	61	62	62
66	40	41	43	44	45	46	47	48	49	**50**	51	52	53	54	55	56	57	57	58	59	59	60	61	61	62	62
67	40	42	43	44	45	47	48	49	**50**	51	52	53	53	54	55	56	57	57	58	59	60	60	61	61	62	63
68	40	42	43	44	46	47	48	49	**50**	51	52	53	54	55	55	56	57	58	58	59	60	60	61	62	62	63
69	41	42	44	45	46	47	48	49	**50**	51	52	53	54	55	56	56	57	58	59	59	60	60	61	62	62	63
70	41	43	44	45	46	47	48	49	**50**	51	52	53	54	55	56	57	57	58	59	59	60	61	61	62	62	63
71	42	43	44	45	47	48	49	**50**	51	52	53	53	54	55	56	57	57	58	59	60	60	61	61	62	63	63
72	42	43	44	46	47	48	49	**50**	51	52	53	54	55	55	56	57	58	58	59	60	60	61	62	62	63	63
73	42	44	45	46	47	48	49	**50**	51	52	53	54	55	56	56	57	58	59	59	60	60	61	62	62	63	63
74	43	44	45	46	47	48	49	**50**	51	52	53	54	55	56	57	57	58	59	59	60	61	61	62	62	63	64
75	43	44	45	47	48	49	**50**	51	52	53	53	54	55	56	57	57	58	59	60	60	61	61	62	63	63	64
76	43	44	46	47	48	49	**50**	51	52	53	54	55	55	56	57	58	58	59	60	60	61	62	62	63	63	64
77	44	45	46	47	48	49	**50**	51	52	53	54	55	56	56	57	58	59	59	60	60	61	62	62	63	63	64
78	44	45	46	47	48	49	**50**	51	52	53	54	55	56	57	57	58	59	59	60	61	61	62	62	63	64	64
79	44	45	47	48	49	**50**	51	52	53	53	54	55	56	57	57	58	59	60	60	61	61	62	63	63	64	64
80	44	46	47	48	49	**50**	51	52	53	54	55	55	56	57	58	58	59	60	60	61	62	62	63	63	64	64
81	45	46	47	48	49	**50**	51	52	53	54	55	56	56	57	58	59	59	60	60	61	62	62	63	63	64	64
82	45	46	47	48	49	**50**	51	52	53	54	55	56	57	57	58	59	59	60	61	61	62	62	63	64	64	65
83	45	47	48	49	**50**	51	52	53	53	54	55	56	57	57	58	59	60	60	61	61	62	63	63	64	64	65
84	46	47	48	49	**50**	51	52	53	54	55	55	56	57	58	58	59	60	60	61	62	62	63	63	64	64	65
85	46	47	48	49	**50**	51	52	53	54	55	56	56	57	58	59	59	60	60	61	62	62	63	63	64	64	65

BaP Jahre	Asbestfaserjahre																									
	0	1	2	3	4	5	6	7	8	9	10	11	12	13	14	15	16	17	18	19	20	21	22	23	24	25
86	46	47	48	49	**50**	51	52	53	54	55	56	57	57	58	59	59	60	61	61	62	62	63	64	64	65	65
87	47	48	49	**50**	51	52	53	53	54	55	56	57	57	58	59	60	60	61	61	62	63	63	64	64	65	65
88	47	48	49	**50**	51	52	53	54	55	55	56	57	58	58	59	60	60	61	62	62	63	63	64	64	65	65
89	47	48	49	**50**	51	52	53	54	55	56	56	57	58	59	59	60	60	61	62	62	63	63	64	64	65	65
90	47	48	49	**50**	51	52	53	54	55	56	57	57	58	59	59	60	61	61	62	62	63	64	64	65	65	66
91	48	49	**50**	51	52	53	53	54	55	56	57	57	58	59	60	60	61	61	62	63	63	64	64	65	65	66
92	48	49	**50**	51	52	53	54	55	55	56	57	58	58	59	60	60	61	62	62	63	63	64	64	65	65	66
93	48	49	**50**	51	52	53	54	55	56	56	57	58	59	59	60	60	61	62	62	63	63	64	64	65	65	66
94	48	49	**50**	51	52	53	54	55	56	57	57	58	59	59	60	61	61	62	62	63	64	64	65	65	66	66
95	49	**50**	51	52	53	53	54	55	56	57	57	58	59	60	60	61	61	62	63	63	64	64	65	65	66	66
96	49	**50**	51	52	53	54	55	55	56	57	58	58	59	60	60	61	62	62	63	63	64	64	65	65	66	66
97	49	**50**	51	52	53	54	55	56	56	57	58	59	59	60	60	61	62	62	63	63	64	64	65	65	66	66
98	49	**50**	51	52	53	54	55	56	57	57	58	59	59	60	61	61	62	62	63	64	64	65	65	66	66	66
99	**50**	51	52	53	53	54	55	56	57	57	58	59	60	60	61	61	62	63	63	64	64	65	65	66	66	67
100	**50**	51	52	53	54	55	55	56	57	58	58	59	60	60	61	62	62	63	63	64	64	65	65	66	66	67

Verordnung über die Durchführung von Heilverfahren nach § 33 des Beamtenversorgungsgesetzes (Heilverfahrensverordnung – HeilVfV)

Vom 9. November 2020 (BGBl. I S. 2349)

Zuletzt geändert durch
Elfte Verordnung zur Änderung der Bundesbeihilfeverordnung
vom 14. Oktober 2025 (BGBl. I Nr. 240)

Abschnitt 1 Allgemeines

§ 1 Persönlicher Geltungsbereich

Diese Verordnung gilt für die durch einen Dienstunfall nach § 31 des Beamtenversorgungsgesetzes verletzten

1. Beamtinnen und Beamten des Bundes,
2. Ehrenbeamtinnen und Ehrenbeamten des Bundes (§ 6 Absatz 5 Satz 1 des Bundesbeamtengesetzes).

Für die Richterinnen und Richter im Bundesdienst gilt diese Verordnung nach § 46 des Deutschen Richtergesetzes entsprechend.

§ 2 Rechtsanspruch

(1) Eine durch einen Dienstunfall verletzte Person hat Anspruch auf Durchführung eines Heilverfahrens mit dem Ziel, die Folgen des Dienstunfalls zu beseitigen oder zu lindern und eine möglichst rasche Rehabilitation zu erreichen.

(2) Der Anspruch auf Durchführung des Heilverfahrens wird dadurch erfüllt, dass der verletzten Person die wirtschaftlich angemessenen Aufwendungen für notwendige Maßnahmen des Heilverfahrens erstattet werden, soweit nicht der Dienstherr das Heilverfahren selbst durchführt.

§ 3 Notwendigkeit und Angemessenheit

(1) Notwendig sind die von einer Ärztin oder einem Arzt, einer Zahnärztin oder einem Zahnarzt, einer Psychotherapeutin oder einem Psychotherapeuten, einer Heilpraktikerin oder einem Heilpraktiker durchgeführten oder verordneten Maßnahmen, die erforderlich sind, um die Folgen des Dienstunfalls zu beseitigen oder zu lindern. § 6 Absatz 4 der Bundesbeihilfeverordnung gilt entsprechend.

(2) Für die wirtschaftliche Angemessenheit gilt § 6 Absatz 5 und 6 der Bundesbeihilfeverordnung entsprechend, soweit nachstehend nichts anderes bestimmt ist.

(3) Bei der Anerkennung der wirtschaftlichen Angemessenheit kann über die im Beihilferecht getroffenen Begrenzungen hinausgegangen werden. Die Entscheidung nach Satz 1 ist besonders zu begründen. Satz 2 gilt nicht für Aufwendungen nach § 6 Absatz 1 Nummer 3 bis zum Eineinhalbfachen der in Anlage 9 der Bundesbeihilfeverordnung aufgeführten Höchstbeträge.

(4) Über die Notwendigkeit der Maßnahmen und über die wirtschaftliche Angemessenheit der Aufwendungen entscheidet die Dienstunfallfürsorgestelle.

§ 4 Durchgangsärztliche und besondere unfallmedizinische Behandlung

(1) Ist auf Grund einer Verletzung mit einer vorübergehenden Dienstunfähigkeit über den Unfalltag hinaus oder mit einer Behandlungsbedürftigkeit zu rechnen, so hat sich die verletzte Person von einer Durchgangsärztin oder einem Durchgangsarzt untersuchen und behandeln zu lassen. Dabei hat die verletzte Person die freie Wahl unter den am Unfall-, Dienst- oder Wohnort niedergelassenen oder an einem dortigen Krankenhaus tätigen Durchgangsärztinnen und Durchgangsärzten.

(2) Die Verpflichtung nach Absatz 1 Satz 1 entfällt bei

1. Verletzungen, die ausschließlich die Augen, die Zähne, den Hals, die Nase oder die Ohren betreffen,

2. rein psychischen Gesundheitsstörungen,
3. medizinischen Notfällen sowie
4. Unfällen im Ausland.

(3) Sofern wegen der Art und Schwere der Verletzung eine besondere unfallmedizinische Behandlung erforderlich ist, hat die Dienstunfallfürsorgestelle dafür Sorge zu tragen, dass die verletzte Person in einem Krankenhaus im Sinne des § 34 Absatz 2 des Siebten Buches Sozialgesetzbuch behandelt wird.

§ 5 Gutachten

Sofern nach dieser Verordnung ein ärztliches Gutachten oder ein Gutachten zur Feststellung eines ursächlichen Zusammenhangs eingeholt wird, beauftragt die Dienstunfallfürsorgestelle

1. eine Gutachterin oder einen Gutachter aus dem Gutachterverzeichnis der Deutschen Gesetzlichen Unfallversicherung,
2. eine Gutachterin oder einen Gutachter eines medizinischen Gutachteninstituts oder
3. eine andere Fachärztin oder einen anderen Facharzt, die oder der über umfangreiche Erfahrungen auf dem Gebiet der unfallrechtlichen Begutachtung verfügt.

Die Einschränkungen nach Satz 1 gelten nicht in Fällen des § 10 Absatz 1 Satz 2 sowie bei Begutachtungen, die im Ausland erfolgen müssen.

Abschnitt 2
Erstattung von Aufwendungen

§ 6 Erstattungsfähige Aufwendungen

(1) Erstattungsfähig sind Aufwendungen für

1. ärztliche, zahnärztliche und psychotherapeutische Maßnahmen sowie Maßnahmen von Heilpraktikerinnen und Heilpraktikern einschließlich Berichtsgebühren,
2. die im Rahmen einer Maßnahme nach Nummer 1 verbrauchten und die ärztlich oder zahnärztlich verordneten Arznei- und Verbandmittel sowie Medizinprodukte, soweit letztere nach § 22 Absatz 1 Nummer 4 der Bundesbeihilfeverordnung beihilfefähig sind,
3. die im Rahmen einer Maßnahme nach Nummer 1 ärztlich oder zahnärztlich verordneten Heilmittel und die bei der Anwendung der Heilmittel verbrauchten Stoffe, soweit letztere nach § 23 Absatz 1 der Bundesbeihilfeverordnung beihilfefähig sind,
4. die Versorgung mit Hilfsmitteln, mit Geräten zur Selbstbehandlung und zur Selbstkontrolle sowie mit Körperersatzstücken (§ 8),
5. Krankenhausleistungen und Rehabilitationsmaßnahmen (§ 9),
6. Pflege (§ 10),
7. Haushaltshilfen (§ 11) sowie
8. Fahrten (§ 12).

(2) Erstattungsfähig sind auch

1. ein erhöhter Kleider- und Wäscheverschleiß (§ 13),
2. Aufwendungen infolge bewilligter Kraftfahrzeughilfe (§ 14),
3. Aufwendungen infolge bewilligter Anpassung des Wohnumfelds (§ 15) sowie
4. Aufwendungen für Überführung und Bestattung (§ 16).

(3) Die Aufwendungen für eine Untersuchung oder Begutachtung im unmittelbaren Anschluss an ein Unfallereignis werden auch dann erstattet, wenn diese Maßnahme nur der Feststellung diente, ob ein Dienstunfall vorliegt oder ob Dienstunfallfolgen eingetreten sind.

(4) Bei dienstunfallbedingten Aufwendungen, die im Ausland entstanden sind, gilt § 11 Absatz 1 und 2 der Bundesbeihilfeverordnung entsprechend. Für verletzte Personen, die ihren dienstlichen Wohnsitz im Ausland haben oder in das Ausland abgeordnet sind, gelten § 11 Absatz 3, § 18a Absatz 4 Satz 2, § 23 Absatz 3 Satz 1, § 26a Absatz 6, § 29 Absatz 1 und 3, § 31 Absatz 6, § 32 Absatz 3, § 36 Absatz 3 sowie § 44 Absatz 2 der Bundesbeihilfeverordnung entsprechend.

(5) Zur Vermeidung unbilliger Härten kann die Dienstunfallfürsorgestelle mit vorheriger Zustimmung des Bundesministeriums des Innern und des Bundesministeriums der Finanzen von dieser Verordnung abweichen.

§ 7 Erstattungsfähige Aufwendungen bei Traumatisierung

(1) Nach einem traumatischen Ereignis, das von der verletzten Person nach § 45 des Beamtenversorgungsgesetzes angezeigt worden ist, werden zur psychischen Stabilisierung nach vorheriger Zustimmung der Dienstunfallfürsorgestelle die Aufwendungen für bis zu acht Sitzungen in Gruppen- oder Einzeltherapie erstattet. Satz 1 gilt auch, wenn das Verfahren zur Feststellung, ob ein Dienstunfall vorliegt, noch andauert. Für eine Therapie, die auf Veranlassung der Durchgangsärztin oder des Durchgangsarztes erfolgt, gilt die Zustimmung nach Satz 1 als erteilt.

(2) Zu den erstattungsfähigen Aufwendungen gehören auch solche für die fundierte Psychodiagnostik, für die Krisen- oder die Frühintervention und für das Abklären der Notwendigkeit weiterführender Behandlungsmaßnahmen.

(3) Stellt sich während der Therapie nach Absatz 1 Satz 1 heraus, dass eine weiterführende therapeutische Behandlung erforderlich ist, sind Aufwendungen für weitere Sitzungen in Gruppen- oder Einzeltherapie nur nach vorheriger Anerkennung des Dienstunfalls erstattungsfähig. Vor Beginn der Therapie ist von der Dienstunfallfürsorgestelle ein Gutachten zu Art und Umfang der Therapie einzuholen.

(4) Erstattungsfähig sind nur Aufwendungen für Sitzungen bei

1. Fachärztinnen oder Fachärzten für Neurologie und Psychiatrie,
2. Fachärztinnen oder Fachärzten für Psychiatrie,
3. Fachärztinnen oder Fachärzten für Psychiatrie und Psychotherapie,
4. Fachärztinnen oder Fachärzten für psychosomatische Medizin und Psychotherapie,
5. Fachärztinnen oder Fachärzten für psychotherapeutische Medizin,
6. ärztlichen und psychologischen Psychotherapeutinnen oder Psychotherapeuten sowie
7. Psychotherapeutinnen oder Psychotherapeuten nach § 1 Absatz 1 Satz 1 des Psychotherapeutengesetzes in der jeweils geltenden Fassung.

§ 8 Hilfsmittel, Geräte zur Selbstbehandlung und Selbstkontrolle, Körperersatzstücke

(1) Aufwendungen für die dienstunfallbedingte Versorgung mit Hilfsmitteln, mit Geräten zur Selbstbehandlung und Selbstkontrolle sowie mit Körperersatzstücken nach Anlage 11 der Bundesbeihilfeverordnung werden erstattet, wenn eine ärztliche Verordnung vorliegt. Zu den Aufwendungen zählt auch die Miete von Hilfsmitteln, Geräten zur Selbstbehandlung und Selbstkontrolle sowie von Körperersatzstücken, soweit die Miete nicht höher ist als die Anschaffungskosten. Übersteigen die Anschaffungskosten 1000 Euro, so werden die Aufwendungen nur erstattet, wenn

1. die Dienstunfallfürsorgestelle die Erstattung vorher zugesagt hat oder
2. die Verordnung und eine gegebenenfalls erforderliche Anpassung während einer stationären Krankenhausbehandlung erfolgt sind.

(2) Die Versorgung umfasst

1. die Erstausstattung, das notwendige Zubehör, die Instandsetzung und Instandhaltung, die Änderung und die Ersatzbeschaffung, sofern diese nicht durch Missbrauch, Vorsatz oder grobe Fahrlässigkeit der verletzten Person bedingt ist,
2. die Ausbildung im Gebrauch,
3. die für den Betrieb eines Hilfsmittels erforderlichen Energiekosten, insbesondere Kosten für Strom oder Batterien,
4. dienstunfallbedingt erforderliche Änderungen an Schuhen, Bekleidung und anderen Gebrauchsgegenständen des täglichen Lebens.

(3) Ist infolge eines Dienstunfalls eine Sehbeeinträchtigung erstmals eingetreten oder eine bereits bestehende Sehbeeinträchtigung verschlimmert worden, so richtet sich die Erstattung von Aufwendungen für von einer Augenärztin oder einem Augenarzt verordnete Brillen, Kontaktlinsen und andere Sehhilfen nach Anlage 11 Abschnitt 4 der Bundesbei-

hilfeverordnung ohne Berücksichtigung beihilferechtlicher Alterseinschränkungen. Aufwendungen für ein Brillengestell sind bis zu 100 Euro erstattungsfähig.

(4) Ist dienstunfallbedingt die Haltung eines Blindenhundes oder die Mitnahme einer Begleitperson erforderlich, so wird für nachgewiesene Aufwendungen ein Erstattungsbetrag von bis zu 200 Euro monatlich gezahlt.

§ 9 Krankenhausleistungen, Rehabilitationsmaßnahmen und Leistungen der Übergangspflege im Krankenhaus

(1) Erstattungsfähig sind die dienstunfallbedingten Aufwendungen für

1. Krankenhausbehandlungen bis zur Höhe der Aufwendungen, wie sie in Krankenhäusern im Sinne der §§ 26 und 26a der Bundesbeihilfeverordnung ohne Abzug von Eigenbehalten entstanden wären,
2. die gesondert berechnete Unterkunft
   a) bis zur Höhe der Aufwendungen für ein Zweibettzimmer der jeweiligen Abteilung oder
   b) in einem Einbettzimmer, wenn dies auf Grund besonderer dienstlicher oder medizinischer Gründe erforderlich ist,
3. ärztlich verordnete Anschlussheilbehandlungen als medizinische Rehabilitationsmaßnahmen bis zur Höhe der Aufwendungen, die in Rehabilitationseinrichtungen, mit denen ein Versorgungsvertrag nach § 111 Absatz 2 Satz 1 des Fünften Buches Sozialgesetzbuch besteht, entstanden wären,
4. ärztlich verordnete stationäre Rehabilitationsmaßnahmen bis zur Höhe der Aufwendungen, die in Rehabilitationseinrichtungen, mit denen ein Versorgungsvertrag nach § 111 Absatz 2 Satz 1 des Fünften Buches Sozialgesetzbuch besteht, entstanden wären, sofern die Dienstunfallfürsorgestelle vor Beginn der Maßnahme die Erstattungsfähigkeit anerkannt hat,
5. ärztlich verordnete ambulante Rehabilitationsmaßnahmen in Rehabilitationseinrichtungen oder in wohnortnahen Einrichtungen,
6. ärztlich verordneten Rehabilitationssport in Gruppen unter ärztlicher Betreuung und Überwachung und
7. die in § 39e Absatz 1 und 2 Satz 1 des Fünften Buches Sozialgesetzbuch genannten Leistungen der Übergangspflege für längstens zehn Tage im Anschluss an eine Krankenhausbehandlung.

(2) Die Erstattungsfähigkeit von Maßnahmen nach Absatz 1 Nummer 4 darf nur anerkannt werden, wenn die Maßnahmen nach durchgangsärztlicher Stellungnahme zur Behebung oder Minderung der Dienstunfallfolgen notwendig sind. Ort, Zeit und Dauer der Maßnahmen nach Absatz 1 Nummer 4 bestimmt dann die Dienstunfallfürsorgestelle. Bei dienstlichem Wohnsitz im Ausland oder bei einer Abordnung in das Ausland ist abweichend von Satz 1 eine fachärztliche Stellungnahme erforderlich; die Kosten einer erforderlichen Übersetzung werden erstattet.

(3) Die verletzte Person hat der Dienstunfallfürsorgestelle den Beginn einer geplanten Krankenhausbehandlung oder einer Rehabilitationsmaßnahme unverzüglich anzuzeigen. Nach Beendigung der Maßnahme hat die verletzte Person der Dienstunfallfürsorgestelle einen ärztlichen Schlussbericht vorzulegen; die dadurch entstehenden Aufwendungen werden erstattet.

(4) Die Dienstunfallfürsorgestelle weist die verletzte Person vor Beginn einer stationären Krankenhausbehandlung oder einer stationären Rehabilitationsmaßnahme darauf hin, dass die Aufwendungen, die die nach Absatz 1 Nummer 1 bis 4 erstattungsfähigen Aufwendungen übersteigen, grundsätzlich nicht erstattet werden.

§ 10 Pflege

(1) Wird die verletzte Person aufgrund des Dienstunfalls einem Pflegegrad (§ 15 Absatz 1 Satz 1 des Elften Buches Sozialgesetzbuch) zugeordnet, so

1. erhält sie bei häuslicher Pflege eine monatliche Leistung in Höhe des maximalen Entlastungsbetrages nach § 45b Absatz 1 Satz 1 des Elften Buches Sozialgesetzbuch und

IV

2. werden ihr ab dem Pflegegrad 2 im Sinne des § 15 Absatz 3 Satz 4 Nummer 2 des Elften Buches Sozialgesetzbuch die Kosten für eine notwendige Pflege erstattet.

Die Dienstunfallfürsorgestelle hat bei einer geeigneten Stelle ein Gutachten über die dienstunfallbedingte Pflegebedürftigkeit und über die Zuordnung zu einem Pflegegrad nach § 15 Absatz 1 bis 5 des Elften Buches Sozialgesetzbuch einzuholen.

(2) Bei der häuslichen Pflege durch geeignete Pflegekräfte im Sinne des § 36 Absatz 4 Satz 2 und 3 des Elften Buches Sozialgesetzbuch werden Pflegekosten bis zur Höhe der in § 36 Absatz 3 des Elften Buches Sozialgesetzbuch genannten Beträge erstattet. Nachgewiesene höhere Aufwendungen, die erforderlich sind, um die notwendige häusliche Pflege zu erhalten, können zur Vermeidung unbilliger Härten auf Antrag erstattet werden.

IV

(3) Wird die häusliche Pflege ausschließlich durch andere als durch die in Absatz 2 Satz 1 genannten Personen erbracht, so

1. sind Beratungsbesuche nach § 37 Absatz 3 Satz 1 des Elften Buches Sozialgesetzbuch in der eigenen Häuslichkeit abzurufen und gegenüber der Dienstunfallfürsorgestelle nachzuweisen und
2. werden Pflegekosten bis zur Hälfte der in § 36 Absatz 3 des Elften Buches Sozialgesetzbuch genannten Beträge erstattet.

Haben die in Satz 1 genannten Personen ihren Beruf aufgegeben, um die Pflege ausüben zu können, so wird das ausgefallene Arbeitseinkommen bis zur Höhe der in § 36 Absatz 3 des Elften Buches Sozialgesetzbuch genannten Beträge zuzüglich des Arbeitgeberanteils zur Sozialversicherung erstattet. Wird die häusliche Pflege sowohl durch geeignete Pflegekräfte (Absatz 2 Satz 1) als auch durch die in Satz 1 genannten Personen erbracht, werden die Pflegekosten anteilig erstattet.

(4) Ist eine Pflegeperson wegen Erholungsurlaubs, Krankheit oder aus anderen Gründen an der häuslichen Pflege gehindert, so sind die Aufwendungen für eine notwendige Ersatzpflege entsprechend § 39 des Elften Buches Sozialgesetzbuch erstattungsfähig. Kann die häusliche Pflege zeitweise nicht, noch nicht oder nicht im erforderlichen Umfang erbracht werden und reicht auch teilstationäre Pflege nicht aus, sind Aufwendungen für Kurzzeitpflege entsprechend § 42 des Elften Buches Sozialgesetzbuch erstattungsfähig.

(5) Muss die verletzte Person in einer stationären Einrichtung gepflegt werden, weil eine geeignete Pflege sonst nicht gewährleistet werden kann, werden die Kosten bis zu der Höhe erstattet, die für eine angemessene Unterbringung in einer zugelassenen oder in einer vergleichbaren Einrichtung am Wohnort der verletzten Person oder in dessen Nähe aufgewendet werden müssen.

(6) Der Anspruch auf Erstattung von Pflegekosten ruht bei stationärer Behandlung in Krankenhäusern und Rehabilitationseinrichtungen. Dies gilt nicht für die ersten vier Wochen einer stationären Behandlung. Im Anschluss an den in Satz 2 genannten Zeitraum werden Betten- und Platzfreihaltegebühren für die restliche Dauer der stationären Behandlung erstattet.

(7) Die erstattungsfähigen Beträge sowie die Leistung nach Absatz 1 Satz 1 Nummer 1 können monatlich im Voraus gezahlt werden. Die pflegebedürftige Person ist verpflichtet, der Dienstunfallfürsorgestelle jede wesentliche Änderung in den Verhältnissen, die für die Erstattung der Pflegekosten maßgebend sind, unverzüglich anzuzeigen. Erfolgt die Pflege nicht für den gesamten Kalendermonat, ist der Erstattungsbetrag durch die Dienstunfallfürsorgestelle entsprechend zu mindern.

(8) An den personenbezogenen Aufwendungen der Träger für eine Pflegeberatung nach § 7a des Elften Buches Sozialgesetzbuch beteiligt sich der Bund. Die Aufwendungen für Beratungsbesuche nach Absatz 3 Satz 1 Nummer 1 werden im Umfang der Festlegungen nach § 37 Absatz 3c Satz 2 bis 4 des Elften Buches Sozialgesetzbuch durch die Dienstunfallfürsorgestelle erstattet. Weist die pflegebedürftige Person die Beratungsbesuche nach Absatz 3 Satz 1 Nummer 1 nicht in geeigneter Weise nach, kann die Dienstunfallfürsorgestelle die Erstattung der Pflegekosten kürzen.

§ 11 Haushaltshilfe

(1) Eine Haushaltshilfe ist notwendig, solange und soweit der verletzten Person die Weiterführung des Haushalts nicht möglich ist wegen

1. eines dienstunfallbedingten außerhäuslichen Heilverfahrens oder
2. der Art und Schwere des dienstunfallbedingten Körperschadens, insbesondere nach einem stationären Heilverfahren, einer ambulanten Operation oder einer ambulanten Krankenhausbehandlung.

(2) Aufwendungen für eine Haushaltshilfe werden nur erstattet, wenn und solange keine im Haushalt lebende Person den Haushalt weiterführen kann und im Haushalt der verletzten Person eine der folgenden Personen lebt:

1. ein Kind (§ 63 Absatz 1 Satz 1 des Einkommensteuergesetzes), das zu Beginn des Zeitraums, für den die Haushaltshilfe gewährt wird, das zwölfte Lebensjahr noch nicht vollendet hat,
2. eine pflegebedürftige Ehegattin oder ein pflegebedürftiger Ehegatte oder
3. ein Kind der verletzten Person, das
   a) pflegebedürftig ist oder
   b) wegen körperlicher, geistiger oder seelischer Behinderung außerstande ist, sich selbst zu unterhalten.

Einer alleinstehenden verletzten Person werden Aufwendungen für eine Haushaltshilfe nach einem stationären Heilverfahren, nach einer ambulanten Operation oder nach einer ambulanten Krankenhausbehandlung erstattet.

(3) Werden Leistungen nach § 34 des Beamtenversorgungsgesetzes gewährt, besteht kein Anspruch auf Erstattung der Aufwendungen für eine Haushaltshilfe.

(4) Bei einem dienstunfallbedingten außerhäuslichen Heilverfahren (Absatz 1 Nummer 1) sind Aufwendungen für eine Haushaltshilfe zu erstatten, solange das außerhäusliche Heilverfahren andauert. Ist eine Haushaltshilfe nach einem stationären Heilverfahren, einer ambulanten Operation oder einer ambulanten Krankenhausbehandlung (Absatz 1 Nummer 2) notwendig, so werden die Aufwendungen erstattet für

1. höchstens 28 Tage oder
2. höchstens sechs Monate, sofern gleichzeitig die Voraussetzungen nach Absatz 2 Satz 1 vorliegen.

(5) Der Dienstunfallfürsorgestelle ist eine fachärztliche Bescheinigung über die Notwendigkeit und den zeitlichen Umfang der Haushaltshilfe vorzulegen. Die Aufwendungen für eine Haushaltshilfe sind entsprechend § 28 Absatz 1 Satz 1 der Bundesbeihilfeverordnung erstattungsfähig. Aufwendungen für notwendige Fahrten der Haushaltshilfe werden in sinngemäßer Anwendung des § 12 Absatz 1 Satz 1 erstattet. § 3 Absatz 3 gilt entsprechend.

IV

§ 12 Fahrten

(1) Aufwendungen der verletzten Person für notwendige Hin- und Rückfahrten aus Anlass der Heilbehandlung werden wie folgt erstattet:

1. bei Benutzung öffentlicher Verkehrsmittel bis zur Höhe der Kosten in der niedrigsten Beförderungsklasse zuzüglich der Aufwendungen einer notwendigen Gepäckbeförderung,
2. bei Benutzung eines Kraftfahrzeuges oder eines anderen motorbetriebenen Fahrzeuges in Höhe von 20 Cent je Kilometer zurückgelegter Strecke der Hin- und Rückfahrt,
3. Aufwendungen für ein Taxi, wenn nach Bescheinigung durch die behandelnde Ärztin oder den behandelnden Arzt aus zwingenden medizinischen Gründen öffentliche Verkehrsmittel oder ein privates Kraftfahrzeug nicht benutzt werden können.

Die Aufwendungen werden nur bis zur Höhe der Aufwendungen für Fahrten zum nächstgelegenen geeigneten Behandlungs- oder Untersuchungsort erstattet.

(2) Aufwendungen für Fahrten zu Begutachtungen oder Untersuchungen, die von der Dienstunfallfürsorgestelle veranlasst worden sind, werden erstattet.

(3) Erstattungsfähig sind ferner

1. Aufwendungen für Rettungsfahrten und -flüge,
2. Aufwendungen für ärztlich verordnete Krankentransportfahrten

a) im Zusammenhang mit einem stationären Heilverfahren oder
b) bei einer medizinisch notwendigen Verlegung in ein anderes Krankenhaus,

3. Aufwendungen für Fahrten einer Begleitperson, wenn die Begleitung der verletzten Person nach Stellungnahme durch die behandelnde Ärztin oder den behandelnden Arzt erforderlich war, und
4. bei einer stationären Krankenhausbehandlung Aufwendungen von Angehörigen für Besuchsfahrten, wenn die Besuche nach Stellungnahme der behandelnden Ärztin oder des behandelnden Arztes zur Sicherung des Heilerfolgs dringend erforderlich waren.

Angehörige im Sinne von Satz 1 Nummer 4 sind:

1. die Ehegattin oder der Ehegatte,
2. Kinder,
3. Eltern.

(4) Aufwendungen für eine notwendige Übernachtung der verletzten Person anlässlich notwendiger auswärtiger ambulanter ärztlicher, zahnärztlicher oder psychotherapeutischer Leistungen sind bis zu einem Betrag von 80 Euro erstattungsfähig. Satz 1 gilt entsprechend für Aufwendungen für Übernachtungen einer Begleitperson im Fall des Absatzes 3 Satz 1 Nummer 3 sowie von Angehörigen im Fall des Absatzes 3 Satz 1 Nummer 4.

(5) § 3 Absatz 3 gilt entsprechend.

§ 13 Erhöhter Kleider- und Wäscheverschleiß

Aufwendungen, die infolge eines dienstunfallbedingt erhöhten Kleider- und Wäscheverschleißes entstehen, werden von Amts wegen mit einem monatlichen Pauschbetrag in entsprechender Anwendung des § 46 Absatz 2 des Vierzehnten Buches Sozialgesetzbuch erstattet. Die Entscheidung trifft die Dienstunfallfürsorgestelle auf Grund einer fachärztlichen Bescheinigung, die auch Aussagen zur Dauer des Zustands beinhaltet. Die in Sonderfällen den Pauschbetrag nachweislich übersteigenden Aufwendungen werden jeweils für das abgelaufene Kalenderjahr auf Antrag erstattet.

§ 14 Kraftfahrzeughilfe

Kraftfahrzeughilfe wird gewährt, wenn die Dienstunfallfürsorgestelle vor der Entstehung der Aufwendungen die Erstattung zugesagt hat. § 40 Absatz 2, 3 und 5 des Siebten Buches Sozialgesetzbuch in Verbindung mit der Kraftfahrzeughilfe-Verordnung gilt entsprechend. Die §§ 6 und 8 der Kraftfahrzeughilfe-Verordnung gelten nicht.

§ 15 Dienstunfallbedingte Wohnumfeldanpassung

(1) Die Aufwendungen für eine bedarfsgerechte Anpassung wie Ausstattung, Umbau oder Ausbau der bisher genutzten Wohnung sowie die Aufwendungen für den Umzug in eine bedarfsgerechte Wohnung werden nach Maßgabe des § 41 Absatz 4 des Siebten Buches Sozialgesetzbuch erstattet, wenn die Maßnahme infolge des Dienstunfalls nicht nur vorübergehend erforderlich ist.

(2) Die Aufwendungen für Maßnahmen nach Absatz 1 werden nur erstattet, wenn die Dienstunfallfürsorgestelle die Erstattung vorher zugesagt hat. Bei Maßnahmen ab 5000 Euro hat die verletzte Person zwei Vergleichsangebote beizubringen.

§ 16 Überführung und Bestattung

(1) Ist die verletzte Person an den Folgen des Dienstunfalls verstorben, so werden erstattet die Aufwendungen für

1. die Überführung der verstorbenen Person an den Ort der Bestattung und
2. die Bestattung, die Todesanzeigen, Trauerkarten und Danksagungen, die Trauerfeier und die Bewirtung der Trauergäste sowie die Herrichtung einer Grabstätte einschließlich des Grabmals und des ersten Grabschmucks bis zu einem Siebtel der sich im Zeitpunkt des Todes aus § 18 Absatz 1 des Vierten Buches Sozialgesetzbuch ergebenden jährlichen Bezugsgröße.

(2) Auf den Erstattungsbetrag nach Absatz 1 Nummer 2 ist ein Sterbegeld nach § 18 Absatz 1 und 2 des Beamtenversorgungsgesetzes mit 40 Prozent seines Bruttobetrages anzurechnen.

Abschnitt 3
Verfahren

§ 17 Erstattungsverfahren

(1) Soweit nichts anderes bestimmt ist, werden Aufwendungen nur erstattet, wenn die verletzte Person dies bei der Dienstunfallfürsorgestelle schriftlich oder elektronisch beantragt und die Aufwendungen nachweist. Satz 1 gilt entsprechend für Hinterbliebene, wenn die verletzte Person an den Folgen des Dienstunfalls verstorben ist.

(2) Auf Antrag kann die Dienstunfallfürsorgestelle Vorschüsse oder Abschlagszahlungen gewähren.

(3) Die Dienstunfallfürsorgestelle kann bei Zweifeln an der Notwendigkeit oder an der Dienstunfallbedingtheit einer Maßnahme oder bei Zweifeln an der wirtschaftlichen Angemessenheit von Aufwendungen ein ärztliches Gutachten einholen.

(4) In Fällen, in denen sich die Anerkennung eines Dienstunfalls aus Gründen verzögert, die die verletzte Person nicht zu vertreten hat, können die Aufwendungen zunächst unter Vorbehalt erstattet werden. Dies gilt auch während anhängiger Verfahren auf Anerkennung eines Dienstunfalls. Wird nachträglich festgestellt, dass kein Dienstunfall vorliegt, ist der Erstattungsbetrag zurückzuzahlen.

(5) Abweichend von Absatz 4 Satz 3 werden die Aufwendungen von der Dienstunfallfürsorgestelle erstattet, die einer verletzten Polizeivollzugsbeamtin oder einem verletzten Polizeivollzugsbeamten in der Bundespolizei und beim Deutschen Bundestag bis zur Bekanntgabe der Entscheidung, mit der festgestellt wurde, dass kein Dienstunfall vorliegt, entstanden sind. Satz 1 gilt nur, wenn

1. sich die in Satz 1 genannte Entscheidung nicht aus Gründen verzögert, die die verletzte Person zu vertreten hat, und
2. die verletzte Person die Maßnahmen, die den Aufwendungen zugrunde liegen, im guten Glauben an das Vorliegen eines Dienstunfalls in Anspruch genommen hat.

(6) Bescheide, mit denen Aufwendungen wie beantragt erstattet werden, können auch vollständig durch automatisierte Einrichtungen erlassen werden.

Abschnitt 4
Übergangsvorschriften

§ 18 Übergangsvorschriften

(1) Hinsichtlich der Erstattung von Aufwendungen, die vor dem Inkrafttreten dieser Verordnung entstanden sind, ist die Heilverfahrensverordnung vom 25. April 1979 (BGBl. I S. 502) in der bis zum 13. November 2020 geltenden Fassung weiter anzuwenden. Entstanden im Sinne von Satz 1 sind Aufwendungen für

1. ärztliche Untersuchungen und Behandlungen einschließlich der dabei verbrauchten Arznei- und Verbandmittel sowie der bei der Anwendung der Heilmittel verbrauchten Stoffe am Behandlungstag,
2. Arznei-, Verband-, Heil- und Hilfsmittel am Tag der ärztlichen Verordnung.

(2) Hinsichtlich der Erstattung von Aufwendungen für Krankenhausbehandlungen sowie für Rehabilitationsmaßnahmen, die bereits vor dem Inkrafttreten dieser Verordnung begonnen worden sind, ist die Heilverfahrensverordnung in der bis zum 13. November 2020 geltenden Fassung weiter anzuwenden.

(3) Übersteigt der nach § 12 der Heilverfahrensverordnung vom 25. April 1979 (BGBl. I S. 502) in der bis zum 13. November 2020 geltenden Fassung zu erstattende Betrag die erstattungsfähigen Pflegekosten nach § 10, wird die Differenz als Pauschale weitergezahlt. Ändern sich die für die Erstattung der Pflegekosten maßgebenden Verhältnisse wesentlich, ist die Erstattung von Pflegekosten nach § 10 neu festzusetzen.

Gesetz über eine Versorgungsrücklage des Bundes (Versorgungsrücklagegesetz – VersRücklG)

in der Fassung der Bekanntmachung vom 27. März 2007 (BGBl. I S. 482)

Zuletzt geändert durch
Gesetz über die Entschädigung der Soldatinnen und Soldaten und zur Neuordnung des Soldatenversorgungsrechts
vom 20. August 2021 (BGBl. I S. 3932)

Abschnitt 1
Sondervermögen „Versorgungsrücklage des Bundes"

IV

§ 1 Geltungsbereich

(1) Die Vorschriften des Abschnitts 1 gelten für den Bund und alle bundesunmittelbaren Körperschaften, Anstalten und Stiftungen, die als Dienstherren an Beamtinnen, Beamte, Richterinnen und Richter des Bundes sowie an Soldatinnen und Soldaten Dienstbezüge und an Versorgungsempfängerinnen und Versorgungsempfänger Versorgungsbezüge zahlen oder an der Zahlung von Versorgungsbezügen beteiligt sind. Sie gelten auch für das Bundeseisenbahnvermögen, für die juristischen Personen, die ermächtigt sind, die dem Dienstherrn Bund obliegenden Rechte und Pflichten gegenüber Beamtinnen und Beamten wahrzunehmen, sowie für die Postbeamtenversorgungskasse nach den §§ 14 bis 16 des Postpersonalrechtsgesetzes vom 14. September 1994 (BGBl. I S. 2325, 2353), das zuletzt durch Artikel 270 der Verordnung vom 31. Oktober 2006 (BGBl. I S. 2407) geändert worden ist, in der jeweils geltenden Fassung.

(2) Die Vorschriften des Abschnitts 1 gelten nicht, wenn Pensionsrückstellungen oder Pensionsrücklagen aufgrund anderer gesetzlicher Vorschriften gebildet werden.

§ 2 Errichtung

Aus den Zuführungen nach § 14a Absatz 1 bis 3 des Bundesbesoldungsgesetzes wird eine „Versorgungsrücklage des Bundes" als Sondervermögen des Bundes errichtet.

§ 3 Zweck

Das Sondervermögen dient der Entlastung der in § 1 Absatz 1 genannten Stellen von Versorgungsaufwendungen. Es darf nach Maßgabe des § 7 nur für diesen Zweck verwendet werden. Ansprüche Dritter gegen das Sondervermögen werden nicht begründet.

§ 4 Rechtsform

Das Sondervermögen ist nicht rechtsfähig. Es kann unter seinem Namen im rechtsgeschäftlichen Verkehr handeln, klagen und verklagt werden. Der allgemeine Gerichtsstand des Sondervermögens ist Berlin.

§ 5 Verwaltung, Anlage der Mittel

(1) Das Bundesministerium des Innern, für Bau und Heimat verwaltet das Sondervermögen. Die Verwaltung der Mittel des Sondervermögens wird der Deutschen Bundesbank übertragen. Für die Verwaltung der Mittel werden keine Kosten erstattet.

(2) Die dem Sondervermögen zufließenden Mittel einschließlich der Erträge werden unter Wahrung der Anlagegrundsätze Sicherheit, Liquidität und Rendite nach Maßgabe der Rechtsverordnung nach § 217 Satz 1 Nummer 6 des Versicherungsaufsichtsgesetzes in der Regel in handelbaren Schuldverschreibungen und in Aktien angelegt. Der Anteil an Aktien darf 30 Prozent des Sondervermögens nicht übersteigen. Änderungen der Marktpreise können vorübergehend zu einem höheren Anteil an Aktien führen.

§ 5a Anlagerichtlinien und Anlageausschuss

(1) Das Bundesministerium des Innern, für Bau und Heimat erlässt im Einvernehmen mit dem Bundesministerium der Finanzen und im Benehmen mit der Deutschen Bundesbank Anlagerichtlinien. Sofern bezüglich der Ver-

waltung von Mitteln anderer Sondervermögen auf die Anlagerichtlinien Bezug genommen wird, sind die zuständigen Bundesministerien zu beteiligen.

(2) Die Anlagerichtlinien enthalten nach Maßgabe der Rechtsverordnung nach § 217 Satz 1 Nummer 6 des Versicherungsaufsichtsgesetzes insbesondere nähere Vorgaben zu den für Investments in Frage kommenden Anlageklassen und Anlageformen. Sie sind maßgeblich für die Verwaltung der Mittel durch die Deutsche Bundesbank.

(3) Bei der Anlage der Mittel wirkt ein Anlageausschuss mit, dessen Aufgaben die Anlagerichtlinien bestimmen. Der Vorsitz im Anlageausschuss obliegt der fachlich zuständigen Abteilungsleitung des Bundesministeriums des Innern, für Bau und Heimat. Die von Absatz 1 erfassten Bundesministerien sind im Anlageausschuss als Mitglieder vertreten. Zudem können durch die Anlagerichtlinien beratende Mitglieder bestimmt werden.

(4) Der Anlageausschuss ist für den Entwurf und die Überprüfung der Anlagerichtlinien zuständig. Er kann konkretisierende Vorgaben zur Anlage der Mittel im Rahmen der in der Rechtsverordnung nach § 217 Satz 1 Nummer 6 des Versicherungsaufsichtsgesetzes und der in den Anlagerichtlinien vorgesehenen Spielräume machen.

§ 6 Zuführung der Mittel

(1) Die sich nach § 14a Absatz 2 und 3 des Bundesbesoldungsgesetzes durch die Verminderung der Besoldungs- und Versorgungsausgaben des laufenden Jahres und der Vorjahre ergebenden Beträge sind von den in § 1 Abs. 1 genannten Einrichtungen jährlich nachträglich zum 15. Mai des Folgejahres zu Lasten der Titel für Amts-, Besoldungs- und Versorgungsbezüge dem Sondervermögen zuzuführen. Beträge, die nicht aus dem Bundeshaushalt zugeführt werden, sind gesondert auszuweisen. Die Höhe der Beträge wird nach einer vom Bundesministerium der Finanzen festzulegenden Berechnungsformel aus den Ist-Ausgaben des abgelaufenen Haushaltsjahres ermittelt.

(2) Für die am 15. Mai des für die Zuführung maßgeblichen Jahres beurlaubten Beamtinnen, Beamten, Soldatinnen und Soldaten, denen die Zeit einer Beurlaubung als ruhegehaltfähig anerkannt worden ist, sind von der Einrichtung nach § 1 Abs. 1, die die Beurlaubung ausgesprochen hat, Beträge auf der Grundlage der ohne die Beurlaubung jeweils zustehenden Besoldung zuzuführen. Das Bundesministerium des Innern, für Bau und Heimat kann für die Ermittlung der Abschläge und der Zuführungsbeträge eine pauschalierte Berechnungsmethode festsetzen.

(3) Auf die Zuführungen nach den Absätzen 1 und 2 ist bis zum 15. Juni des laufenden Jahres ein Abschlag in der zu erwartenden Höhe zu zahlen, der mit der Zuführung zum 15. Mai zu verrechnen ist. Abweichend von Satz 1 kann das Bundesministerium des Innern, für Bau und Heimat eine Aufteilung des Abschlags in drei Teilbeträge festlegen, sofern dies im Interesse der Rentabilität der Anlage der Mittel zweckmäßig ist. Die Teilzahlungen sind am 15. Februar, 15. Juni und 15. September zu leisten.

(4) Beträge, die von einem in § 1 Absatz 1 genannten Dienstherren als Versorgungszuschläge nach § 6 Absatz 1 Satz 2 Nummer 5 Buchstabe b des Beamtenversorgungsgesetzes oder nach § 31 Absatz 1 Satz 2 Nummer 1 Buchstabe b des Soldatenversorgungsgesetzes vereinnahmt werden, sind dem Sondervermögen zuzuführen. Entsprechendes gilt für Versorgungszuschläge, die bei Abordnungen zu einem in § 2 des Beamtenstatusgesetzes genannten Dienstherrn vereinnahmt werden.

(5) Beträge, die von einem in § 1 Absatz 1 genannten Dienstherren als Abfindungen nach dem Versorgungslastenteilungs-Staatsvertrag vereinnahmt werden, sind dem Sondervermögen zuzuführen. Ein in § 1 Absatz 1 genannter Dienstherr, der für einen Beamten bereits eine Abfindung dem Sondervermögen zugeführt hatte, kann denselben Betrag aus dem Sondervermögen entnehmen, wenn er für denselben Beamten eine Abfindung nach dem Versorgungslastenteilungs-Staatsvertrag gezahlt hat.

(6) Die nach § 6a Absatz 2, § 55 Absatz 1 oder § 69m Absatz 1 des Beamtenversorgungsgesetzes oder nach § 20a Absatz 2, § 55a Absatz 1 oder § 107 Absatz 1 des Soldatenversorgungsgesetzes an den Dienstherrn abgeführten Kapitalbeträge sind dem Sondervermögen zuzuführen. Dies gilt nur für jene Personenkreise, die nicht dem § 14 Satz 1 unterfallen.

§ 7 Verwendung des Sondervermögens

Das Sondervermögen ist nach Abschluss der Zuführung der Mittel (§ 14a Absatz 2 und 3 des Bundesbesoldungsgesetzes) ab 1. Januar 2032 über einen Zeitraum von 15 Jahren zur schrittweisen Entlastung von Versorgungsaufwendungen einzusetzen. Die Entnahme von Mitteln ist durch Gesetz zu regeln. Die Entnahme der gesondert ausgewiesenen Mittel der bundesunmittelbaren Sozialversicherungsträger erfolgt auf der Grundlage von Beschlüssen der Selbstverwaltungsorgane.

§ 8 Vermögenstrennung

Das Sondervermögen ist von dem übrigen Vermögen des Bundes, seinen Rechten und Verbindlichkeiten getrennt zu halten.

§ 9 Wirtschaftsplan

Das Bundesministerium des Innern, für Bau und Heimat stellt ab dem 1. Januar 1999 für jedes Wirtschaftsjahr mit Zustimmung des Bundesministeriums der Finanzen einen Wirtschaftsplan auf.

§ 10 Jahresrechnung

(1) Die Deutsche Bundesbank legt dem Bundesministerium des Innern, für Bau und Heimat jährlich einen Bericht über die Verwaltung der Mittel des Sondervermögens vor. Auf dessen Grundlage stellt das Bundesministerium des Innern, für Bau und Heimat am Ende eines jeden Rechnungsjahres die Jahresrechnung des Sondervermögens auf.

(2) In der Jahresrechnung sind der Bestand des Sondervermögens einschließlich der Forderungen und Verbindlichkeiten sowie die Einnahmen und Ausgaben nachzuweisen.

§ 11 Beirat

(1) Bei dem Sondervermögen wird ein Beirat gebildet. Er wirkt bei allen wichtigen Fragen mit, insbesondere bei den Anlagerichtlinien und dem Wirtschaftsplan. Zur Jahresrechnung ist seine Stellungnahme einzuholen.

(1a) Soweit andere Gesetze auf den Anlageausschuss oder die Anlagerichtlinien Bezug nehmen, erstreckt sich die Mitwirkung des Beirats auch auf die dadurch ebenfalls in Bezug genommenen Sondervermögen.

(2) Der Beirat besteht aus 14 Mitgliedern, die das Bundesministerium des Innern, für Bau und Heimat für fünf Jahre beruft. Mitglieder sind

1. eine Vertreterin oder ein Vertreter des Bundesministeriums des Innern, für Bau und Heimat als Vorsitzende oder Vorsitzender,
2. je eine Vertreterin oder ein Vertreter des Bundesministeriums der Finanzen, des Bundesministeriums für Arbeit und Soziales und des Bundesministeriums für Gesundheit,
3. je drei Vertreterinnen oder Vertreter des Deutschen Beamtenbundes und des Deutschen Gewerkschaftsbundes sowie
4. je eine Vertreterin oder ein Vertreter des Deutschen Richterbundes, des Bundes Deutscher Verwaltungsrichter und Verwaltungsrichterinnen, des Christlichen Gewerkschaftsbundes und des Deutschen Bundeswehrverbandes.

Für jedes Mitglied wird eine Stellvertreterin oder ein Stellvertreter berufen. Scheidet ein Mitglied, eine Stellvertreterin oder ein Stellvertreter vorzeitig aus, wird für den Rest der Amtszeit eine Nachfolgerin oder ein Nachfolger berufen.

(3) Das Sondervermögen zahlt an die Mitglieder, Stellvertreterinnen und Stellvertreter für ihre Tätigkeit keine Vergütung. Auslagen werden nicht erstattet.

(4) Der Beirat gibt sich eine Geschäftsordnung.

§ 12 Auflösung

Das Sondervermögen gilt nach Auszahlung seines Vermögens (§ 7) als aufgelöst.

Abschnitt 2 Sondervermögen „Versorgungsfonds des Bundes"

§ 13 Geltungsbereich

(1) Die Vorschriften des Abschnitts 2 gelten für den Bund und alle bundesunmittelbaren Körperschaften, Anstalten und Stiftungen, die Dienstherrnfähigkeit besitzen.

(2) Die Vorschriften des Abschnitts 2 gelten nicht, wenn Pensionsrückstellungen oder Pensionsrücklagen aufgrund anderer gesetzlicher Vorschriften gebildet werden. § 3 Satz 3 gilt entsprechend.

§ 14 Errichtung

Zur anteiligen Finanzierung der Versorgungsausgaben (Versorgungsaufwendungen und Beihilfen) für Beamtinnen, Beamte, Richterinnen, Richter, Berufssoldatinnen, Berufssoldaten und Beschäftigte, denen eine Anwartschaft auf Versorgung nach beamtenrechtlichen Vorschriften oder Grundsätzen gewährleistet wird, deren Dienst- oder Beschäftigungsverhältnis zu einem der in § 13 Abs. 1 genannten Dienstherren erstmals nach dem 31. Dezember 2006 begründet worden ist, wird ein Sondervermögen unter dem Namen „Versorgungsfonds des Bundes" errichtet. Dies gilt nicht für Personen im Beamtenverhältnis auf Widerruf.

§ 15 Anzuwendende Vorschriften

Für die Rechtsform, Vermögenstrennung, Jahresrechnung und den Beirat des Sondervermögens „Versorgungsfonds des Bundes" gelten die §§ 4, 8, 10 und 11 entsprechend. Für die Verwaltung und Anlage der Mittel gelten die §§ 5 und 5a entsprechend. § 9 gilt entsprechend mit der Maßgabe, dass ein Wirtschaftsplan für das Sondervermögen „Versorgungsfonds des Bundes" ab 1. Januar 2007 aufgestellt wird.

§ 16 Zuweisung der Mittel

(1) Das Sondervermögen „Versorgungsfonds des Bundes" wird aus regelmäßigen Zuweisungen und den daraus erzielten Erträgen gebildet. Die Zuweisungen werden von den die Dienstbezüge- oder Entgeltzahlung anordnenden Dienststellen der in § 13 Abs. 1 genannten Dienstherren geleistet. Das Bundesministerium des Innern, für Bau und Heimat regelt durch Rechtsverordnung im Einvernehmen mit dem Bundesministerium der Finanzen das Nähere über die Bestimmung der Zuweisungen, insbesondere über deren Höhe. Die Höhe der Zuweisungen wird durch die Rechtsverordnung nach Satz 3 zum 1. Januar 2025 festgelegt und alle fünf Jahre überprüft.

(2) Für beurlaubte Beamtinnen, Beamte, Richterinnen, Richter, Berufssoldatinnen und Berufssoldaten im Sinne des § 14 Satz 1, denen die Zeit ihrer Beurlaubung als ruhegehaltfähig anerkannt worden ist, sind von der beurlaubenden Dienststelle Zuweisungen nach Absatz 1 auf der Grundlage der ihnen ohne die Beurlaubung jeweils zustehenden ruhegehaltfähigen Dienstbezüge zu leisten. Dies gilt entsprechend für Beschäftigte, denen eine Anwartschaft auf Versorgung nach beamtenrechtlichen Vorschriften oder Grundsätzen gewährleistet wird.

(3) Erstattungen von anderen Stellen als den in § 13 Abs. 1 genannten Dienstherren für Versorgungsausgaben des in § 14 Satz 1 genannten Personenkreises sind an das Sondervermögen „Versorgungsfonds des Bundes" abzuführen. Dies gilt nicht, wenn die Erstattung für Zeiten erfolgt, für die von einem der in § 13 Abs. 1 genannten Dienstherren bereits Zuweisungen an das Sondervermögen „Versorgungsfonds des Bundes" geleistet wurden. § 6 Absatz 5 Satz 2 gilt entsprechend.

(4) Die nach § 6a Absatz 2, § 55 Absatz 1 oder § 69m Absatz 1 des Beamtenversorgungsgesetzes oder nach § 20a Absatz 2, § 55a Absatz 1 oder § 107 Absatz 1 des Soldatenversorgungsgesetzes an den Dienstherrn abgeführten Kapitalbeträge sind dem Sondervermögen zuzuführen. Dies gilt nur für Personenkreise im Sinne des § 14 Satz 1.

§ 17 Verwendung des Sondervermögens „Versorgungsfonds des Bundes"; Verordnungsermächtigung

Ab dem Jahr 2030 entstehende Versorgungsausgaben für den in § 14 Satz 1 genannten Personenkreis sowie Ausgaben, die anstelle von Versorgungsausgaben für diesen Personenkreis geleistet werden, werden den die Versorgungsausgaben anordnenden Dienststellen der in § 13 Absatz 1 genannten Dienstherren aus dem Sondervermögen „Versorgungsfonds des Bundes" nach Maßgabe der Sätze 2 und 3 erstattet. Das Bundesministerium des Innern, für Bau und Heimat regelt durch Rechtsverordnung im Einvernehmen mit dem Bundesministerium der Finanzen das Nähere über die Erstattung der Versorgungsausgaben, insbesondere über die Berechnung und die Höhe der Erstattung sowie über das Erstattungsverfahren. Die Höhe der Erstattungssätze wird durch die Rechtsverordnung nach Satz 2 erstmals zum 1. Januar 2030 festgelegt und alle fünf Jahre überprüft.

Verordnung über die Zuweisungen an das Sondervermögen „Versorgungsfonds des Bundes" (Versorgungsfondszuweisungsverordnung – VFZV)

Vom 11. April 2007 (BGBl. I S. 549)

Zuletzt geändert durch
Elfte Zuständigkeitsanpassungsverordnung
vom 19. Juni 2020 (BGBl. I S. 1328)

Auf Grund des § 16 Abs. 1 Satz 4 des Versorgungsrücklagegesetzes vom 9. Juli 1998 (BGBl. I S. 1800), der durch Artikel 1 Nr. 11 des Gesetzes vom 21. Dezember 2006 (BGBl. I S. 3288) eingefügt worden ist, verordnet das Bundesministerium des Innern im Einvernehmen mit dem Bundesministerium der Finanzen:

§ 1 Höhe der Zuweisungssätze

(1) Die für die Höhe der regelmäßigen Zuweisungen an das Sondervermögen „Versorgungsfonds des Bundes" maßgebenden Prozentsätze der jeweiligen ruhegehaltfähigen Dienstbezüge (Zuweisungssätze) betragen:

1. für Beamtinnen und Beamte mit besonderer Altersgrenze nach § 51 Absatz 1 Satz 2 des Bundesbeamtengesetzes 32,6 Prozent,
2. für alle übrigen Beamtinnen und Beamten des höheren Dienstes sowie für Richterinnen und Richter 36,9 Prozent,
3. für alle übrigen Beamtinnen und Beamten des gehobenen Dienstes 29,3 Prozent,
4. für alle übrigen Beamtinnen und Beamten des mittleren und einfachen Dienstes 27,9 Prozent,
5. für Berufssoldatinnen und Berufssoldaten 36,9 Prozent.

(2) Für Beschäftigte, denen eine Anwartschaft auf Versorgung nach beamtenrechtlichen Vorschriften oder Grundsätzen gewährleistet wird, gelten die Zuweisungssätze der Beamtinnen und Beamten in den entsprechenden Laufbahnen.

(3) Die Zuweisungssätze nach Absatz 1 erhöhen sich im Falle der Begründung des Dienst- oder Beschäftigungsverhältnisses nach Vollendung des 45. Lebensjahres um 50 Prozent und nach Vollendung des 50. Lebensjahres um 100 Prozent. Dies gilt nicht in Fällen des § 16 Absatz 3 des Versorgungsrücklagegesetzes in der Fassung der Bekanntmachung vom 27. März 2007 (BGBl. I S. 482), das durch Artikel 4 des Gesetzes vom 22. Dezember 2007 (BGBl. I S. 3245) geändert worden ist.

§ 2 Zahlverfahren

Die die Bezügezahlungen anordnenden Dienststellen leisten die Zuweisungen für das Kalenderjahr in halbjährlichen Teilbeträgen, die jeweils für das erste Halbjahr bis zum 30. September des Jahres und für das zweite Halbjahr bis zum 31. März des nächsten Jahres auf dem vom Bundesministerium des Innern, für Bau und Heimat benannten Sonderkonto eingehen müssen.

§ 3 Überprüfung der Höhe der Zuweisungssätze

Die Höhe der Zuweisungssätze wird vom Bundesministerium des Innern, für Bau und Heimat im Einvernehmen mit dem Bundesministerium der Finanzen unter Berücksichtigung versicherungsmathematischer Berechnungen der Deckungsgrade des Versorgungsfonds und der jeweiligen Änderungen des Besoldungs- und Versorgungsrechts überprüft und bei Bedarf angepasst.

§ 4 Inkrafttreten

Diese Verordnung tritt mit Wirkung vom 1. Januar 2007 in Kraft.

V Personalvertretung

Bundespersonalvertretungsgesetz (BPersVG)

Vom 9. Juni 2021 (BGBl. I S. 1614)

Zuletzt geändert durch
Gesetz zur Stärkung der Militärischen Sicherheit in der Bundeswehr
vom 9. Januar 2026 (BGBl. I Nr. 7)

Inhaltsübersicht

Abschnitt 3
Behandlung von Verschlusssachen

Teil 2
Für die Länder geltende Vorschriften

Teil 3
Schlussvorschriften

Teil 1
Personalvertretungen im Bundesdienst

Kapitel 1
Allgemeine Vorschriften

§ 1 Anwendungsbereich

(1) Dieser Teil gilt für die Verwaltungen des Bundes und die bundesunmittelbaren Körperschaften, Anstalten und Stiftungen des öffentlichen Rechts sowie die Gerichte des Bundes. Zu den Verwaltungen im Sinne dieses Gesetzes gehören auch die Betriebsverwaltungen.

(2) Dieses Gesetz gilt nicht für Religionsgemeinschaften und ihre karitativen und erzieherischen Einrichtungen ohne Rücksicht auf ihre Rechtsform; ihnen bleibt die selbstständige Ordnung eines Personalvertretungsrechts überlassen.

V

§ 2 Grundsätze der Zusammenarbeit

(1) Dienststelle und Personalvertretung arbeiten unter Beachtung der Gesetze und Tarifverträge vertrauensvoll zum Wohl der Beschäftigten und zur Erfüllung der der Dienststelle obliegenden Aufgaben zusammen.

(2) Dienststelle und Personalvertretung haben alles zu unterlassen, was geeignet ist, die Arbeit und den Frieden der Dienststelle zu beeinträchtigen. Insbesondere dürfen sie keine Maßnahmen des Arbeitskampfes gegeneinander durchführen. Die Zulässigkeit von Arbeitskämpfen tariffähiger Parteien wird hierdurch nicht berührt.

(3) Außenstehende Stellen dürfen erst angerufen werden, wenn eine Einigung in der Dienststelle nicht erzielt worden ist.

(4) Dienststelle und Personalvertretung haben darüber zu wachen, dass alle Angehörigen der Dienststelle nach Recht und Billigkeit behandelt werden. Dazu zählt insbesondere, dass jede Benachteiligung von Personen wegen ihrer ethnischen Herkunft, ihrer Abstammung oder sonstigen Herkunft, ihrer Nationalität, ihrer Religion oder Weltanschauung, ihrer Behinderung, ihres Alters, ihrer politischen oder gewerkschaftlichen Betätigung oder Einstellung oder wegen ihres Geschlechts oder ihrer sexuellen Identität unterbleibt. Dabei müssen Dienststelle und Personalvertretung sich so verhalten, dass das Vertrauen der Verwaltungsangehörigen in die Objektivität und Neutralität ihrer Amtsführung nicht beeinträchtigt wird.

(5) Die Leiterin oder der Leiter der Dienststelle und ihre oder seine Vertretung sowie die Personalvertretung und ihre Mitglieder haben jede parteipolitische Betätigung in der Dienststelle zu unterlassen; die Behandlung von Tarif-, Besoldungs- und Sozialangelegenheiten wird hierdurch nicht berührt.

§ 3 Ausschluss abweichender Regelungen

Durch Tarifvertrag oder Dienstvereinbarung kann das Personalvertretungsrecht nicht abweichend von diesem Gesetz geregelt werden.

§ 4 Begriffsbestimmungen

(1) Im Sinne dieses Gesetzes sind

1. Arbeitnehmerinnen und Arbeitnehmer die Beschäftigten, die nach dem für die Dienststelle maßgebenden Tarifvertrag oder nach der Dienstordnung Arbeitnehmerinnen und Arbeitnehmer sind, die als übertarifliche Arbeitnehmerinnen und Arbeitnehmer beschäftigt werden oder die sich in einer beruflichen Ausbildung befinden,
2. Arbeitstage die Wochentage Montag bis Freitag mit Ausnahme der gesetzlichen Feiertage,
3. Beamtinnen und Beamte die Beschäftigten, die nach den jeweils für sie geltenden Beamtengesetzen Beamtinnen und Beamte sind,
4. Behörden der Mittelstufe die der obersten Dienstbehörde im Sinne dieses Gesetzes unmittelbar nachgeordneten Behörden, denen andere Dienststellen nachgeordnet sind,
5. Beschäftigte im öffentlichen Dienst vorbehaltlich des Absatzes 2 die Beamtinnen und Beamten sowie die Arbeitnehmerinnen und Arbeitnehmer einschließlich der zu ihrer Berufsausbildung Beschäftigten sowie Richterinnen und Richter, die an

eine der in § 1 Absatz 1 genannten Verwaltungen oder zur Wahrnehmung einer nichtrichterlichen Tätigkeit an ein Gericht des Bundes abgeordnet sind,
6. Dienststellen vorbehaltlich des § 6 die einzelnen Behörden, Verwaltungsstellen und Betriebe der in § 1 Absatz 1 genannten Verwaltungen sowie die Gerichte,
7. Personalvertretungen die Personalräte, die Stufenvertretungen und die Gesamtpersonalräte.

(2) Als Beschäftigte im Sinne dieses Gesetzes gelten nicht Personen,

1. deren Beschäftigung überwiegend durch Beweggründe karitativer oder religiöser Art bestimmt ist oder
2. die überwiegend zu ihrer Heilung, Wiedereingewöhnung oder Erziehung beschäftigt werden.

§ 5 Gruppen von Beschäftigten

Die Beamtinnen und Beamten sowie die Arbeitnehmerinnen und Arbeitnehmer bilden je eine Gruppe. Die in § 4 Absatz 1 Nummer 5 bezeichneten Richterinnen und Richter treten zur Gruppe der Beamtinnen und Beamten hinzu.

§ 6 Dienststellenaufbau, gemeinsame Dienststellen

(1) Die einer Behörde der Mittelstufe unmittelbar nachgeordnete Behörde bildet mit den ihr nachgeordneten Stellen eine Dienststelle. Dies gilt nicht, soweit die weiter nachgeordneten Stellen im Verwaltungsaufbau nach Aufgabenbereich und Organisation selbstständig sind.

(2) Bei gemeinsamen Dienststellen des Bundes und anderer Körperschaften gelten nur die im Bundesdienst Beschäftigten als zur Dienststelle gehörig.

§ 7 Verselbstständigung von Nebenstellen und Dienststellenteilen

Nebenstellen und Teile einer Dienststelle, die räumlich weit von dieser entfernt liegen, gelten als selbstständige Dienststellen, wenn die Mehrheit ihrer wahlberechtigten Beschäftigten dies in geheimer Abstimmung beschließt. Der Beschluss ist für die folgende Wahl und die Amtszeit der aus ihr hervorgehenden Personalvertretung wirksam.

§ 8 Vertretung der Dienststelle

Für die Dienststelle handelt ihre Leiterin oder ihr Leiter. Sie oder er kann sich bei Verhinderung durch ihre oder seine ständige Vertreterin oder ihren oder seinen ständigen Vertreter vertreten lassen. Bei obersten Dienstbehörden kann die Leiterin oder der Leiter der Dienststelle auch die Leiterin oder den Leiter der Abteilung für Personal- und Verwaltungsangelegenheiten, bei Bundesoberbehörden ohne nachgeordnete Dienststellen und bei Behörden der Mittelstufe auch die jeweils entsprechende Abteilungsleiterin oder den jeweils entsprechenden Abteilungsleiter zur Vertreterin oder zum Vertreter bestimmen. Die Vertretung durch sonstige Beauftragte ist zulässig, sofern der Personalrat sich mit dieser Beauftragung einverstanden erklärt.

§ 9 Stellung der Gewerkschaften und Arbeitgebervereinigungen

(1) Dienststelle und Personalvertretung arbeiten mit den in der Dienststelle vertretenen Gewerkschaften und Arbeitgebervereinigungen zum Wohl der Beschäftigten und zur Erfüllung der der Dienststelle obliegenden Aufgaben vertrauensvoll zusammen.

(2) Den Beauftragten der in der Dienststelle vertretenen Gewerkschaften ist zur Wahrnehmung der in diesem Gesetz genannten Aufgaben und Befugnisse nach Unterrichtung der Dienststelle Zugang zu der Dienststelle zu gewähren, soweit dem nicht zwingende dienstliche Gründe, zwingende Sicherheitsvorschriften oder der Schutz von Dienstgeheimnissen entgegenstehen.

(3) Die Aufgaben der Gewerkschaften und der Vereinigungen der Arbeitgeber, insbesondere die Wahrnehmung der Interessen ihrer Mitglieder, werden durch dieses Gesetz nicht berührt. Auf Verlangen einer Gewerkschaft oder einer Vereinigung der Arbeitgeber hat die Dienststelle in ihrem Intranet auf den Internetauftritt der Gewerkschaft oder der Arbeitgebervereinigung zu verlinken.

(4) Beschäftigte, die Aufgaben nach diesem Gesetz wahrnehmen, werden in der Betätigung für ihre Gewerkschaft auch in der Dienststelle nicht beschränkt.

(5) Die Personalvertretung hat sich für die Wahrung der Vereinigungsfreiheit der Beschäftigten einzusetzen.

§ 10 Behinderungs-, Benachteiligungs- und Begünstigungsverbot

Personen, die Aufgaben oder Befugnisse nach diesem Gesetz wahrnehmen, dürfen dabei nicht behindert und deswegen nicht benachteiligt oder begünstigt werden; dies gilt auch in Bezug auf ihre berufliche Entwicklung.

§ 11 Schweigepflicht

(1) Personen, die Aufgaben oder Befugnisse nach diesem Gesetz wahrnehmen oder wahrgenommen haben, haben über die ihnen dabei bekannt werdenden oder bekannt gewordenen Angelegenheiten und Tatsachen Stillschweigen zu bewahren. Abgesehen von den Fällen des § 66 Absatz 2 Satz 1 und des § 125 gilt die Schweigepflicht nicht

1. für Mitglieder der Personalvertretung und der Jugend- und Auszubildendenvertretung gegenüber den übrigen Mitgliedern der Vertretung,
2. für die in Absatz 1 Satz 1 bezeichneten Personen gegenüber der zuständigen Personalvertretung,
3. gegenüber der vorgesetzten Dienststelle, der bei ihr gebildeten Stufenvertretung und gegenüber dem Gesamtpersonalrat sowie
4. für die Anrufung der Einigungsstelle.

(2) Die Schweigepflicht besteht nicht in Bezug auf Angelegenheiten oder Tatsachen, die offenkundig sind oder ihrer Bedeutung nach keiner Geheimhaltung bedürfen.

§ 12 Unfallfürsorge

Erleidet eine Beamtin oder ein Beamter anlässlich der Wahrnehmung von Rechten oder der Erfüllung von Pflichten nach diesem Gesetz einen Unfall, der im Sinne der beamtenrechtlichen Unfallfürsorgevorschriften ein Dienstunfall wäre, so sind diese Vorschriften entsprechend anzuwenden.

Kapitel 2
Personalrat

Abschnitt 1
Wahl und Zusammensetzung des Personalrats

§ 13 Bildung von Personalräten

(1) In Dienststellen, die in der Regel mindestens fünf Wahlberechtigte beschäftigen, von denen drei wählbar sind, werden Personalräte gebildet.

(2) Dienststellen, bei denen die Voraussetzungen des Absatzes 1 nicht gegeben sind, werden von der übergeordneten Dienststelle im Einvernehmen mit der Stufenvertretung einer benachbarten Dienststelle zugeordnet.

§ 14 Wahlberechtigung

(1) Wahlberechtigt sind Beschäftigte, die am Wahltag das 16. Lebensjahr vollendet haben, es sei denn, dass sie

1. infolge Richterspruchs das Recht, in öffentlichen Angelegenheiten zu wählen oder zu stimmen, nicht besitzen,
2. am Wahltag seit mehr als zwölf Monaten beurlaubt sind oder
3. Altersteilzeit im Blockmodell ausüben und sich am Wahltag in der Freistellung befinden.

(2) Wer zu einer Dienststelle abgeordnet ist, wird dort wahlberechtigt, sobald die Abordnung länger als drei Monate gedauert hat; im gleichen Zeitpunkt verliert er das Wahlrecht in der bisherigen Dienststelle. Das gilt nicht für Beschäftigte, die als Mitglieder einer Stufenvertretung oder des Gesamtpersonalrats freigestellt sind. Satz 1 gilt ferner nicht, wenn feststeht, dass die oder der Beschäftigte binnen weiterer neun Monate zur bisherigen Dienststelle zurückkehren wird. Hinsichtlich des Verlustes des Wahlrechts in der bisherigen Dienststelle gelten die Sätze 1 und 3 entsprechend in Fällen einer Zuweisung nach § 29 des Bundesbeamtengesetzes, nach den tarifvertraglichen Bestimmungen oder auf Grund entsprechender arbeitsvertraglicher Vereinbarung.

(3) Beamtinnen und Beamte im Vorbereitungsdienst sowie Arbeitnehmerinnen und

Arbeitnehmer in entsprechender Berufsausbildung sind nur bei ihrer Stammbehörde wahlberechtigt.

§ 15 Wählbarkeit

(1) Wählbar sind die Wahlberechtigten, die am Wahltag

1. das 18. Lebensjahr vollendet haben und
2. seit sechs Monaten Beschäftigte im öffentlichen Dienst des Bundes sind.

Besteht die Dienststelle weniger als ein Jahr, ist Satz 1 Nummer 2 nicht anzuwenden.

(2) Nicht wählbar sind

1. Beschäftigte, die infolge Richterspruchs nicht die Fähigkeit besitzen, Rechte aus öffentlichen Wahlen zu erlangen,
2. Beschäftigte, die am Wahltag noch länger als zwölf Monate beurlaubt sind,
3. für die Wahl in eine Stufenvertretung die in § 14 Absatz 3 genannten Personen oder
4. für die Wahl der Personalvertretung ihrer Dienststelle die in § 8 genannten Personen sowie Beschäftigte, die zu selbstständigen Entscheidungen in Personalangelegenheiten der Dienststelle befugt sind.

§ 16 Zahl der Personalratsmitglieder

(1) Der Personalrat besteht in Dienststellen mit in der Regel

1. 5 bis 20 wahlberechtigten Beschäftigten aus einem Mitglied,
2. 21 Wahlberechtigten bis 50 Beschäftigten aus drei Mitgliedern,
3. 51 bis 150 Beschäftigten aus fünf Mitgliedern,
4. 151 bis 300 Beschäftigten aus sieben Mitgliedern,
5. 301 bis 600 Beschäftigten aus neun Mitgliedern,
6. 601 bis 1000 Beschäftigten aus elf Mitgliedern.

Die Zahl der Mitglieder erhöht sich in Dienststellen mit 1001 bis 5000 Beschäftigten um je zwei Mitglieder für je weitere angefangene 1000 Beschäftigte und in Dienststellen mit mehr als 5000 Beschäftigten um je zwei Mitglieder für je weitere angefangene 2000 Beschäftigte.

(2) Die Höchstzahl der Mitglieder beträgt 31.

§ 17 Sitzverteilung auf die Gruppen

(1) Sind in der Dienststelle Angehörige verschiedener Gruppen beschäftigt, so muss jede Gruppe entsprechend ihrer Stärke im Personalrat vertreten sein, wenn dieser aus mindestens drei Mitgliedern besteht. Bei gleicher Stärke der Gruppen entscheidet das Los. Macht eine Gruppe von ihrem Recht, im Personalrat vertreten zu sein, keinen Gebrauch, so verliert sie ihren Anspruch auf Vertretung.

(2) Der Wahlvorstand errechnet die Verteilung der Sitze auf die Gruppen nach den Grundsätzen der Verhältniswahl.

(3) Eine Gruppe erhält

1. bei weniger als 51 Gruppenangehörigen mindestens eine Vertreterin oder einen Vertreter,
2. bei 51 bis 200 Gruppenangehörigen mindestens zwei Vertreterinnen oder Vertreter,
3. bei 201 bis 600 Gruppenangehörigen mindestens drei Vertreterinnen oder Vertreter,
4. bei 601 bis 1000 Gruppenangehörigen mindestens vier Vertreterinnen oder Vertreter,
5. bei 1001 bis 3000 Gruppenangehörigen mindestens fünf Vertreterinnen oder Vertreter,
6. bei mehr als 3000 Gruppenangehörigen mindestens sechs Vertreterinnen oder Vertreter.

(4) Die Zahl der Mitglieder eines Personalrats, der nach § 16 Absatz 1 Satz 1 Nummer 2 aus drei Mitgliedern besteht, erhöht sich auf vier Mitglieder, wenn eine Gruppe mindestens ebenso viele Beschäftigte zählt wie die beiden anderen Gruppen zusammen. Das vierte Mitglied steht der stärksten Gruppe zu.

(5) Eine Gruppe, der in der Regel nicht mehr als fünf Beschäftigte angehören, erhält nur dann eine Vertretung, wenn sie mindestens 5 Prozent der Beschäftigten der Dienststelle

V

umfasst. Erhält sie keine Vertretung und findet Gruppenwahl statt, so kann sich jede und jeder Angehörige dieser Gruppe durch Erklärung gegenüber dem Wahlvorstand einer anderen Gruppe anschließen.

(6) Die Verteilung der Mitglieder des Personalrats auf die Gruppen kann abweichend geordnet werden, wenn jede Gruppe dies vor der Neuwahl in getrennter geheimer Abstimmung beschließt.

(7) Für jede Gruppe können auch Angehörige anderer Gruppen vorgeschlagen werden. Die Gewählten gelten als Vertreterinnen oder Vertreter derjenigen Gruppe, für die sie vorgeschlagen worden sind. Satz 2 gilt auch für Ersatzmitglieder.

V

§ 18 Berücksichtigung der Beschäftigungsarten und Geschlechter

(1) Der Personalrat soll sich aus Vertreterinnen und Vertretern der verschiedenen Beschäftigungsarten zusammensetzen.

(2) Frauen und Männer sollen im Personalrat entsprechend dem Zahlenverhältnis in der Dienststelle vertreten sein.

§ 19 Wahlgrundsätze und Wahlverfahren

(1) Der Personalrat wird in geheimer und unmittelbarer Wahl gewählt.

(2) Besteht der Personalrat aus mehr als einer Person, so wählen die Beamtinnen und Beamten sowie die Arbeitnehmerinnen und Arbeitnehmer ihre Vertreterinnen und Vertreter nach § 17 jeweils in getrennten Wahlgängen, es sei denn, dass die wahlberechtigten Angehörigen jeder Gruppe vor der Neuwahl in getrennten geheimen Abstimmungen die gemeinsame Wahl beschließen. Der Beschluss bedarf der Mehrheit der Stimmen aller Wahlberechtigten jeder Gruppe.

(3) Die Wahl wird nach den Grundsätzen der Verhältniswahl durchgeführt. Wird nur ein Wahlvorschlag eingereicht, so findet Personenwahl statt. In Dienststellen, deren Personalrat aus einer Person besteht, wird dieser mit Stimmenmehrheit gewählt. Das Gleiche gilt für Gruppen, denen nur eine Vertreterin oder ein Vertreter im Personalrat zusteht.

§ 20 Wahlvorschläge

(1) Zur Wahl des Personalrats können die wahlberechtigten Beschäftigten und die in der Dienststelle vertretenen Gewerkschaften Wahlvorschläge machen. Jeder Wahlvorschlag der Beschäftigten muss von mindestens 5 Prozent der wahlberechtigten Gruppenangehörigen, jedoch mindestens von drei Wahlberechtigten unterzeichnet sein. In jedem Fall genügt die Unterzeichnung durch 50 wahlberechtigte Gruppenangehörige. Die nach § 15 Absatz 2 Nummer 4 nicht wählbaren Beschäftigten dürfen keine Wahlvorschläge machen oder unterzeichnen.

(2) Ist gemeinsame Wahl beschlossen worden, so muss jeder Wahlvorschlag der Beschäftigten von mindestens 5 Prozent der wahlberechtigten Beschäftigten unterzeichnet sein; Absatz 1 Satz 2 bis 4 gilt entsprechend.

(3) Werden bei gemeinsamer Wahl für eine Gruppe gruppenfremde Bewerberinnen oder Bewerber vorgeschlagen, muss der Wahlvorschlag von mindestens 10 Prozent der wahlberechtigten Angehörigen der Gruppe unterzeichnet sein, für die sie vorgeschlagen sind. Absatz 1 Satz 3 und 4 gilt entsprechend.

(4) Eine Person kann nur auf einem Wahlvorschlag benannt werden.

(5) Jeder Wahlvorschlag einer Gewerkschaft muss von zwei Beauftragten unterzeichnet sein; die Beauftragten müssen Beschäftigte der Dienststelle sein und einer in der Dienststelle vertretenen Gewerkschaft angehören. Bei Zweifeln an der Beauftragung kann der Wahlvorstand verlangen, dass die Gewerkschaft die Beauftragung bestätigt.

§ 21 Bestellung des Wahlvorstands durch den Personalrat

Spätestens acht Wochen vor Ablauf der Amtszeit bestellt der Personalrat drei Wahlberechtigte, die das 18. Lebensjahr vollendet haben, als Wahlvorstand und eine oder einen von ihnen als Vorsitzende oder Vorsitzenden. Der Personalrat kann die Zahl der Wahlvorstandsmitglieder erhöhen, wenn dies zur ordnungsgemäßen Durchführung der Wahl erforderlich ist. Der Wahlvorstand muss aus einer ungeraden Zahl von Mitgliedern bestehen. Sind in der Dienststelle Angehörige verschiedener Gruppen beschäftigt, so muss jede Gruppe im Wahlvorstand vertreten sein. Hat die Dienststelle weibliche und männliche Beschäftigte, sollen dem Wahlvorstand Frauen und Männer angehören. Für jedes Mitglied des Wahlvorstands sollen für den Fall seiner Verhinderung bis zu drei Ersatzmitglieder bestellt werden. Jeweils eine Beauftragte oder ein Beauftragter der in der Dienststelle vertretenen Gewerkschaften ist berechtigt, an den Sitzungen des Wahlvorstands mit beratender Stimme teilzunehmen.

§ 22 Wahl des Wahlvorstands durch die Personalversammlung

(1) Besteht sechs Wochen vor Ablauf der Amtszeit des Personalrats kein Wahlvorstand, so beruft die Leiterin oder der Leiter der Dienststelle auf Antrag von mindestens drei Wahlberechtigten oder einer in der Dienststelle vertretenen Gewerkschaft eine Personalversammlung zur Wahl des Wahlvorstands ein. § 21 gilt entsprechend. Die Personalversammlung wählt eine Versammlungsleiterin oder einen Versammlungsleiter.

(2) Besteht in einer Dienststelle, die die Voraussetzungen des § 13 erfüllt, kein Personalrat, so beruft die Leiterin oder der Leiter der Dienststelle eine Personalversammlung zur Wahl des Wahlvorstands ein. Absatz 1 Satz 3 gilt entsprechend.

§ 23 Bestellung des Wahlvorstands durch die Leiterin oder den Leiter der Dienststelle

Findet eine Personalversammlung nach § 22 nicht statt oder wählt die Personalversammlung keinen Wahlvorstand, so bestellt ihn die Leiterin oder der Leiter der Dienststelle auf Antrag von mindestens drei Wahlberechtigten oder einer in der Dienststelle vertretenen Gewerkschaft.

§ 24 Aufgaben des Wahlvorstands

(1) Der Wahlvorstand hat die Wahl unverzüglich nach seiner Bestellung einzuleiten; die Wahl soll spätestens zwei Wochen vor dem Ende der Amtszeit des Personalrats stattfinden. Kommt der Wahlvorstand dieser Verpflichtung nicht nach, so beruft die Leiterin oder der Leiter der Dienststelle auf Antrag von mindestens drei Wahlberechtigten oder einer in der Dienststelle vertretenen Gewerkschaft eine Personalversammlung zur Wahl eines neuen Wahlvorstands ein. § 22 Absatz 1 Satz 3 und § 23 gelten entsprechend.

(2) Unverzüglich nach Abschluss der Wahl nimmt der Wahlvorstand öffentlich die Auszählung der Stimmen vor, stellt deren Ergebnis in einem Protokoll fest und gibt es den Angehörigen der Dienststelle bekannt. Der Leiterin oder dem Leiter der Dienststelle und den in der Dienststelle vertretenen Gewerkschaften ist eine Kopie des Protokolls zu übersenden.

§ 25 Schutz und Kosten der Wahl

(1) Niemand darf die Wahl des Personalrats behindern oder in einer gegen die guten Sitten verstoßenden Weise beeinflussen. Insbesondere dürfen Wahlberechtigte nicht in der Ausübung des aktiven und passiven Wahlrechts beschränkt werden. § 55 Absatz 1 und 2 Satz 1 und 2 gilt für Mitglieder des Wahlvorstands sowie für Wahlbewerberinnen und Wahlbewerber entsprechend.

(2) Die Kosten der Wahl trägt der Bund. Erforderliche Versäumnis von Arbeitszeit infolge der Ausübung des Wahlrechts, der Teilnahme an den in den §§ 22 und 24 Absatz 1 genannten Personalversammlungen oder der Betätigung im Wahlvorstand hat keine Minderung der Dienstbezüge oder des Arbeitsentgelts zur Folge. Für die Mitglieder des Wahlvorstands gelten § 46 Absatz 2 und § 51 Satz 2 entsprechend.

§ 26 Anfechtung der Wahl

Mindestens drei Wahlberechtigte, jede in der Dienststelle vertretene Gewerkschaft oder die Leiterin oder der Leiter der Dienststelle können binnen einer Frist von zwölf Arbeitstagen, vom Tag der Bekanntgabe des Wahlergebnisses an gerechnet, die Wahl beim Verwaltungsgericht anfechten, wenn gegen wesentliche Vorschriften über das Wahlrecht, die Wählbarkeit oder das Wahlverfahren verstoßen worden und eine Berichtigung nicht erfolgt ist, es sei denn, dass durch den Verstoß das Wahlergebnis nicht geändert oder beeinflusst werden konnte.

Abschnitt 2
Amtszeit

§ 27 Zeitpunkt der Wahl, Amtszeit

(1) Die regelmäßigen Personalratswahlen finden alle vier Jahre in der Zeit vom 1. März bis 31. Mai statt.

(2) Die Amtszeit des Personalrats beginnt am 1. Juni des Jahres, in dem die regelmäßigen Personalratswahlen stattfinden, und endet mit dem Ablauf von vier Jahren. Ist am Tag des Ablaufs der Amtszeit ein neuer Personalrat nicht gewählt oder hat sich am Tag des Ablaufs der Amtszeit noch kein neuer Personalrat konstituiert, führt der Personalrat die Geschäfte weiter, bis sich der neu gewählte Personalrat konstituiert hat, längstens jedoch bis zum Ablauf des 31. Juli.

§ 28 Vorzeitige Neuwahl

(1) Außerhalb des in § 27 Absatz 1 genannten Zeitraums ist der Personalrat neu zu wählen, wenn

1. mit Ablauf von 24 Monaten, vom Tag der Wahl gerechnet, die Zahl der regelmäßig Beschäftigten um die Hälfte, mindestens aber um 50 Personen gestiegen oder gesunken ist,
2. die Gesamtzahl der Mitglieder des Personalrats auch nach Eintreten sämtlicher Ersatzmitglieder um mehr als ein Viertel der vorgeschriebenen Zahl gesunken ist,
3. der Personalrat mit der Mehrheit seiner Mitglieder seinen Rücktritt beschlossen hat,
4. die Personalratswahl mit Erfolg gerichtlich angefochten worden ist,
5. der Personalrat durch gerichtliche Entscheidung aufgelöst ist oder
6. in der Dienststelle kein Personalrat besteht.

(2) In den Fällen des Absatzes 1 Nummer 1 bis 3 führt der Personalrat die Geschäfte weiter, bis sich der neu gewählte Personalrat konstituiert hat.

(3) In den Fällen des Absatzes 1 Nummer 4 und 5 nimmt der Wahlvorstand, der die Neuwahl durchführt, die dem Personalrat nach diesem Gesetz zustehenden Befugnisse und Pflichten wahr, bis sich der neu gewählte Personalrat konstituiert hat. Die Bestellung des Wahlvorstands nach § 22 Absatz 2 oder § 23 erfolgt unverzüglich nach Eintritt der Rechtskraft der Entscheidung. Der Wahlvorstand hat die Neuwahl unverzüglich einzuleiten.

(4) Ist eine in der Dienststelle vorhandene Gruppe, die bisher im Personalrat vertreten war, durch kein Mitglied des Personalrats mehr vertreten oder wird nach § 26 die Wahl nur einer Gruppe mit Erfolg angefochten, so wählt diese Gruppe neue Mitglieder. Der Personalrat bestellt mit seinen verbleibenden Mitgliedern unverzüglich einen aus Angehörigen dieser Gruppe gebildeten Wahlvorstand und nimmt bis zur Neuwahl die der Gruppe nach diesem Gesetz zustehenden Befugnisse und Pflichten wahr.

(5) Hat außerhalb des für die regelmäßigen Personalratswahlen festgelegten Zeitraums eine Personalratswahl stattgefunden, so ist der Personalrat in dem auf die Wahl folgenden nächsten Zeitraum der regelmäßigen Personalratswahlen neu zu wählen. Hat die Amtszeit des Personalrats zu Beginn des für die regelmäßigen Personalratswahlen festgelegten Zeitraums noch nicht ein Jahr betragen, so ist der Personalrat in dem übernächsten Zeitraum der regelmäßigen Personalratswahlen neu zu wählen.

§ 29 Übergangsmandat und Restmandat bei Umstrukturierungsmaßnahmen

(1) Wird eine Dienststelle in mehrere Dienststellen aufgespalten oder werden Teile einer Dienststelle in eine neue Dienststelle ausgegliedert, führt der Personalrat die Geschäfte für die ihm bislang zugeordneten Dienststellenteile weiter (Übergangsmandat). Der Personalrat hat unverzüglich nach Wirksamwerden der Organisationsmaßnahme einen Wahlvorstand in der neuen Dienststelle zu bestellen. Das Übergangsmandat endet, sobald sich der neu gewählte Personalrat konstituiert hat, spätestens jedoch sechs Monate nach Wirksamwerden der Organisationsmaßnahme. Durch Vereinbarung zwischen der neuen Dienststelle und dem Personalrat kann das Übergangsmandat um weitere sechs Monate verlängert werden.

(2) Werden Dienststellen oder Teile mehrerer Dienststellen zu einer neuen Dienststelle zu-

sammengelegt, nimmt der Personalrat derjenigen Dienststelle, aus der die meisten Beschäftigten zu der neuen Dienststelle übergegangen sind, das Übergangsmandat wahr. Absatz 1 Satz 2 bis 4 gilt entsprechend.

(3) Wird im Geschäftsbereich einer obersten Dienstbehörde eine Dienststelle neu errichtet, ohne dass die Voraussetzungen des Absatzes 1 Satz 1 oder des Absatzes 2 Satz 1 vorliegen, so nimmt die bei der übergeordneten Dienststelle gebildete Stufenvertretung oder, wenn eine solche nicht besteht, der bei der übergeordneten Dienststelle gebildete Personalrat das Übergangsmandat wahr. Absatz 1 Satz 2 bis 4 gilt entsprechend.

(4) Werden Teile einer Dienststelle in eine andere Dienststelle eingegliedert und steigt oder sinkt hierdurch in der abgebenden oder in der aufnehmenden Dienststelle die Zahl der regelmäßig Beschäftigten um ein Viertel, mindestens aber um 50 Personen, ist der Personalrat der hiervon betroffenen Dienststelle abweichend von § 28 Absatz 1 Nummer 1 neu zu wählen. Dies gilt nicht, wenn die Eingliederung weniger als zwölf Monate vor dem Ende der regelmäßigen Amtszeit des Personalrats wirksam wird. Wird eine Dienststelle vollständig in eine andere Dienststelle eingegliedert, gelten die Sätze 1 und 2 entsprechend für den Personalrat der aufnehmenden Dienststelle.

(5) Wird eine Dienststelle aufgelöst, bleibt deren Personalrat so lange im Amt, wie dies zur Wahrnehmung der damit im Zusammenhang stehenden Beteiligungsrechte erforderlich ist.

(6) Geht eine Dienststelle durch Umwandlung oder eine anderweitige Privatisierungsmaßnahme in eine Rechtsform des Privatrechts über, bleibt deren Personalrat im Amt und führt die Geschäfte weiter, wenn die Voraussetzungen des § 1 Absatz 1 Satz 1 des Betriebsverfassungsgesetzes erfüllt sind und ein Betriebsrat nicht besteht. Werden Dienststellen oder Teile mehrerer Dienststellen zu einem Betrieb im Sinne des § 1 Absatz 1 Satz 1 des Betriebsverfassungsgesetzes zusammengefasst, bestimmt sich der das Übergangsmandat wahrnehmende Personalrat in entsprechender Anwendung des Absatzes 2 Satz 1. Der Personalrat nimmt die Aufgaben eines Betriebsrats nach dem Betriebsverfassungsgesetz wahr und hat unverzüglich den Wahlvorstand zur Einleitung der Betriebsratswahl zu bestellen. Für das Ende des Übergangsmandats gilt § 21a Absatz 1 Satz 3 und 4 des Betriebsverfassungsgesetzes entsprechend. Auf die bis zum Zeitpunkt des Wirksamwerdens der Privatisierungsmaßnahme eingeleiteten Beteiligungsverfahren, Verfahren vor der Einigungsstelle und den Verwaltungsgerichten sind die Bestimmungen dieses Gesetzes anzuwenden. Die in den bisherigen Dienststellen bestehenden Dienstvereinbarungen gelten für die Beschäftigten aus diesen Dienststellen längstens für zwölf Monate nach Wirksamwerden der Privatisierungsmaßnahme als Betriebsvereinbarung fort, soweit sie nicht durch eine andere Regelung ersetzt werden.

(7) Auf Wahlen nach den Absätzen 1 bis 4 ist § 28 Absatz 5 anzuwenden.

§ 30 Ausschluss eines Mitglieds und Auflösung des Personalrats

Auf Antrag eines Viertels der Wahlberechtigten oder einer in der Dienststelle vertretenen Gewerkschaft kann das Verwaltungsgericht den Ausschluss eines Mitglieds aus dem Personalrat oder die Auflösung des Personalrats wegen grober Vernachlässigung seiner gesetzlichen Befugnisse oder wegen grober Verletzung seiner gesetzlichen Pflichten beschließen. Der Personalrat kann aus den gleichen Gründen den Ausschluss eines Mitglieds beantragen. Die Leiterin oder der Leiter der Dienststelle kann den Ausschluss eines Mitglieds aus dem Personalrat oder die Auflösung des Personalrats wegen grober Verletzung seiner gesetzlichen Pflichten beantragen.

§ 31 Erlöschen der Mitgliedschaft

(1) Die Mitgliedschaft im Personalrat erlischt durch

1. Ablauf der Amtszeit,
2. Niederlegung des Amtes,
3. Beendigung des Dienst- oder Arbeitsverhältnisses,

4. Ausscheiden aus der Dienststelle,
5. Verlust der Wählbarkeit,
6. Eintritt in eine mehr als zwölfmonatige Beurlaubung,
7. Eintritt in die Freistellungsphase der Altersteilzeit im Blockmodell,
8. Ausschluss aus dem Personalrat oder Auflösung des Personalrats auf Grund einer gerichtlichen Entscheidung oder
9. gerichtliche Entscheidung über die Feststellung der Nichtwählbarkeit nach Ablauf der in § 26 bezeichneten Frist, es sei denn, der Mangel liegt nicht mehr vor.

(2) Die Mitgliedschaft im Personalrat wird durch einen Wechsel der Gruppenzugehörigkeit eines Mitglieds nicht berührt; dieses vertritt weiterhin die Gruppe, von der es gewählt wurde.

V

§ 32 Ruhen der Mitgliedschaft

Die Mitgliedschaft einer Beamtin oder eines Beamten im Personalrat ruht, solange ihr oder ihm die Führung der Dienstgeschäfte verboten oder sie oder er wegen eines schwebenden Disziplinarverfahrens vorläufig des Dienstes enthoben ist.

§ 33 Eintritt von Ersatzmitgliedern

(1) Scheidet ein Mitglied aus dem Personalrat aus, so tritt ein Ersatzmitglied ein. Das Gleiche gilt, wenn ein Mitglied des Personalrats zeitweilig verhindert ist.

(2) Die Ersatzmitglieder werden der Reihe nach aus den nicht gewählten Beschäftigten derjenigen Vorschlagslisten entnommen, denen die zu ersetzenden Mitglieder angehören. Ist das ausgeschiedene oder verhinderte Mitglied mit einfacher Stimmenmehrheit gewählt, so tritt der nicht gewählte Beschäftigte mit der nächsthöheren Stimmenzahl als Ersatzmitglied ein.

(3) § 31 Absatz 2 gilt entsprechend bei einem Wechsel der Gruppenzugehörigkeit vor dem Eintritt des Ersatzmitglieds in den Personalrat.

(4) Ist die Personalratswahl mit Erfolg angefochten worden oder der Personalrat durch gerichtliche Entscheidung aufgelöst, treten Ersatzmitglieder nicht ein.

Abschnitt 3
Geschäftsführung

§ 34 Vorstand

(1) Der Personalrat bildet aus seiner Mitte den Vorstand. Diesem muss ein Mitglied jeder im Personalrat vertretenen Gruppe angehören. Die Vertreterinnen und Vertreter jeder Gruppe wählen das auf ihre Gruppe entfallende Vorstandsmitglied. Der Vorstand führt die laufenden Geschäfte.

(2) Hat der Personalrat elf oder mehr Mitglieder, so wählt er aus seiner Mitte mit einfacher Stimmenmehrheit zwei weitere Mitglieder in den Vorstand. Sind Mitglieder des Personalrats aus Wahlvorschlagslisten mit verschiedenen Bezeichnungen gewählt worden und sind im Vorstand Mitglieder aus derjenigen Liste nicht vertreten, die die größte oder zweitgrößte Anzahl, mindestens jedoch ein Drittel aller von den Angehörigen der Dienststelle abgegebenen Stimmen erhalten hat, so ist eines der weiteren Vorstandsmitglieder aus dieser Liste zu wählen.

§ 35 Vorsitz

(1) Der Personalrat bestimmt mit einfacher Mehrheit, welches der nach § 34 Absatz 1 gewählten Vorstandsmitglieder den Vorsitz übernimmt. Er bestimmt zugleich die Vertretung der oder des Vorsitzenden. Dabei sind die Gruppen zu berücksichtigen, denen der oder die Vorsitzende nicht angehört, es sei denn, dass die Vertreterinnen und Vertreter dieser Gruppen darauf verzichten.

(2) Die oder der Vorsitzende vertritt den Personalrat im Rahmen der von diesem gefassten Beschlüsse. In Angelegenheiten, die nur eine Gruppe betreffen, vertritt die oder der Vorsitzende, wenn sie oder er nicht selbst dieser Gruppe angehört, den Personalrat gemeinsam mit einem der Gruppe angehörenden Vorstandsmitglied.

§ 36 Anberaumung von Sitzungen

(1) Spätestens fünf Arbeitstage nach dem Wahltag hat der Wahlvorstand die Mitglieder des Personalrats zu den Wahlen des Vorstands und des Vorsitzes einzuberufen. Die oder der Vorsitzende des Wahlvorstands lei-

tet die Sitzung, bis der Personalrat aus seiner Mitte eine Wahlleiterin oder einen Wahlleiter bestellt hat.

(2) Die weiteren Sitzungen beruft die oder der Vorsitzende des Personalrats ein. Sie oder er setzt die Tagesordnung fest und leitet die Verhandlung. Die oder der Vorsitzende hat die Mitglieder des Personalrats zu den Sitzungen rechtzeitig unter Mitteilung der Tagesordnung zu laden. Ist ein Mitglied des Personalrats an der Sitzungsteilnahme verhindert, hat es dies unter Angabe der Gründe unverzüglich der oder dem Vorsitzenden mitzuteilen. Die oder der Vorsitzende hat für ein verhindertes Mitglied des Personalrats das nach § 33 Absatz 1 Satz 2 eintretende Ersatzmitglied zu laden.

(3) Die oder der Vorsitzende hat eine Sitzung einzuberufen und den Gegenstand, dessen Beratung beantragt ist, auf die Tagesordnung zu setzen, wenn dies beantragt wird von

1. einem Viertel der Mitglieder des Personalrats,
2. der Mehrheit der Vertreterinnen und Vertreter einer Gruppe,
3. der Leiterin oder dem Leiter der Dienststelle,
4. der Vertrauensperson der schwerbehinderten Menschen in Angelegenheiten, die besonders schwerbehinderte Beschäftigte betreffen, oder
5. der Mehrheit der Mitglieder der Jugend- und Auszubildendenvertretung in Angelegenheiten, die besonders Beschäftigte betreffen, die das 18. Lebensjahr noch nicht vollendet haben oder sich in einer beruflichen Ausbildung befinden.

§ 37 Teilnahme- und Stimmrecht sonstiger Personen

(1) Eine Vertreterin oder ein Vertreter der Jugend- und Auszubildendenvertretung, die oder der von dieser benannt wird, und die Schwerbehindertenvertretung haben das Recht, an den Sitzungen des Personalrats beratend teilzunehmen. An der Behandlung von Angelegenheiten, die besonders Beschäftigte betreffen, die das 18. Lebensjahr noch nicht vollendet haben oder die sich in einer beruflichen Ausbildung befinden, hat die gesamte Jugend- und Auszubildendenvertretung das Recht zur beratenden Teilnahme. Bei Beschlüssen des Personalrats, die überwiegend Beschäftigte betreffen, die das 18. Lebensjahr noch nicht vollendet haben oder die sich in einer beruflichen Ausbildung befinden, haben die Jugend- und Auszubildendenvertreterinnen und -vertreter Stimmrecht. Soweit sie ein Recht auf Teilnahme an der Sitzung haben, gilt § 36 Absatz 2 Satz 3 entsprechend für die Ladung der Schwerbehindertenvertretung und der Mitglieder der Jugend- und Auszubildendenvertretung.

(2) Auf Antrag eines Viertels der Mitglieder oder der Mehrheit einer Gruppe des Personalrats kann eine Beauftragte oder ein Beauftragter einer im Personalrat vertretenen Gewerkschaft an den Sitzungen beratend teilnehmen; in diesem Fall sind der Gewerkschaft der Zeitpunkt der Sitzung und die Tagesordnung rechtzeitig mitzuteilen.

(3) Die Leiterin oder der Leiter der Dienststelle nimmt an den Sitzungen teil, die auf ihr oder sein Verlangen anberaumt worden sind oder zu denen sie oder er ausdrücklich eingeladen worden ist.

§ 38 Zeitpunkt der Sitzungen und Nichtöffentlichkeit

(1) Die Sitzungen des Personalrats finden in der Regel während der Arbeitszeit statt. Der Personalrat hat bei der Anberaumung seiner Sitzungen auf die dienstlichen Erfordernisse und auf die Arbeitszeiten seiner Mitglieder Rücksicht zu nehmen. Die Leiterin oder der Leiter der Dienststelle ist vom Zeitpunkt der Sitzung vorher zu verständigen.

(2) Die Sitzungen sind nicht öffentlich. Der Personalrat kann ihm nach § 47 zur Verfügung gestelltes Büropersonal zur Anfertigung der Niederschrift hinzuziehen.

(3) Die Sitzungen des Personalrats finden in der Regel als Präsenzsitzung in Anwesenheit seiner Mitglieder vor Ort statt. Die Sitzung kann vollständig oder unter Zuschaltung einzelner Personalratsmitglieder mittels Video- oder Telefonkonferenz durchgeführt werden, wenn

1. vorhandene Einrichtungen genutzt werden, die durch die Dienststelle zur dienstlichen Nutzung freigegeben sind,
2. nicht mindestens ein Viertel der Mitglieder oder die Mehrheit der Vertreterinnen und Vertreter einer Gruppe des Personalrats binnen einer von der oder dem Vorsitzenden zu bestimmenden Frist gegenüber der oder dem Vorsitzenden widerspricht und
3. der Personalrat geeignete organisatorische Maßnahmen trifft, um sicherzustellen, dass Dritte vom Inhalt der Sitzung keine Kenntnis nehmen können.

Eine Aufzeichnung ist unzulässig. Personalratsmitglieder, die mittels Video- oder Telefonkonferenz an Sitzungen teilnehmen, gelten als anwesend im Sinne des § 39 Absatz 1 Satz 1. § 43 Absatz 1 Satz 3 findet mit der Maßgabe Anwendung, dass die oder der Vorsitzende vor Beginn der Beratung die zugeschalteten Personalratsmitglieder feststellt und in die Anwesenheitsliste einträgt. Das Recht eines Personalratsmitglieds auf Teilnahme an der Sitzung vor Ort bleibt durch die Durchführung der Sitzung mittels Video- oder Telefonkonferenz unberührt.

V

§ 39 Beschlussfassung

(1) Die Beschlüsse des Personalrats werden, soweit in diesem Gesetz nichts anderes bestimmt ist, mit einfacher Stimmenmehrheit der anwesenden Mitglieder gefasst. Stimmenthaltung gilt als Ablehnung. Bei Stimmengleichheit ist ein Antrag abgelehnt.

(2) Der Personalrat ist nur beschlussfähig, wenn mindestens die Hälfte seiner Mitglieder anwesend ist; Vertretung durch Ersatzmitglieder ist zulässig.

(3) Bei der Feststellung der Stimmenmehrheit werden die Stimmen anderer anwesender Personen, die über ein Stimmrecht verfügen, mitgezählt.

(4) In der Geschäftsordnung kann die Beschlussfassung im elektronischen Verfahren vorgesehen werden. § 38 Absatz 3 Satz 2 Nummer 1 und 3 gilt entsprechend. Die Beschlussfassung im elektronischen Verfahren ist unzulässig, wenn ein Mitglied des Personalrats oder eine nach § 37 teilnahmeberechtigte Person binnen einer von der oder dem Vorsitzenden zu bestimmenden Frist gegenüber der oder dem Vorsitzenden widerspricht. Die oder der Vorsitzende gibt das Ergebnis der Beschlussfassung im elektronischen Verfahren spätestens in der nächsten Sitzung des Personalrats bekannt.

§ 40 Beschlussfassung in gemeinsamen Angelegenheiten und in Gruppenangelegenheiten

(1) Über die gemeinsamen Angelegenheiten der Beamtinnen und Beamten sowie der Arbeitnehmerinnen und Arbeitnehmer wird vom Personalrat gemeinsam beraten und beschlossen.

(2) In Angelegenheiten, die lediglich die Angehörigen einer Gruppe betreffen, sind nach gemeinsamer Beratung im Personalrat nur die Vertreterinnen und Vertreter dieser Gruppe zur Beschlussfassung berufen. Dies gilt nicht für eine Gruppe, die im Personalrat nicht vertreten ist.

(3) Absatz 2 gilt entsprechend für Angelegenheiten, die lediglich die Angehörigen zweier Gruppen betreffen.

§ 41 Ausschluss von Beratung und Beschlussfassung

(1) Ein Mitglied des Personalrats ist ausgeschlossen von der Beratung und Beschlussfassung

1. über beteiligungspflichtige Angelegenheiten, die seine persönlichen Interessen oder die seiner Angehörigen unmittelbar und individuell berühren, oder
2. über einen Antrag auf seinen Ausschluss aus dem Personalrat.

Angehörige im Sinne des Satzes 1 Nummer 1 sind die in § 20 Absatz 5 des Verwaltungsverfahrensgesetzes aufgeführten Personen. Hat ein Mitglied des Personalrats Grund zu der Annahme, dass in seiner Person ein Ausschließungsgrund vorliegt, so hat es dies der oder dem Vorsitzenden unverzüglich, spätestens jedoch vor Beginn der Beratung über die Angelegenheit anzuzeigen. Über das Vorliegen eines Ausschließungsgrundes entscheidet der Personalrat in Zweifelsfällen in Abwesenheit der oder des Betroffenen. Das betroffene Personalratsmitglied ist vorher anzuhören. Das ausgeschlossene Mitglied hat für die Dauer der Beratung und Beschlussfassung über die Angelegenheit nach Satz 1 den Sitzungsraum zu verlassen.

(2) Absatz 1 gilt entsprechend für weitere Personen, die zur Teilnahme an den Sitzungen des Personalrats berechtigt sind.

(3) Werden die den Ausschließungsgrund begründenden Umstände erst während der Sitzung bekannt, tritt ein Ersatzmitglied nach § 33 Absatz 1 Satz 2 nur ein, wenn es auf die Ladung durch die Vorsitzende oder den Vorsitzenden des Personalrats hin unverzüglich an der Sitzung teilnehmen kann.

(4) Ein Beschluss ist nichtig, wenn an der Beratung oder Beschlussfassung ein ausgeschlossenes Mitglied mitgewirkt hat, es sei denn, dass durch die Mitwirkung die Beschlussfassung nicht geändert oder beeinflusst werden konnte. Die Nichtigkeit des Beschlusses berührt die Wirksamkeit einer Maßnahme, die die Dienststelle im Vertrauen auf den Beschluss des Personalrats durchgeführt hat, nicht.

§ 42 Aussetzung von Beschlüssen

(1) Erachtet die Mehrheit der Vertreterinnen und Vertreter einer Gruppe oder der Jugend- und Auszubildendenvertretung einen Beschluss des Personalrats als eine erhebliche Beeinträchtigung wichtiger Interessen der durch sie vertretenen Beschäftigten, so ist auf ihren Antrag der Beschluss auf die Dauer von fünf Arbeitstagen vom Zeitpunkt der Beschlussfassung an auszusetzen. In dieser Frist soll, gegebenenfalls mit Hilfe der unter den Mitgliedern des Personalrats oder der Jugend- und Auszubildendenvertretung vertretenen Gewerkschaften, eine Verständigung versucht werden. Die Aussetzung eines Beschlusses nach Satz 1 hat keine Verlängerung einer Frist zur Folge.

(2) Nach Ablauf der Frist von fünf Arbeitstagen ist über die Angelegenheit neu zu beschließen. Wird der erste Beschluss bestätigt, so kann der Antrag auf Aussetzung nicht wiederholt werden.

(3) Die Absätze 1 und 2 gelten entsprechend, wenn die Schwerbehindertenvertretung einen Beschluss des Personalrats als eine erhebliche Beeinträchtigung wichtiger Interessen der schwerbehinderten oder ihnen gleichgestellten Beschäftigten erachtet.

§ 43 Protokoll

(1) Über jede Verhandlung des Personalrats ist ein Protokoll zu führen, das mindestens den Wortlaut der Beschlüsse und die Stimmenmehrheit, mit der sie gefasst sind, enthält. Das Protokoll ist von der oder dem Vorsitzenden und einem weiteren Mitglied zu unterzeichnen. Dem Protokoll ist eine Anwesenheitsliste beizufügen, in die sich jede Teilnehmerin und jeder Teilnehmer eigenhändig einzutragen hat.

(2) Haben die Leiterin oder der Leiter der Dienststelle oder Beauftragte von Gewerkschaften an der Sitzung teilgenommen, so ist ihnen der entsprechende Auszug aus dem Protokoll zuzuleiten. Einwendungen gegen das Protokoll sind unverzüglich schriftlich oder elektronisch zu erheben und dem Protokoll beizufügen.

§ 44 Geschäftsordnung

Sonstige Bestimmungen über die Geschäftsführung können in einer Geschäftsordnung getroffen werden, die der Personalrat mit der Mehrheit der Stimmen seiner Mitglieder beschließt.

§ 45 Sprechstunden

(1) Der Personalrat kann Sprechstunden während der Arbeitszeit einrichten. Zeit und Ort bestimmt er im Einvernehmen mit der Leiterin oder dem Leiter der Dienststelle.

(2) Führt die Jugend- und Auszubildendenvertretung keine eigenen Sprechstunden durch, so kann an den Sprechstunden des Personalrats ein Mitglied der Jugend- und Auszubildendenvertretung zur Beratung derjenigen Beschäftigten, die das 18. Lebensjahr noch nicht vollendet haben oder sich in einer beruflichen Ausbildung befinden, teilnehmen.

(3) In der Geschäftsordnung kann die Durchführung der Sprechstunde mittels Video- oder

V

Telefonkonferenz vorgesehen werden. § 38 Absatz 3 Satz 2 Nummer 1 und 3 sowie Satz 3 gilt entsprechend.

§ 46 Kosten der Personalratstätigkeit

(1) Die durch die Tätigkeit des Personalrats und seiner Mitglieder entstehenden Kosten trägt der Bund.

(2) Mitglieder des Personalrats erhalten bei Reisen, die zur Erfüllung ihrer Aufgaben notwendig sind, Aufwendungsersatz in entsprechender Anwendung der beamtenrechtlichen Bestimmungen zu Reisekosten und Trennungsgeld. Für den Ersatz von Sachschäden an privaten Kraftfahrzeugen gelten die beamtenrechtlichen Bestimmungen entsprechend.

§ 47 Sachaufwand und Büropersonal

Für die Sitzungen, die Sprechstunden und die laufende Geschäftsführung hat die Dienststelle dem Personalrat Räume, Geschäftsbedarf, in der Dienststelle üblicherweise genutzte Informations- und Kommunikationstechnik sowie Büropersonal in dem zur sachgerechten Wahrnehmung seiner Aufgaben erforderlichen Umfang zur Verfügung zu stellen.

§ 48 Bekanntmachungen und Aushänge

Dem Personalrat werden in den Dienststellen geeignete Plätze für Bekanntmachungen und Aushänge zur Verfügung gestellt. Er kann Mitteilungen an die Beschäftigten über Angelegenheiten, die sie betreffen, herausgeben. Für Informationen nach den Sätzen 1 und 2 kann der Personalrat die in der Dienststelle üblicherweise genutzten Informations- und Kommunikationssysteme nutzen.

§ 49 Verbot der Beitragserhebung

Der Personalrat darf für seine Zwecke von den Beschäftigten keine Beiträge erheben oder annehmen.

Abschnitt 4
Rechtsstellung der Personalratsmitglieder

§ 50 Ehrenamtlichkeit

Die Mitglieder des Personalrats führen ihr Amt unentgeltlich als Ehrenamt.

§ 51 Versäumnis von Arbeitszeit

Die zur ordnungsgemäßen Durchführung der Aufgaben des Personalrats erforderliche Versäumnis von Arbeitszeit hat keine Minderung der Dienstbezüge oder des Arbeitsentgelts zur Folge. Werden Personalratsmitglieder durch die Erfüllung ihrer Aufgaben über ihre regelmäßige Arbeitszeit hinaus beansprucht, so ist ihnen Dienstbefreiung in entsprechendem Umfang zu gewähren.

§ 52 Freistellung

(1) Mitglieder des Personalrats sind von ihrer dienstlichen Tätigkeit freizustellen, wenn und soweit es nach Umfang und Art der Dienststelle zur ordnungsgemäßen Durchführung ihrer Aufgaben erforderlich ist. Die Freistellung darf nicht zur Beeinträchtigung des beruflichen Werdegangs führen.

(2) Von ihrer dienstlichen Tätigkeit sind nach Absatz 1 freizustellen in Dienststellen mit in der Regel

1. 300 bis 600 Beschäftigten ein Mitglied,
2. 601 bis 1000 Beschäftigten zwei Mitglieder,
3. 1001 bis 2000 Beschäftigten drei Mitglieder,
4. 2001 bis 3000 Beschäftigten vier Mitglieder,
5. 3001 bis 4000 Beschäftigten fünf Mitglieder,
6. 4001 bis 5000 Beschäftigten sechs Mitglieder,
7. 5001 bis 6000 Beschäftigten sieben Mitglieder,
8. 6001 bis 7000 Beschäftigten acht Mitglieder,
9. 7001 bis 8000 Beschäftigten neun Mitglieder,
10. 8001 bis 9000 Beschäftigten zehn Mitglieder,
11. 9001 bis 10000 Beschäftigten elf Mitglieder.

In Dienststellen mit mehr als 10000 Beschäftigten ist für je angefangene weitere 2000 Beschäftigte ein weiteres Mitglied freizustellen. Von den Sätzen 1 und 2 kann im

Einvernehmen zwischen Personalrat und der Leiterin oder dem Leiter der Dienststelle abgewichen werden.

(3) Freistellungen können in Form von Teilfreistellungen erfolgen. Diese dürfen zusammengenommen nicht den Umfang der Freistellungen nach Absatz 2 überschreiten. Freistellungen müssen mindestens 20 Prozent der regelmäßigen wöchentlichen Arbeitszeit betragen.

(4) Die von ihrer dienstlichen Tätigkeit vollständig freigestellten Personalratsmitglieder erhalten eine monatliche Aufwandsentschädigung. Die Bundesregierung bestimmt durch Rechtsverordnung, die nicht der Zustimmung des Bundesrates bedarf, die Höhe der Aufwandsentschädigung. Nur teilweise, aber mindestens für die Hälfte der regelmäßigen Arbeitszeit freigestellte Personalratsmitglieder erhalten die Hälfte der Aufwandsentschädigung.

§ 53 Auswahl der freizustellenden Mitglieder

(1) Bei der Auswahl der freizustellenden Mitglieder hat der Personalrat zunächst die nach § 34 Absatz 1 gewählten Vorstandsmitglieder, sodann die nach § 34 Absatz 2 gewählten Ergänzungsmitglieder und schließlich weitere Mitglieder zu berücksichtigen. Die freizustellenden Vorstands- und Ergänzungsmitglieder haben Anspruch auf vollständige Freistellung.

(2) Ist der Personalrat nach den Grundsätzen der Verhältniswahl gewählt worden, sind für die weiteren Freistellungen die auf die einzelnen Wahlvorschlagslisten entfallenden Stimmen im Wege des Höchstzahlverfahrens zu berücksichtigen; dabei sind die nach Absatz 1 freigestellten Vorstands- und Ergänzungsmitglieder von den auf jede Wahlvorschlagsliste entfallenden Freistellungen abzuziehen. Die aus der jeweiligen Vorschlagsliste in den Personalrat gewählten Mitglieder bestimmen mehrheitlich, wer von ihnen die Freistellung wahrnimmt.

(3) Ist der Personalrat im Wege der Personenwahl gewählt worden, bestimmt sich die Rangfolge der weiteren freizustellenden Mitglieder nach der Zahl der für sie bei der Wahl zum Personalrat abgegebenen Stimmen.

(4) Sind die Mitglieder der im Personalrat vertretenen Gruppen teils nach den Grundsätzen der Verhältniswahl, teils im Wege der Personenwahl gewählt worden, so sind bei weiteren Freistellungen die Gruppen entsprechend der Zahl ihrer Mitglieder nach dem Höchstzahlverfahren zu berücksichtigen; innerhalb der nach identischen Wahlverfahren zusammengefassten Gruppen bestimmen sich die weiteren Freistellungen in diesem Fall je nach Wahlverfahren in entsprechender Anwendung des Absatzes 2 und nach Absatz 3.

§ 54 Teilnahme an Schulungs- und Bildungsveranstaltungen

(1) Die Mitglieder des Personalrats sind unter Fortzahlung der Dienstbezüge oder des Arbeitsentgelts für die Teilnahme an Schulungs- und Bildungsveranstaltungen vom Dienst freizustellen, soweit diese Kenntnisse vermitteln, die für die Tätigkeit im Personalrat erforderlich sind.

(2) Unbeschadet des Absatzes 1 hat jedes Mitglied des Personalrats während seiner regelmäßigen Amtszeit Anspruch auf Freistellung vom Dienst unter Fortzahlung der Dienstbezüge oder des Arbeitsentgelts für insgesamt drei Wochen zur Teilnahme an Schulungs- und Bildungsveranstaltungen, die von der Bundeszentrale für politische Bildung als geeignet anerkannt sind. Beschäftigte, die erstmals das Amt eines Personalratsmitglieds übernehmen und nicht zuvor Jugend- und Auszubildendenvertreterinnen oder -vertreter gewesen sind, haben einen Anspruch nach Satz 1 für insgesamt vier Wochen.

§ 55 Schutz vor Kündigung, Versetzung, Abordnung und Zuweisung

(1) Die außerordentliche Kündigung von Mitgliedern des Personalrats, die in einem Arbeitsverhältnis stehen, bedarf der Zustimmung des Personalrats. Verweigert der Personalrat seine Zustimmung oder äußert er sich nicht innerhalb von drei Arbeitstagen nach Eingang des Antrags, so kann das Verwaltungsgericht sie auf Antrag der Leiterin oder des Leiters der Dienststelle ersetzen, wenn die außerordentliche Kündigung unter Berücksichtigung aller Umstände gerechtfertigt ist. In dem Verfahren

V

vor dem Verwaltungsgericht ist die betroffene Person Beteiligte.

(2) Mitglieder des Personalrats dürfen gegen ihren Willen nur versetzt, zugewiesen oder abgeordnet werden, wenn dies auch unter Berücksichtigung der Mitgliedschaft im Personalrat aus wichtigen dienstlichen Gründen unvermeidbar ist. Als Versetzung gilt auch die mit einem Wechsel des Dienstortes verbundene Umsetzung in derselben Dienststelle; das Einzugsgebiet im Sinne des Umzugskostenrechts gehört zum Dienstort. Die Versetzung, Zuweisung oder Abordnung von Mitgliedern des Personalrats bedarf der Zustimmung des Personalrats.

(3) Für Beamtinnen und Beamte im Vorbereitungsdienst sowie Arbeitnehmerinnen und Arbeitnehmer in entsprechender Berufsausbildung gelten die Absätze 1 und 2 sowie die §§ 15 und 16 des Kündigungsschutzgesetzes nicht. Die Absätze 1 und 2 gelten ferner nicht bei der Versetzung oder Abordnung dieser Beschäftigten zu einer anderen Dienststelle im Anschluss an das Ausbildungsverhältnis. Die Mitgliedschaft der in Satz 1 bezeichneten Beschäftigten im Personalrat ruht unbeschadet des § 31, solange sie entsprechend den Erfordernissen ihrer Ausbildung zu einer anderen Dienststelle versetzt oder abgeordnet sind.

§ 56 Besonderer Schutz der Auszubildenden

(1) Beabsichtigt der Arbeitgeber, eine Beschäftigte oder einen Beschäftigten, die oder der in einem Berufsausbildungsverhältnis nach dem Berufsbildungsgesetz, dem Krankenpflegegesetz, dem Pflegeberufegesetz oder dem Hebammengesetz steht und die oder der Mitglied des Personalrats ist, nach erfolgreicher Beendigung des Berufsausbildungsverhältnisses nicht in ein Arbeitsverhältnis auf unbestimmte Zeit zu übernehmen, so hat er dies drei Monate vor Beendigung des Berufsausbildungsverhältnisses der betroffenen Person schriftlich mitzuteilen.

(2) Verlangt eine Auszubildende oder ein Auszubildender im Sinne des Absatzes 1, die oder der Mitglied des Personalrats ist, innerhalb der letzten drei Monate vor Beendigung des Berufsausbildungsverhältnisses schriftlich die Weiterbeschäftigung, so gilt im Anschluss an das erfolgreiche Berufsausbildungsverhältnis ein Arbeitsverhältnis auf unbestimmte Zeit als begründet.

(3) Die Absätze 1 und 2 gelten auch, wenn das Berufsausbildungsverhältnis vor Ablauf eines Jahres nach Beendigung der Amtszeit des Personalrats erfolgreich endet.

(4) Wenn Tatsachen vorliegen, auf Grund derer dem Arbeitgeber unter Berücksichtigung aller Umstände die Weiterbeschäftigung nicht zugemutet werden kann, so kann er spätestens bis zum Ablauf von zwei Wochen nach Beendigung des Berufsausbildungsverhältnisses beim Verwaltungsgericht beantragen,

1. festzustellen, dass ein Arbeitsverhältnis nach Absatz 2 oder 3 nicht begründet wird, oder
2. das bereits nach Absatz 2 oder 3 begründete Arbeitsverhältnis aufzulösen.

In dem Verfahren vor dem Verwaltungsgericht ist der Personalrat Beteiligter.

(5) Die Absätze 2 bis 4 sind unabhängig davon anzuwenden, ob der Arbeitgeber seiner Mitteilungspflicht nach Absatz 1 nachgekommen ist.

Kapitel 3 Personalversammlung

§ 57 Zusammensetzung, Leitung, Teilversammlung

(1) Die Personalversammlung besteht aus den Beschäftigten der Dienststelle. Sie wird von der oder dem Vorsitzenden des Personalrats geleitet.

(2) Kann nach den dienstlichen Verhältnissen eine gemeinsame Versammlung der Beschäftigten nicht stattfinden, so sind Teilversammlungen abzuhalten.

§ 58 Nichtöffentlichkeit, Teilnahmerechte

(1) Die Personalversammlung ist nicht öffentlich. Der Personalrat kann die Personalversammlung im Einvernehmen mit der Leiterin oder dem Leiter der Dienststelle mittels Videokonferenz in Nebenstellen oder Teile der

Dienststelle übertragen. § 38 Absatz 3 Satz 2 Nummer 1 und 3 sowie Satz 3 gilt entsprechend. Die Möglichkeit zur Durchführung von Teilversammlungen bleibt unberührt.

(2) Beauftragte der in der Dienststelle vertretenen Gewerkschaften und eine Beauftragte oder ein Beauftragter der Arbeitgebervereinigung, der die Dienststelle angehört, sind berechtigt, mit beratender Stimme an der Personalversammlung teilzunehmen. Der Personalrat hat die Einberufung der Personalversammlung den Gewerkschaften und der Arbeitgebervereinigung mitzuteilen. Ein beauftragtes Mitglied der Stufenvertretung und des Gesamtpersonalrats sowie eine Beauftragte oder ein Beauftragter der Dienststelle, bei der die Stufenvertretung besteht, können an der Personalversammlung ohne beratende Stimme teilnehmen. Teilnahmerechte auf Grund anderer Rechtvorschriften bleiben unberührt.

§ 59 Ordentliche und außerordentliche Personalversammlung

(1) Der Personalrat hat einmal in jedem Kalenderhalbjahr in einer Personalversammlung einen Tätigkeitsbericht zu erstatten (ordentliche Personalversammlung).

(2) Der Personalrat ist berechtigt und auf Wunsch der Leiterin oder des Leiters der Dienststelle oder eines Viertels der wahlberechtigten Beschäftigten verpflichtet, eine außerordentliche Personalversammlung einzuberufen und den Gegenstand, dessen Beratung beantragt ist, auf die Tagesordnung zu setzen. An Versammlungen, die auf Wunsch der Leiterin oder des Leiters der Dienststelle einberufen sind oder zu denen sie oder er ausdrücklich eingeladen ist, hat sie oder er teilzunehmen; im Übrigen kann sie oder er an der Personalversammlung teilnehmen.

(3) Auf Antrag einer in der Dienststelle vertretenen Gewerkschaft muss der Personalrat vor Ablauf von 15 Arbeitstagen nach Eingang des Antrags eine ordentliche Personalversammlung einberufen und durchführen, wenn im vorhergegangenen Kalenderhalbjahr keine Personalversammlung und keine Teilversammlung durchgeführt worden sind, in denen ein Tätigkeitsbericht erstattet worden ist.

§ 60 Zeitpunkt, Dienstbefreiung, Bezüge, Fahrtkosten

(1) Die ordentlichen und die auf Wunsch der Leiterin oder des Leiters der Dienststelle einberufenen außerordentlichen Personalversammlungen finden während der Arbeitszeit statt, soweit nicht die dienstlichen Verhältnisse eine andere Regelung erfordern. Andere außerordentliche Personalversammlungen finden außerhalb der Arbeitszeit statt; hiervon kann im Einvernehmen mit der Leiterin oder dem Leiter der Dienststelle abgewichen werden.

(2) Soweit in den Fällen des Absatzes 1 Satz 1 Personalversammlungen aus dienstlichen Gründen außerhalb der Arbeitszeit stattfinden müssen, ist den Teilnehmerinnen und Teilnehmern Dienstbefreiung in entsprechendem Umfang zu gewähren.

(3) Die Teilnahme an Personalversammlungen nach Absatz 1 Satz 1 hat keine Minderung der Dienstbezüge oder des Arbeitsentgelts zur Folge. Dasselbe gilt für außerordentliche Personalversammlungen nach Absatz 1 Satz 2, die im Einvernehmen mit der Leiterin oder dem Leiter der Dienststelle während der Arbeitszeit durchgeführt werden.

(4) Fahrtkosten, die durch die Teilnahme an Personalversammlungen nach Absatz 1 Satz 1 entstehen, werden in entsprechender Anwendung des Bundesreisekostengesetzes erstattet.

§ 61 Befugnisse

(1) Die Personalversammlung darf Angelegenheiten behandeln, die die Dienststelle oder ihre Beschäftigten unmittelbar betreffen, insbesondere Tarif-, Besoldungs- und Sozialangelegenheiten sowie Fragen der tatsächlichen Gleichstellung von Frauen und Männern, der Vermeidung von Benachteiligungen von Menschen, die sich keinem dieser Geschlechter zuordnen, der Teilhabe von Menschen mit Behinderungen und der Vereinbarkeit von Familie, Pflege und Beruf.

(2) Die Personalversammlung kann dem Personalrat Anträge unterbreiten und zu seinen Beschlüssen Stellung nehmen.

(3) § 2 Absatz 2 und 5 gilt für die Personalversammlung entsprechend.

V

Kapitel 4
Beteiligung des Personalrats

Abschnitt 1
Allgemeines

§ 62 Allgemeine Aufgaben

Der Personalrat hat folgende allgemeine Aufgaben:

1. Maßnahmen, die der Dienststelle und ihren Angehörigen dienen, zu beantragen,
2. darüber zu wachen, dass die zugunsten der Beschäftigten geltenden Gesetze, Verordnungen, Tarifverträge, Dienstvereinbarungen und Verwaltungsanordnungen durchgeführt werden,
3. Anregungen und Beschwerden von Beschäftigten und der Jugend- und Auszubildendenvertretung entgegenzunehmen und, falls sie berechtigt erscheinen, durch Verhandlung mit der Leiterin oder dem Leiter der Dienststelle auf ihre Erledigung hinzuwirken; der Personalrat hat die betreffenden Beschäftigten über den Stand und das Ergebnis der Verhandlungen zu unterrichten,
4. der Benachteiligung von Menschen mit Behinderungen entgegenzuwirken sowie die Inklusion und Teilhabe behinderter Menschen zu fördern, insbesondere die Eingliederung und berufliche Entwicklung schwerbehinderter und ihnen gleichgestellter Beschäftigter und sonstiger besonders schutzbedürftiger, insbesondere älterer Beschäftigter zu fördern sowie Maßnahmen zur beruflichen Förderung schwerbehinderter und ihnen gleichgestellter Beschäftigter zu beantragen,
5. die Durchsetzung der tatsächlichen Gleichstellung von Frauen und Männern zu fördern sowie Benachteiligungen von Menschen, die sich keinem dieser Geschlechter zuordnen, entgegenzuwirken, insbesondere bei der Einstellung, Beschäftigung, Aus-, Fort- und Weiterbildung und dem beruflichen Aufstieg,
6. die Vereinbarkeit von Familie, Pflege und Beruf zu fördern,
7. die Integration ausländischer Beschäftigter in die Dienststelle und das Verständnis zwischen ihnen und den deutschen Beschäftigten zu fördern sowie Maßnahmen zur Bekämpfung gruppenbezogener Menschenfeindlichkeit in der Dienststelle zu beantragen,
8. mit der Jugend- und Auszubildendenvertretung zur Förderung der Belange der Beschäftigten, die das 18. Lebensjahr noch nicht vollendet haben oder sich in einer beruflichen Ausbildung befinden, eng zusammenzuarbeiten sowie
9. Maßnahmen des Arbeitsschutzes und des Gesundheitsschutzes in der Dienststelle zu fördern.

§ 63 Dienstvereinbarungen

(1) Dienstvereinbarungen sind in Angelegenheiten des § 78 Absatz 1 Nummer 12 bis 15, des § 79 Absatz 1 Nummer 4 und 5 sowie des § 80 Absatz 1 zulässig, soweit eine gesetzliche oder tarifliche Regelung nicht besteht und es sich nicht um Einzelangelegenheiten handelt. Arbeitsentgelte und sonstige Arbeitsbedingungen, die durch Tarifvertrag geregelt sind oder üblicherweise geregelt werden, können nicht Gegenstand einer Dienstvereinbarung sein. Dies gilt nicht, wenn ein Tarifvertrag den Abschluss ergänzender Dienstvereinbarungen ausdrücklich zulässt.

(2) Dienstvereinbarungen werden durch die Dienststelle und den Personalrat gemeinsam vereinbart, sind in schriftlicher oder elektronischer Form abzuschließen und in geeigneter Weise bekanntzumachen.

(3) Dienstvereinbarungen, die für einen größeren Bereich gelten, gehen den Dienstvereinbarungen für einen kleineren Bereich vor.

§ 64 Durchführung der Entscheidungen

(1) Entscheidungen, an denen der Personalrat beteiligt war, führt die Dienststelle durch, es sei denn, dass im Einzelfall etwas anderes vereinbart ist.

(2) Der Personalrat darf nicht durch einseitige Handlungen in den Dienstbetrieb eingreifen.

Abschnitt 2 Unterrichtungs- und Teilnahmerechte, Datenschutz

§ 65 Monatsgespräch

Die Leiterin oder der Leiter der Dienststelle und der Personalrat sollen mindestens einmal im Monat zu einer Besprechung zusammentreten. In den Besprechungen soll auch die Gestaltung des Dienstbetriebs behandelt werden, insbesondere alle Vorgänge, die die Beschäftigten wesentlich berühren. Die Leiterin oder der Leiter der Dienststelle und der Personalrat haben über strittige Fragen mit dem ernsten Willen zur Einigung zu verhandeln und Vorschläge für die Beilegung von Meinungsverschiedenheiten zu machen.

§ 66 Informationspflicht der Dienststelle

(1) Der Personalrat ist zur Durchführung seiner Aufgaben rechtzeitig und umfassend zu unterrichten. Ihm sind die hierfür erforderlichen Unterlagen, einschließlich der für die Durchführung seiner Aufgaben erforderlichen personenbezogenen Daten, vorzulegen.

(2) Personalakten dürfen nur mit Zustimmung der oder des Beschäftigten und nur von den von ihr oder ihm bestimmten Mitgliedern des Personalrats eingesehen werden. Dienstliche Beurteilungen sind auf Verlangen der oder des Beschäftigten dem Personalrat zur Kenntnis zu bringen.

§ 67 Beratende Teilnahme an Prüfungen

An Prüfungen, die eine Dienststelle für Beschäftigte ihres Bereichs abnimmt, kann ein Mitglied des für diesen Bereich zuständigen Personalrats, das von diesem benannt ist, beratend teilnehmen.

§ 68 Hinzuziehung in Fragen des Arbeitsschutzes und der Unfallverhütung

(1) Der Personalrat hat bei der Bekämpfung von Unfall- und Gesundheitsgefahren die für den Arbeitsschutz zuständigen Behörden, die Träger der gesetzlichen Unfallversicherung und die übrigen in Betracht kommenden Stellen durch Anregung, Beratung und Auskunft zu unterstützen und sich für die Durchführung der Vorschriften über den Arbeitsschutz und die Unfallverhütung in der Dienststelle einzusetzen.

(2) Die Leiterin oder der Leiter der Dienststelle und die in Absatz 1 genannten Behörden, Träger und sonstigen Stellen sind verpflichtet, bei allen im Zusammenhang mit dem Arbeitsschutz oder der Unfallverhütung stehenden Besichtigungen und Fragen und bei Unfalluntersuchungen den Personalrat oder die von ihm beauftragten Personalratsmitglieder derjenigen Dienststelle hinzuzuziehen, in der die Besichtigung oder Untersuchung stattfindet. Die Leiterin oder der Leiter der Dienststelle hat dem Personalrat unverzüglich die den Arbeitsschutz und die Unfallverhütung betreffenden Auflagen und Anordnungen der in Absatz 1 genannten Stellen mitzuteilen.

(3) An den Besprechungen der Leiterin oder des Leiters der Dienststelle mit den Sicherheitsbeauftragten im Rahmen des § 22 Absatz 2 des Siebten Buches Sozialgesetzbuch nehmen vom Personalrat beauftragte Personalratsmitglieder teil.

(4) Der Personalrat erhält die Protokolle über Untersuchungen, Besichtigungen und Besprechungen, zu denen er oder die von ihm beauftragten Personalratsmitglieder nach den Absätzen 2 und 3 hinzuzuziehen ist oder sind.

(5) Die Leiterin oder der Leiter der Dienststelle hat dem Personalrat eine Kopie der Unfallanzeige nach § 193 des Siebten Buches Sozialgesetzbuch oder des nach beamtenrechtlichen Vorschriften zu erstattenden Berichts auszuhändigen.

§ 69 Datenschutz

Bei der Verarbeitung personenbezogener Daten hat der Personalrat die Vorschriften über den Datenschutz einzuhalten. Soweit der Personalrat zur Erfüllung der in seiner Zuständigkeit liegenden Aufgaben personenbezogene Daten verarbeitet, ist die Dienststelle der für die Verarbeitung Verantwortliche im Sinne der datenschutzrechtlichen Vorschriften. Die Dienststelle und der Personalrat unterstützen sich gegenseitig bei der Einhaltung der datenschutzrechtlichen Vorschriften.

V

Abschnitt 3 Mitbestimmung

Unterabschnitt 1 Verfahren der Mitbestimmung

§ 70 Verfahren zwischen Dienststelle und Personalrat

(1) Soweit eine Maßnahme der Mitbestimmung des Personalrats unterliegt, kann sie nur mit seiner Zustimmung getroffen werden.

(2) Die Leiterin oder der Leiter der Dienststelle unterrichtet den Personalrat von der beabsichtigten Maßnahme und beantragt seine Zustimmung. Der Personalrat kann verlangen, dass die Leiterin oder der Leiter der Dienststelle die beabsichtigte Maßnahme begründet; die Begründung hat außer in Personalangelegenheiten schriftlich oder elektronisch zu erfolgen.

V

(3) Der Beschluss des Personalrats über die beantragte Zustimmung ist der Leiterin oder dem Leiter der Dienststelle innerhalb von zehn Arbeitstagen mitzuteilen. In dringenden Fällen kann die Leiterin oder der Leiter der Dienststelle diese Frist auf drei Arbeitstage abkürzen. Der Personalrat und die Leiterin oder der Leiter der Dienststelle können im Einzelfall oder für die Dauer der Amtszeit des Personalrats schriftlich oder elektronisch von Satz 1 abweichende Fristen vereinbaren. Die Maßnahme gilt als gebilligt, wenn nicht der Personalrat fristgerecht die Zustimmung unter Angabe der Gründe schriftlich oder elektronisch verweigert. Soweit dabei Beschwerden oder Behauptungen tatsächlicher Art vorgetragen werden, die für einen Beschäftigten ungünstig sind oder ihm nachteilig werden können, hat die Dienststelle dem Beschäftigten Gelegenheit zur Äußerung zu geben; die Äußerung ist aktenkundig zu machen.

§ 71 Stufenverfahren

(1) Kommt eine Einigung nicht zustande, so kann die Leiterin oder der Leiter der Dienststelle oder der Personalrat die Angelegenheit binnen fünf Arbeitstagen auf dem Dienstweg den übergeordneten Dienststellen, bei denen Stufenvertretungen bestehen, schriftlich oder elektronisch vorlegen. Der Personalrat und die Leiterin oder der Leiter der Dienststelle können im Einzelfall schriftlich oder elektronisch eine abweichende Frist vereinbaren. In Körperschaften, Anstalten oder Stiftungen des öffentlichen Rechts ist als oberste Dienstbehörde das in ihrer Verfassung für die Geschäftsführung vorgesehene oberste Organ anzurufen. In Zweifelsfällen bestimmt die zuständige oberste Bundesbehörde die anzurufende Stelle. Legt die Leiterin oder der Leiter der Dienststelle die Angelegenheit der übergeordneten Dienststelle vor, teilt sie oder er dies dem Personalrat unter Angabe der Gründe mit.

(2) Die übergeordnete Dienststelle soll die Angelegenheit, sofern sie dem Anliegen des Personalrats nicht oder nicht in vollem Umfang entspricht, innerhalb von sechs Wochen der bei ihr gebildeten Stufenvertretung vorlegen. Für das weitere Verfahren gilt § 70 Absatz 2 und 3 entsprechend.

§ 72 Anrufung der Einigungsstelle

Ergibt sich zwischen der obersten Dienstbehörde und der bei ihr bestehenden zuständigen Personalvertretung keine Einigung, kann jede Seite die Einigungsstelle anrufen.

§ 73 Bildung und Zusammensetzung der Einigungsstelle

(1) Die Einigungsstelle wird bei der obersten Dienstbehörde gebildet.

(2) Die Einigungsstelle besteht aus je drei Beisitzerinnen oder Beisitzern, die von der obersten Dienstbehörde und der bei ihr bestehenden zuständigen Personalvertretung bestellt werden, sowie einer oder einem unparteiischen Vorsitzenden, auf die oder den sich beide Seiten einigen. Unter den Beisitzerinnen und Beisitzern, die von der Personalvertretung bestellt werden, muss sich je eine Beamtin oder ein Beamter und eine Arbeitnehmerin oder ein Arbeitnehmer befinden, es sei denn, die Angelegenheit betrifft nur die Beamtinnen und Beamten oder nur die Arbeitnehmerinnen und Arbeitnehmer. Kommt eine Einigung über die Person der oder des Vorsitzenden nicht zustande, so bestellt sie

oder ihn die Präsidentin oder der Präsident des Bundesverwaltungsgerichts.

§ 74 Verfahren der Einigungsstelle

(1) Die Einigungsstelle soll binnen zwei Monaten nach der Erklärung eines Beteiligten, die Entscheidung der Einigungsstelle herbeiführen zu wollen, entscheiden.

(2) Die Verhandlung ist nicht öffentlich. Der obersten Dienstbehörde und der zuständigen Personalvertretung ist Gelegenheit zur mündlichen Äußerung zu geben. Im Einvernehmen mit den Beteiligten kann die Äußerung schriftlich erfolgen.

(3) Die Einigungsstelle entscheidet durch Beschluss. Sie kann den Anträgen der Beteiligten auch teilweise entsprechen. In den Fällen des § 78 Absatz 5 stellt sie fest, ob ein Grund zur Verweigerung der Zustimmung vorliegt.

(4) Der Beschluss wird mit Stimmenmehrheit gefasst. Er muss sich im Rahmen der geltenden Rechtsvorschriften, insbesondere des Haushaltsgesetzes, halten. Der Beschluss ist den Beteiligten zuzustellen.

(5) Für die Verhandlung und Beschlussfassung der Einigungsstelle gilt § 38 Absatz 3 Satz 1, 2 Nummer 1 und 3 sowie Satz 3 entsprechend. Die Verhandlung und Beschlussfassung mittels Video- oder Telefonkonferenz ist unzulässig, wenn ein Mitglied der Einigungsstelle binnen einer von der oder dem Vorsitzenden zu bestimmenden Frist gegenüber der oder dem Vorsitzenden widerspricht. Mitglieder der Einigungsstelle, die mittels Video- oder Telefonkonferenz teilnehmen, gelten als anwesend.

§ 75 Bindung an die Beschlüsse der Einigungsstelle

(1) Der Beschluss der Einigungsstelle bindet die Beteiligten mit Ausnahme der in den Absätzen 2 und 3 geregelten Fälle.

(2) Die oberste Dienstbehörde kann einen Beschluss der Einigungsstelle in Angelegenheiten, die im Einzelfall wegen ihrer Auswirkungen auf das Gemeinwesen wesentlicher Bestandteil der Regierungsgewalt sind, innerhalb von vier Wochen nach dessen Zustellung ganz oder teilweise aufheben und in der Angelegenheit endgültig entscheiden. Die Aufhebung und deren Gründe sind der Vorsitzenden oder dem Vorsitzenden der Einigungsstelle sowie den beteiligten Dienststellen und Personalvertretungen unverzüglich schriftlich oder elektronisch mitzuteilen.

(3) In den Fällen des § 78 Absatz 1 und des § 80 Absatz 1 Nummer 10 bis 13 und 19 bis 21 beschließt die Einigungsstelle, wenn sie sich nicht der Auffassung der obersten Dienstbehörde anschließt, eine Empfehlung an diese. Die oberste Dienstbehörde entscheidet sodann endgültig.

§ 76 Vorläufige Maßnahmen

Die Leiterin oder der Leiter der Dienststelle kann bei Maßnahmen, die der Natur der Sache nach keinen Aufschub dulden, bis zur endgültigen Entscheidung vorläufige Regelungen treffen. Sie oder er hat dem Personalrat die vorläufige Regelung mitzuteilen und zu begründen und unverzüglich das Verfahren der Mitbestimmung einzuleiten oder fortzusetzen.

V

§ 77 Initiativrecht des Personalrats

(1) Beantragt der Personalrat eine Maßnahme, die nach den §§ 78 bis 80 seiner Mitbestimmung unterliegt, so hat er sie schriftlich oder elektronisch der Leiterin oder dem Leiter der Dienststelle vorzuschlagen und zu begründen.

(2) Die Leiterin oder der Leiter der Dienststelle soll über den Antrag nach Absatz 1 innerhalb von sechs Wochen unter Angabe der Gründe entscheiden oder, wenn die Einhaltung der Frist nicht möglich ist, einen Sachstandshinweis erteilen. Entspricht die Leiterin oder der Leiter der Dienststelle dem Antrag nicht oder nicht in vollem Umfang, so bestimmt sich das weitere Verfahren

1. in den Fällen des § 78 Absatz 1 Nummer 12, des § 79 Absatz 1 Nummer 4 und 5 sowie des § 80 Absatz 1 Nummer 1, 3, 4, 6 bis 9, 14, 16, 18 und 21 nach den §§ 71 bis 75,
2. in den übrigen Angelegenheiten nach § 71 mit der Maßgabe, dass die oberste Dienstbehörde endgültig entscheidet.

Unterabschnitt 2
Angelegenheiten der Mitbestimmung

§ 78 Mitbestimmung in Personalangelegenheiten

(1) Der Personalrat bestimmt mit in Personalangelegenheiten bei

1. Einstellung,
2. Beförderung, Verleihung eines anderen Amtes mit anderer Amtsbezeichnung beim Wechsel der Laufbahngruppe, Laufbahnwechsel,
3. Übertragung einer höher oder niedriger zu bewertenden Tätigkeit oder eines höher oder niedriger zu bewertenden Dienstpostens,
4. Eingruppierung, Höher- oder Rückgruppierung von Arbeitnehmerinnen oder Arbeitnehmern einschließlich der hiermit jeweils verbundenen Stufenzuordnung, jedoch nicht bei in das Ermessen des Arbeitgebers gestellten Stufenzuordnungen, es sei denn, es wurden allgemeine Grundsätze erlassen,
5. Versetzung zu einer anderen Dienststelle,
6. Umsetzung innerhalb der Dienstelle für mehr als drei Monate, wenn die Umsetzung mit einem Wechsel des Dienstortes verbunden ist und der neue Dienstort sich außerhalb des Einzugsgebietes im Sinne des Umzugskostenrechts befindet,
7. Abordnung, Zuweisung oder Personalgestellung für mehr als drei Monate,
8. Hinausschieben des Eintritts von Beamtinnen oder Beamten in den Ruhestand oder Weiterbeschäftigung von Arbeitnehmerinnen oder Arbeitnehmern über die Altersgrenze hinaus,
9. Anordnungen zur Wahl der Wohnung,
10. Versagung oder Widerruf der Genehmigung einer Nebentätigkeit,
11. Ablehnung eines Antrags nach den §§ 91 bis 92b oder § 95 des Bundesbeamtengesetzes auf Teilzeitbeschäftigung, Ermäßigung der regelmäßigen Arbeitszeit oder Urlaub,
12. Absehen von der Ausschreibung von Dienstposten, die besetzt werden sollen,
13. Auswahl der Teilnehmerinnen und Teilnehmer an Fortbildungsveranstaltungen mit Ausnahme der Nachbesetzung freier Plätze von Fortbildungsveranstaltungen, die in weniger als drei Arbeitstagen beginnen,
14. Bestellung von Vertrauens- oder Betriebsärztinnen und -ärzten als Beschäftigte,
15. Geltendmachung von Ersatzansprüchen gegen eine Beschäftigte oder einen Beschäftigten.

(2) In den Fällen des Absatzes 1 Nummer 15 bestimmt der Personalrat nur auf Antrag der oder des Beschäftigten mit; diese oder dieser ist von der beabsichtigten Maßnahme rechtzeitig vorher in Kenntnis zu setzen.

(3) In Personalangelegenheiten der in § 15 Absatz 2 Nummer 4 bezeichneten Beschäftigten, der Beamtinnen und Beamten auf Zeit und der Beschäftigten mit überwiegend wissenschaftlicher oder künstlerischer Tätigkeit bestimmt der Personalrat nach Absatz 1 nur mit, wenn sie es beantragen.

(4) Absatz 1 gilt nicht

1. für die in § 54 Absatz 1 des Bundesbeamtengesetzes bezeichneten Beamtinnen und Beamten und für entsprechende Arbeitnehmerinnen und Arbeitnehmer sowie
2. für Beamtenstellen von der Besoldungsgruppe A 16 an aufwärts und entsprechende Arbeitnehmerstellen.

(5) Der Personalrat kann in den Fällen des Absatzes 1 seine Zustimmung verweigern, wenn

1. die Maßnahme gegen ein Gesetz, eine Verordnung, eine Bestimmung in einem Tarifvertrag, eine gerichtliche Entscheidung, den Gleichstellungsplan oder eine Verwaltungsanordnung oder gegen eine Richtlinie im Sinne des § 80 Absatz 1 Nummer 12 verstößt,
2. die durch Tatsachen begründete Besorgnis besteht, dass durch die Maßnahme der oder die betroffene Beschäftigte oder andere Beschäftigte benachteiligt werden, ohne dass dies aus dienstlichen oder persönlichen Gründen gerechtfertigt ist, oder
3. die durch Tatsachen begründete Besorgnis besteht, dass die oder der Beschäftigte oder die Bewerberin oder der Bewerber

den Frieden in der Dienststelle durch unsoziales oder gesetzwidriges Verhalten stören werde.

§ 79 Mitbestimmung in sozialen Angelegenheiten

(1) Der Personalrat bestimmt mit in sozialen Angelegenheiten bei

1. Gewährung von Unterstützungen, Vorschüssen, Darlehen und entsprechenden sozialen Zuwendungen,
2. Zuweisung und Kündigung von Wohnungen, über die die Beschäftigungsdienststelle verfügt, Ausübung von Belegungs- oder Vorschlagsrechten der Beschäftigungsdienststelle sowie der allgemeinen Festsetzung der Nutzungsbedingungen,
3. Zuweisung von Dienst- und Pachtland und Festsetzung der Nutzungsbedingungen,
4. Errichtung, Verwaltung und Auflösung von Sozialeinrichtungen ohne Rücksicht auf ihre Rechtsform,
5. Aufstellung von Sozialplänen einschließlich Plänen für Umschulungen zum Ausgleich oder zur Milderung von wirtschaftlichen Nachteilen, die der oder dem Beschäftigten infolge von Rationalisierungsmaßnahmen entstehen.

(2) Hat eine Beschäftigte oder ein Beschäftigter eine Leistung nach Absatz 1 Nummer 1 beantragt, wird der Personalrat nur auf ihren oder seinen Antrag beteiligt; auf Verlangen der Antragstellerin oder des Antragstellers bestimmt nur der Vorstand des Personalrats mit. Die Dienststelle hat dem Personalrat nach Abschluss jedes Kalendervierteljahres einen Überblick über die Unterstützungen und entsprechenden sozialen Zuwendungen zu geben. Dabei sind die Anträge und die Leistungen gegenüberzustellen. Auskunft über die von den Antragstellerinnen und Antragstellern angeführten Gründe wird hierbei nicht erteilt.

§ 80 Mitbestimmung in organisatorischen Angelegenheiten

(1) Der Personalrat bestimmt mit, soweit eine gesetzliche oder tarifliche Regelung nicht besteht, über

1. Beginn und Ende der täglichen Arbeitszeit und der Pausen sowie die Verteilung der Arbeitszeit auf die einzelnen Wochentage,
2. Anordnung von Dienstbereitschaft, Bereitschaftsdienst, Rufbereitschaft, Mehrarbeit und Überstunden,
3. Einführung, Änderung und Aufhebung von Arbeitszeitmodellen,
4. Gestaltung der Arbeitsplätze,
5. Einführung, Änderung und Aufhebung von Arbeitsformen außerhalb der Dienststelle,
6. Aufstellung allgemeiner Urlaubsgrundsätze und des Urlaubsplanes, Festsetzung der zeitlichen Lage des Erholungsurlaubs für einzelne Beschäftigte, wenn zwischen der Dienststelle und den beteiligten Beschäftigten kein Einverständnis erzielt wird,
7. Zeit, Ort und Art der Auszahlung der Dienstbezüge und Arbeitsentgelte,
8. Fragen der Lohngestaltung innerhalb der Dienststelle, insbesondere die Aufstellung von Entlohnungsgrundsätzen, die Einführung und Anwendung von neuen Entlohnungsmethoden und deren Änderung sowie die Festsetzung der Akkord- und Prämiensätze und vergleichbarer leistungsbezogener Entgelte, einschließlich der Geldfaktoren,
9. Durchführung der Berufsausbildung bei Arbeitnehmerinnen und Arbeitnehmern,
10. allgemeine Fragen der Fortbildung der Beschäftigten,
11. Beurteilungsrichtlinien,
12. Erlass von Richtlinien über die personelle Auswahl bei Einstellungen, Versetzungen, Umgruppierungen und Kündigungen,
13. Maßnahmen, die der Familienfreundlichkeit, der Vereinbarkeit von Familie, Pflege und Beruf, der Durchsetzung der tatsächlichen Gleichstellung von Frauen und Männern, der Vermeidung von Benachteiligungen von Menschen, die sich keinem dieser Geschlechter zuordnen, sowie der Vermeidung von Benachteiligun-

V

gen von Menschen mit Behinderungen dienen, insbesondere bei der Einstellung, Beschäftigung, Aus-, Fort- und Weiterbildung und dem beruflichen Aufstieg,

14. Grundsätze über die Bewertung von anerkannten Vorschlägen im Rahmen des behördlichen oder betrieblichen Vorschlagwesens,
15. Inhalt von Personalfragebogen,
16. Maßnahmen zur Verhütung von Dienst- und Arbeitsunfällen und Berufskrankheiten sowie zum Gesundheitsschutz im Rahmen der gesetzlichen Vorschriften oder der Unfallverhütungsvorschriften,
17. Grundsätze des behördlichen oder betrieblichen Gesundheits- und Eingliederungsmanagements,
18. Regelung der Ordnung in der Dienststelle und des Verhaltens der Beschäftigten,
19. Maßnahmen zur Hebung der Arbeitsleistung oder zur Erleichterung des Arbeitsablaufs,
20. Einführung grundlegend neuer Arbeitsmethoden,
21. Einführung und Anwendung technischer Einrichtungen, die dazu bestimmt sind, das Verhalten oder die Leistung der Beschäftigten zu überwachen.

(2) Muss für Gruppen von Beschäftigten die tägliche Arbeitszeit nach Erfordernissen, die die Dienststelle nicht voraussehen kann, unregelmäßig und kurzfristig festgesetzt werden, so beschränkt sich die Mitbestimmung nach Absatz 1 Nummer 1 und 2 auf die Grundsätze für die Aufstellung der Dienstpläne, insbesondere für die Anordnung von Dienstbereitschaft, Mehrarbeit und Überstunden.

Abschnitt 4
Mitwirkung

Unterabschnitt 1
Verfahren der Mitwirkung

§ 81 Verfahren zwischen Dienststelle und Personalrat

(1) Soweit der Personalrat an Entscheidungen mitwirkt, ist die beabsichtigte Maßnahme vor der Durchführung mit dem Ziel einer Verständigung rechtzeitig und eingehend mit ihm zu erörtern.

(2) Äußert sich der Personalrat nicht innerhalb von zehn Arbeitstagen oder hält er bei Erörterung seine Einwendungen oder Vorschläge nicht aufrecht, so gilt die beabsichtigte Maßnahme als gebilligt. Der Personalrat und die Leiterin oder der Leiter der Dienststelle können im Einzelfall oder für die Dauer der Amtszeit des Personalrats schriftlich oder elektronisch eine abweichende Frist vereinbaren. Erhebt der Personalrat Einwendungen, so hat er der Leiterin oder dem Leiter der Dienststelle die Gründe mitzuteilen. Soweit dabei Beschwerden oder Behauptungen tatsächlicher Art vorgetragen werden, die für eine Beschäftigte oder einen Beschäftigten ungünstig sind oder für sie oder ihn nachteilig werden können, hat die Dienststelle der oder dem Beschäftigten Gelegenheit zur Äußerung zu geben; die Äußerung ist aktenkundig zu machen.

(3) Entspricht die Dienststelle den Einwendungen des Personalrats nicht oder nicht in vollem Umfang, so teilt sie dem Personalrat ihre Entscheidung unter Angabe der Gründe schriftlich oder elektronisch mit.

§ 82 Stufenverfahren

(1) Der Personalrat einer nachgeordneten Dienststelle kann die Angelegenheit binnen drei Arbeitstagen nach Zugang der Mitteilung auf dem Dienstweg den übergeordneten Dienststellen, bei denen Stufenvertretungen bestehen, mit dem Antrag auf Entscheidung schriftlich oder elektronisch vorlegen. Die übergeordneten Dienststellen entscheiden nach Verhandlung mit der bei ihnen bestehenden Stufenvertretung. § 71 Absatz 1 Satz 2 bis 4 gilt entsprechend. Eine Kopie seines Antrags leitet der Personalrat seiner Dienststelle zu.

(2) Ist ein Antrag nach Absatz 1 gestellt, so ist die beabsichtigte Maßnahme bis zur Entscheidung der angerufenen Dienststelle auszusetzen.

§ 83 Vorläufige Maßnahmen

Die Leiterin oder der Leiter der Dienststelle kann bei Maßnahmen, die der Natur der Sache nach keinen Aufschub dulden, bis zur endgültigen Entscheidung vorläufige Regelungen treffen. Sie oder er hat dem Personalrat die vorläufige Regelung mitzuteilen und zu begründen sowie unverzüglich das Verfahren der Mitwirkung einzuleiten oder fortzusetzen.

Unterabschnitt 2
Angelegenheiten der Mitwirkung

§ 84 Angelegenheiten der Mitwirkung

(1) Der Personalrat wirkt mit bei

1. Vorbereitung von Verwaltungsanordnungen einer Dienststelle für die innerdienstlichen, sozialen und persönlichen Angelegenheiten der Beschäftigten ihres Geschäftsbereiches, wenn nicht nach § 118 des Bundesbeamtengesetzes die Spitzenorganisationen der zuständigen Gewerkschaften bei der Vorbereitung zu beteiligen sind,
2. Auflösung, Einschränkung, Verlegung oder Zusammenlegung, Aufspaltung oder Ausgliederung von Dienststellen oder wesentlichen Teilen von ihnen,
3. Übertragung von Aufgaben der Dienststelle, die üblicherweise von ihren Beschäftigten wahrgenommen werden, auf Dauer an Privatpersonen oder andere Rechtsträger in der Rechtsform des Privatrechts,
4. Erlass einer Disziplinarverfügung gegen eine Beamtin oder einen Beamten, mit der eine Zurückstufung oder Entfernung aus dem Beamtenverhältnis ausgesprochen wird,
5. Entlassung einer Beamtin oder eines Beamten auf Probe oder auf Widerruf, die oder der die Entlassung nicht selbst beantragt hat,
6. vorzeitiger Versetzung in den Ruhestand und Feststellung der begrenzten Dienstfähigkeit.

(2) Maßnahmen nach Absatz 1 Nummer 4 bis 6 gegenüber den in § 78 Absatz 4 genannten Beschäftigten unterliegen nicht der Mitwirkung. Im Übrigen wird der Personalrat in den Fällen des Absatzes 1 Nummer 4 bis 6 nur auf Antrag der oder des Beschäftigten beteiligt; die oder der Beschäftigte ist von der beabsichtigten Maßnahme rechtzeitig vorher in Kenntnis zu setzen. Der Personalrat kann bei der Mitwirkung nach Absatz 1 Nummer 4 Einwendungen auf die in § 78 Absatz 5 Nummer 1 und 2 bezeichneten Gründe stützen.

§ 85 Ordentliche Kündigung

(1) Der Personalrat wirkt bei der ordentlichen Kündigung durch den Arbeitgeber mit. § 78 Absatz 4 gilt entsprechend. Der Personalrat kann gegen die Kündigung Einwendungen erheben, wenn nach seiner Ansicht

1. bei der Auswahl der zu kündigenden Arbeitnehmerin oder des zu kündigenden Arbeitnehmers soziale Gesichtspunkte nicht oder nicht ausreichend berücksichtigt worden sind,
2. die Kündigung gegen eine Richtlinie nach § 80 Absatz 1 Nummer 12 verstößt,
3. die zu kündigende Arbeitnehmerin oder der zu kündigende Arbeitnehmer an einem anderen Arbeitsplatz in derselben Dienststelle oder in einer anderen Dienststelle desselben Verwaltungszweiges an demselben Dienstort einschließlich seines Einzugsgebietes weiterbeschäftigt werden kann,
4. die Weiterbeschäftigung der Arbeitnehmerin oder des Arbeitnehmers nach zumutbaren Umschulungs- oder Fortbildungsmaßnahmen möglich ist oder
5. die Weiterbeschäftigung der Arbeitnehmerin oder des Arbeitnehmers unter geänderten Vertragsbedingungen möglich ist und die Arbeitnehmerin oder der Arbeitnehmer sich damit einverstanden erklärt.

Wird der Arbeitnehmerin oder dem Arbeitnehmer gekündigt, obwohl der Personalrat Einwendungen gegen die Kündigung erhoben hat, so ist dem Arbeitnehmer mit der Kündigung eine Kopie der Stellungnahme des Personalrats zuzuleiten, es sei denn, dass die Stufenvertretung in der Verhandlung nach § 82 Absatz 1 Satz 2 die Einwendungen nicht aufrechterhalten hat.

(2) Hat die Arbeitnehmerin oder der Arbeitnehmer im Fall des Absatzes 1 Satz 4 nach dem Kündigungsschutzgesetz Klage auf Feststellung erhoben, dass das Arbeitsverhältnis

V

durch die Kündigung nicht aufgelöst ist, so muss der Arbeitgeber auf Verlangen der Arbeitnehmerin oder des Arbeitnehmers diese oder diesen nach Ablauf der Kündigungsfrist bis zum rechtskräftigen Abschluss des Rechtsstreits bei unveränderten Arbeitsbedingungen weiterbeschäftigen. Auf Antrag des Arbeitgebers kann das Arbeitsgericht ihn durch einstweilige Verfügung von der Verpflichtung zur Weiterbeschäftigung nach Satz 1 entbinden, wenn

1. die Klage keine hinreichende Aussicht auf Erfolg bietet oder mutwillig erscheint,
2. die Weiterbeschäftigung zu einer unzumutbaren wirtschaftlichen Belastung des Arbeitgebers führen würde oder
3. der Widerspruch des Personalrats offensichtlich unbegründet war.

(3) Eine Kündigung ist unwirksam, wenn der Personalrat nicht beteiligt worden ist.

Abschnitt 5
Anhörung

§ 86 Außerordentliche Kündigung und fristlose Entlassung

Vor fristlosen Entlassungen und außerordentlichen Kündigungen ist der Personalrat anzuhören. Die Leiterin oder der Leiter der Dienststelle hat die beabsichtigte Maßnahme zu begründen. Hat der Personalrat Bedenken, so hat er sie unter Angabe der Gründe der Leiterin oder dem Leiter der Dienststelle unverzüglich, spätestens jedoch innerhalb von drei Arbeitstagen schriftlich oder elektronisch mitzuteilen. § 85 Absatz 3 gilt entsprechend.

§ 87 Weitere Angelegenheiten der Anhörung

(1) Vor der Weiterleitung von Personalanforderungen zum Haushaltsvoranschlag ist der Personalrat anzuhören. Gibt der Personalrat einer nachgeordneten Dienststelle zu den Personalanforderungen eine Stellungnahme ab, so ist diese mit den Personalanforderungen der übergeordneten Dienststelle vorzulegen. Das gilt entsprechend für die Personalplanung.

(2) Absatz 1 gilt entsprechend für Neu-, Um- und Erweiterungsbauten von Diensträumen.

(3) Vor grundlegenden Änderungen von Arbeitsverfahren und Arbeitsabläufen ist der Personalrat anzuhören.

Kapitel 5
Stufenvertretungen und Gesamtpersonalrat

Abschnitt 1
Bildung und Beteiligung der Stufenvertretungen

§ 88 Errichtung

Für den Geschäftsbereich mehrstufiger Verwaltungen werden bei den Behörden der Mittelstufe Bezirkspersonalräte, bei den obersten Dienstbehörden Hauptpersonalräte gebildet.

§ 89 Wahl und Zusammensetzung

(1) Die Mitglieder des Bezirkspersonalrats werden von den zum Geschäftsbereich der Behörde der Mittelstufe gehörenden Beschäftigten gewählt. Die Mitglieder des Hauptpersonalrats werden von den zum Geschäftsbereich der obersten Dienstbehörde gehörenden Beschäftigten gewählt.

(2) Die §§ 13 bis 16, § 17 Absatz 1, 2, 6 und 7, die §§ 18 bis 22 sowie die §§ 24 bis 26 gelten entsprechend. § 15 Absatz 2 Nummer 4 gilt nur für die Beschäftigten der Dienststelle, bei der die Stufenvertretung zu errichten ist. Eine Personalversammlung zur Bestellung des Bezirks- oder Hauptwahlvorstands findet nicht statt. An ihrer Stelle übt die Leiterin oder der Leiter der Dienststelle, bei der die Stufenvertretung zu errichten ist, die Befugnis zur Bestellung des Wahlvorstands nach den §§ 22 und 24 aus.

(3) Werden in einer Verwaltung die Personalräte und Stufenvertretungen gleichzeitig gewählt, so führen die bei den Dienststellen bestehenden Wahlvorstände die Wahlen der Stufenvertretungen im Auftrag des Bezirks- oder Hauptwahlvorstands durch; andernfalls bestellen auf sein Ersuchen die Personalräte oder, wenn solche nicht bestehen, die Leiterinnen oder Leiter der Dienststellen die örtlichen Wahlvorstände für die Wahl der Stufenvertretungen.

(4) In den Stufenvertretungen erhält jede Gruppe mindestens eine Vertreterin oder einen Vertreter. Besteht die Stufenvertretung aus mehr als neun Mitgliedern, erhält jede Gruppe mindestens zwei Vertreterinnen oder Vertreter. § 17 Absatz 5 gilt entsprechend.

§ 90 Amtszeit und Geschäftsführung

Für die Stufenvertretungen gilt Kapitel 2 Abschnitt 2 und 3 mit Ausnahme des § 45 entsprechend. § 36 Absatz 1 gilt mit der Maßgabe, dass die Mitglieder der Stufenvertretung spätestens zehn Arbeitstage nach dem Wahltag einzuberufen sind.

§ 91 Rechtsstellung

Für die Rechtsstellung der Mitglieder der Stufenvertretung gilt Kapitel 2 Abschnitt 4 mit Ausnahme des § 52 Absatz 2 entsprechend.

§ 92 Zuständigkeit

(1) In Angelegenheiten, in denen die Dienststelle nicht zur Entscheidung befugt ist, ist an Stelle des Personalrats die bei der zuständigen Dienststelle gebildete Stufenvertretung zu beteiligen.

(2) Vor einem Beschluss in Angelegenheiten, die einzelne Beschäftigte oder Dienststellen betreffen, gibt die Stufenvertretung dem Personalrat oder, sofern dieser zuständig wäre, dem bei dieser Dienststelle gebildeten Gesamtpersonalrat Gelegenheit zur Äußerung. In diesem Fall verdoppeln sich die Fristen des § 70 Absatz 3 Satz 1 und 2, des § 71 Absatz 1 Satz 1, des § 81 Absatz 2 Satz 1 sowie des § 82 Absatz 1 Satz 1, sofern die Stufenvertretung und die Leiterin oder der Leiter der Dienststelle keine abweichende Regelung vereinbaren.

(3) Für die Aufgaben, Befugnisse und Pflichten der Stufenvertretungen gilt Kapitel 4 entsprechend.

(4) Werden im Geschäftsbereich mehrstufiger Verwaltungen personelle oder soziale Maßnahmen von einer Dienststelle getroffen, bei der keine für eine Beteiligung an diesen Maßnahmen zuständige Personalvertretung vorgesehen ist, so ist die Stufenvertretung bei der nächsthöheren Dienststelle, zu deren Geschäftsbereich die entscheidende Dienststelle und die von der Entscheidung Betroffenen gehören, zu beteiligen.

Abschnitt 2
Bildung und Beteiligung des Gesamtpersonalrats

§ 93 Errichtung

In den Fällen des § 7 wird neben den einzelnen Personalräten ein Gesamtpersonalrat gebildet.

§ 94 Anzuwendende Vorschriften

Für den Gesamtpersonalrat gelten § 89 Absatz 1, 2 und 4, § 90 Satz 1 sowie § 91 entsprechend.

§ 95 Zuständigkeit

(1) Für die Verteilung der Zuständigkeiten zwischen Personalrat und Gesamtpersonalrat gilt § 92 Absatz 1 und 2 entsprechend.

(2) Für die Aufgaben, Befugnisse und Pflichten des Gesamtpersonalrats gilt Kapitel 4 entsprechend.

Kapitel 6
Arbeitsgemeinschaft der Hauptpersonalräte

§ 96 Zusammensetzung, Amtszeit, Teilnahmerechte

(1) Die Hauptpersonalräte bei den obersten Bundesbehörden bilden die Arbeitsgemeinschaft der Hauptpersonalräte. Ist in der obersten Bundesbehörde kein Hauptpersonalrat gebildet, gilt der Gesamtpersonalrat oder, falls ein Gesamtpersonalrat nicht gebildet ist, der Personalrat der obersten Bundesbehörde als Hauptpersonalrat im Sinne dieses Kapitels.

(2) Jeder Hauptpersonalrat entsendet ein Mitglied in die Arbeitsgemeinschaft der Hauptpersonalräte und bestimmt mindestens ein Ersatzmitglied. Die Mitgliedschaft in der Arbeitsgemeinschaft der Hauptpersonalräte endet durch das Erlöschen der Mitgliedschaft in dem entsendenden Hauptpersonalrat, die

V

Abberufung durch den entsendenden Hauptpersonalrat oder die Niederlegung des Amts in der Arbeitsgemeinschaft der Hauptpersonalräte. § 32 ist entsprechend anzuwenden.

(3) Die Arbeitsgemeinschaft der Hauptpersonalräte wählt aus ihrer Mitte bis zu zwei Vorsitzende und bis zu zwei stellvertretende Vorsitzende.

(4) Die Amtszeit der Arbeitsgemeinschaft der Hauptpersonalräte beginnt am 1. Juni des Jahres, in dem die regelmäßigen Personalratswahlen stattfinden, und endet mit dem Ablauf von vier Jahren.

(5) Ein Vertreter oder eine Vertreterin der Haupt-Jugend- und -Auszubildendenvertretungen, der oder die von diesen benannt wird, und je ein Vertreter oder eine Vertreterin der Arbeitsgemeinschaft der Schwerbehindertenvertretungen des Bundes und der Vereinigung der Schwerbehindertenvertretungen des Bundes haben das Recht, an den Sitzungen der Arbeitsgemeinschaft der Hauptpersonalräte beratend teilzunehmen.

§ 97 Geschäftsführung und Rechtsstellung

(1) Für die Geschäftsführung der Arbeitsgemeinschaft der Hauptpersonalräte und die Rechtsstellung ihrer Mitglieder gelten § 36 Absatz 2 Satz 1 bis 3, die §§ 38, 43 und 44 sowie die §§ 48 bis 52 Absatz 1 entsprechend.

(2) Die Geschäftsstelle der Arbeitsgemeinschaft der Hauptpersonalräte wird bei der obersten Bundesbehörde eingerichtet, deren Geschäftsbereich die oder der Vorsitzende der Arbeitsgemeinschaft der Hauptpersonalräte angehört. Hat die Arbeitsgemeinschaft der Hauptpersonalräte zwei Vorsitzende gewählt, beschließt sie mit einfacher Mehrheit über den Sitz der Geschäftsstelle bei einer der obersten Bundesbehörden, deren Geschäftsbereichen die Vorsitzenden angehören.

§ 98 Stellungnahmerecht bei ressortübergreifenden Digitalisierungsmaßnahmen

(1) Vor Entscheidungen oberster Bundesbehörden oder Vorlagen an die Bundesregierung in Angelegenheiten des § 80 Absatz 1 Nummer 21, die die Geschäftsbereiche mehrerer oberster Bundesbehörden betreffen, ist der Arbeitsgemeinschaft der Hauptpersonalräte Gelegenheit zur Stellungnahme zu geben. Das Stellungnahmerecht erstreckt sich auch auf Maßnahmen, die

1. mit den in Satz 1 genannten Angelegenheiten unmittelbar zusammenhängen,
2. ebenfalls die Geschäftsbereiche mehrerer oberster Bundesbehörden betreffen und
3. der Beteiligung nach Kapitel 4 unterlägen, wenn sie von einer Dienststelle nur für ihre Beschäftigten getroffen würden, mit Ausnahme personeller Einzelmaßnahmen.

(2) Die federführend zuständige oberste Bundesbehörde unterrichtet die Arbeitsgemeinschaft der Hauptpersonalräte rechtzeitig und umfassend von der beabsichtigten Entscheidung und legt ihr die hierfür erforderlichen Unterlagen vor. Die Arbeitsgemeinschaft der Hauptpersonalräte teilt der obersten Bundesbehörde ihre Stellungnahme innerhalb einer Frist von vier Wochen mit, soweit nicht einvernehmlich eine andere Frist vereinbart ist. In dringenden Fällen kann die Dienststelle die Frist auf eine Woche verkürzen oder, sofern die Entscheidung der Natur der Sache nach keinen Aufschub duldet, die Stellungnahme nachträglich einholen. Auf Verlangen der Arbeitsgemeinschaft der Hauptpersonalräte ist die beabsichtigte Maßnahme mit ihr vor Abgabe der Stellungnahme zu erörtern.

(3) Die Befugnisse und Pflichten der Personalvertretungen nach diesem Gesetz bleiben unberührt. Die Arbeitsgemeinschaft der Hauptpersonalräte informiert die Hauptpersonalräte regelmäßig über ihre Tätigkeit.

Kapitel 7
Jugend- und Auszubildendenvertretung, Jugend- und Auszubildendenversammlung

§ 99 Errichtung

In Dienststellen, bei denen Personalvertretungen gebildet sind und denen in der Regel mindestens fünf Beschäftigte angehören, die das 18. Lebensjahr noch nicht vollendet haben oder die sich in einer beruflichen Ausbildung befinden, werden Jugend- und Auszubildendenvertretungen gebildet.

§ 100 Wahlberechtigung und Wählbarkeit

(1) Wahlberechtigt sind die Beschäftigten, die am Wahltag das 18. Lebensjahr noch nicht vollendet haben oder sich in einer beruflichen Ausbildung befinden. § 14 Absatz 1 Nummer 1 und 2 sowie Absatz 2 gilt entsprechend.

(2) Wählbar sind die Beschäftigten, die am Wahltag das 26. Lebensjahr noch nicht vollendet haben oder sich in einer beruflichen Ausbildung befinden. § 15 Absatz 1 Satz 1 Nummer 2, Satz 2 und Absatz 2 Nummer 1, 2 und 4 gilt entsprechend. Die gleichzeitige Mitgliedschaft im Personalrat und in der Jugend- und Auszubildendenvertretung ist zulässig. Ein Mitglied des Personalrats, das gleichzeitig Mitglied der Jugend- und Auszubildendenvertretung ist, darf bei Beschlussfassungen des Personalrats, bei denen die Vertreterinnen und Vertreter der Jugend- und Auszubildendenvertretung stimmberechtigt sind, nur eine Stimme abgeben.

§ 101 Größe und Zusammensetzung

(1) Die Jugend- und Auszubildendenvertretung besteht in Dienststellen mit in der Regel

1. 5 bis 20 Beschäftigten, die das 18. Lebensjahr noch nicht vollendet haben oder sich in einer beruflichen Ausbildung befinden, aus einer Jugend- und Auszubildendenvertreterin oder einem Jugend- und Auszubildendenvertreter,
2. 21 bis 50 der in Nummer 1 genannten Beschäftigten aus drei Jugend- und Auszubildendenvertreterinnen oder -vertretern,
3. 51 bis 200 der in Nummer 1 genannten Beschäftigten aus fünf Jugend- und Auszubildendenvertreterinnen oder -vertretern,
4. 201 bis 300 der in Nummer 1 genannten Beschäftigten aus sieben Jugend- und Auszubildendenvertreterinnen oder -vertretern,
5. 301 bis 1000 der in Nummer 1 genannten Beschäftigten aus elf Jugend- und Auszubildendenvertreterinnen oder -vertretern,
6. mehr als 1000 der in Nummer 1 genannten Beschäftigten aus 15 Jugend- und Auszubildendenvertreterinnen oder -vertretern.

(2) Die Jugend- und Auszubildendenvertretung soll sich aus Vertreterinnen oder Vertretern der verschiedenen Beschäftigungsarten der Beschäftigten, die das 18. Lebensjahr noch nicht vollendet haben oder sich in einer beruflichen Ausbildung befinden, zusammensetzen.

(3) Frauen und Männer sollen in der Jugend- und Auszubildendenvertretung entsprechend ihrem Zahlenverhältnis unter den Beschäftigten, die das 18. Lebensjahr noch nicht vollendet haben oder sich in einer beruflichen Ausbildung befinden, vertreten sein.

§ 102 Wahl, Amtszeit und Vorsitz

(1) Spätestens acht Wochen vor Ablauf der Amtszeit der Jugend- und Auszubildendenvertretung bestimmt der Personalrat im Einvernehmen mit der Jugend- und Auszubildendenvertretung den Wahlvorstand und seinen Vorsitzenden oder seine Vorsitzende. § 21 Satz 5 bis 7 gilt entsprechend. Kommt ein Einvernehmen zwischen Personalrat und Jugend- und Auszubildendenvertretung nicht zustande, gelten die §§ 22 und 23 entsprechend mit der Maßgabe, dass an die Stelle einer Personalversammlung eine Jugend- und Auszubildendenversammlung tritt. Für die Wahl der Jugend- und Auszubildendenvertretung gelten § 19 Absatz 1 und 3, § 20 Absatz 1 Satz 1, Absatz 2, 4 und 5, § 25 Absatz 1 Satz 1 und 2, Absatz 2 und § 26 entsprechend.

(2) Die regelmäßigen Wahlen der Jugend- und Auszubildendenvertretung finden alle zwei Jahre in der Zeit vom 1. März bis 31. Mai statt. Die Amtszeit der Jugend- und Auszubildendenvertretung beginnt am 1. Juni des Jahres, in dem die regelmäßigen Wahlen der Jugend- und Auszubildendenvertretung stattfinden, und endet mit dem Ablauf von zwei Jahren. § 27 Absatz 2 Satz 2 ist entsprechend anzuwenden. Für die Wahl der Jugend- und Auszubildendenvertretung außerhalb des in Satz 1 genannten Zeitraums gilt § 28 Absatz 1 Nummer 2 bis 6, Absatz 2, 3 und 5 entsprechend.

(3) Besteht die Jugend- und Auszubildendenvertretung aus mehr als zwei Mitgliedern, so

wählt sie aus ihrer Mitte eine Vorsitzende oder einen Vorsitzenden und eine stellvertretende Vorsitzende oder einen stellvertretenden Vorsitzenden.

(4) Die §§ 29 bis 33 gelten entsprechend.

§ 103 Aufgaben

Die Jugend- und Auszubildendenvertretung hat folgende allgemeine Aufgaben:

1. Maßnahmen beim Personalrat zu beantragen, die den Beschäftigten dienen, die das 18. Lebensjahr noch nicht vollendet haben oder sich in einer beruflichen Ausbildung befinden, insbesondere Maßnahmen auf dem Gebiet der Berufsbildung,
2. darüber zu wachen, dass die zugunsten der in Nummer 1 genannten Beschäftigten geltenden Gesetze, Verordnungen, Unfallverhütungsvorschriften, Tarifverträge, Dienstvereinbarungen und Verwaltungsanordnungen durchgeführt werden,
3. Anregungen und Beschwerden der in Nummer 1 genannten Beschäftigten, insbesondere auf dem Gebiet der Berufsbildung, entgegenzunehmen und, falls die Anregungen und Beschwerden berechtigt erscheinen, beim Personalrat auf eine Erledigung hinzuwirken; die Jugend- und Auszubildendenvertretung hat die betroffenen Beschäftigten über den Stand und das Ergebnis der Verhandlungen zu informieren.

§ 104 Zusammenarbeit mit dem Personalrat

(1) Die Zusammenarbeit der Jugend- und Auszubildendenvertretung mit dem Personalrat bestimmt sich nach § 36 Absatz 3, § 37 Absatz 1 und § 42.

(2) Zur Durchführung ihrer Aufgaben ist die Jugend- und Auszubildendenvertretung durch den Personalrat rechtzeitig und umfassend zu unterrichten. Die Jugend- und Auszubildendenvertretung kann verlangen, dass ihr der Personalrat die zur Durchführung ihrer Aufgaben erforderlichen Unterlagen, einschließlich der für die Durchführung seiner Aufgaben erforderlichen personenbezogenen Daten, zur Verfügung stellt. § 69 gilt entsprechend.

(3) Der Personalrat hat die Jugend- und Auszubildendenvertretung zu den Besprechungen zwischen der Leiterin oder dem Leiter der Dienststelle und dem Personalrat nach § 65 beizuziehen, wenn Angelegenheiten behandelt werden, die besonders die Beschäftigten betreffen, die das 18. Lebensjahr noch nicht vollendet haben oder sich in einer beruflichen Ausbildung befinden. Darüber hinaus sollen die Leiterin oder der Leiter der Dienststelle und die Jugend- und Auszubildendenvertretung mindestens einmal im Halbjahr zu einer Besprechung zusammentreten.

(4) Die Jugend- und Auszubildendenvertretung kann nach Verständigung des Personalrats Sitzungen abhalten; § 36 Absatz 1 und 2, § 37 Absatz 2 und 3, die §§ 38, 39 und 41 sowie die §§ 43 und 44 gelten entsprechend. An den Sitzungen der Jugend- und Auszubildendenvertretung kann ein vom Personalrat beauftragtes Personalratsmitglied teilnehmen.

§ 105 Anzuwendende Vorschriften

Für die Jugend- und Auszubildendenvertretung gelten § 2 Absatz 5, die §§ 45 bis 52 Absatz 1 und § 54 entsprechend. § 55 gilt entsprechend mit der Maßgabe, dass die außerordentliche Kündigung, die Versetzung und die Abordnung von Mitgliedern der Jugend- und Auszubildendenvertretung der Zustimmung des Personalrats bedürfen. Für Mitglieder des Wahlvorstands und Wahlbewerberinnen und Wahlbewerber gilt § 55 Absatz 1 und 2 Satz 1 und 2 entsprechend. § 56 gilt entsprechend; in dem Verfahren vor dem Verwaltungsgericht nach § 56 Absatz 4 ist bei einem Mitglied der Jugend- und Auszubildendenvertretung auch diese Beteiligte.

§ 106 Jugend- und Auszubildendenversammlung

Die Jugend- und Auszubildendenvertretung hat einmal in jedem Kalenderjahr eine Jugend- und Auszubildendenversammlung durchzuführen. Diese soll möglichst unmittelbar vor oder nach einer ordentlichen Personalversammlung stattfinden. Sie wird von der oder dem Vorsitzenden der Jugend- und Auszubildendenvertretung geleitet. Der oder die Personalratsvorsitzende oder ein vom Personalrat beauftragtes Mitglied soll an der Jugend- und Auszubildendenversammlung teilnehmen. Die für die Personalversammlung geltenden Vorschriften gelten entsprechend. Außer der in Satz 1 bezeichneten Jugend- und Auszubildendenversammlung kann eine weitere, nicht auf Wunsch des Leiters oder der Leiterin der Dienststelle einberufene Versammlung während der Arbeitszeit stattfinden.

§ 107 Stufenvertretungen

(1) Für den Geschäftsbereich mehrstufiger Verwaltungen werden, soweit Stufenvertretungen bestehen, bei den Behörden der Mittelstufen Bezirks-Jugend- und -Auszubildendenvertretungen und bei den obersten Dienstbehörden Haupt-Jugend- und -Auszubildendenvertretungen gebildet. Für die Jugend- und Auszubildendenstufenvertretungen gelten § 89 Absatz 1 und 3 sowie die §§ 99 bis 105 entsprechend.

(2) In den Fällen des § 7 wird neben den einzelnen Jugend- und Auszubildendenvertretungen eine Gesamt-Jugend- und -Auszubildendenvertretung gebildet. Absatz 1 Satz 2 gilt entsprechend.

Kapitel 8
Gerichtliche Entscheidungen

§ 108 Zuständigkeit der Verwaltungsgerichte, Anwendung des Arbeitsgerichtsgesetzes

(1) Die Verwaltungsgerichte, im dritten Rechtszug das Bundesverwaltungsgericht, entscheiden in den Fällen der §§ 26, 30, 55 Absatz 1 und des § 56 sowie über

1. Wahlberechtigung und Wählbarkeit,
2. Wahl, Amtszeit und Zusammensetzung der Personalvertretungen und der Jugend- und Auszubildendenvertretungen,
3. Zuständigkeit, Geschäftsführung und Rechtsstellung der Personalvertretungen und der Jugend- und Auszubildendenvertretungen,
4. Rechtmäßigkeit eines Beschlusses der Einigungsstelle oder Aufhebung eines Beschlusses der Einigungsstelle durch die oberste Dienstbehörde sowie
5. Bestehen oder Nichtbestehen von Dienstvereinbarungen.

(2) Die Vorschriften des Arbeitsgerichtsgesetzes über das Beschlussverfahren gelten entsprechend.

§ 109 Bildung von Fachkammern und Fachsenaten

(1) Für Streitigkeiten nach diesem Teil sind bei den Verwaltungsgerichten Fachkammern und bei den Oberverwaltungsgerichten Fachsenate zu bilden. Die Zuständigkeit einer Fachkammer kann auf die Bezirke anderer Gerichte oder Teile von ihnen erstreckt werden.

(2) Die Fachkammern und Fachsenate entscheiden in der Besetzung mit einer oder einem Vorsitzenden und vier ehrenamtlichen Richterinnen oder Richtern.

(3) Die ehrenamtlichen Richterinnen und Richter müssen Beschäftigte im öffentlichen Dienst des Bundes sein. Sie werden durch die Landesregierung oder die von ihr bestimmte Stelle je zur Hälfte auf Vorschlag der Gewerkschaften, die unter den Beschäftigten vertreten sind, und der in § 1 bezeichneten Verwaltungen und Gerichte berufen. Von den von den Gewerkschaften vorzuschlagenden ehrenamtlichen Richterinnen und Richtern muss eine Person Beamtin oder Beamter und die andere Arbeitnehmerin oder Arbeitnehmer sein. Für die Berufung und die Stellung der ehrenamtlichen Richterinnen und Richter und für ihre Heranziehung zu den Sitzungen gelten die Vorschriften des Arbeitsgerichtsgesetzes über ehrenamtliche Richterinnen und Richter entsprechend.

Kapitel 9
Sondervorschriften

Abschnitt 1
Vorschriften für besondere Verwaltungszweige

§ 110 Grundsatz

Für die nachstehenden Zweige des öffentlichen Dienstes gilt dieses Gesetz, soweit im Folgenden nichts anderes bestimmt ist.

§ 111 Bundespolizei

(1) Die Beschäftigten der Bundespolizeibehörden und der ihnen nachgeordneten Dienststellen wählen Bundespolizeipersonal-

vertretungen. Bundespolizeipersonalvertretungen sind die Bundespolizeipersonalräte, die Bundespolizeibezirkspersonalräte und der Bundespolizeihauptpersonalrat.

(2) Die Vorschriften über die Jugend- und Auszubildendenvertretung gelten nicht für die Polizeivollzugsbeamtinnen und -beamten.

(3) Eine Beteiligung der Bundespolizeipersonalvertretung findet nicht statt bei

1. Anordnungen für Polizeivollzugsbeamtinnen und -beamte, durch die Einsätze oder Einsatzübungen geregelt werden,
2. der Einstellung von Polizeivollzugsbeamtinnen und -beamten für die Grundausbildung.

V

§ 112 Bundesnachrichtendienst

(1) Teile und Stellen des Bundesnachrichtendienstes, die nicht zur Zentrale des Bundesnachrichtendienstes gehören, gelten als Dienststellen im Sinne des § 4 Absatz 1 Nummer 6. In Zweifelsfällen entscheidet die Präsidentin oder der Präsident des Bundesnachrichtendienstes über die Dienststelleneigenschaft.

(2) Die Mitgliedschaft im Personalrat ruht bei Personen, die zu einer sicherheitsempfindlichen Tätigkeit nicht zugelassen sind.

(3) Die Personalversammlungen finden nur in den Räumen der Dienststelle statt. Die Präsidentin oder der Präsident des Bundesnachrichtendienstes kann nach Anhörung des Personalrats bestimmen, dass Personalversammlungen als Teilversammlung durchgeführt werden. Die Leiterin oder der Leiter der Dienststelle kann nach Anhörung des Personalrats bestimmen, dass Beschäftigte, bei denen dies wegen ihrer dienstlichen Aufgaben zwingend geboten ist, nicht an der jeweiligen Personalversammlung teilnehmen. Die Tagesordnung der Personalversammlung und die in der Personalversammlung sowie im Tätigkeitsbericht zu behandelnden Punkte legt der Personalrat im Benehmen mit der Leiterin oder dem Leiter der Dienststelle fest. Andere Punkte dürfen nicht behandelt werden.

(4) In den Fällen der §§ 22 und 24 sowie des § 28 Absatz 3 bestellt die Leiterin oder der Leiter der Dienststelle den Wahlvorstand. Die Beschäftigten des Bundesnachrichtendienstes wählen keine Stufenvertretung. Soweit eine Stufenvertretung zuständig ist, ist an ihrer Stelle der Gesamtpersonalrat zu beteiligen. Die Aufgaben der obersten Dienstbehörde nach diesem Gesetz nimmt die Chefin oder der Chef des Bundeskanzleramtes wahr. Die §§ 72 bis 75 sind nicht anzuwenden. § 71 ist mit der Maßgabe anzuwenden, dass die oberste Dienstbehörde endgültig entscheidet. In den Fällen des § 55 Absatz 2 tritt an die Stelle der Zustimmung die Mitwirkung nach Kapitel 4 Abschnitt 4.

(5) § 77 Absatz 2 Satz 2 Nummer 1 und § 85 Absatz 2 sind nicht anzuwenden. Die Regelungen der §§ 21, 37 Absatz 2, des § 42 Absatz 1 sowie des § 58 Absatz 2 über eine Beteiligung von Vertreterinnen oder Vertretern oder Beauftragten der Gewerkschaften und Arbeitgebervereinigungen sind nicht anzuwenden. Die Präsidentin oder der Präsident des Bundesnachrichtendienstes kann bestimmen, dass Beauftragte der Gewerkschaften zu einer sicherheitsempfindlichen Tätigkeit zugelassen sein müssen. Die Präsidentin oder der Präsident des Bundesnachrichtendienstes kann die Anwendung des § 13 Absatz 2 ausschließen.

(6) § 125 ist mit den Maßgaben anzuwenden, dass

1. § 125 Absatz 1 Satz 1 nur anzuwenden ist, wenn nicht alle Mitglieder der zuständigen Personalvertretung ermächtigt sind, von Verschlusssachen des entsprechenden Geheimhaltungsgrades Kenntnis zu erhalten;
2. Personalvertretungen keine Ausschüsse bilden; an die Stelle der Ausschüsse der Personalvertretungen tritt der Ausschuss des Gesamtpersonalrats;
3. die Präsidentin oder der Präsident des Bundesnachrichtendienstes außer in den Fällen des § 125 Absatz 5 auch bei Vorliegen besonderer nachrichtendienstlicher Gründe Anordnungen im Sinne des § 125 Absatz 5 treffen oder von einer Beteiligung absehen kann.

(7) Bei Vorliegen besonderer Sicherheitsvorfälle oder einer besonderen Einsatzsituation,

von der der Bundesnachrichtendienst ganz oder teilweise betroffen ist, ruhen die Rechte und Pflichten der zuständigen Personalvertretungen. Beginn und Ende des Ruhens der Befugnisse der Personalvertretung werden jeweils von der Präsidentin oder dem Präsidenten des Bundesnachrichtendienstes im Einvernehmen mit der Chefin oder dem Chef des Bundeskanzleramtes festgestellt.

(8) Für gerichtliche Entscheidungen nach § 108 Absatz 1 ist im ersten und letzten Rechtszug das Bundesverwaltungsgericht zuständig. Im gerichtlichen Verfahren gilt § 99 der Verwaltungsgerichtsordnung entsprechend.

(9) Die oberste Dienstbehörde und der Gesamtpersonalrat können schriftlich oder elektronisch und jederzeit widerruflich eine von den Absätzen 1 bis 3, Absatz 4 Satz 1, 5 bis 7 sowie den Absätzen 5 und 6 abweichende Dienstvereinbarung treffen.

(10) Soweit sich aus den Absätzen 1 bis 9 nichts anderes ergibt, gelten die §§ 59 bis 63 des Soldatinnen- und Soldatenbeteiligungsgesetzes entsprechend.

§ 113 Bundesamt für Verfassungsschutz

(1) Die Präsidentin oder der Präsident des Bundesamtes für Verfassungsschutz kann nach Anhörung des Personalrats bestimmen, dass Beschäftigte, bei denen dies wegen ihrer dienstlichen Aufgaben dringend geboten ist, nicht an Personalversammlungen teilnehmen.

(2) Die Regelungen der §§ 21, 37 Absatz 2, des § 42 Absatz 1 und des § 58 Absatz 2 über eine Beteiligung von Vertreterinnen oder Vertretern oder Beauftragten der Gewerkschaften und Arbeitgebervereinigungen sind nicht anzuwenden.

(3) Bei der Beteiligung der Stufenvertretung und der Einigungsstelle sind Angelegenheiten, die lediglich Beschäftigte des Bundesamtes für Verfassungsschutz betreffen, in entsprechender Anwendung des § 125 wie Verschlusssachen des Geheimhaltungsgrades „VS-VERTRAULICH" zu behandeln, soweit nicht die zuständige Stelle etwas anderes bestimmt.

§ 114 Bundesagentur für Arbeit und andere bundesunmittelbare Körperschaften des öffentlichen Rechts im Bereich der Sozialversicherung

(1) Abweichend von § 4 Absatz 1 Nummer 4 sind bei der Bundesagentur für Arbeit und den anderen bundesunmittelbaren Körperschaften des öffentlichen Rechts im Bereich der Sozialversicherung Behörden der Mittelstufe im Sinne dieses Gesetzes die der Zentrale, der Hauptverwaltung oder der Hauptverwaltungsstelle unmittelbar nachgeordneten Dienststellen, denen andere Dienststellen nachgeordnet sind.

(2) Abweichend von § 8 Satz 1 handelt für die Körperschaft der Vorstand, soweit ihm die Entscheidung zusteht. Abweichend von § 8 Satz 2 kann der Vorstand sich durch eines oder mehrere seiner Mitglieder vertreten lassen.

(3) Abweichend von § 8 Satz 1 handelt für die Agenturen für Arbeit, bei denen eine Geschäftsführung bestellt ist, und für die Regionaldirektionen der Bundesagentur für Arbeit das vorsitzende Mitglied der Geschäftsführung. Abweichend von § 8 Satz 2 kann es sich durch eines oder mehrere der weiteren Mitglieder der Geschäftsführung vertreten lassen.

(4) Als oberste Dienstbehörde im Sinne der §§ 71 bis 77 gilt der Vorstand. Abweichend von § 71 Absatz 1 Satz 3 ist als oberste Dienstbehörde der Vorstand anzurufen.

§ 115 Deutsche Bundesbank

(1) Oberste Dienstbehörde ist die Präsidentin oder der Präsident der Deutschen Bundesbank. Der Vorstand gilt als oberste Dienstbehörde, soweit ihm die Entscheidung zusteht; § 71 Absatz 1 Satz 3 ist nicht anzuwenden.

(2) Abweichend von § 8 Satz 1 handelt der Vorstand, soweit ihm die Entscheidung zusteht. Er kann sich durch eines oder mehrere seiner Mitglieder vertreten lassen.

§ 116 Deutsche Welle

(1) Die Einrichtungen der Deutschen Welle am Sitz Bonn und die Einrichtungen der Deutschen Welle am Sitz Berlin bilden je eine Dienststelle im Sinne dieses Gesetzes. Leiterin oder Leiter der Dienststellen ist die Intendantin oder der Intendant. Sie oder er gilt als oberste Dienst-

behörde im Sinne dieses Gesetzes; § 71 Absatz 1 Satz 3 ist nicht anzuwenden. § 8 ist entsprechend anzuwenden. Andere als die in Satz 1 genannten Einrichtungen der Deutschen Welle werden von der Intendantin oder dem Intendanten einer Dienststelle zugeordnet. § 7 ist nicht anzuwenden.

(2) Die Beschäftigten in beiden Dienststellen wählen neben den örtlichen Personalräten einen Gesamtpersonalrat. Dieser wirkt bei der Entscheidung nach Absatz 1 Satz 5 mit. Er ist zuständig für die Behandlung dienststellenübergreifender Angelegenheiten. Der Gesamtpersonalrat hat seinen Sitz am Sitz der Intendantin oder des Intendanten. Die für den Gesamtpersonalrat maßgebenden Bestimmungen sind im Übrigen entsprechend anzuwenden.

V

(3) Die Beschäftigten im Sinne des § 99 in beiden Dienststellen wählen neben den örtlichen Jugend- und Auszubildendenvertretungen eine Gesamt-Jugend- und -Auszubildendenvertretung. Absatz 2 Satz 3 gilt entsprechend. Der Sitz der Gesamt-Jugend- und -Auszubildendenvertretung ist am Sitz des Gesamtpersonalrats. Die für die Gesamt-Jugend- und -Auszubildendenvertretung maßgebenden Bestimmungen sind im Übrigen entsprechend anzuwenden.

(4) Beschäftigte im Sinne dieses Gesetzes sind die durch Arbeitsvertrag unbefristet oder auf Zeit angestellten Beschäftigten der Deutschen Welle einschließlich der zu ihrer Berufsausbildung Beschäftigten. Als Beschäftigte der Deutschen Welle gelten auch arbeitnehmerähnliche Personen im Sinne des § 12a des Tarifvertragsgesetzes; für sie gilt dieses Gesetz entsprechend. Beschäftigte im Sinne dieses Gesetzes sind nicht:

1. die Intendantin oder der Intendant, die Direktorinnen und Direktoren sowie die Justitiarin oder der Justitiar,
2. arbeitnehmerähnliche Personen im Sinne des § 12a des Tarifvertragsgesetzes, die maßgeblich an der Programmgestaltung beteiligt sind,
3. sonstige freie Mitarbeiterinnen und Mitarbeiter sowie Personen, die auf Produktionsdauer beschäftigt sind.

Beschäftigte, die in einer Einrichtung der Deutschen Welle im Ausland eingesetzt sind, sowie Volontärinnen und Volontäre sind nicht wählbar.

(5) § 46 Absatz 2 Satz 1 ist mit der Maßgabe anzuwenden, dass an die Stelle des Bundesreisekostengesetzes die Reisekostenordnung der Deutschen Welle tritt.

(6) Bei Beschäftigten, deren Vergütung sich nach der Vergütungsgruppe I des Vergütungstarifvertrags der Deutschen Welle bemisst oder deren Vergütung über der höchsten Vergütungsgruppe liegt, wird der Personalrat in den Fällen des § 78 Absatz 1 nicht beteiligt. Bei im Programmbereich Beschäftigten der Vergütungsgruppe II des Vergütungstarifvertrags der Deutschen Welle tritt in Fällen des § 78 Absatz 1 an die Stelle der Mitbestimmung des Personalrats die Mitwirkung. Bei Beschäftigten mit überwiegend wissenschaftlicher oder künstlerischer Tätigkeit sowie bei Beschäftigten, die maßgeblich an der Programmgestaltung beteiligt sind, bestimmt der Personalrat in den Fällen des § 78 Absatz 1 nur mit, wenn sie dies beantragen; § 75 Absatz 3 gilt entsprechend.

§ 117 Geschäftsbereich des Bundesministeriums der Verteidigung

(1) Dieses Gesetz gilt für die bei militärischen Dienststellen und Einrichtungen der Bundeswehr beschäftigten Beamtinnen und Beamten sowie Arbeitnehmerinnen und Arbeitnehmer.

(2) § 64 Absatz 2 des Soldatinnen- und Soldatenbeteiligungsgesetzes gilt entsprechend.

(3) § 78 Absatz 1 Nummer 14 gilt entsprechend bei der Bestellung von Soldatinnen und Soldaten zu Vertrauens- oder Betriebsärztinnen und -ärzten. Hierbei ist nach § 40 Absatz 1 zu verfahren.

(4) § 84 Absatz 1 Nummer 2 findet bei der Auflösung, Einschränkung, Verlegung, Zusammenlegung, Aufspaltung oder Ausgliederung von militärischen Dienststellen und Einrichtungen oder wesentlichen Teilen von ihnen keine Anwendung, soweit militärische Gründe entgegenstehen.

(5) § 92 Absatz 4 ist mit den Maßgaben anzuwenden, dass

1. bei personellen oder sozialen Maßnahmen, die von einer Dienststelle, bei der keine für eine Beteiligung an diesen Maßnahmen zuständige Personalvertretung vorgesehen ist, mit Wirkung für einzelne Beschäftigte einer ihr nicht nachgeordneten Dienststelle getroffen werden, der Personalrat dieser Dienststelle von deren Leiterin oder Leiter zu beteiligen ist, nachdem zuvor ein Einvernehmen zwischen den Dienststellen über die beabsichtigte Maßnahme hergestellt worden ist;
2. bei innerdienstlichen oder sozialen Angelegenheiten, die Liegenschaften eines Dienstortes betreffen, die Beteiligung durch einen Ausschuss ausgeübt wird, der bei der für die Entscheidung zuständigen Stelle eingerichtet ist, sofern ein solcher gebildet worden ist und das gesetzlich zuständige Beteiligungsgremium zugestimmt hat. Die Aufgaben und Befugnisse der Leiterin oder des Leiters der Dienststelle werden in diesen Fällen durch die für die Entscheidung zuständige Stelle wahrgenommen. Kommt im Beteiligungsverfahren eine Einigung nicht zustande, richtet sich das weitere Verfahren nach den §§ 71 bis 75 oder nach § 82.

(6) Die Mitgliedschaft in einem Personalrat beim Bundesamt für den Militärischen Abschirmdienst ruht bei Personen, die zu einer sicherheitsempfindlichen Tätigkeit nicht zugelassen sind.

Abschnitt 2
Dienststellen des Bundes im Ausland

§ 118 Grundsatz

Für die Dienststellen des Bundes im Ausland gilt dieses Gesetz, soweit im Folgenden nichts anderes bestimmt ist.

§ 119 Allgemeine Regelungen

(1) Arbeitstage sind diejenigen Wochentage, die gemäß der für die Dienststelle geltenden Arbeitszeitregelung als Arbeitstage vorgesehen sind, mit Ausnahme der Tage, die nach der für die Dienststelle geltenden Feiertagsregelung für die Beschäftigten Feiertage sind.

(2) Nicht entsandte Beschäftigte (lokal Beschäftigte) gelten nicht als Beschäftigte im Sinne des § 4 Absatz 1 Nummer 5.

(3) Die Beschäftigten sind nicht in eine Stufenvertretung oder einen Gesamtpersonalrat bei einer Dienststelle im Inland wählbar.

(4) Für Streitigkeiten nach § 108, die eine Dienststelle des Bundes im Ausland betreffen, ist das Verwaltungsgericht zuständig, in dessen Bezirk die oberste Dienstbehörde ihren Sitz hat.

§ 120 Vertrauensperson der lokal Beschäftigten

(1) In Dienststellen, in denen in der Regel mindestens fünf lokal Beschäftigte beschäftigt sind, wählen diese eine Vertrauensperson der lokal Beschäftigten und höchstens drei Stellvertreterinnen oder Stellvertreter. In Nebenstellen, in denen in der Regel mindestens fünf lokal Beschäftigte beschäftigt sind, können diese zusätzlich eine Vertrauensperson der lokal Beschäftigten der Nebenstelle und eine Stellvertreterin oder einen Stellvertreter wählen. Die Vertrauensperson der lokal Beschäftigten der Nebenstelle arbeitet vertrauensvoll mit der Vertrauensperson der lokal Beschäftigten der Dienststelle zusammen. Gegenüber der Leiterin oder dem Leiter der Dienststelle vertritt die Vertrauensperson der lokal Beschäftigten der Dienststelle auch die Interessen der lokal Beschäftigten der Nebenstelle.

(2) Gewählt werden die Vertrauensperson der lokal Beschäftigten und ihre Stellvertreterinnen oder Stellvertreter durch Handaufheben; widerspricht eine Wahlberechtigte oder ein Wahlberechtigter diesem Verfahren oder ordnet der Wahlvorstand für die Wahl zur Vertrauensperson der lokal Beschäftigten geheime Wahl an, so wird eine geheime Wahl vorgenommen. § 25 Absatz 1 Satz 1 und 2 und Absatz 2 gilt entsprechend. Die Amtszeit der Vertrauensperson der lokal Beschäftigten und ihrer Stellvertreterinnen oder Stellvertreter beträgt vier Jahre; im Übrigen gilt § 31 Absatz 1 entsprechend. § 33 gilt mit der Maßgabe entsprechend, dass eine Neuwahl stattfindet, wenn nach Eintreten der Stellvertreterinnen

V

oder Stellvertreter keine Vertrauensperson der lokal Beschäftigten mehr vorhanden ist.

(3) Der Personalrat und die Vertrauensperson der lokal Beschäftigten arbeiten vertrauensvoll zusammen. Die Vertrauensperson der lokal Beschäftigten nimmt Anregungen, Anträge und Beschwerden der lokal Beschäftigten in innerdienstlichen, sozialen und persönlichen Angelegenheiten entgegen und vertritt sie gegenüber der Leiterin oder dem Leiter der Dienststelle und dem Personalrat. Vor der Beschlussfassung in Angelegenheiten, die die besonderen Interessen der lokal Beschäftigten wesentlich berühren, hat der Personalrat der Vertrauensperson der lokal Beschäftigten Gelegenheit zur Äußerung zu geben. Die Vertrauensperson der lokal Beschäftigten hat in solchen Angelegenheiten das Recht, der Leiterin oder dem Leiter der Dienststelle schriftlich oder elektronisch Vorschläge zu unterbreiten. Die Leiterin oder der Leiter der Dienststelle hat der Vertrauensperson der lokal Beschäftigten vor Entscheidungen in Personalangelegenheiten und sozialen Angelegenheiten der Beschäftigten, die die Interessen von einzelnen oder von allen lokal Beschäftigten wesentlich berühren, Gelegenheit zur Äußerung zu geben. Gelegenheit zur Äußerung ist insbesondere zu geben vor der Einstellung und Kündigung lokal Beschäftigter sowie vor dem Erlass allgemeiner Verwaltungsanordnungen, bezüglich derer der Personalrat ein Beteiligungsrecht nach diesem Gesetz hat.

(4) Für die Vertrauensperson der lokal Beschäftigten gelten § 2 Absatz 5, die §§ 45 bis 52 Absatz 1 Satz 1, § 59 Absatz 2 sowie § 65 entsprechend. Der Personalrat und die Vertrauensperson der lokal Beschäftigten können vereinbaren, dass

1. Besprechungen im Sinne des § 65 durch den Personalrat und die Vertrauensperson der lokal Beschäftigten gemeinsam wahrgenommen werden,
2. eine gemeinsame Personalversammlung der lokal Beschäftigten und der Beschäftigten im Sinne des § 4 Absatz 1 Nummer 5 einberufen wird. § 61 Absatz 2 findet im Hinblick auf die lokal Beschäftigten keine Anwendung.

Die Leiterin oder der Leiter der Dienststelle kann der gemeinsamen Wahrnehmung oder Einberufung einer gemeinsamen Personalversammlung widersprechen, wenn dienstliche Interessen der Bundesrepublik Deutschland entgegenstehen.

§ 121 Ergänzende Regelungen für die Dienststellen im Geschäftsbereich des Auswärtigen Amts mit Ausnahme der Dienststellen des Deutschen Archäologischen Instituts

(1) Die Leiterin oder der Leiter der Dienststelle kann sich bei Verhinderung mit der Zustimmung der Leiterin oder des Leiters der Verwaltung durch diese oder diesen vertreten lassen.

(2) Dienststellen, bei denen die Voraussetzungen des § 13 Absatz 1 nicht gegeben sind, gelten als der Botschaft im jeweiligen Empfangsstaat zugeordnet, soweit keine anderweitige Zuordnung gemäß § 13 Absatz 2 erfolgt ist.

(3) Die nach § 14 wahlberechtigten Beschäftigten sind außer zur Wahl des Personalrats ihrer Dienststelle auch zur Wahl des Personalrats des Auswärtigen Amts wahlberechtigt. Zur Wahl des Hauptpersonalrats des Auswärtigen Amts sind sie nicht wahlberechtigt. Sofern sie in den Auswärtigen Dienst nicht nur zeitlich befristet entsprechend § 13 Absatz 1 des Gesetzes über den Auswärtigen Dienst übernommen worden sind, sind sie auch zum Personalrat des Auswärtigen Amts wählbar, für die Dauer ihres dienstlichen Einsatzes außerhalb des Auswärtigen Amts jedoch im Sinne des § 33 Absatz 1 Satz 2 zeitweilig verhindert. Aus einer Wahl in den Personalrat des Auswärtigen Amts folgt kein Anspruch auf eine Versetzung, Umsetzung oder Abordnung.

(4) Die regelmäßigen Personalratswahlen zu den örtlichen Personalräten finden alle vier Jahre in der Zeit vom 1. Oktober bis zum 31. Dezember statt. Abweichend von § 27 Absatz 2 beginnt die Amtszeit der Personalräte am 1. Januar des auf das Jahr der regelmäßigen Personalratswahlen folgenden Jahres und endet mit dem Ablauf von vier Jahren. Ist am Tag

des Ablaufs der Amtszeit ein neuer Personalrat nicht gewählt oder hat sich am Tag des Ablaufs der Amtszeit noch kein neuer Personalrat konstituiert, führt der Personalrat die Geschäfte weiter, bis sich der neu gewählte Personalrat konstituiert hat, längstens jedoch bis zum Ablauf des letzten Tags des Monats Februar des auf das Jahr der regelmäßigen Personalratswahlen folgenden Jahres.

(5) § 55 Absatz 2 gilt nicht für die nach Absatz 3 Satz 1 zur Wahl des Personalrats des Auswärtigen Amts wahlberechtigten Beschäftigten.

(6) Soweit eine Stufenvertretung zuständig wäre, ist an ihrer Stelle der Personalrat des Auswärtigen Amts zu beteiligen.

§ 122 Ergänzende Regelungen für die Dienststellen des Deutschen Archäologischen Instituts

(1) Die Verwaltungsstellen des Deutschen Archäologischen Instituts im Ausland sind Dienststellen, sofern es sich nicht lediglich um Nebenstellen oder Teile anderer im Ausland belegener Dienststellen handelt.

(2) Die nach § 14 wahlberechtigten Beschäftigten sind außer zur Wahl des Personalrats ihrer Dienststelle auch zur Wahl des Gesamtpersonalrats des Deutschen Archäologischen Instituts wahlberechtigt, jedoch nicht wählbar.

(3) Soweit eine Stufenvertretung zuständig wäre, ist an ihrer Stelle der Gesamtpersonalrat des Deutschen Archäologischen Instituts zu beteiligen. Die weitergehende Zuständigkeit des Hauptpersonalrats des Auswärtigen Amts wird hiervon nicht berührt.

§ 123 Ergänzende Regelungen für die Dienststellen des Bundesnachrichtendienstes

Auf die Dienststellen des Bundesnachrichtendienstes im Ausland findet § 119 Absatz 4 keine Anwendung.

§ 124 Ergänzende Regelungen für die Dienststellen im Geschäftsbereich des Bundesministeriums der Verteidigung

§ 55 Absatz 2 gilt für Mitglieder von Personalräten im Geschäftsbereich des Bundesministeriums der Verteidigung im Ausland nur für die Dauer einer regelmäßigen Amtszeit in dem durch § 27 festgelegten Umfang.

Abschnitt 3
Behandlung von Verschlusssachen

§ 125 Ausschuss für Verschlusssachen und Verfahren

(1) Soweit eine Angelegenheit, an der eine Personalvertretung zu beteiligen ist, als Verschlusssache mindestens des Geheimhaltungsgrades „VS-VERTRAULICH" eingestuft ist, tritt an die Stelle der Personalvertretung ein Ausschuss. Dem Ausschuss gehört höchstens je eine in entsprechender Anwendung des § 34 Absatz 1 gewählte Vertreterin oder ein in entsprechender Anwendung des § 34 Absatz 1 gewählter Vertreter der im Personalrat vertretenen Gruppen an. Die Mitglieder des Ausschusses müssen ermächtigt sein, Kenntnis von Verschlusssachen des in Betracht kommenden Geheimhaltungsgrades zu erhalten. Personalvertretungen bei Dienststellen, die Behörden der Mittelstufe nachgeordnet sind, bilden keinen Ausschuss; an ihre Stelle tritt der Ausschuss des Bezirkspersonalrats.

(2) Wird der zuständige Ausschuss nicht rechtzeitig gebildet, ist der Ausschuss der bei der Dienststelle bestehenden Stufenvertretung oder, wenn dieser nicht rechtzeitig gebildet wird, der Ausschuss der bei der obersten Dienstbehörde bestehenden Stufenvertretung zu beteiligen.

(3) Die Einigungsstelle besteht in den in Absatz 1 Satz 1 bezeichneten Fällen abweichend von § 73 Absatz 2 aus je einer Beisitzerin oder einem Beisitzer, die oder der von der obersten Dienstbehörde und der bei ihr bestehenden zuständigen Personalvertretung bestellt wird, und einer oder einem unparteiischen Vorsitzenden. Die oder der Vorsitzende sowie die Beisitzerinnen und Beisitzer müssen nach den dafür geltenden Bestimmungen ermächtigt sein, von Verschlusssachen des in Betracht kommenden Geheimhaltungsgrades Kenntnis zu erhalten.

(4) § 37 Absatz 1, § 92 Absatz 2 und die Vorschriften über die Beteiligung der Ge-

V

werkschaften und Arbeitgebervereinigungen in § 37 Absatz 2 und § 42 Absatz 1 sind nicht anzuwenden. Angelegenheiten, die als Verschlusssachen mindestens des Geheimhaltungsgrades „VS-VERTRAULICH" eingestuft sind, werden in der Personalversammlung nicht behandelt.

(5) Die oberste Dienstbehörde kann anordnen, dass in den Fällen des Absatzes 1 Satz 1 dem Ausschuss und der Einigungsstelle Unterlagen nicht vorgelegt und Auskünfte nicht erteilt werden dürfen, soweit dies zur Vermeidung von Nachteilen für das Wohl der Bundesrepublik Deutschland oder eines ihrer Länder oder auf Grund internationaler Verpflichtungen geboten ist. Im Verfahren nach § 108 sind die gesetzlichen Voraussetzungen für die Anordnung glaubhaft zu machen.

V

Teil 2
Für die Länder geltende Vorschriften

§ 126 Anwendungsbereich

Dieser Teil gilt für die Personalvertretungen in den Ländern.

§ 127 Besonderer Schutz von Funktionsträgern

(1) Die außerordentliche Kündigung von Mitgliedern der Personalvertretungen, der Jugendvertretungen oder der Jugend- und Auszubildendenvertretungen, der Wahlvorstände sowie von Wahlbewerberinnen und Wahlbewerbern, die in einem Arbeitsverhältnis stehen, bedarf der Zustimmung der zuständigen Personalvertretung. Verweigert die zuständige Personalvertretung ihre Zustimmung oder äußert sie sich nicht innerhalb von drei Arbeitstagen nach Eingang des Antrags, so kann das Verwaltungsgericht sie auf Antrag der Leiterin oder des Leiters der Dienststelle ersetzen, wenn die außerordentliche Kündigung unter Berücksichtigung aller Umstände gerechtfertigt ist. In dem Verfahren vor dem Verwaltungsgericht ist die betroffene Person Beteiligte.

(2) Auf Auszubildende, die Mitglied einer Personalvertretung oder einer Jugend- und Auszubildendenvertretung sind, ist § 56 anzuwenden.

§ 128 Beteiligung bei Kündigungen

Eine durch den Arbeitgeber ausgesprochene Kündigung des Arbeitsverhältnisses einer oder eines Beschäftigten ist unwirksam, wenn die Personalvertretung nicht beteiligt worden ist.

Teil 3
Schlussvorschriften

§ 129 Verordnungsermächtigung

Die Bundesregierung wird ermächtigt, zur Durchführung der in diesem Gesetz bezeichneten Wahlen durch Rechtsverordnung, die nicht der Zustimmung des Bundesrates bedarf, Vorschriften zu erlassen über

1. die Vorbereitung der Wahl, insbesondere die Aufstellung der Wählerlisten und die Errechnung der Vertreterzahl,
2. die Frist für die Einsichtnahme in die Wählerlisten und die Erhebung von Einsprüchen,
3. die Vorschlagslisten und die Frist für ihre Einreichung,
4. das Wahlausschreiben und die Fristen für seine Bekanntmachung,
5. die Stimmabgabe,
6. die Feststellung des Wahlergebnisses und die Fristen für seine Bekanntmachung,
7. die Aufbewahrung der Wahlakten.

Kostenerstattung für die Teilnahme an Schulungs- und Bildungsveranstaltungen sowie die hierfür notwendigen Freistellungen nach § 54 Absatz 1 Bundespersonalvertretungsgesetz (BPersVG)

Vom 6. Mai 2022 (GMBl. S. 452)

1. Einleitung

Schulungen und Fortbildungen tragen wesentlich dazu bei, dass die Personalvertretungen in der Bundesverwaltung ihre gesetzlichen Aufgaben nach dem Bundespersonalvertretungsgesetz (BPersVG) sachgerecht wahrnehmen können. Die Schulung von Personalratsmitgliedern erfolgt gleichermaßen im Interesse der Beschäftigten wie dem der Dienststelle an einer qualitativ hochwertigen Beteiligung der Personalvertretung an der Erfüllung der Aufgaben der Dienststelle. Die Teilnahme an Schulungen ist daher dienststellenseitig zu unterstützen und zu fördern.

Das BPersVG verleiht den Personalvertretungen und den von ihnen entsandten Mitgliedern einen Anspruch gegenüber der Dienststelle auf Freistellung und Kostentragung für erforderliche Schulungs- und Fortbildungsveranstaltungen: Nach § 54 Abs. 1 BPersVG sind die Mitglieder des Personalrats unter Fortzahlung der Dienstbezüge oder des Arbeitsentgelts für die Teilnahme an Schulungs- und Bildungsveranstaltungen vom Dienst freizustellen, soweit diese Kenntnisse vermitteln, die für die Tätigkeit im Personalrat erforderlich sind. Die hierdurch entstehenden Kosten sind notwendige Kosten des Personalrats und nach § 46 BPersVG von der Dienststelle zu tragen. Für die Stufenvertretungen (§ 91 BPersVG), Gesamtpersonalräte (§ 94 BPersVG) und Jugend- und Auszubildendenvertretungen (§§ 105, 107 BPersVG) gelten diese Regelungen entsprechend.

Zentrales Kriterium für die Freistellung und die Kostenübernahme durch die Dienststelle ist die Erforderlichkeit der Schulungs- und Bildungsveranstaltung für die Wahrnehmung der Aufgaben der Personalvertretung. Hierbei kommt der Personalvertretung ein Beurteilungsspielraum zu. Bei der Entscheidung hat allerdings auch die Personalvertretung als Bestandteil der Dienststelle das Gebot der sparsamen und wirtschaftlichen Verwendung öffentlicher Mittel nach § 7 Abs. 1 Satz 1 Bundeshaushaltsordnung (BHO) zu beachten (BVerwG, Beschl. v. 14. 11. 1990 – 6 P 4.89 –; Beschl. v. 09. 07. 2007 – 6 P 9.06 –; Beschl. v. 16. 06. 2011 – 6 PB 5.11 –).

Die Dienststelle hat das Recht und die Pflicht, anhand der Grundsätze der Erforderlichkeit und Verhältnismäßigkeit, zu dem auch das Gebot der sparsamen und wirtschaftlichen Verwendung öffentlicher Mittel zählt, zu prüfen, ob sich die in dem Entsendungsbeschluss manifestierende Entscheidung der Personalvertretung innerhalb ihres Beurteilungsspielraums bewegt. Freistellungen und Kostenzusagen für Schulungs- und Fortbildungsveranstaltungen sind abzulehnen, soweit sie nicht erforderlich sind oder in keinem angemessenen Verhältnis zu dem zu erwartenden Schulungseffekt stehen. Es kann daher auch eine partielle Kostentragungspflicht in Betracht kommen.

Fehlt es an der Erforderlichkeit einer Schulungs- und Bildungsveranstaltung, kann sich ein Anspruch auf Freistellung des Personalvertretungsmitglieds – nicht aber auf Kostentragung durch die Dienststelle – auch aus § 54 Abs. 2 BPersVG ergeben („Bildungsurlaub"). Danach hat jedes Personalvertretungsmitglied unbeschadet des § 54 Abs. 1 BPersVG Anspruch auf Freistellung zur Teilnahme an Schulungs- und Bildungsveranstaltungen, die von der Bundeszentrale für politische Bildung als geeignet anerkannt sind.

Die nachstehenden Hinweise sollen dazu beitragen, Entscheidungen zu Freistellungen der

Personalvertretungsmitglieder und zur Kostenübernahme für erforderliche Schulungs- und Bildungsveranstaltungen zügig und konsensorientiert unter Berücksichtigung der Anforderungen der Rechtsprechung an eine wirtschaftliche und sparsame Haushaltsführung herbeizuführen. Wegen der Einzelfallabhängigkeit der Entscheidungen schließen die allgemeinen Hinweise Abweichungen im Einzelfall, die zur sachgerechten Entscheidung geboten sind, nicht aus.

2. Erforderlichkeit von Schulungs- und Bildungsveranstaltungen

Freistellungen und Kostenzusagen erfolgen nach § 54 Abs. 1 (i. V. m. § 46) BPersVG nur für Schulungs- und Bildungsveranstaltungen, die der Vermittlung von für die Tätigkeit in der Personalvertretung erforderlichen Kenntnissen dienen.

Das Merkmal der Erforderlichkeit verlangt, dass die Schulung objektiv für die Tätigkeit der Personalvertretung und subjektiv gerade für das entsandte Personalvertretungsmitglied geboten ist. Nicht jede für die Personalvertretungsarbeit lediglich nützliche Veranstaltung erfüllt diese Anforderungen.

Für die objektive Erforderlichkeit müssen die in der Schulungs- und Bildungsveranstaltung vermittelten Kenntnisse im Rahmen des gesetzlichen Aufgabengebietes der Personalvertretung liegen. Erforderlich sind Schulungen, die Kenntnisse über das Personalvertretungsrecht, über die der Beteiligung und Überwachung der Personalvertretung unterliegenden Themengebiete und ihre Anwendung in der praktischen Aufgabenerfüllung der Personalvertretung vermitteln, insbesondere solche über die Ausübung personalvertretungsrechtlicher Aufgaben, Befugnisse, Rechte und Pflichten. Deshalb zählen z. B. Veranstaltungen mit rein gewerkschaftsspezifischen Inhalten nicht hierzu.

Subjektiv erforderlich ist die Schulungs- und Bildungsveranstaltung, wenn gerade das zur Schulung vorgesehene Personalvertretungsmitglied diese Schulung benötigt, entweder zur Ausübung seiner allgemeinen Tätigkeit als Personalvertretungsmitglied oder aber für eine Tätigkeit auf einem bestimmten Sachgebiet innerhalb der Personalvertretung. Deshalb ist der objektive Schulungsbedarf der Personalvertretung nochmals auf das individuelle Schulungsbedürfnis des konkret zu entsendenden Personalvertretungsmitglieds zu prüfen.

2.1 Grundschulungen

Grundschulungen vermitteln die Grundkenntnisse, die benötigt werden, damit die Personalvertretung insgesamt ihre gesetzlichen Aufgaben und Befugnisse und das Personalvertretungsmitglied individuell seine allgemeinen mitgliedschaftlichen Rechte und Pflichten sachgemäß wahrnehmen können. Die Grundschulung dient daher der generellen Befähigung jedes Personalvertretungsmitglieds zur sachgemäßen Amtsführung.

Gegenstand einer Grundschulung sind Kenntnisse des BPersVG, die die Kernfragen der praktischen Personalvertretungsarbeit betreffen. Der Grundschulungsbedarf umfasst zudem grundlegende Kenntnisse der Rechtsgebiete, in denen der Personalvertretung Beteiligungsrechte oder allgemeine Überwachungsaufgaben nach § 2 Abs. 4 und § 62 BPersVG zustehen. Dies betrifft insbesondere die gruppenbezogene Vermittlung von Grundkenntnissen des Dienstrechts für Beamtinnen und Beamte beziehungsweise des Tarif- und Arbeitsrechts für Arbeitnehmerinnen und Arbeitnehmer (BVerwG, Beschl. v. 14. 06. 2006 – 6 P 13.05 –; Beschl. v. 10. 04. 2019 – 5 PB 21.18 –). In Dienststellen mit drei Statusgruppen umfasst der Grundschulungsbedarf auch Kenntnisse des Soldatinnen- und Soldatenbeteiligungsgesetzes.

Eine vorherige Schulung als Mitglied der Jugend- und Auszubildendenvertretung lässt den Anspruch auf eine Grundschulung als Personalvertretungsmitglied nicht entfallen. Schulungen für Jugend- und Auszubildendenvertretungen sind speziell auf die andersartigen und im Umfang abweichenden Aufgaben und Rechte der Jugend- und Auszubildendenvertretung zugeschnitten. Gleiches gilt für eine vorherige Tätigkeit in der Schwerbehindertenvertretung.

Eine Grundschulung ist insbesondere dann wirtschaftlich, wenn sie alsbald nach der Wahl eines neu gewählten Personalvertretungsmitglieds erfolgt. Dies gewährleistet, dass die vermittelten Kenntnisse dem Personalvertretungsmitglied und der Personalvertretung für einen möglichst langen Zeitraum der regelmäßig vierjährigen Amtsperiode zur Verfügung stehen. Grundschulungen sind daher zeitnah zum erstmaligen Eintritt in die Personalvertretung, in der Regel bis zum Ende des auf den Amtsantritt folgenden Kalenderjahres, durchzuführen (BVerwG, Beschl. v. 26. 02. 2003 – 6 P 9.02 –).

Je länger ein Personalvertretungsmitglied eine Grundschulung nicht in Anspruch nimmt, desto eher kann angenommen werden, dass es sich die erforderlichen Grundkenntnisse für die Personalvertretungsarbeit anderweitig angeeignet hat. Der Schulungsanspruch erlischt allerdings nicht, wenn frühzeitige Schulungsmöglichkeiten mangels freier adäquater Schulungsplätze, längerfristiger Verhinderungen oder wegen der Ablehnung der Freistellung und Kostenübernahme einer früheren Schulung durch die Dienststelle nicht bestanden haben.

Nicht erforderlich sind Schulungen oder Fortbildungsmaßnahmen kurz vor Ende der Amtszeit, wenn absehbar ist, dass das Personalvertretungsmitglied die vermittelten Kenntnisse bis zum Ablauf der Amtszeit nicht mehr einsetzen kann (BAG, Beschl. v. 07. 05. 2008 – 7 AZR 90/07 –); die Wahrscheinlichkeit der Wiederwahl begründet die Erforderlichkeit nicht (BVerwG, Beschl. v. 25. 06. 1992 – 6 P 29.90 –). Auch Grundschulungen eines wiedergewählten Personalvertretungsmitglieds, das in seiner unmittelbar vorangegangenen ersten Amtszeit bestehende Schulungsmöglichkeiten nicht wahrgenommen hat, sind grundsätzlich nicht erforderlich.

Für eine wiederholte Grundschulung müssen besondere Gründe dargelegt werden. Bei grundlegenden Änderungen in für die Personalvertretungstätigkeit wichtigen Rechtsmaterien – insbesondere bei einer umfangreichen inhaltlichen und/oder systematischen Novellierung des Bundespersonalvertretungsgesetzes selbst – ist zumindest eine gegenüber der Grundschulung kürzere Einführungsschulung erforderlich, weil die neuen Kenntnisse nicht zumutbar in einem Selbststudium erlernt werden können. Eine Wiederholungsschulung ist auch dann als erforderlich anzusehen, wenn das Personalvertretungsmitglied aufgrund einer Unterbrechung, die mindestens einer Wahlperiode entspricht, wieder mit einer Aufgabe in der Personalvertretung betraut wird.

Die Kosten für die Grundschulung eines Ersatzmitglieds werden dann übernommen, wenn dieses zur Gewährleistung der Arbeitsfähigkeit der Personalvertretung erforderlich ist. Das ist der Fall, wenn ein Personalvertretungsmitglied bei einer absehbar längeren Abwesenheit durch ein Ersatzmitglied vertreten werden muss oder wenn zu erwarten ist, dass ein Ersatzmitglied aufgrund seines Listenplatzes ähnlich häufig an den Personalvertretungssitzungen teilnehmen wird wie die ordentlichen Mitglieder der Personalvertretung. Zumindest für das jeweils erste Ersatzmitglied und, abhängig von der Größe der Personalvertretung, im Einzelfall auch für weitere Ersatzmitglieder besteht daher ein Anspruch auf Grundschulung.

2.2 Spezialschulungen

Während die Grundschulung die notwendigen Grundkenntnisse vermittelt, die jedes Personalvertretungsmitglied benötigt, um seine Tätigkeit im Personalrat sachgemäß ausüben zu können, vermitteln Spezialschulungen vertiefte Kenntnisse, die einzelne Personalvertretungsmitglieder brauchen, um besonderen Aufgaben innerhalb der Personalvertretung gerecht werden zu können.

Gegenstand von Spezialschulungen kann eine über die Grundzüge hinausgehende Wissensvertiefung und -erweiterung im Bereich des Personalvertretungsrechts sein. Darüber hinaus werden in Spezialschulungen vertiefte Kenntnisse in bestimmten für die Personalvertretungstätigkeit relevanten Tätigkeitsfeldern vermittelt, etwa zur Informationstechnik, Arbeitssicherheit oder zur aktuellen Rechtsprechung. Zu den Themen von Spezialschulungen hat sich eine umfangreiche Kasuistik herausgebildet, wobei die Erforderlichkeit der Schulung stets dienststellen- und anlassbezogen im Einzelfall zu prüfen und durch die Personalvertretung darzulegen ist.

Kenntnisse auf Spezialgebieten sind objektiv erforderlich, wenn es sich um Sachgebiete handelt, die zur Tätigkeit der Personalvertretung gehören, mit denen sie sich nicht nur am Rande zu befassen hat, und wenn die Personalvertretung diese Kenntnisse benötigt, um ihre gesetzlichen Aufgaben sachgerecht wahrnehmen zu können. Entscheidend ist nicht, ob Personalvertretungen grundsätzlich mit einer Thematik befasst sein können, vielmehr müssen die Schulungsinhalte auf die Aufgaben der jeweiligen Personalvertretung zugeschnitten („dienststellenbezogen") und die vermittelten Kenntnisse anlassbezogen erforderlich („aktuell") sein. Schulungen zur Wahlordnung, zu rein gewerkschaftlichen Fragen oder zum Arbeitskampfrecht sind daher nicht erforderlich, weil diese Themenbereiche nicht der Zuständigkeit der Personalvertretung unterfallen.

Subjektiv erforderlich ist die Teilnahme an Spezialschulungen, wenn das konkrete Personalvertretungsmitglied die Kenntnisse benötigt, um besonderen Aufgaben, die ihm innerhalb der Personalvertretung zukommen, gerecht zu werden. Vor dem Hintergrund der sparsamen und wirtschaftlichen Verwendung öffentlicher Mittel ist die Teilnahme an Spezialschulungen regelmäßig auf ein Personalvertretungsmitglied oder mehrere einzelne Personalratsmitglieder beschränkt (BVerwG, Beschl. vom 11. 07. 2006 – 6 PB 8.06 –; VGH Baden-Württemberg, Beschl. v. 13. 09. 2019 – PB 15 S 985/19 –). Denn zumindest in Aufgabengebieten von dauerhafter oder besonderer aktueller Relevanz müssen auch Kenntnisse in Spezialmaterien zuverlässig in der Personalvertretung vorgehalten werden, um die ordnungsgemäße Aufgabenerfüllung auch bei einem nicht von einem Personalvertretungsmitglied allein zu bewältigenden Anfall von Aufgaben oder bei längeren urlaubs- oder krankheitsbedingten Ausfällen sicherzustellen. Hierbei ist die von der Personalvertretung im Rahmen ihrer Autonomie vorgenommene Aufgabenverteilung – etwa die Wahl von Stellvertretern – zu respektieren (VGH Baden-Württemberg, Beschl. v. 13. 09. 2019 – PB 15 S 985/19 –).

Auch Spezialschulungen sollten aus Gründen der Wirtschaftlichkeit zeitnah zur Entstehung des aktuellen Schulungsbedarfs erfolgen (Aktualität der Schulung), damit die vermittelten Kenntnisse für einen möglichst langen Zeitraum der regelmäßig vierjährigen Amtsperiode zur Verfügung stehen. Der Grundsatz der Aktualität der Schulung gebietet nicht das Abwarten, bis erforderliche Kenntnisse tatsächlich benötigt werden; bei einem vorhersehbaren Schulungsbedarf sollten Spezialschulungen bereits im Vorfeld der Übernahme spezieller Aufgaben erfolgen, um zukünftige Aufgaben vorbereitet übernehmen zu können. Eine wiederholte Spezialschulung ist nur erforderlich, wenn sich die rechtlichen oder tatsächlichen Grundlagen seit der Erstschulung grundlegend geändert haben, z. B. durch eine wesentliche Änderung der Rechtslage oder grundlegende technische Neuerungen.

2.3 Veranstaltungen mit Bezug zum Personalvertretungsrecht

Arbeitstagungen von Personalvertretungen, gewerkschaftliche Personalrätekonferenzen, Fachkongresse und Messen begründen Ansprüche auf Freistellung und Kostentragung der Dienststelle, wenn und soweit diese Veranstaltungen für die Personalratsarbeit subjektiv und objektiv erforderlich sind und dem Grundsatz der sparsamen und wirtschaftlichen Verwendung öffentlicher Mittel entsprechen. Es genügt demgegenüber nicht, dass das Programm lediglich einen Bezug zur Personalratsarbeit hat und Kenntnisse vermittelt, die für die Personalratsarbeit lediglich nützlich oder wertvoll sind (BVerwG, Beschl. v. 01. 08. 1996 – 6 P 21.93 –).

Allerdings sind Arbeitstagungen von Personalvertretungen, gewerkschaftliche Personalrätekonferenzen, Fachkongresse und Messen nach der Rechtsprechung keine Schulungs- und Bildungsveranstaltungen im Sinne des § 54 BPersVG, soweit es ihnen an der Vermittlung eines bestimmten, in einem Arbeitsplan festgelegten Lehrstoffs durch Unterricht fehlt (vgl.

BVerwG, Beschl. v. 27. 04. 1979 – 6 P 89.78 [Arbeitstagung einer Personalvertretung] – sowie Beschl. v. 01. 08. 1996 – 6 P 21.93 – [Personalrätekonferenz]; VGH Kassel, Beschl. v. 24. 02. 2005 – 22 TL 2161/03 – [Fachkongress]). Schulungs- und Bildungsveranstaltungen im Sinne des § 54 Abs. 1 BPersVG zeichnen sich nach der Rechtsprechung durch eine auf einen Lernerfolg angelegte Wissensvermittlung mittels eines zugrundeliegenden didaktischen Konzepts aus. Kennzeichnend ist danach die Vermittlung eines bestimmten, in einem Arbeitsplan festgelegten Lehrstoffs durch Unterricht, der einen individuellen Kontakt zwischen Lehrenden und Lernenden ermöglicht (BVerwG, Beschl. v. 27. 04. 1979 – 6 P 89.78 –; Beschl. v. 01. 08. 1996 – 6 P 21.93 –; VGH Kassel, Beschl. v. 24. 02. 2005 – 22 TL 2161/03 –). Formate, die im Schwerpunkt dem Erfahrungsund Meinungsaustausch, nicht aber der auf einen Lernerfolg angelegten Wissensvermittlung dienen, sind daher keine Schulungs- und Bildungsveranstaltungen im Sinne des § 54 Abs. 1 BPersVG (BVerwG, Beschl. v. 01. 08. 1996 – 6 P 21.93 –).

Dennoch kann sich unter den nachstehenden Voraussetzungen ein Anspruch auf Freistellung und Kostentragung gegenüber der Dienststelle ergeben. Die Ansprüche folgen in diesen Fällen jedoch nicht aus § 54 Abs. 1 BPersVG, sondern richten sich nach den allgemeinen Grundsätzen der §§ 46 und 52 Abs. 1 BPersVG. Stets muss bei den Veranstaltungen jedoch ein unmittelbarer Bezug zu den Aufgaben der Personalvertretung bestehen.

2.3.1 Personalrätekonferenzen, Fachkongresse, Messen

Kosten für Veranstaltungen mit einem individuell nicht mehr ansprechbaren Teilnehmerkreis sind in aller Regel nicht erstattungsfähig. Hiervon ist auszugehen, wenn die Zahl der Teilnehmer über dem Personenkreis von 30 Teilnehmenden liegt.

Zwar kann auch bei solchen Veranstaltungen zur Erfüllung der Aufgaben der Personalvertretung notwendiges oder nützliches Wissen vermittelt werden; eine Kostentragungspflicht der Dienststelle kommt nach der Rechtsprechung allerdings nur in Betracht, wenn (erstens) die Veranstaltung Kenntnisse und Informationen vermittelt, die – vergleichbar den Anforderungen an eine Schulungs- und Bildungsveranstaltung – für die Tätigkeit der Personalvertretung objektiv und für das teilnehmende Personalvertretungsmitglied subjektiv erforderlich sind, und wenn (zweitens) die vermittelten Informationen nicht in anderer kostengünstigerer Weise – etwa durch Informationsbroschüren oder Teilnahme eines Beauftragten der Gewerkschaft in einer Sitzung der Personalvertretung – gegeben werden können (BVerwG, Beschl. v. 01. 08. 1996 – 6 P 21.93 –; VGH Kassel, Beschl. v. 24. 02. 2005 – 22 TL 2161/03 –).

Jedoch können zeitlich abgrenzbare Formate einer solchen Veranstaltung die Verpflichtung zu anteiliger Erstattung der Veranstaltungskosten und Übernahme der Fahrtkosten auslösen, wenn sich diese – etwa in Form von Fachforen oder Workshops – auf einen eng abgegrenzten Kreis von Teilnehmenden beschränkt, bei dem wie in einer Schulungsveranstaltung ein individueller Kontakt zwischen Dozenten und Dozentinnen sowie Teilnehmenden hergestellt ist (LAG Hamburg, 04. 12. 2012 – 4 TaBV 4/11 – zum BetrVG für Betriebsratskonferenzen; vgl. auch BVerwG, Beschl. v. 01. 08. 1996 – 6 P 21.93 – unter 2.b.cc). Auch in diesem Fall muss das Format konzeptionell auf die Vermittlung neuen Wissens und nicht auf einen Erfahrungs- und Meinungsaustausch ausgerichtet sein.

Klarstellend ist darauf hinzuweisen, dass ein in eine Schulungs- und Bildungsveranstaltung integrierter (einführender) Erfahrungsaustausch oder eine (abschließende) Diskussion ohne Weiteres erstattungsfähig sind, wenn die Formate in das didaktische Konzept der Schulungsveranstaltung eingebettet sind und sich zeitlich in einem angemessenen Gesamtrahmen halten (BVerwG, Beschl. v. 14. 11. 1990 – 6 P 4.89 –).

2.3.2 Arbeitstagungen von Personalvertretungen

Behördeninterne, geschäftsbereichsinterne oder ressortübergreifende Arbeitstagungen von Personalvertretungen sind zur Wahrnehmung der Aufgaben der Personalvertretungen nicht erforderlich im engeren Sinne (BVerwG, Beschl. v. 27. 04. 1979 – 6 P 89.78 –). Da sich allerdings auch die Dienststellen in Angelegenheiten nach dem BPersVG besprechen, gebietet es die vertrauensvolle Zusammenarbeit, die auch das Gebot der Fairness umfasst, den Personalvertretungen in gleicher Weise Zusammenkünfte zu ermöglichen.

Gegenstand der Besprechungen müssen Themen sein, die für alle teilnehmenden Personalvertretungen von besonderem Interesse sind und sich ihnen in gleicher Weise stellen. Das Gebot der sparsamen und wirtschaftlichen Verwendung öffentlicher Mittel erfordert, dass die Dienststellen nicht mit unangemessen hohen Kosten belastet werden. Besprechungen der Personalvertretungen haben daher in den Räumlichkeiten der öffentlichen Verwaltung stattzufinden, sofern nicht außergewöhnliche Umstände ein Ausweichen auf externe Räumlichkeiten rechtfertigen (z. B. unzureichende Platzkapazitäten). Zur Vermeidung von Reisekosten ist der Teilnehmerkreis grundsätzlich auf ein bis zwei Teilnehmende pro Personalvertretung zu beschränken.

3. Dauer der Schulungs- und Bildungsveranstaltung

Die erforderliche Dauer der Schulungs- und Bildungsveranstaltung bemisst sich nach Inhalt, Umfang und Schwierigkeitsgrad der zu vermittelnden Themen. Die in der Praxis für Grundschulungen veranschlagte Dauer von in der Regel fünf Arbeitstagen ist als erforderlich anzusehen. Spezialschulungen dauern in der Regel ein bis drei Tage.

Die Bildung einer schematischen zeitlichen Obergrenze ist jedoch nicht möglich. Es können auch längere Veranstaltungen gerechtfertigt sein, wenn diese im Einzelfall nach dem Maßstab der Erforderlichkeit und der Verhältnismäßigkeit, insbesondere dem Gebot der sparsamen Verwendung öffentlicher Mittel, eine angemessene Dauer haben (BVerwG, Beschl. v. 14. 11. 1990 – 6 P 4.89 – [7 Tage]). Eine Grundschulung kann auch in zwei aufeinander aufbauenden Schulungen durchgeführt werden, wobei für eine vollständige Kostenübernahme sichergestellt sein muss, dass in der zweiten Grundschulung nicht Wissen vermittelt wird, über welches das Personalvertretungsmitglied bereits aufgrund der ersten Schulung verfügt (BVerwG, Beschl. v. 09. 07. 2007 – 6 P 9.06 – [Grundschulung durch zwei fünftägige Seminare]).

4. Formen von Schulungs- und Bildungsveranstaltungen

Neben den grundsätzlich bewährten Seminaren bei einer Gewerkschaft oder einem Berufsverband kommen auch andere Bildungsformen zur Wissensvermittlung in Betracht. Hierzu zählen

- **In-House-Schulungen** durch gewerkschaftliche Veranstalter oder Unternehmen in den Räumlichkeiten einer Dienststelle,
- **Schulungen** durch die Dienststelle („Indoor-Schulungen"),
- **Fernlehrgänge** im Selbststudium und ggf. mit einer abschließenden Präsenzveranstaltung zur Reflektion und Vertiefung der Schulungsinhalte,
- **Online-Schulungen**.

Die genannten Bildungsformate stehen gleichwertig nebeneinander und haben ihre spezifischen Vor- und Nachteile. Die Personalvertretungen treffen auch über das Schulungsformat eine Auswahl nach pflichtgemäßem Ermessen, wobei für die Auswahl des am besten geeigneten und für die Wissensvermittlung effektivsten Formats auch individuelle Präferenzen der zu entsendenden Personalvertretungsmitglieder (zeitliche Flexibilität, Vereinbarkeit von Familie, Pflege und Beruf, Grad der Selbständigkeit der Wissensaneignung, persönliche Lernpräferenz) eine Rolle spielen. Zwischen den Schulungsformaten und auch innerhalb der Schulungsformate hat die Personalvertretung auch den Grundsätzen der Wirtschaftlichkeit und Sparsamkeit Rechnung zu tragen; allein aus Kostengründen haben digitale Lernformate jedoch keinen Vorrang vor Präsenzveranstaltungen.

Sind mehrere Personalvertretungsmitglieder zu schulen, sollte die Dienststelle die Möglichkeit hausinterner Gruppenschulungen in Kooperation mit gewerkschaftlichen oder anderen Schulungsanbietern in Betracht ziehen. Vor allem in Dienststellen ohne dislozierte Standorte entfallen hierdurch Reise-, Übernachtungs- und Verpflegungskosten sowie Kosten für Schulungsräumlichkeiten. Die Dienststelle muss jedoch organisatorisch sicherstellen, dass der ungestörte Ablauf der Veranstaltung und die ununterbrochene Teilnahme aller Personalvertretungsmitglieder gewährleistet ist (BVerwG, Beschl. v. 12. 11. 2012 – 6 P 4.12 –). Hausinterne Schulungen verlieren an Effektivität und begründen gegebenenfalls einen Nachschulungsbedarf, wenn die zu schulenden Personalvertretungsmitglieder während der Schulung zur Wahrnehmung von Dienstaufgaben herangezogen werden. „Indoor-Schulungen" erfordern konzeptionelle Absprachen zwischen den Dienststellen auf der einen Seite und den Personalvertretungen sowie den Gewerkschaften und Berufsverbänden auf der anderen Seite (OVG Münster, Beschl. v. 25. 02. 1998 – 1 A 4407/96.PVB –). Die in der Dienststelle vertretenen Gewerkschaften und Berufsverbände sollten frühzeitig aktiv in die Planung (Zweck, Form und Ablauf) einbezogen und in angemessener Weise – insbesondere bei der Auswahl der Referentinnen und Referenten – an der Durchführung der Veranstaltung beteiligt werden. Hierdurch wird gewährleistet, dass das Schulungsangebot nicht ausschließlich die Themen aus der Sicht der Dienststellen behandelt, sondern thematisch und personell ausgewogene Schulungs- und Bildungsveranstaltungen angeboten werden können, um eine sachgerechte Schulung zu ermöglichen und die vertrauensvolle Zusammenarbeit von Dienststelle und der Personalvertretung zu fördern.

5. Kostengrund und Kostenhöhe

Mitglieder der Personalvertretungen erhalten bei Reisen, die zur Erfüllung ihrer Aufgaben notwendig sind, Aufwendungsersatz in entsprechender Anwendung der beamtenrechtlichen Bestimmungen zu Reisekosten und Trennungsgeld (§ 46 Abs. 2 S. 1 BPersVG). Dem Grunde nach erstattungsfähig sind insbesondere die Fahrtkosten, die Kosten für Verpflegung und Unterkunft sowie die Seminarkosten.

5.1 Fahrtkosten

Die Höhe der zu übernehmenden Reisekosten bestimmt sich in entsprechender Anwendung des Bundesreisekostengesetzes (BRKG).

Im Rahmen von Schulungs- und Bildungsveranstaltungen ist von der Dienststelle insbesondere zu prüfen, ob Veranstaltungen, die in mehreren Teilen stattfinden, zusammengefasst werden könnten, und mehrere An- und Abreisen erstattet werden sollen. Dies gilt vor allem, wenn in den einzelnen Veranstaltungsabschnitten Seminarteile vorhanden sind, die als nicht erforderlich angesehen werden und ohne diese Inhalte eine Aufteilung der Veranstaltung nicht notwendig wäre (BVerwG, Beschl. v. 14. 06. 2006 – 6 P 13.05 –).

V

5.2 Schulungskosten

Die Dienststelle hat die entstehenden Schulungskosten zu tragen, soweit sie nach dem Grundsatz der Erforderlichkeit und Verhältnismäßigkeit dem Grunde und der Höhe nach in einem angemessenen Verhältnis zu dem Schulungseffekt stehen.

In aller Regel werden Schulungs- und Bildungsveranstaltungen zu einem Festpreis (Pauschalpreis) angeboten. Hat der Bildungsveranstalter einen Pauschalpreis für Übernachtungen und Verpflegung festgelegt, ist dieser unter Nennung der Anzahl der Mahlzeiten und Übernachtungen mitzuteilen. Sofern weitere Kosten in den Seminargebühren enthalten sind, müssen auch diese ausdrücklich aufgeführt werden.

5.2.1 Pauschbetrag

Aus Gründen der Verwaltungsvereinfachung können die Gebühren für die Teilnahme an Seminarveranstaltungen bei einem Schulungsanbieter unter Einschluss des Entgelts für Verpflegung und Unterkunft als angemessene Kosten anerkannt werden, wenn die Kosten für die Schulungs- und Bildungsveranstaltung außerhalb des Dienst- oder Wohnortes der Teilnehmerinnen und Teilnehmer je

Schulungstag und Person den Betrag von 250,00 Euro nicht übersteigen.

Die Fahrtkostenerstattung ist im Pauschbetrag nicht eingerechnet. Übersteigt die Zahl der notwendigen Übernachtungen die Zahl der Schulungstage, ist für diese Übernachtung ein Übernachtungsgeld nach Maßgabe des BRKG zu gewähren.

Bei Nichtüberschreitung des Pauschbetrags entfällt eine Prüfung kostengünstigerer Vergleichsangebote anderer Schulungsveranstalter. Bei aufschlüsselungspflichtigen gewerkschaftlichen und gewerkschaftsnahen Schulungsveranstaltern (vgl. Nummer 5.2.2.2) kann im Interesse der Verwaltungsvereinfachung und des Abbaus bürokratischer Kosten auf einen detaillierten Nachweis der schulungsbedingten Kosten in Einzelpositionen verzichtet werden, wenn der Schulungsträger versichert, keine nicht-schulungsbedingten Vorhaltekosten geltend zu machen. Bei Pauschalpreisen sind dann nur die unter 5.2 dargestellten allgemeinen Angaben zu machen. Die Dienststelle kann stichprobenweise – und sollte bei begründetem Anlass – eine Aufschlüsselung verlangen.

5.2.2 Den Pauschbetrag übersteigende Schulungskosten

Die Überschreitung des Pauschbetrags nach Nummer 5.2.1 bedeutet nicht, dass Schulungskosten nicht zu erstatten sind. Auch höhere Kosten sind von der Dienststelle zu tragen, soweit diese angemessen sind. Hierbei gelten allerdings die nachstehenden Besonderheiten.

5.2.2.1 Kostengünstigere Vergleichsschulungen

Wird ein höherer Betrag als der Pauschbetrag geltend gemacht, ist insbesondere zu prüfen, ob ggf. kostengünstigere gleichwertige Veranstaltungen – an einem näheren Ort oder durch einen anderen Anbieter – bestehen.

Personalvertretungsmitglieder haben allerdings das Recht, Bildungsangebote in von ihnen bevorzugten Bildungseinrichtungen auszuwählen. Die Personalvertretung darf sich für die effektivste, also diejenige Schulung entscheiden, die die benötigten Kenntnisse am besten vermittelt (BVerwG, Beschl. v. 27. 04. 1979 – 6 P 45.78 –). Insbesondere müssen sich Mitglieder einer Gewerkschaft nicht allein aus Kostengründen auf Schulungs- und Bildungsangebote konkurrierender Gewerkschaften verweisen lassen (OVG Berlin, Beschl. v. 20. 12. 1999 – 60 PV 5.98 –). Gleiches gilt für Angebote nicht gewerkschaftlicher Bildungsträger.

Die Personalvertretung ist mit Rücksicht auf das Gebot der sparsamen Verwendung öffentlicher Mittel jedoch nicht berechtigt, gleichwertige dienststelleninterne Schulungsangebote zu Gunsten einer wesentlich kostenaufwendigeren gewerkschaftlichen Schulung auszuschlagen (BVerwG, Beschl. v. 16. 06. 2011 – 6 PB 5.11 –; Beschl. v. 12. 11. 2012 – 6 P 4.12 –; OVG Hamburg, Beschl. v. 14. 11. 2005 – 8 Bf 241/05.PVL –; OVG Saarlouis, Beschl. v. 06. 03. 2018 – 5 A 414.17 – unter Einschränkung der betriebsverfassungsrechtlichen Rechtsprechung BAG, Beschl. v. 28. 06. 1995 – 7 ABR 55/94 –). Eine solche Gleichwertigkeit ist gegeben, wenn die vermittelten Schulungen nach Inhalt, Format und Dauer vergleichbar sind und – insbesondere durch weisungsfreie externe Dozentinnen oder Dozenten – sichergestellt ist, dass in der dienststelleninternen Schulung nicht einseitig der Rechtsstandpunkt der Dienststelle vermittelt wird (vgl. dazu auch unter Nr. 4).

Das Vorliegen einer unverhältnismäßigen Kostenbelastung der Dienststelle bei kostengünstigeren Vergleichsschulungen ist unter Berücksichtigung der aus § 9 BPersVG folgenden personalvertretungsrechtlichen Unterstützungsfunktion der Gewerkschaften als Hauptträger von Schulungs- und Bildungsveranstaltungen und der koalitionsrechtlichen Betätigungsfreiheit des Art. 9 Abs. 3 Grundgesetz (GG) zu beurteilen. Eine unverhältnismäßige Kostenbelastung der Dienststelle ist jedenfalls dann anzunehmen, wenn eine gewerkschaftliche Schulung mehr als das Fünffache einer gleichwertigen dienststelleninternen Schulung kostet (OVG Hamburg, Beschl. v. 14. 11. 2005 – 8 Bf 241/05.PVL –).

5.2.2.2 Verbot der Gegnerfinanzierung

Während die Grundsätze der Erforderlichkeit und Verhältnismäßigkeit die Dienststelle unabhängig von dem Veranstalter vor einer unangemessenen Kostenbelastung schützen, ergeben sich bei gewerkschaftlichen und gewerkschaftsnahen – insbesondere rechtlich verselbständigten Fortbildungseinrichtungen der Gewerkschaften – Schulungsanbietern Besonderheiten durch das Verbot der Gegnerfinanzierung (BAG, Beschl. v. 28. 06. 1995 – 7 ABR 55/94 –). Gewerkschaften dürfen aus den Schulungsveranstaltungen auf Kosten der Dienststelle keinen Gewinn erzielen. Die Dienststelle darf daher nur mit denjenigen Kosten belastet werden, die dem Schulungsanbieter infolge der Durchführung personalvertretungsrechtlicher Schulungen tatsächlich entstanden sind (BAG, Beschl. v. 17. 06. 1998 – 7 ABR 25/97 –). Dies ist insbesondere relevant, wenn der gewerkschaftliche oder gewerkschaftsnahe Schulungsanbieter Selbstkosten geltend macht, also nicht fremde Kosten eines Tagungshotels oder Kosten externer Dozentinnen und Dozenten auf die Teilnehmenden umlegt.

Erstattungsfähig sind hierbei nur die durch die konkrete Veranstaltung entstandenen (schulungsbedingten) Kosten, nicht jedoch Vorhaltekosten der Schulungseinrichtung, die unabhängig von der Schulung anfallen (BAG, Beschl. v. 28. 06. 1995 – 7 ABR 55/94 –; OVG Berlin, Beschl. v. 20. 12. 1999 – 60 PV 5.98 –).

Zu den nicht erstattungsfähigen Vorhaltekosten zählen Aufwendungen, die lediglich aufgrund des Erwerbs einer Immobilie oder für deren Unterhalt und Verwaltung entstehen bzw. entstanden sind, sowie Kosten für Abschreibungen, für Fremd- und Eigenkapitalverzinsung, Mietkosten und Mietnebenkosten, Grundstückabgaben und Steuern. Hingegen dürfen anteilig entfallende Sachkosten für Seminarräume und Inventar, insbesondere Verbrauchskosten für Strom, Heizung, Wasser, Mobiliar, Kosten für allgemeine Lehrmittel einschließlich IT-Ausstattung sowie Reinigungskosten als erstattungsfähige (allgemeine) schulungsbedingte Kosten der Schulungseinrichtung berücksichtigt werden. Bei den Personal- und Personalnebenkosten können nur die Kosten für gewerkschaftseigene Dozentinnen und Dozenten sowie von Verwaltungskräften erstattet werden, die für die Organisation und Durchführung entsprechender Veranstaltungen notwendig sind.

Damit die Dienststelle sicherstellen kann, nur mit erstattungsfähigen Kosten belastet zu werden, folgt aus dem koalitionsrechtlichen Grundsatz des Verbots der Gegnerfinanzierung eine Aufschlüsselungspflicht der Schulungsgebühren in Einzelpositionen (BAG, Beschl. v. 17. 06. 1998 – 7 ABR 25/97; Beschl. v. 28. 06. 1995 – 7 ABR 55/94 –; OVG Berlin, Beschl. v. 20. 12. 1999 – 60 PV 5.98 –).

Der Nachweis der erstattungsfähigen Kostenanteile nach Grund und Höhe erfolgt entweder durch Einzelkostennachweis oder – sofern es sich um einen als gemeinnützig anerkannten gewerkschaftlichen Veranstalter handelt – im Rahmen einer nach betriebswirtschaftlichen Grundsätzen (unter Gewinnausschluss) vorgenommenen Mischkalkulation (BAG, Beschl. v. 17. 06. 1998 – 7 ABR 25/97 –; Beschl. v. 28. 06. 1995 – 7 ABR 55/94 –). Im Rahmen dieser Mischkalkulation können die Kosten für alle personalvertretungsrechtlichen und ggf. betriebsverfassungsrechtlichen Schulungen auf der Grundlage vorangegangener Jahresergebnisse ermittelt und kalkulatorisch anteilig auf die einzelnen Schulungsveranstaltungen umgelegt werden, wenn der Veranstalter den personalvertretungsrechtlichen oder zusätzlich auch betriebsverfassungsrechtlichen Schulungsbereich organisatorisch, finanziell und personell (im Sinne des eingesetzten Schulungs- und Verwaltungspersonals) von den übrigen Seminarangeboten trennt (BAG, Beschl. v. 28. 06. 1995 – 7 ABR 55/94 –; Beschl. v. 17. 06. 1998 – 7 ABR 25/97 –).

6. Verfahren

6.1 Beschluss der Personalvertretung

Hält die Personalvertretung die Teilnahme an einer Schulungs- und Bildungsveranstaltung zur ordnungsgemäßen Erfüllung ihrer Aufgaben für erforderlich, legt sie durch Beschluss fest, wer zur Teilnahme vorgesehen ist. Dabei genügt es, dass die Personalvertretung den

V

Schulungsbedarf bei pflichtgemäßer Beurteilung der Sachlage unter Beachtung des Grundsatzes der Verhältnismäßigkeit, insbesondere des Gebots der sparsamen und wirtschaftlichen Mittelverwendung, für erforderlich halten darf.

Eines solchen Beschlusses bedarf es nicht, wenn die Qualifizierung der persönlich-fachlichen Weiterentwicklung des Personalvertretungsmitglieds in seiner Eigenschaft als Beschäftigte oder Beschäftigter der Dienststelle dienen soll. Für Qualifizierungsmaßnahmen, die nicht im unmittelbaren Zusammenhang mit der Personalvertretungstätigkeit stehen, gelten die jeweiligen hausinternen Regelungen und Verfahren für Fortbildungen der Beschäftigten. Es handelt sich in diesem Fall nicht um personalvertretungsrechtliche Schulungs- und Bildungsveranstaltungen.

Der Beurteilungsspielraum der Personalvertretung erstreckt sich auf sämtliche Aspekte der Erforderlichkeit, insbesondere auf die Auswahl der Teilnehmenden, den Gegenstand, den Zeitpunkt und den Ort der Schulung, das Schulungsformat, die Schulungsdauer und den Anbieter (BVerwG, Beschl. v. 14. 06. 2006 – 6 P 13.05 –; OVG Berlin-Brandenburg, Beschl. v. 16. 01. 2014 – OVG 62 PV 14.12 –). Die Personalvertretung hat nach pflichtgemäßem Ermessen zu prüfen, ob die konkrete Schulungsveranstaltung hinsichtlich ihres Inhalts sowie ihrer Dauer und ihres Zeitpunkts objektiv für die Personalvertretung und subjektiv für das zu entsendende Mitglied erforderlich ist, ob die Kosten in einem angemessenen Verhältnis zum Schulungseffekt stehen und ob nicht qualitativ gleichwertige, d. h. ebenso gute, aber kostengünstigere – etwa ortsnähere – Veranstaltungen durchgeführt werden (BVerwG, Beschl. v. 12. 11. 2012 – 6 P 4.12 –).

Damit die Dienststelle die Freistellung und Kostentragung prüfen und sich auf die Abwesenheit des zu entsendenden Personalvertretungsmitglieds einstellen kann, unterrichtet die Personalvertretung die Dienststelle rechtzeitig schriftlich oder elektronisch von dem Entsendungsbeschluss und legt alle zur Prüfung der Erforderlichkeit der Maßnahme wesentlichen Informationen vor.

Hierzu sind neben der Information über Teilnehmende, Inhalt, Zeitpunkt, Ort und Dauer der Schulung sowie über den Schulungsanbieter ein Kostenvoranschlag oder Belege vorzulegen, aus denen die einzelnen Leistungen des Schulungsveranstalters sowie die von der Schulungsteilnehmerin bzw. vom Schulungsteilnehmer zu tragenden Kosten ersichtlich sind. Dazu gehören auch Angaben, ob die Schulung ggf. in zwei Teilen erfolgen soll und sich somit an die Teilnahme an einer ersten Veranstaltung eine zweite Schulungsmaßnahme in absehbarer Zeit anschließen wird (BVerwG, Beschl. v. 09. 07. 2007 – 6 P 9.06 –).

Bei Spezialschulungen sollte die Personalvertretung der Dienststelle die Dienststellenbezogenheit, den aktuellen Schulungsbedarf sowie der Gründe für die Auswahl des zu entsendenden Personalvertretungsmitglieds konkret darlegen, um Verzögerungen durch Rückfragen der Dienststelle oder eine Zurückweisung der Freistellung bzw. Kostenübernahme auf Grund fehlender oder ungenauer Angaben zu vermeiden.

6.2 Entscheidung der Dienststelle

Die Dienststelle entscheidet gleichzeitig mit der Freistellungsbewilligung nach § 54 Abs. 1 BPersVG über die Kostenerstattung für die Schulungs- und Bildungsveranstaltung nach § 54 Abs. 1 i. V. m. § 46 BPersVG.

Hierbei schützen die Grundsätze der Erforderlichkeit und Verhältnismäßigkeit die Dienststelle vor unangemessenen Kostenbelastungen. Die Dienststelle ist daher berechtigt und durch das Gebot der wirtschaftlichen und sparsamen Verwendung öffentlicher Mittel (§ 7 Abs. 1 Satz 1 BHO) auch verpflichtet, die Erforderlichkeit einer Schulungs- und Bildungsveranstaltung und die Angemessenheit der Kosten unter Beachtung des Beurteilungsspielraums der Personalvertretung zu prüfen.

Die Dienststelle darf und muss die Übernahme der Kosten ablehnen, wenn die Personalvertretung den Schulungsbedarf bei pflichtgemäßer Beurteilung der Sachlage nicht für erforderlich halten durfte, die Kosten in einem unangemessenen Verhältnis zu dem zu erwartenden Schulungseffekt stehen oder – dazu sogleich unter 7. – keine Haushaltsmittel mehr vorhanden sind und der Schulungsbedarf nicht unaufschiebbar ist (BVerwG, Beschl. v. 14. 06. 2006 – 6 P 13.05 –; Beschl. v. 07. 12. 1994 – 6 P 36.93 –; Beschl. v. 26. 02. 2003 – 6 P 9.02 –; OVG Berlin-Brandenburg, Beschl. v. 16. 01. 2014 – 62 PV 14/12 –).

Kosten für eine erforderliche Schulungs- und Bildungsveranstaltung, die nach erfolgter Prüfung im Einzelfall unangemessen hoch sind, können nur in Höhe der notwendigen Auslagen erstattet werden. Erweisen sich lediglich einige Inhalte der Schulungsveranstaltung als erforderlich („gemischte Schulung"), so sind die Kosten von der Dienststelle nur anteilig zu übernehmen. Die Schulungskosten sind entsprechend der Zeitansätze der erforderlichen Inhalte zu berechnen (vgl. BVerwG, Beschl. v. 14. 06. 2006 – 6 P 13/05 –).

Die Dienststelle soll über die Freistellung und Kostenübernahme zeitnah entscheiden, in der Regel innerhalb einer Frist von zehn Arbeitstagen, oder die Personalvertretung unverzüglich zur Nachreichung konkret zu bezeichnender Unterlagen auffordern, wenn sie die übermittelten Informationen als nicht ausreichend erachtet. Bestehen Zweifel an der Erforderlichkeit der Schulung, erörtert sie dies vor der abschließenden Entscheidung mit der Personalvertretung (Grundsatz der vertrauensvollen Zusammenarbeit).

7. Haushaltsrechtliche Voraussetzungen

Die Haushaltsmittel für Schulungen sind Kosten der regelmäßigen Tätigkeit der Personalvertretung. Der voraussichtliche Finanzbedarf für Personalratsschulungen ist rechtzeitig vor Beginn des nächsten Haushaltsjahres durch die Dienststellen im Zusammenwirken mit den Personalvertretungen zu ermitteln (BVerwG, Beschl. v. 26. 02. 2003 – 6 P 9.02 –). Hierbei ist insbesondere der aus den Wahlen zu den Personalvertretungen resultierende regelmäßige Mehrbedarf dergestalt einzuplanen, dass Grundschulungen der neu eingetretenen Mitglieder und Ersatzmitglieder in der Regel spätestens bis zum Ende des auf den Amtsantritt folgenden Kalenderjahres durchgeführt werden können (vgl. 2.1).

Sind die für Zwecke der Tätigkeit der Personalvertretungen verfügbaren Haushaltsmittel erschöpft, hat sich die Personalvertretung grundsätzlich weiterer kostenwirksamer Beschlüsse zu enthalten. Bei Erschöpfung der Haushaltsmittel ist die Kostenübernahme abzulehnen, wenn die Teilnahme an der Schulungsveranstaltung auf einen späteren Zeitpunkt zurückgestellt werden kann.

Eine Ausnahme kommt nur bei einem unvorhergesehenen und unabweisbaren Schulungsbedürfnis in Betracht (vgl. § 37 Abs. 1 BHO). Die Veranstaltung muss für eine ordnungsgemäße Personalvertretungsarbeit unentbehrlich sein und darf nicht zu einem späteren Zeitpunkt nachgeholt werden können, weil sie zu einem späteren Zeitpunkt ihren Zweck nicht mehr erfüllen kann (BVerwG, Beschl. v. 26. 02. 2003 – 6 P 9.02 –). Die Teilnahme an einer Grundschulung ist unentbehrlich und unaufschiebbar, wenn der Schulungsanspruch wegen Zeitablaufs zum Ende des auf die Personalratswahl folgenden Kalenderjahres unterzugehen droht; bei Spezialschulungen liegt ein notwendiger und unaufschiebbarer Schulungsbedarf vor, wenn die spätere Teilnahme ihren Zweck nicht mehr erfüllen kann, weil das Personalvertretungsmitglied die speziellen Kenntnisse wegen eines akuten Handlungsbedarfs der Personalvertretung aktuell benötigt. Ein allgemeiner Vorrang zwischen Grundschulungen und Spezialschulungen besteht bei absehbarer Erschöpfung der Haushaltsmittel nicht; die Schulungsansprüche stehen weder in einem Konkurrenzverhältnis noch schließen sie sich gegenseitig aus.

Die Dienststelle sollte die Personalvertretung im Rahmen der vertrauensvollen Zusammenarbeit transparent und regelmäßig über den Abfluss der verfügbaren Haushaltsmittel informieren. In jedem Fall ist die Personalvertretung durch die Dienststelle rechtzeitig auf die Ausschöpfung des haushaltsplanmäßigen Ansatzes hinzuweisen. In diesem Fall hat die

Personalvertretung der Dienststelle den Bedarf an zusätzlichen Mitteln so rechtzeitig anzuzeigen, dass diese noch vor Entstehen der Verpflichtung unter Berücksichtigung der bestehenden Deckungsmöglichkeiten nachbewilligt werden können.

Die Ausgaben aufgrund der Kostenübernahmen sind im Bundeshaushaltsplan jeweils bei Titel 527 03 zu verbuchen.

8. Schlussbestimmungen

Mein Rundschreiben vom 28. April 2008 – D I 3 – 212 154-1/1 – (GMBl. 2008 S. 406) wird aufgehoben und durch dieses Rundschreiben ersetzt.

Dieses Rundschreiben ergeht im Einvernehmen mit dem Bundesministerium der Finanzen.

Wahlordnung zum Bundespersonalvertretungsgesetz (BPersVWO)

in der Fassung der Bekanntmachung vom 1. Dezember 1994 (BGBl. I S. 3653)

Zuletzt geändert durch
Gesetz zur Novellierung des Bundespersonalvertretungsgesetzes
vom 9. Juni 2021 (BGBl. I S. 1614)

Inhaltsübersicht

Erster Teil
Wahl des Personalrates

Erster Abschnitt
Gemeinsame Vorschriften über Vorbereitung und Durchführung der Wahl

§ 1 Wahlvorstand, Wahlhelfer

(1) Der Wahlvorstand führt die Wahl des Personalrates durch. Er kann wahlberechtigte Beschäftigte seiner Dienststelle als Wahlhelfer zu seiner Unterstützung bei der Durchführung der Stimmabgabe und bei der Stimmenzählung bestellen. § 25 Absatz 2 Satz 2 und 3 des Gesetzes gilt auch für die Tätigkeit der Wahlhelfer.

(2) Die Dienststelle hat den Wahlvorstand bei der Erfüllung seiner Aufgaben zu unterstützen, insbesondere die notwendigen Unterlagen zur Verfügung zu stellen und, wenn erforderlich, zu ergänzen sowie die erforderlichen Auskünfte zu erteilen. Für die Vorbereitung und Durchführung der Wahl hat die Dienststelle in erforderlichem Umfang Räume, den Geschäftsbedarf und Schreibkräfte zur Verfügung zu stellen.

(3) Der Wahlvorstand gibt die Namen seiner Mitglieder und gegebenenfalls der Ersatzmitglieder unverzüglich nach seiner Bestellung, Wahl oder Einsetzung in der Dienststelle durch Aushang bis zum Abschluß der Stimmabgabe bekannt.

(4) Der Wahlvorstand faßt seine Beschlüsse mit einfacher Stimmenmehrheit seiner Mitglieder.

(5) Der Wahlvorstand soll dafür sorgen, daß ausländische Beschäftigte rechtzeitig über das Wahlverfahren, die Aufstellung des Wählerverzeichnisses und der Vorschlagslisten, den Wahlvorgang und die Stimmabgabe in geeigneter Weise, wenn nötig, in ihrer Muttersprache, unterrichtet werden.

§ 2 Feststellung der Beschäftigtenzahl, Wählerverzeichnis

(1) Der Wahlvorstand stellt die Zahl der in der Regel Beschäftigten und ihre Verteilung auf die Gruppen fest. Übersteigt diese Zahl 50 nicht, stellt der Wahlvorstand außerdem die Zahl der nach § 14 des Gesetzes Wahlberechtigten fest.

(2) Der Wahlvorstand stellt ein nach Gruppen getrenntes Verzeichnis der wahlberechtigten Beschäftigten (Wählerverzeichnis) auf. Innerhalb der Gruppen sind die Anteile der Geschlechter festzustellen.

(3) Das Wählerverzeichnis oder eine Abschrift ist unverzüglich nach Einleitung der Wahl bis zum Abschluß der Stimmabgabe an geeigneter Stelle zur Einsicht auszulegen.

§ 3 Einsprüche gegen das Wählerverzeichnis

(1) Jeder Beschäftigte kann beim Wahlvorstand schriftlich binnen sechs Arbeitstagen seit Auslegung des Wählerverzeichnisses (§ 2 Abs. 3) Einspruch gegen seine Richtigkeit einlegen.

(2) Über den Einspruch entscheidet der Wahlvorstand unverzüglich. Die Entscheidung ist dem Beschäftigten, der den Einspruch eingelegt hat, unverzüglich, spätestens jedoch einen Arbeitstag vor Beginn der Stimmabgabe, schriftlich mitzuteilen. Ist der Einspruch begründet, so hat der Wahlvorstand das Wählerverzeichnis zu berichtigen.

(3) Nach Ablauf der Einspruchsfrist soll der Wahlvorstand das Wählerverzeichnis nochmals auf seine Vollständigkeit prüfen. Danach ist das Wählerverzeichnis nur bei Schreibfehlern, offenbaren Unrichtigkeiten, zur Erledigung rechtzeitig eingelegter Einsprüche, bei Eintritt oder Ausscheiden eines Beschäftigten und bei Änderung der Gruppenzugehörigkeit bis zum Abschluß der Stimmabgabe zu berichtigen oder zu ergänzen.

§ 4 Vorabstimmungen

(1) Vorabstimmungen über

1. eine von § 17 Absatz 1 bis 5 des Gesetzes abweichende Verteilung der Mitglieder des Personalrates auf die Gruppen (§ 17 Absatz 6 des Gesetzes) oder
2. die Durchführung gemeinsamer Wahl (§ 19 Abs. 2 des Gesetzes) oder
3. die Geltung von Nebenstellen oder Teilen einer Dienststelle als selbständige Dienststelle (§ 7 des Gesetzes)

werden nur berücksichtigt, wenn ihr Ergebnis dem Wahlvorstand binnen sechs Arbeitstagen seit der Bekanntgabe nach § 1 Abs. 3

V

vorliegt und dem Wahlvorstand glaubhaft gemacht wird, daß das Ergebnis unter Leitung eines aus mindestens drei wahlberechtigten Beschäftigten bestehenden Abstimmungsvorstandes in geheimen und in den Fällen der Nummern 1 und 2 nach Gruppen getrennten Abstimmungen zustande gekommen ist. Dem Abstimmungsvorstand muß ein Mitglied jeder in der Dienststelle, in den Fällen des Satzes 1 Nr. 3 der Nebenstelle oder des Teils der Dienststelle, vertretenen Gruppe angehören.

(2) Der Wahlvorstand hat in der Bekanntgabe nach § 1 Abs. 3 auf die in Absatz 1 bezeichneten Fristen hinzuweisen.

V

§ 5 Ermittlung der Zahl der zu wählenden Personalratsmitglieder, Verteilung der Sitze auf die Gruppen

(1) Der Wahlvorstand ermittelt die Zahl der zu wählenden Mitglieder des Personalrates (§§ 16 und 17 Abs. 4 des Gesetzes). Ist eine von § 17 Absatz 1 bis 5 des Gesetzes abweichende Verteilung der Mitglieder des Personalrates auf die Gruppen (§ 17 Absatz 6 des Gesetzes) nicht beschlossen worden, so errechnet der Wahlvorstand die Verteilung der Personalratssitze auf die Gruppen nach dem Höchstzahlverfahren (Absätze 2 und 3).

(2) Die Zahlen der der Dienststelle angehörenden Beschäftigten der einzelnen Gruppen (§ 2 Abs. 1) werden nebeneinandergestellt und der Reihe nach durch 1, 2, 3 usw. geteilt. Auf die jeweils höchste Teilzahl (Höchstzahl) wird so lange ein Sitz zugeteilt, bis alle Personalratssitze (§§ 16 und 17 Abs. 4 des Gesetzes) verteilt sind. Jede Gruppe erhält soviel Sitze, wie Höchstzahlen auf sie entfallen. Ist bei gleichen Höchstzahlen nur noch ein Sitz oder sind bei drei gleichen Höchstzahlen nur noch zwei Sitze zu verteilen, so entscheidet das Los.

(3) Entfallen bei der Verteilung der Sitze nach Absatz 2 auf eine Gruppe weniger Sitze, als ihr nach § 17 Abs. 3 des Gesetzes mindestens zustehen, so erhält sie die in § 17 Abs. 3 des Gesetzes vorgeschriebene Zahl von Sitzen. Die Zahl der Sitze der übrigen Gruppen vermindert sich entsprechend. Dabei werden die jeweils zuletzt zugeteilten Sitze zuerst gekürzt. Ist bei gleichen Höchstzahlen nur noch ein Sitz zu kürzen, entscheidet das Los, welche Gruppe den Sitz abzugeben hat. Sitze, die einer Gruppe nach den Vorschriften des Gesetzes mindestens zustehen, können ihr nicht entzogen werden.

(4) Haben in einer Dienststelle alle Gruppen die gleiche Anzahl von Angehörigen, so erübrigt sich die Errechnung der Sitze nach dem Höchstzahlverfahren; in diesen Fällen entscheidet das Los, wem die höhere Zahl von Sitzen zufällt.

§ 6 Wahlausschreiben

(1) Nach Ablauf der in § 4 bestimmten Frist und spätestens sechs Wochen vor dem letzten Tag der Stimmabgabe erläßt der Wahlvorstand ein Wahlausschreiben. Es ist von sämtlichen Mitgliedern des Wahlvorstandes zu unterschreiben.

(2) Das Wahlausschreiben muß enthalten

1. Ort und Tag seines Erlasses,
2. die Zahl der zu wählenden Mitglieder des Personalrates, getrennt nach Gruppen,

2a. Angaben über die Anteile der Geschlechter innerhalb der Dienststelle, getrennt nach Gruppen,

3. Angaben darüber, ob die Gruppen ihre Vertreter in getrennten Wahlgängen wählen (Gruppenwahl) oder vor Erlaß des Wahlausschreibens gemeinsame Wahl beschlossen worden ist,
4. die Angabe, wo und wann das Wählerverzeichnis und diese Wahlordnung zur Einsicht ausliegen,
5. den Hinweis, daß nur Beschäftigte wählen können, die in das Wählerverzeichnis eingetragen sind,

5a. den Hinweis, daß die Geschlechter im Personalrat entsprechend dem Zahlenverhältnis vertreten sein sollen,

6. den Hinweis, daß Einsprüche gegen das Wählerverzeichnis nur binnen sechs Arbeitstagen seit seiner Auslegung schriftlich beim Wahlvorstand eingelegt werden können, der letzte Tag der Einspruchsfrist ist anzugeben,

7. die Mindestzahl von wahlberechtigten Beschäftigten, von denen ein Wahlvorschlag unterzeichnet sein muß, und den Hinweis, daß jeder Beschäftigte für die Wahl des Personalrates nur auf einem Wahlvorschlag benannt werden kann,

7a. den Hinweis, daß der Wahlvorschlag einer in der Dienststelle vertretenen Gewerkschaft von zwei Beauftragten unterzeichnet sein muß (§ 20 Absatz 5 des Gesetzes),

8. die Aufforderung, Wahlvorschläge binnen achtzehn Kalendertagen nach dem Erlaß des Wahlausschreibens beim Wahlvorstand einzureichen, der letzte Tag der Einreichungsfrist ist anzugeben,

9. den Hinweis, daß nur fristgerecht eingereichte Wahlvorschläge berücksichtigt werden und daß nur gewählt werden kann, wer in einen solchen Wahlvorschlag aufgenommen ist,

10. den Ort, an dem die Wahlvorschläge bekanntgegeben werden,

11. den Ort und die Zeit der Stimmabgabe,

12. einen Hinweis auf die Möglichkeit der schriftlichen Stimmabgabe, gegebenenfalls auf die Anordnung der schriftlichen Stimmabgabe nach § 19 oder § 19a,

13. den Ort und die Zeit der Stimmenauszählung und der Sitzung des Wahlvorstandes, in der das Wahlergebnis abschließend festgestellt wird,

14. den Ort, an dem Einsprüche, Wahlvorschläge und andere Erklärungen gegenüber dem Wahlvorstand abzugeben sind.

(3) Der Wahlvorstand hat eine Abschrift oder einen Abdruck des Wahlausschreibens vom Tage des Erlasses bis zum Abschluß der Stimmabgabe an einer oder an mehreren geeigneten, den Wahlberechtigten zugänglichen Stellen auszuhängen und in gut lesbarem Zustand zu erhalten.

(4) Offenbare Unrichtigkeiten des Wahlausschreibens können vom Wahlvorstand jederzeit berichtigt werden.

(5) Mit Erlaß des Wahlausschreibens ist die Wahl eingeleitet.

§ 7 Wahlvorschläge, Einreichungsfrist

(1) Zur Wahl des Personalrates können die wahlberechtigten Beschäftigten und die in der Dienststelle vertretenen Gewerkschaften Wahlvorschläge machen.

(2) Die Wahlvorschläge sind binnen achtzehn Kalendertagen nach dem Erlaß des Wahlausschreibens beim Wahlvorstand einzureichen. Bei Gruppenwahl sind für die einzelnen Gruppen getrennte Wahlvorschläge einzureichen.

§ 8 Inhalt der Wahlvorschläge

(1) Jeder Wahlvorschlag soll mindestens doppelt soviel Bewerber erhalten, wie

1. bei Gruppenwahl Gruppenvertreter,
2. bei gemeinsamer Wahl Personalratsmitglieder zu wählen sind.

(2) Die Namen der einzelnen Bewerber sind auf dem Wahlvorschlag untereinander aufzuführen und mit fortlaufenden Nummern zu versehen. Außer dem Familiennamen sind der Vorname, das Geburtsdatum, die Amts- oder Funktionsbezeichnung, die Gruppenzugehörigkeit und, soweit Sicherheitsbedürfnisse nicht entgegenstehen, die Beschäftigungsstelle anzugeben. Bei gemeinsamer Wahl sind in dem Wahlvorschlag die Bewerber jeweils nach Gruppen zusammenzufassen. Der Wahlvorschlag darf keine Änderungen enthalten; gegebenenfalls ist ein neuer Wahlvorschlag zu fertigen und zu unterzeichnen.

(3) Jeder Wahlvorschlag der Beschäftigten muß nach § 20 Absatz 1 bis 3 des Gesetzes

1. bei Gruppenwahl von mindestens einem Zwanzigstel der wahlberechtigten Gruppenangehörigen, jedoch mindestens von drei wahlberechtigten Gruppenangehörigen,
2. bei gemeinsamer Wahl von mindestens einem Zwanzigstel der wahlberechtigten Beschäftigten, jedoch mindestens von drei wahlberechtigten Beschäftigten,
3. bei gemeinsamer Wahl, wenn gruppenfremde Bewerber vorgeschlagen werden, von mindestens einem Zehntel der wahlberechtigten Angehörigen der Gruppe, für die sie vorgeschlagen sind,

unterzeichnet sein. Bruchteile eines Zehntels oder Zwanzigstels werden auf ein volles Zehn-

V

tel oder Zwanzigstel aufgerundet. In jedem Falle genügen bei Gruppenwahl die Unterschriften von 50 wahlberechtigten Gruppenangehörigen, bei gemeinsamer Wahl die Unterschriften von 50 wahlberechtigten Beschäftigten. Macht eine in der Dienststelle vertretene Gewerkschaft einen Wahlvorschlag, so muß dieser von zwei in der Dienststelle beschäftigten Beauftragten, die einer der in der Dienststelle vertretenen Gewerkschaften angehören, unterzeichnet sein. Hat der Wahlvorstand Zweifel, ob eine Beauftragung durch eine in der Dienststelle vertretene Gewerkschaft tatsächlich vorliegt, kann er verlangen, daß die Gewerkschaft den Auftrag bestätigt; dies soll schriftlich erfolgen. Entsprechendes gilt bei Zweifeln, ob ein Beauftragter einer in der Dienststelle vertretenen Gewerkschaft als Mitglied angehört.

(4) Aus dem Wahlvorschlag der Beschäftigten soll zu ersehen sein, welcher Beschäftigte zur Vertretung des Vorschlages gegenüber dem Wahlvorstand und zur Entgegennahme von Erklärungen und Entscheidungen des Wahlvorstandes berechtigt ist (Listenvertreter). Fehlt eine Angabe hierüber, gilt der Unterzeichner als berechtigt, der an erster Stelle steht. In den Fällen des Absatzes 3 Satz 4 kann die Gewerkschaft einen der von ihr beauftragten Vorschlagsberechtigten oder einen anderen in der Dienststelle Beschäftigten, der Mitglied der Gewerkschaft ist, als Listenvertreter benennen.

(5) Der Wahlvorschlag soll mit einem Kennwort versehen werden.

§ 9 Sonstige Erfordernisse

(1) Jeder Bewerber kann für die Wahl des Personalrates nur auf einem Wahlvorschlag vorgeschlagen werden.

(2) Dem Wahlvorschlag ist die schriftliche Zustimmung der in ihm aufgeführten Bewerber zur Aufnahme in den Wahlvorschlag beizufügen; die Zustimmung kann nicht widerrufen werden.

(3) Jeder vorschlagsberechtigte Beschäftigte (§ 8 Abs. 3) kann seine Unterschrift zur Wahl des Personalrates rechtswirksam nur für einen Wahlvorschlag abgeben. Jede vorschlagsberechtigte Gewerkschaft kann durch ihre Beauftragten rechtswirksam nur einen Wahlvorschlag für jede Gruppe unterzeichnen lassen.

(4) Eine Verbindung von Wahlvorschlägen ist unzulässig.

§ 10 Behandlung der Wahlvorschläge durch den Wahlvorstand, ungültige Wahlvorschläge

(1) Der Wahlvorstand vermerkt auf den Wahlvorschlägen den Tag und die Uhrzeit des Eingangs. Im Falle des Absatzes 5 ist auch der Zeitpunkt des Eingangs des berichtigten Wahlvorschlages zu vermerken.

(2) Wahlvorschläge, die ungültig sind, insbesondere,

weil die Bewerber nicht in erkennbarer Reihenfolge aufgeführt sind,

weil sie bei der Einreichung nicht die erforderliche Anzahl von Unterschriften aufweisen,

weil sie nicht fristgerecht eingereicht worden sind oder

weil sie Änderungen enthalten (§ 8 Abs. 2 Satz 4),

gibt der Wahlvorstand unverzüglich nach Eingang unter Angabe der Gründe zurück. Die Zurückziehung von Unterschriften nach Einreichung des Wahlvorschlages beeinträchtigt dessen Gültigkeit nicht; Absatz 4 bleibt unberührt.

(3) Der Wahlvorstand hat einen Bewerber, der mit seiner schriftlichen Zustimmung auf mehreren Wahlvorschlägen benannt ist, aufzufordern, binnen drei Arbeitstagen zu erklären, auf welchem Wahlvorschlag er benannt bleiben will. Gibt der Bewerber diese Erklärung nicht fristgerecht ab, so wird er von sämtlichen Wahlvorschlägen gestrichen.

(4) Der Wahlvorstand hat einen vorschlagsberechtigten Beschäftigten (§ 8 Abs. 3), der mehrere Wahlvorschläge unterzeichnet hat, schriftlich gegen Empfangsbestätigung, erforderlichenfalls durch eingeschriebenen Brief, aufzufordern, binnen drei Arbeitstagen seit dem Zugang der Aufforderung zu erklären, welche Unterschrift er aufrechterhält. Gibt der Beschäftigte diese Erklärung nicht fristgerecht ab, so zählt seine Unterschrift auf keinem Wahl-

vorschlag. Entsprechendes gilt für Wahlvorschläge der Gewerkschaften, die mit § 9 Abs. 3 Satz 2 nicht in Einklang stehen.

(5) Wahlvorschläge, die

1. den Erfordernissen des § 8 Abs. 2 Satz 1 bis 3 nicht entsprechen,
2. ohne die schriftliche Zustimmung der Bewerber eingereicht sind,
3. infolge von Streichungen gemäß Absatz 4 nicht mehr die erforderliche Anzahl von Unterschriften aufweisen,

hat der Wahlvorstand gegen schriftliche Empfangsbestätigung, erforderlichenfalls durch eingeschriebenen Brief, mit der Aufforderung zurückzugeben, die Mängel binnen drei Arbeitstagen seit dem Zugang der Aufforderung zu beseitigen. Werden die Mängel nicht fristgerecht beseitigt, sind diese Wahlvorschläge ungültig.

§ 11 Nachfrist für die Einreichung von Wahlvorschlägen

(1) Ist nach Ablauf der Fristen nach § 7 Abs. 2 und § 10 Abs. 5 Satz 1 Nr. 1 und 2 bei Gruppenwahl nicht für jede Gruppe ein gültiger Wahlvorschlag, bei gemeinsamer Wahl überhaupt kein gültiger Wahlvorschlag eingegangen, so gibt der Wahlvorstand dies sofort durch Aushang an den gleichen Stellen, an denen das Wahlausschreiben ausgehängt ist, bekannt. Gleichzeitig fordert er zur Einreichung von Wahlvorschlägen innerhalb einer Nachfrist von sechs Arbeitstagen auf.

(2) Im Falle der Gruppenwahl weist der Wahlvorstand in der Bekanntmachung darauf hin, daß eine Gruppe keine Vertreter in den Personalrat wählen kann, wenn auch innerhalb der Nachfrist für sie kein gültiger Wahlvorschlag eingeht. Im Falle gemeinsamer Wahl weist der Wahlvorstand darauf hin, daß der Personalrat nicht gewählt werden kann, wenn auch innerhalb der Nachfrist kein gültiger Wahlvorschlag eingeht.

(3) Gehen auch innerhalb der Nachfrist gültige Wahlvorschläge nicht ein, so gibt der Wahlvorstand sofort bekannt

1. bei Gruppenwahl, für welche Gruppe oder für welche Gruppen keine Vertreter gewählt werden können,
2. bei gemeinsamer Wahl, daß diese Wahl nicht stattfinden kann.

§ 12 Bezeichnung der Wahlvorschläge

(1) Nach Ablauf der Fristen nach § 7 Abs. 2, § 10 Abs. 5 und § 11 Abs. 1 ermittelt der Wahlvorstand durch das Los die Reihenfolge der Wahlvorschläge auf dem Stimmzettel. Finden Wahlen für Personalvertretungen mehrerer Stufen gleichzeitig statt, ist für Wahlvorschläge mit demselben Kennwort für die Wahlen auf allen Stufen die Losentscheidung auf der obersten Stufe maßgebend. Für Wahlvorschläge, die an der Losentscheidung auf der obersten Stufe nicht beteiligt sind, werden die folgenden Plätze auf dem Stimmzettel ausgelost. Die Listenvertreter (§ 8 Abs. 4) sind zu der Losentscheidung rechtzeitig einzuladen.

(2) Der Wahlvorstand bezeichnet die Wahlvorschläge mit den Familien- und Vornamen der in dem Wahlvorschlag an erster und zweiter Stelle benannten Bewerber, bei gemeinsamer Wahl mit den Familien- und Vornamen der für die Gruppen an erster Stelle benannten Bewerber. Bei Wahlvorschlägen, die mit einem Kennwort versehen sind, ist auch das Kennwort anzugeben.

§ 13 Bekanntmachung der Wahlvorschläge

(1) Unverzüglich nach Ablauf der Fristen nach § 7 Abs. 2, § 10 Abs. 5 und § 11 Abs. 1, spätestens jedoch fünf Arbeitstage vor Beginn der Stimmabgabe, gibt der Wahlvorstand die als gültig anerkannten Wahlvorschläge durch Aushang bis zum Abschluß der Stimmabgabe an den gleichen Stellen wie das Wahlausschreiben bekannt. Die Stimmzettel sollen in diesem Zeitpunkt vorliegen.

(2) Die Namen der Unterzeichner der Wahlvorschläge werden nicht bekanntgemacht.

§ 14 Sitzungsniederschriften

Der Wahlvorstand fertigt über jede Sitzung, in der er einen Beschluß gefaßt hat, eine Niederschrift, die mindestens den Wortlaut des Beschlusses enthält. Sie ist von sämtlichen Mitgliedern des Wahlvorstandes zu unterzeichnen.

§ 15 Ausübung des Wahlrechts, Stimmzettel, ungültige Stimmabgabe

(1) Wählen kann nur, wer in das Wählerverzeichnis eingetragen ist.

(2) Das Wahlrecht wird durch Abgabe eines Stimmzettels in einem Wahlumschlag ausgeübt. Bei Gruppenwahl müssen die Stimmzettel für jede Gruppe, bei gemeinsamer Wahl alle Stimmzettel dieselbe Größe, Farbe, Beschaffenheit und Beschriftung haben. Dasselbe gilt für die Wahlumschläge. Gehören der Dienststelle ausländische Beschäftigte an, so sind Musterstimmzettel nebst einer Übersetzung in die Muttersprache der Beschäftigten im Wahllokal an gut sichtbarer Stelle auszuhängen.

(3) Ist nach den Grundsätzen der Verhältniswahl zu wählen (§ 25 Abs. 1), so kann die Stimme nur für den gesamten Wahlvorschlag (Vorschlagsliste) abgegeben werden. Ist nach den Grundsätzen der Personenwahl zu wählen (§ 28 Abs. 1, § 30 Abs. 1), so wird die Stimme für die zu wählenden einzelnen Bewerber abgegeben.

(4) Ungültig sind Stimmzettel,

1. die nicht in einem Wahlumschlag abgegeben sind,
2. die nicht den Erfordernissen des Absatzes 2 Satz 2 entsprechen,
3. aus denen sich der Wille des Wählers nicht zweifelsfrei ergibt,
4. die ein besonderes Merkmal, einen Zusatz oder einen Vorbehalt enthalten.

(5) Mehrere in einem Wahlumschlag für eine Wahl enthaltene Stimmzettel, die gleich lauten, werden als eine Stimme gezählt.

(6) Hat der Wähler einen Stimmzettel verschrieben, diesen oder seinen Wahlumschlag versehentlich unbrauchbar gemacht, so ist ihm auf Verlangen gegen Rückgabe der unbrauchbaren Wahlunterlagen ein neuer Stimmzettel und gegebenenfalls ein neuer Wahlumschlag auszuhändigen. Der Wahlvorstand hat die zurückgegebenen Unterlagen unverzüglich in Gegenwart des Wählers zu vernichten.

§ 16 Wahlhandlung

(1) Der Wahlvorstand trifft Vorkehrungen, daß der Wähler den Stimmzettel im Wahlraum unbeobachtet kennzeichnen und in den Wahlumschlag legen kann. Für die Aufnahme der Umschläge sind Wahlurnen zu verwenden. Vor Beginn der Stimmabgabe sind die Wahlurnen vom Wahlvorstand zu verschließen. Sie müssen so eingerichtet sein, daß die eingeworfenen Umschläge nicht vor Öffnung der Urne entnommen werden können. Findet Gruppenwahl statt, so kann die Stimmabgabe nach Gruppen getrennt durchgeführt werden; in jedem Fall sind jedoch getrennte Wahlurnen zu verwenden.

(2) Ein Wähler, der durch körperliches Gebrechen in der Stimmabgabe behindert ist, bestimmt eine Person seines Vertrauens, deren er sich bei der Stimmabgabe bedienen will, und gibt dies dem Wahlvorstand bekannt. Die Hilfeleistung hat sich auf die Erfüllung der Wünsche des Wählers zur Stimmabgabe zu beschränken. Die Vertrauensperson darf gemeinsam mit dem Wähler die Wahlzelle aufsuchen, soweit das zur Hilfeleistung erforderlich ist. Die Vertrauensperson ist zur Geheimhaltung der Kenntnisse verpflichtet, die sie bei der Hilfeleistung von der Wahl eines anderen erlangt hat. Wahlbewerber, Mitglieder des Wahlvorstandes und Wahlhelfer dürfen nicht zur Hilfeleistung herangezogen werden.

(3) Solange der Wahlraum zur Stimmabgabe geöffnet ist, müssen mindestens zwei Mitglieder des Wahlvorstandes im Wahlraum anwesend sein; sind Wahlhelfer bestellt (§ 1 Abs. 1), genügt die Anwesenheit eines Mitgliedes des Wahlvorstandes und eines Wahlhelfers.

(4) Vor Einwurf des Wahlumschlages in die Urne ist festzustellen, ob der Wähler im Wählerverzeichnis eingetragen ist. Ist dies der Fall, übergibt der Wähler den Umschlag dem mit der Entgegennahme der Wahlumschläge betrauten Mitglied des Wahlvorstandes, das ihn in Gegenwart des Wählers ungeöffnet in die Wahlurne legt. Der Wähler kann den Wahlumschlag auch selbst in die Urne legen, wenn das mit der Entgegennah-

me der Wahlumschläge betraute Mitglied des Wahlvorstandes es gestattet. Die Stimmabgabe ist im Wählerverzeichnis zu vermerken.

(5) Wird die Wahlhandlung unterbrochen oder wird das Wahlergebnis nicht unmittelbar nach Abschluß der Stimmabgabe festgestellt, so hat der Wahlvorstand für die Zwischenzeit die Wahlurne so zu verschließen und aufzubewahren, daß der Einwurf oder die Entnahme von Stimmzetteln ohne Beschädigung des Verschlusses unmöglich ist. Bei Wiedereröffnung der Wahl oder bei Entnahme der Stimmzettel zur Stimmenzählung hat sich der Wahlvorstand davon zu überzeugen, daß der Verschluß unversehrt ist.

§ 17 Schriftliche Stimmabgabe

(1) Einem wahlberechtigten Beschäftigten, der im Zeitpunkt der Wahl verhindert ist, seine Stimme persönlich abzugeben, hat der Wahlvorstand auf sein Verlangen

1. die Wahlvorschläge,
2. den Stimmzettel und den Wahlumschlag,
3. eine vorgedruckte, vom Wähler abzugebende Erklärung, in der dieser gegenüber dem Wahlvorstand versichert, daß er den Stimmzettel persönlich gekennzeichnet hat oder, soweit unter den Voraussetzungen des § 16 Abs. 2 erforderlich, durch eine Person seines Vertrauens hat kennzeichnen lassen sowie
4. einen größeren Freiumschlag, der die Anschrift des Wahlvorstandes und als Absender den Namen und die Anschrift des Wahlberechtigten sowie den Vermerk „Schriftliche Stimmabgabe" trägt,

auszuhändigen oder zu übersenden. Der Wahlvorstand soll dem Wähler ferner ein Merkblatt über die Art und Weise der schriftlichen Stimmabgabe (Absatz 2) aushändigen oder übersenden. Auf Antrag ist auch ein Abdruck des Wahlausschreibens auszuhändigen oder zu übersenden. Der Wahlvorstand hat die Aushändigung oder Übersendung im Wählerverzeichnis zu vermerken.

(2) Der Wähler gibt seine Stimme in der Weise ab, daß er

1. den Stimmzettel unbeobachtet persönlich kennzeichnet und in den Wahlumschlag legt,
2. die vorgedruckte Erklärung unter Angabe des Ortes und des Datums unterschreibt und
3. den Wahlumschlag, in den der Stimmzettel gelegt ist, und die unterschriebene Erklärung (Absatz 1 Satz 1 Nr. 3) in dem Freiumschlag verschließt und diesen so rechtzeitig an den Wahlvorstand absendet oder übergibt, daß er vor Abschluß der Stimmabgabe vorliegt.

Der Wähler kann, soweit unter den Voraussetzungen des § 16 Abs. 2 erforderlich, die in den Nummern 1 bis 3 bezeichneten Tätigkeiten durch eine Person seines Vertrauens verrichten lassen.

§ 18 Behandlung der schriftlich abgegebenen Stimmen

(1) Unmittelbar vor Abschluß der Stimmabgabe öffnet der Wahlvorstand in öffentlicher Sitzung die bis zu diesem Zeitpunkt eingegangenen Freiumschläge und entnimmt ihnen die Wahlumschläge und die vorgedruckten Erklärungen (§ 17 Abs. 1 Satz 1 Nr. 3). Ist die schriftliche Stimmabgabe ordnungsgemäß erfolgt (§ 17 Abs. 2), so legt der Wahlvorstand den Wahlumschlag nach Vermerk der Stimmabgabe im Wählerverzeichnis ungeöffnet in die Wahlurne.

(2) Verspätet eingehende Briefumschläge hat der Wahlvorstand mit einem Vermerk über den Zeitpunkt des Eingangs ungeöffnet zu den Wahlunterlagen zu nehmen. Die Briefumschläge sind einen Monat nach Bekanntgabe des Wahlergebnisses ungeöffnet zu vernichten, wenn die Wahl nicht angefochten worden ist.

§ 19 Stimmabgabe bei Nebenstellen und Teilen von Dienststellen

Für die Beschäftigten von

1. nachgeordneten Stellen einer Dienststelle, die nicht nach § 6 Absatz 1 Satz 2 des Gesetzes selbständig sind, oder
2. Nebenstellen oder Teilen einer Dienststelle, die räumlich weit von dieser entfernt

liegen und nicht als selbständige Dienststelle nach § 7 des Gesetzes gelten,

kann der Wahlvorstand die Stimmabgabe in diesen Stellen durchführen oder die schriftliche Stimmabgabe anordnen. Wird die schriftliche Stimmabgabe angeordnet, so hat der Wahlvorstand den wahlberechtigten Beschäftigten die in § 17 Abs. 1 bezeichneten Unterlagen zu übersenden.

§ 20 Feststellung des Wahlergebnisses

(1) Unverzüglich nach Abschluß der Wahl nimmt der Wahlvorstand öffentlich die Auszählung der Stimmen vor und stellt das Ergebnis fest.

(2) Nach Öffnung der Wahlurne entnimmt der Wahlvorstand die Stimmzettel den Wahlumschlägen und prüft ihre Gültigkeit.

(3) Der Wahlvorstand zählt

1. im Falle der Verhältniswahl die auf jede Vorschlagsliste,
2. im Falle der Personenwahl die auf jeden einzelnen Bewerber

entfallenen gültigen Stimmzettel zusammen.

(4) Stimmzettel, über deren Gültigkeit oder Ungültigkeit der Wahlvorstand beschließt, weil sie zu Zweifeln Anlaß geben, sind mit fortlaufender Nummer zu versehen und von den übrigen Stimmzetteln gesondert bei den Wahlunterlagen aufzubewahren.

§ 21 Wahlniederschrift

(1) Über das Wahlergebnis fertigt der Wahlvorstand eine Niederschrift, die von sämtlichen Mitgliedern des Wahlvorstandes zu unterzeichnen ist.

Die Niederschrift muß enthalten

1. bei Gruppenwahl die Summe der von jeder Gruppe abgegebenen Stimmen, bei gemeinsamer Wahl die Summe aller abgegebenen Stimmen,
2. bei Gruppenwahl die Summe der von jeder Gruppe abgegebenen gültigen Stimmen, bei gemeinsamer Wahl die Summe aller abgegebenen gültigen Stimmen,
3. die Zahl der für jede Gruppe abgegebenen ungültigen Stimmen, bei gemeinsamer Wahl die Summe aller abgegebenen ungültigen Stimmen,
4. die für die Gültigkeit oder die Ungültigkeit zweifelhafter Stimmen maßgebenden Gründe,
5. im Falle der Verhältniswahl die Zahl der auf jede Vorschlagsliste entfallenen gültigen Stimmen sowie die Errechnung der Höchstzahlen und ihre Verteilung auf die Vorschlagslisten, im Falle der Personenwahl die Zahl der auf jeden Bewerber entfallenen gültigen Stimmen,
6. die Namen der gewählten Bewerber.

(2) Besondere Vorkommnisse bei der Wahlhandlung oder der Feststellung des Wahlergebnisses sind in der Niederschrift zu vermerken.

§ 22 Benachrichtigung der gewählten Bewerber

Der Wahlvorstand benachrichtigt die als Personalratsmitglieder Gewählten unverzüglich schriftlich gegen Empfangsbestätigung, erforderlichenfalls durch eingeschriebenen Brief, von ihrer Wahl. Erklärt ein Gewählter nicht binnen drei Arbeitstagen nach Zugang der Benachrichtigung dem Wahlvorstand, daß er die Wahl ablehne, so gilt die Wahl als angenommen.

§ 23 Bekanntmachung des Wahlergebnisses

Der Wahlvorstand gibt das Wahlergebnis und die Namen der als Personalratsmitglieder gewählten Bewerber durch zweiwöchigen Aushang an den Stellen bekannt, an denen das Wahlausschreiben bekanntgemacht worden ist.

§ 24 Aufbewahrung der Wahlunterlagen

Die Wahlunterlagen (Niederschriften, Bekanntmachungen, Stimmzettel, Freiumschläge für die schriftliche Stimmabgabe usw.) werden vom Personalrat mindestens bis zur Durchführung der nächsten Personalratswahl aufbewahrt.

Zweiter Abschnitt
Besondere Vorschriften für die Wahl mehrerer Personalratsmitglieder oder Gruppenvertreter

Erster Unterabschnitt
Wahlverfahren bei Vorliegen mehrerer Wahlvorschläge (Verhältniswahl)

§ 25 Voraussetzungen für Verhältniswahl, Stimmzettel, Stimmabgabe

(1) Nach den Grundsätzen der Verhältniswahl (Listenwahl) ist zu wählen, wenn

1. bei Gruppenwahl für die betreffende Gruppe mehrere gültige Wahlvorschläge,
2. bei gemeinsamer Wahl mehrere gültige Wahlvorschläge

eingegangen sind. In diesen Fällen kann jeder Wähler seine Stimme nur für den gesamten Wahlvorschlag (Vorschlagsliste) abgeben.

(2) Auf dem Stimmzettel sind die Vorschlagslisten in der nach § 12 Abs. 1 ermittelten Reihenfolge unter Angabe von Familienname, Vorname, Amts- oder Funktionsbezeichnung und Gruppenzugehörigkeit der an erster und zweiter Stelle benannten Bewerber, bei gemeinsamer Wahl der für die Gruppen an erster Stelle benannten Bewerber untereinander aufzuführen; bei Listen, die mit einem Kennwort versehen sind, ist auch das Kennwort anzugeben.

(3) Der Wähler hat auf dem Stimmzettel die Vorschlagsliste anzukreuzen, für die er seine Stimme abgeben will.

§ 26 Ermittlung der gewählten Gruppenvertreter bei Gruppenwahl

(1) Bei Gruppenwahl werden die Summen der auf die einzelnen Vorschlagslisten jeder Gruppe entfallenen Stimmen nebeneinandergestellt und der Reihe nach durch 1, 2, 3 usw. geteilt. Auf die jeweils höchste Teilzahl (Höchstzahl) wird so lange ein Sitz zugeteilt, bis alle der Gruppe zustehenden Sitze (§ 5) verteilt sind. Ist bei gleichen Höchstzahlen nur noch ein Sitz oder sind bei drei gleichen Höchstzahlen nur noch zwei Sitze zu verteilen, so entscheidet das Los.

(2) Enthält eine Vorschlagsliste weniger Bewerber als ihr nach den Höchstzahlen Sitze zustehen würden, so fallen die überschüssigen Sitze den übrigen Vorschlagslisten in der Reihenfolge der nächsten Höchstzahlen zu.

(3) Innerhalb der Vorschlagslisten sind die Sitze auf die Bewerber in der Reihenfolge ihrer Benennung (§ 8 Abs. 2) zu verteilen.

§ 27 Ermittlung der gewählten Gruppenvertreter bei gemeinsamer Wahl

(1) Bei gemeinsamer Wahl werden die Summen der auf die einzelnen Vorschlagslisten entfallenen Stimmen nebeneinandergestellt und der Reihe nach durch 1, 2, 3 usw. geteilt. Die jeder Gruppe zustehenden Sitze werden getrennt, jedoch unter Verwendung derselben Teilzahlen ermittelt. § 26 Abs. 1 Satz 2 und 3 gilt entsprechend.

(2) Enthält eine Vorschlagsliste weniger Bewerber einer Gruppe, als dieser nach den Höchstzahlen Sitze zustehen würden, so fallen die restlichen Sitze dieser Gruppe den Angehörigen derselben Gruppe auf den übrigen Vorschlagslisten in der Reihenfolge der nächsten Höchstzahlen zu.

(3) Innerhalb der Vorschlagslisten werden die den einzelnen Gruppen zustehenden Sitze auf die Angehörigen der entsprechenden Gruppe in der Reihenfolge ihrer Benennung verteilt.

Zweiter Unterabschnitt
Wahlverfahren bei Vorliegen eines Wahlvorschlages (Personenwahl)

§ 28 Voraussetzungen für Personenwahl, Stimmzettel, Stimmabgabe

(1) Nach den Grundsätzen der Personenwahl ist zu wählen, wenn

1. bei Gruppenwahl für die betreffende Gruppe nur ein gültiger Wahlvorschlag,
2. bei gemeinsamer Wahl nur ein gültiger Wahlvorschlag

eingegangen ist. In diesen Fällen kann jeder Wähler nur solche Bewerber wählen, die in dem Wahlvorschlag aufgeführt sind.

(2) In den Stimmzettel werden die Bewerber aus dem Wahlvorschlag in unveränderter Reihenfolge unter Angabe von Familienname, Vorname, Amts- oder Funktionsbezeichnung und Gruppenzugehörigkeit übernommen. Der Wähler hat auf dem Stimmzettel die Namen der Bewerber anzukreuzen, für die er seine Stimme abgeben will. Der Wähler darf

1. bei Gruppenwahl nicht mehr Namen ankreuzen, als für die betreffende Gruppe Vertreter zu wählen sind,
2. bei gemeinsamer Wahl nicht mehr Namen ankreuzen, als Personalratsmitglieder zu wählen sind.

V

§ 29 Ermittlung der gewählten Bewerber

(1) Bei Gruppenwahl sind die Bewerber in der Reihenfolge der jeweils höchsten auf sie entfallenen Stimmenzahlen gewählt.

(2) Bei gemeinsamer Wahl werden die den einzelnen Gruppen zustehenden Sitze mit den Bewerbern dieser Gruppen in der Reihenfolge der jeweils höchsten auf sie entfallenen Stimmenzahlen besetzt.

(3) Bei gleicher Stimmenzahl entscheidet das Los.

Dritter Abschnitt
Besondere Vorschriften für die Wahl eines Personalratsmitgliedes oder eines Gruppenvertreters (Personenwahl)

§ 30 Voraussetzungen für Personenwahl, Stimmzettel, Stimmabgabe, Wahlergebnis

(1) Nach den Grundsätzen der Personenwahl ist zu wählen, wenn

1. bei Gruppenwahl nur ein Vertreter,
2. bei gemeinsamer Wahl nur ein Personalratsmitglied

zu wählen ist.

(2) In den Stimmzettel werden die Bewerber aus den Wahlvorschlägen in alphabetischer Reihenfolge unter Angabe von Familienname, Vorname, Amts- oder Funktionsbezeichnung übernommen.

(3) Der Wähler hat auf dem Stimmzettel den Namen des Bewerbers anzukreuzen, für den er seine Stimme abgeben will.

(4) Gewählt ist der Bewerber, der die meisten Stimmen erhalten hat. Bei gleicher Stimmenzahl entscheidet das Los.

Vierter Abschnitt
Wahl der Vertreter der nichtständig Beschäftigten

§ 31 (weggefallen)

Zweiter Teil
Wahl des Bezirkspersonalrates

§ 32 Entsprechende Anwendung der Vorschriften über die Wahl des Personalrates

Für die Wahl des Bezirkspersonalrates gelten die §§ 1 bis 30 entsprechend, soweit sich aus den §§ 33 bis 41 nichts anderes ergibt.

§ 33 Leitung der Wahl

(1) Der Bezirkswahlvorstand leitet die Wahl des Bezirkspersonalrates. Die Durchführung der Wahl in den einzelnen Dienststellen übernehmen die örtlichen Wahlvorstände im Auftrag und nach Richtlinien des Bezirkswahlvorstandes.

(2) Der örtliche Wahlvorstand gibt die Namen der Mitglieder des Bezirkswahlvorstandes und gegebenenfalls der Ersatzmitglieder und die dienstliche Anschrift seines Vorsitzenden in der Dienststelle durch Aushang bis zum Abschluß der Stimmabgabe bekannt.

§ 34 Feststellung der Beschäftigtenzahl, Wählerverzeichnis

(1) Die örtlichen Wahlvorstände stellen die Zahl der in den Dienststellen in der Regel Beschäftigten und ihre Verteilung auf die Gruppen fest und teilen diese Zahlen unverzüglich schriftlich dem Bezirkswahlvorstand mit.

(2) Die Aufstellung der Wählerverzeichnisse und die Behandlung von Einsprüchen ist Aufgabe der örtlichen Wahlvorstände. Sie teilen dem Bezirkswahlvorstand die Zahl der wahlberechtigten Beschäftigten, getrennt nach Gruppenzugehörigkeit, unverzüglich schrift-

lich mit. Innerhalb der Gruppen sind die Anteile der Geschlechter festzustellen.

§ 35 Ermittlung der Zahl der zu wählenden Bezirkspersonalratsmitglieder, Verteilung der Sitze auf die Gruppen

(1) Der Bezirkswahlvorstand ermittelt die Zahl der zu wählenden Mitglieder des Bezirkspersonalrates und die Verteilung der Sitze auf die Gruppen.

(2) Ist eine abweichende Verteilung der Mitglieder des Bezirkspersonalrates auf die Gruppen nicht beschlossen worden und entfallen bei der Verteilung der Sitze nach § 5 Abs. 2 auf eine Gruppe weniger Sitze, als ihr nach § 89 Absatz 4 des Gesetzes mindestens zustehen, so erhält sie die in § 89 Absatz 4 des Gesetzes vorgeschriebene Zahl von Sitzen.

§ 36 Gleichzeitige Wahl

Die Wahl des Bezirkspersonalrates soll möglichst gleichzeitig mit der Wahl der Personalräte in demselben Bezirk stattfinden.

§ 37 Wahlausschreiben

(1) Der Bezirkswahlvorstand erläßt das Wahlausschreiben.

(2) Der örtliche Wahlvorstand gibt das Wahlausschreiben in der Dienststelle an einer oder mehreren geeigneten, den Wahlberechtigten zugänglichen Stellen durch Aushang in gut lesbarem Zustande bis zum Abschluß der Stimmabgabe bekannt.

(3) Das Wahlausschreiben muß enthalten

1. Ort und Tag seines Erlasses,
2. die Zahl der zu wählenden Mitglieder des Bezirkspersonalrates, getrennt nach Gruppen,

2a. Angaben über die Anteile der Geschlechter innerhalb des Geschäftsbereichs, getrennt nach Gruppen,

3. Angaben darüber, ob die Gruppen ihre Vertreter in getrennten Wahlgängen wählen (Gruppenwahl) oder vor Erlaß des Wahlausschreibens gemeinsame Wahl beschlossen worden ist,
4. den Hinweis, daß nur Beschäftigte wählen können, die in das Wählerverzeichnis eingetragen sind,

4a. den Hinweis, daß die Geschlechter im Bezirkspersonalrat entsprechend dem Zahlenverhältnis vertreten sein sollen,

5. die Mindestzahl von wahlberechtigten Beschäftigten, von denen ein Wahlvorschlag unterzeichnet sein muß, und den Hinweis, daß jeder Beschäftigte nur auf einem Wahlvorschlag benannt werden kann,

5a. den Hinweis, daß der Wahlvorschlag einer im Geschäftsbereich der Behörde der Mittelstufe vertretenen Gewerkschaft von zwei Beauftragten unterzeichnet sein muß (§ 89 Absatz 2 in Verbindung mit § 20 Absatz 5 des Gesetzes),

6. die Aufforderung, Wahlvorschläge binnen achtzehn Kalendertagen nach dem Erlaß des Wahlausschreibens beim Bezirkswahlvorstand einzureichen, der letzte Tag der Einreichungsfrist ist anzugeben,
7. den Hinweis, daß nur fristgerecht eingereichte Wahlvorschläge berücksichtigt werden und daß nur gewählt werden kann, wer in einen solchen Wahlvorschlag aufgenommen ist,
8. den Tag oder die Tage der Stimmabgabe.

(4) Der örtliche Wahlvorstand ergänzt das Wahlausschreiben durch die folgenden Angaben:

1. die Angabe, wo und wann das für die örtliche Dienststelle aufgestellte Wählerverzeichnis und diese Wahlordnung zur Einsicht ausliegen,
2. den Hinweis, daß Einsprüche gegen das Wählerverzeichnis nur binnen sechs Arbeitstagen seit seiner Auslegung schriftlich beim örtlichen Wahlvorstand eingelegt werden können, der letzte Tag der Einspruchsfrist ist anzugeben,
3. den Ort, an dem die Wahlvorschläge bekanntgegeben werden,
4. den Ort und die Zeit der Stimmabgabe,
5. einen Hinweis auf die Möglichkeit der schriftlichen Stimmabgabe, gegebenenfalls auf die Anordnung der schriftlichen Stimmabgabe nach § 19,
6. den Ort und die Zeit der Stimmenauszählung,

V

7. den Ort, an dem Einsprüche und andere Erklärungen gegenüber dem Wahlvorstand abzugeben sind.

(5) Der örtliche Wahlvorstand vermerkt auf dem Wahlausschreiben den ersten und letzten Tag des Aushanges.

(6) Offenbare Unrichtigkeiten des Wahlausschreibens können vom Bezirkswahlvorstand jederzeit berichtigt werden.

(7) Mit Erlaß des Wahlausschreibens ist die Wahl eingeleitet.

§ 38 Bekanntmachungen des Bezirkswahlvorstandes

Bekanntmachungen nach den §§ 11 und 13 sind in gleicher Weise wie das Wahlausschreiben in den Dienststellen auszuhängen.

§ 39 Sitzungsniederschriften

(1) Der Bezirkswahlvorstand fertigt über jede Sitzung, in der er einen Beschluß gefaßt hat, eine Niederschrift. Die Niederschrift ist von sämtlichen Mitgliedern des Bezirkswahlvorstandes zu unterzeichnen.

(2) Die Niederschrift über die Sitzungen, in denen über Einsprüche gegen das Wählerverzeichnis entschieden ist, fertigt der örtliche Wahlvorstand.

§ 40 Stimmabgabe, Stimmzettel

Findet die Wahl des Bezirkspersonalrates zugleich mit der Wahl der Personalräte statt, so kann für die Stimmabgabe zu beiden Wahlen derselbe Umschlag verwendet werden. Für die Wahl des Bezirkspersonalrates sind Stimmzettel von anderer Farbe als für die Wahl des Personalrates zu verwenden.

§ 41 Feststellung und Bekanntmachung des Wahlergebnisses

(1) Die örtlichen Wahlvorstände zählen die auf die einzelnen Vorschlagslisten oder, wenn Personenwahl stattgefunden hat, die auf die einzelnen Bewerber entfallenen Stimmen. Sie fertigen eine Wahlniederschrift gemäß § 21.

(2) Die Niederschrift ist unverzüglich nach Feststellung des Wahlergebnisses dem Bezirkswahlvorstand eingeschrieben oder fernschriftlich zu übersenden. Die bei der Dienststelle entstandenen Unterlagen für die Wahl des Bezirkspersonalrates (§ 24) werden zusammen mit einer Abschrift der Niederschrift vom Personalrat aufbewahrt.

(3) Der Bezirkswahlvorstand zählt unverzüglich die auf jede Vorschlagsliste oder, wenn Personenwahl stattgefunden hat, die auf jeden einzelnen Bewerber entfallenen Stimmen zusammen und stellt das Ergebnis der Wahl fest.

(4) Sobald die Namen der als Mitglieder des Bezirkspersonalrates gewählten Bewerber feststehen, teilt sie der Bezirkswahlvorstand den örtlichen Wahlvorständen mit. Die örtlichen Wahlvorstände geben sie durch zweiwöchigen Aushang in der gleichen Weise wie das Wahlausschreiben bekannt.

Dritter Teil
Wahl des Hauptpersonalrates

§ 42 Entsprechende Anwendung der Vorschriften über die Wahl des Bezirkspersonalrates

Für die Wahl des Hauptpersonalrates gelten die §§ 32 bis 41 entsprechend, soweit sich aus den §§ 43 und 44 nichts anderes ergibt.

§ 43 Leitung der Wahl

Der Hauptwahlvorstand leitet die Wahl des Hauptpersonalrates.

§ 44 Durchführung der Wahl nach Bezirken

(1) Der Hauptwahlvorstand kann die bei den Behörden der Mittelstufe bestehenden oder auf sein Ersuchen bestellten örtlichen Wahlvorstände beauftragen,

1. die von den örtlichen Wahlvorständen im Bereich der Behörde der Mittelstufe festzustellenden Zahlen der in der Regel Beschäftigten und ihre Verteilung auf die Gruppen zusammenzustellen,
2. die Zahl der im Bereich der Behörde der Mittelstufe wahlberechtigten Beschäftigten, getrennt nach ihrer Gruppenzugehörigkeit und innerhalb der Gruppen nach

den Anteilen der Geschlechter, festzustellen,

3. die bei den Dienststellen im Bereich der Behörde der Mittelstufe festgestellten Wahlergebnisse zusammenzustellen,
4. Bekanntmachungen des Hauptwahlvorstandes an die übrigen örtlichen Wahlvorstände im Bereich der Behörde der Mittelstufe weiterzuleiten.

Die Wahlvorstände bei den Behörden der Mittelstufe unterrichten in diesen Fällen die übrigen örtlichen Wahlvorstände im Bereich der Behörde der Mittelstufe darüber, daß die in den Nummern 1 bis 3 genannten Angaben an sie einzusenden sind.

(2) Die Wahlvorstände bei den Behörden der Mittelstufe fertigen über die Zusammenstellung der Wahlergebnisse (Absatz 1 Satz 1 Nr. 3) eine Niederschrift.

(3) Die Wahlvorstände bei den Behörden der Mittelstufe übersenden dem Hauptwahlvorstand unverzüglich eingeschrieben oder fernschriftlich die in Absatz 1 Satz 1 Nr. 1, 2 genannten Zusammenstellungen und die Niederschrift über die Zusammenstellung der Wahlergebnisse (Absatz 2).

Vierter Teil
Wahl des Gesamtpersonalrates

§ 45 Entsprechende Anwendung der Vorschriften über die Wahl des Personalrates

Für die Wahl des Gesamtpersonalrates gelten die §§ 32 bis 41 entsprechend.

Fünfter Teil
Wahl der Jugend- und Auszubildendenvertreter

§ 46 Vorbereitung und Durchführung der Wahl der Jugend- und Auszubildendenvertretung

(1) Für die Vorbereitung und Durchführung der Wahl der Jugend- und Auszubildendenvertreter gelten die §§ 1 bis 3, 6 bis 25, 28 und 30 entsprechend mit der Abweichung, dass sich die Zahl der zu wählenden Jugend- und Auszubildendenvertreter ausschließlich aus § 101 Absatz 1 des Gesetzes ergibt und dass die Vorschriften über Gruppenwahl (§ 19 Absatz 2 des Gesetzes), über den Minderheitenschutz (§ 17 Absatz 3 und 4 des Gesetzes) und über die Zusammenfassung der Bewerber in den Wahlvorschlägen nach Gruppen (§ 8 Absatz 2 Satz 3) nicht anzuwenden sind. Dem Wahlvorstand muss mindestens ein nach § 15 des Gesetzes wählbarer Beschäftigter angehören.

(2) Sind mehrere Jugend- und Auszubildendenvertreter zu wählen und ist die Wahl aufgrund mehrerer Vorschlagslisten durchgeführt worden, so werden die Summen der auf die einzelnen Vorschlagslisten entfallenen Stimmen nebeneinandergestellt und der Reihe nach durch 1, 2, 3 usw. geteilt. Auf die jeweils höchste Teilzahl (Höchstzahl) wird so lange ein Sitz zugeteilt, bis alle Sitze (§ 101 Absatz 1 des Gesetzes) verteilt sind. § 26 Abs. 1 Satz 3, Abs. 2 und 3 findet Anwendung.

(3) Sind mehrere Jugend- und Auszubildendenvertreter zu wählen und ist die Wahl aufgrund eines Wahlvorschlages durchgeführt worden, so sind die Bewerber in der Reihenfolge der jeweils höchsten auf sie entfallenen Stimmenzahl gewählt; bei Stimmengleichheit entscheidet das Los.

§ 47 Wahl der Jugend- und Auszubildendenstufenvertretungen

(1) Für die Wahl der Jugend- und Auszubildendenstufenvertretungen nach § 107 Absatz 1 des Gesetzes gelten die §§ 33 bis 41, 43, 44 und 46 entsprechend. In Dienststellen, denen in der Regel weniger als fünf Beschäftigte angehören, die das 18. Lebensjahr noch nicht vollendet haben oder die sich in einer beruflichen Ausbildung befinden, führt der Bezirks- oder Hauptwahlvorstand die Wahl der Jugend- und Auszubildendenstufenvertretungen durch. In den genannten Dienststellen werden keine Wahlvorstände bestellt; der Bezirks- oder Hauptwahlvorstand kann die schriftliche Stimmabgabe anordnen. In diesem Fall hat der Bezirks- oder Hauptwahl-

vorstand den in Satz 2 genannten Beschäftigten, die wahlberechtigt sind, die in § 17 Absatz 1 bezeichneten Unterlagen zu übersenden.

(2) Für die Wahl der Gesamt-Jugend- und Auszubildendenvertretung nach § 107 Absatz 2 des Gesetzes gelten Absatz 1 und § 46 entsprechend.

Sechster Teil
Besondere Verwaltungszweige

§ 48 (weggefallen)

§ 49 Personalvertretungen im Bundesnachrichtendienst

Für den Bundesnachrichtendienst gilt diese Wahlordnung mit folgenden Abweichungen:

1. Bei der Erstellung der Wahlunterlagen sind die Sicherheitsbestimmungen des Bundesnachrichtendienstes zu beachten. An die Stelle der Bekanntmachung durch Aushang tritt die im Bundesnachrichtendienst übliche Bekanntmachung. Die Bekanntmachungen müssen den Beschäftigten für die Dauer der in den einzelnen Vorschriften bestimmten Zeiträume zur Einsichtnahme während der Dienststunden zugänglich sein.
2. § 2 Abs. 3 ist mit der Maßgabe anzuwenden, daß die Beschäftigten nur das Wählerverzeichnis ihrer Gruppe einsehen dürfen.
3. Wird nach § 17 Abs. 1 Satz 3 ein Abdruck des Wahlausschreibens ausgehändigt oder versandt, so darf dieser nicht die Angaben nach § 6 Abs. 2 Nr. 2 und 7 enthalten.
4. Die Beschäftigten von Teilen einer Dienststelle, die räumlich von dieser entfernt liegen, geben ihre Stimme schriftlich ab.

§ 50 Wahl einer Personalvertretung im Inland durch Beschäftigte in Dienststellen des Bundes im Ausland

(1) Der Haupt- oder Bezirkswahlvorstand kann für die Wahl der Stufenvertretung durch Beschäftigte in Dienststellen des Bundes im Ausland die schriftliche Stimmabgabe anordnen. Entsprechendes gilt für die Wahl eines Gesamtpersonalrates.

(2) Auf die Wahl des Personalrates des Auswärtigen Amtes durch die in § 121 Absatz 3 Satz 1 des Gesetzes bezeichneten Beschäftigten sind die §§ 32 bis 41 sinngemäß anzuwenden. Der Wahlvorstand kann für die Wahl durch die in Satz 1 bezeichneten Beschäftigten die schriftliche Stimmabgabe anordnen.

(3) Wird nach Absatz 1 oder 2 die schriftliche Stimmabgabe angeordnet, hat der Wahlvorstand den wahlberechtigten Beschäftigten die in § 17 Abs. 1 bezeichneten Unterlagen zu übersenden.

§ 51 Vertrauensperson der lokal Beschäftigten (§ 120 des Gesetzes)

(1) Der Personalrat bestellt spätestens drei Wochen vor dem Ablauf der Amtszeit der Vertrauensperson der lokal Beschäftigten drei lokal Beschäftigte als Wahlvorstand und bestimmt einen von ihnen als Vorsitzenden. Hat der Personalrat den Wahlvorstand nicht fristgemäß bestellt oder besteht in der Dienststelle kein Personalrat, so bestellt der Leiter der Dienststelle den Wahlvorstand. Sind lokal Beschäftigte nicht oder nicht in ausreichender Zahl zur Übernahme des Wahlvorstandsamtes bereit, können wahlberechtigte Beschäftigte bestellt werden.

(2) Der Wahlvorstand hat unverzüglich eine Versammlung der lokal Beschäftigten einzuberufen. In dieser Versammlung ist die Wahl der Vertrauensperson und ihrer Stellvertreter durchzuführen.

(3) Ist eine geheime Wahl vorzunehmen (§ 120 Absatz 2 Satz 1 zweiter Halbsatz des Gesetzes), so ist wie folgt zu verfahren:

Der Wahlvorstand verteilt unbeschriebene Stimmzettel von gleicher Farbe und Größe. Jeder Wähler schreibt den Namen eines Kandidaten auf seinen Stimmzettel, faltet diesen so, daß der Name verdeckt wird, und übergibt ihn dem Wahlvorstand. Dieser legt den Stimmzettel in Gegenwart des Wählers ungeöffnet in einen dafür bestimmten Behälter und hält den Namen des Wählers in einer Liste fest. Der Wahlvorstand trifft Vorkehrungen, daß die Wähler ihren Stimmzettel unbeobachtet beschreiben können. Hat der Wahlvorstand festgestellt, daß die Wahlhandlung beendet ist, zählt er unverzüglich und ohne Unterbrechung öffentlich die Stimmen aus und stellt das Ergebnis fest.

(4) Zur Vertrauensperson gewählt ist der Kandidat, der die meisten Stimmen erhalten hat. Der Kandidat mit der zweithöchsten Stimmenzahl ist zum ersten Stellvertreter, der mit der dritthöchsten Stimmenzahl zum zweiten Stellvertreter gewählt. Bei gleicher Stimmenzahl entscheidet das Los.

Siebter Teil
Schlußvorschriften

§ 52 Berechnung von Fristen

Für die Berechnung der in dieser Verordnung festgelegten Fristen finden die §§ 186 bis 193 des Bürgerlichen Gesetzbuchs entsprechende Anwendung. Arbeitstage im Sinne dieser Wahlordnung sind die Wochentage Montag bis Freitag mit Ausnahme der gesetzlichen Feiertage.

§ 53 Übergangsregelung

Für Wahlen, zu deren Durchführung der Wahlvorstand spätestens vor dem 1. Oktober 2005 bestellt worden ist, ist die Wahlordnung zum Bundespersonalvertretungsgesetz in der bis zum 30. September 2005 geltenden Fassung anzuwenden.

§ 54 (Inkrafttreten)

VI Reise- und Umzugskosten/Trennungsgeld

Dienstreisen

Umzüge

Trennungsgeld

Bundesreisekostengesetz (BRKG)

Vom 26. Mai 2005 (BGBl. I S. 1418)

Zuletzt geändert durch
Gesetz zur Regelung des Erscheinungsbilds von Beamtinnen und Beamten sowie zur Änderung weiterer dienstrechtlicher Vorschriften
vom 28. Juni 2021 (BGBl. I S. 2250)

§ 1 Geltungsbereich

(1) Dieses Gesetz regelt Art und Umfang der Reisekostenvergütung der Beamtinnen, Beamten, Richterinnen und Richter des Bundes sowie der Soldatinnen und Soldaten und der in den Bundesdienst abgeordneten Beamtinnen, Beamten, Richterinnen und Richter.

(2) Die Reisekostenvergütung umfasst

1. die Fahrt- und Flugkostenerstattung (§ 4),
2. die Wegstreckenentschädigung (§ 5),
3. das Tagegeld (§ 6),
4. das Übernachtungsgeld (§ 7),
5. die Auslagenerstattung bei längerem Aufenthalt am Geschäftsort (§ 8),
6. die Aufwands- und Pauschvergütung (§ 9) sowie
7. die Erstattung sonstiger Kosten (§ 10).

§ 2 Dienstreisen

(1) Dienstreisen sind Reisen zur Erledigung von Dienstgeschäften außerhalb der Dienststätte. Sie müssen, mit Ausnahme von Dienstreisen am Dienst- oder Wohnort, schriftlich oder elektronisch angeordnet oder genehmigt worden sein, es sei denn, dass eine Anordnung oder Genehmigung nach dem Amt der Dienstreisenden oder dem Wesen des Dienstgeschäfts nicht in Betracht kommt. Dienstreisen sollen nur durchgeführt werden, wenn sie aus dienstlichen Gründen notwendig sind. Dienstreisen dürfen nur angeordnet oder genehmigt werden, wenn das Dienstgeschäft nicht auf andere Weise, insbesondere durch Einsatz digitaler Kommunikationsmittel, erledigt werden kann. Dienstreisen sind auch Reisen aus Anlass der Versetzung, Abordnung oder Kommandierung.

(2) Die Dauer der Dienstreise bestimmt sich nach der Abreise und Ankunft an der Wohnung, es sei denn, die Dienstreise beginnt oder endet an der Dienststätte.

§ 3 Anspruch auf Reisekostenvergütung

(1) Dienstreisenden werden auf Antrag die dienstlich veranlassten notwendigen Reisekosten vergütet. Werden Dienstreisen umweltverträglich und nachhaltig durchgeführt, sind die dadurch entstehenden notwendigen Kosten zu erstatten, soweit sie in angemessenem Verhältnis zu den Zielen der Umweltverträglichkeit und Nachhaltigkeit stehen.

(2) Der Anspruch auf Reisekostenvergütung erlischt, wenn sie nicht innerhalb einer Ausschlussfrist von sechs Monaten nach Beendigung der Dienstreise schriftlich oder elektronisch beantragt wird. Die zuständigen Stellen können bis zum Ablauf von sechs Monaten nach Antragstellung die Vorlage der maßgeblichen Kostenbelege verlangen. Werden diese Belege auf Anforderung nicht innerhalb von drei Monaten vorgelegt, kann der Vergütungsantrag insoweit abgelehnt werden.

(3) Leistungen, die Dienstreisende ihres Amtes wegen von dritter Seite aus Anlass einer Dienstreise erhalten, sind auf die Reisekostenvergütung anzurechnen.

(4) Bei Dienstreisen für eine auf Veranlassung der zuständigen Behörde ausgeübte Nebentätigkeit haben Dienstreisende nur Anspruch auf Reisekostenvergütung, die nicht von anderer Stelle zu übernehmen ist. Das gilt auch dann, wenn Dienstreisende auf ihren Anspruch gegen diese Stelle verzichtet haben.

§ 3a Vollständig automatisierter Erlass des Bescheides über die Reisekostenvergütung

Der Bescheid über die Reisekostenvergütung kann vollständig durch automatische Einrichtungen erlassen werden.

§ 4 Fahrt- und Flugkostenerstattung

(1) Entstandene Kosten für Fahrten auf dem Land- oder Wasserweg mit regelmäßig verkehrenden Beförderungsmitteln werden bis zur Höhe der niedrigsten Beförderungsklasse erstattet. Für Bahnfahrten von mindestens zwei Stunden können die entstandenen Fahrtkosten der nächsthöheren Klasse erstattet werden. Wurde aus dienstlichen oder wirtschaftlichen Gründen ein Flugzeug benutzt, werden die Kosten der niedrigsten Flugklasse erstattet. Kosten einer höheren Klasse regelmäßig verkehrender Beförderungsmittel können erstattet werden, wenn dienstliche Gründe dies im Einzelfall oder allgemein erfordern.

(2) Mögliche Fahrpreisermäßigungen sind zu berücksichtigen. Fahrtkosten werden nicht erstattet, wenn eine unentgeltliche Beförderungsmöglichkeit genutzt werden kann.

(3) Dienstreisenden, denen für Bahnfahrten die Kosten der niedrigsten Beförderungsklasse zu erstatten wären, werden bei einem Grad der Behinderung von mindestens 50 die Kosten der nächsthöheren Klasse erstattet.

(4) Wurde aus triftigem Grund ein Mietwagen oder ein Taxi benutzt, werden die entstandenen notwendigen Kosten erstattet.

§ 5 Wegstreckenentschädigung

(1) Für Fahrten mit anderen als den in § 4 genannten Beförderungsmitteln wird eine Wegstreckenentschädigung gewährt. Sie beträgt bei Benutzung eines Kraftfahrzeuges oder eines anderen motorbetriebenen Fahrzeuges 20 Cent je Kilometer zurückgelegter Strecke, höchstens jedoch 130 Euro. Die oberste Bundesbehörde kann den Höchstbetrag auf 150 Euro festsetzen, wenn dienstliche Gründe dies im Einzelfall oder allgemein erfordern.

(2) Besteht an der Benutzung eines Kraftwagens ein erhebliches dienstliches Interesse, beträgt die Wegstreckenentschädigung 30 Cent je Kilometer zurückgelegter Strecke. Das erhebliche dienstliche Interesse muss vor Antritt der Dienstreise in der Anordnung oder Genehmigung schriftlich oder elektronisch festgestellt werden.

(3) Benutzen Dienstreisende zur Erledigung von Dienstgeschäften regelmäßig ein Fahrrad, wird Wegstreckenentschädigung nach Maßgabe einer allgemeinen Verwaltungsvorschrift gemäß § 16 gewährt.

(4) Eine Wegstreckenentschädigung wird Dienstreisenden nicht gewährt, wenn sie

1. eine vom Dienstherrn unentgeltlich zur Verfügung gestellte Beförderungsmöglichkeit nutzen konnten oder
2. von anderen Dienstreisenden des Bundes oder eines anderen Dienstherrn in einem Kraftwagen mitgenommen wurden.

§ 6 Tagegeld

(1) Als Ersatz von Mehraufwendungen für Verpflegung erhalten Dienstreisende ein Tagegeld. Die Höhe des Tagegeldes bemisst sich nach der Verpflegungspauschale zur Abgeltung tatsächlich entstandener, beruflich veranlasster Mehraufwendungen im Inland nach dem Einkommensteuergesetz. Besteht zwischen der Dienststätte oder der Wohnung und der Stelle, an der das Dienstgeschäft erledigt wird, nur eine geringe Entfernung, wird Tagegeld nicht gewährt.

(2) Erhalten Dienstreisende ihres Amtes wegen unentgeltlich Verpflegung, werden von dem zustehenden Tagegeld für das Frühstück 20 Prozent und für das Mittag- und Abendessen je 40 Prozent des Tagegeldes für einen vollen Kalendertag einbehalten. Gleiches gilt, wenn das Entgelt für Verpflegung in den erstattungsfähigen Fahrt-, Übernachtungs- oder Nebenkosten enthalten ist. Die Sätze 1 und 2 sind auch dann anzuwenden, wenn Dienstreisende ihres Amtes wegen unentgeltlich bereitgestellte Verpflegung ohne triftigen Grund nicht in Anspruch nehmen. Die oberste Dienstbehörde kann in besonderen Fällen niedrigere Einbehaltungssätze zulassen.

§ 7 Übernachtungsgeld

(1) Für eine notwendige Übernachtung erhalten Dienstreisende pauschal 20 Euro. Höhere Übernachtungskosten werden erstattet, soweit sie notwendig sind.

(2) Übernachtungsgeld wird nicht gewährt

1. für die Dauer der Benutzung von Beförderungsmitteln,
2. bei Dienstreisen am oder zum Wohnort für die Dauer des Aufenthalts an diesem Ort,
3. bei unentgeltlicher Bereitstellung einer Unterkunft des Amtes wegen, auch wenn diese Unterkunft ohne triftigen Grund nicht genutzt wird, und
4. in den Fällen, in denen das Entgelt für die Unterkunft in den erstattungsfähigen Fahrt- oder sonstigen Kosten enthalten ist, es sei denn, dass eine Übernachtung aufgrund einer zu frühen Ankunft am Geschäftsort oder einer zu späten Abfahrt von diesem zusätzlich erforderlich wird.

§ 8 Auslagenerstattung bei längerem Aufenthalt am Geschäftsort

Dauert der dienstlich veranlasste Aufenthalt an demselben auswärtigen Geschäftsort länger als 14 Tage, wird vom 15. Tag an ein um 50 Prozent ermäßigtes Tagegeld gewährt; in besonderen Fällen kann die oberste Dienstbehörde oder die von ihr ermächtigte Behörde auf eine Ermäßigung des Tagegeldes verzichten. Notwendige Übernachtungskosten werden erstattet; ein pauschales Übernachtungsgeld nach § 7 Abs. 1 wird nicht gewährt. Als Reisebeihilfe für Heimfahrten werden für jeweils 14 Tage des Aufenthalts am Geschäftsort je nach benutztem Beförderungsmittel Fahrt- oder Flugkosten bis zur Höhe des in § 4 Abs. 1 Satz 1 oder 3 oder in § 5 Abs. 1 genannten Betrages gewährt. Wird der Geschäftsort aufgrund von Heimfahrten verlassen, wird für die Zeit des Aufenthalts in der Wohnung Tagegeld nicht gewährt.

§ 9 Aufwands- und Pauschvergütung

(1) Dienstreisende, denen erfahrungsgemäß geringerer Aufwand für Verpflegung oder Unterkunft als allgemein üblich entsteht, erhalten nach näherer Bestimmung der obersten Dienstbehörde oder der von ihr ermächtigten Behörde anstelle von Tagegeld, Übernachtungsgeld und Auslagenerstattung nach § 8 Satz 1 und 2 eine entsprechende Aufwandsvergütung. Diese kann auch nach Stundensätzen bemessen werden.

(2) Die oberste Dienstbehörde oder die von ihr ermächtigte Behörde kann für regelmäßige oder gleichartige Dienstreisen anstelle der Reisekostenvergütung oder einzelner ihrer Bestandteile eine Pauschvergütung gewähren, die nach dem Durchschnitt der in einem bestimmten Zeitraum sonst anfallenden Reisekostenvergütungen zu bemessen ist.

§ 10 Erstattung sonstiger Kosten

(1) Zur Erledigung des Dienstgeschäfts notwendige Auslagen, die nicht nach den §§ 4 bis 9 zu erstatten sind, werden als Nebenkosten erstattet.

(2) Entfällt eine Dienstreise aus einem von der oder dem Bediensteten nicht zu vertretenden Grund, werden durch die Vorbereitung entstandene, nach diesem Gesetz abzugeltende Auslagen erstattet. Dies gilt auch für Kosten nach § 3 Absatz 1 Satz 2.

§ 11 Bemessung der Reisekostenvergütung in besonderen Fällen

(1) Für Dienstreisen aus Anlass der Versetzung, Abordnung oder Kommandierung wird das Tagegeld für die Zeit bis zur Ankunft am neuen Dienstort gewährt; im Übrigen gilt § 2 Abs. 2. Das Tagegeld wird für die Zeit bis zum Ablauf des Ankunftstages gewährt, wenn den Dienstreisenden vom nächsten Tag an Trennungsreise- oder Trennungstagegeld zusteht; daneben wird Übernachtungsgeld (§ 7) gewährt. Für Dienstreisen im Sinne des Satzes 1 wird das Tagegeld vom Beginn des Abfahrtstages an gewährt, wenn für den vorhergehenden Tag Trennungsreise- oder Trennungstagegeld gewährt wird. Für ein- und zweitägige Abordnungen oder Kommandierungen ist bei der Festsetzung der Reisekostenvergütung abweichend von den Sätzen 1 bis 3 die gesamte Dauer der Abwesenheit von der Wohnung oder bisherigen Dienststätte zugrunde zu legen.

(2) Für Reisen aus Anlass der Einstellung kann Reisekostenvergütung wie für Dienstreisen gewährt werden; Absatz 1 ist entsprechend anzuwenden. Die Reisekostenvergütung darf dabei nicht höher sein als der Betrag, der für eine Dienstreise von der Wohnung zur Dienststätte zu erstatten wäre.

(3) Reisekostenvergütung kann ferner gewährt werden

1. für Einstellungsreisen vor dem Wirksamwerden der Ernennung zur Beamtin, zum Beamten, zur Richterin, zum Richter, zur Soldatin oder zum Soldaten und
2. für Reisen aus Anlass des Ausscheidens aus dem Dienst wegen Ablaufs der Dienstzeit oder wegen Dienstunfähigkeit von Beamtinnen und Beamten auf Widerruf, von Soldatinnen und Soldaten auf Zeit oder von Soldaten, die aufgrund der Wehrpflicht Wehrdienst leisten; dies gilt für Reisen in das Ausland nur bis zum inländischen Grenzort oder dem inländischen Flughafen, von dem die Flugreise angetreten wird.

Die Absätze 1 und 2 Satz 2 gelten entsprechend.

(4) Für Reisen zum Zwecke der Ausbildung oder Fortbildung, die teilweise im dienstlichen Interesse liegen, können mit Zustimmung der obersten Dienstbehörde oder der von ihr ermächtigten Behörde entstandene Kosten bis zur Höhe der für Dienstreisen zustehenden Reisekostenvergütung erstattet werden.

(5) Übernachten Dienstreisende in ihrer außerhalb des Geschäftsorts gelegenen Wohnung, wird für jede Hin- und Rückfahrt aus Anlass einer Übernachtung als Ersatz der Fahrtauslagen ein Betrag in Höhe der Übernachtungspauschale nach § 7 gewährt.

§ 12 Erkrankung während einer Dienstreise

Erkranken Dienstreisende und werden sie in ein Krankenhaus aufgenommen, werden für jeden vollen Kalendertag des Krankenhausaufenthalts die notwendigen Auslagen für die Unterkunft am Geschäftsort erstattet. Für eine Besuchsreise einer oder eines Angehörigen aus Anlass einer durch ärztliche Bescheinigung nachgewiesenen lebensgefährlichen Erkrankung der oder des Dienstreisenden werden Fahrtauslagen gemäß § 4 Abs. 1 Satz 1 und 3 oder § 5 Abs. 1 erstattet.

§ 13 Verbindung von Dienstreisen mit privaten Reisen

(1) Werden Dienstreisen mit privaten Reisen verbunden, wird die Reisekostenvergütung so bemessen, als ob nur die Dienstreise durchgeführt worden wäre. Die Reisekostenvergütung nach Satz 1 darf die sich nach dem tatsächlichen Reiseverlauf ergebende nicht übersteigen. Werden Dienstreisen mit einem Urlaub von mehr als fünf Arbeitstagen verbunden, werden nur die zusätzlich für die Erledigung des Dienstgeschäfts entstehenden Kosten als Fahrtauslagen entsprechend den §§ 4 und 5 erstattet; Tage- und Übernachtungsgeld wird für die Dauer des Dienstgeschäfts sowie für die zusätzliche Reisezeit gewährt.

(2) Wird in besonderen Fällen angeordnet oder genehmigt, dass die Dienstreise an einem vorübergehenden Aufenthaltsort anzutreten oder zu beenden ist, wird die Reisekostenvergütung abweichend von Absatz 1 nach der Abreise von oder der Ankunft an diesem Ort bemessen. Entsprechendes gilt, wenn in diesen Fällen die Dienstreise an der Wohnung oder Dienststätte beginnt oder endet. Absatz 1 Satz 2 ist entsprechend anzuwenden.

(3) Wird aus dienstlichen Gründen die vorzeitige Beendigung einer Urlaubsreise angeordnet, gilt die Rückreise vom Urlaubsort unmittelbar oder über den Geschäftsort zur Dienststätte als Dienstreise, für die Reisekostenvergütung gewährt wird. Außerdem werden die Fahrtauslagen für die kürzeste Reisestrecke von der Wohnung zum Urlaubsort, an dem die Bediensteten die Anordnung erreicht, im Verhältnis des nicht ausgenutzten Teils der Urlaubsreise zur vorgesehenen Dauer der Urlaubsreise erstattet.

(4) Aufwendungen der Dienstreisenden und der sie begleitenden Personen, die durch die Unterbrechung oder vorzeitige Beendigung

einer Urlaubsreise verursacht worden sind, werden in angemessenem Umfang erstattet. Dies gilt auch für Aufwendungen, die aus diesen Gründen nicht ausgenutzt werden konnten; hinsichtlich der Erstattung von Aufwendungen für die Hin- und Rückfahrt ist Absatz 3 Satz 2 sinngemäß anzuwenden.

§ 14 Auslandsdienstreisen

(1) Auslandsdienstreisen sind Dienstreisen im oder ins Ausland sowie vom Ausland ins Inland.

(2) Nicht als Auslandsdienstreisen gelten Dienstreisen der im Grenzverkehr tätigen Beamtinnen und Beamten im Bereich ausländischer Lokalgrenzbehörden, zwischen solchen Bereichen oder zwischen diesen und dem Inland.

(3) Das Bundesministerium des Innern, für Bau und Heimat wird ermächtigt, durch Rechtsverordnung wegen der besonderen Verhältnisse abweichende Vorschriften über die Reisekostenvergütung für Auslandsdienstreisen bezüglich der Anordnung und Genehmigung von Dienstreisen, der Fahrt- und Flugkosten, des Auslandstage- und Auslandsübernachtungsgeldes, der Reisebeihilfen, der Kriterien der Erstattung klimabedingter Bekleidung und anderer Nebenkosten zu erlassen.

§ 15 Trennungsgeld

(1) Beamtinnen, Beamte, Richterinnen und Richter, die an einen Ort außerhalb des Dienst- und Wohnortes ohne Zusage der Umzugskostenvergütung abgeordnet werden, erhalten für die ihnen dadurch entstehenden notwendigen Aufwendungen unter Berücksichtigung der häuslichen Ersparnis ein Trennungsgeld nach einer Rechtsverordnung, die für Abordnungen im Inland das Bundesministerium des Innern, für Bau und Heimat erlässt. Diese Verordnung ist auch anzuwenden für Abordnungen im oder ins Ausland sowie vom Ausland ins Inland, soweit aufgrund der Ermächtigung des Absatzes 2 keine Sonderregelungen ergangen sind. Dasselbe gilt für Kommandierungen von Soldatinnen und Soldaten und die vorübergehende dienstliche Tätigkeit bei einer anderen Stelle als einer Dienststelle. Der Abordnung stehen die Zuweisung nach § 29 des Bundesbeamtengesetzes oder nach § 20 des Beamtenstatusgesetzes gleich.

(2) Absatz 1 Satz 1 und 3 gilt entsprechend für Abordnungen ohne Zusage der Umzugskostenvergütung im oder ins Ausland sowie vom Ausland ins Inland, soweit die besonderen Bedürfnisse des Auslandsdienstes und die besonderen Verhältnisse im Ausland es erfordern mit der Maßgabe, dass das Auswärtige Amt die Rechtsverordnung im Einvernehmen mit dem Bundesministerium des Innern, für Bau und Heimat, dem Bundesministerium der Verteidigung und dem Bundesministerium der Finanzen erlässt.

(3) Werden Beamtinnen und Beamte auf Widerruf im Vorbereitungsdienst zum Zwecke ihrer Ausbildung einer Ausbildungsstelle an einem anderen Ort als dem bisherigen Dienst- oder Wohnort zugewiesen, können ihnen die dadurch entstehenden notwendigen Mehrauslagen ganz oder teilweise erstattet werden.

§ 16 Verwaltungsvorschriften

Allgemeine Verwaltungsvorschriften zu diesem Gesetz erlässt das Bundesministerium des Innern, für Bau und Heimat. Verwaltungsvorschriften zu den Sondervorschriften für die Reisekostenvergütung für Auslandsdienstreisen erlässt das Bundesministerium des Innern, für Bau und Heimat im Einvernehmen mit dem Auswärtigen Amt.

Verordnung über die Reisekostenvergütung bei Auslandsdienstreisen (Auslandsreisekostenverordnung – ARV)

Vom 21. Mai 1991 (BGBl. I S. 1140)

Zuletzt geändert durch
Vierte Verordnung zur Änderung der Auslandsreisekostenverordnung
vom 27. März 2021 (BGBl. I S. 660)

Auf Grund des § 20 Abs. 3 des Bundesreisekostengesetzes in der Fassung der Bekanntmachung vom 13. November 1973 (BGBl. I S. 1621), der durch Artikel 2 Nr. 2 des Gesetzes vom 11. Dezember 1990 (BGBl. I S. 2682) geändert worden ist, verordnet der Bundesminister des Innern:

§ 1 Geltung des Bundesreisekostengesetzes, Dienstreiseanordnung und -genehmigung

(1) Wenn und soweit in dieser Verordnung nichts Abweichendes bestimmt ist, gelten die Vorschriften des Bundesreisekostengesetzes.

(2) Auslandsdienstreisen der Bundesbeamten, in den Bundesdienst abgeordneten anderen Beamten sowie der Soldaten bedürfen der schriftlichen oder elektronischen Anordnung oder Genehmigung durch die oberste Dienstbehörde oder die von ihr ermächtigte Behörde, es sei denn, daß eine Anordnung oder Genehmigung nach dem Amt des Auslandsdienstreisenden oder dem Wesen des Dienstgeschäfts nicht in Betracht kommt.

§ 2 Kostenerstattung

(1) Bei Bahnreisen werden die Kosten für das Benutzen der ersten Klasse erstattet. Abweichend von Satz 1 werden bei Reisen innerhalb der Europäischen Union, zwischen der Europäischen Union und der Schweiz, Liechtenstein, Norwegen und dem Vereinigten Königreich sowie innerhalb und zwischen den genannten Staaten Fahrtkosten für das Benutzen der ersten Klasse erst ab einer Fahrzeit von 2 Stunden erstattet.

(2) Die Kosten für das Benutzen der niedrigsten Beförderungsklasse werden erstattet bei

1. Flugreisen innerhalb Europas (Anlage) oder
2. Flugreisen mit einer reinen Flugzeit von weniger als 4 Stunden.

Ab einer reinen Flugzeit von 4 Stunden können die Kosten einer höheren Beförderungsklasse erstattet werden, sofern es sich nicht um Flugreisen nach Satz 1 Nummer 1 handelt. Für besondere dienstliche und persönliche Ausnahmefälle kann die oberste Dienstbehörde oder die von ihr ermächtigte Behörde eine von Satz 1 abweichende Regelung treffen.

(3) Bei Schiffsreisen werden neben dem Fahrpreis die Kosten für das Benutzen einer Zwei-Bett-Kabine im Zwischen- oder Oberdeck erstattet.

§ 3 Auslandstagegeld, Auslandsübernachtungsgeld

(1) Die Auslandstage- und Auslandsübernachtungsgelder werden für Auslandsdienstreisen mit einer Abwesenheit von 24 Stunden in Höhe der Beträge gezahlt, die auf Grund von Erhebungen durch allgemeine Verwaltungsvorschriften nach § 16 des Bundesreisekostengesetzes festgesetzt und im Gemeinsamen Ministerialblatt veröffentlicht werden. In den Fällen des § 9 Absatz 4a Satz 3 Nummer 2 und 3 des Einkommensteuergesetzes beträgt das Auslandstagegeld jeweils 80 Prozent des Auslandstagegeldes nach Satz 1; bei mehreren Auslandsdienstreisen an einem Kalendertag werden die Abwesenheitszeiten an diesem Tag addiert. In begründeten Ausnahmefällen kann von Satz 1 hinsichtlich des Auslandsübernachtungsgeldes abgewichen werden, wenn die nachgewiesenen notwendigen Übernachtungskosten das jeweilige Auslandsübernachtungsgeld übersteigen.

VI

(2) Für die in den allgemeinen Verwaltungsvorschriften nach Absatz 1 nicht aufgeführten Übersee- und Außengebiete eines Landes sind die Auslandstage- und Auslandsübernachtungsgelder des Mutterlandes maßgebend. Für die in den allgemeinen Verwaltungsvorschriften nach Absatz 1 und in Satz 1 nicht erfaßten Gebiete oder Länder ist das Auslandstage- und Auslandsübernachtungsgeld von Luxemburg maßgebend. Absatz 1 gilt entsprechend.

§ 4 Grenzübertritt

(1) Das Auslandstage- und Auslandsübernachtungsgeld oder Inlandstage- und Inlandsübernachtungsgeld bestimmt sich nach dem Land, das der Auslandsdienstreisende vor 24 Uhr Ortszeit zuletzt erreicht. Wird bei Auslandsdienstreisen das Inland vor 24 Uhr Ortszeit zuletzt erreicht, wird Auslandstagegeld für das Land des letzten Geschäfts-, Dienst- oder Wohnortes im Ausland gezahlt.

(2) Bei Flugreisen gilt ein Land in dem Zeitpunkt als erreicht, in dem das Flugzeug dort landet; Zwischenlandungen bleiben unberücksichtigt, es sei denn, daß durch sie Übernachtungen notwendig werden. Erstreckt sich eine Flugreise über mehr als zwei Kalendertage, ist für die Tage, die zwischen dem Tag des Abflugs und dem Tag der Landung liegen, das Auslandstagegeld für Österreich maßgebend.

(3) Bei Schiffsreisen ist das Auslandstagegeld für Luxemburg, für die Tage der Ein- und Ausschiffung das für den Hafenort geltende Auslands- oder Inlandstagegeld maßgebend.

(4) Die in den Absätzen 1 und 2 Satz 1 auf das jeweilige Land bezogenen Vorschriften sind auch für Orte anzuwenden, für die besondere Auslandstage- und Auslandsübernachtungsgelder nach § 3 Abs. 1 Satz 1 festgesetzt worden sind.

§ 5 Reisekostenvergütung bei längerem Aufenthalt am Geschäftsort, Kostenerstattung für das Beschaffen klimagerechter Bekleidung

(1) Dauert der Aufenthalt an demselben ausländischen Geschäftsort ohne Hin- und Rückreisetage länger als 14 Tage, ist das Auslandstagegeld nach § 3 Abs. 1 und 2 vom 15. Tage an um 10 vom Hundert zu ermäßigen. Die oberste Dienstbehörde kann abweichend von Satz 1 in begründeten Ausnahmefällen von der Ermäßigung absehen. Reisebeihilfen für Heimfahrten werden in entsprechender Anwendung des § 13 der Auslandstrennungsgeldverordnung gezahlt; an die Stelle des Dienstortes tritt der Geschäftsort.

(2) Bei Auslandsdienstreisen mit mehr als 5 Tagen Aufenthalt am ausländischen Geschäftsort in einer Klimazone mit einem vom mitteleuropäischen erheblich abweichenden Klima werden die Kosten für das Beschaffen klimagerechter Bekleidung bis zur Höhe von 12,6 Prozent des Endgrundgehaltes der Besoldungsgruppe A 13 nach Anlage IV des Bundesbesoldungsgesetzes erstattet. § 21 Absatz 3 und 4 der Auslandsumzugskostenverordnung ist entsprechend anzuwenden, es sei denn, dass aus jahreszeitlichen Gründen klimagerechte Bekleidung nicht beschafft zu werden braucht.

(3) Bei Auslandsdienstreisen von mehr als 8 Tagen Dauer werden die nachgewiesenen notwendigen Kosten für die Reinigung der Bekleidung erstattet.

§ 6 Erkrankung während der Auslandsdienstreise

Erkrankt ein Auslandsdienstreisender und kann er deswegen nicht an seinen Wohnort zurückkehren, wird Reisekostenvergütung weitergezahlt. Wird er in ein nicht am Wohnort oder in dessen Nähe gelegenes Krankenhaus aufgenommen, erhält er für jeden vollen Kalendertag des Krankenhausaufenthaltes nur Ersatz der notwendigen Auslagen für die Unterkunft am Geschäftsort; bei Aufnahme in ein ausländisches Krankenhaus erhält er darüber hinaus 10 vom Hundert des Auslandstagegeldes nach § 3 Abs. 1 und 2, bei Aufnahme in ein inländisches Krankenhaus 10 vom Hundert des Tagegeldes nach § 6 Absatz 1 Satz 1 und 2 des Bundesreisekostengesetzes in Verbindung mit § 9 Absatz 4a Satz 2 und 3 Nummer 1 des Einkommensteuergesetzes.

Anlage
(zu § 2 Absatz 2 Satz 1 Nummer 1)

Liste der Staaten Europas

Zu Europa im Sinne des § 2 Absatz 2 Satz 1 Nummer 1 gehören die folgenden Staaten:

Albanien
Andorra
Belgien
Bosnien und Herzegowina
Bulgarien
Dänemark[1])
Deutschland
Estland
Finnland
Frankreich[2])
Griechenland
Irland
Island
Italien[3])
Kasachstan[4])
Kosovo
Kroatien
Lettland
Liechtenstein
Litauen
Luxemburg
Malta
Republik Moldau
Monaco
Montenegro
Niederlande
Nordmazedonien
Norwegen
Österreich
Polen
Portugal[5])
Rumänien
Russische Föderation[6])
San Marino
Schweden

[1]) Ohne Grönland.

[2]) Ohne Überseegebiete.

[3]) Ohne Pelagische Inseln.

[4]) Staatsgebiet auf dem europäischen Kontinent.

[5]) Ohne Azoren und Madeira.

[6]) Staatsgebiet westlich der traditionellen Grenze, die entlang des Urals, an der Grenze zu Kasachstan über das Kaspische Meer und von dort entlang der Staatsgrenzen zu Aserbaidschan und Georgien sowie des Nordkaukasus zum Schwarzen Meer verläuft.

Liste der Staaten Europas

Schweiz
Serbien
Slowakei
Slowenien
Spanien[7])
Tschechien
Türkei
Ukraine
Ungarn
Vatikanstadt
Vereinigtes Königreich
Weißrussland

VI

[7]) Einschließlich Balearen, ohne Kanaren.

Gesetz über die Umzugskostenvergütung für die Bundesbeamten, Richter im Bundesdienst und Soldaten (Bundesumzugskostengesetz – BUKG)

in der Fassung der Bekanntmachung vom 11. Dezember 1990 (BGBl. I S. 2682)

Zuletzt geändert durch Besoldungsstrukturenmodernisierungsgesetz vom 9. Dezember 2019 (BGBl. I S. 2053)

§ 1 Anwendungsbereich

(1) Dieses Gesetz regelt Art und Umfang der Erstattung von Auslagen aus Anlaß der in den §§ 3 und 4 bezeichneten Umzüge und der in § 12 genannten Maßnahmen. Berechtigte sind:

1. Bundesbeamte und in den Bundesdienst abgeordnete Beamte,
2. Richter im Bundesdienst und in den Bundesdienst abgeordnete Richter,
3. Berufssoldaten und Soldaten auf Zeit,
4. Beamte und Richter (Nummern 1 und 2) und Berufssoldaten im Ruhestand,
5. frühere Beamte und Richter (Nummern 1 und 2) und Berufssoldaten, die wegen Dienstunfähigkeit oder Erreichens der Altersgrenze entlassen worden sind,
6. Hinterbliebene der in den Nummern 1 bis 5 bezeichneten Personen.

(2) Hinterbliebene sind der Ehegatte, Lebenspartner Verwandte bis zum vierten Grade, Verschwägerte bis zum zweiten Grade, Pflegekinder und Pflegeeltern, wenn diese Personen zur Zeit des Todes zur häuslichen Gemeinschaft des Verstorbenen gehört haben.

(3) Eine häusliche Gemeinschaft im Sinne dieses Gesetzes setzt ein Zusammenleben in gemeinsamer Wohnung oder in enger Betreuungsgemeinschaft in demselben Hause voraus.

§ 2 Anspruch auf Umzugskostenvergütung

(1) Voraussetzung für den Anspruch auf Umzugskostenvergütung ist die schriftliche oder elektronische Zusage. Sie soll gleichzeitig mit der den Umzug veranlassenden Maßnahme erteilt werden. In den Fällen des § 4 Abs. 3 muß die Umzugskostenvergütung vor dem Umzug zugesagt werden.

(2) Die Umzugskostenvergütung wird nach Beendigung des Umzuges gewährt. Sie ist innerhalb einer Ausschlußfrist von einem Jahr bei der Beschäftigungsbehörde, in den Fällen des § 4 Abs. 3 bei der letzten Beschäftigungsbehörde, schriftlich oder elektronisch zu beantragen. Die Frist beginnt mit dem Tage nach Beendigung des Umzuges, in den Fällen des § 11 Abs. 3 Satz 1 mit der Bekanntgabe des Widerrufs.

(3) Umzugskostenvergütung wird nicht gewährt, wenn nicht innerhalb von fünf Jahren nach Wirksamwerden der Zusage der Umzugskostenvergütung umgezogen wird. Die oberste Dienstbehörde kann diese Frist in besonders begründeten Ausnahmefällen um längstens zwei Jahre verlängern. § 4 Abs. 3 Satz 2 bleibt unberührt.

§ 3 Zusage der Umzugskostenvergütung

(1) Die Umzugskostenvergütung ist zuzusagen für Umzüge

1. aus Anlaß der Versetzung aus dienstlichen Gründen an einen anderen Ort als den bisherigen Dienstort, es sei denn, daß
   a) mit einer baldigen weiteren Versetzung an einen anderen Dienstort zu rechnen ist,
   b) der Umzug aus besonderen Gründen nicht durchgeführt werden soll,
   c) die Wohnung auf einer üblicherweise befahrenen Strecke weniger als 30 Kilo-

meter von der neuen Dienststätte entfernt ist oder im neuen Dienstort liegt (Einzugsgebiet) oder

d) der Berechtigte auf die Zusage der Umzugskostenvergütung unwiderruflich verzichtet und dienstliche Gründe den Umzug nicht erfordern,

2. auf Anweisung des Dienstvorgesetzten, die Wohnung innerhalb bestimmter Entfernung von der Dienststelle zu nehmen oder eine Dienstwohnung zu beziehen,
3. aus Anlaß der Räumung einer Dienstwohnung auf dienstliche Weisung,
4. aus Anlaß der Aufhebung einer Versetzung nach einem Umzug mit Zusage der Umzugskostenvergütung.

(2) Absatz 1 Nr. 1 gilt entsprechend für Umzüge aus Anlaß

1. der Verlegung der Beschäftigungsbehörde,
2. der nicht nur vorübergehenden Zuteilung aus dienstlichen Gründen zu einem anderen Teil der Beschäftigungsbehörde,
3. der Übertragung eines anderen Richteramtes nach § 32 Abs. 2 des Deutschen Richtergesetzes oder eines weiteren Richteramtes nach § 27 Abs. 2 des vorgenannten Gesetzes.

(3) Die oberste Dienstbehörde kann festlegen, dass die Zusage der Umzugskostenvergütung erst drei Jahre nach der Personalmaßnahme wirksam wird; dies gilt nicht für Ledige ohne eigene Wohnung. Voraussetzung ist, dass

1. der festgelegte Bereich
   a) eine besondere Versetzungshäufigkeit aufweist oder
   b) von wesentlichen Restrukturierungen betroffen ist und
2. es sich nicht um Auslandsumzüge nach § 13 handelt; abweichend davon ist bei Umzügen vom Inland ins Ausland eine Festlegung nach Satz 1 möglich, soweit dienstliche Gründe einen Umzug nicht erfordern.

Die Festlegung nach Satz 1 bedarf des Einvernehmens des Bundesministeriums der Finanzen insbesondere im Hinblick auf dessen Gesamtverantwortung für die Ausführung des Haushaltsplans. Erklärt der Berechtigte innerhalb von drei Jahren nach dem Wirksamwerden der Personalmaßnahme schriftlich oder elektronisch, dass er umzugswillig ist, wird die Zusage der Umzugskostenvergütung mit dem Zeitpunkt des Zugangs der Erklärung wirksam, wenn die Voraussetzungen nach den Absätzen 1 und 2 noch gegeben sind.

(4) Absatz 3 gilt auch im Falle einer erneuten Personalmaßnahme ohne Dienstortwechsel, bei der der Verbleib am Dienstort aus zwingenden dienstlichen Gründen notwendig ist.

§ 4 Zusage der Umzugskostenvergütung in besonderen Fällen

(1) Die Umzugskostenvergütung kann in entsprechender Anwendung des § 3 Abs. 1 Nr. 1 zugesagt werden für Umzüge aus Anlaß

1. der Einstellung,
2. der Abordnung oder Kommandierung,
3. der vorübergehenden Zuteilung aus dienstlichen Gründen zu einem anderen Teil der Beschäftigungsbehörde,
4. der vorübergehenden dienstlichen Tätigkeit bei einer anderen Stelle als einer Dienststelle.

(2) Die Umzugskostenvergütung kann ferner zugesagt werden für Umzüge aus Anlaß

1. der Aufhebung oder Beendigung einer Maßnahme nach Absatz 1 Nr. 2 bis 4 nach einem Umzug mit Zusage der Umzugskostenvergütung,
2. der Räumung einer bundeseigenen oder im Besetzungsrecht des Bundes stehenden Mietwohnung, wenn sie auf Veranlassung der obersten Dienstbehörde oder der von ihr ermächtigten Behörde im dienstlichen Interesse geräumt werden soll,
3. einer Versetzung oder eines Wohnungswechsels wegen des Gesundheitszustandes des Berechtigten, des mit ihm in häuslicher Gemeinschaft lebenden Ehegatten oder Lebenspartners oder der mit ihm in häuslicher Gemeinschaft lebenden, beim Familienzuschlag nach dem Bundes-

besoldungsgesetz berücksichtigungsfähigen Kinder, wobei die Notwendigkeit des Umzuges amts- oder vertrauensärztlich bescheinigt sein muß,

4. eines Wohnungswechsels, der notwendig ist, weil die Wohnung wegen der Zunahme der Zahl der zur häuslichen Gemeinschaft gehörenden, beim Familienzuschlag nach dem Bundesbesoldungsgesetz berücksichtigungsfähigen Kinder unzureichend geworden ist. Unzureichend ist eine Wohnung, wenn die Zimmerzahl der bisherigen Wohnung um mindestens zwei hinter der zustehenden Zimmerzahl zurückbleibt. Dabei darf für jede vor und nach dem Umzug zur häuslichen Gemeinschaft des Berechtigten gehörende Person (§ 6 Abs. 3 Satz 2 und 3) nur ein Zimmer zugebilligt werden.

(3) Die Umzugskostenvergütung kann ferner für Umzüge aus Anlaß der Beendigung des Dienstverhältnisses Berechtigten nach § 1 Abs. 1 Satz 2 Nr. 4 bis 6 zugesagt werden, wenn

1. ein Verbleiben an Grenzorten, kleineren abgelegenen Plätzen oder Inselorten nicht zumutbar ist oder
2. in den vorausgegangenen zehn Jahren mindestens ein Umzug mit Zusage der Umzugskostenvergütung an einen anderen Ort durchgeführt wurde.

Die Umzugskostenvergütung wird nur gewährt, wenn innerhalb von zwei Jahren nach Beendigung des Dienstverhältnisses umgezogen wird. Sie wird nicht gewährt, wenn das Dienstverhältnis aus Disziplinargründen oder zur Aufnahme einer anderen Tätigkeit beendet wurde.

(4) Der Abordnung nach Absatz 1 Nr. 2 stehen die Zuweisung nach § 29 des Bundesbeamtengesetzes oder nach § 20 des Beamtenstatusgesetzes gleich.

§ 5 Umzugskostenvergütung

(1) Die Umzugskostenvergütung umfaßt

1. Beförderungsauslagen (§ 6),
2. Reisekosten (§ 7),
3. Mietentschädigung (§ 8),
4. andere Auslagen (§ 9),
5. Pauschvergütung für sonstige Umzugsauslagen (§ 10),
6. Auslagen nach § 11.

(2) Zuwendungen, die für denselben Umzug von einer anderen Dienst- oder Beschäftigungsstelle gewährt werden, sind auf die Umzugskostenvergütung insoweit anzurechnen, als für denselben Zweck Umzugskostenvergütung nach diesem Gesetz gewährt wird.

(3) Die aufgrund einer Zusage nach § 4 Abs. 1 Nr. 1 oder Abs. 2 Nr. 3 oder 4 gewährte Umzugskostenvergütung ist zurückzuzahlen, wenn der Berechtigte vor Ablauf von zwei Jahren nach Beendigung des Umzuges aus einem von ihm zu vertretenden Grunde aus dem Bundesdienst ausscheidet. Die oberste Dienstbehörde kann hiervon Ausnahmen zulassen, wenn der Berechtigte unmittelbar in ein Dienst- oder Beschäftigungsverhältnis zu einem anderen öffentlich-rechtlichen Dienstherrn im Geltungsbereich dieses Gesetzes oder zu einer in § 40 Abs. 6 Satz 2 und 3 des Bundesbesoldungsgesetzes bezeichneten Einrichtung übertritt.

§ 6 Beförderungsauslagen

(1) Die notwendigen Auslagen für das Befördern des Umzugsgutes von der bisherigen zur neuen Wohnung werden erstattet. Liegt die neue Wohnung im Ausland, so werden in den Fällen des § 3 Abs. 1 Nr. 3, § 4 Abs. 2 Nr. 2 und Abs. 3 Satz 1 die Beförderungsauslagen bis zum inländischen Grenzort erstattet.

(2) Auslagen für das Befördern von Umzugsgut, das sich außerhalb der bisherigen Wohnung befindet, werden höchstens insoweit erstattet, als sie beim Befördern mit dem übrigen Umzugsgut erstattungsfähig wären.

(3) Umzugsgut sind die Wohnungseinrichtung und in angemessenem Umfang andere bewegliche Gegenstände und Haustiere, die sich am Tage vor dem Einladen des Umzugsgutes im Eigentum, Besitz oder Gebrauch des Berechtigten oder anderer Personen befinden, die mit ihm in häuslicher Gemeinschaft leben. Andere Personen im Sinne des Satzes 1 sind der Ehegatte, der Lebenspartner sowie die ledigen Kinder, Stief- und Pflegekinder. Es

VI

gehören ferner dazu die nicht ledigen in Satz 2 genannten Kinder und Verwandte bis zum vierten Grade, Verschwägerte bis zum zweiten Grade und Pflegeeltern, wenn der Berechtigte diesen Personen aus gesetzlicher oder sittlicher Verpflichtung nicht nur vorübergehend Unterkunft und Unterhalt gewährt, sowie Hausangestellte und solche Personen, deren Hilfe der Berechtigte aus beruflichen oder gesundheitlichen Gründen nicht nur vorübergehend bedarf.

§ 7 Reisekosten

(1) Die Auslagen für die Reise des Berechtigten und der zur häuslichen Gemeinschaft gehörenden Personen (§ 6 Abs. 3 Satz 2 und 3) von der bisherigen zur neuen Wohnung werden wie bei Dienstreisen des Berechtigten erstattet, in den Fällen des § 4 Abs. 3 Satz 1 Nr. 1 wie sie bei Dienstreisen im letzten Dienstverhältnis zu erstatten wären. Tagegeld wird vom Tage des Einladens des Umzugsgutes an bis zum Tage des Ausladens mit der Maßgabe gewährt, daß auch diese beiden Tage als volle Reisetage gelten. Übernachtungsgeld wird für den Tag des Ausladens des Umzugsgutes nur gewährt, wenn eine Übernachtung außerhalb der neuen Wohnung notwendig gewesen ist.

(2) Absatz 1 Satz 1 gilt entsprechend für zwei Reisen einer Person oder eine Reise von zwei Personen zum Suchen oder Besichtigen einer Wohnung mit der Maßgabe, daß die Fahrkosten bis zur Höhe der billigsten Fahrkarte der allgemein niedrigsten Klasse eines regelmäßig verkehrenden Beförderungsmittels erstattet werden. Tage- und Übernachtungsgeld wird je Reise für höchstens zwei Reise- und zwei Aufenthaltstage gewährt.

(3) Für eine Reise des Berechtigten zur bisherigen Wohnung zur Vorbereitung und Durchführung des Umzuges werden Fahrkosten gemäß Absatz 2 Satz 1 erstattet. Die Fahrkosten einer anderen Person für eine solche Reise werden im gleichen Umfang erstattet, wenn sich zur Zeit des Umzuges am bisherigen Wohnort weder der Berechtigte noch eine andere Person (§ 6 Abs. 3 Satz 2 und 3) befunden hat, der die Vorbereitung und Durchführung des Umzuges zuzumuten war. Wird der Umzug vor dem Wirksamwerden einer Maßnahme nach §§ 3, 4 Abs. 1 durchgeführt, so werden die Fahrkosten für die Rückreise von der neuen Wohnung zum Dienstort, in den Fällen des § 4 Abs. 1 Nr. 1 zur bisherigen Wohnung, gemäß Absatz 2 Satz 1 erstattet.

(4) § 6 Abs. 1 Satz 2 gilt entsprechend.

§ 8 Mietentschädigung

(1) Miete für die bisherige Wohnung wird bis zu dem Zeitpunkt, zu dem das Mietverhältnis frühestens gelöst werden konnte, längstens jedoch für sechs Monate, erstattet, wenn für dieselbe Zeit Miete für die neue Wohnung gezahlt werden mußte. Ferner werden die notwendigen Auslagen für das Weitervermieten der Wohnung innerhalb der Vertragsdauer bis zur Höhe der Miete für einen Monat erstattet. Die Sätze 1 und 2 gelten auch für die Miete einer Garage.

(2) Miete für die neue Wohnung, die nach Lage des Wohnungsmarktes für eine Zeit gezahlt werden mußte, während der die Wohnung noch nicht benutzt werden konnte, wird längstens für drei Monate erstattet, wenn für dieselbe Zeit Miete für die bisherige Wohnung gezahlt werden mußte. Entsprechendes gilt für die Miete einer Garage.

(3) Die bisherige Wohnung im eigenen Haus oder die Eigentumswohnung steht der Mietwohnung gleich mit der Maßgabe, daß die Mietentschädigung längstens für ein Jahr gezahlt wird. Die oberste Dienstbehörde kann diese Frist in besonders begründeten Ausnahmefällen um längstens sechs Monate verlängern. An die Stelle der Miete tritt der ortsübliche Mietwert der Wohnung. Entsprechendes gilt für die eigene Garage. Für die neue Wohnung im eigenen Haus oder die neue Eigentumswohnung wird Mietentschädigung nicht gewährt.

(4) Miete nach den Absätzen 1 bis 3 wird nicht für eine Zeit erstattet, in der die Wohnung oder die Garage ganz oder teilweise anderweitig vermietet oder benutzt worden ist.

VI

§ 9 Andere Auslagen

(1) Die notwendigen ortsüblichen Maklergebühren für die Vermittlung einer Mietwohnung und einer Garage oder die entsprechenden Auslagen bis zu dieser Höhe für eine eigene Wohnung werden erstattet.

(2) Die Auslagen für einen durch den Umzug bedingten zusätzlichen Unterricht der Kinder des Berechtigten (§ 6 Absatz 3 Satz 2) werden erstattet, pro Kind jedoch höchstens 20 Prozent des am Tag vor dem Einladen des Umzugsgutes maßgeblichen Endgrundgehaltes der Besoldungsgruppe A 13.

§ 10 Pauschvergütung für sonstige Umzugsauslagen

(1) Berechtigte, die am Tage vor dem Einladen des Umzugsgutes eine Wohnung hatten und nach dem Umzug wieder eine Wohnung eingerichtet haben, erhalten eine Pauschvergütung für sonstige Umzugsauslagen. Sie beträgt

1. für Berechtigte 15 Prozent,
2. für jede andere Person im Sinne des § 6 Absatz 3 Satz 1, die auch nach dem Umzug mit dem Berechtigten in häuslicher Gemeinschaft lebt, 10 Prozent

des am Tag vor dem Einladen des Umzugsgutes maßgeblichen Endgrundgehaltes der Besoldungsgruppe A 13.

(2) Bei Berechtigten, die die Voraussetzungen des Absatzes 1 Satz 1 nicht erfüllen, beträgt die Pauschvergütung 3 Prozent des am Tag vor dem Einladen des Umzugsgutes maßgeblichen Endgrundgehaltes der Besoldungsgruppe A 13. Die Pauschvergütung nach Satz 2 wird gewährt, wenn das Umzugsgut aus Anlass einer vorangegangenen Auslandsverwendung untergestellt war.

(3) Eine Wohnung im Sinne des Absatzes 1 besteht aus einer geschlossenen Einheit von mehreren Räumen, in der ein Haushalt geführt werden kann, darunter stets eine Küche oder ein Raum mit Kochgelegenheit. Zu einer Wohnung gehören außerdem Wasserversorgung, Ausguß und Toilette.

(4) In den Fällen des § 11 Abs. 3 werden die nachgewiesenen notwendigen Auslagen bis zur Höhe der Pauschvergütung erstattet.

(5) Ist innerhalb von fünf Jahren ein Umzug mit Zusage der Umzugskostenvergütung nach §§ 3, 4 Abs. 1 Nr. 2 bis 4 oder Abs. 2 Nr. 1 vorausgegangen, so wird ein Häufigkeitszuschlag in Höhe von 50 vom Hundert der Pauschvergütung nach Absatz 1 gewährt, wenn beim vorausgegangenen und beim abzurechnenden Umzug die Voraussetzungen des Absatzes 1 Satz 1 vorgelegen haben.

(6) Für eine umziehende Person kann für denselben Umzug nur eine Pauschvergütung gewährt werden. Ist eine Person zugleich Berechtigter und andere Person im Sinne des § 6 Absatz 3 Satz 1, wird der Pauschbetrag nach Absatz 1 Satz 2 Nummer 1 gewährt.

§ 11 Umzugskostenvergütung in Sonderfällen

(1) Ein Beamter mit Wohnung im Sinne von § 10 Abs. 3, dem Umzugskostenvergütung für einen Umzug nach § 3 Abs. 1 Nr. 1, 3 oder 4, § 4 Abs. 1 Nr. 1 bis 4, Abs. 2 Nr. 1 zugesagt ist, kann für den Umzug in eine vorläufige Wohnung Umzugskostenvergütung erhalten, wenn die zuständige Behörde diese Wohnung vorher schriftlich oder elektronisch als vorläufige Wohnung anerkannt hat. Bis zum Umzug in die endgültige Wohnung darf eine Wohnung nur einmal als vorläufige Wohnung anerkannt werden.

(2) In den Fällen des § 4 Abs. 2 Nr. 3 und 4 werden höchstens die Beförderungsauslagen (§ 6) und die Reisekosten (§ 7) erstattet, die bei einem Umzug über eine Entfernung von fünfundzwanzig Kilometern entstanden wären. Im Falle des § 4 Abs. 3 Satz 1 Nr. 2 werden nur die Beförderungsauslagen (§ 6) erstattet. Satz 2 gilt auch für das Befördern des Umzugsgutes des Ehegatten oder Lebenspartners, wenn der Berechtigte innerhalb von sechs Monaten nach dem Tag geheiratet oder die Lebenspartnerschaft begründet hat, an dem die Umzugskostenvergütung nach § 3 Abs. 1 Nr. 1 oder 2 oder Abs. 2 oder § 4 Abs. 1 oder Abs. 2 Nr. 1 zugesagt worden ist.

(3) Wird die Zusage der Umzugskostenvergütung aus von dem Berechtigten nicht zu vertretenden Gründen widerrufen, so werden die durch die Vorbereitung des Umzuges entstandenen notwendigen, nach diesem Gesetz erstattungsfähigen Auslagen erstattet. Muß in diesem Fall ein anderer Umzug durchgeführt werden, so wird dafür Umzugskostenvergütung gewährt; Satz 1 bleibt unberührt. Die Sätze 1 und 2 gelten entsprechend, wenn die Zusage der Umzugskostenvergütung zurückgenommen, anderweitig aufgehoben wird oder sich auf andere Weise erledigt.

§ 12 Trennungsgeld

(1) Trennungsgeld wird gewährt

1. in den Fällen des § 3 Abs. 1 Nr. 1, 3 und 4 sowie Abs. 2, ausgenommen bei Vorliegen der Voraussetzungen des § 3 Abs. 1 Nr. 1 Buchstaben c und d,
2. wenn eine Festlegung nach § 3 Absatz 3 Satz 1 erfolgt ist und der Berechtigte die Umzugswilligkeit nicht erklärt hat,
3. in den Fällen des § 4 Abs. 1 Nr. 2 bis 4 und Abs. 2 Nr. 1 oder 3, soweit der Berechtigte an einen anderen Ort als den bisherigen Dienstort versetzt wird, und
4. bei der Einstellung mit Zusage der Umzugskostenvergütung

für die dem Berechtigten durch die getrennte Haushaltsführung, das Beibehalten der Wohnung oder der Unterkunft am bisherigen Wohnort oder das Unterstellen des zur Führung eines Haushalts notwendigen Teils der Wohnungseinrichtung entstehenden notwendigen Auslagen unter Berücksichtigung der häuslichen Ersparnis.

(2) Ist dem Berechtigten die Umzugskostenvergütung zugesagt worden, so darf Trennungsgeld nur gewährt werden, wenn er uneingeschränkt umzugswillig ist und nachweislich wegen Wohnungsmangels am neuen Dienstort einschließlich des Einzugsgebietes (§ 3 Abs. 1 Nr. 1 Buchstabe c) nicht umziehen kann. Diese Voraussetzungen müssen seit dem Tage erfüllt sein, an dem die Umzugskostenvergütung zugesagt worden oder, falls für den Berechtigten günstiger, die Maßnahme wirksam geworden oder die Dienstwohnung geräumt worden ist.

(3) Nach Wegfall des Wohnungsmangels darf Trennungsgeld nur weitergewährt werden, wenn und solange dem Umzug des umzugswilligen Berechtigten einer der folgenden Hinderungsgründe entgegensteht:

1. Vorübergehende schwere Erkrankung des Berechtigten oder eines seiner Familienangehörigen (§ 6 Abs. 3 Satz 2 und 3) bis zur Dauer von einem Jahr;
2. Beschäftigungsverbote für die Berechtigte oder eine Familienangehörige (§ 6 Abs. 3 Satz 2 und 3) für die Zeit vor oder nach einer Entbindung nach mutterschutzrechtlichen Vorschriften;
3. Schul- oder Berufsausbildung eines Kindes (§ 6 Abs. 3 Satz 2 und 3) bis zum Ende des Schul- oder Ausbildungsjahres. Befindet sich das Kind in der Jahrgangsstufe 12 einer Schule, so verlängert sich die Gewährung des Trennungsgeldes bis zum Ende des folgenden Schuljahres; befindet sich das Kind im vorletzten Ausbildungsjahr eines Berufsausbildungsverhältnisses, so verlängert sich die Gewährung des Trennungsgeldes bis zum Ende des folgenden Ausbildungsjahres;
4. Schul- oder Berufsausbildung eines schwerbehinderten Kindes (§ 6 Abs. 3 Satz 2 und 3). Trennungsgeld wird bis zur Beendigung der Ausbildung gewährt, solange diese am neuen Dienst- oder Wohnort oder in erreichbarer Entfernung davon wegen der Behinderung nicht fortgesetzt werden kann;
5. Akute lebensbedrohende Erkrankung eines Elternteils des Berechtigten, seines Ehegatten oder Lebenspartners, wenn dieser in hohem Maße Hilfe des Ehegatten, Lebenspartners oder Familienangehörigen des Berechtigten erhält;
6. Schul- oder erste Berufsausbildung des Ehegatten oder Lebenspartners in entsprechender Anwendung der Nummer 3.

Trennungsgeld darf auch gewährt werden, wenn zum Zeitpunkt des Wirksamwerdens der dienstlichen Maßnahme kein Wohnungsmangel, aber einer dieser Hinderungsgründe vorliegt. Liegt bei Wegfall des Hinderungsgrundes ein neuer Hinderungsgrund vor, kann mit Zustimmung der obersten Dienstbehörde Trennungsgeld bis zu längstens einem Jahr weiterbewilligt werden. Nach Wegfall des Hinderungsgrundes darf Trennungsgeld auch bei erneutem Wohnungsmangel nicht gewährt werden.

(4) Im Anschluss an die Zeit, für die Trennungsgeld nach Absatz 1 Nummer 2 gewährt worden ist, wird auf Antrag des Berechtigten für weitere fünf Jahre Trennungsgeld gewährt. Der Antrag ist vor Ablauf des Zeitraums nach § 3 Absatz 3 Satz 1 zu stellen. Die Zusage der Umzugskostenvergütung erlischt bei Gewährung des Trennungsgeldes nach Satz 1 und kann nicht erneut erteilt werden.

(5) Das Bundesministerium des Innern, für Bau und Heimat wird ermächtigt, durch Rechtsverordnung, die nicht der Zustimmung des Bundesrates bedarf, Vorschriften über die Gewährung des Trennungsgeldes zu erlassen. Dabei kann bestimmt werden, daß Trennungsgeld auch bei der Einstellung ohne Zusage der Umzugskostenvergütung gewährt wird und daß in den Fällen des § 3 Abs. 1 Nr. 1 Buchstabe d der Berechtigte für längstens ein Jahr Reisebeihilfen für Heimfahrten erhält.

§ 13 Auslandsumzüge

(1) Auslandsumzüge sind Umzüge zwischen Inland und Ausland sowie im Ausland.

(2) Als Auslandsumzüge gelten nicht die Umzüge

1. der im Grenzverkehr tätigen Beamten, und zwar auch dann nicht, wenn sie im Anschluß an die Tätigkeit im Grenzverkehr in das Inland oder in den Fällen des § 3 Abs. 1 Nr. 3, § 4 Abs. 2 Nr. 2 bis 4, Abs. 3 Satz 1 im Ausland umziehen,
2. in das Ausland in den Fällen des § 3 Abs. 1 Nr. 3, § 4 Abs. 2 Nr. 2 bis 4, Abs. 3 Satz 1,
3. in das Inland in den Fällen des § 3 Abs. 1 Nr. 2 und 3,
4. aus Anlaß einer Einstellung, Versetzung, Abordnung oder Kommandierung und der in § 3 Abs. 2, § 4 Abs. 1 Nr. 3, Abs. 2 Nr. 2 bis 4 bezeichneten Maßnahmen im Inland einschließlich ihrer Aufhebung, wenn die bisherige oder die neue Wohnung im Ausland liegt.

In den Fällen des Satzes 1 Nr. 2 bis 4 wird für die Umzugsreise (§ 7 Abs. 1) Tage- und Übernachtungsgeld nur für die notwendige Reisedauer gewährt; § 7 Abs. 2 und 3 findet keine Anwendung.

§ 14 Sondervorschriften für Auslandsumzüge

(1) Das Auswärtige Amt wird ermächtigt, im Einvernehmen mit dem Bundesministerium des Innern, für Bau und Heimat, dem Bundesministerium der Verteidigung und dem Bundesministerium der Finanzen für Auslandsumzüge durch Rechtsverordnungen, die nicht der Zustimmung des Bundesrates bedürfen, nähere Vorschriften über die notwendige Umzugskostenvergütung (Auslandsumzugskostenverordnung, Absatz 2) sowie das notwendige Trennungsgeld (Auslandstrennungsgeldverordnung, Absatz 3) zu erlassen, soweit die besonderen Bedürfnisse des Auslandsdienstes und die besonderen Verhältnisse im Ausland es erfordern. Soweit aufgrund dieser Ermächtigung keine Sonderregelungen ergangen sind, finden auch auf Auslandsumzüge die §§ 6 bis 12 Anwendung.

(2) In der Auslandsumzugskostenverordnung sind insbesondere zu regeln:

1. Erstattung der Auslagen für Umzugsvorbereitungen einschließlich Wohnungsbesichtigungsreisen,
2. Erstattung der Beförderungsauslagen,
3. Berücksichtigung bis zu 50 vom Hundert der eingesparten Beförderungsauslagen für zurückgelassene Personenkraftfahrzeuge,
4. Erstattung der Auslagen für die Umzugsreise des Berechtigten und der zu seiner häuslichen Gemeinschaft gehörenden Personen,
5. Gewährung von Beihilfen zu den Fahrkosten von Personen, die mit der Reise in die häusliche Gemeinschaft aufgenommen werden, und zu den Kosten des Be-

VI

förderns des Heiratsgutes an den Auslandsdienstort, wenn der Anspruchsberechtigte nach seinem Umzug in das Ausland heiratet,

6. Gewährung von Beihilfen zu den Fahrkosten sowie zu den Kosten der Beförderung des anteiligen Umzugsgutes eines Mitglieds der häuslichen Gemeinschaft, wenn es sich vom Berechtigten während seines Auslandsdienstes auf Dauer trennt, bis zur Höhe der Kosten für eine Rückkehr an den letzten Dienstort im Inland,
7. Gewährung der Mietentschädigung,
8. Gewährung der Pauschvergütung für sonstige Umzugsauslagen und Aufwand,
9. Erstattung der nachgewiesenen sonstigen Umzugsauslagen,
10. Erstattung der Lagerkosten oder der Auslagen für das Unterstellen zurückgelassenen Umzugsgutes,
11. Berücksichtigung bis zu 50 vom Hundert der eingesparten Lagerkosten für zurückgelassenes Umzugsgut,
12. Erstattung der Kosten für das Beibehalten der Wohnung im Inland in den Fällen des Absatzes 5,
13. Erstattung der Auslagen für umzugsbedingten zusätzlichen Unterricht,
14. Erstattung der Mietvertragsabschluß-, Gutachter-, Makler- oder vergleichbarer Kosten für die eigene Wohnung,
15. Beiträge zum Beschaffen oder Instandsetzen von Wohnungen,
16. Beiträge zum Beschaffen technischer Geräte und Einrichtungen, die aufgrund der örtlichen Gegebenheiten notwendig sind,
17. Beitrag zum Beschaffen klimabedingter Kleidung,
18. Ausstattungsbeitrag bei Auslandsverwendung,
19. Einrichtungsbeitrag für Leiter von Auslandsvertretungen und funktionell selbständigen Delegationen, die von Botschaftern geleitet werden, sowie für ständige Vertreter und Leiter von Außenstellen von Auslandsvertretungen,
20. Erstattung der Auslagen für die Rückführung von Personen und Umzugsgut aus Sicherheitsgründen,
21. Erstattung der Auslagen für Umzüge in besonderen Fällen,
22. Erstattung der Auslagen für Umzüge in eine vorläufige Wohnung,
23. Erstattung der Umzugsauslagen beim Ausscheiden aus dem Dienst im Ausland.

(3) In der Auslandstrennungsgeldverordnung sind insbesondere zu regeln:

1. Entschädigung für getrennte Haushaltsführung,
2. Entschädigung für getrennte Haushaltsführung aus zwingenden persönlichen Gründen,
3. Entschädigung bei täglicher Rückkehr zum Wohnort,
4. Mietersatz,
5. Gewährung von Trennungsgeld, wenn keine Auslandsdienstbezüge gewährt werden,
6. Gewährung von Trennungsgeld im Einzelfall aus Sicherheitsgründen oder wegen anderer außergewöhnlicher Verhältnisse im Ausland (Trennungsgeld in Krisenfällen),
7. Gewährung von Reisebeihilfen für Heimfahrten für je drei Monate, in besonderen Fällen für je zwei Monate der Trennung. Dies gilt auch für längstens ein Jahr, wenn der Berechtigte auf die Zusage der Umzugskostenvergütung unwiderruflich verzichtet und dienstliche Gründe den Umzug nicht erfordern.

(4) Abweichend von § 2 Abs. 2 Satz 1 entsteht der Anspruch auf die Pauschvergütung, den Beitrag zum Beschaffen klimabedingter Kleidung, den Ausstattungsbeitrag und den Einrichtungsbeitrag zu dem Zeitpunkt, an dem die Umzugskostenvergütung nach § 3 oder § 4 zugesagt wird.

(5) Abweichend von den §§ 3 und 4 kann die Umzugskostenvergütung auch in Teilen zu-

gesagt werden, wenn dienstliche Gründe es erfordern.

(6) Abweichend von § 2 Abs. 2 Satz 2 beträgt die Ausschlußfrist bei Auslandsumzügen zwei Jahre. Wird in den Fällen des Absatzes 2 Nr. 16 die Beitragsfähigkeit erst nach Beendigung des Umzuges anerkannt, beginnt die Ausschlußfrist mit der Anerkennung. In den Fällen des Absatzes 2 Nr. 5 und 6 beginnt sie mit dem Eintreffen am beziehungsweise der Abreise vom Dienstort. Bei laufenden Zahlungen muß die erste Zahlung innerhalb der Frist geleistet werden. Auf einen vor Fristablauf gestellten Antrag können in besonderen Fällen auch später geleistete Zahlungen berücksichtigt werden.

(7) Die oberste Dienstbehörde kann die Umzugskostenvergütung allgemein oder im Einzelfall ermäßigen, soweit besondere Verhältnisse es rechtfertigen.

§ 15 Dienstortbestimmung, Verwaltungsvorschriften

(1) Die oberste Dienstbehörde wird ermächtigt, im Einvernehmen mit dem Bundesministerium des Innern, für Bau und Heimat benachbarte Gemeinden zu einem Dienstort zu bestimmen, wenn sich Liegenschaften derselben Dienststelle über das Gebiet mehrerer Gemeinden erstrecken.

(2) Die allgemeinen Verwaltungsvorschriften zu diesem Gesetz erlässt das Bundesministerium des Innern, für Bau und Heimat im Einvernehmen mit dem Bundesministerium der Justiz und für Verbraucherschutz und dem Bundesministerium der Verteidigung.

§ 16 Übergangsvorschrift

Ist ein Mietbeitrag vor der Verkündung dieses Gesetzes bewilligt worden, wird er nach bisherigem Recht weiter gewährt.

Verordnung über die Umzugskostenvergütung bei Auslandsumzügen (Auslandsumzugskostenverordnung – AUV)

Vom 26. November 2012 (BGBl. I S. 2349)

Zuletzt geändert durch
Verordnung zur Neuregelung des Auslandstrennungsgeldrechts und zur Änderung der Auslandsumzugskostenverordnung
vom 27. Juni 2018 (BGBl. I S. 891)

Auf Grund des § 14 Absatz 1 des Bundesumzugskostengesetzes in der Fassung der Bekanntmachung vom 11. Dezember 1990 (BGBl. I S. 2682) und des § 82 Absatz 3 des Bundesbeamtengesetzes vom 5. Februar 2009 (BGBl. I S. 160) verordnet das Auswärtige Amt im Einvernehmen mit dem Bundesministerium des Innern, dem Bundesministerium der Verteidigung und dem Bundesministerium der Finanzen:

VI

Abschnitt 1 Allgemeines

§ 1 Anwendungsbereich

Diese Verordnung regelt die bei Auslandsumzügen geltenden Abweichungen von den allgemeinen Vorschriften des Bundesumzugskostenrechts.

§ 2 Begriffsbestimmungen

(1) Berücksichtigungsfähige Personen sind:

1. die Ehegattin oder der Ehegatte der berechtigten Person,
2. die Lebenspartnerin oder der Lebenspartner der berechtigten Person,
3. Kinder der berechtigten Person oder der berücksichtigungsfähigen Person nach Nummer 1 oder Nummer 2, die beim Auslandszuschlag berücksichtigungsfähig sind oder spätestens 40 Wochen nach dem Einladen des Umzugsguts geboren worden sind,
4. der gemeinsam mit der berechtigten Person sorgeberechtigte Elternteil eines eigenen Kindes der berechtigten Person,
5. pflegebedürftige Eltern der berechtigten Person oder der berücksichtigungsfähigen Person nach Nummer 1 oder Nummer 2 (mindestens Pflegestufe I nach § 15 des Elften Buches Sozialgesetzbuch); alle weiteren Maßnahmen, die der Gesundheitszustand dieser Personen erfordert, sind im Rahmen der Umzugskosten nicht berücksichtigungsfähig, sowie
6. im Einzelfall weitere Personen, die nach § 6 Absatz 3 des Bundesumzugskostengesetzes berücksichtigungsfähig sind, soweit ihre Berücksichtigung im Einzelfall nach pflichtgemäßem Ermessen geboten ist, insbesondere, weil die berechtigte Person ihnen aufgrund gesetzlicher oder sittlicher Verpflichtung nicht nur vorübergehend Unterkunft und Unterhalt gewährt,

soweit sie nach dem Umzug zur häuslichen Gemeinschaft der berechtigten Person gehören. Die Personen nach Satz 1 Nummer 4 und 6 sind nur berücksichtigungsfähig, wenn sie auch vor dem Umzug zur häuslichen Gemeinschaft der berechtigten Person gehören.

(2) Eine eigene Wohnung ist eine Wohnung, deren Eigentümerin oder Eigentümer oder Hauptmieterin oder Hauptmieter die berechtigte Person oder eine berücksichtigungsfähige Person ist.

§ 3 Antrag und Anzeigepflicht

(1) Die Ausschlussfrist für die Beantragung der Umzugskostenvergütung nach § 14 Absatz 6 Satz 1 des Bundesumzugskostengesetzes beginnt mit Beendigung des Umzugs.

(2) Die berechtigte Person hat jede Änderung der tatsächlichen Verhältnisse, die die Höhe der Umzugskostenvergütung beeinflussen

kann, unverzüglich anzuzeigen. Entsprechendes gilt für Rabatte, Geld- und Sachzuwendungen sowie für unentgeltliche Leistungen. Leistungen von dritter Seite sind anzurechnen.

§ 4 Bemessung der Umzugskostenvergütung, berücksichtigungsfähige Kosten

(1) Die Bemessung der Umzugskostenvergütung richtet sich nach den persönlichen Verhältnissen der berechtigten Person am Tag des Dienstantritts am neuen Dienstort. Bei Umzügen aus dem Ausland ins Inland und bei Umzügen aus Anlass der Beendigung des Dienstverhältnisses (§ 28) sind die persönlichen Verhältnisse an dem Tag, für den zuletzt Auslandsdienstbezüge gewährt worden sind, maßgeblich.

(2) Wenn bei einem Umzug aus dem Ausland ins Inland die berechtigte Person den Wohnort so wählt, dass sie in der ordnungsgemäßen Wahrnehmung ihrer Dienstgeschäfte beeinträchtigt ist, werden höchstens die Umzugskosten erstattet, die bei einem Umzug an den neuen Dienstort entstanden wären; Maklerkosten werden nicht erstattet; Mietentschädigung wird nicht gewährt. Wird ein Umzug ins Ausland oder im Ausland an einen anderen Ort als den neuen Dienstort oder dessen Einzugsgebiet durchgeführt, werden keine Umzugskosten erstattet. Die oberste Dienstbehörde oder die von ihr bestimmte Behörde kann Ausnahmen in besonderen Fällen zulassen.

(3) Wird eine eigene Wohnung nicht innerhalb eines Jahres nach dem Dienstantritt der berechtigten Person am neuen Dienstort bezogen, kann eine solche Wohnung im Rahmen der Umzugskostenvergütung nicht berücksichtigt werden. In den Fällen des § 28 Absatz 1 und 2 tritt der Tag nach dem Eintritt des maßgeblichen Ereignisses an die Stelle des Tages des Dienstantritts. Wird die Umzugskostenvergütung erst nach dem Dienstantritt zugesagt, tritt der Tag des Zugangs der Zusage an die Stelle des Tages des Dienstantritts. Ist die Wohnung wegen Wohnungsmangels oder aus anderen von der obersten Dienstbehörde als zwingend anerkannten Gründen erst nach Ablauf eines Jahres bezogen worden, kann sie berücksichtigt werden, wenn die berechtigte Person den Antrag auf Fristverlängerung vor Ablauf der Jahresfrist stellt.

(4) Leistungen nach den §§ 18 bis 21, die vor dem Umzug gewährt werden, stehen unter dem Vorbehalt, dass zu viel erhaltene Beträge zurückgefordert werden können, wenn der Umzug anders als zunächst geplant durchgeführt wird.

(5) Kosten werden nur berücksichtigt, soweit sie notwendig und nachgewiesen sind.

(6) Bei einer Beurlaubung im anerkannt dienstlichen Interesse unter Wegfall der Besoldung kann mit Zustimmung der obersten Dienstbehörde Umzugskostenvergütung zugesagt werden. Die oberste Dienstbehörde kann die Befugnis zur Erteilung der Zustimmung auf eine andere Behörde übertragen.

Abschnitt 2
Erstattungsfähige Kosten

Unterabschnitt 1
Beförderung und Lagerung des Umzugsguts

§ 5 Umzugsgut

(1) Die Auslagen für die Beförderung des Umzugsguts (Beförderungsauslagen) von der bisherigen zur neuen Wohnung werden erstattet.

(2) Zu den Beförderungsauslagen gehören auch:

1. die Kosten für das Ein- und Auspacken des Umzugsguts, die Montage und Installation der üblichen Haushaltsgeräte, das Zwischenlagern (§ 9) und die Transportversicherung sowie
2. Gebühren und Abgaben, die bei der Beförderung des Umzugsguts anfallen.

(3) Wird das Umzugsgut getrennt befördert, ohne dass die oberste Dienstbehörde die Gründe dafür vorher als zwingend anerkannt hat, werden höchstens die Beförderungsauslagen erstattet, die bei nicht getrennter Beförderung entstanden wären.

(4) Bei Umzügen im oder ins Ausland gehören zum Umzugsgut auch Einrichtungsgegen-

VI

stände und Personenkraftfahrzeuge, für die die berechtigte Person innerhalb von drei Monaten nach dem Bezug der neuen Wohnung den Lieferauftrag erteilt hat; Absatz 3 gilt entsprechend.

(5) Hat die berechtigte Person nach einer Auslandsverwendung mit ausgestatteter Dienstwohnung bei einem folgenden Umzug im Ausland mit Zusage der Umzugskostenvergütung den Lieferauftrag für Einrichtungsgegenstände innerhalb der in Absatz 4 genannten Frist erteilt, um mit diesen Einrichtungsgegenständen eine nicht ausgestattete Wohnung beziehen zu können, werden die Beförderungsauslagen erstattet.

§ 6 Umzugsvolumen

(1) Der berechtigten Person werden Beförderungsauslagen für ein Umzugsvolumen von bis zu 100 Kubikmetern erstattet. Zieht eine berücksichtigungsfähige Person mit um, werden die Auslagen für die Beförderung weiterer 30 Kubikmeter erstattet; für jede weitere mitumziehende berücksichtigungsfähige Person werden die Auslagen für die Beförderung weiterer 10 Kubikmeter erstattet.

(2) Bei Leiterinnen und Leitern von Auslandsvertretungen kann die oberste Dienstbehörde in Einzelfällen der Erstattung der Auslagen für die Beförderung weiterer 50 Kubikmeter zustimmen. Dies gilt im Geschäftsbereich des Bundesministeriums der Verteidigung nach näherer Bestimmung durch die oberste Dienstbehörde auch für sonstige Berechtigte in vergleichbaren Dienststellungen.

(3) Wird der berechtigten Person eine voll oder teilweise ausgestattete Dienstwohnung zugewiesen, kann die oberste Dienstbehörde die Volumengrenzen nach Absatz 1 herabsetzen.

(4) Der Dienstherr kann eine amtliche Vermessung des Umzugsguts veranlassen.

§ 7 Personenkraftfahrzeuge

(1) Die Kosten der Beförderung eines Personenkraftfahrzeugs werden erstattet.

(2) Kosten der Beförderung eines zweiten Personenkraftfahrzeugs mit bis zu 1,8 Litern Hubraum und einem Volumen von höchstens 11 Kubikmetern werden nur erstattet, wenn zum Haushalt am neuen Dienstort mindestens eine berücksichtigungsfähige Person gehört. Innerhalb Europas werden nur die Kosten der Selbstüberführung eines zweiten Personenkraftfahrzeugs bis zur Höhe der Beförderungsauslagen nach dem Bundesreisekostengesetz erstattet; die Kosten der Beförderung eines zweiten Personenkraftfahrzeugs nach Island, Malta, in die Russische Föderation, die Türkei, die Ukraine, nach Weißrussland und Zypern werden jedoch nach Satz 1 erstattet.

(3) Personenkraftfahrzeuge, die beim Umzug berücksichtigt werden, werden nicht in die Berechnung des Umzugsvolumens einbezogen.

(4) Bei einem Umzug im Ausland kann die oberste Dienstbehörde Auslagen für die Beförderung des am bisherigen Dienstort genutzten Personenkraftfahrzeugs nach Deutschland und für die Beförderung eines Fahrzeugs aus Deutschland zum neuen Dienstort erstatten, wenn bezüglich des bisher genutzten Fahrzeugs sowohl die Einfuhr am neuen Dienstort als auch der Verkauf am bisherigen Dienstort verboten sind.

§ 8 Tiere

Beförderungsauslagen für bis zu zwei Haustiere werden erstattet, soweit diese üblicherweise in der Wohnung gehalten werden. Kosten für Transportbehältnisse, Tierheime, Quarantäne und andere Nebenkosten werden nicht erstattet.

§ 9 Zwischenlagern von Umzugsgut

(1) Auslagen für das Zwischenlagern einschließlich der Lagerversicherung sind nur erstattungsfähig, wenn die berechtigte Person den Grund für das Zwischenlagern nicht zu vertreten hat oder wenn die berechtigte Person vorübergehend keine angemessene Leerraumwohnung am neuen Dienstort beziehen kann.

(2) Diese Auslagen werden für die Zeit vom Tag des Einladens des Umzugsguts bis zum Tag des Ausladens des Umzugsguts in der endgültigen Wohnung erstattet.

§ 10 Lagern von Umzugsgut

(1) Zieht die berechtigte Person in eine ganz oder teilweise ausgestattete Dienstwohnung,

werden ihr die Auslagen für das Verpacken, Versichern und Lagern des Umzugsguts erstattet, das nicht in die neue Wohnung mitgenommen wird. Daneben werden die notwendigen Auslagen für die Beförderung zum Lagerort erstattet, höchstens jedoch bis zur Höhe der Auslagen für die Beförderung bis zum Sitz der obersten Dienstbehörde (erster Dienstsitz) oder bis zu einem anderen Ort im Inland mit unentgeltlicher Lagermöglichkeit. Bezüglich des berücksichtigungsfähigen Volumens sind Absatz 6 Satz 2 und § 6 Absatz 1 entsprechend anzuwenden.

(2) Wird das nach Absatz 1 eingelagerte Umzugsgut bei einem folgenden Umzug wieder hinzugezogen und ist für diesen Umzug Umzugskostenvergütung zugesagt, werden die Beförderungsauslagen erstattet.

(3) Die Absätze 1 und 2 gelten entsprechend, wenn

1. die Mitnahme des Umzugsguts an den neuen Dienstort aus besonderen Gründen, insbesondere aus klimatischen oder Sicherheitsgründen, nicht zumutbar ist oder
2. während der Dauer der Verwendung an diesem Ort keine Möglichkeit besteht, eine Leerraumwohnung zu mieten, in der das Umzugsgut untergebracht werden kann.

(4) Absatz 1 gilt entsprechend, wenn die berechtigte Person bei einem Umzug ins Ausland einen Teil des Umzugsguts nicht mitnehmen möchte. Kosten für das Lagern werden nur für die Zeit bis zur nächsten Inlandsverwendung übernommen. Kosten für das Hinzuziehen des Lagerguts während einer Auslandsverwendung werden nicht übernommen.

(5) Ist die Verwendung im Inland von vornherein voraussichtlich auf weniger als ein Jahr beschränkt, können Kosten für das Lagern des Umzugsguts erstattet werden.

(6) Kann bei einem Umzug ins Ausland aufgrund der Beschränkung des Umzugsvolumens nach § 6 ein Teil des Umzugsguts nicht mitgeführt werden, gilt Absatz 4 entsprechend. Kosten für das Lagern des Umzugsguts, das die Volumengrenzen nach § 6 Absatz 1 übersteigt, können nur für ein Volumen von bis zu 20 Kubikmetern für die berechtigte Person und von 10 Kubikmetern für jede mitumziehende berücksichtigungsfähige Person erstattet werden. Insgesamt können bei Übersteigen der Volumengrenzen nach § 6 Absatz 1 Kosten für das Lagern von bis zu 50 Kubikmetern Umzugsgut erstattet werden.

Unterabschnitt 2
Reisen

§ 11 Wohnungsbesichtigungsreise, Umzugsabwicklungsreise

(1) Die Auslagen für eine gemeinsame Reise der berechtigten Person und einer berücksichtigungsfähigen Person nach § 2 Absatz 1 Satz 1 Nummer 1, 2 oder 4 vom bisherigen an den neuen Dienstort zur Wohnungssuche (Wohnungsbesichtigungsreise) oder für eine Reise einer dieser Personen vom neuen zum bisherigen Dienstort zur Vorbereitung und Durchführung des Umzugs (Umzugsabwicklungsreise) werden mit der Maßgabe erstattet, dass gezahlt werden:

1. die Kosten der billigsten Fahrkarte für ein regelmäßig verkehrendes Beförderungsmittel und
2. Tage- und Übernachtungsgeld wie bei Dienstreisen der berechtigten Person für höchstens vier Aufenthaltstage sowie für die notwendigen Reisetage.

(2) Mehreren berechtigten Personen, denen jeweils eine eigene Umzugskostenvergütung zugesagt wurde und die am neuen Dienstort eine gemeinsame Wohnung suchen, stehen die Ansprüche nach Absatz 1 nur für eine gemeinsame Reise zu.

(3) Auslagen für eine Wohnungsbesichtigungsreise zu einer Dienstwohnung werden nicht erstattet.

§ 12 Umzugsreise

(1) Die Auslagen für die Umzugsreise vom bisherigen zum neuen Dienstort werden unter Berücksichtigung der notwendigen Reisedauer nach Maßgabe der folgenden Absätze erstattet.

(2) Die Auslagen für die Umzugsreise der berechtigten Person und der berücksichtigungsfähigen Personen werden wie bei Dienstreisen erstattet. Für die Berechnung des Tages-

VI

gelds gelten die Abreise- und Ankunftstage als volle Reisetage.

(3) Die Reisekosten für einen dienstlich angeordneten Umweg der berechtigten Person werden auch für die berücksichtigungsfähigen Personen erstattet, wenn sie mit der berechtigten Person gemeinsam reisen und ihr Verbleib am bisherigen Dienstort unzumutbar ist oder Mietzuschuss nach § 54 des Bundesbesoldungsgesetzes eingespart wird.

(4) Für eine angestellte Betreuungsperson werden die Kosten der billigsten Fahrkarte für ein regelmäßig verkehrendes Beförderungsmittel erstattet, wenn die berechtigte Person betreuungsbedürftig ist oder zum Haushalt der berechtigten Person am neuen Dienstort eine berücksichtigungsfähige Person gehört, die minderjährig, schwerbehindert oder pflegebedürftig (mindestens Pflegestufe I nach § 15 des Elften Buches Sozialgesetzbuch) ist; der Antrag muss spätestens drei Monate nach dem Bezug der neuen Wohnung gestellt werden. Für eine angestellte Betreuungsperson, die im Ausland aus wichtigem Grund aus dem Arbeitsverhältnis ausscheidet, können Fahrtkosten bis zur Höhe der Kosten der billigsten Fahrkarte für ein regelmäßig verkehrendes Beförderungsmittel zum Sitz der obersten Bundesbehörde erstattet werden, auch wenn die Fahrtkosten nach Ablauf der Frist nach § 3 Absatz 1 entstanden sind; der Antrag muss innerhalb von sechs Monaten nach dem Ausscheiden gestellt werden. Für eine Ersatzperson können Fahrtkosten erstattet werden, wenn zum Zeitpunkt ihrer Ankunft die Voraussetzungen nach Satz 1 erfüllt sind; der Erstattungsantrag muss innerhalb von drei Monaten nach Ausscheiden der vorherigen Betreuungsperson, für die Reisekosten erstattet worden sind, gestellt werden.

(5) Verbindet eine berechtigte oder eine berücksichtigungsfähige Person die Umzugsreise mit Urlaub, werden die Auslagen für die Reise zum neuen Dienstort abweichend von § 13 des Bundesreisekostengesetzes bis zu der Höhe erstattet, bis zu der sie erstattet würden, wenn die Umzugsreise unmittelbar vom bisherigen zum neuen Dienstort erfolgt wäre.

(6) Wird die berechtigte Person im Anschluss an einen Heimaturlaub an einen anderen Dienstort versetzt oder abgeordnet, erhält sie für die Reise vom bisherigen Dienstort zum Sitz der für sie zuständigen Dienststelle im Inland (Heimaturlaubsreise) und für die Reise von dort zum neuen Dienstort Reisekostenvergütung wie bei einer Umzugsreise. Dabei werden im anzuwendenden Kostenrahmen die fiktiven Fahrtkosten der Heimaturlaubsreise berücksichtigt, der Anspruch auf Fahrtkostenzuschuss nach der Heimaturlaubsverordnung entfällt. Die Auslagen für die Versicherung des Reisegepäcks werden für die Dauer des Heimaturlaubs erstattet, höchstens jedoch für die Zeit von der Abreise vom bisherigen Dienstort bis zur Ankunft am neuen Dienstort.

(7) Für die berücksichtigungsfähigen Personen gilt Absatz 6 entsprechend.

§ 13 Reisegepäck

(1) Die Auslagen für die Beförderung unbegleiteten Reisegepäcks anlässlich der Umzugsreise vom bisherigen zum neuen Dienstort werden erstattet bis zu einem Gewicht des Reisegepäcks von 200 Kilogramm. Die Obergrenze erhöht sich

1. um 100 Kilogramm für die mitumziehende berücksichtigungsfähige Person nach § 2 Absatz 1 Satz 1 Nummer 1 oder Nummer 2,
2. um 50 Kilogramm für jede mitumziehende berücksichtigungsfähige Person nach § 2 Absatz 1 Satz 1 Nummer 3 bis 6 und in den Fällen des § 12 Absatz 4 für die angestellte Betreuungsperson oder Ersatzkraft.

(2) Bei Flugreisen werden die Auslagen für die Beförderung unbegleiteten Luftgepäcks nach Maßgabe des Absatzes 1 erstattet. Auslagen für die Beförderung begleiteten Luftgepäcks werden bis zu 50 Prozent der Gewichtsgrenzen nach Absatz 1 erstattet, wenn

1. es aus Sicherheitsgründen notwendig ist, das Gepäck als begleitetes Luftgepäck mitzuführen, oder nicht gewährleistet ist, dass das Gepäck in einem zumutbaren Zeitraum ausgelöst werden kann, und

2. vor der Aufgabe des Gepäcks die oberste Dienstbehörde oder die von ihr ermächtigte Behörde der Erstattung zugestimmt hat.

Unterabschnitt 3
Wohnung

§ 14 Vorübergehende Unterkunft

(1) Auslagen für eine vorübergehende Unterkunft am bisherigen oder am neuen Dienstort werden für die Zeit vom letzten Tag des Einladens des Umzugsgutes bis zum ersten Tag des Ausladens des Umzugsgutes in der endgültigen Wohnung auf Antrag gegen Nachweis erstattet, soweit sie 25 Prozent der Bezüge übersteigen, die für die Berechnung des Mietzuschusses nach § 54 des Bundesbesoldungsgesetzes maßgeblich sind. Wird als vorübergehende Unterkunft leerer Wohnraum angemietet, werden die notwendigen Auslagen erstattet, soweit sie 18 Prozent der Bezüge übersteigen, die für die Berechnung des Mietzuschusses nach § 54 des Bundesbesoldungsgesetzes maßgeblich sind; die §§ 18 und 19 dieser Verordnung sind anzuwenden. Bei Umzügen mit Umzugskostenvergütung nach § 26 gilt Satz 1 für die Zeit vom Tag nach Beendigung der Hinreise bis zum Tag vor Antritt der Rückreise. In diesen Fällen werden auch die notwendigen Auslagen nach dem Tag des Ausladens bis zum Tag vor Antritt der Rückreise erstattet.

(2) Zum Ausgleich des Mehraufwands für die Verpflegung der berechtigten Person und der berücksichtigungsfähigen Personen während des in Absatz 1 genannten Zeitraums wird ohne Vorlage von Einzelnachweisen ein Zuschuss gezahlt. Der Zuschuss beträgt für die ersten 14 Tage des Aufenthalts

1. am ausländischen Wohn- oder Dienstort 75 Prozent des Auslandstagegelds nach § 3 der Auslandsreisekostenverordnung,
2. am inländischen Wohn- oder Dienstort 75 Prozent des Inlandstagegelds nach § 6 Absatz 1 des Bundesreisekostengesetzes.

Vom 15. Tag an wird der Zuschuss auf 50 Prozent des Auslands- oder Inlandstagegelds gesenkt.

(3) Ist die Unterkunft mit einer Kochgelegenheit ausgestattet, werden 50 Prozent der Beträge nach Absatz 2 Satz 2 und 3 gezahlt. Handelt es sich um eine Wohnung mit ausgestatteter Küche oder halten sich die in Absatz 2 Satz 1 genannten Personen bei Verwandten oder Bekannten auf, wird kein Zuschuss gezahlt. Werden nach Absatz 1 Kosten für eine Unterkunft übernommen, in denen Kosten für ein Frühstück enthalten sind, ist der Mehraufwand für Verpflegung um 20 Prozent zu kürzen.

(4) Die Zahlungen nach den Absätzen 1 bis 3 werden nicht für die Tage geleistet, an denen die berechtigte Person

1. Heimaturlaub hat,
2. Urlaub an einem anderen als dem bisherigen oder neuen Wohn- oder Dienstort verbringt oder
3. Auslandstrennungsgeld oder vergleichbare Leistungen erhält.

VI

§ 15 Mietentschädigung

(1) Muss für dieselbe Zeit sowohl für die bisherige als auch für die neue eigene Wohnung der berechtigten Person Miete gezahlt werden, wird die Miete für die bisherige Wohnung bis zu dem Zeitpunkt erstattet, zu dem das Mietverhältnis frühestens gelöst werden kann, höchstens jedoch für drei Monate für eine Wohnung im Inland und für neun Monate für eine Wohnung im Ausland (Mietentschädigung). Die oberste Dienstbehörde kann die Frist für eine Wohnung im Ausland um höchstens ein Jahr verlängern, wenn dies wegen der ortsüblichen Verhältnisse erforderlich ist. Ausgaben für das Weitervermieten der Wohnung innerhalb der Vertragsdauer und für Maßnahmen, durch die Mietentschädigung eingespart wird, werden erstattet. Die Sätze 1 bis 3 gelten entsprechend für die Miete für eine Garage.

(2) Abweichend von § 8 Absatz 4 des Bundesumzugskostengesetzes wird Mietentschädigung auch nicht gewährt

1. für eine Zeit, für die die berechtigte Person Auslandstrennungsgeld oder vergleichbare Leistungen erhält,

2. für eine Wohnung oder Garage, für die Mietzuschuss (§ 54 des Bundesbesoldungsgesetzes) gewährt wird.

(3) Muss die berechtigte Person aufgrund der Lage des Wohnungsmarktes eine Wohnung am neuen Dienstort oder in dessen Einzugsgebiet mieten, die sie noch nicht nutzen kann, und muss für dieselbe Zeit für die bisherige eigene Wohnung der berechtigten Person oder für eine vorübergehende Unterkunft am neuen Dienstort Miete gezahlt werden, wird die Miete für die endgültige Wohnung höchstens für drei Monate erstattet. Wenn die im oder ins Ausland versetzte berechtigte Person eine Wohnung nach Satz 1 schon vor Dienstantritt nutzt und noch keine Auslandsdienstbezüge für den neuen Dienstort erhält, kann mit Zustimmung der obersten Dienstbehörde oder der von ihr ermächtigten Behörde ein Zuschuss gewährt werden, für dessen Höhe § 54 Absatz 1 des Bundesbesoldungsgesetzes entsprechend gilt.

VI

(4) Zu der Miete für die bisherige Wohnung im Ausland kann auch ohne Anmietung einer neuen Wohnung ein Zuschuss für die Zeit gewährt werden, für die die berechtigte Person weder Auslandstrennungsgeld noch vergleichbare Leistungen erhält. Für die Höhe des Zuschusses gilt § 54 Absatz 1 des Bundesbesoldungsgesetzes entsprechend.

(5) Die oberste Dienstbehörde kann einer berechtigten Person, die im Ausland aus dem Dienst ausgeschieden ist, einen Mietzuschuss nach Absatz 1 bis zur frühesten Kündigungsmöglichkeit, höchstens drei Monate, auch dann bewilligen, wenn sie die Wohnung noch nutzt und keine neue Wohnung gemietet hat. Für die Höhe des Zuschusses gilt § 54 des Bundesbesoldungsgesetzes entsprechend.

(6) Die bisherige Wohnung im eigenen Haus oder die Eigentumswohnung steht der Mietwohnung in Bezug auf Mietentschädigung gleich, sofern eine Vermietung nicht möglich ist; in diesem Fall wird die Mietentschädigung längstens für ein Jahr gezahlt. An die Stelle der Miete tritt der ortsübliche Mietwert der Wohnung. Entsprechendes gilt für die eigene Garage. Für die neue Wohnung im eigenen Haus oder die neue Eigentumswohnung wird keine Mietentschädigung gewährt.

§ 16 Wohnungsbeschaffungskosten

(1) Gutachterkosten, Maklerkosten, ortsübliche Mietvertragsabschlussgebühren, Kosten für Garantieerklärungen und Bürgschaften sowie vergleichbare Kosten, die beim Auszug aus der Wohnung am ausländischen Dienstort oder bei der Beschaffung einer neuen angemessenen Wohnung am ausländischen Dienstort anfallen, werden erstattet.

(2) Wird dem Vermieter einer Wohnung am neuen ausländischen Dienstort eine Kaution geleistet, wird ein unverzinslicher Gehaltsvorschuss bis zum Dreifachen der Mieteigenbelastung der berechtigten Person gewährt, die sich bei entsprechender Anwendung des § 54 des Bundesbesoldungsgesetzes ergibt. Der Vorschuss ist in höchstens 20 gleichen Monatsraten zurückzuzahlen. Die Raten werden von den Dienstbezügen der berechtigten Person einbehalten. Bei vorzeitiger Versetzung oder Beendigung des Dienstverhältnisses ist der Rest des Vorschusses in einer Summe zurückzuzahlen. Soweit die ortsübliche Kaution den Gehaltsvorschuss übersteigt, wird sie erstattet.

(3) Rückzahlungsansprüche gegenüber der Vermieterin oder dem Vermieter sind an den Dienstherrn abzutreten. Soweit die Kaution von der Vermieterin oder vom Vermieter berechtigterweise in Anspruch genommen wird, ist die berechtigte Person zur Rückzahlung des Erstattungsbetrags an den Dienstherrn verpflichtet.

(4) Bei Umzügen aus dem Ausland ins Inland ist § 9 Absatz 1 des Bundesumzugskostengesetzes anzuwenden.

(5) Soweit die Verhältnisse im Zusammenhang mit dem Bezug oder dem Auszug aus einer Wohnung am Auslandsdienstort von im Ausland typischen Verhältnissen abweichen und dies zu einer außergewöhnlichen, von der berechtigten Person nicht zu vertretenden Härte führt, kann die oberste Dienstbehörde eine Leistung zur Milderung der Härte gewähren. Die Entscheidung ist besonders zu begründen und zu dokumentieren.

§ 17 Technische Geräte

(1) Müssen beim Bezug der neuen Wohnung aufgrund der örtlichen Verhältnisse Klimageräte oder Notstromerzeuger beschafft werden, werden die Auslagen für das Beschaffen und den Einbau dieser Geräte sowie die Kosten für die bauliche Herrichtung der betreffenden Räume erstattet.

(2) Die berechtigte Person hat die Geräte auf ihre Kosten regelmäßig zu warten.

(3) Beim Auszug hat die berechtigte Person die Geräte dem Dienstherrn zur Verfügung zu stellen oder den nach Absatz 1 erstatteten Betrag zurückzuzahlen.

(4) Werden anlässlich des Umzugs an einen Dienstort mit besonderer gesundheitlicher Belastung durch hohe Luftverschmutzung Luftreiniger angeschafft, so wird auf Antrag ein Zuschuss zu den Anschaffungskosten der Geräte gewährt. Der Zuschuss beträgt 80 Prozent des Anschaffungspreises einschließlich eventuell anfallender Transportkosten. Bei Versetzung an einen anderen Ort verbleibt das Gerät bei der berechtigten Person.

Unterabschnitt 4
Pauschalen und zusätzlicher Unterricht

§ 18 Umzugspauschale

(1) Eine berechtigte Person, die eine eigene Wohnung einrichtet, erhält für sich und die berücksichtigungsfähigen Personen eine Pauschale für sonstige Umzugskosten (Umzugspauschale), die sich aus Teilbeträgen nach den folgenden Absätzen zusammensetzt.

(2) Bei einem Auslandsumzug innerhalb der Europäischen Union erhält die berechtigte Person einen Betrag in Höhe von 20 Prozent des Grundgehalts der Stufe 8 der Besoldungsgruppe A 13. Für berücksichtigungsfähige Personen erhält die berechtigte Person zusätzlich folgende Beträge:

1. für eine Person nach § 2 Absatz 1 Satz 1 Nummer 1 oder Nummer 2 einen Betrag in Höhe von 19 Prozent des Grundgehalts der Stufe 8 der Besoldungsgruppe A 13,
2. für eine Person nach § 2 Absatz 1 Satz 1 Nummer 4 bis 6 einen Betrag in Höhe von 7 Prozent des Grundgehalts der Stufe 8 der Besoldungsgruppe A 13,
3. für ein Kind nach § 2 Absatz 1 Satz 1 Nummer 3 einen Betrag in Höhe von 10 Prozent des Grundgehalts der Stufe 8 der Besoldungsgruppe A 13,
4. für ein Kind nach § 2 Absatz 1 Satz 1 Nummer 3, für das ein Auslandszuschlag gezahlt wird, das aber nicht mitumzieht, einen Betrag in Höhe von 10 Prozent des Grundgehalts der Stufe 8 der Besoldungsgruppe A 13,
5. für ein Kind nach § 2 Absatz 1 Satz 1 Nummer 3, für das ein Auslandszuschlag gezahlt wird, das aber im Inland bleibt, einen Betrag in Höhe von 7 Prozent des Grundgehalts der Stufe 8 der Besoldungsgruppe A 13.

(3) Bei einem Umzug außerhalb der Europäischen Union, aus einem Mitgliedstaat der Europäischen Union in einen Staat außerhalb der Europäischen Union oder aus einem Staat außerhalb der Europäischen Union in einen Mitgliedstaat der Europäischen Union erhält die berechtigte Person einen Betrag in Höhe von 21 Prozent des Grundgehalts der Stufe 8 der Besoldungsgruppe A 13. Für berücksichtigungsfähige Personen erhält die berechtigte Person zusätzlich folgende Beträge:

1. für eine Person nach § 2 Absatz 1 Satz 1 Nummer 1 oder Nummer 2 einen Betrag in Höhe von 21 Prozent des Grundgehalts der Stufe 8 der Besoldungsgruppe A 13,
2. für eine Person nach § 2 Absatz 1 Satz 1 Nummer 4 bis 6 einen Betrag in Höhe von 10,5 Prozent des Grundgehalts der Stufe 8 der Besoldungsgruppe A 13,
3. für ein Kind nach § 2 Absatz 1 Satz 1 Nummer 3 einen Betrag in Höhe von 14 Prozent des Grundgehalts der Stufe 8 der Besoldungsgruppe A 13,
4. für ein Kind nach § 2 Absatz 1 Satz 1 Nummer 3, für das ein Auslandszuschlag gezahlt wird, das aber nicht mitumzieht, einen Betrag in Höhe von 14 Prozent des Grundgehalts der Stufe 8 der Besoldungsgruppe A 13,

5. für ein Kind nach § 2 Absatz 1 Satz 1 Nummer 3, für das ein Auslandszuschlag gezahlt wird, das aber im Inland bleibt, einen Betrag in Höhe von 7 Prozent des Grundgehalts der Stufe 8 der Besoldungsgruppe A 13.

(4) Bei einem Umzug aus einem anderen Mitgliedstaat der Europäischen Union ins Inland erhält die berechtigte Person 80 Prozent der Beträge nach Absatz 2, bei einem Umzug aus einem Staat außerhalb der Europäischen Union ins Inland erhält die berechtigte Person 80 Prozent der Beträge nach Absatz 3.

(5) Bei einem Umzug am Wohnort oder in dessen Einzugsgebiet nach § 23 erhält die berechtigte Person 60 Prozent der Beträge nach den Absätzen 2 und 3.

(6) Eine berechtigte Person, die keine Wohnung einrichtet oder eine ausgestattete Wohnung bezieht, erhält 25 Prozent der Beträge nach den Absätzen 2 und 3 für sich und die Person nach § 2 Absatz 1 Satz 1 Nummer 1 oder Nummer 2. Ist nur ein Teil der Privaträume ausgestattet, wird der Betrag nach Satz 1 verhältnismäßig erhöht.

(7) Ist innerhalb der letzten fünf Jahre ein Umzug mit Zusage der Umzugskostenvergütung nach § 3 oder § 4 Absatz 1 Nummer 2 bis 4 oder Absatz 2 des Bundesumzugskostengesetzes an einen anderen Wohnort durchgeführt worden und ist auch bei diesem Umzug eine eigene Wohnung für die Berechnung der pauschalen Vergütung berücksichtigt worden, wird ein Zuschlag in Höhe von 50 Prozent der Beträge nach den Absätzen 2 bis 6 gezahlt.

(8) Besteht am neuen Wohnort eine andere Netzspannung oder Netzfrequenz als am bisherigen Wohnort und ist die neue Wohnung nicht mit einer der bisherigen Wohnung entsprechenden Stromversorgung oder nicht mit den notwendigen elektrischen Geräten ausgestattet, wird ein Zuschlag in Höhe von 13 Prozent des Grundgehalts der Stufe 8 der Besoldungsgruppe A 13 gewährt. Besteht am neuen Wohnort eine andere Fernsehnorm als am bisherigen Wohnort, wird ein weiterer Zuschlag in Höhe von 10 Prozent des Grundgehalts der Stufe 8 der Besoldungsgruppe A 13 gewährt.

(9) Berechtigten Personen, die jeweils eine eigene Zusage der Umzugskostenvergütung erhalten haben und die eine gemeinsame Wohnung beziehen, wird insgesamt nur eine Umzugspauschale gewährt. In diesem Fall gilt eine der beiden Personen als berücksichtigungsfähige Person nach § 2 Absatz 1 Nummer 1 oder Nummer 2. Sind die Pauschalen der berechtigten Personen unterschiedlich hoch, wird die höhere gezahlt.

§ 19 Ausstattungspauschale

(1) Bei der ersten Verwendung im Ausland erhält die verheiratete oder in einer Lebenspartnerschaft lebende berechtigte Person eine Ausstattungspauschale in Höhe von 70 Prozent des Grundgehalts der Stufe 8 der Besoldungsgruppe A 13, zuzüglich des Grundgehalts der Stufe 8 der jeweiligen Besoldungsgruppe, mindestens der Besoldungsgruppe A 5, höchstens der Besoldungsgruppe B 3. Eine berechtigte Person, die weder verheiratet ist noch in einer Lebenspartnerschaft lebt, und die berechtigte Person, deren Ehegattin oder Ehegatte oder Lebenspartnerin oder Lebenspartner nicht an den neuen Dienstort umzieht, erhält 90 Prozent des sich nach Satz 1 ergebenden Betrages. Für jedes Kind, für das ihr Auslandskinderzuschlag zusteht, erhält die berechtigte Person einen Betrag in Höhe von 14 Prozent des Grundgehalts der Stufe 8 der Besoldungsgruppe A 13. Soweit die oberste Dienstbehörde besondere Verpflichtungen der dienstlichen Repräsentation anerkennt, erhöht sich die Ausstattungspauschale nach Satz 1 oder Satz 2 um 30 Prozent; dies gilt nicht für Empfängerinnen oder Empfänger einer Einrichtungspauschale nach § 20.

(2) Die berechtigte Person, die am neuen Dienstort keine Wohnung einrichtet oder eine ausgestattete Wohnung bezieht, erhält eine Ausstattungspauschale in Höhe von 50 Prozent der Beträge nach Absatz 1. Ist nur ein Teil der Privaträume einer Dienstwohnung ausgestattet, wird die Ausstattungspauschale nach Satz 1 verhältnismäßig erhöht.

(3) Bei einer weiteren Verwendung im Ausland wird eine Ausstattungspauschale gezahlt, wenn die berechtigte Person

1. innerhalb der letzten drei Jahre vor der neuen Verwendung nicht oder nur vorübergehend Dienstbezüge im Ausland oder entsprechende von einer zwischen- oder überstaatlichen Organisation gezahlte Bezüge erhalten hat,
2. bei vorausgegangenen Umzügen innerhalb der letzten drei Jahre keine Ausstattungspauschale aufgrund des § 14 Absatz 7 des Bundesumzugskostengesetzes erhalten hat oder
3. bei vorausgegangenen Umzügen innerhalb der letzten drei Jahre eine verminderte Ausstattungspauschale aufgrund des § 14 Absatz 7 des Bundesumzugskostengesetzes oder nach § 26 Absatz 1 Nummer 9 oder Absatz 5 Nummer 2 dieser Verordnung erhalten hat; in diesem Fall sind die Beträge anzurechnen, die bei den vorausgegangenen Umzügen gezahlt worden sind.

(4) Berechtigte Personen, denen bereits anlässlich einer Verwendung in einem Mitgliedstaat der Europäischen Union eine Ausstattungspauschale gewährt wurde, erhalten bei einem erneuten Umzug in einen Mitgliedstaat der Europäischen Union keine weitere Ausstattungspauschale.

(5) Berechtigte Personen, die eine Gemeinschaftsunterkunft beziehen, erhalten keine Ausstattungspauschale.

(6) § 18 Absatz 9 gilt entsprechend.

§ 20 Einrichtungspauschale

(1) Bei der Bestellung zur Leiterin oder zum Leiter einer Auslandsvertretung erhält die berechtigte Person, die eine ausgestattete Dienstwohnung bezieht oder eine möblierte Wohnung mietet, eine Einrichtungspauschale in Höhe von 140 Prozent des Grundgehalts der Stufe 1 ihrer jeweiligen Besoldungsgruppe. Berechtigte Personen, die einer Besoldungsgruppe der Bundesbesoldungsordnung B angehören, erhalten eine Einrichtungspauschale in Höhe von 120 Prozent des jeweiligen Grundgehalts. Für zusätzliche Einrichtungsgegenstände im Zusammenhang mit der Anwesenheit der Ehegattin oder des Ehegatten oder der Lebenspartnerin oder des Lebenspartners am Dienstort erhöht sich die Einrichtungspauschale um 10 Prozent.

(2) Bezieht die berechtigte Person eine Leerraumwohnung, erhöht sich die Pauschale nach Absatz 1 für die Einrichtung der Empfangsräume und der privaten Wohn- und Esszimmer jeweils um 50 Prozent. Ist die Wohnung teilweise ausgestattet, verringert sich der Prozentsatz verhältnismäßig.

(3) Die ständige Vertreterin oder der ständige Vertreter der Leiterin oder des Leiters einer Auslandsvertretung sowie die Leiterin oder der Leiter einer Außenstelle einer Auslandsvertretung erhalten bei ihrer Bestellung eine Einrichtungspauschale in Höhe von 50 Prozent der Pauschale nach Absatz 1. Bezieht die berechtigte Person eine Leerraumwohnung, erhält sie 75 Prozent der Pauschale nach Absatz 1. Absatz 2 Satz 2 gilt entsprechend.

(4) Früher gezahlte Einrichtungspauschalen sind anzurechnen. Übersteigen diese 80 Prozent der neuen Einrichtungspauschale, wird eine Einrichtungspauschale in Höhe von 20 Prozent gezahlt.

(5) Einer berechtigten Person, die während einer Auslandsverwendung zur Leiterin oder zum Leiter einer Auslandsvertretung bestellt wird, wird die Einrichtungspauschale nur gezahlt, wenn ihr aus Anlass der Bestellung die Umzugskostenvergütung zugesagt worden ist.

(6) Eine berechtigte Person, deren neuer Dienstort in einem Mitgliedstaat der Europäischen Union liegt, ist verpflichtet, die zweckentsprechende Verwendung der Einrichtungspauschale, die aus Anlass des Umzugs an diesen Dienstort gewährt worden ist, der obersten Dienstbehörde auf Verlangen nachzuweisen. Die dafür erforderlichen Belege sind für die Dauer des Verbleibs an diesem Dienstort aufzubewahren und der obersten Dienstbehörde auf Verlangen vorzulegen.

(7) § 18 Absatz 9 gilt entsprechend.

(8) Das Bundesministerium der Verteidigung kann bestimmen, dass die Absätze 1 bis 7 in seinem Geschäftsbereich auch für sonstige berechtigte Personen in vergleichbaren Dienststellungen gelten.

§ 21 Pauschale für klimagerechte Kleidung

(1) Bei der ersten Verwendung an einem Auslandsdienstort mit einem Klima, das vom mitteleuropäischen Klima erheblich abweicht, wird eine Pauschale für das Beschaffen klimagerechter Kleidung gezahlt, die sich aus folgenden Teilbeträgen zusammensetzt:

1. an einem Dienstort mit extrem niedrigen Temperaturen
   a) für die berechtigte Person und die berücksichtigungsfähige Person nach § 2 Absatz 1 Satz 1 Nummer 1 oder Nummer 2 jeweils 30 Prozent des Grundgehalts der Stufe 8 der Besoldungsgruppe A 13,
   b) für jedes mitumziehende berücksichtigungsfähige Kind 15 Prozent des Grundgehalts der Stufe 8 der Besoldungsgruppe A 13,
2. an einem Dienstort mit extrem hohen Temperaturen für die berechtigte Person und die berücksichtigungsfähige Person nach § 2 Absatz 1 Satz 1 Nummer 1 oder Nummer 2 jeweils 15 Prozent des Grundgehalts der Stufe 8 der Besoldungsgruppe A 13.

Wird klimagerechte Kleidung von Amts wegen bereitgestellt, ist die Pauschale um 25 Prozent zu kürzen.

(2) Das Auswärtige Amt stellt im Einvernehmen mit dem Bundesministerium der Verteidigung durch Allgemeinverfügung die Auslandsdienstorte fest, deren Klima vom mitteleuropäischen Klima erheblich abweicht.

(3) Bei einer weiteren Verwendung an einem Auslandsdienstort nach Absatz 1 wird eine weitere Pauschale gezahlt, wenn

1. die berechtigte Person innerhalb der letzten drei Jahre vor der neuen Verwendung nicht an einem solchen Dienstort Auslandsdienstbezüge oder entsprechende von einer zwischen- oder überstaatlichen Organisation gezahlte Bezüge erhalten hat,
2. am neuen Dienstort Klimaverhältnisse herrschen, die denen am vorigen Dienstort entgegengesetzt sind, oder
3. die berechtigte Person bei den vorausgegangenen Umzügen innerhalb der letzten drei Jahre eine ermäßigte Pauschale aufgrund des § 26 Absatz 1 Nummer 10 oder Absatz 5 Nummer 3 erhalten hat und beim neuen Umzug keine Gründe für eine Ermäßigung vorliegen; in diesem Fall ist die bei den vorausgegangenen Umzügen gezahlte Pauschale anzurechnen.

(4) Gibt es am Dienstort während der Verwendung sowohl Zeiträume mit extrem niedrigen als auch Zeiträume mit extrem hohen Temperaturen, wird sowohl der Teilbetrag für Dienstorte mit extrem niedrigen Temperaturen als auch der Teilbetrag für Dienstorte mit extrem hohen Temperaturen gewährt.

(5) Ergeht die Feststellung nach Absatz 2 erst nach dem Dienstantritt der berechtigten Person, beginnt die Ausschlussfrist nach § 3 Absatz 1 für den Antrag auf Gewährung der Pauschale für das Beschaffen klimagerechter Kleidung mit der Feststellung der erheblichen Abweichung vom mitteleuropäischen Klima nach Absatz 2, sofern die berechtigte Person zum Zeitpunkt der Antragstellung noch für diesen Dienstort Auslandsdienstbezüge erhält.

(6) § 18 Absatz 9 gilt entsprechend.

§ 22 Zusätzlicher Unterricht

(1) Benötigt ein berücksichtigungsfähiges Kind aufgrund des Umzugs zusätzlichen Unterricht, werden die Unterrichtskosten für höchstens ein Jahr zu 90 Prozent erstattet. Die Frist beginnt spätestens ein Jahr nach Beendigung des Umzugs des Kindes.

(2) Insgesamt wird für jedes berücksichtigungsfähige Kind höchstens ein Betrag in Höhe des zum Zeitpunkt der Beendigung des Umzugs maßgeblichen Grundgehalts der Stufe 1 der Besoldungsgruppe A 14 erstattet. Mit Zustimmung der obersten Dienstbehörde können höhere Kosten erstattet werden, wenn die Anwendung des Satzes 1 für eine berechtigte Person mit häufigen Auslandsverwendungen eine unzumutbare Härte bedeuten würde.

Abschnitt 3
Sonderfälle

§ 23 Umzug am ausländischen Dienstort

(1) Für einen Umzug am ausländischen Dienstort kann Umzugskostenvergütung zu-

gesagt werden, wenn die Gesundheit oder die Sicherheit der berechtigten Person oder der berücksichtigungsfähigen Personen erheblich gefährdet sind oder wenn ein Umzug aus anderen zwingenden Gründen, die sich aus dem Auslandsdienst und den besonderen Verhältnissen im Ausland ergeben, erforderlich ist. In diesen Fällen werden neben den Beförderungsauslagen nach § 5 Absatz 1 bis 3 auch die Auslagen für Wohnungsbeschaffungskosten nach § 16 sowie die Umzugspauschale nach § 18 Absatz 5 gezahlt. Soweit erforderlich, können auch Auslagen nach § 17 erstattet werden.

(2) Bei Umzügen nach Absatz 1 aus gesundheitlichen Gründen kann die Umzugskostenvergütung nur zugesagt werden, wenn die Notwendigkeit amts- oder vertrauensärztlich bescheinigt worden ist.

(3) Die Umzugskostenvergütung ist so rechtzeitig zu beantragen, dass über sie vor Beginn des geplanten Umzugs entschieden werden kann.

(4) Die berechtigte Person, der die Umzugskostenvergütung für einen Umzug nach § 3 Absatz 1 Nummer 1, 3 oder Nummer 4, nach § 4 Absatz 1 Nummer 2 bis 4 des Bundesumzugskostengesetzes oder in den Fällen des § 28 Absatz 1 und 2 dieser Verordnung zugesagt worden ist, erhält für den Umzug in eine vorläufige Wohnung Umzugskostenvergütung, wenn der Dienstherr die neue Wohnung vorher schriftlich oder elektronisch als vorläufige Wohnung anerkannt hat.

§ 24 Umzugsbeihilfe

(1) Wenn einer berechtigten Person mit Dienstbezügen die Umzugskostenvergütung zugesagt worden ist und sie nach dem Dienstantritt am neuen ausländischen Dienstort heiratet oder eine Lebenspartnerschaft begründet, können ihr für die Umzugsreise ihrer Ehegattin oder ihres Ehegatten oder ihrer Lebenspartnerin oder ihres Lebenspartners und der zu deren oder dessen häuslicher Gemeinschaft gehörenden minderjährigen Kinder, die durch die Reise in die häusliche Gemeinschaft der berechtigten Person aufgenommen werden, die notwendigen Fahrtkosten erstattet werden. Fahrtkosten werden nur erstattet bis zur Höhe der Kosten der billigsten Fahrkarte für ein regelmäßig verkehrendes Beförderungsmittel für eine Reise vom Wohnort der Ehegattin oder des Ehegatten oder der Lebenspartnerin oder des Lebenspartners zum Dienstort der berechtigten Person, höchstens jedoch für eine solche Reise vom letzten inländischen Dienstort der berechtigten Person an deren neuen ausländischen Dienstort. Die notwendigen Auslagen für das Befördern des Umzugsguts der Ehegattin oder des Ehegatten oder der Lebenspartnerin oder des Lebenspartners und des Umzugsguts ihrer oder seiner Kinder an den ausländischen Dienstort können bis zur Höhe der Auslagen erstattet werden, die entstanden wären, wenn das Umzugsgut vom letzten inländischen an den ausländischen Dienstort befördert worden wäre. § 6 Absatz 1 und § 10 Absatz 6 sind entsprechend anzuwenden.

(2) Bei dauerhafter Trennung im Ausland und bei Beendigung der Beurlaubung der berücksichtigungsfähigen Person nach § 2 Absatz 1 Satz 1 Nummer 1 oder Nummer 2 nach § 24 Absatz 2 des Gesetzes über den Auswärtigen Dienst auf Betreiben des Dienstherrn der berücksichtigungsfähigen Person ist Absatz 1 entsprechend anzuwenden, wenn die berücksichtigungsfähige Person bis zur Trennung zur häuslichen Gemeinschaft der berechtigten Person gehört hat. Die Auslagen werden für die Reise und die Beförderungskosten vom ausländischen Wohnort zum neuen Wohnort entsprechend erstattet, höchstens jedoch bis zur Höhe der Kosten für eine Rückkehr an den letzten inländischen Dienstort der berechtigten Person. Mehrkosten für das getrennte Versenden von Umzugsgut (§ 5 Absatz 3) werden nicht erstattet, wenn die berechtigte Person innerhalb von drei Monaten ins Inland versetzt wird.

(3) Die Absätze 1 und 2 gelten entsprechend für minderjährige Kinder, die erstmals zu dem in einem anderen Staat lebenden anderen Elternteil übersiedeln, sowie einmalig für Kinder der berechtigten Person, für die ein Anspruch auf Kindergeld besteht, bis längs-

VI

tens drei Monate nach Wegfall des Anspruchs für einen Umzug vom Inland ins Ausland oder im Ausland.

(4) Absatz 2 gilt entsprechend für berücksichtigungsfähige Kinder bei

1. Rückkehr ins Inland innerhalb von 18 Monaten nach Abschluss der Schulausbildung am ausländischen Dienstort,
2. Rückkehr ins Inland zur Fortsetzung der Schulausbildung, sofern es am Dienstort keine geeignete Schule gibt, oder
3. erstmaliger Aufnahme einer Berufsausbildung oder eines Studiums im Ausland innerhalb von 18 Monaten nach Abschluss der Schulausbildung am ausländischen Dienstort bis zur Höhe der Kosten für eine Rückkehr an den letzten inländischen Dienstort.

§ 25 Widerruf der Zusage der Umzugskostenvergütung

(1) Die Zusage der Umzugskostenvergütung kann ganz oder teilweise widerrufen werden, wenn

1. mit einer baldigen weiteren Versetzung an einen anderen Dienstort zu rechnen ist,
2. der Umzug aus besonderen Gründen nicht durchgeführt werden soll oder
3. die berechtigte Person stirbt, bevor sie an den neuen Dienstort umgezogen ist.

(2) Die Zusage der Umzugskostenvergütung gilt als ganz widerrufen, wenn vor dem Bezug der neuen Wohnung die Umzugskostenvergütung für einen anderen Umzug zugesagt worden ist.

(3) Wird die Zusage der Umzugskostenvergütung ganz oder teilweise widerrufen, hat die berechtigte Person

1. die Pauschalen nach den §§ 18 bis 21 zurückzuzahlen, soweit sie bis zur Bekanntgabe des Widerrufs nicht bestimmungsgemäß verbraucht worden sind;
2. alle Möglichkeiten zur Vermeidung von Kosten für Umzugsvorbereitungen zu nutzen.

Andere notwendige Auslagen, die der berechtigten Person im Zusammenhang mit dem erwarteten Umzug entstanden sind, und Schäden, die als unmittelbare Folge des Widerrufs entstanden sind, können erstattet werden.

(4) Wird innerhalb von sechs Monaten nach dem Widerruf der Zusage die Umzugskostenvergütung für einen Umzug an einen anderen Ort zugesagt, werden die Pauschalen nach den §§ 18 bis 21, die die berechtigte Person aufgrund der ersten Zusage erhalten hat, auf die Beträge angerechnet, die ihr aufgrund der neuen Zusage gewährt werden. Die Anrechnung unterbleibt, soweit die berechtigte Person die Pauschalen bis zur Bekanntgabe des Widerrufs der ersten Zusage bestimmungsgemäß verbraucht hat und die daraus beschafften Gegenstände am neuen Dienstort nicht verwendbar sind.

(5) Wird die Zusage der Umzugskostenvergütung aus Gründen widerrufen, die die berechtigte Person zu vertreten hat, hat sie abweichend von den Absätzen 3 und 4 die schon erhaltene Umzugskostenvergütung insoweit zurückzuzahlen, als die Zusage widerrufen worden ist.

(6) Bei Rücknahme, Aufhebung oder Erledigung der Zusage der Umzugskostenvergütung auf andere Weise gelten die Absätze 3 bis 5 entsprechend.

§ 26 Umzugskostenvergütung bei einer Auslandsverwendung von bis zu zwei Jahren

(1) Soweit von vornherein feststeht, dass die berechtigte Person für nicht mehr als zwei Jahre ins Ausland oder im Ausland versetzt, abgeordnet oder abkommandiert wird, wird für den Hin- und Rückumzug Umzugskostenvergütung höchstens in folgendem Umfang gewährt:

1. Erstattung der Auslagen für die Umzugsreise nach § 12,
2. Erstattung der Auslagen für die Beförderung von Reisegepäck nach § 13,
3. Erstattung der Auslagen für eine vorübergehende Unterkunft nach § 14,
4. Erstattung der Beförderungsauslagen für bis zu 200 Kilogramm Umzugsgut für die

berechtigte Person und jede mitumziehende berücksichtigungsfähige Person,
5. Erstattung der notwendigen Auslagen für das Lagern des Umzugsguts im Inland,
6. Erstattung der notwendigen Garagenmiete für ein am bisherigen Dienst- oder Wohnort zurückgelassenes Personenkraftfahrzeug, sofern weder das Fahrzeug noch die Garage anderweitig genutzt wird,
7. Mietentschädigung nach § 15,
8. Erstattung der Wohnungsbeschaffungskosten nach § 16,
9. 40 Prozent der Umzugspauschale nach § 18 sowie 40 Prozent der Ausstattungspauschale nach § 19,
10. die Pauschale für klimagerechte Kleidung nach § 21; für jede mitumziehende berücksichtigungsfähige Person 40 Prozent dieser Pauschale.

(2) Leistungen nach Absatz 1 Nummer 5 und 6 werden nicht für Tage gewährt, für die die berechtigte Person Auslandstrennungsgeld oder vergleichbare Leistungen erhält. Leistungen nach Absatz 1 Nummer 9 und 10 werden für den Hin- und Rückumzug nur einmal gewährt.

(3) Anstelle der Erstattung der Auslagen nach Absatz 1 Nummer 5 können für die Beförderung des Umzugsguts an den ausländischen Dienstort Auslagen bis zur Höhe der Kosten erstattet werden, die durch eine Einlagerung im Inland entstanden wären, höchstens jedoch bis zur Höhe der Kosten für das Beibehalten der bisherigen Wohnung. Kann das Umzugsgut an einem anderen Ort im Inland unentgeltlich gelagert werden, können anstelle der Erstattung der Auslagen nach Absatz 1 Nummer 5 die Beförderungsauslagen nach § 10 Absatz 1 erstattet werden.

(4) Die oberste Dienstbehörde kann im Einzelfall aus dienstlichen Gründen

1. die Umzugskostenvergütung erweitern,
2. insbesondere aus Gründen der Sicherheit oder aus fiskalischen Gründen die Zusage der Umzugskostenvergütung auf die berechtigte Person beschränken.

(5) Bei einer Auslandsverwendung mit einer vorgesehenen Dauer von bis zu acht Monaten wird Umzugskostenvergütung nur gewährt, wenn Auslandsdienstbezüge (§ 52 des Bundesbesoldungsgesetzes) gezahlt werden. Die Absätze 1 bis 4 gelten in diesem Fall mit folgenden Maßgaben:

1. für die berechtigte Person und jede berücksichtigungsfähige Person, die an der Umzugsreise teilnimmt, werden die Auslagen für die Beförderung von bis zu 100 Kilogramm Umzugsgut erstattet;
2. 20 Prozent der Umzugspauschale nach § 18 sowie 10 Prozent der Ausstattungspauschale nach § 19 werden gezahlt,
3. für die berechtigte Person werden 50 Prozent und für jede mitumziehende berücksichtigungsfähige Person werden 20 Prozent der Pauschale für klimagerechte Kleidung nach § 21 gezahlt.

(6) Dauert die Auslandsverwendung nach Absatz 5 länger als ursprünglich vorgesehen, kann die Umzugskostenvergütung gezahlt werden, die für die längere Verwendungsdauer zusteht. In diesem Fall beginnt die Ausschlussfrist nach § 3 Absatz 1 für die Zahlung der zusätzlichen Umzugskostenvergütung an dem Tag, an dem der berechtigten Person die Verlängerung ihrer Verwendung bekannt gegeben wird.

§ 27 Rückführung aus Gefährdungsgründen

(1) Sind an einem ausländischen Dienstort Leben oder Gesundheit der berechtigten Person oder der zu ihrer häuslichen Gemeinschaft gehörenden berücksichtigungsfähigen Personen und von Betreuungspersonen, für die Kosten nach § 12 Absatz 4 erstattet wurden, erheblich gefährdet, kann die oberste Dienstbehörde Umzugskostenvergütung für die Rückführung oder den Umzug der berechtigten Person oder der zu ihrer häuslichen Gemeinschaft gehörenden berücksichtigungsfähigen Personen und der Betreuungspersonen sowie von Umzugsgut zusagen.

(2) Ist an einem ausländischen Dienstort das Eigentum der berechtigten Person oder der zu ihrer häuslichen Gemeinschaft gehörenden

VI

berücksichtigungsfähigen Personen erheblich gefährdet, kann die oberste Dienstbehörde Umzugskostenvergütung für die Rückführung von Umzugsgut zusagen.

(3) Die Zusage kann für eine Rückführung oder einen Umzug ins Inland oder im Ausland erteilt werden. Die Umzugskostenvergütung darf jedoch nur in dem Umfang zugesagt werden, wie es den Umständen nach notwendig ist. Die Sätze 1 und 2 gelten entsprechend für die Rückkehr zum Dienstort.

(4) Die oberste Dienstbehörde bestimmt im Einzelfall, in welchem Umfang Umzugskosten erstattet werden, wenn wegen erheblicher Gefährdung des Lebens, der Gesundheit oder des Eigentums oder wegen anderer außergewöhnlicher Verhältnisse im Ausland andere als die im Bundesumzugskostengesetz vorgesehenen dienstlichen Maßnahmen erforderlich sind. Dabei berücksichtigt sie die nach § 12 Absatz 8 der Auslandstrennungsgeldverordnung getroffenen Regelungen. Werden für einen Dienstort, an dem sich eine Auslandsvertretung befindet, Maßnahmen nach Satz 1 erforderlich, bestimmt das Auswärtige Amt den Umfang der Umzugskostenvergütung für alle an diesem Dienstort tätigen und von der Maßnahme betroffenen berechtigten Personen.

(5) Die berechtigte Person erhält eine pauschale Vergütung nach § 18 Absatz 6, wenn außer dem Reisegepäck Teile des Hausrats zurückgeführt werden müssen und sich die Zusage der Umzugskostenvergütung hierauf erstreckt.

§ 28 Umzug bei Beendigung des Dienstverhältnisses

(1) Einer berechtigten Person mit Dienstort im Ausland, die in den Ruhestand tritt oder deren Dienstverhältnis auf Zeit endet, ist Umzugskostenvergütung für einen Umzug an einen Ort ihrer Wahl im Inland zuzusagen. Umzugskostenvergütung wird nur gezahlt, wenn der Umzug spätestens zwei Jahre nach der Beendigung des Dienstverhältnisses durchgeführt wird. Die oberste Dienstbehörde kann diese Frist in Ausnahmefällen um ein Jahr verlängern.

(2) Absatz 1 gilt nach dem Tod einer berechtigten Person, deren letzter Dienstort im Ausland liegt, entsprechend für berücksichtigungsfähige Personen, die am Todestag der berechtigten Person zu deren häuslicher Gemeinschaft gehört haben. Gibt es keine solchen berücksichtigungsfähigen Personen oder ziehen diese berücksichtigungsfähigen Personen nicht ins Inland um, können den Erbinnen und Erben die notwendigen Auslagen für das Befördern beweglicher Nachlassgegenstände an einen Ort im Inland sowie sonstige berücksichtigungsfähige Auslagen, die durch den Umzug nachweislich entstanden sind, erstattet werden, wenn die Auslagen innerhalb der in Absatz 1 genannten Frist entstanden sind. Für angestellte Betreuungspersonen gilt § 12 Absatz 4 entsprechend.

(3) Soweit in den Fällen der Absätze 1 und 2 Satz 1 Umzüge im Ausland durchgeführt werden, können die notwendigen Umzugsauslagen erstattet werden, höchstens jedoch in dem Umfang, in dem Auslagen bei einem Umzug an den Sitz der obersten Dienstbehörde entstanden wären. Wird später, jedoch noch innerhalb der Frist nach Absatz 1, ein Umzug ins Inland durchgeführt, ist der nach Satz 1 erstattete Betrag auf die nach Absatz 1 oder Absatz 2 zustehende Umzugskostenvergütung anzurechnen.

(4) Endet das Dienstverhältnis einer berechtigten Person mit Dienstort im Ausland aus einem von ihr zu vertretenden Grund und zieht diese Person spätestens sechs Monate danach ins Inland um, können ihr und den berücksichtigungsfähigen Personen für diesen Umzug die Beförderungsauslagen und Fahrtkosten bis zur Höhe der Kosten der billigsten Fahrkarte für ein regelmäßig verkehrendes Beförderungsmittel erstattet werden, höchstens jedoch die Beförderungsauslagen und Fahrtkosten, die durch einen Umzug an den Sitz der obersten Dienstbehörde entstanden wären.

Abschnitt 4 Schlussvorschriften

§ 29 Übergangsregelungen

(1) Die Kosten für die Beförderung und die Einlagerung von Umzugsgut werden der berechtigten Person, die bereits vor dem 1. Dezember 2012 über höheres Umzugsvolumen verfügt als nach dieser Verordnung berücksichtigt werden kann, bis zum nächsten Umzug ins Inland mit Zusage der Umzugskostenvergütung nach § 3 Absatz 1 Nummer 1 des Bundesumzugskostengesetzes in dem Umfang erstattet, in dem sie vor Inkrafttreten dieser Verordnung erstattungsfähig waren. Reisekosten für Hausangestellte, deren Kosten für die Reise zum bisherigen Dienstort im Rahmen der Auslandsumzugskostenverordnung vor dem 1. Dezember 2012 erstattet wurden, können beim nächsten Umzug mit Zusage der Umzugskostenvergütung nach § 3 Absatz 1 Nummer 1 des Bundesumzugskostengesetzes im Rahmen der Kosten einer Reise ins Inland geltend gemacht werden.

(2) Hat die berechtigte Person den Dienst am neuen Dienstort infolge einer Maßnahme, für die Umzugskostenvergütung zugesagt worden ist, nach dem 30. Juni 2010, aber vor dem 1. Dezember 2012 angetreten, bemisst sich die Höhe des Ausstattungs- und des Einrichtungsbeitrags nach den §§ 12 und 13 der Auslandsumzugskostenverordnung in der am 30. Juni 2010 geltenden Fassung und dem Bundesbesoldungsgesetz.

§ 30 Inkrafttreten, Außerkrafttreten

Diese Verordnung tritt am 1. Dezember 2012 in Kraft. Gleichzeitig tritt die Auslandsumzugskostenverordnung in der Fassung der Bekanntmachung vom 25. November 2003 (BGBl. I S. 2360), die zuletzt durch Artikel 15 Absatz 44 des Gesetzes vom 5. Februar 2009 (BGBl. I S. 160) geändert worden ist, außer Kraft.

Verordnung über das Trennungsgeld bei Versetzungen und Abordnungen im Inland (Trennungsgeldverordnung – TGV)

in der Fassung der Bekanntmachung vom 29. Juni 1999 (BGBl. I S. 1533)

Zuletzt geändert durch
Neunte Verordnung zur Änderung der Trennungsgeldverordnung
vom 18. September 2024 (BGBl. I Nr. 287)

§1 Anwendungsbereich

(1) Berechtigte nach dieser Verordnung sind

1. Bundesbeamte und in den Bundesdienst abgeordnete Beamte,
2. Richter im Bundesdienst und in den Bundesdienst abgeordnete Richter und
3. Berufssoldaten und Soldaten auf Zeit.

(2) Trennungsgeld wird gewährt aus Anlaß der

1. Versetzung aus dienstlichen Gründen,
2. Aufhebung einer Versetzung nach einem Umzug mit Zusage der Umzugskostenvergütung,
3. Verlegung der Beschäftigungsbehörde,
4. nicht nur vorübergehenden Zuteilung aus dienstlichen Gründen zu einem anderen Teil der Beschäftigungsbehörde,
5. Übertragung eines anderen Richteramtes nach §32 Abs. 2 des Deutschen Richtergesetzes oder eines weiteren Richteramtes nach §27 Abs. 2 des vorgenannten Gesetzes,
6. Abordnung oder Kommandierung, auch im Rahmen der Aus- und Fortbildung,
7. Zuweisung nach §29 des Bundesbeamtengesetzes und §20 des Beamtenstatusgesetzes,
8. vorübergehenden Zuteilung aus dienstlichen Gründen zu einem anderen Teil der Beschäftigungsbehörde,
9. vorübergehenden dienstlichen Tätigkeit bei einer anderen Stelle als einer Dienststelle,
10. Aufhebung oder Beendigung einer Maßnahme nach den Nummern 6 bis 9 nach einem Umzug mit Zusage der Umzugskostenvergütung,
11. Versetzung mit Zusage der Umzugskostenvergütung nach §4 Abs. 2 Nr. 3 des Bundesumzugskostengesetzes,
12. Einstellung mit Zusage der Umzugskostenvergütung,
13. Einstellung ohne Zusage der Umzugskostenvergütung bei vorübergehender Dauer des Dienstverhältnisses, der vorübergehenden Verwendung am Einstellungsort oder während der Probezeit; die Gewährung von Trennungsgeld in diesen Fällen bedarf der Zustimmung der obersten Dienstbehörde oder der von ihr ermächtigten nachgeordneten Behörde,
14. Räumung einer Dienstwohnung auf dienstliche Weisung, solange der zur Führung eines Haushalts notwendige Teil der Wohnungseinrichtung untergestellt werden muß.

(3) Trennungsgeld wird nur gewährt, wenn

1. bei Maßnahmen nach Absatz 2 Nr. 1 bis 13 der neue Dienstort ein anderer als der bisherige Dienstort ist und bei Maßnahmen nach Absatz 2 Nummer 1 bis 5 sowie den Nummern 10 bis 13 die Wohnung nicht im Einzugsgebiet (§3 Abs. 1 Nr. 1 Buchstabe c des Bundesumzugskostengesetzes) liegt,
2. bei Maßnahmen nach Absatz 2 Nr. 1 bis 5 der Berechtigte nicht unwiderruflich auf die Zusage der Umzugskostenvergütung verzichtet und dienstliche Gründe den Umzug nicht erfordern (§3 Abs. 1 Nr. 1 Buchstabe d des Bundesumzugskostengesetzes).

(4) Die Absätze 2 und 3 gelten auch für im Grenzverkehr tätige Beamte im Bereich aus-

ländischer Lokalgrenzbehörden, zwischen solchen Bereichen und zwischen diesen und dem Inland.

§ 2 Trennungsgeld nach Zusage der Umzugskostenvergütung

(1) Ist Umzugskostenvergütung zugesagt, steht Trennungsgeld zu,

1. wenn der Berechtigte seit dem Tag des Wirksamwerdens der Zusage oder, falls für ihn günstiger, der Maßnahme nach § 1 Abs. 2 uneingeschränkt umzugswillig ist und
2. solange er wegen Wohnungsmangels im Einzugsgebiet (§ 3 Abs. 1 Nr. 1 Buchstabe c des Bundesumzugskostengesetzes) nicht umziehen kann.

Uneingeschränkt umzugswillig ist, wer sich unter Ausschöpfung aller Möglichkeiten nachweislich und fortwährend um eine angemessene Wohnung bemüht. Angemessen ist eine Wohnung, die den familiären Bedürfnissen des Berechtigten entspricht. Dabei ist von der bisherigen Wohnungsgröße auszugehen, es sei denn, daß sie in einem erheblichen Mißverhältnis zur Zahl der zum Haushalt gehörenden Personen steht. Die Lage des Wohnungsmarktes im Einzugsgebiet (§ 3 Abs. 1 Nr. 1 Buchstabe c des Bundesumzugskostengesetzes) ist zu berücksichtigen. Bei unverheirateten Berechtigten ohne Wohnung im Sinne des § 10 Abs. 3 des Bundesumzugskostengesetzes gilt als Wohnung auch ein möbliertes Zimmer oder eine bereitgestellte Gemeinschaftsunterkunft.

(2) Nach Wegfall des Wohnungsmangels darf Trennungsgeld nur weitergewährt werden, wenn und solange dem Umzug des umzugswilligen Berechtigten im Zeitpunkt des Wegfalls des Wohnungsmangels einer der folgenden Hinderungsgründe entgegensteht:

1. vorübergehende schwere Erkrankung des Berechtigten oder eines seiner Familienangehörigen (§ 6 Abs. 3 Satz 2 und 3 des Bundesumzugskostengesetzes) bis zur Dauer von einem Jahr;
2. Beschäftigungsverbote für die Berechtigte oder eine Familienangehörige (§ 6 Abs. 3 Satz 2 und 3 des Bundesumzugskostengesetzes) für die Zeit vor oder nach einer Entbindung nach mutterschutzrechtlichen Vorschriften oder entsprechendem Landesrecht;
3. Schul- oder Berufsausbildung eines Kindes (§ 6 Abs. 3 Satz 2 und 3 des Bundesumzugskostengesetzes) bis zum Ende des Schul- oder Ausbildungsjahres. Befindet sich das Kind in der Jahrgangsstufe 12 einer Schule, so verlängert sich die Gewährung des Trennungsgeldes bis zum Ende des folgenden Schuljahres; befindet sich das Kind im vorletzten Ausbildungsjahr eines Berufsausbildungsverhältnisses, so verlängert sich die Gewährung des Trennungsgeldes bis zum Ende des folgenden Ausbildungsjahres;
4. Schul- oder Berufsausbildung eines schwerbehinderten Kindes (§ 6 Abs. 3 Satz 2 und 3 des Bundesumzugskostengesetzes). Trennungsgeld wird bis zur Beendigung der Ausbildung gewährt, solange diese am neuen Dienst- oder Wohnort oder in erreichbarer Entfernung davon wegen der Behinderung nicht fortgesetzt werden kann;
5. akute lebensbedrohende Erkrankung eines Elternteils des Berechtigten, seines Ehegatten oder Lebenspartners, wenn dieser in hohem Maße Hilfe des Ehegatten, Lebenspartners oder Familienangehörigen des Berechtigten erhält;
6. Schul- oder erste Berufsausbildung des Ehegatten oder Lebenspartners in entsprechender Anwendung der Nummer 3.

Trennungsgeld darf auch gewährt werden, wenn zum Zeitpunkt des Wirksamwerdens der dienstlichen Maßnahme kein Wohnungsmangel, aber einer oder mehrere dieser Hinderungsgründe vorliegen. Liegt bei Wegfall des Hinderungsgrundes ein neuer Hinderungsgrund vor, kann mit Zustimmung der obersten Dienstbehörde Trennungsgeld bis zu längstens einem Jahr weiterbewilligt werden. Nach Wegfall des Hinderungsgrundes darf Trennungsgeld auch bei erneutem Wohnungsmangel nicht gewährt werden.

(3) Ist ein Umzug, für den Umzugskostenvergütung zugesagt ist, aus Anlaß einer Maß-

nahme nach § 1 Abs. 2 vor deren Wirksamwerden durchgeführt, kann Trennungsgeld in sinngemäßer Anwendung dieser Verordnung bis zum Tag vor der Dienstantrittsreise, längstens für sechs Monate gewährt werden.

(4) Wird die Zusage der Umzugskostenvergütung außerhalb eines Rechtsbehelfsverfahrens aufgehoben, wird dadurch ein Trennungsgeldanspruch nicht begründet; ein erloschener Trennungsgeldanspruch lebt nicht wieder auf.

§ 3 Trennungsgeld beim auswärtigen Verbleiben

(1) Ein Berechtigter, der nicht täglich zum Wohnort zurückkehrt und dem die tägliche Rückkehr nicht zuzumuten oder aus dienstlichen Gründen nicht gestattet ist, erhält für die ersten 14 Tage nach beendeter Dienstantrittsreise als Trennungsgeld die gleiche Vergütung wie bei Dienstreisen (Trennungsreisegeld). Die tägliche Rückkehr zum Wohnort ist in der Regel nicht zuzumuten, wenn beim Benutzen regelmäßig verkehrender Beförderungsmittel die Abwesenheit von der Wohnung mehr als 12 Stunden oder die benötigte Zeit für das Zurücklegen der Strecke zwischen Wohnung und Dienststätte und zurück mehr als 3 Stunden beträgt. Ändert sich vorübergehend der Beschäftigungsort auf Grund einer Maßnahme nach § 1 Abs. 2 oder für volle Kalendertage der Abwesenheit wegen einer Dienstreise für längstens drei Monate, wird bei Rückkehr nach Beendigung der Maßnahme oder Dienstreise Trennungsreisegeld gewährt, soweit der Anspruchszeitraum nach Satz 1 noch nicht ausgeschöpft war.

(2) Vom 15. Tage, im Falle des § 2 Abs. 3 vom Tag nach Beendigung des Umzuges an wird unter der Voraussetzung, daß eine Wohnung oder Unterkunft am bisherigen Wohnort beibehalten wird, als Trennungsgeld Trennungstagegeld und Trennungsübernachtungsgeld nach Maßgabe des § 8 des Bundesreisekostengesetzes gewährt. Ist Umzugskostenvergütung nicht zugesagt, wird vom 15. Tage an Trennungsgeld nach Maßgabe des § 8 des Bundesreisekostengesetzes auch gewährt, solange nach dem Umzug eine Wohnung oder Unterkunft außerhalb des neuen Dienstortes einschließlich des Einzugsgebietes (§ 3 Abs. 1 Nr. 1 Buchstabe c des Bundesumzugskostengesetzes) weiter besteht und mehrere Haushalte geführt werden; § 7 Abs. 2 ist zu beachten. § 6 Absatz 2 und § 7 Absatz 2 des Bundesreisekostengesetzes gelten entsprechend.

(3) Notwendige Fahrtkosten zwischen der außerhalb des Dienstortes bereitgestellten Unterkunft und der Dienststätte werden in entsprechender Anwendung des § 5 Absatz 4 erstattet.

§ 4 Sonderbestimmungen beim auswärtigen Verbleiben

(1) Das Tagegeld des Trennungsreisegeldes und das Trennungstagegeld werden für volle Kalendertage

1. der Abwesenheit vom neuen Dienstort und dem Ort der auf Grund einer dienstlichen Maßnahme nach § 1 Abs. 2 bezogenen Unterkunft,
2. des Aufenthaltes in einem Krankenhaus, einer Sanatoriumsbehandlung oder einer Heilkur,
3. der Beschäftigungsverbote nach den mutterschutzrechtlichen Bestimmungen

nicht gewährt.

(2) Auf das Tagegeld des Trennungsreisegeldes ist die für eine Dienstreise oder einen Dienstgang von weniger als 24 Stunden Dauer zustehende Reisekostenvergütung für Verpflegungsmehraufwand anzurechnen.

(3) Das Übernachtungsgeld des Trennungsreisegeldes und das Trennungsübernachtungsgeld werden bei einer Änderung des Dienstortes auf Grund einer Maßnahme nach § 1 Abs. 2 und in den Fällen des Absatzes 1 weitergewährt, solange die Aufgabe einer entgeltlichen Unterkunft nicht zumutbar oder wegen der mietvertraglichen Bindung nicht möglich ist.

(4) Wird der Dienstort in den Fällen des Absatzes 1 Nr. 3 oder auf Grund einer Erkrankung verlassen, werden die Fahrauslagen bis zur Höhe der Kosten für die Fahrt zum Wohnort und zurück wie bei einer Dienstreise erstattet. Nach Rückkehr steht dem Berechtigten kein Trennungsreisegeld zu, wenn die

Unterkunft wieder in Anspruch genommen werden kann, für die das Trennungsgeld nach Absatz 3 bis zur Rückkehr gewährt wird.

(5) Berechtigte, denen erfahrungsgemäß geringere Aufwendungen für Verpflegung als allgemein entstehen, erhalten nach näherer Bestimmung der obersten Dienstbehörde oder der von ihr ermächtigten nachgeordneten Behörde entsprechend den notwendigen Mehrauslagen ein ermäßigtes Trennungsgeld.

(6) Ändert sich der neue Dienstort auf Grund einer Maßnahme nach § 1 Abs. 2 für längstens drei Monate, werden nachgewiesene notwendige Kosten für das Beibehalten der Unterkunft erstattet. Bei tatsächlicher oder zumutbarer täglicher Rückkehr wird neben dem Trennungsgeld nach § 3 eine Entschädigung nach § 6 Abs. 1, 3 und 4 gewährt.

(7) Bei Elternzeit und bei Freistellungen nach dem Pflegezeitgesetz werden die nachgewiesenen notwendigen Kosten für das Beibehalten der Unterkunft für längstens drei Monate erstattet.

(8) Wird nach einem Umzug mit Zusage der Umzugskostenvergütung kein Trennungsgeld für die bisherige Unterkunft mehr gewährt, werden die notwendigen Auslagen für diese Unterkunft längstens bis zu dem Zeitpunkt erstattet, zu dem das Mietverhältnis frühestens gelöst werden kann.

§ 5 Reisebeihilfe für Heimfahrten

(1) Ein Berechtigter nach § 3 hat einen Anspruch auf Reisebeihilfen nach Maßgabe des § 8 des Bundesreisekostengesetzes.

(2) Verzichtet ein Berechtigter bei Maßnahmen nach § 1 Abs. 2 Nr. 1 bis 5 unwiderruflich auf die Zusage der Umzugskostenvergütung, und ist aus dienstlichen Gründen ein Umzug nicht erforderlich (§ 3 Abs. 1 Nr. 1 Buchstabe d des Bundesumzugskostengesetzes), gilt Absatz 1 mit der Maßgabe, daß Reisebeihilfe für längstens ein Jahr gewährt wird.

(3) Anstelle einer Reise des Berechtigten kann eine Reise folgender Personen berücksichtigt werden:

1. des Ehegatten, des Lebenspartners oder eines Kindes oder
2. eines Verwandten bis zum vierten Grad, eines Verschwägerten bis zum zweiten Grad, eines Pflegekindes oder von Pflegeeltern, wenn der Berechtigte mit diesen Personen in häuslicher Gemeinschaft lebt und ihnen aus gesetzlicher oder sittlicher Verpflichtung nicht nur vorübergehend Unterkunft und Unterhalt ganz oder überwiegend gewährt.

(4) Als Reisebeihilfe werden pro Heimfahrt Fahrt- oder Flugkosten nach Maßgabe des § 8 des Bundesreisekostengesetzes gewährt. § 4 Absatz 2 des Bundesreisekostengesetzes gilt entsprechend.

§ 5a Reisebeihilfe für Heimfahrten bei Einsatz im Rahmen von Unterstützungsmaßnahmen zur Bewältigung der steigenden Zahl von Asylbewerbern

Berechtigte nach § 3, die zur Bewältigung der steigenden Zahl von Asylbewerbern für von der obersten Dienstbehörde beschlossene personelle Unterstützungsmaßnahmen eingesetzt werden, erhalten eine Reisebeihilfe für jede Woche. § 5 Absatz 2 bis 4 bleibt unberührt.

§ 6 Trennungsgeld bei täglicher Rückkehr zum Wohnort

(1) Ein Berechtigter, der täglich an den Wohnort zurückkehrt oder dem die tägliche Rückkehr zuzumuten ist (§ 3 Abs. 1 Satz 2), erhält als Trennungsgeld Fahrtkostenerstattung oder Wegstreckenentschädigung wie bei Dienstreisen. Hierauf sind die Fahrauslagen anzurechnen, die für das Zurücklegen der Strecke zwischen Wohnung und der bisherigen, bei einer Kette von Maßnahmen nach § 1 Abs. 2 der ursprünglichen Dienststätte entstanden wären, wenn die Entfernung mindestens fünf Kilometer beträgt. Dabei ist als Aufwand ein Betrag von 0,08 Euro je Entfernungskilometer und Arbeitstag zugrunde zu legen. Von der Anrechnung ist ganz oder teilweise abzusehen, wenn der Berechtigte nachweist, daß er bei Fahrten zwischen Wohnung und bisheriger Dienststätte üblicherweise keinen entsprechenden Aufwand hätte.

VI

(2) Zusätzlich wird ein Verpflegungszuschuß von 2,05 Euro je Arbeitstag gewährt, wenn die notwendige Abwesenheit von der Wohnung mehr als 11 Stunden beträgt, es sei denn, daß Anspruch auf Reisekostenvergütung für Verpflegungsmehraufwand besteht.

(3) Muß aus dienstlichen Gründen am Dienstort übernachtet werden, werden die dadurch entstandenen notwendigen Mehraufwendungen erstattet.

(4) Das Trennungsgeld nach den Absätzen 1 und 2 darf das in einem Kalendermonat zustehende Trennungsgeld nach den §§ 3 und 4 sowie das Tage- und Übernachtungsgeld für die Hin- und Rückreise nicht übersteigen. Als Übernachtungsgeld wird für die ersten 14 Tage höchstens der Betrag nach § 7 Abs. 1 Satz 1 des Bundesreisekostengesetzes und ab dem 15. Tag als Trennungsübernachtungsgeld 75 Prozent dieses Betrages berücksichtigt.

VI

§ 7 Sonderfälle

(1) Anspruch auf Trennungsgeld besteht weiter, wenn sich aus Anlaß einer neuen Maßnahme nach § 1 Abs. 2 der neue Dienstort nicht ändert.

(2) Nach einem Umzug, für den Umzugskostenvergütung nicht zu gewähren ist, darf das Trennungsgeld nicht höher sein als das bisherige.

(3) Das Trennungsgeld kann ganz oder teilweise versagt werden, wenn die Führung der Dienstgeschäfte verboten ist oder infolge einer vorläufigen Dienstenthebung oder einer gesetzmäßig angeordneten Freiheitsentziehung der Dienst nicht ausgeübt werden kann. Das gilt nicht, wenn der Berechtigte auf Grund einer dienstlichen Weisung am Dienstort bleibt.

(4) Anspruch auf Trennungsgeld besteht nur, solange Anspruch auf Besoldung besteht; § 4 Absatz 7 bleibt hiervon unberührt.

§ 8 Ende des Trennungsgeldanspruchs

(1) Das Trennungsgeld wird bis zum Tag des Wegfalls der maßgebenden Voraussetzungen gewährt.

(2) Bei einem Umzug mit Zusage der Umzugskostenvergütung wird Trennungsgeld längstens gewährt bis vor dem Tag, für den der Berechtigte für seine Person Reisekostenerstattung nach § 7 Abs. 1 des Bundesumzugskostengesetzes erhält, im übrigen bis zum Tag des Ausladens des Umzugsgutes.

(3) Bei einer neuen dienstlichen Maßnahme nach § 1 Abs. 2 wird Trennungsgeld bis zu dem Tag gewährt, an dem der Dienstort verlassen wird, bei Gewährung von Reisekostenvergütung für diesen Tag bis zum vorausgehenden Tag.

§ 9 Verfahrensvorschriften

(1) Das Trennungsgeld ist innerhalb einer Ausschlußfrist von einem Jahr nach Beginn der Maßnahme nach § 1 Abs. 2 schriftlich oder elektronisch zu beantragen. Trennungsgeld wird monatlich nachträglich auf Grund von Forderungsnachweisen gezahlt, die der Berechtigte innerhalb einer Ausschlußfrist von einem Jahr nach Ablauf des maßgeblichen Kalendermonats abzugeben hat. Satz 2 gilt entsprechend für Anträge auf Reisebeihilfe nach Ablauf des maßgebenden Anspruchszeitraums.

(2) Der Berechtigte hat nachzuweisen, daß die Voraussetzungen für die Trennungsgeldgewährung vorliegen, insbesondere hat er das fortwährende Bemühen um eine Wohnung (§ 2 Abs. 1) zu belegen.

(3) Die oberste Dienstbehörde bestimmt die Behörde, die das Trennungsgeld gewährt.

§ 10 Anwendungsvorschrift

§ 5a ist bis einschließlich 31. Dezember 2028 anzuwenden.

Auslandstrennungsgeldverordnung (ATGV)

Vom 27. Juni 2018 (BGBl. I S. 891)

Zuletzt geändert durch
Verordnung zur weiteren Stärkung der personellen Einsatzbereitschaft und zur Änderung von Vorschriften für die Bundeswehr
vom 6. März 2025 (BGBl. I Nr. 78)

§ 1 Regelungsgegenstand

Diese Verordnung regelt die bei grenzüberschreitenden dienstlichen Maßnahmen erforderlichen Abweichungen von den allgemein für Bundesbedienstete geltenden Vorschriften über die Gewährung von Trennungsgeld.

§ 2 Anwendungsbereich, Zweck

(1) Auslandstrennungsgeld wird aus Anlass von Umsetzungen, Abordnungen, Versetzungen und versetzungsgleichen Maßnahmen (§ 3 Absatz 2 des Bundesumzugskostengesetzes) vom Inland ins Ausland, im Ausland und vom Ausland ins Inland gewährt. Der Abordnung stehen gleich

1. die Kommandierung,
2. die vorübergehende Zuteilung aus dienstlichen Gründen zu einem anderen Teil der Beschäftigungsbehörde an einem anderen Ort als dem bisherigen Dienstort,
3. die Aufhebung der Abordnung oder Kommandierung nach einem Umzug mit Zusage der Umzugskostenvergütung,
4. die vorübergehende dienstliche Tätigkeit bei einer anderen Stelle als einer Dienststelle und
5. die Zuweisung (§ 29 des Bundesbeamtengesetzes).

Bei Einstellungen ins Ausland und im Ausland bei vorübergehender Dauer des Dienstverhältnisses oder bei einer vorübergehenden Verwendung am Einstellungsort steht Auslandstrennungsgeld auch dann zu, wenn keine Zusage nach § 2 Absatz 1 Satz 1 des Bundesumzugskostengesetzes erteilt worden ist.

(2) Mit dem Auslandstrennungsgeld werden notwendige Auslagen für getrennte Haushaltsführung oder für das Beibehalten der Wohnung am bisherigen Dienst- oder Wohnort aus Anlass von Maßnahmen nach Absatz 1 an einen anderen Ort als den bisherigen Dienst- oder Wohnort unter Berücksichtigung der häuslichen Ersparnis erstattet und die durch sie entstehenden materiellen und immateriellen Belastungen abgegolten. Zuwendungen aus diesem Grund, die der versetzten oder abgeordneten Person ihres Amtes wegen für die Dauer der dienstlichen Maßnahme von dritter Seite gewährt werden, sind auf das Auslandstrennungsgeld anzurechnen.

(3) Auslandstrennungsgeld wird nur gewährt, wenn bei Maßnahmen nach Absatz 1 der neue Dienstort ein anderer als der bisherige ist, es sei denn, dass die Wohnung am neuen Dienstort oder im Einzugsgebiet der neuen Dienststätte liegt. Die Wohnung liegt im Einzugsgebiet der neuen Dienststätte, wenn sie auf einer üblicherweise befahrenen Strecke weniger als 30 Kilometer von ihr entfernt ist.

§ 3 Berechtigte

(1) Berechtigt sind

1. Bundesbeamte,
2. Richter im Bundesdienst,
3. Berufssoldaten und Soldaten auf Zeit, sowie
4. zum Bund abgeordnete Beamte und Richter.

(2) Berechtigt sind nicht

1. im Grenzverkehr tätige Beamte bei dienstlichen Maßnahmen nach § 2 Absatz 1 im Bereich ausländischer Lokalgrenzbehörden, zwischen solchen Bereichen und zwischen diesen und dem Inland,
2. Ehrenbeamte und
3. ehrenamtliche Richter.

VI

§ 4 Voraussetzungen für die Gewährung von Auslandstrennungsgeld

(1) Auslandstrennungsgeld wird gewährt, wenn die berechtigte Person in häuslicher Gemeinschaft lebt

1. mit ihrer Ehegattin oder ihrem Ehegatten, ihrer Lebenspartnerin oder ihrem Lebenspartner oder mit Kindern, für die der berechtigten Person Kindergeld nach dem Einkommensteuergesetz oder nach dem Bundeskindergeldgesetz zusteht oder ohne Berücksichtigung des § 64 oder des § 65 des Einkommensteuergesetzes oder des § 3 oder des § 4 des Bundeskindergeldgesetzes zustünde,
2. mit anderen Verwandten bis zum vierten Grad, einem Verschwägerten bis zum zweiten Grad, einem Pflegekind oder Pflegeeltern und ihnen auf Grund gesetzlicher oder sittlicher Verpflichtung nicht nur vorübergehend Unterkunft und Unterhalt ganz oder überwiegend gewährt oder
3. mit einer Person, deren Hilfe sie aus beruflichen oder nach amtsärztlichem Zeugnis aus gesundheitlichen Gründen nicht nur vorübergehend bedarf.

Auslandstrennungsgeld wird nur gewährt, wenn die berechtigte Person eine Wohnung oder Unterkunft am bisherigen Dienst- oder Wohnort beibehält und einen Haushalt sowohl am bisherigen als auch am neuen Dienst- oder Wohnort führt. § 12 Absatz 7 bleibt unberührt.

(2) Behält die berechtigte Person eine Wohnung am bisherigen Dienst- oder Wohnort bei und wird eine dienstliche Maßnahme nach § 2 Absatz 1 mit eingeschränkter oder ohne Zusage der Umzugskostenvergütung angeordnet oder besteht am neuen Dienstort Wohnungsmangel, so wird Auslandstrennungsgeld nur gewährt, wenn die berechtigte Person

1. die Voraussetzungen nach Absatz 1 Satz 1 nicht erfüllt oder
2. die Voraussetzungen nach Absatz 1 Satz 2 nicht erfüllt, weil eine berücksichtigungsfähige Person die berechtigte Person an deren neuen Dienstort begleitet und ein Haushalt am bisherigen Dienst- oder Wohnort nicht mehr geführt wird.

(3) Verzichtet die berechtigte Person unwiderruflich auf die Zusage der Umzugskostenvergütung und ist aus dienstlichen Gründen ein Umzug nicht erforderlich, werden als Auslandstrennungsgeld nur Reisebeihilfen nach § 13 für längstens ein Jahr gewährt.

§ 5 Auslandstrennungsgeld nach Zusage der Umzugskostenvergütung

(1) Nach uneingeschränkter Zusage der Umzugskostenvergütung wird Auslandstrennungsgeld gewährt, wenn die berechtigte Person seit dem Tag des Wirksamwerdens der Zusage oder, falls für die berechtigte Person günstiger, der dienstlichen Maßnahme nach § 2 Absatz 1 uneingeschränkt umzugswillig ist und sich ständig um eine Wohnung bemüht, aber wegen Wohnungsmangels am neuen Dienstort und im Einzugsgebiet der neuen Dienststätte oder aus zwingenden persönlichen Gründen nach § 12 Absatz 3 des Bundesumzugskostengesetzes vorübergehend nicht umziehen kann. Der Umzug darf nicht durch unangemessene Ansprüche an die Wohnung oder aus anderen nicht zwingenden Gründen verzögert werden.

(2) Liegt bei Umsetzungen oder Versetzungen vom Inland ins Ausland kein Umzugshinderungsgrund nach § 12 Absatz 3 des Bundesumzugskostengesetzes vor, wird Auslandstrennungsgeld für längstens sechs Monate gewährt, solange der Ehegatte oder der Lebenspartner auf Grund einer eigenen Berufstätigkeit vorübergehend nicht umziehen kann.

(3) Wird die Zusage der Umzugskostenvergütung außerhalb eines Rechtsbehelfsverfahrens aufgehoben, so wird dadurch ein Auslandstrennungsgeldanspruch nicht begründet; ein erloschener Auslandstrennungsgeldanspruch lebt nicht wieder auf.

§ 6 Arten des Auslandstrennungsgelds

Als Auslandstrennungsgeld werden gewährt:

1. Entschädigung für getrennte Haushaltsführung, bestehend aus:
   a) Auslandstrennungstagegeld (§ 7),

b) Auslandstrennungsübernachtungsgeld (§ 8) und
c) Abgeltung auslandstrennungsbedingten Mehraufwands (§ 9),

2. Entschädigung bei täglicher Rückkehr zum Wohnort (§ 11),
3. Entschädigung, wenn am neuen Dienstort keine Auslandsdienstbezüge gezahlt werden (§ 12 Absatz 7),
4. Entschädigung im Einzelfall aus Sicherheitsgründen oder wegen anderer außergewöhnlicher Verhältnisse im Ausland (§ 12 Absatz 8),
5. Reisebeihilfen für Heimfahrten (§ 13).

§ 7 Auslandstrennungstagegeld

(1) Als Auslandstrennungstagegeld wird gewährt

1. bei Maßnahmen nach § 2 Absatz 1 vom Ausland ins Inland die gleiche Vergütung wie bei Maßnahmen im Inland,
2. bei Maßnahmen nach § 2 Absatz 1 vom Inland ins Ausland oder im Ausland 75 Prozent des Tagegelds nach § 3 Absatz 1 Satz 1 der Auslandsreisekostenverordnung, aber höchstens die Verpflegungspauschale zur Abgeltung tatsächlich entstandener, beruflich veranlasster Mehraufwendungen im Inland nach dem Einkommensteuergesetz.

(2) Berechtigte, denen erfahrungsgemäß geringere Aufwendungen für Verpflegung als allgemein entstehen, erhalten nach näherer Bestimmung der obersten Dienstbehörde oder der von ihr bestimmten Behörde ein entsprechend den notwendigen Auslagen ermäßigtes Trennungstagegeld. Verfügt die Unterkunft am neuen Wohn- oder Dienstort über eine voll ausgestattete Küche oder hält sich die berechtigte Person bei Verwandten oder Bekannten auf, wird kein Auslandstrennungstagegeld gewährt.

(3) Auslandstrennungstagegeld wird nicht gewährt für volle Kalendertage

1. der Abwesenheit vom neuen Dienst- oder Wohnort
2. des Aufenthalts in einem Krankenhaus oder Sanatorium oder während der Durchführung einer Heilkur,
3. der Abwesenheit auf Grund eines mutterschutzrechtlichen Beschäftigungsverbots.

(4) Auf das Auslandstrennungstagegeld ist die für eine Dienstreise von weniger als 24 Stunden Dauer an einem Kalendertag zustehende Reisekostenvergütung für Verpflegungsmehraufwand anzurechnen.

§ 8 Auslandstrennungsübernachtungsgeld

(1) Als Auslandstrennungsübernachtungsgeld wird gewährt

1. bei Maßnahmen nach § 2 Absatz 1 vom Ausland ins Inland die gleiche Vergütung wie bei Maßnahmen im Inland,
2. bei Maßnahmen nach § 2 Absatz 1 vom Inland ins Ausland oder im Ausland neben dem vorrangig zu gewährenden Mietzuschuss nach § 54 des Bundesbesoldungsgesetzes ein Betrag in Höhe der nach dessen Regelungen verbleibenden Mieteigenbelastung für eine notwendige und angemessene Unterkunft am neuen Dienst- oder Wohnort,
3. bei Beibehaltung der Wohnung am bisherigen Dienst- oder Wohnort im Ausland ein Betrag in Höhe des Mietzuschusses nach § 54 des Bundesbesoldungsgesetzes, welcher der berechtigten Person für diese Wohnung bislang zustand.

(2) Werden Einnahmen aus der beibehaltenen Wohnung am bisherigen Dienst- oder Wohnort erzielt, so sind diese auf das Auslandstrennungsübernachtungsgeld anzurechnen.

§ 9 Auslandstrennungsbedingter Mehraufwand

(1) Bei Maßnahmen nach § 2 Absatz 1 im Ausland und vom Ausland ins Inland wird der auslandstrennungsbedingte Mehraufwand einer getrennten Haushaltsführung wie folgt abgegolten:

1. für die berechtigte Person:

VI

a) im Fall des § 4 Absatz 1 mit einem Betrag in Höhe von 20 Prozent des Auslandszuschlags nach § 53 Absatz 2 Satz 1 des Bundesbesoldungsgesetzes am bisherigen Dienstort zuzüglich des auf diesen Betrag anzuwendenden Kaufkraftausgleichs nach § 55 des Bundesbesoldungsgesetzes und
b) im Fall des § 4 Absatz 2 mit einem Betrag in Höhe von 10 Prozent des Auslandszuschlags nach § 53 Absatz 2 Satz 1 des Bundesbesoldungsgesetzes am bisherigen Dienstort zuzüglich des auf diesen Betrag anzuwendenden Kaufkraftausgleichs nach § 55 des Bundesbesoldungsgesetzes,

2. für die zurückbleibenden berücksichtigungsfähigen Personen mit einem Betrag in Höhe des Auslandszuschlags nach § 53 Absatz 2 Satz 2 und 3 und Absatz 6 Satz 3 und 4 des Bundesbesoldungsgesetzes am bisherigen Dienstort zuzüglich des auf diesen Betrag anzuwendenden Kaufkraftausgleichs nach § 55 des Bundesbesoldungsgesetzes; diese Zahlungen sind auf die Besoldung anzurechnen, wenn für diese Person am neuen Dienstort Zahlungen nach § 53 Absatz 4 und 5 des Bundesbesoldungsgesetzes zustehen.

Erhält eine berücksichtigungsfähige Person selbst einen Auslandszuschlag oder wird der Auslandszuschlag für eine berücksichtigungsfähige Person bereits an eine andere Person gezahlt, so ist die Zahlung eines auslandstrennungsbedingten Mehraufwands für die berücksichtigungsfähige Person ausgeschlossen.

(2) Abweichend von Absatz 1 wird bei Maßnahmen nach § 2 Absatz 1 vom Ausland in das Inland bis zu drei Monaten kein auslandstrennungsbedingter Mehraufwand abgegolten, wenn Anspruch auf Auslandsdienstbezüge nach § 52 Absatz 3 Satz 1 des Bundesbesoldungsgesetzes besteht.

(3) Bei einer Maßnahme nach § 2 Absatz 1 vom Inland ins Ausland wird der auslandstrennungsbedingte Mehraufwand einer getrennten Haushaltsführung der zurückbleibenden berücksichtigungsfähigen Personen abgegolten mit einem Betrag in Höhe von 70 Prozent des Auslandszuschlags, der bei der Übersiedlung dieser Personen an den neuen Dienstort zustünde. Dies gilt nur, soweit kein Anspruch nach § 53 Absatz 4 und 5 des Bundesbesoldungsgesetzes besteht.

§ 10 Vorwegumzug

(1) Wird ein Umzug, für den eine uneingeschränkte Umzugskostenvergütung zugesagt ist, aus Anlass einer Maßnahme nach § 2 Absatz 1 vor deren Wirksamwerden durchgeführt, wird Auslandstrennungsgeld in entsprechender Anwendung der §§ 7, 8 und 9 Absatz 1 Nummer 2 ab dem Tag nach dem Eintreffen der zur häuslichen Gemeinschaft gehörenden Personen am neuen Dienst- oder Wohnort bis zum Ablauf des Tages der Beendigung der Dienstantrittsreise der berechtigten Person, längstens jedoch für sechs Monate gewährt.

(2) Das Auslandstrennungstagegeld nach § 7 wird für die berechtigte Person am bisherigen Dienst- oder Wohnort berechnet. Das Auslandstrennungsübernachtungsgeld nach § 8 für eine Unterkunft am neuen Dienst- oder Wohnort im Ausland umfasst alle unmittelbar mit der Nutzung zusammenhängenden Nebenkosten. Der auslandstrennungsbedingte Mehraufwand nach § 9 Absatz 1 Nummer 2 wird berechnet nach dem künftigen Auslandszuschlag der berechtigten Person am neuen Dienst- oder Wohnort im Ausland.

§ 11 Entschädigung bei täglicher Rückkehr zum Wohnort

(1) Eine berechtigte Person, die täglich an ihren Wohnort zurückkehrt oder der die tägliche Rückkehr zuzumuten ist, erhält Fahrtkostenerstattung oder Wegstreckenentschädigung wie bei Dienstreisen.

(2) Für Tage mit mehr als elfstündiger Abwesenheit von der Wohnung wird zusätzlich ein Verpflegungszuschuss nach § 6 Absatz 2 der Trennungsgeldverordnung gewährt. Bei Dienstschichten über zwei Tage wird die Abwesenheitsdauer für jede Schicht gesondert berechnet.

(3) Muss der Berechtigte aus dienstlichen Gründen am Dienstort übernachten, werden

die nachgewiesenen notwendigen Mehraufwendungen erstattet.

§ 12 Auslandstrennungsgeld in Sonderfällen

(1) Haben beide Ehegatten oder Lebenspartner Anspruch auf Auslandstrennungsgeld nach dieser Verordnung, kann jede berechtigte Person nur Leistungen wie eine nach § 4 Absatz 2 berechtigte Person erhalten; Reisebeihilfen für Heimfahrten werden nach § 13 Absatz 1 Satz 1 gewährt. Wenn Personen im Sinne des § 4 Absatz 1 Satz 1 Nummer 1 bis 3, die in häuslicher Gemeinschaft mit der berechtigten Person leben, in der bisherigen Wohnung verbleiben, erhält einer der Ehegatten oder Lebenspartner Auslandstrennungsgeld wie eine nach § 4 Absatz 1 berechtigte Person. Steht dem Ehegatten oder Lebenspartner einer berechtigten Person Trennungsgeld nach § 3 der Trennungsgeldverordnung oder eine entsprechende Entschädigung nach den Vorschriften eines anderen Dienstherrn zu, gelten die Sätze 1 und 2 entsprechend.

(2) Bei Umsetzungen, Versetzungen und Abordnungen an demselben Dienstort wird Auslandstrennungsgeld weitergewährt.

(3) Einer berechtigten Person wird bei einer neuen dienstlichen Maßnahme nach § 2 Absatz 1 und bei Aufhebung einer Abordnung Auslandstrennungsübernachtungsgeld nach § 8 längstens bis zu dem Zeitpunkt weitergewährt, zu dem das Mietverhältnis frühestens gelöst werden kann. Ist die Aufgabe der Unterkunft nicht zumutbar, wird Auslandstrennungsübernachtungsgeld nach § 8 für die Dauer der neuen dienstlichen Maßnahme weitergewährt.

(4) Bei der Berechnung des Auslandstrennungsgelds werden ab dem Tag ihres Wirksamwerdens berücksichtigt:

1. Ernennungen und Beförderungen,
2. rückwirkende Einweisungen in eine Planstelle.

(5) Ist einer berechtigten Person die Führung ihrer Dienstgeschäfte verboten oder ist sie infolge von Disziplinarmaßnahmen oder durch eine auf Grund eines Gesetzes angeordnete Freiheitsentziehung an der Ausübung ihres Dienstes gehindert, kann für die Dauer der Dienstunterbrechung das Auslandstrennungsgeld gekürzt oder seine Zahlung eingestellt werden. Das gilt nicht, wenn die berechtigte Person auf Grund dienstlicher Weisung am Dienstort bleibt.

(6) Für einen Zeitraum, für den kein Anspruch auf Besoldung besteht, wird kein Auslandstrennungsgeld gewährt.

(7) Bei Abordnungen vom Inland ins Ausland und im Ausland, für die der berechtigten Person nach § 52 Absatz 3 des Bundesbesoldungsgesetzes keine Auslandsdienstbezüge für den neuen Dienstort im Ausland zustehen, wird Auslandstrennungsgeld in Höhe der Vergütung wie bei Auslandsdienstreisen gezahlt; die §§ 4 bis 9 sind insoweit nicht anzuwenden.

(8) Sind aus Sicherheitsgründen oder wegen anderer außergewöhnlicher Verhältnisse im Ausland andere als die in § 2 Absatz 1 bezeichneten dienstlichen Maßnahmen oder Maßnahmen, die Personen nach § 4 Absatz 1 Satz 1 Nummer 1 bis 3 betreffen, erforderlich und entstehen dadurch Mehraufwendungen im Sinne des § 2 Absatz 2, so bestimmt das Auswärtige Amt in sinngemäßer Anwendung dieser Verordnung das Auslandstrennungsgeld im Einzelfall. Werden für einen Dienstort, an dem sich eine Auslandsvertretung befindet, Maßnahmen nach Satz 1 erforderlich, bestimmt das Auswärtige Amt die Entschädigung in Form von Auslandstrennungsgeld für alle an diesem Dienstort tätigen und von der Maßnahme betroffenen Berechtigten.

§ 13 Reisebeihilfen für Heimfahrten

(1) Eine nach § 4 Absatz 1 berechtigte Person erhält für jeweils drei Monate der getrennten Haushaltsführung eine Reisebeihilfe für eine Heimfahrt. Eine nach § 4 Absatz 2 berechtigte Person erhält für jeweils sechs Monate der getrennten Haushaltsführung eine Reisebeihilfe für eine Heimfahrt. Die oberste Dienstbehörde kann insbesondere unter Berücksichtigung der Besonderheiten des Dienstortes und der persönlichen Situation des Betroffenen Ausnahmen zulassen; dies gilt auch

VI

für Fälle des § 12 Absatz 7. Das Bundesministerium der Verteidigung kann insbesondere unter Berücksichtigung der Besonderheiten des Dienstortes und der persönlichen Situation des Betroffenen in seinem Geschäftsbereich auch Ledigen ohne eigene Wohnung Reisebeihilfen für Heimfahrten im gleichen Umfang wie den nach § 4 Absatz 2 berechtigten Personen gewähren.

(2) Der Anspruchszeitraum beginnt mit dem ersten Tag, für den Auslandstrennungsgeld zusteht.

(3) Die erste Reise kann frühestens einen Monat nach Beginn des Anspruchszeitraums angetreten werden. Der Anspruch auf Reisebeihilfe erlischt mit Ablauf von sechs Monaten nach dem Ende des Anspruchszeitraums oder mit Beendigung der Zahlung von Auslandstrennungsgeld. Der Anspruchszeitraum wird durch eine neue dienstliche Maßnahme nach § 2 Absatz 1 nicht unterbrochen.

(4) Ein Anspruch auf Reisebeihilfe für eine Heimfahrt entfällt für den laufenden Anspruchszeitraum, wenn

1. die berechtigte Person sich während der dienstlichen Maßnahme am Wohnort aufhält und ihr die Kosten der Reise aus amtlichen Mitteln erstattet werden oder zu den Kosten der Reise ein Zuschuss aus amtlichen Mitteln gezahlt wurde oder die berechtigte Person unentgeltlich befördert wurde und
2. es sich nicht um eine Reise nach Absatz 1 oder eine Heimaturlaubsreise oder eine Reise nach § 13 Absatz 1 Satz 3 des Bundesreisekostengesetzes handelt.

Dies gilt entsprechend für eine Wohnungsbesichtigungsreise an den neuen Dienstort im Sinne des § 11 der Auslandsumzugskostenverordnung.

(5) An Stelle einer Reise der berechtigten Person kann auch die Reise einer Person nach § 4 Absatz 1 Satz 1 Nummer 1 bis 3, die mit der berechtigten Person in häuslicher Gemeinschaft lebt, berücksichtigt werden. Berechtigten Personen, denen auf Grund einer Entscheidung der obersten Dienstbehörde aus zwingenden dienstlichen Gründen eine Heimfahrt nach Absatz 1 nicht gewährt werden kann, können Reisebeihilfen nach Absatz 6 für sie und die zur häuslichen Gemeinschaft gehörenden Personen nach § 4 Absatz 1 Satz 1 zu einem von der obersten Dienstbehörde festgelegten Ort gewährt werden. Unter den gleichen Voraussetzungen kann für nach § 4 Absatz 2 berechtigte Personen die Reise eines sonstigen Haushalts- oder Familienangehörigen berücksichtigt werden. Absatz 3 gilt entsprechend.

(6) Einer nach § 4 Absatz 1 berechtigten Person werden als Reisebeihilfe die entstandenen notwendigen Fahrtkosten zwischen dem neuen Dienst- oder Wohnort und dem Wohnort einer Person nach § 4 Absatz 1 Satz 1 Nummer 1 bis 3, die mit der berechtigen Person in häuslicher Gemeinschaft lebt, oder einem Ort im Inland auf dem kürzesten Weg bis zur Höhe der billigsten Fahrkarte der allgemein niedrigsten Klasse eines regelmäßig verkehrenden Beförderungsmittels erstattet. Einer nach § 4 Absatz 2 berechtigten Person werden die entstandenen notwendigen Fahrtkosten nach Maßgabe von Satz 1 zwischen dem neuen Dienst- oder Wohnort und dem bisherigen Dienst- oder Wohnort oder einem Ort im Inland erstattet. In diesem Kostenrahmen wird eine Reisebeihilfe auch für eine Reise zum Urlaubsort einer Person nach § 4 Absatz 1 Satz 1 Nummer 1, die mit der berechtigten Person in häuslicher Gemeinschaft lebt, gewährt. Mögliche Fahrpreisermäßigungen sind zu berücksichtigen. Soweit dienstliche Beförderungsmittel unentgeltlich benutzt werden können, werden Fahrtkosten nicht erstattet.

§ 14 Anspruchszeitraum

(1) Auslandstrennungsgeld wird grundsätzlich vom Tag nach Beendigung der Dienstantrittsreise zum neuen Dienstort bis zu dem Tag gezahlt, an dem die maßgebenden Voraussetzungen wegfallen. Bei Maßnahmen nach § 2 Absatz 1 vom Ausland ins Inland wird abweichend hiervon das Auslandstrennungsgeld ab dem Tag des Beginns der Dienstantrittsreise gezahlt. Satz 2 gilt entsprechend für die Rückreise zum alten

Dienstort aus Anlass der Aufhebung einer Abordnung vom Ausland ins Inland.

(2) Wird bei einer neuen dienstlichen Maßnahme nach § 2 Absatz 1 der Dienstort vorzeitig verlassen, wird Auslandstrennungsgeld bis zu dem Tag gezahlt, an dem der Dienstort verlassen wird, bei Gewährung von Reisekostenvergütung für diesen Tag bis zum vorausgehenden Tag. § 12 Absatz 3 ist anzuwenden. Kann der bisherige Dienstort wegen Erkrankung nicht verlassen werden, wird Auslandstrennungsgeld bis zum Tag vor dem Tag weitergezahlt, an dem der Dienstort hätte verlassen werden können. Satz 1 gilt entsprechend bei Beendigung des Dienstverhältnisses.

(3) Ist bei Erkrankung mit der Aufnahme des Dienstes innerhalb von drei Monaten nicht zu rechnen und ist nach Feststellung des Dienstherrn die Rückkehr an den Wohnort zumutbar, wird Auslandstrennungsgeld bis zu dem Tag gezahlt, an dem der Dienstort verlassen werden kann. Notwendige Fahrtkosten werden bis zur Höhe der Kosten für die Fahrt zum Wohnort und zurück wie bei einer Dienstreise erstattet. Das gilt auch bei einem mutterschutzrechtlichen Beschäftigungsverbot. § 12 Absatz 3 ist anzuwenden.

(4) Bei einem Umzug mit uneingeschränkter Zusage der Umzugskostenvergütung wird Auslandstrennungsgeld längstens bis zum Tag vor dem Einladen des Umzugsgutes gezahlt.

(5) Der Anspruch auf Auslandstrennungsgeld wegen Wohnungsmangels nach § 5 Absatz 1 Satz 1 endet am Tag vor dem Bezug der Wohnung oder vor der Möglichkeit zum Bezug einer angemessenen und zumutbaren Wohnung.

(6) Ändert sich für einen Inlandstrennungsgeldempfänger auf Grund einer Maßnahme nach § 2 Absatz 1 vom Inland ins Ausland der neue Dienstort für längstens zwölf Monate, können nachgewiesene notwendige Kosten für das Beibehalten der Unterkunft im Inland an Stelle von § 4 Absatz 6 der Trennungsgeldverordnung erstattet werden, wenn dem Berechtigten die Aufgabe der Unterkunft nicht zuzumuten ist.

§ 15 Verfahrensvorschriften

(1) Das Auslandstrennungsgeld wird auf schriftlichen oder elektronischen Antrag gewährt. Der Antrag kann nur innerhalb einer Ausschlussfrist von einem Jahr gestellt werden. Die Frist beginnt mit dem Tag des Dienstantritts, bei Zahlung von Reisekostenvergütung für diesen Tag mit dem Tag nach dem Dienstantritt.

(2) Das Auslandstrennungsgeld wird monatlich nachträglich gezahlt. Auf Antrag kann ein angemessener Abschlag gezahlt werden. Die oberste Dienstbehörde kann bestimmen, dass Abschläge unter dem Vorbehalt der Rückforderung geleistet werden.

(3) Die berechtigte Person ist verpflichtet, alle Änderungen unverzüglich anzuzeigen, die für den Anspruch auf Auslandstrennungsgeld von Bedeutung sein können.

(4) Die oberste Dienstbehörde bestimmt die zuständige Behörde für die Bewilligung und Zahlung des Auslandstrennungsgelds.

§ 16 Übergangsregelungen

Auslandstrennungsgeld für dienstliche Maßnahmen nach § 2 Absatz 1, die bis zum Tag vor dem Inkrafttreten dieser Verordnung begonnen haben, wird nach den bisherigen Vorschriften gewährt oder weiter gewährt.

VII Beihilfe/Fürsorge

Beihilfe

Fürsorge

VII

Verordnung über Beihilfe in Krankheits-, Pflege- und Geburtsfällen (Bundesbeihilfeverordnung – BBhV)

Vom 13. Februar 2009 (BGBl. I S. 326)

Zuletzt geändert durch
Elfte Verordnung zur Änderung der Bundesbeihilfeverordnung
vom 14. Oktober 2025 (BGBl. I Nr. 240)

Inhaltsübersicht

VII

Auf Grund des § 80 Abs. 4 des Bundesbeamtengesetzes vom 5. Februar 2009 (BGBl. I S. 160) verordnet das Bundesministerium des Innern im Einvernehmen mit dem Auswärtigen Amt, dem Bundesministerium der Finanzen, dem Bundesministerium der Verteidigung und dem Bundesministerium für Gesundheit:

Kapitel 1 Allgemeine Vorschriften

§ 1 Regelungsgegenstand

Diese Verordnung regelt die Einzelheiten der Gewährung von Beihilfe nach § 80 Absatz 6 des Bundesbeamtengesetzes.

§ 2 Beihilfeberechtigte Personen

(1) Soweit nicht die Absätze 2 bis 5 etwas Anderes bestimmen, ist beihilfeberechtigt, wer im Zeitpunkt der Leistungserbringung

1. Beamtin oder Beamter,
2. Versorgungsempfängerin oder Versorgungsempfänger oder
3. frühere Beamtin oder früherer Beamter

ist.

(2) Die Beihilfeberechtigung setzt ferner voraus, dass der beihilfeberechtigten Person Dienstbezüge, Amtsbezüge, Anwärterbezüge, Ruhegehalt, Witwengeld, Witwergeld, Waisengeld, Unterhaltsbeiträge nach Abschnitt II oder Abschnitt V, nach § 22 Absatz 1 oder nach § 26 Absatz 1 des Beamtenversorgungsgesetzes oder Übergangsgeld nach Abschnitt VI des Beamtenversorgungsgesetzes zustehen. Die Beihilfeberechtigung besteht auch, wenn Bezüge wegen Elternzeit oder der Anwendung von Ruhens-, Anrechnungs- oder Kürzungsvorschriften nicht gezahlt werden. Ruhens- und Anrechnungsvorschriften im Sinne von Satz 2 sind insbesondere § 22 Absatz 1 Satz 2, die §§ 53 bis 56, § 61 Absatz 2 Satz 2 und Absatz 3 des Beamtenversorgungsgesetzes, § 9a des Bundesbesoldungsgesetzes sowie § 10 Absatz 4 und 6 des Postpersonalrechtsgesetzes. Der Anspruch auf Beihilfe bleibt bei Urlaub unter Wegfall der Besoldung nach der Sonderurlaubsverordnung unberührt, wenn dieser nicht länger als einen Monat dauert.

(3) Nicht beihilfeberechtigt sind

1. Ehrenbeamtinnen und Ehrenbeamte,
2. Beamtinnen und Beamte, deren Dienstverhältnis auf weniger als ein Jahr befristet ist, es sei denn, dass sie insgesamt mindestens ein Jahr ununterbrochen im öffentlichen Dienst im Sinne des § 40 Abs. 6 des Bundesbesoldungsgesetzes beschäftigt sind, und
3. Beamtinnen und Beamte sowie Versorgungsempfängerinnen und Versorgungsempfänger, denen Leistungen nach § 11 des Europaabgeordnetengesetzes, § 27 des Abgeordnetengesetzes oder entsprechenden vorrangigen landesrechtlichen Vorschriften zustehen.

(4) Nicht beihilfeberechtigt nach dieser Verordnung sind diejenigen Beamtinnen und Beamten des Bundeseisenbahnvermögens, die zum Zeitpunkt der Zusammenführung der Deutschen Bundesbahn und der Deutschen Reichsbahn Beamtinnen oder Beamte der Deutschen Bundesbahn waren.

(5) Nicht beihilfeberechtigt nach dieser Verordnung sind diejenigen Beamtinnen und Beamten, die A-Mitglieder der Postbeamtenkrankenkasse sind, soweit die Satzung für beihilfefähige Aufwendungen dieser Mitglieder Sachleistungen vorsieht und diese nicht durch einen Höchstbetrag begrenzt sind.

§ 3 Beamtinnen und Beamte im Ausland

Beihilfeberechtigt nach § 2 Abs. 1 Nr. 1 sind auch diejenigen Beamtinnen und Beamten, die ihren dienstlichen Wohnsitz im Ausland haben oder in das Ausland abgeordnet sind.

§ 4 Berücksichtigungsfähige Personen

(1) Ehegattinnen, Ehegatten, Lebenspartnerinnen und Lebenspartner beihilfeberechtigter Personen sind berücksichtigungsfähig.

(2) Kinder sind berücksichtigungsfähig, wenn sie beim Familienzuschlag der beihilfeberechtigten Person nach dem Besoldungs- und Versorgungsrecht berücksichtigungsfähig sind. Dies gilt für beihilfeberechtigte Personen nach § 3, wenn

VII

1. Anspruch auf einen Auslandszuschlag nach §53 Absatz 4 Nummer 2 und 2a des Bundesbesoldungsgesetzes besteht oder
2. ein Auslandszuschlag nach §53 Absatz 4 Nummer 2 und 2a des Bundesbesoldungsgesetzes nur deshalb nicht gezahlt wird, weil im Inland ein Haushalt eines Elternteils besteht, der für das Kind sorgeberechtigt ist oder war.

Befinden sich Kinder nach Vollendung des 25. Lebensjahres noch in Schul- oder Berufsausbildung, sind sie weiter berücksichtigungsfähig, wenn die Ausbildung durch einen freiwilligen Wehrdienst nach §58b des Soldatengesetzes, einen Freiwilligendienst nach dem Bundesfreiwilligendienstgesetz oder dem Jugendfreiwilligendienstegesetz oder einen vergleichbaren anerkannten Freiwilligendienst oder durch eine Tätigkeit als Entwicklungshelfer im Sinne des §1 Absatz 1 des Entwicklungshelfer-Gesetzes unterbrochen oder verzögert worden ist. Die Dauer der weiteren Berücksichtigungsfähigkeit entspricht der Dauer des abgeleisteten Dienstes, insgesamt höchstens zwölf Monate.

(3) Angehörige beihilfeberechtigter Waisen sind nicht berücksichtigungsfähig.

VII

§5 Konkurrenzen

(1) Die Beihilfeberechtigung aus einem Dienstverhältnis oder ein Anspruch auf Leistungen der Krankenfürsorge in entsprechender Anwendung der Beihilferegelungen für Beamtinnen und Beamte schließt

1. eine Beihilfeberechtigung auf Grund eines Versorgungsanspruchs sowie
2. die Berücksichtigungsfähigkeit nach §4

aus. Die Beihilfeberechtigung aus einem neuen Dienstverhältnis schließt die Beihilfeberechtigung aus einem bereits bestehenden Dienstverhältnis aus.

(2) Die Beihilfeberechtigung auf Grund eines Versorgungsbezugs schließt die Beihilfeberechtigung auf Grund früherer Versorgungsansprüche sowie als berücksichtigungsfähige Person aus. Satz 1 gilt nicht, wenn der frühere Versorgungsanspruch aus einem eigenen Dienstverhältnis folgt.

(3) Absatz 1 Nummer 2 und Absatz 2 Satz 1 gelten nicht, wenn eine berücksichtigungsfähige Person nach §4 Absatz 1, deren Aufwendungen auch nach §6 Absatz 2 beihilfefähig sind,

1. mit einer beihilfeberechtigten Person nach §3 in häuslicher Gemeinschaft am Auslandsdienstort lebt und
2. auf den eigenen Anspruch aus der Beihilfeberechtigung verzichtet.

Der Verzicht ist der Festsetzungsstelle nachzuweisen.

(4) Die Beihilfeberechtigung auf Grund privatrechtlicher Rechtsbeziehungen nach Regelungen, die dieser Verordnung im Wesentlichen vergleichbar sind, geht

1. der Beihilfeberechtigung auf Grund eines Versorgungsanspruchs und
2. der Berücksichtigungsfähigkeit nach §4

vor. Keine im Wesentlichen vergleichbare Regelung stellt der bei teilzeitbeschäftigten Arbeitnehmerinnen und Arbeitnehmern zu quotelnde Beihilfeanspruch dar.

(5) Absatz 4 ist nicht anzuwenden bei privat krankenversicherten Versorgungsempfängerinnen und Versorgungsempfängern, die

1. eine Teilzeitbeschäftigung als Tarifbeschäftigte im öffentlichen Dienst ausüben und
2. auf Grund ihres dienstrechtlichen Status weder einen Beitragszuschuss nach §257 des Fünften Buches Sozialgesetzbuch erhalten noch nach §5 des Fünften Buches Sozialgesetzbuch versicherungspflichtig sind.

(6) Ein Kind wird bei der beihilfeberechtigten Person berücksichtigt, die den Familienzuschlag für das Kind erhält. Beihilfeberechtigt im Sinne von Satz 1 sind auch Personen, die einen Anspruch auf Beihilfe haben, der in seinem Umfang dem Anspruch nach dieser Verordnung im Wesentlichen vergleichbar ist, unabhängig von der jeweiligen Anspruchsgrundlage. Familienzuschlag für das Kind im Sinne von Satz 1 sind die Leistungen nach den §§39, 40 und 53 des Bundesbesoldungsgesetzes oder vergleichbare Leistungen, die im Hinblick auf das Kind gewährt

werden. Die Sätze 1 und 2 gelten nicht für Personen, die Anspruch auf Heilfürsorge oder auf truppenärztliche Versorgung haben.

§ 6 Beihilfefähigkeit von Aufwendungen

(1) Aufwendungen sind beihilfefähig, wenn zum Zeitpunkt des Entstehens der Aufwendungen

1. die Beihilfeberechtigung besteht oder
2. die Voraussetzungen für die Berücksichtigungsfähigkeit nach § 4 erfüllt sind.

Die Aufwendungen gelten als zu dem Zeitpunkt entstanden, zu dem die sie begründende Leistung erbracht wird.

(2) Aufwendungen einer nach § 4 Absatz 1 berücksichtigungsfähigen Person sind beihilfefähig, wenn der Gesamtbetrag ihrer Einkünfte (§ 2 Absatz 3 in Verbindung mit Absatz 5a des Einkommensteuergesetzes) einschließlich vergleichbarer ausländischer Einkünfte oder der Gesamtbetrag ihrer vergleichbaren ausländischen Einkünfte im zweiten Kalenderjahr vor Beantragung der Beihilfe 20 000 Euro nicht übersteigt. Sind die Einkünfte im laufenden Kalenderjahr geringer, sind Aufwendungen der Ehegattin, des Ehegatten, der Lebenspartnerin oder des Lebenspartners unter Vorbehalt bereits im laufenden Kalenderjahr beihilfefähig. Solange die Ehegattin, der Ehegatte, die Lebenspartnerin oder der Lebenspartner mit einer beihilfeberechtigten Person nach § 3 in häuslicher Gemeinschaft am Auslandsdienstort lebt, bleiben unberücksichtigt:

1. deren oder dessen im Rahmen einer im Ausland aufgenommenen oder fortgeführten Erwerbstätigkeit erzielten ausländischen Einkünfte,
2. deren oder dessen im Kalenderjahr der Ausreise an den ausländischen Dienstort und der Rückreise an den inländischen Dienstort aus einer Erwerbstätigkeit erzielten inländischen Einkünfte und
3. deren oder dessen Versorgungsbezüge und Renteneinkünfte.

Auf Anforderung der Festsetzungsstelle ist der Gesamtbetrag der Einkünfte durch Vorlage einer Kopie des Steuerbescheids oder, wenn dieser nicht oder noch nicht vorliegt, durch andere geeignete Unterlagen nachzuweisen. Weist der Steuerbescheid den Gesamtbetrag der Einkünfte nicht vollständig aus, können andere Nachweise gefordert werden. Der Betrag nach Satz 1 wird im gleichen Verhältnis, wie sich der Rentenwert West auf Grund der Rentenwertbestimmungsverordnung erhöht, angepasst und auf volle Euro abgerundet. Die Anpassung erfolgt mit Wirkung für das auf das Inkrafttreten der Rentenwertbestimmungsverordnung folgende Kalenderjahr. Das Bundesministerium des Innern gibt den jeweils angepassten Betrag durch Rundschreiben bekannt. Sind zum Zeitpunkt der Antragstellung die Aufwendungen einer nach § 4 Absatz 1 berücksichtigungsfähigen Person nicht mehr beihilfefähig, ist auf den Zeitpunkt nach Absatz 1 abzustellen.

(3) Beihilfefähig sind grundsätzlich nur notwendige und wirtschaftlich angemessene Aufwendungen. Andere Aufwendungen sind ausnahmsweise beihilfefähig, soweit diese Verordnung die Beihilfefähigkeit vorsieht.

(4) Die Notwendigkeit von Aufwendungen für Untersuchungen und Behandlungen setzt grundsätzlich voraus, dass diese nach einer wissenschaftlich anerkannten Methode vorgenommen werden. Als nicht notwendig gelten in der Regel Untersuchungen und Behandlungen, soweit sie in der Anlage 1 ausgeschlossen werden. Bei der Erbringung medizinischer Leistungen mittels Telekommunikationstechnologien sind Aufwendungen für die Beschaffung, den Betrieb oder die technische Anbindung der Endgeräte sowie die Aufwendungen für Telekommunikationsdienstleistungen nicht beihilfefähig. Satz 3 gilt nicht für Aufwendungen für Geräte und deren Betrieb, die ausschließlich für eine medizinische Behandlung notwendig sind.

(5) Aufwendungen für ärztliche, zahnärztliche und psychotherapeutische Leistungen sind wirtschaftlich angemessen, wenn sie sich innerhalb des in der einschlägigen Gebührenordnung vorgesehenen Gebührenrahmens halten. Als nicht wirtschaftlich angemessen

gelten Aufwendungen auf Grund einer Vereinbarung nach § 2 der Gebührenordnung für Ärzte, nach § 2 der Gebührenordnung für Zahnärzte oder nach den Sätzen 2 bis 4 der allgemeinen Bestimmungen des Abschnitts G der Anlage 1 zur Gebührenordnung für Zahnärzte, soweit sie die gesetzlichen Gebühren übersteigen. Wirtschaftlich angemessen sind auch Leistungen, die auf Grund von Vereinbarungen oder Verträgen zwischen Leistungserbringerinnen oder Leistungserbringern und gesetzlichen Krankenkassen nach dem Fünften Buch Sozialgesetzbuch, Unternehmen der privaten Krankenversicherung oder Beihilfeträgern erbracht worden sind, wenn dadurch Kosten eingespart werden. Aufwendungen für Leistungen von Heilpraktikerinnen oder Heilpraktikern sind wirtschaftlich angemessen, wenn sie die Höchstbeträge nach Anlage 2 nicht übersteigen.

(6) Für Personen, die nach § 3 beihilfeberechtigt oder bei einer nach § 3 beihilfeberechtigten Person berücksichtigungsfähig sind, gelten unter Berücksichtigung der besonderen Verhältnisse im Ausland die ortsüblichen Gebühren als wirtschaftlich angemessen. Gelten Höchstbeträge nach Anlage 11, kann in entsprechender Anwendung des § 55 des Bundesbesoldungsgesetzes der für den Dienstort jeweils geltende Kaufkraftausgleich hinzutreten.

VII

(7) In Ausnahmefällen kann das Bundesministerium des Innern und für Heimat im Einvernehmen mit dem Bundesministerium der Finanzen die einmalige Beteiligung des Bundes als Beihilfeträger an allgemeinen, nicht individualisierbaren Maßnahmen erklären. Hierfür zu leistende Zahlungen und Erstattungen kann das Bundesministerium des Innern und für Heimat auf die Einrichtungen oder Stellen des Bundes, die Beihilfe nach dieser Verordnung gewähren, aufteilen. Auf Anforderung des Bundesministerium des Innern leisten die Einrichtungen oder Stellen entsprechende Abschläge und Zahlungen. Die Anteile bemessen sich nach dem Verhältnis der tatsächlichen Beihilfeausgaben im Jahr 2009; jährliche Ausgaben unter 1000 Euro bleiben außer Betracht. Auf Verlangen von mindestens fünf obersten Bundesbehörden oder Behörden der mittelbaren Bundesverwaltung setzt das Bundesministerium des Innern die Anteile entsprechend dem Verhältnis der tatsächlichen Beihilfeausgaben im Vorjahr für zukünftige Maßnahmen neu fest.

(8) Sofern im Einzelfall die Ablehnung der Beihilfe eine besondere Härte darstellen würde, kann die oberste Dienstbehörde mit Zustimmung des Bundesministeriums des Innern eine Beihilfe zur Milderung der Härte gewähren. Die Entscheidung ist besonders zu begründen und zu dokumentieren.

§ 7 Verweisungen auf das Sozialgesetzbuch

Soweit sich Inhalt und Ausgestaltung von Leistungen, zu denen Beihilfe gewährt wird, an Vorschriften des Fünften Buches Sozialgesetzbuch anlehnen, setzt die Beihilfefähigkeit der Aufwendungen voraus, dass für die Leistungen einschließlich der Arzneimittel nach dem allgemein anerkannten Stand der medizinischen Erkenntnisse der diagnostische oder therapeutische Nutzen, die medizinische Notwendigkeit und die Wirtschaftlichkeit nachgewiesen sind sowie insbesondere ein Arzneimittel zweckmäßig ist und keine andere, wirtschaftlichere Behandlungsmöglichkeit mit vergleichbarem diagnostischen oder therapeutischen Nutzen verfügbar ist. Wird in dieser Verordnung auf Vorschriften des Fünften Buches Sozialgesetzbuch verwiesen, die ihrerseits auf Richtlinien des Gemeinsamen Bundesausschusses nach § 91 des Fünften Buches Sozialgesetzbuch, Entscheidungen oder Vereinbarungen der Spitzenverbände der gesetzlichen Krankenkassen oder Satzungsbestimmungen von gesetzlichen Krankenkassen verweisen oder Bezug nehmen, hat sich die Rechtsanwendung unter Berücksichtigung des Fürsorgegrundsatzes nach § 78 des Bundesbeamtengesetzes an den in diesen Normen oder Entscheidungen niedergelegten Grundsätzen zu orientieren. Dies gilt insbesondere für die §§ 22 und 27 Abs. 1 Satz 2, §§ 30 und 40 Abs. 1, § 41 Abs. 1, § 43 Abs. 1 und § 50 Abs. 1 Satz 4. Im Übrigen gelten die Vorschriften des Sozialgesetzbuches, auf die diese Verordnung verweist, entsprechend, soweit die grundsätzlichen Unterschiede zwischen Beihilfe- und Sozialversicherungsrecht dies nicht ausschließen.

§ 8 Ausschluss der Beihilfefähigkeit

(1) Nicht beihilfefähig sind Aufwendungen

1. soweit Personen, die beihilfeberechtigt oder bei beihilfeberechtigten Personen berücksichtigungsfähig sind, einen Anspruch auf Heilfürsorge nach § 70 Absatz 2 des Bundesbesoldungsgesetzes oder entsprechenden landesrechtlichen Vorschriften haben,
2. für Gutachten, die nicht von der Festsetzungsstelle, sondern auf Verlangen der beihilfeberechtigten oder der berücksichtigungsfähigen Person veranlasst worden sind,
3. für ärztliche und zahnärztliche Bescheinigungen für berücksichtigungsfähige Personen mit Ausnahme medizinisch notwendiger Bescheinigungen,
4. für den Besuch vorschulischer oder schulischer Einrichtungen oder von Werkstätten für Behinderte,
5. für berufsfördernde, berufsvorbereitende, berufsbildende und heilpädagogische Maßnahmen,
6. für Untersuchungen und Behandlungen als Folge medizinisch nicht indizierter Maßnahmen, insbesondere ästhetischer Operationen, Tätowierungen oder Piercings.

(2) Ferner sind Aufwendungen nicht beihilfefähig, soweit ein Ersatzanspruch gegen einen Dritten besteht, der nicht auf den Dienstherrn oder von ihm Beauftragte übergeht.

(3) Nicht beihilfefähig sind gesetzlich vorgesehene Zuzahlungen und Kostenanteile, Selbstbehalte nach § 53 des Fünften Buches Sozialgesetzbuch sowie Aufwendungen für von der Krankenversorgung ausgeschlossene Arznei-, Hilfs- und Heilmittel sowie gesondert ausgewiesene Abschläge für Verwaltungskosten und entgangene Apotheker- und Herstellerrabatte bei der Kostenerstattung nach § 13 Abs. 2 des Fünften Buches Sozialgesetzbuch.

(4) Nicht beihilfefähig sind erbrachte Leistungen nach

1. dem Dritten Kapitel des Fünften Buches Sozialgesetzbuch,
2. dem Ersten Abschnitt des Zweiten Kapitels des Sechsten Buches Sozialgesetzbuch,
3. dem Ersten, Zweiten, Vierten und Fünften Unterabschnitt des Ersten Abschnitts des Dritten Kapitels des Siebten Buches Sozialgesetzbuch,
4. Teil 1 Kapitel 9 und 11 des Neunten Buches Sozialgesetzbuch.

Satz 1 Nummer 1 gilt nicht bei Kostenerstattung nach § 13 des Fünften Buches Sozialgesetzbuch für freiwillige Mitglieder der gesetzlichen Krankenversicherung einschließlich der familienversicherten Personen nach § 10 des Fünften Buches Sozialgesetzbuch. Bei Personen, denen ein Zuschuss oder Arbeitgeberanteil zum Krankenversicherungsbeitrag gewährt wird oder die einen Anspruch auf beitragsfreie Krankenfürsorge haben, gelten als Leistungen auch

1. die über die Festbeträge hinausgehenden Beträge für Arznei-, Verband- und Hilfsmittel nach dem Fünften Buch Sozialgesetzbuch und
2. Aufwendungen, die darauf beruhen, dass Versicherte die ihnen zustehenden Leistungen nicht in Anspruch genommen haben; dies gilt auch, wenn Leistungserbringerinnen und Leistungserbringer in anderen Mitgliedstaaten der Europäischen Union in Anspruch genommen werden; ausgenommen sind Aufwendungen für Wahlleistungen im Krankenhaus.

Satz 3 gilt nicht für

1. Personen, die Leistungen nach den Kapiteln 5, 7 und 8 des Vierzehnten Buches Sozialgesetzbuch oder Leistungen nach Kapitel 3 des Soldatenentschädigungsgesetzes erhalten,
2. freiwillige Mitglieder der gesetzlichen Krankenversicherung,
3. berücksichtigungsfähige Kinder, die von der Pflichtversicherung in der gesetzlichen Kranken- oder Rentenversicherung einer anderen Person erfasst werden, und
4. berücksichtigungsfähige Personen nach § 4 Absatz 1, die mit einer nach § 3 beihil-

VII

feberechtigten Person am Auslandsdienstort in häuslicher Gemeinschaft leben und dort auf Grund einer eigenen Berufstätigkeit entweder pflichtversichert sind oder einen Anspruch auf beitragsfreie Krankenfürsorge haben.

(5) Die Absätze 3 und 4 gelten nicht für Leistungen nach dem Zwölften Buch Sozialgesetzbuch, wenn Ansprüche auf den Sozialhilfeträger übergeleitet worden sind.

§ 9 Anrechnung von Leistungen

(1) Soweit Aufwendungen auf Grund von Rechtsvorschriften oder arbeitsvertraglichen Vereinbarungen von dritter Seite getragen oder erstattet werden, sind sie vor Berechnung der Beihilfe von den beihilfefähigen Aufwendungen abzuziehen. Dies gilt nicht für Leistungen an beihilfeberechtigte Personen, die dem Gemeinsamen Krankheitsfürsorgesystem der Organe der Europäischen Union angehören. Unterhaltsansprüche von beihilfeberechtigten Personen gelten nicht als Ansprüche auf Kostenerstattung.

(2) Von Aufwendungen für Zahnersatz, Zahnkronen und Suprakonstruktionen ist der abstrakt höchstmögliche Festzuschuss der gesetzlichen Krankenversicherung abzuziehen.

(3) Sind Leistungsansprüche gegenüber Dritten nicht geltend gemacht worden, sind sie gleichwohl bei der Beihilfefestsetzung zu berücksichtigen. Hierbei sind Aufwendungen für Arznei- und Verbandmittel in voller Höhe anzusetzen. Andere Aufwendungen, bei denen der fiktive Leistungsanspruch gegenüber Dritten nicht ermittelt werden kann, sind um 50 Prozent zu kürzen. Die Sätze 1 bis 3 gelten nicht für

1. Leistungsansprüche nach den Kapiteln 5, 7 und 8 des Vierzehnten Buches Sozialgesetzbuch oder Leistungsansprüche nach Kapitel 3 des Soldatenentschädigungsgesetzes,
2. berücksichtigungsfähige Kinder, die von der Pflichtversicherung in der gesetzlichen Kranken- oder Rentenversicherung einer anderen Person erfasst werden,
3. Leistungsansprüche aus einem freiwilligen Versicherungsverhältnis in der gesetzlichen Krankenversicherung, und
4. Leistungsansprüche berücksichtigungsfähiger Personen nach § 4 Absatz 1, die mit einer nach § 3 beihilfeberechtigten Person am Auslandsdienstort in häuslicher Gemeinschaft leben und dort auf Grund einer eigenen Berufstätigkeit entweder pflichtversichert sind oder einen Anspruch auf beitragsfreie Krankenfürsorge haben.

(4) Bei Personen, die nach § 3 beihilfeberechtigt oder bei einer nach § 3 beihilfeberechtigten Person berücksichtigungsfähig sind, kann von der Anrechnung eines Leistungsanteils nach Absatz 3 Satz 1 bis 3 abgesehen werden, wenn die zustehenden Leistungen wegen Gefahr für Leib und Leben nicht in Anspruch genommen werden konnten oder wegen der besonderen Verhältnisse im Ausland tatsächlich nicht zu erlangen waren.

§ 10 Beihilfeanspruch

(1) Auf Beihilfe besteht ein Rechtsanspruch. Der Anspruch kann nicht abgetreten und grundsätzlich nicht verpfändet oder gepfändet werden. Die Pfändung wegen einer Forderung auf Grund einer beihilfefähigen Leistung der Forderungsgläubigerin oder des Forderungsgläubigers ist insoweit zulässig, als die Beihilfe noch nicht ausgezahlt ist.

(2) Nach dem Tod der beihilfeberechtigten Person kann die Beihilfe mit befreiender Wirkung auf folgende Konten gezahlt werden:

1. das Konto der Beihilfezahlungen der oder des Verstorbenen,
2. ein anderes Konto, das von der oder dem Verstorbenen im Antrag oder in der Vollmacht angegeben wurde, oder
3. ein Konto einer oder eines durch Erbschein oder durch eine andere öffentliche oder öffentlich beglaubigte Urkunde ausgewiesenen Erbin oder Erben.

§ 11 Aufwendungen im Ausland

(1) Aufwendungen für Leistungen in einem Mitgliedstaat der Europäischen Union sind wie im Inland entstandene Aufwendungen zu behandeln. § 6 Absatz 5 Satz 1 bis 3 ist in diesen Fällen nicht anzuwenden. Aufwendungen für Leistungen außerhalb der Europäischen Union sind beihilfefähig bis zu der

Höhe, in der sie im Inland entstanden und beihilfefähig wären.

(2) Außerhalb der Europäischen Union entstandene Aufwendungen nach Absatz 1 sind ohne Beschränkung auf die Kosten, die im Inland entstanden wären, beihilfefähig, wenn

1. sie bei einer Dienstreise entstanden sind und die Behandlung nicht bis zur Rückkehr in das Inland hätte aufgeschoben werden können,
2. sie für ärztliche und zahnärztliche Leistungen 1000 Euro je Krankheitsfall nicht übersteigen,
3. in der Nähe der deutschen Grenze wohnende beihilfeberechtigte oder berücksichtigungsfähige Personen bei akutem Behandlungsbedarf das nächstgelegene Krankenhaus aufsuchen mussten,
4. beihilfeberechtigte oder berücksichtigungsfähige Personen zur Notfallversorgung das nächstgelegene Krankenhaus aufsuchen mussten oder
5. die Beihilfefähigkeit vor Antritt der Reise anerkannt worden ist.

Eine Anerkennung nach Satz 1 Nummer 5 kommt ausnahmsweise in Betracht, wenn ein von der Festsetzungsstelle beauftragtes ärztliches Gutachten nachweist, dass die Behandlung außerhalb der Europäischen Union zwingend notwendig ist, weil hierdurch eine wesentlich größere Erfolgsaussicht zu erwarten oder eine Behandlung innerhalb der Europäischen Union nicht möglich ist; in Ausnahmefällen kann die Anerkennung nachträglich erfolgen.

(3) Bei Personen, die nach § 3 beihilfeberechtigt oder bei einer nach § 3 beihilfeberechtigten Person berücksichtigungsfähig sind, sind Aufwendungen, die während eines nicht dienstlich bedingten Aufenthaltes außerhalb des Gastlandes und außerhalb der Europäischen Union im Ausland entstehen, nur insoweit und bis zu der Höhe beihilfefähig, wie sie im Gastland oder im Inland entstanden und beihilfefähig wären. Dies gilt nicht in den Fällen des § 31 Absatz 6.

Kapitel 2
Aufwendungen in Krankheitsfällen

Abschnitt 1
Ambulante Leistungen

§ 12 Ärztliche Leistungen

Aufwendungen für ambulante ärztliche Untersuchungen und Behandlungen sind nach Maßgabe des § 6 in Krankheitsfällen grundsätzlich beihilfefähig. Die Vorschriften des Kapitels 4 bleiben unberührt.

§ 13 Leistungen von Heilpraktikerinnen und Heilpraktikern

Aufwendungen für Leistungen von Heilpraktikerinnen und Heilpraktikern sind nach Maßgabe des § 6 Absatz 5 Satz 4 und nach § 22 Absatz 6 beihilfefähig.

§ 14 Zahnärztliche Leistungen

Aufwendungen für ambulante zahnärztliche und kieferorthopädische Untersuchungen und Behandlungen sind nach Maßgabe des § 6 grundsätzlich beihilfefähig. Die Kosten eines Heil- und Kostenplanes gehören zu den beihilfefähigen Aufwendungen.

§ 15 Implantologische Leistungen

(1) Aufwendungen für implantologische Leistungen nach Abschnitt K der Anlage 1 zur Gebührenordnung für Zahnärzte und alle damit in Zusammenhang stehenden weiteren Aufwendungen nach der Anlage zur Gebührenordnung für Ärzte und der Anlage 1 zur Gebührenordnung für Zahnärzte sind beihilfefähig bei

1. größeren Kiefer- oder Gesichtsdefekten, die ihre Ursache haben in
   a) Tumoroperationen,
   b) Entzündungen des Kiefers,
   c) Operationen infolge großer Zysten,
   d) Operationen infolge von Osteopathien, sofern keine Kontraindikation für eine Implantatversorgung vorliegt,
   e) angeborenen Fehlbildungen des Kiefers, Lippen-Kiefer-Gaumen-Spalten, ektodermalen Dysplasien oder
   f) Unfällen,

VII

2. dauerhaft bestehender extremer Xerostomie, insbesondere bei einer Tumorbehandlung,
3. generalisierter genetischer Nichtanlage von Zähnen oder
4. nicht willentlich beeinflussbaren muskulären Fehlfunktionen im Mund- und Gesichtsbereich.

(2) Liegt keiner der in Absatz 1 genannten Fälle vor, sind die Aufwendungen für implantologische Leistungen nach Abschnitt K der Anlage 1 zur Gebührenordnung für Zahnärzte zu 50 Prozent beihilfefähig.

§ 15a Kieferorthopädische Leistungen

(1) Aufwendungen für kieferorthopädische Leistungen sind beihilfefähig, wenn

1. bei Behandlungsbeginn die zu behandelnde Person das 18. Lebensjahr noch nicht vollendet hat oder
2. bei schweren Kieferanomalien, insbesondere bei angeborenen Missbildungen des Gesichts oder eines Kiefers, skelettalen Dysgnathien oder verletzungsbedingten Kieferfehlstellungen, eine kombinierte kieferchirurgische und kieferorthopädische Behandlung erfolgt.

VII

(2) Aufwendungen für eine kieferorthopädische Behandlung Erwachsener sind beihilfefähig, wenn die Festsetzungsstelle vor Beginn der Behandlung auf der Grundlage eines vorgelegten Heil- und Kostenplanes zugestimmt hat. Die Festsetzungsstelle hat hierzu ein Gutachten einzuholen, das bestätigt, dass

1. die Behandlung ausschließlich medizinisch indiziert ist und ästhetische Gründe ausgeschlossen werden können,
2. keine Behandlungsalternative vorhanden ist,
3. erhebliche Folgeprobleme bestehen, insbesondere bei einer craniomandibulären Dysfunktion.

(3) Aufwendungen für Leistungen zur Retention sind bis zu zwei Jahre nach Abschluss der kieferorthopädischen Behandlung beihilfefähig.

(4) Aufwendungen für die Erstellung des Heil- und Kostenplanes sind beihilfefähig.

(5) Aufwendungen für kieferorthopädische Leistungen vor Beginn der zweiten Phase des Zahnwechsels sind nur beihilfefähig bei

1. Beseitigung von Habits bei einem habituellen Distalbiss bei distal sagittaler Stufe mit einer Frontzahnstufe von mehr als 9 Millimetern,
2. Beseitigung von Habits bei einem habituellen offenen oder seitlichen Biss bei vertikaler Stufe von mehr als 4 Millimetern,
3. Offenhalten von Lücken infolge vorzeitigen Milchzahnverlustes,
4. Frühbehandlung
   a) eines Distalbisses bei distal sagittaler Stufe mit einer Frontzahnstufe von mehr als 9 Millimetern,
   b) eines lateralen Kreuz- oder Zwangsbisses bei transversaler Abweichung mit einseitigem oder beidseitigem Kreuzbiss, der durch präventive Maßnahmen nicht zu korrigieren ist,
   c) einer Bukkalokklusion, Nonokklusion oder Lingualokklusion permanenter Zähne bei transversaler Abweichung,
   d) eines progenen Zwangsbisses oder frontalen Kreuzbisses bei mesial sagittaler Stufe,
   e) bei Platzmangel zum Schaffen von Zahnlücken von mehr als 3 und höchstens 4 Millimetern oder zum Vergrößern von Zahnlücken um mehr als 3 und höchstens 4 Millimetern,
5. früher Behandlung
   a) einer Lippen-Kiefer-Gaumen-Spalte oder anderer kraniofazialer Anomalien,
   b) eines skelettal offenen Bisses bei vertikaler Stufe von mehr als 4 Millimetern,
   c) einer Progenie bei mesial sagittaler Stufe,
   d) verletzungsbedingter Kieferfehlstellungen.

Die Frühbehandlung nach Satz 1 Nummer 4 soll nicht vor Vollendung des dritten Lebensjahres begonnen und innerhalb von sechs Kalenderquartalen abgeschlossen werden; eine reguläre kieferorthopädische Behandlung kann sich anschließen, wenn die zweite Phase des Zahnwechsels vorliegt. Aufwendungen für den Einsatz individuell gefertigter Behandlungsgeräte sind neben den Aufwendungen für eine Behandlung nach Satz 1 Nummer 4 oder Nummer 5 gesondert beihilfefähig.

§ 15b Funktionsanalytische und funktionstherapeutische Leistungen

Aufwendungen für funktionsanalytische und funktionstherapeutische Leistungen sind nur beihilfefähig, wenn eine der folgenden Indikationen vorliegt:

1. Kiefer- und Muskelerkrankungen,
2. Zahnfleischerkrankungen im Rahmen einer systematischen Parodontalbehandlung,
3. Behandlungen mit Aufbissbehelfen mit adjustierten Oberflächen nach den Nummern 7010 und 7020 der Anlage 1 zur Gebührenordnung für Zahnärzte,
4. umfangreiche kieferorthopädische Maßnahmen einschließlich kieferorthopädisch-kieferchirurgischer Operationen oder
5. umfangreiche Gebisssanierungen.

Eine Gebisssanierung ist umfangreich, wenn in einem Kiefer mindestens acht Seitenzähne mit Zahnersatz oder Inlays versorgt werden müssen, wobei fehlende Zähne sanierungsbedürftigen gleichstehen, und wenn die richtige Schlussbissstellung nicht mehr auf andere Weise herstellbar ist.

§ 16 Auslagen, Material- und Laborkosten

(1) Gesondert berechenbare Aufwendungen für Auslagen, Material- und Laborkosten nach § 4 Absatz 3 und § 9 der Gebührenordnung für Zahnärzte, die bei einer zahnärztlichen Behandlung nach den §§ 14 bis 15b entstanden sind, sind zu 80 Prozent beihilfefähig. Dies gilt nicht bei Indikationen nach § 15 Absatz 1 Nummer 1 bis 4 und für Personen, die das 18. Lebensjahr noch nicht vollendet haben oder deren kieferorthopädische Behandlung vor Vollendung des 18. Lebensjahres begonnen wurde.

(2) Wenn der auf die in Absatz 1 genannten Aufwendungen entfallende Anteil nicht nachgewiesen ist, sind 40 Prozent des Gesamtrechnungsbetrages anzusetzen.

§ 17 Zahnärztliche Leistungen für Beamtinnen und Beamte auf Widerruf

(1) Aufwendungen für zahnärztliche Leistungen für Beamtinnen und Beamte auf Widerruf und Personen, die bei ihnen berücksichtigungsfähig sind, sind beihilfefähig, soweit sie nicht in Absatz 2 ausgenommen sind.

(2) Von der Beihilfefähigkeit nach Absatz 1 ausgenommen sind Aufwendungen für

1. prothetische Leistungen,
2. Inlays und Zahnkronen,
3. funktionsanalytische und funktionstherapeutische Leistungen sowie
4. implantologische Leistungen.

Aufwendungen nach Satz 1 sind ausnahmsweise beihilfefähig, wenn sie auf einem Unfall während des Vorbereitungsdienstes beruhen oder wenn die beihilfeberechtigte Person zuvor mindestens drei Jahre ununterbrochen im öffentlichen Dienst beschäftigt gewesen ist.

§ 18 Psychotherapeutische Behandlungs- und Anwendungsformen

(1) Aufwendungen für die folgenden psychotherapeutischen Behandlungs- und Anwendungsformen sind nach Maßgabe der Absätze 2 bis 7 sowie der §§ 18a bis 21 beihilfefähig, sofern die Leistungen durch in Anlage 3 genannte Personen erbracht werden:

1. Psychotherapeutische Sprechstunde,
2. Gruppenpsychotherapeutische Grundversorgung,
3. Probatorische Sitzungen,
4. Psychotherapeutische Akutbehandlung,
5. Psychotherapie in den Behandlungsformen der psychoanalytisch begründeten Verfahren, der Verhaltenstherapie, der Systemischen Therapie sowie
6. Psychosomatische Grundversorgung.

(2) Aufwendungen für eine psychotherapeutische Sprechstunde als Einzeltherapie sind je Krankheitsfall für bis zu sechs Sitzungen in Einheiten von mindestens 25 Minuten beihilfefähig. Für Personen, die das 21. Lebensjahr noch nicht vollendet haben, und für Menschen

VII

mit einer geistigen Behinderung sind Aufwendungen für bis zu zehn Sitzungen je Krankheitsfall als Einzeltherapie beihilfefähig.

(3) Aufwendungen für die Gruppenpsychotherapeutische Grundversorgung sind je Krankheitsfall für bis zu vier Sitzungen in Einheiten von 100 Minuten beihilfefähig. Die Sitzungen können auch in Einheiten von 50 Minuten unter entsprechender Erhöhung der Gesamtzahl der Sitzungen durchgeführt werden. Darüber hinaus sind unter Einbeziehung von Bezugspersonen bei Personen, die das 21. Lebensjahr noch nicht vollendet haben, und bei Menschen mit einer geistigen Behinderung zusätzlich bis zu 100 Minuten je Krankheitsfall beihilfefähig.

(4) Aufwendungen für bis zu fünf probatorische Sitzungen, bei sich anschließender analytischer Psychotherapie für bis zu acht probatorische Sitzungen, sind beihilfefähig, auch wenn Bezugspersonen einbezogen werden. Die probatorische Sitzung umfasst im Einzelsetting 50 Minuten und im Gruppensetting 100 Minuten. Probatorische Sitzungen im Gruppensetting können auch in Einheiten von 50 Minuten unter entsprechender Erhöhung der Gesamtzahl der Sitzungen durchgeführt werden. Darüber hinaus sind bei Personen, die das 21. Lebensjahr noch nicht vollendet haben, und bei Menschen mit einer geistigen Behinderung zwei zusätzliche probatorische Sitzungen beihilfefähig. Probatorische Sitzungen sind nicht auf die beihilfefähigen Kontingente der Behandlungen von Kurz- oder Langzeittherapien anzurechnen.

(5) Aufwendungen für eine psychotherapeutische Akutbehandlung als Einzeltherapie sind je Krankheitsfall für bis zu 24 Behandlungen in Einheiten von mindestens 25 Minuten beihilfefähig. Für Personen, die das 21. Lebensjahr noch nicht vollendet haben, und für Menschen mit einer geistigen Behinderung sind Aufwendungen bis zu 30 Behandlungen einer psychotherapeutischen Akutbehandlung je Krankheitsfall als Einzeltherapie unter Einbeziehung von Bezugspersonen beihilfefähig. Soll sich an die psychotherapeutische Akutbehandlung eine Behandlung nach den §§ 19 bis 20a anschließen, ist § 18a Absatz 3 zu beachten. Die Zahl der durchgeführten Akutbehandlungen ist auf das Kontingent der Behandlungen nach den §§ 19 bis 20a anzurechnen.

(6) Vor einer psychotherapeutischen Behandlung muss eine somatische Abklärung spätestens nach den probatorischen Sitzungen erfolgen.

(7) Nicht beihilfefähig sind Aufwendungen für

1. gleichzeitige Behandlungen nach § 18 Absatz 5 und den §§ 19 bis 21 sowie
2. Leistungen nach Anlage 3 Abschnitt 1.

§ 18a Gemeinsame Vorschriften für psychoanalytisch begründete Verfahren, Verhaltenstherapie und Systemische Therapie

(1) Aufwendungen für Leistungen der Psychotherapie sind beihilfefähig bei

1. affektiven Störungen: depressive Episoden, rezidivierende depressive Störungen und Dysthymie,
2. Angststörungen und Zwangsstörungen,
3. somatoformen Störungen und dissoziativen Störungen,
4. Anpassungsstörungen und Reaktionen auf schwere Belastungen,
5. Essstörungen,
6. nichtorganischen Schlafstörungen,
7. sexuellen Funktionsstörungen,
8. Persönlichkeits- und Verhaltensstörungen.

(2) Neben oder nach einer somatischen ärztlichen Behandlung von Krankheiten oder deren Auswirkungen sind Aufwendungen für Leistungen der Psychotherapie beihilfefähig bei

1. psychischen Störungen und Verhaltensstörungen
   a) durch psychotrope Substanzen; im Fall einer Abhängigkeit nur, wenn Suchtmittelfreiheit oder Abstinenz erreicht ist oder voraussichtlich innerhalb von zehn Sitzungen erreicht werden kann,
   b) durch Opioide und gleichzeitiger stabiler substitutionsgestützter Behandlung im Zustand der Beigebrauchsfreiheit,
2. seelischen Krankheiten auf Grund frühkindlicher emotionaler Mangelzustände

VII

oder tiefgreifender Entwicklungsstörungen, in Ausnahmefällen auch bei seelischen Krankheiten, die im Zusammenhang mit frühkindlichen körperlichen Schädigungen oder Missbildungen stehen,

3. seelischen Krankheiten als Folge schwerer chronischer Krankheitsverläufe,
4. schizophrenen und affektiven psychotischen Störungen.

Die Beihilfefähigkeit setzt voraus, dass die Leistungen von einer Ärztin, einem Arzt, einer Psychotherapeutin oder einem Psychotherapeuten nach den Abschnitten 2 bis 4 der Anlage 3 erbracht werden. Eine Sitzung der Psychotherapie umfasst eine Behandlungsdauer von mindestens 50 Minuten bei einer Einzelbehandlung und von in der Regel mindestens 100 Minuten bei einer Gruppenbehandlung. Eine Gruppenbehandlung kann auch mit einer Behandlungsdauer von 50 Minuten unter entsprechender Erhöhung der Gesamtzahl der Sitzungen durchgeführt werden.

(3) Aufwendungen für Leistungen der Psychotherapie, die zu den wissenschaftlich anerkannten Verfahren gehören und nach den Abschnitten B und G der Anlage zur Gebührenordnung für Ärzte abgerechnet werden, sind beihilfefähig, wenn

1. sie der Feststellung, Heilung oder Linderung von Störungen nach Absatz 1 dienen, bei denen eine Psychotherapie indiziert ist,
2. nach einer biographischen Analyse oder einer Verhaltensanalyse und nach den probatorischen Sitzungen ein Behandlungserfolg zu erwarten ist und
3. die Festsetzungsstelle vor Beginn der Behandlung die Beihilfefähigkeit der Aufwendungen auf Grund eines Gutachtens zu Notwendigkeit, Art und Umfang der Behandlung anerkannt hat, es sei denn, dass es sich um eine Kurzzeittherapie handelt.

Aufwendungen für Maßnahmen nach Satz 1 Nummer 2 sind auch dann beihilfefähig, wenn sich eine psychotherapeutische Behandlung später als nicht notwendig erwiesen hat.

(4) Das Gutachten nach Absatz 3 Satz 1 Nummer 3 ist bei einer Gutachterin oder einem Gutachter einzuholen, die oder der von der Kassenärztlichen Bundesvereinigung im Einvernehmen mit den Bundesverbänden der Vertragskassen nach § 12 der Psychotherapie-Vereinbarung in der jeweils geltenden auf der Internetseite der Kassenärztlichen Bundesvereinigung (www.kbv.de) veröffentlichten Fassung bestellt worden ist. Für Personen, die nach § 3 beihilfeberechtigt oder bei einer nach § 3 beihilfeberechtigten Person berücksichtigungsfähig sind, kann das Gutachten beim Gesundheitsdienst des Auswärtigen Amtes oder bei einer oder einem vom Gesundheitsdienst des Auswärtigen Amtes beauftragten Ärztin oder Arzt eingeholt werden.

(5) Festsetzungsstellen können auf die Einholung eines Gutachtens im Rahmen des Voranerkennungsverfahrens nach Absatz 3 Satz 1 Nummer 3 verzichten, wenn sichergestellt ist, dass sie selbst in der Lage sind, Notwendigkeit, Art und Umfang der Behandlung festzustellen.

(6) Aufwendungen für Kurzzeittherapien sind ohne Genehmigung durch die Festsetzungsstelle bis zu 24 Sitzungen als Einzel- oder Gruppenbehandlung beihilfefähig. Für Personen, die das 21. Lebensjahr noch nicht vollendet haben, und für Menschen mit einer geistigen Behinderung sind Aufwendungen für bis zu 30 Behandlungen einer genehmigungsfreien Kurzzeittherapie unter Einbeziehung von Bezugspersonen beihilfefähig. Erbrachte Sitzungen im Rahmen der psychotherapeutischen Akutbehandlung werden mit der Anzahl der Sitzungen der Kurzzeittherapie verrechnet. Die bereits in Anspruch genommenen Sitzungen der Kurzzeittherapie sind auf eine genehmigungspflichtige Therapie nach den §§ 19 bis 20a anzurechnen.

(7) Aufwendungen für eine Eye-Movement-Desensitization-and-Reprocessing-Behandlung sind nur bei Personen, die das 18. Lebensjahr vollendet haben, mit posttraumatischen Belastungsstörungen im Rahmen eines umfassenden Behandlungskonzepts der Verhaltenstherapie, der tiefenpsychologisch fundierten Psychotherapie, der analytischen Psychotherapie oder der Systemischen Therapie beihilfefähig.

VII

§ 19 Psychoanalytisch begründete Verfahren

(1) Aufwendungen für psychoanalytisch begründete Verfahren mit ihren beiden Behandlungsformen, der tiefenpsychologisch fundierten Psychotherapie und der analytischen Psychotherapie, sind je Krankheitsfall in folgendem Umfang beihilfefähig:

1. tiefenpsychologisch fundierte Psychotherapie von Personen, die das 21. Lebensjahr vollendet haben:

	Einzelbehandlung	Gruppenbehandlung
im Regelfall	60 Sitzungen	60 Sitzungen
in Ausnahmefällen	weitere 40 Sitzungen	weitere 20 Sitzungen

2. analytische Psychotherapie von Personen, die das 21. Lebensjahr vollendet haben:

	Einzelbehandlung	Gruppenbehandlung
im Regelfall	160 Sitzungen	80 Sitzungen
in Ausnahmefällen	weitere 140 Sitzungen	weitere 70 Sitzungen

3. tiefenpsychologisch fundierte oder analytische Psychotherapie von Personen, die das 14. Lebensjahr, aber noch nicht das 21. Lebensjahr vollendet haben:

	Einzelbehandlung	Gruppenbehandlung
im Regelfall	90 Sitzungen	60 Sitzungen
in Ausnahmefällen	weitere 90 Sitzungen	weitere 30 Sitzungen

4. tiefenpsychologisch fundierte oder analytische Psychotherapie von Personen, die das 14. Lebensjahr noch nicht vollendet haben:

	Einzelbehandlung	Gruppenbehandlung
im Regelfall	70 weitere Sitzungen	60 weitere Sitzungen
in Ausnahmefällen	weitere 80 Sitzungen	weitere 30 Sitzungen

Bei einer Kombination von Einzel- und Gruppenbehandlung richtet sich die Beihilfefähigkeit der Aufwendungen nach der überwiegend durchgeführten Behandlung. Überwiegt die Einzelbehandlung, so werden zwei als Gruppenbehandlung durchgeführte Sitzungen als eine Sitzung der Einzelbehandlung gewertet. Überwiegt die Gruppenbehandlung, so wird eine als Einzelbehandlung durchgeführte Sitzung als zwei Sitzungen der Gruppenbehandlung gewertet.

(2) In den Fällen des Absatzes 1 Satz 1 Nummer 3 sind Aufwendungen für eine Psychotherapie, die vor Vollendung des 21. Lebensjahres begonnen wurde, zur Sicherung des Therapieerfolges auch nach Vollendung des 21. Lebensjahres beihilfefähig.

(3) In Ausnahmefällen kann die oberste Dienstbehörde die Beihilfefähigkeit von Aufwendungen für die Behandlung auch für eine über die in Absatz 1 Satz 1 festgelegte Höchstzahl von Sitzungen hinaus anerkennen, wenn die medizinische Notwendigkeit durch ein Gutachten belegt wird.

(4) Aufwendungen für Sitzungen, in die auf Grund einer durch Gutachten belegten medizinischen Notwendigkeit Bezugspersonen einbezogen werden, sind bei Einzelbehandlung bis zu einem Viertel und bei Gruppenbehandlung bis zur Hälfte der bewilligten Zahl von Sitzungen zusätzlich beihilfefähig, wenn die zu therapierende Person das 21. Lebensjahr noch nicht vollendet hat. Bei Personen, die das 21. Lebensjahr vollendet haben, werden die Sitzungen, in die Bezugspersonen einbezogen werden, in voller Höhe auf die bewilligte Zahl der Sitzungen angerechnet. Satz 2 gilt nicht für Menschen mit einer geistigen Behinderung.

(5) Im Rahmen psychoanalytisch begründeter Verfahren ist die simultane Kombination von Einzel- und Gruppentherapie grundsätzlich ausgeschlossen. Aufwendungen für Leistungen einer solchen Kombination sind nur beihilfefähig, wenn sie auf dem Gebiet der tiefenpsychologisch fundierten Psychotherapie bei niederfrequenten Therapien auf Grund eines besonders begründeten Erstantrags erbracht werden.

(6) Aufwendungen für katathymes Bilderleben sind nur im Rahmen eines übergeordne-

VII

ten tiefenpsychologischen Therapiekonzepts beihilfefähig.

§ 20 Verhaltenstherapie

(1) Aufwendungen für eine Verhaltenstherapie sind je Krankheitsfall in folgendem Umfang beihilfefähig:

	Einzelbehandlung	Gruppenbehandlung
im Regelfall	60 Sitzungen	60 Sitzungen
in Ausnahmefällen	weitere 20 Sitzungen	weitere 20 Sitzungen

(2) § 19 Absatz 1 Satz 2 bis 4 und Absatz 2 bis 4 gilt entsprechend.

(3) Aufwendungen für eine Rational-Emotive Therapie sind nur im Rahmen eines umfassenden verhaltenstherapeutischen Behandlungskonzepts beihilfefähig.

§ 20a Systemische Therapie

(1) Aufwendungen für eine Systemische Therapie sind je Krankheitsfall in folgendem Umfang, auch im Mehrpersonensetting, beihilfefähig:

	Einzelbehandlung	Gruppenbehandlung
im Regelfall	36 Sitzungen	36 Sitzungen
in Ausnahmefällen	weitere 12 Sitzungen	weitere 12 Sitzungen

(2) § 19 Absatz 1 Satz 2 bis 4 und Absatz 3 gilt entsprechend.

§ 21 Psychosomatische Grundversorgung

(1) Die psychosomatische Grundversorgung im Sinne dieser Verordnung umfasst

1. verbale Interventionen im Rahmen der Nummer 849 des Gebührenverzeichnisses für ärztliche Leistungen der Gebührenordnung für Ärzte und
2. Hypnose, autogenes Training und progressive Muskelrelaxation nach Jacobson nach den Nummern 845 bis 847 der Anlage zur Gebührenordnung für Ärzte.

(2) Je Krankheitsfall sind beihilfefähig Aufwendungen für

1. verbale Intervention als Einzelbehandlung mit bis zu 25 Sitzungen, sowohl über einen kürzeren Zeitraum als auch im Verlauf chronischer Erkrankungen über einen längeren Zeitraum in niederfrequenter Form,
2. Hypnose als Einzelbehandlung mit bis zu zwölf Sitzungen sowie
3. autogenes Training und progressive Muskelrelaxation nach Jacobson als Einzel- oder Gruppenbehandlung mit bis zu zwölf Sitzungen; eine Kombination von Einzel- und Gruppenbehandlung ist hierbei möglich.

Aufwendungen für Leistungen nach Satz 1 Nummer 1 sind nicht beihilfefähig, wenn sie zusammen mit Aufwendungen für Leistungen nach Satz 1 Nummer 2 und 3 in derselben Sitzung entstanden sind. Neben den Aufwendungen für Leistungen nach Absatz 1 Nummer 1 sind Aufwendungen für somatische ärztliche Untersuchungen und Behandlungen von Krankheiten und deren Auswirkungen beihilfefähig.

(3) Aufwendungen für eine bis zu sechs Monate dauernde ambulante psychosomatische Nachsorge nach einer stationären psychosomatischen Behandlung sind bis zu der Höhe der Vergütung, die von den gesetzlichen Krankenkassen oder den Rentenversicherungsträgern zu tragen ist, beihilfefähig.

VII

Abschnitt 2
Sonstige Aufwendungen

§ 22 Arznei- und Verbandmittel, Medizinprodukte

(1) Beihilfefähig sind Aufwendungen für ärztlich oder zahnärztlich nach Art und Umfang verordnete oder während einer Behandlung verbrauchte

1. Arzneimittel nach § 2 des Arzneimittelgesetzes, die apothekenpflichtig sind,
2. Verbandmittel,
3. Harn- und Blutteststreifen sowie
4. Stoffe und Zubereitungen aus Stoffen, die als Medizinprodukte im Sinne des Medizinprodukterechts zur Anwendung am oder im menschlichen Körper bestimmt, in Anlage V der Arzneimittel-Richtlinie des

Gemeinsamen Bundesausschusses nach § 92 Absatz 1 Satz 2 Nummer 6 des Fünften Buches Sozialgesetzbuch in der jeweils geltenden und nach § 94 Absatz 2 des Fünften Buches Sozialgesetzbuch im Bundesanzeiger bekannt gemachten Fassung aufgeführt sind und die dort genannten Maßgaben erfüllen.

(2) Nicht beihilfefähig sind Aufwendungen für

1. Arzneimittel, die in Anlage II der Arzneimittel-Richtlinie des Gemeinsamen Bundesausschusses nach § 92 Absatz 1 Satz 2 Nummer 6 des Fünften Buches Sozialgesetzbuch in der jeweils geltenden und nach § 94 Absatz 2 des Fünften Buches Sozialgesetzbuch im Bundesanzeiger bekannt gemachten Fassung genannt sind, es sei denn, dass das jeweilige Arzneimittel im Einzelfall nicht zur Behandlung in dem für dieses Arzneimittel in Anlage II der Arzneimittel-Richtlinie des Gemeinsamen Bundesausschusses genannten Anwendungsbereich, sondern zur Behandlung einer anderen Körperfunktionsstörung, die eine Krankheit ist, eingesetzt wird und
   a) es keine anderen zur Behandlung dieser Krankheit zugelassenen Arzneimittel gibt oder
   b) die anderen zur Behandlung dieser Krankheit zugelassenen Arzneimittel im Einzelfall unverträglich sind oder sich als nicht wirksam erwiesen haben,
2. verschreibungspflichtige Arzneimittel zur Behandlung von
   a) Erkältungskrankheiten und grippalen Infekten einschließlich der bei diesen Krankheiten anzuwendenden Schnupfenmittel, Schmerzmittel, hustendämpfenden und hustenlösenden Mittel, sofern es sich um geringfügige Gesundheitsstörungen handelt,
   b) Mund- und Rachenerkrankungen, ausgenommen bei
      aa) Pilzinfektionen,
      bb) Geschwüren in der Mundhöhle oder
      cc) nach chirurgischen Eingriffen im Hals-, Nasen- und Ohrenbereich,
   c) Verstopfung, ausgenommen zur Behandlung von Erkrankungen im Zusammenhang mit Tumorleiden, Megacolon, Divertikulose, Divertikulitis, Mukoviszidose, neurogener Darmlähmung, vor diagnostischen Eingriffen, bei phosphatbindender Medikation, bei chronischer Niereninsuffizienz, bei der Opiat- sowie Opioidtherapie und in der Terminalphase oder
   d) Reisekrankheiten, ausgenommen bei der Anwendung gegen Erbrechen bei Tumortherapie und anderen Erkrankungen, zum Beispiel Menièrescher Symptomkomplex,

   soweit die Arzneimittel nicht für Minderjährige bestimmt sind,
3. nicht verschreibungspflichtige Arzneimittel, es sei denn, sie
   a) sind bestimmt für Personen, die das zwölfte Lebensjahr noch nicht vollendet haben oder für Personen, die das 18. Lebensjahr noch nicht vollendet haben und an Entwicklungsstörungen leiden,
   b) wurden für diagnostische Zwecke, Untersuchungen oder ambulante Behandlungen benötigt und
      aa) in der Rechnung als Auslagen abgerechnet oder
      bb) auf Grund einer ärztlichen Verordnung zuvor von der beihilfeberechtigten oder berücksichtigungsfähigen Person selbst beschafft,
   c) gelten bei der Behandlung einer schwerwiegenden Erkrankung als Therapiestandard und werden mit dieser Begründung ausnahmsweise verordnet; die beihilfefähigen Ausnahmen ergeben sich aus Anlage I der Arzneimittel-Richtlinie des Gemeinsamen Bundesausschusses nach § 92 Absatz 1 Satz 2 Nummer 6 des Fünften Buches Sozialgesetzbuch in der jeweils geltenden und nach § 94 Absatz 2 des Fünften Buches Sozialgesetzbuch im Bundesanzeiger bekannt gemachten Fassung; Aufwendungen für anthroposophische und homöopathische Arzneimittel zur Behand-

VII

lung der in Anlage I der Arzneimittel-Richtlinie des Gemeinsamen Bundesausschusses genannten schwerwiegenden Erkrankungen sind beihilfefähig, wenn die Anwendung des jeweiligen Arzneimittels in der jeweiligen Therapierichtung angezeigt ist,

d) sind in der Fachinformation zum Hauptarzneimittel eines beihilfefähigen Arzneimittels als Begleitmedikation zwingend vorgeschrieben oder
e) werden zur Behandlung unerwünschter Arzneimittelwirkungen, die beim bestimmungsgemäßen Gebrauch eines beihilfefähigen Arzneimittels auftreten können, eingesetzt; dabei muss die unerwünschte Arzneimittelwirkung lebensbedrohlich sein oder die Lebensqualität auf Dauer nachhaltig beeinträchtigen,

4. traditionell angewendete Arzneimittel nach § 109 Absatz 3 und § 109a des Arzneimittelgesetzes mit einem oder mehreren der folgenden Hinweise auf der äußeren Umhüllung oder der Packungsbeilage des Arzneimittels:
   a) zur Stärkung oder Kräftigung,
   b) zur Besserung des Befindens,
   c) zur Unterstützung der Organfunktion,
   d) zur Vorbeugung,
   e) als mild wirkendes Arzneimittel,
5. traditionelle pflanzliche Arzneimittel nach § 39a des Arzneimittelgesetzes,
6. hormonelle Mittel zur Empfängnisverhütung,
7. gesondert ausgewiesene Versandkosten; dies gilt nicht für Aufwendungen von Botendienstzuschlägen in Höhe von 2,50 Euro zuzüglich Umsatzsteuer je Lieferort und Tag bei der Abgabe von verschreibungspflichtigen Arzneimitteln durch Apotheken.

Satz 1 Nummer 6 gilt nicht

1. bei Personen unter 22 Jahren,
2. wenn diese Mittel unabhängig von der arzneimittelrechtlichen Zulassung zur Behandlung einer Krankheit verordnet werden oder
3. für nicht verschreibungspflichtige Notfallkontrazeptiva ohne Altersbeschränkung, soweit sie ärztlich verordnet wurden und Hinweise auf einen sexuellen Missbrauch oder eine Vergewaltigung vorliegen.

(3) Aufwendungen für Arzneimittel, für die Festbeträge nach § 35 Absatz 3, 5 und 6 des Fünften Buches Sozialgesetzbuch festgesetzt sind, sind nur bis zur Höhe der Festbeträge beihilfefähig, die das Bundesinstitut für Arzneimittel und Medizinprodukte nach § 35 Absatz 8 des Fünften Buches Sozialgesetzbuch im Internet veröffentlicht. Aufwendungen für Arzneimittel nach Satz 1 sind über den Festbetrag hinaus beihilfefähig, wenn die Arzneimittel

1. in medizinisch begründeten Einzelfällen verordnet worden sind oder
2. in Richtlinien nach § 129 Absatz 1a Satz 2 des Fünften Buches Sozialgesetzbuch bestimmt sind.

(4) Aufwendungen für Arzneimittel, bei denen nach allgemein anerkanntem Stand der medizinischen Erkenntnisse der diagnostische oder therapeutische Nutzen, die medizinische Notwendigkeit oder die Wirtschaftlichkeit nicht nachgewiesen ist, sind nach Maßgabe der Anlage 8 beihilfefähig. Arzneimittel nach Satz 1 können darüber hinaus im Einzelfall als beihilfefähig anerkannt werden, wenn eine medizinische Stellungnahme darüber vorgelegt wird, dass das Arzneimittel zur Behandlung notwendig ist.

(5) Aufwendungen für ärztlich verordnete Aminosäuremischungen, Eiweißhydrolysate, Elementardiäten und Sondennahrung sind zur enteralen Ernährung bei fehlender oder eingeschränkter Fähigkeit, sich auf natürliche Weise ausreichend zu ernähren, beihilfefähig, wenn eine Modifizierung der natürlichen Ernährung oder sonstige ärztliche, pflegerische oder ernährungstherapeutische Maßnahmen zur Verbesserung der Ernährungssituation nicht ausreichen. Aufwendungen für Elementardiäten sind beihilfefähig für Personen, die das dritte Lebensjahr noch nicht vollendet haben, mit Kuhmilcheiweiß-Allergie; dies gilt ferner bei Neurodermitis für einen Zeitraum von einem halben Jahr, sofern

Elementardiäten für diagnostische Zwecke eingesetzt werden. Im Übrigen sind Aufwendungen für Lebensmittel, Nahrungsergänzungsmittel, Krankenkost und diätetische Lebensmittel nicht beihilfefähig.

(6) Die Absätze 1 bis 4 gelten entsprechend für Aufwendungen für Arznei- und Verbandmittel, Teststreifen und Medizinprodukte, die eine Heilpraktikerin oder ein Heilpraktiker während einer Behandlung verbraucht hat.

§ 23 Heilmittel

(1) Aufwendungen für ärztlich oder zahnärztlich verordnete Heilmittel und bei der Anwendung der Heilmittel verbrauchte Stoffe sind nach Maßgabe der Anlagen 9 und 10 beihilfefähig.

(2) Aufwendungen für Ergotherapie und für Stoffe, die bei der Anwendung der Ergotherapie verbraucht werden, sind nach Maßgabe der Anlagen 9 und 10 auch beihilfefähig, wenn die Ergotherapie durch eine Psychotherapeutin oder einen Psychotherapeuten verordnet wird, die oder der die Voraussetzungen des Fünften Buches Sozialgesetzbuch zur Eintragung in das Arztregister erfüllt.

(3) Bei Personen, die nach § 3 beihilfeberechtigt oder bei einer nach § 3 beihilfeberechtigten Person berücksichtigungsfähig sind, beurteilt sich die Angemessenheit der Aufwendungen für verordnete Heilmittel anstelle der in Anlage 9 genannten Höchstbeträge nach den ortsüblichen Gebühren unter Berücksichtigung der besonderen Verhältnisse im Ausland. Die beihilfefähigen Aufwendungen mindern sich um 10 Prozent der Kosten, die die Höchstbeträge nach Anlage 9 übersteigen, höchstens jedoch um 10 Euro. Diese Minderung gilt nicht für Personen, die das 18. Lebensjahr noch nicht vollendet haben.

§ 24 Komplextherapie, besondere Versorgung und Leistungen psychiatrischer und psychosomatischer Institutsambulanzen

(1) Aufwendungen für Leistungen, die in Form von ambulanten, voll- oder teilstationären Komplextherapien erbracht werden, sind abweichend von § 6 Absatz 5 und § 23 Absatz 1 in angemessener Höhe beihilfefähig. Komplextherapie ist eine aus verschiedenen, sich ergänzenden Teilen zusammengesetzte Therapie spezifischer Krankheitsbilder und wird von einem interdisziplinären Team erbracht.

(2) Aufwendungen für Leistungen psychiatrischer oder psychosomatischer Institutsambulanzen sind entsprechend § 118 des Fünften Buches Sozialgesetzbuch beihilfefähig bis zur Höhe der Vergütungen, die die Einrichtung mit dem Verband der privaten Krankenversicherung e. V., mit einem Landesverband der Krankenkassen, mit einem privaten Krankenversicherungsunternehmen oder mit Sozialversicherungsträgern in einer Vereinbarung getroffen hat.

(3) Aufwendungen für folgende Behandlungen sind beihilfefähig bis zu der Höhe der Vergütung, die das jeweilige Zentrum mit dem Verband der privaten Krankenversicherung e. V., mit einem Landesverband der Krankenkassen, mit einem privaten Krankenversicherungsunternehmen oder mit Sozialversicherungsträgern in einer Vereinbarung getroffen hat:

1. die ambulante sozialpädiatrische Behandlung von Kindern in sozialpädiatrischen Zentren, die zu einer solchen Behandlung nach § 119 Absatz 1 Satz 1 des Fünften Buches Sozialgesetzbuch ermächtigt wurden, und
2. die ambulante Behandlung von Erwachsenen mit geistiger Behinderung oder schwerer Mehrfachbehinderung in medizinischen Behandlungszentren für Erwachsene mit geistiger Behinderung oder schwerer Mehrfachbehinderung, die zu einer solchen Behandlung nach § 119c Absatz 1 Satz 1 des Fünften Buches Sozialgesetzbuch ermächtigt wurden.

Aufwendungen für sozialpädagogische Leistungen sind nicht beihilfefähig.

(4) Aufwendungen für Leistungen, die als besondere Versorgung erbracht werden, sind beihilfefähig bis zur Höhe der Vergütungen, die in Verträgen vereinbart wurden

1. zwischen den Leistungserbringerinnen oder Leistungserbringern und den Unternehmen der privaten Krankenversicherung oder Beihilfeträgern oder

2. über eine besondere Versorgung nach § 140a Absatz 1 Satz 1, Absatz 3 Satz 1 und Absatz 4a Satz 1 des Fünften Buches Sozialgesetzbuch.

(5) Bei chronisch Kranken oder schwerstkranken Personen, die das 14. Lebensjahr, in besonders schwerwiegenden Fällen das 18. Lebensjahr, noch nicht vollendet haben, sind Aufwendungen für sozialmedizinische Nachsorgemaßnahmen beihilfefähig, wenn die Maßnahmen

1. durchgeführt werden im Anschluss an
   a) eine Behandlung in einem Krankenhaus, das nach § 108 des Fünften Buches Sozialgesetzbuch zugelassen ist,
   b) eine Behandlung in einem Krankenhaus, das die Voraussetzungen des § 107 Absatz 1 des Fünften Buches Sozialgesetzbuch erfüllt, aber nicht nach § 108 des Fünften Buches Sozialgesetzbuch zugelassen ist, oder
   c) eine stationäre Rehabilitationsmaßnahme im Sinne von § 35 Absatz 1 Satz 1 Nummer 1 oder Nummer 3 und
2. erforderlich sind, um den stationären Aufenthalt zu verkürzen oder die anschließende ambulante ärztliche Behandlung zu sichern.

§ 25 Hilfsmittel, Geräte zur Selbstbehandlung und Selbstkontrolle, Körperersatzstücke

(1) Aufwendungen für ärztlich verordnete Hilfsmittel, Geräte zur Selbstbehandlung und Selbstkontrolle sowie Körperersatzstücke sind beihilfefähig, wenn sie im Einzelfall erforderlich sind, um den Erfolg der Krankenbehandlung zu sichern, einer drohenden Behinderung vorzubeugen oder eine Behinderung auszugleichen. Beihilfefähig sind vorbehaltlich Absatz 4 Aufwendungen für Anschaffung, Reparatur, Ersatz, Betrieb, Unterweisung in den Gebrauch und Unterhaltung der in Anlage 11 unter der jeweiligen Hilfsmittelgruppe genannten Hilfsmittel, Geräte zur Selbstbehandlung und Selbstkontrolle und Körperersatzstücke unter den dort genannten Voraussetzungen. Aufwendungen für den Ersatz eines unbrauchbar gewordenen oder verloren gegangenen Gegenstandes im Sinne des Satzes 1 sind auch ohne erneute ärztliche Verordnung beihilfefähig, wenn der Ersatzgegenstand in derselben oder einer gleichwertigen Ausführung beschafft wird wie der unbrauchbar gewordene oder verloren gegangene Gegenstand und die Ersatzbeschaffung innerhalb von sechs Monaten nach der Anschaffung erfolgt.

(2) Nicht beihilfefähig sind Aufwendungen für

1. Hilfsmittel und Geräte zur Selbstbehandlung und Selbstkontrolle, die
   a) einen geringen oder umstrittenen therapeutischen Nutzen haben,
   b) einen niedrigen Abgabepreis haben,
   c) der allgemeinen Lebenshaltung zuzurechnen sind oder
   d) in Anlage 12 genannt sind,
2. Versicherungen in den Fällen des Absatzes 1 Satz 1 mit Ausnahme von Pflichtversicherungen für Blindenführhunde und
3. gesondert ausgewiesene Versandkosten.

(3) Aufwendungen für das Mieten von Hilfsmitteln und Geräten zur Selbstbehandlung und Selbstkontrolle nach Absatz 1 Satz 1 sind beihilfefähig, soweit sie nicht höher als die Aufwendungen für deren Anschaffung sind.

(4) Sind Hilfsmittel und Geräte zur Selbstbehandlung und Selbstkontrolle im Sinne des Absatzes 1 Satz 1 weder in Anlage 11 oder 12 aufgeführt noch mit den aufgeführten Gegenständen vergleichbar, sind hierfür getätigte Aufwendungen ausnahmsweise beihilfefähig, wenn dies im Hinblick auf die Fürsorgepflicht nach § 78 des Bundesbeamtengesetzes notwendig ist. Die Festsetzungsstelle entscheidet in Fällen des Satzes 1 bei Aufwendungen von mehr als 600 Euro mit Zustimmung der obersten Dienstbehörde. Die oberste Dienstbehörde hat bei Aufwendungen von mehr als 1200 Euro vor ihrer Zustimmung das Einvernehmen mit dem Bundesministerium des Innern herzustellen. Soweit das Einvernehmen des Bundesministeriums des Innern allgemein erklärt ist, kann die oberste Dienstbehörde ihre Zuständigkeit auf eine andere Behörde übertragen. Absatz 2 bleibt unberührt.

VII

(5) Aufwendungen für den Betrieb und die Unterhaltung der Hilfsmittel und Geräte zur Selbstbehandlung und Selbstkontrolle im Sinne des Absatzes 1 Satz 1 sind nur in Höhe des 100 Euro je Kalenderjahr übersteigenden Betrages beihilfefähig. Nicht beihilfefähig sind Aufwendungen für Batterien von Hörgeräten sowie Pflege- und Reinigungsmittel für Kontaktlinsen. Die Sätze 1 und 2 gelten nicht für Personen, die das 18. Lebensjahr noch nicht vollendet haben.

(6) Beihilfefähig sind auch Aufwendungen für Hilfsmittel, die eine dritte Person durch einen Sicherheitsmechanismus vor Nadelstichverletzungen schützen, wenn die beihilfeberechtigte oder berücksichtigungsfähige Person selbst nicht zur Anwendung des Hilfsmittels in der Lage ist und es hierfür einer Tätigkeit der dritten Person bedarf, bei der die Gefahr einer Infektion durch Stichverletzungen, insbesondere durch Blutentnahmen und Injektionen, besteht oder angenommen werden kann.

§ 25a Digitale Gesundheitsanwendungen

(1) Aufwendungen für digitale Gesundheitsanwendungen nach § 33a Absatz 1 Satz 1 des Fünften Buches Sozialgesetzbuch sind beihilfefähig, wenn die digitalen Gesundheitsanwendungen

1. in dem beim Bundesinstitut für Arzneimittel und Medizinprodukte geführten Verzeichnis digitaler Gesundheitsanwendungen, das nach § 139e Absatz 1 Satz 3 des Fünften Buches Sozialgesetzbuch im Bundesanzeiger bekannt gemacht und auf der Internetseite https://diga.bfarm.de veröffentlicht wird, aufgeführt sind und
2. von einer Ärztin oder einem Arzt oder einer Psychotherapeutin oder einem Psychotherapeuten verordnet worden sind.

Die Aufwendungen sind nur beihilfefähig bis zu den Kosten für die Standardversion der digitalen Gesundheitsanwendung, sofern nicht aus ärztlicher oder therapeutischer Sicht die Notwendigkeit einer erweiterten Version schriftlich oder elektronisch begründet wurde. Aufwendungen für Zubehör der digitalen Gesundheitsanwendung sind beihilfefähig, wenn das Zubehör ausschließlich für die Nutzung der digitalen Gesundheitsanwendung zwingend erforderlich ist.

(2) Nicht beihilfefähig sind die Aufwendungen für

1. die Beschaffung, den Betrieb und die technische Anbindung der zur Nutzung der digitalen Gesundheitsanwendung erforderlichen Endgeräte,
2. die zur Nutzung der digitalen Gesundheitsanwendung erforderlichen Telekommunikationsdienstleistungen,
3. Zweit- oder Mehrfachbeschaffungen der digitalen Gesundheitsanwendung zur Nutzung auf verschiedenen Endgeräten; dies gilt auch für eine teurere Version der digitalen Gesundheitsanwendung, die Lizenzen für die Nutzung auf mehreren Endgeräten beinhaltet, und
4. Zubehör, das den allgemeinen Lebenshaltungskosten zuzurechnen ist wie zum Beispiel Aktualisierungs- oder Ergänzungssoftware für Betriebsprogramme, Kopfhörer, Mikrofone oder vergleichbare Hardware und digitale Waagen.

§ 26 Behandlung in zugelassenen Krankenhäusern

(1) Aufwendungen für Behandlungen in zugelassenen Krankenhäusern nach § 108 des Fünften Buches Sozialgesetzbuch sind beihilfefähig, soweit sie entstanden sind für

1. vorstationäre und nachstationäre Krankenhausbehandlungen nach § 115a des Fünften Buches Sozialgesetzbuch,
2. allgemeine Krankenhausleistungen (§ 2 Absatz 2 des Krankenhausentgeltgesetzes und § 2 Absatz 2 der Bundespflegesatzverordnung),
3. im Zusammenhang mit den Nummern 1 und 2 berechenbare Leistungen der Belegärztinnen und Belegärzte (§ 18 Absatz 1 Satz 2 des Krankenhausentgeltgesetzes),
4. die aus medizinischen Gründen notwendige Unterbringung einer Begleitperson im Krankenhaus (§ 2 Absatz 2 Satz 2 Nummer 3 des Krankenhausentgeltgesetzes),
5. Wahlleistungen in Form
   a) gesondert berechneter wahlärztlicher Leistungen im Sinne des § 17 des Kran-

kenhausentgeltgesetzes und des § 16 Satz 2 der Bundespflegesatzverordnung,

b) einer gesondert berechneten Unterkunft im Sinne des § 17 des Krankenhausentgeltgesetzes und des § 16 Satz 2 der Bundespflegesatzverordnung bis zur Höhe von 1,3 Prozent der oberen Grenze des einheitlichen Basisfallwertkorridors, der nach § 10 Absatz 9 des Krankenhausentgeltgesetzes vereinbart ist, täglich, und

c) anderer im Zusammenhang mit Leistungen nach den Buchstaben a und b erbrachter ärztliche Leistungen oder Leistungen nach § 22.

(2) Ist bei einer stationären Behandlung die Anwesenheit einer Begleitperson aus medizinischen Gründen notwendig, eine Mitaufnahme in das Krankenhaus jedoch nicht möglich, sind Aufwendungen für die Unterbringung und Verpflegung der Begleitperson auch außerhalb des Krankenhauses bis zur Höhe der Kosten für eine Mitaufnahme der Begleitperson in das Krankenhaus beihilfefähig.

(3) Aufwendungen für eine stationsäquivalente psychiatrische Behandlung nach § 115d des Fünften Buches Sozialgesetzbuch sind beihilfefähig.

§ 26a Behandlung in nicht zugelassenen Krankenhäusern

(1) Aufwendungen für Behandlungen in Krankenhäusern, die die Voraussetzungen des § 107 Absatz 1 des Fünften Buches Sozialgesetzbuch erfüllen, aber nicht nach § 108 des Fünften Buches Sozialgesetzbuch zugelassen sind, sind wie folgt beihilfefähig:

1. bei Indikationen, die in Krankenhäusern mit einer Zulassung nach § 108 des Fünften Buches Sozialgesetzbuch mit Fallpauschalen nach dem Krankenhausentgeltgesetz abgerechnet werden:
   a) die Aufwendungen für die allgemeinen Krankenhausleistungen (§ 26 Absatz 1 Nummer 2) bis zu dem Betrag, der sich bei Anwendung des Fallpauschalenkatalogs nach § 9 Absatz 1 Nummer 1 des Krankenhausentgeltgesetzes unter Zugrundelegung des zum Zeitpunkt der Leistungserbringung geltenden, einheitlichen Basisfallwertes nach § 10 Absatz 9 Satz 5 und 6 des Krankenhausentgeltgesetzes für die Hauptabteilung ergibt,
   b) die nach § 17b Absatz 4 des Krankenhausfinanzierungsgesetzes ausgegliederten Pflegepersonalkosten, und zwar für jeden Belegungstag die maßgebliche Bewertungsrelation aus dem Pflegeerlöskatalog nach § 17b Absatz 4 Satz 5 des Krankenhausfinanzierungsgesetzes multipliziert mit dem in § 15 Absatz 2a Satz 1 des Krankenhausentgeltgesetzes genannten Betrag, und
   c) Zusatzentgelte bis zu der im Zusatzentgeltkatalog nach § 9 Absatz 1 Nummer 2 des Krankenhausentgeltgesetzes ausgewiesenen Höhe;

2. bei Indikationen, die in Krankenhäusern mit einer Zulassung nach § 108 des Fünften Buches Sozialgesetzbuch nach dem pauschalierenden Entgeltsystem für psychiatrische und psychosomatische Einrichtungen nach § 17d des Krankenhausfinanzierungsgesetzes und in psychosomatischen Einrichtungen abgerechnet werden:
   a) das nach Anlage 1a oder Anlage 2a des PEPP-Entgeltkatalogs berechnete Entgelt bei Anwendung des pauschalen Basisentgeltwertes in Höhe von 370 Euro,
   b) Zusatzentgelte bis zu den in Anlage 3 des PEPP-Entgeltkatalogs ausgewiesenen Beträgen und
   c) ergänzende Tagesentgelte nach Anlage 5 des PEPP-Entgeltkatalogs bei Anwendung des pauschalen Basisentgeltwertes von 370 Euro;

   maßgebend ist die jeweils geltende, auf der Internetseite des Instituts für das Entgeltsystem im Krankenhaus veröffentlichte Fassung des PEPP-Entgeltkatalogs,

3. gesondert berechnete Wahlleistungen für Unterkunft bis zur Höhe von 1,3 Prozent der oberen Grenze des einheitlichen Basisfallwertkorridors, der nach § 10 Absatz 9 des Krankenhausentgeltgesetzes vereinbart ist, täglich,

VII

4. bei einer Notfallversorgung, wenn das nächstgelegene Krankenhaus aufgesucht werden musste,
5. die Unterbringung einer Begleitperson im Krankenhaus, soweit dies aus medizinischen Gründen notwendig ist (§ 2 Absatz 2 Satz 2 Nummer 3 des Krankenhausentgeltgesetzes).

(2) Ist bei einer stationären Behandlung die Anwesenheit einer Begleitperson aus medizinischen Gründen notwendig, eine Mitaufnahme in das Krankenhaus jedoch nicht möglich, sind Aufwendungen für die Unterbringung und Verpflegung der Begleitperson auch außerhalb des Krankenhauses bis zur Höhe der Kosten für eine Mitaufnahme der Begleitperson in das Krankenhaus beihilfefähig.

(3) Gesondert in Rechnung gestellte Aufwendungen für ärztliche Leistungen sind, sofern die Abrechnung nach der Anlage zur Gebührenordnung für Ärzte erfolgt, neben den Aufwendungen nach Absatz 1 beihilfefähig.

(4) Mit den Beträgen nach Absatz 1 sind Aufwendungen für Leistungen abgegolten, die

1. von Krankenhäusern zusätzlich in Rechnung gestellt werden und
2. Bestandteile der allgemeinen Krankenhausleistungen nach § 2 Absatz 2 des Krankenhausentgeltgesetzes und § 2 Absatz 2 der Bundespflegesatzverordnung sind.

(5) Vor der Aufnahme in ein Krankenhaus nach Absatz 1 kann bei der Festsetzungsstelle eine Übersicht über die voraussichtlich entstehenden Kosten zur Prüfung der Beihilfefähigkeit eingereicht werden.

(6) Bei Personen, die nach § 3 beihilfeberechtigt sind oder die bei einer nach § 3 beihilfeberechtigten Person berücksichtigungsfähig sind, sind für Unterkunft und Verpflegung in ausländischen Krankenhäusern unter Berücksichtigung der besonderen Verhältnisse am Behandlungsort die entstandenen Aufwendungen abzüglich eines Betrages von 14,50 Euro täglich beihilfefähig, sofern die Unterbringung derjenigen in einem Zweibettzimmer im Inland nach § 26 Absatz 1 Nummer 5 Buchstabe b entspricht. Satz 1 gilt nicht, wenn aus medizinischen Gründen eine andere Unterbringung notwendig ist. Beihilfefähig sind auch Aufwendungen, die für den Einsatz von Unternehmen entstehen, die bei der Abrechnung von im Ausland erbrachten stationären Leistungen tätig werden.

VII

§ 26b Übergangspflege im Krankenhaus

Aufwendungen für die in § 39e Absatz 1 Satz 1 und 2 des Fünften Buches Sozialgesetzbuch genannten Leistungen der Übergangspflege im Krankenhaus sind für zehn Tage je Krankenhausbehandlung beihilfefähig. Nicht beihilfefähig sind Aufwendungen für gesondert berechnete Wahlleistungen für Unterkunft.

§ 27 Häusliche Krankenpflege, Kurzzeitpflege bei fehlender Pflegebedürftigkeit

(1) Beihilfefähig sind Aufwendungen für häusliche Krankenpflege, soweit sie angemessen sind und wenn sie nach Bescheinigung durch eine Verordnerin oder einen Verordner nach Absatz 2 erforderlich sind und die Pflege

1. nicht länger als vier Wochen dauert,
2. weder von der beihilfeberechtigten oder berücksichtigungsfähigen Person noch von einer anderen im Haushalt lebenden Person durchgeführt werden kann und
3. im eigenen Haushalt oder an einem anderen geeigneten Ort erbracht wird.

Angemessen im Sinne des Satzes 1 sind Aufwendungen bis zur Höhe des tariflichen Entgelts einer Pflegekraft der öffentlichen oder frei gemeinnützigen Träger, die für die häusliche Krankenpflege in Betracht kommen. Sofern das Entgelt für Pflegekräfte nicht tariflich geregelt ist, sind Aufwendungen im Sinne des Satzes 1 bis zur Höhe von 110 Prozent des regional üblichen Entlohnungsniveaus nach § 82c Absatz 2 Satz 1 des Elften Buches Sozialgesetzbuch angemessen. Bis zur jeweiligen Höhe nach den Sätzen 2 und 3 sind auch die Aufwendungen für eine Ersatzpflegekraft, die die Verordnerin oder der Verordner für geeignet erklärt, beihilfefähig. Liegt ein sachlicher Grund vor, so sind auch Aufwendungen beihilfefähig, die ihrer Höhe nach über der Höhe nach Satz 3 liegen.

(2) Verordnerin oder Verordner ist

1. im Rahmen der häuslichen Krankenpflege oder Kurzzeitpflege bei fehlender dauernder Pflegebedürftigkeit die Ärztin oder der Arzt,
2. im Rahmen der psychiatrischen häuslichen Krankenpflege
   a) die Fachärztin für Nervenheilkunde oder der Facharzt für Nervenheilkunde,
   b) die Fachärztin für Neurologie oder der Facharzt für Neurologie,
   c) die Fachärztin für psychosomatische Medizin und Psychotherapie oder der Facharzt für psychosomatische Medizin und Psychotherapie,
   d) die Fachärztin für Psychiatrie und Psychotherapie oder der Facharzt für Psychiatrie und Psychotherapie,
   e) die Fachärztin oder der Facharzt für Kinder- und Jugendpsychiatrie und -psychotherapie; in therapeutisch begründeten Fällen auch in der Übergangsphase ab dem vollendeten 18. Lebensjahr bis zur Vollendung des 21. Lebensjahres der Patientin oder des Patienten,
   f) die Psychotherapeutin oder der Psychotherapeut, die oder der die Voraussetzungen des Fünften Buches Sozialgesetzbuch zur Eintragung in das Arztregister erfüllt,
   g) die Fachärztin mit Zusatz-Weiterbildung Psychotherapie oder der Facharzt mit Zusatz-Weiterbildung Psychotherapie.

(3) Häusliche Krankenpflege nach Absatz 1 Satz 1 umfasst

1. Behandlungspflege, Grundpflege und hauswirtschaftliche Versorgung,
2. verrichtungsbezogene krankheitsspezifische Pflegemaßnahmen,
3. ambulante psychiatrische Krankenpflege und
4. ambulante Palliativversorgung.

Aufwendungen für die erforderliche Grundpflege und die hauswirtschaftliche Versorgung einer beihilfeberechtigten oder berücksichtigungsfähigen Person sind beihilfefähig bei

1. schwerer Erkrankung oder
2. akuter Verschlimmerung einer Erkrankung,

insbesondere nach einem Krankenhausaufenthalt, einer ambulanten Operation oder einer ambulanten Krankenhausbehandlung. Satz 2 gilt nicht im Fall einer Pflegebedürftigkeit der Pflegegrade 2 bis 5. Aufwendungen für medizinische Behandlungspflege beihilfeberechtigter und berücksichtigungsfähiger Personen in den in § 43a des Elften Buches Sozialgesetzbuch genannten vollstationären Einrichtungen oder in Räumlichkeiten der Hilfe für behinderte Menschen im Sinne von § 43a des Elften Buches Sozialgesetzbuch sind beihilfefähig, wenn ein besonders hoher Bedarf an medizinischer Behandlungspflege besteht und die Leistungserbringung nicht zu den Aufgaben der Einrichtungen oder Räumlichkeiten gehört.

(4) In Ausnahmefällen können die Aufwendungen für die häusliche Krankenpflege für einen längeren Zeitraum anerkannt werden, wenn eine durch eine Verordnerin oder einen Verordner ausgestellte Bescheinigung darüber vorgelegt wird, dass häusliche Krankenpflege über einen längeren Zeitraum notwendig ist. Die ambulante Palliativversorgung nach Absatz 3 Satz 1 Nummer 4 ist regelmäßig als Ausnahmefall zu werten. Ist eine Behandlungspflege erforderlich, um sicherzustellen, dass das Ziel der ärztlichen Behandlung erreicht wird, ist Absatz 1 Satz 1 Nummer 1 nicht anzuwenden.

(5) Wird häusliche Krankenpflege im Sinne der Absätze 1, 3 und 4 durch die Ehegattin, den Ehegatten, die Lebenspartnerin, den Lebenspartner, die Eltern oder die Kinder der gepflegten Person durchgeführt, sind nur beihilfefähig:

1. Aufwendungen für Fahrtkosten der die häusliche Krankenpflege durchführenden Person und
2. eine an die die häusliche Krankenpflege durchführende Person gezahlte Vergütung bis zur Höhe der infolge der häuslichen Krankenpflege ausgefallenen Arbeitseinkünfte.

(6) Ist häusliche Krankenpflege nach Absatz 1

1. bei schwerer Krankheit oder
2. wegen akuter Verschlimmerung einer Krankheit,

insbesondere nach einem Krankenhausaufenthalt, nach einer ambulanten Operation oder nach einer ambulanten Krankenhausbehandlung nicht ausreichend und liegt keine Pflegebedürftigkeit der Pflegegrade 2 bis 5 vor, sind Aufwendungen für eine Kurzzeitpflege entsprechend § 42 des Elften Buches Sozialgesetzbuch in zugelassenen Einrichtungen nach dem Elften Buch Sozialgesetzbuch oder in anderen geeigneten Einrichtungen beihilfefähig, wenn die Notwendigkeit der Kurzzeitpflege durch eine Verordnerin oder einen Verordner bescheinigt worden ist.

(7) Beihilfefähig sind auch Aufwendungen für die Versorgung chronischer und schwer heilender Wunden in spezialisierten Einrichtungen.

§ 27a Außerklinische Intensivpflege

(1) Aufwendungen für eine außerklinische Intensivpflege nach § 37c des Fünften Buches Sozialgesetzbuch sind beihilfefähig, wenn ein besonders hoher Bedarf an medizinischer Behandlungspflege besteht. Der besonders hohe Bedarf an medizinischer Behandlungspflege kann nachgewiesen werden durch

1. eine ärztliche Verordnung aus der, zum Beispiel aus den Angaben zur Dauer oder zum notwendigen Umfang der medizinischen Behandlungspflege, der besonders hohe Bedarf an medizinischer Behandlungspflege, insbesondere der Bedarf zur Bedienung und Überwachung eines Beatmungsgerätes, hervorgeht, oder
2. die Feststellung eines besonders hohen Bedarfs an medizinischer Behandlungspflege durch einen Träger der gesetzlichen Krankenversicherung, ein Unternehmen der privaten Krankenversicherung oder die Postbeamtenkrankenkasse.

Spätestens zwölf Monate nach einer Erstausstellung oder einer Folgeausstellung ist ein erneuter Nachweis nach Satz 2 Nummer 1 oder nach Satz 2 Nummer 2 zu erbringen.

(2) Erfolgt die außerklinische Intensivpflege in einer vollstationären Pflegeeinrichtung, die Leistungen nach § 43 des Elften Buches Sozialgesetzbuch erbringt, sind unter Anrechnung des von der Pflegekasse nach § 43 Absatz 2 Satz 2 und Absatz 3 des Elften Buches Sozialgesetzbuch jeweils übernommenen Leistungsbetrags Aufwendungen beihilfefähig für

1. die Pflege und die Betreuung,
2. die medizinische Behandlungspflege nach § 43 Absatz 2 und 3 des Elften Buches Sozialgesetzbuch,
3. die betriebsnotwendigen Investitionskosten sowie
4. die Entgelte für Unterkunft und Verpflegung nach § 87 des Elften Buches Sozialgesetzbuch.

Nach dem Wegfall eines besonders hohen Bedarfs an medizinischer Behandlungspflege sind Aufwendungen in dem nach Satz 1 beihilfefähigen Umfang weiterhin beihilfefähig, wenn eine Pflegebedürftigkeit des Pflegegrades 2, 3, 4 oder 5 im Sinne des § 15 Absatz 3 Satz 4 Nummer 2 bis 5 des Elften Buches Sozialgesetzbuch festgestellt ist.

(3) Die in den §§ 27 und 39 genannten Aufwendungen sind nicht neben den in den Absätzen 1 und 2 genannten Aufwendungen beihilfefähig.

§ 28 Familien- und Haushaltshilfe

(1) Die Aufwendungen für eine Familien- und Haushaltshilfe sind pro Stunde bis zur Höhe des 1,17-fachen Betrages des sich aus § 1 Absatz 2 Satz 1 des Mindestlohngesetzes ergebenden Mindestlohns, aufgerundet auf volle Euro, beihilfefähig, wenn

1. die den Haushalt führende beihilfeberechtigte oder berücksichtigungsfähige Person den Haushalt wegen ihrer notwendigen außerhäuslichen Unterbringung (§ 24 Absatz 1 und 3, §§ 26, 26a und 32 Absatz 1, §§ 34 und 35 Absatz 1 Nummer 1 bis 5, §§ 39 und 40 Absatz 2) nicht weiterführen kann oder verstorben ist,
2. im Haushalt mindestens eine beihilfeberechtigte oder berücksichtigungsfähige Person verbleibt, die pflegebedürftig ist oder das zwölfte Lebensjahr noch nicht vollendet hat, und
3. keine andere im Haushalt lebende Person den Haushalt weiterführen kann.

In Ausnahmefällen kann im Hinblick auf die Fürsorgepflicht nach § 78 des Bundesbeamtengesetzes mit Zustimmung der obersten Dienstbehörde von diesen Voraussetzungen abgewichen werden.

(2) Aufwendungen für eine Familien- und Haushaltshilfe, deren Notwendigkeit ärztlich bescheinigt worden ist, sind in der in Absatz 1 bestimmten Höhe bis zu 28 Tagen beihilfefähig

1. bei schwerer Krankheit oder
2. bei akuter Verschlimmerung einer Krankheit,

insbesondere unmittelbar nach einem Krankenhausaufenthalt, unmittelbar nach einer ambulanten Operation oder unmittelbar nach einer ambulanten Krankenhausbehandlung. Satz 1 gilt auch für Alleinstehende. Absatz 1 Satz 2 und § 27 Absatz 5 gelten entsprechend.

(3) Nach dem Tod der haushaltführenden Person sind die Aufwendungen nach Absatz 1 für sechs Monate, in Ausnahmefällen für zwölf Monate, beihilfefähig. § 27 Absatz 5 gilt entsprechend.

(4) Werden statt der Inanspruchnahme einer Familien- und Haushaltshilfe berücksichtigungsfähige Personen, die das zwölfte Lebensjahr noch nicht vollendet haben, oder pflegebedürftige berücksichtigungsfähige oder selbst beihilfeberechtigte Personen in einem Heim oder in einem fremden Haushalt untergebracht, sind die Aufwendungen hierfür bis zu den sonst notwendigen Kosten einer Familien- und Haushaltshilfe beihilfefähig.

(5) Aufwendungen für notwendige Fahrtkosten sind in Höhe der Reisekostenvergütung nach den §§ 3, 4 und 5 Absatz 1 des Bundesreisekostengesetzes beihilfefähig.

§ 29 Familien- und Haushaltshilfe im Ausland

(1) Aufwendungen beihilfeberechtigter Personen nach § 3 für eine Familien- und Haushaltshilfe sind auch dann beihilfefähig, wenn

1. eine ambulante ärztliche Behandlung der beihilfeberechtigten oder berücksichtigungsfähigen Person, die den Haushalt allein führt, in einem anderen Land als dem Gastland notwendig ist,
2. mindestens eine berücksichtigungsfähige Person, die das vierte Lebensjahr noch nicht vollendet hat, im Haushalt zurückbleibt und
3. die Behandlung wenigstens zwei Übernachtungen erfordert.

(2) Im Geburtsfall sind die Aufwendungen für eine Familien- und Haushaltshilfe auch dann beihilfefähig, wenn eine sachgemäße ärztliche Versorgung am Dienstort nicht gewährleistet ist und der Dienstort wegen späterer Fluguntauglichkeit vorzeitig verlassen werden muss. Maßgeblich ist die ärztlich festgestellte notwendige Abwesenheitsdauer.

(3) Werden statt der Inanspruchnahme einer Familien- und Haushaltshilfe berücksichtigungsfähige Personen, die das vierte Lebensjahr noch nicht vollendet haben, beim Verlassen des Dienstortes mitgenommen, sind die hierfür notwendigen Fahrtkosten beihilfefähig. Übernehmen die Ehegattin, der Ehegatte, die Lebenspartnerin, der Lebenspartner, die Eltern oder die Kinder des die Familien- und Haushaltshilfe in Anspruch Nehmenden die Führung des Haushalts, sind die damit verbundenen Fahrtkosten bis zur Höhe der andernfalls für eine Familien- und Haushaltshilfe anfallenden Aufwendungen beihilfefähig.

§ 30 Soziotherapie

Aufwendungen für Soziotherapie sind beihilfefähig, wenn die beihilfeberechtigte oder berücksichtigungsfähige Person wegen einer schweren psychischen Erkrankung nicht in der Lage ist, ärztliche oder ärztlich verordnete Leistungen selbständig in Anspruch zu nehmen, und durch die Soziotherapie eine Krankenhausbehandlung vermieden oder verkürzt wird. Dies gilt auch, wenn die Krankenhausbehandlung geboten, aber nicht durchführbar ist. Inhalt und Ausgestaltung der Soziotherapie richten sich nach § 37a des Fünften Buches Sozialgesetzbuch.

§ 30a Neuropsychologische Therapie

(1) Aufwendungen für ambulante neuropsychologische Therapie sind beihilfefähig, wenn sie

1. der Behandlung akut erworbener Hirnschädigungen oder Hirnerkrankungen dienen, insbesondere nach Schlaganfall oder Schädel-Hirn-Trauma und

2. durchgeführt werden von Fachärztinnen oder Fachärzten
   a) für Neurologie,
   b) für Nervenheilkunde, Psychiatrie, Psychiatrie und Psychotherapie,
   c) Kinder- und Jugendmedizin mit Schwerpunkt Neuropädiatrie oder
   d) Neurochirurgie und Kinder- und Jugendpsychiatrie und -psychotherapie,

   die zusätzlich zu ihrer Gebietsbezeichnung über eine neuropsychologische Zusatzqualifikation verfügen.

Satz 1 gilt auch bei Behandlungen, die durchgeführt werden von

1. Psychotherapeutinnen oder Psychotherapeuten, die aufgrund einer Weiterbildung im Gebiet der neuropsychologischen Psychotherapie die Voraussetzung des Fünften Buches Sozialgesetzbuch zur Eintragung in das Arztregister erfüllen, oder
2. folgenden Psychotherapeutinnen oder Psychotherapeuten, wenn diese über eine neuropsychologische Qualifikation verfügen:
   a) ärztlichen Psychotherapeutinnen oder ärztlichen Psychotherapeuten,
   b) psychologischen Psychotherapeutinnen oder Psychotherapeuten oder
   c) Kinder- und Jugendlichenpsychotherapeutinnen oder Kinder- und Jugendlichenpsychotherapeuten.

Der Umfang der beihilfefähigen Aufwendungen richtet sich nach Absatz 3.

(2) Nicht beihilfefähig sind Aufwendungen für eine ambulante neuropsychologische Therapie, wenn

1. ausschließlich angeborene Einschränkungen oder Behinderungen der Hirnleistungsfunktionen ohne sekundäre organische Hirnschädigung behandelt werden, insbesondere Aufmerksamkeitsdefizit-Syndrom mit oder ohne Hyperaktivität (ADHS oder ADS), Intelligenzminderung,
2. es sich um Hirnerkrankungen mit progredientem Verlauf im fortgeschrittenen Stadium, insbesondere mittel- und hochgradige Demenz vom Alzheimertyp, handelt,
3. die Hirnschädigung oder die Hirnerkrankung mit neuropsychologischen Defiziten bei erwachsenen Patientinnen und Patienten länger als fünf Jahre zurückliegt.

(3) Aufwendungen für neuropsychologische Behandlungen sind in folgendem Umfang beihilfefähig:

1. bis zu fünf probatorische Sitzungen sowie
2. bei Einzelbehandlung, gegebenenfalls unter Einbeziehung von Bezugspersonen

	wenn eine Behandlungseinheit mindestens 25 Minuten dauert	wenn eine Behandlungseinheit mindestens 50 Minuten dauert
Regelfall	120 Behandlungseinheiten	60 Behandlungseinheiten
Ausnahmefall	40 weitereBehandlungseinheiten	20 weitere Behandlungseinheiten

3. bei Gruppenbehandlung, bei Kindern und Jugendlichen, gegebenenfalls unter Einbeziehung von Bezugspersonen

wenn eine Behandlungseinheit mindestens 50 Minuten dauert	wenn eine Behandlungseinheit mindestens 100 Minuten dauert
80 Behandlungseinheiten	40 Behandlungseinheiten

Bei einer Kombination von Einzel- und Gruppenbehandlung ist die gesamte Behandlung nach Satz 1 Nummer 2 beihilfefähig.

§ 31 Fahrtkosten

(1) Beihilfefähig sind Aufwendungen für ärztlich verordnete Fahrten

1. im Zusammenhang mit einer stationären Krankenbehandlung einschließlich einer vor- und nachstationären Krankenbehandlung,
2. anlässlich einer Verlegung in ein anderes Krankenhaus,
3. anlässlich einer ambulanten Operation und damit in Zusammenhang stehenden Vor- oder Nachbehandlungen nur, wenn dadurch eine stationäre Krankenbehandlung verkürzt oder vermieden wird,
4. mit einem Krankentransportwagen, wenn während der Fahrt eine fachliche Betreuung oder eine fachgerechte Lagerung benötigt wird,

5. zur ambulanten Behandlung einer Erkrankung; Gesundheitsvorsorge- und Krebsfrüherkennungsuntersuchungen nach den §§ 25, 25a und 26 des Fünften Buches Sozialgesetzbuch einschließlich Schutzimpfungen im Sinne des § 2 Nummer 9 des Infektionsschutzgesetzes sowie die Versorgung einschließlich Diagnostik in einer geriatrischen Institutsambulanz nach § 118a des Fünften Buches Sozialgesetzbuch sind einer ambulanten Behandlung gleichzusetzen, oder
6. um ein untergebrachtes, schwer erkranktes Kind der beihilfeberechtigten oder berücksichtigungsfähigen Person zu besuchen, das das 18. Lebensjahr noch nicht vollendet hat und bei dem zur Sicherung des Therapieerfolgs regelmäßige Besuche der Eltern nötig sind.

Satz 1 gilt entsprechend für Fahrten, die durch Zahnärztinnen oder Zahnärzte oder durch Psychotherapeutinnen oder Psychotherapeuten nach § 28 Absatz 1 Satz 1 des Fünften Buches Sozialgesetzbuch verordnet worden sind, wenn die Fahrten im Zusammenhang mit einer zahnärztlichen oder psychotherapeutischen Behandlung stehen.

(2) Ohne ärztliche Verordnung sind Aufwendungen beihilfefähig für

1. Rettungsfahrten und -flüge, auch wenn eine stationäre Behandlung nicht erforderlich ist,
2. notwendige Fahrten zur ambulanten Dialyse, onkologischen Strahlentherapie, parenteralen antineoplastischen Arzneimitteltherapie oder parenteralen onkologischen Chemotherapie,
3. Fahrten nach Absatz 1 Nummer 1 bis 5 beihilfeberechtigter oder berücksichtigungsfähiger Personen
   a) mit einem Schwerbehindertenausweis mit dem Merkzeichen aG, Bl oder H oder
   b) der Pflegegrade 3 bis 5 oder
4. Fahrten anlässlich einer Verlegung in ein anderes Krankenhaus, wenn die Festsetzungsstelle der Verlegung zugestimmt hat.

Ist der Anlass der Fahrt aus den Belegen nicht ersichtlich, so ist dieser auf andere Weise nachzuweisen.

(3) Wirtschaftlich angemessen sind nur die Fahrten auf dem direkten Weg zwischen dem jeweiligen Aufenthaltsort der beihilfeberechtigten oder berücksichtigungsfähigen Person und dem Ort der nächst erreichbaren geeigneten Behandlungsmöglichkeit, außer es besteht ein zwingender medizinischer Grund für die Behandlung an einem entfernteren Ort.

(4) Erstattet werden:

1. bei Rettungsfahrten und -flügen sowie bei Fahrten mit Krankentransportwagen der nach dem jeweiligen Landes- oder Kommunalrecht berechnete Betrag; fehlt dieser, gilt § 6 Absatz 3 und 5 Satz 3 und Absatz 6,
2. bei Benutzung regelmäßig verkehrender Beförderungsmittel die Kosten in Höhe der niedrigsten Beförderungsklasse,
3. bei Benutzung eines privaten Kraftfahrzeugs die Kosten entsprechend § 5 Absatz 1 des Bundesreisekostengesetzes; bei gemeinsamer Fahrt einer beihilfeberechtigten oder berücksichtigungsfähigen Person mit weiteren beihilfeberechtigten oder berücksichtigungsfähigen Personen mit einem Kraftfahrzeug sind die Fahrtkosten insgesamt nur einmal beihilfefähig,
4. bei Fahrten mit einem Taxi, wenn ein öffentliches Verkehrsmittel nicht benutzt werden kann, die Kosten bis zur Höhe der nach der jeweiligen Taxiordnung berechneten Taxe.

(5) Nicht beihilfefähig sind

1. die Kosten für die Rückbeförderung wegen Erkrankung während einer Urlaubsreise oder einer anderen privaten Reise,
2. die Kosten für die Beförderung anderer Personen als der erkrankten beihilfeberechtigten oder berücksichtigungsfähigen Person, es sei denn, die Beförderung von Begleitpersonen ist medizinisch notwendig,
3. die Kosten für andere als die in Absatz 1 Nummer 6 genannten Besuchsfahrten,

4. die Fahrtkosten einschließlich Flugkosten anlässlich von Untersuchungen und Behandlungen außerhalb der Europäischen Union, sofern hierzu das Aufenthaltsland verlassen wird.

Kosten nach Satz 1 Nummer 4 sind ausnahmsweise beihilfefähig, wenn zwingende medizinische Gründe für Untersuchungen und Behandlungen außerhalb der Europäischen Union vorliegen. Die Festsetzungsstelle entscheidet in Fällen des Satzes 2 mit Zustimmung der obersten Dienstbehörde. Die Erteilung der Zustimmung bedarf des Einvernehmens des Bundesministeriums des Innern.

(6) Ist für Personen, die nach § 3 beihilfeberechtigt oder bei einer nach § 3 beihilfeberechtigten Person berücksichtigungsfähig sind, in Krankheits- oder Geburtsfällen eine notwendige medizinische Versorgung im Gastland nicht gewährleistet, sind die Kosten der Beförderung zum nächstgelegenen geeigneten Behandlungsort einschließlich der Kosten für die Rückfahrt beihilfefähig, wenn

1. eine sofortige Behandlung geboten war oder
2. die Festsetzungsstelle die Beihilfefähigkeit dieser Aufwendungen vorher dem Grunde nach anerkannt hat; in Ausnahmefällen kann die Anerkennung nachträglich erfolgen.

Die Hin- und Rückfahrt gelten als eine Fahrt.

VII

§ 32 Unterkunftskosten

(1) Aufwendungen für die Unterkunft anlässlich notwendiger auswärtiger ambulanter ärztlicher, zahnärztlicher oder psychotherapeutischer Leistungen sind bis 150 Prozent des Betrags nach § 7 Absatz 1 Satz 1 des Bundesreisekostengesetzes beihilfefähig. Ist eine Begleitperson medizinisch erforderlich, sind Aufwendungen für deren Unterkunft in gleicher Höhe beihilfefähig.

(2) Werden ärztlich verordnete Heilmittel in einer Einrichtung verabreicht, die der Betreuung und der Behandlung von Kranken oder Behinderten dient, sind auch Pauschalen beihilfefähig. Dies gilt auch, wenn die Pauschalen einen Verpflegungsanteil enthalten.

(3) Aufwendungen nach den Absätzen 1 und 2 sind bei Personen, die nach § 3 beihilfeberechtigt oder bei einer nach § 3 beihilfeberechtigten Person berücksichtigungsfähig sind, auch dann beihilfefähig, wenn sie außerhalb des Gastlandes erbracht werden. Aufwendungen für eine Unterkunft im Ausland sind bis zur Höhe von 150 Prozent des Auslandsübernachtungsgelds (§ 3 Absatz 1 der Auslandsreisekostenverordnung) beihilfefähig.

§ 33 Lebensbedrohliche oder regelmäßig tödlich verlaufende Krankheiten

Beihilfefähig sind Aufwendungen für medizinische Leistungen anlässlich einer lebensbedrohlichen Erkrankung, anlässlich einer im Regelfall tödlich verlaufenden Erkrankung oder anlässlich einer Erkrankung, die diesen beiden Arten von Erkrankungen wertungsmäßig vergleichbar ist, wenn

1. eine allgemein anerkannte, dem medizinischen Standard entsprechende Behandlung nicht zur Verfügung steht und
2. eine nicht ganz entfernt liegende Aussicht auf Heilung oder auf eine spürbare positive Einwirkung auf den Krankheitsverlauf besteht.

Die Festsetzungsstelle entscheidet in Fällen des Satzes 1 im Einvernehmen mit der obersten Dienstbehörde. Die oberste Dienstbehörde hat vor ihrer Zustimmung das Einvernehmen mit dem Bundesministeriums des Innern herzustellen.

Abschnitt 3
Rehabilitation

§ 34 Anschlussheil- und Suchtbehandlungen

(1) Aufwendungen für ärztlich verordnete oder durch ein Krankenhaus unter ärztlicher Verantwortung veranlasste Anschlussheilbehandlungen, die als medizinische Rehabilitationsmaßnahmen in Rehabilitationseinrichtungen durchgeführt werden, mit denen ein Versorgungsvertrag nach § 111 Absatz 2 Satz 1 und Absatz 3 oder § 111c Absatz 1 und 4 des Fünften Buches Sozialgesetzbuch besteht, sind beihilfefähig. Eine Anschlussheilbehandlung im Sinne des Satzes 1 liegt vor, wenn sich die Rehabilitationsmaßnahme an einen Kran-

kenhausaufenthalt zur Behandlung einer schwerwiegenden Erkrankung anschließt oder im Zusammenhang mit einer Krankenhausbehandlung steht. Satz 1 gilt auch für Anschlussheilbehandlungen, wenn diese nach einer ambulanten Operation, Strahlen- oder Chemotherapie notwendig sind.

(2) Aufwendungen für ärztlich verordnete Suchtbehandlungen, die als medizinische Rehabilitationsmaßnahmen oder Entwöhnungen in Rehabilitationseinrichtungen, mit denen ein Versorgungsvertrag nach § 111 Absatz 2 Satz 1 des Fünften Buches Sozialgesetzbuch besteht, durchgeführt werden, sind beihilfefähig. Aufwendungen für die ambulante Nachsorge nach einer stationären Entwöhnungsbehandlung sind in angemessener Höhe beihilfefähig.

(3) Die Beihilfefähigkeit nach den Absätzen 1 und 2 setzt voraus, dass die ärztliche Verordnung die Rehabilitationsmaßnahme jeweils nach Art und Dauer begründet. Die Einrichtung muss für die Durchführung der Anschlussheil- oder Suchtbehandlung geeignet sein. Maßnahmen nach Absatz 2 sind nur nach Zustimmung durch die Festsetzungsstelle beihilfefähig. In Ausnahmefällen kann die Zustimmung nachträglich erfolgen.

(4) § 26 Absatz 1 Nummer 5, § 35 Absatz 2 Satz 1 und 2 Nummer 2 bis 4 und 5 Buchstabe a und b gelten entsprechend, jedoch ohne die zeitliche Begrenzung nach § 35 Absatz 2 Satz 2 Nummer 5 Buchstabe a und b auf 21 Tage.

(5) Kosten für die Hin- und Rückfahrt einschließlich Gepäckbeförderung sind beihilfefähig

1. bei einem aus medizinischen Gründen notwendigen Transport mit einem Krankentransportwagen nach § 31 Absatz 4 Nummer 1,
2. bei Fahrten mit regelmäßig verkehrenden Beförderungsmitteln in Höhe der tatsächlichen Aufwendungen bis zu den für Fahrten in der niedrigsten Beförderungsklasse anfallenden Kosten,
3. bei Benutzung eines privaten Kraftfahrtzeugs entsprechend § 5 Absatz 1 des Bundesreisekostengesetzes, jedoch nicht mehr als 200 Euro für die Gesamtmaßnahme,
4. bei Benutzung eines Taxis nur, wenn der Festsetzungsstelle auf Grund einer ärztlichen Bestätigung die Notwendigkeit der Beförderung nachgewiesen wird und die Festsetzungsstelle die Aufwendungen vorher anerkannt hat,
5. bei Fahrten zu und von ambulanten Maßnahmen, wenn die Fahrten entweder durch die Rehabilitationseinrichtung selbst oder durch einen von ihr beauftragten Dienstleister durchgeführt werden, jedoch nicht mehr als 10 Euro pro Behandlungstag.

(6) Werden unter den Voraussetzungen des Absatzes 3 Rehabilitationsmaßnahmen nach Absatz 1 oder Absatz 2 in Rehabilitationseinrichtungen durchgeführt, mit denen kein Versorgungsvertrag nach § 111 Absatz 2 Satz 1 des Fünften Buches Sozialgesetzbuch besteht, sind Aufwendungen nur entsprechend den §§ 12, 13, 18, 22 bis 25, 26a und § 35 Absatz 2 Satz 2 Nummer 2 bis 4 beihilfefähig.

§ 35 Rehabilitationsmaßnahmen

(1) Beihilfefähig sind Aufwendungen für

1. stationäre Rehabilitationsmaßnahmen in Vorsorge- oder Rehabilitationseinrichtungen, mit denen ein Versorgungsvertrag nach § 111 Absatz 2 Satz 1 des Fünften Buches Sozialgesetzbuch besteht oder in Vorsorge- oder Rehabilitationseinrichtungen in anderen Mitgliedstaaten der Europäischen Union, die im jeweiligen nationalen System der Krankenversicherung zur Versorgung der Versicherten berechtigt sind,
2. Mutter-Kind- oder Vater-Kind-Rehabilitationsmaßnahmen in Vorsorge- oder Rehabilitationseinrichtungen, mit denen ein Versorgungsvertrag nach § 111a des Fünften Buches Sozialgesetzbuch besteht,
3. ärztlich verordnete familienorientierte Rehabilitation für berücksichtigungsfähige Kinder, die an schweren chronischen Erkrankungen, insbesondere Krebserkrankungen oder Mukoviszidose, leiden oder deren Zustand nach Operationen am Her-

zen oder nach Organtransplantationen eine solche Maßnahme erfordert,

4. ambulante Rehabilitationsmaßnahmen unter ärztlicher Leitung nach einem Rehabilitationsplan in einem anerkannten Heilbad oder Kurort zur Wiederherstellung oder Erhaltung der Dienstfähigkeit sowie zur Verhütung oder Vermeidung von Krankheiten oder deren Verschlimmerung für beihilfeberechtigte Personen nach § 2 Absatz 1 Nummer 1,
5. ärztlich verordnete ambulante Rehabilitationsmaßnahmen in Rehabilitationseinrichtungen oder durch wohnortnahe Einrichtungen und
6. ärztlich verordneten Rehabilitationssport entsprechend der Rahmenvereinbarung über den Rehabilitationssport und das Funktionstraining der Bundesarbeitsgemeinschaft für Rehabilitation.

Das Bundesministerium des Innern gibt die Übersicht der anerkannten Heilbäder und Kurorte durch Rundschreiben bekannt. Die Unterkunft muss sich am Heilbad oder Kurort befinden.

VII

(2) Für Rehabilitationsmaßnahmen nach Absatz 1 Satz 1 sind Aufwendungen nach den §§ 12, 13, 18, 22 bis 25 und 26 Absatz 1 Nummer 5 beihilfefähig. Daneben sind bei Leistungen nach Absatz 1 Nummer 1 bis 4 beihilfefähig:

1. Kosten für die Hin- und Rückfahrt einschließlich Gepäckbeförderung
   a) bei einem aus medizinischen Gründen notwendigen Transport mit einem Krankentransportwagen nach § 31 Absatz 4 Nummer 1,
   b) bei Fahrten mit regelmäßig verkehrenden Beförderungsmitteln in Höhe der tatsächlichen Aufwendungen bis zu den in der niedrigsten Beförderungsklasse anfallenden Kosten, insgesamt jedoch nicht mehr als 200 Euro für die Gesamtmaßnahme,
   c) bei Benutzung eines privaten Kraftfahrzeugs nach § 31 Absatz 4 Nummer 3, jedoch nicht mehr als 200 Euro für die Gesamtmaßnahme,
   d) bei Benutzung eines Taxis nur in Fällen des Absatzes 1 Satz 1 Nummer 1 oder § 31 Absatz 2 Nummer 3 unter Beachtung des § 36 Absatz 1 Satz 2 Nummer 4,
2. nachgewiesener Verdienstausfall einer Begleitperson,
3. Aufwendungen für Kurtaxe, auch für die Begleitperson,
4. Aufwendungen für einen ärztlichen Schlussbericht,
5. Aufwendungen für Unterkunft und Verpflegung
   a) bei stationären Rehabilitationsmaßnahmen einschließlich der pflegerischen Leistungen bis zur Höhe des niedrigsten Satzes der Einrichtung für höchstens 21 Tage ohne An- und Abreisetage, es sei denn, eine Verlängerung ist aus gesundheitlichen Gründen dringend erforderlich,
   b) der Begleitperson bei stationären Rehabilitationsmaßnahmen für höchstens 21 Tage ohne An- und Abreisetage bis zur Höhe des niedrigsten Satzes, es sei denn, eine Verlängerung ist aus gesundheitlichen Gründen der oder des Begleiteten dringend erforderlich,
   c) bei Mutter-Kind- oder Vater-Kind-Rehabilitationsmaßnahmen für höchstens 21 Tage ohne An- und Abreisetage in Höhe der Entgelte, die die Einrichtung einem Sozialleistungsträger in Rechnung stellt,
   d) bei ambulanten Rehabilitationsmaßnahmen nach Absatz 1 Satz 1 Nummer 4 in Höhe von 16 Euro täglich für höchstens 21 Tage ohne An- und Abreisetage und
   e) der Begleitperson bei ambulanten Rehabilitationsmaßnahmen nach Absatz 1 Satz 1 Nummer 4 in Höhe von 13 Euro täglich für höchstens 21 Tage ohne An- und Abreisetage.

Aufwendungen für eine Begleitperson sind nur beihilfefähig, wenn die medizinische Notwendigkeit einer Begleitung aus einer ärztlichen Bescheinigung nach § 36 Absatz 1 Satz 2 hervorgeht; bei Personen bis zum vollendeten zwölften Lebensjahr wird die medizinische Notwendigkeit der Begleitung unterstellt. Bei Leistungen nach Absatz 1 Satz 1 Nummer 5 sind nachgewiesene Fahrtkosten bis zu 10 Euro pro Behandlungstag für die Hin- und Rückfahrt beihilfefähig, sofern die Rehabilitationseinrichtung keine kostenfreie Transportmöglichkeit anbietet. Bei der Nutzung eines privaten Kraftfahrzeugs oder eines anderen motorgetriebenen Fahrzeugs gilt § 5 Absatz 1 des Bundesreisekostengesetzes entsprechend. Aufwendungen für Leistungen nach Absatz 1 Satz 1 Nummer 6 sind bis zur Höhe des Betrages nach Anlage 9 Abschnitt 1 Nummer 7 je Übungseinheit beihilfefähig.

(3) Ist bei einer stationären Rehabilitationsmaßnahme die Anwesenheit einer Begleitperson aus medizinischen Gründen notwendig, eine Mitaufnahme in der stationären Rehabilitationseinrichtung jedoch nicht möglich, sind Aufwendungen für Unterbringung und Verpflegung der Begleitperson außerhalb der Rehabilitationseinrichtung bis zur Höhe der Kosten nach Absatz 2 Satz 2 Nummer 5 Buchstabe b beihilfefähig.

§ 36 Voraussetzungen für Rehabilitationsmaßnahmen

(1) Aufwendungen für Rehabilitationsmaßnahmen nach § 35 Absatz 1 Satz 1 Nummer 1, 2 und 4 sind nur beihilfefähig, wenn die Festsetzungsstelle auf Antrag die Beihilfefähigkeit vor Beginn der Rehabilitationsmaßnahme anerkannt hat. Die Anerkennung setzt voraus, dass eine ärztliche Bescheinigung Aussagen dazu trifft, dass

1. die Rehabilitationsmaßnahme medizinisch notwendig ist,
2. bei Rehabilitationsmaßnahmen nach § 35 Absatz 1 Satz 1 Nummer 1 und 4 eine ambulante ärztliche Behandlung und die Anwendung von Heilmitteln am Wohnort wegen erheblich beeinträchtigter Gesundheit nicht ausreichen, um die Rehabilitationsziele zu erreichen,
3. bei stationären Rehabilitationsmaßnahmen nach § 35 Absatz 1 Satz 1 Nummer 1 ein gleichwertiger Erfolg nicht auch durch eine ambulante Rehabilitationsmaßnahme nach § 35 Absatz 1 Satz 1 Nummer 4 erzielt werden kann; dies gilt nicht, wenn eine beihilfeberechtigte oder berücksichtigungsfähige Person eine Angehörige oder einen Angehörigen pflegt,
4. eine Fahrt mit einem Taxi nach § 35 Absatz 2 Satz 2 Nummer 1 Buchstabe d medizinisch notwendig ist, und
5. eine Begleitperson medizinisch notwendig ist.

Der ärztlichen Bescheinigung steht bei Diagnosen aus dem Indikationsspektrum zur Anwendung von Psychotherapie nach den §§ 19 bis 21 und 30a die Bescheinigung durch eine Psychotherapeutin oder einen Psychotherapeuten, die oder der die Voraussetzungen des Fünften Buches Sozialgesetzbuch zur Eintragung in das Arztregister erfüllt, gleich. Für die Anerkennung von Rehabilitationsmaßnahmen nach § 35 Absatz 1 Satz 1 Nummer 1 ist eine ärztliche Bescheinigung nicht notwendig, wenn die beihilfeberechtigte oder berücksichtigungsfähige Person mit der Mitteilung der Entscheidung über die Pflegebedürftigkeit eine Rehabilitationsempfehlung erhalten hat, aus der hervorgeht, dass die Durchführung einer solchen Rehabilitationsmaßnahme angezeigt ist. Wird die Rehabilitationsmaßnahme nicht innerhalb von sechs Monaten nach Anerkennung begonnen, entfällt der Anspruch auf Beihilfe zu der anerkannten Rehabilitationsmaßnahme. In Ausnahmefällen kann die Anerkennung auch nachträglich erfolgen.

(2) Die Anerkennung von Rehabilitationsmaßnahmen nach Absatz 1 ist nicht zulässig, wenn im laufenden oder den drei vorherigen Kalenderjahren eine als beihilfefähig anerkannte Rehabilitationsmaßnahme nach Absatz 1 durchgeführt wurde, es sei denn, nach der ärztlichen Bescheinigung ist aus medizinischen Gründen eine Rehabilitationsmaßnahme nach Absatz 1 in einem kürzeren Zeitabstand dringend notwendig.

(3) Für Personen, die nach § 3 beihilfeberechtigt oder bei einer nach § 3 beihilfeberechtigten Person berücksichtigungsfähig sind, sind Aufwendungen für eine Rehabilitationsmaß-

VII

nahme im Sinne des § 35 Absatz 1 Satz 1 Nummer 1 in einer ausländischen Einrichtung außerhalb der Europäischen Union auch beihilfefähig, wenn vor Beginn der Maßnahme die oder der von der Festsetzungsstelle beauftragte Ärztin oder Arzt die Einrichtung für geeignet erklärt hat und die stationäre Rehabilitationsmaßnahme nicht in einem Staat der Europäischen Union durchgeführt werden kann. Dem Antrag auf Anerkennung der Beihilfefähigkeit sind Unterlagen über die in Aussicht genommene Einrichtung beizufügen. Wird eine Rehabilitationsmaßnahme nach § 35 Absatz 1 Satz 1 Nummer 1 bis 4 in einem Staat der Europäischen Union durchgeführt, sind die Beförderungskosten zwischen dem Auslandsdienstort und dem Behandlungsort beihilfefähig, wenn die An- und Abreise nicht mit einer Heimaturlaubsreise oder einer anderen amtlich bezahlten Reise verbunden werden kann. Dies gilt auch, wenn eine Rehabilitationsmaßnahme auf Grund der in § 9 Abs. 1 erwähnten Rechtsvorschriften oder arbeitsvertraglichen Vereinbarungen gewährt wird, soweit der Kostenträger Fahrtkosten für die Abreise vom und die Anreise zum Auslandsdienstort nicht übernimmt und die Festsetzungsstelle die Beihilfefähigkeit der Fahrtkosten vorher dem Grunde nach anerkannt hat.

VII

Kapitel 3
Aufwendungen in Pflegefällen

§ 37 Pflegeberatung, Anspruch auf Beihilfe für Pflegeleistungen

(1) Der Bund beteiligt sich an den personenbezogenen Kosten der Träger für eine Pflegeberatung nach § 7a des Elften Buches Sozialgesetzbuch, wenn

1. beihilfeberechtigte und berücksichtigungsfähige Personen Leistungen der Pflegeversicherung
   a) beziehen oder
   b) beantragt haben und erkennbar Hilfe- und Beratungsbedarf besteht und
2. eine entsprechende Vereinbarung des Bundes und den Trägern der Pflegeberatung nach § 7a des Elften Buches Sozialgesetzbuch besteht.

Der von der Festsetzungsstelle zu zahlende Betrag wird durch Rundschreiben des Bundesministeriums des Innern bekanntgegeben.

(2) Beihilfeberechtigte und berücksichtigungsfähige Personen erhalten Beihilfe zu Pflegeleistungen nach Maßgabe der §§ 38 bis 38g und der §§ 39 bis 39b, wenn sie pflegebedürftig im Sinne der §§ 14 und 15 des Elften Buches Sozialgesetzbuch sind.

§ 38 Anspruchsberechtigte bei Pflegeleistungen

Aufwendungen für Pflegeleistungen sind nur beihilfefähig bei beihilfeberechtigten oder berücksichtigungsfähigen Personen

1. der Pflegegrade 2 bis 5 nach Maßgabe der §§ 38a bis 39a und
2. des Pflegegrades 1 nach § 39b.

§ 38a Häusliche Pflege

(1) Aufwendungen für häusliche Pflege entsprechend § 36 Absatz 1 und 2 des Elften Buches Sozialgesetzbuch in Form von körperbezogenen Pflegemaßnahmen, pflegerischen Betreuungsmaßnahmen und Hilfen bei der Haushaltsführung sind in Höhe der in § 36 Absatz 3 des Elften Buches Sozialgesetzbuch genannten Beträge beihilfefähig. Voraussetzung ist, dass die häusliche Pflege durch geeignete Pflegekräfte erbracht wird, die in einem Vertragsverhältnis zur Pflegekasse oder zu einer ambulanten Pflegeeinrichtung stehen, mit der die jeweilige Pflegekasse einen Versorgungsvertrag abgeschlossen hat. Satz 1 ist nicht anwendbar, wenn Aufwendungen wegen desselben Sachverhalts für eine häusliche Krankenpflege nach § 27 beihilfefähig sind. § 36 Absatz 4 Satz 1 des Elften Buches Sozialgesetzbuch gilt entsprechend.

(2) Aufwendungen für Leistungen

1. zur Entlastung pflegender Angehöriger und vergleichbar nahestehender Pflegepersonen in ihrer Eigenschaft als Pflegende oder
2. zur Förderung der Selbständigkeit und Selbstbestimmtheit der pflegebedürftigen Personen bei der Gestaltung ihres Alltags

sind entsprechend den §§ 45a und 45b des Elften Buches Sozialgesetzbuch beihilfefähig.

(3) Anstelle der Beihilfe nach Absatz 1 wird eine Pauschalbeihilfe gewährt, sofern die häusliche Pflege durch andere als die in Absatz 1 Satz 2 genannten Pflegekräfte erfolgt. Die Höhe der Pauschalbeihilfe richtet sich dabei nach § 37 Absatz 1 des Elften Buches Sozialgesetzbuch. Ein aus der privaten oder der sozialen Pflegeversicherung zustehendes Pflegegeld und entsprechende Erstattungen oder Sachleistungen auf Grund sonstiger Rechtsvorschriften sind auf Pauschalbeihilfen anzurechnen. Beihilfeberechtigte oder berücksichtigungsfähige Personen, die nicht gegen das Risiko der Pflegebedürftigkeit versichert sind, erhalten die Pauschalbeihilfe zur Hälfte.

(4) Besteht der Anspruch auf Pauschalbeihilfe nicht für einen vollen Kalendermonat, wird die Pauschalbeihilfe für den Teilmonat nur anteilig gewährt; dabei ist ein Kalendermonat mit 30 Tagen anzusetzen. Pauschalbeihilfe wird fortgewährt

1. während einer Verhinderungspflege nach § 38c für bis zu acht Wochen je Kalenderjahr und
2. während einer Kurzzeitpflege nach § 38e für bis zu acht Wochen je Kalenderjahr.

Die Höhe der fortgewährten Pauschalbeihilfe beträgt die Hälfte der vor Beginn der Verhinderungs- oder Kurzzeitpflege geleisteten Pauschalbeihilfe. Verstirbt die pflegebedürftige Person, wird die Pauschalbeihilfe bis zum Ende des Kalendermonats gewährt, in dem der Tod eingetreten ist.

(5) Pauschalbeihilfe wird nicht gewährt, sofern ein Anspruch nach den §§ 74 bis 76 des Vierzehnten Buches Sozialgesetzbuch oder nach § 17 Absatz 1 des Soldatenentschädigungsgesetzes besteht.

(6) Beihilfefähig sind auch Aufwendungen für Beratungsbesuche im Sinne des § 37 Absatz 3 bis 3b des Elften Buches Sozialgesetzbuch, sofern für den jeweiligen Beratungsbesuch Anspruch auf Zahlung eines Zuschusses durch die private oder soziale Pflegeversicherung besteht. § 37 Absatz 4 Satz 1 des Elften Buches Sozialgesetzbuch bleibt unberührt. Der Umfang der beihilfefähigen Aufwendungen bestimmt sich entsprechend § 37 Absatz 3c des Elften Buches Sozialgesetzbuch. § 37 Absatz 6 des Elften Buches Sozialgesetzbuch gilt entsprechend.

§ 38b Kombinationsleistungen

(1) Erfolgt die häusliche Pflegehilfe nach § 38a Absatz 1 nur teilweise durch eine geeignete Pflegekraft, die die Voraussetzungen nach § 38a Absatz 1 Satz 2 erfüllt, wird neben der Beihilfe anteilige Pauschalbeihilfe nach § 38a Absatz 3 gewährt. Die Pauschalbeihilfe wird um den Prozentsatz vermindert, zu dem Beihilfe nach § 38a Absatz 1 gewährt wird.

(2) Die anteilige Pauschalbeihilfe wird fortgewährt

1. während einer Verhinderungspflege nach § 38c für bis zu acht Wochen je Kalenderjahr und
2. während einer Kurzzeitpflege nach § 38e für bis zu acht Wochen je Kalenderjahr.

Die Höhe der fortgewährten Pauschalbeihilfe beträgt die Hälfte der vor Beginn der Verhinderungs- oder Kurzzeitpflege geleisteten Pauschalbeihilfe.

(3) Pflegebedürftige Personen in vollstationären Einrichtungen der Hilfe für behinderte Menschen erhalten ungeminderte Pauschalbeihilfe anteilig für die Tage, an denen sie sich in häuslicher Pflege befinden.

§ 38c Verhinderungspflege, Versorgung der pflegebedürftigen Person bei Inanspruchnahme von Vorsorge- oder Rehabilitationsleistungen durch die Pflegeperson

(1) Ist eine Pflegeperson wegen Erholungsurlaubs oder Krankheit oder aus anderen Gründen an der häuslichen Pflege gehindert, so sind Aufwendungen für eine notwendige Ersatzpflege entsprechend den §§ 39 und 42a des Elften Buches Sozialgesetzbuch beihilfefähig.

(2) Aufwendungen für eine Versorgung der pflegebedürftigen beihilfeberechtigten oder berücksichtigungsfähigen Person in zugelassenen Vorsorge- oder Rehabilitationseinrichtungen sind nach § 42b Absatz 1 Satz 1, Absatz 2 und Absatz 5 Satz 2 des Elften Buches

VII

Sozialgesetzbuch nur beihilfefähig, wenn kein Anspruch nach § 40 Absatz 3a Satz 1 des Fünften Buches Sozialgesetzbuch besteht. Für die Fahrtkosten gilt § 34 Absatz 5 entsprechend. Abweichend von § 38a Absatz 4 Satz 2 ruhen Ansprüche nach § 38a einschließlich der Pauschalbeihilfe, solange sich die Pflegeperson in der Vorsorge- und Rehabilitationseinrichtung befindet und die pflegebedürftige beihilfeberechtigte oder berücksichtigungsfähige Person nach Satz 1 versorgt wird. Erfolgt die Versorgung der pflegebedürftigen Person nach § 42b Absatz 2 Satz 3 des Elften Buches Sozialgesetzbuch in einer zugelassenen vollstationären Pflegeeinrichtung, so sind die pflegebedingten Aufwendungen einschließlich der Aufwendungen für Betreuung, der Aufwendungen für Leistungen der medizinischen Behandlungspflege sowie der Entgelte für Unterkunft und Verpflegung und der betriebsnotwendigen Investitionsaufwendungen im Umfang des für diese Pflegeeinrichtung geltenden Gesamtheimentgelts beihilfefähig.

VII

§ 38d Teilstationäre Pflege

(1) Aufwendungen für teilstationäre Pflege in Einrichtungen der Tages- oder Nachtpflege sind entsprechend § 41 Absatz 2 des Elften Buches Sozialgesetzbuch beihilfefähig, wenn

1. häusliche Pflege nicht in ausreichendem Umfang sichergestellt werden kann oder
2. die teilstationäre Pflege zur Ergänzung oder Stärkung der häuslichen Pflege erforderlich ist.

(2) Die teilstationäre Pflege umfasst auch die notwendige Beförderung der pflegebedürftigen Person von der Wohnung zur Einrichtung der Tages- oder Nachtpflege und zurück.

(3) Aufwendungen für Leistungen der teilstationären Pflege sind neben den Aufwendungen nach § 38a Absatz 1 oder 3 oder nach § 38b beihilfefähig.

§ 38e Kurzzeitpflege

Kann die häusliche Pflege zeitweise nicht, noch nicht oder nicht im erforderlichen Umfang erbracht werden und reicht auch teilstationäre Pflege nicht aus, sind Aufwendungen für Kurzzeitpflege entsprechend den §§ 42 und 42a des Elften Buches Sozialgesetzbuch beihilfefähig.

§ 38f Ambulant betreute Wohngruppen

Entstehen Aufwendungen nach § 38a Absatz 1, 2 oder 3 oder nach § 38b in ambulant betreuten Wohngruppen und sind auch die Voraussetzungen nach § 38a Absatz 1 des Elften Buches Sozialgesetzbuch erfüllt, wird eine weitere Beihilfe entsprechend § 38a Absatz 1 des Elften Buches Sozialgesetzbuch zum jeweiligen Bemessungssatz gewährt. Daneben sind Aufwendungen im Rahmen der Anschubfinanzierung zur Gründung ambulant betreuter Wohngruppen entsprechend § 45e des Elften Buches Sozialgesetzbuch beihilfefähig.

§ 38g Pflegehilfsmittel, Maßnahmen zur Verbesserung des Wohnumfeldes, digitale Pflegeanwendungen und ergänzende Unterstützungsleistungen bei der Nutzung digitaler Pflegeanwendungen

(1) Beihilfefähig sind Aufwendungen für

1. Pflegehilfsmittel nach § 40 Absatz 1 bis 3 und 5 des Elften Buches Sozialgesetzbuch und
2. Maßnahmen zur Verbesserung des Wohnumfeldes der pflegebedürftigen Person nach § 40 Absatz 4 des Elften Buches Sozialgesetzbuch.

Die Aufwendungen nach Satz 1 sind nur beihilfefähig, wenn auch ein Anspruch auf anteilige Zuschüsse für die jeweiligen Leistungen gegen die private oder soziale Pflegeversicherung besteht. Bei privater Pflegeversicherung ist derjenige Betrag dem Grunde nach beihilfefähig, der für die Berechnung der anteiligen Versicherungsleistungen zugrunde gelegt worden ist.

(2) Beihilfefähig sind Aufwendungen für

1. digitale Pflegeanwendungen bei häuslicher Pflege entsprechend § 40a des Elften Buches Sozialgesetzbuch unter der Voraussetzung, dass die Notwendigkeit der Versorgung mit digitalen Pflegeanwen-

dungen durch die private oder soziale Pflegeversicherung anerkannt wurde, und
2. ergänzende Unterstützungsleistungen bei der Nutzung digitaler Pflegeanwendungen entsprechend § 39a des Elften Buches Sozialgesetzbuch.

Die Aufwendungen nach Satz 1 sind insgesamt nur bis zur Höhe des in § 40b Absatz 1 des Elften Buches Sozialgesetzbuch genannten Betrages beihilfefähig.

§ 38h Leistungen zur sozialen Sicherung der Pflegeperson

(1) Auf Antrag der Pflegeperson sind beihilfefähig
1. Zuschüsse zur Kranken- und Pflegeversicherung nach § 44a Absatz 1 und 4 des Elften Buches Sozialgesetzbuch und
2. Pflegeunterstützungsgeld nach § 44a Absatz 3 des Elften Buches Sozialgesetzbuch.

(2) Die Festsetzungsstelle führt an die jeweiligen Leistungsträger Leistungen ab für die
1. Pflegeperson im Sinne des § 19 des Elften Buches Sozialgesetzbuch zur sozialen Sicherung nach § 44 Absatz 1, 2 und 2b des Elften Buches Sozialgesetzbuch und
2. Bezieherinnen und Bezieher von Pflegeunterstützungsgeld nach § 26 Absatz 2 Nummer 2b des Dritten Buches Sozialgesetzbuch in Verbindung mit den §§ 345 und 347 des Dritten Buches Sozialgesetzbuch.

(3) Die Leistungen nach den Absätzen 1 und 2 werden in der Höhe gewährt, die dem Bemessungssatz der beihilfeberechtigten oder berücksichtigungsfähigen Person entspricht.

§ 39 Vollstationäre Pflege

(1) Aufwendungen für vollstationäre Pflege in einer zugelassenen Pflegeeinrichtung im Sinne des § 72 Absatz 1 Satz 1 des Elften Buches Sozialgesetzbuch oder in einer vergleichbaren Pflegeeinrichtung sind beihilfefähig, wenn häusliche oder teilstationäre Pflege nicht möglich ist oder wegen der Besonderheit des Einzelfalls nicht in Betracht kommt. Beihilfefähig sind:
1. pflegebedingte Aufwendungen einschließlich der Aufwendungen für Betreuung und
2. Aufwendungen für medizinische Behandlungspflege, sofern hierzu nicht nach § 27 Beihilfe gewährt wird.

§ 43 Absatz 2 und 4 und § 43c des Elften Buches Sozialgesetzbuch gelten entsprechend.

(2) Rechnet die Pflegeeinrichtung monatlich ab, so sind auf besonderen Antrag Aufwendungen für Pflegeleistungen, die über die nach Absatz 1 beihilfefähigen Aufwendungen hinausgehen, sowie für Verpflegung und Unterkunft einschließlich der Investitionskosten beihilfefähig, sofern von den durchschnittlichen monatlichen nach Absatz 3 maßgeblichen Einnahmen höchstens ein Betrag in Höhe der Summe der folgenden monatlichen Beträge verbleibt:
1. 8 Prozent des Grundgehalts der Stufe 8 der Besoldungsgruppe A 13 für jede beihilfeberechtigte und jede berücksichtigungsfähige Person sowie für jede Ehegattin oder jeden Ehegatten oder für jede Lebenspartnerin oder jeden Lebenspartner, für die oder den ein Anspruch nach Absatz 1 oder nach § 43 Absatz 1, 2 und 4 des Elften Buches Sozialgesetzbuch besteht,
2. 30 Prozent des Grundgehalts der Stufe 8 der Besoldungsgruppe A 13 für eine beihilfeberechtigte Person sowie für eine Ehegattin oder einen Ehegatten oder für eine Lebenspartnerin oder einen Lebenspartner, für die oder den kein Anspruch nach Absatz 1 oder nach § 43 Absatz 1, 2 und 4 des Elften Buches Sozialgesetzbuch besteht,
3. 3 Prozent des Grundgehalts der Stufe 8 der Besoldungsgruppe A 13 für jedes berücksichtigungsfähige Kind, für das kein Anspruch auf Beihilfe nach Absatz 1 oder nach § 43 Absatz 1, 2 und 4 des Elften Buches Sozialgesetzbuch besteht, und
4. 3 Prozent des Grundgehalts der letzten Besoldungsgruppe für die beihilfeberechtigte Person.

Satz 1 gilt bei anderen Abrechnungszeiträumen entsprechend. Hat eine beihilfeberechtigte oder eine berücksichtigungsfähige Person Anspruch auf Zuschuss zu den Unterkunfts-, Investitions- und Verpflegungskos-

VII

ten nach landesrechtlichen Vorschriften, sind die Aufwendungen nach Satz 1 in Höhe des tatsächlich gezahlten Zuschusses zu mindern.

(3) Maßgeblich sind die im Kalenderjahr vor dem Entstehen der pflegebedingten Aufwendungen erzielten Einnahmen. Einnahmen sind:

1. die Bruttobezüge nach § 1 Absatz 2 Nummer 1 und 3 und Absatz 3 des Bundesbesoldungsgesetzes, die nach Anwendung von Ruhens-, Kürzungs- und Anrechnungsvorschriften verbleiben, und der Altersteilzeitzuschlag; unberücksichtigt bleibt der kinderbezogene Familienzuschlag,
2. die Bruttobezüge nach § 2 des Beamtenversorgungsgesetzes, die nach Anwendung von Ruhens-, Kürzungs- und Anrechnungsvorschriften verbleiben; unberücksichtigt bleiben das Sterbegeld nach § 18 des Beamtenversorgungsgesetzes, der Unterschiedsbetrag nach § 50 Absatz 1 Satz 2 des Beamtenversorgungsgesetzes, sofern der beihilfeberechtigten Person nicht nach § 57 des Beamtenversorgungsgesetzes geringere Versorgungsbezüge zustehen, sowie der Unfallausgleich nach § 35 des Beamtenversorgungsgesetzes und die Unfallentschädigung nach § 43 des Beamtenversorgungsgesetzes,
3. der Zahlbetrag der Renten aus der gesetzlichen Rentenversicherung und aus einer zusätzlichen Alters- und Hinterbliebenenversorgung der beihilfeberechtigten Person, der Ehegattin oder des Ehegatten oder der Lebenspartnerin oder des Lebenspartners; maßgeblich ist der Betrag, der sich vor Abzug der Beiträge zur Kranken- und Pflegeversicherung und ohne Berücksichtigung des Beitragszuschusses ergibt; eine Leistung für Kindererziehung nach § 294 des Sechsten Buches Sozialgesetzbuch bleibt unberücksichtigt,
4. die unter § 2 Absatz 2 des Einkommensteuergesetzes fallenden Einkünfte der beihilfeberechtigten Person aus selbständiger und nicht selbständiger Arbeit und
5. der unter § 2 Absatz 3 des Einkommensteuergesetzes fallende Gesamtbetrag der Einkünfte der Ehegattin oder des Ehegatten oder der Lebenspartnerin oder des Lebenspartners; unberücksichtigt bleibt der Anteil einer gesetzlichen Rente, der der Besteuerung unterliegt.

Die Einnahmen sind jährlich nachzuweisen. Macht die beihilfeberechtigte Person glaubhaft, dass die aktuellen Einnahmen voraussichtlich wesentlich geringer sind als die im Kalenderjahr vor dem Entstehen der pflegebedingten Aufwendungen erzielten durchschnittlichen monatlichen Einnahmen, sind die Einnahmen im jeweiligen Pflegemonat zugrunde zu legen. Hat die beihilfeberechtigte Person keine Einnahmen nach Satz 1 aus dem Kalenderjahr vor dem Entstehen der pflegebedingten Aufwendungen, werden die voraussichtlichen Einnahmen im jeweiligen Pflegemonat zugrunde gelegt. Befinden sich verheiratete oder in einer Lebenspartnerschaft lebende Personen in vollstationärer Pflege und verstirbt die beihilfeberechtigte Person, sind die aktuellen Einnahmen im jeweiligen Pflegemonat zugrunde zu legen, bis die Voraussetzungen nach Satz 4 nicht mehr vorliegen.

(4) Beihilfefähig sind Aufwendungen für zusätzliche Betreuung und Aktivierung entsprechend § 43b des Elften Buches Sozialgesetzbuch, die über die nach Art und Schwere der Pflegebedürftigkeit notwendige Versorgung hinausgeht.

(5) Beihilfefähig sind Aufwendungen entsprechend § 87a Absatz 4 des Elften Buches Sozialgesetzbuch, wenn

1. die pflegebedürftige beihilfeberechtigte oder berücksichtigungsfähige Person nach der Durchführung aktivierender oder rehabilitativer Maßnahmen in einen niedrigeren Pflegegrad zurückgestuft wurde oder
2. festgestellt wurde, dass die zuvor pflegebedürftige beihilfeberechtigte oder berücksichtigungsfähige Person nicht mehr pflegebedürftig im Sinne der §§ 14 und 15 des Elften Buches Sozialgesetzbuch ist.

(6) Absatz 2 gilt nicht für Zusatzleistungen nach § 88 des Elften Buches Sozialgesetzbuch.

§ 39a Einrichtungen der Behindertenhilfe

Aufwendungen für Pflege, Betreuung und für Leistungen der medizinischen Behandlungs-

VII

pflege in einer vollstationären Einrichtung im Sinne des § 71 Absatz 4 Nummer 1 des Elften Buches Sozialgesetzbuch, in der die Teilhabe am Arbeitsleben, an Bildung oder die soziale Teilhabe, die schulische Ausbildung oder die Erziehung behinderter Menschen im Vordergrund des Einrichtungszwecks stehen, sind entsprechend § 43a des Elften Buches Sozialgesetzbuch beihilfefähig. Satz 1 gilt auch für pflegebedürftige Personen in Räumlichkeiten im Sinne des § 71 Absatz 4 Nummer 3 des Elften Buches Sozialgesetzbuch, in denen Leistungen der Eingliederungshilfe für Menschen mit Behinderungen nach Teil 2 des Neunten Buches Sozialgesetzbuch erbracht werden.

§ 39b Aufwendungen bei Pflegegrad 1

Für pflegebedürftige beihilfeberechtigte oder berücksichtigungsfähige Personen des Pflegegrades 1 sind Aufwendungen beihilfefähig für:

1. Beratung im eigenen Haushalt nach § 38a Absatz 6,
2. zusätzliche Leistungen in ambulant betreuten Wohngruppen nach § 38f, ohne dass Aufwendungen nach § 38a Absatz 1, 2 oder 3 oder nach § 38b entstanden sein müssen,
3. Pflegehilfsmittel, Maßnahmen zur Verbesserung des Wohnumfeldes, digitale Pflegeanwendungen und ergänzende Unterstützungsleistungen bei der Nutzung von digitalen Pflegeanwendungen nach § 38g,
4. zusätzliche Betreuung und Aktivierung in stationären Pflegeeinrichtungen nach § 39 Absatz 4,
5. vollstationäre Pflege nach § 39 Absatz 1 in Höhe des in § 43 Absatz 3 des Elften Buches Sozialgesetzbuch genannten Betrages,
6. den Entlastungsbetrag nach § 38a Absatz 2 in Verbindung mit § 45b des Elften Buches Sozialgesetzbuch,
7. Anschubfinanzierung zur Gründung von ambulant betreuten Wohngruppen nach § 38f Satz 2,
8. Rückstufung nach § 39 Absatz 5.

Daneben beteiligt sich der Bund an den Kosten der Pflegeberatung nach § 37 Absatz 1 und an den Leistungen zur sozialen Sicherung der Pflegepersonen nach § 38h Absatz 1 und Absatz 2 Nummer 2.

§ 40 Palliativversorgung

(1) Aufwendungen für spezialisierte ambulante Palliativversorgung sind beihilfefähig, wenn wegen einer nicht heilbaren, fortschreitenden oder weit fortgeschrittenen Erkrankung bei einer zugleich begrenzten Lebenserwartung eine besonders aufwändige Versorgung notwendig ist. § 37b Absatz 1 Satz 3 und 4 sowie § 37b Absatz 2 und 3 des Fünften Buches Sozialgesetzbuch gelten entsprechend.

(2) Aufwendungen für eine stationäre oder teilstationäre palliativmedizinische Versorgung in einem Hospiz sind nach Maßgabe einer ärztlichen Bescheinigung und in angemessener Höhe beihilfefähig, wenn eine ambulante Versorgung im eigenen Haushalt oder in der Familie nicht erbracht werden kann.

(3) Der Bund beteiligt sich an den personenbezogenen Kosten ambulanter Hospizdienste für erbrachte Sterbebegleitung einschließlich palliativpflegerischer Beratung bei beihilfeberechtigten und berücksichtigungsfähigen Personen. Voraussetzung einer Kostenbeteiligung ist eine Vereinbarung zwischen dem Bund und den für die Wahrnehmung der Interessen der ambulanten Hospizdienste maßgeblichen Spitzenorganisationen. Der von der Festsetzungsstelle zu zahlende Betrag wird durch Rundschreiben des Bundesministeriums des Innern bekanntgegeben.

§ 40a Gesundheitliche Versorgungsplanung für die letzte Lebensphase

(1) Beihilfefähig sind entsprechend § 132g des Fünften Buches Sozialgesetzbuch Aufwendungen für eine gesundheitliche Versorgungsplanung für die letzte Lebensphase in zugelassenen Pflegeeinrichtungen im Sinne des § 43 des Elften Buches Sozialgesetzbuch und in Einrichtungen der Eingliederungshilfe für behinderte Menschen.

(2) Die Höhe der beihilfefähigen Aufwendungen richtet sich nach § 15 insbesondere Absatz 5 der Vereinbarung zwischen dem GKV-

Spitzenverband und den Trägern vollstationärer Pflegeeinrichtungen und Einrichtungen der Eingliederungshilfe für Menschen mit Behinderung vom 13. Dezember 2017[1]) in Verbindung mit den Vergütungsvereinbarungen der jeweiligen Träger der Einrichtungen mit den Landesverbänden der Krankenkassen und den Verbänden der Ersatzkassen.

Kapitel 4 Aufwendungen in anderen Fällen

§ 41 Früherkennungsuntersuchungen und Vorsorgemaßnahmen

(1) Aufwendungen für Leistungen zur ärztlichen Früherkennung und Vorsorge im ärztlichen Bereich sind beihilfefähig. Die §§ 20i, 25, 25a und 26 des Fünften Buches Sozialgesetzbuch gelten entsprechend. Daneben sind die in Anlage 13 aufgeführten Früherkennungsuntersuchungen, Vorsorgemaßnahmen und Schutzimpfungen beihilfefähig.

(2) Aufwendungen für Leistungen zur zahnärztlichen Früherkennung und Vorsorge sind beihilfefähig für

1. Früherkennungsuntersuchungen auf Zahn-, Mund- und Kieferkrankheiten,
2. Maßnahmen zur Verhütung von Zahnerkrankungen (Individualprophylaxe) und
3. prophylaktische zahnärztliche Leistungen nach Abschnitt B und den Nummern 0010, 0070, 2000, 4050, 4055 und 4060 der Anlage 1 zur Gebührenordnung für Zahnärzte und Nummer 1 der Anlage zur Gebührenordnung für Ärzte.

(3) Aufwendungen für Maßnahmen im Rahmen des Früherkennungsprogramms für erblich belastete Personen mit einem erhöhten familiären Brust- oder Eierstockkrebsrisiko sind für beihilfeberechtigte und berücksichtigungsfähige Personen beihilfefähig, wenn

1. die erbliche Belastung auf einem Verwandtschaftsverhältnis ersten bis dritten Grades beruht und
2. die Maßnahmen in einem im Deutschen Konsortium Familiärer Brust- und Eierstockkrebs zusammengeschlossenen universitären Zentrum durchgeführt werden, das auf der Internetseite des Konsortiums gelistet ist.

Aufwendungen nach Satz 1 sind bis zur Höhe der Vergütungen, die mit dem Verband der privaten Krankenversicherung e. V. in einer Vereinbarung getroffen wurden, für folgende Maßnahmen beihilfefähig:

1. Risikofeststellung, Aufklärung und Beratung,
2. genetische Untersuchung,
3. intensivierte Früherkennungs- und Nachsorgemaßnahmen.

Die Höhe der Vergütungen, die mit dem Verband der privaten Krankenversicherung e. V. in einer Vereinbarung getroffen wurden, wird durch Rundschreiben des Bundesministeriums des Innern bekanntgegeben.

(4) Aufwendungen für Maßnahmen im Rahmen des Früherkennungsprogramms für erblich belastete Personen mit einem erhöhten familiären Darmkrebsrisiko sind für beihilfeberechtigte und berücksichtigungsfähige Personen beihilfefähig, wenn

1. die erbliche Belastung auf einem Verwandtschaftsverhältnis ersten bis zweiten Grades beruht und
2. die Maßnahmen in einem im Deutschen Konsortium Familiärer Darmkrebs zusammengeschlossenen universitären Zentrum durchgeführt werden, das auf der Internetseite des Konsortiums gelistet ist.

Aufwendungen nach Satz 1 sind bis zur Höhe der Vergütungen, die mit dem Verband der privaten Krankenversicherung e. V. in einer Vereinbarung getroffen wurden, für folgende Maßnahmen beihilfefähig:

1. Risikofeststellung und interdisziplinäre Beratung,
2. Tumorgewebsdiagnostik,

---

[1]) https://www.gkv-spitzenverband.de/krankenversicherung/hospiz_und_palliativversorgung/letzte_lebens phase/gesundheitliche_versorgungsplanung.jsp

3. Genanalyse zur Identifizierung einer Keimbahn-Mutation,
4. Früherkennungs-Maßnahmen.

Absatz 3 Satz 3 gilt entsprechend.

(5) Bei Personen, die das 16. Lebensjahr vollendet haben, sind Aufwendungen beihilfefähig für

1. ärztliche Beratungen zu Fragen der medikamentösen Präexpositionsprophylaxe zur Verhütung einer Ansteckung mit HIV,
2. Untersuchungen, die bei Anwendung der für die medikamentöse Präexpositionsprophylaxe zugelassenen Arzneimittel erforderlich sind.

(6) Das Bundesministerium des Innern kann die Beihilfefähigkeit von Aufwendungen für Maßnahmen zur Früherkennung, Überwachung und Verhütung von Erkrankungen, die nicht nach anderen Vorschriften dieser Verordnung beihilfefähig sind, in Verwaltungsvorschriften für diejenigen Fälle ausnahmsweise zulassen, in denen die Gewährung von Beihilfe im Hinblick auf die Fürsorgepflicht nach § 78 des Bundesbeamtengesetzes notwendig ist.

(7) § 31 Absatz 6 in Verbindung mit § 49 Absatz 4 Nummer 3 gilt entsprechend.

§ 42 Schwangerschaft und Geburt

(1) Bei einer Schwangerschaft und in Geburtsfällen sind neben den Leistungen nach Kapitel 2 beihilfefähig Aufwendungen für

1. ärztliche Betreuung während der Schwangerschaft und nach der Entbindung,
2. die Hebamme oder den Entbindungspfleger im Rahmen der jeweiligen landesrechtlichen Gebührenordnung,
3. von Hebammen oder Entbindungspflegern geleitete Einrichtungen im Sinne des § 134a des Fünften Buches Sozialgesetzbuch,
4. eine Haus- und Wochenpflegekraft für bis zu zwei Wochen nach der Geburt bei Hausentbindungen oder ambulanten Entbindungen; § 27 Absatz 5 gilt entsprechend.

(2) Bei Personen, die nach § 3 beihilfeberechtigt oder bei einer nach § 3 beihilfeberechtigten Person berücksichtigungsfähig sind, sind in Geburtsfällen zusätzlich die vor Aufnahme in ein Krankenhaus am Entbindungsort entstehenden Kosten der Unterkunft beihilfefähig. § 32 Abs. 3 Satz 2 gilt entsprechend. Dies gilt nicht für die Unterkunft im Haushalt des Ehegatten, der Lebenspartnerin, der Eltern oder der Kinder der Schwangeren.

§ 43 Künstliche Befruchtung

(1) Aufwendungen für eine künstliche Befruchtung einschließlich der Arzneimittel, die im Zusammenhang damit verordnet werden, sind beihilfefähig, wenn

1. die künstliche Befruchtung nach ärztlicher Feststellung erforderlich ist,
2. nach ärztlicher Feststellung eine hinreichende Aussicht besteht, dass durch die künstliche Befruchtung eine Schwangerschaft herbeigeführt wird,
3. die Personen, die eine künstliche Befruchtung in Anspruch nehmen wollen, miteinander verheiratet sind,
4. beide Ehegatten das 25. Lebensjahr vollendet haben,
5. die Ehefrau das 40. Lebensjahr und der Ehemann das 50. Lebensjahr noch nicht vollendet hat,
6. ausschließlich Ei- und Samenzellen der Ehegatten verwendet werden und
7. sich die Ehegatten vor Durchführung der künstlichen Befruchtung von einer Ärztin oder einem Arzt, die oder der die Behandlung nicht selbst durchführt, über eine solche Behandlung unter Berücksichtigung ihrer medizinischen, psychischen und sozialen Aspekte haben unterrichten lassen.

(2) Die Aufwendungen für eine künstliche Befruchtung werden der Person zugeordnet, bei der die jeweilige Einzelleistung durchgeführt wird. Die Aufwendungen für folgende Einzelleistungen der künstlichen Befruchtung sind dem Mann zuzuordnen:

1. Maßnahmen im Zusammenhang mit der Gewinnung, Untersuchung und Aufbereitung gegebenenfalls einschließlich der Kapazitation des männlichen Samens,

2. notwendige Laboruntersuchungen und
3. Beratung der Ehegatten über die speziellen Risiken der künstlichen Befruchtung und für die gegebenenfalls in diesem Zusammenhang erfolgende humangenetische Beratung.

(3) Die Aufwendungen für folgende Einzelleistungen der künstlichen Befruchtung sind der Frau zuzuordnen:

1. extrakorporale Leistungen im Zusammenhang mit der Zusammenführung von Eizellen und Samen und
2. Beratung der Ehegatten über die individuellen medizinischen, psychischen und sozialen Aspekte der künstlichen Befruchtung.

(4) Im Einzelnen sind die Aufwendungen wie folgt beihilfefähig:

Nr.	Behandlungsmethode	Indikationen	Anzahl der beihilfefähigen Versuche
1	intrazervikale,intrauterine oder intratubare Insemination im Spontanzyklus, gegebenenfalls nach Auslösung der Ovulation durch HCG-Gabe, gegebenenfalls nach Stimulation mit Antiöstrogenen	– somatische Ursachen (zum Beispiel Impotentia coeundi, retrograde Ejakulation, Hypospadie, Zervikalkanalstenose, Dyspareunie) – gestörte Spermatozoen-Mukus-Interaktion – Subfertilität des Mannes – Immunologisch bedingte Sterilität	acht
2	intrazervikale, intrauterine oder intratubare Insemination nach hormoneller Stimulation mit Gonadotropinen	– Subfertilität des Mannes – Immunologisch bedingte Sterilität	drei
3	In-vitro-Fertilisation mit Embryo-Transfer, gegebenenfalls als Zygoten-Transfer oder als Embryo-Intrafallopian-Transfer	– Zustand nach Tubenamputation – anders, auch mikrochirurgisch, nicht behandelbarer Tubenverschluss – anders nicht behandelbarer tubarer Funktionsverlust, auch bei Endometriose – idiopathische, unerklärbare Sterilität, sofern alle diagnostischen und sonstigen therapeutischen Möglichkeiten der Sterilitätsbehandlung einschließlich einer psychologischen Exploration ausgeschöpft sind – Subfertilität des Mannes, sofern Behandlungsversuche nach Nummer 2 keinen Erfolg versprechen oder erfolglos geblieben sind – immunologisch bedingte Sterilität, sofern Behandlungsversuche nach Nummer 2 keinen Erfolg versprechen oder erfolglos geblieben sind	drei; der dritte Versuch ist nur beihilfefähig, wenn in einem von zwei Behandlungszyklen eine Befruchtung stattgefunden hat

VII

Nr.	Behandlungsmethode	Indikationen	Anzahl der beihilfefähigen Versuche
4	intratubarer Gameten-Transfer	– anders nicht behandelbarer tubarer Funktionsverlust, auch bei Endometriose – idiopathische, unerklärbare Sterilität, sofern alle diagnostischen und sonstigen therapeutischen Möglichkeiten der Sterilitätsbehandlung einschließlich einer psychologischen Exploration ausgeschöpft sind – Subfertilität des Mannes, sofern Behandlungsversuche nach Nummer 2 keinen Erfolg versprechen oder erfolglos geblieben sind	zwei
5	Intracytoplasmatische Spermieninjektion	– schwere männliche Fertilitätsstörung, dokumentiert durch zwei aktuelle Spermiogramme, die auf der Grundlage des Handbuchs der Weltgesundheitsorganisation zu „Examination and processing of human semen" erstellt worden sind; die Untersuchung des Mannes durch eine Ärztin oder einen Arzt mit der Zusatzbezeichnung „Andrologie" muss der Indikationsstellung vorausgehen – Intracytoplasmatische Spermieninjektion nach Kryokonservierung nach Absatz 7 bei nachgewiesener Fertilitätsstörung bei der Frau unabhängig von einer männlichen Fertilitätsstörung	drei; der dritte Versuch ist nur beihilfefähig, wenn in einem von zwei Behandlungszyklen eine Befruchtung stattgefunden hat

Sofern eine Indikation sowohl für eine In-vitro-Fertilisation als auch für einen intratubaren Gameten-Transfer vorliegt, sind nur die Aufwendungen für eine Maßnahme beihilfefähig. Das Gleiche gilt bei einer nebeneinander möglichen In-vitro-Fertilisation und einer Intracytoplasmatischen Spermieninjektion. Im Fall eines totalen Fertilisationsversagens beim ersten Versuch einer In-vitro-Fertilisation sind die Aufwendungen für eine Intracytoplasmatische Spermieninjektion für maximal zwei darauffolgende Zyklen beihilfefähig.

(5) Aufwendungen nach Absatz 2 Satz 2, Absatz 3 und Absatz 4 sind zu 50 Prozent beihilfefähig.

(6) Aufwendungen für eine künstliche Befruchtung nach einer vorhergehenden Sterilisation, die nicht medizinisch notwendig war, sind nicht beihilfefähig.

(7) Aufwendungen für die Kryokonservierung von Ei- oder Samenzellen oder von Keimzellgewebe sowie Aufwendungen für die dazugehörigen medizinischen Maßnahmen sind nur beihilfefähig, wenn die Kryokonservierung wegen einer Erkrankung und deren Behand-

lung mit einer keimzellschädigenden Therapie medizinisch notwendig erscheint, um spätere medizinische Maßnahmen zur Herbeiführung einer Schwangerschaft nach Absatz 1 vornehmen zu können. Aufwendungen nach Satz 1 können höchstens bis zum Erreichen der Höchstaltersgrenze für eine künstliche Befruchtung nach Absatz 1 Nummer 5 als beihilfefähig anerkannt werden.

§ 43a Sterilisation, Empfängnisregelung und Schwangerschaftsabbruch

(1) Aufwendungen für eine durch eine Ärztin oder einen Arzt vorgenommene Sterilisation sind beihilfefähig, wenn die Sterilisation wegen einer Krankheit notwendig ist.

(2) Aufwendungen für die ärztliche Beratung zu Fragen der Empfängnisregelung einschließlich der hierfür notwendigen ärztlichen Untersuchungen und der ärztlich verordneten empfängnisregelnden Mittel sind beihilfefähig. Aufwendungen für ärztlich verordnete Mittel zur Empfängnisverhütung sowie für deren Applikation sind nur bei beihilfeberechtigten und berücksichtigungsfähigen Personen bis zum vollendeten 22. Lebensjahr beihilfefähig, es sei denn, die Mittel sind nach ärztlicher Bestätigung notwendig.

1. zur Behandlung einer Krankheit oder
2. als Notfallkontrazeptiva ohne Altersbeschränkung, wenn Hinweise auf einen sexuellen Missbrauch oder eine Vergewaltigung vorliegen.

Aufwendungen für allgemeine Sexualaufklärung oder Sexualberatung sind nicht beihilfefähig.

(3) Für einen nicht rechtswidrigen Schwangerschaftsabbruch sind Aufwendungen nach den §§ 12, 22, 26, 28, 29, 31 und 32 beihilfefähig. Daneben sind auch Aufwendungen für die ärztliche Beratung über die Erhaltung der Schwangerschaft und die ärztliche Untersuchung und Begutachtung zur Feststellung der Voraussetzungen eines nicht rechtswidrigen Schwangerschaftsabbruchs beihilfefähig.

§ 44 Überführungskosten

(1) Ist eine beihilfeberechtigte Person während einer Dienstreise, Abordnung, Zuweisung oder vor einem dienstlich bedingten Umzug außerhalb des Ortes ihrer Hauptwohnung nach § 22 Absatz 1 des Bundesmeldegesetzes verstorben, so sind die Kosten der Überführung beihilfefähig.

(2) Für Personen, die nach § 3 beihilfeberechtigt oder bei einer nach § 3 beihilfeberechtigten Person berücksichtigungsfähig sind, sind die Kosten der Überführung in das Inland bis zum Beisetzungsort beihilfefähig. Liegt der Beisetzungsort nicht im Inland, so sind Aufwendungen bis zur Höhe der Überführungskosten, die für eine Überführung in das Inland entstanden wären, beihilfefähig.

§ 45 Erste Hilfe, Entseuchung, Kommunikationshilfe

(1) Beihilfefähig sind die Aufwendungen für Erste Hilfe und für eine behördlich angeordnete Entseuchung sowie für die dabei verbrauchten Stoffe.

(2) Aufwendungen für Kommunikationshilfen für gehörlose, hochgradig schwerhörige oder ertaubte beihilfeberechtigte oder berücksichtigungsfähige Personen sind bei medizinisch notwendiger ambulanter oder stationärer Untersuchung und Behandlung, bei Verabreichung von Heilmitteln, bei Versorgung mit Hilfsmitteln, Zahnersatzversorgung oder Pflegeleistungen beihilfefähig, wenn

1. in Verwaltungsverfahren das Recht auf Verwendung einer Kommunikationshilfe nach § 9 des Behindertengleichstellungsgesetzes bestünde und
2. im Einzelfall der Informationsfluss zwischen Leistungserbringerin oder Leistungserbringer und den beihilfeberechtigten oder berücksichtigungsfähigen Personen nur so gewährleistet werden kann.

§ 45a Organspende und andere Spenden

(1) Beihilfefähig sind Aufwendungen bei postmortalen Organspenden für die Vermittlung, Entnahme, Versorgung, Organisation der Bereitstellung und für den Transport des Organs zur Transplantation, sofern es sich bei den Organempfängerinnen oder Organempfängern um beihilfeberechtigte oder berücksichtigungsfähige Personen handelt. Die

Höhe der Aufwendungen nach Satz 1 richtet sich nach den Entgelten, die die Vertragsparteien nach § 11 Absatz 2 des Transplantationsgesetzes vereinbart haben. Das Bundesministerium des Innern gibt die beihilfefähigen Pauschalen für Aufwendungen im Zusammenhang mit Organtransplantationen durch Rundschreiben bekannt.

(2) Aufwendungen für eine Spenderin oder einen Spender von Organen, Geweben, Blutstammzellen oder anderen Blutbestandteilen sind entsprechend Kapitel 2 und § 7 Absatz 1 des Bundesreisekostengesetzes beihilfefähig, wenn die Empfängerin oder der Empfänger der Spende eine beihilfeberechtigte oder berücksichtigungsfähige Person ist. Der Spenderin oder dem Spender wird auf Antrag auch der nachgewiesene transplantationsbedingte Ausfall von Arbeitseinkünften anteilig in Höhe des Bemessungssatzes der Empfängerin oder des Empfängers ausgeglichen. Dem Arbeitgeber der Spenderin oder des Spenders wird auf Antrag das fortgezahlte Entgelt anteilig in Höhe des Bemessungssatzes der Empfängerin oder des Empfängers erstattet. Den Spenderinnen und Spendern gleichgestellt sind Personen, die als Spenderin oder Spender vorgesehen waren, aber nicht in Betracht kommen.

(3) Aufwendungen für die Registrierung beihilfeberechtigter und berücksichtigungsfähiger Personen für die Suche nach einer nicht verwandten Blutstammzellspenderin oder einem nicht verwandten Blutstammzellspender im Zentralen Knochenmarkspender-Register sind beihilfefähig.

§ 45b Klinisches Krebsregister

(1) Der Bund beteiligt sich an den personenbezogenen Kosten der Krebsregistrierung beihilfeberechtigter und berücksichtigungsfähiger Personen unmittelbar gegenüber dem klinischen Krebsregister für

1. jede verarbeitete Meldung zur Neuerkrankung an einem Tumor nach § 65c Absatz 4 Satz 2 bis 4 und Absatz 5 Satz 1 des Fünften Buches Sozialgesetzbuch sowie
2. jede landesrechtlich vorgesehene Meldung der zu übermittelnden klinischen Daten an ein klinisches Krebsregister nach § 65c Absatz 6 Satz 1 des Fünften Buches Sozialgesetzbuch.

Voraussetzung der Kostenbeteiligung ist eine Vereinbarung zwischen dem Bund und dem klinischen Krebsregister.

(2) Der von der Festsetzungsstelle zu zahlende Betrag wird durch Rundschreiben des Bundesministeriums des Innern bekanntgegeben.

Kapitel 5 Umfang der Beihilfe

§ 46 Bemessung der Beihilfe

(1) Beihilfe wird als prozentualer Anteil (Bemessungssatz) der beihilfefähigen Aufwendungen gewährt. Maßgeblich ist der Bemessungssatz im Zeitpunkt der Leistungserbringung. In Pflegefällen können, soweit dies in dieser Verordnung ausdrücklich vorgesehen ist, auch Pauschalen gezahlt werden.

(2) Soweit Absatz 3 nichts Anderes bestimmt, beträgt der Bemessungssatz für

1. beihilfeberechtigte Personen 50 Prozent,
2. Empfängerinnen und Empfänger von Versorgungsbezügen mit Ausnahme der Waisen 70 Prozent,
3. berücksichtigungsfähige Personen nach § 4 Absatz 1 70 Prozent und
4. berücksichtigungsfähige Kinder sowie Waisen 80 Prozent.

(3) Sind zwei oder mehr Kinder berücksichtigungsfähig, beträgt der Bemessungssatz für die beihilfeberechtigte Person 70 Prozent. Dies gilt bei mehreren beihilfeberechtigten Personen nur für diejenigen, die den Familienzuschlag nach den §§ 39 und 40 des Bundesbesoldungsgesetzes oder den Auslandszuschlag nach § 53 Absatz 4 Nummer 2 und 2a des Bundesbesoldungsgesetzes beziehen. § 5 Absatz 6 Satz 2 bis 4 gilt entsprechend. Satz 2 ist nur dann anzuwenden, wenn einer beihilfeberechtigten Person nicht aus anderen Gründen bereits ein Bemessungssatz von 70 Prozent zusteht. Der Bemessungssatz für beihilfeberechtigte Perso-

VII

nen, die Elternzeit in Anspruch nehmen, beträgt 70 Prozent. Der Bemessungssatz für entpflichtete Hochschullehrerinnen und Hochschullehrer beträgt 70 Prozent, wenn ihnen sonst auf Grund einer nach §5 nachrangigen Beihilfeberechtigung ein Bemessungssatz von 70 Prozent zustände.

(4) Für Personen, die nach §28 Abs. 2 des Elften Buches Sozialgesetzbuch Leistungen der Pflegeversicherung grundsätzlich zur Hälfte erhalten, beträgt der Bemessungssatz bezüglich dieser Aufwendungen 50 Prozent.

§47 Abweichender Bemessungssatz

(1) Die oberste Dienstbehörde oder eine von ihr bestimmte Behörde kann im Hinblick auf die Fürsorgepflicht nach §78 des Bundesbeamtengesetzes den Bemessungssatz für Aufwendungen anlässlich einer Dienstbeschädigung angemessen erhöhen, soweit nicht bereits Ansprüche nach dem Beamtenversorgungsgesetz bestehen.

(2) Den Bemessungssatz für beihilfefähige Aufwendungen nach den Kapiteln 2 und 4 von Versorgungsempfängerinnen, Versorgungsempfängern und deren berücksichtigungsfähigen Personen mit geringen Gesamteinkünften kann die oberste Dienstbehörde für höchstens drei Jahre um höchstens 10 Prozentpunkte erhöhen, wenn der Beitragsaufwand für eine beihilfekonforme private Krankenversicherung 15 Prozent ihrer oder seiner Gesamteinkünfte übersteigt. Zu den maßgebenden Gesamteinkünften zählt das durchschnittliche Monatseinkommen der zurückliegenden zwölf Monate aus Bruttoversorgungsbezügen, Sonderzahlungen, Renten, Kapitalerträgen und aus sonstigen laufenden Einnahmen der beihilfeberechtigten Person und ihrer berücksichtigungsfähigen Personen nach §4 Absatz 1; unberücksichtigt bleiben Entschädigungszahlungen an Geschädigte nach dem Vierzehnten Buch Sozialgesetzbuch oder Ausgleiche für gesundheitliche Schädigungsfolgen nach dem Soldatenentschädigungsgesetz, Blindengeld, Wohngeld und Leistungen für Kindererziehung nach §294 des Sechsten Buches Sozialgesetzbuch. Die geringen Gesamteinkünfte betragen 150 Prozent des Ruhegehalts nach §14 Absatz 4 Satz 2 und 3 des Beamtenversorgungsgesetzes. Der Betrag erhöht sich um 255,65 Euro, wenn für die berücksichtigungsfähige Person nach §4 Absatz 1 ebenfalls Beiträge zur privaten Krankenversicherung gezahlt werden. Ein zu zahlender Versorgungsausgleich der Versorgungsempfängerin oder des Versorgungsempfängers mindert die anzurechnenden Gesamteinkünfte nicht. Bei einer erneuten Antragstellung ist von den fiktiven Beiträgen zur Krankenversicherung auszugehen, die sich unter Zugrundelegung eines Bemessungssatzes nach §46 ergeben würden.

(3) Die oberste Dienstbehörde kann den Bemessungssatz in weiteren Ausnahmefällen im Einvernehmen mit dem Bundesministerium des Innern angemessen erhöhen, wenn dies im Hinblick auf die Fürsorgepflicht nach §78 des Bundesbeamtengesetzes zwingend geboten ist. Hierbei ist ein sehr strenger Maßstab anzulegen. Bei dauernder Pflegebedürftigkeit ist eine Erhöhung ausgeschlossen.

(4) Für beihilfefähige Aufwendungen, für die trotz ausreichender und rechtzeitiger Versicherung auf Grund eines individuellen Ausschlusses wegen angeborener Leiden oder bestimmter Krankheiten keine Versicherungsleistungen gewährt werden oder für die die Leistungen auf Dauer eingestellt worden sind (Aussteuerung), erhöht sich der Bemessungssatz um 20 Prozentpunkte, jedoch höchstens auf 90 Prozent. Dies gilt nur, wenn das Versicherungsunternehmen die Bedingungen nach §257 Absatz 2a Satz 1 Nummer 1 bis 4 des Fünften Buches Sozialgesetzbuch erfüllt. Satz 1 ist nicht anzuwenden auf Aufwendungen nach den §§37 bis 39b.

(5) Bei beihilfeberechtigten und berücksichtigungsfähigen Personen, die freiwillig in der gesetzlichen Krankenversicherung versichert sind, erhöht sich der Bemessungssatz auf 100 Prozent der beihilfefähigen Aufwendungen, die sich nach Anrechnung der Leistungen und Erstattungen der gesetzlichen Krankenversicherung ergeben. Dies gilt nicht für beihilfefähige Aufwendungen, wenn für diese keine Leistungen oder Erstattungen von

der gesetzlichen Krankenversicherung erbracht werden.

(6) Der Bemessungssatz erhöht sich für Personen, die nach § 3 beihilfeberechtigt oder bei einer nach § 3 beihilfeberechtigten Person berücksichtigungsfähig sind, in den Fällen nach § 31 Absatz 6 und § 41 Absatz 6 auf 100 Prozent der beihilfefähigen Aufwendungen, soweit diese Aufwendungen 153 Euro übersteigen und in Fällen nach § 36 Absatz 3, soweit diese Aufwendungen 200 Euro übersteigen.

(7) In Fällen des § 39 Absatz 2 und des § 44 erhöht sich der Bemessungssatz auf 100 Prozent.

(8) Für Personen, die nach § 3 beihilfeberechtigt oder bei einer nach § 3 beihilfeberechtigten Person berücksichtigungsfähig sind, erhöht sich der Bemessungssatz für beihilfefähige Aufwendungen nach den §§ 38 und 39b auf 100 Prozent, wenn ein Pflegegrad vorliegt und während des dienstlichen Auslandsaufenthalts keine Leistungen der privaten oder sozialen Pflegeversicherung gewährt werden.

(9) Das Bundesministerium des Innern kann für Gruppen von beihilfeberechtigten Personen Abweichungen von den §§ 46 und 47 festlegen, wenn ihnen bis zum Entstehen eines Beihilfeanspruchs nach dieser Verordnung ein Anspruch auf Beihilfe nach Landesrecht zustand und die Änderung der Anspruchsgrundlage auf einer bundesgesetzlichen Regelung beruht. Die Abweichungen sollen so festgelegt werden, dass wirtschaftliche Nachteile, die sich aus unterschiedlichen Regelungen über den Bemessungssatz ergeben, ausgeglichen werden. Die Festlegung bedarf des Einvernehmens des Bundesministeriums der Finanzen und des Ressorts, das nach der Geschäftsverteilung der Bundesregierung für die Belange der betroffenen beihilfeberechtigten Personen zuständig ist.

§ 48 Begrenzung der Beihilfe

(1) Die Beihilfe darf zusammen mit den Leistungen, die aus demselben Anlass aus einer Krankenversicherung, aus einer Pflegeversicherung, auf Grund anderer Rechtsvorschriften oder auf Grund arbeitsvertraglicher Vereinbarungen gewährt werden, die dem Grunde nach beihilfefähigen Aufwendungen nicht übersteigen. Leistungen aus Krankentagegeld-, Krankenhaustagegeld-, Pflegetagegeld-, Pflegezusatz-, Pflegerenten- und Pflegerentenzusatzversicherungen bleiben unberücksichtigt, soweit sie nicht der Befreiung von der Versicherungspflicht nach § 22 des Elften Buches Sozialgesetzbuch dienen. Ebenfalls unberücksichtigt bleibt das Sterbegeld nach § 18 Absatz 2 Nummer 2 des Beamtenversorgungsgesetzes. Dem Grunde nach beihilfefähig sind die Aufwendungen, für die im Einzelfall eine Beihilfe zu gewähren ist, in tatsächlicher Höhe. Bei der Abrechnung von Aufwendungen ist die Summe der Aufwendungen, die mit dem Antrag geltend gemacht werden und die dem Grunde nach beihilfefähig sind, der Summe der hierauf entfallenden Leistungen gegenüberzustellen. Abweichend davon sind die jeweiligen dem Grunde nach beihilfefähigen Aufwendungen nach den §§ 26 und 35 bis 39b den jeweils entsprechenden Leistungen gegenüberzustellen.

(2) Die beihilfeberechtigte Person hat nachzuweisen:

1. den Umfang des bestehenden Kranken- und Pflegeversicherungsschutzes und
2. die gewährten Leistungen.

Satz 1 Nummer 2 gilt nicht für Erstattungen aus einer Kranken- oder Pflegeversicherung nach einem Prozentsatz.

§ 49 Eigenbehalte

(1) Die beihilfefähigen Aufwendungen mindern sich um 10 Prozent der Kosten, mindestens um 5 und höchstens um 10 Euro, jedoch jeweils nicht um mehr als die tatsächlichen Kosten bei

1. Arznei- und Verbandmitteln nach § 22 Absatz 1 Nummer 1 und 2, Produkten nach § 22 Absatz 5 Satz 1 sowie bei Medizinprodukten nach § 22 Absatz 1 Nummer 4,
2. Hilfsmitteln, Geräten zur Selbstbehandlung und Selbstkontrolle und Körperersatzstücken nach § 25,
3. Fahrten mit Ausnahme der Fälle nach § 34 Absatz 5 und § 35 Absatz 2 Nummer 1,

VII

4. Familien- und Haushaltshilfe je Kalendertag und
5. Soziotherapie je Kalendertag.

Maßgebend für den Abzugsbetrag nach Satz 1 Nummer 1 ist der Apothekenabgabepreis oder der Festbetrag der jeweiligen Packung des verordneten Arznei- und Verbandmittels. Dies gilt auch bei Mehrfachverordnungen oder bei der Abgabe der verordneten Menge in mehreren Packungen. Bei zum Verbrauch bestimmten Hilfsmitteln, außer bei zum Verbrauch bestimmten Pflegehilfsmitteln, beträgt der Eigenbehalt 10 Prozent der insgesamt beihilfefähigen Aufwendungen, jedoch höchstens 10 Euro für den gesamten Monatsbedarf. Erfolgt in der Apotheke auf Grund einer Nichtverfügbarkeit ein Austausch des verordneten Arzneimittels gegen mehrere Packungen mit geringerer Packungsgröße, mindern sich die beihilfefähigen Aufwendungen nach Satz 1 nur einmalig auf der Grundlage der Packungsgröße, die der verordneten Menge entspricht. Dies gilt entsprechend bei der Abgabe einer Teilmenge aus einer Packung.

(2) Die beihilfefähigen Aufwendungen mindern sich um 10 Euro je Kalendertag bei

1. vollstationären Krankenhausleistungen nach § 26 Absatz 1 Nummer 2, § 26a Absatz 1 Nummer 1, 2 und 4 und § 26b und stationären Behandlungen in Rehabilitationseinrichtungen nach § 34 Absatz 1, 2 und 6, höchstens für insgesamt 28 Tage im Kalenderjahr, und
2. Rehabilitationsmaßnahmen nach § 35 Absatz 1 Satz 1 Nummer 1 und 2.

(3) Die beihilfefähigen Aufwendungen mindern sich bei häuslicher Krankenpflege um 10 Prozent der Kosten für die ersten 28 Tage der Inanspruchnahme im Kalenderjahr und um 10 Euro je Verordnung.

(4) Eigenbehalte sind nicht abzuziehen von Aufwendungen für

1. Personen, die das 18. Lebensjahr noch nicht vollendet haben außer Fahrtkosten,
2. Schwangere im Zusammenhang mit Schwangerschaftsbeschwerden oder der Entbindung,
3. ambulante ärztliche und zahnärztliche Vorsorgeleistungen sowie Leistungen zur Früherkennung von Krankheiten einschließlich der dabei verwandten Arzneimittel,
4. Leistungen im Zusammenhang mit einer künstlichen Befruchtung nach § 43 einschließlich der dabei verwendeten Arzneimittel,
5. Arznei- und Verbandmittel nach § 22 Absatz 1 Nummer 1 und 2,
   a) die für diagnostische Zwecke, Untersuchungen und ambulanten Behandlungen benötigt und
      aa) in der Rechnung als Auslagen abgerechnet oder
      bb) auf Grund einer ärztlichen Verordnung zuvor von der beihilfeberechtigten oder berücksichtigungsfähigen Person selbst beschafft worden sind oder
   b) deren Apothekeneinkaufspreis einschließlich Umsatzsteuer mindestens 20 Prozent niedriger ist als der jeweils gültige Festbetrag, der diesem Preis zugrunde liegt,
6. Heil- und Hilfsmittel, soweit vom Bundesministerium des Innern beihilfefähige Höchstbeträge festgesetzt worden sind,
7. Harn- und Blutteststreifen,
8. Spenderinnen und Spender nach § 45a Absatz 2,
9. Arzneimittel nach § 22, wenn auf Grund eines Arzneimittelrückrufs oder einer von der zuständigen Behörde vorgenommenen Einschränkung der Verwendbarkeit eines Arzneimittels erneut ein Arzneimittel verordnet werden musste,
10. vollstationäre Krankenhausleistungen nach § 26 Absatz 1 Nummer 2, wenn die beihilfeberechtigte Person von der Möglichkeit des § 51a Absatz 3 Gebrauch macht.

§ 50 Belastungsgrenzen

(1) Auf Antrag sind nach Überschreiten der Belastungsgrenze nach Satz 5

1. Eigenbehalte nach § 49 von den beihilfefähigen Aufwendungen für ein Kalenderjahr nicht abzuziehen,
2. Aufwendungen für ärztlich oder zahnärztlich verordnete nicht verschreibungspflichtige Arzneimittel nach § 22 Absatz 2 Nummer 3, die nicht den Ausnahmeregelungen unterliegen, in voller Höhe als beihilfefähig anzuerkennen, wenn die Aufwendungen pro verordnetem Arzneimittel über folgenden Beträgen liegen:
   a) für beihilfeberechtigte Personen der Besoldungsgruppen A 2 bis A 8 und Anwärterinnen und Anwärter sowie berücksichtigungsfähige Personen 8 Euro,
   b) für beihilfeberechtigte Personen der Besoldungsgruppen A 9 bis A 12 sowie berücksichtigungsfähige Personen 12 Euro,
   c) für beihilfeberechtigte Personen höherer Besoldungsgruppen sowie berücksichtigungsfähige Personen 16 Euro.

Ein Antrag muss spätestens bis zum Ablauf des Jahres gestellt werden, das auf das Jahr folgt, in dem die Eigenbehalte nach § 49 einbehalten worden sind. Dabei sind sowohl die Beträge nach § 49 Absatz 1 bis 3 als auch die Aufwendungen für Arzneimittel nach Satz 1 Nummer 2 zum entsprechenden Bemessungssatz zu berücksichtigen. Die beihilfeberechtigte Person hat das Einkommen nach § 39 Absatz 3 nachzuweisen und auf Verlangen der Festsetzungsstelle die anrechenbaren Eigenbehalte sowie die Aufwendungen für nicht verschreibungspflichtige Arzneimittel zu belegen. Die Belastungsgrenze beträgt für beihilfeberechtigte Personen und berücksichtigungsfähige Personen zusammen 2 Prozent der jährlichen Einnahmen nach § 39 Absatz 3 Satz 2 sowie für chronisch Kranke nach der Chroniker-Richtlinie des Gemeinsamen Bundesausschusses in der Fassung vom 22. Januar 2004 (BAnz. S. 1343), die zuletzt durch Beschluss vom 15. Februar 2018 (BAnz. AT 05. 03. 2018 B4) geändert worden ist, 1 Prozent der jährlichen Einnahmen nach § 39 Absatz 3 Satz 2.

(2) Maßgeblich ist das Datum des Entstehens der Aufwendungen. Die Einnahmen der Ehegattin, des Ehegatten, der Lebenspartnerin oder des Lebenspartners werden nicht berücksichtigt, wenn sie oder er Mitglied der gesetzlichen Krankenversicherung oder selbst beihilfeberechtigt ist. Die Einnahmen vermindern sich bei verheirateten oder in einer Lebenspartnerschaft lebenden beihilfeberechtigten Personen um 15 Prozent und für jedes Kind nach § 4 Absatz 2 um den Betrag, der sich aus § 32 Absatz 6 Satz 1 bis 3 des Einkommensteuergesetzes ergibt. Maßgebend für die Feststellung der Belastungsgrenze sind jeweils die jährlichen Einnahmen des vorangegangenen Kalenderjahres.

(3) Werden die Kosten der Unterbringung in einem Heim oder einer ähnlichen Einrichtung von einem Träger der Sozialhilfe, der Sozialen Entschädigung oder der Soldatenentschädigung getragen, ist für die Berechnung der Belastungsgrenze derjenige Regelsatz anzuwenden, der nach Maßgabe des Regelbedarfs-Ermittlungsgesetzes vom 9. Dezember 2020 (BGBl. I S. 2855), das durch Artikel 12 Absatz 13 des Gesetzes vom 16. Dezember 2022 (BGBl. I S. 2328) geändert worden ist, in der jeweils geltenden Fassung zu ermitteln ist.

Kapitel 6
Verfahren und Zuständigkeit

§ 51 Bewilligungsverfahren

(1) Über die Notwendigkeit und die wirtschaftliche Angemessenheit von Aufwendungen nach § 6 entscheidet die Festsetzungsstelle. Die beihilfeberechtigte Person ist zur Mitwirkung verpflichtet. § 60 Absatz 1 Satz 1, die §§ 62 und 65 bis 67 des Ersten Buches Sozialgesetzbuch sind entsprechend anzuwenden. Die Festsetzungsstelle kann auf eigene Kosten ein Sachverständigengutachten einholen. Ist für die Erstellung des Gutachtens die Mitwirkung der oder des Betroffenen nicht erforderlich, sind die nötigen Ge-

VII

sundheitsdaten vor der Übermittlung so zu pseudonymisieren, dass die Gutachterin oder der Gutachter einen Personenbezug nicht herstellen kann.

(2) In Pflegefällen hat die Festsetzungsstelle im Regelfall das Gutachten zugrunde zu legen, das für die private oder soziale Pflegeversicherung zum Vorliegen dauernder Pflegebedürftigkeit sowie zu Art und notwendigem Umfang der Pflege erstellt worden ist. Ist die beihilfeberechtigte oder berücksichtigungsfähige Person nicht in der privaten oder sozialen Pflegeversicherung versichert, lässt die Festsetzungsstelle ein entsprechendes Gutachten erstellen. Satz 2 gilt entsprechend bei Personen, die nach § 3 beihilfeberechtigt oder bei einer nach § 3 beihilfeberechtigten Person berücksichtigungsfähig sind, wenn für diese kein Gutachten für die private oder soziale Pflegeversicherung erstellt worden ist. Auf Antrag kann die Festsetzungsstelle Beihilfe für Aufwendungen in Pflegefällen nach den §§ 37 bis 39 und 39b bei gleichbleibender Höhe regelmäßig wiederkehrend leisten, wenn die beihilfeberechtigte Person sich in dem Antrag verpflichtet,

1. der Festsetzungsstelle jede Änderung der Angaben im Beihilfeantrag unaufgefordert und unverzüglich mitzuteilen und
2. den Beihilfeanspruch übersteigende Zahlungen zu erstatten.

Die Festsetzungsstelle hat spätestens zwölf Monate nach der Festsetzung zu überprüfen, ob die Voraussetzungen für die Weitergewährung der Beihilfe weiterhin vorliegen.

(3) Die Beihilfe wird auf schriftlichen oder elektronischen Antrag der beihilfeberechtigten Person bei der Festsetzungsstelle gewährt. Die dem Antrag zugrunde liegenden Belege sind der Festsetzungsstelle als Zweitschrift oder in Kopie mit dem Antrag oder gesondert vorzulegen. Bei Aufwendungen nach § 26 sind zusätzlich die Entlassungsanzeige und auf Verlangen der Festsetzungsstelle die Wahlleistungsvereinbarung vorzulegen, die nach § 16 Satz 2 der Bundespflegesatzverordnung oder nach § 17 des Krankenhausentgeltgesetzes vor Erbringung der Wahlleistungen abgeschlossen worden sind. Bei Aufwendungen nach § 26a gilt Satz 3 entsprechend. Liegen konkrete Anhaltspunkte dafür vor, dass eingereichte Belege gefälscht oder verfälscht sind, kann die Festsetzungsstelle mit Einwilligung der beihilfeberechtigten Person bei dem Urheber des Beleges Auskunft über die Echtheit einholen. Wird die Einwilligung verweigert, ist die Beihilfe zu den betreffenden Aufwendungen abzulehnen. Auf Rezepten muss die Pharmazentralnummer des verordneten Arzneimittels angegeben sein, es sei denn, sie ist wegen des Kaufes im Ausland nicht erforderlich. Sofern die Festsetzungsstelle dies zulässt, können auch die Belege elektronisch übermittelt werden. Die Festsetzungsstelle kann einen unterschriebenen Beihilfeantrag in Papierform verlangen.

(4) Die Belege über Aufwendungen im Ausland müssen grundsätzlich den im Inland geltenden Anforderungen entsprechen. Kann die beihilfeberechtigte Person die für den Kostenvergleich notwendigen Angaben nicht beibringen, hat die Festsetzungsstelle die Angemessenheit der Aufwendungen festzustellen. Auf Anforderung muss mindestens für eine Bescheinigung des Krankheitsbildes und der erbrachten Leistungen eine Übersetzung vorgelegt werden.

(5) Der Bescheid über die Bewilligung oder die Ablehnung der beantragten Beihilfe (Beihilfebescheid) wird von der Festsetzungsstelle schriftlich oder elektronisch erlassen. Soweit Belege zur Prüfung des Anspruchs auf Abschläge für Arzneimittel benötigt werden, können sie einbehalten werden. Soweit die Festsetzungsstelle elektronische Dokumente zur Abbildung von Belegen herstellt, werden diese einbehalten. Spätestens sechs Monate nach Unanfechtbarkeit des Beihilfebescheides oder nach dem Zeitpunkt, zu dem die Belege für Prüfungen einer der Rabattgewährung nach § 3 des Gesetzes über Rabatte für Arzneimittel nicht mehr benötigt werden, sind sie zu vernichten und elektronische Abbildungen spurenlos zu löschen.

(6) Der Beihilfebescheid kann vollständig durch automatisierte Einrichtungen erlassen werden, sofern kein Anlass dazu besteht, den Einzelfall durch einen Amtsträger zu bearbeiten.

(7) Zur Vermeidung unbilliger Härten kann die Festsetzungsstelle nach vorheriger Anhörung der beihilfeberechtigten Person zulassen, dass berücksichtigungsfähige Personen oder deren gesetzliche Vertreterinnen oder Vertreter ohne Zustimmung der oder des Beihilfeberechtigten die Beihilfe selbst beantragen.

(8) Beihilfe wird nur gewährt, wenn die mit dem Antrag geltend gemachten Aufwendungen insgesamt mehr als 200 Euro betragen. Auf die Mindestbetragsregelung nach Satz 1 kann die Festsetzungsstelle im Einvernehmen mit der fachaufsichtsführenden Stelle verzichten.

(9) Die Festsetzungsstelle kann auf Antrag der beihilfeberechtigten Person Abschlagszahlungen leisten.

§ 51a Zahlung an Dritte

(1) Die Festsetzungsstelle kann die Beihilfe auf Antrag der beihilfeberechtigten Person an Dritte auszahlen.

(2) Leistungen nach § 26 Absatz 1 Nummer 1, 2, 4 und 5 können direkt zwischen dem Krankenhaus oder dem vom Krankenhaus beauftragten Rechnungssteller und Festsetzungsstelle abgerechnet werden, wenn

1. der Bund eine entsprechende Rahmenvereinbarung mit der Deutschen Krankenhausgesellschaft e. V. abgeschlossen hat und
2. ein Antrag nach Anlage 16 vorliegt.

Die Festsetzungsstelle hat abrechnungsrelevante Klärungen mit dem Krankenhaus oder dem vom Krankenhaus beauftragten Rechnungssteller durchzuführen. Der Beihilfebescheid ist der beihilfeberechtigten Person bekannt zu geben.

(3) Besteht die Möglichkeit eines elektronischen Datenaustauschs zwischen den Dritten und der Festsetzungsstelle, ist die Beihilfe auf Antrag der beihilfeberechtigten Person direkt an die Leistungserbringer oder von diesen beauftragten Abrechnungsstellen auszuzahlen, wenn die beihilfeberechtigte und die berücksichtigungsfähige Person ihre Einwilligung in die Datenverarbeitung erteilt oder ihre Einwilligung in die Entbindung von der Schweigepflicht der Leistungserbringer erteilt hat. Absatz 2 Satz 2 und 3 gilt entsprechend.

§ 52 Zuordnung von Aufwendungen

Beihilfefähige Aufwendungen werden zugeordnet:

1. für eine Familien- und Haushaltshilfe der außerhäuslich untergebrachten Person,
2. für eine Begleitperson der oder dem Begleiteten,
3. für eine familienorientierte Rehabilitationsmaßnahme dem erkrankten Kind und
4. in Geburtsfällen einschließlich der Aufwendungen des Krankenhauses für das gesunde Neugeborene der Mutter.

§ 53 (weggefallen)

§ 54 Antragsfrist

(1) Beihilfe wird nur gewährt, wenn sie innerhalb von drei Jahren nach Rechnungsdatum beantragt wird. Für den Beginn der Frist ist bei Pflegeleistungen nach § 38a Absatz 3 der letzte Tag des Monats maßgebend, in dem die Pflege erbracht wurde. Hat ein Sozialhilfeträger oder im Bereich der Pflege der Träger der Sozialen Entschädigung oder der Soldatenentschädigung vorgeleistet, so beginnt die Frist mit dem Ersten des Monats, der auf den Monat folgt, in dem der Sozialhilfeträger oder der Träger der Sozialen Entschädigung oder der Soldatenentschädigung die Aufwendungen bezahlt hat. Die Frist beginnt in Fällen des § 45a Absatz 2 Satz 2 und 3 mit Ablauf des Jahres, in dem die Transplantation oder gegebenenfalls der Versuch einer Transplantation erfolgte.

(2) Die Frist ist auch gewahrt, wenn der Antrag von beihilfeberechtigten Personen nach § 3 innerhalb der Frist nach Absatz 1 bei der zuständigen Beschäftigungsstelle im Ausland eingereicht wird.

§ 55 Geheimhaltungspflicht

Die bei der Bearbeitung von Beihilfeangelegenheiten bekannt gewordenen personenbezogenen Daten sind geheim zu halten.

VII

§ 56 Festsetzungsstellen

(1) Festsetzungsstellen sind

1. die obersten Dienstbehörden für die Anträge ihrer Bediensteten und der Leiterinnen und Leiter der ihnen unmittelbar nachgeordneten Behörden,
2. die den obersten Dienstbehörden unmittelbar nachgeordneten Behörden für die Anträge der Bediensteten ihres Geschäftsbereichs und
3. die Versorgungsstellen für die Anträge der Versorgungsempfängerinnen und der Versorgungsempfänger.

(2) Die obersten Dienstbehörden können die Zuständigkeit für ihren Geschäftsbereich abweichend regeln. Die Regelung ist im Bundesgesetzblatt zu veröffentlichen.

(3) Die Festsetzungsstellen haben die Abschläge für Arzneimittel nach dem Gesetz über Rabatte für Arzneimittel geltend zu machen.

§ 57 (weggefallen)

Kapitel 7 Übergangs- und Schlussvorschriften

§ 58 Übergangsvorschriften

(1) Die Anpassung des Betrages nach § 6 Absatz 2 Satz 1 auf Grund der Sätze 6 und 7 des § 6 Absatz 2 erfolgt erstmals für die Beantragung der Beihilfe im Jahr 2024.

(2) Die §§ 141, 144 Absatz 1 und 3 und § 145 des Elften Buches Sozialgesetzbuch gelten entsprechend.

(3) § 51a gilt nicht für bis zum 31. Juli 2018 eingeführte Verfahren zur direkten Abrechnung von beihilfefähigen Aufwendungen nach § 26 Absatz 1 Nummer 1, 2, 4 und 5.

(4) § 11 Absatz 1 Satz 1 gilt entsprechend für beihilfeberechtigte und berücksichtigungsfähige Personen, die zum Behandlungsdatum ihren gewöhnlichen Aufenthalt spätestens seit dem 1. Januar 2021 ununterbrochen im Vereinigten Königreich hatten.

(5) Aufwendungen für Vergütungszuschläge für zusätzliches Pflegehilfskraftpersonal entsprechend § 84 Absatz 9 des Elften Buches Sozialgesetzbuch, um die notwendige Versorgung des Pflegebedürftigen zu gewährleisten, sind bis zum 31. Dezember 2025 beihilfefähig.

(6) Für beihilfeberechtigte und berücksichtigungsfähige Personen, deren Ansprüche nach dem Bundesversorgungsgesetz in der bis zum 31. Dezember 2023 geltenden Fassung oder nach einem Gesetz, das das Bundesversorgungsgesetz in der bis zum 31. Dezember 2023 geltenden Fassung ganz oder teilweise für anwendbar erklärt, bestandskräftig festgestellt sind, gelten die Vorschriften des § 8 Absatz 4 Satz 4 Nummer 1, des § 9 Absatz 3 Satz 4 Nummer 1, des § 38a Absatz 5, des § 47 Absatz 2 Satz 2 und des § 54 Absatz 1 Satz 3 in der am 31. Dezember 2023 geltenden Fassung weiter. Satz 1 gilt auch für ab 1. Januar 2024 entstehende Ansprüche nach dem Soldatenversorgungsgesetz in Verbindung mit dem Bundesversorgungsgesetz.

(7) Im Zeitraum vom 1. Januar 2025 bis einschließlich 30. Juni 2025 ausgezahlte Beihilfeleistungen nach § 38c Absatz 1 und § 38e werden auf die Beihilfeleistungen des Gemeinsamen Jahresbetrags nach § 38c Absatz 1 und § 38e in Verbindung mit den §§ 39, 42 und 42a des Elften Buches Sozialgesetzbuch für das Kalenderjahr 2025 angerechnet.

(8) Für Aufwendungen einer implantologischen Behandlung nach § 15 sowie einer kieferorthopädischen Behandlung nach § 15a Absatz 2, die vor dem 1. Januar 2026 begonnen wurde und fortgeführt wird, gelten die Vorschriften in der bis zu diesem Tag geltenden Fassung weiter. Als Behandlungsbeginn gilt das Datum der erstmaligen Erbringung einer Leistung aus den Abschnitten G oder K der Anlage 1 der Gebührenordnung für Zahnärzte.

§ 59 Inkrafttreten

Diese Verordnung tritt am Tag nach der Verkündung in Kraft.

Anlage 1
(zu § 6 Absatz 4 Satz 2)

Ausgeschlossene und teilweise ausgeschlossene Untersuchungen und Behandlungen

Abschnitt 1 Völliger Ausschluss

1.1 Anwendung tonmodulierter Verfahren, Audio-Psycho-Phonologie-Therapie (zum Beispiel nach Tomatis, Hörtraining nach Volf, audiovokale Integration und Therapie, Psychophonie-Verfahren zur Behandlung einer Migräne)

1.2 Atlastherapie nach Arlen

1.3 autohomologe Immuntherapien

1.4 autologe-Target-Cytokine-Therapie nach Klehr

1.5 ayurvedische Behandlungen, zum Beispiel nach Maharishi

2.1 Behandlung mit nicht beschleunigten Elektronen nach Nuhr

2.2 Biophotonen-Therapie

2.3 Bioresonatorentests

2.4 Blutkristallisationstests zur Erkennung von Krebserkrankungen

2.5 Bogomoletz-Serum

2.6 brechkraftverändernde Operation der Hornhaut des Auges (Keratomileusis) nach Barraquer

2.7 Bruchheilung von Eingeweiden (Hernien) ohne Operation

3.1 Colon-Hydro-Therapie und ihre Modifikationen

3.2 computergestützte mechanische Distraktionsverfahren, zur nichtoperativen segmentalen Distraktion an der Wirbelsäule (zum Beispiel SpineMED-Verfahren, DRX 9000, Accu-SPINA)

3.3 cytotoxologische Lebensmitteltests

4.1 DermoDyne-Therapie (DermoDyne-Lichtimpfung)

5.1 Elektroneuralbehandlungen nach Croon

5.2 Elektronneuraldiagnostik

5.3 epidurale Wirbelsäulenkathetertechnik nach Racz

6.1 Frischzellentherapie

7.1 Ganzheitsbehandlungen auf bioelektrisch-heilmagnetischer Grundlage (zum Beispiel Bioresonanztherapie, Decoderdermographie, Elektroakupunktur nach Voll, elektronische Systemdiagnostik, Medikamententests nach der Bioelektrischen Funktionsdiagnostik, Mora-Therapie)

7.2 gezielte vegetative Umstimmungsbehandlung oder gezielte vegetative Gesamtumschaltung durch negative statische Elektrizität

8.1 Heileurhythmie

8.2 Höhenflüge zur Asthma- oder Keuchhustenbehandlung

8.3 Hornhautimplantation refraktiv zur Korrektur der Presbyopie

9.1 immunoaugmentative Therapie

9.2 Immunseren (Serocytol-Präparate)

9.3 isobare oder hyperbare Inhalationstherapien mit ionisiertem oder nichtionisiertem Sauerstoff oder Ozon einschließlich der oralen, parenteralen oder perkutanen Aufnahme (zum Beispiel hämatogene Oxidationstherapie, Sauerstoff-Darmsanierung, Sauerstoff-Mehrschritt-Therapie nach von Ardenne)

10.1 (frei)

11.1 kinesiologische Behandlung

11.2 Kirlian-Fotografie

11.3 kombinierte Serumtherapie (zum Beispiel Wiedemann-Kur)

11.4 konduktive Förderung nach Petö

12.1 Laser-Behandlung im Bereich der physikalischen Therapie

13.1 (weggefallen)

14.1 Neurostimulation nach Molsberger

14.2 neurotopische Diagnostik und Therapie

14.3 niedrig dosierter, gepulster Ultraschall

15.1 osmotische Entwässerungstherapie

16.1 Photobiomodulation (PBM) bei trockener altersbedingter Makuladegeneration (AMD)

16.2 photodynamische Therapie in der Parodontologie
16.3 Psycotron-Therapie
16.4 pulsierende Signaltherapie
16.5 Pyramidenenergiebestrahlung
17.1 (frei)
18.1 Regeneresen-Therapie
18.2 Reinigungsprogramm mit Megavitaminen und Ausschwitzen
18.3 Rimkus-Methode
18.4 Rolfing-Behandlung
19.1 Schwingfeld-Therapie
19.2 SIPARI-Methode
20.1 Thermoregulationsdiagnostik
20.2 Transorbitale Wechselstromstimulation bei Optikusatrophie (zum Beispiel SAVIR-Verfahren)
20.3 Trockenzellentherapie
21.1 (frei)
22.1 Vaduril-Injektionen gegen Parodontose
22.2 Vibrationsmassage des Kreuzbeins
22.3 visuelle Restitutionstherapie
23.1 (frei)
24.1 (frei)
25.1 (frei)
26.1 Zellmilieu-Therapie

Abschnitt 2 Teilweiser Ausschluss

1. Chelattherapie
   Aufwendungen sind nur beihilfefähig bei Behandlung von Schwermetallvergiftung, Morbus Wilson und Siderose. Alternative Schwermetallausleitungen gehören nicht zur Behandlung einer Schwermetallvergiftung.
2. Extrakorporale Stoßwellentherapie (ESWT)
   Aufwendungen sind nur beihilfefähig im orthopädischen und schmerztherapeutischen Bereich bei Behandlung von
   a) Tendinosis calcarea,
   b) Pseudarthrose,
   c) Fasciitis plantaris,
   d) therapierefraktärer Epicondylitis humeri radialis,
   e) therapierefraktärer Achillodynie oder
   f) therapierefraktärer Bursitis trochanterica.
3. Hyperbare Sauerstofftherapie (Überdruckbehandlung)
   Aufwendungen sind nur beihilfefähig bei Behandlung von Kohlenmonoxydvergiftung, Gasgangrän, chronischen Knocheninfektionen, Septikämien, schweren Verbrennungen, Gasembolien, peripherer Ischämie, diabetisches Fußsyndrom ab Wagner Stadium II oder von Tinnitusleiden, die mit Perzeptionsstörungen des Innenohres verbunden sind.
4. Hyperthermiebehandlung
   Aufwendungen sind nur beihilfefähig bei Tumorbehandlungen in Kombination mit Chemo- oder Strahlentherapie.
5. Klimakammerbehandlung
   Aufwendungen sind nur beihilfefähig, wenn andere übliche Behandlungsmethoden nicht zum Erfolg geführt haben und die Festsetzungsstelle auf Grund des Gutachtens von einer Ärztin oder einem Arzt, die oder den sie bestimmt, vor Beginn der Behandlung zugestimmt hat.
6. Lanthasol-Aerosol-Inhalationskur
   Aufwendungen sind nur beihilfefähig, wenn die Aerosol-Inhalationskuren mit hochwirksamen Medikamenten, zum Beispiel Aludrin, durchgeführt werden.
7. Magnetfeldtherapie
   Aufwendungen sind nur beihilfefähig bei Behandlung von atrophen Pseudarthrosen, bei Endoprothesenlockerung, idiopathischer Hüftnekrose und verzögerter Knochenbruchheilung, wenn die Magnetfeldtherapie in Verbindung mit einer sachgerechten chirurgischen Therapie durchgeführt wird, sowie bei psychiatrischen Erkrankungen.
8. Modifizierte Eigenblutbehandlung
   a) Zahnheilkunde
   Aufwendungen für eine Behandlung mit autologen Thrombozytenkonzentraten wie plättchenreiches Plasma (PRP) und plättchenreiches Fibrin (PRF) sind nur beihilfefähig nach Extraktion eines Zahnes oder mehrerer Zähne

aa) zum Volumenerhalt des Knochens beispielsweise Alveolarfortsatzes (postextraktioneller, zum Beispiel präimplantologisch indizierter Kieferkammerhalt; Socket/Ridge Preservation) oder

bb) zur Verbesserung der Alveolenheilung und Reduktion des Alveolitis-Risikos (PRF als solide PRF-Plug-Matrix) insbesondere im Rahmen einer operativen Weisheitszahnentfernung.

b) Augenheilkunde
Aufwendungen für eine Behandlung mit autologen Serumaugentropfen aus Eigenblut als Tränenersatzstoff sind nur beihilfefähig bei einer trockenen Glandulae tarsales (Meibom-Drüsen-Dysfunktion, Sicca-Syndrom, Keratokonjunktivitis sicca etc.).

9. Ozontherapie
Aufwendungen sind nur beihilfefähig bei Gasinsufflationen, wenn damit arterielle Verschlusserkrankungen behandelt werden. Vor Aufnahme der Behandlung ist die Zustimmung der Festsetzungsstelle einzuholen.

10. Radiale extrakorporale Stoßwellentherapie (r-ESWT)
Aufwendungen sind nur beihilfefähig im orthopädischen und schmerztherapeutischen Bereich bei Behandlung von
a) Fasciitis plantaris,
b) therapierefraktärer Epicondylitis humeri radialis,
c) therapierefraktärer Achillodynie oder
d) therapierefraktärer Bursitis trochanterica.

11. Therapeutisches Reiten (Hippotherapie)
Aufwendungen sind nur beihilfefähig bei ausgeprägten cerebralen Bewegungsstörungen (Spastik) oder schwerer geistiger Behinderung, sofern die ärztlich verordnete Behandlung von Angehörigen der Gesundheits- oder Medizinalfachberufe (zum Beispiel Krankengymnastin oder Krankengymnast) mit entsprechender Zusatzausbildung durchgeführt wird. Die Aufwendungen sind nach den Nummern 4 bis 6 der Anlage 9 beihilfefähig.

12. Thymustherapie und Behandlung mit Thymuspräparaten
Aufwendungen sind nur beihilfefähig bei Krebsbehandlungen, wenn andere übliche Behandlungsmethoden nicht zum Erfolg geführt haben.

13. Visusverbessernde Maßnahmen
a) Austausch natürlicher Linsen
Bei einer reinen visusverbessernden Operation sind Aufwendungen nur beihilfefähig, wenn der Austausch die einzige Möglichkeit ist, um eine Verbesserung des Visus zu erreichen. Die Aufwendungen für die Linsen sind dabei nur bis zur Höhe der Kosten einer Monofokallinse, höchstens bis zu 270 Euro pro Linse beihilfefähig. Satz 2 gilt auch für Linsen bei einer Kataraktoperation.
b) Chirurgische Hornhautkorrektur durch Laserbehandlung
Aufwendungen sind nur beihilfefähig, wenn eine Korrektur durch eine Brille oder Kontaktlinsen nach augenärztlicher Feststellung nicht möglich ist.
c) Implantation einer additiven Linse, auch einer Add-on-Intraokularlinse
Aufwendungen sind nur beihilfefähig, wenn die Implantation die einzige Möglichkeit ist, um eine Verbesserung des Visus zu erreichen.
d) Implantation einer phaken Intraokularlinse
Aufwendungen sind nur beihilfefähig, wenn die Implantation die einzige Möglichkeit ist, um eine Verbesserung des Visus zu erreichen.

Aufwendungen für rein visusverbessernde Maßnahmen sind nur dann beihilfefähig, wenn die Festsetzungsstelle den Maßnahmen vor Aufnahme der Behandlung zugestimmt hat.

Anlage 2
(zu § 6 Absatz 5 Satz 4)

Höchstbeträge für die Angemessenheit der Aufwendungen für Heilpraktikerleistungen

Nummer	Leistungsbeschreibung	vereinbarter Höchstbetrag
1–10	**Allgemeine Leistungen**	
1	Für die eingehende, das gewöhnliche Maß übersteigende Untersuchung	12,50 €
2a	Erhebung der homöopathischen Erstanamnese mit einer Mindestdauer von einer Stunde je Behandlungsfall	80,00 €
2b	Durchführung des vollständigen Krankenexamens mit Repertorisation nach den Regeln der klassischen Homöopathie	35,00 €
	Anmerkung: Die Leistung nach Nummer 2b ist in einer Sitzung nur einmal und innerhalb von sechs Monaten höchstens dreimal berechnungsfähig.	
3	Kurze Information, auch mittels Fernsprecher, oder Ausstellung einer Wiederholungsverordnung, als einzige Leistung pro Inanspruchnahme der Heilpraktikerin/des Heilpraktikers	3,00 €
4	Eingehende Beratung, die das gewöhnliche Maß übersteigt, von mindestens 15 Minuten Dauer, gegebenenfalls einschließlich einer Untersuchung	18,50 €
	Anmerkung: Eine Leistung nach Nummer 4 ist nur als alleinige Leistung oder im Zusammenhang mit einer Leistung nach Nummer 1 oder Nummer 17.1 beihilfefähig.	
5	Beratung, auch mittels Fernsprecher, gegebenenfalls, einschließlich einer kurzen Untersuchung	9,00 €
	Anmerkung: Eine Leistung nach Nummer 5 ist nur einmal pro Behandlungsfall neben einer anderen Leistung beihilfefähig.	
6	Für die gleichen Leistungen wie unter Nummer 5, jedoch außerhalb der normalen Sprechstundenzeit	13,00 €
7	Für die gleichen Leistungen wie unter Nummer 5, jedoch bei Nacht, zwischen 20 und 7 Uhr	18,00 €
8	Für die gleichen Leistungen wie unter Nummer 5, jedoch sonn- und feiertags	20,00 €
	Anmerkung: Als allgemeine Sprechstunde gilt die durch Aushang festgesetzte Zeit, selbst wenn sie nach 20 Uhr festgesetzt ist. Eine Berechnung des Honorars nach den Nummern 6 bis 8 kann also nur dann erfolgen, wenn die Beratung außerhalb der festgesetzten Zeiten stattfand und der Patient nicht schon vor Ablauf derselben im Wartezimmer anwesend war. Ebenso können für Sonn- und Feiertage nicht die dafür vorgesehenen erhöhten Honorare zur Berechnung kommen, wenn der Heilpraktiker gewohnheitsmäßig an Sonn- und Feiertagen Sprechstunden hält.	

VII

Nummer	Leistungsbeschreibung		vereinbarter Höchstbetrag
9	**Hausbesuch einschließlich Beratung**		
9.1	bei Tag		24,00 €
9.2	in dringenden Fällen (Eilbesuch, sofort ausgeführt)		26,00 €
9.3	bei Nacht und an Sonn- und Feiertagen		29,00 €
10	**Nebengebühren für Hausbesuche**		
10.1	für jede angefangene Stunde bei Tag bis zu 2 km Entfernung zwischen Praxis- und Besuchsort		4,00 €
10.2	für jede angefangene Stunde bei Nacht bis zu 2 km Entfernung zwischen Praxis- und Besuchsort		8,00 €
10.5	für jeden zurückgelegten km bei Tag von 2 bis 25 km Entfernung zwischen Praxis- und Besuchsort		1,00 €
10.6	für jeden zurückgelegten km bei Nacht von 2 bis 25 km Entfernung zwischen Praxis- und Besuchsort		2,00 €
10.7	Handelt es sich um einen Fernbesuch von über 25 km Entfernung zwischen Praxis- und Besuchsort, so können pro Kilometer an Reisekosten in Anrechnung gebracht werden. *Anmerkung: Die Wegkilometer werden nach dem jeweils günstigsten benutzbaren Fahrtweg berechnet. Besucht der Heilpraktiker mehrere Patienten bei einer Besuchsfahrt, werden die Fahrtkosten entsprechend aufgeteilt.*		0,20 €
10.8	Handelt es sich bei einem Krankenbesuch um eine Reise, welche länger als 6 Stunden dauert, so kann die Heilpraktikerin/der Heilpraktiker anstelle des Wegegeldes die tatsächlich entstandenen Reisekosten in Abrechnung bringen und außerdem für den Zeitaufwand pro Stunde Reisezeit berechnen. Die Patientin bzw. der Patient ist hiervon vorher in Kenntnis zu setzen.		16,00 €
11	**Schriftliche Auslassungen und Krankheitsbescheinigungen**		
11.1	Kurze Krankheitsbescheinigung oder Brief im Interesse der Patientin/des Patienten		5,00 €
11.2	Ausführlicher Krankheitsbericht oder Gutachten (DIN A4 engzeilig maschinengeschrieben)	Ausführlicher schriftlicher Krankheits- und Befundbericht (einschließlich Angaben zur Anamnese, zu den Befunden, zur epikritischen Bewertung und gegebenenfalls zur Therapie)	15,00 €
		Schriftliche gutachtliche Äußerung	16,00 €
11.3	Individuell angefertigter schriftlicher Diätplan bei Ernährungs- und Stoffwechselerkrankungen		8,00 €

VII

Nummer	Leistungsbeschreibung		vereinbarter Höchstbetrag
12	**Chemisch-physikalische Untersuchungen**		
12.1	Harnuntersuchungen qualitativ mittels Verwendung eines Mehrfachreagenzträgers (Teststreifen) durch visuellen Farbvergleich *Anmerkung: Die einfache qualitative Untersuchung auf Zucker und Eiweiß sowie die Bestimmung des ph-Wertes und des spezifischen Gewichtes sind nicht berechnungsfähig.*		3,00 €
12.2	Harnuntersuchung quantitativ (es ist anzugeben, auf welchen Stoff untersucht wurde, zum Beispiel Zucker usw.)		4,00 €
12.4	Harnuntersuchung, nur Sediment		4,00 €
12.7	Blutstatus (nicht neben den Nummern 12.9, 12.10, 12.11)		10,00 €
12.8	Blutzuckerbestimmung		2,00 €
12.9	Hämoglobinbestimmung		3,00 €
12.10	Differenzierung des gefärbten Blutausstriches		6,00 €
12.11	Zählung der Leuko- und Erythrozyten	Erythrozytenzahl und/oder Hämatokrit und/oder Hämoglobin und/oder mittleres Zellvolumen (MCV) und die errechneten Kenngrößen (zum Beispiel MCH, MCHC) und die Erythrozytenverteilungskurve und/oder Leukozytenzahl und/oder Thrombozytenzahl	3,00 €
		Differenzierung der Leukozyten, elektronisch-zytometrisch, zytochemisch-zytometrisch oder mittels mechanisierter Mustererkennung (Bildanalyse)	1,00 €
12.12	Blutkörperchen-Senkungsgeschwindigkeit einschl. Blutentnahme		3,00 €
12.13	Einfache mikroskopische und/oder chemische Untersuchungen von Körperflüssigkeiten und Ausscheidungen auch mit einfachen oder schwierigen Färbeverfahren sowie Dunkelfeld, pro Untersuchung *Anmerkung: Die Art der Untersuchung ist anzugeben.*		6,00 €
12.14	Aufwendige Chemogramme von Körperflüssigkeiten und Ausscheidungen je nach Umfang pro Einzeluntersuchung *Anmerkung: Die Art der Untersuchung ist anzugeben.*		7,00 €
13	**Sonstige Untersuchungen**		
13.1	Sonstige Untersuchungen unter Zuhilfenahme spezieller Apparaturen oder Färbeverfahren besonders schwieriger Art, zum Beispiel ph-Messungen im strömenden Blut oder Untersuchungen nach v. Bremer, Enderlein usw. *Anmerkung: Die Art der Untersuchung ist anzugeben.*		6,00 €

VII

Nummer	Leistungsbeschreibung		vereinbarter Höchstbetrag
14	**Spezielle Untersuchungen**		
14.1	Binokulare mikroskopische Untersuchung des Augenvordergrundes		8,00 €
	Anmerkung: Eine Leistung nach Nummer 14.1 kann nicht neben einer Leistung nach Nummer 1 oder Nummer 4 berechnet werden. Leistungen nach den Nummern 14.1 und 14.2 können nicht nebeneinander berechnet werden.		
14.2	Binokulare Spiegelung des Augenhintergrundes		8,00 €
	Anmerkung: Eine Leistung nach Nummer 14.1 kann nicht neben einer Leistung nach Nummer 1 oder Nummer 4 berechnet werden. Leistungen nach den Nummern 14.1 und 14.2 können nicht nebeneinander berechnet werden.		
14.3	Grundumsatzbestimmung nach Read		5,00 €
14.4	Grundumsatzbestimmung mit Hilfe der Atemgasuntersuchung		20,00 €
14.5	Prüfung der Lungenkapazität (Spirometrische Untersuchung)		7,00 €
14.6	Elektrokardiogramm mit Phonokardiogramm und Ergometrie, vollständiges Programm		41,00 €
14.7	Elektrokardiogramm mit Standardableitungen, Goldbergerableitungen, Nehbsche Ableitungen, Brustwandableitungen		14,00 €
14.8	Oszillogramm-Methoden		11,00 €
14.9	Spezielle Herz-Kreislauf-Untersuchungen		8,00 €
	Anmerkung: Nicht neben Nummer 1 oder Nummer 4 berechenbar.		
14.10	Ultraschall-Gefäßdoppler-Untersuchung zu peripheren Venendruck-/oder Strömungsmessungen		9,00 €
17	**Neurologische Untersuchungen**		
17.1	Neurologische Untersuchung		21,00 €
18–23	**Spezielle Behandlungen**		
20	**Atemtherapie, Massagen**		
20.1	Atemtherapeutische Behandlungsverfahren		8,00 €
20.2	Nervenpunktmassage nach Cornelius, Aurelius u. a., Spezialnervenmassage		6,00 €
20.3	Bindegewebsmassage		6,00 €
20.4	Teilmassage (Massage einzelner Körperteile)		4,00 €
20.5	Großmassage		6,00 €
20.6	Sondermassagen	Unterwasserdruckstrahlmassage (Wanneninhalt mindestens 400 Liter, Leistung der Apparatur mindestens 4 bar)	8,00 €

VII

Nummer	Leistungsbeschreibung		vereinbarter Höchstbetrag
20.6	Sondermassagen	Massage im extramuskulären Bereich (zum Beispiel Bindegewebsmassage, Periostmassage, manuelle Lymphdrainage)	6,00 €
		Extensionsbehandlung mit Schrägbett, Extensionstisch, Perlgerät	6,00 €
20.7	Behandlung mit physikalischen oder medicomechanischen Apparaten		6,00 €
20.8	Einreibungen zu therapeutischen Zwecken in die Haut		4,00 €
21	**Akupunktur**		
21.1	Akupunktur einschließlich Pulsdiagnose		23,00 €
21.2	Moxibustionen, Injektionen und Quaddelungen in Akupunkturpunkte		7,00 €
22	**Inhalationen**		
22.1	Inhalationen, soweit sie von der Heilpraktikerin/dem Heilpraktiker mit den verschiedenen Apparaten in der Sprechstunde ausgeführt werden		3,00 €
24–30	**Blutentnahmen – Injektionen – Infusionen – Hautableitungsverfahren**		
24	**Eigenblut, Eigenharn**		
24.1	Eigenblutinjektion		11,00 €
25	**Injektionen, Infusionen**		
25.1	Injektion, subkutan		5,00 €
25.2	Injektion, intramuskulär		5,00 €
25.3	Injektion, intravenös, intraarteriell		7,00 €
25.4	Intrakutane Reiztherapie (Quaddelbehandlung), pro Sitzung		7,00 €
25.5	Injektion, intraartikulär		11,50 €
25.6	Neural- oder segmentgezielte Injektionen nach Hunecke		11,50 €
25.7	Infusion		8,00 €
25.8	Dauertropfeninfusion		12,50 €
	Anmerkung: Die Beihilfefähigkeit der mit der Infusion eingebrachten Medikamente richtet sich nach dem Beihilferecht des jeweiligen Beihilfeträgers.		
26	**Blutentnahmen**		
26.1	Blutentnahme		3,00 €
26.2	Aderlass		12,00 €
27	**Hautableitungsverfahren, Hautreizverfahren**		
27.1	Setzen von Blutegeln, ggf. einschl. Verband		5,00 €
27.2	Skarifikation der Haut		4,00 €
27.3	Setzen von Schröpfköpfen, unblutig		5,00 €
27.4	Setzen von Schröpfköpfen, blutig		5,00 €
27.5	Schröpfkopfmassage einschl. Gleitmittel		5,00 €
27.6	Anwendung großer Saugapparate für ganze Extremitäten		5,00 €
27.7	Setzen von Fontanellen		5,00 €
27.8	Setzen von Cantharidenblasen		5,00 €

Nummer	Leistungsbeschreibung	vereinbarter Höchstbetrag
27.9	Reinjektion des Blaseninhaltes (aus Nummer 27.8)	5,00 €
27.10	Anwendung von Pustulantien	5,00 €
27.12	Biersche Stauung	5,00 €
28	**Infiltrationen**	
28.1	Behandlung mittels paravertebraler Infiltration, einmalig	9,00 €
28.2	Behandlung mittels paravertebraler Infiltration, mehrmalig	15,00 €
29	**Roedersches Verfahren**	
29.1	Roedersches Behandlungs- und Mandelabsaugverfahren	5,00 €
30	**Sonstiges**	
30.1	Spülung des Ohres	5,00 €
31	**Wundversorgung, Verbände und Verwandtes**	
31.1	Eröffnung eines oberflächlichen Abszesses	9,00 €
31.2	Entfernung von Aknepusteln pro Sitzung	8,00 €
32	**Versorgung einer frischen Wunde**	
32.1	bei einer kleinen Wunde	8,00 €
32.2	bei einer größeren und verunreinigten Wunde	13,00 €
33	**Verbände (außer zur Wundbehandlung)**	
33.1	Verbände, jedes Mal	5,00 €
33.2	Elastische Stütz- und Pflasterverbände	7,00 €
33.3	Kompressions- oder Zinkleimverband	10,00 €
	Anmerkung: Die Beihilfefähigkeit des für den Verband verbrauchten Materials richtet sich nach dem Beihilferecht des jeweiligen Beihilfeträgers.	
34	**Gelenk- und Wirbelsäulenbehandlung**	
34.1	Chiropraktische Behandlung	4,00 €
34.2	Gezielter chiropraktischer Eingriff an der Wirbelsäule	17,00 €
	Anmerkung: Die Leistung nach Nummer 34.2 ist nur einmal je Sitzung berechnungsfähig.	
35	**Osteopathische Behandlung**	
35.1	des Unterkiefers	11,00 €
35.2	des Schultergelenkes und der Wirbelsäule	21,00 €
35.3	der Handgelenke, des Oberschenkels, des Unterschenkels, des Vorderarmes und der Fußgelenke	21,00 €
35.4	des Schlüsselbeins und der Kniegelenke	12,00 €
35.5	des Daumens	10,00 €
35.6	einzelner Finger und Zehen	10,00 €
36	**Hydro- und Elektrotherapie, Medizinische Bäder und sonstige hydrotherapeutische Anwendungen**	
	Anmerkung: Alle nicht aufgeführten Bäder sind nicht beihilfefähig.	
36.1	Leitung eines ansteigenden Vollbades	7,00 €
36.2	Leitung eines ansteigenden Teilbades	4,00 €

Nummer	Leistungsbeschreibung	vereinbarter Höchstbetrag
36.3	Spezialdarmbad (subaquales Darmbad)	13,00 €
36.4	Kneippsche Güsse	4,00 €
37	**Elektrische Bäder und Heißluftbäder**	
	Anmerkung: Alle nicht aufgeführten Bäder sind nicht beihilfefähig.	
37.1	Teilheißluftbad, zum Beispiel Kopf oder Arm	3,00 €
37.2	Ganzheißluftbad, zum Beispiel Rumpf oder Beine	5,00 €
37.3	Heißluftbad im geschlossenen Kasten	5,00 €
37.4	Elektrisches Vierzellenbad	4,00 €
37.5	Elektrisches Vollbad (Stangerbad)	8,00 €
38	**Spezialpackungen**	
	Anmerkung: Alle nicht aufgeführten Packungen sind nicht beihilfefähig.	
38.1	Fangopackungen	3,00 €
38.2	Paraffinpackungen, örtliche	3,00 €
38.3	Paraffinganzpackungen	3,00 €
38.4	Kneippsche Wickel- und Ganzpackungen, Prießnitz- und Schlenzpackungen	3,00 €
39	**Elektro-physikalische Heilmethoden**	
39.1	Einfache oder örtliche Lichtbestrahlungen	3,00 €
39.2	Ganzbestrahlungen	8,00 €
39.4	Faradisation, Galvanisation und verwandte Verfahren (Schwellstromgeräte)	4,00 €
39.5	Anwendung der Influenzmaschine	4,00 €
39.6	Anwendung von Heizsonnen (Infrarot)	4,00 €
39.7	Verschorfung mit heißer Luft und heißen Dämpfen	8,00 €
39.8	Behandlung mit hochgespannten Strömen, Hochfrequenzströmen in Verbindung mit verschiedenen Apparaten	3,00 €
39.9	Langwellenbehandlung (Diathermie), Kurzwellen- und Mikrowellenbehandlung	3,00 €
39.10	Magnetfeldtherapie mit besonderen Spezialapparaten	4,00 €
39.11	Elektromechanische und elektrothermische Behandlung (je nach Aufwand und Dauer)	4,00 €
39.12	Niederfrequente Reizstromtherapie, zum Beispiel Jono-Modulator	4,00 €
39.13	Ultraschall-Behandlung	4,00 €

Anlage 3
(zu den §§ 18 bis 21)

Ambulant durchgeführte psychotherapeutische Behandlungen und Maßnahmen der psychosomatischen Grundversorgung

Abschnitt 1 Psychotherapeutische Leistungen

1. Nicht beihilfefähig sind Aufwendungen für:
   a) Familientherapie,
   b) Funktionelle Entspannung nach Marianne Fuchs,
   c) Gesprächspsychotherapie (zum Beispiel nach Rogers),
   d) Gestalttherapie,
   e) Körperbezogene Therapie,
   f) Konzentrative Bewegungstherapie,
   g) Logotherapie,
   h) Musiktherapie,
   i) Heileurhythmie,
   j) Psychodrama,
   k) Respiratorisches Biofeedback,
   l) Transaktionsanalyse.
2. Nicht zu den psychotherapeutischen Leistungen im Sinne der §§ 18 bis 21 gehören:
   a) Behandlungen, die zur schulischen, beruflichen oder sozialen Anpassung oder Förderung bestimmt sind,
   b) Maßnahmen der Erziehungs-, Ehe-, Familien-, Lebens-, Paar- oder Sexualberatung,
   c) Heilpädagogische und ähnliche Maßnahmen sowie
   d) Psychologische Maßnahmen, die der Aufarbeitung und Überwindung sozialer Konflikte dienen.

Abschnitt 2 Psychosomatische Grundversorgung

1. Aufwendungen für eine verbale Intervention sind nur beihilfefähig, wenn die Behandlung durchgeführt wird von einer Fachärztin oder einem Facharzt für
   a) Allgemeinmedizin,
   b) Augenheilkunde,
   c) Frauenheilkunde und Geburtshilfe,
   d) Haut- und Geschlechtskrankheiten,
   e) Innere Medizin,
   f) Kinder- und Jugendlichenmedizin,
   g) Kinder- und Jugendpsychiatrie und -psychotherapie,
   h) Neurologie,
   i) Phoniatrie und Pädaudiologie,
   j) Psychiatrie und Psychotherapie,
   k) Psychotherapeutische Medizin oder Psychosomatische Medizin und Psychotherapie oder
   l) Urologie.
2. Aufwendungen für übende und suggestive Interventionen (autogenes Training, progressive Muskelrelaxation nach Jacobson, Hypnose) sind nur dann beihilfefähig, wenn die Behandlung durchgeführt wird von
   a) einer Ärztin oder einem Arzt,
   b) einer Psychologischen Psychotherapeutin oder einem Psychologischen Psychotherapeuten,
   c) einer Kinder- und Jugendlichenpsychotherapeutin oder einem Kinder- und Jugendlichenpsychotherapeuten.
   d) einer Psychotherapeutin oder einem Psychotherapeuten.

   Die behandelnde Person muss über Kenntnisse und Erfahrungen in der Anwendung der entsprechenden Intervention verfügen.

Abschnitt 3 Tiefenpsychologisch fundierte und analytische Psychotherapie

1. Leistungen der anerkannten Psychotherapieform tiefenpsychologisch fundierte oder analytische Psychotherapie dürfen bei Personen, die das 18. Lebensjahr vollendet haben, nur von folgenden Personen erbracht werden:
   a) Psychotherapeutinnen und Psychotherapeuten, die die Voraussetzungen des Fünften Buches Sozialgesetzbuch zur

Eintragung in das Arztregister erfüllen, mit einer Weiterbildung für die Behandlung von Erwachsenen auf dem Gebiet der tiefenpsychologisch fundierten oder analytischen Psychotherapie,

b) Psychologischen Psychotherapeutinnen und Psychologischen Psychotherapeuten mit einer vertieften Ausbildung auf dem Gebiet der tiefenpsychologisch fundierten oder analytischen Psychotherapie.

2. Leistungen der anerkannten Psychotherapieform tiefenpsychologisch fundierte oder analytische Psychotherapie dürfen bei Personen, die das 18. Lebensjahr noch nicht vollendet haben, nur von folgenden Personen erbracht werden:

   a) Psychotherapeutinnen und Psychotherapeuten, die die Voraussetzungen des Fünften Buches Sozialgesetzbuch zur Eintragung in das Arztregister erfüllen, mit einer Weiterbildung für die Behandlung von Kindern und Jugendlichen auf dem Gebiet der tiefenpsychologisch fundierten oder analytischen Psychotherapie,

   b) Psychologischen Psychotherapeutinnen und Psychologischen Psychotherapeuten mit einer vertieften Ausbildung auf dem Gebiet der tiefenpsychologisch fundierten oder analytischen Psychotherapie und einer Zusatzqualifikation für die Behandlung von Kindern und Jugendlichen, die die Anforderungen des § 4 Absatz 2 der auf der Internetseite der Kassenärztlichen Bundesvereinigung veröffentlichten Psychotherapie-Vereinbarung vom 1. Januar 2025 erfüllt,

   c) Kinder- und Jugendlichenpsychotherapeutinnen und Kinder- und Jugendlichenpsychotherapeuten mit einer vertieften Ausbildung auf dem Gebiet der tiefenpsychologisch fundierten oder analytischen Psychotherapie.

3. Abweichend von Nummer 1 dürfen Leistungen der anerkannten Psychotherapieform tiefenpsychologisch fundierte oder analytische Psychotherapie bei Personen, die das 18. Lebensjahr, aber noch nicht das 21. Lebensjahr vollendet haben, sowohl von in Nummer 1 genannten Personen als auch von in Nummer 2 genannten Personen erbracht werden.

4. Wird die Behandlung von einer ärztlichen Psychotherapeutin oder einem ärztlichen Psychotherapeuten durchgeführt, muss diese Person Fachärztin oder Facharzt für eines der folgenden Fachgebiete sein:

   a) Psychotherapeutische Medizin,
   b) Psychiatrie und Psychotherapie oder Psychosomatische Medizin und Psychotherapie,
   c) Kinder- und Jugendpsychiatrie und -psychotherapie oder
   d) Ärztin oder Arzt mit der Bereichs- oder Zusatzbezeichnung „Psychotherapie" oder „Psychoanalyse"

   Eine Fachärztin oder ein Facharzt für Psychotherapeutische Medizin, Psychiatrie und Psychotherapie oder Kinder- und Jugendpsychiatrie und -psychotherapie sowie eine Ärztin oder ein Arzt mit der Bereichsbezeichnung „Psychotherapie" kann nur tiefenpsychologisch fundierte Psychotherapie durchführen. Eine Ärztin oder ein Arzt mit der Bereichs- oder Zusatzbezeichnung „Psychoanalyse" oder mit der vor dem 1. April 1984 verliehenen Bereichsbezeichnung „Psychotherapie" kann auch analytische Psychotherapie durchführen.

5. Voraussetzung für die Beihilfefähigkeit der Aufwendungen in Ausnahmefällen (§ 19 Absatz 1 Nummer 3 und 4) ist, dass vor Beginn der Behandlung eine erneute eingehende Begründung der Psychotherapeutin oder des Psychotherapeuten vorgelegt wird und die Festsetzungsstelle vor Beginn der Behandlung zugestimmt hat.

Abschnitt 4 Verhaltenstherapie

1. Leistungen der Verhaltenstherapie dürfen bei Personen, die das 18. Lebensjahr vollendet haben, nur von folgenden Personen erbracht werden:

VII

a) Psychotherapeutinnen und Psychotherapeuten, die die Voraussetzungen des Fünften Buches Sozialgesetzbuch zur Eintragung in das Arztregister erfüllen, mit einer Weiterbildung für die Behandlung von Erwachsenen auf dem Gebiet der Verhaltenstherapie,

b) Psychologischen Psychotherapeutinnen und Psychologischen Psychotherapeuten mit einer vertieften Ausbildung auf dem Gebiet der Verhaltenstherapie.

2. Leistungen der Verhaltenstherapie dürfen bei Personen, die das 18. Lebensjahr noch nicht vollendet haben, nur von folgenden Personen erbracht werden:

   a) Psychotherapeutinnen und Psychotherapeuten, die die Voraussetzungen des Fünften Buches Sozialgesetzbuch zur Eintragung in das Arztregister erfüllen, mit einer Weiterbildung für die Behandlung von Kindern und Jugendlichen auf dem Gebiet der Verhaltenstherapie,

   b) Psychologischen Psychotherapeutinnen und Psychologischen Psychotherapeuten mit einer vertieften Ausbildung auf dem Gebiet der Verhaltenstherapie und einer Zusatzqualifikation für die Behandlung von Kindern und Jugendlichen, die die Anforderungen des § 4 Absatz 2 der auf der Internetseite der Kassenärztlichen Bundesvereinigung veröffentlichtenPsychotherapie-Vereinbarung vom 1. Januar 2025 erfüllt,

   c) Kinder- und Jugendlichenpsychotherapeutinnen und Kinder- und Jugendlichenpsychotherapeuten mit einer vertieften Ausbildung auf dem Gebiet der Verhaltenstherapie.

3. Abweichend von Nummer 1 dürfen Leistungen der Verhaltenstherapie bei Personen, die das 18. Lebensjahr, aber noch nicht das 21. Lebensjahr vollendet haben, sowohl von in Nummer 1 genannten Personen als auch von in Nummer 2 genannten Personen erbracht werden.

4. Wird die Behandlung von einer ärztlichen Psychotherapeutin oder einem ärztlichen Psychotherapeuten durchgeführt, muss diese Person Fachärztin oder Facharzt für eines der folgenden Fachgebiete sein:

   a) Psychotherapeutische Medizin oder Psychosomatische Medizin,
   b) Psychiatrie und Psychotherapie,
   c) Kinder- und Jugendpsychiatrie und -psychotherapie oder
   d) Ärztin oder Arzt mit der Bereichs- oder Zusatzbezeichnung „Psychotherapie".

   Ärztliche Psychotherapeutinnen oder ärztliche Psychotherapeuten, die keine Fachärztinnen oder Fachärzte sind, können die Behandlung durchführen, wenn sie den Nachweis erbringen, dass sie während ihrer Weiterbildung schwerpunktmäßig Kenntnisse und Erfahrungen in Verhaltenstherapie erworben haben.

Abschnitt 5 Systemische Therapie

1. Leistungen der Systemischen Therapie dürfen bei Personen, die das 18. Lebensjahr vollendet haben, nur von folgenden Personen erbracht werden:

   a) Psychotherapeutinnen und Psychotherapeuten, die die Voraussetzungen des Fünften Buches Sozialgesetzbuch zur Eintragung in das Arztregister erfüllen, mit einer Weiterbildung für die Behandlung von Erwachsenen auf dem Gebiet der Systemischen Therapie,

   b) Psychologischen Psychotherapeutinnen und Psychologischen Psychotherapeuten mit einer vertieften Ausbildung auf dem Gebiet der Systemischen Therapie,

   c) Psychologischen Psychotherapeutinnen und Psychologischen Psychotherapeuten mit einer vertieften Ausbildung in einem Verfahren nach den Abschnitten 3 oder 4 und einer Zusatzqualifikation auf dem Gebiet der Systemischen Therapie, die die Anforderungen des § 4 Absatz 5 der auf der Internetseite der Kassenärztlichen Bundesvereinigung veröffentlichten Psychotherapie-Vereinbarung vom 1. Januar 2025 erfüllt.

2. Leistungen der Systemischen Therapie dürfen bei Personen, die das 18. Lebens-

jahr noch nicht vollendet haben, nur von folgenden Personen erbracht werden:

a) Psychotherapeutinnen und Psychotherapeuten, die die Voraussetzungen des Fünften Buches Sozialgesetzbuch zur Eintragung in das Arztregister erfüllen, mit einer Weiterbildung für die Behandlung von Kindern und Jugendlichen auf dem Gebiet der Systemischen Therapie,
b) Psychologischen Psychotherapeutinnen und Psychologischen Psychotherapeuten mit einer Weiterbildung für die Behandlung von Kindern und Jugendlichen und einer vertieften Ausbildung auf dem Gebiet der Systemischen Therapie,
c) Psychologischen Psychotherapeutinnen und Psychologischen Psychotherapeuten mit einer Weiterbildung für die Behandlung von Kindern und Jugendlichen und einer vertieften Ausbildung in einem Verfahren nach den Abschnitten 3 oder 4 und einer Zusatzqualifikation auf dem Gebiet der Systemischen Therapie, die die Anforderungen des § 4 Absatz 5 der auf der Internetseite der Kassenärztlichen Bundesvereinigung veröffentlichtenPsychotherapie-Vereinbarung vom 1. Januar 2025 erfüllt.

3. Abweichend von Nummer 1 dürfen Leistungen der Systemischen Therapie bei Personen, die das 18. Lebensjahr, aber noch nicht das 21. Lebensjahr vollendet haben, sowohl von in Nummer 1 genannten Personen als auch von in Nummer 2 genannten Personen erbracht werden.
4. Wird die Behandlung von einer ärztlichen Psychotherapeutin oder einem ärztlichen Psychotherapeuten durchgeführt, muss diese Person Fachärztin oder Facharzt für eines der folgenden Fachgebiete sein:
   a) Psychiatrie und Psychotherapie,
   b) Psychosomatische Medizin und Psychotherapie,
   c) Kinder- und Jugendpsychiatrie und -psychotherapie oder
   d) Ärztin oder Arzt mit der Zusatzbezeichnung „Psychotherapie
   mit erfolgreicher Weiterbildung auf dem Gebiet der Systemischen Therapie.

Abschnitt 6 Eye-Movement-Desensitization-and-Reprocessing-Behandlung

1. Leistungen der Eye-Movement-Desensitization-and-Reprocessing-Behandlung dürfen nur von Personen erbracht werden, die
   a) Kenntnisse und praktische Erfahrungen in der Behandlung der posttraumatischen Belastungsstörung erworben haben,
   b) Kenntnisse und praktische Erfahrungen in der Eye-Movement-Desensitization-and-Reprocessing- Behandlung erworben haben und
   c) über eine der folgenden Qualifikationen verfügen:
      aa) Psychotherapeutinnen und Psychotherapeuten, die die Voraussetzungen des Fünften Buches Sozialgesetzbuch zur Eintragung in das Arztregister erfüllen, mit einer Weiterbildung in einem Verfahren nach den Abschnitten 3, 4 oder 5,
      bb) PsychologischePsychotherapeutinnen und Psychologische Psychotherapeuten mit einer vertieften Ausbildung in einem Verfahren nach den Abschnitten 3, 4 oder 5.
2. Wird die Behandlung von einer ärztlichen Psychotherapeutin oder einem ärztlichen Psychotherapeuten durchgeführt, so muss diese Person
   a) die Voraussetzungen nach den Abschnitten 3, 4 oder 5 erfüllen und
   b) Kenntnisse und praktische Erfahrungen in der Behandlung der posttraumatischen Belastungsstörung und in der Eye-Movement-Desensitization-and-Reprocessing-Behandlung erworben haben.
3. Wurde die Qualifikation nach Nummer 1 oder Nummer 2 bei Psychologischen Psychotherapeutinnen oder Psychologischen Psychotherapeuten nicht im Rahmen der Ausbildung und bei Psychotherapeutinnen

VII

oder Psychotherapeuten nicht im Rahmen der Weiterbildung erworben, muss die behandelnde Person

a) in mindestens 40 Stunden eingehende Kenntnisse in der Theorie der Traumabehandlung und der Eye-Movement-Desensitization-and-Reprocessing-Behandlung erworben haben und
b) mindestens 40 Stunden Einzeltherapie mit mindestens fünf abgeschlossenen Eye-Movement-Desensitization-and-Reprocessing-Behandlungsabschnitten unter Supervision von mindestens 10 Stunden mit Eye-Movement- Desensitization-and-Reprocessing-Behandlung durchgeführt haben.

4. Wird die Behandlung von einer ärztlichen Psychotherapeutin oder einem ärztlichen Psychotherapeuten durchgeführt, muss diese Person
   a) die Voraussetzungen nach Abschnitt 3 oder 4 erfüllen und
   b) Kenntnisse und praktische Erfahrungen in der Behandlung der posttraumatischen Belastungsstörung und in der Eye-Movement-Desensitization-and-Reprocessing-Behandlung erworben haben.

Anlage 4

(weggefallen)

Anlage 5

(weggefallen)

Anlage 6

(weggefallen)

Anlage 7

(weggefallen)

Anlage 8
(zu § 22 Absatz 4)

Von der Beihilfefähigkeit ausgeschlossene oderbeschränkt beihilfefähige Arzneimittel

Folgende Wirkstoffe oder Wirkstoffgruppen sind nur unter den genannten Voraussetzungen beihilfefähig:

1. Alkoholentwöhnungsmittel sind nur beihilfefähig zur Unterstützung der
   a) Aufrechterhaltung der Abstinenz bei alkoholkranken Patientinnen oder Patienten im Rahmen eines therapeutischen Gesamtkonzepts mit begleitenden psychosozialen und soziotherapeutischen Maßnahmen,
   b) Reduktion des Alkoholkonsums bei alkoholkranken Patientinnen oder Patienten, die zu einer Abstinenztherapie hingeführt werden, für die aber entsprechende Therapiemöglichkeiten nicht zeitnah zur Verfügung stehen, für die Dauer von höchstens drei Monaten, in Ausnahmefällen für die Dauer von weiteren drei Monaten.

   Voraussetzung für die Beihilfefähigkeit ist, dass die Erforderlichkeit der Alkoholentwöhnungsmittel in der ärztlichen Verordnung besonders begründet worden ist.
2. Antidiabetika, orale, sind nur beihilfefähig nach einer Therapie mit nichtmedikamentösen Maßnahmen, die erfolglos war; die Anwendung anderer therapeutischer Maßnahmen ist zu dokumentieren.
3. Antidysmenorrhoika sind nur beihilfefähig als
   a) Prostaglandinsynthetasehemmer bei Regelschmerzen,
   b) systemische hormonelle Behandlung von Regelanomalien.
4. Clopidogrel als Monotherapie zur Prävention atherothrombotischer Ereignisse bei Personen mit Herzinfarkt, mit ischämischem Schlaganfall oder mit nachgewiesener peripherer arterieller Verschlusskrankheit ist nur beihilfefähig für Personen mit
   a) Amputation oder Gefäßintervention, bedingt durch periphere arterielle Verschlusskrankheit (pAVK), oder
   b) diagnostisch eindeutig gesicherter typischer Claudicatio intermittens mit Schmerzrückbildung in weniger als 10 Minuten bei Ruhe oder
   c) Acetylsalicylsäure-Unverträglichkeit, soweit wirtschaftlichere Alternativen nicht eingesetzt werden können.
5. Clopidogrel in Kombination mit Acetylsalicylsäure bei akutem Koronarsyndrom zur Prävention atherothrombotischer Ereignisse ist nur beihilfefähig bei Patienten mit
   a) akutem Koronarsyndrom ohne ST-Strecken-Hebung während eines Behandlungszeitraums von bis zu zwölf Monaten,
   b) Myokardinfarkt mit ST-Strecken-Hebung, für die eine Thrombolyse infrage kommt, während eines Behandlungszeitraums von bis zu 28 Tagen,
   c) akutem Koronarsyndrom mit ST-Strecken-Hebungs-Infarkt, denen bei einer perkutanen Koronarintervention ein Stent implantiert worden ist.
6. Glinide zur Behandlung des Diabetes mellitus Typ 2; hierzu zählen:
   a) Nateglinid
   b) Repaglinid.
   Repaglinid ist nur beihilfefähig bei Behandlung niereninsuffizienter Personen mit einer Kreatinin-Clearance von weniger als 25 ml/min, sofern keine anderen oralen Antidiabetika in Frage kommen und eine Insulintherapie nicht angezeigt ist.

7. Insulinanaloga, schnell wirkend zur Behandlung des Diabetes mellitus Typ 2; hierzu zählen:
   a) Insulin Aspart,
   b) Insulin Glulisin,
   c) Insulin Lispro.

   Diese Wirkstoffe sind nur beihilfefähig, solange sie im Vergleich zu schnell wirkendem Humaninsulin nicht mit Mehrkosten verbunden sind. Dies gilt nicht für Personen,
   a) die gegen den Wirkstoff Humaninsulin allergisch sind,
   b) bei denen trotz Intensivierung der Therapie eine stabile adäquate Stoffwechsellage mit Humaninsulin nicht erreichbar ist, dies aber mit schnell wirkenden Insulinanaloga nachweislich gelingt, oder
   c) bei denen auf Grund unverhältnismäßig hoher Humaninsulindosen eine Therapie mit schnell wirkenden Insulinanaloga im Einzelfall wirtschaftlicher ist.
8. Insulinanaloga, lang wirkend zur Behandlung von Diabetes mellitus Typ 2; hierzu zählen:
   a) Insulin glargin,
   b) Insulin detemir.

   Diese Wirkstoffe sind nur beihilfefähig, solange sie im Vergleich zu intermediär wirkendem Humaninsulin nicht mit Mehrkosten verbunden sind; die notwendige Dosiseinheit zur Erreichung des therapeutischen Ziels ist zu berücksichtigen. Satz 2 gilt nicht für
   a) eine Behandlung mit Insulin glargin für Personen, bei denen im Rahmen einer intensivierten Insulintherapie auch nach individueller Überprüfung des Therapieziels und individueller Anpassung des Ausmaßes der Blutzuckersenkung in Ausnahmefällen ein hohes Risiko für schwere Hypoglykämien bestehen bleibt, oder
   b) Personen, die gegen intermediär wirkende Humaninsuline allergisch sind.
9. Prostatamittel sind nur beihilfefähig
   a) einmalig für eine Dauer von 24 Wochen als Therapieversuch sowie
   b) längerfristig, sofern der Therapieversuch nach Buchstabe a erfolgreich verlaufen ist.
10. Saftzubereitungen sind für Erwachsene nur beihilfefähig in Ausnahmefällen; die Gründe müssen dabei in der Person liegen.

Anlage 9
(zu § 23 Absatz 1)

Höchstbeträge für beihilfefähige Aufwendungen für Heilmittel

Abschnitt 1
Leistungsverzeichnis

Vorbemerkungen: Wenn im Leistungsverzeichnis ein Richtwert angegeben ist, ist die jeweilige Therapiemaßnahme einschließlich ihrer Vor- und Nachbereitung sowie ihrer Dokumentation innerhalb des durch den Richtwert angegebenen Zeitrahmens durchzuführen. Der Richtwert darf nur aus medizinischen Gründen unterschritten werden.

Einige Therapiemaßnahmen sehen nach deren Durchführung eine Nachruhe vor. Der Zeitrahmen für die Nachruhe beträgt 20 bis 25 Minuten.

Nr.	Leistung	beihilfefähiger Höchstbetrag in Euro
	Bereich Inhalation	
1	Inhalationstherapie, auch mittels Ultraschallvernebelung	
	a) als Einzelinhalation	12,70
	b) als Rauminhalation in einer Gruppe, je Teilnehmerin oder Teilnehmer	4,80
	c) als Rauminhalation in einer Gruppe bei Anwendung ortsgebundener natürlicher Heilwässer, je Teilnehmerin oder Teilnehmer	7,50
	Aufwendungen für die für Inhalationen erforderlichen Zusätze sind daneben gesondert beihilfefähig.	
2	Radon-Inhalation	
	a) im Stollen	14,90
	b) mittels Hauben	18,20
	Bereich Krankengymnastik, Bewegungsübungen	
3	Physiotherapeutische Befundung und Berichte	
	a) physiotherapeutische Erstbefundung zur Erstellung eines Behandlungsplans, einmal je Behandlungsfall	16,50
	b) physiotherapeutischer Bericht auf schriftliche Anforderung der verordnenden Person	66,10
	c) physiotherapeutische Diagnostik (PD), einmal je Blankoverordnung	35,80
	d) Bedarfsdiagnostik (BD), einmal je Blankoverordnung	26,80

VII

Nr.	Leistung	beihilfefähiger Höchstbetrag in Euro
4	Krankengymnastik (KG), auch auf neurophysiologischer Grundlage, Atemtherapie, einschließlich der zur Leistungserbringung erforderlichen Massage, als Einzelbehandlung, Richtwert: 15 bis 25 Minuten	29,00
5	Krankengymnastik auf neurophysiologischer Grundlage (KG-ZNS nach Bobath, Vojta, Propriozeptive Neuromuskuläre Fazilitation (PNF)) bei zentralen Bewegungsstörungen nach Vollendung des 18. Lebensjahres, als Einzelbehandlung, Richtwert: 25 bis 35 Minuten	46,00
6	Krankengymnastik auf neurophysiologischer Grundlage (KG-ZNS-Kinder nach Bobath, Vojta) bei zentralen Bewegungsstörungen bis zur Vollendung des 18. Lebensjahres als Einzelbehandlung, Richtwert: 30 bis 45 Minuten	57,40
7	Krankengymnastik (KG) in einer Gruppe (2 bis 5 Personen), je Teilnehmerin oder Teilnehmer, Richtwert: 20 bis 30 Minuten	13,00
8	Krankengymnastik bei zerebralen Dysfunktionen in einer Gruppe (2 bis 4 Personen), je Teilnehmerin oder Teilnehmer, Richtwert: 20 bis 30 Minuten	16,20
9	Krankengymnastik (Atemtherapie) insbesondere bei Mukoviszidose und schweren Bronchialerkrankungen als Einzelbehandlung, Richtwert: 60 Minuten	86,80
10	Krankengymnastik im Bewegungsbad	
	a) als Einzelbehandlung einschließlich der erforderlichen Nachruhe, Richtwert: 20 bis 30 Minuten	33,10
	b) in einer Gruppe (2 bis 3 Personen), je Teilnehmerin oder Teilnehmer, einschließlich der erforderlichen Nachruhe, Richtwert: 20 bis 30 Minuten	23,60
	c) in einer Gruppe (4 bis 5 Personen), je Teilnehmerin oder Teilnehmer, einschließlich der erforderlichen Nachruhe, Richtwert: 20 bis 30 Minuten	15,60
11	Manuelle Therapie, Richtwert: 15 bis 25 Minuten	34,80
12	Chirogymnastik (funktionelle Wirbelsäulengymnastik) als Einzelbehandlung, Richtwert: 15 bis 20 Minuten	20,00

Nr.	Leistung	beihilfefähiger Höchstbetrag in Euro
13	Bewegungsübungen	
	a) als Einzelbehandlung, Richtwert: 10 bis 20 Minuten	13,40
	b) in einer Gruppe (2 bis 5 Personen), Richtwert: 10 bis 20 Minuten	8,30
14	Bewegungsübungen im Bewegungsbad	
	a) als Einzelbehandlung einschließlich der erforderlichen Nachruhe, Richtwert: 20 bis 30 Minuten	32,10
	b) in einer Gruppe (2 bis 3 Personen), je Teilnehmerin oder Teilnehmer, einschließlich der erforderlichen Nachruhe, Richtwert: 20 bis 30 Minuten	23,50
	c) in einer Gruppe (4 bis 5 Personen), je Teilnehmerin oder Teilnehmer, einschließlich der erforderlichen Nachruhe, Richtwert: 20 bis 30 Minuten	15,90
15	Erweiterte ambulante Physiotherapie (EAP), Richtwert: 120 Minuten je Behandlungstag	115,30
16	Gerätegestützte Krankengymnastik (KG-Gerät) einschließlich Medizinischen Aufbautrainings (MAT) und Medizinischer Trainingstherapie (MTT), je Sitzung für eine parallele Einzelbehandlung (bis zu 3 Personen), Richtwert: 60 Minuten, begrenzt auf maximal 25 Behandlungen je Kalenderhalbjahr	54,50
17	Traktionsbehandlung mit Gerät (beispielsweise Schrägbrett, Extensionstisch, Perl'sches Gerät, Schlingentisch) als Einzelbehandlung, Richtwert: 10 bis 20 Minuten	8,80
	Bereich Massagen	
18	Massage eines einzelnen Körperteils oder mehrerer Körperteile	
	a) Klassische Massagetherapie (KMT), Segment-, Periost-, Reflexzonen-, Bürsten- und Colonmassage, Richtwert: 15 bis 20 Minuten	21,10
	b) Bindegewebsmassage (BGM), Richtwert: 20 bis 30 Minuten	25,40

VII

Nr.	Leistung	beihilfefähiger Höchstbetrag in Euro
19	Manuelle Lymphdrainage (MLD)	
	a) Teilbehandlung, Richtwert: 30 Minuten	35,10
	b) Großbehandlung, Richtwert: 45 Minuten	52,70
	c) Ganzbehandlung, Richtwert: 60 Minuten	70,20
	d) Kompressionsbandagierung einer Extremität; Aufwendungen für das notwendige Polster- und Bindenmaterial (beispielsweise Mullbinden, Kurzzugbinden, Fließpolsterbinden) sind daneben beihilfefähig	22,40
20	Unterwasserdruckstrahlmassage einschließlich der erforderlichen Nachruhe, Richtwert: 15 bis 20 Minuten	33,00
	Bereich Palliativversorgung	
21	Physiotherapeutische Komplexbehandlung in der Palliativversorgung, Richtwert: 60 Minuten	66,00
	Bereich Packungen, Hydrotherapie, Bäder	
22	Heiße Rolle einschließlich der erforderlichen Nachruhe, Richtwert: 10 bis 15 Minuten	13,60
23	Warmpackung eines einzelnen Körperteils oder mehrerer Körperteile einschließlich der erforderlichen Nachruhe	
	a) bei Anwendung wiederverwendbarer Packungsmaterialien (beispielsweise Fango- Paraffin, Moor-Paraffin, Pelose, Turbatherm)	15,80
	b) bei Anwendung einmal verwendbarer natürlicher Peloide (Heilerde, Moor, Naturfango, Pelose, Schlamm, Schlick) ohne Verwendung von Folie oder Vlies zwischen Haut und Peloid, als Teilpackung	36,20
	c) bei Anwendung einmal verwendbarer natürlicher Peloide (Heilerde, Moor, Naturfango, Pelose, Schlamm, Schlick) ohne Verwendung von Folie oder Vlies zwischen Haut und Peloid, als Großpackung	47,80
24	Schwitzpackung (beispielsweise spanischer Mantel, Salzhemd, Dreiviertel-Packung nach Kneipp) einschließlich der erforderlichen Nachruhe	19,70

VII

Nr.	Leistung	beihilfefähiger Höchstbetrag in Euro
25	Kaltpackung (Teilpackung)	
	a) Anwendung von Lehm, Quark oder Ähnlichem	10,20
	b) Anwendung einmal verwendbarer Peloide (Heilerde, Moor, Naturfango, Pelose, Schlamm, Schlick) ohne Verwendung von Folie oder Vlies zwischen Haut und Peloid	20,30
26	Heublumensack, Peloidkompresse	12,10
27	Sonstige Packungen (z. B. Wickel, Auflagen, Kompressen), auch mit Zusatz	6,10
28	Trockenpackung	4,10
29	Guss	
	a) Teilguss, Teilblitzguss, Wechselteilguss	4,10
	b) Vollguss, Vollblitzguss, Wechselvollguss	6,10
	c) Abklatschung, Abreibung, Abwaschung	5,40
30	An- oder absteigendes Bad einschließlich der erforderlichen Nachruhe	
	a) an- oder absteigendes Teilbad (zum Beispiel nach Hauffe)	16,20
	b) an- oder absteigendes Vollbad (Überwärmungsbad)	26,40
31	Wechselbäder einschließlich der erforderlichen Nachruhe	
	a) Teilbad	12,10
	b) Vollbad	17,60
32	Bürstenmassagebad einschließlich der erforderlichen Nachruhe	25,10
33	Naturmoorbad einschließlich der erforderlichen Nachruhe	
	a) Teilbad	43,30
	b) Vollbad	54,10
34	Sandbad einschließlich der erforderlichen Nachruhe	
	a) Teilbad	37,90
	b) Vollbad	43,30
35	Balneo-Phototherapie (Sole-Photo-Therapie) und Licht-Öl-Bad einschließlich Nachfetten und der erforderlichen Nachruhe	43,30

Nr.	Leistung	beihilfefähiger Höchstbetrag in Euro
36	Medizinische Bäder mit Zusatz	
	a) Hand- oder Fußbad	8,80
	b) Teilbad einschließlich der erforderlichen Nachruhe	17,60
	c) Vollbad einschließlich der erforderlichen Nachruhe	24,40
	d) bei mehreren Zusätzen je weiterer Zusatz	4,10
37	Gashaltige Bäder	
	a) gashaltiges Bad (zum Beispiel Kohlensäurebad, Sauerstoffbad) einschließlich der erforderlichen Nachruhe	27,10
	b) gashaltiges Bad mit Zusatz einschließlich der erforderlichen Nachruhe	29,70
	c) Kohlendioxidgasbad (Kohlensäuregasbad) einschließlich der erforderlichen Nachruhe	27,70
	d) Radon-Bad einschließlich der erforderlichen Nachruhe	24,40
	e) Radon-Zusatz, je 500 000 Millistat	4,10
38	Aufwendungen für andere als die in diesem Abschnitt bezeichneten Bäder sind nicht beihilfefähig. Bei Hand- oder Fußbad, Teil- oder Vollbad mit ortsgebundenen natürlichen Heilwässern erhöhen sich die jeweils angegebenen beihilfefähigen Höchstbeträge nach Nummer 36 Buchstabe a bis c und nach Nummer 37 Buchstabe b um 4,10 Euro. Weitere Zusätze hierzu sind nach Maßgabe der Nummer 36 Buchstabe d beihilfefähig.	
	Bereich Kälte- und Wärmebehandlung	
39	Kältetherapie eines einzelnen Körperteils oder mehrerer Körperteile mit lokaler Applikation intensiver Kälte in Form von Eiskompressen, tiefgekühlten Eis- oder Gelbeuteln, direkter Abreibung, Kaltgas oder Kaltluft mit entsprechenden Apparaturen sowie Eisteilbädern in Fuß- oder Armbadewannen, Richtwert: 5 bis 10 Minuten	12,90
40	Wärmetherapie eines einzelnen Körperteils oder mehrerer Körperteile mittels Heißluft, Richtwert: 10 bis 20 Minuten	7,50
41	Ultraschall-Wärmetherapie, Richtwert: 10 bis 20 Minuten	14,30

Nr.	Leistung	beihilfefähiger Höchstbetrag in Euro
	Bereich Elektrotherapie	
42	Elektrotherapie eines einzelnen Körperteils oder mehrerer Körperteile mit individuell eingestellten Stromstärken und Frequenzen, Richtwert: 10 bis 20 Minuten	8,30
43	Elektrostimulation bei Lähmungen, Richtwert: je Muskelnerveinheit 5 bis 10 Minuten	18,30
44	Iontophorese	8,20
45	Hydroelektrisches Teilbad (Zwei- oder Vierzellenbad), Richtwert: 10 bis 20 Minuten	14,90
46	Hydroelektrisches Vollbad (zum Beispiel Stangerbad), auch mit Zusatz, einschließlich der erforderlichen Nachruhe, Richtwert: 10 bis 20 Minuten	29,00
	Bereich Stimm-, Sprech-, Sprach- und Schlucktherapie	
47	Stimm-, sprech-, sprach- und schlucktherapeutische Erstdiagnostik zur Erstellung eines Behandlungsplans, einmal je Behandlungsfall; bei Wechsel der Leistungserbringerin oder des Leistungserbringers innerhalb des Behandlungsfalls sind die Aufwendungen für eine erneute Erstdiagnostik beihilfefähig. Je Kalenderjahr sind Aufwendungen für bis zu zwei Einheiten Diagnostik (entweder eine Einheit Erstdiagnostik und eine Einheit Bedarfsdiagnostik oder zwei Einheiten Bedarfsdiagnostik) innerhalb eines Behandlungsfalls beihilfefähig, Richtwert: 60 Minuten	117,30
48	Stimm-, sprech-, sprach- und schlucktherapeutische Bedarfsdiagnostik; je Kalenderjahr sind Aufwendungen für bis zu zwei Einheiten Diagnostik (entweder eine Einheit Erstdiagnostik und eine Einheit Bedarfsdiagnostik oder zwei Einheiten Bedarfsdiagnostik) innerhalb eines Behandlungsfalls beihilfefähig, Richtwert: 30 Minuten	58,70
49	Bericht an die verordnende Person	6,60
50	Bericht auf besondere Anforderung der verordnenden Person	117,30
51	Einzelbehandlung bei Stimm-, Sprech-, Sprach- und Schluckstörungen	
	a) Richtwert: 30 Minuten	52,20
	b) Richtwert: 45 Minuten	71,70
	c) Richtwert: 60 Minuten	91,30

VII

Nr.	Leistung	beihilfefähiger Höchstbetrag in Euro
52	Gruppenbehandlung bei Stimm-, Sprech-, Sprach- und Schluckstörungen, je Teilnehmerin oder Teilnehmer	
	a) Gruppe (2 Personen), Richtwert: 45 Minuten	64,50
	b) Gruppe (3 bis 5 Personen), Richtwert: 45 Minuten	34,60
	c) Gruppe (2 Personen), Richtwert: 90 Minuten	117,30
	d) Gruppe (3 bis 5 Personen), Richtwert: 90 Minuten	58,70
	Bereich Ergotherapie	
53	Funktionsanalyse und Erstgespräch einschließlich Beratung und Behandlungsplanung, einmal je Behandlungsfall	47,70
54	Einzelbehandlung	
	a) bei motorisch-funktionellen Störungen, Richtwert: 45 Minuten	57,00
	b) bei sensomotorischen oder perzeptiven Störungen, Richtwert: 60 Minuten	76,00
	c) bei psychisch-funktionellen Störungen, Richtwert: 75 Minuten	94,90
55	Einzelbehandlung als Beratung zur Integration in das häusliche und soziale Umfeld im Rahmen eines Besuchs im häuslichen oder sozialen Umfeld, einmal je Behandlungsfall	
	a) bei motorisch-funktionellen Störungen, Richtwert: 120 Minuten	151,90
	b) bei sensomotorischen oder perzeptiven Störungen, Richtwert: 120 Minuten	182,60
	c) bei psychisch-funktionellen Störungen, Richtwert: 120 Minuten	152,40

Nr.	Leistung	beihilfefähiger Höchstbetrag in Euro
56	Parallelbehandlung (bei Anwesenheit von zwei zu behandelnden Personen)	
	a) bei motorisch-funktionellen Störungen, je Teilnehmerin oder Teilnehmer, Richtwert: 45 Minuten	45,60
	b) bei sensomotorischen oder perzeptiven Störungen, je Teilnehmerin oder Teilnehmer, Richtwert: 60 Minuten	60,80
	c) bei psychisch-funktionellen Störungen, je Teilnehmerin oder Teilnehmer, Richtwert: 75 Minuten	76,00
57	Gruppenbehandlung (3 bis 6 Personen)	
	a) bei motorisch-funktionellen Störungen, je Teilnehmerin oder Teilnehmer, Richtwert: 45 Minuten	20,00
	b) bei sensomotorischen oder perzeptiven Störungen, je Teilnehmerin oder Teilnehmer, Richtwert: 60 Minuten	26,60
	c) bei psychisch-funktionellen Störungen, je Teilnehmerin oder Teilnehmer, Richtwert: 105 Minuten	46,50
58	Hirnleistungstraining/Neuropsychologisch orientierte Einzelbehandlung, Richtwert: 45 Minuten	57,00
59	Hirnleistungstraining als Einzelbehandlung bei der Beratung zur Integration in das häusliche und soziale Umfeld im Rahmen eines Besuchs im häuslichen oder sozialen Umfeld, einmal je Behandlungsfall, Richtwert: 120 Minuten	152,40
60	Hirnleistungstraining als Parallelbehandlung bei Anwesenheit von zwei zu behandelnden Personen, je Teilnehmerin oder Teilnehmer, Richtwert: 45 Minuten	45,60
61	Hirnleistungstraining als Gruppenbehandlung, je Teilnehmerin oder Teilnehmer, Richtwert: 60 Minuten	26,60
	Bereich Podologie	
62	Podologische Behandlung (klein), Richtwert: 35 Minuten	36,10

VII

Nr.	Leistung	beihilfefähiger Höchstbetrag in Euro
63	Podologische Behandlung (groß), Richtwert: 50 Minuten	52,00
64	Podologische Befundung, je Behandlung	3,60
65	Erst- und Eingangsbefundung	
	a) Erstbefundung (klein), Richtwert: 20 Minuten	28,70
	b) Erstbefundung (groß), einmal je Kalenderjahr, Richtwert: 45 Minuten	57,60
	c) Eingangsbefundung, einmal je Leistungserbringer Richtwert: 20 Minuten	23,20
66	Therapiebericht auf schriftliche Anforderung der verordnenden Person	17,40
67	Anpassung einer einteiligen unilateralen oder bilateralen Nagelkorrekturspange, beispielsweise nach Ross Fraser	101,70
68	Fertigung einer einteiligen unilateralen oder bilateralen Nagelkorrekturspange, beispielsweise nach Ross Fraser	55,70
69	Nachregulierung der einteiligen unilateralen oder bilateralen Nagelkorrekturspange, beispielsweise nach Ross Fraser	51,00
70	Vorbereitung des Nagels, Anpassung und Aufsetzen einer mehrteiligen bilateralen Nagelkorrekturspange	99,90
71	Vorbereitung des Nagels, Anpassung und Aufsetzen einer einteiligen Kunststoff- oder Metall-Nagelkorrekturspange	55,20
72	Indikationsspezifische Kontrolle auf Sitz- und Passgenauigkeit	17,70
73	Behandlungsabschluss, ggf. einschließlich der Entfernung der Nagelkorrekturspange	26,60
73.1	Nagelspangenbehandlung, zweimal je Behandlungstag Aufwendungen für Leistungen der Nummern 67 bis 71 sind daneben nicht beihilfefähig.	57,20
73.2	Aufschlag für besonderen Aufwand bei der Behandlung von Kindern bis zur Vollendung des 14. Lebensjahres oder von Personen mit Unguis incarnatus in den Stadien 2 bis 3 (Diagnosegruppe UI2), zweimal je Behandlungstag Aufwendungen für Leistungen der Nummern 67 bis 71 sind daneben nicht beihilfefähig.	17,40

Nr.	Leistung	beihilfefähiger Höchstbetrag in Euro
	Bereich Ernährungstherapie	
74	Ernährungstherapeutische Anamnese, einmal je Behandlungsfall Richtwert: 30 Minuten	40,90
75	Ernährungstherapeutische Anamnese, einmal je Behandlungsfall Richtwert: 60 Minuten	81,70
76	Berechnung und Auswertung von Ernährungsprotokollen und Entwicklung entsprechender individueller Empfehlungen, Richtwert: 60 Minuten	66,90
77	Notwendige Abstimmung der Therapie mit einer dritten Partei	66,90
78	Ernährungstherapeutische Intervention als Einzelbehandlung, Richtwert: 30 Minuten	40,90
79	Ernährungstherapeutische Intervention als Einzelbehandlung, Richtwert: 60 Minuten	81,70
80	Ernährungstherapeutische Intervention im häuslichen oder sozialen Umfeld als Einzelbehandlung, Richtwert: 60 Minuten	81,70
81	Ernährungstherapeutische Intervention als Gruppenbehandlung, Richtwert: 30 Minuten	28,60
82	Ernährungstherapeutische Intervention als Gruppenbehandlung, Richtwert: 60 Minuten	57,20
	Bereich Sonstiges	
83	Ärztlich verordneter Hausbesuch einschließlich der Fahrtkosten, pauschal Werden auf demselben Weg mehrere Patientinnen oder Patienten besucht, sind die Aufwendungen nur anteilig je Patientin oder Patient beihilfefähig.	27,60
84	Besuch einer Patientin oder eines Patienten oder mehrerer Patientinnen oder Patienten in einer sozialen Einrichtung oder Gemeinschaft, einschließlich der Fahrtkosten, je Patientin oder Patient pauschal	18,00

VII

Nr.	Leistung	beihilfefähiger Höchstbetrag in Euro
85	Hausbesuch bei der Beratung im häuslichen und sozialen Umfeld (Mehraufwand) Der Hausbesuch ist nur beihilfefähig, wenn Leistungen nach Nummer 55 Buchstabe a bis c, Nummer 59 oder Nummer 80 ohne ärztlich verordneten Hausbesuch erbracht wurden. Aufwendungen für Leistungen der Nummern 83 und 84 sind daneben nicht beihilfefähig.	27,60
86	Übermittlungsgebühr für Mitteilung oder Bericht an die verordnende Person	1,40
87	Versorgungsbezogene Pauschale je Blankoverordnung	98,60

Richtwert im Sinne des Leistungsverzeichnisses ist die Zeitangabe zur regelmäßigen Dauer der jeweiligen Therapiemaßnahme (Regelbehandlungszeit). Er beinhaltet die Durchführung der Therapiemaßnahme einschließlich der Vor- und Nachbereitung. Die Regelbehandlungszeit darf nur aus medizinischen Gründen unterschritten werden.

Abschnitt 2
Erweiterte ambulante Physiotherapie

1. Aufwendungen für eine EAP nach Abschnitt 1 Nummer 15 sind nur dann beihilfefähig, wenn die Therapie in einer Einrichtung, die durch die gesetzlichen Krankenkassen oder Berufsgenossenschaften zur ambulanten Rehabilitation oder zur EAP zugelassen ist und bei einer der folgenden Indikationen angewendet wird:
   a) Wirbelsäulensyndrome mit erheblicher Symptomatik bei
      aa) nachgewiesenem frischem Bandscheibenvorfall (auch postoperativ),
      bb) Protrusionen mit radikulärer, muskulärer und statischer Symptomatik,
      cc) nachgewiesenen Spondylolysen und Spondylolisthesen mit radikulärer, muskulärer und statischer Symptomatik,
      dd) instabilen Wirbelsäulenverletzungen mit muskulärem Defizit und Fehlstatik, wenn die Leistungen im Rahmen einer konservativen oder postoperativen Behandlung erbracht werden,
      ee) lockerer korrigierbarer thorakaler Scheuermann-Kyphose von mehr als 50° nach Cobb,
   b) Operationen am Skelettsystem bei
      aa) posttraumatischen Osteosynthesen,
      bb) Osteotomien der großen Röhrenknochen,
   c) prothetischer Gelenkersatz bei Bewegungseinschränkungen oder muskulären Defiziten bei
      aa) Schulterprothesen,
      bb) Knieendoprothesen,
      cc) Hüftendoprothesen,

d) operativ oder konservativ behandelte Gelenkerkrankungen, einschließlich Instabilitäten, bei
   aa) Kniebandrupturen (Ausnahme isoliertes Innenband),
   bb) Schultergelenkläsionen, insbesondere nach
      aaa) operativ versorgter Bankard-Läsion,
      bbb) Rotatorenmanschettenruptur,
      ccc) schwere Schultersteife (frozen shoulder),
      ddd) Impingement-Syndrom,
      eee) Schultergelenkluxation,
      fff) tendinosis calcarea,
      ggg) periathritis humero-scapularis,
   cc) Achillessehnenrupturen und Achillessehnenabriss,
   dd) Knorpelschaden am Kniegelenk nach Durchführung einer Knorpelzelltransplantation oder nach Anwendung von Knorpelchips (sogenannte minced cartilage),
e) Amputationen.

Voraussetzung für die Beihilfefähigkeit ist zudem eine Verordnung von
a) einer Krankenhausärztin oder einem Krankenhausarzt,
b) einer Fachärztin oder einem Facharzt für Orthopädie, Neurologie oder Chirurgie,
c) einer Ärztin oder einem Arzt für Physikalische und Rehabilitative Medizin oder
d) einer Allgemeinärztin oder einem Allgemeinarzt mit der Zusatzbezeichnung „Physikalische und Rehabilitative Medizin".

2. Eine Verlängerung der erweiterten ambulanten Physiotherapie erfordert eine erneute ärztliche Verordnung. Eine Bescheinigung der Therapieeinrichtung oder von bei dieser beschäftigten Ärztinnen oder Ärzten reicht nicht aus. Nach Abschluss der erweiterten ambulanten Physiotherapie ist der Festsetzungsstelle die Therapiedokumentation zusammen mit der Rechnung vorzulegen.

VII

3. Die erweiterte ambulante Physiotherapie umfasst je Behandlungstag mindestens folgende Leistungen:
   a) Krankengymnastische Einzeltherapie,
   b) Physikalische Therapie,
   c) MAT.

4. Werden Lymphdrainage, Massage, Bindegewebsmassage, Isokinetik oder Unterwassermassage zusätzlich erbracht, sind diese Leistungen mit dem Höchstbetrag nach Abschnitt 1 Nummer 15 abgegolten.

5. Die Patientin oder der Patient muss die durchgeführten Leistungen auf der Tagesdokumentation unter Angabe des Datums bestätigen.

Abschnitt 3
Medizinisches Aufbautraining, Medizinische Trainingstherapie

1. Aufwendungen für ein ärztlich verordnetes MAT nach Abschnitt 1 Nummer 16 mit Sequenztrainingsgeräten zur Behandlung von Funktions- und Leistungseinschränkungen im Stütz- und Bewegungsapparat sind beihilfefähig, wenn
   a) das Training verordnet wird von
      aa) einer Krankenhausärztin oder einem Krankenhausarzt,
      bb) einer Fachärztin oder einem Facharzt für Orthopädie, Neurologie oder Chirurgie,

cc) einer Ärztin oder einem Arzt für Physikalische und Rehabilitative Medizin oder
dd) einer Allgemeinärztin oder einem Allgemeinarzt mit der Zusatzbezeichnung „Physikalische und Rehabilitative Medizin",

b) Therapieplanung und Ergebniskontrolle von einer Ärztin oder einem Arzt der Therapieeinrichtung vorgenommen werden und
c) jede therapeutische Sitzung unter ärztlicher Aufsicht durchgeführt wird; die Durchführung therapeutischer und diagnostischer Leistungen kann teilweise an speziell geschultes medizinisches Personal delegiert werden.

2. Die Beihilfefähigkeit ist auf maximal 25 Behandlungen je Kalenderhalbjahr begrenzt.
3. Die Angemessenheit und damit Beihilfefähigkeit der Aufwendungen richtet sich bei Leistungen, die von einer Ärztin oder einem Arzt erbracht werden, nach dem Beschluss der Bundesärztekammer zur Analogbewertung der Medizinischen Trainingstherapie. Danach sind folgende Leistungen bis zum 2,3-fachen der Gebührensätze der Anlage zur Gebührenordnung für Ärzte beihilfefähig:
   a) Eingangsuntersuchung zur Medizinischen Trainingstherapie einschließlich biomechanischer Funktionsanalyse der Wirbelsäule, spezieller Schmerzanamnese und gegebenenfalls anderer funktionsbezogener Messverfahren sowie Dokumentation Nummer 842 der Anlage zur Gebührenordnung für Ärzte analog. Aufwendungen für eine Kontrolluntersuchung (Nummer 842 der Anlage zur Gebührenordnung für Ärzte analog) nach Abschluss der Behandlungsserie sind beihilfefähig.
   b) Medizinische Trainingstherapie mit Sequenztraining einschließlich progressiv-dynamischen Muskeltrainings mit speziellen Therapiemaschinen (Nummer 846 der Anlage zur Gebührenordnung für Ärzte analog), zuzüglich zusätzlichen Geräte-Sequenztrainings (Nummer 558 der Anlage zur Gebührenordnung für Ärzte analog) und begleitender krankengymnastischer Übungen (Nummer 506 der Anlage zur Gebührenordnung für Ärzte). Aufwendungen für Leistungen nach Nummer 506, Nummer 558 analog sowie Nummer 846 analog der Anlage zur Gebührenordnung für Ärzte sind pro Sitzung jeweils nur einmal beihilfefähig.
4. Werden die Leistungen von zugelassenen Leistungserbringerinnen oder Leistungserbringern für Heilmittel erbracht, richtet sich die Angemessenheit der Aufwendungen nach Abschnitt 1 Nummer 16.
5. Aufwendungen für Fitness- und Kräftigungsmethoden, die nicht den Anforderungen nach Nummer 1 entsprechen, sind nicht beihilfefähig. Dies ist auch dann der Fall, wenn sie an identischen Trainingsgeräten mit gesundheitsfördernder Zielsetzung durchgeführt werden.

Abschnitt 4
Palliativversorgung

1. Aufwendungen für Palliativversorgung nach Abschnitt 1 Nummer 21 sind gesondert beihilfefähig, sofern sie nicht bereits von § 40 Absatz 1 umfasst sind.
2. Aufwendungen für Palliativversorgung werden als beihilfefähig anerkannt bei
   a) passiven Bewegungsstörungen mit Verlust, Einschränkung und Instabilität funktioneller Bewegung im Bereich der Wirbelsäule, der Gelenke, der discoligamentären Strukturen,
   b) aktiven Bewegungsstörungen bei Muskeldysbalancen oder -insuffizienz,
   c) atrophischen und dystrophischen Muskelveränderungen,
   d) spastischen Lähmungen (cerebral oder spinal bedingt),
   e) schlaffen Lähmungen,
   f) abnormen Bewegungen/Koordinationsstörungen bei Erkrankungen des zentralen Nervensystems,

g) Schmerzen bei strukturellen Veränderungen im Bereich der Bewegungsorgane,
h) funktionellen Störungen von Organsystemen (zum Beispiel Herz-Kreislauferkrankungen, Lungen-/Bronchialerkrankungen, Erkrankungen eines Schließmuskels oder der Beckenbodenmuskulatur),
i) unspezifischen schmerzhaften Bewegungsstörungen, Funktionsstörungen, auch bei allgemeiner Dekonditionierung.

3. Aufwendungen für physiotherapeutische Komplexbehandlung in der Palliativversorgung nach Abschnitt 1 Nummer 21 umfassen folgende Leistungen:
a) Behandlung einzelner oder mehrerer Körperteile entsprechend dem individuell erstellten Behandlungsplan,
b) Wahrnehmungsschulung,
c) Behandlung von Organfehlfunktionen (zum Beispiel Atemtherapie),
d) dosiertes Training (zum Beispiel Bewegungsübungen),
e) angepasstes, gerätegestütztes Training,
f) Anwendung entstauender Techniken,
g) Anwendung von Massagetechniken im Rahmen der lokalen Beeinflussung im Behandlungsgebiet als vorbereitende oder ergänzende Maßnahme der krankengymnastischen Behandlung,
h) ergänzende Beratung,
i) Begleitung in der letzten Lebensphase,
j) Anleitung oder Beratung der Bezugsperson,
k) Hilfsmittelversorgung,
l) interdisziplinäre Absprachen.

Anmerkung der Redaktion: Das Bundesverwaltungsamt hat zum 1. Mai 2025 neue beihilfefähige Höchstbeträge veröffentlicht, das „Merkblatt des Bundesverwaltungsamt zur Beihilfe: Heilmittel" finden Sie hier.

Anlage 10
(zu § 23 Absatz 1 und § 24 Absatz 1)

Leistungserbringerinnen und Leistungserbringer für Heilmittel

Die Beihilfefähigkeit setzt voraus, dass das Heilmittel in einem der folgenden Bereiche und von einer der folgenden Personen angewandt wird und dass die Anwendung dem Berufsbild der Leistungserbringerin oder des Leistungserbringers entspricht:

1. Bereich Inhalation, Krankengymnastik, Bewegungsübungen, Massagen, Palliativversorgung, Packungen, Hydrotherapie, Bäder, Kälte- und Wärmebehandlung, Elektrotherapie
   a) Physiotherapeutin oder Physiotherapeut,
   b) Masseurin und medizinische Bademeisterin oder Masseur und medizinischer Bademeister,
   c) Krankengymnastin oder Krankengymnast,
2. Bereich Stimm-, Sprech-, Sprach- und Schlucktherapie
   a) Logopädin oder Logopäde,
   b) Sprachtherapeutin oder Sprachtherapeut,
   c) staatlich geprüfte Atem-, Sprech- und Stimmlehrerin der Schule Schlaffhorst-Andersen oder staatlich geprüfter Atem-, Sprech- und Stimmlehrer der Schule Schlaffhorst-Andersen,
   d) Sprachheilpädagogin oder Sprachheilpädagoge,
   e) klinische Linguistin oder klinischer Linguist,
   f) klinische Sprechwissenschaftlerin oder klinischer Sprechwissenschaftler,
   g) bei Kindern für sprachtherapeutische Leistungen bei Sprachentwicklungsstörungen, Stottern oder Poltern auch
      aa) Sprachheilpädagogin oder Sprachheilpädagoge,
      bb) Diplomlehrerin für Sprachgeschädigte oder Sprachgestörte oder Diplomlehrer für Sprachgeschädigte oder Sprachgestörte,
      cc) Diplomvorschulerzieherin für Sprachgeschädigte oder Sprachgestörte oder Diplomvorschulerzieher für Sprachgeschädigte oder Sprachgestörte,
      dd) Diplomerzieherin für Sprachgeschädigte oder Sprachgestörte oder Diplomerzieher für Sprachgeschädigte oder Sprachgestörte,
   h) Diplompatholinguistin oder Diplompatholinguist,
3. Bereich Ergotherapie (Beschäftigungstherapie einschließlich Bereich Kälte- und Wärmebehandlung)
   a) Ergotherapeutin oder Ergotherapeut,
   b) Beschäftigungs- und Arbeitstherapeutin oder Beschäftigungs- und Arbeitstherapeut,
4. Bereich Podologie
   a) Podologin oder Podologe,
   b) medizinische Fußpflegerin oder medizinischer Fußpfleger nach § 1 des Podologengesetzes,
5. Bereich Ernährungstherapie
   a) Diätassistentin oder Diätassistent,
   b) Oecotrophologin oder Oecotrophologe,
   c) Ernährungswissenschaftlerin oder Ernährungswissenschaftler.

Anlage 11
(zu § 25 Absatz 1 und 4)

Beihilfefähige Aufwendungen für Hilfsmittel, Geräte zur Selbstbehandlung und Selbstkontrolle, Körperersatzstücke

Abschnitt 1
Hilfsmittel, Geräte zur Selbstbehandlung und Selbstkontrolle, Körperersatzstücke

Die Aufwendungen für die Anschaffung von Hilfsmitteln, Geräten und Körperersatzstücken, die unter den Hilfsmittelgruppen der Nummern 1 bis 31 aufgeführt sind, sind – gegebenenfalls im Rahmen der Höchstbeträge – beihilfefähig, wenn sie ärztlich verordnet werden:

1. **Absauggeräte**
   1.1 Ballspritze
   1.2 Gerät zum Entfernen von Körperflüssigkeiten oder Fremdstoffen mittels Erzeugung von Unterdruck, einschließlich Zubehör
   1.3 Katheder, auch Ballonkatheder, einschließlich Zubehör
   1.4 Milchpumpe

VII

2. **Adaptionshilfen**
   2.1 Anzieh- und Ausziehhilfe
   2.2 Helfende Hand, Scherenzange
   2.3 Hilfsmittel zur Unterstützung von Verrichtungen im Alltag zur Bewahrung der Selbstständigkeit
   2.4 Schreibhilfsmittel (beispielweise Kopfring mit Stab, Kopfschreiber)
   2.5 Lesehilfe (Leseständer, Blattwendestab, Blattwendegerät, Blattlesegerät, Auflagegestell)
   2.6 Mundstab und Mundgreifstab
3. **Apparate zur elektronischen Nerven- oder Muskelstimulation**
   3.1 Defibrillatorweste
   3.2 Elektrostimulationsgerät
   3.3 Fepo-Gerät (funktionelle elektronische Peronaeus-Prothese)
   3.4 Gerät zur Behandlung mit elektromagnetischen Wechselfeldern bei atropher Pseudarthrose, Endoprothesenlockerung, idiopathischer Hüftnekrose oder verzögerter Knochenbruchheilung (in Verbindung mit einer sachgerechten chirurgischen Therapie)
   3.5 Schwellstromapparat
4. **Applikationshilfen**
   4.1 Ernährungssonde
   4.2 Glasstäbchen
   4.3 GnRH-Pumpe im Rahmen der Kinderwunschbehandlung
   4.4 Infusionsbesteck oder -gerät und Zubehör
   4.5 Kanülen und Zubehör
   4.6 Klyso
   4.7 Spritze
5. **Bade- und Duschhilfen**
   5.1 Auftriebshilfe (bei bestehender Schwerbehinderung)
   5.2 Badestrumpf, Duschstrumpf
   5.3 Badewannensitz (bei bestehender Schwerbehinderung, Totalendoprothese, Hüftgelenk-Luxations-Gefahr oder Polyarthritis)
   5.4 Badewannenverkürzer
   5.5 Duschsitz, Duschstuhl
6. **Bandagen**
   6.1 Armtragegurt, Armtragetuch
   6.2 Beugebandage
   6.3 Bruchband
   6.4 Clavicula-Bandage
   6.5 Ellenbogenbandage
   6.6 Epicondylitisbandage oder -spange mit Pelotten
   6.7 Gilchrist-Bandage
   6.8 Handgelenk-Bandage
   6.9 Handgelenkriemen
   6.10 Kniekappe, Kniebandage, Kreuzgelenkbandage
   6.11 Knöchelstütze, Gelenkstütze
   6.12 Kreuzstützbandage
   6.13 Leibbinde, jedoch keine Nieren-, Flanell- und Wärmeleibbinde
   6.14 Lumbalbandage

6.15 Mangoldsche Schnürbandage
6.16 Narbenbandage
6.17 Spreizfußbandage
6.18 Sprunggelenkbandage
6.19 Sprunggelenkmanschette

7. **Blindenhilfsmittel**
7.1 Blindenleitgerät (Ultraschallbrille, Ultraschallleitgerät)
7.2 Blindenführhund (einschließlich Geschirr, Leine, Halsband, Maulkorb, Gespannprüfung)
7.3 Blindenstock, Blindenlangstock, Blindentaststock
7.4 Farberkennungsgerät
7.5 Irisschale mit geschwärzter Pupille bei entstellenden Veränderungen der Hornhaut eines blinden Auges
7.6 Schutzbrille für Blinde

8. **Gehhilfen**
8.1 Delta-Gehrad
8.2 Gehhilfe, Gehübungsgerät
8.3 Krankenstock
8.4 Krücke
8.5 Rollator
8.6 Wasserfeste Gehhilfe

9. **Hilfsmittel bei Tracheostoma und Laryngektomie**
9.1 Aquamat (Spezialkanüle für Kehlkopflose)
9.2 Billroth-Batist-Lätzchen
9.3 Phonator
9.4 Tracheostomaversorgungsartikel, auch Wasserschutzgerät

10. **Hilfsmittel für die Anwendung am Auge**
10.1 Augenbadewanne, -dusche, -spülglas, -flasche, -pinsel, -pipette, -stäbchen
10.2 Augenklappe, Augenabdeckpflaster

11. **Hilfsmittel zum Glukosemanagement**
11.1 Blutzuckermessgerät
11.2 Gerät zur kontinuierlichen Gewebezuckermessung (Continuous Glucose Monitoring – CGM, Flash Glucose Monitoring – FGM) einschließlich Sensoren bei Personen mit Diabetes mellitus sowie bei anderen Erkrankungen mit implizierten häufigen Hypoglykämien/Hypoglykämiewahrnehmungsstörung; daneben sind Aufwendungen für übliche Blutzuckermessgeräte einschließlich der erforderlichen Blutteststreifen beihilfefähig
11.3 Hochtontherapiegerät
11.4 Insulinapplikationshilfen und Zubehör (Insulindosiergerät, -pumpe, -injektor)
11.5 Lanzette zur Insulintherapie

12. **Hilfsmittel zum Hautschutz**
12.1 Manschette als Kratzschutz bei Hautekzem
12.2 Neurodermitis-Overall für Personen, die das zwölfte Lebensjahr noch nicht vollendet haben (zwei pro Jahr und bis zu 80 Euro je Overall)

13. **Hilfsmittel zur Behandlung von Hüftdysplasie bei Kindern**
13.1 Pavlik-Bandage
13.2 Spreizhose, -schale, -wagenaufsatz

14. **Hilfsmittel zur Kompressionstherapie**
14.1 Krampfaderbinde
14.2 Textiles Kompressionshilfsmittel (beispielsweise Kompressionsstrümpfe, -strumpfhose)
14.3 Wechseldruckgerät

15. **Hörhilfen**
15.1 Cochlea-Implantate einschließlich Zubehör
15.2 Gehörschutz
15.3 Hörgeräte (Hinter-dem-Ohr-Geräte [HdO-Geräte] sowie In-dem-Ohr-Geräte [IdO-Geräte] einschließlich Otoplastik, Taschengeräte, Hörbrillen, Schallsignale überleitende Geräte [C.R.O.S.-Geräte, Contralateral Routing of Signals], drahtlose Hörhilfen), alle fünf Jahre einschließlich der Nebenkosten, es sei denn, aus medizinischen oder technischen Gründen ist eine vorzeitige Verordnung zwingend erforderlich; Aufwendungen sind für Personen ab 15 Jahren auf 1500 Euro je Ohr be-

grenzt, gegebenenfalls zuzüglich der Aufwendungen für eine medizinisch indizierte notwendige Fernbedienung; der Höchstbetrag kann überschritten werden, soweit dies erforderlich ist, um eine ausreichende Versorgung bei beidseitiger an Gehörlosigkeit grenzender Schwerhörigkeit oder bei vergleichbar schwerwiegenden Sachverhalten zu gewährleisten

15.4 Lichtsignalanlage für Gehörlose und hochgradig Schwerhörige

15.5 Rauchwarnmelder für Gehörlose und hochgradig Schwerhörige

15.6 Tinnitusgerät

15.7 Übertragungsanlage – zur Befriedung von allgemeinen Grundbedürfnissen des täglichen Lebens zusätzlich zu einem Hörgerät oder einem Cochlea-Implantat oder wenn bei peripherer Normalhörigkeit aufgrund einer auditiven Verarbeitungs- und Wahrnehmungsstörung eine pathologische Einschränkung des Sprachverstehens im Störschall besteht

15.8 Vibrationstrainer bei Gehörlosigkeit

VII

16. **Inhalations- und Atemtherapiegeräte**

16.1 Atemtherapiegerät

16.2 Impulsvibrator

16.3 Inhalationsgerät, einschließlich Sauerstoff und Zubehör, jedoch keine Luftbefeuchter, -filter, -wäscher

17. **Inkontinenzhilfen**

17.1 Bettnässer-Weckgerät

17.2 Einmal-Schutzhose bei Querschnittsgelähmten

17.3 Gummihose sowie saugende körpernah getragene Inkontinenzhilfen (insbesondere Fixierhosen für Inkontinenzvorlagen, saugende Inkontinenzhosen und -vorlagen) bei Blasen- oder Darminkontinenz

17.4 Penisklemme

17.5 Sphinkter-Stimulator

17.6 Urinal

18. **Kranken- und Behindertenfahrzeuge**

18.1 Elektromobil bis 2500 Euro, ausgenommen Zulassung

18.2 Krankenfahrstuhl (auch elektrisch) einschließlich Zubehör

19. **Krankenpflegeartikel**

19.1 Fingerling

19.2 Fixiersystem (beispielsweise für Krankenbett und Rollstuhl)

19.3 Krankenpflegebett

19.4 Kieferspreizgerät, Kiefermuskeltrainer

19.5 Mundsperrer

20. **Lagerungshilfen und Hilfsmittel gegen Dekubitus**

20.1 Abduktionskissen, -keil

20.2 Dekubitus-Schutzmittel (beispielsweise Auf- oder Unterlagen für das Bett, Spezialmatratzen, Keile, Kissen, Auf- oder Unterlagen für den Rollstuhl, Schützer für Ellenbogen, Unterschenkel und Füße)

20.3 Gipsbett, Liegeschale

21. **Messgeräte für Körperzustände und -funktionen**

21.1 Alarmgerät für Personen mit Epilepsie

21.2 Blutdruckmessgerät

21.3 Blutgerinnungsmessgerät (bei erforderlicher Dauerantikoagulation oder künstlichen Herzklappenersatz)

21.4 Herz-Atmungs-Überwachungsgerät oder -monitor

21.5 Peak-Flow-Meter

22. **Mobilitätshilfen**

22.1 Auffahrrampe für einen Krankenfahrstuhl

22.2 Aufrichteschlaufe

22.3 Aufrichtstuhl (für Aufrichtfunktion sind bis zu 150 Euro beihilfefähig)

22.4 Aufstehgestelle

22.5 Behinderten-Dreirad

22.6 Drehscheibe, Umsetzhilfe

22.7 Hebekissen

22.8 Katapultsitz

22.9 Lifter (beispielsweise Krankenlifter, Multilift, Badhelfer, Krankenheber, Badewannenlifter)

22.10 Rollbrett
22.11 Rutschbrett

23. **Orthesen und Schienen**
23.1 Fingerschiene
23.2 Halskrawatte, Hals-, Kopf-, Kinnstütze
23.3 Klumpfußschiene
23.4 Klumphandschiene
23.5 Orthese, Orthoprothese, Korrekturschiene, Korsett, Haltemanschette
23.6 Peronaeusschiene, Heidelberger Winkel
23.7 Quengelschiene
23.8 Suspensorium
23.9 Symphysengürtel

24. **Prothesen**
24.1 Kniepolster, -rutscher bei Unterschenkelamputation
24.2 Körperersatzstücke einschließlich Zubehör, abzüglich eines Eigenanteils von 15 Euro für Brustprothesenhalter und 40 Euro für Badeanzüge, Bodys oder Korseletts für Brustprothesenträgerinnen
24.3 Stubbies
24.4 Stumpfstrumpf

25. **Schuhe und Einlagen**
25.1 Einlagen, orthopädische, einschließlich der zur Anpassung notwendigen Ganganalyse
25.2 Fersenschutz (Kissen, Polster, Schale, Schoner)
25.3 Fußteil-Entlastungsschuh (Einzelschuhversorgung)
25.4 Gehgipsgalosche
25.5 Innenschuh, orthopädischer
25.6 Korrektursicherungsschuh
25.7 Maßschuhe, orthopädische, die nicht serienmäßig herstellbar sind, abzüglich eines Eigenanteils von 64 Euro:
25.7.1 Badeschuhe (Erstausstattung ein Paar, Ersatzbeschaffung regelmäßig frühestens nach vier Jahren)
25.7.2 Hausschuhe (Erstausstattung zwei Paar, Ersatzbeschaffung regelmäßig frühestens nach zwei Jahren)
25.7.3 Interimsschuhe (wegen vorübergehender Versorgung entfällt der Eigenanteil von 64 Euro)
25.7.4 Sportschuhe (Erstausstattung ein Paar, Ersatzbeschaffung regelmäßig frühestens nach zwei Jahren)
25.7.5 Straßenschuhe(Erstausstattung zwei Paar, Ersatzbeschaffung regelmäßig frühestens nach zwei Jahren)
25.8 Orthesenschuhe, abzüglich eines Eigenanteils von 64 Euro
25.9 Orthopädische Zurichtungen an Konfektionsschuhen (höchstens sechs Paar Schuhe pro Jahr)
25.10 Spezialschuhe für Personen mit Diabetes mellitus, abzüglich eines Eigenanteils von 64 Euro
25.11 Stabilisationsschuhe bei Sprunggelenkschäden, Achillessehnenschäden oder Lähmungszuständen (eine gleichzeitige Versorgung mit Orthesen oder Orthesenschuhen ist ausgeschlossen)
25.12 Verbandsschuhe (Einzelschuhversorgung)

26. **Sitz- und Stehhilfen**
26.1 Arthrodesensitzkissen, -sitzkoffer
26.2 Schrägliegebrett
26.3 Sitzkissen für Oberschenkelamputierte
26.4 Sitzschale, wenn Sitzkorsett nicht ausreicht
26.5 Strickleiter zum Aufrichten und Übersetzen Gelähmter
26.6 Therapiestuhl

27. **Sprechhilfen**
27.1 Lispelsonde
27.2 Sprachverstärker nach Kehlkopfresektion

28. **Stomaartikel**
28.1 Stomaversorgungsartikel, Sphinkter-Plastik
28.2 Urostomiebeutel

28.3 Vorfallbandage bei Mastdarm- oder Scheidenvorfall

29. **Therapeutische Hilfsmittel zur Mobilisation**
    - 29.1 Bewegungsschiene
    - 29.2 Knetmaterial für Übungszwecke bei cerebral-paretischen Kindern
    - 29.3 Krabbler für Personen mit Spastik
    - 29.4 Spastikerhilfe (Gymnastik-, Übungsgeräte)
    - 29.5 Stehübungsgerät
    - 29.6 Therapeutisches Bewegungsgerät (nur mit Spasmenschaltung)

30. **Toilettenhilfen**
    - 30.1 Hilfsmittel zur Toilettenverrichtung bei Schwerbehinderung oder Personen mit Hüfttotalendoprothese
    - 30.2 Klosett-Matratze für den häuslichen Bereich bei dauernder Bettlägerigkeit und bestehender Inkontinenz

31. **Sonstige Hilfsmittel**
    - 31.1 Anpassungen für diverse Gebrauchsgegenstände (beispielweise Universalhalter bei Schwerbehinderung zur Erleichterung der Körperpflege und Nahrungsaufnahme)
    - 31.2 Bestrahlungsmaske für amblulante Strahlentherapie
    - 31.3 Communicator bei Sprech- oder Sprachstörungen
    - 31.4 Computerspezialausstattung bei Behinderung; Spezialhardware und Spezialsoftware bis zu 3500 Euro, gegebenenfalls zuzüglich bis zu 5400 Euro für eine Braillezeile mit 40 Modulen
    - 31.5 Gesichtsteilersatzstücke (Ektoprothese, Epithese)
    - 31.6 Heimdialysegerät
    - 31.7 Psoriasiskamm
    - 31.8 Schlafpositionsgerät zur Lagetherapie bei positionsabhängiger obstuktiver Schlafapnoe (eine gleichzeitige Versorgung mit einem Atemtherapiegerät ist ausgeschlossen)
    - 31.9 Schutzhelm bei Behinderung, Kopfschützer

Abschnitt 2
Perücken

Aufwendungen für ärztlich verordnete Voll- oder Teilperücken einschließlich Befestigungselementen wie Klebestreifen und Spangen sowie Materialien zur Befestigung sind bis zu einem Betrag von 512 Euro beihilfefähig, wenn, vorübergehend oder langfristig, großflächiger und massiver Haarverlust wegen einer Krankheit oder im Zusammenhang mit einer Krankheit vorliegt, insbesondere bei:

1. Chemotherapie,
2. Strahlenbehandlung,
3. vorübergehender oder dauerhafter Medikamentengabe,
4. Operationen,
5. Infekten oder entzündlichen Erkrankungen,
6. Stoffwechselerkrankungen,
7. psychischen Erkrankungen mit oder durch Haarverlust,
8. sonstigen Erkrankungen mit Haarverlust,
9. Deformation des Kopfes mit entstellender Wirkung,
10. Unfallfolgen.

Aufwendungen für eine zweite Voll- oder Teilperücke zum Wechseln sind nur beihilfefähig, wenn eine Voll- oder Teilperücke länger als ein Jahr getragen werden muss. Aufwendungen für die erneute Beschaffung einer Voll- oder Teilperücke sind beihilfefähig, wenn

1. seit der vorangegangenen Beschaffung einer Voll- oder Teilperücke aus Kunststoff ein Jahr vergangen ist,
2. seit der vorangegangenen Beschaffung einer Voll- oder Teilperücke aus Echthaar zwei Jahre vergangen sind oder
3. sich bei Kindern vor Ablauf der vorgenannten Zeiträume die Kopfform geändert hat.

Bei der Erstverordnung sind auch die Aufwendungen für einen Perückenkopf beihilfefähig.

Abschnitt 3 Blindenhilfsmittel und Mobilitätstraining

1. Aufwendungen für zwei Langstöcke sowie gegebenenfalls elektronische Blindenleitgeräte nach ärztlicher Verordnung sind beihilfefähig.
2. Aufwendungen für die erforderliche Unterweisung im Gebrauch dieser Hilfsmittel (Mobilitätstraining) sind in folgendem Umfang beihilfefähig:
   a) Aufwendungen für eine Ausbildung im Gebrauch des Langstockes sowie für eine Schulung in Orientierung und Mobilität bis zu folgenden Höchstbeträgen:

aa)	Unterrichtsstunde à 60 Minuten, einschließlich 15 Minuten Vor- und Nachbereitung sowie der Erstellung von Unterrichtsmaterial, bis zu 100 Unterrichtsstunden	85 Euro,
bb)	Fahrtzeit der Trainerin oder des Trainers je Zeitstunde, wobei jede angefangene Stunde im 5-Minuten-Takt anteilig berechnet wird	68 Euro,
cc)	Fahrtkosten der Trainerin oder des Trainers je gefahrenen Kilometer 0,30 Euro oder die niedrigsten Kosten eines regelmäßig verkehrenden Beförderungsmittels.	

   Das Mobilitätstraining wird grundsätzlich als Einzeltraining ambulant oder stationär in einer Spezialeinrichtung durchgeführt. Werden an einem Tag mehrere Blinde unterrichtet, können die genannten Aufwendungen der Trainerin oder des Trainers nur anteilig berücksichtigt werden,

   b) Aufwendungen für ein erforderliches Nachtraining (zum Beispiel bei Wegfall eines noch vorhandenen Sehrestes, Wechsel des Wohnortes) werden entsprechend Buchstabe a anerkannt,

   c) Aufwendungen für ein ergänzendes Training an Blindenleitgeräten können in der Regel bis zu 30 Stunden anerkannt werden, gegebenenfalls einschließlich der Kosten für Unterkunft und Verpflegung sowie der Fahrtkosten der Trainerin oder des Trainers in entsprechendem Umfang. Die Anerkennung weiterer Stunden ist möglich, wenn die Trainerin oder der Trainer oder eine Ärztin oder ein Arzt die Notwendigkeit bescheinigt.
3. Die entstandenen Aufwendungen für das Mobilitätstraining sind durch die Rechnung einer Blindenorganisation nachzuweisen. Ersatzweise kann auch eine unmittelbare Abrechnung durch die Mobilitätstrainerin oder den Mobilitätstrainer akzeptiert werden, falls sie oder er zur Rechnungsstellung gegenüber den gesetzlichen Krankenkassen berechtigt ist. Bei Umsatzsteuerpflicht (ein Nachweis des Finanzamtes ist vorzulegen) erhöhen sich die beihilfefähigen Aufwendungen um die jeweils gültige Umsatzsteuer.
4. Aufwendungen für ärztlich verordnete elektronische Systeme zur Informationsverarbeitung und Informationsausgabe für Blinde sind beihilfefähig.

Abschnitt 4 Sehhilfen

Unterabschnitt 1 Allgemeine Bestimmungen der Beihilfefähigkeit von Sehhilfen

1. Voraussetzung für die Beihilfefähigkeit der Aufwendungen für die erstmalige Beschaffung einer Sehhilfe ist, dass diese von einer Augenärztin oder einem Augenarzt verordnet worden ist. Bei der Ersatzbeschaffung genügt die Refraktionsbestimmung von einer Augenoptikerin oder einem Augenoptiker.
2. Aufwendungen für erneute Beschaffung einer Sehhilfe sind beihilfefähig, wenn bei gleichbleibendem Visus seit dem Kauf der bisherigen Sehhilfe drei, bei weichen Kontaktlinsen zwei Jahre vergangen sind oder

vor Ablauf dieses Zeitraums die erneute Beschaffung der Sehhilfe notwendig ist, weil

a) sich die Refraktion geändert hat,
b) die bisherige Sehhilfe verloren gegangen oder unbrauchbar geworden ist,
c) sich die Kopfform geändert hat.

3. Als Sehhilfen zur Verbesserung des Visus sind beihilfefähig:
   a) Brillen,
   b) Kontaktlinsen,
   c) vergrößernde Sehhilfen.
4. Bei Personen, die der Vollzeitschulpflicht unterliegen, sind Aufwendungen für eine Brille beihilfefähig, wenn sie für die Teilnahme am Schulsport erforderlich ist. Die Höhe der beihilfefähigen Aufwendungen richtet sich nach dem Unterabschnitt 2.

Unterabschnitt 2
Brillen zur Verbesserung des Visus

1. Aufwendungen für Brillen, einschließlich der Refraktionsbestimmung von einer Augenoptikerin oder einem Augenoptiker, sind bis zu folgenden Höchstbeträgen beihilfefähig:

a) Brillen mit Einstärkengläsern	110 Euro,
b) Brillen mit Mehrstärkengläsern	260 Euro.

2. Nicht beihilfefähig sind Aufwendungen für:
   a) Zurichtungen an der Brille zur Verhinderung von Unfallschäden am Arbeitsplatz oder für den Freizeitbereich,
   b) Bildschirmbrillen,
   c) Brillenversicherungen,
   d) Zweitbrillen, deren Korrektionsstärke bereits der einer vorhandenen Brille entspricht (Mehrfachverordnung),
   e) Reservebrillen, die beispielsweise aus Gründen der Verkehrssicherheit benötigt werden,
   f) Sportbrillen, außer im Fall des Unterabschnitts 1 Nummer 4,
   g) Brillenetuis.

Unterabschnitt 3
Kontaktlinsen zur Verbesserung des Visus

1. Aufwendungen für Kontaktlinsen zur Verbesserung des Visus sind beihilfefähig bei:
   a) Myopie ab 8 dpt,
   b) Hyperopie ab 8 dpt,
   c) irregulärem Astigmatismus, wenn damit um eine mindestens 20 Prozent verbesserte Sehstärke gegenüber Brillengläsern erreicht wird,
   d) Astigmatismus rectus und inversus ab 3 dpt,
   e) Astigmatismus obliquus (Achslage 45° +/–30° oder 135° +/–30°) ab 2 dpt,
   f) Keratokonus,
   g) Aphakie,
   h) Aniseikonie von mehr als 7 Prozent (die Aniseikoniemessung ist nach einer allgemein anerkannten reproduzierbaren Bestimmungsmethode durchzuführen und zu dokumentieren),
   i) Anisometropie ab 2 dpt.
2. Aufwendungen für Kurzzeitlinsen sind je Kalenderjahr nur beihilfefähig
   a) für sphärische Kontaktlinsen bis zu 154 Euro,
   b) für torische Kontaktlinsen bis zu 230 Euro.
3. Beihilfefähig sind
   a) bei Vorliegen einer Indikation nach Nummer 1 zusätzlich Aufwendungen für Brillen nach Unterabschnitt 2 ungeachtet von Unterabschnitt 1 Nummer 2,
   b) bei Nichtvorliegen einer Indikation nach Nummer 1 einmalig nur die vergleichbaren Kosten für Brillen; im Falle einer Ersatzbeschaffung gelten die Regelungen nach Unterabschnitt 1 Nummer 2 Buchstabe a und b.
4. Nicht beihilfefähig sind:
   a) Kontaktlinsen als postoperative Versorgung (auch als Verbandlinse oder Verbandschale) nach nicht beihilfefähigen Eingriffen,

VII

b) Kontaktlinsen in farbigen Ausführungen zur Veränderung oder Verstärkung der körpereigenen Farbe der Iris,
c) One-Day-Linsen,
d) multifokale Kontaktlinsen oder Mehrstärkenkontaktlinsen,
e) Kontaktlinsen mit Lichtschutz und sonstigen Kantenfiltern,
f) orthokeratologische Kontaktlinsen (Nachtlinsen) zur Korrektur von Fehlsichtigkeit im Schlaf,
g) Reinigungs- und Pflegemittel für Kontaktlinsen für Personen, die das 18. Lebensjahr vollendet haben.

Unterabschnitt 4 Vergrößernde Sehhilfen zur Verbesserung der Sehschärfe

1. Aufwendungen für folgende ärztlich verordnete vergrößernde Sehhilfen sind beihilfefähig:
   a) optisch vergrößernde Sehhilfen für die Nähe bei einem mindestens 1,5-fachen Vergrößerungsbedarf vorrangig als Hellfeldlupe, Hand- und Standlupe, gegebenenfalls mit Beleuchtung, oder Brillengläser mit Lupenwirkung (Lupengläser); in Ausnahmefällen als Fernrohrlupenbrillensystem (zum Beispiel nach Galilei, Kepler) einschließlich der Systemträger,
   b) elektronisch vergrößernde Sehhilfen für die Nähe als mobile oder nicht mobile Systeme bei einem mindestens 6-fachen Vergrößerungsbedarf,
   c) optisch vergrößernde Sehhilfen für die Ferne als fokussierende Handfernrohre oder Monokulare.

   Voraussetzung für die Beihilfefähigkeit ist, dass die Sehhilfe von einer Fachärztin oder einem Facharzt für Augenheilkunde verordnet worden ist, die oder der die Notwendigkeit und die Art der benötigten Sehhilfen selbst oder in Zusammenarbeit mit einer entsprechend ausgestatteten Augenoptikerin oder einem entsprechend ausgestatteten Augenoptiker bestimmt hat.
2. Nicht beihilfefähig sind Aufwendungen für:
   a) Fernrohrlupenbrillensysteme (zum Beispiel nach Galilei oder Kepler) für die Zwischendistanz (Raumkorrektur) oder die Ferne,
   b) separate Lichtquellen (zum Beispiel zur Kontrasterhöhung oder zur Ausleuchtung der Lektüre),
   c) Fresnellinsen.

Unterabschnitt 5 Therapeutische Sehhilfen

1. Aufwendungen für folgende therapeutische Sehhilfen zur Behandlung einer Augenverletzung oder Augenerkrankung sind beihilfefähig, wenn die Sehhilfe von einer Fachärztin oder einem Facharzt für Augenheilkunde verordnet worden ist:
   a) Glas mit Lichtschutz mit einer Transmission bis 75 Prozent bei
      aa) Substanzverlusten der Iris, die den Blendschutz herabsetzen (beispielsweise Iriskolobom, Aniridie, traumatische Mydriasis, Iridodialyse),
      bb) Albinismus;
   b) Glas mit Ultraviolett-(UV-)Kantenfilter (400 Nanometer Wellenlänge) bei
      aa) Aphakie,
      bb) Photochemotherapie zur Absorption des langwelligen UV-Lichts,
      cc) UV-Schutz nach Pseudophakie, wenn keine Intraokularlinse mit UV-Schutz implantiert wurde,
      dd) Iriskolobom,
      ee) Albinismus;
   c) Glas mit Kantenfilter als Bandpassfilter mit einem Transmissionsmaximum bei einer Wellenlänge von 450 Nanometer bei Blauzapfenmonochromasie;
   d) Glas mit Kantenfilter (Wellenlänge größer als 500 Nanometer) als Langpassfilter zur Vermeidung der Stäbchenbleichung und zur Kontrastanhebung bei
      aa) angeborenem Fehlen von oder angeborenem Mangel an Zapfen in

VII

der Netzhaut (Achromatopsie, inkomplette Achromatopsie),

bb) dystrophischen Netzhauterkrankungen (beispielsweise Zapfendystrophien, Zapfen-Stäbchen-Dystrophien, Stäbchen-Zapfen-Dystrophien, Retinopathia pigmentosa, Chorioidemie),

cc) Albinismus.

Das Ausmaß der Transmissionsminderung und die Lage der Kanten der Filter sind individuell zu erproben, die subjektive Akzeptanz ist zu überprüfen.

e) Horizontale Prismen in Gläsern

aa) ab 3 Prismendioptrien und Folien mit prismatischer Wirkung,

bb) ab 3 Prismendioptrien (Gesamtkorrektur auf beiden Augen) sowie vertikale Prismen und Folien,

cc) ab 1 Prismendioptrie, bei

aaa) krankhaften Störungen in der sensorischen und motorischen Zusammenarbeit der Augen mit dem Ziel, Binokularsehen zu ermöglichen und die sensorische Zusammenarbeit der Augen zu verbessern,

bbb) Augenmuskelparesen, um Muskelkontrakturen zu beseitigen oder zu verringern.

Voraussetzung für die Beihilfefähigkeit ist, dass die Verordnung auf Grund einer umfassenden augenärztlichen orthoptisch-pleoptischen Diagnostik ausgestellt ist. Verordnungen, die auf Grund isolierter Ergebnisse einer subjektiven Heterophie-Testmethode ausgestellt sind, werden nicht anerkannt.

Bei wechselnder Prismenstärke oder temporärem Einsatz, beispielsweise prä- oder postoperativ, sind nur die Aufwendungen für Prismenfolien ohne Trägerglas beihilfefähig. Ausgleichsprismen bei übergroßen Brillendurchmessern sowie Höhenausgleichsprismen bei Mehrstärkengläsern sind nicht beihilfefähig.

f) Kunststoffgläser als Schutzgläser bei

aa) erheblich sturzgefährdeten Personen, die an Epilepsie oder an Spastiken erkrankt sind,

bb) funktionell Einäugigen (bestkorrigierter Visus mindestens eines Auges unter 0,2).

Kontaktlinsen sind bei dieser Indikation nicht beihilfefähig.

g) Okklusionsschalen oder -linsen bei dauerhaft therapeutisch nicht anders beeinflussbarer Doppelwahrnehmung;

h) Kunststoff-Bifokalgläser mit besonders großem Nahteil zur Behebung des akkommodativen Schielens bei Personen, die das 18. Lebensjahr noch nicht vollendet haben;

i) Okklusionspflaster und -folien als Amblyopietherapeutika, nachrangig Okklusionskapseln;

j) Uhrglasverbände oder konfektionierter Seitenschutz bei unvollständigem Lidschluss (beispielsweise infolge einer Gesichtslähmung) oder bei Zustand nach Keratoplastik, um das Austrocknen der Hornhaut zu vermeiden;

k) Irislinsen mit durchsichtigem, optisch wirksamem Zentrum bei Substanzverlusten der Iris, die den Blendschutz herabsetzen (beispielsweise Iriskolobom, Aniridie, traumatische Mydriasis, Iridodialyse oder Albinismus);

l) Verbandlinsen oder -schalen bei oder nach

aa) Hornhauterosionen oder -epitheldefekten,

bb) Abrasio nach Operation,

cc) Verätzung oder Verbrennung,

dd) Hornhautverletzungen (perforierend oder lamellierend),

ee) Keratoplastik,

ff) Hornhautentzündungen und -ulzerationen (beispielsweise Keratitis bullosa, Keratitis neuroparalytica, Keratitis e lagophtalmo, Keratitis filiformis);

m) Kontaktlinsen als Medikamententräger zur kontinuierlichen Medikamentenzufuhr;
n) Kontaktlinsen
    aa) bei ausgeprägtem, fortgeschrittenem Keratokonus mit keratokonusbedingten pathologischen Hornhautveränderungen und Hornhautradius unter 7 Millimeter zentral oder im Apex,
    bb) nach Hornhauttransplantation oder Keratoplastik.

2. Ist neben den Aufwendungen für Gläser nach Nummer 1 Buchstaben a bis f zusätzlich ein Refraktionsausgleich erforderlich, sind Aufwendungen für entsprechende Gläser zusätzlich bis zur Höhe der Pauschalen des Unterabschnitts 2 beihilfefähig. Aufwendungen für einen konfektionierten Seitenschutz für Gläser nach Nummer 1 Buchstaben a bis d sind beihilfefähig, wenn der Seitenschutz erfolgreich getestet wurde.

3. Nicht beihilfefähig sind Aufwendungen für
   a) Kantenfilter bei
      aa) altersbedingter Makuladegeneration,
      bb) diabetischer Retinopathie,
      cc) Opticusatrophie (außer im Zusammenhang mit einer dystrophischen Netzhauterkrankung),
      dd) Fundus myopicus,
   b) Verbandlinsen oder -schalen nach nicht beihilfefähigen Eingriffen,
   c) Okklusionslinsen und -schalen als Amblyopietherapeutikum.

Anlage 12
(zu § 25 Absatz 1, 2 und 4)

Nicht beihilfefähige Hilfsmittel, Geräte zur Selbstbehandlung und Selbstkontrolle

Nicht zu den beihilfefähigen Hilfsmitteln gehören Gegenstände, die weder notwendig noch wirtschaftlich angemessen (§ 6 Absatz 3) sind, die einen geringen oder umstrittenen therapeutischen Nutzen oder einen geringen Abgabepreis haben (§ 25 Absatz 2) oder die zur allgemeinen Lebenshaltung gehören. Nicht beihilfefähig sind insbesondere folgende Gegenstände:

1.1 Adju-Set, Adju-Sano (vielseitig verwendbarer Stuhl)
1.2 Angorawäsche
1.3 antiallergene Matratzen, Matratzenbezüge und Bettbezüge
1.4 Aqua-Therapie-Hose
1.5 Arbeitsplatte zum Krankenfahrstuhl
1.6 Assistenzhund (soweit nicht in Anlage 11 aufgeführt)
1.7 Augenheizkissen
1.8 Autofahrerrückenstütze
1.9 Autokindersitz
1.10 Autokofferraumlifter
1.11 Autolifter
2.1 Badewannengleitschutz, -kopfstütze, -matte
2.2 Bandage (soweit nicht in Anlage 11 aufgeführt)
2.3 barrierefreie Badewanne, Sitzbadewanne
2.4 Basalthermometer sowie sonstige Hilfsmittel und Geräte zur Bestimmung und Kontrolle des Monatszyklus
2.5 Bauchgurt
2.6 Bestrahlungsgerät, -lampe zur Selbstbehandlung (soweit nicht in Anlage 11 aufgeführt)
2.7 Bett (soweit nicht in Anlage 11 aufgeführt)
2.8 Bettbrett, -füllung, -lagerungskissen, -platte, -rost, -stütze (soweit nicht in Anlage 11 aufgeführt)
2.9 Bett- und Beistelltisch
2.10 Bidet
2.11 Bildschirmbrille
2.12 Blindenuhr, sprechende Armbanduhr
3.1 (frei)
4.1 Dusche
5.1 Einkaufsnetz
5.2 Einmal-Handschuhe, es sei denn, sie sind bei regelmäßiger Katheterisierung, zur endotrachialen Absaugung, im Zusammenhang mit sterilem Ansaugkatheter oder bei Querschnittgelähmten zur Darmentleerung erforderlich
5.3 Eisbeutel und -kompressen
5.4 Elektrische Schreibmaschine
5.5 Elektrische Zahnbürste
5.6 Elektrofahrzeuge, soweit nicht in Anlage 11 aufgeführt
5.7 Elektro-Luftfilter
5.8 Elektronic-Muscle-Control (EMC 1000)
5.9 Erektionshilfen
6.1 Fieberthermometer
7.1 Garage für Krankenfahrzeuge
8.1 Handschuhe, es sei denn, sie sind nach Nummer 18.2 der Anlage 11 erforderlich
8.2 Hängeliege
8.3 Hausnotrufsystem
8.4 Hautschutzmittel
8.5 Heizdecke, -kissen
8.6 Hilfsgerät für die Hausarbeit
8.7 Höhensonne
8.8 Hörkissen
8.9 Hörkragen
9.1 Intraschallgerät (Schallwellengerät)
9.2 Inuma-Gerät (alpha, beta, gamma)
9.3 Ionisierungsgeräte (zum Beispiel Ionisator, Pollimed 100)

9.4 Ionopront, Permox-Sauerstofferzeuger
10.1 (frei)
11.1 Klingelleuchte, die nicht von Nummer 15.4 der Anlage 11 erfasst ist
11.2 Knickfußstrumpf
11.3 Knoche Natur-Bruch-Slip
11.4 Kommunikationssystem (soweit nicht in Anlage 11 aufgeführt)
11.5 Kraftfahrzeug einschließlich behindertengerechter Umrüstung
11.6 Krankenunterlage (saugende Bettschutzeinlagen), es sei denn,
a) sie ist zur Sicherung der Behandlung einer Krankheit bei Harn- oder Stuhlinkontinenz erforderlich oder
b) die Teilnahme am gesellschaftlichen Leben wird damit wieder ermöglicht
11.7 Kreislaufgerät
11.8 (frei)
11.9 Kreislaufgerät
12.1 Lagerungskissen oder -stütze, das beziehungsweise die nicht von Nummer 20.1 der Anlage 11 erfasst ist
12.2 Language-Master
12.3 Luftreinigungsgeräte
13.1 Magnetfolie
13.2 Monophonator
13.3 Mundduschе
14.1 Nackenheizkissen
15.1 Öldispersionsapparat
16.1 Pulsfrequenzmesser
17.1 (frei)
18.1 Raumluftbefeuchter
18.2 Rotlichtlampe
19.1 Salbenpinsel
19.2 Schlaftherapiegerät (soweit nicht in Anlage 11 aufgeführt)
19.3 Schuhe (soweit nicht in Anlage 11 aufgeführt)
19.4 Spezialsitz
19.5 Spirometer
19.6 Sport- und Therapiegerät, beispielsweise Ergometer, Expander, Fußgymnastik-Rolle oder Ähnliches (soweit nicht in Anlage 11 aufgeführt)
19.7 Sterilisator
19.8 Stimmübungssystem für Kehlkopflose
19.9 Stockroller, Stockständer
19.10 Stufenbett
19.11 SUNTRONIC-System (AS 43)
20.1 Taktellgerät
20.2 Tamponapplikator
20.3 Tandem für Behinderte
20.4 Telefonverstärker
20.5 Telefonhalter
20.6 Therapeutische Wärme-/Kältesegmente
20.7 Treppenlift, Monolift, Plattformlift
21.1 Ultraschalltherapiegeräte
21.2 Urin-Prüfgerät
22.1 Venenkissen
23.1 Waage
23.2 Wandstandgerät
24.1 (frei)
25.1 (frei)
26.1 Zahnpflegemittel
26.2 Zweirad für Behinderte.

Anlage 13
(zu § 41 Absatz 1 Satz 3)

Nach § 41 Absatz 1 Satz 3 beihilfefähige Früherkennungsuntersuchungen, Vorsorgemaßnahmen und Schutzimpfungen

1. Früherkennungsuntersuchungen und Vorsorgemaßnahmen
1.1 Telemedizinische Betreuung (Telemonitoring) bei chronischer Herzinsuffizienz
1.2 Früherkennungsuntersuchungen
1.2.1 U 10 bei Personen, die das siebte, aber noch nicht das neunte Lebensjahr vollendet haben
1.2.2 U 11 bei Personen, die das neunte, aber noch nicht das elfte Lebensjahr vollendet haben
1.2.3 J 2 bei Personen, die das 16., aber noch nicht das 18. Lebensjahr vollendet haben
2. Schutzimpfungen
2.1 Frühsommer-Meningoenzephalitis-(FSME-)Schutzimpfungen ohne Einschränkungen
2.2 Grippeschutzimpfungen ohne Einschränkungen

VII

Anlage 14

(weggefallen)

Anlage 15

(weggefallen)

Anlage 16
(zu § 51a Absatz 2)

Antrag auf Gewährung von Beihilfe und auf Direktabrechnung mit einem zugelassenen Krankenhaus (§ 108 SGB V)

Absender (Krankenhaus)

Vertrauliche Beihilfeangelegenheit!

Antrag auf Gewährung von Beihilfe und auf Direktabrechnung

mit einem zugelassenen Krankenhaus (§ 108 SGB V)

1. Angaben zur beihilfeberechtigten Person (von dieser auszufüllen):

Beihilfe-Identifikationsnummer ☐☐☐☐☐☐☐☐☐☐☐☐☐☐

Familienname, Vorname ______________________

Geburtsdatum ☐☐.☐☐.☐☐☐☐

Anschrift ______________________

____

2. Angaben zur behandelten Person, wenn nicht Nummer 1:

Familienname, Vorname ______________________

Geburtsdatum ☐☐.☐☐.☐☐☐☐

3. Antragsvoraussetzungen (von der beihilfeberechtigten Person auszufüllen)

Eine Direktabrechnung ist nicht möglich, wenn mit diesem Antrag

- erstmals eine Beihilfe beantragt oder
- eine der folgenden Fragen mit „Ja" beantwortet wird.

a) Haben sich seit dem letzten Beihilfeantrag in einem der folgenden Bereiche Änderungen ergeben? ➢ Wechsel des Ausbildungs-, Dienst- oder Beschäftigungsverhältnisses, Beurlaubung, Eintritt in den Ruhestand, Bezug von Versorgungsbezügen, ➢ Familienstand (nur wenn die berücksichtigungsfähige Person behandelt wird), ➢ Anzahl der im Familienzuschlag berücksichtigungsfähigen Kinder (z. B. bei Geburt), ➢ Krankenversicherungsschutz, ➢ anderweitige Beihilfeberechtigung (auch der berücksichtigungsfähigen Person, wenn diese behandelt wird), ➢ Berücksichtigungsfähigkeit von Kindern bei einem anderen Elternteil, ➢ Einkünfte der Ehegattin / des Ehegatten oder der Lebenspartnerin / des Lebenspartners, wenn die Ehegattin / der Ehegatte oder die Lebenspartnerin / der Lebenspartner behandelt wird.	☐ Ja Es haben sich bei mindestens einem der angeführten Sachverhalte Änderungen ergeben. ☐ Nein Es haben sich keine Änderungen bei den angeführten Sachverhalten ergeben.
b) Stehen der behandelten Person andere Krankenfürsorgeleistungen (mit Ausnahme der beihilfekonformen privaten Krankenversicherung) zu, z. B. Heilfürsorge oder Krankenhilfe nach Bundesversorgungs-, Opferentschädigungs- oder Entwicklungshelfer-Gesetz?	☐ Ja ☐ Nein
c) Bei Direktabrechnung beleg- oder wahlärztlicher Leistungen: Wird die Behandlung durch einen nahen Angehörigen (§ 8 Absatz 1 Nummer 7 BBhV) durchgeführt?	☐ Ja ☐ Nein
d) Erfolgt die Behandlung anlässlich eines Unfalls?	☐ Ja ☐ Nein

Erklärungen der beihilfeberechtigten Person:

- Meine Angaben sind richtig und vollständig.
- Ich ermächtige das Krankenhaus und von ihm beauftragte Rechnungssteller, direkt mit der Festsetzungsstelle abzurechnen, und die Festsetzungsstelle, die Beihilfe unmittelbar an das Krankenhaus oder den Rechnungssteller zu zahlen.
- Mit der Übermittlung meiner Daten zur Person, Diagnosen, Behandlungsdaten und den sonstigen in § 301 Absatz 1 und 2 des Fünften Buches Sozialgesetzbuch genannten Daten zwischen dem Krankenhaus, dem Rechnungssteller und der Festsetzungsstelle bin ich einverstanden, soweit diese zur Prüfung des Zahlungsanspruchs des Krankenhauses erforderlich ist. Ich entbinde das Krankenhaus, die behandelnden Ärzte, den Rechnungssteller und die Festsetzungsstelle insoweit von der Schweigepflicht.
- Die Festsetzungsstelle kann Rückfragen direkt mit dem Krankenhaus oder dem Rechnungssteller klären.
- Für die Bezahlung nicht beihilfefähiger Leistungen bin ich selbst verantwortlich.

____

Datum, Unterschrift der beihilfeberechtigten Person oder der bevollmächtigten Person
(Die Vollmacht muss der Festsetzungsstelle vorliegen.)

VII

Erklärungen der behandelten volljährigen Person:

- Ich bin mit der Übermittlung meiner Daten zur Person, Diagnosen und Behandlungsdaten sowie der sonstigen in § 301 Absatz 1 und 2 des Fünften Buches Sozialgesetzbuch genannten Daten zwischen Krankenhaus und der Festsetzungsstelle einverstanden. Ich entbinde das Krankenhaus, den Rechnungssteller und die Festsetzungsstelle von der Schweigepflicht.
- Die Festsetzungsstelle kann Rückfragen direkt mit dem Krankenhaus oder dem Rechnungssteller klären.
- Für die Bezahlung nicht beihilfefähiger Leistungen bin ich selbst verantwortlich.

____

Datum, Unterschrift der volljährigen behandelten Person

4. Angaben des Krankenhauses (vom Krankenhaus auszufüllen)

Das Verfahren richtet sich nach der zwischen der DKG und dem Bund abgeschlossenen Rahmenvereinbarung über eine Direktabrechnung von Krankenhausleistungen – Beihilfe – im schriftlichen Verfahren.

Bitte senden Sie diesen Antrag zusammen mit der Aufnahmeanzeige zeitnah nach Aufnahme der zu behandelnden Person in das Krankenhaus an die Festsetzungsstelle. Ist die Aufnahmeanzeige nicht beigefügt, kann eine Direktabrechnung nicht erfolgen. Für die Berücksichtigung von wahlärztlichen Leistungen oder Wahlleistungen bei der Direktabrechnung ist die entsprechende Wahlleistungsvereinbarung zwingend beizufügen. Die Festsetzungsstelle wird Ihnen zeitnah bestätigen, ob eine Direktabrechnung erfolgen kann und in welchem Umfang eine Leistungsverpflichtung besteht. Die Rechnung ist der Festsetzungsstelle mit der Entlassungsanzeige zuzuleiten (nicht bei Zwischenrechnungen).

Verzichtet die Festsetzungsstelle auf die vorherige Übermittlung dieses Antrages, ist dieser mit der Rechnung nebst Aufnahmeanzeige, Entlassungsanzeige und gegebenenfalls der Wahlleistungsvereinbarung zu übersenden.

Sollte keine Direktabrechnung erfolgen können, wenden Sie sich wegen der Begleichung der Rechnung bitte an die behandelte Person. Auch Kostenanteile, für die keine Beihilfe gewährt werden kann, sind der behandelten Person direkt in Rechnung zu stellen.

Aufnahmedatum:	Aufnahmenummer:
Einweisungsdiagnosen:	
Aufnahmediagnosen (ICD):	
Verweildauer: ________ Tage	(voraussichtliches) Entlassungsdatum:
Aufnahmeanzeige bitte beifügen.	

Verlegung von einem anderen Krankenhaus	☐ Ja	☐ Nein	Handelt es sich um eine Wiederaufnahme?	☐ Ja	☐ Nein
Behandlung durch einen Belegarzt	☐ Ja	☐ Nein	Wurden wahlärztliche Leistungen oder Wahlleistungen vereinbart?	☐ Ja	☐ Nein
			Die Vereinbarung bitte gegebenenfalls beifügen.		
Hat eine vorstationäre Behandlung stattgefunden?	☐ Ja	☐ Nein	Findet (voraussichtlich) eine nachstationäre Behandlung statt?	☐ Ja	☐ Nein
Werden die Kosten hierfür von diesem Antrag mit erfasst?	☐ Ja	☐ Nein	Werden die Kosten hierfür von diesem Antrag mit erfasst?	☐ Ja	☐ Nein

Ansprechperson und Rufnummer bei Rückfragen:

____

Datum, Unterschrift, Stempel

Allgemeine Verwaltungsvorschrift zur Bundesbeihilfeverordnung (BBhVVwV)

Vom 26. Juni 2017 (GMBl. S. 530)

Zuletzt geändert durch
Dritte allgemeine Verwaltungsvorschrift zur Änderung der Allgemeinen Verwaltungsvorschrift zur Bundesbeihilfeverordnung
vom 5. Dezember 2024 (GMBl. S. 1147)

Nach § 145 Absatz 2 des Bundesbeamtengesetzes erlässt das Bundesministerium des Innern folgende allgemeine Verwaltungsvorschrift:

Kapitel 1
Allgemeine Vorschriften

1 Zu § 1 – Regelungsgegenstand

1Die Beihilfe ist eine eigenständige ergänzende beamtenrechtliche Krankenfürsorge. 2Durch die Beihilfe erfüllt der Dienstherr die den Beamtinnen und Beamten und ihren Familien gegenüber bestehende beamtenrechtliche Fürsorgepflicht (§ 78 des Bundesbeamtengesetzes [BBG]), sich an den Krankheitskosten mit dem Anteil zu beteiligen, der durch eine zumutbare Eigenvorsorge nicht abgedeckt wird. 3Die Fürsorgepflicht verlangt jedoch keine lückenlose anteilige Erstattung jeglicher Aufwendungen. 4Neben Beamtinnen und Beamten können weitere Personengruppen auf Grund spezialgesetzlicher Verweisungen einen Beihilfeanspruch haben (vgl. z. B. § 27 Absatz 1 des Abgeordnetengesetzes [AbgG], § 46 des Deutschen Richtergesetzes [DRiG] und § 31 des Soldatengesetzes [SG]).

2 Zu § 2 – Beihilfeberechtigte Personen

2.1 Zu Absatz 1

Witwen oder Witwer und Waisen beihilfeberechtigter Personen, die Ansprüche nach Absatz 2 haben und damit zu den Personen nach Nummer 2 gehören, sind bereits von dem Tag an selbst beihilfeberechtigt, an dem die beihilfeberechtigte Person stirbt.

2.2 Zu Absatz 2

2.2.1 1Nach § 80 Absatz 1 Satz 1 Nummer 1 in Verbindung mit § 92 Absatz 5 Satz 1 BBG besteht ein Anspruch auf Beihilfe auch während einer Beurlaubung ohne Besoldung nach § 92 Absatz 1 Satz 1 BBG. 2Dies gilt nicht, wenn die Beamtin oder der Beamte bei einer beihilfeberechtigten Person berücksichtigungsfähig wird oder in der gesetzlichen Krankenversicherung nach § 10 Absatz 1 des Fünften Buches Sozialgesetzbuch (SGB V) versichert ist (§ 92 Absatz 5 Satz 2 BBG). 3Ist die Ehegattin, der Ehegatte, die Lebenspartnerin oder der Lebenspartner einer Beamtin oder eines Beamten, die oder der aus familiären Gründen nach § 92 Absatz 1 BBG beurlaubt ist, gesetzlich krankenversichert, ist davon auszugehen, dass ein Zugang der Beamtin oder des Beamten zur Familienversicherung besteht. 4Die beurlaubte Beamtin oder der beurlaubte Beamte hat den nicht bestehenden Anspruch auf Familienversicherung ggf. nachzuweisen.

2.2.2 1Während der Elternzeit besteht der Beihilfeanspruch fort. 2Er verdrängt daher eine eventuelle Berücksichtigungsfähigkeit nach § 4 (§ 5 Absatz 1 Nummer 2).

2.3 Zu Absatz 3

2.3.1 1Nach § 27 Absatz 1 AbgG erhalten Mitglieder des Deutschen Bundestages und Versorgungsempfängerinnen und Versorgungsempfänger nach dem AbgG einen Zuschuss zu den notwendigen Kosten in Krankheits-, Pflege- und Geburtsfällen in sinngemäßer Anwendung der Bundesbeihilfeverordnung (BBhV). 2Unter den in § 27 Absatz 2 AbgG genannten Voraussetzungen wird stattdessen ein Zuschuss zu den Krankenversicherungsbeiträgen gewährt.

2.3.2 Soweit Mitglieder des Deutschen Bundestages, die zugleich Mitglieder der Bundesregierung oder Parlamentarische Staatssekretärinnen oder Parlamentarische Staatssekretäre sind, sich für den Zuschuss nach §27 Absatz 1 AbgG entscheiden, wird dieser von dem jeweils zuständigen Bundesministerium für den Deutschen Bundestag festgesetzt und gezahlt.

2.4 Zu Absatz 4

(unbesetzt)

2.5 Zu Absatz 5

(unbesetzt)

3 Zu §3 – Beamtinnen und Beamte im Ausland

(unbesetzt)

4 Zu §4 – Berücksichtigungsfähige Personen

4.1 Zu Absatz 1

(unbesetzt)

4.2 Zu Absatz 2

4.2.1 $_{1}$Die Vorschrift erfasst sowohl die im Familienzuschlag berücksichtigten Kinder als auch die berücksichtigungsfähigen Kinder. $_{2}$Damit wird sichergestellt, dass Beihilfen auch für Kinder gewährt werden können, für die der beihilfeberechtigten Person kein Familienzuschlag zusteht (Kinder von Beamtinnen und Beamten auf Widerruf im Vorbereitungsdienst, Kinder beihilfeberechtigter Personen, die sich in Elternzeit befinden) oder die im Familienzuschlag erfasst würden, wenn sie nicht bereits bei einer anderen Person im Familienzuschlag berücksichtigt würden.

4.2.2 $_{1}$Ein Anspruch auf Beihilfe für Kinder als berücksichtigungsfähige Personen besteht grundsätzlich so lange, wie der auf die Kinder entfallende Teil des Familienzuschlags nach dem Bundesbesoldungsgesetz (BBesG) oder dem Beamtenversorgungsgesetz (BeamtVG) gezahlt wird. $_{2}$Dies gilt unabhängig davon, ob nachträglich festgestellt wird, dass ein entsprechender Anspruch nicht bestanden hat, und der auf die Kinder entfallende Teil des Familienzuschlags zurückgefordert wird.

4.2.3 $_{1}$Neben die Berücksichtigungsfähigkeit nach den Sätzen 1 und 2 tritt diejenige nach den Sätzen 3 und 4. $_{2}$Für die Dauer eines in Satz 3 genannten abgeleisteten Dienstes ist ein Kind weiter berücksichtigungsfähig, auch wenn kein Familienzuschlag mehr gezahlt wird. $_{3}$Zu der Frage eines erhöhten Bemessungssatzes nach §46 Absatz 3 siehe Nummer 46.3.1.

4.3 Zu Absatz 3

(unbesetzt)

5 Zu §5 – Konkurrenzen

5.1 Zu Absatz 1

Beihilfen nach beamtenrechtlichen Vorschriften sind unbeschadet der Ausgestaltung im Einzelnen dem Grunde nach gleichwertig.

5.2 Zu Absatz 2

5.2.1 Die Feststellung der Zuständigkeit soll unverzüglich zwischen den beteiligten Festsetzungsstellen erfolgen.

5.2.2 Nach Satz 2 schließt ein Beihilfeanspruch auf Grund eines Versorgungsanspruchs aus einem eigenen Dienstverhältnis einen abgeleiteten Beihilfeanspruch als Witwe oder Witwer aus.

5.3 Zu Absatz 3

$_{1}$Eine eigene Beihilfeberechtigung schließt Ansprüche als berücksichtigungsfähige Person nach §4 Absatz 1 grundsätzlich aus. $_{2}$Bei einer Mitausreise von Ehegattinnen, Ehegatten, Lebenspartnerinnen oder Lebenspartnern ist deren eigener Beihilfeanspruch auf §11 Absatz 1 und 2 begrenzt. $_{3}$Durch Absatz 3 wird berücksichtigungsfähigen Personen nach §4 Absatz 1, deren Aufwendungen auch nach §6 Absatz 2 beihilfefähig sind und die die beihilfeberechtigte Person an den Auslanddienstort begleiten, ermöglicht, auf ihren eigenen Beihilfeanspruch zu verzichten und ihre Aufwendungen über die beihilfeberechtigte Person zu beantragen. $_{4}$Bei Nachweis des Verzichtes und Vorliegen der anderen Voraussetzungen erhalten sie Beihilfen nach den besonderen Vorschriften für den Personenkreis des §3.

5.4 Zu Absatz 4

5.4.1 $_{1}$Die Beihilfeberechtigung nach beamtenrechtlichen Vorschriften aus einem Rechtsverhältnis als Versorgungsempfänger oder als berücksichtigungsfähige Person wird durch eine Beihilfeberechtigung nach anderen als beamtenrechtlichen Vorschriften nicht ausgeschlossen, sondern „geht vor". $_{2}$Sie bleibt bestehen, wenn aus der Beihilfeberechtigung nach anderen als beamtenrechtlichen Vorschriften im konkreten Fall dem Grunde nach keine Beihilfe zusteht. $_{3}$Dies betrifft insbesondere Fälle, in denen Tarifbeschäftigten ein einzelvertraglicher oder tarifvertraglicher Beihilfeanspruch zusteht. $_{4}$Die Einkommensgrenze für berücksichtigungsfähige Personen nach § 6 Absatz 2 Satz 1 ist zu beachten.

5.4.2 $_{1}$Die Aufstockung einer nach anderen als beamtenrechtlichen Vorschriften gewährten Beihilfe durch eine Beihilfe aus dem Rechtsverhältnis als Versorgungsempfängerin oder Versorgungsempfänger oder als berücksichtigungsfähige Person ist ausgeschlossen. $_{2}$Steht Beihilfe aus einer vorgehenden Beihilfeberechtigung zu, ist diese in Anspruch zu nehmen.

5.4.3 $_{1}$Wird ein tarifvertraglicher Anspruch auf Beihilfe in Krankheits- und Geburtsfällen, der einer nach § 6 Absatz 2 berücksichtigungsfähigen Person, die teilzeitbeschäftigt ist, entsprechend dem Umfang der Arbeitszeit gekürzt, so besteht daneben ein ergänzender Anspruch nach § 6 Absatz 2. $_{2}$Die sonstigen beihilferechtlichen Voraussetzungen müssen erfüllt sein (vgl. § 6 Absatz 2). $_{3}$Von den beihilfefähigen Aufwendungen ist die auf Grund Tarifvertrags zustehende Beihilfe abzuziehen (§ 9 Absatz 1). $_{4}$Eine Beihilfegewährung zu Pflegeleistungen erfolgt bei Vorliegen der Voraussetzung des Kapitels 3 ausschließlich aus dem Beihilfeanspruch der beamteten beihilfeberechtigten Person.

5.5 Zu Absatz 5

(unbesetzt)

5.6 Zu Absatz 6

Bei mehreren beihilfeberechtigten Personen mit unterschiedlichen Dienstherren (z. B. Bund – Land; Bund – Kommune) ist der Festsetzungsstelle des Landes oder der Kommune die Mitteilung auf dem Formblatt nach Anhang 1 zu übersenden.

6 Zu § 6 – Beihilfefähigkeit von Aufwendungen

6.1 Zu Absatz 1

(unbesetzt)

6.2 Zu Absatz 2

6.2.1 $_{1}$Bei der Prüfung des Einkommens berücksichtigungsfähiger Personen nach § 4 Absatz 1 (Ehegattin, Ehegatte, Lebenspartnerin, Lebenspartner) wird grundsätzlich auf den Zeitpunkt des Antragseingangs bei der Festsetzungsstelle abgestellt, unabhängig davon, zu welchem Zeitpunkt die Aufwendungen entstanden sind. $_{2}$Durch das grundsätzliche Abstellen auf den Zeitpunkt der Antragstellung ist eine Verschiebung der Aufwendungen in das Folgejahr möglich. $_{3}$§ 54 Absatz 1 ist zu beachten.

6.2.2 $_{1}$Die für die beihilferechtliche Prüfung nicht benötigten Angaben auf dem Steuerbescheid können unkenntlich gemacht werden. $_{2}$Die Festsetzungsstelle kann an Stelle des Steuerbescheides andere Einkommensnachweise fordern oder zulassen, wenn die beihilfeberechtigte Person keinen Steuerbescheid vorlegen kann (z. B. bei Nichtveranlagung) oder der Steuerbescheid nicht alle von § 2 Absatz 3 und 5a des Einkommensteuergesetzes (EStG) erfassten Einkünfte abbildet (z. B. Pauschalsteuer auf Zinseinkünfte).

6.2.3 Die Nichtberücksichtigung bei der Einkommensgrenze gilt dabei nur für den Teil des Einkommens, der durch die berufliche Tätigkeit am ausländischen Dienstort erzielt wird.

6.2.4 Der Betrag der Einkommensgrenze für das jeweilige Kalenderjahr wurde durch Rundschreiben des Bundesministeriums des Innern und für Heimat wie folgt bekannt gegeben:

Kalenderjahr	Höhe Einkommensgrenze
2023	20 000 Euro
2024	20 878 Euro
2025	21 832 Euro

VII

6.3 Zu Absatz 3

6.3.1 $_{1}$Nach der Rechtsprechung des Bundesverwaltungsgerichts (vgl. Urteil vom 10. Oktober 2013 – 5 C 32/12) sind krankheitsbedingte Aufwendungen notwendig, wenn die Behandlung des regelwidrigen Zustandes des Körpers oder Geistes medizinisch notwendig ist. $_{2}$Insoweit gilt § 27 Absatz 1 Satz 1 SGB V (Notwendigkeit einer Krankenbehandlung) entsprechend. $_{3}$Folglich sind Leistungen lediglich auf Verlangen, wie z. B. medizinisch-ästhetische Leistungen (so genannte Schönheitsoperationen) nicht notwendig, weil kein therapiebedürftiger krankheitswerter Zustand vorliegt. $_{4}$So ist z. B. die Beihilfefähigkeit von Aufwendungen für eine Brustneorekonstruktion bei angeborener Brustanomalie (OVG Koblenz, Beschluss vom 26. Mai 2015 – 2 A 10335/15.OVG –), eine Beinverlängerung bei Kleinwuchs (OVG Münster, Urteil vom 24. Januar 2011 – 1 A 527/08 –) oder einen chirurgischen Eingriff bei Ohrfehlstellungen (OVG Hamburg, Beschluss vom 18. Februar 2009 – 1 Bf 108/08.Z –) regelmäßig zu verneinen. $_{5}$Grundsätzlich ist unerheblich, ob das subjektive Empfinden des Betroffenen, sein körperlicher Zustand sei unzulänglich, psychische Störungen hervorruft. $_{6}$Bei psychischen Störungen beschränkt sich die notwendige Krankenbehandlung auf eine psychotherapeutische Behandlung (§§ 18 bis 21). $_{7}$Ein operativer Eingriff in den gesunden Körper, durch den einer psychischen Erkrankung entgegengewirkt werden soll, ist nur dann möglich, wenn der Zustand des Betroffenen durch die innere Spannung zwischen dem jeweiligen Geschlecht und seiner seelischen Identifizierung mit dem anderen Geschlecht eine derartige Ausprägung erfährt, dass eine Krankheit anzunehmen ist (Gutachterverfahren). $_{8}$In allen anderen Fällen sind die Aufwendungen nicht beihilfefähig, auch wenn keine andere Möglichkeit der ärztlichen Hilfe besteht, weil eine psychotherapeutische Behandlung abgelehnt wird und damit keinen Erfolg verspricht (BVerwG, Beschluss vom 30. September 2011 – 2 B 66.11 – unter Hinweis darauf, dass generell zweifelhaft sei, ob körperliche Eingriffe zur Überwindung einer psychischen Krankheit geeignet seien; hinzu komme, dass nach einem solchen Eingriff eine Symptomverschiebung zu besorgen sei und ansonsten bei Anerkennung der Beihilfefähigkeit letztlich Schönheitsoperationen auf Kosten der Allgemeinheit durchgeführt würden).

6.3.2 Aufwendungen nach Satz 2 umfassen neben Aufwendungen für Leistungen nach § 13 auch solche, bei denen die Leistung nicht von einer Ärztin oder einem Arzt erbracht worden ist, weil das medizinische Fachpersonal nicht in der Lage ist, die Leistung selbst zu erbringen, diese aber dringend medizinisch geboten ist (z. B. Spezialuntersuchungen in wissenschaftlichen Instituten).

6.4 Zu Absatz 4

6.4.1 $_{1}$Im Regelfall sind von der GKV anerkannte neue Behandlungsmethoden beihilfefähig. $_{2}$Bestehen Zweifel, ob eine neue Behandlungsmethode wissenschaftlich allgemein anerkannt ist und werden diese durch ein ärztliches Gutachten bestätigt, ist vor einer beihilferechtlichen Anerkennung der die Fachaufsicht führenden Stelle zu berichten.

6.4.2 $_{1}$Von der Beihilfefähigkeit ausgeschlossen sind die zur Nutzung telemedizinischer Leistungen erforderlichen Endgeräte (Smartphone, Tablet, Laptop, Smartwatch, Kamera usw.). $_{2}$Die anfallenden Kosten für den Strom und Datenverbrauch sind ebenfalls nicht beihilfefähig und werden den allgemeinen Lebenshaltungskosten zugerechnet. $_{3}$Medizinisch-technische Geräte, welche beispielsweise bei der Übertragung von Daten von implantierten Medizinprodukten (z. B. Herzschrittmacher) für die telemedizinische Fernkontrolle oder ausschließlich für die medizinische Behandlung (z. B. Transmitter beim Telemonitoring bei chronischer Herzinsuffizienz mittels kardialer Aggregate) notwendig sind, sind von dieser Regelung nicht umfasst.

6.5 Zu Absatz 5

6.5.1 $_{1}$Die Gebührenordnungen für Ärzte (GOÄ) und Zahnärzte (GOZ) stecken den für die Bemessung der Vergütung maßgebenden Rahmen ab und zählen die Kriterien auf, die bei der Festsetzung im Einzelnen zu Grunde zu legen sind. $_{2}$Die Spannenregelungen dienen nicht dazu, die Einfachsätze an die wirtschaftliche Entwicklung anzupassen. $_{3}$Der in der GOÄ und der GOZ vorgegebene Bemessungsrahmen enthält im Zusammenwirken mit den Gebührenverzeichnissen eine Variationsbreite für die Gebührenbemessung, die, bezogen auf die einzelne Leistung, grundsätzlich ausreicht, um auch schwierige Leistungen angemessen zu entgelten. $_{4}$Liquidationen, die neben der Abrechnung erbrachter ärztlicher Leistungen nach der GOÄ in Übereinstimmung mit der aktuellen Rechtslage auch die entsprechende Umsatzsteuer ausweisen, sind in vollem Umfang, das heißt einschließlich der Umsatzsteuer, beihilfefähig, z. B. bei der Abrechnung von Leistungen Juselbständig tätiger Beleg- oder Laborärztinnen und -ärzte.

6.5.2 $_{1}$Maßstab für die Angemessenheit von Aufwendungen sind die Gebühren nach dem Gebührenrahmen der GOÄ oder GOZ auch dann, wenn die Leistung von einer Ärztin, einem Arzt, einer Zahnärztin, einem Zahnarzt oder in deren oder dessen Verantwortung erbracht, jedoch von anderer Seite (z. B. einer Klinik) in Rechnung gestellt wird; dies gilt nicht, soweit die Anwendung einer anderen öffentlichen Gebührenordnung vorgeschrieben ist. $_{2}$Als andere öffentliche Gebührenordnungen gelten z. B. die landesrechtlichen Gesetze über den Rettungsdienst. $_{3}$Darin ist geregelt, dass für Leistungen des Rettungsdienstes (Notfallrettung oder Krankentransport) Benutzungsentgelte zwischen den Leistungsträgern und bestimmten Kostenträgern zu vereinbaren sind, die auch für die Benutzer verbindlich sind. $_{4}$Pauschal berechnete Benutzungsentgelte für Leistungen des Rettungsdienstes sind beihilfefähig, wenn sie auf Grundlage dieser Gesetze vereinbart wurden und einheitlich berechnet werden. $_{5}$Abrechnungen nach dem „Deutsche Krankenhausgesellschaft Normaltarif" sind ebenso anzuerkennen. $_{6}$Aufwendungen für telemedizinische Leistungen sind beihilfefähig, sofern die Leistungen durch entsprechende Gebührenpositionen in die GOÄ aufgenommen sind und die entstandenen Aufwendungen danach oder bis zu einer Änderung der GOÄ entsprechend § 6 Absatz 2 GOÄ abgerechnet werden; die Abrechnungsempfehlungen der Bundesärztekammer sowie der Bundespsychotherapeutenkammer zu telemedizinischen Leistungen sind zu berücksichtigen (*https://www.bundesaerztekammer.de/fileadmin/user_upload/downloads/pdf-2020-06-26_DAEBl_Abrechnungsempfehlung_ telemedizinische_Leistungen.pdf* sowie Rundschreiben des BMI vom 5. Januar 2022 – D6-30111/15#5 – [GMBl S. 50]).

6.5.3 $_{1}$Die Angemessenheit der Aufwendungen für Leistungen von Psychotherapeutinnen, Psychotherapeuten, Psychologischer Psychotherapeutinnen, Psychologischer Psychotherapeuten sowie von Kinder- und Jugendlichenpsychotherapeutinnen und Kinder- und Jugendlichenpsychotherapeuten bei Privatbehandlung richtet sich nach dem Gebührenrahmen der GOÄ mit der Maßgabe, dass Vergütungen nur für Leistungen berechnungsfähig sind, die in den Abschnitten B und G der Anlage zur GOÄ aufgeführt sind (§ 1 Absatz 2 der Gebührenordnung für Psychologische Psychotherapeuten und Kinder- und Jugendlichenpsychotherapeuten). $_{2}$Die Gemeinsamen Abrechnungsempfehlungen der Bundesärztekammer, der Bundespsychotherapeutenkammer, des Verbandes der Privaten Krankenversicherung und der Beihilfeträger von Bund und Ländern zur Erbringung neuer psychotherapeutischer Leistungen sind zu berücksichtigen (https://api.bptk.de/uploads/B_ Ae_K_B_Pt_K_PKV_V_Beihilfe_ Abrechnungsempfehlung_d583969f7a.pdf sowie Rundschreiben des BMI vom 3. Juli 2024 – D6.30111/15#15 – [GMBl, S. 554).

6.5.4 $_{1}$Überschreitet eine Gebühr für ärztliche, zahnärztliche oder psychotherapeutische Leistungen den in § 5 Absatz 2 Satz 4, Absatz 3 Satz 2 GOÄ, § 5 Absatz 2 Satz 4 GOZ vorgesehenen Schwellenwert, kann sie nach Absatz 3 nur dann als angemessen angesehen werden, wenn in der schriftlichen Begründung der Rechnung (§ 12 Absatz 3 Satz 1 und 2 GOÄ, § 10 Absatz 3 Satz 1 und 2 GOZ) dargelegt ist, dass erheblich über das ge-

VII

wöhnliche Maß hinausgehende Umstände dies rechtfertigen. 2Derartige Umstände können in der Regel nur gegeben sein, wenn die einzelne Leistung aus bestimmten Gründen

- besonders schwierig war,
- einen außergewöhnlichen Zeitaufwand beanspruchte oder
- wegen anderer besonderer Umstände bei der Ausführung erheblich über das gewöhnliche Maß hinausging

und diese Umstände nicht bereits in der Leistungsbeschreibung des Gebührenverzeichnisses berücksichtigt sind (§ 5 Absatz 2 Satz 3 GOÄ/GOZ; vgl. z. B. Nummer 2382 der Anlage zur GOÄ und Nummer 6050 der Anlage 1 zur GOZ).

3Nach dem Urteil des Bundesverwaltungsgerichts vom 30. Mai 1996 – 2 C 10.95 – ist ein Überschreiten dann gerechtfertigt, wenn Besonderheiten dies rechtfertigen. 4Die Besonderheiten müssen „gerade bei der Behandlung des betreffenden Patienten, abweichend von der Mehrzahl der Behandlungsfälle" auftreten. 5Die Besonderheiten eines angewendeten Verfahrens können mithin alleine nicht eine Überschreitung des Schwellenwertes rechtfertigen (siehe auch OVG Lüneburg, Urteil vom 13. November 2012 – 5 LC 222/11 –).

6.5.5 1Nach § 12 Absatz 3 Satz 2 GOÄ, § 10 Absatz 3 Satz 2 GOZ ist die Begründung auf Verlangen näher zu erläutern. 2Bestehen bei der Festsetzungsstelle Zweifel darüber, ob die in der Begründung dargelegten Umstände den Umfang der Überschreitung des Schwellenwertes rechtfertigen, soll sie die Antragstellerin oder den Antragsteller bitten, die Begründung durch die Ärztin, den Arzt, die Zahnärztin oder den Zahnarzt erläutern zu lassen, soweit dies nicht bereits von der Krankenversicherung der beihilfeberechtigten Person veranlasst worden ist. 3Werden die Zweifel nicht ausgeräumt, ist mit Einverständniserklärung der beihilfeberechtigten Person eine Stellungnahme der zuständigen Ärztekammer oder Zahnärztekammer oder einer medizinischen oder zahnmedizinischen Gutachterin oder eines medizinischen oder zahnmedizinischen Gutachters einzuholen. 4Die beihilfeberechtigte Person ist nach § 51 Absatz 1 Satz 2 zur Mitwirkung verpflichtet. 5Wird das Einverständnis nicht erteilt, ist Nummer 51.1.7 zu beachten.

6.5.6 1Nach § 2 Absatz 1 GOÄ/GOZ kann durch Vereinbarung nur noch eine von § 3 GOÄ/GOZ abweichende Höhe der Vergütung festgelegt werden (Abdingung). 2Eine Abdingung der GOÄ/GOZ insgesamt und die Anwendung anderer Gebührenordnungen ist nicht zulässig. 3Gebühren, die auf einer Abdingung nach § 2 Absatz 1 GOÄ/GOZ beruhen, können grundsätzlich nur bis zum Schwellenwert als angemessen im Sinne der Beihilfevorschriften angesehen werden, es sei denn, eine Überschreitung des Schwellenwertes bis zum höchsten Gebührensatz (§ 5 Absatz 1 und 3 GOÄ, § 5 Absatz 1 GOZ) ist nach der Begründung entsprechend den Nummern 6.5.4 und 6.5.5 gerechtfertigt. 4Ausnahmen können in außergewöhnlichen, medizinisch besonders gelagerten Einzelfällen von der die Fachaufsicht führenden Stelle im Einvernehmen mit dem Bundesministerium des Innern und für Heimat (BMI) zugelassen werden.

6.5.7 Ist die beihilfeberechtigte Person zivilgerichtlich rechtskräftig zur Begleichung der Honorarforderung einer Ärztin oder eines Arztes verurteilt, ist die Vergütung regelmäßig als angemessen im Sinne des Beihilferechts anzuerkennen (vgl. BVerwG, Urteil vom 25. November 2004 – 2 C 30.03 –).

6.5.8 1Rechnungen, die auf Grund von Vereinbarungen, Verträgen zwischen Leistungserbringerinnen und Leistungserbringern und Krankenkassen nach dem SGB V, Unternehmen der privaten Krankenversicherungen oder Beihilfeträgern erstellt worden sind, bedürfen keiner weiteren Prüfung durch die Festsetzungsstelle. 2Die Pauschalbeträge können als beihilfefähig anerkannt werden. 3Dabei ist ausreichend, wenn in der Rechnung auf die Vereinbarung oder den Vertrag verwiesen wird. 4Sofern die Unternehmen der privaten Krankenversicherung unterschiedliche Tarifvereinbarungen mit den Leistungser-

VII

bringern abgeschlossen haben, gilt dies nur für den Bereich des Grundtarifs, der im Regelfall bereits die Unterbringung im Zweibettzimmer umfasst. 5Aufwendungen für eine gesondert berechnete Unterkunft sind nur bis zur Höhe von § 26 Absatz 1 Nummer 5 Buchstabe b BBhV beihilfefähig.

6.5.9 Kann die beihilfeberechtigte Person nach Behandlung in einem Wundzentrum zum Nachweis der wirtschaftlichen Angemessenheit eine Vereinbarung über Vergütungspauschalen mit einem Krankenversicherungsunternehmen nicht vorlegen, ist zur Beurteilung der wirtschaftlichen Angemessenheit nach § 6 Absatz 3 BBhV auch ausreichend, wenn die Festsetzungsstelle eine vergleichbare Vereinbarung als Orientierungshilfe heranzieht.

6.6 Zu Absatz 6

Die Festsetzungsstelle kann von der beihilfeberechtigten Person die Vorlage von Nachweisen der Ortsüblichkeit verlangen.

6.7 Zu Absatz 7

(unbesetzt)

6.8 Zu Absatz 8

1Die Fürsorgepflicht des Dienstherrn gebietet es, auch dann eine angemessene Beihilfe zu gewähren, wenn

1. im konkreten Einzelfall Aufwendungen entstanden sind, für die nach den Regelungen der BBhV eine Beihilfe nicht oder nicht im vollen Umfang gewährt werden kann,
2. die Aufwendungen der Zweckbestimmung der Beihilfe unterfallen und
3. die Versagung der Beihilfe eine besondere Härte bedeuten würde.

2Eine besondere Härte liegt insbesondere dann vor, wenn

1. eine angemessene Selbstvorsorge nicht gewährleistet werden konnte,
2. eine unverschuldete Notlage vorliegt, in der die Belastung mit Krankheits- oder Pflegekosten den amtsangemessenen Unterhalt der beihilfeberechtigten Person und ihrer Familie gefährdet oder
3. durch die Anwendung der BBhV die betroffene Person in ihrer spezifischen Situation besonders hart getroffen ist.

3Ein besonderer Härtefall wird nicht bereits dann anzunehmen sein, wenn keine der besonderen Härtefallregelungen (z. B. § 39 Absatz 2, § 47 oder § 50 BBhV) einschlägig ist. 4In Pflegefällen ist das Urteil des Bundesverwaltungsgerichtes vom 26. April 2018 – 5 C 4.17 – zu berücksichtigen. 5Hiernach kann eine Beamtin oder ein Beamter keine über die Beihilfevorschriften hinausgehende Beihilfe zu pflegebedingten Aufwendungen unmittelbar aus dem Fürsorgegrundsatz beanspruchen, wenn sie oder er oder eine berücksichtigungsfähige Person es unterlassen haben, zumutbare Eigenvorsorge durch Abschluss einer Pflegezusatzversicherung zu betreiben. 6Der Fürsorgegrundsatz verlangt nicht, die beihilfeberechtigten oder berücksichtigungsfähigen Personen vor der Inanspruchnahme von Leistungen nach dem Zwölften Buch Sozialgesetzbuch zu bewahren. 7Es gibt keinen Grundsatz „Fürsorge vor Sozialhilfe". 8In Pflegefällen muss also jeweils geprüft werden, ob sich das manifestierte Risiko der pflegebedingten Kosten durch zumutbaren Abschluss einer Pflegezusatzversicherung hätte vermeiden lassen können. 9Bei dieser Prüfung kommt es darauf an, ob im Einzelfall

1. eine Pflegezusatzversicherung das manifestierte Risiko abgebildet und abgesichert hätte und
2. der Abschluss der Versicherung zumutbar war.

10Maßgeblicher Zeitpunkt für die Feststellung der Zumutbarkeit bei Pflegezusatzversicherungen ist nach den Ausführungen des Bundesverwaltungsgerichtes der 1. Juli 1996 (Inkrafttreten der zweiten Stufe des Pflege- und Versicherungsgesetzes). 11Ab diesem Zeitpunkt konnten alle Personen, die das 60. Lebensjahr noch nicht vollendet hatten, im Regelfall zumutbar eine Pflegezusatzversicherung abschließen. 12Gründe, die ausnahmsweise eine Unzumutbarkeit nahelegen würden, sind von der beihilfeberechtigten Person darzulegen.

VII

7 Zu § 7 – Verweisungen auf das Sozialgesetzbuch

(unbesetzt)

8 Zu § 8 – Ausschluss der Beihilfefähigkeit

8.1 Zu Absatz 1

(unbesetzt)

8.2 Zu Absatz 2

1Nach § 76 BBG gehen gesetzliche Schadensersatzansprüche infolge Körperverletzung oder Tötung insoweit auf den Dienstherrn über, als er dienstrechtlich zu Leistungen verpflichtet ist, also auch bis zur Höhe des Beihilfeanspruchs zu beihilfefähigen Aufwendungen infolge der Schädigung. 2Der Anspruchsübergang unterbleibt bei Schadensersatzansprüchen, die sich gegen einen mit der oder dem Verletzten in häuslicher Gemeinschaft lebenden Familienangehörigen richten. 3Da es sich um einen gesetzlichen Forderungsübergang handelt, bedarf es für seine Wirksamkeit keiner Abtretung oder anderen Rechtshandlung. 4Der Übergang erfolgt kraft Gesetzes und grundsätzlich im Zeitpunkt des Schadensereignisses. 5Soweit der Anspruch auf den Dienstherrn übergegangen ist, kann der Verletzte nicht mehr, z. B. durch Vergleich, darüber verfügen. 6Bei vertraglichen Schadensersatzansprüchen, insbesondere aus einem Behandlungsvertrag mit der Ärztin oder dem Arzt, ergibt sich der gesetzliche Forderungsübergang aus den parallel bestehenden gesetzlichen Schadensersatzansprüchen. 7Soweit Schadensersatzansprüche ausnahmsweise nicht nach § 76 BBG erfasst werden und nicht auf den Dienstherrn übergehen, sind Aufwendungen in dem Umfang nicht beihilfefähig, wie der beihilfeberechtigten Person ein Ersatzanspruch gegen Dritte zusteht. 8Ein Anspruch auf Krankenhilfe gegenüber dem Jugendamt nach § 40 des Achten Buches Sozialgesetzbuch (SGB VIII) ist gegenüber der Beihilfe nachrangig (§ 10 Absatz 1 SGB VIII; VG Berlin, Urteil vom 21. August 2008 – 36 A 185.06 –) und deshalb nicht als Ersatzanspruch nach § 8 Absatz 2 von den Aufwendungen abzuziehen.

8.3 Zu Absatz 3

8.3.1 1Gesetzlich vorgesehene Zuzahlungen oder Kostenanteile sind auch dann nicht beihilfefähig, wenn von der GKV keine Sachleistung, sondern eine Geldleistung gewährt wird. 2Dies gilt auch für Aufwendungen für die nach § 34 SGB V ausgeschlossenen Arznei-, Heil- und Hilfsmittel. 3Von der gesetzlichen Krankenversicherung auf Grund von § 130 Absatz 1 SGB V (Arzneimittelrabatt) nicht erstattete Aufwendungen sind als Kostenanteil nicht beihilfefähig. 4Bei den nicht durch Zuschüsse der Krankenversicherung gedeckten Anteilen bei der Versorgung mit Zahnersatz handelt es sich um keine Zuzahlungen oder Kostenanteile.

8.3.2 1Nach § 53 Absatz 1 SGB V (Wahltarife) können die Krankenkassen bei Kostenerstattung nach § 13 SGB V vorsehen, dass die Versicherten jeweils für ein Kalenderjahr einen Teil der von der Krankenkasse zu tragenden Kosten übernehmen können (Selbstbehalt). 2Soweit Selbstbehalte von der Krankenkasse angerechnet werden, sind sie nicht beihilfefähig.

8.3.3 1Bei der Inanspruchnahme von Leistungen ausländischer Krankenversicherungssysteme gilt die Regelung entsprechend, allerdings ist dabei Voraussetzung, dass die jeweiligen Versicherungssysteme kongruent sind. 2Ein ausländisches Krankenversicherungssystem kann nur dann zur Anwendung der Ausschlussregelung führen, wenn dieses Krankenversorgungssystem im Wesentlichen denselben Grundsätzen wie die deutsche Krankenversicherung folgt. 3Es muss also grundsätzlich eine umfassende Krankenversorgung bereitstehen. 4Leitgedanke bei den beihilferechtlichen Konkurrenz-, Ausschluss- und Anrechnungstatbeständen ist, dass eine Besser-, aber auch eine Schlechterstellung gegenüber anderen Systemen, auch Auslandssystemen, ausgeschlossen werden soll.

8.4 Zu Absatz 4

8.4.1 1Die nicht beihilfefähigen Leistungen nach Satz 1 beziehen sich ausschließlich auf die Bücher des Sozialgesetzbuches und damit auf Regelungen innerhalb des deutschen Sozialversicherungssystems. 2Ausländische So-

VII

zialversicherungssysteme sind von dieser Regelung ausgeschlossen.

3Erfasst werden insbesondere Leistungen nach folgenden Vorschriften:

SGB V:	§§ 20i bis 43b; §§ 50 bis 60
SGB VI:	§§ 15 bis 17; §§ 28, 31
SGB VII:	§§ 27 bis 33; §§ 42 bis 45
SGB IX:	§§ 42 bis 47a; §§ 73, 74.

8.4.2 1Die Vorschrift erfasst Leistungen (z. B. ärztliche und zahnärztliche Versorgung, Krankenhausleistungen, Heilmittel, die nach Vorlage der Krankenversicherungskarte bei der Leistungserbringerin oder dem Leistungserbringer verabreicht werden, sowie kieferorthopädische Behandlung) einer Krankenkasse, der gesetzlichen Unfallversicherung, der Rentenversicherung sowie sonstiger Leistungsträger. 2Eine anstelle einer Sachleistung gewährte Geldleistung wird als zustehende Leistung nach Maßgabe des § 9 Absatz 1 Satz 1 angerechnet.

8.4.3 Zum Personenkreis nach Satz 3 gehören auch Versicherungspflichtige, deren Beiträge zur Krankenversicherung zur Hälfte vom Träger der Rentenversicherung getragen werden (§ 249a SGB V).

8.4.4 1Satz 3 Nummer 2 erfasst die Fälle, in denen sich die oder der gesetzlich Pflichtversicherte nicht im Rahmen der kassenärztlichen Versorgung behandeln lässt (z. B. privatärztliche Behandlung durch eine Kassenärztin oder einen Kassenarzt). 2Wäre im Falle der Vorlage der Krankenversicherungskarte oder eines Überweisungsscheines eine Sachleistung verabreicht worden, ist eine Beihilfe ausgeschlossen. 3Gehört die behandelnde Person, die verordnende Ärztin oder der verordnende Arzt nicht zu dem von der Krankenkasse zugelassenen Personenkreis, ist § 9 Absatz 3 anzuwenden.

8.5 Zu Absatz 5

(unbesetzt)

9 Zu § 9 – Anrechnung von Leistungen

9.1 Zu Absatz 1

9.1.1 1Zu den zustehenden Leistungen nach Satz 1 gehören z. B. auch Ansprüche gegen zwischen- oder überstaatliche Organisationen sowie Ansprüche nach dem Gesetz über die Krankenversicherung der Landwirte. 2Zu den zustehenden Leistungen gehören ferner Ansprüche nach dem BVG, SGB XIV sowie ab dem 1. Januar 2025 nach dem SEG, und zwar auf Leistungen der Sozialen Entschädigung beziehungsweise der Soldatenentschädigung auch dann, wenn sie nach sozialhilferechtlichen Grundsätzen gewährt werden, es sei denn, dass sie vom Einkommen oder Vermögen der oder des Leistungsberechtigten oder ihrer oder seiner unterhaltsverpflichteten Angehörigen wieder eingezogen werden.

9.1.2 Satz 1 gilt nicht für solche Leistungen, die von den Krankenversicherungssystemen zwischen- und überstaatlicher Einrichtungen auf Grund einer freiwilligen Vereinbarung, z. B. an ehemalige NATO-Bedienstete als Versorgungsempfängerinnen oder Versorgungsempfänger gewährt werden.

9.1.3 1Ansprüche des nichtehelichen Kindes gegen seine Mutter oder seinen Vater auf Ersatz von Aufwendungen bei Krankheit sind im Rahmen der Unterhaltspflicht zu erfüllen (vgl. § 1615a in Verbindung mit § 1610 Absatz 2 BGB). 2Der Unterhaltsanspruch des nichtehelichen Kindes gegen seine Mutter oder seinen Vater fällt jedoch nicht unter die Ansprüche auf Kostenerstattung nach § 9 Absatz 1 Satz 1; dies gilt ohne Rücksicht darauf, wem dieser Anspruch zusteht. 3Daher kann z. B. die Mutter nicht auf etwaige Ansprüche gegen den Vater des Kindes verwiesen werden, wenn sie für Aufwendungen dieser Art Beihilfen beansprucht.

9.2 Zu Absatz 2

1Die GKV zahlt bei einer medizinisch notwendigen Versorgung mit Zahnersatz einschließlich Zahnkronen und Suprakonstruktionen (zahnärztliche und zahntechnische Leistungen) einen befundbezogenen Festzuschuss in Höhe von 60 Prozent der jeweiligen Regelversorgung (§ 55 Absatz 1 Satz 1 und 2 SGB V). 2Nach § 55 Absatz 1 Satz 3 bis 8, Absatz 2 und 3 SGB V können zusätzliche Leistungsansprüche erwachsen wie eine Erhöhung des Festzuschusses auf bis zu

VII

75 Prozent. 3Dieser maximal zu erreichende Festzuschuss wird immer, sowohl bei freiwillig Versicherten als auch bei Pflichtversicherten in der GKV, angerechnet, unabhängig davon, ob die GKV diesen auch gezahlt hat.

9.3 Zu Absatz 3

9.3.1 Satz 1 ist auch bei ärztlicher Behandlung von in der GKV pflichtversicherten Personen durch einen Privatarzt anzuwenden.

9.3.2 Zu den Leistungen der GKV aus einem freiwilligen Versicherungsverhältnis nach Satz 4 Nummer 3 gehören nicht Leistungen der GKV, die von ihr auf Grund des BVG, des SGB XIV sowie ab dem 1. Januar 2025 nach dem SEG gewährt werden.

9.3.3 1Besteht für eine beihilfeberechtigte oder berücksichtigungsfähige Person in einem ausländischen Sozialversicherungssystem nach dem ausländischen Recht kein Versicherungsschutz, erfolgt keine fiktive Leistungskürzung. 2Der Nachweis ist durch die beihilfeberechtigte Person zu erbringen.

9.3.4 1Mit dieser Ausnahmeregelung wird den besonderen Verhältnissen der Beamtinnen und Beamten im Ausland zur Vermeidung auslandsspezifischer Nachteile Rechnung getragen.

VII

2In vielen ausländischen Staaten entsprechen Pflichtversicherungen nicht dem Standard in Deutschland. 3In solchen Fällen würde § 9 Absatz 3 Satz 3 dazu führen, dass Beihilfeleistungen nicht möglich wären. 4§ 9 Absatz 3 Satz 4 Nummer 4 verhindert, dass Ehegattinnen, Ehegatten, Lebenspartnerinnen oder Lebenspartner, die im Ausland berufstätig sind, beihilferechtlich benachteiligt werden.

9.4 Zu Absatz 4

(unbesetzt)

10 Zu § 10 – Beihilfeanspruch

10.1 Zu Absatz 1

10.1.1 Der Beihilfeanspruch steht – auch für Aufwendungen seiner berücksichtigungsfähigen Personen – nur den selbst beihilfeberechtigten Personen und nicht den berücksichtigungsfähigen Personen zu.

10.1.2 Forderungsgläubiger (z. B. Ärzte) können die ihnen aus ihren Forderungen zustehenden Beträge pfänden, solange der konkrete Beihilfeanspruch durch Auszahlung der Beihilfe noch nicht erloschen ist (BGH, Beschluss vom 5. November 2004 – IXa ZB 17/04 –; LG Münster, Beschluss vom 21. Februar 1994 – 5 T 930/93 –).

10.1.3 1Wegen der Unübertragbarkeit des Beihilfeanspruchs ist eine Aufrechnung gegen Beihilfeansprüche nicht zulässig (BVerwG, Urteil vom 10. April 1997 – 2 C 7/96 –; BGH, Beschluss vom 5. November 2004 – IXa ZB 17/04 –). 2Die Vererblichkeit des Beihilfeanspruchs ist nicht ausgeschlossen (BVerwG, Urteil vom 29. April 2010 – 2 C 77/08 –).

10.2 Zu Absatz 2

10.2.1 1An die Antragsbefugnis bei Tod der beihilfeberechtigten Person stellt die BBhV keine formalen Anforderungen. 2Im Regelfall ist von der Berechtigung der antragstellenden Person auszugehen. 3Eine Nachprüfung der Berechtigung zur Antragstellung kann grundsätzlich unterbleiben.

10.2.2 Eine andere öffentliche Urkunde im Sinne der Nummer 3 ist z. B. ein öffentliches Testament (§ 2232 BGB) oder ein notariell beurkundeter Erbvertrag nebst Eröffnungsprotokoll.

10.2.3 1Hat das Nachlassgericht eine Nachlasspflegschaft (§ 1960 BGB) angeordnet, kann die Beihilfe auch auf das Konto der nachlasspflegenden Person gezahlt werden. 2Zu dessen Rechten gehört sowohl das Stellen von Beihilfeanträgen als auch das Entgegennehmen von Beihilfezahlungen.

11 Zu § 11 – Aufwendungen im Ausland

11.1 Zu Absatz 1

11.1.1 1Bei in einem Mitgliedstaat der Europäischen Union entstandenen Aufwendungen einschließlich stationärer Leistungen in öffentlichen Krankenhäusern wird kein Kostenvergleich durchgeführt. 2Beihilfefähige Höchstbeträge, Ausschlüsse und Eigenbeteiligungen sind zu beachten. 3Bei privaten

Krankenhäusern ist entsprechend § 26a zu verfahren, es sei denn, es handelt sich um eine Notfallversorgung.

11.1.2 $_{1}$Rechnungsbeträge in ausländischer Währung sind am Tag der Festsetzung der Beihilfe umzurechnen. $_{2}$Dabei ist der Interbankenkurs (https://bankenverband.de/servi ce/waehrungsrechner/) zu Grunde zu legen. $_{3}$Wird der Umrechnungskurs für den Tag der Rechnung oder deren Begleichung nachgewiesen, ist dieser Tag abweichend von Satz 1 maßgeblich. $_{4}$Der Nachweis des Umrechnungskurses nach Satz 3 hat folgende Angaben zu enthalten:

a) Umrechnungsdatum,
b) Fremdwährungsbetrag,
c) Währung (möglichst alphabetischer Währungscode nach ISO 4217),
d) Eurobetrag,
e) Umrechnungskurs in Form 1 Euro = X Fremdwährung mit mindestens fünf Nachkommastellen und
f) Quelle des Umrechnungskurses (z. B. Währungsrechner des Auswärtigen Amtes, Währungsrechner des Bankenverbandes, Kreditinstitut, Bestätigung der ausländischen Dienststelle).

11.1.3 $_{1}$Den Belegen über Aufwendungen von mehr als 1 000 Euro ist eine Übersetzung beizufügen. $_{2}$Bis 1 000 Euro sind kurze Angaben der Antragstellerin oder des Antragstellers zu Art und Umfang der Behandlung ausreichend.

11.1.4 Befindet sich ein Heimdialysepatient aus privaten Gründen vorübergehend außerhalb der Europäischen Union, sind die Aufwendungen beihilfefähig, die im gleichen Zeitraum bei Durchführung einer ambulanten Dialyse in der der Wohnung am nächsten gelegenen inländischen Dialyseeinrichtung entstanden wären.

11.1.5 $_{1}$Aufwendungen für Behandlungen in der Hochgebirgsklinik Davos (Schweiz) gelten als in der Bundesrepublik Deutschland entstanden, wenn nach Bescheinigung einer Fachärztin oder eines Facharztes eine Behandlung unter Einfluss von Hochgebirgsklima medizinisch indiziert ist. $_{2}$Der Umfang der Beihilfefähigkeit richtet sich nach § 35 Absatz 1 Nummer 1, sofern nicht im Einzelfall eine Krankenhausbehandlung medizinisch indiziert ist. $_{3}$Ist eine Krankenhausbehandlung in Davos notwendig, sind die Aufwendungen ohne Begrenzung des § 26a Absatz 1 beihilfefähig. $_{4}$Ausgeschlossene Aufwendungen und Eigenbeteiligungen sind zu beachten.

11.1.6 $_{1}$Aufwendungen für eine Behandlung wegen Neurodermitis oder Psoriasis in einem Heilbad oder Kurort am Toten Meer, das oder der in dem vom BMI durch Rundschreiben bekanntgegebenen Übersicht der anerkannten Heilbäder und Kurorte nach § 35 Absatz 1 Satz 2 BBhV aufgeführt ist, sind im gleichen Umfang wie Aufwendungen nach § 35 Absatz 1 Satz 1 Nummer 4 beihilfefähig. $_{2}$Voraussetzung ist, dass die inländischen Behandlungsmöglichkeiten ohne hinreichenden Heilerfolg ausgeschöpft sind und durch eine ärztliche Bescheinigung nachgewiesen wird, dass die Behandlung wegen der wesentlich größeren Erfolgsaussicht notwendig ist und die Festsetzungsstelle die Beihilfefähigkeit vorher anerkannt hat.

11.1.7 $_{1}$Ist für eine Vergleichsberechnung zu einer im Ausland erbrachten Leistung in Deutschland keine bundeseinheitliche Gebührenordnung oder kein bundesweit geltender Vergütungsrahmen vorhanden, sind die Vergleichskosten der am inländischen Wohnort der beihilfeberechtigten oder berücksichtigungsfähigen Person geltenden landes- oder kommunalrechtlichen Gebührenordnungen, ortsüblichen oder tariflichen Pflegeentgelte bzw. Entgelte der dort befindlichen Pflegeeinrichtungen oder Hospize maßgebend.

$_{2}$Bei beihilfeberechtigten oder berücksichtigungsfähigen Personen mit ausschließlichem Wohnort im Ausland ist der letzte bekannte existierende inländische Wohnort der Vergleichsberechnung zugrunde zu legen.

11.2 Zu Absatz 2

$_{1}$In den in Satz 1 enumerativ aufgezählten Fällen ist keine Vergleichsberechnung durchzuführen. $_{2}$Auch eine Begrenzung auf den beihilfefähigen Höchstbetrag nach § 26a Absatz 1 Satz 1 Nummer 1 und 2 erfolgt nicht, wenn es sich um eine Notfallversorgung handelt, die Kosten vor Antritt der Reise als beihilfefähig anerkannt worden sind oder in der Nähe der deutschen Grenze wohnende beihilfeberechtigte oder berücksichtigungsfähige Personen in akuten Fällen ein Krankenhaus aufsuchen mussten. $_{3}$Unter Notfallversorgung wird die Erkennung drohender oder eingetretener Notfallsituationen und die Behandlung von Notfällen einschließlich Wiederherstellung und Aufrechterhaltung akut bedrohter Vitalfunktionen verstanden. $_{4}$Eine eventuelle Weiterbehandlung außerhalb der Notfallbehandlung ist mithin nicht beihilfefähig. $_{5}$So wären beispielsweise bei einem Skiunfall mit einfachem Knochenbruch in der Schweiz die Rettungsdienste, die Fixierung des Beines usw. beihilfefähig. $_{6}$Aufwendungen nach Wiederherstellung der Reisefähigkeit sind dagegen nicht mehr beihilfefähig, da ab diesem Zeitpunkt von der Zumutbarkeit einer eventuell erforderlichen Weiterbehandlung im Inland ausgegangen werden kann. $_{7}$In Zweifelsfällen hat die beihilfeberechtigte oder berücksichtigungsfähige Person die Nichttransportfähigkeit durch ärztliche Bescheinigung nachzuweisen (vgl. § 51 Absatz 1 Satz 2 und 3).

11.3 Zu Absatz 3

(unbesetzt)

Kapitel 2
Aufwendungen in Krankheitsfällen

Abschnitt 1
Ambulante Leistungen

12 Zu § 12 – Ärztliche Leistungen

$_{1}$Für die Prüfung, ob die Aufwendungen aus Anlass einer Krankheit entstanden sind und notwendig waren, ist die Kenntnis der Diagnose erforderlich. $_{2}$Ohne Angabe der Diagnose in der Rechnung können die Aufwendungen nicht geprüft werden. $_{3}$Der Antragstellerin oder dem Antragsteller ist Gelegenheit zu geben, die fehlenden Angaben beizubringen.

13 Zu § 13 – Leistungen von Heilpraktikerinnen und Heilpraktikern

13.1 Dienstunfähigkeitsbescheinigungen von Heilpraktikerinnen und Heilpraktikern sind nicht beihilfefähig (Umkehrschluss aus § 12 Satz 3 BBhV).

13.2 Nummer 12 gilt entsprechend.

14 Zu § 14 – Zahnärztliche Leistungen

(unbesetzt)

15 Zu § 15 – Implantologische Leistungen

15.1 Zu Absatz 1

15.1.1 Für die Beihilfefähigkeit von Aufwendungen für den Austausch von Sekundärteilen gilt Absatz 1 entsprechend.

15.1.2 $_{1}$Aufwendungen für temporäre Implantate sind beihilfefähig, wenn diese medizinisch notwendig sind und die endgültige Versorgung als beihilfefähig anerkannt wird. $_{2}$Ist die endgültige Versorgung mit Implantaten nicht beihilfefähig, so sind auch die Aufwendungen für temporäre Implantate nicht beihilfefähig.

15.1.3 Es ist davon auszugehen, dass zu bereits vorhandenen Implantaten Beihilfen oder vergleichbare Leistungen aus öffentlichen Kassen gewährt wurden, sofern die beihilfeberechtigte Person nicht in geeigneter Weise, z. B. durch Beihilfebescheide und Rechnungen, eine Finanzierung ohne Leistungen eines Dienstherrn oder öffentlichen Arbeitgebers glaubhaft machen kann (BVerwG, Urteil vom 28. Mai 2008 – 2 C 12.07 –).

15.1.4 Auf Grund der regelmäßig längeren Zeitspanne zwischen dem Einbringen der Implantate und dem Zustand eines zahnlosen Kiefers sollte die Gewährung der Beihilfe bis zum Nachweis des zahnlosen Ober- oder Unterkiefers unter Vorbehalt gestellt werden.

15.2 Zu Absatz 2

(unbesetzt)

15.3 Zu Absatz 3

(unbesetzt)

15a Zu § 15a – Kieferorthopädische Leistungen

15a.1 Zu Absatz 1

15a.1.1 Nach den Abrechnungsbestimmungen des Gebührenverzeichnisses der GOZ umfassen die Maßnahmen im Sinne der Nummern 6030 bis 6080 alle Leistungen zur Kieferumformung und Einstellung des Unterkiefers in den Regelbiss innerhalb eines Zeitraumes von bis zu vier Jahren, unabhängig von den angewandten Methoden oder den verwendeten Therapiegeräten (vgl. BVerwG, Urteil vom 5. März 2021 – 5 C 8.19 –).

15a.1.2 $_1$Aufwendungen für Leistungen nach den Nummern 6200 und 6240 der Anlage zur GOZ setzen nicht unmittelbar eine kieferorthopädische Behandlung im Sinne dieser Verordnung voraus. $_2$Für diese Leistungen ist kein Heil- und Kostenplan notwendig.

15a.1.3 Eine vor Vollendung des 18. Lebensjahres begonnene Behandlung bleibt einschließlich einer ggf. erforderlichen Verlängerung auch nach Vollendung des 18. Lebensjahres weiterhin beihilfefähig.

15a.1.4 Erfolgten die aktiven Behandlungsmaßnahmen innerhalb der Regelbehandlungszeit von bis zu vier Jahren und sind anschließend ausschließlich Retentionsmaßnahmen nach Nummer 6210 oder Begleitleistungen nach den Nummern 6180 bis 6230 der Anlage zur GOZ medizinisch notwendig, ist kein neuer Heil- und Kostenplan erforderlich.

15a.2 Zu Absatz 2

Enthält das Gutachten keine eindeutige Aussage zu den Voraussetzungen des Ausnahmetatbestandes, sind die Voraussetzungen des Absatzes 2 nicht erfüllt und die Beihilfe ist zu versagen.

15a.3 Zu Absatz 3

Ein Wechsel der Kieferorthopädin oder des Kieferorthopäden auf Grund eines berufsbedingten Umzugs oder einer medizinischen Notwendigkeit liegt nicht in der Verantwortung der beihilfeberechtigten oder berücksichtigungsfähigen Person.

15a.4 Zu Absatz 4

(unbesetzt)

15a.5 Zu Absatz 5

(unbesetzt)

15a.6 Zu Absatz 6

(unbesetzt)

15b Zu § 15b – Funktionsanalytische und funktionstherapeutische Leistungen

(unbesetzt)

16 Zu § 16 – Auslagen, Material- und Laborkosten

(unbesetzt)

17 Zu § 17 – Zahnärztliche Leistungen für Beamtinnen und Beamten auf Widerruf

(unbesetzt)

18 Zu § 18 – Psychotherapeutische Behandlungs- und Anwendungsformen

18.0 Allgemein

18.0.1 $_1$Der Begriff „Menschen mit geistiger Behinderung" steht für vielfältige Erscheinungsformen und Ausprägungsgrade intellektueller Einschränkungen und affektiven Verhaltens. $_2$Die Weltgesundheitsorganisation (WHO) definiert geistige Behinderung oder auch Intelligenzminderung als Zustand von verzögerter oder unvollständiger Entwicklung der geistigen Fähigkeit. $_3$Besonders beeinträchtigt sind dabei die Denkfähigkeit, die Sprachfähigkeit sowie motorische und sozio-emotionale Fähigkeiten. $_4$Als Nachweis genügt die Feststellung einer Diagnose ICD-10 F70 bis F79, der Bescheid zur Feststellung eines Grades der Behinderung beziehungsweise Schwerbeschädigung oder sonstige geeignete Unterlagen, die die genannten Einschränkungen belegen.

18.0.2 Ein „Krankheitsfall" umfasst die Behandlung derselben Erkrankung innerhalb eines Jahres.

VII

18.1 Zu Absatz 1

$_{1}$Die psychotherapeutische Sprechstunde dient der Abklärung des Vorliegens einer krankheitswertigen Störung und des weiteren individuellen Behandlungsbedarfs. $_{2}$Es bedarf weder einer Anzeige gegenüber der Festsetzungsstelle noch einer Genehmigung durch diese. $_{3}$Auch ist eine psychotherapeutische Sprechstunde nicht verpflichtend vor anderen psychotherapeutischen Behandlungen. $_{4}$Auf Grundlage der Vorgriffregelung vom 17. Mai 2024 (GMBl, S. 406) mit Bekanntgabe am 24. Mai 2024 sind Aufwendungen für eine psychotherapeutische Sprechstunde als Einzeltherapie je Krankheitsfall für bis zu 6 Sitzungen in Einheiten von mindestens 25 Minuten beihilfefähig. $_{5}$Für Personen, die das 21. Lebensjahr noch nicht vollendet haben, und für Menschen mit einer geistigen Behinderung sind Aufwendungen für bis zu 10 Sitzungen je Krankheitsfall als Einzeltherapie beihilfefähig. $_{6}$Die Sitzungen sind nicht auf die beihilfefähigen Kontingente der Behandlungen von Kurz- oder Langzeittherapien anzurechnen.

18.2 Zu Absatz 2

(unbesetzt)

18.3 Zu Absatz 3

(unbesetzt)

18.4 Zu Absatz 4

$_{1}$Die Akutbehandlung ist mit ambulanten psychotherapeutischen Mitteln auf eine kurzfristige Verbesserung von akuten und schweren psychischen Symptomen der Patientin oder des Patienten ausgerichtet. $_{2}$Nicht notwendigerweise schließt sich an eine Akutbehandlung eine Psychotherapie nach den §§ 19, 20 oder § 20a an. $_{3}$Die Akutbehandlung kann ausreichend sein, um die Probleme der beihilfeberechtigten oder berücksichtigungsfähigen Person soweit zu behandeln, dass keine weiteren psychotherapeutischen Maßnahmen erforderlich sind. $_{4}$Die Akutbehandlung ist grundsätzlich nicht als Überbrückung zur ambulanten Psychotherapie nach §§ 19, 20 oder § 20a gedacht, wobei aber die Möglichkeit besteht, einen Wechsel von der Akutbehandlung zur ambulanten Psychotherapie nach den §§ 19, 20 oder § 20a vorzunehmen. $_{5}$Auch in diesem Fall ist die Zahl der durchgeführten Akutbehandlungen auf das Kontingent der Behandlungen nach den §§ 19 bis 20a anzurechnen.

18.5 Zu Absatz 5

18.5.1 $_{1}$Die somatische Abklärung dient der Feststellung inwieweit eine organische Erkrankung Ursache für die psychischen Beschwerden ist. $_{2}$Psychotherapeutinnen und Psychotherapeuten, Psychologische Psychotherapeutinnen und Psychologische Psychotherapeuten sowie Kinder- und Jugendlichenpsychotherapeutinnen und Kinder- und Jugendlichenpsychotherapeuten können im Rahmen einer psychotherapeutischen Behandlung jederzeit eine somatische Abklärung einholen. $_{3}$Die somatische Abklärung bei einer dazu berechtigten Ärztin oder einem dazu berechtigten Arzt muss verpflichtend spätestens nach den probatorischen Sitzungen erfolgt sein.

18.5.2 Im Fall eines Gutachterverfahrens müssen Psychotherapeutinnen und Psychotherapeuten, Psychologische Psychotherapeutinnen und Psychologische Psychotherapeuten sowie Kinder- und Jugendlichenpsychotherapeutinnen und Kinder- und Jugendlichenpsychotherapeuten zusätzlich zu dem Bericht an die Gutachterin oder den Gutachter mit dem Formblatt 5 nach Anhang 2 den erforderlichen Konsiliarbericht einer Ärztin oder eines Arztes zur Abklärung einer somatischen (organischen) Krankheit (vgl. § 1 Absatz 3 Satz 2 des Psychotherapeutengesetzes) einholen.

18.6 Zu Absatz 6

(unbesetzt)

18a Zu § 18a – Gemeinsame Vorschriften für psychoanalytisch begründete Verfahren, Verhaltenstherapie und Systemische Therapie

18a.1 Zu Absatz 1

(unbesetzt)

18a.2 Zu Absatz 2

(unbesetzt)

18a.3 Zu Absatz 3

18a.3.1 1Die Durchführung eines beihilferechtlichen Voranerkennungsverfahrens ist nicht erforderlich, wenn die gesetzliche oder private Krankenversicherung der beihilfeberechtigten oder berücksichtigungsfähigen Person bereits eine Leistungszusage auf Grund eines durchgeführten Gutachterverfahrens erteilt hat, aus der sich Art und Umfang der Behandlung und die Qualifikation der Therapeutin oder des Therapeuten ergeben. 2Entspricht die Leistungszusage nicht dem beihilferechtlich möglichen Umfang oder ist sie ganz versagt worden, kann das beihilferechtliche Voranerkennungsverfahren durchgeführt werden. 3Gleiches gilt für im Rahmen der Heilfürsorge oder der truppenärztlichen Versorgung begonnene und noch nicht abgeschlossene psychotherapeutische Behandlungen.

4Ist zur bisherigen Behandlung weder die Behandlungs- oder Anwendungsform noch die Anzahl der Behandlungen belegbar oder übersteigt die Fortführung das beihilfefähige Kontingent, so ist über die weitere psychotherapeutische Behandlung auf Grundlage eines förmlichen Psychotherapieantragsverfahrens zu entscheiden.

5Ein Voranerkennungsverfahren ist neben dem in Satz 1 genannten Fall nicht erforderlich, sofern die Behandlung wegen Art, Schwere oder Komplexität der Erkrankung ambulant an einer Hochschulambulanz durchgeführt wird. 6Hierfür ist es ausreichend, dass die Hochschulambulanz das Vorliegen einer in der Vereinbarung nach § 117 Absatz 1 SGB V über die Patientengruppen in den Hochschulambulanzen geregelten Zugangsvoraussetzung bei Rechnungsstellung bestätigt. 7Leistungen der Psychotherapie, die wegen Art, Schwere oder Komplexität der Erkrankung auf Grund fachärztlicher Verordnung bzw. Überweisung in einem Krankenhaus oder einer Hochschulambulanz ambulant durchgeführt werden, sind mit einer ambulanten Krankenhausbehandlung vergleichbar. 8Unabhängig von der Behandlungs- und Anwendungsform ist in diesen Fällen bis zur Höchstzahl des behandlungsformspezifischen Regel-Sitzungskontingents kein Voranerkennungsverfahren erforderlich. 9Dies gilt nicht für sonstige Ambulanzen (z. B. von Ausbildungsstätten).

18a.3.2 1Aufwendungen für Leistungen der Psychotherapie bedürfen bei einer Kurzzeittherapie keines vor Beginn der Behandlung vorliegenden Gutachtens zur Feststellung der Notwendigkeit sowie zu Art und Umfang der Behandlung, um als beihilfefähig anerkannt werden zu können. 2Die behandlungsformspezifischen probatorischen Sitzungen sind auch vor einer Kurzzeittherapie durchzuführen. 3Beim Wechsel der Kurzzeittherapie in eine genehmigungspflichtige Langzeittherapie sind erneute probatorische Sitzungen nicht beihilfefähig. 4Folgt im Anschluss an den vergangenen Krankheitsfall diagnoseunabhängig innerhalb von zwei Jahren eine erneute Kurzzeittherapie, ist die Festsetzungsstelle berechtigt ein Gutachterverfahren einzuleiten (§ 51 Absatz 1 Satz 4 BBhV).

18a.4 Zu Absatz 4

18a.4.1 Die Liste der Gutachterinnen und Gutachter ist vertraulich und daher in dem passwortgeschützten Bereich auf der Website des Bundesverwaltungsamts *(http://www.bva.bund.de)* unter der Rubrik „Services > Bundesbedienstete > Gesundheit und Vorsorge > Beihilfe > Gutachterliste" hinterlegt.

18a.4.2 1Gutachterinnen oder Gutachter erstellen im Auftrag der Festsetzungsstelle ein Gutachten zur Notwendigkeit und zu Art und Umfang der Behandlung und bewerten die Angaben der Ärztin, des Arztes, der Psychotherapeutin, des Psychotherapeuten, der Psychologischen Psychotherapeutin, des Psychologischen Psychotherapeuten, der Kinder- und Jugendlichenpsychotherapeutin oder des Kinder- und Jugendlichenpsychotherapeuten (nachstehend Therapeutin oder Therapeut genannt); dabei sind die Formblätter 3 und 4 nach Anhang 2 zu verwenden. 2Die Einreichung der Unterlagen an die Gutachterin oder den Gutachter hat in pseudonymisierter Form zu erfolgen. 3Die Festsetzungsstelle vergibt an die beihilfeberechtigte Person einen von ihr festgelegten Pseudonymisierungscode. 4Bei Erst- und Folgegutachten ist derselbe Pseudonymisierungscode zu verwenden bzw. auf den Pseudonymisierungscode des Erstverfahrens Bezug zu nehmen. 5Dies gilt nicht für Zweitgutachten.

18a.4.3 1Die beihilfeberechtigte Person hat der Festsetzungsstelle die Formblätter 1, 2 und 3 nach Anhang 2 ausgefüllt vorzulegen. 2Außerdem hat die beihilfeberechtigte Person oder die Patientin oder der Patient die behandelnde Therapeutin oder den behandelnden Therapeuten zu ersuchen, auf dem Formblatt 4 nach Anhang 2 einen Bericht für die Gutachterin oder den Gutachter zu erstellen.

18a.4.4 Die Therapeutin oder der Therapeut soll das ausgefüllte Formblatt 4 nach Anhang 2 und ggf. das Formblatt 5 nach Anhang 2 in einem verschlossenen, als vertrauliche Arztsache gekennzeichneten Umschlag der Festsetzungsstelle zur Weiterleitung an den Gutachter übermitteln unter gleichzeitigem Verweis auf den Auftrag, das Ersuchen der beihilfeberechtigten Person, der Patientin oder des Patienten.

18a.4.5 Nach Erhalt der Unterlagen holt die Festsetzungsstelle mit dem Formblatt 6 nach Anhang 2 ein Gutachten nach den Formblättern 7.1, 7.2 und 7.3 nach Anhang 2 unter Beifügung der folgenden Unterlagen ein:

- den verschlossenen, als vertrauliche Arztsache gekennzeichneten Umschlag mit dem Bericht der Therapeutin oder des Therapeuten,
- das ausgefüllte Formblatt 3 nach Anhang 2 (als Kopie),
- die Formblätter 7.1, 7.2 und 7.3 nach 2,
- einen an die Festsetzungsstelle adressierten Freiumschlag und
- einen an die Therapeutin oder den Therapeuten adressierten Freiumschlag.

18a.4.6 1Die Gutachterin oder der Gutachter übermittelt das Gutachten auf dem Formblatt 7.1 nach Anhang 2 an die Festsetzungsstelle der beihilfeberechtigten Person und auf dem Formblatt 7.2 nach Anhang 2 direkt der Therapeutin oder dem Therapeuten. 2Pseudonymisierte Gutachten können auch elektronisch an die Festsetzungsstelle und die Therapeutin oder den Therapeuten übermittelt werden. 3Auf Grundlage dieser Stellungnahme erteilt die Festsetzungsstelle der beihilfeberechtigten Person einen rechtsmittelfähigen Bescheid über die Anerkennung der Beihilfefähigkeit der Aufwendungen für Psychotherapie nach dem Formblatt 8 nach Anhang 2 oder deren Ablehnung.

18a.4.7 1Legt die beihilfeberechtigte Person gegen den Bescheid der Festsetzungsstelle Widerspruch ein, kann die Festsetzungsstelle im Rahmen des Widerspruchsverfahrens ein Zweitgutachten einholen. 2Zu diesem Zweck hat die beihilfeberechtigte Person oder die Patientin oder der Patient die behandelnde Therapeutin oder den behandelnden Therapeuten zu ersuchen, den „Erstbericht" an die Gutachterin oder den Gutachter auf dem Formblatt 4 nach Anhang 2 zu ergänzen, wobei insbesondere die Notwendigkeit der Behandlung erneut begründet und auf die Ablehnungsgründe der Festsetzungsstelle, der Gutachterin oder des Gutachters eingegangen werden sollte. 3Die Therapeutin oder der Therapeut soll den ergänzenden Bericht sowie alle bisherigen Unterlagen zum vorherigen Gutachten in einem im verschlossenen, als vertrauliche Arztsache gekennzeichneten Umschlag der Festsetzungsstelle zur Weiterleitung an die oder den nach § 12 Absatz 16 der Psychotherapie-Vereinbarung für die Erstellung von Zweitgutachten bestellte Gutachterin oder bestellten Gutachter übermitteln unter gleichzeitigem Verweis auf den Auftrag, das Ersuchen der beihilfeberechtigten Person, der Patientin oder des Patienten. 4Ein Zweitgutachten ist nicht einzuholen, wenn die psychotherapeutische Behandlung auf Grund einer Stellungnahme der Gutachterin oder des Gutachters abgelehnt wurde, weil die Therapeutin oder der Therapeut die in Anlage 3 zur BBhV aufgeführten Voraussetzungen nicht erfüllt.

18a.4.8 ₁Nach Erhalt der Unterlagen beauftragt die Festsetzungsstelle eine oder einen nach § 12 Absatz 16 der Psychotherapie-Vereinbarung für die Erstellung von Zweitgutachten bestellte Gutachterin oder bestellten Gutachter. ₂Die Festsetzungsstelle leitet ihr oder ihm zugleich folgende Unterlagen zu:

- den verschlossenen, als vertrauliche Arztsache gekennzeichneten Umschlag der Therapeutin oder des Therapeuten,
- Kopie des Psychotherapiegutachtens,
- einen an die Festsetzungsstelle adressierten Freiumschlag und
- einen an die Therapeutin oder den Therapeuten adressierten Freiumschlag.

₃Ist die oder der die psychotherapeutische Behandlung ablehnende Gutachterin oder Gutachter gleichzeitig nach § 12 Absatz 16 der Psychotherapie-Vereinbarung für die Erstellung von Zweitgutachten bestellte Gutachterin oder bestellter Gutachter, ist eine andere oder ein anderer nach § 12 Absatz 16 der Psychotherapie-Vereinbarung für die Erstellung von Zweitgutachten bestellte Gutachterin oder bestellter Gutachter einzuschalten.

18a.4.9 ₁Die oder der nach § 12 Absatz 16 der Psychotherapie-Vereinbarung für die Erstellung von Zweitgutachten bestellte Gutachterin oder bestellte Gutachter übermittelt ihre oder seine Stellungnahme nach Formblatt 7.1 bzw. 7.2 der Festsetzungsstelle und direkt der Therapeutin oder dem Therapeuten. ₂Auf Grundlage dieser Stellungnahme hilft die Festsetzungsstelle dem Widerspruch ab (§ 72 Verwaltungsgerichtsordnung [VwGO]) oder der beihilfeberechtigten Person wird ein Widerspruchsbescheid erteilt (§ 73 Absatz 1 VwGO).

18a.4.10 ₁Bei einer Verlängerung der Behandlung oder Folgebehandlung leitet die Festsetzungsstelle den von der Therapeutin oder dem Therapeuten begründeten Verlängerungsbericht auf dem Formblatt 4 nach Anhang 2 mit zwei Freiumschlägen der Gutachterin oder dem Gutachter zu, welche oder welcher das Erstgutachten erstellt hat. ₂Dabei ist das Formblatt 6 nach Anhang 2 um die zusätzlichen Angaben bei Folgebegutachtung zu ergänzen. ₃Im Übrigen gelten die Nummern 18a.4.5 bis 18a.4.8 entsprechend.

18a.4.11 Um eine Konzentration auf einzelne Gutachterinnen und Gutachter zu vermeiden, sind die Anträge zur Stellungnahme von der Festsetzungsstelle den Gutachterinnen, Gutachtern oder den nach § 12 Absatz 16 der Psychotherapie-Vereinbarung bestellten Gutachterinnen oder bestellten Gutachtern im Rotationsverfahren zuzuleiten.

18a.4.12 ₁Die Festsetzungsstelle trägt die Kosten des Gutachtens bis zur in der Gutachterhonorar-Vereinbarung der Kassenärztlichen Bundesvereinigung mit dem GKV-Spitzenverband vereinbarten Höhe zuzüglich der Umsatzsteuer, soweit diese in Rechnung gestellt wird, sowie die Aufwendungen für die Einleitung des Gutachterverfahrens. ₂Die Vereinbarung vom 16. Mai 2019 sieht derzeit eine Vergütung von Gutachteraufträgen für Gutachten in Höhe von 50 Euro und für Zweitgutachten in Höhe von 85 Euro vor.

18a.5 Zu Absatz 5

Auch wenn von der Möglichkeit des § 18a Absatz 5 BBhV grundsätzlich Gebrauch gemacht wird, kann die Festsetzungsstelle in Zweifelsfällen für die Anerkennung der Maßnahme ein Gutachten einholen (§ 51 Absatz 1 Satz 4 BBhV).

18a.6 Zu Absatz 6

Soweit im Rahmen der Kurzzeittherapie Bezugspersonen einzubeziehen sind, ist § 19 Absatz 4, gegebenenfalls i. V. m. § 20 Absatz 2, mit der Maßgabe anzuwenden, dass über die medizinische Notwendigkeit die Therapeutin oder der Therapeut eigenverantwortlich entscheidet.

18a.7 Zu Absatz 7

Auf Grundlage der Vorgriffregelung vom 17. Juli 2024 (GMBl, S. 710) sind Aufwendungen für die Anwendung der Eye-Movement-Desensitization and Reprocessing (EMDR) bei Erwachsenen mit posttraumatischen Belastungsstörungen als Behandlungsmethode ebenfalls im Rahmen eines umfassenden Behandlungskonzeptes der Systemischen Therapie beihilfefähig.

19 Zu § 19 Psychoanalytisch begründete Verfahren

19.1 Zu Absatz 1
(unbesetzt)

19.2 Zu Absatz 2
(unbesetzt)

19.3 Zu Absatz 3
(unbesetzt)

19.4 Zu Absatz 4
$_{1}$Mehrkosten für die Einbeziehung einer Bezugsperson sind nur beihilfefähig, wenn im Gutachten angegeben ist, dass und in welchem Umfang eine Einbeziehung von Bezugspersonen notwendig ist. $_{2}$Ist im Fall von § 19 Absatz 4 Satz 1 für die Einbeziehung von Bezugspersonen eine höhere Anzahl als ein Viertel der vorgesehenen Sitzungen für eine Einzelbehandlung oder die Hälfte der vorgesehenen Sitzungen für eine Gruppenbehandlung erforderlich, so werden die über § 19 Absatz 4 Satz 1 hinausgehenden Sitzungen auf die Sitzungen für Einzel- oder Gruppenbehandlung nach § 19 Absatz 1 Satz 1 angerechnet.

19.5 Zu Absatz 5
(unbesetzt)

19.6 Zu Absatz 6
(unbesetzt)

20 Zu § 20 – Verhaltenstherapie

20.1 Zu Absatz 1
(unbesetzt)

20.2 Zu Absatz 2
Nummer 19.4 gilt entsprechend.

20.3 Zu Absatz 3
(unbesetzt)

20a Zu § 20a – Systemische Therapie

20.a1 Zu Absatz 1
$_{1}$Die Systemische Therapie ist ein psychotherapeutisches Verfahren, dessen Schwerpunkt auf dem sozialen Kontext psychischer Störungen liegt, insbesondere auf Interaktionen zwischen Familienmitgliedern und deren sozialem Umfeld. $_{2}$In Ausnahmefällen kann die normierte Höchstzahl von Sitzungen überschritten werden. $_{3}$Mangels einer bislang noch nicht geeinten und anerkannten analogen Abrechnung einer passenden Gebührennummer der GOÄ, gilt § 6 Absatz 3. $_{4}$Aufwendungen für ein Mehrpersonensetting können durch einen erhöhten Steigerungssatz bis zu einem Schwellenwert von 3,5 berücksichtigt werden.

20.a2 Zu Absatz 2
(unbesetzt)

21 Zu § 21 – Psychosomatische Grundversorgung

21.1 Zu Absatz 1
(unbesetzt)

21.2 Zu Absatz 2
(unbesetzt)

21.3 Zu Absatz 3
$_{1}$Die ambulante psychosomatische Nachsorge ist keine ambulante psychotherapeutische Behandlung im Sinne der §§ 19 bis 21 und bedarf daher keines Gutachterverfahrens. $_{2}$Die Aufwendungen sind angemessen bis zur Höhe der Vergütung, die von den Krankenkassen oder den Rentenversicherungsträgern zu tragen sind.

Abschnitt 2
Sonstige Aufwendungen

22 Zu § 22 – Arznei- und Verbandmittel, Medizinprodukte

22.1 Zu Absatz 1
22.1.1 $_{1}$Die Verordnung nach Absatz 1 muss grundsätzlich vor dem Kauf des Arznei- oder Verbandmittels sowie des Medizinproduktes erfolgen. $_{2}$Eine Ausnahme ist nur zulässig, wenn auf Grund der Art der Erkrankung ein sofortiger Kauf medizinisch notwendig war. $_{3}$Gewährte zuordnungsfähige Rabatte sind zu berücksichtigen.

22.1.2 1Aufwendungen für Arznei- und Verbandmittel sowie Medizinprodukte, die ohne ausdrücklichen Wiederholungsvermerk der Ärztin, des Arztes, der Zahnärztin oder des Zahnarztes erneut beschafft worden sind, sind nicht beihilfefähig. 2Ist die Zahl der Wiederholungen nicht angegeben, sind nur die Aufwendungen für eine Wiederholung beihilfefähig.

22.1.3 1Packungsgröße und Anzahl der Packungen der Arznei- und Verbandmittel ergeben sich aus der ärztlichen oder zahnärztlichen Verordnung. 2Auch bei einer Abgabe zu unterschiedlichen Zeitpunkten bleiben die Aufwendungen beihilfefähig, solange die insgesamt verordnete Menge nicht überschritten wird.

22.2 Zu Absatz 2

22.2.1 Die Beihilfefähigkeit von Aufwendungen für nicht verschreibungspflichtige Präparate für Notfallkontrazeptiva ist bei entsprechender ärztlicher Verordnung von Absatz 2 Nummer 6 umfasst.

22.2.2 1Der Verweis auf die Arzneimittel-Richtlinie führt auch zur Anwendung der GKV üblichen Auslegungssystematik. 2Werden etwa in Anlage II der Arzneimittel-Richtlinie Arzneimittel für bestimmte Indikationen von der Erstattung ausgeschlossen, können Aufwendungen für das Arzneimittel bei anderen, nicht zum Ausschluss führenden Indikationen ohne Weiteres beihilfefähig sein. 3So können beispielsweise Arzneimittel, die zur Gewichtsreduktion führen und Lifestylecharakter haben, von der Erstattung ausgenommen, aber im Zusammenhang mit der Behandlung von Diabetes beihilfefähig sein.

22.3 Zu Absatz 3

22.3.1 1Festbeträge werden nur für therapeutisch vergleichbare Arzneimittel gebildet. 2Insofern stehen den beihilfeberechtigten und berücksichtigungsfähigen Personen genügend andere Arzneimittel mit therapeutisch vergleichbaren und gleichwertigen Wirkstoffen zur Verfügung.

22.3.2 1Grundlage für die Ermittlung des beihilfefähigen Festbetrags bildet die von den Spitzenverbänden der Krankenkassen nach § 35 Absatz 8 SGB V aus den Arzneimittelgruppen zu erstellende und bekannt zu gebende Übersicht über sämtliche Festbeträge und die betroffenen Arzneimittel, die auf der Website des Bundesinstituts für Arzneimittel und Medizinprodukte (*www.bfarm.de*) veröffentlicht wird.

22.3.3 1Die Einschränkung der Erstattungsfähigkeit von Aufwendungen über § 22 Absatz 3 BBhV ist eine reine Wirtschaftlichkeitsregelung. 2Im Regelfall ist davon auszugehen, dass bei Verabreichung eines Wirkstoffs, der einer Festbetragsgruppe angehört, ein angemessenes und wirtschaftliches Portfolio an Arzneimitteln zur Verfügung steht. 3Wenn aber aus medizinischen Gründen in seltenen Ausnahmefällen nur ein Arzneimittel außerhalb der Festbetragsgruppe mit einem erhöhten Apothekenabgabepreis in Frage kommt, ist Absatz 3 nicht anwendbar. 4Dies kann in Fällen zutreffen, in denen die aus der Festbetragsgruppe zur Verfügung stehenden Medikamente unverträglich sind. 5Das ist insbesondere dann der Fall,

- wenn zum Festbetrag erhältliche Arzneimittel unerwünschte Nebenwirkungen verursachen, die über bloße Unannehmlichkeiten oder Befindlichkeitsstörungen hinausgehen und damit die Qualität einer behandlungsbedürftigen Krankheit erreichen oder
- es im konkreten Einzelfall nicht zumutbar ist, weitere langwierige Therapieversuche mit allen anderen in Betracht kommenden Festbetragsmedikamenten zu absolvieren, nachdem mit einem nicht zur Festbetragsgruppe gehörenden Arzneimittel ein lebenswichtiger Therapieerfolg erzielt werden konnte.

6Der Ausnahmefall ist durch eine ärztlich fundierte Stellungnahme der behandelnden Ärztin oder des behandelnden Arztes zu belegen. 7Die übrigen Voraussetzungen zur Anerkennung der Beihilfefähigkeit von Arzneimitteln bleiben unberührt. 8Steht ein Arzneimittel, das einer Festbetragsgruppe angehört, aufgrund von nachgewiesenen (z. B. durch Bescheinigung der Apotheke) Lieferengpässen nicht zur Verfügung oder ist nicht mit angemessenem Aufwand erhältlich und kommt nur ein Arzneimittel außerhalb der

Festbetragsgruppe mit einem höheren Apothekenabgabepreis in Betracht, kann von der Regelung nach Absatz 3 bis zur Beseitigung der Lieferengpässe abgewichen werden.

22.4 Zu Absatz 4

(unbesetzt)

22.5 Zu Absatz 5

Ausnahmefälle für die Beihilfefähigkeit der Aufwendungen zur enteralen Ernährung (Aminosäuremischungen, Eiweißhydrolysate, Elementardiäten und Sondennahrung) liegen insbesondere vor bei:

- Ahornsirupkrankheit,
- Colitis ulcerosa,
- Kurzdarmsyndrom,
- Morbus Crohn,
- Mukoviszidose,
- Phenylketonurie,
- erheblichen Störungen der Nahrungsaufnahme bei neurologischen Schluckbeschwerden oder Tumoren der oberen Schluckstraße (z. B. Mundboden- und Zungenkarzinom),
- Tumortherapien (auch nach der Behandlung),
- postoperativer Nachsorge,
- angeborene Defekte im Kohlenhydrat- und Fettstoffwechsel,
- angeborene Enzymdefekte, die mit speziellen Aminosäuremischungen behandelt werden,
- AIDS-assoziierten Diarrhöen,
- Epilepsien, wenn trotz optimierter antikonvulsiver Therapie eine ausreichende Anfallskontrolle nicht gelingt,
- Niereninsuffizienz,
- multipler Nahrungsmittelallergie.

22.6 Zu Absatz 6

(unbesetzt)

23 Zu § 23 – Heilmittel

23.1 Zu Absatz 1

23.1.1 $_1$Beihilfefähig sind nur Aufwendungen für Leistungen, die die in Anlage 10 aufgeführten Leistungserbringerinnen und Leistungserbringer in ihrem Beruf erbringen. $_2$Zu den staatlich anerkannten Sprachtherapeutinnen oder staatlich anerkannten Sprachtherapeuten gehören auch Sprachtherapeutinnen oder Sprachtherapeuten mit Bachelor- oder Masterabschluss. $_3$Unter die medizinischen Sprachheilpädagoginnen und Sprachheilpädagogen fallen auch die Sprachheilpädagoginnen und Sprachheilpädagogen nach Anlage 10 Nummer 2 Buchstabe g Doppelbuchstabe aa.

23.1.2 Behandlungen, die der traditionellen chinesischen Medizin zuzuordnen sind, wie Tui Na, Qi Gong, Shiatsu, Akupressur und Ähnliches, gehören nicht zu den Heilmitteln der Anlage 9.

23.1.3 Bei den in Anlage 9 aufgeführten Beträgen handelt es sich um beihilfefähige Höchstbeträge, die unter Umständen im Einzelfall nicht vollständig kostendeckend sind.

23.1.4 Im Rahmen einer stationären Krankenhausbehandlung oder stationären Rehabilitationsmaßnahme sind Aufwendungen für gesondert in Rechnung gestellte Heilmittel nach Maßgaben der Anlagen 9 und 10 beihilfefähig.

23.1.5 $_1$Im Rahmen einer stationären oder teilstationären Behandlung in Einrichtungen, die der Betreuung und der Behandlung von Kranken oder Behinderten dienen (z. B. Frühfördereinrichtungen, Ganztagsschulen, Behindertenwerkstätten und Einrichtungen nach Nummer 32.2.2), sind Aufwendungen für Heilmittel nur beihilfefähig, soweit sie durch eine in Anlage 10 genannte Person verabreicht werden und die in Anlage 9 genannten Höchstbeträge nicht überschritten sind. $_2$Art und Umfang der verabreichten Heilmittel sind nachzuweisen. $_3$Ein darüber hinaus in Rechnung gestellter Pflegesatz für Heilmittel oder sonstige Betreuung ist nicht beihilfefähig. $_4$Wird an Stelle der Einzelleistung ein einheitlicher Kostensatz für Heilmittel, Verpflegung und sonstige Betreuung berechnet, sind für Heilmittel je Tag der Anwesenheit in der Einrichtung pauschal 14 Euro beihilfefähig.

VII

23.1.6 ₁Blankoverordnungen für Heilmittel (bspw. im Bereich der Ergotherapie), bei der die Heilmittelerbringer aufgrund der ärztlich festgestellten Diagnose und der Indikation für eine Heilmittelbehandlung selbst über die Auswahl und die Dauer der Therapie sowie die Frequenz der Behandlungseinheiten bestimmen können, sind anzuerkennen. ₂Die sich an Richtwerten orientierenden Höchstbeträge der Anlage 9 BBhV können auf gegebenenfalls modifizierte Richtwerte im Falle einer Blankoverordnung umgerechnet werden.

23.2 Zu Absatz 2

(unbesetzt)

23.3 Zu Absatz 3

(unbesetzt)

24 Zu § 24 – Komplextherapie, integrierte Versorgung und Leistungen psychiatrischer und psychosomatischer Institutsambulanzen

24.1 Zu Absatz 1

24.1.1 ₁Komplextherapien sind fachgebietsübergreifende Behandlungen eines einheitlichen Krankheitsbildes, die gemeinsam durch ärztliches und ggf. nichtärztliches Personal durchgeführt werden. ₂Bei einer berufsgruppenübergreifenden, koordinierten und strukturierten Versorgung, insbesondere für schwer psychisch Kranke mit einem komplexen psychiatrischen oder psychotherapeutischen Behandlungsbedarf handelt es sich um eine Komplextherapie nach § 24 Absatz 1 Satz 2. ₃Die Versorgung im Rahmen einer Komplextherapie kann neben ärztlicher und therapeutischer Behandlung auch Heil- und Hilfsmittel sowie digitale Unterstützungen umfassen. ₄Zu den Komplextherapien gehören unter anderem Asthmaschulungen, COPD-Schulungen, ambulante Entwöhnungstherapien, ambulante Tinnitustherapien (Pauschalabrechnung), ambulante kardiologische Therapien, Diabetikerschulungen, Adipositasschulungen, Neurodermitisschulungen, Versorgungsprogramme zu Long-/Post-COVID, sozialmedizinische Nachsorgeleistungen sowie medizinische Leistungen zur Früherkennung und Frühförderung behinderter und von Behinderung bedrohter Kinder durch interdisziplinäre Frühförderstellen nach § 46 des Neunten Buches Sozialgesetzbuch (SGB IX). ₅Keine Komplextherapien sind psychiatrische Krankenpflege und Soziotherapien. ₆Deren Beihilfefähigkeit richtet sich nach den §§ 27 und 30a.

24.1.2 ₁Die Angemessenheit der Höhe der Aufwendungen richtet sich nach § 6 Absatz 5 BBhV. ₂Soweit Vereinbarungen mit Krankenkassen oder Rentenversicherungsträgern bestehen, gilt die vereinbarte Vergütung als angemessen. ₃Liegt keine Vereinbarung vor, kann die Festsetzungsstelle eine vergleichbare Vereinbarung oder Abrechnungsregelungen wie GOÄ und DRG beziehungsweise Höchstsätze nach BBhV als Orientierungshilfe heranziehen. ₄Ist dies nicht möglich, sind die entstandenen Aufwendungen entsprechend Urteil BVerwG vom 16. Juli 2020 – 5 C 6.19 – der Höhe nach wirtschaftlich angemessen, wenn und soweit keine gleich wirksame preisgünstigere Behandlung zur Verfügung steht.

24.1.3 Sofern Komplextherapien im Rahmen von Rehabilitationsmaßnahmen (z. B. Anschlussheilbehandlungen, Entwöhnungstherapien) erbracht werden, richtet sich die Beihilfefähigkeit nach den §§ 34 bis 36.

24.2 Zu Absatz 2

₁Psychiatrische und psychosomatische Institutsambulanzen erbringen ambulante spezialisierte und berufsgruppenübergreifende Leistungen, insbesondere auch in Form von Komplextherapien. ₂Ziel ist die Vermeidung oder Verkürzung stationärer Behandlung. ₃Ambulanzen von psychiatrischen Krankenhäusern (§ 118 Absatz 1 SGB V) erbringen darüber hinaus auch psychiatrische und psychotherapeutische Behandlungsleistungen für Patientinnen und Patienten, die wegen zu großer Entfernung zu geeigneten Ärzten auf die Behandlung im Krankenhaus angewiesen sind. ₄Entsprechende Aufwendungen sind nur bis zur Höhe der Vergütungen in den Vergütungsvereinbarungen beihilfefähig.

24.3 Zu Absatz 3

Aufwendungen für Medizinische Zentren für Erwachsene mit Behinderung (MZEB) nach § 43b in Verbindung mit § 119c SGB V sind bis zu der Höhe der Vergütung, die die Einrichtung mit einer in Satz 1 genannten Einrichtungen getroffen hat, entsprechend beihilfefähig.

24.4 Zu Absatz 4

24.4.1 $_{1}$Der Begriff der „integrierten Versorgung" hat eine gewisse Entwicklung erfahren und wurde in § 140a SGB V nicht mehr als alleinige Anwendungsform einer besonderen Versorgung geregelt. $_{2}$Ziel der Regelung von § 24 Absatz 4 BBhV war die wirkungsgleiche Abbildung des Rechtsrahmens des § 140a SGB V. $_{3}$Nach Sinn und Zweck der Vorschrift können alle Aufwendungen einer besonderen Versorgung, die die Voraussetzungen nach § 140a SGB V erfüllen, nach Absatz 4 als beihilfefähig anerkannt werden. $_{4}$Die besondere Versorgung ermöglicht eine verschiedene Leistungssektoren übergreifende oder eine interdisziplinär fachübergreifende Versorgung (integrierte Versorgung, beispielsweise Krankenhäuser, ambulante ärztliche Versorgung, Heilmittelerbringer usw.) sowie eine besondere Versorgung unter Beteiligung der Leistungserbringer oder deren Gemeinschaften. $_{5}$Zur integrierten Versorgung gehören unter anderem auch Leistungen, die das „Netzwerk psychische Gesundheit" erbringt.

24.4.2 Maßgebend für die Anerkennung der Pauschalbeträge ist die auf der Rechnung vermerkte Vertragsgrundlage der Abrechnung für die durchgeführte Behandlung.

24.5 Zu Absatz 5

(unbesetzt)

25 Zu § 25 – Hilfsmittel, Geräte zur Selbstbehandlung und Selbstkontrolle, Körperersatzstücke

25.1 Zu Absatz 1

25.1.1 $_{1}$Die Anlagen 11 und 12 enthalten Oberbegriffe, die mehrere Ausführungen erfassen können. $_{2}$Angesichts der Vielzahl und der schnellen Entwicklung neuer Produkte ist ein vollständiges Verzeichnis aller Hilfsmittel, Geräte zur Selbstbehandlung und Selbstkontrolle und Körperersatzstücke oder sogar aller Modelle und Modellvarianten weder möglich noch zweckmäßig. $_{3}$Es muss daher in jedem Einzelfall geprüft und entschieden werden, ob ein Gegenstand unter einen der Oberbegriffe der Anlagen 11 oder 12 fällt.

25.1.2 $_{1}$Im Regelfall ergibt sich die Erforderlichkeit aus der ärztlichen Verordnung und bedarf daher keiner näheren Prüfung durch die Festsetzungsstelle. $_{2}$Hat die Festsetzungsstelle jedoch Zweifel, ist sie nicht gehindert, zusätzliche Ermittlungen anzustellen, z. B. Anforderung einer näheren Begründung bei der behandelnden Ärztin, dem behandelnden Arzt oder Einholung eines fachärztlichen Gutachtens. $_{3}$Das gilt insbesondere dann, wenn sie Anhaltspunkte dafür hat, dass ein gleichwertiger Erfolg auch mit einem preisgünstigeren Hilfsmittel erreicht werden kann. $_{4}$Bestätigt sich das, sind die Mehrkosten für das aufwendigere Hilfsmittel nicht „erforderlich" im Sinne von Absatz 1 Satz 1.

25.1.3 $_{1}$Betrieb und Unterhaltung der Hilfsmittel, Geräte zur Selbstbehandlung und Selbstkontrolle und Körperersatzstücke schließen die technischen Kontrollen und die Wartung dieser Gegenstände ein. $_{2}$Aufwendungen für Reparaturen der Hilfsmittel, Geräte zur Selbstbehandlung und Selbstkontrolle sowie der Körperersatzstücke sind ohne Vorlage einer ärztlichen Verordnung beihilfefähig.

25.2 Zu Absatz 2

(unbesetzt)

25.3 Zu Absatz 3

$_{1}$Der Vergleich von Miete und Anschaffung sollte auf Grundlage des ärztlich verordneten zeitlichen Rahmens der Behandlung erfolgen. $_{2}$Versorgungspauschalen für gemietete Hilfsmittel sind grundsätzlich als Teil der Miete anzusehen. $_{3}$Soweit einzelne Positionen als nicht beihilfefähig erkennbar sind, sind diese in Abzug zu bringen.

25.4 Zu Absatz 4

(unbesetzt)

25.5 Zu Absatz 5

(unbesetzt)

25.6 Zu Absatz 6

(unbesetzt)

25a Zu § 25a – Digitale Gesundheitsanwendungen

25a.1 Zu Absatz 1

25a.1.1 Eine digitale Gesundheitsanwendung mit erweitertem Anwendungsumfang gegenüber der Standardversion kann insbesondere dann als beihilfefähig anerkannt werden, wenn eine die digitale Gesundheitsanwendung nutzende Person behinderungsbedingte Einschränkungen hat und die Funktionen der erweiterten Version die Nutzung der digitalen Gesundheitsanwendung erst ermöglichen.

25a.1.2 Zwingend erforderliches Zubehör für die Nutzung digitaler Gesundheitsanwendungen können beispielsweise ein Energieband, Bewegungssensoren, Blutzuckersensoren usw. sein.

25a.2 Zu Absatz 2

Nummer 6.4.1 (Satz 1 und 2) gilt entsprechend.

26 Zu § 26 – Behandlung in zugelassenen Krankenhäusern

26.1 Zu Absatz 1

26.1.1 Neben den Entgelten für allgemeine Krankenhausleistungen sind auch die berechenbaren Zuschläge und Zusatzentgelte entsprechend dem Krankenhausfinanzierungsgesetz (KHG), dem Krankenhausentgeltgesetz (KHEntgG) oder der Bundespflegesatzverordnung (BPflV) beihilfefähig (z. B. DRG-Systemzuschlag).

26.1.2 Die aus medizinischen Gründen notwendige Unterbringung und Verpflegung einer Begleitperson im Krankhaus kann bis zur Höhe des in der Vereinbarung von Zuschlägen für die Aufnahme von Begleitpersonen nach § 17b Absatz 1 Satz 4 KHG genannten Betrages (derzeit 45 Euro) täglich als beihilfefähig anerkannt werden.

26.1.3 1Kosten für die Wahlleistung Unterkunft in zugelassenen und nicht zugelassenen Krankenhäusern werden bis zur Höhe des pauschalen täglichen Höchstbetrages als beihilfefähig anerkannt. 2Der Höchstbetrag errechnet sich aus 1,2 Prozent der oberen Grenze des einheitlichen Basisfallwertkorridors (https://www.bundesgesundheitsministerium.de/themen/krankenversicherung/stationaere-versorgung/landesbasisfallwerte.html i. V. m. der Vereinbarung gemäß § 10 Absatz 9 KHEntgG für den jeweiligen Vereinbarungszeitraum). 3Der Höchstbetrag wird durch die jährliche Anpassung des Basisfallwerts zum 1. April eines Jahres angepasst.

26.1.4 1Eine Differenzierung zwischen Einbett- und Zweibettzimmer findet nicht mehr statt. 2Wird als Wahlleistung die Unterbringung in einem Einbettzimmer in Anspruch genommen, so ist ebenfalls nur der pauschale tägliche Höchstsatz beihilfefähig.

26.1.5 Wahlleistungen nach Nummer 5 sind gemäß § 17 Absatz 2 Satz 1 des Krankenhausentgeltgesetzes vor ihrer Erbringung schriftlich zu vereinbaren.

VII

26.2 Zu Absatz 2

Hinsichtlich der Höhe der beihilfefähigen Aufwendungen für die Unterbringung und Verpflegung der Begleitperson außerhalb des Krankenhauses gilt Nummer 26.1.2 entsprechend.

26.3 Zu Absatz 3

26.3.1 Eine stationsäquivalente psychiatrische Behandlung nach § 115d SGB V wird durch ein leistungserbringendes Krankenhaus sowie alle an der ambulanten psychiatrischen Versorgung teilnehmenden Leistungserbringer erbracht.

26.3.2 1Stationsäquivalente psychiatrische Behandlung umfasst eine komplexe, aufsuchende, zeitlich begrenzte Behandlung durch ein multiprofessionelles Team im Lebensumfeld der Patientin oder des Patienten, wobei auch Teilleistungen genutzt werden können, die in der Klinik erbracht werden. 2Ziele sind neben der Symptomreduktion eine Steigerung der Lebensqualität und die Ermöglichung eines so weit wie möglich selbstbestimmten Lebens der Betroffenen mit größtmöglicher Teilhabe am gesellschaftlichen Leben, unter anderem durch die Verbesserung psychosozialer Funktionen, Förderung der Fähigkeit zur selbstbestimmten und eigenverantwortlichen Lebensführung, Stärkung im Umgang mit Symptomen, Reduktion von Beeinträchtigungen und die Förderung sozialer Integration, Förderung des Wissens über die Erkrankung, Aufbau von Selbstmanagementstrategien sowie umfassende Gesundheitsförderung einschließlich der Stärkung von Gesundheitsverhalten. $_{3}$Weitere Ziele sind die Reduzierung von Behandlungsmaßnahmen gegen den Willen der Patientin oder des Patienten, insbesondere Zwangsmaßnahmen, sowie von Aggression und Gewalt.

26.3.3 $_{1}$Voraussetzung für die Durchführung stationsäquivalenter Behandlung ist eine bestehende Indikation für eine stationäre Behandlung. $_{2}$Diese Indikation kann sich aus der Erkrankung ergeben, im Speziellen aus der besonderen Lebenssituation der Patientin oder des Patienten und ihren oder seinen Präferenzen.

26.3.4 Das multiprofessionelle Team umfasst psychiatrisch-psychotherapeutisch ausgebildete Mitarbeiterinnen und Mitarbeiter aus der Gruppe der Ärztinnen und Ärzte (mit Sicherstellung des Facharztstandards für Psychiatrie und Psychotherapie bzw. Nervenheilkunde) und der Gesundheits- und Krankenhauspflege sowie aus zumindest einer der folgenden Berufe: Sozialarbeiterinnen oder Sozialarbeiter, Psychologinnen oder Psychologen, Ergotherapeutinnen oder Ergotherapeuten, Bewegungstherapeutinnen oder Bewegungstherapeuten oder anderen Spezialtherapeutinnen oder Spezialtherapeuten.

26a Zu § 26a – Behandlung in nichtzugelassenen Krankenhäusern

26a.1 Zu Absatz 1

$_{1}$Bei der Errechnung des beihilfefähigen Höchstbetrags ist jeweils auf den Behandlungsfall abzustellen. $_{2}$Bei der Berechnung ist immer die Fallpauschale der Hauptabteilung zugrunde zu legen, unabhängig davon, ob es sich um eine belegärztliche Behandlung handelt. $_{3}$Die von den Kliniken in Rechnung gestellte Umsatzsteuer ist grundsätzlich beihilfefähig und kann bis zum errechneten beihilfefähigen Höchstbetrag berücksichtigt werden.

26a.1.1 Zu Absatz 1 Nummer 1

26a.1.1.1 $_{1}$Zur Ermittlung des beihilfefähigen Betrags wird der Basisfall mit der Bewertungsrelation der jeweiligen Fallpauschale (aus dem Fallpauschalenkatalog) multipliziert. $_{2}$Liegt die tatsächliche Verweildauer unter der unteren Grenzverweildauer nach dem Fallpauschalenkatalog, erfolgt ein entsprechender Abschlag. $_{3}$Liegt die tatsächliche Verweildauer über der oberen Grenzverweildauer nach dem Fallpauschalenkatalog, erfolgt ein entsprechender Zuschlag (zusätzliches tagesbezogenes Entgelt).

26a.1.1.2 $_{1}$Zur Ermittlung des beihilfefähigen Betrags für die Pflegepersonalkosten wird der vorläufige Pflegeentgeltwert nach § 15 Absatz 2a Satz 1 Krankenhausentgeltgesetz mit der entsprechenden Bewertungsrelation aus dem Pflegeerlöskatalog nach § 17b Absatz 4 Satz 4 Krankenhausfinanzierungsgesetz und mit der Zahl der Belegungstage multipliziert. $_{2}$Gesondert ausgewiesene Aufwendungen für Zusatzentgelte sind entsprechend dem DRG-Entgeltkatalog beihilfefähig.

26a.1.2 Zu Absatz 1 Nummer 2

$_{1}$Grundlage für die Ermittlung des Höchstbetrags ist der PEPP-Entgeltkatalog und damit das errechnete Entgelt aus Anlage 1a (bei vollstationärem Aufenthalt) oder Anlage 2a (bei teilstationärem Aufenthalt) des PEPP-Kataloges bei Anwendung des pauschalen Basisentgeltwerts in Höhe von 300 Euro einschließlich der Zusatzentgelte und ergänzenden Tagesentgelte. $_{2}$Bei längerer Verweildauer als der höchsten Zahl der Berechnungstage wird die Bewertungsrelation der höchsten Zahl der Bewertungstage angesetzt. $_{3}$Für die Zuordnung des Behandlungsfalls nach Nummer 2 ist das Alter am Tag der Aufnahme in das Krankenhaus maßgeblich.

26a.2 Zu Absatz 2

(unbesetzt)

26a.3 Zu Absatz 3

(unbesetzt)

26a.4 Zu Absatz 4

(unbesetzt)

26a.5 Zu Absatz 5

(unbesetzt)

26a.6 Zu Absatz 6

(unbesetzt)

26b § 26b – Übergangspflege im Krankenhaus

26b.1 Wenn im unmittelbaren Anschluss an eine Krankenhausbehandlung erforderliche Leistungen der häuslichen Krankenpflege, der Kurzzeitpflege, Leistungen zur medizinischen Rehabilitation oder andere Pflegeleistungen nicht erbracht werden können, sind Leistungen der Übergangspflege in dem Krankenhaus, in dem die Behandlung erfolgt ist, für zehn Tage beihilfefähig.

26b.2 Aufwendungen für gesondert berechnete wahlärztliche Leistungen im Rahmen der Übergangspflege sind im Gegensatz zu Aufwendungen für eine gesondert berechnete Wahlleistung für Unterkunft beihilfefähig.

27 Zu § 27 – Häusliche Krankenpflege, Kurzzeitpflege bei fehlender Pflegebedürftigkeit

27.1 Zu Absatz 1

27.1.1 1Die Verordnung sollte Angaben über Art, Dauer und die tägliche Stundenzahl der Leistungen enthalten. 2§ 27 BBhV schließt aber Blankoverordnungen nicht aus. 3Blankoverordnungen für häusliche Krankenpflege, bei der die Pflegefachkraft aufgrund der ärztlich festgestellten Diagnose und der Indikation für häusliche Krankenpflege selbst über die Häufigkeit und die Dauer der Behandlung (z. B. bei der Kompressionsbehandlung oder der akuten Wundbehandlung) bestimmen können, sind anzuerkennen.

27.1.2 Bei Prüfung des Entgelts ist es ausreichend, wenn die Pflegedienstleister bestätigen, dass die abgerechneten Sätze in dieser Höhe auch gegenüber der GKV abgerechnet werden.

27.1.3 1Andere geeignete Orte für eine häusliche Krankenpflege sind Orte, an denen sich die oder der zu Pflegende regelmäßig wiederkehrend aufhält und die verordnete Maßnahme aus medizinisch-pflegerischen Gründen während des Aufenthaltes an diesem Ort notwendig ist. 2Solche Orte können insbesondere Schulen, Kindergärten, betreute Wohnformen oder Arbeitsstätten sein.

27.2 Zu Absatz 2

(unbesetzt)

27.3 Zu Absatz 3

27.3.1 1Als Behandlungspflege gelten Maßnahmen der ärztlichen Behandlung, die dazu dienen, Krankheiten zu heilen, ihre Verschlimmerung zu verhüten oder Krankheitsbeschwerden zu lindern und die üblicherweise an Pflegefachkräfte oder Pflegekräfte delegiert werden können. 2Behandlungspflege umfasst insbesondere Verbandwechsel, Injektionen, Katheterisierung, Einreibungen, Beatmungspflege, Blasenspülung, Blutdruckmessung, Blutzuckermessung, Dekubitusbehandlung.

27.3.2 1Aufwendungen für Behandlungspflege sind auch für beihilfeberechtigte und berücksichtigungsfähige Personen in stationären Pflegeeinrichtungen beihilfefähig, wenn ein besonders hoher Bedarf an medizinischer Behandlungspflege besteht. 2Dies ist der Fall, wenn die ständige Anwesenheit einer geeigneten Pflegefachkraft zur individuellen Kontrolle und Einsatzbereitschaft erforderlich ist, z. B. bei erforderlicher Bedienung und Überwachung eines Beatmungsgerätes am Tag und in der Nacht.

27.3.3 1Grundpflege umfasst die Grundverrichtungen des täglichen Lebens. 2Dazu zählen die Bereiche Mobilität und Motorik (z. B.

VII

Betten, Lagern, Hilfe beim An- und Auskleiden), Hygiene (z. B. Körperpflege, Benutzung der Toilette) und Nahrungsaufnahme.

27.3.4 $_{1}$Als hauswirtschaftliche Versorgung gelten Maßnahmen, die zur Aufrechterhaltung der grundlegenden Anforderungen einer eigenständigen Haushaltsführung allgemein notwendig sind. $_{2}$Die hauswirtschaftliche Versorgung umfasst insbesondere Einkaufen, Besorgung von Arzneimitteln, Kochen, Reinigen der Wohnung, Spülen, Müllentsorgung, Wechseln und Waschen der Wäsche und Kleidung und das Beheizen.

27.3.5 Verrichtungsbezogene krankheitsspezifische Pflegemaßnahmen sind insbesondere:

- Einreiben mit Dermatika oder oro-tracheale Sekretabsaugung beim Waschen, Duschen oder Baden,
- Verabreichung eines Klistiers, eines Einlaufs oder Einmalkatheterisierung bei der Darm- oder Blasenentleerung,
- Oro-tracheale Sekretabsaugung oder Wechseln einer Sprechkanüle gegen eine Dauerkanüle bei Tracheostoma bei der Aufnahme der Nahrung,
- Maßnahmen zur Sekretelimination bei Mukoviszidose oder Erkrankungen mit vergleichbarem Hilfebedarf beim Aufstehen oder Zubettgehen,
- An- und Ausziehen von Kompressionsstrümpfen ab Kompressionsklasse 2 bei der Verrichtung des An- und Auskleidens,
- Anlegen oder Abnehmen eines Kompressionsverbandes (z. B. nach Pütter, Fischer-Tübinger).

27.3.6 Maßnahmen der ambulanten psychiatrischen Krankenpflege sind:

- Erarbeiten der Pflegeakzeptanz (Beziehungsaufbau),
- Durchführen von Maßnahmen zur Bewältigung von Krisensituationen,
- Entwickeln kompensatorischer Hilfen bei krankheitsbedingten Fähigkeitsstörungen.

27.3.7 Für denselben Zeitraum ist die Beihilfefähigkeit der Aufwendungen von Maßnahmen der psychiatrischen Krankenpflege neben Aufwendungen inhaltlich gleicher Leistungen der Soziotherapie ausgeschlossen, es sei denn, die Maßnahmen ergänzen ihre jeweils spezifische Zielsetzung.

27.3.8 $_{1}$Ambulante Palliativversorgung beinhaltet, dass beihilfeberechtigte oder berücksichtigungsfähige Personen in ihrer gewohnten häuslichen Umgebung sowohl medizinisch als auch pflegerisch betreut werden. $_{2}$Insbesondere erfolgt eine Symptomkontrolle in enger Abstimmung mit der verordnenden Ärztin oder dem verordnenden Arzt (Wundkontrolle und -behandlung bei exazerbierenden Wunden; Krisenintervention z. B. bei Krampfanfällen, Blutungen, akuten Angstzuständen bei Schmerzsymptomatik, Übelkeit, Erbrechen, pulmonalen oder kardialen Symptomen, Obstipation). $_{3}$Aufwendungen der ambulanten Palliativversorgung sind nicht neben Aufwendungen der spezialisierten ambulanten Palliativversorgung (SAPV) beihilfefähig.

27.4 Zu Absatz 4

(unbesetzt)

27.5 Zu Absatz 5

(unbesetzt)

27.6 Zu Absatz 6

Bezüglich des beihilfefähigen Betrages für eine Kurzzeitpflege wird auf Nummer 38e.2 verwiesen.

27.7 Zu Absatz 7

(unbesetzt)

27a Zu § 27a – Außerklinische Intensivpflege

27a.1 Zu Absatz 1

27a.1.1 Aufwendungen für eine außerklinische Intensivpflege sind beihilfefähig, wenn ein besonders hoher Bedarf an medizinischer Behandlungspflege besteht, die eine ständige Anwesenheit einer geeigneten Pflegefachkraft zur individuellen Kontrolle und Einsatzbereitschaft erfordert.

27a.1.2 $_{1}$Anders als bei der häuslichen Krankenpflege ist die Vorlage der ärztlichen Verordnung im Beihilfeverfahren nur dann notwendig, wenn die Feststellung des besonders hohen Bedarfes nicht durch einen Träger der gesetzlichen Krankenversicherung, ein Unternehmen der privaten Krankenversicherung oder die Postbeamtenkrankenkasse erfolgt. ₂Das Erfordernis des besonders hohen Bedarfes an medizinischer Behandlungspflege kann auf zwei Wegen festgestellt werden:

1. durch die ärztliche Verordnung, aus der sich der besonders hohe Bedarf an medizinischer Behandlungspflege ergibt, oder alternativ
2. durch die Feststellung des besonders hohen Bedarfes an medizinischer Behandlungspflege durch einen Träger der gesetzlichen Krankenversicherung, ein Unternehmen der privaten Krankenversicherung oder die Postbeamtenkrankenkasse. ₃In diesem Fall bedarf es nicht der Vorlage der ärztlichen Verordnung als Nachweis bei der Festsetzungsstelle.

27a.1.3 Die Regelung erstreckt sich nicht nur auf beatmete Personen, sondern auch auf andere Fälle, in denen ein besonders hoher Bedarf an medizinischer Behandlungspflege notwendig ist.

27a.2 Zu Absatz 2

(unbesetzt)

27a.3 Zu Absatz 3

(unbesetzt)

28 Zu § 28 – Familien- und Haushaltshilfe

28.1 Zu Absatz 1

28.1.1 Die Voraussetzung nach Satz 1 Nummer 1 der außerhäuslichen Unterbringung ist auch dann als gegeben anzusehen, wenn nach ärztlicher Bescheinigung ein an sich erforderlicher stationärer Krankenhausaufenthalt durch eine Familien- und Haushaltshilfe vermieden wird.

28.1.2 ₁Als Inanspruchnahme einer nach dieser Verordnung beihilfefähigen Leistung zählt auch eine ärztlich bescheinigte, notwendige Begleitung eines Beihilfeberechtigten oder einer berücksichtigungsfähigen Person zu einer beihilfefähigen stationären Maßnahme. ₂Demnach sind Aufwendungen für eine Familien- und Haushaltshilfe insbesondere dann als beihilfefähig anzuerkennen, wenn die den Haushalt führende Person als Begleitperson eines stationär aufgenommenen Kindes im Krankenhaus aufgenommen wird und dies nach Feststellung der Amtsärztin, des Amtsarztes oder der von der Festsetzungsstelle beauftragten Ärztin oder des beauftragten Arztes wegen des Alters des Kindes und seiner eine stationäre Langzeittherapie erfordernden schweren Erkrankung aus medizinischen Gründen notwendig ist.

28.1.3 ₁Die Voraussetzungen des Satzes 1 Nummer 3 sind auch dann nicht erfüllt, wenn eine Person, die unter Satz 1 Nummer 2 fällt, den Haushalt weiterführen kann. ₂Führt beispielsweise eine in Pflegegrad 2 eingestufte beihilfeberechtigte Person nach einer Heimunterbringung der haushaltführenden Person den Haushalt selbst über Jahre hinweg fort, handelt es sich nicht um einen Fall des Satzes 1 Nummer 3 und ein Anspruch scheidet aus.

28.2 Zu Absatz 2

(unbesetzt)

28.3 Zu Absatz 3

(unbesetzt)

28.4 Zu Absatz 4

(unbesetzt)

28.5 Zu Absatz 5

(unbesetzt)

29 Zu § 29 – Familien- und Haushaltshilfe im Ausland

29.1 Zu Absatz 1

Für beihilfeberechtigte Personen nach § 3 bemisst sich die Angemessenheit der Aufwendungen für eine Familien- und Haushaltshilfe im Gastland unter Berücksichtigung der besonderen Verhältnisse im Ausland nach den ortsüblichen Entgeltsätzen.

29.2 Zu Absatz 2

(unbesetzt)

29.3 Zu Absatz 3

(unbesetzt)

30 Zu § 30 – Soziotherapie

1Inhalt und Ausgestaltung der Soziotherapie richten sich nach § 37a SGB V in Verbindung mit der Soziotherapie-Richtlinie. 2Die Höhe der Vergütung richtet sich nach den geschlossenen Verträgen des § 132b SGB V i. V. m. § 6 Absatz 5.

30a Zu § 30a – Neuropsychologische Therapie

30a.1 Zu Absatz 1

Die ambulante neuropsychologische Therapie umfasst Diagnostik und Therapie geistiger (kognitiver) und seelischer (emotional-affektiver) Störungen, Schädigungen und Behinderungen nach erworbener Hirnschädigung oder Hirnerkrankung unter Berücksichtigung der individuellen physischen und psychischen Ressourcen, der biographischen Bezüge, der interpersonalen Beziehungen, der sozialen und beruflichen Anforderungen sowie der inneren Kontextfaktoren (z. B. Antrieb, Motivation, Anpassungsfähigkeit des oder der Hirngeschädigten oder Hirnerkrankten).

30a.2 Zu Absatz 2

(unbesetzt)

30a.3 Zu Absatz 3

1Eine Nummer für die Abrechnung der ambulanten neuropsychologischen Therapie ist im Gebührenverzeichnis der GOÄ nicht enthalten. 2Die Therapie kann daher nur in analoger Anwendung abgerechnet werden. 3(weggefallen) 4Aufwendungen für eine Behandlungseinheit als Einzelbehandlung sind beihilfefähig bis zur Höhe des Betrages entsprechend der Nummer 870 der Anlage zur GOÄ.

31 Zu § 31 – Fahrtkosten

31.1 Zu Absatz 1

1Die Notwendigkeit der Beförderung bestätigt die behandelnde Ärztin oder der behandelnde Arzt, in den Fällen des Satzes 2 die dort genannte Leistungserbringerin oder der Leistungserbringer, mit der Verordnung der Beförderung. 2Aufwendungen für die Hin- und Rückfahrt sind gesondert zu prüfen. 3Neben den in Absatz 2 Satz 1 Nummer 3 genannten Ausnahmefällen können auch bei einer nur vorübergehenden Beeinträchtigung der Mobilität, sofern die Art der vorübergehenden Einschränkungen mit den Kriterien vergleichbar ist, Fahrtkosten erstattet werden.

31.2 Zu Absatz 2

Ein gesonderter Nachweis kann zum Beispiel durch Vorlage der ärztlichen Rechnung, aus der der Tag der notwendigen Behandlung hervorgeht, erfolgen.

31.3 Zu Absatz 3

1Fahrtkosten zur ambulanten oder stationären Krankenbehandlung können grundsätzlich nur zwischen dem Aufenthaltsort der beihilfeberechtigten oder berücksichtigungsfähigen Person und der nächst erreichbaren geeigneten Behandlungsmöglichkeit als beihilfefähig anerkannt werden. 2Nächste erreichbare geeignete Behandlungsmöglichkeit muss nicht zwangsläufig das nächstgelegene Krankenhaus sein.

31.4 Zu Absatz 4

1Aufwendungen für ein Taxi sind nur dann als beihilfefähig zu berücksichtigen, wenn öffentliche Verkehrsmittel nicht benutzt werden können. 2Dies ist zum Beispiel dann der Fall, wenn nach ärztlicher Bescheinigung medizinische Gründe für eine Taxinutzung vorliegen.

3Taxi-Wartekosten sind grundsätzlich nicht beihilfefähig, es sei denn, dass das Warten insgesamt zu einer Einsparung gegenüber den Aufwendungen für Einzelfahrten führt.

31.5 Zu Absatz 5

1Die Ausnahmeregelung in Satz 2 soll in den Fällen, in denen eine Behandlung innerhalb der Europäischen Union nicht erfolgen kann, die Möglichkeit eröffnen, Fahrtkosten zu er-

VII

statten. 2Bei der Entscheidung ist ein strenger Maßstab anzulegen.

31.6 Zu Absatz 6

(unbesetzt)

32 Zu § 32 – Unterkunftskosten

32.1 Zu Absatz 1

Eine auswärtige Behandlung ist nur dann notwendig, wenn die Behandlung nicht oder nicht mit gleicher Erfolgsaussicht am Wohnort erfolgen kann.

32.2 Zu Absatz 2

32.2.1 Absatz 2 setzt ein Übernachten außerhalb der Familienwohnung voraus.

32.2.2 1Einrichtungen, die der Betreuung und der Behandlung von Kranken und Behinderten dienen, können insbesondere Heimsonderschulen, Behindertenwohnheime, therapeutische Wohngemeinschaften, therapeutische Bauernhöfe und Übergangsheime für Suchtkranke sein. 2Voraussetzung ist, dass die Unterbringung anlässlich der Anwendung von Heilmitteln nach § 23 erforderlich ist.

32.2.3 1Betten- und Platzfreihaltegebühren, die für die Unterbrechungen durch Krankheit der oder des Behandelten erhoben werden, sind bis zu insgesamt 5,50 Euro täglich beihilfefähig. 2Dies gilt auch für eine Abwesenheit aus einem sonstigen, in der Person der behandelten Person liegenden Grund bis zur Dauer von 20 Kalendertagen je Abwesenheit.

32.3 Zu Absatz 3

(unbesetzt)

33 Zu § 33 – Lebensbedrohliche oder regelmäßig tödlich verlaufende Krankheiten

1Die Fürsorgepflicht des Dienstherrn kann es in Ausnahmefällen erfordern, eine Beihilfe zu den Kosten einer wissenschaftlich nicht allgemein anerkannten Behandlungsmethode nach den jeweiligen Bemessungssätzen zu erstatten (BVerfG, Urteil vom 6. Dezember 2005 – 1 BvR 347/98 –). 2Diese Verpflichtung besteht konkret dann, wenn

- sich eine wissenschaftlich allgemein anerkannte Methode für die Behandlung einer bestimmten Krankheit noch nicht herausgebildet hat,
- ein allgemein anerkanntes Heilverfahren (z. B. wegen einer Kontraindikation) nicht angewendet werden darf oder
- ein solches bereits ohne Erfolg eingesetzt worden ist.

3Es ist somit nicht erforderlich, dass eine hohe Wahrscheinlichkeit der Heilung, der Verlängerung der Lebensdauer oder der Verbesserung der Lebensqualität besteht. 4Eine reale Chance reicht aus. 5Die Festsetzungsstelle kann dazu auf ihre Kosten eine ärztliche Stellungnahme einholen.

Abschnitt 3
Rehabilitation

34 Zu § 34 – Anschlussheil- und Suchtbehandlungen

34.1 Zu Absatz 1

34.1.1 1Aufwendungen für Anschlussheilbehandlungen im Ausland beurteilen sich nach § 34 in Verbindung mit § 11. 2Vergleichbare Einschränkungen im Inland gelten sinngemäß. 3Demnach sind beispielsweise Maßnahmen in Einrichtungen mit Hotelcharakter nicht beihilfefähig.

34.1.2 1Der Begriff der Anschlussheilbehandlung ist identisch mit dem der Anschlussrehabilitation. 2Eine Anschlussheilbehandlung hat das Ziel, verloren gegangene Funktionen oder Fähigkeiten nach einer schweren Operation oder Erkrankung wieder zu erlangen oder auszugleichen. 3Daher bedingt die Anschlussheilbehandlung den Zusammenhang mit einer Krankenhausbehandlung und ist mit dieser als vergleichbar zu betrachten.

34.1.3 1Eine Anschlussheilbehandlung schließt sich unmittelbar an eine Krankenhausbehandlung, eine ambulante Operation, Strahlen- oder Chemotherapie an. 2Als unmittelbar gilt der Anschluss auch, wenn die Maßnahme innerhalb von 14 Tagen beginnt, es sei denn, die Einhaltung dieser Frist ist aus zwingenden tatsächlichen oder medizinischen Gründen nicht möglich.

34.2 Zu Absatz 2

34.2.1 Die Vorschrift sieht die Beihilfefähigkeit der Aufwendungen sowohl für stationäre als auch für ambulante Maßnahmen vor.

34.2.2 Aufwendungen für die ambulante Nachsorge sind grundsätzlich angemessen, wenn sie nach einer Bestätigung der Einrichtung in gleicher Höhe auch von der GKV getragen werden.

34.2.3 Behandlungen der Nikotinsucht sind keine Suchtbehandlungen nach § 34 Absatz 2 BBhV.

34.3 Zu Absatz 3

34.3.1 Die Notwendigkeit einer Verlängerung der Maßnahme ist von der durchführenden Einrichtung festzustellen.

34.3.2 $_1$Die vorherige Zustimmung der Festsetzungsstelle bei Suchtbehandlungen dient dem Schutz der beihilfeberechtigten und berücksichtigungsfähigen Personen und der Rechtssicherheit, indem sie der Festsetzungsstelle ermöglicht, vor Entstehung der regelmäßig hohen Aufwendungen auf etwaige Bedenken gegen deren Notwendigkeit und Angemessenheit hinzuweisen. $_2$Sofern in begründeten Ausnahmefällen, z. B. wegen Eilbedürftigkeit einer Maßnahme, eine vorherige Zustimmung der Festsetzungsstelle nicht eingeholt werden kann, kann die Zustimmung nachträglich erfolgen.

34.4 Zu Absatz 4

(unbesetzt)

34.5 Zu Absatz 5

34.5.1 Bei ambulanten Maßnahmen gelten als Hin- und Rückfahrten auch die täglichen Fahrten zu und von der Einrichtung.

34.5.2 $_1$Private Kraftfahrzeuge in diesem Sinne sind neben privaten und unentgeltlich bereitgestellten Kraftfahrzeugen des persönlichen Umfelds der behandlungsbedürftigen Person auch entgeltlich angemietete Fahrzeuge zur Selbstnutzung (beispielsweise Mietwagen oder Carsharing). $_2$Die Fahrt kann durch eine sonstige Person als Fahrer durchgeführt werden, sofern diese nicht gewerblicher Dienstleister bzw. Unternehmer im Sinne des Personenbeförderungsgesetzes (PBefG) ist.

34.5.3 Sofern die Einrichtung keinen kostenfreien Transport für beihilfeberechtigte und berücksichtigungsfähige Personen anbietet, sind Aufwendungen für die durch die Einrichtung selbst erbrachten, nicht nach dem PBefG genehmigungsbedürftigen Fahrdienstleistungen nach Maßgabe der Nummer 3 bis zu 200 Euro beihilfefähig.

34.6 Zu Absatz 6

(unbesetzt)

35 Zu § 35 – Rehabilitationsmaßnahmen

35.1 Zu Absatz 1

35.1.1 Zu Absatz 1 Nummer 1

$_1$Aufwendungen für Vorsorge- und Rehabilitationsmaßnahmen im Ausland beurteilen sich nach § 35 in Verbindung mit § 11. $_2$Vergleichbare Einschränkungen wie im Inland gelten sinngemäß. $_3$Demnach sind beispielsweise Maßnahmen in Einrichtungen mit Hotelcharakter nicht beihilfefähig.

35.1.2 Zu Absatz 1 Nummer 2

35.1.2.1 Voraussetzungen für die Anerkennung der Beihilfefähigkeit einer Mutter-Kind- oder Vater-Kind-Rehabilitationsmaßnahme ist, dass Mutter oder Vater erkrankt ist.

35.1.2.2 $_1$Für Kinder, die bei Mutter-Kind- oder Vater-Kind-Rehabilitationsmaßnahmen in die Einrichtung mit aufgenommen werden, obwohl sie selbst nicht behandlungsbedürftig sind, sind deren Aufwendungen in voller Höhe der Mutter oder dem Vater zuzurechnen. $_2$Aufwendungen werden den Kindern nur dann zugerechnet, wenn sie neben Mutter oder Vater selbst auch behandlungsbedürftig sind. $_3$Sofern allein das Kind behandlungsbedürftig ist, handelt es sich nicht um eine Mutter-Kind- oder Vater-Kind-Rehabili-

VII

tationsmaßnahme, sondern um eine stationäre Rehabilitation des Kindes.

35.1.2.3 $_{1}$Eine gesetzliche Regelung bezüglich der Altersgrenze für Kinder gibt es nicht. $_{2}$Es ist immer eine Prüfung im Einzelfall angezeigt. $_{3}$Nach der Begutachtungsrichtlinie Vorsorge und Rehabilitation des GKV-Spitzenverbandes besteht in der Regel die Möglichkeit zur Mitaufnahme für Kinder bis zwölf Jahre, in besonderen Fällen bis 14 Jahre. $_{4}$Für behinderte Kinder gelten keine Altersgrenzen.

35.1.3 Zu Absatz 1 Nummer 3

$_{1}$Ziel der familienorientierten Rehabilitation nach Nummer 3 ist die gemeinsame Rehabilitation aller Familienmitglieder unabhängig davon, ob jedes einzelne Familienmitglied die Voraussetzungen für eine Rehabilitationsmaßnahme erfüllt. $_{2}$Bei ärztlich verordneter familienorientierter Rehabilitation nach Nummer 3 ist kein gutachterliches Voranerkennungsverfahren erforderlich. $_{3}$In Ausnahmefällen sind auch Aufwendungen für eine familienorientierte Rehabilitationsmaßnahme bei verwaisten Familien (Versterben eines Kindes) in dafür spezialisierten Einrichtungen beihilfefähig. $_{4}$Zwar ist Trauer als solche keine Krankheit, jedoch sind Situationen vorstellbar, in denen Trauer Krankheitswert erreichen kann. $_{5}$Voraussetzung ist dann neben der ärztlichen Verordnung eine medizinische Stellungnahme. $_{6}$Das Gebot der Wirtschaftlichkeit ist auch hier zu beachten. $_{7}$Als Familien gelten Eltern beziehungsweise Erziehungsberechtigte und Geschwister des erkrankten Kindes. $_{8}$Als Familienmitglieder werden zudem alle Personen betrachtet, die wie eine Familie in häuslicher Gemeinschaft zusammenleben, beispielsweise Stiefgeschwister, Stiefeltern oder unverheiratete Partnerinnen und Partner.

35.1.4 Zu Absatz 1 Nummer 4

35.1.4.1 Ambulante Rehabilitationsmaßnahmen im Sinne der Nummer 4 sind nur bei aktiven Beamtinnen und Beamten beihilfefähig.

35.1.4.2 $_{1}$Soweit beihilfeberechtigte Personen die Durchführung einer ambulanten Rehabilitationsmaßnahme in einem Heilbad oder Kurort im EU-Ausland beantragen, der nicht in der vom BMI durch Rundschreiben bekanntgegebenen Übersicht der anerkannten Heilbäder und Kurorte nach § 35 Absatz 1 Satz 2 BBhV enthalten ist, trifft die oberste Dienstbehörde die Entscheidung über die Anerkennung des Ortes als Heilbad oder Kurort. $_{2}$Die beihilfeberechtigte Person hat Unterlagen, die zur Entscheidung beitragen, vorzulegen. $_{3}$Die Anerkennung des Ortes als Heilbad oder Kurort ist dem BMI über die oberste Dienstbehörde mitzuteilen.

35.1.5 Zu Absatz 1 Nummer 5

35.1.5.1 Gesondert in Rechnung gestellte Verpflegungskosten sind nicht beihilfefähig.

35.1.5.2 Ambulante Rehabilitationsmaßnahmen sind auch beihilfefähig, wenn sie von Einrichtungen durchgeführt werden, die der stationären Rehabilitation dienen.

35.1.5.3 $_{1}$Die ärztlich verordnete ambulante Rehabilitationsmaßnahme umfasst auch die mobile Rehabilitation. $_{2}$Die mobile Rehabilitation ist eine Sonderform der ambulanten Rehabilitation. $_{3}$Bei der mobilen Rehabilitation werden die beihilfeberechtigten oder berücksichtigungsfähigen Personen zu Hause behandelt. $_{4}$Anfallende Fahrtkosten der mobilen Rehabilitation sind in Höhe der Nummer 83 der Anlage 9 zur BBhV beihilfefähig.

35.1.6 Zu Absatz 1 Nummer 6

35.1.6.1 $_{1}$Beihilfefähig im Sinne dieser Vorschrift ist ärztlich verordneter Rehabilitationssport und Funktionstraining der Bundesarbeitsgemeinschaft für Rehabilitation entsprechend der Rahmenvereinbarung über den Rehabilitationssport und das Funktionstraining (*www.kbv.de/media/sp/Rahmenvereinbarung_Rehasport.pdf*). $_{2}$Folgeverordnungen sind nach ärztlicher Bescheinigung anzuerkennen.

35.1.6.2 Zu den beihilfefähigen Aufwendungen gehören nicht die Aufwendungen für den Besuch eines Fitnessstudios oder allgemeine Fitnessübungen.

35.2 Zu Absatz 2

35.2.1 1Aus den Vorschriften über die Beihilfefähigkeit von Fahrtkosten ergibt sich, dass es den beihilfeberechtigten oder ihren berücksichtigungsfähigen Personen überlassen bleibt, welche Beförderungsmittel sie nutzen. 2Der Höchstbetrag von 200 Euro gilt für die Fahrtkosten der Gesamtmaßnahme (Hin- und Rückfahrt einschließlich Gepäckbeförderung und Fahrtkosten einer notwendigen Begleitperson) und unabhängig vom benutzten Verkehrsmittel. 3Mit der Bezugnahme auf das BRKG bei Benutzung eines Kraftfahrzeugs wird lediglich die Höhe des beihilfefähigen Betrages je gefahrenen Kilometer entsprechend § 5 Absatz 1 BRKG (zzt. 20 Cent je km) geregelt. 4Die darüber hinaus in § 5 Absatz 1 BRKG genannten Höchstbeträge von 130 Euro oder 150 Euro finden hier keine Anwendung. 5Die Erläuterungen zu privaten Kraftfahrzeugen in Nummer 34.5.2 gelten entsprechend. 6Satz 3 gilt auch für die Fahrtkosten anlässlich einer ambulanten Rehabilitationsmaßnahme entsprechend § 35 Absatz 1 Satz 1 Nummer 5 in Verbindung mit Absatz 2 Satz 4.

35.2.2 1Grundsätzlich sind Aufwendungen für eine stationäre Rehabilitationsmaßnahme bis zu 21 Tagen beihilfefähig. 2Ergibt sich im Verlauf der stationären Rehabilitation, dass über den von der Festsetzungsstelle als beihilfefähig anerkannten Zeitraum hinaus eine Verlängerung aus gesundheitlichen Gründen dringend erforderlich ist, so kann die Anerkennung der Beihilfefähigkeit der weiteren Aufwendungen der stationären Rehabilitation durch die Festsetzungsstelle auch auf Grund eines fachärztlichen Gutachtens der in der Einrichtung behandelnden Ärztin oder des in der Einrichtung behandelnden Arztes erfolgen. 3Satz 1 gilt nicht für die stationäre Rehabilitation bei Kindern.

35.2.3 Führen beihilfeberechtigte und berücksichtigungsfähige Personen zur selben Zeit und in derselben Einrichtung eine stationäre Rehabilitation durch, zählt dies bei Benutzung privater Personenkraftwagen als eine Fahrt.

35.2.4 Bei der Mutter-Kind- oder Vater-Kind-Rehabilitationsmaßnahme handelt es sich um „eine" Maßnahme mit der Folge, dass auch nur einmal die Fahrtkosten (für die Hauptperson – Mutter oder Vater) als beihilfefähig anerkannt werden können; dies gilt nicht bei Benutzung öffentlicher Verkehrsmittel, wenn für das Kind gesonderte Fahrtkosten entstehen.

35.2.5 1Satz 2 Nummer 5 Buchstabe a dient der Klarstellung, dass lediglich die für die Behandlung erforderliche Unterbringung und Verpflegung beihilfefähig sind. 2Beinhaltet der Tagessatz darüber hinaus Mehrkosten, die auf Wunsch der behandelten Person erbracht werden, sind diese nicht beihilfefähig.

35.2.6 Die Begrenzung der Fahrtkosten bei ambulanten Rehabilitationsmaßnahmen auf maximal 10 Euro pro Behandlungstag für eine Hin- und Rückfahrt gilt unabhängig davon, wie viele Behandlungen pro Tag vorgesehen sind und wie viele Fahrten durchgeführt werden.

35.3 Zu Absatz 3

(unbesetzt)

36 Zu § 36 – Voraussetzungen für Rehabilitationsmaßnahmen

36.1 Zu Absatz 1

36.1.1 In Zweifelsfällen kann die Festsetzungsstelle für die Anerkennung der Maßnahme ein Gutachten einholen (§ 51 Absatz 1 Satz 4 BBhV).

36.1.2 1Die Anerkennung erfolgt personenbezogen auf eine konkrete Rehabilitationsmaßnahme unter Angabe des genehmigten Zeitraums und einer konkreten Rehabilitationseinrichtung beziehungsweise eines Heil- oder Kurbades. 2Kann die Maßnahme aus einem wichtigen Grund (z. B. wegen einer notwendigen innerorganisatorischen Terminverschiebung oder einer Erkrankung der oder des Betroffenen, die eine Aufnahme in der Einrichtung nicht zulassen) nicht wie genehmigt angetreten werden, kann der Bescheid bis zum Tag vor Beginn der Maßnahme geändert werden. 3Ist die Beihilfefähigkeit der

Kosten einer Rehabilitationsmaßnahme nach § 35 Absatz 1 Nummer 1, 2 und 4 nicht anerkannt worden oder wird sie nicht wie genehmigt durchgeführt, sind nur Aufwendungen nach den §§ 12, 13, 18, 22 bis 25 und 26 Absatz 1 Nummer 5 unter den dort genannten Voraussetzungen beihilfefähig.

36.1.3 $_{1}$Die Notwendigkeit einer Begleitperson muss sich aus der ärztlichen Bescheinigung ergeben. $_{2}$Die Begleitperson benötigt keine gesonderte ärztliche Bescheinigung. $_{3}$Für Personen bis zum vollendeten 12. Lebensjahr wird die Notwendigkeit für eine Begleitperson unterstellt, es sei denn, aufgrund der Erkrankung ist dies kontraindiziert.

36.2 Zu Absatz 2

(unbesetzt)

36.3 Zu Absatz 3

(unbesetzt)

Kapitel 3
Aufwendungen in Pflegefällen

37 Zu § 37 – Pflegeberatung, Anspruch auf Beihilfe für Pflegeleistungen

37.1 Zu Absatz 1

37.1.1 $_{1}$Die Pflegeberatung nach § 7a SGB XI ist für die pflegebedürftige Person kostenfrei. $_{2}$Aufwendungen für eine Pflegeberatung werden der Festsetzungsstelle vom Träger der Pflegeberatung in Rechnung gestellt und sind direkt an diesen zu zahlen, wenn die Pflegeberatung für eine beihilfeberechtigte oder berücksichtigungsfähige Person erfolgte und die Voraussetzungen nach den Nummern 1 und 2 erfüllt sind. $_{3}$Auf Wunsch der pflegebedürftigen Person kann die Pflegeberatung per Videokonferenz erfolgen.

37.1.2 Der Bund hat mit der compass private Pflegeberatung GmbH am 28. Juni 2013 einen Vertrag nach Satz 1 Nummer 2 geschlossen, wonach pro Beratungsgespräch eine Pauschale anfällt.

37.1.3 $_{1}$Die Pflegeberatung nach § 7a SGB XI schafft einen Anspruch auf ein Fall- oder Versorgungsmanagement in Pflegesituationen und begrenzt auch aufgrund des meist progressiven Verlaufes der Pflegesituation die Anzahl der Beratungen nicht. $_{2}$Pflegeberatung ist als Prozess zu verstehen, sodass auch mehrfache Beratungen beihilfefähig sein können.

$_{3}$Um bereits bei der Abrechnung eine Einschätzung der Beihilfefähigkeit zu gewährleisten, wurden folgende, sich an den Prozessschritten des § 7a SGB XI orientierende Begründungen vereinbart:

Kurzbegründung (Rechnungsbestandteil)	Erläuterungen
Situationseinschätzung	Die Situation der pflegebedürftigen Person wird umfassend erfasst. Dafür wird ein Assessment durchgeführt.
Zielvereinbarung und Hilfeplanung	Ziele der Beratung werden geklärt, Maßnahmen erarbeitet, Verantwortlichkeiten festgelegt und bei Bedarf ein schriftlicher Hilfeplan erstellt.
Situationseinschätzung zzgl. Zielvereinbarung und Hilfeplanung	Die Situation der pflegebedürftigen Person wird umfassend erfasst. Dafür wird ein Assessment durchgeführt. Zusätzlich werden die Ziele der Beratung geklärt, Maßnahmen erarbeitet, Verantwortlichkeiten festgelegt und bei Bedarf ein schriftlicher Hilfeplan erstellt.
Begleitung und Umsetzung	Überprüfung des Umsetzungsstandes der vereinbarten Maßnahmen/des Hilfeplans (Monitoring). Bei Notwendigkeit Anpassung der Ziele und Zuständigkeiten, Anpassung oder Ergänzung der Maßnahmen und Verantwortlichkeiten, Anpassung des Hilfeplans.
Zielvereinbarung und Hilfeplanung zzgl. Begleitung und Umsetzung	Ziele der Beratung werden geklärt, Maßnahmen erarbeitet, Verantwortlichkeiten festgelegt und bei Bedarf ein schriftlicher Hilfeplan erstellt. Überprüfung des Umset-

Kurzbegründung (Rechnungsbestandteil)
zungsstandes der vereinbarten Maßnahmen/des Hilfeplans (Monitoring). Bei Notwendigkeit Anpassung der Ziele und Zuständigkeiten, Anpassung oder Ergänzung der Maßnahmen und Verantwortlichkeiten, Anpassung des Hilfeplans. Evaluation Auswertung des Beratungsprozesses und der Umsetzung und Wirkung der Maßnahmen, abschließende Beurteilung der Zielerreichung. Klärung aktuelles Anliegen Bearbeitung aktueller Themen, abschließend oder gegebenenfalls Aufnahme in den laufenden Prozess

4Die einzelnen Prozessschritte können innerhalb eines überschaubaren Zeitraumes kumulativ in einer Beratung, in mehreren Beratungen nacheinander oder mehrfach notwendig sein. 5Erschwernisfaktoren wie Begleitung bei der Begutachtung zur Feststellung der Pflegebedürftigkeit, Schwere und Art der Erkrankung, Auswirkungen des Alters der pflegebedürftigen Person, komplexe Versorgungssituation, fehlende Angehörige, fehlende Angebote vor Ort können Mehrfachberatungen auslösen. 6Aufgrund der statistischen Erfahrungen sind innerhalb eines Jahreszeitraumes zwei Beratungen nicht ungewöhnlich und können in der Regel abgerechnet werden.

7Sofern sich weder aus der Rechnung noch aus der Beihilfeakte Gründe für die (mehrfache) Abrechnung ergeben, ist eine unmittelbare Abklärung mit der compass private Pflegeberatung GmbH möglich.

37.1.4 1Die Pauschale kann auch dann an compass GmbH geleistet werden, wenn die Pflegeberatung vor Ort in unmittelbarem zeitlichen Zusammenhang zu einem formlosen Antrag auf Leistungen aus der Pflegeversicherung steht, auch wenn das entsprechende Formular nicht im Anschluss an die private Pflegeversicherung zurückgesandt wird. 2Sobald dem Beihilfeberechtigten eine abschlägige Mitteilung seiner privaten Pflegeversicherung vorliegt, ist eine Abrechnung der Beratung vor Ort nicht mehr erstattungsfähig. 3Dies gilt nicht, wenn die beihilfeberechtigte Person Einspruch bei dem Versicherungsunternehmen erhebt, das die private Pflege-Pflichtversicherung durchführt, und hierüber noch nicht abschließend, etwa auf Grundlage eines Zweitgutachtens, entschieden worden ist.

37.1.5 Pflegeberatungen, die während der Zeit bis zum Abschluss dieses Widerspruchverfahrens durchgeführt werden, sind durch die compass private Pflegeberatung GmbH abrechenbar.

37.2 Zu Absatz 2

37.2.1 1Dem Antrag auf Beihilfe ist der Nachweis über die Zuordnung zu einem Pflegegrad nach § 15 Absatz 1 Satz 1 und Absatz 3 Satz 3 SGB XI beizufügen. 2Für Versicherte der privaten oder sozialen Pflegeversicherung stellt die Versicherung die Pflegebedürftigkeit, den Pflegegrad sowie den Leistungsbeginn fest (gesetzliche Verpflichtung). 3Diese Feststellungen sind auch für die Festsetzungsstelle maßgebend und dieser von der Antragstellerin oder dem Antragsteller zugänglich zu machen (z. B. Abschrift des Gutachtens, ggf. schriftliche Leistungszusage der Versicherung). 4Ohne einen derartigen Nachweis ist eine Bearbeitung des Antrages nicht möglich (vgl. § 22 Verwaltungsverfahrensgesetz [VwVfG]).

37.2.2 1Besteht keine Pflegeversicherung, hat die Festsetzungsstelle ein Gutachten einzuholen, aus dem die Pflegebedürftigkeit und die Zuordnung zu einem Pflegegrad nach § 15 Absatz 1 Satz 1 und Absatz 3 Satz 4 SGB XI hervorgehen. 2Die Beihilfe zu den pflegebedingten Aufwendungen wird, soweit in der BBhV nicht anders festgelegt, entsprechend dem Bemessungssatz für die pflegebedürftige Person nach § 46 gewährt. 3§ 33 Absatz 1 SGB XI gilt hier für den Beginn des Beihilfeanspruchs entsprechend.

37.2.3 Erhebt die beihilfeberechtigte Person gegen einen Beihilfebescheid Widerspruch mit der Begründung, der von der Pflegever-

VII

sicherung anerkannte Pflegegrad sei zu niedrig, ist der Widerspruch zwar zulässig, jedoch ist die Entscheidung bis zum Eintritt der Unanfechtbarkeit der Feststellung der Pflegeversicherung auszusetzen; sodann ist unter Berücksichtigung der Feststellung der Pflegeversicherung über den Widerspruch zu entscheiden.

37.2.4 $_{1}$Aufwendungen im Zusammenhang mit der Beschäftigung und Betreuung in Einrichtungen der Behindertenhilfe sind nur im Rahmen von § 39a beihilfefähig. $_{2}$Nicht beihilfefähig sind die Aufwendungen, die durch einen zur Erfüllung der Schulpflicht vorgeschriebenen Förderschulunterricht entstehen (z. B. Fahrtkosten).

38 Zu § 38 – Anspruchsberechtigte bei Pflegeleistungen

Bei Prüfung der Ansprüche der §§ 38a bis 39b kann hilfsweise auf die Ausführungen des Gemeinsamen Rundschreibens des GKV-Spitzenverbandes zu den leistungsrechtlichen Vorschriften des SGB XI auf der Internetseite des GKV-Spitzenverbandes zurückgegriffen werden *(www.gkv-spitzenverband.de/pflegeversicherung/richtlinien_vereinbarungen_formulare/richtlinien_vereinbarungen_formulare.jsp)*.

38a Zu § 38a – Häusliche Pflege

38a.1 Zu Absatz 1

38a.1.1 Die Aufwendungen für die häusliche Pflege durch eine Berufspflegekraft sind in Höhe des Anspruchs auf häusliche Pflegehilfe nach § 36 Absatz 3 SGB XI beihilfefähig:

Pflegegrad	Beihilfefähige Aufwendungen		
	ab 1.1.2022	ab 1.1.2024	ab 1.1.2025
2	724 Euro/Monat	761 Euro/Monat	796 Euro/Monat
3	1363 Euro/Monat	1432 Euro/Monat	1497 Euro/Monat
4	1693 Euro/Monat	1778 Euro/Monat	1859 Euro/Monat
5	2095 Euro/Monat	2200 Euro/Monat	2299 Euro/Monat

38a.1.2 $_{1}$Aufwendungen für häusliche Pflege sind auch beihilfefähig, wenn pflegebedürftige Personen nicht in ihrem eigenen Haushalt gepflegt werden. $_{2}$Die außerhäusliche Pflege darf in diesen Fällen jedoch nicht in einer vollstationären Einrichtung (§ 39 BBhV) oder in einer Einrichtung im Sinne des § 71 Absatz 4 SGB XI erfolgen.

38a.1.3 $_{1}$Aufwendungen für die häusliche Krankenpflege nach § 27 sind gesondert beihilfefähig. $_{2}$Zur Abgrenzung zwischen häuslicher Pflege und häuslicher Krankenpflege kann der Maßstab der privaten oder sozialen Pflegeversicherung herangezogen werden.

38a.2 Zu Absatz 2

38a.2.1 $_{1}$Angebote zur Unterstützung im Alltag sollen pflegende Angehörige und vergleichbar nahestehende Pflegepersonen (z. B. Nachbarn, gute Freunde, gute Bekannte) entlasten und pflegebedürftigen Personen helfen, möglichst lange in ihrer häuslichen Umgebung zu bleiben, soziale Kontakte aufrechtzuerhalten und ihren Alltag weiterhin möglichst selbständig bewältigen zu können. $_{2}$Die Angebote sind unterteilt in:

- Betreuungsangebote (z. B. Tagesbetreuung, Einzelbetreuung)
- Angebote zur Entlastung von Pflegenden (z. B. durch Pflegebegleiter)
- Angebote zur Entlastung im Alltag (z. B. in Form praktischer Hilfen).

$_{3}$Die Angebote benötigen eine Anerkennung durch die nach Landesrecht bestimmte zuständige Behörde (§ 45a Absatz 1 Satz 3 i. V. m. Absatz 3 SGB XI).

38a.2.2 $_{1}$Pflegebedürftige Personen der Pflegegrade 2 bis 5 können bis zu 40 Prozent ihrer Ansprüche für Aufwendungen für häusliche Pflege in Aufwendungen zur Unterstützung im Alltag umwandeln. $_{2}$Die Inanspruchnahme des Umwandlungsanspruchs und die Inanspruchnahme des Entlastungsbetrages nach § 45b SGB XI erfolgen unabhängig voneinander. $_{3}$Ein Vorrang-Nachrang-Verhältnis zwischen der Anwendung der 40-Prozent-Regelung und der Inanspruchnahme des Entlastungsbetrages gibt es nicht. $_{4}$Die pflegebedürftige Person entscheidet somit selbst, wie sie die Aufwendungen zur Unterstützung im Alltag finanziert.

38a.3 Zu Absatz 3

38a.3.1 $_{1}$Der Anspruch auf Pauschalbeihilfe setzt voraus, dass die pflegebedürftige Person mit der Pauschalbeihilfe die erforderlichen körperbezogenen Pflegemaßnahmen, pflegerischen Betreuungsmaßnahmen und Hilfen bei der Haushaltsführung selbst sicherstellt. $_{2}$Die Pauschalbeihilfe stellt kein Entgelt für erbrachte Pflegeleistungen dar, sondern ist eine Art Anerkennung für die von Angehörigen, Freunden oder anderen Menschen erbrachten Unterstützungs- und Hilfeleistungen.

38a.3.2 Pauschalbeihilfe wird in folgender Höhe zum jeweiligen Bemessungssatz geleistet:

Pflegegrad	Pauschalbeihilfe		
	ab 1.1.2017	ab 1.1.2024	ab 1.1.2025
2	316 Euro/ Monat	332 Euro/ Monat	347 Euro/ Monat
3	545 Euro/ Monat	573 Euro/ Monat	599 Euro/ Monat
4	728 Euro/ Monat	765 Euro/ Monat	800 Euro/ Monat
5	901 Euro/ Monat	947 Euro/ Monat	990 Euro/ Monat

38a.3.3 $_{1}$Zeiten, für die Aufwendungen einer vollstationären Krankenhausbehandlung nach den §§ 26 und 26a, der stationären Rehabilitation nach den §§ 34 und 35 oder der stationären Pflege nach § 39 für pflegebedürftige Personen geltend gemacht werden, unterbrechen die häusliche Dauerpflege. $_{2}$Für diese Zeiten wird die Pauschalbeihilfe anteilig nicht gewährt. $_{3}$Dies gilt nicht in den ersten vier Wochen

- einer vollstationären Krankenhausbehandlung (§§ 26 und 26a),
- einer häuslichen Krankenpflege mit Anspruch auf Grundpflege und hauswirtschaftliche Versorgung (§ 27) oder
- einer stationären Rehabilitation (§§ 34 und 35).

$_{4}$Die Vier-Wochen-Frist beginnt mit dem Aufnahmetag des Krankenhausaufenthalts oder der stationären Rehabilitation beziehungsweise mit dem ersten Tag der häuslichen Krankenpflege. $_{5}$Bei einer eingestellten Leistung setzt diese mit dem Entlassungstag beziehungsweise mit dem letzten Tag der häuslichen Krankenpflege wieder ein. $_{6}$Bei beihilfeberechtigten oder berücksichtigungsfähigen Personen, die ihre Pflege durch von ihnen beschäftigte besondere Pflegekräfte sicherstellen und bei denen § 63b Absatz 6 Satz 1 SGB XII Anwendung findet, wird die Pauschalbeihilfe oder anteilige Pauschalbeihilfe auch über die ersten vier Wochen hinaus weiter gewährt. $_{7}$Bei einer Versorgung der pflegebedürftigen Person aufgrund der Inanspruchnahme von Vorsorge- oder Rehabilitationsleistungen durch die Pflegeperson ruht der Anspruch auf Pauschalbeihilfe hingegen, solange sich die Pflegeperson in der Rehabilitationseinrichtung befindet und die pflegebedürftige Person mitversorgt wird (§ 38c Absatz 2 Satz 3 BBhV).

38a.4 Zu Absatz 4

(unbesetzt)

38a.5 Zu Absatz 5

(unbesetzt)

38a.6 Zu Absatz 6

38a.6.1 $_{1}$Bei pflegebedürftigen Personen der Pflegegrade 2 bis 5, die Pauschalbeihilfe beziehen, sind regelmäßig Beratungsbesuche nach § 37 Absatz 3 SGB XI durchzuführen:

- Pflegegrad 2 oder 3: halbjährlich,
- Pflegegrad 4 oder 5: vierteljährlich.

$_{2}$Pflegebedürftige Personen mit Pflegegrad 1, die zu Hause versorgt werden, und pflegebedürftige Personen der Pflegegrade 2 bis 5, die häusliche Pflegehilfe oder Kombinationsleistung aus häuslicher Pflegehilfe und Pauschalbeihilfe in Anspruch nehmen, können den Beratungsbesuch nach § 37 Absatz 3 Satz 2 und 3 SGB XI einmal pro Halbjahr freiwillig in Anspruch nehmen. $_{3}$Auf Wunsch der pflegebedürftigen Person kann jede zweite Beratung per Videokonferenz erfolgen.

38a.6.2 Die Höhe der Vergütung für den Beratungsbesuch wird zwischen dem Träger des zugelassenen Pflegedienstes und den Pflegekassen oder deren Arbeitsgemeinschaften vereinbart (§ 37 Absatz 3c SGB XI).

38b Zu § 38b – Kombinationsleistungen

38b.1 Zu Absatz 1

Bei einer Kombination der Leistungen nach § 38a Absatz 1 und 3 bestimmt sich die Höhe der anteiligen Pauschalbeihilfe nach der dem Verhältnis der tatsächlichen zur höchstmöglichen Inanspruchnahme der Pflegesachleistung.

Beispiele (Stand 1. Januar 2025):

1. 1Der in der privaten Pflegeversicherung versicherte Versorgungsempfänger nimmt als pflegebedürftige Person des Pflegegrades 3 zu jeweils 50 Prozent die Pflege durch Berufspflegekräfte (748,50 Euro von 1 497 Euro) und das Pflegegeld (299,50 Euro von 599 Euro) in Anspruch. 2Die hälftige Höchstgrenze wird nicht überschritten.

a) Leistungen der privaten Pflegeversicherung	
– zu den Aufwendungen für die Berufspflegekräfte: 30 % von 748,50 Euro	= 224,55 Euro
– zum Pflegegeld: 30 % von 299,50 Euro	= 89,85 Euro
Gesamt	= 314,40 Euro
b) Leistungen der Beihilfe	
– zu den Aufwendungen für die Berufspflegekräfte: 70 % von 748,50 Euro	= 523,95 Euro
– Pauschalbeihilfe zum Pflegegeld: 299,50 Euro abzüglich des Anteils der privaten Pflegeversicherung (30 %)	= 209,65 Euro
Gesamt	= 733,60 Euro

2. 1Der in der sozialen Pflegeversicherung versicherte Versorgungsempfänger nimmt als pflegebedürftige Person des Pflegegrades 3 zu jeweils 50 Prozent die Pflege durch Berufspflegekräfte (748,50 Euro von 1 497 Euro) und das Pflegegeld (299,50 Euro von 599 Euro) in Anspruch. 2Die hälftige Höchstgrenze für Pflegekräfte wird nicht überschritten. 3Als Person nach § 28 Absatz 2 SGB XI erhält der Versorgungsempfänger von der sozialen Pflegeversicherung die jeweils zustehenden Leistungen zur Hälfte; dies gilt auch für den Wert von Sachleistungen.

a) Leistungen der sozialen Pflegeversicherung	
– zu den Aufwendungen für die Berufspflegekräfte: 50 % von 748,50 Euro	= 374,25 Euro
– zum Pflegegeld: 50 % von 299,50 Euro	= 149,75 Euro
Gesamt	= 524 Euro
b) Leistungen der Beihilfe	
– zu den Aufwendungen für die Berufspflegekräfte: in gleicher Höhe wie die Leistung der sozialen Pflegeversicherung (vgl. § 46 Absatz 4); 50 % von 748,50 Euro	= 374,25 Euro

VII

– Pauschalbeihilfe zum Pflegegeld: 299,50 Euro abzüglich des anteiligen Pflegegeldes der sozialen Pflegeversicherung von 149,75 Euro	=	149,75 Euro
Gesamt	=	524 Euro

38b.2 Zu Absatz 2

(unbesetzt)

38b.3 Zu Absatz 3

1 Pflegebedürftige Personen, die sich während der Woche und an Wochenenden oder in den Ferienzeiten im häuslichen Bereich befinden, erhalten neben den Leistungen nach § 39a anteilige Pauschalbeihilfe, wenn eine häusliche Pflege möglich ist. 2 Ist im häuslichen Bereich die Pflege (z. B. an den Wochenenden oder in Ferienzeiten) nicht sichergestellt, kann Beihilfe nach Maßgabe des § 38c oder des § 38e gewährt werden. 3 Eine Anrechnung auf die Beihilfe nach § 39a ist nicht vorzunehmen. 4 Sofern für die pflegebedürftige Person in dieser Zeit, in der keine Pflege im häuslichen Bereich durchgeführt werden kann, die Unterbringung in derselben vollstationären Einrichtung der Hilfe für behinderte Menschen sichergestellt wird, kann eine Beihilfegewährung nach § 38c oder § 38e nicht erfolgen. 5 Die dadurch entstehenden Aufwendungen sind mit der Beihilfe zu den Aufwendungen nach § 39a abgegolten.

38c Zu § 38c – Verhinderungspflege, Versorgung der pflegebedürftigen Person bei Inanspruchnahme von Vorsorge- oder Rehabilitationsleistungen durch die Pflegeperson

38c.1 Zu Absatz 1

38c.1.1 Aufwendungen für Verhinderungspflege sind nur für pflegebedürftige Personen der Pflegegrade 2 bis 5 beihilfefähig.

38c.1.2 1 Der beihilfefähige Betrag der Verhinderungspflege beträgt vom 1. Januar 2022 bis zum 31. Dezember 2024 1612 Euro und vom 1. Januar bis 30. Juni 2025 1685 Euro für längstens sechs beziehungsweise acht Wochen je Kalenderjahr. 2 Die Hälfte des beihilfefähigen Betrages für Kurzzeitpflege kann auch für Aufwendungen für Verhinderungspflege genutzt werden.

38c.1.3 1 Während einer Verhinderungspflege wird die Pauschalbeihilfe bis zu sechs beziehungsweise acht Wochen im Kalenderjahr (§ 38b Absatz 2 Satz 1 Nummer 1 BBhV) zur Hälfte weitergezahlt, wenn vor der Verhinderungspflege ein Anspruch auf Pauschalbeihilfe bestand. 2 Bei Verhinderungspflege erfolgt keine Kürzung der Pauschalbeihilfe für den ersten und letzten Tag der Inanspruchnahme der Leistungen der Verhinderungspflege. 3 Für die Höhe der Pauschalbeihilfe ist die geleistete Höhe der Pauschalbeihilfe vor Beginn der Verhinderungspflege maßgebend.

38c.1.4 Für eine pflegebedürftige Person mit Pflegegrad 4 oder 5, die das 25. Lebensjahr noch nicht vollendet hat, sind Aufwendungen für Verhinderungspflege für längstens acht Wochen je Kalenderjahr beihilfefähig (§ 39 Absatz 4 Satz 1 SGB XI).

38c.1.5 1 Ab dem 1. Juli 2025 gilt ein Gemeinsamer Jahresbetrag für Verhinderungspflege und Kurzzeitpflege (§ 42a SGB XI in der ab 1. Juli 2025 geltenden Fassung). 2 Der beihilfefähige Gesamtbetrag beträgt 3539 Euro für längstens acht Wochen je Kalenderjahr. 3 Bereits verbrauchte Leistungsbeträge für Leistungen der Verhinderungspflege sowie für Leistungen der Kurzzeitpflege im Zeitraum vom 1. Januar 2025 bis einschließlich zum 30. Juni 2025 werden auf den Leistungsbetrag des Gemeinsamen Jahresbetrags für das Kalenderjahr 2025 angerechnet.

38c.2 Zu Absatz 2

(unbesetzt)

38d Zu § 38d – Teilstationäre Pflege

38d.1 Zu Absatz 1

38d.1.1 Die Aufwendungen für teilstationäre Pflege sind entsprechend § 1 SGB XI bis zu folgender Höhe beihilfefähig:

Pflegegrad	beihilfefähige Aufwendungen	
	ab 1.1.2017	ab 1.1.2025
2	689 Euro/Monat	721 Euro/Monat
3	1298 Euro/Monat	1357 Euro/Monat
4	1612 Euro/Monat	1685 Euro/Monat
5	1995 Euro/Monat	2085 Euro/Monat

38d.1.2 Die Aufwendungen für teilstationäre Pflege umfassen:

- die pflegebedingten Aufwendungen,
- die Aufwendungen für Betreuung und
- die Aufwendungen für die in der Einrichtung notwendigen Leistungen der medizinischen Behandlungspflege.

38d.1.3 $_1$Bei vorübergehender Abwesenheit der pflegebedürftigen Person von der Pflegeeinrichtung sind die Aufwendungen (Betten- und Platzfreihaltegebühren) für teilstationäre Pflege beihilfefähig, solange die Voraussetzungen des §87a Absatz 1 Satz 5 und 6 SGB XI vorliegen. $_2$Das heißt, dass im Fall vorübergehender Abwesenheit von der teilstationären Pflegeeinrichtung die Freihaltegebühren für einen Abwesenheitszeitraum von bis zu 42 Tagen im Kalenderjahr beihilfefähig sind. $_3$Bei Krankenhausaufenthalten und bei Aufenthalten in Rehabilitationseinrichtungen sind die Freihaltegebühren für die gesamte Dauer dieser Aufenthalte beihilfefähig. $_4$In den zu schließenden Rahmenverträgen nach §75 SGB XI sind für die vorgenannten Abwesenheitszeiten, soweit drei Kalendertage überschritten werden, Abschläge von mindestens 25 Prozent der Pflegevergütung, der Entgelte für Unterkunft und Verpflegung und der Zuschläge nach §92b SGB XI vorzusehen.

38d.1.4 Aufwendungen der teilstationären Pflege sind zusätzlich zu Aufwendungen nach §38a Absatz 1, 3 oder §38b beihilfefähig, ohne dass eine Anrechnung auf diese Aufwendungen erfolgt.

38d.2 Zu Absatz 2

$_1$Fahrtkosten sind Bestandteil der mit der Pflegeeinrichtung geschlossenen Pflegesatzvereinbarung und werden im Rahmen des maßgeblichen Höchstbetrags nach §41 Absatz 2 Satz 2 SGB XI erstattet. $_2$Sofern Fahrtkosten nicht in der Rechnung der Einrichtung enthalten sind und gesondert geltend gemacht werden, sind diese nach den Vorgaben des §31 Absatz 4 bei Fahrten von Angehörigen zu ermitteln bzw. die tatsächlichen Fahrtkosten bei Beförderung mit öffentlichen Verkehrsmitteln zu berücksichtigen und im Rahmen der Leistungsbeträge nach §38d BBhV i. V. m. §41 SGB XI mit zu erstatten.

38d.3 Zu Absatz 3

(unbesetzt)

38e Zu §38e – Kurzzeitpflege

38e.1 Aufwendungen für Kurzzeitpflege sind nur für pflegebedürftige Personen der Pflegegrade 2 bis 5 beihilfefähig.

38e.2 $_1$Der beihilfefähige Betrag für eine Kurzzeitpflege beträgt vom 1. Januar 2022 bis zum 31. Dezember 2024 1774 Euro und vom 1. Januar bis 30. Juni 2025 1854 Euro für längstens acht Wochen je Kalenderjahr. $_2$Der beihilfefähige Betrag für Verhinderungspflege kann auch für Aufwendungen der Kurzzeitpflege genutzt werden.

38e.3 $_1$Während einer Kurzzeitpflege wird die Pauschalbeihilfe bis zu acht Wochen im Kalenderjahr zur Hälfte weitergezahlt, wenn vor der Kurzzeitpflege ein Anspruch auf Pauschalbeihilfe bestand. $_2$Bei Kurzzeitpflege erfolgt keine Kürzung des Pflegegeldes für den ersten und den letzten Tag der Inanspruchnahme der Leistungen der Kurzzeitpflege. $_3$Für die Höhe der Pauschalbeihilfe ist die geleistete Höhe der Pauschalbeihilfe vor Beginn der Kurzzeitpflege maßgebend.

38e.4 Ab 1. Juli 2025 gilt Nummer 38c.1.5 entsprechend.

38f Zu §38f – Ambulant betreute Wohngruppen

38f.1 $_1$Der beihilfefähige Leistungsbetrag des Wohngruppenzuschlages beträgt vom

VII

1. Januar 2022 bis zum 31. Dezember 2024 214 Euro pro Monat und ab 1. Januar 2025 224 Euro pro Monat. 2Von maximal zwölf Personen, die in einer ambulant betreuten Wohngruppe wohnen dürfen, müssen mindestens drei pflegebedürftig sein.

38f.2 1Im Einzelfall prüft der Medizinische Dienst der Krankenversicherung oder die Medicproof GmbH für die Versicherten der privaten Pflege-Pflichtversicherung bei Vorliegen der Kombination von teilstationärer Pflege und dem Wohnen in einer ambulant betreuten Wohngemeinschaft unter Inanspruchnahme des Wohngruppenzuschlages nach § 38a SGB XI, ob die Pflege in der ambulant betreuten Wohngruppe ohne teilstationäre Pflege nicht in ausreichendem Umfang sichergestellt ist. 2In diesen Fällen ist bei der Gewährung von Beihilfe für teilstationäre Pflege neben dem pauschalen Zuschlag für Wohngruppen auf die Entscheidung der Pflegeversicherung abzustellen.

38f.3 Aufwendungen der Anschubfinanzierung zur Gründung ambulant betreuter Wohngruppen werden dann beihilfefähig anerkannt, wenn entsprechende Zuschüsse seitens der privaten oder sozialen Pflegeversicherung gezahlt werden.

VII

38g Zu § 38g – Pflegehilfsmittel, Maßnahmen zur Verbesserung des Wohnumfeldes, digitale Pflegeanwendungen und ergänzende Unterstützungsleistungen bei der Nutzung digitaler Pflegeanwendungen

38g.1 Zu Absatz 1

38g.1.1 1Zur Verwaltungsvereinfachung und Entlastung der pflegebedürftigen Personen ist – auch zur Feststellung der Beihilfefähigkeit von Aufwendungen – keine ärztliche Verordnung zum Nachweis der Notwendigkeit von Pflegehilfsmitteln erforderlich, wenn im Gutachten zur Feststellung der Pflegebedürftigkeit konkrete Empfehlungen zu Hilfsmitteln und Pflegehilfsmitteln, die den Zielen des § 40 SGB XI dienen, getroffen werden. 2Diese Vereinfachung umfasst auch Hilfsmittel, die dem SGB V unterfallen.

38g.1.2 Werden Aufwendungen für Pflegehilfsmittel von der privaten oder sozialen Pflegeversicherung als solche nicht bezuschusst oder anerkannt, sind die Aufwendungen nach § 25 BBhV auf Beihilfefähigkeit zu prüfen.

38g.1.3 Hat die Pflegeversicherung den monatlichen Bedarf für zum Verbrauch bestimmte Pflegehilfsmittel pauschal ohne Vorlage von Rechnungen anerkannt, kann die Festsetzungsstelle entsprechend Beihilfe ohne Kostennachweis gewähren.

38g.2 Zu Absatz 2

38g.2.1 Aufwendungen für digitale Pflegeanwendungen nach § 40a SGB XI sind beihilfefähig, wenn diese in dem beim Bundesinstitut für Arzneimittel und Medizinprodukte geführten Verzeichnis digitaler Pflegeanwendungen aufgeführt sind (*https://www.bfarm.de/DE/Medizinprodukte/Aufgaben/DiGA-und-DiPA/DiPA/_node. html*).

38g.2.2 Beihilfefähig sind nach dem Wortlaut des § 38g Absatz 2 Satz 1 Nummer 1 BBhV nur Aufwendungen für die digitale Pflegeanwendung als solche. Aufwendungen für die Beschaffung, für den Betrieb oder die technische Anbindung der Endgeräte sowie für die Anwendung von Telekommunikationsdienstleistungen sind nicht beihilfefähig.

38h Zu § 38h – Leistungen zur sozialen Sicherung der Pflegeperson

38h.1 Zu Absatz 1

1Die Zuschüsse zur Kranken- und Pflegeversicherung werden der Person, die Pflegezeit in Anspruch nimmt, auf Antrag gewährt. 2Für den Antrag ist das Formblatt nach Anhang 3 zu verwenden. 3Änderungen der Verhältnisse, die sich auf die Zuschussgewährung auswirken können, sind der für die pflegebedürftige Person zuständigen Festsetzungsstelle unverzüglich mitzuteilen.

38h.2 Zu Absatz 2

38h.2.1 Dem Grundsatz des § 173 SGB VI und § 349 Absatz 4a SGB III entsprechend, hat die Festsetzungsstelle anteilig den von der Beihilfe zu tragenden Anteil an den zuständigen Träger der Rentenversicherung und die Bundesagentur für Arbeit zu zahlen.

38h.2.2 Die Zahlung der Beiträge zur Arbeitslosenversicherung sowie der Rentenversicherungsbeiträge für die versicherungspflichtigen Pflegepersonen sind monatlich zu leisten (§ 23 Absatz 1 SGB IV).

38h.2.3 1Die Rentenversicherungsbeiträge sind ab dem 1. Januar 2024 ausschließlich an die Deutsche Rentenversicherung Bund zu zahlen. 2Die Beiträge sind unter Angabe der von der Bundesagentur für Arbeit vergebenen Betriebsnummer von der zuständigen Festsetzungsstelle zu überweisen. 3Soweit die Festsetzungsstelle keine Betriebsnummer besitzt, ist eine solche beim Betriebsnummernservice der Bundesagentur für Arbeit zu beantragen.

38h.2.4 Der Beleg zur Überweisung der Rentenversicherungsbeiträge muss im Feld „Verwendungszweck" folgende Angaben enthalten:

1. Zeile:

- Betriebsnummer der zahlenden Stelle (achtstellig)
- Monat (zweistellig) und Jahr (zweistellig), für den die Beiträge gezahlt werden
- Kennzeichen „West" oder „Ost" (bis zum 31. Dezember 2024)

2. Zeile:

- „RV-BEITRAG-PFLEGE".

38h.2.5 Einzelheiten der Zahlungsabwicklung einschließlich Zahlungsfristen ergeben sich aus dem gemeinsamen Rundschreiben GKV-Spitzenverband, Deutsche Rentenversicherung Bund, Bundesagentur für Arbeit, Verband der privaten Krankenversicherung e. V. zur Renten- und Arbeitslosenversicherung der nicht erwerbsmäßig tätigen Pflegepersonen vom 13. Dezember 2016, das auf der Website der Deutschen Rentenversicherung *(www.deutsche-rentenversicherung.de)* veröffentlicht ist.

38h.3 Zu Absatz 3

(unbesetzt)

39 Zu § 39 – Vollstationäre Pflege

39.1 Zu Absatz 1

39.1.1 1Die Aufwendungen für vollstationäre Pflege sind in Höhe der Ansprüche nach § 43 Absatz 2 und § 43c SGB XI beihilfefähig. 2Die Höhe des Anspruches nach § 3 SGB XI ist der Norm wie folgt unmittelbar zu entnehmen:

Pflegegrad	Beihilfefähige Aufwendungen	
	ab 1.1.2017	ab 1.1.2025
2	770 Euro/Monat	805 Euro/Monat
3	1262 Euro/Monat	1319 Euro/Monat
4	1775 Euro/Monat	1855 Euro/Monat
5	2005 Euro/Monat	2096 Euro/Monat

3Die Höhe des Anspruchs nach § 43c SGB XI (Leistungszuschlag) bestimmt sich hingegen wie folgt prozentual an dem zu zahlenden Eigenanteil an den pflegebedingten Aufwendungen und der Dauer der vollstationären Pflege:

Dauer der vollstationären Pflege	Leistungszuschlag	
	ab 1.1.2022	ab 1.1.2024
1. bis 12. Monat	5 %	15 %
13. bis 24. Monat	25 %	30 %
25. bis 36. Monat	45 %	50 %
ab 37. Monat	70 %	75 %

39.1.2 1Werden zu den Kosten einer stationären Pflege Leistungen der privaten oder sozialen Pflegeversicherung erbracht, ist davon auszugehen, dass die Pflegeeinrichtung eine nach § 72 Absatz 1 Satz 1 SGB XI zugelassene Einrichtung ist. 2Bei den Pflegesätzen dieser Einrichtungen ist eine Differenzierung nach Kostenträgern nicht zulässig (§ 84 Absatz 3 SGB XI).

39.1.3 Werden die Kosten für Unterkunft und Verpflegung von der Pflegeeinrichtung bei der Berechnung des Pflegesatzes nicht be-

VII

sonders nachgewiesen, ist grundsätzlich die von der privaten oder sozialen Pflegeversicherung vorgenommene Aufteilung der Kosten maßgeblich.

39.1.4 1Bei vorübergehender Abwesenheit pflegebedürftiger Personen von der Pflegeeinrichtung sind die Aufwendungen (Betten- und Platzfreihaltegebühren) für vollstationäre Pflege beihilfefähig, solange die Voraussetzungen des § 87a Absatz 1 Satz 5 und 6 SGB XI vorliegen. 2Das heißt, dass der Pflegeplatz im Fall vorübergehender Abwesenheit von der vollstationären Pflegeeinrichtung für einen Abwesenheitszeitraum von bis zu 42 Tagen im Kalenderjahr für die pflegebedürftige Person freizuhalten ist. 3Bei Krankenhausaufenthalten und bei Aufenthalten in Rehabilitationseinrichtungen sind die Freihaltegebühren für die gesamte Dauer dieser Aufenthalte beihilfefähig. 4In den zu schließenden Rahmenverträgen nach § 75 SGB XI sind für die vorgenannten Abwesenheitszeiten, soweit drei Kalendertage überschritten werden, Abschläge von mindestens 25 Prozent der Pflegevergütung, der Entgelte für Unterkunft und Verpflegung und der Zuschläge nach § 92b SGB XI vorzusehen.

VII

39.1.5 Der Anspruch auf Beihilfe für Aufwendungen der stationären Pflege beginnt mit dem Tag des Einzugs in die Pflegeeinrichtung und endet mit dem Tag des Auszugs oder des Todes.

39.2 Zu Absatz 2

39.2.1 1Aufwendungen für die Pflegeleistungen, die über die nach Absatz 1 hinausgehen, wie Unterkunft, Verpflegung sowie Investitionskosten sind grundsätzlich nicht beihilfefähig. 2Vorrangig sind zur Deckung der vorgenannten, verbleibenden Kosten immer Eigenmittel einzusetzen. 3Aus Fürsorgegründen kann aber zu diesen Aufwendungen Beihilfe gewährt werden, wenn den beihilfeberechtigten und berücksichtigungsfähigen Personen von ihren Einkünften nicht ein rechnerischer Mindestbetrag verbleibt. 4Für die Berechnung des zu belassenden Mindestbetrages wird immer die aktuelle Besoldungstabelle des jeweiligen Pflegemonats zugrunde gelegt. 5Bei rückwirkender Besoldungserhöhung erfolgt keine Neuberechnung. 6Der Leistungszuschlag nach § 43c SGB XI wird in den folgenden Beispielen berücksichtigt.

Beispiel 1 (Besoldungstabelle Stand 1. April 2022)

Ehepaar

Beihilfeberechtigter (Versorgungsempfänger, letzte Besoldungsgruppe A 9 mD, Stufe 8) seit über 14 Monaten in vollstationärer Pflegeeinrichtung mit Pflegegrad 3, Ehefrau nicht pflegebedürftig, keine weiteren berücksichtigungsfähigen Personen

Pos.		
1.	Rechnungsbetrag:	3750,50 €
2.	Abzug nicht beihilfefähiger Kosten (z. B. Telefon):	24,50 €
3.	Abzug Pauschalbetrag nach § 39 Absatz 1 und der Pflegeversicherung:	1262,00 €
4.	Abzug Leistungszuschlag nach § 39 Absatz 1 und der Pflegeversicherung:	216,00 €
5.	nicht gedeckte Aufwendungen:	2248,00 €
6.	Einnahmen nach § 39 Absatz 3:	2812,35 €
7.	von den Einnahmen sollen rechnerisch verbleiben:	2359,69 €

Berechnung zu Pos. 7

§ 39 Absatz 2 Satz 1 BBhV	Beihilfeberechtigter	Ehefrau	gesamt
Nr. 1	472,35 €		
Nr. 2		1 771,31 €	
Nr. 3			
Nr. 4	116,03 €		
Summe	**588,38 €**	**1771,31 €**	**2 359,69 €**

8.	selbst zu tragender Anteil (Pos. 6 minus Pos. 7):	452,66 €
9.	zusätzlich zu gewährende Beihilfe (Pos. 5 minus Pos. 8):	1795,34 €

Beispiel 2 (Besoldungstabelle Stand 1. April 2022)

Alleinstehender Beihilfeberechtigter (Versorgungsempfänger, letzte Besoldungsgruppe A 9 mD, Stufe 8) seit über 14 Monaten in vollstationärer Pflegeeinrichtung mit Pflegegrad 3

Pos.		
1.	Rechnungsbetrag:	3750,50 €
2.	Abzug nicht beihilfefähiger Kosten (z. B. Telefon):	24,50 €
3.	Abzug Pauschalbetrag nach § 39 Absatz 1 und der Pflegeversicherung:	1262,00 €
4.	Abzug Leistungszuschlag nach § 39 Absatz 1 und der Pflegeversicherung:	216,00 €
5.	nicht gedeckte Aufwendungen:	2248,00 €
6.	Einnahmen nach § 39 Absatz 3:	2812,35 €
7.	von den Einnahmen sollen rechnerisch verbleiben:	588,38 €

Berechnung zu Pos. 7

§ 39 Absatz 2 Satz 1 BBhV	Beihilfeberechtigter	gesamt
Nr. 1	472,35 €	
Nr. 2		
Nr. 3		
Nr. 4	116,03 €	
Summe	**588,38 €**	**588,38 €**

8.	selbst zu tragender Anteil (Pos. 6 minus Pos. 7.):	2223,97 €
9.	zusätzlich zu gewährende Beihilfe (Pos. 5 minus Pos. 8):	24,03 €

Beispiel 3 (Besoldungstabelle Stand 1. April 2022)

Ehepaar mit einem berücksichtigungsfähigen Kind (Beihilfeberechtigter, Besoldungsgruppe A 13, Stufe 8), Ehefrau seit über 26 Monaten in vollstationärer Pflegeeinrichtung mit Pflegegrad 5

Pos.		
1.	Rechnungsbetrag:	4674,50 €
2.	Abzug nicht beihilfefähiger Kosten (z. B. Telefon):	64,50 €
3.	Abzug Pauschalbetrag nach § 39 Absatz 1 und der Pflegeversicherung:	2005,00 €
4.	Abzug Leistungszuschlag nach § 39 Absatz 1 und der Pflegeversicherung:	542,25 €
5.	nicht gedeckte Aufwendungen:	2062,75 €
6.	Einnahmen nach § 39 Absatz 3:	5220,25 €
7.	von den Einnahmen sollen rechnerisch verbleiben:	2597,92 €

Berechnung zu Pos. 7

§ 39 Absatz 2 Satz 1 BBhV	Beihilfeberechtigter	Ehefrau	Kind	gesamt
Nr. 1		472,35 €		
Nr. 2	1771,31 €			
Nr. 3			177,13 €	
Nr. 4	177,13 €			
Summe	**1948,44 €**	**472,35 €**	**177,13 €**	**2597,92 €**

VII

8. selbst zu tragender Anteil (Pos. 6 minus Pos. 7): 2622,33 €
9. die nicht gedeckten Aufwendungen liegen unter dem selbst zu tragenden Anteil (Pos. 5 minus Pos. 8), daher ist keine zusätzliche Beihilfe zu gewähren.

39.2.2 Das Grundgehalt im Sinne der Verordnung ist der ausgewiesene Betrag der Tabelle der Bundesbesoldungsordnung ohne die Amtszulage nach § 42 BBesG.

39.2.3 Bei beihilfeberechtigten verwitweten Versorgungsempfängern, die nicht selbst in einem aktiven Dienstverhältnis gestanden haben, ist das Grundgehalt der letzten Besoldungsgruppe der verstorbenen beihilfeberechtigten Person zugrunde zu legen.

39.2.4 1Sofern nach Nummer 39.1.5 die Pauschale für stationäre Pflege nur anteilig als beihilfefähig anerkannt werden kann, sind auch

- die Kosten für die Pflegeleistungen, die über die nach § 39 Absatz 1 beihilfefähigen Aufwendungen hinausgehen,
- die Kosten für Unterkunft und Verpflegung sowie
- die Investitionskosten

nur anteilig zu berücksichtigen. 2Satz 1 gilt entsprechend für den Mindestbetrag.

39.3 Zu Absatz 3

39.3.1 Bei den Einnahmen bleiben unberücksichtigt:

- Einnahmen von Kindern,
- Einnahmen aus geringfügigen Tätigkeiten (§ 8 des Vierten Buches Sozialgesetzbuch [SGB IV]) und
- Leistungsprämien nach § 42a BBesG.

39.3.2 Auf Grund des eindeutigen Bezugs auf § 1 Absatz 2 Nummer 1 und 3 und Absatz 3 BBesG finden Zulagen nach § 1 Absatz 2 Nummer 4 und § 42 BBesG keine Berücksichtigung.

39.3.3 1Eine Rente ist immer mit dem Zahlbetrag nach Satz 1 Nummer 3 zu berücksichtigen. 2Sofern die Ehegattin oder der Ehegatte, die Lebenspartnerin oder der Lebenspartner neben einer Rente weitere Einnahmen nach § 2 Absatz 3 EStG hat, sind diese ohne den Rentenanteil zu berücksichtigen.

39.3.4 Nummer 39.2.4 gilt entsprechend bei der Berechnung der Einnahmen.

39.4 Zu Absatz 4

1§ 43b SGB XI zielt darauf ab, zusätzliches Personal für die zusätzliche Betreuung und Aktivierung, die über die nach Art und Schwere der Pflegebedürftigkeit notwendige Versorgung hinausgeht, in den Einrichtungen bereit zu stellen. 2Die Aufwendungen für diesen Vergütungszuschlag sind in allen stationären Einrichtungen einschließlich teilstationärer Einrichtungen und Einrichtungen der Kurzzeitpflege in voller Höhe beihilfefähig.

39.5 Zu Absatz 5

1Pflegeeinrichtungen, deren aktivierende und rehabilitative Maßnahmen zu einem niedrigeren Pflegegrad oder dessen Wegfall führen, erhalten einen zusätzlichen Betrag vom 1. Januar 2017 bis zum 31. Dezember 2024 in Höhe von 2952 Euro und ab 1. Januar 2025 3085 Euro zum Bemessungssatz. 2Der Betrag unterliegt alle drei Jahre einer Dynamisierungsprüfung.

39.6 Zu Absatz 6

(unbesetzt)

39a Zu § 39a – Einrichtungen der Behindertenhilfe

39a.1 1Beihilfefähig sind 15 Prozent der nach Teil 2 Kapitel 8 des Neunten Buches Sozialgesetzbuch (SGB IX) vereinbarten Vergütung, höchstens jedoch 266 Euro beziehungsweise ab 1. Januar 2025 278 Euro monatlich. 2Wird für die Tage, an denen die pflegebedürftigen behinderten Menschen zu Hause gepflegt und betreut werden, anteilige Pauschalbeihilfe gewährt, gelten die Tage der An- und Abreise als volle Tage der häuslichen Pflege. 3Inhalt der Vereinbarung nach § 75 Absatz 3 SGB XII ist gemäß § 76 Absatz 2 SGB XII die Vergütung für die Leistungen bestehend aus den Pauschalen für Unterkunft und Verpflegung (Grundpauschale) und für

VII

die Maßnahmen (Maßnahmepauschale), so dass auch die Kosten der teilstationären Unterbringung (z. B. für die Betreuung in einer Werkstatt für behinderte Menschen) in die Berechnung der 10-Prozent-Regelung einzubeziehen sind.

39a.2 Bei zu Hause gepflegten pflegebedürftigen Personen, die ausnahmsweise eine Kurzzeitpflege in geeigneten Einrichtungen der Hilfe für behinderte Menschen und anderen geeigneten Einrichtungen erhalten, bestimmt sich die Beihilfefähigkeit der Aufwendungen ausschließlich nach § 38e.

39b Zu § 39b – Aufwendungen bei Pflegegrad 1

[1]Für pflegebedürftige Personen mit Pflegegrad 1 sind nur die enumerativ aufgeführten Aufwendungen für Leistungen beihilfefähig. [2]Diese entsprechen weitestgehend den Leistungen nach § 28a SGB XI.

40 Zu § 40 – Palliativversorgung

40.1 Zu Absatz 1

40.1.1 Die spezialisierte ambulante Palliativversorgung (SAPV) umfasst ärztliche und pflegerische Leistungen einschließlich ihrer Koordination insbesondere zur Schmerztherapie und Symptomkontrolle und zielt darauf ab, die Betreuung in der vertrauten häuslichen Umgebung zu ermöglichen.

40.1.2 Erhöhte Aufwendungen, die auf Grund der besonderen Belange der zu betreuenden Kinder anfallen, sind beihilfefähig.

40.1.3 [1]Die Aufwendungen für eine solche Versorgung sind bis zur Höhe der nach § 132d Absatz 1 Satz 1 SGB V vereinbarten Vergütung beihilfefähig. [2]Für beihilfeberechtigte Personen nach § 3 und ihre berücksichtigungsfähigen Personen bemisst sich die Angemessenheit der Aufwendungen für eine spezialisierte ambulante Palliativversorgung im Gastland unter Berücksichtigung der besonderen Verhältnisse im Ausland nach den ortsüblichen Gebühren.

40.1.4 Auf beihilfeberechtigte und berücksichtigungsfähige Personen in voll- und teilstationären Pflegeeinrichtungen sind die Nummern 40.1.1 und 40.1.2 entsprechend anzuwenden.

40.1.5 Durch den Verweis in Satz 2 auf § 37b Absatz 3 SGB V bestimmt sich die Beihilfefähigkeit von Aufwendungen für SAPV im Übrigen hinsichtlich der Voraussetzungen, Art und Umfang nach der Richtlinie des Gemeinsamen Bundesausschusses zur Verordnung von spezialisierter ambulanter Palliativversorgung.

40.2 Zu Absatz 2

40.2.1 [1]Hospize sind Einrichtungen, in denen unheilbar Kranke in ihrer letzten Lebensphase palliativ-medizinisch, das heißt leidensmindernd, pflegerisch und seelisch betreut werden. [2]Aufwendungen für die Behandlung in einem Hospiz sind nur dann beihilfefähig, wenn das Hospiz einen Versorgungsvertrag mit mindestens einer Krankenkasse abgeschlossen hat.

40.2.2 [1]Mit Inkrafttreten des Gesetzes zur Verbesserung der Hospiz- und Palliativversorgung in Deutschland am 8. Dezember 2015 trägt die Krankenkasse die zuschussfähigen Kosten unter Anrechnung der Leistungen nach SGB XI (Kurzzeitpflege und vollstationäre Pflege) zu 95 Prozent. [2]Der Zuschuss darf dabei kalendertäglich 9 Prozent der monatlichen Bezugsgröße nach § 18 Absatz 1 SGB IV nicht unterschreiten. [3]Beihilfefähig sind deshalb 95 Prozent der tatsächlichen Aufwendungen (einschließlich Unterkunft und Verpflegung), mindestens jedoch kalendertäglich 9 Prozent der monatlichen Bezugsgröße nach § 18 Absatz 1 SGB IV. [4]Soweit andere Sozialleistungsträger Zuschüsse gewähren, sind diese im Rahmen des § 9 Absatz 1 anzurechnen. [5]Bei Vorliegen der Voraussetzungen kommt daneben auch eine Beihilfegewährung nach § 38e (Kurzzeitpflege) und § 39 (vollstationäre Pflege) in Betracht.

40.2.3 [1]In Ausnahmefällen können die Kosten bis zur Höhe der Kosten einer Hospizbehandlung auch in anderen Häusern, die palliativ-medizinische Versorgung erbringen, übernommen werden, wenn auf Grund der

Besonderheit der Erkrankung oder eines Mangels an Hospizplätzen eine Unterbringung in einem wohnortnahen Hospiz nicht möglich ist. $_{2}$In diesem Fall orientiert sich die beihilfefähige „angemessene Vergütung" an dem Betrag, den die GKV ihrem Zuschuss zugrunde gelegt hat. $_{3}$Zur Ermittlung dieses Betrages reicht die Bestätigung der Einrichtung über die Höhe der der gesetzlichen Krankenversicherung in Rechnung gestellten Vergütung.

40.3 Zu Absatz 3

(unbesetzt)

40a Zu § 40a – Gesundheitliche Versorgungsplanung für die letzte Lebensphase

40a.1 Zu Absatz 1

Zugelassene Pflegeeinrichtungen und Einrichtungen der Eingliederungshilfe für behinderte Menschen können in den Einrichtungen eine Beratung über medizinische und pflegerische Versorgung und Betreuung in der letzten Lebensphase sowie das Aufzeigen von Hilfe und Angebote der Sterbebegleitung anbieten.

40a.2 Zu Absatz 2

$_{1}$Die Leistung kann nur in Pflegeeinrichtungen erbracht werden, dennoch handelt es sich nicht um eine pflegebedingte Aufwendung, sondern gehört zu den Krankheitskosten. $_{2}$Es gilt daher nicht der Halbteilungsgrundsatz des § 46 Absatz 4 für Pflegeleistungen. $_{3}$Die Erstattung erfolgt zum Regelbemessungssatz. $_{4}$Bei pflichtversicherten Personen gilt die Anrechnung nach § 9 Absatz 1.

Kapitel 4 Aufwendungen in anderen Fällen

41 Zu § 41 – Früherkennungsuntersuchungen und Vorsorgemaßnahmen

41.1 Zu Absatz 1

41.1.1 $_{1}$Inhalt, Zielgruppe, Altersgrenzen, Häufigkeit, Art und Umfang der Maßnahmen nach Satz 1 richten sich nach den Richtlinien des Gemeinsamen Bundesausschusses

1. über die Früherkennung von Krankheiten bei Kindern bis zur Vollendung des 18. Lebensjahres („Kinder-Richtlinien"),
2. zur Jugendgesundheitsuntersuchung bei Jugendlichen zwischen dem vollendeten 13. und vollendetem 14. Lebensjahr („Jugendgesundheitsuntersuchungs-Richtlinie"),
3. über die Früherkennung von Krebserkrankungen („Krebsfrüherkennungs-Richtlinie") und „Richtlinie für organisierte Krebsfrüherkennungsprogramme",
4. über die Gesundheitsuntersuchungen zur Früherkennung von Krankheiten ab dem vollendeten 18. Lebensjahr („Gesundheitsuntersuchungs-Richtlinie"),
5. über Schutzimpfungen nach § 20i Absatz 1 SGB V („Schutzimpfung-Richtlinie").

$_{2}$Die vorstehend genannten Richtlinien sind auf der Website des Gemeinsamen Bundesausschusses *(www.g-ba.de)* veröffentlicht.

41.1.2 $_{1}$Aufwendungen für Leistungen, die im Rahmen von Maßnahmen zur Früherkennung von Krankheiten und von Vorsorgeuntersuchungen durchgeführt werden und über den Leistungsumfang nach den Richtlinien des Gemeinsamen Bundesausschusses hinausgehen oder nicht in Anlage 13 zur BBhV aufgeführt sind, können nicht als beihilfefähige Aufwendungen der Früherkennungs- und Vorsorgemaßnahmen anerkannt werden. $_{2}$Es bleibt zu prüfen, ob es sich in diesen Fällen um eine medizinisch notwendige Behandlung handelt, die auf Grund einer Diagnosestellung erfolgte.

41.2 Zu Absatz 2

(unbesetzt)

41.3 Zu Absatz 3

$_{1}$Bei den Maßnahmen nach Anlage 14 handelt es sich ausschließlich um ein Früherkennungsprogramm (Präventionsprogramm) für erblich belastete Personen mit einem erhöhten familiären Brust- oder Eierstockkrebsrisiko. $_{2}$Aufwendungen für genetische Analysen im Rahmen einer bereits laufenden Behandlung, also einer kurativen Maßnahme, sind von den Voraussetzungen nach Anlage 14 nicht betroffen, auch sind sie nicht auf spezialisierte Zentren beschränkt.

41.4 Zu Absatz 4

Nummer 41.3 gilt entsprechend.

41.5 Zu Absatz 5

Aufwendungen beihilfeberechtigter und berücksichtigungsfähiger Personen mit substantiellem HIV-Infektionsrisiko sind beihilfefähig

- für ärztliche Beratungen, erforderliche Untersuchungen nach § 41 Absatz 5 und
- für verschreibungspflichtige Arzneimittel zur Präexpositionsprophylaxe nach § 22 Absatz 1 Nummer 1.

41.6 Zu Absatz 6

(unbesetzt)

41.7 Zu Absatz 7

(unbesetzt)

42 Zu § 42 – Schwangerschaft und Geburt

42.0 § 42 ist auch anzuwenden auf die Aufwendungen im Zusammenhang mit der Schwangerschaft und Niederkunft einer berücksichtigungsfähigen Tochter der beihilfeberechtigten Person.

42.1 Zu Absatz 1

42.1.1 Zu Absatz 1 Nummer 1

42.1.1.1 Für Aufwendungen der Schwangerschaftsüberwachung können die jeweils gültigen Richtlinien des Bundesausschusses der Ärzte und Krankenkassen über die ärztliche Betreuung während der Schwangerschaft und nach der Entbindung („Mutterschafts-Richtlinien"), derzeit in der Fassung vom 21. September 2023 (BAnz AT 14. Dezember 2023 B6), zuletzt geändert am 28. September 2023 (BAnz AT 18. Dezember 2023 B2), in Kraft getreten am 19. Dezember 2023, zugrunde gelegt werden.

42.1.1.2 $_1$Durch die ärztliche Betreuung während der Schwangerschaft und nach der Entbindung sollen mögliche Gefahren für Leben und Gesundheit von Mutter oder Kind abgewendet sowie Gesundheitsstörungen rechtzeitig erkannt und behandelt werden. $_2$Vorrangiges Ziel der ärztlichen Schwangerenvorsorge ist die frühzeitige Erkennung von Risikoschwangerschaften und Risikogeburten. $_3$In diesem Zusammenhang sind bei Schwangeren auch die Aufwendungen für einen HIV-Test beihilfefähig.

42.1.2 Zu Absatz 1 Nummer 2

Leistungen einer Hebamme oder eines Entbindungspflegers (z. B. Geburtsvorbereitung einschließlich Schwangerschaftsgymnastik) bedürfen keiner gesonderten ärztlichen Verordnung.

42.1.3 Zu Absatz 1 Nummer 3

(unbesetzt)

42.1.4 Zu Absatz 1 Nummer 4

Wird die Haus- und Wochenpflege durch den Ehegatten, die Lebenspartnerin, die Eltern oder die Kinder der Wöchnerin durchgeführt, sind nur beihilfefähig die Fahrtkosten und das nachgewiesene ausgefallene Arbeitseinkommen der die Haus- und Wochenpflege durchführenden Person.

42.2 Zu Absatz 2

(unbesetzt)

43 Zu § 43 – Künstliche Befruchtung

43.1 Zu Absatz 1

43.1.1 $_1$Die Beihilfefähigkeit der Aufwendungen für künstliche Befruchtung orientiert sich an den nach § 27a SGB V durch den Gemeinsamen Bundesausschuss nach § 92 SGB V erlassenen Richtlinien über ärztliche Maßnahmen zur künstlichen Befruchtung (Richtlinien über künstliche Befruchtung). $_2$Die Richtlinien sind auf der Website des Gemeinsamen Bundesausschusses *(www.g-ba.de)* veröffentlicht.

43.1.2 Die maßgeblichen Altersgrenzen für beide Ehegatten müssen in jedem Behandlungszyklus (Zyklusfall) zum Zeitpunkt des ersten Zyklustages im Spontanzyklus, des ersten Stimulationstages im stimulierten Zyklus oder des ersten Tages der Down-Regulation erfüllt sein.

43.2 Zu Absatz 2

1Die Zuordnung der Kosten zu den Ehegatten erfolgt in enger Anlehnung an Nummer 3 der Richtlinien über künstliche Befruchtung. 2Das bedeutet, dass die Aufwendungen der Person zuzurechnen sind, bei der die Leistung durchgeführt wird.

43.3 Zu Absatz 3

Nummer 43.2 gilt entsprechend.

43.4 Zu Absatz 4

43.4.1 1Im Fall eines totalen Fertilisationsversagens nach dem ersten Versuch einer IVF kann in maximal zwei darauffolgenden Zyklen die ICSI zur Anwendung kommen, auch wenn die Voraussetzungen der ICSI nicht vorliegen. 2Ein Methodenwechsel innerhalb eines IVF-Zyklus (sog. Rescue-ICSI) ist ausgeschlossen.

43.4.2 1Die IVF gilt als vollständig durchgeführt, wenn die Eizellkultur angesetzt worden ist. 2Die ICSI gilt als vollständig durchgeführt, wenn die Spermieninjektion in die Eizelle(n) erfolgt ist.

43.5 Zu Absatz 5

43.5.1 1Aufwendungen für Maßnahmen zur künstlichen Befruchtung einschließlich der in diesem Zusammenhang erforderlichen Arzneimittel sind zu 50 Prozent der berücksichtigungsfähigen Aufwendungen beihilfefähig, wenn sie im homologen System (das heißt bei Ehegatten) durchgeführt werden und eine hinreichende Aussicht besteht, dass durch die gewählte Behandlungsmethode eine Schwangerschaft herbeigeführt wird. 2Vorausgehende Untersuchungen zur Diagnosefindung und Abklärung, ob und gegebenenfalls welche Methode der künstlichen Befruchtung zum Einsatz kommt, fallen nicht unter die hälftige Kostenerstattung.

43.5.2 1Nach Geburt eines Kindes sind Aufwendungen für die Herbeiführung einer erneuten Schwangerschaft durch künstliche Befruchtung nach Nummer 43.5.1 beihilfefähig. 2Dies gilt auch, wenn eine sogenannte klinische Schwangerschaft (z. B. Nachweis durch Ultraschall, Eileiterschwangerschaft) vorlag, die zu einer Fehlgeburt führte.

43.6 Zu Absatz 6

(unbesetzt)

43.7 Zu Absatz 7

43.7.1 Die Behandlung mit einer keimzellenschädigenden Therapie ist gegeben bei einer operativen Entfernung der Keimdrüsen, einer Strahlentherapie mit zu erwartender Schädigung der Keimdrüsen oder einer potentiell fertilitätsschädigenden Medikation.

43.7.2 Aufwendungen für eine Kryokonservierung vor einer Geschlechtsumwandlung können als beihilfefähig anerkannt werden (vgl. SG Berlin, 16. November 2022 – S 28 KR 63/22).

43.7.3 Ist vor Erreichen der Höchstaltersgrenze die Herbeiführung einer Schwangerschaft durch künstliche Befruchtung nach den Regelungen des § 43 BBhV nicht mehr notwendig oder möglich, beispielsweise bei wiederhergestellter Fertilität nach Chemotherapie oder aufgrund einer Operation mit einer Hysterektomie (Entfernung der Gebärmutter), sind die Aufwendungen für die Kryokonservierung nur bis zu diesem Zeitpunkt beihilfefähig.

43a Zu § 43a – Sterilisation, Empfängnisregelung und Schwangerschaftsabbruch

43a.1 Zu Absatz 1

(unbesetzt)

43a.2 Zu Absatz 2

(unbesetzt)

43a.3 Zu Absatz 3

Liegt eine ärztliche Bescheinigung über das Vorliegen der Voraussetzungen des § 218a Absatz 2 oder Absatz 3 StGB vor, bedarf es grundsätzlich keiner weitergehenden Prüfung der Rechtmäßigkeit durch die Festsetzungsstelle.

44 Zu § 44 – Überführungskosten

44.1 Zu Absatz 1

44.1.1 1Neben den geregelten Fällen sind Aufwendungen anlässlich des Todes nicht beihilfefähig. 2Die BBhV regelt nur die Beihilfefähigkeit von Aufwendungen in Krankheits-, Pflege- und Geburtsfällen.

44.1.2 Nicht beihilfefähig sind die Aufwendungen aus Anlass der Todesfeststellung nach den Nummern 100 bis 107 der Anlage zur GOÄ einschließlich des in diesem Zusammenhang berechneten Wegegeldes nach § 8 GOÄ.

44.2 Zu Absatz 2

(unbesetzt)

45 Zu § 45 – Erste Hilfe, Entseuchung, Kommunikationshilfe und Organspende

45.1 Zu Absatz 1

45.1.1 Die beihilfefähigen Aufwendungen für Erste Hilfe umfassen den Einsatz von Rettungskräften, Sanitäterinnen, Sanitätern und anderen Personen und die von ihnen verbrauchten Stoffe (z. B. Medikamente, Heil- und Verbandmittel).

45.1.2 Eine behördlich angeordnete Entseuchung kommt insbesondere im Zusammenhang mit Maßnahmen nach dem Infektionsschutzgesetz in Betracht.

45.2 Zu Absatz 2

1Für die Beihilfefähigkeit von Aufwendungen für die Hinzuziehung einer Gebärdensprachdolmetscherin oder eines Gebärdensprachdolmetschers oder einer anderen Kommunikationshilfe gelten die gleichen Voraussetzungen wie für den Anspruch auf eine Kommunikationshilfe im Verwaltungsverfahren. 2Als Kommunikationshilfen kommen Gebärdensprachdolmetscherinnen, Gebärdensprachdolmetscher, Schriftdolmetscherinnen, Schriftdolmetscher oder andere nach der Kommunikationshilfeverordnung zugelassene Hilfen in Betracht. 3Als beihilfefähig anzuerkennen sind die nachgewiesenen Aufwendungen der beihilfeberechtigten Person bis zur Höhe der im Justizvergütungs- und -entschädigungsgesetz (JVEG) vorgesehenen Sätze (derzeit 85 Euro pro Stunde für Dolmetscherinnen und Dolmetscher [§ 45 Absatz 2 Nummer 1 BBhV in Verbindung mit § 9 Absatz 2 des Behindertengleichstellungsgesetzes, § 5 Absatz 1 Satz 1 der Kommunikationshilfeverordnung und § 9 Absatz 5 JVEG]); entschädigt werden die Einsatzzeit zuzüglich erforderlicher Reisezeiten (§ 8 Absatz 2 JVEG) und erforderliche Fahrtkosten (§ 8 Absatz 1 Nummer 2 in Verbindung mit § 5 JVEG) der Kommunikationshilfe. 4Die Beihilfefähigkeit beschränkt sich auch dann auf den individuellen Bemessungssatz, wenn die Krankenversicherung Leistungen für Kommunikationshilfen nicht gewährt. 5Anders als im Verwaltungsverfahren ist die Hinzuziehung einer Kommunikationshilfe z. B. beim Besuch einer Ärztin oder eines Arztes immer eine Sache der beihilfeberechtigten oder berücksichtigungsfähigen Person.

45a Zu § 45a – Organspende und andere Spenden

45a.1 Zu Absatz 1

(unbesetzt)

45a.2 Zu Absatz 2

45a.2.1 Zu den Auswirkungen des Bezugs von Leistungen zum Ausgleich des Verdienstausfalls von Organ- oder Gewebespendern nach den §§ 8 und 8a des Transplantationsgesetzes wird auf das Schreiben der Deutschen Rentenversicherung Bund verwiesen, das mit Rundschreiben des BMI vom 10. Januar 2013 – D 6 – 213 106-11/0#0 – bekanntgegeben wurde.

45a.2.2 1Für Spenderinnen und Spender von Organen, Geweben, Blutstammzellen oder anderen Blutbestandteilen sind die Kosten einer notwendigen Unterbringung außerhalb des Krankenhauses (beispielsweise in einem Hotel) als beihilfefähig anzuerkennen. 2Dies gilt insbesondere, wenn es sich um die jährlichen ambulanten Nachsorgeuntersuchungen der Spender handelt, die nicht am

VII

Wohnort des Spenders durchgeführt werden, sondern in dem Krankenhaus, in dem die Spende erfolgte.

45a.3 Zu Absatz 3

Neben den Aufwendungen der Registrierung sind auch die Aufwendungen für die Suche nach einem geeigneten Spender im Zentralen Knochenmarkspender-Register beihilfefähig.

45b Zu § 45b – Klinisches Krebsregister

45b.1 Zu Absatz 1

45b.1.1 1Der Bund hat zum 1. Oktober 2016 mit dem Klinischen Krebsregister Berlin Brandenburg eine Vereinbarung zur Kostenbeteiligung der Beihilfe des Bundes geschlossen. 2Der Vertrag ist offen für den Beitritt anderer Krebsregister. 3Das BMI wird über weitere Beitritte durch Rundschreiben informieren.

45b1.2 Aufwendungen für eine klinische Krebsregistrierung werden der Festsetzungsstelle von den klinischen Krebsregistern in Rechnung gestellt und sind direkt an diesen entsprechend dem Bemessungssatz zu zahlen, wenn die Registrierung für eine beihilfeberechtigte oder berücksichtigungsfähige Person erfolgte.

VII

45b.2 Zu Absatz 2

(unbesetzt)

Kapitel 5
Umfang der Beihilfe

46 Zu § 46 – Bemessung der Beihilfe

46.1 Zu Absatz 1

(unbesetzt)

46.2 Zu Absatz 2

Zu den Waisen im Sinne der Nummer 4 gehören auch Halbwaisen, soweit sie Halbwaisengeld beziehen.

46.3 Zu Absatz 3

46.3.1 Für den erhöhten Bemessungssatz nach Satz 1 ist es unerheblich, welcher Tatbestand der Berücksichtigungsfähigkeit nach § 4 Absatz 2 vorliegt.

46.3.2 1Den erhöhten Bemessungssatz erhält die beihilfeberechtigte Person, die die familienbezogenen Besoldungsbestandteile für mindestens zwei Kinder bezieht. 2Eine gesonderte Erklärung der beihilfeberechtigten Personen ist nicht erforderlich.

46.3.3 Bei Personen, die heilfürsorgeberechtigt sind oder Anspruch auf unentgeltliche truppenärztliche Versorgung haben, besteht keine Konkurrenz zu einer anderen beihilfeberechtigten Person, weil die Aufwendungen für diesen Personenkreis nach § 8 Absatz 1 Nummer 1 von der Beihilfefähigkeit ausgeschlossen sind.

46.3.4 Bei mehreren beihilfeberechtigten Personen mit unterschiedlichen Dienstherren (z. B. Bund – Land; Bund – Kommune) ist der Festsetzungsstelle des Landes oder der Kommune die Mitteilung nach dem Formblatt im Anhang 1 zu übersenden.

46.4 Zu Absatz 4

(unbesetzt)

47 Zu § 47 – Abweichender Bemessungssatz

47.1 Zu Absatz 1

(unbesetzt)

47.2 Zu Absatz 2

47.2.1 Eine Krankenversicherung ist dann als beihilfekonform anzusehen, wenn sie zusammen mit den jeweiligen Beihilfeleistungen in der Regel eine Erstattung von 100 Prozent der Aufwendungen ermöglicht.

47.2.2 1In den Vergleich sind auch die Kosten einer Krankenhaustagegeldversicherung bis zu 14,50 Euro täglich einzubeziehen. 2Ein von dritter Seite gezahlter Zuschuss zum Krankenversicherungsbeitrag ist bei der Gegenüberstellung von dem zu zahlenden Beitragsaufwand abzuziehen.

47.2.3 1Der Krankenversicherungsbeitrag und die Gesamteinkünfte sind zu belegen. 2Die Erhöhung gilt für künftige Aufwendungen, im Hinblick auf § 47 Absatz 2 jedoch frühestens im Zeitpunkt des Wirksamwerdens der Anpassung des Versicherungsschutzes. 3Der Zeitpunkt der Anpassung des Versicherungsschutzes ist der Festsetzungsstelle nachzuweisen. 4Nach spätestens drei Jahren sind die Voraussetzungen auf die Erhöhung des Beihilfebemessungssatzes auf Grund eines erneuten Antrags neu zu prüfen.

47.2.4 Pflegeversicherungsbeiträge bleiben unberücksichtigt.

47.3 Zu Absatz 3

47.3.1 Die Erhöhung des Bemessungssatzes in Ausnahmefällen ist im Gegensatz zu der Einzelmaßnahme nach § 6 Absatz 8 BBhV für mehrere anfallende krankheitsbedingte Aufwendungen vorgesehen.

47.3.2 Die Voraussetzungen nach Nummer 6.8 Satz 2 gelten entsprechend.

47.4 Zu Absatz 4

47.4.1 1Eine ausreichende Versicherung im Sinne dieser Vorschrift liegt vor, wenn sich aus den Versicherungsbedingungen ergibt, dass die Versicherung in den üblichen Fällen ambulanter Behandlung und stationärer Krankenhausbehandlung wesentlich zur Entlastung der oder des Versicherten beiträgt, das heißt zusammen mit der Beihilfe das Kostenrisiko in Krankheitsfällen deckt. 2Dabei ist es unerheblich, wenn für einzelne Aufwendungen die Versicherungsleistung verhältnismäßig gering ist. 3Das Erfordernis der rechtzeitigen Versicherung soll sicherstellen, dass das Risiko eines verspäteten Versicherungsabschlusses nicht zu einer erhöhten Belastung des Dienstherrn führt. 4Eine rechtzeitige Versicherung liegt vor, wenn sie in engem zeitlichem Zusammenhang mit dem Eintritt in das Beamtenverhältnis abgeschlossen wird.

47.4.2 1Der Leistungsausschluss muss im Versicherungsschein als persönliche Sonderbedingung ausgewiesen sein; ein Leistungsausschluss ist nur dann zu berücksichtigen, wenn dieser nachweislich nicht durch Zahlung eines Risikozuschlages hätte abgewendet werden können. 2Ein Leistungsausschluss liegt unter anderem dann nicht vor, wenn Krankenversicherungen in ihren Tarifen für einzelne Behandlungen generell keine oder nur reduzierte Leistungen vorsehen oder in ihren Versicherungsbedingungen einzelne Tatbestände (z. B. Suchtkrankheiten, Pflegefälle, Krankheiten, für die anderweitige Ansprüche bestehen) vom Versicherungsschutz ausnehmen oder der Leistungsausschluss nur für Leistungen aus einer Höher- oder Zusatzversicherung gilt. 3Das Gleiche gilt für Aufwendungen, die während einer in den Versicherungsbedingungen vorgesehenen Wartezeit anfallen.

47.4.3 1Eine Einstellung von Versicherungsleistungen liegt nur vor, wenn nach einer bestimmten Dauer einer Krankheit die Leistungen für diese Krankheit nach den Versicherungsbedingungen ganz eingestellt werden, im Ergebnis also ein nachträglicher Versicherungsausschluss vorliegt. 2Diese Voraussetzung ist nicht gegeben, wenn Versicherungsleistungen nur zeitweilig entfallen, weil z. B. ein tariflich festgelegter Jahreshöchstbetrag oder eine gewisse Zahl von Behandlungen in einem kalendermäßig begrenzten Zeitraum überschritten ist.

47.5 Zu Absatz 5

47.5.1 1Bei beihilfeberechtigten Personen, die freiwillig in der gesetzlichen Krankenversicherung versichert sind und bei deren berücksichtigungsfähigen Personen, die der Familienversicherung nach § 10 SGB V unterliegen, erhöht sich der Bemessungssatz auf 100 Prozent der beihilfefähigen Aufwendungen unter Anrechnung der Leistungen und Erstattungen der Krankenkasse. 2Die Erhöhung der Erstattungsleistungen für beihilfefähige Aufwendungen umfasst auch solche Fälle, in denen die medizinische Maßnahme als einheitliche Leistung angesehen werden kann wie bei einem stationären Krankenhausaufenthalt mit gesondert berechenbarer Unterkunft. 3Unbeschadet hiervon sind etwaige Eigenbehalte, sonstige Minderungs- oder Höchstbeträge.

VII

47.5.2 1Eine Aufstockung wird nicht gewährt, wenn – wie z. B. bei sogenannten IGEL-Leistungen – keine Leistungen der gesetzlichen Krankenkassen erfolgen. 2Hier gilt der Bemessungssatz nach § 46.

47.6 Zu Absatz 6
(unbesetzt)

47.7 Zu Absatz 7
(unbesetzt)

47.8 Zu Absatz 8
(unbesetzt)

47.9 Zu Absatz 9

47.9.1 1Die Regelung beinhaltet die Möglichkeit eines Nachteilsausgleichs für Personen, die in Folge einer Gesetzesänderung beihilfeberechtigte Personen des Bundes werden und zuvor Beihilfe nach Landesrecht bezogen haben. 2Ausgeglichen werden können aber nur Nachteile, die sich aus unterschiedlichen Regelungen zum Bemessungssatz ergeben. 3Nicht erfasst werden eventuelle anderweitige Benachteiligungen wie z. B. bei der Beihilfefähigkeit einzelner Aufwendungen.

VII

47.9.2 1Zur Herbeiführung der Festlegung ist ein formloses Ersuchen des Bundesministeriums, das nach der Geschäftsverteilung der Bundesregierung für die Belange der beihilfeberechtigten Personen zuständig ist, erforderlich (Satz 2). 2Das Ersuchen soll folgende Angaben enthalten:
- betroffene Personengruppe (genau zu spezifizieren),
- gesetzliche Grundlage für das Entstehen eines Beihilfeanspruchs nach der BBhV,
- Sachverhalte, für die nach Landesrecht ein vom Bundesrecht abweichender, günstigerer Bemessungssatz gegolten hat,
- Bemessungssatz nach Landesrecht,
- Vorschlag für eine Abweichung vom Bemessungssatz nach der BBhV.

48 Zu § 48 – Begrenzung der Beihilfe

48.1 Zu Absatz 1

48.1.1 1Um den nach Satz 1 zulässigen Höchstbetrag der Beihilfe berechnen zu können, sind die in einem Beihilfeantrag zusammengefassten, dem Grunde nach beihilfefähigen Aufwendungen den dazu gewährten Leistungen aus einer Kranken- und Pflegeversicherung gegenüberzustellen. 2Dem Grunde nach beihilfefähig sind auch Aufwendungen, die über etwaige Höchstbeträge, sonstige Begrenzungen oder Einschränkungen hinausgehen (z. B. Kosten eines Einbettzimmers bei Krankenhausbehandlungen, Arzthonorare, die den Höchstsatz der Gebührenordnungen übersteigen), nicht jedoch Aufwendungen, deren Beihilfefähigkeit ausgeschlossen ist. 3Sind z. B. für eine berücksichtigungsfähige Person die Aufwendungen für eine Sehhilfe nach Anlage 11 Abschnitt 4 Unterabschnitt 1 BBhV beihilfefähig, dann zählen die Aufwendungen für eine Sehhilfe nur für diese Person zu den dem Grunde nach beihilfefähigen Aufwendungen, nicht jedoch die Aufwendungen für Sehhilfen beihilfeberechtigter oder weiterer berücksichtigungsfähiger Personen. 4Die Aufwendungen für Lifestyle-Arzneimittel gehören grundsätzlich nicht zu den dem Grunde nach beihilfefähigen Aufwendungen (§ 22 Absatz 2 Nummer 1). 5Die Aufwendungen für nicht verschreibungspflichtige Arzneimittel sind nur dann dem Grunde nach beihilfefähig, wenn die BBhV dies ausnahmsweise ausdrücklich bestimmt (§ 22 Absatz 2 Nummer 2 und 3 sowie § 50 Absatz 1 Nummer 2).

48.1.2 Beitragserstattungen sind keine Leistungen aus Anlass einer Krankheit.

48.2 Zu Absatz 2

1Der Nachweis darüber, dass Versicherungsleistungen auf Grund des Versicherungsvertrages nach einem Prozentsatz bemessen sind, soll beim ersten Antrag durch Vorlage des Versicherungsscheines oder einer Bescheinigung der Krankenversicherung erbracht werden. 2Änderungen der Versicherungsverhältnisse sind bei der nächsten Antragstellung nachzuweisen. 3Abweichende geringere Erstattungen können im Einzelfall nachgewiesen werden.

49 Zu § 49 – Eigenbehalte

49.1 Zu Absatz 1

49.1.1 Die Abzugsbetragsregelung gilt unabhängig vom Bezugsweg, auch für Arznei-

und Verbandmittel aus Versandapotheken. 2Von Apotheken gewährte Rabatte sind zu berücksichtigen.

49.1.2 1Ist auf Grund der Verordnung kein Packungsgrößenkennzeichen oder keine Bezugseinheit bestimmbar (z. B. bei Sondennahrung), bestimmt die Verordnungszeile die Höhe der Eigenbehalte. 2Das kann dazu führen, dass bei Dauerverordnung (z. B. für enterale Ernährung) ein Eigenbehalt nur einmal erhoben wird.

49.1.3 1Bei Aufwendungen für Betrieb, Unterhaltung und Reparatur von Hilfsmitteln sind keine Eigenbehalte abzusetzen. 2Der Eigenbehalt gilt nur bei Anschaffung und Ersatzbeschaffung von Hilfsmitteln. 3Bei Miete eines Hilfsmittels ist nur einmalig für die erste Miete ein Eigenbehalt abzusetzen.

49.1.4 1Sofern aus der ärztlichen Verordnung nichts anderes hervorgeht, ist die in der Verordnung angegebene Stückzahl als „Monatsbedarf" im Sinne von Satz 2 anzusehen. 2Der Monatsbedarf ist auf den Kalendermonat zu beziehen. 3Der Mindestabzugsbetrag in Höhe von 5 Euro ist hier nicht anzuwenden.

49.1.5 Die beihilfefähigen Aufwendungen für Fahrtkosten unterliegen grundsätzlich dem Abzug von Eigenbehalten, außer den Fahrtkosten nach § 34 Absatz 5 und § 35 Absatz 2 Satz 2 Nummer 1 sowie Satz 4 BBhV.

49.1.6 1Für die bei einer kombinierten vor-, voll- und nachstationären Krankenhausbehandlung im Sinne der §§ 26 und 26a entstehenden Beförderungskosten ist der Abzugsbetrag nach Satz 1 Nummer 3 nur für die erste und letzte Fahrt zugrunde zu legen. 2Dies gilt entsprechend bei ambulant durchgeführten Operationen bezüglich der Einbeziehung der Vor- und Nachbehandlungen im jeweiligen Behandlungsfall, bei teilstationärer Behandlung (Tagesklinik) sowie bei einer ambulanten Chemo-/Strahlentherapieserie.

49.2 Zu Absatz 2

49.2.1 1Der Abzugsbetrag ist sowohl für den Aufnahme- als auch für den Entlassungstag zu berücksichtigen. 2Die Abzugsbeträge sind für jedes Kalenderjahr gesondert zu beachten, dies gilt auch bei durchgehendem stationärem Krankenhausaufenthalt über den Jahreswechsel.

49.2.2 Nachstehende Krankenhausbehandlungen unterliegen keinem Abzugsbetrag:

a) Entbindungen,
b) teilstationäre Behandlungen,
c) vor- und nachstationäre Behandlungen,
d) Behandlungen in Schlaflaboren,
e) ambulante Operationen im Krankenhaus,
f) Inanspruchnahme wahlärztlicher Leistungen im Krankenhaus.

49.3 Zu Absatz 3

1Der Abzugsbetrag in Höhe von zehn Prozent der Aufwendungen für eine vorübergehende häusliche Krankenpflege (§ 27) ist begrenzt auf 28 Tage je Kalenderjahr. 2Bei einem erneuten Krankheitsfall im selben Kalenderjahr werden deshalb keine Abzugsbeträge mehr in Ansatz gebracht, soweit die Krankenpflege insgesamt mehr als 28 Tage in Anspruch genommen worden ist. 3Neben dem Abzugsbetrag für die häusliche Krankenpflege wird für jede ärztliche Verordnung ein Betrag von 10 Euro von den beihilfefähigen Aufwendungen abgezogen.

49.4 Zu Absatz 4

Zur Unterstützung für die Ermittlung der beihilfefähigen Arzneimittel, für die kein Eigenbehalt nach Nummer 5 Buchstabe b zu berücksichtigen ist, können die von den Spitzenorganisationen der Krankenkassen festzulegenden zuzahlungsbefreiten Arzneimittel nach § 31 Absatz 3 Satz 4 SGB V genutzt werden.

50 Zu § 50 – Belastungsgrenzen

50.1 Zu Absatz 1

50.1.1 1Eine Befreiung von Eigenbehalten wegen Überschreitung der Belastungsgrenze ist jährlich neu zu beantragen. 2Die Befreiung gilt ab dem Zeitpunkt des Überschreitens der Belastungsgrenze bis zum Ende des Kalenderjahres, in dem die Aufwendungen entstanden sind. 3Die Befreiung von Eigenbe-

VII

halten umfasst sowohl die Eigenbehalte der beihilfeberechtigten als auch der berücksichtigungsfähigen Personen.

50.1.2 1Der Begriff der chronischen Erkrankung bestimmt sich nach der Richtlinie des Gemeinsamen Bundesausschusses zur Umsetzung der Regelungen in § 62 SGB V für schwerwiegend chronisch Erkrankte (Chroniker-Richtlinie); die Richtlinie ist auf der Website des Gemeinsamen Bundesausschuss *(www.g-ba.de)* veröffentlicht. 2Die Feststellung erfolgt durch die Festsetzungsstelle. 3Die beihilfeberechtigte Person muss nachweisen (z. B. durch Vorlage ärztlicher Bescheinigung, mehrerer Liquidationen mit entsprechenden Diagnosen, mehrerer Verordnungen), dass eine Dauerbehandlung vorliegt. 4Auf die alljährliche Einreichung eines Nachweises über das Fortbestehen der chronischen Krankheit kann verzichtet werden, wenn es keine Anzeichen für einen Wegfall der chronischen Erkrankung gibt.

50.1.3 1Die Eigenbehalte nach § 49 Absatz 1 bis 3 sind nur entsprechend der Höhe des Beihilfebemessungssatzes nach § 46 zu berücksichtigen, da die beihilfeberechtigte Person auch nur mit diesem Betrag belastet ist. 2Beispiel: Ein Arzneimittel kostet 50 Euro – 5 Euro Eigenbehalt = 45 Euro beihilfefähiger Betrag. 3Bei einem Bemessungssatz von 50 Prozent werden 22,50 Euro Beihilfe ausgezahlt. 4Ohne Eigenbehalt erhielte die beihilfeberechtigte Person eine Beihilfe von 25 Euro. 5Die Differenz von 2,50 Euro entspricht der effektiven Belastung der beihilfeberechtigten Person durch den Eigenbehalt.

50.1.4 1Bis zur Erreichung der Belastungsgrenze werden alle verordneten nicht verschreibungspflichtigen Arzneimittel ohne Eigenbehalt entsprechend dem Bemessungssatz bei der Berechnung, ob die Belastungsgrenze erreicht wird, berücksichtigt. 2Nach Erreichen der Belastungsgrenze werden ab diesem Zeitpunkt entstehende Aufwendungen für die nicht verschreibungspflichtigen Arzneimittel als beihilfefähig anerkannt, wenn diese den festgelegten Betrag der entsprechenden Besoldungsgruppen übersteigen. 3Für Versorgungsempfängerinnen und Versorgungsempfänger wird die vor Eintritt in den Ruhestand bezogene Besoldungsgruppe zugrunde gelegt. 4Für Beamtinnen und Beamte im Vorbereitungsdienst gilt § 50 Absatz 1 Nummer 2.

Beispiele:

Berücksichtigung Belastungsgrenze

Besoldungsgruppe	Abgabepreis des Arzneimittels	Beihilfefähiger Betrag (fiktiv)	Bemessungssatz	Beihilfe (fiktiv ohne Eigenbehalt)	Anrechnung für Belastungsgrenze
A 8	6,00 €	6,00 €	50 %	3,00 €	3,00 €
A 8	8,00 €	8,00 €	50 %	4,00 €	4,00 €
A 8	8,10 €	8,10 €	50 %	4,05 €	4,05 €
A 8	16,00 €	16,00 €	50 %	8,00 €	8,00 €
A 12	6,00 €	6,00 €	50 %	3,00 €	3,00 €
A 12	12,00 €	12,00 €	50 %	6,00 €	6,00 €
A 12	12,10 €	12,10 €	50 %	6,05 €	6,05 €
A 12	16,00 €	16,00 €	50 %	8,00 €	8,00 €
A 15	6,00 €	6,00 €	50 %	3,00 €	3,00 €
A 15	12,10 €	12,10 €	50 %	6,05 €	6,05 €
A 15	16,00 €	16,00 €	50 %	8,00 €	8,00 €
A 15	16,10 €	16,10 €	50 %	8,05 €	8,05 €

Beispiele:
Nach Erreichung der Belastungsgrenze

Besoldungs-gruppe	Abgabepreis des Arzneimittels	Beihilfefähiger Betrag	Bemessungssatz	Beihilfe
A 8	6,00 €	0,00 €	50 %	0,00 €
A 8	8,00 €	0,00 €	50 %	0,00 €
A 8	8,10 €	8,10 €	50 %	4,05 €
A 8	16,00 €	16,00 €	50 %	8,00 €
A 12	6,00 €	0,00 €	50 %	0,00 €
A 12	12,00 €	0,00 €	50 %	0,00 €
A 12	12,10 €	12,10 €	50 %	6,05 €
A 12	16,00 €	16,00 €	50 %	8,00 €
A 15	6,00 €	0,00 €	50 %	0,00 €
A 15	12,10 €	0,00 €	50 %	0,00 €
A 15	16,00 €	0,00 €	50 %	0,00 €
A 15	16,10 €	16,10 €	50 %	8,05 €

50.1.5 [1]Auch bei einem nicht verschreibungspflichtigen Festbetragsarzneimittel wird der volle Apothekenabgabepreis zum Bemessungssatz auf die Belastungsgrenze angerechnet. [2]Nach Überschreiten der Belastungsgrenze wird bei der Frage, ob die jeweilige Grenze nach der entsprechenden Besoldungsgruppe überschritten wird, auf den vollen Apothekenabgabepreis des Arzneimittels abgestellt. [3]Erst bei der Berechnung der Beihilfe wird als beihilfefähiger Betrag der Festbetrag anerkannt, sofern er unter dem Apothekenabgabepreis liegt.

Beispiel:
nicht verschreibungspflichtiges Arzneimittel:

Apothekenverkaufspreis:	12,76 Euro
Festbetrag:	7,59 Euro
beihilfefähiger Betrag:	7,59 Euro.

[4]Bei der Berechnung der Belastungsgrenze werden 12,76 Euro berücksichtigt. [5]Nach Überschreiten der Belastungsgrenze können 7,59 Euro als beihilfefähig anerkannt werden, wenn nach Prüfung bei Zugrundelegung des Apothekenabgabepreises von 12,76 Euro die Voraussetzung nach Absatz 1 Satz 1 Nummer 2 vorliegt.

50.1.6 Die Berechnung der Belastungsgrenze erfolgt allein nach den Regelungen der BBhV, unabhängig davon, ob und in welcher Höhe bei Versicherungsleistungen Eigenbehalte abgezogen werden.

50.1.7 Bei fristgerechter Antragstellung und Überschreiten der Belastungsgrenze erfolgt die Erstattung der die Belastungsgrenze übersteigenden, einbehaltenen Eigenbehalte sowie der nicht verschreibungspflichtigen Arzneimittel nach § 22 Absatz 2 Nummer 3, die nicht den Ausnahmeregelungen unterliegen, auf Grundlage des Apothekenverkaufspreises; höchstens jedoch zum Festbetrag.

50.1.8 Die Festsetzungsstelle kann auf die Vorlage von Nachweisen zu den anrechenbaren Eigenbehalten und nicht verschreibungspflichtigen Arzneimitteln verzichten, soweit diese bereits dokumentiert sind.

50.2 Zu Absatz 2

50.2.1 Einnahmen einer Ehegattin, eines Ehegatten, einer Lebenspartnerin, eines Lebenspartners, die oder der privat krankenversichert ist, sind in die Berechnung der Belastungsgrenze einzubeziehen.

50.2.2 [1]Bei verheirateten beihilfeberechtigten Personen, die beide beihilfeberechtigt sind, erfolgt die Minderung der Einnahmen um 15 Prozent jeweils für jede beihilfeberechtigte Person gesondert. 2Die Minderung für jedes Kind um den sich aus § 32 Absatz 6 Satz 1 und 2 EStG ergebenden Betrag erfolgt mit Ausnahme der Personen, die heilfürsorgeberechtigt sind oder Anspruch auf unentgeltliche truppenärztliche Versorgung haben, bei der beihilfeberechtigten Person, die den Familienzuschlag bezieht.

50.2.3 Liegen die Voraussetzungen für einen Freibetrag nach § 32 Absatz 6 Satz 1 und 2 EStG nicht für jeden Kalendermonat vor, ermäßigen sich die dort genannten Beträge um ein Zwölftel.

50.3 Zu Absatz 3

1Bei beihilfeberechtigten oder berücksichtigungsfähigen Personen, deren Kosten der Unterbringung in einem Heim oder einer ähnlichen Einrichtung durch einen Träger der Sozialhilfe oder Träger der sozialen Entschädigung getragen werden, ist bei der Berechnung der Belastungsgrenze nur der Regelsatz des Haushaltsvorstandes nach der Regelsatzverordnung maßgebend. 2Dies gilt gleichermaßen auch für Sozialhilfeempfänger außerhalb dieser Einrichtungen.

VII

Kapitel 6
Verfahren und Zuständigkeit

51 Zu § 51 – Bewilligungsverfahren

51.1 Zu Absatz 1

51.1.1 1Die Festsetzungsstelle ist bei ihren Einzelfallentscheidungen an § 80 BBG, an die BBhV, an diese Verwaltungsvorschrift sowie an ergänzende Erlasse der obersten Dienstbehörde gebunden. 2Soweit Festsetzungsstellen die Beihilfebearbeitung übertragen worden ist, bleibt oberste Dienstbehörde die Dienstbehörde des übertragenden Ressorts (vgl. auch § 3 Absatz 1 BBG).

51.1.2 1Die Aufwendungen für Heil- und Kostenpläne nach § 14 Satz 2 und § 15a Absatz 1 Satz 2 gehören nicht zu den Gutachten im Sinne des Absatzes 1, deren Kosten von der Festsetzungsstelle zu tragen sind. 2Die Aufwendungen für diese Heil- und Kostenpläne sind nach § 14 Satz 3 und § 15a Absatz 1 Satz 3 beihilfefähig.

51.1.3 Die Verpflichtung zur Pseudonymisierung personenbezogener Daten nach Satz 4 konkretisiert die Geheimhaltungspflicht nach § 55.

51.1.4 Nach Satz 2 hat die beihilfeberechtigte Person

- alle Tatsachen anzugeben, die für die Leistung erheblich sind, und auf Verlangen des zuständigen Leistungsträgers der Erteilung der erforderlichen Auskünfte durch Dritte zuzustimmen,
- Änderungen in den Verhältnissen, die für die Leistung erheblich sind oder über die im Zusammenhang mit der Leistung Erklärungen abgegeben worden sind, unverzüglich mitzuteilen,
- Beweismittel zu bezeichnen und auf Verlangen des zuständigen Leistungsträgers Beweisurkunden vorzulegen oder ihrer Vorlage zuzustimmen und
- sich auf Verlangen der Festsetzungsstelle ärztlichen und psychologischen Untersuchungsmaßnahmen zu unterziehen, soweit diese für die Entscheidung erforderlich sind.

51.1.5 Die Mitwirkungspflicht der beihilfeberechtigten Person besteht nicht, soweit

- ihre Erfüllung nicht in einem angemessenen Verhältnis zur beantragten Leistung steht,
- ihre Erfüllung unzumutbar ist,
- die Festsetzungsstelle sich die erforderlichen Kenntnisse mit geringerem Aufwand beschaffen kann als die beihilfeberechtigte Person,
- bei Behandlungen und Untersuchungen im Einzelfall
  - ein Schaden für Leben oder Gesundheit nicht mit hoher Wahrscheinlichkeit ausgeschlossen werden kann,
  - die Maßnahme mit erheblichen Schmerzen verbunden ist oder einen erheblichen Eingriff in die körperliche Unversehrtheit bedeutet.

51.1.6 1In Härtefällen kann die beihilfeberechtigte Person, auch für berücksichtigungsfähige Personen, auf Antrag Ersatz des notwendigen Aufwandes einschließlich des Verdienstausfalls in angemessenem Umfang erhalten. 2Notwendig ist der geltend gemachte Aufwand nur dann, wenn die beihilfeberechtigte oder berücksichtigungsfähige Person alle Möglichkeiten zur Minimierung des Aufwandes genutzt hat. 3Dazu gehört im Falle des Verdienstausfalls auch eine Verlegung der Arbeitszeit oder des Termins einer Untersuchung oder Begutachtung. 4Ein Härtefall in diesem Sinn liegt nur dann vor, wenn der Verzicht auf die Erstattung des notwendigen Aufwandes in angemessener Höhe der beihilfeberechtigten Person aus Fürsorgegründen nicht zugemutet werden kann.

51.1.7 1Kommt die beihilfeberechtigte Person, auch für berücksichtigungsfähige Personen, ihren Mitwirkungspflichten nicht nach und wird hierdurch die Aufklärung des Sachverhalts erheblich erschwert, kann die Festsetzungsstelle ohne weitere Ermittlungen die Beihilfen versagen oder entziehen. 2Dies gilt entsprechend, wenn die Aufklärung des Sachverhalts absichtlich erheblich erschwert wird.

51.1.8 1Beihilfeberechtigte Personen sind auf die möglichen Folgen mangelnder Mitwirkung vor dem Entzug der Leistungen schriftlich hinzuweisen. 2Ihnen kann für die Erfüllung der Mitwirkungspflicht eine angemessene Frist gesetzt werden.

51.1.9 Wird die Mitwirkung nachgeholt, ist die beantragte Beihilfe in Höhe des durch die Mitwirkung nachgewiesenen Anspruchs zu gewähren, soweit die Voraussetzungen für die Gewährung trotz verspäteter Erfüllung der Mitwirkungspflichten weiterhin vorliegen.

51.2 Zu Absatz 2

51.2.1 Zur Verfahrensweise wird auf Nummer 37.2 verwiesen.

51.2.2 1Die Beihilfe, die auf Antrag regelmäßig wiederkehrend in gleichbleibender Höhe zu den Aufwendungen in Pflegefällen gezahlt werden kann und entsprechend festgesetzt worden ist, ist zu überprüfen und zu korrigieren, wenn die beihilfeberechtigte Person Änderungen mitteilt. 2Um Überzahlungen vorzubeugen, haben die Festsetzungsstellen nach einer zwölfmonatigen Beihilfegewährung die Anspruchsvoraussetzungen zu überprüfen. 3Dies kann beispielsweise bei häuslicher Pflege durch die Beratungsbesuche nach § 38a Absatz 6 BBhV erfolgen.

51.3 Zu Absatz 3

51.3.1 1Die BBhV verzichtet weitgehend auf bindende Formvorschriften für das Antragsverfahren. 2Damit wird den Festsetzungsstellen die Möglichkeit gegeben, ein auf ihre individuellen Bedürfnisse abgestimmtes Verfahren zu gestalten. 3Auch die zu verwendenden Antragsformulare können nach den jeweiligen Anforderungen gestaltet werden. 4Unverzichtbar für die Beihilfebearbeitung sind persönliche Angaben zur Identifizierung der beihilfeberechtigten Person, Angaben zum Anspruch auf Bezüge und ggf. familienbezogene Zulagen (für die Prüfung des Beihilfeanspruchs und der Berücksichtigungsfähigkeit) und zu sonstigen Ansprüchen (z. B. aus Krankenversicherungen oder Schadensersatzansprüchen bei Unfällen mit Ersatzpflicht Dritter).

51.3.2 1Eine für die Abrechnung von Wahlleistungen immer im Vorfeld zwingend abzuschließende Wahlleistungsvereinbarung nach § 17 Absatz 2 KHEntgG ist nur auf Verlangen der Festsetzungsstelle vorzulegen. 2Nummer 26.1.5 gilt entsprechend. 3Im Falle der Abrechnung von Wahlleistungen bei Rehabilitationseinrichtungen brauchen keine Wahlleistungsvereinbarungen vorgelegt werden. 4Rehabilitationsmaßnahmen unterliegen nicht dem KHEntgG, also auch nicht § 17 KHEntgG. 5Entsprechend berechnete Leistungen sind nach § 26 Absatz 1 Nummer 5 zu prüfen.

51.3.3 1Die Vorschrift ermöglicht die elektronische Beihilfebearbeitung einschließlich der elektronischen Belegübermittlung und Bescheidversendung. 2Aus der Vorschrift ergibt sich kein Anspruch der beihilfeberechtigten

VII

Person auf eine bestimmte Verfahrensgestaltung.

51.3.4 In einem verschlossenen Umschlag bei der Beschäftigungsdienststelle eingereichte und als solche kenntlich gemachte Beihilfeanträge sind ungeöffnet an die Festsetzungsstelle weiterzuleiten.

51.3.5 1Aufwendungen für Halbwaisen können mit Zustimmung der Festsetzungsstelle zusammen mit den Aufwendungen des Elternteils in einem Antrag geltend gemacht werden. 2Der eigenständige Beihilfeanspruch der Halbwaisen bleibt auch bei gemeinsamer Antragstellung unverändert bestehen. 3Eine Berücksichtigungsfähigkeit nach §4 wird durch die gemeinsame Antragstellung nicht begründet.

51.3.6 1Beihilfen werden nur zu Aufwendungen gewährt, die während des Bestehens einer Beihilfeberechtigung oder Berücksichtigungsfähigkeit entstanden sind. 2Besteht im Zeitpunkt der Antragstellung keine Beihilfeberechtigung oder keine Berücksichtigungsfähigkeit mehr, sind Beihilfen zu den Aufwendungen zu gewähren, für die die Voraussetzungen nach Satz 1 erfüllt waren.

VII

51.4 Zu Absatz 4

1Die Vorschrift dient der Verfahrensvereinfachung bei Aufwendungen, die im Ausland entstanden sind. 2Grundsätzlich obliegt es der beihilfeberechtigten Person, prüfbare Belege für Leistungen im In- und Ausland vorzulegen. 3Soweit der Festsetzungsstelle die Prüfung der Belege ohne weitere Mitwirkung der beihilfeberechtigten Person möglich ist, bedarf es keiner weiteren Unterlagen. 4Eine Übersetzung im Sinne von Satz 3 unterliegt keinen besonderen Formvorschriften; sie muss nicht amtlich beglaubigt sein. 5Die Kosten einer erforderlichen Übersetzung sind nicht beihilfefähig. 6Bei Rechnungsbeträgen in ausländischer Währung ist Nummer 11.1.2 zu beachten.

51.5 Zu Absatz 5

51.5.1 1Grundsätzlich sind die eingereichten Belege zu vernichten. 2Die Vernichtung der Belege umfasst nicht nur die der Festsetzungsstelle in Papierform vorliegenden Belege, sondern auch die Löschung der ggf. elektronisch übersandten Belegdateien.

51.5.2 Die Vernichtung der Belege hat so zu erfolgen, dass eine Rekonstruktion der Inhalte nicht möglich ist.

51.6 Zu Absatz 6

(unbesetzt)

51.7 Zu Absatz 7

1Die Regelung schafft keinen Beihilfeanspruch; der Beihilfeanspruch steht materiell unverändert der beihilfeberechtigten Person zu. 2Eine unbillige Härte kann unter anderem dann gegeben sein, wenn wegen des Getrenntlebens von beihilfeberechtigten und berücksichtigungsfähigen Personen den berücksichtigungsfähigen Personen die Beihilfestellung durch die beihilfeberechtigte Person nicht zuzumuten ist. 3Das kann z. B. der Fall sein, wenn befürchtet werden muss, dass die beihilfeberechtigte Person die Aufwendungen für seine berücksichtigungsfähigen Personen nicht oder nicht rechtzeitig beantragt oder die für Aufwendungen der berücksichtigungsfähigen Personen gewährten Beihilfen nicht zweckentsprechend einsetzt.

51.8 Zu Absatz 8

51.8.1 Sofern nicht schon von der Möglichkeit des §51 Absatz 8 Satz 2 BBhV Gebrauch gemacht wird, gilt die Antragsgrenze von 200 Euro dann nicht, wenn die beihilfeberechtigte Person aus dem beihilfeberechtigten Personenkreis ausgeschieden ist oder den Dienstherrn gewechselt hat.

51.8.2 1Sofern nicht schon von der Möglichkeit des §51 Absatz 8 Satz 2 BBhV Gebrauch gemacht wird, kann die Festsetzungsstelle zur Vermeidung von Härten Ausnahmen von der Antragsgrenze zulassen. 2Mit dieser Regelung werden die Festsetzungsstellen in die Lage versetzt, im Rahmen einer Einzelfallprüfung oder für bestimmte Personengruppen festzulegen, ob insbesondere unter Berücksichtigung der Fürsorgepflicht ein Abweichen von der Antragsgrenze angezeigt ist.

51.9 Zu Absatz 9

1Beihilfeberechtigten Personen können insbesondere zum Schutz vor außergewöhnlichen finanziellen Belastungen auf Antrag Abschlagszahlungen gewährt werden. 2Dabei ist es ausreichend, wenn durch Unterlagen, z. B. Kostenvoranschläge der Leistungserbringerin oder des Leistungserbringers dokumentiert wird, dass eine hohe Belastung vor der Beihilfebeantragung entsteht (z. B. Kauf eines Hilfsmittels mit einer sofort zu begleichenden Rechnung). 3Einzahlungsbelege als Grundlage für eine Abschlagszahlung sind nicht erforderlich.

51a Zu § 51a – Zahlung an Dritte

51a.1 Zu Absatz 1

(unbesetzt)

51a.2 Zu Absatz 2

51a.2.1 1Die jeweiligen Rechtsbeziehungen zwischen der beihilfeberechtigten Person und dem Beihilfeträger und die der beihilfeberechtigten oder berücksichtigungsfähigen Person zum Krankenhaus bleiben unberührt. 2Die Direktabrechnung bedeutet daher weder einen Schuldbeitritt noch eine Schuldübernahme.

51a.2.2 1§ 51a Absatz 2 BBhV verpflichtet die Festsetzungsstellen, bei der Festsetzung abrechnungsrelevante Klärungen mit dem Krankenhaus durchzuführen. 2So sollen Unstimmigkeiten oder Fehler in der Rechnung – wie etwa eine falsche DRG-Abrechnung usw. – im Vorfeld der Beihilfefestsetzung zwischen Krankenhaus und Festsetzungsstelle abgeklärt werden. 3Gelingt dies nicht, sind eventuelle Rechtsstreitigkeiten nach der Beihilfefestsetzung zwischen der behandelten Person und dem Krankenhaus zu klären.

51a.2.3 1Erfasst werden nur Krankenhäuser, die auch für die Behandlung von Mitgliedern der gesetzlichen Krankenversicherung nach § 108 SGB V zugelassen sind. 2Privatkliniken oder Kliniken im Ausland werden nicht erfasst. 3Hier bleibt es bei dem bewährten Erstattungsverfahren. 4Nach § 108 SGB V zugelassene Krankenhäuser nehmen nur dann am Direktabrechnungsverfahren teil, wenn sie der Rahmenvereinbarung zwischen der DKG und dem BMI beitreten. 5Dies kann sowohl generell durch ausdrücklichen Beitritt als auch im jeweiligen einzelnen Behandlungsfall durch bloße Übersendung des Beihilfeantrags an die Festsetzungsstelle zur Direktabrechnung erfolgen. 6Das BVA veröffentlicht eine Liste der bisher generell beigetretenen Krankenhäuser unter https://www.bva.bund.de/SharedDocs/Kurzmeldungen/DE/Bundesbedienstete/Gesundheit-Vorsorge/Beihilfe/2018/krankenhausdirektabrechnung.html. 7Es wird dennoch den beihilfeberechtigten und berücksichtigungsfähigen Personen empfohlen, wenn möglich, im Vorfeld des Krankenhausaufenthaltes die Teilnahme am Direktabrechnungsverfahren bei den Krankenhäusern zu erfragen, sofern sie dieses Verfahren in Anspruch nehmen wollen.

51a.2.4 1Umfasst von der Krankenhausdirektabrechnung werden die beihilfefähigen Aufwendungen für allgemeine Krankenhausleistungen und ggf. Wahlleistungen für gesonderte Unterkunft. 2Werden ausnahmsweise wahlärztliche Leistungen in der Krankenhausrechnung mit liquidiert, finden die Regelungen zur Direktabrechnung auch Anwendung. 3Nicht beihilfefähige Leistungen oder Eigenbehalte nach § 49 sind nicht erfasst und müssen weiterhin von der beihilfeberechtigten oder berücksichtigungsfähigen Person unmittelbar dem Krankenhaus erstattet werden.

51a.2.5 Das Abrechnungsverfahren gliedert sich in die drei Teilschritte:

1. Aufnahmeverfahren im Krankenhaus,
2. Übermittlung der Rechnung und anderer Unterlagen durch das Krankenhaus an die Festsetzungsstelle und
3. Beihilfezahlung unmittelbar an das Krankenhaus.

51a.2.6 1Das Direktabrechnungsverfahren beginnt mit der Stellung eines Antrags nach Anlage 16. 2Nach der Behandlung sendet das Krankenhaus den Antrag zusammen mit der Rechnung an die Festsetzungsstelle. 3Nach

Prüfung der Rechnung wird der Rechnungsbetrag in Höhe der Beihilfe durch die Festsetzungsstelle an das Krankenhaus überwiesen. 4Die beihilfeberechtigte Person erhält einen abschließenden Bescheid.

51a.2.7 Die Festsetzungsstelle soll prüfen, ob Ausschlussgründe, die einer Direktabrechnung entgegenstehen, ohne großen Aufwand behoben werden können.

51a.2.8 1Kommt eine Direktabrechnung nicht in Betracht, erhält die beihilfeberechtigte Person einen entsprechenden Ablehnungsbescheid, dessen Inhalt dem Krankenhaus mitgeteilt wird. 2In diesem Fall ist dann das übliche Beihilfeverfahren zu beschreiten.

51a.3 Zu Absatz 3

(unbesetzt)

52 Zu § 52 – Zuordnung der Aufwendungen

52.1 Die Zuordnung der Aufwendungen bestimmt den für die Aufwendungen anzusetzenden Beihilfebemessungssatz.

VII

52.2 1Nach Nummer 4 sind nur die Aufwendungen für das gesunde Neugeborene der Mutter zugeordnet. 2Darüber hinausgehende Aufwendungen, die durch eine Erkrankung des Kindes entstehen, sind davon nicht erfasst; diese Aufwendungen sind dem Kind zuzuordnen.

53 Zu § 53 – (weggefallen)

54 Zu § 54 – Antragsfrist

54.1 Zu Absatz 1

54.1.1 1Bei Versäumnis der Antragsfrist ist auf Antrag eine Wiedereinsetzung in den vorigen Stand zu gewähren, sofern die Voraussetzungen nach § 32 VwVfG vorliegen. 2Das gilt auch in den Fällen des § 51 Absatz 6 BBhV.

54.1.1.1 Wiedereinsetzung in den vorigen Stand ist danach zu gewähren, wenn die Antragsfrist durch Umstände versäumt worden ist, die die beihilfeberechtigte Person nicht zu verantworten hat.

54.1.1.2 Innerhalb von zwei Wochen nach dem Wegfall des Hindernisses ist sowohl der Beihilfeantrag nachzuholen als auch glaubhaft zu machen, dass weder die beihilfeberechtigte Person noch ihr Vertreter das Fristversäumnis zu vertreten hat.

54.1.1.3 1Ein Jahr nach Beendigung der versäumten Frist kann die Wiedereinsetzung nur dann beantragt werden, wenn dies vor Ablauf dieser Frist auf Grund höherer Gewalt unmöglich war. 2Höhere Gewalt liegt nur dann vor, wenn das Fristversäumnis auf ungewöhnlichen und unvorhersehbaren Umständen beruht und deren Folgen trotz aller Sorgfalt nicht hätten vermieden werden können.

54.1.2 1Hat ein Träger der Sozialhilfe oder der Sozialen Entschädigung vorgeleistet, kann er auf Grund einer schriftlichen Überleitungsanzeige nach § 95 SGB VIII, § 141 SGB IX, § 93 SGB XII oder § 120 SGB XIV einen Beihilfeanspruch geltend machen. 2Der Beihilfeanspruch geht damit in der Höhe und in dem Umfang, wie er der beihilfeberechtigten Person zusteht, auf den Träger der Sozialhilfe oder der Sozialen Entschädigung über. 3Eine Überleitung nach § 95 SGB VIII, § 141 SGB IX, § 93 SGB XII oder § 120 SGB XIV ist nur zulässig, wenn Aufwendungen für die beihilfeberechtigte Person selbst oder bei Hilfe in besonderen Lebenslagen für ihre nicht getrennt lebenden Ehegattin, ihren nicht getrennt lebenden Ehegatten, ihrer nicht getrennt lebenden Lebenspartnerin oder ihren nicht getrennt lebenden Lebenspartner oder für die berücksichtigungsfähigen Kinder (nicht Pflegekinder und Stiefkinder) der beihilfeberechtigten Person entstanden sind. 4In allen übrigen Fällen ist eine Überleitung nicht zulässig; gegen eine derartige Überleitungsanzeige ist durch die Festsetzungsstelle Widerspruch einzulegen und ggf. Anfechtungsklage zu erheben.

54.1.3 1Leitet der Träger der Sozialhilfe oder der Sozialen Entschädigung nicht über, sondern nimmt die beihilfeberechtigte Person nach § 19 Absatz 5 SGB XII oder § 121 SGB XIV im Wege des Aufwendungsersatzes in Anspruch, kann nur die beihilfeberechtigte Person den Beihilfeanspruch geltend machen; die Zahlung an den Träger der Sozialhilfe oder der Sozialen Entschädigung ist zulässig. 2Die Abtretung des Beihilfeanspruchs an den Träger der Sozialhilfe oder Kriegsopferfürsorge ist ausgeschlossen (zur Abtretung siehe hierzu Nummer 10.1.3).

54.1.4 1Hat ein Träger der Sozialhilfe oder der Sozialen Entschädigung Aufwendungen vorgeleistet, liegt ein Beleg im Sinne von § 51 Absatz 3 Satz 2 vor, wenn die Rechnung

- den Erbringer der Leistungen (z. B. Heim, Anstalt),
- die Leistungsempfängerin oder den Leistungsempfänger (untergebrachte oder behandelte Person),
- die Art (z. B. Pflege, Heilmittel) und den Zeitraum der erbrachten Leistungen und
- die Kosten der Leistung

enthält. 2Die Rechnung muss vom Erbringer der Leistung erstellt werden. 3Ausnahmsweise kann auch ein Beleg des Trägers der Sozialhilfe oder der Sozialen Entschädigung anerkannt werden, der die entsprechenden Angaben enthält. 4In diesem Fall ist zusätzlich die Angabe des Datums der Vorleistung (vgl. Satz 3) und ggf. der schriftlichen Überleitungsanzeige erforderlich.

54.1.5 Eine innerhalb der Frist des § 54 Absatz 1 erfolgte Dienstunfallanzeige kann in einen Beihilfeantrag nach § 51 Absatz 1 umgedeutet werden, wenn kein Dienstunfall festgestellt wurde und ein nunmehr eingereichter Beihilfeantrag verfristet wäre.

54.2 Zu Absatz 2

Die Vorschrift soll beihilfeberechtigten Personen mit ausländischem Dienstort von Erschwernissen entlasten, die auf den Besonderheiten des dienstlichen Einsatzes beruhen (z. B. längere Postlaufzeiten).

55 Zu § 55 – Geheimhaltungspflicht

1Abweichend von der Pflicht zur Geheimhaltung personenbezogener Daten, die bei der Bearbeitung von Beihilfeangelegenheiten bekannt werden, ist die Weitergabe dieser Daten gemäß § 108 Absatz 2 BBG erlaubt, wenn sie erforderlich sind für die Einleitung oder Durchführung eines im Zusammenhang mit einer Beihilfeangelegenheit stehenden behördlichen oder gerichtlichen Verfahrens, zur Abwehr erheblicher Nachteile für das Gemeinwohl, einer sonst unmittelbar drohenden Gefahr für die öffentliche Sicherheit oder einer schwerwiegenden Beeinträchtigung der Rechte einer anderen Person oder wenn die betroffene Person im Einzelfall eingewilligt hat. 2Zudem gestattet § 108 Absatz 4 BBG, bestimmte anspruchsbegründende und anspruchshemmende in der Person des Beamten oder seiner Familienangehörigen liegende Daten, die für die Festsetzung und Rechnung der Besoldungs- und Versorgungsbezüge und zur Prüfung der Kindergeldberechtigung erforderlich sind, zu nutzen bzw. an die zuständige Behörde zu übermitteln.

56 Zu § 56 – Festsetzungsstellen

56.0 Allgemein

56.0.1 Werden beihilfeberechtigte Personen innerhalb des Bundesdienstes abgeordnet, verbleibt es bei der Zuständigkeit der bisherigen Festsetzungsstelle.

56.0.2 Werden beihilfeberechtigte Personen zu einer Dienststelle außerhalb der Bundesverwaltung abgeordnet, bleibt die bisherige Festsetzungsstelle weiterhin zuständig.

56.0.3 Werden Beamtinnen und Beamte eines anderen Dienstherrn in den Bundesdienst abgeordnet, bleibt der bisherige Dienstherr für die Beihilfegewährung weiterhin zuständig.

56.0.4 Die abgebenden und die aufnehmenden Dienstherren können von den Nummern 56.0.1 bis 56.0.3 abweichende Regelungen treffen.

56.0.5 Mit der Wirksamkeit der Versetzungsverfügung ist die aufnehmende Behörde für die Beihilfegewährung zuständig.

56.0.6 Verlegt eine beihilfeberechtigte Person ihren Wohnsitz aus privaten Gründen ins Ausland, bleibt die für sie zuständige Festsetzungsstelle ggf. bis zu einer anderen Entscheidung der obersten Dienstbehörde weiterhin zuständig.

56.0.7 1Soweit nicht bundesunmittelbare Körperschaften, Anstalten und Stiftungen des öffentlichen Rechts ausnahmsweise eigene Dienstherreneigenschaft besitzen, ist Dienstherr der Bund (§ 2 BBG). 2Insoweit kann die Beihilfebearbeitung auch Festsetzungsstellen des Bundes außerhalb des eigenen Ressorts übertragen werden.

56.1 Zu Absatz 1
(unbesetzt)

56.2 Zu Absatz 2
(unbesetzt)

56.3 Zu Absatz 3
(unbesetzt)

57 Zu § 57 – (weggefallen)

Kapitel 7 Übergangs- und Schlussvorschriften

58 Zu § 58 – Übergangsvorschriften

58.1 Zu Absatz 1
(unbesetzt)

58.2 Zu Absatz 2
(unbesetzt)

58.3 Zu Absatz 3
(unbesetzt)

58.4 Zu Absatz 4
(unbesetzt)

58.5 Zu Absatz 5
(unbesetzt)

58.6 Zu Absatz 6
(unbesetzt)

58.7 Zu Absatz 7 – ab 1. Juli 2025
(unbesetzt)

59 Zu § 59 – Inkrafttreten
(unbesetzt)

60 Inkrafttreten, Außerkrafttreten
Diese allgemeine Verwaltungsvorschrift tritt am 1. Juli 2017 in Kraft. Gleichzeitig tritt die Allgemeine Verwaltungsvorschrift zur Bundesbeihilfeverordnung vom 13. Juni 2013 (GMBl S. 721) außer Kraft.

Anhang 1
(zu den Nummern 5.6 und 46.3.4)

Absender Festsetzungsstelle

____

Festsetzungsstelle der Ehegattin / des Ehegatten /
der Lebenspartnerin / des Lebenspartners

Mitteilung zum Bezug von Beihilfen für berücksichtigungsfähige Kinder und des erhöhten Bemessungssatzes (§§ 4, 5 und 46 BBhV)

1. Beihilfeberechtigte Person

____
Familienname, Vorname, Geburtsdatum

____
Beschäftigungsbehörde/Dienststelle

____

2. Ehegattin/Ehegatte/Lebenspartnerin/Lebenspartner

____
Familienname, Vorname, Geburtsdatum

____
Beschäftigungsbehörde/Dienststelle

Die unter 1. genannte beihilfeberechtigte Person erhält für folgende berücksichtigungsfähige Kinder Beihilfen und – bei zwei und mehr Kindern – den erhöhten Bemessungssatz (§ 5 Absatz 5 und § 46 Absatz 3 BBhV):

Familienname	Vorname	Geburtsdatum

______________________________ ______________________________
Datum Unterschrift

VII

Anhang 2
(zu den Nummern 18.3, 18a.4.2 bis 18a.4.7 und 18a.4.9 bis 18a.4.10)

Formblätter zum Verfahren bei ambulanter Psychotherapie

Formblatt 1

Empfänger (Festsetzungsstelle)

Antrag auf Anerkennung der Beihilfefähigkeit von Psychotherapie

Vertrauliche Beihilfeangelegenheit!

Angaben zur beihilfeberechtigten Person:	
Beihilfe-Identifikationsnummer	
Familienname, Vorname	______________________
Geburtsdatum	__ __ . __ __ . __ __ __ __
Anschrift	______________________ ______________________
Pseudonymisierungscode (wird von der Festsetzungsstelle vergeben)	

Ich bitte um Anerkennung der Beihilfefähigkeit der Aufwendungen

für
- ☐ Analytische Psychotherapie
- ☐ Systemische Therapie
- ☐ Tiefenpsychologisch fundierte Psychotherapie
- ☐ Verhaltenstherapie

als
- ☐ Einzeltherapie
- ☐ Gruppentherapie
- ☐ Kombinationsbehandlung aus Einzel- und Gruppenbehandlung

für folgende Person:
- ☐ beihilfeberechtigte Person
- ☐ berücksichtigungsfähige Person

Familienname	Vorname	Geburtsdatum

____

Datum und Unterschrift der beihilfeberechtigten Person

Pseudonymisierungscode:

Formblatt 2

Schweigepflichtentbindung (verbleibt bei der Festsetzungsstelle)

Ich ermächtige Frau/Herrn

,

der oder dem von der Festsetzungsstelle beauftragten Gutachterin oder beauftragten Gutachter Auskunft zu geben und entbinde sie oder ihn von der Schweigepflicht der Ärztin oder des Arztes oder der Psychotherapeutin oder des Psychotherapeuten (im Folgenden Therapeutinnen oder Therapeuten genannt). Ich bin damit einverstanden, dass die Gutachterin oder der Gutachter der Festsetzungsstelle mitteilt, ob und in welchem Umfang die Behandlung medizinisch notwendig ist.

Diese Erklärung gilt nur für den konkreten Antrag auf Anerkennung der Beihilfefähigkeit einer Psychotherapie. Mir ist bekannt, dass ich die Einwilligung jederzeit widerrufen kann.

Datum	Unterschrift der zu behandelnden Person oder der gesetzlichen Vertreterin oder des gesetzlichen Vertreters

Pseudonymisierungscode:

Formblatt 3

Angaben der Therapeutin oder des Therapeuten

1. Welche Krankheit wird durch die Psychotherapie behandelt?

Diagnose:

2. Welcher Art ist die Psychotherapie?

□ für Erwachsene □ für Kinder und Jugendliche

□ Analytische Psychotherapie (AP)

□ Systemische Therapie (ST)

□ Tiefenpsychologisch fundierte Psychotherapie (TP)

□ Verhaltenstherapie (VT)

□ Langzeittherapie als

- □ Erstantrag
- □ Umwandlung
- □ Fortführung

3. Welche Anwendungsform ist geplant und mit wie vielen Sitzungen ist zu rechnen?

Anwendungsform	Zahl der Sitzungen
□ ausschließlich Einzelbehandlung	
□ ausschließlich Gruppenbehandlung	
□ Kombinationsbehandlung mit	
□ überwiegend Einzelbehandlung	
□ überwiegend Gruppenbehandlung	
□ Kombinationsbehandlung durch zwei Therapeutinnen oder Therapeuten (In diesen Fällen müssen beide Therapeuten das Formblatt 3 ausfüllen)	

4. Werden Bezugspersonen in die Behandlung einbezogen?

□ Nein	
□ Ja	Zahl der Sitzungen

5. Gebührennummern und Gebührenhöhe

Gebührennummer		Gebührenhöhe je Sitzung	

6. Wurde bereits früher eine psychotherapeutische Behandlung durchgeführt?

□ Nein		
□ Ja	von bis	Zahl der Sitzungen

7. Fachkundenachweis für die beantragte Psychotherapie

1. Ärztinnen und Ärzte

□ Fachärztin oder Facharzt für Psychotherapeutische Medizin

□ Fachärztin oder Facharzt für Psychiatrie und Psychotherapie

oder Psychosomatische Medizin und Psychotherapie

□ Fachärztin oder Facharzt für Kinder- und

Jugendlichenpsychiatrie und -psychotherapie

□ Ärztin oder Arzt mit der Bereichs- oder Zusatzbezeichnung „Psychotherapie“ oder „Psychoanalyse“

verliehen: □ vor dem 1. April 1984

Nachweis: □ Schwerpunkt Verhaltenstherapie

□ Weiterbildung Systemische Therapie

2. Psychotherapeutinnen und Psychotherapeuten

□ **Behandlung von Erwachsenen**

mit Weiterbildung für Behandlung von Erwachsenen

□ tiefenpsychologisch fundierte Psychotherapie

□ analytische Psychotherapie

□ Verhaltenstherapie

- ☐ **Behandlung von Kindern und Jugendlichen**

  mit Weiterbildung für Behandlung von Kindern und Jugendlichen

  - ☐ tiefenpsychologisch fundierte Psychotherapie
  - ☐ analytische Psychotherapie
  - ☐ Verhaltenstherapie

3. Psychologische Psychotherapeutinnen und Psychologische Psychotherapeuten

- ☐ **Behandlung von Erwachsenen**

  mit vertiefter Ausbildung

  - ☐ tiefenpsychologisch fundierte Psychotherapie
  - ☐ analytische Psychotherapie
  - ☐ Verhaltenstherapie
  - ☐ Systemische Therapie

- ☐ **Behandlung von Kindern und Jugendlichen**

  mit vertiefter Ausbildung und Zusatzqualifikation entsprechend den Anforderungen nach § 6 Absatz 4 Psychotherapievereinbarung

  - ☐ tiefenpsychologisch fundierte Psychotherapie
  - ☐ analytische Psychotherapie
  - ☐ Verhaltenstherapie

4. Kinder- und Jugendlichenpsychotherapeutinnen und Kinder- und Jugendlichenpsychotherapeuten

mit vertiefter Ausbildung

- ☐ tiefenpsychologisch fundierte Psychotherapie
- ☐ analytische Psychotherapie
- ☐ Verhaltenstherapie

Datum, Unterschrift und Stempel der Therapeutin oder des Therapeuten

VII

Pseudonymisierungscode:

Formblatt 4

Der Bericht ist in einem verschlossenen, deutlich als VERTRAULICHE ARZTSACHE gekennzeichneten Umschlag der Festsetzungsstelle zur Weiterleitung an die Gutachterin/den Gutachter zu übersenden.
Absender Name und Anschrift der Therapeutin oder des Therapeuten

Bericht an die Gutachterin oder den Gutachter zum Antrag auf Anerkennung der Beihilfefähigkeit für Psychotherapie

I. Angaben über die zu behandelnde Person

Pseudonymisierungscode (wird von der Festsetzungsstelle vergeben)			Familienstand
Geburtsdatum	Geschlecht (m/w/d)	Beruf	

II. Angaben über die Behandlung

Art der vorgesehenen Therapie
Datum des Therapiebeginns
Angaben zur Behandlung (Einzel- oder Gruppentherapie oder Kombinationsbehandlung), der Sitzungszahl und Behandlungsfrequenz seit Therapiebeginn
Angaben zur voraussichtlich noch erforderlichen Behandlung (Einzel- oder Gruppentherapie oder Kombinationsbehandlung), der Sitzungszahl und Behandlungsfrequenz

VII

Pseudonymisierungscode:

Ergänzende Hinweise zum Erstellen des Berichts an die Gutachterin oder den Gutachter[1]:

Die Therapeutin oder der Therapeut erstellt den Bericht an die Gutachterin oder den Gutachter persönlich und in freier Form nach der in diesem Formblatt vorgegebenen Gliederung und versieht ihn mit Datum und Unterschrift. Der Bericht soll auf die für das Verständnis der psychischen Störung und deren Ursachen sowie auf die für die Behandlung relevanten Informationen begrenzt sein.

Die jeweiligen Unterpunkte der Gliederungspunkte des Informationsblattes sind als Hilfestellung zur Abfassung des Berichts gedacht und müssen nur bei Relevanz abgehandelt werden. Gliederungspunkte mit dem Zusatz „AP", „ST", „TP" oder „VT" sind nur bei einem Bericht für das entsprechende Psychotherapieverfahren zu berücksichtigen. Die Angaben können stichwortartig erfolgen.

Im Rahmen einer Psychotherapie können relevante Bezugspersonen zur Erreichung eines Behandlungserfolges einbezogen werden. Angaben zur Einbeziehung von Eltern und Bezugspersonen sind insbesondere bei Kindern und Jugendlichen, bei Menschen mit geistiger Behinderung oder in der Systemischen Therapie relevant. Relevante biografische Faktoren sollen im Rahmen der Verhaltensanalyse (VT), der Psychodynamik (TP, AP) bzw. der System- und Ressourcenanalyse (ST) dargestellt werden.

1. **Relevante soziodemographische Daten**
   - Bei Erwachsenen: aktuell ausgeübter Beruf, Familienstand, Zahl der Kinder
   - Bei Kindern und Jugendlichen: Angaben zur Lebenssituation, zu Kindergarten oder zu Schulart, ggf. Schulabschluss und Arbeitsstelle, Geschwisterzahl und -position, zum Alter und Beruf der Eltern und ggf. der primären Betreuungspersonen
2. **Symptomatik und psychischer Befund**
   - Von der zu behandelnden Person geschilderte Symptomatik mit Angaben zu Schwere und Verlauf; ggf. diesbezüglich Angaben von Eltern und Bezugspersonen, bei Kindern und Jugendlichen Informationen aus der Schule
   - Auffälligkeiten bei der Kontaktaufnahme, der Interaktion und bezüglich des Erscheinungsbildes
   - Psychischer Befund
   - Krankheitsverständnis der zu behandelnden Person; ggf. der relevanten Bezugspersonen
   - Ergebnisse psychodiagnostischer Testverfahren
3. **Somatischer Befund/Konsiliarbericht**
   - Somatische Befunde (ggf. einschließlich Suchtmittelkonsum)
   - ggf. aktuelle psychopharmakologische Medikation
   - Psychotherapeutische, psychosomatische sowie kinder- und jugendpsychiatrische bzw. psychiatrische Vorbehandlungen (falls vorhanden Berichte beifügen)
4. **Behandlungsrelevante Angaben zur Lebensgeschichte (ggf. auch zur Lebensgeschichte der Bezugspersonen), zur Krankheitsanamnese, zur Verhaltensanalyse (VT) bzw. zur Psychodynamik (TP, AP) bzw. zum Systemischen Erklärungsmodell (ST)**
   - Psychodynamik (TP, AP): auslösende Situation, intrapsychische Konfliktebene und aktualisierte intrapsychische Konflikte, Abwehrmechanismen, strukturelle Ebene, dysfunktionale Beziehungsmuster
   - Systemisches Erklärungsmodell (ST): Systemanalyse (störungsrelevante interpersonelle und intrapsychische Interaktions- und Kommunikationsmuster, Beziehungsstrukturen, Bedeutungsgebungen), belastende Faktoren, problemfördernde Muster und Lösungsversuche, Ressourcenanalyse, gemeinsam entwickelte Problemdefinition und Anliegen.
5. **Diagnose zum Zeitpunkt der Antragsstellung**
   - ICD-10-Diagnose/n mit Angabe der Diagnosesicherheit
   - Psychodynamische bzw. neurosenpsychologische Diagnose (TP, AP)
   - Differenzialdiagnostische Angaben falls erforderlich
6. **Behandlungsplan und Prognose**
   - Beschreibung der konkreten, mit der zu behandelnden Person reflektierten Therapieziele; ggf. auch Beschreibung der Ziele, die mit den Bezugspersonen vereinbart wurden
   - Individueller krankheitsbezogener Behandlungsplan, auch unter Berücksichtigung evtl. vorausgegangener ambulanter und stationärer Behandlungen sowie Angaben zu den im individuellen Fall geplanten Behandlungstechniken und -methoden; ggf. Angaben zur geplanten Einbeziehung der Bezugspersonen
   - Begründung des Settings (Einzel- oder Gruppentherapie oder Kombinationsbehandlung), auch des Mehrpersonensettings (ST), der Sitzungszahl sowie der Behandlungsfrequenz und ggf. auch kurze Darstellung des Gruppenkonzepts; bei Kombinationsbehandlung zusätzlich kurze Angaben zum abgestimmten Gesamtbehandlungsplan
   - Kooperation mit anderen Berufsgruppen
   - Prognose unter Berücksichtigung von Motivation, Umstellungsfähigkeit, inneren und äußeren Veränderungshindernissen; ggf. auch bezüglich der Bezugspersonen
7. **Zusätzlich erforderliche Angaben bei einem Umwandlungsantrag**
   - Bisheriger Behandlungsverlauf, Veränderung der Symptomatik und Ergebnis in Bezug auf die Erreichung bzw. Nichterreichung der Therapieziele; ggf. auch bezüglich der begleitenden Arbeit mit den Bezugspersonen

VII

1 Die Hinweise entsprechen denjenigen aus der gesetzlichen Krankenversicherung.

- Begründung der Notwendigkeit der Umwandlung der Kurzzeittherapie in eine Langzeittherapie
- Weitere Ergebnisse psychodiagnostischer Testverfahren

Hinweise zum Erstellen des Berichts an die Gutachterin oder den Gutachter zum Fortführungsantrag

(bei mehreren Berichten zu Fortführungsanträgen sind die Berichte entsprechend fortlaufend zu nummerieren)

1. Darstellung des bisherigen Behandlungsverlaufs seit dem letzten Bericht, Veränderung der Symptomatik und Behandlungsergebnis in Bezug auf die Erreichung bzw. Nichterreichung der Therapieziele; ggf. auch bezüglich der Einbeziehung von Bezugspersonen
2. Aktuelle Diagnose/n gemäß ICD-10 und aktueller psychischer Befund, weitere Ergebnisse psychodiagnostischer Testverfahren
3. Begründung der Notwendigkeit der Fortführung der Behandlung, weitere Therapieplanung, geänderte/erweiterte Behandlungsziele, geänderte Behandlungsmethoden und -techniken, Prognose, Planung des Therapieabschlusses, ggf. weiterführende Maßnahmen nach Ende der Therapie

Hinweise zum Ergänzungsbericht (nur bei Zweitgutachten)

Wurde ein Antrag auf Langzeittherapie nach Einholen einer gutachterlichen Stellungnahme von der Festsetzungsstelle abgelehnt und legt die beihilfeberechtigte Person Widerspruch gegen diese Entscheidung ein, kann die Festsetzungsstelle ein Zweitgutachten einholen. Nach Aufforderung durch die Festsetzungsstelle erstellt die Therapeutin oder der Therapeut der Festsetzungsstelle einen in freier Form erstellten Ergänzungsbericht. Für den Ergänzungsbericht gibt es keine vorgesehene Gliederung. Die Rückmeldung der Gutachterin oder des Gutachters und relevante Unterpunkte oder Gliederungspunkte dieses Informationsblattes können als Orientierung für die Erstellung des Ergänzungsberichts verwendet werden.

Datum
Unterschrift und Stempel der Therapeutin oder des Therapeuten

VII

Pseudonymisierungscode:

Formblatt 5

Konsiliarbericht vor Aufnahme einer Psychotherapie

(Den Bericht bitte in einen verschlossenen als vertrauliche Arztsache gekennzeichneten Umschlag übersenden.)

auf Veranlassung von (Name der Therapeutin oder des Therapeuten)

Person (Pseudonymisierungscode - wird von der Festsetzungsstelle vergeben)

- □ Aufgrund ärztlicher Befunde bestehen derzeit Kontraindikationen für eine psychotherapeutische Behandlung.
- □ Ärztliche Mitbehandlung ist erforderlich.

Art der Maßnahme:
Aktuelle Beschwerden, psychischer und somatischer Befund (bei Kindern und Jugendlichen insbesondere unter Berücksichtigung des Entwicklungsstandes):
Stichwortartige Zusammenfassung der im Zusammenhang mit den aktuellen Beschwerden relevanten anamnesischen Daten:
Medizinische Diagnose(n), Differential-, Verdachtsdiagnose(n):
Relevante Vor- und Parallelbehandlungen stationär/ambulant (z. B. laufende Medikation):
Befunde, die eine ärztliche/ärztlich-veranlasste Begleitbehandlung erforderlich machen liegen vor:
Befunde, die eine psychiatrische bzw. kinder- und jugendpsychiatrische Behandlung erforderlich machen, liegen vor:

- □ Psychiatrische bzw. kinder- und jugendpsychiatrische Abklärung ist
  - □ erfolgt. □ veranlasst.

Folgende ärztliche/ärztlich-veranlasste Maßnahmen bzw. Untersuchungen sind notwendig:
Folgende ärztliche Maßnahmen bzw. Untersuchungen sind veranlasst:

Datum, Stempel und Unterschrift der Ärztin/des Arztes

VII

Pseudonymisierungscode:

Formblatt 6

Anschrift der Festsetzungsstelle

(Name und Anschrift der Gutachterin/des Gutachters)

Bundesbeihilfeverordnung

hier: Psychotherapie-Gutachten (Pseudonymisierungscode ______________)

Sehr geehrte Dame, sehr geehrter Herr,

ich bitte Sie um gutachterliche Stellungnahme zu einem Antrag auf Psychotherapie auf der beigefügten Formularvorlage Psychotherapie-Gutachten in Form eines

- ☐ Gutachtens
- ☐ Zweitgutachtens.

Neben den Angaben der Therapeutin oder des Therapeuten ist deren oder dessen Bericht und ggf. ein Konsiliarbericht der Ärztin oder des Arztes im verschlossenen Briefumschlag beigefügt.

Eine Schweigepflichtentbindung der zu behandelnden Person liegt der Festsetzungsstelle vor. Mit dieser wird die Ärztin oder der Arzt oder die Therapeutin oder der Therapeut von der Schweigepflicht entbunden und ermächtigt, der oder dem von der Festsetzungsstelle beauftragten Gutachterin oder Gutachter Auskunft zu geben. Ferner erklärt sich die zu behandelnde Person damit einverstanden, dass die Gutachterin oder der Gutachter der Festsetzungsstelle mitteilt, ob und in welchem Umfang die Behandlung medizinisch notwendig ist.

Nur bei Folge- oder Verlängerungsgutachten:

Es wurde bereits eine psychotherapeutische Behandlung durchgeführt

Gutachten vom: ______________________

Zahl der Sitzungen: ______________________

Name der Gutachterin oder des Gutachters ______________________

Eine Ausfertigung Ihres Psychotherapie-Gutachten für die Therapeutin oder den Therapeuten senden Sie bitte direkt an die Therapeutin oder den Therapeuten im dafür vorgesehenen Freiumschlag. Die andere Ausfertigung für die Festsetzungsstelle einschließlich Ihrer Rechnung in Anlehnung an die Gutachterhonorar-Vereinbarung der Kassenärztlichen Bundesvereinigung mit dem GKV-Spitzenverband senden Sie bitte unter Verwendung des zweiten Freiumschlags an mich zurück.

Mit freundlichen Grüßen

Anlagen: Unterlagen der Therapeutin oder des Therapeuten
3 Formulare zur Erstellung Psychotherapie-Gutachten
2 Freiumschläge

Pseudonymisierungscode:

Formblatt 7.1

Name und Anschrift der Gutachterin oder des Gutachters	Datum

Anschrift Festsetzungsstelle

Ausfertigung für die Festsetzungsstelle

Psychotherapie-Gutachten

Pseudonymisierungscode	
Auftragsschreiben vom	

Die Voraussetzungen für die Anerkennung der Beihilfefähigkeit der Aufwendungen für Psychotherapie sind für die Behandlungsform

□	Analytische Psychotherapie (AP)	□	Systemische Therapie (ST)
□	Tiefenpsychologisch fundierte Psychotherapie (TP)	□	Verhaltenstherapie (VT)

als

□	erfüllt anzusehen	□	nicht erfüllt anzusehen

		Zahl der Sitzungen für die zu behandelnde Person	Zahl der Sitzungen für den Einbezug von Bezugspersonen
□	ausschließlich Einzelbehandlung		
□	ausschließlich Gruppenbehandlung		
□	Kombinationsbehandlung mit		

VII

□ überwiegend Einzelbehandlung		
□ überwiegend Gruppenbehandlung		
□ Kombinationsbehandlung durch zwei Therapeutinnen oder Therapeuten		

VII

Pseudonymisierungscode:

Begründung der Gutachterin oder des Gutachters nur für die Therapeutin oder den Therapeuten:

[redacted]

Kurzbegründung der Gutachterin oder des Gutachters bei Fehlen der medizinischen Notwendigkeit der vorgesehenen Psychotherapie und/oder fehlender Qualifikation der Therapeutin oder des Therapeuten:

- ☐ Es werden Störungen beschrieben, die nicht den in § 18a Bundesbeihilfeverordnung (BBhV) genannten Indikationen zuzuordnen sind.
- ☐ Das Störungsmodell, das systemische Erklärungsmodell bzw. die aktuell wirksame Psychodynamik der psychischen Erkrankung gemäß eines der in §§ 19 bis 20a BBhV genannten Psychotherapieverfahren ist nicht hinreichend erkennbar.
- ☐ Das vorgesehene Psychotherapieverfahren bzw. der methodische Ansatz lässt einen Behandlungserfolg nicht oder nicht in ausreichendem Maß erwarten oder gehört zu den Verfahren, deren Aufwendungen nach Abschnitt 1 der Anlage 3 zu den §§ 18 bis 21 BBhV nicht beihilfefähig sind.
- ☐ Die Voraussetzungen bei der zu behandelnden Person oder deren Lebensumstände lassen für das beantragte Psychotherapieverfahren einen Behandlungserfolg nicht oder nicht ausreichend erwarten.
- ☐ Die in den Abschnitten 3 bis 5 der Anlage 3 zu den §§ 18 bis 21 BBhV genannten Anforderungen für die Durchführung der jeweiligen Behandlung werden von der Therapeutin oder dem Therapeuten nicht erfüllt.

ggf. Erläuterung: ....

....

....

Datum, Stempel und Unterschrift der Gutachterin/des Gutachters

Formblatt 7.2

Name und Anschrift der Gutachterin oder des Gutachters	Datum

Anschrift Therapeut oder Therapeutin

Ausfertigung für die Therapeutin oder den Therapeuten

Diese Ausfertigung ist im beigefügten Umschlag direkt an die Therapeutin oder den Therapeuten zu übersenden.

Psychotherapie-Gutachten

Pseudonymisierungscode	
Auftragsschreiben vom	

Die Voraussetzungen für die Anerkennung der Beihilfefähigkeit der Aufwendungen für Psychotherapie sind für die Behandlungsform

□	Analytische Psychotherapie (AP)	□	Systemische Therapie (ST)
□	Tiefenpsychologisch fundierte Psychotherapie (TP)	□	Verhaltenstherapie (VT)

als

□	erfüllt anzusehen	□	nicht erfüllt anzusehen

	Zahl der Sitzungen für die zu behandelnde Person	Zahl der Sitzungen für den Einbezug von Bezugspersonen
□ ausschließlich Einzelbehandlung		
□ ausschließlich Gruppenbehandlung		
□ Kombinationsbehandlung mit		
□ überwiegend Einzelbehandlung		
□ überwiegend Gruppenbehandlung		
□ Kombinationsbehandlung durch zwei Therapeutinnen oder Therapeuten		

Begründung der Gutachterin oder des Gutachters nur für die Therapeutin oder den Therapeuten:

Kurzbegründung der Gutachterin oder des Gutachters bei Fehlen der medizinischen Notwendigkeit der vorgesehenen Psychotherapie und/oder fehlender Qualifikation der Therapeutin oder des Therapeuten:

- □ Es werden Störungen beschrieben, die nicht den in § 18a Bundesbeihilfeverordnung (BBhV) genannten Indikationen zuzuordnen sind.
- □ Das Störungsmodell, das systemische Erklärungsmodell bzw. die aktuell wirksame Psychodynamik der psychischen Erkrankung gemäß eines der in §§ 19 bis 20a BBhV genannten Psychotherapieverfahren ist nicht hinreichend erkennbar.
- □ Das vorgesehene Psychotherapieverfahren bzw. der methodische Ansatz lässt einen Behandlungserfolg nicht oder nicht in ausreichendem Maß erwarten oder gehört zu den Verfahren, deren Aufwendungen nach Abschnitt 1 der Anlage 3 zu den §§ 18 bis 21 BBhV nicht beihilfefähig sind.
- □ Die Voraussetzungen bei der zu behandelnden Person oder deren Lebensumstände lassen für das beantragte Psychotherapieverfahren einen Behandlungserfolg nicht oder nicht ausreichend erwarten.
- □ Die in den Abschnitten 3 bis 5 der Anlage 3 zu den §§ 18 bis 21 BBhV genannten Anforderungen für die Durchführung der jeweiligen Behandlung werden von der Therapeutin oder dem Therapeuten nicht erfüllt.

ggf. Erläuterung:

Datum, Stempel und Unterschrift der Gutachterin/des Gutachters

VII

Formblatt 7.3

Name und Anschrift der Gutachterin oder des Gutachters	Datum

Anschrift Festsetzungsstelle

Ausfertigung für die Gutachterin oder den Gutachter

Psychotherapie-Gutachten

Pseudonymisierungscode	
Auftragsschreiben vom	

Die Voraussetzungen für die Anerkennung der Beihilfefähigkeit der Aufwendungen für Psychotherapie sind für die Behandlungsform

□ Analytische Psychotherapie (AP)	□ Systemische Therapie (ST)
□ Tiefenpsychologisch fundierte Psychotherapie (TP)	□ Verhaltenstherapie (VT)

als

□ erfüllt anzusehen	□ nicht erfüllt anzusehen

	Zahl der Sitzungen für die zu behandelnde Person	Zahl der Sitzung für den Einbezug von Bezugspersonen
□ ausschließlich Einzelbehandlung		
□ ausschließlich Gruppenbehandlung		
□ Kombinationsbehandlung mit		
□ überwiegend Einzelbehandlung		
□ überwiegend Gruppenbehandlung		
□ Kombinationsbehandlung durch zwei Therapeutinnen oder Therapeuten		

Begründung der Gutachterin oder des Gutachters nur für die Therapeutin oder den Therapeuten:

Kurzbegründung der Gutachterin oder des Gutachters bei Fehlen der medizinischen Notwendigkeit der vorgesehenen Psychotherapie und/oder fehlender Qualifikation der Therapeutin oder des Therapeuten:

- ☐ Es werden Störungen beschrieben, die nicht den in § 18a Bundesbeihilfeverordnung (BBhV) genannten Indikationen zuzuordnen sind.
- ☐ Das Störungsmodell, das systemische Erklärungsmodell bzw. die aktuell wirksame Psychodynamik der psychischen Erkrankung gemäß eines der in §§ 19 bis 20a BBhV genannten Psychotherapieverfahren ist nicht hinreichend erkennbar.
- ☐ Das vorgesehene Psychotherapieverfahren bzw. der methodische Ansatz lässt einen Behandlungserfolg nicht oder nicht in ausreichendem Maß erwarten oder gehört zu den Verfahren, deren Aufwendungen nach Abschnitt 1 der Anlage 3 zu den §§ 18 bis 21 BBhV nicht beihilfefähig sind.
- ☐ Die Voraussetzungen bei der zu behandelnden Person oder deren Lebensumstände lassen für das beantragte Psychotherapieverfahren einen Behandlungserfolg nicht oder nicht ausreichend erwarten.
- ☐ Die in den Abschnitten 3 bis 5 der Anlage 3 zu den §§ 18 bis 21 BBhV genannten Anforderungen für die Durchführung der jeweiligen Behandlung werden von der Therapeutin oder dem Therapeuten nicht erfüllt.

ggf. Erläuterung:

Datum, Stempel und Unterschrift der Gutachterin/des Gutachters

VII

Formblatt 8

Anschrift der Festsetzungsstelle

(Anschrift der beihilfeberechtigten oder bevollmächtigten Person)

Datum

Bundesbeihilfeverordnung

hier: Anerkennung der Beihilfefähigkeit der Aufwendungen für Psychotherapie
Ihr Antrag vom ...

Sehr geehrte(r) Frau/Herr ...

auf Ihren Antrag vom ______________ ergeht folgender

VII

Bescheid

Aufgrund des Psychotherapie-Gutachtens vom ______________ werden die Aufwendungen einer

- □ tiefenpsychologisch fundierten Psychotherapie
- □ analytischen Psychotherapie
- □ Verhaltenstherapie
- □ Systemischen Therapie

für ______________________ durch ______________________

(Name der zu behandelnden Person) (Name der Therapeutin oder des Therapeuten) für eine

□ ausschließliche Einzelbehandlung mit bis zu – weiteren – _______ Sitzungen

□ ausschließliche Gruppenbehandlung mit bis zu – weiteren – _______ Sitzungen

□ Kombinationsbehandlung mit bis zu – weiteren – _______ Sitzungen mit

  □ überwiegend Einzelbehandlung

  □ überwiegend Gruppenbehandlung

□ begleitende Behandlung der Bezugsperson mit bis zu – weiteren – _______ Sitzungen

nach Maßgabe der Bundesbeihilfevorordnung als beihilfefähig anerkannt.

Rechtsbehelfsbelehrung

Gegen diesen Bescheid kann innerhalb eines Monats nach Bekanntgabe Widerspruch bei der *(genaue Anschrift der Festsetzungsstelle)* erhoben werden.

Mit freundlichen Grüßen

Anhang 3
(zu Nummer 38h.1)

Antrag auf Zahlung eines Zuschusses zu den Beiträgen zur Kranken- und Pflegeversicherung während der Pflegezeit

An Zutreffendes bitte ankreuzen □ oder ausfüllen

—

—

1. Person in Pflegezeit

Familienname Vorname Geburtsdatum

Anschrift (Straße, Hausnummer, PLZ, Wohnort) Rufnummer

Dauer der Pflegezeit vom bis

2. Beihilfeberechtigte Person

Familienname Vorname Geburtsdatum

Anschrift (Straße, Hausnummer, PLZ, Wohnort) Rufnummer

3. Pflegebedürftige Person

□ Beihilfeberechtigte Person □ Ehegattin/Lebenspartnerin Ehegatte/Lebenspartner □ Kind Vorname:

VII

4. Beitrag während der Pflegezeit

Name der Krankenkasse oder des Versicherungsunternehmens

Monatsbeitrag Krankenversicherung in € Monatsbeitrag Pflegeversicherung in € Familienversicherung möglich

□ ja □ nein

Bestätigung der Krankenversicherung bzw. der Krankenkasse

5. Bankverbindung

Kreditinstitut: IBAN BIC

6. Erklärung

Mir ist bekannt, dass ich Änderungen unverzüglich anzuzeigen habe und dass die Zuschüsse ganz oder anteilig zurückzuzahlen sind, falls sie die Höhe der gezahlten Beiträge übersteigen.

Ort, Datum Unterschrift Antragstellerin/Antragsteller

Übersicht der anerkannten Heilbäder- und Kurorte (zu § 35 Abs. 1 Satz 2 BBhV)

Vom 1. Juli 2022 (GMBl. S. 722)

Zuletzt geändert durch
Rundschreiben zur Bundesbeihilfeverordnung (BBhV); hier: Aktualisierung Heilbäder- und Kurortverzeichnis des Bundes
vom 25. Juli 2025 (GMBl. S. 450)

(Übersicht der anerkannten Heilbäder- und Kurorte)

Abschnitt 1 Heilbäder und Kurorte im Inland

Name ohne „Bad"	PLZ	Gemeinde	Anerkennung als Heilbad oder Kurort ist erteilt für: (Ortsteile, sofern nicht B, G, K*))	Artbezeichnung
A				
Aachen	52066	Aachen	Burtscheid	Heilbad
	52062	Aachen	Monheimsallee	Heilbad
Aalen	73433	Aalen	Röthardt	Ort mit Heilstollen Kurbetrieb
Abbach	93077	Bad Abbach	Bad Abbach, Abbach-Schlossberg, Au, Kalkofen, Weichs	Heilbad
Ahlbeck	17419	Ahlbeck	G	Ostseeheilbad
Ahrenshoop	18347	Ostseebad Ahrenshoop	G	Seebad
Aibling	83043	Bad Aibling	Bad Aibling, Harthausen, Thürham, Zell	Heilbad
Alexandersbad	95680	Bad Alexandersbad	G	Heilbad
Altenau	38707	Altenau	G	Heilklimatischer Kurort
Andernach	56626	Andernach	Bad Tönisstein	Heilbad
Arolsen	34454	Bad Arolsen	K	Heilbad
Aue-Schlema	08301	Aue-Bad Schlema	Bad Schlema, Wildbach	Heilbad
Aulendorf	88326	Aulendorf	Aulendorf	Kneippkurort
B				
Baden-Baden	76530	Baden-Baden	Baden-Baden, Balg, Lichtental, Oos	Heilbad
Badenweiler	79410	Badenweiler	Badenweiler	Heilbad
Baiersbronn	72270	Baiersbronn	Obertal,	Heilklimatischer Kurort
			Schönmünzach-Schwarzenberg	Kneippkurort
Baltrum	26579	Baltrum	G	Nordseeheilbad

Name ohne „Bad"	PLZ	Gemeinde	Anerkennung als Heilbad oder Kurort ist erteilt für: (Ortsteile, sofern nicht B, G, K*)	Artbezeichnung
Bansin	17429	Bansin	G	Ostseeheilbad
Bayersoien	82435	Bad Bayersoien	Bad Bayersoien	Heilbad
Bayreuth	95410	Bayreuth	B – Lohengrin Therme Bayreuth	Heilquellenkurbetrieb
Bayrischzell	83735	Bayrischzell	G	Heilklimatischer Kurort
Bederkesa	27624	Bad Bederkesa	G	Ort mit Moor-Kurbetrieb
Bellingen	79415	Bad Bellingen	Bad Bellingen	(Mineral-)Heilbad
Belzig	14806	Bad Belzig	Bad Belzig	(Thermalsole-)Heilbad
Bentheim	48455	Bad Bentheim	Bad Bentheim	(Mineral-)Heilbad
Berchtesgaden	83471	Berchtesgaden	G	Heilklimatischer Kurort
Bergzabern	76887	Bad Bergzabern	Bad Bergzabern	Kneippheilbad u. heilklimatischer Kurort
Berka	99438	Bad Berka	G	Ort mit Heilquellenkurbetrieb
Berleburg	57319	Bad Berleburg	Bad Berleburg	Kneippheilbad
Berneck	95460	Bad Berneck	Bad Berneck im Fichtelgebirge	Kneippheilbad
			Frankenhammer, Kutschenrangen, Rödlasberg, Warmeleithen	
Bernkastel-Kues	54470	Bernkastel-Kues	Kueser Plateau	Heilklimatischer Kurort
Bertrich	56864	Bad Bertrich	Bad Bertrich	Heilbad
Beuren	72660	Beuren	G	Ort mit Heilquellenkurbetrieb
Bevensen	29549	Bad Bevensen	Bad Bevensen	(Jod- u. Sole-)Heilbad
Binz	18609	Ostseebad Binz auf Rügen	G	Seebad
Birnbach	84364	Birnbach	Birnbach, Aunham	Heilquellenkurbetrieb
Bischofsgrün	95493	Bischofsgrün	G	Heilklimatischer Kurort
Bischofswiesen	83483	Bischofswiesen	G	Heilklimatischer Kurort
Blankenburg, Harz	38889	Blankenburg, Harz	G	Heilbad
Blieskastel	66440	Blieskastel	Mitte (Alschbach, Blieskastel, Lautzkirchen)	Kneippkurort

VII

Name ohne „Bad“	PLZ	Gemeinde	Anerkennung als Heilbad oder Kurort ist erteilt für: (Ortsteile, sofern nicht B, G, K*)	Artbezeichnung
Bocklet	97708	Bad Bocklet	Bad Bocklet – ohne den Gemeindeteil Nickersfelden	(Mineral- und Moor-)Heilbad
Bodenmais	94249	Bodenmais	G	Heilklimatischer Kurort
Bodenteich	29389	Bodenteich	G	Kneippkurort
Boll	73087	Bad Boll	Bad Boll	Ort mit Heilquellenkurbetrieb
Boltenhagen	23946	Ostseebad Boltenhagen	G	Ostseeheilbad
Boppard	56154	Boppard	a) Boppard	Kneippheilbad
			b) Bad Salzig	Heilbad
Borkum	26757	Borkum	G	Nordseeheilbad
Brambach	08648	Bad Brambach	Bad Brambach	(Mineral-)Heilbad
Bramstedt	24576	Bad Bramstedt	Bad Bramstedt	(Moor-)Heilbad
Breisig	53498	Bad Breisig	Bad Breisig	Heilbad
Brilon	59929	Brilon	Brilon	Kneipp-Heilbad
Brückenau	97769	Bad Brückenau	G – sowie Gemeindeteil Eckarts des Marktes Zeitlofs	(Mineral- und Moor-)Heilbad
Buchau	88422	Bad Buchau	Bad Buchau	(Thermal- und Moor-) Heilbad
Buckow	15377	Buckow	G – ausgenommen der Ortsteil Hasenholz	Kneippkurort
Bünde	32257	Bünde	Randringhausen	Kurmittelgebiet (Heilquelle u. Moor)
Büsum	25761	Büsum	Büsum	Nordseeheilbad
Burg	03096	Burg	Burg	Thermalsoleheilbad
Burgbrohl	56659	Burgbrohl	Bad Tönisstein	Heilbad
Burg/Fehmarn	23769	Burg/Fehmarn	Burg	Ostseeheilbad
Butjadingen	26969	Butjadingen	a) Burhave b) Fedderwadersiel c) Tossens	Nordseebad (mit kurmedizinischem Hintergrund)
C				
Camberg	65520	Bad Camberg	K	Kneippheilbad
Colberg-Heldburg	98663	Bad Colberg-Heldburg	Bad Colberg	Ort mit Heilquellen-Kurbetrieb
Cuxhaven	27478	Cuxhaven	G	Nordseeheilbad

VII

Name ohne „Bad"	PLZ	Gemeinde	Anerkennung als Heilbad oder Kurort ist erteilt für: (Ortsteile, sofern nicht B, G, K*)	Artbezeichnung
D				
Dahme	23747	Dahme	Dahme	Ostseeheilbad
Damp	24351	Damp	Damp 2000	Ostseeheilbad
Daun	54550	Daun	Daun	Kneippkurort u. heilklimatischer Kurort
Ditzenbach	73342	Bad Ditzenbach	Bad Ditzenbach	Heilbad
Dobel	75335	Dobel	G	Heilklimatischer Kurort
Doberan	18209	Bad Doberan	a) Bad Doberan	(Moor-)Heilbad
			b) Heiligendamm	Seeheilbad
Dornum	26553	Aurich	Dornumer-/Westeraccumersiel	Nordseebad
Driburg	33014	Bad Driburg	Bad Driburg, Hermannsborn	Heilbad
Düben	04849	Bad Düben	Bad Düben	(Moor-)Heilbad
Dürkheim	65098	Bad Dürkheim	Bad Dürkheim	Heilbad
Dürrheim	78073	Bad Dürrheim	Bad Dürrheim	(Sole-)Heilbad, Heilklimatischer Kurort u. Kneippkurort
E				
Ehlscheid	56581	Ehlscheid	G	Heilklimatischer Kurort
Eilsen	31707	Bad Eilsen	G	Ort mit Heilquellen-Kurbetrieb
Elster	04645	Bad Elster	Bad Elster, Sohl	(Moor- u. Mineral-)Heilbad
Ems	56130	Bad Ems	Bad Ems	Heilbad
Emstal	34308	Bad Emstal	Sand	Heilbad
Endbach	35080	Bad Endbach	K	Heilbad und Kneippheilbad
Endorf	83093	Bad Endorf	Bad Endorf, Eisenbartling, Hofham, Kurf, Rachental, Ströbing	Heilbad
Erwitte	59597	Erwitte	Bad Westernkotten	Heilbad
Esens	26422	Esens	Bensersiel	Nordseeheilbad
Essen	49152	Bad Essen	Bad Essen	Ort mit Sole-Kurbetrieb
Eutin	23701	Eutin	G	Heilklimatischer Kurort

Name ohne „Bad"	PLZ	Gemeinde	Anerkennung als Heilbad oder Kurort ist erteilt für: (Ortsteile, sofern nicht B, G, K*)	Artbezeichnung
F				
Feilnbach	83075	Bad Feilnbach	G – ausgenommen die Gemeindeteile der ehemaligen Gemeinde Dettendorf	(Moor-)Heilbad
Feldberger Seenlandschaft	17258	Feldberger Seenlandschaft	Feldberg	Kneippkurort
Finsterbergen	99898	Finsterbergen	G	Heilklimatischer Kurort
Fischen	87538	Fischen/Allgäu	G	Heilklimatischer Kurort
Frankenhausen	06567	Bad Frankenhausen	G	(Sole-)Heilbad
Freiburg	79098	Freiburg	Ortsbereich „An den Heilquellen"	Ort mit Heilquellen-Kurbetrieb
Freienwalde	16259	Bad Freienwalde	Bad Freienwalde	(Moor-)Heilbad
Freudenstadt	72250	Freudenstadt	Freudenstadt	Kneippkurort u. heilklimatischer Kurort
Friedrichroda	99894	Friedrichroda	Friedrichroda, Finsterbergen	Heilklimatischer Kurort
Friedrichskoog	25718	Friedrichskoog	Friedrichskoog	Nordseeheilbad
Füssen	87629	Füssen	G	Kneippkurort
Füssing	94072	Bad Füssing	Bad Füssing, Aichmühle, Ainsen, Angering, Brandschachen, Dürnöd, Egglfing a. Inn, Eitlöd, Flickenöd, Gögging, Holzhäuser, Holzhaus, Hub, Irching, Mitterreuthen, Oberreuthen, Pichl, Pimsöd, Poinzaun, Riedenburg, Safferstetten, Schieferöd, Schöchlöd, Steinreuth, Thalau, Thalham, Thierham, Unterreuthen, Voglöd, Weidach, Wies, Würding, Zieglöd, Zwicklarn	Heilbad
G				
Gaggenau	76571	Gaggenau	Bad Rotenfels	Ort mit Heilquellen-Kurbetrieb
Gandersheim	37581	Bad Gandersheim	Bad Gandersheim	Soleheilbad
Garmisch-Partenkirchen	82467	Garmisch-Partenkirchen	G – ohne das eingegliederte Gebiet der ehemaligen Gemeinde Wamberg	Heilklimatischer Kurort

Name ohne „Bad"	PLZ	Gemeinde	Anerkennung als Heilbad oder Kurort ist erteilt für: (Ortsteile, sofern nicht B, G, K*)	Artbezeichnung
Gelting	24395	Gelting	G	Kneippkurort
Gersfeld	36129	Gersfeld (Rhön)	K	Heilklimatischer Kurort
Glücksburg	24960	Glücksburg	Glücksburg	Ostseeheilbad
Göhren	18586	Ostseebad Göhren	G	Kneippkurort
Gottleuba-Bergießhübel	01816/ 01819	Bad Gottleuba-Bergießhübel	a) Bad Gottleuba b) Berggießhübel	Moorheilbad Kneippkurort
Graal-Müritz	18181	Graal-Müritz	G	Ostseeheilbad
Grasellenbach	64689	Grasellenbach	K	Kneippheilbad
Griesbach i. Rottal	94086	Bad Griesbach i. Rottal	Bad Griesbach i. Rottal, Weghof	Heilbad
Grömitz	23743	Grömitz	Grömitz	Ostseeheilbad
Grönenbach	87728	Bad Grönenbach, Markt	Bad Grönenbach, Au, Brandholz, in der Tarrast, Egg, Gmeinschwenden, Greit, Herbisried, Hueb, Klevers, Kornhofen, Kreuzbühl, Manneberg, Niederholz, Ölmühle, Raupolz, Rechberg, Rothenstein, Schwenden, Seefeld, Waldegg b. Grönenbach, Ziegelberg, Ziegelstadel	Kneippheilbad
			Ehwiesmühle, Falken, Jttelsburg, Schulerloch, Streifen, Thal, Vordergsäng, Hintergsäng, Grönenbach-Weiler	Kneippkurort
Großenbrode	23775	Großenbrode	G	Ostseeheilbad
Grund	37539	Bad Grund	Bad Grund	Kurort mit Heilstollenkurbetrieb
H				
Haffkrug-Scharbeutz	23683	Haffkrug-Scharbeutz	Haffkrug	Ostseeheilbad
Harzburg	38667	Bad Harzburg	K	(Sole-)Heilbad

VII

Name ohne „Bad"	PLZ	Gemeinde	Anerkennung als Heilbad oder Kurort ist erteilt für: (Ortsteile, sofern nicht B, G, K*)	Artbezeichnung
Heilbrunn	83670	Bad Heilbrunn	Bad Heilbrunn, Achmühl, Baumberg, Bernwies, Graben, Hinterstallau, Hub, Kiensee, Langau, Linden, Mürnsee, Oberbuchen, Oberenzenau, Obermühl, Obersteinbach, Ostfeld, Ramsau, Reindlschmiede, Schönau, Unterbuchen, Unterenzenau, Untersteinbach, Voglherd, Weiherweber, Wiesweber, Wörnern	Heilklimatischer Kurort
Heiligenhafen	23774	Heiligenhafen	Heiligenhafen	Ostseeheilbad
Heiligenstadt	37308	Heilbad Heiligenstadt	G	(Sole-)Heilbad
Helgoland	27498	Helgoland	G	Nordseeheilbad
Herbstein	36358	Herbstein	K	Heilbad
Heringsdorf	17424	Heringsdorf	G	Ostseeheilbad u. (Sole-)Heilbad
Herrenalb	76332	Bad Herrenalb	Bad Herrenalb	Heilbad u. heilklimatischer Kurort
Hersfeld	36251	Bad Hersfeld	K	(Mineral-)Heilbad
Hille	32479	Hille	Rothenuffeln	Kurmittelgebiet (Heilquelle u. Moor)
Hindelang	87541	Bad Hindelang	G	Kneippheilbad u. heilklimatischer Kurort
Hinterzarten	79856	Hinterzarten	G	Heilklimatischer Kurort
Hitzacker (Elbe)	29456	Hitzacker (Elbe)	Hitzacker (Elbe)	Kneippkurort
Höchenschwand	79862	Höchenschwand	Höchenschwand	Heilklimatischer Kurort
Honnef	53604	Bad Honnef, Stadt		Erholungsort mit Kurmittelgebiet
Hönningen	53557	Bad Hönningen	Bad Hönningen	Heilbad
Hohwacht	24321	Hohwacht	G	Ostseeheilbad
Homburg	61348	Bad Homburg v. d. Höhe	K	Heilbad
Horn	32805	Horn-Bad Meinberg	Bad Meinberg	Heilbad

Name ohne „Bad"	PLZ	Gemeinde	Anerkennung als Heilbad oder Kurort ist erteilt für: (Ortsteile, sofern nicht B, G, K*)	Artbezeichnung
I				
Iburg	49186	Bad Iburg	Bad Iburg	Kneippkurort
Isny	88316	Isny	Isny, Neutrauchburg	Heilklimatischer Kurort
J				
Juist	26571	Juist	G	Nordseeheilbad
K				
Karlshafen	34385	Bad Karlshafen	K	Heilbad
Kassel	34117	Kassel	Wilhelmshöhe	Kneippheilbad u. (Thermal-Sole-)Heilbad
Kellenhusen	23746	Kellenhusen	Kellenhusen	Ostseeheilbad
Kevelaer	47623	Kevelaer	Kevelaer	Ort mit Heilquellenkurbetrieb
Kissingen	97688	Bad Kissingen	G – ohne die Gemeindeteile Albertshausen und Poppenroth	Mineral- und Moorbad
Klosterlausnitz	07639	Bad Klosterlausnitz	G	Heilbad
König	64732	Bad König	K	Heilbad
Königsfeld	78126	Königsfeld	Königsfeld, Bregnitz, Grenier	Kneippkurort u. heilklimatischer Kurort
Königshofen	97631	Bad Königshofen i. Grabfeld	G inklusive Ipthausen – ohne die eingegliederten Gebiete der ehemaligen Gemeinden Aub und Merkershausen	Heilbad und Ort mit Peloidkurbetrieb
Königstein	61462	Königstein im Taunus	a) K	Heilklimatischer Kurort
			b) Falkenstein	
Kösen	06628	Bad Kösen	G	Heilbad
Kötzting	93444	Bad Kötzting	G	Kneippheilbad und Kneippkurort
Kohlgrub	82433	Bad Kohlgrub	G	(Moor-)Heilbad
Kreuth	83708	Kreuth	G	Heilklimatischer Kurort
Kreuznach	55543	Bad Kreuznach	Bad Kreuznach	Heilbad
Krozingen	79189	Bad Krozingen	Bad Krozingen	Heilbad
Krumbach	86381	Krumbach (Schwaben)	B – Sanatorium Krumbad	Peloidkurbetrieb
Kühlungsborn	18225	Ostseebad Kühlungsborn	G	Seebad

Name ohne „Bad"	PLZ	Gemeinde	Anerkennung als Heilbad oder Kurort ist erteilt für: (Ortsteile, sofern nicht B, G, K*)	Artbezeichnung
L				
Laasphe	57334	Bad Laasphe	Bad Laasphe	Kneippheilbad
Laer	49196	Bad Laer	G	(Sole-)Heilbad
Langensalza	99947	Bad Langensalza	K	(Schwefel-Sole-)Heilbad
Langeoog	26465	Langeoog	G	Nordseeheilbad
Lausick	04651	Bad Lausick	G	Heilbad und Kneippkurort
Lauterberg	37431	Bad Lauterberg	Bad Lauterberg	Kneippheilbad
Lennestadt	57368	Lennestadt	Saalhausen	Kneipp-Kurort
Lenzkirch	79853	Lenzkirch	Lenzkirch, Saig	Heilklimatischer Kurort
Liebenstein	36448	Bad Liebenstein	G	Heilbad
Liebenwerda	04924	Bad Liebenwerda	Dobra, Kosilenzien, Maasdorf, Zeischa	Ort mit Peloidkurbetrieb
Liebenzell	75378	Bad Liebenzell	Bad Liebenzell	Heilbad
Lindenfels	64678	Lindenfels	K	Heilklimatischer Kurort
Lippspringe	33175	Bad Lippspringe	Bad Lippspringe	Heilbad u. heilklimatischer Kurort
Lippstadt	59556	Lippstadt	Bad Waldliesborn	Heilbad
Lobenstein	07356	Lobenstein	G	(Moor-)Heilbad
Ludwigsburg	71638	Ludwigsburg	Hoheneck	Ort mit Heilquellenkurbetrieb
M				
Malente	23714	Malente	Malente-Gremsmühlen, Krummsee, Timmdorf	Heilklimatischer Kurort
Manderscheid	54531	Manderscheid	Manderscheid	Heilklimatischer Kurort u. Kneippkurort
Marienberg	56470	Bad Marienberg	Bad Marienberg (nur Stadtteile Bad Marienberg, Zinnheim und der Gebietsteil der Gemarkung Langenbach, begrenzt durch die Gemarkungsgrenze Hardt, Zinnheim, Marienberg sowie die Bahntrasse Erbach-Bad Marienberg)	Kneippheilbad
Marktschellenberg	83487	Marktschellenberg	G	Heilklimatischer Kurort
Masserberg	98666	Masserberg	Masserberg	Heilklimatischer Kurort

VII

Name ohne „Bad“	PLZ	Gemeinde	Anerkennung als Heilbad oder Kurort ist erteilt für: (Ortsteile, sofern nicht B, G, K*)	Artbezeichnung
Mergentheim	97980	Bad Mergentheim	Bad Mergentheim	Heilbad
Mettlach	06864	Mettlach	Gemeindebezirk Orscholz	Heilklimatischer Kurort
Mölln	23879	Mölln	Mölln	Kneippkurort
Mössingen	72116	Mössingen	Bad Sebastiansweiler	Ort mit Heilquellen-Kurbetrieb
Münder	31848	Bad Münder	Bad Münder	Ort mit Heilquellen-Kurbetrieb
Münster/Stein	55583	Bad Münster am Stein-Ebernburg	Bad Münster am Stein	(Mineral-)Heilbad und heilklimatischer Kurort
Münstereifel	53902	Bad Münstereifel	Bad Münstereifel	Kneippheilbad
Münstertal/ Schwarzwald	79244	Münstertal	G	Ort mit Heilstollen-Kurbetrieb
Muskau	02953	Bad Muskau	G	Ort mit Moorkurbetrieb
N				
Nauheim	61231	Bad Nauheim	K	Heilbad und Kneippkurort
Naumburg	34311	Naumburg	K	Kneippheilbad
Nenndorf	31542	Bad Nenndorf	Bad Nenndorf	(Moor- u. Mineral-)Heilbad und Thermalheilbad
Neualbenreuth	95698	Bad Neualbenreuth	G – Kurmittelhaus Sibyllenbad und Badehaus Maiersreuth	Heilbad, Ort mit Heilquellen-Kurbetrieb
Neubulach	75387	Neubulach	Neubulach	Heilklimatischer Kurort und Ort mit Heilstollenkurbetrieb
Neuenahr	53474	Bad Neuenahr-Ahrweiler	Bad Neuenahr	Heilbad
Neuharlingersiel	26427	Neuharlingersiel	Neuharlingersiel	Nordseeheilbad
Neukirchen	34626	Neukirchen	K	Kneippkurort
Neustadt/D	93333	Neustadt a. d. Donau	Bad Gögging	Heilbad
Neustadt/Harz	99762	Neustadt/Harz	G	Heilklimatischer Kurort
Neustadt/S	97616	Bad Neustadt a. d. Saale	Bad Neustadt a. d. Saale	Heilbad
Nidda	63667	Nidda	Bad Salzhausen	Heilbad
Nieheim	33039	Nieheim, Stadt		Heilklimatischer Kurort

Name ohne „Bad"	PLZ	Gemeinde	Anerkennung als Heilbad oder Kurort ist erteilt für: (Ortsteile, sofern nicht B, G, K*)	Artbezeichnung
Nonnweiler	66620	Nonnweiler	Nonnweiler	Heilklimatischer Kurort
Norddorf	25946	Norddorf/Amrum	Norddorf	Nordseeheilbad
Norden	26506	Norddeich/Westermarsch II	Norden	Nordseeheilbad
Norderney	26548	Norderney	G	Nordseeheilbad
Nordstrand	25845	Nordstrand	G	Nordseeheilbad
Nümbrecht	51588	Nümbrecht	G	Heilklimatischer Kurort
O				
Oberstaufen	87534	Oberstaufen	G – ausgenommen die Gemeindeteile Aach i. Allgäu, Hänse, Hagspiel, Hütten, Krebs, Nägeleshalde	(Schroth-)Heilbad u. heilklimatischer Kurort
Oberstdorf	87561	Oberstdorf	Oberstdorf, Anatswald, Birgsau, Dietersberg, Ebene, Einödsbach, Faistennoy, Gerstruben, Gottenried, Gruben, Gundsbach, Jauchen, Kornau, Reute, Ringang, Schwand, Spielmannsau	Kneippkurort u. heilklimatischer Kurort
Oeynhausen	32545	Bad Oeynhausen	Bad Oeynhausen	Heilbad
Olsberg	59939	Olsberg	Olsberg	Kneipp-Heilbad
Orb	63619	Bad Orb	G	Heilbad
Ottobeuren	87724	Ottobeuren, Markt	Ottobeuren, Eldern	Kneippkurort
Oy-Mittelberg	87466	Oy-Mittelberg	Oy	Kneippkurort
P				
Pellworm	25847	Pellworm	Pellworm	Nordseeheilbad
Peterstal-Griesbach	77740	Bad Peterstal-Griesbach	G	(Mineral- und Moor-)Heilbad, Kneippkurort
Prerow	18375	Ostseebad Prerow	G	Seebad
Preußisch Oldendorf	32361	Preußisch Oldendorf	Bad Holzhausen	Heilbad
Prien	83209	Prien a. Chiemsee	G ohne die eingegliederten Gebiete der ehemaligen Gemeinde Wildenwart und den Gemeindeteil Vachendorf	Kneippkurort
Pyrmont	31812	Bad Pyrmont	K	(Moor- u. Mineral-)Heilbad

VII

Name ohne „Bad"	PLZ	Gemeinde	Anerkennung als Heilbad oder Kurort ist erteilt für: (Ortsteile, sofern nicht B, G, K*)	Artbezeichnung
R				
Radolfzell	78315	Radolfzell	Mettnau	Kneippkurort
Ramsau	83486	Ramsau b. Berchtesgaden	G	Heilklimatischer Kurort
Rappenau	74906	Bad Rappenau	Bad Rappenau	(Sole-)Heilbad
Reichenhall	83435	Bad Reichenhall	Bad Reichenhall, Bayerisch Gmain und Gemeindeteil Kibling der Gemeinde Schneizlreuth	Mineral- und Moorbad
Reichshof	51580	Reichshof	Eckenhagen	Heilklimatischer Kurort
Rippoldsau-Schapbach	77776	Bad Rippoldsau-Schapbach	Bad Rippoldsau	(Moor- u. Mineral-)Heilbad
Rodach	96476	Bad Rodach b. Coburg	Bad Rodach b. Coburg	Heilbad
Rothenfelde	49214	Bad Rothenfelde	G	(Sole-)Heilbad
Rottach-Egern	83700	Rottach-Egern	G	Heilklimatischer Kurort
S				
Saalfeld/Saale	07318	Saalfeld/Saale	G ausgenommen Ortsteil Arnsgereuth	Ort mit Heilstollenkurbetrieb
Saarow	15526	Bad Saarow	Bad Saarow	(Thermalsole- u. Moor-)Heilbad
Sachsa	37441	Bad Sachsa	Bad Sachsa	Heilklimatischer Kurort
Säckingen	79713	Bad Säckingen	Bad Säckingen	Heilbad
Salzdetfurth	31162	Bad Salzdetfurth	Bad Salzdetfurth, Detfurth	(Moor- u. Sole-)Heilbad
Salzgitter	38259	Salzgitter	Salzgitter-Bad	Ort mit Sole-Kurbetrieb
Salzschlirf	36364	Bad Salzschlirf	G	(Mineral- u. Sole-)Heilbad
Salzuflen	32105	Bad Salzuflen, Stadt	Bad Salzuflen	Heilbad und Kneippheilbad
Salzungen	36433	Bad Salzungen	K	(Sole-)Heilbad
Sasbachwalden	77887	Sasbachwalden	G	Heilklimatischer Kurort u. Kneippkurort
Sassendorf	59505	Bad Sassendorf	Bad Sassendorf	(Sole-)Heilbad
Saulgau	88348	Bad Saulgau	Bad Saulgau	Heilbad
Schandau	01814	Bad Schandau	Bad Schandau, Krippen, Ostrau, Schmilka	Kneippheilbad

Name ohne „Bad"	PLZ	Gemeinde	Anerkennung als Heilbad oder Kurort ist erteilt für: (Ortsteile, sofern nicht B, G, K*)	Artbezeichnung
Scharbeutz	23683	Scharbeutz	Scharbeutz	Ostseeheilbad
Scheidegg	88175	Scheidegg, Markt	G	Kneippkurort u. heilklimatischer Kurort
Schlangenbad	65388	Schlangenbad	K	Heilbad
Schleiden	53937	Schleiden	Gemünd	Kneippkurort
Schluchsee	79859	Schluchsee	Schluchsee, Faulenfürst, Fischbach	Heilklimatischer Kurort
Schmallenberg	57392	Schmallenberg	a) Bad Fredeburg	Kneipp-Heilbad und Ort mit Heilstollen-Kurbetrieb
			b) Grafschaft	Heilklimatischer Kurort
			c) Nordenau	Ort mit Heilstollen-Kurbetrieb
Schmiedeberg	06905	Bad Schmiedeberg	G	Heilbad
Schömberg	75328	Schömberg	Schömberg	Heilklimatischer Kurort u. Kneippkurort
Schönau	83471	Schönau a. Königsee	G	Heilklimatischer Kurort
Schönberg	24217	Schönberg	Holm	Heilbad
Schönborn	76669	Bad Schönborn	a) Bad Mingolsheim	Heilbad
			b) Langenbrücken	Ort mit Heilquellenkurbetrieb
Schönebeck-Salzelmen	39624	Schönebeck-Salzelmen	G	(Sole-)Heilbad
Schönwald	78141	Schönwald	G	Heilklimatischer Kurort
Schwalbach	65307	Bad Schwalbach	K	Heilbad und Kneippkurort
Schwangau	87645	Schwangau	G	Heilklimatischer Kurort
Schwartau	23611	Bad Schwartau	Bad Schwartau	(Jodsole- u. Moor-)Heilbad
Segeberg	23795	Bad Segeberg	G	Heilbad
Sellin	18586	Ostseebad Sellin	G	Seebad
Siegsdorf	83313	Siegsdorf	B – Adelholzener Primusquelle Bad Adelholzen	Heilquellen-Kurbetrieb
Sobernheim	55566	Bad Sobernheim	Bad Sobernheim	Heilbad
Soden am Taunus	65812	Bad Soden am Taunus	K	Ort mit Heilquellenkurbetrieb

Name ohne „Bad"	PLZ	Gemeinde	Anerkennung als Heilbad oder Kurort ist erteilt für: (Ortsteile, sofern nicht B, G, K*)	Artbezeichnung
Soden-Salmünster	63628	Bad Soden-Salmünster	Bad Soden	(Mineral-)Heilbad
Soltau	29614	Soltau	Soltau	Ort mit Sole-Kurbetrieb
Sooden-Allendorf	37242	Bad Sooden-Allendorf	K	Heilbad
Spiekeroog	26474	Spiekeroog	G	Nordseeheilbad
St. Blasien	79837	St. Blasien	St. Blasien	Kneippkurort u. heilklimatischer Kurort
St. Peter-Ording	25826	St. Peter-Ording	St. Peter-Ording	Nordseeheilbad u. Schwefelbad
Staffelstein	96226	Bad Staffelstein	G Thermalsolbad Bad Staffelstein – Obermain Therme –	Heilbad, Ort mit Heilquellenkurbetrieb
Steben	95138	Bad Steben	a) Bad Steben	Mineral- und Moorbad
			b) Obersteben	
Stützerbach	98714	Stützerbach	Stützerbach	Heilkurort
Stuttgart	70173	Stuttgart	Berg, Bad Cannstatt	Ort mit Heilquellenkurbetrieb
Suderode	06507	Bad Suderode	G	(Calciumsole-)Heilbad
Sülze	18334	Bad Sülze	G	Peloidkurbetrieb
Sulza	99518	Bad Sulza	G	(Sole-)Heilbad
T				
Tabarz	99891	Tabarz	G	Kneippheilbad
Tecklenburg	49545	Tecklenburg	Tecklenburg	Kneippkurort
Tegernsee	83684	Tegernsee	G	Heilklimatischer Kurort
Teinach-Zavelstein	75385	Bad Teinach-Zavelstein	Bad Teinach	Heilbad
Templin	17268	Templin	Templin	(Thermalsole-)Heilbad
Tennstedt	99955	Bad Tennstedt	G	Ort mit Heilquellenkurbetrieb
Thiessow	18586	Ostseebad Thiessow	G	Seebad
Thyrnau	94136	Thyrnau	B – Sanatorium Kellberg	Mineralquellenkurbetrieb
Timmendorfer Strand	23669	Timmendorfer Strand	Timmendorfer Strand, Niendorf	Ostseeheilbad

VII

Name ohne „Bad"	PLZ	Gemeinde	Anerkennung als Heilbad oder Kurort ist erteilt für: (Ortsteile, sofern nicht B, G, K*)	Artbezeichnung
Titisee-Neustadt	79822	Titisee-Neustadt	Titisee	Heilklimatischer Kurort
Todtmoos	79682	Todtmoos	G	Heilklimatischer Kurort
Tölz	83646	Bad Tölz	a) Gebiet der ehem. Stadt Bad Tölz	(Moor-)Heilbad u. heilklimatischer Kurort
			b) Gebiet der ehem. Gemeinde Oberfischbach	Heilklimatischer Kurort
Traben-Trarbach	56841	Traben-Trarbach	Bad Wildstein	Heilbad
Travemünde	23570	Travemünde	Travemünde	Ostseeheilbad
Treuchtlingen	91757	Treuchtlingen	B – Altmühltherme/Lambertusbad	Ort mit Heilquellenkurbetrieb
Triberg	78098	Triberg	Triberg	Heilklimatischer Kurort
U				
Überkingen	73337	Bad Überkingen	Bad Überkingen	Heilbad
Überlingen	88662	Überlingen	Überlingen	Kneippheilbad
Urach	72574	Bad Urach	Bad Urach	Heilbad
V				
Vallendar	56179	Vallendar	Vallendar	Kneippkurort
Vilbel	61118	Bad Vilbel	K	Ort mit Heilquellenkurbetrieb
Villingen-Schwenningen	78050	Villingen-Schwenningen	Villingen	Kneippkurort
Vlotho	32602	Vlotho	Seebruch, Senkelteich, Valdorf-West	Kurmittelgebiet (Heilquelle u. Moor)
W				
Waldbronn	76337	Waldbronn	Gemeindeteile Busenbach, Reichenbach	Ort mit Heilquellenkurbetrieb
Waldsee	88399	Bad Waldsee	Bad Waldsee	(Moor-)Heilbad u. Kneippkurort
Wangerland	26434	Wangerland	Horumersiel, Schillig	Nordseeheilbad
Wangerooge	26486	Wangerooge	G	Nordseeheilbad
Warburg	34414	Warburg	Germete	Kurmittelbetrieb (Heilquelle)
Waren	17192	Waren/Müritz	Waren/Müritz	(Sole-)Heilbad
Wolkenstein	09429	Wolkenstein	Warmbad	Ort mit Heilbad
Warnemünde	18119	Hansestadt Rostock	G	Seebad

Name ohne „Bad"	PLZ	Gemeinde	Anerkennung als Heilbad oder Kurort ist erteilt für: (Ortsteile, sofern nicht B, G, K*)	Artbezeichnung
Weiskirchen	66709	Weiskirchen	Weiskirchen	Heilklimatischer Kurort Kneippkurort
Weißenstadt	95163	Weißenstadt am See	Kurzentrum Weißenstadt am See	Heilbad
Wenningstedt	25996	Wenningstedt/Sylt	Wenningstedt	Nordseeheilbad
Westerland	25980	Westerland	Westerland	Nordseeheilbad
Wiesbaden	65189	Wiesbaden	K	Heilbad
Wiesenbad	09488	Thermalbad Wiesenbad	Thermalbad Wiesenbad	Ort mit Heilquellenkurbetrieb
Wiessee	83707	Bad Wiessee	G	Heilbad
Wildbad	75323	Bad Wildbad	Bad Wildbad	Heilbad
Wildungen	34537	Bad Wildungen	K, Reinhardshausen	Heilbad
Willingen	34508	Willingen (Upland)	a) K	Kneippheilbad und Heilklimatischer Kurort
			b) Usseln	Heilklimatischer Kurort
Wilsnack	19336	Bad Wilsnack	K	(Thermalsole- u. Moor-)Heilbad
Wimpfen	74206	Bad Wimpfen	Bad Wimpfen, Erbach, Fleckinger Mühle, Höhenhöfe	(Sole-)Heilbad
Windsheim	91438	Bad Windsheim	Bad Windsheim, Kleinwindsheimer Mühle, Walkmühle	Heilbad
Winterberg	59955	Winterberg	Winterberg, Altastenberg, Elkeringhausen	Heilklimatischer Kurort
Wittdün/Amrum	25946	Wittdün/Amrum	Wittdün	Nordseeheilbad
Wittmund	26409	Wittmund	Carolinensiel-Harlesiel	Nordseeheilbad
Wörishofen	86825	Bad Wörishofen	Bad Wörishofen, Hartenthal, Oberes Hart, Obergammenried, Schöneschach, Untergammenried, Unteres Hart	Kneippheilbad
Wolfegg	88364	Wolfegg	G	Heilklimatischer Kurort
Wünnenberg	33181	Wünnenberg	Wünnenberg	Kneippheilbad
Wurzach	88410	Bad Wurzach	Bad Wurzach	(Moor-)Heilbad
Wustrow	18347	Ostseebad Wustrow	G	Seebad
Wyk a. F.	25938	Wyk a. F.	Wyk	Nordseeheilbad

Name ohne „Bad"	PLZ	Gemeinde	Anerkennung als Heilbad oder Kurort ist erteilt für: (Ortsteile, sofern nicht B, G, K*)	Artbezeichnung
Z				
Zingst	18374	Ostseebad Zingst	G	Ostseeheilbad
Zwesten	34596	Bad Zwesten	K	Ort mit Heilquellenkurbetrieb
Zwischenahn	26160	Bad Zwischenahn	Bad Zwischenahn	(Moor-)Heilbad und Kneippkurort

*) B = Einzelkurbetrieb
G = Gesamtes Gemeindegebiet
K = nur Kerngemeinde, Kernstadt

Abschnitt 2 Heilbäder und Kurorte im Inland, die Ortsteile einer Gemeinde sind

Heilbad oder Kurort ohne Zusatz „Bad"	aufgeführt bei
A	
Abbach-Schloßberg	Abbach
Achmühl	Heilbrunn
Adelholzener Primusquelle	Siegsdorf
Aichmühle	Füssing
Ainsen	Füssing
Alschbach	Blieskastel
Altastenberg	Winterberg
Anatswald	Oberstdorf
An den Heilquellen	Freiburg
Angering	Füssing
Au	Abbach
Au	Grönenbach
Aunham	Birnbach
B	
Balg	Baden-Baden
Baumberg	Heilbrunn
Bayerisch Gmain	Reichenhall
Bensersiel	Esens
Bernwies	Heilbrunn
Berg	Stuttgart
Berggießhübel	Gottleuba-Berggießhübel
Birgsau	Oberstdorf
Brandholz	Grönenbach
Brandschachen	Füssing
Bregnitz	Königsfeld
Bruchhausen	Höxter
Burhave	Butjadingen
Burtscheid	Aachen
Busenbach	Waldbronn
C	
Cannstatt	Stuttgart
Carolinensiel-Harlesiel	Wittmund
D	
Detfurth	Salzdetfurth
Dietersberg	Oberstdorf
Dobra	Liebenwerda
Dornum	Aurich
Dürnöd	Füssing
E	
Ebene	Oberstdorf
Eckarts	Brückenau
Eckenhagen	Reichshof
Egg	Grönenbach
Egglfing a. Inn	Füssing
Einödsbach	Oberstdorf
Eisenbartling	Endorf

VII

Heilbad oder Kurort ohne Zusatz „Bad“	aufgeführt bei
Eitlöd	Füssing
Eldern	Ottobeuren
Elkeringhausen	Winterberg
Erbach	Wimpfen
F	
Faistenoy	Oberstdorf
Faulenfürst	Schluchsee
Fedderwadersiel	Butjadingen
Feldberg	Feldberger Seenlandschaft
Fischbach	Schluchsee
Fleckinger Mühle	Wimpfen
Flickenöd	Füssing
Frankenhammer	Berneck
Fredeburg	Schmallenberg
G	
Gemünd	Schleiden
Germete	Warburg
Gerstruben	Oberstdorf
Glashütte	Schieder
Gmeinschwenden	Grönenbach
Gögging	Füssing
Gögging	Neustadt a. d. Donau
Gottenried	Oberstdorf
Gottleuba	Gottleuba-Berggrießhübel
Graben	Heilbrunn
Grafschaft	Schmallenberg
Greit	Grönenbach
Gremsmühlen	Malente
Grenier	Königsfeld
Griesbach	Peterstal-Griesbach
Gruben	Oberstdorf
Gundsbach	Oberstdorf
H	
Hartenthal	Wörishofen
Harthausen	Aibling
Heiligendamm	Doberan

Heilbad oder Kurort ohne Zusatz „Bad“	aufgeführt bei
Herbisried	Grönenbach
Hermannsborn	Driburg
Hiddesen	Detmold
Hinterstallau	Heilbrunn
Höhenhöfe	Wimpfen
Hofham	Endorf
Hoheneck	Ludwigsburg
Holm	Schönberg
Holzhäuser	Füssing
Holzhaus	Füssing
Holzhausen	Preußisch Oldendorf
Horumersiel	Wangerland
Hub	Füssing
Hub	Heilbrunn
Hueb	Grönenberg
I	
In der Tarrast	Grönenbach
Irching	Füssing
J	
Jauchen	Oberstdorf
Jordanbad	Biberach
K	
Kalkofen	Abbach
Kellberg	Thyrnau
Kevelaer	Kevelaer
Kibling der Gemeinde Schneizlreuth	Reichenhall
Kiensee	Heilbrunn
Kleinwindsheimer Mühle	Windsheim
Klevers	Grönenbach
Kornhofen	Grönenbach
Kornau	Oberstdorf
Kosilenzien	Liebenwerda
Kreuzbühl	Grönenbach
Krippen	Schandau
Krummsee	Malente
Kurf	Endorf
Kutschenrangen	Berneck

VII

Heilbad oder Kurort ohne Zusatz „Bad"	aufgeführt bei
Spielmannsau	Oberstdorf
Steinreuth	Füssing
Ströbing	Endorf
T	
Thalau	Füssing
Thalham	Füssing
Thierham	Füssing
Thürham	Aibling
Timmdorf	Malente
Tossens	Butjadingen
Tönisstein	Andernach
Tönisstein	Burgbrohl
U	
Unterbuchen	Heilbrunn
Unterenzenau	Heilbrunn
Unteres Hart	Wörishofen
Untergammenried	Wörishofen
Untersteinbach	Heilbrunn
Unterreuthen	Füssing
Usseln	Willingen
V	
Valdorf-West	Vlotho
Voglherd	Heilbrunn
Voglöd	Füssing
W	
Waldegg b. Grönenbach	Grönenbach
Waldliesborn	Lippstadt
Walkmühle	Windsheim
Waren/Müritz	Waren
Warmbad	Wolkenstein
Warmeleithen	Berneck
Weghof	Griesbach
Weichs	Abbach
Weidach	Füssing
Weiherweber	Heilbrunn
Westernkotten	Erwitte
Wies	Füssing
Wiesweber	Heilbrunn
Wildbach	Aue-Schlema
Wildstein	Traben-Trarbach
Wilhelmshöhe	Kassel
Wörnern	Heilbrunn
Würding	Füssing
Z	
Zeitlofs	Brückenau
Zeischa	Liebenwerda
Zell	Aibling
Ziegelberg	Grönenbach
Ziegelstadel	Grönenbach
Zieglöd	Füssing
Zinnheim	Marienberg
Zwicklarn	Füssing

VII

Abschnitt 3 Heilbäder und Kurorte im EU-Ausland

a) Frankreich
  aa) Aix-les-Bains
  bb) Amélie-les-Bains-Palada
  cc) Cambo-les-Bains
  dd) La Roche-Posay
b) Italien
  aa) Abano Therme
  bb) Galzignano
  cc) Ischia
  dd) Meran
  ee) Montegrotto
  ff) Montepulciano
c) Kroatien
  Cres
d) Österreich
  aa) Bad Gastein
  bb) Bad Hall in Tirol
  cc) Bad Hofgastein
  dd) Bad Schönau
  ee) Bad Traunstein
  ff) Oberlaa
e) Polen
  aa) Bad Flinsberg/Swieradow Zdroy
  bb) Kolberg/Kolobrzeg
  cc) Swinemünde/Świnoujście

dd) Ustroń

f) Rumänien

Bad Felix/Băile Felix

g) Slowakei

aa) Dudince

bb) Piešťany

cc) Turčianske Teplice

h) Tschechien

aa) Bad Bělohrad/Lázně Bělohrad

bb) Bad Joachimsthal/Jáchymov

cc) Bad Luhatschowitz/Luhačovice

dd) Bad Teplitz/Lázně Teplice v Čechách

ee) Franzenbad/Františkovy Lázně

ff) Freiwaldau/Lázně Jeseník

gg) Johannisbad/Janské Lázně

hh) Karlsbad/Karlovy Vary

ii) Konstantinsbad/Konstantinovy Lázně

jj) Marienbad/Mariánské Lázně

i) Ungarn

aa) Bad Hévíz

bb) Bad Zalakaros

cc) Bük

dd) Hajdúszoboszló

ee) Harkány

ff) Komárom

gg) Sárvár

Abschnitt 4 Heilbäder und Kurorte im Nicht-EU-Ausland

a) Ein Boqeq

b) Sweimeh

Verordnung über die Gewährung von Dienstjubiläumszuwendungen (Dienstjubiläumsverordnung – DJubV)

Vom 18. Dezember 2014 (BGBl. I S. 2267)

Zuletzt geändert durch
Siebtes Besoldungsänderungsgesetz
vom 3. Dezember 2015 (BGBl. I S. 2163)

Auf Grund des § 84 des Bundesbeamtengesetzes vom 5. Februar 2009 (BGBl. I S. 160) und des § 30 Absatz 4 in Verbindung mit § 93 Absatz 1 Nummer 5 des Soldatengesetzes in der Fassung der Bekanntmachung vom 30. Mai 2005 (BGBl. I S. 1482) verordnet die Bundesregierung:

§ 1 Persönlicher Geltungsbereich

Diese Verordnung gilt

1. für die Beamtinnen und Beamten des Bundes,
2. für die Soldatinnen und Soldaten.

Für die Richterinnen und Richter im Bundesdienst gelten die für Beamtinnen und Beamte geltenden Vorschriften dieser Verordnung nach § 46 des Deutschen Richtergesetzes entsprechend.

§ 2 Dienstjubiläen, Dankurkunden und Dienstjubiläumszuwendungen

(1) Anlässlich des 25-jährigen, 40-jährigen und 50-jährigen Dienstjubiläums wird eine Dankurkunde ausgehändigt und wird eine Dienstjubiläumszuwendung gewährt.

(2) Die Zuwendung beträgt nach einer Dienstzeit von

1. 25 Jahren 350 Euro,
2. 40 Jahren 500 Euro,
3. 50 Jahren 600 Euro.

(3) Die Absätze 1 und 2 gelten nicht für Personen, denen aus demselben Anlass bereits eine Zuwendung aus öffentlichen Mitteln gewährt worden ist.

(4) § 12 Absatz 3 Satz 1 Nummer 5 der Sonderurlaubsverordnung bleibt unberührt.

§ 3 Berücksichtigungsfähige Zeiten

(1) Bei der Berechnung der Dienstzeit nach § 2 werden berücksichtigt:

1. Zeiten
   a) einer hauptberuflichen Tätigkeit,
   b) einer Ausbildung,
   c) einer Tätigkeit als Ehrenbeamtin oder Ehrenbeamter

   bei einem öffentlich-rechtlichen Dienstherrn (§ 29 Absatz 1 des Bundesbesoldungsgesetzes),
2. Zeiten einer Tätigkeit in einem öffentlich-rechtlichen Amtsverhältnis,
3. Zeiten einer Tätigkeit
   a) als Mitglied des Europäischen Parlaments, des Deutschen Bundestages oder der gesetzgebenden Körperschaft eines Landes,
   b) als Mitarbeiterin oder Mitarbeiter einer Fraktion
      aa) des Europäischen Parlaments,
      bb) des Deutschen Bundestages oder
      cc) der gesetzgebenden Körperschaft eines Landes,
4. Zeiten geleisteter Dienste nach § 28 Absatz 1 Satz 1 Nummer 3 des Bundesbesoldungsgesetzes,
5. Zeiten eines Urlaubs ohne Besoldung, soweit die oberste Dienstbehörde oder die von ihr bestimmte Stelle spätestens bei Beendigung des Urlaubs schriftlich oder elektronisch anerkannt hat, dass der Urlaub dienstlichen Interessen oder öffentlichen Belangen dient,
6. Zeiten einer Kinderbetreuung oder einer Pflege der Ehegattin oder des Ehegatten, der Lebenspartnerin oder des Lebenspart-

ners, von Eltern, Schwiegereltern, Geschwistern und Kindern der Dienstjubilarin oder des Dienstjubilars entsprechend § 28 Absatz 1 Satz 4 in Verbindung mit § 17b des Bundesbesoldungsgesetzes, wenn eine Tätigkeit nach den Nummern 1 bis 5 nach dem für das zugrunde liegende Dienstverhältnis geltenden Recht unterbrochen ist.

(2) Auf Antrag der Dienstjubilarin oder des Dienstjubilars werden berücksichtigt:

1. Zeiten, die durch eine nachträgliche Rechtsänderung berücksichtigungsfähig geworden sind,
2. Zeiten eines nach freiheitlich-demokratischer Auffassung nicht selbst zu vertretenden Gewahrsams, der insgesamt länger als drei Monate gedauert hat und infolge dessen die Leistungen nach dem Häftlingshilfegesetz gewährt werden,
3. Zeiten einer Freiheitsentziehung, die insgesamt länger als drei Monate gedauert hat, soweit die Freiheitsentziehung auf einer Entscheidung beruht, die wegen Unvereinbarkeit mit rechtsstaatlichen Maßstäben rechtskräftig aufgehoben worden ist
   a) nach dem Strafrechtlichen Rehabilitierungsgesetz,
   b) nach dem Rehabilitierungsgesetz der Deutschen Demokratischen Republik vom 6. September 1990 (GBl. I Nr. 60 S. 1459) oder
   c) nach den Vorschriften über Kassation (§§ 311 bis 327) der Strafprozessordnung der Deutschen Demokratischen Republik in der Fassung der Bekanntmachung vom 19. Dezember 1974 (GBl. I Nr. 4 S. 62), die zuletzt durch Artikel 4 Nummer 2 der Vereinbarung vom 18. September 1990 (BGBl. 1990 II S. 885, 1243) geändert worden ist.

Zeiten nach Satz 1 Nummer 3 Buchstabe a werden nur berücksichtigt, wenn keine Ausschlussgründe für die Gewährung sozialer Ausgleichsleistungen nach § 16 Absatz 2 des Strafrechtlichen Rehabilitierungsgesetzes vorliegen.

(3) Derselbe Zeitraum wird nur einmal berücksichtigt.

(4) Zeiten einer Teilzeitbeschäftigung werden wie Zeiten einer Vollzeitbeschäftigung berücksichtigt.

(5) § 30 des Bundesbesoldungsgesetzes gilt entsprechend.

§ 4 Aushändigung der Dankurkunde

(1) Die Dankurkunde darf nicht vor dem Tag des Dienstjubiläums ausgehändigt werden.

(2) Im Einvernehmen mit der Dienstjubilarin oder dem Dienstjubilar kann die Dankurkunde nach Eintritt in den Ruhestand ausgehändigt werden.

§ 5 Zurückstellung oder Hinausschiebung der Aushändigung der Dankurkunde und der Gewährung der Zuwendung

(1) Die Aushändigung der Dankurkunde und die Gewährung der Zuwendung werden zurückgestellt, solange gegen die Dienstjubilarin oder den Dienstjubilar ein Straf- oder Disziplinarverfahren anhängig ist.

(2) Wenn gegen die Dienstjubilarin oder den Dienstjubilar eine Disziplinarmaßnahme verhängt worden ist, werden die Aushändigung der Dankurkunde und die Gewährung der Zuwendung hinausgeschoben

1. bei Beamtinnen und Beamten bis zum Ablauf der Frist für ein Verwertungsverbot nach § 16 des Bundesdisziplinargesetzes,
2. bei Soldatinnen und Soldaten bis zum Ablauf einer Frist
   a) von fünf Jahren nach Verhängung einer Kürzung der Dienstbezüge,
   b) von sieben Jahren nach Verhängung eines Beförderungsverbots,
   c) von acht Jahren nach Verhängung einer Herabsetzung in der Besoldungsgruppe oder einer Dienstgradherabsetzung.

Satz 1 gilt entsprechend, wenn eine Disziplinarmaßnahme nur im Hinblick auf § 14 Absatz 1 des Bundesdisziplinargesetzes oder auf § 16 der Wehrdisziplinarordnung nicht verhängt worden ist; in diesem Fall beginnt die Frist mit dem Tag, an dem die Entscheidung

VII

über die Einstellung des Disziplinarverfahrens wirksam geworden ist.

§ 6 Zuständigkeit

Zuständig für die Durchführung dieser Verordnung ist die oberste Dienstbehörde. Sie kann die Aufgabe auf nachgeordnete Behörden übertragen.

§ 7 Inkrafttreten, Außerkrafttreten

Diese Verordnung tritt am Tag nach der Verkündung in Kraft. Gleichzeitig treten außer Kraft:

1. die Verordnung über die Gewährung von Jubiläumszuwendungen an Beamte und Richter des Bundes in der Fassung der Bekanntmachung vom 13. März 1990 (BGBl. I S. 487), die zuletzt durch Artikel 15 Absatz 19 des Gesetzes vom 5. Februar 2009 (BGBl. I S. 160) geändert worden ist, sowie
2. die Soldatenjubiläumsverordnung vom 24. Juli 2002 (BGBl. I S. 2806).

VIII Soziale Schutzvorschriften/ Familienförderung/Vermögensbildung

Gleichberechtigung/Gleichstellung

Familienförderung

Vermögensbildung

VIII

Gesetz für die Gleichstellung von Frauen und Männern in der Bundesverwaltung und in den Gerichten des Bundes (Bundesgleichstellungsgesetz – BGleiG)

Vom 24. April 2015 (BGBl. I S. 642)

Zuletzt geändert durch
Gesetz zur weiteren Stärkung der personellen Einsatzbereitschaft und zur Änderung von Vorschriften für die Bundeswehr
vom 27. Februar 2025 (BGBl. I Nr. 72)

Inhaltsübersicht

VIII

Abschnitt 1
Allgemeine Bestimmungen

§ 1 Ziele des Gesetzes

(1) Ziel des Gesetzes ist es,

1. die Gleichstellung von Frauen und Männern zu verwirklichen,
2. bestehende Benachteiligungen auf Grund des Geschlechts, insbesondere Benachteiligungen von Frauen, zu beseitigen und künftige Benachteiligungen zu verhindern sowie
3. die Familienfreundlichkeit sowie die Vereinbarkeit von Familie, Pflege und Berufstätigkeit für die Beschäftigten zu verbessern.

(2) Nach Maßgabe dieses Gesetzes wird die tatsächliche Durchsetzung der Gleichberechtigung von Frauen und Männern gefördert. Strukturelle Benachteiligungen von Frauen sind durch deren gezielte Förderung zu beheben. Ziel ist es, die gleichberechtigte Teilhabe von Frauen und Männern an Führungspositionen nach Maßgabe dieses Gesetzes bis zum 31. Dezember 2025 zu erreichen.

(3) Bei der Erreichung der Ziele sind die besonderen Belange von Frauen mit Behinderungen und von Behinderung bedrohter Frauen im Sinne von § 2 Absatz 1 des Neunten Buches Sozialgesetzbuch zu berücksichtigen. Im Übrigen gilt § 2 Absatz 1 Satz 2 des Behindertengleichstellungsgesetzes.

VIII

§ 2 Geltungsbereich

(1) Dieses Gesetz gilt für die Dienststellen nach § 3 Nummer 5.

(2) Juristische Personen, an denen der Bund mittelbar oder unmittelbar beteiligt ist, können dieses Gesetz in der Satzung ganz oder teilweise für sich verbindlich erklären. Ein entsprechender Beschluss zur Satzungsänderung muss einstimmig gefasst werden.

§ 3 Begriffsbestimmungen

Im Sinne dieses Gesetzes sind:

1. Arbeitsplätze: Ausbildungsplätze, Stellen, Planstellen sowie Dienstposten, die mit Beschäftigten im Sinne dieses Gesetzes besetzbar sind und für deren personelle Ausführung lediglich finanzielle Mittel benötigt werden, unabhängig davon, ob die Beschäftigung aus für Stellen und Planstellen bereitgestellten oder sonstigen Haushaltsmitteln finanziert wird;
2. Bereiche: Besoldungs- und Entgeltgruppen oder Laufbahngruppen, Laufbahnen und Fachrichtungen, Berufsausbildungen einschließlich des Vorbereitungsdienstes sowie Ebenen mit Führungspositionen einschließlich der Stellen und Planstellen Vorsitzender Richterinnen und Vorsitzender Richter;
3. beruflicher Aufstieg: Beförderungen, Höhergruppierungen, Höherreihungen sowie Übertragungen höher bewerteter Dienstposten und Arbeitsplätze;
4. Beschäftigte: Beamtinnen und Beamte, Arbeitnehmerinnen und Arbeitnehmer einschließlich Auszubildender, Richterinnen und Richter sowie Inhaberinnen und Inhaber öffentlich-rechtlicher Ämter;
5. Dienststellen:
   a) Bundesgerichte,
   b) Behörden und Verwaltungsstellen der unmittelbaren Bundesverwaltung einschließlich solcher im Bereich der Streitkräfte sowie
   c) Körperschaften, Anstalten und Stiftungen des öffentlichen Rechts des Bundes;

   maßgebend sind § 4 Absatz 1 Nummer 4 und 6 sowie § 6 des Bundespersonalvertretungsgesetzes;
6. Familienaufgaben: die tatsächliche Betreuung von mindestens einem Kind unter 18 Jahren durch Beschäftigte; dies schließt auch die Inanspruchnahme einer Elternzeit nach dem Bundeselterngeld- und Elternzeitgesetz ein;
7. Pflegeaufgaben: die tatsächliche, nicht erwerbsmäßige häusliche Pflege oder Betreuung einer im Sinne des Siebten Kapitels des Zwölften Buches Sozialgesetzbuch pflegebedürftigen Person durch Beschäftigte; dies schließt auch die Inanspruchnahme einer Pflegezeit nach

dem Pflegezeitgesetz sowie die Inanspruchnahme einer Familienpflegezeit nach dem Familienpflegezeitgesetz ein;

8. Qualifikation: Eignung, Befähigung und fachliche Leistung;
9. unterrepräsentiert: Status von Frauen, wenn ihr jeweiliger Anteil an der Gesamtzahl der weiblichen und männlichen Beschäftigten in einem einzelnen Bereich unter 50 Prozent liegt; bei einer ungeraden Gesamtzahl der weiblichen und männlichen Beschäftigten sind Frauen unterrepräsentiert, wenn das Ungleichgewicht mindestens zwei Personen beträgt;
10. Führungspositionen: alle Arbeitsplätze mit Vorgesetzten- oder Leitungsaufgaben.

§ 4 Allgemeine Pflichten

(1) Die Beschäftigten, insbesondere solche in den Führungspositionen, sowie die Leitung und Personalverwaltung der Dienststelle haben die Erreichung der Ziele dieses Gesetzes zu fördern. Diese Verpflichtung ist als durchgängiges Leitprinzip bei allen Aufgabenbereichen und Entscheidungen der Dienststellen sowie bei der Zusammenarbeit von Dienststellen zu berücksichtigen. Auch bei grundlegenden Änderungen von Verfahrensabläufen in personellen, organisatorischen oder sozialen Angelegenheiten, insbesondere durch Automatisierung oder Auslagerung, ist die Durchsetzung dieses Gesetzes sicherzustellen.

(2) Gewähren Dienststellen Zuwendungen nach § 23 der Bundeshaushaltsordnung als institutionelle Förderungen, so sollen sie durch Nebenbestimmung zum Zuwendungsbescheid oder vertragliche Vereinbarung sicherstellen, dass die institutionellen Zuwendungsempfängerinnen und -empfänger die Grundzüge dieses Gesetzes anwenden. Aus der Nebenbestimmung zum Zuwendungsbescheid oder der vertraglichen Vereinbarung muss hervorgehen, welche Vorschriften anzuwenden sind. Die Sätze 1 und 2 gelten auch für den Fall, dass Stellen außerhalb der Bundesverwaltung mit Bundesmitteln im Wege der Zuweisung institutionell gefördert werden.

(3) Die Rechts- und Verwaltungsvorschriften des Bundes, die Dienstvereinbarungen der Dienststellen sowie die Satzungen, Verträge und Vertragsformulare der Körperschaften, Anstalten und Stiftungen sollen die Gleichstellung von Frauen und Männern auch sprachlich zum Ausdruck bringen. Dies gilt auch für den Schriftverkehr.

Abschnitt 2
Maßnahmen zur Gleichstellung von Frauen und Männern

§ 5 Ausnahmen von der Anwendung

(1) Die Vorschriften dieses Abschnitts sind nur dann nicht anzuwenden, wenn die Zugehörigkeit zu einem bestimmten Geschlecht unverzichtbare Voraussetzung für die auszuübende Tätigkeit ist.

(2) Die Beteiligungsrechte der Personalvertretung und die der Schwerbehindertenvertretung bleiben unberührt.

§ 6 Arbeitsplatzausschreibung

(1) Ausschreibungen von Arbeitsplätzen müssen geschlechtsneutral erfolgen. Es ist insbesondere unzulässig, Arbeitsplätze nur für Männer oder nur für Frauen auszuschreiben. Der Ausschreibungstext muss so formuliert sein, dass er alle Geschlechter in gleicher Weise anspricht. Sind Frauen in dem jeweiligen Bereich unterrepräsentiert, so sind sie verstärkt zur Bewerbung aufzufordern. Jede Ausschreibung, insbesondere die Ausschreibungen für die Besetzung von Führungspositionen ungeachtet der Hierarchieebene, hat den Hinweis zu enthalten, dass der ausgeschriebene Arbeitsplatz in Teilzeit besetzt werden kann. Der Hinweis darf entfallen, sofern einer Besetzung in Teilzeit zwingende dienstliche Belange entgegenstehen.

(2) Wenn in einem Bereich Frauen unterrepräsentiert sind, soll ein freier Arbeitsplatz ausgeschrieben werden, um die Zahl der Bewerberinnen zu erhöhen. Der Arbeitsplatz soll öffentlich ausgeschrieben werden, wenn dieses Ziel weder mit einer hausinternen noch mit einer dienststellenübergreifenden Ausschreibung erreicht werden kann. Ausnah-

VIII

men nach § 8 Absatz 1 Satz 3 des Bundesbeamtengesetzes bleiben unberührt.

(3) Arbeitsplatzausschreibungen müssen die Anforderungen des zu besetzenden Arbeitsplatzes festlegen und im Hinblick auf mögliche künftige Funktionen der Bewerberinnen und Bewerber auch das vorausgesetzte Anforderungs- und Qualifikationsprofil der Laufbahn oder des Funktionsbereichs enthalten.

§ 7 Bewerbungsgespräche

(1) Liegen in ausreichender Zahl Bewerbungen von Frauen vor, die das in der Ausschreibung vorgegebene Anforderungs- und Qualifikationsprofil aufweisen, müssen bei der Besetzung von Arbeitsplätzen in einem Bereich, in dem Frauen unterrepräsentiert sind, mindestens ebenso viele Frauen wie Männer zu Vorstellungsgesprächen oder besonderen Auswahlverfahren eingeladen werden. § 165 des Neunten Buches Sozialgesetzbuch bleibt unberührt.

(2) In Vorstellungsgesprächen und besonderen Auswahlverfahren sind insbesondere Fragen nach dem Familienstand, einer bestehenden oder geplanten Schwangerschaft sowie nach bestehenden oder geplanten Familien- oder Pflegeaufgaben unzulässig.

(3) Auswahlkommissionen sollen geschlechterparitätisch besetzt sein. Ist eine paritätische Besetzung aus triftigen Gründen nicht möglich, sind die jeweiligen Gründe aktenkundig zu machen.

VIII

§ 8 Auswahlentscheidungen bei Einstellung, beruflichem Aufstieg und der Vergabe von Ausbildungsplätzen

(1) Sind Frauen in einem Bereich unterrepräsentiert, so hat die Dienststelle sie bei gleicher Qualifikation wie ihre Mitbewerber bevorzugt zu berücksichtigen

1. bei der Besetzung von Ausbildungsplätzen,
2. bei der Einstellung,
3. beim beruflichen Aufstieg,
4. bei der Versetzung, wenn ihr ein Ausschreibungsverfahren vorausgeht, sowie
5. bei der Abordnung und Umsetzung für jeweils mehr als drei Monate, wenn ihr ein Ausschreibungsverfahren vorausgeht.

Die bevorzugte Berücksichtigung ist ausgeschlossen, wenn rechtlich schutzwürdige Interessen überwiegen, die in der Person eines Mitbewerbers liegen.

(2) Absatz 1 gilt insbesondere für

1. die Besetzung von Stellen von Beamtinnen und Beamten, von Arbeitnehmerinnen und Arbeitnehmern, von Auszubildenden sowie von Richterinnen und Richtern, es sei denn, für die Berufung von Richterinnen und Richtern ist eine Wahl oder die Mitwirkung eines Wahlausschusses vorgeschrieben;
2. den beruflichen Aufstieg, es sei denn, die Entscheidung über diesen Aufstieg erfolgt durch eine Wahl oder unter Mitwirkung eines Wahlausschusses.

Satz 1 schließt auch Führungspositionen ungeachtet der Hierarchieebene ein.

(3) Die Ausnahmeregelung in Absatz 2 Satz 1 Nummer 1 gilt entsprechend für die Stellen von Mitgliedern des Bundesrechnungshofes, für deren Ernennung nach § 5 Absatz 2 Satz 2 des Bundesrechnungshofgesetzes vom 11. Juli 1985 (BGBl. I S. 1445), das zuletzt durch Artikel 15 Absatz 82 des Gesetzes vom 5. Februar 2009 (BGBl. I S. 160) geändert worden ist, der Ständige Ausschuss des Großen Senats des Bundesrechnungshofes zu hören ist.

§ 9 Qualifikation von Bewerberinnen und Bewerbern

(1) Die Qualifikation einer Bewerberin oder eines Bewerbers wird anhand der Anforderungen des zu besetzenden Arbeitsplatzes ermittelt, insbesondere aus der hierfür erforderlichen Ausbildung, dem Qualifikationsprofil der Laufbahn oder des Funktionsbereichs sowie aus den beruflichen Erfahrungen. Das Dienstalter, die Beschäftigungsdauer und der Zeitpunkt der letzten Beförderung von Bewerberinnen und Bewerbern dürfen nur insoweit berücksichtigt werden, wie sie für die Qualifikation für den betreffenden Arbeitsplatz von Bedeutung sind. Spezifische, durch Familien- oder Pflegeaufgaben erworbene Erfahrungen und Fähigkeiten sind zu berücksichtigen, soweit sie für die Ausübung der jeweiligen Tätigkeit von Bedeutung sind.

(2) Folgende Umstände dürfen nicht Teil der vergleichenden Bewertung sein:

1. durch die Wahrnehmung von Familien- oder Pflegeaufgaben bedingte
   a) Unterbrechungen der Berufstätigkeit,
   b) geringere Anzahl aktiver Dienst- oder Beschäftigungsjahre,
   c) Reduzierungen der Arbeitszeit oder Verzögerungen beim Abschluss einzelner Ausbildungsgänge,
   d) zeitliche Belastungen,
2. die Einkommenssituation des Ehegatten, der Lebenspartnerin oder des Lebenspartners, der Lebensgefährtin oder des Lebensgefährten,
3. die Absicht, von der Möglichkeit der Arbeitszeitreduzierung oder einer Beurlaubung zur Wahrnehmung von Familien- oder Pflegeaufgaben Gebrauch zu machen,
4. organisatorische und personalwirtschaftliche Erwägungen.

§ 10 Fortbildung, Dienstreisen

(1) Die Dienststelle hat die Teilnahme der Beschäftigten an Fortbildungen zu unterstützen. Bei der Einführungs-, Förderungs- und Anpassungsfortbildung sind Frauen mindestens entsprechend ihrem Anteil an der jeweiligen Zielgruppe der Fortbildung zu berücksichtigen.

(2) Die Dienststelle muss Beschäftigten mit Familien- oder Pflegeaufgaben im Rahmen der dienstlichen Möglichkeiten die Teilnahme an dienstlichen Fortbildungen sowie an Dienstreisen ermöglichen. Soweit erforderlich, sind im Rahmen der dienstlichen Möglichkeiten zusätzliche Veranstaltungen oder alternative Dienstreisezeiträume anzubieten, die den räumlichen und zeitlichen Bedürfnissen von Beschäftigten mit Familien- oder Pflegeaufgaben entsprechen. Darüber hinaus kann die Dienststelle Beschäftigten mit Familien- oder Pflegeaufgaben im Rahmen der dienstlichen Möglichkeiten die Teilnahme an dienstlichen Ausbildungen anbieten. Für die Dauer der Teilnahme an

1. Maßnahmen nach Satz 1 kann im Bedarfsfall die Betreuung von Kindern oder pflegebedürftigen Personen angeboten werden,
2. Maßnahmen nach den Sätzen 1 und 3 können auf Antrag zusätzlich anfallende, unabwendbare Betreuungskosten für Kinder oder pflegebedürftige Personen erstattet werden.

(3) Die Dienststelle soll in ausreichendem Maße Fortbildungen anbieten, die den beruflichen Aufstieg und den beruflichen Wiedereinstieg nach einer Unterbrechung der Berufstätigkeit zur Wahrnehmung von Familien- oder Pflegeaufgaben erleichtern. Absatz 2 gilt entsprechend.

(4) Die Beschäftigten der Personalverwaltung und die Beschäftigten in Führungspositionen sind verpflichtet, sich über Maßnahmen zur Gleichstellung von Frauen und Männern sowie zur Vereinbarkeit von Familie, Pflege und Berufstätigkeit zu informieren. Sie sollen entsprechende Fortbildungen besuchen.

(5) Der Gleichstellungsbeauftragten und ihren Stellvertreterinnen ist zu Beginn und während ihrer Amtszeit Gelegenheit zur Fortbildung, insbesondere auf den Gebieten des Gleichstellungsrechts und des Rechts des öffentlichen Dienstes, des Arbeitsrechts sowie des Personalvertretungs-, Organisations- und des Haushaltsrechts, zu geben.

Abschnitt 3
Gleichstellungsplan

§ 11 Zweck

Der Gleichstellungsplan dient der Erreichung der Ziele dieses Gesetzes und ist ein wesentliches Instrument der Personalplanung, insbesondere der Personalentwicklung. Seine Umsetzung ist besondere Verpflichtung der Personalverwaltung, der Beschäftigten in Führungspositionen sowie der Dienststellenleitung.

§ 12 Erstellung

(1) Jede Dienststelle hat einen Gleichstellungsplan für jeweils vier Jahre zu erstellen, der nach zwei Jahren den aktuellen Gegebenheiten angepasst werden kann. Die Rechte der Personalvertretung und die der Schwerbehindertenvertretung bleiben unberührt.

(2) Der Gleichstellungsplan ist bis zum 31. Dezember zu erstellen und tritt am 1. Januar des Folgejahres in Kraft. Für Dienststellen mit einem großen Geschäftsbereich sowie im Falle umfassender organisatorischer Änderungen in der Dienststelle können abweichend von Satz 1 im Einvernehmen mit der Gleichstellungsbeauftragten andere Stichtage festgelegt werden.

§ 13 Inhalt

(1) Der Gleichstellungsplan muss eine Bestandsaufnahme vornehmen, indem er die bestehende Situation der Frauen und Männer in der Dienststelle zum 30. Juni des Jahres seiner Erstellung beschreibt und die bisherige Förderung der Beschäftigten in den einzelnen Bereichen für die vergangenen vier Jahre auswertet. Zur Bestandsaufnahme gehört auch eine Darstellung, die zeigt, wie Frauen und Männer die Maßnahmen zur besseren Vereinbarkeit von Familie, Pflege und Berufstätigkeit in Anspruch genommen haben und wie sich ihr beruflicher Aufstieg darstellt im Vergleich zu Frauen und Männern, die solche Maßnahmen nicht in Anspruch genommen haben. Sind die Zielvorgaben des vorherigen Gleichstellungsplans nicht umgesetzt worden, so sind im aktuellen Gleichstellungsplan die Gründe für die Zielverfehlung darzulegen.

(2) Der Gleichstellungsplan legt fest, wie und bis wann

1. erreicht werden soll, dass die Führungspositionen, in denen Frauen bisher unterrepräsentiert waren, mit annähernd numerischer Gleichheit mit Frauen und Männern besetzt werden, um das Ziel des § 1 Absatz 2 Satz 2 zu erreichen,
2. die Unterrepräsentanz von Frauen in anderen Bereichen abgebaut werden soll und
3. die Vereinbarkeit von Familie oder Pflege mit der Berufstätigkeit verbessert werden soll und wie insbesondere Männer motiviert werden sollen, Angebote, die eine solche Vereinbarkeit ermöglichen, stärker in Anspruch zu nehmen.

Im Gleichstellungsplan sind konkrete Zielvorgaben insbesondere zum Frauen- und Männeranteil für jede einzelne Führungsebene festzulegen. Sofern Zielvorgaben zur Besetzung von Arbeitsplätzen zu entwickeln sind, über deren Besetzung die Dienststelle nicht entscheidet, sind die Vorgaben in Absprache mit der für die Arbeitsplatzbesetzung zuständigen Stelle zu entwickeln.

(3) Der Gleichstellungsplan hat für jede Zielvorgabe konkrete Maßnahmen personeller, sozialer oder organisatorischer Art zur Erreichung der jeweiligen Zielvorgabe zu benennen. Er enthält insbesondere auch Maßnahmen zur Förderung der Vereinbarkeit von Familie, Pflege und Berufstätigkeit.

(4) Sofern personalwirtschaftliche Maßnahmen vorgesehen sind, durch die Stellen oder Planstellen gesperrt werden oder wegfallen, ist im Gleichstellungsplan vorzusehen, dass der Anteil des unterrepräsentierten Geschlechts in den betreffenden Bereichen zumindest nicht sinkt.

(5) Der Gleichstellungsplan darf keine personenbezogenen Daten enthalten.

§ 14 Veröffentlichung und Kenntnisgabe

Die Dienststelle hat den Gleichstellungsplan innerhalb eines Monats nach Beginn seiner Geltungsdauer im Intranet zu veröffentlichen und jeder einzelnen und jedem einzelnen Beschäftigten in Textform zur Kenntnis zu geben.

Abschnitt 4
Vereinbarkeit von Familie oder Pflege mit der Berufstätigkeit

§ 15 Arbeitszeiten, sonstige Rahmenbedingungen und Erstattung von Betreuungskosten in besonderen Fällen

(1) Die Dienststellen haben Arbeitszeiten und sonstige Rahmenbedingungen anzubieten, die allen Beschäftigten die Vereinbarkeit von Familie oder Pflege mit der Berufstätigkeit erleichtern, soweit zwingende dienstliche Belange oder zwingende betriebliche Belange dem nicht entgegenstehen. Zu den sonstigen Rahmenbedingungen können Möglichkeiten zur Betreuung von Kindern oder pflegebedürftigen Personen einschließlich entspre-

chender Beratungs- und Vermittlungsleistungen gehören.

(2) Kosten für die Betreuung von Kindern oder von pflegebedürftigen Personen können auf Antrag im Einzelfall nach den Absätzen 3 und 4 erstattet werden, wenn

1. sie zusätzlich anfallen,
2. sie unabwendbar sind und
3. eine Erstattung nach anderen Rechtsgrundlagen nicht möglich ist.

(3) Die Kostenerstattung nach Absatz 2 ist für die Dauer folgender Maßnahmen möglich:

1. bei dienstlich bedingter Abwesenheit vom regelmäßigen Dienstort sowie,
2. soweit der Dienst oder die Arbeitsleistung am regelmäßigen Dienstort zur Unterstützung der Streitkräfte bei der Bewältigung von Krisenlagen anfällt und nicht innerhalb der vereinbarten regelmäßigen Arbeitszeit liegt, bei
   a) Ableistung von angeordneter oder genehmigter Mehrarbeit gemäß § 88 des Bundesbeamtengesetzes,
   b) über die regelmäßige wöchentliche Arbeitszeit hinausgehender angeordneter oder genehmigter Arbeitsleistung sowie
   c) Ableistung von Schichtdienst.

(4) Krisenlagen nach Absatz 3 Nummer 2 sind in der Regel

1. Amtshilfemaßnahmen einschließlich der Unterstützungsleistungen in Katastrophenfällen,
2. Maßnahmen zur Erhöhung der Einsatzbereitschaft der Bundeswehr,
3. Maßnahmen zur Gefahrenabwehr,
4. Maßnahmen zum Schutz von Einrichtungen und von Infrastruktur,
5. vorbereitende Maßnahmen der Bundeswehr für verbündete Streitkräfte im Rahmen der Landes- und Bündnisverteidigung sowie
6. Unterstützungsleistungen für verbündete Streitkräfte im Rahmen der Landes- und Bündnisverteidigung.

§ 16 Teilzeitbeschäftigung, Telearbeit, mobiles Arbeiten und Beurlaubung zur Wahrnehmung von Familien- oder Pflegeaufgaben

(1) Die Dienststellen haben den Anträgen von Beschäftigten mit Familien- oder Pflegeaufgaben auf familien- oder pflegebedingte Teilzeitbeschäftigung oder auf Beurlaubung zu entsprechen, soweit zwingende dienstliche Belange dem nicht entgegenstehen. Dies gilt auch für Anträge von Beschäftigten in Führungspositionen ungeachtet der Hierarchieebene.

(2) Im Rahmen der dienstlichen Möglichkeiten haben die Dienststellen den Beschäftigten mit Familien- oder Pflegeaufgaben auch Telearbeitsplätze, mobile Arbeit oder familien- oder pflegefreundliche Arbeitszeit- und Präsenzzeitmodelle anzubieten.

(3) Die Ablehnung von Anträgen nach Absatz 1 oder 2 muss in Textform begründet werden.

(4) Die Dienststellen müssen Beschäftigte, die einen Antrag auf Teilzeitbeschäftigung, familien- oder pflegefreundliche Arbeitszeitmodelle oder Beurlaubung zur Wahrnehmung von Familien- oder Pflegeaufgaben stellen, frühzeitig in Textform hinweisen auf:

1. die Folgen einer Bewilligung, insbesondere in beamten-, arbeits-, versorgungs- und rentenrechtlicher Hinsicht, sowie
2. die Möglichkeit einer Befristung mit Verlängerungsoption und deren Folgen.

(5) Die Dienststellen haben darauf zu achten, dass

1. Beschäftigte, deren Antrag auf Teilzeitbeschäftigung, familien- oder pflegefreundliche Arbeitszeitmodelle oder Beurlaubung zur Wahrnehmung von Familien- oder Pflegeaufgaben positiv entschieden wurde, eine ihrer ermäßigten Arbeitszeit entsprechende Entlastung von ihren dienstlichen Aufgaben erhalten und
2. sich aus der ermäßigten Arbeitszeit keine dienstlichen Mehrbelastungen für andere Beschäftigte der Dienststelle ergeben.

(6) Die Vorschriften des Teilzeit- und Befristungsgesetzes zur Teilzeitbeschäftigung sowie sonstige gesetzliche Regelungen zur

Teilzeitbeschäftigung oder zur Beurlaubung bleiben von den Absätzen 1 bis 5 unberührt.

§ 17 Wechsel zur Vollzeitbeschäftigung, beruflicher Wiedereinstieg

(1) Bei Vorliegen der gleichen Qualifikation müssen im Rahmen der Besetzung von Arbeitsplätzen vorrangig berücksichtigt werden:

1. Teilzeitbeschäftigte mit Familien- oder Pflegeaufgaben, die eine Vollzeitbeschäftigung oder eine Erhöhung ihrer wöchentlichen Arbeitszeit beantragen, sowie
2. beurlaubte Beschäftigte, die während der Beurlaubung Familien- oder Pflegeaufgaben wahrgenommen haben und eine vorzeitige Rückkehr aus der Beurlaubung beantragen.

(2) Die Dienststellen haben den auf Grund von Familien- oder Pflegeaufgaben beurlaubten Beschäftigten die Verbindung zum Beruf und den beruflichen Wiedereinstieg zu erleichtern. Als Maßnahmen hierfür kommen insbesondere in Betracht:

1. die Möglichkeit der Teilzeitbeschäftigung nach dem Bundeselterngeld- und Elternzeitgesetz,
2. die Möglichkeit der Teilzeitbeschäftigung nach dem Teilzeit- und Befristungsgesetz, soweit die Art der Tätigkeit eine Teilzeitbeschäftigung nicht ausschließt,
3. die rechtzeitige Unterrichtung über Fortbildungsangebote,
4. das Angebot zur Teilnahme an Fortbildungen während oder nach der Beurlaubung sowie
5. das Angebot von Urlaubs- und Krankheitsvertretungen.

(3) Die Teilnahme an einer Fortbildung während der Beurlaubung zur Wahrnehmung von Familien- oder Pflegeaufgaben begründet einen Anspruch auf bezahlte Dienst- oder Arbeitsbefreiung nach dem Ende der Beurlaubung. Die Dauer der bezahlten Dienst- oder Arbeitsbefreiung richtet sich nach der Dauer der Fortbildung.

(4) Die Dienststelle hat rechtzeitig vor Ablauf einer Beurlaubung zur Wahrnehmung von Familien- oder Pflegeaufgaben Personalgespräche mit den betroffenen Beschäftigten zu führen, in denen deren weitere berufliche Entwicklung zu erörtern ist.

§ 18 Verbot von Benachteiligungen

(1) Folgende Umstände dürfen die Einstellung sowie die berufliche Entwicklung einschließlich des beruflichen Aufstiegs nicht beeinträchtigen und sich, sofern die dienstliche Leistung beurteilt wird, nicht nachteilig auf diese Beurteilung auswirken:

1. Teilzeitbeschäftigung,
2. Telearbeit, mobiles Arbeiten sowie die Teilnahme an flexiblen Arbeits- oder Präsenzzeiten,
3. eine bestehende Schwangerschaft,
4. schwangerschafts- oder mutterschaftsbedingte Abwesenheiten auf Grund mutterschutzrechtlicher Beschäftigungsverbote,
5. Beurlaubungen auf Grund von Familien- oder Pflegeaufgaben.

Dies schließt nicht aus, dass Zeiten nach Satz 1 Nummer 1 anders behandelt werden als Zeiten nach Satz 1 Nummer 4 und 5.

(2) Eine unterschiedliche Behandlung von Teilzeitbeschäftigung im Verhältnis zu Vollzeitbeschäftigung ist nur zulässig, wenn zwingende sachliche Gründe dies rechtfertigen. Dies gilt für Telearbeit, mobiles Arbeiten und Beurlaubungen auf Grund von Familien- oder Pflegeaufgaben mit Ausnahme der Elternzeit entsprechend.

(3) Schwangerschafts- und mutterschaftsbedingte Abwesenheiten auf Grund mutterschutzrechtlicher Beschäftigungsverbote sowie Beurlaubungen auf Grund von Familien- oder Pflegeaufgaben sind bei der Anrechnung von Wartezeiten für eine Beförderung nach § 22 Absatz 4 des Bundesbeamtengesetzes zu berücksichtigen.

Abschnitt 5 Gleichstellungsbeauftragte, Stellvertreterin und Vertrauensfrau

§ 19 Wahl, Verordnungsermächtigung

(1) In jeder Dienststelle mit in der Regel mindestens 100 Beschäftigten wird eine Gleich-

stellungsbeauftragte gewählt. Dies gilt auch für oberste Bundesbehörden mit in der Regel weniger als 100 Beschäftigten.

(2) Die Verwaltungen mit einem großen Geschäftsbereich können abweichend von Absatz 1 Satz 1 weniger Gleichstellungsbeauftragte wählen lassen, sofern sichergestellt ist, dass die Beschäftigten des gesamten Geschäftsbereichs angemessen durch eine Gleichstellungsbeauftragte vertreten werden.

(3) Gewählt werden

1. in den Dienststellen mit mindestens 100 und höchstens 1499 Beschäftigten sowie in Dienststellen mit weniger als 100 Beschäftigten, die eine eigene Gleichstellungsbeauftragte wählen, eine Stellvertreterin,
2. in den Dienststellen mit mindestens 1500 und höchstens 1999 Beschäftigten zwei Stellvertreterinnen,
3. in den Dienststellen mit höchstens 1999 Beschäftigten und einem großen Zuständigkeits- oder komplexen Aufgabenbereich zwei oder drei Stellvertreterinnen,
4. in den Verwaltungen mit einem großen Geschäftsbereich, die von der Ausnahmeregelung nach Absatz 2 Gebrauch machen, sowie in Verwaltungen, zu denen Dienststellen mit weniger als 100 Beschäftigten gehören, die keine eigene Gleichstellungsbeauftragte wählen,
   a) bei insgesamt höchstens 1499 Beschäftigten in allen Dienststellen, die durch eine Gleichstellungsbeauftragte vertreten werden, eine Stellvertreterin,
   b) bei insgesamt mindestens 1500 und höchstens 1999 Beschäftigten in allen Dienststellen, die durch eine Gleichstellungsbeauftragte vertreten werden, zwei Stellvertreterinnen,
   c) bei insgesamt mindestens 2000 Beschäftigten in allen Dienststellen, die durch eine Gleichstellungsbeauftragte vertreten werden, drei Stellvertreterinnen und
5. in den Dienststellen mit mindestens 2000 Beschäftigten drei Stellvertreterinnen.

(4) Die Wahl der Gleichstellungsbeauftragten und der jeweiligen Zahl an Stellvertreterinnen findet in getrennten Wahlgängen nach Maßgabe der allgemeinen Wahlrechtsgrundsätze statt. Wahlberechtigt und wählbar sind die weiblichen Beschäftigten der Dienststelle. Die Wiederwahl ist zulässig. Die weiblichen Beschäftigten einer Dienststelle ohne eigene Gleichstellungsbeauftragte sind bei der nächsthöheren Dienststelle wahlberechtigt.

(5) Die Bundesregierung regelt durch Rechtsverordnung ohne Zustimmung des Bundesrates das Verfahren der Wahl nach den Absätzen 1 bis 4.

§ 20 Bestellung

(1) Die Dienststelle bestellt die gewählten Beschäftigten für jeweils vier Jahre zur Gleichstellungsbeauftragten oder zur Stellvertreterin. Die Bestellung setzt voraus, dass die gewählten Beschäftigten ab dem Zeitpunkt der Bestellung weder dem Personalrat noch der Schwerbehindertenvertretung angehören.

(2) Findet sich für die Wahl der Gleichstellungsbeauftragten keine Kandidatin oder ist nach der Wahl keine Kandidatin gewählt, so bestellt die Dienststellenleitung die Gleichstellungsbeauftragte aus dem Kreis der weiblichen Beschäftigten von Amts wegen ohne weitere Wahl. Hierzu bedarf es der Zustimmung der zu bestellenden Beschäftigten.

(3) Finden sich für die Wahl der Stellvertreterinnen nicht genügend Kandidatinnen oder sind nach der Wahl nicht genügend Kandidatinnen gewählt, so bestellt die Dienststellenleitung die Stellvertreterinnen auf Vorschlag der Gleichstellungsbeauftragten von Amts wegen ohne weitere Wahl. Hierzu bedarf es der Zustimmung der zu bestellenden Beschäftigten.

(4) Für Dienststellen, in denen nach § 19 Absatz 2 keine eigene Gleichstellungsbeauftragte gewählt wird, und Dienststellen mit weniger als 100 Beschäftigten, die keine eigene Gleichstellungsbeauftragte wählen, sowie für Nebenstellen und Teile einer Dienststelle, die räumlich weit von dem Dienst- oder Arbeitsort der Gleichstellungsbeauftragten entfernt im Inland liegen, muss auf Vorschlag der zuständigen Gleichstellungsbeauftragten eine Vertrauensfrau bestellt werden. Für Nebenstellen und Teile einer Dienststelle, die

nicht räumlich weit entfernt liegen, kann die Dienststelle nach pflichtgemäßem Ermessen im Einvernehmen mit der Gleichstellungsbeauftragten eine Vertrauensfrau bestellen. Die Vertrauensfrau muss Beschäftigte der jeweiligen Dienststelle, der Nebenstelle der Dienststelle oder des jeweiligen Dienststellenteils sein. Die Bestellung der Vertrauensfrauen bedarf der Zustimmung der zu bestellenden weiblichen Beschäftigten.

(5) Ist nach Absatz 1 oder 3 nur eine Stellvertreterin bestellt worden, so soll die Gleichstellungsbeauftragte für den Fall, dass sie und ihre Stellvertreterin gleichzeitig abwesend sind, eine Beschäftigte als zweite Stellvertreterin vorschlagen. Die Dienststelle bestellt die von der Gleichstellungsbeauftragten vorgeschlagene Beschäftigte zur zweiten Stellvertreterin. Die Bestellung bedarf der Zustimmung der zu bestellenden Beschäftigten.

§ 21 Anfechtung der Wahl

(1) Die Wahl kann angefochten werden, wenn gegen wesentliche Vorschriften zur Wahl verstoßen worden und der Verstoß nicht berichtigt worden ist. Eine Anfechtung der Wahl scheidet aus, wenn das Wahlergebnis durch einen Verstoß gegen wesentliche Vorschriften zur Wahl nicht geändert oder beeinflusst werden konnte.

(2) Anfechtungsberechtigt sind eine Gruppe von mindestens drei Wahlberechtigten und die Dienststellenleitung.

(3) Die Anfechtung muss vor dem Verwaltungsgericht innerhalb von zwölf Arbeitstagen nach Bekanntgabe des Wahlergebnisses erfolgen.

§ 22 Vorzeitiges Ausscheiden

(1) Scheidet die Gleichstellungsbeauftragte vorzeitig aus ihrem Amt aus oder ist sie nicht nur vorübergehend verhindert, ihr Amt auszuüben, hat die Dienststelle für die restliche Amtszeit unverzüglich eine neue Gleichstellungsbeauftragte zu bestellen. § 19 findet keine Anwendung, wenn die Dauer der restlichen Amtszeit zwei Jahre oder weniger beträgt.

(2) Scheidet eine Stellvertreterin oder eine Vertrauensfrau vorzeitig aus ihrem Amt aus oder ist sie nicht nur vorübergehend verhindert, ihr Amt auszuüben, hat die Dienststelle auf Vorschlag der Gleichstellungsbeauftragten für die restliche Amtszeit eine neue Stellvertreterin oder eine neue Vertrauensfrau zu bestellen. Absatz 1 Satz 2 gilt entsprechend.

(3) Scheiden sowohl die Gleichstellungsbeauftragte als auch all ihre Stellvertreterinnen vorzeitig aus ihrem Amt aus oder sind sie nicht nur vorübergehend verhindert, ihr Amt auszuüben, finden Neuwahlen nach § 19 statt.

(4) Eine Verhinderung ist nicht nur vorübergehend, wenn das Amt auf Grund krankheitsbedingter Arbeits- oder Dienstunfähigkeit für mehr als sechs Monate ununterbrochen nicht ausgeübt werden konnte.

§ 23 Zusammenlegung, Aufspaltung und Eingliederung

(1) Bei der Zusammenlegung von Dienststellen zu einer neuen Dienststelle endet die Amtszeit der Gleichstellungsbeauftragten und die der Stellvertreterinnen spätestens ein Jahr nach der Zusammenlegung. Bis zu diesem Zeitpunkt erfolgt die Aufgabenaufteilung und -wahrnehmung in gegenseitigem Einvernehmen zwischen den Gleichstellungsbeauftragten und Stellvertreterinnen. Neuwahlen nach § 19 müssen rechtzeitig vor Ablauf eines Jahres nach Zusammenlegung der Dienststellen abgeschlossen sein.

(2) Im Falle der Teilung oder Aufspaltung einer Dienststelle in zwei oder mehrere Dienststellen endet die Amtszeit der Gleichstellungsbeauftragten und die der Stellvertreterinnen spätestens ein Jahr nach dem Vollzug des Organisationsaktes. Absatz 1 Satz 3 gilt entsprechend.

(3) Wird eine Dienststelle in eine andere Dienststelle eingegliedert, endet die Amtszeit der Gleichstellungsbeauftragten und die der Stellvertreterinnen der eingegliederten Dienststelle mit Vollzug des Organisationsaktes der Eingliederung.

§ 24 Rechtsstellung

(1) Die Gleichstellungsbeauftragte gehört der Personalverwaltung an. In Dienststellen ist sie unmittelbar der Dienststellenleitung zu-

geordnet. In den obersten Bundesbehörden, in denen die Personalangelegenheiten, die organisatorischen Angelegenheiten und die sozialen Angelegenheiten in einer Abteilung zusammengefasst sind, ist auch eine Zuordnung zur Leitung dieser Abteilung möglich.

(2) Die Gleichstellungsbeauftragte ist in der Ausübung ihrer Tätigkeit weisungsfrei. Sie darf nur in ihrer Eigenschaft als Gleichstellungsbeauftragte mit Personalangelegenheiten befasst sein. Von Satz 2 unberührt bleibt ihre Befugnis, sich mit den Personalangelegenheiten der ihr zugeordneten Mitarbeiterinnen und Mitarbeiter zu befassen.

(3) Die Rechte und Pflichten der Gleichstellungsbeauftragten nach den Absätzen 1 und 2 sowie nach den §§ 28 bis 35 gelten auch für die Stellvertreterinnen, soweit dieses Gesetz nichts anderes bestimmt.

§ 25 Aufgaben, Rechte und Pflichten der Gleichstellungsbeauftragten

(1) Die Gleichstellungsbeauftragte hat die Aufgabe, den Vollzug dieses Gesetzes sowie des Allgemeinen Gleichbehandlungsgesetzes im Hinblick auf den Schutz der Beschäftigten vor Benachteiligungen wegen ihres Geschlechts, insbesondere bei Benachteiligungen von Frauen, zu fördern und zu überwachen. Dies umfasst auch den Schutz von Frauen mit einer Behinderung oder von Frauen, die von einer Behinderung bedroht sind, sowie den Schutz vor sexueller Belästigung am Arbeitsplatz.

(2) Zu den Aufgaben der Gleichstellungsbeauftragten zählen insbesondere:

1. die Dienststelle dabei zu unterstützen, die Ziele dieses Gesetzes zu erreichen und die Erfüllung der allgemeinen Pflichten nach § 4 zu fördern,
2. bei allen personellen, organisatorischen und sozialen Maßnahmen der Dienststelle mitzuwirken, die die Gleichstellung von Frauen und Männern, die Beseitigung von Unterrepräsentanzen, die Vereinbarkeit von Familie, Pflege und Berufstätigkeit sowie den Schutz vor sexueller Belästigung am Arbeitsplatz betreffen,
3. einzelne Beschäftigte bei Bedarf zu beraten und zu unterstützen, insbesondere in den Bereichen der beruflichen Entwicklung und Förderung sowie der Vereinbarkeit von Familie, Pflege und Berufstätigkeit sowie in Bezug auf den Schutz vor Benachteiligungen, und
4. die Fortbildungsangebote nach § 10 Absatz 5 wahrzunehmen.

(3) Die Gleichstellungsbeauftragte kann Sprechstunden durchführen und jährliche Versammlungen der weiblichen Beschäftigten einberufen. Sie unterrichtet die Dienststellenleitung im Vorfeld über die Einberufung einer Versammlung nach Satz 1. Die Gleichstellungsbeauftragte kann an Personalversammlungen teilnehmen und hat dort ein Rederecht.

(4) Im Falle des § 19 Absatz 4 Satz 4 nimmt die Gleichstellungsbeauftragte der nächsthöheren Dienststelle die ihr nach den Absätzen 1 und 2 zugewiesenen Aufgaben auch für nachgeordnete Dienststellen wahr. Absatz 3 gilt entsprechend.

(5) Die Gleichstellungsbeauftragte der obersten Bundesbehörde ist für den Informations- und Erfahrungsaustausch der Gleichstellungsbeauftragten, Stellvertreterinnen und Vertrauensfrauen in ihrem Geschäftsbereich verantwortlich.

(6) Die Gleichstellungsbeauftragte eines Bundesgerichts hat das Recht, an den Sitzungen des Präsidialrates und dessen Ausschüssen teilzunehmen.

(7) Die Aufgabenwahrnehmung als Gleichstellungsbeauftragte hat Vorrang vor der Wahrnehmung anderer Aufgaben.

§ 26 Aufgaben der Stellvertreterin und der Vertrauensfrau

(1) Die Stellvertreterin wird grundsätzlich im Vertretungsfall tätig.

(2) Abweichend von Absatz 1 kann die Gleichstellungsbeauftragte der Stellvertreterin mit deren Einverständnis einen Teil der Aufgaben nach § 25 zur eigenständigen Erledigung übertragen. In Dienststellen mit mehr als einer nach § 20 Absatz 1 oder 3 bestellten Stellvertreterin erfolgt die Aufgabenauftei-

VIII

lung zwischen der Gleichstellungsbeauftragten und den Stellvertreterinnen in gegenseitigem Einvernehmen. Eine Änderung oder Aufhebung der Delegationsentscheidung nach den Sätzen 1 und 2 kann die Gleichstellungsbeauftragte jederzeit ohne Zustimmung der Stellvertreterin oder der Stellvertreterinnen vornehmen. § 24 Absatz 2 Satz 2 gilt entsprechend.

(3) Die Absätze 1 und 2 finden keine Anwendung auf die nach § 20 Absatz 5 bestellte zweite Stellvertreterin. Diese darf nur tätig werden, wenn die Gleichstellungsbeauftragte und die nach § 20 Absatz 1 oder 3 bestellte Stellvertreterin gleichzeitig abwesend sind und sie diese beiden vertritt.

(4) Die Stellvertreterin hat die von der Gleichstellungsbeauftragten vorgegebenen Leitlinien der Gleichstellungsarbeit zu beachten. Die Gesamtverantwortung für die Aufgabenerledigung verbleibt bei der Gleichstellungsbeauftragten.

(5) Die Vertrauensfrau ist Ansprechpartnerin für die Beschäftigten der jeweiligen Dienststelle, Nebenstelle oder des jeweiligen Dienststellenteils sowie für die zuständige Gleichstellungsbeauftragte. Ihr obliegt die Vermittlung von Informationen zwischen den Beschäftigten und der Gleichstellungsbeauftragten. Sind sowohl die Gleichstellungsbeauftragte als auch ihre Stellvertreterinnen verhindert, kann die Vertrauensfrau im Auftrag der Gleichstellungsbeauftragten an Vorstellungsgesprächen, besonderen Auswahlverfahren, an Sitzungen von Auswahlkommissionen oder an Personalgesprächen teilnehmen; die Ausübung des Mitwirkungsrechts nach § 32 bleibt in diesem Fall weiterhin der Gleichstellungsbeauftragten vorbehalten. Macht die Dienststelle von der Möglichkeit in § 19 Absatz 2 Gebrauch, kann die Gleichstellungsbeauftragte der Vertrauensfrau mit deren Einverständnis auch Aufgaben zur eigenständigen Erledigung bei der örtlichen Dienststelle übertragen.

§ 27 Beteiligung und Unterstützung der Gleichstellungsbeauftragten

(1) Die Dienststelle beteiligt die Gleichstellungsbeauftragten frühzeitig, insbesondere bei

1. personellen Angelegenheiten; dies betrifft die Vorbereitung und Entscheidung über
   a) die Vergabe von Ausbildungsplätzen,
   b) die Einstellung und die Versetzung sowie die Abordnung und Umsetzung von Beschäftigten für jeweils mehr als drei Monate,
   c) die Fortbildung und den beruflichen Aufstieg von Beschäftigten,
   d) die Abmahnung, die Einleitung und den Abschluss eines Disziplinarverfahrens einschließlich der vorläufigen Dienstenthebung,
   e) Kündigung sowie Aufhebungsvertrag, Entlassung, Versetzung in den Ruhestand und vergleichbare Entscheidungen,
2. organisatorischen und sozialen Angelegenheiten,
3. der Abfassung von Beurteilungsrichtlinien sowie bei Besprechungen, die die einheitliche Anwendung dieser Richtlinien in der Dienststelle sicherstellen sollen,
4. Verfahren zur Besetzung von Gremien nach Maßgabe des Bundesgremienbesetzungsgesetzes, sofern keine Organisationseinheit zur Gleichstellung von Frauen und Männern in der Dienststelle eingerichtet ist, sowie
5. der Erstellung des Gleichstellungsplans.

(2) Eine frühzeitige Beteiligung nach Absatz 1 liegt vor, wenn die Gleichstellungsbeauftragte mit Beginn des Entscheidungsprozesses auf Seiten der Dienststelle beteiligt wird und die jeweilige Entscheidung oder Maßnahme noch gestaltungsfähig ist.

(3) Die Beteiligung der Gleichstellungsbeauftragten geht einem Beteiligungsverfahren nach dem Bundespersonalvertretungsgesetz und dem Neunten Buch Sozialgesetzbuch voraus; das Verfahren nach § 32 Absatz 3 muss abgeschlossen sein. Erfolgt entgegen Satz 1 eine parallele Beteiligung von Personal- oder Schwerbehindertenvertretung, ist die Gleichstellungsbeauftragte über die Gründe zu informieren.

§ 28 Schutzrechte

(1) Die Gleichstellungsbeauftragte darf bei der Erfüllung ihrer Pflichten nicht behindert

und wegen ihrer Tätigkeit als Gleichstellungsbeauftragte in ihrer beruflichen Entwicklung nicht benachteiligt oder begünstigt werden. Insbesondere übt sie ihr Amt ohne Minderung ihrer bisherigen Bezüge oder ihres bisherigen Arbeitsentgelts aus und nimmt am beruflichen Aufstieg so teil, wie dieser ohne die Übernahme des Amtes erfolgt wäre.

(2) Die Gleichstellungsbeauftragte wird von anderweitigen Tätigkeiten in dem Ausmaß entlastet, wie dies zur ordnungsgemäßen Wahrnehmung ihrer Aufgaben als Gleichstellungsbeauftragte erforderlich ist. In Dienststellen mit in der Regel weniger als 600 Beschäftigten beträgt die Entlastung mindestens die Hälfte der regelmäßigen Arbeitszeit einer Vollzeitkraft. Bei einer Beschäftigtenzahl von in der Regel mindestens 600 Beschäftigten wird die Gleichstellungsbeauftragte im Umfang der Regelarbeitszeit einer Vollzeitkraft entlastet. Übt die Gleichstellungsbeauftragte eine Teilzeitbeschäftigung aus, ist der Entlastungsumfang der Stellvertreterin oder der Stellvertreterinnen entsprechend zu erhöhen; dies gilt unabhängig von den Vorgaben zur Entlastung der Stellvertreterin in Absatz 5. Ist die Gleichstellungsbeauftragte gemäß § 19 Absatz 4 Satz 4 für mehr als eine Dienststelle zuständig, ist für die Höhe der Entlastung die Gesamtzahl der Beschäftigten aller Dienststellen maßgebend.

(3) Die Dienststellen haben die berufliche Entwicklung der Gleichstellungsbeauftragten von Amts wegen fiktiv nachzuzeichnen. Diese Pflicht gilt ungeachtet des Entlastungsumfangs der Gleichstellungsbeauftragten. Die fiktive Nachzeichnung dient als Grundlage für Personalauswahlentscheidungen. Der Anspruch auf fiktive Nachzeichnung der dienstlichen Beurteilung nach § 33 Absatz 3 der Bundeslaufbahnverordnung bleibt unberührt. Die Dienststellen haben der Gleichstellungsbeauftragten auf deren Antrag hin eine Aufgabenbeschreibung als Nachweis über ihre Tätigkeit als Gleichstellungsbeauftragte zu erteilen.

(4) Vor Kündigung, Versetzung und Abordnung ist die Gleichstellungsbeauftragte wie ein Mitglied der Personalvertretung geschützt.

(5) Wird eine Stellvertreterin im Vertretungsfall tätig, so ist sie mit Beginn der Vertretungstätigkeit in dem Ausmaß ihrer Tätigkeit als Stellvertreterin von anderweitigen Tätigkeiten zu entlasten. Üben Stellvertreterinnen Aufgaben zur eigenständigen Erledigung aus, so werden sie von ihren anderweitigen Tätigkeiten wie folgt entlastet:

1. in Dienststellen mit höchstens 1499 Beschäftigten und nur einer nach § 20 Absatz 1 oder 3 bestellten Stellvertreterin im Umfang von bis zu einem Viertel der regelmäßigen Arbeitszeit einer Vollzeitkraft,
2. in Dienststellen mit mindestens 1500 und höchstens 1999 Beschäftigten für eine der beiden Stellvertreterinnen im Umfang von bis zur Hälfte der regelmäßigen Arbeitszeit einer Vollzeitkraft,
3. in Dienststellen mit mindestens 2000 und höchstens 2499 Beschäftigten
   a) für zwei Stellvertreterinnen jeweils im Umfang der Hälfte der regelmäßigen Arbeitszeit einer Vollzeitkraft oder
   b) für eine Stellvertreterin im Umfang der Regelarbeitszeit einer Vollzeitkraft,
4. in Dienststellen mit mindestens 2500 Beschäftigten
   a) für alle drei Stellvertreterinnen jeweils im Umfang der Hälfte der regelmäßigen Arbeitszeit einer Vollzeitkraft oder
   b) für eine Stellvertreterin im Umfang der regelmäßigen Arbeitszeit einer Vollzeitkraft und für eine weitere Stellvertreterin im Umfang der Hälfte der regelmäßigen Arbeitszeit einer Vollzeitkraft,
5. in denjenigen Dienststellen mit höchstens 1999 Beschäftigten, die einen großen Zuständigkeitsbereich oder einen komplexen Aufgabenbereich haben,
   a) bei zwei Stellvertreterinnen
      aa) für beide Stellvertreterinnen jeweils im Umfang der Hälfte der regelmäßigen Arbeitszeit einer Vollzeitkraft oder
      bb) für eine der beiden Stellvertreterinnen im Umfang der Regelarbeitszeit einer Vollzeitkraft,
   b) bei drei Stellvertreterinnen

aa) für alle drei Stellvertreterinnen jeweils im Umfang der Hälfte der regelmäßigen Arbeitszeit einer Vollzeitkraft oder

bb) für eine Stellvertreterin im Umfang der regelmäßigen Arbeitszeit einer Vollzeitkraft und für eine weitere Stellvertreterin im Umfang der Hälfte der regelmäßigen Arbeitszeit einer Vollzeitkraft,

6. in denjenigen Dienststellen mit mindestens 2000 und höchstens 2499 Beschäftigten, die einen großen Zuständigkeitsbereich oder einen komplexen Aufgabenbereich haben,
   a) für alle drei Stellvertreterinnen jeweils im Umfang der Hälfte der regelmäßigen Arbeitszeit einer Vollzeitkraft oder
   b) für eine Stellvertreterin im Umfang der regelmäßigen Arbeitszeit einer Vollzeitkraft und für eine weitere Stellvertreterin im Umfang der Hälfte der regelmäßigen Arbeitszeit einer Vollzeitkraft.

Satz 2 Nummer 1 bis 4 gilt in den Verwaltungen mit einem großen Geschäftsbereich, die von der Ausnahmeregelung nach § 19 Absatz 2 Gebrauch machen, sowie in Verwaltungen, zu denen Dienststellen mit weniger als 100 Beschäftigten gehören, die keine eigene Gleichstellungsbeauftragte wählen, hinsichtlich der Gesamtzahl der im Zuständigkeitsbereich der Gleichstellungsbeauftragten tätigen Beschäftigten entsprechend. Der Umfang der Entlastung der einzelnen Stellvertreterinnen nach den Sätzen 2 und 3 darf nicht auf die Entlastung der Gleichstellungsbeauftragten angerechnet werden.

(6) Vertrauensfrauen werden von anderweitigen Tätigkeiten in dem Ausmaß entlastet, wie dies zur ordnungsgemäßen Wahrnehmung ihrer Aufgaben als Informationsvermittlerin erforderlich ist. Die Entlastung beträgt mindestens ein Zehntel und bis zu einem Viertel der regelmäßigen Arbeitszeit einer Vollzeitkraft.

§ 29 Ausstattung

(1) Der Gleichstellungsbeauftragten ist mit Beginn und bis zum Ende ihrer Amtszeit die notwendige personelle, räumliche und sachliche Ausstattung zur Verfügung zu stellen.

(2) Bei einer Beschäftigtenzahl von in der Regel weniger als 1000 kann der Gleichstellungsbeauftragten eine Mitarbeiterin oder ein Mitarbeiter zugeordnet werden. In einer Dienststelle mit in der Regel mindestens 1000 Beschäftigten ist der Gleichstellungsbeauftragten mindestens eine Mitarbeiterin oder ein Mitarbeiter zuzuordnen.

(3) Die Aufgabe der Mitarbeiterinnen und Mitarbeiter beschränkt sich auf die Unterstützung der Gleichstellungsbeauftragten. § 26 Absatz 5 Satz 3 gilt entsprechend.

(4) Die Gleichstellungsbeauftragte erhält einen monatlichen Verfügungsfonds. Die Höhe des Verfügungsfonds der vollständig von anderweitigen Aufgaben entlasteten Gleichstellungsbeauftragten entspricht der Höhe der Aufwandsentschädigung für ganz von ihrer dienstlichen Tätigkeit freigestellte Mitglieder von Personalräten, Gesamtpersonalräten, Bezirkspersonalräten und Hauptpersonalräten. Die teilweise von anderweitigen Aufgaben entlastete Gleichstellungsbeauftragte erhält einen Verfügungsfonds, der dem Anteil ihrer Entlastung entspricht. Die Verordnung über die Höhe der Aufwandsentschädigung für vom Dienst freigestellte Personalvertretungsmitglieder gilt entsprechend.

§ 30 Zusammenarbeit und Information

(1) Die Dienststellenleitung und die Gleichstellungsbeauftragte arbeiten zum Wohle der Beschäftigten und zur Erfüllung der in § 1 genannten Ziele eng zusammen.

(2) Die Dienststellenleitung unterstützt die Gleichstellungsbeauftragte bei der Wahrnehmung ihrer Aufgaben und der Ausübung ihrer Mitwirkungsrechte, indem sie die Gleichstellungsbeauftragte insbesondere unverzüglich und umfassend informiert. Die zur Wahrnehmung ihrer Aufgaben erforderlichen Unterlagen, insbesondere Bewerbungsunterlagen, vergleichende Übersichten und Auswahlvermerke, sind ihr frühestmöglich vorzulegen und die erbetenen Auskünfte zu erteilen. Die Dienststellenleitung soll der Gleichstellungsbeauftragten Gelegenheit zur aktiven Teil-

nahme an allen Entscheidungsprozessen zu personellen, organisatorischen und sozialen Angelegenheiten geben und den Informations- und Erfahrungsaustausch der Gleichstellungsbeauftragten mit anderen Gleichstellungsbeauftragten unterstützen.

(3) Die Gleichstellungsbeauftragte hat das Recht, Einsicht in die entscheidungsrelevanten Teile von Personalakten zu nehmen, soweit die Kenntnis des Akteninhalts zur Erfüllung ihrer Aufgaben erforderlich ist.

§ 31 Verschwiegenheitspflicht

Die Gleichstellungsbeauftragte und ihre Stellvertreterinnen, die Mitarbeiterinnen und Mitarbeiter sowie die Vertrauensfrauen sind hinsichtlich persönlicher Verhältnisse der Beschäftigten und anderer vertraulicher Angelegenheiten in der Dienststelle ab dem Zeitpunkt ihrer Bestellung sowie über die Zeit ihrer Bestellung hinaus zum Stillschweigen verpflichtet.

§ 32 Form der Mitwirkung und Stufenbeteiligung

(1) Die Gleichstellungsbeauftragte hat das Recht und die Pflicht, unmittelbar bei der Dienststellenleitung vorzutragen. Sie hat in allen Angelegenheiten, die nach § 25 Absatz 1 und § 27 Absatz 1 ihrer Mitwirkung unterliegen, ein Initiativrecht. Die Dienststelle hat über einen Initiativantrag innerhalb angemessener Zeit, spätestens nach einem Monat, zu entscheiden. In Ausnahmefällen ist die endgültige Entscheidung nach drei Monaten vorzunehmen. Die Entscheidung ist der Gleichstellungsbeauftragten in Textform mitzuteilen.

(2) Die Mitwirkung der Gleichstellungsbeauftragten erfolgt regelmäßig durch Votum, das zu den Akten zu nehmen ist. Das Votum ist innerhalb von zehn Arbeitstagen ab Zugang der Mitteilung über die beabsichtigte Maßnahme oder Entscheidung in Textform abzugeben; von dieser Frist kann im Einvernehmen mit der Gleichstellungsbeauftragten abgewichen werden. Nur in besonders dringenden Fällen darf die Frist zur Abgabe des Votums ausnahmsweise auf drei Arbeitstage verkürzt werden. Hat die Gleichstellungsbeauftragte innerhalb von zehn Arbeitstagen oder im Falle des Satzes 3 innerhalb von drei Arbeitstagen kein Votum abgegeben, so gilt die beabsichtigte Maßnahme oder Entscheidung als gebilligt.

(3) Folgt die Dienststelle dem Votum der Gleichstellungsbeauftragten nicht, so hat sie die Gleichstellungsbeauftragte hierüber unverzüglich formlos in Kenntnis zu setzen. Die Gleichstellungsbeauftragte kann bei der Abgabe des Votums oder spätestens bis zum Ablauf des auf das Inkenntnissetzen folgenden Arbeitstages eine Mitteilung der Gründe für die Nichtbefolgung des Votums verlangen. Die Dienststelle hat der Gleichstellungsbeauftragten innerhalb von 15 Arbeitstagen ab Zugang des Verlangens die Gründe für die Nichtbefolgung in Textform mitzuteilen.

(4) Soweit in Dienststellen Entscheidungen für nachgeordnete Dienststellen getroffen werden, hat jede beteiligte Dienststelle die für sie zuständige Gleichstellungsbeauftragte nach Maßgabe der §§ 25, 27 und 30 sowie nach den Absätzen 1 und 2 an dem bei ihr anhängigen Teilverfahren zu beteiligen. Das in Textform verfasste Votum der Gleichstellungsbeauftragten der nachgeordneten Dienststelle ist zusammen mit den weiteren entscheidungsrelevanten Unterlagen der nächsthöheren Dienststelle und von dieser der bei ihr bestellten Gleichstellungsbeauftragten vorzulegen. Bei personellen Angelegenheiten gelten die Sätze 1 bis 3 für den Fall, dass personalbearbeitende Dienststelle und Beschäftigungsdienststelle nicht identisch sind, entsprechend. Satz 1 gilt auch, wenn Vorgänge, die Aufgaben der Gleichstellungsbeauftragten nach Absatz 1 betreffen, mit Wirkung für eine andere Dienststelle bearbeitet werden, die nicht nachgeordnete Dienststelle nach § 25 Absatz 4 ist.

§ 33 Einspruchsrecht und Einspruchsverfahren

(1) Die Gleichstellungsbeauftragte hat ein Einspruchsrecht gegenüber der Dienststellenleitung, wenn sie geltend macht, die Dienststelle habe

1. entgegen § 12 Absatz 1 einen Gleichstellungsplan nicht erstellt oder die Frist nach § 12 Absatz 2 erheblich verletzt,
2. einen Gleichstellungsplan erstellt, der nicht den Vorgaben des § 13 entspricht,
3. entgegen § 27 Absatz 1 Nummer 5 die Gleichstellungsbeauftragte bei der Erstellung des Gleichstellungsplans nicht beteiligt,
4. entgegen § 14 den Gleichstellungsplan nicht bekannt gegeben,
5. Rechte der Gleichstellungsbeauftragten verletzt oder
6. gegen weitere Vorschriften dieses Gesetzes oder gegen andere Vorschriften über die Gleichstellung von Frauen und Männern verstoßen.

(2) Der Einspruch ist innerhalb einer Woche ab Zugang der Begründung gemäß § 32 Absatz 3 Satz 3 in Textform bei der Dienststellenleitung einzulegen. Er hat aufschiebende Wirkung. § 80 Absatz 2 Satz 1 Nummer 4 und Absatz 3 der Verwaltungsgerichtsordnung gilt entsprechend. Im Falle der sofortigen Vollziehung unterrichtet die Dienststellenleitung die Gleichstellungsbeauftragte unverzüglich.

(3) Die Dienststellenleitung soll über den Einspruch innerhalb eines Monats nach Zugang des Einspruchs entscheiden. Hält sie den Einspruch für begründet, sind die betreffenden Maßnahmen und ihre Folgen zu berichtigen sowie die Ergebnisse des Einspruchs bei weiteren vergleichbaren Fällen zu berücksichtigen.

(4) Hält die Dienststellenleitung den Einspruch für unbegründet, legt sie diesen der nächsthöheren Dienststellenleitung unverzüglich vor. Bei selbständigen bundesunmittelbaren Körperschaften, Anstalten und Stiftungen ohne mehrstufigen Verwaltungsaufbau wird der Einspruch entsprechend deren Vorstand oder Geschäftsführung vorgelegt. Die Entscheidung der nächsthöheren Dienststellenleitung, des Vorstandes oder der Geschäftsführung erfolgt entsprechend Absatz 3.

(5) Die Entscheidung über den Einspruch ist in Textform zu begründen und der Gleichstellungsbeauftragten unverzüglich zu übermitteln.

§ 34 Gerichtliches Verfahren

(1) Bleibt der Einspruch nach § 33 erfolglos, so kann die Gleichstellungsbeauftragte oder die Dienststelle einen außergerichtlichen Einigungsversuch unternehmen. Haben die Gleichstellungsbeauftragte und die Dienststelle in Textform den Verzicht auf einen außergerichtlichen Einigungsversuch erklärt oder hat die Gleichstellungsbeauftragte oder die Dienststelle das Scheitern des außergerichtlichen Einigungsversuchs in Textform festgestellt, so kann die Gleichstellungsbeauftragte innerhalb eines Monats das Verwaltungsgericht anrufen. Die Anrufung hat keine aufschiebende Wirkung.

(2) Die Anrufung des Gerichts kann nur darauf gestützt werden, dass die Dienststelle

1. Rechte der Gleichstellungsbeauftragten verletzt hat oder
2. einen Gleichstellungsplan erstellt hat, der nicht den Vorgaben der §§ 12 bis 14 entspricht.

(3) Abweichend von Absatz 1 Satz 3 ist die Anrufung des Gerichts auch zulässig, wenn über den Einspruch ohne zureichenden Grund in angemessener Frist sachlich nicht entschieden worden ist. § 75 Satz 2 bis 4 der Verwaltungsgerichtsordnung gilt entsprechend.

(4) Die Dienststelle trägt die Kosten, die der Gleichstellungsbeauftragten auf Grund von Rechtsbehelfen nach den Absätzen 1 oder 2 entstehen.

§ 35 Fragerecht

(1) Zur Klärung von Fragen grundsätzlicher Bedeutung, insbesondere zur Auslegung dieses Gesetzes, können sich die Gleichstellungsbeauftragte und die Stellvertreterinnen unmittelbar an das Bundesministerium für Familie, Senioren, Frauen und Jugend wenden. Personenbezogene Daten von Beschäftigten dürfen dem Bundesministerium für Familie, Senioren, Frauen und Jugend nur mit Einwilligung der betroffenen Beschäftigten übermittelt werden.

(2) Anfragen nach Absatz 1 sollen innerhalb eines Monats beantwortet werden. Das Bun-

desministerium für Familie, Senioren, Frauen und Jugend leitet seine Antwort der jeweils zuständigen obersten Bundesbehörde nachrichtlich zu.

§ 36 Interministerieller Arbeitskreis der Gleichstellungsbeauftragten

Die Gleichstellungsbeauftragten der obersten Bundesbehörden bilden zusammen den Interministeriellen Arbeitskreis der Gleichstellungsbeauftragten der obersten Bundesbehörden. Der Arbeitskreis informiert die Gleichstellungsbeauftragten aus den Geschäftsbereichen regelmäßig über seine Tätigkeit. Die Möglichkeit, im Geltungsbereich dieses Gesetzes weitere Arbeitskreise zur Koordinierung der Arbeit von Gleichstellungsbeauftragten einzurichten, bleibt von den Sätzen 1 und 2 unberührt.

Abschnitt 6
Sonderregelungen, Statistik, Bericht und Übergangsbestimmungen

§ 37 Sonderregelungen für den Bundesnachrichtendienst

Für den Bundesnachrichtendienst gilt dieses Gesetz mit folgenden Abweichungen:

1. der Bundesnachrichtendienst gilt als einheitliche Dienststelle, in der keine Vertrauensfrauen bestellt werden,
2. § 6 Absatz 2 Satz 2 ist nicht anzuwenden,
3. § 14 gilt nicht; die Beschäftigten des Bundesnachrichtendienstes sind berechtigt, den Gleichstellungsplan bei den von der Personalverwaltung bezeichneten Stellen einzusehen,
4. beim Bundesnachrichtendienst beschäftigte Soldatinnen sind gemäß § 19 Absatz 4 Satz 2 wahlberechtigt und wählbar,
5. beim Bundesnachrichtendienst tätiges militärisches Personal gilt hinsichtlich der Zuständigkeit der dort bestellten Gleichstellungsbeauftragten als beim Bundesnachrichtendienst beschäftigt, soweit dessen Leitung oder das Bundeskanzleramt für die Entscheidung in personellen, sozialen oder organisatorischen Angelegenheiten dieses Personenkreises zuständig ist,
6. beim Informations- und Erfahrungsaustausch der Gleichstellungsbeauftragten gemäß § 25 Absatz 5 sind die für den Bundesnachrichtendienst geltenden Sicherheitsbestimmungen zu beachten,
7. ein Votum der Gleichstellungsbeauftragten des Bundesnachrichtendienstes, das diese gemäß den §§ 25, 27 und 32 abgegeben hat, ist dem Bundeskanzleramt vorzulegen, soweit im Bundeskanzleramt Entscheidungen für den Bundesnachrichtendienst getroffen werden und die Gleichstellungsbeauftragte des Bundeskanzleramtes insoweit nicht zu beteiligen ist,
8. § 32 Absatz 4 und § 38 Absatz 1 Satz 5 sind nicht anzuwenden,
9. die Gleichstellungsbeauftragte bedarf des Einvernehmens der Dienststelle, soweit im Falle des § 35 eine Angelegenheit behandelt werden soll, die als Verschlusssache eingestuft ist,
10. bei Vorliegen besonderer Sicherheitsvorfälle oder einer besonderen Einsatzsituation, von der der Bundesnachrichtendienst ganz oder teilweise betroffen ist, ruhen die Rechte und Pflichten der Gleichstellungsbeauftragten; Beginn und Ende des Ruhens werden jeweils von der Leitung des Bundesnachrichtendienstes im Einvernehmen mit der Chefin oder dem Chef des Bundeskanzleramtes festgestellt.

§ 38 Statistik, Verordnungsermächtigung

(1) Jede Dienststelle erfasst alle zwei Jahre die Zahl aller in der Dienststelle beschäftigten Frauen und Männer sowie die Zahl der Frauen und Männer nach den folgenden weiteren Kriterien:

1. einzelne Bereiche, dabei Ebenen mit Führungspositionen ab Ebene der Referatsleitung,
2. Voll- und Teilzeitbeschäftigung,

3. Inanspruchnahme einer Beurlaubung auf Grund von Familien- oder Pflegeaufgaben,
4. Bewerbung, Einstellung sowie beruflicher Aufstieg,
5. beruflicher Aufstieg von
   a) Beschäftigten, die eine Beurlaubung auf Grund von Familien- oder Pflegeaufgaben in Anspruch genommen haben, und
   b) Beschäftigten, die eine solche Beurlaubung nicht in Anspruch genommen haben,
6. die Zahl von Beschäftigten in Führungspositionen ab Ebene der Referatsleitung in Voll- und Teilzeitbeschäftigung sowie
7. Beurteilungsergebnisse von Regelbeurteilungen im höheren Dienst in den in § 3 Nummer 5 Buchstabe a und b genannten Dienststellen.

Die Daten nach Satz 1 Nummer 1 bis 3 und 6 sind zum 30. Juni des Berichtsjahres zu erfassen. Die Daten nach Satz 1 Nummer 4, 5 und 7 sind für den Zeitraum vom 1. Juli des vorletzten Jahres bis zum 30. Juni des Berichtsjahres zu erfassen. Die Sätze 1 bis 3 finden unter Beachtung der datenschutzrechtlichen Vorgaben auf Beschäftigte mit dem Geschlechtseintrag „divers" oder „keine Angabe" entsprechende Anwendung, soweit Informationen dazu vorliegen. Die Daten der nachgeordneten Bundesbehörden sowie des mittelbaren Bundesdienstes sind bis zum 30. September der obersten Bundesbehörde oder der obersten Aufsichtsbehörde zu melden. Die obersten Bundesbehörden melden dem Statistischen Bundesamt bis zum 31. Dezember ihre eigenen Daten, die zusammengefassten Daten des jeweiligen Geschäftsbereichs sowie die zusammengefassten Daten der ihrer Rechtsaufsicht unterstehenden mittelbaren Bundesverwaltung. Bei der Zusammenfassung sind die Gruppen Körperschaften, Anstalten und Stiftungen, bei Körperschaften der Sozialversicherung die Zweige der Sozialversicherung voneinander zu trennen.

(2) Jede oberste Bundesbehörde erfasst jährlich die Zahl aller in der obersten Bundesbehörde beschäftigten Frauen und Männer sowie die Zahl der Frauen und Männer nach folgenden weiteren Kriterien:

1. Laufbahngruppe des höheren Dienstes,
2. einzelne Ebenen mit Führungspositionen ab Ebene der Referatsleitung einschließlich der politischen Leitungsämter,
3. Voll- und Teilzeitbeschäftigung, auch für Beschäftigte in Führungspositionen ab Ebene der Referatsleitung,
4. Inanspruchnahme einer Beurlaubung auf Grund von Familien- oder Pflegeaufgaben,
5. beruflicher Aufstieg.

Soweit hierüber Informationen vorliegen, wird unter Beachtung der datenschutzrechtlichen Vorgaben auch die jeweilige Zahl der Beschäftigten mit dem Geschlechtseintrag „divers" oder „keine Angabe" erfasst. Die Daten nach Satz 1 Nummer 1 bis 4 sind zum 30. Juni des Berichtsjahres zu erfassen, die Daten nach Satz 1 Nummer 5 für den Zeitraum vom 1. Juli des Vorjahres bis zum 30. Juni des Berichtsjahres. Die Meldung an das Statistische Bundesamt hat bis zum 30. September zu erfolgen.

(3) Das Statistische Bundesamt erstellt im Auftrag des Bundesministeriums für Familie, Senioren, Frauen und Jugend

1. alle zwei Jahre eine Gleichstellungsstatistik zu den nach Absatz 1 erhobenen Daten der Dienststellen und leitet die Gleichstellungsstatistik den obersten Bundesbehörden zu und
2. jährlich einen Gleichstellungsindex aus den nach Absatz 2 erhobenen Daten der obersten Bundesbehörden und veröffentlicht den Gleichstellungsindex jeweils bis zum 31. Dezember.

(4) Die Bundesregierung regelt durch Rechtsverordnung ohne Zustimmung des Bundesrates die einzelnen Vorgaben für die Erfassung und Mitteilung der statistischen Daten. Die Rechtsverordnung nach Satz 1 beschränkt den Kreis der mitteilungspflichtigen Dienststellen auf das Notwendige. In der Rechtsverordnung können auch Bestimmungen zu Inhalt, Ausarbeitung und zur jährlichen Ak-

tualisierung der Anlagen zur Rechtsverordnung getroffen werden.

§ 39 Bericht

(1) Die Bundesregierung legt dem Deutschen Bundestag alle vier Jahre einen Bericht vor. Der Bericht legt dar,

1. wie sich in den letzten vier Jahren die Situation für Personen der einzelnen Geschlechter in den Dienststellen entwickelt hat,
2. inwieweit die Ziele dieses Gesetzes erreicht sind und
3. wie dieses Gesetz angewendet worden ist.

Zudem weist er vorbildhafte Gleichstellungsmaßnahmen einzelner Dienststellen aus.

(2) Grundlage des Gleichstellungsberichts sind die nach § 38 Absatz 1 und 2 erfassten Daten. Die obersten Bundesbehörden haben durch die Bereitstellung der erforderlichen Angaben bei der Erstellung des Gleichstellungsberichts mitzuwirken.

(3) An der Erstellung des Gleichstellungsberichts ist der Interministerielle Arbeitskreis der Gleichstellungsbeauftragten der obersten Bundesbehörden zu beteiligen.

(4) Der Gleichstellungsbericht darf keine personenbezogenen Daten enthalten.

§ 40 Übergangsbestimmung

Gleichstellungspläne, die am 12. August 2021 bestehen, gelten auch nach dem Inkrafttreten des Gesetzes zur Ergänzung und Änderung der Regelungen für die gleichberechtigte Teilhabe von Frauen an Führungspositionen in der Privatwirtschaft und im öffentlichen Dienst weiter.

Verordnung über die Wahl der Gleichstellungsbeauftragten und ihrer Stellvertreterinnen in Dienststellen des Bundes (Gleichstellungsbeauftragtenwahlverordnung – GleibWV)

Vom 17. Dezember 2015 (BGBl. I S. 2274)

Zuletzt geändert durch
Gesetz zur Ergänzung und Änderung der Regelungen für die gleichberechtigte Teilhabe von Frauen an Führungspositionen in der Privatwirtschaft und im öffentlichen Dienst vom 7. August 2021 (BGBl. I S. 3311)

Abschnitt 1
Allgemeine Bestimmungen

§ 1 Wahlrechtsgrundsätze

Die Gleichstellungsbeauftragte und ihre Stellvertreterinnen werden in allgemeiner, unmittelbarer, freier, gleicher und geheimer Wahl gewählt.

§ 2 Wahlberechtigung

(1) Wahlberechtigt sind auch teilzeitbeschäftigte Frauen und minderjährige weibliche Auszubildende sowie Frauen, die beurlaubt oder zu einer anderen Dienststelle abgeordnet sind.

(2) Wählen kann nur, wer in die Wählerinnenliste eingetragen ist.

VIII

§ 3 Wählbarkeit

Wählbar für das Amt der Gleichstellungsbeauftragten und das Amt einer Stellvertreterin sind alle weiblichen Beschäftigten der Dienststelle. Ausgenommen sind diejenigen Beschäftigten, die vom Wahltag an länger als drei Monate beurlaubt oder zu einer anderen Dienststelle abgeordnet sind.

§ 4 Fristen für die Wahl

(1) Bei erstmaliger Bestellung einer Gleichstellungsbeauftragten und ihrer Stellvertreterinnen muss die Wahl innerhalb von vier Monaten nach Vorliegen der Voraussetzungen nach § 19 Absatz 1 des Bundesgleichstellungsgesetzes abgeschlossen sein.

(2) Die Neuwahl muss spätestens eine Woche vor Ablauf der Amtszeit der Gleichstellungsbeauftragten und ihrer Stellvertreterinnen abgeschlossen sein.

(3) Im Fall des § 22 Absatz 1 des Bundesgleichstellungsgesetzes muss die Wahl unverzüglich nach dem vorzeitigen Ausscheiden oder der Feststellung der nicht nur vorübergehenden Verhinderung der Gleichstellungsbeauftragten durchgeführt und abgeschlossen werden, wenn die restliche Amtszeit mehr als zwei Jahre beträgt.

(4) Im Fall des § 22 Absatz 2 des Bundesgleichstellungsgesetzes gilt Absatz 3 für die Wahl einer Stellvertreterin entsprechend.

(5) Im Fall des § 22 Absatz 3 des Bundesgleichstellungsgesetzes muss die Wahl unverzüglich nach dem vorzeitigen Ausscheiden oder der Feststellung der nicht nur vorübergehenden Verhinderung sowohl der Gleichstellungsbeauftragten als auch ihrer Stellvertreterinnen durchgeführt und abgeschlossen werden.

§ 5 Formen der Stimmabgabe

(1) Die Dienststelle kann anordnen, dass die Stimmabgabe ausschließlich durch eine einzige der nach den §§ 16, 17 und 19 zulässigen Formen der Stimmabgabe erfolgt. Die Anordnung kann auf Dienststellenteile oder nachgeordnete oder zugehörende Dienststellen beschränkt sein. Hat die Dienststelle ausschließlich die Stimmabgabe im Wahlraum angeordnet, kann die Stimmabgabe im Fall der Verhinderung auf Antrag auch durch Briefwahl erfolgen.

(2) Für alle Formen der Stimmabgabe ist dasselbe Fristende festzulegen.

Abschnitt 2
Vorbereitung der Wahl

§ 6 Pflichten der Dienststelle

(1) Die Dienststelle bestellt einen Wahlvorstand, der aus drei volljährigen Beschäftigten der Dienststelle besteht, in der gewählt wird, und überträgt einer dieser Personen den Vorsitz. Dem Wahlvorstand sollen mindestens zwei Frauen angehören. Zugleich sind drei Ersatzmitglieder zu bestellen, davon sollen mindestens zwei Frauen sein. Ist ein Mitglied an der Mitwirkung im Wahlvorstand verhindert, rückt ein Ersatzmitglied nach. In welcher Reihenfolge die Ersatzmitglieder nachrücken, entscheidet der Wahlvorstand. Die Mitglieder des Wahlvorstandes sind, soweit erforderlich, für die Durchführung der Wahl von ihren dienstlichen Aufgaben freizustellen.

(2) Die Dienststelle teilt dem Wahlvorstand Folgendes mit:

1. die Zahl der zu bestellenden Stellvertreterinnen und
2. ob und, wenn ja, wie von der Möglichkeit nach § 5 Absatz 1 Gebrauch gemacht wird.

(3) Die Dienststelle erstellt eine Liste aller wahlberechtigten Beschäftigten und stellt sie dem Wahlvorstand zur Verfügung. Die Liste enthält jeweils den Familien- und Vornamen, bei Namensgleichheit auch Dienststelle, Dienstort, Organisationseinheit und Funktion. Die Dienststelle informiert den Wahlvorstand bis zum Wahltag unverzüglich über Änderungen der Liste. Die Dienststelle hat sicherzustellen, dass bis zur Veröffentlichung nur der Wahlvorstand und vom ihm benannte Hilfspersonen Einsicht in die Liste erlangen.

(4) Die Dienststelle unterstützt die Arbeit des Wahlvorstandes. Insbesondere stellt sie dem Wahlvorstand notwendige Unterlagen zur Verfügung und erteilt erforderliche Auskünfte. Für die Vorbereitung und Durchführung der Wahl hat die Dienststelle dem Wahlvorstand die notwendige personelle, räumliche und sachliche Ausstattung zur Verfügung zu stellen.

§ 7 Wahlvorstand

Der Wahlvorstand bereitet die Wahl vor und führt sie durch. Er beschließt mit Stimmenmehrheit. Er führt über jede Sitzung eine Niederschrift, die den Wortlaut der gefassten Beschlüsse enthält und von zwei Mitgliedern zu unterzeichnen ist. Für die Durchführung der Stimmabgabe und die Auszählung der Stimmen kann der Wahlvorstand Beschäftigte der Dienststelle zu Wahlhelferinnen oder Wahlhelfern bestellen. Die Wahlhelferinnen und Wahlhelfer sind, soweit erforderlich, für die Durchführung der Wahl von ihren dienstlichen Aufgaben freizustellen. Die Bestellung zur Wahlhelferin oder zum Wahlhelfer erfolgt einvernehmlich mit den zu bestellenden Beschäftigten sowie in Abstimmung mit der oder dem zuständigen Vorgesetzten.

§ 8 Bekanntgabe der Wählerinnenliste

(1) Der Wahlvorstand überprüft die Richtigkeit der Liste nach § 6 Absatz 3 und die Wahlberechtigung der eingetragenen Beschäftigten. Im Anschluss an die Prüfung stellt er die Liste als Wählerinnenliste fest und gibt sie in allen Dienststellen, in denen gewählt wird, schriftlich oder elektronisch bekannt. Die Bekanntgabe erfolgt an dem Tag, an dem das Wahlausschreiben (§ 10) erlassen wird.

(2) Die Wählerinnenliste ist bis zum Ende der Stimmabgabe zu berichtigen bei

1. Schreibfehlern oder anderen offenbaren Unrichtigkeiten,
2. zulässigen und begründeten Einsprüchen oder
3. Eintritt oder Ausscheiden einer Wahlberechtigten.

§ 9 Einspruch gegen die Wählerinnenliste

(1) Jede Wahlberechtigte kann innerhalb von zwei Wochen nach Bekanntgabe der Wählerinnenliste beim Wahlvorstand Einspruch gegen die Richtigkeit der Wählerinnenliste einlegen. Der Einspruch ist schriftlich einzulegen und zu begründen.

(2) Der Wahlvorstand entscheidet unverzüglich über den Einspruch. Er teilt der Wahlberechtigten, die den Einspruch eingelegt hat, die Entscheidung unverzüglich mit. Die Entscheidung muss ihr spätestens zwei Wochen vor dem Wahltag schriftlich oder elektronisch zugehen.

(3) Nach Ablauf der Einspruchsfrist soll der Wahlvorstand die Wählerinnenliste nochmals auf ihre Richtigkeit hin überprüfen.

§ 10 Wahlausschreiben

(1) Spätestens sechs Wochen vor dem Wahltag erlässt der Wahlvorstand ein Wahlausschreiben, das mindestens zwei Mitglieder des Wahlvorstandes unterschreiben. Der Wahlvorstand gibt das Wahlausschreiben am Tag seines Erlasses in allen Dienststellen, in denen gewählt wird, schriftlich oder elektronisch bekannt.

(2) Das Wahlausschreiben enthält insbesondere folgende Angaben:

1. Ort und Tag seines Erlasses,
2. Familienname und Vornamen, Organisationseinheit und Kontaktdaten der Mitglieder des Wahlvorstandes einschließlich der Ersatzmitglieder sowie bei gemeinsamer Wahl in verschiedenen Dienststellen die Dienststelle und bei Dienststellen mit verschiedenen Dienstorten den Dienstort,
3. Ort der Bekanntgabe der Wählerinnenliste, wenn diese nicht zusammen mit dem Wahlausschreiben bekannt gegeben wird,
4. Frist für die Einlegung von Einsprüchen gegen die Wählerinnenliste,
5. Aufruf, sich für das Amt der Gleichstellungsbeauftragten oder das Amt einer Stellvertreterin zu bewerben,
6. Frist für die Bewerbung,
7. Zahl der zu bestellenden Stellvertreterinnen,
8. Wahltag sowie Ort und Zeitraum der Stimmabgabe sowie
9. Ort und Zeit der öffentlichen Sitzung des Wahlvorstandes für die Stimmenauszählung und die Feststellung des Wahlergebnisses.

(3) In dem Wahlausschreiben ist insbesondere darauf hinzuweisen,

1. welche Beschäftigten wahlberechtigt und wählbar sind,
2. dass die Gleichstellungsbeauftragte und ihre Stellvertreterinnen in getrennten Wahlgängen gewählt werden,
3. dass sich aus den Bewerbungen eindeutig ergeben muss, ob für das Amt der Gleichstellungsbeauftragten oder das Amt einer Stellvertreterin kandidiert wird,
4. dass Einsprüche gegen die Richtigkeit der Wählerinnenliste nur innerhalb von zwei Wochen seit Erlass des Wahlausschreibens schriftlich beim Wahlvorstand eingelegt werden können und zu begründen sind,
5. dass rechtzeitig die Informationen zu den gültigen Bewerbungen schriftlich oder elektronisch bekannt gegeben werden,
6. dass jede Wahlberechtigte in jedem Wahlgang nur eine Stimme hat,
7. dass im Fall einer Behinderung für die Stimmabgabe eine Vertrauensperson hinzugezogen werden kann,
8. dass die Stimmabgabe auf Antrag durch Briefwahl erfolgen kann und die Wahlunterlagen hierfür vollständig und noch vor Ablauf der Frist beim Wahlvorstand eingegangen sein müssen,
9. ob die Dienststelle ausschließlich die Briefwahl oder die elektronische Wahl angeordnet hat und ob die Anordnung auf Dienststellenteile oder nachgeordnete oder zugehörende Dienststellen beschränkt ist.

§ 11 Bewerbung

(1) Jede Beschäftigte der Dienststelle, die wählbar ist, kann sich entweder für das Amt der Gleichstellungsbeauftragten oder für das Amt einer Stellvertreterin bewerben.

(2) Die Bewerbung muss in Textform erfolgen; in ihr müssen der Familienname und die Vornamen, die Organisationseinheit, die Funktion sowie bei gemeinsamer Wahl in verschiedenen Dienststellen die Dienststelle und bei Dienststellen mit verschiedenen Dienstorten der Dienstort angegeben sein. Sie muss dem Wahlvorstand innerhalb von zwei Wochen nach Erlass des Wahlausschreibens vorliegen. Aus der Bewerbung muss sich eindeutig ergeben, ob

1. die Beschäftigte sich für das Amt der Gleichstellungsbeauftragten oder für das Amt einer Stellvertreterin bewirbt und

VIII

2. die Beschäftigte Mitglied einer Personal- oder Schwerbehindertenvertretung ist oder in ihrem Arbeitsgebiet mit Personalangelegenheiten befasst ist.

Erfüllt die Bewerbung die Vorgaben des Satzes 1 oder des Satzes 3 nicht, hat der Wahlvorstand die Bewerberin unverzüglich über die Ungültigkeit der Bewerbung zu informieren, sofern die Frist nach Satz 2 noch nicht abgelaufen ist. Die Bewerberin kann die Bewerbung innerhalb der Frist nachbessern. Ist die Frist abgelaufen und erfüllt die Bewerbung die Vorgaben nach den Sätzen 1 bis 3 nicht, ist sie ungültig.

§ 12 Nachfrist für Bewerbungen

(1) Ist nach Ablauf der Frist nach § 11 Absatz 2 Satz 2 keine gültige Bewerbung für das Amt der Gleichstellungsbeauftragten eingegangen, muss der Wahlvorstand dies unverzüglich in allen Dienststellen, in denen gewählt wird, schriftlich oder elektronisch bekannt geben und eine Nachfrist von einer Woche für die Einreichung von Bewerbungen setzen. In der Bekanntgabe ist darauf hinzuweisen, dass die Wahl der Gleichstellungsbeauftragten nur stattfinden kann, wenn innerhalb der Nachfrist mindestens eine gültige Bewerbung eingereicht wird.

(2) Absatz 1 gilt für die Wahl der Stellvertreterinnen entsprechend.

(3) Geht für den jeweiligen Wahlgang innerhalb der Nachfrist keine gültige Bewerbung ein, hat der Wahlvorstand in allen Dienststellen, in denen gewählt wird, schriftlich oder elektronisch bekannt zu geben, dass

1. dieser Wahlgang nicht stattfindet und
2. nach § 20 Absatz 2 oder Absatz 3 des Bundesgleichstellungsgesetzes eine Bestellung von Amts wegen durch die Dienststellenleitung erfolgt.

§ 13 Bekanntgabe der Bewerbungen

Der Wahlvorstand gibt unverzüglich nach Ablauf der Frist nach § 11 Absatz 2 Satz 2 oder nach Ablauf der Nachfrist nach § 12 Absatz 1 Satz 1 Folgendes bekannt:

1. die Zahl der gültigen und ungültigen Bewerbungen und
2. bei gültigen Bewerbungen die nach § 11 Absatz 2 Satz 1 und 3 Nummer 1 geforderten Angaben.

Die Bekanntgabe hat in allen Dienststellen, in denen gewählt wird, schriftlich oder elektronisch zu erfolgen.

§ 14 Form und Inhalt der Stimmzettel

(1) Für jeden Wahlgang ist ein eigener Stimmzettel vorzusehen. Die Stimmzettel eines Wahlgangs müssen in Größe, Farbe, Beschaffenheit und Beschriftung identisch sein und sich farblich von denen des anderen Wahlgangs deutlich unterscheiden. Stimmzettel müssen so beschaffen sein, dass nach Kennzeichnung und Faltung durch die Wählerin andere Personen vor der Auszähung der Stimmzettel nicht erkennen können, wie die Wählerin gewählt hat.

(2) Auf dem Stimmzettel sind die gültigen Bewerbungen für das Amt der Gleichstellungsbeauftragten in alphabetischer Reihenfolge unter Angabe von Familien- und Vornamen, Organisationseinheit, Funktion sowie bei Wahl in verschiedenen Dienststellen die Dienststelle und bei Dienststellen mit verschiedenen Dienstorten der Dienstort aufzuführen.

(3) Absatz 2 gilt für die Wahl der Stellvertreterin oder der Stellvertreterinnen entsprechend.

VIII

Abschnitt 3
Durchführung der Wahl

§ 15 Ausübung des Wahlrechts

(1) Jede Wählerin hat für jeden Wahlgang eine Stimme.

(2) Die Wählerin kennzeichnet den Stimmzettel durch Ankreuzen eines dafür vorgesehenen Feldes.

(3) Die Stimmabgabe für den Wahlgang ist ungültig, wenn

1. mehr als ein Feld angekreuzt ist,
2. sich aus anderen Gründen der Wille der Wählerin nicht zweifelsfrei ergibt,

3. der Stimmzettel mit einem besonderen Merkmal versehen ist oder einen Zusatz oder Vorbehalt enthält oder
4. der Stimmzettel bei der Briefwahl nicht in einem Wahlumschlag abgegeben wurde.

§ 16 Stimmabgabe im Wahlraum

(1) Der Wahlvorstand trifft Vorkehrungen, damit die Wählerin ihre Stimmen im Wahlraum unter Wahrung des Wahlgeheimnisses abgeben kann.

(2) Für jeden Wahlgang ist eine oder sind mehrere verschlossene Wahlurnen zu verwenden. Die Wahlurnen für die Wahl der Gleichstellungsbeauftragten müssen sich von den Wahlurnen für die Wahl der Stellvertreterin oder der Stellvertreterinnen deutlich unterscheiden. Die Wahlurnen müssen so beschaffen sein, dass die Wahrung des Wahlgeheimnisses sichergestellt ist und eingeworfene Stimmzettel nicht entnommen werden können, ohne die Wahlurne zu öffnen. Vor Beginn der Stimmabgabe überprüft der Wahlvorstand, dass die Wahlurnen leer sind und verschließt sie.

(3) Sobald ein Mitglied des Wahlvorstandes anhand der Wählerinnenliste geprüft hat, ob die Wählerin wahlberechtigt ist, kennzeichnet die Wählerin unbeobachtet die Stimmzettel, faltet sie und wirft sie in die Wahlurne für den entsprechenden Wahlgang. Das Mitglied des Wahlvorstandes vermerkt die Stimmabgabe in der Wählerinnenliste.

VIII

(4) Ist eine Wählerin auf Grund einer Behinderung in ihrer Stimmabgabe beeinträchtigt, darf sie eine Vertrauensperson mit deren Einverständnis bestimmen, die die Wählerin bei der Stimmabgabe unterstützt. Die Wählerin informiert den Wahlvorstand hierüber und teilt ihm den Namen der Vertrauensperson mit. Die Unterstützung ist beschränkt auf die Erfüllung der Anweisungen der Wählerin zur Stimmabgabe. Die Vertrauensperson ist zur Geheimhaltung der Kenntnisse verpflichtet, die sie bei der Unterstützung erlangt hat. Nicht zur Vertrauensperson bestimmt werden dürfen

1. Mitglieder des Wahlvorstandes,
2. Wahlhelferinnen und Wahlhelfer sowie
3. Beschäftigte, die sich für das Amt der Gleichstellungsbeauftragten oder das Amt der Stellvertreterin oder einer Stellvertreterin bewerben.

(5) Solange der Wahlraum zur Stimmabgabe geöffnet ist, müssen mindestens zwei Mitglieder des Wahlvorstandes im Wahlraum anwesend sein. Sind Wahlhelferinnen oder Wahlhelfer bestellt, genügt die Anwesenheit eines Mitgliedes des Wahlvorstandes und einer Wahlhelferin oder eines Wahlhelfers.

(6) Die Wahlurnen sind zu versiegeln, wenn

1. der Wahlvorgang unterbrochen wird oder
2. die Stimmen nicht unverzüglich nach Ablauf der Frist für die Stimmabgabe, im Fall der Briefwahl nach Abschluss der Tätigkeiten nach § 18 Absatz 1, ausgezählt werden.

Sie dürfen erst bei der Wiedereröffnung oder für die Stimmauszählung entsiegelt werden.

§ 17 Briefwahl

(1) Eine Wahlberechtigte, die an der persönlichen Stimmabgabe verhindert ist, erhält auf Antrag vom Wahlvorstand folgende Unterlagen ausgehändigt oder übersandt:

1. das Wahlausschreiben,
2. die Wahlumschläge, für die § 14 Absatz 1 entsprechend gilt, und die Stimmzettel,
3. eine vorgedruckte, von der Wählerin gegenüber dem Wahlvorstand abzugebende Erklärung, dass sie die Stimmzettel persönlich gekennzeichnet hat oder im Fall des § 16 Absatz 4 durch eine Vertrauensperson hat kennzeichnen lassen,
4. einen größeren Freiumschlag mit der Anschrift des Wahlvorstandes sowie dem Vermerk „Briefwahl" und
5. ein Merkblatt mit Hinweisen zur Stimmabgabe bei einer Briefwahl.

Der Wahlvorstand vermerkt die Aushändigung oder Übersendung der Unterlagen in der Wählerinnenliste.

(2) In dem Merkblatt nach Absatz 1 Satz 1 Nummer 5 ist darauf hinzuweisen, dass die Wählerin bei der Stimmabgabe

1. den oder die Stimmzettel unbeobachtet persönlich kennzeichnet, faltet und in den

entsprechenden Wahlumschlag einlegt und diesen Wahlumschlag verschließt,

2. die vorgedruckte Erklärung unter Angabe ihres Vor- und Familiennamens in Druckbuchstaben, des Ortes sowie des Datums unterschreibt und
3. den oder die Wahlumschläge und die unterschriebene Erklärung nach Nummer 2 in dem Freiumschlag verschließt und diesen so rechtzeitig an den Wahlvorstand absendet oder übergibt, dass er vor Fristablauf vorliegt.

(3) Hat die Dienststelle ausschließlich die Briefwahl angeordnet, übersendet der Wahlvorstand den Wahlberechtigten die Unterlagen nach Absatz 1 unaufgefordert spätestens drei Wochen vor dem Wahltag und vermerkt dies entsprechend in der Wählerinnenliste.

(4) § 16 Absatz 4 gilt entsprechend.

(5) Die beim Wahlvorstand eingehenden Freiumschläge sind ungeöffnet und sicher vor dem Zugriff Dritter aufzubewahren.

§ 18 Behandlung der Briefwahlstimmen

(1) Bis zum Ablauf der Frist für die Stimmabgabe öffnet der Wahlvorstand in öffentlicher Sitzung die bis zu diesem Zeitpunkt eingegangenen Freiumschläge und entnimmt ihnen die Wahlumschläge sowie die vorgedruckten Erklärungen. Der Wahlvorstand vermerkt in der Wählerinnenliste, dass die Wählerin an der Briefwahl teilgenommen und die vorgedruckte Erklärung unterzeichnet hat. Anschließend öffnet er die Wahlumschläge, entnimmt ihnen die gefalteten Stimmzettel und legt diese ungeprüft in die für den jeweiligen Wahlgang vorgesehene Wahlurne.

(2) Freiumschläge, die nach Ablauf der Frist für die Stimmabgabe beim Wahlvorstand eingehen, gelten als verspätet. Verspätet eingehende Freiumschläge nimmt der Wahlvorstand mit einem Vermerk über den Zeitpunkt des Eingangs ungeöffnet zu den Wahlunterlagen. Die Dienststelle vernichtet die ungeöffneten Freiumschläge einen Monat nach Bekanntgabe des Wahlergebnisses, wenn die Wahl bis dahin nicht angefochten worden ist.

§ 19 Elektronische Wahl

(1) Hat die Dienststelle eine elektronische Wahl angeordnet, so hat sie die technischen und organisatorischen Abläufe so zu regeln, dass die Einhaltung der Wahlrechtsgrundsätze (§ 1) gewährleistet ist. Die geheime Wahl ist durch räumliche, organisatorische und technische Maßnahmen sowie durch Hinweise an die Beschäftigten zu gewährleisten.

(2) Der Wahlvorstand legt unter Berücksichtigung der voraussichtlich bestehenden Angriffsflächen den Schutzbedarf für die elektronische Wahl nach der Methodik des vom Bundesamt für Sicherheit in der Informationstechnik entwickelten IT-Grundschutzes fest. Der Wahlvorstand hat festzustellen, dass das Wahlprodukt, welches verwendet werden soll, für den zuvor festgelegten Schutzbedarf geeignet ist. Die Dienststelle unterstützt den Wahlvorstand bei der Planung und Durchführung der elektronischen Wahl.

(3) Verwendet werden dürfen nur Wahlprodukte, durch die nach dem Stand der Technik

1. die Zuordnung einer Stimme zu einer Wählerin ausgeschlossen ist,
2. das Abgeben von mehr als einer Stimme durch dieselbe Wählerin ausgeschlossen ist,
3. das Abgeben einer ungültigen Stimme durch Ankreuzen mehrerer Kandidatinnen oder durch Absenden eines leeren Stimmzettels möglich ist,
4. das Abgeben einer Stimme durch eine Person, die nicht wahlberechtigt ist, durch eine Identifizierung mindestens nach normalem Vertrauensniveau ausgeschlossen ist,
5. der Wählerin eine Rückmeldung gegeben wird, dass ihre Stimme in der elektronischen Wahlurne eingegangen ist,
6. die Wiederholung der Stimmenauszählung möglich ist,
7. die Übertragung der Daten im Zusammenhang mit dem Wahlverfahren gegen Veränderung, Austausch, Löschung und unbefugten Zugriff oder Weitergabe geschützt ist; zu schützen sind insbesondere die Daten

VIII

a) für das Wählerinnenverzeichnis oder für das pseudonymisierte Wählerinnenverzeichnis,
b) der einzelnen Stimmen,
c) des Wahlergebnisses und
d) der Liste der Wählerinnen, die gewählt und die nicht gewählt haben, und

8. das Wahlverfahren, insbesondere Beginn und Ende des Wahlverfahrens, protokolliert wird.

(4) Personenbezogene Daten der Wählerinnen sollten möglichst, auch im Rahmen der Auftragsverarbeitung, pseudonymisiert übermittelt werden.

(5) Anbieter eines Wahlproduktes ist die Einrichtung, die dem Wahlvorstand die Rechte zur Nutzung des Wahlproduktes gewährt oder die erforderlichen Dienstleistungen zur Nutzung des Wahlproduktes erbringt.

(6) Für die Durchführung der elektronischen Wahl muss der Wahlvorstand ein Informationssicherheitskonzept und ein Notfallkonzept entsprechend dem festgelegten Schutzbedarf erstellen. Das Informationssicherheitskonzept hat zu berücksichtigen, dass Standorte und Funktionsweisen der verwendeten Server Zuverlässigkeit gewährleisten müssen.

VIII

(7) Das Bundesamt für Sicherheit in der Informationstechnik legt die nach dem Stand der Technik zur Erfüllung der in Absatz 3 genannten Kriterien gebotenen sicherheitstechnischen Anforderungen an Wahlprodukte sowie Mindestanforderungen an die Informationssicherheitskonzepte und die Notfallkonzepte in einer technischen Richtlinie für elektronische Wahlen nach der Gleichstellungsbeauftragtenwahlverordnung fest. Die Anforderungen sind nach drei Schutzbedarfen nach dem IT-Grundschutz zu gliedern. Die technische Richtlinie kann für bestimmte Schutzbedarfe für die Wahlprodukte oder einzelne ihrer Komponenten das Vorliegen eines vom Bundesamt für Sicherheit in der Informationstechnik ausgestellten Produktzertifikates vorschreiben.

(8) Es dürfen nur solche Wahlprodukte verwendet werden, die der technischen Richtlinie nach Absatz 7 entsprechen. Die Erfüllung der sicherheitstechnischen Anforderungen muss der Anbieter dem Wahlvorstand für einen bestimmten Schutzbedarf durch eine Konformitätsprüfung oder eine Zertifizierung nach der technischen Richtlinie nachweisen.

(9) Für die Zertifizierung nach der technischen Richtlinie gelten § 9 des BSI-Gesetzes und die BSI-Zertifizierungs- und Anerkennungsverordnung in der jeweils geltenden Fassung.

(10) Die Kosten für die Zertifizierung trägt der Antragsteller. Für die Höhe der Kosten der Zertifizierung gilt die BSI-Kostenverordnung in der jeweils geltenden Fassung.

§ 20 Stimmenauszählung, Feststellung des Wahlergebnisses

(1) Unverzüglich nach Ablauf der Frist zur Stimmabgabe, im Fall der Briefwahl nach Abschluss der Tätigkeiten nach § 18 Absatz 1, zählt der Wahlvorstand öffentlich die Stimmen aus. Dazu öffnet er die Wahlurnen, entnimmt ihnen die Stimmzettel und prüft deren Gültigkeit. Stimmzettel, die der Wahlvorstand durch Beschluss für ungültig erklärt hat, sind mit fortlaufenden Nummern zu versehen und von den übrigen Stimmzetteln gesondert bei den Wahlunterlagen aufzubewahren. Anschließend stellt der Wahlvorstand das Wahlergebnis fest.

(2) Über das Ergebnis jedes Wahlgangs ist eine Liste zu erstellen. Die Liste enthält die Familien- und Vornamen der Bewerberinnen sowie die Zahl der auf sie entfallenen Stimmen. Über den Listenplatz der Bewerberinnen entscheidet die Stimmenzahl; bei Stimmengleichheit entscheidet das Los. Der Wahlvorstand führt das Losverfahren durch.

(3) Als Gleichstellungsbeauftragte ist die Bewerberin auf dem ersten Listenplatz gewählt, wenn auf sie mindestens eine Stimme abgegeben wurde. Bei nur einer gültigen Bewerbung ist die Bewerberin gewählt, wenn sie mehr Ja- als Nein-Stimmen erhalten hat.

(4) Für die Wahl der Stellvertreterinnen gilt Absatz 2 entsprechend. Sind zwei Stellvertreterinnen zu wählen, sind die Bewerberinnen auf den ersten beiden Listenplätzen gewählt. Bei drei zu wählenden Stellvertreterinnen

sind die Bewerberinnen auf den ersten drei Listenplätzen gewählt.

(5) Der Wahlvorstand fertigt über das Gesamtergebnis der Wahl eine Niederschrift an, die von den Mitgliedern des Wahlvorstandes zu unterzeichnen ist. Die Niederschrift muss getrennt nach Wahlgang folgende Angaben enthalten:

1. die Zahl der Wahlberechtigten,
2. die Zahl der abgegebenen gültigen und ungültigen Stimmzettel,
3. die Liste über das Ergebnis jedes Wahlgangs nach Absatz 2 Satz 1,
4. den Familien- und Vornamen, die Organisationseinheit, die Funktion der gewählten Gleichstellungsbeauftragten und der gewählten Stellvertreterinnen sowie bei gemeinsamer Wahl in verschiedenen Dienststellen die Dienststelle und bei Dienststellen mit verschiedenen Dienstorten den Dienstort sowie
5. besondere Vorfälle bei der Wahl oder bei der Feststellung des Wahlergebnisses.

(6) Der Wahlvorstand gibt das Wahlergebnis in allen Dienststellen, in denen gewählt worden ist, schriftlich oder elektronisch bekannt und weist auf die Anfechtungsfrist nach § 21 Absatz 3 des Bundesgleichstellungsgesetzes hin.

§ 21 Benachrichtigung der Bewerberinnen

Der Wahlvorstand benachrichtigt unverzüglich alle Bewerberinnen schriftlich oder elektronisch gegen Empfangsbestätigung über das Wahlergebnis. Der Benachrichtigung der Gewählten ist ein Hinweis auf das Verfahren zur Annahme der Wahl und die Folgen einer Nichtannahme (§ 22) beizufügen.

§ 22 Annahme der Wahl

(1) Die Wahl gilt als angenommen, wenn die Gewählte dem Wahlvorstand nicht innerhalb von drei Arbeitstagen nach Zugang der Benachrichtigung über das Wahlergebnis erklärt, dass sie die Wahl ablehnt.

(2) Absatz 1 gilt nicht, wenn die Gewählte Mitglied einer Personal- oder Schwerbehindertenvertretung oder in ihrem Arbeitsgebiet mit Personalangelegenheiten befasst ist. In diesem Fall ist die Wahl angenommen, wenn die Gewählte dem Wahlvorstand innerhalb von drei Arbeitstagen ausdrücklich erklärt, dass sie die Wahl annimmt. Die Erklärung ist nur wirksam, wenn ihr beigefügt ist:

1. die Kopie einer Erklärung der Gewählten darüber, dass sie die Mitgliedschaft in einer Personal- oder Schwerbehindertenvertretung mit Wirkung ihrer Bestellung niederlegt, oder
2. die Kopie eines an die Dienststelle gerichteten Antrags der Gewählten, mit Wirkung ihrer Bestellung von der Befassung mit Personalangelegenheiten entbunden zu werden.

(3) Lehnt die Gewählte die Wahl ab oder nimmt sie die Wahl in den Fällen des Absatzes 2 nicht frist- und formgerecht ausdrücklich an, tritt an ihre Stelle die Bewerberin auf dem folgenden Listenplatz. Die Absätze 1 und 2 gelten für die Nachrückerin entsprechend. Steht eine Nachrückerin nicht zur Verfügung, so teilt der Wahlvorstand dies unverzüglich der Dienststelle mit und gibt es gleichzeitig in allen Dienststellen, in denen gewählt worden ist, bekannt. Mitteilung und Bekanntgabe haben schriftlich oder elektronisch zu erfolgen.

§ 23 Bekanntgabe der Gewählten und Bestellung

(1) Sobald die Wahl angenommen ist, teilt der Wahlvorstand der Dienststelle die Namen der Gewählten mit und gibt sie gleichzeitig in allen Dienststellen, in denen gewählt worden ist, in Textform bekannt. Nach der Bekanntgabe durch den Wahlvorstand und Ablauf der Amtszeit der Vorgängerin bestellt die Dienststelle unverzüglich die jeweils Gewählte zur Gleichstellungsbeauftragten oder zur Stellvertreterin.

(2) In den Fällen des § 19 Absatz 1 Satz 1 und 2 und Absatz 4 des Bundesgleichstellungsgesetzes bestellt die Dienststelle die Gleichstellungsbeauftragte oder die Stellvertreterinnen unverzüglich nach Ablauf der Amtszeit der Vorgängerin von Amts wegen, wenn

VIII

1. innerhalb der Nachfrist nach § 12 Absatz 1 Satz 1 keine gültige Bewerbung eingegangen ist oder
2. keine Nachrückerin zur Verfügung steht.

Die Bestellung der Gleichstellungsbeauftragten und der Stellvertreterinnen bedarf der Zustimmung der zu bestellenden Beschäftigten. Der zuvor nach Absatz 1 oder Absatz 2 Satz 1 bestellten Gleichstellungsbeauftragten ist Gelegenheit zu geben, einen namentlichen Vorschlag für das Amt der Stellvertreterin zu unterbreiten.

(3) Die Dienststelle bestellt die Stellvertreterinnen auch dann von Amts wegen, wenn trotz Bestellung einer Stellvertreterin nach Absatz 1 Satz 2 oder Absatz 2 Satz 1 Nummer 2 die nach § 6 Absatz 2 Nummer 1 festgelegte Zahl an Stellvertreterinnen noch nicht erreicht ist. In diesem Fall gilt Absatz 2 Satz 3 entsprechend.

§ 24 Aufbewahrung der Wahlunterlagen

Die Dienststelle bewahrt die Wahlunterlagen, insbesondere die Niederschriften, Bekanntmachungen und Stimmzettel, mindestens bis zum Ablauf der Anfechtungsfrist nach § 21 Absatz 3 des Bundesgleichstellungsgesetzes auf. Im Fall der Anfechtung bewahrt die Dienststelle die Wahlunterlagen bis zum bestands- oder rechtskräftigen Abschluss des Anfechtungsverfahrens auf. Danach sind die Stimmzettel und die Wählerinnenlisten unverzüglich zu vernichten.

§ 25 Auflösung des Wahlvorstandes

Die Amtszeit des Wahlvorstandes endet

1. mit Ablauf der Anfechtungsfrist nach § 21 Absatz 3 des Bundesgleichstellungsgesetzes,
2. im Fall einer Anfechtung mit dem bestands- oder rechtskräftigen Abschluss des Anfechtungsverfahrens oder
3. mit Bekanntgabe, dass im Fall des § 12 Absatz 3 Nummer 2 für alle zu besetzenden Ämter eine Bestellung von Amts wegen durch die Dienststelle erfolgt.

Abschnitt 4 Sonderregelungen, Übergangsbestimmungen

§ 26 Sonderregelungen für den Bundesnachrichtendienst

Für den Bundesnachrichtendienst gilt diese Verordnung mit der Einschränkung, dass bei der Erstellung und Aufbewahrung der Wahlunterlagen die für den Bundesnachrichtendienst geltenden Sicherheitsbestimmungen zu beachten sind. Die Bekanntmachungen sind den Beschäftigten in der im Bundesnachrichtendienst üblichen Weise während der Dienststunden zugänglich zu machen.

§ 27 Übergangsbestimmungen

(1) Wahlverfahren, die nach § 40 Absatz 3 Satz 2 des Bundesgleichstellungsgesetzes unverzüglich durchgeführt werden müssen, sind innerhalb von vier Monaten nach Inkrafttreten dieser Verordnung abzuschließen. Die neu gewählten Stellvertreterinnen werden bis zum Ablauf der Amtszeit der amtierenden Gleichstellungsbeauftragten und Stellvertreterin bestellt.

(2) Wahlverfahren, deren Wahlausschreiben vor dem 23. Dezember 2015 bekannt gegeben worden ist, können fortgeführt werden; in diesem Fall ist die Gleichstellungsbeauftragten-Wahlverordnung vom 6. Dezember 2001 (BGBl. I S. 3374; 2002 I S. 2711) weiter anzuwenden.

(3) Wahlverfahren, deren Wahlausschreiben am 22. Dezember 2015 noch nicht bekannt gegeben worden ist, sind unverzüglich nach dieser Verordnung fortzuführen. Die Dienststelle informiert den Wahlvorstand, dass die Wahl nach dieser Verordnung durchzuführen ist. Die Wahl ist bis zum 22. April 2016 abzuschließen. Die Amtszeiten der amtierenden Gleichstellungsbeauftragten, Stellvertreterinnen und Vertrauensfrauen enden mit Bestellung der Nachfolgerinnen.

Gesetz zur Gleichstellung von Menschen mit Behinderungen (Behindertengleichstellungsgesetz – BGG)

Vom 27. April 2002 (BGBl. I S. 1467)

Zuletzt geändert durch
Gesetz zur Regelung eines Sofortzuschlages und einer Einmalzahlung in den sozialen Mindestsicherungssystemen sowie zur Änderung des Finanzausgleichsgesetzes und weiterer Gesetze
vom 23. Mai 2022 (BGBl. I S. 760)

Inhaltsübersicht

Abschnitt 1
Allgemeine Bestimmungen

§ 1 Ziel und Verantwortung der Träger öffentlicher Gewalt

(1) 1Ziel dieses Gesetzes ist es, die Benachteiligung von Menschen mit Behinderungen zu beseitigen und zu verhindern sowie ihre gleichberechtigte Teilhabe am Leben in der Gesellschaft zu gewährleisten und ihnen eine selbstbestimmte Lebensführung zu ermöglichen. 2Dabei wird ihren besonderen Bedürfnissen Rechnung getragen.

(1a) Träger öffentlicher Gewalt im Sinne dieses Gesetzes sind

1. Dienststellen und sonstige Einrichtungen der Bundesverwaltung einschließlich der bundesunmittelbaren Körperschaften, bundesunmittelbaren Anstalten und bundesunmittelbaren Stiftungen des öffentlichen Rechts,
2. Beliehene, die unter der Aufsicht des Bundes stehen, soweit sie öffentlich-rechtliche Verwaltungsaufgaben wahrnehmen, und
3. sonstige Bundesorgane, soweit sie öffentlich-rechtliche Verwaltungsaufgaben wahrnehmen.

(2) 1Die Träger der öffentlichen Gewalt sollen im Rahmen ihres jeweiligen Aufgabenbereichs die in Absatz 1 genannten Ziele aktiv fördern und bei der Planung von Maßnahmen beachten. 2Das Gleiche gilt für Landesverwaltungen, einschließlich der landesunmittelbaren Körperschaften, Anstalten und Stiftungen des öffentlichen Rechts, soweit sie Bundesrecht ausführen.

(3) 1Die Träger öffentlicher Gewalt sollen darauf hinwirken, dass Einrichtungen, Vereinigungen und juristische Personen des Privatrechts, an denen die Träger öffentlicher Gewalt unmittelbar oder mittelbar ganz oder überwiegend beteiligt sind, die Ziele dieses Gesetzes in angemessener Weise berücksichtigen. 2Gewähren Träger öffentlicher Gewalt Zuwendungen nach § 23 der Bundeshaushaltsordnung als institutionelle Förderungen, so sollen sie durch Nebenbestimmung zum Zuwendungsbescheid oder vertragliche Vereinbarung sicherstellen, dass die institutionellen Zuwendungsempfängerinnen und -empfänger die Grundzüge dieses Gesetzes anwenden. 3Aus der Nebenbestimmung zum Zuwendungsbescheid oder der vertraglichen Vereinbarung muss hervorgehen, welche Vorschriften anzuwenden sind. 4Die Sätze 2 und 3 gelten auch für den Fall, dass Stellen außerhalb der Bundesverwaltung mit Bundesmitteln im Wege der Zuweisung institutionell gefördert werden. 5Weitergehende Vorschriften bleiben von den Sätzen 1 bis 4 unberührt.

(4) Die Auslandsvertretungen des Bundes berücksichtigen die Ziele dieses Gesetzes im Rahmen der Wahrnehmung ihrer Aufgaben.

§ 2 Frauen mit Behinderungen; Benachteiligung wegen mehrerer Gründe

(1) 1Zur Durchsetzung der Gleichberechtigung von Frauen und Männern und zur Vermeidung von Benachteiligungen von Frauen mit Behinderungen wegen mehrerer Gründe sind die besonderen Belange von Frauen mit Behinderungen zu berücksichtigen und bestehende Benachteiligungen zu beseitigen. 2Dabei sind besondere Maßnahmen zur Förderung der tatsächlichen Durchsetzung der Gleichberechtigung von Frauen mit Behinderungen und zur Beseitigung bestehender Benachteiligungen zulässig.

(2) Unabhängig von Absatz 1 sind die besonderen Belange von Menschen mit Behinderungen, die von Benachteiligungen wegen einer Behinderung und wenigstens eines weiteren in § 1 des Allgemeinen Gleichbehandlungsgesetzes genannten Grundes betroffen sein können, zu berücksichtigen.

§ 3 Menschen mit Behinderungen

1Menschen mit Behinderungen im Sinne dieses Gesetzes sind Menschen, die langfristige körperliche, seelische, geistige oder Sinnesbeeinträchtigungen haben, welche sie in Wechselwirkung mit einstellungs- und umweltbedingten Barrieren an der gleichberechtigten Teilhabe an der Gesellschaft hindern können. 2Als langfristig gilt ein Zeitraum, der mit hoher Wahrscheinlichkeit länger als sechs Monate andauert.

§ 4 Barrierefreiheit

1Barrierefrei sind bauliche und sonstige Anlagen, Verkehrsmittel, technische Gebrauchsgegenstände, Systeme der Informationsverarbeitung, akustische und visuelle Informationsquellen und Kommunikationseinrichtungen sowie andere gestaltete Lebensbereiche, wenn sie für Menschen mit Behinderungen in der allgemein üblichen Weise, ohne besondere Erschwernis und grundsätzlich ohne fremde Hilfe auffindbar, zugänglich und nutzbar sind. 2Hierbei ist die Nutzung behinderungsbedingt notwendiger Hilfsmittel zulässig.

§ 5 Zielvereinbarungen

(1) 1Soweit nicht besondere gesetzliche oder verordnungsrechtliche Vorschriften entgegenstehen, sollen zur Herstellung der Barrierefreiheit Zielvereinbarungen zwischen Verbänden, die nach § 15 Absatz 3 anerkannt sind, und Unternehmen oder Unternehmensverbänden der verschiedenen Wirtschaftsbranchen für ihren jeweiligen sachlichen und räumlichen Organisations- oder Tätigkeitsbereich getroffen werden. 2Die anerkannten Verbände können die Aufnahme von Verhandlungen über Zielvereinbarungen verlangen.

(2) 1Zielvereinbarungen zur Herstellung von Barrierefreiheit enthalten insbesondere

1. die Bestimmung der Vereinbarungspartner und sonstige Regelungen zum Geltungsbereich und zur Geltungsdauer,
2. die Festlegung von Mindestbedingungen darüber, wie gestaltete Lebensbereiche im Sinne von § 4 künftig zu verändern sind, um dem Anspruch von Menschen mit Behinderungen auf Auffindbarkeit, Zugang und Nutzung zu genügen,
3. den Zeitpunkt oder einen Zeitplan zur Erfüllung der festgelegten Mindestbedingungen.

2Sie können ferner eine Vertragsstrafenabrede für den Fall der Nichterfüllung oder des Verzugs enthalten.

(3) 1Ein Verband nach Absatz 1, der die Aufnahme von Verhandlungen verlangt, hat dies gegenüber dem Zielvereinbarungsregister (Absatz 5) unter Benennung von Verhandlungsparteien und Verhandlungsgegenstand anzuzeigen. 2Das Bundesministerium für Arbeit und Soziales gibt diese Anzeige auf seiner Internetseite bekannt. 3Innerhalb von vier Wochen nach der Bekanntgabe haben andere Verbände im Sinne des Absatzes 1 das Recht, den Verhandlungen durch Erklärung gegenüber den bisherigen Verhandlungsparteien beizutreten. 4Nachdem die beteiligten Verbände von Menschen mit Behinderungen eine gemeinsame Verhandlungskommission gebildet haben oder feststeht, dass nur ein Verband verhandelt, sind die Verhandlungen innerhalb von vier Wochen aufzunehmen.

(4) Ein Anspruch auf Verhandlungen nach Absatz 1 Satz 2 besteht nicht,

1. während laufender Verhandlungen im Sinne des Absatzes 3 für die nicht beigetretenen Verbände behinderter Menschen,
2. in Bezug auf diejenigen Unternehmen, die ankündigen, einer Zielvereinbarung beizutreten, über die von einem Unternehmensverband Verhandlungen geführt werden,
3. für den Geltungsbereich und die Geltungsdauer einer zustande gekommenen Zielvereinbarung,
4. in Bezug auf diejenigen Unternehmen, die einer zustande gekommenen Zielvereinbarung unter einschränkungsloser Übernahme aller Rechte und Pflichten beigetreten sind.

(5) 1Das Bundesministerium für Arbeit und Soziales führt ein Zielvereinbarungsregister, in das der Abschluss, die Änderung und die Aufhebung von Zielvereinbarungen nach den Absätzen 1 und 2 eingetragen werden. 2Der die Zielvereinbarung abschließende Verband behinderter Menschen ist verpflichtet, innerhalb eines Monats nach Abschluss einer Zielvereinbarung dem Bundesministerium für Arbeit und Soziales diese als beglaubigte Abschrift und in informationstechnisch erfassbarer Form zu übersenden sowie eine Änderung oder Aufhebung innerhalb eines Monats mitzuteilen.

§ 6 Gebärdensprache und Kommunikation von Menschen mit Hör- und Sprachbehinderungen

(1) Die Deutsche Gebärdensprache ist als eigenständige Sprache anerkannt.

(2) Lautsprachbegleitende Gebärden sind als Kommunikationsform der deutschen Sprache anerkannt.

(3) Menschen mit Hörbehinderungen (gehörlose, ertaubte und schwerhörige Menschen) und Menschen mit Sprachbehinderungen haben nach Maßgabe der einschlägigen Gesetze das Recht, die Deutsche Gebärdensprache, lautsprachbegleitende Gebärden oder andere geeignete Kommunikationshilfen zu verwenden.

Abschnitt 2 Verpflichtung zur Gleichstellung und Barrierefreiheit

§ 7 Benachteiligungsverbot für Träger öffentlicher Gewalt

(1) 1Ein Träger öffentlicher Gewalt darf Menschen mit Behinderungen nicht benachteiligen. 2Eine Benachteiligung liegt vor, wenn Menschen mit und ohne Behinderungen ohne zwingenden Grund unterschiedlich behandelt werden und dadurch Menschen mit Behinderungen in der gleichberechtigten Teilhabe am Leben in der Gesellschaft unmittelbar oder mittelbar beeinträchtigt werden. 3Eine Benachteiligung liegt auch bei einer Belästigung im Sinne des § 3 Absatz 3 und 4 des Allgemeinen Gleichbehandlungsgesetzes in der jeweils geltenden Fassung vor, mit der Maßgabe, dass § 3 Absatz 4 des Allgemeinen Gleichbehandlungsgesetzes nicht auf den Anwendungsbereich des § 2 Absatz 1 Nummer 1 bis 4 des Allgemeinen Gleichbehandlungsgesetzes begrenzt ist. 4Bei einem Verstoß gegen eine Verpflichtung zur Herstellung von Barrierefreiheit wird das Vorliegen einer Benachteiligung widerleglich vermutet.

(2) 1Die Versagung angemessener Vorkehrungen für Menschen mit Behinderungen ist eine Benachteiligung im Sinne dieses Gesetzes. 2Angemessene Vorkehrungen sind Maßnahmen, die im Einzelfall geeignet und erforderlich sind, um zu gewährleisten, dass ein Mensch mit Behinderung gleichberechtigt mit anderen alle Rechte genießen und ausüben kann, und sie die Träger öffentlicher Gewalt nicht unverhältnismäßig oder unbillig belasten.

(3) 1In Bereichen bestehender Benachteiligungen von Menschen mit Behinderungen gegenüber Menschen ohne Behinderungen sind besondere Maßnahmen zum Abbau und zur Beseitigung dieser Benachteiligungen zulässig. 2Bei der Anwendung von Gesetzen zur tatsächlichen Durchsetzung der Gleichberechtigung von Frauen und Männern ist den besonderen Belangen von Frauen mit Behinderungen Rechnung zu tragen.

(4) Besondere Benachteiligungsverbote zu Gunsten von Menschen mit Behinderungen in anderen Rechtsvorschriften, insbesondere im Neunten Buch Sozialgesetzbuch, bleiben unberührt.

§ 8 Herstellung von Barrierefreiheit in den Bereichen Bau und Verkehr

(1) 1Zivile Neu-, Um- und Erweiterungsbauten im Eigentum des Bundes einschließlich der bundesunmittelbaren Körperschaften, Anstalten und Stiftungen des öffentlichen Rechts sollen entsprechend den allgemein anerkannten Regeln der Technik barrierefrei gestaltet werden. 2Von diesen Anforderungen kann abgewichen werden, wenn mit einer anderen Lösung in gleichem Maße die Anforderungen an die Barrierefreiheit erfüllt werden. 3Die landesrechtlichen Bestimmungen, insbesondere die Bauordnungen, bleiben unberührt.

(2) Der Bund einschließlich der bundesunmittelbaren Körperschaften, Anstalten und Stiftungen des öffentlichen Rechts soll anlässlich der Durchführung von investiven Baumaßnahmen nach Absatz 1 Satz 1 bauliche Barrieren in den nicht von diesen Baumaßnahmen unmittelbar betroffenen Gebäudeteilen, soweit sie dem Publikumsverkehr dienen, feststellen und unter Berücksichtigung der baulichen Gegebenheiten abbauen, sofern der Abbau nicht eine unangemessene wirtschaftliche Belastung darstellt.

VIII

(3) Alle obersten Bundesbehörden und Verfassungsorgane erstellen über die von ihnen genutzten Gebäude, die im Eigentum des Bundes einschließlich der bundesunmittelbaren Körperschaften, Anstalten und Stiftungen des öffentlichen Rechts stehen, bis zum 30. Juni 2021 Berichte über den Stand der Barrierefreiheit dieser Bestandsgebäude und sollen verbindliche und überprüfbare Maßnahmen- und Zeitpläne zum weiteren Abbau von Barrieren erarbeiten.

(4) Der Bund einschließlich der bundesunmittelbaren Körperschaften, Anstalten und Stiftungen des öffentlichen Rechts ist verpflichtet, die Barrierefreiheit bei Anmietungen der von ihm genutzten Bauten zu berücksichtigen. Künftig sollen nur barrierefreie Bauten oder Bauten, in denen die baulichen Barrieren unter Berücksichtigung der baulichen Gegebenheiten abgebaut werden können, angemietet werden, soweit die Anmietung nicht eine unangemessene wirtschaftliche Belastung zur Folge hätte.

(5) 1Sonstige bauliche oder andere Anlagen, öffentliche Wege, Plätze und Straßen sowie öffentlich zugängliche Verkehrsanlagen und Beförderungsmittel im öffentlichen Personenverkehr sind nach Maßgabe der einschlägigen Rechtsvorschriften des Bundes barrierefrei zu gestalten. 2Weitergehende landesrechtliche Vorschriften bleiben unberührt.

VIII

§ 9 Recht auf Verwendung von Gebärdensprache und anderen Kommunikationshilfen

(1) 1Menschen mit Hörbehinderungen und Menschen mit Sprachbehinderungen haben nach Maßgabe der Rechtsverordnung nach Absatz 2 das Recht, mit Trägern öffentlicher Gewalt zur Wahrnehmung eigener Rechte im Verwaltungsverfahren in Deutscher Gebärdensprache, mit lautsprachbegleitenden Gebärden oder über andere geeignete Kommunikationshilfen zu kommunizieren. 2Auf Wunsch der Berechtigten stellen die Träger öffentlicher Gewalt die geeigneten Kommunikationshilfen im Sinne des Satzes 1 kostenfrei zur Verfügung oder tragen die hierfür notwendigen Aufwendungen.

(2) Das Bundesministerium für Arbeit und Soziales bestimmt durch Rechtsverordnung, die nicht der Zustimmung des Bundesrates bedarf,

1. Anlass und Umfang des Anspruchs auf Bereitstellung von geeigneten Kommunikationshilfen,
2. Art und Weise der Bereitstellung von geeigneten Kommunikationshilfen,
3. die Grundsätze für eine angemessene Vergütung oder eine Erstattung von notwendigen Aufwendungen für den Einsatz geeigneter Kommunikationshilfen und
4. die geeigneten Kommunikationshilfen im Sinne des Absatzes 1.

§ 10 Gestaltung von Bescheiden und Vordrucken

(1) 1Träger öffentlicher Gewalt haben bei der Gestaltung von Bescheiden, Allgemeinverfügungen, öffentlich-rechtlichen Verträgen und Vordrucken eine Behinderung von Menschen zu berücksichtigen. 2Blinde und sehbehinderte Menschen können zur Wahrnehmung eigener Rechte im Verwaltungsverfahren nach Maßgabe der Rechtsverordnung nach Absatz 2 insbesondere verlangen, dass ihnen Bescheide, öffentlich-rechtliche Verträge und Vordrucke ohne zusätzliche Kosten auch in einer für sie wahrnehmbaren Form zugänglich gemacht werden.

(2) Das Bundesministerium für Arbeit und Soziales bestimmt durch Rechtsverordnung, die nicht der Zustimmung des Bundesrates bedarf, bei welchen Anlässen und in welcher Art und Weise die in Absatz 1 genannten Dokumente blinden und sehbehinderten Menschen zugänglich gemacht werden.

§ 11 Verständlichkeit und Leichte Sprache

(1) 1Träger öffentlicher Gewalt sollen mit Menschen mit geistigen Behinderungen und Menschen mit seelischen Behinderungen in einfacher und verständlicher Sprache kommunizieren. 2Auf Verlangen sollen sie ihnen insbesondere Bescheide, Allgemeinverfügungen, öffentlich-rechtliche Verträge und Vordrucke in einfacher und verständlicher Weise erläutern.

(2) Ist die Erläuterung nach Absatz 1 nicht ausreichend, sollen Träger öffentlicher Gewalt auf Verlangen Menschen mit geistigen Behinderungen und Menschen mit seelischen Behinderungen Bescheide, Allgemeinverfügungen, öffentlich-rechtliche Verträge und Vordrucke in Leichter Sprache erläutern.

(3) $_1$Kosten für Erläuterungen im notwendigen Umfang nach Absatz 1 oder 2 sind von dem zuständigen Träger öffentlicher Gewalt zu tragen. $_2$Der notwendige Umfang bestimmt sich nach dem individuellen Bedarf der Berechtigten.

(4) $_1$Träger öffentlicher Gewalt sollen Informationen vermehrt in Leichter Sprache bereitstellen. $_2$Die Bundesregierung wirkt darauf hin, dass die Träger öffentlicher Gewalt die Leichte Sprache stärker einsetzen und ihre Kompetenzen für das Verfassen von Texten in Leichter Sprache auf- und ausgebaut werden.

Abschnitt 2a
Barrierefreie Informationstechnik öffentlicher Stellen des Bundes

§ 12 Öffentliche Stellen des Bundes

Öffentliche Stellen des Bundes sind

1. die Träger öffentlicher Gewalt,
2. sonstige Einrichtungen des öffentlichen Rechts, die als juristische Personen des öffentlichen oder des privaten Rechts zu dem besonderen Zweck gegründet worden sind, im Allgemeininteresse liegende Aufgaben nichtgewerblicher Art zu erfüllen, wenn sie
   a) überwiegend vom Bund finanziert werden,
   b) hinsichtlich ihrer Leitung oder Aufsicht dem Bund unterstehen oder
   c) ein Verwaltungs-, Leitungs- oder Aufsichtsorgan haben, das mehrheitlich aus Mitgliedern besteht, die durch den Bund ernannt worden sind, und
3. Vereinigungen, an denen mindestens eine öffentliche Stelle nach Nummer 1 oder Nummer 2 beteiligt ist, wenn
   a) die Vereinigung überwiegend vom Bund finanziert wird,
   b) die Vereinigung über den Bereich eines Landes hinaus tätig wird,
   c) dem Bund die absolute Mehrheit der Anteile an der Vereinigung gehört oder
   d) dem Bund die absolute Mehrheit der Stimmen an der Vereinigung zusteht.

Eine überwiegende Finanzierung durch den Bund wird angenommen, wenn er mehr als 50 Prozent der Gesamtheit der Mittel aufbringt.

§ 12a Barrierefreie Informationstechnik

(1) $_1$Öffentliche Stellen des Bundes gestalten ihre Websites und mobilen Anwendungen, einschließlich der für die Beschäftigten bestimmten Angebote im Intranet, barrierefrei. $_2$Schrittweise, spätestens bis zum 23. Juni 2021, gestalten sie ihre elektronisch unterstützten Verwaltungsabläufe, einschließlich ihrer Verfahren zur elektronischen Vorgangsbearbeitung und elektronischen Aktenführung, barrierefrei. $_3$Die grafischen Programmoberflächen sind von der barrierefreien Gestaltung umfasst.

(2) $_1$Die barrierefreie Gestaltung erfolgt nach Maßgabe der aufgrund des § 12d zu erlassenden Verordnung. $_2$Soweit diese Verordnung keine Vorgaben enthält, erfolgt die barrierefreie Gestaltung nach den anerkannten Regeln der Technik.

(3) Insbesondere bei Neuanschaffungen, Erweiterungen und Überarbeitungen ist die barrierefreie Gestaltung bereits bei der Planung, Entwicklung, Ausschreibung und Beschaffung zu berücksichtigen.

(4) Unberührt bleiben die Regelungen zur behinderungsgerechten Einrichtung und Unterhaltung der Arbeitsstätten zugunsten von Menschen mit Behinderungen in anderen Rechtsvorschriften, insbesondere im Neunten Buch Sozialgesetzbuch.

(5) Die Pflichten aus Abschnitt 2a gelten nicht für Websites und mobile Anwendungen jener öffentlichen Stellen des Bundes nach § 12 Satz 1 Nummer 2 und 3, die keine für die Öffentlichkeit wesentlichen Dienstleistungen oder speziell auf die Bedürfnisse von Menschen mit Behinderungen ausgerichtete oder für diese konzipierte Dienstleistungen anbieten.

VIII

(6) Von der barrierefreien Gestaltung können öffentliche Stellen des Bundes ausnahmsweise absehen, soweit sie durch eine barrierefreie Gestaltung unverhältnismäßig belastet würden.

(7) Der Bund wirkt darauf hin, dass gewerbsmäßige Anbieter von Websites sowie von grafischen Programmoberflächen und mobilen Anwendungen, die mit Mitteln der Informationstechnik dargestellt werden, aufgrund von Zielvereinbarungen nach § 5 Absatz 2 ihre Produkte so gestalten, dass sie barrierefrei genutzt werden können.

(8) Angebote öffentlicher Stellen im Internet, die auf Websites Dritter veröffentlicht werden, sind soweit möglich barrierefrei zu gestalten.

§ 12b Erklärung zur Barrierefreiheit

(1) Die öffentlichen Stellen des Bundes veröffentlichen eine Erklärung zur Barrierefreiheit ihrer Websites oder mobilen Anwendungen.

(2) Die Erklärung zur Barrierefreiheit enthält

1. für den Fall, dass ausnahmsweise keine vollständige barrierefreie Gestaltung erfolgt ist,
   a) die Benennung der Teile des Inhalts, die nicht vollständig barrierefrei gestaltet sind,
   b) die Gründe für die nicht barrierefreie Gestaltung sowie
   c) gegebenenfalls einen Hinweis auf barrierefrei gestaltete Alternativen,
2. eine unmittelbar zugängliche barrierefrei gestaltete Möglichkeit, elektronisch Kontakt aufzunehmen, um noch bestehende Barrieren mitzuteilen und um Informationen zur Umsetzung der Barrierefreiheit zu erfragen,
3. einen Hinweis auf das Schlichtungsverfahren nach § 16, der
   a) die Möglichkeit, ein solches Schlichtungsverfahren durchzuführen, erläutert und
   b) die Verlinkung zur Schlichtungsstelle enthält.

(3) Zu veröffentlichen ist die Erklärung zur Barrierefreiheit

1. auf Websites öffentlicher Stellen des Bundes, die nicht vor dem 23. September 2018 veröffentlicht wurden: ab dem 23. September 2019,
2. auf Websites öffentlicher Stellen des Bundes, die nicht unter Nummer 1 fallen: ab dem 23. September 2020,
3. auf mobilen Anwendungen öffentlicher Stellen des Bundes: ab dem 23. Juni 2021.

(4) Die öffentliche Stelle des Bundes antwortet auf Mitteilungen oder Anfragen, die ihr aufgrund der Erklärung zur Barrierefreiheit übermittelt werden, spätestens innerhalb eines Monats.

§ 12c Berichterstattung über den Stand der Barrierefreiheit

(1) 1Die obersten Bundesbehörden erstatten alle drei Jahre, erstmals zum 30. Juni 2021, der Überwachungsstelle des Bundes für Barrierefreiheit von Informationstechnik (§ 13 Absatz 3) Bericht über den Stand der Barrierefreiheit

1. der Websites und mobilen Anwendungen, einschließlich der Intranetangebote, der obersten Bundesbehörden,
2. der elektronisch unterstützten Verwaltungsabläufe.

2Sie erstellen verbindliche und überprüfbare Maßnahmen- und Zeitpläne zum weiteren Abbau von Barrieren ihrer Informationstechnik.

(2) 1Die Länder erstatten alle drei Jahre, erstmals zum 30. Juni 2021, der Überwachungsstelle des Bundes für Barrierefreiheit von Informationstechnik (§ 13 Absatz 3) Bericht über den Stand der Barrierefreiheit

1. der Websites der öffentlichen Stellen der Länder und
2. der mobilen Anwendungen der öffentlichen Stellen der Länder.

2Zu berichten ist insbesondere über die Ergebnisse ihrer Überwachung nach Artikel 8 Absatz 1 bis 3 der Richtlinie (EU) 2016/2102. 3Art und Form des Berichts richten sich nach den Anforderungen, die auf der Grundlage des Artikels 8 Absatz 6 der Richtlinie (EU) 2016/2102 festgelegt werden.

§ 12d Verordnungsermächtigung

Das Bundesministerium für Arbeit und Soziales wird ermächtigt durch Rechtsverordnung, die nicht der Zustimmung des Bundesrates bedarf, Bestimmungen zu erlassen über

1. diejenigen Websites und mobilen Anwendungen sowie Inhalte von Websites und mobilen Anwendungen, auf die sich der Geltungsbereich der Verordnung bezieht,
2. die technischen Standards, die öffentliche Stellen des Bundes bei der barrierefreien Gestaltung anzuwenden haben, und den Zeitpunkt, ab dem diese Standards anzuwenden sind,
3. die Bereiche und Arten amtlicher Informationen, die barrierefrei zu gestalten sind,
4. die konkreten Anforderungen der Erklärung zur Barrierefreiheit,
5. die konkreten Anforderungen der Berichterstattung über den Stand der Barrierefreiheit und
6. die Einzelheiten des Überwachungsverfahrens nach § 13 Absatz 3 Satz 2 Nummer 1.

Abschnitt 2b Assistenzhunde

§ 12e Menschen mit Behinderungen in Begleitung durch Assistenzhunde

(1) $_1$Träger öffentlicher Gewalt sowie Eigentümer, Besitzer und Betreiber von beweglichen oder unbeweglichen Anlagen und Einrichtungen dürfen Menschen mit Behinderungen in Begleitung durch ihren Assistenzhund den Zutritt zu ihren typischerweise für den allgemeinen Publikums- und Benutzungsverkehr zugänglichen Anlagen und Einrichtungen nicht wegen der Begleitung durch ihren Assistenzhund verweigern, soweit nicht der Zutritt mit Assistenzhund eine unverhältnismäßige oder unbillige Belastung darstellen würde. $_2$Weitergehende Rechte von Menschen mit Behinderungen bleiben unberührt.

(2) Eine nach Absatz 1 unberechtigte Verweigerung durch Träger öffentlicher Gewalt gilt als Benachteiligung im Sinne von § 7 Absatz 1.

(3) $_1$Ein Assistenzhund ist ein unter Beachtung des Tierschutzes und des individuellen Bedarfs eines Menschen mit Behinderungen speziell ausgebildeter Hund, der aufgrund seiner Fähigkeiten und erlernten Assistenzleistungen dazu bestimmt ist, diesem Menschen die selbstbestimmte Teilhabe am gesellschaftlichen Leben zu ermöglichen, zu erleichtern oder behinderungsbedingte Nachteile auszugleichen. $_2$Dies ist der Fall, wenn der Assistenzhund

1. zusammen mit einem Menschen mit Behinderungen als Mensch-Assistenzhund-Gemeinschaft im Sinne des § 12g zertifiziert ist oder
2. von einem Träger der gesetzlichen Sozialversicherung, einem Träger nach § 6 des Neunten Buches Sozialgesetzbuch, einem Beihilfeträger, einem Träger der Heilfürsorge oder einem privaten Versicherungsunternehmen als Hilfsmittel zur Teilhabe oder zum Behinderungsausgleich anerkannt ist oder
3. im Ausland als Assistenzhund anerkannt ist und dessen Ausbildung den Anforderungen des § 12f Satz 2 entspricht oder
4. zusammen mit einem Menschen mit Behinderungen als Mensch-Assistenzhund-Gemeinschaft vor dem 1. Juli 2023
   a) in einer den Anforderungen des § 12f Satz 2 entsprechenden Weise ausgebildet und entsprechend § 12g Satz 2 erfolgreich geprüft wurde oder
   b) sich in einer den Anforderungen des § 12f Satz 2 entsprechenden Ausbildung befunden hat und innerhalb von zwölf Monaten nach dem 1. Juli 2023 diese Ausbildung beendet und mit einer § 12g Satz 2 entsprechenden Prüfung erfolgreich abgeschlossen hat.

(4) Ein Assistenzhund ist als solcher zu kennzeichnen.

(5) Für den Assistenzhund ist eine Haftpflichtversicherung zur Deckung der durch

VIII

ihn verursachten Personenschäden, Sachschäden und sonstigen Vermögensschäden abzuschließen und aufrechtzuerhalten.

(6) Für Blindenführhunde und andere Assistenzhunde, die als Hilfsmittel im Sinne des § 33 des Fünften Buches Sozialgesetzbuch gewährt werden, finden die §§ 12f bis 12k und die Vorgaben einer Rechtsverordnung nach § 12l Nummer 1, 2 und 4 bis 6 dieses Gesetzes keine Anwendung.

§ 12f Ausbildung von Assistenzhunden

1Assistenzhund und die Gemeinschaft von Mensch und Tier (Mensch-Assistenzhund-Gemeinschaft) bedürfen einer geeigneten Ausbildung durch eine oder begleitet von einer Ausbildungsstätte für Assistenzhunde (§ 12i). 2Gegenstand der Ausbildung sind insbesondere die Schulung des Sozial- und Umweltverhaltens sowie des Gehorsams des Hundes, grundlegende und spezifische Hilfeleistungen des Hundes, das langfristige Funktionieren der Mensch- Assistenzhund-Gemeinschaft sowie die Vermittlung der notwendigen Kenntnisse und Fähigkeiten an den Halter, insbesondere im Hinblick auf die artgerechte Haltung des Assistenzhundes. 3Aufgabe der Ausbildungsstätte ist dabei nicht nur das Bereitstellen eines Assistenzhundes, sondern nach Abschluss der Ausbildung bei Bedarf auch die nachhaltige Unterstützung des Assistenzhundehalters.

§ 12g Prüfung von Assistenzhunden und der Mensch-Assistenzhund-Gemeinschaft

1Der Abschluss der Ausbildung des Hundes und der Mensch-Assistenzhund-Gemeinschaft nach § 12f erfolgt durch eine Prüfung. 2Die Prüfung dient dazu, die Eignung als Assistenzhund und die Zusammenarbeit der Mensch-Assistenzhund-Gemeinschaft nachzuweisen. 3Die bestandene Prüfung ist durch ein Zertifikat eines Prüfers im Sinne von § 12j Absatz 2 zu bescheinigen.

§ 12h Haltung von Assistenzhunden

(1) 1Der Halter eines Assistenzhundes ist zur artgerechten Haltung des Assistenzhundes verpflichtet. 2Die Anforderungen des Tierschutzgesetzes in der Fassung der Bekanntmachung vom 18. Mai 2006 (BGBl. I S. 1206, 1313), das zuletzt durch Artikel 280 der Verordnung vom 19. Juni 2020 (BGBl. I S. 1328) geändert worden ist, in der jeweils geltenden Fassung sowie der Tierschutz-Hundeverordnung vom 2. Mai 2001 (BGBl. I S. 838), die zuletzt durch Artikel 3 der Verordnung vom 12. Dezember 2013 (BGBl. I S. 4145) geändert worden ist, in der jeweils geltenden Fassung, bleiben unberührt.

(2) 1Soweit aufgrund der Art der Behinderung oder des Alters des Menschen mit Behinderungen die artgerechte Haltung des Assistenzhundes in der Mensch-Assistenzhund-Gemeinschaft nicht sichergestellt ist, ist die Versorgung des Assistenzhundes durch eine weitere Bezugsperson sicherzustellen. 2In diesem Fall gilt diese Bezugsperson als Halter des Assistenzhundes.

§ 12i Zulassung einer Ausbildungsstätte für Assistenzhunde

1Eine Ausbildungsstätte, die Assistenzhunde nach § 12f ausbildet, bedarf der Zulassung durch eine fachliche Stelle. 2Die Zulassung ist jährlich durch die fachliche Stelle zu überprüfen. 3Eine Ausbildungsstätte für Assistenzhunde ist auf Antrag zuzulassen, wenn sie

1. über eine Erlaubnis nach § 11 Absatz 1 Satz 1 Nummer 8 Buchstabe f des Tierschutzgesetzes verfügt oder, soweit eine solche Erlaubnis nicht erforderlich ist, wenn die verantwortliche Person der Ausbildungsstätte die erforderlichen Kenntnisse und Fähigkeiten besitzt,
2. über die erforderliche Sachkunde verfügt, die eine erfolgreiche Ausbildung von Assistenzhunden sowie der Mensch-Assistenzhund-Gemeinschaft erwarten lässt, und
3. die Anforderungen der Verordnung gemäß § 12l erfüllt und ein System zur Qualitätssicherung anwendet.

4Der Antrag muss alle Angaben und Nachweise erhalten, die erforderlich sind, um das Vorliegen der Voraussetzungen nach Satz 2 festzustellen. 5Das Zulassungsverfahren folgt dem Verfahren nach DIN EN ISO/IEC

17065:2013[1]). 6Die Zulassung einer Ausbildungsstätte ist jeweils auf längstens fünf Jahre zu befristen. 7Die fachliche Stelle bescheinigt die Kompetenz und Leistungsfähigkeit der Ausbildungsstätte durch ein Zulassungszertifikat.

§ 12j Fachliche Stelle und Prüfer

(1) 1Als fachliche Stelle dürfen nur Zertifizierungsstellen für Produkte, Prozesse und Dienstleistungen nach DIN EN ISO/IEC 17065:2013 tätig werden, die von einer nationalen Akkreditierungsstelle im Sinne der Verordnung (EG) Nr. 765/2008 des Europäischen Parlaments und des Rates vom 9. Juli 2008 über die Vorschriften für die Akkreditierung und Marktüberwachung im Zusammenhang mit der Vermarktung von Produkten und zur Aufhebung der Verordnung (EWG) Nr. 339/93 des Rates (ABl. L 218 vom 13. 8. 2008, S. 30), die durch die Verordnung (EU) 2019/1020 (ABl. L 169 vom 25. 6. 2019, S. 1) geändert worden ist, in der jeweils geltenden Fassung akkreditiert worden sind. 2Die Akkreditierung ist jeweils auf längstens fünf Jahre zu befristen. 3Das Bundesministerium für Arbeit und Soziales übt im Anwendungsbereich dieses Gesetzes die Aufsicht über die nationale Akkreditierungsstelle aus.

(2) 1Als Prüfer dürfen nur Stellen, die Personen zertifizieren, nach DIN EN ISO/IEC 17024:2012[2]) tätig werden, die von einer nationalen Akkreditierungsstelle im Sinne der Verordnung (EG) Nr. 765/2008 in der jeweils geltenden Fassung akkreditiert worden sind. 2Die Akkreditierung ist jeweils auf längstens fünf Jahre zu befristen. 3Ist der Prüfer zugleich als Ausbildungsstätte im Sinne von § 12i tätig, kann die Akkreditierung erteilt werden, wenn die Unabhängigkeitsanforderungen durch interne organisatorische Trennung und die Anforderungen gemäß Nummer 5.2.3 der DIN EN ISO/IEC 17024:2012 erfüllt werden. 4Die näheren Anforderungen an das Akkreditierungsverfahren ergeben sich aus der Verordnung gemäß § 12l.

§ 12k Studie zur Untersuchung

1Das Bundesministerium für Arbeit und Soziales untersucht die Umsetzung und die Auswirkungen der §§ 12e bis 12l in den Jahren 2021 bis 2024. 2Im Rahmen dieser Studie können Ausgaben wie beispielsweise die Anschaffungs-, Ausbildungs- und Haltungskosten der in die Studie einbezogenen Mensch-Assistenzhund-Gemeinschaften getragen werden.

§ 12l Verordnungsermächtigung

Das Bundesministerium für Arbeit und Soziales wird ermächtigt, im Einvernehmen mit dem Bundesministerium für Ernährung und Landwirtschaft durch Rechtsverordnung, die nicht der Zustimmung des Bundesrates bedarf, Folgendes zu regeln:

1. Näheres über die erforderliche Beschaffenheit des Assistenzhundes, insbesondere Wesensmerkmale, Alter und Gesundheit des auszubildenden Hundes sowie über die vom Assistenzhund zu erbringenden Unterstützungsleistungen,
2. Näheres über die Anerkennung von am 1. Juli 2023 in Ausbildung befindlichen oder bereits ausgebildeten Assistenzhunden sowie von im Ausland anerkannten Assistenzhunden einschließlich des Verfahrens,
3. Näheres über die erforderliche Kennzeichnung des Assistenzhundes sowie zum Umfang des notwendigen Versicherungsschutzes,
4. Näheres über den Inhalt der Ausbildung nach § 12f und der Prüfung nach § 12g sowie über die Zulassung als Prüfer jeweils einschließlich des Verfahrens sowie des zu erteilenden Zertifikats,

[1]) Amtlicher Hinweis: Die bezeichnete technische Norm ist zu beziehen bei der Beuth Verlag GmbH, 10772 Berlin und in der Deutschen Nationalbibliothek archivmäßig gesichert, niedergelegt und einsehbar.

[2]) Amtlicher Hinweis: Die in § 12j Absatz 2 bezeichneten technischen Normen sind zu beziehen bei der Beuth Verlag GmbH, 10772 Berlin und in der Deutschen Nationalbibliothek archivmäßig gesichert, niedergelegt und einsehbar.

5. Näheres über die Voraussetzungen für die Akkreditierung als fachliche Stelle einschließlich des Verfahrens,
6. nähere Voraussetzungen für die Zulassung als Ausbildungsstätte für Assistenzhunde einschließlich des Verfahrens.

Abschnitt 3 Bundesfachstelle für Barrierefreiheit

§ 13 Bundesfachstelle für Barrierefreiheit

(1) Bei der Deutschen Rentenversicherung Knappschaft-Bahn-See wird eine Bundesfachstelle für Barrierefreiheit errichtet.

(2) 1Die Bundesfachstelle für Barrierefreiheit ist zentrale Anlaufstelle zu Fragen der Barrierefreiheit für die Träger öffentlicher Gewalt. 2Sie berät darüber hinaus auch die übrigen öffentlichen Stellen des Bundes, Wirtschaft, Verbände und Zivilgesellschaft auf Anfrage. 3Ihre Aufgaben sind:

1. zentrale Anlaufstelle und Erstberatung,
2. Bereitstellung, Bündelung und Weiterentwicklung von unterstützenden Informationen zur Herstellung von Barrierefreiheit,
3. Unterstützung der Beteiligten bei Zielvereinbarungen nach § 5 im Rahmen der verfügbaren finanziellen und personellen Kapazitäten,
4. Aufbau eines Netzwerks,
5. Begleitung von Forschungsvorhaben zur Verbesserung der Datenlage und zur Herstellung von Barrierefreiheit und
6. Bewusstseinsbildung durch Öffentlichkeitsarbeit.

Ein Expertenkreis, dem mehrheitlich Vertreterinnen und Vertreter der Verbände von Menschen mit Behinderungen angehören, berät die Fachstelle.

(3) 1Bei der Bundesfachstelle Barrierefreiheit wird eine Überwachungsstelle des Bundes für Barrierefreiheit von Informationstechnik eingerichtet. 2Ihre Aufgaben sind,

1. periodisch zu überwachen, ob und inwiefern Websites und mobile Anwendungen öffentlicher Stellen des Bundes den Anforderungen an die Barrierefreiheit genügen,
2. die öffentlichen Stellen anlässlich der Prüfergebnisse zu beraten,
3. die Berichte der obersten Bundesbehörden und der Länder auszuwerten,
4. den Bericht der Bundesrepublik Deutschland an die Kommission nach Artikel 8 Absatz 4 bis 6 der Richtlinie (EU) 2016/2102 vorzubereiten und
5. als sachverständige Stelle die Schlichtungsstelle nach § 16 zu unterstützen.

(4) Das Bundesministerium für Arbeit und Soziales führt die Fachaufsicht über die Durchführung der in den Absätzen 2 und 3 genannten Aufgaben.

Abschnitt 4 Rechtsbehelfe

§ 14 Vertretungsbefugnisse in verwaltungs- oder sozialrechtlichen Verfahren

1Werden Menschen mit Behinderungen in ihren Rechten aus § 7 Absatz 1, § 8 Absatz 1, § 9 Absatz 1, § 10 Absatz 1 Satz 2 oder § 12a, soweit die Verpflichtung von Trägern öffentlicher Gewalt zur barrierefreien Gestaltung von Websites und mobilen Anwendungen, die für die Öffentlichkeit bestimmt sind, betroffen ist, verletzt, können an ihrer Stelle und mit ihrem Einverständnis Verbände nach § 15 Absatz 3, die nicht selbst am Verfahren beteiligt sind, Rechtsschutz beantragen; Gleiches gilt bei Verstößen gegen Vorschriften des Bundesrechts, die einen Anspruch auf Herstellung von Barrierefreiheit im Sinne des § 4 oder auf Verwendung von Gebärden oder anderen Kommunikationshilfen im Sinne des § 6 Absatz 3 vorsehen. 2In diesen Fällen müssen alle Verfahrensvoraussetzungen wie bei einem Rechtsschutzersuchen durch den Menschen mit Behinderung selbst vorliegen.

§ 15 Verbandsklagerecht

(1) 1Ein nach Absatz 3 anerkannter Verband kann, ohne in seinen Rechten verletzt zu sein, Klage nach Maßgabe der Verwaltungsge-

VIII

richtsordnung oder des Sozialgerichtsgesetzes erheben auf Feststellung eines Verstoßes gegen

1. das Benachteiligungsverbot für Träger der öffentlichen Gewalt nach § 7 Absatz 1 und die Verpflichtung des Bundes zur Herstellung der Barrierefreiheit in § 8 Absatz 1, § 9 Absatz 1 und § 10 Absatz 1 Satz 2 sowie in § 12a, soweit die Verpflichtung von Trägern öffentlicher Gewalt zur barrierefreien Gestaltung von Websites und mobilen Anwendungen, die für die Öffentlichkeit bestimmt sind, betroffen ist,
2. die Vorschriften des Bundesrechts zur Herstellung der Barrierefreiheit in § 46 Abs. 1 Satz 3 und 4 der Bundeswahlordnung, § 39 Abs. 1 Satz 3 und 4 der Europawahlordnung, § 43 Abs. 2 Satz 2 der Wahlordnung für die Sozialversicherung, § 54 Satz 2 der Wahlordnung für die Sozialversicherung, § 17 Abs. 1 Nr. 4 des Ersten Buches Sozialgesetzbuch, § 4 Abs. 1 Nr. 2a des Gaststättengesetzes, § 3 Nr. 1 Buchstabe d des Gemeindeverkehrsfinanzierungsgesetzes, § 3 Abs. 1 Satz 2 und § 8 Abs. 1 des Bundesfernstraßengesetzes, § 8 Abs. 3 Satz 3 und 4 sowie § 13 Abs. 2a des Personenbeförderungsgesetzes, § 2 Abs. 3 der Eisenbahn-Bau- und Betriebsordnung, § 3 Abs. 5 Satz 1 der Straßenbahn-Bau- und Betriebsordnung, §§ 19d und 20b des Luftverkehrsgesetzes oder
3. die Vorschriften des Bundesrechts zur Verwendung von Gebärdensprache oder anderer geeigneter Kommunikationshilfen in § 17 Abs. 2 des Ersten Buches Sozialgesetzbuch, § 78 Absatz 1 Satz 3 des Neunten Buches Sozialgesetzbuch und § 19 Abs. 1 Satz 2 des Zehnten Buches Sozialgesetzbuch.

₂Satz 1 gilt nicht, wenn eine Maßnahme aufgrund einer Entscheidung in einem verwaltungs- oder sozialgerichtlichen Streitverfahren erlassen worden ist.

(2) ₁Eine Klage ist nur zulässig, wenn der Verband durch die Maßnahme oder das Unterlassen in seinem satzungsgemäßen Aufgabenbereich berührt wird. ₂Soweit ein Mensch mit Behinderung selbst seine Rechte durch eine Gestaltungs- oder Leistungsklage verfolgen kann oder hätte verfolgen können, kann die Klage nach Absatz 1 nur erhoben werden, wenn der Verband geltend macht, dass es sich bei der Maßnahme oder dem Unterlassen um einen Fall von allgemeiner Bedeutung handelt. ₃Dies ist insbesondere der Fall, wenn eine Vielzahl gleich gelagerter Fälle vorliegt. ₄Für Klagen nach Absatz 1 Satz 1 gelten die Vorschriften des 8. Abschnitts der Verwaltungsgerichtsordnung entsprechend mit der Maßgabe, dass es eines Vorverfahrens auch dann bedarf, wenn die angegriffene Maßnahme von einer obersten Bundes- oder einer obersten Landesbehörde erlassen worden ist; Gleiches gilt bei einem Unterlassen. ₅Vor der Erhebung einer Klage nach Absatz 1 gegen einen Träger öffentlicher Gewalt hat der nach Absatz 3 anerkannte Verband ein Schlichtungsverfahren nach § 16 durchzuführen. ₆Diese Klage ist nur zulässig, wenn keine gütliche Einigung im Schlichtungsverfahren erzielt werden konnte und dies nach § 16 Absatz 7 bescheinigt worden ist. ₇Das Schlichtungsverfahren ersetzt ein vor der Klageerhebung durchzuführendes Vorverfahren.

(3) ₁Auf Vorschlag der Mitglieder des Beirates für die Teilhabe behinderter Menschen, die nach § 86 Abs. 2 Satz 2, 1., 3. oder 12. Aufzählungspunkt des Neunten Buches Sozialgesetzbuch berufen sind, kann das Bundesministerium für Arbeit und Soziales die Anerkennung erteilen. ₂Es soll die Anerkennung erteilen, wenn der vorgeschlagene Verband

1. nach seiner Satzung ideell und nicht nur vorübergehend die Belange von Menschen mit Behinderungen fördert,
2. nach der Zusammensetzung seiner Mitglieder oder Mitgliedsverbände dazu berufen ist, Interessen von Menschen mit Behinderungen auf Bundesebene zu vertreten,
3. zum Zeitpunkt der Anerkennung mindestens drei Jahre besteht und in diesem Zeitraum im Sinne der Nummer 1 tätig gewesen ist,
4. die Gewähr für eine sachgerechte Aufgabenerfüllung bietet; dabei sind Art und Umfang seiner bisherigen Tätigkeit, der

VIII

Mitgliederkreis sowie die Leistungsfähigkeit des Vereines zu berücksichtigen und

5. wegen Verfolgung gemeinnütziger Zwecke nach § 5 Abs. 1 Nr. 9 des Körperschaftsteuergesetzes von der Körperschaftsteuer befreit ist.

§ 16 Schlichtungsstelle und -verfahren; Verordnungsermächtigung

(1) 1Bei der oder dem Beauftragten der Bundesregierung für die Belange von Menschen mit Behinderungen nach Abschnitt 5 wird eine Schlichtungsstelle zur außergerichtlichen Beilegung von Streitigkeiten nach den Absätzen 2 und 3 eingerichtet. 2Sie wird mit neutralen schlichtenden Personen besetzt und hat eine Geschäftsstelle. Das Verfahren der Schlichtungsstelle muss insbesondere gewährleisten, dass

1. die Schlichtungsstelle unabhängig ist und unparteiisch handelt,
2. die Verfahrensregeln für Interessierte zugänglich sind,
3. die Beteiligten des Schlichtungsverfahrens rechtliches Gehör erhalten, insbesondere Tatsachen und Bewertungen vorbringen können,
4. die schlichtenden Personen und die weiteren in der Schlichtungsstelle Beschäftigten die Vertraulichkeit der Informationen gewährleisten, von denen sie im Schlichtungsverfahren Kenntnis erhalten und
5. eine barrierefreie Kommunikation mit der Schlichtungsstelle möglich ist.

(2) 1Wer der Ansicht ist, in einem Recht nach diesem Gesetz durch öffentliche Stellen des Bundes oder Eigentümer, Besitzer und Betreiber von beweglichen oder unbeweglichen Anlagen und Einrichtungen verletzt worden zu sein, kann bei der Schlichtungsstelle nach Absatz 1 einen Antrag auf Einleitung eines Schlichtungsverfahrens stellen. 2Kommt wegen der behaupteten Rechtsverletzung auch die Einlegung eines fristgebundenen Rechtsbehelfs in Betracht, beginnt die Rechtsbehelfsfrist erst mit Beendigung des Schlichtungsverfahrens nach Absatz 7. 3In den Fällen des Satzes 2 ist der Schlichtungsantrag innerhalb der Rechtsbehelfsfrist zu stellen. 4Ist wegen der behaupteten Rechtsverletzung bereits ein Rechtsbehelf anhängig, wird dieses Verfahren bis zur Beendigung des Schlichtungsverfahrens nach Absatz 7 unterbrochen.

(3) Ein nach § 15 Absatz 3 anerkannter Verband kann bei der Schlichtungsstelle nach Absatz 1 einen Antrag auf Einleitung eines Schlichtungsverfahrens stellen, wenn er einen Verstoß eines Trägers öffentlicher Gewalt

1. gegen das Benachteiligungsverbot oder die Verpflichtung zur Herstellung von Barrierefreiheit nach § 15 Absatz 1 Satz 1 Nummer 1,
2. gegen die Vorschriften des Bundesrechts zur Herstellung der Barrierefreiheit nach § 15 Absatz 1 Satz 1 Nummer 2 oder
3. gegen die Vorschriften des Bundesrechts zur Verwendung von Gebärdensprache oder anderer geeigneter Kommunikationshilfen nach § 15 Absatz 1 Satz 1 Nummer 3

behauptet.

(4) 1Der Antrag nach den Absätzen 2 und 3 kann in Textform oder zur Niederschrift bei der Schlichtungsstelle gestellt werden. 2Diese übermittelt zur Durchführung des Schlichtungsverfahrens eine Abschrift des Schlichtungsantrags an die öffentliche Stelle oder den Eigentümer, Besitzer oder Betreiber von beweglichen oder unbeweglichen Anlagen oder Einrichtungen.

(5) 1Die schlichtende Person wirkt in jeder Phase des Verfahrens auf eine gütliche Einigung der Beteiligten hin. 2Sie kann einen Schlichtungsvorschlag unterbreiten. 3Der Schlichtungsvorschlag soll am geltenden Recht ausgerichtet sein. 4Die schlichtende Person kann den Einsatz von Mediation anbieten.

(6) Das Schlichtungsverfahren ist für die Beteiligten unentgeltlich.

(7) 1Das Schlichtungsverfahren endet mit der Einigung der Beteiligten, der Rücknahme des Schlichtungsantrags oder der Feststellung, dass keine Einigung möglich ist. 2Wenn keine Einigung möglich ist, endet das Schlichtungsverfahren mit der Zustellung der Bestä-

VIII

tigung der Schlichtungsstelle an die Antragstellerin oder den Antragsteller, dass keine gütliche Einigung erzielt werden konnte.

(8) 1Das Bundesministerium für Arbeit und Soziales wird ermächtigt, durch Rechtsverordnung, die nicht der Zustimmung des Bundesrates bedarf, das Nähere über die Geschäftsstelle, die Besetzung und das Verfahren der Schlichtungsstelle nach den Absätzen 1, 4, 5 und 7 zu regeln sowie weitere Vorschriften über die Kosten des Verfahrens und die Entschädigung zu erlassen. 2Die Rechtsverordnung regelt auch das Nähere zu Tätigkeitsberichten der Schlichtungsstelle.

Abschnitt 5
Beauftragte oder Beauftragter der Bundesregierung für die Belange von Menschen mit Behinderungen

§ 17 Amt der oder des Beauftragten für die Belange von Menschen mit Behinderungen

(1) Die Bundesregierung bestellt eine Beauftragte oder einen Beauftragten für die Belange von Menschen mit Behinderungen.

(2) Der beauftragten Person ist die für die Erfüllung ihrer Aufgabe notwendige Personal- und Sachausstattung zur Verfügung zu stellen.

(3) Das Amt endet, außer im Fall der Entlassung, mit dem Zusammentreten eines neuen Bundestages.

§ 18 Aufgabe und Befugnisse

(1) 1Aufgabe der beauftragten Person ist es, darauf hinzuwirken, dass die Verantwortung des Bundes, für gleichwertige Lebensbedingungen für Menschen mit und ohne Behinderungen zu sorgen, in allen Bereichen des gesellschaftlichen Lebens erfüllt wird. 2Sie setzt sich bei der Wahrnehmung dieser Aufgabe dafür ein, dass unterschiedliche Lebensbedingungen von Frauen mit Behinderungen und Männern mit Behinderungen berücksichtigt und geschlechtsspezifische Benachteiligungen beseitigt werden.

(2) Zur Wahrnehmung der Aufgabe nach Absatz 1 beteiligen die Bundesministerien die beauftragte Person bei allen Gesetzes-, Verordnungs- und sonstigen wichtigen Vorhaben, soweit sie Fragen der Integration von Menschen mit Behinderungen behandeln oder berühren.

(3) 1Alle Bundesbehörden und sonstigen öffentlichen Stellen im Bereich des Bundes sind verpflichtet, die beauftragte Person bei der Erfüllung der Aufgabe zu unterstützen, insbesondere die erforderlichen Auskünfte zu erteilen und Akteneinsicht zu gewähren. 2Die Bestimmungen zum Schutz personenbezogener Daten bleiben unberührt.

Abschnitt 6
Förderung der Partizipation

§ 19 Förderung der Partizipation

Der Bund fördert im Rahmen der zur Verfügung stehenden Haushaltsmittel Maßnahmen von Organisationen, die die Voraussetzungen des § 15 Absatz 3 Satz 2 Nummer 1 bis 5 erfüllen, zur Stärkung der Teilhabe von Menschen mit Behinderungen an der Gestaltung öffentlicher Angelegenheiten.

Bundeskindergeldgesetz (BKGG)

in der Fassung der Bekanntmachung vom 28. Januar 2009 (BGBl. I S. 142, S. 3177)

Zuletzt geändert durch
SGB VI-Anpassungsgesetz
vom 22. Dezember 2025 (BGBl. I Nr. 355)

Inhaltsübersicht

Erster Abschnitt
Leistungen

§ 1 Anspruchsberechtigte

(1) Kindergeld nach diesem Gesetz für seine Kinder erhält, wer nach § 1 Absatz 1 und 2 des Einkommensteuergesetzes nicht unbeschränkt steuerpflichtig ist und auch nicht nach § 1 Abs. 3 des Einkommensteuergesetzes als unbeschränkt steuerpflichtig behandelt wird und

1. in einem Versicherungspflichtverhältnis zur Bundesagentur für Arbeit nach dem Dritten Buch Sozialgesetzbuch steht oder versicherungsfrei nach § 28 Absatz 1 Nummer 1 des Dritten Buches Sozialgesetzbuch ist oder
2. als Entwicklungshelfer Unterhaltsleistungen im Sinne des § 4 Absatz 1 Nummer 1 des Entwicklungshelfer-Gesetzes erhält oder als Missionar der Missionswerke und -gesellschaften, die Mitglieder oder Vereinbarungspartner des Evangelischen Missionswerkes Hamburg, der Arbeitsgemeinschaft Evangelikaler Missionen e. V., des Deutschen katholischen Missionsrates oder der Arbeitsgemeinschaft pfingstlich-charismatischer Missionen sind, tätig ist oder
3. eine nach § 123a des Beamtenrechtsrahmengesetzes oder § 29 des Bundesbeamtengesetzes oder § 20 des Beamtenstatusgesetzes bei einer Einrichtung außerhalb Deutschlands zugewiesene Tätigkeit ausübt oder
4. als Ehegatte oder Lebenspartner eines Mitglieds der Truppe oder des zivilen Gefolges eines NATO-Mitgliedstaates die Staatsangehörigkeit eines EU/EWR-Mitgliedstaates besitzt und in Deutschland seinen Wohnsitz oder gewöhnlichen Aufenthalt hat.

(2) 1Kindergeld für sich selbst erhält, wer

1. in Deutschland einen Wohnsitz oder seinen gewöhnlichen Aufenthalt hat,
2. Vollwaise ist oder den Aufenthalt seiner Eltern nicht kennt und
3. nicht bei einer anderen Person als Kind zu berücksichtigen ist.

2§ 2 Absatz 2 und 3 sowie die §§ 4 und 5 sind entsprechend anzuwenden. 3Im Fall des § 2 Absatz 2 Satz 1 Nummer 3 wird Kindergeld längstens bis zur Vollendung des 25. Lebensjahres gewährt.

(3) 1Ein nicht freizügigkeitsberechtigter Ausländer erhält Kindergeld nur, wenn er

1. eine Niederlassungserlaubnis oder eine Erlaubnis zum Daueraufenthalt-EU besitzt,
2. eine Blaue Karte EU, eine ICT-Karte, eine Mobiler-ICT-Karte oder eine Aufenthaltserlaubnis besitzt, die für einen Zeitraum von mindestens sechs Monaten zur Ausübung einer Erwerbstätigkeit berechtigen oder berechtigt haben oder diese erlauben, es sei denn, die Aufenthaltserlaubnis wurde
   a) nach § 16e des Aufenthaltsgesetzes zu Ausbildungszwecken, nach § 19c Absatz 1 des Aufenthaltsgesetzes zum Zweck der Beschäftigung als Au-Pair oder zum Zweck der Saisonbeschäftigung, nach § 19e des Aufenthaltsgesetzes zum Zweck der Teilnahme an einem Europäischen Freiwilligendienst oder nach § 20a Absatz 5 Satz 1 des Aufenthaltsgesetzes zur Suche nach einer Erwerbstätigkeit oder nach Maßnahmen zur Anerkennung ausländischer Berufsqualifikationen erteilt,
   b) nach § 16b des Aufenthaltsgesetzes zum Zweck eines Studiums, nach § 16d des Aufenthaltsgesetzes für Maßnahmen zur Anerkennung ausländischer Berufsqualifikationen, nach § 20 des Aufenthaltsgesetzes zur Suche nach einer Erwerbstätigkeit oder nach § 20a Absatz 5 Satz 2 des Aufenthaltsgesetzes zur Suche nach einer Erwerbstätigkeit oder nach Maßnahmen zur Anerkennung ausländischer Berufsqualifikationen erteilt und er ist weder erwerbstätig noch nimmt er Elternzeit nach § 15 des Bundeselterngeld- und Elternzeitgesetzes oder laufende Geldleistungen nach dem Dritten Buch Sozialgesetzbuch in Anspruch,
   c) nach § 23 Absatz 1 des Aufenthaltsgesetzes wegen eines Krieges in seinem

Heimatland oder nach den § 23a oder § 25 Absatz 3 bis 5 des Aufenthaltsgesetzes erteilt,

3. eine in Nummer 2 Buchstabe c genannte Aufenthaltserlaubnis besitzt und im Bundesgebiet berechtigt erwerbstätig ist oder Elternzeit nach § 15 des Bundeselterngeld- und Elternzeitgesetzes oder laufende Geldleistungen nach dem Dritten Buch Sozialgesetzbuch in Anspruch nimmt,
4. eine in Nummer 2 Buchstabe c genannte Aufenthaltserlaubnis besitzt und sich seit mindestens 15 Monaten erlaubt, gestattet oder geduldet im Bundesgebiet aufhält oder
5. eine Beschäftigungsduldung gemäß § 60d in Verbindung mit § 60a Absatz 2 Satz 3 des Aufenthaltsgesetzes besitzt.

$_2$Abweichend von Satz 1 Nummer 3 erste Alternative erhält ein minderjähriger nicht freizügigkeitsberechtigter Ausländer unabhängig von einer Erwerbstätigkeit Kindergeld.

§ 2 Kinder

(1) Als Kinder werden auch berücksichtigt

1. vom Berechtigten in seinen Haushalt aufgenommene Kinder seines Ehegatten oder Lebenspartners,
2. Pflegekinder (Personen, mit denen der Berechtigte durch ein familienähnliches, auf Dauer berechnetes Band verbunden ist, sofern er sie nicht zu Erwerbszwecken in seinen Haushalt aufgenommen hat und das Obhuts- und Pflegeverhältnis zu den Eltern nicht mehr besteht),
3. vom Berechtigten in seinen Haushalt aufgenommene Enkel.

(2) $_1$Ein Kind, das das 18. Lebensjahr vollendet hat, wird berücksichtigt, wenn es

1. noch nicht das 21. Lebensjahr vollendet hat, nicht in einem Beschäftigungsverhältnis steht und bei einer Agentur für Arbeit im Inland als Arbeitsuchender gemeldet ist oder
2. noch nicht das 25. Lebensjahr vollendet hat und
   a) für einen Beruf ausgebildet wird oder
   b) sich in einer Übergangszeit von höchstens vier Monaten befindet, die zwischen zwei Ausbildungsabschnitten oder zwischen einem Ausbildungsabschnitt und der Ableistung des gesetzlichen Wehr- oder Zivildienstes, einer vom Wehr- oder Zivildienst befreienden Tätigkeit als Entwicklungshelfer oder als Dienstleistender im Ausland nach § 14b des Zivildienstgesetzes oder der Ableistung des freiwilligen Wehrdienstes nach § 58b des Soldatengesetzes oder der Ableistung eines freiwilligen Dienstes im Sinne des Buchstaben d liegt, oder
   c) eine Berufsausbildung mangels Ausbildungsplatzes nicht beginnen oder fortsetzen kann oder
   d) einen der folgenden freiwilligen Dienste leistet:
      aa) ein freiwilliges soziales Jahr im Sinne des Jugendfreiwilligendienstegesetzes,
      bb) ein freiwilliges ökologisches Jahr im Sinne des Jugendfreiwilligendienstegesetzes,
      cc) einen Bundesfreiwilligendienst im Sinne des Bundesfreiwilligendienstgesetzes,
      dd) eine Freiwilligentätigkeit im Rahmen des Europäischen Solidaritätskorps im Sinne der Verordnung (EU) 2021/888 des Europäischen Parlaments und des Rates vom 20. Mai 2021 zur Aufstellung des Programms für das Europäische Solidaritätskorps und zur Aufhebung der Verordnungen (EU) 2018/1475 und (EU) Nr. 375/2014 (ABl. L 202 vom 8. 6. 2021, S. 32),
      ee) einen anderen Dienst im Ausland im Sinne von § 5 des Bundesfreiwilligendienstgesetzes,
      ff) einen entwicklungspolitischen Freiwilligendienst „weltwärts“ im Sinne der Förderleitlinie des Bundesministeriums für wirtschaftliche Zusammenarbeit und Entwicklung vom 1. Januar 2016,
      gg) einen Freiwilligendienst aller Generationen im Sinne von § 2 Ab-

VIII

satz 1a des Siebten Buches Sozialgesetzbuch oder

hh) einen Internationalen Jugendfreiwilligendienst im Sinne der Richtlinie des Bundesministeriums für Familie, Senioren, Frauen und Jugend vom 4. Januar 2021 (GMBl. S. 77) oder

3. wegen körperlicher, geistiger oder seelischer Behinderung außerstande ist, sich selbst zu unterhalten; Voraussetzung ist, dass die Behinderung vor Vollendung des 25. Lebensjahres eingetreten ist.

₂Nach Abschluss einer erstmaligen Berufsausbildung oder eines Erststudiums wird ein Kind in den Fällen des Satzes 1 Nummer 2 nur berücksichtigt, wenn das Kind keiner Erwerbstätigkeit nachgeht. ₃Eine Erwerbstätigkeit mit bis zu 20 Stunden regelmäßiger wöchentlicher Arbeitszeit, ein Ausbildungsdienstverhältnis oder ein geringfügiges Beschäftigungsverhältnis im Sinne der §§ 8 und 8a des Vierten Buches Sozialgesetzbuch sind unschädlich.

(3) ₁In den Fällen des Absatzes 2 Satz 1 Nummer 1 oder Nummer 2 Buchstabe a und b wird ein Kind, das

1. den gesetzlichen Grundwehrdienst oder Zivildienst geleistet hat oder
2. sich an Stelle des gesetzlichen Grundwehrdienstes freiwillig für die Dauer von nicht mehr als drei Jahren zum Wehrdienst verpflichtet hat oder
3. eine vom gesetzlichen Grundwehrdienst oder Zivildienst befreiende Tätigkeit als Entwicklungshelfer im Sinne des § 1 Absatz 1 des Entwicklungshelfer-Gesetzes ausgeübt hat,

für einen der Dauer dieser Dienste oder der Tätigkeit entsprechenden Zeitraum, höchstens für die Dauer des inländischen gesetzlichen Grundwehrdienstes, bei anerkannten Kriegsdienstverweigerern für die Dauer des inländischen gesetzlichen Zivildienstes über das 21. oder 25. Lebensjahr hinaus berücksichtigt. ₂Wird der gesetzliche Grundwehrdienst oder Zivildienst in einem Mitgliedstaat der Europäischen Union oder einem Staat, auf den das Abkommen über den Europäischen Wirtschaftsraum Anwendung findet, geleistet, so ist die Dauer dieses Dienstes maßgebend. ₃Absatz 2 Satz 2 und 3 gilt entsprechend.

(4) ₁Kinder, für die einer anderen Person nach dem Einkommensteuergesetz Kindergeld oder ein Kinderfreibetrag zusteht, werden nicht berücksichtigt. ₂Dies gilt nicht für Kinder, die in den Haushalt des Anspruchsberechtigten nach § 1 aufgenommen worden sind oder für die dieser die höhere Unterhaltsrente zahlt, wenn sie weder in seinen Haushalt noch in den Haushalt eines nach § 62 des Einkommensteuergesetzes Anspruchsberechtigten aufgenommen sind.

(5) ₁Kinder, die weder einen Wohnsitz noch ihren gewöhnlichen Aufenthalt in Deutschland haben, werden nicht berücksichtigt. ₂Dies gilt nicht gegenüber Berechtigten nach § 1 Absatz 1 Nummer 2 und 3, wenn sie die Kinder in ihren Haushalt aufgenommen haben.

(6) Die Bundesregierung wird ermächtigt, durch Rechtsverordnung, die nicht der Zustimmung des Bundesrates bedarf, zu bestimmen, dass einem Berechtigten, der in Deutschland erwerbstätig ist oder sonst seine hauptsächlichen Einkünfte erzielt, für seine in Absatz 5 Satz 1 bezeichneten Kinder Kindergeld ganz oder teilweise zu leisten ist, soweit dies mit Rücksicht auf die durchschnittlichen Lebenshaltungskosten für Kinder in deren Wohnland und auf die dort gewährten dem Kindergeld vergleichbaren Leistungen geboten ist.

§ 3 Zusammentreffen mehrerer Ansprüche

(1) Für jedes Kind werden nur einer Person Kindergeld, Kinderzuschlag und Leistungen für Bildung und Teilhabe gewährt.

(2) ₁Erfüllen für ein Kind mehrere Personen die Anspruchsvoraussetzungen, so werden das Kindergeld, der Kinderzuschlag und die Leistungen für Bildung und Teilhabe derjenigen Person gewährt, die das Kind in ihren Haushalt aufgenommen hat. ₂Ist ein Kind in den gemeinsamen Haushalt von Eltern, von einem Elternteil und dessen Ehegatten oder Lebenspartner, von Pflegeeltern oder Großeltern aufgenommen worden, bestimmen diese unter-

VIII

einander den Berechtigten. 3Wird eine Bestimmung nicht getroffen, bestimmt das Familiengericht auf Antrag den Berechtigten. 4Antragsberechtigt ist, wer ein berechtigtes Interesse an der Leistung des Kindergeldes hat. 5Lebt ein Kind im gemeinsamen Haushalt von Eltern und Großeltern, werden das Kindergeld, der Kinderzuschlag und die Leistungen für Bildung und Teilhabe vorrangig einem Elternteil gewährt; sie werden an einen Großelternteil gewährt, wenn der Elternteil gegenüber der zuständigen Stelle auf seinen Vorrang schriftlich verzichtet hat.

(3) 1Ist das Kind nicht in den Haushalt einer der Personen aufgenommen, die die Anspruchsvoraussetzungen erfüllen, wird das Kindergeld derjenigen Person gewährt, die dem Kind eine Unterhaltsrente zahlt. 2Zahlen mehrere anspruchsberechtigte Personen dem Kind Unterhaltsrenten, wird das Kindergeld derjenigen Person gewährt, die dem Kind laufend die höchste Unterhaltsrente zahlt. 3Werden gleich hohe Unterhaltsrenten gezahlt oder zahlt keiner der Berechtigten dem Kind Unterhalt, so bestimmen die Berechtigten untereinander, wer das Kindergeld erhalten soll. 4Wird eine Bestimmung nicht getroffen, so gilt Absatz 2 Satz 3 und 4 entsprechend.

§ 4 Andere Leistungen für Kinder

1Kindergeld wird nicht für ein Kind gezahlt, für das eine der folgenden Leistungen zu zahlen ist oder bei entsprechender Antragstellung zu zahlen wäre:

1. Leistungen für Kinder, die im Ausland gewährt werden und dem Kindergeld oder der Kinderzulage aus der gesetzlichen Unfallversicherung nach § 217 Absatz 3 des Siebten Buches Sozialgesetzbuch in der bis zum 30. Juni 2020 geltenden Fassung oder dem Kinderzuschuss aus der gesetzlichen Rentenversicherung nach § 270 des Sechsten Buches Sozialgesetzbuch in der bis zum 16. November 2016 geltenden Fassung vergleichbar sind,
2. Leistungen für Kinder, die von einer zwischen- oder überstaatlichen Einrichtung gewährt werden und dem Kindergeld vergleichbar sind.

2Steht ein Berechtigter in einem Versicherungspflichtverhältnis zur Bundesagentur für Arbeit nach dem Dritten Buch Sozialgesetzbuch oder ist er versicherungsfrei nach § 28 Absatz 1 Nummer 1 des Dritten Buches Sozialgesetzbuch oder steht er in Deutschland in einem öffentlich-rechtlichen Dienst- oder Amtsverhältnis, so wird sein Anspruch auf Kindergeld für ein Kind nicht nach Satz 1 Nummer 2 mit Rücksicht darauf ausgeschlossen, dass sein Ehegatte oder Lebenspartner als Beamter, Ruhestandsbeamter oder sonstiger Bediensteter der Europäischen Gemeinschaften für das Kind Anspruch auf Kinderzulage hat.

§ 5 Beginn und Ende des Anspruchs

(1) Das Kindergeld, der Kinderzuschlag und die Leistungen für Bildung und Teilhabe werden vom Beginn des Monats an gewährt, in dem die Anspruchsvoraussetzungen erfüllt sind; sie werden bis zum Ende des Monats gewährt, in dem die Anspruchsvoraussetzungen wegfallen.

(2) Das Kindergeld wird rückwirkend nur für die letzten sechs Monate vor Beginn des Monats gezahlt, in dem der Antrag auf Kindergeld eingegangen ist.

(3) 1Der Kinderzuschlag wird nicht für Zeiten vor der Antragstellung gewährt. 2§ 28 des Zehnten Buches Sozialgesetzbuch gilt mit der Maßgabe, dass der Antrag unverzüglich nach Ablauf des Monats, in dem die Ablehnung oder Erstattung der anderen Leistungen bindend geworden ist, nachzuholen ist.

§ 6 Höhe des Kindergeldes

(1) Das Kindergeld beträgt monatlich für jedes Kind 259 Euro.

(2) 1Werden die Freibeträge für Kinder nach § 31 Satz 1 in Verbindung mit § 32 Absatz 6 Satz 1 des Einkommensteuergesetzes angehoben, wird das Kindergeld entsprechend erhöht. 2Das Kindergeld ist dabei auf volle Euro kaufmännisch zu runden.

(3) 1Darüber hinaus wird für jedes Kind, für das für den Monat Juli 2022 ein Anspruch auf Kindergeld besteht, für den Monat Juli 2022 ein Einmalbetrag in Höhe von 100 Euro ge-

zahlt. 2Ein Anspruch in Höhe des Einmalbetrags von 100 Euro für das Kalenderjahr 2022 besteht auch für ein Kind, für das nicht für den Monat Juli 2022, jedoch für mindestens einen anderen Kalendermonat im Kalenderjahr 2022 ein Anspruch auf Kindergeld besteht.

§ 6a Kinderzuschlag

(1) Personen erhalten für in ihrem Haushalt lebende unverheiratete oder nicht verpartnerte Kinder, die noch nicht das 25. Lebensjahr vollendet haben, einen Kinderzuschlag, wenn

1. sie für diese Kinder nach diesem Gesetz oder nach dem X. Abschnitt des Einkommensteuergesetzes Anspruch auf Kindergeld oder Anspruch auf andere Leistungen im Sinne von § 4 haben,
2. sie mit Ausnahme des Wohngeldes, des Kindergeldes und des Kinderzuschlags über Einkommen im Sinne des § 11 Absatz 1 Satz 1 und 2 des Zweiten Buches Sozialgesetzbuch in Höhe von mindestens 900 Euro oder, wenn sie alleinerziehend sind, in Höhe von mindestens 600 Euro verfügen, wobei Beträge nach § 11b des Zweiten Buches Sozialgesetzbuch nicht abzusetzen sind, und
3. bei Bezug des Kinderzuschlags keine Hilfebedürftigkeit im Sinne des § 9 des Zweiten Buches Sozialgesetzbuch besteht, wobei die Bedarfe nach § 28 des Zweiten Buches Sozialgesetzbuch außer Betracht bleiben. Bei der Prüfung der Hilfebedürftigkeit ist das für den Antragsmonat bewilligte Wohngeld zu berücksichtigen. Wird kein Wohngeld bezogen und könnte mit Wohngeld und Kinderzuschlag Hilfebedürftigkeit vermieden werden, ist bei der Prüfung Wohngeld in der Höhe anzusetzen, in der es voraussichtlich für den Antragsmonat zu bewilligen wäre.

(1a) Ein Anspruch auf Kinderzuschlag besteht abweichend von Absatz 1 Nummer 3, wenn

1. bei Bezug von Kinderzuschlag Hilfebedürftigkeit besteht, der Bedarfsgemeinschaft zur Vermeidung von Hilfebedürftigkeit aber mit ihrem Einkommen, dem Kinderzuschlag und dem Wohngeld höchstens 100 Euro fehlen,
2. sich bei der Ermittlung des Einkommens der Eltern nach § 11b Absatz 2 bis 3 des Zweiten Buches Sozialgesetzbuch wegen Einkommen aus Erwerbstätigkeit Absetzbeträge in Höhe von mindestens 100 Euro ergeben und
3. kein Mitglied der Bedarfsgemeinschaft Leistungen nach dem Zweiten oder nach dem Zwölften Buch Sozialgesetzbuch erhält oder beantragt hat.

(2) 1Der monatliche Höchstbetrag des Kinderzuschlags deckt zusammen mit dem für ein erstes Kind nach § 66 des Einkommensteuergesetzes zu zahlenden Kindergeld ein Zwölftel des steuerfrei zu stellenden sächlichen Existenzminimums eines Kindes für das jeweilige Kalenderjahr mit Ausnahme des Anteils für Bildung und Teilhabe. 2Steht dieses Existenzminimum eines Kindes zu Beginn eines Jahres nicht fest, ist insoweit der für das Jahr geltende Betrag für den Mindestunterhalt eines Kindes in der zweiten Altersstufe nach der Mindestunterhaltsverordnung maßgeblich. 3Als Höchstbetrag des Kinderzuschlags in dem jeweiligen Kalenderjahr gilt der Betrag, der sich zu Beginn des Jahres nach den Sätzen 1 und 2 ergibt, mindestens jedoch ein Betrag in Höhe des Vorjahres. 4Der Betrag nach Satz 3 erhöht sich um einen Sofortzuschlag in Höhe von 25 Euro.

(3) 1Ausgehend vom Höchstbetrag mindert sich der jeweilige Kinderzuschlag, wenn das Kind nach den §§ 11 bis 12 des Zweiten Buches Sozialgesetzbuch zu berücksichtigendes Einkommen oder Vermögen hat. 2Bei der Berücksichtigung des Einkommens bleiben das Wohngeld, das Kindergeld und der Kinderzuschlag außer Betracht. 3Der Kinderzuschlag wird um 45 Prozent des zu berücksichtigenden Einkommens des Kindes monatlich gemindert. 4Ein Anspruch auf Zahlung des Kinderzuschlags für ein Kind besteht nicht, wenn zumutbare Anstrengungen unterlassen wurden, Ansprüche auf Einkommen des Kindes geltend zu machen. 5§ 12 des Zweiten Buches Sozialgesetzbuch ist mit der Maßgabe anzuwenden, dass Vermögen nur berücksichtigt

VIII

wird, wenn es erheblich ist. 6Ist das zu berücksichtigende Vermögen höher als der nach den Sätzen 1 bis 5 verbleibende monatliche Anspruch auf Kinderzuschlag, so dass es den Kinderzuschlag für den ersten Monat des Bewilligungszeitraums vollständig mindert, entfällt der Anspruch auf Kinderzuschlag. 7Ist das zu berücksichtigende Vermögen niedriger als der monatliche Anspruch auf Kinderzuschlag, ist der Kinderzuschlag im ersten Monat des Bewilligungszeitraums um einen Betrag in Höhe des zu berücksichtigenden Vermögens zu mindern und ab dem folgenden Monat Kinderzuschlag ohne Minderung wegen des Vermögens zu zahlen.

(4) Die Summe der einzelnen Kinderzuschläge nach den Absätzen 2 und 3 bildet den Gesamtkinderzuschlag.

(5) 1Der Gesamtkinderzuschlag wird in voller Höhe gewährt, wenn das nach den §§ 11 bis 11b des Zweiten Buches Sozialgesetzbuch mit Ausnahme des Wohngeldes und des Kinderzuschlags zu berücksichtigende Einkommen der Eltern einen Betrag in Höhe der bei der Berechnung des Bürgergeldes zu berücksichtigenden Bedarfe der Eltern (Gesamtbedarf der Eltern) nicht übersteigt und kein zu berücksichtigendes Vermögen der Eltern nach § 12 des Zweiten Buches Sozialgesetzbuch vorhanden ist. 2Als Einkommen oder Vermögen der Eltern gilt dabei dasjenige der Mitglieder der Bedarfsgemeinschaft mit Ausnahme des Einkommens oder Vermögens der in dem Haushalt lebenden Kinder. 3Absatz 3 Satz 5 gilt entsprechend. 4Zur Feststellung des Gesamtbedarfs der Eltern sind die Bedarfe für Unterkunft und Heizung in dem Verhältnis aufzuteilen, das sich aus den im 12. Bericht der Bundesregierung über die Höhe des Existenzminimums von Erwachsenen und Kindern festgestellten entsprechenden Bedarfen für Alleinstehende, Ehepaare, Lebenspartnerschaften und Kinder ergibt.

(6) 1Der Gesamtkinderzuschlag wird um das zu berücksichtigende Einkommen der Eltern gemindert, soweit es deren Bedarf übersteigt. 2Wenn das zu berücksichtigende Einkommen der Eltern nicht nur aus Erwerbseinkünften besteht, ist davon auszugehen, dass die Überschreitung des Gesamtbedarfs der Eltern durch die Erwerbseinkünfte verursacht wird, wenn nicht die Summe der anderen Einkommensteile für sich genommen diesen maßgebenden Betrag übersteigt. 3Der Gesamtkinderzuschlag wird um 45 Prozent des Betrags, um den die monatlichen Erwerbseinkünfte den maßgebenden Betrag übersteigen, monatlich gemindert. 4Anderes Einkommen oder Vermögen der Eltern mindern den Gesamtkinderzuschlag in voller Höhe. 5Bei der Berücksichtigung des Vermögens gilt Absatz 3 Satz 6 und 7 entsprechend.

(7) 1Über den Gesamtkinderzuschlag ist jeweils für sechs Monate zu entscheiden (Bewilligungszeitraum). 2Der Bewilligungszeitraum beginnt mit dem Monat, in dem der Antrag gestellt wird, jedoch frühestens nach Ende eines laufenden Bewilligungszeitraums. 3Änderungen in den tatsächlichen oder rechtlichen Verhältnissen während des laufenden Bewilligungszeitraums sind abweichend von § 48 des Zehnten Buches Sozialgesetzbuch nicht zu berücksichtigen, es sei denn, die Zusammensetzung der Bedarfsgemeinschaft oder der Höchstbetrag des Kinderzuschlags ändert sich. 4Wird ein neuer Antrag gestellt, unverzüglich nachdem der Verwaltungsakt nach § 48 des Zehnten Buches Sozialgesetzbuch wegen einer Änderung der Bedarfsgemeinschaft aufgehoben worden ist, so beginnt ein neuer Bewilligungszeitraum unmittelbar nach dem Monat, in dem sich die Bedarfsgemeinschaft geändert hat.

(8) 1Für die Ermittlung des monatlich zu berücksichtigenden Einkommens ist der Durchschnitt des Einkommens aus den sechs Monaten vor Beginn des Bewilligungszeitraums maßgeblich. 2Bei Personen, die den selbst genutzten Wohnraum mieten, sind als monatliche Bedarfe für Unterkunft und Heizung die laufenden Bedarfe für den ersten Monat des Bewilligungszeitraums zugrunde zu legen. 3Bei Personen, die an dem selbst genutzten Wohnraum Eigentum haben, sind als monatliche Bedarfe für Unterkunft und Heizung die Bedarfe aus den durchschnittlichen Monatswerten des Kalenderjahres vor Beginn des Bewilligungszeitraums zugrunde zu

legen. 4Liegen die entsprechenden Monatswerte für den Wohnraum nicht vor, soll abweichend von Satz 3 ein Durchschnitt aus den letzten vorliegenden Monatswerten für den Wohnraum zugrunde gelegt werden, nicht jedoch aus mehr als zwölf Monatswerten. 5Im Übrigen sind die tatsächlichen und rechtlichen Verhältnisse zu Beginn des Bewilligungszeitraums maßgeblich.

§ 6b Leistungen für Bildung und Teilhabe

(1) 1Personen erhalten Leistungen für Bildung und Teilhabe für ein Kind, wenn sie für dieses Kind nach diesem Gesetz oder nach dem X. Abschnitt des Einkommensteuergesetzes Anspruch auf Kindergeld oder Anspruch auf andere Leistungen im Sinne von § 4 haben und wenn

1. das Kind mit ihnen in einem Haushalt lebt und sie für ein Kind Kinderzuschlag nach § 6a beziehen oder
2. im Falle der Bewilligung von Wohngeld sie und das Kind, für das sie Kindergeld beziehen, zu berücksichtigende Haushaltsmitglieder sind.

2Satz 1 gilt entsprechend, wenn das Kind, nicht jedoch die berechtigte Person zu berücksichtigendes Haushaltsmitglied im Sinne von Satz 1 Nummer 2 ist und die berechtigte Person Leistungen nach dem Zweiten oder Zwölften Buch Sozialgesetzbuch bezieht. 3Wird das Kindergeld nach § 74 Absatz 1 des Einkommensteuergesetzes oder nach § 48 Absatz 1 des Ersten Buches Sozialgesetzbuch ausgezahlt, stehen die Leistungen für Bildung und Teilhabe dem Kind oder der Person zu, die dem Kind Unterhalt gewährt.

(2) 1Die Leistungen für Bildung und Teilhabe entsprechen den Leistungen zur Deckung der Bedarfe nach § 28 Absatz 2 bis 7 des Zweiten Buches Sozialgesetzbuch. 2§ 28 Absatz 1 Satz 2 des Zweiten Buches Sozialgesetzbuch gilt entsprechend. 3Für die Bemessung der Leistungen für die Schülerbeförderung nach § 28 Absatz 4 des Zweiten Buches Sozialgesetzbuch sind die erforderlichen tatsächlichen Aufwendungen zu berücksichtigen, soweit sie nicht von Dritten übernommen werden. 4Die Leistungen nach Satz 1 gelten nicht als Einkommen oder Vermögen im Sinne dieses Gesetzes. 5§ 19 Absatz 3 des Zweiten Buches Sozialgesetzbuch findet keine Anwendung.

(2a) Ansprüche auf Leistungen für Bildung und Teilhabe verjähren in zwölf Monaten nach Ablauf des Kalendermonats, in dem sie entstanden sind.

(3) Für die Erbringung der Leistungen für Bildung und Teilhabe gelten die §§ 29, 30 und 40 Absatz 6 des Zweiten Buches Sozialgesetzbuch entsprechend.

§ 6c Unterhaltspflichten

Unterhaltspflichten werden durch den Kinderzuschlag nicht berührt.

§ 6d Kinderfreizeitbonus aus Anlass der COVID-19-Pandemie für Familien mit Kinderzuschlag, Wohngeld oder Sozialhilfe

(1) 1Personen erhalten eine Einmalzahlung in Höhe von 100 Euro für ein Kind, welches das 18. Lebensjahr noch nicht vollendet hat und für das sie für den Monat August 2021 Kindergeld nach diesem Gesetz oder nach dem X. Abschnitt des Einkommensteuergesetzes oder andere Leistungen im Sinne von § 4 beziehen, wenn

1. sie für dieses Kind für den Monat August 2021 Kinderzuschlag nach § 6a beziehen,
2. sie und dieses Kind oder nur dieses Kind zu berücksichtigende Haushaltsmitglieder im Sinne der §§ 5 und 6 Absatz 1 des Wohngeldgesetzes sind und die Wohngeldbewilligung den Monat August 2021 umfasst oder
3. dieses Kind für den Monat August 2021 Leistungen nach dem Dritten Kapitel des Zwölften Buches Sozialgesetzbuch bezieht.

2Eines gesonderten Antrags bedarf es in den Fällen des Satzes 1 Nummer 1 nicht. 3In den Fällen des Satzes 1 Nummer 2 und 3 bedarf es eines Antrags; § 9 Absatz 1 Satz 2 ist entsprechend anzuwenden.

(2) 1Die Einmalzahlung nach Absatz 1 Satz 1 ist bei Sozialleistungen, deren Zahlung von anderen Einkommen abhängig ist, nicht als Einkommen zu berücksichtigen. 2Der An-

VIII

spruch auf die Einmalzahlung nach Absatz 1 Satz 1 ist unpfändbar. $_{3}$§ 6c gilt entsprechend.

Zweiter Abschnitt Organisation und Verfahren

§ 7 Zuständigkeit

(1) Die Bundesagentur für Arbeit (Bundesagentur) führt dieses Gesetz nach fachlichen Weisungen des Bundesministeriums für Familie, Senioren, Frauen und Jugend durch.

(2) Die Bundesagentur führt bei der Durchführung dieses Gesetzes die Bezeichnung „Familienkasse".

(3) Abweichend von Absatz 1 führen die Länder § 6b als eigene Angelegenheit aus.

§ 7a Datenübermittlung

(1) Die Träger der Leistungen nach § 6b und die Träger der Grundsicherung für Arbeitsuchende teilen sich alle Tatsachen mit, die für die Erbringung und Abrechnung der Leistungen nach § 6b dieses Gesetzes und § 28 des Zweiten Buches Sozialgesetzbuch erforderlich sind.

(2) $_{1}$Die zuständige Familienkasse übermittelt dem Bundeszentralamt für Steuern unter den Vorgaben des § 139b Absatz 10 Satz 2 und 3 der Abgabenordnung die internationale Bankkontonummer (IBAN), bei ausländischen Kreditinstituten auch den internationalen Banken-Identifizierungsschlüssel (BIC), des Kontos, auf welches das Kindergeld zuletzt ausgezahlt worden ist. $_{2}$Ist in den Fällen des Satzes 1 der Familienkasse die Identifikationsnummer nicht bekannt, darf sie diese Identifikationsnummer unter Angabe der in § 139b Absatz 3 der Abgabenordnung genannten Daten beim Bundeszentralamt für Steuern abfragen.

§ 7b Automatisiertes Abrufverfahren

Macht das Bundesministerium der Finanzen von seiner Ermächtigung nach § 68 Absatz 6 Satz 2 des Einkommensteuergesetzes Gebrauch und erlässt eine Rechtsverordnung zur Durchführung von automatisierten Abrufen nach § 68 Absatz 6 Satz 1 des Einkommensteuergesetzes, so ist die Rechtsverordnung im Geltungsbereich dieses Gesetzes entsprechend anzuwenden.

§ 8 Aufbringung der Mittel

(1) Die Aufwendungen der Bundesagentur für die Durchführung dieses Gesetzes trägt der Bund.

(2) Der Bund stellt der Bundesagentur nach Bedarf die Mittel bereit, die sie für die Zahlung des Kindergeldes und des Kinderzuschlags benötigt.

(3) $_{1}$Der Bund erstattet die Verwaltungskosten, die der Bundesagentur aus der Durchführung dieses Gesetzes entstehen. $_{2}$Näheres wird durch Verwaltungsvereinbarung geregelt.

(4) Abweichend von den Absätzen 1 bis 3 tragen die Länder die Ausgaben für die Leistungen nach § 6b und ihre Durchführung.

§ 9 Antrag

(1) $_{1}$Das Kindergeld und der Kinderzuschlag sind schriftlich zu beantragen. $_{2}$Der Antrag soll bei der nach § 13 zuständigen Familienkasse gestellt werden. $_{3}$Den Antrag kann außer dem Berechtigten auch stellen, wer ein berechtigtes Interesse an der Leistung des Kindergeldes hat.

(2) $_{1}$Vollendet ein Kind das 18. Lebensjahr, so wird es für den Anspruch auf Kindergeld nur dann weiterhin berücksichtigt, wenn der oder die Berechtigte anzeigt, dass die Voraussetzungen des § 2 Absatz 2 vorliegen. $_{2}$Absatz 1 gilt entsprechend.

(3) $_{1}$Die Leistungen für Bildung und Teilhabe sind bei der zuständigen Stelle zu beantragen. $_{2}$Absatz 1 Satz 3 gilt entsprechend.

§ 10 Auskunftspflicht

(1) $_{1}$§ 60 Absatz 1 des Ersten Buches Sozialgesetzbuch gilt auch für die bei dem Antragsteller oder Berechtigten berücksichtigten Kinder, für den nicht dauernd getrennt lebenden Ehegatten des Antragstellers oder Berechtigten und für die sonstigen Personen, bei denen die bezeichneten Kinder berücksichtigt werden. $_{2}$§ 60 Absatz 4 des Zweiten Buches Sozialgesetzbuch gilt entsprechend.

(2) Soweit es zur Durchführung der §§ 2 und 6a erforderlich ist, hat der jeweilige Arbeitgeber der in diesen Vorschriften bezeichneten Personen auf Verlangen der zuständigen Stelle eine Bescheinigung über den Ar-

beitslohn, die einbehaltenen Steuern und Sozialabgaben auszustellen.

(3) Die Familienkassen können den nach Absatz 2 Verpflichteten eine angemessene Frist zur Erfüllung der Pflicht setzen.

§ 11 Gewährung des Kindergeldes und des Kinderzuschlags

(1) Das Kindergeld und der Kinderzuschlag werden monatlich gewährt.

(2) Auszuzahlende Beträge sind auf Euro abzurunden, und zwar unter 50 Cent nach unten, sonst nach oben.

(3) Abweichend von § 47 Absatz 1 des Ersten Buches Sozialgesetzbuch werden das sozialrechtliche Kindergeld und der Kinderzuschlag ausschließlich auf das angegebene Konto bei einem Geldinstitut, für das die Verordnung (EU) Nr. 260/2012 gilt, überwiesen. Die Überweisung erfolgt kostenfrei.

(4) § 45 Absatz 3 des Zehnten Buches Sozialgesetzbuch findet keine Anwendung.

(5) Ein rechtswidriger nicht begünstigender Verwaltungsakt ist abweichend von § 44 Absatz 1 des Zehnten Buches Sozialgesetzbuch für die Zukunft zurückzunehmen; er kann ganz oder teilweise auch für die Vergangenheit zurückgenommen werden.

(6) Wird ein Verwaltungsakt über die Bewilligung von Kinderzuschlag aufgehoben, sind bereits erbrachte Leistungen abweichend von § 50 Absatz 1 des Zehnten Buches Sozialgesetzbuch nicht zu erstatten, soweit der Bezug von Kinderzuschlag den Anspruch auf Leistungen nach dem Zweiten Buch Sozialgesetzbuch ausschließt oder mindert.

(7) Entsprechend anwendbar sind die Vorschriften des Dritten Buches Sozialgesetzbuch über

1. die Aufhebung von Verwaltungsakten (§ 330 Absatz 2, 3 Satz 1) sowie
2. die vorläufige Zahlungseinstellung nach § 331 mit der Maßgabe, dass die Familienkasse auch zur teilweisen Zahlungseinstellung berechtigt ist, wenn sie von Tatsachen Kenntnis erhält, die zu einem geringeren Leistungsanspruch führen.

§ 12 Aufrechnung

§ 51 des Ersten Buches Sozialgesetzbuch gilt für die Aufrechnung eines Anspruchs auf Erstattung von Kindergeld und Kinderzuschlag gegen einen späteren Anspruch auf Kindergeld und Kinderzuschlag eines oder einer mit dem Erstattungspflichtigen in Haushaltsgemeinschaft lebenden Berechtigten entsprechend, soweit es sich um laufendes Kindergeld oder laufenden Kinderzuschlag für ein Kind handelt, das bei beiden berücksichtigt werden konnte.

§ 13 Zuständige Stelle

(1) $_1$Für die Entgegennahme des Antrages und die Entscheidungen über den Anspruch ist die Familienkasse (§ 7 Absatz 2) zuständig, in deren Bezirk der Berechtigte seinen Wohnsitz hat. $_2$Hat der Berechtigte keinen Wohnsitz im Geltungsbereich dieses Gesetzes, ist die Familienkasse zuständig, in deren Bezirk er seinen gewöhnlichen Aufenthalt hat. $_3$Hat der Berechtigte im Geltungsbereich dieses Gesetzes weder einen Wohnsitz noch einen gewöhnlichen Aufenthalt, ist die Familienkasse zuständig, in deren Bezirk er erwerbstätig ist. $_4$In den übrigen Fällen ist die Familienkasse Bayern Nord zuständig.

(2) Die Entscheidungen über den Anspruch trifft die Leitung der Familienkasse.

(3) Der Vorstand der Bundesagentur kann für bestimmte Bezirke oder Gruppen von Berechtigten die Entscheidungen über den Anspruch auf Kindergeld und Kinderzuschlag einheitlich einer anderen Familienkasse übertragen.

(4) Für die Leistungen nach § 6b bestimmen abweichend von den Absätzen 1 und 2 die Landesregierungen oder die von ihnen beauftragten Stellen die für die Durchführung zuständigen Behörden.

§ 14 Bescheid, Bekanntgabe von Verwaltungsakten durch Bereitstellung zum Datenabruf

$_1$Wird der Antrag auf Kindergeld, Kinderzuschlag oder Leistungen für Bildung und Teilhabe abgelehnt, ist ein Bescheid zu erteilen. $_2$Das Gleiche gilt, wenn das Kindergeld, der

Kinderzuschlag oder die Leistungen für Bildung und Teilhabe entzogen werden.

Abweichend von § 37 Absatz 2a des Zehnten Buches Sozialgesetzbuch gilt für die Bekanntgabe von elektronischen Verwaltungsakten zum Kindergeld und zum Kinderzuschlag § 9 Absatz 1 des Onlinezugangsgesetzes.

§ 15 Rechtsweg

Für Streitigkeiten nach diesem Gesetz sind die Gerichte der Sozialgerichtsbarkeit zuständig.

Dritter Abschnitt Bußgeldvorschriften

§ 16 Ordnungswidrigkeiten

(1) Ordnungswidrig handelt, wer vorsätzlich oder leichtfertig

1. entgegen § 60 Absatz 1 Satz 1 Nummer 1 oder Nummer 3 des Ersten Buches Sozialgesetzbuch in Verbindung mit § 10 Absatz 1 auf Verlangen nicht die leistungserheblichen Tatsachen angibt oder Beweisurkunden vorlegt,
2. entgegen § 60 Absatz 1 Satz 1 Nummer 2 des Ersten Buches Sozialgesetzbuch eine Änderung in den Verhältnissen, die für einen Anspruch auf Kindergeld, Kinderzuschlag oder Leistungen für Bildung und Teilhabe erheblich ist, nicht, nicht richtig, nicht vollständig oder nicht rechtzeitig mitteilt oder
3. entgegen § 10 Absatz 2 oder Absatz 3 auf Verlangen eine Bescheinigung nicht, nicht richtig, nicht vollständig oder nicht rechtzeitig ausstellt.

(2) Die Ordnungswidrigkeit kann mit einer Geldbuße geahndet werden.

(3) § 66 des Zehnten Buches Sozialgesetzbuch gilt entsprechend.

(4) Verwaltungsbehörden im Sinne des § 36 Absatz 1 Nummer 1 des Gesetzes über Ordnungswidrigkeiten sind die nach § 409 der Abgabenordnung bei Steuerordnungswidrigkeiten wegen des Kindergeldes nach dem X. Abschnitt des Einkommensteuergesetzes zuständigen Verwaltungsbehörden.

Vierter Abschnitt Übergangs- und Schlussvorschriften

§ 17 Recht der Europäischen Gemeinschaft

$_1$Soweit in diesem Gesetz Ansprüche Deutschen vorbehalten sind, haben Angehörige der anderen Mitgliedstaaten der Europäischen Union, Flüchtlinge und Staatenlose nach Maßgabe des Vertrages zur Gründung der Europäischen Gemeinschaft und der auf seiner Grundlage erlassenen Verordnungen die gleichen Rechte. $_2$Auch im Übrigen bleiben die Bestimmungen der genannten Verordnungen unberührt.

§ 18 Anwendung des Sozialgesetzbuches

Soweit dieses Gesetz keine ausdrückliche Regelung trifft, ist bei der Ausführung das Sozialgesetzbuch anzuwenden.

§ 19 Übergangsvorschriften

(1) Ist für die Nachzahlung und Rückforderung von Kindergeld und Zuschlag zum Kindergeld für Berechtigte mit geringem Einkommen der Anspruch eines Jahres vor 1996 maßgeblich, finden die §§ 10, 11 und 11a in der bis zum 31. Dezember 1995 geltenden Fassung Anwendung.

(2) Verfahren, die am 1. Januar 1996 anhängig sind, werden nach den Vorschriften des Sozialgesetzbuches und des Bundeskindergeldgesetzes in der bis zum 31. Dezember 1995 geltenden Fassung zu Ende geführt, soweit in § 78 des Einkommensteuergesetzes nichts anderes bestimmt ist.

(3) Wird Kinderzuschlag vor dem 1. Juli 2019 bewilligt, finden die Regelungen des Bundeskindergeldgesetzes in der bis zum 30. Juni 2019 geltenden Fassung weiter Anwendung, mit Ausnahme der Regelung zum monatlichen Höchstbetrag des Kinderzuschlags nach § 20 Absatz 3.

(4) § 6c lässt Unterhaltsleistungen, die vor dem 30. Juni 2021 fällig geworden sind, unberührt.

§ 20 Anwendungsvorschrift

(1) $_1$§ 1 Absatz 3 in der am 19. Dezember 2006 geltenden Fassung ist in Fällen, in de-

nen eine Entscheidung über den Anspruch auf Kindergeld für Monate in dem Zeitraum zwischen dem 1. Januar 1994 und dem 18. Dezember 2006 noch nicht bestandskräftig geworden ist, anzuwenden, wenn dies für den Antragsteller günstiger ist. 2In diesem Fall werden die Aufenthaltsgenehmigungen nach dem Ausländergesetz den Aufenthaltstiteln nach dem Aufenthaltsgesetz entsprechend den Fortgeltungsregelungen in § 101 des Aufenthaltsgesetzes gleichgestellt.

(2) (weggefallen)

(3) Abweichend von § 6a Absatz 2 beträgt für die Zeit vom 1. Juli 2019 bis zum 31. Dezember 2020 der monatliche Höchstbetrag des Kinderzuschlags für jedes zu berücksichtigende Kind 185 Euro.

(3a) Abweichend von § 6a Absatz 2 beträgt der monatliche Höchstbetrag des Kinderzuschlags im Kalenderjahr 2023 für jedes zu berücksichtigende Kind 250 Euro.

(4) Wird einer Person Kinderzuschlag für einen nach dem 30. Juni 2019 und vor dem 1. Juli 2021 beginnenden Bewilligungszeitraum bewilligt und wird ihr der Verwaltungsakt erst nach Ablauf des ersten Monats des Bewilligungszeitraums bekannt gegeben, endet dieser Bewilligungszeitraum abweichend von § 6a Absatz 7 Satz 1 am Ende des fünften Monats nach dem Monat der Bekanntgabe des Verwaltungsaktes.

(5) 1Abweichend von § 6a Absatz 7 Satz 1 wird in Fällen, in denen der höchstmögliche Gesamtkinderzuschlag bezogen wird und der sechsmonatige Bewilligungszeitraum in der Zeit vom 1. April 2020 bis zum 30. September 2020 endet, der Bewilligungszeitraum von Amts wegen einmalig um weitere sechs Monate verlängert. 2Satz 1 gilt entsprechend, wenn der ursprüngliche Bewilligungszeitraum in Anwendung des § 20 Absatz 4 mehr als sechs Monate umfasst.

(6) 1Abweichend von § 6a Absatz 8 Satz 1 ist für Anträge, die in der Zeit vom 1. April 2020 bis zum 30. September 2020 eingehen, bei der Ermittlung des monatlich zu berücksichtigenden Einkommens der Eltern nur das Einkommen aus dem letzten Monat vor Beginn des Bewilligungszeitraums maßgeblich. 2In diesen Fällen wird abweichend von § 6a Absatz 3 Satz 1 und Absatz 5 Satz 1 Vermögen nach § 12 des Zweiten Buches Sozialgesetzbuch nicht berücksichtigt. 3Satz 2 gilt nicht, wenn das Vermögen erheblich ist; es wird vermutet, dass kein erhebliches Vermögen vorhanden ist, wenn die Antragstellerin oder der Antragsteller dies im Antrag erklärt.

(6a) 1Abweichend von § 6a Absatz 3 Satz 1 und Absatz 5 Satz 1 wird für Bewilligungszeiträume, die in der Zeit vom 1. Oktober 2020 bis 31. März 2022 beginnen, Vermögen nach § 12 des Zweiten Buches Sozialgesetzbuch nicht berücksichtigt. 2Satz 1 gilt nicht, wenn das Vermögen erheblich ist; es wird vermutet, dass kein erhebliches Vermögen vorhanden ist, wenn die Antragstellerin oder der Antragsteller dies im Antrag erklärt. 3Macht die Bundesregierung von ihrer Verordnungsermächtigung nach § 67 Absatz 5 des Zweiten Buches Sozialgesetzbuch Gebrauch und verlängert den in § 67 Absatz 1 des Zweiten Buches Sozialgesetzbuch genannten Zeitraum, ändert sich das in Satz 1 genannte Datum, bis zu dem die Regelung Anwendung findet, entsprechend.

(7) 1In Fällen, in denen der Bewilligungszeitraum vor dem 1. April 2020 begonnen hat, kann im April oder Mai 2020 einmalig während des laufenden Bewilligungszeitraums ein Antrag auf Überprüfung gestellt werden. 2Bei der Überprüfung ist abweichend von § 6a Absatz 8 Satz 1 als monatlich zu berücksichtigendes Einkommen der Eltern nur das Einkommen aus dem Monat vor dem Überprüfungsantrag zugrunde zu legen. 3Im Übrigen sind die bereits für den laufenden Bewilligungszeitraum nach Absatz 8 ermittelten tatsächlichen und rechtlichen Verhältnisse zugrunde zu legen. 4Die Voraussetzung nach § 6a Absatz 1 Nummer 3, dass bei Bezug des Kinderzuschlags keine Hilfebedürftigkeit besteht, ist nicht anzuwenden. 5Ergibt die Überprüfung einen höheren Kinderzuschlag, wird für die restlichen Monate des Bewilligungszeitraums Kinderzuschlag in der neuen Höhe bewilligt; anderenfalls ist der Antrag abzulehnen. 6Ist ein Bewilligungsbescheid für

einen Bewilligungszeitraum, der vor dem 1. April 2020 beginnt, noch nicht ergangen, gelten die Sätze 1 bis 5 entsprechend. 7In den Fällen nach den Sätzen 1 bis 6 ist die Verlängerungsregelung nach Absatz 5 nicht anzuwenden.

(8) 1§ 1 Absatz 2 Satz 3 und § 2 Absatz 2 und 3 in der Fassung des Artikels 3 des Gesetzes vom 19. Juli 2006 (BGBl. I S. 1652) ist für Kinder, die im Kalenderjahr 2006 das 24. Lebensjahr vollendeten, mit der Maßgabe anzuwenden, dass jeweils an die Stelle der Angabe „25. Lebensjahres" die Angabe „26. Lebensjahres" und an die Stelle der Angabe „25. Lebensjahr" die Angabe „26. Lebensjahr" tritt; für Kinder, die im Kalenderjahr 2006 das 25. oder 26. Lebensjahr vollendeten, sind § 1 Absatz 2 Satz 3 und § 2 Absatz 2 und 3 weiterhin in der bis zum 31. Dezember 2006 geltenden Fassung anzuwenden. 2§ 1 Absatz 2 Satz 3 und § 2 Absatz 2 und 3 in der Fassung des Artikels 3 des Gesetzes vom 19. Juli 2006 (BGBl. I S. 1652) sind erstmals für Kinder anzuwenden, die im Kalenderjahr 2007 wegen einer vor Vollendung des 25. Lebensjahres eingetretenen körperlichen, geistigen oder seelischen Behinderung außerstande sind, sich selbst zu unterhalten; für Kinder, die wegen einer vor dem 1. Januar 2007 in der Zeit ab der Vollendung des 25. Lebensjahres und vor Vollendung des 27. Lebensjahres eingetretenen körperlichen, geistigen oder seelischen Behinderung außerstande sind, sich selbst zu unterhalten, ist § 2 Absatz 2 Satz 1 Nummer 3 weiterhin in der bis zum 31. Dezember 2006 geltenden Fassung anzuwenden. 3§ 2 Absatz 3 Satz 1 in der Fassung des Artikels 3 des Gesetzes vom 19. Juli 2006 (BGBl. I S. 1652) ist für Kinder, die im Kalenderjahr 2006 das 24. Lebensjahr vollendeten, mit der Maßgabe anzuwenden, dass an die Stelle der Angabe „über das 21. oder 25. Lebensjahr hinaus" die Angabe „über das 21. oder 26. Lebensjahr hinaus" tritt; für Kinder, die im Kalenderjahr 2006 das 25., 26. oder 27. Lebensjahr vollendeten, ist § 2 Absatz 3 Satz 1 weiterhin in der bis zum 31. Dezember 2006 geltenden Fassung anzuwenden.

(9) § 2 Absatz 2 Satz 1 Nummer 2 Buchstabe d in der am 31. Juli 2014 geltenden Fassung ist auf Freiwilligendienste im Sinne der Verordnung (EU) Nr. 1288/2013 des Europäischen Parlaments und des Rates vom 11. Dezember 2013 zur Einrichtung von „Erasmus+", dem Programm der Union für allgemeine und berufliche Bildung, Jugend und Sport, und zur Aufhebung der Beschlüsse Nr. 1719/2006/EG, Nr. 1720/2006/EG und Nr. 1298/2008/EG (ABl. L 347 vom 20. 12. 2013, S. 50), die ab dem 1. Januar 2014 begonnen wurden, ab dem 1. Januar 2014 anzuwenden.

(9a) § 2 Absatz 2 Satz 2 in der Fassung des Artikels 13 des Gesetzes vom 16. Juli 2009 (BGBl. I S. 1959) ist ab dem 1. Januar 2010 anzuwenden.

(10) § 2 Absatz 2 Satz 4 in der Fassung des Artikels 2 Absatz 8 des Gesetzes vom 16. Mai 2008 (BGBl. I S. 842) ist erstmals ab dem 1. Januar 2009 anzuwenden.

(11) § 2 Absatz 3 ist letztmals bis zum 31. Dezember 2018 anzuwenden; Voraussetzung ist in diesen Fällen, dass das Kind den Dienst oder die Tätigkeit vor dem 1. Juli 2011 angetreten hat.

(12) § 6 Absatz 3 in der am 1. Januar 2018 geltenden Fassung ist auf Anträge anzuwenden, die nach dem 31. Dezember 2017 eingehen.

(13) 1§ 1 Absatz 3 Satz 1 Nummer 1 bis 4 in der Fassung des Artikels 34 des Gesetzes vom 12. Dezember 2019 (BGBl. I S. 2451) ist für Entscheidungen anzuwenden, die Zeiträume betreffen, die nach dem letzten Tag des sechsten auf die Verkündung des Fachkräfteeinwanderungsgesetzes folgenden Kalendermonats beginnen. 2§ 1 Absatz 3 Satz 1 Nummer 5 in der Fassung des Artikels 34 des Gesetzes vom 12. Dezember 2019 (BGBl. I S. 2451) ist für Entscheidungen anzuwenden, die Zeiträume betreffen, die nach dem 31. Dezember 2019 beginnen. 3§ 1 Absatz 3 Nummer 2 Buchstabe c in der Fassung des Artikels 5 Nummer 1 des Gesetzes vom 23. Mai 2022 (BGBl. I S. 760) ist für Entscheidungen anzuwenden, die Zeiträume betreffen, die nach dem 31. Mai 2022 beginnen. 4§ 1 Ab-

VIII

satz 3 Satz 1 Nummer 2 in der Fassung des Artikels 42 des Gesetzes vom 2. Dezember 2024 (BGBl. 2024 I Nr. 387) ist für Entscheidungen anzuwenden, die Zeiträume betreffen, die nach dem 31. Mai 2024 beginnen.

§ 21 Sondervorschrift zur Steuerfreistellung des Existenzminimums eines Kindes in den Veranlagungszeiträumen 1983 bis 1995 durch Kindergeld

$_1$In Fällen, in denen die Entscheidung über die Höhe des Kindergeldanspruchs für Monate in dem Zeitraum zwischen dem 1. Januar 1983 und dem 31. Dezember 1995 noch nicht bestandskräftig geworden ist, kommt eine von den §§ 10 und 11 in der jeweils geltenden Fassung abweichende Bewilligung von Kindergeld nur in Betracht, wenn die Einkommensteuer formell bestandskräftig und hinsichtlich der Höhe der Kinderfreibeträge nicht vorläufig festgesetzt sowie das Existenzminimum des Kindes nicht unter der Maßgabe des § 53 des Einkommensteuergesetzes steuerfrei belassen worden ist. $_2$Dies ist vom Kindergeldberechtigten durch eine Bescheinigung des zuständigen Finanzamtes nachzuweisen. $_3$Nach Vorlage dieser Bescheinigung hat die Familienkasse den vom Finanzamt ermittelten Unterschiedsbetrag zwischen der festgesetzten Einkommensteuer und der Einkommensteuer, die nach § 53 Satz 6 des Einkommensteuergesetzes festzusetzen gewesen wäre, wenn die Voraussetzungen nach § 53 Satz 1 und 2 des Einkommensteuergesetzes vorgelegen hätten, als zusätzliches Kindergeld zu zahlen.

Einkommensteuergesetz (EStG)

in der Fassung der Bekanntmachung vom 8. Oktober 2009 (BGBl. I S. 3366, S. 3862)

– Auszug –[1]

Zuletzt geändert durch
Wehrdienst-Modernisierungsgesetz
vom 22. Dezember 2025 (BGBl. I Nr. 370)

Inhaltsübersicht

[1]) Aufgeführt sind nur die den Auszug betreffenden Änderungen.

I. Steuerpflicht

§ 1 Steuerpflicht

(1) 1Natürliche Personen, die im Inland einen Wohnsitz oder ihren gewöhnlichen Aufenthalt haben, sind unbeschränkt einkommensteuerpflichtig. 2Zum Inland im Sinne dieses Gesetzes gehört auch der der Bundesrepublik Deutschland zustehende Anteil

1. an der ausschließlichen Wirtschaftszone, soweit dort
   a) die lebenden und nicht lebenden natürlichen Ressourcen der Gewässer über dem Meeresboden, des Meeresbodens und seines Untergrunds erforscht, ausgebeutet, erhalten oder bewirtschaftet werden,
   b) andere Tätigkeiten zur wirtschaftlichen Erforschung oder Ausbeutung der ausschließlichen Wirtschaftszone ausgeübt werden, wie beispielsweise die Energieerzeugung aus Wasser, Strömung und Wind oder
   c) künstliche Inseln errichtet oder genutzt werden und Anlagen und Bauwerke für die in den Buchstaben a und b genannten Zwecke errichtet oder genutzt werden, und
2. am Festlandsockel, soweit dort
   a) dessen natürliche Ressourcen erforscht oder ausgebeutet werden; natürliche Ressourcen in diesem Sinne sind die mineralischen und sonstigen nicht lebenden Ressourcen des Meeresbodens und seines Untergrunds sowie die zu den sesshaften Arten gehörenden Lebewesen, die im nutzbaren Stadium entweder unbeweglich auf oder unter dem Meeresboden verbleiben oder sich nur in ständigem körperlichen Kontakt mit dem Meeresboden oder seinem Untergrund fortbewegen können; oder
   b) künstliche Inseln errichtet oder genutzt werden und Anlagen und Bauwerke für die in Buchstabe a genannten Zwecke errichtet oder genutzt werden.

(2) 1Unbeschränkt einkommensteuerpflichtig sind auch deutsche Staatsangehörige, die

1. im Inland weder einen Wohnsitz noch ihren gewöhnlichen Aufenthalt haben und
2. zu einer inländischen juristischen Person des öffentlichen Rechts in einem Dienstverhältnis stehen und dafür Arbeitslohn aus einer inländischen öffentlichen Kasse beziehen

sowie zu ihrem Haushalt gehörende Angehörige, die die deutsche Staatsangehörigkeit besitzen oder keine Einkünfte oder nur Einkünfte beziehen, die ausschließlich im Inland einkommensteuerpflichtig sind. 2Dies gilt nur für natürliche Personen, die in dem Staat, in dem sie ihren Wohnsitz oder ihren gewöhnlichen Aufenthalt haben, lediglich in einem der beschränkten Einkommensteuerpflicht ähnlichen Umfang zu einer Steuer vom Einkommen herangezogen werden.

(3) 1Auf Antrag werden auch natürliche Personen als unbeschränkt einkommensteuerpflichtig behandelt, die im Inland weder einen Wohnsitz noch ihren gewöhnlichen Aufenthalt haben, soweit sie inländische Einkünfte im Sinne des § 49 haben. 2Dies gilt nur, wenn ihre Einkünfte im Kalenderjahr mindestens zu 90 Prozent der deutschen Einkommensteuer unterliegen oder die nicht der deutschen Einkommensteuer unterliegenden Einkünfte den Grundfreibetrag nach § 32a Absatz 1 Satz 2 Nummer 1 nicht übersteigen; dieser Betrag ist zu kürzen, soweit es nach den Verhältnissen im Wohnsitzstaat des Steuerpflichtigen notwendig und angemessen ist. 3Inländische Einkünfte, die nach einem Abkommen zur Vermeidung der Doppelbesteuerung nur der Höhe nach beschränkt besteuert werden dürfen, gelten hierbei als nicht der deutschen Einkommensteuer unterliegend. 4Unberücksichtigt bleiben bei der Ermittlung der Einkünfte nach Satz 2 nicht der deutschen Einkommensteuer unterliegende Einkünfte, die im Ausland nicht besteuert werden, soweit vergleichbare Einkünfte im Inland steuerfrei sind. 5Weitere Voraussetzung ist, dass die Höhe der nicht der deutschen Einkommensteuer unterliegenden Einkünfte durch eine Bescheinigung der zuständigen ausländischen Steuerbehörde nachgewiesen wird.

VIII

$_{6}$Der Steuerabzug nach § 50a ist ungeachtet der Sätze 1 bis 4 vorzunehmen.

(4) Natürliche Personen, die im Inland weder einen Wohnsitz noch ihren gewöhnlichen Aufenthalt haben, sind vorbehaltlich der Absätze 2 und 3 und des § 1a beschränkt einkommensteuerpflichtig, wenn sie inländische Einkünfte im Sinne des § 49 haben.

§ 1a (EU- und EWR-Staatsangehörige)

(1) Für Staatsangehörige eines Mitgliedstaates der Europäischen Union oder eines Staates, auf den das Abkommen über den Europäischen Wirtschaftsraum anwendbar ist, die nach § 1 Absatz 1 unbeschränkt einkommensteuerpflichtig sind oder die nach § 1 Absatz 3 als unbeschränkt einkommensteuerpflichtig zu behandeln sind, gilt bei Anwendung von § 10 Absatz 1a und § 26 Absatz 1 Satz 1 Folgendes:

1. Aufwendungen im Sinne des § 10 Absatz 1a sind auch dann als Sonderausgaben abziehbar, wenn der Empfänger der Leistung oder Zahlung nicht unbeschränkt einkommensteuerpflichtig ist. $_{2}$Voraussetzung ist, dass
   a) der Empfänger seinen Wohnsitz oder gewöhnlichen Aufenthalt im Hoheitsgebiet eines anderen Mitgliedstaates der Europäischen Union oder eines Staates hat, auf den das Abkommen über den Europäischen Wirtschaftsraum Anwendung findet und
   b) die Besteuerung der nach § 10 Absatz 1a zu berücksichtigenden Leistung oder Zahlung beim Empfänger durch eine Bescheinigung der zuständigen ausländischen Steuerbehörde nachgewiesen wird;
2. der nicht dauernd getrennt lebende Ehegatte ohne Wohnsitz oder gewöhnlichen Aufenthalt im Inland wird auf Antrag für die Anwendung des § 26 Absatz 1 Satz 1 als unbeschränkt einkommensteuerpflichtig behandelt. $_{2}$Nummer 1 Satz 2 Buchstabe a gilt entsprechend. $_{3}$Bei Anwendung des § 1 Absatz 3 Satz 2 ist auf die Einkünfte beider Ehegatten abzustellen und der Grundfreibetrag nach § 32a Absatz 1 Satz 2 Nummer 1 zu verdoppeln.

(2) Für unbeschränkt einkommensteuerpflichtige Personen im Sinne des § 1 Absatz 2, die die Voraussetzungen des § 1 Absatz 3 Satz 2 bis 5 erfüllen, und für unbeschränkt einkommensteuerpflichtige Personen im Sinne des § 1 Absatz 3, die die Voraussetzungen des § 1 Absatz 2 Satz 1 Nummer 1 und 2 erfüllen und an einem ausländischen Dienstort tätig sind, gilt die Regelung des Absatzes 1 Nummer 2 entsprechend mit der Maßgabe, dass auf Wohnsitz oder gewöhnlichen Aufenthalt im Staat des ausländischen Dienstortes abzustellen ist.

II. Einkommen

1. Sachliche Voraussetzungen für die Besteuerung

§ 2 Umfang der Besteuerung, Begriffsbestimmungen

(1) $_{1}$Der Einkommensteuer unterliegen

1. Einkünfte aus Land- und Forstwirtschaft,
2. Einkünfte aus Gewerbebetrieb,
3. Einkünfte aus selbständiger Arbeit,
4. Einkünfte aus nichtselbständiger Arbeit,
5. Einkünfte aus Kapitalvermögen,
6. Einkünfte aus Vermietung und Verpachtung,
7. sonstige Einkünfte im Sinne des § 22,

die der Steuerpflichtige während seiner unbeschränkten Einkommensteuerpflicht oder als inländische Einkünfte während seiner beschränkten Einkommensteuerpflicht erzielt. $_{2}$Zu welcher Einkunftsart die Einkünfte im einzelnen Fall gehören, bestimmt sich nach den §§ 13 bis 24.

(2) $_{1}$Einkünfte sind

1. bei Land- und Forstwirtschaft, Gewerbebetrieb und selbständiger Arbeit der Gewinn (§§ 4 bis 7k und 13a),
2. bei den anderen Einkunftsarten der Überschuss der Einnahmen über die Werbungskosten (§§ 8 bis 9a).

$_{2}$Bei Einkünften aus Kapitalvermögen tritt § 20 Absatz 9 vorbehaltlich der Regelung in § 32d Absatz 2 an die Stelle der §§ 9 und 9a.

(3) Die Summe der Einkünfte, vermindert um den Altersentlastungsbetrag, den Entlastungsbetrag für Alleinerziehende und den Abzug nach § 13 Absatz 3, ist der Gesamtbetrag der Einkünfte.

(4) Der Gesamtbetrag der Einkünfte, vermindert um die Sonderausgaben und die außergewöhnlichen Belastungen, ist das Einkommen.

(5) 1Das Einkommen, vermindert um die Freibeträge nach § 32 Absatz 6 und um die sonstigen vom Einkommen abzuziehenden Beträge, ist das zu versteuernde Einkommen; dieses bildet die Bemessungsgrundlage für die tarifliche Einkommensteuer. 2Knüpfen andere Gesetze an den Begriff des zu versteuernden Einkommens an, ist für deren Zweck das Einkommen in allen Fällen des § 32 um die Freibeträge nach § 32 Absatz 6 zu vermindern.

(5a) 1Knüpfen außersteuerliche Rechtsnormen an die in den vorstehenden Absätzen definierten Begriffe (Einkünfte, Summe der Einkünfte, Gesamtbetrag der Einkünfte, Einkommen, zu versteuerndes Einkommen) an, erhöhen sich für deren Zwecke diese Größen um die nach § 32d Absatz 1 und nach § 43 Absatz 5 zu besteuernden Beträge sowie um die nach § 3 Nummer 40 steuerfreien Beträge und mindern sich um die nach § 3c Absatz 2 nicht abziehbaren Beträge. 2Knüpfen außersteuerliche Rechtsnormen an die in den Absätzen 1 bis 3 genannten Begriffe (Einkünfte, Summe der Einkünfte, Gesamtbetrag der Einkünfte) an, mindern sich für deren Zwecke diese Größen um die nach § 10 Absatz 1 Nummer 5 abziehbaren Kinderbetreuungskosten.

(5b) Soweit Rechtsnormen dieses Gesetzes an die in den vorstehenden Absätzen definierten Begriffe (Einkünfte, Summe der Einkünfte, Gesamtbetrag der Einkünfte, Einkommen, zu versteuerndes Einkommen) anknüpfen, sind Kapitalerträge nach § 32d Absatz 1 und § 43 Absatz 5 nicht einzubeziehen.

(6) 1Die tarifliche Einkommensteuer, vermindert um den Unterschiedsbetrag nach § 32c Absatz 1 Satz 2, die anzurechnenden ausländischen Steuern und die Steuerermäßigungen, vermehrt um die Steuer nach § 32d Absatz 3 und 4, die Steuer nach § 34c Absatz 5 und den Zuschlag nach § 3 Absatz 4 Satz 2 des Forstschäden-Ausgleichsgesetzes in der Fassung der Bekanntmachung vom 26. August 1985 (BGBl. I S. 1756), das zuletzt durch Artikel 412 der Verordnung vom 31. August 2015 (BGBl. I S. 1474) geändert worden ist, in der jeweils geltenden Fassung, ist die festzusetzende Einkommensteuer. 2Wurde der Gesamtbetrag der Einkünfte in den Fällen des § 10a Absatz 2 um Sonderausgaben nach § 10a Absatz 1 gemindert, ist für die Ermittlung der festzusetzenden Einkommensteuer der Anspruch auf Zulage nach Abschnitt XI der tariflichen Einkommensteuer hinzuzurechnen; bei der Ermittlung der dem Steuerpflichtigen zustehenden Zulage bleibt die Erhöhung der Grundzulage nach § 84 Satz 2 außer Betracht. 3Wird das Einkommen in den Fällen des § 31 um die Freibeträge nach § 32 Absatz 6 gemindert, ist der Anspruch auf Kindergeld nach Abschnitt X der tariflichen Einkommensteuer hinzuzurechnen; nicht jedoch für Kalendermonate, in denen durch Bescheid der Familienkasse ein Anspruch auf Kindergeld festgesetzt, aber wegen § 70 Absatz 1 Satz 2 nicht ausgezahlt wurde.

(7) 1Die Einkommensteuer ist eine Jahressteuer. 2Die Grundlagen für ihre Festsetzung sind jeweils für ein Kalenderjahr zu ermitteln. 3Besteht während eines Kalenderjahres sowohl unbeschränkte als auch beschränkte Einkommensteuerpflicht, so sind die während der beschränkten Einkommensteuerpflicht erzielten inländischen Einkünfte in eine Veranlagung zur unbeschränkten Einkommensteuerpflicht einzubeziehen.

(8) Die Regelungen dieses Gesetzes zu Ehegatten und Ehen sind auch auf Lebenspartner und Lebenspartnerschaften anzuwenden.

4. Überschuss der Einnahmen über die Werbungskosten

§ 8 Einnahmen

(1) 1Einnahmen sind alle Güter, die in Geld oder Geldeswert bestehen und dem Steuerpflichtigen im Rahmen einer der Einkunftsarten des § 2 Absatz 1 Satz 1 Nummer 4 bis 7 zufließen. 2Zu den Einnahmen in Geld gehö-

ren auch zweckgebundene Geldleistungen, nachträgliche Kostenerstattungen, Geldsurrogate und andere Vorteile, die auf einen Geldbetrag lauten. 3Satz 2 gilt nicht bei Gutscheinen und Geldkarten, die ausschließlich zum Bezug von Waren oder Dienstleistungen berechtigen und die Kriterien des §2 Absatz 1 Nummer 10 des Zahlungsdiensteaufsichtsgesetzes erfüllen.

(2) 1Einnahmen, die nicht in Geld bestehen (Wohnung, Kost, Waren, Dienstleistungen und sonstige Sachbezüge), sind mit den um übliche Preisnachlässe geminderten üblichen Endpreisen am Abgabeort anzusetzen. 2Für die private Nutzung eines betrieblichen Kraftfahrzeugs zu privaten Fahrten gilt §6 Absatz 1 Nummer 4 Satz 2 entsprechend. 3Kann das Kraftfahrzeug auch für Fahrten zwischen Wohnung und erster Tätigkeitsstätte sowie Fahrten nach §9 Absatz 1 Satz 3 Nummer 4a Satz 3 genutzt werden, erhöht sich der Wert in Satz 2 für jeden Kalendermonat um 0,03 Prozent des Listenpreises im Sinne des §6 Absatz 1 Nummer 4 Satz 2 für jeden Kilometer der Entfernung zwischen Wohnung und erster Tätigkeitsstätte sowie der Fahrten nach §9 Absatz 1 Satz 3 Nummer 4a Satz 3. 4Der Wert nach den Sätzen 2 und 3 kann mit dem auf die private Nutzung und die Nutzung zu Fahrten zwischen Wohnung und erster Tätigkeitsstätte sowie Fahrten nach §9 Absatz 1 Satz 3 Nummer 4a Satz 3 entfallenden Teil der gesamten Kraftfahrzeugaufwendungen angesetzt werden, wenn die durch das Kraftfahrzeug insgesamt entstehenden Aufwendungen durch Belege und das Verhältnis der privaten Fahrten und der Fahrten zwischen Wohnung und erster Tätigkeitsstätte sowie Fahrten nach §9 Absatz 1 Satz 3 Nummer 4a Satz 3 zu den übrigen Fahrten durch ein ordnungsgemäßes Fahrtenbuch nachgewiesen werden; §6 Absatz 1 Nummer 4 Satz 3 zweiter Halbsatz gilt entsprechend. 5Die Nutzung des Kraftfahrzeugs zu einer Familienheimfahrt im Rahmen einer doppelten Haushaltsführung ist mit 0,002 Prozent des Listenpreises im Sinne des §6 Absatz 1 Nummer 4 Satz 2 für jeden Kilometer der Entfernung zwischen dem Ort des eigenen Hausstands und dem Beschäftigungsort anzusetzen; dies gilt nicht, wenn für diese Fahrt ein Abzug von Werbungskosten nach §9 Absatz 1 Satz 3 Nummer 5 Satz 5 und 6 in Betracht käme; Satz 4 ist sinngemäß anzuwenden. 6Bei Arbeitnehmern, für deren Sachbezüge durch Rechtsverordnung nach §17 Absatz 1 Satz 1 Nummer 4 des Vierten Buches Sozialgesetzbuch Werte bestimmt worden sind, sind diese Werte maßgebend. 7Die Werte nach Satz 6 sind auch bei Steuerpflichtigen anzusetzen, die nicht der gesetzlichen Rentenversicherungspflicht unterliegen. 8Wird dem Arbeitnehmer während einer beruflichen Tätigkeit außerhalb seiner Wohnung und ersten Tätigkeitsstätte oder im Rahmen einer beruflich veranlassten doppelten Haushaltsführung vom Arbeitgeber oder auf dessen Veranlassung von einem Dritten eine Mahlzeit zur Verfügung gestellt, ist diese Mahlzeit mit dem Wert nach Satz 6 (maßgebender amtlicher Sachbezugswert nach der Sozialversicherungsentgeltverordnung) anzusetzen, wenn der Preis für die Mahlzeit 60 Euro nicht übersteigt. 9Der Ansatz einer nach Satz 8 bewerteten Mahlzeit unterbleibt, wenn beim Arbeitnehmer für ihm entstehende Mehraufwendungen für Verpflegung ein Werbungskostenabzug nach §9 Absatz 4a Satz 1 bis 7 in Betracht käme. 10Die oberste Finanzbehörde eines Landes kann mit Zustimmung des Bundesministeriums der Finanzen für weitere Sachbezüge der Arbeitnehmer Durchschnittswerte festsetzen. 11Sachbezüge, die nach Satz 1 zu bewerten sind, bleiben außer Ansatz, wenn die sich nach Anrechnung der vom Steuerpflichtigen gezahlten Entgelte ergebenden Vorteile insgesamt 50 Euro im Kalendermonat nicht übersteigen; die nach Absatz 1 Satz 3 nicht zu den Einnahmen in Geld gehörenden Gutscheine und Geldkarten bleiben nur dann außer Ansatz, wenn sie zusätzlich zum ohnehin geschuldeten Arbeitslohn gewährt werden. 12Der Ansatz eines Sachbezugs für eine dem Arbeitnehmer vom Arbeitgeber, auf dessen Veranlassung von einem verbundenen Unternehmen (§15 des Aktiengesetzes) oder bei einer juristischen Person des öffentlichen Rechts als Arbeitgeber auf dessen Veranlas-

sung von einem entsprechend verbundenen Unternehmen zu eigenen Wohnzwecken überlassene Wohnung unterbleibt, soweit das vom Arbeitnehmer gezahlte Entgelt mindestens zwei Drittel des ortsüblichen Mietwerts und dieser nicht mehr als 25 Euro je Quadratmeter ohne umlagefähige Kosten im Sinne der Verordnung über die Aufstellung von Betriebskosten beträgt.

(3) 1Erhält ein Arbeitnehmer auf Grund seines Dienstverhältnisses Waren oder Dienstleistungen, die vom Arbeitgeber nicht überwiegend für den Bedarf seiner Arbeitnehmer hergestellt, vertrieben oder erbracht werden und deren Bezug nicht nach § 40 pauschal versteuert wird, so gelten als deren Werte abweichend von Absatz 2 die um 4 Prozent geminderten Endpreise, zu denen der Arbeitgeber oder der dem Abgabeort nächstansässige Abnehmer die Waren oder Dienstleistungen fremden Letztverbrauchern im allgemeinen Geschäftsverkehr anbietet. 2Die sich nach Abzug der vom Arbeitnehmer gezahlten Entgelte ergebenden Vorteile sind steuerfrei, soweit sie aus dem Dienstverhältnis insgesamt 1080 Euro im Kalenderjahr nicht übersteigen.

(4) 1Im Sinne dieses Gesetzes werden Leistungen des Arbeitgebers oder auf seine Veranlassung eines Dritten (Sachbezüge oder Zuschüsse) für eine Beschäftigung nur dann zusätzlich zum ohnehin geschuldeten Arbeitslohn erbracht, wenn

1. die Leistung nicht auf den Anspruch auf Arbeitslohn angerechnet,
2. der Anspruch auf Arbeitslohn nicht zugunsten der Leistung herabgesetzt,
3. die verwendungs- oder zweckgebundene Leistung nicht anstelle einer bereits vereinbarten künftigen Erhöhung des Arbeitslohns gewährt und
4. bei Wegfall der Leistung der Arbeitslohn nicht erhöht

wird. 2Unter den Voraussetzungen des Satzes 1 ist von einer zusätzlich zum ohnehin geschuldeten Arbeitslohn erbrachten Leistung auch dann auszugehen, wenn der Arbeitnehmer arbeitsvertraglich oder auf Grund einer anderen arbeits- oder dienstrechtlichen Rechtsgrundlage (wie Einzelvertrag, Betriebsvereinbarung, Tarifvertrag, Gesetz) einen Anspruch auf diese hat.

§ 9 Werbungskosten

(1) 1Werbungskosten sind Aufwendungen zur Erwerbung, Sicherung und Erhaltung der Einnahmen. 2Sie sind bei der Einkunftsart abzuziehen, bei der sie erwachsen sind. 3Werbungskosten sind auch

1. Schuldzinsen und auf besonderen Verpflichtungsgründen beruhende Renten und dauernde Lasten, soweit sie mit einer Einkunftsart in wirtschaftlichem Zusammenhang stehen. 2Bei Leibrenten kann nur der Anteil abgezogen werden, der sich nach § 22 Nummer 1 Satz 3 Buchstabe a Doppelbuchstabe bb ergibt;
2. Steuern vom Grundbesitz, sonstige öffentliche Abgaben und Versicherungsbeiträge, soweit solche Ausgaben sich auf Gebäude oder auf Gegenstände beziehen, die dem Steuerpflichtigen zur Einnahmeerzielung dienen;
3. Beiträge zu Berufsständen und sonstigen Berufsverbänden, deren Zweck nicht auf einen wirtschaftlichen Geschäftsbetrieb gerichtet ist;
4. Aufwendungen des Arbeitnehmers für die Wege zwischen Wohnung und erster Tätigkeitsstätte im Sinne des Absatzes 4. 2Zur Abgeltung dieser Aufwendungen ist für jeden Arbeitstag, an dem der Arbeitnehmer die erste Tätigkeitsstätte aufsucht eine Entfernungspauschale für jeden vollen Kilometer der Entfernung zwischen Wohnung und erster Tätigkeitsstätte von 0,38 Euro anzusetzen, höchstens jedoch 4500 Euro im Kalenderjahr; ein höherer Betrag als 4500 Euro ist anzusetzen, soweit der Arbeitnehmer einen eigenen oder ihm zur Nutzung überlassenen Kraftwagen benutzt. 3Die Entfernungspauschale gilt nicht für Flugstrecken und Strecken mit steuerfreier Sammelbeförderung nach § 3 Nummer 32. 4Für die Bestimmung der Entfernung ist die kürzeste Straßenverbindung zwischen Wohnung und erster Tätigkeitsstätte

VIII

maßgebend; eine andere als die kürzeste Straßenverbindung kann zugrunde gelegt werden, wenn diese offensichtlich verkehrsgünstiger ist und vom Arbeitnehmer regelmäßig für die Wege zwischen Wohnung und erster Tätigkeitsstätte benutzt wird. 5Nach § 8 Absatz 2 Satz 11 oder Absatz 3 steuerfreie Sachbezüge für Fahrten zwischen Wohnung und erster Tätigkeitsstätte mindern den nach Satz 2 abziehbaren Betrag; ist der Arbeitgeber selbst der Verkehrsträger, ist der Preis anzusetzen, den ein dritter Arbeitgeber an den Verkehrsträger zu entrichten hätte. 6Hat ein Arbeitnehmer mehrere Wohnungen, so sind die Wege von einer Wohnung, die nicht der ersten Tätigkeitsstätte am nächsten liegt, nur zu berücksichtigen, wenn sie den Mittelpunkt der Lebensinteressen des Arbeitnehmers bildet und nicht nur gelegentlich aufgesucht wird. 7Nach § 3 Nummer 37 steuerfreie Sachbezüge mindern den nach Satz 2 abziehbaren Betrag nicht; § 3c Absatz 1 ist nicht anzuwenden.

4a. Aufwendungen des Arbeitnehmers für beruflich veranlasste Fahrten, die nicht Fahrten zwischen Wohnung und erster Tätigkeitsstätte im Sinne des Absatzes 4 sowie keine Familienheimfahrten sind. 2Anstelle der tatsächlichen Aufwendungen, die dem Arbeitnehmer durch die persönliche Benutzung eines Beförderungsmittels entstehen, können die Fahrtkosten mit den pauschalen Kilometersätzen angesetzt werden, die für das jeweils benutzte Beförderungsmittel (Fahrzeug) als höchste Wegstreckenentschädigung nach dem Bundesreisekostengesetz festgesetzt sind. 3Hat ein Arbeitnehmer keine erste Tätigkeitsstätte (§ 9 Absatz 4) und hat er nach den dienst- oder arbeitsrechtlichen Festlegungen sowie den diese ausfüllenden Absprachen und Weisungen zur Aufnahme seiner beruflichen Tätigkeit dauerhaft denselben Ort oder dasselbe weiträumige Tätigkeitsgebiet typischerweise arbeitstäglich aufzusuchen, gilt Absatz 1 Satz 3 Nummer 4 und Absatz 2 für die Fahrten von der Wohnung zu diesem Ort oder dem zur Wohnung nächstgelegenen Zugang zum Tätigkeitsgebiet entsprechend. 4Für die Fahrten innerhalb des weiträumigen Tätigkeitsgebietes gelten die Sätze 1 und 2 entsprechend.

5. notwendige Mehraufwendungen, die einem Arbeitnehmer wegen einer beruflich veranlassten doppelten Haushaltsführung entstehen. 2Eine doppelte Haushaltsführung liegt nur vor, wenn der Arbeitnehmer außerhalb des Ortes seiner ersten Tätigkeitsstätte einen eigenen Hausstand unterhält und auch am Ort der ersten Tätigkeitsstätte wohnt. 3Das Vorliegen eines eigenen Hausstandes setzt das Innehaben einer Wohnung sowie eine finanzielle Beteiligung an den Kosten der Lebensführung voraus. 4Als Unterkunftskosten für eine doppelte Haushaltsführung können die tatsächlichen Aufwendungen für die Nutzung der Unterkunft angesetzt werden, höchstens 1000 Euro im Monat bei einer Unterkunft im Inland und höchstens 2000 Euro im Monat bei einer Unterkunft im Ausland; die Grenze von 2000 Euro bei einer Unterkunft im Ausland gilt nicht, wenn eine Dienst- oder Werkswohnung verpflichtend und zweckgebunden genutzt werden muss oder deren Kosten für Zwecke des Mietzuschusses nach § 54 des Bundesbesoldungsgesetzes als notwendig anerkannt worden sind. 5Aufwendungen für die Wege vom Ort der ersten Tätigkeitsstätte zum Ort des eigenen Hausstandes und zurück (Familienheimfahrt) können jeweils nur für eine Familienheimfahrt wöchentlich abgezogen werden. 6Zur Abgeltung der Aufwendungen für eine Familienheimfahrt ist eine Entfernungspauschale von 0,38 Euro für jeden vollen Kilometer der Entfernung zwischen dem Ort des eigenen Hausstandes und dem Ort der ersten Tätigkeitsstätte anzusetzen. 7Nummer 4 Satz 3 bis 5 ist entsprechend anzuwenden. 8Aufwendungen für Familienheimfahrten mit einem dem Steuerpflichtigen im Rahmen einer Ein-

VIII

kunftsart überlassenen Kraftfahrzeug werden nicht berücksichtigt.

5a. notwendige Mehraufwendungen eines Arbeitnehmers für beruflich veranlasste Übernachtungen an einer Tätigkeitsstätte, die nicht erste Tätigkeitsstätte ist. 2Übernachtungskosten sind die tatsächlichen Aufwendungen für die persönliche Inanspruchnahme einer Unterkunft zur Übernachtung. 3Soweit höhere Übernachtungskosten anfallen, weil der Arbeitnehmer eine Unterkunft gemeinsam mit Personen nutzt, die in keinem Dienstverhältnis zum selben Arbeitgeber stehen, sind nur diejenigen Aufwendungen anzusetzen, die bei alleiniger Nutzung durch den Arbeitnehmer angefallen wären. 4Nach Ablauf von 48 Monaten einer längerfristigen beruflichen Tätigkeit an derselben Tätigkeitsstätte, die nicht erste Tätigkeitsstätte ist, können Unterkunftskosten nur noch bis zur Höhe des Betrags nach Nummer 5 angesetzt werden. 5Eine Unterbrechung dieser beruflichen Tätigkeit an derselben Tätigkeitsstätte führt zu einem Neubeginn, wenn die Unterbrechung mindestens sechs Monate dauert.

5b. notwendige Mehraufwendungen, die einem Arbeitnehmer während seiner auswärtigen beruflichen Tätigkeit auf einem Kraftfahrzeug des Arbeitgebers oder eines vom Arbeitgeber beauftragten Dritten im Zusammenhang mit einer Übernachtung in dem Kraftfahrzeug für Kalendertage entstehen, an denen der Arbeitnehmer eine Verpflegungspauschale nach Absatz 4a Satz 3 Nummer 1 und 2 sowie Satz 5 zur Nummer 1 und 2 beanspruchen könnte. 2Anstelle der tatsächlichen Aufwendungen, die dem Arbeitnehmer im Zusammenhang mit einer Übernachtung in dem Kraftfahrzeug entstehen, kann im Kalenderjahr einheitlich eine Pauschale von 9 Euro für jeden Kalendertag berücksichtigt werden, an dem der Arbeitnehmer eine Verpflegungspauschale nach Absatz 4a Satz 3 Nummer 1 und 2 sowie Satz 5 zur Nummer 1 und 2 beanspruchen könnte,

6. Aufwendungen für Arbeitsmittel, zum Beispiel für Werkzeuge und typische Berufskleidung. 2Nummer 7 bleibt unberührt;

7. Absetzungen für Abnutzung und für Substanzverringerung, Sonderabschreibungen nach § 7b und erhöhte Absetzungen. 2§ 6 Absatz 2 Satz 1 bis 3 ist in Fällen der Anschaffung oder Herstellung von Wirtschaftsgütern entsprechend anzuwenden.

(2) 1Durch die Entfernungspauschalen sind sämtliche Aufwendungen abgegolten, die durch die Wege zwischen Wohnung und erster Tätigkeitsstätte im Sinne des Absatzes 4 und durch die Familienheimfahrten veranlasst sind. 2Aufwendungen für die Benutzung öffentlicher Verkehrsmittel können angesetzt werden, soweit sie den im Kalenderjahr insgesamt als Entfernungspauschale abziehbaren Betrag übersteigen. 3Menschen mit Behinderungen,

1. deren Grad der Behinderung mindestens 70 beträgt,
2. deren Grad der Behinderung weniger als 70, aber mindestens 50 beträgt und die in ihrer Bewegungsfähigkeit im Straßenverkehr erheblich beeinträchtigt sind,

können anstelle der Entfernungspauschalen die tatsächlichen Aufwendungen für die Wege zwischen Wohnung und erster Tätigkeitsstätte und für Familienheimfahrten ansetzen. 4Die Voraussetzungen der Nummern 1 und 2 sind durch amtliche Unterlagen nachzuweisen.

(3) Absatz 1 Satz 3 Nummer 4 bis 5a sowie die Absätze 2 und 4a gelten bei den Einkunftsarten im Sinne des § 2 Absatz 1 Satz 1 Nummer 5 bis 7 entsprechend.

(4) 1Erste Tätigkeitsstätte ist die ortsfeste betriebliche Einrichtung des Arbeitgebers, eines verbundenen Unternehmens (§ 15 des Aktiengesetzes) oder eines vom Arbeitgeber bestimmten Dritten, der der Arbeitnehmer dauerhaft zugeordnet ist. 2Die Zuordnung im Sinne des Satzes 1 wird durch die dienst- oder arbeitsrechtlichen Festlegungen sowie die diese ausfüllenden Absprachen und Weisun-

gen bestimmt. 3Von einer dauerhaften Zuordnung ist insbesondere auszugehen, wenn der Arbeitnehmer unbefristet, für die Dauer des Dienstverhältnisses oder über einen Zeitraum von 48 Monaten hinaus an einer solchen Tätigkeitsstätte tätig werden soll. 4Fehlt eine solche dienst- oder arbeitsrechtliche Festlegung auf eine Tätigkeitsstätte oder ist sie nicht eindeutig, ist erste Tätigkeitsstätte die betriebliche Einrichtung, an der der Arbeitnehmer dauerhaft

1. typischerweise arbeitstäglich tätig werden soll oder
2. je Arbeitswoche zwei volle Arbeitstage oder mindestens ein Drittel seiner vereinbarten regelmäßigen Arbeitszeit tätig werden soll.

5Je Dienstverhältnis hat der Arbeitnehmer höchstens eine erste Tätigkeitsstätte. 6Liegen die Voraussetzungen der Sätze 1 bis 4 für mehrere Tätigkeitsstätten vor, ist diejenige Tätigkeitsstätte erste Tätigkeitsstätte, die der Arbeitgeber bestimmt. 7Fehlt es an dieser Bestimmung oder ist sie nicht eindeutig, ist die der Wohnung örtlich am nächsten liegende Tätigkeitsstätte die erste Tätigkeitsstätte. 8Als erste Tätigkeitsstätte gilt auch eine Bildungseinrichtung, die außerhalb eines Dienstverhältnisses zum Zwecke eines Vollzeitstudiums oder einer vollzeitigen Bildungsmaßnahme aufgesucht wird; die Regelungen für Arbeitnehmer nach Absatz 1 Satz 3 Nummer 4 und 5 sowie Absatz 4a sind entsprechend anzuwenden.

VIII

(4a) 1Mehraufwendungen des Arbeitnehmers für die Verpflegung sind nur nach Maßgabe der folgenden Sätze als Werbungskosten abziehbar. 2Wird der Arbeitnehmer außerhalb seiner Wohnung und ersten Tätigkeitsstätte beruflich tätig (auswärtige berufliche Tätigkeit), ist zur Abgeltung der ihm tatsächlich entstandenen, beruflich veranlassten Mehraufwendungen eine Verpflegungspauschale anzusetzen. 3Diese beträgt

1. 28 Euro für jeden Kalendertag, an dem der Arbeitnehmer 24 Stunden von seiner Wohnung und ersten Tätigkeitsstätte abwesend ist,
2. jeweils 14 Euro für den An- und Abreisetag, wenn der Arbeitnehmer an diesem, einem anschließenden oder vorhergehenden Tag außerhalb seiner Wohnung übernachtet,
3. 14 Euro für den Kalendertag, an dem der Arbeitnehmer ohne Übernachtung außerhalb seiner Wohnung mehr als 8 Stunden von seiner Wohnung und der ersten Tätigkeitsstätte abwesend ist; beginnt die auswärtige berufliche Tätigkeit an einem Kalendertag und endet am nachfolgenden Kalendertag ohne Übernachtung, werden 14 Euro für den Kalendertag gewährt, an dem der Arbeitnehmer den überwiegenden Teil der insgesamt mehr als 8 Stunden von seiner Wohnung und der ersten Tätigkeitsstätte abwesend ist.

4Hat der Arbeitnehmer keine erste Tätigkeitsstätte, gelten die Sätze 2 und 3 entsprechend; Wohnung im Sinne der Sätze 2 und 3 ist der Hausstand, der den Mittelpunkt der Lebensinteressen des Arbeitnehmers bildet sowie eine Unterkunft am Ort der ersten Tätigkeitsstätte im Rahmen der doppelten Haushaltsführung. 5Bei einer Tätigkeit im Ausland treten an die Stelle der Pauschbeträge nach Satz 3 länderweise unterschiedliche Pauschbeträge, die für die Fälle der Nummer 1 mit 120 sowie der Nummern 2 und 3 mit 80 Prozent der Auslandstagegelder nach dem Bundesreisekostengesetz vom Bundesministerium der Finanzen im Einvernehmen mit den obersten Finanzbehörden der Länder aufgerundet auf volle Euro festgesetzt werden; dabei bestimmt sich der Pauschbetrag nach dem Ort, den der Arbeitnehmer vor 24 Uhr Ortszeit zuletzt erreicht, oder, wenn dieser Ort im Inland liegt, nach dem letzten Tätigkeitsort im Ausland. 6Der Abzug der Verpflegungspauschalen ist auf die ersten drei Monate einer längerfristigen beruflichen Tätigkeit an derselben Tätigkeitsstätte beschränkt. 7Eine Unterbrechung der beruflichen Tätigkeit an derselben Tätigkeitsstätte führt zu einem Neubeginn, wenn sie mindestens vier Wochen dauert. 8Wird dem Arbeitnehmer anlässlich oder während einer Tätigkeit außerhalb seiner ersten Tätigkeitsstätte vom Arbeitgeber oder auf dessen Veranlassung von einem Dritten eine Mahlzeit zur Verfügung gestellt, sind die nach den Sätzen 3 und 5 ermittelten Verpflegungspauschalen zu kürzen:

1. für Frühstück um 20 Prozent,
2. für Mittag- und Abendessen um jeweils 40 Prozent,

der nach Satz 3 Nummer 1 gegebenenfalls in Verbindung mit Satz 5 maßgebenden Verpflegungspauschale für einen vollen Kalendertag; die Kürzung darf die ermittelte Verpflegungspauschale nicht übersteigen. 9Satz 8 gilt auch, wenn Reisekostenvergütungen wegen der zur Verfügung gestellten Mahlzeiten einbehalten oder gekürzt werden oder die Mahlzeiten nach § 40 Absatz 2 Satz 1 Nummer 1a pauschal besteuert werden. 10Hat der Arbeitnehmer für die Mahlzeit ein Entgelt gezahlt, mindert dieser Betrag den Kürzungsbetrag nach Satz 8. 11Erhält der Arbeitnehmer steuerfreie Erstattungen für Verpflegung, ist ein Werbungskostenabzug insoweit ausgeschlossen. 12Die Verpflegungspauschalen nach den Sätzen 3 und 5, die Dreimonatsfrist nach den Sätzen 6 und 7 sowie die Kürzungsregelungen nach den Sätzen 8 bis 10 gelten entsprechend auch für den Abzug von Mehraufwendungen für Verpflegung, die bei einer beruflich veranlassten doppelten Haushaltsführung entstehen, soweit der Arbeitnehmer vom eigenen Hausstand im Sinne des § 9 Absatz 1 Satz 3 Nummer 5 abwesend ist; dabei ist für jeden Kalendertag innerhalb der Dreimonatsfrist, an dem gleichzeitig eine Tätigkeit im Sinne des Satzes 2 oder des Satzes 4 ausgeübt wird, nur der jeweils höchste in Betracht kommende Pauschbetrag abziehbar. 13Die Dauer einer Tätigkeit im Sinne des Satzes 2 an dem Tätigkeitsort, an dem die doppelte Haushaltsführung begründet wurde, ist auf die Dreimonatsfrist anzurechnen, wenn sie ihr unmittelbar vorausgegangen ist.

(5) 1§ 4 Absatz 5 Satz 1 Nummer 1 bis 4, 6b bis 8a, 10, 12 und Absatz 6 gilt sinngemäß. 2Die §§ 4k, 6 Absatz 1 Nummer 1a und § 6e gelten entsprechend.

(6) 1Aufwendungen des Steuerpflichtigen für seine Berufsausbildung oder für sein Studium sind nur dann Werbungskosten, wenn der Steuerpflichtige zuvor bereits eine Erstausbildung (Berufsausbildung oder Studium) abgeschlossen hat oder wenn die Berufsausbildung oder das Studium im Rahmen eines Dienstverhältnisses stattfindet. 2Eine Berufsausbildung als Erstausbildung nach Satz 1 liegt vor, wenn eine geordnete Ausbildung mit einer Mindestdauer von 12 Monaten bei vollzeitiger Ausbildung und mit einer Abschlussprüfung durchgeführt wird. 3Eine geordnete Ausbildung liegt vor, wenn sie auf der Grundlage von Rechts- oder Verwaltungsvorschriften oder internen Vorschriften eines Bildungsträgers durchgeführt wird. 4Ist eine Abschlussprüfung nach dem Ausbildungsplan nicht vorgesehen, gilt die Ausbildung mit der tatsächlichen planmäßigen Beendigung als abgeschlossen. 5Eine Berufsausbildung als Erstausbildung hat auch abgeschlossen, wer die Abschlussprüfung einer durch Rechts- oder Verwaltungsvorschriften geregelten Berufsausbildung mit einer Mindestdauer von 12 Monaten bestanden hat, ohne dass er zuvor die entsprechende Berufsausbildung durchlaufen hat.

Entscheidung des Bundesverfassungsgerichts Vom 19. November 2019 (BGBl. 2022 I S. 413)

Aus dem Beschluss des Bundesverfassungsgerichts vom 19. November 2019 – 2 BvL 22/14 u. a. – wird folgende Entscheidungsformel veröffentlicht:

§ 9 Absatz 6 des Einkommensteuergesetzes in der Fassung des Gesetzes zur Umsetzung der Beitreibungsrichtlinie sowie zur Änderung steuerlicher Vorschriften (Beitreibungsrichtlinie-Umsetzungsgesetz – BeitrRLUmsG) vom 7. Dezember 2011 (Bundesgesetzblatt I Seite 2592) ist mit dem Grundgesetz vereinbar.

Die vorstehende Entscheidungsformel hat gemäß § 31 Absatz 2 des Bundesverfassungsgerichtsgesetzes Gesetzeskraft.

§ 9a Pauschbeträge für Werbungskosten

1Für Werbungskosten sind bei der Ermittlung der Einkünfte die folgenden Pauschbeträge abzuziehen, wenn nicht höhere Werbungskosten nachgewiesen werden:

1. a) von den Einnahmen aus nichtselbständiger Arbeit vorbehaltlich Buchstabe b:
   ein Arbeitnehmer-Pauschbetrag von 1230 Euro;
   b) von den Einnahmen aus nichtselbständiger Arbeit, soweit es sich um Versorgungsbezüge im Sinne des § 19 Absatz 2 handelt:
   ein Pauschbetrag von 102 Euro;
2. (weggefallen)
3. von den Einnahmen im Sinne des § 22 Nummer 1, 1a und 5:
   ein Pauschbetrag von insgesamt 102 Euro.

₂Der Pauschbetrag nach Satz 1 Nummer 1 Buchstabe b darf nur bis zur Höhe der um den Versorgungsfreibetrag einschließlich des Zuschlags zum Versorgungsfreibetrag (§ 19 Absatz 2) geminderten Einnahmen, die Pauschbeträge nach Satz 1 Nummer 1 Buchstabe a und Nummer 3 dürfen nur bis zur Höhe der Einnahmen abgezogen werden. ₃Beitragszahlungen an Gewerkschaften als Werbungskosten im Sinne des § 9 Absatz 1 Satz 3 Nummer 3 werden neben den Pauschbeträgen im Sinne des Satzes 1 berücksichtigt.

5. Sonderausgaben

VIII

§ 10

(1) Sonderausgaben sind die folgenden Aufwendungen, wenn sie weder Betriebsausgaben noch Werbungskosten sind oder wie Betriebsausgaben oder Werbungskosten behandelt werden:

1. (weggefallen)
2. a) Beiträge zu den gesetzlichen Rentenversicherungen oder zur landwirtschaftlichen Alterskasse sowie zu berufsständischen Versorgungseinrichtungen, die den gesetzlichen Rentenversicherungen vergleichbare Leistungen erbringen;
   b) Beiträge des Steuerpflichtigen
      aa) zum Aufbau einer eigenen kapitalgedeckten Altersversorgung, wenn der Vertrag nur die Zahlung einer monatlichen, auf das Leben des Steuerpflichtigen bezogenen lebenslangen Leibrente nicht vor Vollendung des 62. Lebensjahres oder zusätzlich die ergänzende Absicherung des Eintritts der Berufsunfähigkeit (Berufsunfähigkeitsrente), der verminderten Erwerbsfähigkeit (Erwerbsminderungsrente) oder von Hinterbliebenen (Hinterbliebenenrente) vorsieht. ₂Hinterbliebene in diesem Sinne sind der Ehegatte des Steuerpflichtigen und die Kinder, für die er Anspruch auf Kindergeld oder auf einen Freibetrag nach § 32 Absatz 6 hat. ₃Der Anspruch auf Waisenrente darf längstens für den Zeitraum bestehen, in dem der Rentenberechtigte die Voraussetzungen für die Berücksichtigung als Kind im Sinne des § 32 erfüllt;
      bb) für seine Absicherung gegen den Eintritt der Berufsunfähigkeit oder der verminderten Erwerbsfähigkeit (Versicherungsfall), wenn der Vertrag nur die Zahlung einer monatlichen, auf das Leben des Steuerpflichtigen bezogenen lebenslangen Leibrente für einen Versicherungsfall vorsieht, der bis zur Vollendung des 67. Lebensjahres eingetreten ist. ₂Der Vertrag kann die Beendigung der Rentenzahlung wegen eines medizinisch begründeten Wegfalls der Berufsunfähigkeit oder der verminderten Erwerbsfähigkeit vorsehen. ₃Die Höhe der zugesagten Rente kann vom Alter des Steuerpflichtigen bei Eintritt des Versicherungsfalls abhängig gemacht werden, wenn der Steuerpflichtige das 55. Lebensjahr vollendet hat.

   ₂Die Ansprüche nach Buchstabe b dürfen nicht vererblich, nicht übertragbar, nicht beleihbar, nicht veräußerbar und nicht kapitalisierbar sein. ₃Anbieter und Steuerpflichtiger können vereinbaren, dass bis zu zwölf Monatsleistungen in einer Auszahlung zusammengefasst werden oder eine Kleinbetragsrente im Sinne von § 93 Absatz 3 Satz 2 oder 4 abgefunden wird. 4Bei der Berechnung der Kleinbetragsrente sind alle bei einem Anbieter bestehenden Verträge des Steuerpflichtigen jeweils nach Buchstabe b Doppelbuchstabe aa oder Doppelbuchstabe bb zusammenzurechnen. 5Neben den genannten Auszahlungsformen darf kein weiterer Anspruch auf Auszahlungen bestehen. 6Zu den Beiträgen nach den Buchstaben a und b ist der nach § 3 Nummer 62 steuerfreie Arbeitgeberanteil zur gesetzlichen Rentenversicherung und ein diesem gleichgestellter steuerfreier Zuschuss des Arbeitgebers hinzuzurechnen. 7Beiträge nach § 168 Absatz 1 Nummer 1b oder 1c oder nach § 172 Absatz 3 oder 3a des Sechsten Buches Sozialgesetzbuch werden abweichend von Satz 6 nur auf Antrag des Steuerpflichtigen hinzugerechnet;

3. Beiträge zu
   a) Krankenversicherungen, soweit diese zur Erlangung eines durch das Zwölfte Buch Sozialgesetzbuch bestimmten sozialhilfegleichen Versorgungsniveaus erforderlich sind und sofern auf die Leistungen ein Anspruch besteht. 2Für Beiträge zur gesetzlichen Krankenversicherung sind dies die nach dem Dritten Titel des Ersten Abschnitts des Achten Kapitels des Fünften Buches Sozialgesetzbuch oder die nach dem Sechsten Abschnitt des Zweiten Gesetzes über die Krankenversicherung der Landwirte festgesetzten Beiträge; Voraussetzung für die Berücksichtigung beim Steuerpflichtigen ist die Angabe der erteilten Identifikationsnummer (§ 139b der Abgabenordnung) des Kindes in der Einkommensteuererklärung des Steuerpflichtigen. 3Für Beiträge zu einer privaten Krankenversicherung sind dies die Beitragsanteile, die auf Vertragsleistungen entfallen, die, mit Ausnahme der auf das Krankengeld entfallenden Beitragsanteile, in Art, Umfang und Höhe den Leistungen nach dem Dritten Kapitel des Fünften Buches Sozialgesetzbuch vergleichbar sind; § 158 Absatz 2 des Versicherungsaufsichtsgesetzes gilt entsprechend. 4Wenn sich aus den Krankenversicherungsbeiträgen nach Satz 2 ein Anspruch auf Krankengeld oder ein Anspruch auf eine Leistung, die anstelle von Krankengeld gewährt wird, ergeben kann, ist der jeweilige Beitrag um 4 Prozent zu vermindern;
   b) gesetzlichen Pflegeversicherungen (soziale Pflegeversicherung und private Pflege-Pflichtversicherung).

2Als eigene Beiträge des Steuerpflichtigen können auch eigene Beiträge im Sinne der Buchstaben a oder b eines Kindes behandelt werden, wenn der Steuerpflichtige die Beiträge des Kindes, für das ein Anspruch auf einen Freibetrag nach § 32 Absatz 6 oder auf Kindergeld besteht, durch Leistungen in Form von Bar- oder Sachunterhalt wirtschaftlich getragen hat, unabhängig von Einkünften oder Bezügen des Kindes. 3Satz 2 gilt entsprechend, wenn der Steuerpflichtige die Beiträge für ein unterhaltsberechtigtes Kind trägt, welches nicht selbst Versicherungsnehmer ist, sondern der andere Elternteil. 4Hat der Steuerpflichtige in den Fällen des Absatzes 1a Nummer 1 eigene Beiträge im Sinne des Buchstaben a oder des Buchstaben b zum Erwerb einer Krankenversicherung oder gesetzlichen Pflegeversicherung für einen geschiedenen oder dauernd getrennt lebenden unbeschränkt einkommensteuerpflichtigen Ehegatten geleistet, dann werden diese abweichend von Satz 1 als eigene Beiträge des geschiedenen oder dauernd getrennt lebenden unbeschränkt einkommensteuerpflichtigen Ehegatten behandelt. 5Beiträge, die für nach Ablauf des Veranlagungszeitraums beginnende Beitragsjahre geleistet werden und in der Summe das Dreifache der auf den Veranlagungszeitraum entfallenden Beiträge überschreiten, sind in dem

VIII

Veranlagungszeitraum anzusetzen, für den sie geleistet wurden;

3a. Beiträge zu Kranken- und Pflegeversicherungen, soweit diese nicht nach Nummer 3 zu berücksichtigen sind; Beiträge zu Versicherungen gegen Arbeitslosigkeit, zu Erwerbs- und Berufsunfähigkeitsversicherungen, die nicht unter Nummer 2 Satz 1 Buchstabe b fallen, zu Unfall- und Haftpflichtversicherungen sowie zu Risikoversicherungen, die nur für den Todesfall eine Leistung vorsehen; Beiträge zu Versicherungen im Sinne des §10 Absatz 1 Nummer 2 Buchstabe b Doppelbuchstabe bb bis dd in der am 31. Dezember 2004 geltenden Fassung, wenn die Laufzeit dieser Versicherungen vor dem 1. Januar 2005 begonnen hat und ein Versicherungsbeitrag bis zum 31. Dezember 2004 entrichtet wurde; §10 Absatz 1 Nummer 2 Satz 2 bis 6 und Absatz 2 Satz 2 in der am 31. Dezember 2004 geltenden Fassung ist in diesen Fällen weiter anzuwenden;

4. gezahlte Kirchensteuer; dies gilt nicht, soweit die Kirchensteuer als Zuschlag zur Kapitalertragsteuer oder als Zuschlag auf die nach dem gesonderten Tarif des §32d Absatz 1 ermittelte Einkommensteuer gezahlt wurde;

5. 80 Prozent der Aufwendungen, höchstens 4800 Euro je Kind, für Dienstleistungen zur Betreuung eines zum Haushalt des Steuerpflichtigen gehörenden Kindes im Sinne des §32 Absatz 1, welches das 14. Lebensjahr noch nicht vollendet hat oder wegen einer vor Vollendung des 25. Lebensjahres eingetretenen körperlichen, geistigen oder seelischen Behinderung außerstande ist, sich selbst zu unterhalten. $_2$Dies gilt nicht für Aufwendungen für Unterricht, die Vermittlung besonderer Fähigkeiten sowie für sportliche und andere Freizeitbetätigungen. $_3$Ist das zu betreuende Kind nicht nach §1 Absatz 1 oder Absatz 2 unbeschränkt einkommensteuerpflichtig, ist der in Satz 1 genannte Betrag zu kürzen, soweit es nach den Verhältnissen im Wohnsitzstaat des Kindes notwendig und angemessen ist. $_4$Voraussetzung für den Abzug der Aufwendungen nach Satz 1 ist, dass der Steuerpflichtige für die Aufwendungen eine Rechnung erhalten hat und die Zahlung auf das Konto des Erbringers der Leistung erfolgt ist;

6. (weggefallen)

7. Aufwendungen für die eigene Berufsausbildung bis zu 6000 Euro im Kalenderjahr. $_2$Bei Ehegatten, die die Voraussetzungen des §26 Absatz 1 Satz 1 erfüllen, gilt Satz 1 für jeden Ehegatten. $_3$Zu den Aufwendungen im Sinne des Satzes 1 gehören auch Aufwendungen für eine auswärtige Unterbringung. $_4$§4 Absatz 5 Satz 1 Nummer 6b und 6c sowie §9 Absatz 1 Satz 3 Nummer 4 und 5, Absatz 2, 4 Satz 8 und Absatz 4a sind bei der Ermittlung der Aufwendungen anzuwenden.

8. (weggefallen)

9. 30 Prozent des Entgelts, höchstens 5000 Euro, das der Steuerpflichtige für ein Kind, für das er Anspruch auf einen Freibetrag nach §32 Absatz 6 oder auf Kindergeld hat, für dessen Besuch einer Schule in freier Trägerschaft oder einer überwiegend privat finanzierten Schule entrichtet, mit Ausnahme des Entgelts für Beherbergung, Betreuung und Verpflegung. $_2$Voraussetzung ist, dass die Schule in einem Mitgliedstaat der Europäischen Union oder in einem Staat belegen ist, auf den das Abkommen über den Europäischen Wirtschaftsraum Anwendung findet, und die Schule zu einem von dem zuständigen inländischen Ministerium eines Landes, von der Kultusministerkonferenz der Länder oder von einer inländischen Zeugnisanerkennungsstelle anerkannten oder einem inländischen Abschluss an einer öffentlichen Schule als gleichwertig anerkannten allgemein bildenden oder berufsbildenden Schul-, Jahrgangs- oder Berufsabschluss führt. $_3$Der Besuch einer anderen Einrichtung, die auf einen Schul-, Jahrgangs- oder Berufsabschluss im Sinne des Satzes 2 ordnungsgemäß vorbe-

VIII

reitet, steht einem Schulbesuch im Sinne des Satzes 1 gleich. 4Der Besuch einer Deutschen Schule im Ausland steht dem Besuch einer solchen Schule gleich, unabhängig von ihrer Belegenheit. 5Der Höchstbetrag nach Satz 1 wird für jedes Kind, bei dem die Voraussetzungen vorliegen, je Elternpaar nur einmal gewährt.

(1a) 1Sonderausgaben sind auch die folgenden Aufwendungen:

1. Unterhaltsleistungen an den geschiedenen oder dauernd getrennt lebenden unbeschränkt einkommensteuerpflichtigen Ehegatten, wenn der Geber dies mit Zustimmung des Empfängers beantragt, bis zu 13 805 Euro im Kalenderjahr. 2Der Höchstbetrag nach Satz 1 erhöht sich um den Betrag der im jeweiligen Veranlagungszeitraum nach Absatz 1 Nummer 3 für die Absicherung des geschiedenen oder dauernd getrennt lebenden unbeschränkt einkommensteuerpflichtigen Ehegatten aufgewandten Beiträge. 3Der Antrag kann jeweils nur für ein Kalenderjahr gestellt und nicht zurückgenommen werden. 4Die Zustimmung ist mit Ausnahme der nach § 894 der Zivilprozessordnung als erteilt geltenden bis auf Widerruf wirksam. 5Der Widerruf ist vor Beginn des Kalenderjahres, für das die Zustimmung erstmals nicht gelten soll, gegenüber dem Finanzamt zu erklären. 6Die Sätze 1 bis 5 gelten für Fälle der Nichtigkeit oder der Aufhebung der Ehe entsprechend. 7Voraussetzung für den Abzug der Aufwendungen ist die Angabe der erteilten Identifikationsnummer (§ 139b der Abgabenordnung) der unterhaltenen Person in der Steuererklärung des Unterhaltsleistenden, wenn die unterhaltene Person der unbeschränkten oder beschränkten Steuerpflicht unterliegt. 8Die unterhaltene Person ist für diese Zwecke verpflichtet, dem Unterhaltsleistenden ihre erteilte Identifikationsnummer (§ 139b der Abgabenordnung) mitzuteilen. 9Kommt die unterhaltene Person dieser Verpflichtung nicht nach, ist der Unterhaltsleistende berechtigt, bei der für ihn zuständigen Finanzbehörde die Identifikationsnummer der unterhaltenen Person zu erfragen;
2. auf besonderen Verpflichtungsgründen beruhende, lebenslange und wiederkehrende Versorgungsleistungen, die nicht mit Einkünften in wirtschaftlichem Zusammenhang stehen, die bei der Veranlagung außer Betracht bleiben, wenn der Empfänger unbeschränkt einkommensteuerpflichtig ist. 2Dies gilt nur für
   a) Versorgungsleistungen im Zusammenhang mit der Übertragung eines Mitunternehmeranteils an einer Personengesellschaft, die eine Tätigkeit im Sinne der §§ 13, 15 Absatz 1 Satz 1 Nummer 1 oder des § 18 Absatz 1 ausübt,
   b) Versorgungsleistungen im Zusammenhang mit der Übertragung eines Betriebs oder Teilbetriebs, sowie
   c) Versorgungsleistungen im Zusammenhang mit der Übertragung eines mindestens 50 Prozent betragenden Anteils an einer Gesellschaft mit beschränkter Haftung, wenn der Übergeber als Geschäftsführer tätig war und der Übernehmer diese Tätigkeit nach der Übertragung übernimmt.

   3Satz 2 gilt auch für den Teil der Versorgungsleistungen, der auf den Wohnteil eines Betriebs der Land- und Forstwirtschaft entfällt. 4Voraussetzung für den Abzug der Aufwendungen ist die Angabe der erteilten Identifikationsnummer (§ 139b der Abgabenordnung) des Empfängers in der Steuererklärung des Leistenden; Nummer 1 Satz 8 und 9 gilt entsprechend;
3. Ausgleichsleistungen zur Vermeidung eines Versorgungsausgleichs nach § 6 Absatz 1 Satz 2 Nummer 2 und § 23 des Versorgungsausgleichsgesetzes sowie § 1408 Absatz 2 und § 1587 des Bürgerlichen Gesetzbuchs, soweit der Verpflichtete dies mit Zustimmung des Berechtigten beantragt und der Berechtigte unbeschränkt einkommensteuerpflichtig ist. 2Nummer 1 Satz 3 bis 5 gilt entsprechend. 3Voraussetzung für den Abzug der Aufwendungen ist die Angabe der erteilten Identifikationsnummer (§ 139b der Abgabenordnung)

des Berechtigten in der Steuererklärung des Verpflichteten; Nummer 1 Satz 8 und 9 gilt entsprechend;

4. Ausgleichszahlungen im Rahmen des Versorgungsausgleichs nach den §§ 20 bis 22 und 26 des Versorgungsausgleichsgesetzes und nach den §§ 1587f, 1587g und 1587i des Bürgerlichen Gesetzbuchs in der bis zum 31. August 2009 geltenden Fassung sowie nach § 3a des Gesetzes zur Regelung von Härten im Versorgungsausgleich, soweit die ihnen zu Grunde liegenden Einnahmen bei der ausgleichspflichtigen Person der Besteuerung unterliegen, wenn die ausgleichsberechtigte Person unbeschränkt einkommensteuerpflichtig ist. 2Nummer 3 Satz 3 gilt entsprechend.

(2) 1Voraussetzung für den Abzug der in Absatz 1 Nummern 2, 3 und 3a bezeichneten Beträge (Vorsorgeaufwendungen) ist, dass sie

1. nicht in unmittelbarem wirtschaftlichen Zusammenhang mit steuerfreien Einnahmen stehen; ungeachtet dessen sind Vorsorgeaufwendungen im Sinne des Absatzes 1 Nummer 2, 3 und 3a zu berücksichtigen, soweit
   a) sie in unmittelbarem wirtschaftlichen Zusammenhang mit in einem Mitgliedstaat der Europäischen Union oder einem Vertragsstaat des Abkommens über den Europäischen Wirtschaftsraum oder in der Schweizerischen Eidgenossenschaft erzielten Einnahmen stehen,
   b) diese Einnahmen nach einem Abkommen zur Vermeidung der Doppelbesteuerung im Inland steuerfrei sind und
   c) der andere Staat keinerlei steuerliche Berücksichtigung von Vorsorgeaufwendungen im Rahmen der Besteuerung dieser Einnahmen zulässt;

   steuerfreie Zuschüsse zu einer Kranken- oder Pflegeversicherung stehen insgesamt in unmittelbarem wirtschaftlichen Zusammenhang mit den Vorsorgeaufwendungen im Sinne des Absatzes 1 Nummer 3,

2. geleistet werden an
   a) Versicherungsunternehmen,
      aa) die ihren Sitz oder ihre Geschäftsleitung in einem Mitgliedstaat der Europäischen Union oder einem Vertragsstaat des Abkommens über den Europäischen Wirtschaftsraum haben und das Versicherungsgeschäft im Inland betreiben dürfen, oder
      bb) denen die Erlaubnis zum Geschäftsbetrieb im Inland erteilt ist.

      2Darüber hinaus werden Beiträge nur berücksichtigt, wenn es sich um Beträge im Sinne des Absatzes 1 Nummer 3 Satz 1 Buchstabe a an eine Einrichtung handelt, die eine anderweitige Absicherung im Krankheitsfall im Sinne des § 5 Absatz 1 Nummer 13 des Fünften Buches Sozialgesetzbuch oder eine der Beihilfe oder freien Heilfürsorge vergleichbare Absicherung im Sinne des § 193 Absatz 3 Satz 2 Nummer 2 des Versicherungsvertragsgesetzes gewährt. 3Dies gilt entsprechend, wenn ein Steuerpflichtiger, der weder seinen Wohnsitz noch seinen gewöhnlichen Aufenthalt im Inland hat, mit den Beiträgen einen Versicherungsschutz im Sinne des Absatzes 1 Nummer 3 Satz 1 erwirbt,
   b) berufsständische Versorgungseinrichtungen,
   c) einen Sozialversicherungsträger oder
   d) einen Anbieter im Sinne des § 80.

2Vorsorgeaufwendungen nach Absatz 1 Nummer 2 Buchstabe b werden nur berücksichtigt, wenn die Beiträge zugunsten eines Vertrags geleistet wurden, der nach § 5a des Altersvorsorgeverträge-Zertifizierungsgesetzes zertifiziert ist, wobei die Zertifizierung Grundlagenbescheid im Sinne des § 171 Absatz 10 der Abgabenordnung ist.

(2a) 1Bei Vorsorgeaufwendungen nach Absatz 1 Nummer 2 Buchstabe b hat der Anbieter als mitteilungspflichtige Stelle nach Maßgabe des § 93c der Abgabenordnung und unter Angabe der Vertrags- oder der Versicherungsdaten die Höhe der im jeweiligen Beitragsjahr geleisteten Beiträge und die Zertifizierungsnummer an die zentrale Stelle (§ 81) zu übermitteln. 2§ 22a Absatz 2 gilt entsprechend. 3§ 72a Absatz 4 und § 93c Absatz 4 der Abgabenordnung finden keine Anwendung.

(2b) 1Bei Vorsorgeaufwendungen nach Absatz 1 Nummer 3 hat das Versicherungsunternehmen, der Träger der gesetzlichen Kranken- und Pflegeversicherung, die Künstlersozialkasse oder eine Einrichtung im Sinne des Absatzes 2 Satz 1 Nummer 2 Buchstabe a Satz 2 als mitteilungspflichtige Stelle nach Maßgabe des § 93c der Abgabenordnung und unter Angabe der Vertrags- oder der Versicherungsdaten die Höhe der im jeweiligen Beitragsjahr geleisteten und erstatteten Beiträge sowie die in § 93c Absatz 1 Nummer 2 Buchstabe c der Abgabenordnung genannten Daten mit der Maßgabe, dass insoweit als Steuerpflichtiger die versicherte Person gilt, an die zentrale Stelle (§ 81) zu übermitteln; sind Versicherungsnehmer und versicherte Person nicht identisch, sind zusätzlich die Identifikationsnummer und der Tag der Geburt des Versicherungsnehmers anzugeben. 2Auf der Grundlage des § 65a des Fünften Buches Sozialgesetzbuch nach den Satzungen der gesetzlichen Krankenkassen erbrachte Bonusleistungen gelten bis zu einer Höhe von 150 Euro pro versicherter Person und Beitragsjahr nicht als Beitragserstattung; diese Summe übersteigende Bonusleistungen gelten stets als Beitragserstattung. 3Der Steuerpflichtige kann nachweisen, dass Bonusleistungen in Höhe des übersteigenden Betrags nicht als Beitragserstattung zu qualifizieren sind. 4Satz 1 gilt nicht, soweit diese Daten mit der elektronischen Lohnsteuerbescheinigung (§ 41b Absatz 1 Satz 2) oder der Rentenbezugsmitteilung (§ 22a Absatz 1 Satz 1 Nummer 4) zu übermitteln sind. 5§ 22a Absatz 2 gilt entsprechend. 6Zuständige Finanzbehörde im Sinne des § 72a Absatz 4 und des § 93c Absatz 4 der Abgabenordnung ist das Bundeszentralamt für Steuern. 7Wird in den Fällen des § 72a Absatz 4 der Abgabenordnung eine unzutreffende Höhe der Beiträge übermittelt, ist die entgangene Steuer mit 30 Prozent des zu hoch ausgewiesenen Betrags anzusetzen.

(2c) 1Bei Vorsorgeaufwendungen nach Absatz 1 Nummer 2 Buchstabe a hat der Träger der gesetzlichen Rentenversicherung, die landwirtschaftliche Alterskasse oder die berufsständische Versorgungseinrichtung als mitteilungspflichtige Stelle nach Maßgabe des § 93c der Abgabenordnung unter Angabe der Versicherungsdaten die Höhe der im jeweiligen Beitragsjahr geleisteten und erstatteten Beiträge an die zentrale Stelle (§ 81) zu übermitteln. 2Satz 1 gilt nicht, soweit diese Daten mit der elektronischen Lohnsteuerbescheinigung (§ 41b Absatz 1 Satz 2) zu übermitteln sind. 3§ 22a Absatz 2 gilt entsprechend. 4§ 72a Absatz 4 und § 93c Absatz 4 der Abgabenordnung finden keine Anwendung.

(3) 1Vorsorgeaufwendungen nach Absatz 1 Nummer 2 sind bis zu dem Höchstbeitrag zur knappschaftlichen Rentenversicherung, aufgerundet auf einen vollen Betrag in Euro, zu berücksichtigen. 2Bei zusammenveranlagten Ehegatten verdoppelt sich der Höchstbetrag. 3Der Höchstbetrag nach Satz 1 oder 2 ist bei Steuerpflichtigen, die

1. Arbeitnehmer sind und die während des ganzen oder eines Teils des Kalenderjahres
   a) in der gesetzlichen Rentenversicherung versicherungsfrei oder auf Antrag des Arbeitgebers von der Versicherungspflicht befreit waren und denen für den Fall ihres Ausscheidens aus der Beschäftigung auf Grund des Beschäftigungsverhältnisses eine lebenslängliche Versorgung oder an deren Stelle eine Abfindung zusteht oder die in der gesetzlichen Rentenversicherung nachzuversichern sind oder
   b) nicht der gesetzlichen Rentenversicherungspflicht unterliegen, eine Berufstätigkeit ausgeübt und im Zusammenhang damit auf Grund vertraglicher Vereinbarungen Anwartschaftsrechte auf eine Altersversorgung erworben haben, oder
2. Einkünfte im Sinne des § 22 Nummer 4 erzielen und die ganz oder teilweise ohne eigene Beitragsleistung einen Anspruch auf Altersversorgung erwerben,

um den Betrag zu kürzen, der, bezogen auf die Einnahmen aus der Tätigkeit, die die Zugehörigkeit zum genannten Personenkreis begründen, dem Gesamtbeitrag (Arbeitgeber- und Arbeitnehmeranteil) zur allgemeinen Rentenversicherung entspricht. 4Im Kalenderjahr 2013 sind 76 Prozent der nach den Sätzen 1 bis 3 ermittelten Vorsorgeaufwendungen anzusetzen. 5Der sich danach ergebende Betrag, vermindert um den nach § 3 Nummer 62 steuerfreien Arbeitgeberanteil zur gesetzlichen Rentenversicherung und einen diesem gleichgestellten steuerfreien Zuschuss des Arbeitgebers, ist als Sonderausgabe abziehbar. 6Der Prozentsatz in Satz 4 erhöht sich in den folgenden Kalenderjahren bis zum Kalenderjahr 2022 um je 2 Prozentpunkte je Kalenderjahr; ab dem Kalenderjahr 2023 beträgt er 100 Prozent. 7Beiträge nach § 168 Absatz 1 Nummer 1b oder 1c oder nach § 172 Absatz 3 oder 3a des Sechsten Buches Sozialgesetzbuch vermindern den abziehbaren Betrag nach Satz 5 nur, wenn der Steuerpflichtige die Hinzurechnung dieser Beiträge zu den Vorsorgeaufwendungen nach Absatz 1 Nummer 2 Satz 7 beantragt hat.

(4) 1Vorsorgeaufwendungen im Sinne des Absatzes 1 Nummer 3 und 3a können je Kalenderjahr insgesamt bis 2800 Euro abgezogen werden. 2Der Höchstbetrag beträgt 1900 Euro bei Steuerpflichtigen, die ganz oder teilweise ohne eigene Aufwendungen einen Anspruch auf vollständige oder teilweise Erstattung oder Übernahme von Krankheitskosten haben oder für deren Krankenversicherung Leistungen im Sinne des § 3 Nummer 9, 14, 57 oder 62 erbracht werden. 3Bei zusammen veranlagten Ehegatten bestimmt sich der gemeinsame Höchstbetrag aus der Summe der jedem Ehegatten unter den Voraussetzungen von Satz 1 und 2 zustehenden Höchstbeträge. 4Übersteigen die Vorsorgeaufwendungen im Sinne des Absatzes 1 Nummer 3 die nach den Sätzen 1 bis 3 zu berücksichtigenden Vorsorgeaufwendungen, sind diese abzuziehen und ein Abzug von Vorsorgeaufwendungen im Sinne des Absatzes 1 Nummer 3a scheidet aus.

(4a) 1Ist in den Kalenderjahren 2013 bis 2019 der Abzug der Vorsorgeaufwendungen nach Absatz 1 Nummer 2 Buchstabe a, Absatz 1 Nummer 3 und Nummer 3a in der für das Kalenderjahr 2004 geltenden Fassung des § 10 Absatz 3 mit folgenden Höchstbeträgen für den Vorwegabzug

Kalenderjahr	Vorwegabzug für den Steuerpflichtigen	Vorwegabzug im Fall der Zusammenveranlagung von Ehegatten
2013	2100	4200
2014	1800	3600
2015	1500	3000
2016	1200	2400
2017	900	1800
2018	600	1200
2019	300	600

zuzüglich des Erhöhungsbetrags nach Satz 3 günstiger, ist der sich danach ergebende Betrag anstelle des Abzugs nach Absatz 3 und 4 anzusetzen. 2Mindestens ist bei Anwendung des Satzes 1 der Betrag anzusetzen, der sich ergeben würde, wenn zusätzlich noch die Vorsorgeaufwendungen nach Absatz 1 Nummer 2 Buchstabe b in die Günstigerprüfung einbezogen werden würden; der Erhöhungsbetrag nach Satz 3 ist nicht hinzuzurechnen. 3Erhöhungsbetrag sind die Beiträge nach Absatz 1 Nummer 2 Buchstabe b, soweit sie nicht den um die Beiträge nach Absatz 1 Nummer 2 Buchstabe a und den nach § 3 Nummer 62 steuerfreien Arbeitgeberanteil zur gesetzlichen Rentenversicherung und einen diesem gleichgestellten steuerfreien Zuschuss verminderten Höchstbetrag nach Absatz 3 Satz 1 bis 3 überschreiten; Absatz 3 Satz 4 und 6 gilt entsprechend.

(4b) 1Erhält der Steuerpflichtige für die von ihm für einen anderen Veranlagungszeitraum geleisteten Aufwendungen im Sinne des Satzes 2 einen steuerfreien Zuschuss, ist dieser den erstatteten Aufwendungen gleichzustellen. 2Übersteigen bei den Sonderausgaben nach Absatz 1 Nummer 2 bis 3a die im Veranlagungszeitraum erstatteten Aufwendungen die geleisteten Aufwendungen (Erstattungsüberhang), ist der Erstattungsüberhang mit anderen im Rahmen der jeweiligen Nummer anzusetzenden Aufwendungen zu verrechnen. 3Ein verbleibender Betrag des sich bei den Aufwendungen nach Absatz 1 Nummer 3 und 4 ergebenden Erstattungsüberhangs ist dem Gesamtbetrag der Einkünfte hinzuzurechnen. 4Nach Maßgabe des § 93c der Abgabenordnung haben Behörden im Sinne des § 6 Absatz 1 der Abgabenordnung und andere öffentliche Stellen, die einem Steuerpflichtigen für die von ihm geleisteten Beiträge im Sinne des Absatzes 1 Nummer 2, 3 und 3a steuerfreie Zuschüsse gewähren oder Vorsorgeaufwendungen im Sinne dieser Vorschrift erstatten als mitteilungspflichtige Stellen, neben den nach § 93c Absatz 1 der Abgabenordnung erforderlichen Angaben, die zur Gewährung und Prüfung des Sonderausgabenabzugs nach § 10 erforderlichen Daten an die zentrale Stelle zu übermitteln. 5§ 22a Absatz 2 gilt entsprechend. 6§ 72a Absatz 4 und § 93c Absatz 4 der Abgabenordnung finden keine Anwendung.

(5) Durch Rechtsverordnung wird bezogen auf den Versicherungstarif bestimmt, wie der nicht abziehbare Teil der Beiträge zum Erwerb eines Krankenversicherungsschutzes im Sinne des Absatzes 1 Nummer 3 Buchstabe a Satz 3 durch einheitliche prozentuale Abschläge auf die zugunsten des jeweiligen Tarifs gezahlte Prämie zu ermitteln ist, soweit der nicht abziehbare Beitragsteil nicht bereits als gesonderter Tarif oder Tarifbaustein ausgewiesen wird.

(6) Absatz 1 Nummer 2 Buchstabe b Doppelbuchstabe aa ist für Vertragsabschlüsse vor dem 1. Januar 2012 mit der Maßgabe anzuwenden, dass der Vertrag die Zahlung der Leibrente nicht vor der Vollendung des 60. Lebensjahres vorsehen darf.

§ 10a Zusätzliche Altersvorsorge

(1) 1In der inländischen gesetzlichen Rentenversicherung Pflichtversicherte können Altersvorsorgebeiträge (§ 82) zuzüglich der dafür nach Abschnitt XI zustehenden Zulage jährlich bis zu 2100 Euro als Sonderausgaben abziehen; das Gleiche gilt für

1. Empfänger von inländischer Besoldung nach dem Bundesbesoldungsgesetz oder einem Landesbesoldungsgesetz,
2. Empfänger von Amtsbezügen aus einem inländischen Amtsverhältnis, deren Versorgungsrecht die entsprechende Anwendung des § 69e Absatz 3 und 4 des Beamtenversorgungsgesetzes vorsieht,
3. die nach § 5 Absatz 1 Satz 1 Nummer 2 und 3 des Sechsten Buches Sozialgesetzbuch versicherungsfrei Beschäftigten, die nach § 6 Absatz 1 Satz 1 Nummer 2 oder nach § 230 Absatz 2 Satz 2 des Sechsten Buches Sozialgesetzbuch von der Versicherungspflicht befreiten Beschäftigten, deren Versorgungsrecht die entsprechende Anwendung des § 69e Absatz 3 und 4 des Beamtenversorgungsgesetzes vorsieht,
4. Beamte, Richter, Berufssoldaten und Soldaten auf Zeit, die ohne Besoldung beurlaubt sind, für die Zeit einer Beschäftigung, wenn während der Beurlaubung die Gewährleistung einer Versorgungsanwartschaft unter den Voraussetzungen des § 5 Absatz 1 Satz 1 des Sechsten Buches Sozialgesetzbuch auf diese Beschäftigung erstreckt wird, und
5. Steuerpflichtige im Sinne der Nummern 1 bis 4, die beurlaubt sind und deshalb keine Besoldung, Amtsbezüge oder Entgelt erhalten, sofern sie eine Anrechnung von Kindererziehungszeiten nach § 56 des Sechsten Buches Sozialgesetzbuch in Anspruch nehmen könnten, wenn die Versicherungsfreiheit in der inländischen gesetzlichen Rentenversicherung nicht bestehen würde,

wenn sie spätestens bis zum Ablauf des Beitragsjahres (§ 88) folgt, gegenüber der zuständigen Stelle (§ 81 a) schriftlich oder elektronisch eingewilligt haben, dass diese der zentralen Stelle (§ 81) jährlich unter Angabe der Identifikationsnummer mitteilt, dass der Steuerpflichtige zum begünstigten Personenkreis gehört, dass die zuständige Stelle der zentralen Stelle die für die Ermittlung des Mindesteigenbeitrags (§ 86) und die Gewährung der Kinderzulage (§ 85) erforderlichen Daten übermittelt und die zentrale Stelle diese Daten für das Zulageverfahren verarbeiten darf. 2Bei der Erteilung der Einwilligung ist der Steuerpflichtige darauf hinzuweisen, dass er die Einwilligung vor Beginn des Kalenderjah-

VIII

res, für das sie erstmals nicht mehr gelten soll, gegenüber der zuständigen Stelle widerrufen kann. 3Versicherungspflichtige nach dem Gesetz über die Alterssicherung der Landwirte stehen Pflichtversicherten gleich; dies gilt auch für Personen, die

1. eine Anrechnungszeit nach § 58 Absatz 1 Nummer 3 oder Nummer 6 des Sechsten Buches Sozialgesetzbuch in der gesetzlichen Rentenversicherung erhalten und
2. unmittelbar vor einer Anrechnungszeit nach § 58 Absatz 1 Nummer 3 oder Nummer 6 des Sechsten Buches Sozialgesetzbuch einer der im ersten Halbsatz, in Satz 1 oder in Satz 4 genannten begünstigten Personengruppen angehörten.

4Die Sätze 1 und 2 gelten entsprechend für Steuerpflichtige, die nicht zum begünstigten Personenkreis nach Satz 1 oder 3 gehören und eine Rente wegen voller Erwerbsminderung oder Erwerbsunfähigkeit oder eine Versorgung wegen Dienstunfähigkeit aus einem der in Satz 1 oder 3 genannten Alterssicherungssysteme beziehen, wenn unmittelbar vor dem Bezug der entsprechenden Leistungen der Leistungsbezieher einer der in Satz 1 oder 3 genannten begünstigten Personengruppen angehörte; dies gilt nicht, wenn der Steuerpflichtige das 67. Lebensjahr vollendet hat. 5Bei der Ermittlung der dem Steuerpflichtigen zustehenden Zulage nach Satz 1 bleibt die Erhöhung der Grundzulage nach § 84 Satz 2 außer Betracht.

VIII

(1a) 1Steuerpflichtige, die eine Kinderzulage für ein Kind beantragen oder auf den Ehegatten übertragen haben, das im Beitragsjahr sein viertes Lebensjahr noch nicht vollendet hat und für das gegenüber dem Steuerpflichtigen oder seinem Ehegatten Kindergeld festgesetzt worden ist, stehen einem in der inländischen gesetzlichen Rentenversicherung Pflichtversicherten gleich, wenn eine Anrechnung von Kindererziehungszeiten nach § 56 des Sechsten Buches Sozialgesetzbuch nur auf Grund eines fehlenden oder noch nicht beschiedenen Antrags auf Berücksichtigung von Kindererziehungszeiten bislang nicht erfolgt ist. 2Voraussetzung ist, dass der Steuerpflichtige spätestens am Tag nach der Vollendung des vierten Lebensjahres des Kindes die Kindererziehungszeiten beim zuständigen Träger der gesetzlichen Rentenversicherung beantragt. 3Werden die Kindererziehungszeiten vom Träger der gesetzlichen Rentenversicherung nicht anerkannt, entfällt rückwirkend die Förderberechtigung nach Satz 1. 4Wurde das Kind am 1. Januar geboren, gilt Satz 1 mit der Maßgabe, dass das fünfte Lebensjahr noch nicht vollendet sein darf.

(1b) 1Sofern eine Zulagenummer (§ 90 Absatz 1 Satz 2) durch die zentrale Stelle oder eine Versicherungsnummer nach § 147 des Sechsten Buches Sozialgesetzbuch noch nicht vergeben ist, haben die in Absatz 1 Satz 1 Nummer 1 bis 5 genannten Steuerpflichtigen über die zuständige Stelle eine Zulagenummer bei der zentralen Stelle zu beantragen. 2Für Empfänger einer Versorgung im Sinne des Absatzes 1 Satz 4 gilt Satz 1 entsprechend.

(2) 1Ist der Sonderausgabenabzug nach Absatz 1 für den Steuerpflichtigen günstiger als der Anspruch auf die Zulage nach Abschnitt XI, erhöht sich die unter Berücksichtigung des Sonderausgabenabzugs ermittelte tarifliche Einkommensteuer um den Anspruch auf Zulage. 2In den anderen Fällen scheidet der Sonderausgabenabzug aus. 3Die Günstigerprüfung wird von Amts wegen vorgenommen.

(3) 1Der Abzugsbetrag nach Absatz 1 steht im Fall der Veranlagung von Ehegatten nach § 26 Absatz 1 jedem Ehegatten unter den Voraussetzungen des Absatzes 1 gesondert zu. 2Gehört nur ein Ehegatte zu dem nach Absatz 1 begünstigten Personenkreis und ist der andere Ehegatte nach § 79 Satz 2 zulageberechtigt, sind bei dem nach Absatz 1 abzugsberechtigten Ehegatten die von beiden Ehegatten geleisteten Altersvorsorgebeiträge und die dafür zustehenden Zulagen bei der Anwendung der Absätze 1 und 2 zu berücksichtigen. 3Der Höchstbetrag nach Absatz 1 Satz 1 erhöht sich in den Fällen des Satzes 2 um 60 Euro. 4Dabei sind die von dem Ehegatten, der zu dem nach Absatz 1 begünstigten Personenkreis gehört, geleisteten Altersvorsorgebeiträge vorrangig zu berücksichtigen, jedoch mindestens 60 Euro der von dem

anderen Ehegatten geleisteten Altersvorsorgebeiträge. 5Gehören beide Ehegatten zu dem nach Absatz 1 begünstigten Personenkreis und liegt ein Fall der Veranlagung nach § 26 Absatz 1 vor, ist bei der Günstigerprüfung nach Absatz 2 der Anspruch auf Zulage beider Ehegatten anzusetzen.

(4) 1Im Fall des Absatzes 2 Satz 1 stellt das Finanzamt die über den Zulageanspruch nach Abschnitt XI hinausgehende Steuerermäßigung gesondert fest und teilt diese der zentralen Stelle (§ 81) mit; § 10d Absatz 4 Satz 3 bis 5 gilt entsprechend. 2Sind Altersvorsorgebeiträge zugunsten von mehreren Verträgen geleistet worden, erfolgt die Zurechnung im Verhältnis der nach Absatz 1 berücksichtigten Altersvorsorgebeiträge. 3Ehegatten ist der nach Satz 1 festzustellende Betrag auch im Fall der Zusammenveranlagung jeweils getrennt zuzurechnen; die Zurechnung erfolgt im Verhältnis der nach Absatz 1 berücksichtigten Altersvorsorgebeiträge. 4Werden Altersvorsorgebeiträge nach Absatz 3 Satz 2 berücksichtigt, die der nach § 79 Satz 2 zulageberechtigte Ehegatte zugunsten eines auf seinen Namen lautenden Vertrages geleistet hat, ist die hierauf entfallende Steuerermäßigung dem Vertrag zuzurechnen, zu dessen Gunsten die Altersvorsorgebeiträge geleistet wurden. 5Die Übermittlung an die zentrale Stelle erfolgt unter Angabe der Vertragsnummer und der Identifikationsnummer (§ 139b Abgabenordnung) sowie der Zulage- oder Versicherungsnummer nach § 147 des Sechsten Buches Sozialgesetzbuch.

(5) 1Nach Maßgabe des § 93c der Abgabenordnung hat der Anbieter als mitteilungspflichtige Stelle auch unter Angabe der Vertragsdaten die Höhe der im jeweiligen Beitragsjahr zu berücksichtigenden Altersvorsorgebeiträge sowie die Zulage- oder die Versicherungsnummer nach § 147 des Sechsten Buches Sozialgesetzbuch an die zentrale Stelle zu übermitteln. 2§ 22a Absatz 2 gilt entsprechend. 3§ 72a Absatz 4 der Abgabenordnung findet keine Anwendung. 4Die übrigen Voraussetzungen für den Sonderausgabenabzug nach den Absätzen 1 bis 3 werden im Wege der Datenerhebung und des automatisierten Datenabgleichs nach § 91 überprüft. 5Erfolgt eine Datenübermittlung nach Satz 1 und wurde noch keine Zulagenummer (§ 90 Absatz 1 Satz 2) durch die zentrale Stelle oder keine Versicherungsnummer nach § 147 des Sechsten Buches Sozialgesetzbuch vergeben, gilt § 90 Absatz 1 Satz 2 und 3 entsprechend.

(6) 1Für die Anwendung der Absätze 1 bis 5 stehen den in der inländischen gesetzlichen Rentenversicherung Pflichtversicherten nach Absatz 1 Satz 1 die Pflichtmitglieder in einem ausländischen gesetzlichen Alterssicherungssystem gleich, wenn diese Pflichtmitgliedschaft

1. mit einer Pflichtmitgliedschaft in einem inländischen Alterssicherungssystem nach Absatz 1 Satz 1 oder 3 vergleichbar ist und
2. vor dem 1. Januar 2010 begründet wurde.

2Für die Anwendung der Absätze 1 bis 5 stehen den Steuerpflichtigen nach Absatz 1 Satz 4 die Personen gleich,

1. die aus einem ausländischen gesetzlichen Alterssicherungssystem eine Leistung erhalten, die den in Absatz 1 Satz 4 genannten Leistungen vergleichbar ist,
2. die unmittelbar vor dem Bezug der entsprechenden Leistung nach Satz 1 oder Absatz 1 Satz 1 oder 3 begünstigt waren und
3. die noch nicht das 67. Lebensjahr vollendet haben.

3Als Altersvorsorgebeiträge (§ 82) sind bei den in Satz 1 oder 2 genannten Personen nur diejenigen Beiträge zu berücksichtigen, die vom Abzugsberechtigten zugunsten seines vor dem 1. Januar 2010 abgeschlossenen Vertrags geleistet wurden. 4Endet die unbeschränkte Steuerpflicht eines Zulageberechtigten im Sinne des Satzes 1 oder 2 durch Aufgabe des inländischen Wohnsitzes oder gewöhnlichen Aufenthalts und wird die Person nicht nach § 1 Absatz 3 als unbeschränkt einkommensteuerpflichtig behandelt, so gelten die §§ 93 und 94 entsprechend; § 99 Absatz 1 in der am 31. Dezember 2008 geltenden Fassung ist anzuwenden.

(7) Soweit nichts anderes bestimmt ist, sind die Regelungen des § 10a und des Abschnitts XI in der für das jeweilige Beitragsjahr geltenden Fassung anzuwenden.

IV. Tarif

§ 31 Familienleistungsausgleich

$_{1}$Die steuerliche Freistellung eines Einkommensbetrags in Höhe des Existenzminimums eines Kindes einschließlich der Bedarfe für Betreuung und Erziehung oder Ausbildung wird im gesamten Veranlagungszeitraum entweder durch die Freibeträge nach § 32 Absatz 6 oder durch Kindergeld nach Abschnitt X bewirkt. $_{2}$Soweit das Kindergeld dafür nicht erforderlich ist, dient es der Förderung der Familie. $_{3}$Im laufenden Kalenderjahr wird Kindergeld als Steuervergütung monatlich gezahlt. $_{4}$Bewirkt der Anspruch auf Kindergeld für den gesamten Veranlagungszeitraum die nach Satz 1 gebotene steuerliche Freistellung nicht vollständig und werden deshalb bei der Veranlagung zur Einkommensteuer die Freibeträge nach § 32 Absatz 6 vom Einkommen abgezogen, erhöht sich die unter Abzug dieser Freibeträge ermittelte tarifliche Einkommensteuer um den Anspruch auf Kindergeld für den gesamten Veranlagungszeitraum; bei nicht zusammenveranlagten Eltern wird der Kindergeldanspruch im Umfang des Kinderfreibetrags angesetzt. $_{5}$Bei der Prüfung der Steuerfreistellung und der Hinzurechnung nach Satz 4 bleibt der Anspruch auf Kindergeld für Kalendermonate unberücksichtigt, in denen durch Bescheid der Familienkasse ein Anspruch auf Kindergeld festgesetzt, aber wegen § 70 Absatz 1 Satz 2 nicht ausgezahlt wurde. $_{6}$Satz 4 gilt entsprechend für mit dem Kindergeld vergleichbare Leistungen nach § 65. $_{7}$Besteht nach ausländischem Recht Anspruch auf Leistungen für Kinder, wird dieser insoweit nicht berücksichtigt, als er das inländische Kindergeld übersteigt.

§ 32 Kinder, Freibeträge für Kinder

(1) Kinder sind

1. im ersten Grad mit dem Steuerpflichtigen verwandte Kinder,
2. Pflegekinder (Personen, mit denen der Steuerpflichtige durch ein familienähnliches, auf längere Dauer berechnetes Band verbunden ist, sofern er sie nicht zu Erwerbszwecken in seinen Haushalt aufgenommen hat und das Obhuts- und Pflegeverhältnis zu den Eltern nicht mehr besteht).

(2) $_{1}$Besteht bei einem angenommenen Kind das Kindschaftsverhältnis zu den leiblichen Eltern weiter, ist es vorrangig als angenommenes Kind zu berücksichtigen. $_{2}$Ist ein im ersten Grad mit dem Steuerpflichtigen verwandtes Kind zugleich ein Pflegekind, ist es vorrangig als Pflegekind zu berücksichtigen.

(3) Ein Kind wird in dem Kalendermonat, in dem es lebend geboren wurde, und in jedem folgenden Kalendermonat, zu dessen Beginn es das 18. Lebensjahr noch nicht vollendet hat, berücksichtigt.

(4) $_{1}$Ein Kind, das das 18. Lebensjahr vollendet hat, wird berücksichtigt, wenn es

1. noch nicht das 21. Lebensjahr vollendet hat, nicht in einem Beschäftigungsverhältnis steht und bei einer Agentur für Arbeit im Inland als Arbeitsuchender gemeldet ist oder
2. noch nicht das 25. Lebensjahr vollendet hat und
   a) für einen Beruf ausgebildet wird oder
   b) sich in einer Übergangszeit von höchstens vier Monaten befindet, die zwischen zwei Ausbildungsabschnitten oder zwischen einem Ausbildungsabschnitt und der Ableistung des gesetzlichen Wehr- oder Zivildienstes, einer vom Wehr- oder Zivildienst befreienden Tätigkeit als Entwicklungshelfer oder als Dienstleistender im Ausland nach § 14b des Zivildienstgesetzes oder der Ableistung des freiwilligen Wehrdienstes nach § 58b des Soldatengesetzes oder der Ableistung eines freiwilligen Dienstes im Sinne des Buchstaben d liegt, oder
   c) eine Berufsausbildung mangels Ausbildungsplatzes nicht beginnen oder fortsetzen kann oder

d) einen der folgenden freiwilligen Dienste leistet:
   aa) ein freiwilliges soziales Jahr im Sinne des Jugendfreiwilligendienstegesetzes,
   bb) ein freiwilliges ökologisches Jahr im Sinne des Jugendfreiwilligendienstegesetzes,
   cc) einen Bundesfreiwilligendienst im Sinne des Bundesfreiwilligendienstgesetzes,
   dd) eine Freiwilligentätigkeit im Rahmen des Europäischen Solidaritätskorps im Sinne der Verordnung (EU) 2021/888 des Europäischen Parlaments und des Rates vom 20. Mai 2021 zur Aufstellung des Programms für das Europäische Solidaritätskorps und zur Aufhebung der Verordnungen (EU) 2018/1475 und (EU) Nr. 375/2014 (ABl. L 202 vom 8. 6. 2021, S. 32),
   ee) einen anderen Dienst im Ausland im Sinne von § 5 des Bundesfreiwilligendienstgesetzes,
   ff) einen entwicklungspolitischen Freiwilligendienst „weltwärts" im Sinne der Förderleitlinie des Bundesministeriums für wirtschaftliche Zusammenarbeit und Entwicklung vom 1. Januar 2016,
   gg) einen Freiwilligendienst aller Generationen im Sinne von § 2 Absatz 1a des Siebten Buches Sozialgesetzbuch oder
   hh) einen Internationalen Jugendfreiwilligendienst im Sinne der Richtlinie des Bundesministeriums für Familie, Senioren, Frauen und Jugend vom 4. Januar 2021 (GMBl S. 77) oder

3. wegen körperlicher, geistiger oder seelischer Behinderung außerstande ist, sich selbst zu unterhalten; Voraussetzung ist, dass die Behinderung vor Vollendung des 25. Lebensjahres eingetreten ist.

$_{2}$Nach Abschluss einer erstmaligen Berufsausbildung oder eines Erststudiums wird ein Kind in den Fällen des Satzes 1 Nummer 2 nur berücksichtigt, wenn das Kind keiner Erwerbstätigkeit nachgeht. $_{3}$Eine Erwerbstätigkeit mit bis zu 20 Stunden regelmäßiger wöchentlicher Arbeitszeit, ein Ausbildungsdienstverhältnis oder ein geringfügiges Beschäftigungsverhältnis im Sinne der §§ 8 und 8a des Vierten Buches Sozialgesetzbuch sind unschädlich.

(5) $_{1}$In den Fällen des Absatzes 4 Satz 1 Nummer 1 oder Nummer 2 Buchstabe a und b wird ein Kind, das

1. den gesetzlichen Grundwehrdienst oder Zivildienst geleistet hat, oder
2. sich anstelle des gesetzlichen Grundwehrdienstes freiwillig für die Dauer von nicht mehr als drei Jahren zum Wehrdienst verpflichtet hat, oder
3. eine vom gesetzlichen Grundwehrdienst oder Zivildienst befreiende Tätigkeit als Entwicklungshelfer im Sinne des § 1 Absatz 1 des Entwicklungshelfer-Gesetzes ausgeübt hat,

für einen der Dauer dieser Dienste oder der Tätigkeit entsprechenden Zeitraum, höchstens für die Dauer des inländischen gesetzlichen Grundwehrdienstes oder bei anerkannten Kriegsdienstverweigerern für die Dauer des inländischen gesetzlichen Zivildienstes über das 21. oder 25. Lebensjahr hinaus berücksichtigt. $_{2}$Wird der gesetzliche Grundwehrdienst oder Zivildienst in einem Mitgliedstaat der Europäischen Union oder einem Staat, auf den das Abkommen über den Europäischen Wirtschaftsraum Anwendung findet, geleistet, so ist die Dauer dieses Dienstes maßgebend. $_{3}$Absatz 4 Satz 2 und 3 gilt entsprechend.

(6) $_{1}$Bei der Veranlagung zur Einkommensteuer wird für jedes zu berücksichtigende Kind des Steuerpflichtigen ein Freibetrag von 3414 Euro für das sächliche Existenzminimum des Kindes (Kinderfreibetrag) sowie ein Freibetrag von 1464 Euro für den Betreuungs- und Erziehungs- oder Ausbildungsbedarf des Kindes vom Einkommen abgezogen. $_{2}$Bei Ehegatten, die nach den §§ 26, 26b zusammen zur Einkommensteuer veranlagt werden, verdoppeln sich die Beträge nach

Satz 1, wenn das Kind zu beiden Ehegatten in einem Kindschaftsverhältnis steht. $_{3}$Die Beträge nach Satz 2 stehen dem Steuerpflichtigen auch dann zu, wenn

1. der andere Elternteil verstorben oder nicht unbeschränkt einkommensteuerpflichtig ist oder
2. der Steuerpflichtige allein das Kind angenommen hat oder das Kind nur zu ihm in einem Pflegekindschaftsverhältnis steht.

$_{4}$Für ein nicht nach § 1 Absatz 1 oder 2 unbeschränkt einkommensteuerpflichtiges Kind können die Beträge nach den Sätzen 1 bis 3 nur abgezogen werden, soweit sie nach den Verhältnissen seines Wohnsitzstaates notwendig und angemessen sind. $_{5}$Für jeden Kalendermonat, in dem die Voraussetzungen für einen Freibetrag nach den Sätzen 1 bis 4 nicht vorliegen, ermäßigen sich die dort genannten Beträge um ein Zwölftel. $_{6}$Abweichend von Satz 1 wird bei einem unbeschränkt einkommensteuerpflichtigen Elternpaar, bei dem die Voraussetzungen des § 26 Absatz 1 Satz 1 nicht vorliegen, auf Antrag eines Elternteils der dem anderen Elternteil zustehende Kinderfreibetrag auf ihn übertragen, wenn er, nicht jedoch der andere Elternteil, seiner Unterhaltspflicht gegenüber dem Kind für das Kalenderjahr im Wesentlichen nachkommt oder der andere Elternteil mangels Leistungsfähigkeit nicht unterhaltspflichtig ist; die Übertragung des Kinderfreibetrags führt stets auch zur Übertragung des Freibetrags für den Betreuungs- und Erziehungs- oder Ausbildungsbedarf. $_{7}$Eine Übertragung nach Satz 6 scheidet für Zeiträume aus, für die Unterhaltsleistungen nach dem Unterhaltsvorschussgesetz gezahlt werden. $_{8}$Bei minderjährigen Kindern wird der dem Elternteil, in dessen Wohnung das Kind nicht gemeldet ist, zustehende Freibetrag für den Betreuungs- und Erziehungs- oder Ausbildungsbedarf auf Antrag des anderen Elternteils auf diesen übertragen, wenn bei dem Elternpaar die Voraussetzungen des § 26 Absatz 1 Satz 1 nicht vorliegen. $_{9}$Eine Übertragung nach Satz 8 scheidet aus, wenn der Übertragung widersprochen wird, weil der Elternteil, bei dem das Kind nicht gemeldet ist, Kinderbetreuungskosten trägt oder das Kind regelmäßig in einem nicht unwesentlichen Umfang betreut. $_{10}$Die den Eltern nach den Sätzen 1 bis 9 zustehenden Freibeträge können auf Antrag auch auf einen Stiefelternteil oder Großelternteil übertragen werden, wenn dieser das Kind in seinen Haushalt aufgenommen hat oder dieser einer Unterhaltspflicht gegenüber dem Kind unterliegt. $_{11}$Die Übertragung nach Satz 10 kann auch mit Zustimmung des berechtigten Elternteils erfolgen, die nur für künftige Kalenderjahre widerrufen werden kann. $_{12}$Voraussetzung für die Berücksichtigung des Kinderfreibetrags sowie des Freibetrags für den Betreuungs- und Erziehungs- oder Ausbildungsbedarf des Kindes ist die Identifizierung des Kindes durch die an dieses Kind vergebene Identifikationsnummer (§ 139b der Abgabenordnung). $_{13}$Ist das Kind nicht nach einem Steuergesetz steuerpflichtig (§ 139a Absatz 2 der Abgabenordnung), ist es in anderer geeigneter Weise zu identifizieren. $_{14}$Die nachträgliche Identifizierung oder nachträgliche Vergabe der Identifikationsnummer wirkt auf Monate zurück, in denen die übrigen Voraussetzungen für die Gewährung des Kinderfreibetrags sowie des Freibetrags für den Betreuungs- und Erziehungs- oder Ausbildungsbedarf des Kindes vorliegen.

§ 32a Einkommensteuertarif

(1) $_{1}$Die tarifliche Einkommensteuer bemisst sich nach dem auf volle Euro abgerundeten zu versteuernden Einkommen. $_{2}$Sie beträgt ab dem Veranlagungszeitraum 2026 vorbehaltlich der §§ 32b, 32d, 34, 34a, 34b und 34c jeweils in Euro für zu versteuernde Einkommen

1. bis 12 348 Euro (Grundfreibetrag):
   0;
2. von 12 349 Euro bis 17 799 Euro:
   $(914{,}51 \cdot y + 1\,400) \cdot y$;
3. von 17 800 Euro bis 69 878 Euro:
   $(173{,}10 \cdot z + 2\,397) \cdot z + 1\,034{,}87$;
4. von 69 879 Euro bis 277 825 Euro:
   $0{,}42 \cdot x - 11\,135{,}63$;
5. von 277 826 Euro an:
   $0{,}45 \cdot x - 19\,470{,}38$.

₃Die Größe „y“ ist ein Zehntausendstel des den Grundfreibetrag übersteigenden Teils des auf einen vollen Euro-Betrag abgerundeten zu versteuernden Einkommens. ₄Die Größe „z“ ist ein Zehntausendstel des 17 799 Euro übersteigenden Teils des auf einen vollen Euro-Betrag abgerundeten zu versteuernden Einkommens. ₅Die Größe „x“ ist das auf einen vollen Euro-Betrag abgerundete zu versteuernde Einkommen. ₆Der sich ergebende Steuerbetrag ist auf den nächsten vollen Euro-Betrag abzurunden.

(2) bis (4) (weggefallen)

(5) Bei Ehegatten, die nach den §§ 26, 26b zusammen zur Einkommensteuer veranlagt werden, beträgt die tarifliche Einkommensteuer vorbehaltlich der §§ 32b, 32d, 34, 34a, 34b und 34c das Zweifache des Steuerbetrags, der sich für die Hälfte ihres gemeinsam zu versteuernden Einkommens nach Absatz 1 ergibt (Splitting-Verfahren).

(6) ₁Das Verfahren nach Absatz 5 ist auch anzuwenden zur Berechnung der tariflichen Einkommensteuer für das zu versteuernde Einkommen

1. bei einem verwitweten Steuerpflichtigen für den Veranlagungszeitraum, der dem Kalenderjahr folgt, in dem der Ehegatte verstorben ist, wenn der Steuerpflichtige und sein verstorbener Ehegatte im Zeitpunkt seines Todes die Voraussetzungen des § 26 Absatz 1 Satz 1 erfüllt haben,
2. bei einem Steuerpflichtigen, dessen Ehe in dem Kalenderjahr, in dem er sein Einkommen bezogen hat, aufgelöst worden ist, wenn in diesem Kalenderjahr
   a) der Steuerpflichtige und sein bisheriger Ehegatte die Voraussetzungen des § 26 Absatz 1 Satz 1 erfüllt haben,
   b) der bisherige Ehegatte wieder geheiratet hat und
   c) der bisherige Ehegatte und dessen neuer Ehegatte ebenfalls die Voraussetzungen des § 26 Absatz 1 Satz 1 erfüllen.

₂Voraussetzung für die Anwendung des Satzes 1 ist, dass der Steuerpflichtige nicht nach den §§ 26, 26a einzeln zur Einkommensteuer veranlagt wird.

X. Kindergeld

§ 62 Anspruchsberechtigte

(1) ₁Für Kinder im Sinne des § 63 hat Anspruch auf Kindergeld nach diesem Gesetz, wer

1. im Inland einen Wohnsitz oder seinen gewöhnlichen Aufenthalt hat oder
2. ohne Wohnsitz oder gewöhnlichen Aufenthalt im Inland
   a) nach § 1 Absatz 2 unbeschränkt einkommensteuerpflichtig ist oder
   b) nach § 1 Absatz 3 als unbeschränkt einkommensteuerpflichtig behandelt wird.

₂Voraussetzung für den Anspruch nach Satz 1 ist, dass der Berechtigte durch die an ihn vergebene Identifikationsnummer (§ 139b der Abgabenordnung) identifiziert wird. ₃Die nachträgliche Vergabe der Identifikationsnummer wirkt auf Monate zurück, in denen die Voraussetzungen des Satzes 1 vorliegen.

(1a) ₁Begründet ein Staatsangehöriger eines anderen Mitgliedstaates der Europäischen Union oder eines Staates, auf den das Abkommen über den Europäischen Wirtschaftsraum Anwendung findet, im Inland einen Wohnsitz oder gewöhnlichen Aufenthalt, so hat er für die ersten drei Monate ab Begründung des Wohnsitzes oder des gewöhnlichen Aufenthalts keinen Anspruch auf Kindergeld. ₂Dies gilt nicht, wenn er nachweist, dass er inländische Einkünfte im Sinne des § 2 Absatz 1 Satz 1 Nummer 1 bis 4 mit Ausnahme von Einkünften nach § 19 Absatz 1 Satz 1 Nummer 2 erzielt. ₃Nach Ablauf des in Satz 1 genannten Zeitraums hat er Anspruch auf Kindergeld, es sei denn, die Voraussetzungen des § 2 Absatz 2 oder Absatz 3 des Freizügigkeitsgesetzes/EU liegen nicht vor oder es sind nur die Voraussetzungen des § 2 Absatz 2 Nummer 1a des Freizügigkeitsgesetzes/EU erfüllt, ohne dass vorher eine andere der in § 2 Absatz 2 des Freizügigkeitsgesetzes/EU genannten Voraussetzungen erfüllt war. ₄Die Prüfung, ob die Voraussetzungen für einen Anspruch auf Kindergeld gemäß Satz 2 vorliegen oder gemäß Satz 3 nicht gegeben sind, führt die Familienkasse in eigener

VIII

Zuständigkeit durch. 5Lehnt die Familienkasse eine Kindergeldfestsetzung in diesem Fall ab, hat sie ihre Entscheidung der zuständigen Ausländerbehörde mitzuteilen. 6Wurde das Vorliegen der Anspruchsvoraussetzungen durch die Verwendung gefälschter oder verfälschter Dokumente oder durch Vorspiegelung falscher Tatsachen vorgetäuscht, hat die Familienkasse die zuständige Ausländerbehörde unverzüglich zu unterrichten.

(2) Ein nicht freizügigkeitsberechtigter Ausländer erhält Kindergeld nur, wenn er

1. eine Niederlassungserlaubnis oder eine Erlaubnis zum Daueraufenthalt-EU besitzt,
2. eine Blaue Karte EU, eine ICT-Karte, eine Mobiler-ICT-Karte oder eine Aufenthaltserlaubnis besitzt, die für einen Zeitraum von mindestens sechs Monaten zur Ausübung einer Erwerbstätigkeit berechtigen oder berechtigt haben oder diese erlauben, es sei denn, die Aufenthaltserlaubnis wurde
   a) nach § 16e des Aufenthaltsgesetzes zu Ausbildungszwecken, nach § 19c Absatz 1 des Aufenthaltsgesetzes zum Zweck der Beschäftigung als Au-Pair oder zum Zweck der Saisonbeschäftigung, nach § 19e des Aufenthaltsgesetzes zum Zweck der Teilnahme an einem Europäischen Freiwilligendienst oder nach § 20a Absatz 5 Satz 1 des Aufenthaltsgesetzes zur Suche nach einer Erwerbstätigkeit oder nach Maßnahmen zur Anerkennung ausländischer Berufsqualifikationen erteilt,
   b) nach § 16b des Aufenthaltsgesetzes zum Zweck eines Studiums, nach § 16d des Aufenthaltsgesetzes für Maßnahmen zur Anerkennung ausländischer Berufsqualifikationen, nach § 20 des Aufenthaltsgesetzes zur Suche nach einer Erwerbstätigkeit oder nach § 20a Absatz 5 Satz 2 des Aufenthaltsgesetzes zur Suche nach einer Erwerbstätigkeit oder nach Maßnahmen zur Anerkennung ausländischer Berufsqualifikationen erteilt und er ist weder erwerbstätig noch nimmt er Elternzeit nach § 15 des Bundeselterngeld- und Elternzeitgesetzes oder laufende Geldleistungen nach dem Dritten Buch Sozialgesetzbuch in Anspruch,
   c) nach § 23 Absatz 1 des Aufenthaltsgesetzes wegen eines Krieges in seinem Heimatland oder nach den § 23a oder § 25 Absatz 3 bis 5 des Aufenthaltsgesetzes erteilt,
3. eine in Nummer 2 Buchstabe c genannte Aufenthaltserlaubnis besitzt und im Bundesgebiet berechtigt erwerbstätig ist oder Elternzeit nach § 15 des Bundeselterngeld- und Elternzeitgesetzes oder laufende Geldleistungen nach dem Dritten Buch Sozialgesetzbuch in Anspruch nimmt,
4. eine in Nummer 2 Buchstabe c genannte Aufenthaltserlaubnis besitzt und sich seit mindestens 15 Monaten erlaubt, gestattet oder geduldet im Bundesgebiet aufhält oder
5. eine Beschäftigungsduldung gemäß § 60d in Verbindung mit § 60a Absatz 2 Satz 3 des Aufenthaltsgesetzes besitzt.

§ 63 Kinder

(1) 1Als Kinder werden berücksichtigt

1. Kinder im Sinne des § 32 Absatz 1,
2. vom Berechtigten in seinen Haushalt aufgenommene Kinder seines Ehegatten,
3. vom Berechtigten in seinen Haushalt aufgenommene Enkel.

2§ 32 Absatz 3 bis 5 gilt entsprechend. 3Voraussetzung für die Berücksichtigung ist die Identifizierung des Kindes durch die an dieses Kind vergebene Identifikationsnummer (§ 139b der Abgabenordnung). 4Ist das Kind nicht nach einem Steuergesetz steuerpflichtig (§ 139a Absatz 2 der Abgabenordnung), ist es in anderer geeigneter Weise zu identifizieren. 5Die nachträgliche Identifizierung oder nachträgliche Vergabe der Identifikationsnummer wirkt auf Monate zurück, in denen die Voraussetzungen der Sätze 1 bis 4 vorliegen. 6Kinder, die weder einen Wohnsitz noch ihren gewöhnlichen Aufenthalt im Inland, in einem Mitgliedstaat der Europäischen Union oder in einem Staat, auf den das Abkommen über den Europäischen Wirtschaftsraum Anwendung findet, haben, werden nicht berücksichtigt, es sei denn, sie leben im Haushalt eines Berechtigten im Sinne des § 62 Absatz 1 Satz 1 Nummer 2 Buchstabe a. 7Kinder im Sinne von § 2 Absatz 4 Satz 2 des Bundeskindergeldgesetzes werden nicht berücksichtigt.

(2) Die Bundesregierung wird ermächtigt, durch Rechtsverordnung, die nicht der Zustimmung des Bundesrates bedarf, zu bestimmen, dass einem Berechtigten, der im Inland erwerbstätig ist oder sonst seine hauptsächlichen Einkünfte erzielt, für seine in Absatz 1 Satz 3 erster Halbsatz bezeichneten Kinder Kindergeld ganz oder teilweise zu leisten ist, soweit dies mit Rücksicht auf die durchschnittlichen Lebenshaltungskosten für Kinder in deren Wohnsitzstaat und auf die dort gewährten dem Kindergeld vergleichbaren Leistungen geboten ist.

§ 64 Zusammentreffen mehrerer Ansprüche

(1) Für jedes Kind wird nur einem Berechtigten Kindergeld gezahlt.

(2) 1Bei mehreren Berechtigten wird das Kindergeld demjenigen gezahlt, der das Kind in seinen Haushalt aufgenommen hat. 2Ist ein Kind in den gemeinsamen Haushalt von Eltern, einem Elternteil und dessen Ehegatten, Pflegeeltern oder Großeltern aufgenommen worden, so bestimmen diese untereinander den Berechtigten. 3Wird eine Bestimmung nicht getroffen, so bestimmt das Familiengericht auf Antrag den Berechtigten. 4Den Antrag kann stellen, wer ein berechtigtes Interesse an der Zahlung des Kindergeldes hat. 5Lebt ein Kind im gemeinsamen Haushalt von Eltern und Großeltern, so wird das Kindergeld vorrangig einem Elternteil gezahlt; es wird an einen Großelternteil gezahlt, wenn der Elternteil gegenüber der zuständigen Stelle auf seinen Vorrang schriftlich verzichtet hat.

(3) 1Ist das Kind nicht in den Haushalt eines Berechtigten aufgenommen, so erhält das Kindergeld derjenige, der dem Kind eine Unterhaltsrente zahlt. 2Zahlen mehrere Berechtigte dem Kind Unterhaltsrenten, so erhält das Kindergeld derjenige, der dem Kind die höchste Unterhaltsrente zahlt. 3Werden gleich hohe Unterhaltsrenten gezahlt oder zahlt keiner der Berechtigten dem Kind Unterhalt, so bestimmen die Berechtigten untereinander, wer das Kindergeld erhalten soll. 4Wird eine Bestimmung nicht getroffen, so gilt Absatz 2 Satz 3 und 4 entsprechend.

§ 65 Andere Leistungen für Kinder

1Kindergeld wird nicht für ein Kind gezahlt, für das eine der folgenden Leistungen zu zahlen ist oder bei entsprechender Antragstellung zu zahlen wäre:

1. Leistungen für Kinder, die im Ausland gewährt werden und dem Kindergeld oder der Kinderzulage aus der gesetzlichen Unfallversicherung nach § 217 Absatz 3 des Siebten Buches Sozialgesetzbuch in der bis zum 30. Juni 2020 geltenden Fassung oder dem Kinderzuschuss aus der gesetzlichen Rentenversicherung nach § 270 des Sechsten Buches Sozialgesetzbuch in der bis zum 16. November 2016 geltenden Fassung vergleichbar sind,
2. Leistungen für Kinder, die von einer zwischen- oder überstaatlichen Einrichtung gewährt werden und dem Kindergeld vergleichbar sind.

2Soweit es für die Anwendung von Vorschriften dieses Gesetzes auf den Erhalt von Kindergeld ankommt, stehen die Leistungen nach Satz 1 dem Kindergeld gleich. 3Steht ein Berechtigter in einem Versicherungspflichtverhältnis zur Bundesagentur für Arbeit nach § 24 des Dritten Buches Sozialgesetzbuch oder ist er versicherungsfrei nach § 28 Absatz 1 Nummer 1 des Dritten Buches Sozialgesetzbuch oder steht er im Inland in einem öffentlich-rechtlichen Dienst- oder Amtsverhältnis, so wird sein Anspruch auf Kindergeld für ein Kind nicht nach Satz 1 Nummer 2 mit Rücksicht darauf ausgeschlossen, dass sein Ehegatte als Beamter, Ruhestandsbeamter oder sonstiger Bediensteter der Europäischen Union für das Kind Anspruch auf Kinderzulage hat.

§ 66 Höhe des Kindergeldes, Zahlungszeitraum

(1) Das Kindergeld beträgt monatlich für jedes Kind 259 Euro.

(2) Das Kindergeld wird monatlich vom Beginn des Monats an gezahlt, in dem die Anspruchsvoraussetzungen erfüllt sind, bis zum Ende des Monats, in dem die Anspruchsvoraussetzungen wegfallen.

(3) 1Werden die Freibeträge für Kinder nach § 31 Satz 1 in Verbindung mit § 32 Absatz 6 Satz 1 angehoben, wird das Kindergeld entsprechend erhöht. 2Das Kindergeld ist dabei auf volle Euro kaufmännisch zu runden.

§ 67 Antrag

1Das Kindergeld ist bei der zuständigen Familienkasse elektronisch nach amtlich vorgeschriebenem Datensatz über die amtlich vorgeschriebene Schnittstelle zu beantragen; die Familienkasse kann auf die elektronische Antragstellung verzichten, wenn das Kindergeld schriftlich beantragt und der Antrag vom Berechtigten eigenhändig unterschrieben wird. 2Den Antrag kann außer dem Berechtigten auch stellen, wer ein berechtigtes Interesse an der Leistung des Kindergeldes hat. 3In Fällen des Satzes 2 ist § 62 Absatz 1 Satz 2 bis 3 anzuwenden. 4Der Berechtigte ist zu diesem Zweck verpflichtet, demjenigen, der ein berechtigtes Interesse an der Leistung des Kindergeldes hat, seine an ihn vergebene Identifikationsnummer (§ 139b der Abgabenordnung) mitzuteilen. 5Kommt der Berechtigte dieser Verpflichtung nicht nach, teilt die zuständige Familienkasse demjenigen, der ein berechtigtes Interesse an der Leistung des Kindergeldes hat, auf seine Anfrage die Identifikationsnummer des Berechtigten mit.

VIII

§ 68 Besondere Mitwirkungspflichten und Offenbarungsbefugnis

(1) 1Wer Kindergeld beantragt oder erhält, hat Änderungen in den Verhältnissen, die für die Leistung erheblich sind oder über die im Zusammenhang mit der Leistung Erklärungen abgegeben worden sind, unverzüglich der zuständigen Familienkasse mitzuteilen. 2Ein Kind, das das 18. Lebensjahr vollendet hat, ist auf Verlangen der Familienkasse verpflichtet, an der Aufklärung des für die Kindergeldzahlung maßgebenden Sachverhalts mitzuwirken; § 101 der Abgabenordnung findet insoweit keine Anwendung.

(2) (weggefallen)

(3) Auf Antrag des Berechtigten erteilt die das Kindergeld auszahlende Stelle eine Bescheinigung über das für das Kalenderjahr ausgezahlte Kindergeld.

(4) 1Die Familienkassen dürfen den Stellen, die die Bezüge im öffentlichen Dienst anweisen, den für die jeweilige Kindergeldzahlung maßgebenden Sachverhalt durch automatisierte Abrufverfahren bereitstellen oder Auskunft über diesen Sachverhalt erteilen. 2Das Bundesministerium der Finanzen wird ermächtigt, durch Rechtsverordnung ohne Zustimmung des Bundesrates zur Durchführung von automatisierten Abrufen nach Satz 1 die Voraussetzungen, unter denen ein Datenabruf erfolgen darf, festzulegen.

(5) 1Zur Erfüllung der in § 31a Absatz 2 der Abgabenordnung genannten Mitteilungspflichten und zur Prüfung der jeweiligen Anspruchsvoraussetzungen und zur Bemessung der jeweiligen Leistung dürfen die Familienkassen den Leistungsträgern, die für Leistungen der Arbeitsförderung nach § 19 Absatz 2, für Leistungen der Grundsicherung für Arbeitsuchende nach § 19a Absatz 2, für Kindergeld, Kinderzuschlag, Leistungen für Bildung und Teilhabe und Elterngeld nach § 25 Absatz 3 oder für Leistungen der Sozialhilfe nach § 28 Absatz 2 des Ersten Buches Sozialgesetzbuch zuständig sind, und den nach § 9 Absatz 1 Satz 2 des Unterhaltsvorschussgesetzes zuständigen Stellen den für die jeweilige Kindergeldzahlung maßgebenden Sachverhalt in einem automatisierten Abrufverfahren übermitteln. 2Das Bundesministerium der Finanzen wird ermächtigt, durch Rechtsverordnung mit Zustimmung des Bundesrates zur Durchführung von automatisierten Abrufen nach Satz 1 die Voraussetzungen, unter denen ein Datenabruf erfolgen darf, festzulegen.

(6) 1Zur Prüfung und Bemessung der in Artikel 3 Absatz 1 Buchstabe j in Verbindung mit Artikel 1 Buchstabe z der Verordnung (EG) Nr. 883/2004 des Europäischen Parlaments und des Rates vom 29. April 2004 zur Koordinierung der Systeme der sozialen Sicherheit (ABl. L 166 vom 30. 4. 2004, S. 1), die zuletzt durch die Verordnung (EU) 2017/492 (ABl. L 76

vom 22. 3. 2017, S. 13) geändert worden ist, genannten Familienleistungen dürfen die Familienkassen den zuständigen öffentlichen Stellen eines Mitgliedstaates der Europäischen Union den für die jeweilige Kindergeldzahlung maßgebenden Sachverhalt durch automatisierte Abrufverfahren bereitstellen. $_{2}$Das Bundesministerium der Finanzen wird ermächtigt, durch Rechtsverordnung ohne Zustimmung des Bundesrates zur Durchführung von automatisierten Abrufen nach Satz 1 die Voraussetzungen, unter denen ein Datenabruf erfolgen darf, festzulegen.

(7) $_{1}$Die Datenstelle der Rentenversicherung darf den Familienkassen in einem automatisierten Abrufverfahren die zur Überprüfung des Anspruchs auf Kindergeld nach § 62 Absatz 1a und 2 erforderlichen Daten übermitteln; § 79 Absatz 2 bis 4 des Zehnten Buches Sozialgesetzbuch gilt entsprechend. $_{2}$Die Träger der Leistungen nach dem Zweiten und Dritten Buch Sozialgesetzbuch dürfen den Familienkassen in einem automatisierten Abrufverfahren die zur Überprüfung des Anspruchs auf Kindergeld nach § 62 erforderlichen Daten übermitteln. $_{3}$Das Bundesministerium für Arbeit und Soziales wird ermächtigt, durch Rechtsverordnung mit Zustimmung des Bundesrates die Voraussetzungen für das Abrufverfahren und Regelungen zu den Kosten des Verfahrens nach Satz 2 festzulegen.

§ 69 Datenübermittlung an die Familienkassen

$_{1}$Erfährt das Bundeszentralamt für Steuern, dass ein Kind, für das Kindergeld gezahlt wird, verzogen ist oder von Amts wegen von der Meldebehörde abgemeldet wurde, hat es der zuständigen Familienkasse unverzüglich die in § 139b Absatz 3 Nummer 1, 3, 5, 8 und 14 der Abgabenordnung genannten Daten zum Zweck der Prüfung der Rechtmäßigkeit des Bezugs von Kindergeld zu übermitteln. $_{2}$Die beim Bundeszentralamt für Steuern gespeicherten Daten für ein Kind, für das Kindergeld gezahlt wird, werden auf Anfrage auch den Finanzämtern zur Prüfung der Rechtmäßigkeit der Berücksichtigung der Freibeträge nach § 32 Absatz 6 zur Verfügung gestellt. $_{3}$Erteilt das Bundeszentralamt für Steuern auf Grund der Geburt eines Kindes eine neue Identifikationsnummer nach § 139b der Abgabenordnung, übermittelt es der zuständigen Familienkasse zum Zweck der Prüfung des Bezugs von Kindergeld unverzüglich

1. die in § 139b Absatz 3 Nummer 1, 3, 5, 8 und 10 der Abgabenordnung genannten Daten des Kindes sowie
2. soweit vorhanden, die in § 139b Absatz 3 Nummer 1, 3, 5, 8 und 10 und Absatz 3a der Abgabenordnung genannten Daten der Personen, bei denen für dieses Kind nach § 39e Absatz 1 ein Kinderfreibetrag berücksichtigt wird.

§ 70 Festsetzung und Zahlung des Kindergeldes

(1) $_{1}$Das Kindergeld nach § 62 wird von den Familienkassen durch Bescheid festgesetzt und ausgezahlt. $_{2}$Die Auszahlung von festgesetztem Kindergeld erfolgt rückwirkend nur für die letzten sechs Monate vor Beginn des Monats, in dem der Antrag auf Kindergeld eingegangen ist. $_{3}$Der Anspruch auf Kindergeld nach § 62 bleibt von dieser Auszahlungsbeschränkung unberührt.

(2) $_{1}$Soweit in den Verhältnissen, die für den Anspruch auf Kindergeld erheblich sind, Änderungen eintreten, ist die Festsetzung des Kindergeldes mit Wirkung vom Zeitpunkt der Änderung der Verhältnisse aufzuheben oder zu ändern. $_{2}$Ist die Änderung einer Kindergeldfestsetzung nur wegen einer Anhebung der in § 66 Absatz 1 genannten Kindergeldbeträge erforderlich, kann von der Erteilung eines schriftlichen Änderungsbescheides abgesehen werden.

(3) $_{1}$Materielle Fehler der letzten Festsetzung können durch Aufhebung oder Änderung der Festsetzung mit Wirkung ab dem auf die Bekanntgabe der Aufhebung oder Änderung der Festsetzung folgenden Monat beseitigt werden. $_{2}$Bei der Aufhebung oder Änderung der Festsetzung nach Satz 1 ist § 176 der Abgabenordnung entsprechend anzuwenden; dies gilt nicht für Monate, die nach der Verkündung der maßgeblichen Entscheidung eines obersten Bundesgerichts beginnen.

§ 71 Vorläufige Einstellung der Zahlung des Kindergeldes

(1) Die Familienkasse kann die Zahlung des Kindergeldes ohne Erteilung eines Bescheides vorläufig einstellen, wenn

1. sie Kenntnis von Tatsachen erhält, die kraft Gesetzes zum Ruhen oder zum Wegfall des Anspruchs führen, und
2. die Festsetzung, aus der sich der Anspruch ergibt, deshalb mit Wirkung für die Vergangenheit aufzuheben ist.

(2) 1Soweit die Kenntnis der Familienkasse nicht auf Angaben des Berechtigten beruht, der das Kindergeld erhält, sind dem Berechtigten unverzüglich die vorläufige Einstellung der Zahlung des Kindergeldes sowie die dafür maßgeblichen Gründe mitzuteilen. 2Ihm ist Gelegenheit zu geben, sich zu äußern.

(3) Die Familienkasse hat die vorläufig eingestellte Zahlung des Kindergeldes unverzüglich nachzuholen, soweit die Festsetzung, aus der sich der Anspruch ergibt, zwei Monate nach der vorläufigen Einstellung der Zahlung nicht mit Wirkung für die Vergangenheit aufgehoben oder geändert wird.

§ 72 (weggefallen)

§ 73 (weggefallen)

§ 74 Zahlung des Kindergeldes in Sonderfällen

VIII

(1) 1Das für ein Kind festgesetzte Kindergeld nach § 66 Absatz 1 kann an das Kind ausgezahlt werden, wenn der Kindergeldberechtigte ihm gegenüber seiner gesetzlichen Unterhaltspflicht nicht nachkommt. 2Dies gilt auch, wenn der Kindergeldberechtigte mangels Leistungsfähigkeit nicht unterhaltspflichtig ist oder nur Unterhalt in Höhe eines Betrags zu leisten braucht, der geringer ist als das für die Auszahlung in Betracht kommende Kindergeld. 3Die Auszahlung kann auch an die Person oder Stelle erfolgen, die dem Kind Unterhalt gewährt.

(2) Für Erstattungsansprüche der Träger von Sozialleistungen gegen die Familienkasse gelten die §§ 102 bis 109 und 111 bis 113 des Zehnten Buches Sozialgesetzbuch entsprechend.

§ 75 Aufrechnung

(1) Mit Ansprüchen auf Erstattung von Kindergeld kann die Familienkasse gegen Ansprüche auf Kindergeld bis zu deren Hälfte aufrechnen, wenn der Leistungsberechtigte nicht nachweist, dass er dadurch hilfebedürftig im Sinne der Vorschriften des Zwölften Buches Sozialgesetzbuch über die Hilfe zum Lebensunterhalt oder im Sinne der Vorschriften des Zweiten Buches Sozialgesetzbuch über die Leistungen zur Sicherung des Lebensunterhalts wird.

(2) Absatz 1 gilt für die Aufrechnung eines Anspruchs auf Erstattung von Kindergeld gegen einen späteren Kindergeldanspruch eines mit dem Erstattungspflichtigen in Haushaltsgemeinschaft lebenden Berechtigten entsprechend, soweit es sich um laufendes Kindergeld für ein Kind handelt, das bei beiden berücksichtigt werden kann oder konnte.

§ 76 Pfändung

Der Anspruch auf Kindergeld kann nur wegen gesetzlicher Unterhaltsansprüche eines Kindes, für das Kindergeld festgesetzt und dem Berechtigten ausgezahlt wird, gepfändet werden.

§ 77 Erstattung von Kosten im Vorverfahren

(1) 1Soweit der Einspruch gegen die Kindergeldfestsetzung erfolgreich ist, hat die Familienkasse demjenigen, der den Einspruch erhoben hat, die zur zweckentsprechenden Rechtsverfolgung oder Rechtsverteidigung notwendigen Aufwendungen zu erstatten. 2Dies gilt auch, wenn der Einspruch nur deshalb keinen Erfolg hat, weil die Verletzung einer Verfahrens- oder Formvorschrift nach § 126 der Abgabenordnung unbeachtlich ist. 3Aufwendungen, die durch das Verschulden eines Erstattungsberechtigten entstanden sind, hat dieser selbst zu tragen; das Verschulden eines Vertreters ist dem Vertretenen zuzurechnen.

(2) Die Gebühren und Auslagen eines Bevollmächtigten oder Beistandes, der nach den Vorschriften des Steuerberatungsgesetzes zur geschäftsmäßigen Hilfeleistung in Steu-

ersachen befugt ist, sind erstattungsfähig, wenn dessen Zuziehung notwendig war.

(3) 1Die Familienkasse setzt auf Antrag den Betrag der zu erstattenden Aufwendungen fest. 2Die Kostenentscheidung bestimmt auch, ob die Zuziehung eines Bevollmächtigten oder Beistandes im Sinne des Absatzes 2 notwendig war.

§ 78 Übergangsregelungen

(1) bis (4) (weggefallen)

(5) 1Abweichend von § 64 Absatz 2 und 3 steht Berechtigten, die für Dezember 1990 für ihre Kinder Kindergeld in dem in Artikel 3 des Einigungsvertrages genannten Gebiet bezogen haben, das Kindergeld für diese Kinder auch für die folgende Zeit zu, solange sie ihren Wohnsitz oder gewöhnlichen Aufenthalt in diesem Gebiet beibehalten und die Kinder die Voraussetzungen ihrer Berücksichtigung weiterhin erfüllen. 2§ 64 Absatz 2 und 3 ist insoweit erst für die Zeit vom Beginn des Monats an anzuwenden, in dem ein hierauf gerichteter Antrag bei der zuständigen Stelle eingegangen ist; der hiernach Berechtigte muss die nach Satz 1 geleisteten Zahlungen gegen sich gelten lassen.

XI. Altersvorsorgezulage

§ 79 Zulageberechtigte

1Die in § 10a Absatz 1 genannten Personen haben Anspruch auf eine Altersvorsorgezulage (Zulage). 2Ist nur ein Ehegatte nach Satz 1 begünstigt, so ist auch der andere Ehegatte zulageberechtigt, wenn

1. beide Ehegatten nicht dauernd getrennt leben (§ 26 Absatz 1),
2. beide Ehegatten ihren Wohnsitz oder gewöhnlichen Aufenthalt in einem Mitgliedstaat der Europäischen Union oder einem Staat haben, auf den das Abkommen über den Europäischen Wirtschaftsraum anwendbar ist,
3. ein auf den Namen des anderen Ehegatten lautender Altersvorsorgevertrag besteht,
4. der andere Ehegatte zugunsten des Altersvorsorgevertrags nach Nummer 3 im jeweiligen Beitragsjahr mindestens 60 Euro geleistet hat und
5. die Auszahlungsphase des Altersvorsorgevertrags nach Nummer 3 noch nicht begonnen hat.

3Satz 1 gilt entsprechend für die in § 10a Absatz 6 Satz 1 und 2 genannten Personen, sofern sie unbeschränkt steuerpflichtig sind oder für das Beitragsjahr nach § 1 Absatz 3 als unbeschränkt steuerpflichtig behandelt werden.

§ 80 Anbieter

Anbieter im Sinne dieses Gesetzes sind Anbieter von Altersvorsorgeverträgen gemäß § 1 Absatz 2 des Altersvorsorgeverträge-Zertifizierungsgesetzes sowie die in § 82 Absatz 2 genannten Versorgungseinrichtungen.

§ 81 Zentrale Stelle

Zentrale Stelle im Sinne dieses Gesetzes ist die Deutsche Rentenversicherung Bund.

§ 81a Zuständige Stelle

1Zuständige Stelle ist bei einem

1. Empfänger von Besoldung nach dem Bundesbesoldungsgesetz oder einem Landesbesoldungsgesetz die die Besoldung anordnende Stelle,
2. Empfänger von Amtsbezügen im Sinne des § 10a Absatz 1 Satz 1 Nummer 2 die die Amtsbezüge anordnende Stelle,
3. versicherungsfrei Beschäftigten sowie bei einem von der Versicherungspflicht befreiten Beschäftigten im Sinne des § 10a Absatz 1 Satz 1 Nummer 3 der die Versorgung gewährleistende Arbeitgeber der rentenversicherungsfreien Beschäftigung,
4. Beamten, Richter, Berufssoldaten und Soldaten auf Zeit im Sinne des § 10a Absatz 1 Satz 1 Nummer 4 der zur Zahlung des Arbeitsentgelts verpflichtete Arbeitgeber und
5. Empfänger einer Versorgung im Sinne des § 10a Absatz 1 Satz 4 die die Versorgung anordnende Stelle.

2Für die in § 10a Absatz 1 Satz 1 Nummer 5 genannten Steuerpflichtigen gilt Satz 1 entsprechend.

§82 Altersvorsorgebeiträge

(1) $_{1}$Geförderte Altersvorsorgebeiträge sind im Rahmen des in §10a Absatz 1 Satz 1 genannten Höchstbetrags

1. Beiträge,
2. Tilgungsleistungen,

die der Zulageberechtigte (§79) bis zum Beginn der Auszahlungsphase zugunsten eines auf seinen Namen lautenden Vertrags leistet, der nach §5 des Altersvorsorgeverträge-Zertifizierungsgesetzes zertifiziert ist (Altersvorsorgevertrag). $_{2}$Die Zertifizierung ist Grundlagenbescheid im Sinne des §171 Absatz 10 der Abgabenordnung. $_{3}$Als Tilgungsleistungen gelten auch Beiträge, die vom Zulageberechtigten zugunsten eines auf seinen Namen lautenden Altersvorsorgevertrags im Sinne des §1 Absatz 1a Satz 1 Nummer 3 des Altersvorsorgeverträge-Zertifizierungsgesetzes erbracht wurden und die zur Tilgung eines im Rahmen des Altersvorsorgevertrags abgeschlossenen Darlehens abgetreten wurden. $_{4}$Im Fall der Übertragung von gefördertem Altersvorsorgevermögen nach §1 Absatz 1 Satz 1 Nummer 10 Buchstabe b des Altersvorsorgeverträge-Zertifizierungsgesetzes in einen Altersvorsorgevertrag im Sinne des §1 Absatz 1a Satz 1 Nummer 3 des Altersvorsorgeverträge-Zertifizierungsgesetzes gelten die Beiträge nach Satz 1 Nummer 1 ab dem Zeitpunkt der Übertragung als Tilgungsleistungen nach Satz 3; eine erneute Förderung nach §10a oder Abschnitt XI erfolgt insoweit nicht. $_{5}$Tilgungsleistungen nach den Sätzen 1 und 3 werden nur berücksichtigt, wenn das zugrunde liegende Darlehen für eine nach dem 31. Dezember 2007 vorgenommene wohnungswirtschaftliche Verwendung im Sinne des §92a Absatz 1 Satz 1 eingesetzt wurde. $_{6}$Bei einer Aufgabe der Selbstnutzung nach §92a Absatz 3 Satz 1 gelten im Beitragsjahr der Aufgabe der Selbstnutzung auch die nach der Aufgabe der Selbstnutzung geleisteten Beiträge oder Tilgungsleistungen als Altersvorsorgebeiträge nach Satz 1. $_{7}$Bei einer Reinvestition nach §92a Absatz 3 Satz 9 Nummer 1 gelten im Beitragsjahr der Reinvestition auch die davor geleisteten Beiträge oder Tilgungsleistungen als Altersvorsorgebeiträge nach Satz 1. $_{8}$Bei einem beruflich bedingten Umzug nach §92a Absatz 4 gelten

1. im Beitragsjahr des Wegzugs auch die nach dem Wegzug und
2. im Beitragsjahr des Wiedereinzugs auch die vor dem Wiedereinzug

geleisteten Beiträge und Tilgungsleistungen als Altersvorsorgebeiträge nach Satz 1.

(2) $_{1}$Zu den Altersvorsorgebeiträgen gehören auch

a) die aus dem individuell versteuerten Arbeitslohn des Arbeitnehmers geleisteten Beiträge an einen Pensionsfonds, eine Pensionskasse oder eine Direktversicherung zum Aufbau einer kapitalgedeckten betrieblichen Altersversorgung und
b) Beiträge des Arbeitnehmers und des ausgeschiedenen Arbeitnehmers, die dieser im Fall der zunächst durch Entgeltumwandlung (§1a des Betriebsrentengesetzes) finanzierten und nach §3 Nummer 63 oder §10a und diesem Abschnitt geförderten kapitalgedeckten betrieblichen Altersversorgung nach Maßgabe des §1a Absatz 4, des §1b Absatz 5 Satz 1 Nummer 2 und des §22 Absatz 3 Nummer 1 Buchstabe a des Betriebsrentengesetzes selbst erbringt.

$_{2}$Satz 1 gilt nur, wenn

1. a) vereinbart ist, dass die zugesagten Altersversorgungsleistungen als monatliche Leistungen in Form einer lebenslangen Leibrente oder als Ratenzahlungen im Rahmen eines Auszahlungsplans mit einer anschließenden Teilkapitalverrentung ab spätestens dem 85. Lebensjahr ausgezahlt werden und die Leistungen während der gesamten Auszahlungsphase gleich bleiben oder steigen; dabei können bis zu zwölf Monatsleistungen in einer Auszahlung zusammengefasst und bis zu 30 Prozent des zu Beginn der Auszahlungsphase zur Verfügung stehenden Kapitals außerhalb der monatlichen Leistungen ausgezahlt werden, und
   b) ein vereinbartes Kapitalwahlrecht nicht oder nicht außerhalb des letzten Jahres

vor dem vertraglich vorgesehenen Beginn der Altersversorgungsleistung ausgeübt wurde, oder

2. bei einer reinen Beitragszusage nach § 1 Absatz 2 Nummer 2a des Betriebsrentengesetzes der Pensionsfonds, die Pensionskasse oder die Direktversicherung eine lebenslange Zahlung als Altersversorgungsleistung zu erbringen hat.

3Die §§ 3 und 4 des Betriebsrentengesetzes stehen dem vorbehaltlich des § 93 nicht entgegen.

(3) Zu den Altersvorsorgebeiträgen gehören auch die Beitragsanteile, die zur Absicherung der verminderten Erwerbsfähigkeit des Zulageberechtigten und zur Hinterbliebenenversorgung verwendet werden, wenn in der Leistungsphase die Auszahlung in Form einer Rente erfolgt.

(4) Nicht zu den Altersvorsorgebeiträgen zählen

1. Aufwendungen, die vermögenswirksame Leistungen nach dem Fünften Vermögensbildungsgesetz in der jeweils geltenden Fassung darstellen,
2. prämienbegünstigte Aufwendungen nach dem Wohnungsbau-Prämiengesetz in der Fassung der Bekanntmachung vom 30. Oktober 1997 (BGBl. I S. 2678), zuletzt geändert durch Artikel 5 des Gesetzes vom 29. Juli 2008 (BGBl. I S. 1509), in der jeweils geltenden Fassung,
3. Aufwendungen, die im Rahmen des § 10 als Sonderausgaben geltend gemacht werden,
4. Zahlungen nach § 92a Absatz 2 Satz 4 Nummer 1 und Absatz 3 Satz 9 Nummer 2 oder
5. Übertragungen im Sinne des § 3 Nummer 55 bis 55c.

(5) 1Der Zulageberechtigte kann für ein abgelaufenes Beitragsjahr bis zum Beitragsjahr 2011 Altersvorsorgebeiträge auf einen auf seinen Namen lautenden Altersvorsorgevertrag leisten, wenn

1. der Anbieter des Altersvorsorgevertrags davon Kenntnis erhält, in welcher Höhe und für welches Beitragsjahr die Altersvorsorgebeiträge berücksichtigt werden sollen,
2. in dem Beitragsjahr, für das die Altersvorsorgebeiträge berücksichtigt werden sollen, ein Altersvorsorgevertrag bestanden hat,
3. im fristgerechten Antrag auf Zulage für dieses Beitragsjahr eine Zulageberechtigung nach § 79 Satz 2 angegeben wurde, aber tatsächlich eine Zulageberechtigung nach § 79 Satz 1 vorliegt,
4. die Zahlung der Altersvorsorgebeiträge für abgelaufene Beitragsjahre bis zum Ablauf von zwei Jahren nach Erteilung der Bescheinigung nach § 92, mit der zuletzt Ermittlungsergebnisse für dieses Beitragsjahr bescheinigt wurden, längstens jedoch bis zum Beginn der Auszahlungsphase des Altersvorsorgevertrages erfolgt und
5. der Zulageberechtigte vom Anbieter in hervorgehobener Weise darüber informiert wurde oder dem Anbieter seine Kenntnis darüber versichert, dass die Leistungen aus diesen Altersvorsorgebeiträgen der vollen nachgelagerten Besteuerung nach § 22 Nummer 5 Satz 1 unterliegen.

2Wurden die Altersvorsorgebeiträge dem Altersvorsorgevertrag gutgeschrieben und sind die Voraussetzungen nach Satz 1 erfüllt, so hat der Anbieter der zentralen Stelle (§ 81) die entsprechenden Daten nach § 89 Absatz 2 Satz 1 für das zurückliegende Beitragsjahr nach einem mit der zentralen Stelle abgestimmten Verfahren mitzuteilen. 3Die Beträge nach Satz 1 gelten für die Ermittlung der zu zahlenden Altersvorsorgezulage nach § 83 als Altersvorsorgebeiträge für das Beitragsjahr, für das sie gezahlt wurden. 4Für die Anwendung des § 10a Absatz 1 Satz 1 sowie bei der Ermittlung der dem Steuerpflichtigen zustehenden Zulage im Rahmen des § 2 Absatz 6 und des § 10a sind die nach Satz 1 gezahlten Altersvorsorgebeiträge weder für das Beitragsjahr nach Satz 1 Nummer 2 noch für das Beitragsjahr der Zahlung zu berücksichtigen.

§ 83 Altersvorsorgezulage

In Abhängigkeit von den geleisteten Altersvorsorgebeiträgen wird eine Zulage gezahlt,

VIII

die sich aus einer Grundzulage (§ 84) und einer Kinderzulage (§ 85) zusammensetzt.

§ 84 Grundzulage

$_{1}$Jeder Zulageberechtigte erhält eine Grundzulage; diese beträgt ab dem Beitragsjahr 2018 jährlich 175 Euro. $_{2}$Für Zulageberechtigte nach § 79 Satz 1, die zu Beginn des Beitragsjahres (§ 88) das 25. Lebensjahr noch nicht vollendet haben, erhöht sich die Grundzulage nach Satz 1 um einmalig 200 Euro. $_{3}$Die Erhöhung nach Satz 2 ist für das erste nach dem 31. Dezember 2007 beginnende Beitragsjahr zu gewähren, für das eine Altersvorsorgezulage beantragt wird.

§ 85 Kinderzulage

(1) $_{1}$Die Kinderzulage beträgt für jedes Kind, für das gegenüber dem Zulageberechtigten Kindergeld festgesetzt wird, jährlich 185 Euro. $_{2}$Für ein nach dem 31. Dezember 2007 geborenes Kind erhöht sich die Kinderzulage nach Satz 1 auf 300 Euro. $_{3}$Der Anspruch auf Kinderzulage entfällt für den Veranlagungszeitraum, für den das Kindergeld insgesamt zurückgefordert wird. $_{4}$Erhalten mehrere Zulageberechtigte für dasselbe Kind Kindergeld, steht die Kinderzulage demjenigen zu, dem gegenüber für den ersten Anspruchszeitraum (§ 66 Absatz 2) im Kalenderjahr Kindergeld festgesetzt worden ist.

(2) $_{1}$Bei Eltern verschiedenen Geschlechts, die miteinander verheiratet sind, nicht dauernd getrennt leben (§ 26 Absatz 1) und ihren Wohnsitz oder gewöhnlichen Aufenthalt in einem Mitgliedstaat der Europäischen Union oder einem Staat haben, auf den das Abkommen über den Europäischen Wirtschaftsraum (EWR-Abkommen) anwendbar ist, wird die Kinderzulage der Mutter zugeordnet, auf Antrag beider Eltern dem Vater. $_{2}$Bei Eltern gleichen Geschlechts, die miteinander verheiratet sind oder eine Lebenspartnerschaft führen, nicht dauernd getrennt leben (§ 26 Absatz 1) und ihren Wohnsitz oder gewöhnlichen Aufenthalt in einem Mitgliedstaat der Europäischen Union oder einem Staat haben, auf den das EWR-Abkommen anwendbar ist, ist die Kinderzulage dem Elternteil zuzuordnen, dem gegenüber das Kindergeld festgesetzt wird, auf Antrag beider Eltern dem anderen Elternteil. $_{3}$Der Antrag kann für ein abgelaufenes Beitragsjahr nicht zurückgenommen werden.

§ 86 Mindesteigenbeitrag

(1) $_{1}$Die Zulage nach den §§ 84 und 85 wird gekürzt, wenn der Zulageberechtigte nicht den Mindesteigenbeitrag leistet. $_{2}$Dieser beträgt jährlich 4 Prozent der Summe der in dem dem Kalenderjahr vorangegangenen Kalenderjahr

1. erzielten beitragspflichtigen Einnahmen im Sinne des Sechsten Buches Sozialgesetzbuch,
2. bezogenen Besoldung und Amtsbezüge,
3. in den Fällen des § 10a Absatz 1 Satz 1 Nummer 3 und Nummer 4 erzielten Einnahmen, die beitragspflichtig wären, wenn die Versicherungsfreiheit in der gesetzlichen Rentenversicherung nicht bestehen würde und
4. bezogenen Rente wegen voller Erwerbsminderung oder Erwerbsunfähigkeit oder bezogenen Versorgungsbezüge wegen Dienstunfähigkeit in den Fällen des § 10a Absatz 1 Satz 4,

jedoch nicht mehr als der in § 10a Absatz 1 Satz 1 genannte Höchstbetrag, vermindert um die Zulage nach den §§ 84 und 85; gehört der Ehegatte zum Personenkreis nach § 79 Satz 2, berechnet sich der Mindesteigenbeitrag des nach § 79 Satz 1 Begünstigten unter Berücksichtigung der den Ehegatten insgesamt zustehenden Zulagen. $_{3}$Auslandsbezogene Bestandteile nach den §§ 52 ff. des Bundesbesoldungsgesetzes oder entsprechender Regelungen eines Landesbesoldungsgesetzes bleiben unberücksichtigt. $_{4}$Als Sockelbetrag sind ab dem Jahr 2005 jährlich 60 Euro zu leisten. $_{5}$Ist der Sockelbetrag höher als der Mindesteigenbeitrag nach Satz 2, so ist der Sockelbetrag als Mindesteigenbeitrag zu leisten. $_{6}$Die Kürzung der Zulage ermittelt sich nach dem Verhältnis der Altersvorsorgebeiträge zum Mindesteigenbeitrag.

(2) $_{1}$Ein nach § 79 Satz 2 begünstigter Ehegatte hat Anspruch auf eine ungekürzte Zu-

lage, wenn der zum begünstigten Personenkreis nach § 79 Satz 1 gehörende Ehegatte seinen geförderten Mindesteigenbeitrag unter Berücksichtigung der den Ehegatten insgesamt zustehenden Zulagen erbracht hat. 2Werden bei einer in der gesetzlichen Rentenversicherung pflichtversicherten Person beitragspflichtige Einnahmen zu Grunde gelegt, die höher sind als das tatsächlich erzielte Entgelt oder die Entgeltersatzleistung, ist das tatsächlich erzielte Entgelt oder der Zahlbetrag der Entgeltersatzleistung für die Berechnung des Mindesteigenbeitrags zu berücksichtigen. 3Für die nicht erwerbsmäßig ausgeübte Pflegetätigkeit einer nach § 3 Satz 1 Nummer 1a des Sechsten Buches Sozialgesetzbuch rentenversicherungspflichtigen Person ist für die Berechnung des Mindesteigenbeitrags ein tatsächlich erzieltes Entgelt von 0 Euro zu berücksichtigen.

(3) 1Für Versicherungspflichtige nach dem Gesetz über die Alterssicherung der Landwirte ist Absatz 1 mit der Maßgabe anzuwenden, dass auch die Einkünfte aus Land- und Forstwirtschaft im Sinne des § 13 des zweiten dem Beitragsjahr vorangegangenen Veranlagungszeitraums als beitragspflichtige Einnahmen des vorangegangenen Kalenderjahres gelten. 2Negative Einkünfte im Sinne des Satzes 1 bleiben unberücksichtigt, wenn weitere nach Absatz 1 oder Absatz 2 zu berücksichtigende Einnahmen erzielt werden.

(4) Wird nach Ablauf des Beitragsjahres festgestellt, dass die Voraussetzungen für die Gewährung einer Kinderzulage nicht vorgelegen haben, ändert sich dadurch die Berechnung des Mindesteigenbeitrags für dieses Beitragsjahr nicht.

(5) Bei den in § 10a Absatz 6 Satz 1 und 2 genannten Personen ist der Summe nach Absatz 1 Satz 2 die Summe folgender Einnahmen und Leistungen aus dem dem Kalenderjahr vorangegangenen Kalenderjahr hinzuzurechnen:

1. die erzielten Einnahmen aus der Tätigkeit, die die Zugehörigkeit zum Personenkreis des § 10a Absatz 6 Satz 1 begründet, und
2. die bezogenen Leistungen im Sinne des § 10a Absatz 6 Satz 2 Nummer 1.

§ 87 Zusammentreffen mehrerer Verträge

(1) 1Zahlt der nach § 79 Satz 1 Zulageberechtigte Altersvorsorgebeiträge zugunsten mehrerer Verträge, so wird die Zulage nur für zwei dieser Verträge gewährt. 2Der insgesamt nach § 86 zu leistende Mindesteigenbeitrag muss zugunsten dieser Verträge geleistet worden sein. 3Die Zulage ist entsprechend dem Verhältnis der auf diese Verträge geleisteten Beiträge zu verteilen.

(2) 1Der nach § 79 Satz 2 Zulageberechtigte kann die Zulage für das jeweilige Beitragsjahr nicht auf mehrere Altersvorsorgeverträge verteilen. 2Es ist nur der Altersvorsorgevertrag begünstigt, für den zuerst die Zulage beantragt wird.

§ 88 Entstehung des Anspruchs auf Zulage

Der Anspruch auf die Zulage entsteht mit Ablauf des Kalenderjahres, in dem die Altersvorsorgebeiträge geleistet worden sind (Beitragsjahr).

§ 89 Antrag

(1) 1Der Zulageberechtigte hat den Antrag auf Zulage nach amtlich vorgeschriebenem Vordruck bis zum Ablauf des zweiten Kalenderjahres, das auf das Beitragsjahr (§ 88) folgt, bei dem Anbieter seines Vertrages einzureichen; dies kann auch elektronisch unter Angabe der erforderlichen Antragsdaten erfolgen, wenn sowohl der Anbieter als auch der Zulageberechtigte mit diesem Verfahren einverstanden sind. 2Hat der Zulageberechtigte im Beitragsjahr Altersvorsorgebeiträge für mehrere Verträge gezahlt, so hat er mit dem Zulageantrag zu bestimmen, auf welche Verträge die Zulage überwiesen werden soll. 3Beantragt der Zulageberechtigte die Zulage für mehr als zwei Verträge, so wird die Zulage nur für die zwei Verträge mit den höchsten Altersvorsorgebeiträgen gewährt. 4Sofern eine Zulagenummer (§ 90 Absatz 1 Satz 2) durch die zentrale Stelle (§ 81) oder eine Versicherungsnummer nach § 147 des Sechsten Buches Sozialgesetzbuch für den nach § 79 Satz 2 berechtigten Ehegatten noch nicht vergeben ist, hat dieser über seinen Anbieter

eine Zulagenummer bei der zentralen Stelle zu beantragen. ₅Der Antragsteller ist verpflichtet, dem Anbieter unverzüglich eine Änderung der Verhältnisse mitzuteilen, die zu einer Minderung oder zum Wegfall des Zulageanspruchs führt; dies kann auch elektronisch erfolgen, wenn sowohl der Anbieter als auch der Zulageberechtigte mit diesem Verfahren einverstanden sind.

(1a) ₁Der Zulageberechtigte kann den Anbieter seines Vertrages unter Angabe der erforderlichen Antragsdaten schriftlich bevollmächtigen, für ihn abweichend von Absatz 1 die Zulage für jedes Beitragsjahr zu beantragen; dies kann auch elektronisch erfolgen, wenn sowohl der Anbieter als auch der Zulageberechtigte mit diesem Verfahren einverstanden sind. ₂Absatz 1 Satz 5 gilt mit Ausnahme der Mitteilung geänderter beitragspflichtiger Einnahmen im Sinne des Sechsten Buches Sozialgesetzbuch entsprechend; erlangt der Anbieter von einer Änderung der Verhältnisse Kenntnis, hat dieser die zentrale Stelle zu unterrichten. ₃Ein Widerruf der Vollmacht ist bis zum Ablauf des Beitragsjahres, für das der Anbieter keinen Antrag auf Zulage stellen soll, gegenüber dem Anbieter zu erklären.

(2) ₁Der Anbieter ist verpflichtet,

a) die Vertragsdaten,

b) die Identifikationsnummer, die Versicherungsnummer nach § 147 des Sechsten Buches Sozialgesetzbuch, die Zulagenummer des Zulageberechtigten und dessen Ehegatten oder einen Antrag auf Vergabe einer Zulagenummer eines nach § 79 Satz 2 berechtigten Ehegatten,

c) die vom Zulageberechtigten mitgeteilten Angaben zur Ermittlung des Mindesteigenbeitrags (§ 86),

d) die Identifikationsnummer des Kindes sowie die weiteren für die Gewährung der Kinderzulage erforderlichen Daten,

e) die Höhe der geleisteten Altersvorsorgebeiträge und

f) das Vorliegen einer nach Absatz 1a erteilten Vollmacht

als die für die Ermittlung und Überprüfung des Zulageanspruchs und Durchführung des Zulageverfahrens erforderlichen Daten zu erfassen. ₂Er hat die Daten der bei ihm im Laufe eines Kalendervierteljahres eingegangenen Anträge bis zum Ende des folgenden Monats nach amtlich vorgeschriebenem Datensatz durch amtlich bestimmte Datenfernübertragung an die zentrale Stelle zu übermitteln. ₃Dies gilt auch im Fall des Absatzes 1 Satz 5. ₄§ 22a Absatz 2 gilt entsprechend.

(3) ₁Ist der Anbieter nach Absatz 1a Satz 1 bevollmächtigt worden, hat er der zentralen Stelle die nach Absatz 2 Satz 1 erforderlichen Angaben für jedes Kalenderjahr bis zum Ablauf des auf das Beitragsjahr folgenden Kalenderjahres zu übermitteln. ₂Liegt die Bevollmächtigung erst nach dem im Satz 1 genannten Meldetermin vor, hat der Anbieter die Angaben bis zum Ende des folgenden Kalendervierteljahres nach der Bevollmächtigung, spätestens jedoch bis zum Ablauf der in Absatz 1 Satz 1 genannten Antragsfrist, zu übermitteln. ₃Absatz 2 Satz 2 und 3 gilt sinngemäß.

§ 90 Verfahren

(1) ₁Die zentrale Stelle ermittelt auf Grund der von ihr erhobenen oder der ihr übermittelten Daten, ob und in welcher Höhe ein Zulageanspruch besteht. ₂Soweit der zuständige Träger der Rentenversicherung keine Versicherungsnummer vergeben hat, vergibt die zentrale Stelle zur Erfüllung der ihr nach diesem Abschnitt zugewiesenen Aufgaben eine Zulagenummer. ₃Die zentrale Stelle teilt im Fall eines Antrags nach § 10a Absatz 1b der zuständigen Stelle, im Fall eines Antrags nach § 89 Absatz 1 Satz 4 dem Anbieter die Zulagenummer mit; von dort wird sie an den Antragsteller weitergeleitet.

(2) ₁Die zentrale Stelle veranlasst die Auszahlung an den Anbieter zugunsten der Zulageberechtigten durch die zuständige Kasse nach erfolgter Berechnung nach Absatz 1 und Überprüfung nach § 91. ₂Ein gesonderter Bescheid ergeht vorbehaltlich des Absatzes 4 nicht. ₃Der Anbieter hat die erhaltenen Zulagen unverzüglich den begünstigten Verträgen gutzuschreiben. ₄Zulagen, die nach Beginn der

Auszahlungsphase für das Altersvorsorgevermögen von der zentralen Stelle an den Anbieter überwiesen werden, können vom Anbieter an den Anleger ausgezahlt werden. 5Besteht kein Zulageanspruch, so teilt die zentrale Stelle dies dem Anbieter durch Datensatz mit. 6Die zentrale Stelle teilt dem Anbieter die Altersvorsorgebeiträge im Sinne des § 82, auf die § 10a oder dieser Abschnitt angewendet wurde, durch Datensatz mit.

(3) 1Erkennt die zentrale Stelle bis zum Ende des zweiten auf die Ermittlung der Zulage folgenden Jahres nachträglich auf Grund neuer, berichtigter oder stornierter Daten, dass der Zulageanspruch ganz oder teilweise nicht besteht oder weggefallen ist, so hat sie zu Unrecht gutgeschriebene oder ausgezahlte Zulagen bis zum Ablauf eines Jahres nach der Erkenntnis zurückzufordern und dies dem Zulageberechtigten durch Bescheid nach Absatz 4 Satz 1 Nummer 2 und dem Anbieter durch Datensatz mitzuteilen. 2Bei bestehendem Vertragsverhältnis hat der Anbieter das Konto zu belasten. 3Die ihm im Kalendervierteljahr mitgeteilten Rückforderungsbeträge hat er bis zum zehnten Tag des dem Kalendervierteljahr folgenden Monats in einem Betrag bei der zentralen Stelle anzumelden und an diese abzuführen. 4Die Anmeldung nach Satz 3 ist nach amtlich vorgeschriebenem Vordruck abzugeben. 5Sie gilt als Steueranmeldung im Sinne der Abgabenordnung. 6Abweichend von Satz 1 gilt die Ausschlussfrist für den Personenkreis der Kindererziehenden nach § 10a Absatz 1a und deren nach § 79 Satz 2 förderberechtigten Ehegatten nicht; die zentrale Stelle hat die Zulage des Zulageberechtigten als auch des nach § 79 Satz 2 förderberechtigten Ehegatten bis zur Vollendung des fünften Lebensjahres des Kindes, das für die Anerkennung der Förderberechtigung nach § 10a Absatz 1a maßgebend war, zurückzufordern, wenn die Kindererziehungszeiten bis zu diesem Zeitpunkt in der gesetzlichen Rentenversicherung nicht angerechnet wurden. 7Hat der Zulageberechtigte die Kindererziehungszeiten innerhalb der in § 10a Absatz 1a genannten Frist beantragt, der zuständige Träger der gesetzlichen Rentenversicherung aber nicht innerhalb der Ausschlussfrist von Satz 6 darüber abschließend beschieden, verlängert sich die Ausschlussfrist um drei Monate nach Kenntniserlangung der zentralen Stelle vom Erlass des Bescheides.

(3a) 1Erfolgt nach der Durchführung einer versorgungsrechtlichen Teilung eine Rückforderung von zu Unrecht gezahlten Zulagen, setzt die zentrale Stelle den Rückforderungsbetrag nach Absatz 3 unter Anrechnung bereits vom Anbieter einbehaltener und abgeführter Beträge gegenüber dem Zulageberechtigten fest, soweit

1. das Guthaben auf dem Vertrag des Zulageberechtigten zur Zahlung des Rückforderungsbetrags nach § 90 Absatz 3 Satz 1 nicht ausreicht und
2. im Rückforderungsbetrag ein Zulagebetrag enthalten ist, der in der Ehe- oder Lebenspartnerschaftszeit ausgezahlt wurde.

2Erfolgt nach einer Inanspruchnahme eines Altersvorsorge-Eigenheimbetrags im Sinne des § 92a Absatz 1 oder während einer Darlehenstilgung bei Altersvorsorgeverträgen nach § 1 Absatz 1a des Altersvorsorgeverträge-Zertifizierungsgesetzes eine Rückforderung zu Unrecht gezahlter Zulagen, setzt die zentrale Stelle den Rückforderungsbetrag nach Absatz 3 unter Anrechnung bereits vom Anbieter einbehaltener und abgeführter Beträge gegenüber dem Zulageberechtigten fest, soweit das Guthaben auf dem Altersvorsorgevertrag des Zulageberechtigten zur Zahlung des Rückforderungsbetrags nicht ausreicht. 3Der Anbieter hat in diesen Fällen der zentralen Stelle die nach Absatz 3 einbehaltenen und abgeführten Beträge nach amtlich vorgeschriebenem Datensatz durch amtlich bestimmte Datenfernübertragung mitzuteilen.

(4) 1Eine Festsetzung der Zulage erfolgt

1. von Amts wegen, wenn die nach den vorliegenden Daten abschließend berechnete Zulage von der beantragten Zulage abweicht,
2. im Falle des Absatzes 3 von Amts wegen,
3. auf besonderen Antrag des Zulageberechtigten, sofern nicht bereits eine Festsetzung von Amts wegen erfolgt ist, oder

VIII

4. auf Anforderung des zuständigen Finanzamtes, wenn dessen Daten von den Daten der zentralen Stelle abweichen; eine gesonderte Festsetzung unterbleibt, wenn eine Festsetzung nach den Nummern 1 bis 3 bereits erfolgt ist, für das Beitragsjahr keine Zulage beantragt wurde oder die Frist nach Absatz 3 Satz 1 abgelaufen ist.

$_2$Der Antrag nach Satz 1 Nummer 3 ist schriftlich oder elektronisch innerhalb eines Jahres vom Zulageberechtigten an die zentrale Stelle zu richten; die Frist beginnt mit der Erteilung der Bescheinigung nach § 92, die die Ermittlungsergebnisse für das Beitragsjahr enthält, für das eine Festsetzung der Zulage erfolgen soll. $_3$Der Anbieter teilt auf Anforderung der zentralen Stelle nach amtlich vorgeschriebenem Datensatz durch amtlich bestimmte Datenfernübertragung das Datum der Erteilung der nach Satz 2 maßgebenden Bescheinigung nach § 92 mit. $_4$Er hat auf Anforderung weitere ihm vorliegende, für die Festsetzung erforderliche Unterlagen beizufügen; eine ergänzende Stellungnahme kann beigefügt werden; dies kann auch elektronisch erfolgen, wenn sowohl der Anbieter als auch die zentrale Stelle mit diesem Verfahren einverstanden sind. $_5$Die zentrale Stelle teilt die Festsetzung auch dem Anbieter und die Festsetzung nach Satz 1 Nummer 4 auch dem Finanzamt mit; erfolgt keine Festsetzung nach Satz 1 Nummer 4, teilt dies die zentrale Stelle dem Finanzamt ebenfalls mit. $_6$Im Übrigen gilt Absatz 3 entsprechend. $_7$Satz 1 Nummer 1 gilt nicht, wenn der Datensatz nach § 89 Absatz 2 auf Grund von unzureichenden oder fehlerhaften Angaben des Zulageberechtigten abgewiesen sowie um eine Fehlermeldung ergänzt worden ist und die Angaben nicht innerhalb der Antragsfrist des § 89 Absatz 1 Satz 1 von dem Zulageberechtigten an den Anbieter nachgereicht werden.

(5) $_1$Im Rahmen des Festsetzungsverfahrens oder Einspruchsverfahrens kann der Zulageberechtigte bis zum rechtskräftigen Abschluss des Festsetzungsverfahrens oder Einspruchsverfahrens eine nicht fristgerecht abgegebene Einwilligung nach § 10a Absatz 1 Satz 1 Halbsatz 2 gegenüber der zuständigen Stelle nachholen. $_2$Über die Nachholung hat er die zentrale Stelle unter Angabe des Datums der Erteilung der Einwilligung unmittelbar zu informieren. $_3$Hat der Zulageberechtigte im Rahmen des Festsetzungsverfahrens oder Einspruchsverfahrens eine wirksame Einwilligung gegenüber der zuständigen Stelle erteilt, wird er so gestellt, als hätte er die Einwilligung innerhalb der Frist nach § 10a Absatz 1 Satz 1 Halbsatz 2 wirksam gestellt.

Gesetz zum Elterngeld und zur Elternzeit (Bundeselterngeld- und Elternzeitgesetz – BEEG)

in der Fassung der Bekanntmachung vom 27. Januar 2015 (BGBl. I S. 33)

Zuletzt geändert durch
Wehrdienst-Modernisierungsgesetz
vom 22. Dezember 2025 (BGBl. I Nr. 370)

Abschnitt 1 Elterngeld

§ 1 Berechtigte

(1) 1Anspruch auf Elterngeld hat, wer

1. einen Wohnsitz oder seinen gewöhnlichen Aufenthalt in Deutschland hat,
2. mit seinem Kind in einem Haushalt lebt,
3. dieses Kind selbst betreut und erzieht und
4. keine oder keine volle Erwerbstätigkeit ausübt.

2Bei Mehrlingsgeburten besteht nur ein Anspruch auf Elterngeld.

(2) 1Anspruch auf Elterngeld hat auch, wer, ohne eine der Voraussetzungen des Absatzes 1 Satz 1 Nummer 1 zu erfüllen,

1. nach § 4 des Vierten Buches Sozialgesetzbuch dem deutschen Sozialversicherungsrecht unterliegt oder im Rahmen seines in Deutschland bestehenden öffentlich-rechtlichen Dienst- oder Amtsverhältnisses vorübergehend ins Ausland abgeordnet, versetzt oder kommandiert ist,
2. Entwicklungshelfer oder Entwicklungshelferin im Sinne des § 1 des Entwicklungshelfer-Gesetzes ist oder als Missionar oder Missionarin der Missionswerke und -gesellschaften, die Mitglieder oder Vereinbarungspartner des Evangelischen Missionswerkes Hamburg, der Arbeitsgemeinschaft Evangelikaler Missionen e. V. oder der Arbeitsgemeinschaft pfingstlich-charismatischer Missionen sind, tätig ist oder
3. die deutsche Staatsangehörigkeit besitzt und nur vorübergehend bei einer zwischen- oder überstaatlichen Einrichtung tätig ist, insbesondere nach den Entsenderichtlinien des Bundes beurlaubte Beamte und Beamtinnen, oder wer vorübergehend eine nach § 123a des Beamtenrechtsrahmengesetzes oder § 29 des Bundesbeamtengesetzes zugewiesene Tätigkeit im Ausland wahrnimmt.

2Dies gilt auch für mit der nach Satz 1 berechtigten Person in einem Haushalt lebende Ehegatten oder Ehegattinnen.

(3) 1Anspruch auf Elterngeld hat abweichend von Absatz 1 Satz 1 Nummer 2 auch, wer

1. mit einem Kind in einem Haushalt lebt, das er mit dem Ziel der Annahme als Kind aufgenommen hat,
2. ein Kind des Ehegatten oder der Ehegattin in seinen Haushalt aufgenommen hat oder
3. mit einem Kind in einem Haushalt lebt und die von ihm erklärte Anerkennung der Vaterschaft nach § 1594 Absatz 2 des Bürgerlichen Gesetzbuchs noch nicht wirksam oder über die von ihm beantragte Vaterschaftsfeststellung nach § 1600d des Bürgerlichen Gesetzbuchs noch nicht entschieden ist.

2Für angenommene Kinder und Kinder im Sinne des Satzes 1 Nummer 1 sind die Vorschriften dieses Gesetzes mit der Maßgabe anzuwenden, dass statt des Zeitpunktes der Geburt der Zeitpunkt der Aufnahme des Kindes bei der berechtigten Person maßgeblich ist.

(4) Können die Eltern wegen einer schweren Krankheit, Schwerbehinderung oder Todes der Eltern ihr Kind nicht betreuen, haben Verwandte bis zum dritten Grad und ihre Ehegatten oder Ehegattinnen Anspruch auf Elterngeld, wenn sie die übrigen Voraussetzungen nach Absatz 1 erfüllen und wenn von

anderen Berechtigten Elterngeld nicht in Anspruch genommen wird.

(5) Der Anspruch auf Elterngeld bleibt unberührt, wenn die Betreuung und Erziehung des Kindes aus einem wichtigen Grund nicht sofort aufgenommen werden kann oder wenn sie unterbrochen werden muss.

(6) Eine Person ist nicht voll erwerbstätig, wenn

1. ihre Arbeitszeit 32 Wochenstunden im Durchschnitt des Lebensmonats nicht übersteigt,
2. sie eine Beschäftigung zur Berufsbildung ausübt oder
3. sie als eine im Sinne der §§ 23 und 43 des Achten Buches Sozialgesetzbuch geeignete Kindertagespflegeperson tätig ist.

(6a) Als erwerbstätig im Sinne dieses Gesetzes gelten auch Personen, die vorübergehend nicht arbeiten, solange sie

1. sich in einem Arbeitsverhältnis befinden oder
2. selbständig erwerbstätig sind.

(7) 1Ein nicht freizügigkeitsberechtigter Ausländer oder eine nicht freizügigkeitsberechtigte Ausländerin ist nur anspruchsberechtigt, wenn diese Person

1. eine Niederlassungserlaubnis oder eine Erlaubnis zum Daueraufenthalt-EU besitzt,
2. eine Blaue Karte EU, eine ICT-Karte, eine Mobiler-ICT-Karte oder eine Aufenthaltserlaubnis besitzt, die für einen Zeitraum von mindestens sechs Monaten zur Ausübung einer Erwerbstätigkeit berechtigen oder berechtigt haben oder diese erlauben, es sei denn, die Aufenthaltserlaubnis wurde
   a) nach § 16e des Aufenthaltsgesetzes zu Ausbildungszwecken, nach § 19c Absatz 1 des Aufenthaltsgesetzes zum Zweck der Beschäftigung als Au-Pair oder zum Zweck der Saisonbeschäftigung, nach § 19e des Aufenthaltsgesetzes zum Zweck der Teilnahme an einem Europäischen Freiwilligendienst oder nach § 20a Absatz 5 Satz 1 des Aufenthaltsgesetzes zur Suche nach einer Erwerbstätigkeit oder nach Maßnahmen zur Anerkennung ausländischer Berufsqualifikationen erteilt,
   b) nach § 16b des Aufenthaltsgesetzes zum Zweck eines Studiums, nach § 16d des Aufenthaltsgesetzes für Maßnahmen zur Anerkennung ausländischer Berufsqualifikationen, nach § 20 des Aufenthaltsgesetzes zur Suche nach einer Erwerbstätigkeit oder nach § 20a Absatz 5 Satz 2 des Aufenthaltsgesetzes zur Suche nach einer Erwerbstätigkeit oder nach Maßnahmen zur Anerkennung ausländischer Berufsqualifikationen erteilt und die Person ist weder erwerbstätig noch nimmt sie Elternzeit nach § 15 dieses Gesetzes oder laufende Geldleistungen nach dem Dritten Buch Sozialgesetzbuch in Anspruch,
   c) nach § 23 Absatz 1 des Aufenthaltsgesetzes wegen eines Krieges im Heimatland dieser Person oder nach § 23a oder § 25 Absatz 3 bis 5 des Aufenthaltsgesetzes erteilt,
3. eine in Nummer 2 Buchstabe c genannte Aufenthaltserlaubnis besitzt und im Bundesgebiet berechtigt erwerbstätig ist oder Elternzeit nach § 15 dieses Gesetzes oder laufende Geldleistungen nach dem Dritten Buch Sozialgesetzbuch in Anspruch nimmt,
4. eine in Nummer 2 Buchstabe c genannte Aufenthaltserlaubnis besitzt und sich seit mindestens 15 Monaten erlaubt, gestattet oder geduldet im Bundesgebiet aufhält oder
5. eine Beschäftigungsduldung gemäß § 60d in Verbindung mit § 60a Absatz 2 Satz 3 des Aufenthaltsgesetzes besitzt.

2Abweichend von Satz 1 Nummer 3 erste Alternative ist ein minderjähriger nicht freizügigkeitsberechtigter Ausländer oder eine minderjährige nicht freizügigkeitsberechtigte Ausländerin unabhängig von einer Erwerbstätigkeit anspruchsberechtigt.

(8) 1Ein Anspruch entfällt, wenn die berechtigte Person im letzten abgeschlossenen Veranlagungszeitraum vor der Geburt des Kindes ein zu versteuerndes Einkommen nach § 2 Absatz 5 des Einkommensteuergesetzes in Höhe von mehr als 175 000 Euro erzielt hat. 2Erfüllt

auch eine andere Person die Voraussetzungen des Absatzes 1 Satz 1 Nummer 2 oder der Absätze 3 oder 4, entfällt abweichend von Satz 1 der Anspruch, wenn die Summe des zu versteuernden Einkommens beider Personen mehr als 175 000 Euro beträgt.

§ 2 Höhe des Elterngeldes

(1) 1Elterngeld wird in Höhe von 67 Prozent des Einkommens aus Erwerbstätigkeit vor der Geburt des Kindes gewährt. 2Es wird bis zu einem Höchstbetrag von 1800 Euro monatlich für volle Lebensmonate gezahlt, in denen die berechtigte Person kein Einkommen aus Erwerbstätigkeit hat. 3Das Einkommen aus Erwerbstätigkeit errechnet sich nach Maßgabe der §§ 2c bis 2f aus der um die Abzüge für Steuern und Sozialabgaben verminderten Summe der positiven Einkünfte aus

1. nichtselbständiger Arbeit nach § 2 Absatz 1 Satz 1 Nummer 4 des Einkommensteuergesetzes sowie
2. Land- und Forstwirtschaft, Gewerbebetrieb und selbständiger Arbeit nach § 2 Absatz 1 Satz 1 Nummer 1 bis 3 des Einkommensteuergesetzes,

die im Inland zu versteuern sind und die die berechtigte Person durchschnittlich monatlich im Bemessungszeitraum nach § 2b oder in Lebensmonaten der Bezugszeit nach § 2 Absatz 3 hat.

(2) 1In den Fällen, in denen das Einkommen aus Erwerbstätigkeit vor der Geburt geringer als 1000 Euro war, erhöht sich der Prozentsatz von 67 Prozent um 0,1 Prozentpunkte für je 2 Euro, um die dieses Einkommen den Betrag von 1000 Euro unterschreitet, auf bis zu 100 Prozent. 2In den Fällen, in denen das Einkommen aus Erwerbstätigkeit vor der Geburt höher als 1200 Euro war, sinkt der Prozentsatz von 67 Prozent um 0,1 Prozentpunkte für je 2 Euro, um die dieses Einkommen den Betrag von 1200 Euro überschreitet, auf bis zu 65 Prozent.

(3) 1Für Lebensmonate nach der Geburt des Kindes, in denen die berechtigte Person ein Einkommen aus Erwerbstätigkeit hat, das durchschnittlich geringer ist als das Einkommen aus Erwerbstätigkeit vor der Geburt, wird Elterngeld in Höhe des nach den Absätzen 1 oder 2 maßgeblichen Prozentsatzes des Unterschiedsbetrages dieser Einkommen aus Erwerbstätigkeit gezahlt. 2Als Einkommen aus Erwerbstätigkeit vor der Geburt ist dabei höchstens der Betrag von 2770 Euro anzusetzen. 3Der Unterschiedsbetrag nach Satz 1 ist für das Einkommen aus Erwerbstätigkeit in Lebensmonaten, in denen die berechtigte Person Basiselterngeld in Anspruch nimmt, und in Lebensmonaten, in denen sie Elterngeld Plus im Sinne des § 4a Absatz 2 in Anspruch nimmt, getrennt zu berechnen.

(4) 1Elterngeld wird mindestens in Höhe von 300 Euro gezahlt. 2Dies gilt auch, wenn die berechtigte Person vor der Geburt des Kindes kein Einkommen aus Erwerbstätigkeit hat.

§ 2a Geschwisterbonus und Mehrlingszuschlag

(1) 1Lebt die berechtigte Person in einem Haushalt mit

1. zwei Kindern, die noch nicht drei Jahre alt sind, oder
2. drei oder mehr Kindern, die noch nicht sechs Jahre alt sind,

wird das Elterngeld um 10 Prozent, mindestens jedoch um 75 Euro erhöht (Geschwisterbonus). 2Zu berücksichtigen sind alle Kinder, für die die berechtigte Person die Voraussetzungen des § 1 Absatz 1 und 3 erfüllt und für die sich das Elterngeld nicht nach Absatz 4 erhöht.

(2) 1Für angenommene Kinder, die noch nicht 14 Jahre alt sind, gilt als Alter des Kindes der Zeitraum seit der Aufnahme des Kindes in den Haushalt der berechtigten Person. 2Dies gilt auch für Kinder, die die berechtigte Person entsprechend § 1 Absatz 3 Satz 1 Nummer 1 mit dem Ziel der Annahme als Kind in ihren Haushalt aufgenommen hat. 3Für Kinder mit Behinderung im Sinne von § 2 Absatz 1 Satz 1 des Neunten Buches Sozialgesetzbuch liegt die Altersgrenze nach Absatz 1 Satz 1 bei 14 Jahren.

(3) Der Anspruch auf den Geschwisterbonus endet mit Ablauf des Monats, in dem eine der in Absatz 1 genannten Anspruchsvoraussetzungen entfällt.

VIII

(4) 1Bei Mehrlingsgeburten erhöht sich das Elterngeld um je 300 Euro für das zweite und jedes weitere Kind (Mehrlingszuschlag). 2Dies gilt auch, wenn ein Geschwisterbonus nach Absatz 1 gezahlt wird.

§ 2b Bemessungszeitraum

(1) 1Für die Ermittlung des Einkommens aus nichtselbstständiger Erwerbstätigkeit im Sinne von § 2c vor der Geburt sind die zwölf Kalendermonate vor dem Kalendermonat der Geburt des Kindes maßgeblich. 2Bei der Bestimmung des Bemessungszeitraums nach Satz 1 bleiben Kalendermonate unberücksichtigt, in denen die berechtigte Person

1. im Zeitraum nach § 4 Absatz 1 Satz 2 und 3 und Absatz 5 Satz 3 Nummer 1 Buchstabe b, Nummer 2 Buchstabe b, Nummer 3 Buchstabe b und Nummer 4 Buchstabe b Elterngeld für ein älteres Kind bezogen hat,
2. während der Schutzfristen nach § 3 des Mutterschutzgesetzes nicht beschäftigt werden durfte oder Mutterschaftsgeld nach dem Fünften Buch Sozialgesetzbuch oder nach dem Zweiten Gesetz über die Krankenversicherung der Landwirte oder Krankentagegeld nach § 192 Absatz 5 Satz 2 des Versicherungsvertragsgesetzes bezogen hat,
3. eine Krankheit hatte, die maßgeblich durch eine Schwangerschaft bedingt war, oder
4. Wehrdienst nach dem Wehrpflichtgesetz oder nach dem Vierten Abschnitt des Soldatengesetzes oder Zivildienst nach dem Zivildienstgesetz geleistet hat.

3Abweichend von Satz 2 sind Kalendermonate im Sinne des Satzes 2 Nummer 1 bis 4 auf Antrag der berechtigten Person zu berücksichtigen. 4Abweichend von Satz 2 bleiben auf Antrag bei der Ermittlung des Einkommens für die Zeit vom 1. März 2020 bis zum Ablauf des 23. September 2022 auch solche Kalendermonate unberücksichtigt, in denen die berechtigte Person aufgrund der COVID-19-Pandemie ein geringeres Einkommen aus Erwerbstätigkeit hatte und dies glaubhaft machen kann. 5Satz 2 Nummer 1 gilt in den Fällen des § 27 Absatz 1 Satz 1 mit der Maßgabe, dass auf Antrag auch Kalendermonate mit Elterngeldbezug für ein älteres Kind nach Vollendung von dessen 14. Lebensmonat unberücksichtigt bleiben, soweit der Elterngeldbezug von der Zeit vor Vollendung des 14. Lebensmonats auf danach verschoben wurde.

(2) 1Für die Ermittlung des Einkommens aus selbstständiger Erwerbstätigkeit im Sinne von § 2d vor der Geburt sind die jeweiligen steuerlichen Gewinnermittlungszeiträume maßgeblich, die dem letzten abgeschlossenen steuerlichen Veranlagungszeitraum vor der Geburt des Kindes zugrunde liegen. 2Haben in einem Gewinnermittlungszeitraum die Voraussetzungen des Absatzes 1 Satz 2 oder Satz 4 vorgelegen, sind auf Antrag die Gewinnermittlungszeiträume maßgeblich, die dem diesen Ereignissen vorangegangenen abgeschlossenen steuerlichen Veranlagungszeitraum zugrunde liegen.

(3) 1Abweichend von Absatz 1 ist für die Ermittlung des Einkommens aus nichtselbstständiger Erwerbstätigkeit vor der Geburt der letzte abgeschlossene steuerliche Veranlagungszeitraum vor der Geburt maßgeblich, wenn die berechtigte Person in den Zeiträumen nach Absatz 1 oder Absatz 2 Einkommen aus selbstständiger Erwerbstätigkeit hatte. 2Haben im Bemessungszeitraum nach Satz 1 die Voraussetzungen des Absatzes 1 Satz 2 oder Satz 4 vorgelegen, ist Absatz 2 Satz 2 mit der zusätzlichen Maßgabe anzuwenden, dass für die Ermittlung des Einkommens aus nichtselbstständiger Erwerbstätigkeit vor der Geburt der vorangegangene steuerliche Veranlagungszeitraum maßgeblich ist.

(4) 1Abweichend von Absatz 3 ist auf Antrag der berechtigten Person für die Ermittlung des Einkommens aus nichtselbstständiger Erwerbstätigkeit allein der Bemessungszeitraum nach Absatz 1 maßgeblich, wenn die zu berücksichtigende Summe der Einkünfte aus Land- und Forstwirtschaft, Gewerbebetrieb und selbstständiger Arbeit nach § 2 Absatz 1 Satz 1 Nummer 1 bis 3 des Einkommensteuergesetzes

1. in den jeweiligen steuerlichen Gewinnermittlungszeiträumen, die dem letzten abgeschlossenen steuerlichen Veranlagungs-

VIII

zeitraum vor der Geburt des Kindes zugrunde liegen, durchschnittlich weniger als 35 Euro im Kalendermonat betrug und

2. in den jeweiligen steuerlichen Gewinnermittlungszeiträumen, die dem steuerlichen Veranlagungszeitraum der Geburt des Kindes zugrunde liegen, bis einschließlich zum Kalendermonat vor der Geburt des Kindes durchschnittlich weniger als 35 Euro im Kalendermonat betrug.

2Abweichend von § 2 Absatz 1 Satz 3 Nummer 2 ist für die Berechnung des Elterngeldes im Fall des Satzes 1 allein das Einkommen aus nichtselbstständiger Erwerbstätigkeit maßgeblich. 3Die für die Entscheidung über den Antrag notwendige Ermittlung der Höhe der Einkünfte aus Land- und Forstwirtschaft, Gewerbebetrieb und selbstständiger Arbeit erfolgt für die Zeiträume nach Satz 1 Nummer 1 entsprechend § 2d Absatz 2; in Fällen, in denen zum Zeitpunkt der Entscheidung kein Einkommensteuerbescheid vorliegt, und für den Zeitraum nach Satz 1 Nummer 2 erfolgt die Ermittlung der Höhe der Einkünfte entsprechend § 2d Absatz 3. 4Die Entscheidung über den Antrag erfolgt abschließend auf der Grundlage der Höhe der Einkünfte, wie sie sich aus den gemäß Satz 3 vorgelegten Nachweisen ergibt.

§ 2c Einkommen aus nichtselbstständiger Erwerbstätigkeit

(1) 1Der monatlich durchschnittlich zu berücksichtigende Überschuss der Einnahmen aus nichtselbstständiger Arbeit in Geld oder Geldeswert über ein Zwölftel des Arbeitnehmer-Pauschbetrags, vermindert um die Abzüge für Steuern und Sozialabgaben nach den §§ 2e und 2f, ergibt das Einkommen aus nichtselbstständiger Erwerbstätigkeit. 2Nicht berücksichtigt werden Einnahmen, die im Lohnsteuerabzugsverfahren nach den lohnsteuerlichen Vorgaben als sonstige Bezüge zu behandeln sind. 3Die zeitliche Zuordnung von Einnahmen erfolgt nach den lohnsteuerlichen Vorgaben für das Lohnsteuerabzugsverfahren. 4Maßgeblich ist der Arbeitnehmer-Pauschbetrag nach § 9a Satz 1 Nummer 1 Buchstabe a des Einkommensteuergesetzes in der am 1. Januar des Kalenderjahres vor der Geburt des Kindes für dieses Jahr geltenden Fassung.

(2) 1Grundlage der Ermittlung der Einnahmen sind die Angaben in den für die maßgeblichen Kalendermonate erstellten Lohn- und Gehaltsbescheinigungen des Arbeitgebers. 2Die Richtigkeit und Vollständigkeit der Angaben in den maßgeblichen Lohn- und Gehaltsbescheinigungen wird vermutet.

(3) 1Grundlage der Ermittlung der nach den §§ 2e und 2f erforderlichen Abzugsmerkmale für Steuern und Sozialabgaben sind die Angaben in der Lohn- und Gehaltsbescheinigung, die für den letzten Kalendermonat im Bemessungszeitraum mit Einnahmen nach Absatz 1 erstellt wurde. 2Soweit sich in den Lohn- und Gehaltsbescheinigungen des Bemessungszeitraums eine Angabe zu einem Abzugsmerkmal geändert hat, ist die von der Angabe nach Satz 1 abweichende Angabe maßgeblich, wenn sie in der überwiegenden Zahl der Kalendermonate des Bemessungszeitraums gegolten hat. 3§ 2c Absatz 2 Satz 2 gilt entsprechend.

(4) 1Der anteilige Arbeitnehmer-Pauschbetrag nach Absatz 1 Satz 1 ist nicht zu berücksichtigen, wenn dem Ansässigkeitsstaat der berechtigten Person nach einem Abkommen zur Vermeidung der Doppelbesteuerung das Besteuerungsrecht für das Elterngeld zusteht und wenn das aus Deutschland gezahlte Elterngeld nach den maßgebenden Vorschriften des Ansässigkeitsstaats der Steuer unterliegt. 2Unterliegt das Elterngeld im Ansässigkeitsstaat nach dessen maßgebenden Vorschriften nicht der Steuer, so ist der Arbeitnehmer-Pauschbetrag nach Absatz 1 entsprechend zu berücksichtigen.

§ 2d Einkommen aus selbstständiger Erwerbstätigkeit

(1) Die monatlich durchschnittlich zu berücksichtigende Summe der positiven Einkünfte aus Land- und Forstwirtschaft, Gewerbebetrieb und selbstständiger Arbeit (Gewinneinkünfte), vermindert um die Abzüge für Steuern und Sozialabgaben nach den §§ 2e

VIII

und 2f, ergibt das Einkommen aus selbstständiger Erwerbstätigkeit.

(2) $_{1}$Bei der Ermittlung der im Bemessungszeitraum zu berücksichtigenden Gewinneinkünfte sind die entsprechenden im Einkommensteuerbescheid ausgewiesenen Gewinne anzusetzen. $_{2}$Ist kein Einkommensteuerbescheid zu erstellen, werden die Gewinneinkünfte in entsprechender Anwendung des Absatzes 3 ermittelt.

(3) $_{1}$Grundlage der Ermittlung der in den Bezugsmonaten zu berücksichtigenden Gewinneinkünfte ist eine Gewinnermittlung, die mindestens den Anforderungen des § 4 Absatz 3 des Einkommensteuergesetzes entspricht. $_{2}$Als Betriebsausgaben sind 25 Prozent der zugrunde gelegten Einnahmen oder auf Antrag die damit zusammenhängenden tatsächlichen Betriebsausgaben anzusetzen.

(4) $_{1}$Soweit nicht in § 2c Absatz 3 etwas anderes bestimmt ist, sind bei der Ermittlung der nach § 2e erforderlichen Abzugsmerkmale für Steuern die Angaben im Einkommensteuerbescheid maßgeblich. $_{2}$§ 2c Absatz 3 Satz 2 gilt entsprechend.

(5) Die zeitliche Zuordnung von Einnahmen und Ausgaben erfolgt nach den einkommensteuerrechtlichen Grundsätzen.

§ 2e Abzüge für Steuern

(1) $_{1}$Als Abzüge für Steuern sind Beträge für die Einkommensteuer, den Solidaritätszuschlag und, wenn die berechtigte Person kirchensteuerpflichtig ist, die Kirchensteuer zu berücksichtigen. $_{2}$Die Abzüge für Steuern werden einheitlich für Einkommen aus nichtselbstständiger und selbstständiger Erwerbstätigkeit auf Grundlage einer Berechnung anhand des am 1. Januar des Kalenderjahres vor der Geburt des Kindes für dieses Jahr geltenden Programmablaufplans für die maschinelle Berechnung der vom Arbeitslohn einzubehaltenden Lohnsteuer, des Solidaritätszuschlags und der Maßstabsteuer für die Kirchenlohnsteuer im Sinne von § 39b Absatz 6 des Einkommensteuergesetzes nach den Maßgaben der Absätze 2 bis 5 ermittelt.

(2) $_{1}$Bemessungsgrundlage für die Ermittlung der Abzüge für Steuern ist die monatlich durchschnittlich zu berücksichtigende Summe der Einnahmen nach § 2c, soweit sie von der berechtigten Person zu versteuern sind, und der Gewinneinkünfte nach § 2d. $_{2}$Bei der Ermittlung der Abzüge für Steuern nach Absatz 1 werden folgende Pauschalen berücksichtigt:

1. der Arbeitnehmer-Pauschbetrag nach § 9a Satz 1 Nummer 1 Buchstabe a des Einkommensteuergesetzes, wenn die berechtigte Person von ihr zu versteuernde Einnahmen hat, die unter § 2c fallen, und
2. eine Vorsorgepauschale
   a) mit den Teilbeträgen nach § 39b Absatz 2 Satz 5 Nummer 3 Buchstabe b, c und e des Einkommensteuergesetzes, falls die berechtigte Person von ihr zu versteuernde Einnahmen nach § 2c hat, ohne in der gesetzlichen Rentenversicherung oder einer vergleichbaren Einrichtung versicherungspflichtig gewesen zu sein, oder
   b) mit den Teilbeträgen nach § 39b Absatz 2 Satz 5 Nummer 3 Buchstabe a bis c und e des Einkommensteuergesetzes in allen übrigen Fällen,

   wobei die Höhe der Teilbeträge ohne Berücksichtigung der besonderen Regelungen zur Berechnung der Beiträge nach § 55 Absatz 3 und § 58 Absatz 3 des Elften Buches Sozialgesetzbuch bestimmt wird.

(3) $_{1}$Als Abzug für die Einkommensteuer ist der Betrag anzusetzen, der sich unter Berücksichtigung der Steuerklasse und des Faktors nach § 39f des Einkommensteuergesetzes nach § 2c Absatz 3 ergibt; die Steuerklasse VI bleibt unberücksichtigt. $_{2}$War die berechtigte Person im Bemessungszeitraum nach § 2b in keine Steuerklasse eingereiht oder ist ihr nach § 2d zu berücksichtigender Gewinn höher als ihr nach § 2c zu berücksichtigender Überschuss der Einnahmen über ein Zwölftel des Arbeitnehmer-Pauschbetrags, ist als Abzug für die Einkommensteuer der Betrag anzusetzen, der sich unter Berücksichtigung der Steuerklasse IV ohne Berücksichtigung eines Faktors nach § 39f des Einkommensteuergesetzes ergibt.

(4) 1Als Abzug für den Solidaritätszuschlag ist der Betrag anzusetzen, der sich nach den Maßgaben des Solidaritätszuschlagsgesetzes 1995 für die Einkommensteuer nach Absatz 3 ergibt. 2Freibeträge für Kinder werden nach den Maßgaben des § 3 Absatz 2a des Solidaritätszuschlagsgesetzes 1995 berücksichtigt.

(5) 1Als Abzug für die Kirchensteuer ist der Betrag anzusetzen, der sich unter Anwendung eines Kirchensteuersatzes von 8 Prozent für die Einkommensteuer nach Absatz 3 ergibt. 2Freibeträge für Kinder werden nach den Maßgaben des § 51a Absatz 2a des Einkommensteuergesetzes berücksichtigt.

(6) Vorbehaltlich der Absätze 2 bis 5 werden Freibeträge und Pauschalen nur berücksichtigt, wenn sie ohne weitere Voraussetzung jeder berechtigten Person zustehen.

(7) 1Abzüge für Steuern nach Absatz 1 Satz 1 sind nicht zu berücksichtigen, wenn dem Ansässigkeitsstaat der berechtigten Person nach einem Abkommen zur Vermeidung der Doppelbesteuerung das Besteuerungsrecht für das Elterngeld zusteht und wenn das aus Deutschland gezahlte Elterngeld nach den maßgebenden Vorschriften des Ansässigkeitsstaats der Steuer unterliegt. 2Unterliegt das Elterngeld im Ansässigkeitsstaat nach dessen maßgebenden Vorschriften nicht der Steuer, so sind die Abzüge für Steuern nach den Absätzen 1 bis 6 entsprechend zu berücksichtigen.

§ 2f Abzüge für Sozialabgaben

(1) 1Als Abzüge für Sozialabgaben sind Beträge für die gesetzliche Sozialversicherung oder für eine vergleichbare Einrichtung sowie für die Arbeitsförderung zu berücksichtigen. 2Die Abzüge für Sozialabgaben werden einheitlich für Einkommen aus nichtselbstständiger und selbstständiger Erwerbstätigkeit anhand folgender Beitragssatzpauschalen ermittelt:

1. 9 Prozent für die Kranken- und Pflegeversicherung, falls die berechtigte Person in der gesetzlichen Krankenversicherung nach § 5 Absatz 1 Nummer 1 bis 12 des Fünften Buches Sozialgesetzbuch versicherungspflichtig gewesen ist,
2. 10 Prozent für die Rentenversicherung, falls die berechtigte Person in der gesetzlichen Rentenversicherung oder einer vergleichbaren Einrichtung versicherungspflichtig gewesen ist, und
3. 2 Prozent für die Arbeitsförderung, falls die berechtigte Person nach dem Dritten Buch Sozialgesetzbuch versicherungspflichtig gewesen ist.

(2) 1Bemessungsgrundlage für die Ermittlung der Abzüge für Sozialabgaben ist die monatlich durchschnittlich zu berücksichtigende Summe der Einnahmen nach § 2c und der Gewinneinkünfte nach § 2d. 2Einnahmen aus Beschäftigungen im Sinne des § 8, des § 8a oder des § 20 Absatz 3 Satz 1 des Vierten Buches Sozialgesetzbuch werden nicht berücksichtigt. 3Für Einnahmen aus Beschäftigungsverhältnissen im Sinne des § 20 Absatz 2 des Vierten Buches Sozialgesetzbuch ist der Betrag anzusetzen, der sich nach § 344 Absatz 4 des Dritten Buches Sozialgesetzbuch für diese Einnahmen ergibt, wobei der Faktor im Sinne des § 20 Absatz 2a Satz 2 des Vierten Buches Sozialgesetzbuch unter Zugrundelegung der Beitragssatzpauschalen nach Absatz 1 bestimmt wird.

(3) Andere Maßgaben zur Bestimmung der sozialversicherungsrechtlichen Beitragsbemessungsgrundlagen werden nicht berücksichtigt.

§ 3 Anrechnung von anderen Einnahmen

(1) 1Auf das der berechtigten Person nach § 2 oder nach § 2 in Verbindung mit § 2a zustehende Elterngeld werden folgende Einnahmen angerechnet:

1. Mutterschaftsleistungen
   a) in Form des Mutterschaftsgeldes nach dem Fünften Buch Sozialgesetzbuch oder nach dem Zweiten Gesetz über die Krankenversicherung der Landwirte mit Ausnahme des Mutterschaftsgeldes nach § 19 Absatz 2 des Mutterschutzgesetzes oder
   b) in Form des Zuschusses zum Mutterschaftsgeld nach § 20 des Mutterschutzgesetzes, die der berechtigten

Person für die Zeit ab dem Tag der Geburt des Kindes zustehen,

2. Dienst- und Anwärterbezüge sowie Zuschüsse, die der berechtigten Person nach beamten- oder soldatenrechtlichen Vorschriften für die Zeit eines Beschäftigungsverbots ab dem Tag der Geburt des Kindes zustehen,
3. dem Elterngeld oder den Mutterschaftsleistungen vergleichbare Leistungen, auf die eine nach § 1 berechtigte Person außerhalb Deutschlands oder gegenüber einer über- oder zwischenstaatlichen Einrichtung Anspruch hat,
4. Elterngeld, das der berechtigten Person für ein älteres Kind zusteht, oder dem Elterngeld oder den Mutterschaftsleistungen vergleichbare Leistungen für ein älteres Kind, auf die die berechtigte Person außerhalb Deutschlands oder gegenüber einer über- oder zwischenstaatlichen Einrichtung Anspruch hat,
5. Einnahmen, die der berechtigten Person als Ersatz für Erwerbseinkommen zustehen und
   a) die nicht bereits für die Berechnung des Elterngeldes nach § 2 berücksichtigt werden oder
   b) bei deren Berechnung das Elterngeld nicht berücksichtigt wird.

VIII

$_2$Stehen der berechtigten Person die Einnahmen nur für einen Teil des Lebensmonats des Kindes zu, sind sie nur auf den entsprechenden Teil des Elterngeldes anzurechnen. $_3$Für jeden Kalendermonat, in dem Einnahmen nach Satz 1 Nummer 4 oder Nummer 5 im Bemessungszeitraum bezogen worden sind, wird der Anrechnungsbetrag um ein Zwölftel gemindert. $_4$Beginnt der Bezug von Einnahmen nach Satz 1 Nummer 5 nach der Geburt des Kindes und berechnen sich die anzurechnenden Einnahmen auf der Grundlage eines Einkommens, das geringer ist als das Einkommen aus Erwerbstätigkeit im Bemessungszeitraum, so ist der Teil des Elterngeldes in Höhe des nach § 2 Absatz 1 oder 2 maßgeblichen Prozentsatzes des Unterschiedsbetrages zwischen dem durchschnittlichen monatlichen Einkommen aus Erwerbstätigkeit im Bemessungszeitraum und dem durchschnittlichen monatlichen Bemessungseinkommen der anzurechnenden Einnahmen von der Anrechnung freigestellt.

(2) $_1$Bis zu einem Betrag von 300 Euro ist das Elterngeld von der Anrechnung nach Absatz 1 frei, soweit nicht Einnahmen nach Absatz 1 Satz 1 Nummer 1 bis 3 auf das Elterngeld anzurechnen sind. $_2$Dieser Betrag erhöht sich bei Mehrlingsgeburten um je 300 Euro für das zweite und jedes weitere Kind.

(3) Solange kein Antrag auf die in Absatz 1 Satz 1 Nummer 3 genannten vergleichbaren Leistungen gestellt wird, ruht der Anspruch auf Elterngeld bis zur möglichen Höhe der vergleichbaren Leistung.

§ 4 Bezugsdauer, Anspruchsumfang

(1) $_1$Elterngeld wird als Basiselterngeld oder als Elterngeld Plus gewährt. $_2$Es kann ab dem Tag der Geburt bezogen werden. $_3$Basiselterngeld kann bis zur Vollendung des 14. Lebensmonats des Kindes bezogen werden. $_4$Elterngeld Plus kann bis zur Vollendung des 32. Lebensmonats bezogen werden, solange es ab dem 15. Lebensmonat in aufeinander folgenden Lebensmonaten von zumindest einem Elternteil in Anspruch genommen wird. $_5$Für angenommene Kinder und Kinder im Sinne des § 1 Absatz 3 Satz 1 Nummer 1 kann Elterngeld ab Aufnahme bei der berechtigten Person längstens bis zur Vollendung des achten Lebensjahres des Kindes bezogen werden.

(2) $_1$Elterngeld wird in Monatsbeträgen für Lebensmonate des Kindes gezahlt. $_2$Der Anspruch endet mit dem Ablauf des Lebensmonats, in dem eine Anspruchsvoraussetzung entfallen ist.

(3) $_1$Die Eltern haben gemeinsam Anspruch auf zwölf Monatsbeträge Basiselterngeld. $_2$Ist das Einkommen aus Erwerbstätigkeit eines Elternteils in zwei Lebensmonaten gemindert, haben die Eltern gemeinsam Anspruch auf zwei weitere Monate Basiselterngeld (Partnermonate). $_3$Statt für einen Lebensmonat Basiselterngeld zu beanspruchen, kann die berechtigte Person jeweils zwei Lebensmonate Elterngeld Plus beziehen.

(4) 1Ein Elternteil hat Anspruch auf höchstens zwölf Monatsbeträge Basiselterngeld zuzüglich der höchstens vier zustehenden Monatsbeträge Partnerschaftsbonus nach § 4b. 2Ein Elternteil hat nur Anspruch auf Elterngeld, wenn er es mindestens für zwei Lebensmonate bezieht. 3Lebensmonate des Kindes, in denen einem Elternteil nach § 3 Absatz 1 Satz 1 Nummer 1 bis 3 anzurechnende Leistungen oder nach § 192 Absatz 5 Satz 2 des Versicherungsvertragsgesetzes Versicherungsleistungen zustehen, gelten als Monate, für die dieser Elternteil Basiselterngeld nach § 4a Absatz 1 bezieht.

(5) 1Abweichend von Absatz 3 Satz 1 beträgt der gemeinsame Anspruch der Eltern auf Basiselterngeld für ein Kind, das

1. mindestens sechs Wochen vor dem voraussichtlichen Tag der Entbindung geboren wurde: 13 Monatsbeträge Basiselterngeld;
2. mindestens acht Wochen vor dem voraussichtlichen Tag der Entbindung geboren wurde: 14 Monatsbeträge Basiselterngeld;
3. mindestens zwölf Wochen vor dem voraussichtlichen Tag der Entbindung geboren wurde: 15 Monatsbeträge Basiselterngeld;
4. mindestens 16 Wochen vor dem voraussichtlichen Tag der Entbindung geboren wurde: 16 Monatsbeträge Basiselterngeld.

2Für die Berechnung des Zeitraums zwischen dem voraussichtlichen Tag der Entbindung und dem tatsächlichen Tag der Geburt ist der voraussichtliche Tag der Entbindung maßgeblich, wie er sich aus dem ärztlichen Zeugnis oder dem Zeugnis einer Hebamme oder eines Entbindungspflegers ergibt.

3Im Fall von

1. Satz 1 Nummer 1
   a) hat ein Elternteil abweichend von Absatz 4 Satz 1 Anspruch auf höchstens 13 Monatsbeträge Basiselterngeld zuzüglich der höchstens vier zustehenden Monatsbeträge Partnerschaftsbonus nach § 4b,
   b) kann Basiselterngeld abweichend von Absatz 1 Satz 3 bis zur Vollendung des 15. Lebensmonats des Kindes bezogen werden und
   c) kann Elterngeld Plus abweichend von Absatz 1 Satz 4 bis zur Vollendung des 32. Lebensmonats des Kindes bezogen werden, solange es ab dem 16. Lebensmonat in aufeinander folgenden Lebensmonaten von zumindest einem Elternteil in Anspruch genommen wird;
2. Satz 1 Nummer 2
   a) hat ein Elternteil abweichend von Absatz 4 Satz 1 Anspruch auf höchstens 14 Monatsbeträge Basiselterngeld zuzüglich der höchstens vier zustehenden Monatsbeträge Partnerschaftsbonus nach § 4b,
   b) kann Basiselterngeld abweichend von Absatz 1 Satz 3 bis zur Vollendung des 16. Lebensmonats des Kindes bezogen werden und
   c) kann Elterngeld Plus abweichend von Absatz 1 Satz 4 bis zur Vollendung des 32. Lebensmonats des Kindes bezogen werden, solange es ab dem 17. Lebensmonat in aufeinander folgenden Lebensmonaten von zumindest einem Elternteil in Anspruch genommen wird;
3. Satz 1 Nummer 3
   a) hat ein Elternteil abweichend von Absatz 4 Satz 1 Anspruch auf höchstens 15 Monatsbeträge Basiselterngeld zuzüglich der höchstens vier zustehenden Monatsbeträge Partnerschaftsbonus nach § 4b,
   b) kann Basiselterngeld abweichend von Absatz 1 Satz 3 bis zur Vollendung des 17. Lebensmonats des Kindes bezogen werden und
   c) kann Elterngeld Plus abweichend von Absatz 1 Satz 4 bis zur Vollendung des 32. Lebensmonats des Kindes bezogen werden, solange es ab dem 18. Lebensmonat in aufeinander folgenden Lebensmonaten von zumindest einem Elternteil in Anspruch genommen wird;
4. Satz 1 Nummer 4
   a) hat ein Elternteil abweichend von Absatz 4 Satz 1 Anspruch auf höchstens

16 Monatsbeträge Basiselterngeld zuzüglich der höchstens vier zustehenden Monatsbeträge Partnerschaftsbonus nach § 4b,

b) kann Basiselterngeld abweichend von Absatz 1 Satz 3 bis zur Vollendung des 18. Lebensmonats des Kindes bezogen werden und

c) kann Elterngeld Plus abweichend von Absatz 1 Satz 4 bis zur Vollendung des 32. Lebensmonats des Kindes bezogen werden, solange es ab dem 19. Lebensmonat in aufeinander folgenden Lebensmonaten von zumindest einem Elternteil in Anspruch genommen wird.

(6) 1Ein gleichzeitiger Bezug von Basiselterngeld beider Elternteile ist nur in einem der ersten zwölf Lebensmonate des Kindes möglich. 2Bezieht einer der beiden Elternteile Elterngeld Plus, so kann dieser Elternteil das Elterngeld Plus gleichzeitig zum Bezug von Basiselterngeld oder von Elterngeld Plus des anderen Elternteils beziehen. 3§ 4b bleibt unberührt. 4Abweichend von Satz 1 können bei Mehrlingsgeburten und Frühgeburten im Sinne des Absatzes 5 sowie bei Kindern, bei denen eine Behinderung im Sinne von § 2 Absatz 1 Satz 1 des Neunten Buches Sozialgesetzbuch ärztlich festgestellt wird und bei Kindern, die einen Geschwisterbonus nach § 2a Absatz 1 in Verbindung mit Absatz 2 Satz 3 auslösen, beide Elternteile gleichzeitig Basiselterngeld beziehen.

§ 4a Berechnung von Basiselterngeld und Elterngeld Plus

(1) Basiselterngeld wird allein nach den Vorgaben der §§ 2 bis 3 ermittelt.

(2) 1Elterngeld Plus wird nach den Vorgaben der §§ 2 bis 3 und den zusätzlichen Vorgaben der Sätze 2 und 3 ermittelt. 2Das Elterngeld Plus beträgt monatlich höchstens die Hälfte des Basiselterngeldes, das der berechtigten Person zustünde, wenn sie während des Elterngeldbezugs keine Einnahmen im Sinne des § 2 oder des § 3 hätte oder hat. 3Für die Berechnung des Elterngeldes Plus halbieren sich:

1. der Mindestbetrag für das Elterngeld nach § 2 Absatz 4 Satz 1,
2. der Mindestbetrag des Geschwisterbonus nach § 2a Absatz 1 Satz 1,
3. der Mehrlingszuschlag nach § 2a Absatz 4 sowie
4. die von der Anrechnung freigestellten Elterngeldbeträge nach § 3 Absatz 2.

§ 4b Partnerschaftsbonus

(1) Wenn beide Elternteile

1. nicht weniger als 24 und nicht mehr als 32 Wochenstunden im Durchschnitt des Lebensmonats erwerbstätig sind und
2. die Voraussetzungen des § 1 erfüllen,

hat jeder Elternteil für diesen Lebensmonat Anspruch auf einen zusätzlichen Monatsbetrag Elterngeld Plus (Partnerschaftsbonus).

(2) 1Die Eltern haben je Elternteil Anspruch auf höchstens vier Monatsbeträge Partnerschaftsbonus. 2Sie können den Partnerschaftsbonus nur beziehen, wenn sie ihn jeweils für mindestens zwei Lebensmonate in Anspruch nehmen.

(3) Die Eltern können den Partnerschaftsbonus nur gleichzeitig und in aufeinander folgenden Lebensmonaten beziehen.

(4) Treten während des Bezugs des Partnerschaftsbonus die Voraussetzungen für einen alleinigen Bezug nach § 4c Absatz 1 Nummer 1 bis 3 ein, so kann der Bezug durch einen Elternteil nach § 4c Absatz 2 fortgeführt werden.

(5) Das Erfordernis des Bezugs in aufeinander folgenden Lebensmonaten nach Absatz 3 und § 4 Absatz 1 Satz 4 gilt auch dann als erfüllt, wenn sich während des Bezugs oder nach dem Ende des Bezugs herausstellt, dass die Voraussetzungen für den Partnerschaftsbonus nicht in allen Lebensmonaten, für die der Partnerschaftsbonus beantragt wurde, vorliegen oder vorlagen.

§ 4c Alleiniger Bezug durch einen Elternteil

(1) Ein Elternteil kann abweichend von § 4 Absatz 4 Satz 1 zusätzlich auch das Elterngeld für die Partnermonate nach § 4 Absatz 3 Satz 2 beziehen, wenn das Einkommen aus

VIII

Erwerbstätigkeit für zwei Lebensmonate gemindert ist und

1. bei diesem Elternteil die Voraussetzungen für den Entlastungsbetrag für Alleinerziehende nach § 24b Absatz 1 und 3 des Einkommensteuergesetzes vorliegen und der andere Elternteil weder mit ihm noch mit dem Kind in einer Wohnung lebt,
2. mit der Betreuung durch den anderen Elternteil eine Gefährdung des Kindeswohls im Sinne von § 1666 Absatz 1 und 2 des Bürgerlichen Gesetzbuchs verbunden wäre oder
3. die Betreuung durch den anderen Elternteil unmöglich ist, insbesondere, weil er wegen einer schweren Krankheit oder einer Schwerbehinderung sein Kind nicht betreuen kann; für die Feststellung der Unmöglichkeit der Betreuung bleiben wirtschaftliche Gründe und Gründe einer Verhinderung wegen anderweitiger Tätigkeiten außer Betracht.

(2) $_1$Liegt eine der Voraussetzungen des Absatzes 1 Nummer 1 bis 3 vor, so hat ein Elternteil, der in mindestens zwei bis höchstens vier aufeinander folgenden Lebensmonaten nicht weniger als 24 und nicht mehr als 32 Wochenstunden im Durchschnitt des Lebensmonats erwerbstätig ist, für diese Lebensmonate Anspruch auf zusätzliche Monatsbeträge Elterngeld Plus. $_2$§ 4b Absatz 5 gilt entsprechend.

§ 4d Weitere Berechtigte

$_1$Die §§ 4 bis 4c gelten in den Fällen des § 1 Absatz 3 und 4 entsprechend. $_2$Der Bezug von Elterngeld durch nicht sorgeberechtigte Elternteile und durch Personen, die nach § 1 Absatz 3 Satz 1 Nummer 2 und 3 Anspruch auf Elterngeld haben, bedarf der Zustimmung des sorgeberechtigten Elternteils.

Abschnitt 2 Verfahren und Organisation

§ 5 Zusammentreffen von Ansprüchen

(1) Erfüllen beide Elternteile die Anspruchsvoraussetzungen, bestimmen sie, wer von ihnen die Monatsbeträge für welche Lebensmonate des Kindes in Anspruch nimmt.

(2) $_1$Beanspruchen beide Elternteile zusammen mehr als die ihnen nach § 4 Absatz 3 und § 4b oder nach § 4 Absatz 3 und § 4b in Verbindung mit § 4d zustehenden Monatsbeträge, so besteht der Anspruch eines Elternteils, der nicht über die Hälfte der zustehenden Monatsbeträge hinausgeht, ungekürzt; der Anspruch des anderen Elternteils wird gekürzt auf die vom Gesamtanspruch verbleibenden Monatsbeträge. $_2$Beansprucht jeder der beiden Elternteile mehr als die Hälfte der ihm zustehenden Monatsbeträge, steht jedem Elternteil die Hälfte des Gesamtanspruchs der Monatsbeträge zu.

(3) $_1$Die Absätze 1 und 2 gelten in den Fällen des § 1 Absatz 3 und 4 entsprechend. $_2$Wird eine Einigung mit einem nicht sorgeberechtigten Elternteil oder einer Person, die nach § 1 Absatz 3 Satz 1 Nummer 2 und 3 Anspruch auf Elterngeld hat, nicht erzielt, so kommt es abweichend von Absatz 2 allein auf die Entscheidung des sorgeberechtigten Elternteils an.

§ 6 Auszahlung

Elterngeld wird im Laufe des Lebensmonats gezahlt, für den es bestimmt ist.

§ 7 Antragstellung

(1) $_1$Elterngeld ist schriftlich zu beantragen. $_2$Es wird rückwirkend nur für die letzten drei Lebensmonate vor Beginn des Lebensmonats geleistet, in dem der Antrag auf Elterngeld eingegangen ist. $_3$Im Antrag ist anzugeben, für welche Lebensmonate Basiselterngeld, für welche Lebensmonate Elterngeld Plus oder für welche Lebensmonate Partnerschaftsbonus beantragt wird.

(2) $_1$Die im Antrag getroffenen Entscheidungen können bis zum Ende des Bezugszeitraums geändert werden. $_2$Eine Änderung kann rückwirkend nur für die letzten drei Lebensmonate vor Beginn des Lebensmonats verlangt werden, in dem der Änderungsantrag eingegangen ist. $_3$Sie ist außer in den Fällen besonderer Härte unzulässig, soweit Monatsbeträge bereits ausgezahlt sind. $_4$Abweichend

VIII

von den Sätzen 2 und 3 kann für einen Lebensmonat, in dem bereits Elterngeld Plus bezogen wurde, nachträglich Basiselterngeld beantragt werden. 5Im Übrigen finden die für die Antragstellung geltenden Vorschriften auch auf den Änderungsantrag Anwendung.

(3) 1Der Antrag ist, außer im Fall des § 4c und der Antragstellung durch eine allein sorgeberechtigte Person, zu unterschreiben von der Person, die ihn stellt, und zur Bestätigung der Kenntnisnahme auch von der anderen berechtigten Person. 2Die andere berechtigte Person kann gleichzeitig

1. einen Antrag auf Elterngeld stellen oder
2. der Behörde anzeigen, wie viele Monatsbeträge sie beansprucht, wenn mit ihrem Anspruch die Höchstgrenzen nach § 4 Absatz 3 in Verbindung mit § 4b überschritten würden.

3Liegt der Behörde von der anderen berechtigten Person weder ein Antrag auf Elterngeld noch eine Anzeige nach Satz 2 vor, so werden sämtliche Monatsbeträge der berechtigten Person ausgezahlt, die den Antrag gestellt hat; die andere berechtigte Person kann bei einem späteren Antrag abweichend von § 5 Absatz 2 nur die unter Berücksichtigung von § 4 Absatz 3 in Verbindung mit § 4b vom Gesamtanspruch verbleibenden Monatsbeträge erhalten.

VIII

§ 8 Auskunftspflicht, Nebenbestimmungen

(1) Soweit im Antrag auf Elterngeld Angaben zum voraussichtlichen Einkommen aus Erwerbstätigkeit gemacht wurden, ist nach Ablauf des Bezugszeitraums für diese Zeit das tatsächliche Einkommen aus Erwerbstätigkeit nachzuweisen.

(1a) 1Die Mitwirkungspflichten nach § 60 des Ersten Buches Sozialgesetzbuch gelten

1. im Falle des § 1 Absatz 8 Satz 2 auch für die andere Person im Sinne des § 1 Absatz 8 Satz 2 und
2. im Falle des § 4b oder des § 4b in Verbindung mit § 4d Satz 1 für beide Personen, die den Partnerschaftsbonus beantragt haben.

2§ 65 Absatz 1 und 3 des Ersten Buches Sozialgesetzbuch gilt entsprechend.

(2) 1Elterngeld wird in den Fällen, in denen die berechtigte Person nach ihren Angaben im Antrag im Bezugszeitraum voraussichtlich kein Einkommen aus Erwerbstätigkeit haben wird, unter dem Vorbehalt des Widerrufs für den Fall gezahlt, dass sie entgegen ihren Angaben im Antrag Einkommen aus Erwerbstätigkeit hat. 2In den Fällen, in denen zum Zeitpunkt der Antragstellung der Steuerbescheid für den letzten abgeschlossenen steuerlichen Veranlagungszeitraum vor der Geburt des Kindes nicht vorliegt und nach den Angaben im Antrag die Beträge nach § 1 Absatz 8 voraussichtlich nicht überschritten werden, wird das Elterngeld unter dem Vorbehalt des Widerrufs für den Fall gezahlt, dass entgegen den Angaben im Antrag die Beträge nach § 1 Absatz 8 überschritten werden.

(3) Über die Höhe des Elterngeldes wird bis zum Nachweis der jeweils erforderlichen Angaben vorläufig unter Berücksichtigung der glaubhaft gemachten Angaben entschieden, wenn

1. zum Zeitpunkt der Antragstellung der Steuerbescheid für den letzten abgeschlossenen Veranlagungszeitraum vor der Geburt des Kindes nicht vorliegt und noch nicht angegeben werden kann, ob die Beträge nach § 1 Absatz 8 überschritten werden,
2. das Einkommen aus Erwerbstätigkeit vor der Geburt nicht ermittelt werden kann oder
3. die berechtigte Person nach den Angaben im Antrag auf Elterngeld im Bezugszeitraum voraussichtlich Einkommen aus Erwerbstätigkeit hat.

§ 9 Einkommens- und Arbeitszeitnachweis, Auskunftspflicht des Arbeitgebers

(1) 1Soweit es zum Nachweis des Einkommens aus Erwerbstätigkeit oder der wöchentlichen Arbeitszeit erforderlich ist, hat der Arbeitgeber der nach § 12 zuständigen Behörde für bei ihm Beschäftigte das Arbeitsentgelt, die für die Ermittlung der nach den §§ 2e und 2f erforderlichen Abzugsmerkmale für Steuern und Sozialabgaben so-

wie die Arbeitszeit auf Verlangen zu bescheinigen; das Gleiche gilt für ehemalige Arbeitgeber. 2Für die in Heimarbeit Beschäftigten und die ihnen Gleichgestellten (§ 1 Absatz 1 und 2 des Heimarbeitsgesetzes) tritt an die Stelle des Arbeitgebers der Auftraggeber oder Zwischenmeister.

(2) 1Für den Nachweis des Einkommens aus Erwerbstätigkeit kann die nach § 12 Absatz 1 zuständige Behörde auch das in § 108a Absatz 1 des Vierten Buches Sozialgesetzbuch vorgesehene Verfahren zur elektronischen Abfrage und Übermittlung von Entgeltbescheinigungsdaten nutzen. 2Sie darf dieses Verfahren nur nutzen, wenn die betroffene Arbeitnehmerin oder der betroffene Arbeitnehmer zuvor in dessen Nutzung eingewilligt hat. 3Wenn der betroffene Arbeitgeber ein systemgeprüftes Entgeltabrechnungsprogramm nutzt, ist er verpflichtet, die jeweiligen Entgeltbescheinigungsdaten mit dem in § 108a Absatz 1 des Vierten Buches Sozialgesetzbuch vorgesehenen Verfahren zu übermitteln.

§ 10 Verhältnis zu anderen Sozialleistungen

(1) Das Elterngeld und vergleichbare Leistungen der Länder sowie die nach § 3 auf die Leistung angerechneten Einnahmen oder Leistungen bleiben bei Sozialleistungen, deren Zahlung von anderen Einkommen abhängig ist, bis zu einer Höhe von insgesamt 300 Euro im Monat als Einkommen unberücksichtigt.

(2) Das Elterngeld und vergleichbare Leistungen der Länder sowie die nach § 3 auf die Leistung angerechneten Einnahmen oder Leistungen dürfen bis zu einer Höhe von insgesamt 300 Euro nicht dafür herangezogen werden, um auf Rechtsvorschriften beruhende Leistungen anderer, auf die kein Anspruch besteht, zu versagen.

(3) Soweit die berechtigte Person Elterngeld Plus bezieht, bleibt das Elterngeld nur bis zur Hälfte des Anrechnungsfreibetrags, der nach Abzug der anderen nach Absatz 1 nicht zu berücksichtigenden Einnahmen für das Elterngeld verbleibt, als Einkommen unberücksichtigt und darf nur bis zu dieser Höhe nicht dafür herangezogen werden, um auf Rechtsvorschriften beruhende Leistungen anderer, auf die kein Anspruch besteht, zu versagen.

(4) Die nach den Absätzen 1 bis 3 nicht zu berücksichtigenden oder nicht heranzuziehenden Beträge vervielfachen sich bei Mehrlingsgeburten mit der Zahl der geborenen Kinder.

(5) 1Die Absätze 1 bis 4 gelten nicht bei Leistungen nach dem Zweiten Buch Sozialgesetzbuch, dem Zwölften Buch Sozialgesetzbuch, § 6a des Bundeskindergeldgesetzes und dem Asylbewerberleistungsgesetz. 2Bei den in Satz 1 bezeichneten Leistungen bleiben das Elterngeld und vergleichbare Leistungen der Länder sowie die nach § 3 auf das Elterngeld angerechneten Einnahmen in Höhe des nach § 2 Absatz 1 berücksichtigten Einkommens aus Erwerbstätigkeit vor der Geburt bis zu 300 Euro im Monat als Einkommen unberücksichtigt. 3Soweit die berechtigte Person Elterngeld Plus bezieht, verringern sich die Beträge nach Satz 2 um die Hälfte. 4Abweichend von Satz 2 bleibt Mutterschaftsgeld gemäß § 19 des Mutterschutzgesetzes in voller Höhe unberücksichtigt.

(6) Die Absätze 1 bis 4 gelten entsprechend, soweit für eine Sozialleistung ein Kostenbeitrag erhoben werden kann, der einkommensabhängig ist.

§ 11 Unterhaltspflichten

1Unterhaltsverpflichtungen werden durch die Zahlung des Elterngeldes und vergleichbarer Leistungen der Länder nur insoweit berührt, als die Zahlung 300 Euro monatlich übersteigt. 2Soweit die berechtigte Person Elterngeld Plus bezieht, werden die Unterhaltspflichten insoweit berührt, als die Zahlung 150 Euro übersteigt. 3Die in den Sätzen 1 und 2 genannten Beträge vervielfachen sich bei Mehrlingsgeburten mit der Zahl der geborenen Kinder. 4Die Sätze 1 bis 3 gelten nicht in den Fällen des § 1361 Absatz 3, der §§ 1579, 1603 Absatz 2 und des § 1611 Absatz 1 des Bürgerlichen Gesetzbuchs.

§ 12 Zuständigkeit; Bewirtschaftung der Mittel

(1) 1Die Landesregierungen oder die von ihnen beauftragten Stellen bestimmen die für

die Ausführung dieses Gesetzes zuständigen Behörden. 2Zuständig ist die von den Ländern für die Durchführung dieses Gesetzes bestimmte Behörde des Bezirks, in dem das Kind, für das Elterngeld beansprucht wird, zum Zeitpunkt der ersten Antragstellung seinen inländischen Wohnsitz hat. 3Hat das Kind, für das Elterngeld beansprucht wird, in den Fällen des § 1 Absatz 2 zum Zeitpunkt der ersten Antragstellung keinen inländischen Wohnsitz, so ist die von den Ländern für die Durchführung dieses Gesetzes bestimmte Behörde des Bezirks zuständig, in dem die berechtigte Person ihren letzten inländischen Wohnsitz hatte; hilfsweise ist die Behörde des Bezirks zuständig, in dem der entsendende Dienstherr oder Arbeitgeber der berechtigten Person oder der Arbeitgeber des Ehegatten oder der Ehegattin der berechtigten Person den inländischen Sitz hat.

(2) Den nach Absatz 1 zuständigen Behörden obliegt auch die Beratung zur Elternzeit.

(3) 1Der Bund trägt die Ausgaben für das Elterngeld. 2Die damit zusammenhängenden Einnahmen sind an den Bund abzuführen. 3Für die Ausgaben und die mit ihnen zusammenhängenden Einnahmen sind die Vorschriften über das Haushaltsrecht des Bundes einschließlich der Verwaltungsvorschriften anzuwenden.

§ 13 Rechtsweg

(1) 1Über öffentlich-rechtliche Streitigkeiten in Angelegenheiten der §§ 1 bis 12 entscheiden die Gerichte der Sozialgerichtsbarkeit. 2§ 85 Absatz 2 Nummer 2 des Sozialgerichtsgesetzes gilt mit der Maßgabe, dass die zuständige Stelle nach § 12 bestimmt wird.

(2) Widerspruch und Anfechtungsklage haben keine aufschiebende Wirkung.

§ 14 Bußgeldvorschriften

(1) Ordnungswidrig handelt, wer vorsätzlich oder fahrlässig

1. entgegen § 8 Absatz 1 einen Nachweis nicht, nicht richtig, nicht vollständig oder nicht rechtzeitig erbringt,
2. entgegen § 9 Absatz 1 eine dort genannte Angabe nicht, nicht richtig, nicht vollständig oder nicht rechtzeitig bescheinigt,
3. entgegen § 60 Absatz 1 Satz 1 Nummer 1 des Ersten Buches Sozialgesetzbuch, auch in Verbindung mit § 8 Absatz 1a Satz 1, eine Angabe nicht, nicht richtig, nicht vollständig oder nicht rechtzeitig macht,
4. entgegen § 60 Absatz 1 Satz 1 Nummer 2 des Ersten Buches Sozialgesetzbuch, auch in Verbindung mit § 8 Absatz 1a Satz 1, eine Mitteilung nicht, nicht richtig, nicht vollständig oder nicht rechtzeitig macht oder
5. entgegen § 60 Absatz 1 Satz 1 Nummer 3 des Ersten Buches Sozialgesetzbuch, auch in Verbindung mit § 8 Absatz 1a Satz 1, eine Beweisurkunde nicht, nicht richtig, nicht vollständig oder nicht rechtzeitig vorlegt.

(2) Die Ordnungswidrigkeit kann mit einer Geldbuße von bis zu zweitausend Euro geahndet werden.

(3) Verwaltungsbehörden im Sinne des § 36 Absatz 1 Nummer 1 des Gesetzes über Ordnungswidrigkeiten sind die in § 12 Absatz 1 genannten Behörden.

Abschnitt 3
Elternzeit für Arbeitnehmerinnen und Arbeitnehmer

§ 15 Anspruch auf Elternzeit

(1) 1Arbeitnehmerinnen und Arbeitnehmer haben Anspruch auf Elternzeit, wenn sie

1. a) mit ihrem Kind,
   b) mit einem Kind, für das sie die Anspruchsvoraussetzungen nach § 1 Absatz 3 oder 4 erfüllen, oder
   c) mit einem Kind, das sie in Vollzeitpflege nach § 33 des Achten Buches Sozialgesetzbuch aufgenommen haben,

   in einem Haushalt leben und
2. dieses Kind selbst betreuen und erziehen.

2Nicht sorgeberechtigte Elternteile und Personen, die nach Satz 1 Nummer 1 Buchstabe b und c Elternzeit nehmen können, bedürfen der Zustimmung des sorgeberechtigten Elternteils.

(1a) 1Anspruch auf Elternzeit haben Arbeitnehmerinnen und Arbeitnehmer auch, wenn sie mit ihrem Enkelkind in einem Haushalt leben und dieses Kind selbst betreuen und erziehen und

1. ein Elternteil des Kindes minderjährig ist oder
2. ein Elternteil des Kindes sich in einer Ausbildung befindet, die vor Vollendung des 18. Lebensjahres begonnen wurde und die Arbeitskraft des Elternteils im Allgemeinen voll in Anspruch nimmt.

2Der Anspruch besteht nur für Zeiten, in denen keiner der Elternteile des Kindes selbst Elternzeit beansprucht.

(2) 1Der Anspruch auf Elternzeit besteht bis zur Vollendung des dritten Lebensjahres eines Kindes. 2Ein Anteil von bis zu 24 Monaten kann zwischen dem dritten Geburtstag und dem vollendeten achten Lebensjahr des Kindes in Anspruch genommen werden. 3Die Zeit der Mutterschutzfrist nach § 3 Absatz 2 und 3 des Mutterschutzgesetzes wird für die Elternzeit der Mutter auf die Begrenzung nach den Sätzen 1 und 2 angerechnet. 4Bei mehreren Kindern besteht der Anspruch auf Elternzeit für jedes Kind, auch wenn sich die Zeiträume im Sinne der Sätze 1 und 2 überschneiden. 5Bei einem angenommenen Kind und bei einem Kind in Vollzeit- oder Adoptionspflege kann Elternzeit von insgesamt bis zu drei Jahren ab der Aufnahme bei der berechtigten Person, längstens bis zur Vollendung des achten Lebensjahres des Kindes genommen werden; die Sätze 2 und 4 sind entsprechend anwendbar, soweit sie die zeitliche Aufteilung regeln. 6Der Anspruch kann nicht durch Vertrag ausgeschlossen oder beschränkt werden.

(3) 1Die Elternzeit kann, auch anteilig, von jedem Elternteil allein oder von beiden Elternteilen gemeinsam genommen werden. 2Satz 1 gilt in den Fällen des Absatzes 1 Satz 1 Nummer 1 Buchstabe b und c entsprechend.

(4) 1Die Arbeitnehmerin oder der Arbeitnehmer darf während der Elternzeit nicht mehr als 32 Wochenstunden im Durchschnitt des Monats erwerbstätig sein. 2Die Beschränkung auf 32 Wochenstunden im Durchschnitt des Monats gilt nicht für die Tätigkeit einer im Sinne der §§ 23 und 43 des Achten Buches Sozialgesetzbuch geeigneten Kindertagespflegeperson. 3Die Ausübung einer Teilzeitarbeit bei einem anderen Arbeitgeber oder einer selbständigen Erwerbstätigkeit nach Satz 1 bedürfen der Zustimmung des Arbeitgebers. 4Dieser kann seine Zustimmung nur innerhalb von vier Wochen nach der Beantragung aus dringenden betrieblichen Gründen in Textform verweigern.

(5) 1Der Arbeitnehmer oder die Arbeitnehmerin kann eine Verringerung der Arbeitszeit und ihre Verteilung beantragen. 2Der Antrag kann mit der Mitteilung nach Absatz 7 Satz 1 Nummer 5 in Textform verbunden werden. 3Über den Antrag sollen sich der Arbeitgeber und der Arbeitnehmer oder die Arbeitnehmerin innerhalb von vier Wochen einigen. 4Lehnt der Arbeitgeber den Antrag ab, so hat er dies dem Arbeitnehmer oder der Arbeitnehmerin innerhalb der Frist nach Satz 3 mit einer Begründung mitzuteilen. 5Unberührt bleibt das Recht, sowohl die vor der Elternzeit bestehende Teilzeitarbeit unverändert während der Elternzeit fortzusetzen, soweit Absatz 4 beachtet ist, als auch nach der Elternzeit zu der Arbeitszeit zurückzukehren, die vor Beginn der Elternzeit vereinbart war.

(6) Der Arbeitnehmer oder die Arbeitnehmerin kann gegenüber dem Arbeitgeber, soweit eine Einigung nach Absatz 5 nicht möglich ist, unter den Voraussetzungen des Absatzes 7 während der Gesamtdauer der Elternzeit zweimal eine Verringerung seiner oder ihrer Arbeitszeit beanspruchen.

(7) 1Für den Anspruch auf Verringerung der Arbeitszeit gelten folgende Voraussetzungen:

1. Der Arbeitgeber beschäftigt, unabhängig von der Anzahl der Personen in Berufsbildung, in der Regel mehr als 15 Arbeitnehmer und Arbeitnehmerinnen,

2. das Arbeitsverhältnis in demselben Betrieb oder Unternehmen besteht ohne Unterbrechung länger als sechs Monate,
3. die vertraglich vereinbarte regelmäßige Arbeitszeit soll für mindestens zwei Monate auf einen Umfang von nicht weniger als 15 und nicht mehr als 32 Wochenstunden im Durchschnitt des Monats verringert werden,
4. dem Anspruch stehen keine dringenden betrieblichen Gründe entgegen und
5. der Anspruch auf Teilzeit wurde dem Arbeitgeber
   a) für den Zeitraum bis zum vollendeten dritten Lebensjahr des Kindes sieben Wochen und
   b) für den Zeitraum zwischen dem dritten Geburtstag und dem vollendeten achten Lebensjahr des Kindes 13 Wochen

vor Beginn der Teilzeittätigkeit in Textform mitgeteilt.

₂Der Antrag muss den Beginn und den Umfang der verringerten Arbeitszeit enthalten. ₃Die gewünschte Verteilung der verringerten Arbeitszeit soll im Antrag angegeben werden. ₄Falls der Arbeitgeber die beanspruchte Verringerung oder Verteilung der Arbeitszeit ablehnt, muss die Ablehnung innerhalb der in Satz 5 genannten Frist und mit Begründung in Textform erfolgen. ₅Hat ein Arbeitgeber die Verringerung der Arbeitszeit

1. in einer Elternzeit zwischen der Geburt und dem vollendeten dritten Lebensjahr des Kindes nicht spätestens vier Wochen nach Zugang des Antrags oder
2. in einer Elternzeit zwischen dem dritten Geburtstag und dem vollendeten achten Lebensjahr des Kindes nicht spätestens acht Wochen nach Zugang des Antrags

in Textform abgelehnt, gilt die Zustimmung als erteilt und die Verringerung der Arbeitszeit entsprechend den Wünschen der Arbeitnehmerin oder des Arbeitnehmers als festgelegt. ₆Haben Arbeitgeber und Arbeitnehmerin oder Arbeitnehmer über die Verteilung der Arbeitszeit kein Einvernehmen nach Absatz 5 Satz 2 erzielt und hat der Arbeitgeber nicht innerhalb der in Satz 5 genannten Fristen die gewünschte Verteilung in Textform abgelehnt, gilt die Verteilung der Arbeitszeit entsprechend den Wünschen der Arbeitnehmerin oder des Arbeitnehmers als festgelegt. ₇Soweit der Arbeitgeber den Antrag auf Verringerung oder Verteilung der Arbeitszeit rechtzeitig ablehnt, kann die Arbeitnehmerin oder der Arbeitnehmer Klage vor dem Gericht für Arbeitssachen erheben.

§ 16 Inanspruchnahme der Elternzeit

(1) ₁Wer Elternzeit beanspruchen will, muss sie

1. für den Zeitraum bis zum vollendeten dritten Lebensjahr des Kindes spätestens sieben Wochen und
2. für den Zeitraum zwischen dem dritten Geburtstag und dem vollendeten achten Lebensjahr des Kindes spätestens 13 Wochen

vor Beginn der Elternzeit in Textform vom Arbeitgeber verlangen. ₂Verlangt die Arbeitnehmerin oder der Arbeitnehmer Elternzeit nach Satz 1 Nummer 1, muss sie oder er gleichzeitig erklären, für welche Zeiten innerhalb von zwei Jahren Elternzeit genommen werden soll. ₃Bei dringenden Gründen ist ausnahmsweise eine angemessene kürzere Frist möglich. ₄Nimmt die Mutter die Elternzeit im Anschluss an die Mutterschutzfrist, wird die Zeit der Mutterschutzfrist nach § 3 Absatz 2 und 3 des Mutterschutzgesetzes auf den Zeitraum nach Satz 2 angerechnet. ₅Nimmt die Mutter die Elternzeit im Anschluss an einen auf die Mutterschutzfrist folgenden Erholungsurlaub, werden die Zeit der Mutterschutzfrist nach § 3 Absatz 2 und 3 des Mutterschutzgesetzes und die Zeit des Erholungsurlaubs auf den Zweijahreszeitraum nach Satz 2 angerechnet. ₆Jeder Elternteil kann seine Elternzeit auf drei Zeitabschnitte verteilen; eine Verteilung auf weitere Zeitabschnitte ist nur mit der Zustimmung des Arbeitgebers möglich. ₇Der Arbeitgeber kann die Inanspruchnahme eines dritten Abschnitts einer Elternzeit innerhalb von acht Wochen nach Zugang des Antrags aus dringenden betrieblichen Gründen ablehnen, wenn dieser Abschnitt im Zeitraum zwischen dem dritten Geburtstag und dem vollendeten achten Lebensjahr des Kindes liegen soll. 8Der Arbeitgeber hat dem Arbeitnehmer oder der Arbeitnehmerin die Elternzeit zu bescheinigen. 9Bei einem Arbeitgeberwechsel ist bei der Anmeldung der Elternzeit auf Verlangen des neuen Arbeitgebers eine Bescheinigung des früheren Arbeitgebers über bereits genommene Elternzeit durch die Arbeitnehmerin oder den Arbeitnehmer vorzulegen.

(2) Können Arbeitnehmerinnen aus einem von ihnen nicht zu vertretenden Grund eine sich unmittelbar an die Mutterschutzfrist des § 3 Absatz 2 und 3 des Mutterschutzgesetzes anschließende Elternzeit nicht rechtzeitig verlangen, können sie dies innerhalb einer Woche nach Wegfall des Grundes nachholen.

(3) 1Die Elternzeit kann vorzeitig beendet oder im Rahmen des § 15 Absatz 2 verlängert werden, wenn der Arbeitgeber zustimmt. 2Die vorzeitige Beendigung wegen der Geburt eines weiteren Kindes oder in Fällen besonderer Härte, insbesondere bei Eintritt einer schweren Krankheit, Schwerbehinderung oder Tod eines Elternteils oder eines Kindes der berechtigten Person oder bei erheblich gefährdeter wirtschaftlicher Existenz der Eltern nach Inanspruchnahme der Elternzeit, kann der Arbeitgeber unbeschadet von Satz 3 nur innerhalb von vier Wochen aus dringenden betrieblichen Gründen schriftlich ablehnen. 3Die Elternzeit kann zur Inanspruchnahme der Schutzfristen des § 3 des Mutterschutzgesetzes auch ohne Zustimmung des Arbeitgebers vorzeitig beendet werden; in diesen Fällen soll die Arbeitnehmerin dem Arbeitgeber die Beendigung der Elternzeit rechtzeitig mitteilen. 4Eine Verlängerung der Elternzeit kann verlangt werden, wenn ein vorgesehener Wechsel der Anspruchsberechtigten aus einem wichtigen Grund nicht erfolgen kann.

(4) Stirbt das Kind während der Elternzeit, endet diese spätestens drei Wochen nach dem Tod des Kindes.

(5) Eine Änderung in der Anspruchsberechtigung hat der Arbeitnehmer oder die Arbeitnehmerin dem Arbeitgeber unverzüglich mitzuteilen.

§ 17 Urlaub

(1) 1Der Arbeitgeber kann den Erholungsurlaub, der dem Arbeitnehmer oder der Arbeitnehmerin für das Urlaubsjahr zusteht, für jeden vollen Kalendermonat der Elternzeit um ein Zwölftel kürzen. 2Dies gilt nicht, wenn der Arbeitnehmer oder die Arbeitnehmerin während der Elternzeit bei seinem oder ihrem Arbeitgeber Teilzeitarbeit leistet.

(2) Hat der Arbeitnehmer oder die Arbeitnehmerin den ihm oder ihr zustehenden Urlaub vor dem Beginn der Elternzeit nicht oder nicht vollständig erhalten, hat der Arbeitgeber den Resturlaub nach der Elternzeit im laufenden oder im nächsten Urlaubsjahr zu gewähren.

(3) Endet das Arbeitsverhältnis während der Elternzeit oder wird es im Anschluss an die Elternzeit nicht fortgesetzt, so hat der Arbeitgeber den noch nicht gewährten Urlaub abzugelten.

(4) Hat der Arbeitnehmer oder die Arbeitnehmerin vor Beginn der Elternzeit mehr Urlaub erhalten, als ihm oder ihr nach Absatz 1 zusteht, kann der Arbeitgeber den Urlaub, der dem Arbeitnehmer oder der Arbeitnehmerin nach dem Ende der Elternzeit zusteht, um die zu viel gewährten Urlaubstage kürzen.

§ 18 Kündigungsschutz

(1) 1Der Arbeitgeber darf das Arbeitsverhältnis ab dem Zeitpunkt, von dem an Elternzeit verlangt worden ist, nicht kündigen. 2Der Kündigungsschutz nach Satz 1 beginnt

1. frühestens acht Wochen vor Beginn einer Elternzeit bis zum vollendeten dritten Lebensjahr des Kindes und
2. frühestens 14 Wochen vor Beginn einer Elternzeit zwischen dem dritten Geburtstag und dem vollendeten achten Lebensjahr des Kindes.

3Während der Elternzeit darf der Arbeitgeber das Arbeitsverhältnis nicht kündigen. 4In besonderen Fällen kann ausnahmsweise eine Kündigung für zulässig erklärt werden. 5Die Zulässigkeitserklärung erfolgt durch die für den Arbeitsschutz zuständige oberste Landesbehörde oder die von ihr bestimmte Stelle. 6Die Bundesregierung kann mit Zustimmung des Bundesrates allgemeine Verwaltungsvorschriften zur Durchführung des Satzes 4 erlassen.

(2) Absatz 1 gilt entsprechend, wenn Arbeitnehmer oder Arbeitnehmerinnen

1. während der Elternzeit bei demselben Arbeitgeber Teilzeitarbeit leisten oder
2. ohne Elternzeit in Anspruch zu nehmen, Teilzeitarbeit leisten und Anspruch auf Elterngeld nach § 1 während des Zeitraums nach § 4 Absatz 1 Satz 2, 3 und 5 haben.

§ 19 Kündigung zum Ende der Elternzeit

Der Arbeitnehmer oder die Arbeitnehmerin kann das Arbeitsverhältnis zum Ende der Elternzeit nur unter Einhaltung einer Kündigungsfrist von drei Monaten kündigen.

§ 20 Zur Berufsbildung Beschäftigte, in Heimarbeit Beschäftigte

(1) 1Die zu ihrer Berufsbildung Beschäftigten gelten als Arbeitnehmer und Arbeitnehmerinnen im Sinne dieses Gesetzes. 2Die Elternzeit wird auf die Dauer einer Berufsausbildung nicht angerechnet, es sei denn, dass während der Elternzeit die Berufsausbildung nach § 7a des Berufsbildungsgesetzes oder § 27b der Handwerksordnung in Teilzeit durchgeführt wird. 3§ 15 Absatz 4 Satz 1 bleibt unberührt.

VIII

(2) 1Anspruch auf Elternzeit haben auch die in Heimarbeit Beschäftigten und die ihnen Gleichgestellten (§ 1 Absatz 1 und 2 des Heimarbeitsgesetzes), soweit sie am Stück mitarbeiten. 2Für sie tritt an die Stelle des Arbeitgebers der Auftraggeber oder Zwischenmeister und an die Stelle des Arbeitsverhältnisses das Beschäftigungsverhältnis.

§ 21 Befristete Arbeitsverträge

(1) Ein sachlicher Grund, der die Befristung eines Arbeitsverhältnisses rechtfertigt, liegt vor, wenn ein Arbeitnehmer oder eine Arbeitnehmerin zur Vertretung eines anderen Arbeitnehmers oder einer anderen Arbeitnehmerin für die Dauer eines Beschäftigungsverbotes nach dem Mutterschutzgesetz, einer Elternzeit, einer auf Tarifvertrag, Betriebsvereinbarung oder einzelvertraglichen Vereinbarung beruhenden Arbeitsfreistellung zur Betreuung eines Kindes oder für diese Zeiten zusammen oder für Teile davon eingestellt wird.

(2) Über die Dauer der Vertretung nach Absatz 1 hinaus ist die Befristung für notwendige Zeiten einer Einarbeitung zulässig.

(3) Die Dauer der Befristung des Arbeitsvertrags muss kalendermäßig bestimmt oder bestimmbar oder den in den Absätzen 1 und 2 genannten Zwecken zu entnehmen sein.

(4) 1Der Arbeitgeber kann den befristeten Arbeitsvertrag unter Einhaltung einer Frist von mindestens drei Wochen, jedoch frühestens zum Ende der Elternzeit, kündigen, wenn die Elternzeit ohne Zustimmung des Arbeitgebers vorzeitig endet und der Arbeitnehmer oder die Arbeitnehmerin die vorzeitige Beendigung der Elternzeit mitgeteilt hat. 2Satz 1 gilt entsprechend, wenn der Arbeitgeber die vorzeitige Beendigung der Elternzeit in den Fällen des § 16 Absatz 3 Satz 2 nicht ablehnen darf.

(5) Das Kündigungsschutzgesetz ist im Falle des Absatzes 4 nicht anzuwenden.

(6) Absatz 4 gilt nicht, soweit seine Anwendung vertraglich ausgeschlossen ist.

(7) 1Wird im Rahmen arbeitsrechtlicher Gesetze oder Verordnungen auf die Zahl der beschäftigten Arbeitnehmer und Arbeitnehmerinnen abgestellt, so sind bei der Ermittlung dieser Zahl Arbeitnehmer und Arbeitnehmerinnen, die sich in der Elternzeit befinden oder zur Betreuung eines Kindes freigestellt sind, nicht mitzuzählen, solange für sie aufgrund von Absatz 1 ein Vertreter oder eine Vertreterin eingestellt ist. 2Dies gilt nicht, wenn der Vertreter oder die Vertreterin nicht mitzuzählen ist. 3Die Sätze 1 und 2 gelten entsprechend, wenn im Rahmen arbeitsrechtlicher Gesetze oder Verordnungen auf die Zahl der Arbeitsplätze abgestellt wird.

Abschnitt 4
Statistik und Schlussvorschriften

§ 22 Bundesstatistik

(1) 1Zur Beurteilung der Auswirkungen dieses Gesetzes sowie zu seiner Fortentwicklung

sind laufende Erhebungen zum Bezug von Elterngeld als Bundesstatistiken durchzuführen. ₂Die Erhebungen erfolgen zentral beim Statistischen Bundesamt.

(2) ₁Die Statistik zum Bezug von Elterngeld erfasst vierteljährlich zum jeweils letzten Tag des aktuellen und der vorangegangenen zwei Kalendermonate für Personen, die in einem dieser Kalendermonate Elterngeld bezogen haben, für jedes den Anspruch auslösende Kind folgende Erhebungsmerkmale:

1. Art der Berechtigung nach § 1,
2. Grundlagen der Berechnung des zustehenden Monatsbetrags nach Art und Höhe (§ 2 Absatz 1, 2, 3 oder 4, § 2a Absatz 1 oder 4, § 2c, die §§ 2d, 2e oder § 2f),
3. Höhe und Art des zustehenden Monatsbetrags (§ 4a Absatz 1 und 2 Satz 1) ohne die Berücksichtigung der Einnahmen nach § 3,
4. Art und Höhe der Einnahmen nach § 3,
5. Inanspruchnahme der als Partnerschaftsbonus gewährten Monatsbeträge nach § 4b Absatz 1 und der weiteren Monatsbeträge Elterngeld Plus nach § 4c Absatz 2,
6. Höhe des monatlichen Auszahlungsbetrags,
7. Geburtstag des Kindes,
8. für die Elterngeld beziehende Person:
   a) Geschlecht, Geburtsjahr und -monat,
   b) Staatsangehörigkeit,
   c) Wohnsitz oder gewöhnlicher Aufenthalt,
   d) Familienstand und unverheiratetes Zusammenleben mit dem anderen Elternteil,
   e) Vorliegen der Voraussetzungen nach § 4c Absatz 1 Nummer 1 und
   f) Anzahl der im Haushalt lebenden Kinder.

₂Die Angaben nach den Nummern 2, 3, 5 und 6 sind für jeden Lebensmonat des Kindes bezogen auf den nach § 4 Absatz 1 möglichen Zeitraum des Leistungsbezugs zu melden.

(3) Hilfsmerkmale sind:

1. Name und Anschrift der zuständigen Behörde,
2. Name und Telefonnummer sowie Adresse für elektronische Post der für eventuelle Rückfragen zur Verfügung stehenden Person und
3. Kennnummer des Antragstellers oder der Antragstellerin.

§ 23 Auskunftspflicht; Datenübermittlung an das Statistische Bundesamt

(1) ₁Für die Erhebung nach § 22 besteht Auskunftspflicht. ₂Die Angaben nach § 22 Absatz 3 Nummer 2 sind freiwillig. ₃Auskunftspflichtig sind die nach § 12 Absatz 1 zuständigen Stellen.

(2) ₁Die Antragstellerin oder der Antragsteller ist gegenüber den nach § 12 Absatz 1 zuständigen Stellen zu den Erhebungsmerkmalen nach § 22 Absatz 2 auskunftspflichtig. ₂Die zuständigen Stellen nach § 12 Absatz 1 dürfen die Angaben nach § 22 Absatz 2 Satz 1 Nummer 8, soweit sie für den Vollzug dieses Gesetzes nicht erforderlich sind, nur durch technische und organisatorische Maßnahmen getrennt von den übrigen Daten nach § 22 Absatz 2 und nur für die Übermittlung an das Statistische Bundesamt verwenden und haben diese unverzüglich nach Übermittlung an das Statistische Bundesamt zu löschen.

(3) Die in sich schlüssigen Angaben sind als Einzeldatensätze elektronisch bis zum Ablauf von 30 Arbeitstagen nach Ablauf des Berichtszeitraums an das Statistische Bundesamt zu übermitteln.

§ 24 Übermittlung von Tabellen mit statistischen Ergebnissen durch das Statistische Bundesamt

₁Zur Verwendung gegenüber den gesetzgebenden Körperschaften und zu Zwecken der Planung, jedoch nicht zur Regelung von Einzelfällen, übermittelt das Statistische Bundesamt Tabellen mit statistischen Ergebnissen, auch soweit Tabellenfelder nur einen einzigen Fall ausweisen, an die fachlich zuständigen obersten Bundes- oder Landesbehörden. ₂Tabellen, deren Tabellenfelder nur einen einzigen Fall ausweisen, dürfen nur dann übermittelt werden, wenn sie nicht differenzierter als auf Regierungsbezirksebene, im Falle der Stadtstaaten auf Bezirksebene, aufbereitet sind.

VIII

§ 24a Übermittlung von Einzelangaben durch das Statistische Bundesamt

(1) 1Zur Abschätzung von Auswirkungen der Änderungen dieses Gesetzes im Rahmen der Zwecke nach § 24 übermittelt das Statistische Bundesamt auf Anforderung des fachlich zuständigen Bundesministeriums diesem oder von ihm beauftragten Forschungseinrichtungen Einzelangaben ab dem Jahr 2007 ohne Hilfsmerkmale mit Ausnahme des Merkmals nach § 22 Absatz 3 Nummer 3 für die Entwicklung und den Betrieb von Mikrosimulationsmodellen. 2Die Einzelangaben dürfen nur im hierfür erforderlichen Umfang und mittels eines sicheren Datentransfers übermittelt werden.

(2) 1Bei der Verarbeitung der Daten nach Absatz 1 ist das Statistikgeheimnis nach § 16 des Bundesstatistikgesetzes zu wahren. 2Dafür ist die Trennung von statistischen und nichtstatistischen Aufgaben durch Organisation und Verfahren zu gewährleisten. 3Die nach Absatz 1 übermittelten Daten dürfen nur für die Zwecke verwendet werden, für die sie übermittelt wurden. 4Die übermittelten Einzeldaten sind nach dem Erreichen des Zweckes zu löschen, zu dem sie übermittelt wurden.

(3) 1Personen, die Empfängerinnen und Empfänger von Einzelangaben nach Absatz 1 Satz 1 sind, unterliegen der Pflicht zur Geheimhaltung nach § 16 Absatz 1 und 10 des Bundesstatistikgesetzes. 2Personen, die Einzelangaben nach Absatz 1 Satz 1 erhalten sollen, müssen Amtsträger oder für den öffentlichen Dienst besonders Verpflichtete sein. 3Personen, die Einzelangaben erhalten sollen und die nicht Amtsträger oder für den öffentlichen Dienst besonders Verpflichtete sind, sind vor der Übermittlung zur Geheimhaltung zu verpflichten. 4§ 1 Absatz 2, 3 und 4 Nummer 2 des Verpflichtungsgesetzes vom 2. März 1974 (BGBl. I S. 469, 547), das durch § 1 Nummer 4 des Gesetzes vom 15. August 1974 (BGBl. I S. 1942) geändert worden ist, gilt in der jeweils geltenden Fassung entsprechend. 5Die Empfängerinnen und Empfänger von Einzelangaben dürfen aus ihrer Tätigkeit gewonnene Erkenntnisse nur für die in Absatz 1 genannten Zwecke verwenden.

§ 25 Automatisierter Datenabruf bei den Standesämtern

Beantragt eine Person Elterngeld, so ist die nach § 12 Absatz 1 zuständige Behörde berechtigt, zur Prüfung des Anspruchs nach § 1 die folgenden Daten über die Beurkundung der Geburt eines Kindes bei dem für die Entgegennahme der Anzeige der Geburt zuständigen Standesamt gemäß § 68 Absatz 3 des Personenstandsgesetzes automatisiert abzurufen, wenn die antragstellende Person zuvor in die elektronische Datenübermittlung eingewilligt hat:

1. Tag und Ort der Geburt des Kindes,
2. Geburtsname und Vornamen des Kindes,
3. Familiennamen, Geburtsnamen und Vornamen der Eltern des Kindes.

§ 26 Anwendung der Bücher des Sozialgesetzbuches

(1) Soweit dieses Gesetz zum Elterngeld keine ausdrückliche Regelung trifft, ist bei der Ausführung des Ersten und Zweiten Abschnitts das Erste Kapitel des Zehnten Buches Sozialgesetzbuch anzuwenden.

(2) § 328 Absatz 3 und § 331 des Dritten Buches Sozialgesetzbuch gelten entsprechend.

§ 27 Sonderregelung aus Anlass der COVID-19-Pandemie

(1) 1Übt ein Elternteil eine systemrelevante Tätigkeit aus, so kann sein Bezug von Elterngeld auf Antrag für die Zeit vom 1. März 2020 bis 31. Dezember 2020 aufgeschoben werden. 2Der Bezug der verschobenen Lebensmonate ist spätestens bis zum 30. Juni 2021 anzutreten. 3Wird von der Möglichkeit des Aufschubs Gebrauch gemacht, so kann das Basiselterngeld abweichend von § 4 Absatz 1 Satz 2 und 3 auch noch nach Vollendung des 14. Lebensmonats bezogen werden. 4In der Zeit vom 1. März 2020 bis 30. Juni 2021 entstehende Lücken im Elterngeldbezug sind abweichend von § 4 Absatz 1 Satz 4 unschädlich.

(2) 1Für ein Verschieben des Partnerschaftsbonus genügt es, wenn nur ein Elternteil einen systemrelevanten Beruf ausübt. 2Hat der Bezug des Partnerschaftsbonus bereits be-

VIII

gonnen, so gelten allein die Bestimmungen des Absatzes 3.

(3) Liegt der Bezug des Partnerschaftsbonus ganz oder teilweise vor dem Ablauf des 23. September 2022 und kann die berechtigte Person die Voraussetzungen des Bezugs aufgrund der COVID-19-Pandemie nicht einhalten, gelten die Angaben zur Höhe des Einkommens und zum Umfang der Arbeitszeit, die bei der Beantragung des Partnerschaftsbonus glaubhaft gemacht worden sind.

§ 28 Übergangsvorschrift

(1) Für die vor dem 1. September 2021 geborenen oder mit dem Ziel der Adoption aufgenommenen Kinder ist dieses Gesetz in der bis zum 31. August 2021 geltenden Fassung weiter anzuwenden.

(1a) Für die nach dem 31. August 2021 und vor dem 1. April 2024 geborenen oder mit dem Ziel der Adoption aufgenommenen Kinder ist dieses Gesetz in der bis zum 31. März 2024 geltenden Fassung weiter anzuwenden.

(1b) Für die nach dem 31. März 2024 und vor dem 1. Mai 2025 geborenen oder mit dem Ziel der Adoption aufgenommenen Kinder ist dieses Gesetz in der bis zum 30. April 2025 geltenden Fassung weiter anzuwenden.

(2) Für die dem Erziehungsgeld vergleichbaren Leistungen der Länder sind § 8 Absatz 1 und § 9 des Bundeserziehungsgeldgesetzes in der bis zum 31. Dezember 2006 geltenden Fassung weiter anzuwenden.

(3) [1]§ 1 Absatz 7 Satz 1 Nummer 1 bis 4 in der Fassung des Artikels 36 des Gesetzes vom 12. Dezember 2019 (BGBl. I S. 2451) ist für Entscheidungen anzuwenden, die Zeiträume betreffen, die nach dem 29. Februar 2020 beginnen. [2]§ 1 Absatz 7 Satz 1 Nummer 5 in der Fassung des Artikels 36 des Gesetzes vom 12. Dezember 2019 (BGBl. I S. 2451) ist für Entscheidungen anzuwenden, die Zeiträume betreffen, die nach dem 31. Dezember 2019 beginnen. [3]§ 1 Absatz 7 Satz 1 Nummer 2 Buchstabe c in der Fassung des Artikels 12 Nummer 1 des Gesetzes vom 23. Mai 2022 (BGBl. I S. 760) ist für Entscheidungen anzuwenden, die Zeiträume betreffen, die nach dem 31. Mai 2022 beginnen. [4]§ 1 Absatz 7 Satz 1 Nummer 2 Buchstabe a und b in der Fassung des Artikels 43 des Gesetzes vom 2. Dezember 2024 (BGBl. 2024 I Nr. 387) ist für Entscheidungen anzuwenden, die Zeiträume betreffen, die nach dem 31. Mai 2024 beginnen.

(4) [1]§ 9 Absatz 2 ist auf Kinder anwendbar, die nach dem 31. Dezember 2021 geboren oder mit dem Ziel der Adoption aufgenommen worden sind. [2]§ 25 ist auf Kinder anwendbar, die nach dem 31. Oktober 2024 geboren oder mit dem Ziel der Adoption aufgenommen worden sind. [3]Für die nach dem 31. Dezember 2021 und vor dem 1. November 2024 geborenen oder mit dem Ziel der Adoption aufgenommenen Kinder ist § 25 in der bis zum 31. Oktober 2024 geltenden Fassung weiter anzuwenden. [4]Zur Erprobung des Verfahrens können diese Regelungen in Pilotprojekten mit Zustimmung des Bundesministeriums für Familie, Senioren, Frauen und Jugend, des Bundesministeriums für Arbeit und Soziales und des Bundesministeriums des Innern und für Heimat auf Kinder, die vor dem 1. Januar 2022 geboren oder mit dem Ziel der Adoption aufgenommen worden sind, angewendet werden.

(5) [1]§ 1 Absatz 8 ist auf Kinder anwendbar, die ab dem 1. April 2025 geboren oder mit dem Ziel der Adoption angenommen worden sind. [2]Für die ab dem 1. April 2024 und vor dem 1. April 2025 geborenen oder mit dem Ziel der Adoption angenommenen Kinder gilt § 1 Absatz 8 mit der Maßgabe, dass ein Anspruch entfällt, wenn die berechtigte Person im letzten abgeschlossenen Veranlagungszeitraum vor der Geburt des Kindes ein zu versteuerndes Einkommen nach § 2 Absatz 5 des Einkommensteuergesetzes in Höhe von mehr als 200 000 Euro erzielt hat. [3]Erfüllt auch eine andere Person die Voraussetzungen des § 1 Absatz 1 Satz 1 Nummer 2 oder des Absatzes 3 oder 4, entfällt in diesem Zeitraum abweichend von § 1 Absatz 8 Satz 1 der Anspruch, wenn die Summe des zu versteuernden Einkommens beider Personen mehr als 200 000 Euro beträgt.

Fünftes Gesetz zur Förderung der Vermögensbildung der Arbeitnehmer (Fünftes Vermögensbildungsgesetz – 5. VermBG)

in der Fassung der Bekanntmachung vom 4. März 1994 (BGBl. I S. 406)

Zuletzt geändert durch
Jahressteuergesetz 2024
vom 2. Dezember 2024 (BGBl. I Nr. 387)

§ 1 Persönlicher Geltungsbereich

(1) Die Vermögensbildung der Arbeitnehmer durch vereinbarte vermögenswirksame Leistungen der Arbeitgeber wird nach den Vorschriften dieses Gesetzes gefördert.

(2) Arbeitnehmer im Sinne dieses Gesetzes sind Arbeiter und Angestellte einschließlich der zu ihrer Berufsausbildung Beschäftigten. Als Arbeitnehmer gelten auch die in Heimarbeit Beschäftigten.

(3) Die Vorschriften dieses Gesetzes gelten nicht

1. für vermögenswirksame Leistungen juristischer Personen an Mitglieder des Organs, das zur gesetzlichen Vertretung der juristischen Person berufen ist,
2. für vermögenswirksame Leistungen von Personengesamtheiten an die durch Gesetz, Satzung oder Gesellschaftsvertrag zur Vertretung der Personengesamtheit berufenen Personen.

(4) Für Beamte, Richter, Berufssoldaten und Soldaten auf Zeit gelten die nachstehenden Vorschriften dieses Gesetzes entsprechend.

§ 2 Vermögenswirksame Leistungen, Anlageformen

(1) Vermögenswirksame Leistungen sind Geldleistungen, die der Arbeitgeber für den Arbeitnehmer anlegt

1. als Sparbeiträge des Arbeitnehmers auf Grund eines Sparvertrags über Wertpapiere oder andere Vermögensbeteiligungen (§ 4)
   a) zum Erwerb von Aktien, die vom Arbeitgeber ausgegeben werden oder an einer deutschen Börse zum regulierten Markt zugelassen oder in den Freiverkehr einbezogen sind,
   b) zum Erwerb von Wandelschuldverschreibungen, die vom Arbeitgeber ausgegeben werden oder an einer deutschen Börse zum regulierten Markt zugelassen oder in den Freiverkehr einbezogen sind, sowie von Gewinnschuldverschreibungen, die vom Arbeitgeber ausgegeben werden, zum Erwerb von Namensschuldverschreibungen des Arbeitgebers jedoch nur dann, wenn auf dessen Kosten die Ansprüche des Arbeitnehmers aus der Schuldverschreibung durch ein Kreditinstitut verbürgt oder durch ein Versicherungsunternehmen privatrechtlich gesichert sind und das Kreditinstitut oder Versicherungsunternehmen im Geltungsbereich dieses Gesetzes zum Geschäftsbetrieb befugt ist,
   c) zum Erwerb von Anteilen an OGAW-Sondervermögen sowie an als Sondervermögen aufgelegten offenen Publikums-AIF nach den §§ 218 und 219 des Kapitalanlagegesetzbuchs sowie von Anteilen an offenen EU-Investmentvermögen und offenen ausländischen AIF, die nach dem Kapitalanlagegesetzbuch vertrieben werden dürfen, wenn nach dem Jahresbericht für das vorletzte Geschäftsjahr, das dem Kalenderjahr des Abschlusses des Vertrags im Sinne des § 4 oder des § 5 vorausgeht, der Wert der Aktien in diesem Investmentvermögen 60 Prozent des Werts dieses Investmentvermögens nicht unterschreitet; für neu aufgelegte Invest-

mentvermögen ist für das erste und zweite Geschäftsjahr der erste Jahresbericht oder der erste Halbjahresbericht nach Auflegung des Investmentvermögens maßgebend,

d) (weggefallen)

e) (weggefallen)

f) zum Erwerb von Genußscheinen, die vom Arbeitgeber als Wertpapiere ausgegeben werden oder an einer deutschen Börse zum regulierten Markt zugelassen oder in den Freiverkehr einbezogen sind und von Unternehmen mit Sitz und Geschäftsleitung im Geltungsbereich dieses Gesetzes, die keine Kreditinstitute sind, ausgegeben werden, wenn mit den Genußscheinen das Recht am Gewinn eines Unternehmens verbunden ist und der Arbeitnehmer nicht als Mitunternehmer im Sinne des § 15 Abs. 1 Satz 1 Nr. 2 des Einkommensteuergesetzes anzusehen ist,

g) zur Begründung oder zum Erwerb eines Geschäftsguthabens bei einer Genossenschaft mit Sitz und Geschäftsleitung im Geltungsbereich dieses Gesetzes; ist die Genossenschaft nicht der Arbeitgeber, so setzt die Anlage vermögenswirksamer Leistungen voraus, daß die Genossenschaft entweder ein Kreditinstitut oder eine Bau- oder Wohnungsgenossenschaft im Sinne des § 2 Abs. 1 Nr. 2 des Wohnungsbau-Prämiengesetzes ist, die zum Zeitpunkt der Begründung oder des Erwerbs des Geschäftsguthabens seit mindestens drei Jahren im Genossenschaftsregister ohne wesentliche Änderung ihres Unternehmensgegenstandes eingetragen und nicht aufgelöst ist oder Sitz und Geschäftsleitung in dem in Artikel 3 des Einigungsvertrages genannten Gebiet hat und dort entweder am 1. Juli 1990 als Arbeiterwohnungsbaugenossenschaft, Gemeinnützige Wohnungsbaugenossenschaft oder sonstige Wohnungsbaugenossenschaft bestanden oder einen nicht unwesentlichen Teil von Wohnungen aus dem Bestand einer solchen Bau- oder Wohnungsgenossenschaft erworben hat,

h) zur Übernahme einer Stammeinlage oder zum Erwerb eines Geschäftsanteils an einer Gesellschaft mit beschränkter Haftung mit Sitz und Geschäftsleitung im Geltungsbereich dieses Gesetzes, wenn die Gesellschaft das Unternehmen des Arbeitgebers ist,

i) zur Begründung oder zum Erwerb einer Beteiligung als stiller Gesellschafter im Sinne des § 230 des Handelsgesetzbuchs am Unternehmen des Arbeitgebers mit Sitz und Geschäftsleitung im Geltungsbereich dieses Gesetzes, wenn der Arbeitnehmer nicht als Mitunternehmer im Sinne des § 15 Abs. 1 Nr. 2 des Einkommensteuergesetzes anzusehen ist,

k) zur Begründung oder zum Erwerb einer Darlehensforderung gegen den Arbeitgeber, wenn auf dessen Kosten die Ansprüche des Arbeitnehmers aus dem Darlehensvertrag durch ein Kreditinstitut verbürgt oder durch ein Versicherungsunternehmen privatrechtlich gesichert sind und das Kreditinstitut oder Versicherungsunternehmen im Geltungsbereich dieses Gesetzes zum Geschäftsbetrieb befugt ist,

l) zur Begründung oder zum Erwerb eines Genußrechts am Unternehmen des Arbeitgebers mit Sitz und Geschäftsleitung im Geltungsbereich dieses Gesetzes, wenn damit das Recht am Gewinn dieses Unternehmens verbunden ist, der Arbeitnehmer nicht als Mitunternehmer im Sinne des § 15 Abs. 1 Nr. 2 des Einkommensteuergesetzes anzusehen ist und über das Genußrecht kein Genußschein im Sinne des Buchstaben f ausgegeben wird,

2. als Aufwendungen des Arbeitnehmers auf Grund eines Wertpapier-Kaufvertrags (§ 5),

3. als Aufwendungen des Arbeitnehmers auf Grund eines Beteiligungs-Vertrags (§ 6) oder eines Beteiligungs-Kaufvertrags (§ 7),

4. als Aufwendungen des Arbeitnehmers nach den Vorschriften des Wohnungsbau-Prämiengesetzes; die Voraussetzungen für die Gewährung einer Prämie nach dem Wohnungsbau-Prämiengesetz brauchen nicht vorzuliegen; die Anlage vermögenswirksamer Leistungen als Aufwendungen nach § 2 Abs. 1 Nr. 2 des Wohnungsbau-Prämiengesetzes für den ersten Erwerb von Anteilen an Bau- und Wohnungsgenossenschaften setzt voraus, daß die Voraussetzungen der Nummer 1 Buchstabe g zweiter Halbsatz erfüllt sind,
5. als Aufwendungen des Arbeitnehmers
   a) zum Bau, zum Erwerb, zum Ausbau oder zur Erweiterung eines im Inland belegenen Wohngebäudes oder einer im Inland belegenen Eigentumswohnung,
   b) zum Erwerb eines Dauerwohnrechts im Sinne des Wohnungseigentumsgesetzes an einer im Inland belegenen Wohnung,
   c) zum Erwerb eines im Inland belegenen Grundstücks zum Zwecke des Wohnungsbaus oder
   d) zur Erfüllung von Verpflichtungen, die im Zusammenhang mit den in den Buchstaben a bis c bezeichneten Vorhaben eingegangen sind,

   sofern der Anlage nicht ein von einem Dritten vorgefertigtes Konzept zu Grunde liegt, bei dem der Arbeitnehmer vermögenswirksame Leistungen zusammen mit mehr als 15 anderen Arbeitnehmern anlegen kann; die Förderung der Aufwendungen nach den Buchstaben a bis c setzt voraus, daß sie unmittelbar für die dort bezeichneten Vorhaben verwendet werden,
6. als Sparbeiträge des Arbeitnehmers auf Grund eines Sparvertrags (§ 8),
7. als Beiträge des Arbeitnehmers auf Grund eines Kapitalversicherungsvertrags (§ 9),
8. als Aufwendungen des Arbeitnehmers, der nach § 18 Abs. 2 oder 3 die Mitgliedschaft in einer Genossenschaft oder Gesellschaft mit beschränkter Haftung gekündigt hat, zur Erfüllung von Verpflichtungen aus der Mitgliedschaft, die nach dem 31. Dezember 1994 fortbestehen oder entstehen.

(2) Aktien, Wandelschuldverschreibungen, Gewinnschuldverschreibungen oder Genußscheine eines Unternehmens, das im Sinne des § 18 Abs. 1 des Aktiengesetzes als herrschendes Unternehmen mit dem Unternehmen des Arbeitgebers verbunden ist, stehen Aktien, Wandelschuldverschreibungen, Gewinnschuldverschreibungen oder Genußscheinen im Sinne des Absatzes 1 Nr. 1 Buchstabe a, b oder f gleich, die vom Arbeitgeber ausgegeben werden. Ein Geschäftsguthaben bei einer Genossenschaft mit Sitz und Geschäftsleitung im Geltungsbereich dieses Gesetzes, die im Sinne des § 18 Abs. 1 des Aktiengesetzes als herrschendes Unternehmen mit dem Unternehmen des Arbeitgebers verbunden ist, steht einem Geschäftsguthaben im Sinne des Absatzes 1 Nr. 1 Buchstabe g bei einer Genossenschaft, die das Unternehmen des Arbeitgebers ist, gleich. Eine Stammeinlage oder ein Geschäftsanteil an einer Gesellschaft mit beschränkter Haftung mit Sitz und Geschäftsleitung im Geltungsbereich dieses Gesetzes, die im Sinne des § 18 Abs. 1 des Aktiengesetzes als herrschendes Unternehmen mit dem Unternehmen des Arbeitgebers verbunden ist, stehen einer Stammeinlage oder einem Geschäftsanteil im Sinne des Absatzes 1 Nr. 1 Buchstabe h an einer Gesellschaft, die das Unternehmen des Arbeitgebers ist, gleich. Eine Beteiligung als stiller Gesellschafter an einem Unternehmen mit Sitz und Geschäftsleitung im Geltungsbereich dieses Gesetzes, das im Sinne des § 18 Abs. 1 des Aktiengesetzes als herrschendes Unternehmen mit dem Unternehmen des Arbeitgebers verbunden ist oder das auf Grund eines Vertrags mit dem Arbeitgeber an dessen Unternehmen gesellschaftsrechtlich beteiligt ist, steht einer Beteiligung als stiller Gesellschafter im Sinne des Absatzes 1 Nr. 1 Buchstabe i gleich. Eine Darlehensforderung gegen ein Unternehmen mit Sitz und Geschäftsleitung im Geltungsbereich dieses Gesetzes, das im Sinne des § 18 Abs. 1 des Aktiengesetzes als

herrschendes Unternehmen mit dem Unternehmen des Arbeitgebers verbunden ist, oder ein Genußrecht an einem solchen Unternehmen stehen einer Darlehensforderung oder einem Genußrecht im Sinne des Absatzes 1 Nr. 1 Buchstabe k oder l gleich.

(3) Die Anlage vermögenswirksamer Leistungen in Gewinnschuldverschreibungen im Sinne des Absatzes 1 Nr. 1 Buchstabe b und des Absatzes 2 Satz 1, in denen neben der gewinnabhängigen Verzinsung eine gewinnunabhängige Mindestverzinsung zugesagt ist, setzt voraus, daß

1. die gewinnunabhängige Mindestverzinsung der Gewinnschuldverschreibung im Regelfall die Hälfte der Gesamtverzinsung nicht überschreitet oder
2. die gewinnunabhängige Mindestverzinsung zum Zeitpunkt der Ausgabe der Gewinnschuldverschreibung die Hälfte der Emissionsrendite festverzinslicher Wertpapiere nicht überschreitet, die in den Monatsberichten der Deutschen Bundesbank für den viertletzten Kalendermonat ausgewiesen wird, der dem Kalendermonat der Ausgabe vorausgeht.

(4) Die Anlage vermögenswirksamer Leistungen in Genußscheinen und Genußrechten im Sinne des Absatzes 1 Nr. 1 Buchstabe f und l und des Absatzes 2 Satz 1 und 5 setzt voraus, daß eine Rückzahlung zum Nennwert nicht zugesagt ist; ist neben dem Recht am Gewinn eine gewinnunabhängige Mindestverzinsung zugesagt, gilt Absatz 3 entsprechend.

(5) Der Anlage vermögenswirksamer Leistungen nach Absatz 1 Nr. 1 Buchstabe f, i bis l, Absatz 2 Satz 1, 4 und 5 sowie Absatz 4 in einer Genossenschaft mit Sitz und Geschäftsleitung im Geltungsbereich dieses Gesetzes stehen § 19 und eine Festsetzung durch Satzung gemäß § 20 des Genossenschaftsgesetzes nicht entgegen.

(5a) Der Arbeitgeber hat vor der Anlage vermögenswirksamer Leistungen im eigenen Unternehmen in Zusammenarbeit mit dem Arbeitnehmer Vorkehrungen zu treffen, die der Absicherung der angelegten vermögenswirksamen Leistungen bei einer während der Dauer der Sperrfrist eintretenden Zahlungsunfähigkeit des Arbeitgebers dienen. Das Bundesministerium für Arbeit und Sozialordnung berichtet den gesetzgebenden Körperschaften bis zum 30. Juni 2002 über die nach Satz 1 getroffenen Vorkehrungen.

(6) Vermögenswirksame Leistungen sind steuerpflichtige Einnahmen im Sinne des Einkommensteuergesetzes und Einkommen, Verdienst oder Entgelt (Arbeitsentgelt) im Sinne der Sozialversicherung und des Dritten Buches Sozialgesetzbuch. Reicht der nach Abzug der vermögenswirksamen Leistung verbleibende Arbeitslohn zur Deckung der einzubehaltenden Steuern, Sozialversicherungsbeiträge und Beiträge zur Bundesagentur für Arbeit nicht aus, so hat der Arbeitnehmer dem Arbeitgeber den zur Deckung erforderlichen Betrag zu zahlen.

(7) Vermögenswirksame Leistungen sind arbeitsrechtlich Bestandteil des Lohns oder Gehalts. Der Anspruch auf die vermögenswirksame Leistung ist nicht übertragbar.

§ 3 Vermögenswirksame Leistungen für Angehörige, Überweisung durch den Arbeitgeber, Kennzeichnungs-, Bestätigungs- und Mitteilungspflichten

(1) Vermögenswirksame Leistungen können auch angelegt werden

1. zugunsten des nicht dauernd getrennt lebenden Ehegatten oder Lebenspartners des Arbeitnehmers,
2. zugunsten der in § 32 Abs. 1 des Einkommensteuergesetzes bezeichneten Kinder, die zu Beginn des maßgebenden Kalenderjahrs das 17. Lebensjahr noch nicht vollendet hatten oder die in diesem Kalenderjahr lebend geboren wurden oder
3. zugunsten der Eltern oder eines Elternteils des Arbeitnehmers, wenn der Arbeitnehmer als Kind die Voraussetzungen der Nummer 2 erfüllt.

Dies gilt nicht für die Anlage vermögenswirksamer Leistungen auf Grund von Verträgen nach den §§ 5 bis 7.

(2) Der Arbeitgeber hat die vermögenswirksamen Leistungen für den Arbeitnehmer unmittelbar an das Unternehmen oder Institut zu überweisen, bei dem sie angelegt werden sollen. Er hat dabei gegenüber dem Unternehmen oder Institut die vermögenswirksamen Leistungen zu kennzeichnen. Das Unternehmen oder Institut hat die nach § 2 Abs. 1 Nr. 1 bis 5, Abs. 2 bis 4 angelegten vermögenswirksamen Leistungen und die Art ihrer Anlage zu kennzeichnen. Kann eine vermögenswirksame Leistung nicht oder nicht mehr die Voraussetzungen des § 2 Abs. 1 bis 4 erfüllen, so hat das Unternehmen oder Institut dies dem Arbeitgeber unverzüglich schriftlich mitzuteilen. Die Sätze 1 bis 4 gelten nicht für die Anlage vermögenswirksamer Leistungen auf Grund von Verträgen nach den §§ 5, 6 Abs. 1 und § 7 Abs. 1 mit dem Arbeitgeber.

(3) Für eine vom Arbeitnehmer gewählte Anlage nach § 2 Abs. 1 Nr. 5 hat der Arbeitgeber auf Verlangen des Arbeitnehmers die vermögenswirksamen Leistungen an den Arbeitnehmer zu überweisen, wenn dieser dem Arbeitgeber eine schriftliche Bestätigung seines Gläubigers vorgelegt hat, daß die Anlage bei ihm die Voraussetzungen des § 2 Abs. 1 Nr. 5 erfüllt; Absatz 2 gilt in diesem Falle nicht. Der Arbeitgeber hat die Richtigkeit der Bestätigung nicht zu prüfen.

§ 4 Sparvertrag über Wertpapiere oder andere Vermögensbeteiligungen

(1) Ein Sparvertrag über Wertpapiere oder andere Vermögensbeteiligungen im Sinne des § 2 Abs. 1 Nr. 1 ist ein Sparvertrag mit einem Kreditinstitut oder einer Kapitalverwaltungsgesellschaft, in dem sich der Arbeitnehmer verpflichtet, als Sparbeiträge zum Erwerb von Wertpapieren im Sinne des § 2 Abs. 1 Nr. 1 Buchstabe a bis f, Abs. 2 Satz 1, Abs. 3 und 4 oder zur Begründung oder zum Erwerb von Rechten im Sinne des § 2 Abs. 1 Nr. 1 Buchstabe g bis l, Abs. 2 Satz 2 bis 5 und Abs. 4 einmalig oder für die Dauer von sechs Jahren seit Vertragsabschluß laufend vermögenswirksame Leistungen einzahlen zu lassen oder andere Beträge einzuzahlen.

(2) Die Förderung der auf Grund eines Vertrags nach Absatz 1 angelegten vermögenswirksamen Leistungen setzt voraus, daß

1. die Leistungen eines Kalenderjahrs, vorbehaltlich des Absatzes 3, spätestens bis zum Ablauf des folgenden Kalenderjahrs zum Erwerb der Wertpapiere oder zur Begründung oder zum Erwerb der Rechte verwendet und bis zur Verwendung festgelegt werden und
2. die mit den Leistungen erworbenen Wertpapiere unverzüglich nach ihrem Erwerb bis zum Ablauf einer Frist von sieben Jahren (Sperrfrist) festgelegt werden und über die Wertpapiere oder die mit den Leistungen begründeten oder erworbenen Rechte bis zum Ablauf der Sperrfrist nicht durch Rückzahlung, Abtretung, Beleihung oder in anderer Weise verfügt wird.

Die Sperrfrist gilt für alle auf Grund des Vertrags angelegten vermögenswirksamen Leistungen und beginnt am 1. Januar des Kalenderjahrs, in dem der Vertrag abgeschlossen worden ist. Als Zeitpunkt des Vertragsabschlusses gilt der Tag, an dem die vermögenswirksame Leistung, bei Verträgen über laufende Einzahlungen die erste vermögenswirksame Leistung, beim Kreditinstitut oder bei der Kapitalverwaltungsgesellschaft eingeht.

(3) Vermögenswirksame Leistungen, die nicht bis zum Ablauf der Frist nach Absatz 2 Nr. 1 verwendet worden sind, gelten als rechtzeitig verwendet, wenn sie am Ende eines Kalenderjahrs insgesamt 150 Euro nicht übersteigen und bis zum Ablauf der Sperrfrist nach Absatz 2 verwendet oder festgelegt werden.

(4) Eine vorzeitige Verfügung ist abweichend von Absatz 2 unschädlich, wenn

1. der Arbeitnehmer oder sein von ihm nicht dauernd getrennt lebender Ehegatte oder Lebenspartner nach Vertragsabschluß gestorben oder völlig erwerbsunfähig geworden ist,
2. der Arbeitnehmer nach Vertragsabschluß, aber vor der vorzeitigen Verfügung geheiratet oder eine Lebenspartnerschaft be-

gründet hat und im Zeitpunkt der vorzeitigen Verfügung mindestens zwei Jahre seit Beginn der Sperrfrist vergangen sind,

3. der Arbeitnehmer nach Vertragsabschluß arbeitslos geworden ist und die Arbeitslosigkeit mindestens ein Jahr lang ununterbrochen bestanden hat und im Zeitpunkt der vorzeitigen Verfügung noch besteht,
4. der Arbeitnehmer den Erlös innerhalb der folgenden drei Monate unmittelbar für die eigene Weiterbildung oder für die seines von ihm nicht dauernd getrennt lebenden Ehegatten oder Lebenspartners einsetzt und die Maßnahme außerhalb des Betriebes, dem er oder der Ehegatte oder der Lebenspartner angehört, durchgeführt wird und Kenntnisse und Fertigkeiten vermittelt werden, die dem beruflichen Fortkommen dienen und über arbeitsplatzbezogene Anpassungsfortbildungen hinausgehen; für vermögenswirksame Leistungen, die der Arbeitgeber für den Arbeitnehmer nach § 2 Absatz 1 Nummer 1 Buchstabe a, b, f bis l angelegt hat und die Rechte am Unternehmen des Arbeitgebers begründen, gilt dies nur bei Zustimmung des Arbeitgebers; bei nach § 2 Abs. 2 gleichgestellten Anlagen gilt dies nur bei Zustimmung des Unternehmens, das im Sinne des § 18 Abs. 1 des Aktiengesetzes als herrschendes Unternehmen mit dem Unternehmen des Arbeitgebers verbunden ist,
5. der Arbeitnehmer nach Vertragsabschluß unter Aufgabe der nichtselbständigen Arbeit eine Erwerbstätigkeit, die nach § 138 Abs. 1 der Abgabenordnung der Gemeinde mitzuteilen ist, aufgenommen hat oder
6. festgelegte Wertpapiere veräußert werden und der Erlös bis zum Ablauf des Kalendermonats, der dem Kalendermonat der Veräußerung folgt, zum Erwerb von in Absatz 1 bezeichneten Wertpapieren wiederverwendet wird; der bis zum Ablauf des der Veräußerung folgenden Kalendermonats nicht wiederverwendete Erlös gilt als rechtzeitig wiederverwendet, wenn er am Ende eines Kalendermonats insgesamt 150 Euro nicht übersteigt.

(5) Unschädlich ist auch, wenn in die Rechte und Pflichten des Kreditinstituts oder der Kapitalverwaltungsgesellschaft aus dem Sparvertrag an seine Stelle ein anderes Kreditinstitut oder eine andere Kapitalverwaltungsgesellschaft während der Laufzeit des Vertrags durch Rechtsgeschäft eintritt.

(6) Werden auf einen Vertrag über laufend einzuzahlende vermögenswirksame Leistungen oder andere Beträge in einem Kalenderjahr, das dem Kalenderjahr des Vertragsabschlusses folgt, weder vermögenswirksame Leistungen noch andere Beträge eingezahlt, so ist der Vertrag unterbrochen und kann nicht fortgeführt werden. Das gleiche gilt, wenn mindestens alle Einzahlungen eines Kalenderjahrs zurückgezahlt oder die Rückzahlungsansprüche aus dem Vertrag abgetreten oder beliehen werden.

§ 5 Wertpapier-Kaufvertrag

(1) Ein Wertpapier-Kaufvertrag im Sinne des § 2 Abs. 1 Nr. 2 ist ein Kaufvertrag zwischen dem Arbeitnehmer und dem Arbeitgeber zum Erwerb von Wertpapieren im Sinne des § 2 Abs. 1 Nr. 1 Buchstabe a bis f, Abs. 2 Satz 1, Abs. 3 und 4 durch den Arbeitnehmer mit der Vereinbarung, den vom Arbeitnehmer geschuldeten Kaufpreis mit vermögenswirksamen Leistungen zu verrechnen oder mit anderen Beträgen zu zahlen.

(2) Die Förderung der auf Grund eines Vertrags nach Absatz 1 angelegten vermögenswirksamen Leistungen setzt voraus, daß

1. mit den Leistungen eines Kalenderjahrs spätestens bis zum Ablauf des folgenden Kalenderjahrs die Wertpapiere erworben werden und
2. die mit den Leistungen erworbenen Wertpapiere unverzüglich nach ihrem Erwerb bis zum Ablauf einer Frist von sechs Jahren (Sperrfrist) festgelegt werden und über die Wertpapiere bis zum Ablauf der Sperrfrist nicht durch Rückzahlung, Abtretung, Beleihung oder in anderer Weise verfügt wird; die Sperrfrist beginnt am 1. Januar des Kalenderjahrs, in dem das Wertpapier erworben worden ist; § 4 Abs. 4 Nr. 1 bis 5 gilt entsprechend.

§ 6 Beteiligungs-Vertrag

(1) Ein Beteiligungs-Vertrag im Sinne des § 2 Abs. 1 Nr. 3 ist ein Vertrag zwischen dem Arbeitnehmer und dem Arbeitgeber über die Begründung von Rechten im Sinne des § 2 Abs. 1 Nr. 1 Buchstabe g bis l und Abs. 4 für den Arbeitnehmer am Unternehmen des Arbeitgebers mit der Vereinbarung, die vom Arbeitnehmer für die Begründung geschuldete Geldsumme mit vermögenswirksamen Leistungen zu verrechnen oder mit anderen Beträgen zu zahlen.

(2) Ein Beteiligungs-Vertrag im Sinne des § 2 Abs. 1 Nr. 3 ist auch ein Vertrag zwischen dem Arbeitnehmer und

1. einem Unternehmen, das nach § 2 Abs. 2 Satz 2 bis 5 mit dem Unternehmen des Arbeitgebers verbunden oder nach § 2 Abs. 2 Satz 4 an diesem Unternehmen beteiligt ist, über die Begründung von Rechten im Sinne des § 2 Abs. 1 Nr. 1 Buchstabe g bis l, Abs. 2 Satz 2 bis 5 und Abs. 4 für den Arbeitnehmer an diesem Unternehmen oder
2. einer Genossenschaft mit Sitz und Geschäftsleitung im Geltungsbereich dieses Gesetzes, die ein Kreditinstitut oder eine Bau- oder Wohnungsgenossenschaft ist, die die Voraussetzungen des § 2 Abs. 1 Nr. 1 Buchstabe g zweiter Halbsatz erfüllt, über die Begründung eines Geschäftsguthabens für den Arbeitnehmer bei dieser Genossenschaft

mit der Vereinbarung, die vom Arbeitnehmer für die Begründung der Rechte oder des Geschäftsguthabens geschuldete Geldsumme mit vermögenswirksamen Leistungen zahlen zu lassen oder mit anderen Beträgen zu zahlen.

(3) Die Förderung der auf Grund eines Vertrags nach Absatz 1 oder 2 angelegten vermögenswirksamen Leistungen setzt voraus, daß

1. mit den Leistungen eines Kalenderjahrs spätestens bis zum Ablauf des folgenden Kalenderjahrs die Rechte begründet werden und
2. über die mit den Leistungen begründeten Rechte bis zum Ablauf einer Frist von sechs Jahren (Sperrfrist) nicht durch Rückzahlung, Abtretung, Beleihung oder in anderer Weise verfügt wird; die Sperrfrist beginnt am 1. Januar des Kalenderjahrs, in dem das Recht begründet worden ist; § 4 Abs. 4 Nr. 1 bis 5 gilt entsprechend.

§ 7 Beteiligungs-Kaufvertrag

(1) Ein Beteiligungs-Kaufvertrag im Sinne des § 2 Abs. 1 Nr. 3 ist ein Kaufvertrag zwischen dem Arbeitnehmer und dem Arbeitgeber zum Erwerb von Rechten im Sinne des § 2 Abs. 1 Nr. 1 Buchstabe g bis l, Abs. 2 Satz 2 bis 5 und Abs. 4 durch den Arbeitnehmer mit der Vereinbarung, den vom Arbeitnehmer geschuldeten Kaufpreis mit vermögenswirksamen Leistungen zu verrechnen oder mit anderen Beträgen zu zahlen.

(2) Ein Beteiligungs-Kaufvertrag im Sinne des § 2 Abs. 1 Nr. 3 ist auch ein Kaufvertrag zwischen dem Arbeitnehmer und einer Gesellschaft mit beschränkter Haftung, die nach § 2 Abs. 2 Satz 3 mit dem Unternehmen des Arbeitgebers verbunden ist, zum Erwerb eines Geschäftsanteils im Sinne des § 2 Abs. 1 Nr. 1 Buchstabe h an dieser Gesellschaft durch den Arbeitnehmer mit der Vereinbarung, den vom Arbeitnehmer geschuldeten Kaufpreis mit vermögenswirksamen Leistungen zahlen zu lassen oder mit anderen Beträgen zu zahlen.

(3) Für die Förderung der auf Grund eines Vertrags nach Absatz 1 oder 2 angelegten vermögenswirksamen Leistungen gilt § 6 Abs. 3 entsprechend.

§ 8 Sparvertrag

(1) Ein Sparvertrag im Sinne des § 2 Abs. 1 Nr. 6 ist ein Sparvertrag zwischen dem Arbeitnehmer und einem Kreditinstitut, in dem die in den Absätzen 2 bis 5 bezeichneten Vereinbarungen, mindestens aber die in den Absätzen 2 und 3 bezeichneten Vereinbarungen, getroffen sind.

(2) Der Arbeitnehmer ist verpflichtet,

1. einmalig oder für die Dauer von sechs Jahren seit Vertragsabschluß laufend, mindestens aber einmal im Kalenderjahr,

als Sparbeiträge vermögenswirksame Leistungen einzahlen zu lassen oder andere Beträge einzuzahlen und

2. bis zum Ablauf einer Frist von sieben Jahren (Sperrfrist) die eingezahlten vermögenswirksamen Leistungen bei dem Kreditinstitut festzulegen und die Rückzahlungsansprüche aus dem Vertrag weder abzutreten noch zu beleihen.

Der Zeitpunkt des Vertragsabschlusses und der Beginn der Sperrfrist bestimmen sich nach den Regelungen des § 4 Abs. 2 Satz 2 und 3.

(3) Der Arbeitnehmer ist abweichend von der in Absatz 2 Satz 1 Nr. 2 bezeichneten Vereinbarung zu vorzeitiger Verfügung berechtigt, wenn eine der in § 4 Abs. 4 Nr. 1 bis 5 bezeichneten Voraussetzungen erfüllt ist.

(4) Der Arbeitnehmer ist abweichend von der in Absatz 2 Satz 1 Nr. 2 bezeichneten Vereinbarung auch berechtigt, vor Ablauf der Sperrfrist mit eingezahlten vermögenswirksamen Leistungen zu erwerben

1. Wertpapiere im Sinne des § 2 Abs. 1 Nr. 1 Buchstabe a bis f, Abs. 2 Satz 1, Abs. 3 und 4,
2. Schuldverschreibungen, die vom Bund, von den Ländern, von den Gemeinden, von anderen Körperschaften des öffentlichen Rechts, vom Arbeitgeber, von einem im Sinne des § 18 Abs. 1 des Aktiengesetzes als herrschendes Unternehmen mit dem Unternehmen des Arbeitgebers verbundenen Unternehmen oder von einem Kreditinstitut mit Sitz und Geschäftsleitung im Geltungsbereich dieses Gesetzes ausgegeben werden, Namensschuldverschreibungen des Arbeitgebers jedoch nur dann, wenn auf dessen Kosten die Ansprüche des Arbeitnehmers aus der Schuldverschreibung durch ein Kreditinstitut verbürgt oder durch ein Versicherungsunternehmen privatrechtlich gesichert sind und das Kreditinstitut oder Versicherungsunternehmen im Geltungsbereich dieses Gesetzes zum Geschäftsbetrieb befugt ist,
3. Genußscheine, die von einem Kreditinstitut mit Sitz und Geschäftsleitung im Geltungsbereich dieses Gesetzes, das nicht der Arbeitgeber ist, als Wertpapiere ausgegeben werden, wenn mit den Genußscheinen das Recht am Gewinn des Kreditinstituts verbunden ist, der Arbeitnehmer nicht als Mitunternehmer im Sinne des § 15 Abs. 1 Nr. 2 des Einkommensteuergesetzes anzusehen ist und die Voraussetzungen des § 2 Abs. 4 erfüllt sind,
4. Anleiheforderungen, die in ein Schuldbuch des Bundes oder eines Landes eingetragen werden,
5. Anteile an einem Sondervermögen, die von Kapitalverwaltungsgesellschaften im Sinne des Kapitalanlagegesetzbuchs ausgegeben werden und nicht unter § 2 Abs. 1 Nr. 1 Buchstabe c fallen, oder
6. Anteile an offenen EU-Investmentvermögen und ausländischen AIF, die nach dem Kapitalanlagegesetzbuch vertrieben werden dürfen.

Der Arbeitnehmer ist verpflichtet, bis zum Ablauf der Sperrfrist die nach Satz 1 erworbenen Wertpapiere bei dem Kreditinstitut, mit dem der Sparvertrag abgeschlossen ist, festzulegen und über die Wertpapiere nicht zu verfügen; diese Verpflichtung besteht nicht, wenn eine der in § 4 Abs. 4 Nr. 1 bis 5 bezeichneten Voraussetzungen erfüllt ist.

(5) Der Arbeitnehmer ist abweichend von der in Absatz 2 Satz 1 Nummer 2 bezeichneten Vereinbarung auch berechtigt, vor Ablauf der Sperrfrist die Überweisung eingezahlter vermögenswirksamer Leistungen auf einen von ihm oder seinem nicht dauernd getrennt lebenden Ehegatten oder Lebenspartner abgeschlossenen Bausparvertrag zu verlangen, wenn weder mit der Auszahlung der Bausparsumme begonnen worden ist noch die überwiesenen Beträge vor Ablauf der Sperrfrist ganz oder zum Teil zurückgezahlt noch Ansprüche aus dem Bausparvertrag abgetreten oder beliehen werden oder wenn eine solche vorzeitige Verfügung nach § 2 Absatz 3 Satz 2 Nummer 1 und 2 des Wohnungsbau-Prämiengesetzes in der Fassung der Bekanntmachung vom 30. Oktober 1997 (BGBl. I S. 2678), das zuletzt durch Artikel 7

VIII

des Gesetzes vom 5. April 2011 (BGBl. I S. 554) geändert worden ist, in der jeweils geltenden Fassung unschädlich ist. Satz 1 gilt für vor dem 1. Januar 2009 und nach dem 31. Dezember 2008 abgeschlossene Bausparverträge.

§ 9 Kapitalversicherungsvertrag

(1) Ein Kapitalversicherungsvertrag im Sinne des § 2 Abs. 1 Nr. 7 ist ein Vertrag über eine Kapitalversicherung auf den Erlebens- und Todesfall gegen laufenden Beitrag, der für die Dauer von mindestens zwölf Jahren und mit den in den Absätzen 2 bis 5 bezeichneten Vereinbarungen zwischen dem Arbeitnehmer und einem Versicherungsunternehmen abgeschlossen ist, das im Geltungsbereich dieses Gesetzes zum Geschäftsbetrieb befugt ist.

(2) Der Arbeitnehmer ist verpflichtet, als Versicherungsbeiträge vermögenswirksame Leistungen einzahlen zu lassen oder andere Beträge einzuzahlen.

(3) Die Versicherungsbeiträge enthalten keine Anteile für Zusatzleistungen wie für Unfall, Invalidität oder Krankheit.

(4) Der Versicherungsvertrag sieht vor, daß bereits ab Vertragsbeginn ein nicht kürzbarer Anteil von mindestens 50 Prozent des gezahlten Beitrags als Rückkaufswert (§ 169 des Versicherungsvertragsgesetzes) erstattet oder der Berechnung der prämienfreien Versicherungsleistung (§ 165 des Versicherungsvertragsgesetzes) zugrunde gelegt wird.

(5) Die Gewinnanteile werden verwendet

1. zur Erhöhung der Versicherungsleistung oder
2. auf Verlangen des Arbeitnehmers zur Verrechnung mit fälligen Beiträgen, wenn er nach Vertragsabschluß arbeitslos geworden ist und die Arbeitslosigkeit mindestens ein Jahr lang ununterbrochen bestanden hat und im Zeitpunkt der Verrechnung noch besteht.

§ 10 Vereinbarung zusätzlicher vermögenswirksamer Leistungen

(1) Vermögenswirksame Leistungen können in Verträgen mit Arbeitnehmern, in Betriebsvereinbarungen, in Tarifverträgen oder in bindenden Festsetzungen (§ 19 des Heimarbeitsgesetzes) vereinbart werden.

(2) bis (4) (weggefallen)

(5) Der Arbeitgeber kann auf tarifvertraglich vereinbarte vermögenswirksame Leistungen die betrieblichen Sozialleistungen anrechnen, die dem Arbeitnehmer in dem Kalenderjahr bisher schon als vermögenswirksame Leistungen erbracht worden sind.

§ 11 Vermögenswirksame Anlage von Teilen des Arbeitslohns

(1) Der Arbeitgeber hat auf schriftliches Verlangen des Arbeitnehmers einen Vertrag über die vermögenswirksame Anlage von Teilen des Arbeitslohns abzuschließen.

(2) Auch vermögenswirksam angelegte Teile des Arbeitslohns sind vermögenswirksame Leistungen im Sinne dieses Gesetzes.

(3) Zum Abschluß eines Vertrags nach Absatz 1, wonach die Lohnteile nicht zusammen mit anderen vermögenswirksamen Leistungen für den Arbeitnehmer angelegt und überwiesen werden sollen, ist der Arbeitgeber nur dann verpflichtet, wenn der Arbeitnehmer die Anlage von Teilen des Arbeitslohns in monatlichen der Höhe nach gleichbleibenden Beträgen von mindestens 13 Euro oder in vierteljährlichen der Höhe nach gleichbleibenden Beträgen von mindestens 39 Euro oder nur einmal im Kalenderjahr in Höhe eines Betrags von mindestens 39 Euro verlangt. Der Arbeitnehmer kann bei der Anlage in monatlichen Beträgen während des Kalenderjahrs die Art der vermögenswirksamen Anlage und das Unternehmen oder Institut, bei dem sie erfolgen soll, nur mit Zustimmung des Arbeitgebers wechseln.

(4) Der Arbeitgeber kann einen Termin im Kalenderjahr bestimmen, zu dem die Arbeitnehmer des Betriebs oder Betriebsteils die einmalige Anlage von Teilen des Arbeitslohns nach Absatz 3 verlangen können. Die Bestimmung dieses Termins unterliegt der Mitbestimmung des Betriebsrats oder der zuständigen Personalvertretung; das für die Mitbestimmung in sozialen Angelegenheiten vorgeschriebene Verfahren ist einzuhalten. Der nach Satz 1 bestimmte Termin ist den

Arbeitnehmern in jedem Kalenderjahr erneut in geeigneter Form bekanntzugeben. Zu einem anderen als dem nach Satz 1 bestimmten Termin kann der Arbeitnehmer eine einmalige Anlage nach Absatz 3 nur verlangen

1. von Teilen des Arbeitslohns, den er im letzten Lohnzahlungszeitraum des Kalenderjahrs erzielt, oder
2. von Teilen besonderer Zuwendungen, die im Zusammenhang mit dem Weihnachtsfest oder Jahresende gezahlt werden.

(5) Der Arbeitnehmer kann jeweils einmal im Kalenderjahr von dem Arbeitgeber schriftlich verlangen, daß der Vertrag über die vermögenswirksame Anlage von Teilen des Arbeitslohns aufgehoben, eingeschränkt oder erweitert wird. Im Fall der Aufhebung ist der Arbeitgeber nicht verpflichtet, in demselben Kalenderjahr einen neuen Vertrag über die vermögenswirksame Anlage von Teilen des Arbeitslohns abzuschließen.

(6) In Tarifverträgen oder Betriebsvereinbarungen kann von den Absätzen 3 bis 5 abgewichen werden.

§ 12 Freie Wahl der Anlage

Vermögenswirksame Leistungen werden nur dann nach den Vorschriften dieses Gesetzes gefördert, wenn der Arbeitnehmer die Art der vermögenswirksamen Anlage und das Unternehmen oder Institut, bei dem sie erfolgen soll, frei wählen kann. Einer Förderung steht jedoch nicht entgegen, daß durch Tarifvertrag die Anlage auf die Formen des § 2 Abs. 1 Nr. 1 bis 5, Abs. 2 bis 4 beschränkt wird. Eine Anlage im Unternehmen des Arbeitgebers nach § 2 Abs. 1 Nr. 1 Buchstabe g bis l und Abs. 4 ist nur mit Zustimmung des Arbeitgebers zulässig.

§ 13 Anspruch auf Arbeitnehmer-Sparzulage

(1) Der Arbeitnehmer hat Anspruch auf eine Arbeitnehmer-Sparzulage nach Absatz 2, wenn er gegenüber dem Unternehmen, dem Institut oder dem in § 3 Absatz 3 genannten Gläubiger in die Datenübermittlung nach Maßgabe des § 15 Absatz 1 Satz 2 und 3 eingewilligt hat und sein Einkommen die Grenze von 40 000 Euro oder bei einer Zusammenveranlagung nach § 26b des Einkommensteuergesetzes von 80 000 Euro nicht übersteigt. Maßgeblich ist das zu versteuernde Einkommen nach § 2 Absatz 5 des Einkommensteuergesetzes in dem Kalenderjahr, in dem die vermögenswirksamen Leistungen angelegt worden sind.

(2) Die Arbeitnehmer-Sparzulage beträgt 20 Prozent der nach § 2 Absatz 1 Nummer 1 bis 3, Absatz 2 bis 4 angelegten vermögenswirksamen Leistungen, soweit sie 400 Euro im Kalenderjahr nicht übersteigen, und 9 Prozent der nach § 2 Absatz 1 Nummer 4 und 5 angelegten vermögenswirksamen Leistungen, soweit sie 470 Euro im Kalenderjahr nicht übersteigen.

(3) Die Arbeitnehmer-Sparzulage gilt weder als steuerpflichtige Einnahme im Sinne des Einkommensteuergesetzes noch als Einkommen, Verdienst oder Entgelt (Arbeitsentgelt) im Sinne der Sozialversicherung und des Dritten Buches Sozialgesetzbuch; sie gilt arbeitsrechtlich nicht als Bestandteil des Lohns oder Gehalts. Der Anspruch auf Arbeitnehmer-Sparzulage ist nicht übertragbar.

(4) Der Anspruch auf Arbeitnehmer-Sparzulage entsteht mit Ablauf des Kalenderjahrs, in dem die vermögenswirksamen Leistungen angelegt worden sind.

(5) Der Anspruch auf Arbeitnehmer-Sparzulage entfällt rückwirkend, soweit die in den §§ 4 bis 7 genannten Fristen oder bei einer Anlage nach § 2 Abs. 1 Nr. 4 die in § 2 Abs. 1 Nr. 3 und 4 und Abs. 3 Satz 1 des Wohnungsbau-Prämiengesetzes vorgesehenen Voraussetzungen nicht eingehalten werden. Satz 1 gilt für vor dem 1. Januar 2009 und nach dem 31. Dezember 2008 abgeschlossene Bausparverträge. Der Anspruch entfällt nicht, wenn die Sperrfrist nicht eingehalten wird, weil

1. der Arbeitnehmer das Umtausch- oder Abfindungsangebot eines Wertpapier-Emittenten angenommen hat oder Wertpapiere dem Aussteller nach Auslosung oder Kündigung durch den Aussteller zur Einlösung vorgelegt worden sind,

VIII

2. die mit den vermögenswirksamen Leistungen erworbenen oder begründeten Wertpapiere oder Rechte im Sinne des § 2 Abs. 1 Nr. 1, Abs. 2 bis 4 ohne Mitwirkung des Arbeitnehmers wertlos geworden sind oder
3. der Arbeitnehmer über nach § 2 Abs. 1 Nr. 4 angelegte vermögenswirksame Leistungen nach Maßgabe des § 4 Abs. 4 Nr. 4 in Höhe von mindestens 30 Euro verfügt.

§ 14 Festsetzung der Arbeitnehmer-Sparzulage, Anwendung der Abgabenordnung, Verordnungsermächtigung, Rechtsweg

(1) Die Verwaltung der Arbeitnehmer-Sparzulage obliegt den Finanzämtern. Die Arbeitnehmer-Sparzulage wird aus den Einnahmen an Lohnsteuer gezahlt.

(2) Auf die Arbeitnehmer-Sparzulage sind die für Steuervergütungen geltenden Vorschriften der Abgabenordnung entsprechend anzuwenden. Dies gilt nicht für § 163 der Abgabenordnung.

(3) Für die Arbeitnehmer-Sparzulage gelten die Strafvorschriften des § 370 Abs. 1 bis 4, der §§ 371, 375 Abs. 1 und des § 376 sowie die Bußgeldvorschriften der §§ 378, 379 Abs. 1 und 4 und der §§ 383 und 384 der Abgabenordnung entsprechend. Für das Strafverfahren wegen einer Straftat nach Satz 1 sowie der Begünstigung einer Person, die eine solche Tat begangen hat, gelten die §§ 385 bis 408, für das Bußgeldverfahren wegen einer Ordnungswidrigkeit nach Satz 1 die §§ 409 bis 412 der Abgabenordnung entsprechend.

(4) Die Arbeitnehmer-Sparzulage wird auf Antrag durch das für die Besteuerung des Arbeitnehmers nach dem Einkommen zuständige Finanzamt festgesetzt. Der Arbeitnehmer hat den Antrag nach amtlich vorgeschriebenem Vordruck zu stellen. Die Arbeitnehmer-Sparzulage wird fällig

a) mit Ablauf der für die Anlageform vorgeschriebenen Sperrfrist, nach diesem Gesetz,
b) mit Ablauf der im Wohnungsbau-Prämiengesetz oder in der Verordnung zur Durchführung des Wohnungsbau-Prämiengesetzes genannten Sperr- und Rückzahlungsfristen. Bei Bausparverträgen gelten die in § 2 Abs. 3 Satz 1 des Wohnungsbau-Prämiengesetzes genannten Sperr- und Rückzahlungsfristen und zwar unabhängig davon, ob der Vertrag vor dem 1. Januar 2009 oder nach dem 31. Dezember 2008 abgeschlossen worden ist,
c) mit Zuteilung des Bausparvertrags oder
d) in den Fällen unschädlicher Verfügung.

(5) Ein Bescheid über die Ablehnung der Festsetzung einer Arbeitnehmer-Sparzulage ist aufzuheben und die Arbeitnehmer-Sparzulage ist nachträglich festzusetzen, wenn der Einkommensteuerbescheid nach Ergehen des Ablehnungsbescheides geändert wird und dadurch erstmals festgestellt wird, dass die Einkommensgrenzen des § 13 Absatz 1 unterschritten sind. Die Frist für die Festsetzung der Arbeitnehmer-Sparzulage endet in diesem Fall nicht vor Ablauf eines Jahres nach Bekanntgabe des geänderten Steuerbescheides. Satz 2 gilt entsprechend, wenn der geänderten Einkommensteuerfestsetzung kein Bescheid über die Ablehnung der Festsetzung einer Arbeitnehmer-Sparzulage vorangegangen ist.

(6) Besteht für Aufwendungen, die vermögenswirksame Leistungen darstellen, ein Anspruch auf Arbeitnehmer-Sparzulage und hat der Arbeitnehmer hierfür abweichend von § 1 Satz 2 Nummer 1 des Wohnungsbau-Prämiengesetzes eine Wohnungsbauprämie beantragt, endet die Frist für die Festsetzung der Arbeitnehmer-Sparzulage nicht vor Ablauf eines Jahres nach Bekanntgabe der Mitteilung über die Änderung des Prämienanspruchs.

(7) Die Bundesregierung wird ermächtigt, durch Rechtsverordnung mit Zustimmung des Bundesrates das Verfahren bei der Festsetzung und der Auszahlung der Arbeitnehmer-Sparzulage näher zu regeln, soweit dies zur Vereinfachung des Verfahrens erforderlich ist. Dabei kann auch bestimmt werden, daß der Arbeitgeber, das Unternehmen, das Institut oder der in § 3 Abs. 3 genannte Gläubiger bei der Antragstellung mitwirkt und ihnen die

Arbeitnehmer-Sparzulage zugunsten des Arbeitnehmers überwiesen wird.

(8) In öffentlich-rechtlichen Streitigkeiten über die auf Grund dieses Gesetzes ergehenden Verwaltungsakte der Finanzbehörden ist der Finanzrechtsweg gegeben.

§ 15 Elektronische Vermögensbildungsbescheinigung, Verordnungsermächtigungen, Haftung, Anrufungsauskunft, Außenprüfung

(1) Das Unternehmen, das Institut oder der in § 3 Absatz 3 genannte Gläubiger hat der für die Besteuerung des Arbeitnehmers nach dem Einkommen zuständigen Finanzbehörde nach Maßgabe des § 93c der Abgabenordnung neben den in § 93c Absatz 1 der Abgabenordnung genannten Daten folgende Angaben zu übermitteln (elektronische Vermögensbildungsbescheinigung), wenn der Arbeitnehmer gegenüber der mitteilungspflichtigen Stelle in die Datenübermittlung eingewilligt hat:

1. den jeweiligen Jahresbetrag der nach § 2 Abs. 1 Nr. 1 bis 5, Abs. 2 bis 4 angelegten vermögenswirksamen Leistungen sowie die Art ihrer Anlage,
2. das Kalenderjahr, dem diese vermögenswirksamen Leistungen zuzuordnen sind, und
3. entweder das Ende der für die Anlageform vorgeschriebenen Sperrfrist nach diesem Gesetz oder bei einer Anlage nach § 2 Abs. 1 Nr. 4 das Ende der im Wohnungsbau-Prämiengesetz oder in der Verordnung zur Durchführung des Wohnungsbau-Prämiengesetzes genannten Sperr- und Rückzahlungsfristen, entweder das Ende der für die Anlageform vorgeschriebenen Sperrfrist nach diesem Gesetz oder bei einer Anlage nach § 2 Abs. 1 Nr. 4 das Ende der im Wohnungsbau-Prämiengesetz oder in der Verordnung zur Durchführung des Wohnungsbau-Prämiengesetzes genannten Sperr- und Rückzahlungsfristen. Bei Bausparverträgen sind die in § 2 Abs. 3 Satz 1 des Wohnungsbau-Prämiengesetzes genannten Sperr- und Rückzahlungsfristen zu bescheinigen unabhängig davon, ob der Vertrag vor dem 1. Januar 2009 oder nach dem 31. Dezember 2008 abgeschlossen worden ist.

Die Einwilligung nach Satz 1 ist spätestens bis zum Ablauf des zweiten Kalenderjahres, das auf das Kalenderjahr der Anlage der vermögenswirksamen Leistungen folgt, zu erteilen. Dabei hat der Arbeitnehmer dem Mitteilungspflichtigen die Identifikationsnummer mitzuteilen. Wird die Einwilligung nach Ablauf des Kalenderjahres der Anlage der vermögenswirksamen Leistungen abgegeben, sind die Daten bis zum Ende des folgenden Kalendervierteljahres zu übermitteln.

(1a) In den Fällen des Absatzes 1 ist für die Anwendung des § 72a Absatz 4 und des § 93c Absatz 4 Satz 1 der Abgabenordnung die für die Besteuerung der mitteilungspflichtigen Stelle nach dem Einkommen zuständige Finanzbehörde zuständig. Die nach Absatz 1 übermittelten Daten können durch die nach Satz 1 zuständige Finanzbehörde zum Zweck der Anwendung des § 93c Absatz 4 Satz 1 der Abgabenordnung bei den für die Besteuerung der Arbeitnehmer nach dem Einkommen zuständigen Finanzbehörden abgerufen und verwendet werden.

(2) Die Bundesregierung wird ermächtigt, durch Rechtsverordnung mit Zustimmung des Bundesrates weitere Vorschriften zu erlassen über

1. Aufzeichnungs- und Mitteilungspflichten des Arbeitgebers und des Unternehmens oder Instituts, bei dem die vermögenswirksamen Leistungen angelegt sind, und
2. die Festlegung von Wertpapieren und die Art der Festlegung, soweit dies erforderlich ist, damit nicht die Arbeitnehmer-Sparzulage zu Unrecht gezahlt, versagt, nicht zurückgefordert oder nicht einbehalten wird.

(3) Haben der Arbeitgeber, das Unternehmen, das Institut oder der in § 3 Abs. 3 genannte Gläubiger ihre Pflichten nach diesem Gesetz oder nach einer auf Grund dieses Gesetzes erlassenen Rechtsverordnung verletzt, so haften sie für die Arbeitnehmer-Sparzulage, die wegen ihrer Pflichtverletzung zu Unrecht

gezahlt, nicht zurückgefordert oder nicht einbehalten worden ist.

(4) Das Finanzamt, das für die Besteuerung nach dem Einkommen der in Absatz 3 Genannten zuständig ist, hat auf deren Anfrage Auskunft darüber zu erteilen, wie im einzelnen Fall die Vorschriften über vermögenswirksame Leistungen anzuwenden sind, die nach § 2 Absatz 1 Nummer 1 bis 5 und Absatz 2 bis 4 angelegt werden.

(5) Das für die Lohnsteuer-Außenprüfung zuständige Finanzamt kann bei den in Absatz 3 Genannten eine Außenprüfung durchführen, um festzustellen, ob sie ihre Pflichten nach diesem Gesetz oder nach einer auf Grund dieses Gesetzes erlassenen Rechtsverordnung, soweit diese mit der Anlage vermögenswirksamer Leistungen nach § 2 Abs. 1 Nr. 1 bis 5, Abs. 2 bis 4 zusammenhängen, erfüllt haben. Die §§ 195 bis 203a der Abgabenordnung gelten entsprechend.

§ 16 (gegenstandslos)

§ 16a Gleichstellung der Wertpapierinstitute

Für die Anwendung der vorstehenden Vorschriften dieses Gesetzes sind Wertpapierinstitute im Sinne des Wertpapierinstitutsgesetzes den Kreditinstituten sowie den Kapitalverwaltungsgesellschaften im Sinne des Kapitalanlagegesetzbuchs gleichgestellt.

VIII

§ 17 Anwendungsvorschriften

(1) Die vorstehenden Vorschriften dieses Gesetzes gelten vorbehaltlich der nachfolgenden Absätze für vermögenswirksame Leistungen, die nach dem 31. Dezember 1993 angelegt werden.

(2) Für vermögenswirksame Leistungen, die vor dem 1. Januar 1994 angelegt werden, gilt, soweit Absatz 5 nichts anderes bestimmt, § 17 des Fünften Vermögensbildungsgesetzes in der Fassung der Bekanntmachung vom 19. Januar 1989 (BGBl. I S. 137) – Fünftes Vermögensbildungsgesetz 1989 –, unter Berücksichtigung der Änderung durch Artikel 2 Nr. 1 des Gesetzes vom 13. Dezember 1990 (BGBl. I S. 2749).

(3) Für vermögenswirksame Leistungen, die im Jahr 1994 angelegt werden auf Grund eines vor dem 1. Januar 1994 abgeschlossenen Vertrags

1. nach § 4 Abs. 1 oder § 5 Abs. 1 des Fünften Vermögensbildungsgesetzes 1989 zum Erwerb von Aktien oder Wandelschuldverschreibungen, die keine Aktien oder Wandelschuldverschreibungen im Sinne des vorstehenden § 2 Abs. 1 Nr. 1 Buchstaben a oder b, Abs. 2 Satz 1 sind, oder
2. nach § 6 Abs. 2 des Fünften Vermögensbildungsgesetzes 1989 über die Begründung eines Geschäftsguthabens bei einer Genossenschaft, die keine Genossenschaft im Sinne des vorstehenden § 2 Abs. 1 Nr. 1 Buchstabe g, Abs. 2 Satz 2 ist, oder
3. nach § 6 Abs. 2 oder § 7 Abs. 2 des Fünften Vermögensbildungsgesetzes 1989 über die Übernahme einer Stammeinlage oder zum Erwerb eines Geschäftsanteils an einer Gesellschaft mit beschränkter Haftung, die keine Gesellschaft im Sinne des vorstehenden § 2 Abs. 1 Nr. 1 Buchstabe h, Abs. 2 Satz 3 ist,

gelten statt der vorstehenden §§ 2, 4, 6 und 7 die §§ 2, 4, 6 und 7 des Fünften Vermögensbildungsgesetzes 1989.

(4) Für vermögenswirksame Leistungen, die nach dem 31. Dezember 1993 auf Grund eines Vertrages im Sinne des § 17 Abs. 5 Satz 1 des Fünften Vermögensbildungsgesetzes 1989 angelegt werden, gilt § 17 Abs. 5 und 6 des Fünften Vermögensbildungsgesetzes 1989.

(5) Für vermögenswirksame Leistungen, die vor dem 1. Januar 1994 auf Grund eines Vertrags im Sinne des Absatzes 3 angelegt worden sind, gelten § 4 Abs. 2 bis 5, § 5 Abs. 2, § 6 Abs. 3 und § 7 Abs. 3 des Fünften Vermögensbildungsgesetzes 1989 über Fristen für die Verwendung vermögenswirksamer Leistungen und über Sperrfristen nach dem 31. Dezember 1993 nicht mehr. Für vermögenswirksame Leistungen, die vor dem 1. Januar 1990 auf Grund eines Vertrags im Sinne des § 17 Abs. 2 des Fünften Vermögensbildungsgesetzes 1989 über die Begründung einer oder

mehrerer Beteiligungen als stiller Gesellschafter angelegt worden sind, gilt § 7 Abs. 3 des Fünften Vermögensbildungsgesetzes in der Fassung der Bekanntmachung vom 19. Februar 1987 (BGBl. I S. 630) über die Sperrfrist nach dem 31. Dezember 1993 nicht mehr.

(6) Für vermögenswirksame Leistungen, die vor dem 1. Januar 1999 angelegt worden sind, gilt § 13 Abs. 1 und 2 dieses Gesetzes in der Fassung der Bekanntmachung vom 4. März 1994 (BGBl. I S. 406).

(7) § 13 Abs. 1 Satz 1 und Abs. 2 in der Fassung des Artikels 2 des Gesetzes vom 7. März 2009 (BGBl. I S. 451) ist erstmals für vermögenswirksame Leistungen anzuwenden, die nach dem 31. Dezember 2008 angelegt werden.

(8) § 8 Abs. 5, § 13 Abs. 5 Satz 1 und 2, § 14 Abs. 4 Satz 4 Buchstabe b und § 15 Abs. 1 Nr. 3 in der Fassung des Artikels 7 des Gesetzes vom 29. Juli 2008 (BGBl. I S. 1509) sind erstmals für vermögenswirksame Leistungen anzuwenden, die nach dem 31. Dezember 2008 angelegt werden.

(9) § 4 Abs. 4 Nr. 4 und § 13 Abs. 5 Satz 3 Nr. 3 in der Fassung des Artikels 1 des Gesetzes vom 8. Dezember 2008 (BGBl. I S. 2373) ist erstmals bei Verfügungen nach dem 31. Dezember 2008 anzuwenden.

(10) § 14 Absatz 4 Satz 2 in der Fassung des Artikels 12 des Gesetzes vom 16. Juli 2009 (BGBl. I S. 1959) ist erstmals für vermögenswirksame Leistungen anzuwenden, die nach dem 31. Dezember 2006 angelegt werden, und in Fällen, in denen am 22. Juli 2009 über einen Antrag auf Arbeitnehmer-Sparzulage noch nicht bestandskräftig entschieden ist.

(11) § 13 Absatz 1 Satz 2 in der Fassung des Artikels 10 des Gesetzes vom 8. Dezember 2010 (BGBl. I S. 1768) ist erstmals für vermögenswirksame Leistungen anzuwenden, die nach dem 31. Dezember 2008 angelegt werden.

(12) § 2 Absatz 1 Nummer 5 in der Fassung des Artikels 13 des Gesetzes vom 7. Dezember 2011 (BGBl. I S. 2592) ist erstmals für vermögenswirksame Leistungen anzuwenden, die nach dem 31. Dezember 2011 angelegt werden.

(13) § 3 Absatz 1 Satz 1 Nummer 1 in der Fassung des Artikels 18 des Gesetzes vom 26. Juni 2013 (BGBl. I S. 1809) ist erstmals für vermögenswirksame Leistungen anzuwenden, die nach dem 31. Dezember 2012 angelegt werden. § 4 Absatz 4 Nummer 1, 2 und 4 sowie § 8 Absatz 5 Satz 1 in der Fassung des Artikels 18 des Gesetzes vom 26. Juni 2013 (BGBl. I S. 1809) sind erstmals bei Verfügungen nach dem 31. Dezember 2012 anzuwenden.

(14) Das Bundesministerium der Finanzen teilt den Zeitpunkt der erstmaligen Anwendung der §§ 13 und 14 Absatz 4 sowie des § 15 in der Fassung des Artikels 18 des Gesetzes vom 26. Juni 2013 (BGBl. I S. 1809) durch ein im Bundessteuerblatt zu veröffentlichendes Schreiben mit. Bis zu diesem Zeitpunkt sind die §§ 13 und 14 Absatz 4 sowie der § 15 in der Fassung des Artikels 13 des Gesetzes vom 7. Dezember 2011 (BGBl. I S. 2592) weiter anzuwenden.

(15) § 2 Absatz 1 Nummer 1 in der Fassung des Artikels 5 des Gesetzes vom 18. Dezember 2013 (BGBl. I S. 4318) ist erstmals für vermögenswirksame Leistungen anzuwenden, die nach dem 31. Dezember 2013 angelegt werden. § 4 Absatz 4 Nummer 4 in der Fassung des Artikels 5 des Gesetzes vom 18. Dezember 2013 (BGBl. I S. 4318) ist erstmals bei Verfügungen nach dem 31. Dezember 2013 anzuwenden.

(16) Zur Abwicklung von Verträgen, die vor dem 25. Mai 2018 unter den Voraussetzungen des § 15 Absatz 1 Satz 4 in der am 30. Juni 2013 geltenden Fassung abgeschlossen wurden, sind das Unternehmen, das Institut oder der in § 3 Absatz 3 genannte Gläubiger verpflichtet, die Daten nach Maßgabe des § 15 Absatz 1 Satz 1 zu übermitteln, es sei denn, der Arbeitnehmer hat der Datenübermittlung schriftlich widersprochen.

(17) § 13 Absatz 1 Satz 1 in der Fassung des Artikels 34 des Gesetzes vom 11. Dezember 2023 (BGBl. 2023 I Nr. 354) ist erstmals für vermögenswirksame Leistungen anzuwenden, die nach dem 31. Dezember 2023 angelegt werden.

(18) § 16a ist rückwirkend ab Inkrafttreten des Wertpapierinstitutsgesetzes vom 12. Mai 2021 (BGBl. I S. 990) anzuwenden.

§ 18 Kündigung eines vor 1994 abgeschlossenen Anlagevertrages und der Mitgliedschaft in einer Genossenschaft oder Gesellschaft mit beschränkter Haftung

(1) Hat sich der Arbeitnehmer in einem Vertrag im Sinne des § 17 Abs. 3 verpflichtet, auch nach dem 31. Dezember 1994 vermögenswirksame Leistungen überweisen zu lassen oder andere Beträge zu zahlen, so kann er den Vertrag bis zum 30. September 1994 auf den 31. Dezember 1994 mit der Wirkung schriftlich kündigen, daß auf Grund dieses Vertrags vermögenswirksame Leistungen oder andere Beträge nach dem 31. Dezember 1994 nicht mehr zu zahlen sind.

(2) Ist der Arbeitnehmer im Zusammenhang mit dem Abschluß eines Vertrags im Sinne des § 17 Abs. 3 Nr. 2 Mitglied in einer Genossenschaft geworden, so kann er die Mitgliedschaft bis zum 30. September 1994 auf den 31. Dezember 1994 mit der Wirkung schriftlich kündigen, daß nach diesem Zeitpunkt die Verpflichtung, Einzahlungen auf einen Geschäftsanteil zu leisten und ein Eintrittsgeld zu zahlen, entfällt. Weitergehende Rechte des Arbeitnehmers nach dem Statut der Genossenschaft bleiben unberührt. Der ausgeschiedene Arbeitnehmer kann die Auszahlung des Auseinandersetzungsguthabens, die Genossenschaft kann die Zahlung eines den ausgeschiedenen Arbeitnehmer treffenden Anteils an einem Fehlbetrag zum 1. Januar 1998 verlangen.

(3) Ist der Arbeitnehmer im Zusammenhang mit dem Abschluß eines Vertrags im Sinne des § 17 Abs. 3 Nr. 3 Gesellschafter einer Gesellschaft mit beschränkter Haftung geworden, so kann er die Mitgliedschaft bis zum 30. September 1994 auf den 31. Dezember 1994 schriftlich kündigen. Weitergehende Rechte des Arbeitnehmers nach dem Gesellschaftsvertrag bleiben unberührt. Der zum Austritt berechtigte Arbeitnehmer kann von der Gesellschaft als Abfindung den Verkehrswert seines Geschäftsanteils verlangen; maßgebend ist der Verkehrswert im Zeitpunkt des Zugangs der Kündigungserklärung. Der Arbeitnehmer kann die Abfindung nur verlangen, wenn die Gesellschaft sie ohne Verstoß gegen § 30 Abs. 1 des Gesetzes betreffend die Gesellschaften mit beschränkter Haftung zahlen kann. Hat die Gesellschaft die Abfindung bezahlt, so stehen dem Arbeitnehmer aus seinem Geschäftsanteil keine Rechte mehr zu. Kann die Gesellschaft bis zum 31. Dezember 1996 die Abfindung nicht gemäß Satz 4 zahlen, so ist sie auf Antrag des zum Austritt berechtigten Arbeitnehmers aufzulösen. § 61 Abs. 1, Abs. 2 Satz 1 und Abs. 3 des Gesetzes betreffend die Gesellschaften mit beschränkter Haftung gilt im übrigen entsprechend.

(4) Werden auf Grund der Kündigung nach Absatz 1, 2 oder 3 Leistungen nicht erbracht, so hat der Arbeitnehmer dies nicht zu vertreten.

(5) Hat der Arbeitnehmer nach Absatz 1 einen Vertrag im Sinne des § 17 Abs. 3 Nr. 2 oder nach Absatz 2 die Mitgliedschaft in einer Genossenschaft gekündigt, so gelten beide Kündigungen als erklärt, wenn der Arbeitnehmer dies nicht ausdrücklich ausgeschlossen hat. Entsprechendes gilt, wenn der Arbeitnehmer nach Absatz 1 einen Vertrag im Sinne des § 17 Abs. 3 Nr. 3 oder nach Absatz 3 die Mitgliedschaft in einer Gesellschaft mit beschränkter Haftung gekündigt hat.

(6) Macht der Arbeitnehmer von seinem Kündigungsrecht nach Absatz 1 keinen Gebrauch, so gilt die Verpflichtung, vermögenswirksame Leistungen überweisen zu lassen, nach dem 31. Dezember 1994 als Verpflichtung, andere Beträge in entsprechender Höhe zu zahlen.

Gesetz über vermögenswirksame Leistungen für Beamte, Richter, Berufssoldaten und Soldaten auf Zeit

in der Fassung der Bekanntmachung vom 16. Mai 2002 (BGBl. I S. 1778)

Zuletzt geändert durch
Gesetz zum Abbau verzichtbarer Anordnungen der Schriftform im Verwaltungsrecht des Bundes vom 29. März 2017 (BGBl. I S. 626)

§ 1

(1) Vermögenswirksame Leistungen nach dem Fünften Vermögensbildungsgesetz erhalten

1. Bundesbeamte, Beamte der Länder, der Gemeinden, der Gemeindeverbände sowie der sonstigen der Aufsicht eines Landes unterstehenden Körperschaften, Anstalten und Stiftungen des öffentlichen Rechts; ausgenommen sind die Ehrenbeamten und entpflichtete Hochschullehrer,
2. Richter des Bundes und der Länder; ausgenommen sind die ehrenamtlichen Richter,
3. Berufssoldaten und Soldaten auf Zeit mit Anspruch auf Besoldung oder Ausbildungsgeld (§ 30 Abs. 2 des Soldatengesetzes).

(2) Vermögenswirksame Leistungen werden für die Kalendermonate gewährt, in denen dem Berechtigten Dienstbezüge, Anwärterbezüge oder Ausbildungsgeld nach § 30 Abs. 2 des Soldatengesetzes zustehen und er diese Bezüge erhält.

(3) Der Anspruch auf die vermögenswirksamen Leistungen entsteht frühestens für den Kalendermonat, in dem der Berechtigte die nach § 4 Abs. 1 erforderlichen Angaben mitteilt, und für die beiden vorangegangenen Monate desselben Kalenderjahres.

§ 2

(1) Die vermögenswirksame Leistung beträgt 6,65 Euro. Teilzeitbeschäftigte erhalten den Betrag, der dem Verhältnis der ermäßigten zur regelmäßigen Arbeitszeit entspricht; bei begrenzter Dienstfähigkeit nach bundes- oder landesrechtlicher Regelung gilt Entsprechendes.

(2) Beamte auf Widerruf im Vorbereitungsdienst, deren Anwärterbezüge nebst Familienzuschlag der Stufe 1 971,45 Euro monatlich nicht erreichen, erhalten 13,29 Euro.

(3) Für die Höhe der vermögenswirksamen Leistung sind die Verhältnisse am Ersten des Kalendermonats maßgebend. Wird das Dienstverhältnis nach dem Ersten des Kalendermonats begründet, ist für diesen Monat der Tag des Beginns des Dienstverhältnisses maßgebend.

(4) Die vermögenswirksame Leistung ist bis zum Ablauf der auf den Monat der Mitteilung nach § 4 Abs. 1 folgenden drei Kalendermonate, danach monatlich im Voraus zu zahlen.

§ 3

(1) Die vermögenswirksame Leistung wird dem Berechtigten im Kalendermonat nur einmal gewährt.

(2) Bei mehreren Dienstverhältnissen ist das Dienstverhältnis maßgebend, aus dem der Berechtigte einen Anspruch auf vermögenswirksame Leistungen hat. Sind solche Leistungen für beide Dienstverhältnisse vorgesehen, sind sie aus dem zuerst begründeten Verhältnis zu zahlen.

(3) Erreicht die vermögenswirksame Leistung nach Absatz 2 nicht den Betrag nach § 2 dieses Gesetzes, ist der Unterschiedsbetrag aus dem anderen Dienstverhältnis zu zahlen.

(4) Die Absätze 1 bis 3 gelten entsprechend für vermögenswirksame Leistungen aus einem anderen Rechtsverhältnis, auch wenn die Regelungen im Einzelnen nicht übereinstimmen.

§ 4

(1) Der Berechtigte teilt seiner Dienststelle oder der nach Landesrecht bestimmten Stelle schriftlich oder elektronisch die Art der ge-

wählten Anlage mit und gibt hierbei, soweit dies nach der Art der Anlage erforderlich ist, das Unternehmen oder Institut mit der Nummer des Kontos an, auf das die Leistung eingezahlt werden soll.

(2) Für die vermögenswirksamen Leistungen nach diesem Gesetz und die vermögenswirksame Anlage von Teilen der Bezüge nach dem Fünften Vermögensbildungsgesetz soll der Berechtigte möglichst dieselbe Anlageart und dasselbe Unternehmen oder Institut wählen.

(3) Der Wechsel der Anlage bedarf im Falle des § 11 Abs. 3 Satz 2 des Fünften Vermögensbildungsgesetzes nicht der Zustimmung der zuständigen Stelle, wenn der Berechtigte diesen Wechsel aus Anlass der erstmaligen Gewährung der vermögenswirksamen Leistung verlangt.

§ 5 (weggefallen)

§ 6

Dieses Gesetz gilt nicht für die öffentlich-rechtlichen Religionsgemeinschaften und ihre Verbände.

IX Verfassung

Verfassung

Grundgesetz für die Bundesrepublik Deutschland

Vom 23. Mai 1949 (BGBl. S. 1)

Zuletzt geändert durch
Gesetz zur Änderung des Grundgesetzes
(Artikel 109, 115 und 143h)
vom 22. März 2025 (BGBl. I Nr. 94)

Inhaltsübersicht

IX

PRÄAMBEL

Im Bewußtsein seiner Verantwortung vor Gott und den Menschen, von dem Willen beseelt, als gleichberechtigtes Glied in einem vereinten Europa dem Frieden der Welt zu dienen, hat sich das Deutsche Volk kraft seiner verfassungsgebenden Gewalt dieses Grundgesetz gegeben.

Die Deutschen in den Ländern Baden-Württemberg, Bayern, Berlin, Brandenburg, Bremen, Hamburg, Hessen, Mecklenburg-Vorpommern, Niedersachsen, Nordrhein-Westfalen, Rheinland-Pfalz, Saarland, Sachsen, Sachsen-Anhalt, Schleswig-Holstein und Thüringen haben in freier Selbstbestimmung die Einheit und Freiheit Deutschlands vollendet. Damit gilt dieses Grundgesetz für das gesamte Deutsche Volk.

I. Die Grundrechte

Artikel 1 (Schutz der Menschenwürde)

(1) Die Würde des Menschen ist unantastbar. Sie zu achten und zu schützen ist Verpflichtung aller staatlichen Gewalt.

(2) Das Deutsche Volk bekennt sich darum zu unverletzlichen und unveräußerlichen Menschenrechten als Grundlage jeder menschlichen Gemeinschaft, des Friedens und der Gerechtigkeit in der Welt.

(3) Die nachfolgenden Grundrechte binden Gesetzgebung, vollziehende Gewalt und Rechtsprechung als unmittelbar geltendes Recht.

Artikel 2 (Persönliche Freiheit)

(1) Jeder hat das Recht auf die freie Entfaltung seiner Persönlichkeit, soweit er nicht die Rechte anderer verletzt und nicht gegen die verfassungsmäßige Ordnung oder das Sittengesetz verstößt.

(2) Jeder hat das Recht auf Leben und körperliche Unversehrtheit. Die Freiheit der Person ist unverletzlich. In diese Rechte darf nur auf Grund eines Gesetzes eingegriffen werden.

Artikel 3 (Gleichheit vor dem Gesetz)

(1) Alle Menschen sind vor dem Gesetz gleich.

(2) Männer und Frauen sind gleichberechtigt. Der Staat fördert die tatsächliche Durchsetzung der Gleichberechtigung von Frauen und Männern und wirkt auf die Beseitigung bestehender Nachteile hin.

(3) Niemand darf wegen seines Geschlechtes, seiner Abstammung, seiner Rasse, seiner Sprache, seiner Heimat und Herkunft, seines Glaubens, seiner religiösen oder politischen Anschauungen benachteiligt oder bevorzugt werden. Niemand darf wegen seiner Behinderung benachteiligt werden.

Artikel 4 (Glaubens- und Bekenntnisfreiheit)

(1) Die Freiheit des Glaubens, des Gewissens und die Freiheit des religiösen und weltanschaulichen Bekenntnisses sind unverletzlich.

(2) Die ungestörte Religionsausübung wird gewährleistet.

(3) Niemand darf gegen sein Gewissen zum Kriegsdienst mit der Waffe gezwungen werden. Das Nähere regelt ein Bundesgesetz.

Artikel 5 (Freie Meinungsäußerung)

(1) Jeder hat das Recht, seine Meinung in Wort, Schrift und Bild frei zu äußern und zu verbreiten und sich aus allgemein zugänglichen Quellen ungehindert zu unterrichten. Die Pressefreiheit und die Freiheit der Berichterstattung durch Rundfunk und Film werden gewährleistet. Eine Zensur findet nicht statt.

(2) Diese Rechte finden ihre Schranken in den Vorschriften der allgemeinen Gesetze, den gesetzlichen Bestimmungen zum Schutze der Jugend und in dem Recht der persönlichen Ehre.

(3) Kunst und Wissenschaft, Forschung und Lehre sind frei. Die Freiheit der Lehre entbindet nicht von der Treue zur Verfassung.

Artikel 6 (Ehe, Familie, uneheliche Kinder)

(1) Ehe und Familie stehen unter dem besonderen Schutze der staatlichen Ordnung.

(2) Pflege und Erziehung der Kinder sind das natürliche Recht der Eltern und die zuvörderst ihnen obliegende Pflicht. Über ihre Betätigung wacht die staatliche Gemeinschaft.

(3) Gegen den Willen der Erziehungsberechtigten dürfen Kinder nur auf Grund eines Gesetzes von der Familie getrennt werden, wenn die Erziehungsberechtigten versagen

oder wenn die Kinder aus anderen Gründen zu verwahrlosen drohen.

(4) Jede Mutter hat Anspruch auf den Schutz und die Fürsorge der Gemeinschaft.

(5) Den unehelichen Kindern sind durch die Gesetzgebung die gleichen Bedingungen für ihre leibliche und seelische Entwicklung und ihre Stellung in der Gesellschaft zu schaffen wie den ehelichen Kindern.

Artikel 7 (Schulwesen)

(1) Das gesamte Schulwesen steht unter der Aufsicht des Staates.

(2) Die Erziehungsberechtigten haben das Recht, über die Teilnahme des Kindes am Religionsunterricht zu bestimmen.

(3) Der Religionsunterricht ist in den öffentlichen Schulen mit Ausnahme der bekenntnisfreien Schulen ordentliches Lehrfach. Unbeschadet des staatlichen Aufsichtsrechtes wird der Religionsunterricht in Übereinstimmung mit den Grundsätzen der Religionsgemeinschaften erteilt. Kein Lehrer darf gegen seinen Willen verpflichtet werden, Religionsunterricht zu erteilen.

(4) Das Recht zur Errichtung von privaten Schulen wird gewährleistet. Private Schulen als Ersatz für öffentliche Schulen bedürfen der Genehmigung des Staates und unterstehen den Landesgesetzen. Die Genehmigung ist zu erteilen, wenn die privaten Schulen in ihren Lehrzielen und Einrichtungen sowie in der wissenschaftlichen Ausbildung ihrer Lehrkräfte nicht hinter den öffentlichen Schulen zurückstehen und eine Sonderung der Schüler nach den Besitzverhältnissen der Eltern nicht gefördert wird. Die Genehmigung ist zu versagen, wenn die wirtschaftliche und rechtliche Stellung der Lehrkräfte nicht genügend gesichert ist.

(5) Eine private Volksschule ist nur zuzulassen, wenn die Unterrichtsverwaltung ein besonderes pädagogisches Interesse anerkennt oder, auf Antrag von Erziehungsberechtigten, wenn sie als Gemeinschaftsschule, als Bekenntnis- oder Weltanschauungsschule errichtet werden soll und eine öffentliche Volksschule dieser Art in der Gemeinde nicht besteht.

(6) Vorschulen bleiben aufgehoben.

Artikel 8 (Versammlungsfreiheit)

(1) Alle Deutschen haben das Recht, sich ohne Anmeldung oder Erlaubnis friedlich und ohne Waffen zu versammeln.

(2) Für Versammlungen unter freiem Himmel kann dieses Recht durch Gesetz oder auf Grund eines Gesetzes beschränkt werden.

Artikel 9 (Vereinigungsfreiheit)

(1) Alle Deutschen haben das Recht, Vereine und Gesellschaften zu bilden.

(2) Vereinigungen, deren Zwecke oder deren Tätigkeit den Strafgesetzen zuwiderlaufen oder die sich gegen die verfassungsmäßige Ordnung oder gegen den Gedanken der Völkerverständigung richten, sind verboten.

(3) Das Recht, zur Wahrung und Förderung der Arbeits- und Wirtschaftsbedingungen Vereinigungen zu bilden, ist für jedermann und für alle Berufe gewährleistet. Abreden, die dieses Recht einschränken oder zu behindern suchen, sind nichtig, hierauf gerichtete Maßnahmen sind rechtswidrig. Maßnahmen nach den Artikeln 12a, 35 Abs. 2 und 3, Artikel 87a Abs. 4 und Artikel 91 dürfen sich nicht gegen Arbeitskämpfe richten, die zur Wahrung und Förderung der Arbeits- und Wirtschaftsbedingungen von Vereinigungen im Sinne des Satzes 1 geführt werden.

Artikel 10 (Brief- und Postgeheimnis)

(1) Das Briefgeheimnis sowie das Post- und Fernmeldegeheimnis sind unverletzlich.

(2) Beschränkungen dürfen nur auf Grund eines Gesetzes angeordnet werden. Dient die Beschränkung dem Schutze der freiheitlichen demokratischen Grundordnung oder des Bestandes oder der Sicherung des Bundes oder eines Landes, so kann das Gesetz bestimmen, daß sie dem Betroffenen nicht mitgeteilt wird und daß an die Stelle des Rechtsweges die Nachprüfung durch von der Volksvertretung bestellte Organe und Hilfsorgane tritt.

Artikel 11 (Freizügigkeit)

(1) Alle Deutschen genießen Freizügigkeit im ganzen Bundesgebiet.

(2) Dieses Recht darf nur durch Gesetz oder auf Grund eines Gesetzes und nur für die Fälle eingeschränkt werden, in denen eine ausrei-

chende Lebensgrundlage nicht vorhanden ist und der Allgemeinheit daraus besondere Lasten entstehen würden oder in denen es zur Abwehr einer drohenden Gefahr für den Bestand oder die freiheitliche demokratische Grundordnung des Bundes oder eines Landes, zur Bekämpfung von Seuchengefahr, Naturkatastrophen oder besonders schweren Unglücksfällen, zum Schutze der Jugend vor Verwahrlosung oder um strafbaren Handlungen vorzubeugen, erforderlich ist.

Artikel 12 (Freiheit des Berufes)

(1) Alle Deutschen haben das Recht, Beruf, Arbeitsplatz und Ausbildungsstätte frei zu wählen. Die Berufsausübung kann durch Gesetz oder auf Grund eines Gesetzes geregelt werden.

(2) Niemand darf zu einer bestimmten Arbeit gezwungen werden, außer im Rahmen einer herkömmlichen allgemeinen, für alle gleichen öffentlichen Dienstleistungspflicht.

(3) Zwangsarbeit ist nur bei einer gerichtlich angeordneten Freiheitsentziehung zulässig.

Artikel 12a (Wehrpflicht, Ersatzdienst)

(1) Männer können vom vollendeten achtzehnten Lebensjahr an zum Dienst in den Streitkräften, im Bundesgrenzschutz oder in einem Zivilschutzverband verpflichtet werden.

(2) Wer aus Gewissensgründen den Kriegsdienst mit der Waffe verweigert, kann zu einem Ersatzdienst verpflichtet werden. Die Dauer des Ersatzdienstes darf die Dauer des Wehrdienstes nicht übersteigen. Das Nähere regelt ein Gesetz, das die Freiheit der Gewissensentscheidung nicht beeinträchtigen darf und auch eine Möglichkeit des Ersatzdienstes vorsehen muß, die in keinem Zusammenhang mit den Verbänden der Streitkräfte und des Bundesgrenzschutzes steht.

(3) Wehrpflichtige, die nicht zu einem Dienst nach Absatz 1 oder 2 herangezogen sind, können im Verteidigungsfalle durch Gesetz oder auf Grund eines Gesetzes zu zivilen Dienstleistungen für Zwecke der Verteidigung einschließlich des Schutzes der Zivilbevölkerung in Arbeitsverhältnisse verpflichtet werden; Verpflichtungen in öffentlich-rechtliche Dienstverhältnisse sind nur zur Wahrnehmung polizeilicher Aufgaben oder solcher hoheitlichen Aufgaben der öffentlichen Verwaltung, die nur in einem öffentlich-rechtlichen Dienstverhältnis erfüllt werden können, zulässig. Arbeitsverhältnisse nach Satz 1 können bei den Streitkräften, im Bereich ihrer Versorgung sowie bei der öffentlichen Verwaltung begründet werden; Verpflichtungen in Arbeitsverhältnisse im Bereiche der Versorgung der Zivilbevölkerung sind nur zulässig, um ihren lebensnotwendigen Bedarf zu decken oder ihren Schutz sicherzustellen.

(4) Kann im Verteidigungsfalle der Bedarf an zivilen Dienstleistungen im zivilen Sanitäts- und Heilwesen sowie in der ortsfesten militärischen Lazarettorganisation nicht auf freiwilliger Grundlage gedeckt werden, so können Frauen vom vollendeten achtzehnten bis zum vollendeten fünfundfünfzigsten Lebensjahr durch Gesetz oder auf Grund eines Gesetzes zu derartigen Dienstleistungen herangezogen werden. Sie dürfen auf keinen Fall zum Dienst mit der Waffe verpflichtet werden.

(5) Für die Zeit vor dem Verteidigungsfalle können Verpflichtungen nach Absatz 3 nur nach Maßgabe des Artikels 80a Abs. 1 begründet werden. Zur Vorbereitung auf Dienstleistungen nach Absatz 3, für die besondere Kenntnisse oder Fertigkeiten erforderlich sind, kann durch Gesetz oder auf Grund eines Gesetzes die Teilnahme an Ausbildungsveranstaltungen zur Pflicht gemacht werden. Satz 1 findet insoweit keine Anwendung.

(6) Kann im Verteidigungsfalle der Bedarf an Arbeitskräften für die in Absatz 3 Satz 2 genannten Bereiche auf freiwilliger Grundlage nicht gedeckt werden, so kann zur Sicherung dieses Bedarfs die Freiheit der Deutschen, die Ausübung eines Berufs oder den Arbeitsplatz aufzugeben, durch Gesetz oder auf Grund eines Gesetzes eingeschränkt werden. Vor Eintritt des Verteidigungsfalles gilt Absatz 5 Satz 1 entsprechend.

Artikel 13 (Unverletzlichkeit der Wohnung)

(1) Die Wohnung ist unverletzlich.

(2) Durchsuchungen dürfen nur durch den Richter, bei Gefahr im Verzuge auch durch die

in den Gesetzen vorgesehenen anderen Organe angeordnet und nur in der dort vorgeschriebenen Form durchgeführt werden.

(3) Begründen bestimmte Tatsachen den Verdacht, daß jemand eine durch Gesetz einzeln bestimmte besonders schwere Straftat begangen hat, so dürfen zur Verfolgung der Tat auf Grund richterlicher Anordnung technische Mittel zur akustischen Überwachung von Wohnungen, in denen der Beschuldigte sich vermutlich aufhält, eingesetzt werden, wenn die Erforschung des Sachverhalts auf andere Weise unverhältnismäßig erschwert oder aussichtslos wäre. Die Maßnahme ist zu befristen. Die Anordnung erfolgt durch einen mit drei Richtern besetzten Spruchkörper. Bei Gefahr im Verzuge kann sie auch durch einen einzelnen Richter getroffen werden.

(4) Zur Abwehr dringender Gefahren für die öffentliche Sicherheit, insbesondere einer gemeinen Gefahr oder einer Lebensgefahr, dürfen technische Mittel zur Überwachung von Wohnungen nur auf Grund richterlicher Anordnung eingesetzt werden. Bei Gefahr im Verzuge kann die Maßnahme auch durch eine andere gesetzlich bestimmte Stelle angeordnet werden; eine richterliche Entscheidung ist unverzüglich nachzuholen.

(5) Sind technische Mittel ausschließlich zum Schutze der bei einem Einsatz in Wohnungen tätigen Personen vorgesehen, kann die Maßnahme durch eine gesetzlich bestimmte Stelle angeordnet werden. Eine anderweitige Verwertung der hierbei erlangten Erkenntnisse ist nur zum Zwecke der Strafverfolgung oder der Gefahrenabwehr und nur zulässig, wenn zuvor die Rechtmäßigkeit der Maßnahme richterlich festgestellt ist; bei Gefahr im Verzuge ist die richterliche Entscheidung unverzüglich nachzuholen.

(6) Die Bundesregierung unterrichtet den Bundestag jährlich über den nach Absatz 3 sowie über den im Zuständigkeitsbereich des Bundes nach Absatz 4 und, soweit richterlich überprüfungsbedürftig, nach Absatz 5 erfolgten Einsatz technischer Mittel. Ein vom Bundestag gewähltes Gremium übt auf der Grundlage dieses Berichts die parlamentarische Kontrolle aus. Die Länder gewährleisten eine gleichwertige parlamentarische Kontrolle.

(7) Eingriffe und Beschränkungen dürfen im übrigen nur zur Abwehr einer gemeinen Gefahr oder einer Lebensgefahr für einzelne Personen, auf Grund eines Gesetzes auch zur Verhütung dringender Gefahren für die öffentliche Sicherheit und Ordnung, insbesondere zur Behebung der Raumnot, zur Bekämpfung von Seuchengefahr oder zum Schutze gefährdeter Jugendlicher vorgenommen werden.

Artikel 14 (Eigentum, Erbrecht und Enteignung)

(1) Das Eigentum und das Erbrecht werden gewährleistet. Inhalt und Schranken werden durch die Gesetze bestimmt.

(2) Eigentum verpflichtet. Sein Gebrauch soll zugleich dem Wohle der Allgemeinheit dienen.

(3) Eine Enteignung ist nur zum Wohle der Allgemeinheit zulässig. Sie darf nur durch Gesetz oder auf Grund eines Gesetzes erfolgen, das Art und Ausmaß der Entschädigung regelt. Die Entschädigung ist unter gerechter Abwägung der Interessen der Allgemeinheit und der Beteiligten zu bestimmen. Wegen der Höhe der Entschädigung steht im Streitfalle der Rechtsweg vor den ordentlichen Gerichten offen.

Artikel 15 (Sozialisierung)

Grund und Boden, Naturschätze und Produktionsmittel können zum Zwecke der Vergesellschaftung durch ein Gesetz, das Art und Ausmaß der Entschädigung regelt, in Gemeineigentum oder in andere Formen der Gemeinwirtschaft überführt werden. Für die Entschädigung gilt Art. 14 Abs. 3 Satz 3 und 4 entsprechend.

Artikel 16 (Ausbürgerung, Auslieferung)

(1) Die Deutsche Staatsangehörigkeit darf nicht entzogen werden. Der Verlust der Staatsangehörigkeit darf nur auf Grund eines Gesetzes und gegen den Willen des Betroffenen nur dann eintreten, wenn der Betroffene dadurch nicht staatenlos wird.

(2) Kein Deutscher darf an das Ausland ausgeliefert werden. Durch Gesetz kann eine

abweichende Regelung für Auslieferungen an einen Mitgliedstaat der Europäischen Union oder an einen internationalen Gerichtshof getroffen werden, soweit rechtsstaatliche Grundsätze gewahrt sind.

Artikel 16a (Asylrecht)

(1) Politisch Verfolgte genießen Asylrecht.

(2) Auf Absatz 1 kann sich nicht berufen, wer aus einem Mitgliedstaat der Europäischen Gemeinschaften oder aus einem anderen Drittstaat einreist, in dem die Anwendung des Abkommens über die Rechtsstellung der Flüchtlinge und der Konvention zum Schutze der Menschenrechte und Grundfreiheiten sichergestellt ist. Die Staaten außerhalb der Europäischen Gemeinschaften, auf die die Voraussetzungen des Satzes 1 zutreffen, werden durch Gesetz, das der Zustimmung des Bundesrates bedarf, bestimmt. In den Fällen des Satzes 1 können aufenthaltsbeendende Maßnahmen unabhängig von einem hiergegen eingelegten Rechtsbehelf vollzogen werden.

(3) Durch Gesetz, das der Zustimmung des Bundesrates bedarf, können Staaten bestimmt werden, bei denen auf Grund der Rechtslage, der Rechtsanwendung und der allgemeinen politischen Verhältnisse gewährleistet erscheint, daß dort weder politische Verfolgung noch unmenschliche oder erniedrigende Bestrafung oder Behandlung stattfindet. Es wird vermutet, daß ein Ausländer aus einem solchen Staat nicht verfolgt wird, solange er nicht Tatsachen vorträgt, die die Annahme begründen, daß er entgegen dieser Vermutung politisch verfolgt wird.

(4) Die Vollziehung aufenthaltsbeendender Maßnahmen wird in den Fällen des Absatzes 3 und in anderen Fällen, die offensichtlich unbegründet sind oder als offensichtlich unbegründet gelten, durch das Gericht nur ausgesetzt, wenn ernstliche Zweifel an der Rechtmäßigkeit der Maßnahme bestehen; der Prüfungsumfang kann eingeschränkt werden und verspätetes Vorbringen unberücksichtigt bleiben. Das Nähere ist durch Gesetz zu bestimmen.

(5) Die Absätze 1 bis 4 stehen völkerrechtlichen Verträgen von Mitgliedstaaten der Europäischen Gemeinschaften untereinander und mit dritten Staaten nicht entgegen, die unter Beachtung der Verpflichtungen aus dem Abkommen über die Rechtsstellung der Flüchtlinge und der Konvention zum Schutze der Menschenrechte und Grundfreiheiten, deren Anwendung in den Vertragsstaaten sichergestellt sein muß, Zuständigkeitsregelungen für die Prüfung von Asylbegehren einschließlich der gegenseitigen Anerkennung von Asylentscheidungen treffen.

Artikel 17 (Petitionsrecht)

Jedermann hat das Recht, sich einzeln oder in Gemeinschaft mit anderen schriftlich mit Bitten oder Beschwerden an die zuständigen Stellen und an die Volksvertretung zu wenden.

Artikel 17a (Wehrdienst, Ersatzdienst)

(1) Gesetze über Wehrdienst und Ersatzdienst können bestimmen, daß für die Angehörigen der Streitkräfte und des Ersatzdienstes während der Zeit des Wehr- oder Ersatzdienstes das Grundrecht, seine Meinung in Wort, Schrift und Bild frei zu äußern und zu verbreiten (Artikel 5 Abs. 1 Satz 1 erster Halbsatz), das Grundrecht der Versammlungsfreiheit (Artikel 8) und das Petitionsrecht (Artikel 17), soweit es das Recht gewährt, Bitten oder Beschwerden in Gemeinschaft mit anderen vorzubringen, eingeschränkt werden.

(2) Gesetze, die der Verteidigung einschließlich des Schutzes der Zivilbevölkerung dienen, können bestimmen, daß die Grundrechte der Freizügigkeit (Artikel 11) und der Unverletzlichkeit der Wohnung (Artikel 13) eingeschränkt werden.

Artikel 18 (Verwirkung von Grundrechten)

Wer die Freiheit der Meinungsäußerung, insbesondere die Pressefreiheit (Artikel 5 Abs. 1), die Lehrfreiheit (Artikel 5 Abs. 3), die Versammlungsfreiheit (Artikel 8), die Vereinigungsfreiheit (Artikel 9), das Brief-, Post- und Fernmeldegeheimnis (Artikel 10), das Eigentum (Artikel 14) oder das Asylrecht (Artikel 16a) zum Kampfe gegen die freiheitliche demokratische Grundordnung mißbraucht, verwirkt diese Grundrechte. Die Verwirkung und ihr Ausmaß werden durch das Bundesverfassungsgericht ausgesprochen.

Artikel 19 (Einschränkung von Grundrechten)

(1) Soweit nach diesem Grundgesetz ein Grundrecht durch Gesetz oder auf Grund eines Gesetzes eingeschränkt werden kann, muß das Gesetz allgemein und nicht nur für den Einzelfall gelten. Außerdem muß das Gesetz das Grundrecht unter Angabe des Artikels nennen.

(2) In keinem Falle darf ein Grundrecht in seinem Wesensgehalt angetastet werden.

(3) Die Grundrechte gelten auch für inländische juristische Personen, soweit sie ihrem Wesen nach auf diese anwendbar sind.

(4) Wird jemand durch die öffentliche Gewalt in seinen Rechten verletzt, so steht ihm der Rechtsweg offen. Soweit eine andere Zuständigkeit nicht begründet ist, ist der ordentliche Rechtsweg gegeben. Artikel 10 Abs. 2 Satz 2 bleibt unberührt.

II. Der Bund und die Länder

Artikel 20 (Demokratische, rechtsstaatliche Verfassung)

(1) Die Bundesrepublik Deutschland ist ein demokratischer und sozialer Bundesstaat.

(2) Alle Staatsgewalt geht vom Volke aus. Sie wird vom Volke in Wahlen und Abstimmungen und durch besondere Organe der Gesetzgebung, der vollziehenden Gewalt und der Rechtsprechung ausgeübt.

(3) Die Gesetzgebung ist an die verfassungsmäßige Ordnung, die vollziehende Gewalt und die Rechtsprechung sind an Gesetz und Recht gebunden.

(4) Gegen jeden, der es unternimmt, diese Ordnung zu beseitigen, haben alle Deutschen das Recht zum Widerstand, wenn andere Abhilfe nicht möglich ist.

Artikel 20a (Schutz der natürlichen Lebensgrundlagen)

Der Staat schützt auch in Verantwortung für die künftigen Generationen die natürlichen Lebensgrundlagen und die Tiere im Rahmen der verfassungsmäßigen Ordnung durch die Gesetzgebung und nach Maßgabe von Gesetz und Recht durch die vollziehende Gewalt und die Rechtsprechung.

Artikel 21 (Parteien)

(1) Die Parteien wirken bei der politischen Willensbildung des Volkes mit. Ihre Gründung ist frei. Ihre innere Ordnung muß demokratischen Grundsätzen entsprechen. Sie müssen über die Herkunft und Verwendung ihrer Mittel sowie über ihr Vermögen öffentlich Rechenschaft geben.

(2) Parteien, die nach ihren Zielen oder nach dem Verhalten ihrer Anhänger darauf ausgehen, die freiheitliche demokratische Grundordnung zu beeinträchtigen oder zu beseitigen oder den Bestand der Bundesrepublik Deutschland zu gefährden, sind verfassungswidrig.

(3) Parteien, die nach ihren Zielen oder dem Verhalten ihrer Anhänger darauf ausgerichtet sind, die freiheitliche demokratische Grundordnung zu beeinträchtigen oder zu beseitigen oder den Bestand der Bundesrepublik Deutschland zu gefährden, sind von staatlicher Finanzierung ausgeschlossen. Wird der Ausschluss festgestellt, so entfällt auch eine steuerliche Begünstigung dieser Parteien und von Zuwendungen an diese Parteien.

(4) Über die Frage der Verfassungswidrigkeit nach Absatz 2 sowie über den Ausschluss von staatlicher Finanzierung nach Absatz 3 entscheidet das Bundesverfassungsgericht.

(5) Das Nähere regeln Bundesgesetze.

Artikel 22 (Hauptstadt Berlin, Bundesflagge)

(1) Die Hauptstadt der Bundesrepublik Deutschland ist Berlin. Die Repräsentation des Gesamtstaates in der Hauptstadt ist Aufgabe des Bundes. Das Nähere wird durch Bundesgesetz geregelt.

(2) Die Bundesflagge ist schwarz-rot-gold.

Artikel 23 (Europäische Union)

(1) Zur Verwirklichung eines vereinten Europas wirkt die Bundesrepublik Deutschland bei der Entwicklung der Europäischen Union mit,

die demokratischen, rechtsstaatlichen, sozialen und föderativen Grundsätzen und dem Grundsatz der Subsidiarität verpflichtet ist und einen diesem Grundgesetz im wesentlichen vergleichbaren Grundrechtsschutz gewährleistet. Der Bund kann hierzu durch Gesetz mit Zustimmung des Bundesrates Hoheitsrechte übertragen. Für die Begründung der Europäischen Union sowie für Änderungen ihrer vertraglichen Grundlagen und vergleichbare Regelungen, durch die dieses Grundgesetz seinem Inhalt nach geändert oder ergänzt wird oder solche Änderungen oder Ergänzungen ermöglicht werden, gilt Artikel 79 Abs. 2 und 3.

(1a) Der Bundestag und der Bundesrat haben das Recht, wegen Verstoßes eines Gesetzgebungsakts der Europäischen Union gegen das Subsidiaritätsprinzip vor dem Gerichtshof der Europäischen Union Klage zu erheben. Der Bundestag ist hierzu auf Antrag eines Viertels seiner Mitglieder verpflichtet. Durch Gesetz, das der Zustimmung des Bundesrates bedarf, können für die Wahrnehmung der Rechte, die dem Bundestag und dem Bundesrat in den vertraglichen Grundlagen der Europäischen Union eingeräumt sind, Ausnahmen von Artikel 42 Abs. 2 Satz 1 und Artikel 52 Abs. 3 Satz 1 zugelassen werden.

(2) In Angelegenheiten der Europäischen Union wirken der Bundestag und durch den Bundesrat die Länder mit. Die Bundesregierung hat den Bundestag und den Bundesrat umfassend und zum frühestmöglichen Zeitpunkt zu unterrichten.

(3) Die Bundesregierung gibt dem Bundestag Gelegenheit zur Stellungnahme vor ihrer Mitwirkung an Rechtsetzungsakten der Europäischen Union. Die Bundesregierung berücksichtigt die Stellungnahmen des Bundestages bei den Verhandlungen. Das Nähere regelt ein Gesetz.

(4) Der Bundesrat ist an der Willensbildung des Bundes zu beteiligen, soweit er an einer entsprechenden innerstaatlichen Maßnahme mitzuwirken hätte oder soweit die Länder innerstaatlich zuständig wären.

(5) Soweit in einem Bereich ausschließlicher Zuständigkeiten des Bundes Interessen der Länder berührt sind oder soweit im übrigen der Bund das Recht zur Gesetzgebung hat, berücksichtigt die Bundesregierung die Stellungnahme des Bundesrates. Wenn im Schwerpunkt Gesetzgebungsbefugnisse der Länder, die Einrichtung ihrer Behörden oder ihre Verwaltungsverfahren betroffen sind, ist bei der Willensbildung des Bundes insoweit die Auffassung des Bundesrates maßgeblich zu berücksichtigen; dabei ist die gesamtstaatliche Verantwortung des Bundes zu wahren. In Angelegenheiten, die zu Ausgabenerhöhungen oder Einnahmeminderungen für den Bund führen können, ist die Zustimmung der Bundesregierung erforderlich.

(6) Wenn im Schwerpunkt ausschließliche Gesetzgebungsbefugnisse der Länder auf den Gebieten der schulischen Bildung, der Kultur oder des Rundfunks betroffen sind, wird die Wahrnehmung der Rechte, die der Bundesrepublik Deutschland als Mitgliedstaat der Europäischen Union zustehen, vom Bund auf einen vom Bundesrat benannten Vertreter der Länder übertragen. Die Wahrnehmung der Rechte erfolgt unter Beteiligung und in Abstimmung mit der Bundesregierung; dabei ist die gesamtstaatliche Verantwortung des Bundes zu wahren.

(7) Das Nähere zu den Absätzen 4 bis 6 regelt ein Gesetz, das der Zustimmung des Bundesrates bedarf.

Artikel 24 (Supranationale Einrichtungen)

(1) Der Bund kann durch Gesetz Hoheitsrechte auf zwischenstaatliche Einrichtungen übertragen.

(1a) Soweit die Länder für die Ausübung der staatlichen Befugnisse und die Erfüllung der staatlichen Aufgaben zuständig sind, können sie mit Zustimmung der Bundesregierung Hoheitsrechte auf grenznachbarschaftliche Einrichtungen übertragen.

(2) Der Bund kann sich zur Wahrung des Friedens einem System gegenseitiger kollektiver Sicherheit einordnen; er wird hierbei in die Beschränkungen seiner Hoheitsrechte einwilligen, die eine friedliche und dauerhafte Ordnung in Europa und zwischen den Völkern der Welt herbeiführen und sichern.

(3) Zur Regelung zwischenstaatlicher Streitigkeiten wird der Bund Vereinbarungen über eine allgemeine, umfassende, obligatorische, internationale Schiedsgerichtsbarkeit beitreten.

Artikel 25 (Regeln des Völkerrechts)

Die allgemeinen Regeln des Völkerrechts sind Bestandteil des Bundesrechtes. Sie gehen den Gesetzen vor und erzeugen Rechte und Pflichten unmittelbar für die Bewohner des Bundesgebietes.

Entscheidung des Bundesverfassungsgerichts vom 6. Dezember 2006 (BGBl. I 2007 S. 33)

Aus dem Beschluss des Bundesverfassungsgerichts vom 6. Dezember 2006 – 2 BvM 9/03 – wird die Entscheidungsformel veröffentlicht:

Eine allgemeine Regel des Völkerrechts, nach der ein lediglich pauschaler Immunitätsverzicht zur Aufhebung des Schutzes der Immunität auch für solches Vermögen genügt, das dem Entsendestaat im Empfangsstaat zur Aufrechterhaltung der Funktionsfähigkeit seiner diplomatischen Mission dient, ist nicht feststellbar.

Die vorstehende Entscheidungsformel hat gemäß § 31 Abs. 2 des Bundesverfassungsgerichtsgesetzes Gesetzeskraft.

Artikel 26 (Angriffskrieg, Kriegswaffen)

(1) Handlungen, die geeignet sind und in der Absicht vorgenommen werden, das friedliche Zusammenleben der Völker zu stören, insbesondere die Führung eines Angriffskrieges vorzubereiten, sind verfassungswidrig. Sie sind unter Strafe zu stellen.

(2) Zur Kriegsführung bestimmte Waffen dürfen nur mit Genehmigung der Bundesregierung hergestellt, befördert und in Verkehr gebracht werden. Das Nähere regelt ein Bundesgesetz.

Artikel 27 (Handelsflotte)

Alle deutschen Kauffahrteischiffe bilden eine einheitliche Handelsflotte.

Artikel 28 (Länder und Gemeinden)

(1) Die verfassungsmäßige Ordnung in den Ländern muß den Grundsätzen des republikanischen, demokratischen und sozialen Rechtsstaates im Sinne dieses Grundgesetzes entsprechen. In den Ländern, Kreisen und Gemeinden muß das Volk eine Vertretung haben, die aus allgemeinen, unmittelbaren, freien, gleichen und geheimen Wahlen hervorgegangen ist. Bei Wahlen in Kreisen und Gemeinden sind auch Personen, die die Staatsangehörigkeit eines Mitgliedstaates der Europäischen Gemeinschaft besitzen, nach Maßgabe von Recht der Europäischen Gemeinschaft wahlberechtigt und wählbar. In Gemeinden kann an die Stelle einer gewählten Körperschaft die Gemeindeversammlung treten.

(2) Den Gemeinden muß das Recht gewährleistet sein, alle Angelegenheiten der örtlichen Gemeinschaft im Rahmen der Gesetze in eigener Verantwortung zu regeln. Auch die Gemeindeverbände haben im Rahmen ihres gesetzlichen Aufgabenbereiches nach Maßgabe der Gesetze das Recht der Selbstverwaltung. Die Gewährleistung der Selbstverwaltung umfaßt auch die Grundlagen der finanziellen Eigenverantwortung, zu diesen Grundlagen gehört eine den Gemeinden mit Hebesatzrecht zustehende wirtschaftskraftbezogene Steuerquelle.

(3) Der Bund gewährleistet, daß die verfassungsmäßige Ordnung der Länder den Grundrechten und den Bestimmungen der Absätze 1 und 2 entspricht.

Artikel 29 (Neugliederung des Bundesgebiets)

(1) Das Bundesgebiet kann neu gegliedert werden, um zu gewährleisten, daß die Länder nach Größe und Leistungsfähigkeit die ihnen obliegenden Aufgaben wirksam erfüllen können. Dabei sind die landsmannschaftliche Verbundenheit, die geschichtlichen und kulturellen Zusammenhänge, die wirtschaftliche Zweckmäßigkeit sowie die Erfordernisse der Raumordnung und der Landesplanung zu berücksichtigen.

(2) Maßnahmen zur Neugliederung des Bundesgebietes ergehen durch Bundesgesetz, das der Bestätigung durch Volksentscheid bedarf. Die betroffenen Länder sind zu hören.

(3) Der Volksentscheid findet in den Ländern statt, aus deren Gebieten oder Gebietsteilen ein neues oder neu umgrenztes Land gebildet werden soll (betroffene Länder). Abzustimmen ist über die Frage, ob die betroffenen

Länder wie bisher bestehenbleiben sollen oder ob das neue oder neu umgrenzte Land gebildet werden soll. Der Volksentscheid für die Bildung eines neuen oder neu umgrenzten Landes kommt zustande, wenn in dessen künftigem Gebiet und insgesamt in den Gebieten oder Gebietsteilen eines betroffenen Landes, deren Landeszugehörigkeit im gleichen Sinne geändert werden soll, jeweils eine Mehrheit der Änderung zustimmt. Er kommt nicht zustande, wenn im Gebiet eines der betroffenen Länder eine Mehrheit die Änderung ablehnt; die Ablehnung ist jedoch unbeachtlich, wenn in einem Gebietsteil, dessen Zugehörigkeit zu dem betroffenen Land geändert werden soll, eine Mehrheit von zwei Dritteln der Änderung zustimmt, es sei denn, daß im Gesamtgebiet des betroffenen Landes eine Mehrheit von zwei Dritteln die Änderung ablehnt.

(4) Wird in einem zusammenhängenden, abgegrenzten Siedlungs- und Wirtschaftsraum, dessen Teile in mehreren Ländern liegen und der mindestens eine Million Einwohner hat, von einem Zehntel der in ihm zum Bundestag Wahlberechtigten durch Volksbegehren gefordert, daß für diesen Raum eine einheitliche Landeszugehörigkeit herbeigeführt werde, so ist durch Bundesgesetz innerhalb von zwei Jahren entweder zu bestimmen, ob die Landeszugehörigkeit gemäß Absatz 2 geändert wird, oder daß in den betroffenen Ländern eine Volksbefragung stattfindet.

(5) Die Volksbefragung ist darauf gerichtet festzustellen, ob eine in dem Gesetz vorzuschlagende Änderung der Landeszugehörigkeit Zustimmung findet. Das Gesetz kann verschiedene, jedoch nicht mehr als zwei Vorschläge der Volksbefragung vorlegen. Stimmt eine Mehrheit einer vorgeschlagenen Änderung der Landeszugehörigkeit zu, so ist durch Bundesgesetz innerhalb von zwei Jahren zu bestimmen, ob die Landeszugehörigkeit gemäß Absatz 2 geändert wird. Findet ein der Volksbefragung vorgelegter Vorschlag eine den Maßgaben des Absatzes 3 Satz 3 und 4 entsprechende Zustimmung, so ist innerhalb von zwei Jahren nach der Durchführung der Volksbefragung ein Bundesgesetz zur Bildung des vorgeschlagenen Landes zu erlassen, das der Bestätigung durch Volksentscheid nicht mehr bedarf.

(6) Mehrheit im Volksentscheid und in der Volksbefragung ist die Mehrheit der abgegebenen Stimmen, wenn sie mindestens ein Viertel der zum Bundestag Wahlberechtigten umfaßt. Im übrigen wird das Nähere über Volksentscheid, Volksbegehren und Volksbefragung durch ein Bundesgesetz geregelt; dieses kann auch vorsehen, daß Volksbegehren innerhalb eines Zeitraumes von fünf Jahren nicht wiederholt werden können.

(7) Sonstige Änderungen des Gebietsbestandes der Länder können durch Staatsverträge der beteiligten Länder oder durch Bundesgesetz mit Zustimmung des Bundesrates erfolgen, wenn das Gebiet, dessen Landeszugehörigkeit geändert werden soll, nicht mehr als 50 000 Einwohner hat. Das Nähere regelt ein Bundesgesetz, das der Zustimmung des Bundesrates und der Mehrheit der Mitglieder des Bundestages bedarf. Es muß die Anhörung der betroffenen Gemeinden und Kreise vorsehen.

(8) Die Länder können eine Neugliederung für das jeweils von ihnen umfaßte Gebiet oder für Teilgebiete abweichend von den Vorschriften der Absätze 2 bis 7 durch Staatsvertrag regeln. Die betroffenen Gemeinden und Kreise sind zu hören. Der Staatsvertrag bedarf der Bestätigung durch Volksentscheid in jedem beteiligten Land. Betrifft der Staatsvertrag Teilgebiete der Länder, kann die Bestätigung auf Volksentscheide in diesen Teilgebieten beschränkt werden; Satz 5 zweiter Halbsatz findet keine Anwendung. Bei einem Volksentscheid entscheidet die Mehrheit der abgegebenen Stimmen, wenn sie mindestens ein Viertel der zum Bundestag Wahlberechtigten umfaßt; das Nähere regelt ein Bundesgesetz. Der Staatsvertrag bedarf der Zustimmung des Bundestages.

Artikel 30 (Funktionen der Länder)

Die Ausübung der staatlichen Befugnisse und die Erfüllung der staatlichen Aufgaben ist Sache der Länder, soweit dieses Grundgesetz keine andere Regelung trifft oder zuläßt.

Artikel 31 (Vorrang des Bundesrechts)

Bundesrecht bricht Landesrecht.

Artikel 32 (Auswärtige Beziehungen)

(1) Die Pflege der Beziehungen zu auswärtigen Staaten ist Sache des Bundes.

(2) Vor dem Abschlusse eines Vertrages, der die besonderen Verhältnisse eines Landes berührt, ist das Land rechtzeitig zu hören.

(3) Soweit die Länder für die Gesetzgebung zuständig sind, können sie mit Zustimmung der Bundesregierung mit auswärtigen Staaten Verträge abschließen.

Artikel 33 (Staatsbürger, öffentlicher Dienst)

(1) Jeder Deutsche hat in jedem Lande die gleichen staatsbürgerlichen Rechte und Pflichten.

(2) Jeder Deutsche hat nach seiner Eignung, Befähigung und fachlichen Leistung gleichen Zugang zu jedem öffentlichen Amte.

(3) Der Genuß bürgerlicher und staatsbürgerlicher Rechte, die Zulassung zu öffentlichen Ämtern sowie die im öffentlichen Dienste erworbenen Rechte sind unabhängig von dem religiösen Bekenntnis. Niemandem darf aus seiner Zugehörigkeit oder Nichtzugehörigkeit zu einem Bekenntnisse oder einer Weltanschauung ein Nachteil erwachsen.

(4) Die Ausübung hoheitsrechtlicher Befugnisse ist als ständige Aufgabe in der Regel Angehörigen des öffentlichen Dienstes zu übertragen, die in einem öffentlich-rechtlichen Dienst- und Treueverhältnis stehen.

(5) Das Recht des öffentlichen Dienstes ist unter Berücksichtigung der hergebrachten Grundsätze des Berufsbeamtentums zu regeln und fortzuentwickeln.

Artikel 34 (Amtshaftung bei Amtspflichtverletzungen)

Verletzt jemand in Ausübung eines ihm anvertrauten öffentlichen Amtes die ihm einem Dritten gegenüber obliegende Amtspflicht, so trifft die Verantwortlichkeit grundsätzlich den Staat oder die Körperschaft, in deren Dienst er steht. Bei Vorsatz oder grober Fahrlässigkeit bleibt der Rückgriff vorbehalten. Für den Anspruch auf Schadensersatz und für den Rückgriff darf der ordentliche Rechtsweg nicht ausgeschlossen werden.

Artikel 35 (Rechts- und Amtshilfe)

(1) Alle Behörden des Bundes und der Länder leisten sich gegenseitig Rechts- und Amtshilfe.

(2) Zur Aufrechterhaltung oder Wiederherstellung der öffentlichen Sicherheit oder Ordnung kann ein Land in Fällen von besonderer Bedeutung Kräfte und Einrichtungen des Bundesgrenzschutzes zur Unterstützung seiner Polizei anfordern, wenn die Polizei ohne diese Unterstützung eine Aufgabe nicht oder nur unter erheblichen Schwierigkeiten erfüllen könnte. Zur Hilfe bei einer Naturkatastrophe oder bei einem besonders schweren Unglücksfall kann ein Land Polizeikräfte anderer Länder, Kräfte und Einrichtungen anderer Verwaltungen sowie des Bundesgrenzschutzes und der Streitkräfte anfordern.

(3) Gefährdet die Naturkatastrophe oder der Unglücksfall das Gebiet mehr als eines Landes, so kann die Bundesregierung, soweit es zur wirksamen Bekämpfung erforderlich ist, den Landesregierungen die Weisung erteilen, Polizeikräfte anderen Ländern zur Verfügung zu stellen, sowie Einheiten des Bundesgrenzschutzes und der Streitkräfte zur Unterstützung der Polizeikräfte einsetzen. Maßnahmen der Bundesregierung nach Satz 1 sind jederzeit auf Verlangen des Bundesrates, im übrigen unverzüglich nach Beseitigung der Gefahr aufzuheben.

Artikel 36 (Landsmannschaftliche Gleichbehandlung)

(1) Bei den obersten Bundesbehörden sind Beamte aus allen Ländern in angemessenem Verhältnis zu verwenden. Die bei den übrigen Bundesbehörden beschäftigten Personen sollen in der Regel aus dem Lande genommen werden, in dem sie tätig sind.

(2) Die Wehrgesetze haben auch die Gliederung des Bundes in Länder und ihre besonderen landsmannschaftlichen Verhältnisse zu berücksichtigen.

Artikel 37 (Bundeszwang)

(1) Wenn ein Land die ihm nach dem Grundgesetze oder einem anderen Bundesgesetze

obliegenden Bundespflichten nicht erfüllt, kann die Bundesregierung mit Zustimmung des Bundesrates die notwendigen Maßnahmen treffen, um das Land im Wege des Bundeszwanges zur Erfüllung seiner Pflichten anzuhalten.

(2) Zur Durchführung des Bundeszwanges hat die Bundesregierung oder ihr Beauftragter das Weisungsrecht gegenüber allen Ländern und ihren Behörden.

III. Der Bundestag

Artikel 38 (Wahl)

(1) Die Abgeordneten des Deutschen Bundestages werden in allgemeiner, unmittelbarer, freier, gleicher und geheimer Wahl gewählt. Sie sind Vertreter des ganzen Volkes, an Aufträge und Weisungen nicht gebunden und nur ihrem Gewissen unterworfen.

(2) Wahlberechtigt ist, wer das achtzehnte Lebensjahr vollendet hat; wählbar ist, wer das Alter erreicht hat, mit dem die Volljährigkeit eintritt.

(3) Das Nähere bestimmt ein Bundesgesetz.

Artikel 39 (Wahlperiode, Zusammentritt)

(1) Der Bundestag wird vorbehaltlich der nachfolgenden Bestimmungen auf vier Jahre gewählt. Seine Wahlperiode endet mit dem Zusammentritt eines neuen Bundestages. Die Neuwahl findet frühestens sechsundvierzig, spätestens achtundvierzig Monate nach Beginn der Wahlperiode statt. Im Falle einer Auflösung des Bundestages findet die Neuwahl innerhalb von sechzig Tagen statt.

(2) Der Bundestag tritt spätestens am dreißigsten Tage nach der Wahl zusammen.

(3) Der Bundestag bestimmt den Schluß und den Wiederbeginn seiner Sitzungen. Der Präsident des Bundestages kann ihn früher einberufen. Er ist hierzu verpflichtet, wenn ein Drittel der Mitglieder, der Bundespräsident oder der Bundeskanzler es verlangen.

Artikel 40 (Präsidium, Geschäftsordnung)

(1) Der Bundestag wählt seinen Präsidenten, dessen Stellvertreter und die Schriftführer. Er gibt sich eine Geschäftsordnung.

(2) Der Präsident übt das Hausrecht und die Polizeigewalt im Gebäude des Bundestages aus. Ohne seine Genehmigung darf in den Räumen des Bundestages keine Durchsuchung oder Beschlagnahme stattfinden.

Artikel 41 (Wahlprüfung)

(1) Die Wahlprüfung ist Sache des Bundestages. Er entscheidet auch, ob ein Abgeordneter des Bundestages die Mitgliedschaft verloren hat.

(2) Gegen die Entscheidung des Bundestages ist die Beschwerde an das Bundesverfassungsgericht zulässig.

(3) Das Nähere regelt ein Bundesgesetz.

Artikel 42 (Öffentlichkeit, Beschlussfassung)

(1) Der Bundestag verhandelt öffentlich. Auf Antrag eines Zehntels seiner Mitglieder oder auf Antrag der Bundesregierung kann mit Zweidrittelmehrheit die Öffentlichkeit ausgeschlossen werden. Über den Antrag wird in nichtöffentlicher Sitzung entschieden.

(2) Zu einem Beschlusse des Bundestages ist die Mehrheit der abgegebenen Stimmen erforderlich, soweit dieses Grundgesetz nichts anderes bestimmt. Für die vom Bundestage vorzunehmenden Wahlen kann die Geschäftsordnung Ausnahmen zulassen.

(3) Wahrheitsgetreue Berichte über die öffentlichen Sitzungen des Bundestages und seiner Ausschüsse bleiben von jeder Verantwortlichkeit frei.

Artikel 43 (Anwesenheit der Bundesminister)

(1) Der Bundestag und seine Ausschüsse können die Anwesenheit jedes Mitgliedes der Bundesregierung verlangen.

(2) Die Mitglieder des Bundesrates und der Bundesregierung sowie ihre Beauftragten haben zu allen Sitzungen des Bundestages und seiner Ausschüsse Zutritt. Sie müssen jederzeit gehört werden.

Artikel 44 (Untersuchungsausschüsse)

(1) Der Bundestag hat das Recht und auf Antrag eines Viertels seiner Mitglieder die

Pflicht, einen Untersuchungsausschuß einzusetzen, der in öffentlicher Verhandlung die erforderlichen Beweise erhebt. Die Öffentlichkeit kann ausgeschlossen werden.

(2) Auf Beweiserhebungen finden die Vorschriften über den Strafprozeß sinngemäß Anwendung. Das Brief-, Post- und Fernmeldegeheimnis bleibt unberührt.

(3) Gerichte und Verwaltungsbehörden sind zur Rechts- und Amtshilfe verpflichtet.

(4) Die Beschlüsse der Untersuchungsausschüsse sind der richterlichen Erörterung entzogen. In der Würdigung und Beurteilung des der Untersuchung zugrunde liegenden Sachverhaltes sind die Gerichte frei.

Artikel 45 (Ausschuss für die Angelegenheiten der Europäischen Union)

Der Bundestag bestellt einen Ausschuß für die Angelegenheiten der Europäischen Union. Er kann ihn ermächtigen, die Rechte des Bundestages gemäß Artikel 23 gegenüber der Bundesregierung wahrzunehmen. Er kann ihn auch ermächtigen, die Rechte wahrzunehmen, die dem Bundestag in den vertraglichen Grundlagen der Europäischen Union eingeräumt sind.

Artikel 45a (Ausschüsse für Auswärtiges und Verteidigung)

(1) Der Bundestag bestellt einen Ausschuß für auswärtige Angelegenheiten und einen Ausschuß für Verteidigung.

(2) Der Ausschuß für Verteidigung hat auch die Rechte eines Untersuchungsausschusses. Auf Antrag eines Viertels seiner Mitglieder hat er die Pflicht, eine Angelegenheit zum Gegenstand seiner Untersuchung zu machen.

(3) Artikel 44 Abs. 1 findet auf dem Gebiet der Verteidigung keine Anwendung.

Artikel 45b (Wehrbeauftragter)

Zum Schutz der Grundrechte und als Hilfsorgan des Bundestages bei der Ausübung der parlamentarischen Kontrolle wird ein Wehrbeauftragter des Bundestages berufen. Das Nähere regelt ein Bundesgesetz.

Artikel 45c (Petitionsausschuss)

(1) Der Bundestag bestellt einen Petitionsausschuß, dem die Behandlung der nach Artikel 17 an den Bundestag gerichteten Bitten und Beschwerden obliegt.

(2) Die Befugnisse des Ausschusses zur Überprüfung von Beschwerden regelt ein Bundesgesetz.

Artikel 45d (Parlamentarisches Kontrollgremium)

(1) Der Bundestag bestellt ein Gremium zur Kontrolle der nachrichtendienstlichen Tätigkeit des Bundes.

(2) Das Nähere regelt ein Bundesgesetz.

Artikel 46 (Indemnität, Immunität)

(1) Ein Abgeordneter darf zu keiner Zeit wegen seiner Abstimmung oder wegen einer Äußerung, die er im Bundestage oder in einem seiner Ausschüsse getan hat, gerichtlich oder dienstlich verfolgt oder sonst außerhalb des Bundestages zur Verantwortung gezogen werden. Dies gilt nicht für verleumderische Beleidigungen.

(2) Wegen einer mit Strafe bedrohten Handlung darf ein Abgeordneter nur mit Genehmigung des Bundestages zur Verantwortung gezogen oder verhaftet werden, es sei denn, daß er bei Begehung der Tat oder im Laufe des folgenden Tages festgenommen wird.

(3) Die Genehmigung des Bundestages ist ferner bei jeder anderen Beschränkung der persönlichen Freiheit eines Abgeordneten oder zur Einleitung eines Verfahrens gegen einen Abgeordneten gemäß Artikel 18 erforderlich.

(4) Jedes Strafverfahren und jedes Verfahren gemäß Artikel 18 gegen einen Abgeordneten, jede Haft und jede sonstige Beschränkung seiner persönlichen Freiheit sind auf Verlangen des Bundestages auszusetzen.

Artikel 47 (Zeugnisverweigerungsrecht)

Die Abgeordneten sind berechtigt, über Personen, die ihnen in ihrer Eigenschaft als Abgeordnete oder denen sie in dieser Eigenschaft Tatsachen anvertraut haben, sowie über diese Tatsachen selbst das Zeugnis zu

IX

verweigern. Soweit dieses Zeugnisverweigerungsrecht reicht, ist die Beschlagnahme von Schriftstücken unzulässig.

Artikel 48 (Ansprüche der Abgeordneten)

(1) Wer sich um einen Sitz im Bundestage bewirbt, hat Anspruch auf den zur Vorbereitung seiner Wahl erforderlichen Urlaub.

(2) Niemand darf gehindert werden, das Amt eines Abgeordneten zu übernehmen und auszuüben. Eine Kündigung oder Entlassung aus diesem Grunde ist unzulässig.

(3) Die Abgeordneten haben Anspruch auf eine angemessene, ihre Unabhängigkeit sichernde Entschädigung. Sie haben das Recht der freien Benutzung aller staatlichen Verkehrsmittel. Das Nähere regelt ein Bundesgesetz.

Artikel 49 (weggefallen)

IV. Der Bundesrat

Artikel 50 (Funktion)

Durch den Bundesrat wirken die Länder bei der Gesetzgebung und Verwaltung des Bundes und in Angelegenheiten der Europäischen Union mit.

Artikel 51 (Zusammensetzung)

(1) Der Bundesrat besteht aus Mitgliedern der Regierungen der Länder, die sie bestellen und abberufen. Sie können durch andere Mitglieder ihrer Regierungen vertreten werden.

IX

(2) Jedes Land hat mindestens drei Stimmen, Länder mit mehr als zwei Millionen Einwohnern haben vier, Länder mit mehr als sechs Millionen Einwohnern fünf, Länder mit mehr als sieben Millionen Einwohnern sechs Stimmen.

(3) Jedes Land kann so viele Mitglieder entsenden, wie es Stimmen hat. Die Stimmen eines Landes können nur einheitlich und nur durch anwesende Mitglieder oder deren Vertreter abgegeben werden.

Artikel 52 (Präsident, Geschäftsordnung)

(1) Der Bundesrat wählt seinen Präsidenten auf ein Jahr.

(2) Der Präsident beruft den Bundesrat ein. Er hat ihn einzuberufen, wenn die Vertreter von mindestens zwei Ländern oder die Bundesregierung es verlangen.

(3) Der Bundesrat faßt seine Beschlüsse mit mindestens der Mehrheit seiner Stimmen. Er gibt sich eine Geschäftsordnung. Er verhandelt öffentlich. Die Öffentlichkeit kann ausgeschlossen werden.

(3a) Für Angelegenheiten der Europäischen Union kann der Bundesrat eine Europakammer bilden, deren Beschlüsse als Beschlüsse des Bundesrates gelten; die Anzahl der einheitlich abzugebenden Stimmen der Länder bestimmt sich nach Artikel 51 Abs. 2.

(4) Den Ausschüssen des Bundesrates können andere Mitglieder oder Beauftragte der Regierungen der Länder angehören.

Artikel 53 (Anwesenheit der Bundesregierung)

Die Mitglieder der Bundesregierung haben das Recht und auf Verlangen die Pflicht, an den Verhandlungen des Bundesrates und seiner Ausschüsse teilzunehmen. Sie müssen jederzeit gehört werden. Der Bundesrat ist von der Bundesregierung über die Führung der Geschäfte auf dem laufenden zu halten.

IVa. Gemeinsamer Ausschuß

Artikel 53a (Zusammensetzung, Verfahren)

(1) Der Gemeinsame Ausschuß besteht zu zwei Dritteln aus Abgeordneten des Bundestages, zu einem Drittel aus Mitgliedern des Bundesrates. Die Abgeordneten werden vom Bundestage entsprechend dem Stärkeverhältnis der Fraktionen bestimmt; sie dürfen nicht der Bundesregierung angehören. Jedes Land wird durch ein von ihm bestelltes Mitglied des Bundesrates vertreten; diese Mitglieder sind nicht an Weisungen gebunden. Die Bildung des Gemeinsamen Ausschusses und sein Verfahren werden durch eine Geschäftsordnung geregelt, die vom Bundestage zu beschließen ist und der Zustimmung des Bundesrates bedarf.

(2) Die Bundesregierung hat den Gemeinsamen Ausschuß über ihre Planungen für den Verteidigungsfall zu unterrichten. Die Rechte des Bundestages und seiner Ausschüsse nach Artikel 43 Abs. 1 bleiben unberührt.

V. Der Bundespräsident

Artikel 54 (Bundesversammlung)

(1) Der Bundespräsident wird ohne Aussprache von der Bundesversammlung gewählt. Wählbar ist jeder Deutsche, der das Wahlrecht zum Bundestage besitzt und das vierzigste Lebensjahr vollendet hat.

(2) Das Amt des Bundespräsidenten dauert fünf Jahre. Anschließende Wiederwahl ist nur einmal zulässig.

(3) Die Bundesversammlung besteht aus den Mitgliedern des Bundestages und einer gleichen Anzahl von Mitgliedern, die von den Volksvertretungen der Länder nach den Grundsätzen der Verhältniswahl gewählt werden.

(4) Die Bundesversammlung tritt spätestens 30 Tage vor Ablauf der Amtszeit des Bundespräsidenten, bei vorzeitiger Beendigung spätestens 30 Tage nach diesem Zeitpunkt zusammen. Sie wird von dem Präsidenten des Bundestages einberufen.

(5) Nach Ablauf der Wahlperiode beginnt die Frist des Absatzes 4 Satz 1 mit dem ersten Zusammentritt des Bundestages.

(6) Gewählt ist, wer die Stimmen der Mehrheit der Mitglieder der Bundesversammlung erhält. Wird diese Mehrheit in zwei Wahlgängen von keinem Bewerber erreicht, so ist gewählt, wer in einem weiteren Wahlgang die meisten Stimmen auf sich vereinigt.

(7) Das Nähere regelt ein Bundesgesetz.

Artikel 55 (Unabhängigkeit des Bundespräsidenten)

(1) Der Bundespräsident darf weder der Regierung noch einer gesetzgebenden Körperschaft des Bundes oder eines Landes angehören.

(2) Der Bundespräsident darf kein anderes besoldetes Amt, kein Gewerbe und keinen Beruf ausüben und weder der Leitung noch dem Aufsichtsrat eines auf Erwerb gerichteten Unternehmens angehören.

Artikel 56 (Eidesleistung)

Der Bundespräsident leistet bei seinem Amtsantritt vor den versammelten Mitgliedern des Bundestages und des Bundesrates folgenden Eid: „Ich schwöre, daß ich meine Kraft dem Wohle des deutschen Volkes widmen, seinen Nutzen mehren, Schaden von ihm wenden, das Grundgesetz und die Gesetze des Bundes wahren und verteidigen, meine Pflichten gewissenhaft erfüllen und Gerechtigkeit gegen jedermann üben werde. So wahr mir Gott helfe." Der Eid kann auch ohne religiöse Beteuerung geleistet werden.

Artikel 57 (Vertretung)

Die Befugnisse des Bundespräsidenten werden im Falle seiner Verhinderung oder bei vorzeitiger Erledigung des Amtes durch den Präsidenten des Bundesrates wahrgenommen.

Artikel 58 (Gegenzeichnung)

Anordnungen und Verfügungen des Bundespräsidenten bedürfen zu ihrer Gültigkeit der Gegenzeichnung durch den Bundeskanzler oder durch den zuständigen Bundesminister. Dies gilt nicht für die Ernennung und Entlassung des Bundeskanzlers, die Auflösung des Bundestages gemäß Artikel 63 und das Ersuchen gemäß Artikel 69 Abs. 3.

Artikel 59 (Völkerrechtliche Vertretungsmacht)

(1) Der Bundespräsident vertritt den Bund völkerrechtlich. Er schließt im Namen des Bundes die Verträge mit auswärtigen Staaten. Er beglaubigt und empfängt die Gesandten.

(2) Verträge, welche die politischen Beziehungen des Bundes regeln oder sich auf Gegenstände der Bundesgesetzgebung beziehen, bedürfen der Zustimmung oder der Mitwirkung der jeweils für die Bundesgesetzgebung zuständigen Körperschaften in der Form eines Bundesgesetzes. Für Verwaltungsabkommen gelten die Vorschriften über die Bundesverwaltung entsprechend.

Artikel 60 (Ernennung der Bundesbeamten)

(1) Der Bundespräsident ernennt und entläßt die Bundesrichter, die Bundesbeamten, die

Offiziere und Unteroffiziere, soweit gesetzlich nichts anderes bestimmt ist.

(2) Er übt im Einzelfalle für den Bund das Begnadigungsrecht aus.

(3) Er kann diese Befugnisse auf andere Behörden übertragen.

(4) Die Absätze 2 bis 4 des Artikels 46 finden auf den Bundespräsidenten entsprechende Anwendung.

Artikel 61 (Anklage vor dem Bundesverfassungsgericht)

(1) Der Bundestag oder der Bundesrat können den Bundespräsidenten wegen vorsätzlicher Verletzung des Grundgesetzes oder eines anderen Bundesgesetzes vor dem Bundesverfassungsgericht anklagen. Der Antrag auf Erhebung der Anklage muß von mindestens einem Viertel der Mitglieder des Bundestages oder einem Viertel der Stimmen des Bundesrates gestellt werden. Der Beschluß auf Erhebung der Anklage bedarf der Mehrheit von zwei Dritteln der Mitglieder des Bundestages oder von zwei Dritteln der Stimmen des Bundesrates. Die Anklage wird von einem Beauftragten der anklagenden Körperschaft vertreten.

(2) Stellt das Bundesverfassungsgericht fest, daß der Bundespräsident einer vorsätzlichen Verletzung des Grundgesetzes oder eines anderen Bundesgesetzes schuldig ist, so kann es ihn des Amtes für verlustig erklären. Durch einstweilige Anordnung kann es nach der Erhebung der Anklage bestimmen, daß er an der Ausübung seines Amtes verhindert ist.

VI. Die Bundesregierung

Artikel 62 (Zusammensetzung)

Die Bundesregierung besteht aus dem Bundeskanzler und aus den Bundesministern.

Artikel 63 (Wahl des Bundeskanzlers; Bundestagsauflösung)

(1) Der Bundeskanzler wird auf Vorschlag des Bundespräsidenten vom Bundestage ohne Aussprache gewählt.

(2) Gewählt ist, wer die Stimmen der Mehrheit der Mitglieder des Bundestages auf sich vereinigt. Der Gewählte ist vom Bundespräsidenten zu ernennen.

(3) Wird der Vorgeschlagene nicht gewählt, so kann der Bundestag binnen vierzehn Tagen nach dem Wahlgange mit mehr als der Hälfte seiner Mitglieder einen Bundeskanzler wählen.

(4) Kommt eine Wahl innerhalb dieser Frist nicht zustande, so findet unverzüglich ein neuer Wahlgang statt, in dem gewählt ist, wer die meisten Stimmen erhält. Vereinigt der Gewählte die Stimmen der Mehrheit der Mitglieder des Bundestages auf sich, so muß der Bundespräsident ihn binnen sieben Tagen nach der Wahl ernennen. Erreicht der Gewählte diese Mehrheit nicht, so hat der Bundespräsident binnen sieben Tagen entweder ihn zu ernennen oder den Bundestag aufzulösen.

Artikel 64 (Ernennung der Bundesminister)

(1) Die Bundesminister werden auf Vorschlag des Bundeskanzlers vom Bundespräsidenten ernannt und entlassen.

(2) Der Bundeskanzler und die Bundesminister leisten bei der Amtsübernahme vor dem Bundestage den in Artikel 56 vorgesehenen Eid.

Artikel 65 (Verantwortung, Geschäftsordnung)

Der Bundeskanzler bestimmt die Richtlinien der Politik und trägt dafür die Verantwortung. Innerhalb dieser Richtlinien leitet jeder Bundesminister seinen Geschäftsbereich selbständig und unter eigener Verantwortung. Über Meinungsverschiedenheiten zwischen den Bundesministern entscheidet die Bundesregierung. Der Bundeskanzler leitet ihre Geschäfte nach einer von der Bundesregierung beschlossenen und vom Bundespräsidenten genehmigten Geschäftsordnung.

Artikel 65a (Befehls- und Kommandogewalt)

Der Bundesminister für Verteidigung hat die Befehls- und Kommandogewalt über die Streitkräfte.

Artikel 66 (Kein Nebenberuf)

Der Bundeskanzler und die Bundesminister dürfen kein anderes besoldetes Amt, kein Gewerbe und keinen Beruf ausüben und weder der Leitung noch ohne Zustimmung des

Bundestages dem Aufsichtsrate eines auf Erwerb gerichteten Unternehmens angehören.

Artikel 67 (Misstrauensvotum)

(1) Der Bundestag kann dem Bundeskanzler das Mißtrauen nur dadurch aussprechen, daß er mit der Mehrheit seiner Mitglieder einen Nachfolger wählt und den Bundespräsidenten ersucht, den Bundeskanzler zu entlassen. Der Bundespräsident muß dem Ersuchen entsprechen und den Gewählten ernennen.

(2) Zwischen dem Antrage und der Wahl müssen 48 Stunden liegen.

Artikel 68 (Vertrauensvotum – Bundestagsauflösung)

(1) Findet ein Antrag des Bundeskanzlers, ihm das Vertrauen auszusprechen, nicht die Zustimmung der Mehrheit der Mitglieder des Bundestages, so kann der Bundespräsident auf Vorschlag des Bundeskanzlers binnen 21 Tagen den Bundestag auflösen. Das Recht zur Auflösung erlischt, sobald der Bundestag mit der Mehrheit seiner Mitglieder einen anderen Bundeskanzler wählt.

(2) Zwischen dem Antrage und der Abstimmung müssen 48 Stunden liegen.

Artikel 69 (Stellvertreter des Bundeskanzlers)

(1) Der Bundeskanzler ernennt einen Bundesminister zu seinem Stellvertreter.

(2) Das Amt des Bundeskanzlers oder eines Bundesministers endigt in jedem Falle mit dem Zusammentritt eines neuen Bundestages, das Amt eines Bundesministers auch mit jeder anderen Erledigung des Amtes des Bundeskanzlers.

(3) Auf Ersuchen des Bundespräsidenten ist der Bundeskanzler, auf Ersuchen des Bundeskanzlers oder des Bundespräsidenten ein Bundesminister verpflichtet, die Geschäfte bis zur Ernennung seines Nachfolgers weiterzuführen.

VII. Die Gesetzgebung des Bundes

Artikel 70 (Gesetzgebung des Bundes und der Länder)

(1) Die Länder haben das Recht der Gesetzgebung, soweit dieses Grundgesetz nicht dem Bunde Gesetzgebungsbefugnisse verleiht.

(2) Die Abgrenzung der Zuständigkeit zwischen Bund und Ländern bemißt sich nach den Vorschriften dieses Grundgesetzes über die ausschließliche und die konkurrierende Gesetzgebung.

Artikel 71 (Ausschließliche Gesetzgebung)

Im Bereiche der ausschließlichen Gesetzgebung des Bundes haben die Länder die Befugnis zur Gesetzgebung nur, wenn und soweit sie hierzu in einem Bundesgesetze ausdrücklich ermächtigt werden.

Artikel 72 (Konkurrierende Gesetzgebung)

(1) Im Bereich der konkurrierenden Gesetzgebung haben die Länder die Befugnis zur Gesetzgebung, solange und soweit der Bund von seiner Gesetzgebungszuständigkeit nicht durch Gesetz Gebrauch gemacht hat.

(2) Auf den Gebieten des Artikels 74 Abs. 1 Nr. 4, 7, 11, 13, 15, 19a, 20, 22, 25 und 26 hat der Bund das Gesetzgebungsrecht, wenn und soweit die Herstellung gleichwertiger Lebensverhältnisse im Bundesgebiet oder die Wahrung der Rechts- oder Wirtschaftseinheit im gesamtstaatlichen Interesse eine bundesgesetzliche Regelung erforderlich macht.

(3) Hat der Bund von seiner Gesetzgebungszuständigkeit Gebrauch gemacht, können die Länder durch Gesetz hiervon abweichende Regelungen treffen über:

1. das Jagdwesen (ohne das Recht der Jagdscheine);
2. den Naturschutz und die Landschaftspflege (ohne die allgemeinen Grundsätze des Naturschutzes, das Recht des Artenschutzes oder des Meeresnaturschutzes);
3. die Bodenverteilung;
4. die Raumordnung;
5. den Wasserhaushalt (ohne stoff- oder anlagenbezogene Regelungen);
6. die Hochschulzulassung und die Hochschulabschlüsse;
7. die Grundsteuer.

Bundesgesetze auf diesen Gebieten treten frühestens sechs Monate nach ihrer Verkündung in Kraft, soweit nicht mit Zustimmung des Bundesrates anderes bestimmt ist. Auf den Gebieten des Satzes 1 geht im Verhältnis von Bundes- und Landesrecht das jeweils spätere Gesetz vor.

(4) Durch Bundesgesetz kann bestimmt werden, daß eine bundesgesetzliche Regelung, für die eine Erforderlichkeit im Sinne des Absatzes 2 nicht mehr besteht, durch Landesrecht ersetzt werden kann.

Artikel 73 (Sachgebiete der ausschließlichen Gesetzgebung)

(1) Der Bund hat die ausschließliche Gesetzgebung über:

1. die auswärtigen Angelegenheiten sowie die Verteidigung einschließlich des Schutzes der Zivilbevölkerung;
2. die Staatsangehörigkeit im Bunde;
3. die Freizügigkeit, das Passwesen, das Melde- und Ausweiswesen, die Ein- und Auswanderung und die Auslieferung;
4. das Währungs-, Geld- und Münzwesen, Maße und Gewichte sowie die Zeitbestimmung;
5. die Einheit des Zoll- und Handelsgebietes, die Handels- und Schiffahrtsverträge, die Freizügigkeit des Warenverkehrs und den Waren- und Zahlungsverkehr mit dem Auslande einschließlich des Zoll- und Grenzschutzes;

5a. den Schutz deutschen Kulturgutes gegen Abwanderung ins Ausland;

6. den Luftverkehr;

6a. den Verkehr von Eisenbahnen, die ganz oder mehrheitlich im Eigentum des Bundes stehen (Eisenbahnen des Bundes), den Bau, die Unterhaltung und das Betreiben von Schienenwegen der Eisenbahnen des Bundes sowie die Erhebung von Entgelten für die Benutzung dieser Schienenwege;

7. das Postwesen und die Telekommunikation;
8. die Rechtsverhältnisse der im Dienste des Bundes und der bundesunmittelbaren Körperschaften des öffentlichen Rechtes stehenden Personen;
9. den gewerblichen Rechtsschutz, das Urheberrecht und das Verlagsrecht;

9a. die Abwehr von Gefahren des internationalen Terrorismus durch das Bundeskriminalpolizeiamt in Fällen, in denen eine länderübergreifende Gefahr vorliegt, die Zuständigkeit einer Landespolizeibehörde nicht erkennbar ist oder die oberste Landesbehörde um eine Übernahme ersucht;

10. die Zusammenarbeit des Bundes und der Länder
    a) in der Kriminalpolizei,
    b) zum Schutze der freiheitlichen demokratischen Grundordnung, des Bestandes und der Sicherheit des Bundes oder eines Landes (Verfassungsschutz) und
    c) zum Schutze gegen Bestrebungen im Bundesgebiet, die durch Anwendung von Gewalt oder darauf gerichtete Vorbereitungshandlungen auswärtige Belange der Bundesrepublik Deutschland gefährden,

    sowie die Einrichtung eines Bundeskriminalpolizeiamtes und die internationale Verbrechensbekämpfung;
11. die Statistik für Bundeszwecke;
12. das Waffen- und das Sprengstoffrecht;
13. die Versorgung der Kriegsbeschädigten und Kriegshinterbliebenen und die Fürsorge für die ehemaligen Kriegsgefangenen;
14. die Erzeugung und Nutzung der Kernenergie zu friedlichen Zwecken, die Errichtung und den Betrieb von Anlagen, die diesen Zwecken dienen, den Schutz gegen Gefahren, die bei Freiwerden von Kernenergie oder durch ionisierende Strahlen entstehen, und die Beseitigung radioaktiver Stoffe.

(2) Gesetze nach Absatz 1 Nr. 9a bedürfen der Zustimmung des Bundesrates.

Artikel 74 (Sachgebiete der konkurrierenden Gesetzgebung)

(1) Die konkurrierende Gesetzgebung erstreckt sich auf folgende Gebiete:

1. das bürgerliche Recht, das Strafrecht, die Gerichtsverfassung, das gerichtliche Verfahren (ohne das Recht des Untersuchungshaftvollzugs), die Rechtsanwaltschaft, das Notariat und die Rechtsberatung;
2. das Personenstandswesen;
3. das Vereinsrecht;
4. das Aufenthalts- und Niederlassungsrecht der Ausländer;
5. (weggefallen)
6. die Angelegenheiten der Flüchtlinge und Vertriebenen;
7. die öffentliche Fürsorge (ohne das Heimrecht);
8. (weggefallen)
9. die Kriegsschäden und die Wiedergutmachung;
10. die Kriegsgräber und Gräber anderer Opfer des Krieges und Opfer von Gewaltherrschaft;
11. das Recht der Wirtschaft (Bergbau, Industrie, Energiewirtschaft, Handwerk, Gewerbe, Handel, Bank- und Börsenwesen, privatrechtliches Versicherungswesen) ohne das Recht des Ladenschlusses, der Gaststätten, der Spielhallen, der Schaustellung von Personen, der Messen, der Ausstellungen und der Märkte;
12. das Arbeitsrecht einschließlich der Betriebsverfassung, des Arbeitsschutzes und der Arbeitsvermittlung sowie die Sozialversicherung einschließlich der Arbeitslosenversicherung;
13. die Regelung der Ausbildungsbeihilfen und die Förderung der wissenschaftlichen Forschung;
14. das Recht der Enteignung, soweit sie auf den Sachgebieten der Artikel 73 und 74 in Betracht kommt;
15. die Überführung von Grund und Boden, von Naturschätzen und Produktionsmitteln in Gemeineigentum oder in andere Formen der Gemeinwirtschaft;
16. die Verhütung des Mißbrauchs wirtschaftlicher Machtstellung;
17. die Förderung der land- und forstwirtschaftlichen Erzeugung (ohne das Recht der Flurbereinigung), die Sicherung der Ernährung, die Ein- und Ausfuhr land- und forstwirtschaftlicher Erzeugnisse, die Hochsee- und Küstenfischerei und den Küstenschutz;
18. den städtebaulichen Grundstücksverkehr, das Bodenrecht (ohne das Recht der Erschließungsbeiträge) und das Wohngeldrecht, das Altschuldenhilferecht, das Wohnungsbauprämienrecht, das Bergarbeiterwohnungsbaurecht und das Bergmannssiedlungsrecht;
19. Maßnahmen gegen gemeingefährliche oder übertragbare Krankheiten bei Menschen und Tieren, Zulassung zu ärztlichen und anderen Heilberufen und zum Heilgewerbe, sowie das Recht des Apothekenwesens, der Arzneien, der Medizinprodukte, der Heilmittel, der Betäubungsmittel und der Gifte;

19a. die wirtschaftliche Sicherung der Krankenhäuser und die Regelung der Krankenhauspflegesätze;

20. das Recht der Lebensmittel einschließlich der ihrer Gewinnung dienenden Tiere, das Recht der Genussmittel, Bedarfsgegenstände und Futtermittel sowie den Schutz beim Verkehr mit land- und forstwirtschaftlichem Saat- und Pflanzgut, den Schutz der Pflanzen gegen Krankheiten und Schädlinge sowie den Tierschutz;
21. die Hochsee- und Küstenschiffahrt sowie die Seezeichen, die Binnenschiffahrt, den Wetterdienst, die Seewasserstraßen und die dem allgemeinen Verkehr dienenden Binnenwasserstraßen;
22. den Straßenverkehr, das Kraftfahrwesen, den Bau und die Unterhaltung von Landstraßen für den Fernverkehr sowie die Erhebung und Verteilung von Gebühren oder Entgelten für die Benutzung öffentlicher Straßen mit Fahrzeugen;
23. die Schienenbahnen, die nicht Eisenbahnen des Bundes sind, mit Ausnahme der Bergbahnen;

24. die Abfallwirtschaft, die Luftreinhaltung und die Lärmbekämpfung (ohne Schutz vor verhaltensbezogenem Lärm);
25. die Staatshaftung;
26. die medizinisch unterstützte Erzeugung menschlichen Lebens, die Untersuchung und die künstliche Veränderung von Erbinformationen sowie Regelungen zur Transplantation von Organen, Geweben und Zellen;
27. die Statusrechte und -pflichten der Beamten der Länder, Gemeinden und anderen Körperschaften des öffentlichen Rechts sowie der Richter in den Ländern mit Ausnahme der Laufbahnen, Besoldung und Versorgung;
28. das Jagdwesen;
29. den Naturschutz und die Landschaftspflege;
30. die Bodenverteilung;
31. die Raumordnung;
32. den Wasserhaushalt;
33. die Hochschulzulassung und die Hochschulabschlüsse.

(2) Gesetze nach Absatz 1 Nr. 25 und 27 bedürfen der Zustimmung des Bundesrates.

Artikel 75 (weggefallen)

Artikel 76 (Gesetzesvorlagen)

(1) Gesetzesvorlagen werden beim Bundestage durch die Bundesregierung, aus der Mitte des Bundestages oder durch den Bundesrat eingebracht.

(2) Vorlagen der Bundesregierung sind zunächst dem Bundesrat zuzuleiten. Der Bundesrat ist berechtigt, innerhalb von sechs Wochen zu diesen Vorlagen Stellung zu nehmen. Verlangt er aus wichtigem Grunde, insbesondere mit Rücksicht auf den Umfang einer Vorlage, eine Fristverlängerung, so beträgt die Frist neun Wochen. Die Bundesregierung kann eine Vorlage, die sie bei der Zuleitung an den Bundesrat ausnahmsweise als besonders eilbedürftig bezeichnet hat, nach drei Wochen oder, wenn der Bundesrat ein Verlangen nach Satz 3 geäußert hat, nach sechs Wochen dem Bundestag zuleiten, auch wenn die Stellungnahme des Bundesrates noch nicht bei ihr eingegangen ist; sie hat die Stellungnahme des Bundesrates unverzüglich nach Eingang dem Bundestag nachzureichen. Bei Vorlagen zur Änderung dieses Grundgesetzes und zur Übertragung von Hoheitsrechten nach Artikel 23 oder Artikel 24 beträgt die Frist zur Stellungnahme neun Wochen; Satz 4 findet keine Anwendung.

(3) Vorlagen des Bundesrates sind dem Bundestag durch die Bundesregierung innerhalb von sechs Wochen zuzuleiten. Sie soll hierbei ihre Auffassung darlegen. Verlangt sie aus wichtigem Grunde, insbesondere mit Rücksicht auf den Umfang einer Vorlage, eine Fristverlängerung, so beträgt die Frist neun Wochen. Wenn der Bundesrat eine Vorlage ausnahmsweise als besonders eilbedürftig bezeichnet hat, beträgt die Frist drei Wochen oder, wenn die Bundesregierung ein Verlangen nach Satz 3 geäußert hat, sechs Wochen. Bei Vorlagen zur Änderung dieses Grundgesetzes und zur Übertragung von Hoheitsrechten nach Artikel 23 oder Artikel 24 beträgt die Frist neun Wochen; Satz 4 findet keine Anwendung. Der Bundestag hat über die Vorlagen in angemessener Frist zu beraten und Beschluß zu fassen.

Artikel 77 (Gesetzgebungsverfahren)

(1) Die Bundesgesetze werden vom Bundestage beschlossen. Sie sind nach ihrer Annahme durch den Präsidenten des Bundestages unverzüglich dem Bundesrate zuzuleiten.

(2) Der Bundesrat kann binnen drei Wochen nach Eingang des Gesetzesbeschlusses verlangen, daß ein aus Mitgliedern des Bundestages und des Bundesrates für die gemeinsame Beratung von Vorlagen gebildeter Ausschuß einberufen wird. Die Zusammensetzung und das Verfahren dieses Ausschusses regelt eine Geschäftsordnung, die vom Bundestag beschlossen wird und der Zustimmung des Bundesrates bedarf. Die in diesen Ausschuß entsandten Mitglieder des Bundesrates sind nicht an Weisungen gebunden. Ist zu einem Gesetz die Zustimmung des Bundesrates erforderlich, so können auch der Bundestag und die Bundesregierung die Einberufung verlangen. Schlägt der Ausschuß eine Änderung des Gesetzesbeschlusses vor, so hat der Bundestag erneut Beschluß zu fassen.

(2a) Soweit zu einem Gesetz die Zustimmung des Bundesrates erforderlich ist, hat der Bundesrat, wenn ein Verlangen nach Absatz 2 Satz 1 nicht gestellt oder das Vermittlungsverfahren ohne einen Vorschlag zur Änderung des Gesetzesbeschlusses beendet ist, in angemessener Frist über die Zustimmung Beschluß zu fassen.

(3) Soweit zu einem Gesetze die Zustimmung des Bundesrates nicht erforderlich ist, kann der Bundesrat, wenn das Verfahren nach Abs. 2 beendigt ist, gegen ein vom Bundestage beschlossenes Gesetz binnen zwei Wochen Einspruch einlegen. Die Einspruchsfrist beginnt im Falle des Absatzes 2 letzter Satz mit dem Eingange des vom Bundestage erneut gefaßten Beschlusses, in allen anderen Fällen mit dem Eingange der Mitteilung des Vorsitzenden des in Absatz 2 vorgesehenen Ausschusses, daß das Verfahren vor dem Ausschusse abgeschlossen ist.

(4) Wird der Einspruch mit der Mehrheit der Stimmen des Bundesrates beschlossen, so kann er durch Beschluß der Mehrheit der Mitglieder des Bundestages zurückgewiesen werden. Hat der Bundesrat den Einspruch mit einer Mehrheit von mindestens zwei Dritteln seiner Stimmen beschlossen, so bedarf die Zurückweisung durch den Bundestag einer Mehrheit von zwei Dritteln, mindestens der Mehrheit der Mitglieder des Bundestages.

Artikel 78 (Zustandekommen der Gesetze)

Ein vom Bundestage beschlossenes Gesetz kommt zustande, wenn der Bundesrat zustimmt, den Antrag gemäß Artikel 77 Abs. 2 nicht stellt, innerhalb der Frist des Artikels 77 Abs. 3 keinen Einspruch einlegt oder ihn zurücknimmt oder wenn der Einspruch vom Bundestage überstimmt wird.

Artikel 79 (Änderung des Grundgesetzes)

(1) Das Grundgesetz kann nur durch ein Gesetz geändert werden, das den Wortlaut des Grundgesetzes ausdrücklich ändert oder ergänzt. Bei völkerrechtlichen Verträgen, die eine Friedensregelung, die Vorbereitung einer Friedensregelung oder den Abbau einer besatzungsrechtlichen Ordnung zum Gegenstand haben oder der Verteidigung der Bundesrepublik zu dienen bestimmt sind, genügt zur Klarstellung, daß die Bestimmungen des Grundgesetzes dem Abschluß und dem Inkraftsetzen der Verträge nicht entgegenstehen, eine Ergänzung des Wortlautes des Grundgesetzes, die sich auf diese Klarstellung beschränkt.

(2) Ein solches Gesetz bedarf der Zustimmung von zwei Dritteln der Mitglieder des Bundestages und zwei Dritteln der Stimmen des Bundesrates.

(3) Eine Änderung dieses Grundgesetzes, durch welche die Gliederung des Bundes in Länder, die grundsätzliche Mitwirkung der Länder bei der Gesetzgebung oder die in den Artikeln 1 und 20 niedergelegten Grundsätze berührt werden, ist unzulässig.

Artikel 80 (Erlass von Rechtsverordnungen)

(1) Durch Gesetz können die Bundesregierung, ein Bundesminister oder die Landesregierungen ermächtigt werden, Rechtsverordnungen zu erlassen. Dabei müssen Inhalt, Zweck und Ausmaß der erteilten Ermächtigung im Gesetze bestimmt werden. Die Rechtsgrundlage ist in der Verordnung anzugeben. Ist durch Gesetz vorgesehen, daß eine Ermächtigung weiter übertragen werden kann, so bedarf es zur Übertragung der Ermächtigung einer Rechtsverordnung.

(2) Der Zustimmung des Bundesrates bedürfen, vorbehaltlich anderweitiger bundesgesetzlicher Regelung, Rechtsverordnungen der Bundesregierung oder eines Bundesministers über Grundsätze und Gebühren für die Benutzung der Einrichtungen des Postwesens und der Telekommunikation, über die Grundsätze der Erhebung des Entgelts für die Benutzung der Einrichtungen der Eisenbahnen des Bundes, über den Bau und Betrieb der Eisenbahnen, sowie Rechtsverordnungen auf Grund von Bundesgesetzen, die der Zustimmung des Bundesrates bedürfen oder die von den Ländern im Auftrage des Bundes oder als eigene Angelegenheit ausgeführt werden.

(3) Der Bundesrat kann der Bundesregierung Vorlagen für den Erlaß von Rechtsverordnungen zuleiten, die seiner Zustimmung bedürfen.

(4) Soweit durch Bundesgesetz oder auf Grund von Bundesgesetzen Landesregierungen ermächtigt werden, Rechtsverordnungen zu erlassen, sind die Länder zu einer Regelung auch durch Gesetz befugt.

Artikel 80a (Verteidigungsfall, Spannungsfall)

(1) Ist in diesem Grundgesetz oder in einem Bundesgesetz über die Verteidigung einschließlich des Schutzes der Zivilbevölkerung bestimmt, daß Rechtsvorschriften nur nach Maßgabe dieses Artikels angewandt werden dürfen, so ist die Anwendung außer im Verteidigungsfalle nur zulässig, wenn der Bundestag den Eintritt des Spannungsfalles festgestellt oder wenn er der Anwendung besonders zugestimmt hat. Die Feststellung des Spannungsfalles und die besondere Zustimmung in den Fällen des Artikels 12a Abs. 5 Satz 1 und Abs. 6 Satz 2 bedürfen einer Mehrheit von zwei Dritteln der abgegebenen Stimmen.

(2) Maßnahmen auf Grund von Rechtsvorschriften nach Absatz 1 sind aufzuheben, wenn der Bundestag es verlangt.

(3) Abweichend von Absatz 1 ist die Anwendung solcher Rechtsvorschriften auch auf der Grundlage und nach Maßgabe eines Beschlusses zulässig, der von einem internationalen Organ im Rahmen eines Bündnisvertrages mit Zustimmung der Bundesregierung gefaßt wird. Maßnahmen nach diesem Absatz sind aufzuheben, wenn der Bundestag es mit der Mehrheit seiner Mitglieder verlangt.

Artikel 81 (Gesetzgebungsnotstand)

(1) Wird im Falle des Artikels 68 der Bundestag nicht aufgelöst, so kann der Bundespräsident auf Antrag der Bundesregierung mit Zustimmung des Bundesrates für eine Gesetzesvorlage den Gesetzgebungsnotstand erklären, wenn der Bundestag sie ablehnt, obwohl die Bundesregierung sie als dringlich bezeichnet hat. Das gleiche gilt, wenn eine Gesetzesvorlage abgelehnt worden ist, obwohl der Bundeskanzler mit ihr den Antrag des Artikels 68 verbunden hatte.

(2) Lehnt der Bundestag die Gesetzesvorlage nach Erklärung des Gesetzgebungsnotstandes erneut ab oder nimmt er sie in einer für die Bundesregierung als unannehmbar bezeichneten Fassung an, so gilt das Gesetz als zustande gekommen, soweit der Bundesrat ihm zustimmt. Das gleiche gilt, wenn die Vorlage vom Bundestage nicht innerhalb von vier Wochen nach der erneuten Einbringung verabschiedet wird.

(3) Während der Amtszeit eines Bundeskanzlers kann auch jede andere vom Bundestage abgelehnte Gesetzesvorlage innerhalb einer Frist von sechs Monaten nach der ersten Erklärung des Gesetzgebungsnotstandes gemäß Absatz 1 und 2 verabschiedet werden. Nach Ablauf der Frist ist während der Amtszeit des gleichen Bundeskanzlers eine weitere Erklärung des Gesetzgebungsnotstandes unzulässig.

(4) Das Grundgesetz darf durch ein Gesetz, das nach Absatz 2 zustande kommt, weder geändert noch ganz oder teilweise außer Kraft oder außer Anwendung gesetzt werden.

Artikel 82 (Verkündung, In-Kraft-Treten)

(1) Die nach den Vorschriften dieses Grundgesetzes zustande gekommenen Gesetze werden vom Bundespräsidenten nach Gegenzeichnung ausgefertigt und im Bundesgesetzblatt verkündet. Das Bundesgesetzblatt kann in elektronischer Form geführt werden. Rechtsverordnungen werden von der Stelle, die sie erlässt, ausgefertigt. Das Nähere zur Verkündung und zur Form von Gegenzeichnung und Ausfertigung von Gesetzen und Rechtsverordnungen regelt ein Bundesgesetz.

(2) Jedes Gesetz und jede Rechtsverordnung soll den Tag des Inkrafttretens bestimmen. Fehlt eine solche Bestimmung, so treten sie mit dem 14. Tage nach Ablauf des Tages in Kraft, an dem das Bundesgesetzblatt ausgegeben worden ist.

VIII. Die Ausführung der Bundesgesetze und die Bundesverwaltung

Artikel 83 (Grundsatz: landeseigene Verwaltung)

Die Länder führen die Bundesgesetze als eigene Angelegenheit aus, soweit dieses Grundgesetz nichts anderes bestimmt oder zuläßt.

Artikel 84 (Bundesaufsicht bei landeseigener Verwaltung)

(1) Führen die Länder die Bundesgesetze als eigene Angelegenheit aus, so regeln sie die Einrichtung der Behörden und das Verwaltungsverfahren. Wenn Bundesgesetze etwas anderes bestimmen, können die Länder davon abweichende Regelungen treffen. Hat ein Land eine abweichende Regelung nach Satz 2 getroffen, treten in diesem Land hierauf bezogene spätere bundesgesetzliche Regelungen der Einrichtung der Behörden und des Verwaltungsverfahrens frühestens sechs Monate nach ihrer Verkündung in Kraft, soweit nicht mit Zustimmung des Bundesrates anderes bestimmt ist. Artikel 72 Abs. 3 Satz 3 gilt entsprechend. In Ausnahmefällen kann der Bund wegen eines besonderen Bedürfnisses nach bundeseinheitlicher Regelung das Verwaltungsverfahren ohne Abweichungsmöglichkeit für die Länder regeln. Diese Gesetze bedürfen der Zustimmung des Bundesrates. Durch Bundesgesetz dürfen Gemeinden und Gemeindeverbänden Aufgaben nicht übertragen werden.

(2) Die Bundesregierung kann mit Zustimmung des Bundesrates allgemeine Verwaltungsvorschriften erlassen.

(3) Die Bundesregierung übt die Aufsicht darüber aus, daß die Länder die Bundesgesetze dem geltenden Rechte gemäß ausführen. Die Bundesregierung kann zu diesem Zwecke Beauftragte zu den obersten Landesbehörden entsenden, mit deren Zustimmung und, falls diese Zustimmung versagt wird, mit Zustimmung des Bundesrates auch zu den nachgeordneten Behörden.

(4) Werden Mängel, die die Bundesregierung bei der Ausführung der Bundesgesetze in den Ländern festgestellt hat, nicht beseitigt, so beschließt auf Antrag der Bundesregierung oder des Landes der Bundesrat, ob das Land das Recht verletzt hat. Gegen den Beschluß des Bundesrates kann das Bundesverfassungsgericht angerufen werden.

(5) Der Bundesregierung kann durch Bundesgesetz, das der Zustimmung des Bundesrates bedarf, zur Ausführung von Bundesgesetzen die Befugnis verliehen werden, für besondere Fälle Einzelweisungen zu erteilen. Sie sind, außer wenn die Bundesregierung den Fall für dringlich erachtet, an die obersten Landesbehörden zu richten.

Artikel 85 (Landesverwaltung im Bundesauftrag)

(1) Führen die Länder die Bundesgesetze im Auftrage des Bundes aus, so bleibt die Einrichtung der Behörden Angelegenheit der Länder, soweit nicht Bundesgesetze mit Zustimmung des Bundesrates etwas anderes bestimmen. Durch Bundesgesetz dürfen Gemeinden und Gemeindeverbänden Aufgaben nicht übertragen werden.

(2) Die Bundesregierung kann mit Zustimmung des Bundesrates allgemeine Verwaltungsvorschriften erlassen. Sie kann die einheitliche Ausbildung der Beamten und Angestellten regeln. Die Leiter der Mittelbehörden sind mit ihrem Einvernehmen zu bestellen.

(3) Die Landesbehörden unterstehen den Weisungen der zuständigen obersten Bundesbehörden. Die Weisungen sind, außer wenn die Bundesregierung es für dringlich erachtet, an die obersten Landesbehörden zu richten. Der Vollzug der Weisung ist durch die obersten Landesbehörden sicherzustellen.

(4) Die Bundesaufsicht erstreckt sich auf Gesetzmäßigkeit und Zweckmäßigkeit der Ausführung. Die Bundesregierung kann zu diesem Zwecke Bericht und Vorlage der Akten verlangen und Beauftragte zu allen Behörden entsenden.

Artikel 86 (Bundeseigene Verwaltung)

Führt der Bund die Gesetze durch bundeseigene Verwaltung oder durch bundesunmittelbare Körperschaften oder Anstalten des öffentlichen Rechtes aus, so erläßt die Bundesregierung, soweit nicht das Gesetz Besonderes vorschreibt, die allgemeinen Verwaltungsvorschriften. Sie regelt, soweit das Gesetz nichts anderes bestimmt, die Einrichtung der Behörden.

Artikel 87 (Gegenstände der Bundeseigenverwaltung)

(1) In bundeseigener Verwaltung mit eigenem Verwaltungsunterbau werden geführt der Auswärtige Dienst, die Bundesfinanzverwal-

IX

tung und nach Maßgabe des Artikels 89 die Verwaltung der Bundeswasserstraßen und der Schiffahrt. Durch Bundesgesetz können Bundesgrenzschutzbehörden, Zentralstellen für das polizeiliche Auskunfts- und Nachrichtenwesen, für die Kriminalpolizei und zur Sammlung von Unterlagen für Zwecke des Verfassungsschutzes und des Schutzes gegen Bestrebungen im Bundesgebiet, die durch Anwendung von Gewalt oder darauf gerichtete Vorbereitungshandlungen auswärtige Belange der Bundesrepublik Deutschland gefährden, eingerichtet werden.

(2) Als bundesunmittelbare Körperschaften des öffentlichen Rechtes werden diejenigen sozialen Versicherungsträger geführt, deren Zuständigkeitsbereich sich über das Gebiet eines Landes hinaus erstreckt. Soziale Versicherungsträger, deren Zuständigkeitsbereich sich über das Gebiet eines Landes, aber nicht über mehr als drei Länder hinaus erstreckt, werden abweichend von Satz 1 als landesunmittelbare Körperschaften des öffentlichen Rechtes geführt, wenn das aufsichtsführende Land durch die beteiligten Länder bestimmt ist.

(3) Außerdem können für Angelegenheiten, für die dem Bunde die Gesetzgebung zusteht, selbständige Bundesoberbehörden und neue bundesunmittelbare Körperschaften und Anstalten des öffentlichen Rechtes durch Bundesgesetz errichtet werden. Erwachsen dem Bunde auf Gebieten, für die ihm die Gesetzgebung zusteht, neue Aufgaben, so können bei dringendem Bedarf bundeseigene Mittel- und Unterbehörden mit Zustimmung des Bundesrates und der Mehrheit der Mitglieder des Bundestages errichtet werden.

Artikel 87a (Streitkräfte und ihr Einsatz)

(1) Der Bund stellt Streitkräfte zur Verteidigung auf. Ihre zahlenmäßige Stärke und die Grundzüge ihrer Organisation müssen sich aus dem Haushaltsplan ergeben.

(1a) Zur Stärkung der Bündnis- und Verteidigungsfähigkeit kann der Bund ein Sondervermögen für die Bundeswehr mit eigener Kreditermächtigung in Höhe von einmalig bis zu 100 Milliarden Euro errichten. Auf die Kreditermächtigung sind Artikel 109 Absatz 3 und Artikel 115 Absatz 2 nicht anzuwenden. Das Nähere regelt ein Bundesgesetz.

(2) Außer zur Verteidigung dürfen die Streitkräfte nur eingesetzt werden, soweit dieses Grundgesetz es ausdrücklich zuläßt.

(3) Die Streitkräfte haben im Verteidigungsfalle und im Spannungsfalle die Befugnis, zivile Objekte zu schützen und Aufgaben der Verkehrsregelung wahrzunehmen, soweit dies zur Erfüllung ihres Verteidigungsauftrages erforderlich ist. Außerdem kann den Streitkräften im Verteidigungsfalle und im Spannungsfalle der Schutz ziviler Objekte auch zur Unterstützung polizeilicher Maßnahmen übertragen werden; die Streitkräfte wirken dabei mit den zuständigen Behörden zusammen.

(4) Zur Abwehr einer drohenden Gefahr für den Bestand oder die freiheitliche demokratische Grundordnung des Bundes oder eines Landes kann die Bundesregierung, wenn die Voraussetzungen des Artikels 91 Abs. 2 vorliegen und die Polizeikräfte sowie der Bundesgrenzschutz nicht ausreichen, Streitkräfte zur Unterstützung der Polizei und des Bundesgrenzschutzes beim Schutze von zivilen Objekten und bei der Bekämpfung organisierter und militärisch bewaffneter Aufständischer einsetzen. Der Einsatz von Streitkräften ist einzustellen, wenn der Bundestag oder der Bundesrat es verlangen.

Artikel 87b (Bundeswehrverwaltung)

(1) Die Bundeswehrverwaltung wird in bundeseigener Verwaltung mit eigenem Verwaltungsunterbau geführt. Sie dient den Aufgaben des Personalwesens und der unmittelbaren Deckung des Sachbedarfs der Streitkräfte. Aufgaben der Beschädigtenversorgung und des Bauwesens können der Bundeswehrverwaltung nur durch Bundesgesetz, das der Zustimmung des Bundesrates bedarf, übertragen werden. Der Zustimmung des Bundesrates bedürfen ferner Gesetze, soweit sie die Bundeswehrverwaltung zu Eingriffen in Rechte Dritter ermächtigen; das gilt nicht für Gesetze auf dem Gebiete des Personalwesens.

(2) Im übrigen können Bundesgesetze, die der Verteidigung einschließlich des Wehrersatzwesens und des Schutzes der Zivilbevöl-

kerung dienen, mit Zustimmung des Bundesrates bestimmen, daß sie ganz oder teilweise in bundeseigener Verwaltung mit eigenem Verwaltungsunterbau oder von den Ländern im Auftrage des Bundes ausgeführt werden. Werden solche Gesetze von den Ländern im Auftrage des Bundes ausgeführt, so können sie mit Zustimmung des Bundesrates bestimmen, daß die der Bundesregierung und den zuständigen obersten Bundesbehörden auf Grund des Artikels 85 zustehenden Befugnisse ganz oder teilweise Bundesoberbehörden übertragen werden; dabei kann bestimmt werden, daß diese Behörden beim Erlaß allgemeiner Verwaltungsvorschriften gemäß Artikel 85 Abs. 2 Satz 1 nicht der Zustimmung des Bundesrates bedürfen.

Artikel 87c (Auftragsverwaltung im Kernenergiebereich)

Gesetze, die auf Grund des Artikels 73 Abs. 1 Nr. 14 ergehen, können mit Zustimmung des Bundesrates bestimmen, daß sie von den Ländern im Auftrag des Bundes ausgeführt werden.

Artikel 87d (Luftverkehrsverwaltung)

(1) Die Luftverkehrsverwaltung wird in Bundesverwaltung geführt. Aufgaben der Flugsicherung können auch durch ausländische Flugsicherungsorganisationen wahrgenommen werden, die nach Recht der Europäischen Gemeinschaft zugelassen sind. Das Nähere regelt ein Bundesgesetz.

(2) Durch Bundesgesetz, das der Zustimmung des Bundesrates bedarf, können Aufgaben der Luftverkehrsverwaltung den Ländern als Auftragsverwaltung übertragen werden.

Artikel 87e (Eisenbahnverkehrsverwaltung)

(1) Die Eisenbahnverkehrsverwaltung für Eisenbahnen des Bundes wird in bundeseigener Verwaltung geführt. Durch Bundesgesetz können Aufgaben der Eisenbahnverkehrsverwaltung den Ländern als eigene Angelegenheit übertragen werden.

(2) Der Bund nimmt die über den Bereich der Eisenbahnen des Bundes hinausgehenden Aufgaben der Eisenbahnverkehrsverwaltung wahr, die ihm durch Bundesgesetz übertragen werden.

(3) Eisenbahnen des Bundes werden als Wirtschaftsunternehmen in privat-rechtlicher Form geführt. Diese stehen im Eigentum des Bundes, soweit die Tätigkeit des Wirtschaftsunternehmens den Bau, die Unterhaltung und das Betreiben von Schienenwegen umfaßt. Die Veräußerung von Anteilen des Bundes an den Unternehmen nach Satz 2 erfolgt auf Grund eines Gesetzes; die Mehrheit der Anteile an diesen Unternehmen verbleibt beim Bund. Das Nähere wird durch Bundesgesetz geregelt.

(4) Der Bund gewährleistet, daß dem Wohl der Allgemeinheit, insbesondere den Verkehrsbedürfnissen, beim Ausbau und Erhalt des Schienennetzes der Eisenbahnen des Bundes sowie bei deren Verkehrsangeboten auf diesem Schienennetz, soweit diese nicht den Schienenpersonennahverkehr betreffen, Rechnung getragen wird. Das Nähere wird durch Bundesgesetz geregelt.

(5) Gesetze auf Grund der Absätze 1 bis 4 bedürfen der Zustimmung des Bundesrates. Der Zustimmung des Bundesrates bedürfen ferner Gesetze, die die Auflösung, die Verschmelzung und die Aufspaltung von Eisenbahnunternehmen des Bundes, die Übertragung von Schienenwegen der Eisenbahnen des Bundes an Dritte sowie die Stillegung von Schienenwegen der Eisenbahnen des Bundes regeln oder Auswirkungen auf den Schienenpersonennahverkehr haben.

Artikel 87f (Postwesen, Telekommunikation)

(1) Nach Maßgabe eines Bundesgesetzes, das der Zustimmung des Bundesrates bedarf, gewährleistet der Bund im Bereich des Postwesens und der Telekommunikation flächendeckend angemessene und ausreichende Dienstleistungen.

(2) Dienstleistungen im Sinne des Absatzes 1 werden als privatwirtschaftliche Tätigkeiten durch die aus dem Sondervermögen Deutsche Bundespost hervorgegangenen Unternehmen und durch andere private Anbieter erbracht. Hoheitsaufgaben im Bereich des Postwesens

und der Telekommunikation werden in bundeseigener Verwaltung ausgeführt.

(3) Unbeschadet des Absatzes 2 Satz 2 führt der Bund in der Rechtsform einer bundesunmittelbaren Anstalt des öffentlichen Rechts einzelne Aufgaben in bezug auf die aus dem Sondervermögen Deutsche Bundespost hervorgegangenen Unternehmen nach Maßgabe eines Bundesgesetzes aus.

Artikel 88 (Bundesbank)

Der Bund errichtet eine Währungs- und Notenbank als Bundesbank. Ihre Aufgaben und Befugnisse können im Rahmen der Europäischen Union der Europäischen Zentralbank übertragen werden, die unabhängig ist und dem vorrangigen Ziel der Sicherung der Preisstabilität verpflichtet.

Artikel 89 (Bundeswasserstraßen)

(1) Der Bund ist Eigentümer der bisherigen Reichswasserstraßen.

(2) Der Bund verwaltet die Bundeswasserstraßen durch eigene Behörden. Er nimmt die über den Bereich eines Landes hinausgehenden staatlichen Aufgaben der Binnenschifffahrt und die Aufgaben der Seeschifffahrt wahr, die ihm durch Gesetz übertragen werden. Er kann die Verwaltung von Bundeswasserstraßen, soweit sie im Gebiete eines Landes liegen, diesem Lande auf Antrag als Auftragsverwaltung übertragen. Berührt eine Wasserstraße das Gebiet mehrerer Länder, so kann der Bund das Land beauftragen, für das die beteiligten Länder es beantragen.

(3) Bei der Verwaltung, dem Ausbau und dem Neubau von Wasserstraßen sind die Bedürfnisse der Landeskultur und der Wasserwirtschaft im Einvernehmen mit den Ländern zu wahren.

Artikel 90 (Bundesstraßen)

(1) Der Bund bleibt Eigentümer der Bundesautobahnen und sonstigen Bundesstraßen des Fernverkehrs. Das Eigentum ist unveräußerlich.

(2) Die Verwaltung der Bundesautobahnen wird in Bundesverwaltung geführt. Der Bund kann sich zur Erledigung seiner Aufgaben einer Gesellschaft privaten Rechts bedienen. Diese Gesellschaft steht im unveräußerlichen Eigentum des Bundes. Eine unmittelbare oder mittelbare Beteiligung Dritter an der Gesellschaft und deren Tochtergesellschaften ist ausgeschlossen. Eine Beteiligung Privater im Rahmen von Öffentlich-Privaten Partnerschaften ist ausgeschlossen für Streckennetze, die das gesamte Bundesautobahnnetz oder das gesamte Netz sonstiger Bundesfernstraßen in einem Land oder wesentliche Teile davon umfassen. Das Nähere regelt ein Bundesgesetz.

(3) Die Länder oder die nach Landesrecht zuständigen Selbstverwaltungskörperschaften verwalten die sonstigen Bundesstraßen des Fernverkehrs im Auftrage des Bundes.

(4) Auf Antrag eines Landes kann der Bund die sonstigen Bundesstraßen des Fernverkehrs, soweit sie im Gebiet dieses Landes liegen, in Bundesverwaltung übernehmen.

Artikel 91 (Abwehr drohender Gefahr)

(1) Zur Abwehr einer drohenden Gefahr für den Bestand oder die freiheitliche demokratische Grundordnung des Bundes oder eines Landes kann ein Land Polizeikräfte anderer Länder sowie Kräfte und Einrichtungen anderer Verwaltungen und des Bundesgrenzschutzes anfordern.

(2) Ist das Land, in dem die Gefahr droht, nicht selbst zur Bekämpfung der Gefahr bereit oder in der Lage, so kann die Bundesregierung die Polizei in diesem Lande und die Polizeikräfte anderer Länder ihren Weisungen unterstellen sowie Einheiten des Bundesgrenzschutzes einsetzen. Die Anordnung ist nach Beseitigung der Gefahr, im übrigen jederzeit auf Verlangen des Bundesrates aufzuheben. Erstreckt sich die Gefahr auf das Gebiet mehr als eines Landes, so kann die Bundesregierung, soweit es zur wirksamen Bekämpfung erforderlich ist, den Landesregierungen Weisungen erteilen; Satz 1 und Satz 2 bleiben unberührt.

VIIIa. Gemeinschaftsaufgaben, Verwaltungszusammenarbeit

Artikel 91a (Gemeinschaftsaufgaben)

(1) Der Bund wirkt auf folgenden Gebieten bei der Erfüllung von Aufgaben der Länder mit, wenn diese Aufgaben für die Gesamtheit be-

deutsam sind und die Mitwirkung des Bundes zur Verbesserung der Lebensverhältnisse erforderlich ist (Gemeinschaftsaufgaben):

1. Verbesserung der regionalen Wirtschaftsstruktur,
2. Verbesserung der Agrarstruktur und des Küstenschutzes.

(2) Durch Bundesgesetz mit Zustimmung des Bundesrates werden die Gemeinschaftsaufgaben sowie Einzelheiten der Koordinierung näher bestimmt.

(3) Der Bund trägt in den Fällen des Absatzes 1 Nr. 1 die Hälfte der Ausgaben in jedem Land. In den Fällen des Absatzes 1 Nr. 2 trägt der Bund mindestens die Hälfte; die Beteiligung ist für alle Länder einheitlich festzusetzen. Das Nähere regelt das Gesetz. Die Bereitstellung der Mittel bleibt der Feststellung in den Haushaltsplänen des Bundes und der Länder vorbehalten.

Artikel 91b (Zusammenwirken von Bund und Ländern)

(1) Bund und Länder können auf Grund von Vereinbarungen in Fällen überregionaler Bedeutung bei der Förderung von Wissenschaft, Forschung und Lehre zusammenwirken. Vereinbarungen, die im Schwerpunkt Hochschulen betreffen, bedürfen der Zustimmung aller Länder. Dies gilt nicht für Vereinbarungen über Forschungsbauten einschließlich Großgeräten.

(2) Bund und Länder können auf Grund von Vereinbarungen zur Feststellung der Leistungsfähigkeit des Bildungswesens im internationalen Vergleich und bei diesbezüglichen Berichten und Empfehlungen zusammenwirken.

(3) Die Kostentragung wird in der Vereinbarung geregelt.

Artikel 91c (Zusammenwirken bei informationstechnischen Systemen)

(1) Bund und Länder können bei der Planung, der Errichtung und dem Betrieb der für ihre Aufgabenerfüllung benötigten informationstechnischen Systeme zusammenwirken.

(2) Bund und Länder können auf Grund von Vereinbarungen die für die Kommunikation zwischen ihren informationstechnischen Systemen notwendigen Standards und Sicherheitsanforderungen festlegen. Vereinbarungen über die Grundlagen der Zusammenarbeit nach Satz 1 können für einzelne nach Inhalt und Ausmaß bestimmte Aufgaben vorsehen, dass nähere Regelungen bei Zustimmung einer in der Vereinbarung zu bestimmenden qualifizierten Mehrheit für Bund und Länder in Kraft treten. Sie bedürfen der Zustimmung des Bundestages und der Volksvertretungen der beteiligten Länder; das Recht zur Kündigung dieser Vereinbarungen kann nicht ausgeschlossen werden. Die Vereinbarungen regeln auch die Kostentragung.

(3) Die Länder können darüber hinaus den gemeinschaftlichen Betrieb informationstechnischer Systeme sowie die Errichtung von dazu bestimmten Einrichtungen vereinbaren.

(4) Der Bund errichtet zur Verbindung der informationstechnischen Netze des Bundes und der Länder ein Verbindungsnetz. Das Nähere zur Errichtung und zum Betrieb des Verbindungsnetzes regelt ein Bundesgesetz mit Zustimmung des Bundesrates.

(5) Der übergreifende informationstechnische Zugang zu den Verwaltungsleistungen von Bund und Ländern wird durch Bundesgesetz mit Zustimmung des Bundesrates geregelt.

Artikel 91d (Vergleichsstudien)

Bund und Länder können zur Feststellung und Förderung der Leistungsfähigkeit ihrer Verwaltungen Vergleichsstudien durchführen und die Ergebnisse veröffentlichen.

Artikel 91e (Zusammenwirken auf dem Gebiet der Grundsicherung für Arbeitsuchende)

(1) Bei der Ausführung von Bundesgesetzen auf dem Gebiet der Grundsicherung für Arbeitsuchende wirken Bund und Länder oder die nach Landesrecht zuständigen Gemeinden und Gemeindeverbände in der Regel in gemeinsamen Einrichtungen zusammen.

(2) Der Bund kann zulassen, dass eine begrenzte Anzahl von Gemeinden und Gemeindeverbänden auf ihren Antrag und mit Zustimmung der obersten Landesbehörde die Aufgaben nach Absatz 1 allein wahrnimmt. Die notwendigen Ausgaben einschließlich

der Verwaltungsausgaben trägt der Bund, soweit die Aufgaben bei einer Ausführung von Gesetzen nach Absatz 1 vom Bund wahrzunehmen sind.

(3) Das Nähere regelt ein Bundesgesetz, das der Zustimmung des Bundesrates bedarf.

IX. Die Rechtsprechung

Artikel 92 (Gerichtsorganisation)

Die rechtsprechende Gewalt ist den Richtern anvertraut; sie wird durch das Bundesverfassungsgericht, durch die in diesem Grundgesetze vorgesehenen Bundesgerichte und durch die Gerichte der Länder ausgeübt.

Artikel 93 (Bundesverfassungsgericht)

(1) Das Bundesverfassungsgericht ist ein allen übrigen Verfassungsorganen gegenüber selbständiger und unabhängiger Gerichtshof des Bundes.

(2) Das Bundesverfassungsgericht besteht aus Bundesrichtern und anderen Mitgliedern; es gliedert sich in zwei Senate. In jeden Senat werden je zur Hälfte vom Bundestag und vom Bundesrat acht Richter gewählt; sie dürfen weder dem Bundestag, dem Bundesrat, der Bundesregierung noch entsprechenden Organen eines Landes angehören. Durch Bundesgesetz nach Absatz 5 kann vorgesehen werden, dass das Wahlrecht vom anderen Wahlorgan ausgeübt werden kann, wenn innerhalb einer zu bestimmenden Frist nach dem Ende der Amtszeit oder dem vorzeitigen Ausscheiden eines Richters eine Wahl seines Nachfolgers nicht zustande kommt.

(3) Die Amtszeit der Mitglieder des Bundesverfassungsgerichts dauert zwölf Jahre, längstens bis zum Ende des Monats, in dem das Mitglied das 68. Lebensjahr vollendet. Nach Ablauf der Amtszeit führen die Richter ihre Amtsgeschäfte bis zur Ernennung des Nachfolgers fort. Eine anschließende oder spätere Wiederwahl ist ausgeschlossen.

(4) Das Bundesverfassungsgericht gibt sich eine Geschäftsordnung, die das Plenum beschließt.

(5) Ein Bundesgesetz regelt die Verfassung und das Verfahren des Bundesverfassungsgerichts. Es kann für Verfassungsbeschwerden die vorherige Erschöpfung des Rechtsweges zur Voraussetzung machen und ein besonderes Annahmeverfahren vorsehen.

Artikel 94 (Zuständigkeit des Bundesverfassungsgerichts)

(1) Das Bundesverfassungsgericht entscheidet:

1. über die Auslegung dieses Grundgesetzes aus Anlass von Streitigkeiten über den Umfang der Rechte und Pflichten eines obersten Bundesorgans oder anderer Beteiligter, die durch dieses Grundgesetz oder in der Geschäftsordnung eines obersten Bundesorgans mit eigenen Rechten ausgestattet sind;
2. bei Meinungsverschiedenheiten oder Zweifeln über die förmliche und sachliche Vereinbarkeit von Bundesrecht oder Landesrecht mit diesem Grundgesetz oder die Vereinbarkeit von Landesrecht mit sonstigem Bundesrecht auf Antrag der Bundesregierung, einer Landesregierung oder eines Viertels der Mitglieder des Bundestages;

2a. bei Meinungsverschiedenheiten, ob ein Gesetz den Voraussetzungen des Artikels 72 Absatz 2 entspricht, auf Antrag des Bundesrates, einer Landesregierung oder der Volksvertretung eines Landes;

3. bei Meinungsverschiedenheiten über Rechte und Pflichten des Bundes und der Länder, insbesondere bei der Ausführung von Bundesrecht durch die Länder und bei der Ausübung der Bundesaufsicht;
4. in anderen öffentlich-rechtlichen Streitigkeiten zwischen dem Bund und den Ländern, zwischen verschiedenen Ländern oder innerhalb eines Landes, soweit nicht ein anderer Rechtsweg gegeben ist;

4a. über Verfassungsbeschwerden, die von jedermann mit der Behauptung erhoben werden können, durch die öffentliche Gewalt in einem seiner Grundrechte oder in einem seiner in Artikel 20 Absatz 4, 33, 38, 101, 103 und 104 enthaltenen Rechte verletzt zu sein;

4b. über Verfassungsbeschwerden von Gemeinden und Gemeindeverbänden wegen Verletzung des Rechts auf Selbstverwaltung nach Artikel 28 durch ein Gesetz, bei Landesgesetzen jedoch nur, soweit nicht Beschwerde beim Landesverfassungsgericht erhoben werden kann;

4c. über Beschwerden von Vereinigungen gegen ihre Nichtanerkennung als Partei für die Wahl zum Bundestag;

5. in den übrigen in diesem Grundgesetz vorgesehenen Fällen.

(2) Das Bundesverfassungsgericht entscheidet außerdem auf Antrag des Bundesrates, einer Landesregierung oder der Volksvertretung eines Landes, ob im Falle des Artikels 72 Absatz 4 die Erforderlichkeit für eine bundesgesetzliche Regelung nach Artikel 72 Absatz 2 nicht mehr besteht oder Bundesrecht in den Fällen des Artikels 125a Absatz 2 Satz 1 nicht mehr erlassen werden könnte. Die Feststellung, dass die Erforderlichkeit entfallen ist oder Bundesrecht nicht mehr erlassen werden könnte, ersetzt ein Bundesgesetz nach Artikel 72 Absatz 4 oder nach Artikel 125a Absatz 2 Satz 2. Der Antrag nach Satz 1 ist nur zulässig, wenn eine Gesetzesvorlage nach Artikel 72 Absatz 4 oder nach Artikel 125a Absatz 2 Satz 2 im Bundestag abgelehnt oder über sie nicht innerhalb eines Jahres beraten und Beschluss gefasst oder wenn eine entsprechende Gesetzesvorlage im Bundesrat abgelehnt worden ist.

(3) Das Bundesverfassungsgericht wird ferner in den ihm sonst durch Bundesgesetz zugewiesenen Fällen tätig.

(4) Die Entscheidungen des Bundesverfassungsgerichts binden die Verfassungsorgane des Bundes und der Länder sowie alle Gerichte und Behörden. Ein Bundesgesetz bestimmt, in welchen Fällen seine Entscheidungen Gesetzeskraft haben.

Artikel 95 (Oberste Gerichtshöfe)

(1) Für die Gebiete der ordentlichen, der Verwaltungs-, der Finanz-, der Arbeits- und der Sozialgerichtsbarkeit errichtet der Bund als oberste Gerichtshöfe den Bundesgerichtshof, das Bundesverwaltungsgericht, den Bundesfinanzhof, das Bundesarbeitsgericht und das Bundessozialgericht.

(2) Über die Berufung der Richter dieser Gerichte entscheidet der für das jeweilige Sachgebiet zuständige Bundesminister gemeinsam mit einem Richterwahlausschuß, der aus den für das jeweilige Sachgebiet zuständigen Ministern der Länder und einer gleichen Anzahl von Mitgliedern besteht, die vom Bundestage gewählt werden.

(3) Zur Wahrung der Einheitlichkeit der Rechtsprechung ist ein Gemeinsamer Senat der in Absatz 1 genannten Gerichte zu bilden. Das Nähere regelt ein Bundesgesetz.

Artikel 96 (Bundesgerichte)

(1) Der Bund kann für Angelegenheiten des gewerblichen Rechtsschutzes ein Bundesgericht errichten.

(2) Der Bund kann Wehrstrafgerichte für die Streitkräfte als Bundesgerichte errichten. Sie können die Strafgerichtsbarkeit nur im Verteidigungsfalle sowie über Angehörige der Streitkräfte ausüben, die in das Ausland entsandt oder an Bord von Kriegsschiffen eingeschifft sind. Das Nähere regelt ein Bundesgesetz. Diese Gerichte gehören zum Geschäftsbereich des Bundesjustizministers. Ihre hauptamtlichen Richter müssen die Befähigung zum Richteramt haben.

(3) Oberster Gerichtshof für die in Absatz 1 und 2 genannten Gerichte ist der Bundesgerichtshof.

(4) Der Bund kann für Personen, die zu ihm in einem öffentlich-rechtlichen Dienstverhältnis stehen, Bundesgerichte zur Entscheidung in Disziplinarverfahren und Beschwerdeverfahren errichten.

(5) Für Strafverfahren auf den folgenden Gebieten kann ein Bundesgesetz mit Zustimmung des Bundesrates vorsehen, dass Gerichte der Länder Gerichtsbarkeit des Bundes ausüben:

1. Völkermord;
2. völkerstrafrechtliche Verbrechen gegen die Menschlichkeit;
3. Kriegsverbrechen;
4. andere Handlungen, die geeignet sind und in der Absicht vorgenommen werden, das

friedliche Zusammenleben der Völker zu stören (Artikel 26 Abs. 1);

5. Staatsschutz.

Artikel 97 (Unabhängigkeit der Richter)

(1) Die Richter sind unabhängig und nur dem Gesetze unterworfen.

(2) Die hauptamtlich und planmäßig endgültig angestellten Richter können wider ihren Willen nur kraft richterlicher Entscheidung und nur aus Gründen und unter den Formen, welche die Gesetze bestimmen, vor Ablauf ihrer Amtszeit entlassen oder dauernd oder zeitweise ihres Amtes enthoben oder an eine andere Stelle oder in den Ruhestand versetzt werden. Die Gesetzgebung kann Altersgrenzen festsetzen, bei deren Erreichung auf Lebenszeit angestellte Richter in den Ruhestand treten. Bei Veränderung der Einrichtung der Gerichte oder ihrer Bezirke können Richter an ein anderes Gericht versetzt oder aus dem Amte entfernt werden, jedoch nur unter Belassung des vollen Gehaltes.

Artikel 98 (Rechtsstellung der Richter)

(1) Die Rechtsstellung der Bundesrichter ist durch besonderes Bundesgesetz zu regeln.

(2) Wenn ein Bundesrichter im Amte oder außerhalb des Amtes gegen die Grundsätze des Grundgesetzes oder gegen die verfassungsmäßige Ordnung eines Landes verstößt, so kann das Bundesverfassungsgericht mit Zweidrittelmehrheit auf Antrag des Bundestages anordnen, daß der Richter in ein anderes Amt oder in den Ruhestand zu versetzen ist. Im Falle eines vorsätzlichen Verstoßes kann auf Entlassung erkannt werden.

(3) Die Rechtsstellung der Richter in den Ländern ist durch besondere Landesgesetze zu regeln, soweit Artikel 74 Abs. 1 Nr. 27 nichts anderes bestimmt.

(4) Die Länder können bestimmen, daß über die Anstellung der Richter in den Ländern der Landesjustizminister gemeinsam mit einem Richterwahlausschuß entscheidet.

(5) Die Länder können für Landesrichter eine Absatz 2 entsprechende Regelung treffen. Geltendes Landesverfassungsrecht bleibt unberührt. Die Entscheidung über eine Richteranklage steht dem Bundesverfassungsgericht zu.

Artikel 99 (Verfassungsstreitigkeiten durch Landesgesetz zugewiesen)

Dem Bundesverfassungsgerichte kann durch Landesgesetz die Entscheidung von Verfassungsstreitigkeiten innerhalb eines Landes, den in Artikel 95 Abs. 1 genannten obersten Gerichtshöfen für den letzten Rechtszug die Entscheidung in solchen Sachen zugewiesen werden, bei denen es sich um die Anwendung von Landesrecht handelt.

Artikel 100 (Verfassungsrechtliche Vorentscheidung)

(1) Hält ein Gericht ein Gesetz, auf dessen Gültigkeit es bei der Entscheidung ankommt, für verfassungswidrig, so ist das Verfahren auszusetzen und, wenn es sich um die Verletzung der Verfassung eines Landes handelt, die Entscheidung des für Verfassungsstreitigkeiten zuständigen Gerichtes des Landes, wenn es sich um die Verletzung dieses Grundgesetzes handelt, die Entscheidung des Bundesverfassungsgerichtes einzuholen. Dies gilt auch, wenn es sich um die Verletzung dieses Grundgesetzes durch Landesrecht oder um die Unvereinbarkeit eines Landesgesetzes mit einem Bundesgesetze handelt.

(2) Ist in einem Rechtsstreite zweifelhaft, ob eine Regel des Völkerrechtes Bestandteil des Bundesrechts ist und ob sie unmittelbar Rechte und Pflichten für den einzelnen erzeugt (Artikel 25), so hat das Gericht die Entscheidung des Bundesverfassungsgerichtes einzuholen.

(3) Will das Verfassungsgericht eines Landes bei der Auslegung des Grundgesetzes von einer Entscheidung des Bundesverfassungsgerichtes oder des Verfassungsgerichtes eines anderen Landes abweichen, so hat das Verfassungsgericht die Entscheidung des Bundesverfassungsgerichtes einzuholen.

Entscheidung des Bundesverfassungsgerichts vom 6. Dezember 2006 (BGBl. I 2007 S. 33)

Aus dem Beschluss des Bundesverfassungsgerichts vom 6. Dezember 2006 – 2 BvM 9/03 – wird die Entscheidungsformel veröffentlicht:

Eine allgemeine Regel des Völkerrechts, nach der ein lediglich pauschaler Immunitätsverzicht zur Aufhebung des Schutzes der Immunität auch für solches Vermögen genügt, das dem Entsendestaat im Empfangsstaat zur Aufrechterhaltung der Funktionsfähigkeit seiner diplomatischen Mission dient, ist nicht feststellbar.

Die vorstehende Entscheidungsformel hat gemäß § 31 Abs. 2 des Bundesverfassungsgerichtsgesetzes Gesetzeskraft.

Artikel 101 (Verbot von Ausnahmegerichten)

(1) Ausnahmegerichte sind unzulässig. Niemand darf seinem gesetzlichen Richter entzogen werden.

(2) Gerichte für besondere Sachgebiete können nur durch Gesetz errichtet werden.

Artikel 102 (Abschaffung der Todesstrafe)

Die Todesstrafe ist abgeschafft.

Artikel 103 (Grundrechtsgarantien für das Strafverfahren)

(1) Vor Gericht hat jedermann Anspruch auf rechtliches Gehör.

(2) Eine Tat kann nur bestraft werden, wenn die Strafbarkeit gesetzlich bestimmt war, bevor die Tat begangen wurde.

(3) Niemand darf wegen derselben Tat auf Grund der allgemeinen Strafgesetze mehrmals bestraft werden.

Artikel 104 (Rechtsgarantien bei Freiheitsentziehung)

(1) Die Freiheit der Person kann nur auf Grund eines förmlichen Gesetzes und nur unter Beachtung der darin vorgeschriebenen Formen beschränkt werden. Festgehaltene Personen dürfen weder seelisch noch körperlich mißhandelt werden.

(2) Über die Zulässigkeit und Fortdauer einer Freiheitsentziehung hat nur der Richter zu entscheiden. Bei jeder nicht auf richterlicher Anordnung beruhenden Freiheitsentziehung ist unverzüglich eine richterliche Entscheidung herbeizuführen. Die Polizei darf aus eigener Machtvollkommenheit niemanden länger als bis zum Ende des Tages nach dem Ergreifen in eigenem Gewahrsam halten. Das Nähere ist gesetzlich zu regeln.

(3) Jeder wegen des Verdachtes einer strafbaren Handlung vorläufig Festgenommene ist spätestens am Tage nach der Festnahme dem Richter vorzuführen, der ihm die Gründe der Festnahme mitzuteilen, ihn zu vernehmen und ihm Gelegenheit zu Einwendungen zu geben hat. Der Richter hat unverzüglich entweder einen mit Gründen versehenen schriftlichen Haftbefehl zu erlassen oder die Freilassung anzuordnen.

(4) Von jeder richterlichen Entscheidung über die Anordnung oder Fortdauer einer Freiheitsentziehung ist unverzüglich ein Angehöriger des Festgehaltenen oder eine Person seines Vertrauens zu benachrichtigen.

X. Das Finanzwesen

Artikel 104a (Tragung der Ausgaben)

(1) Der Bund und die Länder tragen gesondert die Ausgaben, die sich aus der Wahrnehmung ihrer Aufgaben ergeben, soweit dieses Grundgesetz nichts anderes bestimmt.

(2) Handeln die Länder im Auftrage des Bundes, trägt der Bund die sich daraus ergebenden Ausgaben.

(3) Bundesgesetze, die Geldleistungen gewähren und von den Ländern ausgeführt werden, können bestimmen, daß die Geldleistungen ganz oder zum Teil vom Bund getragen werden. Bestimmt das Gesetz, daß der Bund die Hälfte der Ausgaben oder mehr trägt, wird es im Auftrage des Bundes durchgeführt. Bei der Gewährung von Leistungen für Unterkunft und Heizung auf dem Gebiet der Grundsicherung für Arbeitsuchende wird das Gesetz im Auftrage des Bundes ausgeführt, wenn der Bund drei Viertel der Ausgaben oder mehr trägt.

(4) Bundesgesetze, die Pflichten der Länder zur Erbringung von Geldleistungen, geldwerten Sachleistungen oder vergleichbaren Dienstleistungen gegenüber Dritten begründen und von den Ländern als eigene Angelegenheit oder nach Absatz 3 Satz 2 im Auftrag des Bundes ausgeführt werden, bedürfen der Zustimmung des Bundesrates, wenn daraus entstehende Ausgaben von den Ländern zu tragen sind.

(5) Der Bund und die Länder tragen die bei ihren Behörden entstehenden Verwaltungsausgaben und haften im Verhältnis zueinander für eine ordnungsmäßige Verwaltung. Das Nähere bestimmt ein Bundesgesetz, das der Zustimmung des Bundesrates bedarf.

(6) Bund und Länder tragen nach der innerstaatlichen Zuständigkeits- und Aufgabenverteilung die Lasten einer Verletzung von supranationalen oder völkerrechtlichen Verpflichtungen Deutschlands. In Fällen länderübergreifender Finanzkorrekturen der Europäischen Union tragen Bund und Länder diese Lasten im Verhältnis 15 zu 85. Die Ländergesamtheit trägt in diesen Fällen solidarisch 35 vom Hundert der Gesamtlasten entsprechend einem allgemeinen Schlüssel; 50 vom Hundert der Gesamtlasten tragen die Länder, die die Lasten verursacht haben, anteilig entsprechend der Höhe der erhaltenen Mittel. Das Nähere regelt ein Bundesgesetz, das der Zustimmung des Bundesrates bedarf.

Artikel 104b (Finanzhilfen für besonders bedeutsame Investitionen)

(1) Der Bund kann, soweit dieses Grundgesetz ihm Gesetzgebungsbefugnisse verleiht, den Ländern Finanzhilfen für besonders bedeutsame Investitionen der Länder und der Gemeinden (Gemeindeverbände) gewähren, die

1. zur Abwehr einer Störung des gesamtwirtschaftlichen Gleichgewichts oder
2. zum Ausgleich unterschiedlicher Wirtschaftskraft im Bundesgebiet oder
3. zur Förderung des wirtschaftlichen Wachstums

erforderlich sind. Abweichend von Satz 1 kann der Bund im Falle von Naturkatastrophen oder außergewöhnlichen Notsituationen, die sich der Kontrolle des Staates entziehen und die staatliche Finanzlage erheblich beeinträchtigen, auch ohne Gesetzgebungsbefugnisse Finanzhilfen gewähren.

(2) Das Nähere, insbesondere die Arten der zu fördernden Investitionen, wird durch Bundesgesetz, das der Zustimmung des Bundesrates bedarf, oder auf Grund des Bundeshaushaltsgesetzes durch Verwaltungsvereinbarung geregelt. Das Bundesgesetz oder die Verwaltungsvereinbarung kann Bestimmungen über die Ausgestaltung der jeweiligen Länderprogramme zur Verwendung der Finanzhilfen vorsehen. Die Festlegung der Kriterien für die Ausgestaltung der Länderprogramme erfolgt im Einvernehmen mit den betroffenen Ländern. Zur Gewährleistung der zweckentsprechenden Mittelverwendung kann die Bundesregierung Bericht und Vorlage der Akten verlangen und Erhebungen bei allen Behörden durchführen. Die Mittel des Bundes werden zusätzlich zu eigenen Mitteln der Länder bereitgestellt. Sie sind befristet zu gewähren und hinsichtlich ihrer Verwendung in regelmäßigen Zeitabständen zu überprüfen. Die Finanzhilfen sind im Zeitablauf mit fallenden Jahresbeträgen zu gestalten.

(3) Bundestag, Bundesregierung und Bundesrat sind auf Verlangen über die Durchführung der Maßnahmen und die erzielten Verbesserungen zu unterrichten.

Artikel 104c (Finanzhilfen)

Der Bund kann den Ländern Finanzhilfen für gesamtstaatlich bedeutsame Investitionen sowie besondere, mit diesen unmittelbar verbundene, befristete Ausgaben der Länder und Gemeinden (Gemeindeverbände) zur Steigerung der Leistungsfähigkeit der kommunalen Bildungsinfrastruktur gewähren. Artikel 104b Absatz 2 Satz 1 bis 3, 5, 6 und Absatz 3 gilt entsprechend. Zur Gewährleistung der zweckentsprechenden Mittelverwendung kann die Bundesregierung Berichte und anlassbezogen die Vorlage von Akten verlangen.

Artikel 104d (Finanzhilfen für sozialen Wohnungsbau)

Der Bund kann den Ländern Finanzhilfen für gesamtstaatlich bedeutsame Investitionen der Länder und Gemeinden (Gemeindeverbände) im Bereich des sozialen Wohnungsbaus gewähren. Artikel 104b Absatz 2 Satz 1 bis 5 sowie Absatz 3 gilt entsprechend.

Artikel 105 (Gesetzgebungszuständigkeit)

(1) Der Bund hat die ausschließliche Gesetzgebung über die Zölle und Finanzmonopole.

(2) Der Bund hat die konkurrierende Gesetzgebung über die Grundsteuer. Er hat die konkur-

rierende Gesetzgebung über die übrigen Steuern, wenn ihm das Aufkommen dieser Steuern ganz oder zum Teil zusteht oder die Voraussetzungen des Artikels 72 Abs. 2 vorliegen.

(2a) Die Länder haben die Befugnis zur Gesetzgebung über die örtlichen Verbrauch- und Aufwandsteuern, solange und soweit sie nicht bundesgesetzlich geregelten Steuern gleichartig sind. Sie haben die Befugnis zur Bestimmung des Steuersatzes bei der Grunderwerbsteuer.

(3) Bundesgesetze über Steuern, deren Aufkommen den Ländern oder den Gemeinden (Gemeindeverbänden) ganz oder zum Teil zufließt, bedürfen der Zustimmung des Bundesrates.

Artikel 106 (Steuerverteilung)

(1) Der Ertrag der Finanzmonopole und das Aufkommen der folgenden Steuern stehen dem Bund zu:

1. die Zölle,
2. die Verbrauchsteuern, soweit sie nicht nach Absatz 2 den Ländern, nach Absatz 3 Bund und Ländern gemeinsam oder nach Absatz 6 den Gemeinden zustehen,
3. die Straßengüterverkehrsteuer, die Kraftfahrzeugsteuer und sonstige auf motorisierte Verkehrsmittel bezogene Verkehrsteuern,
4. die Kapitalverkehrsteuern, die Versicherungsteuer und die Wechselsteuer,
5. die einmaligen Vermögensabgaben und die zur Durchführung des Lastenausgleichs erhobenen Ausgleichsabgaben,
6. die Ergänzungsabgabe zur Einkommensteuer und zur Körperschaftsteuer,
7. Abgaben im Rahmen der Europäischen Gemeinschaften.

(2) Das Aufkommen der folgenden Steuern steht den Ländern zu:

1. die Vermögensteuer,
2. die Erbschaftsteuer,
3. die Verkehrsteuern, soweit sie nicht nach Absatz 1 dem Bund oder nach Absatz 3 Bund und Ländern gemeinsam zustehen,
4. die Biersteuer,
5. die Abgabe von Spielbanken.

(3) Das Aufkommen der Einkommensteuer, der Körperschaftsteuer und der Umsatzsteuer steht dem Bund und den Ländern gemeinsam zu (Gemeinschaftsteuern), soweit das Aufkommen der Einkommensteuer nicht nach Absatz 5 und das Aufkommen der Umsatzsteuer nicht nach Absatz 5a den Gemeinden zugewiesen wird. Am Aufkommen der Einkommensteuer und der Körperschaftsteuer sind der Bund und die Länder je zur Hälfte beteiligt. Die Anteile von Bund und Ländern an der Umsatzsteuer werden durch Bundesgesetz, das der Zustimmung des Bundesrates bedarf, festgesetzt. Bei der Festsetzung ist von folgenden Grundsätzen auszugehen:

1. Im Rahmen der laufenden Einnahmen haben der Bund und die Länder gleichmäßig Anspruch auf Deckung ihrer notwendigen Ausgaben. Dabei ist der Umfang der Ausgaben unter Berücksichtigung einer mehrjährigen Finanzplanung zu ermitteln.
2. Die Deckungsbedürfnisse des Bundes und der Länder sind so aufeinander abzustimmen, daß ein billiger Ausgleich erzielt, eine Überbelastung der Steuerpflichtigen vermieden und die Einheitlichkeit der Lebensverhältnisse im Bundesgebiet gewahrt wird.

Zusätzlich werden in die Festsetzung der Anteile von Bund und Ländern an der Umsatzsteuer Steuermindereinnahmen einbezogen, die den Ländern ab 1. Januar 1996 aus der Berücksichtigung von Kindern im Einkommensteuerrecht entstehen. Das Nähere bestimmt das Bundesgesetz nach Satz 3.

(4) Die Anteile von Bund und Ländern an der Umsatzsteuer sind neu festzusetzen, wenn sich das Verhältnis zwischen den Einnahmen und Ausgaben des Bundes und der Länder wesentlich anders entwickelt; Steuermindereinnahmen, die nach Absatz 3 Satz 5 in die Festsetzung der Umsatzsteueranteile zusätzlich einbezogen werden, bleiben hierbei unberücksichtigt. Werden den Ländern durch Bundesgesetz zusätzliche Ausgaben auferlegt oder Einnahmen entzogen, so kann die Mehrbelastung durch Bundesgesetz, das der Zustimmung des Bundesrates bedarf, auch mit Finanzzuweisungen des Bundes ausgeglichen werden, wenn sie auf einen kurzen Zeitraum begrenzt ist. In dem Gesetz sind die

Grundsätze für die Bemessung dieser Finanzzuweisungen und für ihre Verteilung auf die Länder zu bestimmen.

(5) Die Gemeinden erhalten einen Anteil an dem Aufkommen der Einkommensteuer, der von den Ländern an ihre Gemeinden auf der Grundlage der Einkommensteuerleistungen ihrer Einwohner weiterzuleiten ist. Das Nähere bestimmt ein Bundesgesetz, das der Zustimmung des Bundesrates bedarf. Es kann bestimmen, daß die Gemeinden Hebesätze für den Gemeindeanteil festsetzen.

(5a) Die Gemeinden erhalten ab dem 1. Januar 1998 einen Anteil an dem Aufkommen der Umsatzsteuer. Er wird von den Ländern auf der Grundlage eines orts- und wirtschaftsbezogenen Schlüssels an ihre Gemeinden weitergeleitet. Das Nähere wird durch Bundesgesetz, das der Zustimmung des Bundesrates bedarf, bestimmt.

(6) Das Aufkommen der Grundsteuer und Gewerbesteuer steht den Gemeinden, das Aufkommen der örtlichen Verbrauch- und Aufwandsteuern steht den Gemeinden oder nach Maßgabe der Landesgesetzgebung den Gemeindeverbänden zu. Den Gemeinden ist das Recht einzuräumen, die Hebesätze der Grundsteuer und Gewerbesteuer im Rahmen der Gesetze festzusetzen. Bestehen in einem Land keine Gemeinden, so steht das Aufkommen der Grundsteuer und Gewerbesteuer sowie der örtlichen Verbrauch- und Aufwandsteuern dem Land zu. Bund und Länder können durch eine Umlage an dem Aufkommen der Gewerbesteuer beteiligt werden. Das Nähere über die Umlage bestimmt ein Bundesgesetz, das der Zustimmung des Bundesrates bedarf. Nach Maßgabe der Landesgesetzgebung können die Grundsteuer und Gewerbesteuer sowie der Gemeindeanteil vom Aufkommen der Einkommensteuer und der Umsatzsteuer als Bemessungsgrundlagen für Umlagen zugrunde gelegt werden.

(7) Von dem Länderanteil am Gesamtaufkommen der Gemeinschaftsteuern fließt den Gemeinden und Gemeindeverbänden insgesamt ein von der Landesgesetzgebung zu bestimmender Hundertsatz zu. Im übrigen bestimmt die Landesgesetzgebung, ob und inwieweit das Aufkommen der Landessteuern den Gemeinden (Gemeindeverbänden) zufließt.

(8) Veranlaßt der Bund in einzelnen Ländern oder Gemeinden (Gemeindeverbänden) besondere Einrichtungen, die diesen Ländern oder Gemeinden (Gemeindeverbänden) unmittelbar Mehrausgaben oder Mindereinnahmen (Sonderbelastungen) verursachen, gewährt der Bund den erforderlichen Ausgleich, wenn und soweit den Ländern oder Gemeinden (Gemeindeverbänden) nicht zugemutet werden kann, die Sonderbelastungen zu tragen. Entschädigungsleistungen Dritter und finanzielle Vorteile, die diesen Ländern oder Gemeinden (Gemeindeverbänden) als Folge der Einrichtungen erwachsen, werden bei dem Ausgleich berücksichtigt.

(9) Als Einnahmen und Ausgaben der Länder im Sinne dieses Artikels gelten auch die Einnahmen und Ausgaben der Gemeinden (Gemeindeverbände).

Artikel 106a (Personennahverkehr)

Den Ländern steht ab 1. Januar 1996 für den öffentlichen Personennahverkehr ein Betrag aus dem Steueraufkommen des Bundes zu. Das Nähere regelt ein Bundesgesetz, das der Zustimmung des Bundesrates bedarf. Der Betrag nach Satz 1 bleibt bei der Bemessung der Finanzkraft nach Artikel 107 Abs. 2 unberücksichtigt.

Artikel 106b (Ausgleich infolge der Übertragung der Kfz-Steuer)

Den Ländern steht ab dem 1. Juli 2009 infolge der Übertragung der Kraftfahrzeugsteuer auf den Bund ein Betrag aus dem Steueraufkommen des Bundes zu. Das Nähere regelt ein Bundesgesetz, das der Zustimmung des Bundesrates bedarf.

Artikel 107 (Örtliches Aufkommen)

(1) Das Aufkommen der Landessteuern und der Länderanteil am Aufkommen der Einkommensteuer und der Körperschaftsteuer stehen den einzelnen Ländern insoweit zu, als die Steuern von den Finanzbehörden in ihrem Gebiet vereinnahmt werden (örtliches Aufkommen). Durch Bundesgesetz, das der Zustimmung des Bundesrates bedarf, sind für

die Körperschaftsteuer und die Lohnsteuer nähere Bestimmungen über die Abgrenzung sowie über Art und Umfang der Zerlegung des örtlichen Aufkommens zu treffen. Das Gesetz kann auch Bestimmungen über die Abgrenzung und Zerlegung des örtlichen Aufkommens anderer Steuern treffen. Der Länderanteil am Aufkommen der Umsatzsteuer steht den einzelnen Ländern, vorbehaltlich der Regelungen nach Absatz 2, nach Maßgabe ihrer Einwohnerzahl zu.

(2) Durch Bundesgesetz, das der Zustimmung des Bundesrates bedarf, ist sicherzustellen, dass die unterschiedliche Finanzkraft der Länder angemessen ausgeglichen wird; hierbei sind die Finanzkraft und der Finanzbedarf der Gemeinden (Gemeindeverbände) zu berücksichtigen. Zu diesem Zweck sind in dem Gesetz Zuschläge zu und Abschläge von der jeweiligen Finanzkraft bei der Verteilung der Länderanteile am Aufkommen der Umsatzsteuer zu regeln. Die Voraussetzungen für die Gewährung von Zuschlägen und für die Erhebung von Abschlägen sowie die Maßstäbe für die Höhe dieser Zuschläge und Abschläge sind in dem Gesetz zu bestimmen. Für Zwecke der Bemessung der Finanzkraft kann die bergrechtliche Förderabgabe mit nur einem Teil ihres Aufkommens berücksichtigt werden. Das Gesetz kann auch bestimmen, dass der Bund aus seinen Mitteln leistungsschwachen Ländern Zuweisungen zur ergänzenden Deckung ihres allgemeinen Finanzbedarfs (Ergänzungszuweisungen) gewährt. Zuweisungen können unabhängig von den Maßstäben nach den Sätzen 1 bis 3 auch solchen leistungsschwachen Ländern gewährt werden, deren Gemeinden (Gemeindeverbände) eine besonders geringe Steuerkraft aufweisen (Gemeindesteuerkraftzuweisungen), sowie außerdem solchen leistungsschwachen Ländern, deren Anteile an den Fördermitteln nach Artikel 91b ihre Einwohneranteile unterschreiten.

Artikel 108 (Finanzverwaltung)

(1) Zölle, Finanzmonopole, die bundesgesetzlich geregelten Verbrauchsteuern einschließlich der Einfuhrumsatzsteuer, die Kraftfahrzeugsteuer und sonstige auf motorisierte Verkehrsmittel bezogene Verkehrsteuern ab dem 1. Juli 2009 sowie die Abgaben im Rahmen der Europäischen Gemeinschaften werden durch Bundesfinanzbehörden verwaltet. Der Aufbau dieser Behörden wird durch Bundesgesetz geregelt. Soweit Mittelbehörden eingerichtet sind, werden deren Leiter im Benehmen mit den Landesregierungen bestellt.

(2) Die übrigen Steuern werden durch Landesfinanzbehörden verwaltet. Der Aufbau dieser Behörden und die einheitliche Ausbildung der Beamten können durch Bundesgesetz mit Zustimmung des Bundesrates geregelt werden. Soweit Mittelbehörden eingerichtet sind, werden deren Leiter im Einvernehmen mit der Bundesregierung bestellt.

(3) Verwalten die Landesfinanzbehörden Steuern, die ganz oder zum Teil dem Bund zufließen, so werden sie im Auftrage des Bundes tätig. Artikel 85 Abs. 3 und 4 gilt mit der Maßgabe, daß an die Stelle der Bundesregierung der Bundesminister der Finanzen tritt.

(4) Durch Bundesgesetz, das der Zustimmung des Bundesrates bedarf, kann bei der Verwaltung von Steuern ein Zusammenwirken von Bundes- und Landesfinanzbehörden sowie für Steuern, die unter Absatz 1 fallen, die Verwaltung durch Landesfinanzbehörden und für andere Steuern die Verwaltung durch Bundesfinanzbehörden vorgesehen werden, wenn und soweit dadurch der Vollzug der Steuergesetze erheblich verbessert oder erleichtert wird. Für die den Gemeinden (Gemeindeverbänden) allein zufließenden Steuern kann die den Landesfinanzbehörden zustehende Verwaltung durch die Länder ganz oder zum Teil den Gemeinden (Gemeindeverbänden) übertragen werden. Das Bundesgesetz nach Satz 1 kann für ein Zusammenwirken von Bund und Ländern bestimmen, dass bei Zustimmung einer im Gesetz genannten Mehrheit Regelungen für den Vollzug von Steuergesetzen für alle Länder verbindlich werden.

(4a) Durch Bundesgesetz, das der Zustimmung des Bundesrates bedarf, können bei der Verwaltung von Steuern, die unter Absatz 2 fallen, ein Zusammenwirken von Landesfinanzbehörden und eine länderübergreifende Übertragung von Zuständigkeiten auf Landesfinanzbehörden eines oder mehrerer Länder im Einvernehmen mit den betroffenen Ländern vorgesehen werden, wenn und soweit dadurch der Vollzug der Steuergesetze erheblich verbessert oder erleichtert wird. Die Kostentragung kann durch Bundesgesetz geregelt werden.

(5) Das von den Bundesfinanzbehörden anzuwendende Verfahren wird durch Bundesgesetz geregelt. Das von den Landesfinanzbehörden und in den Fällen des Absatzes 4 Satz 2 von den Gemeinden (Gemeindeverbänden) anzuwendende Verfahren kann durch Bundesgesetz mit Zustimmung des Bundesrates geregelt werden.

(6) Die Finanzgerichtsbarkeit wird durch Bundesgesetz einheitlich geregelt.

(7) Die Bundesregierung kann allgemeine Verwaltungsvorschriften erlassen, und zwar mit Zustimmung des Bundesrates, soweit die Verwaltung den Landesfinanzbehörden oder Gemeinden (Gemeindeverbänden) obliegt.

Artikel 109 (Haushaltswirtschaft)

(1) Bund und Länder sind in ihrer Haushaltswirtschaft selbständig und voneinander unabhängig.

(2) Bund und Länder erfüllen gemeinsam die Verpflichtungen der Bundesrepublik Deutschland aus Rechtsakten der Europäischen Gemeinschaft auf Grund des Artikels 104 des Vertrags zur Gründung der Europäischen Gemeinschaft zur Einhaltung der Haushaltsdisziplin und tragen in diesem Rahmen den Erfordernissen des gesamtwirtschaftlichen Gleichgewichts Rechnung.

(3) Die Haushalte von Bund und Ländern sind grundsätzlich ohne Einnahmen aus Krediten auszugleichen. Bund und Länder können Regelungen zur im Auf- und Abschwung symmetrischen Berücksichtigung der Auswirkungen einer von der Normallage abweichenden konjunkturellen Entwicklung sowie eine Ausnahmeregelung für Naturkatastrophen oder außergewöhnliche Notsituationen, die sich der Kontrolle des Staates entziehen und die staatliche Finanzlage erheblich beeinträchtigen, vorsehen. Für die Ausnahmeregelung ist eine entsprechende Tilgungsregelung vorzusehen. Die nähere Ausgestaltung regelt für den Haushalt des Bundes Artikel 115 mit der Maßgabe, dass Satz 1 entsprochen ist, wenn die Einnahmen aus Krediten 0,35 vom Hundert im Verhältnis zum nominalen Bruttoinlandsprodukt nicht überschreiten. Von den zu berücksichtigenden Einnahmen aus Krediten ist der Betrag abzuziehen, um den die Verteidigungsausgaben, die Ausgaben des Bundes für den Zivil- und Bevölkerungsschutz sowie für die Nachrichtendienste, für den Schutz der informationstechnischen Systeme und für die Hilfe für völkerrechtswidrig angegriffene Staaten 1 vom Hundert im Verhältnis zum nominalen Bruttoinlandsprodukt übersteigen. Die Gesamtheit der Länder entspricht Satz 1, wenn die durch sie erzielten Einnahmen aus Krediten 0,35 vom Hundert im Verhältnis zum nominalen Bruttoinlandsprodukt nicht überschreiten. Die Aufteilung der für die Gesamtheit der Länder zulässigen Kreditaufnahme nach Satz 6 auf die einzelnen Länder regelt ein Bundesgesetz mit Zustimmung des Bundesrates. Die nähere Ausgestaltung für die Haushalte der Länder regeln diese im Rahmen ihrer verfassungsrechtlichen Kompetenzen. Bestehende landesrechtliche Regelungen, die hinter der gemäß Satz 7 festgelegten Kreditobergrenze zurückbleiben, treten außer Kraft.

(4) Durch Bundesgesetz, das der Zustimmung des Bundesrates bedarf, können für Bund und Länder gemeinsam geltende Grundsätze für das Haushaltsrecht, für eine konjunkturgerechte Haushaltswirtschaft und für eine mehrjährige Finanzplanung aufgestellt werden.

(5) Sanktionsmaßnahmen der Europäischen Gemeinschaft im Zusammenhang mit den Bestimmungen in Artikel 104 des Vertrags zur Gründung der Europäischen Gemeinschaft zur Einhaltung der Haushaltsdisziplin tragen Bund und Länder im Verhältnis 65 zu 35. Die Ländergesamtheit trägt solidarisch 35 vom Hundert der auf die Länder entfallenden Lasten entsprechend ihrer Einwohnerzahl; 65 vom Hundert der auf die Länder entfallenden Lasten tragen die Länder entsprechend ihrem Verursachungsbeitrag. Das Nähere regelt ein Bundesgesetz, das der Zustimmung des Bundesrates bedarf.

Artikel 109a (Haushaltsnotlage, Stabilitätsrat)

(1) Zur Vermeidung von Haushaltsnotlagen regelt ein Bundesgesetz, das der Zustimmung des Bundesrates bedarf,

1. die fortlaufende Überwachung der Haushaltswirtschaft von Bund und Ländern durch ein gemeinsames Gremium (Stabilitätsrat),
2. die Voraussetzungen und das Verfahren zur Feststellung einer drohenden Haushaltsnotlage,
3. die Grundsätze zur Aufstellung und Durchführung von Sanierungsprogrammen zur Vermeidung von Haushaltsnotlagen.

(2) Dem Stabilitätsrat obliegt ab dem Jahr 2020 die Überwachung der Einhaltung der Vorgaben des Artikels 109 Absatz 3 durch Bund und Länder. Die Überwachung orientiert sich an den Vorgaben und Verfahren aus Rechtsakten auf Grund des Vertrages über die Arbeitsweise der Europäischen Union zur Einhaltung der Haushaltsdisziplin.

(3) Die Beschlüsse des Stabilitätsrats und die zugrunde liegenden Beratungsunterlagen sind zu veröffentlichen.

Artikel 110 (Haushaltsplan)

(1) Alle Einnahmen und Ausgaben des Bundes sind in den Haushaltsplan einzustellen; bei Bundesbetrieben und bei Sondervermögen brauchen nur die Zuführungen oder die Ablieferungen eingestellt zu werden. Der Haushaltsplan ist in Einnahme und Ausgabe auszugleichen.

(2) Der Haushaltsplan wird für ein oder mehrere Rechnungsjahre, nach Jahren getrennt, vor Beginn des ersten Rechnungsjahres durch das Haushaltsgesetz festgestellt. Für Teile des Haushaltsplanes kann vorgesehen werden, daß sie für unterschiedliche Zeiträume, nach Rechnungsjahren getrennt, gelten.

(3) Die Gesetzesvorlage nach Absatz 2 Satz 1 sowie Vorlagen zur Änderung des Haushaltsgesetzes und des Haushaltsplanes werden gleichzeitig mit der Zuleitung an den Bundesrat beim Bundestage eingebracht; der Bundesrat ist berechtigt, innerhalb von sechs Wochen, bei Änderungsvorlagen innerhalb von drei Wochen, zu den Vorlagen Stellung zu nehmen.

(4) In das Haushaltsgesetz dürfen nur Vorschriften aufgenommen werden, die sich auf die Einnahmen und Ausgaben des Bundes und auf den Zeitraum beziehen, für den das Haushaltsgesetz beschlossen wird. Das Haushaltsgesetz kann vorschreiben, daß die Vorschriften erst mit der Verkündung des nächsten Haushaltsgesetzes oder bei Ermächtigung nach Artikel 115 zu einem späteren Zeitpunkt außer Kraft treten.

Artikel 111 (Haushaltsvorgriff)

(1) Ist bis zum Schluß eines Rechnungsjahres der Haushaltsplan für das folgende Jahr nicht durch Gesetz festgestellt, so ist bis zu seinem Inkrafttreten die Bundesregierung ermächtigt, alle Ausgaben zu leisten, die nötig sind,

a) um gesetzlich bestehende Einrichtungen zu erhalten und gesetzlich beschlossene Maßnahmen durchzuführen,
b) um die rechtlich begründeten Verpflichtungen des Bundes zu erfüllen,
c) um Bauten, Beschaffungen und sonstige Leistungen fortzusetzen oder Beihilfen für diese Zwecke weiter zu gewähren, sofern durch den Haushaltsplan eines Vorjahres bereits Beträge bewilligt worden sind.

(2) Soweit nicht auf besonderem Gesetze beruhende Einnahmen aus Steuern, Abgaben und sonstigen Quellen oder die Betriebsmittelrücklage die Ausgaben unter Absatz 1 decken, darf die Bundesregierung die zur Aufrechterhaltung der Wirtschaftsführung erforderlichen Mittel bis zur Höhe eines Viertels der Endsumme des abgelaufenen Haushaltsplanes im Wege des Kredits flüssig machen.

Artikel 112 (Über- und außerplanmäßige Ausgaben)

Überplanmäßige und außerplanmäßige Ausgaben bedürfen der Zustimmung des Bundesministers der Finanzen. Sie darf nur im Falle eines unvorhergesehenen und unabweisbaren Bedürfnisses erteilt werden. Näheres kann durch Bundesgesetz bestimmt werden.

Artikel 113 (Ausgabenerhöhung, Einnahmeminderung)

(1) Gesetze, welche die von der Bundesregierung vorgeschlagenen Ausgaben des Haus-

haltsplanes erhöhen oder neue Ausgaben in sich schließen oder für die Zukunft mit sich bringen, bedürfen der Zustimmung der Bundesregierung. Das gleiche gilt für Gesetze, die Einnahmeminderungen in sich schließen oder für die Zukunft mit sich bringen. Die Bundesregierung kann verlangen, daß der Bundestag die Beschlußfassung über solche Gesetze aussetzt. In diesem Fall hat die Bundesregierung innerhalb von sechs Wochen dem Bundestage eine Stellungnahme zuzuleiten.

(2) Die Bundesregierung kann innerhalb von vier Wochen, nachdem der Bundestag das Gesetz beschlossen hat, verlangen, daß der Bundestag erneut Beschluß faßt.

(3) Ist das Gesetz nach Artikel 78 zustande gekommen, kann die Bundesregierung ihre Zustimmung nur innerhalb von sechs Wochen und nur dann versagen, wenn sie vorher das Verfahren nach Absatz 1 Satz 3 und 4 oder nach Absatz 2 eingeleitet hat. Nach Ablauf dieser Frist gilt die Zustimmung als erteilt.

Artikel 114 (Rechnungslegung, Bundesrechnungshof)

(1) Der Bundesminister der Finanzen hat dem Bundestage und dem Bundesrate über alle Einnahmen und Ausgaben sowie über das Vermögen und die Schulden im Laufe des nächsten Rechnungsjahres zur Entlastung der Bundesregierung Rechnung zu legen.

(2) Der Bundesrechnungshof, dessen Mitglieder richterliche Unabhängigkeit besitzen, prüft die Rechnung sowie die Wirtschaftlichkeit und Ordnungsmäßigkeit der Haushalts- und Wirtschaftsführung des Bundes. Zum Zweck der Prüfung nach Satz 1 kann der Bundesrechnungshof auch bei Stellen außerhalb der Bundesverwaltung Erhebungen vornehmen; dies gilt auch in den Fällen, in denen der Bund den Ländern zweckgebundene Finanzierungsmittel zur Erfüllung von Länderaufgaben zuweist. Er hat außer der Bundesregierung unmittelbar dem Bundestage und dem Bundesrate jährlich zu berichten. Im übrigen werden die Befugnisse des Bundesrechnungshofes durch Bundesgesetz geregelt.

Artikel 115 (Kreditaufnahme)

(1) Die Aufnahme von Krediten sowie die Übernahme von Bürgschaften, Garantien oder sonstigen Gewährleistungen, die zu Ausgaben in künftigen Rechnungsjahren führen können, bedürfen einer der Höhe nach bestimmten oder bestimmbaren Ermächtigung durch Bundesgesetz.

(2) Einnahmen und Ausgaben sind grundsätzlich ohne Einnahmen aus Krediten auszugleichen. Diesem Grundsatz ist entsprochen, wenn die Einnahmen aus Krediten 0,35 vom Hundert im Verhältnis zum nominalen Bruttoinlandsprodukt nicht überschreiten. Zusätzlich sind bei einer von der Normallage abweichenden konjunkturellen Entwicklung die Auswirkungen auf den Haushalt im Auf- und Abschwung symmetrisch zu berücksichtigen. Von den zu berücksichtigenden Einnahmen aus Krediten ist der Betrag abzuziehen, um den die Verteidigungsausgaben, die Ausgaben des Bundes für den Zivil- und Bevölkerungsschutz sowie für die Nachrichtendienste, für den Schutz der informationstechnischen Systeme und für die Hilfe für völkerrechtswidrig angegriffene Staaten 1 vom Hundert im Verhältnis zum nominalen Bruttoinlandsprodukt übersteigen. Abweichungen der tatsächlichen Kreditaufnahme von der nach den Sätzen 1 bis 4 zulässigen Kreditobergrenze werden auf einem Kontrollkonto erfasst; Belastungen, die den Schwellenwert von 1,5 vom Hundert im Verhältnis zum nominalen Bruttoinlandsprodukt überschreiten, sind konjunkturgerecht zurückzuführen. Näheres, insbesondere die Bereinigung der Einnahmen und Ausgaben um finanzielle Transaktionen und um Verteidigungsausgaben, die Ausgaben des Bundes für den Zivil- und Bevölkerungsschutz sowie für die Nachrichtendienste, für den Schutz der informationstechnischen Systeme und für die Hilfe für völkerrechtswidrig angegriffene Staaten oberhalb von 1 vom Hundert im Verhältnis zum nominalen Bruttoinlandsprodukt sowie das Verfahren zur Berechnung der Obergrenze der jährlichen Nettokreditaufnahme unter Berücksichtigung der konjunkturellen Entwicklung auf der Grundlage eines Konjunkturbereinigungsverfahrens sowie die Kontrolle und den Ausgleich von Abweichungen der tatsächlichen Kreditaufnahme von der Regelgrenze, regelt ein Bundesgesetz. Im Falle von

Naturkatastrophen oder außergewöhnlichen Notsituationen, die sich der Kontrolle des Staates entziehen und die staatliche Finanzlage erheblich beeinträchtigen, können diese Kreditobergrenzen auf Grund eines Beschlusses der Mehrheit der Mitglieder des Bundestages überschritten werden. Der Beschluss ist mit einem Tilgungsplan zu verbinden. Die Rückführung der nach Satz 7 aufgenommenen Kredite hat binnen eines angemessenen Zeitraumes zu erfolgen.

Xa. Verteidigungsfall

Artikel 115a (Feststellung des Verteidigungsfalles)

(1) Die Feststellung, daß das Bundesgebiet mit Waffengewalt angegriffen wird oder ein solcher Angriff unmittelbar droht (Verteidigungsfall), trifft der Bundestag mit Zustimmung des Bundesrates. Die Feststellung erfolgt auf Antrag der Bundesregierung und bedarf einer Mehrheit von zwei Dritteln der abgegebenen Stimmen, mindestens der Mehrheit der Mitglieder des Bundestages.

(2) Erfordert die Lage unabweisbar ein sofortiges Handeln und stehen einem rechtzeitigen Zusammentritt des Bundestages unüberwindliche Hindernisse entgegen oder ist er nicht beschlußfähig, so trifft der Gemeinsame Ausschuß diese Feststellung mit einer Mehrheit von zwei Dritteln der abgegebenen Stimmen, mindestens der Mehrheit seiner Mitglieder.

(3) Die Feststellung wird vom Bundespräsidenten gemäß Artikel 82 im Bundesgesetzblatt verkündet. Ist dies nicht rechtzeitig möglich, so erfolgt die Verkündung in anderer Weise; sie ist im Bundesgesetzblatt nachzuholen, sobald die Umstände es zulassen.

(4) Wird das Bundesgebiet mit Waffengewalt angegriffen und sind die zuständigen Bundesorgane außerstande, sofort die Feststellung nach Absatz 1 Satz 1 zu treffen, so gilt diese Feststellung als getroffen und als zu dem Zeitpunkt verkündet, in dem der Angriff begonnen hat. Der Bundespräsident gibt diesen Zeitpunkt bekannt, sobald die Umstände es zulassen.

(5) Ist die Feststellung des Verteidigungsfalles verkündet und wird das Bundesgebiet mit Waffengewalt angegriffen, so kann der Bundespräsident völkerrechtliche Erklärungen über das Bestehen des Verteidigungsfalles mit Zustimmung des Bundestages abgeben. Unter den Voraussetzungen des Absatzes 2 tritt an die Stelle des Bundestages der Gemeinsame Ausschuß.

Artikel 115b (Übergang der Befehls- und Kommandogewalt)

Mit der Verkündung des Verteidigungsfalles geht die Befehls- und Kommandogewalt über die Streitkräfte auf den Bundeskanzler über.

Artikel 115c (Konkurrierende Gesetzgebung im Verteidigungsfall)

(1) Der Bund hat für den Verteidigungsfall das Recht der konkurrierenden Gesetzgebung auch auf den Sachgebieten, die zur Gesetzgebungszuständigkeit der Länder gehören. Diese Gesetze bedürfen der Zustimmung des Bundesrates.

(2) Soweit es die Verhältnisse während des Verteidigungsfalles erfordern, kann durch Bundesgesetz für den Verteidigungsfall

1. bei Enteignungen abweichend von Artikel 14 Abs. 3 Satz 2 die Entschädigung vorläufig geregelt werden,
2. für Freiheitsentziehungen eine von Artikel 104 Abs. 2 Satz 3 und Abs. 3 Satz 1 abweichende Frist, höchstens jedoch eine solche von vier Tagen, für den Fall festgesetzt werden, daß ein Richter nicht innerhalb der für Normalzeiten geltenden Frist tätig werden konnte.

(3) Soweit es zur Abwehr eines gegenwärtigen oder unmittelbar drohenden Angriffs erforderlich ist, kann für den Verteidigungsfall durch Bundesgesetz mit Zustimmung des Bundesrates die Verwaltung und das Finanzwesen des Bundes und der Länder abweichend von den Abschnitten VIII, VIIIa und X geregelt werden, wobei die Lebensfähigkeit der Länder, Gemeinden und Gemeindeverbände, insbesondere auch in finanzieller Hinsicht, zu wahren ist.

(4) Bundesgesetze nach den Absätzen 1 und 2 Nr. 1 dürfen zur Vorbereitung ihres Vollzuges schon vor Eintritt des Verteidigungsfalles angewandt werden.

IX

Artikel 115d (Gesetzgebungsverfahren im Verteidigungsfall)

(1) Für die Gesetzgebung des Bundes gilt im Verteidigungsfalle abweichend von Artikel 76 Abs. 2, Artikel 77 Abs. 1 Satz 2 und Abs. 2 bis 4, Artikel 78 und Artikel 82 Abs. 1 die Regelung der Absätze 2 und 3.

(2) Gesetzesvorlagen der Bundesregierung, die sie als dringlich bezeichnet, sind gleichzeitig mit der Einbringung beim Bundestage dem Bundesrate zuzuleiten. Bundestag und Bundesrat beraten diese Vorlagen unverzüglich gemeinsam. Soweit zu einem Gesetze die Zustimmung des Bundesrates erforderlich ist, bedarf es zum Zustandekommen des Gesetzes der Zustimmung der Mehrheit seiner Stimmen. Das Nähere regelt eine Geschäftsordnung, die vom Bundestage beschlossen wird und der Zustimmung des Bundesrates bedarf.

(3) Für die Verkündung der Gesetze gilt Artikel 115a Abs. 3 Satz 2 entsprechend.

Artikel 115e (Befugnisse des gemeinsamen Ausschusses)

(1) Stellt der Gemeinsame Ausschuß im Verteidigungsfalle mit einer Mehrheit von zwei Dritteln der abgegebenen Stimmen, mindestens mit der Mehrheit seiner Mitglieder fest, daß dem rechtzeitigen Zusammentritt des Bundestages unüberwindliche Hindernisse entgegenstehen oder daß dieser nicht beschlußfähig ist, so hat der Gemeinsame Ausschuß die Stellung von Bundestag und Bundesrat und nimmt deren Rechte einheitlich wahr.

(2) Durch ein Gesetz des Gemeinsamen Ausschusses darf das Grundgesetz weder geändert noch ganz oder teilweise außer Kraft oder außer Anwendung gesetzt werden. Zum Erlaß von Gesetzen nach Artikel 23 Abs. 1 Satz 2, Artikel 24 Abs. 1 oder Artikel 29 ist der Gemeinsame Ausschuß nicht befugt.

Artikel 115f (Einsatz des Bundesgrenzschutzes; Weisungen an Landesregierungen)

(1) Die Bundesregierung kann im Verteidigungsfalle, soweit es die Verhältnisse erfordern,

1. den Bundesgrenzschutz im gesamten Bundesgebiete einsetzen;
2. außer der Bundesverwaltung auch den Landesregierungen und, wenn sie es für dringlich erachtet, den Landesbehörden Weisungen erteilen und diese Befugnis auf von ihr zu bestimmende Mitglieder der Landesregierungen übertragen.

(2) Bundestag, Bundesrat und der Gemeinsame Ausschuß sind unverzüglich von den nach Absatz 1 getroffenen Maßnahmen zu unterrichten.

Artikel 115g (Bundesverfassungsgericht)

Die verfassungsmäßige Stellung und die Erfüllung der verfassungsmäßigen Aufgaben des Bundesverfassungsgerichtes und seiner Richter dürfen nicht beeinträchtigt werden. Das Gesetz über das Bundesverfassungsgericht darf durch ein Gesetz des Gemeinsamen Ausschusses nur insoweit geändert werden, als dies auch nach Auffassung des Bundesverfassungsgerichtes zur Aufrechterhaltung der Funktionsfähigkeit des Gerichtes erforderlich ist. Bis zum Erlaß eines solchen Gesetzes kann das Bundesverfassungsgericht die zur Erhaltung der Arbeitsfähigkeit des Gerichtes erforderlichen Maßnahmen treffen. Beschlüsse nach Satz 2 und Satz 3 faßt das Bundesverfassungsgericht mit der Mehrheit der anwesenden Richter.

Artikel 115h (Ablauf von Wahlperioden, Amtszeiten)

(1) Während des Verteidigungsfalles ablaufende Wahlperioden des Bundestages oder der Volksvertretungen der Länder enden sechs Monate nach Beendigung des Verteidigungsfalles. Die im Verteidigungsfalle ablaufende Amtszeit des Bundespräsidenten sowie bei vorzeitiger Erledigung seines Amtes die Wahrnehmung seiner Befugnisse durch den Präsidenten des Bundesrates enden neun Monate nach Beendigung des Verteidigungsfalles. Die im Verteidigungsfalle ablaufende Amtszeit eines Mitgliedes des Bundesverfassungsgerichtes endet sechs Monate nach Beendigung des Verteidigungsfalles.

(2) Wird eine Neuwahl des Bundeskanzlers durch den Gemeinsamen Ausschuß erforderlich, so wählt dieser einen neuen Bundes-

kanzler mit der Mehrheit seiner Mitglieder; der Bundespräsident macht dem Gemeinsamen Ausschuß einen Vorschlag. Der Gemeinsame Ausschuß kann dem Bundeskanzler das Mißtrauen nur dadurch aussprechen, daß er mit der Mehrheit von zwei Dritteln seiner Mitglieder einen Nachfolger wählt.

(3) Für die Dauer des Verteidigungsfalles ist die Auflösung des Bundestages ausgeschlossen.

Artikel 115i (Befugnisse der Landesregierungen)

(1) Sind die zuständigen Bundesorgane außerstande, die notwendigen Maßnahmen zur Abwehr der Gefahr zu treffen, und erfordert die Lage unabweisbar ein sofortiges selbständiges Handeln in einzelnen Teilen des Bundesgebietes, so sind die Landesregierungen oder die von ihnen bestimmten Behörden oder Beauftragten befugt, für ihren Zuständigkeitsbereich Maßnahmen im Sinne des Artikels 115f Abs. 1 zu treffen.

(2) Maßnahmen nach Absatz 1 können durch die Bundesregierung, im Verhältnis zu Landesbehörden und nachgeordneten Bundesbehörden auch durch die Ministerpräsidenten der Länder jederzeit aufgehoben werden.

Artikel 115k (Außer-Kraft-Treten von Gesetzen und Rechtsverordnungen)

(1) Für die Dauer ihrer Anwendbarkeit setzen Gesetze nach den Artikeln 115c, 115e und 115g und Rechtsverordnungen, die auf Grund solcher Gesetze ergehen, entgegenstehendes Recht außer Anwendung. Dies gilt nicht gegenüber früherem Recht, das auf Grund der Artikel 115c, 115e und 115g erlassen worden ist.

(2) Gesetze, die der Gemeinsame Ausschuß beschlossen hat, und Rechtsverordnungen, die auf Grund solcher Gesetze ergangen sind, treten spätestens sechs Monate nach Beendigung des Verteidigungsfalles außer Kraft.

(3) Gesetze, die von den Artikeln 91a, 91b, 104a, 106 und 107 abweichende Regelungen enthalten, gelten längstens bis zum Ende des zweiten Rechnungsjahres, das auf die Beendigung des Verteidigungsfalles folgt. Sie können nach Beendigung des Verteidigungsfalles durch Bundesgesetz mit Zustimmung des Bundesrates geändert werden, um zu der Regelung gemäß den Abschnitten VIIIa und X überzuleiten.

Artikel 115l (Beendigung des Verteidigungsfalles)

(1) Der Bundestag kann jederzeit mit Zustimmung des Bundesrates Gesetze des Gemeinsamen Ausschusses aufheben. Der Bundesrat kann verlangen, daß der Bundestag hierüber beschließt. Sonstige zur Abwehr der Gefahr getroffene Maßnahmen des Gemeinsamen Ausschusses oder der Bundesregierung sind aufzuheben, wenn der Bundestag und der Bundesrat es beschließen.

(2) Der Bundestag kann mit Zustimmung des Bundesrates jederzeit durch einen vom Bundespräsidenten zu verkündenden Beschluß den Verteidigungsfall für beendet erklären. Der Bundesrat kann verlangen, daß der Bundestag hierüber beschließt. Der Verteidigungsfall ist unverzüglich für beendet zu erklären, wenn die Voraussetzungen für seine Feststellung nicht mehr gegeben sind.

(3) Über den Friedensschluß wird durch Bundesgesetz entschieden.

XI. Übergangs- und Schlußbestimmungen

Artikel 116 (Begriff „Deutscher"; Wiedereinbürgerung)

(1) Deutscher im Sinne dieses Grundgesetzes ist vorbehaltlich anderweitiger gesetzlicher Regelung, wer die deutsche Staatsangehörigkeit besitzt oder als Flüchtling oder Vertriebener deutscher Volkszugehörigkeit oder als dessen Ehegatte oder Abkömmling in dem Gebiete des Deutschen Reiches nach dem Stande vom 31. Dezember 1937 Aufnahme gefunden hat.

(2) Frühere deutsche Staatsangehörige, denen zwischen dem 30. Januar 1933 und dem 8. Mai 1945 die Staatsangehörigkeit aus politischen, rassischen oder religiösen Gründen entzogen worden ist, und ihre Abkömmlinge sind auf Antrag wieder einzubürgern. Sie

gelten als nicht ausgebürgert, sofern sie nach dem 8. Mai 1945 ihren Wohnsitz in Deutschland genommen haben und nicht einen entgegengesetzten Willen zum Ausdruck gebracht haben.

Artikel 117 (Übergangsregelung für Artikel 3 und Artikel 11)

(1) Das dem Artikel 3 Abs. 2 entgegenstehende Recht bleibt bis zu seiner Anpassung an diese Bestimmung des Grundgesetzes in Kraft, jedoch nicht länger als bis zum 31. März 1953.

(2) Gesetze, die das Recht der Freizügigkeit mit Rücksicht auf die gegenwärtige Raumnot einschränken, bleiben bis zu ihrer Aufhebung durch Bundesgesetz in Kraft.

Artikel 118 (Neugliederung von Baden-Württemberg)

Die Neugliederung in dem die Länder Baden, Württemberg-Baden und Württemberg-Hohenzollern umfassenden Gebiete kann abweichend von den Vorschriften des Artikels 29 durch Vereinbarung der beteiligten Länder erfolgen. Kommt eine Vereinbarung nicht zustande, so wird die Neugliederung durch Bundesgesetz geregelt, das eine Volksbefragung vorsehen muß.

Artikel 118a (Neugliederung Berlin/Brandenburg)

Die Neugliederung in dem die Länder Berlin und Brandenburg umfassenden Gebiet kann abweichend von den Vorschriften des Artikels 29 unter Beteiligung ihrer Wahlberechtigten durch Vereinbarung beider Länder erfolgen.

Artikel 119 (Flüchtlinge und Vertriebene)

In Angelegenheiten der Flüchtlinge und Vertriebenen, insbesondere zu ihrer Verteilung auf die Länder, kann bis zu einer bundesgesetzlichen Regelung die Bundesregierung mit Zustimmung des Bundesrates Verordnungen mit Gesetzeskraft erlassen. Für besondere Fälle kann dabei die Bundesregierung ermächtigt werden, Einzelweisungen zu erteilen. Die Weisungen sind außer bei Gefahr im Verzuge an die obersten Landesbehörden zu richten.

Artikel 120 (Besatzungskosten, Kriegsfolgelasten, Soziallasten)

(1) Der Bund trägt die Aufwendungen für Besatzungskosten und die sonstigen inneren und äußeren Kriegsfolgelasten nach näherer Bestimmung von Bundesgesetzen. Soweit diese Kriegsfolgelasten bis zum 1. Oktober 1969 durch Bundesgesetze geregelt worden sind, tragen Bund und Länder im Verhältnis zueinander die Aufwendungen nach Maßgabe dieser Bundesgesetze. Soweit Aufwendungen für Kriegsfolgelasten, die in Bundesgesetzen weder geregelt worden sind noch geregelt werden, bis zum 1. Oktober 1965 von den Ländern, Gemeinden (Gemeindeverbänden) oder sonstigen Aufgabenträgern, die Aufgaben von Ländern oder Gemeinden erfüllen, erbracht worden sind, ist der Bund zur Übernahme von Aufwendungen dieser Art auch nach diesem Zeitpunkt nicht verpflichtet. Der Bund trägt die Zuschüsse zu den Lasten der Sozialversicherung mit Einschluß der Arbeitslosenversicherung und der Arbeitslosenhilfe. Die durch diesen Absatz geregelte Verteilung der Kriegsfolgelasten auf Bund und Länder läßt die gesetzliche Regelung von Entschädigungsansprüchen für Kriegsfolgen unberührt.

(2) Die Einnahmen gehen auf den Bund zu demselben Zeitpunkte über, an dem der Bund die Ausgaben übernimmt.

Artikel 120a (Lastenausgleich)

(1) Die Gesetze, die der Durchführung des Lastenausgleichs dienen, können mit Zustimmung des Bundesrates bestimmen, daß sie auf dem Gebiete der Ausgleichsleistungen teils durch den Bund, teils im Auftrage des Bundes durch die Länder ausgeführt werden und daß die der Bundesregierung und den zuständigen obersten Bundesbehörden auf Grund des Artikels 85 insoweit zustehenden Befugnisse ganz oder teilweise dem Bundesausgleichsamt übertragen werden. Das Bundesausgleichsamt bedarf bei Ausübung dieser Befugnisse nicht der Zustimmung des Bundesrates; seine Weisungen sind, abgesehen von den Fällen der Dringlichkeit, an die obersten Landesbehörden (Landesausgleichsämter) zu richten.

(2) Artikel 87 Abs. 3 Satz 2 bleibt unberührt.

Artikel 121 (Begriff „Mehrheit")

Mehrheit der Mitglieder des Bundestages und der Bundesversammlung im Sinne dieses Grundgesetzes ist die Mehrheit ihrer gesetzlichen Mitgliederzahl.

Artikel 122 (Aufhebung früherer Gesetzgebungszuständigkeiten)

(1) Vom Zusammentritt des Bundestages an werden die Gesetze ausschließlich von den in diesem Grundgesetze anerkannten gesetzgebenden Gewalten beschlossen.

(2) Gesetzgebende und bei der Gesetzgebung beratend mitwirkende Körperschaften, deren Zuständigkeit nach Absatz 1 endet, sind mit diesem Zeitpunkt aufgelöst.

Artikel 123 (Fortgelten bisherigen Rechts; Staatsverträge)

(1) Recht aus der Zeit vor dem Zusammentritt des Bundestages gilt fort, soweit es dem Grundgesetze nicht widerspricht.

(2) Die vom Deutschen Reich abgeschlossenen Staatsverträge, die sich auf Gegenstände beziehen, für die nach diesem Grundgesetze die Landesgesetzgebung zuständig ist, bleiben, wenn sie nach allgemeinen Rechtsgrundsätzen gültig sind und fortgelten, unter Vorbehalt aller Rechte und Einwendungen der Beteiligten in Kraft, bis neue Staatsverträge durch die nach diesem Grundgesetze zuständigen Stellen abgeschlossen werden oder ihre Beendigung auf Grund der in ihnen enthaltenen Bestimmungen anderweitig erfolgt.

Artikel 124 (Fortgelten bei ausschließlicher Gesetzgebung)

Recht, das Gegenstände der ausschließlichen Gesetzgebung des Bundes betrifft, wird innerhalb seines Geltungsbereiches Bundesrecht.

Artikel 125 (Fortgelten bei konkurrierender Gesetzgebung)

Recht, das Gegenstände der konkurrierenden Gesetzgebung des Bundes betrifft, wird innerhalb seines Geltungsbereiches Bundesrecht,

1. soweit es innerhalb einer oder mehrerer Besatzungszonen einheitlich gilt,
2. soweit es sich um Recht handelt, durch das nach dem 8. Mai 1945 früheres Reichsrecht abgeändert worden ist.

Artikel 125a (Übergangsregelung bei Kompetenzänderung)

(1) Recht, das als Bundesrecht erlassen worden ist, aber wegen der Änderung des Artikels 74 Abs. 1, der Einfügung des Artikels 84 Abs. 1 Satz 7, des Artikels 85 Abs. 1 Satz 2 oder des Artikels 105 Abs. 2a Satz 2 oder wegen der Aufhebung der Artikel 74a, 75 oder 98 Abs. 3 Satz 2 nicht mehr als Bundesrecht erlassen werden könnte, gilt als Bundesrecht fort. Es kann durch Landesrecht ersetzt werden.

(2) Recht, das auf Grund des Artikels 72 Abs. 2 in der bis zum 15. November 1994 geltenden Fassung erlassen worden ist, aber wegen Änderung des Artikels 72 Abs. 2 nicht mehr als Bundesrecht erlassen werden könnte, gilt als Bundesrecht fort. Durch Bundesgesetz kann bestimmt werden, dass es durch Landesrecht ersetzt werden kann.

(3) Recht, das als Landesrecht erlassen worden ist, aber wegen Änderung des Artikels 73 nicht mehr als Landesrecht erlassen werden könnte, gilt als Landesrecht fort. Es kann durch Bundesrecht ersetzt werden.

Artikel 125b (Überleitung Föderalismusreform)

(1) Recht, das auf Grund des Artikels 75 in der bis zum 1. September 2006 geltenden Fassung erlassen worden ist und das auch nach diesem Zeitpunkt als Bundesrecht erlassen werden könnte, gilt als Bundesrecht fort. Befugnisse und Verpflichtungen der Länder zur Gesetzgebung bleiben insoweit bestehen. Auf den in Artikel 72 Abs. 3 Satz 1 genannten Gebieten können die Länder von diesem Recht abweichende Regelungen treffen, auf den Gebieten des Artikels 72 Abs. 3 Satz 1 Nr. 2, 5 und 6 jedoch erst, wenn und soweit der Bund ab dem 1. September 2006 von seiner Gesetzgebungszuständigkeit Gebrauch gemacht hat, in den Fällen der Nummern 2 und 5 spätestens ab dem 1. Januar 2010, im Falle der Nummer 6 spätestens ab dem 1. August 2008.

(2) Von bundesgesetzlichen Regelungen, die auf Grund des Artikels 84 Abs. 1 in der vor dem 1. September 2006 geltenden Fassung erlassen worden sind, können die Länder abweichende Regelungen treffen, von Regelungen des Verwaltungsverfahrens bis zum 31. Dezember 2008 aber nur dann, wenn ab dem 1. September 2006 in dem jeweiligen Bundesgesetz Regelungen des Verwaltungsverfahrens geändert worden sind.

(3) Auf dem Gebiet des Artikels 72 Absatz 3 Satz 1 Nummer 7 darf abweichendes Landesrecht der Erhebung der Grundsteuer frühestens für Zeiträume ab dem 1. Januar 2025 zugrunde gelegt werden.

Artikel 125c (Überleitung Föderalismusreform)

(1) Recht, das auf Grund des Artikels 91a Abs. 2 in Verbindung mit Abs. 1 Nr. 1 in der bis zum 1. September 2006 geltenden Fassung erlassen worden ist, gilt bis zum 31. Dezember 2006 fort.

(2) Die nach Artikel 104a Abs. 4 in der bis zum 1. September 2006 geltenden Fassung in den Bereichen der Gemeindeverkehrsfinanzierung und der sozialen Wohnraumförderung geschaffenen Regelungen gelten bis zum 31. Dezember 2006 fort. Die im Bereich der Gemeindeverkehrsfinanzierung für die besonderen Programme nach § 6 Absatz 1 des Gemeindeverkehrsfinanzierungsgesetzes sowie die mit dem Gesetz über Finanzhilfen des Bundes nach Artikel 104a Absatz 4 des Grundgesetzes an die Länder Bremen, Hamburg, Mecklenburg-Vorpommern, Niedersachsen sowie Schleswig-Holstein für Seehäfen vom 20. Dezember 2001 nach Artikel 104a Absatz 4 in der bis zum 1. September 2006 geltenden Fassung geschaffenen Regelungen gelten bis zu ihrer Aufhebung fort. Eine Änderung des Gemeindeverkehrsfinanzierungsgesetzes durch Bundesgesetz ist zulässig. Die sonstigen nach Artikel 104a Absatz 4 in der bis zum 1. September 2006 geltenden Fassung geschaffenen Regelungen gelten bis zum 31. Dezember 2019 fort, soweit nicht ein früherer Zeitpunkt für das Außerkrafttreten bestimmt ist oder wird. Artikel 104b Absatz 2 Satz 4 gilt entsprechend.

(3) Artikel 104b Absatz 2 Satz 5 ist erstmals auf nach dem 31. Dezember 2019 in Kraft getretene Regelungen anzuwenden.

Artikel 126 (Zweifel über Fortgelten von Recht)

Meinungsverschiedenheiten über das Fortgelten von Recht als Bundesrecht entscheidet das Bundesverfassungsgericht.

Artikel 127 (Recht des Vereinigten Wirtschaftsgebietes)

Die Bundesregierung kann mit Zustimmung der Regierungen der beteiligten Länder Recht der Verwaltung des Vereinigten Wirtschaftsgebietes, soweit es nach Artikel 124 oder 125 als Bundesrecht fortgilt, innerhalb eines Jahres nach Verkündung dieses Grundgesetzes in den Ländern Baden, Groß-Berlin, Rheinland-Pfalz und Württemberg-Hohenzollern in Kraft setzen.

Artikel 128 (Fortbestehen von Weisungsrechten)

Soweit fortgeltendes Recht Weisungsrechte im Sinne des Artikels 84 Abs. 5 vorsieht, bleiben sie bis zu einer anderweitigen gesetzlichen Regelung bestehen.

Artikel 129 (Fortgelten von Ermächtigungen)

(1) Soweit in Rechtsvorschriften, die als Bundesrecht fortgelten, eine Ermächtigung zum Erlasse von Rechtsverordnungen oder allgemeinen Verwaltungsvorschriften sowie zur Vornahme von Verwaltungsakten enthalten ist, geht sie auf die nunmehr sachlich zuständigen Stellen über. In Zweifelsfällen entscheidet die Bundesregierung im Einvernehmen mit dem Bundesrate; die Entscheidung ist zu veröffentlichen.

(2) Soweit in Rechtsvorschriften, die als Landesrecht fortgelten, eine solche Ermächtigung enthalten ist, wird sie von den nach Landesrecht zuständigen Stellen ausgeübt.

(3) Soweit Rechtsvorschriften im Sinne der Absätze 1 und 2 zu ihrer Änderung oder Ergänzung oder zum Erlaß von Rechtsvorschrif-

ten an Stelle von Gesetzen ermächtigen, sind diese Ermächtigungen erloschen.

(4) Die Vorschriften der Absätze 1 und 2 gelten entsprechend, soweit in Rechtsvorschriften auf nicht mehr geltende Vorschriften oder nicht mehr bestehende Einrichtungen verwiesen ist.

Artikel 130 (Körperschaften des öffentlichen Rechts)

(1) Verwaltungsorgane und sonstige der öffentlichen Verwaltung oder Rechtspflege dienende Einrichtungen, die nicht auf Landesrecht oder Staatsverträgen zwischen Ländern beruhen, sowie die Betriebsvereinigung der südwestdeutschen Eisenbahnen und der Verwaltungsrat für das Post- und Fernmeldewesen für das französische Besatzungsgebiet unterstehen der Bundesregierung. Diese regelt mit Zustimmung des Bundesrates die Überführung, Auflösung oder Abwicklung.

(2) Oberster Disziplinarvorgesetzter der Angehörigen dieser Verwaltungen und Einrichtungen ist der zuständige Bundesminister.

(3) Nicht landesunmittelbare und nicht auf Staatsverträgen zwischen den Ländern beruhende Körperschaften und Anstalten des öffentlichen Rechtes unterstehen der Aufsicht der zuständigen obersten Bundesbehörde.

Artikel 131 (Frühere Angehörige des öffentlichen Dienstes)

Die Rechtsverhältnisse von Personen einschließlich der Flüchtlinge und Vertriebenen, die am 8. Mai 1945 im öffentlichen Dienste standen, aus anderen als beamten- oder tarifrechtlichen Gründen ausgeschieden sind und bisher nicht oder nicht ihrer früheren Stellung entsprechend verwendet werden, sind durch Bundesgesetz zu regeln. Entsprechendes gilt für Personen einschließlich der Flüchtlinge und Vertriebenen, die am 8. Mai 1945 versorgungsberechtigt waren und aus anderen als beamten- oder tarifrechtlichen Gründen keine oder keine entsprechende Versorgung mehr erhalten. Bis zum Inkrafttreten des Bundesgesetzes können vorbehaltlich anderweitiger landesrechtlicher Regelung Rechtsansprüche nicht geltend gemacht werden.

Artikel 132 (gegenstandslos)

Artikel 133 (Vereinigtes Wirtschaftsgebiet, Rechtsnachfolge)

Der Bund tritt in die Rechte und Pflichten der Verwaltung des Vereinigten Wirtschaftsgebietes ein.

Artikel 134 (Reichsvermögen, Rechtsnachfolge)

(1) Das Vermögen des Reiches wird grundsätzlich Bundesvermögen.

(2) Soweit es nach seiner ursprünglichen Zweckbestimmung überwiegend für Verwaltungsaufgaben bestimmt war, die nach diesem Grundgesetze nicht Verwaltungsaufgaben des Bundes sind, ist es unentgeltlich auf die nunmehr zuständigen Aufgabenträger und, soweit es nach seiner gegenwärtigen, nicht nur vorübergehenden Benutzung Verwaltungsaufgaben dient, die nach diesem Grundgesetze nunmehr von den Ländern zu erfüllen sind, auf die Länder zu übertragen. Der Bund kann auch sonstiges Vermögen den Ländern übertragen.

(3) Vermögen, das dem Reich von den Ländern und Gemeinden (Gemeindeverbänden) unentgeltlich zur Verfügung gestellt wurde, wird wiederum Vermögen der Länder und Gemeinden (Gemeindeverbände), soweit es nicht der Bund für eigene Verwaltungsaufgaben benötigt.

(4) Das Nähere regelt ein Bundesgesetz, das der Zustimmung des Bundesrates bedarf.

Artikel 135 (Gebietsänderungen, Rechtsnachfolge)

(1) Hat sich nach dem 8. Mai 1945 bis zum Inkrafttreten dieses Grundgesetzes die Landeszugehörigkeit eines Gebietes geändert, so steht in diesem Gebiete das Vermögen des Landes, dem das Gebiet angehört hat, dem Lande zu, dem es jetzt angehört.

(2) Das Vermögen nicht mehr bestehender Länder und nicht mehr bestehender anderer Körperschaften und Anstalten des öffentlichen Rechtes geht, soweit es nach seiner ursprünglichen Zweckbestimmung überwiegend für Verwaltungsaufgaben bestimmt

war, oder nach seiner gegenwärtigen, nicht nur vorübergehenden Benutzung überwiegend Verwaltungsaufgaben dient, auf das Land oder die Körperschaft oder Anstalt des öffentlichen Rechtes über, die nunmehr diese Aufgaben erfüllen.

(3) Grundvermögen nicht mehr bestehender Länder geht einschließlich des Zubehörs, soweit es nicht bereits zu Vermögen im Sinne des Absatzes 1 gehört, auf das Land über, in dessen Gebiet es gelegen ist.

(4) Sofern ein überwiegendes Interesse des Bundes oder das besondere Interesse eines Gebietes es erfordert, kann durch Bundesgesetz eine von den Absätzen 1 bis 3 abweichende Regelung getroffen werden.

(5) Im übrigen wird die Rechtsnachfolge und die Auseinandersetzung, soweit sie nicht bis zum 1. Januar 1952 durch Vereinbarung zwischen den beteiligten Ländern oder Körperschaften oder Anstalten des öffentlichen Rechtes erfolgt, durch Bundesgesetz geregelt, das der Zustimmung des Bundesrates bedarf.

(6) Beteiligungen des ehemaligen Landes Preußen an Unternehmen des privaten Rechtes gehen auf den Bund über. Das Nähere regelt ein Bundesgesetz, das auch Abweichendes bestimmen kann.

(7) Soweit über Vermögen, das einem Lande oder einer Körperschaft oder Anstalt des öffentlichen Rechtes nach den Absätzen 1 bis 3 zufallen würde, von dem danach Berechtigten durch ein Landesgesetz, auf Grund eines Landesgesetzes oder in anderer Weise bei Inkrafttreten des Grundgesetzes verfügt worden war, gilt der Vermögensübergang als vor der Verfügung erfolgt.

IX

Artikel 135a (Erfüllung alter Verbindlichkeiten)

(1) Durch die in Artikel 134 Absatz 4 und Artikel 135 Absatz 5 vorbehaltene Gesetzgebung des Bundes kann auch bestimmt werden, daß nicht oder nicht in voller Höhe zu erfüllen sind

1. Verbindlichkeiten des Reiches sowie Verbindlichkeiten des ehemaligen Landes Preußen und sonstiger nicht mehr bestehender Körperschaften und Anstalten des öffentlichen Rechts,
2. Verbindlichkeiten des Bundes oder anderer Körperschaften und Anstalten des öffentlichen Rechts, welche mit dem Übergang von Vermögenswerten nach Artikel 89, 90, 134 und 135 im Zusammenhang stehen, und Verbindlichkeiten dieser Rechtsträger, die auf Maßnahmen der in Nummer 1 bezeichneten Rechtsträger beruhen,
3. Verbindlichkeiten der Länder und Gemeinden (Gemeindeverbände), die aus Maßnahmen entstanden sind, welche diese Rechtsträger vor dem 1. August 1945 zur Durchführung von Anordnungen der Besatzungsmächte oder zur Beseitigung eines kriegsbedingten Notstandes im Rahmen dem Reich obliegender oder vom Reich übertragener Verwaltungsaufgaben getroffen haben.

(2) Absatz 1 findet entsprechende Anwendung auf Verbindlichkeiten der Deutschen Demokratischen Republik oder ihrer Rechtsträger sowie auf Verbindlichkeiten des Bundes oder anderer Körperschaften und Anstalten des öffentlichen Rechts, die mit dem Übergang von Vermögenswerten der Deutschen Demokratischen Republik auf Bund, Länder und Gemeinden im Zusammenhang stehen, und auf Verbindlichkeiten, die auf Maßnahmen der Deutschen Demokratischen Republik oder ihrer Rechtsträger beruhen.

Artikel 136 (Erster Zusammentritt des Bundesrates)

(1) Der Bundesrat tritt erstmalig am Tage des ersten Zusammentritts des Bundestages zusammen.

(2) Bis zur Wahl des ersten Bundespräsidenten werden dessen Befugnisse von dem Präsidenten des Bundesrates ausgeübt. Das Recht der Auflösung des Bundestages steht ihm nicht zu.

Artikel 137 (Wählbarkeit von Beamten, Soldaten und Richtern)

(1) Die Wählbarkeit von Beamten, Angestellten des öffentlichen Dienstes, Berufssoldaten, freiwilligen Soldaten auf Zeit und Rich-

tern im Bund, in den Ländern und den Gemeinden kann gesetzlich beschränkt werden.

(2) und (3) (gegenstandslos)

Artikel 138 (Notariat)

Änderungen der Einrichtungen des jetzt bestehenden Notariats in den Ländern Baden, Bayern, Württemberg-Baden und Württemberg-Hohenzollern bedürfen der Zustimmung der Regierungen dieser Länder.

Statt Baden, Württemberg-Baden und Württemberg-Hohenzollern: Baden-Württemberg.

Artikel 139 (Befreiungsgesetze)

Die zur „Befreiung des deutschen Volkes vom Nationalsozialismus und Militarismus" erlassenen Rechtsvorschriften werden von den Bestimmungen dieses Grundgesetzes nicht berührt.

Artikel 140 (Religionsfreiheit, Religionsgesellschaften)

Die Bestimmungen der Artikel 136, 137, 138, 139 und 141 der Deutschen Verfassung vom 11. August 1919 sind Bestandteile dieses Grundgesetzes.

Die Bestimmungen der **Weimarer Reichsverfassung** lauten:

Artikel 136

(1) Die bürgerlichen und staatsbürgerlichen Rechte und Pflichten werden durch die Ausübung der Religionsfreiheit weder bedingt noch beschränkt.

(2) Der Genuß bürgerlicher und staatsbürgerlicher Rechte sowie die Zulassung zu öffentlichen Ämtern sind unabhängig von dem religiösen Bekenntnis.

(3) Niemand ist verpflichtet, seine religiöse Überzeugung zu offenbaren. Die Behörden haben nur soweit das Recht, nach der Zugehörigkeit zu einer Religionsgesellschaft zu fragen, als davon Rechte und Pflichten abhängen oder eine gesetzlich angeordnete statistische Erhebung dies erfordert.

(4) Niemand darf zu einer kirchlichen Handlung oder Feierlichkeit oder zur Teilnahme an religiösen Übungen oder zur Benutzung einer religiösen Eidesform gezwungen werden.

Artikel 137

(1) Es besteht keine Staatskirche.

(2) Die Freiheit der Vereinigung zur Religionsgesellschaften wird gewährleistet. Der Zusammenschluß von Religionsgesellschaften innerhalb des Reichsgebiets unterliegt keinen Beschränkungen.

(3) Jede Religionsgesellschaft ordnet und verwaltet ihre Angelegenheiten selbständig innerhalb der Schranken des für alle geltenden Gesetzes. Sie verleiht ihre Ämter ohne Mitwirkung des Staates oder der bürgerlichen Gemeinde.

(4) Religionsgesellschaften erwerben die Rechtsfähigkeit nach den allgemeinen Vorschriften des bürgerlichen Rechts.

(5) Die Religionsgesellschaften bleiben Körperschaften des öffentlichen Rechtes, soweit sie solche bisher waren. Anderen Religionsgesellschaften sind auf ihren Antrag gleiche Rechte zu gewähren, wenn sie durch ihre Verfassung und die Zahl ihrer Mitglieder die Gewähr der Dauer bieten. Schließen sich mehrere derartige öffentlich-rechtliche Religionsgesellschaften zu einem Verbande zusammen, so ist auch dieser Verband eine öffentlich-rechtliche Körperschaft.

(6) Die Religionsgesellschaften, welche Körperschaften des öffentlichen Rechtes sind, sind berechtigt, auf Grund der bürgerlichen Steuerlisten nach Maßgabe der landesrechtlichen Bestimmungen Steuern zu erheben.

(7) Den Religionsgesellschaften werden die Vereinigungen gleichgestellt, die sich die gemeinschaftliche Pflege einer Weltanschauung zur Aufgabe machen.

(8) Soweit die Durchführung dieser Bestimmungen eine weitere Regelung erfordert, liegt diese der Landesgesetzgebung ob.

Artikel 138

(1) Die auf Gesetz, Vertrag oder besonderen Rechtstiteln beruhenden Staatsleistungen an die Religionsgesellschaften werden durch die Landesgesetzgebung abgelöst. Die Grundsätze hierfür stellt das Reich auf.

(2) Das Eigentum und andere Rechte der Religionsgesellschaften und religiösen Vereine an ihren für Kultus-, Unterrichts- und Wohltätigkeitszwecke bestimmten Anstalten, Stiftungen und sonstigen Vermögen werden gewährleistet.

Artikel 139

Der Sonntag und die staatlich anerkannten Feiertage bleiben als Tage der Arbeitsruhe und der seelischen Erhebung gesetzlich geschützt.

Artikel 141

Soweit das Bedürfnis nach Gottesdienst und Seelsorge im Heer, in Krankenhäusern, Strafanstalten oder sonstigen öffentlichen Anstalten besteht, sind die Religionsgesellschaften zur Vornahme religiöser Handlungen zuzulassen, wobei jeder Zwang fernzuhalten ist.

Artikel 141 (Landesrechtliche Regelung des Religionsunterrichts)

Artikel 7 Abs. 3 Satz 1 findet keine Anwendung in einem Lande, in dem am 1. Januar 1949 eine andere landesrechtliche Regelung bestand.

Artikel 142 (Grundrechte in Landesverfassungen)

Ungeachtet der Vorschrift des Artikels 31 bleiben Bestimmungen der Landesverfassungen auch insoweit in Kraft, als sie in Übereinstimmung mit den Artikeln 1 bis 18 dieses Grundgesetzes Grundrechte gewährleisten.

Artikel 143 (Abweichungen vom Grundgesetz aufgrund Einigungsvertrag)

(1) Recht in dem in Artikel 3 des Einigungsvertrags genannten Gebiet kann längstens bis zum 31. Dezember 1992 von Bestimmungen dieses Grundgesetzes abweichen, soweit und solange infolge der unterschiedlichen Verhältnisse die völlige Anpassung an die grundgesetzliche Ordnung noch nicht erreicht werden kann. Abweichungen dürfen nicht gegen Artikel 19 Abs. 2 verstoßen und müssen mit den in Artikel 79 Abs. 3 genannten Grundsätzen vereinbar sein.

(2) Abweichungen von den Abschnitten II, VIII, VIIIa, IX, X und XI sind längstens bis zum 31. Dezember 1995 zulässig.

(3) Unabhängig von Absatz 1 und 2 haben Artikel 41 des Einigungsvertrags und Regelungen zu seiner Durchführung auch insoweit Bestand, als sie vorsehen, daß Eingriffe in das Eigentum auf dem in Artikel 3 dieses Vertrags genannten Gebiet nicht mehr rückgängig gemacht werden.

IX

Artikel 143a (Umwandlung der Bundeseisenbahnen)

(1) Der Bund hat die ausschließliche Gesetzgebung über alle Angelegenheiten, die sich aus der Umwandlung der in bundeseigener Verwaltung geführten Bundeseisenbahnen in Wirtschaftsunternehmen ergeben. Artikel 87e Abs. 5 findet entsprechende Anwendung. Beamte der Bundeseisenbahnen können durch Gesetz unter Wahrung ihrer Rechtsstellung und der Verantwortung des Dienstherrn einer privat-rechtlich organisierten Eisenbahn des Bundes zur Dienstleistung zugewiesen werden.

(2) Gesetze nach Absatz 1 führt der Bund aus.

(3) Die Erfüllung der Aufgaben im Bereich des Schienenpersonennahverkehrs der bisherigen Bundeseisenbahnen ist bis zum 31. Dezember 1995 Sache des Bundes. Dies gilt auch für die entsprechenden Aufgaben der Eisenbahnverkehrsverwaltung. Das Nähere wird durch Bundesgesetz geregelt, das der Zustimmung des Bundesrates bedarf.

Artikel 143b (Umwandlung der Bundespost)

(1) Das Sondervermögen Deutsche Bundespost wird nach Maßgabe eines Bundesgesetzes in Unternehmen privater Rechtsform umgewandelt. Der Bund hat die ausschließliche Gesetzgebung über alle sich hieraus ergebenden Angelegenheiten.

(2) Die vor der Umwandlung bestehenden ausschließlichen Rechte des Bundes können durch Bundesgesetz für eine Übergangszeit den aus der Deutschen Bundespost POSTDIENST und der Deutschen Bundespost TELEKOM hervorgegangenen Unternehmen verliehen werden. Die Kapitalmehrheit am Nachfolgeunternehmen der Deutschen Bundespost POSTDIENST darf der Bund frühestens fünf Jahre nach Inkrafttreten des Gesetzes aufgeben. Dazu bedarf es eines Bundesgesetzes mit Zustimmung des Bundesrates.

(3) Die bei der Deutschen Bundespost tätigen Bundesbeamten werden unter Wahrung ihrer Rechtsstellung und der Verantwortung des Dienstherrn bei den privaten Unternehmen beschäftigt. Die Unternehmen üben Dienstherrnbefugnisse aus. Das Nähere bestimmt ein Bundesgesetz.

Artikel 143c (Beträge aus dem Bundeshaushalt)

(1) Den Ländern stehen ab dem 1. Januar 2007 bis zum 31. Dezember 2019 für den durch die Abschaffung der Gemeinschaftsaufgaben Ausbau und Neubau von Hochschulen einschließlich Hochschulkliniken und Bildungsplanung sowie für den durch die Abschaffung der Finanzhilfen zur Verbesserung der Ver-

kehrsverhältnisse der Gemeinden und zur sozialen Wohnraumförderung bedingten Wegfall der Finanzierungsanteile des Bundes jährlich Beträge aus dem Haushalt des Bundes zu. Bis zum 31. Dezember 2013 werden diese Beträge aus dem Durchschnitt der Finanzierungsanteile des Bundes im Referenzzeitraum 2000 bis 2008 ermittelt.

(2) Die Beträge nach Absatz 1 werden auf die Länder bis zum 31. Dezember 2013 wie folgt verteilt:

1. als jährliche Festbeträge, deren Höhe sich nach dem Durchschnittsanteil eines jeden Landes im Zeitraum 2000 bis 2003 errechnet;
2. jeweils zweckgebunden an den Aufgabenbereich der bisherigen Mischfinanzierungen.

(3) Bund und Länder überprüfen bis Ende 2013, in welcher Höhe die den Ländern nach Absatz 1 zugewiesenen Finanzierungsmittel zur Aufgabenerfüllung der Länder noch angemessen und erforderlich sind. Ab dem 1. Januar 2014 entfällt die nach Absatz 2 Nr. 2 vorgesehene Zweckbindung der nach Absatz 1 zugewiesenen Finanzierungsmittel; die investive Zweckbindung des Mittelvolumens bleibt bestehen. Die Vereinbarungen aus dem Solidarpakt II bleiben unberührt.

(4) Das Nähere regelt ein Bundesgesetz, das der Zustimmung des Bundesrates bedarf.

Artikel 143d (Haushaltswirtschaft, Schuldenbremse)

(1) Artikel 109 und 115 in der bis zum 31. Juli 2009 geltenden Fassung sind letztmals auf das Haushaltsjahr 2010 anzuwenden. Artikel 109 und 115 in der ab dem 1. August 2009 geltenden Fassung sind erstmals für das Haushaltsjahr 2011 anzuwenden; am 31. Dezember 2010 bestehende Kreditermächtigungen für bereits eingerichtete Sondervermögen bleiben unberührt. Die Länder dürfen im Zeitraum vom 1. Januar 2011 bis zum 31. Dezember 2019 nach Maßgabe der geltenden landesrechtlichen Regelungen von den Vorgaben des Artikels 109 Absatz 3 abweichen. Die Haushalte der Länder sind so aufzustellen, dass im Haushaltsjahr 2020 die Vorgabe aus Artikel 109 Absatz 3 Satz 5 erfüllt wird. Der Bund kann im Zeitraum vom 1. Januar 2011 bis zum 31. Dezember 2015 von der Vorgabe des Artikels 115 Absatz 2 Satz 2 abweichen. Mit dem Abbau des bestehenden Defizits soll im Haushaltsjahr 2011 begonnen werden. Die jährlichen Haushalte sind so aufzustellen, dass im Haushaltsjahr 2016 die Vorgabe aus Artikel 115 Absatz 2 Satz 2 erfüllt wird; das Nähere regelt ein Bundesgesetz.

(2) Als Hilfe zur Einhaltung der Vorgaben des Artikels 109 Absatz 3 ab dem 1. Januar 2020 können den Ländern Berlin, Bremen, Saarland, Sachsen-Anhalt und Schleswig-Holstein für den Zeitraum 2011 bis 2019 Konsolidierungshilfen aus dem Haushalt des Bundes in Höhe von insgesamt 800 Millionen Euro jährlich gewährt werden. Davon entfallen auf Bremen 300 Millionen Euro, auf das Saarland 260 Millionen Euro und auf Berlin, Sachsen-Anhalt und Schleswig-Holstein jeweils 80 Millionen Euro. Die Hilfen werden auf der Grundlage einer Verwaltungsvereinbarung nach Maßgabe eines Bundesgesetzes mit Zustimmung des Bundesrates geleistet. Die Gewährung der Hilfen setzt einen vollständigen Abbau der Finanzierungsdefizite bis zum Jahresende 2020 voraus. Das Nähere, insbesondere die jährlichen Abbauschritte der Finanzierungsdefizite, die Überwachung des Abbaus der Finanzierungsdefizite durch den Stabilitätsrat sowie die Konsequenzen im Falle der Nichteinhaltung der Abbauschritte, wird durch Bundesgesetz mit Zustimmung des Bundesrates und durch Verwaltungsvereinbarung geregelt. Die gleichzeitige Gewährung der Konsolidierungshilfen und Sanierungshilfen auf Grund einer extremen Haushaltsnotlage ist ausgeschlossen.

(3) Die sich aus der Gewährung der Konsolidierungshilfen ergebende Finanzierungslast wird hälftig von Bund und Ländern, von letzteren aus ihrem Umsatzsteueranteil, getragen. Das Nähere wird durch Bundesgesetz mit Zustimmung des Bundesrates geregelt.

(4) Als Hilfe zur künftig eigenständigen Einhaltung der Vorgaben des Artikels 109 Absatz 3 können den Ländern Bremen und Saarland ab dem 1. Januar 2020 Sanierungs-

IX

hilfen in Höhe von jährlich insgesamt 800 Millionen Euro aus dem Haushalt des Bundes gewährt werden. Die Länder ergreifen hierzu Maßnahmen zum Abbau der übermäßigen Verschuldung sowie zur Stärkung der Wirtschafts- und Finanzkraft. Das Nähere regelt ein Bundesgesetz, das der Zustimmung des Bundesrates bedarf. Die gleichzeitige Gewährung der Sanierungshilfen und Sanierungshilfen auf Grund einer extremen Haushaltsnotlage ist ausgeschlossen.

Artikel 143e (Bundesautobahnen und sonstige Fernstraßen)

(1) Die Bundesautobahnen werden abweichend von Artikel 90 Absatz 2 längstens bis zum 31. Dezember 2020 in Auftragsverwaltung durch die Länder oder die nach Landesrecht zuständigen Selbstverwaltungskörperschaften geführt. Der Bund regelt die Umwandlung der Auftragsverwaltung in Bundesverwaltung nach Artikel 90 Absatz 2 und 4 durch Bundesgesetz mit Zustimmung des Bundesrates.

(2) Auf Antrag eines Landes, der bis zum 31. Dezember 2018 zu stellen ist, übernimmt der Bund abweichend von Artikel 90 Absatz 4 die sonstigen Bundesstraßen des Fernverkehrs, soweit sie im Gebiet dieses Landes liegen, mit Wirkung zum 1. Januar 2021 in Bundesverwaltung.

(3) Durch Bundesgesetz mit Zustimmung des Bundesrates kann geregelt werden, dass ein Land auf Antrag die Aufgabe der Planfeststellung und Plangenehmigung für den Bau und für die Änderung von Bundesautobahnen und von sonstigen Bundesstraßen des Fernverkehrs, die der Bund nach Artikel 90 Absatz 4 oder Artikel 143e Absatz 2 in Bundesverwaltung übernommen hat, im Auftrage des Bundes übernimmt und unter welchen Voraussetzungen eine Rückübertragung erfolgen kann.

Artikel 143f (Außerkrafttreten)

Artikel 143d, das Gesetz über den Finanzausgleich zwischen Bund und Ländern sowie sonstige auf der Grundlage von Artikel 107 Absatz 2 in seiner ab dem 1. Januar 2020 geltenden Fassung erlassene Gesetze treten außer Kraft, wenn nach dem 31. Dezember 2030 die Bundesregierung, der Bundestag oder gemeinsam mindestens drei Länder Verhandlungen über eine Neuordnung der bundesstaatlichen Finanzbeziehungen verlangt haben und mit Ablauf von fünf Jahren nach Notifikation des Verhandlungsverlangens der Bundesregierung, des Bundestages oder der Länder beim Bundespräsidenten keine gesetzliche Neuordnung der bundesstaatlichen Finanzbeziehungen in Kraft getreten ist. Der Tag des Außerkrafttretens ist im Bundesgesetzblatt bekannt zu geben.

Artikel 143g (Übergangsregelung)

Für die Regelung der Steuerertragsverteilung, des Länderfinanzausgleichs und der Bundesergänzungszuweisungen bis zum 31. Dezember 2019 ist Artikel 107 in seiner bis zum Inkrafttreten des Gesetzes zur Änderung des Grundgesetzes vom 13. Juli 2017 geltenden Fassung weiter anzuwenden.

Artikel 143h (Sondervermögen)

(1) Der Bund kann ein Sondervermögen mit eigener Kreditermächtigung für zusätzliche Investitionen in die Infrastruktur und für zusätzliche Investitionen zur Erreichung der Klimaneutralität bis zum Jahr 2045 mit einem Volumen von bis zu 500 Milliarden Euro errichten. Zusätzlichkeit liegt vor, wenn im jeweiligen Haushaltsjahr eine angemessene Investitionsquote im Bundeshaushalt erreicht wird. Auf die Kreditermächtigung sind Artikel 109 Absatz 3 und Artikel 115 Absatz 2 nicht anzuwenden. Investitionen aus dem Sondervermögen können innerhalb einer Laufzeit von zwölf Jahren bewilligt werden. Zuführungen aus dem Sondervermögen in den Klima- und Transformationsfonds werden in Höhe von 100 Milliarden Euro vorgenommen. Das Nähere regelt ein Bundesgesetz.

(2) Aus dem Sondervermögen nach Absatz 1 Satz 1 stehen den Ländern 100 Milliarden Euro auch für Investitionen der Länder in deren Infrastruktur zur Verfügung. Die Länder haben dem Bund über die Mittelverwendung Bericht zu erstatten. Der Bund ist zur Prüfung der zweckentsprechenden Mittelverwendung berechtigt. Das Nähere regelt ein Bundesgesetz mit Zustimmung des Bundesrates.

Artikel 144 (Ratifizierung des Grundgesetzes)

(1) Dieses Grundgesetz bedarf der Annahme durch die Volksvertretungen in zwei Dritteln der deutschen Länder, in denen es zunächst gelten soll.

(2) Soweit die Anwendung dieses Grundgesetzes in einem der in Artikel 23 aufgeführten Länder oder in einem Teile eines dieser Länder Beschränkungen unterliegt, hat das Land oder der Teil des Landes das Recht, gemäß Artikel 38 Vertreter in den Bundestag und gemäß Artikel 50 Vertreter in den Bundesrat zu entsenden.

Artikel 145 (Verkündung des Grundgesetzes)

(1) Der Parlamentarische Rat stellt in öffentlicher Sitzung unter Mitwirkung der Abgeordneten Groß-Berlins die Annahme dieses Grundgesetzes fest, fertigt es aus und verkündet es.

(2) Dieses Grundgesetz tritt mit Ablauf des Tages der Verkündung in Kraft.

(3) Es ist im Bundesgesetzblatt zu veröffentlichen.

Der Tag der Verkündung war der 23. Mai 1949.

Artikel 146 (Außer-Kraft-Treten des Grundgesetzes)

Dieses Grundgesetz, das nach Vollendung der Einheit und Freiheit Deutschlands für das gesamte deutsche Volk gilt, verliert seine Gültigkeit an dem Tage, an dem eine Verfassung in Kraft tritt, die von dem deutschen Volke in freier Entscheidung beschlossen worden ist.

X Allgemeine Schutzvorschriften

Allgemeines Gleichbehandlungsgesetz (AGG)

Vom 14. August 2006 (BGBl. I S. 1897)

Zuletzt geändert durch
Gesetz zur Anpassung der Bundesbesoldung und -versorgung für die Jahre 2023 und 2024 sowie zur Änderung weiterer dienstrechtlicher Vorschriften
vom 22. Dezember 2023 (BGBl. I Nr. 414)

Abschnitt 1
Allgemeiner Teil

§ 1 Ziel des Gesetzes

Ziel des Gesetzes ist, Benachteiligungen aus Gründen der Rasse oder wegen der ethnischen Herkunft, des Geschlechts, der Religion oder Weltanschauung, einer Behinderung, des Alters oder der sexuellen Identität zu verhindern oder zu beseitigen.

§ 2 Anwendungsbereich

(1) Benachteiligungen aus einem in § 1 genannten Grund sind nach Maßgabe dieses Gesetzes unzulässig in Bezug auf:

1. die Bedingungen, einschließlich Auswahlkriterien und Einstellungsbedingungen, für den Zugang zu unselbstständiger und selbstständiger Erwerbstätigkeit, unabhängig von Tätigkeitsfeld und beruflicher Position, sowie für den beruflichen Aufstieg,
2. die Beschäftigungs- und Arbeitsbedingungen einschließlich Arbeitsentgelt und Entlassungsbedingungen, insbesondere in individual- und kollektivrechtlichen Vereinbarungen und Maßnahmen bei der Durchführung und Beendigung eines Beschäftigungsverhältnisses sowie beim beruflichen Aufstieg,
3. den Zugang zu allen Formen und allen Ebenen der Berufsberatung, der Berufsbildung einschließlich der Berufsausbildung, der beruflichen Weiterbildung und der Umschulung sowie der praktischen Berufserfahrung,
4. die Mitgliedschaft und Mitwirkung in einer Beschäftigten- oder Arbeitgebervereinigung oder einer Vereinigung, deren Mitglieder einer bestimmten Berufsgruppe angehören, einschließlich der Inanspruchnahme der Leistungen solcher Vereinigungen,
5. den Sozialschutz, einschließlich der sozialen Sicherheit und der Gesundheitsdienste,
6. die sozialen Vergünstigungen,
7. die Bildung,
8. den Zugang zu und die Versorgung mit Gütern und Dienstleistungen, die der Öffentlichkeit zur Verfügung stehen, einschließlich von Wohnraum.

(2) $_1$Für Leistungen nach dem Sozialgesetzbuch gelten § 33c des Ersten Buches Sozialgesetzbuch und § 19a des Vierten Buches Sozialgesetzbuch. $_2$Für die betriebliche Altersvorsorge gilt das Betriebsrentengesetz.

(3) $_1$Die Geltung sonstiger Benachteiligungsverbote oder Gebote der Gleichbehandlung wird durch dieses Gesetz nicht berührt. $_2$Dies gilt auch für öffentlich-rechtliche Vorschriften, die dem Schutz bestimmter Personengruppen dienen.

(4) Für Kündigungen gelten ausschließlich die Bestimmungen zum allgemeinen und besonderen Kündigungsschutz.

§ 3 Begriffsbestimmungen

(1) $_1$Eine unmittelbare Benachteiligung liegt vor, wenn eine Person wegen eines in § 1 genannten Grundes eine weniger günstige Behandlung erfährt, als eine andere Person in einer vergleichbaren Situation erfährt, erfahren hat oder erfahren würde. $_2$Eine unmittelbare Benachteiligung wegen des Geschlechts liegt in Bezug auf § 2 Abs. 1 Nr. 1 bis 4 auch im Falle einer ungünstigeren Behandlung einer Frau wegen Schwangerschaft oder Mutterschaft vor.

(2) Eine mittelbare Benachteiligung liegt vor, wenn dem Anschein nach neutrale Vorschrif-

X

ten, Kriterien oder Verfahren Personen wegen eines in § 1 genannten Grundes gegenüber anderen Personen in besonderer Weise benachteiligen können, es sei denn, die betreffenden Vorschriften, Kriterien oder Verfahren sind durch ein rechtmäßiges Ziel sachlich gerechtfertigt und die Mittel sind zur Erreichung dieses Ziels angemessen und erforderlich.

(3) Eine Belästigung ist eine Benachteiligung, wenn unerwünschte Verhaltensweisen, die mit einem in § 1 genannten Grund in Zusammenhang stehen, bezwecken oder bewirken, dass die Würde der betreffenden Person verletzt und ein von Einschüchterungen, Anfeindungen, Erniedrigungen, Entwürdigungen oder Beleidigungen gekennzeichnetes Umfeld geschaffen wird.

(4) Eine sexuelle Belästigung ist eine Benachteiligung in Bezug auf § 2 Abs. 1 Nr. 1 bis 4, wenn ein unerwünschtes, sexuell bestimmtes Verhalten, wozu auch unerwünschte sexuelle Handlungen und Aufforderungen zu diesen, sexuell bestimmte körperliche Berührungen, Bemerkungen sexuellen Inhalts sowie unerwünschtes Zeigen und sichtbares Anbringen von pornographischen Darstellungen gehören, bezweckt oder bewirkt, dass die Würde der betreffenden Person verletzt wird, insbesondere wenn ein von Einschüchterungen, Anfeindungen, Erniedrigungen, Entwürdigungen oder Beleidigungen gekennzeichnetes Umfeld geschaffen wird.

(5) $_1$Die Anweisung zur Benachteiligung einer Person aus einem in § 1 genannten Grund gilt als Benachteiligung. $_2$Eine solche Anweisung liegt in Bezug auf § 2 Abs. 1 Nr. 1 bis 4 insbesondere vor, wenn jemand eine Person zu einem Verhalten bestimmt, das einen Beschäftigten oder eine Beschäftigte wegen eines in § 1 genannten Grundes benachteiligt oder benachteiligen kann.

§ 4 Unterschiedliche Behandlung wegen mehrerer Gründe

Erfolgt eine unterschiedliche Behandlung wegen mehrerer der in § 1 genannten Gründe, so kann diese unterschiedliche Behandlung nach den §§ 8 bis 10 und 20 nur gerechtfertigt werden, wenn sich die Rechtfertigung auf alle diese Gründe erstreckt, derentwegen die unterschiedliche Behandlung erfolgt.

§ 5 Positive Maßnahmen

Ungeachtet der in den §§ 8 bis 10 sowie in § 20 benannten Gründe ist eine unterschiedliche Behandlung auch zulässig, wenn durch geeignete und angemessene Maßnahmen bestehende Nachteile wegen eines in § 1 genannten Grundes verhindert oder ausgeglichen werden sollen.

Abschnitt 2
Schutz der Beschäftigten vor Benachteiligung

Unterabschnitt 1
Verbot der Benachteiligung

§ 6 Persönlicher Anwendungsbereich

(1) $_1$Beschäftigte im Sinne dieses Gesetzes sind

1. Arbeitnehmerinnen und Arbeitnehmer,
2. die zu ihrer Berufsbildung Beschäftigten,
3. Personen, die wegen ihrer wirtschaftlichen Unselbstständigkeit als arbeitnehmerähnliche Personen anzusehen sind; zu diesen gehören auch die in Heimarbeit Beschäftigten und die ihnen Gleichgestellten.

$_2$Als Beschäftigte gelten auch die Bewerberinnen und Bewerber für ein Beschäftigungsverhältnis sowie die Personen, deren Beschäftigungsverhältnis beendet ist.

(2) $_1$Arbeitgeber (Arbeitgeber und Arbeitgeberinnen) im Sinne dieses Abschnitts sind natürliche und juristische Personen sowie rechtsfähige Personengesellschaften, die Personen nach Absatz 1 beschäftigen. $_2$Werden Beschäftigte einem Dritten zur Arbeitsleistung überlassen, so gilt auch dieser als Arbeitgeber im Sinne dieses Abschnitts. $_3$Für die in Heimarbeit Beschäftigten und die ihnen Gleichgestellten tritt an die Stelle des Arbeitgebers der Auftraggeber oder Zwischenmeister.

(3) Soweit es die Bedingungen für den Zugang zur Erwerbstätigkeit sowie den beruflichen Aufstieg betrifft, gelten die Vorschriften dieses Abschnitts für Selbstständige und Organ-

mitglieder, insbesondere Geschäftsführer oder Geschäftsführerinnen und Vorstände, entsprechend.

§ 7 Benachteiligungsverbot

(1) Beschäftigte dürfen nicht wegen eines in § 1 genannten Grundes benachteiligt werden; dies gilt auch, wenn die Person, die die Benachteiligung begeht, das Vorliegen eines in § 1 genannten Grundes bei der Benachteiligung nur annimmt.

(2) Bestimmungen in Vereinbarungen, die gegen das Benachteiligungsverbot des Absatzes 1 verstoßen, sind unwirksam.

(3) Eine Benachteiligung nach Absatz 1 durch Arbeitgeber oder Beschäftigte ist eine Verletzung vertraglicher Pflichten.

§ 8 Zulässige unterschiedliche Behandlung wegen beruflicher Anforderungen

(1) Eine unterschiedliche Behandlung wegen eines in § 1 genannten Grundes ist zulässig, wenn dieser Grund wegen der Art der auszuübenden Tätigkeit oder der Bedingungen ihrer Ausübung eine wesentliche und entscheidende berufliche Anforderung darstellt, sofern der Zweck rechtmäßig und die Anforderung angemessen ist.

(2) Die Vereinbarung einer geringeren Vergütung für gleiche oder gleichwertige Arbeit wegen eines in § 1 genannten Grundes wird nicht dadurch gerechtfertigt, dass wegen eines in § 1 genannten Grundes besondere Schutzvorschriften gelten.

§ 9 Zulässige unterschiedliche Behandlung wegen der Religion oder Weltanschauung

(1) Ungeachtet des § 8 ist eine unterschiedliche Behandlung wegen der Religion oder der Weltanschauung bei der Beschäftigung durch Religionsgemeinschaften, die ihnen zugeordneten Einrichtungen ohne Rücksicht auf ihre Rechtsform oder durch Vereinigungen, die sich die gemeinschaftliche Pflege einer Religion oder Weltanschauung zur Aufgabe machen, auch zulässig, wenn eine bestimmte Religion oder Weltanschauung unter Beachtung des Selbstverständnisses der jeweiligen Religionsgemeinschaft oder Vereinigung im Hinblick auf ihr Selbstbestimmungsrecht oder nach der Art der Tätigkeit eine gerechtfertigte berufliche Anforderung darstellt.

(2) Das Verbot unterschiedlicher Behandlung wegen der Religion oder der Weltanschauung berührt nicht das Recht der in Absatz 1 genannten Religionsgemeinschaften, der ihnen zugeordneten Einrichtungen ohne Rücksicht auf ihre Rechtsform oder der Vereinigungen, die sich die gemeinschaftliche Pflege einer Religion oder Weltanschauung zur Aufgabe machen, von ihren Beschäftigten ein loyales und aufrichtiges Verhalten im Sinne ihres jeweiligen Selbstverständnisses verlangen zu können.

§ 10 Zulässige unterschiedliche Behandlung wegen des Alters

$_1$Ungeachtet des § 8 ist eine unterschiedliche Behandlung wegen des Alters auch zulässig, wenn sie objektiv und angemessen und durch ein legitimes Ziel gerechtfertigt ist. $_2$Die Mittel zur Erreichung dieses Ziels müssen angemessen und erforderlich sein. $_3$Derartige unterschiedliche Behandlungen können insbesondere Folgendes einschließen:

1. die Festlegung besonderer Bedingungen für den Zugang zur Beschäftigung und zur beruflichen Bildung sowie besonderer Beschäftigungs- und Arbeitsbedingungen, einschließlich der Bedingungen für Entlohnung und Beendigung des Beschäftigungsverhältnisses, um die berufliche Eingliederung von Jugendlichen, älteren Beschäftigten und Personen mit Fürsorgepflichten zu fördern oder ihren Schutz sicherzustellen,
2. die Festlegung von Mindestanforderungen an das Alter, die Berufserfahrung oder das Dienstalter für den Zugang zur Beschäftigung oder für bestimmte mit der Beschäftigung verbundene Vorteile,
3. die Festsetzung eines Höchstalters für die Einstellung auf Grund der spezifischen Ausbildungsanforderungen eines bestimmten Arbeitsplatzes oder auf Grund der Notwendigkeit einer angemessenen Be-

schäftigungszeit vor dem Eintritt in den Ruhestand,

4. die Festsetzung von Altersgrenzen bei den betrieblichen Systemen der sozialen Sicherheit als Voraussetzung für die Mitgliedschaft oder den Bezug von Altersrente oder von Leistungen bei Invalidität einschließlich der Festsetzung unterschiedlicher Altersgrenzen im Rahmen dieser Systeme für bestimmte Beschäftigte oder Gruppen von Beschäftigten und die Verwendung von Alterskriterien im Rahmen dieser Systeme für versicherungsmathematische Berechnungen,
5. eine Vereinbarung, die die Beendigung des Beschäftigungsverhältnisses ohne Kündigung zu einem Zeitpunkt vorsieht, zu dem der oder die Beschäftigte eine Rente wegen Alters beantragen kann; § 41 des Sechsten Buches Sozialgesetzbuch bleibt unberührt,
6. Differenzierungen von Leistungen in Sozialplänen im Sinne des Betriebsverfassungsgesetzes, wenn die Parteien eine nach Alter oder Betriebszugehörigkeit gestaffelte Abfindungsregelung geschaffen haben, in der die wesentlich vom Alter abhängenden Chancen auf dem Arbeitsmarkt durch eine verhältnismäßig starke Betonung des Lebensalters erkennbar berücksichtigt worden sind, oder Beschäftigte von den Leistungen des Sozialplans ausgeschlossen haben, die wirtschaftlich abgesichert sind, weil sie, gegebenenfalls nach Bezug von Arbeitslosengeld, rentenberechtigt sind.

Unterabschnitt 2
Organisationspflichten des Arbeitgebers

§ 11 Ausschreibung

Ein Arbeitsplatz darf nicht unter Verstoß gegen § 7 Abs. 1 ausgeschrieben werden.

§ 12 Maßnahmen und Pflichten des Arbeitgebers

(1) 1Der Arbeitgeber ist verpflichtet, die erforderlichen Maßnahmen zum Schutz vor Benachteiligungen wegen eines in § 1 genannten Grundes zu treffen. 2Dieser Schutz umfasst auch vorbeugende Maßnahmen.

(2) 1Der Arbeitgeber soll in geeigneter Art und Weise, insbesondere im Rahmen der beruflichen Aus- und Fortbildung, auf die Unzulässigkeit solcher Benachteiligungen hinweisen und darauf hinwirken, dass diese unterbleiben. 2Hat der Arbeitgeber seine Beschäftigten in geeigneter Weise zum Zwecke der Verhinderung von Benachteiligung geschult, gilt dies als Erfüllung seiner Pflichten nach Absatz 1.

(3) Verstoßen Beschäftigte gegen das Benachteiligungsverbot des § 7 Abs. 1, so hat der Arbeitgeber die im Einzelfall geeigneten, erforderlichen und angemessenen Maßnahmen zur Unterbindung der Benachteiligung wie Abmahnung, Umsetzung, Versetzung oder Kündigung zu ergreifen.

(4) Werden Beschäftigte bei der Ausübung ihrer Tätigkeit durch Dritte nach § 7 Abs. 1 benachteiligt, so hat der Arbeitgeber die im Einzelfall geeigneten, erforderlichen und angemessenen Maßnahmen zum Schutz der Beschäftigten zu ergreifen.

(5) 1Dieses Gesetz und § 61b des Arbeitsgerichtsgesetzes sowie Informationen über die für die Behandlung von Beschwerden nach § 13 zuständigen Stellen sind im Betrieb oder in der Dienststelle bekannt zu machen. 2Die Bekanntmachung kann durch Aushang oder Auslegung an geeigneter Stelle oder den Einsatz der im Betrieb oder der Dienststelle üblichen Informations- und Kommunikationstechnik erfolgen.

Unterabschnitt 3
Rechte der Beschäftigten

§ 13 Beschwerderecht

(1) 1Die Beschäftigten haben das Recht, sich bei den zuständigen Stellen des Betriebs, des Unternehmens oder der Dienststelle zu beschweren, wenn sie sich im Zusammenhang mit ihrem Beschäftigungsverhältnis vom Arbeitgeber, von Vorgesetzten, anderen Beschäftigten oder Dritten wegen eines in § 1 genannten Grundes benachteiligt fühlen. 2Die Beschwerde ist zu prüfen und das Ergebnis

X

der oder dem beschwerdeführenden Beschäftigten mitzuteilen.

(2) Die Rechte der Arbeitnehmervertretungen bleiben unberührt.

§ 14 Leistungsverweigerungsrecht

1Ergreift der Arbeitgeber keine oder offensichtlich ungeeignete Maßnahmen zur Unterbindung einer Belästigung oder sexuellen Belästigung am Arbeitsplatz, sind die betroffenen Beschäftigten berechtigt, ihre Tätigkeit ohne Verlust des Arbeitsentgelts einzustellen, soweit dies zu ihrem Schutz erforderlich ist. 2§ 273 des Bürgerlichen Gesetzbuchs bleibt unberührt.

§ 15 Entschädigung und Schadensersatz

(1) 1Bei einem Verstoß gegen das Benachteiligungsverbot ist der Arbeitgeber verpflichtet, den hierdurch entstandenen Schaden zu ersetzen. 2Dies gilt nicht, wenn der Arbeitgeber die Pflichtverletzung nicht zu vertreten hat.

(2) 1Wegen eines Schadens, der nicht Vermögensschaden ist, kann der oder die Beschäftigte eine angemessene Entschädigung in Geld verlangen. 2Die Entschädigung darf bei einer Nichteinstellung drei Monatsgehälter nicht übersteigen, wenn der oder die Beschäftigte auch bei benachteiligungsfreier Auswahl nicht eingestellt worden wäre.

(3) Der Arbeitgeber ist bei der Anwendung kollektiv-rechtlicher Vereinbarungen nur dann zur Entschädigung verpflichtet, wenn er vorsätzlich oder grob fahrlässig handelt.

(4) 1Ein Anspruch nach Absatz 1 oder 2 muss innerhalb einer Frist von zwei Monaten schriftlich geltend gemacht werden, es sei denn, die Tarifvertragsparteien haben etwas anderes vereinbart. 2Die Frist beginnt im Falle einer Bewerbung oder eines beruflichen Aufstiegs mit dem Zugang der Ablehnung und in den sonstigen Fällen einer Benachteiligung zu dem Zeitpunkt, in dem der oder die Beschäftigte von der Benachteiligung Kenntnis erlangt.

(5) Im Übrigen bleiben Ansprüche gegen den Arbeitgeber, die sich aus anderen Rechtsvorschriften ergeben, unberührt.

(6) Ein Verstoß des Arbeitgebers gegen das Benachteiligungsverbot des § 7 Abs. 1 begründet keinen Anspruch auf Begründung eines Beschäftigungsverhältnisses, Berufsausbildungsverhältnisses oder einen beruflichen Aufstieg, es sei denn, ein solcher ergibt sich aus einem anderen Rechtsgrund.

§ 16 Maßregelungsverbot

(1) 1Der Arbeitgeber darf Beschäftigte nicht wegen der Inanspruchnahme von Rechten nach diesem Abschnitt oder wegen der Weigerung, eine gegen diesen Abschnitt verstoßende Anweisung auszuführen, benachteiligen. 2Gleiches gilt für Personen, die den Beschäftigten hierbei unterstützen oder als Zeuginnen oder Zeugen aussagen.

(2) 1Die Zurückweisung oder Duldung benachteiligender Verhaltensweisen durch betroffene Beschäftigte darf nicht als Grundlage für eine Entscheidung herangezogen werden, die diese Beschäftigten berührt. 2Absatz 1 Satz 2 gilt entsprechend.

(3) § 22 gilt entsprechend.

Unterabschnitt 4
Ergänzende Vorschriften

§ 17 Soziale Verantwortung der Beteiligten

(1) Tarifvertragsparteien, Arbeitgeber, Beschäftigte und deren Vertretungen sind aufgefordert, im Rahmen ihrer Aufgaben und Handlungsmöglichkeiten an der Verwirklichung des in § 1 genannten Ziels mitzuwirken.

(2) 1In Betrieben, in denen die Voraussetzungen des § 1 Abs. 1 Satz 1 des Betriebsverfassungsgesetzes vorliegen, können bei einem groben Verstoß des Arbeitgebers gegen Vorschriften aus diesem Abschnitt der Betriebsrat oder eine im Betrieb vertretene Gewerkschaft unter der Voraussetzung des § 23 Abs. 3 Satz 1 des Betriebsverfassungsgesetzes die dort genannten Rechte gerichtlich geltend machen; § 23 Abs. 3 Satz 2 bis 5 des Betriebsverfassungsgesetzes gilt entsprechend. 2Mit dem Antrag dürfen nicht Ansprüche des Benachteiligten geltend gemacht werden.

§ 18 Mitgliedschaft in Vereinigungen

(1) Die Vorschriften dieses Abschnitts gelten entsprechend für die Mitgliedschaft oder die Mitwirkung in einer

1. Tarifvertragspartei,
2. Vereinigung, deren Mitglieder einer bestimmten Berufsgruppe angehören oder die eine überragende Machtstellung im wirtschaftlichen oder sozialen Bereich innehat, wenn ein grundlegendes Interesse am Erwerb der Mitgliedschaft besteht,

sowie deren jeweiligen Zusammenschlüssen.

(2) Wenn die Ablehnung einen Verstoß gegen das Benachteiligungsverbot des § 7 Abs. 1 darstellt, besteht ein Anspruch auf Mitgliedschaft oder Mitwirkung in den in Absatz 1 genannten Vereinigungen.

Abschnitt 3
Schutz vor Benachteiligung im Zivilrechtsverkehr

§ 19 Zivilrechtliches Benachteiligungsverbot

(1) Eine Benachteiligung aus Gründen der Rasse oder wegen der ethnischen Herkunft, wegen des Geschlechts, der Religion, einer Behinderung, des Alters oder der sexuellen Identität bei der Begründung, Durchführung und Beendigung zivilrechtlicher Schuldverhältnisse, die

1. typischerweise ohne Ansehen der Person zu vergleichbaren Bedingungen in einer Vielzahl von Fällen zustande kommen (Massengeschäfte) oder bei denen das Ansehen der Person nach der Art des Schuldverhältnisses eine nachrangige Bedeutung hat und die zu vergleichbaren Bedingungen in einer Vielzahl von Fällen zustande kommen oder
2. eine privatrechtliche Versicherung zum Gegenstand haben,

ist unzulässig.

(2) Eine Benachteiligung aus Gründen der Rasse oder wegen der ethnischen Herkunft ist darüber hinaus auch bei der Begründung, Durchführung und Beendigung sonstiger zivilrechtlicher Schuldverhältnisse im Sinne des § 2 Abs. 1 Nr. 5 bis 8 unzulässig.

(3) Bei der Vermietung von Wohnraum ist eine unterschiedliche Behandlung im Hinblick auf die Schaffung und Erhaltung sozial stabiler Bewohnerstrukturen und ausgewogener Siedlungsstrukturen sowie ausgeglichener wirtschaftlicher, sozialer und kultureller Verhältnisse zulässig.

(4) Die Vorschriften dieses Abschnitts finden keine Anwendung auf familien- und erbrechtliche Schuldverhältnisse.

(5) 1Die Vorschriften dieses Abschnitts finden keine Anwendung auf zivilrechtliche Schuldverhältnisse, bei denen ein besonderes Nähe- oder Vertrauensverhältnis der Parteien oder ihrer Angehörigen begründet wird. 2Bei Mietverhältnissen kann dies insbesondere der Fall sein, wenn die Parteien oder ihre Angehörigen Wohnraum auf demselben Grundstück nutzen. 3Die Vermietung von Wohnraum zum nicht nur vorübergehenden Gebrauch ist in der Regel kein Geschäft im Sinne des Absatzes 1 Nr. 1, wenn der Vermieter insgesamt nicht mehr als 50 Wohnungen vermietet.

§ 20 Zulässige unterschiedliche Behandlung

(1) 1Eine Verletzung des Benachteiligungsverbots ist nicht gegeben, wenn für eine unterschiedliche Behandlung wegen der Religion, einer Behinderung, des Alters, der sexuellen Identität oder des Geschlechts ein sachlicher Grund vorliegt. 2Das kann insbesondere der Fall sein, wenn die unterschiedliche Behandlung

1. der Vermeidung von Gefahren, der Verhütung von Schäden oder anderen Zwecken vergleichbarer Art dient,
2. dem Bedürfnis nach Schutz der Intimsphäre oder der persönlichen Sicherheit Rechnung trägt,
3. besondere Vorteile gewährt und ein Interesse an der Durchsetzung der Gleichbehandlung fehlt,
4. an die Religion eines Menschen anknüpft und im Hinblick auf die Ausübung der Religionsfreiheit oder auf das Selbstbestim-

mungsrecht der Religionsgemeinschaften, der ihnen zugeordneten Einrichtungen ohne Rücksicht auf ihre Rechtsform sowie der Vereinigungen, die sich die gemeinschaftliche Pflege einer Religion zur Aufgabe machen, unter Beachtung des jeweiligen Selbstverständnisses gerechtfertigt ist.

(2) 1Kosten im Zusammenhang mit Schwangerschaft und Mutterschaft dürfen auf keinen Fall zu unterschiedlichen Prämien oder Leistungen führen. 2Eine unterschiedliche Behandlung wegen der Religion, einer Behinderung, des Alters oder der sexuellen Identität ist im Falle des § 19 Abs. 1 Nr. 2 nur zulässig, wenn diese auf anerkannten Prinzipien risikoadäquater Kalkulation beruht, insbesondere auf einer versicherungsmathematisch ermittelten Risikobewertung unter Heranziehung statistischer Erhebungen.

§ 21 Ansprüche

(1) 1Der Benachteiligte kann bei einem Verstoß gegen das Benachteiligungsverbot unbeschadet weiterer Ansprüche die Beseitigung der Beeinträchtigung verlangen. 2Sind weitere Beeinträchtigungen zu besorgen, so kann er auf Unterlassung klagen.

(2) 1Bei einer Verletzung des Benachteiligungsverbots ist der Benachteiligende verpflichtet, den hierdurch entstandenen Schaden zu ersetzen. 2Dies gilt nicht, wenn der Benachteiligende die Pflichtverletzung nicht zu vertreten hat. 3Wegen eines Schadens, der nicht Vermögensschaden ist, kann der Benachteiligte eine angemessene Entschädigung in Geld verlangen.

(3) Ansprüche aus unerlaubter Handlung bleiben unberührt.

(4) Auf eine Vereinbarung, die von dem Benachteiligungsverbot abweicht, kann sich der Benachteiligende nicht berufen.

(5) 1Ein Anspruch nach den Absätzen 1 und 2 muss innerhalb einer Frist von zwei Monaten geltend gemacht werden. 2Nach Ablauf der Frist kann der Anspruch nur geltend gemacht werden, wenn der Benachteiligte ohne Verschulden an der Einhaltung der Frist verhindert war.

Abschnitt 4
Rechtsschutz

§ 22 Beweislast

Wenn im Streitfall die eine Partei Indizien beweist, die eine Benachteiligung wegen eines in § 1 genannten Grundes vermuten lassen, trägt die andere Partei die Beweislast dafür, dass kein Verstoß gegen die Bestimmungen zum Schutz vor Benachteiligung vorgelegen hat.

§ 23 Unterstützung durch Antidiskriminierungsverbände

(1) 1Antidiskriminierungsverbände sind Personenzusammenschlüsse, die nicht gewerbsmäßig und nicht nur vorübergehend entsprechend ihrer Satzung die besonderen Interessen von benachteiligten Personen oder Personengruppen nach Maßgabe von § 1 wahrnehmen. 2Die Befugnisse nach den Absätzen 2 bis 4 stehen ihnen zu, wenn sie mindestens 75 Mitglieder haben oder einen Zusammenschluss aus mindestens sieben Verbänden bilden.

(2) 1Antidiskriminierungsverbände sind befugt, im Rahmen ihres Satzungszwecks in gerichtlichen Verfahren als Beistände Benachteiligter in der Verhandlung aufzutreten. 2Im Übrigen bleiben die Vorschriften der Verfahrensordnungen, insbesondere diejenigen, nach denen Beiständen weiterer Vortrag untersagt werden kann, unberührt.

(3) Antidiskriminierungsverbänden ist im Rahmen ihres Satzungszwecks die Besorgung von Rechtsangelegenheiten Benachteiligter gestattet.

(4) Besondere Klagerechte und Vertretungsbefugnisse von Verbänden zu Gunsten von behinderten Menschen bleiben unberührt.

Abschnitt 5
Sonderregelungen für öffentlich-rechtliche Dienstverhältnisse

§ 24 Sonderregelung für öffentlich-rechtliche Dienstverhältnisse

Die Vorschriften dieses Gesetzes gelten unter Berücksichtigung ihrer besonderen Rechtsstellung entsprechend für

1. Beamtinnen und Beamte des Bundes, der Länder, der Gemeinden, der Gemeindeverbände sowie der sonstigen der Aufsicht des Bundes oder eines Landes unterstehenden Körperschaften, Anstalten und Stiftungen des öffentlichen Rechts,
2. Richterinnen und Richter des Bundes und der Länder,
3. Zivildienstleistende sowie anerkannte Kriegsdienstverweigerer, soweit ihre Heranziehung zum Zivildienst betroffen ist.

Abschnitt 6 Antidiskriminierungsstelle des Bundes und Unabhängige Bundesbeauftragte oder Unabhängiger Bundesbeauftragter für Antidiskriminierung

§ 25 Antidiskriminierungsstelle des Bundes

(1) Beim Bundesministerium für Familie, Senioren, Frauen und Jugend wird unbeschadet der Zuständigkeit der Beauftragten des Deutschen Bundestages oder der Bundesregierung die Stelle des Bundes zum Schutz vor Benachteiligungen wegen eines in § 1 genannten Grundes (Antidiskriminierungsstelle des Bundes) errichtet.

(2) 1Der Antidiskriminierungsstelle des Bundes ist die für die Erfüllung ihrer Aufgaben notwendige Personal- und Sachausstattung zur Verfügung zu stellen. 2Sie ist im Einzelplan des Bundesministeriums für Familie, Senioren, Frauen und Jugend in einem eigenen Kapitel auszuweisen.

(3) Die Antidiskriminierungsstelle des Bundes wird von der oder dem Unabhängigen Bundesbeauftragten für Antidiskriminierung geleitet.

§ 26 Wahl der oder des Unabhängigen Bundesbeauftragten für Antidiskriminierung; Anforderungen

(1) Die oder der Unabhängige Bundesbeauftragte für Antidiskriminierung wird auf Vorschlag der Bundesregierung vom Deutschen Bundestag gewählt.

(2) Über den Vorschlag stimmt der Deutsche Bundestag ohne Aussprache ab.

(3) Die vorgeschlagene Person ist gewählt, wenn für sie mehr als die Hälfte der gesetzlichen Zahl der Mitglieder des Deutschen Bundestages gestimmt hat.

(4) 1Die oder der Unabhängige Bundesbeauftragte für Antidiskriminierung muss zur Erfüllung ihrer oder seiner Aufgaben und zur Ausübung ihrer oder seiner Befugnisse über die erforderliche Qualifikation, Erfahrung und Sachkunde insbesondere im Bereich der Antidiskriminierung verfügen. 2Insbesondere muss sie oder er über durch einschlägige Berufserfahrung erworbene Kenntnisse des Antidiskriminierungsrechts verfügen und die Befähigung für die Laufbahn des höheren nichttechnischen Verwaltungsdienstes des Bundes haben.

§ 26a Rechtsstellung der oder des Unabhängigen Bundesbeauftragten für Antidiskriminierung

(1) 1Die oder der Unabhängige Bundesbeauftragte für Antidiskriminierung steht nach Maßgabe dieses Gesetzes in einem öffentlich-rechtlichen Amtsverhältnis zum Bund. 2Sie oder er ist bei der Ausübung ihres oder seines Amtes unabhängig und nur dem Gesetz unterworfen.

(2) Die oder der Unabhängige Bundesbeauftragte für Antidiskriminierung untersteht der Rechtsaufsicht der Bundesregierung.

§ 26b Amtszeit der oder des Unabhängigen Bundesbeauftragten für Antidiskriminierung

(1) Die Amtszeit der oder des Unabhängigen Bundesbeauftragten für Antidiskriminierung beträgt fünf Jahre.

(2) Eine einmalige Wiederwahl ist zulässig.

(3) Kommt vor Ende des Amtsverhältnisses eine Neuwahl nicht zustande, so führt die oder der bisherige Unabhängige Bundesbeauftragte für Antidiskriminierung auf Ersuchen der Bundespräsidentin oder des Bundespräsidenten die Geschäfte bis zur Neuwahl fort.

§ 26c Beginn und Ende des Amtsverhältnisses der oder des Unabhängigen Bundesbeauftragten für Antidiskriminierung; Amtseid

(1) 1Die oder der nach § 26 Gewählte ist von der Bundespräsidentin oder dem Bundespräsidenten zu ernennen. 2Das Amtsverhältnis der oder des Unabhängigen Bundesbeauftragten für Antidiskriminierung beginnt mit der Aushändigung der Ernennungsurkunde.

(2) 1Die oder der Unabhängige Bundesbeauftragte für Antidiskriminierung leistet vor der Bundespräsidentin oder dem Bundespräsidenten folgenden Eid: „Ich schwöre, dass ich meine Kraft dem Wohl des deutschen Volkes widmen, seinen Nutzen mehren, Schaden von ihm wenden, das Grundgesetz und die Gesetze des Bundes wahren und verteidigen, meine Pflichten gewissenhaft erfüllen und Gerechtigkeit gegen jedermann üben werde. So wahr mir Gott helfe." 2Der Eid kann auch ohne religiöse Beteuerung geleistet werden.

(3) Das Amtsverhältnis endet

1. regulär mit dem Ablauf der Amtszeit oder
2. wenn die oder der Unabhängige Bundesbeauftragte für Antidiskriminierung vorzeitig aus dem Amt entlassen wird.

(4) 1Entlassen wird die oder der Unabhängige Bundesbeauftragte für Antidiskriminierung

1. auf eigenes Verlangen oder
2. auf Vorschlag der Bundesregierung, wenn die oder der Unabhängige Bundesbeauftragte für Antidiskriminierung eine schwere Verfehlung begangen hat oder die Voraussetzungen für die Wahrnehmung ihrer oder seiner Aufgaben nicht mehr erfüllt.

2Die Entlassung erfolgt durch die Bundespräsidentin oder den Bundespräsidenten.

(5) 1Im Fall der Beendigung des Amtsverhältnisses vollzieht die Bundespräsidentin oder der Bundespräsident eine Urkunde. 2Die Entlassung wird mit der Aushändigung der Urkunde wirksam.

§ 26d Unerlaubte Handlungen und Tätigkeiten der oder des Unabhängigen Bundesbeauftragten für Antidiskriminierung

(1) Die oder der Unabhängige Bundesbeauftragte für Antidiskriminierung darf keine Handlungen vornehmen, die mit den Aufgaben des Amtes nicht zu vereinbaren sind.

(2) 1Die oder der Unabhängige Bundesbeauftragte für Antidiskriminierung darf während der Amtszeit und während einer anschließenden Geschäftsführung keine anderen Tätigkeiten ausüben, die mit dem Amt nicht zu vereinbaren sind, unabhängig davon, ob es entgeltliche oder unentgeltliche Tätigkeiten sind. 2Insbesondere darf sie oder er

1. kein besoldetes Amt, kein Gewerbe und keinen Beruf ausüben,
2. nicht dem Vorstand, Aufsichtsrat oder Verwaltungsrat eines auf Erwerb gerichteten Unternehmens, nicht einer Regierung oder einer gesetzgebenden Körperschaft des Bundes oder eines Landes angehören und
3. nicht gegen Entgelt außergerichtliche Gutachten abgeben.

§ 26e Verschwiegenheitspflicht der oder des Unabhängigen Bundesbeauftragten für Antidiskriminierung

(1) 1Die oder der Unabhängige Bundesbeauftragte für Antidiskriminierung ist verpflichtet, über die Angelegenheiten, die ihr oder ihm im Amt oder während einer anschließenden Geschäftsführung bekannt werden, Verschwiegenheit zu bewahren. 2Dies gilt nicht für Mitteilungen im dienstlichen Verkehr oder für Tatsachen, die offenkundig sind oder ihrer Bedeutung nach keiner Geheimhaltung bedürfen. 3Die oder der Unabhängige Bundesbeauftragte für Antidiskriminierung entscheidet nach pflichtgemäßem Ermessen, ob und inwieweit sie oder er über solche Angelegenheiten vor Gericht oder außergerichtlich aussagt oder Erklärungen abgibt.

(2) 1Die Pflicht zur Verschwiegenheit gilt auch nach Beendigung des Amtsverhältnisses oder nach Beendigung einer anschließenden Geschäftsführung. 2In Angelegenheiten, für die die Pflicht zur Verschwiegenheit gilt, darf vor

Gericht oder außergerichtlich nur ausgesagt werden und dürfen Erklärungen nur abgegeben werden, wenn dies die oder der amtierende Unabhängige Bundesbeauftragte für Antidiskriminierung genehmigt hat.

(3) Unberührt bleibt die Pflicht, bei einer Gefährdung der freiheitlichen demokratischen Grundordnung für deren Erhaltung einzutreten und die gesetzlich begründete Pflicht, Straftaten anzuzeigen.

§ 26f Zeugnisverweigerungsrecht der oder des Unabhängigen Bundesbeauftragten für Antidiskriminierung

(1) $_1$Die oder der Unabhängige Bundesbeauftragte für Antidiskriminierung ist berechtigt, über Personen, die ihr oder ihm in ihrer oder seiner Eigenschaft als Leitung der Antidiskriminierungsstelle des Bundes Tatsachen anvertraut haben, sowie über diese Tatsachen selbst das Zeugnis zu verweigern. $_2$Soweit das Zeugnisverweigerungsrecht der oder des Unabhängigen Bundesbeauftragten für Antidiskriminierung reicht, darf von ihr oder ihm nicht gefordert werden, Akten oder andere Dokumente vorzulegen oder herauszugeben.

(2) Das Zeugnisverweigerungsrecht gilt auch für die der oder dem Unabhängigen Bundesbeauftragten für Antidiskriminierung zugewiesenen Beschäftigten mit der Maßgabe, dass über die Ausübung dieses Rechts die oder der Unabhängige Bundesbeauftragte für Antidiskriminierung entscheidet.

§ 26g Anspruch der oder des Unabhängigen Bundesbeauftragten für Antidiskriminierung auf Amtsbezüge, Versorgung und auf andere Leistungen

(1) Die oder der Unabhängige Bundesbeauftragte für Antidiskriminierung erhält Amtsbezüge entsprechend dem Grundgehalt der Besoldungsgruppe B 6 und den Familienzuschlag entsprechend den §§ 39 bis 41 des Bundesbesoldungsgesetzes.

(2) $_1$Der Anspruch auf die Amtsbezüge besteht für die Zeit vom ersten Tag des Monats, in dem das Amtsverhältnis beginnt, bis zum letzten Tag des Monats, in dem das Amtsverhältnis endet. $_2$Werden die Geschäfte über das Ende des Amtsverhältnisses hinaus noch bis zur Neuwahl weitergeführt, so besteht der Anspruch für die Zeit bis zum letzten Tag des Monats, in dem die Geschäftsführung endet. $_3$Bezieht die oder der Unabhängige Bundesbeauftragte für Antidiskriminierung für einen Zeitraum, für den sie oder er Amtsbezüge erhält, ein Einkommen aus einer Verwendung im öffentlichen Dienst, so ruht der Anspruch auf dieses Einkommen bis zur Höhe der Amtsbezüge. $_4$Die Amtsbezüge werden monatlich im Voraus gezahlt.

(3) $_1$Für Ansprüche auf Beihilfe und Versorgung gelten § 12 Absatz 6, die §§ 13 bis 18 und 20 des Bundesministergesetzes entsprechend mit der Maßgabe, dass an die Stelle der vierjährigen Amtszeit in § 15 Absatz 1 des Bundesministergesetzes eine Amtszeit als Unabhängige Bundesbeauftragte oder Unabhängiger Bundesbeauftragter für Antidiskriminierung von fünf Jahren tritt. $_2$Ein Anspruch auf Übergangsgeld besteht längstens bis zum Ablauf des Monats, in dem die für Bundesbeamtinnen und Bundesbeamte geltende Regelaltersgrenze nach § 51 Absatz 1 und 2 des Bundesbeamtengesetzes vollendet wird. $_3$Ist § 18 Absatz 2 des Bundesministergesetzes nicht anzuwenden, weil das Beamtenverhältnis einer Bundesbeamtin oder eines Bundesbeamten nach Beendigung des Amtsverhältnisses als Unabhängige Bundesbeauftragte oder Unabhängiger Bundesbeauftragter für Antidiskriminierung fortgesetzt wird, dann ist die Amtszeit als Unabhängige Bundesbeauftragte oder Unabhängiger Bundesbeauftragter für Antidiskriminierung bei der wegen Eintritt oder Versetzung der Bundesbeamtin oder des Bundesbeamten in den Ruhestand durchzuführenden Festsetzung des Ruhegehalts als ruhegehaltfähige Dienstzeit zu berücksichtigen.

(4) Die oder der Unabhängige Bundesbeauftragte für Antidiskriminierung erhält Reisekostenvergütung und Umzugskostenvergütung entsprechend den für Bundesbeamtinnen und Bundesbeamte geltenden Vorschriften.

§ 26h Verwendung der Geschenke an die Unabhängige Bundesbeauftragte oder den Unabhängigen Bundesbeauftragten für Antidiskriminierung

(1) Erhält die oder der Unabhängige Bundesbeauftragte für Antidiskriminierung ein Geschenk in Bezug auf das Amt, so muss sie oder er dies der Präsidentin oder dem Präsidenten des Deutschen Bundestages mitteilen.

(2) $_{1}$Die Präsidentin oder der Präsident des Deutschen Bundestages entscheidet über die Verwendung des Geschenks. $_{2}$Sie oder er kann Verfahrensvorschriften erlassen.

§ 26i Berufsbeschränkung

$_{1}$Die oder der Unabhängige Bundesbeauftragte für Antidiskriminierung ist verpflichtet, eine beabsichtigte Erwerbstätigkeit oder sonstige entgeltliche Beschäftigung außerhalb des öffentlichen Dienstes, die innerhalb der ersten 18 Monate nach dem Ende der Amtszeit oder einer anschließenden Geschäftsführung aufgenommen werden soll, schriftlich oder elektronisch gegenüber der Präsidentin oder dem Präsidenten des Deutschen Bundestages anzuzeigen. $_{2}$Die Präsidentin oder der Präsident des Deutschen Bundestages kann der oder dem Unabhängigen Bundesbeauftragten für Antidiskriminierung die beabsichtigte Erwerbstätigkeit oder sonstige entgeltliche Beschäftigung untersagen, soweit zu besorgen ist, dass öffentliche Interessen beeinträchtigt werden. $_{3}$Von einer Beeinträchtigung ist insbesondere dann auszugehen, wenn die beabsichtigte Erwerbstätigkeit oder sonstige entgeltliche Beschäftigung in Angelegenheiten oder Bereichen ausgeführt werden soll, in denen die oder der Unabhängige Bundesbeauftragte für Antidiskriminierung während der Amtszeit oder einer anschließenden Geschäftsführung tätig war. $_{4}$Eine Untersagung soll in der Regel die Dauer von einem Jahr nach dem Ende der Amtszeit oder einer anschließenden Geschäftsführung nicht überschreiten. $_{5}$In Fällen der schweren Beeinträchtigung öffentlicher Interessen kann eine Untersagung auch für die Dauer von bis zu 18 Monaten ausgesprochen werden.

§ 27 Aufgaben der Antidiskriminierungsstelle des Bundes

(1) $_{1}$Wer der Ansicht ist, wegen eines in § 1 genannten Grundes benachteiligt worden zu sein, kann sich an die Antidiskriminierungsstelle des Bundes wenden. $_{2}$An die Antidiskriminierungsstelle des Bundes können sich auch Beschäftigte wenden, die der Ansicht sind, benachteiligt worden zu sein auf Grund

1. der Beantragung oder Inanspruchnahme einer Freistellung von der Arbeitsleistung oder der Anpassung der Arbeitszeit als Eltern oder pflegende Angehörige nach dem Bundeselterngeld- und Elternzeitgesetz, dem Pflegezeitgesetz oder dem Familienpflegezeitgesetz,
2. des Fernbleibens von der Arbeit nach § 2 des Pflegezeitgesetzes oder
3. der Verweigerung ihrer persönlich zu erbringenden Arbeitsleistung aus dringenden familiären Gründen nach § 275 Absatz 3 des Bürgerlichen Gesetzbuchs, wenn eine Erkrankung oder ein Unfall ihre unmittelbare Anwesenheit erforderten.

(2) $_{1}$Die Antidiskriminierungsstelle des Bundes unterstützt auf unabhängige Weise Personen, die sich nach Absatz 1 an sie wenden, bei der Durchsetzung ihrer Rechte zum Schutz vor Benachteiligungen. $_{2}$Hierbei kann sie insbesondere

1. über Ansprüche und die Möglichkeiten des rechtlichen Vorgehens im Rahmen gesetzlicher Regelungen zum Schutz vor Benachteiligungen informieren,
2. Beratung durch andere Stellen vermitteln,
3. eine gütliche Beilegung zwischen den Beteiligten anstreben.

$_{3}$Soweit Beauftragte des Deutschen Bundestages oder der Bundesregierung zuständig sind, leitet die Antidiskriminierungsstelle des Bundes die Anliegen der in Absatz 1 genannten Personen mit deren Einverständnis unverzüglich an diese weiter.

(3) Die Antidiskriminierungsstelle des Bundes nimmt auf unabhängige Weise folgende Aufgaben wahr, soweit nicht die Zuständigkeit der Beauftragten der Bundesregierung oder des Deutschen Bundestages berührt ist:

1. Öffentlichkeitsarbeit,
2. Maßnahmen zur Verhinderung von Benachteiligungen aus den in § 1 genannten Gründen sowie von Benachteiligungen von Beschäftigten gemäß Absatz 1 Satz 2,
3. Durchführung wissenschaftlicher Untersuchungen zu diesen Benachteiligungen.

(4) 1Die Antidiskriminierungsstelle des Bundes und die in ihrem Zuständigkeitsbereich betroffenen Beauftragten der Bundesregierung und des Deutschen Bundestages legen gemeinsam dem Deutschen Bundestag alle vier Jahre Berichte über Benachteiligungen aus den in § 1 genannten Gründen sowie über Benachteiligungen von Beschäftigten gemäß Absatz 1 Satz 2 vor und geben Empfehlungen zur Beseitigung und Vermeidung dieser Benachteiligungen. 2Sie können gemeinsam wissenschaftliche Untersuchungen zu Benachteiligungen durchführen.

(5) Die Antidiskriminierungsstelle des Bundes und die in ihrem Zuständigkeitsbereich betroffenen Beauftragten der Bundesregierung und des Deutschen Bundestages sollen bei Benachteiligungen aus mehreren der in § 1 genannten Gründe zusammenarbeiten.

§ 28 Amtsbefugnisse der oder des Unabhängigen Bundesbeauftragten für Antidiskriminierung und Pflicht zur Unterstützung durch Bundesbehörden und öffentliche Stellen des Bundes

(1) 1Die oder der Unabhängige Bundesbeauftragte für Antidiskriminierung ist bei allen Vorhaben, die ihre oder seine Aufgaben berühren, zu beteiligen. 2Die Beteiligung soll möglichst frühzeitig erfolgen. 3Sie oder er kann der Bundesregierung Vorschläge machen und Stellungnahmen zuleiten.

(2) Die oder der Unabhängige Bundesbeauftragte für Antidiskriminierung informiert die Bundesministerien – vorbehaltlich anderweitiger gesetzlicher Bestimmungen – frühzeitig in Angelegenheiten von grundsätzlicher politischer Bedeutung, soweit Aufgaben der Bundesministerien betroffen sind.

(3) In den Fällen, in denen sich eine Person wegen einer Benachteiligung an die Antidiskriminierungsstelle des Bundes gewandt hat und die Antidiskriminierungsstelle des Bundes die gütliche Beilegung zwischen den Beteiligten anstrebt, kann die oder der Unabhängige Bundesbeauftragte für Antidiskriminierung Beteiligte um Stellungnahmen ersuchen, soweit die Person, die sich an die Antidiskriminierungsstelle des Bundes gewandt hat, hierzu ihr Einverständnis erklärt.

(4) Alle Bundesministerien, sonstigen Bundesbehörden und öffentlichen Stellen im Bereich des Bundes sind verpflichtet, die Unabhängige Bundesbeauftragte oder den Unabhängigen Bundesbeauftragten für Antidiskriminierung bei der Erfüllung der Aufgaben zu unterstützen, insbesondere die erforderlichen Auskünfte zu erteilen.

§ 29 Zusammenarbeit der Antidiskriminierungsstelle des Bundes mit Nichtregierungsorganisationen und anderen Einrichtungen

Die Antidiskriminierungsstelle des Bundes soll bei ihrer Tätigkeit Nichtregierungsorganisationen sowie Einrichtungen, die auf europäischer, Bundes-, Landes- oder regionaler Ebene zum Schutz vor Benachteiligungen wegen eines in § 1 genannten Grundes tätig sind, in geeigneter Form einbeziehen.

§ 30 Beirat der Antidiskriminierungsstelle des Bundes

(1) 1Zur Förderung des Dialogs mit gesellschaftlichen Gruppen und Organisationen, die sich den Schutz vor Benachteiligungen wegen eines in § 1 genannten Grundes zum Ziel gesetzt haben, wird der Antidiskriminierungsstelle des Bundes ein Beirat beigeordnet. 2Der Beirat berät die Antidiskriminierungsstelle des Bundes bei der Vorlage von Berichten und Empfehlungen an den Deutschen Bundestag nach § 27 Abs. 4 und kann hierzu sowie zu wissenschaftlichen Untersuchungen nach § 27 Abs. 3 Nr. 3 eigene Vorschläge unterbreiten.

(2) 1Das Bundesministerium für Familie, Senioren, Frauen und Jugend beruft im Einvernehmen mit der oder dem Unabhängigen Bundesbeauftragten für Antidiskriminierung

sowie den entsprechend zuständigen Beauftragten der Bundesregierung oder des Deutschen Bundestages die Mitglieder dieses Beirats und für jedes Mitglied eine Stellvertretung. 2In den Beirat sollen Vertreterinnen und Vertreter gesellschaftlicher Gruppen und Organisationen sowie Expertinnen und Experten in Benachteiligungsfragen berufen werden. 3Die Gesamtzahl der Mitglieder des Beirats soll 16 Personen nicht überschreiten. 4Der Beirat soll zu gleichen Teilen mit Frauen und Männern besetzt sein.

(3) Der Beirat gibt sich eine Geschäftsordnung, die der Zustimmung des Bundesministeriums für Familie, Senioren, Frauen und Jugend bedarf.

(4) 1Die Mitglieder des Beirats üben die Tätigkeit nach diesem Gesetz ehrenamtlich aus. 2Sie haben Anspruch auf Aufwandsentschädigung sowie Reisekostenvergütung, Tagegelder und Übernachtungsgelder. 3Näheres regelt die Geschäftsordnung.

Abschnitt 7 Schlussvorschriften

§ 31 Unabdingbarkeit

Von den Vorschriften dieses Gesetzes kann nicht zu Ungunsten der geschützten Personen abgewichen werden.

§ 32 Schlussbestimmung

Soweit in diesem Gesetz nicht Abweichendes bestimmt ist, gelten die allgemeinen Bestimmungen.

§ 33 Übergangsbestimmungen

(1) Bei Benachteiligungen nach den §§ 611a, 611b und 612 Abs. 3 des Bürgerlichen Gesetzbuchs oder sexuellen Belästigungen nach dem Beschäftigtenschutzgesetz ist das vor dem 18. August 2006 maßgebliche Recht anzuwenden.

(2) 1Bei Benachteiligungen aus Gründen der Rasse oder wegen der ethnischen Herkunft sind die §§ 19 bis 21 nicht auf Schuldverhältnisse anzuwenden, die vor dem 18. August 2006 begründet worden sind. 2Satz 1 gilt nicht für spätere Änderungen von Dauerschuldverhältnissen.

(3) 1Bei Benachteiligungen wegen des Geschlechts, der Religion, einer Behinderung, des Alters oder der sexuellen Identität sind die §§ 19 bis 21 nicht auf Schuldverhältnisse anzuwenden, die vor dem 1. Dezember 2006 begründet worden sind. 2Satz 1 gilt nicht für spätere Änderungen von Dauerschuldverhältnissen.

(4) 1Auf Schuldverhältnisse, die eine privatrechtliche Versicherung zum Gegenstand haben, ist § 19 Abs. 1 nicht anzuwenden, wenn diese vor dem 22. Dezember 2007 begründet worden sind. 2Satz 1 gilt nicht für spätere Änderungen solcher Schuldverhältnisse.

(5) 1Bei Versicherungsverhältnissen, die vor dem 21. Dezember 2012 begründet werden, ist eine unterschiedliche Behandlung wegen des Geschlechts im Falle des § 19 Absatz 1 Nummer 2 bei den Prämien oder Leistungen nur zulässig, wenn dessen Berücksichtigung bei einer auf relevanten und genauen versicherungsmathematischen und statistischen Daten beruhenden Risikobewertung ein bestimmender Faktor ist. 2Kosten im Zusammenhang mit Schwangerschaft und Mutterschaft dürfen auf keinen Fall zu unterschiedlichen Prämien oder Leistungen führen.

Gesetz zur Einführung eines Rauchverbotes in Einrichtungen des Bundes und öffentlichen Verkehrsmitteln (Bundesnichtraucherschutzgesetz – BNichtrSchG)

Vom 20. Juli 2007 (BGBl. I S. 1595)

Zuletzt geändert durch
Cannabisgesetz
vom 27. März 2024 (BGBl. I Nr. 109)

§ 1 Rauchverbot

(1) Das Rauchen von Tabak- und Cannabisprodukten, einschließlich der Benutzung von elektronischen Zigaretten und erhitzten Tabakerzeugnissen sowie von Geräten zur Verdampfung von Tabak- und Cannabisprodukten ist nach Maßgabe der Absätze 2 und 3 verboten

1. in Einrichtungen des Bundes sowie der Verfassungsorgane des Bundes,
2. in Verkehrsmitteln des öffentlichen Personenverkehrs,
3. in Personenbahnhöfen der öffentlichen Eisenbahnen.

(2) Das Rauchverbot nach Absatz 1 gilt in Gebäuden und sonstigen vollständig umschlossenen Räumen; es gilt nicht für Räume, die Wohn- oder Übernachtungszwecken dienen und den Bewohnerinnen und Bewohnern zur alleinigen Nutzung überlassen sind.

(3) Abweichend von Absatz 1 und 2 erster Halbsatz können in den dort genannten Einrichtungen, Verkehrsmitteln und Personenbahnhöfen gesonderte und entsprechend gekennzeichnete Räume vorgehalten werden, in denen das Rauchen gestattet ist, wenn insgesamt eine ausreichende Anzahl von Räumen zur Verfügung steht. Satz 1 gilt nicht für die in § 2 Nr. 2 Buchstabe b genannten Verkehrsmittel.

(4) Die Bundesregierung wird ermächtigt, durch Rechtsverordnung ohne Zustimmung des Bundesrates nähere Bestimmungen zur Einrichtung und Kennzeichnung von Raucherräumen nach Absatz 3, insbesondere zu den baulichen Anforderungen an die Größe, Lage, Gestaltung sowie zur Art und Weise ihrer Belüftung, zu erlassen.

§ 2 Begriffsbestimmungen

1. Einrichtungen des Bundes im Sinne dieses Gesetzes sind
   a) Behörden, Dienststellen, Gerichte und sonstige öffentliche Einrichtungen des Bundes,
   b) bundesunmittelbare Körperschaften, Anstalten und Stiftungen.
2. Verkehrsmittel des öffentlichen Personenverkehrs im Sinne dieses Gesetzes sind
   a) die zur Beförderung von Personen benutzten Eisenbahnfahrzeuge der öffentlichen Eisenbahnen nach § 3 Abs. 1 des Allgemeinen Eisenbahngesetzes,
   b) zur Beförderung von Personen eingesetzte Straßenbahnen, Oberleitungsomnibusse und Kraftfahrzeuge, soweit die Beförderung den Vorschriften des Personenbeförderungsgesetzes oder § 1 Nr. 4 Buchstabe d, g oder Buchstabe i der Freistellungs-Verordnung unterliegt,
   c) Luftfahrzeuge, die für die gewerbsmäßige oder entgeltliche Beförderung von Personen oder für gewerbsmäßige Rundflüge eingesetzt werden,
   d) Fahrgastschiffe, die Fahrgäste im Linienverkehr befördern.
3. Personenbahnhöfe der öffentlichen Eisenbahnen im Sinne dieses Gesetzes sind solche nach § 3 Absatz 1 des Allgemeinen Eisenbahngesetzes in Verbindung mit Anlage 2 Nummer 2 Buchstabe a des Eisenbahnregulierungsgesetzes.
4. Räume im Sinne dieses Gesetzes sind
   a) baulich abgetrennte Einheiten eines Gebäudes,
   b) räumlich abgetrennte Einheiten eines Verkehrsmittels.

§ 3 Hinweispflicht

Auf das Rauchverbot nach § 1 ist in geeigneter Weise hinzuweisen.

§ 4 Verantwortlichkeit

Die Einrichtung der Raucherbereiche und die Erfüllung der Hinweispflicht nach § 3 obliegen dem Inhaber des Hausrechts oder dem Betreiber des Verkehrsmittels.

§ 5 Bußgeldvorschrift

(1) Ordnungswidrig handelt, wer entgegen § 1 Abs. 1 raucht.

(2) Die Ordnungswidrigkeit kann mit einer Geldbuße geahndet werden.

(3) Verwaltungsbehörden im Sinne des § 36 Abs. 1 Nr. 1 des Gesetzes über Ordnungswidrigkeiten sind, soweit dieses Gesetz vom Bund ausgeführt wird, die obersten Bundesbehörden jeweils für sich und ihren Geschäftsbereich sowie für die Verfassungsorgane des Bundes die jeweils zur Ausübung des Hausrechts Berechtigten; § 36 Abs. 3 des Gesetzes über Ordnungswidrigkeiten gilt entsprechend.

Stichwortverzeichnis

Sie finden das jeweilige Stichwort über die fettgedruckte Angabe der Leitziffer, gefolgt durch die Vorschriftenabkürzung. Wo die männliche Form verwendet wurde, ist implizit auch die weibliche gemeint.
Beispiel: I.2/BBG weist auf die Leitziffer I.2; hier im Kapitel I in der Ordnungsziffer 2 wurde das Bundesbeamtengesetz eingeordnet. Im angegebenen Paragraphen bzw. Artikel finden Sie den gesuchten Begriff.

XI

XI

XI

XI

XI

XI

2026	JANUAR	FEBRUAR	MÄRZ
Montag	5 12 19 26	2 9 16 23	2 9 16 23 30
Dienstag	**6** 13 20 27	3 10 17 24	3 10 17 24 31
Mittwoch	7 14 21 28	4 11 18 25	4 11 18 25
Donnerstag	**1** 8 15 22 29	5 12 19 26	5 12 19 26
Freitag	2 9 16 23 30	6 13 20 27	6 13 20 27
Samstag	3 10 17 24 31	7 14 21 28	7 14 21 28
Sonntag	**4 11 18 25**	**1 8 15 22**	**1 8 15 22 29**

	APRIL	MAI	JUNI
Montag	**6** 13 20 27	4 11 18 **25**	1 8 15 22 29
Dienstag	7 14 21 28	5 12 19 26	2 9 16 23 30
Mittwoch	1 8 15 22 29	6 13 20 27	3 10 17 24
Donnerstag	2 9 16 23 30	7 **14** 21 28	**4** 11 18 25
Freitag	**3** 10 17 24	**1** 8 15 22 29	5 12 19 26
Samstag	4 11 18 25	2 9 16 23 30	6 13 20 27
Sonntag	**5 12 19 26**	**3 10 17 24 31**	**7 14 21 28**

	JULI	AUGUST	SEPTEMBER
Montag	6 13 20 27	3 10 17 24 31	7 14 21 28
Dienstag	7 14 21 28	4 11 18 25	1 8 15 22 29
Mittwoch	1 8 15 22 29	5 12 19 26	2 9 16 23 30
Donnerstag	2 9 16 23 30	6 13 20 27	3 10 17 24
Freitag	3 10 17 24 31	7 14 21 28	4 11 18 25
Samstag	4 11 18 25	1 **8 15** 22 29	5 12 19 26
Sonntag	**5 12 19 26**	**2 9 16 23 30**	**6 13 20 27**

	OKTOBER	NOVEMBER	DEZEMBER
Montag	5 12 19 26	2 9 16 23 30	7 14 21 28
Dienstag	6 13 20 27	3 10 17 24	1 8 15 22 29
Mittwoch	7 14 21 28	4 11 **18** 25	2 9 16 23 30
Donnerstag	1 8 15 22 29	5 12 19 26	3 10 17 24 31
Freitag	2 9 16 23 30	6 13 20 27	4 11 18 **25**
Samstag	**3** 10 17 24 **31**	7 14 21 28	5 12 19 **26**
Sonntag	**4 11 18 25**	**1 8 15 22 29**	**6 13 20 27**

Neujahr 1. Januar, Hl. Drei Könige 6. Januar, Weltfrauentag 8. März, Karfreitag 3. April, Ostern 5. und 6. April, Tag der Arbeit 1. Mai, Christi Himmelfahrt 14. Mai, Pfingsten 24. und 25. Mai, Fronleichnam 4. Juni, Friedensfest Augsburg 8. August, Mariä Himmelfahrt 15. August, Weltkindertag 20. September, Tag der Dt. Einheit 3. Oktober, Reformationstag 31. Oktober, Allerheiligen 1. November, Buß- und Bettag 18. November, Weihnachten 25. und 26. Dezember

2027	JANUAR	FEBRUAR	MÄRZ
Montag	4 11 18 25	1 8 15 22	1 **8** 15 22 **29**
Dienstag	5 12 19 26	2 9 16 23	2 9 16 23 30
Mittwoch	**6** 13 20 27	3 10 17 24	3 10 17 24 31
Donnerstag	7 14 21 28	4 11 18 25	4 11 18 25
Freitag	**1** 8 15 22 29	5 12 19 26	5 12 19 **26**
Samstag	2 9 16 23 30	6 13 20 27	6 13 20 27
Sonntag	**3 10 17 24 31**	**7 14 21 28**	**7 14 21 28**

	APRIL	MAI	JUNI
Montag	5 12 19 26	3 10 **17** 24 31	7 14 21 28
Dienstag	6 13 20 27	4 11 18 25	1 8 15 22 29
Mittwoch	7 14 21 28	5 12 19 26	2 9 16 23 30
Donnerstag	1 8 15 22 29	**6** 13 20 **27**	3 10 17 24
Freitag	2 9 16 23 30	7 14 21 28	4 11 18 25
Samstag	3 10 17 24	**1** 8 15 22 29	5 12 19 26
Sonntag	**4 11 18 25**	**2 9 16 23 30**	**6 13 20 27**

	JULI	AUGUST	SEPTEMBER
Montag	5 12 19 26	2 9 16 23 30	6 13 **20** 27
Dienstag	6 13 20 27	3 10 17 24 31	7 14 21 28
Mittwoch	7 14 21 28	4 11 18 25	1 8 15 22 29
Donnerstag	1 8 15 22 29	5 12 19 26	2 9 16 23 30
Freitag	2 9 16 23 30	6 13 20 27	3 10 17 24
Samstag	3 10 17 24 31	7 14 21 28	4 11 18 25
Sonntag	**4 11 18 25**	**1 8 15 22 29**	**5 12 19 26**

	OKTOBER	NOVEMBER	DEZEMBER
Montag	4 11 18 25	**1** 8 15 22 29	6 13 20 27
Dienstag	5 12 19 26	2 9 16 23 30	7 14 21 28
Mittwoch	6 13 20 27	3 10 **17** 24	1 8 15 22 29
Donnerstag	7 14 21 28	4 11 18 25	2 9 16 23 30
Freitag	1 8 15 22 29	5 12 19 26	3 10 17 24 31
Samstag	2 9 16 23 30	6 13 20 27	4 11 18 **25**
Sonntag	**3 10 17 24 31**	**7 14 21 28**	**5 12 19 26**

Neujahr 1. Januar, Hl. Drei Könige 6. Januar, Weltfrauentag 8. März, Karfreitag 26. März, Ostern 28. und 29. März, Tag der Arbeit 1. Mai, Christi Himmelfahrt 6. Mai, Pfingsten 16. und 17. Mai, Fronleichnam 27. Mai, Friedensfest Augsburg 8. August, Mariä Himmelfahrt 15. August, Weltkindertag 20. September, Tag der Dt. Einheit 3. Oktober, Reformationstag 31. Oktober, Allerheiligen 1. November, Buß- und Bettag 17. November, Weihnachten 25. und 26. Dezember

JANUAR

1	**Do**	**Neujahr**		**1**
2	Fr			
3	Sa		○	
4	**So**			
5	Mo			**2**
6	**Di**	**Heilige Drei Könige**[1]		
7	Mi			
8	Do			
9	Fr			
10	Sa		◑	
11	**So**			
12	Mo			**3**
13	Di			
14	Mi			
15	Do			
16	Fr			
17	Sa			
18	**So**		●	
19	Mo			**4**
20	Di			
21	Mi			
22	Do			
23	Fr			
24	Sa			
25	**So**			
26	Mo		◐	**5**
27	Di			
28	Mi			
29	Do			
30	Fr			
31	Sa			

1 Gesetzlicher Feiertag in Baden-Württemberg, Bayern und Sachsen-Anhalt

FEBRUAR

1	**So**		○	
2	Mo			**6**
3	Di			
4	Mi			
5	Do			
6	Fr			
7	Sa			
8	**So**			
9	Mo		◑	**7**
10	Di			
11	Mi			
12	Do			
13	Fr			
14	Sa	Valentinstag		
15	**So**			
16	Mo	Rosenmontag		**8**
17	Di	Fastnacht	●	
18	Mi	Aschermittwoch		
19	Do			
20	Fr			
21	Sa			
22	**So**			
23	Mo			**9**
24	Di		◐	
25	Mi			
26	Do			
27	Fr			
28	Sa			

● = Neumond, ○ = Vollmond, ◑ = Halbmond, abnehmend, ◐ = Halbmond, zunnehmend, ⊗ = Mondfinsternis, Vollmond

XII

MÄRZ

1	**So**			
2	Mo			**10**
3	Di		○	
4	Mi			
5	Do			
6	Fr			
7	Sa			
8	**So**	**Weltfrauentag**[1]		
9	Mo			**11**
10	Di			
11	Mi		◑	
12	Do			
13	Fr			
14	Sa			
15	**So**			
16	Mo			**12**
17	Di			
18	Mi			
19	Do		●	
20	Fr	Frühlingsanfang		
21	Sa			
22	**So**			
23	Mo			**13**
24	Di			
25	Mi		◐	
26	Do			
27	Fr			
28	Sa			
29	**So**	Beginn der Sommerzeit		
30	Mo			**14**
31	Di			

1 Gesetzlicher Feiertag in Berlin und Mecklenburg-Vorpommern

APRIL

1	Mi			
2	Do		○	
3	**Fr**	**Karfreitag**		
4	Sa			
5	**So**	**Ostersonntag**		
6	**Mo**	**Ostermontag**		**15**
7	Di			
8	Mi			
9	Do			
10	Fr		◑	
11	Sa			
12	**So**			
13	Mo			**16**
14	Di			
15	Mi			
16	Do			
17	Fr		●	
18	Sa			
19	**So**			
20	Mo			**17**
21	Di			
22	Mo			
23	Do			
24	Fr		◐	
25	Sa			
26	**So**			
27	Mo			**18**
28	Di			
29	Mi			
30	Do			

XII

MAI

1	**Fr**	**Tag der Arbeit**	○	
2	Sa			
3	**So**			
4	Mo			**19**
5	Di			
6	Mi			
7	Do			
8	Fr			
9	Sa		◑	
10	**So**	Muttertag		
11	Mo			**20**
12	Di			
13	Mi			
14	**Do**	**Christi Himmelfahrt**		
15	Fr			
16	Sa		●	
17	**So**			
18	Mo			**21**
19	Di			
20	Mi			
21	Do			
22	Fr			
23	Sa		◐	
24	**So**	**Pfingstsonntag**		
25	**Mo**	**Pfingstmontag**		**22**
26	Di			
27	Mi			
28	Do			
29	Fr			
30	Sa			
31	**So**		○	

JUNI

1	Mo			**23**
2	Di			
3	Mi			
4	**Do**	**Fronleichnam**[1]		
5	Fr			
6	Sa			
7	**So**			
8	Mo		◑	**24**
9	Di			
10	Mi			
11	Do			
12	Fr			
13	Sa			
14	**So**			
15	Mo		●	**25**
16	Di			
17	Mi			
18	Do			
19	Fr			
20	Sa			
21	**So**	Sommeranfang		
22	Mo		◐	**26**
23	Di			
24	Mi			
25	Do			
26	Fr			
27	Sa			
28	**So**			
29	Mo			**27**
30	Di		○	

1 Gesetzlicher Feiertag in Baden-Württemberg, Bayern, Hessen, Nordrhein-Westfalen, Rheinland-Pfalz, Saarland und teilweise in Sachsen und Thüringen

JULI

1	Mi		
2	Do		
3	Fr		
4	Sa		
5	**So**		
6	Mo		**28**
7	Di		◑
8	Mi		
9	Do		
10	Fr		
11	Sa		
12	**So**		
13	Mo		**29**
14	Di		●
15	Mi		
16	Do		
17	Fr		
18	Sa		
19	**So**		
20	Mo		**30**
21	Di		◐
22	Mi		
23	Do		
24	Fr		
25	Sa		
26	**So**		
27	Mo		**31**
28	Di		
29	Mi		○
30	Do		
31	Fr		

AUGUST

1	Sa		
2	**So**		
3	Mo		**32**
4	Di		
5	Mi		
6	Do		◑
7	Fr		
8	**Sa**	**Friedensfest**[1]	
9	**So**		
10	Mo		**33**
11	Di		
12	Mi		●
13	Do		
14	Fr		
15	**Sa**	**Mariä Himmelfahrt**[2]	
16	**So**		
17	Mo		**34**
18	Di		
19	Mi		
20	Do		◐
21	Fr		
22	Sa		
23	**So**		
24	Mo		**35**
25	Di		
26	Mi		
27	Do		
28	Fr		⊗
29	Sa		
30	**So**		
31	Mo		**36**

1 Gesetzlicher Feiertag im Stadtkreis Augsburg
2 Gesetzlicher Feiertag teilweise in Bayern und im Saarland

XII

SEPTEMBER

1	Di			
2	Mi			
3	Do			
4	Fr		◑	
5	Sa			
6	**So**			
7	Mo			**37**
8	Di			
9	Mi			
10	Do			
11	Fr		●	
12	Sa			
13	**So**			
14	Mo			**38**
15	Di			
16	Mi			
17	Do			
18	Fr		◐	
19	Sa			
20	**So**	**Weltkindertag**[1]		
21	Mo			**39**
22	Di			
23	Mi	Herbstanfang		
24	Do			
25	Fr			
26	Sa		○	
27	**So**			
28	Mo			**40**
29	Di			
30	Mi			

1 Gesetzlicher Feiertag in Thüringen

OKTOBER

1	Do			
2	Fr			
3	**Sa**	**Tag der Deutschen Einheit**	◑	
4	**So**	Erntedankfest		
5	Mo			**41**
6	Di			
7	Mi			
8	Do			
9	Fr			
10	Sa		●	
11	**So**			
12	Mo			**42**
13	Di			
14	Mi			
15	Do			
16	Fr			
17	Sa			
18	**So**		◐	
19	Mo			**43**
20	Di			
21	Mi			
22	Do			
23	Fr			
24	Sa			
25	**So**	Ende der Sommerzeit		
26	Mo		○	**44**
27	Di			
28	Mi			
29	Do			
30	Fr			
31	**Sa**	**Reformationstag**[2]		

1 Gesetzlicher Feiertag in Brandenburg, Bremen, Hamburg, Mecklenburg-Vorpommern, Niedersachsen, Sachsen, Schleswig-Holstein, Sachsen-Anhalt und Thüringen

XII

NOVEMBER

1	**So**	**Allerheiligen[1]**	◑	
2	Mo			**45**
3	Di			
4	Mi			
5	Do			
6	Fr			
7	Sa			
8	**So**			
9	Mo		●	**46**
10	Di			
11	Mi			
12	Do			
13	Fr			
14	Sa			
15	**So**	Volkstrauertag		
16	Mo			**47**
17	Di		◐	
18	**Mi**	**Buß- und Bettag[2]**		
19	Do			
20	Fr			
21	Sa			
22	**So**	Totensonntag		
23	Mo			**48**
24	Di		○	
25	Mi			
26	Do			
27	Fr			
28	Sa			
29	**So**	1. Advent		
30	Mo			**49**

DEZEMBER

1	Di		◑	
2	Mi			
3	Do			
4	Fr			
5	Sa			
6	**So**	2. Advent/Nikolaus		
7	Mo			**50**
8	Di			
9	Mi		●	
10	Do			
11	Fr			
12	Sa			
13	**So**	3. Advent		
14	Mo			**51**
15	Di			
16	Mi			
17	Do		◐	
18	Fr			
19	Sa			
20	**So**	4. Advent		
21	Mo			**52**
22	Di	Winteranfang		
23	Mi			
24	Do	Heiligabend	○	
25	**Fr**	**2. Weihnachtstag**		
26	**Sa**	**2. Weihnachtstag**		
27	**So**			
28	Mo			**53**
29	Di			
30	Mi		◑	
31	Do	Silvester		

1 Gesetzlicher Feiertag in Baden-Württemberg, Bayern, Nordrhein-Westfalen, Rheinland-Pfalz und im Saarland
2 Gesetzlicher Feiertag in Sachsen

Schulferien 2026 Bundesrepublik Deutschland

	Winter/ Halbjahresferien	Ostern/ Frühjahr	Himmelfahrt/ Pfingsten	Sommer	Herbst	Weihnachten
Baden-Württemberg	–	30.03.–11.04.	26.05.–05.06.	30.07.–12.09.	26.10.–30.10./31.10.	23.12.–09.01.
Bayern	16.02.–20.02.	30.03.–10.04.	26.05.–05.06.	03.08.–14.09.	02.11.–06.11./18.11.	24.12.–08.01.
Berlin	02.02.–07.02.	30.03.–10.04.	15.05./26.05.	09.07.–22.08.	19.10.–31.10.	23.12.–02.01
Brandenburg	02.02.–07.02.	30.03.–10.04.	15.05./26.05.	09.07.–22.08.	19.10.–30.10.	23.12.–02.01.
Bremen	02.02.–03.02.	23.03.–07.04.	15.05./26.05.	02.07.–12.08.	12.10.–24.10.	23.12.–09.01
Hamburg	30.01.	02.03.–13.03.	11.05.–15.05.	09.07.–19.08.	19.10.–30.10.	21.12.–01.01.
Hessen	–	30.03.–10.04.	–	29.06.–07.08.	05.10.–17.10.	23.12.–12.01.
Mecklenburg-Vorp.	09.02.–20.02.	30.03.–08.04.	15.05./22.05.–26.05.	13.07.–22.08.	19.10.–24.10./26.11.–27.11.	19.12.–02.01.
Niedersachsen[1]	02.02.–03.02.	23.03.–07.04.	15.05./26.05.	02.07.–12.08.	12.10.–24.10.	23.12.–09.01.
Nordrhein-Westfalen	–	30.03.–11.04.	26.05.	20.07.–01.09.	17.10.–31.10.	23.12.–06.01.
Rheinland-Pfalz	–	30.03.–10.04.	–	29.06.–07.08.	05.10.–16.10.	23.12.–08.01.
Saarland	16.02.–20.02.	07.04.–17.04.	–	29.06.–07.08.	05.10.–16.10.	21.12.–31.12.
Sachsen	09.02.–21.02.	03.04.–10.04.	15.05.	04.07.–14.08.	12.10.–24.10.	23.12.–02.01.
Sachsen-Anhalt	31.01.–06.02.	30.03.–04.04.	26.05.–29.05.	04.07.–14.08.	19.10.–30.10.	21.12.–02.01.
Schleswig-Holstein[2]	02.02.–03.02.	26.03.–10.04.	15.05.	04.07.–15.08.	12.10.–24.10.	21.12.–06.01.
Thüringen	16.02.–21.02.	07.04.–17.04.	15.05.	04.07.–14.08.	12.10.–24.10.	23.12.–02.01.

1 Auf den Ostfriesischen Inseln gelten Sonderregelungen.

2 Auf den Inseln Sylt, Föhr, Helgoland und Amrum sowie auf den Halligen enden die Sommerferien eine Woche früher, die Herbstferien beginnen eine Woche früher.

Alle Angaben ohne Gewähr.

Schulferien 2027 Bundesrepublik Deutschland

	Winter Halbjahresferien	Ostern/ Frühjahr	Himmelfahrt/ Pfingsten	Sommer	Herbst	Weihnachten
Baden-Württemberg	–	25.03./30.03.–03.04.	18.05.–29.05.	29.07.–11.09.	02.11.–06.11.	23.12.–08.01.
Bayern	08.02.–12.02.	22.03.–02.04.	18.05.–28.05.	02.08.–13.09.	02.11.–05.11.	24.12.–07.01.
Berlin	01.02.–06.02.	22.03.–02.04.	07.05./18.05.–19.05.	01.07.–14.08.	11.10.–23.10.	22.12.–31.12.
Brandenburg	01.02.–06.02.	22.03.–03.04.	07.05./18.05.	01.07.–14.08.	11.10.–23.10.	23.12.–31.12.
Bremen	01.02.–02.02.	22.03.–03.04.	07.05./18.05.	08.07.–18.08.	18.10.–30.10.	23.12. - 08.01.
Hamburg	29.01.	01.03.–12.03.	07.05.–14.05.	01.07.–11.08.	11.10.–22.10.	20.12.–31.12.
Hessen	–	22.03.–02.04.	–	28.06.–06.08.	04.10.–16.10.	23.12.–11.01.
Mecklenburg-Vorp.	08.02.–19.02.	22.03.–31.03.	07.05./14.05.–18.05.	05.07.–14.08.	16.10.–23.10./25.11.–26.11.	23.12.–04.01.
Niedersachsen[1]	01.02.–02.02.	22.03.–03.04.	07.05./18.05.	08.07.–18.08.	16.10.–30.10.	23.12.–08.01.
Nordrhein-Westfalen	–	22.03.–03.04.	18.05.	19.07.–31.08.	23.10.–06.11.	24.12.–08.01.
Rheinland-Pfalz	–	22.03.–02.04.	–	28.06.–06.08.	04.10.–15.10.	23.12.–07.01.
Saarland	08.02.–12.02.	30.03.–09.04.	–	28.06.–06.08.	04.10.–15.10.	20.12.–31.12.
Sachsen	08.02.–19.02.	26.03.–02.04.	07.05./15.05.–18.05.	10.07.–20.08.	11.10.–23.10.	23.12.–01.01.
Sachsen-Anhalt	01.02.–06.02.	22.03.–27.03.	15.05.–22.05.	10.07.–20.08.	18.10.–23.10.	20.12.–31.12.
Schleswig-Holstein[2]	01.02.–02.02.	30.03.–10.04.	07.05.	03.07.–14.08.	11.10.–23.10.	23.12.–08.01.
Thüringen	01.02.–06.02.	22.03.–03.04.	07.05.	10.07.–20.08.	09.10.–23.10.	23.12.–31.12.

1 Auf den Ostfriesischen Inseln gelten Sonderregelungen.
2 Auf den Inseln Sylt, Föhr, Helgoland und Amrum sowie auf den Halligen enden die Sommerferien eine Woche früher, die Herbstferien beginnen eine Woche früher.

Alle Angaben ohne Gewähr.

Schnellübersicht